Hansens/Braun/Schneider
Praxis des Vergütungsrechts

ZAP-Arbeitsbuch

Praxis
des Vergütungsrechts

von
Vorsitzendem Richter am Landgericht
Heinz Hansens

Rechtsanwalt Anton Braun,
Hauptgeschäftsführer der Bundesrechtsanwaltskammer

Rechtsanwalt Norbert Schneider

unter Mitarbeit von
Diplom-Rechtspfleger Thomas Schmidt
Diplom-Rechtspfleger Joachim Volpert

Verlag für die
Rechts- und
Anwaltspraxis

Bibliografische Information der Deutschen Bibliothek

Die Deutsche Bibliothek verzeichnet diese Publikation in der Deutschen Nationalbibliografie; detaillierte bibliografische Daten sind im Internet über <http://dnb.ddb.de> abrufbar.

ISBN 3-89655-111-6

Druck: Bercker, Kevelaer

Vorwort

Mit dem neuen RVG soll das Anwaltsgebührenrecht transparenter und einfacher gestaltet werden. Dies wird von vielen Anwendern des Gesetzes nicht so gesehen. Abweichend von den bisherigen Regelungen in der BRAGO sind beispielsweise Gebühren, deren Anrechnung, deren maßgeblicher Gegenstandswert und die Frage, ob sie nur einmal oder mehrmals entstehen können, an unterschiedlichen Stellen des Gesetzes geregelt. Herkömmliche Kommentierungen halten sich meist an diesen nicht auf die Praxis abgestellten Gesetzesaufbau. Wir haben uns deshalb entschieden, das Recht der Anwaltsvergütung an den Bedürfnissen der Praxis ausgerichtet darzustellen. Ausgehend von den jeweiligen Tätigkeitsbereichen des Rechtsanwalts werden in den einzelnen Teilen dieses Handbuchs Anwaltsgebühren, Gegenstandswerte, Kostenerstattung, Gerichtskosten und – in Teil 17 betreffend die Zwangsvollstreckung – auch die Gerichtsvollzieherkosten praxisgerecht dargestellt. Zahlreiche Berechnungsbeispiele veranschaulichen die praktischen Auswirkungen des neuen Rechts. Sie verdeutlichen auch die Chancen, die die richtige Anwendung des RVG dem Rechtsanwalt bei der Gestaltung seines Honoraraufkommens in vielen Fällen bietet. Viele Ungereimtheiten des neuen Gesetzes führen zu praktischen Schwierigkeiten, zu deren Bewältigung wir Lösungsvorschläge erarbeitet haben. ABC-Übersichten erleichtern es dem Leser, schnell zu der gesuchten Lösung zu finden.

Die ersten Änderungen des RVG haben wir in dem Handbuch bereits berücksichtigen können. So hat das am 1.9.2004 in Kraft tretende Opferrechtsreformgesetz die Nr. 4145 VV RVG (neu) eingefügt, während die bisherigen Nrn. 4145 und 4146 VV RVG die Nrn. 4146 und 4147 VV RVG erhalten werden. Das am 30.11.2004 in Kraft tretende EG-Prozesskostenhilfegesetz bringt durch seine Neufassung des § 46 Abs. 2 Satz 3 RVG für den Pflichtverteidiger, PKH- und Beratungshilfe-Anwalt hinsichtlich des Ersatzes seiner Auslagen aus der Staatskasse erhebliche Verbesserungen. Ferner erstreckt das am 29.7.2004 in Kraft getretene Gesetz zur Einführung der nachträglichen Sicherungsverwahrung die Anwendbarkeit des Teils 4 Abschnitt 1 des Vergütungsverzeichnisses auch auf die Tätigkeit des Anwalts im Verfahren über die im Urteil vorbehaltene Sicherungsverwahrung und im Verfahren über die nachträgliche Anordnung der Sicherungsverwahrung.

Die Kommentare zur BRAGO und zum RVG haben wir ausgewertet. Unser Dank gilt den Autoren des Anwaltkommentars zum RVG von Gebauer/Schneider (Hrsg.), die uns einen Teil der Druckfahnen des in Kürze erscheinenden Werks zur Verfügung gestellt haben.

In vielen Seminaren haben wir wertvolle Anregungen erhalten, die wir in diesem Handbuch verwenden konnten. Wir bitten die Leser uns auch weiterhin durch Hinweise zu unterstützen.

Heinz Hansens   Anton Braun   Norbert Schneider
Berlin   Bonn/Berlin   Neunkirchen

im August 2004

Bedienungsanleitung der CD-ROM

Es erfolgt **keine Installation**, und es werden **keine Dateien** auf den Computer **kopiert**.

Um ein Muster aufzurufen und zu bearbeiten, bitte die Datei

„start.doc"

auf der CD-ROM anklicken. Diese enthält ein Musterverzeichnis, geordnet nach Seitenzahlen und Musternummerierungen.

Sie gelangen dann zu dem entsprechenden Muster, das nun bearbeitet, kopiert und auf der Festplatte gespeichert werden kann.

Inhaltsübersicht

Literaturverzeichnis

Anders/Gehle/Kunze, Streitwert-Lexikon. Streitwertkommentar mit systematischer Einführung, 1995

Bassenge/Herbst, FGG/RPflG, Gesetz über die Angelegenheiten der Freiwilligen Gerichtsbarkeit. Rechtspflegergesetz, Kommentar, 10. Aufl. 2004

Baumbach/Lauterbach/Albers/Hartmann, Zivilprozeßordnung mit Gerichtsverfassungsgesetz und anderen Nebengesetzen, Kommentar, 62. Aufl. 2003

Bärmann/Pick/Merle, Wohnungseigentumsgesetz, Kommentar, 8. Aufl. 2000

Bischof/Jungbauer/Podlech-Trappmann, RVG, 2004

Bonefeld, Gebührenabrechnung familien- und erbrechtlicher Mandate, 2004

Braun, Gebührenabrechnung nach dem neuen Rechtsanwaltsvergütungsgesetz, 2004

Braun/Hansens, RVG-Praxis, 2004

Brieske, Die anwaltliche Honorarvereinbarung, 1997

Burhoff (Hrsg.), RVG, Straf- und Bußgeldsachen, 2004

Burhoff/Kindermann, Rechtsanwaltsvergütungsgesetz, 2004

Feuerich/Weyland, Bundesrechtsanwaltsordnung, Kommentar, 6. Aufl. 2003

Finke/Garbe, Familienrecht, 5. Aufl. 2003

Gebauer/Schneider, Anwaltkommentar BRAGO, 2002 (zit. als: Anwkom-BRAGO-Bearbeiter, 2002)

dies., Anwaltkommentar RVG, 2004 (zit. als: Anwkom-RVG-Bearbeiter, 2004)

Gerhardt/v. Heintschel-Heinegg/Klein (Hrsg.), Handbuch des Fachanwalts Familienrecht, 4. Aufl. 2002

Germelmann (Hrsg.), ArbGG, 4. Aufl. 2002

Gerold/Schmidt/v. Eicken/Madert, Bundesgebührenordnung für Rechtsanwälte, 15. Aufl. 2002

Goebel/Gottwald (Hrsg.), RVG, 2004

Göhler, Ordnungswidrigkeitengesetz, 13. Aufl. 2003

Göttlich/Mümmler, BRAGO, 19. Aufl. 1997

Göttlich/Mümmler/Rehberg/Xanke, RVG, 2004

Haft/Schliefen (Hrsg.), Handbuch Mediation, 2002

Hansens, Bundesgebührenordnung für Rechtsanwälte, Kommentar, 8. Aufl. 1995

Hartmann, Kostengesetze, 34. Aufl. 2004

Hartung/Römermann, RVG, 2004

Henssler/Prütting, Bundesrechtsanwaltsordnung, 2. Aufl. 2004

Kalthoener/Büttner/Wrobel-Sachs, Prozesskostenhilfe und Beratungshilfe, 3. Aufl. 2003

Keidel/Kuntze/Winkler, Freiwillige Gerichtsbarkeit, Kommentar zum Gesetz über die Angelegenheiten der freiwilligen Gerichtsbarkeit, 15. Aufl. 2003

Kindermann (Hrsg.), Gebührenpraxis für Anwälte, 2001

Kleinknecht/Meyer-Goßner, Strafprozeßordnung, Kommentar, 45. Aufl. 2001

Kronenbitter, BRAGO 94 – Systematische Darstellung der Neuerungen des Kostenrechtsänderungsgesetzes, 1994

Lappe, Kosten in Familiensachen, 5. Aufl. 1994

Lappe/von Eicken/Noll/Herget/Schneider, Kostenrechtsprechung (KostRsp), Nachschlagewerk wichtiger Kostenentscheidungen aus der Zivil-, Straf-, Arbeits-, Sozial-, Verwaltungs- und Finanzgerichtsbarkeit mit kritischen Anmerkungen, Loseblatt, Lfg. 255, 2004

Lindemann/Trenk-Hinterberger, Beratungshilfegesetz, Kommentar, 1987

Lützenkirchen, Anwaltshandbuch Mietrecht, 2. Aufl. 2003

Madert, Anwaltsgebühren in Straf- und Bußgeldsachen, 4. Aufl. 2002 *ders.,* Die Honorarvereinbarung des Rechtsanwalts, 2. Aufl. 2003

Mayer/Kroiß (Hrsg.), Rechtsanwaltsvergütungsgesetz (RVG), 2004

Meyer, Gerichtskostengesetz, Kommentar, 6. Aufl. 2004

Meyer-Goßner, Strafprozessordnung, Kommentar, 47. Aufl. 2004

Münchener Kommentar zur Zivilprozeßordnung, hrsg. v. Lüke/Walchshöfer, 2. Aufl. 2000/2001/2002

Niedenführ/Schulze, WEG, Kommentar, 4. Aufl. 1997

Palandt, Bürgerliches Gesetzbuch, Kommentar, 63. Aufl. 2003

Riedel/Sußbauer, Bundesgebührenordnung für Rechtsanwälte, Kommentar, 8. Aufl. 2000

Schmidt/Baldus, Gebühren- und Kostenerstattung in Straf- und Bußgeldsachen, 4. Aufl. 1993

Schneider/Mock, Das neue Gebührenrecht für Anwälte, 2004

Schneider/Herget, Streitwert-Kommentar für den Zivilprozeß, 11. Aufl. 1996

Schoreit/Dehn, Beratungshilfe – Prozeßkostenhilfe, Kommentar, 7. Aufl. 2001

Schröder/May/Winter, Das Kostenwesen der Gerichtsvollzieher, 11. Aufl. 2002

Schumann/Geißinger, Bundesgebührenordnung für Rechtsanwälte, 2. Aufl. 1994/1979

Thomas/Putzo, Zivilprozeßordnung, Kommentar, 23. Aufl. 2001

Zeller/Stöber, Kommentar zum ZVG, 17. Aufl. 2002

Zöller, Zivilprozeßordnung, Kommentar, 24. Aufl. 2003

Abkürzungsverzeichnis

A

a.A.	anderer Ansicht
a.a.O.	am angegebenen Ort
ABl.	Amtsblatt
abl.	ablehnend
Abs.	Absatz
Abschn.	Abschnitt
abzgl.	abzüglich
a.E.	am Ende
a.F.	alte Fassung
AG	Amtsgericht
AgrarR	Agrarrecht (Zs.)
AGS	Anwaltsgebühren spezial (Zs.)
AKB	Allgemeine Bedingungen für die Kraftver-kehrsversicherung
AktG	Aktiengesetz
Alt.	Alternative
AnfG	Anfechtungsgesetz
Anh.	Anhang
Anm.	Anmerkung
AnwBl.	Anwaltsblatt (Zs.)
Anwkom	Anwaltkommentar
AO	Abgabenordnung
AP	Arbeitsrechtliche Praxis (Nachschlage-werk des Bundesarbeitsgerichts)
ARB	Allgemeine Bedingungen für die Rechts-schutzversicherung
ArbG	Arbeitsgericht
ArbGG	Arbeitsgerichtsgesetz
arg. E	argumentum e contrario (Gegen- oder Umkehrschluss)
ARST	Arbeitsrecht in Stichworten (Zs.)
Art.	Artikel
AsylVfG	Asylverfahrensgesetz
AuAS	Schnelldienst Ausländer- und Asylrecht (Zs.)
Aufl.	Auflage
Ausf.	Ausführung
AVAG	Anerkennungs- und Vollstreckungsgesetz
AVG	Allgemeines Verwaltungsverfahrens-gesetz 1991
Az.	Aktenzeichen

B

BAG	Bundesarbeitsgericht
BAGE	Sammlung der Entscheidungen des Bundesarbeitsgerichts
BÄO	Bundesärzteordnung
BauGB	Baugesetzbuch
BauR	Baurecht (Zs.)
BayOblG	Bayerisches Oberstes Landesgericht
BayOblGZ	Entscheidungen des Bayerischen Obersten Landesgericht in Zivilsachen
BayVBl.	Bayerische Verwaltungsblätter (Zs.)

BayVGH	Bayerischer Verwaltungsgerichtshof
BB	Betriebs-Berater (Zs.)
BBesG	Bundesbesoldungsgesetz
BerHG	Beratungshilfegesetz
BerHVV	Beratungshilfevordruckverordnung
Berl.AnwBl.	Berliner Anwaltsblatt
Beschl.	Beschluss
betr.	betreffend
BetrVG	Betriebsverfassungsgesetz
BFH	Bundesfinanzhof
BFH/NV	Sammlung amtlich nicht veröffentlichter Entscheidungen des Bundesfinanzhofs
BFHE	Sammlung der Entscheidungen des Bundesfinanzhofs
BGB	Bürgerliches Gesetzbuch
BGBl.	Bundesgesetzblatt
BGH	Bundesgerichtshof
BGHZ	Entscheidungen des Bundesgerichtshofs in Zivilsachen
BMJ	Bundesministerium der Justiz
BNotO	Bundesnotarordnung
BORA	Berufsordnung für Rechtsanwälte
BPatG	Bundespatentgericht
BPatGE	Entscheidungen des Bundespatengerichts
BRAGO	Bundesrechtsanwaltsgebührenordnung
BRAGOreport	Informationsdienst zur Bundesrechtsan-waltsgebührenordnung 2000 – 2003 (ab 1/2004 fortgeführt als RVGreport)
BRAK-Mitt.	Mitteilungen der Bundesrechtsanwaltskam-mer (Zs.)
BRAO	Bundesrechtsanwaltsordnung
BR-Drucks.	Bundesratsdrucksache
BSHG	Bundessozialhilfegesetz
BT-Drucks.	Bundestagsdrucksache
BtMG	Betäubungsmittelgesetz
BtPrax	Betreuungsrechtliche Praxis (Zs.)
Buchst.	Buchstabe
BVerfG	Bundesverfassungsgericht
BVerfGE	Entscheidungen des Bundesverfassungsge-richts
BVerwG	Bundesverwaltungsgericht
BVerwGE	Entscheidungen des Bundesverwaltungsge-richts
BVG	Bundesvertriebenengesetz
BVormVG	Berufsvormündervergütungsgesetz
bzgl.	bezüglich
bzw.	beziehungsweise

C

CCBE	Standesregeln der Rechtsanwälte der Euro-päischen Gemeinschaft

D

CD	Compact-Disc

DAR	Deutsches Auto Recht (Zs.)
DB	Der Betrieb (Zs.)
ders.	derselbe
DGVZ	Deutsche Gerichtsvollzieher Zeitung
d.h.	dass heißt
dies.	dieselbe/n
DIS	Deutsches Institut für Schiedsgerichtsbarkeit
DM	Deutsche Mark
DÖV	Die öffentliche Verwaltung (Zs.)
DRiG	Deutsches Richtergesetz
DStRE	Deutsches Steuerrecht-Entscheidungsdienst (Zs.)
DVBl.	Deutsche Verwaltungsblätter (Zs.)
DVD	Digital Versatile Disc
DZWiR	Deutsche Zeitschrift für Wirtschaftsrecht

E

EDV	Elektronische Datenverarbeitung
EFG	Entscheidungen der Finanzgerichte
EGBGB	Einführungsgesetz zum Bürgerlichen Gesetzbuch
EGH	Ehrengerichtshof
EGZPO	Einführungsgesetz zur Zivilprozessordnung
E-Mail	electronic-mail
EStG	Einkommensteuergesetz
etc.	et cetera
EU	Europäische Union
EuG	Gericht I. Instanz der Europäischen Gemeinschaften
EuGH	Gerichtshof der Europäischen Gemeinschaften
EuRAG	Gesetz über die Tätigkeit europäischer Rechtsanwälte in Deutschland
EWG	Europäische Wirtschaftsgemeinschaft
EWGV	Vertrag zur Gründung der europäischen Wirtschaftsgemeinschaft
EWiR	Entscheidungen zum Wirtschaftsrecht
EzA	Entscheidungssammlung zum Arbeitsrecht
EzFamR	Entscheidungssammlung zum Familienrecht
EzFamR aktuell	Sofortinformation zur Entscheidungssammlung zum Familienrecht

F

f.	folgende
FamG	Familiengericht
FamRÄndG	Familienrechtsänderungsgesetz
FamRB	Der Familien-Rechts-Berater (Zs.)
FamRZ	Zeitschrift für das gesamte Familienrecht
FAO	Fachanwaltsordnung
ff.	fort folgende
FG	Finanzgericht
FGG	Gesetze über die Angelegenheiten der freiwilligen Gerichtsbarkeit
FGO	Finanzgerichtsordnung

FlurbG	Flurbereinigungsgesetz
FPR	Familie, Partnerschaft, Recht (Zs.)
FS	Festschrift
FuR	Familie und Recht (Zs.)

G

GBO	Grundbuchordnung
GbR	Gesellschaft bürgerlichen Rechts
GebrMG	Gebrauchsmustergesetz
GenG	Gesetz betreffend die Erwerbs- und Wirtschaftsgenossenschaften
GewSchG	Gewaltschutzgesetz
GG	Grundgesetz
ggf.	gegebenenfalls
GKG	Gerichtskostengesetz
GKG KostVerz	Kostenverzeichnis zum Gerichtskostengesetz
GmbH	Gesellschaft mit beschränkter Haftung
GmbHG	GmbH-Gesetz
grds.	grundsätzlich
GRUR	Gewerblicher Rechtsschutz und Urheberrecht (Zs.)
GSoBG	Gemeinsamer Senat der obersten Bundesgerichte
GVG	Gerichtsverfassungsgesetz
GVGA	Geschäftsanweisung für Gerichtsvollzieher
GvKostG	Gerichtsvollzieherkostengesetz
GWB	Gesetz gegen Wirtschaftsbeschränkungen

H

h.M.	herrschende Meinung
Halbs.	Halbsatz
HausratsVO	Hausratsverordnung
HessVGH	Hessischer Verwaltungsgerichtshof
HessVGHRspr.	Rechtsprechung des Hessischen Verfassungsgerichtshofs
HGB	Handelsgesetzbuch
Hrsg.	Herausgeber
Hs.	Halbsatz

I

i.a.R.	in aller Regel
i.d.F.	in der Fassung
i.d.R	in der Regel
i.H.d.	in Höhe des
i.H.v.	in Höhe von
InfAuslR	Informationsdienst Ausländerrecht (Zs.)
Insbüro	Zeitschrift für das Insolvenzbüro
InsO	Insolvenzordnung
InstGE	Entscheidungen der Instanzgerichte
InsVV	Insolvenzrechtliche Vergütungsverordnung
InVo	Insolvenz und Vollstreckung (Zs.)
i.S.d.	im Sinne des
i.S.v.	im Sinne von
i.Ü.	im Übrigen
i.V.m.	in Verbindung mit
IStGH-Gesetz	Gesetz über die Zusammenarbeit mit dem internationalen Strafgerichtshof

J

JBeitrO	Justizbeitreibungsverordnung
JGG	Jugendgerichtsgesetz
JMBl.	Justizministerialblatt
JuMiG	Justizmitteilungsgesetz u. Gesetz zur Änderung kostenrechtlicher Vorschriften u. anderer Gesetze
JurBüro	Das Juristische Büro (Zs.)
JVEG	Justizvergütungs- und -entschädigungsgesetz
JW	Juristische Wochenschrift (Zs.)

K

Kap.	Kapitel
Kfz	Kraftfahrzeug
KG	Kammergericht
kg	Kilogramm
KGR	Kammergerichtsreport
KJHG	Kinder- und Jugendhilfegesetz
KostÄndG	Gesetz zur Änderung und Ergänzung kostenrechtlicher Vorschriften
KostG	Kostengesetze
KostO	Kostenordnung
KostRÄndG	Kostenrechtsänderungsgesetz
KostRMoG	Kostenrechtsmodernisierungsgesetz
KostRspr.	Kostenrechtsprechung
KostVerz.	Kostenverzeichnis
KostVfg	Kostenverfügung
KSchG	Kündigungsschutzgesetz

L

LAG	Landesarbeitsgericht
LAGE	Landesarbeitsgerichtsentscheidungen
LG	Landgericht
LM	Nachschlagewerk des BGH, Entscheidungen in Zivilsachen, herausgegeben von Lindenmaier/Möhring
Ls.	Leitsatz
LSG	Landessozialgericht
LwVfG	Gesetz über das gerichtliche Verfahren in Landwirtschaftssachen

M

m. abl. Anm.	mit ablehnender Anmerkung
MDR	Monatsschrift für deutsches Recht (Zs.)
m.E.	meines Erachtens
Mio.	Million(en)
m. krit. Anm.	mit kritischer Anmerkung
MM	Mietermagazin Berlin (Zs.)
MRK	Konvention zum Schutz der Menschenrechte und Grundfreiheiten
m.w.N.	mit weiteren Nachweisen
m. zust. Anm.	mit zustimmender Anmerkung

N

Nds.Rpfl.	Niedersächsischer Rechtspfleger (Zs.)
n.F.	neue Fassung
NJ	Neue Justiz (Zs.)
NJW	Neue juristische Wochenschrift (Zs.)

NJW-CoR	NJW-Computerreport (Zs.)
NJWE-FER	NJW-Entscheidungsdienst Familien- und Erbrecht (Zs.)
NJW-RR	NJW, Rechtsprechungs-Report Zivilrecht (Zs.)
Nr.	Nummer
Nrn.	Nummern
NStZ	Neue Zeitschrift für Strafrecht
NStZ-RR	Rechtsprechungsreport der NStZ (Zs.)
n.v.	nicht veröffentlicht
NVersZ	Neue Zeitschrift für Versicherungsrecht
NVwZ	Neue Zeitschrift für Verwaltungsrecht
NVwZ-RR	Rechtsprechungs-Report der NVwZ (Zs.)
NWVBl.	Nordrhein-Westfälische Verwaltungsblätter (Zs.)
NZA-RR	Neue Zeitschrift für Arbeitsrecht, Rechtsprechungs-Report
NZBau	Neue Zeitschrift für Baurecht und Vergaberecht
NZI	Neue Zeitschrift für das Recht der Insolvenz und Sanierung
NZS	Neue Zeitschrift für Sozialrecht
NZV	Neue Zeitschrift für Verkehrsrecht

O

o.a.	oben angegeben
o.Ä.	oder Ähnliches
o.g.	oben genannt
OLG	Oberlandesgericht
OLG NL	OLG-Rechtsprechung neue Länder
OLGR	OLG-Report
OpferRRG	Opferrechtsreformgesetz
OVG	Oberverwaltungsgericht
OWiG	Gesetz über Ordnungswidrigkeiten

P

PatG	Patentgesetz
PflVG	Pflichtversicherungsgesetz
PKH	Prozesskostenhilfe
PKW	Personenkraftwagen
PsychKG	Gesetz über Hilfen und Schutzmaßnahmen bei psychischen Krankheiten

Q

qm	Quadratmeter

R

RAK	Rechtsanwaltskammer
RBeistand	Rechtsbeistand
RBerG	Rechtsberatungsgesetz
RdA	Recht der Arbeit (Zs.)
RENOpraxis	Zeitschrift für Rechtsanwalts- und Notariatsangestellte
RenoR	Reno-Report (Zs.)

RGZ	Entscheidungen des Reichsgerichts in Zivilsachen
Rn.	Randnummer
Rpfl.	Rechtspfleger
Rpfleger	Der deutsche Rechtspfleger (Zs.)
RPflG	Rechtspflegergesetz
Rspr.	Rechtsprechung
RuS	Recht und Schaden (Zs.)
RVG	Rechtsanwaltsvergütungsgesetz
RVGreport	Zeitschrift zum Rechtsanwaltsvergütungsgesetz (von 2000 – 2003 unter dem Titel „BRAGOreport" erschienen)
RzW	Rechtsprechung zum Wiedergutmachungsrecht (Zs.)

S

S.	Seite/Siehe
SchlHA	Schleswig-Holsteinische Anzeigen (Zs.)
SeemannsamtVO	Seemannsamtverordnung
SeemannsG	Seemannsgesetz
SG	Sozialgericht
SGB	Sozialgerichtsbuch
SGG	Sozialgerichtsgesetz
s.o.	siehe oben
sog.	so genannt/e/er/es
StÄndG	Steueränderungsgesetz
StB	Der Steuerberater (Zs.)
StBerG	Steuerberatungsgesetz
StBGebV	Steuerberatergebührenverordnung
Std.	Stunde(n)
StGB	Strafgesetzbuch
StPO	Strafprozeßordnung
str.	streitig
StraFo	StrafverteidigerForum (Zs.)
StrEG	Gesetz über die Entschädigung für Strafverfolgungsmaßnahmen
StRehaG	Strafrechtliches Rehabilitierungsgesetz
StV	Strafverteidiger (Zs.)
StVG	Straßenverkehrsgesetz
StVO	Straßenverkehrsordnung
StVZO	Straßenverkehrs-Zulassungs-Ordnung
s.u.	siehe unten

T

ThürVBl.	Thüringer Verwaltungsblätter (Zs.)

U

u.	und
u.a.	unter anderem
Unterabschn.	Unterabschnitt
UrhG	Urheberrechtsgesetz
USA	United States of America
UST.-Ident. Nr.	Umsatzsteuer-Identifikations-Nummer
UStG	Umsatzsteuergesetz
u.U.	unter Umständen
UWG	Gesetz gegen den unlauteren Wettbewerb

V

v.	von/vom
VA	Verwaltungsakt
VersR	Versicherungsrecht (Zs.)
v.g.	vorhergenannte
VG	Verwaltungsgericht
VGH	Verwaltungsgerichtshof
VGHBW	Verwaltungsgerichtshof Baden-Württemberg
vgl.	vergleiche
v.H.	von Hundert
VO	Verordnung
Vorbem.	Vorbemerkung
VR	Verwaltungsrundschau (Zs.)
VV	Vergütungsverzeichnis
VwGO	Verwaltungsgerichtsordnung

W

WBO	Wehrbeschwerdeordnung
WDO	Wehrdisziplinarordnung
WEG	Wohnungseigentumsgesetz
WiStG	Wirtschaftsstrafgesetz
WPO	Wirtschaftsprüferordnung
WRP	Wettbewerb in Recht und Praxis (Zs.)
WZG	Warenzeichengesetz

Z

ZAP	Zeitschrift für die Anwaltspraxis
z.B.	zum Beispiel
ZEV	Zeitschrift für Erbrecht und Vermögensnachfolge
zfs	Zeitschrift für Schadensrecht
ZGS	Zeitschrift für das gesamte Schuldrecht
Ziff.	Ziffer
ZInsO	Zeitschrift für das gesamte Insolvenzrecht
ZIP	Zeitschrift für Wirtschaftsrecht
Zit./zit.	Zitat/zitiert
ZMR	Zeitschrift für Miet- und Raumrecht
ZPO	Zivilprozeßordnung
ZPO-RefG	Zivilprozessreformgesetz
ZS	Zivilsenat
Zs.	Zeitschrift
ZSEG	Gesetz über die Entschädigung von Zeugen und Sachverständigen
ZSW	Zeitschrift für das gesamte Sachverständigenwesen
zust.	zustimmend
ZVG	Gesetz über die Zwangsversteigerung und Zwangsverwaltung
ZVI	Zeitschrift für Verbraucherinsolvenzrecht
ZwVwV	Zwangsverwalterverordnung
ZwVwVO	Verordnung über die Geschäftsführung und die Vergütung des Zwangsverwalters
zzgl.	zuzüglich
ZZP	Zeitschrift für Zivilprozeßrecht
z.Zt.	zur Zeit

Teil 1: Allgemeiner Teil

Inhaltsverzeichnis

A. Anwendungsbereich

Wann nach dem RVG abzurechnen ist, ist in § 1 RVG geregelt.

1

Gegenüber der bisherigen Regelung in § 1 BRAGO ergeben sich in § 1 RVG einige Änderungen:

2

- Der Begriff der Berufstätigkeit ist durch den Begriff „**anwaltliche Tätigkeit**" ersetzt worden.

- Neben den Rechtsanwälten sind ausdrücklich auch die **Rechtsanwältinnen** genannt.

- Ausdrücklich ist geregelt, dass der **Prozesspfleger** nach §§ 57, 58 ZPO ebenfalls nach dem RVG abrechnet.

- Nicht nur Rechtsanwaltsgesellschaften, sondern jedes **Mitglied einer Rechtsanwaltskammer**, Partnerschaftsgesellschaften und sonstige Gesellschaften rechnen nach dem RVG ab.

I. Regelungsgehalt

1. Rechtsgrund der Vergütung

Grundlage für die Vergütung eines Rechtsanwalts können sein

3

- ein Vertrag zwischen Anwalt und Mandant oder

- die Beiordnung des Anwalts.

Hinweis:

Auch dann, wenn ein Rechtsanwalt einen anderen Rechtsanwalt bittet, einen Gerichtstermin „kollegialiter" wahrzunehmen, ist von Entgeltlichkeit auszugehen.[1]

4

a) Vertrag

Der Vertrag kommt durch Angebot und Annahme zustande.[2] Der Vertrag kann auch konkludent geschlossen werden.[3]

5

---

[1]   LG Arnsberg, NJW-RR 2001, 1144; a.A. AG Saarbrücken, AGS 1999, 118; LG Düsseldorf, AGS 1993, 1.

[2]   S. §§ 145 ff. BGB.

[3]   *Hansens*, BRAGO, § 1 Rn. 29; *Mayer/Kroiß/Mayer*, RVG, § 1 Rn. 11; BGH, NJW 1988, 2880.

6 Eine Form ist nicht erforderlich.[4] Will der Rechtsanwalt den Auftrag nicht annehmen, muss er die Ablehnung unverzüglich[5] erklären.[6] Grds. ist der Rechtsanwalt nicht verpflichtet, einen beruflichen Auftrag anzunehmen.[7] Eine Verpflichtung besteht selbst dann nicht, wenn unaufschiebbare und möglicherweise nicht nachholbare Handlungen vorzunehmen sind. Auch in diesen Fällen verbleibt dem Rechtsanwalt eine **Überlegungsfrist.** Er kann das **Mandat unverzüglich ablehnen.**

7 In den Fällen, in denen die Gefahr besteht, dass der Rechtsanwalt **widerstreitende Interessen** vertritt, darf er das Mandat nicht annehmen.[8] Der Rechtsanwalt darf ebenfalls das Mandat nicht annehmen, wenn **Tätigkeitsverbote** vorliegen.[9]

8 Der Anwalt ist **verpflichtet, das Mandat anzunehmen**

- wenn er beigeordnet wurde,[10]

- wenn er als Verteidiger bestellt ist[11] und

- wenn ihm die im Beratungshilfegesetz vorgesehene Beratungshilfe angetragen wird.[12]

9 Die **Willenserklärungen** des Rechtsanwalts sowie des Mandanten können **unter einer Bedingung** abgegeben werden.

10 Der Mandant hat häufig die Vorstellung, dass der Rechtsanwalt nur dann einen Vergütungsanspruch erwerben soll, wenn die **Rechtsschutzversicherung Deckungsschutz** für eine Vertretung im außergerichtlichen oder gerichtlichen Bereich erteilt. Der Rechtsanwalt will mit seiner Berufstätigkeit seinen Lebensunterhalt verdienen. Grds. ist deshalb davon auszugehen, dass er unentgeltliche Leistungen nicht erbringt. Im Regelfall hängt seine Tätigkeit auch nicht von der Bereitschaft eines Dritten ab, seine Vergütung zu bezahlen. Die **Beweislast** dafür, dass ein Rechtsanwalt nur unter der Bedingung einer Deckungsschutzzusage durch eine Rechtschutzversicherung das Mandat übernommen hat, obliegt deshalb dem Mandanten. Im Zweifel ist davon auszugehen, dass ein Auftrag unbedingt erteilt wurde.

11 Häufig verbindet ein Rechtsanwalt einen **Prozesskostenhilfeantrag** mit einem **bedingten Klageantrag**; die Klage soll nur dann anhängig sein, wenn die Prozesskostenhilfe be-

---

4   Anwkom-BRAGO-*N. Schneider*, § 1 Rn. 4.
5   § 122 BGB.
6   § 44 BRAO; s.a. §§ 11-15 BORA; 3.1 CCBE.
7   BGH, NJW 1967, 1567; *Feuerich/Weyland*, BRAO, § 44 Rn. 1.
8   § 43a Abs. 4 BRAO.
9   § 45 BRAO.
10   § 48 BRAO.
11   § 49 BRAO.
12   § 49a BRAO.

willigt wurde. In derartigen Fällen erteilt der Mandant unbedingt einen Auftrag für ein Prozesskostenhilfeverfahren. Diese Tätigkeit ist nach Nr. 3335 VV RVG zu vergüten. Lediglich der Auftrag zur Vertretung im Prozess ist unter der aufschiebenden Bedingung der Gewährung von Prozesskostenhilfe.[13]

Will der Rechtsanwalt die Mandatsübernahme davon abhängig machen, dass der Mandant einen **Vorschuss** leistet (§ 9 RVG), so muss er dies deutlich zum Ausdruck bringen. Der Rechtsanwalt hat zwar ein Recht auf Vorschussleistung, üblicherweise wird jedoch die Auftragserteilung nicht von einem Vorschuss abhängig gemacht. Der Anwalt, der sich darauf berufen will, trägt die **Beweislast**.   12

Parteien des Vertrags sind Anwalt und Mandant. Gehört der Anwalt einer **Sozietät** an, so kommt der Vertrag mit der Sozietät zustande.[14] Der **angestellte Rechtsanwalt** oder **freie Mitarbeiter**, der als Außensozius erscheint, wird nicht Vertragspartner.[15] Ihnen steht der Gebührenanspruch nicht zu. Sie können Zeugen im Honorarprozess der Sozietät sein. Sie haften allerdings aus Rechtsschein.   13

In den Fällen, in denen eine Rechtsschutzversicherung die Kosten des Rechtsanwalts übernimmt, entstehen vertragliche Beziehungen zwischen dem Rechtsanwalt und dem Mandanten einerseits und dem Mandanten und der Rechtsschutzversicherung andererseits.[16] Der Rechtsanwalt hat **keinen direkten Honoraranspruch** gegenüber der Rechtsschutzversicherung.[17]   14

> **Hinweis:**   15
>
> In der Praxis macht der Rechtsanwalt häufig gegenüber der Rechtsschutzversicherung seinen Honoraranspruch geltend. Leistet die Rechtsschutzversicherung, so leistet sie an den Versicherungsnehmer aufgrund des Versicherungsvertrags. Die Rechtsschutzversicherung hat deshalb nie einen Rückzahlungsanspruch gegen den Rechtsanwalt. Sie kann nur Rückforderungsansprüche gegenüber dem Mandanten geltend machen.[18]

Ein **unmittelbarer Vertrag** kommt allerdings zustande, wenn eine **KfZ-Haftpflichtversicherung** einen Anwalt beauftragt, die Versicherung gemeinsam mit dem Versicherungsnehmer zu vertreten. In diesen Fällen kommt gemäß § 17 AKB der **Anwaltsvertrag unmittelbar mit der KfZ-Haftpflichtversicherung zugunsten des Versicherungsnehmers** zustande.[19]   16

---

13   *Kindermann*, Gebührenpraxis für Anwälte, S. 174.
14   BGHZ 56, 355; *Mayer/Kroiß/Mayer*, RVG, § 1 Rn. 17.
15   OLG Köln, NJW-RR 1997, 438 = VersR 1997, 696 = StB 1997, 77.
16   *Hansens*, BRAGO, § 1 Rn. 29.
17   *Borgmann*, BRAK-Mitt 2000, 19.
18   Anwkom-BRAGO-N. *Schneider*, § 1 Rn. 11.
19   *Hansens*, BRAGO, § 1 Rn. 29; *Mayer/Kroiß/Mayer*, RVG, § 1 Rn. 17.

17 Werden die Kosten eines Prozesses durch einen **Prozessfinanzierer** getragen, so kommt auch in diesen Fällen ein Vertrag nur zwischen dem Mandanten und dem Rechtsanwalt zustande.[20] Der Rechtsanwalt hat **keinen direkten Honoraranspruch gegen den Prozessfinanzierer.**

18 **Ausländische europäische Rechtsanwälte** können in Deutschland die Interessen ihrer Mandanten als Dienstleistungserbringer[21] erbringen. Der dienstleistende europäische Rechtsanwalt (§ 25 EuRAG) darf in gerichtlichen Verfahren sowie in behördlichen Verfahren wegen Strafsachen, Ordnungswidrigkeiten, Dienstvergehen oder Berufspflichtverletzungen, in denen der Mandant nicht selbst den Rechtsstreit führen oder sich verteidigen kann, als Vertreter oder Verteidiger eines Mandanten nur im Einvernehmen mit einem Rechtsanwalt (**Einvernehmensanwalt**)[22] verhandeln. In diesen Fällen kommt grds. ein Vertrag zwischen dem Einvernehmensanwalt und dem Mandanten nicht zustande. Der **Gebührenanspruch** des Einvernehmensanwalts[23] besteht **nur gegenüber dem Anwalt aus dem europäischen Ausland.**

19 Der Vertrag zwischen Mandanten und Rechtsanwalt ist grds. **entgeltlich**. Dem steht nicht entgegen, dass § 8 RVG den Vertrag als Auftrag bezeichnet und § 9 RVG den Mandanten als „Auftraggeber". Das RVG setzt voraus, dass der Anwalt einen Gebührenanspruch hat; es regelt lediglich die Höhe des Anspruches. Eine Vergütung für die anwaltliche Tätigkeit ist deshalb i.d.R. stillschweigend vereinbart.[24] Für die Unentgeltlichkeit obliegt dem Mandanten sowohl die Darlegungs- als auch die Beweislast.

b) Beiordnung oder Bestellung

20 Ein Vergütungsanspruch des Rechtsanwalts entsteht auch in Fällen der Beiordnung. Zu unterscheiden ist

- die Beiordnung als Pflichtverteidiger und

- die Beiordnung im Wege der Prozesskostenhilfe, als Nebenklägervertreter, Opferanwalt oder Zeugenbeistand.

21 Die **Beiordnung als Pflichtverteidiger** erfordert **keinen Vertrag zwischen Anwalt und Mandant**. Sie kann sogar gegen den ausdrücklichen Willen des Mandanten erfolgen.[25] Nach § 52 Abs. 1 RVG kann jedoch der Verteidiger einen Vergütungsanspruch gegen den Mandanten haben, wenn dieser leistungsfähig ist. In den übrigen Fällen der Beiordnung ist ein **Vertrag zwischen Mandant und Rechtsanwalt** notwendig.

---

20   *Dethloff*, NJW 2000, 2225.
21   Art. 50 EWGV.
22   § 28 EuRAG, BGBl. 2000 I, S. 182 ff.
23   Nr. 2300 VV RVG; s. dazu auch Teil 5.
24   *Hansens*, BRAGO, § 1 Rn. 27.
25   Anwkom-BRAGO-*N. Schneider*, § 1 Rn. 3.

2. Vergütung

§ 1 Abs. 1 Satz 1 RVG enthält eine Legaldefinition für den Begriff der Vergütung. Die Ver- 22
gütung sind Gebühren und Auslagen.

a) Gebühren

Gebühren sind das Entgelt für die Anwaltstätigkeit. Dienstleistungen des Anwalts sowie 23
seine allgemeinen Geschäftskosten werden damit abgegolten.[26] Geschäftskosten sind die
Kosten, die durch den Betrieb einer Anwaltskanzlei entstehen. Zu den **Geschäftskosten**
gehören:

- Büromaschinen, Anschaffung und Unterhaltung,

- Mitgliedschaft in Fachvereinigungen, Mitgliedsbeiträge,

- Kraftfahrzeugkosten, Anschaffung und Unterhaltung,

- Formulare,

- Gehälter der Angestellten,

- Juriszugang,

- Literaturbeschaffung,

- Miete für Büroräume,

- Kreditauskunft,

- Telefon, Grundgebühren,

- Verpackungsmaterialien.[27]

b) Auslagen

Auslagen, die nicht zu den allgemeinen Geschäftskosten gehören, kann der Rechtsan- 24
walt geltend machen. Ausdrücklich ist dies nunmehr in Vorbem. 7 Abs. 1 Satz 2 VV RVG
bestimmt. Zu diesen gehören die in Teil 7 VV RVG genannten Auslagen wie:

---

26 Vorbem. 7 Abs. 1 VV RVG.
27 Zitiert nach *Burhoff/Schmidt*, RVG, Vorbem. 7 Rn. 4.

- Ablichtungen,[28]

- elektronisch gespeicherte Dateien,[29]

- Entgelte für Post- und Telekommunikationsdienstleistungen,[30]

- Fahrtkosten bei Benutzung eines eigenes KfZ,[31]

- Fahrtkosten bei Benutzung eines anderen Verkehrsmittels,[32]

- Tage- und Abwesenheitsgeld bei einer Geschäftsreise,[33]

- sonstige Auslagen anlässlich einer Geschäftsreise,[34]

- Prämie für eine Haftpflichtversicherung für Vermögensschäden, soweit die Prämie auf Haftungsbeträge von mehr als 30.000.000 € entfällt,[35]

- Umsatzsteuer.[36]

- auch weiterhin gehören vorgelegte Gerichtskosten **nicht** zu den gesetzlichen Auslagen.[37]

25

> **Hinweis:**
>
> Allerdings besteht nunmehr die Möglichkeit, vorgelegte Gerichtskosten nach § 11 RVG gegen den eigenen Mandanten festsetzen zu können; die vorgelegten Gerichtskosten gehören zu den „Kosten des gerichtlichen Verfahrens", die als Aufwendungen zu ersetzen sind.[38]

II. Persönlicher Anwendungsbereich

26 In § 1 Abs. 1 RVG ist bestimmt, welche Personen für ihre Tätigkeiten nach RVG abzurechnen haben.

---

28 Nr. 7000 Ziff. 1 VV RVG.
29 Nr. 7000 Ziff. 2 VV RVG.
30 Nr. 7001 VV RVG.
31 Nr. 7003 VV RVG.
32 Nr. 7004 VV RVG.
33 Nr. 7005 VV RVG.
34 Nr. 7006 VV RVG.
35 Nr. 7007 VV RVG.
36 Nr. 7008 VV RVG.
37 BGH, BRAGOreport 2003, 197 = BRAK-Mitt 2003, 283 = NJW 2003, 2834; OLG Zweibrücken, OLGR 2000, 130; OLG Karlsruhe, OLGR 1998, 344; OLG Köln, AGS 1993, 61 = JurBüro 1994, 685; KG, JurBüro 1993, 419 = MDR 1993, 483; a.A. OLG Brandenburg, Jurbüro 2001, 372; OLG Nürnberg, MDR 1995, 1073; LG Landau, JurBüro 1991, 1639.
38 *Mayer/Kroiß/Mayer*, RVG, § 11, Rn. 26; *Römermann*, RVGreport 2004, 124; *Burhoff/Volpert*, RVG, § 11 Rn. 9; *Hartmann*, KostG, § 11 RVG, Rn. 29.

1. Rechtsanwälte

Die BRAO[39] bestimmt, wer Rechtsanwalt i.S.d. Gesetzes ist. Die **Zulassung zur Anwalt-** 27
schaft wird mit Aushändigung der Zulassungsurkunde wirksam.[40] Erst nach Eintragung
in die Liste der Rechtsanwälte kann der Rechtsanwalt jedoch tätig werden.[41] Der **Anwalt,**
der noch nicht in die Liste eingetragen ist, kann nicht nach dem RVG abrechnen; dem
steht nicht entgegen, dass die Wirksamkeit der Handlung des Rechtsanwalts nach § 32
Abs. 2 BRAO von der fehlenden Eintragung in die Liste der Rechtsanwälte nicht berührt
wird. Diese Regelung dient allein dem Schutz des Mandanten, nicht dem Schutz des
Rechtsanwalts.[42]

2. Besonderer Vertreter nach § 57 ZPO und Vertreter nach § 58 ZPO

Die Aufnahme des besonderen Vertreters nach § 57 ZPO und des Vertreters nach § 58 28
ZPO in § 1 RVG ist erfolgt, um schwierige Rechtsfragen im Zusammenhang mit der Vergütung des Prozesspflegers zu vermeiden. Er soll ähnlich behandelt werden wie ein nach
§ 625 ZPO oder § 67a Abs. 1 Satz 2 VwGO bestellter Rechtsanwalt.[43]

3. Partnerschaftsgesellschaften

Nur soweit Partnerschaftsgesellschaften[44] anwaltliche Tätigkeiten ausüben, können sie 29
nach dem RVG abrechnen.

4. Andere Mitglieder einer Rechtsanwaltskammer

Andere Mitglieder einer Rechtsanwaltskammer sind: 30

- Rechtsanwaltsgesellschaften i.S.d. § 59c BRAO,[45]

- Geschäftsführer der Rechtsanwaltsgesellschaften nach § 60 Abs. 1 Satz 2 BRAO,

- die Rechtsanwalts-AG,

- Angehörige eines Mitgliedstaates der Welthandelsorganisation nach § 206 BRAO,[46]

---

39 BGBl. 1959 I, S. 565.
40 § 12 Abs. 2 Satz 1 BRAO.
41 § 32 Abs. 1 BRAO.
42 Ebenso für das bisherige Recht Anwkom-BRAGO-*Hembach*, § 1 Rn. 27; a.A. *Mayer/Kroiß/Mayer*,
    RVG, § 1 Rn. 35.
43 BR-Drucks. 830/03, S. 230; dies war bisher allgem. Auffassung, wenn auch mit differierenden Be-
    gründungen. Teilweise bejahte man ein einschlägiges Schuldverhältnis kraft privat rechtgestalte-
    nen Verwaltungsakts (*Baumbach/Lauterbach/Hartmann*, ZPO, vor §§ 57, 58 Rn. 2), teils wurde ein
    entsprechender Anspruch aus §§ 683, 670, 1835 Abs. 2 BGB analog bejaht (KG, JW 1939, 566,
    567; *Zöller/Vollkommer*, ZPO, § 57 Rn. 8).
44 BGBl. 1994 I, S. 1744.
45 BGBl. 1998 I, S. 2600.
46 S. dazu *Feuerich/Weyland*, BRAO, § 206 Rn. 1 ff.

- Kammerrechtsbeistände nach § 209 BRAO,[47]

- Rentenberater, Versicherungsberater, vereidigte Versteigerer,[48]

- Prozessagenten,[49]

31 **Rentenberater, Versicherungsberater, vereidigte Versteigerer** und **Prozessagenten** können aufgrund der Änderung des Art. IX Abs. 1 Satz 1 KostÄndG[50] durch das Kostenrechtsmodernisierungsgesetz nunmehr ebenfalls nach dem RVG abrechnen.

5. Sonstige Gesellschaften

32 Die Einbeziehung sonstiger Gesellschaften durch § 1 Abs. 1 Satz 3 RVG führt dazu, dass jeder zulässige gesellschaftsrechtliche Zusammenschluss von Rechtsanwälten, soweit sie anwaltliche Tätigkeiten ausüben, seine Vergütung nach dem RVG berechnen kann.

6. Berufe, die nicht nach dem RVG abrechnen

33 Folgende Berufe erstellen ihre Abrechnungen nicht nach dem RVG:

- Steuerberater,[51]

- Patentanwälte,[52]

- Notare,[53]

- Hochschullehrer; diese können zwar grds. vor Gericht als Prozessbevollmächtigte auftreten; die unmittelbare Anwendung des RVG ist jedoch nicht möglich. Hochschullehrer haben keine Erlaubnis zur geschäftsmäßigen Besorgung fremder Rechtsangelegenheiten, daher kann das RVG auch nicht nach Änderung des Art. IX KostÄndG durch das Kostenrechtsmodernisierungsgesetz sinngemäß Anwendung finden.[54] Die Rechtsprechung geht jedoch davon aus, dass bei fehlender Vereinbarung die Vergütung nach RVG als übliche Vergütung i.S.d. § 612 Abs. 2 BGB gilt.[55]

---

47 *Feuerich/Weyland*, BRAO, § 209 Rn. 1 ff.
48 S. § 1 Abs. 1 RBerG.
49 § 157 Abs. 3 ZPO.
50 BGBl. 1957 I, S. 861.
51 Steuerberatergebührenverordnung, BGBl. 1981 I, S. 1442.
52 Gebührenordnung für Patentanwälte vom 1.1.1968, herausgegeben von der Patentanwaltskammer; s. dazu BPatG, GRUR 1983, 648; *Kretschmer*, GRUR 1981, 179; OLG München, OLGR 2001, 243.
53 S. §§ 140 ff. KostO.
54 So schon OLG Düsseldorf, JurBüro 1995, 247.
55 LG Göttingen, Nds.Rpfl. 1991, 302; OLG Düsseldorf, NStZ 1996, 99; OLG München, JurBüro 2002, 2001; *Mayer/Kroiß/Mayer*, RVG, § 1 Rn. 44.

7. Doppelqualifikationen

a) Rechtsanwalt und Notar

Es ist immer diesbezüglich eine Entscheidung zu treffen, welche Tätigkeit dem Beruf des 34 Anwalts oder dem des Notars zuzuordnen ist. Maßgeblich für die **Abgrenzung** ist **§ 24 BNotO**. Immer dann, wenn der Anwaltsnotar eine Handlung vornimmt, die der vorsorgenden Rechtpflege zuzuordnen ist, liegt die unwiderlegliche Vermutung vor, dass eine notarielle Tätigkeit vorliegt.[56] Wenn die Voraussetzungen des § 24 Abs. 2 BNotO nicht erfüllt sind, ist im Zweifel anzunehmen, dass der Anwaltsnotar als Rechtsanwalt tätig geworden ist.

Dem **Anwaltsnotar** steht kein Gebührenwahlrecht zu.[57] Der Anwaltsnotar ist jedenfalls 35 verpflichtet, in den Fällen, in denen er sowohl als Anwalt als auch als Notar tätig werden könnte, den Mandanten auf den Unterschied hinzuweisen und mit ihm abzuklären, ob er als Notar oder als Rechtsanwalt tätig wird.[58] Da der Notar zur strengen Unparteilichkeit gegenüber allen Beteiligten verpflichtet ist, führt dies dazu, dass er in all denen Fällen, in denen er widerstreitende Interessen vertritt, als Anwalt tätig ist.

b) Rechtsanwalt und Steuerberater

Nach § 35 RVG gelten für Hilfeleistungen bei der Erfüllung allgemeiner Steuerpflichten 36 und bei der Erfüllung steuerlicher Buchführungs- und Aufzeichnungspflichten die §§ 23 – 39 StBGebV.

37

> **Hinweis:**
>
> Soweit der Rechtsanwalt und Steuerberater Leistungen vornimmt, die nicht in § 35 RVG genannt sind, steht dem Rechtsanwalt weiterhin ein Gebührenwahlrecht zu.[59] Der Anwalt ist bei Annahme des Auftrags allerdings verpflichtet dem Mandanten darzulegen, nach welcher Gebührenordnung er abzurechnen gedenkt.[60]

c) Rechtsanwalt und Wirtschaftsprüfer

Wirtschaftsprüfer haben keine Honorarordnung. Hat ein Rechtsanwalt, der gleichzeitig 38 Wirtschaftsprüfer ist, mit dem Mandanten kein Honorar vereinbart, so ist er in den Fäl-

---

56 *Hansens*, BRAGO, § 1 Rn. 3; Anwkom-BRAGO-*Hembach*, § 1 Rn. 42; *Mayer/Kroiß/Mayer*, RVG, § 1 Rn. 52.
57 *Mayer/Kroiß/Mayer*, RGV, § 1 Rn. 54; s. dazu auch *Gerold/Schmidt/Madert*, BRAGO, vor § 118 Rn. 21 ff.
58 OLG Hamm, AGS 1999, 66.
59 FG Saarland, EFG 1995, 396; Anwkom-BRAGO-*Hembach*, § 1 Rn. 41.
60 *Gerold/Schmidt/Madert*, BRAGO, § 1 Rn. 4; zur Erstattungsfähigkeit s. *Borgmann/Haug*, Anwaltshaftung, Kap. II, Rn. 35, es werden jeweils nur die notwendigen Kosten der Rechtsverfolgung erstattet, dies sind i.d.R. die geringeren Gebühren.

len, in denen er sowohl als Rechtsanwalt als auch als Wirtschaftsprüfer tätig sein kann, verpflichtet, nach dem RVG abzurechnen.

III. Sachlicher Anwendungsbereich

1. Anwaltliche Tätigkeiten

39 Der **Begriff der „Berufstätigkeit"** nach § 1 Abs. 1 BRAGO ist nunmehr ersetzt worden durch den der **„anwaltlichen Tätigkeit"** (§ 1 Abs. 1 RVG). Eine wesentliche Änderung sollte damit nicht einhergehen. Sichergestellt werden sollte nur durch die Einschränkung auf „anwaltliche Tätigkeiten", dass Geschäftsführer einer Rechtsanwaltsgesellschaft, die nicht Rechtsanwalt sind, aber nach § 60 Abs. 1 Satz 2 BRAO Mitglieder einer Rechtsanwaltskammer sind, nicht nach dem RVG abrechnen können.[61] Es gilt deshalb weiterhin § 3 Abs. 1 BRAO. Danach ist der „Rechtsanwalt der berufene oder unabhängige Berater und Vertreter in allen Rechtsangelegenheiten".

40
> **Hinweis:**
>
> Nicht jede „anwaltliche Tätigkeit" ist eine Tätigkeit in „Rechtsangelegenheiten". Das Berufsbild des Rechtsanwalts ist im Wandel. Rechtsanwälte sind heute häufig nicht mehr als „Gerichtsanwalt" tätig. Vielmehr werden 70,6 % aller Verfahren außergerichtlich erledigt. Der Anwalt ist heute im großen Maße als „Projektsteuerer" einzustufen.[62] Die Ausweitung des Tätigkeitsfelds der Anwaltschaft führt jedoch nicht dazu, dass all das, was ein Anwalt heute macht, als anwaltliche Tätigkeit zu qualifizieren ist.

41 Von einer **anwaltlichen Tätigkeit** kann ausgegangen werden, wenn:

- der Anwalt eine nach dem Rechtsberatungsgesetz geschützte Tätigkeit erbringt oder

- der rechtliche Beistand im Vordergrund steht oder

- er eine unabhängige Tätigkeit[63] erbringt.

42 Folgende Tätigkeiten sind **keine anwaltlichen Tätigkeiten**:

- kfm. Buchführung.[64]

- Soweit nunmehr in § 35 RVG die Hilfeleistung bei der Erfüllung steuerlicher Buchführungs- und Aufzeichnungspflichten nach der StBGebV abgerechnet werden kann,

---

61   BR-Drucks. 830/03, S. 230
62   *Streck*, AnwBl. 2000, 335.
63   S. §§ 1, 3, 7 Nr. 8, 14 Abs. 2 Nr. 8, 43a Abs. 1, 59b Abs. 2 Nr. 1b BRAO.
64   BGHZ 53, 394 = NJW 1970, 1189 = MDR 1971, 582.

ist dies gerade ein Beleg dafür, dass der Gesetzgeber dies nicht als Berufstätigkeit des Rechtsanwalts einordnet. Es ist lediglich eine Regelung erfolgt, die dem Rechtsanwalt erlaubt, diese Tätigkeiten entsprechend der StBGebV abzurechnen;

- gemeinsame Vertretung außenstehender Aktionäre,[65]

- Anlageberatung,[66]

- Geschäftsführertätigkeit eines Mieterschutzvereins,[67]

- Referendar als Pflichtverteidiger,[68]

- Vormund, Betreuer oder Pfleger,[69]

- Buchführungsarbeiten und Erstellung von Jahresabschlüssen,[70]

- Maklertätigkeit, soweit die Erteilung des rechtlichen Rates nicht im Vordergrund steht.[71]

2. Unabhängigkeit

Bei **abhängigen Tätigkeiten** handelt es sich nicht um anwaltliche Tätigkeiten. Die Tä- 43
tigkeit des **Syndicus-Anwalts**[72] ist grds. keine anwaltliche Tätigkeit. Die Rechtsprechung geht daher davon aus, dass der Syndicus-Anwalt zwei Berufe ausübt: Zum einen den des freiberuflich tätigen Anwaltes und zum anderen den des in einem Unternehmen angestellten Rechtsberaters. Soweit der Rechtsanwalt Tätigkeiten im Unternehmen ausübt, muss er sich entsprechend den Anweisungen des Arbeitgebers verhalten. Deshalb scheidet für diese Tätigkeiten eine Qualifizierung als anwaltliche Tätigkeit aus. Dem Syndicus-Anwalt stehen nicht die Schutzrechte des Mandanten bei der Ausübung seiner Tätigkeit im Rahmen seines Dienstverhältnisses zu, wie z.B. das **Zeugnisverweigerungsrecht** oder das **Beschlagnahmeverbot**. Soweit der Syndicus-Anwalt daneben in seiner freiberuflichen Tätigkeit Mandate betreut, ist diese Tätigkeit als anwaltliche Tätigkeit zu qualifizieren.[73]

---

65   BayObLG, DB 1979, 2172; OLG Hamburg, DB 1980, 631.
66   BGH, NJW 1980, 1855 = AnwBl. 1980, 458.
67   A.A. LG Aachen, JurBüro 1983, 270.
68   OLG Hamburg, Rpfleger 1988, 548 = JurBüro 1989, 208.
69   BFH, UR 1991, 262 = BFH/NV 1991, 632.
70   LG Frankenthal, AGS 1999, 34.
71   S. BGH, NJW 1992, 681.
72   S. § 46 BRAO.
73   S. dazu: *Quast,* Die Rechtsstellung des Unternehmensjuristen in der EU; *Fuchs,* Der Syndicus-Anwalt im Arbeitsgerichtsprozess; *Redeker,* NJW 2004, 889; *Aichler/Peukert,* AnwBl. 2002, 198; *Kramer,* AnwBl. 2001, 140; *Prütting,* AnwBl. 2001, 313; *Roxin,* NJW 1995, 17; *Dittmann,* MittdtschPatAnw 1995, 325.

3. Unanwendbarkeit des RVG (§ 1 Abs. 2 RVG)

44 Bei den Berufstätigkeiten, die in § 1 Abs. 2 RVG dargestellt werden, handelt es sich nicht um „anwaltlichen Tätigkeiten". Aus diesem Grunde werden diese Tätigkeiten nicht nach dem RVG vergütet. Die Tätigkeiten, die in § 1 Abs. 2 RVG genannt sind, werden häufig ehrenamtlich oder von Nicht-Rechtsanwälten ausgeübt.

a) Betreuer

45 Bei Betreuern ist zwischen **Aufwendungsersatz** und **Vergütung** zu unterscheiden. Aufwendungsersatz und Vergütung können unabhängig voneinander verlangt werden.

46 Die **Berechnung des Aufwendungsersatzes** kann pauschal oder auf Einzelnachweis erfolgen, grds. besteht kein Wahlrecht. Ob pauschal oder nach Einzelnachweis der Aufwendungsersatz berechnet werden kann, hängt von der Stellung des Betreuers ab.

47

> **Hinweis:**
>
> Erhält der Betreuer eine Vergütung – er ist entweder Berufsbetreuer oder ihm ist eine angemessene Vergütung nach § 1836 Abs. 3 BGB zugestanden worden – so muss er seine Aufwendungen einzeln nachweisen. Kann er dies jedoch nicht, so besteht die Möglichkeit, dass er seine Aufwendungen pauschal berechnet (§ 1835a BGB).

48 Der Anspruch des Betreuers richtet sich, wenn der Betreute mittellos ist, gegen die Staatskasse, andernfalls gegen den Betreuten.

49 Folgende Aufwendungen sind zu erstatten, wenn der **Betreute mittellos** ist:

- Porto,[74]

- Telefax,

- Telefon,[75]

---

74 BayObLG, FamRZ 2004, 403; LG Frankfurt, FamRZ 2003, 190 (Übersendung der Handakte des Betreuers am Jahresende an das Gericht); LG Göttingen, Rpfleger 2002, 520; OLG Karlsruhe, OLGR 2002, 294 = BtPrax 2002, 124; OLG Celle, Nds.Rpfl 2001, 460; OLG Brandenburg, FamRZ 2002, 626; OLG Frankfurt, Rpfleger 2000, 331; OLG Brandenburg, FamRZ 2000, 1441; BVerfGE 101, 331 = AnwBl. 2000, 204 = JurBüro 2000, 261; BayObLG, AnwBl. 1995, 200.

75 BayObLG, FamRZ 2004, 403; BayObLG, FamRZ 2004, 565; LG Chemnitz, FamRZ 2001, 1026; LG Koblenz, 1998, 1533; LG Frankenthal, JurBüro 1998, 39; LG Frankenthal, EzFamR aktuell 1997, 160; LG Aurich, FamRZ 1996, 758; LG Frankenthal, Rpfleger 1988, 64; soweit in der Rechtsprechung darüber hinaus die Auffassung vertreten wird, die Kosten für den Einsatz eines Mobiltelefons seien nicht erstattungsfähig (LG Koblenz, FamRZ 1998, 1533; LG Frankenthal, JurBüro 1998, 39), kann diese Auffassung in der heutigen Zeit nicht mehr vertreten werden; die Nutzung des Mobiltelefons gehört zum normalen Standard. Der Betreuer ist häufig unterwegs; er ist darauf angewiesen, auch dieses moderne Telekommunikationsmittel zu nutzen.

- öffentliche Verkehrsmittel,

- Kilometerpauschale für PKW[76]
Die Fahrtkosten werden nunmehr nach § 5 JVEG ersetzt. Danach erhält der Betreuer zur Abgeltung der Anschaffungs-, Erhaltungs- und Betriebskosten sowie zur Abgeltung der Abnutzung des Kraftfahrzeuges 0,30 € für jeden gefahrenen Kilometer zzgl. der durch die Benutzung des Kraftfahrzeuges aus Anlass der Reise regelmäßig anfallenden baren Auslagen, insbesondere der Parkentgelte. Höhere als die zuvor bezeichneten Fahrtkosten werden ersetzt, soweit dadurch Mehrbeträge an Vergütung oder Entschädigung erspart werden oder höhere Fahrtkosten wegen besonderer Umstände notwendig sind,

- Fotokopien[77]
Zu ersetzen sind 0,50 € für die ersten 50 Ablichtungen in einer Betreuungsangelegenheit innerhalb eines Abrechnungszeitraums; für die weiteren Fotokopien jeweils ein Betrag i.H.v. 0,15 €,

- Schreibpapier, Ordner und Briefumschläge
Derartige Kosten werden **nicht** erstattet. Sie sind i.d.R. mit der Betreuervergütung abgegolten.[78]

- Schreibkräfte oder Bürokraft
Durch die Verweisung auf die §§ 669, 670 BGB ist niedergelegt, dass die mit Kosten verbundene Beschäftigung einer Hilfskraft als erforderlich anzusehen ist. An den Maßstab der Erforderlichkeit i.S.d. § 670 BGB sind im Fall der Berufsbetreuung geringere Anforderungen zu stellen, weil für die Hilfskraft ein geringerer Stundensatz zu zahlen ist als für den Betreuer, wenn er die entsprechenden Tätigkeiten selbst vornimmt. Geltend gemacht werden können der Stundenlohn einschließlich der Lohnnebenkosten, nicht hingegen die mit der Einrichtung des Arbeitsplatzes entstehenden sonstigen Kosten,[79]

- Umsatzsteuer auf Auslagen,[80]

- Die Selbstbeteiligung der Kfz-Haftpflichtversicherung ist **nicht** erstattungsfähig.[81]

---

76 LG Koblenz, FamRZ 1995, 1286.
77 BayObLG, NJWE-FER 2001, 292 = FamRZ 2002, 495; OLG Dresden, VersR 2001, 492; LG Frankenthal, EzFamR aktuell 1997, 160; LG München, JurBüro 1993, 113.
78 OLG Zweibrücken, FamRZ 2003, 477 = OLGR 2003, 76.
79 OLG Celle, FamRZ 2002, 1221; OLG Bremen, Rpfleger 2000, 215; OLG Bremen, JurBüro 2000, 149; OLG Hamm, Rpfleger 1999, 391.
80 BayObLG, FamRZ 2004, 403; LG Göttingen, Rpfleger 2002, 520; OLG Celle, Nds.Rpfl. 2001, 460; BayObLG, NJWE-FER 2001, 292; OLG Düsseldorf, FPR 2002, 93; LG Lüneburg, FamRZ 2001, 1025; OLG Brandenburg, MDR 2001, 33; OLG Zweibrücken, FamRZ 2001, 447; OLG Frankfurt, OLGR 2002, 272; OLG Düsseldorf, FamRZ 2001, 447; OLG Dresden, FamRZ 2000, 851; BVerfGE 101, 331 = AnwBl. 2000, 204.
81 LG Bückeburg, NJW-RR 2002, 506.

50

> **Hinweis:**
>
> Ersatzansprüche erlöschen, wenn sie nicht binnen 15 Monate nach ihrer Entstehung gerichtlich geltend gemacht werden (§ 1835 Abs. 1 Satz 3 BGB). Das Vormundschaftsgericht kann allerdings eine davon abweichende Frist von mindestens 2 Monaten bestimmen. In der Fristbestimmung ist über die Folgen der Versäumung der Frist zu belehren. Die Frist kann auf Antrag vom Vormundschaftsgericht verlängert werden. Der Anspruch erlischt, soweit er nicht innerhalb der Frist beziffert wird (§ 1835a BGB).

51   Wenn der Betreuer keine Vergütung erhält, kann er eine **pauschale Aufwandsentschädigung** verlangen, statt seine Auslagen im Einzelnen berechnen zu müssen (§ 1835a BGB). Der Betreuer kann einen Geldbetrag verlangen, der für ein Jahr dem 19-fachen dessen entspricht, was einem Zeugen als Höchstbetrag der Entschädigung für eine Stunde entgangener Arbeitszeit (§ 22 JVEG) gewährt werden kann. Die Entschädigung richtet sich nach dem regelmäßigen Bruttoverdienst einschließlich der vom Arbeitgeber zu tragenden Sozialversicherungsbeiträge; sie beträgt für jede Stunde höchstens 17 € (§ 22 JVEG).

52   Die Aufwandsentschädigung ist jährlich zu zahlen, erstmals ein Jahr nach Bestellung des Betreuers. Der Anspruch auf Aufwandsentschädigung erlischt, wenn er nicht binnen 3 Monate nach Ablauf des Jahres, in dem der Anspruch entsteht, geltend gemacht wird (§ 1835a Abs. 4 Satz BGB). Die **Geltendmachung des Anspruchs auf Aufwandsentschädigung** beim Vormundschaftsgericht gilt auch als Geltendmachung gegenüber dem Betreuten.

53   Das **Amt des Betreuers ist ein Ehrenamt**. Deshalb besteht nur ausnahmsweise ein **Vergütungsanspruch**. Voraussetzung für den Vergütungsanspruch ist, dass der Betreuer sein Amt berufsmäßig ausübt. Darüber hinaus kann eine Vergütung bewilligt werden aufgrund der **besonderen Schwierigkeit** oder des **besonderen Umfangs** der von dem Betreuer zu besorgenden Aufgaben (§ 1836 BGB).

54   Das Gericht hat die Feststellung, dass die Betreuung berufsmäßig erfolgt, zu treffen, wenn dem Betreuer in einem solchen Umfang Betreuungen übertragen worden sind, dass er sie nur im Rahmen seiner Berufsausübung führen kann, oder wenn zu erwarten ist, dass dem Betreuer in absehbarer Zeit Betreuungen in diesem Umfang übertragen werden. Die Voraussetzungen dafür sollen i.d.R. vorliegen, wenn der Betreuer

- mehr als 10 Betreuungen führt oder

- die für die Führung der Betreuungen erforderlichen Zeit voraussichtlich 20 Wochenstunden nicht unterschreitet.

Die **Höhe der Vergütung** richtet sich danach, ob der zu Betreuende   55

- mittellos oder

- vermögend ist.

Ist der zu Betreuende **mittellos**, so bestimmt sich die Höhe nach § 1 BVormVG[82]. Die   56
Vergütung beträgt grds. 18 €/Stunde. Sie erhöht sich auf 23 €/Stunde, wenn die Kenntnisse des Betreuers durch eine abgeschlossene Lehre oder eine vergleichbare abgeschlossene Ausbildung erworben sind; ein Betrag von 31€/Stunde ist zu zahlen, wenn
die Kenntnisse durch eine abgeschlossene Ausbildung in einer Hochschule oder durch
eine vergleichbare abgeschlossene Ausbildung erworben sind. I.d.R. erhält der **Rechtsanwalt** 31€. Die auf die Vergütung anfallende Umsatzsteuer ist zusätzlich zu ersetzen
(§ 1 Abs. 1 Satz 2 BVormVG), soweit sie nicht nach § 19 Abs. 1 des Umsatzsteuergeset-
zes unerhoben bleibt.

57

> **Hinweis:**
>
> Die **Vergütungsregelungen für Berufsbetreuer**, nach denen die Höhe der erreich-
> baren Vergütungen an formalen Bildungsabschlüsse geknüpft wird, verstößt nicht ge-
> gen Art. 3 Abs. 1, 12 Abs. 1 GG.[83] Die Nichtberücksichtigung der Kostenstruktur ei-
> ner Anwaltskanzlei bei dem als Berufsbetreuer tätigen Rechtsanwalt ist nicht verfas-
> sungswidrig.[84]

Nachdem der **10%ige Gebührenabschlag** gemäß Einigungsvertragsgesetz durch das   58
Kostenrechtsmodernisierungsgesetz in Fortfall geraten ist, sind die Sätze in den neuen
Bundesländern nicht mehr um 10 % zu kürzen.

Ist der Betreute **vermögend**, so steht dem Betreuer eine angemessene Vergütung zu.   59
I.d.R. erfolgt die Festsetzung der Vergütung in Form eines Stundensatzes oder in Form
eines Bruchteils des Vermögens des Betreuten. Für die Höhe der Vergütung eines Be-
rufsbetreuers sind die Stundesätze des § 1 BVormVG nur dann verbindlich, wenn der Betreute mittellos ist und die Vergütung deshalb ohne Rücktrittsmöglichkeit aus der Staatskasse zu zahlen ist. Für die Höhe der Vergütung eines Betreuers eines **vermögenden
Mündels** sind diese Beträge eine wesentliche Orientierungshilfe. Dies bedeutet zum einen, dass sie Mindestsätze darstellen, die nicht unterschritten werden dürfen, und zum
anderen, dass sie im Regelfall angemessen sind und nur überschritten werden dürfen,
wenn dies die Schwierigkeit des Betreuungsgeschäftes ausnahmsweise gebietet.[85]

---

82   BGBl. 1998 I, S. 1580, 1586.
83   BVerfG, FamRZ 2000, 1277 = JurBüro 2000, 591.
84   BVerfG, FamRZ 2000, 1280 = JurBüro 2001, 43 = AGS 2001, 3.
85   BGHZ 145, 104 = NJW 2000, 3709 = JurBüro 2001, 39.

60 Da es darüber hinaus keine festen Stundensätze gibt, hat das Gericht anhand der in §
1836 Abs. 2 BGB genannten Kriterien – nutzbare Fachkenntnisse des Betreuers, Umfang
und Schwierigkeit seiner Aufgaben – eine angemessen Vergütung festzusetzen.

61 Folgende **Stundensätze** sind festgesetzt worden:

60 DM[86]

73,50 DM (für Sozialarbeiter)[87]

150 DM[88]

180 DM[89]

200 DM[90]

200 – 300 DM[91]

62

Hinweis:

Diese von der Rechtsprechung festgesetzten Beträge sind entsprechend den gestiegenen Lebenshaltungskosten jeweils zu indexieren. Dies gilt insbesondere seit dem 1.7.2004, nachdem durch das Kostenrechtsmodernisierungsgesetz insbesondere die Kosten für die Justiz, aber auch für Zeugen und Sachverständige in erheblichem Umfang angehoben worden sind.

---

b) Vormund, Pfleger, Verfahrenspfleger

63 Die Ausführungen für den Betreuer gelten entsprechend für Pfleger, Verfahrenspfleger
und Nachlasspfleger. Sie erhalten eine Vergütung nach den §§ 1835, 1836, 1915 BGB.

c) Testamentsvollstrecker

64 Der Testamentsvollstrecker hat nach § 2221 BGB einen Anspruch auf eine angemessene
Vergütung, es sei denn, es ist etwas anderes bestimmt. Diese andere Vergütung kann
sich aus einer Anordnung des Erblassers, aus einer Vereinbarung mit dem Erben oder
durch die Entscheidung eines Gerichtes im Rechtsstreit ergeben.

65 Bisher hatten sich unterschiedliche Bemessungsmethoden in der Rechtsprechung und Literatur herausgebildet. Es waren dies im Einzelnen:

- Die Rheinische Tabelle, aufgestellt vom Verein für das Notariat in Rhein-Preußen,[92]

---

86 OLG Karlsruhe, OLGR 2002, 294.
87 OLG Düsseldorf, FamRZ 1997, 767.
88 LG München, FamRZ 1996, 1366; BayObLG, FamRZ 1996, 1366.
89 AG Starnberg, Rpfleger 2001, 421 = JurBüro 2001, 543.
90 OLG Karlsruhe, FamRZ 1998, 698 = NJW-RR 1998, 1010; BayObLG, JurBüro 1992, 412.
91 AG Starnberg, FamRZ 2000, 185.
92 Abgedruckt bei *Köhler*, FamRZ 1994, 328.

- die Moehring'sche-Tabelle,[93]

- die Weirich'sche-Tabelle,[94]

- die Eckelskemper'sche-Tabelle.[95]

Diese Tabellen sind inzwischen überholt. Durchgesetzt haben sich die **Empfehlungen**   66
des Deutschen Notarvereins.[96]

Empfehlungen des Deutschen Notarvereins für die Bemessung der   67
Testamentvollstreckervergütung:

Die Vergütung des Testamentsvollstreckers

In seiner erbrechtlichen Beratungspraxis wird der Notar immer wieder mit der Frage konfrontiert, welcher konkrete Betrag dem Testamentsvollstrecker nach den gesetzlichen Bestimmungen als Vergütung zusteht. Die gesetzliche Grundlage für den Vergütungsanspruch des Testamentsvollstreckers findet sich in § 2221 BGB:

„Der Testamentsvollstrecker kann für die Führung seines Amtes eine angemessene Vergütung verlangen, sofern nicht der Erblasser ein anderes bestimmt hat."

Bei der Bemessung der „angemessenen Vergütung" wurde bisher am häufigsten der Beschluss des Vereins für das Notariat in Rheinpreußen aus dem Jahre 1925 zugrunde gelegt, wie er in JW 1935, 1830 f. von Notar Dr. Plaßmann aus Köln wiedergegeben worden ist (vgl. nach Plaßmann auch RheinNotZ 1925, 64 und für die Zeit vor der Inflation RheinNotZ 1918, 136 und 1920, 100). Dieser Beschluss lautet:

„Es wird empfohlen, als Gebühr für die Tätigkeit des Notars als Testamentsvollstrecker im Regelfall wie folgt zu berechnen:

1.	*bei einem Nachlasswert bis zu 20 000 RM.*	*Bruttowert 4%*
2.	*darüber hinaus bis zu 100 000 RM.*	*Bruttowert 3%*
3.	*darüber hinaus bis zu jeweils 1 000 000 RM.*	*Bruttowert 2%*
4.	*darüber hinaus*	*Bruttowert 1%*

Diese Sätze gelten für normale Verhältnisse und glatte Abwicklung.

---

93   S. dazu *Moehring/Beisswingert/Schlingelhöfer*, Vermögensverwaltung in Vormundschaft und Nachlasssachen, S. 224.
94   *Weirich*, Erben und Vererben, Rn. 487.
95   *Eckelskemper* in: *Bengel/Reimann*, Handbuch der Testamentsvollstreckung, X, Rn. 43.
96   JurBüro 2000, 342 = Notar-Info 2000, 3 ff.; *Zimmermann*, ZEV 2001, 334; *Reimann*, DNotZ 2001, 344.

Folgt dagegen eine längere Verwaltungstätigkeit, z.B. beim Vorhandensein von Minder-jährigen, oder verursacht die Verwaltung eine besonders umfangreiche und zeitraubende Tätigkeit, so kann eine höhere Gebühr als angemessen erachtet werden, auch eine lau-fende, nach dem Jahresbetrag der Einkünfte zu berechnende Gebühr gerechtfertigt sein."

Die Praxis hat gezeigt, dass sich unter Zugrundelegen des vorstehenden Beschlusses eine „angemessene Vergütung" heute nicht mehr ermitteln lässt. Gründe dafür sind:

(1) Die seit 1925 unveränderten Werte der Rheinischen Tabelle, die noch in Reichs-mark ausgedrückt sind, berücksichtigen nicht die erhebliche Änderung der wirt-schaftlichen Verhältnisse (Vervielfachung der Indices für Lebenshaltungskosten, Neu-bau von Wohngebäuden und Bruttostundenverdienste, erhebliche Zunahme der No-minalgröße der Vermögen), die Komplizierung der Lebenssachverhalte und die hier-durch erhöhten Ansprüche an das Können des Testamentsvollstreckers.

(2) Der Sinn und Zweck der Testamentsvollstreckung (Schutz für schwache oder über-forderte Erben, Streitvermeidung, Vermögenserhaltung) rechtfertigt eine höhere Ver-gütung, vor allem im Vergleich zu den Kosten anwaltlicher Beratung und eines ge-richtlichen Verfahrens. Die Parallele zur Insolvenzverwaltervergütung drängt sich auf (BGBl I 1998, 2205).

(3) Die Vergütung des Testamentsvollstreckers wird höher besteuert (Einkommen- und ggf. Umsatzsteuer) als zur Zeit der Entwicklung der Rheinischen Tabelle.

(4) Für die Fallgruppen jenseits von „normalen Verhältnissen und glatter Abwicklung" liefert die Rheinische Tabelle keine Bemessungsgrundlage. Diese Fälle treten aber im-mer häufiger auf (umfangreichere Nachlässe und damit steigende Nachlasswerte, komplexere Sachverhalte, komplexere gesetzliche Regelungen, Auslandsvermögen, wachsende Verantwortung des Testamentsvollstreckers, erhöhtes Haftungsrisiko etc.).

(5) Zahlreiche Fragen, wie die Vergütung von Berufsdiensten (z.B. Aufwendungser-satz), sind nicht geregelt.

Der Erblasser benötigt jedoch Klarheit über die Höhe der nach § 2221 BGB zu zah-lenden Vergütung, um diese bei der Abfassung seiner letztwilligen Verfügung be-rücksichtigen zu können. So kann Anlass gegeben sein, die Vergütung zu begrenzen, um den Nachlass nicht unnötig zu schmälern, aber auch dazu, sie im Interesse einer bestmöglichen Aufgabenerfüllung zu erhöhen, damit sich entsprechend qualifizierte Personen für die Testamentsvollstreckung gewinnen lassen.

Der Deutsche Notarverein hat daher

- gestützt auf die Erfahrungen des Notariats insbesondere mit erbrechtlichen Fra-gen und seine Vertrautheit mit den zugrundeliegenden wirtschaftlichen Sachver-halten

- in der Absicht, die Grundsätze zur Bemessung der Testamentsvollstreckervergütung auf eine möglichst breite Grundlage zu stellen,

- mit dem Ziel, durch allgemein anerkannte Bemessungsgrundsätze künftigen Streit um die Angemessenheit der Testamentsvollstreckervergütung zu vermeiden,

den Beschluss des Vereins für das Notariat in Rheinpreußen aus dem Jahre 1925 den heutigen Anforderungen entsprechend weiterentwickelt und dabei auch typisierende und praktisch handhabbare Vorschläge zur Bemessung der Vergütung für die Fälle entwickelt, die über „normale Verhältnisse und glatte Abwicklung" hinausgehen.

Empfehlungen des Deutschen Notarvereins
für die Vergütung des Testamentsvollstreckers
(Fortentwicklung der „Rheinischen Tabelle")

Der Deutsche Notarverein schlägt vor, die Vergütung des Testamentsvollstreckers nach den folgenden Grundsätzen zu bemessen. Dabei werden neben einem fixen Vergütungsgrundbetrag variable Zuschläge für die einzelnen Tätigkeiten vorgesehen, damit die Vergütung der individuellen Arbeit und der Verantwortung des konkreten Falles angepasst werden kann, andererseits aber auch kalkulierbar bleibt.

I. Vergütungsgrundbetrag

Der Vergütungsgrundbetrag deckt die einfache Testamentsvollstreckung (normale Verhältnisse, glatte Abwicklung) ab, d.h. die Nachlassverwaltung bis zur Abwicklung der erbschaftssteuerlichen Fragen, einschließlich der Überleitung des Nachlasses auf einen Nachfolger als Testamentsvollstrecker oder der Freigabe des Nachlasses an die Erben. Die Bemessungsgrundlage für den Vergütungsgrundbetrag ist der am Todestag des Erblassers bestehende Bruttowert des Nachlasses. Verbindlichkeiten sind nur dann vom Bruttowert des Nachlasses abzuziehen, wenn der Testamentsvollstrecker nicht mit den Verbindlichkeiten befasst ist.

Höhe des Vergütungsgrundbetrages (vorbehaltlich einer zu gegebener Zeit vorzunehmenden Anpassung an die Preisentwicklung):

bis	250.000 €	4,0 %,
bis	500.000 €	3,0 %,
bis	2.500.000 €	2,5 %,
bis	5.000.000 €	2,0 %,
über	5.000.000 €	1,5 %,

mindestens aber der höchste Betrag der Vorstufe. Beispiel: Bei einem Nachlass von 260.000 € beträgt der Grundbetrag nicht 7.800 € (= 3,0 % aus 260.000 €), sondern 10.000 € (= 4 % aus 250.000 €).

Bei Nacherbentestamentsvollstreckung oder bloß beaufsichtigender Testamentsvollstreckung erhält der Testamentsvollstrecker wegen der dann geringeren Belastung anstelle des vollen Grundbetrages 2/10 bis 5/10 des Grundbetrages.

Besteht die Aufgabe des Testamentsvollstreckers lediglich in der Erfüllung von Vermächtnissen, so erhält er nur den Vergütungsgrundbetrag, welcher sich nach dem Wert der Vermächtnisgegenstände bemisst.

Der Vergütungsgrundbetrag ist zur Hälfte nach Abschluss der Konstituierung und Übrigen mit Abschluss der Erbschaftsteuerveranlagung bzw. Abschluss der Tätigkeit fällig.

II.   Zuschläge zum Vergütungsgrundbetrag bei Abwicklungsvollstreckung

1.   Die Entlastung des Testamentsvollstreckers durch die Hinzuziehung externer Sachverständiger (z.B. Rechtsanwälte, Steuerberater) ist bei Bemessung der Zuschläge angemessen zu berücksichtigen. Die Zuschläge sind, wenn nachfolgend nichts anderes vorgesehen ist, jeweils fällig, wenn die betreffende Tätigkeit beendet ist. Bei der Bemessung der Zuschläge ist mangels besonderer Anhaltspunkte vom Mittelwert der Spanne auszugehen.

a)   Aufwendige Grundtätigkeit
Zuschlag von 2/10 bis 10/10 des Vergütungsgrundbetrages, wenn die Konstituierung des Nachlasses aufwändiger als im Normalfall ist, etwa durch besondere Maßnahmen zur Ermittlung, Sichtung und Inbesitznahme des Nachlasses, Erstellung eines Nachlassverzeichnisses, Bewertung des Nachlasses, Regelung von Nachlassverbindlichkeiten einschließlich inländischer Erbschaftsteuer. Normalfall: aus Bargeld, Wertpapierdepot oder Renditeimmobilie zusammengesetzter Nachlass, der z.B. durch bloßes Einholen von Kontoauszügen, Grundbucheinsichten und Sichtung von Mietverträgen konstituiert ist.

b)   Auseinandersetzung
Zuschlag von 2/10 bis 10/10 des Vergütungsgrundbetrages, wenn der Nachlass auseinander zu setzen ist (Aufstellung eines Teilungsplans und dessen Vollzug) oder Vermächtnisse zu erfüllen sind. Der Zuschlag ist mit der zweiten Hälfte des Vergütungsgrundbetrages fällig.

c)   Komplexe Nachlassverwaltung
Zuschlag von 2/10 bis 10/10 des Vergütungsgrundbetrages bei komplexem Nachlass, d.h. für aus der Zusammensetzung des Nachlasses resultierende Schwierigkeiten sei-

ner Verwaltung, z.B. bei Auslandsvermögen, Gesellschaftsbeteiligung, Beteiligung an Erbengemeinschaft, im Bau befindlicher oder anderer Problemimmobilie, hohen oder verstreuten Schulden, Rechtsstreitigkeiten, Besonderheiten im Hinblick auf die Beteiligten (z.B. Minderjährige, Pflichtteilsberechtigte, Erben mit Wohnsitz im Ausland). Zusammen mit dem Zuschlag gemäß d) i.d.R. nicht mehr als 15/10 des Vergütungsgrundbetrages. Der Zuschlag ist mit der zweiten Hälfte des Vergütungsgrundbetrages fällig.

d) Aufwändige oder schwierige Gestaltungsaufgaben

Zuschlag von 2/10 bis 10/10 des Vergütungsgrundbetrages für aufwändige oder schwierige Gestaltungsaufgaben im Vollzug der Testamentsvollstreckung, die über die bloße Abwicklung hinausgehen, z.B. Umstrukturierung, Umschuldung, Verwertung („Versilbern des Nachlasses", Verkäufe). Zusammen mit dem Zuschlag gemäß c) i.d.R. nicht mehr als 15/10 des Vergütungsgrundbetrages. Der Zuschlag ist mit der zweiten Hälfte des Vergütungsgrundbetrages fällig.

e) Steuerangelegenheiten

Zuschlag von 2/10 bis 10/10 des Vergütungsgrundbetrages für die Erledigung von Steuerangelegenheiten. Buchst. a) umfasst nur die durch den Erbfall entstehenden inländischen Steuern (Erbschaftsteuer), nicht jedoch zuvor bereits entstandene oder danach entstehende Steuern oder ausländische Steuerangelegenheiten (z.B. nachträgliche Bereinigung von Steuerangelegenheiten, Einkommensteuererklärungen). Bezieht sich die Steuerangelegenheit nur auf einzelne Nachlassgegenstände, ermittelt sich der Zuschlag nach deren Wert aus dem für den Gesamtnachlasswert einschlägigen Prozentsatz. Der Zuschlag ist bei Abschluss der Tätigkeit fällig.

2. Die Gesamtvergütung soll i.d.R. insgesamt das Dreifache des Vergütungsgrundbetrages nicht überschreiten.

III.   Dauertestamentsvollstreckung

Die Vergütung ist bei Dauervollstreckung zeitgleich in Teilbeträgen, die Dauer und Ausmaß der Tätigkeit entsprechen, fällig. Zusätzlich zu den Vergütungen nach I. und II. wird folgende Dauertestamentsvollstreckungsvergütung geschuldet:

1.   Normalfall

D.h. Verwaltung über den Zeitpunkt der Erbschaftssteuerveranlagung hinaus: pro Jahr 1/3 bis 1/2 % des in diesem Jahr gegebenen Nachlassbruttowerts oder – wenn höher – 2 bis 4% des jährlichen Nachlassbruttoertrags. Der Zusatzbetrag ist fällig nach Ablauf des üblichen Rechnungslegungszyklus, i.d.R. jährlich.

2.   Testamentsvollstreckung über Geschäftsbetrieb/Unternehmen

a)   Übernahme und Ausübung der Unternehmerstellung bei Personengesellschaften, ggf. im Wege der Vollrechtstreuhand (Eintragung des Testamentsvollstreckers im Handelsregister): 10 % des jährlichen Reingewinns.

b)   Tätigkeit als Organ einer Kapitalgesellschaft, GmbH & Co KG, Stiftung & Co, bei Ermächtigungstreuhand oder Handeln als Bevollmächtigter der in ihre Rechte Eingesetzten: branchenübliches Geschäftsführer- bzw. Vorstandsgehalt und branchenübliche Tantieme.

c)   Lediglich beaufsichtigende Tätigkeit (Aufsichtsratvorsitz, Beiratsvorsitz, Beteiligung mit Zwerganteil und der Bestimmung, dass der Testamentsvollstrecker nicht überstimmt werden darf, Weisungsunterwerfung der in ihre Rechte eingesetzten Erben): branchenübliche Vergütung eines Aufsichtsratsvorsitzenden bzw. Beiratsvorsitzenden.

Die Vergütung ist mit branchenüblicher Fälligkeit solcher Zahlungen auszuzahlen.

3.   Berufsdienste (z.B. von Rechtsanwalt, Steuerberater, Wirtschaftsprüfer, Bank, Makler, Vermögensverwalter) werden gesondert vergütet.

4.   Auslagenersatz: Auslagenersatz wie im Auftragsrecht.

IV. Umsatzsteuer

Die Umsatzsteuer ist in den vorgenannten Beträgen nicht enthalten.

V.   Mehrere Testamentsvollstrecker

1.   Parallele Tätigkeit

a)   Bei gemeinschaftlicher Testamentsvollstreckung (ohne oder mit gleichwertiger Aufgabenverteilung im Innenverhältnis) ist die Vergütung nach Köpfen aufzuteilen.

b)   Bei gemeinsamer Verantwortung der Testamentsvollstrecker nach außen, aber nicht gleichwertiger Geschäftsverteilung im Innenverhältnis ist die Vergütung angemessen unter Berücksichtigung der Aufgabenbereiche aufzuteilen.

c)   Bei vom Erblasser angeordneter gegenständlicher Verteilung der Aufgaben im Außenverhältnis ist die Vergütung entsprechend der jeweiligen Verantwortung des Testamentsvollstreckers aufzuteilen.

2. Bei sukzessiver Tätigkeit erhält der Nachfolger die Vergütung nur für die Tätigkeit, die nicht bereits der Vorgänger abgeschlossen hat. Beispiel: Ist die Erbschaftsteuerveranlagung bereits erfolgt, so erhält der Nachfolger keinen Vergütungsgrundbetrag.

Der Deutsche Notarverein hat ferner Vorschläge zum Vergütungsgrundbetrag bei der   68
Abwicklungsvollstreckung gemacht, z.B. für aufwändige Grundtätigkeit, Auseinandersetzung, komplexe Nachlassverwaltung, aufwändige oder schwierige Gestaltungsaufgaben, Steuerangelegenheiten und für die Dauer der Testamentsvollstreckung.[97] Diese Vergütung gilt nur für die sog. Grundtätigkeit oder Konstituierung des Nachlasses.

Hinweis: 69

Unter **Konstituierung eines Nachlasses** sind die Ermittlung des Nachlasses, seine Inbesitznahme sowie die Aufstellung des Verzeichnisses der Erbschaftsteuer zu verstehen. Es handelt sich somit um eine Tätigkeit, die der Auseinandersetzung unter Erben
und der Verteilung der Nachlassgegenstände regelmäßig vorauszugehen haben.

Nicht zur Konstituierung gehören hingegen die **Vollziehung der Auseinandersetzung**   70
unter den Miterben, auch wenn deren Herbeiführung gemäß § 2204 BGB Aufgabe des
Testamentsvollstreckers ist.

Hat der Testamentsvollstrecker eine **Verwaltung über längere Zeit** zu führen und dau-   71
ert diese über den Zeitpunkt der Erledigung der Erbschaftsteuer, der Aufstellung des
Nachlassverzeichnisses und der Erfüllung hinterlassener Nachlassverbindlichkeiten hinaus an, so steht dem Testamentsvollstrecker neben der Konstituierungsgebühr ein Ver-
walterhonorar zu, das sich regelmäßig nach Zeitabschnitten (Jahren) berechnet. Als **laufende Verwaltungsgebühr** wird üblicherweise entweder ein Richtsatz von 1/3 % – 1/2 %
des Nachlassbruttowertes jährlich oder ein Richtsatz von 3 % – 5 % des jährlichen Gewinns berechnet.

Hinweis: 72

Übernimmt der Testamentsvollstrecker darüber hinaus z.B. die Tätigkeit des Geschäftsführers einer GmbH, wird er entsprechend dem üblichen Gehalt eines leiten-
den Angestellten eine besondere Vergütung beanspruchen können.

---

d)   Insolvenzverwalter

Die Tätigkeit des Insolvenzverwalters wird nach der insolvenzrechtlichen Vergütungsver-   73
ordnung (InsVV)[98] entgolten. Die Grundzüge der Vergütung des Insolvenzverwalters und
die Erstattung seiner Auslagen sind in § 63 InsO geregelt. Nach dieser Bestimmung hat
der Insolvenzverwalter Anspruch auf Vergütung für seine Geschäftsführung und auf Erstattung angemessener Auslagen. Die Vergütung wird nach dem Wert der Insolvenzmasse

---

97   Notar-Info 2000, 3.
98   BGBl. 1998 I, S. 105.

z.Zt. der Beendigung des Insolvenzverfahrens berechnet. Der **Schwierigkeit der Geschäftsführung** für den Verwalter wird durch Abweichungen vom Regelsatz Rechnung getragen.

74   Der Insolvenzverwalter erhält die Sätze des § 2 InsVV. Die Vergütung beträgt danach:

von den ersten 25.000 € der Insolvenzmasse	40 %
von dem Mehrbetrag bis 50.000 €	25 %
von dem Mehrbetrag bis 250.000 €	7 %
von dem Mehrbetrag bis 500.000 €	3 %
von dem Mehrbetrag bis 25.000.000 €	2 %
von dem Mehrbetrag bis 50.000.000 €	1 %
und von dem darüber hinaus gehenden Betrag	0,5 %[99]

75   Für die Insolvenzverwalter, die seit dem 1.1.2004 in **einem masselosen Verfahren** bestellt werden, ist nach einer Entscheidung des BGH,[100] die Beschränkung der regelmäßigen Mindestvergütung auf 500 € verfassungswidrig. Der Verordnungsgeber hat bis 1.10.2004 eine verfassungskonforme Neuregelung rückwirkend zum 1.1.2004 zu treffen. Geschieht dies nicht, haben die Gerichte eine angemessen Mindestvergütung festzulegen.[101]

76   Nach § 3 InsVV kann eine **Erhöhung** oder ein **Abschlag bei Besonderheiten vom Regelsatz** erfolgen.

77   Gemäß § 4 Abs. 1 Satz 1 InsVV sind mit der **Vergütung die allgemeinen Geschäftskosten** des Insolvenzverwalters abgegolten. Dazu gehören Büroaufwand und Gehälter seiner Angestellten. Der Insolvenzverwalter kann jedoch Dienst- oder Werkverträge gesondert abschließen und die angemessene Vergütung dann aus der Masse zahlen.

78   Vergütung und Auslagen werden auf Antrag des Insolvenzverwalters vom Insolvenzgericht festgesetzt (§ 8 Abs. 1 Satz 1 InsVV).

79

> **Hinweis:**
>
> Wenn der Insolvenzverwalter als Rechtsanwalt zugelassen ist, kann er Tätigkeiten, die ein nicht als Rechtsanwalt zugelassener Verwalter angemessener Weise einem Anwalt übertragen würde, nach dem RVG abrechnen (§ 5 Abs. 1 InsVV).

---

99   *Haarmeyer/Wutzke/Förster*, Vergütung im Insolvenzverfahren, 1999.
100   BGH, ZInsO 2004, 257 m. Anm. *Haarmeyer*, S. 264 ff.
101   S. dazu auch: *Keller*, EWiR 2004, 195; *Keller*, ZIP 2004, 633; *Graeber*, NZI 2004, 169; *Pape/Pape*, ZVI 2004, 157; *Hartung*, MDR 2004, 654; *Ahrens/Prütting*, ZIP 2004, 1162.

Ein **Vorschuss** steht dem Insolvenzverwalter mit Zustimmung des Insolvenzgerichts aus 80
der Insolvenzmasse zu (§ 9 InsVV).

Eine **besondere Vergütung** sieht die InsVV für den **vorläufigen Insolvenzverwalter** in 81
§ 11 Abs. 1 InsVV vor. Die Vergütung soll i.d.R. einen angemessenen Bruchteil der Vergütung des Insolvenzverwalters nicht überschreiten. Im Regelfall sollen 25 % der Ver-
waltervergütung angemessen sein. Berechnungsgrundlage für die Vergütung des vorläufigen Insolvenzverwalters ist der Wert des von ihm verwalteten Vermögens bei Beendigung der vorläufigen Verwaltung.

Der **Treuhänder** erhält i.d.R. 15 % der Insolvenzmasse als Vergütung (§ 13 InsVV). Für 82
Treuhänder, die ab 1.1.2004 in einem **masselosen Verbraucherinsolvenzverfahren** bestellt werden, ist die Beschränkung auf eine Mindestvergütung von 250 € verfassungswidrig.[102] Auch insoweit ist eine neue Mindestvergütung mit Wirkung ab 1.1.2004 bis
zum 1.10.2004 durch den Verordnungsgeber festzulegen. Erfolgt innerhalb der Frist keine Festlegung, haben die Richter eine angemessene Vergütung festzusetzen.

e) Sachwalter

Der Schuldner kann nach § 270 Abs. 1 Satz 1 InsO unter Aufsicht eines Sachwalters die 83
Insolvenzmasse verwalten und über sie verfügen. Voraussetzung dafür ist, dass das Insolvenzgericht in dem Beschluss über die Eröffnung des Insolvenzverfahrens die Eigen-
verwaltung anordnet. Der Sachwalter erhält i.d.R. 60% der für den Insolvenzverwalter
bestimmten Vergütung.

f) Mitglied des Gläubigerausschusses

Nach § 73 InsO haben Mitglieder des Gläubigerausschusses Anspruch auf Vergütung für 84
ihre Tätigkeit und auf Erstattung angemessener Auslagen. Dem **Zeitaufwand** und dem
Umfang der Tätigkeit ist Rechnung zu tragen. Die Vergütung der Mitglieder des Gläubigerausschusses beträgt regelmäßig zwischen 25 – 50 € /Std. (§ 17 InsVV). Auslagen
sind einzeln aufzuführen und zu belegen (§ 18 InsVV).

g) Nachlassverwalter

Der Nachlassverwalter kann eine angemessene Vergütung gemäß § 1987 BGB verlan- 85
gen. Die **Höhe der Vergütung** wird vom Nachlassgericht festgesetzt.[103]

Die Höhe der vom Nachlassgericht festzusetzenden Vergütung richtet sich nach der 86
Nachlassmasse, dem Umfang und der Bedeutung der Verwaltergeschäfte, der Dauer der
Verwaltung und dem Maß der Verantwortung des Verwalters. Die Vergütung des Insol-

---

102 BGH, ZInsO 2004, 263 m. Anm. *Haarmeyer*, S. 264 ff.
103 *Palandt/Edenhofer*, BGB, § 1987 Rn. 1b.

venzverwalters kann einen gewissen Anhalt geben. Bei einigen Gerichten bestand die Übung, je nach Dauer und Umfang Gebühren festzusetzen und als Anhaltspunkt die Gebührenstaffel der BRAGO heranzuziehen.

h) Zwangsverwalter

87 Der Zwangsverwalter erhält seine Vergütung nach der Zwangsverwalterverordnung (ZwVwV).[104]

88

> **Hinweis:**
>
> Der Zwangsverwalter erhält bestimmte Prozentsätze der jährlich eingezogenen Miete/Pacht.[105] Die Regelvergütung liegt in einem Bereich zwischen 5 – 15 % von dem im Kalenderjahr an Miete oder Pacht eingezogenen Betrag. Die alternative Stundenvergütung kann im konkreten Fall zu einer erheblich höheren Vergütung des Zwangsverwalters führen. Nach seiner Wahl kann er das Verfahren insgesamt nach Zweckaufwand abrechnen (§ 19 Abs. 2 ZwVwV). Die ZwVwV gilt für alle Abrechnungen ab dem Abrechnungszeitraum nach dem 31.12.2003, auch dann, wenn die Zwangsverwalterbestellung vor dem Stichtag erfolgte.

89 I.d.R. werden 10 % des für den Zeitraum der Verwaltung an Mieten und Pachten einbezogenen Bruttobetrags als Vergütung festgelegt. Für die Fertigstellung von Bauvorhaben erhält der Verwalter nach § 18 Abs. 3 ZwVwV 6 % der von ihm verwalteten Bausumme. Die Geschäftskosten sind mit der Vergütung abgegolten (§ 21 Abs. 1 Satz ZwVwV). Zu den **Geschäftskosten** gehört der Büroaufwand des Verwalters einschließlich der Gehälter seiner Angestellten. Die **Mindestvergütung des Zwangsverwalters** beträgt 600 €, wenn das Zwangsverwaltungsobjekt von dem Verwalter in Besitz genommen ist. Auch diese Mindestvergütung ist entsprechend der Rechtsprechung des BGH nicht ausreichend, d.h. verfassungswidrig.[106]

i) Treuhänder

90 Neben der Tätigkeit als Treuhänder im Insolvenzverfahren[107] besteht auch die Möglichkeit, in anderen Fällen als Treuhänder tätig zu werden. Grds. empfiehlt es sich dann eine **Honorarvereinbarung** abzuschließen. Ohne eine Vereinbarung wird die Vergütung durch das Gericht festgesetzt. **Die Vergütung ist angemessen,** wenn sie dem Berufs-

---

104 BGBl. 2003 I, S. 2804 ff.

105 *Haarmeyer,* ZinsO 2004, 18 ff.; *Förster/Hintzen,* ZinsO 2004, 13 ff.

106 S. allgemein zur neuen ZwVwV: *Förster/Hintzen,* ZinsO 2004, 14 ff.; *Gottwald,* ZAP 2004, Fach 14, 487; *Depre/Mayer,* InVo 2004, 1; *Weis,* ZinsO 2004, 233; *Eilffs/Hintzen,* Rpfleger 2004, 129; *Pape,* NZI 2004, 187; *Haarmeyer,* LMK 2003, 37; *Depré/Mayer,* DZWiR 2003, 362.

107 S. dazu §§ 292, 313 InsO.

stand des Rechtsanwalts, der Verantwortung, seinem Zeitaufwand sowie der Schwierigkeit der Tätigkeit entspricht.[108]

j) Schiedsrichter

Die **Vergütung des Schiedsrichters** richtet sich nach dem Schiedsrichtervertrag, in dem 91
das Honorar festzulegen ist. Ohne eine Honorarvereinbarung wird die übliche Vergütung gemäß § 612 Abs. 2 BGB geschuldet.

Als übliche Vergütung hat sich für Rechtsanwälte eine Vergütung nach der BRAGO her- 92
ausgebildet; Beisitzer erhielten i.d.R. 10/10 Gebühren nach § 31 BRAGO, Vorsitzende 13/10 Gebühren.[109] Diese Verträge sind nunmehr dem RVG anzupassen. Da eine Beweisgebühr nicht mehr entstehen kann, führt dies zukünftig dazu, dass Vorsitzende 1,6/1,2 Verfahrens- bzw. Terminsgebühren, Beisitzer 1,3 Verfahrens- bzw. 1,2 Terminsgebühren erhalten müssen.

Nachfolgend ist die Kostentabelle der deutschen Institution für Schiedsgerichtswesen[110] 93
beispielhaft abgedruckt:

DIS Schiedsgerichtsordnung

1998

Anlage zu § 40.5

Neue Kostentabelle ab 1. Juli 2002!

Nr. 1. Streitwerte bis 5.000 €

Das Honorar für den Vorsitzenden des Schiedsgerichts oder den Einzelschiedsrichter beträgt 1.365 € und für jeden beisitzenden Schiedsrichter 1.050 €

Nr. 2. Streitwerte über 5.000 € bis 50.000 €

Streitwert	Honorar für den Vorsitzenden des Schiedsgerichts/ Einzelschiedsrichter	Honorar für jeden beisitzenden Schiedsrichter
bis 6.000 €	1.560 €	1.200 €
bis 7.000 €	1.755 €	1.350 €
bis 8.000 €	1.950 €	1.500 €
bis 9.000 €	2.145 €	1.650 €

---

108 *Gerold/Schmidt/Madert*, BRAGO, § 1 Rn. 32.
109 *Gerold/Schmidt/Madert*, BRAGO, § 1 Rn. 31.
110 http://www.dis-arb.de.

bis 10.000 €	2.340 €	1.800 €
bis 12.500 €	2.535 €	1.950 €
bis 15.000 €	2.730 €	2.100 €
bis 17.500 €	2.925 €	2.250 €
bis 20.000 €	3.120 €	2.400 €
bis 22.500 €	3.315 €	2.550 €
bis 25.000 €	3.510 €	2.700 €
bis 30.000 €	3.705 €	2.850 €
bis 35.000 €	3.900 €	3.000 €
bis 40.000 €	4.095 €	3.150 €
bis 45.000 €	4.290 €	3.300 €
bis 50.000 €	4.485 €	3.450 €

Das Honorar eines beisitzenden Schiedsrichters errechnet sich bei höheren Streitwerten wie folgt:

Nr. 3. Streitwerte über 50.000 € bis 500.000 €
3.450 € plus 1,8% des 50.000 € übersteigenden Betrags;

Nr. 4. Streitwerte über 500.000 € bis 1.000.000 €
11.550 € plus 1,2% des 500.000 € übersteigenden Betrags;

Nr. 5. Streitwerte über 1.000.000 € bis 2.000.000 €
17.550 € plus 0,9% des 1.000.000 € übersteigenden Betrags;

Nr. 6. Streitwerte über 2.000.000 € bis 5.000.000 €
26.550 € plus 0,4% des 2.000.000 € übersteigenden Betrags;

Nr. 7. Streitwerte über 5.000.000 € bis 10.000.000 €
38.550 € plus 0,2% des 5.000.000 € übersteigenden Betrags;

Nr. 8. Streitwerte über 10.000.000 € bis 50.000.000 €
48.550 € plus 0,1 % des 10.000.000 € übersteigenden Betrags;

Nr. 9. Streitwerte über 50.000.000 € bis 100.000.000 €
88.550 € plus 0,06% des 50.000.000 € übersteigenden Betrags;

Nr. 10. Streitwerte über 100.000.000 €
118.550 € plus 0,03% des 100.000.000 € übersteigenden Betrags;

Nr. 11. ist beim Schiedsgericht die Anordnung einer **vorläufigen oder sichernden Maßnahme** nach § 20 beantragt, so erhöht sich das Schiedsrichterhonorar um 30 % des Honorars nach dieser Tabelle;

Nr. 12. sind an einem schiedsrichterlichen Verfahren **mehr als zwei Parteien** beteiligt, so erhöhen sich die in dieser Gebührentabelle aufgeführten Beträge für Schiedsrichterhonorare um 20 % für jede zusätzliche Partei. Die Schiedsrichterhonorare erhöhen sich höchstens um 50 %;

Nr. 13. das Honorar gemäss Nr. 3-12 erhöht sich für den **Vorsitzenden des Schiedsgerichts** und den **Einzelschiedsrichter** um 30%;

Nr. 14. der von der DIS-Geschäftsstelle bei Einreichung der Klage nach § 7 Abs.1 beim Kläger erhobene vorläufige **Vorschuss** für das Schiedsgericht entspricht dem Honorar eines beisitzenden Schiedsrichters nach dieser Tabelle;

Nr. 15. die **DIS-Bearbeitungsgebühr** beträgt bei Streitwerten bis 50.000 € 2 % des Streitwerts; bei Streitwerten über 50.000 € bis 1.000.000 € beträgt sie 1.000 € plus 1 % des 50.000 € übersteigenden Betrags; bei Streitwerten über 1.000.000 € beträgt sie 10.500 € plus 0,5 % des 1.000.000 € übersteigenden Betrags. Die DIS-Bearbeitungsgebühr beträgt mindestens 350 €, höchstens 25.000 €;

bei Einreichung einer **Widerklage** sind die Streitwerte von Klage und Widerklage für die Bemessung der Bearbeitungsgebühr zu addieren. Die DIS-Bearbeitungsgebühr für eine Widerklage berechnet sich nach dem erhöhten Streitwert abzüglich der für die Klage entstandenen DIS-Bearbeitungsgebühr;

die Bearbeitungsgebühr für eine Widerklage beträgt mindestens 350 €. Der Höchstbetrag der DIS-Bearbeitungsgebühr für Klage und Widerklage beträgt 37.500 €;

Sind an einem schiedsrichterlichen Verfahren **mehr als zwei Parteien beteiligt**, so erhöht sich die in dieser Gebührentabelle aufgeführte DIS-Bearbeitungsgebühr um 20 % für jede zusätzliche Partei. Die Bearbeitungsgebühr beträgt höchstens 37.500 €;

Nr. 16. wird eine Schiedsklage, eine Widerklage oder ein sonstiger Schriftsatz bei der DIS **in einer anderen Sprache** als Deutsch, Englisch oder Französisch eingereicht, kann die DIS eine Übersetzung anfertigen lassen, deren Kosten die DIS zusätzlich zu der DIS-Bearbeitungsgebühr nach Nr. 15 erheben kann.

k) Ähnliche Tätigkeiten

Die Aufzählung in § 1 Abs. 2 RVG ist nicht abschließend. Folgende Tätigkeiten sind deshalb ebenfalls nicht nach dem RVG abzurechnen: 94

- Einigungsstellenbeisitzer,[111]

- Liquidator,[112]

---

111   BAGE 67, 248 = NJW 1991, 1846 = JurBüro 1991, 1635 = BRAK-Mit. 1991, 175.
112   BGH, NJW 1998, 3567.

- Aufsichtratsmitglied,[113]

- Zwangsverwalter,[114]

- Vermögensverwalter,[115]

- Aktionärsvertreter,[116]

- Anlageberater.[117]

95 Nicht vom RVG ausgeschlossen ist die **Tätigkeit als Mediator**. Nachdem in § 34 RVG vorgesehen ist, dass der Mediator eine Honorarvereinbarung abschließen soll, ist die Tätigkeit des Mediators, wenn rechtliche Beratung im Vordergrund steht, wie bisher anwaltliche Tätigkeit. § 34 Satz 2 RVG stellt klar, dass in den Fällen, in denen der Rechtsanwalt keine Gebührenvereinbarung getroffen hat, die Gebühren für die Mediation sich nach den Vorschriften des bürgerlichen Rechts bestimmen. § 612 BGB findet dann insoweit Anwendung. In derartigen Fällen können die Gebühren des Teil 2 VV RVG entstehen.[118]

4.   § 1835 Abs. 3 BGB

96 Die Regelung enthält den allgemeinen Rechtsgedanken, dass ein Rechtsanwalt auch bei Tätigkeiten i.S.d. § 1 Abs. 2 Satz 1 RVG grds. einen Anspruch auf Vergütung hat; er muss seine Leistungen nicht unentgeltlich erbringen.

97

> **Hinweis:**
>
> Grds. ist bei der Prüfung der Frage, ob ein Rechtsanwalt eine Vergütung verlangen kann, ein strenger Maßstab anzuwenden. Nur dann, wenn ein Dritter, der nicht Jurist ist, die Hilfe eines Rechtsanwaltes hinzugezogen hätte, sind die Leistungen des Rechtsanwalts gesondert zu vergüten. Dies gilt heute uneingeschränkt in Klageverfahren, selbst dann, wenn kein Anwaltszwang besteht. Aufgrund der Verrechtlichung der Gesellschaft gilt dies allerdings auch in immer größerem Maße im außergerichtlichen Bereich. Der Entwurf eines Vertrages erfordert i.d.R. die Hinzuziehung eines Rechtsanwalts. Deshalb wird man heute davon ausgehen können, dass immer dann, wenn rechtliche Fragen im Vordergrund stehen, auch bei außergerichtlichen Tätigkeiten die Hinzuziehung eines Rechtsanwalts seitens eines Dritten notwendig ist.

---

113   *Gerold/Schmidt/Madert*, BRAGO, § 1 Rn. 32.
114   *Mayer/Kroiß/Mayer*, RVG, § 1 Rn. 223.
115   BHGZ 46, 268; *Schumann/Geißinger*, BRAGO, Anh. § 1 Anm. 205.
116   *Gerold/Schmidt/Madert*, BRAGO, § 1 Rn. 36.
117   BGH, NJW 1980, 1855 = JurBüro 1980, 1497.
118   BR-Drucks. 830/03, S. 243.

IV. Territoriale Anwendungsbereiche

Da das RVG keine Regelungen enthält für Sachverhalte mit Auslandsberührung, ist der   98
zwischen dem Rechtsanwalt und seinem Mandanten bestehende Anwaltsvertrag nach
dem Vertragsstatut zu qualifizieren. Bei Kollisionen gelten Art. 27 – 29 EGBGB.

Danach ist 3-stufig zu prüfen: 99

1. Stufe: Sie haben ausdrücklich oder konkludent **eine Rechtswahl vorgenommen**   100
(Art. 27 Abs. 1 Satz EGBGB). Eine ausdrückliche Vereinbarung erfolgt in der Praxis selten. I.d.R. liegt eine konkludente Rechtswahl vor.

Folgende **Indizien** können **für eine stillschweigende konkludente Rechtswahl** sprechen:

- Vereinbarung eines ausschließlichen Gerichtsstandes,

- ausdrückliche Bezugnahme auf Vorschriften einer bestimmten Rechtsordnung,

- Ort der Vertragsverhandlungen,

- Mitwirkung ausländischer Rechtsanwälte,

- ausländische Vertragssprache,

- Verhalten der Parteien im Prozess.

2. Stufe: Verbraucher können grds. die **Schutzbestimmungen** des Staates geltend ma-   101
chen, in dem sie ihren gewöhnlichen Aufenthalt haben (Art. 29 EGBGB).

3. Stufe: Es findet das Recht des Staates Anwendung, mit dem der Vertrag die engsten   102
Verbindungen aufweist (Art. 28 Abs. 1 Satz 1 EGBGB). Nach Art. 28 Abs. 2 Satz 1 EGBGB
wird vermutet, dass der Vertrag die engsten Verbindungen mit dem Staat aufweist, in
dem die Partei, welche die vertragscharakteristische Leistung zu erbringen hat, ihren gewöhnlichen Aufenthalt oder, wenn es sich um eine Gesellschaft oder eine juristische Person handelt, ihre Hauptverwaltung hat. Nach Art. 28 Abs. 2 EGBGB wird ferner vermutet, dass dann, wenn der Vertrag in Ausübung einer beruflichen oder gewerblichen Tätigkeit des Schuldners der vertragscharakteristischen Leistung geschlossen worden ist, im
Zweifel das Recht am Ort der Hauptniederlassung oder, wenn die Leistung nach dem
Vertrag von einer anderen als der Hauptniederlassung zu erbringen ist, das Recht am Ort
dieser anderen Niederlassung maßgebend ist. Daraus folgt, dass grds. das **Recht am
Niederlassungsort** des Anwalts zugrunde zu legen ist.

103 Folgende **Fallkonstellationen** können entstehen:

1. Deutscher Mandant beauftragt deutschen Rechtsanwalt mit Sitz in Deutschland

   a) für Tätigkeiten in Deutschland = RVG

   b) für Tätigkeiten im Ausland = RVG

2. Ausländischer Mandant beauftragt deutschen Rechtsanwalt mit Sitz in Deutschland

   a) für Tätigkeiten in Deutschland = RVG

   b) für Tätigkeiten im Ausland = RVG

3. Deutscher Mandant beauftragt deutschen Rechtsanwalt mit Sitz im Ausland

   a) für Tätigkeiten in Deutschland = RVG

   b) für Tätigkeiten im Ausland = kein RVG

4. Ausländischer Mandant beauftragt deutschen Rechtsanwalt mit Sitz im Ausland

   a) für Tätigkeiten in Deutschland = RVG

   b) für Tätigkeiten im Ausland = kein RVG

5. Deutscher Mandant beauftragt ausländischen Rechtsanwalt

   a) mit Sitz in Deutschland (niedergelassener Rechtsanwalt)

      aa) für Tätigkeiten in Deutschland = RVG

      bb) für Tätigkeiten im Ausland = RVG

   b) ohne Sitz in Deutschland (Dienstleistungserbringer)

      aa) für Tätigkeiten in Deutschland = RVG

      bb) für Tätigkeiten im Ausland = kein RVG

6. Ausländischer Mandant beauftragt ausländischen Rechtsanwalt

   a) mit Sitz in Deutschland (niedergelassener Rechtsanwalt)

      aa) für Tätigkeiten in Deutschland = RVG

      bb) für Tätigkeiten im Ausland = kein RVG

   b) ohne Sitz in Deutschland (Dienstleistungserbringer)

      aa) für Tätigkeiten in Deutschland = kein RVG

      bb) für Tätigkeiten im Ausland = kein RVG

7. Deutscher Mandant beauftragt ausländischen Rechtsanwalt

   a) mit Sitz in Deutschland (niedergelassener Rechtsanwalt)

      aa) für Tätigkeiten in Deutschland = RVG

      bb) für Tätigkeiten im Ausland = RVG

b) ohne Sitz in Deutschland (Dienstleistungserbringer)

    aa) für Tätigkeiten in Deutschland = kein RVG

    bb) für Tätigkeiten im Ausland = kein RVG

8. Ausländischer Mandant beauftragt ausländischen Rechtsanwalt

    a) mit Sitz in Deutschland (niedergelassener Rechtsanwalt)

        aa) für Tätigkeiten in Deutschland = kein RVG

        bb) für Tätigkeiten im Ausland = kein RVG

    b) ohne Sitz in Deutschland (Dienstleistungserbringer)

        aa) für Tätigkeiten in Deutschland = kein RVG

        bb) für Tätigkeiten im Ausland = kein RVG

B. Belehrungspflichten

I. Allgemeines

Der Rechtsanwalt ist weiterhin grds. nicht verpflichtet, von sich aus den Mandanten darüber aufzuklären, dass   **104**

- für seine Tätigkeit eine Vergütung zu zahlen ist,

- sich diese Vergütung nach dem RVG berechnet,

- welche Gebühren anfallen,

- wie hoch diese Gebühren sind.

Das Gesetz geht weiterhin davon aus, dass jedem Mandanten bekannt ist, dass ein Rechtsanwalt mit seiner Arbeit seinen Lebensunterhalt bestreiten will und deshalb auf eine Vergütung angewiesen ist. Des Weiteren wird im Gesetz davon ausgegangen, dass für jeden Mandanten ein **Zugang zum Bundesgesetzblatt** besteht, so dass er sich davon in Kenntnis setzen kann, wie hoch die Gebühren nach dem RVG sind.[119] Dies gilt auch gegenüber ausländischen Mandanten.[120]   **105**

---

119   OLG München, NJW 1984, 2537; BGH, NJW 1980, 2128; OLG Koblenz, MDR 1986, 1037 = Jur-Büro 1986, 1661 = AnwBl. 1988, 64.
120   OLG Köln, AGS 1994, 57 = OLGR 1994, 282.

106

> **Hinweis:**
>
> Eine Belehrungspflicht besteht als Nebenverpflichtung zum Vertrag jedoch immer dann, wenn der Mandant ausdrücklich nach der Höhe der Gebühren fragt.

II. Umfang der Belehrungspflichten

1. Offensichtliche Unwirtschaftlichkeit

107 Immer dann, wenn die Rechtsverfolgung im Hinblick auf die Kosten und das zu erzielende Ergebnis offensichtlich unwirtschaftlich ist, besteht eine Verpflichtung des Rechtsanwalts, über die Höhe der Gebühren nach dem RVG und GKG aufzuklären.[121] Eine derartige Aufklärungspflicht besteht nicht nur in den Fällen, in denen der Mandant mit äußerst hohen Anwalts- und Gerichtskosten belastet wird. Die Aufklärungspflicht besteht vielmehr auch in den Fällen, in denen die **Kosten ein Mehrfaches des zu erstreitenden Betrages** betragen. Wird z.B. ein Schadensersatzbetrag i.H.v. 1.000 € geltend gemacht und drohen Sachverständigenkosten, die diesen Betrag um mehr als das fünffache überschreiten, so hat der Rechtsanwalt ungefragt auf dieses Risiko hinzuweisen.

2. Höhere Kosten

108 Durch die Beauftragung eines Rechtsanwalts können höhere Kosten entstehen, als wenn von vornherein ein Dritter mit der Vertretung beauftragt worden wäre. Dies ist häufig der Fall bei Sachverhalten, in denen der Rechtsanwalt tätig wird und letztendlich eine **notarielle Beurkundung** notwendig wird. Wird ein Rechtsanwalt mit dem Entwurf eines Vertrags betraut, der einer notariellen Beurkundung bedarf, so ist der Auftraggeber i.d.R. auf diesen Umstand und dadurch entstehende weitere Kosten hinzuweisen.[122] Der Rechtsanwalt schuldet allerdings regelmäßig nicht den Rat, einen Notar aufzusuchen.[123]

109 Derartige Hinweispflichten können jedoch auch dann bestehen, wenn nicht durch Einschaltung eines Dritten, sondern durch eine **andere Vorgehensweise** seitens des Rechtsanwalts höhere Kosten entstehen. In diesen Fällen ist der Rechtsanwalt verpflichtet, den Mandanten auf den kostengünstigsten Weg hinzuweisen.

110 Dies gilt etwa in den Fällen, in denen der Rechtsanwalt zu einem **auswärtigen Termin** selbst anreist und dadurch hohe Reisekosten entstehen, die der Mandant sich hätte ersparen können, wenn von vornherein ein Anwalt am Gerichtsort mit der Wahrnehmung der Interessen des Mandanten beauftragt worden wäre.

---

121 BGH, NJW 1980, 2128; *Borgmann/Haug,* Anwaltshaftung, III, Rn. 14.
122 BGH, AnwBl. 1997, 676 = AGS 1998, 22.
123 BGH, a.a.O.

Nach der Neuregelung der Gebühren in Mahnverfahren[124] und den **Gebühren für den**   111
Antrag auf Erlass eines Versäumnisurteils[125] gilt dies zukünftig in allen Klagen, in denen für den Rechtsanwalt nach außergerichtlicher Tätigkeit begründeter Anlass für die Annahme bestand, dass der Antragsgegner/Schuldner sich nicht im gerichtlichen Verfahren verteidigen wird. Nach der Neuregelung entstehen im Mahnverfahren, wenn der Antragsgegner sich nicht verteidigt, Gebühren i.H.v. 1,5,[126] im Klageverfahren bei Erlass eines Versäumnisurteils mindestens Gebühren i.H.v. 1,8.[127]

3. Prozesskostenhilfe und Beratungshilfe

Über die Möglichkeit, Prozesskosten- oder Beratungshilfe zu beantragen, muss der   112
Rechtsanwalt dann ungefragt aufklären, wenn sich Anhaltspunkte dafür ergeben, dass dem Mandanten Prozesskosten- oder Beratungshilfe gewährt würde.[128]

Es stellt sich somit immer die Frage, wann Anhaltspunkte gegeben sind, die einen Rechts-   113
anwalt verpflichten, auf die Möglichkeit von Prozesskosten- und Beratungshilfe hinzuweisen. Aufgrund der durch das Zivilprozessreformgesetz[129] eingeführten Möglichkeit für das Bundesministerium der Justiz, jährlich zum 1. Juli eines Jahres die **maßgeblichen Freibeträge** anzupassen, ist sichergestellt, dass auch bei Gehaltssteigerungen ein wesentlicher Teil der Bevölkerung Anspruch auf Prozesskosten- und Beratungshilfe hat. Das Durchschnittseinkommen eines Bürgers in den alten Bundesländern beträgt derzeit ca. 2.300 €, in den neuen Bundesländern ca. 2.000 €. Diese jährliche Anpassung führt dazu, dass wesentliche Teile der Bevölkerung immer Anspruch auf Prozesskosten- bzw. Beratungshilfe haben. Aufgrund dieser Änderung ist davon auszugehen, dass für den Durchschnittsverdiener **immer** Anhaltspunkte dafür bestehen, dass er Anspruch auf Prozesskosten- bzw. Beratungshilfe hat. **Daraus folgt die Verpflichtung des Rechtsanwalts, i.d.R. auf Prozesskosten- bzw. Beratungshilfe hinzuweisen.** Es ist die Ausnahme, wenn heute eine derartige Verpflichtung nicht besteht. Dies zeigt auch nachfolgendes Berechnungsbeispiel für einen alleinverdienenden Antragsteller, der verheiratet ist und zwei unterhaltspflichtige Kinder hat.

---

124   S. Nrn. 3305 – 3308 VV RVG.
125   Nrn. 3100, 3104, 3105 VV RVG.
126   Nrn. 3305, 3308 VV RVG.
127   Nrn. 3100, 3105 VV RVG.
128   OLG Koblenz, VersR 1990, 309; OLG Köln, NJW 1986, 725; *Borgmann/Haug*, Anwaltshaftung, IV Rn. 96; *Braun/Hansens*, RVG-Praxis, S. 27.
129   BGBl. 2001 I, S. 1887.

114   ***Beispiel (fiktiv):***

Bruttoeinkommen	*2.510,00 €*
Steuern, Sozialabgaben	*400,00 €*
Versicherungen	*100,00 €*
Fahrtkosten zur Arbeit	*90,00 €*
Kreditkosten	*200,00 €*
Miete	*− 500,00 €*
Summe	**1.210,00 €**
Freibetrag Antragsteller nach § 115 ZPO[130]	*364,00 €*
Freibetrag Ehegatte	*364,00 €*
Freibetrag 1. Kind	*256,00 €*
Freibetrag 2. Kind	*256,00 €*
Einzusetzendes Einkommen bei der Berechnung von Prozesskosten	*0 €*
Tabelle § 115 ZPO: Rate bis 15 €	*0 €*

115

> **Hinweis:**
>
> Das Beispiel verdeutlicht, dass häufig ein **Durchschnittsverdiener** sogar Anspruch auf ratenfreie Prozesskostenhilfe und damit **Beratungshilfe** hat.

4.   Fehlende Erstattung

116   Der Mandant geht heute i.d.R. davon aus, dass er bei Inanspruchnahme eines Rechtsanwalts von der Zahlung der Gebühren an den Rechtsanwalt befreit ist, wenn er seine Ansprüche erfolgreich durchsetzt. In den Fällen, in denen er mit einer Erstattung der Gebühren im Fall des Obsiegens nicht rechnen kann, ist der Rechtsanwalt verpflichtet, den Mandanten darauf hinzuweisen.

a)   Arbeitsgerichtssache

117   Dies gilt in erster Linie aufgrund der Regelung des § 12a ArbGG für die Vertretung eines Mandanten durch einen Rechtsanwalt in der Arbeitsgerichtsbarkeit in I. Instanz.[131] Zu dieser Belehrungspflicht gehört es allerdings dann auch, den Mandanten in diesen Fällen darauf hinzuweisen, dass er die Kosten, die ihm für ein persönliches Erscheinen in der I. Instanz im Arbeitsgerichtsverfahren entstanden sind, trotz der Regelung des § 12a ArbGG vom Gegner verlangen kann.[132]

---

130   BGBl. 2004 I, S. 1283.
131   *Hansens,* BRAGO, § 1 Rn. 28; *Gerold/Schmidt/Madert,* BRAGO, § 1 Rn. 9; *Riedel/Sußbauer/Fraunholz,* BRAGO, § 1 Rn. 7.
132   LAG Köln, EzA § 91 ZPO Nr. 3 = LAGE § 91 ZPO Nr. 3; LAG Rheinland-Pfalz, AnwBl. 1988, 299.

b) Kosten eines zweiten Rechtsanwalts

Übernimmt ein Rechtsanwalt nach dem **Tod eines Rechtsanwalts das Mandat**, ohne zum Abwickler bestellt zu sein, so muss er die unkundige Partei auf den erneuten vollen Anfall der Gebühren hinweisen.[133]   118

c) „Verkehrsanwalt"

Wird der erstinstanzliche Prozessbevollmächtigte in Berufungsverfahren als **Korrespondenzanwalt** tätig, so hat er in einem derartigen Fall den Mandanten ungefragt darüber aufzuklären, dass seine Kosten als Korrespondenzanwalt nicht erstattungsfähig sind.[134]   119

d) Unerfahrenheit

Bestehen besonders hohe Gebühren, so ist der Rechtsanwalt dann, wenn der Mandant erkennbar das Kostenrisiko infolge Unwissenheit und Geschäftsunerfahrenheit nicht einzuschätzen vermag, verpflichtet, ungefragt über das Kostenrisiko aufzuklären.[135]   120

e) Baunachbarrechtsstreit

Der Anwalt muss seinen Mandanten über das Kostenrisiko belehren, das entsteht, wenn er im verwaltungsrechtlichen Baunachbarrechtsstreit für den beigeladenen Mandanten Sachanträge zu stellen beabsichtigt.[136]   121

f) Überflüssige Klageerhöhung

Erhöht ein Rechtsanwalt im Rahmen einer Stufenklage vor einer Entscheidung über den vorrangigen Auskunftsanspruch die Klage, weil er die Rechtslage zur Verjährung verkennt, und unterlässt er eine Belehrung des Mandanten über die Aussichtslosigkeit und Überflüssigkeit der Klageerhöhung, haftet er für die damit verbundenen Mehrkosten des Rechtsstreits.[137]   122

g) Rechtsschutzversicherung

Die **Einholung einer Deckungsschutzzusage** ist eine **eigene Angelegenheit**[138]. Es entsteht eine Gebühr nach Nr. 2400 VV RVG. Die Bedeutung der Angelegenheit ist für den Mandanten i.d.R. durchschnittlich; sind die Einkommens- und Vermögensverhältnisse des Mandanten ebenfalls durchschnittlich, so ist eine derartige Tätigkeit i.d.R. als nicht umfangreich und schwierig zu werten mit der Folge, dass dann die Regelgebühr i.H.v. 1,3   123

---

133 OLG Koblenz, MDR 1986, 1037 = JurBüro 1986, 1661 = AnwBl. 1988, 64.
134 OLG Köln, AGS 1998, 166 = VersR 1998, 1282.
135 BGH, NJW-RR 1997, 1285.
136 OLG Düsseldorf, AnwBl. 1987, 283.
137 OLG Düsseldorf, VersR 1990, 741.
138 *Göttlich/Mümmler/Rehberg/Xanke*, RVG, „Deckungszusage", 3.; *Hartung/Römermann*, RVG, § 19 Rn. 23; *Mayer/Kroiß/Ebert*, RVG, § 19 Rn. 14; *Braun*, RVGreport 2004, 284.

entsteht.[139] Diese Gebühr ist weder von der Rechtsschutzversicherung noch vom Schädiger zu erstatten.[140] Gegen den Mandanten kann sie nur geltend gemacht werden, wenn dieser vorher darauf hingewiesen wurde, dass er diese Gebühr selbst zu tragen hat.[141]

124

> **Hinweis:**
>
> Hat der Rechtsanwalt auf die fehlende Erstattungsfähigkeit nicht hingewiesen, so kann er die für die Einholung der Deckungsschutzzusage entstehenden Gebühren nicht geltend machen.

5. Belehrung über Gegenstandswert

125 Nach § 49b Abs. 5 BRAO muss der Rechtsanwalt seine Mandanten **vor Übernahme des Mandats** darauf hinweisen, dass sich die Gebühren nach dem Gegenstandswert berechnen. Die Gesetzesbegründung führt aus, in der Vergangenheit sei es immer wieder zu Unzuträglichkeiten gekommen, wenn Mandanten vor allem bei hohen Gegenstandswerten von der Abrechnung „überrascht" worden seien. Des Weiteren heißt es in der Begründung:

„… Eine solche Hinweispflicht wird aber auch als ausreichend betrachtet. Nach einem entsprechenden Hinweis wird ein Mandant, der die Folgen dieser Form der Gebührenrechnung nicht abschätzen kann, den Anwalt hierzu befragen. Die Regelung soll im 3. Teil der BRAO erfolgen, in dem die Rechte und Pflichten des Rechtsanwalts geregelt sind. Die Unterrichtungsverpflichtung will die allgemeine Berufspflicht des Rechtsanwalts gemäß § 43a Satz 1 BRAO konkretisieren, die den Anwalt verpflichtet, seinen Beruf gewissenhaft auszuüben. Sie stellt eine besondere Berufspflicht im Zusammenhang mit der Annahme und Wahrnehmung des Auftrags dar und steht damit auch in einem Zusammenhang mit den Unterrichtungspflichten gemäß § 11 der Berufsordnung für Rechtsanwälte (BORA), der auf der Grundlage von § 59b Abs. 2 Nr. 5a BRAO erlassen worden ist. …"[142]

126 Entgegen der Begründung findet sich im Gesetzeswortlaut **keine Beschränkung** dieser Belehrungspflicht **auf Verfahren mit hohen Gegenstandswerten**. Die Belehrungspflicht gilt in all den Verfahren, in denen nach Gegenstandswert abgerechnet wird.

---

139 *Braun*, RVGreport 2004, 284; a.A. *Göttlich/Mümmler/Rehberg/Xanke*, RVG, „Deckungszusage" 3: 0,5 Geschäftsgebühr nach Nr. 2400 VV RVG.
140 AG Ahaus, JurBüro 1976, 57.
141 *Braun*, BRAK-Mitt. 1998, 64; *ders.*, RVGreport 2004, 284; *Göttlich/Mümmler/Rehberg/Xanke*, RVG, „Deckungszusage" 3.
142 BR-Drucks. 830/03, S. 294.

> **Hinweis:**
>
> Der Rechtsanwalt ist deshalb zukünftig verpflichtet, dem Mandaten verständlich darzulegen, was unter dem Begriff des Gegenstandswertes verstanden wird. Dies wird, so die Gesetzesbegründung, zukünftig dazu führen, dass der Mandant dann häufig nachfragen wird, wie hoch der Gegenstandswert in seinem anhängigen Verfahren ist. Erfährt der Mandant die Höhe des Gegenstandswertes, so wird sich in der Praxis dann häufig auch die Frage nach der Höhe der Gebühren anschließen.

127

III. Folgen fehlender Belehrung

Die Rechtsprechung geht bisher davon aus, dass der Rechtsanwalt sich bei Verstoß gegen Belehrungspflichten **schadensersatzpflichtig** macht.[143] **128**

Streitig ist inzwischen geworden, ob der Rechtsanwalt auch bei einer Verletzung der Verpflichtung zur Belehrung über den Gegenstandswert (**§ 49b Abs. 5 BRAO**) zum Schadensersatz verpflichtet ist. **129**

Im Hinblick auf die Stellung des § 49b BRAO wird die Auffassung vertreten, Verstöße gegen diese Vorschrift hätten **lediglich berufsrechtliche Auswirkungen**.[144] **130**

Dieser Rechtsauffassung kann nicht gefolgt werden. Ein Verstoß gegen die Verpflichtung aus § 49b Abs. 5 BRAO **führt zum Schadensersatzanspruch gegen den Rechtsanwalt**. Soweit *Völtz* die Auffassung vertritt, in Gerichtsverfahren sei die Hinweispflicht überflüssig, da der Rechtsanwalt nach § 49b Abs. 1 BRAO verpflichtet sei, die gesetzlichen Gebühren nicht zu unterschreiten, geht dieser Hinweis fehl. Es geht nicht darum, dass der Mandant die anwaltliche Leistung günstiger bekommt. Es geht vielmehr um die Frage, ob er die Leistung überhaupt zu dem entsprechenden Preis in Anspruch nehmen will. Diese Möglichkeit muss ihm eröffnet werden. Wenn er jedoch zuvor nicht ausreichend seitens des Anwalts aufgeklärt wurde, dann liegen seiner Entscheidung nicht die notwendigen Informationen zugrunde. **131**

Entsprechendes gilt für **außergerichtliche Tätigkeiten**. Auch hier kommt es nicht darauf an, ob der Mandant die Leistung zu einem günstigeren Preis hätte in Anspruch nehmen können; allein entscheidend ist, dass dem Mandanten die Möglichkeit gegeben wird, von der Beauftragung eines Rechtsanwalts Abstand zu nehmen, weil ihm die Kosten zu hoch sind. **132**

---

143 OLG Düsseldorf, AnwBl. 1987, 283; OLG Koblenz, MDR 1986, 1037 = JurBüro 1986, 1661; OLG Düsseldorf, OLGR Düsseldorf 1992, 201; OLG Köln, AGS 1998, 166 = VersR 1998, 1282; AG Hildesheim, AnwBl. 1982, 400; OLG Köln, AnwBl. 1987, 547; OLG Düsseldorf, VersR 1990, 741; BGH, NJW-RR 1997, 1285.
144 *Völtz*, BRAK-Mitt. 2004, 103, 104.

133

> **Hinweis:**
>
> Aus der Gesetzesbegründung ergibt sich gerade, dass der Gesetzgeber die Position des Mandanten stärken wollte. Neben den zivilrechtlichen Auswirkungen kann die Rechtsanwaltskammer selbstverständlich auch den Verstoß gegen § 49b Abs. 5 BRAO berufsrechtlich rügen. Gerade dies ergibt sich aus dem Hinweis in den Gesetzesmaterialien, dass diese Regelung eine Konkretisierung der allgemeinen Berufspflicht der Rechtsanwalts gemäß § 43a Satz 1 BRAO darstellt.

134 Aus der Stellung dieser Regelung in der BRAO kann i.Ü. nicht der Schluss gezogen werden, zivilrechtliche Auswirkungen seien nicht beabsichtigt. Viele Regelungen zum Berufsrecht der Rechtsanwälte sind nur in der BRAO geregelt; bei Verstoß gegen diese Verpflichtung führt dies häufig zur Nichtigkeit. Dies gilt insbesondere für die in § 49b BRAO genannten Verpflichtungen. Ein **Verstoß gegen das Gebührenunterbietungsverbot** (§ 49b Abs. 1 BRAO) führt zur Nichtigkeit.[145]

135 Auch führt die **Vereinbarung eines Erfolgshonorars** zu einem Verstoß gegen § 49b Abs. 2 BRAO; die Vereinbarung ist dann nichtig.[146]

Ebenfalls führt ein Verstoß gegen die Verpflichtung aus § 49b Abs. 3 BRAO (**Vermittlungsgebühr**) zur Nichtigkeit.[147]

136

> **Hinweis:**
>
> Den Anwalt trifft die **Beweislast** dafür, dass er die sich aus dem Anwaltsvertrag ergebenden Belehrungen erfüllt hat. Grds. sollten deshalb in Mandatsbedingungen Regelungen aufgenommen werden, die nach erfolgter Belehrung das Tätigwerden des Anwalts beweisen.

IV. Muster: Mandatsvereinbarung

137

Mandatsvereinbarung

Rechtsanwalt .... wird von dem Auftraggeber mit der außergerichtlichen Vertretung in .... beauftragt. Sollte eine gerichtliche Vertretung notwendig werden, so wird schon jetzt für diesen Zeitpunkt ein weiteres Mandat als neue Angelegenheit erteilt. Die Vertretung bezieht sich nur auf Bestimmungen des Bürgerlichen Gesetzbuches, andere Bestimmungen, z.B. steuerliche, werden von dem Rechtsanwalt nicht geprüft.

---

145 OLG München, NJW 2002, 3641; LG Kleve, AnwBl. 2000, 259.
146 *Feuerich/Weyland*, BRAO, § 49b Rn. 26.
147 LG Berlin, AnwBl. 2001, 177.

Der Auftraggeber wurde belehrt, dass sich die Gebühren des Rechtsanwalts nach dem Gegenstandswert berechnen.

Der Auftraggeber erteilt aus Gründen der Kostenersparnis die Zustimmung, dass Rahmengebühren in Höhe des jeweiligen Höchstbetrages der anzuwendenden Bestimmungen gegen ihn nach § 11 RVG festgesetzt werden können. Der Rechtsanwalt nimmt diese Zustimmung an.

Auftraggeber und Rechtsanwalt vereinbaren, dass bei einer Einigung i.S.d. Nr. 1003 Vergütungsverzeichnis RVG immer eine Gebühr i.H.v. 1,5 zu vergüten ist; der Auftraggeber wurde darüber belehrt, dass diese Gebühr in einzelnen Fällen von ihm persönlich zu zahlen ist und nicht vom Gegner oder Dritten (z.B. Rechtsschutzversicherung oder Staatskasse) erstattet wird.

....
(Auftraggeber)   (Rechtsanwalt)

C. Allgemeine Regelungen

I. Gebührenarten

Das Rechtsanwaltsvergütungsgesetz unterscheidet folgende Gebührenarten: 138

* Festgebühren

* Rahmengebühren

1. Festgebühren

Bei Festgebühren unterscheidet man **Gebühren, die nach Wert berechnet werden**. Dies   139
sind:

Einigungsgebühr	Nrn. 1000, 1003, 1004 VV RVG
Aussöhnungsgebühr	Nrn. 1001, 1003, 1004 VV RVG
Erledigungsgebühr	Nrn. 1002, 1003, 1004 VV RVG
Gebührenerhöhung	Nr. 1008 VV RVG
Hebegebühr	Nr. 1009 VV RVG
Gutachtengebühr	Nr. 2201 VV RVG
Geschäftsgebühr	Nrn. 2402, 2403 VV RVG

Verfahrensgebühr	Nrn. 3100, 3101, 3200, 3201, 3206, 3207, 3208, 3209, 3301, 3302, 3303, 3305, 3306, 3307, 3308, 3309, 3311, 3313, 3314, 3315, 3316, 3317, 3318, 3319, 3320, 3321, 3322, 3323, 3324, 3325, 3326, 3327, 3328, 3329, 3330, 3331, 3333, 3334, 3335, 3337, 3400, 3403, 3404, 3405, 3500, 3502, 3503, 3504, 3505, 3506, 3507, 3508, 3509, 3510, 4142, 4143, 4144, 4145, 5116 VV RVG
Terminsgebühr	Nrn. 3104, 3105, 3202, 3203, 3210, 3211, 3304, 3310, 3312, 3332, 3401, 3402, 3513, 3514 VV RVG

140 **Daneben können Festgebühren auch auf einen** Betrag, nicht berechnet nach Wert, **festgelegt sein. Dies sind:**

Beratungshilfegebühr	Nr. 2600 VV RVG
Beratungsgebühr	Nrn. 2601, 2602 VV RVG
Geschäftsgebühr	Nrn. 2603, 2604, 2605, 2606, 2607 VV RVG
Einigungs- und Erledigungsgebühr	Nr. 2608 VV RVG

141 Jeweils für den **gerichtlich bestellten oder beigeordneten Rechtsanwalt:**

Grundgebühr	Nrn. 4100, 4101, 5100, 6200 VV RVG
Terminsgebühr	Nrn. 4102, 4103, 4108, 4109, 4110, 4111, 4114, 4115, 4116, 4117, 4120, 4121, 4122, 4123, 4126, 4127, 4128, 4129, 4132, 4133, 4134, 4135, 4202, 4203, 4206, 4207, 5102, 5104, 5106, 5108, 5110, 5112, 5114, 6101, 6201, 6204, 6205, 6206, 6208, 6209, 6210, 6212, 6213, 6214, 6215, 6301, 6303 VV RVG
Verfahrensgebühr	Nrn. 4104, 4106, 4112, 4113, 4118, 4119, 4124, 4125, 4130, 4131, 4200, 4201, 4204, 4205, 4300, 4301, 4302, 4303, 4304, 5101, 5103, 5105, 5107, 5109, 5111, 5113, 5200, 6100, 6202, 6203, 6207, 6211, 6300, 6302, 6404 VV RVG

142 Die **Kappungsbestimmungen,** z.B. Nr. 2102 VV RVG, stellen demgegenüber keine Festgebühr dar; sie sind lediglich eine Begrenzung für die Betragsrahmengebühren.[148]

2. Rahmengebühren

143 Daneben kennt das Gesetz Rahmengebühren. Man unterscheidet zwischen Betrags- und Satzrahmengebühren.

---

148 A.A. *Mayer/Kroiß/Klees,* RVG, § 2 Rn. 13.

Dies sind die **Betragsrahmengebühren**, deren Rahmen gekennzeichnet **ist durch einen**   144
Mindest- und Höchstbetrag.[149] Derartige Betragsrahmengebühren sind:

Erledigungs- und Einigungsgebühr	Nrn. 1005, 1006, 1007 VV RVG
Beratungsgebühr	Nr. 2101 VV RVG
Erfolgsaussichten-prüfungsgebühr	Nrn. 2202, 2203 VV RVG
Geschäftsgebühr	Nrn. 2501, 2502 VV RVG
Verfahrensgebühr	Nrn. 3102, 3103, 3204, 3212, 3336, 3406, 3501, 3511, 3512, 3104, 3105, 3106, 3107, 3112, 3113, 4118, 4119, 4124, 4125, 4130, 4131, 4200, 4201, 4204, 4205, 4300, 4301, 4302, 4303, 5101, 5103, 5105, 5107, 5109, 5111, 5113, 6100, 6202, 6203, 6207, 6211, 6300, 6302, 6400, 6402, 6404 VV RVG
Terminsgebühr	Nrn. 3106, 3205, 3213, 3515, 3517, 3518, 4102, 4103, 4108, 4109, 4114, 4115, 4120, 4121, 4126, 4127, 4132, 4133, 4202, 4203, 4206, 4207, 5102, 5104, 5106, 5108, 5110, 5112, 5114, 6101, 6201, 6204, 6208, 6212, 6301, 6303, 6401, 6403 VV RVG
Grundgebühr	Nrn. 4100, 4101, 5100, 6200 VV RVG

Daneben kennt das RVG Satzrahmengebühren. **Dies sind:**   145

Beratungsgebühr	Nr. 2100 VV RVG
Erfolgsaussichten-prüfungsgebühr	Nr. 2200 VV RVG
Geschäftsgebühr	Nrn. 2400, 2401 VV RVG

II. Rahmengebühren

Nach Rahmengebühren rechnet der Rechtsanwalt am häufigsten ab. Nach einer im Auf-   146
trag des Bundesministerium der Justiz und der Bundesrechtsanwaltskammer durchgeführten Untersuchung erledigt ein Rechtsanwalt **70,6% aller in einer Kanzlei bearbei-
teten Fälle außergerichtlich.**[150]

Die Bestimmung der Höhe der Rahmengebühr erfolgt anhand der in § 14 RVG genann-   147
ten Kriterien.

Die Auslegungskriterien des § 14 RVG finden auf alle Betrags- und Satzrahmengebühren   148
Anwendung. Keine Anwendung finden die Kriterien auf die **Pauschgebühren** (§§ 42, 51
RVG).

---

149   S. Abs. 3 der Anm. zu Nr. 1008 VV RVG.
150   *Wassilewski*, Streitverhütung durch Rechtsanwälte, Köln 1988.

1. Bestimmungsrecht

149 Der Rechtsanwalt bestimmt nach den in § 14 RVG niedergelegten Kriterien die Höhe der Gebühr.[151] Mit dieser starken Stellung des Rechtsanwalts bei der Gebührenbemessung sind nicht nur Vorteile, sondern auch Nachteile verbunden.

a) Substantiierung

150 Wenn der Rechtsanwalt für eine außergerichtliche Tätigkeit eine Gebührenbemessung vornimmt, so hat er schon zu diesem Zeitpunkt intern die Kriterien des § 14 RVG zu prüfen. Er muss immer damit rechnen, dass der Mandant die Gebühren nicht zahlt und er dann ggf. auf eine klageweise Durchsetzung der Ansprüche angewiesen ist.

151 Im **Klageverfahren** obliegt ihm die **Substantiierungslast**. Dazu gehört es, dass er in einer Klage im Einzelnen zu den Kriterien des § 14 RVG,

- Umfang der anwaltlichen Tätigkeit, Schwierigkeit der anwaltlichen Tätigkeit,
- Bedeutung der Angelegenheit
- Vermögens- und Einkommensverhältnisse des Auftraggebers,
- Haftungsrisiko,
- weitere Bemessungskriterien,

vorträgt. Fehlt es an dem notwendigen Vortrag zu diesen Kriterien, so kann das Gericht nur die Mindestgebühr festsetzen.

152

> **Hinweis:**
>
> Die fehlende Substantiierung kann nicht durch **Einholung eines Gutachtens** der **Rechtsanwaltskammer** ersetzt werden. Es ist nicht Aufgabe des Vorstands der Rechtsanwaltskammer, sich bei der Erstellung des Gutachtens nach § 14 Abs. 2 RVG den Sachvortrag anhand der Gerichts- und ggf. Anwaltsakte zu erarbeiten.

153 Dem Mandanten muss die Möglichkeit gegeben werde, zu der seitens des Rechtsanwalts vorgenommenen Bemessung Stellung nehmen zu können.

154 Erarbeitet der Vorstand der Rechtsanwaltskammer selbst anhand der Handakte des Rechtsanwalts die Bemessungskriterien, so überschreitet er seine ihm eingeräumte Befugnis nach § 14 Abs. 2 RVG.

---

151 *Gerold/Schmidt/von Eicken/Madert*, BRAGO, § 12 Rn. 4; *Riedel/Sußbauer/Fraunholz*, BRAGO, § 12 Rn. 5; *Hansens*, BRAGO, § 12 Rn. 2; *Göttlich/Mümmler/Rehberg/Xanke*, RVG, „Rahmengebühr" 2.1; *Kindermann/Klatt*, Gebührenpraxis für Anwälte, S. 608 Rn. 41; Anwkom-BRAGO-*N. Schneider*, § 12 Rn. 13 ff.; *Mayer/Kroiß/Winkler*, RVG, § 14 Rn. 15.

Ebenfalls ist es nicht gestattet, dass Gericht oder Rechtsanwaltskammer bei ihrer Tätig- 155
keit immer davon ausgehen, dass auch bei fehlendem Vortrag durch den Anwalt immer
eine Mittelgebühr mindestens angemessen ist.

b) Bindungswirkung

Der Rechtsanwalt ist an das einmal ausgeübte Ermessen gebunden.[152]   156

In der **Praxis** kommt es häufiger vor, dass außergerichtlich ein Rechtsanwalt von seinem 157
Bestimmungsrecht Gebrauch macht und dann bei Nichtzahlung der Gebühren durch
den Mandanten im Prozess eine höhere Gebühr verlangt wird. Dies führt immer zur **Klageabweisung** hinsichtlich des Betrages, der über dem außergerichtlich ausgeübten Bestimmungsrecht liegt.

Abweichungen sind **nur in Ausnahmefällen möglich**:   158

(1) Der Rechtsanwalt hat sich eine **Erhöhung ausdrücklich und erkennbar vorbehal-** 159
ten.[153] Derartige Vorbehalte erfolgen häufig dann, wenn der Gegenstandswert schwer zu
bestimmen ist. Einem Anwalt muss es in diesem Fall gestattet sein, den Gebührenrahmen anzupassen, wenn sich im Nachhinein herausstellt, dass der Gegenstandswert durch
das Gericht niedriger festgesetzt wird.

(2) Eine Bindungswirkung entfällt aber auch dann, wenn der Mandant **den Rechtsan-** 160
walt über die Bemessungsfaktoren getäuscht hat. In der Praxis kommt es vor, dass der
Mandant seine Einkommens- und Vermögensverhältnisse nicht richtig angibt. Stellt sich
nach dem Rechtsstreit heraus, dass die Einkommens- und Vermögensverhältnisse des
Mandanten besser waren als die, von denen der Rechtsanwalt bei Bestimmung des Gebührenrahmens ausgegangen ist, so kann er dies im Nachhinein berücksichtigen. Dies
gilt jedoch nur für den Fall der Täuschung. Hat der Anwalt keine Ermittlungen bezüglich
der Einkommens- und Vermögensverhältnisse des Mandanten vorgenommen, dann wurde er nicht getäuscht. In derartigen Fällen kann er sein Bestimmungsrecht nicht ausüben.

Praxishinweis: 161

Es empfiehlt sich deshalb in der Praxis immer, zu Beginn eines Mandats von einem
Mandanten die Erklärung über die persönlichen und wirtschaftlichen Verhältnisse aus-
füllen zu lassen. I.d.R. hat der Mandant heute einen Anspruch auf Prozesskostenhilfe.

---

152 BGH, AnwBl. 1987, 489; LG Köln, DAR 1988, 392; *Hansens*, BRAGO, § 6 Rn. 3; Anwkom-BRAGO-
     N. Schneider, § 12 Rn. 70.
153 OLG Köln, AGS 1993, 34; *Gerold/Schmidt/Madert*, BRAGO, § 12 Rn. 4; a.A. *Kübelmann*, AnwBl.
     1980, 451.

162 **(3)** Eine Bindungswirkung entfällt aber auch dann, wenn der **Rechtsanwalt einen gesetzlichen Gebührentatbestand übersehen** hat.[154] Der Rechtsanwalt ist jedoch in derartigen Fällen an die Ausübung seines Ermessens gebunden.[155] Hat z.B. der Rechtsanwalt seine Tätigkeit nach Nummer 2400 VV RVG abgerechnet und stellt sich im Nachhinein heraus, dass richtigerweise die Tätigkeit nach Nummer 2100 VV RVG zu berechnen war, so kann der Rechtsanwalt nicht mehr von der Mittelgebühr abweichen, wenn er diese seiner Rechnung nach Nummer 2400 VV RVG zugrundegelegt hat. Er ist bei der korrigierten Rechnung nach Nummer 2100 VV RVG an die Mittelgebühr, also 0,55, gebunden.[156]

2. Gebührenüberschreitung

163 Das RVG sieht vor, dass Höchstgebühren unter besonderen Voraussetzungen überschritten werden dürfen.

164 Nach Vorbemerkung 4 Abs. 4 VV RVG entsteht in **Strafsachen** eine Gebühr mit Zuschlag, wenn der Beschuldigte sich nicht auf freiem Fuß befindet. Im Gegensatz zur bisherigen Regelung in § 83 Abs. 3 BRAGO ist diese Erhöhung zwingend; der Rechtsanwalt muss nicht mehr darlegen, dass der Gebührenrahmen nicht ausreichend ist, um die gesamte Tätigkeit des Rechtsanwalts angemessen zu entgelten.[157]

165 Grund für die zwingende Erhöhung ist, dass der Rechtsanwalt einen **erheblich höheren Zeitaufwand** zu erbringen hat als für die Verteidigung nicht inhaftierter Mandanten. Die Kontaktaufnahme mit dem in der Justizvollzugsanstalt einsitzenden Beschuldigten gestaltet sich schwieriger. Die Erhöhung gilt auch dann, wenn der **Mandant nur zeitweise inhaftiert** ist.[158]

166 Entfallen sind die Gebührenüberschreitungsmöglichkeiten im Falle der **Einziehung oder verwandter Maßnahmen** (bisher: § 88 Satz 2 BRAGO) sowie bei **Drohung eines Fahrverbots** oder Entzug der Fahrerlaubnis (§ 88 Satz 3 BRAGO). Soweit in der Gesetzesbegründung[159] diese Streichung damit gerechtfertigt wird, dass das Fahrverbot oder die Entziehung der Fahrerlaubnis nicht anders behandelt werden dürfen als ein Berufsverbot oder die Entziehung einer Konzession, kann diese Argumentation nicht überzeugen. Auch bei einem Berufsverbot oder der Entziehung einer Konzession wäre eine entsprechende Erhöhung angemessen gewesen.

---

154 *Gerold/Schmidt/Madert*, BRAGO, § 12 Rn. 4; *Baldus*, DAR 1988, 392; a.A. Anwkom-BRAGO-*N. Schneider*, § 12 Rn. 70; *Hansens*, BRAGO, § 6 Rn. 3.

155 *Enders*, JurBüro 1995, 561.

156 Anwkom-BRAGO-*N. Schneider*, § 12 Rn. 71.

157 BR-Drucks. 830/03, S. 278.

158 BR-Drucks. 830/03, S. 278.

159 BR-Drucks. 830/03, S. 278.

Die **Streichung** ist **auszugleichen** durch **Anwendung der §§ 14, 42 RVG**. Nach § 14   167
RVG ist i.d.R. bei Entzug einer Fahrerlaubnis oder dem Fahrverbot davon auszugehen,
dass die „Bedeutung der Angelegenheit" für den Mandanten besonders hoch ist; i.d.R.
entfaltet der Rechtsanwalt in derartigen Verfahren besondere Tätigkeiten, die es rechtfertigen, dass auf Antrag des Rechtsanwalts durch das Gericht eine **Pauschgebühr** nach
§ 42 RVG festgesetzt wird.

3.   Bemessungskriterien   168

Folgende Bemessungskriterien sind in § 14 RVG bestimmt:

- Umfang der anwaltlichen Tätigkeit,

- Schwierigkeit der anwaltlichen Tätigkeit,

- Bedeutung der Angelegenheit,

- Einkommens- und Vermögensverhältnisse des Mandanten,

- Haftungsrisiko.

Weiterhin ist die Aufzählung nicht abschließend, wie sich aus der Verwendung des Wor-   169
tes „vor allem" ergibt. Im Gegensatz zur bisherigen Regelung (§ 12 BRAGO „insbesondere") ist durch die Verwendung des Wortes „vor allem" nunmehr zum Ausdruck gebracht worden, dass die in § 14 Abs. 1 RVG genannten Kriterien eine **größere Bedeutung** haben als Kriterien, die nicht in § 14 RVG genannt sind.

a)   Umfang der anwaltlichen Tätigkeit

Beim Umfang der anwaltlichen Tätigkeit ist in erster Linie auf den **zeitlichen Aufwand**   170
des Rechtsanwalts abzustellen.[160]

Sobald Tätigkeiten des Rechtsanwalts von besonderen Gebührenvorschriften erfasst wer-   171
den, können diese Tätigkeiten bei der **Bemessung der Rahmengebühr** nicht berücksichtigt werden.[161] Häufig stellt sich bei der Bemessung der Rahmengebühr die Frage,
wann von einem **durchschnittlichen Umfang** auszugehen ist. Kriterien, wie in derartigen Fällen nachvollziehbar die Gebühr bestimmt wird, sind bisher nicht zu erkennen.

---

160   Anwkom-BRAGO-*N. Schneider*, § 12 Rn. 31; *Gerold/Schmidt/Madert*, BRAGO, § 12 Rn. 12; *Kinder-
      mann/Klatt*, Gebührenpraxis für Anwälte, S. 610 Rn. 51; *Göttlich/Mümmler/Rehberg/Xanke*, RVG,
      „Rahmengebühren", 2.3.2; *Riedel/Sußbauer/Fraunholz*, BRAGO, § 12 Rn. 9; *Hansens*, BRAGO, § 12
      Rn. 9; *Schumann/Geißinger*, BRAGO, § 12 Rn. 10; *Mayer/Koiß/Winkler*, RVG, § 14 Rn. 16.
161   *Mayer/Kroiß/Winkler*, RVG, § 14 Rn. 19.

172

> **Praxishinweis:**
>
> Folgender Ansatz empfiehlt sich zukünftig: Die durchschnittlich von einem Rechtsanwalt bearbeiteten Sachverhalte sind durch die Zahl der geleisteten Stunden zu dividieren. Die sich daraus ergebende Zeit kann bis zu 40 % als Arbeitsleistung auf einen Sachverhalt angerechnet werden.

173 Selbständige Rechtsanwälte arbeiten durchschnittlich **53 Stunden in der Woche.**[162] Ein selbständiger Rechtsanwalt nimmt durchschnittlich im Jahr 21 Tage = 4 Wochen Urlaub.[163]

174 Krankheitstage entstehen nicht, jedenfalls entfällt Arbeitszeit nicht aufgrund von Krankheit; der Anwalt arbeitet auch im kranken Zustand weiter. 48 Wochen à 53 Stunden ergeben eine **Jahresarbeitszeit i.H.v. 2.544 Stunden.** Durchschnittlich erledigt ein Anwalt pro Jahr **236 Fälle.**[164] Daraus ergibt sich, dass auf jeden Fall im Büro eines Rechtsanwalts eine **Stundenzahl von 10,7** durchschnittlich verwandt wird. Wissenschaftlich ist bewiesen, dass von den im Büro geleisteten Arbeitsstunden bei guter Organisation höchstens 40% berechnet werden können; die übrige Zeit wird für Arbeiten verwandt, die dem Mandanten nicht in Rechnung gestellt werden können, wie z.B. allgemeine Fortbildung, allgemeine Organisationsarbeiten im Büro, Personalangelegenheiten im Büro. Durchschnittlich wendet damit ein Anwalt **pro Fall etwa 4 Stunden an berechnungsfähiger Zeit** auf. Dies ist die Maßeinheit und Grundlage für die Entscheidung, welcher zeitliche Aufwand durchschnittlich, unter- oder überdurchschnittlich ist.[165] Nicht vertretbar ist deshalb, wenn die Rechtsprechung davon ausgeht, dass eine Hauptverhandlungsdauer bis 8 Stunden unter Einschluss einer 2-stündigen Mittagspause noch als durchschnittlich zu bezeichnen ist.[166] Man wird deshalb zukünftig grds. davon ausgehen dürfen, dass bei Tätigkeiten von mehr als 4 Stunden für eine Gebühr eine überdurchschnittliche Belastung vom Umfang her vorliegt.[167] **Wartezeiten** und **Verhandlungspausen** sind **nicht verhandlungszeitmindernd** zu berücksichtigen.[168]

b)   Schwierigkeit der anwaltlichen Tätigkeit

175 Unter diesem Merkmal ist die Intensität der Arbeit des Anwalts zu berücksichtigen.[169]

---

162 *Passenberger*, BRAK-Mitt. 1996, 225.
163 Passenberger, a.a.O.
164 *Wassilewski*, Streitvergütung durch Rechtsanwälte, S. 31.
165 *Braun*, in: FS 50 Jahre Deutsches Anwaltsinstitut e.V., S. 369, 379; *Braun/Hansens*, RVG-Praxis, 1. Aufl., S. 46.
166 OLG Bamberg, JurBüro 1974, 862; 1975, 202; 1977, 1103; OLG Bremen, JurBüro 1981, 1193; OLG Hamm, JurBüro 1979, 552; OLG Brandenburg, StV 1998, 92; OLG Hamm, JurBüro 1999, 194.
167 So schon für die Verhandlung einer Strafkammer OLG Jena, AnwBl. 1997, 125 = StV 1997, 427.
168 *Burhoff*, RVG, S. 424; OLG Brandenburg, StV 1998, 92; OLG Jena, AnwBl. 1997, 125 = StV 1997, 427; OLG Karlsruhe, AGS 1993, 77; OLG Hamm, MDR 1972, 263.
169 *Hansens*, BRAGO, § 12 Rn. 10; *Gerold/Schmidt/Madert*, BRAGO, § 12 Rn. 13; Anwkom-BRAGO-*N. Schneider*, § 12 Rn. 34; *Mayer/Kroiß/Winkler*, RVG, § 14 Rn. 20.

Ob eine anwaltliche Tätigkeit schwierig ist, ist aus der **Sicht des Allgemeinanwalts** zu bestimmen.[170]   176

Die Schwierigkeiten können im tatsächlichen, aber auch im juristischen Bereich liegen.[171]   177 **Tatsächliche Schwierigkeiten** können sein:

* Erforderliche Fremdsprachenkenntnisse,

* Fachwissen im Baurecht,

* Fachkenntnisse über Operationsmethoden im Arzthaftpflichtprozess.

Im **juristischen Bereich** ist das Erfordernis von **Kenntnissen auf Spezialgebieten**, wie   178 z.B. Wettbewerbsrecht, Kartellrecht, besonders zu bewerten.

c) Bedeutung der Angelegenheit

Die Bedeutung der Angelegenheit ist immer subjektiv für den Auftraggeber zu bestim-   179 men.[172] Dieses bedingt, dass dieses Kriterium **kaum nachprüfbar** ist. Da es jedoch bei diesem Kriterium im wesentlichen auf die Sicht des Auftraggebers ankommt, können und dürfen Interessen der Allgemeinheit bei diesem Kriterium nicht berücksichtigt werden. Die Sicht des Mandanten bestimmt somit das Gebührenermessen des Rechtsanwalts. Ist für den Mandanten der Rechtsstreit oder die außergerichtliche Vertretung von grundsätzlicher Bedeutung, dann kann dies eine überdurchschnittliche Gebührenbemessung selbst dann rechtfertigen, wenn die Allgemeinheit diesem Rechtsstreit keine besondere Bedeutung zumisst. Dies gilt häufig bei **Nachbarrechtsstreiten**.

d) Einkommens- und Vermögensverhältnisse des Mandanten

Das RVG geht davon aus, dass der Mandant für die gleiche Tätigkeit eines Anwalts bei   180 höheren Gegenstandswerten verpflichtet ist, ein höheres Honorar zu zahlen, als wenn ein Fall mit gleichem Gegenstand, aber mit geringerem Streitwert bearbeitet wird. Der Gesetzgeber meint, dass derjenige, der mit einem Verfahren mit einem höheren Streitwert befasst ist, i.d.R. auch über höhere Einkommensverhältnisse verfügt. Der vermögende Mandant soll in diesen Fällen an den Anwalt ein Honorar zahlen, das ihm gestattet, in Verfahren mit geringeren Streitwerten auch dann Mandanten vertreten zu können, wenn die Gebühren in diesen Verfahren nicht kostendeckend sind.

Der Wortlaut des § 14 RVG lässt den Schluss zu, dass Vermögens- und Einkommensver-   181 hältnisse des Mandanten kumulativ überdurchschnittlich sein müssen, wenn dies ein zu-

---

170   LG Karlsruhe, AnwBl. 1973, 367; LG Freiburg, AnwBl. 1965, 184; AG Köln, AnwBl. 1978, 63; Anwkom-BRAGO-*N. Schneider*, § 12 Rn. 37; *Mayer/Kroiß/Winkler*, RVG, § 14 Rn. 21.
171   Anwkom-BRAGO-*N. Schneider*, § 12 Rn. 34.
172   Anwkom-BRAGO-*N. Schneider*, § 12 Rn. 24; *Mayer/Kroiß/Winkler*, RVG, § 14 Rn. 22.

sätzliches Kriterium für den Rechtsanwalt sein soll, um ein höheres Honorar zu bemessen. Sinn und Zweck sprechen jedoch dagegen. Nicht erkennbar ist, warum der junge dynamische Angestellte mit einem sechsstelligen Jahreseinkommen in Euro nur deshalb nicht verpflichtet sein soll, ein überdurchschnittliches Honorar zu zahlen, weil er zu Beginn seiner beruflichen Karriere noch nicht über Mietshäuser oder andere Vermögenswerte verfügt. Entsprechendes gilt für den Pensionär, der über mehrere Häuser verfügt, die er alleine nutzt, eine Yacht oder ein Nobelfahrzeug sowie die Möglichkeit, regelmäßig monatlich mehr für sein Leben auszugeben, als der Durchschnittsbürger verdient, wenn er zu diesem Zeitpunkt nicht mehr über besondere Einkommen aus Vermietung, Verpachtung oder Rente verfügt.

182 Soweit im Schrifttum als Abgrenzung zu überdurchschnittlichen Einkommens- und Vermögensverhältnissen darauf hingewiesen wird, dass von derartigen Verhältnissen nicht auszugehen sei, wenn der Mandant Anspruch auf Prozesskostenhilfe habe, ist dies nicht ausreichend. Für die Bestimmung können die Statistiken des Statistischen Bundesamtes in Wiesbaden herangezogen werden; sie weisen das Durchschnittseinkommen/Monat für einen Arbeitnehmer in Deutschland aus. Es liegt heute bei ca. 2.300 € (alte Bundesländer; neue = 2.000 €); Einkommen, die über diesem Satz liegen, rechtfertigen es, dass der Anwalt von überdurchschnittlichen Einkommensverhältnissen ausgeht. Entsprechendes gilt für die Vermögensverhältnisse.

183 Abzustellen ist auf die Vermögens- und Einkommensverhältnisse zum **Zeitpunkt der Abrechnung**.[173] Entwicklungen während der gesamten Tätigkeit des Rechtsanwalts sind allerdings zu berücksichtigen.[174] Dies gilt sowohl für Verbesserungen als auch für Verschlechterungen. Auch die Bedeutung der Angelegenheit kann sich für den Mandanten während der Bearbeitung ändern; der Umfang der anwaltlichen Tätigkeit und die Schwierigkeit der anwaltlichen Tätigkeit lassen sich i.d.R. erst am Ende der Bearbeitung des Mandats durch den Rechtsanwalt feststellen.

e) Haftungsrisiko

184 Ausdrücklich war das Haftungsrisiko bisher in § 12 BRAGO nicht benannt; aufgrund der Tatsache, dass die Aufzählung nicht abschließend war, konnte sie jedoch als sonstiges Merkmal mit berücksichtigt werden. Die Berücksichtigung des Haftungsrisikos ist unterschiedlich geregelt:

- Es **kann** bei Rahmengebühren, die sich nach dem Gegenstandswert richten, herangezogen werden.

- Es **ist** bei Rahmengebühren, die sich nicht nach dem Gegenstandswert richten, zu berücksichtigen.

---

173 Anwkom-BRAGO-*N. Schneider*, § 12 Rn. 40; *Mayer/Kroiß/Winkler*, RVG, § 14 Rn. 25.
174 LG Bayreuth, JurBüro 1985, 1187.

Die Unterscheidung wird vom Gesetzgeber wie folgt gerechtfertigt: „Richten sich die Ge- 185
bühren nicht nach dem Wert, soll das Haftungsrisiko grds. Berücksichtigung finden, weil
das Haftungsrisiko in diesen Fällen, anders als bei Wertgebühren, ansonsten keinen Eingang in die Höhe der Gebühren finden würde. Bei der Bewertung anwaltlicher Tätigkeit
spielt gerade aus der Sicht des verständigen Mandanten in besonderen Fällen das Haftungsrisiko, das ein Anwalt auf sich nimmt, eine Rolle. Ein in Einzelfällen gegebenes höheres Risiko sollte demgemäß auch zu einer höheren Gebühr führen."[175]

f) Sonstige Merkmale

Weiterhin ist die **Aufzählung in § 14 RVG nicht abschließend**. 186

Anerkannt ist, dass die **Arbeit an Samstagen, Sonntagen und Feiertagen** zu einer Er- 187
höhung führen soll.[176] Vorgeschlagen wird für die Arbeit an Samstagen eine Erhöhung
um 0,2, an Sonntagen um 0,3 und an Feiertagen um 0,4.

Der Rechtsanwalt kann auch eine Erhöhung verlangen, wenn er durch die Vorgaben sei- 188
tens des Auftraggebers zeitlich gezwungen wird, in der **Nacht** oder **besonders schnell**
zu arbeiten.[177] Auch hier sind Erhöhungen um bis zu 0,4 jederzeit angemessen.

Die Vertretung der Interessen des Mandanten in der **Öffentlichkeit**, insbesondere gegen- 189
über der Presse, sei es in Straf- oder Zivilverfahren, ist als besonderes Merkmal i.S.d. § 14
RVG zu werten.[178]

Auch der **Erfolg der anwaltlichen Tätigkeit** ist bei den sonstigen Bewertungskriterien 190
mit zu berücksichtigen. Das RVG selbst kennt in vielen Fällen eine Anknüpfung an den
Erfolg, der für den Anwalt eine höhere Gebühr bewirkt. So erhält der Anwalt für den
außergerichtlich abgeschlossenen Vergleich eine 1,5 Gebühr, für den gerichtlich abgeschlossenen Vergleich eine 1,0 Gebühr; das Entstehen dieser Gebühr hängt allein von
dem Erfolg, nämlich dem Abschluss des Vergleiches ab. Verteidigt der Rechtsanwalt als
Pflichtverteidiger, so erhält er im Falle des Freispruches aus der Staatskasse die Wahlanwaltsgebühren. Obsiegt der Rechtsanwalt für eine **prozesskostenhilfeberechtigte
Partei**, so erhält er nicht das herabgesetzte Honorar nach § 49 RVG, sondern von den
Gegnern das Honorar nach § 13 RVG.

Einer derartigen Wertung steht auch nicht die **Entstehungsgeschichte** des Gesetzes ent- 191
gegen. Ob der Erfolg Bewertungskriterium i.S.d. § 14 RVG sein kann, lässt sich aus der
Begründung des Gesetzentwurfes zum Kostenrechtsmodernisierungsgesetz nicht ent-

---

175   BR-Drucks. 838/03, S. 234.
176   *Gerold/Schmidt/Madert*, BRAGO, § 12 Rn. 15.
177   *Braun/Hansens*, RVG-Praxis, 1. Aufl., S. 50.
178   LG Duisburg, Beschl. v. 16.5.1979 – Qs 206/79, n.v.

nehmen.[179] Insoweit ist deshalb, da wesentliche Teile des § 12 BRAGO in das RVG übernommen wurden, auf die Entstehungsgeschichte des § 12 BRAGO zurückzugreifen. In der Begründung heißt es dort:[180] „Der Eigenart der Fälle, in denen die Bundesgebührenordnung Rahmengebühren vorsieht, entspricht es, dass als Beispiel für zu berücksichtigende Umstände nicht der vom Auftraggeber angestrengte Erfolg, sondern die Bedeutung der Angelegenheit genannt ist. Der vom Auftraggeber angestrebte Erfolg ist **nicht allgemein** als Bewertungsfaktor geeignet, vor allem nicht in Strafsachen ...“ Aus der Begründung ergibt sich nicht, dass der Erfolg kein Bemessungskriterium sein soll; die BRAGO wollte lediglich sicherstellen, dass bei einem Misserfolg über die Bewertungskriterien des § 12 BRAGO das Honorar des Anwalts nicht herabgesetzt werden kann, weil in vielen Fällen die Arbeit des Anwalts keinen Einfluss auf den Erfolg der Tätigkeit hat. Der geständige Straftäter wird verurteilt; dem Anwalt verbleibt lediglich noch eine erfolgreiche Tätigkeit im Rahmen der Strafzumessung. Zulässig ist es deshalb, wenn der Anwalt z.B. eine Verurteilung im Strafbefehlsverfahren erreicht, wenn dem Mandanten besonders daran gelegen war, die öffentliche Hauptverhandlung zu vermeiden, dies bei der Gebührenbemessung zu berücksichtigen. Zulässig ist es auch, wenn ein Anwalt in einer außergerichtlichen Unfallbearbeitung eine schnelle Zahlung durch die Versicherung erreicht, dass dieses bei der Gebührenbemessung mit berücksichtigt wird.

192 | **Hinweis:**
Dem steht nicht entgegen, dass grds. nach § 49b Abs. 2 BRAO der Anwalt seine Gebühren nicht nach dem Erfolg ausrichten kann. Dieses Verbot gilt nur für Vereinbarungen im Vorhinein; nach Abschluss des Verfahrens kann jederzeit eine derartige Vereinbarung zulässigerweise getroffen werden.

193 Aus dieser Wertung ergibt sich dann aber auch, dass der Erfolg der anwaltlichen Tätigkeit als Bemessungskriterium i.S.d. § 14 RVG heranzuziehen ist; auch in diesen Fällen wird erst am Ende seitens des Anwalts die Bemessung vorgenommen, wie im Übrigen bei fast allen anderen Kriterien i.S.d § 14 RVG. Umfang und Schwierigkeit der Angelegenheit lassen sich erst am Ende des Mandats bestimmen.

194 Die **Kostenstruktur in einem Rechtsanwaltsbüro** ist Bemessungskriterium i.S.d. § 14 RVG. Gelegentlich findet sich bei der Bemessung durch einen Rechtsanwalt der Hinweis, dass Kosten für Miete und Personal in Großstädten höher seien als auf dem Lande. Bei **Gebührenvereinbarungen, die von Rechtsanwaltskammern bisher nach § 3 BRAGO überprüft wurden**, hat sich herausgestellt, dass z.B. die Vergütung nach Zeit in ländlich strukturierten Rechtsanwaltskammerbezirken niedriger festgesetzt wird als in Großstäd-

---

179   S. dazu BR-Drucks. 830/03 = BT-Drucks. 15/1971.
180   BR-Drucks. 138/56, S. 234.

ten. Während in ländlich strukturierten Kammerbezirken häufig eine Höchstgrenze von 600 bzw. 700 DM/Stunde (300 € bis 350 €) festgestellt wird, werden in großstädtisch strukturierten Kammerbezirken Stundenvergütungen von 1.000 bis 1.500 DM/Stunde (500 € bis 750 €) als noch angemessen angesehen. Die bisher entgegenstehende Rechtsprechung[181] findet im Gesetz keine Grundlage. Durch die Worte „vor allem" in § 14 RVG ist niedergelegt, dass die Aufzählung in dieser Vorschrift nicht abschließend ist. Wenn aber die Einkommens- und Vermögensverhältnisse des Mandanten Einfluss auf die Bemessung der Gebühren durch den Rechtsanwalt nach § 14 RVG haben können, dann ist kein Grund ersichtlich, warum die Kostenstruktur in einem Anwaltsbüro nicht ebenfalls zur Bemessung des Gebührenrahmens herangezogen werden kann. Der Mandant geht bewusst in die Kanzlei eines Rechtsanwalts in einer Großstadt, die mit einer anderen Kostenstruktur arbeitet. Er wird insoweit durch die Bemessung seitens des Rechtsanwalts nicht überrascht. Auch die übrigen Leistungen, die i.d.R. in einer Großstadt in Anspruch genommen werden, sind häufig teurer als auf dem Lande.[182] Unmittelbar nach In-Kraft-Treten der BRAGO ist im Schrifttum die Auffassung vertreten worden, dass die Ertragslage eines Rechtsanwaltsbüros, dazu gehört auch die Kostenstruktur, ein Bemessungskriterium i.S.d. § 14 RVG ist.[183]

Die **unterbliebene Anpassung der Gebühren des Rechtsanwalts** ist kein eigenständiges Bewertungskriterium i.S.d. § 14 RVG.[184] Dennoch kann die unterbliebene Anpassung mit berücksichtigt werden. Erfolgt fast mehr als ein Jahrzehnt die Anpassung der Gebühren des Anwalts nicht, bei der Zwangsverwalterverordnung fast 35 Jahre nicht, dann kann unter Anknüpfung an die „Einkommens- und Vermögensverhältnisse des Mandanten" dieser Tatsache Rechnung getragen werden. Die Einkommens- und Vermögensverhältnisse des Mandanten haben sich aufgrund der jährlichen Anpassung gegenüber den Verhältnissen des Rechtsanwalts verbessert. Die Leistungsfähigkeit hat sich erhöht. Die jährliche Anpassung der Gehälter des Mandanten bzw. die Verbesserung seiner Vermögensverhältnisse durch diese Anpassung bevorteilt den Bürger gegenüber dem Rechtsanwalt erheblich. Während es dem Bürger leichter fallen würde, die Gebühren des Anwalts zu zahlen, da dieser einen immer geringeren Anteil seines Einkommens für die Begleichung der Gebührenrechnung des Anwalts aufzubringen hat, wenn dieser eine Anpassung durch Erhöhung des Rahmens nach § 14 RVG nicht vornehmen darf, kann deshalb von einem Missbrauch des Bestimmungsrechtes des Anwalts nicht ausgegangen werden, wenn er aufgrund der verbesserten Einkommensverhältnisse des Mandanten dieser Tatsache durch leichte Anhebung des Gebührenrahmens Rechnung trägt.[185]

195

---

181 LG Kassel, KostRspr. BRAGO, § 12 Nr. 80, zit. nach *Schumann/Geißinger*, BRAGO, § 12 Rn. 15.

182 Z.B. Grundbesitzabgaben, Gewerbesteuer, Fahrkarten im öffentlichen Nahverkehr.

183 *Schmidt*, Die Vergütung des Strafverteidigers, S. 15; *Schumann/Geißinger*, BRAGO, § 12 Rn. 15.

184 OLG München, RVGreport 2004, 31 = MDR 2004, 176 = FamRZ 2004, 964.

185 So schon *Jansen/Braun*, AnwBl. 1992, 259; ebenso *Madert*, Anwalt 4/2001, S. 3; *Braun/Hansens*, RVG-Praxis, 1. Aufl., S. 42.

196 Allgemein anerkannt ist, dass bei Feststellung der **Angemessenheit einer Vergütung** nach § 3 BRAGO durch ein Gericht auf diese Entscheidung zu einem späteren Zeitpunkt zurückgegriffen werden kann, jedoch dann mit einer entsprechenden **Indexierung**.

4. Kompensationstheorie

197 Die Kriterien des § 14 RVG sind i.d.R. nicht im gleichen Rahmen vorhanden, d.h. teilweise muss der Anwalt bei seiner Bemessung davon ausgehen, dass ein Kriterium als unterdurchschnittlich, teilweise als überdurchschnittlich anzusehen ist. Bei der Berechnung hat der Rechtsanwalt grds. von der Mittelgebühr auszugehen.[186] Jedes Kriterium in § 14 RVG kann zum Ausgleich herangezogen werden. Alle Kriterien sich gleichwertig. In der Praxis der Gutachtenerstellung der Rechtsanwaltskammern kommt es gelegentlich vor, dass dem Merkmal „Vermögens- und Einkommensverhältnisse des Mandanten" geringere Bedeutung zugemessen wird als den übrigen für die Bemessung der Gebühren genannten Kriterien. Eine derartige Wichtung war weder dem Wortlaut noch der Entstehungsgeschichte des § 12 BRAGO zu entnehmen; entsprechendes gilt für § 14 RVG.

198
> **Hinweis:**
>
> Dieses Verständnis der Merkmale in § 14 RVG führt dazu, dass nur in **Ausnahmefällen** die **Mindestgebühr** zur Anwendung gelangt. I.d.R. müssen alle Kriterien des § 14 RVG unterdurchschnittlich sein, um zur Mindestgebühr zu gelangen.[187] Ist eines der Kriterien überdurchschnittlich, so kann der Rechtsanwalt die **Mittelgebühr** berechnen; ein etwaiges Überschreiten des Ermessens durch den Rechtsanwalt ist i.d.R. durch die Toleranzgrenze[188] gedeckt.
>
> Entsprechendes gilt zur **Höchstgebühr**. Nicht alle Kriterien müssen überdurchschnittlich sein, damit die Höchstgebühr anfällt;[189] sind ein oder mehrere Kriterien nur durchschnittlich, nur ein Kriterium überdurchschnittlich, so ist die Bemessung durch den Rechtsanwalt aufgrund der bestehenden Toleranzgrenze seitens des Gerichtes nicht durch eine andere Entscheidung ersetzbar.[190]

199 Die „Kleinlichkeit", mit der Gerichte, aber auch teilweise die Rechtsanwaltskammern im Rahmen der Gutachtenerstattung nach § 14 RVG das Ermessen eines Rechtsanwalts in einer Angelegenheit überprüfen, ist gerade vom Gesetz nicht gewollt. Das Gesetz geht

---

186 Anwkom-BRAGO-*N. Schneider*, § 12 Rn. 47; *Gerold/Schmidt/Madert*, BRAGO, § 12 Rn. 7; *Mayer/Kroiß/Winkler*, RVG, § 14 Rn. 33; LG Paderborn, MDR 1990, 1137.
187 Anwkom-BRAGO-*N. Schneider*, § 12 Rn. 53; *Braun/Hansens*, RVG-Praxis, 1. Aufl., S. 38.
188 S.u. Teil 1 Rn. 201 ff.
189 FG Hessen, EFG 1972, 31; OLG München, AnwBl. 1977, 171; VG Koblenz, AnwBl. 1979, 69; FG Düsseldorf, EFG 1980, 308; OLG München, AnwBl. 1980, 469.
190 Anwkom-BRAGO-*N. Schneider*, § 12 Rn. 54, 55.

davon aus, dass der Rechtsanwalt sein Ermessen ausübt. Nur bei groben „Missgriffen" des Rechtsanwalts kann dessen Ermessen durch das Gericht nach Einholung eines Gutachtens durch die Rechtsanwaltskammer ersetzt werden.[191]

Die **Kompensationstheorie** besagt nunmehr, dass ein einziger Umstand i.S.d. § 14 RVG ein Abweichen von der Mittelgebühr rechtfertigen kann.[192]   200

5. Toleranzgrenzen

Der Rechtsanwalt trifft bei seiner Entscheidung nach § 14 RVG eine **Ermessensent-** **scheidung.** Allgemein wird dem Anwalt ein Rahmen zugestanden, innerhalb dessen seine Entscheidung durch das Gericht nicht überprüfbar ist.[193] Mit dieser Toleranzgrenze wird zum Ausdruck gebracht, dass eine „kleinliche" Nachprüfung des Ermessens durch das Gericht oder die Rechtsanwaltskammer seitens des Gesetzgebers nicht bezweckt ist.   201

Bisher ging die Rechtsprechung davon aus, dass Abweichungen in einem Rahmen **bis zu** **20 %** noch als verbindlich anzusehen sind.[194]   202

Da der Rahmen sich gegenüber der Regelung in § 118 BRAGO von 5/10 bis 10/10 bei der außergerichtlichen Vertretung auf 0,5 bis 2,5 vergrößert hat, wird nunmehr die Auffassung vertreten, dass die **Nachprüfungsmöglichkeit weiter eingeschränkt werden muss.**   203

Hartung/Römermann[195] vertreten die Auffassung, dass eine Toleranz i.H.v. 20 bis 25 % angemessen sein soll.   204

Teubel[196] geht von einer Toleranzgrenze i.H.v. 30 % aus. Er führt zur Begründung aus: „Der Gebührenrahmen nach Nr. 2400 VV RVG beträgt 0,5 bis 2,5, so dass eine Abweichung um 500 % (2,5 statt 0,5) theoretisch denkbar ist und der Ansatz einer 1,3 fachen Gebühr statt der angemessenen 1,0 fachen Gebühr bereits eine Abweichung um 30 % darstellt. Angesichts dieser strukturellen Unterschiede liegt es nahe, für das RVG erst eine Überschreitung um 30 % als ermessensfehlerhaft anzusehen."   205

---

191 *Braun/Hansens*, RVG-Praxis, 1. Aufl., S. 38.
192 LSG Thüringen, Beschl. v. 30.8.2002 – L 6 B 3/02 SF; LSG Thüringen, JurBüro 2004, 82.
193 *Kindermann/Klatt*, Gebührenpraxis für Anwälte, S. 608 Rn. 44; *Göttlich/Mümmler/Rehberg/Xanke*, RVG, „Rahmengebühr" 2.4; *Gerold/Schmidt/Madert*, BRAGO, § 12 Rn. 9; *Riedel/Sußbauer/Fraunholz*, BRAGO, § 12 Rn. 5; *Hansens*, BRAGO, § 12 Rn. 15.
194 LSG Thüringen, JurBüro 2000, 79; OLG Düsseldorf, AnwBl. 1998, 538 = JurBüro 1998, 412 = AGS 1998, 148; AG Diez, AGS 2003, 74; OLG Düsseldorf, AGS 2002, 99 = MDR 2002, 666; AG Betzdorf, JurBüro 2003, 135; AG Duisburg, AGS 2003, 492; VG Ansbach, AnwBl. 1984, 54; OLG Düsseldorf, JMBl. NW 1996, 227; OLG München, AGS 2003, 441 = FamRZ 2003, 466; AG Hagen, ZfSch 1995, 270; AG Bühl, ZfSch 1992, 243; LG Kaiserslautern, MDR 1991, 559; SG Aachen, AGS 1992, 20; LG Zweibrücken, MDR 1992, 196; OLG Köln, AGS 1993, 60; OLG Düsseldorf, AnwBl. 1982, 262.
195 RVG § 14 Rn. 91.
196 *Mayer/Kroiß/Teubel*, Das neue Gebührenrecht, § 4 Rn. 95.

206 *Braun/Hansens*[197] gehen von einer Toleranzgrenze zwischen 30 und 40 % aus.

207 Um die **Justiz von kleinlichen Überprüfungen zu entlasten**, wird die Auffassung vertreten, dass das Ermessen des Rechtsanwalts in einem Rahmen von 30 % nicht nachprüfbar ist.

6. Mittelgebühr

208 Bei **Satzrahmen** wird die Mittelgebühr wie folgt gebildet:

$$\frac{\text{Mindestsatz} + \text{Höchstsatz}}{2} = \text{Mittelgebühr}$$

Bei **Betragsrahmen** wird die Mittelgebühr wie folgt gebildet:

$$\frac{\text{Mindestbetrag} + \text{Höchstbetrag}}{2} = \text{Mittelgebühr}$$

7. Gutachten der Rechtsanwaltskammer

209 In einem Rechtsstreit hat das Gericht ein Gutachten des Vorstands der Rechtsanwaltskammer einzuholen, soweit die Höhe der Gebühr streitig ist. Dies gilt nach dem Gesetzeswortlaut auch im Verfahren nach § 495a ZPO. Das Gutachten ist **kostenlos** zu erstatten.

a) Wesen

210 Das Gutachten der Rechtsanwaltskammer ist **kein Sachverständigengutachten** i.S.d. § 411 Abs. 1 ZPO.[198] Bei dem Gutachten handelt es sich um eine **amtliche Auskunft**.[199] Durch die Anordnung nach § 14 Abs. 2 RVG ist der Rechtsanwaltskammer im Vergütungsrechtsstreit eine besondere Art der Mitwirkung am Prozessverfahren eingeräumt. Das Gutachten nach § 14 Abs. 2 RVG dient nicht der Klärung streitiger Tatsachen; das Gutachten soll lediglich sicherstellen, dass im Rechtsstreit die **sachkundige Auffassung der Berufsvertretung** dem Gericht bekannt ist. Das Gericht ist nicht an die Ausführungen der Rechtsanwaltskammer im Gutachten gebunden. Es ähnelt stark einem Rechtsgutachten,[200] die Erfahrung der Mitglieder des Vorstands sowie deren besondere Sachkunde fließt in dieses Gutachten mit ein.

---

197 RVG-Praxis, S. 39.
198 OLG Celle, JurBüro 1973, 1090 = MDR 1973, 147; OLG Köln, Rpfleger 1974, 444; OLG Bamberg, OLGZ 1976, 354; OLG Frankfurt, JurBüro 1983, 865 = MDR 1983, 327; OLG München, JurBüro 1989, 1680 = MDR 1989, 922; OLG Düsseldorf, JurBüro 1990, 872; *Hansens*, ZAP Fach 24, S. 499.
199 OLG München, MDR 1989, 922; a.A. LG Baden-Baden, Justiz 2001, 424; *Hartmann*, RVG, § 14 Rn. 32.
200 *Riedel/Sußbauer*, BRAGO, § 3 Rn. 41.

Aus dieser Qualifizierung folgt, dass grds. eine mündliche Erläuterung des Gutachtens 211
durch den Kammervorstand nach § 411 Abs. 3 ZPO nicht erfolgen kann.[201] Dem Kammervorstand kann keine Frist gemäß § 411 Abs. 1 Satz 2 ZPO gesetzt werden. Es kann keine Ordnungsstrafe gemäß § 411 Abs. 2 ZPO verhängt werden. Dem Gericht steht keine Auswahlmöglichkeit unter mehreren Kammern zu.[202]

Das Gutachten ist nach § 14 Abs. 2 RVG kostenlos zu erstellen. 212

Auch wenn eine Erläuterung des Gutachtens durch den Kammervorstand nicht möglich 213
ist, soll nach der Rechtsprechung des BGH der Autor des Gutachtenentwurfs stellvertretend für den Kammervorstand angehört werden können.[203]

b) Zuständigkeit

Zuständig ist die Rechtsanwaltskammer, der der Rechtsanwalt zum Zeitpunkt der Erstel- 214
lung der Kostenrechnung angehört.[204] Es kommt auf den Sachverstand der Rechtsanwaltskammer an, der für die Auslegung des Gebührenrahmens entscheidend ist. Dies ist der Sachverstand zu dem Zeitpunkt, in dem der Rechtsanwalt die Kostenrechnung erstellt. Nur die Rechtsanwaltskammer weiß, ob der Umfang einer **Hauptverhandlung** vor einem entsprechenden Gericht, bei dem der Rechtsanwalt aufgetreten ist, umfangreich ist oder nicht. Nur die Rechtsanwaltskammer, der der Rechtsanwalt zum Zeitpunkt der Erstellung der Kostenrechnung angehört, weiß, welche **Kostenstruktur** in ihrem Bezirk durchschnittlich ist; nur die Rechtsanwaltskammer, der der Anwalt zum Zeitpunkt der Erstellung der Kostenrechnung angehört, weiß, welches **Einkommen** in dem Bezirk durchschnittlich, überdurchschnittlich oder unterdurchschnittlich ist.

c) Anwendbarkeit

Durch die Klarstellung in § 14 Abs. 2 RVG („soweit die Höhe der Gebühr streitig ist") ist 215
festgestellt, dass das Gutachten des Vorstands der Rechtsanwaltskammer nur eingeholt werden kann, wenn die **Höhe der Gebühr streitig** ist.[205] Streiten sich die Parteien nur um den Grund des Anspruchs, etwa ob ein Auftrag erteilt wurde, ist kein Gutachten einzuholen. Ist lediglich die **Höhe des Gegenstandwerts** streitig, bedarf es ebenfalls nicht der Einholung eines Gutachtens. Werden Einwendungen gegen die Höhe des Gebührenanspruchs erhoben, die nicht ihren Grund im Gebührenrecht haben – z.B. Erfüllung –, kann ebenfalls ein Gutachten der Kammer nicht eingeholt werden.

---

201 OLG Celle, JurBüro 1973, 1090 = MDR 1973, 147; *Strohm/Herrmann,* BRAK-Mitt. 1983, 19, 20; *Eich/Strohm,* Schriftenreihe der BRAK, Band 6 S. 157, 160.
202 *Mayer/Kroiß/Winkler,* RVG, § 14 Rn. 55; *Feuerich/Weyland,* BRAO, 6. Aufl., § 73 Rn. 56.
203 BGHZ 62, 93.
204 A.A. *Mayer/Kroiß/Winkler,* RVG, § 14 Rn. 55; Anwkom-BRAGO-*N. Schneider,* § 12 Rn. 93; *Gerold/Schmidt/Madert,* BRAGO, § 12 Rn. 20; *Hartmann,* RVG, § 14 Rn. 32; *Schneider,* NJW 2004, 195.
205 *Mayer/Kroiß/Winkler,* RVG, § 14 Rn. 52; *Burhoff,* RVG, S. 196.

216 Der Einholung eines Gutachtens bedarf es auch dann nicht, wenn lediglich die **Mindestgebühr** geltend gemacht wird.

217 Das Gutachten ist nur zu erstatten, wenn über die Höhe der Gebühren zwischen **Rechtsanwalt und Mandant** gestritten wird.[206] Daraus folgt, dass das Gutachten bei einem Rechtsstreit zwischen dem Mandanten und seiner **Rechtschutzversicherung** nicht eingeholt werden kann. Es ist ebenfalls nicht einzuholen, wenn der Mandant gegen den Gegner im Rechtsstreit die außergerichtlich entstandene Geschäftsgebühr nach Nr. 2400 VV RVG – nach Durchführung der Gebührenanrechnung gem. Vorbem. 3 Abs. 4 VV RVG im Prozess als Schadensposition mit einklagt.

d) Umfang der Prüfung

218 Der Vorstand der Rechtsanwaltskammer kann nur prüfen, ob die Höhe der Gebühr angemessen ist. Daraus folgt, dass in den Fällen, in denen der Vorstand davon ausgeht, dass das Vorbringen des Rechtsanwalts im Vergütungsrechtsstreit nicht schlüssig ist, der Vorstand das Gutachten nicht erstatten kann. Er darf nicht in derartigen Fällen anhand der Handakte des Rechtsanwalts den schlüssigen Vortrag selbst erarbeiten. Er ist vielmehr verpflichtet, die Akte an das Gericht mit dem entsprechenden Hinweis zurückzusenden.

219 Darüber hinaus hat der Vorstand in den Fällen, in denen das Gericht über den Anwendungsbereich des § 14 Abs. 2 RVG hinaus den Vorstand der Rechtsanwaltskammer mit der Erstellung eines Gutachtens beauftragt, beim Gericht abzuklären, ob ein kostenloses Gutachten nach § 14 Abs. 2 RVG oder ein gegen Kosten zu erstattendes Gutachten nach § 73 Nr. 8 BRAO zu erstellen ist. Teilt das Gericht mit, dass ein kostenloses Gutachten nach § 14 Abs. 2 RVG in derartigen Fällen zu erstellen sein soll, so muss der Vorstand der Rechtsanwaltskammer den Gutachtenauftrag zurückweisen.

220
> **Hinweis:**
>
> Teilt das Gericht mit, es soll ein Gutachten nach § 73 Abs. 2 Nr. 8 BRAO erstellt werden, dann empfiehlt es sich seitens des Vorstands, vor Erstellung des Gutachtens die Höhe der zu erwartenden Kosten dem Gericht mitzuteilen. Das Gutachten nach § 73 Abs. 2 Nr. 8 BRAO ist nicht kostenlos zu erstellen.[207]

---

206 Anwkom-BRAGO-*N. Schneider*, § 12 Rn. 75; *Mayer/Kroiß/Winkler*, RVG § 14 Rn. 61; *Hartmann*, RVG, § 14 Rn. 28; *Gerold/Schmidt/Madert*, BRAGO, § 12 Rn. 20; OLG Frankfurt, FamRZ 1992, 711; BVerwG, JurBüro 1982, 857.

207 *Göttlich/Mümmler/Rehberg/Xanke*, RVG, „Rahmengebühren" 3; *Mayer/Kroiß/Winkler*, RVG, § 14 Rn. 62; a.A. LG Baden-Baden, Rpfleger 2001, 325 = Justiz 2001, 424; zur Entstehungsgeschichte des § 12 Abs. 2 BRAGO s. OLG München, JurBüro 1989, 1680 = MDR 1989, 922 = BRAK Mitt. 1989, 220.

e) Verfahrensfehler

Wird das Gutachten nach § 14 Abs. 2 RVG nicht eingeholt, so liegt darin ein **schwerer**   221
Verfahrensfehler nach § 538 ZPO.[208] Wird ein **Verfahrensmangel** festgestellt, so hat das
Berufungsgericht das Gutachten selbst einzuholen und die Sache zu entscheiden.[209] Der
Verlust einer Tatsacheninstanz reicht allein nicht aus, um das Urteil aufzuheben und das
Verfahren zurückzuverweisen.[210]

8. Arbeitshilfen

a) Checkliste: Kriterien für die Gebührenbemessung nach § 14 RVG   ☑

222

☐ Der Rechtsanwalt ist verpflichtet, in einem Gebührenrechtsstreit substantiiert die
Merkmale des § 14 RVG darzulegen.

☐ I.d.R. ist der Rechtsanwalt an das einmal ausgeübte Ermessen bei Anwendung des
§ 14 RVG gebunden.

☐ Jedes Merkmal des § 14 RVG ist gleichwertig.

☐ Der Rechtsanwalt kann sein Ermessen im Rahmen der 30 %igen Toleranzgrenze
ausüben, ohne das eine Änderungsmöglichkeit durch Gericht und Rechtsanwaltskammern besteht.

☐ Die Kostenstruktur in einem Rechtsanwaltsbüro ist ein zu berücksichtigendes Merkmal i.S.d. § 14 RVG.

☐ Die seitens des Gesetzgebers unterlassene oder nicht ausreichende Anpassung der
Gebühren der Anwaltschaft nach RVG an die wirtschaftlichen Verhältnisse kann
bei der Bestimmung der Rahmengebühr über die verbesserten Einkommens- und
Vermögensverhältnisse des Mandanten erhöhend berücksichtigt werden.

☐ Die Bestimmung des Umfangs der anwaltlichen Tätigkeit richtet sich nach der
durchschnittlich für einen Sachverhalt aufzuwendenden Zeit.

☐ Überdurchschnittliche Einkommen- und Vermögensverhältnisse des Auftraggebers
müssen nicht kumulativ vorliegen, damit diese zu einer überdurchschnittlichen Bemessung der Rahmengebühren führen.

---

208 BVerfG, AGS 2002, 148 = FamRZ 2002, 532 = NJW-RR 2002, 786; OLG Frankfurt, MDR 1998, 800
     = JurBüro 1998, 410; OLG Bamberg, MDR 1998, 800; *Hartmann*, RVG, § 14 Rn. 43.
209 Anwkom-BRAGO-*N. Schneider*, § 12 Rn. 107.
210 BGH, NJW 1969, 1669.

☐ Wird das durch das Statistische Bundesamt ermittelte Durchschnittseinkommen für einen Arbeitnehmer überschritten, so sind die Einkommensverhältnisse des Auftraggebers überdurchschnittlich.

☐ Leistungen des Rechtsanwalts an Samstagen, Sonn- und Feiertagen sind sonstige Merkmale i.S.d. § 14 RVG; dies gilt auch für Nachtarbeit oder Arbeit unter engen zeitlichen Vorgaben durch den Auftraggeber.

☐ Der Erfolg der anwaltlichen Tätigkeit kann als sonstiges Merkmal i.S.d. § 14 RVG berücksichtigt werden.

b) Musterschreiben zur Rechtfertigung der Gebührenhöhe

Muster 1: Geschäftsgebühr

223

Die Mittelgebühr beträgt 1,5 (*Mayer/Kroiß/Teubel*, RVG, Nr. 2400 Rn. 6 ff.; *Göttlich/Mümmler/Rehberg/Xanke*, RVG, „Geschäftsgebühr", 8.1; *Hartung/Römermann*, RVG, VV RVG, Teil 2 Rn. 56; *Hansens*, RVGreport 2004, 209, 210; *Hartung*, NJW 2004, 14140,1414; *Drasdo*, MDR 2004, 428, 429). Die Gebühr i.H.v. 1,3 ist lediglich eine Kappungsgrenze bei nicht umfangreichen und schwierigen Sachen. Sie öffnet keinen zusätzlichen Gebührenrahmen. Gesetzestext und Gesetzessystematik lassen nicht erkennen, dass der Gesetzgeber einen neuen Gebührenrahmen einführen wollte (*Hansens*, RVGreport 2004, 57, 59; 209, 211; *ders.*, JurBüro 2004, 245; *Dombek*, NJ 2004, 193, 195; *Otto*, NJW 2004, 1420).

So bestimmt Nr. 2401 VV RVG für den Fall, dass eine Tätigkeit des Rechtsanwalts im Verwaltungsvorverfahren vorausgegangen ist, ausdrücklich einen – niedrigeren – Rahmen für die Geschäftsgebühr von 0,5 bis 1,3. Ferner ist in Nr. 2501 Abs. 2 VV RVG die dort bestimmte Betragsrahmengebühr von 40 bis 260 € auf eine Gebühr von 120 € beschränkt (*Braun/Hansens*, RVG-Praxis, S. 84). Darüber hinaus spricht die Gesetzesbegründung für eine Kappungsgrenze. Dort heißt es (BR-Drucks. 830/03, S. 157): „Die Regelgebühr liegt bei 1,3", wenn der Umfang oder die Schwierigkeit nicht über dem Durchschnitt liegt, „dürfte die Schwellengebühr von 1,3 zur Regelgebühr werden". Bestätigt wurde dies nunmehr auch durch das Schreiben des parlamentarischen Staatssekretärs im BMJ *Hartenbach* v. 10.3.2004 (RVGreport 2004, 211). Schließlich berücksichtigt der zuständige Referatsleiter im BMJ in der von ihm herausgegebenen Tabelle zum RVG für die außergerichtliche Tätigkeit als Regelgebühr nur eine Gebühr i.H.v. 1,3 (*Otto*, Gebührentabellen, 22. Aufl. 2004, S. 38, 40, 42, 44).

Muster 2: 1,3 Regelgebühr

Nach der Gesetzesbegründung soll die Schwellengebühr von 1,3 die „Regelgebühr" **224** sein (BT-Drucks 15/1971, S. 206, 207 zu Nr. 2400). Sie soll damit in den Fällen entstehen, in denen bisher eine 7,5/10 Geschäftsgebühr nach § 118 Abs. 1 Nr. 1 BRAGO abgerechnet wurde. Aufgrund dieser strukturellen Änderung sollen die seit dem Jahre 1994 nicht mehr angehobenen Gebühren der Rechtsanwälte erhöht werden. Bei der Prüfung, ob die Regelgebühr i.H.v. 1,3 entstanden ist, ist eine kleinliche Auslegung nicht gewollt. Ausdrücklich ist in der Gesetzesbegründung hervorgehoben: „Die neue Regelung wirkt vereinfachend." (BR-Drucks. 830/03, S. 258 zu Nr. 2400 VV RVG). Wenn die Einkommens- und Vermögensverhältnisse des Mandanten durchschnittlich sind – in den alten Bundesländern ca. 2.300 €/Monat, in den neuen Bundesländern ca. 2.000 €/Monat –, die Bedeutung ebenfalls durchschnittlich ist, dann ist bei nicht umfangreichen und nicht schwierigen Sachen die Gebühr von 1,3 anzusetzen.

Muster 3: Formschreiben Toleranzgrenze

Eine Toleranzgrenze von 30 % ist angemessen. Der Rechtsanwalt trifft bei seiner Ent- **225** scheidung nach § 14 RVG eine Ermessensentscheidung. Die Rechtsprechung gestand deshalb bisher dem Rechtsanwalt einen Rahmen von 20 % zu, innerhalb dessen seine Entscheidung durch das Gericht nicht nachprüfbar ist (SG Hildesheim, AnwBl. 1978, 329; SG Stuttgart, AnwBl. 1979, 404; SG Stuttgart, AnwBl. 1980, 125; SG Gelsenkirchen, Beschl. v. 14.9.1981 – S 12 (15) V 181/78; SG Düsseldorf, AnwBl. 1982, 210; OLG Düsseldorf, AnwBl. 1982, 262; JurBüro 1983, 875 = JMBlNRW 1983, 142; LG Düsseldorf, AnwBl. 1983, 41; SG Aachen, AnwBl. 1983, 474; SG Stuttgart, AnwBl. 1984, 569; OLG Köln, AGS 1993, 60; LG Zweibrücken, MDR 1992, 196; LG Koblenz, zfs 1992, 134; SG Aachen, AGS 1992, 20; SG Kiel, AnwBl. 1984, 571; LG Kaiserslautern, MDR 1991, 559; AG Dortmund, Urt. v. 27.5.1994 – 125 C 16967/93; AG Hagen, ZfSch 1995, 270; a.A.: LG Zweibrücken, MDR 1992, 196 = 25 %). Da der Rahmen sich gegenüber der Regelung in der BRAGO von 5/10 bis 10/10 auf 0,5 bis 2,5 vergrößert hat, wird nunmehr die Auffassung vertreten, dass die Nachprüfungsmöglichkeit weiter eingeschränkt werden muss. So vertreten *Hartung/Römermann* (RVG, § 14 Rn. 91), dass eine Toleranz i.H.v. 20 bis 25 % angemessen sein soll. *Teubel (Mayer/Kroiß/Teubel*, Das neue Gebührenrecht, § 4 Rn. 95) führt demgegenüber aus: „Der Gebührenrahmen nach Nr. 2400 VV RVG beträgt 0,5 bis 2,5, so dass eine Abweichung um 500 % (2,5 statt 0,5) theoretisch denkbar ist und der Ansatz einer 1,3fachen Gebühr statt der angemessenen 1,0fachen Gebühr bereits eine Abweichung um 30 % darstellt. Angesichts dieser strukturellen Unterschiede liegt es nahe, für das RVG erst eine Überschreitung um 30 % als ermessensfehlerhaft anzusehen." Um die Justiz zu entlasten, wird deshalb davon ausgegangen, dass das Ermessen des Unterzeichners in einem Rahmen von 30 % nicht nachprüfbar ist.

c) Rahmengebühr: Bemessungskriterien

▦ Aktenstudium

226 Der Umfang der Akten ist ein besonderes Indiz dafür, ob eine Sache besonders umfangreich ist oder nicht. Ein besonderer Umfang ist bejaht worden bei

*   3.000 Seiten Verfahrensakten,[211]

*   200 Seiten Akten bis zur Hauptverhandlung in einem amtsgerichtlichen Verfahren,[212]

*   Strafverfahren vor der großen Strafkammer mit 25 Bänden Handakten, 8 Sonderbänden, 28 Sonderordnern, 72 Beweismittelordnern, 11 Zusatzordnern und 3 Beiakten,[213]

*   500 Blatt Akten in einem amtsgerichtlichen Verfahren,[214]

*   1000 Blatt Hauptakte nebst 600.000 Blatt Beiakten und Beweismittelordner, Einarbeitung innerhalb von 6 Wochen in ein Wirtschaftsstrafverfahren,[215]

*   5 Ordnern Fallakten, 9 Ordnern Telefonüberwachungsprotokolle und 10 Bänden Hauptakten,[216]

*   36 Seiten Anklageschrift und 8 Bände bis zur Hauptverhandlung,[217]

*   Erhöhung der Pflichtverteidigergebühren um 40 % wegen besonderer Schwierigkeit und Umfang der Strafsache,[218]

*   2.726 Seiten Protokoll und 1.689 Seiten Urteilsgründe,[219]

*   1.050 Seiten Akte bis zur Einstellung.[220]

▦ Auftraggeber

227 Die Vertretung **mehrerer Auftraggeber** ist im Rahmen der Schwierigkeit der anwaltlichen Tätigkeit mit zu berücksichtigen.[221]

---

211 OLG Brandenburg, AGS 1997, 41.
212 OLG Dresden, AGS 2000, 109 = ZAP-Ost EN-Nr. 81/00.
213 OLG Hamm, AGS 2000, 9 = JurBüro 1999, 639.
214 OLG Hamm, AGS 1998, 140 = NJW-RR 1998, 356.
215 OLG Hamm, AGS 2001, 13 = NStZ 2000, 555 = wistra 2000, 398.
216 OLG Hamm, JurBüro 2000, 250 = AGS 2000, 110.
217 OLG Jena, StraFo 1999, 323.
218 OLG Stuttgart, StV 1984, 291.
219 OLG Stuttgart, AnwBl. 1972, 89.
220 OLG Nürnberg, AnwBl. 2000, 56.
221 Anwkom-BRAGO-*N. Schneider*, § 12 Rn. 35; *Mayer/Kroiß/Winkler*, RVG, § 14 Rn. 20.

■ **Auslandsreise**[222] 228

■ **Befangenheitsantrag** 229

Werden Befangenheitsanträge gestellt, ist dies beim Umfang mit zu berücksichtigen.[223]

■ **Berufliche Existenz** 230

Droht nach einem Strafverfahren der **Verlust der beruflichen Existenz**, so ist die Rahmenhöchstgebühr angemessen.[224]

■ **Berufsunfähigkeitsrente**[225] 231

Verfahrensgegenstand rechtfertigt die Geltendmachung der Höchstgebühr.

■ **Beschwerdeverfahren in Strafsachen** 232

Gehören Beschwerdeverfahren in Strafsachen mit zur Instanz, so sind sie beim Umfang zusätzlich zu berücksichtigen.[226]

■ **Besprechungen** 233

Da die Besprechungsgebühr nach § 118 Abs. 1 Nr. 2 BRAGO entfallen ist, sind derartige Arbeiten des Rechtsanwalts zukünftig im Rahmen der Gebührenbemessung beim Umfang zu berücksichtigen. Dies gilt nunmehr nicht nur für Besprechungen mit Dritten und dem Gegner, sondern auch für Besprechungen mit Mandanten.[227]

■ **Beweisaufnahme** 234

Auswärtige Beweisaufnahme an der Unfallstelle rechtfertigt einen besonderen Umfang der anwaltlichen Tätigkeit.[228]

■ **Beweiswürdigung** 235

Eine schwierige Beweiswürdigung im Strafverfahren rechtfertigt eine höhere Gebühr unter dem Gesichtspunkt der Schwierigkeit der anwaltlichen Tätigkeit.[229]

Dies kann etwa darin gegeben sein, dass 131 Zeugen vernommen wurden.[230] Auch die Berücksichtigung zahlreicher Gutachten und sonstiger Beweiserhebungen, bei denen Indizien im Vordergrund stehen, können unter diesem Gesichtspunkt berücksichtig werden.[231] Schließlich ist auch die Glaubwürdigkeitsbeurteilung einer Kinderaussage in ei-

---

222 OLG Hamm, JurBüro 2002, 142.
223 *Mayer/Kroiß/Winkler*, RVG, § 14 Rn. 17.
224 LG Flensburg, JurBüro 1984, 1038.
225 LSG Thüringen, MDR 2002, 606 = JurBüro 2002, 420 = AGS 2002, 222.
226 LG Flensburg, JurBüro 1985, 1348.
227 *Braun/Hansens*, RVG-Praxis, 1. Aufl., S. 45.
228 LG Lüneburg, AnwBl. 1966, 29.
229 OLG Hamm, AnwBl. 1999, 124.
230 OLG Hamm, JurBüro 1999, 639.
231 OLG Hamm, AGS 2003, 257.

nem Verfahren wegen sexuellen Missbrauchs ein besonderes Kriterium der Schwierigkeit im Rahmen der anwaltlichen Tätigkeit.[232]

236 ■ **Dienstaufsichtsbeschwerde**

Wird eine zusätzliche Dienstaufsichtsbeschwerde erhoben, ist dies beim Umfang mit zu berücksichtigen.[233]

237 ■ **Disziplinarmaßnahmen**

Werden nach einem **Strafverfahren** anschließend Disziplinarmaßnahmen gegen einen Beamten eingeleitet, so rechtfertigt dies eine besondere Bedeutung bei der Festsetzung der Rahmengebühr im Strafverfahren; ein bei einem Unfall eingetretener Fremdschaden von 2.000 DM, für den der Beschuldigte aufgrund des Vorwurfs des unerlaubten Sichentfernens vom Unfallort ggf. persönlich hätte in Anspruch genommen werden können, sowie die Möglichkeit disziplinarischer Maßnahmen gegen den Beschuldigten als **Berufssoldat** rechtfertigen die Berechnung von 2/3 der Höchstgebühr für das Vorverfahren.[234]

238 ■ **Dolmetscher**

Die Hinzuziehung eines Dolmetschers bei **Verständigungsproblemen** ist als Schwierigkeit der anwaltlichen Tätigkeit zu berücksichtigen.[235]

239 ■ **Erfolg**[236]

240 ■ **Fachgutachten**

Die Auswertung von Fachgutachten ist beim Umfang der anwaltlichen Tätigkeit mit zu berücksichtigen.[237]

241 ■ **Fahrzeiten**

Grds. sind Fahrzeiten beim Umfang der anwaltlichen Tätigkeit mit zu berücksichtigen.[238]

242 ■ **Feiertag**[239]

243 ■ **Fremdsprachenkenntnisse**

Sind bei der Mandatsbearbeitung Fremdsprachenkenntnisse erforderlich, so ist dies bei der Schwierigkeit der anwaltlichen Tätigkeit mit zu berücksichtigen.[240]

---

232 OLG Hamm, StV 1998, 612.
233 LG Köln, BRAGOreport 2001, 74.
234 LG Hanau, AnwBl. 1982, 388; a.A. LG Flensburg, JurBüro 1977, 1089; JurBüro 1984, 548.
235 OLG Bamberg, JurBürO 1979, 1527; OLG Hamm, AnwBl. 1998, 416; *Mayer/Kroiß/Winkler*, RVG, §14 Rn. 20.
236 *Braun/Hansens*, RVG-Praxis, 1. Aufl., S. 50; *Braun*, Die Rahmengebühr, in: FS 50 Jahre Deutsches Anwaltsinstitut e.V., S. 369, 382; *Braun*, Gebührenabrechnung nach dem RVG, S. 41.
237 LG Kiel, JurBüro 1992, 606.
238 *Gerold/Schmidt/Madert*, BRAGO, § 99 Rn. 5; OLG Köln, NJW 1964, 1334.
239 *Gerold/Schmidt/Madert*, BRAGO, § 12 Rn. 15; *Braun/Hansens*, RVG-Praxis, 1. Aufl., S. 50.
240 LG Nürnberg-Fürth, AnwBl. 1969, 208; LG Karlsruhe, AnwBl. 1980, 121; AG Krefeld, AnwBl. 1980, 303; AG Bruchsal, VersR 1986, 6089; a.A. OLG Düsseldorf, JurBüro 2000, 78 = AnwBl. 1999, 704.

■ **Führerscheinentzug** 244

Eine besondere Bedeutung der Angelegenheit ist bei einem Führerscheinentzug für einen **Berufskraftfahrer**[241] und einen **Handelsvertreter**[242] bejaht worden.

Nach Fortfall des § 88 BRAGO ist ein Fahrverbot oder Führerscheinentzug grds. erhöhend zu berücksichtigen, i.d.R. ist die Höchstgebühr angemessen (Bedeutung der Angelegenheit). Darüber hinaus kann § 41 RVG Anwendung finden.

■ **Gesellschaftliche Stellung** 245

Wird die gesellschaftliche Stellung eines Mandanten durch ein Verfahren beeinträchtigt, rechtfertigt dies die besondere Bedeutung der Angelegenheit.[243]

■ **Haftungsrisiko** 246

Ein besonderes Haftungsrisiko ist anzunehmen, wenn **Eheverträge** mit unausgewogenen Regelungen getroffen werden.[244]

Ein besonderes Haftungsrisiko besteht bei **erbrechtlichen Gestaltungen**, insbesondere dann, wenn ein Alleinerbrecht eines getrennten Ehegatten gesichert werden soll.[245]

Die Koppelung von Regelungen über **Unterhaltsvereinbarungen** mit der **Übertragung eines Grundstücks** ist mit einem besonderen Haftungsrisiko verbunden.[246]

Gleiches gilt für die Übernahme eines Mandates unmittelbar vor Verjährungsablauf.[247]

■ **Hauptverhandlung** 247

Schon die Arbeiten für die Vorbereitung der Hauptverhandlung sind im Umfang mit zu berücksichtigen.[248] Besonders zu berücksichtigen ist auch, wenn die Hauptverhandlung zu Zeiten stattfindet, in denen i.d.R. nicht terminiert wird, z.B. am Nachmittag oder in den Abendstunden oder am Samstag.[249]

Nachdem nunmehr das RVG bei der Höhe der Gebühren hinsichtlich der **Dauer der Hauptverhandlung** bei dem gerichtlich bestellten oder beigeordneten Rechtsanwalt differenziert, wird man zukünftig grds. folgende Auffassung vertreten können: Liegt beim

---

241 LG Flensburg, JurBüro 1976, 1216.
242 LG Heidelberg, AnwBl. 1965, 184
243 LG Kaiserslautern, AnwBl. 1964, 289.
244 BVerfG, NJW 2001, 2248 = DNotZ 2001, 708 = FamRZ 2001, 985.
245 BGH, NJW 1995, 51 = FamRZ 1994, 1173 = ZEV 1994, 358.
246 OLG Karlsruhe, AGS 2003, 252 = FamRZ 2004, 43 = AnwBl. 2003,115.
247 *Mayer/Kroiß/Winkler*, RVG, § 14 Rn. 31.
248 LG Wuppertal, DAR 1985, 94; LG Bochum, StV 1984, 293; LG Freiburg, AnwBl. 1998, 213.
249 OLG Hamm, AGS 2002, 128; OLG Hamm, AGS 2001, 154.

Amtsgericht – Schöffengericht oder Einzelrichter – die Hauptverhandlung bis zu **2 bis 3 Stunden**, so ist sie durchschnittlich, darüber hinaus überdurchschnittlich.[250]

Bei der **Strafkammer** sind Verhandlungen bis etwa **4 bis 5 Stunden** durchschnittlich.[251]

In **Schwurgerichtsverfahren** ist eine Verhandlungsdauer **bis 5 Stunden** durchschnittlich, darüber hinaus überdurchschnittlich.[252]

Verhandlungspausen sind grds. nicht verhandlungszeitmindernd zu berücksichtigen.[253] Die seitens des Gerichts gewährten Pausen sollten nicht kleinlich überprüft werden. **Ortsansässige** und **auswärtige Pflichtverteidiger** sind nicht unterschiedlich zu behandeln. Auch wenn eine Mittagspause einmal länger als eine Stunde dauert, ist dies weiterhin nicht verhandlungszeitmindernd zu berücksichtigen.

248 ▧ **Honoraranpassung**

Unterbliebene Anpassungen der Gebühren nach dem RVG können über die verbesserten Einkommensverhältnisse des Mandanten bei der Bestimmung der Rahmengebühr berücksichtigt werden.[254]

249 ▧ **Justizvollzugsanstalt**

17 Besuche eines Beschuldigten in der Justizvollzugsanstalt sind beim Umfang zu berücksichtigen,[255] es sei denn, es entsteht eine Gebühr mit Zuschlag (Vorbem. 4 Abs. 4 VV RVG).

250 ▧ **Kostenentscheidung**

Entsteht ein besonderer Aufwand, um eine Kostenentscheidung zu erlangen, so ist dies bei der Bestimmung der Rahmengebühr besonders als Aufwand zu berücksichtigen.[256]

251 ▧ **Kostenfestsetzungsverfahren**

Ist das Kostenfestsetzungsverfahren besonders umfangreich, so sind die darin erbrachten Leistungen des Anwalts beim Umfang der anwaltlichen Tätigkeit mit zu berücksichtigen.[257]

252 ▧ **Kostenstruktur**[258]

---

250 *Burhoff*, RVG, S. 424.
251 *Burhoff*, a.a.O.; OLG Jena, AnwBl. 1995, 125.
252 OLG Hamm, JurBüro 1999, 194; a.A. OLG Brandenburg, StV 1998, 92.
253 *Burhoff*, RVG, S. 424; OLG Jena, AnwBl. 1997, 125.
254 *Jansen/Braun*, AnwBl. 1992, 259; *Braun/Hansens*, RVG-Praxis, 1. Aufl., S. 42.
255 OLG Nürnberg, JurBüro 2000, 476 = StV 2000, 441; ebenso OLG München, JurBüro 1975, 1475.
256 LG Köln, BRAGOreport 2001, 74.
257 SG Düsseldorf, AnwBl. 1983, 40.237
258 *Schmidt*, Die Vergütung des Strafverteidigers, S. 15; *Schumann/Geißinger*, BRAGO, § 12 Rn. 15; *Braun/Hansens*, RVG-Praxis, S. 41.

▓ **Mandanten** 253

Ist der **Mandant intellektuell minderbegabt**, so kann dies aufgrund der Tatsache, wenn die Gespräche sich schwierig gestalten, zusätzlich beim Umfang berücksichtigt werden.[259] Eine Vermutung, dass die Vertretung bestimmter Berufsgruppen einen besonderen Aufwand rechtfertigt, existiert nicht.

▓ **Mehrere Gegner** 254

Vertretung des Nebenklägers gegenüber mehreren Angeklagten ist beim Umfang der anwaltlichen Tätigkeit mit zu berücksichtigen.[260]

▓ **Musterverfahren**[261] 255

▓ **Nachtarbeit**[262] 256

▓ **Öffentliche Aufmerksamkeit** 257

Die öffentliche Aufmerksamkeit rechtfertigt die besondere Bedeutung der Angelegenheit.[263]

▓ **Plädoyer** 258

Die Vorbereitung des Plädoyers ist ebenfalls beim Umfang mit zu berücksichtigen.[264]

▓ **Rechtsreferendar** 259

Treten **berufliche Nachteile** für einen Rechtsreferendar ein, so rechtfertigt dies eine besondere Bedeutung.[265]

▓ **Sachverständigengutachten** 260

Die **Auswertung eines Fachgutachtens in Spezialgebieten**[266] ist bei der Rahmengebühr bei dem Begriff der Schwierigkeit der anwaltlichen Tätigkeit zu berücksichtigen.

▓ **Samstag**[267] 261

▓ **Schadensersatzprozess** 262

Drohen nach einer **Vertretung in einem Strafverfahren** nachfolgend hohe Schadensersatzansprüche gegen den Angeklagten, so rechtfertigt dies die besondere Bedeutung der Angelegenheit.[268]

---

259 OLG Nürnberg, JurBüro 2000, 476; LG Bochum, StV 1984, 293.
260 *Braun/Hansens*, RVG-Praxis, S. 45.
261 *Schumann/Geißinger*, BRAGO, § 12 Rn. 7.
262 *Braun/Hansens*, RVG-Praxis, S. 50.
263 OLG Hamm, AnwBl. 2002, 664.
264 LG Wuppertal, AnwBl. 1985, 160; OLG Bamberg, JurBüro 1984, 1191; OLG Bremen, AnwBl. 1975, 449.
265 AG Homburg, zfs 1997, 88.
266 LG Kiel, JurBüro 1992, 603; OLG Düsseldorf, AnwBl. 2001, 371; OLG Koblenz, JurBüro 2000, 415.
267 *Gerold/Schmidt/Madert*, BRAGO, § 12 Rn. 15; *Braun/Hansens*, RVG-Praxis, S. 50.
268 LG München I, AnwBl. 1982, 263; LG Freiburg, AnwBl. 1970, 243.

263 ■ **Sonntag**[269]

264 ■ **Spezialkenntnisse**

Tätigkeiten in Spezialgebieten sind grds. bei der Schwierigkeit der anwaltlichen Tätigkeit mit zu berücksichtigen.[270] Dies gilt unabhängig davon, ob sich der Rechtsanwalt auf diesem Gebiet spezialisiert hat oder ob er auf Kenntnis eines vorangegangenen oder parallelen Verfahrens zurückgreifen konnte.[271]

So können im Rahmen der Schwierigkeit der anwaltlichen Tätigkeit berücksichtigt werden:

- buchhalterische und steuerliche Kenntnisse, die über das Normalmaß hinausgehen,[272]

- Fremdsprachenkenntnisse, so dass auf die Hinzuziehung eines Dolmetschers verzichtet werden kann,[273]

- Tätigkeit auf einem entlegenen Spezialgebiet,[274]

- Prüfung medizinischer Gutachten,[275]

- Verwertung psychiatrischer Sachverständigengutachten,[276]

- Auswertung eines Fachgutachtens auf nicht alltäglichem Gebiet.[277]

265 ■ **Studium von Rechtsprechung und Literatur**[278]

266 ■ **Verhandlungspausen**

Entstehen Verhandlungspausen längerer Dauer, ist dies ein Bemessungsgrund beim Umfang.[279]

---

269 *Gerold/Schmidt/Madert*, BRAGO, § 12 Rn. 15; *Braun/Hansens*, RVG-Praxis, S. 50.
270 LG Karlsruhe, JurBüro 1973, 740; AnwBl. 1980, 121.
271 VGH Kassel, NJW 1992, 910.
272 Anwkom-RVG-N. *Schneider*, § 12 Rn. 35; *Mayer/Kroiß/Winkler*, RVG, § 14 Rn. 20; *Braun/Hansens*, RVG-Praxis, S. 47; *Gerold/Schmidt/Madert*, BRAGO, § 99 Rn. 5; OLG Koblenz, Rpfleger 1985, 508.
273 *Gerold/Schmidt/Madert*, BRAGO, § 99 Rn. 5; OLG Bamberg, JurBüro 1979, 1527.
274 BVerwG, NJW 1981, 2136 = BVerwGE 62, 169.
275 BVerwG, NVwZ 1983, 607.
276 LG Bochum, AnwBl. 1985, 151.
277 LG Kiel, JurBüro 1992, 603.
278 *Braun/Hansens*, RVG-Praxis, S. 44.
279 OLG Karlsruhe, AGS 1993, 77; OLG Hamm, AnwBl. 1999, 124; LG Ravensburg, AnwBl. 1985, 160.

▓ **Verkehrsunfall**   267

Ziehen sich **Regulierungsverhandlungen mit dem Haftpflichtversicherer**, insbesondere in Verkehrsunfallsachen, lange hin, dann ist dies beim Umfang der anwaltlichen Tätigkeit zusätzlich zu berücksichtigen.[280] Dauert die Regulierung bei einem Verkehrsunfall länger als 2 Monate, so kann dies i.d.R. bei der Höhe der Gebühr mit berücksichtigt werden. Es müssen schon besondere Gründe vorliegen, die es rechtfertigen, einen derartigen Regulierungszeitraum als nicht überdurchschnittlich zu bewerten.

▓ **Verweisung**   268

Die Verweisung an ein anderes Gericht, ohne dass eine neue Angelegenheit beginnt (§ 20 RVG) ist ebenfalls beim Umfang mit zu berücksichtigen.[281]

▓ **Vorarbeiten**   269

Zeiten für Vorarbeiten für Termine, aber auch Schriftsätze sind beim Umfang mit zu berücksichtigen.[282]

▓ **Vorstrafe**   270

Wird eine bisher strafrechtlich nicht in Erscheinung getretene Person erstmals bestraft, so rechtfertigt dies eine besondere Bedeutung.[283] Ebenfalls rechtfertigt das Risiko einer umfänglichen Gesamtstrafenbildung aufgrund von Vorstrafen eine besondere Bedeutung.[284]

▓ **Wartezeiten**   271

Wartezeiten, die dadurch entstanden sind, dass eine Sache verspätet aufgerufen wird oder eine andere Sache dazwischen geschoben wird oder dass Zeugen verspätet erscheinen, sind beim Umfang zusätzlich zu berücksichtigen.[285]

▓ **Wehrdienst**   272

Die **Einberufung eines Arztes** zum Wehrdienst rechtfertigt eine besondere Bedeutung der Angelegenheit.[286]

---

280 Anwkom-BRAGO-*N. Schneider*, § 12 Rn. 31; *Mayer/Kroiß/Winkler*, § 14 RVG Rn. 17; *Braun/Hansens*, RVG-Praxis, S. 45.
281 BVerwG, AnwBl. 1981, 191.
282 LG Ravensburg, AnwBl. 1985, 160; LG Wuppertal, AnwBl. 1985, 160; LG Flensburg, JurBüro 1985, 1204.
283 AG Hannover, AnwBl. 1980, 311.
284 OLG Düsseldorf, Rpfleger 2001, 46.
285 LG Ravensburg, AnwBl. 1985, 160; *Braun/Hansens*, RVG-Praxis, 1. Aufl., S. 44; OLG Karlsruhe, AGS 1993, 77; OLG Hamm, MDR 1972, 263; OLG Hamm, AGS 1998, 136; *Burhoff*, RVG, S. 425.
286 BVerwG, NVwZ 1983, 607.

273 ▪ **Widerklage**

Löst eine Widerklage keine zusätzlichen Gebühren aus, so ist diese ebenfalls im Umfang mit zu berücksichtigen.[287]

274 ▪ **Zeitdruck**

Wenn der Anwalt unter Zeitdruck arbeiten muss, weil der Mandant ihn am letzten Tag vor Ablauf einer Frist beauftragt hat oder der Umfang der Arbeit besonders schnell erledigt werden muss, so ist dies im Rahmen der Schwierigkeit der anwaltlichen Tätigkeit mit zu berücksichtigen.[288] Ein Aufschlag von bis zu 0,8 ist jederzeit angemessen.

275 ▪ **Zeugen**

Werden mehrere Zeugen gehört, so kann dies ebenfalls beim Umfang mit berücksichtigt werden.[289]

III. Abgeltungsbereich

1. Allgemeines

276 In § 19 RVG sind die bisherigen Regelungen in den §§ 37, 58 Abs. 2 BRAGO zusammengefasst. Mit der Regelung wird klargestellt, welche Vorbereitungs-, Neben- und Abwicklungstätigkeiten sowie Nebenverfahren mit den Gebühren, die für den Rechtszug oder das Verfahren entstehen, abgegolten sind.

2. Grundsatz

a) Rechtszug

277 Das RVG enthält keine Definition des „Rechtszuges". Der **Gebührenrechtszug beginnt** schon mit der Beauftragung des Rechtsanwalts.[290]

278 Der **Rechtszug endet** nicht mit der Beendigung des Rechtszuges im prozessrechtlichen Sinne; auch Tätigkeiten nach Beendigung, wie z.B. Erwirkung der Vollstreckungsklausel und des Rechtskraftzeugnisses, sind noch vom Begriff des Rechtszuges i.S.d. RVG mit umfasst.

---

287 *Braun/Hansens*, RVG-Praxis, S. 46.
288 *Braun/Hansens*, RVG-Praxis, S. 50.
289 *Mayer/Kroiß/Winkler*, RVG, § 14 Rn. 17; Anwkom-BRAGO-*N. Schneider*, § 12 Rn. 31; *Braun/Hansens*, RVG-Praxis, S. 45.
290 Prozessrechtlich beginnt der Rechtszug erst mit Anhängigkeit des Anspruchs (§ 270 ZPO).

b) Verfahren

Der Begriff des Verfahrens beinhaltet auch **Verfahren der Zwangsvollstreckung**.[291] Unter den Begriff fällt auch z.B. die Pflegerbestellung durch das Vormundschaftsgericht.[292] — 279

c) Vorbereitungsarbeiten

Alle Handlungen, die der Vorbereitung dienen können, sind unter diesem Begriff zu fassen. Dazu gehören — 280

- die Entgegennahme von Informationen und Material,

- die Recherche von Literatur und Rechtsprechung,

- das Ordnen von Unterlagen,

- die Zusammenstellung von Anlagen zur Klageschrift,

- die Übersendung der Klage zur Überprüfung durch den Mandanten,

- die Korrekturen eines Klageentwurfs.

281

> **Hinweis:**
>
> Ob der Rechtsanwalt diese Unterlagen selbst anfordert oder der Mandant sie von sich aus dem Anwalt zur Verfügung stellt, ist für den Begriff der Vorbereitung gleichgültig.
>
> Wie die Vorbereitung seitens des Anwalts erfolgt, ist ebenfalls für die Bewertung als Vorbereitungshandlung nicht von Bedeutung.

Als Abgrenzung ist in diesem Zusammenhang von besonderer Bedeutung, welchen Auftrag der Anwalt erhalten hat. Hat der Rechtsanwalt den Auftrag erhalten, einen Klageentwurf vorzubereiten, können folgende Maßnahmen Vorbereitungsarbeiten sein, wenn über diesen Auftrag hinaus kein gesonderter Auftrag erteilt wurde: — 282

- **Rat, Auskunft** — 283
  Berät der Rechtsanwalt den Mandanten anlässlich der Erstellung der Klageschrift darüber, wie die Rechtslage ist, so ist diese Leistung eine Vorbereitungsarbeit, die nicht gesondert vergütet wird.

- **Erstellung eines schriftlichen Gutachtens** — 284
  Hat der Rechtsanwalt nur den Auftrag, eine Klage einzureichen und erstellt er als Vorbereitung ein schriftliches Gutachten über die Rechtslage, so gilt dieses schriftliche Gutachten ebenfalls als Vorbereitungsarbeit mit der Folge, dass kein gesonderter Ge-

---

291 BR-Drucks. 830/03, S. 238.
292 AG Hanau, AGS 2003, 351.

bührenanspruch entsteht. Nur dann, wenn ein gesonderter Auftrag diesbezüglich erteilt wurde, kann eine Gebühr nach Nr. 2103 VV RVG verlangt werden.

285 • **Vertretung**

Hat der Rechtsanwalt nur den Auftrag, eine Klage vorzubereiten, so können Tätigkeiten, die sonst nach Nr. 2400 VV RVG zu vergüten sind, reine Vorbereitungsmaßnahmen der Klage sein. Kündigt der Rechtsanwalt z.B. das Mietverhältnis, um eine Räumungsklage einreichen zu können und hat er für diese Kündigung keinen gesonderten Auftrag, dann ist das Erstellen und Versenden des Kündigungsschreibens Vorbereitungshandlung für die Klage und mit den Gebühren für den Rechtszug abgegolten. Entsprechendes gilt für Schreiben, mit denen der Schuldner in Verzug gesetzt wird.

286 Ob die **Einholung einer Deckungsschutzzusage** bei der Rechtsschutzversicherung mit zu den Vorbereitungsmaßnahmen einer Klage gehört, kommt ebenfalls allein auf den Auftrag an. Hat der Rechtsanwalt keinen gesonderten Auftrag erhalten, Deckungsschutzzusage einzuholen, dann sind derartige Handlungen Vorbereitungshandlungen für die Erstellung der Klage. Hat er einen gesonderten Auftrag erhalten, dann ist die Tätigkeit als Angelegenheit gesondert zu vergüten.

d) Nebentätigkeiten

287 Zu den Nebentätigkeiten gehören **alle Maßnahmen**, die **im Rahmen eines gerichtlichen Verfahrens** von einem Rechtsanwalt zu erbringen sind. Dazu gehören:

- die Annahme der Klageerwiderung,

- die Gegenzeichnung von Empfangsbekenntnissen,

- die Annahme und Weiterleitung der Ladung zum Termin zur mündlichen Verhandlung,

- die Erläuterung, ob und wann eine Partei zum Termin zur mündlichen Verhandlung erscheinen muss.

e) Abwicklungstätigkeiten

288 Unter den Begriff der Abwicklungstätigkeiten sind die Maßnahmen zu fassen, die nach Erlass des Urteils seitens des Anwalts zu erbringen sind. Dazu gehört das **Kostenfestsetzungsverfahren** ebenso wie die **Einholung der Zustellungsbescheinigung** und die **Vollstreckungsklausel**.

f) Ausnahmen

289 Alle in § 18 RVG genannten besonderen Angelegenheiten zählen weder zu den Vorbereitungs-, Neben- und Abwicklungstätigkeiten des Rechtszuges oder des Verfahrens.

3. Katalog

a) Inhalt

Die **Aufzählung** der zum Rechtszug gehörenden Tätigkeiten in § 19 Abs. 1 Satz 2 RVG **290**
sowie § 19 Abs. 2 RVG ist **nicht abschließend**, wie sich aus dem Wort „insbesondere"
ergibt.

b) Beispiele

aa) Vorbereitung der Klage, des Antrags oder der Rechtsverteidigung (§ 19 Abs. 1 Nr. 1 RVG)

Alle Handlungen, die das gerichtliche Verfahren vorbereiten oder als Nebenarbeit zu qua- **291**
lifizieren sind oder eine Abwicklungstätigkeit darstellen, sind mit den Gebühren des
Rechtszugs abgegolten. Neben der Erteilung eines Rats gehört die Beschaffung von Informationen – ggf. einer außergerichtlichen Tätigkeit im Rahmen einer Kündigung – mit
zum Rechtszug.

Hat der Rechtsanwalt einen Klageauftrag, so gehört die **Ermittlung der richtigen Adres-** **292**
se des Beklagten beim Einwohnermeldeamt mit zur Instanz und ist nicht gesondert zu
vergüten.[293] Dies gilt sowohl für die Aufenthaltsermittlung im Rahmen eines Prozessauftrags[294] als auch in Zwangsvollstreckungsverfahren.[295]

Ebenso **gehört zu den Kosten des Rechtszugs das Abschlussschreiben eines Rechts-** **293**
anwalts, mit dem der Antragsgegner nach Erwirkung einer einstweiligen Verfügung dazu aufgefordert wird, den Verfügungsanspruch anzuerkennen und auf Widerspruch sowie die Stellung eines Antrags nach § 926 ZPO zu verzichten.[296]

Die Kosten einer zur Vorbereitung einer Beschwerde gegen einen – erst – verkündeten **294**
Beschluss des Patentamts in einer Gebrauchsmusterlöschungssache eingeholten **Re-**
cherche sind Kosten des Beschwerdeverfahrens. Sie können nicht als Kosten des ersten
Rechtszugs gesondert geltend gemacht werden.[297]

---

293 BGH, NJW-RR 2004, 501 = RVGreport 2004, 109 = JurBüro 2004, 315 = AGS 2004, 151 = MDR
2004, 538; BGH, RVGreport 2004, 108 = NJW 2004, 1101 = FamRZ 2004, 536 = JurBüro 2004,
191.
294 BGH, RVGreport 2004, 109 = NJW-RR 2004, 501 = AGS 2004, 151; OLG Zweibrücken, MDR 1998,
1183; LG Konstanz, Rpfleger 1992, 365; LG Berlin, JurBüro 1987, 71; a.A. LG Hamburg, JurBüro
1990, 1291.
295 BGH, RVGreport 2004, 108 = NJW 2004, 1101 = FamRZ 2004, 536 = JurBüro 2004, 191; OLG
Zweibrücken, JurBüro 1998, 468; LG Konstanz , Rpfleger 1992, 365; LG Hannover, AnwBl. 1989,
687; *Hansens*, JurBüro 1987, 809, 811; LG Kassel, JurBüro 2004, 30 = Rpfleger 2004, 65.
296 BGH, NJW 1973, 901 = MDR 1973, 482; AG Saarbrücken, AnwBl. 1981, 114 = JurBüro 1981, 560;
OLG Stuttgart, Justiz 1984, 343 = WRP 1984, 230; OLG Celle, WRP 1996, 757 = AfP 1996, 411;
LG Düsseldorf, InstGE 1/272.
297 BPatGE 33, 98.

295   Auch die **Einsichtnahme in das Grundbuch** zur Vorbereitung eines Berufungsverfahrens gehört mit zum Rechtszug.[298]

296
> **Hinweis:**
>
> **Nicht** unter § 19 Abs. 1 Nr. 1 RVG als Vorbereitungsmaßnahme fällt die Einholung der Deckungsschutzzusage. Diese ist vielmehr eine **eigene Angelegenheit** i.S.d. § 15 RVG,[299] wenn ein gesonderter Auftrag vorliegt.

297   **Nicht** zu den Vorbereitungstätigkeiten gehören Tätigkeiten in besonderen gerichtlichen oder behördlichen Verfahren. Dazu gehört z.B. die Bestellung eines Pflegers.[300] Ebenso ist die Tätigkeit des Anwalts vor der Hinterlegungsstelle ein besonderes Verfahren.[301]

bb) Außergerichtliche Verhandlungen (§ 19 Abs. 1 Nr. 2 RVG)

298   Im Gegensatz zur bisherigen Regelung in § 37 Nr. 2 BRAGO wird jede außergerichtliche Verhandlung, nicht nur die außergerichtliche Vergleichsverhandlung, als Tätigkeit, die zum Rechtszug gehört, bewertet.

299   Die Bedeutung dieser Regelung ist durch die Neuregelung der Terminsgebühr in Nr. 3104 VV RVG erheblich eingeschränkt. Nach Vorbem. 3 Abs. 3 VV RVG entsteht die **Terminsgebühr** auch für „die Mitwirkung an auf die Vermeidung oder Erledigung des Verfahrens gerichteten Besprechungen ohne Beteiligung des Gerichts." Hat damit der Rechtsanwalt einen Prozessauftrag, dann steht ihm für Verhandlungen mit dem Ziel, das gerichtliche Verfahren zu vermeiden oder das Verfahren zu erledigen eine Terminsgebühr zu. Der Anwendungsbereich des § 19 Abs. 1 Nr. 2 RVG erstreckt sich deshalb allein auf Verhandlungen, die gerade nicht auf die Vermeidung und Erledigung eines Verfahrens gerichtet sind, etwa nur Nebenfragen zur weiteren Vorgehensweise betreffen. Dies können z.B. Besprechungen und Verhandlungen mit der Gegenseite darüber sein, welcher Sachverständige in einem selbständigen Beweisverfahren das Gutachten erstatten soll, wenn beide Parteien unterschiedliche Vorstellungen haben.

300   Es sind deshalb **folgende Fallkonstellationen zu unterscheiden:**

- Hat der Rechtsanwalt lediglich einen Auftrag zu außergerichtlicher Tätigkeit, dann fallen alle Verhandlungen unter die Geschäftsgebühr nach Nr. 2400 VV RVG. Gesonderte Gebühren entstehen dafür nicht. Der Umfang der Verhandlungen kann nur im Rah-

---

298   OLG Schleswig, SchlHA 1980, 218.

299   *Mayer/Kroiß/Ebert*, RVG, § 19 Rn. 14; *Hartung/Römermann*, RVG, § 19 Rn. 23; *Göttlich/Mümmler/Rehberg/Xanke*, RVG, „Deckungsschutzzusage"; *Braun*, RVGreport 2004, 284; a.A. LG München, JurBüro 1993, 163.

300   AG Hanau, AGS 2003, 350 = zfs 2003, 309; LG Hanau, zfs 2004, 35 m. Anm. *Madert*.

301   *Gerold/Schmidt/von Eicken*, BRAGO, § 37 Rn. 5.

men des § 14 RVG mit berücksichtigt werden. Die Terminsgebühr nach Nr. 3104 VV RVG kann nicht entstehen, da der Rechtsanwalt noch keinen Prozessauftrag hatte.

- Werden außergerichtliche Verhandlungen geführt, nachdem ein Verfahrens- oder Prozessauftrag erteilt wurde, dann werden Verhandlungen, die die Voraussetzungen der Nr. 3104 VV RVG erfüllen, durch die Terminsgebühr abgegolten; der Anwendungsbereich der Verfahrensgebühr (Nrn. 3100, 3101 VV RVG) wird von diesen Tätigkeiten nicht erfasst.

- Anders ist die Rechtslage zu beurteilen, wenn nach Erlass einer Entscheidung Verhandlungen geführt werden.

Solange die erstinstanzliche Entscheidung nicht rechtskräftig ist, gehören derartige Verhandlungen noch mit zur ersten Instanz.[302] Hat jedoch schon eine der Parteien Berufung eingelegt, so gehören etwaige Verhandlungen dann zur Berufungsinstanz.[303]   301

cc) Zwischenstreite u.a. (§ 19 Abs. 1 Nr. 3 RVG)

Im Gegensatz zur bisherigen Regelung gehört das **selbständige Beweisverfahren** nicht   302
mehr mit zum Rechtsstreit; es ist eine eigene Angelegenheit.[304] Folgende Verfahren unter dem Begriff **„Zwischenstreit"** gehören mit zum Rechtszug:

- Antrag auf Zurückweisung einer Nebenintervention (§ 71 ZPO),[305]

- Rechtmäßigkeit einer Zeugnisverweigerung (§ 387 ZPO),

- Weigerung zur Erstattung eines Gutachtens durch den Sachverständigen (§ 408 ZPO),

- Streit über die Rückgabe einer dem gegnerischen Anwalt übergebenen Urkunde (§ 135 ZPO).[306]

Folgende Verfahren unter dem Begriff **„die Bestimmung des zuständigen Gerichts"** ge-   303
hören mit zum Rechtszug:

- Verfahren nach §§ 36, 37 ZPO,

- Verfahren nach § 53 VwGO,

- Verfahren nach § 46 Abs. 2 FGG,

- Verfahren nach § 7 Abs. 1 EGZPO.[307]

---

302   OLG Düsseldorf, MDR 2003, 415; OLG Oldenburg, FamRZ 1996, 682; a.A. KG, Beschl. v. 17.2.1998 – 19 WF 943/98.
303   *Gerold/Schmidt/von Eicken*, BRAGO, § 37 Rn. 6.
304   S. dazu auch Vorbem. 3 Abs. 5 VV RVG sowie BR-Drucks. 830/03, S. 238, 239.
305   OLG Hamburg, JurBüro 1983, 1515.
306   *Thomas/Putzo/Reichold*, ZPO, § 135 Rn. 2, 3.
307   Gilt nur noch solange, wie das BayObLG noch existent ist; die Staatsregierung beabsichtigt derzeit die Abschaffung.

304 Folgende Verfahren unter dem Begriff **„Bestellung von Vertretern durch das in der Hauptsache zuständige Gericht"** gehören mit zum Rechtszug:

- Bestellung eines Prozesspflegers (§§ 57, 58 ZPO),

- Bestellung eines Vertreters bei unbekanntem Gegner (§ 494 ZPO),

- Bestellung eines Vertreters zur Fortsetzung der Zwangsvollstreckung nach dem Tod des Schuldners (§ 779 Abs. 2 ZPO),

- Bestellung eines Vertreters im Rahmen der Zwangsvollstreckung bei herrenlosem Grundstück oder Schiff (§ 787 ZPO).

305 Folgende Verfahren gehören unter dem Begriff **„Ablehnung von Richtern, Rechtspflegern, Urkundsbeamten der Geschäftsstelle oder Sachverständiger"** mit zum Rechtszug:

- Ablehnung der in § 19 Abs. 1 Nr. 3 RVG genannten Personen (§§ 42 ff., 249, 406 ZPO, § 54 VwGO, § 6 FGG, § 10 RPflG).

306 Folgende Verfahren gehören unter dem Begriff **„Festsetzung des Streit- oder Geschäftswerts"** mit zum Rechtszug:

- § 33 RVG.

307 **Nicht** zum Rechtszug gehört das Beschwerdeverfahren über die Streitwertfestsetzung. Es ist ein besonderer Rechtszug; es entstehen Gebühren nach Nr. 3500 VV RVG. Eine Erstattung dieser Gebühren durch den Gegner im Fall des Obsiegens erfolgt jedoch nicht (§ 33 Abs. 9 Satz 2 RVG).

dd) Verfahren vor dem beauftragten oder ersuchten Richter (§ 19 Abs. 1 Nr. 4 RVG)

308 Hierzu gehören die

- Verfahren nach §§ 361, 362, 613 ZPO,

- Verfahren nach § 96 Abs. 2 VwGO.

ee) Verfahren über die Erinnerung und die Rüge wegen Verletzung des Anspruchs auf rechtliches Gehör (§ 19 Abs. 1 Nr. 5 RVG)

309 Beide Verfahren sind mit der Vergütung für den Rechtszug abgegolten.

310 Wie auch bei den anderen in § 19 RVG genannten Tätigkeiten kann der Rechtsanwalt, der allerdings ausschließlich mit der Durchführung des Erinnerungsverfahrens beauftragt ist, eine Vergütung seiner Tätigkeit verlangen. Sie ist nach Nr. 3500 VV RVG zu berechnen.[308]

---

308 BT-Drucks. 15/1971, 218.

Soweit die Anwendung des § 321a ZPO über den Wortlaut hinaus auch auf Berufungs-   311
urteile, gegen die eine Nichtzulassungsbeschwerde nicht zulässig ist (§ 26 Nrn. 8, 9
EGZPO), ausgedehnt wurde, gehören diese Verfahren ebenfalls mit zum Rechtszug. Entsprechendes gilt, soweit zulässig, für die fristgebundene Gegenvorstellung.

ff) Berichtigung und Ergänzung der Entscheidung oder ihres Tatbestandes (§ 19 Abs. 1 Nr. 6 RVG)

Die Regelung ist nicht sachgerecht; jeder, der einen derartigen Antrag einmal gestellt   312
hat, weiß, welche Mühe und Arbeit er ausmacht. Wird ein anwaltlicher Vertreter ausschließlich mit einem derartigen Antrag beauftragt, dann entsteht die Verfahrensgebühr
(Nr. 3402 Nr. 1 VV RVG).[309]

gg) Verfahren wegen Rückgabe einer Sicherheit (§ 19 Abs. 1 Nr. 7 RVG)

Es handelt sich um folgende Verfahren: 313

- § 109 ZPO,

- § 715 Abs. 1 Satz 1 ZPO,

- § 715 Abs. 1 ZPO.

hh) Geltendmachung im Ausland vorgesehener Vervollständigung der Entscheidung (§ 19 Abs. 1 Nr. 8 RVG)

Wenn ein Urteil in Deutschland in abgekürzter Form ergeht, z.B. Versäumnis- oder An-   314
erkenntnisurteil, dann setzt die Vollstreckung im Ausland voraus, dass das Urteil eine Begründung enthält. Die Tätigkeit des Rechtsanwalts, Tatbestand und Entscheidungsgründe nachträglich fertigen zu lassen, wird mit den Gebühren des Rechtszugs abgegolten.

ii) Zustellung oder Empfangnahme von Entscheidungen u.a. (§ 19 Abs. 1 Nr. 9 RVG)

Folgende Verfahren sind **mit zum Rechtszug** anzunehmen: 315

- Zustellung und Empfangnahme einer einstweiligen Verfügung im Parteibetrieb,[310]

- Entgegennahme der Zustellung der Berufungsschrift,[311]

---

309   S. dazu auch OLG Koblenz, JurBüro 2002, 273.
310   OLG Hamm, BRAGOreport 2001, 106 = JurBüro 2001, 475 = AGS 2002, 7; OLG Frankfurt, BRA-
GOreport 2002, 105 = JurBüro 2002, 140; OLG Koblenz, BRAGOreport 2003, 59 = JurBüro 2003,
137 = AGS 2003, 108 = Rpfleger 2003, 269; OLG Frankfurt, JurBüro 1995, 528; KG, BerlAnwBl.
1997, 449; OLG Schleswig, JurBüro 1984, 410; OLG Koblenz, JurBüro 1984, 887.
311   OLG Naumburg, JurBüro 2000, 362 = OLGR Naumburg 2000, 140; OLG Koblenz, AnwBl. 1988,
415 = JurBüro 1988, 871.

- Entgegennahme des Fristverlängerungsantrags, Widerspruch gegen den Fristverlängerungsantrag, Fristverlängerungsentscheidung,[312]

- Empfangnahme der Beschlussverwerfung,[313]

- die Bitte, sich in der Berufungs- bzw. Revisionsinstanz vorerst nicht zu bestellen bis sicher ist, dass das Rechtsmittel durchgeführt wird,[314]

- Zustimmung des Berufungsanwalts zur Verlängerung der Revisionsbegründungsfrist,[315]

- Entgegennahme der Revisionsschrift,[316]

- Entgegennahme des Kostenbeschlusses nach § 515 Abs. 3 ZPO durch erstinstanzlichen Prozessbevollmächtigten,[317]

- erstmalige Umschreibung der Vollstreckungsklausel durch Prozessbevollmächtigten erster Instanz nach § 727 ZPO,[318]

- gleichzeitige Entgegennahme des Antrags des Prozessgegners auf Zulassung der Berufung sowie Rücknahme dieses Antrags und Empfang des Einstellungsbeschlusses nebst Übermittlung an den Auftraggeber,[319]

- Zustimmung zur Einlegung der Sprungrevision (§ 566 ZPO),

- übereinstimmende Erledigungserklärung und Entgegennahme dieser wechselseitigen Erledigungserklärungen,[320]

- Entgegennahme der Vollstreckbarkeitserklärung des erstinstanzlichen Urteils hinsichtlich der Ansprüche, die durch das Rechtsmittel nicht angegriffen sind,[321]

- Entgegennahme der anwaltlichen Zahlungsaufforderung mit Vollstreckungsandrohung, wenn der Gläubiger im Besitz einer vollstreckbaren Ausfertigung ist, die Fälligkeit der titulierten Forderung eingetreten und dem Schuldner vor der anwaltlichen Zahlungsaufforderung nicht eine je nach den Umständen angemessene Frist zur freiwilligen Erfüllung der Forderung eingeräumt worden ist,[322]

---

312 OLG Koblenz, AnwBl. 1988, 415 = JurBüro 1988, 871; LAG Schleswig, Beschl. v. 25.4.2003 – 2 Ta 60/03.
313 So schon für § 519b Abs. 2 ZPO OLG Koblenz, AnwBl. 1988, 415 = JurBüro 1988, 871.
314 KG, MDR 1979, 319 = Rpfleger 1979, 229.
315 OLG Hamburg, BRAGOreport 2003, 79 = OLGR Hamburg 2002, 163.
316 OLG Hamm, BRAGOreport 2001, 136 = AnwBl. 2001, 371 = AGS 2001, 174.
317 OLG Köln, AGS 1996, 40.
318 OLG Köln, JurBüro 1995, 474.
319 OVG Münster, Beschl. v. 2.3.2004 – 8 E 973/03.
320 OLG Jena, OLG-NL 1999, 264.
321 LG Bonn, BRAGOreport 2001, 58 = JurBüro 2001, 252 = AGS 2001, 76 = MDR 2001, 416.
322 BGH, FamRZ 2004, 101 = DGVZ 2004, 24.

- Erteilung des Notfrist- und des Rechtskraftzeugnisses (§ 706 ZPO),

- Ausstellung einer Bescheinigung nach §§ 54, 56 des Anerkennungs- und Vollstreckungsausführungsgesetzes.

jj) Einlegung von Rechtsmitteln bei dem Gericht desselben Rechtszuges in Verfahren, in denen sich die Gebühren nach Teil 4, 5 oder 6 des Vergütungsverzeichnisses richten; Einlegung des Rechtsmittels durch einen neuen Verteidiger (§ 19 Abs. 1 Nr. 10 RVG)

Übernommen wird die Regelung des § 87 BRAGO in der Form, wie die Rechtsprechung sie ausgelegt hat. 316

Folgendes wird erfasst: 317

- erstinstanzlicher Vertreter greift die in I. Instanz gefällte Entscheidung mit Berufung oder Revision an.[323]

Dagegen fallen Gebühren an für: 318

- den Anwalt, der ausschließlich mit der Einlegung eines Rechtsmittels beauftragt ist,[324]

- Einlegung eines Rechtsmittel durch einen neuen Verteidiger.[325]

kk) Vorläufige Einstellung, Beschränkung oder Aufhebung der Zwangsvollstreckung, wenn nicht eine gesonderte mündliche Verhandlung hierüber stattfindet (§ 19 Abs. 1 Nr. 11 RVG).

Es handelt sich um Verfahren nach den §§ 705, 719, 769, 785, 786 ZPO. 319

ll) Erstmalige Erteilung der Vollstreckungsklausel, wenn deswegen keine Klage erhoben wird (§ 19 Abs. 1 Nr. 12 RVG).

Es handelt sich um das Verfahren nach § 725 ZPO. 320

mm) Kostenfestsetzung und Einforderung der Vergütung (§ 19 Abs. 1 Nr. 13 RVG)

Es handelt sich um das **Kostenfestsetzungsverfahren nach § 104 ZPO**. Hierzu gehört 321 die Abänderung der Kostenfestsetzung nach abgeänderter Streitwertbestimmung.

Soweit der Rechtsanwalt seine Vergütung aufgrund einer von ihm unterzeichneten Be- 322 rechnung (§ 10 RVG) fordert, fallen dafür ebenfalls keine gesonderten Gebühren an. Das Festsetzungsverfahren nach § 11 RVG löst ebenfalls keine gesonderten Gebühren aus.

---

323 Wird das Rechtsmittel jedoch dann von dem erstinstanzlichen Prozessbevollmächtigten begründet, dann fallen die Verfahrensgebühren nach Teil 4, 5, 6 VV RVG an, z.B. Nrn. 4124, 4130, 5113, 6207, 6211 VV RVG.

324 S. Vorbem. 4.3 Abs. 1 VV RVG und Nrn. 4302 Nr. 1, 5200 VV RVG.

325 Nrn. 4124, 5113, 5114 VV RVG.

323 **nn)** **Festsetzung des für die Begründung von Rentenanwartschaften in einer gesetzlichen Rentenversicherung zu leistenden Betrags nach § 53e Abs. 2 des Gesetzes über die Angelegenheiten der freiwilligen Gerichtsbarkeit (§ 19 Abs. 1 Nr. 14 RVG),**

324 **oo)** **Zustellung eines Vollstreckungstitels, der Vollstreckungsklausel und der sonstigen in § 750 ZPO genannten Urkunden (§ 19 Abs. 1 Nr. 15 RVG),**

325 **pp)** **Aussetzung der Vollziehung (§ 24 Abs. 2, 3 FGG) und Anordnung der sofortigen Wirksamkeit einer Entscheidung (§ 19 Abs. 1 Nr. 16 RVG),**

qq) **Herausgabe der Handakten oder ihre Übersendung an einen anderen Rechtsanwalt (§ 19 Abs. 1 Nr. 17 RVG).**

326 Unter bestimmten Umständen kann der Rechtsanwalt verpflichtet sein, seine Handakten einem anderen Rechtsanwalt zu übersenden. Die insoweit entfaltete Tätigkeit gehört mit zum Rechtszug und löst keine gesonderten Gebühren aus. Ein Zurückbehaltungsrecht des Rechtsanwalts steht ihm deshalb nicht für etwaige Kosten der Versendung der Handakten an den neuen Prozessbevollmächtigten zu.[326]

rr) **Gerichtliche Anordnungen nach § 758a ZPO, Bestimmung eines Gerichtsvollziehers (§ 827 Abs. 1 und § 854 Abs. 1 ZPO) oder eines Sequesters (§§ 848, 855 ZPO), Anzeige der Absicht, die Zwangsvollstreckung gegen eine juristische Person des öffentlichen Rechts zu betreiben, die einer Verurteilung vorausgehende Androhung von Ordnungsgeld, Aufhebung einer Vollstreckungsmaßnahme (§ 19 Abs. 2 RVG).**

327 § 19 Abs. 2 übernimmt im Wesentlichen die Regelungen von § 58 Abs. 2 BRAGO.[327]

IV. Angelegenheit/Angelegenheiten

1. Allgemeines

328 Der **Begriff der Angelegenheit** ist entscheidend für die Beantwortung der Frage, ob der Rechtsanwalt **eine oder mehrere Kostenrechnungen** schreiben kann. Handelt es sich um dieselbe Angelegenheit (§ 16 RVG), dann kann der Rechtsanwalt lediglich eine Kostenrechnung schreiben, handelt es sich um verschiedene Angelegenheiten (§ 17 RVG) oder besondere Angelegenheiten (§ 18 RVG), so kann der Rechtsanwalt mehrere Rechnungen schreiben.

---

326 S. dazu insbesondere § 50 BRAO sowie § 17 BORA.
327 S. aber auch Regelungen in § 19 Abs. 1 Nrn. 9, 12 RVG.

2. Inhalt

a) Pauschale Abgeltung

§ 15 Abs. 1 RVG betont den Pauschcharakter der Gebühren. Diese entgelten die gesamte 329
Tätigkeit des Rechtsanwalts vom Anfang bis zur Erledigung der Angelegenheit, es sei
denn, das Gesetz bestimmt etwas anderes, wie z.B. in den §§ 17, 18 RVG.

Der Grundsatz besagt, dass selbst dann, wenn in **einer Angelegenheit mehrere Ter-** 330
mine stattgefunden haben, der Rechtsanwalt in der I. Instanz nur eine Terminsgebühr
verdienen kann. Gleichgültig ist es auch, ob in einem gerichtlichen Verfahren seitens des
Rechtsanwalts mehrere Schriftsätze eingereicht wurden; es entsteht nur eine Verfahrensgebühr.

§ 15 Abs. 2 RVG regelt, dass der Rechtsanwalt die Gebühren in derselben Angelegenheit 331
nur einmal fordern darf. Gleichzeitig wird in diesem Absatz geregelt, dass er in gerichtlichen Verfahren die Gebühren in jedem Rechtzug fordern kann. Dadurch, dass sich der
Rechtsanwalt bei Nichtbeachtung dieses Grundsatzes schadenersatzpflichtig macht, wird
die Regelung noch verstärkt. Nach der Rechtsprechung[328] ist der Rechtsanwalt verpflichtet, den Mandanten auf die Möglichkeit hinzuweisen, dass er mehrere Einzelklagen gegen denselben Gegner oder gegen mehrere Gegner aus demselben Lebenssachverhalt
in einem Verfahren geltend machen kann.

b) Gesamtpauschalierung

Nach § 22 Abs. 1 RVG kann eine Angelegenheit aus mehreren Gegenstände bestehen. 332
Daraus ergibt sich, dass ein Gegenstand anwaltlicher Tätigkeit nicht gleichzeitig den Begriff der Angelegenheit i.S.d. § 15 RVG erfüllt. § 15 Abs. 3 RVG regelt nunmehr, dass
grds. für Teile des Gegenstands verschiedene Gebührensätze angewandt werden. Es wird
jedoch gleichzeitig eine Grenze in der Weise eingeführt, als die für die Teile gesondert
gerechneten Gebühren nicht höher sein dürfen als die aus dem Gesamtbetrag der Gegenstände nach dem höchsten Gebührensatz berechnete Gebühr.

---

328   OLG Hamburg, AnwBl. 2003, 114; BGH, NJW 2004, 1043.

333   *Beispiel:*

Es wird eine Klage über 20.000 € erhoben. Die Parteien einigen sich über weitere nicht rechtshängige Ansprüche i.H.v. 1.000 €.

Wert:

a)   *20.000 €*

b)   *1.000 €*

c)   *21.000 €*

1.	Verfahrensgebühr, Nr. 3100 VV RVG (Wert: 20.000 €)	839,80 €
2.	0,8 Verfahrensgebühr, Nr. 3101 Nr. 2 VV RVG (Wert: 1.000 €)	68,00 €
	gemäß § 15 Abs. 3 RVG nicht mehr als 1,3 aus 21.000 €	839,80 €
3.	1,2 Terminsgebühr, Nr. 3104 VV RVG (Wert: 21.000 €)	775,20 €
4.	1,0 Einigungsgebühr, Nr. 1003 VV RVG (Wert: 20.000 €)	606,00 €
5.	1,5 Einigungsgebühr, Nr. 1003 VV RVG (Wert: 1000 €)	127,50 €
	gemäß § 15 Abs. 3 RVG nicht mehr als 1,5 aus 21.000 €	969,00 €
6.	Postentgeltpauschale, Nr. 7002 VV RVG	20,00 €
7.	16 % Umsatzsteuer, Nr. 7008 VV RVG	378,96 €
Summe:		**2.747,46 €**

334   *Beispiel:*

Wie Beispiel zuvor, jedoch einigen sich die Parteien über nicht rechtshängige Ansprüche i.H.v. weiteren 30.000 €.

Wert:

a)   *20.000 €*

b)   *30.000 €*

c)   *50.000 €*

1.	1,3 Verfahrensgebühr, Nr. 3100 VV RVG (Wert: 20.000 €)	839,80 €
2.	0,8 Verfahrensgebühr, Nr. 3101 Nr. 2 VV RVG (Wert: 30.000 €)	606,40 €
	gemäß § 15 Abs. 3 RVG nicht mehr als 1,3 aus 50.000 €	1.359,80 €
3.	1,2 Terminsgebühr, Nr. 3104 (Wert: 50.000 €)	1.255,20 €
4.	1,0 Einigungsgebühr, Nr. 1003 VV RVG (Wert: 20.000 €)	646,00 €
5.	1,5 Einigungsgebühr, Nr. 1000 VV RVG (Wert: 30.000 €)	1.137,00 €
	gemäß § 15 Abs. 3 VV RVG nicht mehr als 1,5 aus 50.000 €	1.569,00 €
6.	Postentgeltpauschale, Nr. 7002 VV RVG	20,00 €
7.	16 % Umsatzsteuer, Nr. 7008 VV RVG	272,64 €
Summe:		**4.876,64 €**

c) Vorzeitige Beendigung

Der Pauschalcharakter der Gebühren gilt auch bei vorzeitiger Beendigung der Angele- 335
genheit; einmal verdiente Gebühren bleiben erhalten.

d) Neuer „alter" Auftrag

Nach § 15 Abs. 5 VV RVG gilt der Pauschcharakter der Gebühr auch bei zwischenzeit- 336
licher Beendigung des Auftrags und Wiederaufnahme. Die Frist hierfür beträgt 2 Jahre.

e) Begrenzung

§ 15 Abs. 6 begrenzt die Pauschgebühr für mehrere einzelne Handlungen in einer An- 337
gelegenheit in der Gesamtgebührenhöhe auf die Gebühren, die der Anwalt erhalten würde, wenn er mit der Bearbeitung der gesamten Angelegenheit beauftragt wäre.

3. Begriff der Angelegenheit

Eine **Legaldefinition** für den Begriff der Angelegenheit gibt es nicht. Das Gesetz regelt 338
lediglich dieselbe Angelegenheit (§ 15 RVG), verschiedene Angelegenheiten (§ 17 RVG),
besondere Angelegenheiten (§ 18 RVG).

Im Schrifttum und in der Rechtsprechung hat sich ein einheitlicher Begriff für die Ange- 339
legenheit herausgebildet. Folgende **Voraussetzungen** müssen vorliegen:[329]

- ein einheitlicher Auftrag muss der Tätigkeit zugrunde liegen;

- sie muss sich im gleichen Rahmen halten;

- zwischen den einzelnen Handlungen und/oder Gegenständen der anwaltlichen Tätigkeiten muss ein innerer Zusammenhang bestehen.

a) Einheitlicher Auftrag

Diese Voraussetzung ist immer dann erfüllt, wenn der Rechtsanwalt von dem Mandanten 330
einen konkreten Auftrag erhält, hinsichtlich eines bestimmten Gegenstandes tätig zu werden. Die Auftragserteilung kann aber auch zeitlich versetzt erfolgen, wenn die Parteien
sich darüber einig sind, dass es sich um einen Auftrag handeln soll. In der Praxis kommt
dies häufig dann vor, wenn der Rechtsanwalt mit der Durchsetzung regelmäßig entste-
hender Forderungen, etwa Mietansprüche oder Unterhaltsansprüche, beauftragt wird.

Ein einheitlicher Auftrag liegt dann nicht mehr vor, wenn der erste Auftrag erledigt wur- 341
de. Wurde der Anwalt z.B. beauftragt, Unterhalt für die Monate Januar bis März geltend
zu machen und zahlt der Anspruchsgegner diesen Betrag, so ist die Geltendmachung
des Unterhaltsbetrags für einen späteren Monat eine neue Angelegenheit.

---

329   Anwkom-BRAGO-N. *Schneider*, § 13 Rn. 23; *Mayer/Kroiß/Winkler*, RVG, § 15 Rn. 5.

342

> **Hinweis:**
>
> Auch dann, wenn der Rechtsanwalt von mehreren Mandanten beauftragt wird, kann eine Angelegenheit vorliegen. In diesen Fällen ist jedoch immer zu prüfen, ob die Mandanten gemeinsam oder getrennt den Auftrag erteilen wollten.

b) Gleicher Rahmen

343 Die Voraussetzung „gleicher Rahmen" ist immer dann erfüllt, wenn der Rechtsanwalt nur hinsichtlich eines einzelnen Gegenstandes tätig wird. Liegen der Tätigkeit des Rechtsanwalts mehrere Gegenstände zugrunde, muss zwischen diesen ein innerer Zusammenhang bestehen. Dies ist z.B. bei der Geltendmachung von laufendem Unterhalt oder laufenden Mietansprüchen gegeben.

344 Werden verschiedene Gegenstände geltend gemacht, kommt es darauf an, ob der Anwalt diese Gegenstände einheitlich verfolgen sollte. Ist dies der Fall, dann ist die Voraussetzung „gleicher Rahmen" erfüllt.

c) Innerer Zusammenhang

345 Ist der Anwalt nur hinsichtlich eines Gegenstandes beauftragt worden, so liegt diese Voraussetzung immer vor. Verfolgt der Anwalt mehrere Gegenstände, müssen diese einem **einheitlichen Lebensvorgang** entstammen und **im Verfahren gleichzeitig verfolgt** werden.

346 Schadensersatzansprüche aus einem Verkehrsunfall, die Sachschaden und Personenschaden betreffen, erfüllen somit diese Vorraussetzung. Nicht erfüllt ist diese Voraussetzung, wenn z.B. Trennungsunterhalt und Geschiedenenunterhalt geltend gemacht wird.[330]

Die Ausübung eines Gestaltungsrechts sowie die sich daraus ergebende Geltendmachung der Ansprüche sind verschiedene Angelegenheiten.[331] Wird z.B. ein Mietverhältnis gekündigt und dann auf Räumung geklagt, so sind dies **zwei Angelegenheiten**.

---

330 BGHZ 78, 130.
331 OLG Köln, MDR 2004, 178.

4. ABC der Angelegenheiten

Nachfolgend sind Fallkonstellationen genannt, in denen es sich um dieselbe oder be-   347
sondere oder verschiedene Angelegenheiten handelt.

▓ Ablehnungsanträge   348

Derartige Anträge (§§ 42 ff., 49, 406 ZPO, § 54 VwGO, § 6 FGG, § 10 RPflG) gehören
zum Rechtszug (§ 19 Abs. 1 RVG).

▓ Arbeitslosengeld   349

Auch bei wiederholter Anfechtung eines noch nicht bestandskräftigen Bewilligungsbescheids über die Gewährung von Arbeitslosengeld handelt es sich um dieselbe Angelegenheit.[332] Der Umstand, dass das Arbeitsamt Folgerungen aus der Arbeitsaufnahme des
Ratsuchenden in zwei getrennten Bescheiden gezogen hat und auch über Widersprüche
gesondert entschieden hat, bedeutet noch nicht, dass es sich für die Abrechnung der Beratungshilfe um zwei gesonderte Angelegenheiten handelt, die einzeln zu vergüten wären; bei derartigen Sachverhalten handelt es sich um dieselbe Angelegenheit für die der
Rechtsanwalt nur einmal eine Gebühr im Wege der Beratungshilfe enthält.[333]

▓ Arbeitsrecht

Das gerichtliche Verfahren und ein vorausgegangenes Verfahren vor einem Ausschuss der in   350
§ 111 Abs. 2 ArbGG bezeichneten Art sind verschiedene Angelegenheiten (§ 17 Nr. 7b RVG).

- Das Verwaltungsverfahren gegenüber der Hauptfürsorgestelle und die Tätigkeit des   351
  Rechtsanwalts des Schwerbehinderten gegenüber dem Arbeitgeber sind zwei verschiedene Angelegenheiten.[334]

- Die Tätigkeit des Rechtsanwalts im Hinblick auf den Abschluss eines außergericht-   352
  lichen Aufhebungsvertrags gehört zu derselben Angelegenheit wie die Tätigkeit im
  Rahmen des vorangegangenen Arbeitsrechtsstreits, wenn der Inhalt des Aufhe-
  bungsvergleichs auch Gegenstand des Arbeitsgerichtsverfahrens war.[335]

- Verfasst der Rechtsanwalt bei Wahrnehmung einer arbeitsgerichtlichen Angelegenheit verschiedene Schreiben an den bisherigen Arbeitgeber, an die AOK und an das
  Arbeitsamt mit dem Ziel, die restliche Ausbildungsvergütung, Sozialversicherungsbeiträge und Arbeitslosenhilfe zu behalten, handelt es sich um eine Angelegenheit
  der Beratungshilfe.[336]

---

332 AG Osnabrück, JurBüro 1986, 870.
333 AG Mainz, Rpfleger 1990, 213.
334 AG Singen, ZfS 2000, 311 = NVersZ 2000, 148.
335 AG Mönchengladbach, RuS 1999, 467.
336 LG Koblenz, Rpfleger 1996, 116 = JurBüro 1996, 546 = NJW-RR 1996, 631.

353 ■ Abschlussschreiben

Abmahnung und Abschlussschreiben in Wettbewerbssachen sind bei fehlendem Klage-auftrag keine einheitliche Angelegenheit.[337]

354 ■ Arrest

- Jede Vollziehungsmaßnahme bei der Vollziehung eines Arrestes, die sich nicht auf die Zustellung beschränkt, ist eine besondere Angelegenheit (§ 18 Nr. 4 RVG).

- Das Verfahren in der Hauptsache und das Verfahren über einen Antrag auf

  – Anordnung eines Arrestes,

  – Erlass einer einstweiligen Verfügung, einer einstweiligen Anordnung oder einer vorläufigen Anordnung in Verfahren der freiwilligen Gerichtsbarkeit,

  – Anordnung über Wiederherstellung der aufschiebenden Wirkung, auf Aufhebung der Vollziehung oder Anordnung der sofortigen Vollziehung eines Verwaltungs-aktes sowie

  – Abänderung oder Aufhebung einer in einem Verfahren nach § 17 Nr. 4 Buchst. a) bis c) ergangenen Entscheidung

  sind verschiedene Angelegenheiten (§ 17 Nr. 4 RVG).

- Das Verfahren über einen Antrag auf Anordnung eines Arrestes, einer einstweiligen Verfügung, auf Erlass einer einstweiligen oder vorläufigen Anordnung, auf Anordnung oder Wiederherstellung der aufschiebenden Wirkung, auf Aufhebung der Vollziehung oder Anordnung der sofortigen Vollziehung eines Verwaltungsaktes und jedes Ver-fahren auf deren Abänderung und Aufhebung sind dieselbe Angelegenheit (§ 16 Nr. 6 RVG).

355 ■ Asylverfahren

Die Beratungshilfe mehrerer Asylbewerber ist kostenrechtlich grds. als eine Beratung in mehreren Angelegenheiten anzusehen. Anders ist die Beurteilung hinsichtlich der Gleich-artigkeit des Verfahrens, wenn der Asylanspruch aus einem Rechtsgrund der Gruppen-verfolgung oder ein abgeleiteter Anspruch auf Familienasyl geltend gemacht wird.[338]

Die Beratung mehrerer Familienmitglieder in einem Verfahren auf Duldung nach rechts-kräftigem Abschluss des Asylverfahrens stellt anwaltsgebührenrechtlich nur eine meh-rere Gegenstände betreffende Angelegenheit dar.[339] Stellt der Rechtsanwalt für fünf Asyl-bewerber jeweils einen Asylfolgeantrag, so wird er in fünf Angelegenheiten tätig. Unbe-

---

337 OLG Hamburg, AnwBl. 1982, 397 = WRP 1982, 477; s. auch Teil 6 Rn. 153.
338 LG Osnabrück, JurBüro 2000, 140 = Nds.Rpfl. 2000, 42.
339 LG Osnabrück, JurBüro 1999, 248; AG Osnabrück, Nds.Rpfl. 1999, 171.

achtlich ist, dass alle Betroffenen Familienangehörige sind.[340] Die Beratungstätigkeit des Anwalts für das Asylverfahren selbst und für das Verfahren über die Zuweisung des Asylanten in ein bestimmtes Lager betreffen denselben Gegenstand und sind dieselbe Angelegenheit.[341] Jedes Asylverfahren ist eine besondere Angelegenheit; auch gebührenrechtlich gibt es kein „Familienasyl".[342]

▓ Aufgebotsverfahren 356

Das Aufgebotsverfahren und das Verfahren über den Antrag auf Anordnung der Zahlungssperre nach § 1020 ZPO sind dieselbe Angelegenheit (§ 16 Nr. 8 RVG).

▓ Ausfertigung 357

Das Verfahren auf Erteilung einer weiteren vollstreckbaren Ausfertigung ist eine besondere Angelegenheit (§ 18 Nr. 7 RVG).

▓ Ausland 358

Vorgesehene Vervollständigung der Entscheidung für Geltendmachung des Anspruchs im Ausland gehört mit zum Rechtszug (§ 19 Abs. 1 Nr. 8 RVG)

▓ Außergerichtliche Verhandlungen 359

gehören mit zum Rechtszug (§ 19 Abs. 1 Nr. 2 RVG)

▓ Austauschpfändung 360

Das Verfahren auf Zulassung der Austauschpfändung (§ 811 ZPO) ist eine besondere Angelegenheit (§ 18 Nr. 9 RVG).

▓ Bebauungsplan 361

Die Tätigkeit eines Rechtsanwalts im Zusammenhang mit der Bebauung und der wirtschaftlichen Verwertung eines Geschäftsgrundstücks durch eine zu gründende Gesellschaft ist dieselbe Angelegenheit.[343]

Stellt jemand einen Eilantrag im Normenkontrollverfahren gegen einen Bebauungsplan, nach dem er einen zunächst gestellten Antrag aus formell-rechtlichen Gründen zurückgenommen hat, begründet der Auftrag der Antragsgegnerin gegenüber ihrem Verfahrensbevollmächtigten eine neue Angelegenheit.[344]

▓ Beratungshilfe 362

→ s. dazu ausführlich Teil 6 Rn. 151 ff.

---

340 LG Stade, JurBüro 1998, 196 = Nds.Rpfl. 1998, 128; a.A. LG Berlin, Rpfleger 1996, 464.
341 AG Bielefeld, Rpfleger 1991, 116.
342 AG Aachen, AnwBl. 1986, 345.
343 OLG München, OLGR München 2003, 206.
344 OVG Lüneburg, AGS 2001, 9.

363 ■ **Berufung**

Zustellung oder Empfangnahme von Berufungsschriften gehören mit zum Rechtszug (§ 19 Abs. 1 Nr. 9 RVG).

364 ■ **Beschwerdeverfahren**

Jedes Beschwerdeverfahren in Angelegenheiten, in denen sich die Gebühren nach Teil 3 des Vergütungsverzeichnisses richten, soweit sich aus § 16 Nr. 12 RVG nichts anderes ergibt, ist eine besondere Angelegenheit (§ 18 Nr. 5 RVG).

365 ■ **Bußgeldsachen**

Das strafrechtliche Ermittlungsverfahren und ein nach dessen Einstellung sich anschließendes Bußgeldverfahren sind verschiedene Angelegenheiten (§ 17 Nr. 10 RVG); dies gilt auch dann, wenn sich dem Bußgeldverfahren ein strafrechtliches Ermittlungsverfahren anschließt.

366 ■ **Deckungsschutz**

Die Einholung einer Kostendeckungszusage bei der Rechtsschutzversicherung des Mandanten stellt für den Rechtsanwalt eine gesonderte gebührenrechtliche Angelegenheit dar.[345]

367 ■ **Durchsuchungsanordnung**

Eine richterliche Durchsuchungsanordnung (§ 758a ZPO) gehört zum Rechtszug (§ 19 Abs. 2 RVG).

368 ■ **Eidesstattliche Versicherung**

Das Verfahren zur Abnahme der eidesstattlichen Versicherung (§§ 900, 901 ZPO, § 33 Abs. 2 Satz 5, 6 FGG) ist eine besondere Angelegenheit (§ 18 Nr. 18 RVG).

369 ■ **Einigungsstellen**

Das gerichtliche Verfahren und ein vorangegangenes Verfahren vor sonstigen gesetzlich eingerichteten Einigungsstellen, Gütestellen oder Schiedsstellen sind verschiedene Angelegenheiten (§ 17 Nr. 7d RVG).

370 ■ **Einstweilige Anordnung**

- § 127a ZPO,

- §§ 620, 620b Abs. 1, 2 ZPO i.V.m. § 661 Abs. 2 ZPO,

- § 621f ZPO i.V.m. § 661 Abs. 2 ZPO,

- § 621g ZPO i.V.m. § 661 Abs. 2 ZPO,

---

345 AG Charlottenburg, JurBüro 2002, 25; s. auch Rn. 286.

- § 641d ZPO,

- § 644 ZPO i.V.m. § 661 Abs. 2 ZPO,

- § 64b Abs. 3 FGG,

sind besondere Angelegenheiten (§ 18 Nr. 1 RVG).

- Die nicht in § 18 Nr. 1 RVG genannten Verfahren über eine einstweilige oder vorläufige Anordnung in Verfahren der freiwilligen Gerichtsbarkeit sind besondere Angelegenheiten.

- das Verfahren in der Hauptsache und das Verfahren über einen Antrag auf

  - Anordnung eines Arrestes

  - Erlass einer einstweiligen Verfügung, einer einstweiligen Anordnung oder einer vorläufigen Anordnung in Verfahren der freiwilligen Gerichtsbarkeit,

  - Anordnung über Wiederherstellung der aufschiebenden Wirkung, auf Aufhebung der Vollziehung oder Anordnung der sofortigen Vollziehung eines Verwaltungsaktes sowie

  - Abänderung oder Aufhebung einer in einem Verfahren nach § 17 Nr. 4a) bis c) ergangenen Entscheidung

sind verschiedene Angelegenheiten (§ 17 Nr. 4 RVG).

▪ Einstweilige Verfügung 371

- Jede Vollziehungsmaßnahme bei der Vollziehung einer Einstweiligen Verfügung, die sich nicht auf die Zustellung beschränkt, ist eine besondere Angelegenheit (§ 18 Nr. 4 RVG).

- Das Verfahren in der Hauptsache und das Verfahren über einen Antrag auf

  - Anordnung eines Arrestes

  - Erlass einer einstweiligen Verfügung, einer einstweiligen Anordnung oder einer vorläufigen Anordnung in Verfahren der freiwilligen Gerichtsbarkeit,

  - Anordnung über Wiederherstellung der aufschiebenden Wirkung, auf Aufhebung der Vollziehung oder Anordnung der sofortigen Vollziehung eines Verwaltungsaktes sowie

  - Abänderung oder Aufhebung einer in einem Verfahren nach § 17 Nr. 4 a) bis c) ergangenen Entscheidung

sind verschiedene Angelegenheiten (§ 17 Nr. 4 RVG).

- Das Verfahren über einen Antrag auf Anordnung eines Arrestes, einer einstweiligen Verfügung, auf Erlass einer einstweiligen oder vorläufigen Anordnung, auf Anordnung oder Wiederherstellung der aufschiebenden Wirkung, auf Aufhebung der Vollziehung oder Anordnung der sofortigen Vollziehung eines Verwaltungsaktes und jedes Verfahren auf deren Abänderung und Aufhebung sind dieselbe Angelegenheit (§ 16 Nr. 6 RVG).

372 ▇ **Enteignung**

- Vertritt ein Rechtsanwalt mehrere durch dasselbe Enteignungsverfahren Betroffene, so ist er für die Auftraggeber nur dann in derselben Angelegenheit tätig, wenn die ihm erteilten Aufträge einander nach Inhalt, Ziel und Zweck so weitgehend entsprechen, dass sie ihn zu einem gleichgerichteten Vorgehen für alle Auftraggeber berechtigen und verpflichten.[346]

- Wird der Anwalt auftragsgemäß für einen Grundstückseigentümer in einem behördlichen Enteignungsverfahren tätig, in dem gleichzeitig die Frage der Zulässigkeit der Enteignung sowie die Art und Höhe der Entschädigung behandelt werden, so wird er insoweit in derselben Angelegenheit tätig.[347]

373 ▇ **Erbrecht**

Verschiedene Angelegenheiten liegen bei Anfechtung des Erbvertrags und nachfolgender Klage vor.[348] Antrag auf Beitreibung des Erbscheins und Betreibung des nachfolgenden Erbauseinandersetzungsverfahrens sind verschiedene Angelegenheiten.[349]

374 ▇ **Erinnerung**

- Erinnerungen nach § 573 ZPO gehören zum Rechtszug (§ 19 Abs. 1 Nr. 5 RVG)

- Jedes Verfahren über eine Erinnerung gegen eine Entscheidung des Rechtspflegers in Angelegenheiten, in denen sich die Vergütung nach Teil 3 VV RVG richtet, soweit sich aus § 16 Nr. 12 RVG nichts anderes ergibt, ist eine besondere Angelegenheit (§ 18 Nr. 5 RVG).

375 ▇ **Ermittlungsverfahren**

Das strafrechtliche Ermittlungsverfahren und ein nach dessen Einstellung sich anschließendes Bußgeldverfahren sind verschiedene Angelegenheiten (§ 17 Nr. 10 RVG).

---

346 BGH, JurBüro 1984, 537 = AnwBl. 1984, 501 = MDR 1984, 561.
347 BGH, MDR 1972, 765.
348 OLG München, MDR 1974, 149.
349 LG Hannover, MDR 1995, 1076.

▓ Erziehungsgeld 376

Erteilen die Eltern einem Rechtanwalt einen einheitlichen Auftrag, die Rechtsfolgen betreffend die Gewährung von Erziehungsgeld für ihre beiden Kinder zu klären und die Geldansprüche durchzusetzen, handelt es sich um eine Angelegenheit.[350]

▓ Familiensachen 377

→ *s. Teil 9 Rn. 70 ff.*

- Eine Scheidungssache und die Folgesachen (§§ 621 Abs. 1 Nrn. 1 bis 9, 623 Abs. 1 bis 3, 5 ZPO) sind dieselbe Angelegenheit (§ 16 Nr. 4 RVG).

- Ein Verfahren über die Aufhebung der Lebenspartnerschaft und die Folgesachen (§§ 661 Abs. 2, 623 Abs. 1, 5 ZPO) sind dieselbe Angelegenheit (§ 16 Nr. 5 RVG).

▓ Flurbereinigung 378

Bei anwaltlicher Vertretung mehrerer Beigeladener, die sich gemeinschaftlich gegen einen vom Kläger gestellten Bruchteilsantrag nach dem Flurbereinigungsgesetz wenden, handelt es sich um eine Prozessvertretung in derselben Angelegenheit; wenn die Interessen hinsichtlich der flurbereinigungsrechtlich in einer Ordnungsnummer zusammengefassten Flurstücke wahrgenommen werden[351]

▓ Gegenvorstellung 379

Die Gegenvorstellung gehört in entsprechender Anwendung des § 19 Abs. 1 Nr. 5 RVG zum Rechtszug.

▓ Gerichtsvollzieher 380

Die Bestimmung eines Gerichtsvollziehers (§§ 827 Abs. 2, 854 Abs. 1 ZPO) gehört zum Rechtszug (§ 19 Abs. 2 Nr. 2 RVG)

▓ Geschäftswert 381

Die Festsetzung des Geschäftswerts gehört zum Rechtszug (§ 19 Abs. 1 Nr. 3 RVG).

▓ Grundstückseigentümer 382

Die **Vertretung von Grundstückseigentümern** zur Abwehr einer Unterlassungsklage, die auf ein alle Grundstücke einheitlich betreffendes Zugangs- bzw. Notwegerecht gestützt ist, betrifft denselben Gegenstand und damit eine Angelegenheit.[352]

---

350 LG Münster, Rpfleger 2000, 220.
351 VGH Baden-Württemberg, AgrarR 1996, 267.
352 KG, AnwBl. 1999, 486 = AGS 1999, 7 = JurBüro 1999, 79.

383 ■ **Güteverfahren**

Das gerichtliche Verfahren und ein vorausgegangenes Güteverfahren vor einer durch die Landesjustizverwaltung eingerichteten oder anerkannten Gütestelle (§ 794 Abs. 1 Nr. 1 ZPO) sind verschiedene Angelegenheiten (§ 17 Nr. 7a RVG). Dies gilt auch, wenn die Parteien einvernehmlich den Einigungsversuch unternehmen, vor einer Gütestelle die Streitbeilegung zu betreiben. (§ 15a Abs. 3 EGZPO)

384 ■ **Handakten**

Herausgabe oder Übersendung an einen anderen Rechtsanwalt gehört mit zum Rechtszug (§ 19 Abs. 1 Nr. 17 RVG).

385 ■ **Hauptfürsorgestelle**

Das Verwaltungsverfahren gegenüber der Hauptfürsorgestelle und die Tätigkeit des Rechtsanwalts des Schwerbehinderten gegenüber dem Arbeitgeber sind zwei verschiedene Angelegenheiten.[353]

386 ■ **Hauptsache**

Das Verfahren in der Hauptsache und das Verfahren über einen Antrag auf

• Anordnung eines Arrestes

• Erlass einer einstweiligen Verfügung, einer einstweiligen Anordnung oder einer vorläufigen Anordnung in Verfahren der freiwilligen Gerichtsbarkeit,

• Anordnung über Wiederherstellung der aufschiebenden Wirkung, auf Aufhebung der Vollziehung oder Anordnung der sofortigen Vollziehung eines Verwaltungsaktes sowie

• Abänderung oder Aufhebung einer in einem Verfahren nach den § 17 Nr. 4 a) bis c) RVG ergangenen Entscheidung

sind verschiedene Angelegenheiten (§ 17 Nr. 4 RVG).

387 ■ **Klage**

Vorbereitung der Klage, des Antrags oder der Rechtsverteidigung gehören mit zum Rechtszug und sind eine Angelegenheit (§ 19 Abs. 1 Nr. 1 RVG)

388 ■ **Kosten**

Antrag auf Entscheidung zur Kostentragungspflicht bei Erledigung oder Rücknahme gehört zum Rechtszug (§ 19 Abs. 1 Nr. 9 RVG)

---

353 AG Singen, zfs 2000, 311 = NVersZ 2000, 148.

■ **Kostenfestsetzung**   389

Kostenfestsetzungsverfahren gehört zum Rechtszug (§ 19 Abs. 1 Nr. 13 RVG)

■ **Kostenfestsetzungsverfahren**   390

Jeweils mehrere Verfahren im Kostenfestsetzungsverfahren einerseits und im Kostenansatzverfahren andererseits über

• die Erinnerung

• die Beschwerde in demselben Beschwerderechtzug

sind dieselbe Angelegenheit (§ 16 Nr. 12 RVG).

■ **Lebenspartnerschaft**   391

Ein Verfahren über die Aufhebung der Lebenspartnerschaft und die Folgesachen (§§ 661 Abs. 2, 623 Abs. 1, 5 ZPO) sind dieselbe Angelegenheit (§ 16 Nr. 5 RVG).

■ **Mahnverfahren**   392

Das Mahnverfahren und das streitige Verfahren sind verschiedene Angelegenheiten (§ 17 Nr. 2 RVG).

■ **Mietsachen**   393

Die außergerichtliche Kündigung des Mietverhältnisses durch einen Rechtsanwalt und die nachfolgende Räumungsklage sind grds. verschiedene Angelegenheiten.[354]

■ **Minderjähriger**   394

Das Verfahren über den Unterhalt Minderjähriger und das streitige Verfahren sind verschiedene Angelegenheiten (§ 17 Nr. 3 RVG).

■ **Nebenintervention**   395

Der Antrag auf Zurückweisung gehört zum Rechtszug (§ 19 Abs. 1 Nr. 3 ZPO).

■ **Nichtzulassungsbeschwerde**   396

Das Verfahren über ein Rechtmittel und das Verfahren über die Nichtzulassung des Rechtsmittels sind verschiedene Angelegenheiten (§ 17 Nr. 9 RVG).

■ **Notfristzeugnis**   397

Die Erteilung des Notfristzeugnisses gehört zum Rechtszug (§ 19 Abs. 1 Nr. 9 RVG).

---

354   OLG Köln, AGS 2004, 17 = MDR 2004, 178.

398 ▓ **Ordnungsgeld**

Jede Verurteilung zu einem Ordnungsgeld gemäß § 890 Abs. 1 ZPO ist eine besondere Angelegenheit (§ 18 Nr. 16 RVG).

Androhung der Verurteilung eines Ordnungsgeldes gehört zum Rechtszug (§ 19 Abs. 2 Nr. 4 RVG).

399 ▓ **Privatklage**

Das Verfahren über die Privatklage und die Widerklage und zwar auch im Fall des § 388 Abs. 2 StPO sind dieselbe Angelegenheit (§ 16 Nr. 14 RVG).

400 ▓ **Prozesskostenhilfe**

- Das Verfahren über die Prozesskostenhilfe und das Verfahren, für das Prozesskostenhilfe beantragt worden ist, sind dieselbe Angelegenheit (§ 16 Nr. 2 RVG).

- Mehrere Verfahren über die Prozesskostenhilfe in demselben Rechtzug sind dieselbe Angelegenheit (§ 16 Nr. 3 RVG).

401 ▓ **Prozesspfleger**

Die Bestellung eines Prozesspflegers (§ 57 ZPO) gehört zum Rechtszug (§ 19 Abs. 1 Nr. 3 RVG).

402 ▓ **Rechtliches Gehör**

Das Rügeverfahren wegen Verletzung des Anspruchs auf rechtliches Gehör (§ 321a ZPO) gehört zum Rechtszug (§ 19 Abs. 1 Nr. 5 RVG).

403 ▓ **Rechtskraftzeugnis**

Die Erteilung des Rechtskraftzeugnisses gehört zum Rechtszug (§ 19 Abs. 1 Nr. 9 RVG).

404 ▓ **Rechtsmittel**

- Das Verfahren über ein Rechtmittel und das Verfahren über die Beschwerde der Nichtzulassung des Rechtsmittels sind verschiedene Angelegenheiten (§ 17 Nr. 9 RVG).

- Die Einlegung von Rechtsmitteln beim Gericht desselben Rechtszuges in Verfahren, in denen die Gebühren nach Teil 4, 5 oder 6 VV RVG bestimmt werden, gehört zum Rechtszug (§ 19 Abs. 1 Nr. 10 RVG).

- Die Einlegung des Rechtsmittels durch einen neuen Verteidiger gehört zum Rechtszug des Rechtsmittels (§ 19 Abs. 1 Nr.10 RVG).

405 • Das Rechtsmittelverfahren und das Verfahren über die Zulassung des Rechtsmittels sind dieselbe Angelegenheit (§ 16 Nr. 13 RVG); dies gilt nicht für das Verfahren über die Beschwerde der Nichtzulassung eines Rechtsmittels.

▧ Rechtsschutzversicherung 406

Die Einholung einer Kostendeckungszusage bei der Rechtsschutzversicherung des Mandanten stellt für den Rechtsanwalt eine gesonderte gebührenrechtliche Angelegenheit dar.[355]

▧ Rentenanwartschaften 407

Die Festsetzung des für die Begründung von Rentenanwartschaften in einer gesetzlichen Rentenversicherung zu leistenden Betrags nach § 53e Abs. 2 FGG gehören mit zum Rechtszug (§ 19 Abs. 1 Nr. 14 RVG).

▧ Richter 408

Verfahren vor dem beauftragten oder ersuchten Richter gehören zum Rechtszug (§ 19 Abs. 1 Nr. 4 RVG).

▧ Sachverständigengutachten 409

Der Streit um Verweigerung zur Erstattung eines Gutachtens durch einen Sachverständigen (§ 408 ZPO) gehört zum Rechtszug (§ 19 Abs. 1 Nr. 3 ZPO).

▧ Scheidungssache 410

Eine Scheidungssache und die Folgesachen (§§ 621 Abs. 1 Nrn. 1 bis 9, 623 Abs. 1 bis 3, 5 ZPO) sind dieselbe Angelegenheit (§ 16 Nr. 4 RVG).

▧ Schiedsverfahren 411

- Das Schiedsverfahren und das Verfahren über die Zulassung der Vollziehung einer vorläufigen oder sichernden Maßnahme sowie das Verfahren über einen Antrag auf Aufhebung oder Änderung einer Entscheidung über die Zulassung einer Vollziehung (§ 1041 ZPO) sind verschiedene Angelegenheiten (§ 17 Nr. 6 RVG).

- Das schiedsrichterliche Verfahren und das gerichtliche Verfahren bei der Bestellung eines Schiedsrichters oder Ersatzschiedsrichters, über die Ablehnung eines Schiedsrichters oder die Beendigung des Schiedsrichtersamtes, zur Unterstützung der Beweisaufnahme oder der Vornahme sonstiger gerichtlicher Handlungen sind dieselbe Angelegenheit (§ 16 Nr. 10 RVG).

- Das Verfahren vor dem Schiedsgericht und die schiedsgerichtlichen Verfahren über die Bestimmung einer Frist (§ 102 Abs. 3 ArbGG), die Ablehnung eines Schiedsrichters (§ 103 Abs. 3 ArbGG) oder die Vornahme einer Beweisaufnahme oder einer Vereidigung (§ 106 Abs. 2 ArbGG) sind dieselbe Angelegenheit (§ 16 Nr. 11 RVG).

---

355 AG Charlottenburg, JurBüro 2002, 25; s. auch Rn. 286.

412 ■ **Schifffahrtsrechtliche Verteilungsordnung**

• Das Verfahren über Anträge auf Zulassung der Zwangsvollstreckung nach § 17 Abs. 4 der Schifffahrtsrechtlichen Verteilungsordnung sowie

• das Verfahren über Anträge auf Aufhebung von Vollstreckungsmaßregeln (§§ 8 Abs. 5, 41 der Schifffahrtsrechtlichen Verteilungsordnung)

sind besondere Angelegenheiten (§ 18 Nrn. 21, 22 RVG).

413 ■ **Schuldnerverzeichnis**

Das Verfahren auf Löschung der Eintragung im Schuldnerverzeichnis (§ 915a ZPO) ist eine besondere Angelegenheit (§ 18 Nr. 19 RVG).

414 ■ **Schwerbehinderte**

Das Verwaltungsverfahren gegenüber der Hauptfürsorgestelle und die Tätigkeit des Rechtsanwalts des Schwerbehinderten gegenüber dem Arbeitgeber sind zwei verschiedene Angelegenheiten.[356]

415 ■ **Seemannsamt**

Das gerichtliche Verfahren und ein vorangegangenes Verfahren vor dem Seemannsamt zur vorläufigen Entscheidung von Arbeitssachen sind verschiedene Angelegenheiten (§ 17 Nr. 7c) RVG).

416 ■ **Sequester**

Die Bestimmung eines Sequesters (§§ 848, 855 ZPO) gehört zum Rechtszug (§ 19 Abs. 2 RVG).

417 ■ **Sicherheit**

• Das Verfahren wegen Rückgabe einer Sicherheit gehört zum Rechtszug (§ 19 Abs. 1 Nr. 7 RVG).

• Die Verurteilung zur Bestellung einer Sicherheit im Fall des § 890 Abs. 3 ZPO ist eine besondere Angelegenheit (§ 18 Nr. 17 RVG).

418 ■ **Sicherungsverwahrung**

Das Strafverfahren und das Verfahren über die im Urteil vorbehaltene Sicherungsverwahrung sind verschiedene Angelegenheiten (§ 17 Nr. 11 RVG).

419 ■ **Sprungrevision**

Die Einwilligung zur Einlegung der Sprungrevision gehört zum Rechtszug (§ 19 Abs. 1 Nr. 9 RVG).

---

356 AG Singen, zfs 2000, 311 = NVersZ 2000, 148.

▓ **Streitwert** 420

Die Festsetzung des Streitwertes gehört mit zum Rechtszug (§ 19 Abs. 1 Nr. 3 RVG).

▓ **Tatbestand** 421

Anträge auf Berichtigung und Ergänzung des Tatbestandes (§§ 320, 321 ZPO) gehören zum Rechtszug (§ 19 Abs. 1 Nr. 6 RVG).

▓ **Unveräußerliche Rechte** 422

Die Ausführung der Zwangsvollstreckung in ein gepfändetes Vermögensrecht durch Verwaltung (§ 857 Abs. 4 ZPO) ist eine besondere Angelegenheit (§ 18 Nr. 11 RVG).

▓ **Urkunde** 423

Der Streit um die Verpflichtung zur Rückgabe der Urkunde (§ 135 ZPO) gehört zum Rechtszug (§ 19 Abs. 1 Nr. 3 ZPO).

▓ **Urkundenprozess** 424

Der Urkundenprozess und das ordentliche Verfahren, das nach Abstandnahme vom Urkundenprozess oder nach einem Vorbehaltsurteil anhängig bleibt (§§ 596, 600 ZPO), sind verschiedene Angelegenheiten (§ 17 Nr. 5 RVG).

▓ **Verfassungsbeschwerden** 425

Verfassungsbeschwerden mehrerer Auftraggeber, auch wenn sie gegen denselben Akt der öffentlichen Gewalt gerichtet sind und demgemäß im Antrag übereinstimmen, haben nicht denselben Gegenstand. Dies gilt auch für Verfassungsbeschwerden, die sich unmittelbar gegen eine Rechtsnorm richten. Auch wenn die Entscheidung über die Verfassungsbeschwerde Wirkung gegenüber allen von der Norm Betroffenen und nicht nur gegenüber dem Beschwerdeführer entfalten kann, ändert dies nichts daran, dass der Gegenstand der Verfassungsbeschwerde dadurch bestimmt wird, dass der Beschwerdeführer eine Verletzung in seinen persönlichen Grundrechten oder grundrechtsähnlichen Rechten geltend macht. Es handelt sich deshalb um verschiedene Angelegenheiten.[357]

▓ **Vergütung** 426

Die Einforderung der Vergütung des Anwalts gehört zum Rechtszug (§ 19 Abs. 1 Nr. 13 RVG).

▓ **Verkehrsunfall** 427

Verschiedene Angelegenheiten liegen vor, wenn vorgerichtlich im Rahmen von Regulierungsverhandlungen des Rechtsanwalts eines Verkehrsunfallgeschädigten mit der geg-

---

357   BVerfGE 1996, 251 = NJ 1997, 533 = NJW 1997, 3430 = JurBüro 1998, 78.

nerischen Kfz-Haftpflichtversicherung Ansprüche geltend gemacht werden, später im gerichtlichen Verfahren lediglich Fahrer und Halter des versicherten Fahrzeuges verklagt werden.[358]

428 ■ **Vermittlungsverfahren**

Das Vermittlungsverfahren nach § 52a FGG und ein sich anschließendes gerichtliches Verfahren sind verschiedene Angelegenheiten (§ 17 Nr. 8 RVG).

429 ■ **Veröffentlichungsbefugnis**

Die Ausübung der Veröffentlichungsbefugnis ist eine besondere Angelegenheit (§ 18 Nr. 20 RVG).

430 ■ **Verteilungsverfahren**

Das Verteilungsverfahren (§§ 858 Abs. 5, 872 bis 877, 882 ZPO) ist eine besondere Angelegenheit (§ 18 Nr. 12 RVG).

431 ■ **Vertretbare Handlungen**

Die Vollstreckung der Entscheidung, durch die der Schuldner zur Vorauszahlung der Kosten, die durch die Vornahme einer Handlung entstehen, verurteilt wird (§ 878 Abs. 2 ZPO), ist eine besondere Angelegenheit (§ 18 Nr. 14 RVG).

432 ■ **Verwaltungsrecht**

→ *s. Teil 11 Rn. 46*

433 ■ **Verwaltungsverfahren**

• Das Verwaltungsverfahren, das einem gerichtlichen Verfahren vorausgehende und der Nachprüfung des Verwaltungsakts dienende weitere Verwaltungsverfahren (Vorverfahren, Einspruchsverfahren, Beschwerdeverfahren, Abhilfeverfahren), das Verwaltungsverfahren auf Aussetzung oder Anordnung der sofortigen Vollziehung sowie über einstweilige Maßnahmen zur Sicherung der Rechte Dritter und ein gerichtliches Verfahren sind verschiedene Angelegenheiten (§ 17 Nr. 1 RVG).

• Das Verwaltungsverfahren auf Aussetzung oder Anordnung der sofortigen Vollziehung sowie über einstweilige Maßnahmen zur Sicherung der Rechte Dritter und jedes Verwaltungsverfahren auf Abänderung und Aufhebung in den genannten Fällen sind dieselbe Angelegenheit (§ 16 Nr. 1 RVG).

434 ■ **Verwertungsart**

Das Verfahren über einen Antrag auf andere Verwertungsart (§ 825 ZPO) ist eine besondere Angelegenheit (§ 18 Nr. 10 RVG).

---

358 LG München, DAR 1996, 161 = zfs 1996, 231.

■ **Vollstreckbarkeitserklärung** 435

Anträge auf Vollstreckbarerklärung nach §§ 537, 588, 718 ZPO gehören zum Rechtszug (§ 19 Abs. 1 Nr. 9 RVG).

■ **Vollstreckungsausführungsgesetz** 436

Bescheinigungen nach §§ 54, 56 AVAG[359] gehören zum Rechtszug (§ 19 Abs. 1 Nr. 9 RVG).

■ **Vollstreckungsklausel** 437

Die erstmalige Erteilung ohne Klage gehört zum Rechtszug (§ 19 Abs. 1 Nr. 12 RVG).

Das Verfahren über Einwendungen gegen die Erteilung der Vollstreckungsklausel, auf das § 732 ZPO anzuwenden ist, ist eine besondere Angelegenheit (§ 18 Nr. 6 RVG).

■ **Vollstreckungsmaßnahme**

- Die Aufhebung einer Vollstreckungsmaßnahme gehört zum Rechtszug (§ 19 Abs. 2 Nr. 5 RVG). 438

- Jede Vollstreckungsmaßnahme zusammen mit den durch diese vorbereitenden weiteren Vollstreckungshandlungen bis zur Befriedigung des Gläubigers ist eine besondere Angelegenheit (§ 18 Nr. 3 RVG). 439

■ **Vollziehung** 440

Das Verfahren über die Zulassung der Vollziehung einer vorläufigen oder sichernden Maßnahme und das Verfahren über einen Antrag auf Aufhebung oder Änderung einer Entscheidung über die Zulassung der Vollziehung (§ 1041 ZPO) sind dieselbe Angelegenheit (§ 16 Nr. 9 RVG).

■ **Wechselprozess** 441

Der Wechselprozess und das ordentliche Verfahren, das nach Abstandnahme vom Wechselprozess oder nach einem Vorbehaltsurteil anhängig bleibt (§§ 596, 600 ZPO), sind verschiedene Angelegenheiten (§ 17 Nr. 5 RVG).

■ **Wettbewerbsrecht** 442

Abmahnung und Abschlussschreiben in Wettbewerbssachen sind bei fehlendem Klageauftrag keine einheitliche Angelegenheit.[360]

■ **Wiederaufnahmeverfahren** 443

Das Wiederaufnahmeverfahren und das wiederaufgenommene Verfahren, wenn sich die Gebühren nach Teil 4 oder 5 VV RVG richten, sind verschiedene Angelegenheiten (§ 17 Nr. 12 RVG).

---

359 Verordnung v. 19.5.2004, ABl. L 160, 19 und Verordnung v. 22.12.2001, ABl. L 12/01.
360 OLG Hamburg, AnwBl. 1982, 397 = WRP 1982, 477; OLG Hamburg, MDR 1981, 144.

444 ■ **Widerklage**

Das Verfahren über die Privatklage und die Widerklage, und zwar auch im Fall des § 388 Abs. 2 StPO, sind dieselbe Angelegenheit (§ 16 Nr. 14 RVG).

445 ■ **Zeugnisverweigerungsrecht**

Der Streit um Rechtmäßigkeit einer Zeugnisverweigerung (§ 387 ZPO) gehört zur Instanz (§ 19 Abs. 1 Nr. 3 RVG).

446 ■ **Zulassung**

Das Rechtsmittelverfahren und das Verfahren über die Zulassung des Rechtsmittels sind dieselbe Angelegenheit (§ 16 Nr. 13 RVG). Dies gilt nicht für das Verfahren über die Beschwerde der Nichtzulassung eines Rechtsmittels.

447 ■ **Zuständigkeit**

Bestimmung des zuständigen Gerichts (§§ 36, 37 ZPO, § 53 VwGO, § 46 Abs. 2 FGG) gehört zum Rechtszug (§ 19 Abs. 1 Nr. 3 ZPO).

448 ■ **Zustellung**

- Zustellung von Entscheidungen im Parteibetrieb gehören mit zum Rechtszug (§ 19 Abs. 1 Rn. 9 RVG),

- Zustellung eines Vollstreckungstitels, Vollstreckungsklausel und sonstigen in § 750 ZPO genannten Urkunden gehören zum Rechtzug (§ 19 Abs. 1 Nr. 15 RVG).

449 ■ **Zwangshypothek**

Das Verfahren auf Eintragung einer Zwangshypothek (§§ 867, 870a ZPO) ist eine besondere Angelegenheit (§ 18 Nr. 13 RVG).

450 ■ **Zwangsmittel**

Das Verfahren zur Ausführung der Zwangsvollstreckung auf Vornahme einer Handlung durch Zwangsmittel (§ 888 ZPO), das Verfahren zur Ausführung einer Verfügung des Gerichts auf Vornahme, Unterlassung oder Duldung einer Handlung durch Zwangsmittel und einer besonderen Verfügung des Gerichts zur Anwendung von Gewalt (§ 33 FGG) ist eine besondere Angelegenheit (§ 18 Nr. 15 RVG).

451 ■ **Zwangsversteigerung**

Tritt ein Rechtsanwalt für mehrere Auftraggeber in einem Zwangsversteigerungsverfahren auf, soll es sich um eine Angelegenheit handeln.[361]

---

361 LG Cottbus, MDR 2001, 1323 = NJW-RR 2002, 1003.

■ **Zwangsvollstreckung** 452

→ *S. auch Teil 17 Rn. 128 ff.*

- Vorläufige Einstellung, Beschränkung oder Aufhebung gehören zum Rechtszug, wenn nicht eine abgesonderte mündliche Verhandlung hierüber stattfindet (§ 19 Abs. 1 Nr. 11 RVG).

- Die Anzeige der Absicht, die Zwangsvollstreckung gegen eine juristische Person des öffentlichen Rechts zu betreiben gehört zum Rechtszug (§ 19 Abs. 2 Nr. 3 RVG).

- Die gerichtliche Anordnung nach § 758a ZPO gehört zum Rechtszug (§ 19 Abs. 2 Nr. 1 RVG).

- Bei der Zwangsvollstreckung gegen Gesamtschuldner handelt es sich um mehrere Angelegenheiten.[362] Wenn Klagen im Rahmen einer einfachen Streitgenossenschaft erhoben oder getrennt erhobene Klagen gerichtlich verbunden werden, liegt dieselbe Angelegenheit vor.[363]

- Mehrere Mahnverfahren, die durch gleichzeitig gegen eine Mehrzahl von Antragsgegnern als Gesamtschuldnern gestellte Anträge eingeleitet worden sind, sind gebührenrechtliche eine Angelegenheit.[364] Wird gegen die als Gesamtschuldner in Anspruch genommenen Beklagten in einem einheitlichen Streitverfahren vorgegangen, so liegt auch dann nur eine gebührenrechtliche Angelegenheit vor, wenn gegen die Beklagten zunächst getrennte Mahnbescheide ergangen sind.[365]

- Zwangsvollstreckungsverfahren sind gegen jeden von mehreren Gesamtschuldnern gebührenrechtlich eine besondere Angelegenheit.[366]

■ **Zwischenstreit** 453

Der Zwischenstreit gehört zum Rechtszug (§ 19 Abs. 1 Nr. 3 ZPO).[367] Dies ist z.B.:

- Bestimmung des zuständigen Gerichts,

- Bestellung von Vertretern durch das in der Hauptsache zuständige Gericht,

- Ablehnung von Richtern, Rechtspflegern, Urkundsbeamten der Geschäftstellen und Sachverständigen,

- Festsetzung des Rechtsstreits oder Geschäftswerts.

---

362 LG Frankfurt, AGS 2003, 207 = JurBüro 2003, 304 = BRAGOreport 2003, 91.
363 OLG München, NVwZ-RR 2003, 78 = DÖV 2002, 486.
364 KG, AGS 2001, 232 = KGR Berlin 2001, 69.
365 OLG, Köln OLGR Köln 1999, 220.
366 OLG Düsseldorf, OLGR 1996, 248; LG Berlin, JurBüro 1995, 530; a.A. OLG Schleswig, JurBüro 1996, 89 = es kommt auf die Umstände des Einzelfalls an.
367 S. dazu auch Teil 1 Rn. 302 ff.

V.   Tätigkeit von Vertretern

1.   Allgemeines

a)   Abweichung von der BRAGO

454   Entgegen der bisherigen Regelung kann die **Tätigkeit eines Assessors**, der einen Rechtsanwalt vertritt, nach dem RVG abgerechnet werden. Damit ist die gesamte Rechtsprechung zu diesem Problemkreis, die teilweise § 4 BRAGO entsprechend angewandt hat, hinfällig;[368] es kommt nicht mehr darauf an, ob der Assessor fest angestellt oder einen Antrag auf Zulassung zur Anwaltschaft schon gestellt hat. Auch ist nicht mehr zu klären, ob der Rechtsanwalt für die Tätigkeit eines Assessors die vollen Gebühren nach RVG oder lediglich einen Prozentsatz erhält.[369] Immer ist an den Rechtsanwalt für die Tätigkeit eines Assessors die volle Vergütung nach RVG von den Mandanten oder einem anderen Kostenschuldner zu zahlen. Gleichgültig ist es auch, ob der Assessor schon mehrere Jahre bei einem Rechtsanwalt angestellt ist oder er die Anwaltszulassung wegen Vermögensverfalls verloren hat und nunmehr als Assessor bei einem Rechtsanwalt arbeitet. Dem steht insbesondere nicht die Begründung des Gesetzentwurfes entgegen. Dort heißt es: „Eine solche Regelung ist für die Tätigkeit eines Assessors in der Übergangzeit bis zur Zulassung als Rechtsanwalt von Bedeutung...".[370] Dem Wortlaut des Gesetzes ist nicht zu entnehmen, dass der Rechtsanwalt eine Vergütung für die Tätigkeit eines Assessors nur für eine kurze Übergangzeit bis zur Zulassung erhalten soll. Hätte der Gesetzgeber eine derartige Regelung gewollt, so hätte er diese im Wortlaut des Gesetzes deutlich zum Ausdruck bringen müssen. Auch kann man letztlich aus den Gesetzesmaterialien nicht entnehmen, dass ein Rechtsanwalt, dem die Zulassung entzogen wurde, weil er in Vermögensverfall geraten war oder ständig Schadensersatzprozessen ausgesetzt war, dann, wenn er bei einem anderen Rechtsanwalt angestellt ist, nicht dessen Leistungen nach dem RVG abrechnen kann.

455

> **Hinweis:**
>
> Berufspolitisch ist diese Regelung äußerst bedenklich. Es ist zu befürchten, dass junge Assessoren zukünftig nur noch eine Anstellung als Assessor erhalten werden, nicht mehr als Rechtsanwalt. Nicht auszuschließen ist, dass ausdrücklich in einem Vertrag mit dem Assessor vereinbart wird, dass er sich verpflichtet, den Zulassungsantrag nicht zu stellen. Damit sind erhebliche Änderungen der Absicherung des Assessors verbunden. Er kann nicht mehr dem Versorgungswerk der Rechtsanwälte angehören; er unterhält keine eigene Vermögensschadenhaftpflichtversicherung; bei Beendigung der Anstellung stehen ihm nicht die Rechte aus § 32 BORA zu.

---

368   S. die Darstellung bei *Gerold/Schmidt/von Eicken/Madert*, BRAGO, § 4 Rn. 10.
369   Auch nach der neuen Entscheidung des BGH (RVGreport 2004, 272 = AGS 2004, 237 = FamRZ 2004, 1097) war immer noch eine Abwägung notwendig.
370   BR-Drucks. 830/03, S. 231.

b) Regelungsgehalt

Geregelt wird in § 5 RVG allein die **Höhe der Vergütung**, die ein Rechtsanwalt von seinem 456
Mandanten oder dem Kostenschuldner für die in § 5 RVG genannten Personen verlangen
kann. Die Höhe richtet sich nach dem RVG. Geregelt ist jedoch nur der Fall, dass der Rechtsanwalt in zulässiger Weise einen Vertreter mit der Wahrnehmung der Interessen des Mandanten beauftragt hat. Hat der Mandant seine Zustimmung zur Vertretung nicht erteilt, so
kann eine Vergütung nach dem RVG nicht erfolgen; dabei kommt es in diesen Fällen nicht
darauf an, ob der Vertreter zu dem in § 5 RVG genannten Personenkreis gehört. Entgegen
der Auffassung von *Schneider*[371] ist der Mandant nicht auf Schadensersatzansprüche verwiesen; die Verschwiegenheitspflicht, aber auch das Vertrauensverhältnis zum Mandanten
schließen aus, dass es in der Befugnis des beauftragten Rechtsanwalts steht zu entscheiden, wen er ohne Zustimmung des Mandanten als Vertreter beauftragt.

An der Höhe der Vergütung nach dem RVG sind keine Abschläge vorzunehmen; dies gilt
auch dann, wenn der Rechtsanwalt durch einen Referendar in Pflicht- und Wahlstation
vertreten wird.

457

> **Hinweis:**
>
> Auch Satz- und Betragsrahmengebühren (§ 14 RVG) können nicht herabgesetzt wer-
> den mit der Begründung, eine weniger qualifizierte Person habe die Interessen des
> Mandanten vertreten.[372] § 14 RVG kennt keine Merkmale, die gebührenerhöhend oder
> senkend die besonderen Fähigkeiten des Rechtsanwalts ansprechen.

2. Personenkreis

Nachdem der Gesetzgeber nunmehr in § 5 RVG durch Aufnahme des Assessors eine Än- 458
derung vorgenommen hat, ist eine analoge Anwendung auf andere, nicht in § 5 RVG
genannte Berufsgruppen, nicht möglich.

a) Rechtsanwalt

Wird der Rechtsanwalt **durch einen anderen Rechtsanwalt** vertreten, kann er seine Ver- 459
gütung nach dem RVG abrechnen. Dies gilt sowohl für die Vertretung durch einen nach
der BRAO zugelassenen Rechtsanwalt als auch für den niedergelassenen (§ 1 Abs. 1 Eu-
RAG) oder dienstleistungserbringenden europäischen Rechtsanwalt (§ 25 Abs. 1 EuRAG).
Ob der Rechtsanwalt Angestellter oder freier Mitarbeiter ist, ist gleichgültig.

b) Allgemeiner Vertreter

Gemeint ist der nach § 53 BRAO bestellte allgemeine Vertreter eines Rechtsanwalts. Der 460
Rechtsanwalt muss für seine Vertretung sorgen, wenn

---

371 Anwkom-BRAGO-N. *Schneider*, § 4 Rn. 28.
372 Anwkom-BRAGO-N. *Schneider*, § 4 Rn. 49.

- er länger als eine Woche daran gehindert ist, seinen Beruf auszuüben,

- er sich länger als eine Woche von seiner Kanzlei entfernen will.

461   Dem Vertreter stehen die anwaltlichen Befugnisse des Rechtsanwalts zu, den er vertritt (§ 53 Abs. 7 BRAO). Vertreter können sein ein anderer Rechtsanwalt, eine Person, die die **Befähigung zum Richteramt** erlangt hat[373] oder **Referendare**, die seit mindestens 12 Monaten im Vorbereitungsdienst beschäftigt sind.[374]

c)   Assessor

462   Bei dem Assessor handelt es sich um eine Person, die das 1. und 2. Staatsexamen erfolgreich abgeschlossen hat. Weitere Einschränkungen sieht das Gesetz nicht vor, insbesondere nicht die Stellung eines Antrags auf Zulassung zur Anwaltschaft oder das Verbot, dass dem Assessor nicht zuvor schon die Anwaltszulassung entzogen wurde.

d)   „Stationsreferendar"

463   Der Referendar, der in der Wahl- oder Pflichtstation bei einem Rechtsanwalt oder Notar ausgebildet wird, kann den Rechtsanwalt vertreten.[375] Seine Tätigkeit kann von dem ausbildenden Rechtsanwalt nach dem RVG abgerechnet werden. Der Referendar muss nicht dem Rechtsanwalt zur Ausbildung zugewiesen sein, den er vertritt; er kann auch einen anderen Rechtsanwalt mit Zustimmung des ausbildenden Rechtsanwalts vertreten. Dies ergibt sich schon aus dem Wortlaut dieser Vorschrift. Hätte der Referendar nur den ausbildenden Rechtsanwalt vertreten dürfen, so hätte der Gesetzgeber formuliert: „einen **ihm** zur Ausbildung zugewiesenen Referendar". Eine derartige Klarstellung des Wortlautes wäre jedenfalls auch im Hinblick auf die Rechtsprechung zu § BRAGO,[376] notwendig gewesen; nach dieser Rechtsprechung kann der Referendar auch einen Rechtsanwalt vertreten, dem er nicht zur Ausbildung zugewiesen ist. Dies dient auch häufig dem Ausbildungsziel. Viele Anwälte sind heute spezialisiert und können einen Referendar in ihrer Kanzlei nicht mehr in allen Rechtsgebieten einsetzen. Der Strafverteidiger wird häufig nicht in der Lage sein, dem Stationsreferendar Fälle im Familienrecht oder anderen Rechtsgebieten zuzuweisen.

e)   Andere Personen

464   Die Vorschrift ist eng auszulegen. Die **Aufzählung** ist **abschließend**. Für eine Analogie ist kein Raum. Der Gesetzgeber hat in Kenntnis, dass nach Rechtsprechung und Schrifttum auch andere, im Gesetz nicht genannte Personen unter § 4 BRAGO fallen sollten, nur hinsichtlich des Assessors eine Erweiterung vorgenommen. Nicht nach dem RVG sind deshalb die Leistungen folgender Personen abzurechnen:

---

373   *Feuerich/Weyland*, BRAO, § 53 Rn. 10.
374   OLG Düsseldorf, NJW 1994, 1296; BGH, StV 1989, 465; BVerfG, NJW 1994, 930.
375   LG Frankfurt, AnwBl. 1978, 30.
376   OLG Karlsruhe, JurBüro 1988, 74; LG Osnabrück, JurBüro 1992, 798.

- zur Ausbildung zugewiesene Studenten,[377]

- nichtverkammerte Rechtsbeistände,[378]

- Bürovorsteher,[379]

- Büroangestellte,[380]

- Diplomjuristen,[381]

- freie juristische Mitarbeiter ohne Anwaltszulassung,[382]

- Hochschullehrer,[383]

- Referendare außerhalb der Pflicht- oder Wahlstation.

3. Vergütung für sonstige Mitarbeiter

a) Vergütung

Streitig war, ob der Rechtsanwalt für Personen, die nicht in § 4 BRAGO genannt waren,   465
eine andere als die nach der BRAGO zu zahlende Vergütung verlangen konnte.[384] Nach
In-Kraft-Treten des RVG stellt sich diese Frage nicht mehr. § 4 RVG regelt lediglich die Höhe der Vergütung für die in dieser Vorschrift genannten Personen; es lässt sich jedoch daraus nicht der Umkehrschluss ziehen, dass für sonstige Mitarbeiter durch den Rechtsanwalt
keine Berechnung der Leistungen vorgenommen werden kann. In Anwendung des § 612
Abs. 2 BGB kann der Rechtsanwalt die **Leistung sonstiger Mitarbeiter abrechnen.**

b) Angemessenheit

Die Rechtsprechung hat für Personen, die bisher in § 4 BRAGO nicht genannt waren,   466
unterschiedlich hohe Beträge als angemessene Vergütung anerkannt. Teilweise wurde
überhaupt keine Vergütung anerkannt,[385] teilweise wurden die vollen Gebühren des
Rechtsanwalts zugesprochen.[386] Soweit Vergütungen anerkannt wurden, sind sie nachfolgend in einer Übersicht zusammengestellt:

---

377 A.A. Anwkom-BRAGO-*N. Schneider*, § 4 Rn. 36.
378 LG Krefeld, AnwBl. 1974, 284; LG Kleve, JurBüro 1984, 1022; OLG Düsseldorf, JurBüro 1985, 1496;
     Hansens, BRAGO, § 4 Rn. 5; a.a. bisher Anwkom-BRAGO-*N.Schneider*, § 4 Rn. 37 f.
379 OLG Köln, JurBüro 1985, 888; OLG Oldenburg, JurBüro 1984, 387, LG Münster, AnwBl. 1996, 475.
380 LG Gießen, VersR 1981, 963; LAG Hamm, MDR 1994, 1049.
381 LAG Sachsen-Anhalt, AnwBl. 1995, 562; ArbG Magdeburg, AuA 1995, 393; LAG Sachsen-Anhalt,
     JMBlST 1996, 181.
382 OLG Hamm, BRAK-Mitt. 2003, 244 = AGS 2003, 297; VGH Mannheim, NVwZ-RR 1990, 167.
383 OLG Düsseldorf, NStZ 1996, 100.
384 OLG Düsseldorf, AnwBl. 1991, 272: Aus einem Umkehrschluss sei zu folgern, dass keine Vergütung
     verlangt werden kann; a.A. Anwkom-BRAGO-*N. Schneider*, § 4 Rn. 52; OLG Frankfurt, JurBüro 1995,
     29.
385 OLG Düsseldorf, JurBüro 1963, 341; LG Trier, AnwBl. 1978, 350.
386 OLG Frankfurt, JurBüro 1995, 29.

467 Übersicht: Angemessenheit der Vergütung für sonstige Mitarbeiter

Büroangestellte	keine Vergütung[387]
Bürovorsteher	• keine Vergütung[388] • 35 % der Gebühren nach der BRAGO[389] • 1/3 der Gebühren nach BRAGO[390] • 35 % der Gebühren nach BRAGO[391] • voller Betrag der gesetzlichen Vergütung bei Regulierung einer Verkehrsunfallsache[392]
freier Mitarbeiter	Grundsätze nach § 3 ZSEG können herangezogen werden[393]
Rechtsbeistand	2/3 der gesetzlichen Vergütung für Teilnahme an der Hauptverhandlung[394]
Referendar (außerhalb der Pflichtstation- oder Wahlstation)	• keine Vergütung[395] • nur dann eine Vergütung, wenn zwischen dem Hauptbevollmächtigten und dem Mandanten eine entsprechende Vereinbarung über die Vergütung des Referendars getroffen wurde[396] • Pauschvergütung nach § 99 BRAGO (§ 52 RVG), wenn Referendar zum allgemeinen Vertreter bestellt wurde[397] • Pflichtverteidiger, lediglich Ersatz der Barauslagen (Fahrtkosten)[398] • 50 % der Gebühren nach BRAGO[399] • 50 % der Gebühren nach BRAGO in Bußgeldverfahren[400]

---

387 LG Gießen, VersR 1981, 963.
388 OLG Oldenburg, JurBüro 1984, 387; SG Gießen, UStR 1960, 12.
389 OVG NRW, Beschl. v. 1.3.2000 – 6 E 115/2000.
390 LG Münster, JurBüro 1996, 639 = MDR 1996, 972 = AnwBl. 1996, 475.
391 LG Saarbrücken, JurBüro 1989, 628; LG Düsseldorf, JurBüro 1987, 1804; OLG Köln, JurBüro 1985, 888; LG Wuppertal, JurBüro 1986, 1515.
392 Lappe, MDR 1984, 990.
393 VGH Mannheim, NVwZ-RR 1990, 167 = Justiz 1989, 34; jetzt §§ 9 ff. JVEG.
394 LG Krefeld, AnwBl. 1974, 284.
395 OLG Düsseldorf, JurBüro 1991, 671; LG Heilbronn, AnwBl. 1995, 560; AG Mainz, AnwBl. 1981, 512; OLG Stuttgart, JurBüro 1996, 79 = Justiz 1996, 22; LAG Baden-Württemberg, LAGE § 4 BRAGO Nr. 1.
396 LG Heilbronn, MDR 1995, 968 = JurBüro 1995, 585 = AnwBl. 1995, 550 = FamRZ 1996, 678.
397 OLG Hamm, MDR 1994, 736 = StV 1994, 501; OLG Düsseldorf, NJW 1994, 1296.
398 LG Aachen, JurBüro 1991, 1185; OLG Koblenz, Rpfleger 1991, 432 = StV 1993, 139.
399 LG Düsseldorf, JurBüro 1987, 1031; s. dazu auch: LG Braunschweig, MDR 1986, 76 = JurBüro 1986, 53.
400 LG Darmstadt, JurBüro 1982, 73.

Braun

	• 100 % der Gebühren nach BRAGO, wenn Stationsreferendar, dieser jedoch für einen anderen Anwalt, der auf einem bestimmten Fachgebiet spezialisiert ist , arbeitet[401]
Diplomjurist	keine Vergütung[402]

468

> **Hinweis:**
>
> Es kann nicht Sinn eines Gesetzes sein, dass in jedem OLG- oder LG-Berzirk eine andere Vergütung für sonstige Mitarbeiter angesetzt wird. Aus **Vereinfachungsgründen** wird deshalb **folgende Regelung** vorgeschlagen:
>
> • Büroangestellte: 10 % der gesetzlichen Vergütung,
>
> • Bürovorsteher: 35 % der gesetzlichen Vergütung,[403]
>
> • Referendar außerhalb der Pflicht- oder Wahlstation: 50 % der gesetzlichen Vergütung,[404]
>
> • Hochschullehrer: 75 % der gesetzlichen Vergütung,
>
> • nichtverkammerter Rechtsbeistand: 75 % der gesetzlichen Vergütung

c) Auslagen

Für jede Person, die ein Rechtsanwalt mit seiner Vertretung beauftragt, kann er die Auslagen nach den Nrn. 7000 ff. VV RVG berechnen. Eine **Differenzierung** nach Personengruppen findet nicht statt. Die Beträge in den Nrn. 7000 ff. VV RVG sind so bemessen, dass der Rechtsanwalt damit keine Gewinne erwirtschaftet, meist noch nicht einmal seine Kosten deckt. Die Differenzierung hinsichtlich der Auslagenerstattung zwischen Personen, die in § 5 RVG genannt sind, und denen, die nicht genannt sind,[405] ist im Hinblick auf die niedrigen Beträge in den Nrn. 7000 ff. VV RVG nicht gerechtfertigt. Eine andere Berechnung, etwa nach dem JVEG, müsste im Übrigen immer die Grenzen in den Nrn. 7000 ff. VV RVG berücksichtigen; es ist nicht vertretbar, dass in § 5 RVG nicht genannte Personen über die Anwendung anderer Berechnungsmethoden eine höhere Auslagenerstattung erhalten als der Rechtsanwalt oder die in § 5 RVG genannten Personen.

469

---

401   LG Frankfurt, AnwBl. 1978, 30.
402   ArbG Magdeburg, AuA 1995, 393.
403   So schon *Mümmler*, JurBüro 1978, 1771.
404   So schon *Mümmler*, JurBüro 1991, 672.
405   So bisher OLG Düsseldorf, JurBüro 1991, 671; OLG Zweibrücken, JurBüro 1985, 543.

4. Sonderfälle

a) Prozesskostenhilfe, Beiordnung nach § 11a ArbGG

470 Der Rechtsanwalt hat die Leistung im Rahmen der Prozesskostenhilfe oder der Beiordnung nach § 11a ArbGG **persönlich** zu erbringen. Wird er durch eine nicht zum Anwendungsbereich des § 5 RVG gehörende Person vertreten, so entsteht ein Vergütungsanspruch gegenüber der **Staatskasse** nicht.[406] Ein Anspruch gegen den Mandanten entfällt i.d.R. ebenfalls; der Mandant geht bei einer Beiordnung eines Rechtsanwalts im Rahmen der Prozesskostenhilfe oder nach § 11a ArbGG davon aus, dass die Vergütung des Rechtsanwalts aus der Staatskasse erfolgt. Will der Rechtsanwalt einen Vergütungsanspruch gegen den Mandanten erwerben, dann muss er nicht nur mit diesem vereinbart haben, dass er sich durch Personen, die nicht in § 5 RVG genannt sind, vertreten lassen darf, er muss den Mandanten auch darüber aufklären, dass er in diesen Fällen trotz Beiordnungsbeschlusses eine Vergütung an den Rechtsanwalt zahlen muss. Unterbleibt die Belehrung, so macht sich der Rechtsanwalt schadensersatzpflichtig. In der Praxis wird es deshalb derartige Fälle nicht geben.[407]

b) Beratungshilfe

471 Auch im Rahmen der Beratungshilfe hat der Rechtsanwalt die **Leistungen in Person** zu erbringen. Setzt er Personen ein, die nicht in § 5 RVG genannt sind, so kann er seine Leistungen nicht nach § 44 RVG i.V.m. Nr. 2601 ff. VV RVG abrechnen.[408]

c) Pflichtverteidiger

472 Der vom Gericht bestellte Pflichtverteidiger muss persönlich die Leistungen erbringen. Eine Vertretung ist nur in Ausnahmefällen möglich.[409] Da die Bestellung des Pflichtverteidigers durch das Gericht erfolgt, kann die Leistung eines Dritten, nämlich einer in § 5 RVG genannten Person, nur dann gegenüber der Staatskasse abgerechnet werden, wenn die Vertretung mit Zustimmung des Gerichts erfolgt.[410] Ein Anspruch gegen den Auftraggeber ist ebenfalls nur dann gegeben, wenn der Mandant ausdrücklich der Vertretung des Rechtsanwalts zugestimmt hat, wenn es sich um eine in § 5 RVG genannte Person handelt und wenn der Rechtsanwalt den Mandanten darüber belehrt hat, dass er trotz Pflichtverteidigerbestellung nunmehr die Vergütung des Rechtsanwalts zahlen muss. Eine Ausnahme gilt nur für den Fall des § 52 RVG. Die Belehrung über die zusätzliche Vergütung entfällt, nicht jedoch die Notwendigkeit einer Vereinbarung, dass eine in § 5 RVG genannte Person den Rechtsanwalt vertreten darf.

---

406 LG Mainz, MDR 1997, 406; LAG Düsseldorf, JurBüro 1989, 796; OLG Zweibrücken, JurBüro 1985, 543; OLG Saarbrücken, JurBüro 1984, 1668.
407 A.A. *Mayer/Kroiß/Klees*, RVG, § 5 Rn. 44.
408 *Mayer/Kroiß/Klees*, RVG, § 5 Rn. 42; a.A. Anwkom-BRAGO-*N. Schneider*, § 4 Rn. 73.
409 *Kleinknecht/Mayer-Goßner*, StPO, § 145 Rn. 6.
410 OLG Hamm, AnwBl. 1979, 236; OLG Frankfurt, NJW 1980, 1703.

5. Vergütungsfestsetzung

Die Vergütung einer in § 5 RVG genannten Person kann der Rechtsanwalt nach § 11 RVG   473
gegen den Mandanten festsetzen lassen. Es handelt sich um den Vergütungsanspruch
des Rechtsanwalts.[411] Die Festsetzung für andere Personen, für die eine Vergütung nach
§ 612 Abs. 2 BGB berechnet wird, scheidet aus, da es sich insoweit nicht um die gesetzliche Vergütung handelt.[412]

6. Kostenerstattung

Falls der Anwalt durch Personen vertreten wird, die in § 5 RVG genannt sind, steht ihm   474
ein Kostenerstattungsanspruch zu (§ 91 Abs. 2 Satz 1 ZPO, § 464a Abs. 2 Nr. 2 StPO).

Wird der Rechtsanwalt durch Personen vertreten, die nicht in § 5 RVG genannt sind, dann   475
besteht ebenfalls ein Erstattungsanspruch in Höhe der Beträge, die dem Anwalt nach
§ 612 Abs. 2 BGB zugebilligt werden.

D. Vergütungsvereinbarung

I. Allgemeines

Trifft der Rechtsanwalt mit dem Mandanten keine Vereinbarung, so ist das Honorar für   476
anwaltliche Tätigkeiten nach dem RVG zu bestimmen.

Auch für den Rechtsanwalt gilt der **Grundsatz der Vertragsfreiheit**. Grds. kann er sein   477
Honorar mit dem Mandanten frei aushandeln, es sei denn, gesetzliche Bestimmungen
stehen dem entgegen. Eine derartige Bestimmung ergibt sich z.B. aus § 8 BerHG. Danach darf der Rechtsanwalt mit einer Partei, die Anspruch auf **Beratungshilfe** hat, keine
Vergütungsvereinbarung abschließen. Derartige Vereinbarungen sind nichtig.

Eine Rechtfertigung dafür, dass ein Rechtsanwalt mit der Partei eine **Honorarvereinba-**   478
rung abschließt, ist nicht notwendig. Insbesondere kann nicht argumentiert werden, dass
aufgrund der Tatsache, dass eine gesetzliche Vergütungsordnung bestehe, von einem
Rechtsanwalt erwartet werde, er werde nach dieser Honorarordnung abrechnen. Dem
widerspricht, dass schon allein das Argument, dass der Gesetzgeber in den letzten Jahrzehnten die Gebühren der Anwaltschaft nicht mehr in dem Maße der Entwicklung der
wirtschaftlichen Verhältnisse angepasst hat, wie dies notwendig gewesen wäre. Nicht einmal die Steigerungsraten, die abhängig Beschäftigte in den letzten Jahrzehnten erhalten
haben, hat der Gesetzgeber nachvollzogen.

---

411   Anwkom-BRAGO-*N. Schneider*, § 4 Rn. 84.
412   LAG Hamm, JurBüro 1994, 732 = MDR 1994, 1049.

479 Die Gründe, weshalb eine Honorarvereinbarung abgeschlossen wird, können unterschiedlicher Art sein, je nachdem, aus welcher Sicht die Gründe vorgetragen werden.

480 Der Mandant möchte häufig **Sicherheit hinsichtlich der Höhe der Vergütung** haben. Wenn der Rechtsanwalt den Mandanten ausreichend aufklärt, kann er diese Sicherheit auch bei Geltung des RVG haben. Leider sind die Aufklärungen durch die Anwaltschaft meist nicht in der Weise, dass der Mandant das Vergütungsrecht nachvollziehen kann. Dies liegt aber nicht am System,[413] sondern an der **mangelnden Aufklärungsfähigkeit** und **Aufklärungswillen** der Anwaltschaft.

481 Sicherlich ist es kein Argument – so aber *Teubel*[414] – der Mandant wolle durch Pauschalierung wissen, was ihn die Leistung des Anwalts kosten wird. Das RVG geht weiterhin ebenfalls von einer Pauschalierung aus.[415] Es wird nicht jede einzelne Leistung vergütet.

482 Aus Sicht des Anwalts kommt eine Honorarvereinbarung mit dem Mandanten heute schon allein deshalb in immer größerem Maße zur Anwendung, weil die Honorare nach der staatlichen Gebührenordnung nicht ausreichend sind. Dies zeigen insbesondere die Umsatz- und Einkommensteuerstatistiken für die Deutsche Anwaltschaft. Es kann daher nicht mehr behauptet werden, dass nur **ausnahmsweise eine Honorarvereinbarung** des Anwalts notwendig ist.[416]

483 Berufsorganisationen, Mandanten, aber auch Gesetzgeber verlangen von der Anwaltschaft heute in immer stärkerem Maße, dass sie sich spezialisieren. Dies führt dazu, dass Anwälte nur noch auf einem Spezialgebiet tätig sind. Gefördert wird dies insbesondere für junge Kollegen durch die Einführung der Interessen- und Tätigkeitsschwerpunkte i.S.d. § 7 BORA. Eine besondere Förderung erfolgt durch die Einführung der Fachanwaltsbezeichnungen. Viele Anwälte haben die Fachanwaltsbezeichnungen für Arbeits-, Familien-, Insolvenz-, Steuer-, Straf-, Sozial, und Verwaltungsrecht erworben.[417] Sie erwarten deshalb von dem Gesetzgeber, aber auch von den Berufsorganisationen, dass sie auch in ihren Spezialgebieten eine ausreichende Vergütung erhalten, wenn sie nach dem RVG abrechnen. Gerade dies ist jedoch schon seit Jahren nicht mehr gewährleistet. Der Fachanwalt für Sozialrecht ist seit Beginn darauf angewiesen, Honorarvereinbarungen abzuschließen, um seinen Lebensunterhalt mit seinen Einnahmen aus der Anwaltstätigkeit bestreiten zu können. Auf diesem Weg ist nunmehr auch der Fachanwalt für Familienrecht, der überwiegend seine Mandate im Rahmen der Prozesskostenhilfe bearbeitet. Durch die Änderung des RVG sind die Gebühren in familienrechtlichen Verfahren, die nach § 49 RVG abgerechnet werden, nicht erhöht, sondern gesenkt worden.

484 Die Vorschrift des § 4 RVG wird deshalb eine immer größere Bedeutung erlangen.

---

413 So aber *Mayer/Kroiß/Teubel*, RVG, § 4 Rn. 2.
414 *Mayer/Kroiß/Teubel*, RVG, § 4 Rn. 2.
415 § 15 RVG.
416 So aber *Mayer/Kroiß/Teubel*, RVG, § 4 Rn. 3.
417 § 1 FAO.

II. Voraussetzungen

Zu unterscheiden ist, ob eine höhere oder eine niedrigere Vergütung zwischen Rechts- 485
anwalt und Mandanten vereinbart wird.

1. Niedrigere Vergütung

Für die Vereinbarung einer niedrigeren Vergütung gelten folgende Besonderheiten: 486

a) Verbot der Gebührenunterbietung (§ 49b Abs. 1 BRAO)

Das Verbot einer Gebührenunterbietung gilt für Vereinbarungen in **außergerichtlichen** 487
Angelegenheiten nicht. Dies ergibt sich schon aus dem Wortlaut des § 49b Abs. 1 BRAO,
nach dem ausdrücklich das Verbot nur dann gilt, wenn das RVG nichts anderes vorsieht.
In § 4 Abs. 2 Satz 1 RVG ist ausdrücklich geregelt, dass in außergerichtlichen Angelegenheiten Pauschalvergütungen vereinbart werden können, die niedriger sind als die gesetzlichen Gebühren.

b) Schriftform

Bei Vereinbarungen, die niedriger sind als die gesetzliche Vergütung, schreibt das Gesetz 488
keine Schriftform vor. Dies ergibt sich aus § 4 Abs. 2 Satz 4 RVG. Vereinbarungen über
die Vergütung **sollen** demnach – müssen aber nicht – schriftlich getroffen werden.

c) Beweislast

Der Auftraggeber, d.h. der Mandant, hat zu beweisen, dass eine Vereinbarung über ei- 489
ne niedrigere Vergütung getroffen wurde (§ 4 Abs. 2 Satz 4 RVG).

2. Höhere Vergütung

Zwingend schreiben RVG und BRAO folgende Voraussetzungen für den Abschluss einer 490
höheren Vergütung als die, die nach RVG geschuldet ist, vor:

a) Schriftform

Gefordert wird die **Unterschrift des Mandanten** (§ 4 Abs. 1 Satz 1 RVG). Nicht not- 491
wendig ist eine Unterschrift des Rechtsanwalts. Ebenfalls nicht notwendig ist, dass die
Voraussetzungen der §§ 126, 126a BGB eingehalten werden.

492

> **Hinweis:**
>
> Nach wie vor ist nicht geklärt, ob eine **Erklärung per Telefax** ausreicht. Da der Ge-
> setzgeber im Rahmen der Novellierung des § 4 RVG diese Streitfrage nicht aufgegrif-
> fen hat, ist weiterhin ein hohes Risiko damit verbunden, wenn der Rechtsanwalt le-
> diglich im Besitz eines Telefaxes ist, auf dem sich die Unterschrift des Auftraggebers
> befindet. Nach einem Teil der Rechtsprechung reicht die Erklärung per Telefax als

Schriftform nicht aus.[418] Demgegenüber wird im Schrifttum die Auffassung vertreten, dass eine Vereinbarung per Telefax dem Schriftformerfordernis genügt; die Warnfunktion vor einer übereilten Erklärung des Mandanten sei durch das Unterschriftserfordernis unabhängig davon Genüge getan, ob das Original beim Mandanten verbleibe oder nicht. Die Beweisfunktion werde erfüllt, zumal auch der Telefaxausdruck beim Empfänger ein geeignetes Beweismittel darstellen könne.[419]

b) Trennung von der Vollmacht

493 Die Vereinbarung über die höhere Vergütung darf nicht in der Vollmacht enthalten sein. Die Vorschrift dient dem Schutz des Mandanten. Er soll davor geschützt werden, dass in einer Vollmacht versteckt eine Vergütungsvereinbarung erfolgt.

494 Die Trennung der Vergütungsvereinbarung von der Vollmacht ist jedoch nur dann notwendig, wenn die Vereinbarung nicht vom Auftraggeber, also vom Rechtsanwalt, verfasst ist. Die **Darlegungs- und Beweislast** dafür, dass die Vereinbarung nicht von dem Auftraggeber stammt, obliegt ihm.

495

Hinweis:

Es ist nicht ausreichend, wenn der Rechtsanwalt dem Auftraggeber ein Formular, in dem Vollmacht und Vergütungsvereinbarung enthalten sind, mit der Bitte zur Verfügung stellt, dieses abzuschreiben und zu unterschreiben. Die Schutzfunktion der Trennung von der Vollmacht ist dann nicht erfüllt. Ausreichend wird es sein, wenn der Mandant selbst eine Vereinbarung entwirft, entweder, weil er selbst dazu rechtlich in der Lage ist oder weil er sich den Text für eine derartige Vereinbarung selbst besorgt hat.

3. Form und Inhalt der Vergütungsvereinbarung

496 Das Gesetz schreibt in den Fällen, in denen der Rechtsanwalt die Vergütungsvereinbarung verfasst hat, vor, dass diese als „Vergütungsvereinbarung" bezeichnet werden muss. Diese Regelung ist im Interesse des Mandanten eng auszulegen. Sie hat eine Schutzfunktion. Durch die Verwendung dieses Begriffes soll dem Mandanten vor Augen geführt werden, dass er gerade nicht eine Vergütung zahlt, die der Gesetzgeber nach dem RVG vorgesehen hat.

a) Deutlich abgesetzt von anderen Vereinbarungen

497 Bisher sah § 3 Abs. 1 BRAGO vor, dass in einem Vordruck neben der Vergütungsvereinbarung keine anderen Erklärungen enthalten sein dürfen. Dieses Formerfordernis wurde von der Rechtsprechung äußerst eng ausgelegt. Im Schrifttum ist teilweise die Auffas-

---

418 AG Bonn, AGS 1994, 76 = zfs 1993, 387; GSOBG, BB 2000, 1645.
419 *Hartung/Römermann*, RVG, § 4, Rn. 87; *Gerold/Schmidt/Madert*, BRAGO, § 3 Rn. 5.

sung vertreten worden, dass die Auslegung übertrieben und praxisfremd sei. Der Gesetzgeber hat dem Rechnung getragen, indem er dieses zusätzliche Erfordernis nicht mehr in § 4 RVG übernommen hat. Stattdessen wird nunmehr lediglich gefordert, dass die Vergütungsvereinbarung von anderen Vereinbarungen deutlich abgesetzt sein soll.

Vereinbart werden können z.B. ein besonderer Erfüllungsort und/oder Gerichtstandsvereinbarungen für alle Streitigkeiten aus dem Anwaltsvertrag.[420] Auf die Rechtsprechung, die sich schon bisher mit dem Begriff der deutlichen Gestaltung auseinander gesetzt hat, kann zurückgegriffen werden. Ausreichend sind Sperrschrift, Fett- oder Farbdruck, Benutzung von Großbuchstaben, anderes Druckpaper, Unterstreichung, Grauunterlegung oder Einrahmung; ausreichend ist es auch dann, wenn zwischen der Vergütungsvereinbarung und anderen Vereinbarungen ein größerer Absatz gehalten wird.[421] Bei der Beurteilung der Frage, ob eine Widerrufsbelehrung deutlich gestaltet ist, ist allein auf den Zeitpunkt abzustellen, indem der Verbraucher anlässlich ihrer Aushändigung und Unterzeichnung Kenntnis nehmen kann.[422] 498

b) Verbot der Gebührenunterbietung

Nach § 49b Abs. 1 BRAO ist es dem Rechtsanwalt in gerichtlichen Verfahren verboten, geringere Gebühren und Auslagen zu vereinbaren oder zu fordern, als das RVG vorsieht. 499

Die Vereinbarung gilt im Wesentlichen für den Abschluss einer Honorarvereinbarung vor **Beginn des Mandats**. Es soll ein **Preiswettbewerb um Mandate** verhindert und weitgehend gleicher Zugang zum Recht und zu den Rechtsanwälten gewährleistet werden; dieser Zugang soll nicht von der Finanzkraft des Mandanten abhängen. Es soll Mandanten nicht die Möglichkeit gegeben werden, die im größeren Umfang Aufträge erteilen, Rabatte bei den Anwaltshonoraren in gerichtlichen Verfahren zu verlangen.[423] 500

501

Hinweis:

Dieses Gebührenunterbietungsverbot gilt jedoch auch im gerichtlichen Verfahren nicht uneingeschränkt. Im Einzelfall darf der Rechtsanwalt besonderen Umständen in der Person des Auftraggebers, insbesondere dessen Bedürftigkeit, durch Ermäßigung oder Erlass von Gebühren oder Auslagen nach Erledigung des Auftrags Rechnung tragen. Durch die Bezugnahme auf den Einzelfall wird lediglich sichergestellt, dass ein Anwalt **nicht mit der Gebührenermäßigung werben** darf. Die **Bedürftigkeit des Mandanten** ist ein möglicher Grund für die Ermäßigung. Verwandte und Freunde kann der Rechtsanwalt zu anderen Preisen vertreten, auch im gerichtlichen Verfahren, als das RVG vorsieht.[424]

---

420   S. dazu OLG Hamm, AGS 1998, 98.
421   S. dazu BGH, NJW-RR 1990, 368 ff.; BGH, NJW 1996, 1964.
422   BGH, NJW-RR 2003, 1481 = MDR 2003, 404 = GRUR 2003, 252.
423   BT-Drucks. 12/4993, S. 31.
424   S. dazu schon BT-Drucks. 12/4993, S. 31.

502 § 49b Abs. 1 BRAO stellt einen **Eingriff in die Berufsfreiheit** (Art. 12 GG) dar. Zweifel-haft ist deshalb, ob dieser Eingriff noch dem **Verhältnismäßigkeitsgrundsatz** ent-spricht.[425] Bei der Prüfung wird daher zukünftig zu berücksichtigen sein, dass die An-waltschaft im gesamten europäischen Bereich eine Bindung an eine Gebührenordnung nicht kennt. Verfassungsrechtlich wird man sicherlich auch die Frage stellen dürfen, ob es nicht ausgereicht hätte, dass das RVG nur **Empfehlungscharakter** im Verhältnis zwi-schen Mandanten und Rechtsanwalt hätte. Auch so würde das RVG seinen Zweck erfül-len. Die Kostenerstattung im Außenverhältnis könnte nach ihr durchgeführt werden, im Innenverhältnis würde Vertragsfreiheit gelten.

503 In folgenden Fällen hat die **Rechtsprechung** einen Verstoß gegen § 49b BRAO geprüft:

504 • Ein vom Verkehrsanwalt mit der Beklagten vereinbarter **Verzicht auf die Erhebung der Verkehrsanwaltsgebühr** ist unwirksam, weil er gegen das gesetzliche Verbot der Unterbietung der gesetzlichen Gebühren verstößt; die Verkehrsanwaltsgebühr ist ei-ne gerichtliche Gebühr.[426]

505 • **Bevorschusst ein Rechtsanwalt Ansprüche von Reparaturwerkstätten gegen die Schädiger** auf Ersatz der von deren Versicherern zu zahlenden Reparaturkosten un-fallgeschädigter Kraftfahrzeuge, so liegt darin ein Verstoß gegen § 49b BRAO; macht der Rechtsanwalt gegenüber den Reparaturwerkstätten überhaupt **keine anwaltliche Vergütung für die Geltendmachung und Einziehung der ihm abgetretenen Re-paraturkostenforderung** bei den Versicherern geltend oder behält er das Honorar für seine Tätigkeit von der seitens der Versicherung zur Weiterleitung an die Repara-turwerkstatt gezahlten Summe ein, so liegt darin ebenfalls ein Verstoß gegen § 49b Abs. 1 BRAO.[427]

506 • Ein Verstoß gegen § 49b Abs. 1 BRAO soll nicht gegeben sein, wenn der **Termins-vertreter geringere** Gebühren als der Unterbevollmächtigte erhält.[428] Der BGH nimmt hier lebensfremd an, in einem derartigen Fall sei der Unterbevollmächtigte Erfül-lungsgehilfe des Prozessbevollmächtigten, da der Prozessbevollmächtigte diesen im eigenen Namen beauftragt hätte. Ein derartiges Risiko geht ein Rechtsanwalt nie ein. Er würde in einem derartigen Fall auch das Risiko der Insolvenz tragen.

507 • Ein Verstoß gegen § 49b Abs. 1 BRAO soll auch dann vorliegen, wenn ein Rechtsan-walt einen anderen **Kollegen bittet, zu rechtswidrigen Gebührenbedingungen tä-

---

425 *Undritz*, AnwBl. 1996, 113; *Göttlich/Mümmler/Braun*, BRAGO, S. 1609.
426 OLG Naumburg, BRAGOreport 2002, 159 = NJW 2002, 660; es ist zweifelhaft, ob die Verkehrsan-waltsgebühr nach Nr. 3400 VV RVG eine gerichtliche Gebühr ist; dafür spricht zwar deren Stellung im 3. Teil des Vergütungsverzeichnisses; dagegen spricht jedoch der Tätigkeitsumfang des Rechts-anwalts; dieser arbeitet nach dem Verständnis der Nr. 3400 VV RVG lediglich außergerichtlich; er stellt den Kontakt zwischen dem Mandanten und dem Verfahrensbevollmächtigten her.
427 OLG Köln, NJW-RR 2002, 1000 = OLGR Köln 2001, 282.
428 BGH, NJW 2001, 75 = BRAGOreport 2001, 26 = BRAK-Mitt. 2001, 140.

tig zu werden.[429] Inkassofirmen dürfen ihren Mitgliedern nicht raten, nur die Rechtsanwälte zu beauftragen, die bereit sind, außerhalb des RVG abzurechnen.[430] Ein Rechtsanwalt, der im Rahmen eines Mandats mit dem für die Terminswahrnehmung beauftragen Anwalt eine Gebührenteilung nur über die erstattungsfähigen Kosten der Gebühren vereinbart, verstößt gegen § 49b BRAO.[431] Aus der Tatsache, dass ein Rechtsanwalt nur teilweise im Wege der Prozesskostenhilfe beigeordnet wird, kann allerdings nicht der Schluss gezogen werden, dass er auf die darüber hinaus entstehenden Gebühren verzichtet.[432]

c) Beweislast

Die Beweislast für eine Vereinbarung eines höheren Honorars als das, was im RVG geregelt ist, trifft denjenigen, der sich darauf beruft, also i.d.R. den Rechtsanwalt. 508

d) Folgen

Ein Verstoß gegen die Form führt nicht zur Nichtigkeit. Wie sich aus § 4 Abs. 1 Satz 3 509
RVG ergibt, kann der Rechtsanwalt das Geleistete behalten, wenn der Auftraggeber freiwillig und ohne Vorbehalt geleistet hat. Freiwilligkeit bedeutet nicht, dass der Auftraggeber weiß, dass dem Rechtsanwalt kein klagbarer Anspruch zusteht; der Auftraggeber muss wissen, dass er mehr zahlt, als er nach gesetzlicher Regelung schuldet.

III. Außergerichtliche Angelegenheiten

Für außergerichtliche Angelegenheiten ist in § 4 Abs. 2 RVG eine Sonderregelung vor- 510
gesehen, die im Wesentlichen mit der Regelung in § 3 Abs. 5 BRAGO übereinstimmt. Eine Änderung ist nur insoweit erfolgt, als der Anwendungsbereich des § 4 Abs. 2 Satz 2 RVG auch auf die Fälle nach §§ 915a, 915b ZPO ausgeweitet wurde.

1. Pauschalvergütung

Eine Pauschalvergütung liegt vor, wenn eine bestimmte anwaltliche Tätigkeit mit einem 511
festen Betrag vergütet wird. Derartige Vereinbarungen sind früher häufig im strafrechtlichen Bereich geschlossen werden. Für die Vertretung in einem erstinstanzlichen Verfahren wurden meist Pauschalvergütungen zwischen 3.000 und 5.000 DM vereinbart. Derartige Vereinbarungen haben für beide Teile **erhebliche Risiken**. Der Aufwand des Anwalts kann erheblich höher sein als der, mit dem er ursprünglich kalkuliert hatte. Der Aufwand kann allerdings auch niedriger sein, mit der Folge, dass der Mandant sich ungerecht behandelt fühlt und von der Pauschalvergütung abrücken will.

---

429 LG Kleve, AGS 2000, 195 = AnwBl. 2000, 259.
430 LG Arnsberg, AGS 2000, 23.
431 LG Halle, NJW-RR 1998, 1677.
432 OLG Düsseldorf, AGS 1999, 108 = OLGR Düsseldorf 1999, 388 = JMBl. NRW 1999, 282.

512

> **Praxishinweis:**
>
> Es empfiehlt sich deshalb immer, derartige **Pauschalvergütungen in Zeitabschnitte** aufzuteilen und eine Regelung für den Fall zu treffen, dass das Mandat vorzeitig endet.
>
> In **Strafsachen** empfiehlt es sich, die Höhe des Honorars in die außergerichtliche und gerichtliche Vertretung aufzuteilen. Bei einer **vorzeitigen Kündigung des Vertrags** durch den Mandanten oder den Rechtsanwalt sollte der Vertrag eine Regelung enthalten, wie viel Prozent der Pauschalvergütung dem Rechtsanwalt verbleiben, wenn die Kündigung zu einem bestimmten Zeitpunkt erfolgt.

513 Wie das Wort „Pauschale" schon sagt, geht der Mandant i.d.R. davon aus, dass bei einer Pauschalvergütung auch die **Auslagen** mit abgegolten sind. Will der Rechtsanwalt gesondert Auslagen berechnen, so muss er dies auch besonders vereinbaren. Dies gilt auch für die **Umsatzsteuer**.

2. Zeitvergütung

514 Zeitvergütungsvereinbarungen kommen in der Form vor, dass entweder pro Stunde oder pro Tag Vereinbarungen in Form einer Vergütung nach Zeit getroffen werden.

515

> **Praxishinweis:**
>
> Wird eine **Zeitvergütung nach Stunden** vereinbart, so sollten folgende **Zusatzregelungen** getroffen werden:
>
> - Es muss festgelegt werden, wie viel Minuten eine Stunde als Abrechnungseinheit beträgt (45 Minuten oder 60 Minuten).
> - Es muss festgelegt werden, welche Zeiteinheit berechnet wird, wenn eine Tätigkeit entfaltet wird, die keine Stunde ausmacht.
> - Es muss vereinbart werden, ob Auslagen und Umsatzsteuer daneben zu zahlen sind.
> - Es sollte eine Vereinbarung vorhanden sein, in welchen Zeitabständen das Zeithonorar abzurechnen ist.
> - Zum Schutz des Mandanten sollten Obergrenzen eingeführt werden, wenn der Mandant gefragt wird, ob er weitere Leistungen nach Zeit des Rechtsanwalts in Anspruch nehmen will.

516 Im Anwaltsbüro muss ein überzeugendes **System der Zeiterfassung** geschaffen werden. Dies ist heute technisch möglich, birgt jedoch weiterhin große Gefahren. Dem Einwand, der Rechtsanwalt habe besonders langsam gearbeitet, deshalb sei die angesetzte Stundenzahl nicht angemessen, bereitet im Rechtsstreit immer große Schwierigkeiten. Dritte, die Rechtsanwaltskammer oder Sachverständige, müssen sich mit der Frage ausein-

andersetzen, wie viel Zeit man für die Bearbeitung einer bestimmten Sache angemessenerweise hätte aufwenden dürfen. Hinzukommt, dass viele Rechtsanwälte äußerst niedrige Stundenhonorare vereinbaren, dann jedoch versuchen, die gesamte Anwesenheit an einem Tag im Büro dem Mandanten in Rechnung zu stellen.

517

> **Hinweis:**
>
> Nach betriebswirtschaftlichen Berechnungen können von den Stunden, die ein Anwalt in einem Büro tagsüber erbringt, bei Abrechnung nach Zeit höchstens zwischen 30 und 50 % der Stunden dem Mandanten in Rechnung gestellt werden, es sei denn, es ist mit dem Mandanten ausdrücklich vereinbart, dass auch Reisezeiten, Fortbildungszeiten und Büroorganisationsarbeiten von dem Mandanten bezahlt werden sollten.

Die Abrechnung nach Zeit bereitet darüber hinaus immer dann **Schwierigkeiten**, wenn die anwaltliche **Leistung in einem Büro von mehreren Rechtsanwälten** erbracht wird. Die Spezialisierung führt heute dazu, dass jeder Anwalt gerade in den Bereichen, in denen die anwaltliche Leistung nach Zeit vergütet wird, nur in kleinen Bereichen der Spezialist ist. Zu **Beschwerden** gelangen deshalb häufig Fälle, in denen der Mandant für eine Besprechungsstunde in einem Anwaltsbüro Zeitvergütungen zahlen soll für Personen, die gleichzeitig an einer Besprechung teilgenommen haben. Soweit es sich um **unterschiedliche Spezialisten** handelt, kann dies für den Mandanten noch nachvollziehbar dargelegt werden. Soweit es allerdings nur auf eine Arbeitsaufteilung im Anwaltsbüro zurückzuführen ist, nach der der Seniorpartner nur noch den Kontakt zu Mandanten pflegt und die Akquise betreibt, der Juniorpartner die Arbeit im Büro koordiniert und der junge Mitarbeiter als großer Spezialist die Angelegenheit unter Aufsicht des Juniorpartners bearbeitet, werden derartige Gebührenrechnungen dem Mandanten nur dann zu vermitteln sein, wenn er **bei Abschluss ausdrücklich darauf hingewiesen** wurde.

518

3. Gerichtliche Mahnverfahren und Zwangsvollstreckungsverfahren

Auch wenn vom Gesetzgeber nicht ausdrücklich als Erfolgshonorar bezeichnet, liegt in den Möglichkeiten der Vereinbarung nach § 4 Abs. 2 Satz 2 RVG für gerichtliche Mahnverfahren und Zwangsvollstreckungsverfahren ein **verkapptes Erfolgshonorar**. Der Rechtsanwalt stundet in diesen Fällen dem Mandanten einen Teil des Honorars solange, bis er erfolgreich bei dem Gegner die dem Mandanten zustehenden Beträge beigetrieben hat. Würde eine derartige Vereinbarung außerhalb von Mahnverfahren und Zwangsvollstreckungsverfahren getroffen, so würde die Rechtsprechung dies als Umgehung des Verbots der Vereinbarung des Erfolgshonorars nach § 49b Abs. 2 BRAO qualifizieren. Mit der gesetzlichen Regelung in § 4 Abs. 2 Satz 2 RVG wird die Umgehung zu einer rechtlich zulässigen Vereinbarung.

519

Eine derartige Vereinbarung kann getroffen werden in

520

- gerichtlichen Mahnverfahren,
- Zwangsvollstreckung in das bewegliche Vermögen (§ 803 ZPO),

- Zwangsvollstreckung in körperliche Sachen (§ 808 ZPO),

- Zwangsvollstreckung in Forderungen und andere Vermögensrechte (§§ 828 ff. ZPO),

- Zwangsvollstreckung in andere Vermögensrechte (§ 857 ZPO),

- Verfahren auf Abgabe der eidesstattlichen Versicherung (§§ 899 ff. ZPO).

4. Angemessenes Verhältnis

521 Sowohl die Vereinbarungen nach § 4 Abs. 2 Satz 1 RVG als auch die nach § 4 Abs. 2 Satz 2 RVG müssen in einem angemessenen Verhältnis zu **Leistung, Verantwortung und Haftungsrisiko des Rechtsanwalts** stehen. Wie diese Bestimmung auszulegen ist, ist streitig.

522 **Rechtsanwaltskammern** gehen bei der Nachprüfung von Honorarvereinbarungen nach § 4 Abs. 2 RVG (bisher § 3 Abs. 5 BRAGO) davon aus, dass in **jedem Einzelfall,** in dem eine Honorarvereinbarung unter den gesetzlichen Gebühren getroffen wurde, diese Vereinbarung in einem angemessenen Verhältnis zu Leistung, Verantwortung und Haftungsrisiko des Rechtsanwalts stehen muss.

523 Diese Auffassung überzeugt nicht. Auch nach dem RVG erhält der Rechtsanwalt nicht in jedem Mandat eine Vergütung, die in einem angemessenen Verhältnis zu Leistung, Verantwortung und Haftungsrisiko des Rechtsanwalts steht. Dies dürfte bei allen Verfahren mit einem Gegenstandswert von unter 2.000 € offensichtlich sein. Betriebswirtschaftliche Berechnungen zeigen, dass mit den Einnahmen in derartigen Fällen häufig nicht einmal die Kosten gedeckt werden, noch viel weniger wird ein Unternehmergewinn erwirtschaftet.

524 Berücksichtigt man darüber hinaus, dass die Anwaltschaft in Beratungshilfe-, Prozesskostenhilfe- und Pflichtverteidigermandaten weit unter den angemessenen Vergütungen aufgrund gesetzlicher Bestimmungen arbeiten muss, berücksichtigt man darüber hinaus auch, dass durch die Neuregelung in § 22 Abs. 2 RVG auch noch die Möglichkeit beschnitten wurde, den Nachteil in all den Verfahren mit geringen Streitwerten aufgrund zu geringer Vergütung auszugleichen, dann kann nicht darauf abgestellt werden, dass im Einzelfall eine entsprechende Ausgleichung erfolgt, sondern dass der Rechtsanwalt **insgesamt für alle Mandate,** in denen er arbeitet, eine Vergütung erhält, die im angemessenen Verhältnis zu Leistung, Verantwortung und Haftungsrisiko steht.

525 Daraus kann aber gefolgert werden, dass Zeitvergütungen auch in Größenordnungen rechtlich zulässig sind, von denen die Rechtsanwaltskammern bisher angenommen haben, dass derartige **Dumpingpreise** unzulässig sind. Die Vereinbarung einer Stunden-

vergütung von 20 oder 30 € ist deshalb ebenso zulässig wie die Vereinbarung, dass die Stundenvergütung grds. 50 € beträgt und dann, wenn der Mandant in einem Abrechnungszeitraum mehr als eine bestimmte Anzahl von Zeitstunden in Anspruch nimmt, diese Stunden zu einem Betrag von 5 oder 10 € zu vergüten sind.

IV. Inhalt der Vereinbarung

1. Bestimmbarkeit

Schon bei Abschluss des Vertrags muss feststehen, welche Beträge der Mandant zu zahlen hat. Daraus ergibt sich, dass eine Vereinbarung, in der dem Rechtsanwalt ein Bestimmungsrecht in der Weise eingeräumt wird, dass er nach Abschluss der Bearbeitung des Mandats bestimmt, welches Honorar zu zahlen ist, unwirksam ist.   526

2. Recht der Allgemeinen Geschäftsbedingungen

Alle Bestimmungen in einer Vergütungsvereinbarung sind am Recht der Allgemeinen Geschäftsbedingungen zu messen. Die Intensität richtet sich im Wesentlichen danach, ob der **Mandant Verbraucher** (§ 13 BGB) oder **Unternehmer** (§ 14 BGB) ist.   527

In **Verbraucherverträgen (§ 310 Abs. 3 BGB)** unterliegen nur vorformulierte Vertragsbedingungen der Kontrolle (§ 310 Abs. 3 Nr. 2 BGB i.V.m. § 305 Abs. 1 BGB). Die Vertragsbedingungen müssen nicht für eine Vielzahl von Verträgen vorformuliert sein; die einmalige Verwendung reicht (§ 310 Abs. 3 Nr. 2 BGB). Der Rechtsanwalt muss die Vermutung widerlegen, dass die Vertragsbedingungen nicht von ihm, sondern vom Mandanten gestellt sind.   528

Darüber hinaus sind zu berücksichtigen: 529

- überraschende und mehrdeutige Klauseln (§ 305c BGB),
- unangemessene Benachteiligung einschließlich Verstoß gegen das Transparenzgebot (307 BGB),
- Klauselverbote mit Wertungsmöglichkeit (§ 308 BGB),
- Klauselverbote ohne Wertungsmöglichkeit (§ 309 BGB).

530

> **Hinweis:**
>
> In **Unternehmerverträgen** findet eine Überprüfung nur dann statt, wenn es sich um für eine Vielzahl von Verträgen vorformulierte Vertragsbedingungen handelt. Die besonderen **Klauselverbote** gemäß der §§ 308, 309 BGB finden nur dann Anwendung, wenn die Vertragsbedingungen gleichzeitig gegen die allgemeine Benachteiligungsklausel einschließlich dem **Transparenzgebot** in § 307 BGB verstößt (§ 310 Abs. 1 BGB).

531 Bei Honorarvereinbarungen wird die Rechtsprechung daher immer prüfen, ob die Vereinbarung mit wesentlichen Grundgedanken der gesetzlichen Regelung, von der abgewichen wird, nicht zu vereinbaren ist. Das RVG geht von der Pauschalvergütung aus (§ 15 RVG). Deshalb ist immer bei Stundensatzvereinbarungen zu prüfen, ob diese nicht gegen die gesetzlichen Grundgedanken verstoßen. Der BGH hat entschieden, dass Stundensatzvereinbarungen nicht im Widerspruch zur BRAGO (nunmehr RVG) stehen, wenn der Stundensatz nicht unangemessen hoch ist.[433]

3. Höhe

532 Vereinbarungen zur Höhe einer anwaltlichen Vergütung sind anhand des § 138 BGB zu prüfen.

533 Grds. liegt die **Grenze zur Unangemessenheit** in den Fällen, in denen mehr als das **fünf- bis sechsfache der gesetzlichen Gebühren** verlangt wird.[434]

534 Auf Honorarvereinbarungen sind die **Grundsätze zur Sittenwidrigkeit eines Austauschvertrags**, nach denen ein grobes Missverhältnis i.S.v. § 138 Abs. 1 BGB schon vorliegen kann, wenn die vereinbarte Vergütung den Wert der zu erbringenden Gegenleistung um mehr als 100 % übersteigt,[435] mit Rücksicht auf die Regelung des § 3 Abs. 3 BRGAO (nunmehr § 4 Abs. 4 Satz 1 RVG) nicht anwendbar. Eine Herabsetzung des vereinbarten Honorars ist nur zulässig, wenn es unter Berücksichtigung aller Umstände unerträglich und mit dem Grundsatz von Treu und Glauben unvereinbar wäre, den Auftraggeber an seinem Honorarversprechen festzuhalten. Die vereinbarte Vergütung ist im Allgemeinen nicht als unangemessen hoch anzusehen, wenn sie die gesetzlichen Gebühren um das fünf- oder sechsfache übersteigt.[436]

535 Haben die Parteien in einer anwaltlichen Honorarvereinbarung in einer Strafsache ein Grundhonorar von 30.000 DM und für jeden Verhandlungstag die Zahlung von weiteren 3.000 DM vereinbart, bezieht sich das Grundhonorar auf das gesamte Verfahren und nicht nur auf das Vorverfahren; die Honorarvereinbarung insgesamt ist in der Höhe der vereinbarten Gebühr nicht zu beanstanden; sie verstößt nicht gegen die §§ 134, 138 BGB.[437] Bei der Frage, ob das dem Rechtsanwalt bei Honorarvereinbarungen **eingeräumte Ermessen überschritten** worden ist, sind nicht allein die Umstände einzubeziehen, die bei Abschluss der Honorarvereinbarung feststanden oder mit einiger Wahrscheinlichkeit zu erwarten gewesen waren, sondern insbesondere im Hinblick auf den Arbeits- und Zeitaufwand auch die Entwicklung, die das Mandat bis zur Erledigung des Auf-

---

433 BGH, NJW 2003, 2386.
434 BGH, NJW 2003, 2386.
435 BGH, NJW 1992, 899.
436 OLG Köln, NJW 1998, 1960 = AGS 1998, 66 = JurBüro 1998, 257.
437 OLG Zweibrücken, AGS 1999, 26.

trags genommen hat. Im konkreten Fall war die Vereinbarung eines Honorars i.H.v. 29.000 DM für eine durchschnittliche Strafverteidigung in einer Betäubungsmittelsache unangemessen hoch.[438]

536

> **Hinweise:**
>
> Grds. kann gesagt werden, dass Stundenhonorare bis zu einem Betrag i.H.v. 500 €/Stunde in ländlich strukturierten Kammerbezirken nie sittenwidrig sind. In großstädtischen Gebieten ist ein Stundenhonorar bis zu 1.500 € nie sittenwidrig.

4. Erfolgshonorar und quota litis

§ 49b Abs. 2 BRAO verbietet die Vereinbarung eines Erfolgshonorars oder einer quota litis. Grund dafür ist die Wahrung der Unabhängigkeit des Rechtsanwalts. „Sie ist gefährdet, wenn bei der Führung der Sache wirtschaftliche Erwägungen den Ausschlag geben könnten."[439] Ausnahmen gestattet diese Vorschrift nicht mehr. Ob die Regelung verfassungsgemäß ist, ist umstritten.[440]   537

Bei der Prüfung der Frage, ob die Regelung verhältnismäßig ist, ist Folgendes zu berücksichtigen: 538

Vor In-Kraft-Treten des § 49b Abs. 2 BRAO wurde es als zulässig angesehen, mit einem mittellosen Mandanten bei Erfolg eines Prozesses ein zusätzliches Honorar zu vereinbaren.[441] Entsprechendes galt für Vereinbarungen in Wiedergutmachungs- und Lastenausgleichsverfahren, in denen früher die Vereinbarung eines Erfolgshonorars sogar von den Gerichten angedient wurde.[442] Im strafrechtlichen Bereich war es darüber hinaus Übung, sich vom Mandanten mündlich oder schriftlich bestätigen zu lassen, dass bei günstigem Ausgang des Verfahrens eine nachträgliche Honorarvereinbarung getroffen werden soll.[443]   539

Eine Vergütung nach erfolgsbezogenen Bestimmungen sah bereits die BRAGO vor, das RVG hat diese Regelungen aufrechterhalten. Die Vergütung für eine Einigung nach den Nrn. 1000 ff. VV RVG hängt davon ab, dass es zur Einigung kommt, also ein Erfolg erzielt wird. Entsprechendes gilt für die Aussöhnungsgebühr (Nr. 1001 VV RVG). Der Pflichtverteidiger erhält im Fall des Obsiegens aus der Staatskasse nicht ein herabgesetztes Honorar, sondern das volle Honorar, das auch eine reiche Partei ihrem Wahlverteidiger zu   540

---

438 OLG Düsseldorf, OLGR Düsseldorf 1996, 211.
439 BT-Drucks. 12/4993, S. 31.
440 Für Verfassungswidrigkeit: *Undritz*, AnwBl. 1996, 113; *Kilian*, ZRP 2003, 90; *Kleine-Cosack*, AGS 2003, 41; a.A. *Henssler/Prütting/Dittmann*, BRAO, § 49b Rn. 16; *Feuerich/Weyland*, BRAO, § 49 BRAO Rn. 16, 30.
441 *Lingenberg/Hummel/Zuck/Eich*, Grundsätze des anwaltlichen Standesrechts, § 52 Rn. 16.
442 *Landsberger*, RzW 1959, 239; RAK Berlin, BerlAnwBl. 1974, 46.
443 *Dahs*, Handbuch des Strafverteidigers, Rn. 1114.

zahlen hätte. Die Partei, die Prozesskostenhilfe beantragt und erhalten hat, erhält im Fall des Obsiegens von dem Gegner die Vergütung nach § 13 RVG, nicht nach § 49 RVG; darüber hinaus gesteht das Gesetz dem Rechtsanwalt nach § 126 ZPO in derartigen Fällen sogar noch zu, dass der Anwalt die Gebühren nach § 13 RVG im eigenen Namen gegen den Gegner festsetzen kann.

541 Berücksichtigt man darüber hinaus, dass grds. **ausländische Anwälte in Deutschland** sowohl mit deutschen Mandanten als auch mit ausländischen Mandanten für Mandate ein Erfolgshonorar oder eine quota litis vereinbaren können, wenn ihr Heimatberufsrecht derartige Vereinbarungen als zulässig ansieht, dann erkennt man, dass das uneingeschränkte Verbot bedenklich ist.

542 Bedenkt man darüber hinaus, dass **gewerbliche Unternehmen Prozessfinanzierungs- verträge mit Bürgern** abschließen können, in denen sie sich im Fall des Obsiegens etwa bei Gegenstandswerten bis zu 250.000 € einen Betrag i.H.v. 30 % des erstrittenen Betrags abbedingen, bei Gegenstandswerten über 250.000 € i.H.v. 20 %, bedenkt man darüber hinaus, dass nach den vertraglichen Vereinbarungen derartige Prozessfinanzie- rer den Mandanten bei einem Vergleichsangebot der Gegenseite zwingen können, das Angebot anzunehmen oder den Prozessfinanzierer auf der Grundlage des Vergleichsan- gebots auszuzahlen, dann wachsen die Zweifel gegen das uneingeschränkte Verbot des Erfolgshonorars und der quota litis.

543 Ein weiterer Grund ist nunmehr durch Änderung des § 49b Abs. 5 Satz 2 BRAO hinzu- gekommen. Nach dieser Vorschrift liegt ein Erfolgshonorar nicht vor, wenn nur die Er- höhung von gesetzlichen Gebühren vereinbart wird. Nach dem Wortlaut ist es damit zu- lässig, die Erhöhung von jeder gesetzlichen Gebühr zu vereinbaren. Verkannt wird dabei häufig, dass es schon heute möglich war, mit dem Mandanten zu vereinbaren, dass die Prozessgebühr nach § 31 Abs. 1 Nr. 1 BRAGO oder die Verhandlungsgebühr nach § 31 Abs. 1 Nr. 2 BRAGO doppelt oder dreifach anfallen sollte.

544 Nunmehr gesteht man dem Rechtsanwalt auch eine Vereinbarung etwa folgenden In- halts zu: Der Rechtsanwalt kann vereinbaren, dass im Falle einer Einigung die Eini- gungsgebühr nach Nr. 1000 VV RVG auch dann, wenn ein Vergleich über Ansprüche ge- schlossen wird, die in einem gerichtlichen Verfahren anhängig sind, entgegen der Re- gelung in Nr. 1003 VV RVG immer eine Gebühr i.H.v. 1,5 zu vergüten ist. Der Rechts- anwalt kann allerdings auch vereinbaren, dass im Falle einer Einigung die Einigungsge- bühr nach Nrn. 1000 ff. VV RVG fünf- oder sechsmal zu vergüten ist.

545 Es ist deshalb auch zulässig, wenn ein Rechtsanwalt **gestaffelte Ziele mit seinem Man- danten vereinbart**, unter welchen Voraussetzungen die Einigungsgebühr i.H.v. 1,5 oder 1,0 mit einem bestimmten Faktor zu zahlen ist. So kann z.B. Folgendes vereinbart wer- den:

Formulierungsbeispiel: Gebührenstaffelung

Die Parteien vereinbaren, dass im Fall einer Einigung die Einigungsgebühr immer 1,5 beträgt. Wenn es gelingt, in dem Verfahren den Anspruch ganz oder teilweise durchzusetzen, erhält der Rechtsanwalt die Einigungsgebühr in folgender Höhe:

546

Durchsetzung von 80 bis 100 %	5-fache Einigungsgebühr
Durchsetzung von 50 bis 79 %	3-fache Einigungsgebühr
Durchsetzung von 30 bis 49 %	2-fache Einigungsgebühr

Sollten die Ziele nicht in Form einer Einigung, sondern in Form eines Urteils erreicht werden, so gelten die Gebührensätze entsprechend.

Die Rechtsprechung hat unter folgenden Voraussetzungen einen Verstoß gegen das Verbot des Erfolgshonorars bejaht: 547

- Knüpft eine Abrede lediglich die vorzeitige Fälligkeit eines vereinbarten Honorars an die Zahlung des Prozessgegners im laufenden Rechtsstreit, so liegt darin kein unzulässiges Erfolgshonorar.[444]   548

- Lässt sich ein Rechtsanwalt, der im Auftrag der Kaufvertragsparteien mit den Gläubigern des Verkäufers über die Ablösung von Grundpfandrechten aus dem Erlös des verkauften Grundstücks verhandeln soll, versprechen, dass ihm ein nach der Ablösung der Gläubiger etwa übrig bleibender Kaufpreisrest als Honorar zustehen soll, handelt es sich um ein unzulässiges Erfolgshonorar.   549

- Hat der Mandant eines Rechtsanwalts ein unwirksam vereinbartes Erfolgshonorar bezahlt, ist dieser ungerechtfertigt bereichert nur insoweit, als das an ihn ausgezahlte Honorar die gesetzlichen Gebühren übersteigt.[445]   550

- Hat ein Rechtsanwalt die zuvor erzielte Einigung der Abkömmlinge des Erblassers über eine Nachlassverteilung in die angemessene juristische Form gebracht, so enthält eine Honorarvereinbarung, die an die Höhe des Erbteilsanspruchs des Mandanten anknüpft, kein unzulässiges Erfolgshonorar.[446]   551

- Wenn ein von einem Rechtsanwalt beherrschtes Unternehmen mit einem Mandanten des Rechtsanwalts einen Prozessfinanzierungsvertrag schließt, so kann dieser Vertrag nach § 134 BGB nichtig sein, weil er das in § 49b Abs. 2 BRAO festgelegte gesetzliche Verbot der Vereinbarung eines Erfolgshonorars und einer quota litis umgeht.[447]   552

---

444   BGH, FamRZ 2004, 933 = WM 2004, 981.
445   BGH, BRAK-Mitt. 2004, 90 = MDR 2004, 202 = NJW 2004, 1169.
446   BGH, MDR 2003, 836 = FamRZ 2003, 1096 = NJW-RR 2003, 1067 = BRAK-Mitt. 2003, 188 = AnwBl. 2003, 593 = AGS 2003, 341.
447   KG, MDR 2003, 599 = BRAK-Mitt. 2003, 244.

V. Herabsetzung

553 Ein Verstoß gegen § 4 RVG, aber auch das Verbot der Vereinbarung eines Erfolgshonorars und der quota litis, führen nicht zur Nichtigkeit des Vertrags. Vielmehr kann der Rechtsanwalt nach § 4 Abs. 1 Satz 3 RVG das Geleistete behalten, wenn der Auftraggeber freiwillig und ohne Vorbehalt geleistet hat. Verlangt der Auftraggeber die gezahlte Vergütung zurück, ist keine wirksame schriftliche Vergütungsvereinbarung getroffen worden. Dann muss der Anwalt beweisen, dass die Leistung freiwillig und ohne Vorbehalt erfolgt ist.

VI. Muster

554 Entscheidend ist, was mit einer Honorarvereinbarung erreicht werden soll. Nachfolgend sind vier Muster für eine Honorarvereinbarung angegeben, die unterschiedliche Ziele verfolgen.

1. Muster 1: Vergütungsvereinbarung mit dem Ziel der Auslagenverbesserung

555

Vergütungsvereinbarung

Die Vergütung des Rechtsanwalts ist nach dem Rechtsanwaltsvergütungsgesetz (RVG) zu berechnen. Zur Vergütung gehören auch die Auslagen. Die Erstattung der Auslagen für Ablichtungen, Post- und Telekommunikationsdienstleistungen sowie Geschäfts- und Reisekosen ist nicht ausreichend:

- Nr. 7000 VV RVG sieht häufig eine Erstattung von Ablichtungen erst vor, wenn mehr als 100 Ablichtungen gefertigt werden.

- Die Pauschale für Post- und Telekommunikationsdienstleistungen beträgt seit dem Jahre 1994 unverändert 20 €.

- Trotz gestiegener Kosten für Geschäftsreisen – z.B. Ökosteuer – wird lediglich ein Betrag i.H.v. 0,30 €/km entschädigt.

Neben den nach dem RVG zu entschädigenden Fotokopiekosten vereinbaren die Parteien eine zusätzliche Fotokopiekostenpauschale i.H.v. 20 €.

Neben den nach Nr. 7002 VV RVG zu entschädigenden Auslagen vereinbaren die Parteien eine zusätzliche Auslagenpauschale i.H.v. 20 €.

Neben den nach Nr. 7003 VV RVG zu entschädigende Fahrtkosten vereinbaren die Parteien eine Entschädigung i.H.v. 0,20 €/km.

Neben den nach Nr. 7005 VV RVG zu zahlenden Tage- und Abwesenheitsgeldern vereinbaren die Parteien zusätzlich folgende Abwesenheitsgelder:

– bei nicht mehr als 4 Stunden   20 €

– bei nicht mehr als 4 bis 8 Stunden   35 €

– bei mehr als 8 Stunden   60 €

Der Mandant wurde darauf hingewiesen, dass diese zusätzlichen Kosten vom Gegner oder einem Dritten (z.B. Rechtsschutzversicherung, Staatskasse im Rahmen der Prozesskostenhilfe) nicht erstattet werden. Diese Pauschale ist lediglich bei der internen Kostenrechnung mit dem Mandanten maßgeblich.

....

(Auftraggeber)   ....

                                                           (Rechtsanwalt)

2. Muster 2: Gebührenerhöhung für die Bereiche, in denen das RVG zum 1.7.2004 keine Erhöhung vorsieht

556

Hinweis:

Gebühren, bei denen das RVG keine Erhöhung zum 1.7.2004 vorsieht, sind u.a.:

• Einigungs-/Vergleichsgebühr (Nrn. 1000, 1003, 1004 VV RVG)

• Erhöhungsgebühr (Nr. 1008 VV RVG)

• Beratungsgebühr (Nr. 2100 VV RVG)

• Beratungshilfegebühr (Nr. 2600 VV RVG)

• Verfahrensgebühr (Nr. 3309 VV RVG)

• Terminsgebühr (Nr. 3310 VV RVG)

• Verfahrensgebühr (Nr. 3400 VV RVG)

557

Vergütungsvereinbarung

Die Gebühren der Rechtsanwälte werden seit dem 1.7.2004 nach dem Rechtsanwaltsvergütungsgesetz (RVG) berechnet. Damit ist erstmals seit dem Jahre 1994 eine Anpassung der Gebühren der Anwälte erfolgt. Der Gesetzgeber war der Auffassung, dass für diese 10 Jahre der Anwaltschaft insgesamt eine Gebührenanpassung i.H.v. 14 % = 1,4 %/ Jahr zusteht. Damit lag die Anpassung unter dem, was Bürger in abhängiger Beschäftigung erzielt haben.

Hinzu kommt, dass in einigen Verfahren eine Anpassung überhaupt nicht erfolgt ist. Dazu gehört auch das nunmehr von Herrn Rechtsanwalt .... zu bearbeitende Verfahren. Mandant und Rechtsanwalt vereinbaren, dass auf die Vergütung (Gebühren und Auslagen) nach dem Rechtsanwaltsvergütungsgesetz ein Zuschlag i.H.v. 14 % erfolgt.

Der Mandant wurde darauf hingewiesen, dass diese zusätzliche Vergütung nicht vom Gegner oder einem Dritten (z.B. Rechtsschutzversicherung, Staatskasse im Rahmen der Prozesskostenhilfe) erstattet wird. Der Zuschlag i.H.v. 14 % wird lediglich bei der internen Kostenrechnung mit dem Mandanten maßgeblich.

....
(Auftraggeber)   (Rechtsanwalt)

3. Muster 3: Pauschvergütung in einer Strafsache

558

Vergütungsvereinbarung

Rechtsanwalt .... und der Mandant .... vereinbaren für die Vertretung in dem anhängigen Ermittlungsverfahren Staatsanwaltschaft Bonn 85 Js 2000/2004 ein Pauschalhonorar i.H.v. 5.000 € zzgl. gesetzlicher Mehrwertsteuer i.H.v. derzeit 16 %. Die Vertragspartner gehen dabei davon aus, dass nicht mehr als zwei Hauptverhandlungstage stattfinden werden. Finden mehr Hauptverhandlungstage statt, wird für jeden zusätzlichen Hauptverhandlungstag ein Honorar i.H.v. 1.000 € zzgl. gesetzlicher Mehrwertsteuer vereinbart.

Sollte das Mandant vorher enden (Einstellung des Strafverfahrens durch die Staatsanwaltschaft oder Kündigung des Mandats durch den Mandanten), so vereinbaren die Parteien, dass ein Betrag i.H.v. 3.000 € zzgl. gesetzlicher Mehrwertsteuer zu leisten ist; erfolgt die Kündigung des Mandats erst nach Anklageerhebung, so erhöht sich das Honorar für jeden wahrgenommenen Hauptverhandlungstermin über den Betrag i.H.v. 3.000 € hinaus um einen weiteren Betrag i.H.v. 1.000 € zzgl. gesetzlicher Mehrwertsteuer.

Die Parteien vereinbaren darüber hinaus, dass Ablichtungen mit einem Betrag i.H.v. 0,50 €/Ablichtung vergütet werden, ohne dass es darauf ankommt, ob die Kosten in dieser Höhe im Fall des Freispruchs oder der Einstellung von einem Dritten übernommen werden.

Fahrtkosten werden mit 0,50 €/km entschädigt. Hinzu kommt jeweils die gesetzliche Mehrwertsteuer.

Der Mandant wurde darauf hingewiesen, dass diese Vergütung nicht im Falle des Freispruches aus der Staatskasse erstattet wird.

....
(Auftraggeber)   (Rechtsanwalt)

4. Muster 4: Zeitvergütung 559

Vergütungsvereinbarung

Rechtsanwalt .... berät und vertritt außergerichtlich die Firma .... in allen Rechtsangelegenheiten.

Die Parteien vereinbaren eine Vergütung i.H.v. 250 €/Stunde zzgl. gesetzlicher Mehrwertsteuer i.H.v. derzeit 16 %. Jede beratende Tätigkeit wird mit mindestens 10 Minuten, jede vertretende Tätigkeit mit mindestens 15 Minuten in Rechnung gestellt.

Die Rechnung ist monatlich zu stellen; sie enthält den Tag und die Zeit der Leistung sowie den Grund für das Tätigwerden. Wird in einem Monat ein Betrag i.H.v. 2.000 € an Vergütung erreicht, so hat Rechtsanwalt .... schriftlich nachzufragen, ob in diesem Monat noch weitere Leistungen in Anspruch genommen werden sollen.

Neben diesem Stundenhonorar gelten die Nrn. 7000 ff. VV RVG.

Der Mandant wurde darauf hingewiesen, dass eine Erstattung der Stundenvergütung vom Gegner oder einem Dritten (z.B. Rechtsschutzversicherung, Staatskasse im Rahmen der Prozesskostenhilfe) nicht zu erwarten ist. Der Mandant muss diese Beträge selbst leisten.

....
(Auftraggeber)   (Rechtsanwalt)

Teil 2: Vergütung aus der Staatskasse

Inhaltsverzeichnis

A. Prozesskostenhilfe

I. Überblick

1 Ist der Anwalt im Wege der PKH beigeordnet, so erwirbt er hinsichtlich seiner Vergütung einen Anspruch gegen die Staatskasse (§ 45 Abs. 1 RVG). Die Inanspruchnahme der Partei ist dann ausgeschlossen, soweit PKH bewilligt worden ist (§ 122 Abs. 1 Nr. 3 ZPO).

2 Die Vorschriften über die Bewilligung von PKH sind in den §§ 114 bis 127 ZPO enthalten. Die übrigen Verfahrensordnungen enthalten i.d.R. keine gesonderten Bestimmungen über die PKH, sondern erklären die Vorschriften der ZPO für entsprechend anwendbar:

§ 11 Abs. 3 ArbGG	Arbeitsgerichtsverfahren
§ 142 Abs. 1 FGO	Verfahren vor den Finanzgerichten
§ 166 VwGO	Verfahren vor den Verwaltungsgerichten
§ 73a SGG	Verfahren vor den Sozialgerichten
§ 14 FGG	Verfahren nach dem Gesetz über die Angelegenheiten der freiwilligen Gerichtsbarkeit

3 An den Voraussetzungen für die PKH hat sich nichts geändert. Voraussetzung nach § 114 ZPO ist nach wie vor, dass

- die Partei nach ihren **persönlichen und wirtschaftlichen Verhältnissen** die Kosten der Prozessführung
  - nicht,
  - nur zum Teil oder
  - nur in Raten aufbringen kann,

- dass die **beabsichtigte Rechtverfolgung oder Rechtsverteidigung** hinreichende **Aussicht auf Erfolg** bietet und

- **nicht mutwillig** erscheint.

4 In einem höheren Rechtszug ist nicht zu prüfen, ob die Rechtsverfolgung oder -verteidigung Aussicht auf Erfolg hat und ob sie mutwillig erscheint, wenn der **Gegner das Rechtsmittel** eingelegt hat.

5 Je nach Höhe des Einkommens wird **ratenfreie PKH oder PKH gegen Ratenzahlung (§§ 115, 120 ZPO) bewilligt**, wobei die Zahl der Raten auf maximal 48 Monatsbeträge beschränkt ist (§ 115 Abs. 1 Satz 4 ZPO).

6 Im Rahmen der PKH kann der Partei nach § 121 Abs. 1 ZPO ein zur Vertretung bereiter **Rechtsanwalt beigeordnet** werden.

Die Bewilligung der PKH und die gleichzeitige Beiordnung eines Rechtsanwalts bewir- 7
ken, dass dieser **unmittelbar einen Vergütungsanspruch** gegen die Staatskasse erwirkt
(§ 45 Abs. 1 RVG).

Die **Inanspruchnahme der vertretenen Partei** ist dann nach § 122 Abs. 1 Nr. 3 ZPO 8
ausgeschlossen, soweit sich die Bewilligung der PKH erstreckt.

Auf die Verpflichtung, die **dem Gegner entstandenen Kosten zu erstatten,** hat die PKH 9
dagegen keinen Einfluss (§ 123 ZPO).

Unter den Voraussetzungen des § 124 ZPO kann die Bewilligung **nachträglich aufge-** 10
hoben werden.

II. Anspruch des Rechtsanwalts

Mit der **Beiordnung** erwirbt der beigeordnete Rechtsanwalt einen eigenen Anspruch gegen 11
die Staatskasse. Dieser wird als „Vergütungsanspruch" bezeichnet, obwohl es sich streng genommen nicht um einen Vergütungsanspruch handelt, sondern um einen öffentlich-rechtlichen Entschädigungsanspruch, da die Staatskasse nicht Auftraggeber i.S.d. RVG ist.

Die **bloße Bewilligung** von PKH reicht nicht, um dem Anwalt einen Vergütungsanspruch 12
gegen die Landeskasse zu gewähren; selbst dann nicht, wenn der Anwalt selbst den PKH-
Antrag gestellt hat.[1] Er muss vielmehr auch seine Beiordnung beantragen und darauf achten, dass er auch beigeordnet wird.

13

> **Hinweis:**
> Bei Beantragung von PKH für den Mandanten ist unbedingt darauf zu achten, dass
> auch die eigene Beiordnung beantragt wird.[2]

III. Umfang der Prozesskostenhilfe

Der Umfang der PKH und damit gemäß § 45 Abs. 1 RVG auch der des Vergütungsan- 14
spruchs des beigeordneten Rechtsanwalts ergibt sich aus § 48 RVG.

1. Von der Prozesskostenhilfe gedeckte Tätigkeiten

Der Umfang des Vergütungsanspruchs bestimmt sich 15

- gemäß § **48 Abs. 1 RVG** zunächst nach den **Beschlüssen,** durch die die PKH bewilligt und der Rechtsanwalt beigeordnet worden ist. Ergänzend enthält § 48 RVG fol-

---

1   AG Westerburg, AGS 2003, 546 m. Anm. *N. Schneider.*
2   S. Muster Rn. 118.

gende weitere gesetzliche Regelungen zum Anwendungsbereich. So erstreckt sich die PKH, ohne dass es einer ausdrücklichen Regelung im Bewilligungsbeschluss bedarf,

- **gemäß § 48 Abs. 2 Satz 1 1. Alt. RVG** in Angelegenheiten, in denen sich die Gebühren nach Teil 3 VV RVG bestimmen, für den Fall der Beiordnung in einem
  - **Berufungs- oder Revisionsverfahren**
  - auch für die Rechtsverteidigung gegen eine **Anschlussberufung oder Anschlussrevision;**
- **gemäß § 48 Abs. 2 Satz 1 2. Alt. RVG** für den Fall der Beiordnung in einem
  - Verfahren auf Erwirkung
    - eines **Arrestes,**
    - einer **einstweiligen Verfügung,**
    - einer **einstweiligen Anordnung oder**
    - einer **vorläufigen Anordnung**

  auch auf die
  - **Vollziehung oder**
  - **Vollstreckung.**

  Eine Ausnahme gilt auch hier, wenn sich aus dem Beschluss ausdrücklich etwas anderes bestimmt;
- **gemäß § 48 Abs. 3 Satz 1 RVG** für den Fall der Beiordnung in einer
  - **Ehesache**

  auch auf den
  - **Abschluss eines Vertrags i.S.d. Nr. 1000 VV RVG – also eine Einigung –** über
    - den **gegenseitigen Unterhalt der Ehegatten,**
    - den **Unterhalt gegenüber den Kindern** im Verhältnis der Ehegatten zueinander,
    - die **Sorge für die Person der gemeinschaftlichen minderjährigen Kinder,**
    - die **Regelung des Umgangs** mit einem Kind,
    - die **Rechtsverhältnisse an der Ehewohnung,**
    - die **Rechtsverhältnisse am Hausrat,**
    - Ansprüche aus dem **ehelichen Güterrecht,**
    - die Abwehr einer **Widerklage** in der Ehesache (§ 48 Abs. 4 Satz 1 RVG).

  Sonstige Angelegenheiten, die anlässlich der Scheidung geregelt werden, etwa eine Auseinandersetzung des gemeinsamen Miteigentums, zählen nicht hierzu;[3]

---

3   OLG Koblenz, AGS 2004, 157.

- **gemäß § 48 Abs. 3 Satz 1 RVG** im Falle der Beiordnung in einer
  - **Lebenspartnerschaftssache nach § 661 Abs. 1 Nr. 1 bis 3 ZPO**
    ebenfalls auf eine
  - **Einigung i.S.d. Nr. 1000 VV RVG über** die in § 48 Abs. 3 Satz 1 RVG genannten **Folgesachen**.

Im **Urkunden-, Wechsel- oder Scheckprozess und im Nachverfahren** erstreckt sich die **16** bewilligte PKH auf das gesamte Verfahren, sofern in dem Beschluss nichts anderes geregelt ist. PKH ist daher auch dann für das Urkundenverfahren zu bewilligen, wenn nur die Verteidigung im Nachverfahren Aussicht auf Erfolg bietet.[4]

Wird für eine **Stufenklage** PKH begehrt, ist diese für beide Stufen zu bewilligen.[5] Für die **17** zweite Stufe kann allerdings eine vorläufige Bezifferung vorgenommen werden, damit verhindert wird, dass der Kläger auf Kosten der Staatskasse eine unangemessene oder gar unvernünftige Bezifferung des Zahlungsantrags vornimmt. Die Vorläufigkeit der Bewilligung der PKH kann dadurch zum Ausdruck gebracht werden, dass ein Streitwert für den zu beziffernden Zahlungsantrag vorläufig bestimmt wird, ein weiter gehender Antrag jedoch nicht zurückgewiesen wird.[6]

2. Von der Prozesskostenhilfe nicht gedeckte Tätigkeiten

In allen anderen Fällen erstreckt sich die bewilligte PKH nur auf die im Bewilligungsbe- **18** schluss erwähnten Tätigkeiten. Für weitere Tätigkeiten, Nebenverfahren o.Ä. gilt die bewilligte PKH also nur, wenn der Anwalt auch hierfür **ausdrücklich beigeordnet** worden ist (§ 48 Abs. 4 Satz 1 RVG). **Exemplarisch** zählt § 48 Abs. 4 Satz 2 RVG ausdrücklich folgende Tätigkeiten auf, für die gesondert PKH bewilligt werden muss:

- **Zwangsvollstreckung,**
- **Verwaltungszwang,**
- **Arrestverfahren,**
- **einstweiliges Verfügungsverfahren,**
- **Verfahren auf Erlass einer einstweiligen oder vorläufigen Anordnung,**
- **selbständiges Beweisverfahren,**
- **Widerklage** (ausgenommen in Ehesachen).

---

4 OLG Saarbrücken, AGS 2004, 83.
5 OLG Karlsruhe, FamRZ 1984, 501; FamRZ 1997, 98.
6 OLG Karlsruhe, AGS 2004, 295.

19 Auch für eine **Klageerweiterung** muss gesondert PKH beantragt werden.

20 Das Gleiche gilt für den **Abschluss von Vergleichen oder Einigungen,** die sich auf **Gegenstände** erstrecken, die in dem betreffenden Verfahren **nicht anhängig** sind, es sei denn, es liegt ein Fall des § 48 Abs. 3 RVG vor.

3. Außergerichtliche Einigung

21 Umstritten ist, ob sich die bewilligte PKH auch auf eine Einigung erstreckt, die die Parteien außergerichtlich treffen. Die wohl überwiegende Ansicht hat dies für die Vergleichsgebühr zuletzt bejaht.[7] Im Hinblick darauf, dass das RVG insbesondere die außergerichtliche Streitbeilegung honorieren will (s. Vorbem. 3 Abs. 3 RVG, Nr. 3101 Nr. 2 3. Alt. VV RVG) dürfte dies nach In-Kraft-Treten des RVG erst recht anzunehmen sein.

4. Verkehrsanwalt und Einigungsgebühr

22 Nach überwiegender Rechtsprechung[8] stand dem beigeordneten Verkehrsanwalt wegen der Vergleichsgebühr kein Anspruch gegen die Staatskasse zu; es sei denn, in dem Beiordnungsbeschluss wurde er ausdrücklich auch für den Vergleichsabschluss beigeordnet. Das galt auch bei einem Vergleich in einer Scheidungssache. Entsprechendes würde demnach auch für die Einigungsgebühr gelten.

23 Diese Rechtsprechung begegnet erheblichen Bedenken. Nach § 121 Abs. 4 ZPO kann der Partei „zur Vermittlung des Verkehrs mit dem Prozessbevollmächtigten" ein weiterer Rechtsanwalt beigeordnet werden. Geschieht dies, hat der beigeordnete Rechtsanwalt gemäß §§ 121, 122 BRAGO Anspruch auf Übernahme seiner Kosten durch die Staatskasse im Rahmen des Bewilligungsbeschlusses. Sofern der Bewilligungsbeschluss keine Einschränkung enthält, gilt für den Verkehrsanwalt folglich auch § 48 Abs. 3 RVG, wonach sich die Beiordnung in einer Ehesache auch auf den Abschluss einer Einigung über die dort näher genannten Folgesachen erstreckt.

24 Dass auch der Verkehrsanwalt die Einigungsgebühr verdienen kann, wenn er am Zustandekommen des Vergleichs mitwirkt, ist einhellige Auffassung.[9] Dass diese Regelung nicht für den im Rahmen der PKH beigeordneten Rechtsanwalt gelten soll, findet im Gesetz keine Stütze.[10]

---

7 Zuletzt OLG München, RVGreport 2004, 185 [*Hansens*] = AGS 2004, 156 unter Aufgabe seiner bisherigen Rechtsprechung m.w.N.

8 Zuletzt OLG München, AGS 2003, 511 m. abl. Anm. *N. Schneider* und m.w.N.

9 S. Anwkom-RVG-*N. Schneider,* Nr. 3400 VV RVG Rn. 61 m.w.N.

10 *Gerold/Schmidt/von Eicken,* BRAGO, § 122 Rn. 46 m.w.N.

Hinweis: 25

Zur Vermeidung späterer Gebührenverluste sollte der Verkehrsanwalt rechtzeitig bei Gericht beantragen, dass die Beiordnung im Rahmen der PKH auch zum Abschluss einer Folgenvereinbarung erfolge. Soweit der Bewilligungsbeschluss den Vergleichsabschluss mit beinhaltet, kann der Anwalt die Einigungsgebühr unstrittig gegenüber der Staatskasse abrechnen.

5. Prozesskostenhilfe nur für einen von mehreren Auftraggebern

Wird der Anwalt für mehrere Auftraggeber tätig, wird aber nur einem von diesen PKH   26 bewilligt, so ist umstritten, auf welchen Teil der Vergütung sich die PKH erstreckt. **Drei Möglichkeiten** sind denkbar.

Beispiel: 27

Der Anwalt wird von zwei Auftraggebern gemeinschaftlich wegen einer Forderung i.H.v. 10.000 € beauftragt. Einem der beiden Auftraggeber wird der Anwalt im Rahmen der PKH beigeordnet.

- **Erste Möglichkeit:** Da nach § 7 Abs. 2 RVG jeder Auftraggeber in der Höhe haftet,   28 in der er haften würde, wenn er den Anwalt alleine beauftragt hätte, käme insoweit eine Erstreckung der PKH auf eine 1,3 Verfahrensgebühr in Betracht.[11]

  Aus der Staatskasse erhielte der Anwalt:

1. *1,3 Verfahrensgebühr, Nr. 3100 VV RVG*	*314,60 €*
2. *Postentgeltpauschale, Nr. 7002 VV RVG*	*20,00 €*
3. *16 % Umsatzsteuer, Nr. 7008 VV RVG*	*+ 53,54 €*
Summe:	*388,14 €*

- **Zweite Möglichkeit:** Da im Innenverhältnis beide Auftraggeber grds. jeweils zur Hälf-   29 te haften, käme insoweit in Betracht, dass der Anwalt gegen die Staatskasse einen Anspruch in Höhe der Hälfte der Vergütung, also hier der Hälfte einer 1,3 Verfahrensgebühr erwirbt.

---

11   So OLG Düsseldorf, FamRZ 1997, 532 = MDR 1997, 1071 = Rpfleger 1997, 532; LAG Mainz, MDR 1997, 1166.

Aus der Staatskasse erhielte der Anwalt:

1.	1,6 Verfahrensgebühr, Nrn. 3100, 1008 VV RVG,	387,20 €
	hiervon 1/2	157,30 €
2.	Postentgeltpauschale, Nr. 7002 VV RVG	20,00 €
3.	16 % Umsatzsteuer, Nr. 7008 VV RVG	+ 28,37 €
Summe:		**205,67 €**

30 **Dritte Möglichkeit:** Die PKH beschränkt sich auf den Mehrbetrag, der durch das Hinzutreten der bedürftigen Partei entsteht. Hiernach wäre also lediglich der 0,3 Erhöhungsbetrag nach Nr. 1008 VV RVG von der PKH gedeckt.[12]

Aus der Staatskasse erhielte der Anwalt:

1.	0,3 Erhöhungsbetrag, Nr. 1008 VV RVG,	72,60 €
2.	16 % Umsatzsteuer, Nr. 7008 VV RVG	+ 11,62 €
Summe:		**84,22 €**

IV. Vergütung des beigeordneten Rechtsanwalts

1. Gebührentatbestände

31 Die Vergütung des im Wege der PKH beigeordneten Rechtsanwalts richtet sich gemäß § 45 Abs. 1 RVG – soweit in Abschnitt 8 RVG nichts anderes bestimmt ist – nach der gesetzlichen Vergütung des RVG. Der im Wege der PKH beigeordnete Anwalt erhält also grds. **dieselben Gebühren wie ein Wahlanwalt.**

2. Wertgebühren

a) Gebührenbeträge

32 Auch wenn für den beigeordneten Anwalt dieselben Gebührentatbestände einschlägig sind, erhält er jedoch zum Teil **geringere Beträge.** Für ihn sind nämlich in § 49 RVG abweichend von § 13 RVG ab einem bestimmten Gegenstandswert geringere Gebührenbeträge vorgesehen:

- Bis zu einem Gegenstandswert von **über 3.000 €** sind die Gebühren für den Wahlanwalt und den im Rahmen der PKH beigeordneten Rechtsanwalt identisch.

---

12   So BGH, MDR 1993, 913; OLG Koblenz, AGS 2004, 247 m.w.N.

- Für Gegenstandswerte von **über 3.500 € bis über 30.000 €** (also entsprechend der Gebührenstufe des § 13 RVG von „bis 35.000 €") sind dagegen – zum Teil erheblich – geringere Werte vorgesehen.

- Übersteigt der Gegenstandswert den Betrag **von über 35.000 €**, so erhöhen sich die Gebührenbeträge für den PKH-Anwalt – im Gegensatz zum Wahlanwalt – nicht mehr. Die Gebührenstufe von über 30.000 € bildet in der PKH den Höchstbetrag.

b) Mehrere Auftraggeber

Vertritt der im Wege der PKH beigeordnete Rechtsanwalt mehrere Auftraggeber und ist er sämtlichen Auftraggebern im Rahmen der PKH beigeordnet worden, so ist zu differenzieren: 33

aa) Gemeinschaftliche Beteiligung

Sofern der Gegenstand der anwaltlichen Tätigkeit derselbe ist, erhält der Anwalt die nach Nr. 1008 VV RVG erhöhten Gebühren, allerdings aus den Beträgen des § 49 RVG.   34

bb) Unterschiedliche Beteiligung

Ist der Anwalt von mehreren Auftraggebern wegen verschiedener Gegenstände beauftragt, so sind die Werte zu addieren (§ 22 Abs. 1 RVG).   35

Soweit eine Wertaddition wegen der Begrenzung der Gebührentabelle nach § 49 RVG nicht mehr in Betracht kommt, ist Nr. 1008 VV RVG analog anzuwenden.[13]   36

Beispiel: 37

Der Anwalt ist von zwei Auftraggebern beauftragt worden, jeweils Pflichtteilsansprüche i.H.v. 30.000 € geltend zu machen. Beiden Auftraggebern wird PKH bewilligt und der Anwalt beigeordnet.

Jeder Pflichtteilsanspruch ist ein eigener Gegenstand. Der Gegenstandswert beläuft sich somit auf 60.000 € (§ 22 Abs. 1 RVG).

Infolge der faktischen Begrenzung der Gebührentabelle nach § 49 RVG auf die vergleichbare Gebührenstufe des § 13 RVG von „bis 35.000 €" wird der darüber hinausgehende Wert nicht mehr berücksichtigt. Insoweit ist also Nr. 1008 VV RVG anzuwenden.

Vorzugehen ist dabei wie folgt:

Die Gebührentabelle des § 49 RVG reicht nur bis zur vergleichbaren Wertstufe des § 13 RVG von „bis zu 35.000 €". Dies bedeutet, dass die weiteren (60.000 € – 35.000 € =) 25.000 € streitwertmäßig von der Tabelle des § 49 RVG nicht mehr erfasst werden. Daher erhält der Anwalt aus diesem Gegenstandswert analog Nr. 1008 VV RVG eine um 0,3

---

13   OLG Hamm, AGS 2004, 200 m. Anm. *N. Schneider.*

erhöhte 1,6 Verfahrensgebühr. Aus dem restlichen Wert (35.000 € – 25.000 € = 10.000 €) entsteht nur die einfache 1,3 Verfahrensgebühr.

Entsprechend § 15 Abs. 3 RVG ist allerdings die Höhe der Gebühr zu begrenzen auf eine um 0,3 erhöhte Verfahrensgebühr aus dem Gesamtwert, also aus dem Höchstbetrag des § 49 RVG.

Zu rechnen ist also nach den Beträgen des § 49 RVG wie folgt:

1.	*1,6 Verfahrensgebühr, Nrn. 3100, 1008 VV RVG (Wert: 25.000 €)*	*409,50 €*
2.	*1,3 Verfahrensgebühr, Nr. 3100 VV RVG (Wert: 10.000 €)*	*314,60 €*
	gemäß § 15 Abs. 3 RVG nicht mehr als eine 1,6 Verfahrensgebühr (Wert: über 30.0000 €)	*625,60 €*
3.	*1,2 Terminsgebühr, Nr. 3104 VV RVG (Wert: 60.000 €)*	*469,20 €*
4.	*Postentgeltpauschale, Nr. 7002 VV RVG*	*20,00 €*
5.	*16 % Umsatzsteuer, Nr. 7008 VV RVG*	*+ 178,37 €*
	Summe:	**1.293,17 €**

c) Rahmengebühren in Sozialgerichtsverfahren

38 Soweit der Rechtsanwalt in Sozialgerichtsverfahren beigeordnet wird, sind keine gesonderten Gebührenrahmen (§ 3 Abs. 1 Satz 1 RVG) vorgesehen. Hier können allenfalls im Rahmen des § 14 Abs. 1 RVG die geringeren Einkommens- und Vermögensverhältnisse des Auftraggebers berücksichtigt werden.

d) Vergütungsvereinbarungen

39 Vergütungsvereinbarungen sind unzulässig, soweit der Rechtsanwalt im Wege der PKH beigeordnet wird. Nach § 4 Abs. 5 RVG wird durch eine solche Vereinbarung eine Verbindlichkeit nicht begründet. Zahlt der Auftraggeber jedoch freiwillig ohne Vorbehalt, so kann er die gezahlten Beträge nicht deshalb zurückfordern, weil eine Verbindlichkeit nicht bestanden hat (§ 4 Abs. 1 Satz 2 RVG).

e) Auslagen

30 Der im Wege der PKH beigeordnete Rechtsanwalt erhält auch Ersatz seiner Auslagen nach den Nrn. 7000 ff. VV RVG (§ 46 RVG). Dies wird auf die Aufwendungen des Rechtsanwalts nach § 670 BGB erweitert. Durch Art. 7 des Gesetzes zur Umsetzung gemeinschaftlicher Vorschriften über die grenzüberschreitende PKH in Zivil- und Handelssachen in Mitgliedstaaten (EG-Prozesskostenhilfegesetz)[14] erhält § 46 Abs. 2 Satz 3 RVG folgenden Wortlaut:

---

14 BT-Drucks. 15/3281, tritt in Kraft zum 30.11.2004.

„Für Aufwendungen (§ 670 des Bürgerlichen Gesetzbuches) gelten Abs. 1 und die Sätze 41
1 und 2 entsprechend; die Höhe zu ersetzender Kosten für die Zuziehung eines Dolmet-
schers oder Übersetzers ist auf die nach dem Justizvergütungs- und -entschädigungsge-
setz zu zahlenden Beträge begrenzt."

Damit hat der Rechtsanwalt Anspruch gegen die Landeskasse auf Ersatz folgender Aus-   42
lagen:

• Reisekosten,

• sonstige Auslagen nach Teil 7 VV RVG,

• Dolmetscher- und Übersetzerkosten bis zur Höhe der Sätze des JVEG sowie

• sonstige dem Rechtsanwalt nach § 670 BGB zu ersetzende Auslagen.

Aufgrund der negativen Fassung des § 46 Abs. 1 RVG folgt: All diese Auslagen werden   43
lediglich dann nicht vergütet, wenn sie zur sachgemäßen Durchführung der Angelegenheit nicht erforderlich waren.

Der beigeordnete Rechtsanwalt erhält daher einmal Ersatz seiner **Post- und Telekom-**   44
munikationsentgelte, insbesondere eine **Postentgeltpauschale** nach Nr. 7002 VV RVG,
die sich nach den gesetzlichen Gebühren des § 13 RVG bemisst, nicht nach den geringeren PKH-Beträgen des § 49 RVG.[15]

> **Beispiel:**   45
>
> *Der Anwalt vertritt seinen Mandanten in einem Zwangsvollstreckungsverfahren (Wert:*
> *6.000 €), in dem er dem Mandanten im Wege der PKH beigeordnet worden ist.*
>
> | | |
> |---|---:|
> | 1. 0,3 Verfahrensgebühr, Nr. 3309 VV RVG | 67,50 € |
> | 2. Postentgeltpauschale, Nr. 7002 (20 % aus 101,40 €) | 20,00 € |
> | 3. 16 % Umsatzsteuer, Nr. 7008 VV RVG | + 14,00 € |
> | **Summe:** | **101,50 €** |

Darüber hinaus erhält der Anwalt Ersatz der **Dokumentenpauschale** nach Nr. 7000 VV   46
RVG und auch Ersatz der notwendigen **Reisekosten** nach Nrn. 7003 ff. VV RVG.

Sofern ein auswärtiger Anwalt ohne Einschränkung beigeordnet worden ist, kann er auch   47
die Reisekosten zum Gericht aus der Staatskasse verlangen.[16] Nur dann, wenn die Beiordnung dahin gehend eingeschränkt worden ist, dass er nur zu den Bedingungen ei-

---

15   BGH, MDR 1971, 832 = Rpfleger 1971, 351 = AnwBl. 1971, 315 = NJW 1971, 1845; OLG Düs-
      seldorf, JurBüro 1987, 703 = KostRsp. BRAGO Nr. 9; KG, JurBüro 1980, 1198.
16   OLG Düsseldorf, AGS 2004, 296.

nes ortsansässigen Anwalts beigeordnet wird, kommt eine Erstattung aus der Staatskasse nicht in Betracht.[17]

48 Im Übrigen kann der Anwalt nach § 46 Abs. 2 RVG auf Antrag vor Antritt einer Geschäftsreise vom Gericht feststellen lassen, dass diese erforderlich ist. Wird die Erforderlichkeit festgestellt, so ist diese Feststellung für das Festsetzungsverfahren (§ 55 RVG) bindend. Diese Möglichkeit besteht infolge der ab 30.11.2004 in Kraft tretenden Neufassung des § 46 Abs. 2 RVG künftig auch für die übrigen von der Staatskasse zu ersetzenden Auslagen, was zu einer Steigerung der Rechtssicherheit führen wird.

49 Auch die **Umsatzsteuer** (Nr. 7008 VV RVG) ist aus der Staatskasse zu übernehmen, auch wenn der Auftraggeber zum Vorsteuerabzug berechtigt ist.[18]

f) Vorschuss

50 Dem im Wege der PKH beigeordneten Rechtsanwalt steht auch ein Recht auf Vorschuss zu (§ 47 RVG).

aa) Vorschuss auf Gebühren

51 Hinsichtlich der Gebühren ist das Recht auf Vorschuss allerdings dahin gehend eingeschränkt, dass die Gebühren bereits entstanden sein müssen. Sie müssen allerdings noch nicht fällig (§ 8 Abs. 1 RVG) sein.

52 *Beispiel:*

Der Anwalt reicht für den Mandanten einen Klageantrag ein und beantragt, hierfür PKH zu bewilligen und dem Mandanten beigeordnet zu werden. Das Gericht erlässt den beantragten Beschluss; die Klage wird zugestellt.

Der Anwalt hat bereits die Verfahrensgebühr nach Nr. 3100 VV RVG verdient, auch wenn diese noch nicht nach § 8 Abs. 1 RVG fällig ist. Der Anwalt kann hier einen Vorschuss in Höhe der Verfahrensgebühr nebst Postentgeltpauschale und Umsatzsteuer verlangen.

bb) Vorschuss auf Auslagen

53 Hinsichtlich der **Auslagen** steht dem Anwalt das Recht auf Vorschuss zu für sämtliche Auslagen, die bereits entstanden sind und auch für solche, die voraussichtlich noch entstehen. Insoweit kann er einen angemessenen Vorschuss verlangen.

---

17 Zu den Voraussetzungen einer dahin gehenden einschränkenden Beiordnung s. BGH, Beschl. v. 23. 6. 2004 – XII ZB 61/04.
18 OLG Koblenz, JurBüro 1997, 588; LAG Rheinland-Pfalz, JurBüro 1997, 29.

V. Festsetzung der Vergütung

Die aus der Staatskasse zu gewährende Vergütung sowie die Vorschüsse hierauf werden   54
auf Antrag des Rechtsanwalts vom Urkundsbeamten der Geschäftsstelle des **Gerichts des
ersten Rechtszugs** festgesetzt (§ 55 Abs. 1 Satz 1 RVG).[19] Ist das Verfahren noch nicht
rechtskräftig abgeschlossen, so erfolgt die Festsetzung durch den Urkundsbeamten des
Gerichts des derzeit anhängigen Rechtszugs (§ 55 Abs. 2 RVG).

Der Antrag muss die Erklärung enthalten, ob und **welche Zahlungen** der Rechtsanwalt   55
bis zum Tag der Antragstellung erhalten hat. Zahlungen, die er nach diesem Zeitpunkt
erhält, muss er unverzüglich anzeigen (§ 55 Abs. 5 RVG).

Anzuzeigen sind nicht nur Zahlungen und Vorschüsse von Dritten, sondern auch **anzu-**   56
rechnende Gebühren, etwa die Geschäftsgebühr nach Nr. 2400 VV RVG.

Beispiel: 57

*Der Anwalt war vorgerichtlich für den Auftraggeber tätig und hat eine Geschäftsgebühr
nach Nr. 2400 VV RVG abgerechnet und erhalten. Anschließend erhebt er namens des
Mandanten Klage und lässt sich im Wege der Prozesskostenhilfe beiordnen.*

*Da die Geschäftsgebühr nach Vorbem. 3 Abs. 4 VV RVG zur Hälfte auf die Verfahrens-
gebühr anzurechnen ist, muss der Anwalt bei der späteren Festsetzung die bereits gezahlte
Geschäftsgebühr angeben.*

Eine besondere **Form** ist für den Festsetzungsantrag nicht erforderlich. Die Berechnung   58
muss auch nicht der Vorschrift des § 10 RVG entsprechen. Der Antrag ist auch an keine
Frist gebunden.

59

> **Praxishinweis:**
>
> Allerdings **verjähren** die Ansprüche gegen die Staatskasse nach § 195 BGB innerhalb
> von **drei Jahren**. Vor Eintritt der Verjährung kann ggf. der Anspruch gegenüber der
> Staatskasse **verwirkt** sein. Es empfiehlt sich daher unbedingt, nicht nur Vorschüsse von
> der Staatskasse abzufordern, sondern auch unmittelbar nach Abschluss der jeweiligen
> Angelegenheit den PKH-Festsetzungsantrag einzureichen.

Für das Verfahren gilt **§ 104 Abs. 2 ZPO** entsprechend.   60

Über den Festsetzungsantrag entscheidet der Urkundsbeamte der Geschäftsstelle durch   61
Beschluss. Gegen diesen Beschluss ist nach § 56 Abs. 1 RVG die **Erinnerung** gegeben.
Erinnerungsberechtigt sind sowohl der Rechtsanwalt als auch die Staatskasse.

---

19   S. hierzu auch Teil 6 Rn. 216 ff.

62 Die **Erinnerung** ist gegeben, auch wenn der Erinnerungswert den Betrag von 200 € nicht übersteigt.[20] Über die Erinnerung entscheidet das Gericht des ersten Rechtszuges durch Beschluss (§ 56 Abs. 1 Satz 1 RVG). Das Verfahren über die Erinnerung ist gebührenfrei. Kosten werden nicht erstattet (§ 56 Abs. 2 RVG).

63 Übersteigt der Wert des Beschwerdegegenstands den Betrag von 200 €, ist die Beschwerde gegeben (§ 56 Abs. 2 Satz 1 i.V.m. § 33 Abs. 3 Satz 1 RVG). Der **Wert des Beschwerdegegenstandes** muss also **mindestens 200,01 €** erreichen.

64 Ungeachtet dessen kann das Gericht die Beschwerde auch dann zulassen, wenn die Sache **grundsätzliche Bedeutung** hat (§ 56 Abs. 2 Satz 1 i.V.m. § 33 Abs. 3 Satz 2 RVG). In diesem Fall bedarf es keiner **Mindestbeschwer.**

65 Die Beschwerde muss gemäß § 33 Abs. 3 Satz 3 RVG innerhalb einer Frist von **zwei Wochen** eingelegt werden. Die Frist beginnt mit der Zustellung der Entscheidung.

66 Eine **weitere Beschwerde** an einen obersten Gerichtshof des Bundes ist nicht möglich (§ 56 Abs. 2 Satz 1 i.V.m. § 33 Abs. 4 RVG).

67 Lediglich das LG als Beschwerdegericht kann eine **weitere Beschwerde** zum OLG zulassen, wenn die Sache grundsätzliche Bedeutung hat (§ 56 Abs. 2 Satz 1 i.V.m. § 33 Abs. 6 RVG). Die weitere Beschwerde kann in diesem Falle nur darauf gestützt werden, dass die angefochtene Entscheidung auf einer Verletzung des Rechts beruht (§ 56 Abs. 2 Satz 1 i.V.m. § 33 Abs. 6 RVG).

68 Auch das Verfahren über die Beschwerde ist **gerichtsgebührenfrei.** Eine **Kostenerstattung** ist ausgeschlossen (§ 56 Abs. 2 RVG).

VI. Ausschluss des Vergütungsanspruchs wegen Verschuldens

69 Hat der beigeordnete Rechtsanwalt durch schuldhaftes Verhalten die Beiordnung eines anderen Rechtsanwalts veranlasst, kann er die Gebühren, die auch für einen anderen Anwalt entstehen, nicht fordern (§ 54 RVG).

70 Voraussetzung für den Ausschluss nach § 54 RVG ist zunächst ein objektiv pflichtwidriges Verhalten des Rechtsanwalts.[21] Hinzu kommen muss ein Verschulden des Anwalts, wobei es auf die Schuldform, Vorsatz oder Fahrlässigkeit nicht ankommt.[22]

71 Durch § 54 RVG ausgeschlossen ist nicht der Vergütungsanspruch des Anwalts als solcher. Vielmehr ist sein Anspruch nur insoweit ausgeschlossen, als durch die Beauftragung des weiteren Rechtsanwalts zusätzliche Vergütungen entstehen.

---

20 S. Teil 6 Rn. 229 ff.
21 S. im Einzelnen Anwkom-RVG-*Schnapp,* § 54 Rn. 7 ff.
22 S. im Einzelnen Anwkom-RVG-*Schnapp,* § 54 Rn. 12 ff.

Ausgeschlossen ist der Anspruch danach also, soweit die vom ersten Anwalt bereits verdiente Vergütung erneut entsteht. Gebühren, die nur in der Peson des ersten Anwalts entstanden sind oder Gebührendifferenzen infolge höherer Gegenstandswerte kann der Anwalt dagegen liquidieren. 72

Beispiel 1: 73

Der Anwalt ist im Rahmen der PKH nach einem Streitwert von 5.000 € beigeordnet worden. Später ermäßigt sich die Klage auf 3.000 €. Infolge des Verschuldens des Anwalts ist ein Wechsel erforderlich. Es wird ein neuer Anwalt bestellt.

Der neue Anwalt kann lediglich noch nach einem Wert von 3.000 € abrechnen. Die Differenzbeträge aus den Gebühren nach einem Streitwert von 5.000 € und einem Streitwert von 3.000 € kann der erste Anwalt daher noch liquidieren.

Festzusetzen sind daher:

1.	1,3 Verfahrensgebühr, Nr. 3100 VV RVG (Wert: 5.000 €)	284,70 €
2.	1,2 Terminsgebühr, Nr. 3104 VV RVG (Wert: 5.000 €)	262,80 €
3.	Postentgeltpauschale, Nr. 7002 VV RVG	20,00 €
4.	./. 1,3 Verfahrensgebühr, Nr. 3100 VV RVG (Wert: 3.000 €)	– 245,70 €
5.	./. 1,2 Terminsgebühr, Nr. 3104 VV RVG (Wert: 3.000 €)	– 226,80 €
6.	./. Postentgeltpauschale, Nr. 7002 VV RVG	– 20,00 €
7.	16 % Umsatzsteuer, Nr. 7008 VV RVG	12,00 €
Summe:		**87,00 €**

Beispiel 2: 74

Nach mündlicher Verhandlung (Streitwert: 5.000 €) veranlasst der Anwalt schuldhaft einen Anwaltswechsel. Die Sache wird anschließend schriftsätzlich in der Hauptsache für erledigt erklärt. Zu einem weiteren Termin i.S.d. Vorbem. 3 Abs. 3 VV RVG kommt es nicht mehr.

Da die Terminsgebühr nicht erneut entsteht, kann der erste Anwalt die Terminsgebühr gegenüber der Staatskasse abrechnen.

1.	1,3 Verfahrensgebühr, Nr. 3100 VV RVG	284,70 €
2.	1,2 Terminsgebühr, Nr. 3104 VV RVG	262,80 €
3.	Postentgeltpauschale, Nr. 7002 VV RVG	20,00 €
4.	./. 1,3 Verfahrensgebühr, Nr. 3100 VV RVG für zweiten Anwalt	– 284,70 €
5.	./. Postentgeltpauschale, Nr. 7002 VV RVG für zweiten Anwalt	– 20,00 €
6.	16 % Umsatzsteuer, Nr. 7008 VV RVG	41,90 €
Summe:		**304,70 €**

VII. Weitere Vergütungsfestsetzung gegen den Auftraggeber

75 Ist dem Mandanten PKH gegen Ratenzahlung bewilligt worden, kann der Anwalt auch eine weiter gehende Vergütung gegen den Mandanten festsetzen lassen, soweit diese sich aus der Anwendung der nach § 13 RVG geltenden Beträge ergibt.

76 Nach § 50 Abs. 1 Satz 1 RVG hat die Staatskasse nach Deckung der in § 122 Abs. 1 Nr. 1 ZPO bezeichneten Kosten und Ansprüche weitere Beträge einzuziehen bis zur Höhe der Gebühren, die sich nach den Beträgen des § 13 RVG ergeben, sofern dies nach den Vorschriften der ZPO und nach den Bestimmungen, die das Gericht getroffen hat, zulässig ist.

77 Nach überwiegender Auffassung ist die Staatskasse sogar **verpflichtet**, die festgesetzten Beträge oder Raten (nach § 115 Abs. 1 Satz 4 ZPO höchstens 48 Monatsraten) solange einzuziehen, bis nicht nur die in § 122 Abs. 1 Nr. 1 ZPO bezeichneten Kosten und Ansprüche gedeckt sind, sondern auch die weiter gehende Vergütung des Rechtsanwalts, die dieser als Wahlanwalt hätte von der Partei verlangen können, die aber nach § 122 Abs. 1 Nr. 3 ZPO nicht geltend gemacht werden kann.

78 Aus diesen weiteren Beträgen, die die in § 121 Abs. 1 Nr. 1 ZPO bezeichneten Kosten und Ansprüche übersteigen, sind dann die weiter gehenden Ansprüche des beigeordneten Rechtsanwalts zu befriedigen.

79
> **Hinweis:**
>
> Hierzu hat der Rechtsanwalt einen gesonderten Festsetzungsantrag einzureichen. Er soll die Berechnung seiner Regelvergütung nach § 50 Abs. 2 RVG unverzüglich zu den Prozessakten mitteilen.

80 Diese weitere Vergütung ist nach § 50 Abs. 1 Satz 2 RVG festzusetzen, wenn das Verfahren durch rechtskräftige Entscheidung oder in sonstiger Weise beendet ist und die von der Partei zu zahlenden Beträge beglichen sind oder wegen dieser Beträge eine Zwangsvollstreckung erfolglos geblieben ist oder aussichtslos erscheint. Eine Festsetzung ist daher erst dann möglich, wenn über die nach § 122 Abs. 1 Nr. 1 ZPO bezeichneten Kosten und Ansprüche hinaus auch die gesamte Regelvergütung gedeckt ist, der Mandant sämtliche 48 Monatsraten gezahlt hat oder eine Beitreibung aussichtslos erscheint. Eine vorherige Festsetzung ist nicht möglich. Auch sind insoweit keine Vorschüsse oder Abschlagszahlungen auf die Wahlanwaltsvergütung vorgesehen.

VIII. Kostenfestsetzung gegen den Gegner

81 Soweit die Partei, der dem Anwalt im Wege der PKH beigeordnet worden ist, in dem Verfahren obsiegt hat und ihr ein Kostenerstattungsanspruch erwachsen ist, kann der An-

walt nach § 126 ZPO die Wahlanwaltsvergütung auch gegen den Gegner festsetzen lassen. Insoweit steht ihm zum einen die Möglichkeit zu, die vollen Wahlanwaltsgebühren nach § 126 ZPO festzusetzen zu lassen; dann kann er gleichzeitig aber nicht die PKH-Vergütung abrechnen.

Der Anwalt kann allerdings auch die PKH-Vergütung gegen die Staatskasse festsetzen lassen und nur den darüber hinausgehenden Differenzbetrag zu den Regelgebühren des § 13 RVG nach § 126 ZPO gegen die erstattungspflichtige Partei. **82**

> *Beispiel:* **83**
>
> *Der Mandant hat den Rechtsstreit über 5.000 € gewonnen. Der Gegner hat die Kosten des Verfahrens zu tragen.*
>
> *Gegenüber der Staatskasse rechnet der Anwalt ab:*
>
> | | | |
> |---|---|---:|
> | 1. | *1,3 Verfahrensgebühr, Nr. 3100 VV RVG* | *284,70 €* |
> | 2. | *1,2 Terminsgebühr, Nr. 3104 VV RVG* | *262,80 €* |
> | 3. | *Postentgeltpauschale, Nr. 7002 VV RVG* | *20,00 €* |
> | 4. | *16 % Umsatzsteuer, Nr. 7008 VV RVG* | *+ 90,80 €* |
> | **Summe:** | | **658,30 €** |
>
> *Gegen den Gegner kann er festsetzen lassen:*
>
> | | | |
> |---|---|---:|
> | 1. | *1,3 Verfahrensgebühr, Nr. 3100 VV RVG* | *391,30 €* |
> | 2. | *1,2 Terminsgebühr, Nr. 3104 VV RVG* | *361,20 €* |
> | 3. | *Postentgeltpauschale, Nr. 7002 VV RVG* | *20,00 €* |
> | 4. | *16 % Umsatzsteuer, Nr. 7008 VV RVG* | *+ 123,60 €* |
> | *Zwischensumme:* | | *896,10 €* |
> | *./. PKH- Vergütung* | | *– 658,30 €* |
> | **Restbetrag:** | | **237,80 €** |

IX. Vergütung im Prozesskostenhilfe-Prüfungsverfahren

Das PKH-Prüfungsverfahren und das Verfahren, für das PKH beantragt worden ist, stellen nach § 16 Nr. 2 RVG eine Angelegenheit dar. Insgesamt erhält der Anwalt seine Gebühren daher nur einmal. **84**

Die gesonderte Vergütung für das PKH-Prüfungsverfahren kann der Anwalt daher nur abrechnen, wenn er im Hauptsacheverfahren nicht tätig geworden ist, also wenn die PKH nicht bewilligt wird und der Mandant dann auch keinen Auftrag zur Hauptsache erteilt **85** oder wenn der Anwalt im PKH-Prüfungsverfahren tätig ist und der Mandant den Anwalt wechselt, bevor das Hauptsacheverfahren eingeleitet wird.

86   Wird der Anwalt, nachdem er im PKH-Prüfungsverfahren tätig war, anschließend in der Hauptsache tätig, gehen die bis dahin entstandenen Gebühren für das PKH-Prüfungsverfahren in den Gebühren des Hauptsacheverfahrens auf.

1.   Gebühren

a)   Wertgebühren

87   Ist der Anwalt im PKH-Prüfungverfahren beauftragt, so erhält er hierfür nach Nr. 3335 RVG eine **Verfahrensgebühr** i.H.v. 1,0.

88   **Erledigt sich der Auftrag** auf Bewilligung von PKH vorzeitig, so ermäßigt sich die Verfahrensgebühr der Nr. 3335 VV RVG nach Nr. 3337 VV RVG auf 0,5.

89   Soweit der Anwalt **mehrere Auftraggeber** vertritt, erhöht sich diese Gebühr nach Nr. 1008 VV RVG um jeweils 0,3 je weiteren Auftraggeber.

90   Kommt es im PKH-Prüfungsverfahren zu einem Termin, so gilt nach Vorbem. 3.3.6 VV RVG die **Terminsgebühr** nach Abschnitt 1, also bei Wertgebühren die Terminsgebühr nach Nr. 3104 VV RVG, da in Teil 3 Unterabschnitt 6 VV RVG nichts anderes bestimmt ist. Dort ist in Nr. 3332 VV RVG nur die Terminsgebühr in den Fällen der Nrn. 3324 bis 3331 VV RVG geregelt, nicht aber auch im Falle der Nr. 3335 VV RVG.

b)   Sozialgerichtliche Verfahren

91   In sozialgerichtlichen Verfahren ist nach Nr. 3336 VV RVG für die **Verfahrensgebühr** im PKH-Prüfungverfahren ein Gebührenrahmen von 30 € bis 320 € vorgesehen. Die Mittelgebühr beläuft sich auf 175 €.

92   Soweit der Anwalt **mehrere Auftraggeber** vertritt, erhöhen sich nach Nr. 1008 VV RVG Mindest- und Höchstgebühr um jeweils 30% je weiteren Auftraggeber.

93   Die **Terminsgebühr** entsteht nach Nr. 3106 VV RVG.

2.   Gegenstandswert

94   Der Gegenstandswert des PKH-Prüfungsverfahrens richtet sich gemäß Abs. 1 der Anm. zu Nr. 3335 VV RVG nach dem Gegenstandswert der Hauptsache. Kommt es später zur Bewilligung der PKH, und entsteht die Verfahrensgebühr auch für das Verfahren, so werden die Werte nicht zusammengerechnet (Abs. 2 der Anm. zu Nr. 3335 VV RVG). Dies bedeutet, dass die 1,0 Verfahrensgebühr zu einer 1,3 Verfahrensgebühr erstarkt, soweit PKH bewilligt worden ist.

3. Teilweise Prozesskostenhilfebewilligung

Wird der Partei PKH nur für einen Teil der beabsichtigten Prozessführung bewilligt,[23] 95
greift die Sperre des § 122 Abs. 1 Nr. 3 ZPO nur, soweit bewilligt ist. Der Anwalt kann
daher eine weitergehende Wahlanwaltsvergütung unmittelbar gegen seinen Auftraggeber geltend machen. Die Berechnung dieser Vergütung bereitet in der Praxis Schwierigkeiten und wird zum Teil über eine entsprechende Anwendung des § 15 Abs. 3 RVG gelöst.[24]

Beispiel: 96

*Der Beklagte will seinen Anwalt mit der Abwehr einer gegen ihn gerichteten Klage i.H.v.
20.000 € beauftragen und bittet den Anwalt zunächst, hierfür PKH zu beantragen. Dem
Beklagten wird PKH lediglich zur Abwehr eines Teilbetrags i.H.v. 12.000 € bewilligt. Im
Übrigen wird die PKH mangels hinreichender Erfolgsaussichten abgelehnt. Die bedürftige Partei beauftragt den Anwalt ungeachtet dessen, das Verfahren in voller Höhe durchzuführen. Nach mündlicher Verhandlung ergeht ein Urteil.*

Nach Ansicht des OLG München[25] ist wie folgt zu rechnen:

1.	*1,3 Verfahrensgebühr, Nr. 3100 VV RVG, § 49 RVG (Wert: 12.000 €)*	*319,80 €*
2.	*1,3 Verfahrensgebühr, Nr. 3100 VV RVG, § 13 RVG (Wert: 8.000 €)*	*535,60 €*
	gemäß § 15 Abs. 3 RVG nicht mehr als 1,3 nach	
	§ 13 RVG aus 20.000 €	*839,80 €*
3.	*1,2 Terminsgebühr, Nr. 3104 VV RVG, § 49 RVG (Wert: 12.000 €)*	*295,20 €*
4.	*1,2 Terminsgebühr, Nr. 3104 VV RVG, § 13 RVG (Wert: 8.000 €)*	*494,40 €*
	gemäß § 15 Abs. 3 RVG nicht mehr als 1,3 nach	
	§ 13 Abs. 1 Satz 1, 2 RVG aus 20.000 €	*775,20 €*
5.	*Postentgeltpauschale, Nr. 7002 VV RVG*	*20,00 €*
6.	*16 % Umsatzsteuer, Nr. 7008 VV RVG*	*+ 261,60 €*
	Summe:	***1.896,60 €***

Diese Berechnung ist unzutreffend. Die Vorschrift des § 15 Abs. 3 RVG ist hier gar nicht 97
anwendbar, da es nicht um verschiedene Gebührensätze, sondern um verschiedene Gebührenbeträge geht. Ebenso unzutreffend wäre es, von den Wahlanwaltsgebühren lediglich die PKH-Gebühren abzuziehen. Auf diese Art und Weise würde die bedürftige Partei doch wieder mit der Wahlanwaltsvergütung belastet. Auch eine Quotelung nach
Streitwertanteilen kommt nicht in Betracht.

---

23   S. hierzu auch *N. Schneider,* BRAGOreport 2001, 1.
24   So OLG München, JurBüro 1969, 514 m. abl. Anm. *E. Schneider,* JurBüro 1983, 1205.
25   (Allerdings noch zur BRAGO) JurBüro 1969, 514 m. abl. Anm. *E. Schneider,* JurBüro 1983, 1205;
     JurBüro 1995, 203 = MDR 1995, 208 = Rpfleger 1995, 219 = OLGR 1995, 11.

98 Der Anwalt erhält vielmehr zunächst die volle PKH-Vergütung:

> 1. *1,3 Verfahrensgebühr, Nr. 3100 VV RVG, § 49 RVG (Wert: 12.000 €)*   *319,80 €*
>
> 2. *1,2 Terminsgebühr, Nr. 3104 VV RVG, § 49 RVG (Wert: 12.000 €)*   *295,20 €*
>
> 3. *Postentgeltpauschale, Nr. 7002 VV RVG*   *20,00 €*
>
> 4. *16 % Umsatzsteuer, Nr. 7008 VV RVG*   *+ 101,60 €*
>
> **Summe:**   ***736,60 €***

99 Darüber hinaus erhält er die Differenz zwischen der Wahlanwaltsvergütung aus dem vollen Wert (hier: 20.000 €) und aus dem Wert der PKH-Bewilligung (hier: 12.000 €):

> 1. *1,3 Verfahrensgebühr, Nr. 3100 VV RVG, § 13 RVG (Wert: 20.000 €)*   *839,80 €*
>
>   *./. 1,3 Verfahrensgebühr, Nr. 3100 VV RVG, § 13 RVG*
>   *(Wert: 12.000 €)*   *– 683,80 €*
>
> 2. *1,2 Terminsgebühr, Nr. 3104 VV RVG, § 13 RVG (Wert: 20.000 €)*   *775,20 €*
>
>   *./. 1,2 Terminsgebühr, Nr. 3104 VV RVG, § 13 RVG (Wert: 12.000 €)*   *– 631,20 €*
>
> 3. *Postentgeltpauschale, Nr. 7002 VV RVG*   *20,00 €*
>
> 4. *./. Postentgeltpauschale, Nr. 7002 VV RVG*   *– 20,00 €*
>
> 5. *16 % Umsatzsteuer, Nr. 7008 VV RVG*   *+ 48,00 €*
>
> **Summe:**   ***348,00 €***

> *Insgesamt erhält der Anwalt also:*
>
> *PKH-Vergütung aus der Staatskasse:*   *736,60 €*
>
> *Wahlanwaltsgebühren vom Mandanten:*   *+ 348,00 €*
>
> **Summe:**   ***1.084,00 €***

100 Beschränkt sich die Partei nach teilweiser PKH-Bewilligung, den Rechtsstreit nur im Rahmen der Bewilligung durchzuführen, verbleibt dem Anwalt der Mehrbetrag der Gebühren im Prüfungsverfahren aus dem höheren Wert.

101 ***Beispiel:***

Der Anwalt wird von der bedürftigen Partei beauftragt, für eine beabsichtigte Klage i.H.v. 25.000 € PKH zu beantragen. Das Gericht ordnet einen Termin im PKH-Prüfungsverfahren an und bewilligt nach mündlicher Verhandlung im Prüfungsverfahren PKH lediglich i.H.v. 20.000 €; in Höhe der weiteren 5.000 € sieht das Gericht keine hinreichenden Erfolgsaussichten und lehnt den Antrag ab. Der Anwalt wird daraufhin beauftragt, das Verfahren lediglich nach einem Wert von 20.000 € durchzuführen, nach dem dann anschließend auch verhandelt wird.

Aus der Staatskasse erhält der Anwalt seine Vergütung nach den §§ 45 ff. RVG aus dem Wert der Beiordnung, also aus 20.000 € und zwar nach den Gebührenbeträgen des § 49 RVG:

1.	*1,3 Verfahrensgebühr, Nr. 3100 VV RVG, § 49 RVG*	*380,90 €*
2.	*1,2 Terminsgebühr, Nr. 3104 VV RVG, § 49 RVG*	*351,60 €*
3.	*Postentgeltpauschale, Nr. 7002 VV RVG*	*20,00 €*
4.	*16 % Umsatzsteuer, Nr. 7008 VV RVG*	*+ 120,40 €*
	Summe:	**872,90 €**

Auch hier kann der Anwalt den Mandanten wegen der weiter gehenden Vergütung in Anspruch nehmen, nämlich insoweit, als der Anwalt im Prüfungsverfahren tätig geworden ist, ohne dass der Auftraggeber die beantragte PKH bewilligt erhalten hat. Hier ist zunächst die tatsächliche Wahlanwaltsvergütung unter Berücksichtigung von § 15 Abs. 3 RVG zu berechnen und dann die Wahlanwaltsvergütung nach dem Wert, zu dem PKH bewilligt worden ist, wieder abzuziehen: **102**

1.	*1,3 Verfahrensgebühr, Nr. 3100 VV RVG (Wert: 20.000 €)*	*839,80 €*
	1,0 Verfahrensgebühr, Nr. 3335 VV RVG (Wert: 5.000 €)	*301,00 €*
	gemäß § 15 Abs. 3 RVG nicht mehr als 1,3 aus 25.000 €	*891,80 €*
3.	*./. 1,3 Verfahrensgebühr, Nr. 3100 VV RVG (Wert: 20.000 €)*	*– 839,80 €*
4.	*1,2 Terminsgebühr, Nr. 3104 VV RVG, Vorbem. 3.3.6 VV RVG (Wert: 25.000 €)*	*823,20 €*
5.	*./. 1,2 Terminsgebühr, Nr. 3104 VV RVG (Wert: 20.000 €)*	*– 775,20 €*
6.	*Postentgeltpauschale, Nr. 7002 VV RVG*	*20,00 €*
7.	*./. Postentgeltpauschale, Nr. 7002 VV RVG*	*20,00 €*
8.	*16 % Umsatzsteuer, Nr. 7008 VV RVG*	*+ 16,00 €*
	Summe:	**116,00 €**

Insgesamt erhält der Anwalt also:

PKH-Vergütung aus der Staatskasse:	*872,90 €*
Wahlanwaltsgebühren vom Mandanten:	*+ 116,00 €*
Summe:	**988,90 €**

B. Nach § 11a ArbGG beigeordneter Anwalt

103 Eine Vergütung aus der Staatskasse erhält auch der nach § 11a ArbGG beigeordnete Rechtsanwalt. Wegen des Sachzusammenhangs s. hierzu Teil 8 Rn. 52 ff.

C. Beratungshilfe

104 Darüber hinaus steht dem Anwalt ein Vergütungsanspruch gegen die Staatskasse im Falle der Beratungshilfe zu (§ 44 RVG). Insoweit sei auf die Gesamtdarstellung in Teil 6 verwiesen.

D. Pflichtverteidiger

105 In Strafsachen nach Teil 4 VV RVG kann ein Anwalt als Pflichtverteidiger bestellt werden. Die Bestellung erfolgt nach den §§ 140, 141 StPO. In Jugendgerichtssachen kann sich die Pflichtverteidigerbestellung aus § 68 JGG ergeben.

106 Ebenso kommt eine Pflichtverteidigerbestellung in Bußgeldverfahren nach Teil 5 VV RVG und in einzelnen Angelegenheiten nach Teil 6 VV RVG nach in Betracht.

107 Im Gegensatz zur PKH setzt die Pflichtverteidigerbestellung einen Anwaltsvertrag voraus. Der Anwalt kann daher auch gegen den Willen des Mandanten als Pflichtverteidiger bestellt werden.

108 Die Vergütung des Pflichtverteidigers bestimmt sich gemäß § 45 Abs. 1 RVG ebenfalls nach den gesetzlichen Gebühren. Da hier allerdings Betragsrahmen vorgesehen sind (keine Wertgebühren) gibt das Vergütungsverzeichnis anstelle der für den Wahlanwalt vorgesehenen Betragsrahmen jeweils Festgebühren für den Pflichtverteidiger vor. Ein Ermessensspielraum des Anwalts nach § 14 Abs. 1 RVG besteht hier nicht.

109 Sind die gesetzlichen Pflichtverteidigergebühren nicht ausreichend, um die Tätigkeit des Anwalts angemessen zu vergüten, so kann er nach § 51 RVG die Bewilligung einer Pauschgebühr beantragen.

110 Soweit in den Verfahren nach Teil 4 bis 6 VV RVG Wertgebühren anfallen, richten sich die Gebührenbeträge wiederum nach § 49 RVG.

111 Wegen der Einzelheiten wird auch hier verwiesen auf die Darstellung in Teil 14 (Strafsachen), Teil 15 (Bußgeldsachen) und Teil 16 (Sonstige Verfahren).

E. Sonstiger bestellter oder beigeordneter Rechtsanwalt in Angelegenheiten nach Teil 4 bis 6 VV RVG

Nicht nur dem Beschuldigten kann ein Anwalt beigeordnet werden. Die Verfahrensordnungen sehen in einer Vielzahl von Fällen vor, dass auch sonstigen Beteiligten ein Anwalt bestellt oder beigeordnet werden kann. Auch in diesen Fällen gelten die in den Teilen 4 bis 6 VV RVG vorgesehenen **Festbeträge**.   112

Soweit in den Verfahren nach Teil 4 bis 6 VV RVG Wertgebühren anfallen, richten sich die Gebührenbeträge wiederum nach § 49 RVG.   113

Auch hier wird wegen der Einzelheiten auf die Darstellung der jeweiligen Verfahren Bezug genommen.   114

F. In Scheidungs- und Lebenspartnerschaftssachen beigeordneter Rechtsanwalt

Nach § 39 RVG kann in Scheidungs- und Lebenspartnerschaftssachen ein Rechtsanwalt beigeordnet werden, dem nach § 45 Abs. 2 RVG dann ein Anspruch gegen die Staatskasse zusteht. Wegen des Zusammenhangs s. hierzu die Darstellung in Teil 9 (Familiensachen) Rn. 583 ff.   115

G. Als allgemeiner Vertreter bestellter Rechtsanwalt

Im Verwaltungsgerichtsverfahren kann darüber hinaus nach § 67a Abs. 1 Satz 1 VwGO ein Rechtsanwalt als allgemeiner Vertreter bestellt werden. S. hierzu die Darstellung in den verwaltungsrechtlichen Verfahren (Teil 11 [Verwaltungsrechtliche Angelegenheiten] Rn. 162 ff.).   116

H. Prozesspfleger

117

Darüber hinaus ist in § 41 RVG der Prozesspfleger geregelt, dem ebenfalls nach § 45 Abs. 1 RVG ein Anspruch gegen die Landeskasse zusteht. Die Höhe der Vergütung richtet sich wiederum nach § 49 RVG. Der Prozesspfleger erhält die gleichen Gebühren, die ein im Rahmen der PKH beigeordneter Rechtsanwalt fordern könnte.

I. Muster

I. Muster 1: Antrag auf Bewilligung von Prozesskostenhilfe und Beiordnung

118

An das

Amtsgericht ....

In der Sache

... ./. ...

Az. ....

beantrage ich,

- dem Beklagten Prozesskostenhilfe zu bewilligen

und

- den Unterzeichner als Prozessbevollmächtigten beizuordnen.

Eine Erklärung zu den persönlichen und wirtschaftlichen Verhältnissen liegt bei.

Zu den hinreichenden Erfolgsaussichten nehme ich Bezug auf die bereits zur Akte gereichte Klageerwiderung.

....

Rechtsanwalt

II. Muster 2: Antrag auf Prozesskostenhilfe-Abrechnung

119

An das

Amtsgericht ....

In der Sache

... ./. ...

Az. ....

beantrage ich,

die nachstehend berechnete Prozesskostenhilfevergütung festzusetzen.

Es wird versichert,

- dass die angegebenen Auslagen während der Beiordnung entstanden sind,

- dass weitere als die angegebenen Vorschüsse und sonstige Zahlungen oder anzurechnende Beträge nicht geleistet wurden,

- dass weitere Gebühren für Beratungshilfe als die angegebenen nicht geleistet worden sind.

Berechnung:

1.	1,3 Verfahrensgebühr, Nr. 3100 VV RVG (Wert: 6.000 €)	292,50 €
2.	1,2 Verfahrensgebühr, Nr. 3104 VV RVG (Wert: 6.000 €)	270,00 €

3.	gemäß Anm. 2 zu Nr. 2603 VV RVG anzurechnen	–	35,00 €
4.	Postentgeltpauschale, Nr. 7002 VV RVG		20,00 €
5.	16 % Umsatzsteuer, Nr. 7008 VV RVG	+	87,60 €
	Summe:		**635,10 €**

....
Rechtsanwalt

III. Muster 3: Sofortige Beschwerde gegen die Prozesskostenhilfe-Festsetzung

120

An das

Amtsgericht ....

In der Sache

... ./. ...

Az. ....

lege ich gegen den Festsetzungsbeschluss vom

sofortige Beschwerde

ein.

Mit der sofortigen Beschwerde wende ich mich gegen die Absetzung der Einigungsgebühr.

Die Rechtspflegerin hat die Einigungsgebühr mit der Begründung abgesetzt, dass die Einigung nicht vor Gericht protokolliert, sondern dass diese lediglich außergerichtlich geschlossen worden sei.

Unstreitig ist, dass die Einigungsgebühr angefallen ist. Auch außergerichtliche Einigungen lösen die Einigungsgebühr nach Nr. 1000 VV RVG aus.

Diese Gebühr ist aus der Staatskasse auch zu übernehmen. Nach § 45 Abs. 1 RVG erhält der beigeordnete Rechtsanwalt die gesetzliche Vergütung nach dem RVG. Eine Einschränkung, dass außergerichtliche Einigungsgebühren nicht übernommen werden, findet sich nicht. Ich nehme insoweit auch Bezug auf die Entscheidung des OLG München (RVGreport 2004, 185 [Hansens] = AGS 2004 156).

Die Absetzung der Einigungsgebühr wäre auch sinnwidrig. Nach dem RVG sollen außergerichtliche Einigungsgebühren der Parteien honoriert werden, wie sich z.B. aus Abs. 3 der Vorbem. 3 VV RVG ergibt. Es wäre geradezu widersinnig, wenn der im Rahmen der Prozesskostenhilfe beigeordnete Rechtsanwalt die Gerichte zur Protokollierung in Anspruch nehmen müsste, um seine Vergütung auszulösen.

....

Rechtsanwalt

IV. Muster 4: Antrag nach § 46 Abs. 2 RVG

121

An das

Amtsgericht ....

In der Sache

... ./. ...

Az. ....

beantrage ich, gemäß § 46 Abs. 2 RVG festzustellen, dass eine Geschäftsreise nach ... erforderlich ist.

Die Beklagte wird in diesem Verfahren auf Zustimmung zu einer Mieterhöhung verklagt. Im Hinblick auf den Vortrag der Klägerin zur Ausstattung und Qualität der Mietwohnung ist es erforderlich, die Wohnung persönlich in Augenschein zu nehmen. Da sich die Wohnung in ... befindet, also außerhalb des Gerichtsortes, werden insoweit Reisekosten des Unterzeichners anfallen.

Da diese zur sachgerechten Wahrnehmung des Mandats erforderlich sind, wird beantragt, die Erforderlichkeit dieser Reise vorab festzustellen, um im Nachhinein eine Auseinandersetzung mit der Staatskasse zu vermeiden.

....

Rechtsanwalt

V. Muster 5: Vorschussanforderung im Rahmen der Prozesskostenhilfe

122

An das

Amtsgericht ....

In der Sache

... ./. ...

Az. .... (PKH)

beantrage ich, gemäß § 47 RVG einen Vorschuss festzusetzen i.H.v.

1.	1,3 Verfahrensgebühr, Nr. 3100 VV RVG (Wert: 6.000 €)	292,50 €
2.	Postentgeltpauschale, Nr. 7002 VV RVG	20,00 €
3.	16 % Umsatzsteuer	+ 50,00 €
	Summe:	**362,50 €**

Vorschüsse, Zahlungen Dritter oder anzurechnende Beträge habe ich nicht erhalten.

....

Rechtsanwalt

Schneider

VI. Muster 6: Festsetzungsantrag nach § 126 ZPO

123

An das
Amtsgericht ....

In der Sache
... ./. ...

Az. ...

beantrage ich, gemäß § 126 ZPO, aufgrund des Urteils vom ... die sich aus der beiliegenden Kostennote ergebende Wahlanwaltsvergütung i.H.v.   1.003,40 €

abzüglich aus der Staatskasse bereits gezahlter PKH-Vergütung i.H.v.   –   675,70 €

also restliche   327,70 €

gegen den Beklagten festzusetzen und die gesetzliche Verzinsung auszusprechen.

....
Rechtsanwalt

Anlage:

Herrn   Rechnungsnummer: ....

.....   Steuernummer: ....

.....   Bearbeitungszeitraum: ....

....

Kostenrechnung

in Sachen

.... ./. ...

1.	1,3 Verfahrensgebühr, Nr. 3100 VV RVG (Wert: 6.000 €)	439,40 €
2.	1,2 Terminsgebühr, Nr. 3104 VV RVG (Wert: 6.000 €)	405,60 €
3.	Postentgeltpauschale, Nr. 7002 VV RVG	20,00 €
4.	16 % Umsatzsteuer	+ 138,40 €
	Summe:	**1.003,40 €**

....
Rechtsanwalt

VII. Muster 7: Vergütungsfestsetzungsantrag nach § 11 RVG auf weitergehende Vergütung bei Prozesskostenhilfe

124

An das
Amtsgericht ....

... ./. ...

Az. ...

Antrag auf Vergütungsfestsetzung nach § 11 RVG

In der vorgenannten Sache beantrage ich,

die sich aus der beiliegenden Kostennote ergebende weitere Vergütung gegen den Kläger festzusetzen und gesetzliche Verzinsung auszusprechen.

Es wird beantragt, die von mir noch zu zahlenden Zustellungskosten unter Ausspruch der gesetzlichen Verzinsung hinzuzusetzen.

Begründung

Ausweislich des Prozesskostenhilfeantrags hatte mich der Kläger beauftragt, Prozesskostenhilfe für eine beabsichtigte Klage i.H.v. 20.000 € zu beantragen.

Das Gericht hat Prozesskostenhilfe lediglich für eine Klage i.H.v. 12.000 € bewilligt. In dieser beschränkten Höhe ist die Klage dann auch eingereicht worden.

Für die weitergehende Tätigkeit im Prozesskostenhilfeprüfungsverfahren ergibt – sich ausgehend von dem dort höheren Streitwert – die nachstehend berechnete weitergehende Vergütung. Die Rechnung ist dem Beschuldigten im Original und eigenhändig unterzeichnet zugegangen. Vorsorglich wird der für den Beschuldigten beigefügten Abschrift nochmals eine Kostenrechnung im Original und eigenhändig unterzeichnet beigefügt.

Da es insoweit an der Bewilligung von Prozesskostenhilfe fehlt, greift die Sperre des § 122 Abs. 1 Nr. 3 ZPO nicht, so dass der Kläger unmittelbar haftet.

Da er trotz mehrfacher Aufforderung freiwillig nicht gezahlt hat, ist insoweit die Festsetzung nach § 11 RVG geboten.

....
Rechtsanwalt

Anlage:

Herrn	Rechnungsnummer: ....
.....	Steuernummer: ....
.....	Bearbeitungszeitraum: ....

....

Kostenrechnung

in Sachen

..... ./. .....

1.	1,3 Verfahrensgebühr, Nr. 3100 VV RVG (Wert: 20.000 €)	839,80 €
	./. 1,3 Verfahrensgebühr, Nr. 3100 VV RVG (Wert: 12.000 €)	– 683,80 €
2.	1,2 Terminsgebühr, Nr. 3104 VV RVG (Wert: 20.000 €)	775,20 €
	./. 1,2 Terminsgebühr, Nr. 3104 VV RVG (Wert: 12.000 €)	– 631,20 €
3.	Postentgeltpauschale, Nr. 7002 VV RVG	20,00 €
4.	./. Postentgeltpauschale, Nr. 7002 VV RVG	– 20,00 €
5.	16 % Umsatzsteuer, Nr. 7008 VV RVG	+ 48,00 €
	Summe:	**348,00 €**

....
Rechtsanwalt

Teil 3: Durchsetzung der Vergütung gegen den eigenen Auftraggeber

Inhaltsverzeichnis

1

Will der Rechtsanwalt seinen Anspruch auf die Vergütung gegen seinen eigenen Auftraggeber durchsetzen, müssen folgende **Voraussetzungen** erfüllt sein:

- Die **Vergütung** muss zunächst einmal **entstanden** sein.

- Die **Gebühren** sind entstanden, sobald der Rechtsanwalt die erste den jeweiligen Gebührentatbestand auslösende Tätigkeit entfaltet hat.

- Die **Auslagen** sind erwachsen, wenn der Rechtsanwalt sie aufgewendet hat.

- Die Vergütung muss **fällig** geworden sein. Hierzu muss einer der in § 8 Abs. 1 RVG (früher: § 16 BRAGO) geregelten Fälligkeitstatbestände erfüllt sein.

- Die Vergütung muss **einforderbar** sein.

  Hierzu ist es erforderlich, dass der Rechtsanwalt dem Auftraggeber eine den Formvorschriften des § 10 RVG entsprechende **Kostenberechnung mitgeteilt** hat.

- Soweit der Auftraggeber nicht freiwillig zahlt, muss der Rechtsanwalt sie **durchsetzen**. Dies kann einmal im Wege der Vergütungsfestsetzung gemäß § 11 RVG erfolgen oder im gesonderten Verfahren, wie dem **Mahnverfahren** oder dem **Honorarprozess**.

A. Fälligkeit

I. Allgemeines

In den jeweiligen Gebühren- und Auslagenvorschriften ist bestimmt, wann dem Rechtsanwalt die dort geregelte Vergütung entsteht. Berechnen kann er sie seinem Auftraggeber erst dann, wenn sein Vergütungsanspruch fällig geworden ist. Hierzu regelt § 8 Abs. 1 RVG, der § 16 BRAGO entspricht, **fünf verschiedene Fälligkeitstatbestände.** **2**

Diese Vorschrift ist anwendbar für grds. **jeden im RVG geregelten Gebühren- oder Auslagentatbestand**. Somit gilt § 8 Abs. 1 RVG **3**

- für die **gesetzliche Vergütung,**

- für **vereinbarte Honorare** (§ 4 RVG),
- für **Auslagen** nach Nrn. 7000 ff. VV RVG,
- für den Anspruch des im Wege der **PKH** beigeordneten Rechtsanwalts gegen die Staatskasse,[1]
- für den Anspruch des beigeordneten **Nebenkläger-Vertreters** gegen die Staatskasse,[2]
- für den Anspruch des **Beratungshilfe** gewährenden Rechtsanwalts gegen den Rechtsuchenden auf die Beratungshilfegebühr nach Nr. 2600 VV RVG und gegen die Landeskasse auf Zahlung der Gebühren nach Nrn. 2601 – 2608 VV RVG,
- für die Ansprüche des **Pflichtverteidigers** gegen die Staatskasse mit Ausnahme der Pauschvergütung. Diese wird richtigerweise erst mit endgültigem Abschluss des Festsetzungsverfahrens fällig, da vorher noch gar nicht feststeht, ob und ggf. in welcher Höhe dem Rechtsanwalt eine Pauschvergütung zusteht.[3]

4 **Keine Anwendung** findet die Fälligkeitsregelung in § 8 Abs. 1 RVG

- auf **nicht im RVG geregelte Auslagen,** die der Rechtsanwalt von seinem Auftraggeber nach den §§ 675, 670 BGB ersetzt verlangen kann. Insoweit greift die sonst verdrängte allgemeine Vorschrift des § 271 BGB ein, wonach der Anspruch des Rechtsanwalts sofort fällig wird.
- Die **Hebegebühr** wird bei Ablieferung des vereinbarten Geldes nach Abs. 2 Satz 2 der Anm. zu Nr. 1009 VV RVG fällig. Da sie bei der Ablieferung an den Auftraggeber entnommen werden kann und da es sich insoweit um keinen Vorschuss handelt, kann der Rechtsanwalt die fällige Hebegebühr einbehalten.
- Ob die in § 788 Abs. 1 Satz 1 ZPO eröffnete Möglichkeit, dass die Vergütung für die **Zwangsvollstreckung** (Nrn. 3309 f. VV RVG) von dem Schuldner zugleich mit dem zu vollstreckenden Anspruch beigetrieben werden kann, auch die Fälligkeit der Anwaltsvergütung bewirkt, wenn die Zwangsvollstreckung noch nicht beendet ist, ist umstritten.[4]

II. Fälligkeitstatbestände

5 Gemäß § 271 BGB kann der Rechtsanwalt die Vergütung sofort fordern. Hiervon abweichend bestimmt § 8 Abs. 1 RVG fünf Fälligkeitstatbestände, nach denen die Fälligkeit im Regelfall später als nach materiellem Recht eintritt.

6 Der Rechtsanwalt kann seinem Auftraggeber die Vergütung erst berechnen, wenn mindestens einer der in § 8 Abs. 1 RVG genannten Fälligkeitstatbestände gegeben ist. Viel-

---

1 LAG Köln, NZA-RR 1999, 543 = MDR 1999, 1287.
2 OLG Braunschweig, JurBüro 2000, 475.
3 OLG Hamm, AnwBl. 1998, 613; *Burhoff,* AGS 2002, 98; *Burhoff,* RVG, § 51 Rn. 54; OLG Bamberg, JurBüro 1990, 1281; OLG Jena, StraFo 1997, 253; a.A. OLG Hamburg, JurBüro 1991, 233; KG, JurBüro 1999, 26; OLG Braunschweig, JurBüro 2000, 475: rechtskräftiger Abschluss des Strafverfahrens.
4 Ja: *Gerold/Schmidt/Madert,* BRAGO, § 16 Rn. 16; *Hansens,* BRAGO, § 16 Rn. 8; Nein: Anwkom-BRAGO-N. *Schneider,* § 16 Rn. 6; offen: *Mayer/Kroiß/Gierl,* RVG, § 8 Rn. 10.

fach werden aber auch mehrere vorliegen. Bei mehreren Tatbeständen ist dann der **früheste** maßgeblich,[5] was für den Beginn der Verjährung entscheidend sein kann.

Die ersten in § 8 Abs. 1 Satz 2 RVG aufgeführten beiden Tatbestände betreffen sowohl   7
gerichtliche als auch außergerichtliche Angelegenheiten. Die übrigen drei in § 8 Abs. 1
Satz 2 RVG genannten Tatbestände betreffen nur Tätigkeiten in gerichtlichen Verfahren.

1.   Erledigung des Auftrags

Der Auftrag des Rechtsanwalts ist im Regelfall erledigt, wenn dieser seinen Verpflichtun-   8
gen aus dem Anwaltsdienstvertrag vollständig nachgekommen ist. Dieser Zeitpunkt deckt
sich meist auch mit dem der Beendigung der Angelegenheit. Die Erledigung des Auftrags kann aber auch vorher eintreten. Das kann etwa in folgenden Fällen eintreten:

a)   Kündigung

Auch vor Beendigung der Angelegenheit kann der Auftrag infolge einer Kündigung des   9
Anwaltsdienstvertrags durch den Rechtsanwalt oder den Mandanten oder durch eine Ver-
tragsaufhebung erledigt sein.

> *Beispiel:*
>
> *Der Auftraggeber hat trotz entsprechender Aufforderung durch den Rechtsanwalt den ge-*   10
> *forderten Vorschuss nicht gezahlt. Der Rechtsanwalt kündigt deshalb – wie angedroht –*
> *den Anwaltsdienstvertrag, indem er das Mandat niederlegt. Damit ist die bis dahin ver-*
> *diente Vergütung fällig geworden. Zahlt der Auftraggeber dann den verlangten Vorschuss*
> *nachträglich und setzt der Rechtsanwalt seine Anwaltstätigkeit fort, ändert dies an der*
> *eingetretenen Fälligkeit der zunächst verdienten Vergütung nichts.[6]*

b)   Aufhebung der Beiordnung oder Bestellung

Der Auftrag des im Wege der PKH oder nach § 11a ArbGG beigeordneten Rechtsanwalts   11
erledigt sich hiervon abweichend nicht bereits mit der Kündigung des Auftraggebers.
Vielmehr erledigt sich der Auftrag erst mit der Aufhebung der Beiordnung.[7] Dies gilt entsprechend für den Pflichtverteidiger.

c)   Unmöglichkeit der weiteren Vertragserfüllung

Der Auftrag des Rechtsanwalts erledigt sich auch dann, wenn ihm die Fortsetzung der   12
Anwaltstätigkeit später unmöglich wird.

---

5   BGH, NJW-RR 1992, 254 = AnwBl. 1985, 257; WM 1998, 1545 und NJW 1998, 3486 = AGS 1998,
    177 = Rpfleger 1998, 538.
6   OLG Schleswig, JurBüro 1980, 68.
7   *Hansens*, BRAGO, § 16 Rn. 3.

Beispiel:

Er gibt seine Anwaltszulassung zurück oder sie wird ihm entzogen.

d) Tod des Rechtsanwalts

13 Mit dem Tod des Rechtsanwalts ist der Auftrag ebenfalls erledigt (§§ 673, 675 BGB). Dies gilt nicht, wenn der Auftraggeber eine Anwaltssozietät beauftragt hat und der bearbeitende Rechtsanwalt verstirbt. Ist für die Kanzlei des verstorbenen Rechtsanwalts nach § 55 BRAO ein **Abwickler** bestellt worden, setzt sich das Auftragsverhältnis mit diesem fort, sofern der Mandant nicht anderweitig für seine Vertretung gesorgt hat (§ 55 Abs. 2 Satz 4 BRAO). In diesem Fall führt der Tod des Anwalts also nicht zur Erledigung des Auftrags.

e) Tod des Auftraggebers

14 Der Tod des Auftraggebers führt gemäß § 672 Satz 1 BGB im Zweifel nicht zur Erledigung des Auftrags.[8] Etwas anderes gilt nur, wenn das Mandatsverhältnis höchstpersönlicher Natur war oder es sich mit dem Tod des Auftraggebers, etwa bei einem Scheidungsverfahren oder bei einer Strafverteidigung erledigt.[9]

2. Beendigung der Angelegenheit

15 Die Angelegenheit ist beendet, wenn der Auftrag erfüllt ist. Wann dies der Fall ist, beurteilt sich nach dem gebührenrechtlichen Begriff der Angelegenheit i.S.v. § 15 Abs. 1 RVG. Vielfach ist der Auftrag des Rechtsanwalts erledigt, wenn auch die Angelegenheit beendet ist. Dann fallen beide Fälligkeittatbestände zeitlich zusammen.

16 Ein Auftrag kann jedoch auch die Tätigkeit des Rechtsanwalts in mehreren Angelegenheiten betreffen. Dann können einzelne Angelegenheiten beendet sein, bevor der gesamte Auftrag erledigt ist. Dies betrifft in erster Linie die Fälle, in denen das Gesetz bestimmte Tätigkeiten des Rechtsanwalts als neue oder besondere Angelegenheit regelt.

17 **Beispiele:**

(1) Der Rechtsanwalt soll einen Zahlungsanspruch für seinen Auftraggeber durchsetzen. Er wird zunächst im Mahnverfahren und – nach Widerspruchseinlegung – im streitigen Verfahren tätig. Beide Verfahren sind gemäß § 17 Nr. 2 RVG verschiedene Angelegenheiten. Die Vergütung für die Tätigkeit im Mahnverfahren nach Nrn. 3305 ff. VV RVG ist mit der Beendigung des Mahnverfahrens früher fällig als die Vergütung im nachfolgenden Streitverfahren nach Nrn. 3100 ff. VV RVG.

---

8   OLG Hamm, JurBüro 1977, 350.
9   Anwkom-BRAGO-*N. Schneider*, § 16 Rn. 26.

(2) Der Rechtsanwalt verteidigt den Beschuldigten zunächst im strafrechtlichen Ermittlungsverfahren und – nach dessen Einstellung – im anschließenden Bußgeldverfahren. Beide Tätigkeiten stellen gemäß § 17 Nr. 10 RVG verschiedene Angelegenheiten dar. Während die Vergütung für die Tätigkeit im strafrechtlichen Ermittlungsverfahren nach Teil 4 VV RVG fällig geworden ist, ist dies für die Vergütung im anschließenden Bußgeldverfahren nach Teil 5 VV RVG noch nicht der Fall.

Ordnet das Gesetz die **Anrechnung** der für eine frühere Tätigkeit verdienten Gebühr auf die in einer späteren Angelegenheit angefallenen Gebühr an, ändert dies an der eingetretenen Beendigung der Angelegenheit und somit der Fälligkeit der zuerst verdienten Gebühr nichts. **18**

Beispiele: **19**

(1) Der Rechtsanwalt hat den Auftraggeber in einer Mietangelegenheit zunächst außergerichtlich vertreten und dann nach dem Scheitern dieser Tätigkeit auftragsgemäß Klage eingereicht. Die für die Vertretung angefallene Geschäftsgebühr nach Nr. 2400 VV RVG ist zwar nach Vorbem. 3 Abs. 4 VV RVG auf die gerichtliche Verfahrensgebühr nach Nr. 3100 VV RVG anzurechnen. Dies ändert jedoch nichts daran, dass die Geschäftsgebühr mit der Beendigung der außergerichtlichen Vertretung fällig geworden ist.

(2) Der Rechtsanwalt legt auftragsgemäß für den Antragsgegner Widerspruch gegen den Mahnbescheid ein. Nach Abgabe der Sache an das Streitgericht und nach Zustellung der Anspruchsbegründung vertritt der Anwalt den nunmehrigen Beklagten auch im Rechtsstreit. Die gerichtliche Verfahrensgebühr nach Nr. 3307 VV RVG für die Vertretung des Antragsgegners im Mahnverfahren ist mit der Beendigung des Verfahrens fällig geworden. Die Vergütung für die Tätigkeit im anschließenden Streitverfahren nach Nr. 3100 VV RVG ist derzeit noch nicht fällig. Daran ändert auch die Anrechnungsbestimmung nach der Anm. zu Nr. 3307 VV RVG nichts, nach der die Verfahrensgebühr nach Nr. 3307 VV RVG auf die Verfahrensgebühr der Nr. 3100 VV RVG anzurechnen ist.

Problematisch ist vielfach die Beendigung der Angelegenheit bei außergerichtlichen Tätigkeiten. Hier ist die Angelegenheit beendigt, wenn der Rechtsanwalt das ausdrücklich vereinbarte oder sich sonst aus den Umständen ergebene Rechtsschutzziel des Mandanten verwirklicht hat. Umgekehrt kann aber auch die Angelegenheit beendigt sein, wenn sich endgültig herausstellt, dass sich dieses Ziel nicht erreichen lässt. **20**

Beispiel: **21**

Nach außergerichtlichen Verhandlungen lehnt der Gegner eine außergerichtliche Einigung ab.[10]

---

10   LG Mannheim, AnwBl. 1966, 30 = MDR 1965, 920.

22 Die außergerichtliche Angelegenheit ist natürlich auch dann beendet, wenn das Rechtsschutzziel des Mandanten einvernehmlich beendet wird.

23 *Beispiel:*

Die Parteien einigen sich über die außergerichtlich geltend gemachte Forderung durch einen Vergleich.[11]

24 Voraussetzung für den Eintritt der Fälligkeit durch Beendigung einer außergerichtlichen Tätigkeit ist ferner, dass der Rechtsanwalt **Kenntnis von der Beendigung** der Angelegenheit erhält.

25 *Beispiel:*

Der Rechtsanwalt sollte außergerichtlich den Verkauf einer Eigentumswohnung rechtlich betreuen und vorbereiten. Nach entsprechender Tätigkeit des Rechtsanwalts veräußert der Mandant die Wohnung ohne Mitwirkung seines Rechtsanwalts an einen Erwerber, teilt dies dem Anwalt jedoch nicht mit.

Erst wenn der Anwalt von der Beendigung der Angelegenheit Kenntnis erlangt hat, tritt Fälligkeit der Vergütung ein.[12]

3. Ergehen einer Kostenentscheidung

26 Dieser Fälligkeitstatbestand tritt in gerichtlichen Verfahren häufig auf. Er tritt oft auch mit dem Tatbestand der Erledigung des Auftrags und der Beendigung des Rechtzugs zusammen.

a) Kostenentscheidung

27 Unter einer Kostenentscheidung versteht man jede Entscheidung über den Kostenpunkt. Hierauf kommt es nicht an, ob die Entscheidung nur die außergerichtlichen Kosten oder nur die Gerichtskosten betrifft. Letzteres gilt selbst dann, wenn sich die Kostenfolge direkt aus dem Gesetz ergibt.[13] Selbst eine **Teilkostenentscheidung** kann ausreichen.[14] Allerdings wird in einem solchen Fall die Vergütung nur zu dem entsprechenden **Bruchteil** fällig. Überlässt das Teilurteil die Kostenentscheidung hingegen dem Schlussurteil, tritt **Fälligkeit durch das Teilurteil** nicht ein. Betrifft die Kostenentscheidung in einem Teilurteil nur einen von mehreren Streitgenossen, ohne das für oder gegen ihn im Wege der Kostenaussonderung eine Teil-Kostenentscheidung ergangen ist, wird die Vergü-

---

11 AG Köln, JurBüro 1999, 528 = AnwBl. 1999, 487 = AGS 1999, 150.
12 AG Waiblingen, AnwBl. 1999, 705.
13 *Mayer/Kroiß/Gierl,* RVG, § 8 Rn. 35; *Hansens,* BRAGO, § 16 Rn. 5; a.A. *Hartmann,* KostG, § 8 RVG Rn. 12.
14 OLG Naumburg, JurBüro 1998, 87.

tung auch erst mit der Beendigung des gesamten Rechtsstreits fällig.[15] Ist nur über die Kosten eines Streitgenossen entschieden worden, wird die Vergütung auch nur gegenüber diesem fällig.

Eine Kostenregelung in einem **Vergleich** entspricht für die Fälligkeit der Vergütung einer Kostenentscheidung. 28

Der Mahnbescheid enthält keine Kostenentscheidung, ebenso wenig der Vollstreckungsbescheid.[16] 29

Das Gericht hat dann noch keine Kostenentscheidung getroffen, wenn die **Entscheidung** einer noch nicht ergangenen gesonderten Entscheidung über die Kosten **folgen soll**. 30

> *Beispiel:* 31
>
> *In einem Scheidungsverfahren hatte das Familiengericht auch über mehrere Anträge auf Erlass einstweiliger Anordnungen entschieden. Über die Kosten in diesem Anordnungsverfahren hatte das Gericht bestimmt, dass diese den Kosten der Hauptsache folgen sollen.*
>
> *Hier liegt eine Kostenentscheidung betreffend die Anordnungsverfahren nicht vor, da hierüber gerade noch nicht entschieden wurde.[17]*

b) Ergangen

Die Kostenentscheidung ist ergangen 32

- mit ihrer Verkündung (§ 329 Abs. 1 ZPO),

- mit ihrer formlosen Mitteilung (§ 329 Abs. 2 ZPO) und

- bei Entscheidung ohne mündliche Verhandlung mit ihrer Zustellung (§ 128 Abs. 2 und 3 ZPO).

> *Beispiel:* 33
>
> *Das am 20.12.2004 verkündete Schlussurteil wird dem Prozessbevollmächtigten des Klägers am 10.1.2005 zugestellt.*
>
> *Fälligkeit seiner Vergütung ist bereits am 20.12.2004 eingetreten.[18]*

Rechtskraft oder auch nur **vorläufige Vollstreckbarkeit** der Kostenentscheidung sind nicht erforderlich. 34

---

15 OLG Naumburg, JurBüro 1998, 81 mit Anm. *Schütt.*
16 *Hansens,* JurBüro 1987, 1281; a.A. *Lappe,* Rpfleger 1981, 341.
17 KG, Rpfleger 1984, 625; a.A. *Gerold/Schmidt/Madert,* BRAGO, § 16 Rn. 7.
18 OLG Düsseldorf, OLGR 1999, 298.

4. Beendigung des Rechtzugs

35 Gemeint ist hierbei der Rechtzug nach dem **Verfahrensrecht**. Auf den gebührenrechtlichen Begriff des Rechtzuges gemäß § 15 Abs. 2 Satz 2 RVG kommt es nicht an. Dies beurteilt sich für jeden Rechtzug gesondert. Im Regelfall ergeht spätestens bei Beendigung des Rechtzugs auch eine Kostenentscheidung, so dass es vielfach auf diesen Fälligkeitstatbestand nicht ankommt. Bedeutung erlangt jedoch die Beendigung des Rechtzugs, wenn keine Kostenentscheidung getroffen worden ist.

36 *Beispiel:*

(1) Das Gericht gibt der Klage über 20.000 € hinsichtlich eines Teilbetrags von 12.000 € statt. Die Kostenentscheidung behält es dem Schlussurteil vor.

Hinsichtlich der durch Teilurteil entschiedenen 12.000 € ist der Rechtzug beendigt. Nach diesem Teil-Gegenstandswert ist damit die Vergütung der Prozessbevollmächtigten der Parteien fällig geworden.

(2) Im Scheidungsverbundverfahren entscheidet das Familiengericht gemäß § 627 ZPO vorweg über das Sorgerecht.

Die Vergütung nach dem Gegenstandswert dieses Sorgerechtsverfahrens ist mit Erlass der Entscheidung fällig geworden, da insoweit der Rechtzug beendet ist.

37 Der Rechtzug kann aber nicht nur durch gerichtliche Entscheidung beendet werden. Vielmehr kommt eine **Beendigung** auch durch

- Klagerücknahme,

- Rechtsmittelrücknahme,

- Vergleich oder Einigung,

- Rücknahme der Anklage oder eines sonstigen Verfahrensantrags

in Betracht. Dabei muss die gerichtliche Entscheidung die **Instanz abschließen**. Bei Ergehen nur von Zwischenentscheidungen wird die Vergütung nicht fällig.

38 *Beispiel:*

Bei Erlass eines Zwischenurteils gemäß § 303 ZPO oder eines Grundurteils wird der Rechtzug nicht beendigt.

39 Auch die den Rechtzug beendigende **Gerichtsentscheidung** muss nach dem für sie maßgeblichen prozessualen Vorschriften **wirksam geworden** sein. Das ist im Regelfall die Verkündung der Entscheidung,[19] an deren Stelle aber auch die Zustellung oder die formlose Mitteilung der Entscheidung treten kann.

---

19   OLG Düsseldorf, OLGR 1999, 298.

Endigt der Rechtzug durch **Prozesshandlungen** der Verfahrensbeteiligten, müssen die- 30
se nach den Verfahrensvorschriften **wirksam** gewesen sein.

Beispiel:

Nach mündlicher Verhandlung nimmt der Kläger die Klage zurück. Der Beklagte verwei-
gert seine Einwilligung zur Wirksamkeit der Klagerücknahme und beantragt, die Klage ab-
zuweisen.

Mangels erforderlicher Einwilligung (§ 269 Abs. 1 ZPO) ist die Klagerücknahme nicht wirk-
sam geworden.

Die Beendigung des Rechtzugs durch Abschluss eines **Vergleichs** setzt ebenfalls dessen 41
Rechtswirksamkeit voraus.

Beispiele: 42

(1) In dem am 15.7. geschlossenen Vergleich hat sich der Beklagte den Widerruf dieses
Vergleichs bis zum 30.9. vorbehalten.

Der Vergleich ist erst wirksam geworden, wenn die Widerrufsfrist ohne Eingang eines Wider-
rufs verstrichen ist oder wenn der Beklagte vorher mitgeteilt hat, er mache von seinem
Widerrufsrecht keinen Gebrauch.

(2) Die Parteien lassen im Scheidungsverfahren eine Einigung ohne gegenseitiges Nach-
geben über den Versorgungsausgleich oder den Zugewinnausgleich protokollieren.

Diese Einigung ist rechtsunwirksam. Derartige Vereinbarungen bedürfen grds. der nota-
riellen Beurkundung (§ 1587o Abs. 2, § 1378 Abs. 3 Satz 2 BGB). Nur der gerichtliche
Vergleich nach § 127a BGB ersetzt diese Form, nicht hingegen eine Einigung ohne gegen-
seitiges Nachgeben.[20]

Ob allein durch die Abgabe der übereinstimmenden Erklärungen der Parteien, der Rechts- 43
streit sei in der Hauptsache erledigt, eine Beendigung des Rechtsstreits eintritt, ist umstritten. Nach einer Auffassung ist dies der Fall, da die Erledigungserklärungen die Rechtshängigkeit der Hauptsache beenden.[21] Nach der Gegenauffassung ist der Rechtsstreit
noch nicht beendet, weil das Gericht noch von Amts wegen über die Kosten zu entscheiden habe.[22]

Unerheblich ist es in allen Fällen der Beendigung des Rechtzugs, ob der Rechtsanwalt 44
nach der Beendigung noch **Abwicklungsgeschäfte** zu erledigen hat (vgl. § 19 Abs. 1
Nr. 13 RVG).

---

20   S. hierzu Teil 9 Rn. 500 ff.
21   *Hansens*, BRAGO, § 16 Rn. 6.
22   Anwkom-BRAGO-*N. Schneider*, § 16 Rn. 47; *Mayer/Kroiß/Gierl*, RVG, § 8 Rn. 47.

45 **Beispiele:**

(1) *Die Vergütung ist auch dann mit Zustellung des Endurteils fällig geworden, wenn der Rechtsanwalt noch das Kostenfestsetzungsverfahren betreibt.*

(2) *Der Rechtzug ist auch dann beendigt, wenn der Anwalt nach Klagerücknahme noch Kostenantrag gemäß § 269 Abs. 3 ZPO stellt.*[23]

5. Ruhen des Verfahrens länger als 3 Monate

46 Auch wenn das Verfahren länger als 3 Monate ruht, wird die Vergütung des Rechtsanwalts fällig. Hierzu genügt es, dass in der betreffenden Angelegenheit **länger als 3 Monate tatsächlich nichts geschieht.**[24] Worauf dies zurückzuführen ist, ist unerheblich. Es ist auch nicht erforderlich, dass das Gericht nach § 251 Abs. 1 ZPO das Ruhen des Verfahrens anordnet. Das Gericht muss allerdings durch seine Untätigkeit zu erkennen geben, dass es das Verfahren in der nächsten Zeit nicht mehr weiterfördern wird.

47 **Beispiele:**

(1) *Das Gericht holt ein schriftliches Sachverständigengutachten ein und legt die Akten 6 Monate auf Frist.*

(2) *Das Beschwerdeverfahren gegen einen Kostenfestsetzungsbeschluss wird vom Gericht nicht weiter betrieben, da sich die Akten wegen einer Rechtsbeschwerde gegen die Kostenentscheidung beim BGH befinden. Deshalb hat sich das Beschwerdegericht eine Frist von einem Jahr notiert.*

In beiden Fällen beruht die zeitweise Untätigkeit des Gerichts auf verfahrensrechtlichen Erwägungen, so dass die Vergütung für die betreffenden Verfahren auch nicht 3 Monate später fällig geworden sind.

48 Ob die Vergütung 3 Monate nach Anordnung der **Aussetzung** des Verfahrens (z.B. §§ 148 ff. ZPO) oder nach der **Unterbrechung** des Verfahrens (vgl. §§ 239 ff. ZPO) fällig wird, ist umstritten.[25]

49 Die durch ein längeres Ruhen des Verfahrens als 3 Monate eingetretene Fälligkeit der Anwaltsvergütung wird auch nicht dadurch nachträglich beseitigt, dass das Verfahren später wieder aufgenommen und fortgeführt oder tatsächlich weiter betrieben wird.[26] Soweit nach dem Weiterbetreiben des Verfahrens erneut Gebühren und Auslagen anfallen, werden diese erst später fällig.

---

23 LG Bonn, AnwBl. 1992, 239.
24 OVG Bremen, JurBüro 1991, 929, für Gerichtskosten.
25 Nein: *Hansens*, BRAGO, § 16 Rn. 7; *Riedel/Sußbauer/Fraunholz*, BRAGO, § 16 Rn. 15; ja: Anwkom-BRAGO-*N. Schneider*, § 16 Rn. 101; tendenziell auch *Mayer/Kroiß/Gierl*, RVG, § 8 Rn. 52.
26 OLG Schleswig, JurBüro 1980, 68; *Hansens*, BRAGO, § 16 Rn. 7.

III. Wirkungen der Fälligkeit

Die mit Erfüllung eines oder mehrerer der vorgenannten Fälligkeitstatbestände eingetre- 50
tene Fälligkeit der Vergütung hat **mehrere Auswirkungen**:

- Der Antrag auf selbständige **Festsetzung des Gegenstandswerts** wird zulässig (§ 33 Abs. 2 Satz 1 RVG).

- Das **Recht auf Erhebung eines Vorschusses** (§ 9 RVG) erlischt. Dies gilt nur dann nicht, wenn die Vergütung zwar fällig geworden ist, aufgrund einer erforderlichen, z.Zt. jedoch fehlenden Festsetzung des Streitwerts oder des Gegenstandswerts noch nicht berechnet werden kann. Der Rechtsanwalt ist in einem solchen Fall jedoch verpflichtet, die Festsetzung des Streitwerts oder des Gegenstandswerts alsbald zu betreiben.[27]

- Das Recht zur **Einforderung** der Vergütung (§ 10 Abs. 2 Satz 1 RVG) entsteht.

- Gleichzeitig hat der Rechtsanwalt auch die Verpflichtung gegenüber seinem Auftraggeber, die **Kostenberechnung zu erteilen**. Dieser hat hierauf noch einen Anspruch, selbst wenn er die Vergütung ohne Berechnung gezahlt hat (§ 10 Abs. 3 RVG).

- Die Zulässigkeit des **Vergütungsfestsetzungsverfahrens** (§ 11 Abs. 2 Satz 1 RVG): Hierbei spielt es keine Rolle, ob der Vergütungsfestsetzungsantrag von dem Rechtsanwalt (Regelfall) oder dem Auftraggeber (seltener Ausnahmefall) gestellt wird.

- Die Zulässigkeit der **Honorarklage**: Diese ist ebenfalls erst zulässig, wenn der Vergütungsanspruch fällig geworden ist. Voraussetzung für die Erhebung der Honorarklage ist ferner das allgemeine Rechtsschutzbedürfnis, das dann fehlt, wenn die Vergütungsfestsetzung nach § 11 RVG möglich ist.

- Beginn der **Verjährung** des Vergütungsanspruchs: Die 3 Jahre betragende Verjährungsfrist beginnt mit dem Schluss des Jahres zu laufen, in dem die Vergütung fällig geworden ist (§§ 199 Abs. 1, 195 BGB). Hierbei ist der Lauf der Verjährungsfrist von der Mitteilung einer Kostenberechnung nicht abhängig (§ 10 Abs. 1 Satz 2 RVG).

Beispiel: 51

Die Vergütung in einem Zivilprozess ist mit der Verkündung des Endurteils am 5.1.2005 fällig geworden. Die Verjährung beginnt erst mit Ablauf des Jahres 2005, also mit Ablauf des 31.12.2005. Die 3 Jahre betragende Verjährungsfrist endet mit Ablauf des 31.12.2008, also fast 4 Jahre nach Eintritt der Fälligkeit.

---

27   *Goebel/Gottwald*, RVG, § 8 Rn. 35.

B. Kostenberechnung

I. Allgemeines

52 Wenn die Vergütung des Rechtsanwalts nach den vorstehenden Ausführungen fällig ist, kann er sie nur dann von seinem Auftraggeber **einfordern**, wenn die Kostenberechnung den Formvorschriften des § 10 RVG entspricht. Unter der **Einforderung** ist jede gerichtliche oder außergerichtliche Geltendmachung zu verstehen, insbesondere:

- Zahlungsaufforderung,[28]

- Mahnung,

- Erklärung der Aufrechnung,[29]

- Ausübung eines Zurückbehaltungsrechts wegen der Vergütung,[30]

- Erhebung einer Zahlungsklage,[31]

- Antrag auf Vergütungsfestsetzung gemäß § 11 RVG.

53
> **Hinweis:**
>
> Die Einhaltung der Formvorschriften nach § 10 RVG ist also zwingende Voraussetzung für die erfolgreiche Durchsetzung des Vergütungsanspruchs gegen den Auftraggeber. Deshalb sollte bei der Erstellung der Kostenberechnung die erforderliche Sorgfalt aufgewandt werden.

II. Geltung der Formvorschriften

1. Berechnung der Vergütung

54 Die Formvorschriften gelten für die Berechnung der Vergütung, nach der Legaldefinition in § 1 Abs. 1 RVG also der Gebühren und Auslagen. Auch bei Berechnung eines **vereinbarten Honorars** sind die Formvorschriften einzuhalten. Dies gilt jedenfalls dann, wenn der Rechtsanwalt neben dem vereinbarten Honorar Auslagen wie Dokumentenpauschale oder Umsatzsteuer berechnet und/oder Vorschüsse abrechnet.[32] Diese Formerfordernisse können jedoch in der **Honorarvereinbarung abgedungen** werden.

---

28 EGH 3, 129.
29 BGH, AnwBl. 1985, 257.
30 RG, JW 1890, 306; dagegen *Hartung/Römermann*, RVG, § 10 Rn. 14.
31 BGH, AnwBl. 1985, 257; NJW 1998, 3486 = Rpfleger 1998, 538.
32 *Hansens*, BRAGO, § 18 Rn. 8.

Die Formerfordernisse gelten jedoch nicht für die **nicht im RVG geregelten Auslagen-** 55
tatbestände, die dem Rechtsanwalt nach der Vorbem. 7 Abs. 1 Satz 2 VV RVG nach den
materiell-rechtlichen Bestimmungen der §§ 675, 670 BGB zu ersetzen sind. Hierfür reicht
eine formlose Abrechnung, die allerdings nachvollziehbar und verständlich die verlangten Auslagenbeträge aufführen sollte.

Die strengen Formerfordernisse gelten auch nicht für einen **Vorschuss.** 56

Soweit die Formerfordernisse des § 10 RVG nicht gelten, hat der Auftraggeber nach ma- 57
teriellem Recht (§ 368 BGB) einen Anspruch auf eine **Quittung.**

2. Berechnung gegenüber Auftraggeber

Die Formerfordernisse des § 10 RVG gelten nur für die Kostenberechnung gegenüber 58
dem Auftraggeber. Für einen Dritten, auch für die Rechtsschutzversicherer des Auftraggebers, gelten diese Formerfordernisse nicht. Allerdings wird in der Praxis vielfach dem
Rechtsschutzversicherer die Kostenberechnung in Urschrift oder jedenfalls in Abschrift
übermittelt.[33]

3. Mitteilung der Kostenberechnung

Der Rechtsanwalt hat gemäß § 11 Abs. 1 Satz 1 RVG dem Auftraggeber die Kostenbe- 59
rechnung mitzuteilen.

a) Form der Mitteilung

Die Kostenberechnung ist dem Auftraggeber mitgeteilt, wenn sie ihm **zugegangen** ist 60
(§ 130 BGB). Eine förmliche Zustellung, etwa durch den Gerichtsvollzieher, ist also nicht
erforderlich. Die bloße Vorlegung der Kostenberechnung im Honorarrechtsstreit ist jedoch keine Mitteilung.[34]

Die Mitteilung kann auch in der Honorarklage selbst liegen, die dann dem Auftraggeber 61
zugestellt wird. In einem solchen Fall sollte die Kostenberechnung jedoch dann in der –
am Ende unterschriebenen – Klageschrift aufgenommen werden. Wird die Kostenberechnung nämlich der Klageschrift beigefügt, so besteht die Gefahr, dass das Gericht diese Anlage bei der Zustellung der Klageschrift versehentlich nicht mit zustellt.

b) Mitteilung an Auftraggeber

Die Kostenberechnung muss dem Auftraggeber mitgeteilt werden. Die Mitteilung nur 62
an dessen Gegner reicht deshalb nicht.[35] Auch die Übersendung der Kostenberechnung
an den Rechtsschutzversicherer genügt nicht. Die Mitteilung an Dritte kann genügen,

---

33 Zu den Besonderheiten nach § 14 UStG s. unten Rn. 119.
34 OLG Düsseldorf, StB 1990, 312 für die Kostenberechnung eines Steuerberaters.
35 OLG Köln, AnwBl. 1994, 471.

wenn diese vom Auftraggeber bevollmächtigt sind. Ob dies auch für den Prozessbevoll-mächtigten des Auftraggebers in einem Honorarprozess gilt, kann jedoch zweifelhaft sein. Vorsorglich sollte der Rechtsanwalt deshalb die Kostenberechnung dem Auftraggeber selbst mitteilen.

c) Mitteilung und Honorarprozess

63 Ob die Mitteilung der Kostenberechnung eine von Amts wegen zu berücksichtigende Prozessvoraussetzung ist[36] oder eine Voraussetzung der Begründetheit der Klage mit der Folge einer Einschränkung des materiellen Vergütungsanspruchs,[37] ist umstritten. Jeden-falls genügt es, wenn die Kostenberechnung dem Auftraggeber **vor der letzten münd-lichen Tatsachenverhandlung** – ggf. noch im Berufungsverfahren – mitgeteilt wird.[38] In einem solchen Fall hemmt die Honorarklage die Verjährung auch dann, wenn der Rechts-anwalt seinem Auftraggeber die Kostenberechnung erst im Laufe des Honorarprozesses mitteilt.[39]

III. Formerfordernisse nach § 10 RVG

64 Nach § 10 RVG muss die Kostenberechnung einige Formerfordernisse erfüllen. Weitere Formerfordernisse können sich aus § 14 UStG ergeben (s. unten Rn. 119).

1. Schriftform

a) Form

65 Aus dem Umstand, dass die Kostenberechnung von dem Rechtsanwalt unterzeichnet sein muss (s. nachfolgend Rn. 67) ergibt sich, dass die Kostenberechnung der Schriftform (§ 126 BGB) genügen muss. Diese wird auch dadurch gewahrt, dass der Rechtsanwalt die Kostenberechnung dem Auftraggeber in einem auch andere Ausführungen enthal-tenen Schriftsatz, etwa der Klageschrift im Honorarprozess, mitteilt. Die Übermittlung per E-Mail genügt nicht, weil diese nicht unterzeichnet werden kann. Ob die Übersen-dung per Telefax ausreicht, ist fraglich. Dies dürfte erst recht gelten, wenn das Telefax durch elektronische Medien ohne eigenhändige Unterschrift übermittelt wird (Compu-ter-Fax). Dies wird allerdings für das Schriftformerfordernis für Rechtsbehelfe als ausrei-chend angesehen.[40]

---

36 BGH, AnwBl. 1985, 257; *Hansens,* BRAGO, § 18 Rn. 3.
37 KG, AnwBl. 1982, 71; OLG Frankfurt, AnwBl. 1975, 163; offen: BGH, NJW 1998, 3486.
38 BGH, NJW 1998, 3486.
39 BGH, a.a.O.; a.A. KG, ZZP 55, 272 mit abl. Anm. *Krämer* 447; OLG Frankfurt, AnwBl. 1975, 163; OLG Köln, AnwBl. 1994, 471; LG Berlin, MDR 1992, 524.
40 S. BSG, NJW 1997, 1254; BFH, BFH/NV 1998, 604 für die Nichtzulassungsbeschwerde.

Hinweis:

Bevor die Problematik der Mitteilung der Kostenberechnung auf elektronischem Wege nicht geklärt ist, sollte der Rechtsanwalt die Kostenberechnung dem Auftraggeber in Papierform mitteilen.

66

---

b) Unterschrift

§ 10 Abs. 1 Satz 1 RVG erfordert die **Unterzeichnung durch den Rechtsanwalt.** Die Unterzeichnung durch den mitbeauftragten Sozius oder durch den amtlich bestellten Vertreter genügt. Die Unterzeichnung durch den Bürovorsteher oder einen anderen nicht anwaltlichen Mitarbeiter ist hingegen nicht ausreichend. Ebenso genügt die Unterschrift des Praxisnachfolgers, wenn ihm die Honorarforderung abgetreten wurde.[41] Im Fall einer **Inkassozession** muss entweder der abtretende Rechtsanwalt oder der Vertreter des Inkassobüros unterschreiben, der aber seinerseits Rechtsanwalt sein muss.[42] Der **ausgeschiedene Anwalt** ist auch nach seinem Ausscheiden aus der Anwaltschaft berechtigt und verpflichtet, seine Kostenberechnung selbst zu unterzeichnen und dem Auftraggeber mitzuteilen.[43] Dies gilt jedenfalls dann, wenn zuvor ein Abwickler bestellt worden ist und dieser insoweit die Kostenberechnung nicht mitgeteilt hatte.

67

Der Rechtsanwalt oder die sonst zur Unterschrift berechtigte Person muss die Kostenberechnung unterschreiben. Hierbei muss die Unterschrift nicht notwendig lesbar sein. Sie muss jedoch aus einem **Schriftzug** bestehen, der charakteristische Merkmale aufweist und sich als Wiedergabe eines Namens darstellt. Ein Faksimilestempel mit der Unterschrift des Rechtsanwalts genügt jedoch nicht. Ein Handzeichen des Rechtsanwalts kann jedoch genügen, wenn die Berechnung einem von dem Rechtsanwalt unterschriebenen Anschreiben beigefügt wurde.[44] Die Auffassung des AG Gießen,[45] wonach die Mitteilung einer Abschrift der an die Rechtsschutzversicherung adressierten und von dem Rechtsanwalt unterschriebenen Kostenberechnung zur Kenntnis genügen soll, erscheint jedoch zu weitgehend.

68

2. Rechnungsadressat

Adressat der Kostenberechnung ist der **Auftraggeber.** Dieser muss nicht notwendig mit dem **Vertretenen** identisch sein.[46]

69

---

41   *Hansens,* BRAGO, § 18 Rn. 5; *Hartung/Römermann,* RVG, § 10 Rn. 23; a.A. AG Waiblingen, AnwBl. 1989, 400 mit abl. Anm. *Madert,* AnwBl. 1991, 55.
42   *Bork,* NJW 1992, 2449, 2453.
43   BGH, RVGreport 2004, 273 [*Hansens*]; a.A. OLG Düsseldorf, MDR 2000, 360.
44   OLG Hamburg, AnwBl. 1970, 233.
45   AnwBl. 1967, 443.
46   *N. Schneider,* BRAGOreport 2002, 3334.

70 **Beispiel:**

Der Kfz-Haftpflichtversicherer beauftragt den Rechtsanwalt aufgrund seines Prozessfüh-rungsrechts nach § 10 AKB, sie selbst, ihren Versicherungsnehmer und den Fahrer im Haft-pflichtprozess zu vertreten.

Die Kostenberechnung ist dann auf die Haftpflichtversicherung auszustellen.

71 Nimmt der Rechtsanwalt bei einer **Mehrheit von Auftraggebern** sämtliche Auftragge-ber in Anspruch, müssen diese auch in der Kostenberechnung aufgeführt werden. Tre-ten diese in einer Gesamtheit auf, genügt es, die Kostenberechnung an sie gemeinsam zu adressieren.

72 **Beispiel:**

Auftraggeber sind die Mitglieder einer Erbengemeinschaft oder Eheleute.

In einem solchen Fall kann die Kostenberechnung an sämtliche Auftraggeber gemeinsam erteilt werden.

73

> **Praxishinweis:**
>
> Liegt ein solcher Fall nicht vor, empfiehlt es sich, jedem der einzelnen Auftraggeber eine gesonderte Kostenberechnung zu erteilen. Hierbei muss der Rechtsanwalt unter Berücksichtigung von § 7 Abs. 2 RVG den Betrag ermitteln, den jeder Auftraggeber schuldet, wenn der Rechtsanwalt für diesen allein tätig gewesen wäre.

74 Ist der Auftrag von einem **Vertreter** erteilt worden, ist Rechnungsadressat zwar der Auf-traggeber. Die Rechnung kann jedoch dem Vertreter mitgeteilt werden.

75 **Beispiel:**

Der Rechtsanwalt hat von dem Verwalter einer Wohnungseigentumsanlage den Auftrag erhalten, die Wohnungseigentümer in einem Wohnungseigentumsverfahren zu vertreten.

Die Kostenberechnung ist auf die Wohnungseigentümer auszustellen und kann ihnen zu Händen des Verwalters mitgeteilt werden.

76 Übernimmt ein **Dritter** die Zahlung der Anwaltsvergütung für den Auftraggeber, ist gleichwohl nur der Auftraggeber Rechnungsempfänger.[47]

---

47 Zu den aus dem Umsatzsteuerrecht folgenden Gefahren, wenn der Dritte aufgrund der auf seinen Namen ausgestellten Kostenberechnung den Vorsteuerabzug geltend macht, s. *N. Schneider*, BRA-GOreport 2002, 33, 34.

3. Bezeichnung der Angelegenheit

Diese sollte so genau wie möglich bezeichnet werden. In gerichtlichen Angelegenheiten   77
genügt die Angabe der Verfahrensbeteiligten.

78

> **Hinweis:**
>
> Der Rechtsanwalt sollte jedoch tunlichst das gerichtliche Aktenzeichen hinzufügen.
> Dies gilt insbesondere dann, wenn der Rechtsanwalt in mehreren Instanzen tätig ge-
> worden ist. Besonders in Familiensachen, in denen meist mehrere gesonderte ge-
> richtliche Verfahren nebeneinander betrieben werden, ist dies erforderlich.

In außergerichtlichen Angelegenheiten genügt eine Kurzbezeichnung, etwa „Kaufver-   79
tragsangelegenheit gegen Meyer".

4. Bezeichnung des Gebührentatbestands

Hier erfordert das Gesetz dessen kurze **Bezeichnung**. Es reicht deshalb die vom Gesetz   80
verwandte Bezeichnung aus, wie etwa „Verfahrensgebühr", „Terminsgebühr", „Einigungsgebühr" oder „Grundgebühr". Auch wenn das RVG eine Vielzahl von Verfahrens-
und Terminsgebühren und mehrere Grundgebühren und Einigungsgebühren kennt, ist
eine weitere Konkretisierung nicht erforderlich. Diese ergibt sich aus der ferner anzuge-
benden Nummer des Vergütungsverzeichnisses.

Nicht gesetzlich erforderlich sind die folgenden Angaben, die dem Auftraggeber jedoch   81
das Verständnis der Kostenberechnung erst ermöglichen.

a) Gebührensatz

Bei **Satzrahmengebühren**, bei denen der Rechtsanwalt die Gebühr im Einzelfall unter   82
Berücksichtigung der in § 14 RVG aufgeführten Umstände innerhalb des vom Gesetzgeber vorgesehenen Rahmens bestimmt, sollte in der Kostenberechnung auch der Gebührensatz angegeben werden.

Beispiele: 83

0,55 Beratungsgebühr (Nr. 2100 VV RVG),

1,8 Geschäftsgebühr (Nr. 2400 VV RVG).

Ohne die Angabe des Gebührensatzes ist die Kostenberechnung für den Auftraggeber   84
sonst nicht nachvollziehbar.

Beispiel: 85

Berechnet der Rechtsanwalt unter Angabe eines Gegenstandswerts von 2.000 € eine Ge-
schäftsgebühr i.H.v. 340,20 €, kann der Auftraggeber allenfalls unter Zuhilfenahme einer

Gebührentabelle erkennen, dass es sich um eine über der 1,3 Regelgebühr und der 1,5 Mittelgebühr liegende Geschäftsgebühr mit einem Gebührensatz von 1,8 handelt.

86 Verständlicher sind die Angaben im folgenden

Beispiel:

Für die außergerichtliche Vertretung in einer zivilrechtlichen Angelegenheit stellt der Rechts-anwalt nach einem Gegenstandswert von 3.000 € in Rechnung

1,3 Geschäftsgebühr, Nr. 2400 VV RVG (Regelgebühr) **245,70 €.**

b) Gebührenrahmen

87 Bei Betragsrahmengebühren, bei denen das Gesetz den Mindest- und den Höchstbetrag angibt, innerhalb dessen der Rechtsanwalt die im konkreten Fall zu berechnende Gebühr bestimmt, genügt zwar die Angabe des Gebührenbetrags.

88

Praxishinweis:

Es empfiehlt sich jedoch, dem Auftraggeber entweder den Gebührenrahmen in der Kostenberechnung mitzuteilen oder die Gebühr als „Mindestgebühr", „Mittelgebühr" oder „Höchstgebühr" zu bezeichnen.

89 **Beispiele:**

(1) In einer umfangreichen und schwierigen Strafsache berechnet der Rechtsanwalt:

Grundgebühr, Nr. 4001 VV RVG (Höchstgebühr) *300 €.*

(2) In einem Sozialgerichtsprozess, in dem das GKG nicht anwendbar ist, berechnet der Verkehrsanwalt:

Verfahrensgebühr, Nr. 2400 VV RVG (Höchstgebühr) *260 €.*

(3) In einem sozialgerichtlichen Widerspruchsverfahren berechnet der Verfahrensbevoll-mächtigte:

Geschäftsgebühr, Nrn. 2501, 2500 VV RVG (Regelgebühr) *120 €.*

90

Praxishinweis:

Obwohl gesetzlich nicht vorgeschrieben, empfiehlt es sich, am Schluss der Kostenbe-rechnung oder in einem gesonderten Anschreiben an den Auftraggeber die Umstän-de anzugeben, die der Rechtsanwalt bei der Bestimmung von Rahmengebühren zu-grunde gelegt hat. Dies empfiehlt sich auch bei den sog. Regelgebühren, die im Ein-zelfall ja unterschritten werden können.

5. Bezeichnung der Auslagen

§ 10 Abs. 2 Satz 1 RVG erfordert die Bezeichnung der Auslagen. Hier empfiehlt es sich,   91
den **vom Gesetz verwandten Auslagenbegriff** zu übernehmen.

> *Beispiele:*   92
>
> *Folgende Angaben sollten verwandt werden:*
>
> *(1) Pauschale für die Herstellung und Überlassung von Dokumenten (kurz: Dokumenten-pauschale),*
>
> *(2) Entgelte für Post- und Telekommunikationsdienstleistungen (kurz: Postentgelte),*
>
> *(3) Fahrtkosten,*
>
> *(4) Tage- und Abwesenheitsgeld,*
>
> *(5) Umsatzsteuer,*
>
> *(6) Prämie für eine Haftpflichtversicherung.*

Werden die tatsächlich angefallenen **Postentgelte** nach Nr. 7001 VV RVG berechnet, ge-   93
nügt nach § 10 Abs. 2 Satz 2 RVG die Angabe des **Gesamtbetrags**. Insbesondere bei einem hohen Auslagenbetrag sollte der Kostenberechnung jedoch eine Einzelabrechnung
beigefügt werden, die der Rechtsanwalt ohnehin für seine Handakten fertigen muss. Diese ermöglicht es dem Auftraggeber, den Anfall und die einzelne Höhe der berechneten
Postentgelte ungefähr nachzuvollziehen. Fehlt eine solche Einzelaufstellung, veranlasst
allein die Höhe des Gesamtbetrags den Auftraggeber zu weiteren Nachfragen beim
Rechtsanwalt.

Bei der Berechnung der **Dokumentenpauschale** nach Nr. 7000 VV RVG empfiehlt sich   94
ebenfalls eine Aufschlüsselung der gefertigten Ablichtungen. Dies gilt umso mehr, als das
es hierbei vier verschiedene Gruppen gibt (Nr. 7000 Nr. 1a) bis d) VV RVG), bei denen
der Rechtsanwalt die Dokumentenpauschale entweder von der ersten Seite oder erst von
der 101. Seite an berechnen kann.

95

> **Praxishinweis:**
>
> Auch hier empfiehlt sich die Beifügung einer Aufstellung, die der Rechtsanwalt für sei-
> ne Handakten zwecks Berechnung der Dokumentenpauschale ohnehin fertigen muss
> (s. das Muster in Teil 18 Rn. 62).

6. Beträge der einzelnen Gebühren und Auslagen

Die jeweiligen Gebühren- und Auslagenbeträge müssen **einzeln** ausgewiesen werden.   96
Es genügt also nicht, mehrere Gebühren, insbesondere wenn sie in verschiedenen Nummern des Vergütungsverzeichnisses geregelt sind, zusammenzufassen.

97 Auch bei jeder einzelnen Auslagenposition ist der jeweilige **Einzelbetrag** anzugeben. Bei Postentgelten genügt zwar die Angabe des Gesamtbetrags. Aus den vorstehend erörterten Erwägungen empfiehlt sich jedoch, der Kostenberechnung eine Einzelaufstellung beizufügen.

98 Bei Ansatz der **Postentgeltpauschale** nach Nr. 7002 VV RVG genügt die Angabe des Pauschalbetrags.

99 Bei den Fahrtkosten nach Nrn. 7003 bis 7006 VV RVG sollte der Rechtsanwalt die einzelnen Positionen aufschlüsseln.

7. Gegenstandswert

100 Bei den Gebühren, die nach dem Gegenstandswert berechnet werden (§ 2 Abs. 1 RVG) ist der Gegenstandswert anzugeben, nach dem sich die jeweilige Gebühr berechnet. Sind sämtliche Gebühren nach demselben Gegenstandswert berechnet worden, genügt die Angabe dieses einen Gegenstandswerts zu Beginn der Kostenberechnung. Berechnen sich einzelne Gebühren jedoch nach anderen Werten, sollte hinter jeder einzelnen Gebühr der betreffende Gegenstandswert angegeben werden. Dies ist insbesondere dann erforderlich, wenn sich einzelne Tätigkeiten des Rechtsanwalts nicht auf den gesamten Gegenstandswert erstrecken.

101 *Beispiel:*

Der Rechtsanwalt reicht auftragsgemäß eine Klage über 10.000 € ein. Nach Klagezustellung zahlt der Gegner 3.000 €. In der mündlichen Verhandlung erkennt der Beklagte den Restbetrag von 7.000 € an.

Hinsichtlich der Gebühren sieht die Kostenberechnung wie folgt aus:

1.	1,3 Verfahrensgebühr, Nr. 3100 VV RVG (Wert: 10.000 €)	631,80 €
2.	1,2 Terminsgebühr, Nr. 3104 VV RVG (Wert: 7.000 €)	450,00 €

102 Weitere Angaben erfordert das Gesetz nicht. Insbesondere ist nicht die Angabe der Wertvorschriften des RVG, etwa für einstweilige Anordnungen in Familien- und Lebenspartnerschaften, § 24 RVG, für die Zwangsvollstreckung, § 25 GKG, für die Zwangsversteigerung, § 26 RVG, oder für die Zwangsverwaltung, § 27 RVG, erforderlich. Ebenso wenig erfordert das Gesetz die Angabe der über § 23 Abs. 1 Satz 1 RVG geltenden Wertvorschriften für die Gerichtsgebühren, etwa nach den §§ 41 ff. GKG oder nach der KostO und anderen Gesetzen.

8. Nummern des Vergütungsverzeichnisses

103 Während § 18 Abs. 2 Satz 2 BRAGO die Angabe der „angewandten Kostenvorschriften" erforderte, verlangt § 11 Abs. 2 Satz 1 RVG lediglich die Angabe der angewandten Num-

mern des Vergütungsverzeichnisses. Damit hat das Gesetz die bisherigen Anforderungen herabgesetzt. Folglich ist die Angabe von Vorschriften des RVG selbst nicht erforderlich.[48]

Beispiel: 104

So muss in der Kostenberechnung nicht § 2 Abs. 2 RVG zitiert werden, nach dem sich die Höhe der Vergütung nach dem Vergütungsverzeichnis der Anlage 1 zum RVG berechnet.

Ebenso wenig ist das Zitat des § 13 RVG erforderlich, der die Gebührentabelle für die Berechnung von Wertgebühren zum Inhalt hat.

Schließlich muss der Rechtsanwalt auch die Verweisungen im RVG auf bestimmte Teile des Vergütungsverzeichnisses nicht angeben, etwa für Verfahren vor den Verfassungsgerichten, § 37 RVG, oder für Verfahren vor dem EuGH, § 38 RVG.

Natürlich dient es der Erläuterung der Kostenberechnung, wenn der Rechtsanwalt diese 105
Angaben entweder in die Berechnung aufnimmt oder in einem gesonderten Anschreiben macht.

Ebenso wenig erfordert das Gesetz die Angabe der **Vorbemerkungen.**[49] 106

Beispiele: 107

Die Kostenberechnung muss beispielsweise nicht die Definition für die Terminsgebühr in Vorbem. 3 Abs. 3 VV RVG enthalten. Gleiches gilt für die Anrechnungsvorschrift für bestimmte Geschäftsgebühren nach Vorbem. 3 Abs. 4 VV RVG. Ebenso wenig ist bei der Berechnung der Terminsgebühr für einen „geplatzten Termin" die Angabe der Vorbem. 4 Abs. 3 Satz 2 VV RVG erforderlich.

Das Gesetz erfordert ebenfalls nicht die Angabe der den einzelnen Nummern des Ver- 108
gütungsverzeichnisses beigefügten **Anmerkungen.** Diese haben einen durchaus unterschiedlichen Regelungsgehalt und regeln in teilweise völlig unterschiedlichen Fallgestaltungen den Anwendungsbereich der entsprechenden Gebühr.

Beispiele: 109

(1) Abs. 1 der Anm. zu Nr. 3100 VV RVG ordnet die Anrechnung der Verfahrensgebühr für ein vereinfachtes Unterhaltsverfahren auf die Verfahrensgebühr für den nachfolgenden Rechtsstreit an.

(2) In Abs. 1 Nr. 3 der Anm. zu Nr. 3104 VV RVG wird geregelt, dass die 1,2 Terminsgebühr in einem Verfahren vor dem Sozialgericht auch nach einem angenommenen Anerkenntnis ohne mündliche Verhandlung berechnet werden kann.

---

48   *Mayer/Kroiß*, RVG, § 10 Rn. 15; *Hartung/Römermann*, RVG, § 10 Rn. 31; *Hansens*, RVGreport 2004, 64, 65; a.A. *Goebel/Gottwald/Leicht*, RVG, § 10 Rn. 5.
49   *Mayer/Kroiß*, a.a.O; *Hansens*, a.a.O.

Während die zu (1) erwähnte, dem Auftraggeber günstige Vorschrift über die Gebühren-anrechnung nicht so wichtig ist, ist die in Beispiel (2) erwähnte Regelung, wann die 1,2 Verfahrensgebühr im sozialgerichtlichen Verfahren auch entstehen kann, von größerem Interesse.

110 Auch hier gilt, dass die Mitteilung weiterer, vom Gesetz nicht geforderter Angaben dem Auftraggeber die **Verständlichkeit der Kostenberechnung** erleichtert. Gesetzlich vor-geschrieben sind derartige Angaben jedoch nicht, so dass der Rechtsanwalt nicht be-fürchten muss, dass seine Kostenberechnung insofern formunwirksam ist.

111 Bereits für die Anwendung des § 18 BRAGO entsprach es allgemeiner Auffassung, dass die angewandte Kostenvorschrift **so genau wie möglich** zu bezeichnen war. Soweit ein zu zitierender Paragraph mehrere Gebührentatbestände enthielt, musste der jeweilige Absatz, bei weiteren Untergliederungen der betreffende Satz und/oder die betreffende Nummer angegeben werden. Dies gilt für § 10 Abs. 2 Satz 1 RVG ebenso. Enthält somit eine Nummer des Vergütungsverzeichnisses mehrere unterschiedliche Tatbestände, ist die jeweilige Untergliederung anzugeben.[50]

112 **Beispiele:**

(1) Der Rechtsanwalt hat auftragsgemäß nur die Privatklageschrift angefertigt.

Es ist Nr. 4301 Nr. 1 VV RVG in der Kostenberechnung anzugeben.

(2) Der Rechtsanwalt hat in einer Strafsache auftragsgemäß lediglich die Berufungs-rechtfertigung eingereicht.

Hierfür muss er in seiner Kostenberechnung die Nr. 4301 Nr. 2 VV RVG angeben.

(3) Bei einer Geschäftsreise mit einer Dauer von 4 – 8 Stunden ist das Tage- und Abwe-senheitsgeld wie folgt zu bezeichnen: Nr. 7005 Nr. 2 VV RVG.

(4) Der Rechtsanwalt rechnet 57 Seiten Dokumentenpauschale für die Fertigung von Ab-lichtungen aus einer Gerichtsakte ab.

Die Kostenberechnung ist insoweit wie folgt aufzustellen:

Dokumentenpauschale, Nr. 7000 Nr. 1 a) VV RVG	
50 Seiten zu 0,50 €	*25,00 €*
7 Seiten zu 0,15 €	*+ 1,05 €*
Summe:	**26,05 €**

---

50 *Mayer/Kroiß*, RVG, § 10 Rn. 15; *Hansens*, RVGreport 2004, 64, 65.

9. Vorschüsse

Erhaltene Vorschüsse hat der Rechtsanwalt ebenfalls in der Kostenberechnung anzugeben.   113

114

> **Praxishinweis:**
>
> Hierbei empfiehlt es sich, die **Nettobeträge der Vorschüsse** von der Nettovergütung abzuziehen und erst dann die Umsatzsteuer auszuweisen. Zieht der Rechtsanwalt nämlich die Brutto-Vorschüsse erst von der Brutto-Summe ab, wird die auf die Vorschüsse entfallende Umsatzsteuer zu unrecht doppelt ausgewiesen und muss dann von dem Rechtsanwalt auch doppelt abgeführt werden, obwohl er sie nur einmal vereinnahmt hat.[51]

10. Weitere Angaben

Weitere Angaben erfordert § 10 RVG nicht. Wie in den vorstehenden Ausführungen mehr- 115
fach angesprochen, kann es jedoch durchaus zweckmäßig sein, dem Auftraggeber weitere Angaben mitzuteilen, die die Verständlichkeit und Nachvollziehbarkeit der Kostenberechnung erhöhen.

11. Muster für Kostenrechnungen gemäß § 10 RVG

a) Muster 1: Außergerichtliche Vertretung in einer Zivilsache

116

In der Mietangelegenheit ..../. ....

1.	1,5 Geschäftsgebühr (Wert: 3.000 €)	283,50 €
2.	Postentgeltpauschale, Nr. 7200 VV RVG	20,00 €
3.	16 % Umsatzsteuer, Nr. 7008 VV RVG	48,56 €
4.	Auslagen für Handelsregisterauszug	+ 20,00 €
Summe:		**372,06 €**

Die Bestimmung der Mittelgebühr beruht auf folgenden Umständen: Meine Tätigkeit war umfangreich, weil ich mit dem Gegner vier Schriftsätze wechseln musste und sechs persönliche und telefonische Besprechungen erforderlich waren. Außerdem war die Sache wegen drohenden Fristablaufs eilbedürftig.

....
Rechtsanwalt

---

51   *N. Schneider,* BRAGOreport 2002, 33, 36.

b) Muster 2: Abrechnung in einem Zivilprozess vor dem AG

117

In dem Zivilprozess ..../. ....

Amtsgericht ...., Aktenzeichen: ....

1.	1,3 Verfahrensgebühr, Nr. 3100 VV RVG (Wert: 6.000 €)	439,40 €
2.	1,2 Terminsgebühr, Nr. 3104 VV RVG (Wert: 6.000 €)	405,60 €
3.	Fahrtkosten für die Wahrnehmung des Verhandlungstermins am 22.9.2004	
	a) Fahrtkosten für die Benutzung des eigenen Kraftfahrzeugs, Nr. 7003 VV RVG 60 km à 0,30 €	18,00 €
	b) Parkgebühren Parkhaus, Nr. 7006 VV RVG	4,00 €
	c) Tage- und Abwesenheitsgeld, Nr. 7005 Nr. 1 VV RVG Abwesenheit bis 4 Stunden	20,00 €
4.	Dokumentenpauschale für die Ablichtung der Akten des Bußgeldverfahrens, Nr. 7000 Nr. 1a) VV RVG	
	a) 50 Seiten à 0,50 €	25,00 €
	b) 12 Seiten à 0,15 €	1,80 €
5.	Postentgeltpauschale, Nr. 7200 VV RVG	20,00 €
6.	16 % Umsatzsteuer, Nr. 7008 VV RVG	+ 149,41 €
Summe:		**1.083,21 €**

....

Rechtsanwalt

c) Muster 3: Abrechnung in einer Strafsache vor dem AG

118

In ihrer Strafsache vor dem

Amtsgericht ...., Aktenzeichen: ....

1.	Grundgebühr, Nr. 4100 VV RVG (Mittelgebühr)	165,00 €
2.	Verfahrensgebühr, Nr. 4106 VV RVG (Mittelgebühr)	140,00 €

3. *Terminsgebühr, Nr. 4108 VV RVG*

   a) *Hauptverhandlung am 4.10.2004 (Mindestgebühr)*   *60,00 €*

   b) *Hauptverhandlung am 11.10.2004 (Mittelgebühr)*   *230,00 €*

4. *Dokumentenpauschale, Nr. 7000 Nr. 1a) VV RVG*
   für die Ablichtung der Strafakte

   a) *50 Seiten à 0,50 €*   *25,00 €*

   b) *100 Seiten à 0,15 €*   *15,00 €*

5. *Postentgelte, Nr. 7001 VV RVG*   *67,40 €*

6. *16 % Umsatzsteuer, Nr. 7008 VV RVG*   *+ 112,38 €*

Summe: **814,78 €**

Bei der Grundgebühr, der Verfahrensgebühr und der Terminsgebühr zu Nr. 3b) habe ich die Mittelgebühren angesetzt, weil die nach § 14 Abs. 1 RVG zu berücksichtigenden Umstände durchschnittlich waren. Da die Hauptverhandlung am 4.10.2004 gleich nach Aufruf der Sache beendet war, habe ich dort lediglich die Mindestgebühr angesetzt.

....

Rechtsanwalt

IV. Formerfordernisse nach § 14 UStG

§ 10 RVG bestimmt, welche **Anforderungen** die anwaltliche Kostenberechnung in ge-   119
bührenrechtlicher Hinsicht erfüllen muss. Erteilt der Rechtsanwalt seinem Auftraggeber überhaupt keine Kostenberechnung oder eine diesen Formerfordernissen nicht entsprechende Kostenberechnung, kann er die Vergütung nicht einfordern.

Unabhängig von diesen gebührenrechtlichen Anforderungen an die anwaltliche Kosten-   120
berechnung bestimmt der durch Art. 5 Nr. 15 StÄndG 2003[52] neu gefasste § 14 UStG, welche weiteren Angaben in der Kostenberechnung des Rechtsanwalts enthalten sein müssen.

---

52   BGBl. 2003 I, S. 2645.

1. Persönlicher Geltungsbereich

121 Die Voraussetzungen des § 14 UStG muss der Rechtsanwalt nur erfüllen, wenn er eine anwaltliche Dienstleistung – wie etwa Beratung, Vertretung oder Prozessführung –

- an einen anderen **Unternehmer** für dessen Unternehmen oder

- an eine **juristische Person**, soweit sie nicht Unternehmer ist,

ausführt (§ 14 Abs. 2 Satz 2 UStG).

122 Somit **gelten** diese Formerfordernisse beispielsweise **nicht**, wenn der Rechtsanwalt anwaltliche Leistungen erbringt

- für einen Privatmann oder

- für einen Unternehmer, für dessen Unternehmen er gerade nicht tätig wird.

123 *Beispiel:*

Der Rechtsanwalt vertritt den Unternehmer in seinem Scheidungsverfahren.

2. Sachlicher Geltungsbereich

124 Die Formerfordernisse des § 14 UStG gelten nur für die Berechnung der Vergütung gegenüber dem **eigenen Auftraggeber**.

125 In anderen Fällen müssen diese Erfordernisse also **nicht erfüllt** sein, z.B.:

- bei der Berechnung eines **materiellen Schadensersatzanspruchs**, etwa gemäß § 280 Abs. 2 BGB, gegenüber dem Gegner des eigenen Mandanten,

- für **Kostenfestsetzungsanträge** gemäß § 104 ZPO,

- für **Vergütungsfestsetzungsanträge** gemäß § 11 RVG,

- für Anträge auf Festsetzung der Vergütung für **Prozesskostenhilfe** oder **Beratungshilfe** (§ 55 RVG),

- für die **Pflichtverteidigervergütung** (§ 55 RVG) oder

- für die Festsetzung einer **Pauschgebühr** (§ 51 RVG),

- für Kostenberechnungen gegenüber der **Rechtsschutzversicherung** des Auftraggebers,

- für Kostenberechnungen gegenüber der **Haftpflichtversicherung** des Anspruchsgegners des Auftraggebers.

3. Inhalt der Kostenberechnung

Welchen Inhalt die Kostenberechnung haben muss, ergibt sich aus § 14 UStG. 126

a) Name und Anschrift des Rechtsanwalts

Die Kostenberechnung muss den vollständigen Namen und die vollständige Anschrift 127
des Rechtsanwalts bzw. der Rechtsanwaltsgesellschaft (BGB-Gesellschaft, Partnerschafts-
gesellschaft, GmbH oder AG) enthalten (§ 14 Abs. 4 Nr. 1 UStG).

b) Name und Anschrift des Auftraggebers

Ferner muss in der Kostenberechnung der vollständige Name und die vollständige An- 128
schrift des Mandanten als Leistungsempfänger angegeben sein. Anders als nach den gebührenrechtlichen Erfordernissen des § 10 RVG genügt es somit nicht, dass sich die Anschrift des Auftraggebers aus einem der Kostenberechnung beigefügten Anschreiben ergibt.

c) Steuernummer

Ferner muss der Rechtsanwalt seine ihm vom Finanzamt erteilte Steuernummer oder die 129
ihm vom Bundesamt für Finanzen erteilte Umsatzsteuer-Identifikationsnummer in der
Rechnung aufführen (§ 14 Abs. 4 Nr. 2 UStG).

130

Praxishinweis:
Um jeglichen Missbrauch mit der eigenen Steuernummer auszuschließen, sollte der Rechtsanwalt lediglich die Umsatzsteuer-Identifikationsnummer verwenden.

d) Ausstellungsdatum

Ferner muss die Kostenberechnung gemäß § 14 Abs. 4 Nr. 3 UStG das Datum ihrer Aus- 131
stellung enthalten.

e) Rechnungsnummer

§ 14 Abs. 4 Nr. 4 UStG erfordert die Angabe einer **fortlaufenden Nummer,** die zur Iden- 132
tifizierung der Rechnung vom Rechtsanwalt einmalig vergeben wird. Diese Nummer kann
aus einer oder aus mehreren Zahlenreihen bestehen. Bei **Sozietäten oder bei angestellten Rechtsanwälten** kann für jeden Rechtsanwalt eine eigene Nummernfolge vergeben werden. Die Kennzeichnung des betreffenden Rechtsanwalts muss jedoch mit einer Zahlenreihe vorgenommen werden. Die Angabe oder Beifügung von Buchstaben ist
nicht zulässig.

133

> **Praxishinweis:**
>
> Auch wenn die umsatzsteuerrechtlichen Erfordernisse für die Kostenberechnung nicht in jedem Mandat erfüllt sein müssen, empfiehlt es sich, **sämtliche Kostenberechnungen** eines Kalenderjahres durchgehend zu nummerieren. Hierdurch kann der Rechtsanwalt Probleme bei Betriebsprüfungen vermeiden, wenn seine Kostenberechnungen einmal mit und einmal ohne fortlaufende Nummer erteilt werden.
>
> Wird eine einmal mit einer fortlaufende Rechnungsnummer erteilte Kostenberechnung aufgehoben oder – etwa wegen eines Schreibfehlers – nicht weiterverwandt, sollte die entwertete Kostenberechnung gleichwohl aufbewahrt werden, um die lückenlose Nummerierung dokumentieren zu können.

f) Art und Umfang der anwaltlichen Leistung

134 Nach § 14 Abs. 4 Nr. 5 UStG sind in der Kostenberechnung die Angabe der Menge und die Art der Leistung anzugeben. Übertragen auf die anwaltliche Tätigkeit heißt dies, dass in der Kostenberechnung jedenfalls einer Kurzbezeichnung entnommen werden muss, welche Dienstleistung der Rechtsanwalt erbracht hat.

g) Zeitpunkt der Leistung

135 Ferner muss die Kostenberechnung den Zeitpunkt der Leistung enthalten. Gemeint ist die gesamte Leistung innerhalb derselben gebührenrechtlichen Angelegenheit. Vielfach erbringt der Anwalt jedoch innerhalb derselben Angelegenheit Einzelleistungen zu verschiedenen Zeitpunkten. Gemäß der Neufassung des § 31 Abs. 4 der Umsatzsteuer-Durchführungsverordnung 1999 genügt als Zeitpunkt der Leistung die **Angabe des** betreffenden **Kalendermonats.** Auch diese Vorschrift wird jedoch den Gegebenheiten der anwaltlichen Tätigkeit vielfach nicht gerecht. Meist erstreckt sich die anwaltliche Leistung über einen längeren Zeitraum als einen Kalendermonat. Deshalb genügt die Angabe des – auch längeren – Zeitraums, in der der Rechtsanwalt von Beginn bis zum Ende der betreffenden gebührenrechtlichen Angelegenheit tätig gewesen ist. Nicht erforderlich ist es, hinter jeder Gebühr oder jedem Auslagenbetrag den jeweiligen Zeitpunkt anzugeben. Dies wäre auch angesichts des Pauschcharakters der Gebühren nicht gerechtfertigt, die für verschiedene über die gesamte Dauer des Mandats gehenden Tätigkeiten immer wieder, insgesamt aber nur einmal (s. § 15 Abs. 2 RVG) anfallen.

136 *Beispiel:*

Aufgrund des am 1.7.2004 erteilten Prozessauftrags fertigt der Rechtsanwalt am 21.7.2004 die Klageschrift und reicht sie am 26.7.2004 bei Gericht ein. In dem Termin zur mündlichen Verhandlung vom 24.9.2004 ist der Beklagte nicht erschienen, so dass der Anwalt ein Versäumnisurteil erwirkt. Hiergegen legt der Beklagte Einspruch ein. In dem Einspruchstermin am 26.11.2004 erscheint der Beklagte erneut nicht, so dass auf Antrag des Rechtsanwalts der Einspruch verworfen wird. Den nach Erlass des zweiten Versäumnisurteils beantragten Kostenfestsetzungsbeschluss hat der Rechtsanwalt am 27.1.2005 erhalten.

Hier hat der Rechtsanwalt für die Entgegennahme der Informationen am 1.7.2004 die 0,8 Verfahrensgebühr nach Nrn. 3100, 3101 Nr. 1 VV RVG verdient. Sie ist erneut angefallen für die Fertigung der Klageschrift am 21.7.2004. Mit Einreichen der Klageschrift am 26.7.2004 hat der Rechtsanwalt die 1,3 Verfahrensgebühr nach Nr. 3100 VV RVG verdient. Die Vertretung des Auftraggebers in dem Verhandlungstermin vom 24.9.2004 hat die Terminsgebühr nach Nr. 3105 VV RVG ausgelöst. Gleiches gilt für die Vertretung in dem Einspruchstermin am 26.11.2004.

Insgesamt kann der Rechtsanwalt jedoch nur eine Verfahrensgebühr, nämlich die 1,3 Gebühr und auch nur eine 0,5 Terminsgebühr berechnen.

*In der Kostenberechnung ist deshalb als **Leistungszeitraum** der 1.7.2004 bis 27.1.2005 anzugeben.*

Erbringt der Rechtsanwalt die **Leistung** im Einzelfall **an einem einzigen Tag,** so ist diese als Leistungszeit anzugeben.   137

Beispiel: 138

Der Rechtsanwalt hat den Auftraggeber am 26.11.2004 beraten, wodurch sich die Angelegenheit erledigt hat.

Als Leistungszeit ist der 26.11.2004 anzugeben.

h) Steuersatz und Steuerbetrag

Nach § 14 Abs. 2 Nr. 4 UStG ist die Angabe des **Umsatzsteuersatzes** sowie die Angabe   139
des auf das Nettoentgelt entfallenden **Umsatzsteuerbetrags** erforderlich.

4. Vorschüsse

Gemäß § 14 Abs. 5 Satz 1 UStG gelten die vorstehend erörterten Formerfordernisse sinn-   140
gemäß auch für Vorschüsse, die der Rechtsanwalt für eine noch nicht ausgeführte Leistung vereinnahmt hat. In diesem Fall kann natürlich noch nicht der Zeitpunkt oder Zeitraum der anwaltlichen Leistung angegeben werden. Bei der Endrechnung hat der Rechtsanwalt dann die vereinnahmten Vorschüsse und die auf sie entfallenden Steuerbeträge gemäß § 14 Abs. 5 Satz 2 UStG abzusetzen.

5. Besonderheiten bei Kleinbeträgen bis 100 €

Gemäß § 33 der Umsatzsteuer-Durchführungsverordnung 1999 muss eine Kostenbe-   141
rechnung, deren Gesamtbetrag 100 € nicht übersteigt, nur folgende Angaben enthalten:

- den vollständigen Namen und die vollständige Anschrift des Rechtsanwalts,

- das Ausstellungsdatum,

- Art und Umfang der anwaltlichen Dienstleistung,

- das Entgelt und den darauf enthaltenen Steuerbetrag und den Umsatzsteuersatz.

6. Aufbewahrungspflichten des Rechtsanwalts

142 Nach dem durch Art. 5 Nr. 17 StÄndG 2003 eingefügten § 14 b) Abs. 1 Satz 1 UStG hat der Rechtsanwalt ein Doppel jeder Kostenberechnung für die Dauer von **10 Jahren** aufzubewahren.

143

> **Praxishinweis:**
>
> Da die Handakten jedoch bereits nach 5 Jahren vernichtet werden können (s. § 50 Abs. 2 Satz 1 BRAGO), sollten Kopien der Rechnungen in einem gesonderten Ordner aufbewahrt werden. Hierzu empfiehlt es sich, die Rechnungen entsprechend der fortlaufenden Rechnungsnummer abzuheften, um später bei Betriebsprüfungen einen lückenlosen Nachweis über die erteilten Berechnungen führen zu können.

7. Folgen einer fehlerhaften Kostenberechnung

144 Erfüllt die anwaltliche Kostenberechnung die in § 14 Abs. 4 UStG aufgeführten Formerfordernisse nicht, berührt dies zunächst einmal den Vergütungsanspruch gegenüber dem eigenen Auftraggeber nicht, wenn jedenfalls die Formerfordernisse des § 10 RVG erfüllt sind. Allerdings kann der Auftraggeber die Kostenberechnung dann nicht zum Zwecke des Vorsteuerabzugs verwenden. Der Auftraggeber hat dann einen Anspruch gegen den Rechtsanwalt auf Erteilung einer den Erfordernissen des § 14 Abs. 4 UStG entsprechenden Kostenberechnung. Bis zur Erteilung einer formgerechten Kostenberechnung steht ihm deshalb gemäß § 273 Abs. 1 BGB ein **Zurückbehaltungsrecht** zu. Der Auftraggeber muss also die berechnete Vergütung erst zahlen, wenn der Rechtsanwalt ihm eine ordnungsgemäße Kostenberechnung erteilt hat.

V. Muster: Kostenberechnung

145

Rechtsanwalt ...., den ....

....

....

UST.-Ident. Nr. ....

Herrn

....

....

....

Kostenberechnung Nr. 89/2004

Leistungszeit: 1.7.2004 – 27.1.2005

Tätigkeit:

Ihre Vertretung in dem Rechtsstreit .... / ....

Amtsgericht ...., Aktenzeichen: ....

1.	1,3 Verfahrensgebühr, Nr. 3100 VV RVG (Wert: 3.000 €)	245,70 €
2.	0,5 Terminsgebühr, Nr. 3105 VV RVG (Wert: 3.000 €)	94,50 €
3.	Postentgeltpauschale, Nr. 7002 VV RVG	20,00 €
4.	16 % Umsatzsteuer, Nr. 7008 VV RVG	+ 57,63 €
Summe:		**417,83 €**

....

Rechtsanwalt

VI. Kosten der Kostenberechnung

Die Kosten der Fertigung und Übersendung der Kostenberechnung sind allgemeine Ge- **146**
schäftskosten i.S.v. Vorbem. 7 Abs. 1 Satz 1 VV RVG. Folglich kann der Rechtsanwalt hierfür keine Vergütung berechnen. Selbst die Fertigung einer Ablichtung der Kostenberechnung löst keine Dokumentenpauschale aus.[53] Nach der ausdrücklichen Regelung in
der Anm. zu Nr. 7001 VV RVG kann der Rechtsanwalt auch für die durch die Geltendmachung der Vergütung entstehenden Entgelte (Postentgelt für die Übersendung der
Kostenberechnung) keinen Ersatz verlangen.

---

53   So bereits RGZ 103, 145; *Hansens*, BRAGO, § 18 Rn. 11; *N. Schneider*, BRAGOreport 2002, 50, 51.

C. Vergütungsfestsetzung

147

Die Vergütungsfestsetzung gegen den eigenen Auftraggeber ist nunmehr in § 11 RVG geregelt. Diese Vorschrift sieht gegenüber § 19 BRAGO folgende Änderungen vor:

- Das Gesetz führt nicht mehr an, in welcher Eigenschaft der Rechtsanwalt tätig gewesen sein muss.

- Neben der gesetzlichen Vergütung können nunmehr auch die nach materiellem Recht zu ersetzenden **Aufwendungen** und eine **Pauschgebühr** nach § 42 RVG festgesetzt werden.

- Gesetzliche Vergütung, zu ersetzende Aufwendungen und die festgesetzte Pauschgebühr müssen zu den **Kosten des gerichtlichen Verfahrens** gehören.

- Die Mitfestsetzung der vom Rechtsanwalt gezahlten **Zustellungsauslagen** ist ausdrücklich geregelt.

- **Rahmengebühren** können in Höhe der Mindestgebühren oder – bei Zustimmung des Auftraggebers hierzu – auch in voller Höhe festgesetzt werden.

148 Das in § 11 RVG geregelte Vergütungsfestsetzungsverfahren – in der Praxis fälschlich oft auch Kostenfestsetzungsverfahren genannt – ermöglicht dem Rechtsanwalt, seine gesetzliche Vergütung in einem relativ einfachen, schnellen und kostengünstigen Verfahren der Höhe nach gerichtlich feststellen und titulieren zu lassen.

149

Hinweis:

Auch der Auftraggeber kann dieses Verfahren in die Wege leiten, z.B. um eine ihm erteilte Kostenberechnung sachkundig überprüfen zu lassen. Da diese Möglichkeit in der Praxis weitgehend unbekannt ist, kommt eine Vergütungsfestsetzung auf Antrag des Auftraggebers nur ganz selten vor.

I. Allgemeines

1. Verhältnis zum Ausgangsverfahren

150 Das Vergütungsfestsetzungsverfahren hat mit dem Ausgangsverfahren, in dem die Vergütung entstanden sein soll, verfahrensmäßig nichts zu tun. Es wird lediglich in den Akten unter demselben Aktenzeichen des Ausgangsverfahrens bearbeitet. Dieser Unterschied wird bereits daran deutlich, dass die Parteien des Ausgangsverfahrens andere sind als diejenigen des Vergütungsfestsetzungsverfahren. Auch dies wird in der Praxis nicht immer auseinander gehalten, wenn im Rubrum des Vergütungsfestsetzungsbeschlusses noch der Gegner des Ausgangsverfahrens und sein Prozess- oder Verfahrensbevollmächtigter aufgeführt werden.

Auch die einem Rechtsanwalt im Ausgangsverfahren erteilte **Prozessvollmacht** erstreckt 151
sich auf das Vergütungsfestsetzungsverfahren nur dann, wenn sie dieses Verfahren eindeutig umfasst.[54]

> **Beispiel:** 152
>
> *Der Prozessbevollmächtigte des Beklagten hat das Mandat niedergelegt und betreibt nunmehr das Vergütungsfestsetzungsverfahren. Der Festsetzungsantrag und die Entscheidung hierüber können dem neuen Prozessbevollmächtigten nur dann übersandt bzw. zugestellt werden, wenn der Beklagte ihn auch für dieses Verfahren bestellt hat.*

Ist dies nicht der Fall, hat das Gericht Verfügungen und Entscheidungen an den Auf- 153
traggeber selbst zu senden bzw. zuzustellen. Gelegentlich bestellt der Auftraggeber für
das Vergütungsfestsetzungsverfahren einen anderen Rechtsanwalt. Meldet sich dieser als
Verfahrensbevollmächtigter, sind Verfügungen und Entscheidungen diesem Rechtsanwalt
zu übersenden bzw. zuzustellen.

154

Hinweis:

Dies wird in der Praxis häufig nicht beachtet. Folglich kann die Zustellung an einen
nicht für das Vergütungsfestsetzungsverfahren bevollmächtigten Rechtsanwalt die
Rechtsmittelfrist nicht in Lauf setzen.

2. Verhältnis zum Kostenfestsetzungsverfahren

Das Vergütungsfestsetzungsverfahren gemäß § 11 RVG ist von dem Kostenfestsetzungs- 155
verfahren nach den §§ 103 ff. ZPO und den Vorschriften der anderen Verfahrensordnungen streng zu unterscheiden.[55] Während im Kostenfestsetzungsverfahren der **prozessuale Kostenerstattungsanspruch** der obsiegenden Partei gegen **die unterlegene
Partei** festgesetzt wird, ist Grundlage des Vergütungsfestsetzungsverfahrens der kraft materiellen Rechts bestehende **Vergütungsanspruch** des Rechtsanwalts **gegen den eigenen Auftraggeber.** Im Kostenfestsetzungsverfahren wird der Erstattungsanspruch unter
gebührenrechtlichen und erstattungsrechtlichen Gesichtspunkten der Höhe nach festgestellt. Demgegenüber wird im Vergütungsfestsetzungsverfahren über den Vergütungsanspruch des Rechtsanwalts als solchen entschieden.[56]

Zwischen den beiden Festsetzungsverfahren besteht auch keinerlei Bindungswirkung, so 156
dass sie auch zu unterschiedlichen Ergebnissen führen können.[57]

---

54 OLG Bamberg, JurBüro 1994, 160; KG, Rpfleger 1979, 275; OLG München, JurBüro 1984, 394 =
    Rpfleger 1984, 74.
55 BGH, NJW 1991, 2084.
56 BGH, BGHZ 21, 199, 203; NJW 1997, 743 = Rpfleger 1997, 231 = AGS 1998, 146.
57 BGH, JurBüro 1973, 26.

157   *Beispiel:*

Im Kostenfestsetzungsverfahren setzt der Rechtspfleger die Verkehrsanwaltskosten lediglich in Höhe ersparter Informationsreisekosten fest, weil der Kläger nach Durchführung der Informationsreise zu einer sicheren, ausschließlich schriftlichen Informationsübermittlung an den auswärtigen Prozessbevollmächtigen in der Lage gewesen wäre. Im Vergütungsfestsetzungsverfahren beantragt der Verkehrsanwalt natürlich die Festsetzung der Verfahrensgebühr nach Nr. 3400 VV RVG nebst Auslagen in voller Höhe. Diese können dann ungeachtet der fehlenden Notwendigkeit i.S.v. § 91 ZPO gegen den Kläger festgesetzt werden, wenn dieser keine außergebührenrechtlichen Einwendungen i.S.v. § 11 Abs. 5 Satz 1 RVG erhebt.

3.   Verhältnis zur Honorarklage

158   Soweit eine Vergütungsfestsetzung möglich ist, **fehlt** einer Honorarklage das **Rechtsschutzbedürfnis**. Sie ist deshalb als unzulässig abzuweisen, was der Kläger nach deren Erhebung allein durch **Klagerücknahme** vermeiden kann. Verteidigt sich der Beklagte in einem solchen Prozess mit außergebührenrechtlichen Einwendungen, die sonst zur Ablehnung der Vergütungsfestsetzung nach § 11 Abs. 5 Satz 1 RVG führen würden, wird die Klage **nachträglich zulässig**.

159   Hat der Auftraggeber bereits dem Rechtsanwalt gegenüber vorgerichtlich außergerichtliche Einwendungen erhoben, ist die Honorarklage gemäß § 11 Abs. 5 Satz 2 RVG sofort zulässig.[58] Diese Tatsache sollte der Rechtsanwalt in seiner Klagebegründung unter Vorlage des entsprechenden Schreibens des Auftraggebers vortragen.[59]

160
Hinweis: Die Bestimmung des § 11 Abs. 5 Satz 2 RVG betrifft lediglich die Zulässigkeit der Honorarklage. Sie hindert den Rechtsanwalt jedoch nicht, das Vergütungsfestsetzungsverfahren zu betreiben, obwohl der Auftraggeber zuvor ihm gegenüber bereits außergebührenrechtliche Einwendungen erhoben hatte. Es ist nämlich nicht ausgeschlossen, dass der im Festsetzungsverfahren angehörte Auftraggeber diese Einwendungen nicht erneut vorbringt oder fallen lässt, so dass ein Vergütungsfestsetzungsbeschluss gegen ihn ergehen kann.

161   Auch für ein **Mahnverfahren** fehlt das Rechtsschutzbedürfnis, so lange eine Vergütungsfestsetzung zulässig ist. Deshalb ist es erforderlich, dass der Rechtsanwalt im Mahnantrag angibt, dass eine Vergütungsfestsetzung wegen außergebührenrechtlicher Ein-

---

58   BGH, NJW 1956, 1518.
59   LG Karlsruhe, AnwBl. 1983, 178.

wendungen nicht in Betracht kommt. Das Mahngericht ist allerdings nicht befugt, weitere Ermittlungen darüber anzustellen, ob diese Angabe tatsächlich zutrifft.[60]

Umgekehrt entfällt das Rechtsschutzbedürfnis für die Vergütungsfestsetzung nicht dadurch, dass eine Honorarklage anhängig ist, solange der Beklagte außergebührenrechtliche Einwendungen nicht erhoben hat.[61] Die erhobene Honorarklage wird in einem solchen Fall erst dann unzulässig, wenn der Rechtsanwalt einen rechtskräftigen Vergütungsfestsetzungsbeschluss erwirkt hat.   **162**

Der Rechtsanwalt, dem diese Rechtslage bekannt ist, kann sie je nach Verfahrenssituation ausnutzen.   **163**

Beispiele: **164**

(1) Der Rechtsanwalt verklagt seinen früheren Auftraggeber auf Zahlung der Anwaltsvergütung, die der Vergütungsfestsetzung nach § 11 RVG unterliegt.

Der geschickte Beklagtenvertreter wird in der Klageerwiderungsschrift lediglich auf die Unzulässigkeit der Honorarklage hinweisen, selbst wenn der Beklagte gegen den eingeklagten Vergütungsanspruch Schadensersatzansprüche wegen Schlechterfüllung des Anwaltsdienstvertrags einwenden will. Zu einer Erklärung darüber, ob der Beklagte derartige außergebührenrechtliche Einwendungen i.S.v. § 11 Abs. 5 Satz 1 RVG hat, ist er im Rechtsstreit nicht verpflichtet. Das Prozessgericht muss deshalb die Honorarklage als unzulässig abweisen, wenn sie nicht der Kläger zuvor zurücknimmt. In jedem Fall hat der Kläger die Kosten dieses Rechtsstreits zu tragen.

In dem daraufhin von dem Rechtsanwalt betriebenen Vergütungsfestsetzungsverfahren kann der frühere Auftraggeber dann seine außergebührenrechtlichen Einwendungen erheben. Diese führen zur Ablehnung der Vergütungsfestsetzung nach § 11 Abs. 5 Satz 1 RVG. Nunmehr muss der Rechtsanwalt seinen Honoraranspruch in einem weiteren Rechtsstreit geltend machen.

(2) Der in Beispiel (1) klagende Rechtsanwalt kann dieses Ergebnis mit einiger Sicherheit vermeiden. Umgehend nach Erhebung der Zulässigkeitsrüge beantragt er im Ausgangsverfahren die Vergütungsfestsetzung gemäß § 11 RVG. Solange der Beklagte außergebührenrechtliche Einwendungen nicht erhoben hat, fehlt hierfür das Rechtsschutzbedürfnis nicht. Der Auftraggeber wird nunmehr gezwungen, seine außergebührenrechtlichen Einwendungen zu erheben. Anderenfalls wird die Vergütung festgesetzt. Nach Erhebung dieser Einwendungen im Vergütungsfestsetzungsverfahren kann der Rechtsanwalt dann den Vergütungsfestsetzungsantrag zurücknehmen oder einen die Vergütungsfestsetzung

---

60   BGH, NJW 1981, 875 = JurBüro 1981, 533; LG Karlsruhe, a.a.O.
61   KG, Rpfleger 1972, 66 = AnwBl. 1972, 74.

ablehnenden Beschluss erwirken. Mit Erhebung dieser Einwendungen ist seine immer noch anhängige Honorarklage nachträglich zulässig geworden. In diesem Fall hat der Rechtsanwalt besondere Kosten vermieden.

165 Erhebt der Auftraggeber im Vergütungsfestsetzungsverfahren außergebührenrechtliche Einwendungen nur hinsichtlich eines **Teils der Vergütung**, wird nur insoweit der Klageweg frei.[62] Hinsichtlich des von den Einwendungen nicht betroffenen Teils der Vergütung wird das Festsetzungsverfahren weiter betrieben. Gemäß § 11 Abs. 5 Satz 1 RVG ist nämlich die Festsetzung bei Erhebung außergebührenrechtlicher Einwendungen abzulehnen, **soweit** diese Einwendungen erhoben worden sind.

166 **Beispiel:**

Der Rechtsanwalt beantragt für seine Tätigkeit im Rechtsstreit A die Festsetzung seiner Vergütung i.H.v. 5.000 €. Der Antragsgegner wendet ein, der Rechtsanwalt habe abredewidrig einen Teil der erstrittenen Hauptforderung im Rechtsstreit B i.H.v. 2.000 € hierauf nicht verrechnet. Der Rechtsanwalt entgegnet, der Betrag sei auf die Honorarforderung aus dem Rechtsstreit B verrechnet worden.

Der Rechtspfleger/Urkundsbeamte der Geschäftsstelle lehnt deshalb die Vergütungsfestsetzung in Höhe eines Teilbetrags von 2.000 € ab und setzt die restlichen 3.000 € fest. Ein Rechtsschutzbedürfnis für die Honorarklage besteht deshalb lediglich für die 2.000 €.

4. Verhältnis zum obligatorischen Güteverfahren

167 In verschiedenen Bundesländern ist durch Landesrecht bestimmt, dass die Erhebung der Klage in vermögensrechtlichen Streitigkeiten vor dem AG über Ansprüche mit einem Wert bis 750 € erst nach Durchführung eines Güteverfahrens zulässig ist. Kommt eine Vergütungsfestsetzung gemäß § 11 RVG nicht in Betracht, weil die Vergütung des Rechtsanwalts nicht nach § 11 Abs. 1 RVG festsetzbar ist, muss das obligatorische Güteverfahren betrieben werden. Dies gilt nicht, wenn der Rechtsanwalt den Vergütungsanspruch im **Mahnverfahren** geltend macht. Die Durchführung des streitigen Verfahrens ist dann nicht von einem Einigungsversuch vor der Gütestelle abhängig (§ 15a Abs. 2 Nr. 5 ZPO).

168 An sich ist das obligatorische Güteverfahren auch dann durchzuführen, wenn der Rechtsanwalt einen Vergütungsfestsetzungsantrag gemäß § 11 RVG eingereicht und die Festsetzung wegen der Erhebung außergebührenrechtliche Einwendungen des Auftraggebers gemäß § 11 Abs. 5 Satz 1 RVG abgelehnt wurde. *N. Schneider*[63] sieht es für den Anwalt als unzumutbar an, zwei vorgeschaltete Verfahren (Vergütungsfestsetzungsverfahren und Güteverfahren) durchführen zu müssen, um überhaupt seine Vergütung einkla-

---

62   A.A. Anwkom-RVG-*N. Schneider,* § 11 Rn. 254.
63   AnwBl. 2001, 327 und Anwkom-RVG, § 11 Rn. 260.

gen zu können. Er begründet dies damit, dass mit einem Erfolg des Güteverfahrens nicht gerechnet werden könne, wenn der Auftraggeber bereits im Vergütungsfestsetzungs-verfahren Einwendungen erhoben hat und die Beteiligten sich hierüber nicht haben ver-ständigen können.

Allein die Erhebung eines außergebührenrechtlichen Einwands schließt jedoch eine Eini-gung zwischen Rechtsanwalt und früheren Auftraggeber im Güteverfahren nicht von vornherein aus. Als Ausweg bleibt dem Rechtsanwalt nur die Möglichkeit, gleich das Mahnverfahren mit der Behauptung zu betreiben, eine Vergütungsfestsetzung sei nicht möglich. Wenn der Antragsgegner überhaupt Widerspruch gegen den Mahnbescheid einlegt, wird er sich im Regelfall mit außergebührenrechtlichen Einwendungen verteidi-gen. In diesem Fall wird dann das streitige Verfahren zulässig. **169**

II. Verfahrensbeteiligte

§ 11 Abs. 1 Satz 1 RVG bezeichnet als Verfahrensbeteiligte den **Rechtsanwalt** und den **Auftraggeber.** Im Regelfall ist Antragsteller des Vergütungsfestsetzungsverfahrens der Rechtsanwalt. Selten beantragt der Auftraggeber die Vergütungsfestsetzung. Dies kommt dann in Betracht, wenn er die ihm von seinem Rechtsanwalt erteilte Kostenberechnung auf ihre Richtigkeit hin überprüfen lassen will. **170**

1. Rechtsanwalt

Abweichend von § 19 Abs. 1 Satz 1 BRAGO verzichtet § 11 Abs. 1 Satz 1 RVG darauf, einzelne anwaltliche Funktionen wie Prozessbevollmächtigter oder Unterbevollmächtig-ter zu nennen. Diese Aufzählung war ohnehin nicht abschließend. **171**

Unter **Rechtsanwalt** versteht man nicht nur den Einzelanwalt. Vielmehr stehen gemäß § 1 Abs. 2 RVG ihm auch andere Mitglieder einer Rechtsanwaltskammer, etwa der Kam-mer-Beistand, oder Partnerschaftsgesellschaften und sonstige Gesellschaften gleich. **172**

In welcher Funktion der antragsberechtigte Rechtsanwalt tätig geworden ist, hängt maß-geblich davon ab, welche Vergütung überhaupt Gegenstand des Festsetzungsverfahrens sein kann (s.u. Rn. 190 ff.). Nach § 1 Abs. 1 RVG ist nämlich – unter anderem – die ge-setzliche Vergütung festsetzbar, soweit sie zu den **Kosten des gerichtlichen Verfahrens** gehört. Hieraus folgert die Kommentarliteratur,[64] dass festsetzbar nur die im gerichtlichen Verfahren entstandene Vergütung ist. Dies gibt der Gesetzeswortlaut nicht her. Nach all-gemeiner Auffassung gehören auch außerhalb des gerichtlichen Verfahrens angefallene Kosten einschließlich der Anwaltsvergütung als sog. Vorbereitungskosten zu den Kosten **173**

---

64   Anwkom-RVG-N. *Schneider,* § 11 Rn. 11; *Hartung/Römermann,* RVG, § 11 Rn. 45; *Goebel/Gottwald,* RVG, § 11 Rn. 14; *Mayer/Kroiß,* RVG, § 11 Rn. 13.

des gerichtlichen Verfahrens. Folglich kann auch eine Anwaltsvergütung festgesetzt werden, die außerhalb eines gerichtlichen Verfahrens entstanden ist, sofern sie nur konkreten Bezug zu einem gerichtlichen Verfahren hat. Anderenfalls hätte der Gesetzgeber formulieren müssen: „Soweit die gesetzliche Vergütung ... in einem gerichtlichen Verfahren entstanden ist, ..."

174

> **Hinweis:**
>
> Es ist also bereits jetzt abzusehen, dass die gesetzliche Neuregelung in der Praxis für viel Streitstoff sorgt.

a) Antragsberechtigung

175 Folgt man der m.E. gebotenen weiten Auslegung des Gesetzes, so kann der in folgenden Funktionen aufgetretene Rechtsanwalt antragsberechtigt sein:

aa) Prozessbevollmächtigter

176 Antragberechtigt sind zunächst Prozessbevollmächtigte in einem Verfahren, in denen sich die Gebühren nach dem Gegenstandswert berechnen, etwa im

- Zivilprozess,

- arbeitsgerichtlichen Verfahren,

- finanzgerichtlichen Verfahren,

- sozialgerichtlichen Verfahren, in denen das GKG anzuwenden (§ 3 Abs. 1 Satz 2 RVG).

177 Da nunmehr auch **Rahmengebühren** festgesetzt werden können (s. § 11 Abs. 8 RVG), kann auch die Vergütung derjenigen Prozessbevollmächtigten festgesetzt werden, denen für die Tätigkeit im gerichtlichen Verfahren Betragsrahmengebühren entstehen, insbesondere im sozialgerichtlichen Verfahren, in denen das GKG nicht anzuwenden ist (s. § 3 Abs. 1 Satz 1 RVG).

bb) Verfahrensbevollmächtigte

178 Ferner ist antragsberechtigt der Rechtsanwalt, der in einem der nachfolgenden Verfahren tätig gewesen ist:

- im Mahnverfahren,

- im Verfahren der Zwangsvollstreckung, der Zwangsversteigerung, der Zwangsverwaltung[65] oder im Insolvenzverfahren,

---

65 OLG Köln, JurBüro 1981, 54.

- im Prozesskostenhilfe-Prüfungsverfahren,[66]

- im Verfahren vor der Schiedsstelle für Urheberrechtsstreitfälle beim Deutschen Patentamt, sofern ein gerichtliches Verfahren vor dem OLG nachfolgt,[67]

- im Schlichtungsverfahren nach § 111 Abs. 2 ArbGG,[68]

- in Verfahren der freiwilligen Gerichtsbarkeit.

cc) Bevollmächtigter im Güteverfahren

Die dem Bevollmächtigten im Güteverfahren nach Nr. 2403 VV RVG angefallene Geschäftsgebühr ist ebenfalls festsetzbar, wenn dem ein gerichtliches Verfahren nachfolgt.[69] Diese Kosten gehören nämlich zu den Kosten des nachfolgenden Klageverfahrens.[70]   179

dd) Einvernehmensanwalt

Auch die dem deutschen Einvernehmensanwalt nach Nrn. 2300 ff. VV RVG angefallenen Gebühren sind festsetzbar, da sie zu den Kosten des Verfahrens gehören.[71]   180

ee) Einzeltätigkeiten

Auch der Rechtsanwalt, der nur für Einzelgeschäfte bestellt worden ist, ist antragsberechtigt, etwa   181

- der für die Erklärung des Rechtsmittelverzichts oder zur Protokollierung eines Vergleichs in Scheidungsverfahren tätige Anwalt,[72]

- der Verkehrsanwalt,

- der Beweisanwalt,

- der mit der Terminsvertretung beauftragte Rechtsanwalt.[73] Der Terminsvertreter ist aber nur dann antragsberechtigt, wenn er vom Hauptbevollmächtigten im Namen der Partei beauftragt wurde.[74] Dies gilt jedoch nicht, wenn der Hauptbevollmächtigte ihn im eigenen Namen, etwa für den Fall seiner Verhinderung, beauftragt hat. Dies wird allerdings im Vergütungsfestsetzungsverfahren nicht von Amts wegen geprüft.[75]

---

66   OLG Koblenz, JurBüro 2002, 588 = Rpfleger 2003, 46; OLG München, JurBüro 1979, 1508 = Rpfleger 1979, 392; KG, JurBüro 1982, 1185 = AnwBl. 1982, 375.
67   OLG München, JurBüro 1994, 604 = Rpfleger 1994, 316.
68   LAG Hamm, JurBüro 1989, 197 = AnwBl. 1989, 625.
69   *Goebel/Gottwald,* RVG, § 11 Rn. 16.
70   BayObLG 2004, Nr. 35.
71   S. EuGH, RVGreport 2004, 32 [*Hansens*]; a.A. Anwkom-RVG-*N. Schneider,* § 11 Rn. 26.
72   OLG München, JurBüro 1974, 1388; OLG Brandenburg, BRAGOreport 2002, 71 [*N. Schneider*]; s. ferner Teil 9 Rn. 504.
73   OVG Nordrhein-Westfalen, Rpfleger 1986, 70.
74   OLG Zweibrücken, Rpfleger 1994, 477.
75   KG, Berl.AnwBl. 1994, 84.

ff) Verteidiger

182 Da nunmehr auch Rahmengebühren festsetzbar sind, kann auch der Verteidiger in einer Straf- oder Bußgeldsache Antragsteller sein, soweit das Verfahren anhängig geworden ist.[76]

183 Ferner kann Antragsteller sein der Verteidiger, der nur für **einzelne Verfahrensabschnitte** beauftragt worden ist, etwa im Wiederaufnahmeverfahren (Nrn. 4136 ff. VV RVG), im Einziehungsverfahren (Nr. 4142 VV RVG) als Vertreter des Verletzten oder des Beschuldigten, in der Strafvollstreckung (Nrn. 4200 ff. VV RVG), im Adhäsionsverfahren oder als Verkehrsanwalt (Nr. 4301 Nr. 3 VV RVG).

gg) Steuerberater

184 Steuerberater, Steuerberatungsgesellschaften und Steuerbevollmächtigte gemäß § 45 StBGebV können für ihre durch die Tätigkeit vor den Finanzgerichten erwachsene Vergütung ebenfalls die Festsetzung betreiben.[77]

b) Nicht antragsberechtigt

185 Nicht antragsberechtigt sind:

- der **Patentanwalt**, dessen Vergütung sich nicht nach dem RVG richtet,[78]

- **ausländische Rechtsanwälte**, für die das RVG im Regelfall nicht gilt;

- der **Rechtsanwalt,** der lediglich von der Rechtsmitteleinlegung **abgeraten** hat,[79] soweit der Auftraggeber dem Rat gefolgt ist,

- der Rechtsanwalt, der nur eine **Schutzschrift** eingereicht hat, wenn ein Verfahren auf Erlass einer einstweiligen Verfügung nicht eingeleitet wird,[80]

- der Rechtsanwalt, der im **schiedsrichterlichen Verfahren** tätig gewesen ist,[81]

- der Rechtsanwalt, der als **Nachlasspfleger**,[82]

---

76 Anwkom-RVG-*N. Schneider,* § 11 Rn. 13.

77 BFH, Rpfleger 1992, 82; FG Berlin, EFG 1985, 197; FG Hamburg, EFG 1984, 630; Hess. FG, EFG 1987, 523.

78 OLG München, JurBüro 2001, 372 = MDR 2001, 353 = AGS 2001, 284; Rpfleger 1978, 67; BPatG, BPatGE 18, 164 und BPatGE 9, 272; a.A. für den Patentanwalt im Patentnichtigkeitsverfahren BPatG, BPatGE 45, 76 = GRUR 2002, 732 = BRAGOreport 2002, 127.

79 OLG Düsseldorf, JurBüro 1990, 604; a.A. OLG Köln, BRAGOreport 2000, 24 [*N. Schneider*] = JurBüro 2001, 308 = AGS 2000, 145, betreffend die Abrategebühr.

80 KG, JurBüro 1998, 30 = AnwBl. 1998, 103 = KostRsp. BRAGO, § 19 Nr. 160 mit ablehnender Anm. *N. Schneider* und zustimmender Anm. *von Eicken.*

81 KG, AGS 1998, 75 = Rpfleger 1998, 171.

82 KG, FamRZ 1993, 460.

- der Rechtsanwalt, der als **Vormund,**[83]

- oder als **Pfleger,**[84]

- oder als **Prozesspfleger** nach § 57 ZPO tätig gewesen ist,[85] und zwar auch dann nicht, wenn er die Rechtsanwalts-Sozietät beauftragt hat, der er selbst angehört,[86]

- der Rechtsanwalt, der den Rechtsuchenden **Beratungshilfe** gewährt hat für die Beratungshilfegebühr.[87]

2. Auftraggeber

Auch der Auftraggeber eines antragsberechtigten Rechtsanwalts usw. ist selbst antrags- 186
berechtigt. Das ist derjenige, der den Anwaltsvertrag mit dem Rechtsanwalt geschlossen hat, muss also nicht zwingend die vertretene Partei sein.[88] Auftraggeber kann auch eine GmbH in Gründung sein.[89]

3. Rechtsnachfolger

Auch Rechtsnachfolger der Antragsberechtigten können das Vergütungsfestsetzungsver- 187
fahren betreiben, etwa

- der Erbe,[90]

- der Praxisübernehmer[91] sowie

- der Rechtsschutzversicherer des Auftraggebers, der nach den ARB Rechtsnachfolger des Auftraggebers ist.[92] Von diesem wird vielfach – zulässig – der Antrag auf Feststellung gestellt, das ein Vergütungsanspruch überhaupt nicht oder hinsichtlich einer bestimmten Gebühr nicht besteht.[93]

Ist dem Auftraggeber Prozesskostenhilfe bewilligt worden, kann wegen § 122 Abs. 1 Nr. 3 188
ZPO die Festsetzung auch gegen dessen vermögenden Erben nicht erfolgen.[94]

---

83   LG München I, JurBüro 1963, 778.
84   OLG Hamburg, JurBüro 1979, 1510.
85   OLG Düsseldorf, JurBüro 1980, 69 = AnwBl. 1980, 156.
86   LG Düsseldorf, JurBüro 1986, 726; a.A. Anwkom-RVG-*N. Schneider*, § 11 Rn. 20.
87   S. Teil 6 Rn. 69.
88   OLG München, JurBüro 1998, 598 = Rpfleger 1998, 540 = AGS 1998, 190.
89   LAG Kiel, AnwBl. 1997, 568.
90   OLG Köln, JurBüro 1982, 76; OLG Schleswig, JurBüro 1984, 1517.
91   KG, JurBüro 1986, 220.
92   LAG Nürnberg, JurBüro 1996, 263.
93   LAG Nürnberg, a.a.O.; ArbG Dortmund, AGS 1999, 115.
94   S. hierzu KG, JurBüro 1986, 894 = Rpfleger 1986, 281.

4. Sonstige Beteiligte

189 Sonstige Personen, die für die Schuld des Auftraggebers lediglich mithaften, können nicht Beteiligte des Vergütungsfestsetzungsverfahrens sein, etwa

- der Bürge,

- der Vermögensübernehmer,

- der gemäß § 11 Abs. 2 GmbHG haftende Geschäftsführer einer GmbH in Gründung,[95]

- der Haftpflichtversicherer, es sei denn, er hat den Rechtsanwalt im eigenen Namen beauftragt,

- der **Betriebsrat**.[96]

- Ist Auftraggeber eine **BGB-Gesellschaft**, kann die Vergütung nicht gegen die Gesellschafter persönlich festgesetzt werden.[97]

- Eine trotz **Löschung** weiter bestehende GmbH kann nur Beteiligter des Vergütungsfestsetzungsverfahrens sein, wenn ein Nachtragsliquidator ernannt ist.[98]

III. Gegenstand der Vergütungsfestsetzung

190 Gemäß § 1 Abs. 1 RVG ist festsetzbar

- die **gesetzliche Vergütung**,

- eine gemäß § 42 RVG festgestellte **Pauschgebühr**,

- die dem Rechtsanwalt gemäß § 670 BGB zu ersetzenden **Aufwendungen**.

191 Ein nach § 4 RVG **vereinbartes Honorar** ist hingegen nicht nach § 11 RVG festsetzbar.[99] Dies gilt auch hinsichtlich desjenigen Teils der vereinbarten Vergütung, der der gesetzlichen Vergütung entspricht.[100] Mit der **Honorarvereinbarung** haben die Vertragsparteien gerade die gesetzliche Vergütung abbedungen.

---

95   LAG Kiel, AnwBl. 1997, 568.
96   LAG Düsseldorf, JurBüro 1999, 32 = AGS 1998, 176; JurBüro 1995, 383; OVG Lüneburg, NJW 1958, 1203; LAG Hamm, MDR 1990, 186.
97   OLG Koblenz, NJW 2003, 1130 = JurBüro 2003, 201 = BRAGOreport 2003, 136 = AGS 2003, 105 m. Anm. *N. Schneider*.
98   BayObLG, BRAGOreport 2003, 11[*Hansens*] = ZIP 2002, 1845.
99   BFH, Rpfleger 1992, 82; Anwkom-RVG-*N. Schneider*, § 11 Rn. 104; *Goebel/Gottwald*, RVG, § 11 Rn. 16.
100   OLG Frankfurt, Rpfleger 1989, 303; Anwkom-RVG-*N. Schneider*, a.a.O.; *Goebel/Gottwald*, a.a.O.; a.A. *Hartung/Römermann*, RVG, § 11 Rn. 44; *Römermann*, RVGreport 2004, 124, 126.

1. Gesetzliche Vergütung

a) Grundlage der Vergütung

Nach der Legaldefinition in § 1 Abs. 1 Satz 1 RVG besteht die gesetzliche Vergütung aus **192** den in Teil 1 bis 6 VV RVG **aufgeführten Gebühren** und aus den in Teil 7 VV RVG **bezeichneten Auslagen.** Soweit für die Berechnung der Vergütung noch die BRAGO maßgeblich ist, bestimmt sich das Vergütungsfestsetzungsverfahren nach § 19 BRAGO. Dort ist der Auslagenbegriff in § 1 Abs. 1 BRAGO zugrunde zu legen (s.u. Rn. 325).

Anderweitige Vergütungen sind **nicht festsetzbar,** insbesondere **193**

- ein vereinbartes Honorar (s. vorstehend Rn. 191),

- die Vergütung des Patentanwalts (s. oben Rn. 185),

- die übliche Vergütung gemäß § 612 BGB für die Mediation (s. § 34 Satz 2 RVG),

- die übliche Vergütung gemäß § 612 BGB für die Beratungs- und Gutachtentätigkeit bei Aufträgen ab 1.7.2006 (s. § 34 Abs. 1 Satz 2 RVG in der ab 1.7.2006 geltenden Fassung).[101]

b) Anfall der Vergütung

Ein Teil der Kommentarliteratur[102] geht in Übereinstimmung mit der zu § 19 BRAGO be- **194** stehenden Rechtslage davon aus, dass die Vergütung **in einem gerichtlichen Verfahren** entstanden sein muss, wobei auch Tätigkeiten außerhalb eines solchen Verfahrens ausreichen. Demgegenüber spricht die von § 19 Abs. 1 BRAGO abweichende Fassung des § 11 Abs. 1 Satz 1 RVG für eine weitere Auslegung. Danach ist die gesetzliche Vergütung festsetzbar, „soweit sie zu den Kosten des gerichtlichen Verfahrens" gehört. Es ist jedoch allgemein anerkannt, dass auch Kosten einschließlich der Anwaltskosten als sog. Vorbereitungskosten zu den Kosten des gerichtlichen Verfahrens zu zählen sind. Erforderlich ist lediglich die Prozessbezogenheit der vorgerichtlich aufgewandten Kosten. Diese Kosten müssen also in einer unmittelbaren Beziehung zu dem Rechtsstreit stehen.[103] Hierfür wird ein **sachlicher Zusammenhang,**[104] teilweise zusätzlich noch ein enger zeitlicher Zusammenhang[105] zwischen den vorgerichtlichen Kosten und dem Rechtsstreit gefordert. Folglich kann auch die Anwaltsvergütung festgesetzt werden, die **vorgerichtlich entstanden** ist, wenn ihr Aufwand nur im Zusammenhang mit einem nachfolgenden ge-

---

101 Art. 5 Abs. 1 Nr. 3 KostRMoG v. 12.5.2004, BGBl. I, S. 717, 874.

102 *Goebel/Gottwald,* RVG, § 11 Rn. 14; *Mayer/Kroiß,* RVG, § 11 Rn. 13; Anwkom-RVG-N. *Schneider,* RVG, § 11 Rn. 11.

103 BGH, NJW 2003, 1398 = JurBüro 2003, 309 = AGS 2003, 178 m. Anm. *Leupertz* = BRAGOreport 2003, 96 [*Hansens*] für Privatgutachtenkosten.

104 OLG Frankfurt, OLGR 2000, 11; OLG Hammburg, MDR 1992, 194.

105 OLG Hamburg, JurBüro 1991, 1105; OLG Hamm, OLGR 1994, 142.

richtlichen Verfahren steht. Voraussetzung für die Festsetzbarkeit ist somit, dass überhaupt ein solches gerichtliches Verfahren eingeleitet worden ist. Ob die vorgerichtlich aufgewandten Anwaltskosten in dem nachfolgenden Verfahren erstattungsfähig sind, ist für die Vergütungsfestsetzung ohne Belang. Nur dann, wenn es nach der vorgerichtlichen Tätigkeit des Anwalts zu keinem gerichtlichen Verfahren gekommen ist, scheitert die Festsetzung bereits daran, dass es kein für die Festsetzung zuständiges Gericht des ersten Rechtszugs gibt.

c) Einzelfälle in alphabetischer Reihenfolge

195 ■ **Adhäsionsverfahren**

Die für die Tätigkeit im Adhäsionsverfahren nach Nrn. 4143 ff. VV RVG entstandenen Gebühren berechnen sich nach dem Gegenstandswert und können ohne die Einschränkungen des § 11 Abs. 8 RVG festgesetzt werden.[106]

196 ■ **Beratungsgebühr**

Eine Beratungsgebühr nach Nrn. 2100 ff. VV RVG kann ebenfalls gemäß § 11 RVG festsetzbar sein, wenn sie zu den Kosten des Rechtsstreits gehört.[107] Auf den Umstand, dass der Rechtsanwalt dann nicht als Prozess- oder als Verfahrensbevollmächtigter tätig geworden ist, kommt es nicht an.[108]

197 ■ **Beratungshilfegebühr**

Die Beratungshilfegebühr nach Nr. 2600 VV RVG kann deshalb nicht festgesetzt werden, weil sie nicht zu den Kosten eines gerichtlichen Verfahrens gehört.[109] Die für die bisherige Schutzgebühr des § 8 Abs. 1 BerHG aufgeführte Begründung,[110] die Gebühr sei deshalb nicht festsetzbar, weil sie außerhalb der BRAGO geregelt sei, gilt aber jetzt nicht mehr.

198 ■ **Einigungsgebühr**

Entsteht die Einigungsgebühr im gerichtlichen Verfahren, ist sie ohne weiteres festsetzbar. Dies gilt aber auch dann, wenn in eine Einigung nicht anhängige Ansprüche einbezogen werden. Für die Vergütungsfestsetzung nach § 11 RVG genügt es, wenn jedenfalls ein Teil des Gegenstandes der Einigung Gegenstand des gerichtlichen Verfahrens ist.[111]

---

106 Anwkom-RVG-*N. Schneider*, § 11 Rn. 52.
107 S. hierzu Teil 7 Rn. 87 ff.
108 So aber Anwkom-RVG-*N. Schneider*, § 11 Rn. 71.
109 S. Teil 6 Rn. 69.
110 AG Mainz, Rpfleger 1985, 324.
111 OLG München, JurBüro 1987, 385 = AnwBl. 1987, 99; OLG Stuttgart, JurBüro 1985, 817; OLG Frankfurt, JurBüro 1987, 1799.

■ Einzeltätigkeiten

199

Auch die Verfahrensgebühr des nicht zum Prozess- oder Verfahrensbevollmächtigten bestellten Rechtsanwalts nach Nr. 3403 VV RVG ist festsetzbar. Dies gilt insbesondere für den Rechtsanwalt, der in Ehesachen lediglich einen Rechtsmittelverzicht erklärt oder bei der Protokollierung einer Einigung oder eines Vergleichs mitwirkt.[112]

■ FGG-Verfahren

200

Die Vergütung in Verfahren der freiwilligen Gerichtsbarkeit richtet sich – wie in einem normalen Zivilprozess – nach den Nrn. 3100 ff. VV RVG. Da es sich nicht (mehr) um Rahmengebühren handelt, sind sie ohne die Einschränkungen des § 11 Abs. 8 RVG festsetzbar.

■ Gehörsrüge

201

Der nur mit der Gehörsrüge beauftragte Rechtsanwalt erhält eine Verfahrensgebühr nach Nr. 3330 VV RVG. Die Gebühr für diese im gerichtlichen Verfahren erbrachte Tätigkeit ist festsetzbar.[113]

■ Güteverfahren

202

Für die Tätigkeit des Rechtsanwalts im Verfahren vor einer gemäß § 15a EGZPO eingerichteten Einigungs- oder Gütestelle entsteht nach Nr. 2403 Nr. 4 VV RVG eine 1,5 Geschäftsgebühr. Diese gehört gemäß § 91 Abs. 3 ZPO zu den Kosten des Rechtsstreits, wenn dem Güteverfahren ein solches Klageverfahren nachfolgt.[114] Die Vergütung für die Tätigkeit im Güteverfahren kann deshalb im nachfolgenden Rechtsstreit gemäß § 11 RVG festgesetzt werden. Wird kein Rechtsstreit betrieben, kommt auch eine Festsetzung nicht in Betracht.[115]

■ Mahnverfahren

203

Für die dem Rechtsanwalt des Antragstellers oder des Antragsgegners nach Nrn. 3305 ff. VV RVG entstandenen Gebühren findet die Vergütungsfestsetzung statt. Hierbei kommt es nicht darauf an, ob es zur Durchführung des streitigen Verfahrens gekommen ist oder nicht.

---

112 OLG München, JurBüro 1974, 1388.
113 Anwkom-RVG-*N. Schneider*, § 11 Rn. 61.
114 BayObLG, BayObLGZ 2004, 35; OLG München, MDR 1999, 380; OLG Hamburg, MDR 2002, 115; LAG Hamm, JurBüro 1989, 197 = AnwBl. 1989, 625 für das Verfahren nach § 11 Abs. 2 ArbGG (jetzt Geschäftsgebühr gemäß Nr. 2403 Nr. 2 VV RVG).
115 Anwkom-RVG-*N. Schneider*, § 11 Rn. 62.

204 ▓ **Mehrere Auftraggeber**

Hat der Rechtsanwalt mehrere Auftraggeber vertreten, kann er gegen jeden von ihnen nach § 7 Abs. 2 RVG nur den Betrag der Vergütung festsetzen lassen, der entstanden wäre, wenn jeder Auftraggeber ihn allein beauftragt hätte.[116]

205 ▓ **Pauschgebühr**

Gemäß § 42 RVG kann in Strafsachen, gerichtlichen Bußgeldsachen und anderen dort genannten Verfahren auf Antrag des Rechtsanwalts eine Pauschgebühr für das gesamte Verfahren oder für einzelne Verfahrensabschnitte durch Beschluss festgestellt werden. Diese Feststellung ist gemäß § 42 Abs. 4 RVG für das Vergütungsfestsetzungsverfahren bindend. Zahlt der Auftraggeber diese festgestellte Pauschgebühr nicht freiwillig, muss der Rechtsanwalt sich hierüber einen Vollstreckungstitel verschaffen. Dies kann gemäß § 11 Abs. 1 Satz 1 RVG auch im Vergütungsfestsetzungsverfahren geschehen.

Auch auf Antrag eines dem Beschuldigten oder Betroffenen bestellten oder dem Privatkläger oder Antragsteller im Klageerzwingungsverfahren beigeordneten Rechtsanwalts (s. § 52, 53 RVG) kann die Pauschgebühr festgestellt werden. Dann kann auch der bestellte oder beigeordnete Rechtsanwalt die Vergütungsfestsetzung gegen den Vertretenen betreiben, obwohl zwischen beiden kein Auftragsverhältnis besteht.[117]

206 ▓ **Prozesskostenhilfe**

Ist dem Auftraggeber Prozesskostenhilfe bewilligt, kann der Rechtsanwalt seine Vergütungsansprüche gegen ihn gemäß § 122 Abs. 1 Nr. 3 ZPO nicht durchsetzen. Folglich kommt auch eine Vergütungsfestsetzung nicht in Betracht. Dies gilt auch für den vermögenden Erben des Auftraggebers.[118] Auch wenn dem bedürftigen Beklagten nur zur Rechtsverteidigung gegen einen von mehreren Klägern Prozesskostenhilfe bewilligt wurde, kommt eine Vergütungsfestsetzung insgesamt nicht in Betracht.[119] Diese Sperrwirkung gilt auch für Gebühren, die der Rechtsanwalt vor Bewilligung der Prozesskostenhilfe verdient hat.[120] Ist allerdings nur **Teil-Prozesskostenhilfe** bewilligt worden, kann der Prozessbevollmächtigte der bedürftigen Partei sich die Vergütung für die Gebührenteile, welche sich auf den von der Bewilligung nicht erfassten Teil des Streitgegenstandes beziehen, in Höhe der Regelvergütung geltend machen. Dabei darf der Rechtsanwalt von seinem Mandanten die Differenz zwischen der Wahlanwaltsvergütung nach dem Gesamtstreitwert und der Wahlanwaltsvergütung nach dem Wert, für den er beigeordnet worden ist, verlangen.[121]

---

116   OLG Bremen, JurBüro 1987, 698; LG Berlin, JurBüro 1983, 1033 m. Anm. *Mümmler*.
117   Anwkom-RVG-*N. Schneider*, § 11 Rn. 66.
118   KG, JurBüro 1986, 894 = Rpfleger 1986, 281.
119   OLG München, JurBüro 1995, 314 = Rpfleger 1995, 466 = AnwBl. 1997, 237.
120   OLG Stuttgart, JurBüro 1997, 649.
121   OLG Düsseldorf, OLGR 1999, 388 = AGS 1999, 108; Anwkom-RVG-*N. Schneider*, § 11 Rn. 68 mit Beispiel.

■ **Prozesskostenhilfe-Prüfungsverfahren** 207

Für die Tätigkeit im Prozesskostenhilfe-Prüfungsverfahren erhält der Rechtsanwalt Verfahrensgebühren nach Maßgabe der Nrn. 3335 bis 3337 VV RVG. Diese Gebühren sind festsetzbar, wenn keine Prozesskostenhilfe bewilligt worden ist.[122] Bei Bewilligung der Prozesskostenhilfe scheitert die Vergütungsfestsetzung an § 122 Abs. 1 Nr. 3 ZPO.

■ **Prüfung der Erfolgsaussicht** 208

Für die Prüfung der Erfolgsaussicht eines Rechtsmittels erhält der Rechtsanwalt Gebühren nach Nrn. 2200 ff. VV RVG. Für die frühere Abrategebühr nach § 20 Abs. 2 BRAGO war es umstritten, ob sie nach § 19 BRAGO festsetzbar war. Dies wurde überwiegend deshalb abgelehnt, weil diese Gebühr nicht in einem gerichtlichen Verfahren entstanden sei.[123] Die Prüfungsgebühr nach dem RVG hat jedoch einen weiteren Anwendungsbereich als die Abrategebühr. Sie setzt nicht voraus, dass ein Rechtsmittel nicht – teilweise – eingelegt wird. Wird nach Prüfung der Erfolgsaussicht ein Rechtsmittel durch denselben oder durch einen anderen Anwalt eingelegt, ist die Prüfungsgebühr festsetzbar.[124]

■ **Rahmengebühren** 209

Auch Satzrahmengebühren oder Betragsrahmengebühren sind festsetzbar, wenn sie zu den Kosten des gerichtlichen Verfahrens gehören. Die Festsetzung erfolgt allerdings nur unter den in § 11 Abs. 8 RVG aufgeführten Einschränkungen (s.u. Rn. 230 ff.).

■ **Schiedsrichterliches Verfahren** 210

Im schiedsrichterlichen Verfahren erhält der Rechtsanwalt gemäß § 36 Abs. 1 RVG die Gebühren der Nrn. 3100 ff. VV RVG. Diese Vergütung ist nicht nach § 11 RVG festsetzbar, weil es insoweit an einem gerichtlichen Verfahren fehlt.[125]

■ **Schutzschrift** 211

Für das Fertigen und Einreichen einer Schutzschrift erhält der Rechtsanwalt nach Nr. 3101 Nr. 1 VV RVG eine 0,8 Verfahrensgebühr. Diese ist dann nicht nach § 11 RVG festsetzbar, wenn ein Verfahren auf Erlass einer einstweiligen Verfügung nicht eingeleitet wird.[126]

---

122 KG, JurBüro 1982, 1185 = Rpfleger 1982, 310; OLG München, JurBüro 1979, 1508 = Rpfleger 1979, 392; OLG Koblenz, AGS 2003, 105 m. Anm. *N. Schneider*; OLG Koblenz, JurBüro 2002, 588 = Rpfleger 2003, 46.

123 OLG Düsseldorf, JurBüro 1990, 604; für die Festsetzbarkeit OLG Hamm, JurBüro 1996, 416 m. Anm. *Hansens* mit unzutreffender Begründung; OLG Köln, JurBüro 2001, 308 = AGS 2000, 145 bei nur teilweise durchgeführtem Rechtsmittel.

124 Anwkom-RVG-*N. Schneider* § 11 Rn. 51; *Hartung/Römermann*, RVG, § 11 Rn. 47; a.A. *Mayer/Kroiß*, RVG, § 11 Rn. 16.

125 KG, JurBüro 1998, 307 = Rpfleger 1998, 171 = AGS 1998, 75.

126 KG, JurBüro 1998, 30 = AnwBl. 1998, 103 = KostRsp. BRAGO § 19 Nr. 160 m. abl. Anm. *N. Schneider* und zust. Anm. *von Eicken*.

Dem ist zuzustimmen, weil es bereits an einem für die Vergütungsfestsetzung zuständigen Gericht fehlt.[127] Die Einreichung der Schutzschrift führt auch nicht zu einem gerichtlichen Verfahren, durch das die Zuständigkeit für die Vergütungsfestsetzung begründet werden könnte. Vielmehr wird die Schutzschrift lediglich bei der Geschäftsstelle der Kammer, die möglicherweise für die einstweilige Verfügung zuständig wäre, unter Vergabe eines AR-Aktenzeichens verwahrt.

212 ▪ Terminsvertreter

Dieser kann je nach Ausgestaltung des Mandats eine Verfahrens- und eine Terminsgebühr nach Nrn. 2401, 2402 VV RVG oder nur eine Verfahrensgebühr nach Nr. 2403 VV RVG verdienen. Die Vergütung dieses Terminsvertreters ist gemäß § 11 RVG jedenfalls dann festsetzbar, wenn er den Auftrag durch den Prozess- oder Verfahrensbevollmächtigten im Namen des Auftraggebers erhalten hat. Dies wird aber im Vergütungsfestsetzungsverfahren nicht von Amts wegen geprüft.[128]

213 ▪ Verkehrsanwalt

Der Verkehrsanwalt erhält für die Führung des Verkehrs der Partei mit dem Verfahrensbevollmächtigten eine Verfahrensgebühr nach Nr. 3400 VV RVG, bei zusätzlicher Wahrnehmung eines Termins eine Terminsgebühr nach Nr. 3402 VV RVG. Nach der Anmerkung zu Nr. 3400 VV RVG erhält der Verkehrsanwalt die Verfahrensgebühr auch, wenn er im Einverständnis mit dem Auftraggeber mit der Übersendung der Akten an den Rechtsanwalt des höheren Rechtszugs gutachterliche Äußerungen verbindet.

In beiden Fällen ist die Vergütung des Verkehrsanwalts festsetzbar, weil sie zu den Kosten des gerichtlichen Verfahrens gehört.[129] Ob die Zuziehung des Verkehrsanwalts notwendig i.S.d. § 91 ZPO war, ist unerheblich.

214 ▪ Verteidiger

Die Betragsrahmengebühren des Verteidigers in Straf- oder Bußgeldsachen sind mit den Einschränkungen in § 11 Abs. 8 RVG festsetzbar. Ohne diese Einschränkungen sind festsetzbar die Verfahrensgebühren nach Nrn. 4142 ff. VV RVG, die Gebühren für das Beschwerdeverfahren nach Nr. 3500 VV RVG und für die Zwangsvollstreckung nach Nr. 3309 VV RVG, die nach Vorbem. 4 Abs. 5 und Vorbem. 5 Abs. 4 VV RVG für den Verteidiger entsprechende Anwendung finden. Bei diesen Gebühren handelt es sich um Wertgebühren.

---

127 A.A. Anwkom-RVG-*N. Schneider,* § 11 Rn. 78; *Hartung/Römermann,* RVG, § 11 Rn. 55.
128 KG, Berl.AnwBl. 1994, 84.
129 Im Ergebnis ebenso Anwkom-RVG-*N. Schneider,* § 11 Rn. 81; *Hartung/Römermann,* RVG, § 11 Rn. 47; *Mayer/Kroiß,* RVG, § 11 Rn. 16 „Einzeltätigkeiten".

▨ Vorverfahren

215

Wird der Rechtsanwalt im verwaltungsrechtlichen Vorverfahren tätig, erhält er je nach Ausgestaltung des Mandats eine Geschäftsgebühr nach Nr. 2400 VV RVG oder Nr. 2401 VV RVG. Für die entsprechende Tätigkeit im sozialrechtlichen Verwaltungsvorverfahren erhält er eine Geschäftsgebühr nach Nr. 2500 VV RVG oder Nr. 2501 VV RVG. Kommt es anschließend zu einem gerichtlichen Verfahren, ist diese Vergütung ebenfalls festsetzbar. Die Festsetzung der im sozialrechtlichen Verwaltungsvorverfahren nach Nrn. 2500 f. VV RVG angefallenen Betragsrahmengebühren unterliegt jedoch den Einschränkungen des § 11 Abs. 8 RVG.

▨ Zwangsversteigerung und Zwangsverwaltung

216

Hierfür erhält der Rechtsanwalt eine Verfahrensgebühr nach Nr. 3311 VV RVG und eine Terminsgebühr nach Nr. 3312 VV RVG. Die somit im gerichtlichen Verfahren entstandenen Gebühren können festgesetzt werden.[130] Dies gilt ebenso für die Gebühren im Zwangsverwaltungsverfahren.

▨ Zwangsvollstreckung

217

Für die Zwangsvollstreckung erhält der Rechtsanwalt eine 0,3 Verfahrensgebühr nach Nr. 3309 VV RVG und ggf. eine 0,3 Terminsgebühr nach Nr. 3310 VV RVG. Diese sind festsetzbar, wenn sie zu den Kosten eines gerichtlichen Verfahrens gehören, z.B. im Verfahren auf Erlass eines Pfändungs- und Überweisungsbeschlusses entstanden sind. Ein Verfahren vor dem Gerichtsvollzieher zur Mobiliarzwangsvollstreckung genügt jedoch nicht, da die Vergütung nicht zu den Kosten eines **gerichtlichen** Verfahrens gehören.[131] Ebenso wenig ist die Vergütung für die Zwangsvollstreckung aus einer notariellen Urkunde ohne gerichtliches Vollstreckungsverfahren nach § 11 RVG festsetzbar.[132]

d) Auslagen nach Nrn. 7000 ff. VV RVG

Diese Auslagen gehören gemäß § 11 Abs. 1 Satz 1 RVG zu der gesetzlichen Vergütung und sind ebenfalls festsetzbar.

218

Für die **Umsatzsteuer** bedarf es nach der nunmehr ausdrücklichen Regelung in § 11 Abs. 2 Satz 2 RVG nicht der Erklärung betreffend die Vorsteuerabzugsberechtigung des Rechtsanwalts. Diese Erklärung war bereits nach dem bisherigen Recht nicht erforderlich, wurde jedoch gleichwohl zu Unrecht von den Gerichten vielfach erfordert.

219

Ist dem Auftraggeber **Prozesskostenhilfe** bewilligt worden, kommt wegen der Sperrwirkung in § 122 Abs. 1 Nr. 3 ZPO eine Vergütungsfestsetzung gegen ihn nicht in Be-

220

---

130   OLG Köln, JurBüro 1981, 84.
131   A.A. Anwkom-RVG-N. *Schneider,* § 11 Rn. 86.
132   LG Berlin, JurBüro 1978, 221.

tracht. Dies gilt grds. auch für die Auslagen. Etwas anderes gilt dann, wenn die Staatskasse die Auslagen nicht zu ersetzen hat, weil etwa ihr Aufwand nicht erforderlich i.S.v. § 46 Abs. 1 RVG war.[133] In einem solchen Fall kann dann der Rechtsanwalt die von der Staatskasse nicht zu ersetzenden Auslagen, etwa Reisekosten nach Nrn. 7003 ff. VV RVG, gegen den Auftraggeber festsetzen lassen.[134]

2. Auslagen nach § 670 BGB

a) Art der Auslagen

221 Aufgrund des Anwaltsdienstvertrags hat der Rechtsanwalt neben den in den Nrn. 7000 ff. VV RVG aufgeführten Auslagen auch Anspruch auf Ersatz **weiterer Aufwendungen** (s. Vorbem. 7 Abs. 1 Satz 2 VV RVG). Unter der Geltung der BRAGO war es umstritten, ob solche nicht im Gesetz ausdrücklich geregelten Auslagen nach § 19 BRAGO festsetzbar sind. Der BGH[135] hatte dies unter Hinweis auf den Ausnahmecharakter der Vergütungsfestsetzung verneint.

222 Nach der Neuregelung in § 11 Abs. 1 Satz 1 RVG können nunmehr **auch nicht im RVG geregelte und dem Rechtsanwalt nach § 670 BGB zu ersetzende Auslagen festgesetzt** werden. Hierzu gehören insbesondere:

* vom Rechtsanwalt aus eigenen Mitteln verauslagte Gerichts- und Gerichtsvollzieherkosten,

* die vorgelegte Aktenversendungspauschale nach GKG KostVerz Nr. 9003,[136]

* sonstige Akteneinsichtsgebühren nach verwaltungsrechtlichen Vorschriften,

* Aufwendungen für die Ermittlung von Zeugen sowie für Registerauskünfte oder für Boten,

* Detektivkosten,

* Übersetzungskosten oder Dolmetscherauslagen,[137]

* Aufwendungen für eine qualifizierte Hilfskraft in einem umfangreichen Strafverfahren,[138]

---

133 OLG Nürnberg, JurBüro 2001, 481; a.A. AG Ludwigsburg, JurBüro 1984, 194 m. Anm. *Mümmler.*
134 Anwkom-RVG-*N. Schneider*, § 11 Rn. 102.
135 NJW 2003, 2834 = Rpfleger 2003, 620 = JurBüro 2003, 540 = AGS 2003, 391 m. Anm. *N. Schneider* = BRAGOreport 2003, 197 [*Hansens*].
136 LG Berlin, Berl.AnwBl. 1997, 442; AG Leipzig, NStZ-RR 2000, 319; a.A. AG München, JurBüro 1995, 544 m. Anm. *Enders.*
137 VG Regensburg, AuAS 1997, 156.
138 OLG Brandenburg, StV 1996, 615 m. Anm. *König.*

- Aufwendungen für besondere, das übliche Maß übersteigende Verpackungen oder Versendungsformen wie Speditionskosten,

- Entgelte für nur für das Mandat erforderliche Nachfragen bei juristischen Datenbanken,[139]

- Kosten einer Einzelauskunft bei Creditreform.[140]

b) Kosten des gerichtlichen Verfahrens

Derartige Auslagen können nach § 11 RVG jedoch nur festgesetzt werden, wenn sie zu   223
den **Kosten des gerichtlichen Verfahrens** gehören. Diese Voraussetzung ist dann nicht gegeben, wenn der Rechtsanwalt diese Auslagen für ein außergerichtliches Verfahren tätigt.

Beispiele: 224

(1) Der Rechtsanwalt fügt seinem Mobiliar-Zwangsvollstreckungsauftrag an den Gerichtsvollzieher einen Blankoscheck bei, der für die Gerichtsvollzieherkosten eingelöst wird.

(2) Für die eilige Zwangsräumung legt der Rechtsanwalt den Räumungskostenvorschuss vor.

In beiden Fällen sind die Auslagen nicht nach § 11 RVG festsetzbar, weil es sich um Kosten für die Tätigkeit des Gerichtsvollziehers außerhalb eines gerichtlichen Verfahrens handelt.

3. Rahmengebühren

Ob die Festsetzung von Rahmengebühren unter der Geltung der BRAGO zulässig war,   225
war umstritten. Trotz des Ausschlusses der Vergütungsfestsetzung in § 19 Abs. 8 BRAGO für Rahmengebühren hat ein Teil der Rechtsprechung die Festsetzung zugelassen, wenn der Anwalt lediglich die Mindestgebühr zur Festsetzung angemeldet hat und erklärt hat, er mache auch nur die Mindestgebühr geltend.[141]

a) Gebührenarten

Nach § 11 Abs. 8 RVG sind Rahmengebühren nunmehr **grds. festsetzungsfähig.** Dies   226
betrifft einmal **Betragsrahmengebühren.**

---

139   SG Berlin, AnwBl. 1994, 367; SG München, NJW-RR 1993, 381; AG Münster, NJW-CoR 1990, 31; *Hansens*, ZAP F. 24, S. 521.
140   KG, BRAGOreport 2000, 9 [*Hansens*].
141   LG Hagen, Rpfleger 1998, 41; OVG Lüneburg, Rpfleger 1997, 85 = AGS 1997, 33 m. Anm. *Hellstab*; OLG Braunschweig, OLGR 1996, 191 = FamRZ 1997, 384.

227 **Beispiele:**

(1) Festsetzbar sind die Geschäftsgebühren nach Nrn. 2500, 2501 VV RVG für die Tätigkeit im sozialrechtlichen Vorverfahren in Angelegenheiten, in denen das GKG nicht anwendbar ist (§ 3 Abs. 1 Satz 1 RVG).

(2) Ebenso kann die Verfahrensgebühr nach Nrn. 3102, 3103 VV RVG für Verfahren vor den Sozialgerichten und die entsprechende Terminsgebühr nach Nr. 3106 VV RVG festgesetzt werden.

(3) Schließlich können auch die Betragsrahmengebühren für die Tätigkeit in Straf- und Bußgeldsachen sowie in Verfahren nach Teil 6 des VV RVG festgesetzt werden.

228 Festsetzbar sind aber auch **Satzrahmengebühren.**

229 **Beispiel:**

Die Geschäftsgebühr für die Tätigkeit in einem Verwaltungsvorverfahren nach Nr. 2400 VV RVG bzw. Nr. 2401 VV RVG kann nach § 11 RVG festgesetzt werden.

b) Voraussetzungen für die Festsetzung

230 Gemäß § 11 Abs. 8 RVG können Rahmengebühren unter folgenden Voraussetzungen festgesetzt werden:

- Der Rechtsanwalt macht nur die Mindestgebühren geltend oder

- er legt eine schriftliche Zustimmung des Auftraggebers über die Höhe der Rahmengebühren vor (§ 11 Abs. 8 Satz 2 RVG).

aa) Festsetzung der Mindestgebühr

231 Hierunter ist bei Betragsrahmengebühren der gesetzlich vorgesehene Mindestgebührenbetrag gemeint, bei Satzrahmengebühren der sich nach dem geringsten gesetzlichen Rahmen zu errechnende Gebührenbetrag.

232 **Beispiel:**

(1) Begehrt der Rechtsanwalt die Festsetzung einer Beratungsgebühr nach Nr. 2100 VV RVG, ist nur eine 0,1 Gebühr nach dem betreffenden Gegenstandswert festsetzbar.

(2) Betreibt der Rechtsanwalt die Vergütungsfestsetzung der Grundgebühr im Bußgeldverfahren, kann nur der Mindestbetrag i.H.v. 20 € (Nr. 5100 VV RVG) festgesetzt werden.

233

> **Hinweis:**
>
> Die Mindestgebühr ist jedoch nur dann festsetzbar, wenn der Rechtsanwalt gemäß § 315 BGB verbindlich erklärt, dass er auch gegenüber dem Auftraggeber nur die Mindestgebühr geltend mache.[142] Damit wird verhindert, dass der Rechtsanwalt nach erfolgter Vergütungsfestsetzung den darüber hinausgehenden Mehrbetrag bis zum Höchstbetrag der Gebühr oder zum höchsten Rahmen einklagt. Diese Erlärung kann der Rechtsanwalt nachträglich nicht mehr ändern.

bb) Höhere Gebühren

Die Festsetzung einer über der Mindestgebühr liegenden Rahmengebühr kommt nur dann in Betracht, wenn der Auftraggeber der Höhe dieser Gebühr **ausdrücklich zugestimmt** hat (§ 11 Abs. 8 Satz 1 RVG). Fraglich ist, wie konkret diese Zustimmungserklärung sein muss. Der Gesetzgeber geht davon aus,[143] dass der Auftraggeber der **konkreten Höhe der Gebühren**, also dem **Gebührenbetrag** zugestimmt hat. Es dürfte jedoch auch genügen, wenn die Zustimmung ohne Festlegung auf den Gebührenbetrag so konkret ist, dass hieraus der betreffende Gebührenbetrag ermittelt werden kann.

234

Beispiel:

235

(1) Der Auftraggeber stimmt der Festsetzung der jeweiligen Höchstgebühren zu.

(2) Die Zustimmung betrifft die jeweiligen Mittelgebühren.

(3) Der Auftraggeber stimmt zu, dass sämtliche in sämtlichen Rechtszügen anfallende Gebühren in Höhe der Mittelgebühr zzgl. eines Zuschlages von 20 % festgesetzt werden können.

236

> **Praxishinweis:**
>
> Insbesondere in Strafsachen tritt der Auftraggeber vielfach an den Rechtsanwalt mit der Bitte um Ratenzahlung heran. Diese Situation sollte der Rechtsanwalt dazu nutzen, von dem Auftraggeber eine schriftliche Zustimmungserklärung zur Festsetzung der Betragsrahmengebühren in konkreter Höhe zu erwirken und ihm dann im Gegenzug Ratenzahlung einräumen.

Kommt der Auftraggeber dann mit der Ratenzahlung in Verzug, kann sich der Rechtsanwalt die Vergütung im Vergütungsfestsetzungsverfahren titulieren lassen. Erhebt der Auftraggeber allerdings außergebührenrechtliche Einwendungen i.S.v. § 11 Abs. 5 Satz 1 RVG, ist die Festsetzung abzulehnen.

237

---

142 Anwkom-RVG-*N. Schneider*, § 11 Rn. 92; *Mayer/Kroiß*, RVG, § 11 Rn. 33.
143 BR-Drucks. 830/03 S. 233.

cc) Form der Zustimmungserklärung

238 Eine Form für diese Zustimmungserklärung ist gesetzlich nicht vorgeschrieben. Aus dem Umstand, dass diese im Vergütungsfestsetzungsverfahren gemäß § 11 Abs. 8 Satz 2 RVG vorzulegen ist, folgt, dass die Erklärung in Papierform vorhanden sein muss. Das muss nicht notwendig die Schriftform sein, es kann auch der Ausdruck einer entsprechenden E-Mail sein. Jedenfalls muss die Zustimmungserklärung nicht die erhöhten Formerfordernisse des § 4 RVG erfüllen.[144]

239 Die Zustimmungserklärung kann sich lediglich auf die Festsetzung von Gebühren **innerhalb des gesetzlichen Rahmens** erstrecken. Die Festsetzung einer der über dem Höchstbetrag bzw. dem Höchstrahmen liegenden Gebühr würde bereits daran scheitern, dass es sich nicht mehr um die gesetzliche Vergütung i.S.v. § 11 Abs. 1 RVG handelt.

dd) Vorlage der Zustimmungserklärung

240 § 11 Abs. 8 Satz 2 RVG erfordert die Vorlage der Zustimmungserklärung zusammen mit dem Vergütungsfestsetzungsantrag. Liegt die Zustimmungserklärung des Auftraggebers nicht mit dem Antrag vor, soll der Antrag abzulehnen sein. Dies ist jedoch zu eng gesehen. Denn der Rechtsanwalt ist nach Ablehnung der Vergütungsfestsetzung nicht gehindert, einen neuen Festsetzungsantrag zu stellen, dem nunmehr die schriftliche Erklärung beiliegt. Sinnvoll ist es deshalb, den Rechtsanwalt auf das Fehlen der Zustimmungserklärung hinzuweisen (§ 139 ZPO) und auch eine nachgereichte Erklärung genügen zu lassen.[145]

241 *N. Schneider*[146] lässt sogar eine im Festsetzungsverfahren selbst abgegebenen Zustimmungserklärung des Auftraggebers genügen.

IV. Festsetzungsverfahren

1. Zuständigkeit

242 Für die Vergütungsfestsetzung ist gemäß § 11 Abs. 1 Satz 1 RVG das **Gericht des ersten Rechtszugs** zuständig. Somit wird die Vergütung im Regelfall festgesetzt:

- in **Zivilsachen** von dem Rechtspfleger des Prozessgerichts,

- in **Arbeitsgerichtssachen** vom Rechtspfleger des Arbeitsgerichts,

- in **Sozialgerichtssachen** vom Urkundsbeamten der Geschäftsstelle des Sozialgerichts,

---

144 *Mayer/Kroiß*, RVG, § 11 Rn. 39.
145 Anwkom.-RVG-*N. Schneider*, § 11 Rn. 96; *Hartung/Römermann*, RVG, § 11 Rn. 94; a.A. *Mayer/Kroiß*, RVG, § 11 Rn. 43; *Goebel/Gottwald*, RVG, § 11 Rn. 34.
146 A.a.O.

- in **Verwaltungsrechtsstreitigkeiten** vom Urkundsbeamten des Verwaltungsgerichts sowie

- in **Finanzgerichtsstreitigkeiten** vom Urkundsbeamten der Geschäftsstelle des Finanzgerichts;

- in **Familiensachen** vom Rechtspfleger des Familiengerichts.[147]

Die Festsetzung der im **Mahnverfahren** entstandenen Vergütung erfolgt durch den 243 Rechtspfleger des Gerichts, das i.S.d. § 690 Abs. 1 Nr. 5 ZPO das zuständige Gericht des ersten Rechtszugs geworden wäre.[148]

Für die Festsetzung der Vergütung in einem **Güteverfahren** ist das Gericht zuständig, 244 dass mit dem anschließenden Klageverfahren befasst ist.[149]

Für die Festsetzung der Vergütung für ein vorangegangenes **Schlichtungsverfahren** ge- 245 mäß § 111 Abs. 2 ArbGG ist das spätere Streitgericht zuständig.[150]

Welches Gericht für die Festsetzung der in einem **Zwangsvollstreckungsverfahren** an- 246 gefallenen Vergütung zuständig ist, ist umstritten. Nach einer Auffassung in der Rechtsprechung ist für die Vergütungsfestsetzung das Vollstreckungsgericht ausschließlich zuständig.[151] Dies wird damit begründet, in Zwangsvollstreckungsverfahren sei Gericht des ersten Rechtszugs nach der ausdrücklichen Bestimmung des § 788 Abs. 2 ZPO das Vollstreckungsgericht. Nach der Gegenauffassung ist für die Vergütungsfestsetzung in einem solchen Fall das **Prozessgericht** zuständig.[152] Diese Auffassung ist zu bevorzugen. In Verfahren vor Gerichten der Verwaltungsgerichtsbarkeit, der Finanzgerichtsbarkeit und der Sozialgerichtsbarkeit wird gemäß § 11 Abs. 3 Satz 1 RVG die Vergütung von dem Urkundsbeamten der Geschäftsstelle dieser Gerichte festgesetzt. Dort ist also auch für die Vergütung in Zwangsvollstreckungsangelegenheiten das jeweilige Prozessgericht zuständig. Gegen die Zuständigkeit des Vollstreckungsgerichts in der ordentlichen Gerichtsbarkeit spricht auch die unvollkommene Zuständigkeitsregelung in § 788 Abs. 2 ZPO, die für viele Zwangsvollstreckungsangelegenheiten keine Zuständigkeit regelt.[153]

---

147 BGH, BGHZ 97, 81; KG Rpfleger 1978, 231.
148 BGH, NJW 1991, 2084 = Rpfleger 1991, 389 = AnwBl. 1991, 600; KG, AGS 1997, 65.
149 S. BayObLG, BayObLGZ 2004, 35.
150 LAG Hamm, JurBüro 1989, 197 = AnwBl. 1989, 625.
151 BayObLG, BayObLGR 2003, 167 = InVO 2003, 300; OLG Koblenz, JurBüro 2002, 199 = BRAGO-report 2002, 136 [*Hansens*]; OLG Köln, MDR 2000, 1276 = Rpfleger 2001, 296 = BRAGOreport 2001, 56 [*Hansens*]; LG Dortmund, Rpfleger 2000, 40; *Goebel/Gottwald*, RVG, § 11 Rn. 50; *Hartung/Römermann*, RVG, § 11 Rn. 75; wohl auch *Mayer/Kroiß*, RVG, § 11 Rn. 51.
152 LAG Hamm, MDR 2002, 59 = AGS 2001, 284 = BRAGOreport 2002, 57; OVG Nordrhein-Westfalen, Rpfleger 2004, 320 = NVwZ-RR 2004, 211; *Hansens*, JurBüro-Sonderheft 1999, 21; Anwkom-RVG-N. *Schneider*, § 11 Rn. 119; *Hansens*, RVGreport 2004, 83.
153 S. KG, BRAGOreport 2000, 28 [*Hansens*].

2. Antrag

247 Der Antrag kann zu Protokoll der Geschäftsstelle abgegeben werden oder schriftlich eingereicht werden (§ 11 Abs. 6 Satz 1 RVG). Auch das Einreichen als elektronisches Dokument gemäß § 130a ZPO ist zulässig (§ 11 Abs. 6 Satz 2 RVG). Anwaltszwang besteht auch dann nicht, wenn im Ausgangsverfahren Anwaltszwang bestanden hat (§ 11 Abs. 6 Satz 1 RVG). Dem Antrag ist eine Abschrift beizufügen (§ 11 Abs. 2 Satz 2 RVG i.V.m. § 103 Abs. 2 Satz 2 ZPO).

a) Antrag des Rechtsanwalts

248 Der Rechtsanwalt als Antragsteller des Vergütungsfestsetzungsverfahrens hat einen bestimmten und bezifferten Antrag zu stellen. Hierzu reicht die stillschweigende Verweisung auf die von ihm beizufügende (s. § 11 Abs. 2 Satz 3 RVG i.V.m. § 103 Abs. 2 Satz 2 ZPO) Kostenberechnung, die allerdings nicht die Formvorschriften der § 10 RVG und 14 UStG erfüllen muss. Die Beifügung ist bereits deshalb erforderlich, weil der Rechtspfleger/Urkundsbeamte der Geschäftsstelle den zur Festsetzung angemeldeten Betrag sonst nicht nachvollziehen kann. Im Übrigen ist die Vorlage auch deshalb erforderlich, weil sonst später nicht festgestellt werden kann, welche Gebühren und Auslagen mit Rechtskraftwirkung festgesetzt worden sind.[154]

249 Der Rechtsanwalt hat in seinem Vergütungsfestsetzungsantrag **getilgte Beträge** abzusetzen (§ 11 Abs. 1 Satz 2 RVG).

250 Ferner kann er die **Verzinsung** der festgesetzten Vergütung ab Anbringung des Gesuchs, d.h. ab Eingang des Antrags bei Gericht, mit 5 Prozentpunkten über dem Basiszinssatz gemäß § 247 BGB beantragen (§ 11 Abs. 2 Satz 3 RVG i.V.m. § 104 Abs. 1 Satz 2 ZPO). Der Rechtsanwalt hat den Ansatz der von ihm zur Festsetzung angemeldeten Gebühren und Auslagen glaubhaft zu machen (§ 11 Abs. 2 Satz 3 RVG i.V.m. § 104 Abs. 2 Satz 1 ZPO). Hinsichtlich der **Postentgelte** genügt entsprechend § 104 Abs. 2 Satz 2 ZPO die Versicherung des Anwalts, dass diese Auslagen entstanden sind. Die von vielen Gerichten unnötig verlangte Erklärung des Rechtsanwalts zum Vorsteuerabzug ist nach der ausdrücklichen Regelung in § 11 Abs. 2 Satz 3 RVG nicht erforderlich.

b) Antrag des Auftraggebers

251 Dem Antrag des Auftraggebers auf Vergütungsfestsetzung muss man nur entnehmen können, für welche Tätigkeit des Rechtsanwalts die Vergütung festgesetzt werden soll und in welchem Umfang die Prüfung der Anwaltsvergütung erfolgen soll. Anders als der Rechtsanwalt muss der Auftraggeber **keinen bestimmten Antrag** stellen. Er kann sich

---

154 A.A. Anwkom.-RVG-*N. Schneider*, § 11 Rn. 126: Beifügung der Kostenberechnung entbehrlich, da der Rechtsanwalt diese dem Auftraggeber bereits gemäß § 10 Abs. 1 RVG mitgeteilt haben muss. Darauf kommt es hier jedoch nicht an.

Hansens

jedoch auf eine ihm bereits nach § 10 RVG erteilte Kostenberechnung beziehen. Selbst wenn der Auftraggeber dem Rechtsanwalt die verlangte Vergütung gezahlt hat, kann für den Auftraggeber der Antrag auf Feststellung zulässig sein, dass dem Rechtsanwalt ein – weiterer – Vergütungsanspruch nicht mehr zustehe.[155]

3. Auslagen für förmliche Zustellungen

Entgegen einer weit verbreiteten Praxis[156] ist der Rechtsanwalt nicht verpflichtet, einen Vorschuss für die Zustellung des Vergütungsfestsetzungsbeschlusses einzuzahlen.[157] Eine entsprechende Vorschusspflicht ist nämlich gesetzlich nicht geregelt. Gleichwohl legitimiert der Gesetzgeber diese Praxis und sieht in § 11 Abs. 2 Satz 5 RVG vor, dass in dem Vergütungsfestsetzungsbeschluss die von dem Rechtsanwalt gezahlten Auslagen für die Zustellung des Beschlusses aufzunehmen sind.

252

4. Aussetzung und Unterbrechung

a) Unterbrechung

Durch die **Eröffnung des Insolvenzverfahrens** über das Vermögen des Vergütungsschuldners wird das Festsetzungsverfahren unterbrochen.[158] Der Rechtsanwalt muss seinen Vergütungsanspruch dann zur Tabelle anmelden. Bestreitet der Insolvenzverwalter die Forderung des Rechtsanwalts, kann dieser das Verfahren nach § 11 RVG fortsetzen.[159]

253

b) Aussetzung

Wird der vom Rechtsanwalt angegebene Gegenstandswert von einem Beteiligten bestritten, so ist das Verfahren auszusetzen, bis das Gericht im Ausgangsverfahren hierüber entschieden hat, also den Wert erstmalig oder auf eine **Streitwertbeschwerde** hin festgesetzt hat. Ist eine Streitwertbeschwerde nach Ablauf der in § 63 Abs. 3 Satz 2 GKG bestimmten Frist von 6 Monaten nicht mehr zulässig, hat die Aussetzung zu unterbleiben. Bei einer Verfassungsbeschwerde gegen einen **Streitwertbeschluss** ist das Verfahren hingegen nicht auszusetzen.[160]

254

155 OLG Köln, JurBüro 1984, 1356; ArbGG, Dortmund, AGS 1999, 115.
156 LG Köln, AGS 2000, 208 mit Anm. *König* = KostRsp. BRAGO § 19 Nr. 189 mit abl. Anm. *N. Schneider*; LG Bonn, AGS 2000, 210; AG Berlin-Charlottenburg, JurBüro 1998, 32; AG Berlin-Pankow-Weißensee, JurBüro 1998, 31 m. Anm. *Baumgärtel*.
157 LG Berlin, JurBüro 1986, 418, 419 für das Kostenfestsetzungsverfahren; Anwkom.-RVG-*N. Schneider*, § 11 Rn. 138.
158 OLG Hamm, JurBüro 1975, 1466 für das Konkursverfahren.
159 OLG Düsseldorf, AnwBl. 1980, 261; a.A. OLG Hamm, JurBüro 1972, 411, beide für die Konkurseröffnung.
160 OLG Schleswig, SchlHA 1979, 58.

5. Rechtliches Gehör

255 Den Beteiligten ist **vor der Festsetzung** zwingend das rechtliche Gehör zu gewähren (§ 11 Abs. 2 Satz 2 RVG). Dies geschieht durch Übersendung einer Abschrift des Festsetzungsantrags. Eine formlose Anhörung reicht im Regelfall aus. Ist zweifelhaft, ob dem Antragsgegner der Festsetzungsantrag zugegangen ist, sollte dieser – ggf. erneut – förmlich zugestellt werden.[161] Ist der Antragsgegner unbekannten Aufenthalts, erfolgt die Anhörung im Wege der öffentlichen Zustellung.[162]

256 Hat der Antragsgegner seinen Sitz oder Wohnsitz im **Ausland**, so ist der Festsetzungsantrag förmlich zuzustellen. Kann nämlich die vorgeschriebene Anhörung nicht ordnungsgemäß nachgewiesen werden, wird die für die Vollstreckung im Ausland erforderliche Vollstreckungsklausel von der zuständigen ausländischen Behörde nicht erteilt.[163] Wird dieses Formerfordernis nicht beachtet, muss notfalls trotz der Rechtskraft des Vergütungsfestsetzungsbeschlusses das gesamte Verfahren wiederholt werden.

V. Einwendungen und Einreden

1. Grundsatz

257 Die Vergütungsfestsetzung findet nur statt, wenn der Antragsgegner – das kann auch der Rechtsanwalt sein – entweder keine oder gebührenrechtliche Einwendungen erhebt. Über **gebührenrechtliche Einwendungen** hat der Rechtspfleger/Urkundsbeamte der Geschäftsstelle zu entscheiden. Über **außergebührenrechtliche Einwendungen** hat er hingegen nicht zu befinden. Er hat dann die Festsetzung gemäß § 11 Abs. 5 Satz 1 RVG ohne sachliche Prüfung abzulehnen. Die Unterscheidung von gebührenrechtlichen und außergebührenrechtlichen Einwendungen, die bis zur Rechtskraft des Festsetzungsbeschlusses in jedem Verfahrensstadium erhoben werden können, ist somit für das Vergütungsfestsetzungsverfahren von grundsätzlicher Bedeutung.

2. Gebührenrechtliche Einwendungen

258 Solche Einwendungen liegen vor, wenn geltend gemacht wird, die geforderte Vergütung sei nach dem RVG oder den in Bezug genommenen sonstigen Vorschriften nicht oder nicht in der geltend gemachten Höhe entstanden.

---

161 OLG Frankfurt, JurBüro 1983, 1517.
162 OLG Hamburg, JurBüro 1976, 60; LG Berlin, NJW 1959, 1374; a.A. LG Bielefeld, NJW 1960, 1817 und 1961, 148.
163 OLG Hamm, JurBüro 1995, 363 = Rpfleger 1995, 332: Vollstreckung in den Niederlande; OLG Düsseldorf, JurBüro 1996, 87 = AnwBl. 1996, 410: Vollstreckung eines niederländischen Titels in Deutschland.

Hierunter fallen etwa folgende **Einwendungen**:   259

- Der Tatbestand der treffenden Gebührenvorschrift sei nicht erfüllt.

- Die Terminsgebühr sei nach einem geringeren Gegenstandswert entstanden.

- Eine Gebührenanrechnung nach Vorbem. 3 Abs. 4 VV RVG sei unterblieben.[164]

- Es liege eine unzulässige Nachliquidation vor.[165]

- Die Mitwirkung des Rechtsanwalts an einer außergerichtlichen Einigung sei nicht für deren Zustandekommen ursächlich gewesen.[166]

- Die Vergütung sei noch nicht fällig i.S.v. § 8 Abs. 1 RVG.

- Der Gerichtskostenbetrag sei überhöht, da dem Rechtsanwalt wegen Ermäßigung der Verfahrensgebühr ein Teil hiervon von der Justizkasse wieder zurückgezahlt worden sei.

3. Außergebührenrechtliche Einwendungen

a) Grundsatz

Wie der Gesetzeswortlaut des § 11 Abs. 5 Satz 1 RVG zeigt, genügt allein die **Erhebung** 260
der Einwendungen oder Einreden. Der Vortrag muss also lediglich **erkennen lassen,** dass die Einwendungen oder Einreden aus konkreten Umständen hergeleitet werden, die ihren Grund nicht im Gebührenrecht haben.[167] Eine **Substantiierung** oder gar Schlüssigkeit des Vorbringens ist hingegen nicht erforderlich.[168] Deshalb ist die Vergütungsfestsetzung auch dann abzulehnen, wenn der Antragsgegner offensichtlich unbegründete und unschlüssige außergebührenrechtliche Einwendungen erhebt.[169]

Demgegenüber hat das OLG München[170] gefordert, die Einwendungen müssten sub- 261
stantiiert und fallbezogen sein. Das OLG Koblenz[171] verlangt, dass das Vorbringen i.V.m. den Verfahrensakten einen sachlichen Kern enthält, der eine überschlägige Prüfung er-

---

164 S. OLG Celle, JurBüro 1968, 888 für die Gebührenanrechnung nach § 118 Abs. 2 BRAGO.
165 KG, JurBüro 1971, 1029 = Rpfleger 1972, 76 = AnwBl. 1972, 24.
166 *Hansens*, BRAGO, § 19 Rn. 25; nach Auffassung des KG, JurBüro 1980, 72 und des OLG Frankfurt, JurBüro 1987, 1799 ist dies ein außergebührenrechtlicher Einwand.
167 KG – 1. ZS– NJW 1971, 1322 = JurBüro 1971, 521; – 19. ZS – KGR 1996, 36; OLG Köln, JurBüro 1980, 1179; OLG Brandenburg, Rpfleger 1996, 41; OLG Karlsruhe, OLGR 2000, 353.
168 OLG Frankfurt, NJW-RR 1993, 1276 = Rpfleger 1994, 82; OVG Lüneburg, Nds.Rpfl. 1995, 219; OLG Brandenburg, Rpfleger 2003, 538 = BRAGOreport 2003, 199 [*Hansens*] = AGS 2004, 149 m. Anm. *N. Schneider;* OLG Naumburg, OLGR 2003, 360; LAG Köln, MDR 2003, 117; OLG Zweibrücken, BRAGOreport 2003, 220 [*Hansens*] = AGS 2003, 536 m. Anm. *N. Schneider.*
169 OLG Brandenburg, a.a.O.
170 FamRZ 1998, 1381.
171 MDR 1996, 862 = AGS 1997, 43 m. Anm. *von Eicken.*

laubt, ob die Behauptungen aus der Luft gegriffen oder erkennbar unrichtig sind. In jenem Fall hatte der Antragsgegner Schlechterfüllung des Anwaltsdienstvertrags gerügt und dies damit begründet, der beauftragte Anwalt habe sich nicht an die Absprachen und Vereinbarungen gehalten und seinen Auftrag im Übrigen nicht erfüllt. In einem weiteren Fall hat das OLG Koblenz[172] den Einwand des Auftraggebers nicht beachtet, der Rechtsanwalt habe nicht mit dem notwendigen Nachdruck die Beitreibung der Anwaltskosten beim Gegner betrieben. Eine ähnliche Auffassung vertritt das LAG Berlin,[173] das den Einwand nicht berücksichtigt hat, der Rechtsanwalt habe bei seinen Angriffen auf das erstinstanzliche Urteil auf eine ausführlichere Argumentation verzichtet und Aussagen nicht hinreichend belegt. Das LAG hat hierzu selbst bemerkt, es sei nicht ausgeschlossen, dass der Vergütungsanspruch durch diese Einwendungen berührt sein könne. Sie seien jedoch als erkennbar vorgeschoben nicht zu berücksichtigen.

262 Die Auffassung, die die Anforderungen an das Vorbringen des Antragsgegners über den Gesetzeswortlaut hinaus höher setzt, ist abzulehnen. Hierbei ist zu berücksichtigen, dass es sich bei dem Vergütungsfestsetzungsverfahren um ein Massenverfahren handelt, das nicht von Volljuristen, sondern von Rechtspflegern und Urkundsbeamten bearbeitet wird. Diesen ist es praktisch nicht möglich festzustellen, ob ein materiell-rechtlicher Einwand, der durchaus den Vergütungsanspruch berühren kann, vorgeschoben ist oder letztlich begründet ist. Auch das LAG Berlin[174] stellt letztlich Spekulationen an. Damit schneidet es dem Auftraggeber die Möglichkeit ab, die Richtigkeit seiner Einwendungen im Honorarprozess ggf. nach Beweisaufnahme zu beweisen.

263 Richtigerweise können Einwendungen **nur in Ausnahmefällen unberücksichtigt** bleiben.

264 ***Beispiele:***

(1) Der Auftraggeber macht geltend, „er fühle sich nicht gut vertreten".[175]

(2) Der Antragsgegner wiederholt nur den Gesetzeswortlaut des § 11 Abs. 5 Satz 1 RVG und beruft sich formelhaft auf „Schlechterfüllung".[176]

(3) Der Antragsgegner erhebt die Einrede der Verjährung, obwohl die Vergütungsforderung längst nicht verjährt ist.[177]

(4) Es wird geltend gemacht, der Rechtsanwalt habe eine Gebührenteilung ohne Einbeziehung des Auftraggebers vereinbart.[178]

---

172 AGS 1995, 128 m. Anm. *von Eicken.*
173 MDR 2004, 297.
174 A.a.O.
175 OLG Karlsruhe, OLGR 2000, 353.
176 OLG Hamburg, JurBüro 1995, 649.
177 OLG Naumburg, OLGR 2000, 412; LAG Bremen, JurBüro 2000, 362; OLG Köln, JurBüro 1998, 201 = OLGR 1997, 343.
178 OLG Frankfurt, JurBüro 1984, 869; OLG Karlsruhe, JurBüro 1992, 742; OLG Hamm, BRAGOreport 2002, 89 [*Hansens*].

Deshalb können nur solche Einwendung unberücksichtigt bleiben, die aus der **Luft ge-** 265
griffen, also gänzlich haltlos oder unverständlich sind.[179] Hierbei hat der Rechtspfle-
ger/Urkundsbeamte der Geschäftsstelle lediglich zu prüfen, ob die Einwendungen – ihre Richtigkeit unterstellt – den Vergütungsanspruch des Rechtsanwalts berühren können.
Ist dies möglich, ist die Vergütungsfestsetzung abzulehnen, selbst wenn es unwahr-
scheinlich ist, dass der Einwand begründet ist.

b) Teilweise außergebührenrechtliche Einwendungen

Die Einwendungen führen nur in soweit zur Ablehnung der Vergütungsfestsetzung, **so-** 266
weit sie erhoben sind. Im Übrigen ist die Vergütung festzusetzen.

Beispiele: 267

*(1) Der Rechtsanwalt hat die Vergütung für die Tätigkeit als Prozessbevollmächtigter nach
den Nrn. 3100 ff. VV RVG zur Festsetzung angemeldet. Der Auftraggeber bestreitet den
Prozessauftrag, gesteht aber zu, den Rechtsanwalt für das Prozesskostenhilfe-Prüfungsverfahren beauftragt zu haben.*

*Die 1,0 Verfahrensgebühr nach Nr. 3335 VV RVG ist festzusetzen, im Übrigen ist die Ver-
gütungsfestsetzung gemäß § 11 Abs. 5 Satz 1 RVG abzulehnen.[180]*

*(2) Der Rechtsanwalt hat in dem vorangegangenen Rechtsstreit zwei Auftraggeber ver-
treten. Im Vergütungsfestsetzungsverfahren erhebt nur einer von Ihnen außergebührenrechtliche Einwendungen.*

*Gegen den anderen Auftraggeber ist die Vergütung unter Berücksichtigung von § 7 Abs. 2
RVG – also ohne die Gebührenerhöhung nach Nr. 1008 VV RVG – festzusetzen, im Übrigen ist die Vergütungsfestsetzung abzulehnen.*

4. Einzelfälle in alphabetischer Reihenfolge

▪ **Aufrechnung** 268

Rechnet der Auftraggeber mit **Gegenansprüchen aus anwaltlichem Fehlverhalten** auf,
ist die Vergütungsfestsetzung abzulehnen.[181] Die Angabe des Rechtsgrundes für die **Auf-**
rechnung ist hingegen nicht erforderlich, wenn der Antragsgegner vorträgt, mit welcher
Forderung er aufgerechnet hat.[182] In der Praxis wird die Aufrechnung vielfach nicht ausdrücklich erklärt. Sie liegt dann in dem Vorwurf des Auftraggebers, der Anwalt habe den
Verlust des Prozesses verschuldet.[183]

---

179 KG, JurBüro 1982, 77; OLG Köln, JurBüro 1980, 1179.
180 KG, JurBüro 1982, 1185 = Rpfleger 1982, 310 = AnwBl. 1982, 375.
181 OLG Koblenz, AGS 2000, 37 m. Anm. *von Eicken.*
182 A.A. LAG Düsseldorf, Beschl. v. 16.3.2000 – 7 Ta 70/00.
183 LG Berlin, JurBüro 1996, 88.

269 ■ **Auftrag**

Außergebührenrechtlich ist der Einwand, es sei kein oder kein wirksamer Auftrag erteilt worden.[184]

270 *Beispiel:*

Der Antragsgegner wendet ein, zum Zeitpunkt der Auftragserteilung sei er bereits aus der betreffenden Gesellschaft ausgeschieden.[185]

271 Ein solcher Einwand ist selbst dann beachtlich, wenn sich die Prozessvollmacht bei den Akten befindet oder der Rechtsanwalt diese vorlegt. Die Vollmacht ist nämlich lediglich ein Indiz für einen entsprechenden Anwaltsvertrag.[186] In dem Einwand, dem Rechtsanwalt sei keine Vollmacht erteilt, liegt meist zugleich der Einwand, der Rechtsanwalt habe keinen Auftrag oder habe diesen überschritten.[187] Außergebührenrechtlich ist auch der Einwand, es sei nur ein bedingter Auftrag erteilt worden und die Bedingung sei nicht eingetreten.[188]

272 Der Einwand kann nur dann unberücksichtigt bleiben, wenn er **durch den Akteninhalt widerlegt** ist.

273 *Beispiel:*

Aus der Sitzungsniederschrift ergibt sich, dass der Rechtsanwalt im Beisein des Antragsgegners verhandelt hat. Darin ist jedenfalls ein konkludent erteilter Auftrag zu sehen, so dass der gegenteilige Einwand des Antragsgegners als offensichtlich aus der Luft gegriffen unberücksichtigt zu bleiben hat.

■ **Belehrung**

274 Macht der Auftraggeber geltend, er sei nicht hinreichend über die Vergütungs- oder Erstattungspflicht aufgeklärt worden, ist die Vergütungsfestsetzung abzulehnen.[189] Dies gilt auch für den Einwand, der Rechtsanwalt habe es unterlassen, auf die Kostenbelastung und auf die kostengünstigere Möglichkeit hinzuweisen, Prozesskostenhilfe zu beantragen.[190] Das LAG Berlin[191] hat den Einwand des Antragsgegners, der Rechtsanwalt habe ihn nicht auf den Ausschluss der Kostenerstattung nach § 12a Abs. 1 Satz 2 ArbGG hin-

---

184 KG, JurBüro 1982, 1185 = Rpfleger 1982, 310; OLG Koblenz, JurBüro 1986, 1524 = AnwBl. 1986, 411; OLG Frankfurt, JurBüro 1982, 227; OLG Karlsruhe, JurBüro 1990, 342.
185 OLG Koblenz, AnwBl. 2000, 261.
186 OLG Frankfurt, a.a.O; OLG Düsseldorf, JurBüro 1994, 425; BayVGH, BayVBl. 1991, 221.
187 LAG Düsseldorf, BRAGOreport 2000, 39 [*N. Schneider*].
188 OVG Lüneburg, Nds.Rpfl. 1995, 219.
189 LAG Hamburg, MDR 1987, 962.
190 KG, Rpfleger 1969, 100; OLG Koblenz, JurBüro 1979, 1824; OLG Brandenburg, Rpfleger 1996, 41.
191 MDR 2004, 418 = AGS 2004, 148 = RVGreport 2004, 154 [*Hansens*].

gewiesen, deshalb unberücksichtigt gelassen, weil dem Antragsgegner dies bereits aufgrund eines Merkblatts des Arbeitsgerichts bekannt war.

■ Dürftigkeitseinrede

275

Die Einrede der Dürftigkeit des Nachlasses nach § 1990 BGB führt nicht zur Ablehnung der Festsetzung, sondern nur zur Aufnahme des Vorbehalts der beschränkten Erbenhaftung in den Vergütungsfestsetzungsbeschluss.[192] Dies gilt auch dann, wenn der Erbe geltend macht, der Nachlass sei überschuldet.[193]

■ Erfüllung

276

Auch der Einwand, der Honoraranspruch sei erfüllt, kann zur Ablehnung der Vergütungsfestsetzung führen. Dies erfordert jedoch Angaben über den ungefähren Zeitpunkt und die Art der Zahlung und über die Höhe des Zahlbetrags.[194] Zu berücksichtigen ist dann auch die Behauptung des Auftraggebers, er habe an einen Dritten als Empfangsbevollmächtigten des Rechtsanwalts gezahlt.[195]

■ Gebührenteilung

277

Behauptet der Auftraggeber, zwischen den beteiligten Rechtsanwälten sei unter seiner Mitwirkung ein Gebührenteilungsabkommen geschlossen worden, führt dies zur Ablehnung der Vergütungsfestsetzung.[196] Nicht zu berücksichtigen ist jedoch ein Gebührenteilungsabkommen ohne Einbeziehung des Auftraggebers.[197] Die interne Absprache der Rechtsanwälte über die Honorarverteilung berührt nämlich den Vergütungsanspruch nicht.

■ Honorarvereinbarung

278

Der Einwand ist im Vergütungsfestsetzungsverfahren zu berücksichtigen.[198] Er ist selbst dann beachtlich, wenn das angeblich vereinbarte Honorar unterhalb der gesetzlichen Vergütung liegt.[199]

---

192 OLG Schleswig, JurBüro 1984, 1517.
193 OLG Düsseldorf, JurBüro 1981, 1346 = Rpfleger 1981, 409.
194 OLG Frankfurt, AnwBl. 1983, 568; LAG Düsseldorf, JurBüro 1995, 649.
195 OLG Düsseldorf, JurBüro 1985, 1819.
196 OLG Koblenz, JurBüro 1991, 220.
197 OLG Frankfurt, JurBüro 1984, 869; OLG Hamm, JurBüro 1992, 94; OLG Karlsruhe, JurBüro 1992, 740 = AnwBl. 1992, 453; a.A. OLG Schleswig, JurBüro 1983, 1516; OLG Koblenz, Rpfleger 1994, 228.
198 OLG Bamberg, JurBüro 1988, 1335; OLG Celle, AnwBl. 1985, 650.
199 OLG Bremen, JurBüro 1984, 1181 = AnwBl. 1984, 324; OLG Schleswig, JurBüro 1983, 1516.

279 ■ **Kostenübernahme**

Behauptet der Auftraggeber, der Rechtsanwalt habe sich mit einer Kostenübernahme durch einen Dritten einverstanden erklärt, kann dies ebenfalls zur Ablehnung der Vergütungsfestsetzung führen.[200]

280 ■ **Prozesskostenhilfe**

Der Einwand, der Rechtsanwalt habe nur nach Bewilligung von Prozesskostenhilfe tätig werden sollen, ist außergebührenrechtlich.[201] Gleiches gilt, wenn geltend gemacht wird, der Rechtsanwalt habe den mittellosen Auftraggeber nicht über die von der PKH-Bewilligung unabhängige Verpflichtung zur Zahlung der Vergütung nach Nr. 3335 VV RVG belehrt.[202] Zu berücksichtigen ist auch der Einwand, der Rechtsanwalt habe es unterlassen, auf die Kostenbelastung und auf die kostengünstigere Möglichkeit hinzuweisen, Prozesskostenhilfe zu beantragen.[203] Gleiches gilt für den Vortrag des Auftraggebers, der Rechtsanwalt habe ihn nicht auf seine Zahlungspflicht bei Verweigerung der Prozesskostenhilfe hingewiesen.[204]

281 ■ **Rechtschutzversicherung**

Der Einwand des Auftraggebers, es bestehe eine Rechtsschutzversicherung, ist unberücksichtigt zu lassen. Das Bestehen einer Rechtsschutzversicherung hat nämlich keinen Einfluss auf den Vergütungsanspruch des Rechtsanwalts.[205] Trägt der Antragsgegner hingegen vor, zwischen ihm und dem Anwalt sei vereinbart, dieser solle zunächst mit der Rechtsschutzversicherung abrechnen und ihn nicht in Anspruch nehmen, führt dies zur Ablehnung der Vergütungsfestsetzung.[206]

282 ■ **Stundung**

Die Behauptung, der Rechtsanwalt habe die Honorarforderung gestundet, ist außergebührenrechtlich.[207]

283 ■ **Schlechterfüllung**

Der Einwand der Schlechterfüllung beinhaltet die – stillschweigende – Behauptung eines Schadensersatzanspruchs aus positiver Vertragsverletzung, mit dem der Auftraggeber aufrechnet. Hierunter fallen etwa folgende Einwendungen:

---

200 OLG Düsseldorf, Rpfleger 1994, 82.
201 OLG Koblenz, JurBüro 1994, 732; KG JurBüro 1982, 1185 = Rpfleger 1982, 310.
202 OLG Koblenz, AGS 1998, 75.
203 OLG Brandenburg, Rpfleger 1996, 41.
204 OLG Koblenz, JurBüro 1998, 309.
205 LAG Baden-Württemberg, Rpfleger 1982, 485.
206 OVG Lüneburg, Nds.Rpfl. 1995, 219.
207 OLG Hamm, JurBüro 1963, 777.

Hansens

- der Rechtsanwalt habe das Mandat grundlos oder zur Unzeit gekündigt;[208]

- der Rechtsanwalt habe nicht oder unrichtig über die bei ihm entstehende Vergütung belehrt;[209]

- er habe dem mittelosen Mandanten über seine Pflicht zur Zahlung der Vergütung im Falle der Versagung der Prozesskostenhilfe nicht belehrt;[210]

- er habe Urkunden nicht vorgelegt und deshalb den Prozess verloren;[211]

- er habe den Kostenerstattungsanspruch nicht mit dem notwendigen Nachdruck betrieben;[212]

- der Anwalt habe eine unzulässige Klage eingereicht.[213]

▨ Sozietät aufgelöst   284

Beruft sich der Auftraggeber darauf, er habe das Mandat nicht dem antragstellenden Rechtsanwalt allein, sondern der seinerzeit noch bestehenden Anwaltssozietät erteilt, führt dies zur Ablehnung der Vergütungsfestsetzung.[214] Dahinter steht nämlich der Vortrag, der Vergütungsanspruch habe nur von allen damaligen Sozietätsanwälten zusammen geltend gemacht werden können. Vergleichbar ist der Einwand, der antragstellende Rechtsanwalt habe sich im Unfrieden von seiner bisherigen Sozietät getrennt, so dass es fraglich sei, welchem Anwalt die Vergütungsforderung aus der Zeit des Bestehens der Sozietät zusteht.[215]

Die lediglich formelhafte Berufung auf eine „Schlechterfüllung" genügt jedoch nicht.[216]

▨ Verjährung   285

Die Einrede der Verjährung ist beachtlich,[217] es sei denn die Verjährung wäre zweifellos nicht eingetreten.[218]

---

208 OVG Münster, Rpfleger 1986, 320; OLG Köln, JurBüro 1986, 1666.
209 OLG Koblenz, JurBüro 1986, 1661.
210 OLG Koblenz, JurBüro 1998, 308 = AnwBl. 1998, 543.
211 LG Berlin, JurBüro 1996, 88.
212 A.A. OLG Koblenz, AGS 1995, 128 m. krit. Anm. *von Eicken*.
213 VG Hannover, Nds.Rpfl. 1996, 170.
214 KG, Berl.AnwBl.1997, 452.
215 KG, Berl.AnwBl. 1997, 171.
216 OLG Hamburg, JurBüro 1995, 649.
217 OLG Stuttgart, JurBüro 1983, 700 = Rpfleger 1983, 175; OLG Frankfurt, JurBüro 1981, 517; LAG Düsseldorf, JurBüro 1992, 799.
218 OLG Köln, JurBüro 1986, 1525; OLG Hamburg, JurBüro 1995, 426.

286 ■ **Verzicht**

Der durch keinerlei Tatsachen belegte Einwand des Auftraggebers, der Rechtsanwalt habe auf die Vergütung verzichtet, kann nicht berücksichtigt werden.[219] Jedoch ist der Einwand zu berücksichtigen, der Anwalt habe zugesagt, unentgeltlich tätig zu werden. Gleiches gilt, wenn eingewandt wird, ein zusätzlich eingeschalteter Anwalt habe zugesagt, „kollegialiter" aufzutreten.[220]

287

> **Praxishinweis:**
>
> Erhebt der Antragsgegner – im Regelfall ist dies der Auftraggeber – außergebührenrechtliche Einwendungen, so ist in der Praxis häufig festzustellen, dass der antragstellende Rechtsanwalt hierauf umfassend, teilweise sogar mit Beweisantritten erwidert. Dieser Arbeits- und Zeitaufwand ist überflüssig. Er sollte zur Vorbereitung der Honorarklage verwandt werden. Viele Rechtsanwälte vertreten offenbar die Auffassung, die außergebührenrechtlichen Einwendungen des Auftraggebers führten dann nicht zur Ablehnung der Vergütungsfestsetzung, wenn sie das Vorbringen widerlegten. Hierbei wird übersehen, dass die Richtigkeit des Vorbringens im Vergütungsfestsetzungsverfahren gerade nicht geprüft werden kann.
>
> Allein Erfolg versprechend ist der Versuch des Rechtsanwalts, das Vorbringen des Auftraggebers als offensichtlich aus der Luft gegriffen darzustellen. Auch hier genügt es jedoch nicht, gegensätzliche Tatsachen vorzutragen und ggf. unter Beweis zu stellen. Vielmehr muss der Rechtsanwalt darlegen, dass die Einwendungen des Auftraggebers – ihre Richtigkeit unterstellt – keinen Einfluss auf die zur Festsetzung angemeldete Vergütungsforderung haben können.

VI. Entscheidung

1. Inhalt der Entscheidung

288 Ist der Festsetzungsantrag nicht zu beanstanden, und erhebt der Antragsgegner keine Einwendungen, setzt der Rechtspfleger/Urkundsbeamte der Geschäftsstelle die Vergütung antragsgemäß fest.

289 Erhebt der Antragsgegner **gebührenrechtliche Einwendungen,** so setzt der Rechtspfleger/Urkundsbeamte die Vergütung fest, wenn er diese Einwendungen **nach sachlicher Prüfung** als unbegründet ansieht. Erkennt er sie – ggf. zum Teil – als begründet an, weist er insoweit den Festsetzungsantrag zurück und setzt die Vergütung im Übrigen fest.

---

219 OLG Hamburg, JurBüro 2000, 144.
220 LAG Düsseldorf, AnwBl. 2000, 631 = BRAGOreport 2000, 39 [*N. Schneider*].

Erhebt der Antragsgegner **außergebührenrechtliche Einwendungen,** lehnt der Rechts- 290
pfleger/Urkundsbeamte die Festsetzung gemäß § 11 Abs. 5. Satz 1 RVG ohne sachliche
Prüfung ab, soweit die Einwendungen reichen; im Übrigen setzt er die Vergütung fest.

2. Form der Entscheidung

Die Entscheidung ergeht durch Beschluss, der zu **begründen** ist, soweit dem Antrag oder 291
einer Einwendung des Antragsgegners ganz oder teilweise nicht entsprochen wurde. Dies
wird in der Praxis oft nicht beachtet.

Der Rechtspfleger ist gemäß § 308 Abs. 1 Satz 1 ZPO **an den Antrag gebunden.** Er darf 292
also keine höhere Vergütung festsetzen als beantragt. Jedoch darf er einzelne Positionen
austauschen, etwa eine Gebühr gegen eine andere Gebühr aus demselben Lebenssachverhalt, nicht jedoch eine Gebühr gegen Auslagen oder umgekehrt.

Die **Verzinsung** des festgesetzten Betrags ist nur auszusprechen, wenn sie beantragt war. 293

Der Beschluss ist grds. mit einer **Kostenentscheidung** zu versehen.[221] Das Verfahren vor 294
dem Gericht des ersten Rechtszugs ist zwar gemäß § 11 Abs. 2 Satz 4 RVG gerichtsgebührenfrei. Gerichtliche Auslagen sind jedoch zu erheben, was die Gegenauffassung
übersieht.[222] Zwar sind die von dem Rechtsanwalt gezahlten Auslagen für die Zustellung
des Beschlusses in den Vergütungsfestsetzungsbeschluss aufzunehmen (§ 11 Abs. 2 Satz 5
RVG), es kommt jedoch vor, dass nach fehlgeschlagener Zustellung an den Antragsgegner eine weitere Zustellung veranlasst werden muss und hierfür weitere Auslagen von
dem antragstellenden Rechtsanwalt nicht angefordert werden. Sie können dann auch
nicht mit festgesetzt werden und werden dann von dem Rechtsanwalt als Antragsteller
des Vergütungsfestsetzungsverfahrens gemäß § 22 Abs. 1 Satz 1 GKG erhoben. Ansonsten hätte diese Auslagen derjenige zu tragen, dem sie durch die gerichtliche Entscheidung im Vergütungsfestsetzungsbeschluss auferlegt worden sind (§ 29 Nr. 1 GKG).

3. Zustellung

Wird dem Antrag ganz oder teilweise entsprochen, ist der Beschluss dem **Antragsgeg-** 295
ner persönlich oder seinem für das Verfahren bestellten Verfahrensbevollmächtigten
förmlich zuzustellen (§ 11 Abs. 2 Satz 2 RVG i.V.m. § 104 Abs. 1 Satz 3 ZPO). Eine Zustellung an einen ggf. im Ausgangsverfahren neu bestellten Rechtsanwalt erfolgt nur,
wenn sich dessen Vollmacht auch auf die Vergütungsfestsetzung erstreckt.[223]

---

221 LG Berlin, JurBüro 1986, 418 = Rpfleger 1986, 63; *Hansens,* JurBüro 1988, 401, 410.
222 *Hartung/Römermann,* RVG, § 11 Rn. 137.
223 OLG München, JurBüro 1984, 394 = Rpfleger 1984, 74 ; OLG Hamm, JurBüro 1992, 394.

296 Dem **Antragsteller**, also meist dem Rechtsanwalt, ist der Beschluss nur dann zuzustellen, wenn seinem Antrag nicht vollständig stattgegeben wurde. Im Übrigen genügt die formlose Mitteilung.

VII. Rechtsbehelfe

1. Grundsatz

297 Welche Rechtsbehelfe gegen die Entscheidung des Rechtspflegers/Urkundsbeamten der Geschäftsstelle gegeben sind, richtet sich danach, welche Gerichtsbarkeit die angefochtene Entscheidung erlassen hat.

2. Ordentliche Gerichtsbarkeit und Arbeitsgerichtsbarkeit

298 In der ordentlichen Gerichtsbarkeit (Zivilgerichtsbarkeit) und in der Arbeitsgerichtsbarkeit ist nach § 11 Abs. 2 Satz 2 RVG, § 11 Abs. 1 RPflG gegen die Entscheidung des **Rechtspflegers** dasjenige Rechtsmittel gegeben, das nach den allgemeinen verfahrensrechtlichen Vorschriften zulässig ist. Dies ist gemäß § 104 Abs. 3 ZPO die **sofortige Beschwerde**. Diese Regelung gilt über § 464b Satz 3 StPO auch für die Vergütungsfestsetzung in Strafsachen. Wenn nach den allgemeinen Verfahrensvorschriften ein (zulässiges) Rechtsmittel nicht gegeben ist, findet gemäß § 11 Abs. 2 Satz 1 RPflG die **befristete Erinnerung** statt.

a) Befristete Erinnerung

299 Die befristete Erinnerung ist ausnahmsweise in folgenden Fällen gegeben:

- Der Wert des **Beschwerdegegenstandes** übersteigt 200 € nicht (s. § 567 Abs. 2 Satz 2 ZPO);

- Der Rechtsbehelf richtet sich lediglich gegen die **Kostenentscheidung** des Rechtspflegers (s. § 99 Abs. 1 ZPO);

- Der Rechtspfleger lehnt die **Berichtigung** eines Vergütungsfestsetzungsbeschlusses ab (s. § 319 Abs. 3 ZPO).[224]

aa) Frist

300 Die Erinnerung ist innerhalb der für die sofortige Beschwerde geltenden Frist einzulegen. In der Zivil- und Arbeitsgerichtsbarkeit beträgt die Erinnerungsfrist gemäß § 11 Abs. 2 Satz 3 RVG i.V.m. §§ 104 Abs. 3 Satz 1, 569 Abs. 1 ZPO **zwei Wochen** ab Zustellung der angefochtenen Entscheidung. In **Strafsachen** ist umstritten, ob über § 464b StPO diese

---

224 LG Berlin, JurBüro 1999, 539.

Zwei-Wochen-Frist ebenfalls gilt[225] oder ob die Erinnerung innerhalb der **Wochenfrist** des § 311 Abs. 2 StPO einzulegen ist.[226]

> **Hinweis:**
>
> Bei der Vergütungsfestsetzung in Strafsachen sollte vorsorglich immer von der Wochenfrist ausgegangen werden.

301

bb) Entscheidung

Der Rechtspfleger hat zunächst zu prüfen, ob er der befristeten Erinnerung abhilft. Hilft er ihr nicht ab, hat er die Sache gemäß § 11 Abs. 2 Satz 3 RPflG dem Richter vorzulegen, der über die Erinnerung **abschließend** entscheidet. Ein Rechtsmittel gegen die Entscheidung des Richters ist gemäß § 567 Abs. 2 Satz 2 ZPO nicht gegeben.

302

b) Sofortige Beschwerde

Übersteigt der Beschwerdewert 200 €, ist gemäß § 11 Abs. 1 RPflG dasjenige Rechtsmittel gegeben, das nach den allgemeinen verfahrensrechtlichen Vorschriften zulässig ist. Dies ist gemäß § 11 Abs. 2 Satz 3 RVG, §§ 104 Abs. 3 Satz 1, 577 ZPO die sofortige Beschwerde. Dies gilt über § 464b Satz 3 StPO ebenfalls für Strafsachen.

303

aa) Frist

Für die Beschwerde gelten dieselben Fristen wie für die befristete Erinnerung.

304

bb) Entscheidung

Der Rechtspfleger hat zu prüfen, ob er der sofortigen Beschwerde abhilft (§ 11 Abs. 1 RPflG i.V.m. § 572 Abs. 1 ZPO).[227]

305

Hilft der Rechtspfleger der sofortigen Beschwerde ab, ist gegen seine **Abhilfeentscheidung** je nach Wert des Beschwerdegegenstandes die befristete Erinnerung oder die sofortige Beschwerde (Beschwerdewert über 200 €) gegeben. Hilft er der sofortigen Beschwerde nicht ab, legt der Rechtspfleger sie unverzüglich dem Beschwerdegericht vor (§ 11 Abs. 1 RPflG i.V.m. § 572 Abs. 1 Satz 1 2. Halbs. ZPO).

306

Das **Beschwerdegericht** – in Familiensachen das OLG[228] – prüft von Amts wegen, ob die Beschwerde an sich statthaft und zulässig ist. Ist dies nicht der Fall, so ist die sofortige Beschwerde als unzulässig zu verwerfen (§ 572 Abs. 2 ZPO). Über die zulässige Beschwerde hat das Beschwerdegericht sachlich zu befinden. Das Beschwerdegericht ent-

307

---

225 OLG Koblenz, Rpfleger 2000, 126; OLG München, JurBüro 1985, 1515 m. Anm. *Mümmler.*
226 OLG Düsseldorf, Rpfleger 1999, 527; OLG Karlsruhe, JurBüro 2000, 203 = Rpfleger 2000, 124.
227 Unrichtig *Hartung/Römmermann*, RVG, § 11 Rn. 148, der die Änderung des ZPO-RefG nicht berücksichtigt.
228 KG, Rpfleger 1994, 42.

scheidet in Verfahren, in denen die ZPO Anwendung findet, gemäß § 568 Abs. 1 Satz 1 ZPO durch eines seiner Mitglieder als **Einzelrichter**. Dieser kann das Verfahren der Kammer bzw. dem Senat in vollständiger Besetzung unter den in § 568 Abs. 1 Satz 2 ZPO aufgeführten Voraussetzungen übertragen.

308 Das **Beschwerdegericht** – in voller Besetzung – kann unter den in § 574 Abs. 2 ZPO aufgeführten Voraussetzungen die Rechtsbeschwerde zulassen. Rechtsbeschwerdegericht ist der BGH.

309 Sowohl im Festsetzungsverfahren als auch im Verfahren über Beschwerden findet nach § 11 Abs. 2 Satz 6 RVG eine **Kostenerstattung nicht statt**.

3. Verwaltungsgericht

310 Im verwaltungsgerichtlichen Verfahren entscheidet der Urkundsbeamte der Geschäftsstelle. Gegen dessen Entscheidung ist gemäß §§ 165, 151 VwGO der Antrag auf **gerichtliche Entscheidung** gegeben. Diese ist binnen einer **Frist von zwei Wochen** ab Bekanntgabe des angefochtenen Beschlusses einzulegen. Fehlt eine Rechtsbehelfsbelehrung, so ist die Anfechtung noch innerhalb eines Jahres nach Bekanntgabe möglich (§ 58 Abs. 2 VwGO).[229]

311 Hilft der Urkundsbeamte der Geschäftsstelle dem Antrag auf gerichtliche Entscheidung nicht ab, hat er die Sache dem Gericht vorzulegen, das durch Beschluss entscheidet. Dieser Beschluss ist gemäß §§ 146 ff. VwGO **binnen zwei Wochen** (§ 147 Abs. 1 Satz 1 VwGO) mit der Beschwerde anfechtbar, sofern der Beschwerdewert 200 € übersteigt (§ 146 Abs. 3 VwGO).

312 In **Asylrechtsstreitigkeiten** ist die Beschwerde gemäß § 80 AsylVfG ausgeschlossen.[230]

4. Finanzgericht

313 Für die Entscheidung im Vergütungsfestsetzungsverfahren ist der Urkundsbeamte der Geschäftsstelle zuständig. Gegen dessen Entscheidung ist die Erinnerung binnen einer Frist von **zwei Wochen** ab Bekanntgabe, d.h. ab Zustellung (s. § 53 Abs. 1 FGO), gegeben. Bei fehlender oder unrichtiger Rechtsbehelfsbelehrung ist die Anfechtung binnen eines Jahres ab Bekanntgabe zulässig (§ 55 Abs. 2 FGO).

314 Hilft der Urkundsbeamte der Erinnerung nicht ab, entscheidet das Gericht gemäß § 149 Abs. 4 FGO in voller Besetzung. Die Entscheidung ergeht durch Beschluss.

---

229 OVG Münster, DÖV 1970, 102.
230 OLG Hamburg, JurBüro 1994, 103; OVG Münster, JurBüro 1995, 650.

5. Sozialgericht

Im Vergütungsfestsetzungsverfahren vor dem Sozialgericht entscheidet der Urkundsbe- 315
amte der Geschäftsstelle. Dessen Entscheidung kann binnen **eines Monats** nach Bekanntgabe durch Anrufung des Gerichts angefochten werden, das endgültig entscheidet (§ 178 Satz 1 SGG).

VIII. Zwangsvollstreckung

Aus dem Vergütungsfestsetzungsbeschluss der ordentlichen Gerichtsbarkeit und der Ar- 316
beitsgerichtsbarkeit ist gemäß § 794 Abs. 1 Nr. 2 ZPO die Zwangsvollstreckung zulässig,
die nach Ablauf der zwei Wochen betragenden Wartefrist des § 798 ZPO beginnen kann.
Die Zwangsvollstreckung aus Vergütungsfestsetzungsbeschlüssen der anderen Gerichts-
barkeiten richtet sich nach der dort maßgeblichen Verfahrensordnung. Für die Entscheidungen zur Vollstreckung eines Vergütungsfestsetzungsbeschlusses des Verwaltungsgerichts ist somit das Verwaltungsgericht zuständig.[231]

IX. Kosten und Kostenerstattung

1. Anwaltskosten

Der **Rechtsanwalt**, der für sich das Vergütungsfestsetzungsverfahren betreibt, erhält hier- 317
für keine Gebühren und Auslagen (s. § 19 Abs. 1 Nr. 13 RVG). Beauftragt er für dieses
Verfahren einen anderen Rechtsanwalt, erhält dieser nach Nr. 3403 VV RVG eine 0,8 Verfahrensgebühr.

Diese Gebühr erhält auch der Rechtsanwalt, der den **Auftraggeber** im Vergütungsfest- 318
setzungsverfahren vertritt. Dies gilt auch dann, wenn dieser Rechtsanwalt Prozessbevollmächtigter des Ausgangsverfahrens war oder noch ist.[232] Für ihn gehört die Festsetzung
der Vergütung des anderen Rechtsanwalts natürlich nicht zum Rechtszug i.S.v. § 19 Abs. 1
Nr. 13 RVG.

Der Verfahrensbevollmächtigte sowohl des Rechtsanwalts als auch des Auftraggebers er- 319
hält im **Erinnerungsverfahren** eine 0,5 Verfahrensgebühr nach Nr. 3500 VV RVG, im **Beschwerdeverfahren** ebenso.

Der Gegenstandswert richtet sich für die Tätigkeit im Verfahren vor dem Rechtspfleger/ 320
Urkundsbeamten der Geschäftsstelle nach der Höhe der Vergütung, die Gegenstand des
Vergütungsfestsetzungsverfahrens ist, für das Erinnerungs- und das Beschwerdeverfah-
ren nach der Höhe der Vergütung, um die es in diesen Rechtsbehelfsverfahren ging.

---

231   OVG Nordrhein-Westfalen, NVwZ-RR 2004, 311 = Rpfleger 2004, 320; LG Meiningen, NJW-RR
      1999, 152; a.A. OVG Lüneburg, NJW 1984, 2485 = AnwBl. 1984, 562: AG.
232   Anwkom-RVG-*N. Schneider*, § 11 Rn. 243.

2. Gerichtskosten

321 Nach § 11 Abs. 2 S. 4 RVG ist das **Vergütungsfestsetzungsverfahren** gerichtsgebührenfrei; gerichtliche Auslagen, insbesondere Zustellungsauslagen, sind jedoch zu erheben. Auch das **Erinnerungsverfahren** vor dem Rechtspfleger ist nach § 11 Abs. 4 RPflG gerichtsgebührenfrei.

322 Im **Beschwerdeverfahren** entsteht nach Nr. 1811 GKG KostVerz eine Festgebühr von 50 €, sofern die Beschwerde verworfen oder zurückgewiesen wird; im Übrigen entsteht keine Gerichtsgebühr. Auslagen sind jedoch zu erheben.

3. Kostenerstattung

323 Im **Vergütungsfestsetzungsverfahren** sind außergerichtliche Kosten nicht zu erstatten. Nur die vom Rechtsanwalt verauslagten Zustellungsauslagen sind zu erstatten; sie werden in den Vergütungsfestsetzungsbeschluss aufgenommen (s. § 11 Abs. 2 Satz 6 1. Halbs. RVG).

324 Auch im Verfahren der **sofortigen Beschwerde** und der **Rechtsbeschwerde** ist eine Kostenerstattung ausgeschlossen (§ 11 Abs. 2 Satz 6 2. Halbs. RVG: „Verfahren über Beschwerden"). Dies gilt über § 11 Abs. 2 Satz 4 RPflG auch für das **Erinnerungsverfahren** vor dem Rechtspfleger.

X. Übergangsrecht

325 Ob das Vergütungsfestsetzungsverfahren nach § 19 BRAGO oder nach § 11 RVG betrieben wird, richtet sich nach der Übergangsregelung in § 61 RVG. Danach kommt es allein darauf an, ob dem Rechtsanwalt der **Auftrag** für die festzusetzende Vergütung **vor dem 1.7.2004** (dann § 19 BRAGO) oder **nach dem 30.6.2004** erteilt worden ist (dann Festsetzung nach § 11 RVG). Soweit vereinzelt die Auffassung vertreten wird, § 61 RVG regele nur das materielle Vergütungsrecht, nicht auch das Verfahrensrecht,[233] ist dies unzutreffend.[234] § 61 RVG regelt nur die Fälle, in denen die BRAGO nach dem 1.7.2004 noch gilt. Ist danach die BRAGO anwendbar, gelten auch die Verfahrensvorschriften der BRAGO, etwa §§ 19 oder 12 Abs. 2 BRAGO, weiter fort. Dies wird auch bestätigt durch den Wortlaut der Übergangsvorschrift des § 60 RVG, die für künftige Änderungen des RVG anwendbar ist. Dort ist nämlich von der Berechnung der Vergütung die Rede, während es in § 61 RVG um die Anwendbarkeit der BRAGO insgesamt geht.

---

233 *Schneider/Mock,* § 35 Rn. 60; Anwkom-RVG-*N. Schneider,* § 11 Rn. 251 f.; dem folgend *Goebel/Gottwald,* RVG, § 11 Rn. 124 f.

234 *N. Schneider* hat seine Auffassung im Übrigen wieder aufgegeben, s. Teil 19 Rn. 84 f.

D. Honorarklage

I. Allgemeines

Der Rechtsanwalt ist der berufene und unabhängige Vertreter in allen Rechtsangelegen-   326
heiten. Nach einer im Auftrag des Bundesministeriums der Justiz herausgegebenen Untersuchung erledigt er 70,6 % aller in seinem Büro anhängigen Verfahren außergerichtlich.
Dies sollte das Vorbild für jeden Anwalt sein hinsichtlich seiner eigenen Honorierung. Die
Notwendigkeit, sein eigenes Honorar in einem gerichtlichen Verfahren geltend machen
zu müssen, ist ein **„Kunstfehler"**.

Nach wie vor hat der Rechtsanwalt gegen seinen Auftraggeber für die entstandenen und   327
die voraussichtlich entstehenden Gebühren und Auslagen einen Anspruch auf angemessenen **Vorschuss** (§ 9 RVG). Das Gesetz formuliert im Übrigen richtig, wenn es nicht von
bitten, sondern von „fordern" spricht. Der Anwalt sollte in der Lage sein, zumindest seine eigenen Rechte wahrnehmen zu können. Dies ist die beste Werbung gegenüber jedem Mandanten.

Es ist im Übrigen auch nicht unehrenhaft, von dem Mandanten einen **Vorschuss** zu for-   328
dern. Jeder Vorschuss, der gefordert und geleistet wird, vermeidet i.d.R. ein gerichtliches
Verfahren und entlastet somit die Justiz. Im Übrigen schafft die Forderung auch **Klarheit**.
Der Mandant, der zu Beginn nicht nach der Höhe der Vergütung des Rechtsanwalts gefragt hat, weiß nunmehr, welche Vergütung der Anwalt von ihm fordert.

Im Übrigen gilt nunmehr ein weiteres Argument für die Einforderung des Vorschusses.   329
Nach Vorbem. 3 Abs. 4 VV RVG werden höchstens die Hälfte, nie mehr als 0,75 der außer-
gerichtlich verdienten Verfahrensgebühr auf die gerichtlichen Gebühren angerechnet.
Dies führt dazu, dass zukünftig dieser Gebührenanspruch als **Schadensposition in der
Klage** mit geltend gemacht wird; eine Festsetzung ist gegen den Gegner nicht möglich,
da es sich bei der Gebührenart Nr. 2400 VV RVG um eine Rahmengebühr handelt.[235] Der
Schaden des Mandanten kann als Leistungsklage nur geltend gemacht werden, wenn er
vorher die Vergütung des Rechtsanwalts gezahlt hat. Anderenfalls hat er nur einen **Frei-
stellungsanspruch**. Es ist deshalb im Interesse des Mandanten, zukünftig zumindest die
nicht anrechenbaren Gebühren für die außergerichtliche Tätigkeit des Rechtsanwalts an
den Anwalt als Vorschuss zu leisten.

---

235   S. dazu § 11 Abs. 8 RVG.

330

Praxishinweis:

1. Mit der ersten Tätigkeit für den Rechtsanwalt wird eine Vorschussrechnung erstellt, die an den Mandanten mit dem Hinweis geschickt wird, dass er diesen Betrag baldmöglichst zahlen soll, damit bei Nichtleistung der außergerichtlich geltend gemachten Forderung durch den Gegner diese Gebühren mit eingeklagt werden können.

2. Vertritt der Anwalt eine rechtsschutzversicherte Partei, so wird mit dem ersten Schreiben, das für die Partei erstellt wird, gleichzeitig um Deckungsschutzzusage bei der Rechtsschutzversicherung durch Begleichung beigefügter Gebührenvorschussrechnung verlangt.

3. Im gerichtlichen Verfahren wird die Terminsgebühr (Nr. 3104 VV RVG) mit Übersendung der Klageerwiderung bzw. der Replik, wenn man den Beklagten vertritt, von dem Mandanten gefordert, damit die Terminsgebühr rechtzeitig vor dem Termin zur mündlichen Verhandlung beglichen werden kann. Erfolgt die Begleichung der Rechnung nicht vor dem Termin zur mündlichen Verhandlung, so sollte in größerem Maße als bisher von der Möglichkeit Gebrauch gemacht werden, den Termin zur mündlichen Verhandlung nicht wahrzunehmen. Kosten der Säumnis entstehen heute nicht mehr, da der Einspruch gegen ein Versäumnisurteil keine neue Angelegenheit i.S.d. § 38 BRAGO mehr ist. Für den Beklagtenvertreter entsteht lediglich der Nachteil, dass ein Titel in die Welt gesetzt wird, der ohne Sicherheitsleistung vorläufig vollstreckbar ist. Die rechtzeitige Anforderung eines Gebührenvorschusses erlaubt auch, bei Zahlungsschwierigkeiten des Mandanten Ratenzahlungsvereinbarungen rechtzeitig zu treffen, so dass der Anwalt jedenfalls die Möglichkeit hat zu überprüfen, ob der Mandant auch bereit ist, die Vereinbarung einzuhalten.

4. Von einer prozesskostenhilfeberechtigten Partei sollte immer die Gebühr nach Nr. 3335 VV RVG für die Stellung des Prozesskostenhilfeantrags als Vorschuss verlangt werden. Die insoweit geleistete Vergütung kann auf die Differenz der Gebühren nach §§ 13, 49 RVG verrechnet werden (§ 50 RVG).

II. Zuständigkeit für die Honorarklage

1. Gerichtsstand des Hauptprozesses

331 Der Rechtsanwalt kann wegen seiner Gebühren und Auslagen seine Honorarklage bei dem Gericht des Hauptprozesses anhängig machen. Diese Regelung hat Jahrzehnte den Anforderungen der Anwaltschaft genügt, nämlich so lange, wie überwiegend die Anwaltschaft aufgrund der Regelung in § 78 ZPO nur vor einem LG bzw. einem OLG auf-

trat. Durch den Fortfall der Lokalisierung hat sich auch das Tätigkeitsfeld der Anwaltschaft geändert mit der Folge, dass der Gerichtsstand des Hauptprozesses an Bedeutung verloren hat.

2. Gerichtsstand des Erfüllungsortes

Jahrelang hat die Anwaltschaft ihre Honorarforderung am Erfüllungsort eingeklagt. H.M. war, dass Erfüllungsort für die Begleichung der Vergütungsforderung des Rechtsanwalts sein **Kanzleiort** sei. Hervorgerufen durch Entscheidungen des LG München und der Veröffentlichungen des Richters, der diese Entscheidung erlassen hat,[236] wurde die bis zu diesem Zeitpunkt bestehende herrschende Auffassung[237] aufgeweicht.   **332**

Trotz vielfacher Bemühungen im Schrifttum, den Kanzleiort als Erfüllungsort zu erhalten,[238] hat der BGH nunmehr beschlossen, dass Gebührenforderungen von Rechtsanwälten i.d.R. nicht gemäß § 29 ZPO am Gericht des Kanzleisitzes geltend gemacht werden können.[239] Dies soll selbst dann gelten, wenn im Auftragsschreiben des Mandanten zwei Anschriften angegeben sind; in einem derartigen Fall müsse der klagende Anwalt, der darauf die Zuständigkeit des angerufenen Gerichts stütze, darlegen, dass der Beklagte einen Doppelwohnsitz habe.[240]   **333**

Hat der Anwalt an seinem Kanzleisitz geklagt, ist Erfüllungsort aber der **Wohnsitz des Mandanten**, und kann das Gericht das Verfahren verweisen. Mit der Verweisung erfolgt eine Bindung. Weicht allerdings ein Verweisungsbeschluss von der obergerichtlichen Rechtsprechung ab, dann entfällt damit nicht seine Bindungswirkung, weil er auf Willkür beruht. Die Abweichung von der obergerichtlichen Rechtsprechung vermag allein nicht den Vorwurf der Willkür zu begründen.[241]   **334**

---

236   *Prechtel*, Gerichtsstand für anwaltliche Honorarforderungen, MDR 2003, 667; *ders.*, Zum Gerichtsstand bei Klagen aus einem Anwaltsvertrag, MDR 2001, 591; *ders.*, Der Gerichtsstand des Erfüllungsortes bei anwaltlichen Gebührenforderungen, NJW 1999, 3617.

237   OLG Celle, NJW 1966, 1975; OLG Celle, MDR 1980, 673; LG Hamburg, NJW 1976, 199; BayObLG, NJW-RR 2001, 928; BayObLG, NJW 2003, 366; OLG Hamburg, BRAK-Mitt. 2002, 44; OLG Köln, NJW-RR 1997, 825.

238   *Schneider*, Gerichtsstand bei Honorarprozessen von Rechtsanwälten, AnwBl. 2004, 122; *Neumann/Spangenberg*, Gilt die neuere Rechtsprechung des Bundesgerichtshofs zum Erfüllungsort bei Honorarforderungen von Rechtsanwälten auch bei Auslandsberührung?, BB 2004, 901; *Dahns*, Zur örtlichen Zuständigkeit von Honorarklagen von Anwälten, BRAK-Mitt. 2002, 100.

239   BGH, RVGreport 2004, 106; BGHZ 157, 20 = RVGreport 2004, 29 = AGS 2004, 9 = NJW 2004, 54 = MDR 2004, 164.

240   BGH, RVGreport 2004, 106.

241   BGH, NJW 2003, 3201.

335

> **Praxishinweis:**
>
> Dies bedeutet, dass selbst nach Änderung der Rechtsprechung des BGH der Anwalt immer noch wie folgt verfahren kann: Er kann von vornherein die Klage am Erfüllungsort, nämlich am Wohnsitz des Mandanten, anhängig machen und bei diesem Gericht beantragen, das Verfahren an den Kanzleisitz des Rechtsanwalts zu verweisen, weil dort der Erfüllungsort sei. Verweist das Gericht das Verfahren, so tritt für das annehmende Gericht eine Bindungswirkung ein.

III. Verfahren

336 Gerade in den Fällen, in denen der Rechtsanwalt gerichtlich eine Rahmengebühr geltend macht, ist nach § 14 Abs. 2 RVG ein Gutachten über die Höhe der Gebühren einzuholen. Wird das Gutachten nicht eingeholt, leidet das Verfahren an einem wesentlichen Mangel, der zur Aufhebung des Urteils in der Berufungsinstanz und Zurückverweisung der Sache führen sollte.[242]

IV. Verjährung

1. Frist

337 Die Verjährungsfrist für Vergütungsansprüche des Anwalts beträgt drei Jahre (§ 195 BGB). Sie beginnt mit dem Schluss des Kalenderjahres (§ 199 BGB).

2. Fälligkeit

338 Die Vergütung wird fällig, wenn der Auftrag erledigt oder die Angelegenheit beendet ist. Wenn der Anwalt in einem gerichtlichen Verfahren tätig ist, wird die Vergütung auch fällig, wenn eine Kostenentscheidung ergangen oder der Rechtszug beendet ist oder wenn das Verfahren länger als drei Monate ruht (§ 8 Abs. 1 RVG).

339 Der Auftrag ist erledigt, wenn der Anwalt seine Verpflichtungen aus dem Vertrag vollständig erfüllt hat.[243] Als erfüllt ist der Vertrag auch dann anzusehen, wenn der Auftrag beendet ist; eine Beendigung liegt vor, wenn die Parteien den Vertrag auflösen oder eine der Parteien den Vertrag kündigt.

340 Darüber hinaus wird die Vergütung fällig, wenn eine Kostenentscheidung ergangen ist oder der Rechtszug beendet ist. Dies bedeutet, dass in all den Fällen, in denen ein Rechts-

---

242 OLG Frankfurt, MDR 1998, 800 = JurBüro 1998, 410 = AnwBl. 1998, 484.
243 *Hansens*, BRAGO, § 16 Rn. 3; zur Fälligkeit s.o. Rn. 2 ff.

mittel eingelegt wird, die Vergütung des Anwalts schon fällig ist und deshalb auch verjähren kann.[244]

Da diese Regelung in der Praxis erhebliche Schwierigkeiten bereitete, hat der Gesetzge-   341
ber mit den Sonderregelungen in § 8 Abs. 2 RVG einen neuen **Hemmungstatbestand**
eingeführt. Schwierigkeiten gab es deshalb, weil der Rechtspfleger i.d.R. die Kosten des
erstinstanzlichen Verfahrens so lange nicht festsetzte, bis der Rechtsstreit rechtskräftig entschieden war. Dies konnte mehr als drei Jahre dauern, wenn das Verfahren noch in der III.
Instanz weiter betrieben wurde. In der Praxis ergaben sich aber auch deshalb Schwierigkeiten, weil bei fruchtlosen Zwangsvollstreckungen und Abgabe der eidesstattlichen Versicherung i.d.R. die Kosten des Zwangsvollstreckungsverfahrens gegen den Schuldner
nicht festgesetzt wurden. Wurde dann nach drei Jahren erneut ein Vollstreckungsversuch
unternommen, so konnten die entsprechenden Gebührenforderungen verjährt sein.

Nunmehr regelt § 8 Abs. 2 RVG, dass die Verjährung für eine Tätigkeit in einem ge-   342
richtlichen Verfahren so lange gehemmt wird, wie das Verfahren anhängig ist. Die Hemmung endet erst mit rechtskräftiger Entscheidung oder anderweitiger Beendigung des
Verfahrens. Wenn das Verfahren ruht, endet die Hemmung drei Monate nach Eintritt der
Fälligkeit. Die Hemmung beginnt erneut, wenn eine der Parteien das Verfahren weiter
betreibt.

V. Muster

1. Muster 1: Klagebegründung in einer außergerichtlichen zivilrechtlichen Angelegenheit

343

Der Beklagte ist selbständiger Malermeister. Im Auftrage einer Frau .... führte er
in deren Mietwohnung umfangreiche Maler- und Tapezierarbeiten aus. Hierfür stellte
er Frau .... am 7.5.2004 einen Betrag i.H.v. 3.435,21 € in Rechnung. Abzüglich
einer geleisteten Anzahlung i.H.v. 1.500 € verblieb ein Restbetrag von 1.935,21 €.

Beweis: Beigefügte Kopie der Rechnung.

Obwohl der Beklagte Frau .... mit Schreiben v. 27.5.2004 mahnte, erfolgten keine weiteren Zahlungen. Vielmehr macht Frau .... geltend, der Beklagte habe man-
gelhaft gearbeitet.

---

244 *Jungbauer*, Regelmäßige Verjährungsfrist von drei Jahren durch die Schuldrechtsreform und ihre Bedeutung für die anwaltlichen Vergütungsansprüche, JurBüro 2002, 117; *Mansel*, Neues Verjäh-
rungsrecht und Anwaltsvertrag – Vorteile für den Rechtsanwalt, NJW 2002, 418; *Ballaschk*, Verjährung von Kosten der Zwangsvollstreckung, ZAP 2004 Fach 24, S. 817.

Am 6.7.2004 erteilte der Beklagte mir den Auftrag, den noch offenen Restbetrag von 1.935,21 € nebst Zinsen gegen Frau .... außergerichtlich geltend zu machen. Hierzu übergab mir der Beklagte die vorerwähnten Schriftstücke, fragte mich um Rat, was zu tun sei und bat mich dann, Frau .... unter Hinweis auf die Rechtslage zur Zahlung aufzufordern.

Beweis: Zeugnis meiner Angestellten A. H., zu laden über meine Kanzleianschrift.

Noch am selben Tage diktierte ich im Beisein des Beklagten das an Frau .... gerichtete Aufforderungsschreiben, das am selben Tage abgeschickt wurde.

Beweis: Beigefügte Kopie des Aufforderungsschreibens.

Am 12.7.2004 rief Frau .... in meiner Praxis an und bot mir telefonisch an, gegen Zahlung von 1.000 € in drei Raten i.H.v. 500 € die geltend gemachten Mängel hinzunehmen.

Beweis: Zeugnis der Frau ....

Diesen Wunsch teilte ich dem Beklagten mit Schreiben v. 13.7.2004 mit.

Beweis: Beigefügte Abschrift des v.g. Schreibens.

Mit Schreiben v. 20.7.2004 erklärte sich der Beklagte mit der angebotenen Verfahrensweise einverstanden.

Beweis: Beigefügte Abschrift des v.g. Schreibens.

Mit Schriftsatz v. 26.7.2004 übersandte ich Frau .... einen entsprechenden Vergleichstext.

Beweis: Zeugnis Frau ...., beigefügte Abschrift des v.g. Schreibens.

Entsprechend der Vereinbarung im Vergleich zahlte Frau .... die drei Raten direkt an den Beklagten.

Beweis: Zeugnis Frau ....

Damit war die Angelegenheit erledigt. Mit Schriftsatz v. 15.12.2004 übermittelte ich dem Beklagten die nachfolgend wiedergegebene Kostenberechnung vom selben Tage:

1. 1,3 Geschäftsgebühr, Nr. 2400 VV RVG (Wert: 1.935,21 €)	*172,90 €*
2. 1,5 Einigungsgebühr, Nr. 1000 Abs. 1 VV RVG (Wert: 1.935,21 €)	*199,50 €*
3. Postentgeltpauschale, Nr. 7002 VV RVG	*20,00 €*
4. 16 % Umsatzsteuer, Nr. 7008 VV RVG	*+ 62,78 €*
Summe:	*455,18 €*

Bei der Bestimmung der Geschäftsgebühr habe ich folgende Umstände i.S.v. § 14 RVG berücksichtigt: Der Beklagte hat als selbständiger Maler- und Tapeziermeister ein überdurchschnittliches Einkommen. Die Sache war durchschnittlich schwierig und umfangreich. Die Bedeutung der Angelegenheit war für den Beklagten ebenfalls durchschnittlich. Es ist deshalb die Regelgebühr von 1,3 anzusetzen.

Durch die Übermittlung des Schreibens v. 26.7.2004 habe ich am Zustandekommen einer Einigung des Beklagten mit Frau .... i.S.v. Nr. 1000 VV RVG mitgewirkt.

Der Beklagte ist mit Schreiben v. 15.1.2005 aufgefordert worden, die berechnete Honorarforderung umgehend zu zahlen.

Beweis: Beigefügte Kopie des Aufforderungsschreibens.

Da der Beklagte dem nicht nachgekommen ist, war Klage geboten.

....
Rechtsanwalt

2. Muster 2: Klagebegründung für die Vergütung in einem Zivilprozess

Der Kläger macht Honoraransprüche für die Vertretung des hiesigen Beklagten in dem vor dem Landgericht ...., Aktenzeichen: .... geführten Rechtsstreit geltend. In jenem Rechtsstreit hat der hiesige Kläger als Prozessbevollmächtigter den hiesigen Beklagten vertreten, der von dem Beklagten des Ausgangsrechtsstreits Zahlung einer Restkaufpreisforderung i.H.v. 12.000 € begehrte. Mit dieser gerichtlichen Tätigkeit hat der Beklagte den Kläger mit Schreiben v. 8.7.2004 beauftragt.

Beweis: Beigefügte Kopie des Auftragsschreibens und der Vollmacht v. 15.7.2004.

344

Dementsprechend hat der Kläger die Klageschrift v. 2.8.2004 beim LG .... eingereicht.

> **Beweis:** Beigefügte Abschrift der Klageschrift, Beiziehung der genannten Prozessakte.

In dem Termin zur Güteverhandlung hat der Kläger im Beisein des Beklagten mit dem gegnerischen Prozessbevollmächtigten die Sach- und Rechtslage erörtert. Da eine Einigung nicht zu erzielen war, hat sich daran die streitige Verhandlung angeschlossen.

> **Beweis:** Beigefügte Kopie der Sitzungsniederschrift v. 15.11.2004.

Daraufhin hat das LG .... am 6.12.2004 das der Klage in vollem Umfang stattgebende Urteil verkündet.

> **Beweis:** Beigefügte Kopie des vorgenannten Urteils.

Für die vorgenannte Tätigkeit sind dem Kläger folgende Gebühren und Auslagen angefallen:

1. 1,3 Verfahrensgebühr, Nr. 3100 VV RVG (Wert: 12.000 €)	*683,80 €*
2. 1,2 Terminsgebühr, Nr. 3104 VV RVG (Wert: 12.000 €)	*631,20 €*
3. Postentgeltpauschale, Nr. 7002 VV RVG	*20,00 €*
4. 16 % Umsatzsteuer, Nr. 7008 VV RVG	*+ 213,47 €*
Summe:	***1.547,67 €***

Diesen Betrag hat der Kläger dem Beklagten mit Kostenberechnung v. 3.1.2005 berechnet.

> **Beweis:** Beigefügte Abschrift der Kostenberechnung.

Mit Vergütungsfestsetzungsantrag v. 3.2.2005 begehrte der Kläger bei dem Prozessgericht die Festsetzung seiner Vergütung gemäß § 11 RVG.

> Beweis: Beigefügte Kopie des Festsetzungsantrages.

Hiergegen erhob der Beklagte unbegründete außergebührenrechtliche Einwendungen, die zur Ablehnung der Vergütungsfestsetzung gemäß § 11 Abs. 5 Satz 1 RVG führten.

> **Beweis:** Beigefügte Kopie des Beschlusses des Rechtspflegers des LG .... v. 5.4.2005.

Der Beklagte hatte in dem Vergütungsfestsetzungsverfahren dem Kläger Schlechterfüllung des Anwaltsdienstvertrages vorgeworfen. Dies ist angesichts des positiven Ergebnisses der Anwaltstätigkeit des Klägers völlig unzutreffend, so dass Klage geboten
ist.

....
Rechtsanwalt

E. Rückzahlungsklage

I. Allgemeines

Mit Eintritt der Fälligkeit sind Vorschüsse abzurechnen. Der Mandant hat darauf einen   345
vertraglichen Anspruch. Erfüllt der Rechtsanwalt diesen Anspruch nicht, so steht dem
Mandanten der Klageweg offen.

II. Verrechnung/Aufrechnung

Geleistete Vorschüsse darf der Rechtsanwalt nur mit Gebühren desjenigen Auftrags oder   346
derjenigen Angelegenheit verrechnen, für die er den Vorschuss angefordert hat.[245] Dies
ergibt sich aus der Zweckbestimmung des Vorschusses. Dem Anwalt ist es jedoch gestattet, mit anderen Forderungen die Aufrechnung zu erklären. Dies setzt jedoch voraus,
dass kein Aufrechnungsverbot besteht.[246] Durch eine nachträgliche mündliche Vereinbarung kann eine geleistete Vorschusszahlung nicht in eine Leistung nach § 4 RVG umge-
wandelt werden, die der Rechtsanwalt, wenn die Leistung freiwillig und ohne Vorbehalt
erfolgt wäre, dann trotz Verstoßes gegen § 4 RVG behalten darf.[247]

III. Rechtsschutzversicherung

Hat die Rechtsschutzversicherung Vorschüsse geleistet, so stellt sich die Frage, wie die   347
Abrechnung ihr gegenüber zu erfolgen hat. Nimmt ein Rechtsanwalt widerspruchslos die
Vorschusszahlungen des Rechtsschutzversicherers seines Mandanten entgegen, dann be-
steht für ihn auch die Pflicht, den Kostenanteil wiederum unmittelbar an die Rechts-

---

245 Anwkom-BRAGO-N. *Schneider*, § 17 Rn. 42.
246 S. dazu OLG Düsseldorf, OLGR 1992, 75.
247 S. zum bisherigen Recht OLG Hamm, AGS 1996, 122 = OLGR Hamm 1996, 275.

schutzversicherung zurückzuzahlen, zu dessen Übernahme diese nicht verpflichtet war. Dies gilt erst recht, wenn der Versicherungsnehmer rechtlich nicht mehr existent ist.[248] Der Anspruch besteht aus **ungerechtfertigter** *Bereichung*.[249]

IV. Verjährung

348 Auch die Rückforderungsansprüche verjähren nunmehr in der Regelverjährungsfrist von **drei Jahren** (§ 195 BGB).

349 Streitig ist, wann die Verjährungsfrist in den Fällen beginnt, in denen dem Mandanten gegen den Rechtsanwalt ein Rückforderungsanspruch zusteht. Das OLG Düsseldorf[250] geht davon aus, dass die Verjährung des Rückzahlungsanspruches mit Ablauf des Kalenderjahres beginnt, in dem die Vergütung des Rechtsanwalts fällig geworden ist. Auf die Erteilung einer Abrechnung durch den Anwalt nach § 10 RVG soll es nicht ankommen.

350 Demgegenüber wird im Schrifttum die Auffassung vertreten, dass die Forderung so lange nicht fällig ist, wie der Rechtsanwalt nicht abgerechnet hat. Erst nach Abrechnung wisse der Auftraggeber, ob und in welcher Höhe ihm ein Anspruch zustehe.[251]

351 Da die Vorschusszahlung stets eine vorläufige Maßnahme ist und für alle Beteiligten erkennbar unter dem Vorbehalt der endgültigen Gebührenfestsetzung bei Abschluss des gerichtlichen Verfahrens der jeweiligen Instanz steht, kommt ungeachtet der unter Umständen sehr langen Dauer des gerichtlichen Verfahrens ein schutzwürdiges Vertrauen darauf, dass der Rechtsanwalt einen einmal bezahlten Vorschuss nicht zurückzahlen muss, nicht in Betracht.[252]

F. Muster

I. Muster 1: Vergütungsfestsetzungsantrag gemäß § 11 RVG – gesetzliche Vergütung

352

An das
....................gericht

Vergütungsfestsetzungsantrag gemäß § 11 RVG

In dem Rechtsstreit .... beantrage ich, die sich aus der beiliegenden Kostenrechnung ergebende Vergütung für meine Tätigkeit im ersten Rechtszug gegen meinen eigenen Auftraggeber, den Kläger, festzusetzen. Ich beantrage, die Verzinsung des festzusetzenden Betrages ab

---

248 LG München, RuS 1994, 261.
249 LG Trier, RuS 1991, 309 = zfs 1991, 382; LG Gießen, VersR 1995, 216.
250 OLGR 1992, 75.
251 Anwkom-BRAGO-*N. Schneider*, § 17 Rn. 46; *Mayer/Kroiß/Klees*, RVG, § 9 Rn. 47; so wohl auch LG Trier, RuS 1991, 309.
252 OVG Lüneburg, JurBüro 1991, 1348.

Eingang meines Antrages mit 5 Prozentpunkten über dem Basiszinssatz gemäß § 247 BGB zu verzinsen.

Auslagen für die förmliche Postzustellung i.H.v. .... € füge ich mit der Bitte um Mitfestsetzung bei. Ich habe dem Auftraggeber das Original der beigefügten Kostenberechnung bereits mitgeteilt.

....
Rechtsanwalt

II. Muster 2: Vergütungsfestsetzung gemäß § 11 RVG – Festsetzung von Rahmengebühren

353

An das
Sozialgericht ....

Vergütungsfestsetzungsantrag gemäß § 11 RVG

In dem Rechtsstreit .... beantrage ich, die sich aus der beiliegenden Kostenberechnung ergebende Vergütung für meine Tätigkeit vor dem Sozialgericht in der ersten Instanz gegen den Kläger festzusetzen.

Ich beantrage auszusprechen, dass die festgesetzten Beträge ab dem Tage des Eingangs dieses Antrages mit 5 Prozentpunkten über dem Basiszinssatz gemäß § 247 BGB zu verzinsen sind.

Der Kläger hat der Festsetzung der Höchstbeträge zugestimmt. Seine entsprechende Zustimmungserklärung füge ich bei.

Die Auslagen für die Zustellung des Vergütungsfestsetzungsbeschlusses i.H.v. .... € füge ich mit der Bitte um Mitfestsetzung bei.

....
Rechtsanwalt

III. Muster 3: Vergütungsfestsetzung gemäß § 11 RVG – Feststellung der Pauschgebühr

354

An das
Landgericht ....

Vergütungsfestsetzungsantrag gemäß § 11 RVG

In der Strafsache gegen .... beantrage ich, die in dem beiliegenden Festsetzungsbeschluss festgestellte Pauschgebühr i.H.v. .... € gegen den Angeklagten festzusetzen.

Ich beantrage auszusprechen, dass der festgesetzte Betrag ab Eingang dieses Festsetzungsantrages mit 5 Prozentpunkten über dem Basiszinssatz gemäß § 247 BGB zu verzinsen ist.

Die Auslagen für die Zustellung des Beschlusses i.H.v. .... € füge ich mit der Bitte um Mitfestsetzung bei.

....
Rechtsanwalt

IV. Muster 4: Vergütungsfestsetzung gemäß § 11 RVG – Sofortige Beschwerde

355

An das

Landgericht ....

Vergütungsfestsetzungsverfahren gemäß § 11 RVG

In Sachen .... lege ich gegen den Vergütungsfestsetzungsbeschluss des dortigen Gerichts vom ...., mir zugestellt am .... namens des Klägers

sofortige Beschwerde

ein, soweit das Gericht die Festsetzung einer die berücksichtigte 0,5 Terminsgebühr übersteigenden 1,2 Terminsgebühr abgelehnt hat.

Begründung:

Entgegen der Auffassung des Rechtspflegers ist mir für die Vertretung des Klägers in der mündlichen Verhandlung vom .... eine 1,2 Terminsgebühr nach Nr. 2104 VV RVG angefallen. Zwar habe ich in diesem Termin gegen den Beklagten ein Versäumnisurteil erwirkt. Jedoch hängt die Höhe der Terminsgebühr nicht davon ab, welche Anträge der Rechtsanwalt stellt. Der Rechtspfleger hat nämlich übersehen, dass der Beklagte in der mündlichen Verhandlung durch seinen Prozessbevollmächtigten vertreten war. Dieser hat nach entsprechenden Äußerungen des Gerichts keinen Antrag gestellt. Folglich liegt die Voraussetzung für die Ausnahmebestimmung der Nr. 3105 VV RVG, dass nämlich eine Partei nicht erschienen oder nicht ordnungsgemäß vertreten war, nicht vor.

....

Rechtsanwalt

V. Muster 5: Vergütungsfestsetzung gemäß § 11 RVG – Sofortige Beschwerde gegen die Ablehnung der Festsetzung

356

An das

Landgericht ....

Vergütungsfestsetzungsverfahren gemäß § 11 RVG

In Sachen .... lege ich gegen den die Vergütungsfestsetzung ablehnenden Beschluss des Rechtspflegers des dortigen Gerichts vom ...., mir zugestellt am ....

sofortige Beschwerde

ein.

Zu Unrecht hat der Rechtspfleger die Vergütungsfestsetzung gemäß § 11 Abs. 5 Satz 1 RVG abgelehnt. Der Antragsgegner hat zwar Einwendungen erhoben, die ihre Grundlage außerhalb des Gebührenrechts haben. Die Verjährungseinrede des Antragsgegners ist jedoch offensichtlich aus der Luft gegriffen und entbehrt jeglicher tatsächlicher Grundlage. Die Vergütung, um deren Festsetzung es hier geht, ist mit Verkündung des die Kostenentscheidung enthaltenen Schlussurteils vom 20.1. diesen Jahres fällig geworden. Die 3 Jahre betragende Verjährungsfrist hat deshalb noch nicht einmal zu laufen begonnen. Folglich hätte der Rechtspfleger den Einwand des Antragsgegners unberücksichtigt lassen müssen und meinem Vergütungsfestsetzungsantrag in vollem Umfang entsprechen müssen.

Sollte meine sofortige Beschwerde keinen Erfolg haben, bitte ich die Rechtsbeschwerde an den BGH zuzulassen.

Die hier zu Entscheidung stehende Rechtsfrage hat nämlich grundsätzliche Bedeutung, so dass eine höchstrichterliche Klärung erforderlich wäre.

....
Rechtsanwalt

VI. Muster 6: Vergütungsfestsetzung gemäß § 11 RVG – Sofortige Beschwerde gegen Festsetzung

357

An das
Landgericht ....

Vergütungsfestsetzung gemäß § 11 RVG

In dem Rechtsstreit .... melde ich mich als Verfahrensbevollmächtigter für den Antragsgegner.

Ich lege gegen den Vergütungsfestsetzungsbeschluss des Rechtspflegers des dortigen Gerichts vom ...., dem Antragsgegner zugestellt am ....,

sofortige Beschwerde

ein.

Begründung:

Der Antragsgegner, der von dem Vergütungsfestsetzungsverfahren erst mit Zustellung des angefochtenen Beschlusses erfahren hat, erhebt Einwendungen, die ihre Grundlage außerhalb des Gebührenrechts haben. Er macht gegenüber dem Antragsteller Schadensersatzansprüche wegen Schlechterfüllung des Anwaltsdienstvertrages geltend, mit denen er gegen die jetzt festgesetzte Vergütung aufrechnet. Der Antragsteller hat den Antragsgegner in dem vorangegangenen Rechtsstreit nämlich schlecht vertreten. Obwohl der Antragsgegner ihm alle erforderlichen Unterlagen vorgelegt hatte, hat der Antragsteller diese bei Abfassung seiner Klageschrift nicht ausgewertet. Dies führte dazu, dass das Landgericht ausweislich der Urteilsgründe die Klageforderung nicht als hinreichend substantiiert angesehen hat. Hätte der Antragsteller die ihm vorliegenden Informationen richtig und vollständig verwertet, hätte der Klage stattgegeben werden müssen.

....
Rechtsanwalt

VII. Muster 7: Zustimmung zur Festsetzung von Rahmengebühren

358

Zustimmungserklärung

Ich habe Herrn Rechtsanwalt .... mit meiner Vertretung in dem Sozialgerichtsverfahren vor dem Sozialgericht .... mit der Prozessführung beauftragt.

Ich stimme ausdrücklich zu, dass Rechtsanwalt .... berechtigt ist, sämtliche hierfür anfallenden Betragsrahmengebühren in Höhe der 20 % über der Mittelgebühr liegenden Gebühr zu bestimmen.

....
Unterschrift Auftraggeber

VIII. Muster 8: Zustimmung zur Festsetzung von Rahmengebühren

359

Zustimmungserklärung

In der Strafsache gegen mich habe ich Frau Rechtsanwältin .... zur Verteidigerin bestellt.

Ich erkläre hiermit meine ausdrückliche Zustimmung, dass Frau Rechtsanwältin .... berechtigt ist, sämtliche Betragsrahmengebühren mit dem Höchstbetrag zu berechnen.

....

Unterschrift Auftraggeber

IX. Muster 9: Zustimmungserklärung für Rahmengebühren

360

Zustimmungserklärung

In meiner Strafsache .... ist Herr Rechtsanwalt .... für mich als Verteidiger tätig gewesen. Das Strafverfahren ist beendet. Aufgrund meiner Vermögensverhältnisse bin ich nicht in der Lage, die gesamte Vergütung in einem Betrag zu zahlen.

Ich erkläre mich ausdrücklich damit einverstanden, dass Herr Rechtsanwalt .... berechtigt ist, die Betragsrahmengebühren jeweils mit dem Höchstbetrag zu bestimmen.

....

Unterschrift Auftraggeber

X. Muster 10: Ratenzahlungsvereinbarung

361

In der Strafsache gegen ..... ist Herr ... wegen seiner wirtschaftlichen Verhältnisse nicht in der Lage, Herrn Rechtsanwalt .... die Vergütung für seine Tätigkeit als Verteidiger auf einmal zu bezahlen. Herr Rechtsanwalt .... hat sich bereiterklärt, dass Herr ..... die Vergütung in monatlichen Raten von .... € abzahlen kann. Die Zahlung hat am 3. jeden Monats mit einer Schonfrist von 7 Tagen auf das Konto des Rechtsanwalts .... bei der .... Bank, Konto-Nr. ...., BLZ .... zu erfolgen. Kommt Herr ..... mit der Zahlung einer Monatsrate mehr als 7 Tage nach Ablauf der Schonfrist in Verzug, ist Herr Rechtsanwalt .... berechtigt, den gesamten dann noch offenen Vergütungsbetrag auf einmal von mir zu fordern.

Diese Ratenzahlungsvereinbarung tritt in Kraft, wenn Herr Rechtsanwalt .... gegen mich einen rechtskräftigen Vergütungsfestsetzungsbeschluss gemäß § 11 RVG erwirkt hat. Eine entsprechende Zustimmungserklärung zur Festsetzung der Höchstgebühren habe ich gesondert abgegeben.

....

Unterschrift Auftraggeber   Unterschrift Rechtsanwalt

Teil 4: Gegenstandswert

Inhaltsverzeichnis

Braun

A. Festsetzung und Verfahren

I. Allgemeines

Die Wertfestsetzung für die Rechtsanwaltgebühren in § 33 RVG geregelt. Es gilt weiter- 1
hin der Grundsatz, dass der für die Gerichtsgebühren maßgebende Wert auch für die
Gebühren des Rechtsanwalts maßgebend ist (§ 32 Abs. 1 RVG). Die **Wertfestsetzung
für die Rechtsanwaltsgebühren** (§ 33 RVG) ist deshalb lediglich subsidiär. Weiterhin
kann der Rechtsanwalt aus **eigenem Recht** in anhängigen Verfahren die Festsetzung des
Streitwerts beantragen und Rechtsmittel oder Rechtsbehelfe gegen unrichtige Wertfestsetzungen einlegen. Dies gilt auch dann, wenn eine Wertfestsetzung seitens des Gerichts
nicht erfolgt.

Einer Wertfestsetzung bedarf es häufig dann nicht, wenn eine bestimmte Geldsumme 2
verlangt wird. Ebenfalls bedarf es nicht einer Wertfestsetzung, wenn die Gerichtsgebühr
in einem Festbetrag besteht und der Rechtsanwalt keine Gebühr verlangen darf.[1]

II. Wertfestsetzung für die Gerichtsgebühren

1. Zuständigkeit

Für die Wertfestsetzung ist das **Prozessgericht** des **Rechtszugs**, für den der Streitwert 3
festgesetzt werden soll, zuständig.

Wird Festsetzung für das Verfahren im Rechtsmittel verlangt, ist das **Rechtsmittelgericht** 4
zuständig. Funktionell ist das Gericht in der jeweils gesetzlich vorgeschriebenen Besetzung zuständig, beim AG der Amtsrichter, beim LG der Einzelrichter oder auch die Kammer. Bei der Kammer für Handelssachen ist der Vorsitzende zuständig.

2. Verfahren

Nach § 63 Abs. 1 GKG setzt das Gericht den Streitwert ohne Anhörung der Parteien fest. 5
Auch wenn rechtlich eine Anhörung nicht vorgeschrieben ist, empfiehlt es sich jedoch
seitens des Gerichtes, von dieser Möglichkeit in schwierigen Festsetzungsverfahren Gebrauch zu machen.

3. Beschluss

Die Streitwertfestsetzung erfolgt durch Beschluss. Dabei kennt das GKG zwei Arten von 6
Beschlüssen:

---

[1]   Z.B. in Fällen der Gehörsrüge nach § 321a ZPO; s. Nrn. 1700, 2500, 5400 GKG KostVerz = Gebühr
     i.H.v. 50 €; für den Prozessbevollmächtigten entsteht keine Gebühr, da es sich nicht um eine ei-
     gene Angelegenheit handelt.

- die Festsetzung des Streitwerts nach § 63 Abs. 1 GKG,
- die Festsetzung des Streitwerts nach § 63 Abs. 2 GKG.

7   Die Festsetzung nach Abs. 1 ist lediglich vorläufig. Sie dient in erster Linie zur Berechnung der Gerichtsgebühren. Dem Rechtsanwalt ist nach § 32 Abs. 2 Satz 1 RVG ebenfalls die Möglichkeit gegeben, aus eigenem Recht diese Festsetzung zu beantragen.

8   Eine **Sonderregelung** ist getroffen worden für Verfahren vor den Gerichten der **Finanzgerichtsbarkeit.** Der Mindeststreitwert von 1.000 € (§ 52 Abs. 4 GKG) ist ohne Festsetzung durch Beschluss der vorläufige Gegenstandswert.

9   Davon zu unterscheiden ist die Wertfestsetzung nach § 63 Abs. 2 GKG; diese erfolgt, „sobald eine Entscheidung über den gesamten Streitgegenstand ergeht oder sich das Verfahren anderweitig erledigt".

10 Sowohl der Beschluss über die vorläufige als auch der Beschluss über die endgültige Streitwertfestsetzung sind zu begründen.[2]

4.   Bindungswirkung

11 Grundsätzlich besteht nur eine Bindungswirkung in der Instanz, in der der Beschluss erlassen wurde.

12 Das Gericht kann seine Entscheidung über den Streitwert von Amts wegen ändern (§ 63 Abs. 3 Satz 1 GKG). Die Änderung ist allerdings nur innerhalb von sechs Monaten zulässig, nachdem die Entscheidung in der Hauptsache Rechtskraft erlangt oder das Verfahren sich anderweitig erledigt hat. Unter **anderweitigen Erledigungen** ist Folgendes zu fassen:

- übereinstimmende Erledigungserklärung nach § 91a ZPO,[3]
- Kostenbeschluss nach Klagerücknahme gemäß § 269 Abs. 4 ZPO,
- Vergleichsabschluss nach § 278 Abs. 6 ZPO.

13 Das Rechtsmittelgericht kann den erstinstanzlich festgesetzten Streitwert in der Rechtsmittelinstanz auch für die erste Instanz von sich aus ändern, ohne dass es einer ausdrücklichen Rüge durch eine Partei bedarf.[4]

III.   Beschwerde der Parteien

1.   Vorläufige Streitwertfestsetzung

14 Nach § 67 Abs. 1 GKG kann gegen die vorläufige Streitwertfestsetzung des Gerichts Beschwerde eingelegt werden. Das Gericht kann der Beschwerde abhelfen, wenn es sie für

---

2   Anwkom-BRAGO-*E. Schneider,* § 9 Rn. 7; a.A. *Hansens,* BRAGO, § 9 Rn. 14.
3   BGHZ 70, 376.
4   *Mayer/Kroiß/Pukall,* RVG, § 32 Rn. 39.

zulässig und begründet hält (§§ 67 Abs. 2, 66 Abs. 3 Satz 1 GKG). Anderenfalls ist die Beschwerde unverzüglich dem **Beschwerdegericht** vorzulegen. Beschwerdegericht ist das nächsthöhere Gericht. Lediglich in bürgerlichen Rechtsstreitigkeiten der in § 119 Abs. 1 Nr. 1, Abs. 2 und 3 GVG bezeichneten Art ist das OLG zuständig. Die Beschwerde an einen obersten Gerichtshof des Bundes ist ausgeschlossen (§§ 67 Abs. 2, 66 Abs. 3 Satz 2 GKG).

Die **weitere Beschwerde** ist nur zulässig, wenn das LG als Beschwerdegericht entschieden hat und sie wegen der grundsätzlichen Bedeutung der zur Entscheidung stehenden Frage in dem Beschluss zugelassen hat. Die Beschwerde hat keine aufschiebende Wirkung (§§ 67 Abs. 2, 66 Abs. 7 GKG). Das Beschwerdegericht kann jedoch auf Antrag von Amts wegen die aufschiebende Wirkung ganz oder teilweise anordnen. 15

Das Verfahren ist gebührenfrei, Kosten werden nicht erstattet. Das Beschwerdegericht unterliegt nicht dem **Verschlechterungsverbot**. 16

2. Endgültige Streitwertfestsetzung

Gegen den Beschluss, durch den der Wert für die Gerichtsgebühren endgültig festgesetzt worden ist, findet die Beschwerde nur statt, wenn: 17

- der Wert des Beschwerdegegenstandes **200 €** übersteigt

- das Gericht, das die angefochtene Entscheidung erlassen hat, die **Beschwerde** wegen der grundsätzlichen Bedeutung der zur Entscheidung stehenden Frage in dem Beschluss zulässt.

Die Beschwerde ist nur zulässig, wenn sie innerhalb von sechs Monaten, nachdem die Entscheidung in der Hauptsache Rechtskraft erlangt oder das Verfahren sich anderweitig erledigt hat, eingelegt wird (§§ 68 Abs. 1 Satz 3, 63 Abs. 3 GKG). Ist der Streitwert später als einen Monat vor Ablauf dieser Frist festgesetzt worden, kann sie noch innerhalb eines Monats nach Zustellung oder formloser Mitteilung des Festsetzungsbeschlusses eingelegt werden. Die **weitere Beschwerde** ist innerhalb **eines Monats** nach Zustellung der Entscheidung des Beschwerdegerichts einzulegen. Die Beschwerde ist einzulegen beim erkennenden Gericht. Das **Verschlechterungsverbot** gilt nicht. 18

IV. Beschwerde des Rechtsanwalts

1. Antrag

Um eine Streitwertfestsetzung zu ändern, muss der Rechtsanwalt einen Antrag stellen. Das Antragsrecht ist nur dann ausgeschlossen, wenn er kein rechtliches Interesse an einer anderen Entscheidung hat. 19

2. Eigenes Beschwerderecht

20 In Verfahren selbst ist der Rechtsanwalt nur Vertreter einer Partei, im Streitwertfestsetzungsverfahren selbst Partei. Er kann im eigenen Namen Rechtsmittel und Rechtsbehelfe gegen die Wertfestsetzung einlegen.

a) Vorläufig festgesetzter Streitwert bzw. unterbliebene Festsetzung

21 Folgende **Verfahrensmöglichkeiten** bestehen:

- Wird ein Streitwert seitens des Gerichtes nicht festgesetzt, so kann der Rechtsanwalt in Form der Gegenvorstellung[5] beantragen, den Streitwert festzusetzen.

- Kommt das Gericht der Gegenvorstellung nicht nach, kann der Rechtsanwalt im eigenen Namen die vorläufige Streitwertfestsetzung mit der einfachen Beschwerde angreifen (§ 32 Abs. 2 RVG, §§ 63 Abs. 1 Satz 2, 77 Abs. 1 GKG).

22 Einzulegen ist die Beschwerde bei dem Gericht, dessen Streitwertfestsetzung angefochten wird (§ 32 Abs. 2 RVG, § 67 Abs. 1 Satz 2, § 66 Abs. 5 Satz 4 GKG). Der Rechtsanwalt muss keine Beschwer nachweisen. Hilft das Gericht der Beschwerde nicht ab, so ist die Beschwerde dem Beschwerdegericht vorzulegen. Beschwerdegericht ist das nächsthöhere Gericht (§ 32 Abs. 2 RVG, §§ 67 Abs. 1, 66 Abs. 3 GKG). In bürgerlichen Rechtsstreitigkeiten der in § 119 Abs. 1 Nr. 1, Abs. 2 und 3 GVG bezeichneten Art ist jedoch das Oberlandesgericht das Beschwerdegericht. Auch hier findet eine Beschwerde an einen obersten Gerichtshof des Bundes nicht statt. Das Beschwerdegericht ist an die Zulassung gebunden.

23 Gegen die Entscheidung des Beschwerdegerichtes ist die weitere Beschwerde nur zulässig, wenn das LG als Beschwerdegericht entschieden hat. Außerdem muss das LG sie wegen grundsätzlicher Bedeutung der zur Entscheidung stehenden Fragen in seinem Beschluss zugelassen haben (§ 66 Abs. 4 Satz 1 GKG).

24 Die weitere Beschwerde kann nur auf die Verletzung des Rechts gestützt werden. Das Oberlandesgericht ist an die Zulassung der weiteren Beschwerde gebunden.

25 Die Nichtzulassung der weiteren Beschwerde durch das LG ist ebenso wie die Nichtzulassung der Rechtsbeschwerde nicht anfechtbar.

b) Endgültigen Streitwertfestsetzung

26 Folgende **Verfahrensmöglichkeiten** bestehen:

27 Die endgültige Streitwertfestsetzung kann der Rechtsanwalt aus eigenem Recht mit der Beschwerde angreifen. Die Beschwerde ist jedoch nur zulässig, wenn der Beschwerde-

---

5   BGHZ 130, 100.

wert 200 € übersteigt (§ 32 Abs. 2 RVG, §§ 68 Abs. 1 Satz 1, 63 Abs. 2 GKG). Übersteigt die Beschwerde des Anwalts die 200 €-Wertgrenze nicht, ist die Beschwerde dann statthaft, wenn sie das Gericht, das die angefochtene Entscheidung erlassen hat, wegen grundsätzlicher Bedeutung zugelassen hat. Grds. hat das Gericht zwar von Amts wegen über die Zulassung zu entscheiden, dennoch sollte der Anwalt diesen Antrag als Anregung aufnehmen. Die Beschwerde ist nur zulässig, wenn sie innerhalb von sechs Monaten eingelegt wurde, nachdem die Entscheidung in der Hauptsache Rechtskraft erlangt oder das Verfahren sich anderweitig erledigt hat (§ 32 Abs. 2 RVG, §§ 68 Abs. 1 Satz 3, 66 Abs. 2, 63 Abs. 3 Satz 2 GKG). Ist der Streitwert später als einen Monat vor Ablauf dieser Frist festgesetzt worden, kann die Streitwertbeschwerde von dem Anwalt noch innerhalb eines Monats nach Zustellung oder formloser Mitteilung des Festsetzungsbeschlusses eingelegt werden. Im Übrigen entspricht das Verfahren dem der Beschwerde gegen die vorläufige Streitwertfestsetzung.

3. Vergütung des Rechtsanwalts

Bei der Vergütung des Rechtsanwalts ist wie folgt zu unterscheiden:[6]   28

- Ist die **Beschwerde im Auftrag der Partei** eingelegt (§§ 67, 68 GKG), so handelt es sich um eine eigene Angelegenheit (§ 15 Abs. 2 Satz 2 RVG). Der Anwalt erhält eine Verfahrensgebühr nach Nr. 3500 VV RVG.

- Legt der Anwalt **aus eigenem Recht Streitwertbeschwerde** ein, dann entsteht mangels Auftraggebers kein Vergütungsanspruch. Das Gleiche gilt, wenn der Anwalt sich gegen eine Herabsetzungsbeschwerde des Gegners wehrt.

- Wird der Anwalt vom Mandanten mit der **Abwehr einer Herabsetzungsbeschwerde** beauftragt, dann erhält er wiederum eine Gebühr nach Nr. 3500 VV RVG.

Gegenstandswert für die Gebühr ist die Differenz der an den eigenen Anwalt und das   29
Gericht zu zahlenden oder der der Gegenseite zu erstattenden Gebühren, die sich aus dem vom Gericht festgesetzten und dann mit der Beschwerde angestrebten Gebührenstreitwert ergibt.

Das Beschwerdeverfahren und das weitere Beschwerdeverfahren sind ebenso wie die Gegenvorstellungen **gerichtsgebührenfrei**. Eine Kostenerstattung findet in keinem der Verfahren statt (§ 66 Abs. 8 Satz 2 GKG).

---

6   Ausführlich *N. Schneider*, AGS 2004, 13.

B. Wertfestsetzung für Rechtsanwaltsgebühren

I. Regelungsgehalt

31 Nur in den Verfahren, in denen es keine für die Gerichtsgebühren maßgebende Bewertung gibt, wird das Verfahren nach § 33 RVG eröffnet. Im Wesentlichen entspricht § 33 RVG der Regelung in § 10 BRAGO mit Ausnahme der Vorschriften über die Beschwerde, die den Bestimmungen des GKG angepasst wurden.

1. Subsidiarität

32 Nur dann, wenn keine Wertfestsetzung nach § 63 GKG erfolgt, besteht die Möglichkeit für ein Verfahren nach § 33 RVG.

2. Gerichtliches Verfahren

33 Es muss ein gerichtliches Verfahren betrieben werden. In welcher Stellung der Rechtsanwalt tätig wurde, ist gleichgültig. Er kann als Verfahrensbevollmächtigter, als Unterbevollmächtigter oder als Verkehrsanwalt tätig werden.

3. Keine Berechnung nach den für die Gerichtsgebühren maßgeblichen Werten

34 Es muss sich um besondere Wertvorschriften für die Rechtsanwaltsgebühren handeln. Dies sind z.B. die Wertvorschrift in Abs. 1 der Anm. zu Nr. 3335 VV RVG.

4. Antrag

35 Im Gegensatz zur sonstigen Wertfestsetzung findet das Verfahren nach § 33 RVG nur auf Antrag statt.

5. Fälligkeit

36 Der Antrag ist erst zulässig, wenn die Vergütung fällig ist (§ 8 RVG).

II. Festsetzungsverfahren

1. Zuständigkeit

37 Zuständig ist das Gericht der Hauptsache. Das Gericht entscheidet über den Antrag eines seiner Mitglieder als Einzelrichter (§ 33 Abs. 8 Satz 1 RVG).

Braun

2.   Sachantrag

Der Anwalt muss darlegen, für welchen Gegenstand er tätig wurde.   38

3.   Antragsberechtigung

Berechtigt zum Antrag sind der Rechtsanwalt, der Auftraggeber, ein erstattungspflichti-   39
ger Gegner und in den Fällen des § 45 RVG die Staatskasse (§ 33 Abs. 2 RVG).

4.   Notwendige anwaltliche Vertretung und Form

Eine anwaltliche Vertretung ist nicht notwendig. Der Antrag kann zu Protokoll der Ge-   40
schäftsstelle erklärt werden (§ 33 Abs. 7 RVG).

5.   Entscheidung

Die Festsetzung erfolgt durch Beschluss (§ 33 Abs. 1 RVG).   41

III. Beschwerde

1.   Allgemein

Rechtsbehelf gegen den Festsetzungsbeschluss ist die Beschwerde (§ 33 Abs. 3 RVG).   42

2.   Einlegung der Beschwerde

Die Beschwerde wird beim judex a quo (§ 33 Abs. 7 Satz 2 RVG) eingelegt. Sie kann zu   43
Protokoll der Geschäftsstelle oder schriftlich eingelegt werden (§ 33 Abs. 7 Satz 1 RVG).

3.   Frist

Die Beschwerde ist innerhalb einer Frist von zwei Wochen nach Zustellung der Ent-   44
scheidung einzulegen (§ 33 Abs. 3 Satz 3 RVG).

4.   Wert

Zulässig ist die Beschwerde nur, wenn   45

• der Wert des Beschwerdegegenstandes 200 € übersteigt (§ 33 Abs. 3 Satz 1 RVG) oder

• sie vom Gericht zugelassen wurde (§ 33 Abs. 3 Satz 2 RVG).

5.   Abhilfebefugnis

Das Erstgericht kann der Beschwerde abhelfen (§ 33 Abs. 4 Satz 1 RVG). Hilft es nicht   46
ab, muss es die Beschwerde unverzüglich dem Beschwerdegericht vorlegen (§ 33 Abs. 4
Satz 1 RVG).

6. Beschwerdegericht

47 Über die Beschwerde entscheidet das nächst höhere Gericht (§ 33 Abs. 4 Satz 2 RVG). Bei Entscheidungen des AG in Familiensachen, in Streitigkeiten über Ansprüche, die von einer oder gegen eine Partei erhoben werden, die ihren allgemeinen Gerichtsstand im Zeitpunkt der **Rechtshängigkeit** in **erster Instanz** außerhalb des Geltungsbereiches dieses Gesetzes hatte, und gegen Entscheidungen, in denen das AG ausländisches Recht angewandt hat und dies in den Entscheidungsgründen ausdrücklich festgestellt hat, ist das OLG zuständig. Die Beschwerde ist nicht statthaft, wenn sie an einen obersten Gerichtshof des Bundes gelangt.

IV. Weitere Beschwerde

48 Die Entscheidung des Beschwerdegerichtes kann mit der weiteren Beschwerde angefochten werden, wenn das LG als Beschwerdegericht entschieden und sie wegen der grundsätzlichen Bedeutung der zur Entscheidung stehenden Frage zugelassen hat (§ 33 Abs. 6 RVG). Die Frist für die weitere Beschwerde beträgt zwei Wochen (§§ 33 Abs. 6 Satz 4, Abs. 3 Satz 3 RVG). Über die weitere Beschwerde entscheidet das OLG (§ 33 Abs. 6 Satz 3 RVG). Mit der weiteren Beschwerde können nur Rechtsverletzungen gerügt werden. Das OLG ist an die Zulassung der weiteren Beschwerde durch das LG gebunden (§ 33 Abs. 6 Satz 4, Abs. 4 Satz 4 RVG).

49 Das erstinstanzliche Festsetzungsverfahren ist gerichtsgebührenfrei (§ 33 Abs. 9 Satz 1 RVG). Kosten werden sowohl im Antragsverfahren als auch im Beschwerdeverfahren nicht erstattet (§ 33 Abs. 9 Satz 2 RVG). Die erfolglose Beschwerde löst allerdings Gerichtsgebühren i.H.v. 50 € nach Nr. 1811 GKG KostVerz aus.

50 Die anwaltliche Tätigkeit wird mit einer Verfahrengebühr in Höhe von 0,5 nach Nr. 3500 VV RVG vergütet. Ein Erstattungsanspruch ist allerdings ausgeschlossen.

C. Arbeitshilfen

I. Synopse GKG neu/alt bzw. GKG alt/neu

neues GKG §§	altes GKG §§	altes GKG §§	neues GKG §§
39	5 ZPO	5 ZPO	39
40	15	12	48
41	16	12a	50
42	17	12b	51
42 Abs. 4	alt 12 Abs. 7 ArbGG		
43	22	13	52
44	18	14	47
45	19	15	40
46	19a	16	41
47	14	17	42
48	12	17a	49
49	17a	18	44
50	12a	19	45
51	12b	19a	46
52	13	20	53
53	20	21	36
54	29	22	43
55	30	23	61
56	31	24 mit 12 Abs. 7 Satz 3 ArbGG	62
57	32	25	63
58	37, 38	26	64
59	39	27	35
60	48a	29	54
61	23	30	55
62	24 mit 12 Abs. 7 Satz 3 ArbGG	31	56
63	25	32	57
64	26	37, 38	58
65	48a Satz 2	39	59
		48a	60, 65

II. Streitwertbestimmungen: Synopse RVG/BRAGO bzw. BRAGO/RVG

52

RVG §§	BRAGO §§	BRAGO §§	RVG §§
22 Abs. 1	7 Abs. 2	7 Abs. 2	22 Abs. 1
22 Abs. 2	Neu	Neu	22 Abs. 2
23 Abs. 1 Satz 1	8 Abs. 1, Abs. 2 Satz 1, 2	8 Abs. 1, Abs. 2 Satz 1, 2	23 Abs. 1 Satz 1
23 Abs. 1 Satz 2	Neu	Neu	23 Abs. 1 Satz 2
23 Abs. 2	Neu	Neu	23 Abs. 2
23 Abs. 3	8 Abs. 1, Abs. 2 Satz 1, 2	8 Abs. 1, Abs. 2 Satz 1, 2	23 Abs. 2
24	8 Abs. 3	8 Abs. 3	24
25	57 Abs. 2, Abs. 3	8 Abs. 1a	31
25	57 Abs. 2, Abs. 3	9	32
26	68 Abs. 2	10	33
27	69 Abs. 2	57 Abs. 2, 3	25
28	77	68 Abs. 2	26
29	81 Abs. 1 Satz 2	69 Abs. 2	27
30	83b Abs. 2 AsylVfG	77	28
31	8 Abs. 1a	81 I 2	29
32	9	83b AsylVfG	30
33	10		

III. Streitwert-ABC

■ Abänderungsklage

53 Differenz zwischen dem bisherigen und dem künftigen Jahresbetrag (§ 42 GKG). Bei schwankenden Beträgen ist der höchste Jahresbetrag zugrunde zu legen. Die bei Einreichung der Klage fälligen Beträge werden dem Streitwert hinzugerechnet (§ 42 Abs. 5 GKG). Maßgeblicher Zeitpunkt für die Berechnung der Rückstände ist der Eingang der Klage bei Gericht. Der Einreichung der Klage steht die Einreichung eines Antrags auf Bewilligung der Prozesskostenhilfe gleich, wenn die Klage alsbald nach Mitteilung der Entscheidung über den Antrag oder über eine alsbald eingelegte Beschwerde eingereicht wird (§ 42 Abs. 5 Satz 2 GKG).

■ Abfindungsvergleich

54 Nicht auf die Abfindung, sondern auf den Vergleichsgegenstand ist abzustellen, der sich bei wiederkehrenden Leistungen auf z.B. Unterhaltspflicht nach § 42 Abs. 1 GKG richtet = Jahresbetrag.

■ **Ablehnung von Richtern, Sachverständigen und Schiedsrichtern**

Drei Auffassungen werden vertreten: 55
- Hauptsachestreitwert,[7]
- 1/10 bis 1/3 des Hauptsache-Streitwertes,[8]
- Bewertung als nichtvermögensrechtliche Streitigkeit nach § 48 Abs. 2 GKG.[9]

■ **Abnahme**
- Kaufsache = Wert ist nach § 3 ZPO zu bestimmen.   56
- Werk = Wert ist nach § 3 ZPO zu bestimmen, i.d.R. Bruchteil des Werklohns, etwa 25 %[10]

■ **Adoption**

3.000 € (§ 30 Abs. 3 Satz 2 KostO)   57

■ **Akkreditiv**

Wert der zu sichernde Forderung (§ 23 Abs. 3 RVG, § 23 Abs. 1 KostO)[11]   58

■ **Aktien**

Herausgabe wird nach dem Kurswert im Zeitpunkt der Klageerhebung bestimmt (§ 6 ZPO)[12] 59

■ **Allgemeine Geschäftsbedingungen**
- pro Klausel ein Wert von 1.500 bis 2.500 €[13]   60
- bei Unterlassungs- und Widerrufsklagen ist der Streitwert nach § 3 ZPO zu schätzen.[14]

■ **Altenteil**
- Wohnrechte sind nach § 3 ZPO zu bemessen   61
- Wiederkehrende Leistungen nach § 9 ZPO[15]
- Leibrenten = Jahresbetrag (§ 42 Abs. 1 GKG).

■ **Anerkenntnis**

Es verbleibt beim Forderungsbetrag; das Anerkenntnis hat keinen Einfluss auf den Streit-62 wert. Beim Teilanerkenntnis tritt die Verringerung des Streitwertes erst mit Erlass des Teilanerkenntnisurteils ein.[16]

---

7   OLG Brandenburg, NJW-RR 1999, 1291.
8   OLG Koblenz, JurBüro 1991, 503.
9   OLG Nürnberg, MDR 1983, 846.
10   *Anders/Gehle/Kunze,* Streitwertlexikon, S. 28.
11   BGH, JurBüro 1992, 537 = NJW 1992, 1900.
12   *Schneider/Herget,* Streitwert, Rn. 5026.
13   OLG Frankfurt, AnwBl. 1994, 17.
14   S. die Beispiele bei *Schneider/Herget,* Streitwert, Rn. 133-143.
15   LG Freiburg, AnwBl. 1973, 169.
16   OLG Bamberg, JurBüro 1990, 771.

▦ Anfechtungsklage

63 – Insolvenzanfechtung
   – Wert des Zurückverlangten für die Masse (§ 3 ZPO)
   – Klagen nach § 7 AnfG = Wert der Forderung des Anfechtenden oder Verkehrswert des Gegenstands, soweit dieser geringer ist (§ 6 Satz 1, 2 ZPO entsprechend)
   – Anfechtung eines Anspruchs auf wiederkehrende Leistung (§ 9 ZPO)[17]
   – Aktionär gegen Beschlüsse der Hauptversammlung einer AG (§ 247 AktG) = 1/10 des Grundkapitals, jedoch nicht mehr als 500.000 €, es sein denn, dass die Bedeutung der Sache für den Kläger höher ist.

▦ Anmeldung zum Handelsregister

64 Es soll sich um eine Klage um Abgabe einer Willenserklärung, also eine Leistungsklage handeln; der Streitwert ist nach § 3 ZPO zu schätzen. I.d.R. ist ein Bruchteil i.H.v. 1/10 bis 1/4 des Anteils des klagenden Gesellschafters anzusetzen.[18]

▦ Anspruchshäufung

65 Mehrere Ansprüche sind zusammenzurechnen, § 5 ZPO.

▦ Anwartschaftsrechte

66 – Herausgabe eines Gegenstandes (§ 6 ZPO)
   – Sicherungsansprüche (§ 3 ZPO)

▦ Arbeitnehmer

67 – Kündigungsschutzklage = höchstens der Betrag des für die Dauer eines Vierteljahres zu leistenden Arbeitsentgelts (§ 42 Abs. 4 Satz 1 GKG); Abfindungen werden nicht hinzugerechnet (§ 42 Abs. 4 GKG).
   – Eingruppierungsklagen (= Wert des dreijährigen Unterschieds des Betrags zur bisherige Vergütung, sofern nicht der Gesamtbetrag der geforderten Leistungen geringer ist (§ 42 Abs. 4 Satz 2 GKG).
   – Kündigungsschutz- und Lohnzahlungsklage; es ist auf die Summe der beiden Einzelwerte abzustellen.[19]
   – Streit um Verpflichtung zur ärztlichen Untersuchung = 400 €[20]
   – Arbeitsbescheinigung für Arbeitslosengeld = 250 €[21]
   – Weiterbeschäftigungsantrag = ein bis zwei Monatsgehälter[22]

---

17 *Schneider/Herget*, Streitwert, Rn. 2242.
18 OLG Bamberg, JurBüro 1984, 856.
19 LAG Düsseldorf, JurBüro 1980, 767; LAG München, JurBüro 1990, 1609; LAG Rheinland-Pfalz, NZA-RR 2000, 161.
20 LAG Hamm, NZA-RR 2000, 215.
21 LAG Baden-Württemburg, AuR 1984, 380.
22 LAG Düsseldorf, JurBüro 1985, 767; LAG Frankfurt, NZA-RR 1999, 434; ausführlich s. Teil 8 Rn. 85 ff.

■ **Arrest**

Interesse des Antragstellers an der von ihm begehrten Entscheidung auf das Abwehr- 68
interesse des Gegners, zu bemessen nach § 53 Abs. 1 Nr. 1 GKG, § 3 ZPO.

■ **Auflassung**

1/10 bis 1/3 des Verkehrswertes aus § 53 GKG, § 3 ZPO   69

■ **Auflassungsvormerkung**

nach dem Interesse des Klägers/Antragstellers an der Sicherung seines Eigentumserwerbs 70
(§ 3 ZPO)

■ **Aufrechnung**

– unbedingte Aufrechnung = Wert der Klageforderung (§ 48 GKG, §§ 3, 6 Satz 1 ZPO) 71
– Hilfsaufrechnung = Wertaddition (§ 45 Abs. 3 GKG)
– mehrere hilfsweise Aufrechnungen = Addition aller Hilfsaufrechnungen, soweit diese
  in Rechtskraft erwachsen können.

■ **Ausgleichsanspruch**

– des Handelsvertreters nach § 89b HGB   72
– Höhe des bezifferten Antrags[23]

■ **Auskunft**

Interesse des Klägers an der Auskunft (§ 48 GKG, § 3 ZPO)   73

■ **Aussetzung des Verfahrens**

Interesse der Parteien an der Aussetzung (§ 3 ZPO), grds. zwischen 1/5 und 1/3 des 74
Hauptsachewertes[24]

■ **Automatenaufstellung/Aufstellvertrag**

Leistungsklage = Betrag ohne Nebenforderungen (§ 6 Abs. 1 ZPO)   75

anderenfalls (z.B. bei Unterlassungsklagen) Wert zu schätzen (§ 3 ZPO)

■ **Bauhandwerkersicherungshypothek**

Wert der Forderung ohne Kosten und Zinsen (§ 43 GKG)   76

■ **Befreiung von einer Verbindlichkeit**

Streitwert ist zu schätzen (§ 3 ZPO);[25] grds. ist der vom Kläger genannte Betrag der Schuld 77
maßgeblich, von der er befreit werden soll. Nebenforderungen werden nicht berücksichtigt (§ 43 GKG).

---

23 *Schneider/Herget*, Streitwert, Rn. 508.
24 BGHZ 22, 283.
25 KG, JurBüro 1998, 648.

■ **Besitz**

78 – Wert der Sache (§ 48 GKG, § 6 ZPO)
– vorläufige Besitzeinweisung (§ 116 BauGB) = Schätzung nach § 3 ZPO, etwa 20 % des Wertes

■ **Besitzstörung**

79 Interesse des Klägers nach § 3 ZPO zu schätzen[26]

■ **Beweissicherungsverfahren (selbständiges)**

80 Wert des Hauptsacheverfahrens[27]

■ **Bierlieferungsvertrag**

81 Der Streitwert ist nach § 3 ZPO zu schätzen; er richtet sich an dem zu erwartenden Gewinn aus.[28] Bei Klagen der Brauerei ist im Hinblick auf die längerfristigen Bezugsverpflichtungen deren Interesse an der Stetigkeit des Umsatzes zu berücksichtigen. [29]

■ **Bürgschaft**

82 Wert der Sache (§ 6 ZPO)

■ **Darlehensvertrag**

83 Darlehensbetrag ohne Zinsen und Kosten (§ 43 GKG)

■ **Deckungsprozess**

84 Abschlag wie bei einer Feststellungsklage i.H.v. 20 %[30]

■ **Dienstbarkeit**

85 – Grunddienstbarkeit i.S.d. §§ 1018 ff. BGB (§ 7 ZPO)
– Beschränkte persönliche Dienstbarkeit i.S.d. § 1090 BGB = Interesse des Klägers (§ 3 ZPO)

■ **Dienstverhältnis**

86 bei wiederkehrenden Leistungen grundsätzlich § 42 Abs. 3 GKG

■ **Drittwiderspruchsklage (§ 771 ZPO)**

87 Wert der Sache (§ 6 ZPO)

■ **Duldung der Zwangsvollstreckung**

88 § 6 Satz 1 und 2 ZPO analog

■ **Duldungsklagen**

89 Interesse des Klägers an der Vornahme der Handlung (§ 3 ZPO)

---

26 *Schneider/Herget*, Streitwert, Rn. 836.
27 OLG Brandenburg, NJW 2001, 836; ausführlich Teil 7 Rn. 182 ff.
28 *Schneider/Herget*, Streitwert, Rn. 900.
29 OLG Braunschweig, JurBüro 1979, 436.
30 BGH, NJW-RR 1991, 1149.

■ **Ehelichkeitsanfechtung**

Wert 2.000 € (§ 48 Abs. 3 Satz 3 GKG)   90

■ **Ehesache**

→ *Teil 9, Rn. 391 ff.*   91

■ **Ehescheidung**

→ *Teil 9, Rn. 391 ff.*   92

■ **Ehewohnung**

– im Wege der einstweiligen Anordnung = 2.000 € (§ 24 RVG, § 53 Abs. 2 GKG)   93
– außerhalb des Verbundes = einjähriger Mietwert (§ 41 Abs. 1 GKG)

■ **Ehrkränkende Äußerungen**

Der Wert ist zu schätzen (§ 48 GKG, § 3 ZPO)   94

■ **Eidesstattliche Versicherung**

Wert ist nach § 3 ZPO zu schätzen.   95

■ **Eigentum**

– Herausgabeklage = Wert des Eigentums (§ 6 ZPO analog)   96
– Feststellungsklage, teilweise wird § 6 ZPO,[31] teilweise § 3 ZPO[32] angewandt.

■ **Eigentumsstörung**

– Interesse nach § 3 ZPO zu werten   97
– Notwegerecht (§ 7 ZPO)
– Überbau (§ 3 ZPO)

■ **Eigentumsvorbehalt**

Verkehrswert der Sache (§ 6 Satz 1 ZPO)   98

■ **Einstweilige Anordnung**

– elterliche Sorge, Umgang, Kindesherausgabe = 500 € (§ 24 Satz 1 RVG)   99
– Nutzung der Ehewohnung = 2.000 € (§ 24 Satz 2 RVG, § 53 Abs. 2 Satz 2 GKG)
– Benutzung des Hausrates = 1.200 € (§ 53 Abs. 2 Satz 2 GKG)
– Unterhalt = 6-monatiger Betrag, ohne Rückstände (§ 53 Abs. 2 GKG)

■ **Enteignung**

Streitwert ist die Differenz zwischen der verlangten und der festgesetzten Entschädi- 100
gung.[33]

■ **Erbbaurecht**

Wert der Sache (§ 6 ZPO)   101

---

31   OLG Frankfurt, JurBüro 1985, 278.
32   OLG München, JurBüro 1983, 1393.
33   *Schneider/Herget*, Streitwert, Rn. 1442.

■ **Erbbauzins**

102   3 1/2-facher Wert des einjährigen Bezuges (§ 9 ZPO)

■ **Erbenhaftung**

103   Wert der Beschränkung

■ **Erbrechtliche Streitigkeiten**

104   Grundsätzlich nach § 3 ZPO zu bewerten

■ **Erledigung der Hauptsache**

105   1. Übereinstimmend erklärte Erledigung
   – Vollständige Erledigung = Summe der bis zur Erledigungserklärung angefallenen Kosten, soweit diese den ursprünglichen Wert der Hauptsache nicht übersteigen[34]
   – Teilerledigung = Wert des noch im Streit befindlichen Anspruchs ohne die auf den erledigten Teil entfallenden Kosten[35]

   2. Einseitige Erledigungserklärung
   – vollständige Erledigung = nach § 3 ZPO sind die bis zur Erledigungserklärung anfallenden Kosten anzusetzen,[36] es sei denn, der Kläger strebt über das Kostenrisiko einen zusätzlichen Erfolg an.
   – Teilerledigung = Wert des noch im Streit befindlichen Teils zzgl. Kosten.[37]

■ **Ersatzvornahme**

106   zu bewerten nach dem Interesse des Gläubigers an der Vornahme der Handlung (§ 3 ZPO)

■ **Feststellungsklage**

107   1. Positive Feststellungsklage
   – Feststellung von Leistungsansprüchen = Leistungsbetrag abzüglich 20 %[38]
   – Feststellung des Eigentums- oder Erbrechts
     streitig, ob nach § 6 ZPO als Spezialvorschrift der Verkehrswert maßgeblich ist oder nach § 3 ZPO das Interesse des Klägers.[39]
   – Feststellung von vertraglichen Beziehungen
     Wert der Leistungspflicht, von der der Kläger freigestellt sein will

---

34   OLG Hamburg, MDR 1997, 890.
35   BGH, JurBüro 1981, 1489; OLG Hamm, JurBüro 1991, 1122.
36   BGH, NJW-RR 1993, 765; die Gegenmeinung will es auch nach Abgabe der Erledigungserklärung beim ursprünglichen Streitwert lassen. (OLG Koblenz, AnwBl. 1983, 517; OLG Köln, JurBüro 1994, 734).
37   BGH, NJW-RR 1988, 1465; a.A. OLG Düsseldorf, NJW-RR 1993, 510.
38   BGH, JurBüro 1975, 1598; OLG Köln, JurBüro 1992, 624.
39   *Anders/Gehle/Kunze*, Streitwertlexikon, S. 147 Rn. 6.

2. Negative Feststellungsklage
Wert des von dem Beklagten behaupteten Anspruchs[40]

███ **Folgesachen**
→ *S. Teil 9: Familiensachen*   108
– *Rn. 416 – 447 (Unterhalt)*
– *Rn. 450 (Versorgungsausgleich)*
– *Rn. 455 – 459 (Kindessachen)*
– *Rn. 462 – 464 (Kindschaftssachen)*
– *Rn. 471 – 481 (Hausratsverfahren)*
– *Rn. 484 – 489 (Zugewinn)*
– *Rn. 495 – 496 (Scheidungsfolgevergleich)*

███ **Frachtbrief**
nach § 3 ZPO ist das Interesse zu bewerten.   109

███ **Gesamtgläubiger**
Wert des einzelnen Anspruchs   110

███ **Gesamtschuldner**
Klagesumme, keine Addition nach § 5 ZPO[41]   111

███ **Geschäftsräume**
3 1/2 facher Jahresbetrag (§ 9 ZPO)   112

███ **Gesellschaftsrecht**
– Kündigung eines Gesellschafters (§ 3 ZPO); der Wert des Anteils des Klägers ist zu be-   113
  rücksichtigen.
– Herausgabe von Aktien, Genussscheinen und Bezugsrechte = Verkehrswert der Ur-
  kunden (§ 6 Satz 2 ZPO)
– Änderung eines Gesellschaftsvertrages = nach billigem Ermessen festzusetzen

███ **Gewerblicher Rechtsschutz**
1. Unterlassungsklagen   114
– Verbandsklagen = Bruchteil des Jahresumsatzes der Mietglieder[42]
– Streitgenossen = Einzelwerte zu addieren (§ 5 ZPO)[43]
– Einstweilige Verfügung = Voller Wert, da häufig endgültige Regelung angestrebt wird[44]

---

40   BGH, NJW 1970, 2025.
41   BGHZ 23, 339.
42   OLG Stuttgart, NJW-RR 1987, 429.
43   OLG Frankfurt, JurBüro 1992, 489.
44   OLG Bamberg, JurBüro 1987, 1831.

2. Feststellungsantrag = Bruchteil des Leistungsbegehrens einschließlich Marktverwirrungsschaden [45]
   – Auskunftsklage = selbständig zu bewerten[46]

3. Streitwertbegünstigung für wirtschaftlich schwache Parteien (§ 51 GKG, §§ 23a, 23b UWG, § 144 PatG, § 26 GebrMG, § 142 MarkenG, § 3a WZG)

■ Gläubigeranfechtung

115 Wert (§ 6 Satz 1 und 2 ZPO analog)

■ Grenzklagen

116 Interesse nach § 3 ZPO zu bewerten, Kosten der Beseitigung des Grenzstrauches sind Nebenforderungen (§ 43 GKG)

■ Grunddienstbarkeit

117 Wert der Grunddienstbarkeit für das herrschende Grundstück oder Betrag, um den sich der Wert des dienenden Grundstücks durch die Dienstbarkeit mindert (§ 7 ZPO)

■ Grundpfandrecht

118 nach § 6 ZPO zu bewerten

■ Grundschuld

119 Betrag der Grundschuld oder des geringeren Verkehrswertes des Grundstückes (§ 6 ZPO)[47]

■ Grundstück

120 Verkehrswert (§ 6 ZPO)

■ Handelsregistereintragung

121 nach § 3 ZPO zu bewerten

■ Hausrat

122 1.200 € (§ 53 Abs. 2 Satz 2 GKG)

■ Herausgabe

123 Verkehrswert der Sache (§ 6 Satz 1 ZPO), Sonderbestimmungen für Mietsachen (§ 41 GKG)

■ Hinterlegung

124 Interesse des Klägers zu schätzen (§ 3 ZPO), Zinsen sind mitzubewerten und keine Nebenforderung i.S.d. § 43 GKG.

■ Hofübergabe

125 Das 4-fache des letzten Einheitswertes (§ 19 Abs. 4 KostO); dass wenn der Wert der Gegenleistung diesen Wert übersteigt, findet § 39 Abs. 2 KostO Anwendung[48]

---

45   BGH, GRUR 1986, 93.
46   OLG Köln, GRUR 1969, 567.
47   *Schneider/Herget*, Streitwert, Rn. 2521, 2523.
48   OLG Köln, NJW-RR 2000, 576.

■ **Hypothek**

Wert der Sache (§ 6 ZPO), entscheidend Nennbetrag der Hypothek nicht Valutierung,[49] 126
kein Abschlag von 20 % bei positiven Feststellungsklagen

■ **Immissionen**

Interesse des Klägers nach § 3 ZPO zu werten 127

■ **Insolvenzverfahren**

Betrag der Insolvenzmasse (§ 58 Abs. 1 GKG) 128
Aussonderung (§ 58 Abs. 1 Satz 2 GKG)
– bei Gläubigerantrag = Gegenstandswert des Betrages der Forderung oder Betrag der
  Insolvenzmasse, falls dieser geringer ist (§ 58 Abs. 2 GKG)
– Insolvenzfeststellungsklage (§ 181 InsO)
– Feststellungsklage gegen Gemeinschuldner (§ 6 ZPO)
– Feststellung oder Zahlung von Massekosten und Masseschulden (§ 6 ZPO)
– Feststellungsklage auf abgesonderte Befriedigung (§ 6 ZPO)
– Insolvenzanfechtung (§§ 3, 6 Satz 1 und 2 ZPO)

■ **Kaufvertrag**

– Forderungswert bei Zahlung des Kaufpreises (§ 6 Satz 2 ZPO), Nebenforderungen 129
  bleiben unberücksichtigt (§ 43 GKG), gilt auch bei Ratenzahlungsvereinbarungen[50]
– Übergabe und/oder Übereignung der Kaufsache = Verkehrswert der Sache (§ 6 Satz 1
  ZPO)

■ **Kaution**

Wert der zu sichernden Forderung auf § 6 Satz 1 ZPO 130

■ **Kindesherausgabe**

– Familiensache gemäß § 621 Abs. 1 Nr. 3 ZPO = 900 € als Feststreitwert (§ 48 Abs. 3 131
  GKG)
– im isolierten FGG-Verfahren Auffangwert 3.000 € (§ 30 Abs. 2, 3 KostO) 132

■ **Kindschaftssachen**

– Auffangwert von 2.000 € (§ 48 Abs. 3 Satz 3 GKG) 133
– in einer Scheidungsfolgensache 900 € (§ 48 Abs. 3 Satz 3 GKG)
– mehrere Kinder = keine Addition (§ 48 Abs. 1 Satz 2 GKG)

■ **Klagenhäufung**

– keine verschiedenen Streitgegenstände = keine Wertaddition[51] 134
– objektive Klagenhäufung= Zusammenrechnung der verschiedenen Ansprüche (§ 5
  1. Halbs. ZPO)

---

49 *Schneider/Herget*, Streitwert, Rn. 2521, 2523.
50 *Schneider/Herget*, Streitwert, Rn. 2569.
51 *Schneider/Herget*, Streitwert, Rn. 2845, 2851.

- subjektive Klagenhäufung = Addition der Ansprüche (§ 5 1. Halbs. ZPO)
- Klage und Widerklage = Addition (§ 45 Abs. 1 Satz 1 GKG)

▓ **Klagerücknahme**

135 Streit und Wirksamkeit der Klage, Rücknahme = voller Streitwert der Klage[52]

▓ **Kraftfahrzeug**

136 Verkehrswert (§ 6 ZPO)

▓ **Kraftfahrzeugbrief**

137 bei Herausgabeklage Wert nach § 6 ZPO

▓ **Kraftfahrzeugschein**

138 Wert nach § 3 ZPO zu schätzen

▓ **Kündigung**

139 – Miete (§ 41 GKG) = einjähriges Entgelt
- Arbeitsverhältnis = für die Dauer eines Vierteljahres zu leistendes Arbeitsentgelt (§ 42 Abs. 4 GKG)

▓ **Künftige Leistung**

140 Nennbetrag der geltend gemachten Forderung ohne Zinsen und Kosten, kein Abzug vom Streitwert für Leistung zu einem späteren Zeitpunkt.

▓ **Leasingvertrag**

141 – Streit um Bestehen des Vertrags (§ 41 GKG)
- Herausgabe der Leasingsache = Wert der Sache (§ 6 Satz 1 ZPO)

▓ **Lebensversicherung**

142 Wert nach §§ 3, 6 ZPO zu bestimmen

▓ **Mahnverfahren**

143 Betrag der geltend gemachten Forderung ohne Zinsen und Kosten

▓ **Miete und Pacht**

144 – Streitigkeiten über das Bestehen oder die Dauer des Pacht- oder Mietverhältnisses = der auf die gesamte streitige Zeit entfallende Pacht- oder Mietzins, wenn der 25-fache Wert des einjährigen Entgelts geringer ist, dieser Betrag (§ 8 ZPO), s. aber auch § 41 GKG
- Räumungsklagen (§ 41 Abs. 2 GKG) = für die Dauer eines Jahres zu zahlendes Entgelt
- Erhöhung des Mietzins = Jahresbetrag der zusätzlich geforderten Miete (§ 41 Abs. 5 GKG)

---

52 *Schneider/Herget*, Streitwert, Rn. 2671.

- Miet- oder Pachtzinsklagen = Klagesumme (§ 6 Satz 1 ZPO)
- Mietaufhebungsvertrag = Mietwert dreier Jahre, es sei denn, die Restlaufzeit ist geringer (§ 25 KostO)[53]
- Modernisierungsmaßnahmen = Jahresbetrag der erstrebten Mieterhöhung
- Mängel = Wert nach § 6 Satz 1 ZPO
- Minderung = Interesse an der Minderungsquote[54]
- Räumungsfrist = Interesse nach § 3 ZPO zu schätzen
- Nebenkosten = Interesse des Klägers nach § 3 ZPO zu schätzen
- Heizung = Interesse nach § 3 ZPO zu schätzen

▓ Namensrecht

unter Berücksichtigung aller Umstände des Einzelfalls zu bestimmen (48 Abs. 2 GKG), Wert nie über 1 Mio. €   145

▓ Nebenforderungen

- werden sie als Nebenforderungen geltend gemacht, keine Berücksichtigung (§ 43 ZPO)   146
- werden sie als Hauptforderung geltend gemacht, Wert der Forderung

▓ Nichtvermögensrechtliche Streitigkeiten

unter Berücksichtigung aller Umstände des Einzelfalls, insbesondere des Umfangs und der Bedeutung der Sache und der Vermögens- und Einkommensverhältnissen der Parteien nach Ermessen zu bestimmen, Wert nie höher als 1 Mio. € (§ 48 Abs. 2 GKG)   147

▓ Nießbrauch

- Klage auf Einräumung nach § 3 ZPO[55]   148
- Erfüllung = nach § 3 ZPO zu bewerten
- Löschung = Wert des Nießbrauchsrechts nach § 3 ZPO zu schätzen[56]

▓ Notwegerecht

- Einräumung (§ 7 ZPO)[57]   149
- Notwegerente = 3 1/2 facher Jahresbetrag (§ 9 ZPO)

▓ Ordnungsgeld

nach § 3 ZPO Interesse des Gläubigers an der Durchsetzung des vollstreckbaren Anspruchs zu schätzen   150

▓ Pächterpfandrecht

Wert der Forderung des Pächters (§ 6 Satz 1, 2 ZPO)   151

---

53   LG Köln, AGS 2002, 64 = AGS 2002, 210; AG Charlottenburg, JurBüro 2001, 86; a.A. LG Köln, AnwBl. 1998, 212 (Wert der verhandelten und ausgeglichenen Gegenstände).
54   *Schneider/Herget*, Streitwert, Rn. 2078.
55   OLG Bamberg, JurBüro 1975, 649.
56   OLG Frankfurt, JurBüro 1962, 422.
57   OLG Stuttgart, Rpfleger 164,163.

■ **Pfandrecht**

152 Wert der zu sichernden Forderung (§ 6 Satz 2 ZPO) oder Wert des Pfandgegenstandes, soweit dieser geringer ist als die Forderung (§ 6 Satz 2 ZPO).

■ **Prozesskostenhilfe**

153 – Wert der Hauptsache (Nr. 3335 Abs. 2 VV RVG)
   – Beschwerdeverfahren = Wert der Hauptsache bei Versagung der Prozesskostenhilfe, anderenfalls Interesse zur Bestimmung (Nr. 3335 Abs. 1 VV RVG)

■ **Reallast**

154 Streitwert nach § 9 ZPO zu bestimmen = 3 1/2-facher Jahresbetrag

■ **Rechtsmittel**

155 bestimmt sich nach den Anträgen des Rechtsmittelführers (§ 47 Abs. 1 GKG), gilt im Berufungs- und Revisionsverfahren, auch für Beschwerden

■ **Rentenschuld**

156 nach §§ 6, 3 ZPO zu bewerten

■ **Rückauflassung**

157 nach § 6 ZPO zu bewerten

■ **Scheck**

158 nach § 3 ZPO zu bewerten

■ **Scheidung**

159 Nettoeinkommensverhältnisse der Ehegatten in drei Monaten (§ 48 Abs. 3 GKG), s. auch Teil 9 Rn. 391 ff.

■ **Schmerzensgeld**

160 – in Form einer Rente = 5facher Betrag des einjährigen Bezuges (§ 42 Abs. 2 GKG), wenn nicht der Gesamtbetrag der geforderten Leistung geringer ist
   – einmaliger Geldbetrag, nach § 3 ZPO zu bemessen

■ **Schuldschein**

161 – Interesse nach § 3 ZPO zu bestimmen
   – Sicherheitsleistung = wirtschaftliches Interesse des Beschwerdeführers zu schätzen (§ 3 ZPO)

■ **Sicherungseigentum**

162 – Herausgabeklagen (§ 6 ZPO)
   – Feststellungsklagen (§ 3 ZPO)

■ **Sorgerecht**

163 einstweilige Anordnung = 500 € (24 Satz 1 RVG), im Übrigen s. Teil 9 Rn. 455 ff., 462 ff.

▨ Streitgenossen

– selbständige Ansprüche = Einzelwerte addieren (§ 5 ZPO; § 39 Abs. 1 GKG) 164
– unselbständige Ansprüche = Additionsverbot, Streitwert einheitlich nach vollem Wert eines Anspruchs festzusetzen, bei unterschiedlichen Werten nach dem höchsten Betrag[58]

▨ Stufenklage

höherer Anspruch, wenn Klage auf Rechnungslegung und Klage auf Herausgabe ver- 165
bunden werden (§ 44 GKG)

▨ Testament

Wert nach § 3 ZPO zu bestimmen 166

▨ Testamentsvollstreckung

Interesse des Klägers nach § 3 ZPO zu bestimmen 167

▨ Überbau

– Beseitigung (§ 3 ZPO) 168
– Überbaurente (§ 9 ZPO)

▨ Umgang mit dem Kind

als einstweilige Anordnung = 500 € (§ 24 Satz 1 RVG) 169

▨ Unterhalt

aus gesetzlicher Unterhaltspflicht = Jahresbetrag (§ 42 Abs. 1 GKG) 170

▨ Verfassungsgerichtliches Verfahren

nach billigem Ermessen zu bestimmen, Mindestgegenstandswert 4000 € (§ 37 Abs. 2 171
RVG)

▨ Versorgungsausgleich

– Anrechte aus einem öffentlich-rechtlichen Dienstverhältnis oder aus einem Arbeits- 172
verhältnis mit Anspruch auf Versorgungsausgleich nach beamtenrechtlichen Grundsätzen der gesetzlichen Versicherung der Alterssicherung der Landwirte = Festbetrag
1000 € (§ 49 GKG, § 99 Abs. 3 Satz 1 KostO)
– sonstige Anrechte = weitere 1000 € als Festbetrag (§ 49 GKG, § 99 Abs. 3 Satz 1
KostO)

▨ Verwaltungsgerichtliches Verfahren

vom Bundesverwaltungsgericht erarbeiteter Streitkatalog, noch immer in DM-Beträgen 173
(abgedruckt in Teil 11 Rn. 171).[59]

▨ Vollstreckungabwehrklage

Wert des zu vollstreckenden Anspruchs (§ 3 ZPO) 174

---

58 *Schneider/Herget*, Streitwert, Rn. 1932.
59 NVwZ 1996,563, AnwBl. 1995,393.

■ **Vollstreckungsklausel**

175 Wert der zu vollstreckenden Forderung (§ 3 ZPO)

■ **Vormerkung**

176 Wert nach § 3 ZPO

■ **Werkvertrag**

177 – Zahlung des Werklohnes = Streitwert nach § 6 Satz 1 ZPO = geforderter Betrag, Nebenforderungen bleiben unberücksichtigt (§ 43 GKG)
  – Herstellung des Werkes = Verkehrswert der Sache (§ 6 Satz 1 ZPO)
  – Beseitigung von Mängeln (nach § 3 ZPO zu schätzen)
  – Minderungsbetrag (§ 6 Satz 1 ZPO)
  – Nachbesserungskosten (§ 6 Satz 1 ZPO)

■ **Widerklage**

178 – betreffen nicht denselben Streitgegenstand = einfacher Wert (§ 45 Abs. 1 Satz 3 GKG)
  – unterschiedlicher Streitgegenstand = Addition (§ 45 Abs. 1 Satz 1 GKG)

■ **Wiederkehrende Leistungen**

179 grds. über § 48 GKG findet § 9 ZPO Anwendung, es sei denn, die Sonderregelung nach § 42 GKG gilt.

■ **Zwangsversteigerung**

180 Sonderregelung in § 26 RVG (s. Teil 17 Rn. 411 ff.)

■ **Zwangsverwaltung**

181 Sonderregelung in § 27 RVG (s. Teil 17 Rn. 433 ff.)

Teil 5: Allgemeine Gebühren

Inhaltsverzeichnis

A. Einigung

I. Anwendungsbereich

1 Die Einigungsgebühr ersetzt die bisherige Vergleichsgebühr nach § 23 BRAGO.

2 Wie sich aus der Vorbem. 1 VV RVG ergibt, entsteht sie neben den in anderen Teilen bestimmten Gebühren. Daraus ergibt sich, dass die Einigungsgebühr nie alleine entsteht.[1]

3 Die Einigungsgebühr (Nrn. 1000, 1003, 1004 VV RVG) entsteht nie neben der Aussöhnungsgebühr (Nr. 1001 VV RVG), Erledigungsgebühr (Nr. 1002 VV RVG) und den Einigungs- und Erledigungsgebühren in sozialrechtlichen Angelegenheiten (Nrn. 1005 – 1007 VV RVG). Wenn die Voraussetzungen der Nrn. 1001, 1002, 1005 – 1007 VV RVG vorliegen, wird die Einigungsgebühr (Nrn. 1000, 1003, 1004 VV RVG) durch diese ersetzt.

4 Der **Wortlaut der Bestimmung** stellt klar, dass neben Gebührenvorschriften, die nicht in den Teilen 2 ff. VV RVG genannt sind, die Gebühren des Teils 1 VV RVG nicht entstehen können. Dies gilt z.B. für die **Mediation (§ 34 RVG)** und die **Hilfeleistung in Steuersachen (§ 35 RVG)**.

5 Soweit allerdings in den §§ 36 – 38 RVG auf Teile des Vergütungsverzeichnisses verwiesen wird, können in diesem Verfahren die Gebühren in Teil 1 VV entstehen.

---

1 *Mayer/Kroiß/Klees*, RVG, Nr. 1000 VV RVG Rn. 1.

Hinweis:

6

Aus der Begründung zu § 34 RVG[2] ergibt sich allerdings, dass in den Fällen, in denen für eine Mediation keine Gebührenvereinbarung getroffen worden ist, die Gebühr sich nach den Vorschriften des bürgerlichen Rechts bestimmt. § 612 BGB ist anwendbar. Soweit in der Begründung ausdrücklich darauf verwiesen wird, dass dann Bestimmungen des RVG Anwendung finden können, wie etwa die Gebühr für die Erstattung eines Rechtsgutachtens, folgt daraus, dass auch die Gebühren des Teils 1 Anwendung finden können.[3]

Ab dem **1.7.2006** ist aufgrund Art. 5 KostRMoG bei der Beratung seitens des Rechtsan- 7 walts auf eine **Gebührenvereinbarung** hinzuwirken. Die Vergütungsziffern in Teil 2 zur Beratung Nrn. 2100 – 2103 VV RVG entfallen. Damit verweist die Vorbem. 1 Teil 1 VV RVG nicht mehr auf die Gebühren in Beratungsangelegenheiten.

In den Fällen, in denen mit dem Mandanten eine **Gebührenvereinbarung** getroffen wur- 8 de, muss der Rechtsanwalt sich an das Vereinbarte festhalten lassen; hat er für den Abschluss einer Einigung keine zusätzliche Gebühr vereinbart, so entsteht diese nicht.

In den Fällen, in denen **keine Gebührenvereinbarung** für die Beratung nach dem 9 1.7.2006 getroffen wurde, erhält der Rechtsanwalt weiterhin die Gebühren nach den Vorschriften des bürgerlichen Rechts. Insoweit kann dann auch die Einigungsgebühr entstehen. Dies setzt allerdings voraus, dass der Rechtsanwalt beim Abschluss seines Vertrages, durch den der Streit oder die Ungewissheit der Parteien über ein Rechtsverhältnis beseitigt wird, mitgewirkt hat. Dies wird i.d.R. nicht der Fall sein, wenn der Rechtsanwalt lediglich beraten hat. I.d.R. wird bei einer Mitwirkung die Tätigkeit des Rechtsanwalts durch die Geschäftsgebühren nach Nr. 2400 VV RVG (ab 1.7.2006: Nr. 2300 VV RVG) abgegolten.

10

Hinweis:

Der **Anwendungsbereich der Einigungsgebühr** ist gegenüber der Vergleichsgebühr nach § 23 BRAGO erweitert worden. „Zielrichtung der Neugestaltung ist es, die streitvermeidende oder -beendende Tätigkeit des Rechtsanwalts weiter zu fördern und damit gerichtsentlastend zu wirken."[4] Es kommt nicht mehr auf den Abschluss eines echten Vergleiches an; es soll genügen, wenn durch Vertrag der Streit oder die Ungewissheit der Partei über ein Rechtsverhältnis beseitigt wird. Lediglich ein vollständiges Anerkenntnis oder ein vollständiger Verzicht führen nicht zum Anfall einer Einigungsgebühr. Ein gegenseitiges Nachgeben ist nicht mehr erforderlich.

---

2   BR-Drucks. 830/03, S. 243.
3   A.A. *Mayer/Kroiß/Klees*, RVG, Nr. 1000 VV RVG Rn. 1.
4   BR-Drucks. 830/03, S. 253.

1. Sachlicher Anwendungsbereich

11 Aus der Vorbem. 1 VV RVG ergibt sich, dass die Einigungsgebühr in allen in den Teilen 2 ff. VV RVG geregelten Angelegenheiten entsteht.

a) Zivilrechtliche Angelegenheiten

12 Aus der Formulierung der Einigungsgebühr („Vertrag") ergibt sich, dass Hauptanwendungsfall für das Entstehen der Einigungsgebühr das Rechtsgeschäft ist. Welche **Rechtsqualität der Vertrag** hat, ist gleichgültig. Es kann ein zweiseitig verpflichtender Vertrag (z.B. Kauf, Miete) sein, ein unvollkommen zweiseitig verpflichtender Vertrag (z.B. Leihe, Auftrag) oder ein einseitig verpflichtender Vertrag (z.B. Bürgschaft, Schenkung). Es können, insbesondere im Arbeitsrecht, individual- oder auch kollektivrechtliche Verträge sein. Gleichgültig ist es, ob es sich um schuld-, sachen-, familien- oder erbrechtliche Verträge handelt.

b) Öffentlich-rechtliche Angelegenheiten

13 Aus Nr. 1000 Abs. 4 VV RVG ergibt sich, dass die **Einigungsgebühr** auch bei **Rechtsverhältnissen des öffentlichen Rechts** entstehen kann. Voraussetzung ist weiterhin, dass die Parteien hierüber vertraglich verfügen können. **Hauptanwendungsfall** ist der in den §§ 54 ff. VwVG geregelte öffentlich-rechtliche Vertrag. Ob die Einigungsgebühr darüber hinaus auch im Erschließungsbeitragsrecht entstehen kann, ist weiterhin offen. Jedenfalls in den Fällen, in denen eine Erledigungsgebühr nach Nr. 1002 VV RVG entsteht, besteht keine Möglichkeit, dass eine Einigungsgebühr entsteht.[5]

14 In den Fällen, in denen sowohl öffentliches als auch privates Recht Anwendung findet, hat die Rechtsprechung gelegentlich die Anwendung des § 23 BRAGO, nunmehr Nr. 1000 VV RVG, erörtert. Der Verkauf eines in einem förmlich festgelegten Sanierungsgebiet liegenden Grundstücks vor Aufstellung oder mindestens Auslegung des Entwurf eines Bebauungsplanes an einen Sanierungsträger ist, falls nicht aus besonderen Gründen die alsbaldige Inanspruchnahme des Grundstücks schon feststeht, grds. kein Vergleich, weil sich die Beziehungen der Vertragspartner bis dahin i.d.R. noch nicht zu einem Rechtsverhältnis i.S.d. § 779 BGB verdichtet haben.[6]

---

5   So schon für das bisherige Recht: OVG Münster, AnwBl. 1999, 612 = NVwZ-RR 1999, 348; s. dazu auch OVG Münster, JurBüro 1994, 485 = NVwZ-RR 1994, 703 = AnwBl. 1993, 693 = Rpfleger 1994, 127.

6   BGH, NJW 1988, 898 = MDR 1980, 128.

> **Hinweis:** 15
>
> Dagegen kann eine Vereinbarung, die der Träger der Straßenbaulast nach Abschluss
> des Planfeststellungsverfahrens mit einem der betroffenen Grundstückseigentümer
> über das für das Grundstück zu zahlende Entgelt trifft, einen Vergleich darstellen.[7]
> Ebenfalls kann eine Einigung gesehen werden, die in einem Enteignungsverfahren zwi-
> schen dem Enteignungsbegünstigten und dem Grundstückseigentümer über die
> Landabgabe und Entschädigung geschlossen wird.[8]

c) Verfahrensbereiche

In allen Verfahrensbereichen kann die Einigungsgebühr entstehen. Die **Einigungsgebühr** 16
kann im Beratungsbereich entstehen.[9] Es muss dann allerdings immer geprüft werden,
ob die Beratung des Rechtsanwalts für den Abschluss des Vergleiches ursächlich war.

> **Hinweis:** 17
>
> Die Einigungsgebühr entsteht im gerichtlichen Bereich neben den Gebühren, die im
> gerichtlichen Verfahren entstehen. Sie entsteht insbesondere auch im Prozesskosten-
> hilfeverfahren.[10] In diesen Fällen kommt es nur darauf an, dass die Voraussetzungen
> der Nrn. 1000, 1003, 1004 VV RVG erfüllt sind. Ob aus der Staatskasse die Gebühr zu
> zahlen ist, ist eine Frage der Erstattung, nicht eine Frage des Entstehens der Gebühr.
> Dies gilt sowohl für die Fälle, in denen streitig ist, ob sich die Bewilligung der Pro-
> zesskostenhilfe auch auf den Abschluss eines Vergleiches bezieht,[11] als auch in den Fäl-
> len, in denen eine erhöhte Einigungsgebühr (Nr. 1000 VV RVG) bei Regelung nicht
> anhängiger Ansprüche[12] geltend gemacht wird oder wenn es um die Frage der Fest-
> setzung der Vergleichsgebühr[13] geht.

---

7   BGH, NJW 1972, 2264 = MDR 1973, 128.
8   BGH, NJW 1972, 157 = MDR 1972, 217.
9   AG Hamburg, AnwBl. 1998, 399 = zfs 1989, 306; Anwkom-BRAGO-*N. Schneider*, § 23 Rn. 15.
10 *Mayer/Kroiß/Klees*, RVG, Nr. 1000 VV RVG Rn. 45.
11 S. dazu OLG Koblenz, AGS 2004, 157; OLG München, JurBüro 2004, 37 = MDR 2004, 296 = AGS
     2004, 156; OLG Hamm, OLGR Hamm 2003, 409; OLG München, JurBüro 2003, 469 = Rpfleger
     2003, 514 = MDR 2003, 1262; OLG München, AGS 2003, 511; LG Köln, BRAGOreport 2003, 235;
     LG Coburg, JurBüro 2003, 196; OLG Schleswig, AGS 2003, 166 = MDR 2003, 657 = NJW-RR 2004,
     422; OLG Düsseldorf, MDR 2003, 415; OLG Nürnberg, JurBüro 2003, 367 = AnwBl. 2003, 373 =
     MDR 2003, 658; OLG Oldenburg, AGS 2003, 393; OLG Jena, OLGR Jena 2002, 325.
12 OLG Schleswig, BRAGOreport 2002, 58 = AGS 2002, 123 = MDR 2002, 421; OLG Oldenburg, AGS
     2003, 393.
13 BGH, BRAGOreport 2002, 172 *[Hansens]* = NJW 2002, 3713 = JurBüro 2003, 19.

18 Eine Einigungsgebühr kann auch im Zwangsvollstreckungsbereich entstehen.[14] Entsprechendes gilt auch im Zwangsversteigerungsverfahren.[15]

d) Ausnahmen

19 Die Gebühren nach Nrn. 1000, 1003, 1004 VV RVG können **nicht** in folgenden Verfahren **entstehen**:

- **Beratungshilfeverfahren**; die Gebühren werden ersetzt durch die Einigungs- und Erledigungsgebühr nach Nr. 2608 VV RVG als Festgebühr,

- **Ehesachen** (§ 606 Abs. 1 Satz 1 ZPO) und **Lebenspartnerschaftssachen** (§ 661 Abs. 1 Nrn. 1 – 3 ZPO). Nach Abs. 5 der Anm. zu Nr. 1000 VV RVG kann in diesem Verfahren eine Einigungsgebühr nicht entstehen, die Vorschrift ist allerdings eng auszulegen. Sie ist nur auf die in den §§ 606 Abs. 1 Satz 2, 661 Abs. 1 Nrn. 1 – 3 ZPO geregelten Sachverhalte beschränkt. Beispielhaft ist in Abs. 5 der Anm. zu Nr. 1000 VV RVG lediglich das Unterhaltsverfahren genannt worden, in dem die Einigungsgebühr entstehen kann. In allen anderen Familiensachen, in denen es **außergerichtlich zur einer Einigung** kommt, kann die Einigungsgebühr entstehen,

- **Privatklageverfahren**; in diesem Verfahren entsteht eine Einigungsgebühr nach Nr. 4147 VV RVG,

- **sozialrechtliche Angelegenheiten**; in diesem Verfahren entsteht eine Einigungs- oder Erledigungsgebühr nach Nrn. 1004 – 1005 VV RVG.

- **Straf- und Bußgeldsachen** (s. aber Teil 14 Rn. 434, 463).

2. Persönlicher Anwendungsbereich

20 Der von dem Mandanten mit der Tätigkeit beauftragte Rechtsanwalt erhält die Einigungsgebühr. Voraussetzung ist, dass er bei dem Abschluss des Vertrages mitgewirkt hat. Die Mitwirkung kann im außergerichtlichen oder gerichtlichem Bereich erfolgen. Sie muss mitursächlich für den Abschluss des Vergleichs sein.

---

14 AG St. Wendel, DGVZ 2000, 46; OLG Zweibrücken, JurBüro 1999, 80 = MDR 1999, 383 = Rpfleger 1999, 83; LG Oldenburg, DGVZ 1998, 28; AG Erkelenz, DGVZ 1995, 175; LG Münster, DGVZ 1995, 168; LG Münster, DGVZ 1992, 171; LG Duisburg, JurBüro 1992, 538; AG Traunstein, MDR 1991, 260.

15 LG Bremen, JurBüro 1993, 547 = AnwBl. 1993, 44.

Der Verkehrsanwalt (Nr. 3400 VV RVG) kann die Einigungsgebühr verdienen.[16] Grds. ist   21
bei der **Erstattung der Einigungsgebühr des Verkehrsanwalts** ein strenger Maßstab
anzuwenden.[17] I.d.R. wird die Einigungsgebühr des Verkehrsanwaltes nicht erstattet.[18]
War die Einschaltung eines Verkehrsanwalts nicht notwendig, kann auch daraus, dass der
Richter und die Rechtsanwälte der Gegenseite unmittelbar mit dem Verkehrsanwalt Kontakt aufgenommen haben, nicht die Erstattungsfähigkeit der Verkehrsanwaltsgebühr und
der Einigungsgebühr des Verkehrsanwalts gefolgert werden.[19] Hat allerdings der Verkehrsanwalt der auswärtigen Partei bessere Tatsachenkenntnisse als die Partei selbst, können die Kosten einer Geschäftsreise des Verkehrsanwalts zur Information des örtlichen
Prozessbevollmächtigten erstattungsfähig sein.[20] Die Einigungsgebühr des Verkehrsanwalts ist i.d.R. immer dann erstattungsfähig, wenn seine Mitwirkung für den Abschluss
des Prozessvergleichs unerlässlich war.[21] Dies wird häufig in den Fällen anzunehmen sein,
in denen ein umfangreicher Sachverhalt Gegenstand des Verfahrens ist. Schriftsätzlich
soll der Rechtsanwalt den Vortrag im gerichtlichen Verfahren auf das Notwendige begrenzen; dies führt dazu, dass der Prozessanwalt i.d.R. nicht umfassend über den Rechtsstreit unterrichtet ist. Bei Vergleichsverhandlungen ist es häufig notwendig, über das
schriftsätzliche Vorbringen hinaus Vortrag in die Vergleichsverhandlungen einzuführen.
Über diese Kenntnisse verfügt i.d.R. nur der Verkehrsanwalt. **Verkehrsanwaltskosten sind
daher erstattungsfähig,** wenn die Partei den am Gerichtsort zugelassenen Rechtsanwalt
selbst nicht sachgemäß informieren kann.[22] Ein Ausnahmefall zur Erstattungsfähigkeit der
Einigungsgebühr für den Verkehrsanwalt liegt dann vor, wenn sich eine Prozesspartei im
Falle eines Prozessvergleichs einem Entgegenkommen nicht kraft eigener Sachkunde und
unter Mithilfe ihres Prozessbevollmächtigten in der Lage sieht, ohne dass es der Einschaltung eines weiteren Anwalts bedarf. Des Weiteren erfordert die Einigung inhaltlich
eine über das Klagebegehren hinausgehende Regelung, zu deren Aushandeln es der Hinzuziehung eines Verkehrsanwalts bedurfte.[23]

---

16 OLG Koblenz, OLGR Koblenz 2004, 103; OLG Hamm, RVGReport 2004, 114 = OLGR Hamm 2003,
     408; OLG München, JurBüro 2003, 469 = FamRZ 2003, 1939 = MDR 2003, 1262; OLG Branden-
     burg, AnwBl. 2001, 125 = MDR 1999, 1349 = NJW-RR 2000, 1450; OLG Frankfurt, OLGR Frank-
     furt 1999, 13; OLG Düsseldorf, JurBüro 1999, 85 = AnwBl. 1999, 706 = MDR 1999, 119; OLG
     Schleswig, AnwBl. 1996, 477; OLG Schleswig, AGS 1996, 129; KG, JurBüro 1995, 420 = Berl.AnwBl.
     1996, 150; OLG Zweibrücken, JurBüro 1994, 607; OLG Oldenburg, JurBüro 1992, 100; OLG Frank-
     furt, JurBüro 1991, 709 = MDR 1991, 450; OLG Karlsruhe, Justiz 1989, 85.
17 OLG Brandenburg, AnwBl. 2001, 125 = MDR 1999, 1349 = NJW-RR 2000, 1450; OLG Frankfurt,
     OLGR Frankfurt 1999, 13; OLG Schleswig, AGS 1996, 129.
18 OLG Koblenz, OLGR Koblenz 2004, 103.
19 OLG Schleswig, AnwBl. 1996, 477 = OLGR 1996, 287.
20 OLG Koblenz, OLGR Koblenz 2004, 103.
21 OLG Hamm, RVGreport 2004, 114 *[Hansens]* = OLGR 2003, 408.
22 OLG Brandenburg, AnwBl. 2001, 125 = MDR 1999, 1349 = NJW-RR 2000, 1450.
23 OLG Frankfurt, OLGR Frankfurt 1999, 13.

22

> **Hinweis:**
>
> Übernimmt eine Partei in einem Prozessvergleich sämtliche Kosten des Rechtsstreits, so erstreckt sich diese Regelung, sofern nicht zwingende Anhaltspunkte dagegen sprechen, auch auf die durch die Einigung verursachten Kosten; eine solche Kostenübernahme erfasst neben der Einigungsgebühr des Prozessbevollmächtigten der begünstigten Partei auch die Einigungsgebühr ihres Verkehrsanwalts, wenn offenkundig die Beratungstätigkeit dieses Anwaltes dafür ursächlich war, dass die Parteien von der Ausübung eines ihr zustehenden Widerrufsrechts abgesehen hat.[24]

23 Ist der Korrespondenzanwalt im Verhandlungstermin, in dem der Abschluss eines Vergleichs erfolgt, anwesend und wirkt er am Vergleichsschluss mit, ist eine in seiner Person entstandene Einigungsgebühr auch dann nicht erstattungsfähig, wenn einer der Prozessgegner sich durch eine Kostenklausel im Vergleich dahin verpflichtet hat, „die Kosten des Rechtstreits einschließlich der Kosten des Vergleichs sowie der Kosten der Durchführung dieses Verfahrensvergleiches" zu tragen; die gewählte Formulierung lässt nicht eindeutig erkennen, dass auch eine Vergleichsgebühr für den Korrespondenzanwalt erstattungsfähig sein soll.[25]

24 Der als **Verkehrsanwalt im Wege der Prozesskostenhilfe beigeordnete Rechtsanwalt**, der eine Einigungsgebühr verdient hat, kann diese grds. auch aus der Staatskasse vergütet verlangen, sofern nicht seine Beiordnung zum Abschluss einer Einigung ausdrücklich ausgeschlossen ist.[26]

25 Demgegenüber will das KG eine Einigungsgebühr nur dann aus der Staatskasse erstatten, wenn die Beiordnung erkennbar auch seine Mitwirkung am Vergleichsabschluss umfasst; daran soll es fehlen, wenn er lediglich als Verkehrsanwalt beigeordnet ist; eine eigene Prüfung, ob sich die Mitwirkung des Verkehrsanwalts am Vergleichabschluss rückschauend als notwendig erwiesen hat, soll im Vergütungsfestsetzungsverfahren nicht stattfinden.[27] Auch der **Unterbevollmächtigte** (Nr. 3401 VV RVG) kann die Einigungsgebühr verdienen.[28] Sie ist jedoch ebenfalls i.d.R. nicht erstattungsfähig.[29]

26 Grds. kann auch ein **Streithelfer (§ 72 ZPO)** die Vergleichsgebühr verdienen; dies setzt jedoch i.d.R. voraus, dass die zwischen den Prozessparteien abgeschlossene Einigung auch einen seinem Auftraggeber zuzurechnenden Gegenstand im Verhältnis zu einer oder

---

24 OLG Düsseldorf, AnwBl. 1999, 706 = JurBüro 1999, 85 = MDR 1999, 119.

25 OLG Schleswig, AGS 1996, 129.

26 OLG Zweibrücken, JurBüro 1994, 607; a.A. OLG Koblenz, JurBüro 1991, 819.

27 KG, JurBüro 1995, 420; OLG München, JurBüro 2003, 469 = MDR 2003, 1262 = Rpfleger 2003, 514.

28 OLG Bamberg, JurBüro 1983, 772; *Gerold/Schmidt/von Eicken*, BRAGO, § 23 Rn. 35.

29 OLG Bamberg, JurBüro 1983, 772.

beiden Parteien regelt.[30] Regelt der Vergleich nicht das Rechtsverhältnis zum Streitverkündeten, entsteht die Einigungsgebühr nicht.[31] Ein seinem Auftraggeber zuzurechnen-
der Gegenstand im Verhältnis zu einer der beiden Prozessparteien wird jedoch schon
dann geregelt, wenn der Vergleich eine Kostenregelung trifft, die dem Streithelfer einen
Erstattungsanspruch gegen die von ihm unterstützte Partei einräumt.[32] Eine Einigungsgebühr soll für den Prozessbevollmächtigten nur dann entstehen, wenn sein Mandant
selbst Vergleichspartei gewesen ist.[33]

II. Gebühr

1. Allgemeines

Die Einigungsgebühr entsteht stets nur neben den in den Teilen 2 ff. VV RVG genannten   27
Gebühren. Mit ihr werden alle Tätigkeiten abgegolten, die zum Abschluss der Einigung
führen. Dies können sowohl außergerichtliche als auch gerichtliche Tätigkeiten sein.

a) Vertrag

Die Gebühr wird nur verdient, wenn es zum Abschluss des Vertrags (Einigung) kommt.   28
Sie ist somit eine **reine Erfolgsgebühr**.[34] Ob der Abschluss des Vertrags zwischen den
Parteien oder einem Dritten erfolgt, ist unerheblich.[35]

Die Gebühr entsteht nur beim Zustandekommen eines Vertrags. Dieser kann konkludent   29
oder ausdrücklich zustande kommen. Der Vertrag kann auch den Streit nur teilweise bei-
legen. Auf die Bezeichnung als Vertrag kommt es nicht an.[36]

Einer **besonderen Form** bedarf der Vertrag nicht. Er kann auch in der Form eines Ge-   30
richtsbeschlusses gefasst sein, etwa bei einer Sorgerechtsregelung.[37]

Etwas anderes gilt nur dann, wenn materiell-rechtlich eine besondere Form vorgeschrie-   31
ben ist. Dies gilt z.B. für

- den Anwaltsvergleich nach § 1044 Abs. 1 ZPO (Schriftform),[38]

- die Einigung über ein Grundstück nach § 313 BGB.[39]

---

30 OLG Koblenz, AGS 2002, 99 = JurBüro 2002, 193 = MDR 2002, 296.
31 OLG Hamm, BRAGOreport 2002, 79 = JurBüro 2002, 194 = AGS 2003, 54; OLG Stuttgart, NJ 1999,
    396; KG, Berl.AnwBl. 1997, 453.
32 OLG Karlsruhe, AnwBl. 1996, 290 = NJW-RR 1996, 447.
33 OLG München, JurBüro 1990, 1619; OLG Hamm, JurBüro 1975, 913.
34 *Mayer/Kroiß/Klees*, RVG, Nr. 1000 VV RVG Rn. 24.
35 *Hansens*, BRAGO, § 23 Rn. 3; Anwkom-BRAGO-*N. Schneider*, § 23 Rn. 29, 30.
36 OLG Frankfurt, AnwBl. 1982, 248.
37 OLG Schleswig, OLGR Schleswig 2003, 52.
38 KG, KGR Berlin 1996, 142.
39 LG Hanau, AnwBl. 1987, 243 = NJW-RR 1987, 1352.

32 Von der Form des Vertrags zu unterscheiden ist die Frage, ob die Einigungsgebühr im Kostenfestsetzungsverfahren festgesetzt werden kann. Dies setzt nunmehr nach der Rechtsprechung voraus, dass die Parteien einen als Vollstreckungstitel tauglichen Vergleich nach § 794 Abs. 1 Nr. 1 ZPO protokollieren lassen.[40] Hängt die Einigung von einer **Genehmigung** ab, so entsteht die Einigungsgebühr erst mit Erteilung der Genehmigung.[41] Dies gilt etwa bei einer Einigung, in der die Parteien auf die Durchführung des Versorgungsausgleichs verzichten.[42] Bedarf es für den Prozessvergleich einer vormundschaftsgerichtlichen Genehmigung, so fällt die Einigungsgebühr erst mit Vollzug der Genehmigung an.[43]

33 Hängt die Einigung vom **Eintritt einer Bedingung** ab, so entsteht die Einigungsgebühr erst bei Eintritt der Bedingung. Eine **Scheidungsvereinbarung** lässt eine Einigungsgebühr erst dann entstehen, wenn die Rechtskraft des Scheidungsurteils eingetreten ist.[44]

34 Wird eine **Einigung unter Widerrufsvorbehalt** abgeschlossen, so entsteht die Einigungsgebühr nach Abs. 3 der Anm. zu Nr. 1000 VV RVG erst dann, wenn der Vertrag nicht widerrufen werden kann.[45] Wird eine Einigung im Nachhinein angefochten, so gilt diese damit nach § 142 BGB als von Anfang an nichtig; dennoch verbleibt es bei dem Gebührenanspruch des Rechtsanwalts für die Einigungsgebühr nach dem Grundsatz, dass einmal verdiente Gebühren nicht in Fortfall geraten.[46] Entsprechendes gilt, wenn eine Partei aufgrund eines **gesetzlichen Rücktrittsrechts** vom Vergleich zurücktritt. Auch in derartigen Fällen verbleibt die Einigungsgebühr. Sie entfällt nur nach Abs. 3 der Anm. zu Nr. 1003 VV RVG, wenn der Rücktritt aufgrund eines vertraglich vereinbarten Rücktrittsrechts erfolgt.

b) Streit oder Ungewissheit über ein Rechtsverhältnis

35 Das Behaupten unterschiedlicher Rechtsauffassungen reicht aus.[47] Bei beiden Parteien muss eine Ungewissheit oder Bereitschaft zum Streiten vorliegen.[48]

---

40 BGH, BRAGOreport 2002, 172 = NJW 2002, 3713 = JurBüro 2003, 19 = FamRZ 2003, 88; OLG Nürnberg, AGS 2002, 261 = MDR 2002, 354; OLG Schleswig, OLGR 2001, 238; a.A. OLG München, AnwBl. 1996, 476; s. dazu auch *Enders*, JurBüro 2003, 20; *Schneider*, AGS 2003, 85; *Kalb*, Rpfleger 2004, 376; *Scherf*, LMK 2003, 36.

41 Anwkom-BRAGO-*N. Schneider*, § 23 Rn. 42; *Mayer/Kroiß/Klees*, RVG, Nr. 1000 VV RVG Rn. 27.

42 Anwkom-BRAGO-*N. Scheider*, § 23, Rn. 42; a.A. OLG Zweibrücken, JurBüro 1983, 226.

43 OLG Koblenz, JurBüro 1998, 1829.

44 OLG Düsseldorf, FamRZ 1999, 1683 = OLGR 1999, 279; LG Kleve, JurBüro 1985, 1844; OLG Hamm, AnwBl. 1980, 507 = JurBüro 1981, 382 = Rpfleger 1980, 445; KG, AnwBl. 1987, 475.

45 OLG Düsseldorf, NRZ 1999, 1683.

46 OLG Schleswig, JurBüro 1991, 923; OLG Karlsruhe, OLGR Karlsruhe 1999, 332; a.A. OLG München, KostRsp § 23 BRAGO, Nr. 59; Anwkom-BRAGO-*N. Schneider*, § 23 Rn. 47.

47 *Hansens*, BRAGO, § 23 Rn. 6.

48 OLG Düsseldorf, OLGR Düsseldorf 2003, 242.

Hat es z.B. vor Abschluss einer Mietaufhebungsvereinbarung einen aktuellen Streit oder 36
eine Ungewissheit über das Rechtsverhältnis nicht gegeben, wird dennoch der Mietvertrag aufgehoben, dann entsteht keine Einigungsgebühr.[49] Entsprechendes gilt, wenn die Parteien sich über das Sorgerecht einigen, ohne dass es vorher einen Streit oder eine Ungewissheit über die Regelung gegeben hat.[50] Wird eine BGB-Gesellschaft in einer Einigung aufgelöst, ohne dass die Parteien sich vorher darüber gestritten haben, fällt keine Einigungsgebühr an.[51]

Der Streit zwischen den Parteien muss nicht vollständig beigelegt werden. Auch ein 37
Zwischenvergleich reicht aus.[52] Die Gegenmeinung, die bei Zwischenvergleichen das Entstehen einer Vergleichsgebühr ablehnte, ist im Hinblick darauf, dass ein endgültiges gegenseitiges Nachgeben nicht notwendig ist, nicht mehr vertretbar.[53]

c) Mitwirkung

Jede Tätigkeit, die ursächlich für den Abschluss der Einigung ist, löst eine Einigungsge- 38
bühr aus. **Mitwirkung** ist gegeben bei

- Prüfung und Begutachtung eines Vergleichsvorschlags,[54]

- Abraten von der eingeräumten Widerrufsmöglichkeit,[55]

- Ausarbeitung eines Vergleichsvorschlags,[56]

- vom Rechtsanwalt ausgearbeiteter Vergleichsvorschlag wird zunächst nicht angenommen, später schließen die Parteien alleine oder durch einen anderen Anwalt den Vergleich,[57]

- Einholung einer erforderlichen Genehmigung für den Vergleich.[58]

---

49 LG Köln, JurBüro 2001, 643 = AGS 2002, 210.
50 OLG Düsseldorf, JurBüro 2001, 358.
51 OLG Düsseldorf, JurBüro 2001, 87.
52 OLG Karlsruhe, JurBüro 1998, 591; OLG Koblenz, JurBüro 1986, 1526 = MDR 1986, 860; KG, MDR 1979, 592 und JurBüro 1985, 1499; OLG Düsseldorf, WRP 1979, 555.
53 *Schneider/Mock*, § 10 Rn. 29; *Mayer/Kroiß/Klees*, RVG, Nr. 1000 VV RVG Rn. 32; a.A. für bisherige Rechtslage: OLG Brandenburg, AGS 2003, 206; OLG Karlsruhe, JurBüro 1998, 591; OLG Karlsruhe, JurBüro 1988, 1665.
54 LSG Jena, JurBüro 2001, 474.
55 OLG Düsseldorf, AnwBl. 1999, 706 = AGS 1999, 45 = JurBüro 1999, 85 = MDR 1999, 119.
56 LG Mannheim, NZA-RR 1997, 443.
57 OLG Celle, MDR 1962, 489; OLG München, AnwBl. 1997, 119; a.A. OLG Koblenz, JurBüro 1992, 603 = VersR 1993, 247: Anwalt hatte mitgeteilt, Vergleichsverhandlungen seien gescheitert, Parteien schließen dann selber später den Vergleich ab.
58 Anwkom-BRAGO-*N. Schneider*, § 23 Rn. 98.

39 Dabei ist der Begriff der Mitwirkung im sozialgerichtlichen Verfahren derselbe wie in anderen Verfahren.[59]

40 **Keine Mitwirkung** ist gegeben, wenn

- der Rechtsanwalt lediglich einen schon abgeschlossenen Vergleich protokollieren lässt,

- die Partei nach Berufungsbegründung unmittelbar mit dem Prozessbevollmächtigten erster Instanz eine Einigung erzielt,[60]

- nur die Vergleichsbereitschaft entgegengenommen wird,[61]

- der Anwalt zum Abschluss einer Einigung rät, ohne sich an den Einigungsverhandlungen zu beteiligen.[62]

41 Der Rechtsanwalt muss beweisen, dass er an der Einigung mitgewirkt hat. Dass eine Mitwirkung ursächlich für den Vergleichsabschluss war, wird nach Abs. 2 der Anm. zu Nr. 1000 Abs. 2 VV RVG vermutet. Der Mandant muss beweisen, dass die Mitwirkung nicht ursächlich war („... es sei denn, dass diese für den Abschluss des Vertrages i.S.d. Abs. 1 nicht ursächlich ...").[63]

d) Ausschließlich Anerkenntnis oder Verzicht

42 Auch wenn kein gegenseitiges Nachgeben i.S.d. § 779 BGB mehr notwendig ist, entsteht eine Einigungsgebühr dann nicht, wenn sich der Vertrag „**ausschließlich**" auf ein Anerkenntnis oder einen Verzicht beschränkt. Nur „ein vollständiges Anerkenntnis oder ein vollständiger Verzicht sollen nicht für den zusätzlichen Anfall einer Einigungsgebühr ausreichen".[64] Diese Einschränkung soll notwendig sein, damit nicht schon die Erfüllung des geltend gemachten Anspruchs oder der Verzicht auf Weiterverfolgung eines Anspruchs oder der Verzicht auf Weiterverfolgung eines Anspruchs die Gebühr auslösen kann. Daraus ergibt sich, dass nur bei 100 %iger Erfüllung oder 100 %igem Verzicht die Einigungsgebühr nicht entsteht. Selbst wenn nur ein äußerst geringes Nachgeben vorhanden ist, wird dadurch die Einigungsgebühr ausgelöst.[65] Das Gleiche gilt, wenn ursprünglich eine Haftungsquote von 75 % gefordert wurde, später im Wege der Einigung eine Haftungsquote von 70 % vereinbart wird.[66] Eine Einigung liegt auch dann vor, wenn der Kläger auf das Angebot des Beklagten hin, im Falle der Klagerücknahme die Klage-

---

59 SG Marburg, JurBüro 1995, 142.
60 OLG Celle, AGS 2000, 146.
61 KG, Berl.AnwBl. 1997, 169.
62 OLG Hamm, JurBüro 1995, 466.
63 *Mayer/Kroiß/Klees*, RVG, Nr. 1000 VV RVG Rn. 34.
64 BR-Drucks. 830/03, S. 253.
65 LAG Köln, Beschl. v. 25.3.2004, 2 Ta 104/04: Nachgeben hinsichtlich eines Kostenvorteils i.H.v. 11,25 € bei Auslösung einer Vergleichsgebühr i.H.v. 12 €.
66 AG Alzey, AGS 2003, 494.

forderung zu bezahlen, keinen Kostenantrag stellt und die Kosten des Klägers selbst trägt, wenn die Klage zurückgenommen wird.[67]

2. Höhe

Die Höhe der Einigungsgebühr ist wie folgt zu unterscheiden: **43**

Richten sich die Gebühren nach § 2 Abs. 1 RVG nach dem Gegenstandswert, so ist fol- **44** gende Regelung vorgesehen:

Nr. 1000 VV RVG	1,5 Gebühr bei Einigung über nicht anhängige Gegenstände,
Nr. 1003 VV RVG	1,0 Gebühr bei Einigung über erstinstanzlich anhängige Gegenstände,
Nr. 1004 VV RVG	1,3 Gebühr bei Einigung über Gegenstände, die im Berufungs- oder Revisionsverfahren anhängig sind.

Wenn die Gebühren sich nach § 3 Abs. 1, 2 RVG nicht nach dem Gegenstandswert rich- **45** ten, dann sind folgende Gebührenrahmen vorgesehen:

Nr. 1005 VV RVG	Gebühr bei Einigung über nicht anhängige Gegenstände: 40 – 520 € = Mittelgebühr 280 €,
Nr. 1006 VV RVG	Gebühr bei Einigung erstinstanzlich anhängiger Gegenstände: 30 – 350 € = Mittelgebühr 190 €,
Nr. 1007 VV RVG	Gebühr bei Einigung über Gegenstände, die im Berufungs- oder Revisionsverfahren anhängig sind: 40 bis 460 € = Mittelgebühr 250 €.

Daraus ergibt sich der Grundsatz, dass bei Wertgebühren die Einigungsgebühr grds. 1,5 **46** beträgt. Nur dann, wenn sich aus den Nrn. 1003, 1004 VV RVG etwas anderes ergibt, ist der Gebührensatz niedriger.

a) Erstinstanzlich anhängige Gegenstände

Ist ein **erstinstanzliches gerichtliches Verfahren** anhängig, entsteht lediglich eine Eini- **47** gungsgebühr i.H.v. 1,0. Im Gegensatz zur bisherigen Rechtslage führt die **Anhängigkeit eines selbständigen Beweisverfahrens** nicht mehr zur Ermäßigung der Einigungsge- bühr. Es verbleibt in diesen Fällen ein Gebühr i.H.v. 1,5. Die **Anhängigkeit in einem Pro- zesskostenhilfeverfahren** reicht weiterhin aus, um die Gebührenreduzierung herbeizu- führen. Streitig war bisher, ob die Gebührenreduzierung auch dann eintritt, wenn nur Prozesskostenhilfe zum Abschluss eines Vergleichs über nicht anhängige Ansprüche be- willigt wurde.[68] Künftig gilt:

---

67   AG Dortmund, Schadenpraxis 2002, 257 = zfs 2002, 196.
68   LAG Köln, BRAGOreport 2003, 235; BAG, BRAGOreport 2003, 133 = JurBüro 2003, 358 = FA 2003, 177; OLG Bamberg, FamRZ 2004, 46 = OLGR Bamberg 2003, 59; OLG Oldenburg, AGS 2003, 393 = OLGR Oldenburg 2003, 279.

- Sind Ansprüche gerichtlich anhängig, so reduziert sich die Einigungsgebühr auf 1,0 (Nr. 1003 VV RVG); dies gilt unabhängig davon, ob eine Partei Prozesskostenhilfe beantragt hat oder nicht.

- Sind die Gegenstände nicht anhängig, hat eine Partei jedoch Prozesskostenhilfe beantragt, so entsteht nur eine Gebühr i.H.v. 1,0 (Nr. 1003 VV RVG). Dies gilt für beide Anwälte. Auf die Kenntnis von dem Prozesskostenhilfeantrag kommt es nicht an.

- Erstreckt sich ein Vergleich auch auf Ansprüche, die bislang nicht gerichtlich anhängig sind, für die keine Partei Prozesskostenhilfe beantragt hat, für die eine Partei aber für die gerichtliche Protokollierung des Vergleichs Prozesskostenhilfe beantragt, so entstehen zwei Vergleichsgebühren unter Beachtung des § 15 Abs. 3 RVG, nämlich:

  – für die nicht anhängigen Gegenstände eine Gebühr i.H.v. 1,5 (Nr. 1000 VV RVG),

  – für die anhängigen eine Gebühr i.H.v. 1,0 (Nr. 1003 VV RVG).

- Sind die Gegenstände weder anhängig noch ist Prozesskostenhilfe beantragt, erstreckt sich aber die Prozesskostenhilfe nach § 48 Abs. 3 RVG auch auf die Vergütung für den Abschluss einer Einigung, so entstehen wiederum zwei Einigungsgebühren, nämlich:

  – für die nicht anhängigen Gegenstände i.H.v. 1,5 (Nr. 1000 VV RVG),

  – für die anhängigen i.H.v. 1,0 (Nr. 1003 VV RVG); bei der Berechnung ist § 15 Abs. 3 RVG zu beachten.

b) Anhängigkeit im Berufungs- oder Revisionsverfahren

48 Die Einigungsgebühr erhöht sich in diesem Verfahren auf 1,3 (Nr. 1004 VV RVG). Im Nichtzulassungsbeschwerdeverfahren und im Verfahren auf Zulassung der Sprungrevision findet ebenfalls Nr. 1004 VV RVG Anwendung.[69] Nach Vorbem. 3.2 Abs. 1 Nr. 1 VV RVG entsteht im erstinstanzlichen Verfahren vor dem Finanzgerichten ebenfalls die Einigungsgebühr nach Nr. 1004 VV RVG.[70]

---

69 *Schneider/Mock*, Das neue Gebührenrecht für Anwälte, § 10 Rn. 55; *Mayer/Kroiß/Mayer*, RVG, Nr. 1004 VV Rn. 5.
70 BT-Drucks. 15/1971, S. 266; *Mayer/Kroiß/Mayer*, RVG, Nr. 1004 VV Rn. 5; *Schneider/Mock*, Das neue Gebührenrecht für Anwälte, § 10 Rn. 55.

> **Hinweis:** 49
>
> Durch die neue Regelung ist der bisher in der Rechtsprechung bestehende Streit, ob im Berufungs- oder Revisionsverfahren eine Erhöhung der Vergleichsgebühr eintritt, endgültig zum Nachteil der Anwaltschaft i.S.d. Rechtsprechung des BGH[71] entschieden. Die in der Rechtsprechung teilweise vertretene Auffassung, dass die Gebühr in der Berufungsinstanz zu erhöhen ist, kann nicht mehr vertreten werden.[72]

c) Anhängigkeit

Ob eine Einigungsgebühr nach Nr. 1000 VV RVG i.H.v. 1,5, nach Nr. 1003 VV RVG i.H.v. 50 1,0, nach Nr. 1004 VV RVG i.H.v. 1,3, nach Nr. 1005 VV RVG als Rahmengebühr i.H.v. 40 – 520 €, nach Nr. 1006 VV RVG als Rahmengebühr i.H.v. 30 – 350 € oder nach Nr. 1007 VV RVG als Rahmengebühr i.H.v. 40 – 460 € entsteht, hängt vom Begriff der Anhängigkeit ab. Anhängigkeit tritt ein mit Einreichung einer Klage.[73] Im Einzelnen gilt:

- **Aufrechnung:** Eine Forderung, die zur Aufrechnung gestellt wird, ist anhängig.
- **Beratungshilfe:** Ein Verfahren, in dem ein Antrag auf Beratungshilfe geltend gemacht wird, führt nicht zur Anhängigkeit. Es entsteht die Gebühr nach Nr. 2608 VV RVG.
- **Feststellungsklage:** Ansprüche, die Gegenstand einer Feststellungsklage sind, sind noch nicht anhängig.
- **Hilfsantrag:** Ein Hilfsantrag führt zur Anhängigkeit.
- **Hilfsaufrechnung:** Die Geltendmachung einer Hilfsaufrechnung führt nicht zur Anhängigkeit.[74]
- **Hilfswiderklage:** Die Hilfswiderklage führt zur Anhängigkeit.
- **Mahnverfahren:** Geltendmachung im Mahnverfahren führt zur Anhängigkeit.
- **Schiedsgerichtliches Verfahren:** Die Anhängigkeit in einem schiedsgerichtlichen Verfahren führt nicht zur Anhängigkeit.[75]
- **Teilklage:** Anhängigkeit ist nur zu bejahen hinsichtlich der in der Teilklage geltend gemachten Beträge.
- **Vergütungsfestsetzungsverfahren (§ 11 RVG):** Ansprüche, die im Vergütungsfestsetzungsverfahren anhängig sind, führen zur Anhängigkeit; dafür spricht die Regelung in § 11 Abs. 7 RVG.

---

71   BGH, BRAGOreport 2002, 168 = NJW 2002, 3712 = JurBüro 2003, 78 = AGS 2003, 60 = FamRZ 2003, 306.
72   LG Dresden, Rpfleger 2003, 46; OLG Schleswig, BRAGOreport 2002, 58 = MDR 2002, 421 = AGS 2002, 123; s. dazu auch *von Eicken,* NJW 1994, 2259; *Enders,* JurBüro 1996, 618; *Schneider,* MDR 1998, 197; *Hansens,* ZAP Fach 24, S. 451.
73   OLG Frankfurt, NJW 1965, 306, s. dazu auch *Thomas/Putzo,* ZPO, § 261 Rn. 1.
74   BGH, MDR 1995, 349.
75   *Hansens,* BRAGO, § 67 Rn. 7.

d) Rahmengebühren

51 Für Rahmengebühren gelten die zuvor gemachten Ausführungen zu den Wertgebühren hinsichtlich der Anhängigkeit entsprechend (vgl. Rn. 50). Es können jedoch nicht zwei Einigungsgebühren angesetzt werden; es fällt nur eine Gebühr an, die dem höchsten Rahmen zu entnehmen ist.[76]

e) Beispielsrechnungen

52 Weiterhin wird es Fälle geben, in denen unterschiedliche Gebührensätze anfallen, wenn die Parteien sich sowohl über anhängige als auch über nicht anhängige Ansprüche einigen oder Ansprüche, die teilweise in I. Instanz, teilweise in Berufungs- oder Revisionsverfahren anhängig sind. In diesen Fällen gilt § 15 Abs. 3 RVG.

53 *Beispiel 1:*

Der Rechtsanwalt wird außergerichtlich mit der Geltendmachung eines Anspruchs i.H.v. 4.000 € (nicht umfangreich oder schwierig) beauftragt und einigt sich mit dem Gegner.

1.	*1,3 Geschäftsgebühr, Nr. 2400 VV RVG (Wert: 4.000 €)*	*318,50 €*
2.	*1,5 Einigungsgebühr, Nr. 1000 VV RVG (Wert: 4.000 €)*	*367,50 €*
3.	*Postentgeltpauschale, Nr. 7002 VV RVG*	*20,00 €*
4.	*16 % Umsatzsteuer, Nr. 7008 VV RVG*	*+ 112,96 €*
	Summe:	*818,96 €*

54 *Beispiel 2:*

Der Rechtsanwalt wird in einem gerichtlichen Verfahren mit der Durchsetzung eines Anspruchs i.H.v. 4.000 € beauftragt. Nach mündlicher Verhandlung vergleicht er sich mit der Gegenseite.

1.	*1,3 Verfahrensgebühr, Nr. 3100 VV RVG (Wert: 4.000 €)*	*318,50 €*
2.	*1,2 Terminsgebühr, Nr. 3104 VV RVG (Wert: 4.000 €)*	*294,00 €*
3.	*1,0 Einigungsgebühr, Nr. 1003 VV RVG (Wert: 4.000 €)*	*245,00 €*
4.	*Postentgeltpauschale, Nr. 7002 VV RVG*	*20,00 €*
5.	*16 % Umsatzsteuer, Nr. 7008 VV RVG*	*+ 140,40 €*
	Summe:	*1.017,90 €*

---

76 Schneider/Mock, § 10 Rn. 60.

Beispiel 3: 55

Der Rechtsanwalt wird beauftragt mit der Durchsetzung eines Anspruchs i.H.v. 4.000 €
im Berufungsverfahren. Nach mündlicher Verhandlung vergleichen sich die Parteien.

1.	1,6 Verfahrensgebühr, Nr. 3200 VV RVG (Wert: 4.000 €)	392,00 €
2.	1,2 Terminsgebühr, Nr. 3202 VV RVG (Wert: 4.000 €)	294,00 €
3.	1,3 Einigungsgebühr, Nr. 1004 VV RVG (Wert: 4.000 €)	318,50 €
4.	Postentgeltpauschale, Nr. 7002 VV RVG	20,00 €
5.	16 % Umsatzsteuer, Nr. 7008 VV RVG	+ 163,92 €
Summe:		**1.188,42 €**

Beispiel 4: 56

Der Rechtsanwalt wird beauftragt, 4.000 € einzuklagen. Im Termin vergleichen sich die
Parteien über weitere 4.000 €, die nicht anhängig sind und für die auch noch kein Vertretungsauftrag vorliegt.

1.	1,3 Verfahrensgebühr, Nr. 3100 VV RVG (Wert: 4.000 €)	318,50 €	
2.	0,8 Verfahrensgebühr, Nr. 3101 Nr. 2 VV RVG (Wert: 4.000 €)	196,00 €	
	gemäß § 15 Abs. 3 RVG nicht mehr als 1,3 aus 8.000 €		535,60 €
3.	1,2 Terminsgebühr, Nr. 3104 VV RVG (Wert: 8.000 €)		494,40 €
4.	1,0 Einigungsgebühr, Nr. 1003 VV RVG (Wert: 4.000 €)	245,00 €	
5.	1,5 Einigungsgebühr, Nr. 1000 VV RVG (Wert: 4.000 €)	367,50 €	
	gemäß § 15 Abs. 3 RVG nicht mehr als 1,5 aus 8.000 €		618,00 €
6.	Postengeltpauschale, Nr. 7002 VV RVG		20,00 €
7.	16 % Umsatzsteuer, Nr. 7008 VV RVG		+ 266,88 €
Summe:			**1.934,88 €**

Beispiel 5: 57

Der Anwalt ist beauftragt, 4.000 € außergerichtlich einzufordern (Mittelgebühr). Die Parteien einigen sich über weitere 4.000 €, die Gegenstand eines gerichtlichen Mahnverfahrens sind.

1.	1,5 Geschäftsgebühr, Nr. 2400 VV RVG (Wert: 4.000 €)	367,50 €	
2.	1,5 Einigungsgebühr, Nr. 1000 VV RVG (Wert: 4.000 €)	367,50 €	
3.	1,0 Einigungsgebühr, Nr. 1003 VV RVG (Wert: 4.000 €)	245,00 €	
	gemäß § 15 Abs. 3 RVG nicht mehr als 1,5 aus 8.000 €	618,00 €	
4.	Postentgeltpauschale, Nr. 7002 VV RVG		20,00 €
5.	16 % Umsatzsteuer, Nr. 7008 VV RVG		+ 160,00 €
Summe:			**1.166,00 €**

58 **Beispiel 6:**

Im Berufungsverfahren einigen sich die Parteien über anhängige 4.000 € sowie über weitere 4.000 €, die erstinstanzlich anhängig sind und weitere 4.000 €, die nicht anhängig sind und für die auch noch kein Vertretungsauftrag vorliegt.

1.	*1,6 Verfahrensgebühr, Nr. 3200 VV RVG (Wert: 4.000 €)*	*392,00 €*	
2.	*1,1 Verfahrensgebühr, Nr. 3201 Nr. 2 VV RVG (Wert: 8.000 €)*	*453,20 €*	
	gemäß § 15 Abs. 3 RVG nicht mehr als 1,6 aus 12.000 €		*841,60 €*
3.	*1,2 Terminsgebühr, Nr. 3200 VV RVG (Wert: 12.000 €)*		*631,20 €*
4.	*1,3 Einigungsgebühr, Nr. 1004 VV RVG (Wert: 4.000 €)*	*318,50 €*	
5.	*1,0 Einigungsgebühr, Nr. 1000 VV RVG (Wert: 8.000 €)*	*245,00 €*	
6.	*1,5 Einigungsgebühr, Nr. 1003 VV RVG (Wert: 4.000 €)*	*367,50 €*	
	gemäß § 15 Abs. 3 RVG nicht mehr als 1,5 aus 12.000 €		*789,00 €*
7.	*Postentgeltpauschale, Nr. 7002 VV RVG*		*20,00 €*
8.	*16 % Umsatzsteuer, Nr. 7008 VV RVG*	+	*365,08 €*
Summe:			**2.646,88 €**

3. Gegenstandswert

59 Für den Gegenstandswert ist nicht maßgeblich, worauf sich die Parteien verglichen haben; maßgeblich ist, worüber sich die Parteien verglichen haben.

60 **Beispiel 1:**

Fordert der Kläger einen Betrag i.H.v. 8.000 € und vergleichen sich die Parteien auf die Zahlung eines Betrags i.H.v. 4.000 €, dann ist Gegenstandswert für die Einigungsgebühr ein Betrag i.H.v. 8.000 €.

Der Wert der Einigungsgebühr muss nicht mit dem Wert des zugrunde liegenden Verfahrens übereinstimmen. Sicher ist nur, dass der Wert nie höher ist als der Gegenstandswert für das Verfahren. Er kann aber niedriger sein.

61 **Beispiel 2:**

Der Kläger macht einen Betrag i.H.v. 4.000 € gegen den Beklagten in einem Klageverfahren geltend. Der Beklagte zahlt einen Betrag i.H.v. 2.000 €. Anschließend einigen sich die Parteien auf Zahlung eines weiteren Betrags i.H.v. 1.000 €. Der Gegenstandswert für die Verfahrensgebühr nach Nr. 3100 VV RVG beträgt 4.000 €; der Gegenstandswert für die Einigungsgebühr nach Nr. 1003 VV RVG beträgt 2.000 €.

62 Etwas anderes gilt, wenn Vorschussleistungen erbracht werden.

Beispiel 3: 63

In einer Verkehrsunfallsache macht der Anspruchsteller einen Schaden i.H.v. 10.000 € geltend. Die Versicherung zahlt einen Betrag i.H.v. 8.000 € als Vorschuss. Nach endgültiger Schadensermittlung fordert der Anspruchsteller von der Versicherung insgesamt einen Betrag i.H.v. 20.000 € abzüglich der schon gezahlten 8.000 €. Die Versicherung zahlt noch weiter 5.000 € im Wege der Einigung.

Der Gegenstandswert für die Einigungsgebühr nach Nr. 1000 VV RVG beträgt 20.000 €.

Werden unstreitige oder titulierte Forderungen mit in einen Vergleich einbezogen, so 64 können diese den Gegenstandswert erhöhen.

Beispiel 4: 65

Der Kläger macht einen Betrag i.H.v. 4.000 € geltend. Der Beklagte erkennt einen Betrag i.H.v. 2.000 € an, ohne dass ein Anerkenntnisurteil ergeht. Anschließend vergleichen sich die Parteien auf die Zahlung eines Betrags i.H.v. insgesamt 3.000 € (2.000 € anerkannt + weitere 1.000 €).

Der Gegenstandswert für die Einigungsgebühr beträgt 4.000 €, da eine Einigung i.S.d. Nr. 1000 VV RVG vorliegt und die Einigung nicht ausschließlich ein Anerkenntnis enthält.

Beispiel 5: 66

Der Antragsteller macht aus einem Verkehrsunfall einen Gesamtschaden i.H.v. 10.000 € gegen den Gegner geltend. Die Parteien vergleichen sich in der Weise, dass ein Betrag i.H.v. 10.000 € zu zahlen ist, jedoch in monatlichen Raten von 1.000 €.

Es liegt eine Einigung i.S.d. Nr. 1000 VV RVG vor. Der Anspruchsgegner hat den Anspruch nicht ausschließlich anerkannt (Ratenzahlung). Der Gegenstandswert für die Einigung beträgt 10.000 €.

4. Prozesskostenhilfe

Wird Prozesskostenhilfe bewilligt, erhält der Anwalt auch die **Einigungsgebühr aus der** 67 **Staatskasse (§ 45 RVG)** nach den Beträgen des § 49 RVG. Dies ist unproblematisch, wenn die Einigung nur über die Gegenstände erfolgt, auf die sich der Beiordnungsbeschluss bezieht. Wird eine **Einigung über weiter gehende Ansprüche** erzielt, also auch über die Ansprüche, für die entweder keine Prozesskostenhilfe bewilligt wurde oder für die Prozesskostenhilfe abgelehnt worden ist, dann kann die Einigungsgebühr gegenüber der Staatskasse nicht abgerechnet werden. Ausnahme sind die Fälle des **§ 48 Abs. 3 RVG**. Neben den schon bisher angegebenen Gegenständen – gegenseitiger Unterhalt der Ehegatten, Unterhalt gegenüber den Kindern und Verhältnis der Ehegatten zueinander, Sorge für die Person der gemeinschaftlichen minderjährigen Kinder, Rechtsverhältnis an der Ehewohnung und dem Hausrat, Ansprüche aus dem ehelichen Güterrecht – erstreckt sich die Prozesskostenhilfe auch auf die Regelung des Umgangs mit einem Kind. Auf andere Familiensachen kann die Regelung nicht analog angewandt werden. Deshalb erstreckt sich die Bewilligung nicht auf einen Vergleich über die Regelung ehegemeinschaftlich begründeter Schulden der Ehegatten.[77]

68 Streitig ist, ob die **Einigungsgebühr aus der Staatskasse** gezahlt werden muss, wenn in einem **gerichtlichen Verfahren** ein **außergerichtlicher Vergleich** geschlossen wird. Nach überwiegender Meinung hat der Rechtsanwalt in diesen Fällen einen Anspruch auf Zahlung einer Einigungsgebühr gegen die Staatskasse.[78] Dies gilt auch dann, wenn schon eine instanzabschließende Entscheidung ergangen ist; solange diese nicht rechtskräftig ist, rechnet der zwischen den Instanzen geschlossene Vergleich noch zur unteren Instanz.[79]

69 Die Höhe der Gebühr richtet sich nach Nr. 1003 VV RVG, wenn über den Gegenstand ein anderes gerichtliches Verfahren – mit Ausnahme des selbständigen Beweisverfahrens – oder ein Verfahren über die Prozesskostenhilfe anhängig ist; erstreckt sich die Prozesskostenhilfebewilligung dagegen kraft Beschlusses nur auf Gegenstände, für deren Geltendmachung oder Abwehr bisher keine Prozesskostenhilfe beantragt worden ist, so gilt Nr. 1000 VV RVG.

70 Dem **beigeordneten Verkehrsanwalt** steht wegen der Einigungsgebühr kein Anspruch gegen die Staatskasse zu, es sei denn, in dem Beiordnungsbeschluss wurde er ausdrücklich auch für den Vergleichsabschluss beigeordnet; dies gilt auch bei einem Vergleich in einer Scheidungssache.[80]

5. Erstattung

a) Einigungsgebühr

71 Die Einigungsgebühr gehört grds. zu den nach § 91 Abs. 2 ZPO zu erstattenden Kosten. Die Erstattung richtet sich nach der **zwischen den Parteien getroffenen Kostenregelung**. Ist ausdrücklich keine Regelung getroffen worden, dann sind im Zweifel die Kosten des Verfahrens und des Vergleichs gegeneinander aufzuheben (§ 98 ZPO).

---

77 OLG Koblenz, AGS 2004, 157.
78 OLG Nürnberg, AnwBl. 2003, 373 = JurBüro 2003, 367 = MDR 2003, 658; OLG Schleswig, AGS 2003, 166 = MDR 2003, 657 = NJW-RR 2004, 422; LG Coburg, JurBüro 2003, 196; OLG München, AGS 2004, 156 = MDR 2004, 296 = JurBüro 2004, 37 = FamRZ 2004, 966; a.A. OLG Stuttgart, JurBüro 1991, 65; KG, MDR 1998, 1484; OLG Brandenburg, MDR 1998, 1484; OLG Köln, JurBüro 1994, 478 = MDR 1994, 313.
79 OLG Düsseldorf, MDR 2003, 415.
80 OLG München, JurBüro 2003, 469 = MDR 2003, 1262 = FamRZ 2003, 1939.

b) Verfahrensdifferenzgebühr

Die Verfahrensdifferenzgebühr gemäß Nr. 3101 VV RVG gehört zu den Kosten des Rechts- 72
streits, nicht zu den Kosten des Vergleiches; sie ist entsprechend der Kostenquote im
Rechtsstreit auszugleichen.[81]

Die Verfahrensdifferenzgebühr entsteht nach dem Wortlaut der Nr. 3101 Nr. 2 VV RVG 73
nicht durch Abschluss einer Einigung, sondern, wenn „beantragt ist, eine Einigung der
Parteien ... zu Protokoll zu nehmen oder festzustellen ...".

Die Verfahrensdifferenzgebühr kann allerdings nur dann entstehen, wenn der Rechtsan- 74
walt einen Auftrag hatte, die Streitigkeit vor die ordentlichen Gerichte zu bringen.[82]

6. Kostenfestsetzung

Um eine Festsetzung der Einigungsgebühr im Kostenfestsetzungsverfahren zu erreichen, 75
muss ein als Vollstreckungstitel tauglicher Vergleich nach § 794 Abs. 1 Nr. 1 ZPO protokolliert werden, der der Form der §§ 160 Abs. 3 Nr. 1, 162 ff. ZPO entspricht.[83]

7. Gerichtskosten

Die Tätigkeit des Gerichts im Rahmen einer Einigung wird abgegolten nach Nr. 1210 76
GKG KostVerz. Die Gebühr i.H.v. 3,0 ermäßigt sich auf 0,1, wenn das gesamte Verfah-
ren durch gerichtlichen Vergleich endet (Nr. 1211 Nr. 3 GKG KostVerz). Ein **Teilvergleich**
reicht nicht aus.[84] Im Gegensatz zu Nr. 1000 VV RVG spricht Nr. 1211 Nr. 3 GKG Kost-
Verz weiterhin vom Vergleich; nur dieser hat nach der ZPO prozessbeendende Wirkung.
Gemeint ist der **prozessuale Vergleichsbegriff** i.S.d. § 157 ZPO, nicht der materielle
Vergleichsbegriff i.S.d. § 779 BGB.[85]

In der Einigung muss immer eine Regelung über die Kosten getroffen werden; muss über 77
die Kosten nach § 91a ZPO entschieden werden, dann verbleibt es bei 3,0 Verfahrensgebühr (Nr. 1210 GKG KostVerz). Etwas anderes soll nur dann gelten, wenn das Gericht
nur über die Kosten der **Nebenintervention** zu entscheiden hat, weil die Parteien insoweit eine Kostenregelung vergessen haben.[86] Ist ein **Versäumnisurteil** dem Vergleich vor-

---

81 *Schneider,* ZAP, Fach 24 S. 405; LG Bonn, JurBüro 1998, 33 = AGS 1997, 27; Anwkom-BRAGO-*N.
    Schneider,* § 23 Rn. 195; a.A. OLG München, AnwBl. 1997, 42; OLG Hamm, JurBüro 1998, 544;
    OLG Köln, JurBüro 2001, 192; LG Bonn, BRAGOreport 2001, 26.
82 BGH, BRAGOreport 2002, 168 = JurBüro 2003, 78 = NJW 2002, 3712 = MDR 2002, 1456 = FamRZ
    2003, 306.
83 BGH, BRAGOreport 2002, 172 = NJW 2002, 3713 = JurBüro 2003, 19 = AGS 2003, 84 = MDR
    2002, 1395; OLG Nürnberg, MDR 2000, 908; s. dazu auch *Schneider,* AGS 2003, 85; *Kalb,* Rpfle-
    ger 2004, 376.
84 *Hartmann,* KostG, Nr. 1211 GKG KostVerz, Rn. 10; OLG Düsseldorf, JurBüro 2001, 313.
85 *Mayer/Kroiß/Klees,* RVG, Nr. 1000 VV RVG Rn. 42.
86 OLG München, AGS 1998, 88 = AnwBl. 1998, 286.

angegangen, so tritt ebenfalls keine Ermäßigung der Verfahrensgebühr nach Nr. 1211 Nr. 3 GKG KostVerz ein.[87]

78 Ausreichend ist auch ein **Vergleichsabschluss nach § 278 Abs. 6 ZPO.**

79 Führen die Parteien mehrere Verfahren und vergleichen sie alle Verfahren in einem der rechtshängigen Verfahren, so tritt für alle Verfahren die Ermäßigung nach Nr. 1211 Nr. 3 GKG KostVerz ein.

80 Übersteigt der Wert des Vergleichsgegenstands den Wert des Verfahrensgegenstands, so entsteht zusätzlich hinsichtlich des **Mehrwertes** eine Gebühr i.H.v. 0,25 (Nr. 1900 GKG KostVerz). Die Gebühr berechnet sich nach dem Unterschied der Verfahrenswerte.[88] Für die Einzelwerte gelten die §§ 48 ff. GKG, 3 ZPO.

81 **Hinweis:**

Sind zwischen den Parteien mehrere Verfahren anhängig und vergleichen sie sich in einem der Verfahren, so ist in den anderen Verfahren Nr. 1900 GKG KostVerz nicht anzuwenden.[89]

Die Verfahrensgebühr (Nr. 1210 GKG KostVerz) erhöht sich durch einen gerichtlichen Vergleich nicht.

8. Rechtsschutzversicherung

82 Die Rechtsschutzversicherung hat auch die **Einigungsgebühr** zu tragen.

83 Werden in einem Räumungsvergleich auch nicht rechtshängige Ansprüche mitgeregelt, ist der Rechtsschutzversicherer für die Kosten des **Vergleichsmehrwerts** ersatzpflichtig, wenn die Ansprüche in unmittelbarer innerer Verknüpfung mit dem Versicherungsfall stehen.[90]

84 Grds. ist zu beachten, dass die **Kostenquote** dem **Verhältnis von Obsiegen und Unterliegen** entsprechen muss (§ 2 Abs. 3a ARB 1975 = § 5 Abs. 3b ARB 1994).

85 Etwas anderes kann nur dann gelten, wenn eine davon abweichende Kostenverteilung gesetzlich vorgeschrieben ist. Deshalb entfällt die Erstattungspflicht des Rechtsschutzversicherers für einen anwaltlichen außergerichtlichen Vergleich, wenn die Kostentragungspflicht des Versicherungsnehmers nicht dem formalen Verhältnis des Unterliegens

---

87 OLG Düsseldorf, MDR 1999, 765; OLG Düsseldorf, JurBüro 2001, 313; OLG Hamburg, JurBüro 2001, 317; OLG München, MDR 1996, 968; a.A. AG Neuwied, JurBüro 2003, 430.
88 *Hartmann*, KostG, Nr. 1900 GKG KostVerz Rn. 16.
89 *Hartmann*, KostG, Nr. 1900 GKG KostVerz Rn. 15.
90 LG Stuttgart, NJW-RR 2004, 242.

zum Obsiegen, wie es sich aus dem Vergleich ergibt, entspricht. Die Einschränkung der Kostentragungspflicht des Versicherers erstreckt sich in diesem Fall nicht nur auf die Vergleichsgebühr; sie betrifft vielmehr sämtliche bis zur Erledigung der Rechtssache angefallenen Kosten.

Hinweis:

Der Anwalt verletzt in derartigen Fällen seine Hinweispflichten, wenn er dem Mandanten nicht vor einer außergerichtlichen Einigung darüber belehrt, dass er seine Anwaltskosten trotz der erteilten Deckungszusage des Rechtsschutzversicherers selbst tragen muss.[91]

86

Dem Mandanten entsteht durch die Pflichtverletzung jedoch kein Schaden, wenn nicht feststellbar ist, dass er bei Aufklärung über die Rechtslage einen anderen Weg der Rechtsverfolgung gewählt hätte, der ihn von der Pflicht zur Tragung der Anwaltskosten befreit hätte.[92] Grds. muss allerdings ein Anwalt den Hinweis auf eine Rechtsschutzversicherung durch den Mandanten nicht in der Weise verstehen, dass der Mandant ein anwaltliches Tätigwerden nur und ausschließlich im Rahmen des Versicherungsschutzes wünscht.[93]

87

Hinweis:

Zu prüfen wird zukünftig sein, ob hinsichtlich der Hinweispflicht nicht zu differenzieren ist, ob der Rechtsanwalt für die Einholung der Deckungsschutzzusage, die eine eigene Angelegenheit i.S.d. § 15 RVG ist,[94] Kosten berechnet hat[95] oder nicht.

Des Weiteren wird zu prüfen wird sein, ob die **kostenlose Einholung der Deckungszusage** nicht eine Gefälligkeit ist, für die der Anwalt nicht haftet, oder den Anwalt jedenfalls keine Hinweispflicht auf die fehlende Kostenerstattung durch die Rechtsschutzversicherung trifft. [96]

88

---

9. Streitfälle

In all den Fällen, in denen bisher nach § 779 BGB ein gegenseitiges Nachgeben seitens der Rechtsprechung für das Entstehen der Vergleichsgebühr verlangt wurde, aber auch

89

---

91 LG Bielefeld, zfs 2003, 253 = AGS 2003, 442.
92 LG Bielefeld, a.a.O.
93 AG Charlottenburg, JurBüro 2003, 424.
94 *Mayer/Kroiß/Ebert*, RVG, § 19 Rn. 14; *Göttlich/Mümmler/Rehberg/Xanke*, RVG, „Deckungszusage", 3; *Hartung/Römermann*, RVG, § 19 Rn. 23.
95 Zur Höhe der Gebühren des Rechtsanwalts s. *Braun*, RVGreport 2004, 284, 286 (1,3 nach Nr. 2400 VV RVG); a.A. *Göttlich/Mümmler/Rehberg/Xanke*, RVG, „Deckungsschutzzusage", 3 = 0,5 Geschäftsgebühr nach Nr. 2400 VV RVG.
96 AG Charlottenburg, JurBüro 2003, 424.

in den Fällen, in denen nach Auffassung der Rechtsprechung eine Regelung dem Vergleich nicht zugänglich war, entsteht zukünftig eine Einigungsgebühr. In folgenden Fällen wird das **Entstehen einer Einigungsgebühr** bejaht:

*   Zwischenvergleiche,[97]

*   Abgabe eines Teilanerkenntnisses gegen Teilrücknahme der Klage i.Ü.,[98]

*   Vereinbarung zum weiteren Verfahrensfortgang, wie etwa die Einigung auf einen neutralen Sachverständigen,[99]

*   Einigung über die Schadenshöhe vorbehaltlich der Haftung dem Grunde nach,[100]

*   Einigungen im Sorge- und Umgangsrechtsverfahren,[101]

*   Ratenzahlungsvergleiche.[102]

B. Erledigung

I. Anwendungsbereich

90   Die Erledigungsgebühr nach den Nrn. 1002 – 1007 VV RVG entsteht, wenn sich eine Rechtssache ganz oder teilweise nach Aufhebung oder Änderung des mit einem Rechtsbehelf angefochtenen VA durch die anwaltliche Mitwirkung erledigt. Das Gleiche gilt, wenn sich eine Rechtssache ganz oder teilweise durch Erlass eines bisher abgelehnten Verwaltungsaktes erledigt.

91   Die Erledigungsgebühr ersetzt die Einigungsgebühr nach Nr. 1000 VV RVG; in all den Fällen, in denen die Einigungsgebühr entsteht bzw. entstehen kann, fällt i.d.R. die Erledigungsgebühr nicht an. Eine Erledigungsgebühr kann nie neben einer Einigungsgebühr geltend gemacht werden.[103]

92   Die Gebühr entsteht auch dann, wenn ein **Rechtsanwalt nur beratend tätig** wird.[104]

---

97   *N. Schneider,* AnwBl. 2004, 129, 136.
98   *N. Schneider,* a.a.O.
99   *N. Schneider,* a.a.O.
100   *N. Schneider,* a.a.O.
101   *N. Schneider,* a.a.O.
102   *N. Schneider,* a.a.O.
103   *Hansens,* BRAGO, § 24 Rn. 1; *Gerold/Schmidt/von Eicken,* BRAGO, § 23 Rn. 2.
104   AnwKomm-BRAGO-*Wolf,* § 24 Rn. 3; *Gerold/Schmidt/von Eicken,* BRAGO, § 24 Rn. 2; a.A. *Hansens,* BRAGO, § 24 Rn. 2; OVG Lüneburg, MDR 1966, 705.

> **Hinweis:** 93
>
> Die Erledigungsgebühr nach Nr. 1002 VV RVG kann nicht neben der Erledigungsgebühr nach Nr. 1005 VV RVG entstehen.[105] In Beratungshilfesachen entsteht lediglich die Einigungs- und Erledigungsgebühr nach Nr. 2608 VV RVG als Festgebühr.

Die Erledigungsgebühr kann in folgenden gerichtlichen Verfahren entstehen: 94

- Verwaltungsgerichte,
- Finanzgerichte,
- Verfahren vor den ordentlichen Gerichten sowie Landwirtschaftsgerichten, soweit Gegenstand die Aufhebung, Änderung oder der Erlass eines Verwaltungsaktes ist,[106]
- Verfahren vor den Patentgerichten in Beschwerde- und Rechtsbeschwerdeverfahren.

Entsprechend findet Nr. 1002 VV RVG über den Wortlaut hinaus Anwendung in:

- Verfahren im Rahmen des § 63 SGB X,[107]
- Verfahren gemäß 23c GVG,[108]
- Untätigkeitsklagen.[109]

Die bisher bestehende Rechtsprechung, nach der durch Erlass einer abhelfenden Entscheidung nach Untätigkeit eine Erledigungsgebühr nicht entstehen kann,[109a] kann nicht mehr aufrecht erhalten werden.[110] 95

Die Erledigungsgebühr kann entstehen bei:

- Nichtigkeitsklagen,
- Verpflichtungsklagen,[111]
- Verfahren nach §§ 805, 6 VWGO und § 69 Abs. 3 FGO.[112]

---

105 *Mayer/Kroiß/Mayer*, RVG, Nr. 1002 VV RVG Rn. 5.
106 Z.B. §§ 217 ff. BauGB; § 111 BNotO; §§ 37 ff., 223 BRAO; § 14 KostO.
107 SG Dortmund, JurBüro 1996, 85; SG München, Rechtsbeistand 1995, 95; BSG, JurBüro 1995, 587 = AGS 1995, 65.
108 BGHZ 72, 349 = MDR 1979, 312 = NJW 1979, 929.
109 VGH Baden-Württemberg, JurBüro 1991, 1357; VG Ansbach, AnwBl. 1962, 228.
109a Z.B. FG Saarland, EFG 1995, 226; OVG Hamburg, NVwZ-RR 1994, 621.
110 S. SG Düsseldorf, ZAP Fach 24, S. 151; SG Freiburg, AGS 2003, 211; Zur Erledigungsgebühr im Zusammenhang mit einer Untätigkeitsklage nach § 88 SGG.
111 HessVGH, InfAuslR 1987, 200; VGH Baden-Württemberg, AnwBl. 1982, 208; BVerwGE 17, 117; OVG Münster, NVwBl. 1998, 73; OVG Lüneburg, JurBüro 1991, 1068; OVG Bremen, JurBüro 1991, 1071; VG Koblenz, NVwZ-RR 1989, 335; *Hansens*, BRAGO, § 24 Rn. 2.
112 VG Darmstadt, NJW 1975, 1716; Anwkom-BRAGO-*Wolf*, § 24 Rn. 7; a.A. BFHE 93, 403 = NJW 1969, 480 = DStR 1968, 736; FG Köln, EFG 1990, 268.

96 **Keine Anwendung** findet Nr. 1002 VV RVG auf

- reine Leistungsklagen,[113]

- Normenkontrollverfahren,[114]

- Feststellungsklagen, die nicht die Unwirksamkeit eines VA zum Gegenstand haben.[115]

II. Erledigung durch Aufhebung oder Änderung

97 Eine Erledigung i.S.v. Nr. 1002 VV RVG liegt vor, wenn eine **abschließende Entschei-dung in der Hauptsache** ganz oder teilweise **nicht mehr notwendig** ist.[116] Sie ist auch noch in der Berufungs- und Revisionsinstanz möglich.[117] Ein gegenseitiges Nachgeben ist nicht erforderlich.[118]

98 **Erledigung** wurde bei folgenden Konstellationen **bejaht**:

- Rücknahme der Asylklage gegen Erteilung einer befristeten Aufenthaltserlaubnis,[119]

- Bestreiten des Beklagten hinsichtlich der Erledigung und Feststellung durch Urteil,[120]

- Erteilung der Genehmigung, nachdem die Voraussetzung für die Untätigkeitsklage vorlag,[121]

- Erlass eines ähnlichen VA, der den Antragsteller zufriedenstellt,[122]

- Anfechtung mehrerer VA in demselben Verfahren, Rücknahme eines dieser VA,[123]

- außergerichtlicher Vergleich nach Zurückweisung des Verfahrens an das OVG,[124]

---

113 *Hansens*, BRAGO, § 24 Rn. 2.

114 OVG Koblenz, JurBüro 1984, 227; Hess. FG, EFG 1970, 58; *Hansens*, BRAGO, § 24 Rn. 2.

115 *Mayer/Kroiß/Mayer*, RVG, Nr. 1002 VV RVG Rn. 9.

116 AnwKom-BRAGO-*Wolf*, § 24 Rn. 11; *Mayer/Kroiß/Mayer*, RVG, Nr. 1002 VV RVG Rn. 12.

117 OLG Frankfurt, NVwZ-RR 2001, 150; VGH Baden-Württemberg, AGS 2000, 174 = DVBl. 2000, 577 = NVwZ-RR 2000, 329; Hess. VGH, AnwBl. 1986, 411; BFHE 93, 403 = NJW 1969, 480; *Mayer/ Kroiß/Mayer*, RVG, Nr. 1002 RVG Rn. 12.

118 SG München, rv 2001, 133; LG Koblenz, AnwBl. 1997, 45 = JurBüro 1997, 639 = MDR 1997, 304; a.A. BSG, NZS 1996, 141 = JurBüro 1996, 251 = MDR 1996, 641 = AGS 197, 31.

119 OVG Bremen, JurBüro 1998, 1071.

120 VG Wiesbaden, JurBüro 2001, 250 = HessVGHRspr 2001, 40; a.A. nur ohne Urteil: FG Köln, AGS 2002, 165 = EFG 2001, 1321.

121 VGH Baden-Württemberg, JurBüro 1991, 1357 = VGHBW-Ls 1991, Beilage 7 B 2.

122 VGH Baden-Württemberg, AnwBl. 1982, 208.

123 Anwkom-BRAGO-*Wolf*, § 24 Rn. 14.

124 VGH Baden-Württemberg, AGS 2000, 174 = DVBl. 2000, 577 = NVwZ-RR 2000, 329.

- teilweise Zurücknahme des Antrags und Änderung des mit Rechtsbehelf angefochtenen VA,[125]

- Äußerung eines ungünstigen Standpunktes für den Antragsteller im Antragsverfahren und Erlass des Verwaltungsaktes nach Tätigkeit des Rechtsanwalts in dem von dem Mandanten geforderten Sinn.[126]

Keine Erledigung liegt bei folgenden Konstellationen vor: **99**

- Gibt es für die Antragstellerin am Ende des Erörterungstermins keinen „Raum von Möglichkeiten" prozessualen Verhaltens, in welchem ihr Prozessbevollmächtigter die für eine Erledigungsgebühr zu fordernden „besonderen Bemühungen" zur unstreitigen Erledigung des Aussetzungsverfahrens hätte entfalten können, entsteht keine Erledigungsgebühr.[127]

- Wenn bei einem teilbaren VA hinsichtlich eines Teils der Hauptsache durch Einlenken der Behörde nach einem Hinweis des Gerichts diese in der Hauptsache erledigt wurde und hinsichtlich des anderen Teils der Rechtsanwalt auf seine Mandanten im Wege der Beratung einwirkt, die Klage trotz des fehlenden Einlenkens der Behörde zurückzunehmen.[128]

- Wenn der Rechtsanwalt in der mündlichen Verhandlung auf eine ohne sein Zutun erfolgte Beitragsreduzierung mit einer umfassenden Erledigungserklärung reagiert, wie er dies als Möglichkeit für den Fall einer solchen Änderung der Prozesssituation zuvor mit seinem – in der mündlichen Verhandlung nicht anwesenden – Mandanten besprochen hatte.[129]

- Wenn der Bescheid aus formellen Gründen aufgehoben wird, gleichzeitig jedoch ein inhaltsähnlicher Bescheid erlassen wird.[130]

- Der angefochtene VA wird weder abgeändert noch zurückgenommen, sondern erledigt sich allein durch nachträglich eingetretene Umstände.[131]

- Eine dritte Behörde erteilt den beantragten Bescheid.[132]

- Der Antragsteller erfüllt die von der Behörde verlangten Voraussetzungen.[133]

---

125 FG Köln, JurBüro 2000, 434 = AGS 2002, 89.
126 AG Delbrück, AnwBl. 2001, 184.
127 OVG NRW, Beschl. v. 4.7.2002 – 3 E 867/01.
128 VG Weimar, ThürVBl. 2003, 42.
129 OVG NRW, AnwBl. 1999, 612 = AGS 2000, 226 = NVwZ-RR 1999, 812.
130 Nds.FG, EFG 1997, 373.
131 AG Bad Neuenahr-Ahrweiler, JurBüro 1996, 379.
132 OVG Hamburg, NVwZ-RR 1994, 621; *Hansens*, BRAGO, § 24 Rn. 3; a.A. *Gerold/Schmidt/von Eicken*, BRAGO, § 24 Rn. 4.
133 VG Berlin, JurBüro 1989, 1270 = MDR 1989, 823.

- Der Antragsteller nimmt im Laufe des Verfahrens den angefochtenen Verwaltungsakt hin, indem er Klage oder Rechtsbehelf zurücknimmt.[134]

III. Anwaltliche Mitwirkung

100 Für den Rechtsanwalt fällt die Erledigungsgebühr nur an, wenn er mindestens ursächlich „mitgewirkt" hat. [135] Die Mitwirkung muss über das hinausgehen, was von dem Anwalt im Allgemeinen im Rahmen einer Bevollmächtigung zu erwarten ist. [136]

101

> **Hinweis:**
>
> Es muss eine Tätigkeit entfaltet werden, die über die bereits mit der Verfahrens- oder Terminsgebühr abgegoltenen Einlegung und Begründung des Rechtsbehelfs hinaus geht.[137]

102 Eine **Mitwirkung** wurde in folgenden Fällen bejaht:

- Wirkt der Prozessbevollmächtigte an der Erledigung eines Rechtsstreits durch eine tatsächliche Verständigung dahin gehend mit, dass er während des Erörterungstermins wiederholt mit dem Kläger konferiert und ihn schließlich davon überzeugt, den abschließend gemachten Erledigungsvorschlag des Finanzamts anzunehmen, rechtfertigt dies den Ansatz der Erledigungsgebühr.[138]

- Prüft der Prozessvertreter bei Erlass eines Gerichtsbescheides, ob er mündliche Verhandlung beantragen soll, ist diese Tätigkeit nicht hinreichend durch die Verfahrensgebühr berücksichtigt; eine Erledigungsgebühr könnte entstehen.[139]

- Bleiben in einem gerichtlichen Verfahren Wissenslücken, die vom Finanzamt bzw. dem Finanzgericht durch Ermittlungen von Amts wegen zu schließen sind, und hat der Steuerpflichtige seine steuerlichen und prozessualen Mitwirkungspflichten erfüllt, belässt es der Prozessbevollmächtigte aber nicht dabei, dem Gericht die Namen von in Betracht kommenden Zeugen zu benennen, sondern recherchiert er selbst und unterbreitet das Ergebnis dieser Recherche dem Gericht, und erlauben diese Informationen dem Gericht eine deutlich verbesserte Einschätzung des Sachstandes und Streit-

---

134 Anwkom-BRAGO-*Wolf*, § 24 Rn. 15.
135 S. dazu OVG NRW, NVwZ-RR 1999, 348 = AnwBl. 1999, 612.
136 VG Dresden, NJ 1999, 664; OVG NRW, AnwBl. 2000, 376 = AGS 2000, 51 = DVBl. 2000, 577; FG Münster, Beschl. v. 21.7.2000 – 5 Ko 75/99 KFB; OVG Lüneburg, JurBüro 2001, 249; BVerwG, NVwZ 1982, 36; VG Leipzig, JurBüro 2001, 136; SG Düsseldorf, EFG 2001, 595; FG Düsseldorf, DStRE 2001, 1131; Sächsisches OVG, JurBüro 2003, 136; FG Köln, AGS 2003, 506 = EFG 2003, 124; Hess. FG, EFG 2003, 490; SG Stuttgart, Der Kassenarzt 2004, Nr. 8, 62.
137 FG Köln, AGS 2002, 165 = EFG 2001, 1321.
138 FG Münster, StE 2004, 332.
139 FG Saarland, EFG 2004, 743.

standes, der sich im Ergebnis auch das Finanzamt im Wege der Abhilfe der Klage anschließt, so ist insoweit eine Erledigungsgebühr entstanden.[140]

- Ein Mitwirken des Rechtsanwalts bei der Erledigung einer Rechtssache liegt vor, wenn aufgrund des Verfahrensablaufs deutlich ist, dass der Prozessbevollmächtigte der vertretenen Partei tatsächlich besondere Bemühungen mit dem Ziel der außergerichtlichen Erledigung des Rechtsstreits entfalten muss, da die gegnerische Partei nicht von sich aus bereit war, die vertretene Partei klaglos zu stellen.[141]

- Mitwirkung des Rechtsanwalts an der Erledigung des gerichtlichen Verfahrens durch Abschluss eines außergerichtlichen Vergleichs.[142]

- Der Rechtsanwalt wird während des vom Gericht angeordneten Ruhens des Verfahrens gegenüber der Behörde tätig und diese erlässt den erstrebten Verwaltungsakt.[143]

- Wenn der Rechtsanwalt der Verwaltungsbehörde, die einen Antrag (als Ersatz von Beerdigungskosten) mit dem Hinweis auf ihre örtliche Unzuständigkeit abgelehnt hatte, im Rahmen des Widerspruchsverfahrens die Rechtsgrundlage mitteilt, nach der die Behörde zur Weiterleitung des Anspruchsschreibens verpflichtet war und die Behörde dieser Verpflichtung nunmehr nachkommt.[144]

- Wenn der zunächst abgelehnte Führerscheinbewerber im Klageverfahren ein neues medizinisch-psychologisches Gutachten einholt und dieses durch den Prozessbevollmächtigten in dem Prozess eingeführt wird, worauf die zunächst abgelehnte Fahrerlaubnis erteilt und das Verfahren eingestellt wird.[145]

- Der Hinweis eines Bevollmächtigten außerhalb seiner Klagebegründung auf ein einschlägiges BFH-Urteil, der zur Erledigung des Rechtsstreits führt, stellt eine Mitwirkungshandlung dar, wenn er nicht nur als Entscheidungshilfe für das Gericht dient, sondern auch und gerade die Finanzbehörde zur Änderung des angegriffenen Bescheides veranlassen wollte.[146]

- Ein nicht bedeutungsloses Mitwirken liegt vor, wenn sich der Steuerberater wegen der strittigen Rechtsfrage an das Finanzministerium und die oberste Finanzdirektion wendet und deren Stellungnahmen dazu führen, dass die angefochtenen Bescheide geändert werden und die Erledigung der Hauptsache erklärt wird.[147]

---

140   FG Baden-Württemberg, EFG 2004, 144 = ZAP EN-Nr. 387/2004.
141   VG Frankfurt, NVwZ 2003, 245.
142   OVG NRW, NVwZ-RR 1999, 812.
143   VGH Baden-Württemberg, JurBüro 1992, 96 = Justiz 1992, 363 = NVwZ-RR 1992, 335.
144   LG Göttingen, JurBüro 1991, 1094.
145   OVG Lüneburg, JurBüro 1999, 1449.
146   FG Saarland, EFG 1983, 253.
147   FG Köln, JurBüro 2000, 434 = AGS 2002, 89.

- Wenn der Sachvortrag des Rechtsanwalts gezielt darauf hinwirkt, dass sich der Prozessgegner veranlasst sieht, seinen Rechtsstandpunkt zu überdenken und im Sinne einer ganzen oder teilweisen Rücknahme oder Änderung des Verwaltungsaktes zu revidieren.[148]

103 **Keine Mitwirkung** wurde in folgenden Fällen angenommen:

- Weist der Prozessbevollmächtigte nach Klageerhebung durch Vorlage der im Besitz des Klägers befindlichen neuen Belege erstmalig Werbungskosten nach, so entsteht die normale anwaltliche Tätigkeit im Prozess **hierüber** hinausgehenden Bemühung um die außergerichtliche Beilegung des Rechtsstreits nicht schon deshalb, weil die Belege unter Umgehung des Gerichts unmittelbar bei der beklagten Behörde eingereicht werden und diese daraufhin einen Abhilfebescheid erlässt.[149]

- Wenn die Erledigung des Rechtsstreits durch Aufhebung oder Änderung des angefochtenen Steuerbescheids aus Zweckmäßigkeitsgründen mit der Erledigung eines anderen Rechtsstreits verbunden worden ist, ohne dass hierfür ein direkter oder notwendiger Zusammenhang bestanden hat.[150]

- Wenn längere Schriftsätze und Unterlagen vorgelegt werden.[151]

- Wenn die Änderung des angefochtenen Bescheides lediglich „abgenickt" wird.[152]

- Wenn lediglich ein Parallelprozess geführt wird und eine Stellungnahme des Prozessbevollmächtigten zu den streitigen Darstellungen im Schrifttum erfolgt.[153]

- Mündlicher Vortrag von Argumenten im Erörterungstermin gegenüber dem beklagten Vertreter, die diesen zum Nachgeben bewegen.[154]

- Änderung des angefochtenen Bescheids lediglich aufgrund von Entscheidungen des BFH.[155]

- Wenn das Finanzamt die Aussetzung der Vollziehung gewährt.[156]

- Wenn der Anwalt lediglich einen Ruhensantrag stellt und sich das Verfahren dann aufgrund eines Musterverfahrens erledigt.[157]

---

148 SG Düsseldorf, AGS 2001, 226 = ASR 2001, 96.
149 Hessisches FG, EFG 2000, 236 = AGS 2000, 246.
150 FG Baden-Württemberg, EFG 2000, 398 = AGS 2001, 31.
151 FG Münster, Beschl. v. 21.7.2000 – 5 Ko 75 99/99 KFB.
152 OVG Lüneburg, JurBüro 2001, 249.
153 SG Köln, ESG 2001, 711.
154 SG Düsseldorf, Beschl. v. 15.1.2001 – 14 Ko 72 71/00 KF.
155 SG Düsseldorf, DStRE 2001, 1131.
156 Sächsisches FG, D-Spezial 2001, 43, 6.
157 SG Hamburg, Beschl. v. 28.1.2002 – S 3 SF 101/01 k.

- Wenn der Prozessbevollmächtigte mit Finanzämtern im Rahmen einer Betriebsprüfung oder im Rechtsbehelfsverfahren eines anderen Steuerpflichtigen mitwirkt.[158]

- Wenn die Erledigung nicht unmittelbar auf das Tätigwerden des Rechtsanwaltes folgt, sondern in der Zwischenzeit noch weitere Stellungnahmen der Beteiligten eingeholt werden und gerichtliche Aufklärungsmaßnahmen durchgeführt werden.[159]

- Wenn der Widerspruchsführer nach Beratung durch einen Rechtsanwalt davon absieht, gegen den Widerspruchsbescheid Klage zu heben, so dass eine gerichtliche Auseinandersetzung vermieden wird.[160]

IV. Höhe der Erledigungsgebühr

Für die Höhe der Erledigungsgebühr ist zu differenzieren: 104

Soweit sich die Gebühren gemäß § 2 Abs. 1 RVG nach dem Gegenstandswert richten, sind **drei Gebührensätze** vorgesehen: 105

Nr. 1002 VV RVG	1,5 Gebühr bei Einigung über nicht anhängige Gegenstände,
Nr. 1003 VV RVG	1,0 Gebühr bei Einigung über erstinstanzlich anhängige Gegenstände,
Nr. 1004 VV RVG	1,3 Gebühr bei Einigung über Gegenstände, die im Berufungs- oder Revisionsverfahren anhängig sind.

Soweit sich die Gebühren gemäß § 3 Abs. 1,2 RVG nicht nach dem Gegenstandswert richten, sind **drei Gebührenrahmen** vorgesehen: 106

Nr. 1005 VV RVG	Gebühr bei Erledigung über nicht anhängige Gegenstände: 40 € – 520 €; Mittelgebühr: 280 €,
Nr. 1006 VV RVG	Gebühr bei Erledigung über erstinstanzlich anhängige Gegenstände: 30–350 €; Mittelgebühr: 190 €,
Nr. 1007 VV RVG	Gebühr bei Einigung über Gegenstände, die im Berufungs- oder Revisionsverfahren anhängig sind: 40 € – 460 €; Mittelgebühr: 250 €.

Die Höhe der Erledigungsgebühr bestimmt der Rechtsanwalt in diesen Fällen jeweils im Einzelfall unter Berücksichtigung der Kriterien des § 14 Abs. 1 RVG. 107

---

158 FG Köln, EFG 2003, 142 = AGS 2003, 506.
159 Hessisches FG, EFG 2003, 490.
160 LSG Schleswig-Holstein, NZS 2003, 389.

108

> **Hinweis:**
>
> Es wird weiterhin zu Mischfällen kommen, wenn sowohl über anhängige als auch über nicht anhängige Ansprüche eine Erledigung eintritt, die sowohl in erster Instanz als auch im Berufungs- oder Revisionsverfahren anhängig sind. Zu verfahren ist in solchen Fällen zukünftig nach § 15 Abs. 3 RVG.[161]

V. Erstattung

109 Die Erledigungsgebühr gehört zu den Kosten des Verfahrens, die durch das Betreiben der Rechtssache entstanden sind. Sind einer Partei die Kosten des Verfahrens auferlegt worden, so hat sie auch die Kosten der Erledigungsgebühr zu tragen; vgl. im Übrigen die Erläuterungen zu Teil 11 VV RVG.

VI. Rechenbeispiele

110 *Beispiel 1:*

Der Rechtsanwalt wird außergerichtlich in einer finanzgerichtlichen Angelegenheit beauftragt, den Mandanten in einer Steuerangelegenheit i.H.v. 10.000 € zu vertreten. Nach Mitwirkung des Rechtsanwalts erledigt sich die Angelegenheit. Die Sache ist nicht schwierig und nicht umfangreich.

Wert: 10.000 €

1.	1,3 Geschäftsgebühr, Nr. 2400 VV RVG	631,80 €
2.	1,5 Erledigungsgebühr, Nr. 1002 VV RVG	729,00 €
3.	Postentgeltpauschale, Nr. 7002 VV RVG	20,00 €
4.	16 % Umsatzsteuer, Nr. 7008 VV RVG	+ 220,92 €
Summe:		**1.601,72 €**

111 *Beispiel 2:*

Der Rechtsanwalt klagt in einem verwaltungsgerichtlichem Verfahren für seinen Mandanten eine Forderung i.H.v. 10.000 € ein. Die Angelegenheit erledigt sich außergerichtlich ohne Besprechung.

Wert: 10.000 €

1.	1,3 Verfahrensgebühr, Nr. 3100 VV RVG	631,80 €
2.	1,0 Erledigungsgebühr, Nr. 1003 VV RVG	486,00 €
3.	Postentgeltpauschale, Nr. 7002 VV RVG	20,00 €
4.	16 % Umsatzsteuer, Nr. 7008 VV RVG	+ 182,04 €
Summe:		**1.319,84 €**

---

161 S. Beispiel unter Rn. 112, 113.

Beispiel 3: 112

Der Anwalt ist beauftragt, in einem verwaltungsgerichtlichen Verfahren 10.000 € einzu-
klagen. Im Termin erledigen die Parteien unter Mitwirkung des Rechtsanwalts ein Verfah-
ren mit weiteren 8.000 €, die nicht anhängig sind und für die auch noch kein Vertre-
tungsauftrag vorlag.

1. *1,3 Verfahrensgebühr, Nr. 3100 VV RVG (Wert: 10.000 €)* 631,80 €

2. *0,8 Verfahrensgebühr, Nr. 3101 Nr. 2 VV RVG*
   (Wert: 8.000 €) 329,60 €

   gemäß § 15 Abs. 3 RVG nicht mehr als 1,3 aus 18.000 € 787,80 €

3. *1,2 Terminsgebühr, Nr. 3104 VV RVG (Wert: 18.000 €)* 727,20 €

4. *1,0 Erledigungsgebühr, Nr. 1003 VV RVG (Wert: 10.000 €)* 486,00 €

5. *1,5 Erledigungsgebühr, Nr. 1002 VV RVG (Wert: 8.000 €)* 618,00 €

   gemäß § 15 Abs. 3 RVG nicht mehr als 1,5 aus 18.000 € 909,00 €

6. *Postentgeltpauschale, Nr. 7002 VV RVG* 20.00 €

7. *16 % Umsatzsteuer, Nr. 7008 VV RVG* + 391,04 €

Summe: **2.835,04 €**

Beispiel 4: 113

Der Anwalt ist in einer verwaltungsrechtlichen Angelegenheit beauftragt, einen Anspruch
in Höhe eines Betrags von 10.000 € außergerichtlich einzufordern. Die Parteien erledigen
dann die Sache unter Mitwirkung des Rechtsanwalts und ziehen ein weiteres Verfahren
mit einem Wert von 8.000 € ein, über das ein Klageverfahren anhängig ist. Die Sache ist
durchschnittlich.

1. *1,5 Geschäftsgebühr, Nr. 2400 VV RVG (Wert: 18.000 €)* 909,00 €

2. *1,5 Erledigungsgebühr, Nr. 1002 VV RVG (Wert: 10.000 €)* 729,00 €

3. *1,0 Erledigungsgebühr, Nr. 1003 VV RVG (Wert: 8.000 €)* 412,00 €

   gemäß § 15 Abs. 3 RVG nicht mehr als 1,5 aus 18.000 € 909,00 €

4. *Postentgeltpauschale, Nr. 7002 VV RVG* 20,00 €

5. *16 % Umsatzsteuer, Nr. 7008 VV RVG* + 294,08 €

Summe: **2.132,08 €**

Beispiel 5: 114

In einem verwaltungsgerichtlichem Verfahren in der Berufungsinstanz erledigen die Par-
teien unter Mitwirkung des Rechtsanwalts dort ein Verfahren mit einem Wert von 10.000 €
sowie ein weiteres Verfahren mit einem Wert von 8.000 €, das erstinstanzlich noch an-
hängig ist.

1. *1,6 Verfahrensgebühr, Nr. 3200 VV RVG (Wert: 10.000 €)*   *777,60 €*

2. *1,1 Verfahrensgebühr, Nr. 3201 Nr. 2 VV RVG (Wert: 8.000 €)*   *453,20 €*

3. *1,2 Terminsgebühr, Nr. 3202 VV RVG (Wert: 18.000 €)*   *727,20 €*

4. *1,3 Erledigungsgebühr, Nr. 1004 VV RVG (Wert: 10.000 €) 631,80 €*

5. *1,0 Erledigungsgebühr, Nr. 1003 VV RVG (Wert: 8.000 €)*   *412,00 €*

   gemäß § 15 Abs. 3 RVG nicht mehr als 1,3 aus 18.000 €   *787,80 €*

6. *Postentgeltpauschale, Nr. 7002 VV RVG*   *20,00 €*

7. *16 % Umsatzsteuer, Nr. 7008 VV RVG*   *+ 442,53 €*

Summe: **3.208,33 €**

115   **Beispiel 6:**

In einem verwaltungsgerichtlichen Berufungsverfahren erledigen die Parteien unter Mitwirkung des Rechtsanwalts ein Verfahren über dort anhängige 5.000 € sowie über weitere 5.000 €, die erstinstanzlich anhängig sind und weitere 5.000 €, die nicht anhängig sind und für die auch noch kein Vertretungsauftrag vorlag.

1. *1,6 Verfahrensgebühr, Nr. 3200 VV RVG (Wert: 5.000 €)*   *481,60 €*

2. *1,1 Verfahrensgebühr, Nr. 3201 Nr. 2 VV RVG*
   (Wert: 10.000 €)   *543,60 €*

   gemäß § 15 Abs. 3 RVG nicht mehr als 1,6 aus 15.000 €   *905,60 €*

3. *1,2 Terminsgebühr, Nr. 3202 VV RVG (Wert: 15.000 €)*   *679,20 €*

4. *1,3 Erledigungsgebühr, Nr. 1004 VV RVG (Wert: 5.000 €) 391,30 €*

5. *1,0 Erledigungsgebühr, Nrn. 1003 VV RVG (Wert: 5.000 €) 301,00 €*

6. *1,5 Erledigungsgebühr, Nr. 1002 VV RVG (Wert: 5.000 €) 451,50 €*

   gemäß § 15 Abs. 3 RVG nicht mehr als 1,5 aus 15.000 €   *894,00 €*

7. *Postentgeltpauschale, Nr. 7002 VV RVG*   *20,00 €*

8. *16 % Umsatzsteuer, Nr. 7008 VV RVG*   *+ 399,80 €*

Summe: **2.898,60 €**

C. Einvernehmen

I. Verfahren

Aufgrund des Vertrags zur Gründung der Europäischen Gemeinschaft ist es Staatsange- 116
hörigen der Mitgliedsstaaten der Europäischen Union, der anderen Vertragsstaaten des
Abkommens über den europäischen Wirtschaftsraum und der Schweiz gestattet, als
Rechtsanwalt unter einer der in der Anlage 1 zu § 1 EuRAG genannten Berufsbezeich-
nungen selbständig tätig zu sein. Die Tätigkeit kann in einem anderen Mitgliedstaat erfolgen aufgrund einer Niederlassung (niedergelassener europäischer Rechtsanwalt)[162]
oder als Dienstleister (dienstleistender europäischer Rechtsanwalt).[163]

Nrn. 2300 – 2301 VV RVG regeln lediglich die Zusammenarbeit eines deutschen Rechts- 117
anwalts mit dem dienstleistenden europäischen Rechtsanwalt (§ 25 EuRAG).

Wer als **europäischer Rechtsanwalt eine Dienstleistung in Deutschland erbringen** 118
darf, ist geregelt in Anlage 1 zu § 1 EuRAG. Dies sind:

Land	Bezeichnung
Belgien	Advocat/Advocaat/Rechtsanwalt
Dänemark	Advokat
Estland	Vandeadvokaat
Finnland	Asianajaja/ Advokat
Frankreich	Avocat
Griechenland	Δικηγοροσ (Dikigoros)
Großbritannien	Advocate/Barrister/Solicitor
Irland	Barrister/Solicitor
Island	Lögmaur
Italien	Avvocato
Lettland	Zvrintsdvokats
Liechtenstein	Rechtsanwalt
Litauen	Advokatas
Luxemburg	Advocat
Malta	Avukat/Prokuratur Legali
Niederlande	Advocaat
Norwegen	Advokat
Österreich	Rechtsanwalt
Polen	Adwokat/Radca prawny

---

162 § 2 EuRAG (BGBl. 2001 I, S. 3574; i.d.F. v. 26.10.2003, BGBl. 2003 I, S. 2074).
163 S. § 25 EuRAG.

Portugal	Advogado
Schweden	Advokat
Schweiz	Advokat, Rechtsanwalt, Anwalt, Fürsprecher, Fürsprech/Avocat/Avvocato
Slowakei	Advokát/Komercny právnik
Slowenien	Odvetnik/ Odvetnica
Spanien	Abogado/Advocat/Avogado/Abokatu
Tschechische Republik	Advokát
Ungarn	Ügyvéd
Zypern	Δικηγοροσ (Dikigoros)

II. Anwendungsbereich

1. Persönlicher Anwendungsbereich

a) Deutscher Rechtsanwalt

119   Die Nrn. 2300 bis 2301 VV RVG gelten nur für den in Deutschland tätigen Rechtsanwalt in seiner Eigenschaft als Einvernehmensanwalt. Auch ein nach § 2 EuRAG niedergelassener europäischer Rechtsanwalt kann Einvernehmensanwalt sein und die Gebühren nach Nrn. 2300 – 2301 VV RVG verdienen.

b) Ausländischer Rechtsanwalt

120   Die Gebühren des dienstleistenden europäischen Rechtsanwalts (§ 25 EuRAG) sind dagegen im RVG nicht geregelt. Die Gebühren des dienstleistenden europäischen Rechtsanwalts richten sich nach dem Recht, das auf ihn und seinen Mandanten Anwendung findet, i.d.R. also nach dem Gebührenrecht, das am Sitz seiner Kanzlei gilt.[164] Der **in Deutschland tätige Rechtsanwalt** muss darüber hinaus zur Vertretung oder Verteidigung bei dem Gericht oder der Behörde befugt sein, bei der der dienstleistende europäische Rechtsanwalt vertreten oder verteidigen will (§ 28 Abs. 2 EuRAG).

---

164   Zum Gebührenrecht der Rechtsanwälte der Mitgliedsstaaten der europäischen Union s. die zusammenfassende Darstellung bei *Hartung/Römermann*, RVG, Einf. Rn. 117 ff. (Belgien Rn. 117/118; Dänemark Rn. 119/120; England Rn. 121/122; Finnland Rn. 123 – 125; Frankreich Rn. 126/127; Griechenland Rn. 128/129; Italien Rn. 130/131; Irland Rn. 132 – 136; Luxemburg Rn. 137 – 140; Niederlande Rn. 141/142; Österreich Rn. 143/144; Portugal Rn. 145/146; Schottland 147/148; Schweden 149 – 151; Spanien Rn. 152/153; Estland Rn. 154/155; Litauen Rn. 156; Malta Rn. 167; Polen Rn. 158 – 162; Rumänien 163/166; Slowakische Republik Rn. 167; Tschechische Republik Rn. 168 – 170; Türkei Rn. 171 – 173; Ungarn Rn. 174 – 177; Zypern Rn. 178 – 180); leider gibt diese Übersicht keine Hinweise zu den Fundstellen der Bestimmungen in den jeweiligen Ländern. S. dazu auch: *Huber*, JurBüro 2000, 228.

2. Sachlicher Anwendungsbereich

Geregelt werden nur die Gebühren des deutschen Einvernehmensanwalts in den Nrn. 2300, 2301 VV RVG.

121

Wer **Gebührenschuldner** ist, ist wie folgt geregelt:

122

- Treffen Einvernehmensanwalt, dienstleistender europäischer Rechtsanwalt und Mandant keine besondere Vereinbarung, dann kommt nur ein Vertragsverhältnis zwischen dem Einvernehmensanwalt (§ 28 Abs. 1 EuRAG) und dem dienstleistenden europäischen Rechtsanwalt (§ 25 Abs. 1 EuRAG) zustande. In diesen Fällen ist der dienstleistende europäische Rechtsanwalt verpflichtet, die Gebühren nach Nrn. 2300, 2301 VV RVG an den Einvernehmensanwalt zu zahlen.

- Hat demgegenüber der dienstleistende europäische Rechtsanwalt als Vertreter des Mandanten oder der Mandant unmittelbar mit dem Einvernehmensanwalt einen Vertrag geschlossen, dann haftet der Mandant für die Gebühren nach Nrn. 2300, 2301 VV RVG. Die Haftung für Honorarforderungen unter Kollegen nach Nr. 5.7 der Berufsregeln der Rechtsanwälte der europäischen Union[165] kann nicht eintreten, da der dienstleistende europäische Rechtsanwalt die „Angelegenheit (nicht) einem ausländischem Kollegen (dem Einvernehmensanwalt) überträgt oder diesen um Rat bittet"; der Mandant wird allein vertreten durch den dienstleistenden europäischen Rechtsanwalt; die Einvernehmenstätigkeit ist lediglich eine formale Position; der Einvernehmensanwalt stellt sicher, dass der dienstleistende europäische Rechtsanwalt die geltenden berufsrechtlichen Regeln nach der BRAO einhält. Der dienstleistende europäische Rechtsanwalt vertritt den Mandanten alleinverantwortlich in den in § 28 Abs. 1 EuRAG genannten Verfahren.[166] Es ist nicht Aufgabe des Einvernehmensanwalts, als weiterer Prozessbevollmächtigter oder Verteidiger neben dem dienstleistenden europäischen Rechtsanwalt die Interessen des Mandanten wahrzunehmen.[167] Es ist auch nicht Pflicht des Einvernehmensanwalts, den dienstleistenden europäischen Rechtsanwalt dahin zu überwachen, dass dieser seinen vertraglichen Pflichten gegenüber dem Mandanten genügt.[168]

Aus dieser Stellung des Einvernehmensanwalt ergibt sich, dass dieser von vornherein dafür sorgen muss, dass er einen **Vorschuss** von dem dienstleistenden europäischen Rechtsanwalt erhält. Darüber hinaus ist eine konkrete Absprache zu treffen, wie der dienstleistende europäische Rechtsanwalt den Einvernehmensanwalt unterrichtet; entgegen der

123

---

165 BRAK-Mitt. 2001, 177; s. dazu auch OLG Hamburg, BRAK-Mitt. 1990, 84; AG Aachen, BRAK-Mitt. 1998, 51.
166 *Feuerich/Weyland*, BRAO, § 28 EuRAG Rn. 2.
167 *Feuerich/Weyland*, BRAO, § 28 EuRAG Rn. 4.
168 EuGH, NJW 1988, 887, 888.

bisherigen Regelungen in RADG erhält der Einvernehmensanwalt nicht mehr im Voraus Kenntnis von jeder Verfahrenshandlung.[169] Wie diese Absprache erfolgt, ist seitens des Gesetzgebers nicht vorgegeben.[170]

124 Nicht möglich ist es, dass der dienstleistende europäische Rechtsanwalt vor dem **BGH in Zivilsachen** auftritt. Vor dem BGH muss der Mandant oder der europäische dienstleistende Rechtsanwalt einen beim BGH zugelassenen Rechtsanwalt mit der Wahrnehmung der Interessen des Mandanten beauftragen; in entsprechender Anwendung des § 52 Abs. 2 BRAO kann allerdings dem dienstleistenden europäischen Rechtsanwalt die Ausführung der Parteirechte vor dem BGH überlassen werden.[171]

III. Herstellung des Einvernehmens

1. Herstellung

125 Der Einvernehmensanwalt hat den dienstleistenden europäischen Rechtsanwalt zu beraten über die Erfordernisse einer geordneten Rechtspflege, über das prozessuale Vorgehen, insbesondere die Beachtung von Formalien der Klageerhebung, über die Zahlung von Gerichtskostenvorschüssen, die Wahrnehmung von Terminen sowie die Wahrung von Schriftsatz- und Rechtsmittelfristen.[172]

126

> **Hinweis:**
>
> Der Einvernehmensanwalt hat darüber hinaus nach § 29 Abs. 1 EuRAG bei der ersten Handlung des dienstleistenden europäischen Rechtsanwalts gegenüber dem Gericht oder der Behörde schriftlich sein Einvernehmen nachzuweisen. Dieser Nachweis wirkt solange fort, wie das Einvernehmen nicht widerrufen ist (§ 29 Abs. 2 Satz 1 EuRAG). Der Widerruf wirkt nur für die Zukunft (§ 29 Abs. 2 Satz 2 EuRAG).

2. Abgeltungsbereich

127 **Abgegolten** mit den Gebühren nach Nrn. 2300, 2301 VV RVG ist die **gesamte Tätigkeit im Rahmen der Herstellung des Einvernehmens:** Beratung über die Erfordernisse einer geordneten Rechtspflege, schriftlicher Nachweis des Einvernehmens, Widerruf, Zustellungsbevollmächtiger (§ 31 EuRAG), Besonderheiten bei der Verteidigung (§ 30 EuRAG).

---

169 *Feuerich/Weyland*, BRAO, § 28 EuRAG Rn. 5.
170 BT-Drucks. 11/4973, S. 8.
171 *Feuerich/Weyland*, BRAO, § 28 EuRAG Rn. 7.
172 *Hansens*, BRAGO, § 24a Rn. 3; *Raiser*, NZE 1991, 2041.

3. Umfang

In jeder Angelegenheit (§ 15 RVG) ist eine **Einvernehmensgebühr** zu leisten. Dies gilt auch für Angelegenheiten innerhalb desselben prozessualen Rechtszuges (z.B. Urkunden- oder Wechselprozess [§ 17 Nr. 5 RVG] und streitigen Verfahrens [§ 17 Nr. 2 RVG]. Nur dies wird der gewachsenen Stellung, insbesondere der Verantwortung des Einvernehmensanwalts gerecht.

128

Die Gesetzesbegründung führt insoweit aus:[173] „ ... die in § 24a Abs. 1 Satz 2 BRAGO enthaltene Anrechnungsvorschrift soll entfallen. Aufgrund der Neufassung des § 18 des Gesetzes über die Tätigkeit europäischer Rechtsanwälte in Deutschland (EuRAG) und der sich daraus ergebenden Pflichten des Einvernehmensanwalts erscheint dies geboten. Nach § 28 Abs. 2 Satz 2 EuRAG obliegt es dem Einvernehmensanwalt, darauf hinzuwirken, dass der dienstleistende europäische Rechtsanwalt bei der Vertretung oder Verteidigung die Erfordernisse einer geordneten Rechtspflege beachtet. Das begründet auch die Pflichten gegenüber dem dienstleistenden Anwalt, zukünftige Verfahrenentwicklungen vorab zu besprechen und sich zu vergewissern, wie das Verfahren sich entwickelt. Es gab bisher keine Aufsichtspflichten des Einvernehmensanwalts gegenüber dem dienstleistenden Anwalt. Aufgrund dieser geänderten Zielrichtung der Tätigkeit des Einvernehmensanwalts ist es nicht mehr gerechtfertigt, die dafür angesetzten Gebühren auf entsprechende Gebühren für eine völlig anders strukturierte Tätigkeit als Bevollmächtigter oder Verteidiger anzurechnen."

129

Wenn aber der Einvernehmensanwalt den dienstleistenden europäischen Rechtsanwalt beaufsichtigen soll, dann ist nicht einzusehen, weshalb der Einvernehmensanwalt nicht entsprechend der Regelung der Angelegenheit nach RVG vergütet werden soll. Er muss in jeder Angelegenheit „beaufsichtigen".

130

4. Höhe

a) Wertgebühren

Wenn der Einvernehmensanwalt nicht umfassend vom Mandanten beauftragt ist, kann er für die Herstellung des Einvernehmens eine Wertgebühr in Höhe der einem Bevollmächtigten zustehenden Verfahrensgebühr berechnen. Dies sind:

131

Geschäftsgebühr	Nummer des VV RVG
1,3	Nrn. 2300, 3100 VV RVG für Vertretung in erster Instanz
0,8	Nrn. 2300, 3101 VV RVG bei vorzeitiger Erledigung in erster Instanz
1,6	Nrn. 2300, 3200 VV RVG für Vertretung in der Berufung

---

173 BR-Drucks. 830/03, S. 257.

1,1	Nrn. 2300, 3202 VV RVG bei vorzeitiger Beendigung des Auftrags in der Berufung
1,6	Nrn. 2300, 3206 VV RVG für Vertretung in der Revision
1,1	Nrn. 2300, 3207 VV RVG bei vorzeitiger Beendigung des Auftrags in der Revisionsinstanz
2,3	Nrn. 2300, 3303 VV RVG für Verfahren über einen Antrag nach § 115 Abs. 2 Satz 2,3, § 188 Abs. 1 Satz 3 oder nach 121 GWB
1,8	Nrn. 2300, 3301 VV RVG bei vorzeitiger Beendigung des Auftrags in den Fällen der Nr. 3300 VV RVG
1,6	Nrn. 2300, 3302 VV RVG für Verfahren vor dem OLG nach § 16 Abs. 4 des Urheberrechtwahrnehmungsgesetz und für das erstinstanzliche Verfahren vor dem BVerwG und dem OVG/VGH
1,0	Nrn. 2300, 3300 VV RVG für vorzeitige Beendigung des Auftrags in den Fällen der Nr. 3302 VV RVG
1,0	Nrn. 2300, 3502 VV RVG für das Verfahren über die Rechtsbeschwerde (§ 574 ZPO)
0,5	Nrn. 2300, 3503 VV RVG für vorzeitige Beendigung des Auftrags nach Nr. 3502 VV RVG
1,6	Nrn. 2300, 3504 VV RVG für das Verfahren über die Beschwerde gegen die Nichtzulassung der Berufung, soweit in Nr. 3511 VV RVG nichts anderes bestimmt ist
1,0	Nrn. 2300, 3505 VV RVG für vorzeitige Beendigung des Auftrags der Nr. 3504 VV RVG
1,6	Nrn. 2300, 3506 VV RVG für das Verfahren über die Beschwerde gegen die Nichtzulassung der Revision, soweit in Nr. 3512 VV RVG nichts anderes bestimmt ist
1,1	Nrn. 2300, 3507 VV RVG für vorzeitige Beendigung des Auftrags der Nr. 3506 VV RVG
1,3	Nrn. 2300, 3510 VV RVG für Beschwerdeverfahren vor dem Bundespatentgericht

132 Wie sich aus der Vorbem. 1 VV RVG ergibt, findet Nr. 1008 VV RVG bei der Vertretung mehrerer Personen auch auf die Gebühr nach Nr. 2300 VV RVG Anwendung.[174] Die Erhöhung kann jedoch nur auftreten, wenn der Einvernehmensanwalt von mehreren dienstleistenden europäischen Rechtsanwälten beauftragt wird; vertritt der dienstleistende europäische Rechtsanwalt mehrere Personen und schaltet einen Einvernehmensanwalt ein, so tritt die Erhöhung nicht ein, da der Einvernehmensanwalt nicht von den Mandanten beauftragt ist (§ 28 Abs. 3 EuRAG).

---

174 *Mayer/Kroiß/Klees*, RVG, Nr. 2300 – 2301 VV RVG Rn. 10.

b) Streitwertunabhängige Gebühren

Es können folgende Gebühren entstehen: 133

Geschäftsgebühr	Nummer des RVG
40 € – 270 € (gerichtlich bestellter oder beigeordneter Rechtsanwalt: 124 €)	Nrn. 2300, 4112 VV RVG für den ersten Rechtszug vor der Strafkammer
40 € – 337,50 € (gerichtlich bestellter oder beigeordneter Rechtsanwalt: 151 €),	Nrn. 2300, 4130 VV RVG in Verfahren nach Nr. 4112 VV RVG mit Zuschlag
80 € – 580,00 € (gerichtlich bestellter oder beigeordneter Rechtsanwalt: 264 €),	Nrn. 2300, 4118 VV RVG für den ersten Rechtszug vor dem Oberlandesgericht, dem Schwurgericht oder der Strafkammer nach den §§ 74a, 74c GVG
80 € – 725,00 € (gerichtlich bestellter oder beigeordneter Rechtsanwalt: 322 €),	Nrn. 2300, 4119 VV RVG in Verfahren nach Nr. 4118 VV RVG mit Zuschlag

Wird in diesen Verfahren der Einvernehmensanwalt ebenfalls von mehreren Rechtsan-   134
wälten beauftragt, so erhält er ebenfalls die Erhöhungsgebühr nach Nr. 1008 VV RVG,
bei Betragsrahmengebühren erhöhen sich die Mindest-/Höchstbeträge um 30 %.

c) Streitwert

Es gilt der Streitwert für das Verfahren. Da das Einvernehmen das gesamte Verfahren an-   135
dauern muss, kommen Erhöhungen dem Einvernehmensanwalt zugute.[175]

5. Erledigung vor Herstellung des Einvernehmens

Nicht bei Erledigung des Rechtstreites, sondern dann, wenn sich die Herstellung des Ein-   136
vernehmens vorzeitig erledigt oder der deutsche Rechtsanwalt das Einvernehmen versagt, erhält er die Rahmengebühr nach Nr. 2301 VV RVG i.H.v. 0,1 – 0,5 bzw. den Mindestbetrag der einem Bevollmächtigten oder Verteidiger zustehenden Verfahrengebühr.

6. Vergütungsfestsetzung

Die Vergütungsfestsetzung nach § 11 RVG ist grds. möglich.[176] Entgegen der Auffassung   137
von *Schneider* ist der Einvernehmensanwalt in einem gerichtlichen Verfahren tätig; ist
nämlich ein Zustellungsbevollmächtigter nicht benannt, so gilt in den in § 28 Abs. 2 Eu-
RAG aufgeführten Verfahren der Einvernehmensanwalt als Zustellungsbevollmächtigter
(§ 31 Abs. 2 EuRAG). Hinzu kommt, dass der Einvernehmensanwalt nunmehr aufgrund
seiner geänderten Stellung das gesamte Verfahren „beaufsichtigen" muss.[177]

---

175   *Mayer/Kroiß/Klees*, RVG, Nr. 2300 – 2301 VV RVG Rn. 10.
176   A.A. AnwKom-BRAGO- *N. Schneider*, § 24a Rn. 51.
177   BR-Drucks. 830/03, S. 256 f.

138 In den Fällen, in denen allerdings streitwertunabhängige Gebühren geltend gemacht werden, besteht die Festsetzungsmöglichkeit nach § 11 RVG nur in drei Fällen:

- Der Einvernehmensanwalt macht nur die Mindestgebühr geltend (§ 11 Abs. 8 Satz 1 1. Alt. RVG),

- Der Einvernehmensanwalt macht streitwertunabhängige Gebühren geltend, deren Festsetzung in der entsprechenden Höhe der Auftraggeber ausdrücklich zugestimmt hat (§ 11 Abs. 8 Satz 1 2. Alt. RVG),

- Der Einvernehmensanwalt macht in Fällen, in denen er streitwertunabhängige Gebühren geltend macht, nur die Mindestgebühren geltend und behält sich vor, die darüber hinausgehenden Gebühren einzuklagen (Teilkostenfestsetzungsantrag).

139 Bei den Gebühren des gerichtlich bestellten oder beigeordneten Rechtsanwalts entstehen diese Probleme nicht mehr, da das RVG in diesen Fällen eine Festgebühr vorsieht.

IV. Kostenerstattung

140 Die **Kosten des Einvernehmensanwalts** sind erstattungsfähig. Art. 49 EG-Vertrag und die Richtlinie 77/249/EWG des Rates vom 22.3.1977 sind dahin auszulegen, dass sie einer von der Rechtsprechung eines Mitgliedstaats entwickelten Regel entgegenstehen, die vorsieht, dass sich die obsiegende Partei eines Rechtsstreits, in dem sie von einem in einem anderen Mitgliedstaat niedergelassenen Rechtsanwalt vertreten worden ist, von der unterlegenen Partei neben den Kosten dieses Rechtsanwalts nicht auch die Kosten eines bei dem angerufenen Gericht zugelassenen Rechtsanwalts erstatten lassen kann, der nach den maßgeblichen nationalen Rechtsvorschriften im Einvernehmen mit dem erstgenannten Rechtsanwalt handeln muss.[178]

141 Allerdings beschränkt sich der Kostenerstattungsanspruch wegen der Kosten des ausländischen Prozessbevollmächtigten auf die Kosten, die bei Beauftragung eines deutschen Rechtsanwalts angefallen wären.[179]

---

178 EuGH, RVGreport 2004, 32 = NJW 2004, 833 = MDR 2004, 358; OLG München, JurBüro 2004, 380 = OLGR 2004, 240; a.A. OLG München, AnwBl. 1999, 352 = AGS 1999, 47 = MDR 1998, 1054 = NJW-RR 1998, 1692; s. dazu auch *Struwe*, BRAK-Mitt. 2004, 31; *Kilian*, MDR 2004, 358.
179 EuGH, RVGreport 2004, 32 = NJW 2004, 833; OLG München, JurBüro 2004, 380 = OLGR München 2004, 240.

D. Aussöhnung

I. Regelungsgehalt

1. Sachlicher Anwendungsbereich

Die Gebühr nach Nr. 1001 VV RVG kann nur entstehen, wenn ein ernstlicher Wille der 142 Ehegatten hervorgetreten ist, eine Scheidungssache oder ein Verfahren auf Aufhebung der Ehe anhängig zu machen. Entsprechendes gilt bei Lebenspartnerschaften.

Aus der Formulierung „ernstlicher Wille" ergibt sich, dass ein derartiges Verfahren nicht 143 anhängig sein muss und „nicht notwendig ist, dass beide Ehegatten davon ausgehen, dass die Ehe zerrüttet ist; der ernstliche Wille eines der Parteien der Ehegatten reicht aus."

Der Wille, eine Scheidungssache oder ein Verfahren auf Aufhebung der Ehe anhängig zu 144 machen, muss darüber hinaus „hervorgetreten" sein. Auch hier ist es nicht notwendig, dass eine Scheidungsklage anhängig ist. Ausreichend ist jede Kundmachung, die einen ernstlichen Willen erkennen lässt. Dies können ein Gespräch mit einem Rechtsanwalt sein, aber auch ein Gespräch mit den Eltern oder dem Partner, mit dem man gedenkt zukünftig eine neue Ehe einzugehen.

2. Persönlicher Anwendungsbereich

Der Rechtsanwalt muss an der Aussöhnung mitwirken. Jede Handlung reicht aus, die ge- 145 eignet ist die Ehe wiederherzustellen.

II. Entstehen der Gebühr

1. Aussöhnung

Voraussetzung für die Gebühr ist, dass eine Aussöhnung erfolgt. Eine derartige liegt nur 146 dann vor, wenn die Ehegatten die eheliche Lebensgemeinschaft fortsetzen oder diese wieder aufnehmen. Die Aussöhnungsgebühr ist deshalb ebenso wie die Einigungsgebühr eine Gebühr, die **vom Erfolg abhängt**.

Der Wille beider Ehegatten, die Ehe oder Lebenspartnerschaft fortzusetzen, muss deut- 147 lich zum Ausdruck kommen. Gefordert wird eine **Ernsthaftigkeit**. Die Lebensgemeinschaft muss eine gewisse Zeit wieder fortdauern.[180] Es kann nicht davon ausgegangen werden, dass ein bestimmter Zeitraum immer die Ernsthaftigkeit belegt. Der Zeitraum kann kürzer sein, wenn über das Zusammenleben hinaus die Parteien durch andere Maß-

---

180 OLG Koblenz, OLGR Koblenz 2004, 428.

nahmen zum Ausdruck bringen, dass sie wieder zusammenleben wollen. Dies kann z.B. die Planung für eine Urlaubsreise sein, der Abschluss eines gemeinsamen Kreditvertrages oder Verhandlungen über den Ankauf eines Hauses.

148 Trennen sich die Ehegatten später dennoch, obwohl aufgrund der Indizien von einer Aussöhnung auszugehen war, dann verbleibt dem Rechtsanwalt die Gebühr. Einmal entstandene Gebühren können nicht in Fortfall geraten.[181]

149 Von einer **Aussöhnung** ist in folgenden Fällen auszugehen:

- Widerruf der Beauftragung des Rechtsanwalts, ein Scheidungsverfahren durchzuführen,

- gemeinsame Urlaubsreise,[182]

- Wiederherstellung der Lebensgemeinschaft/Lebenspartnerschaft,

- Abschluss eines von beiden Parteien unterschriebenen Kreditvertrages etwa zur Anschaffung von weiteren Hausratsgegenständen oder eines neuen Kfz,

- Kaufvertrag oder Verhandlung über den Ankauf eines gemeinsamen Hauses.

150 **Keine Aussöhnung** liegt vor:

- Zusammenleben erfolgt nur versuchsweise,[183]

- Scheidungsverfahren wird nur zum Ruhen gebracht,

- Scheidungsantrag wird zurückgenommen, ein Zusammenleben der Eheleute erfolgt jedoch nicht, es sei denn, es liegen triftige Gründe vor, weshalb ein Zusammenleben nicht möglich war (keine gemeinsame Wohnung, Aufnahme einer Arbeitstätigkeit in einem anderen Ort),

- Scheidungsantrag wird zurückgenommen, um die steuerlichen Vorteile zu nutzen, ohne eine Lebensgemeinschaft wieder aufzunehmen.

2. Mitwirkung des Rechtsanwalts

151 Das Tätigwerden des Rechtsanwalts muss ursächlich dafür sein, dass die Lebensgemeinschaft wieder aufgenommen wird. Dies setzt allerdings nicht zwingend voraus, dass der Rechtsanwalt an Aussöhnungsgesprächen mit den Ehegatten teilgenommen hat.[184]

152 Immer setzt das Mitwirken voraus, dass die Tätigkeit des Anwalts zum Erfolg führt, nämlich zur Aussöhnung.

---

181 OLG Hamburg, MDR 1962, 417; OLG Celle, Nds.Rpfl. 1961, 250.
182 OLG Hamburg, MDR 1962, 417.
183 OLG Hamm, JurBüro 1964, 733; KG, NJW 1960, 1306.

Ein **Mitwirken** des Anwalts ist bei folgenden Tätigkeiten **anzunehmen:** 153

- Ratschlag, gemeinsam eine Eheberatung aufzusuchen,

- Teilnahme an Gesprächen mit den Ehegatten,

- Empfehlung, einen gemeinsamen Urlaub ohne Kinder zu verbringen.

Keine Mitwirkung liegt vor, 154

- wenn der Anwalt lediglich rät, den Scheidungsantrag zurückzunehmen,

- wenn der Rechtsanwalt lediglich die Mitteilung weitergibt, dass die Ehepartner sich ausgesöhnt haben,

- wenn der Rechtsanwalt lediglich dem Gericht ohne eine Handlung seinerseits mitteilt, dass die Eheleute nunmehr wieder zusammenleben.

3. Beweislast/Nachweispflicht

Den Rechtsanwalt, der die Aussöhnungsgebühr geltend macht, trifft die Beweislast dafür, dass 155

- die Aussöhnung stattgefunden hat und

- er an dieser Aussöhnung mitgewirkt hat.

156

> **Hinweis:**
> Gerade die letzte Voraussetzung wird häufig in der Praxis von den Ehegatten bestritten, um das gemeinsame Zusammenleben nicht mit zusätzlichen Kosten zu belasten. Die Rechtsprechung geht in diesen Fällen davon aus, dass der Anwalt nur glaubhaft machen muss, dass er an einer Aussöhnung mitgewirkt hat. Für die Ursächlichkeit besteht dann eine Vermutung.[185]

III. Höhe

Folgende Gebührensätze können berechnet werden: 157

Nr. 1001 VV RVG	1,5 Gebühr bei Aussöhnung, wenn kein anderes gerichtliches Verfahren als ein selbständiges Beweisverfahren anhängig war,
Nr. 1003 VV RVG	1,0 Gebühr bei Aussöhnung, wenn ein anderes gerichtliches Verfahren als ein selbständiges Beweisverfahren anhängig war,
Nr. 1004 VV RVG	1,3 Gebühr bei Aussöhnung über Gegenstände, die im Berufungs- oder Revisionsverfahren anhängig sind.

---

184 OLG Zweibrücken, JurBüro 2000, 199.
185 KG, MDR 1972, 156.

IV. Aussöhnungsgebühr/Einigungsgebühr

158 Die Aussöhnungsgebühr entsteht nie allein. Ist der Rechtsanwalt außergerichtlich tätig, entsteht die Gebühr nach Nr. 1001 VV RVG neben der nach Nr. 2400 VV RVG; ist er gerichtlich tätig, entsteht die Aussöhnungsgebühr nach Nr. 1003 VV RVG neben der Verfahrengebühr nach Nr. 3100 VV RVG.

159 Neben der Aussöhnungsgebühr kann eine Einigungsgebühr entstehen, wenn die Einigung sich auf andere Angelegenheiten bezieht.

V. Gegenstandswert

160 Der Gegenstandswert für die Aussöhnungsgebühr richtet sich nach § 23 Abs. 1 RVG, § 48 Abs. 2, 3 GKG.

VI. Prozesskostenhilfe

161 Ist ein **gerichtliches Verfahren** nicht anhängig, so können die Aussöhnungsgebühren nicht entstehen, wenn die Vertretung im Rahmen der Beratungshilfe erfolgte; die Nrn. 2601 ff. VV RVG verweisen nicht auf Nr. 1001 VV RVG.[186]

162 Ist eine **Scheidungssache anhängig**, dann umfasst die Beiordnung eines Rechtsanwalts im Rahmen von Prozesskostenhilfe auch die Mitwirkung bei einer Aussöhnung.[187]

E. Hebegebühr

I. Anwendungsbereich

1. Sachlicher Anwendungsbereich

163 Die Hebegebühr (Nr. 1009 VV RVG) entsteht, wie sich aus der Vorbem. 1 VV RVG ergibt, „neben den in anderen Teilen bestimmten Gebühren", also den Teilen 2 ff. VV RVG. Die Hebegebühr entsteht damit nur dann, wenn ein Gebührentatbestand in den Teilen 2 ff. VV RVG erfüllt ist.

164 Die Entstehung der Gebühr ist ausgeschlossen in Fällen des

- § 1 Abs. 2 RVG,

- bei Honorarvereinbarungen.

---

186   S. Nr. 2608 Abs. 1 VV RVG; ebenso für bisheriges Recht AG Meppen, Nds.Rpfl. 1995, 105.
187   OLG Oldenburg, JurBüro 1994, 545 = FamRZ 1996, 682 = Nds.Rpfl. 1993, 396.

Wird der Anwalt beauftragt, als **Treuhänder** Geld einzuziehen, so ist eine derartige Tätigkeit nicht mit der Hebegebühr zu vergüten; es handelt sich nicht um eine eigentliche Anwaltstätigkeit, sondern um eine Treuhandtätigkeit, die, wenn keine Vereinbarung getroffen wurde, nach § 612 BGB zu vergüten ist.[188] 165

Ob bei einer **Honorarvereinbarung** eine Hebegebühr entstehen kann, ist durch Auslegung zu ermitteln. Die Beweislast trifft insoweit den Rechtsanwalt. 166

2. Persönlicher Anwendungsbereich

Berechnen können diese Gebühr: 167

* Rechtsanwältinnen und Rechtsanwälte (§ 1 Abs.1 RVG), gleichgültig, ob sie eine Tätigkeit im Bereich der Vertretung (z.B. Nr. 2400 VV RVG) oder in einem gerichtlichen Verfahren (Nrn. 3100, 3200, 3400, 3401 VV RVG) entfalten;

* der Prozesspfleger nach den §§ 57, 58 ZPO,

* andere Mitglieder einer Rechtsanwaltskammer,

* Partnerschaftsgesellschaften,

* sonstige Gesellschaften (§ 1 Abs. 1 Satz 2 RVG),

* ausländische europäische Rechtsanwälte (§§ 2, 25 EuRAG), soweit sie nach dem RVG abrechnen,

* Notar in seiner Eigenschaft als Rechtsanwalt.

II. Voraussetzungen

1. Angelegenheit

Die Auszahlung oder Rückzahlung von entgegengenommenen Geldbeträgen sowie die Ablieferung oder Rücklieferung von Wertpapieren und Kostbarkeiten ist gebührenrechtlich eine **selbständige Angelegenheit** i.S.d. § 15 RVG.[189] 168

Ob eine oder mehrere Angelegenheiten vorliegen, ist wichtig bei **Teilzahlungen**. Teilzahlungen können mehrere Hebegebühren auslösen; dies richtet sich danach, ob die Zahlungen in Teilbeträgen eingehen oder ob sie in Teilbeträgen ausgezahlt werden. 169

---

188   OLG Frankfurt, zfs 2002, 247.
189   So schon für das bisherige Recht OLG München, JurBüro 1967, 228.

- **Zahlung** geht **in Teilbeträgen** ein und wird in einem Betrag ausgezahlt. Stammen die Zahlungen aus demselben Auftrag, dann entsteht nur eine Hebegebühr aus dem Gesamtwert. Stammen sie aus verschiedenen Aufträgen, dann fallen mehrere Hebegebühren an.

- Erfolgt die **Auszahlung in Teilbeträgen**, so fällt für jede Zahlung eine neue Hebegebühr an (Abs. 3 der Anm. zu Nr. 1009 VV RVG).

170 Davon zu unterscheiden sind die Fälle, in denen der Rechtsanwalt **mehrere Auftraggeber** hat und an diese auszahlt. In diesen Fällen wird bei Auszahlung

- an jeden einzelnen Auftraggeber jeweils eine Hebegebühr,

- bei Auszahlung an die gesamthänderisch verbundene Gemeinschaft (z.B. GbR) nur eine Hebegebühr

fällig.

2. Auftrag

171 Die Hebegebühr kann für den Rechtsanwalt entstehen, wenn er insoweit einen Auftrag hat. Eine ausdrückliche Bevollmächtigung erfolgt heute i.d.R. nicht. In der Praxis hat sich herausgebildet, dass in den Vollmachtsurkunden der Rechtsanwalt gegenüber Dritten zum Inkasso berechtigt erklärt wird. Eine derartige Vollmachtsurkunde ist ein Indiz dafür, dass ein entsprechender Auftrag vorliegt,[190] sie ist jedoch nicht der Auftrag.

172 In diesen Fällen trifft den Rechtsanwalt jedoch eine **doppelte Aufklärungspflicht**:

- Nach § 49b Abs. 5 BRAO ist der Rechtsanwalt verpflichtet darüber aufzuklären, dass er diese Gebühr nach dem Gegenstandswert abrechnet.

- Darüber hinaus trifft ihn die Verpflichtung, den Mandanten darüber aufzuklären, dass diese Gebühr in bestimmten Fällen vom Gegner nicht erstattet wird.

3. Entstehen der Gebühr

a) Auszahlung und Rückzahlung

173 Die Entgegennahme von Geld löst die Gebühr nach Nr. 1009 VV RVG nicht aus. Erst dann, wenn **Geld ausgezahlt oder rückgezahlt** wird, entsteht die Gebühr. Die Zahlungen können erfolgen an einen Dritten oder an den Mandanten. Allein die **Verwahrung von Fremdgeld** lässt eine Hebegebühr nicht entstehen.[191]

---

190 *Gerold/Schmidt/Madert*, BRAGO, § 22 Rn. 3; Anwkom-BRAGO-*N. Schneider*, § 22 Rn. 7; *Mayer/ Kroiß/Klees*, RVG, Nr. 1009 VV RVG Rn. 6; a.A. AG Westerstede, AGS 1994, 84.
191 *Mayer/Kroiß/Klees*, RVG, Nr. 1009 VV RVG Rn. 8.

Ob die **Zahlung bar oder unbar** erfolgt, ist für das Entstehen der Hebegebühr gleich- 174
gültig. Unbare Zahlungen stehen baren Zahlungen gleich (Abs. 2 der Anm. zu Nr. 1009
VV RVG).

Nur dann, wenn die Zahlung auch den Empfänger erreicht, entsteht die Hebegebühr. 175
Wird z.B. der Betrag zurücküberwiesen, weil eine falsche Kontoverbindung angegeben
war, dann ist nicht zu unterscheiden, ob diese Rücküberweisung darauf zurückzuführen
ist, dass ein Versehen des Rechtsanwalts oder ein Verschulden des Mandanten vorlag. In
all diesen Fällen entsteht keine Hebegebühr.[192]

176

> **Hinweis:**
> Zu unterscheiden ist allerdings hinsichtlich der **zusätzlichen Kosten für die Rückbu-
> chung**. Handelt es sich um ein Büroversehen des Rechtsanwalts, so trägt er die zu-
> sätzlichen Kosten. Handelt es sich um ein Versehen des Mandanten, so hat dieser die
> zusätzlichen Kosten zu tragen.

b)   Vorlage aus eigenen Mitteln

In der Praxis kommt es häufiger vor, dass ein Rechtsanwalt für Zahlungen des Mandan- 177
ten aus eigenen Mitteln in Vorlage tritt und diese anschließend erst beim Mandanten
einfordert. Obwohl in diesen Fällen keine „entgegengenommenen" Geldbeträge ausgezahlt bzw. rückgezahlt werden, entsteht für die Zahlung der vorgelegten Beträge eine
Hebegebühr.[193]

4.   Ausschluss der Hebegebühr nach Abs. 5 der Anm. zu Nr. 1009 VV RVG   178

Die Hebegebühr entsteht in den folgenden Fällen nicht:

- **Weiterleitung von Kosten an ein Gericht oder eine Behörde**
  Unter Kosten sind Gebühren und Auslagen des Gerichts (§ 1 GKG) oder der Behörde zu verstehen. Hauptanwendungsfall ist die Weiterleitung von Gerichtsgebühren
  und Auslagenvorschüsse.

- Über den Wortlaut hinaus fällt auch die **Weiterleitung von Kosten an den Gerichtsvollzieher** unter diese Ausnahmevorschrift.

Von wem diese Beträge stammen (Auftraggeber, Rechtsschutzversicherer, Sonstiger), ist 179
unerheblich.

---

192   Anwkom-BRAGO-*N. Schneider*, § 22 Rn. 17.
193   Anwkom-BRAGO-*N. Schneider*, § 22 Rn. 18; *Gerold/Schmidt/Madert*, BRAGO, § 22 Rn. 10.

180 Werden **eingezogene Kosten** an den Auftraggeber abgeführt, fällt keine Hebegebühr an. Die Kosten sind immer Nebenforderung.

181 Werden **Kosten als Verzugsschaden** in einer Klage geltend gemacht und diese Beträge aufgrund des Urteils beigetrieben, so sind sie Hauptforderung. Die Einziehung dieser Beträge löst eine Hebegebühr aus.

182 Ebenfalls fällt eine Hebegebühr an, wenn aus einem **Kostenfestsetzungsbeschluss** Beträge beigetrieben werden. Die Forderung aus dem Kostenfestsetzungsbeschluss ist dann Hauptforderung, für die die Hebegebühr entsteht; die Vollstreckungskosten sind demgegenüber Kosten i.S.d. Abs. 5 der Anm. zu Nr. 1009 VV RVG mit der Folge, dass für die Einziehung dieser Beträge keine Hebegebühr entsteht.

183 Verrechnet der Rechtsanwalt eingezogene Beträge auf seine Vergütung, so entsteht dafür keine Hebegebühr; dies gilt jedoch nur in Höhe des Betrages, in der sein Vergütungsanspruch entsteht. Bzgl. des darüber hinausgehenden Betrages entsteht bei Auskehrung des Betrags an den Mandanten eine Hebegebühr.

III. Berechnungsgrundlage

1. Gegenstandswert

184 Die Höhe der Gebühr berechnet sich in den Fällen der Abs. 2 und 3 der Anm. zu Nr. 1009 VV RVG nach dem Nominalbetrag der Aus- oder Rückzahlung zzgl. evtl. bereits entnommener Beträge (Abs. 2 Satz 2 der Anm. zu Nr. 1009 VV RVG).

2. Wertpapiere und Kostbarkeiten

185 In den Fällen des Abs. 4 der Anm. zu Nr. 1009 VV RVG ist maßgeblich für die Berechnung der Hebegebühr der Wertpapiere und Kostbarkeiten der Verkehrswert zugrunde zu legen. Der Wert bestimmt sich bei Wertpapieren gemäß §§ 4, 6 ZPO nach deren Kurswert im Zeitpunkt der Ab- oder Rücklieferung.[194]

186 Sind die **Wertpapiere** unstreitig nicht realisierbar, dann kommt nur das Herausgabeinteresse an den wertlosen Papieren als Bewertungsumstand in Betracht.[195]

---

194 BGH, MDR 1989, 909 = NJW 1989, 2755.
195 OLG Köln, JurBüro 1974, 1438 (= 1/10 des Nominalwertes des herausverlangten Wechsels).

Unter **Kostbarkeiten** sind Gegenstände von bedeutendem Wert zu verstehen.[196] Dies 187
können

- Briefmarkensammlungen,

- Antiquitäten,

- kostbare Bücher,

- Gemälde, Kunstwerke,

- Schmucksachen,

- Pelze

sein. Es ist auf den **Verkehrswert** abzustellen.

IV. Abgeltungsbereich

Alle mit dem Zahlungsverkehr zusammenhängenden Tätigkeiten – Überwachung der Ein- 188
zahlung, Kontrolle der Gutschrift, Berechnung anfallender Bankzinsen, Einlösung von
Schecks sowie deren Auszahlung – sind mit der Hebegebühr abgegolten. Dazu gehören
auch Aufwendungen zur Errichtung eines **Anderkontos**.[197] Nach § 43a Abs. 5 BRAO i.V.m.
§ 4 BORA ist der Rechtsanwalt zur Unterhaltung eines Anderkontos verpflichtet. Postge-
bühren und Bankspesen kann dagegen der Anwalt zusätzlich fordern.[198]

V. Höhe   189

Der Rechtsanwalt erhält

- bis einschließlich 2.500 €	1 %
- von dem Mehrbetrag bis einschließlich 10.000 €	0,5 %
- von dem Mehrbetrag über 10.000 €	0,25 %

des aus- oder zurückgezahlten Betrages (Nr. 1009 VV RVG). Der Mindestbetrag beträgt 1 € (Nr. 1009 VV RVG).

190

Die Hebegebühr ist auf den Cent genau zu berechnen. Lediglich Beträge unter einem
Cent werden auf einen vollen Cent angehoben.

---

196 *Hansens*, BRAGO, § 22 Rn. 5.
197 LG Traunstein, AnwBl. 1987, 261.
198 Anwkom-BRAGO-*N. Schneider*, § 22 Rn. 42.

191   **Beispiel 1:**

An den Rechtsanwalt werden 1.485 € gezahlt, die er weiterleitet.

Wert: 1.485 €	
Hebegebühr, Nr. 1009 VV RVG 1 % von 1.485 €	14,85 €
Postentgeltpauschale, Nr. 7002 VV RVG	2,97 €
16 % Umsatzsteuer, Nr. 7008 VV RVG	+ 2,85 €
Summe:	**20,67 €**

192   **Beispiel 2:**

An den Rechtsanwalt werden 6.333,33 € gezahlt, die er auszahlt.

Wert: 6.333,33 €	
Hebegebühr, Nr. 1009 VV RVG	44,17 €
1 % von 2.500 €	25,00 €
0,5 % von 3.833,33 €	19,17 €
Postentgeltpauschale, Nr. 7002 VV RVG	8,83 €
16 % Umsatzsteuer, Nr. 7008 VV RVG	+ 15,55 €
Summe:	**61,48 €**

193   **Beispiel 3:**

An den Rechtsanwalt werden 24.585,30 € gezahlt, die er auszahlt.

Wert: 24.585,30 €	
Hebegebühr, Nr. 1009 VV RVG	98,96 €
1 % von 2.500 €	25,00 €
0,5 % von 7.500 €	37,50 €
0,25 % von 14.585,30 €	36,46 €
Postentgeltpauschale, Nr. 7002 VV RVG	19,79 €
16 % Umsatzsteuer, Nr. 7008 VV RVG	+ 19,00 €
Summe:	**226,71 €**

194   **Beispiel 4:**

An den Rechtsanwalt werden 3 Teilzahlungen i.H.v. jeweils 24.585,30 € gezahlt, die er in 3 Zahlungen auszahlt.

Es handelt sich um 3 Angelegenheiten. Für jede der Angelegenheit kann der Anwalt eine Rechnung stellen gemäß § 15 Abs. 3 RVG, der ebenfalls auf die Hebegebühr Anwendung findet.[199]

---

199   Mümmler, JurBüro 2001, 295; AnwKom-BRAGO-N. *Schneider*, § 22 Rn. 47.

Entstehen für diese 3 Leistungen gesondert berechnete Gebühren, so darf deren Höhe jedoch nicht größer sein als die aus dem Gesamtbetrag der Wertteile nach dem höchsten Gebührensatz berechnete Gebühr.

Wert für jede Angelegenheit: 24.585,30 €

Hebegebühr (1. Angelegenheit), Nr. 1009 VV RVG	*98,96 €*
Hebegebühr (2. Angelegenheit), Nr. 1009 VV RVG	*98,96 €*
Hebegebühr (3. Angelegenheit), Nr. 1009 VV RVG	*+ 98,96 €*
Summe:	*296,88 €*

Nach § 15 Abs. 3 RVG jedoch nicht höher als eine Hebegebühr aus dem Gesamtbetrag i.H.v. 73.755,90 € (3 x 24.585,30 €)

1 % von 2.500 €	*25,00 €*
0,5 % von 7.500 €	*37,50 €*
0,25 % von 63.755,90 €	*+ 159,39 €*
Summe:	*221,89 €*

die somit nur berechnet werden kann.

Postentgeltpauschale (1. Angelegenheit), Nr. 7002 VV RVG	*19,79 €*
Postentgeltpauschale (2. Angelegenheit), Nr. 7002 VV RVG	*19,79 €*
Postentgeltpauschale (3. Angelegenheit), Nr. 7002 VV RVG	*19,79 €*
16 % Umsatzsteuer, Nr. 7008 VV RVG	*+ 45,00 €*
Summe:	*326,26 €*

VI. Entnahmerecht

Der Rechtsanwalt ist berechtigt, die Hebegebühr (Nr. 1009 VV RVG) bei „der Ablieferung 195 an den Auftraggeber" aus den Fremdgeldern zu entnehmen. Da auch die Hebegebühr nach § 8 Abs. 1 RVG erst mit Beendigung des Auftrages fällig wird, ist die Ausgestaltung dieses Entnahmerechts eine spezielle Vorschussregelung i.S.v. § 9 RVG. Das Entnahmerecht bezieht sich allerdings nicht auf die Hebegebühr. Stehen dem Rechtsanwalt weitere Ansprüche zu, so kann er gegenüber dem Auszahlungsanspruch des Mandanten auf Fremdgeld nur aufrechnen.[200]

196

> **Hinweis:**
>
> Wenn der Rechtsanwalt Gelder an Dritte auszuzahlen hat, dann kann er von seinem Entnahmerecht keinen Gebrauch machen, da er anderenfalls den übernommenen Auftrag nicht ausführen könnte.[201]

---

200 §§ 387 f. BGB.
201 Anwkom-BRAGO-*N. Schneider*, § 22 Rn. 55.

VII. Einforderbarkeit

1. Belehrungspflicht

197 Der Rechtsanwalt ist nicht verpflichtet, den Mandanten darüber zu belehren, dass er bei der Entgegennahme von Geldbeträgen eine Gebühr nach Nr. 1009 VV RVG berechnet. Dies leitet sich ab aus dem Grundsatz, dass jedem Mandanten bekannt ist, dass der Anwalt nur gegen Entgelt arbeitet. Die Höhe des Entgeltes ergibt sich aus dem RVG, zu der jeder Mandant Zugang hat, da das RVG im Bundesgesetzblatt steht.

198 Der Rechtsanwalt ist allerdings verpflichtet, den Mandanten darüber aufzuklären, dass die Hebegebühr nicht in allen Fallkonstellationen vom Gegner erstattet wird. Entgegen der Auffassung von *N. Schneider* [202] ist diese Hinweispflicht nicht allein beschränkt auf besonders hohe Gebühren. Der Mandant nimmt heute eine anwaltliche Leistung in Anspruch in dem Bewusstsein, dass im Falle des Obsiegens die Kosten vom Gegner in voller Höhe erstattet werden. Wenn er rechtsschutzversichert ist, er Deckungsschutz für die Vertretung durch den Rechtsanwalt erhalten hat, dann geht er ebenfalls davon aus, dass er mit keinen Kosten belastet wird.

2. Verzicht

199 Die Hebegebühr ist eine außergerichtliche Gebühr. Dies ergibt sich schon aus der Stellung im VV; gerichtliche Gebühren sind nicht im ersten und zweiten Teil VV RVG angesiedelt, sondern erst ab dem Teil 3 VV RVG. Daraus ergibt sich, dass hinsichtlich eines Verzichts dieser Gebühr nicht § 49b Abs. 1 BRAO, sondern § 4 RVG Anwendung findet. Grds. kann der Rechtsanwalt mit dem Mandanten hinsichtlich der Hebegebühr **Pauschalvergütungen** oder **Zeitvergütungen** vereinbaren (§ 4 Abs. 2 Satz 1 RVG). Entsteht die **Hebegebühr im Zwangsvollstreckungsverfahren**, dann kann er vereinbaren, dass er einen Teil des Erstattungsanspruchs an Erfüllungs Statt annimmt, wenn der Anspruch des Auftraggebers auf Erstattung der gesetzlichen Vergütung nicht beigetrieben werden kann (§ 4 Abs. 2 Satz 2 RVG).

200 Häufig hat jedoch der Rechtsanwalt aus Praktikabilitätsgründen ein Interesse daran, dass Fremdgelder über sein Konto abgewickelt werden; dies gilt insbesondere in Verkehrsunfallsachen. Die Praxis zeigt, dass bei Zahlung unmittelbar an den Mandanten dieser den Rechtsanwalt nicht rechtzeitig von dem Eingang der Zahlungen unterrichtet. In derartigen Fällen besteht der Rechtsanwalt häufig auf Zahlung der Beträge auf sein Konto. Ob ihm dann die Hebegebühr zusteht, richtet sich danach, ob er den Mandanten über die Erstattungsfähigkeit aufgeklärt hat.

---

202 Anwkom-BRAGO-*N. Schneider*, § 22 Rn. 57.

Hat er ihn nicht aufgeklärt, so steht dem Mandanten ein Schadensersatzanspruch in Höhe der geltend zu machenden Hebegebühr zu mit der Folge, dass der Rechtanwalt keine Hebegebühr geltend machen kann.

201

Hat der Rechtsanwalt den Mandanten aufgeklärt und war dieser damit einverstanden, dass die Geldbeträge über das Konto des Rechtsanwalts eingezogen werden, dann muss der Mandant die Hebegebühr selbst tragen.

VIII. Kostenerstattung

1. Gegner

Ob der Gegner verpflichtet ist, die Hebegebühr zu erstatten, hängt davon ab, ob eine materiell-rechtliche Anspruchsgrundlage besteht. Grundlage für die Erstattung ist häufig § 249 BGB. Die Rechtsprechung stellt darauf ab, ob die Einschaltung eines Rechtsanwalts notwendig war.

202

Die dabei seitens der Rechtsprechung herausgearbeiteten Differenzierungen sind ein leuchtendes Beispiel dafür, wie die Rechtsprechung durch Beckmesserei selbst zu ihrer Belastung beiträgt. Zu berücksichtigen ist, dass in derartigen Fällen, wenn die Hebegebühr entsteht, der Anspruchsteller einen materiell-rechtlichen Anspruch gegen den Gegner erfolgreich durchsetzt, entweder außergerichtlich oder gerichtlich. Ihm steht der Anspruch zu. In der heutigen Zeit ist die Auffassung, dass man von einem Mandanten erwarten kann, dass er im Einzelnen selbst prüft, ob die **Einschaltung eines Anwalts notwendig** ist, überzogen.

203

Ebenfalls kann von einem Mandanten z.B. nicht erwartet werden, dass er die außergerichtliche oder gerichtlich mit Hilfe eines Rechtsanwalts zulässigerweise geltend gemachten Beträge selbst errechnet, etwa z.B. wenn er heute einen Zinsanspruch zugesprochen erhält. In derartigen Fällen lässt sich dem Tenor einer gerichtlichen Entscheidung häufig nicht entnehmen, wie hoch die Zinsen sind. Hinzu kommt, dass es jedem Schuldner unbenommen bleibt, nachdem seine Zahlungsverpflichtung festgestellt wurde, die Beträge unmittelbar an den Gegner zu zahlen. Häufig streiten die Parteien jedoch schon darüber, ob die Zahlungen sofort oder erst nach einem bestimmten Zeitpunkt zu erbringen sind.

204

205

Hinweis:

Wenn die Rechtsprechung weiterhin in dieser kleinlichen Art und Weise überprüft, ob Hebegebühren erstattungsfähig sind, wird zukünftig zu prüfen sein, ob für die Frage, ob die Einschaltung eines Anwalts zur Einziehung der Beträge notwendig ist, der Forderungsinhaber von dem Gegner die Erstattung einer Beratungsgebühr nach Nr. 2100 VV RVG verlangen kann.

206 In folgenden Fallkonstellationen ist die **Erstattung der Hebegebühr bejaht** worden:

- Zahlung an Rechtsanwalt ohne Aufforderung durch Rechtsanwalt oder Partei.[203] Dies soll auch dann gelten, wenn der Rechtsanwalt zur Entgegennahme von Zahlungen aufgrund einer entsprechenden Vollmacht befugt war.[204]

- Schuldner leistet freiwillig den Vergleichsbetrag in Raten an den Rechtsanwalt.[205] Dies soll insbesondere in den Fällen gelten, in denen der Schuldner die titulierte Schuldsumme nur in unregelmäßiger und zeitraubender Zahlungsweise ablöst und langwierige Lohnpfändungen verursacht und damit eine Überwachungstätigkeit des Rechtsanwalts erforderlich macht.[206]

- Bei Zahlungen durch die Haftpflichtversicherung, wenn der Rechtsanwalt die Versicherung nicht zur Zahlung an ihn aufgefordert hat.[207]

- Bei Zahlungen aufgrund eines Vergleichs, wenn unaufgefordert an den Prozessbevollmächtigten der anderen Partei gezahlt wird.[208] Dies soll selbst dann gelten, wenn seine Partei sich in einem gerichtlichen Vergleich zur unmittelbaren Zahlung zu Händen des gegnerischen Rechtsanwalts verpflichtet hat.[209] Jedenfalls dann sollen diese Kosten übernommen werden müssen, wenn in dem Fall gleich eine mehrfach gestufte Verteilklausel vorgesehen ist, deren Voraussetzungen der Rechtsanwalt jeweils zu prüfen hat.[210]

- Bei Zahlungen an den Rechtsanwalt, wenn der Mandant im Ausland wohnt,[211]

---

203 AG Gronau, AGS 2000, 211 = DAR 2001, 94; AG Rostock, RuS 1997, 88; AG Wiesbaden, AGS 1993, 66 = zfs 1993, 387; AG Krefeld, Schaden-Praxis 1992, 292 = zfs 1992, 351; LG Hanau, zfs 1989, 126; AG Gronau, zfs 1988, 357; AG Gronau, zfs 1988, 356; OLG Schleswig, AnwBl. 1989, 169 = zfs 1989, 162; LG Frankfurt, AnwBl. 1989, 109 = zfs 1989, 127; OLG Schleswig, JurBüro 1985, 394 = SchlHA 1985, 164; AG Ahaus, JurBüro 1982, 1187 = AnwBl. 1982, 438 = zfs 1982, 367 = RuS 1982, 222; LG Hagen, AnwBl. 1982, 541 = RuS 1983, 5 = zfs 1982, 333; OLG Frankfurt, JurBüro 1981, 1181 = MDR 1981, 856; OLG Düsseldorf, AnwBl. 1980, 264 = VersR 1980, 682; OLG Schleswig, SchlHA 1979, 59.
204 AG Ahaus, JurBüro 1982, 1187 = AnwBl. 1982, 438 = RuS 1982, 222 = zfs 1982, 367.
205 AG Charlottenburg, JurBüro 1996, 607; AG Erlangen, DGVZ 1995, 14.
206 OLG Düsseldorf, JurBüro 1995, 49 = AGS 1998, 115 = zfs 1999, 178. Die Differenzierung überzeugt nicht: Bevor der Anwalt eingeschaltet wird, weiß der Mandant i.d.R. nicht, ob die Schuldsumme in „unregelmäßiger und zeitraubender Zahlungsweise" erfolgt und „langwierige Lohnpfändungen verursacht" werden.
207 AG Steinfurt, AGS 1995, 135 = zfs1996, 72; LG Hanau, zfs 1989, 126; AG Gronau, zfs 1988, 356, 357.
208 OLG Schleswig, SchlHA 1979, 59.
209 KG, JurBüro 1981, 1349 = Rpfleger 1981, 410.
210 OLG Schleswig, JurBüro 1999, 137 = AGS 1999, 163 = SchlHA 1999, 161 = OLGR 1999, 78.
211 AG Bruchsal, VersR 1986, 689.

- Bei Zahlung unmittelbar an den Prozessbevollmächtigten, obwohl eine ausdrückliche Aufforderung vorlag, unmittelbar an die Partei zu leisten.[212]

- In Eilfällen[213]

- Im Arbeitsrecht, wenn der Schädiger auf einen auf den Arbeitgeber des Geschädigten übergangenen Anspruch durch Zahlung an den Prozessbevollmächtigten des Arbeitgebers leistet.[214]

Die Notwendigkeit der Hinzuziehung eines Rechtsanwaltes und damit die Erstattungsfähigkeit der **Hebegebühr** wurde **verneint**:   207

- Bei Zahlung an den Rechtsanwalt, wenn dieser eine Vollmacht, die zum Geldempfang berechtigt, übersandt hat.[215]

- Bei Zahlung unmittelbar an den Prozessbevollmächtigten, wenn dieser die Zahlung an ihn nicht ausdrücklich veranlasst hat.[216]

- Bei Leistung von Abschlagszahlungen.[217]

- Bei Zahlung durch eine Kfz-Haftpflichtversicherung an einen Rechtsanwalt
  - wenn der Geschädigte nicht auf die Entstehung der Gebühr aufmerksam gemacht hat,[218]
  - wenn der Rechtsanwalt nach Vorlage einer Geldempfangsvollmacht Zahlung an sich verlangt.[219]

- Die erstattungspflichtige Partei verpflichtet sich in einem Prozessvergleich, den Vergleichsbetrag an den Prozessbevollmächtigten des Gegners zu zahlen.[220]

- Bei Einzug durch den Gerichtsvollzieher und Zahlung an den Prozessbevollmächtigten, wenn die Zahlung durch den Gerichtsvollzieher auch unmittelbar an den Gläubiger hätte erfolgen können.[221]

---

212   LG Berlin, zfs 1990, 413 = NZV 1991, 74; OLG Düsseldorf, JurBüro 1985, 714 = RBeistand 1985, 27 = VersR 1986, 243.
213   AG Ulm, zfs 1988, 388.
214   AG Gronau, VersR 1997, 1155.
215   AG Bonn, VersR 1984, 196 (Der Anwalt hätte ausdrücklich darauf hinweisen müssen, dass die Zahlung auf eines seiner Konten die Hebegebühr entstehen lässt = nicht vertretbar, da jeder Bürger in Deutschland weiß, dass ein Anwalt nicht unentgeltlich arbeitet); OLG Hamburg, OLGR 2000, 210 (ein sachlicher Grund wird gefordert, warum die Zahlung einer Partei auf das Konto des Verfahrensbevollmächtigten erfolgen soll).
216   OLG Hamburg, MDR 1991, 679.
217   OLG Celle, DAR 1970, 328; LG Detmold, AGS 2003, 129 = Rpfleger 2003, 36.
218   AG Rostock, NZV 1997, 524.
219   AG Dortmund, VersR 1981, 490.
220   OLG München, MDR 1998, 438 = AGS 1998, 93 = AnwBl. 1999, 58.
221   AG Neukölln, DGVZ 1995, 13; OLG Frankfurt, OLGR 1993, 171; LG Stuttgart, Justiz 1997, 213.

- Wenn im Rahmen eines Räumungstermins die Zahlung unmittelbar an den Rechtsanwalt erfolgt.[222]

- Bei Zahlung des Schuldners an den Prozessbevollmächtigten in Anwesenheit des Gläubigers.[223]

- Bei Übergabe eines Schecks durch den Beklagten an den Prozessbevollmächtigten, ohne dass dieser auf die Entstehung der Gebühr hinweist.[224]

- Wenn der Gläubiger den Schuldner zur Zahlung an seinen Rechtsanwalt veranlasst hat.[225]

- In einer Zahlungsaufforderung eines Rechtsanwalts, in der nur die Konten des Anwalts aufgeführt sind.[226]

- Bei Zurückweisung eines ungedeckten Schecks des Vollstreckungsschuldners und anschließender Entgegennahme eines Schecks des Schuldnervertreters.[227]

- Wenn eine Teilleistung zurücküberwiesen wird.

208 Die Hebegebühr (Nr. 1009 VV RVG) kann als notwendige Kosten der Zwangsvollstreckung festgesetzt werden.[228]

2. Rechtsschutzversicherung

209 Die Hebegebühr ist grds. vom Rechtsschutzversicherer nicht zu zahlen.[229]

---

222 OLG Schleswig, JurBüro 1983, 1527.
223 LG Berlin, JurBüro 1985, 221.
224 OLG München, JurBüro 1992, 178.
225 AG Frankfurt, DGVZ 1995, 79.
226 AG Dorsten, zfs 1991, 199.
227 OLG Nürnberg, JurBüro 1992, 107.
228 LG Koblenz, JurBüro 1984, 870 = RBeistand 1984, 200 = DGVZ 1984, 42; LG Frankenthal, JurBüro 1979, 1326; OLG Schleswig, zfs 1989, 162 = AnwBl. 1989, 169; OLG Frankfurt, JurBüro 1981, 1181; OLG Schleswig, JurBüro 1985, 394; a.A. LG Freiburg, NJW 1972, 1332.
229 LG Hagen, zfs 1990, 14; a.A. AG Hamburg, VersR 1975, 798 (es sei nicht einzusehen, weshalb der Versicherungsnehmer den Anwalt zur Durchsetzung seiner Ansprüche im Klageverfahren beauftragen dürfe, nicht jedoch nachher bei der Überprüfung, ob der zu zahlende Betrag auch eingegangen ist; die Versicherungsbedingungen stellten allein darauf ab, ob Aussicht auf Erfolg bestehe; nur dann, wenn die Rechtsverfolgung mutwillig sei, könne der Versicherungsschutz eingeschränkt werden).

F. Mehrere Auftraggeber

I. Allgemeines

Die **Vergütung bei Vertretung mehrerer Auftraggeber** ist nunmehr in § 7 RVG, Nr. 210
1008 VV RVG geregelt. § 7 Abs. 1 RVG stimmt mit § 6 Abs. 1 Satz 1 BRAGO überein; § 7
Abs. 2 RVG ersetzt § 6 Abs. 2 BRAGO (Änderung hinsichtlich der Dokumentenpauschale). Die Regelung zum **Mehrvertretungszuschlag**, bisher § 6 Abs. 1 Satz 2, 3 BRAGO,
ist von Nr. 1008 VV RVG übernommen worden.

Jede Gebühr wird unabhängig von ihrem Gebührensatz um 0,3 erhöht. Nach Abs. 3 der 211
Anm. zu Nr. 1008 VV RVG dürfen mehrere Erhöhungen einen Gebührensatz von 2,0 nicht
übersteigen. Auf die Anzahl der Auftraggeber kommt es nicht mehr an, sondern allein
auf die Anzahl der **Personen**, für die der Rechtsanwalt tätig wird.

212

> **Hinweis:**
>
> Die **gemeinschaftliche Beteiligung** ist nur noch bei **Wertgebühren** erforderlich; bei
> Fest- oder Betragsrahmengebühren tritt die Erhöhung unabhängig davon ein, ob die
> einzelnen Auftraggeber am betreffenden Gegenstand der anwaltlichen Tätigkeit gemeinschaftlich beteiligt sind.[230]

II. Voraussetzungen

1. Anwendungsbereich

Wie sich aus der Vorbem. 1 zu Teil 1 VV RVG ergibt, findet Nr. 1008 VV RVG neben den 213
in anderen Teilen des VV RVG, ab Teil 2 ff. VV RVG genannten Teilen, Anwendung. Die
Erhöhung nach Nr. 1008 VV RVG kann somit nie alleine, sondern nur in Zusammenhang
mit Gebühren ab dem Teil 2 ff. VV RVG entstehen.

Nach dem Wortlaut von Nr. 1008 VV RVG erhöhen sich nur die **Verfahrens- oder Ge-** 214
schäftsgebühr. Bei den folgenden Gebühren handelt es sich um Geschäfts- bzw. Verfahrensgebühren:

---

230   S. dazu *Schneider*, AnwBl. 2004, 129, 131.

Geschäftsgebühr	Nrn. 2300, 2301, 2400, 2401, 2402, 2403, 2500, 2501, 2603, 2604, 2605, 2606, 2607 VV RVG
Verfahrens-gebühr	Nrn. 3100, 3101, 3102, 3103, 3200, 3201, 3204, 3205, 3206, 3207, 3208, 3209, 3212, 3213, 3300, 3301, 3302, 3303, 3305, 3306, 3307, 3308, 3309, 3311,3313, 3314, 3315, 3316, 3317, 3318, 3319, 3320, 3321, 3322, 3323, 3324, 3325, 3326, 3327, 3328, 3329, 3330, 3331, 3333, 3334, 3335, 3336, 3337, 3400, 3401, 3403, 3404, 3405, 3406, 3500, 3501, 3502, 3503, 3504, 3505, 3506, 3507, 3508, 3509, 3510, 3511, 3512, 4104, 4105, 4106, 4107, 4112, 4118, 4119, 4124, 4125, 4130, 4131, 4136, 4137, 4138, 4139, 4141, 4142, 4143, 4144, 4145, 4200, 4201, 4204, 4205, 4300, 4301, 4302, 4303, 4304, 5101, 5103, 5105, 5107, 5109, 5113, 5115, 5116, 5200, 6100, 6202, 6203, 6207, 6211, 6216, 6300, 6302, 6400, 6402, 6404 VV RVG

215 Die **Anwendung der Nr. 1008 VV RVG** auf die Nrn. 4141, 5115, 6216 VV RVG ist gerechtfertigt; auch wenn das Gesetz diese Gebühren als zusätzliche Gebühren bezeichnet, werden sie jedoch in Höhe der jeweiligen Verfahrengebühr geleistet. Wenn mehrere Auftraggeber in derselben Angelegenheit vertreten werden bzw. werden können, dann reicht die Erhöhung nach den Nrn. 4141, 5115, 6216 VV RVG nicht aus, um die Tätigkeit des Rechtsanwalts angemessen zu vergüten.

216 Die zusätzliche Gebühr wird dafür geleistet, dass

- das Verfahren nicht nur vorläufig eingestellt wird,

- die mündliche Verhandlung entbehrlich wird,

- das Gericht beschließt, das Hauptsacheverfahren nicht zu eröffnen oder sich

- das gerichtliche Verfahren durch Rücknahme des Einspruchs gegen den Strafbefehl, der Berufung oder der Revision des Angeklagten oder anderen Verfahrensbeteiligten erledigt.

217 Der Rechtsanwalt wird dafür vergütet, dass durch sein Zutun die Justiz in diesem Bereich entlastet wird. Wenn er in zulässiger Weise daneben noch eine zweite Partei vertritt, dann steht ihm dieser Zuschlag nach Nr. 1008 VV RVG zu.

218

Hinweis:

Nach dem eindeutigen Wortlaut wird jedoch die Gebühr nach Nr. 2601 VV RVG („Beratungsgebühr") nicht erhöht; es handelt sich insoweit nicht um eine Geschäfts- oder Verfahrensgebühr. Die Tatsache, dass bisher teilweise die Gebühr nach § 132 Abs. 1 BRAGO nach § 6 BRAGO erhöht wurde, rechtfertigt keine andere Lösung.[231]

---

231 Für Gebührenerhöhung *Hansens,* Teil 7 Rn. 64 ff.

2.   Mehrere Auftraggeber/mehrere Personen

Nach § 7 Abs. 1 RVG erhält der Rechtsanwalt die Gebühr nur einmal, wenn er in dersel-   219
ben Angelegenheit für **mehrere Auftraggeber** tätig ist.

Nach Nr. 1008 VV RVG entsteht die Erhöhung, wenn Auftraggeber **mehrere Personen**   220
sind. Es stellt sich deshalb die Frage, was der Gesetzgeber mit der Änderung in Nr. 1008
VV RVG bezweckt hat. Die Lösung ergibt sich aus der Begründung des KostModG. Dort
heißt es: „Sind Auftraggeber mehrere Personen, soll es nicht darauf ankommen, ob
gegenüber dem Anwalt eine oder mehrere dieser Personen auftreten. Selbst wenn eine
Personenmehrheit eine Person bevollmächtigt, gegenüber dem Anwalt aufzutreten, kann
dies für den Anwalt zu einem erhöhten Haftungsrisiko führen. Die Neuregelung soll den
bestehenden Streit über die Anwendung der Vorschrift beseitigen."[232]

Nachdem der BGH in Abkehr seiner ständigen Rechtsprechung entschieden hatte, dass   221
die GbR rechts- und parteifähig ist,[233] wurde in der Rechtsprechung in Zweifel gezogen,
ob bei der Vertretung von GbR die Gebührenerhöhung erstattungsfähig ist.[234] Dass die
Gebühr entstand, war dagegen unstreitig.

---

232   BR-Drucks. 830/03, S. 255.
233   BGH, NJW 2001, 1056 = ZIP 2001, 330 = BB 2001, 374.
234   Für Erstattungsfähigkeit: BGH, JurBüro 2004, 375 = AnwBl. 2004, 450 = ZEV 2004, 246 (Erbenge-
         meinschaft); LG Berlin, JurBüro 2000, 364; OLG Düsseldorf, AnwBl. 2000, 629 = AGS 2000, 167
         (Passivprozess einer Anwaltssozietät); OLG Stuttgart, Justiz 2000, 341 = Rpfleger 2000, 427 (Grund-
         stücksgesellschaft in Form einer GbR); LG Berlin, JurBüro 2001, 647 (GbR im Passivprozess); OLG
         Dresden, JurBüro 2001, 27 (Erbengemeinschaft im Aktivprozess); OLG München, BRAGOreport
         2001, 53 (Aktivprozess einer Anwaltssozietät); OLG Nürnberg, AnwBl. 2001, 369 = JurBüro 2001,
         527 (GbR im Passivprozess); OLG Celle, zfs 2001, 423 (Passivprozess einer GbR); OLG Koblenz, Jur-
         Büro 2002, 256 (Aktivprozess einer GbR vor Veröffentlichung der Entscheidung des BGH zur Par-
         teifähigkeit des GbR); LG Berlin, JurBüro 2001, 446 = AnwBl. 2001, 692 = BRAGOreport 2001, 128
         (Aktivprozess einer GbR vor dem 1.5.2001); LG Berlin, BRAGOreport 2001, 155 = AnwBl. 2002,
         114 = Rpfleger, 2001, 619 (Aktivprozess einer GbR); OLG Koblenz, AnwBl. 2002, 249 (Prozess ei-
         ner Wohnungseigentümergemeinschaft vor Änderung der Rechtsprechung des BGH zur Parteifä-
         higkeit der GbR v. 29.1.2001); OLG Saarbrücken, AGS 2002, 242 (Passivprozess einer Anwaltsso-
         zietät nach Verkündung der Entscheidung des BGH zur Änderung der Parteifähigkeit der BGB-Ge-
         sellschaft v. 29.1.2001); LG Hamburg, ZMR 2002, 306 (Wohnungseigentümergemeinschaft); OLG
         Jena, OLG NL 2002, 48 (Aktivprozess einer GbR vor Änderung der Rechtsprechung des BGH
         v. 29.1.2001); LG Hamburg, BRAGOreport 2002, 62 (Aktivprozess einer GbR vor Verkündung des
         Urteils des BGH v. 29.1.2001 zur Parteifähigkeit der GbR); OLG Koblenz, JurBüro 2002, 417 = MDR
         2001, 721 (Passivprozess der Anwaltssozietät nach Entscheidung des BGH v. 29.1.2001 zur Ände-
         rung der Parteifähigkeit der GbR); BayObLG, JurBüro 2002, 472; BRAGOreport 2002, 127 (Erben-
         gemeinschaft); BGH, BRAGOreport 2002, 134 = JurBüro 2003, 89 = NJW 2002, 2958 (GbR in Form
         eines geschlossenen Immobilienfonds wenige Monate nach Veröffentlichung des Urteils des BGH
         v. 29.1.2001); LG München, ZMR 2003, 535 (Wohnungseigentümergemeinschaft in Form der GbR
         bei problematischem Anspruch nach der Entscheidung des BGH v. 29.1.2001); BGH, BRAGOreport
         2003, 89 = JurBüro 2004, 145 (GbR bei Beauftragung des Rechtsanwalts nach dem 29.1.2001,
         aber vor dem Bekanntwerden des Beschlusses des BGH v. 18.2.2002) NJW 2002, 1207; OLG Schles-
         wig, AGS 2003, 533 = MDR 2003, 1202 (GbR im Passivprozess auch nach den Entscheidungen des

222 Dadurch, dass nunmehr der Gesetzgeber nicht nur auf den Begriff des Auftraggebers, sondern auch auf den der Personen abstellt, ist eine neue Rechtslage eingetreten. Die Regelung führt nicht zu einer neuen Regelung der Erstattung, sondern zu einer Neuregelung beim Anfall der Erhöhung nach Nr. 1008 VV RVG. Auch wenn nur ein Auftraggeber dem Rechtsanwalt den Auftrag erteilt, entsteht, wenn mehrere Personen hinter dem Auftraggeber stehen, die Erhöhung nach Nr. 1008 VV RVG.[235]

223 Mit der Verwendung des Bergriffs „Personen" wird allerdings auch klargestellt, dass eine Gebührenerhöhung nicht für die rechtsfähige Gesellschaft entsteht, die neben den GbR Auftraggeber ist, da anderenfalls eine Doppelvergütung entsteht.

BGH aus den Jahren 2001 und 2002); OLG Frankfurt, AnwBl. 2000, 629 (Passivprozess einer Anwaltssozietät); LG Wiesbaden, AnwBl. 2001, 183 (Aktivprozess einer Anwaltssozietät); OLG Karlsruhe, BRAGOreport 2001, 30 = OLGR Karlsruhe 2001, 36 (Aktivprozess einer Rechtsanwaltssozietät in Form der GbR aus abgetretenem Recht des Mandanten); OLG Hamburg, MDR 2001, 773 = AGS 2001, 196 (Anwaltssozietät in Form der BGB-Gesellschaft bei gesamthänderisch zustehenden Unterlassungsanspruch); OLG Nürnberg, BRAGOreport 2001, 152 = JurBüro 2001, 586 = NJW 2001, 3483 (Passivprozess einer Anwaltssozietät mit Rubrum der Gesellschafter); gegen Erhöhung: BGH, JurBüro 2004, 375 = AnwBl. 2004, 251 = AGS 2004, 143 = MDR 2004, 600 (Aktivprozess einer Sozietät von Steuerberatern und Rechtsanwälten in Form der GbR); OLG Düsseldorf, AnwBl. 2000, 629 = MDR 2000, 851 = AGS 2000, 167 (Aktivprozess einer Anwaltssozietät in Form der GbR); AG Höxter, DGVZ 2000, 174 (Rechtsanwaltssozietät in eigener Sache in Zwangsvollstreckung); LG Braunschweig, NJW-RR 2002, 304 (Aktivprozess einer Wohnungseigentümergemeinschaft in Form der GbR, wenn aufgrund des Verwaltervertrags und der Teilungserklärung der Verwalter zur gerichtlichen Geltendmachung der Wohnlasten im eigenen Namen ermächtigt war); OLG Karlsruhe, NJW 2001, 1072 = MDR 2001, 596 = JurBüro 2001, 301 (Aktivprozess einer GbR); OLG Düsseldorf, AGS 2002, 3 = NJW-RR 2002, 645 (Aktivprozess einer Rechtsanwaltssozietät in Form der GbR für wettbewerbsrechtliche Unterlassungsansprüche gegen eine andere Rechtsanwaltssozietät in Form der GbR); OLG Naumburg, AGS 2002, 201 = JurBüro 2002, 26 (Aktivprozess einer GbR nach Verkündung der Entscheidung des BGH v. 29.1.2001); OLG Naumburg, BRAGOreport 2002, 11 (Aktivprozess einer GbR nach Veröffentlichung der Entscheidung des BGH v. 29.1.2001 zur Parteifähigkeit der GbR); LG Essen, Rpfleger 2002, 101 (Aktivprozess einer Wohnungseigentümergemeinschaft); OLG Stuttgart, BRAGOreport 2002, 187 = MDR 2002, 1457 (Aktivprozess einer Architekten-GbR); KG, BRAGOreport 2003, 223 (Aktivprozess einer GbR in zweiter Instanz, wenn bei der Vertretungsanzeige für die klagenden Gesellschafter einer Außen-GbR in Wege der Rubrumsberichtigung klargestellt werden konnte, dass die GbR Kläger und damit alleiniger Auftraggeber war); OLG Düsseldorf, AnwBl. 2000, 629 = AGS 2000, 167 = MDR 2000, 851 (Aktivprozess einer Anwaltssozietät im Gebührenprozess).

235   So auch *N. Schneider*, AnwBl. 2004, 129, 131.

Beispiel: 224

Die Anwaltssozietät, bestehend aus fünf Rechtsanwälten, beauftragt den Rechtsanwalt A mit der Wahrnehmung ihrer Interessen in einem Honorarprozess. Nach mündlicher Verhandlung ergeht ein Urteil.

1,3 Verfahrensgebühr, Nr. 3100 VV RVG

4 x 0,3 Erhöhungsgebühr, Nr. 1008 VV RVG

1,2 Terminsgebühr, Nr. 3104 VV RVG.

Diese Gebühren entstehen nicht nur, sondern sind auch im Fall des Obsiegens vom Gegner zu erstatten.

Mehrere Auftraggeber sind demnach: 225

- GbR,
- Eheleute,
- Erbengemeinschaften,
- Wohnungseigentümergemeinschaft, selbst dann, wenn der Verwalter als Prozessstandschafter das Recht in eigener Person geltend macht.

3. Dieselbe Angelegenheit

Zu jedem Gegenstand, auf den sich die Tätigkeit des Rechtsanwalts erstreckt, fallen die Gebühren an; sie werden entweder nach dem einzelnen Gegenstandswert oder nach einem zusammengerechneten Wert berechnet, falls in derselben Angelegenheit noch weitere Gegenstände hinzukommen (§ 22 Abs. 1 RVG). 226

Beispiel: 227

Fahrer und Beifahrer machten aus einem Verkehrsunfall Schadensersatzansprüche in einem Prozess, vertreten durch einen Rechtsanwalt, geltend; der Fahrer macht einen Anspruch auf Ersatz eines Sachschadens i.H.v. 5.000 €, der Beifahrer ein Schmerzensgeldanspruch i.H.v. 3.000 € geltend. Der Gegenstandswert für das Verfahren beträgt 8.000 €. Die Verfahrensgebühr ist nicht zu erhöhen.

Handelt es sich demgegenüber jedoch um denselben Gegenstand, so verbleibt es bei dem Grundsatz, dass der Rechtsanwalt die Gebühr nur einmal erhält (§ 7 Abs. 1 RVG), es entsteht jedoch in diesen Fällen eine erhöhte Gebühr. 228

Beispiel: 229

Eheleute als Vermieter machen gegen den Mieter einen Zahlungsanspruch auf Mietzins i.H.v. 10.000 € geltend.

Der Gegenstandwert beträgt 10.000 €. Die Verfahrensgebühr ist nach Nr. 1008 VV RVG zu erhöhen.

4. Gemeinschaftliche Beteiligung

230 Nach Abs. 1 der Anm. zu Nr. 1008 VV RVG ist eine gemeinschaftliche Beteiligung nur noch bei Wertgebühren erforderlich. Auf Fest- oder Betragsrahmengebühren tritt die Erhöhung nach Nr. 1008 VV RVG unabhängig davon ein, ob die einzelnen Auftraggeber am betreffenden Gegenstand der anwaltlichen Tätigkeit gemeinschaftlich beteiligt sind.

231 *Beispiel:*

Nach Ehescheidung macht ein Ehegatte für sich und die beiden minderjährigen Kinder Unterhaltsansprüche geltend. Da jeder eigene Ansprüche geltend macht, fehlt es an der gemeinschaftlichen Beteiligung. Dennoch erhöht sich die Geschäftsgebühr in Beratungshilfesachen um 60 %.

III. Berechnung

1. Wertgebühren

232 Die **Verfahrens-** oder **Geschäftsgebühr** erhöht sich für jede weitere Person um 0,3. Diese Erhöhung erfolgt unabhängig vom Gebührensatz.

233 *Beispiel 1:*

Der Rechtsanwalt vertritt die Eheleute bei der Durchsetzung eines Anspruches i.H.v. 4.000 € mit einem einfachen Schreiben.

Wert: 4.000 €

1.	*0,3 Geschäftsgebühr, Nr. 2402 VV RVG*	*73,50 €*
2.	*0,3 Erhöhung, Nr. 1008 VV RVG*	*73,50 €*
3.	*Postentgeltpauschale, Nr. 7002 VV RVG*	*20,00 €*
4.	*16 % Umsatzsteuer, Nr. 7008 VV RVG*	*+ 26,72 €*
	Summe:	*193,72 €*

234 *Beispiel 2:*

Der Rechtsanwalt berät Eheleute hinsichtlich eines Gegenstandswerts von 4.000 €. Die Angelegenheit ist durchschnittlich. Er erhöht die Mittelgebühr um 0,05, weil die zum 1.7.2004 notwendige Honoraranpassung für Fälle der Beratung nicht erfolgt ist und sich die Einkommensverhältnisse seines Mandanten ihm gegenüber seit dem 1.1.1994 um 26 % verbessert haben.

Wert: 4.000 €

1.	*0,6 Beratungsgebühr, Nr. 2100 VV RVG*	*147,00 €*
2.	*0,3 Erhöhung, Nr. 1008 VV RVG*	*73,50 €*

3.	Postentgeltpauschale, Nr. 7002 VV RVG	20,00 €
4.	16 % Umsatzsteuer, Nr. 7008 VV RVG	+ 38,48 €
Summe:		**278,98 €**

Beispiel 3:   235

Gleiches Beispiel wie zuvor, jedoch bei außergerichtlicher Vertretung. Die Sache ist durchschnittlich und umfangreich.

Wert: 4.000 €

1.	1,5 Geschäftsgebühr, Nr. 2400 VV RVG	367,50 €
2.	0,3 Erhöhung, Nr. 1008 VV RVG	73,50 €
3.	Postentgeltpauschale, Nr. 7002 VV RVG	20,00 €
4.	16 % Umsatzsteuer, Nr. 7008 VV RVG	+ 73,76 €
Summe:		**534,76 €**

Beispiel 4:   236

Der Rechtsanwalt vertritt Eheleute in einem gerichtlichen Verfahren mit einem Gegenstandswert von 4.000 €. Nach mündlicher Verhandlung, an der auch der Gegner teilgenommen hat, ergeht ein Urteil.

Wert: 4.000 €

1.	1,3 Verfahrensgebühr, Nr. 3100 VV RVG	318,50 €
2.	0,3 Erhöhung, Nr. 1008 VV RVG	73,50 €
3.	1,2 Terminsgebühr, Nr. 3104 VV RVG	294,00 €
4.	Postentgeltpauschale, Nr. 7002 VV RVG	20,00 €
5.	16 % Umsatzsteuer, Nr. 7008 VV RVG	+ 112,96 €
Summe:		**818,96 €**

Beispiel 5:   237

Die Vertretung in dem Fall zuvor erfolgt in zweiter Instanz.

Wert: 4.000 €

1.	1,6 Verfahrensgebühr, Nr. 3200 VV RVG	392,00 €
2.	0,3 Erhöhung, Nr. 1008 VV RVG	73,50 €
3.	1,2 Terminsgebühr, Nr. 3202 VV RVG	294,00 €
4.	Postentgeltpauschale, Nr. 7002 VV RVG	20,00 €
5.	16 % Umsatzsteuer, Nr. 7008 VV RVG	+ 124,72 €
Summe:		**904,22 €**

238   *Beispiel 6:*

Der Rechtsanwalt vertritt Eheleute in einem Verfahren mit einem Gegenstandswert von 4.000 € in einer Zwangsvollstreckung.

Wert: 4.000 €

1.	0,3 Verfahrensgebühr, Nr. 3309 VV RVG	73,50 €
2.	0,3 Erhöhung, Nr. 1008 VV RVG	73,50 €
3.	Postentgeltpauschale, Nr. 7002 VV RVG	20,00 €
4.	16 % Umsatzsteuer, Nr. 7008 VV RVG	+ 26,72 €
Summe:		**193,72 €**

2.   Festgebühren und Betragsrahmengebühren

239   Bei Festgebühren erhöhen sich die Verfahrens- oder Geschäftsgebühren um 30 %, bei Betragsrahmengebühren erhöhen sich der Mindest- und Höchstbetrag um 30 %.

240   *Beispiel 1:*

Der Rechtsanwalt vertritt in einer Beratungshilfeangelegenheit Eheleute.

1.	Geschäftsgebühr, Nr. 2603 VV RVG	70,00 €
2.	0,3 Erhöhung, Nr. 1008 VV RVG	21,00 €
3.	Postentgeltpauschale, Nr. 7002 VV RVG	18,20 €
4.	16 % Umsatzsteuer, Nr. 7008 VV RVG	+ 17,47 €
Summe:		**126,67 €**

241   *Beispiel 2:*

Der Rechtsanwalt vertritt Eheleute in einem erstinstanzlichen Verfahren vor dem Sozialgericht, in denen Betragsrahmengebühren entstehen. Die Angelegenheit ist durchschnittlich.

1.	Verfahrensgebühr, Nr. 3102 VV RVG	325,00 €[236]
2.	Postentgeltpauschale, Nr. 7002 VV RVG	20,00 €
3.	16 % Umsatzsteuer, Nr. 7008 VV RVG	+ 55,20 €
Summe:		**400,20 €**

---

236   Der Rahmen beträgt nach Nr. 3102 VV RVG 40 € bis 460 €; er erhöht sich bei der Mindest- und Höchstgebühr um 30 %, beträgt also somit zwischen 52 € bis 598 €; die Mittelgebühr beträgt dann: 325 €.

3. Kappung

Nach Abs. 3 der Anm. zu Nr. 1008 Abs. 3 VV RVG dürfen mehrere Erhöhungen einen 242
Gebührensatz von 2,0 nicht übersteigen; bei Festgebühren dürfen die Erhöhungen das
Doppelte der Festgebühr und bei Betragsrahmengebühren das Doppelte des Mindest-
und Höchstbetrages nicht übersteigen.

Beispiel: 243

Ein Rechtsanwalt vertritt eine Wohnungseigentümergemeinschaft, bestehend aus 30 Per-
sonen, im gerichtlichen Verfahren mit einem Gegenstandswert von 4.000 €. Nach münd-
licher Verhandlung ergeht ein Urteil.

Gegenstandswert: 4.000 €

1.	1,3 Verfahrensgebühr, Nr. 3001 VV RVG	318,50 €
2.	2,0[237] Erhöhung, Nr. 1008 VV RVG	490,00 €
3.	1,2 Terminsgebühr, Nr. 3104 VV RVG	294,00 €
4.	Postentgeltpauschale, Nr. 7002 VV RVG	20,00 €
5.	16 % Umsatzsteuer, Nr. 7008 VV RVG	+ 179,60 €
Summe:		**1.302,10 €**

4. Außergerichtliche und gerichtliche Tätigkeit

Ist der Rechtsanwalt sowohl außergerichtlich als auch gerichtlich tätig, dann erhöhen 244
sich nach Nr. 1008 VV RVG beide Gebühren. Soweit die außergerichtlichen Gebühren
nach Vorbem. 3 Abs. 4 VV RVG nicht angerechnet werden, bleiben diese erhalten.

Beispiel: 245

Der Rechtsanwalt vertritt Eheleute außergerichtlich und gerichtlich in einem Verfahren mit
einem Gegenstandswert i.H.v. 4.000 €. Die Angelegenheit ist durchschnittlich und um-
fangreich. Im gerichtlichen Verfahren verhält er sich unterschiedlich:

a) Er klagt die Hälfte der außergerichtlich entstandenen Gebühren i.H.v. 220,50 € mit ein
(Vorbem. 3 Abs. 4 VV RVG).

b) Er macht auch nur im gerichtlichen Verfahren den außergerichtlich geltend gemachten
Betrag i.H.v. 4.000 € geltend.

I. Außergerichtliche Tätigkeit

Wert: 4.000 €

1.	1,5 Geschäftsgebühr, Nr. 2400 VV RVG	367,50 €
2.	0,3 Erhöhung, Nr. 1008 VV RVG	73,50 €

---

237 29 x 0,3 = 8,7 Gebühren, gekappt auf 2,0 Gebühren.

3   Postentgeltpauschale, Nr. 7002 VV RVG   20,00 €

4. 16 % Umsatzsteuer, Nr. 7008 VV RVG   + 73,76 €

Summe: **534,76 €**

II. Gerichtliches Verfahren

a) Gegenstandswert: 4.220,50 € (4.000 € + 441 für die außergerichtliche Tätigkeit./.2)

1. 1,3 Verfahrensgebühr, Nr. 3100 VV RVG   354,90 €

2. 0,3 Erhöhung, Nr. 1008 VV RVG   81,90 €

3. 1,2 Terminsgebühr, Nr. 3104 VV RVG   327,60 €

4. Postentgeltpauschale, Nr. 7002 VV RVG   20,00 €

5. 16 % Umsatzsteuer, Nr. 7008 VV RVG   + 125,50 €

Summe: **909,90 €**

b) Gegenstandswert: 4.000 €

1. 1,3 Verfahrensgebühr, Nr. 3100 VV RVG   318,50 €

2. 0,3 Erhöhung, Nr. 1008 VV RVG   73,50 €

3. 1,2 Terminsgebühr, Nr. 1104 VV RVG   294,00 €

4. Postentgeltpauschale, Nr. 7002 VV RVG   20,00 €

5. 16 % Umsatzsteuer, Nr. 7008 VV RVG   + 112,96 €

Summe: **818,96 €**

IV. Haftung

1.   Gebühren

246   Nach § 10 RVG ist der Rechtsanwalt verpflichtet, gegenüber jedem Auftraggeber die Gebühren gesondert zu berechnen. § 7 Abs. 2 RVG regelt wie bisher, dass der Auftraggeber nur die Gebühren und Auslagen schuldet, die er schulden würde, wenn der Rechtsanwalt nur in seinem Auftrag tätig geworden wäre.

247   Wenn z.B. einzelne Gebühren nur bei einem Auftraggeber anfallen, dann haftet dieser dafür alleine. Dies kann z.B. in Fällen des Übergangs geschehen.

248   *Beispiel:*

Der Rechtsanwalt erhält den Auftrag des A vor dem 1.7.2004, den Auftrag des B nach dem Stichtag, 10.000 € einzuklagen. Nach streitiger Verhandlung und Beweisaufnahme ergeht ein Urteil, wodurch sich die Angelegenheit erledigt.

I. Kostenrechnung A[238]

Wert: 10.000 €:

1.	10/10 Prozessgebühr, § 31 Abs. 1 Nr. 1 BRAGO	486,00 €
2.	10/10 Verhandlungsgebühr, § 31 Abs. 1 Nr. 2 BRAGO	486,00 €
3.	10/10 Beweisgebühr, § 31 Abs. 1 Nr. 3 BRAGO	486,00 €
4.	Postentgeltpauschale, § 26 Satz 2 BRAGO	20,00 €
5.	16 % Umsatzsteuer, § 25 Abs. 2 BRAGO	+ 236,48 €
	Summe:	*1.714,48 €*

Kostenrechnung B[239]

Wert: 10.000 €

1.	1,3 Verfahrensgebühr, Nr. 3100 VV RVG	631,80 €
2.	0,3 Erhöhung, Nr. 1008 VV RVG	145,80 €
3.	1,2 Terminsgebühr, Nr. 3104 VV RVG	583,20 €
4.	Auslagenpauschale, Nr. 7002 VV RVG	20,00 €
5.	16 % Umsatzsteuer, Nr. 7008 VV RVG	+ 220,93 €
	Summe:	*1.601,73 €*

Der Rechtsanwalt kann von B nie mehr als 1.601,73 € fordern, von A nie mehr als **249** 1.714,48 €. In der Praxis schickt der Rechtsanwalt beiden Mandanten eine Rechnung.

- Zahlt A einen Betrag i.H.v. 112,75 € (Differenz zwischen den beiden Rechnungen), so kann der Rechtsanwalt von B den Betrag i.H.v. 1.601,73 € noch in voller Höhe verlangen,

- zahlt B als Erster einen Betrag i.H.v. 1.601,73 €, so kann der Rechtsanwalt von B den Betrag i.H.v. 112,75 € nicht mehr fordern; insoweit besteht nur ein Anspruch gegen A.

2. Auslagen

Hinsichtlich der Auslagen gilt das Vorgesagte entsprechend. Eine Sonderregelung ist in **250** § 7 Abs. 2 Satz 1 RVG lediglich hinsichtlich der **Dokumentenpauschale** enthalten. Jeder Auftraggeber schuldet die Dokumentenpauschale auch insoweit, wie diese nur durch die Unterrichtung mehrerer Auftraggeber entstanden ist. Ohne diese Vorschrift könnte der Rechtsanwalt die Pauschale nicht geltend machen; § 7 Abs. 2 Satz 1 RVG fingiert die Berechnung wie bei nur einem Auftraggeber.

---

238 Nach § 61 RVG findet die BRAGO Anwendung.
239 Der Auftrag wurde nach dem 1.7.2004 erteilt, so dass das RVG Anwendung findet.

3. Innenverhältnis

251 Für die Erhöhung nach Nr. 1008 VV RVG besteht keine originäre Haftung eines der Auftraggeber. Der Anwalt erhält diese Gebühr dadurch, dass er gegenüber jedem einzelnen Auftraggeber abrechnen kann und auf diese Art und Weise die Beträge erhält, die ihm aufgrund der Vertretung mehrerer Auftraggeber zustehen.

252 **Beispiel:**

Der Rechtsanwalt vertritt Eheleute in einem Zivilverfahren mit einem Gegenstandswert von 4.000 €. Nach mündlicher Verhandlung ergeht ein Urteil. Er sendet jedem der Eheleute folgende Kostenrechnung:

Wert: 4.000 €

1.	1,3 Verfahrensgebühr, Nr. 3100 VV RVG	318,50 €
2.	0,3 Erhöhungsgebühr, Nr. 1002 VV RVG	73,50 €
3.	1,2 Terminsgebühr, Nr. 3104 VV RVG	294,00 €
4.	Postentgeltpauschale, Nr. 7002 VV RVG	20,00 €
5.	16 % Umsatzsteuer, Nr. 7008 VV RVG	+ 112,96 €
Summe:		**818,96 €**

Die Eheleute streiten sich daraufhin und erklären, sie würden nur die Gebühren zahlen, die entstanden wären, wenn der Anwalt jeweils für einen der Ehepartner tätig geworden wäre. Sie machen jeder geltend, die Erhöhung i.H.v. 73,50 € sowie die darauf entfallende Umsatzsteuer i.H.v. 11,76 € = 85,26 € hätten sie nicht zu tragen. Jeder Ehegatte überweist deshalb einen Betrag i.H.v. 733,70 €.

253 Der Rechtsanwalt darf insgesamt nur einen Betrag i.H.v. 818,96 € fordern. Er ist frei, wie er sich nunmehr verhält:

- Er kann den überbezahlten Betrag i.H.v. 648,44 € (2 x 733,70 € – 818,96 €) jedem der Ehepartner zur Hälfte, d.h. i.H.v. 324,22 € zurücküberweisen, so dass seine Vergütungsforderung von 818,96 € in vollem Umfang ausgeglichen ist,

- er kann aber auch den Betrag, den einer der Ehepartner überwiesen hat, in vollem Umfang einnehmen und dem anderen Ehepartner die Überzahlung i.H.v. 648,44 € (2 x 733,70 € – 818,96 €) zurückzahlen.

254 Macht er von der zweiten Möglichkeit Gebrauch, dann besteht für den Ehepartner, der Überzahlung geleistet hat, ein Ausgleichsanspruch. Überwiegend werden die §§ 421 ff. BGB entsprechend angewandt.[240]

---

240 *Gerold/Schmidt/von Eicken/Madert*, BRAGO, § 6 Rn. 58; *Hansens*, BRAGO, § 6 Rn. 21; Anwkom-BRAGO-*Schnapp*, § 6 Rn. 53; *Riedel/Sußbauer/Fraunholz*, BRAGO, § 6 Rn. 50.

Verpflichtet war er nur zur Zahlung eines Betrags i.H.v. 409,48 € (818,96 € : 2); gezahlt   255
hat er einen Betrag i.H.v. 733,70 €, so dass er im Innenverhältnis gegen den anderen
Ehegatten einen Ausgleichsanspruch i.H.v. 324,22 € hat.

V.   Erstattung

Die Frage der Erstattung richtet sich danach, ob alle Streitgenossen vollständig oder nur   256
teilweise obsiegt haben.

1.   Kostenquote i.H.v. 100 % zugunsten der Streitgenossen

Sind alle Gebühren bei den Streitgenossen entstanden, so können alle Gebühren, ein-   257
schließlich der Erhöhung gegen den unterlegenen Gegner festgesetzt werden. Die gemeinschaftlichen Gebühren sind nach § 7 Abs. 2 Satz 1 RVG eine originäre Verbindlichkeit jedes einzelnen Streitgenossen. Das Problem liegt nunmehr darin, dass die Gefahr
besteht, dass diese Kosten mehrfach festgesetzt werden. Der Zahlungsanspruch aus den
Kostenfestsetzungsbeschlüssen wäre höher als die Forderung, die den obsiegenden Streitgenossen zustünde. Zur Lösung werden drei Möglichkeiten vorgeschlagen:

- Der Auftraggeber, der seine Kosten zuerst anmeldet, hat einen Erstattungsanspruch
  i.H.d. fiktiven Einzelkosten nach § 7 Abs. 2 Satz 1 RVG. Der später anmeldende Streitgenosse erhält dann nur noch den Differenzbetrag zwischen den Gesamtkosten und
  den bereits festgesetzten Kosten.[241]

- Die Gegenmeinung gestattet dem Streitgenossen nur einen Kostenerstattungsanspruch i.H.d. Betrages zu, der ihm im Innenverhältnis zum anderen Streitgenossen
  zusteht. Ausnahmen sollen nur für die Fälle bestehen, in denen ein Streitgenosse schon
  die gesamten Kosten des Anwalts getragen hat oder er beweisen kann, dass er aufgrund von Zahlungsunfähigkeit des anderen Streitgenossen im Innenverhältnis keinen Ausgleich erhalten wird.[242]

- Neuerdings wird die Auffassung vertreten, jedem Auftraggeber könne der volle Erstattungsanspruch in der Höhe festgesetzt werden, der sich nach seiner persönlichen
  Verbindlichkeit i.S.d. § 7 Abs. 2 Satz 2 RVG ergibt; der Erstattungsschuldner könne
  sich auf § 7 Abs. 2 Satz 2 RVG berufen.[243]

---

241   Anwkom-BRAGO-*Schnapp*, § 6 Rn. 56.
242   *Hansens*, BRAGO, § 6 Rn. 24; *Riedel/Sußbauer/Fraunholz*, BRAGO, § 6 Rn. 55.
243   *Hartung/Römermann*, RVG, § 7 Rn. 60.

2. Unterschiedlicher Prozessausgang für die Streitgenossen

258 Ein Streitgenosse kann vollständig obsiegen, der andere vollständig unterlegen sein; denkbar sind auch unterschiedliche **Quoten beim Obsiegen** und **Unterliegen** hinsichtlich der Streitgenossen. Die in der Rechtsprechung, aber auch teilweise im Schrifttum geäußerten Auffassungen divergierten erheblich.[244] Umstritten ist, ob der obsiegende Streitgenosse unabhängig von der Haftung im Innenverhältnis gegen den Gegner die vollen Kosten, die durch die Beauftragung eines gemeinsamen Anwaltes entstanden sind und für die er dem Anwalt als Gesamtschuldner haftet, festsetzen lassen kann, oder ob ihm ein Erstattungsanspruch nur in Höhe seiner wertmäßigen Beteiligung an dem Rechtsstreit zusteht.

259 Nach einer älteren Auffassung kann der obsiegende Streitgenosse seine Kosten für den gemeinsamen Prozessvertreter in voller Höhe erstattet verlangen.[245] Begründet wird dies damit, dass einer Partei die Anwaltskosten i.S.d. § 91 Abs. 1 Satz 1 ZPO bereits mit dem Tätigwerden des Anwalts im Rechtstreit erwachsen sind und nicht erst damit, dass die Partei ihrem Prozessbevollmächtigten die entsprechende Gebührenschuld tatsächlich gezahlt hat. Dies gelte für jeden einzelnen Streitgenossen.

260 Die nunmehr h.M., der sich auch der BGH angeschlossen hat, billigt dem obsiegenden Streitgenossen grds. nur einen Anspruch auf Erstattung eines seiner wertmäßigen Beteiligung entsprechenden Bruchteils an den Kosten des gemeinsamen Anwaltes zu. Sie geht von der Kostengrundentscheidung nach der von der Rechtsprechung übernommenen „Baumbach'schen Formel" aus, die nicht dadurch unterlaufen werden dürfe, dass der obsiegende Streitgenosse die vollen Kosten des gemeinsamen Anwaltes vom Gegner erhalte. Der Begriff der „erwachsenen Kosten" müsse im Zusammenhang mit der Einschränkung auf die Notwendigkeit der erstattungsfähigen Kosten einer Partei nach § 91 Abs. 1 Satz 1 ZPO gesehen werden; notwendig i.d.S. seien aber nur die Kosten, mit denen der Streitgenosse auf Dauer in seinem Vermögen belastet werde.[246]

---

244 S. dazu grundlegend *Hansens*, BRAGOreport 2003, 210.

245 BGH, JurBüro 1969, 941; OLG Bamberg, JurBüro 1988, 1182; OLG Oldenburg, JurBüro 1988, 484; OLG Hamburg, JurBüro 1991, 108; OLG Hamburg, OLGR Hamburg 2003, 450; OLG Hamm, BRAGOreport 2001, 160 = OLGR Hamm 2001, 220.

246 BGH, BRAGOreport 2003, 177 = MDR 2003, 1140 = JurBüro 2004, 197 = NJW-RR 2003, 1217; BGH, FamRZ 2003, 1461 = JurBüro 2004, 199 = NJW-RR 2003, 1507; OLG München, JurBüro 1994, 474; OLG Köln, JurBüro 1987, 899: Nur in den Fällen, in denen der ausgleichspflichtige Streitgenosse zahlungsunfähig ist, soll ausnahmsweise der volle Erstattungsanspruch des obsiegenden Streitgenossen bestehen; KG, NJW 1972, 2045; a.A. OLG Hamm, JurBüro 1965, 316.

3. Rechtsprechung

Werden **zwei Streitgenossen,** von denen nur einem Prozesskostenhilfe gewährt worden 261
ist, in einem Rechtsstreit, der dieselbe Angelegenheit betrifft, von nur einem Prozessbevollmächtigten vertreten, so kann der Rechtsanwalt gegen die Bundes- bzw. Landeskasse die Forderung durch die Vertretung der bedürftigen Partei ausgelösten Anwaltskosten
geltend machen.[247]

Lassen sich **Streitgenossen** zunächst durch einen gemeinsamen Prozessbevollmächtig- 262
ten vertreten und beauftragt sodann ein Streitgenosse einen neuen Anwalt, so hängt die
Erstattungsfähigkeit der Gebühren dieses Anwalts neben denjenigen des ursprünglich gemeinsamen Prozessbevollmächtigten grds. von der **Notwendigkeit des Anwaltswech-
sels** ab.[248]

Werden jedoch unbeschadet dessen die Gebühren – obwohl der Anwaltswechsel nicht 263
notwendig war – zunächst für den neuen Anwalt festgesetzt und bleibt diese Festsetzung
unangefochten, so kann der späteren Festsetzung der Gebühren für die Tätigkeit des ursprünglich gemeinsamen Prozessbevollmächtigten nicht entgegengehalten werden, dass
der Anwaltswechsel nicht notwendig gewesen und der Erstattungsanspruch der Streitgenossen in Höhe der ersten Festsetzung abgegolten sei.[249]

Werden bei einem Parteiwechsel sowohl die ausscheidende Partei als auch die neu ein- 264
tretende Partei zumindest kurzfristig zusammen von demselben Rechtsanwalt vertreten,
sind die Erstattungsansprüche der Parteien auf die um 0,3 erhöhte Verfahrensgebühr zu
beschränken, da es sich um dieselbe Angelegenheit handelt.[250]

Ist ein Rechtsanwalt für **mehrere Auftraggeber** tätig, jedoch der **Gegenstand der an-** 265
waltlichen Tätigkeit nicht für alle Auftraggeber derselbe, ist für die Erhöhung der Verfahrensgebühr nicht der Gesamtstreitwert der Angelegenheit, sondern der dem jeweiligen Gegenstand der anwaltlichen Tätigkeit zugeordnete Streitwert zugrunde zu legen;
die auf den Gesamtwert der Gegenstände der in einer Angelegenheit verfolgten anwaltlichen Tätigkeit entfallenden zwei Verfahrensgebühren sind Obergrenze für die Erhöhung der Prozessgebühr, wenn mehrere Mandanten einen Rechtsanwalt in einer Angelegenheit mit der Wahrnehmung mehrerer Gegenstände beauftragen.[251]

---

247   OLG Düsseldorf, NJW-RR 1997, 1493; LG Mainz, Beschl. v. 10.6.2002 – 3 T 40/02; a.A. BGH, NJW
      1993, 1715; OLG Koblenz, MDR 2001, 1261 = JurBüro 2001, 652 = FamRZ 2002, 473; AG An-
      dernach, AGS 2003, 259.
248   OLG Hamm, OLGR 2001, 168.
249   OLG Hamm, a.a.O.
250   OLG Hamburg, AGS 2003, 198 = MDR 2002, 1339.
251   OVG NRW, Beschl. v. 29.8.2002 – 7a D 92/01.

266 Scheidet von **drei Streitgenossen** einer durch **Verschmelzung mit einem der verblei-benden Streitgenossen** aus dem Rechtsstreit aus, so sind die Kosten des **ausgeschie-denen Streitgenossen** nicht aufgrund eines Kostentitels zugunsten des von der Ver-schmelzung betroffenen verbliebenen Streitgenossen festsetzbar; insoweit fehlt es an der notwendigen Grundlage für die Festsetzung der 0,3 Erhöhung aus Anlass der anwalt-lichen Vertretung des ausgeschiedenen Streitgenossen; es soll jedoch in derartigen Fäl-len zweimal die 0,3 Erhöhung aus eigenem Recht der verbliebenen beiden Streitgenos-sen festsetzbar sein.[252]

267 Wenn **vier Streitgenossen** mit gleichlautenden Anträgen auf Unterlassung und Auskunft in Anspruch genommen werden, kann ein obsiegender Streitgenosse für den gemeinsa-men Prozessbevollmächtigten keine Erhöhung geltend machen. Vielmehr betreffen die Anträge regelmäßig mehrere Streitgegenstände, die in dem festgesetzten Gesamtstreit-wert gesondert, aber addiert enthalten sind.[253]

---

252   OLG Hamm, AGS 2002, 4 = OLGR Hamm 2002, 380.
253   OLG Frankfurt, JurBüro 2002, 139 = MDR 2002, 236.

Teil 6: Beratungshilfe

Inhaltsverzeichnis

1 Das Gesetz über die Rechtsberatung und Vertretung für Bürger mit geringem Einkommen (Beratungshilfegesetz – BerHG) v. 18.6.1980[1] regelt die Voraussetzungen für die Bewilligung der Beratungshilfe und das Bewilligungsverfahren. In § 9 BerHG ist der Erstattungsanspruch des Rechtsanwalts gegen den Gegner des Rechtsuchenden geregelt. Bisher war der Anspruch des Rechtsanwalts gegen den Rechtsuchenden auf die sog.

---

1   BGBl. I, S. 689, zuletzt geändert durch das KostRMoG v. 5.5.2004, BGBl. I, S. 718, 834.

Schutzgebühr in § 8 Abs. 1 BerHG geregelt. Diese Bestimmung ist nunmehr in Nr. 2600 VV RVG übertragen worden. Der Vergütungsanspruch des Rechtsanwalts gegen die Landeskasse für die Gewährung der Beratungshilfe außerhalb einer Beratungsstelle nach § 3 Abs. 1 BerHG findet sich nunmehr in Nrn. 2601 ff. VV RVG (bisher § 132 BRAGO).

A. Bewilligung der Beratungshilfe

I. Sachlicher Geltungsbereich des BerHG

Gemäß § 2 Abs. 2 BerHG wird Beratungshilfe in den dort aufgeführten Angelegenheiten   2
gewährt. Unter dem Begriff der Angelegenheit versteht man den gesamten für die Gewährung von Beratungshilfe **maßgeblichen Lebenssachverhalt**.[2] Dieser Begriff hat mit dem Begriff der **gebührenrechtlichen Angelegenheit** i.S.v. § 15 Abs. 2 Satz 2 RVG nichts zu tun.[3]

§ 2 Abs. 2 BerHG unterscheidet nach Angelegenheiten, für die im Rahmen der Bera-   3
tungshilfe **Beratung und** – soweit erforderlich – auch **Vertretung** gewährt werden kann (§ 2 Abs. 2 Satz 1 i.V.m. § 2 Abs. 1 BerHG) und nach Angelegenheiten, in der **nur Beratung** gewährt wird (§ 2 Abs. 2 Satz 2 BerHG). Nach § 2 Abs. 2 Satz 3 BerHG kann Beratungshilfe in beiden Formen, also Beratung und Vertretung, auch zu Rechtsgebieten gewährt werden, soweit es im Gesamtzusammenhang erforderlich ist, hierauf einzugehen.

1. Zivilrecht

Beratung und Vertretung wird gemäß § 2 Abs. 2 Satz 1 Nr. 1 BerHG in Angelegenheiten   4
des **Zivilrechts** gewährt. Hierunter fallen alle Bereiche, die im Streitfall als bürgerliche Rechtsstreitigkeiten von den Zivilgerichten zu entscheiden wären (s. § 13 GVG). Hierzu gehören auch Angelegenheiten des **gewerblichen Rechtsschutzes**.[4]

- Verfahren nach § 11 StrEG betreffen die Höhe der Strafentschädigung,[5]
- Verfahren nach den Unterbringungsgesetzen,
- Anträge an das AG gemäß § 45 PStG sowie
- das Verbraucherinsolvenzverfahren gemäß §§ 300 ff. InsO.

Entgegen der früheren, für verfassungswidrig erklärten[6] Gesetzesfassung kann nunmehr   5
auch Beratungshilfe in Angelegenheiten gewährt werden, für deren Entscheidung die Gerichte für **Arbeitssachen** (§§ 2, 2a ArbGG) zuständig wären.

---

2   AG Mannheim, JurBüro 1984, 1856; *Bischof*, NJW 1998, 894, 896.
3   *Hansens*, JurBüro 1987, 23; a.A. LG Köln, JurBüro 1985, 1423 = AnwBl. 1986, 255.
4   S. BT-Drucks. 8/96 95, S. 8; *Schoreit/Dehn*, BerHG, § 2 Rn. 2.
5   LG Osnabrück, AnwBl. 1985, 335.
6   BVerfG, Rpfleger 1993, 204; 1995, 421.

2. Verwaltungsrecht

6 Auch für Angelegenheiten des Verwaltungsrechts kann Beratung und Vertretung gewährt werden. Hierunter fallen alle Angelegenheiten, für die im Falle der gerichtlichen Auseinandersetzung der Verwaltungsrechtsweg gegeben wäre (§ 40 Abs. 1 Satz 1 VwGO).[7]

7 Angelegenheiten des **Strafvollzugs** sind hierbei eher dem Verwaltungsrecht zuzuordnen.[8] Die Gegenauffassung ordnet diese Angelegenheiten dem Strafrecht[9] zu, so dass danach dann nur Beratung gewährt werden könnte.

8 Auch **Gnadensachen** gehören insoweit eher zum Verwaltungsrecht.[10]

9 Für **Bewährungsverfahren** nach §§ 21 ff. JGG soll nach Auffassung des AG Würzburg[11] Beratungshilfe schlechthin ausgeschlossen sein, weil es sich um ein gerichtliches Verfahren handele.

3. Verfassungsrecht

10 Auch in Angelegenheiten des Verfassungsrechts kann nach § 2 Abs. 2 Satz 1 Nr. 3 BerHG Beratung und Vertretung gewährt werden. Hierunter fallen Angelegenheiten, in denen der Bürger wegen Verletzung eines seiner Grundsätze oder anderer verfassungsrechtlich verbriefter Rechte Verfassungsbeschwerde nach den §§ 90 – 96 BVerfGG oder nach den Landesverfassungen erheben kann.

4. Sozialrecht

11 Gemäß § 2 Abs. 2 Satz 1 Nr. 4 BerHG kann seit 1994 Beratung und Vertretung auch in Angelegenheiten des Sozialrechts gewährt werden. Bereits vor dieser Änderung waren große Teile des Sozialrechts, die in den Zuständigkeitsbereich der Verwaltungsgerichte gehören wie z.B. der Bereich der Ausbildungsförderung, des Wohngeldrechts, der Jugendhilfe und der Sozialhilfe, ohnehin als Angelegenheit des Verwaltungsrechts von der Beratungshilfe erfasst. Nunmehr wird ausdrücklich auch für die Angelegenheiten des Sozialrechts Beratungshilfe gewährt, die nicht in den Zuständigkeitsbereich der Verwal-

---

7 S. hierzu AG Hamm, AnwBl. 1986, 249; AG Heidelberg, AnwBl. 1983, 238; AG Gießen, JurBüro 1988, 997; AG Marburg, Rpfleger 1984, 422; AG Kleve, JurBüro 1987, 64; a.A. LG Braunschweig, Nds.Rpfl. 1984, 262; AG Siegen, AnwBl. 1983, 474.

8 LG Berlin, JurBüro 1986, 401 = AnwBl. 1988, 80 = Rpfleger 1986, 650 sowie JurBüro 1985, 1667; LG Lübeck, StV 1989, 405; AG Osnabrück, AnwBl. 1982, 496; *Korte*, StV 1982, 448; *Hansens*, JurBüro 1986, 169, 175.

9 LG Göttingen, Nds.Rpfl. 1983, 161; AG Gießen, JurBüro 1987, 612; *Müller-Dietz*, StV 1982, 83; AG Mainz, Rpfleger 1990, 78; *Greißinger*, AnwBl. 1992, 50; *Schoreit/Dehn*, BerHG, § 2 Rn. 23.

10 AG Schöneberg, StV 1985, 73 Ls; AG Köln, StV 1988, 353; a.A. *Schoreit/Dehn*, BerHG, § 2 Rn. 24: Zuordnung zum Strafrecht.

11 JurBüro 1986, 776.

tungsgerichte fallen. Hier besteht jedoch die Tendenz in der Rechtsprechung, an die Gewährung der Beratungshilfe **hohe Anforderungen** zu stellen.[12]

5. Strafrecht und Ordnungswidrigkeitenrecht

Gemäß § 2 Abs. 2 Satz 2 BerHG kann in Angelegenheiten des Strafrechts und des Ord-   12
nungswidrigkeitenrechts **nur Beratung** gewährt werden. Zu den Angelegenheiten des
Strafrechts zählen Strafsachen, die gemäß § 13 GVG vor die ordentlichen Gerichte gehören. Hierunter fallen also Straftaten nach dem StGB oder nach dem Nebenstrafrecht,
z.B. gemäß § 35 BtMG.[13] Auch bei Eröffnung des Hauptverfahrens kann in einem solchen
Fall Beratungshilfe in der Form der Beratung gewährt werden.[14] Eine **Vertretung** des Beschuldigten, des Opfers der Straftat – auch im Rahmen der Privat- oder Nebenklage –
oder eines Zeugen ist hingegen ausgeschlossen.[15] Dies gilt auch für den Bereich der **Strafvollstreckung.**[16]

Hinweis: 13

Liegt allerdings der Tätigkeit des Rechtsanwalts in einer Zivilsache nur ein strafrechtlich
relevantes Verhalten des Gegners zugrunde, kann auch Vertretung gewährt werden.[17]

Verfahren nach §§ 8, 9 StrEG über die Verpflichtung der Staatskasse zur **Strafhaftent-**   14
schädigung fallen ebenfalls unter Angelegenheiten des Strafrechts, für die nur Beratung
gewährt werden kann. Verfahren über die Höhe der Entschädigung gehören hingegen
zu den Zivilsachen, für die Beratung und Vertretung gewährt werden kann.

Angelegenheiten des **Ordnungswidrigkeitenrechts** haben Bußgeldverfahren und sons-   15
tige Maßnahmen der Verwaltungsbehörde nach dem OWiG zum Gegenstand.[18] Auch
hier kann Beratungshilfe nur für Beratung gewährt werden.

6. Ausländisches Recht

Ist das Recht anderer Staaten anzuwenden, kann gemäß § 2 Abs. 3 BerHG Beratungs-   16
hilfe nicht gewährt werden, wenn der Sachverhalt keine Beziehung zum Inland aufweist.
Keine solche Beziehung liegt in der Anwesenheit einer Person im Inland, welche sich in
einem Eherechtsstreit in den USA befindet.[19] Demgegenüber dürfte einer Ausländerin,

---

12   AG Koblenz, NJW-RR 1996, 570; Rpfleger 1997, 220.
13   AG Hamm, AnwBl. 1986, 294.
14   AG Köln, StV 1984, 347.
15   LG Braunschweig, Nds.Rpfl. 1986, 198; LG Frankfurt, JurBüro 1986, 732; AG Essen, StV 1986, 493;
      AG Frankfurt, StV 1986, 167; AG Neumünster, JurBüro 1987, 1413; *D. Meyer*, JurBüro 1983, 1601.
16   S. AG Mainz, Rpfleger 1990, 78; AG Minden, StraFO 2003, 183 = AGS 2003, 318 m. Anm. *Madert*.
17   LG Offenburg, JurBüro 1989, 1110.
18   AG Braunschweig, AnwBl. 1984, 517.
19   AG Aschaffenburg, JurBüro 1983, 723; *Herget*, MDR 1984, 529.

die von einem Deutschen geschieden ist, Beratungshilfe für das Anerkennungsverfahren nach Art. 7 § 1 FamRÄndG zu bewilligen sein.[20] Ebenso wird die erforderliche Beziehung zum Inland vorliegen, wenn das internationale Privatrecht (§§ 7 ff. EGBGB) auf ausländisches Recht verweist.[21]

17

> **Hinweis:**
>
> Der Ausschluss der Beratungshilfe gilt entsprechend, wenn nicht das Recht „anderer Staaten", sondern **supranationales Recht** anzuwenden ist.[22] Hierbei gilt die Europäische Menschenrechtskonvention (MRK) aufgrund des hierzu ergangenen deutschen Zustimmungsgesetzes als innerstaatliches Recht.

II.   Gewährung der Beratungshilfe

18   Gemäß § 3 BerHG wird Beratungshilfe gewährt durch

- **Rechtsanwälte** und durch **Rechtsbeistände**, die Mitglied einer Rechtsanwaltskammer sind (§ 3 Abs. 1 BerHG) und

- durch das AG, dessen Aufgaben gemäß § 24a Abs. 1 Nr. 2 RPflG dem **Rechtspfleger** übertragen wurden.

1.   Rechtsanwälte

19   In erster Linie wird Beratungshilfe durch die Rechtsanwälte und die diesen gleichgestellten Rechtsbeistände gewährt. Im Regelfall erfolgt dies durch den einzelnen Anwalt in der Kanzlei. In Betracht kommt aber auch eine Beratung in **anwaltlichen Beratungsstellen**, die meist aufgrund einer Vereinbarung mit der zuständigen Landesjustizverwaltung eingerichtet werden.

2.   Rechtspfleger

20   In zweiter Linie kann Beratungshilfe auch durch den Rechtpfleger des AG gewährt werden (§ 3 Abs. 2 BerHG). Das Gesetz überträgt dem Rechtspfleger hierbei **drei Gruppen von Geschäften**. Danach kann der Rechtspfleger nach seinem pflichtgemäßen Ermessen

- eine sofortige Auskunft erteilen,[23]

- den Rechtsuchenden auf andere Möglichkeiten für Hilfe hinweisen oder

- einen Antrag oder eine Erklärung des Rechtsuchenden aufnehmen.

---

20   *Greißinger*, AnwBl. 1986, 608.
21   *Schoreit/Dehn*, BerHG, § 2 Rn. 40.
22   *Schoreit/Dehn*, BerHG, § 2 Rn. 41.
23   *Müller-Engelmann*, Rpfleger 1987, 493; *Lindemann*, AnwBl. 1981, 353, 355.

Insbesondere bei der Erteilung sofortiger Auskünfte ist jedoch Zurückhaltung angebracht. 21
Immerhin besteht die Gefahr, dass der Rechtspfleger die Grenze zur Rechtsberatung überschreitet. Die Gefahr einer strafrechtlichen Verurteilung wegen Rechtsbeugung i.S.d.
§ 336 StGB besteht zwar praktisch nicht.[24] In der Praxis kann jedoch nicht verhindert werden, dass der Rechtspfleger sich dadurch des „Parteiverrats" schuldig macht, dass er im
größeren zeitlichen Abstand beide Parteien nacheinander berät.[25]

III. Antrag auf Beratungshilfe

Die formellen Voraussetzungen für den Antrag auf Beratungshilfe sind in § 4 BerHG ge- 22
regelt. Darüber hinaus bestimmt § 7 BerHG Regelungen beim Direktzugang des Rechtsuchenden zum Rechtsanwalt.

1. Form

Der Antrag auf Beratungshilfe kann gemäß § 4 Abs. 2 BerHG **mündlich oder schriftlich** 23
gestellt werden.

Für den schriftlichen Antrag schreibt die Beratungshilfevordruckverordnung – BerHVV[26] die 24
Benutzung des dort als Anlage beigefügten Vordrucks vor. Bei Antragstellung ist gemäß § 4
Abs. 2 Satz 2 BerHG der **Sachverhalt**, für den Beratungshilfe beantragt wird, anzugeben.

Hieran können jedoch keine hohen Anforderungen gestellt werden.[27] 25

Jedoch muss der Rechtspfleger aufgrund der Angaben des Rechtsuchenden in der Lage 26
sein, in dem zu erteilenden Berechtigungsschein die Angelegenheit so genau wie möglich zu bezeichnen.[28]

Ferner hat der Rechtsuchende seine **persönlichen und wirtschaftlichen Verhältnisse** 27
nach § 4 Abs. 2 Satz 3 BerHG glaubhaft zu machen. Welche Angaben hierzu erforderlich sind, kann dem Antragsformular gemäß der Beratungshilfevordruckverordnung[29] und
den dort beigegebenen Ausfüllhinweisen unter C – G entnommen werden. Maßgeblich
sind die Verhältnisse zum Zeitpunkt der Entscheidung des Rechtspflegers.[30]

2. Antragsvoraussetzungen beim Direktzugang zum Rechtsanwalt

Gemäß § 7 BerHG kann der Rechtsuchende auch unmittelbar einen Rechtsanwalt aufsu- 28
chen. Diesem gegenüber hat der Rechtsuchende dann seine persönlichen und wirtschaft-

---

24 S. OLG Koblenz, Rpfleger 1987, 260.
25 S. *Lappe*, Rpfleger 1985, 94.
26 V. 17.12.1994, BGBl. I, S. 38, 39 i.d.F. v. Art. 33 SozHiEinOG, BGBl. I, 2003, 3022.
27 *Hansens*, JurBüro 1987, 23; *Bischof*, NJW 1981, 897.
28 S. LG Köln, JurBüro 1982, 256 m. Anm. *Mümmler* = Rpfleger 1982, 120 = LG Köln, AnwBl. 1982, 83.
29 A.a.O.
30 *Schoreit/Dehn*, BerHG, § 4 Rn. 11.

lichen Verhältnisse glaubhaft zu machen. Ferner hat er dem Rechtsanwalt gegenüber zu versichern, dass ihm in derselben Angelegenheit Beratungshilfe bisher weder gewährt noch durch das AG versagt worden ist. In einem solchen Fall kann der Antrag auf Beratungshilfe beim AG nachträglich gestellt werden (§ 4 Abs. 2 Satz 4 BerHG). Soweit gelegentlich gefordert wird, der Rechtsuchende müsse dann den Beratungshilfeantrag vor dem Beginn der Anwaltstätigkeit unterschrieben haben,[31] wird dies durch das Gesetz nicht gestützt.[32]

29 Für den Antrag auf Gewährung von Beratungshilfe ist **keine** bestimmte **Frist** vorgesehen, wenn sich der Rechtsuchende unmittelbar an einen Anwalt gewandt hat. Deshalb kommt eine zeitliche Begrenzung nur unter dem Gesichtspunkt der Verwirkung in Betracht. Ein Zeitraum von 22 Monaten reicht für eine Verwirkung jedoch noch nicht aus.[33]

30

> **Hinweis:**
> Der Rechtsanwalt trägt das Risiko, dass das AG nachträglich die Beratungshilfe versagt.[34]

3. Zuständiges Gericht

a) Allgemeiner Gerichtsstand

31 Gemäß § 4 Abs. 1 Satz 1 BerHG entscheidet über den Antrag auf Beratungshilfe das AG, in dessen Bezirk der Rechtsuchende seinen **allgemeinen Gerichtsstand** hat. Hat der Rechtsuchende dagegen im Inland keinen allgemeinen Gerichtsstand, so ist das AG zuständig, in dessen Bezirk ein **Bedürfnis** für Beratungshilfe auftritt.

b) Sachliche Zuständigkeit

32 Das AG ist unabhängig davon sachlich zuständig, ob es später mit einem sich aus der Beratungshilfe-Angelegenheit entwickelnden Gerichtsverfahren befasst werden kann.[35]

c) Örtliche Zuständigkeit

33 Die örtliche Zuständigkeit ergibt sich aus § 4 Abs. 1 BerHG. Diese Zuständigkeitsregelung findet auch im Falle des Direktzugangs zu einem Rechtsanwalt nach § 7 BerHG Anwendung. Bei Streit über die örtliche Zuständigkeit des Gerichts kann der Rechtspfleger gemäß § 5 BerHG i.V.m. § 5 Abs. 1 FGG die Bestimmung des örtlich zuständigen Gerichts veranlassen.[36]

---

31 LG Hannover, FamRZ 2000, 1230; *Kreppel*, Rpfleger 1986, 87.
32 OLG Oldenburg, BRAGOreport 2001, 14 [*N. Schneider*]; *N. Schneider*, BRAGOreport 2000, 38.
33 AG Sinzig, BRAGOreport 2001, 127.
34 S. AG Bamberg, JurBüro 1982, 71; AG Witzenhausen, Rpfleger 1989, 290.
35 OLG Stuttgart, JurBüro 1986, 120.
36 S. BayObLG, JurBüro 1989, 63 und AnwBl. 1994, 432; OLG Hamm, JurBüro 1984, 1256; OLG Köln, JurBüro 1985, 1115.

aa) Antrag vor Inanspruchnahme des Rechtsanwalts

Örtlich zuständig ist gemäß § 4 Abs. 1 Satz 1 BerHG das AG, in dessen Bezirk der Recht- 34 suchende seinen allgemeinen Gerichtsstand hat. Dieser bestimmt sich nach den §§ 12 ff. ZPO. Bei Wohnsitzlosen ist gemäß § 16 ZPO der Aufenthaltsort im Inland oder der letzte Wohnsitz maßgebend. Bei einem **Wohnsitzwechsel** des Rechtsuchenden ist das AG örtlich zuständig, in dessen Bezirk der Rechtsuchende zum Zeitpunkt der Antragstellung seinen Wohnsitz hatte.[37] Es kommt also nicht darauf an, in welchem Amtsgerichtsbezirk das Bedürfnis nach Beratung ursprünglich aufgetreten war.[38]

bb) Kein allgemeiner Gerichtsstand im Inland

Hat der Rechtsuchenden im Inland keinen allgemeinen Gerichtsstand, ist gemäß § 4 Abs. 1 35 Satz 2 BerHG das AG zuständig, in dessen Bezirk ein Bedürfnis für Beratungshilfe auftritt.

Dies kann das AG sein, in dessen Bezirk der Rechtsuchende

- einen **längeren Aufenthalt** hat oder zuletzt gehabt hat,[39]
- seinen **ständigen Arbeitsplatz** hat,[40]
- seinen **Ausbildungsplatz** hat,[41]
- ein gerichtliches **Verfahren anhängig** machen müsste,[42]
- ein **Verfahren** tatsächlich durchführt,[43]
- seinen **Urlaubsort** hat,[44]

ferner

- bei Asylbewerbern das Gericht am **Sitz der Ausländerbehörde** oder des **Verwaltungsgerichts**,[45]
- das Gericht, in dessen Bezirk der **Ort des Verkehrsunfalls** liegt, der Gegenstand der Beratungshilfe ist,[46]

---

37 BayObLG, JurBüro 1995, 366 = AnwBl. 1998, 56 = Rpfleger 1996, 33; OLG Zweibrücken, JurBüro 1998, 197.
38 So aber OLG Hamm, JurBüro 1995, 366 = Rpfleger 1995, 365; OLG Köln, OLGR 2001, 172.
39 BayObLG, JurBüro 1989, 63 = Rpfleger 1988, 470; OLG Hamm, JurBüro 1984, 1256 = Rpfleger 1984, 23; OLG Zweibrücken, Rpfleger 1985, 199: Justizvollzugsanstalt; zum Begriff des längeren Aufenthalts: OLG Karlsruhe, AnwBl. 1984, 515 sowie OLG Stuttgart, JurBüro 1986, 120 = Rpfleger 1985, 395: Ständiger Aufenthalt von nicht ganz unbedeutender Dauer.
40 BayObLG, JurBüro 1984, 121 = Rpfleger 1983, 447; OLG Köln, JurBüro 1985, 1116.
41 BayObLG, a.a.O.; OLG Karlsruhe, AnwBl. 1984, 514.
42 BayObLG, a.a.O., und JurBüro 1984, 449; OLG Karlsruhe, JurBüro 1982, 736.
43 LG Göttingen, JurBüro 1985, 596.
44 BayObLG, a.a.O.; OLG Karlsruhe, AnwBl. 1984, 514; OLG Köln, JurBüro 1985, 1116.
45 BayObLG, JurBüro 1989, 64 = Rpfleger 1988, 471.
46 BayObLG, Rpfleger 1983, 447; OLG Karlsruhe, AnwBl. 1984, 514.

- auch das für die **Anwaltskanzlei zuständige Gericht**, in die sich der Rechtsuchende zwecks Beratung begeben hat.[47]

cc) Zuständigkeit bei nachträglichem Antrag

36 Auch wenn der Rechtsuchende den Antrag auf Beratungshilfe gemäß § 4 Abs. 2 Satz 4 BerHG erst stellt, nachdem er sich unmittelbar gemäß § 7 BerHG an einen Rechtsanwalt gewandt hatte, bestimmt sich die örtliche Zuständigkeit des AG nach § 4 Abs. 1 BerHG.[48] Maßgeblich ist der Wohnsitz zum **Zeitpunkt** des **Antragseingangs bei Gericht**[49] und nicht der Wohnsitz zu dem Zeitpunkt, zu dem das Bedürfnis der Beratungshilfe aufgetreten ist.[50]

4. Entscheidung des Gerichts

37 Wenn nicht der Rechtspfleger des AG gemäß § 3 Abs. 2 BerHG selbst Beratungshilfe gewährt, entscheidet er im Falle der Bewilligung der Beratungshilfe durch Ausstellung eines Berechtigungsscheins (§ 6 Abs. 1 BerHG). Bei nachträglichem Antrag nach § 4 Abs. 2 Satz 4 BerHG ergeht die Entscheidung im Regelfall durch formlose Verfügung. Im Falle der Ablehnung des Antrags hat der Rechtspfleger durch Beschluss zu entscheiden.

a) Ausstellung eines Berechtigungsscheins

38 Sind die Voraussetzungen für die Gewährung von Beratungshilfe gegeben, so stellt der Rechtspfleger dem Rechtsuchenden gemäß § 6 Abs. 1 BerHG einen **Berechtigungsschein für Beratungshilfe** durch einen Rechtsanwalt seiner Wahl aus. Dies geschieht in der Form des Beschlusses.[51] Zum Teil wird die Bewilligungsentscheidung aber auch durch Verfügung getroffen.[52] Die Unterschiede wirken sich in der Praxis nicht aus. In jedem Fall bedarf die Entscheidung des Rechtspflegers zu ihrer Wirksamkeit gemäß § 5 BerHG i.V.m. § 16 FGG der **Bekanntmachung** an den Rechtsuchenden.

39
> **Hinweis:**
>
> Der Rechtspfleger darf den Berechtigungsschein **nicht** dahin **einschränken**, dass Beratungshilfe nur in der Form von Beratung zu erteilen ist. Tut er dies gleichwohl, bindet dies den Urkundsbeamten der Geschäftsstelle für die Festsetzung der Vergütung.[53] Dem Beratungshilfe gewährenden Rechtsanwalt steht in einem solchen Fall dann nur die Beratungsgebühr nach Nr. 2601 VV RVG zu. In der Beschränkung des Berechtigungsscheins liegt eine teilweise Zurückweisung des Antrags, die gemäß § 6 BerHG mit der Erinnerung anfechtbar ist.[54]

---

47 OLG Köln, JurBüro 1993, 347 = Rpfleger 1993, 353.
48 BayObLG, JurBüro 1995, 366 = AnwBl. 1998, 56.
49 BayObLG, a.a.O.; OLG Köln, OLGR 2001, 297 = AGS 2001, 258.
50 So aber OLG Hamm, JurBüro 1995, 366 = Rpfleger 1995, 365.
51 LG Münster, JurBüro 1984, 447; AG Würzburg, JurBüro 1986, 776.
52 OLG Hamm, JurBüro 1984, 1746; LG Bochum, AnwBl. 1984, 105; LG Köln, Rpfleger 1983, 286.
53 LG Berlin, JurBüro 1989, 85 = AnwBl. 1989, 400 = Rpfleger 1988, 489.
54 LG Berlin, a.a.O., s. nachfolgend Rn. 45 ff.

Bei der Entscheidung über den Antrag hat der Rechtspfleger auch nicht zu prüfen, um **40** **wie viele gebührenrechtliche Angelegenheiten** es sich handelt. Für den Anspruch des Rechtsanwalts gegen die Landeskasse ist nämlich die Anzahl der erteilten Berechtigungsscheine ohne Belang.[55]

b) Entscheidung bei nachträglichem Antrag

Wird der nachträgliche Antrag nach § 4 Abs. 2 Satz 4 BerHG ausnahmsweise nicht zusammen mit dem Festsetzungsantrag des Rechtsanwalts gestellt,[56] hat der Rechtspfleger auch in diesem Fall einen Berechtigungsschein auszustellen. **41**

Im Regelfall reicht der Beratungshilfe gewährende Rechtsanwalt seinen Festsetzungsantrag jedoch zusammen mit dem Antrag auf Gewährung der Beratungshilfe für den Rechtsuchenden ein. Dann ist die Ausstellung eines Berechtigungsscheins entbehrlich.[57] In jedem Fall muss der Rechtspfleger auch über den nachträglichen Antrag eine Entscheidung, etwa in der Form einer Verfügung, treffen. Diese bedarf der Bekanntmachung an den Rechtsuchenden gemäß § 5 BerHG i.V.m. § 16 FGG.[58] Ohne diese Mitteilung bleibt die Entscheidung des Rechtspflegers ein nur gerichtsinterner Vorgang.[59] **42**

c) Ablehnende Entscheidung

Eine den Antrag ablehnende Entscheidung ist in jedem Fall in der Form eines zu begründenden Beschlusses zu treffen. **Dieser bedarf** zu seiner Wirksamkeit der Mitteilung gemäß § 5 BerHG i.V.m. § 16 FGG. Eine **Rechtsmittelbelehrung** ist gesetzlich nicht vorgesehen, wird aber aus dem Rechtsgedanken des § 36 SGB X hergeleitet. Die dem Antrag stattgegebene Entscheidung kann der Rechtspfleger nachträglich **nicht ändern**, wohl aber seine ablehnende Entscheidung (s. § 5 BerHG i.V.m. § 18 FGG). **43**

5. Rechtsbehelfe

Die Rechtsbehelfe gegen die Entscheidungen des Rechtspflegers sind unterschiedlich ausgestaltet. **44**

---

55 OLG Braunschweig, JurBüro 1985, 250 = AnwBl. 1984, 514; OLG München, JurBüro 1988, 593; LG Berlin, JurBüro 1985, 1667 und Rpfleger 1996, 464; LG Dortmund, JurBüro 1985, 1034 = Rpfleger 1985, 78; LG Münster, JurBüro 1990, 333; *Hansens*, JurBüro 1986, 1, 12; a.A. LG Köln, JurBüro 1985, 1423 = AnwBl. 1986, 255; *Schmidt*, in: Anm. zu LG Dortmund, AnwBl. 1985, 335.
56 S. den Fall BayObLG, JurBüro 1984, 121 = Rpfleger 1983, 447.
57 KG, JurBüro 1983, 1707 = Rpfleger 1983, 445; *Grunsky*, NJW 1980, 2041, 2048; *Schulte*, Rpfleger 1983, 285; a.A. LG Berlin, JurBüro 1982, 1371 = Rpfleger 1982, 239; *Mümmler*, JurBüro 1984, 1125, 1135.
58 KG, a.a.O.; *Schulte*, Rpfleger 1983, 285.
59 OLG Köln, Rpfleger 1990, 126.

a) Gegen die Zurückweisung des Antrags

aa) Erinnerung

45 Gegen den den Antrag des Rechtsuchenden ganz oder teilweise zurückweisenden Beschluss des Rechtspflegers ist gemäß § 11 Abs. 2 RPflG die Erinnerung statthaft. Die Regelung in § 6 Abs. 2 BerHG, nach der gegen den zurückweisenden Beschluss als Rechtsbehelf „nur die Erinnerung statthaft" ist, dient lediglich der Klarstellung, dass der Amtsrichter über die Rechtspfleger-Erinnerung abschließend entscheidet.

46 Die Erinnerung ist **nicht fristgebunden**, da gemäß § 24a Abs. 2 RPflG die Bestimmung des § 11 Abs. 2 Satz 1 RPflG nicht anwendbar ist.

47 Der Rechtspfleger kann der Erinnerung gemäß § 11 Abs. 2 Satz 2 RPflG **abhelfen**.

48 Im Falle der **Nichtabhilfe** legt der Rechtspfleger die Erinnerung dem Amtsrichter zur Entscheidung vor (§ 11 Abs. 2 Satz 3 RPflG). Der Richter entscheidet über die Erinnerung abschließend, was sich aus der Formulierung in § 6 Abs. 2 BerHG ergibt.[60] Die **Nichtabhilfeentscheidung** des Rechtspflegers ist **unanfechtbar**. Gegen die anschließende Entscheidung des LG, mit der dieses die Beschwerde gegen den Nichtabhilfebeschluss als unzulässig verwirft, soll hingegen die weitere Beschwerde statthaft sein.[61]

49 **Erinnerungsbefugt** ist nur der Rechtsuchende, nicht aber der Rechtsanwalt im eigenen Namen.[62]

bb) Keine Beschwerde und weitere Beschwerde

50 Gegen die Entscheidung des Amtsrichters ist die **Beschwerde** unstatthaft, da gemäß § 6 Abs. 2 BerHG die Beschwerde nach § 19 FGG ausgeschlossen ist.[63] Nur bei **greifbarer Gesetzeswidrigkeit** der amtsgerichtlichen Entscheidung kann eine Beschwerde ausnahmsweise zulässig sein.[64]

51 Grds. ist auch die **weitere Beschwerde** ausgeschlossen. Nach neuerer Auffassung des BayObLG[65] ist die weitere Beschwerde dann statthaft, wenn das LG die Erstbeschwerde nach sachlicher Prüfung als unbegründet zurückgewiesen hat, obwohl es das Rechtsmittel als unzulässig hätte verwerfen müssen. In einem solchen Fall ist die weitere Beschwerde mit der Maßgabe zurückzuweisen, dass die Erstbeschwerde unzulässig ist. Hierdurch wird klargestellt, dass die Abänderungsbefugnis des AG gemäß § 18 FGG nach wie vor besteht und sich das AG hieran nicht durch die unzutreffende Sachentscheidung des LG gehindert sieht.

---

60   *Rellermeyer*, Rpfleger 1998, 309, 311.
61   OLG Karlsruhe, Beschl. v. 5.3.2003 – 14 Wx 11/02 – ZAP EN-Nr. 666/2003.
62   AG Braunschweig, JurBüro 1987, 609.
63   BayObLG, NJW-RR 1994, 831; OLG Hamm, JurBüro 1984, 1746 = Rpfleger 1984, 322; OLG Stuttgart, JurBüro 1984, 124.
64   LG Kiel, SchlHA 1989, 155.
65   NJW-RR 1994, 831 insoweit unter Aufgabe von Rpfleger 1985, 406.

b) Gegen die Bewilligung

aa) Rechtsbehelf der Landeskasse

Ob der Landeskasse gegen die Bewilligung der Beratungshilfe ein Rechtsbehelf zusteht, 52
ist sehr umstritten. Da § 6 Abs. 2 BerHG nur die Erinnerung bei Zurückweisung des Antrags vorsieht, vertritt ein Teil der Rechtsprechung und Literatur die Auffassung, die **Bewilligung** der Beratungshilfe sei **unanfechtbar**.[66] Nach der Gegenauffassung steht der Landeskasse die **unbefristete Erinnerung** zu, über die der Amtsrichter entsprechend § 6 Abs. 2 BerHG abschließend entscheidet.[67] Hierfür spricht, dass die an dem Bewilligungsverfahren nicht formell beteiligte Landeskasse wegen der Bindungswirkung der Bewilligung der Beratungshilfe für die Festsetzung der Anwaltsvergütung materiell beschwert ist. Aus dieser Rechtsbeeinträchtigung kann über § 11 Abs. 2 Satz 4 RPflG die Beschwerdebefugnis der Landeskasse aus § 19 FGG hergeleitet werden. Hierbei wird vielfach wegen der vergleichbaren Interessenlage § 127 Abs. 3 ZPO entsprechend angewandt.[68]

bb) Rechtsbehelf des Rechtsanwalts

Gegen die Bewilligung der Beratungshilfe ist eine Erinnerung des Rechtsanwalts nicht zu- 53
lässig, weil er hierdurch weder formell noch materiell beschwert ist. Soweit das LG Köln[69]
die Erinnerung des Rechtsanwalts für zulässig erachtet, wenn Beratungshilfe nur in einer statt in mehreren Beratungshilfe-Angelegenheiten gewährt worden ist, ist dies abzulehnen. Bereits der Ausgangspunkt der Entscheidung ist unrichtig, da die Bewilligung keinerlei Bindungswirkung für die Anzahl der Angelegenheiten i.S.d. Gebührenrechts entfaltet.

cc) Rechtsbehelf des Rechtsuchenden

Auch der Rechtsuchende ist nicht erinnerungsbefugt. Dies gilt auch dann, wenn der 54
Rechtspfleger einen Berechtigungsschein erteilt, obwohl der Rechtsuchende die Beratungshilfe durch den Rechtspfleger selbst begehrt.[70]

c) Gegen die Aufhebung der Bewilligung

Wird die Bewilligung der Beratungshilfe nachträglich aufgehoben, steht dies der Zu- 55
rückweisung des Antrags gemäß § 6 Abs. 2 BerHG gleich. Deshalb kann der **Rechtsu-**

---

66   LG Bochum, AnwBl. 1984, 105; LG Göttingen, JurBüro 1988, 197; LG Köln, JurBüro 1983, 1709 = Rpfleger 1983, 286; AG Braunschweig, Nds.Rpfl. 1986, 7; AG Gießen, JurBüro 1986, 1694; *Herget*, MDR 1984, 529, 530; *Hartig*, Rpfleger 1987, 355.

67   OLG Hamm, JurBüro 1984, 1746 = Rpfleger 1984, 322; LG Aachen, Rpfleger 1991, 322; LG Bochum, AnwBl. 1986, 256; LG Münster, JurBüro 1983, 1893 m. abl. Anm. *Mümmler*, JurBüro 1984, 447; AG Berlin-Tiergarten, Rpfleger 1986, 31; AG Würzburg, JurBüro 1986, 766.

68   *Weiß*, Rpfleger 1988, 341, 347.

69   JurBüro 1985, 1423 = AnwBl. 1986, 255.

70   *Forstmann*, AnwBl. 1982, 181, 183; s. für den umgekehrten Fall Rn. 57.

chende hiergegen entsprechend § 6 BerHG Erinnerung nach § 11 Abs. 2 RPflG einlegen.[71] Hierüber entscheidet der Amtsrichter abschließend.[72]

56 **Der Rechtsanwalt** ist hingegen nicht erinnerungsbefugt.

d) Gegen die Versagung der Beratungshilfe

57 Erteilt der Rechtspfleger einen Berechtigungsschein, anstatt die erbetene sofortige Auskunft nach § 3 Abs. 2 BerHG sofort zu erteilen, ist der Rechtsuchende hierdurch nicht beschwert.[73] Gibt der Rechtspfleger hingegen dem Rechtsuchenden eine sofortige Auskunft, anstatt den begehrten Berechtigungsschein zu erteilen, liegt darin eine teilweise Zurückweisung des Antrags. Hiergegen ist die Erinnerung nach § 6 Abs. 2 BerHG gegeben.[74] Dies gilt auch dann, wenn geltend gemacht wird, der Rechtspfleger habe eine unzureichende sofortige Auskunft usw. erteilt.[75]

B. Vergütungsansprüche des Rechtsanwalts

58 Dem Rechtsanwalt stehen aufgrund verschiedener gesetzlicher Grundlagen bis zu drei verschiedene Anspruchsmöglichkeiten zu und zwar gegen

* den Rechtsuchenden,
* gegen den Gegner sowie
* gegen die Landeskasse.

I. Vergütungsanspruch gegen den Rechtsuchenden

59 Nach Vorbem. 2.6 VV RVG entstehen im Rahmen der Beratungshilfe Gebühren ausschließlich nach Teil 2 Abschnitt 6 VV RVG. Dies schließt jedoch die Anwendung der allgemeinen Vorschriften des RVG nicht aus.[76]

1. Beratungshilfegebühr

60 Nach Nr. 2600 VV RVG erhält der Rechtsanwalt eine Beratungshilfegebühr i.H.v. **10 €**. Diese Gebühr ersetzt die bisherige sog. Schutzgebühr des § 8 Abs. 1 BerHG. Die Gebühr schuldet gemäß § 44 Satz 2 RVG nur der Rechtsuchende. Ein Anspruch gegen die Landeskasse besteht deshalb insoweit nicht.

---

71 LG Frankenthal, JurBüro 1986, 1380.
72 LG Siegen, JurBüro 1987, 1413.
73 *Forstmann*, AnwBl. 1982, 181, 183.
74 *Forstmann*, a.a.O.
75 *Nöcker*, Rpfleger 1981, 1, 3.
76 Anwkom-RVG-N. *Schneider*, Nr. 2600 VV RVG Rn. 1.

a) Anfall

Die Beratungshilfegebühr entsteht, wenn der Rechtsanwalt Beratungshilfe nach § 2 Abs. 2   61
BerHG **tatsächlich gewährt** hat.[77] Folglich fällt die Beratungshilfegebühr auch dann an,

- wenn der Rechtsuchende keinen Berechtigungsschein vorgelegt hat,

- wenn der Antrag auf nachträgliche Gewährung von Beratungshilfe nach § 4 Abs. 2
  Satz 4 BerHG später zurückgewiesen wird.

b) Mehrfacher Anfall

Da die Beratungshilfegebühr abweichend vom bisherigen Recht eine echte Anwaltsge-   62
bühr ist, gelten für sie auch die allgemeinen Vorschriften des RVG. Folglich erhält der
Rechtsanwalt von dem Rechtsuchenden auch mehrere Beratungshilfegebühren, wenn er
in **mehreren gebührenrechtlichen Angelegenheiten** tätig geworden ist. Ob der Rechtsanwalt in nur einer oder in mehreren gebührenrechtlichen Angelegenheiten tätig geworden ist, bestimmt sich nach § 15 Abs. 2 Satz 1 RVG.[78] Ebenso wie für den Vergütungsanspruch des Beratungshilfe gewährenden Rechtsanwalts gegen die Landeskasse
ist die Anzahl der erteilten Berechtigungsscheine hierfür unerheblich.[79]

Gewährt der Rechtsanwalt **mehreren Rechtsuchenden** Beratungshilfe, steht ihm gegen   63
jeden von ihnen die Beratungshilfegebühr gesondert zu.[80]

2. Keine Auslagen

Nach Satz 1 der Anm. zu Nr. 2600 VV RVG werden neben der Gebühr keine Auslagen   64
erhoben. Dies betrifft nicht nur die Dokumentenpauschale, Postentgelte oder Fahrtkosten, sondern auch die **Umsatzsteuer.**[81] Das überrascht auf den ersten Blick, da es sich
bei der Beratungshilfegebühr um die einzige RVG-Gebühr handelt, für die der Rechtsanwalt keine Umsatzsteuer berechnen kann. Dies erklärt sich jedoch aus dem Umstand,
dass diese Gebühr als sog. Schutzgebühr bisher in § 8 Abs. 1 BerHG geregelt war, für die
dem Rechtsanwalt als außerhalb der BRAGO geregelte Gebühr ebenfalls keine Auslagen
einschließlich der Umsatzsteuer zustanden. Folglich beträgt die Beratungshilfegebühr für
den im Regelfall umsatzsteuerpflichtigen Rechtsanwalt **netto** lediglich **8,62 €.**

---

77   *Grunsky*, NJW 1980, 2048; *Hartmann*, KostG, Nr. 2600 VV RVG Rn. 1; *Hartung/Römermann*, RVG,
      § 44 Rn. 43; *Mayer/Kroiß/Pukall*, RVG, Nr. 2600 VV RVG Rn. 4; a.A. LG Berlin, Rpfleger 1982, 239.

78   So auch *Hartung/Römermann*, RVG, § 44 Rn. 44; Anwkom-RVG-*N. Schneider*, Nr. 2600 VV RVG
      Rn. 2.

79   A.A. *Mayer/Kroiß/Pukall*, RVG, Nr. 2600 VV RVG Rn. 3.

80   Anwkom-RVG-*N. Schneider*, Nr. 2600 VV RVG Rn. 3.

81   Anwkom-RVG-*N. Schneider*, Nr. 2600 VV RVG Rn. 1; *Mayer/Kroiß/Pukall*, a.a.O.; *Hartung/Römer-
      mann*, RVG, § 44 Rn. 45.

3. Kein Vorschuss

65 Ein Anspruch des Rechtsanwalts auf Vorschuss auf die Beratungshilfegebühr (§ 9 RVG) ist durch die Sonderregelung in § 47 Abs. 2 RVG ausgeschlossen. Diese Regelung betrifft nämlich nicht nur den Vergütungsanspruch des Rechtsanwalts gegen die Landeskasse, sondern auch die nur von dem Rechtsuchenden geschuldete Beratungshilfegebühr nach Nr. 2600 VV RVG.[82]

66

> **Praxishinweis:**
>
> Es empfiehlt sich jedoch, die Beratung von der Zahlung der Beratungshilfegebühr **abhängig zu machen**. Wenn der Rechtsanwalt seine Beratungshilfetätigkeit nicht von der Zahlung der Beratungshilfegebühr abhängig gemacht hat, bleibt ihm nur der Klageweg gegen den Rechtsuchenden. Dies ist jedoch wirtschaftlich nicht sinnvoll.

4. Keine Anrechnung

67 Eine Anrechnung der Beratungshilfegebühr ist anders als für die Beratungsgebühr (s. Abs. 2 der Anm. zu Nr. 2601 VV RVG) und für die Geschäftsgebühr (s. Abs. 2 der Anm. zu Nr. 2603 VV RVG) nicht vorgesehen. Folglich muss sich der Rechtsanwalt die Beratungshilfegebühr auch nicht auf die aus der Landeskasse zu zahlende Vergütung anrechnen. Dies entsprach auch für die Schutzgebühr des § 8 Abs. 1 BerHG allgemeiner Auffassung.[83]

5. Erlass

68 Nach Satz 2 der Anm. zu Nr. 2600 VV RVG kann der Rechtsanwalt dem Rechtsuchenden die Gebühr erlassen. Die bisher in § 8 Abs. 1 BerHG enthaltene Einschränkung, dass dies nach den Verhältnissen des Rechtsuchenden erfolgen könne, besteht nicht mehr. Folglich entscheidet der Rechtsanwalt über den Erlass der Beratungshilfegebühr nach seinem **freien Ermessen**.

6. Keine Festsetzung

69 Eine Festsetzung der Beratungshilfegebühr kommt nicht in Betracht. Dies scheitert bereits daran, dass die Beratungshilfegebühr nicht „zu den Kosten des gerichtlichen Verfahrens" i.S.v. § 11 Abs. 1 RVG gehört.[84]

---

82   *Hartung/Römermann*, RVG, § 47 Rn. 30.
83   LG Köln, JurBüro 1982, 256 = Rpfleger 1982, 120.
84   So bereits für die Schutzgebühr nach § 8 Abs. 1 BerHG: AG Mainz, Rpfleger 1985, 324.

Ebenso wenig kommt eine Festsetzung gegen den Rechtsuchenden nach § 55 Abs. 4   70
RVG in Betracht.[85] Diese Festsetzung betrifft lediglich die aus der Staatskasse zu gewährende Vergütung (s. § 55 Abs. 1 Satz 1 RVG) und nicht die nur vom Rechtsuchenden geschuldete Beratungshilfegebühr.

7.   Verbot von Vergütungsvereinbarungen

Nach dem bisherigen § 8 Abs. 2 BerHG, der nunmehr § 8 BerHG geworden ist, sind Ver-   71
einbarungen über eine Vergütung nichtig. Dies betrifft **jegliche** Vereinbarung.

Der Rechtsanwalt darf also mit dem Rechtsuchenden keine Vereinbarungen treffen über   72

* eine höhere Beratungshilfegebühr,

* eine niedrigere Beratungshilfegebühr, sofern die Gebühr nicht erlassen wird,

* die Zahlung einer Vergütung für den Fall, dass Beratungshilfe nicht nachträglich gewährt wird,[86]

* die Zahlung einer Vergütung für den Fall, dass die Festsetzung aus der Landeskasse
  ganz oder teilweise abgelehnt wird.

II.   Vergütungsansprüche gegen den Gegner des Rechtsuchenden

Ist der Gegner des Rechtsuchenden verpflichtet, diesem die Kosten der Wahrnehmung   73
seiner Rechte zu ersetzen, hat er die gesetzliche Vergütung für die Tätigkeit des Rechtsanwalts nach § 9 Satz 1 BerHG zu zahlen. Dieser Anspruch geht gemäß § 9 Satz 2 BerHG
auf den Rechtsanwalt über. Diese Regelung hat kaum praktische Bedeutung. Die einzige
bekannt gewordene Gerichtsentscheidung hierzu stammt vom AG Hannover.[87] Der Anspruch des Rechtsanwalts entsteht unter folgenden Voraussetzungen.

1.   Kostenerstattungsanspruch des Rechtsuchenden

a)   Materieller Kostenerstattungsanspruch

Der Rechtsuchende kann zunächst einmal gegen den Gegner aus dem der Beratungs-   74
hilfe zugrunde liegenden Sachverhalt einen materiell-rechtlichen Kostenerstattungsanspruch haben. Dieser kann z.B. aus Vertrag, Verzug, unerlaubter Handlung, positiver Vertragsverletzung[88] oder aus Verwendungsersatz hergeleitet werden.

---

85   So aber *Mayer/Kroiß/Pukall*, RVG, Nr. 2600 VV RVG Rn. 7.

86   *Hansens*, JurBüro 1986, 1, 2; *Schoreit/Dehn*, BerHG, § 8 Rn. 6; a.A. Anwkom-RVG-*N. Schneider*, Vor-
     bem. 2.6 Rn. 35; *Mayer/Kroiß/Pukall*, RVG, Nr. 2600 VV RVG Nr. 5.

87   WuM 1985, 122.

88   So der Fall des AG Hannover, a.a.O.

b) Prozessualer Kostenerstattungsanspruch

75 Unter bestimmten Voraussetzungen steht dem Rechtsuchenden gegen den Gegner auch ein prozessualer Kostenerstattungsanspruch zu, der auf den Beratungshilfe gewährenden Rechtsanwalt übergehen kann.

76 *Beispiel:*

Der Rechtsanwalt hat den Rechtsuchenden im Rahmen der Beratungshilfe in einem obligatorischen Güteverfahren nach § 15a EGZPO vertreten. Hierfür steht ihm zu

- *gegen den Rechtsuchenden:*

  Beratungshilfegebühr, Nr. 2600 VV RVG   *10 €*

- *gegen die Landeskasse:*

  Geschäftsgebühr, Nr. 2603 VV RVG   *70 €*

  zzgl. Postentgelte und Umsatzsteuer.

Obsiegt der Rechtsuchende in dem anschließenden Rechtsstreit, so kann er aufgrund der dort ergangenen Kostenentscheidung gemäß § 91 Abs. 3 ZPO auch die im Güteverfahren entstandenen Kosten erstattet verlangen. Dies wäre eine

1,5 Geschäftsgebühr, Nr. 2403 Nr. 1 VV RVG

nach dem Gegenstandswert, ggf. nach Durchführung der Gebührenanrechnung gemäß Vorbem. 3 Abs. 4 VV RVG i.H.e. 0,75 Geschäftsgebühr.

77 Dieser prozessuale Kostenerstattungsanspruch geht dann ebenfalls auf den Rechtsanwalt über.[89]

2. Höhe des Anspruchs

a) Gesetzliche Vergütung

78 Der Anspruch des Rechtsuchenden geht nach § 9 Satz 2 BerHG auf den Rechtsanwalt in Höhe der „gesetzlichen Vergütung" über. Dies sind nicht die meist niedrigeren Gebühren nach Nrn. 2601 ff. VV RVG, die dem Rechtsanwalt gegen die Staatskasse zustehen. Vielmehr versteht man nach allgemeiner Auffassung[90] die höhere gesetzliche Vergütung nach (jetzt) Teil 2 VV RVG. Dieser gesetzliche Forderungsübergang betrifft also bemerkenswerterweise Kosten, die dem nur die Beratungshilfegebühr schuldenden Rechtsuchenden in dieser Höhe nicht entstanden sind. Dies erklärt sich nur mit der Absicht

---

89   So auch *Mayer/Kroiß/Pukall*, RVG, § 44 Rn. 45 ff., der den Anspruch allerdings unzutreffend auf § 15a Abs. 4 EGZPO stützt. Diese Kosten betreffen lediglich die Kosten der Gütestelle, nicht die Anwaltsvergütung des Verfahrensbevollmächtigten, so OLG München, MDR 1999, 380.

90   *Hansens*, JurBüro 1986, 339, 349; *Schoreit/Dehn*, BerHG, § 9 Rn. 2; *Mayer/Kroiß/Pukall*, RVG, § 44 Rn. 39.

des Gesetzgebers, den Gegner durch die Beratungshilfe nicht zu begünstigen.[91] Folglich kann der Rechtsanwalt gegen den ersatzpflichtigen Gegner die gesetzliche Vergütung, etwa nach Nr. 2400 VV RVG nebst den in Teil 7 VV RVG aufgeführten Auslagen, verlangen.[92]

b) Beratungshilfegebühr

Ob zu der gesetzlichen Vergütung auch die Beratungshilfegebühr gehört, ist umstritten. Sie steht zwar jetzt auch im RVG. Der Gegner wäre aber dadurch benachteiligt, dass sein Gläubiger bedürftig ist. Dem „reichen Gläubiger" hätte er nur die gesetzlichen Gebühren ohne die Schutzgebühr zu erstatten. Daraus folgt: 79

- Hat der Rechtsuchende dem Rechtsanwalt die Beratungshilfegebühr gezahlt, muss er ihm diese wieder zurückzahlen, falls der Gegner die gesetzliche Vergütung (also ohne Beratungshilfegebühr) in voller Höhe ersetzt hat.[93]

- Hat der Rechtsuchende hingegen die Beratungshilfegebühr dem Rechtsanwalt noch nicht gezahlt, entfällt im letzteren Fall seine Zahlungsverpflichtung. Der Rechtsanwalt erhält von dem Gegner nur die gesetzliche Vergütung. Würde er zusätzlich die Beratungshilfegebühr erhalten,[94] würde der Anwalt besser stehen als bei Vertretung eines „reichen" Mandanten.

3. Nicht zum Nachteil des Rechtsuchenden

Gemäß § 9 Satz 3 BerHG darf der Übergang nicht zum Nachteil des Rechtsuchenden   80 geltend gemacht werden. Dies hat zur Folge:

- Der Rechtsanwalt darf Ansprüche gegen den ersatzpflichtigen Gegner nicht geltend machen, solange und soweit der Rechtsuchende noch Ansprüche gegen diesen Gegner hat.

- Kann der Gegner auf den Hauptanspruch des Rechtsuchenden und auf den übergegangenen Kostenerstattungsanspruch des Anwalts nur Teilbeträge leisten, darf der Rechtsanwalt trotz des in § 367 Abs. 1 BGB bestimmten Vorrangs der Kosten diese erst dann geltend machen, wenn Zinsen und Hauptforderung vollständig bezahlt sind.[95]

---

91 S. BT-Drucks. 8/3311, S. 15.
92 S. AG Hannover, WuM 1985, 122: Geschäftsgebühr nach § 118 Abs. 1 Nr. 1 BRAGO.
93 *Schoreit/Dehn,* BerHG, § 9 Rn. 4; *Hansens,* BRAGO, vor § 131 Rn. 6; a.A. *Schaich,* AnwBl. 1981, 2, 4; Anwkom-RVG-*N. Schneider,* vor 2.6 VV RVG Rn. 38.
94 Anwkom-RVG-*N. Schneider,* a.a.O.
95 *Hansens,* JurBüro 1986, 339, 349.

4. Geltendmachung des Anspruchs

81 Der Rechtsanwalt muss den auf ihn übergegangenen Kostenerstattungsanspruch auf eigenes Risiko und auf eigene Kosten durchsetzen. Im Falle des **materiellen Kostenerstattungsanspruchs** erfolgt dies im Klagewege. Hierbei ist der Anwalt für den Forderungsübergang selbst, den Grund und die Höhe der gesetzlichen Vergütung darlegungs- und beweispflichtig.[96]

82 Im Fall des **prozessualen Kostenerstattungsanspruchs** wird der übergegangene Anspruch im Wege der Kostenfestsetzung gemäß §§ 103 ff. ZPO geltend gemacht. Auch hier hat der Rechtsanwalt den Übergang und den Grund und die Höhe der gesetzlichen Vergütung darzulegen und glaubhaft zu machen (s. § 104 Abs. 2 ZPO).

83 Zur Geltendmachung des übergegangenen Anspruchs ist der Rechtsanwalt jedoch **nicht verpflichtet**.

5. Einwendungen des Gegners

84 Gegenüber dem materiell-rechtlichen Kostenerstattungsanspruch kann der Gegner gemäß §§ 412, 406 BGB sämtliche Einwendungen geltend machen, die er auch dem Rechtsuchenden gegenüber erheben könnte. Anders als bei der Prozesskostenhilfe in § 126 Abs. 2 Satz 1 ZPO geregelt, kann der Gegner dem Rechtsanwalt also auch **Einreden aus der Person** des Rechtsuchenden entgegenhalten.

85 Gegenüber dem prozessualen Kostenerstattungsanspruch können im Kostenfestsetzungsverfahren Einwendungen materiell-rechtlicher Art nur geltend gemacht werden, wenn deren Voraussetzungen unstreitig sind.

6. Anrechnung von Zahlungen

86 Hat der Rechtsanwalt vom Gegner gemäß § 9 BerHG Zahlungen erhalten, werden diese gemäß § 58 Abs. 1 RVG (früher § 9 Satz 4 BerHG) auf die dem Rechtsanwalt aus der Landeskasse zu zahlende Vergütung angerechnet. Diese Anrechnung ist uneingeschränkt auf die aus der Landeskasse zu zahlende Vergütung vorzunehmen. Anders als bei der Prozesskostenhilfe kann der Rechtsanwalt also **nicht** die Zahlungen des Gegners zunächst auf die **Differenz** zwischen den Beratungshilfegebühren und den höheren Gebühren nach Teil 2 VV RVG verrechnen.[97]

87 Hat der Rechtsanwalt Zahlungen bereits erhalten, bevor er seine Vergütung gegenüber der Landeskasse geltend gemacht hat, hat er diese gemäß § 55 Abs. 5 Satz 2 RVG bereits in

---

96   *Hansens,* JurBüro 1986, 339, 350.
97   Anwkom-RVG-*N. Schneider,* vor 2.6 VV RVG Rn. 40.

seinen Antrag aufzunehmen. Zahlungen, die er nach dem Tag der Antragstellung erhalten hat, hat er nach dieser Vorschrift der Landeskasse unverzüglich anzuzeigen.

7. Forderungsübergang auf die Landeskasse

Soweit die Landeskasse dem Beratungshilfe gewährenden Rechtsanwalt die Vergütung   88
bereits gezahlt hat, geht der auf den Rechtsanwalt gemäß § 9 BerHG übergegangene
Anspruch des Rechtsuchenden auf die Landeskasse über (§ 59 Abs. 1 i.V.m. Abs. 3 RVG).
Dieser Forderungsübergang kann nach § 59 Abs. 1 Satz 2 RVG wiederum nicht zum
Nachteil des Rechtsanwalts geltend gemacht werden.

III. Vergütungsanspruch gegen die Landeskasse

1. Allgemeines

Für die Tätigkeit im Rahmen der Beratungshilfe erhält der Rechtsanwalt nach § 44 Satz 1   89
RVG, der dem § 131 BRAGO entspricht, eine Vergütung aus der Landeskasse. Diesen Anspruch hat nicht nur der in dieser Bestimmung ausdrücklich genannte Rechtsanwalt, sondern haben auch andere Mitglieder einer Rechtsanwaltskammer (s. § 1 Abs. 1 Satz 3
RVG). Hierzu gehört somit auch der Rechtsbeistand, der Mitglied einer Rechtsanwaltskammer ist.

Die dem Rechtsanwalt aus der Landeskasse zustehenden **Gebühren** sind in Teil 2 Ab-   90
schnitt 6 VV RVG geregelt. Daneben hat der Rechtsanwalt gegen die Landeskasse gemäß
§ 46 Abs. 1 RVG einen Anspruch auf die **Auslagen**, deren Höhe sich nach Teil 7 VV RVG
berechnet. Nur wenn diese Auslagen nicht zur sachgemäßen Durchführung der Beratungsangelegenheit erforderlich waren, erhält er sie aus der Landeskasse nicht ersetzt.

Der Vergütungsanspruch gegen die Landeskasse besteht auch dann, wenn der Rechts-   91
anwalt die Beratungshilfetätigkeit nicht selbst, sondern durch einen der in § 5 RVG aufgeführten **Vertreter** erbracht hat.

Sind für die Tätigkeit der Rechtsanwälte in **Beratungsstellen** nach § 3 Abs. 1 BerHG mit   92
den Landesjustizverwaltungen besondere Vergütungsvereinbarungen, z.B. nach Zeitaufwand, getroffen worden, hat der betreffende Rechtsanwalt gemäß § 44 Satz 1 RVG keinen Anspruch auf eine Vergütung nach dem RVG gegen die Landeskasse. Ist jedoch eine solche Vergütungsvereinbarung nicht getroffen worden, steht ihm die Vergütung (Gebühren nach Teil 2 Abschnitt 6 VV RVG, Auslagen nach Teil 7 VV RVG) aus der Landeskasse zu.

2. Berechtigungsschein

Der Rechtsanwalt hat einen Anspruch gegen die Landeskasse nur, wenn dem Rechtsu-   93
chenden ein Berechtigungsschein (§ 6 BerHG) erteilt worden ist. Wie sich aus § 4 Abs. 2

Satz 4 BerHG ergibt, kann dieser auch nachträglich erteilt werden, wenn sich der Rechtsuchende wegen Beratungshilfe unmittelbar an den Rechtsanwalt gewandt hat. In einem solchen Fall trägt der Rechtsanwalt allerdings das **Risiko**, dass dem Rechtsuchenden die Erteilung eines Berechtigungsscheins versagt wird. In diesem Fall hat der Rechtsanwalt keinen Anspruch gegen die Landeskasse, sondern nur einen Anspruch gegen den Rechtsuchenden auf die Beratungshilfegebühr nach Nr. 2600 VV RVG.

94 Die **gewährte Beratungshilfe** kann allerdings wegen ursprünglicher oder nachträglicher Unrichtigkeit der Entscheidung gemäß § 5 BerHG i.V.m. § 18 FGG **aufgehoben** werden.[98] Die Aufhebung kommt insbesondere dann in Betracht, wenn die Bewilligung der Beratungshilfe auf unrichtigen Angaben des Rechtsuchenden zur Beratungshilfeangelegenheit, aber auch zu seinen persönlichen und wirtschaftlichen Verhältnissen beruht.

95 Ein **Widerruf der Beratungshilfe** kommt bei nachträglicher Unrichtigkeit ihrer Bewilligung, etwa späterem Vermögenserwerb des Rechtsuchenden, in Betracht.[99] Welche Rechtsfolge die Aufhebung oder der Widerruf der Beratungshilfe für den Vergütungsanspruch des Rechtsanwalts gegen die Landeskasse hat, ist umstritten.

96 Hat der Rechtsanwalt seine Beratungstätigkeit erst ausgeübt, nachdem der Rechtsuchende den **Berechtigungsschein vorgelegt hat**, behält der Rechtsanwalt seinen Vergütungsanspruch gegen die Landeskasse auch bei nachträglicher Aufhebung oder nachträglichem Widerruf.[100] Etwas anderes gilt nur, wenn der Rechtsanwalt bereits vor der Beratungshilfetätigkeit wusste oder jedenfalls hätte wissen müssen, dass die Voraussetzungen für die Gewährung der Beratungshilfe nicht vorgelegen hatten.[101]

97 Anders wird der Fall in der Rechtsprechung beurteilt, wenn der Rechtsanwalt **vor Erteilung des Berechtigungsscheines tätig** wird, dieser dann erteilt, die Gewährung der Beratungshilfe aber nachträglich aufgehoben wird. In einem solchen Fall soll dem Rechtsanwalt ein Anspruch aus der Landeskasse nicht zustehen. Eine bereits ausgezahlte Vergütung soll dann von dem Rechtsanwalt nach den Vorschriften der Justizbeitreibungsordnung wieder zurückgefordert werden.[102] Dies ist abzulehnen. Der Rechtsanwalt trägt bei der Gewährung von Beratungshilfe vor Erteilung des Berechtigungsscheins nur das Risiko, dass dessen Erteilung verweigert wird. Bei nachträglicher Erteilung des Berechtigungsscheins ist das Vertrauen des **Rechtsanwalts auf dessen Bestand** genauso geschützt, als wenn er Beratungshilfe erst nach Vorlage des Berechtigungsscheins gewährt

---

98 LG Bochum, AnwBl. 1984, 105; *Kalthoener/Büttner/Wrobel-Sachs*, Prozesskostenhilfe und Beratungshilfe, Rn. 988 ff.

99 *Kalthoener/Büttner/Wrobel-Sachs*, a.a.O., Rn. 990.

100 LG Osnabrück, AnwBl. 1983, 145; OLG Bayreuth, JurBüro 1983, 1845 m. Anm. *Mümmler*; AG Gladbeck, AnwBl. 1988, 360; LG Bochum, AnwBl. 1983, 105.

101 *Hansens*, JurBüro 1987, 329, 339; *Kreppel*, Rpfleger 1986, 86, 88.

102 LG Frankenthal, JurBüro 1986, 1379 = Rpfleger 1986, 494; LG Münster, JurBüro 1985, 1844; LG Paderborn, JurBüro 1986, 1211.

hätte. Dem Rechtsanwalt steht also auch in einem solchen Fall der Vergütungsanspruch gegen die Landeskasse zu. Ein Rückforderungsanspruch der Landeskasse besteht dann nicht. Etwas anderes gilt auch hier nur dann ausnahmsweise, wenn der Anwalt wusste oder wissen musste, dass die Voraussetzungen für die nachträgliche Aufhebung der Beratungshilfegewährung vorlagen.

3. Gebührentatbestände

Der Anspruch des Rechtsanwalts gegen die Landeskasse erfordert, dass der Rechtsanwalt einen der in Nrn. 2601 bis 2608 VV RVG aufgeführten sechs Gebührentatbestände erfüllt hat. Die **Aussöhnungsgebühr** nach Nr. 1001 VV RVG ist in dieser Aufzählung nicht erwähnt. Deshalb steht dem Rechtsanwalt für die Mitwirkung an der Aussöhnung von Eheleuten keine entsprechende Gebühr aus der Staatskasse zu.[103] Nur wenn der Rechtsanwalt anlässlich der Aussöhnung auch an einer Einigung i.S.v. Nr. 1000 VV RVG mitwirkt, kann er aus der Landeskasse die Einigungs- und Erledigungsgebühr nach Nr. 2608 VV RVG erhalten.[104]

98

Bei den Gebühren nach Nrn. 2601 bis 2608 VV RVG handelt es sich um **Festgebühren**, deren Höhe unabhängig von Art und Umfang der anwaltlichen Tätigkeit oder von dem Gegenstandswert ist. Der Rechtsanwalt erhält die betreffende Festgebühr auch dann in voller Höhe, wenn im Einzelfall die sonst nach dem Vergütungsverzeichnis zu berechnende Gebühr niedriger wäre.

99

Beispiel:

100

Der Rechtsanwalt berät den Rechtsuchenden wegen einer gegen ihn geltend gemachten Werklohnforderung i.H.v. 200 €. Er erhält aus der **Landeskasse**

Beratungsgebühr, Nr. 2601 VV RVG 30 €

als **Wahlanwalt** *könnte er höchstens berechnen:*

1,0 Beratungsgebühr, Nr. 2100 VV RVG (Wert: 200 €) 25 €

Ebenso wie die Wahlanwaltsgebühren für die Beratungsgebühr (Abs. 2 der Anm. zu Nr. 2100 VV RVG) und die Geschäftsgebühr (Vorbem. 3 Abs. 4 VV RVG) wird auch bei den im Rahmen der Beratungshilfe entstehenden Gebühren eine **Anrechnung** angeordnet:

101

• Für die Beratungsgebühr in Abs. 2 der Anm. zu Nr. 2601 VV RVG,

102

• für die Geschäftsgebühr in Abs. 2 der Anm. zu Nr. 2603 VV RVG.

---

103 LG Kleve, JurBüro 1985, 1844; AG Meppen, Nds.Rpfl. 1995, 105; Anwkom-RVG-*N. Schneider*, Nr. 2608 VV RVG Rn. 7.

104 Anwkom-RVG-*N. Schneider*, a.a.O.

IV. Gebühren im Rahmen der Beratungshilfe

103 Für den Anspruch gegenüber der Landeskasse sieht das RVG drei verschiedene Gebührenarten vor:

- die Beratungsgebühr, Nrn. 2601, 2602 VV RVG,

- die Geschäftsgebühr, Nrn. 2603 – 2607 VV RVG und

- die Einigungs- und Erledigungsgebühr, Nr. 2608 VV RVG.

104

Gegenüber der bisherigen Regelung in der BRAGO ergeben sich **folgende Unterschiede:**

- Sämtliche **Festgebühren** sind **angehoben** worden.

- Die Gebühr für die Mitwirkung bei einer Einigung (früher: Vergleich) und die Erledigung einer Rechtssache hat nunmehr eine **einheitliche Höhe.**

- Die Einigungs- und Erledigungsgebühr kann auch **neben der Beratungsgebühr** entstehen.

1. Beratungsgebühr

105 Nach Nr. 2601 VV RVG erhält der Rechtsanwalt eine **Beratungsgebühr i.H.v. 30 €.**

a) Anfall

106 Die Gebühr entsteht nach Abs. 1 der Anm. zu Nr. 2601 VV RVG für eine Beratung, wenn die Beratung nicht mit einer anderen gebührenpflichtigen Tätigkeit zusammenhängt.

107 Was unter einer **Beratung** zu verstehen ist, ergibt sich aus der Legaldefinition in Abs. 1 der Anm. zu Nr. 2100 VV RVG, der hier jedenfalls entsprechend gilt. Danach versteht das Gesetz unter Beratung einen **mündlichen oder schriftlichen Rat oder eine Auskunft.** Selbst eine sofortige einfache Auskunft, zu deren Erteilung der Rechtspfleger gemäß § 3 Abs. 2 BerHG befugt gewesen wäre, löst die Beratungsgebühr aus.[105] Dies gilt auch, wenn die Beratung lediglich über einen nebensächlichen Punkt erfolgt ist.[106] Voraussetzung ist, dass die Beratung im Rahmen der Beratungshilfe erteilt worden ist. Auf den Umfang und die Schwierigkeit der anwaltlichen Tätigkeit kommt es nicht an. Der Rechtsanwalt erhält deshalb die Beratungsgebühr auch dann nur einmal, wenn er innerhalb derselben Beratungshilfe-Angelegenheit dem Rechtsuchenden mehrere Ratschläge oder Auskünfte erteilt.[107]

---

105 *Hansens*, JurBüro 1986, 169, 171.
106 *Hansens*, JurBüro 1986, 169, 170.
107 AG Bayreuth, JurBüro 1983, 1844 m. Anm. *Mümmler;* AG Würzburg, JurBüro 1982, 101 und 102 m. Anm. *Mümmler;* AG Mannheim, JurBüro 1984, 1856 m. Anm. *Mümmler.*

Die Beratungsgebühr deckt sämtliche mit dem Beratungsmandat zusammenhängende 108
Tätigkeiten ab, also auch eine **Akteneinsicht.**[108]

Im Übrigen gelten dieselben Ausführungen wie bei der „normalen" Beratungsgebühr 109
nach Nrn. 2100 ff. VV RVG (s. Teil 7 Rn. 1 ff.).

b)   Kein Zusammenhang mit einer anderen gebührenpflichtigen Tätigkeit

Die Beratungsgebühr nach Nr. 2106 VV RVG entsteht nur, wenn die Beratung nicht mit 110
einer anderen gebührenpflichtigen Tätigkeit zusammenhängt (Abs. 1 der Anm. zu
Nr. 2601 VV RVG). Auch dies entspricht der Regelung in Abs. 1 der Anm. zu Nr. 2100
VV RVG, so dass auf die Ausführungen hierzu (Teil 7 Rn. 8 f.) verwiesen werden kann. Eine andere gebührenpflichtige Tätigkeit in diesem Sinne ist auch die Vertretung im Rahmen der Beratungshilfe, für die der Rechtsanwalt nach Nr. 2603 VV RVG eine Geschäftsgebühr erhält. Beratungsgebühr und Geschäftsgebühr können in derselben Beratungsangelegenheit also **nicht nebeneinander** entstehen.

c)   Höhe

Die Beratungsgebühr entsteht als **Festgebühr** i.H.v. grds. **30 €.** 111

Bei einer Beratungstätigkeit mit dem Ziel einer außergerichtlichen Einigung mit den 112
Gläubigern über die **Schuldenbereinigung** auf der Grundlage eines Plans (§ 305 Abs. 1
Nr. 1 InsO) beträgt die Beratungsgebühr nach Nr. 2602 VV RVG **60 €.**

Diese Gebühr ist unabhängig von der Anzahl der Gläubiger. Eine Erhöhung wie bei der 113
Geschäftsgebühr nach Nrn. 2604 – 2607 VV RVG ist also für die Beratungsgebühr nicht
vorgesehen.

d)   Beratung mehrerer Rechtsuchender

Berät der Rechtsanwalt mehrere Rechtsuchende, kann dies gebührenrechtlich unter- 114
schiedlich zu würdigen sein. Liegen mehrere gebührenrechtliche Angelegenheiten vor,
erhält der Rechtsanwalt auch mehrere Beratungsgebühren. Werden mehrere Rechtsuchende innerhalb derselben Angelegenheit beraten, ist umstritten, ob die Beratungsgebühr nach Nr. 2601 VV RVG gemäß Nr. 1008 VV RVG je weiterem Auftraggeber um 30 %
zu erhöhen ist. Diese Vorschrift betrifft ihrem Wortlaut nach nur die Verfahrens- und die
Geschäftsgebühr. Nach allerdings nicht unbestrittener Auffassung ist auch die Beratungsgebühr nach Nr. 2100 VV RVG bei Beratung mehrerer Auftraggeber zu erhöhen.[109]

---

108   LG Braunschweig, Nds.Rpfl. 1986, 198; AG Frankfurt, StV 1986, 167; *Hansens*, JurBüro 1986, 169,
      174.
109   S. Teil 7 Rn. 64 ff.

115 Deshalb ist es auch gerechtfertigt, die Festgebühr der Nr. 2601 VV RVG **um jeweils 9 €
je weiterem Rechtsuchenden** zu erhöhen.[110] Entsprechend Abs. 3 2. Halbs. der Anm. zu
Nr. 1008 VV RVG dürfen die Erhöhungen das Doppelte der Festgebühr nicht übersteigen.
Die erhöhte Beratungsgebühr kann somit **höchstens** (30 € + 60 € =) **90 €** betragen.[111]

e) Anrechnung der Beratungsgebühr

116 Nach Abs. 2 der Anm. zu Nr. 2601 VV RVG ist die Beratungsgebühr auf eine Gebühr für
eine sonstige Tätigkeit anzurechnen, die mit der Beratung zusammenhängt.

117 *Beispiele:*

*(1) Nach einer Beratung ist eine Vertretung im Rahmen der Beratungshilfe erforderlich.
Die zunächst angefallene Beratungsgebühr nach Nr. 2601 VV RVG ist auf die später entstandene Geschäftsgebühr nach Nr. 2603 VV RVG anzurechnen.[112]*

*(2) Nach der Beratung vertritt der Rechtsanwalt den Rechtsuchenden außergerichtlich
gegenüber einem Dritten, wofür keine Beratungshilfe gewährt worden ist.[113]*

*Die Beratungsgebühr nach Nr. 2601 VV RVG ist auf die Geschäftsgebühr nach Nr. 2400
VV RVG anzurechnen.*

*(3) Der Rechtsanwalt rät dem Rechtsuchenden, die angekündigte Klage der Gegenseite
abzuwarten. In dem dann anschließenden Rechtsstreit wird der Anwalt dem Rechtsuchenden im Wege der Prozesskostenhilfe beigeordnet.*

*Auch hier ist die Beratungsgebühr auf die Verfahrensgebühr nach Nr. 3100 VV RVG an-
zurechnen.*

*Die Anrechnung erfolgt auf die aus der Landeskasse zu zahlende PKH-Anwaltsvergütung.
Eine Anrechnung auf die Differenz zwischen den Wahlanwaltsgebühren und den niedrigeren PKH-Anwaltsgebühren ist hingegen nicht zulässig.[114]*

*(4) Nach der Beratung in einer Strafsache wird der Rechtsanwalt für den Rechtsuchenden
als Verteidiger tätig.*

*Auch hier ist die Beratungsgebühr nach Nr. 2601 VV RVG auf die Gebühren nach Teil 4
VV RVG anzurechnen.*

118 Die Anrechnung erfolgt – anders als die Anrechnung der Geschäftsgebühr nach Abs. 2
der Anm. zu Nr. 2603 VV RVG – in **voller Höhe**.

---

110   So *Burhoff/Schmidt*, RVG, Teil B „Beratungshilfe" Rn. 12; Anwkom-RVG-*N. Schneider*, Vorbem. zu
      Nrn. 2601 ff. VV RVG Rn. 7; *Mayer/Kroiß/Pukall*, RVG, Nr. 2601 VV RVG Rn. 7; a.A. AG Koblenz,
      BRAGOreport 2001, 185; *Hartung/Römermann*, RVG, § 44 Rn. 19.

111   Unrichtig *Mayer/Kroiß/Pukall*, a.a.O.: Die erhöhte Beratungsgebühr beträgt höchstens 60 €.

112   S. LG Frankfurt, JurBüro 1982, 1368 = AnwBl. 1982, 319.

113   S. OLG Düsseldorf, JurBüro 1986, 299 = Rpfleger 1986, 109 = AnwBl. 1986, 162.

114   LG Berlin, JurBüro 1983,1060 = AnwBl. 1983, 478; Anwkom-RVG-*N. Schneider*, Vorbem. zu Nrn.
      2601 ff. VV RVG Rn. 11.

2. Geschäftsgebühr

Nach Nr. 2603 VV RVG erhält der Rechtsanwalt im Rahmen der Beratungshilfe eine Ge-   119
schäftsgebühr.

a)   Anfall

Die Geschäftsgebühr entsteht für das Betreiben des Geschäfts einschließlich der Infor-   120
mation oder die Mitwirkung bei der Gestaltung eines Vertrags (Abs. 1 der Anm. zu
Nr. 2603 VV RVG). Sie deckt damit Tätigkeiten ab, für die der Rechtsanwalt außerhalb
der Beratungshilfe eine Geschäftsgebühr nach Nrn. 2400 ff. VV RVG erhalten würde (s.
Teil 7 Rn. 109 ff.).

Die Gebühr entsteht, sobald der Rechtsanwalt erstmals entsprechend tätig geworden ist,   121
im Regelfall mit der Entgegennahme der Information. Sie fällt insbesondere für folgende Tätigkeiten an:

- Vertretung in einer zivilrechtlichen Angelegenheit,

- Vertretung in einer verwaltungsrechtlichen Angelegenheit,

- Vertretung in einer sozialrechtlichen Angelegenheit, in der außerhalb der Beratungshilfe die Betragsrahmengebühren nach Nrn. 2500 und 2501 VV RVG anfallen,[115]

- Vertretung in einem obligatorischen Güteverfahren gemäß § 15a EGZPO,[116]

- Vertretung bei einer Schuldenbereinigung (s. Nrn. 2604 – 2607 VV RVG),

- nach nicht unumstrittener Auffassung Vertretung im PKH-Prüfungsverfahren, für das
  zwar keine Prozesskostenhilfe bewilligt, wohl aber Beratungshilfe gewährt werden
  kann.[117]

Eine Vertretung in Angelegenheiten des Strafrechts, wozu auch Verfahren nach § 35 BtMG   122
gehören[118] und des Ordnungswidrigkeitenrechts ist durch § 2 Abs. 2 Satz 2 BerHG ausgeschlossen. Deshalb kann der Rechtsanwalt in diesen Angelegenheiten auch keine Geschäftsgebühr nach Nr. 2603 VV RVG erhalten. Dies gilt ebenso für die Einsichtnahme in

---

115   Es entsteht aber nur die Geschäftsgebühr nach Nr. 2603 VV RVG, nicht etwa die Gebühren nach
       Nrn. 2500, 2501 VV RVG, s. *Hansens,* BRAGOreport 2003, 6,7 für das Verhältnis von § 132 Abs. 2
       zu § 116 BRAGO.
116   *Mayer/Kroiß/Pukall,* RVG, § 44 Rn. 9 ff.; a.A. AG Nürnberg, JurBüro 2002, 147.
117   S. BGHZ 91, 311 = NJW 1984, 2106 = JurBüro 1984, 1349 = Rpfleger 1985, 38; BVerwG, JurBüro
       1991; 570; Vertretung bejaht: AG Wuppertal; AnwBl. 1984, 459; AG Arnsberg, JurBüro 1991, 803
       = Rpfleger 1991, 25; Anwkom-RVG-*N. Schneider,* Vorbem. zu 2.6 VV RVG Rn. 8; a.A., d.h. allenfalls
       Beratung: OLG München, NJW-RR 1999, 648 = JurBüro 1998, 363; AG München, AGS 1998, 91;
       AG Emmendingen, AGS 1998, 125 m. abl. Anm. *Madert; Hansens,* JurBüro 1986, 1609.
118   AG Hamm, AnwBl. 1986, 249.

Akten.[119] Auch für die Vertretung eines Beschuldigten, des Opfers der Straftat – sei es auch als Privat- oder Nebenkläger – oder eines Zeugen kann in diesen Angelegenheiten eine Geschäftsgebühr nicht anfallen.[120]

123 Dies gilt erst recht, wenn der Rechtspfleger im Beratungshilfeschein Beratungshilfe ausdrücklich nur „zur Beratung" bewilligt hat.[121]

124 Hingegen kann die Geschäftsgebühr entstehen, wenn der Tätigkeit des Rechtsanwalts in einer Zivilsache ein strafrechtlich relevantes Verhalten des Gegners zugrunde liegt.[122] Gleiches gilt, wenn die Geschäftstätigkeit des Rechtsanwalts eine verwaltungsrechtliche Angelegenheit betrifft, in der es auch um Straftatbestände geht.[123]

b) Höhe

125 Der Rechtsanwalt erhält nach Nr. 2603 VV RVG aus der Landeskasse eine Geschäftsgebühr i.H.v. **70 €**.

126 Hierbei ist es unwesentlich, wie schwierig oder wie umfangreich die Anwaltstätigkeit war. Der Rechtsanwalt erhält diese Festgebühr auch dann in voller Höhe, wenn die Vergütung außerhalb der Beratungshilfe niedriger zu vergüten wäre.

127 *Beispiel:*

Auftragsgemäß fertigt der Rechtsanwalt in einer Kaufvertragsangelegenheit mit einem Gegenstandswert i.H.v. 300 € ein einfaches Schreiben.

Wird er im Rahmen der **Beratungshilfe** *tätig, erhält er:*

Geschäftsgebühr, Nr. 2603 VV RVG	*70 €*

Außerhalb der Beratungshilfe *könnte er nur berechnen:*

0,3 Geschäftsgebühr, Nrn. 2402, 2400 VV RVG (Wert: 300 €) Mindestgebühr	*10 €*

128 Wird der Rechtsanwalt im Rahmen der Beratungshilfe zur Herbeiführung einer außergerichtlichen Einigung mit den Gläubigern über die **Schuldenbereinigung** auf der Grundlage eines Plans (§ 305 Abs. 1 Nr. 1 InsO) tätig, beträgt die Geschäftsgebühr

- nach Nr. 2604 VV RVG bei bis zu 5 Gläubigern   224 €,

- nach Nr. 2605 VV RVG bei 6 bis 10 Gläubigern   336 €,

---

119 LG Braunschweig, Nds.Rpfl. 1985, 122; Anwkom-RVG-*N. Schneider*, Nr. 2603 VV RVG Rn. 4; a.A. AG Braunschweig, AnwBl. 1984, 517 = StV 1984, 347.
120 LG Braunschweig, Nds.Rpfl 1986, 198, LG Frankfurt, JurBüro 186, 732; AG Frankfurt, StV 1986, 167; AG Neumünster, JurBüro 1987, 1413; *D. Meyer,* JurBüro 1983, 1601.
121 LG Berlin, JurBüro 1989, 85 = AnwBl. 1989, 400.
122 S. LG Offenburg, JurBüro 1989, 1110; LG Osnabrück, AnwBl. 1985, 335.
123 S. AG Freiburg, JurBüro 1999, 147.

- nach Nr. 2606 VV RVG bei 11 – 15 Gläubigern   448 €,

- nach Nr. 2607 VV RVG bei mehr als 15 Gläubigern   560 €.

Maßgeblich sind die Gläubiger, mit denen der Rechtsanwalt in Verhandlungen mit dem 129
Ziel einer außergerichtlichen Einigung tritt. Eventuell vorhandene weitere Gläubiger zählen also nicht mit.

c) Vertretung mehrerer Rechtsuchender

Vertritt der Rechtsanwalt innerhalb derselben Beratungshilfe-Angelegenheit mehrere Auf- 130
traggeber, erhöht sich die Festgebühr nach Nr. 1008 VV RVG um 30 %, je weiterem Auftraggeber um also **21 €**. Mehrere Erhöhungen dürfen nach Abs. 3 2. Halbs. der Anm. zu
Nr. 1008 VV RVG das Doppelte der Festgebühr nicht übersteigen. Die Geschäftsgebühr
kann also **höchstens** (70 € + 140 € =) **210 €** betragen.

d) Anrechnung der Geschäftsgebühr

Die Geschäftsgebühr nach Nr. 2603 VV RVG ist nach Abs. 2 der Anm. zu Nr. 2603 VV 131
RVG auf die Gebühren für ein anschießendes Verfahren anzurechnen. Auch die Geschäftsgebühr, die der Rechtsanwalt nach Nrn. 2604 bis 2607 VV RVG für eine Tätigkeit
mit dem Ziel einer außergerichtlichen Einigung mit den Gläubigern über die Schuldenbereinigung erhält, ist nach diesen Bestimmungen anzurechnen. In welcher Höhe die
Anrechnung erfolgt, richtet sich nach der Art des anschließenden Verfahrens.

aa) Anschließendes gerichtliches oder behördliches Verfahren

Die Geschäftsgebühr ist nach Abs. 2 Satz 1 der Anm. zu Nr. 2603 VV RVG auf die Ge- 132
bühren für ein anschließendes gerichtliches oder behördliches Verfahren **zur Hälfte**, also in Höhe eines Betrags von **35 €** anzurechnen.

Beispiele: 133

(1) Der Beratungshilfe gewährende Rechtsanwalt wird nach seiner Vertretung anschließend in einem Verwaltungsverfahren tätig.[124]

(2) Er wird anschließend als Prozessbevollmächtigter im sozialgerichtlichen Verfahren tätig.[125]

(3) Der Rechtsanwalt war im Rahmen der Beratungshilfe in einem verwaltungsrechtlichen Vorverfahren und danach im Rechtsstreit tätig.[126]

---

124   AG Osnabrück, JurBüro 1999, 148 m. Anm. *Enders;* a.A. VG Oldenburg, JurBüro 1990, 853 m. abl.
     Anm. *Mümmler,* das nur für Tätigkeiten außerhalb solcher Verfahren anrechnen will.
125   A.A. SG Hildesheim, *Breithaupt* 1990, 966.
126   A.A. SG Hannover, Nds.Rpfl. 1999, 48: Die Geschäftsgebühr muss außerhalb eines gerichtlichen
     oder behördlichen Verfahrens entstanden sein.

134 Voraussetzung der Gebührenanrechnung ist, dass sich die **Gegenstände** der Beratungshilfetätigkeit und des anschließenden Verfahrens jedenfalls teilweise **decken.**[127]

135 Während die Geschäftsgebühren nach den Nrn. 2400 bis 2403 VV RVG nur auf die Verfahrensgebühr des gerichtlichen Verfahrens zur Hälfte anzurechnen sind (s. Vorbem. 3 Abs. 4
Satz 1 VV RVG), ist die Geschäftsgebühr nach Nr. 2603 VV RVG **auf sämtliche Gebühren**
im anschließenden gerichtlichen oder behördlichen Verfahren zur Hälfte **anzurechnen.**

bb) Anschließendes Insolvenzverfahren

136 Eine Gebührenanrechnung kommt auch dann in Betracht, wenn der Rechtsanwalt nach einer Vertretung bei der Schuldenbereinigung anschließend im Insolvenzverfahren tätig wird.

137 *Beispiel:*

*Der Rechtsuchende ist bei drei Gläubigern verschuldet. Der Beratungshilfe gewährende
Rechtsanwalt unterbreitet diesen Gläubigern einen außergerichtlichen Einigungsvorschlag.
Da die Gläubiger dies ablehnen, stellt der Rechtsanwalt – außerhalb der Beratungshilfe –
den Antrag auf Eröffnung des Insolvenzverfahrens zusammen mit einem Antrag auf Stundung der Verfahrenskosten gemäß § 4a Abs. 1 InsO und einen Antrag auf Restschuldbe-
freiung. Hierfür steht dem Rechtsanwalt folgende Vergütung zu:*

I.   Im Rahmen der Beratungshilfe aus der Landeskasse:

1. Geschäftsgebühr Nr. 2604 VV RVG	*224,00 €*
2. Postentgeltpauschale, Nr. 7002 VV RVG	*20,00 €*
3. 16 % Umsatzsteuer, Nr. 7008 VV RVG	*+ 39,04 €*
Summe:	*283,04 €*

II. Gerichtliche Tätigkeit im Insolvenzverfahren:

1. 1,0 Verfahrensgebühr im Eröffnungsverfahren, Nr. 3313 VV RVG	*245,00 €*
hierauf gemäß Abs. 2 Satz 1 der Anm. zu Nr. 2603 VV RVG anzurechnen:	
die Hälfte der Geschäftsgebühr aus I.1	*112,00 €*
2. 1,0 Verfahrensgebühr im Insolvenzverfahren, Nr. 3317 VV RVG	*245,00 €*
(Wert: 4000 €)	
3. Postentgeltpauschale, Nr. 7002 VV RVG	*20,00 €*
4. 16 % Umsatzsteuer, Nr. 7008 VV RVG	*+ 63,68 €*
Summe:	*461,68 €*

Nach Gebührenanrechnung stehen dem Rechtsanwalt insgesamt zu: *744,72 €*[128]

---

127   AG Aschaffenburg, JurBüro 1988, 1351.
128   Beispiel nach *Fischer,* RVGreport 2004, 249 ff.

cc) Anschließendes Verfahren auf Vollstreckbarerklärung eines Anwaltsvergleichs

Nach Abs. 2 Satz 2 der Anm. zu Nr. 2603 VV RVG ist die Geschäftsgebühr auf die Ge- 138
bühren für ein Verfahren auf Vollstreckbarerklärung eines Anwaltsvergleichs zu **einem
Viertel**, also in Höhe eines Betrags von **17,50 €**, anzurechnen.

Beispiel: 139

*Im Rahmen der Beratungshilfe schließt der Rechtsanwalt für den Rechtsuchenden einen
Anwaltsvergleich nach § 796a ZPO. Hierfür erhält er aus der Landeskasse:*

1. Geschäftsgebühr, Nr. 2603 VV RVG	*70 €*
2. Einigungs- und Erledigungsgebühr, Nr. 2608 VV RVG	*+ 125 €*
zzgl. Auslagen Summe:	*195 €*

Im anschließenden Verfahren auf Vollstreckbarerklärung erhält er

1,3 Verfahrensgebühr, Nr. 3100 VV RVG.

Auf diese Gebühr ist ein Betrag von   *17,50 €*
anzurechnen.

3. Einigungs- und Erledigungsgebühr

Nach Nr. 2608 VV RVG erhält der Rechtsanwalt eine weitere Gebühr, wenn er an einer 140
Einigung (Nr. 1000 VV RVG) oder an einer Erledigung der Rechtssache (Nr. 1002 VV RVG)
mitgewirkt hat. Abweichend von § 132 Abs. 3 BRAGO fasst Nr. 2608 VV RVG diese beiden Tätigkeiten zu einer **einheitlichen Einigungs- und Erledigungsgebühr** i.H.v. **125 €**
zusammen.

Hinsichtlich der Voraussetzungen gelten dieselben Anforderungen wie für den Anfall der 141
Einigungsgebühr und der Erledigungsgebühr (s. Teil 15 Rn. 1 ff. u. 90 ff.). Die Tatbe-
standsvoraussetzungen dieser beiden Gebühren müssen also insoweit erfüllt sein, als eine Einigung i.S.v. Nr. 1000 VV RVG oder eine Erledigung der Rechtssache i.S.v. Nr. 1002
VV RVG vorliegen muss. Eine „Erledigung" einer zivilrechtlichen Angelegenheit löst also diese Gebühr nicht aus.

Die Einigungs- und Erledigungsgebühr entsteht auch für die Mitwirkung bei einer außer- 142
gerichtlichen Einigung mit den Gläubigern über die **Schuldenbereinigung** auf der
Grundlage eines Plans (Abs. 2 der Anm. zu Nr. 2608 VV RVG). Hierzu genügt bereits die
Mitwirkung des Rechtsanwalts an dem erfolgreichen Schuldenbereinigungsplan. Die Gebühr entsteht unabhängig davon, ob dieser Plan Zahlungen vorsieht oder nicht.[129]

---

129   *Fischer*, RVGreport 2004, 249, 255.

a)   Einigung

143   Die Einigungsgebühr erfordert nach Abs. 1 der Anm. zu Nr. 1000 VV RVG **kein gegenseitiges Nachgeben** mehr. Gleichwohl ist dies vielfach noch nach dem Verfahrensrecht erforderlich.

144   *Beispiel:*

Der Rechtsanwalt schließt für den Rechtsuchenden einen Anwaltsvergleich gemäß § 796 Abs. 1 ZPO ab.

Dieser Vergleich erfordert ein gegenseitiges Nachgeben i.S.v. § 779 Abs. 1 BGB. Fehlt dieses, entsteht dem Rechtsanwalt zwar die Einigungs- und Erledigungsgebühr nach Nr. 2608 VV RVG; der Rechtsanwalt macht sich jedoch gegenüber dem Rechtsuchenden schadensersatzpflichtig, weil diese Einigung nicht gemäß § 796 b ZPO für vollstreckbar erklärt werden kann.

b)   Erledigung

145   Die Erledigung erfordert zunächst einen belastenden Verwaltungsakt.[130] Der Rechtsanwalt verdient die Gebühr, wenn die Behörde dem von ihm eingelegten Widerspruch abhilft.[131] Hingegen sollen Gegenvorstellungen allein nicht genügen.[132]

4.   Mehrfacher Gebührenanfall

146   Ob dem Rechtsanwalt die Gebühren nach Nrn. 2601 bis 2608 VV RVG nur einmal oder mehrfach zustehen, hängt davon ab, ob er in einer oder in mehreren Beratungshilfe-Angelegenheiten tätig geworden ist.

a)   Begriff der Angelegenheit

147   Dies beurteilt sich gemäß § 15 Abs. 2 Satz 1 RVG. Hierzu hat die Praxis **drei Abgrenzungskriterien** entwickelt:

- Es muss ein **einheitlicher Auftrag** vorliegen.

- Der Rechtsanwalt muss bei seiner Tätigkeit den **gleichen Rahmen** einhalten.

- Zwischen den verschiedenen Gegenständen der Beratungshilfe-Tätigkeit muss ein **innerer Zusammenhang** bestehen.

148   Die Anwendung dieser Kriterien in Beratungshilfe-Angelegenheiten hat zu einer **stark einzelfallbezogenen Rechtsprechung** geführt (s. unten Rn. 151 ff.).

---

130   LG Kleve, JurBüro 1985, 1663.
131   LG Aachen, JurBüro 1999, 20 = AnwBl. 2000, 57.
132   LG Aachen, JurBüro 1987, 923.

b) Anzahl der Berechtigungsscheine

Über den Antrag der aus der Landeskasse zu gewährenden Beratungshilfe-Vergütung hat gemäß § 55 Abs. 4 RVG der **Urkundsbeamte der Geschäftsstelle** zu entscheiden. Dieser hat eigenverantwortlich zu prüfen, ob eine oder ob mehrere Beratungshilfe-Angelegenheiten in gebührenrechtlicher Hinsicht vorliegen. Hierbei kommt es **nicht auf die Anzahl der vom Rechtspfleger erteilten Berechtigungsscheine** an.[133]   149

Demgegenüber spricht sich die Gegenauffassung für eine Bindungswirkung aus.[134] Diese Gegenauffassung ist jedoch abzulehnen, da der Rechtspfleger bei der Prüfung der Frage, ob Beratungshilfe zu gewähren ist, gebührenrechtliche Erwägungen gar nicht anstellt. Vielfach kann er bei der Erteilung des Berechtigungsscheins auch nicht absehen, in welcher Hinsicht der Beratungshilfe gewährende Rechtsanwalt tätig werden muss. Folglich kann der Urkundsbeamte der Geschäftsstelle mehrere Beratungsgebühren nach Nr. 2601 VV RVG festsetzen, auch wenn der Rechtsuchende nur einen Berechtigungsschein vorlegt. Umgekehrt kann aber auch die Festsetzung nur einer Gebühr in Betracht kommen, obwohl der Rechtspfleger mehrere Berechtigungsscheine erteilt hat.   150

c) Einzelfälle

▪ Arbeitslosengeld   151

Die wiederholte Anfechtung eines noch nicht bestandskräftigen Bewilligungsbescheids von Arbeitslosengeld stellt eine Angelegenheit dar.[135] Ebenso sind die Rückforderung von Arbeitslosengeld und die Ablehnung des Antrags auf Arbeitslosenhilfe eine Angelegenheit.[136]

▪ Arbeitsrechtssachen   152

Die Beratung über verschiedene Kündigungsfolgen stellt eine Angelegenheit dar.[137] Dies soll auch für Schreiben an den Arbeitgeber wegen restlicher Ausbildungsvergütung, für ein weiteres Schreiben an die AOK wegen Sozialversicherungsbeiträgen und für ein drit-

---

133 OLG Braunschweig, JurBüro 1985, 250 = AnwBl. 1984, 514; LG Berlin, JurBüro 1985, 1667; LG Bonn, JurBüro 1985, 713 m. Anm. *Mümmler* = AnwBl. 1985, 109; LG Aachen, Rpfleger 1986, 492; LG Hannover, JurBüro 1988, 194; LG Dortmund, JurBüro 1985,1034 = Rpfleger 1985, 78; JurBüro 1985, 100 m. Anm. *Mümmler* = Rpfleger 1984, 478; LG Kleve, Rpfleger 2003, 303; LG Stuttgart, JurBüro 1986, 1519 m. Anm. *Mümmler;* LG Wuppertal, JurBüro 1985,1426; LG Detmold, Rpfleger 1992, 205; *Hansens,* JurBüro 1986, 1, 12 und 1987, 23; *Kammeyer,* Rpfleger 1998, 501, 504; Anwkom-RVG- *N. Schneider,* Vorbem. zu Nrn. 2601 ff. VV RVG Rn. 26.
134 LG Köln, JurBüro 1985, 1423 = AnwBl. 1986, 255; LG Münster, JurBüro 1983, 1893 m. Anm. *Mümmler;* LG Mönchengladbach, JurBüro 2002, 421 = Rpfleger 2002, 463 = AGS 2003, 76 m. Anm. *Madert.*
135 AG Osnabrück, JurBüro 1986, 870; *Hansens,* JurBüro 1987, 329, 331.
136 AG Mainz, Rpfleger 1990, 231.
137 AG Koblenz, Rpfleger 1999, 82; Rpfleger 1996, 116; AG Würzburg, JurBüro 1982, 101.

tes Schreiben an das Arbeitsamt wegen Arbeitslosenhilfe gelten.[138] Die Vertretung gegenüber mehreren Stellen in verschiedenen Schreiben spricht allerdings für mehrere Angelegenheiten.[139]

153 ■ **Asylangelegenheiten**

Die Vertretung mehrerer Asylbewerber, auch wenn sie einer Familie angehören, löst mehrere Geschäftsgebühren aus, da jeder sein **höchstpersönliches** Asylrecht verfolgt.[140]

Dies wird anders beurteilt, wenn sich die Rechte der minderjährigen Kinder allein aus dem Recht des wegen eigener Verfolgung Asylberechtigten ergeben (sog. **Familienasyl,** § 26 Abs. 2 AsylVfG).[141] Gleiches soll beim Familienasyl[142] und bei Vertretung in einem gleichartigen Verfahren bei sog. **Gruppenverfolgung**[143] gelten. Ebenfalls soll eine Angelegenheit vorliegen bei Vertretung mehrerer Familienmitglieder im Verfahren auf Erteilung einer Duldung[144] oder wenn es um das Asylverfahren und die Zuweisung in ein bestimmtes Lager geht.[145] Ebenfalls besteht nur eine Angelegenheit, wenn die Asylbewerber lediglich die Änderung einer örtlichen Zuweisungsverfügung erreichen wollen,[146] ferner sind eine Angelegenheit der Antrag auf Aussetzung der Abschiebung und ein Petitionsantrag zum Bleiberecht.[147] Asylfolgeanträge werden wiederum als verschiedene Angelegenheiten angesehen.[148] Die Vertretung eines Asylbewerbers im Asylverfahren einerseits und im Verfahren zur Abänderung aufenthaltsbeendender Maßnahmen andererseits sind ebenfalls verschiedene Angelegenheiten.[149]

154 ■ **Ausbildungsförderung**

Bei der Beratung von 93 Rechtsuchenden hinsichtlich der von ihnen beantragten Ausbildungsförderung handelt es sich um verschiedene Angelegenheiten.[150]

---

138 LG Koblenz, NJW-RR 1996, 631 = JurBüro 1996, 546 = Rpfleger 1996, 116.
139 *Enders,* JurBüro 2000, 337, 340; *Hansens,* JurBüro 1986, 1, 10.
140 LG Koblenz, Rpfleger 1997, 29; LG Stade, JurBüro 1998, 196; LG Berlin, JurBüro 1984, 239 m. Anm. *Mümmler* = AnwBl. 1984, 105 = Rpfleger 1984, 1062; AG Aachen, AnwBl. 1986, 345; LG Lüneburg, JurBüro 1988, 1332; AG Köln, AnwBl. 1985, 335; LG Osnabrück, JurBüro 2000, 141 m. Anm. *Wedel; Hansens,* JurBüro 1986, 641, 642; 1987, 329; *Kammeyer,* Rpfleger 1998, 501, 504.
141 LG Berlin, Rpfleger 1986, 464.
142 LG Osnabrück, Nds.Rpfl. 1998, 239.
143 LG Osnabrück, JurBüro 2000, 141 m. Anm. *Wedel.*
144 AG Osnabrück, Nds.Rpfl. 1999, 171.
145 AG Bielefeld, Rpfleger 1991, 116.
146 AG Aachen, JurBürO 1989, 374, AG Kulmbach, JurBüro 1986, 1215.
147 AG Steinfurt, Rpfleger 1994, 305; *Greißinger,* AnwBl. 1996, 610.
148 LG Stade, JurBüro 1989, 196; LG Lüneburg, JurBüro 1988, 1332.
149 *Hansens,* JurBüro 1986, 642, 643; 1987, 322, 333.
150 LG Berlin, JurBüro 1985, 1507 = AnwBl. 1985, 109.

▨ Erziehungsgeld 155

Betrifft die Beratungstätigkeit die Gewährung von Erziehungsgeld für zwei Kinder, handelt es sich um eine Angelegenheit.[151]

▨ Familiensachen 156

Gemäß § 16 Nr. 4 RVG sind Scheidungssachen und Folgesachen dieselbe gebührenrechtliche Angelegenheit. Diese dem § 7 Abs. 3 BRAGO entsprechende Regelung wird auch für die außergerichtliche Tätigkeit aufgewandt. Dies wird vielfach kritisiert,[152] weil § 16 Nr. 4 RVG nur für gerichtliche Verfahren gelte. Denn nur bei Anhängigkeit der Ehesache gebe es ein Verbundverfahren, in das die Folgesachen gebührenrechtlich einzubeziehen seien.

Auch die Entscheidung des BVerfG vom 31.10.2001 – 2. Kammer des ersten Senats –[153] 157 hilft hier zur Klärung dieser Streitfrage nicht weiter. Das BVerfG hat die Nichtannahme einer Verfassungsbeschwerde wie folgt begründet:

> *„Zwar spricht aus verfassungsrechtlicher Sicht viel dafür, die Beratung über den Unterhalt* 158 *des Kindes und das Umgangsrecht des Vaters nicht als dieselbe Angelegenheit gemäß § 13 Abs. Satz 1 BRAGO anzusehen, um den Rechtsanwalt, der in der Beratungshilfe ohnehin zu niedrigen Gebühren tätig wird, nicht unnötig zu belasten. Die in den angegriffenen Entscheidungen vorgenommene Auslegung, es läge wegen des zeitlichen und sachlichen Zusammenhangs der Bearbeitung dieselbe Angelegenheit vor, ist aber noch vertretbar; sie beruht insbesondere nicht auf einer grds. unrichtigen Anschauung von der Bedeutung der Berufsausübungsfreiheit."*

Diese Entscheidung befasst sich nämlich lediglich mit der Frage, ob die mit der Zu- 159 sammenfassung der genannten Gegenstände in eine gebührenrechtliche Angelegenheit verbundene niedrige Vergütung zu einem **Eingriff in die Berufsausübungsfreiheit** führt. Dies hat das Gericht verneint. Zum gebührenrechtlichen Begriff der Angelegenheit **verhält** sich diese Entscheidung des Bundesverfassungsgerichts also nicht.

Zu den Angelegenheiten in Familiensachen s. ausführlich Teil 9 Rn. 318 ff. 160

▨ Bundesausbildungsförderungsgesetz

Ansprüche mehrerer Personen auf Leistungen nach dem Bundesausbildungsförderungs- 161 gesetz sind verschiedene Angelegenheiten.[154]

---

151 LG Münster, Rpfleger 2002, 220.
152 S. auch *N. Schneider*, Teil 9 Rn. 325 ff.
153 AGS 2002, 273.
154 LG Berlin, JurBüro 1985, 1507 = AnwBl. 1985, 109.

162 ■ **Mietsachen**

Beratung über die Nebenkostenabrechnung und eine überzahlte Monatsmiete stellen eine Angelegenheit dar,[155] ebenso die gleichzeitige Beratung wegen verschiedener Rechte oder Pflichten aus einem Mietverhältnis,[156] ebenso wenn Kehrwoche, Nebenkosten und Mietkaution Gegenstand einer Beratung waren.[157] Ebenfalls besteht nur eine Angelegenheit, wenn es um die Mieterhöhung und die hilfsweise erklärte Kündigung geht.[158]

163 Verschiedene Angelegenheiten sind jedoch die Anwaltstätigkeit wegen der Kündigung des Mietvertrags und der Unterbringung des obdachlosen Rechtsuchenden.[159]

164 ■ **Nachlasssachen**

Im Regelfall stellt der Erbfall den für die Annahme nur einer Angelegenheit erforderlichen inneren Zusammenhang her.[160] Jedoch können verschiedene Angelegenheiten vorliegen, wenn die Vertretung gegenüber verschiedenen Stellen unterschiedliche Ansprüche betrifft, etwa Auskunftsverlangen über einen Nachlass und eine etwaige Erbausschlagung.[161]

165 ■ **Schuldenbereinigung**

Auch wenn der Rechtsanwalt im Rahmen der außergerichtlichen Einigung über die Schuldenbereinigung gegenüber mehreren Gläubigern tätig wird, handelt es sich nur um eine gebührenrechtliche Angelegenheit, in der eine der Gebühren nach (jetzt) Nrn. 2604 ff. VV RVG nur einmal entstehen kann.[162]

166 ■ **Schuldenregulierung**

Wird der Rechtsanwalt im Rahmen einer Schuldenregulierung für den Schuldner gegenüber mehreren Gläubigern tätig, handelt es sich um eine einzige gebührenrechtliche Angelegenheit.[163]

---

155 LG Darmstadt, JurBüro 1985, 556 und 1988, 1164; *Hansens,* JurBüro 1986, 1, 8; *Nagel,* Rpfleger 1982, 212, 213.
156 LG Koblenz, JurBüro 1995, 201: Beratung über Kündigung und Mieterhöhungsverlangen; LG Kleve, JurBüro 1986, 886.
157 LG Stuttgart, JurBüro 1986, 1519 m. abl. Anm. *Hohnheiser-Mack* und *Most* und m. zust. Anm. *Mümmler.*
158 LG Koblenz, JurBüro 1995, 201 = Rpfleger 1995, 219; *Greißinger,* AnwBl. 1996, 611; a.A. *Enders,* JurBüro 2000, 340.
159 LG Bayreuth, JurBüro 1998, 1675.
160 *Kalthoener/Büttner/Wrobel-Sachs,* Prozesskostenhilfe und Beratungshilfe, Rn. 1024.
161 LG Kleve, JurBüro 1986, 734; *Hansens,* JurBüro 1987, 332.
162 LG Berlin, BRAGO Report 2001, 93 (*N. Schneider*) = JurBüro 2001, 694; *Enders,* JurBüro 2000, 337, 340.
163 LG Wuppertal, JurBüro 1986, 1358; 1988, 335; AG Bayreuth, JurBüro 1991, 543; a.A. AG Stuttgart, AnwBl. 1986, 415; AG Offenbach, AGS 1992, 14; LG Stade, AnwBl. 1987, 198; *Greißinger,* AnwBl. 1994, 375.

■ **Schlägerei** 167

Ansprüche aus einer Verletzung aus einer Schlägerei sind für jeden Verletzten eine gesonderte Beratungshilfe-Angelegenheit.[164]

■ **Sozialhilfe** 168

Legt der Beratungshilfe gewährende Rechtsanwalt gegen an zwei aufeinanderfolgenden Tagen ergangene Bescheide des Sozialamts in einem einheitlichen Schreiben Widerspruch ein, handelt es sich nur um eine einzige gebührenrechtliche Angelegenheit.[165] Dies gilt auch dann, wenn der eine Sozialhilfebescheid mehrere Familienangehörige betrifft.[166]

■ **Sozialleistungen**

Werden gegenüber einer Behörde in einem Schreiben verschiedene Ansprüche geltend gemacht, handelt es sich um eine Angelegenheit.[167] Anders ist dies, wenn wegen verschiedener Ansprüche mit verschiedenen Behörden verhandelt wird.[168] Dies gilt ebenso für die Beratung über Kündigungsschutz, Kranken- bzw. Arbeitslosengeld.[169] Werden aus Anlass der Unterbringung in einem Altenheim Schreiben sowohl an die Telekom als auch an die GEZ gerichtet, sind mehrere Angelegenheiten gegeben.[170] 169

■ **Strafrecht**

Geht es bei der Beratung (nur) um verschiedene, in einem engen tatsächlichen und zeitlichen Zusammenhang stehende Straftatbestände, liegt nur eine Beratungshilfe-Angelegenheit vor.[171] Verschiedene Angelegenheiten können jedoch dann gegeben sein, wenn mehrere Beratungen nacheinander erforderlich werden.[172] 170

■ **Strafvollzug**

Betrifft die Beratung verschiedene Fragen des Strafvollzugs hinsichtlich derselben Freiheitsstrafe, liegt nur eine Angelegenheit vor.[173] 171

---

164 LG Bonn, JurBüro 1985, 713 m. Anm. *Mümmler* = AnwBl. 1985, 109; *Enders,* JurBüro 2000, 337, 341.
165 LG Göttingen, JurBüro 2002, 251 = Rpfleger 2002, 160; LG Aachen, AnwBl. 1997, 393; AG Osnabrück, Nds.Rpfl. 1998, 176; a.A. *Kalthoener/Büttner/Wrobel-Sachs,* a.a.O., Rn. 1026.
166 LG Koblenz, Rpfleger 1997, 29.
167 *Kalthoener/Büttner/Wrobel-Sachs,* a.a.O., Rn. 1027.
168 *Hansens,* JurBüro 1986, 1, 10.
169 *Hansens,* a.a.O.; a.A. AG Würzburg, JurBüro 1982, 101.
170 *Kalthoener/Büttner/Wrobel-Sachs,* a.a.O., Rn. 1026; a.A. AG Koblenz, Rpfleger 1999, 30.
171 *Kalthoener/Büttner/Wrobel-Sachs,* a.a.O., Rn. 1028.
172 AG Bochum, StV 1987, 452: Wiederholte Unterhaltspflichtverletzungen.
173 LG Berlin, JurBüro 1985, 1667: Beratung über die Fortschreibung des Vollzugsplans, über die Durchsetzung von Ausgängen aus der Justizvollzugsanstalt und über die Bewilligung von Regelurlaub; a.A. *Korte,* StV 1982, 448.

172 ◼ **Störer**

Das Vorgehen gegen mehrere einer Familie angehörende Störer stellt eine Angelegenheit dar.[174]

173 ◼ **Volkshochschule**

Vertritt der Rechtsanwalt mehrere Besucher der Volkshochschule wegen der Einrichtung eines gemeinsamen Kurses, fällt nur ein Geschäftsgebühr an.[175]

174 ◼ **Staatsangehörigkeit**

Angelegenheiten mehrer Ausländer sind mehrere Angelegenheiten, auch wenn diese einer Familie angehören.[176]

175 ◼ **Verträge**

Forderungen aus verschiedenen Verträgen gegen verschiedene Schuldner sind verschiedene Angelegenheiten.[177]

V. Auslagen

176 Der Beratungshilfe gewährende Rechtsanwalt hat gemäß §§ 44, 46 RVG Anspruch auf Ersatz seiner Auslagen. Diese werden ausnahmsweise nur dann nicht aus der Landeskasse ersetzt, wenn sie zur sachgemäßen Durchführung der Angelegenheit **nicht erforderlich** waren. Aus dieser negativen Formulierung folgt, dass die **Landeskasse** die Darlegungs- und Beweislast dafür obliegt, dass die Auslagen zur sachgerechten Wahrnehmung der Interessen des Rechtsuchenden nicht erforderlich waren. Kann sie dies nicht darlegen, ist von der Notwendigkeit und damit der Ersatzfähigkeit der Auslagen auszugehen.

177 Der Beratungshilfe gewährende Rechtsanwalt hat zunächst Anspruch auf die in Teil 7 VV RVG aufgeführten Auslagen. Darüber hinaus kann er aber auch den Ersatz anderer Auslagen verlangen, die der Rechtsuchende bei einem Auftrag ihm nach den §§ 675, 670 BGB ersetzen müsste (Vorbem. 7 Abs. 1 Satz 2 VV RVG, § 46 Abs. 2 Satz 3 RVG in der ab 30.11.2004 geltenden Fassung).[177a]

1. Dokumentenpauschale

178 Der Rechtsanwalt hat Anspruch auf Ersatz der Dokumentenpauschale. In der Praxis betrifft dies meist Ablichtungen aus Behörden- und Gerichtsakten (Nr. 7000 Nr. 1a VV RVG).

---

174 *Hansens,* JurBüro 1986, 1, 8; a.A. LG Bayreuth, JurBüro 1984, 1047.
175 LG Berlin, JurBüro 1984, 894.
176 LG Göttingen, Nds.Rpfl. 1991, 113.
177 LG Stade, AnwBl. 1987, 198.
177a Eingefügt durch Art. 7 EG-Prozesskostenhilfegesetz, BT-Drucks. 15/3281.

Im Regelfall ist die Fertigung von Ablichtungen aus Strafakten, die den Gegenstand der Beratungshilfe-Angelegenheit bilden, erforderlich.[178]

Sofern der Rechtsanwalt Ablichtungen fertigt, die unter Nr. 7000 Nr. 1 b) und c) VV RVG   179 fallen, werden die jeweils ersten 100 Seiten als **allgemeine Geschäftskosten** durch die **Beratungshilfe-Gebühren** abgegolten (s. dazu Teil 18 Rn. 42, 51). Dies gilt auch dann, wenn die aus der Landeskasse zu zahlende Gebühr, etwa die Beratungsgebühr nach Nr. 2601 VV RVG, den Aufwand für die Fertigung der Kopien nicht abdeckt.

2. Dolmetscherkosten

Ein Anspruch auf Ersatz der Dolmetscherkosten besteht dann, wenn der Rechtsanwalt   180 sich anderweitig mit dem Rechtsuchenden nicht verständigen konnte.[179] Er ist begrenzt auf die Sätze des Justizvergütungs- und -entschädigungsgesetzes (§ 46 Abs. 2 Satz 3 RVG n.F.; s. dazu Fn. 177a).

3. Gutachten

Auch die Aufwendungen für medizinische Kurzgutachten kann der Rechtsanwalt von der   181 Landeskasse ersetzt erhalten, wenn deren Einholung zur Prüfung von Ersatzansprüchen erforderlich war.[180] Die Kosten für Rechtsgutachten erhält der Rechtsanwalt im Regelfall nicht ersetzt.[181]

4. Postentgelte

Diese erhält der Rechtsanwalt entweder in Höhe der konkret angefallenen Entgelte (Nr.   182 7001 VV RVG), soweit ihr Aufwand erforderlich war. Der Rechtsanwalt kann aber auch die Postentgeltpauschale nach Nr. 7002 VV RVG berechnen. Voraussetzung ist, dass ihm mindestens ein einziges Postentgelt (Telefonat oder Briefporto) entstanden ist.[182] Bei der nur mündlichen Beratung entsteht im Regelfall kein Postentgelt.[183]

Allerdings kann dem Rechtsanwalt auch bei einer Beratung ein Postentgelt anfallen, wenn   183 es die Organisation des Mandats betrifft, etwa Schriftsätze und Telefonate mit dem Auf-

---

178   LG Frankfurt, JurBüro 1986, 733; AG Brilon, RPfleger 1993, 206; AG Bonn, AnwBl. 1998, 217; AG Kassel, AnwBl. 1988, 126: Strafakten standen dem Rechtsanwalt nur für 3 Tage zur Verfügung; AG Osnabrück, StV 1987, 452.
179   AG Bochum, AnwBl. 1983, 477; AG Köln, AnwBl. 1984, 517; LG Bochum, JurBüro 1986, 403 = Rpfleger 1986, 155 = AnwBl. 1986, 256 sowie JurBüro 2000, 247; LG Göttingen, JurBüro 1988, 606.
180   AG Hannover, AnwBl. 1989, 62 m. Anm. *Greißinger*; AG Hanau, AnwBl. 1989, 62.
181   AG Steinfurt, Rpfleger 1986, 110.
182   LG Berlin, JurBüro 1985, 1667.
183   AG Berlin-Charlottenburg, Berl.AnwBl. 1992, 388; AG Koblenz, AGS 2004, 159 m. Anm. *N. Schneider*.

traggeber oder einer Informationsperson.[184] Ein Entgelt für die Übersendung des Festsetzungsantrags steht dem Rechtsanwalt nach der Anm. zu Nr. 7001 VV RVG allerdings nicht zu.[185]

184 Die **Postentgeltpauschale** berechnet sich nach den Gebühren der Nrn. 2602 bis 2608 VV RVG einschliesslich etwaiger Gebührenerhöhungen für mehrere Auftraggeber nach Nr. 1008 VV RVG. Je Beratungsangelegenheit beträgt die Pauschale **höchsten 20 €**.

5. Fahrtkosten

185 Diese sind insbesondere bei Vertretung eines Asylsuchenden erforderlich, wenn der Rechtsanwalt diesen zum Anhörungstermin begleitet.[186] Dies gilt insbesondere bei Asylverfahren von größerer Bedeutung, in der auch höhere Reisekosten ersatzfähig sein können.[187] Gelegentlich werden die Fahrtkosten der Höhe nach durch die Kosten beschränkt, die durch einen weiteren im Rahmen der Beratungshilfe tätigen Rechtsanwalt am Terminsort entstanden wären.[188]

186 Im Übrigen werden Fahrtkosten nur ausnahmsweise dann erforderlich sein, wenn der Rechtsanwalt den auswärts wohnhaften Gegner oder einen Dritten aus zwingenden Gründen selbst aufsuchen muss.[189]

187 Um zu vermeiden, dass der Rechtsanwalt nach Durchführung der Reise seine Fahrtkosten nicht aus der Landeskasse ersetzt erhält, sollte er vor Antritt der Reise gemäß § 46 Abs. 2 Satz 1 RVG die **gerichtliche Feststellung beantragen**, dass die geplante Reise erforderlich ist. Diese Feststellung ist dann für das Festsetzungsverfahren nach § 55 RVG bindend.

Muster: Antrag auf Feststellung der Erforderlichkeit einer Reise, § 46 Abs. 2 RVG

188

An das Amtsgericht ....

Betrifft: Beratungshilfesache A.B.

Hiermit beantrage ich, die Erforderlichkeit meiner Fahrt zum Anhörungstermin beim Bundesamt für die Anerkennung ausländischer Flüchtlinge in .... am .... gemäß

§ 46 Abs. 2 Satz 1 RVG festzustellen.

---

184 *Hansens*, RVGreport 2004, 23, 25.
185 Zum bisherigen Recht: AG Berlin-Charlottenburg, Berl.AnwBl. 1992, 388; *Hansens*, BRAGO, § 133 Rn. 5; a.A. *Greißinger*, AnwBl. 1994, 371, 376; alle zur BRAGO.
186 LG Hannover, JurBüro 1986, 120; AG Gießen, InfAuslR 1986, 187; AG Aachen, InfAuslR 1987, 204; a.A. LG Göttingen, JurBüro 1985, 596.
187 LG Bochum, JurBüro 1986, 403 = Rpfleger 1986, 55.
188 LG Hannover, a.a.O.
189 *Hansens*, JurBüro 1986, 339, 342.

Gründe:

Aufgrund des Berechtigungsscheins vom .... des Amtsgerichts .... – Az. .... – bin ich für den Rechtsuchenden A.B. im Rahmen der Beratungshilfe tätig. In diesem Termin soll der Rechtsuchende in seinem Asylverfahren angehört werden. Meine Anwesenheit hierbei ist erforderlich. Der Rechtsuchende ist der deutschen Sprache nicht mächtig. Ich habe mich bisher mit ihm nur unter Mithilfe eines Dolmetschers verständigen können. Er ist ferner Analphabet und kann ohne meine Mithilfe seine Rechte bei der Anhörung nicht hinreichen wahren.

Ich werde am Anhörungstag meine Reise antreten und voraussichtlich am selben Tage die Reise beenden. Die Anfahrt ist mit der Deutschen Bahn von C. nach D. geplant. Die Anfahrt zum Bahnhof nach C. werde ich mit dem eigenen PKW unternehmen.

....

Rechtsanwalt

6. Übersetzungskosten

Übersetzungskosten können für die Übersetzung eines in fremder Sprache abgefassten Schriftstücks erforderlich sein, das der Rechtsanwalt überprüfen musste.[190] Die vom Urkundsbeamten der Geschäftsstelle bei der Festsetzung zu überprüfende Höhe der Übersetzungskosten orientiert sich an den §§ 8 ff. JVEG.[191] Ist die mündliche Übersetzung billiger als die schriftliche, sind nur die niedrigeren Auslagen zu ersetzen. Übersetzt der Rechtsanwalt selbst, erhält er hierfür keine besondere Vergütung.[192]   189

7. Umsatzsteuer

Schließlich hat der Rechtsanwalt einen Anspruch auf Ersatz seiner auf die Gebühren und Auslagen entfallenden Umsatzsteuer (Nr. 7008 VV RVG).   190

VI. Festsetzung der Vergütung

Der dem im Rahmen der Beratungshilfe tätig gewesenen Rechtsanwalt gegen die Landeskasse zustehende Vergütungsanspruch wird gemäß § 55 RVG festgesetzt. Diese Festsetzung erfolgt nach Fälligkeit (§ 8 Abs. 1 RVG) des Vergütungsanspruchs. Ein Anspruch des Rechtsanwalts auf **Vorschuss** ist nach § 47 Abs. 2 RVG **ausgeschlossen**.   191

---

190 LG Hannover, JurBüro 1986, 1214; LG Bochum, JurBüro 1986, 403 = AnwBl. 1986, 256; AG Meschede, Rpfleger 1997, 119: Beratungshilfe für Asylbewerber.
191 LG Hannover, JurBüro 1986, 1214 für die Vorgänger-Vorschrift des § 17 ZSEG.
192 *Hansens*, JurBüro 1986, 339, 343.

1. Zuständigkeit

a) Örtliche Zuständigkeit

aa) Grundsatz

192 Zuständig ist gemäß § 55 Abs. 4 RVG der Urkundsbeamte der Geschäftsstelle des in § 4 Abs. 1 BerHG bestimmten Gerichts (s. hierzu Rn. 30 ff.). Diese Regelung entspricht – trotz des veränderten Wortlauts – der Bestimmung des § 133 Satz 3 BRAGO.[193] Nach dem in Bezug genommenen § 4 Abs. 1 BerHG ist in erster Linie das AG zuständig, in dessen Bezirk der Rechtsuchende seinen **allgemeinen Gerichtsstand** hat (§ 4 Abs. 1 Satz 1 BerHG). Bei Fehlen eines solchen allgemeinen Gerichtsstands im Inland ist das AG zuständig, in dessen Bezirk ein Bedürfnis für Beratungshilfe auftritt (§ 4 Abs. 1 Satz 2 BerHG). Damit ist für die Entscheidung über den Festsetzungsantrag im Regelfall örtlich dasselbe AG zuständig, das auch über die **Bewilligung der Beratungshilfe** zu entscheiden hat.

193

> **Hinweis:**
>
> Die Anknüpfung der örtlichen Zuständigkeit an die für die Bewilligung der Beratungshilfe in § 4 BerHG bestimmte Zuständigkeitsregelung führt somit im Regelfall zu einer Konzentration sowohl des Bewilligungs- als auch des Festsetzungsverfahrens bei demselben AG.

bb) Zuständigkeit bei Wohnsitzveränderungen

194 Welches AG bei **Veränderung des Wohnsitzes des Rechtsuchenden** zuständig ist, ist in der Rechtsprechung umstritten. Nach einer Auffassung ist in einem solchen Fall auf den Wohnsitz des Rechtsuchenden bei **Auftreten des Bedürfnisses** der Beratungshilfe abzustellen.[194] Nach anderer Auffassung ist für die Festsetzung das AG zuständig, in dessen Bezirk der Rechtsuchende zu dem Zeitpunkt seinen **Wohnsitz** hat, zu dem der **Festsetzungsantrag bei Gericht eingeht**.[195] Dem ist zuzustimmen. Die Anknüpfung der Zuständigkeit an den Wohnsitz des Rechtsuchenden zum Zeitpunkt des Eingangs des Festsetzungsantrags knüpft an regelmäßig leicht festzustellende Umstände an. Demzufolge ist oft nicht leicht festzustellen, wo das Bedürfnis für die Beratungshilfe aufgetreten ist.

---

193 BR-Drucks. 830/03, S. 251.
194 OLG Hamm, JurBüro 1995, 366 = Rpfleger 1995, 365 und AnwBl. 2000, 58; *Hartung/Römermann,* RVG, § 55 Rn. 44.
195 BayObLG, JurBüro 1995, 366 = AnwBl. 1998, 56.

Beispiele: 195

(1) Der Rechtsuchende hat seinen Antrag auf Gewährung von Beratungshilfe bei dem für seinen Wohnsitz zuständigen AG Hamburg gestellt. Wechselt der Rechtsuchende seinen Wohnsitz nicht, bleibt auch für die Entscheidung über den Festsetzungsantrag des Rechtsanwalts das AG Hamburg örtlich zuständig.

(2) Im Beispiel (1) hat der Rechtsuchende seinen Wohnsitz in den Bezirk des AG Bremen verlagert, bevor die Beratungshilfe-Tätigkeit des Rechtsanwalts beendet war.

Für die Festsetzung ist nunmehr das AG Bremen zuständig.

(3) Der Rechtsuchende hatte im Inland keinen Wohnsitz, als er die Gewährung von Beratungshilfe beantragt hatte. Da das Bedürfnis für die Beratungshilfe im Bezirk des AG Hamburg aufgetreten war, hatte der Rechtspfleger für dieses AG den Berechtigungsschein erteilt. Danach begründet der Rechtsuchende erstmals im Inland seinen Wohnsitz im Bereich des AG Bremen. Dieses ist auch für die Festsetzung der Vergütung zuständig.

(4) Der Rechtsuchende mit Wohnsitz in Hamburg hat sich gemäß § 7 BerHG direkt an den Rechtsanwalt gewandt. Nach Beendigung der Beratungshilfetätigkeit des Rechtsanwalts ist sowohl für die nachträgliche Entscheidung über den Antrag auf Beratungshilfe gemäß § 4 Abs. 2 Satz 4 BerHG als auch für die Festsetzung der Vergütung das AG Hamburg zuständig.

(5) Im vorstehenden Beispiel hatte der Rechtsuchende im Inland keinen Wohnsitz. Sowohl für die Entscheidung über den Antrag auf nachträgliche Gewährung von Beratungshilfe als auch für die Entscheidung über den Festsetzungsantrag ist das AG örtlich zuständig, in dessen Bezirk das Bedürfnis für Beratungshilfe aufgetreten war.

(6) Der Rechtsuchende mit Wohnsitz in Hamburg hatte den Rechtsanwalt direkt aufgesucht, um sich von diesem im Wege der Beratungshilfe wegen der Folgen eines Verkehrsunfalls beraten zu lassen, der sich im Bezirk des AG Bremen zugetragen hatte. Während der Beratungshilfetätigkeit verlegt der Rechtsuchende seinen Wohnsitz ins Ausland. Für die Entscheidung über den Festsetzungsantrag des Rechtsanwalts ist das AG Bremen als das Gericht tätig, bei dem das Bedürfnis für die Beratungshilfe aufgetreten war.

b) Funktionelle Zuständigkeit

Funktionell zuständig ist gemäß § 55 Abs. 1 Satz 1 RVG der **Urkundsbeamte der Geschäftsstelle**. In vielen Fällen ist dies in Personalunion auch der Rechtspfleger, der über den Antrag auf Beratungshilfe entschieden hat. 196

197

> **Hinweis:**
>
> Diese beiden Funktionen müssen jedoch streng auseinander gehalten werden, was die betreffenden Beamten selbst gelegentlich nicht tun.

2. Antrag

a) Form

198 Für den Antrag des Rechtsanwalts besteht **Formularzwang.**[196] Das LG Düsseldorf[197] lässt es genügen, wenn der Rechtsanwalt die erste Seite des Vordrucks mit dem Festsetzungsantrag und der Kostenberechnung vorlegt. Weder der Rechtsanwalt noch der Rechtsuchende haben einen Anspruch auf kostenfreie Aushändigung des Vordrucks.[198]

b) Inhalt

199 Der Inhalt des Antrags ergibt sich aus dem vorstehend erwähnten Vordruck. Der Antrag muss enthalten:

- die Erklärung des Rechtsanwalts, ob und ggf. welche Zahlungen er über die Beratungshilfegebühr nach Nr. 2600 VV RVG hinaus bis zum Tage der Antragstellung erhalten hat (§ 55 Abs. 5 Satz 2 RVG);

- die Erklärung, ob der Gegner erstattungspflichtig ist;

- die Erklärung, ob die Beratung in ein gerichtliches oder behördliches Verfahren übergegangen ist (s. Abs. 2 der Anm. zu Nr. 2601 VV RVG, Abs. 2 der Anm. zu Nr. 2603 VV RVG);

- den Antrag auf Festsetzung der Gebühren und Auslagen;

- die Versicherung ihrer Entstehung;

- die Kostenberechnung des Rechtsanwalts (s. § 10 RVG);

- die Unterschrift des Rechtsanwalts.

- Dem Antrag ist der Berechtigungsschein bzw. der Antrag auf nachträgliche Bewilligung der Beratungshilfe beizufügen.

c) Glaubhaftmachung

200 Obwohl der amtliche Vordruck dies nicht vorsieht, hat der Rechtsanwalt nach dem über § 55 Abs. 5 Satz 1 RVG entsprechend anwendbaren § 104 Abs. 2 ZPO den Anfall und ggf. die Erforderlichkeit der beantragten Vergütung darzulegen und glaubhaft zu machen.[199]

---

196 Vordruck nach Anlage 2 der VO zur Einführung von Vordrucken im Bereich der Beratungshilfe – BerHVV – v. 17.12.1994, BGBl. I, S. 3839, zuletzt geändert durch Art. 33 des Gesetzes zur Einordnung des Sozialhilferechts in das SGB v. 27.12.2003, BGBl. I, S. 3022, 3064.
197 MDR 1993, 183.
198 OLG Schleswig, JurBüro 1981, 1708, 1709.
199 S. LG Aurich, JurBüro 1986, 246 = Rpfleger 1986, 7; LG Berlin, JurBüro 1983, 1199 = Rpfleger 1983, 414; LG Dortmund, Rpfleger 1986, 321.

Hinweis:

Die anwaltliche Versicherung (s. § 104 Abs. 2 Satz 2 ZPO) genügt nur für den Anfall der Postentgelte nach Nr. 7001 VV RVG, im Übrigen jedoch nicht.[200]

201

Welche **Anforderungen an die Glaubhaftmachung** des Rechtsanwalts zu stellen sind, hängt davon ab, um welche Gebühr und um welche Auslagen es geht. Die Voraussetzungen hierfür sind in der Rechtsprechung **umstritten**.

202

aa) Beratungsgebühr

Bei der Beratungsgebühr reicht im Regelfall der Vortrag des Rechtsanwalts, in der betreffenden Beratungshilfe-Angelegenheit dem Rechtsuchenden den Rat oder die Auskunft erteilt zu haben.[201] Bei der Beratungstätigkeit mit dem Ziel einer außergerichtlichen Einigung mit den Gläubigern über die Schuldenbereinigung auf der Grundlage eines Plans sind die Voraussetzungen für die erstrebte Schuldenbereinigung darzulegen.

203

bb) Geschäftsgebühr

Beantragt der Rechtsanwalt die Festsetzung der Geschäftsgebühr nach Nr. 2603 VV RVG, hat er im Einzelnen darzulegen, welcher Art seine Vertretungstätigkeit war. Bestand die Beratungshilfetätigkeit in der Mitwirkung bei der Gestaltung eines Vertrags, bedarf es der Darlegung insoweit. Für die Tätigkeit des Rechtsanwalts mit dem Ziel einer außergerichtlichen Einigung mit den Gläubigern über die Schuldenbereinigung auf der Grundlage eines Plans sind die einzelnen Bemühungen des Rechtsanwalts darzulegen. Ferner ist vorzutragen, mit wie vielen Gläubigern verhandelt worden ist, da davon die Höhe der Geschäftsgebühren nach Nrn. 2604 – 2607 VV RVG abhängt.

204

Im Regelfall hat der Rechtsanwalt **Ablichtungen der entsprechenden Schriftstücke**, im Einzelfall sogar der gesamten **Handakten**, vorzulegen.[202]

205

Eine Verpflichtung zur Vorlage der Handakten ist insbesondere aus Reihen der Anwaltschaft mit dem Hinweis auf die anwaltliche Verschwiegenheit abgelehnt worden.[203] Diese Bedenken tragen nicht, weil der Urkundsbeamte der Geschäftsstelle ebenso wie der Richter im Honorarprozess zur Verschwiegenheit verpflichtet ist.[204] Im Übrigen müsste der

206

---

200 LG Berlin, a.a.O.; LG Köln, JurBüro 1982, 256 = Rpfleger 1982, 120.
201 LG Göttingen, JurBüro 1984, 1369; *Hansens*, JurBüro 1986, 339, 346.
202 LG Aurich, JurBüro 1986, 246; LG Göttingen, JurBüro 1986, 242; *Hansens*, JurBüro 1986, 339, 347; *Mümmler*, JurBüro 1984, 1141 und 1766.
203 *Schaich*, AnwBl. 1981, 2, 4; *Forstmann*, AnwBl. 1982, 181, 182; *Greißinger*, NJW 1985, 1671, 1676; *von Bühren*, MDR 1998, 88; *Winters*, AnwBl. 1982, 273, 276; *Klinge*, AnwBl. 1981, 166, 167; gegen eine Vorlagepflicht auch LG Hannover, JurBüro 1986, 241.
204 S. LG Aurich, JurBüro 1986, 246; LG Paderborn, JurBüro 1987, 871 m. Anm. *Mümmler;* AG Coesfeld, AGS 1999, 75 m. Anm. *Madert; Kalthoener/Büttner/Wrobel-Sachs*, Prozesskostenhilfe und Beratungshilfe, Rn. 1037.

Rechtsanwalt auch einzelne Umstände aus seiner Beratungstätigkeit offenbaren, wenn er gegen den Rechtsuchenden die Beratungshilfegebühr nach Nr. 2600 VV RVG einklagt.[205]

207

> **Hinweis:**
>
> Allerdings kann die Vorlage der Handakten nicht im Regelfall,[206] sondern nur dann verlangt werden, wenn die Vertretungstätigkeit des Rechtsanwalts nicht anderweit glaubhaft gemacht worden ist.[207]

cc) Einigungs- und Erledigungsgebühr

208 Auch die Voraussetzungen der Einigungs- und Erledigungsgebühr hat der Rechtsanwalt im Einzelnen darzulegen und glaubhaft zu machen. Dies gilt insbesondere hinsichtlich der für diese Gebühr erforderlichen Mitwirkung des Rechtsanwalts. Vielfach wird auch hier die Vorlage von Ablichtungen entsprechender Schriftstücke oder der gesamten Handakten erforderlich sein.[208] Keinesfalls genügt jedoch die **eidesstattliche Versicherung des Rechtsanwalts** ohne entsprechenden Tatsachenvortrag, die geltend gemachte Gebühr sei angefallen.[209]

dd) Auslagen

209 Auch der Anfall der Auslagen ist vom Rechtsanwalt darzulegen und ggf. durch Vorlage von Belegen glaubhaft zu machen.[210] Nur für den Anfall der Postentgelte genügt die anwaltliche Versicherung gemäß § 104 Abs. 2 Satz 2 ZPO,[211] nicht hingegen für die übrigen Auslagen.[212] Deshalb hat der Rechtsanwalt den Anfall der übrigen Auslagen darzulegen und durch Vorlage von **Quittungen** oder **Rechnungen** glaubhaft zu machen. Ferner hat der Rechtsanwalt darzulegen, dass die Auslagen zur sachgemäßen Durchführung der Beratungshilfe-Angelegenheit erforderlich waren (s. § 46 Abs. 1 RVG).

---

205 *Hansens*, JurBüro 1986, 339, 347.
206 So wohl *Mümmler*, JurBüro 1984, 1125, 1140.
207 *Schoreit/Dehn*, Beratungshilfe, Prozesskostenhilfe, § 132 BRAGO Rn. 29.
208 LG Aurich, JurBüro 1986, 246; LG Paderborn, JurBüro 1987, 871; LG Berlin, JurBüro 1983, 1199 = Rpfleger 1983, 414; LG Bielefeld, Rpfleger 1984, 248; LG Köln, Rpfleger 1982, 120; gegen Verpflichtung zur Vorlage der Handakten: AG Braunschweig, AnwBl. 1985, 538; LG Hannover, JurBüro 1986, 241 = Rpfleger 1986, 272 = AnwBl. 1986,255: i.d.R. keine Vorlagepflicht.
209 LG Aurich, und LG Berlin, je a.a.O.
210 LG Hannover, JurBüro 1986, 1214.
211 LG Berlin, JurBüro 1985, 1667; LG Aachen, AnwBl. 1999, 58.
212 LG Aachen, a.a.O.

3. Entscheidung

a) Bindungswirkungen

Der Urkundsbeamte der Geschäftsstelle hat über den Festsetzungsantrag des Rechtsan- 210
walts zu entscheiden. Hierbei ist er in mehrfacher Hinsicht gebunden.

aa) Bindung an die Bewilligung der Beratungshilfe

Der Urkundsbeamte der Geschäftsstelle hat im Festsetzungsverfahren nicht zu prüfen, ob 211
die Voraussetzungen der Beratungshilfe vorlagen oder nicht.[213]

bb) Bindung an die einschränkende Bewilligung der Beratungshilfe

An eine etwa einschränkende Bewilligung der Beratungshilfe ist der Urkundsbeamte der 212
Geschäftsstelle gebunden.[214]

cc) Bindung an die Entscheidung gemäß § 46 Abs. 2 Satz 1 RVG

Hat das AG auf Antrag des Rechtsanwalts vor Antritt der Reise des Rechtsanwalts festge- 213
stellt, dass diese Reise erforderlich ist, so ist diese Feststellung für das Festsetzungsverfahren gemäß § 46 Abs. 2 Satz 1 RVG bindend. Hat das Gericht hingegen eine negative
Entscheidung getroffen, dass die Reise nicht erforderlich sei, besteht keine Bindungswirkung für das Festsetzungsverfahren.[215] Die **rückwirkende Betrachtung** des Urkundsbeamten der Geschäftsstelle kann somit nachträglich zur Berücksichtigung der Reisekosten
führen.

dd) Bindung an den Antrag

Entsprechend § 308 ZPO ist der Urkundsbeamte an den Antrag des Rechtanwalts ge- 214
bunden. Er darf also keinen höheren Betrag festsetzen, als der Rechtsanwalt in seinem
Antrag begehrt hat.

ee) Keine Bindung an die Anzahl der Berechtigungsscheine

Wie viele gebührenrechtliche Angelegenheiten vorliegen, beurteilt der Urkundsbeamte 215
unabhängig von der Anzahl der vom Rechtspfleger erteilten Berechtigungsscheine (s.o.
Rn. 149 f.).

b) Art der Entscheidung

Gibt der Urkundsbeamte der Geschäftsstelle dem Antrag – zumindest – teilweise statt, 216
nimmt er auf der Rückseite des Formulars (s.o. Rn. 198) die Festsetzung vor und leitet
eine Abschrift seiner Entscheidung an die Justizkasse zur Auszahlung weiter. Absetzungen hat der Urkundsbeamte der Geschäftsstelle zu **begründen** und **dem Rechtsanwalt**

---

213   AG Dortmund, AnwBl. 1997, 294.
214   LG Berlin, JurBüro 1989, 85 = AnwBl. 1989, 400: Beratungshilfe nur zur Beratung.
215   OLG Düsseldorf, StV 1994, 499.

mitzuteilen, was in der Praxis gelegentlich unterbleibt. Dann erfährt der Rechtsanwalt von der Absetzung erst einige Zeit später, wenn der von der Justizkasse ausgezahlte Betrag hinter dem beantragten Betrag zurückbleibt.

217 Lehnt der Urkundsbeamte der Geschäftsstelle die Festsetzung insgesamt ab, ergeht diese Entscheidung im Regelfall durch **Beschluss.** Auch dieser Beschluss ist dem Rechtsanwalt mitzuteilen.

218 Die aus der Landeskasse zu zahlende Vergütung ist **nicht zu verzinsen.**[216]

219 Die **Zustellung** der Entscheidung des Urkundsbeamten ist **nicht erforderlich** ist, da für die Erinnerung gegen die Entscheidung des Urkundsbeamten bei richtiger Gesetzesanwendung keine Frist vorgesehen ist (s.u. Rn. 224 f.).

4. Rechtsbehelfe

220 Gegen die im Festsetzungsverfahren ergangenen Entscheidungen sind gemäß § 56 RVG die Erinnerung und die Beschwerde gegeben.

a) Erinnerung

aa) Erinnerungsbefugnis

221 Zur Einlegung der Erinnerung sind der **Rechtsanwalt** und die **Landeskasse** befugt. Der Rechtsuchende ist nicht erinnerungsbefugt, weil er an dem Festsetzungsverfahren nicht beteiligt ist.

bb) Erinnerungsgericht

222 Gemäß § 56 Abs. 1 Satz 3 RVG entscheidet über die Erinnerung das nach § 4 Abs. 1 BerHG zuständige Gericht.[217] Im Regelfall ist zur Entscheidung über die Erinnerung das Gericht des Rechtszuges zuständig, dessen Urkundsbeamter die angefochtene Entscheidung im Festsetzungsverfahren erlassen hat (s. § 56 Abs. 1 Satz 1 RVG). Infolge der Verweisung auf das nach § 4 Abs. 1 BerHG zuständige Gericht ist dies nicht mehr gewährleistet.

> *Beispiel:*
>
> *Der Rechtsuchende, der zum Zeitpunkt des Antrags auf Gewährung von Beratungshilfe und zum Zeitpunkt des Festsetzungsantrags des Rechtsanwalts seinen Wohnsitz in Hamburg hatte, verlegt seinen Wohnsitz nach Bremen. Gegen die danach ergangene Entscheidung des Urkundsbeamten der Geschäftsstelle des AG Hamburg wäre dann das AG Bremen zuständig, da für die Erinnerung nunmehr auf den Wohnsitz zum Zeitpunkt der Einlegung der Erinnerung abzustellen ist.*
>
> *Diese Regelung ist völlig unpraktikabel und sollte am besten nicht angewandt werden.*

---

216 LG Berlin, JurBüro 1984, 1854 = AnwBl. 1984, 515.
217 S.o. Rn. 31.

	223
Hinweis:	

Hinweis:

Auch wenn die Beratungshilfetätigkeit des Rechtsanwalts im Fall der gerichtlichen Vertretung eine Familiensache wäre, ist die allgemeine Zivilabteilung des AG – und nicht das FamG – zuständig.

cc) Frist

Ob die Erinnerung fristgebunden ist, ist bereits jetzt umstritten. Ein Teil der Kommentarliteratur[218] geht ohne Begründung zutreffend davon aus, dass die **Erinnerung unbefristet** ist.

Demgegenüber vertritt *Hartmann*[219] wegen der Verweisung in § 56 Abs. 2 Satz 1 RVG auf (auch) § 33 Abs. 3 Satz 3 RVG die Auffassung, dass die Erinnerung innerhalb einer **Frist von zwei Wochen** nach Zustellung der Entscheidung einzulegen sei. Diese Verweisung gilt ersichtlich nicht auch für das Erinnerungsverfahren. Denn dann müsste auch § 33 Abs. 3 Satz 1 und 2 RVG entsprechend gelten. Danach wäre die Erinnerung nur zulässig, wenn der Wert des Beschwerdegegenstandes 200 € übersteigt oder wenn der Urkundsbeamte die Erinnerung wegen der grundsätzlichen Bedeutung der zur Entscheidung stehenden Frage zugelassen hätte. Dies würde im Ergebnis dazu führen, dass ohne eine solche Zulassung bei Festsetzungen oder Absetzungen bis 200 € die Entscheidung des Urkundsbeamten der Geschäftsstelle überhaupt nicht anfechtbar wäre. Gegen die Auffassung von *Hartmann* spricht auch die Gesetzesbegründung.[220] Danach soll die Regelung in § 56 Abs. 2 Satz 1 RVG der Verweisung in § 128 Abs. 4 BRAGO auf die Vorschriften über die **Beschwerde** gegen die Festsetzung des Gegenstandswerts entsprechen. Folglich enthält die Verweisung in § 56 Abs. 2 Satz 1 RVG entgegen *Hartmann* keine die bisherige Regelung über das Erinnerungsverfahren völlig auf den Kopf stellende Neuregelung.

Die somit nicht fristgebundene Erinnerung kann jedoch entsprechend § 20 GKG **verwirken**.[221] Dies wird dann angenommen, wenn nach der letzten in dem Festsetzungsverfahren ergangenen Entscheidung mehr als ein Kalenderjahr verstrichen ist. Demgegenüber spricht sich der 19. Zivilsenat des KG[222] gegen eine entsprechende Anwendung von (jetzt) § 20 GKG aus.

---

218 *Hartung/Römermann*, RVG, § 56 Rn. 8; *Mayer/Kroiß/Pukall*, RVG, § 56 Rn. 10; *Burhoff/Volpert*, RVG, Teil B „Vergütung aus Staatskasse" Rn. 61.

219 KostG, § 56 RVG Rn. 6.

220 BR-Drucks. 830/03, S. 252.

221 OLG Celle, JurBüro 1983, 1324; OLG Düsseldorf, OLGR 1995, 243; OLG Hamm, MDR 1988, 871; OLG Frankfurt, FamRZ 1991, 1462; OLG Hamm, JurBüro 1983, 720; KG – 1. ZS – JurBüro 1976, 212.

222 RVGreport 2004, 314 [*Hansens*].

224

225

226

dd) Form

227 Die Erinnerung kann gemäß § 56 Abs. 2 Satz 1 i.V.m. § 33 Abs. 7 RVG zu **Protokoll des Urkundsbeamten der Geschäftstelle** des Gerichts erhoben werden (§ 129a ZPO), sie kann jedoch auch **schriftlich** oder als elektronisches Dokument (§ 130a ZPO) eingelegt werden. **Anwaltszwang** besteht nicht (§ 78 Abs. 5 ZPO).

228 Die Erinnerung ist **bei dem Erinnerungsgericht** einzulegen.

ee) Erinnerungswert

229 Anders als die Beschwerde erfordert die Erinnerung keine Mindestbeschwer.

ff) Entscheidung über die Erinnerung

(1) Urkundsbeamter der Geschäftsstelle

230 Der Urkundsbeamte der Geschäftstelle darf zwar die Festsetzung nicht von Amts wegen, sondern nur auf eine Erinnerung des Rechtsanwalts oder der Landeskasse ändern.[223] Liegt jedoch eine Erinnerung vor, hat er ihr **abzuhelfen**, wenn er diese für zulässig und begründet hält (§ 56 Abs. 2 Satz 1 i.V.m. § 33 Abs. 4 Satz 1 RVG). Hält der Urkundsbeamte der Geschäftsstelle die Erinnerung für zulässig und **teilweise** begründet, hilft er ihr insoweit ab. Im Umfang der Nichtabhilfe legt der Urkundsbeamte die Erinnerung unverzüglich dem Amtsrichter zur Entscheidung vor (§ 56 Abs. 2 Satz 1 i.V.m. § 33 Abs. 4 Satz 1 2. Halbs. RVG).

231 Die (Teil-)Nichtabhilfeentscheidung des Urkundsbeamten der Geschäftsstelle ist nicht anfechtbar.

(2) Amtsrichter

232 Über die Erinnerung entscheidet der Amtsrichter,[224] nicht hingegen der Rechtspfleger.[225]

233 Der Amtsrichter entscheidet über die Erinnerung sachlich durch Beschluss (§ 56 Abs. 1 Satz 1 RVG). Soweit der Amtsrichter die Erinnerung für zulässig und begründet erachtet, hat er ihr abzuhelfen (§ 56 Abs. 2 Satz 1 i.V.m. § 33 Abs. 4 Satz 1 1. Halbs. RVG). Dies geschieht durch

- Festsetzung eines höheren Vergütungsbetrags auf Erinnerung des Rechtsanwalts oder

- Herabsetzung des festgesetzten Betrags oder

- Zurückweisung des Festsetzungsantrags auf Erinnerung der Landeskasse.

234 Soweit der Amtsrichter der Erinnerung nicht abhilft, hat er sie **zurückzuweisen.** Eine Nichtabhilfeentscheidung ist gesetzlich nicht vorgesehen.

---

223 LG Berlin, JurBüro 1984, 573.
224 *Hansens*, JurBüro 1986, 339, 344.
225 So unrichtig AG Lübeck, Rpfleger 1984, 75 m. abl. Anm. *Lappe*.

Soweit der Beschwerdewert 200 € nicht übersteigt, hat der Amtsrichter von Amts wegen   235
zu entscheiden, ob er die Beschwerde wegen der **grundsätzlichen Bedeutung** der zur
Entscheidung stehenden Frage zulässt (§ 56 Abs. 2 Satz 1 i.V.m. § 33 Abs. 3 Satz 2 RVG).
Die Entscheidung ergeht durch **Beschluss.**

Ob die Entscheidung über die Zulassung der Beschwerde entsprechend § 321 ZPO **nach-**   236
träglich durch gesonderten Beschluss erfolgen kann,[226] ist zweifelhaft.[227]

Beispiel:

*Der im Rahmen der Beratungshilfe tätige Rechtsanwalt hat für seine Tätigkeit mit dem
Ziel einer außergerichtlichen Einigung mit den Gläubigern über die Schuldenbereinigung
auf der Grundlage eines Plans (§ 305 Abs. 1 Nr. 1 InsO) die Festsetzung folgender Beträge beantragt:*

1. Geschäftsgebühr, Nrn. 2603, 2605 VV RVG	*363,00 €*
2. Postentgeltpauschale, Nr. 7002 VV RVG	*20,00 €*
3. 16 % Umsatzsteuer, Nr. 7008 VV RVG	*+ 61,28 €*
Summe:	***444,28 €***

*Der Urkundsbeamte der Geschäftsstelle hat den Antrag zurückgewiesen, weil der Rechts-
anwalt die Tätigkeit nicht hinreichend dargelegt habe. Auf die ihm vorgelegte Erinnerung
kommt der Amtsrichter zu dem Ergebnis, die Gebühr sei angefallen. Da der Rechtsanwalt
aber nicht mit den vorhandenen 10 Gläubigern des Rechtsuchenden, sondern lediglich
mit 3 Gläubigern verhandelt habe, stehe ihm nur die Gebühr nach Nr. 2604 VV RVG zu.*

Der Amtsrichter setzt demnach folgende Vergütung fest:

1. Geschäftsgebühr, Nrn. 2603, 2604 VV RVG	*224,00 €*
2. Postentgeltpauschale, Nr. 7002 VV RVG	*20,00 €*
3. 16 % Umsatzsteuer, Nr. 7008 VV RVG	*+ 39,04 €*
Summe:	***283,04 €***

*Im Übrigen weist der Amtsrichter die Erinnerung zurück. Hier hat er über die Zulassung der
Beschwerde zu befinden, da der Beschwerdewert nur (412,96 € – 283,04 € =) 129,92 €
beträgt.*

Sämtliche Entscheidungen des Amtsrichters sind – jedenfalls kurz – zu **begründen.**   237

---

226 So *Hartung/Römermann*, RVG, § 56 Rn. 27.
227 Verneinend für die nachträgliche Zulassung der Rechtsbeschwerde: OLG Koblenz, JurBüro 2002,
     437.

gg) Zustellung

238 Der Beschluss ist von **Amts wegen zuzustellen,** wenn

239 entweder der **Beschwerdewert 200 € übersteigt** (§ 56 Abs. 2 Satz 1 i.V.m. § 33 Abs. 3 Satz 1 RVG) oder

240 der Amtsrichter bei darunter liegendem Beschwerdewert die **Beschwerde zugelassen** hat (§ 56 Abs. 2 Satz 1 i.V.m. § 33 Abs. 3 Satz 2 RVG).

241 Je nachdem, wer beschwert ist, erfolgt die Zustellung an den Rechtsanwalt, an die Landeskasse oder an beide.

242

> **Hinweis:**
>
> Wie die Zustellung an den Vertreter der Landeskasse erfolgen soll, ist bisher nicht geregelt. Die denkbare Zustellung per Empfangsbekenntnis ist unpraktikabel, da der Bezirksrevisor ohne Akten keine Kenntnis von dem Vorgang hat. Deshalb wäre die Zustellung durch Vorlage der Akten an den Bezirksrevisor entsprechend § 41 StPO sinnvoller.

hh) Kosten und Kostenerstattung

243 Gemäß § 56 Abs. 2 Satz 2 RVG ist das Verfahren über die Erinnerung **gerichtsgebührenfrei.** Gerichtliche **Auslagen**, etwa für die förmliche Zustellung, können jedoch erhoben werden.

244 Nach Satz 3 dieser Vorschrift werden außergerichtliche **Kosten nicht erstattet.**

b) Beschwerde

aa) Beschwerdebefugnis

245 Beschwerdebefugt können der Rechtsanwalt oder die Landeskasse sein, nicht jedoch der Rechtsuchende.

bb) Beschwerdegericht

246 Beschwerdegericht ist das dem AG **übergeordnete LG.**

247 Eine Zuständigkeit des **OLG** ist im Regelfall nicht gegeben. Vielmehr ist die Zivilkammer des LG auch dann zuständig, wenn der Gegenstand der Beratungshilfe bei gerichtlicher Geltendmachung eine Familiensache wäre.[228] Dies gilt auch dann, wenn verfahrensfehlerhaft das FamG über die Erinnerung entschieden hat.[229]

---

228 BGH, NJW 1985, 2537 = JurBüro 1984, 1817; OLG Hamm, JurBüro 1984, 1203 = Rpfleger 1984, 271; LG Berlin, JurBüro 1985, 166; OLG Nürnberg, Beschl. v. 30.3.2004 – VII WF 719/04; a.A. OLG Braunschweig, JurBüro 1985, 250 = AnwBl. 1984, 514; OLG München, JurBüro 1988, 593.
229 BGH, NJW 1985, 2537; a.A. OLG Nürnberg, Beschl. v. 30.3.2004 – VII WF 719/04.

Die Zuständigkeit des OLG ist auch nicht in den § 119 Abs. 1 Nr. 1b) und c) GVG ge- 248
nannten Fällen gegeben. Zwar ist danach gemäß § 56 Abs. 2 Satz 1 i.V.m. § 31 Abs. 4
Satz 2 RVG das OLG Beschwerdegericht. Weder die Gewährung der Beratungshilfe selbst
noch deren Festsetzung ist jedoch eine bürgerliche Rechtsstreitigkeit i.S.v. § 119 Abs. 1
GVG.

cc) Frist

Die Beschwerde muss innerhalb einer **Frist von zwei Wochen** nach Zustellung der Er- 249
innerungsentscheidung einlegt werden (§ 56 Abs. 2 Satz 1 i.V.m. § 33 Abs. 3 Satz 3
RVG).[230]

Bei Fristversäumis kommt **Wiedereinsetzung in der vorigen Stand** in Betracht (§ 56 250
Abs. 2 Satz 1 i.V.m. § 33 Abs. 5 RVG), die wie in §§ 233 ff. ZPO ausgestaltet ist.

Ist der angefochtene Beschluss des Amtsrichters dem Beschwerdeführer nicht zugestellt 251
worden, unterliegt die Beschwerde **keiner Frist.** Allerdings kann das Beschwerderecht
entsprechend § 20 GKG **verwirken** (s.o. Rn. 226).

dd) Form

Die Beschwerde kann **schriftlich oder zu Protokoll der Geschäftsstelle** (§ 56 Abs. 2 252
Satz 1 i.V.m. § 33 Abs. 7 Satz 1 RVG, § 129a ZPO) oder als elektronisches Dokument (s.
§ 130a ZPO) eingereicht werden. **Anwaltszwang** besteht nicht (§ 78 Abs. 5 ZPO).

Die Beschwerde ist bei dem **AG** einzureichen, dessen Entscheidung angefochten wird 253
(§ 56 Abs. 2 Satz 1 i.V.m. § 33 Abs. 7 Satz 2 RVG).

254

> **Hinweis:**
>
> Die Regelung in § 569 Abs. 1 Satz 1 ZPO, nach der die sofortige Beschwerde z.B. im
> Kostenfestsetzungsverfahren auch bei dem Beschwerdegericht eingelegt werden kann,
> gilt also nicht!

ee) Beschwerdewert

Bei dem Beschwerdewert ist zu unterscheiden: 255

Beschwerdewert übersteigt 200 €

Der Beschluss des Amtsrichters ist einmal anfechtbar, wenn der Wert des Beschwerde- 256
gegenstandes 200 € übersteigt (§ 56 Abs. 2 Satz 1 i.V.m. § 33 Abs. 3 Satz 1 RVG).

Dieser errechnet sich aus der Differenz zwischen dem festgesetzten und dem erstrebten 257
Vergütungsbetrag. Die Umsatzsteuer ist hierbei einzubeziehen.

---

230 Widersprüchlich *Hartung/Römermann*, RVG, § 56 Rn. 22: Beschwerde ist nicht fristgebunden, Rn. 25:
    Die Beschwerde ist befristet.

Beschwerdewert übersteigt 200 € nicht

258   Auch wenn der Wert des Beschwerdegegenstands 200 € nicht übersteigt, ist die Beschwerde zulässig, wenn das AG sie wegen der grundsätzlichen Bedeutung der zur Entscheidung stehenden Frage in seinem Beschluss zugelassen hat (§ 56 Abs. 2 Satz 1 i.V.m. § 33 Abs. 3 Satz 2 RVG). Dies kann auch der Fall sein, wenn der Beschwerdewert nur wenige Cent beträgt.

ff)   Entscheidung über die Beschwerde

(1)   Amtsrichter

259   Nach Eingang der Beschwerde bei dem AG, das über die Erinnerung entschieden hat, ist die Sache dem Amtsrichter vorzulegen. Dieser hat der Beschwerde gemäß § 56 Abs. 2 Satz 1 i.V.m. § 33 Abs. 4 Satz 1 RVG **abzuhelfen**, soweit er sie für zulässig und begründet hält. Die Abhilfe folgt durch Beschluss. In diesem Beschluss des Amtsrichters ist ggf. erneut die Beschwerde zuzulassen (§ 56 Abs. 2 Satz 1 i.V.m. § 33 Abs. 3 Satz 2 RVG).

260   Hilft der Amtsrichter der Beschwerde nicht ab, ist sie unverzüglich dem Beschwerdegericht vorzulegen (§ 56 Abs. 2 Satz 1 i.V.m. § 33 Abs. 4 Satz 1 2. Halbs. RVG).

261   Die (Teil-)Nichtabhilfeentscheidung des Amtsrichters ist nicht anfechtbar.

(2)   Beschwerdegericht

(a)   Besetzung

262   Das LG entscheidet über die Beschwerde durch eines seiner Mitglieder durch **Einzelrichter** (§ 56 Abs. 2 Satz 1 i.V.m. § 33 Abs. 8 Satz 1 2. Halbs. RVG). Dieser überträgt das Verfahren der Kammer, wenn die Sache besondere Schwierigkeiten tatsächlicher oder rechtlicher Art aufweist oder die Rechtssache grundsätzliche Bedeutung hat (§ 56 Abs. 2 Satz 1 i.V.m. § 33 Abs. 8 Satz 2 RVG).

263   Die unterlassene oder erfolgte Übertragung auf den Einzelrichter ist nicht anfechtbar (§ 56 Abs. 2 Satz 1 i.V.m. § 33 Abs. 8 Satz 3 RVG).

(b)   Inhalt der Entscheidung

264   Soweit das Beschwerdegericht die Beschwerde für zulässig und begründet hält, hat es ihr abzuhelfen (§ 56 Abs. 2 Satz 1 i.V.m. § 33 Abs. 4 Satz 1 1. Halbs. RVG).

265   Die Entscheidung ergeht durch Beschluss.

266   Das Beschwerdegericht hat von Amts wegen zu prüfen, ob die Voraussetzungen für die **Zulassung der weiteren Beschwerde** (§ 56 Abs. 2 Satz 1 i.V.m. § 33 Abs. 6 Satz 1 RVG) gegeben sind. Dies kommt bei grundsätzlicher Bedeutung der zu Entscheidung stehenden Frage in Betracht. In Folge der Zulassung der weiteren Beschwerde hat das Beschwerdegericht seine Entscheidung **zuzustellen**. Denn auch die weitere Beschwerde ist innerhalb von zwei Wochen nach Zustellung einzulegen (§ 56 Abs. 2 Satz 1 i.V.m. § 33 Abs. 6 Satz 3 und Abs. 3 Satz 3 RVG).

gg) Kosten und Kostenerstattung

Das Verfahren über die Beschwerde ist **gerichtsgebührenfrei**. Jedoch können gerichtli- 267
che **Auslagen**, etwa für die Zustellung, anfallen. **Außergerichtliche Kosten** werden nicht
erstattet (§ 56 Abs. 2 Satz 2 und 3 RVG).

c) Weitere Beschwerde

aa) Beschwerdebefugnis

Beschwerdebefugt sind wieder der Rechtsanwalt und die Staatskasse, nicht jedoch der 268
Rechtsuchende.

bb) Beschwerdegericht

Beschwerdegericht ist das dem LG übergeordnete OLG. Da bei richtiger Gesetzesan- 269
wendung Erstgericht immer das AG ist, kann der BGH als Gericht der weiteren Beschwerde in Verfahren betreffend die Festsetzung der Beratungshilfevergütung nicht befasst werden. Der entsprechende Ausschluss der Beschwerde an einen Obersten Gerichtshof des Bundes (§ 56 Abs. 2 Satz 1 i.V.m. § 33 Abs. 4 Satz 3 RVG) kommt hier also nicht zum Zuge.

cc) Frist und Form

Für die Frist und Form der weiteren Beschwerde gelten die Bestimmungen für die Be- 270
schwerde entsprechend (§ 56 Abs. 2 Satz 1 i.V.m. § 33 Abs. 6 Satz 3 RVG).

Die Beschwerde ist bei dem LG einzulegen, dessen Entscheidung angefochten wird. Das 271
OLG ist an die Zulassung der weiteren Beschwerde gebunden (§ 56 Abs. 2 Satz 1 i.V.m.
§ 33 Abs. 6 Satz 3 und Abs. 4 Satz 4 RVG).

dd) Begründung

Die weitere Beschwerde darf nach § 56 Abs. 2 Satz 1 i.V.m. § 33 Abs. 6 Satz 2 RVG nur 272
darauf gestützt werden, dass die Entscheidung auf einer Verletzung des Rechts beruht.
Die §§ 546, 547 ZPO geltend entsprechend. Die weitere Beschwerde ist somit als Rechtsbeschwerde revisionsähnlich ausgestattet und muss entsprechend begründet werden.

ee) Beschwerdewert

Die weitere Beschwerde erfordert **keinen Beschwerdewert**. Folglich kann es bei der wei- 273
teren Beschwerde auch um wenige Cent der Dokumentenpauschale gehen.

ff) Entscheidung über die weitere Beschwerde

Die Entscheidung über die weitere Beschwerde ergeht durch Beschluss, der **zu begrün-** 274
den ist.

- **Landgericht:**

275 Das Beschwerdegericht hat der weiteren Beschwerde **abzuhelfen**, wenn es sie für zulässig und begründet erachtet (§ 56 Abs. 2 Satz 1 i.V.m. § 33 Abs. 6 Satz 4 und Abs. 4 Satz 1 RVG).

276 Anderenfalls legt das LG die weitere Beschwerde dem OLG unverzüglich vor (§ 56 Abs. 2 Satz 1 i.V.m. § 33 Abs. 6 Satz 4 und Abs. 4 Satz 1 2. Halbs. RVG).

277 Die (Teil-)Nichtabhilfeentscheidung ist nicht anfechtbar.

- **Oberlandesgericht:**

278 Das OLG ist an die Zulassung der weiteren Beschwerde durch das LG gebunden (§ 56 Abs. 2 Satz 1 i.V.m. § 33 Abs. 4 Satz 4 RVG).

279 Das OLG entscheidet im Regelfall in voller Besetzung. Denn wenn das LG die weitere Beschwerde wegen der grundsätzlichen Bedeutung zugelassen hat, hatte die Sache auch rechtliche Schwierigkeiten aufgeworfen, so dass der Einzelrichter das Verfahren nach § 52 Abs. 6 Satz 1 i.V.m. § 33 Abs. 8 Satz 2 RVG der Kammer hat übertragen müssen. Hat gleichwohl der Einzelrichter entschieden, entscheidet das OLG ebenfalls durch den Einzelrichter. In diesem Fall ist die Sache wegen fehlerhafter Besetzung des Beschwerdegerichts zurückzuverweisen.[231]

gg) Kosten und Kostenerstattung

280 Nach § 56 Abs. 2 Satz 2 RVG ist das Verfahren über die Beschwerde gerichtsgebührenfrei. Obwohl die weitere Beschwerde dort nicht genannt ist, soll dies auch für das Verfahren der weiteren Beschwerde gelten.[232] Für die fast gleich lautende Regelung in § 33 Abs. 9 RVG, nach der das Verfahren über die Beschwerde gerichtsgebührenfrei ist, vermerkt der Gesetzgeber in der Gesetzesbegründung,[233] dass bei Zurückweisung oder Verwerfung der Beschwerde bzw. der weiteren Beschwerde eine Verfahrensgebühr nach Nr. 1811 GKG KostVerz entsteht. Um die **Verwirrung** komplett zu machen, heißt es in der insoweit fast gleich lautenden Regelung in § 66 Abs. 8 Satz 1 GKG, dass „die Verfahren" also auch das Verfahren der weiteren Beschwerde gerichtsgebührenfrei ist. Gerichtliche **Auslagen** können in jedem Fall erhoben werden.

281 Ob im Verfahren der weiterer Beschwerde nach § 56 Abs. 2 Satz 3 RVG die **Kostenerstattung** ausgeschlossen ist, ist ebenfalls fraglich. Die gesetzliche Überschrift des § 56 RVG nennt nämlich lediglich die Erinnerung und Beschwerde.

---

231 S. BGH, NJW 2003, 1254 = Rpfleger 2003, 374 für die Rechtsbeschwerde.
232 S. BR-Drucks. 830/03, S. 252; dem folgend *Mayer/Kroiß/Pukall*, RVG, § 56 Rn. 37; *Burhoff/Volpert*, RVG, Teil B „Vergütung aus Staatskasse für beigeordnete RA" Rn. 90.
233 BR-Drucks. 830/03, S. 242.

C. Muster

I. Muster 1: Erinnerung gegen Festsetzung der Beratungshilfe – Vergütung

282

An das

Amtsgericht ....

Gegen den Beschluss des Urkundsbeamten des Amtsgerichts .... vom .... lege ich

Erinnerung

ein.

Begründung:

Entgegen der Auffassung des Urkundsbeamten ist mir in der Beratungshilfe-Angelegenheit .... eine Geschäftsgebühr nach Nr. 2603 VV RVG, und nicht nur eine Beratungsgebühr nach Nr. 2601 VV RVG angefallen. Aus dem in Abschrift beigefügten Schriftsatz vom .... ergibt sich eindeutig, dass ich den Rechtsuchenden nicht nur beraten habe, sondern auch eine Geschäftstätigkeit ausgeübt habe. Mit diesem an den Vermieter des Rechtsuchenden gerichteten Schriftsatz konnte ich erreichen, dass der Verbleib des Rechtsuchenden in seiner Mietwohnung gewährleistet ist. Dafür zahlt er den Mietrückstand in monatlichen Raten ab.

Entgegen der Auffassung des Urkundsbeamten der Geschäftsstelle bin ich nicht verpflichtet, meine gesamten Handakten vorzulegen. Diese enthalten die Korrespondenz mit dem Rechtsuchenden, die mit der Frage der Festsetzung der Geschäftsgebühr nichts zu tun hat.

Sollte das Gericht meiner Auffassung nicht folgen, bitte ich,

die Beschwerde zuzulassen.

Die Frage, ob zur Darlegung des Anfalls der Geschäftsgebühr die Vorlage der Handakten des Rechtsanwalts erforderlich ist oder ob die Vorlegung von Abschriften entsprechender Schriftsätze ausreicht, ist in der Rechtsprechung umstritten und hat daher grundsätzliche Bedeutung.

....

Rechtsanwalt

II. Muster 2: Sofortige Beschwerde – Zurückweisung der Erinnerung gegen die Festsetzung

283

An das

Amtsgericht ....

Gegen den Beschluss des Amtsgerichts .... vom ...., mir zugestellt am...... lege ich

sofortige Beschwerde

ein.

Begründung:

Das Amtsgericht hat die sofortige Beschwerde gegen seine Entscheidung zugelassen, so dass diese ungeachtet der Höhe des Beschwerdewertes zulässig ist.

Zu Unrecht hat das Amtsgericht meine Erinnerung gegen den Beschluss der Urkundsbeamten der Geschäftsstelle betreffend die Festsetzung meiner Beratungshilfe-Vergütung zurückgewiesen. Jedenfalls habe ich mit meiner Erinnerungsschrift den Anfall der geltend gemachten Geschäftsgebühr nach Nr. 2603 VV RVG hinreichend dargetan und glaubhaft gemacht. Das Amtsgericht hat auch keine Zweifel an der Richtigkeit meines Vorbringens und hätte deshalb die vom Urkundsbeamten abgesetzte Geschäftsgebühr unter Berücksichtigung der bereits festgesetzten Beratungsgebühr nachträglich festsetzen müssen. Ergibt sich nämlich der Anfall der Geschäftsgebühr bereits aus den vorgelegten Schriftsätzen, ist die Vorlage der Handakten des Rechtsanwalts nicht mehr erforderlich. Folglich hätte das Amtsgericht seine Zurückweisung nicht darauf stützen dürfen, ich hätte meine gesamten Handakten vorlegen müssen. Wie ich bereits in meiner Erinnerung vom .... vorgetragen habe, enthalten meine Handakten auch Schreiben, die mit der vorliegenden Beratungshilfe-Angelegenheit nichts zu tun haben.

Falls meine sofortige Beschwerde keinen Erfolg haben sollte, bitte ich,

die weitere Beschwerde zuzulassen.

Ob der Beratungshilfe gewährende Rechtsanwalt verpflichtet ist, zur Darlegung seines Vergütungsanspruchs seine Handakten vorzulegen, wird in der Rechtsprechung kontrovers behandelt. Die zur Entscheidung stehende Frage hat deshalb grundsätzliche Bedeutung. Dies gilt umso mehr, als nunmehr erstmals die Gelegenheit eröffnet worden ist, eine Entscheidung betreffend die Beratungshilfe-Vergütung im Wege der weiteren Beschwerde vom OLG zu erlangen.

....
Rechtsanwalt

Teil 7: Zivilrechtliche Angelegenheiten

Inhaltsverzeichnis

A. Beratung und Gutachtenerstellung

1

Gegenüber der bisherigen Regelung in §§ 20 ff. BRAGO ergeben sich in Nrn. 2100 ff. VV RVG einige Änderungen:

- Rat und Auskunft werden jetzt als **Beratung** definiert.

- Die **Kappungsgrenze** für die **Erstberatung** wird von 180 € auf 190 € angehoben.

- Die Kappungsgrenze gilt nur für ein **erstes Beratungsgespräch** gegenüber einem **Verbraucher**.

- Die Gebühr für die Prüfung der Erfolgsaussicht betrifft **allgemein Rechtsmittel** und nicht nur Berufung und Revision.

- Die gesonderte **Abrategebühr** nach § 20 Abs. 2 BRAGO ist **entfallen**.

- Ab 1.7.2006 wird der Rechtsanwalt in der dann geltenden Fassung des § 34 Abs. 1 Satz 1 RVG für die Beratung und die Ausarbeitung eines schriftlichen Gutachtens auf eine **Vergütungsvereinbarung** verwiesen.

I. Beratungsgebühr

1. Begriff der Beratung

2 Abs. 1 der Anm. zu Nr. 2100 VV RVG definiert die Beratung als einen **mündlichen oder schriftlichen Rat oder eine Auskunft**. Diese Beratung muss **Rechtsangelegenheiten** betreffen.[1] Dies beruht darauf, dass der Rechtsanwalt der berufene unabhängige Berater und Vertreter in allen Rechtsangelegenheiten ist (s. § 3 Abs. 1 BRAO).

2. Abgrenzung zu anderen Vorschriften

3 Die Beratungsgebühr entsteht nur, wenn die Beratung nicht mit einer anderen gebührenpflichtigen Tätigkeit zusammenhängt. Eine Beratungsgebühr nach Nr. 2100 VV RVG entsteht dann nicht, wenn für die entsprechende Tätigkeit eine andere Vergütungsvorschrift bestimmt ist.

a) Beratungshilfe

4 Für die Tätigkeit im Rahmen der Beratungshilfe erhält der Rechtsanwalt gemäß § 44 Satz 1 RVG eine Vergütung aus der Landeskasse. Deren Höhe bestimmt sich für die Beratung nach den Nrn. 2601 ff. VV RVG (s. hierzu Teil 6).

---

1   S. BGHZ 7, 351.

b) Vertretung

Für die außergerichtliche Vertretung erhält der Rechtsanwalt nach Nr. 2400 VV RVG ei- 5
ne Geschäftsgebühr (s. nachfolgend B. Rn. 189 ff.). Maßgeblich für die Abgrenzung der
Beratung von der außergerichtlichen Vertretung sind der **Auftrag** und die dem Auftrag
entsprechende **Tätigkeit** des Rechtsanwalts. Hierzu kann man auf folgende **Faustregel**
zurückgreifen:

⇨ *Soll der Rechtsanwalt nach außen hin, also gegenüber einem Dritten, in Erscheinung* 6
treten, spricht dies im Regelfall für eine Vertretung.[2]

c) Andere gebührenpflichtige Tätigkeit

Grds. ist jede Anwaltstätigkeit auch mit einer Beratung verbunden. Deshalb fällt die Be- 7
ratungsgebühr nach Nr. 2100 VV RVG dann nicht an, wenn die Beratung mit einer anderen gebührenpflichtigen Tätigkeit des Rechtsanwalts zusammenhängt (s. § 19 Abs. 1
VV RVG).

Beispiele: 8

*(1) Der mit der außergerichtlichen Einziehung einer Forderung beauftragte Rechtsanwalt
berät den Auftraggeber über das im Falle einer Klage zuständige Prozessgericht.*[3] *Die Beratung wird durch die Vertretungsgebühr nach Nr. 2400 VV RVG abgegolten.*

(2) Der Verkehrsanwalt berät den Auftraggeber über die Rechtslage.[4] *Die Beratung wird
durch die Verkehrsgebühr nach Nr. 3400 VV RVG abgegolten.*

*(3) Der Prozessbevollmächtigte berät den Auftraggeber über das Prozesskostenrisiko. Auch
hier fällt keine Beratungsgebühr nach Nr. 2100 VV RVG an. Vielmehr gilt die Verfahrensgebühr nach Nr. 3100 VV RVG auch die Beratung mit ab.*

d) Beratung über Erfolgsaussichten von Rechtsmitteln

Erhält der Prozessbevollmächtigte des ersten Rechtszuges den Auftrag, den Mandanten 9
über die Aussichten der Berufung zu beraten, hängt der dann erteilte Rat nicht mehr mit
der erstinstanzlichen Tätigkeit des Rechtsanwalts zusammen.[5] Dies beruht auf dem Umstand, dass gemäß § 19 Abs. 1 Nr. 9 RVG lediglich die Empfangnahme der Entscheidung
und der Rechtsmittelschrift noch zum Rechtszug gehört und durch die für die I. Instanz
angefallene Verfahrensgebühr abgegolten wird. Demgegenüber gehört die Beratung

---

2   *Schumann*, MDR 1968, 891.
3   OLG Schleswig, JurBüro 1982, 227.
4   OLG Zweibrücken, JurBüro 1985, 1342.
5   OLG Hamm, AnwBl. 1992, 286; KG, JurBüro 1982, 604; *Hansens*, NJW 1992, 1148; *Madert*, Jur-
    Büro 1988, 801; *N. Schneider*, ZAP Fach 24, S. 527; a.A. BPatG, BPatGE 27, 98; BGH, NJW 1991,
    2084 für den Fall, dass der Rechtsanwalt den Auftraggeber unaufgefordert berät.

über die Aussichten des Rechtsmittels und das richtige und zweckmäßige weitere Verhalten nicht mehr zu den durch die Verfahrensgebühr der unteren Instanz abgegoltenen Tätigkeiten.

10 Anders ist der Fall, wenn dem Rechtsanwalt bereits ein – wenn auch nur bedingter – Prozessauftrag auch für die Rechtsmittelinstanz erteilt worden ist.[6]

11 *Beispiel:*

Der Auftraggeber hat den Rechtsanwalt mit der Prozessführung in der I. Instanz beauftragt. Sollte die Tätigkeit nicht den gewünschten Erfolg haben, so soll der Rechtsanwalt auch in der Berufungsinstanz tätig werden. Wird die Klage nunmehr abgewiesen, so wird die danach erteilte Beratung über die Aussichten der Berufung zwar nicht durch die Verfahrensgebühr nach Nr. 3100 VV RVG für die I. Instanz abgegolten. Die Beratung steht jedoch im Zusammenhang mit dem Prozessauftrag für den Berufungsrechtszug, und wird durch die Verfahrensgebühr nach Nr. 3200 VV RVG abgegolten.

3. Anfall der Beratungsgebühr

12 Die Beratungsgebühr entsteht für einen mündlichen oder schriftlichen Rat oder eine Auskunft, wenn dem ein entsprechender Auftrag des Auftraggebers zugrunde liegt.

a) Auftrag zur Beratung

13 Der Rechtsanwalt kann die Beratungsgebühr nach Nr. 2100 VV RVG nur berechnen, wenn ihm ein entsprechender **Beratungsauftrag** erteilt worden ist. Berät der Rechtsanwalt ungefragt von sich aus, löst dies keine Beratungsgebühr aus.[7]

14 *Beispiel:*

Der erstinstanzliche Prozessbevollmächtigte berät den Auftraggeber ungefragt über die Aussichten der Berufung, die der Mandant nicht einlegt.

In diesem Fall wäre an sich die Beratung nicht durch die erstinstanzliche Verfahrensgebühr nach Nr. 3100 VV RVG abgegolten. Dem Rechtsanwalt steht eine Beratungsgebühr nach Nr. 2100 VV RVG jedoch deshalb nicht zu, weil ihm kein entsprechender Auftrag erteilt worden ist.

b) Erteilung der Beratung

15 Der Gesetzeswortlaut erfordert die Erteilung der Beratung, also den **Erfolg** der anwaltlichen Tätigkeit. Bereits zu der insoweit gleich lautenden Regelung in § 20 Abs. 1 Satz 1

---

6   *N. Schneider*, a.a.O.
7   BGH, NJW 1991, 2084; OLG Hamm, AGS 2001, 174 = BRAGOreport 2001, 136 *[N. Schneider]*; OLG Zweibrücken, JurBüro 1998, 21 mit Anm. *Enders.*

BRAGO war es umstritten, ob der Rechtsanwalt eine Vergütung erhält, wenn es nach Erteilung des Beratungsauftrags nicht mehr zu der erforderten Beratung kommt.

Beispiel:

Der Arbeitgeber bittet den Rechtsanwalt zu prüfen, ob und unter welchen Voraussetzungen die Kündigung des Arbeitsverhältnisses hinsichtlich eines bestimmten Arbeitnehmers in Betracht kommt. Hierzu übergibt der Auftraggeber dem Rechtsanwalt einen Aktenordner voller Unterlagen. Es wird verabredet, dass der Rechtsanwalt die Beratung nach Prüfung dieser Unterlagen erteilen soll. Der Anwalt sieht sich die Unterlagen an und bereitet sich für das bereits terminierte Beratungsgespräch vor. Zu diesem Gespräch erscheint der Auftraggeber nicht. Er teilt dem Rechtsanwalt telefonisch mit, die Sache habe sich erledigt.

16

aa) Keine Beratungsgebühr

Nach einer vereinzelt gebliebenen Auffassung erhält der Rechtsanwalt überhaupt keine Beratungsgebühr.[8]

17

bb) Beratungsgebühr angefallen

Nach anderer Auffassung löst bereits die erste Tätigkeit des Rechtsanwalts nach Erteilung des Beratungsauftrags die Beratungsgebühr aus.[9] Es ist zwar richtig, dass auch die Entgegennahme der Information, deren Auswertung, die Einsichtnahme in Akten oder sonstigen Unterlagen, die Beschaffung der Rechtsprechung oder Literatur und deren Auswertung, ggf. Besprechungen und Schriftwechsel mit dem Gegner, durch die Beratungsgebühr abgegolten werden. Dies setzt jedoch voraus, dass dem Rechtsanwalt überhaupt eine Beratungsgebühr angefallen ist, was nach der gesetzlichen Formulierung gerade nicht der Fall ist.[10]

18

cc) Entsprechende Gesetzesanwendung

Nach einer dritten Auffassung kommt eine unmittelbare Gesetzesanwendung nicht in Betracht, wenn es nicht zur Erteilung der Beratung kommt. Unter der Geltung der BRAGO wurde diese Bestimmung jedoch über § 2 BRAGO entsprechend angewandt.[11] Auch wenn das RVG keine Vorschrift über seine entsprechende Anwendung mehr kennt, kommt gleichwohl bei einer planwidrigen Lücke des Gesetzgebers eine nach allgemeinen Rechtsgrundsätzen durchzuführende entsprechende Anwendung in Betracht.[12]

19

---

8   ArbG Rastatt, AnwBl. 1997, 677 m. abl. Anm. *Madert.*
9   Anwkom-BRAGO-*N. Schneider,* § 20 Rn. 19; *Burhoff,* RVG, Teil B „Beratungsgebühr" Rn. 11.
10   S. auch *Henke,* AnwBl. 1997, 500; *Bonefeld,* Rn. 225.
11   *Hansens,* BRAGO, § 20 Rn. 5; *ders.,* BRAGO, § 2 Rn. 4; *ders.,* ZAP Fach 24, S. 324.
12   A.A. insoweit *Bonefeld,* Rn. 226.

20 Endet also der Beratungsauftrag des Rechtsanwalts vor Erteilung der Beratung, kann er **entsprechend** Nr. 2100 VV RVG eine Beratungsgebühr berechnen. Bei der **Bestimmung der Gebührenhöhe** ist – ermäßigend – zu berücksichtigen, dass er nur einen Teil der von ihm verlangten Tätigkeit erbracht hat.

c) Mehrfacher Anfall

21 In derselben Angelegenheit fällt die Beratungsgebühr gemäß § 15 Abs. 2 Satz 1 RVG nur einmal an. Dies gilt auch dann, wenn sich die Beratung auf **verschiedene Rechtsfragen** erstreckt.

22 *Beispiel:*

Im Rahmen der Beratung über das Wohnraummietverhältnis geht es um die Wirksamkeit des Mietvertrages, der letzten Mieterhöhungserklärungen und deren richtige Berechnungsgrundlagen und die Voraussetzungen der Kündigung des Mietvertrages.

Hierfür erhält der Rechtsanwalt eine einzige Beratungsgebühr. Der große Umfang der Beratungstätigkeit kann im Rahmen der nach § 14 RVG vorzunehmenden Gebührenbestimmung erhöhend berücksichtigt werden.

23 Bezieht sich die Beratung innerhalb derselben gebührenrechtlichen Angelegenheit auf **verschiedene Gegenstände**, so fällt nur eine Beratungsgebühr nach den gemäß § 22 Abs. 1 RVG zusammenzurechnenden Einzelgegenstandswerten an.

24 *Beispiel:*

Bei der Beratung geht es um den Ehegatten- und den Kindesunterhalt.

Auch hier entsteht nur eine Beratungsgebühr nach Nr. 2100 VV RVG. Deren Gegenstandswert berechnet sich gemäß § 23 Abs. 1 RVG nach den Streitwertvorschriften für die Gerichtsgebühren. Gemäß § 42 Abs. 1 Satz 1 GKG ist im Regelfall der Jahresunterhaltsbetrag maßgeblich, wenn nicht der Gesamtbetrag der geforderten Unterhaltsleistung geringer ist. Bei der Beratung über den Ehegatten- und den Kindesunterhalt handelt es sich um zwei verschiedene Gegenstände, so dass gemäß § 22 Abs. 1 GKG der Jahresunterhalt für den Ehegatten und der Jahresunterhalt für das Kind/die Kinder zu addieren sind.

25 Gibt es bei der Beratung hingegen um **verschiedene Angelegenheiten**, so kann der Rechtsanwalt **mehrere Beratungsgebühren** berechnen.

26 *Beispiel:*

Bei der Beratung geht es um Unterhaltsansprüche der Ehefrau und um ihr Arbeitsverhältnis, dessen Kündigung der Arbeitgeber angedroht hatte.

Hier entstehen dem Rechtsanwalt zwei Beratungsgebühren nach Nr. 2100 VV RVG. Deren Gegenstandswert berechnet sich nach den für die Gerichtsgebühren maßgebenden Streitwertvorschriften des GKG, hier also nach § 42 Abs. 1 und 4 GKG. Bei der Beratung

*über den Unterhalt wird als Regelfall der Jahresbetrag der Unterhaltsleistung zu berück-
sichtigen sein (s. § 42 Abs. 1 Satz 1 GKG). Für die Beratung betreffend das Arbeitsverhältnis wird gemäß § 42 Abs. 4 Satz 1 GKG das Arbeitsentgelt für die Dauer eines Vierteljahres in Betracht kommen.*

4. Mischfälle

Häufig erstreckt sich die Beratung auf Angelegenheiten, die sich nach dem Gegen-   27
standswert berechnen und auf Angelegenheiten, in denen im gerichtlichen Verfahren Betragsrahmengebühren entstehen. Wie in solchen Mischfällen abzurechnen ist, war auch
unter Geltung des § 20 BRAGO umstritten.[13] Nach einer Auffassung ist nur **eine Beratungsgebühr** nach dem Gegenstandswert gemäß Nr. 2100 VV RVG zu berechnen. Nach
anderer Auffassung sind **zwei Beratungsgebühren** zu berechnen, nämlich (nach dem
RVG) eine nach Nr. 2100 VV RVG und eine weitere nach Nr. 2101 VV RVG. Dies würde
allerdings dem Grundsatz des § 15 Abs. 2 RVG widersprechen, nach dem der Rechtsanwalt für die durch nur einen Auftrag ausgelöste einzige gebührenrechtliche Angelegenheit zwei Beratungsgebühren abrechnen könnte.

Überzeugend ist deshalb der Vorschlag von *N. Schneider*,[14] nach der die Betragsrahmen-   28
gebühr gemäß Nr. 2101 VV RVG um den Betrag einer nach dem Gegenstandswert zu
berechnenden Beratungsgebühr nach Nr. 2100 VV RVG zu erhöhen ist.

Beispiel: 29

*Der Auftraggeber lässt sich über die zivilrechtlichen Folgen eines von ihm begangenen Ver-
kehrsunfalls (Schaden: 10.000 €) und über die strafrechtlichen Folgen dieses Unfalls beraten. Bei mittleren Umständen i.S.v. § 14 RVG ist wie folgt abzurechnen:*

1. *Zunächst ist eine Mittelgebühr nach Nr. 2101 VV RVG anzusetzen*	135,00 €
2. *Dieser Gebührenbetrag ist um den Betrag zu erhöhen, der sich*	
für eine 0,55 Beratungsgebühr nach Nr. 2100 VV RVG nach	
einem Gegenstandswert von 10.000 € ergibt, also um	+ 267,30 €
Als Beratungsgebühr kann somit berechnet werden	**402,30 €**

zuzüglich Postentgeltpauschale und Umsatzsteuer.

---

13   S. die Nachweise bei *Hansens*, BRAGO, § 20 Rn. 8 und Anwkom-BRAGO-*N. Schneider,* § 20 Rn. 50 ff.
14   A.a.O.

5. Höhe der Beratungsgebühr

a) Grundsatz

30 Auch die Höhe der Beratungsgebühr bestimmt der Rechtsanwalt nach den in § 14 RVG aufgeführten Umständen.

31 **Hierbei empfiehlt sich folgende Einstufung:**

Durchschnittlicher Rat	0,55
Mittelschwerer oder umfangreicher Rat	0,4 – 0,9
sehr umfangreicher oder sehr schwieriger Rat	1,0

b) Erstberatung

32 Nach Nr. 2102 VV RVG beträgt die Beratungsgebühr **höchstens 190 €**, wenn

- der **Auftraggeber Verbraucher** ist und

- die Tätigkeit des Anwalts sich auf ein **erstes Beratungsgespräch** beschränkt.

33 Somit tritt **keine Beschränkung** der Beratungsgebühr auf 190 € ein, wenn

- der Auftraggeber nicht Verbraucher ist (beispielsweise Unternehmer),

- es sich um mehrere Beratungsgespräche handelt,

- es sich um schriftliche Beratung handelt.

aa) Verbraucher

34 Verbraucher ist nach der Legaldefinition in § 13 BGB, die auch hier gilt, jede natürliche Person, die ein Rechtsgeschäft zu einem Zweck abschließt, der weder ihrer gewerblichen noch ihrer selbständigen beruflichen Tätigkeit zugerechnet wird.

Nicht eindeutig ist die Regelung nach Nr. 2102 VV RVG, ob der Auftraggeber Verbraucher in Bezug auf den **Beratungsgegenstand** oder Verbraucher in Bezug auf den **Abschluss des Anwaltsdienstvertrages** sein muss.

35 *Burhoff*[15] stellt darauf ab, ob der Auftraggeber in Bezug auf den Abschluss des Anwaltsvertrages als Verbraucher anzusehen ist oder nicht. Dem ist zuzustimmen. Viele Beratungsgegenstände haben nämlich ihre Grundlage überhaupt in keinem Rechtsgeschäft, so dass dies nicht als Anknüpfungspunkt angesehen werden kann.

---

15   *Burhoff*, RVG, Teil B „Beratungsgebühr" Rn. 25.

Beispiele: 36

(1) Der Arbeitnehmer lässt sich wegen der zivilrechtlichen Folgen eines Verkehrsunfalls von dem Rechtsanwalt beraten. Hier hat der Beratungsgegenstand seine Grundlage nicht in einem Rechtsgeschäft, so dass insoweit auch nicht auf die Verbrauchereigenschaft des Auftraggebers abgestellt werden kann. Maßgeblich ist hier vielmehr, dass der Anwaltsvertrag nicht der gewerblichen oder selbständigen beruflichen Tätigkeit des Arbeitnehmers zugerechnet werden kann.

(2) Der Arbeitgeber lässt sich wegen der zivilrechtlichen Folgen eines von seinem Arbeitnehmer verursachten Verkehrsunfalls mit dem Dienstwagen beraten. Hier kann der Anwaltsvertrag der gewerblichen Tätigkeit des Arbeitgebers zugerechnet werden.

(3) Der Unternehmer lässt sich über die Voraussetzungen und Folgen einer Ehescheidung beraten. Der Beratungsgegenstand hat seine Grundlage nicht in einem Rechtsgeschäft, so dass auf den Anwaltsvertrag abzustellen ist. Diesen hat der Unternehmer in seiner Eigenschaft als Verbraucher geschlossen, da die Beratung über die Ehescheidung weder seiner gewerblichen noch selbständigen beruflichen Tätigkeit zugerechnet werden kann.

Ferner wird sich künftig die Frage stellen, ob ein **Arbeitnehmer** bei der Beratung über 37
eine sein Arbeitsverhältnis betreffende Rechtsfrage als Verbraucher anzusehen ist. Das BAG hat die Verbrauchereigenschaft des Arbeitnehmers in einer Entscheidung, in der es um die Qualifizierung einer Beendigungsvereinbarung als Haustürgeschäft ging, das einem Widerrufsrecht unterliegt, offen gelassen.[16] Diese Frage dürfte jedoch zu bejahen sein, da die Begrenzung der Beratungsgebühr dem Verbraucherschutz dient, der auch einem Arbeitnehmer nicht vorenthalten werden darf. Ansonsten würde dieser gebührenrechtlich genauso gestellt wie sein Arbeitgeber.

Hier wird vieles streitig werden, da die Rechtsprechung zum materiellen Recht in vielen 38
Fällen die Verbraucherstellung verneint hat.[16a] Der Verbraucherschutz erfordert jedoch eine Vergünstigung auch in anwaltsgebührenrechtlicher Hinsicht. Zur Abgrenzung sollte deshalb folgende **Faustformel** gelten:

▷ *Berät der Rechtsanwalt einen Unternehmer über eine sein Unternehmen betreffende* 39
Rechtsfrage, stellt dies keine Erstberatung i.S.d. Gebührenrechts dar. In allen übrigen Fällen ist die Beratungsgebühr auf 190 € beschränkt.

bb) Erstberatungsgespräch

Nur dann, wenn sich die **Tätigkeit des Rechtsanwalts** – also nicht der Auftrag – auf ein 40
erstes Beratungsgespräch beschränkt, wird die Beratungsgebühr der Nr. 2100 VV RVG

---

16   DB 2004, 1208.
16a   S. auch zu Familien- und Lebenspartnerschaftssachen *Mock*, AGS 2004, 230.

auf höchstens 190 € beschränkt. Bisher machte das Gesetz in § 20 Abs. 1 Satz 1 BRAGO keinen Unterschied zwischen schriftlicher und mündlicher Erstberatung. Nunmehr hat der Gesetzgeber den Begriff der **Erstberatung** näher präzisiert, so dass einige bisherige Streitfragen geklärt sind.

41 **Beispiele:**

(1) Auftragsgemäß berät der Rechtsanwalt den Mandanten schriftlich.

(2) Nach dem Beratungsgespräch bittet der Auftraggeber den Rechtsanwalt, das Gesprächsergebnis schriftlich zusammenzufassen.

(3) In beiden Fällen kann der Rechtsanwalt die Beratungsgebühr nach Nr. 2100 VV RVG ohne Beschränkung auf 190 € berechnen.[17]

42 Durch den Gesetzeswortlaut bestätigt wird auch die bisher ganz herrschende Auffassung, dass sich die Beratungsgebühr nicht auf 190 € beschränkt, wenn ein **weiteres Beratungsgespräch** erforderlich wird.

43 **Beispiele:**

(1) In dem Beratungsgespräch bittet der Auftraggeber den Rechtsanwalt, die Wirksamkeit eines Grundstückskaufvertrages durch eine Recherche der einschlägigen Rechtsprechung und Literatur eingehend zu untersuchen. Das Ergebnis dieser Prüfung teilt der Anwalt dem Auftraggeber in einem weiteren Gespräch mit.[18]

(2) Nach der ersten Beratung hat der Auftraggeber eine Zusatzfrage, die der Rechtsanwalt in einem weiteren Beratungsgespräch beantwortet.[19]

(3) Nach einer Beratung über die Scheidungsvoraussetzungen und Scheidungsfolgen bittet der Auftraggeber den Rechtsanwalt um weitere Berechnungen betreffend den Trennungsunterhalt, die der Anwalt erstellt.[20]

(4) Auf Bitten des Mandanten kommt ein zweites Beratungsgespräch zustande.[21]

(5) Im zweiten Beratungsgespräch wird über Vorschläge beraten, die bei der ersten Beratung noch nicht vorlagen.[22]

(6) Der Mandant benötigt noch eine Bedenkzeit, so dass die Beratung in einem zweiten Termin fortgeführt wird.[23]

---

17 S. *Burhoff*, RVG, Teil B „Beratungsgebühr" Rn. 28.
18 KG, AGS 2002, 244 = AnwBl. 2002, 304.
19 OLG Jena, AGS 2000, 62 mit Anm. *Madert*.
20 AG Augsburg, AGS 1999, 132 mit Anm. *Madert*.
21 AG Brühl, JurBüro 1998, 136 = NJW-RR 1998, 493.
22 AG Ludwigshafen, AGS 1997, 16 mit Anm. *Madert*.
23 *Otto*, JurBüro 1994, 385, 395.

In allen diesen Fällen kann der Rechtsanwalt die Beratungsgebühr nach Nr. 2100 VV ohne Beschränkung auf 190 € berechnen.

Anders ist dies in den Fällen, in denen es im ersten Termin gar nicht zu einer Beratung   44
gekommen ist.

Beispiel: 45

In einer Besprechung überreicht der Auftraggeber dem Rechtsanwalt umfangreiche schriftliche Unterlagen betreffend ein Zwangsversteigerungsverfahren und formuliert einige Fragen. Der Rechtsanwalt erklärt, dass er diese erst nach Durchsicht der Unterlagen beantworten könne, was in einer zweiten Besprechung erfolgt.

Hier hat in dem zweiten Termin nur ein einziges Beratungsgespräch stattgefunden, was zur Begrenzung der Beratungsgebühr führt.[24]

Ausnahmsweise wird der Rechtsanwalt auch bei einem zweiten Beratungsgespräch an   46
die Begrenzung der Beratungsgebühr gebunden sein, wenn das zweite Gespräch wegen
in der Sphäre des Anwalts liegender Umstände fortgesetzt werden muss.

Beispiel: 47

Wegen seiner Mittagspause oder wegen anderer Termine des Anwalts wird die Beratung in einem zweiten Termin fortgeführt.[25]

cc) Intensität der Erstberatung

In Rechtsprechung und Literatur wurde gelegentlich die Auffassung vertreten, die Erst-   48
beratung solle für den Auftraggeber lediglich eine „Einstiegsberatung" darstellen, um
ihm einen pauschalen Überblick über die Rechtslage zu verschaffen.[26] Eine derartige Beschränkung der Intensität und Tiefe des ersten Beratungsgesprächs lässt sich dem Gesetz
jedoch nicht entnehmen. Auch der **BGH**[27] hat beiläufig ausgeführt, dass eine **erste Beratung „qualifiziert zu sein"** habe, „da anderenfalls die Gefahr besteht, dass der Rechtsuchende von ihm in rechtlicher Hinsicht ggf. zustehenden Angriffs-, Verteidigungs- oder
Gestaltungsmöglichkeiten schon überhaupt keine Kenntnis erlangt". Dies spricht dafür,
auch eine eingehende, ein- oder sogar mehrstündige Beratung über die Voraussetzungen und Folgen einer Ehescheidung als Erstberatung zu behandeln, wenn sie in einem
ersten Beratungsgespräch erfolgt.

---

24   OLG München, NJW-RR 2000, 665 = JurBüro 1999, 298.
25   S. AG Brühl, NJW-RR 1998, 493 = JurBüro 1998, 136; *Hansens*, BerlAnwBl. 1994, 301, 302.
26   S. z.B. AG Augsburg, AGS 1999, 133 mit Anm. *Madert*; s. *N. Schneider*, Teil 9 Rn. 258 ff.
27   NJW 2004, 847 = BB 2004, 241 = AnwBl. 2004, 249.

49 Demgegenüber stellt das **KG**[28] auf den gesetzgeberischen Zweck der Erstberatung ab, die Hemmschwelle für den Rechtsuchenden einen Rechtsanwalt zu konsultieren, abzubauen. Dieser Zweck bestehe nicht mehr, wenn der Rechtsuchende bereits den Rechtsanwalt beauftragt hatte. Deshalb stellt nach Auffassung des KG die Beratung des Berufungsanwalts über das weitere Vorgehen nach Erhalt der Revisions- und Revisionsbegründungsschrift keine Erstberatung mehr dar.

dd) Beweislast

50 Die Regelung in Nr. 2102 VV RVG stellt einen **Ausnahmetatbestand** zur Beratungsgebühr nach Nr. 2100 VV RVG zugunsten des Auftraggebers dar. Diese Einordnung hat im Streitfall zwischen Auftraggeber und Rechtsanwalt Auswirkungen auf die Darlegungs- und Beweislastverteilung. Folglich liegt die Darlegungs- und Beweislast dafür, dass die Beratung gebührenrechtlich eine Erstberatung darstellt, beim **Auftraggeber.**[29]

51 *Beispiel:*

Zwischen Rechtsanwalt und Auftraggeber ist es streitig, ob der Anwalt bereits bei dem ersten Telefongespräch beraten und die Beratung dann in dem Besprechungstermin fortgeführt hat.

Diese ihm günstige Tatsache muss der Auftraggeber beweisen.

ee) Hinweispflicht des Rechtsanwalts

52 Wird nach einer anwaltlichen Erstberatung infolge einer weiterführenden Beratung die Beratungsgebühr nicht mehr auf 190 € begrenzt, kann der Rechtsanwalt verpflichtet sein, auf die hieraus folgende Vergütungserhöhung hinzuweisen.[30] Der Auftraggeber kann dann prüfen, ob die weitere Beratung für ihn noch wirtschaftlich von Interesse ist.

ff) Erstberatung aus der Sicht der Rechtsschutzversicherer

53 Auch in den Fällen, in denen der Rechtsanwalt das erste Beratungsgespräch abbricht und die Beratung in einem zweiten Gespräch aus nicht in seiner Sphäre liegenden Umständen fortsetzt, gehen viele Rechtsschutzversicherer gleichwohl noch von einer Erstberatung aus.

54 Sie stützen sich hierbei auf folgende **Gebührentatbestände**:

- Gemäß § 15 Abs. 1 RVG – früher § 13 Abs. 1 BRAGO – entgelten die Gebühren, soweit das RVG (die BRAGO) nichts anderes bestimmt, die gesamte Tätigkeit des Rechtsanwalts vom Ende bis zur Erledigung der Angelegenheit.

---

28 JurBüro 1998, 20 = AnwBl. 1998, 103 = AGS 1998, 182 mit Anm. *Madert.*
29 OLG Karlsruhe, AnwBl. 1997, 500 mit Anm. *Henke; Hansens,* ZAP Fach 24, S. 453.
30 LG Braunschweig, RenoR 2000, 73 mit Anm. *Schütt; Lappe,* ZAP Fach 24, S. 259, 260.

- Nach § 15 Abs. 2 Satz 2 RVG – früher § 13 Abs. 2 Satz 2 BRAGO – kann der Rechtsanwalt die Gebühren in derselben Angelegenheit nur einmal fordern.

- Gemäß § 15 Abs. 5 Satz 1 RVG – früher § 13 Abs. 5 Satz 1 BRAGO – erhält der Rechtsanwalt nicht mehr Gebühren, als er erhalten würde, wenn er von vornherein beauftragt wäre, auftragsgemäß in derselben Angelegenheit weiter tätig zu werden.

Dem lassen sich folgende **Gegenargumente** entgegenhalten: 55

- § 15 Abs. 1 RVG greift in den von den Rechtsschutzversicherern angenommenen Sinn deshalb nicht ein, weil das RVG gerade in Nr. 2100 VV RVG etwas anderes bestimmt. Ferner berechnet der Anwalt auch bei Anwendung des § 15 Abs. 1 RVG nur eine einzige Beratungsgebühr. Ob dies der Höhe nach die unbegrenzte Gebühr nach Nr. 2100 VV RVG ist oder die auf 190 € begrenzte Gebühr nach Nr. 2102 VV RVG, ist gerade diesen beiden Vorschriften des Vergütungsverzeichnisses zu entnehmen.

- Ebenso wenig führt § 15 Abs. 2 Satz 2 RVG zu dem von den Rechtsschutzversicherern erstrebten Ergebnis. Denn auch dann, wenn der Rechtsanwalt nach dem ersten Beratungsgespräch die Beratung in einem weiteren Termin fortsetzt, fordert er nur eine einzige Beratungsgebühr. Welche dies ist, ergibt sich – wie vorstehend angegeben – aus der Anwendung der Nrn. 2100, 2102 VV RVG.

- Die Anwendung des § 15 Abs. 5 Satz 1 RVG führt zwar allem Anschein nach zu dem von den Rechtsschutzversicherern erstrebten Ergebnis. Dieser Eindruck täuscht indes. Die Vorschrift erfordert nämlich, dass dem Rechtsanwalt **mehrere Aufträge** in derselben Angelegenheit erteilt worden sind. Dies liegt im Regelfall bei einer Beratung nicht vor. Kann der Rechtsanwalt den erbetenen Rat im ersten Beratungsgespräch nicht erteilen, weil ihm der Mandant noch nicht alle Unterlagen zugänglich gemacht hat, so erfolgt die weitere Beratungstätigkeit in einem zweiten Beratungsgespräch nicht aufgrund eines neuen Auftrags, sondern immer noch aufgrund des ersten Mandats. Gleiches gilt, wenn der Auftraggeber nach dem ersten Beratungsgespräch in derselben Angelegenheit eine weitere Beratung wünscht. Auch in einem solchen Fall handelt es sich um die Fortsetzung des ursprünglich erteilten Auftrags. War die Angelegenheit bereits in dem ersten Beratungsgespräch vollständig erledigt und begehrt der Mandant später gleichwohl noch eine weitere Beratung, greift § 15 Abs. 5 Satz 1 RVG ohnehin nicht ein. In diesem Fall kann der Rechtsanwalt für das erste Beratungsgespräch eine der Höhe nach beschränkte Beratungsgebühr nach Nr. 2100 i.V.m. Nr. 2102 VV RVG berechnen, für die zweite Beratung eine weitere Beratungsgebühr. Schließlich steht die Auslegung der Rechtsschutzversicherer im krassen Gegensatz zu der Gesetzesbegründung zu § 20 Abs. 1 Satz 2 BRAGO, durch den die Erstberatung erstmals gesetzlich geregelt wurde.[31]

---

31   BT-Drucks.12/6962, S. 102.

gg) Gebührenrechtliche Folgen

56 Wie sich aus Nr. 2102 VV RVG eindeutig ergibt, regelt das Gesetz keine gesonderte „Erstberatungsgebühr", sondern sie **beschränkt** die „normale" Beratungsgebühr nach Nr. 2100 VV RVG der **Höhe** nach auf 190 €. Folglich ist die Beratungsgebühr nach dem vom Rechtsanwalt bestimmten Gebührensatz zu berechnen und im Falle der Erstberatung auf 190 € zu begrenzen.

57 *Beispiele:*

(1) Das erste Beratungsgespräch betrifft einen Zahlungsanspruch des Auftraggebers i.H.v. 5.000 €. Bei durchschnittlichen Umständen i.S.v. § 14 RVG berechnet der Rechtsanwalt: 0,55 Beratungsgebühr, Nr. 2100 VV RVG (Wert: 5.000) 165,55 € zuzüglich Auslagen.

(2) Die Erstberatung betrifft im vorstehenden Beispiel eine Forderung i.H.v. 7.000 €. Hier ergibt sich folgende Berechnung: 0,55 Beratungsgebühr, Nr. 2100 i.V.m. Nr. 2102 VV RVG (Wert: 7.000 €) 190,00 € zuzüglich Auslagen. Die sich nach der Gebührentabelle ergebene 0,55 Beratungsgebühr i.H.v. 206,25 € wird hier auf 190 € begrenzt.

58 Die **Kappungsgrenze** wird **überschritten**, sobald der Gegenstandswert folgende Beträge übersteigt:

Gebührensatz	Gegenstandswert
0,1	260.000 €
0,2	40.000 €
0,3	19.000 €
0,4	9.000 €
0,5	7.000 €
0,55	6.000 €
0,6	5.000 €
0,7	4.000 €
0,8	3.500 €
0,9	3.000 €
1,0	3.000 €

hh) Vermeidung der Gebührenbeschränkung

59 In vielen Fällen übersteigt die Beratungsgebühr nach Nr. 2100 VV RVG den in Nr. 2102 VV RVG geregelten Höchstbetrag von 190 € erheblich.[32] Will sich der Rechtsanwalt wegen

---

32   S. den Fall des OLG München, NJW-RR 2000, 655 = JurBüro 1999, 298: Erstberatung bei einem Gegenstandswert von 6,5 Millionen DM.

des hohen Arbeitsaufwandes oder wegen des Haftungsrisikos für die Beratungstätigkeit nicht mit der Gebührenbeschränkung i.H.v. 190 € begnügen, bleiben ihm **zwei Möglichkeiten, die Anwendung der Nr. 2102 VV RVG auszuschließen:**

- Der Rechtsanwalt erklärt dem Auftraggeber, er könne den erbetenen Rat in der komplexen Angelegenheit nicht ohne eine genaue Prüfung der Rechtslage erteilen. Oder er bittet den Mandanten, zu einem weiteren Termin noch fehlende Unterlagen mitzubringen. Erfolgt nach begonnener erster Beratung die weitere Beratungstätigkeit in dem zweiten Termin, schließt dies bereits vom Gesetzeswortlaut die Anwendung der Nr. 2102 VV RVG aus. 60

Eine solche Vorgehensweise wird insbesondere bei tatsächlich oder rechtlich schwierigen Beratungstätigkeiten ohne weiteres nachvollziehbar sein. Der Rechtsanwalt sollte den Auftraggeber jedoch bei Ende des ersten Beratungsgesprächs darauf hinweisen, dass die Gebührenbegrenzung nach Nr. 2102 VV RVG nicht mehr eingreift. 61

- Der Rechtsanwalt weist den Auftraggeber bereits vor Beginn der Beratungstätigkeit darauf hin, dass er die Beratung nicht bei Anwendung der Gebührenbegrenzung nach Nr. 2102 VV RVG vornehmen könne. Ein in der Praxis ausgehängtes Schild („Hier keine Erstberatung") genügt jedoch nicht.[33] Wünscht der Mandant trotz dieses Hinweises dennoch den Rat, kann der Rechtsanwalt mit dem Auftraggeber eine **Vereinbarung** dahin schließen, dass die Beratung ohne Bindung an die Begrenzung auf 190 € erfolgen soll. Da hier eine höhere als die gesetzliche Vergütung, nämlich die nach Nr. 2102 VV RVG beschränkte Vergütung, vereinbart wird, müssen die Formerfordernisse des § 4 Abs. 1 RVG erfüllt sein. 62

Sinnvoll ist in einem solchen Fall auch die **Vereinbarung eines Festbetrags** oder eines **Zeithonorars**, die ebenfalls die Voraussetzungen des § 4 Abs. 1 RVG erfüllen muss. 63

c) Beratung mehrerer Auftraggeber

Nach Nr. 1008 VV RVG erhöht sich die Verfahrens- oder Geschäftsgebühr unter den dort genannten Voraussetzungen für jede weitere Person um 0,3. Die Beratungsgebühr ist in dieser Vorschrift also nicht erwähnt. Für die vergleichbare Rechtslage der Ratsgebühr des § 20 Abs. 1 BRAGO entsprach es allgemeiner, wenn auch nicht unumstrittener Auffassung, dass sich auch die Ratsgebühr bei mehreren Auftraggebern erhöhen kann.[34] Dies wird auch für die Beratungsgebühr nach Nrn. 2100 ff. VV RVG gelten.[35] Die Erhöhung 64

---

33 *von Eicken,* NJW 1994, 2258, 2259.
34 OLG Saarbrücken, JurBüro 1988, 860; LG Dortmund, JurBüro 1991, 237 = Rpfleger 1990, 437; LG Braunschweig, AGS 1999, 100 ; *N. Schneider,* BRAGOreport 2001, 17 mit Nachweisen auch zur Gegenansicht.
35 *Burhoff,* RVG, Teil B „Beratungsgebühr" Rn. 18; *Göttlich/Mümmler/Rehberg/Xanke,* RVG, „Rat" 5 und 6.2.

der Beratungsgebühr wird dadurch vollzogen, dass der Satzrahmen um 0,3 je weiteren Auftraggeber angehoben wird. Aus diesem Rahmen ist nach § 14 RVG die im Einzelfall angemessene Gebühr zu bestimmen.

65 Der **Satzrahmen erhöht sich** bei mehreren Auftraggebern danach wie folgt:

Auftraggeber	Mindestsatz	Höchstsatz	Mittelgebühr
1	0,1	1,0	0,55
2	0,4	1,3	0,85
3	0,7	1,6	1,15
4	1,0	1,9	1,45
5	1,3	2,2	1,75
6	1,6	2,5	2,05
7	1,9	2,8	2,35
8	2,1[36]	3,0	2,55

66 Ebenso erhöht sich entsprechend Nr. 1008 VV RVG die Kappungsgrenze der Nr. 2102 VV RVG bei mehreren Auftraggebern. Je weiteren Auftraggeber erhöht sich diese somit um 30 % von 190 €, also um 57 €. Entsprechend Abs. 3 2. Halbs. der Anm. zu Nr. 1008 VV RVG darf die Erhöhung das Doppelte der Kappungsgrenze von 190 €, also 380 €, nicht überschreiten.

67 Damit ergeben sich für die Beschränkung der Beratungsgebühr nach Nr. 2102 VV RVG folgende Höchstbeträge:

Auftraggeber	Höchstbetrag
1	190 €
2	247 €
3	304 €
4	361 €
5	418 €
6	475 €
7	532 €
8	570 €[37]

---

36   Nach Abs. 3 der Anm. zu Nr. 1008 VV RVG dürfen mehrere Erhöhungen den Höchstsatz von 2,0 nicht übersteigen.
37   Höchstbetrag.

6. Anrechnung der Beratungsgebühr

a) Voraussetzungen der Anrechnung

Nach Abs. 2 der Anm. zu Nr. 2100 VV RVG ist die Beratungsgebühr auf eine Gebühr für eine sonstige Tätigkeit anzurechnen, die mit der Beratung zusammenhängt. Dies gilt auch bei der für ein erstes Beratungsgespräch der nach Nr. 2102 VV RVG begrenzte Beratungsgebühr.   68

Voraussetzung der Gebührenanrechnung ist:, dass es sich – jedenfalls teilweise – um **denselben Auftraggeber** handelt.   69

> *Beispiel:*   70
>
> *Der Rechtsanwalt berät die GmbH. Hieraufhin klagt deren Geschäftsführer persönlich. Die Beratungsgebühr ist nicht auf die Verfahrensgebühr für den nachfolgenden Rechtsstreit anzurechnen.*

Gegenstand der **Beratungstätigkeit** und der anschließenden Tätigkeit müssen – jedenfalls teilweise – derselbe sein.   71

> *Beispiel:*   72
>
> *Die Beratung betrifft den Ehegattenunterhalt. Anschließend macht die Kindesmutter den Kindesunterhalt gerichtlich geltend.*
>
> *Auch hier erfolgt keine Anrechnung der Beratungsgebühr auf die Verfahrensgebühr des nachfolgenden gerichtlichen Verfahrens.*

Zwischen Beratung und anschließender Tätigkeit muss ein **zeitlicher Zusammenhang** bestehen.   73

> *Beispiel:*   74
>
> *Zwischen der Beratung und der von dem Rechtsanwalt empfohlenen gerichtlichen Verfolgung der Ansprüche liegen mehr als 6 Monate.*
>
> *Hier wird der erforderliche zeitliche Zusammenhang für die Anrechnung fehlen. Der in § 15 Abs. 5 Satz 2 RVG bestimmte Zeitraum von mehr als zwei Kalenderjahren erscheint zu hoch.*

b) Rechnerische Durchführung der Anrechnung

aa) Gebührensatz der nachfolgenden Angelegenheit ist niedriger

In einem solchen Fall wird die Beratungsgebühr nur nach dem niedrigeren Gebührensatz für die nachfolgende Tätigkeit angerechnet.   75

76 **Beispiel:**

Nach einer ausführlichen, rechtlich und tatsächlich schwierigen Beratung betreffend einen Gegenstandswert von 10.000 € erhält der Rechtsanwalt Klageauftrag. Bevor es zum Einreichen der Klageschrift kommt, erledigt sich die Angelegenheit, da der Gegner zuvor gezahlt hat. Angefallen sind dem Rechtsanwalt folgende Gebühren:

1.	1,0 Beratungsgebühr, Nr. 2100 VV RVG (Wert: 10.000 €)	*486,00 €*
2.	0,8 Verfahrensgebühr, Nrn. 3100, 3101 Nr. 1 VV RVG (Wert: 10.000 €)	*388,80 €*

*Die Beratungsgebühr ist nur mit einem Gebührensatz von 0,8 auf die Verfahrensgebühr für die nachfolgende Tätigkeit anzurechnen. Somit verbleiben **nach Anrechnung**:*

1.	1,0 Verfahrensgebühr	*486,00 €*
	abzüglich 0,8 Beratungsgebühr	*388,80 €*
	restliche Beratungsgebühr	*97,20 €*
2.	0,8 Verfahrensgebühr	+ *388,80 €*
Summe:		**486,00 €**

zuzüglich Postentgeltpauschale und Umsatzsteuer.

bb) Gebührensatz der nachfolgenden Angelegenheit ist höher

77 Hier ist die Beratungsgebühr in voller Höhe auf die Gebühr für die nachfolgende Tätigkeit anzurechnen.

78 **Beispiel:**

Im vorstehenden Beispiel reicht der Rechtsanwalt auftragsgemäß Klage ein.

Es sind folgende Gebühren angefallen:

1.	1,0 Beratungsgebühr, Nr. 2100 VV RVG (Wert: 10.000 €)	*486,00 €*
2.	1,3 Verfahrensgebühr, Nr. 3100 VV RVG (Wert: 10.000 €)	*631,80 €*

*Die Beratungsgebühr ist in voller Höhe auf die Verfahrensgebühr des nachfolgenden Rechtsstreits anzurechnen. Damit verbleiben **nach Anrechnung**:*

1.	1,3 Verfahrensgebühr	*631,80 €*
	hierauf anzurechnen	
2.	1,0 Beratungsgebühr	+ *486,00 €*
Rest:		**145,80 €**

zuzüglich Auslagen.

cc) Gegenstand der Beratung ist höher

Hier kann die Anrechnung nur erfolgen, soweit sich die Gegenstände der Beratungs-   79
tätigkeit und der nachfolgenden Tätigkeit des Rechtsanwalts decken.

> *Beispiel:*   80
>
> *Der Rechtsanwalt führt mehrere Beratungsgespräche mit dem Auftraggeber über eine Forderung i.H.v. 10.000 €. Klage wird nur über 4.000 € erhoben.*
>
> *Dem Rechtsanwalt sind folgende Gebühren angefallen:*
>
> | | | |
> |---|---|---:|
> | 1. | *0,8 Beratungsgebühr (Wert: 10.000 €)* | *388,80 €* |
> | 2. | *1,3 Verfahrensgebühr, Nr. 3100 VV RVG (Wert: 4.000 €)* | *318,50 €* |
>
> *Die **Anrechnung** ist wie folgt vorzunehmen:*
>
> | | | |
> |---|---|---:|
> | 1. | *0,8 Beratungsgebühr* | *388,80 €* |
> | | *abzüglich 0,8 Beratungsgebühr (Wert: 4.000 €)* | *– 196,00 €* |
> | | *verbleiben nach Anrechnung* | *192,80 €* |
> | 2. | *1,3 Verfahrensgebühr* | *+ 318,50 €* |
> | | ***Summe:*** | ***511,30 €*** |
>
> *zuzüglich Auslagen.*

dd) Gegenstand der Beratung ist niedriger

In diesem Fall ist die Beratungsgebühr in voller Höhe auf Verfahrensgebühr anzurechnen.   81

> *Beispiel:*   82
>
> *Nach erfolgter Beratung über mehrere Termine betreffend eine Forderung i.H.v. 4.000 € klagt der Rechtsanwalt auftragsgemäß diese 4.000 € und weitere 8.000 € ein.*
>
> *Es sind folgende Gebühren entstanden:*
>
> | | | |
> |---|---|---:|
> | 1. | *0,8 Beratungsgebühr, Nr. 2100 VV RVG (Wert: 4.000 €)* | *196,00 €* |
> | 2. | *1,3 Verfahrensgebühr, Nr. 3100 VV RVG (Wert: 12.000 €)* | *683,80 €* |
>
> *Die Beratungsgebühr ist in voller Höhe auf die Verfahrensgebühr anzurechnen, so dass nach **Anrechnung** verbleiben:*
>
> | | |
> |---|---:|
> | ***Restliche Verfahrensgebühr:*** | ***487,80 €*** |

ee) Anrechnung bei Erstberatung

Für die Anrechnung der nach Nr. 2102 VV RVG beschränkten Beratungsgebühr ergibt   83
sich im Regelfall nichts Besonderes. Diese ist in voller Höhe anzurechnen, wenn sich der
Gegenstand der Beratungs- und der nachfolgenden Anwaltstätigkeit decken oder Letz-
terer sogar höher ist.

84   *Beispiel:*

Erste Beratung über 10.000 €. Danach wird über diesen Betrag eine Klage eingereicht.

Der Rechtsanwalt hat folgende Gebühren verdient:

1.	0,55 Beratungsgebühr, Nrn. 2100, 2102 VV RVG (Wert: 10.000 €) Höchstbetrag	190,00 €
2.	1,3 Verfahrensgebühr, Nr. 3100 VV RVG	631,80 €
	Nach Anrechnung der 0,55 Beratungsgebühr verbleiben:	
	Restliche Verfahrensgebühr:	**441,80 €**

85   Anders ist dies jedoch, wenn der Gegenstandswert der ersten Beratungstätigkeit höher liegt als der für die nachfolgende Anwaltstätigkeit. *N. Schneider*[38] schlägt vor, den Betrag von der Anrechnung heraus zu nehmen, der sich aus dem höheren Gegenstandswert ergeben würde.

86   *Beispiel:*

Im Rahmen eines ersten Beratungsgesprächs lässt sich der Auftraggeber über eine Forderung i.H.v. 10.000 € beraten. Der Rechtsanwalt sieht eine Erfolgsaussicht nur in Höhe eines Teilbetrags von 4.000 € und erhebt über diesen Betrag auftragsgemäß Klage.

Dem Rechtsanwalt sind folgende Gebühren angefallen:

1.	0,55 Beratungsgebühr, Nrn. 2100, 2102 VV RVG (Wert: 10.000 €) Höchstbetrag	190,00 €
2.	1,3 Verfahrensgebühr, Nr. 3100 VV RVG (Wert: 4.000 €)	318,50 €

Anrechnungsfrei *bleibt der Gebührenbetrag, der sich ohne Begrenzung der Beratungsgebühr aus der Differenz zwischen der Beratungsgebühr nach dem höheren Wert und der aus dem geringeren Wert der nachfolgenden Anwaltstätigkeit ergibt:*

0,55 Beratungsgebühr (Wert: 10.000 €)	*267,30 €*
abzüglich 0,55 Beratungsgebühr (Wert: 4.000 €)	*– 134,75 €*
Anrechnungsfrei verblieben also:	**132,55 €**

Die Anrechnung ist somit wie folgt vorzunehmen:

1,3 Verfahrensgebühr (Wert: 4.000 €)	*318,50 €*
abzüglich Beratungsgebühr mit dem Höchstbetrag von	*190,00 €*
davon anrechnungsfrei	*132,55 €*
deshalb nur anzurechnen	*57,45 €*
Nach Anrechnung *verbleiben:*	
Restliche Verfahrensgebühr (318,50 € abzüglich 57,45 € =)	**261,05 €**

---

38   Anwkom-BRAGO-*N. Schneider,* § 20 Rn. 74.

7.   Kostenerstattung

Die Beratungsgebühr nach Nrn. 2100, 2102 VV RVG kann aufgrund der Kostenent-   87
scheidungen in einem gerichtlichen Verfahren unter besonderen Voraussetzungen erstattungsfähig sein.

Beispiele: 88

(1) Die Partei führt nach Beratung durch den Rechtsanwalt den Rechtsstreit selbst.[39]

*(2) Der Kläger korrespondiert nach Beratung mit dem auswärtigen Prozessbevollmäch-
tigten selbst.*[40]

*(3) Die Partei führt den Verwaltungsrechtsstreit selbst, nach demder Rechtsanwalt sie im
Vorverfahren beraten hat.*[41]

*(4) Die Partei lässt sich nach Erhebung des Widerspruchs gegen den Mahnbescheid be-
raten und nimmt dann von dem streitigen Verfahren Abstand.*[42]

*(5) Der Berufungsbeklagte lässt sich nach der Beratung im Berufungsverfahren nicht ver-
treten.*[43]

(6) Der Revisionsbeklagte lässt sich nach Beratung im Revisionsverfahren nicht vertreten.[44]

*(7) Der Berufungsanwalt, dem die Revisionsschrift und die Revisionsbegründungsschrift
durch das Revisionsgericht zugestellt worden ist, erteilt dem Auftraggeber den Rat, von einer Stellungnahme gegenüber dem Revisionsgericht und der Bestellung eines bei dem Revisionsgericht zugelassenen Prozessbevollmächtigten abzusehen. Auch hier wird eine 0,3
Beratungsgebühr als erstattungsfähig angesehen.*[45]

Hätte ein derartiger Rat im Rahmen einer **Erstberatung** erteilt werden können, wäre   89
höchstens eine Beratungsgebühr i.H.v. 190 € zu erstatten.[46]

In vielen Fällen sind als solche nicht erstattungsfähige Kosten i.H. der ersparten Aufwen-   90
dungen für eine **fiktive Beratung** erstattungsfähig.

---

39   LG Berlin, JurBüro 1982, 1028 = Rpfleger 1982, 234.
40   KG, AGS 1994, 41.
41   OVG Münster – 16. Senat – NVwZ-RR 1989, 128; a.A. OVG Berlin, AnwBl. 1985, 53; OVG Mün-
      ster – 3. Senat – NVwZ-RR 1989, 53.
42   KG, JurBüro 1989, 1114.
43   OLG Düsseldorf, JurBüro 1992, 39.
44   OLG München, JurBüro 1980, 1664; KG, JurBüro 1998, 20 = AGS 1998, 182 mit Anm. *Madert.*
45   KG, JurBüro 1998, 20 = AnwBl. 1998, 103 = AGS 1998, 182 mit Anm. *Madert;* s. auch OLG Karls-
      ruhe, JurBüro 2001, 473.
46   *Hansens,* BRAGO, § 20 Rn. 17.

91 **Beispiel:**

Die Verkehrsanwaltskosten sind nicht erstattungsfähig, weil die auswärtige Partei zu ei-
ner ausschließlich schriftlichen sicheren Informationsübermittlung in der Lage gewesen wä-
re. Ein Teil der Rechtsprechung billigt die nicht erstattungsfähige Verfahrensgebühr des
Verkehrsanwalts i.H. einer Beratungsgebühr zu, die gesondert angefallen wäre, wenn sich
die Partei beispielsweise über das weitere verfahrensrechtliche Vorgehen hätte beraten las-
sen.[47] Auch hier wird dann die Beratungsgebühr nach Nr. 2102 VV RVG auf höchstens
190 € beschränkt sein.

92 Im **Kostenfestsetzungsverfahren** hat der Rechtspfleger/Urkundsbeamte der Geschäftsstelle zu prüfen, ob die Gebührenbestimmung der Beratungsgebühr billigem Ermessen
i.S.v. § 14 Abs. 1 Satz 1 RVG entspricht. Er muss hierbei ein **Gutachten des Vorstands**
der Rechtsanwaltskammer gemäß § 14 Abs. 2 RVG nicht einholen.[48] *Madert*[49] hält den
Rechtspfleger/Urkundsbeamten jedoch für berechtigt, ein solches Gutachten einzuholen. Hiervon wird in der Praxis so gut wie nie Gebrauch gemacht.

II. Gutachtengebühr

93 Nach Nr. 2103 VV RVG erhält der Rechtsanwalt als Gutachtengebühr eine **angemesse-**
ne Gebühr, bei deren Bestimmung der Rechtsanwalt § 14 RVG entsprechend anzuwenden hat (s. Abs. 2 der Anm. zu Nr. 2103 VV RVG).

1. Begriff des Gutachtens

94 **Inhalt** eines Gutachtens ist im Regelfall eine geordnete Darstellung des Sachverhalts, die
rechtliche Beurteilung dieses Sachverhalts unter Berücksichtigung von Rechtsprechung
und Literatur, das eigene Urteil des Rechtsanwalts und die Darstellung der sich hieraus
für den Auftraggeber ergebenen Schlussfolgerungen. Das Gutachten wendet sich also
an den Auftraggeber, um ihm eine Entscheidungshilfe zu geben.[50] In welcher Rechtsan-
gelegenheit das Gutachten erstattet wird, ist unerheblich.

95 Die Vergütungsvorschrift erfordert die Ausarbeitung eines **schriftlichen Gutachtens** (s.
Abs. 1 der Anm. zu Nr. 2103 VV RVG). Dies schließt die elektronische Form (s. § 126a
BGB) und die Textform (§ 126b BGB) ein. Mündliche oder fernmündliche gutachtliche
Äußerungen genügen hingegen nicht.

---

47 OLG Bamberg, JurBüro 1986, 441; OLG Karlsruhe, OLGR 1999, 402; OLG Stuttgart, Justiz 1996,
 475.
48 BVerwG, JurBüro 1982, 857; BSG, JurBüro 1984, 1511; LG Berlin, JurBüro 1982, 1028.
49 AnwBl. 1994, 445, 448.
50 OLG Köln, JurBüro 1978, 870.

Anders als früher § 21 BRAGO erfordert Nr. 2103 VV RVG nicht mehr eine **juristische Be-** 96
gründung. Eine solche ist im Regelfall jedoch notwendiger Inhalt eines schriftlichen Gutachtens.[51]

2. Abgrenzung zu anderen Vorschriften

Die Gebühr nach Nr. 2103 VV RVG ist von anderen Anwaltstätigkeiten zu unterscheiden: 97

- Für die **Prüfung der Erfolgsaussicht** eines Rechtsmittels erhält der Rechtsanwalt nach
  Nr. 2200 VV RVG eine Gebühr i.H.v. 0,5 – 1,0.

- Ist die **Prüfung der Erfolgsaussicht** eines Rechtsmittels mit der Ausarbeitung eines
  schriftlichen Gutachtens verbunden, beträgt die Gebühr nach Nr. 2201 VV RVG 1,3.

- Verbindet der Rechtsanwalt die **Übersendung der Akten** an den Rechtsanwalt des
  höheren Rechtszuges mit **gutachterlichen Äußerungen,** erhält er eine Verfahrensgebühr nach Nr. 3400 VV RVG mit einem Satz von höchstens 1,0.

3. Höhe der Gutachtengebühr

Unter entsprechender Berücksichtigung der in § 14 RVG aufgeführten Umstände be- 98
stimmt der Rechtsanwalt die angemessene Gebühr nach **billigem Ermessen.** Unter der
Geltung der BRAGO war anerkannt, dass die angemessene Gebühr regelmäßig höher als
eine volle Gebühr liegt. Der Hinweis des BGH,[52] der Rechtsanwalt solle bei der Bestimmung auch beachten, was andere für ähnliche Gutachten verlangt haben, ist unpraktikabel. Im Regelfall sind dem Rechtsanwalt die sonst verlangten Gebühren nicht bekannt.
Außerdem werden kaum einmal vergleichbare Sachverhalte gegeben sein.

Im Regelfall wird man von einer **2,0 Gebühr** ausgehen. Anhand der Umstände des Ein- 99
zelfalls wird dann zu prüfen sein, ob die angemessene Gebühr über diesem Satz oder
darunter liegt.

Als **Faustregel** mag folgende Abstufung dienen: 100

Schwierigkeitsgrad	Gebühr
Einfache Gutachten	1,5 – 2,0
Durchschnittliche Gutachten	2,0 – 2,3
Schwierige Gutachten	2,4 – 2,7
Überdurchschnittlich schwierige und umfangreiche Gutachten	2,8 – 3,5[53]

---

51   *Mayer/Kroiß/Winkler,* RVG, Nr. 2103 VV RVG Rn. 9.
52   NJW 1965, 539.
53   *Mayer/Kroiß/Winkler,* RVG, Nr. 2103 VV RVG Rn. 18, schlägt vielfach niedrigere Gebührensätze vor.

a)   Vorzeitige Beendigung des Gutachtenauftrags

101   Die Gutachtengebühr entsteht als **Erfolgsgebühr** nur dann, wenn der Rechtsanwalt das schriftliche Gutachten tatsächlich ausgearbeitet hat. Erledigt sich der Auftrag, bevor die Ausarbeitung vorliegt, fällt die Gutachtengebühr nicht an. Ähnlich wie bei der Beratungsgebühr (s. Rn. 15 ff.) erhält der Rechtsanwalt **entsprechend** Nr. 2103 VV RVG eine Gutachtengebühr unter Berücksichtigung der bis zur Erledigung erbrachten Leistungen. Dies kann im Einzelfall bis zur Höhe der für die Ausarbeitung angemessenen Gebühr sein, wenn der Auftrag erst geendigt hat, kurz bevor der Rechtsanwalt seine Unterschrift unter das fertig gestellte Gutachten gesetzt hat. In den übrigen Fällen ist ein angemessener Abschlag von der sonst für die Fertigstellung des Gutachtens zu bestimmenden Gebühr vorzunehmen.

b)   Mehrere Auftraggeber

102   Eine Erhöhung der Gutachtengebühr nach Nr. 1008 VV RVG für die Gutachtentätigkeit für mehrere Auftraggeber ist gesetzlich nicht bestimmt. Jedoch kann die Gutachtentätigkeit für mehrere Auftragggeber bei der Bestimmung der angemessenen Gebühr erhöhend berücksichtigt werden.

c)   Bestimmung durch Urteil

103   Besteht zwischen Auftraggeber und Rechtsanwalt über die Höhe der von dem Anwalt bestimmten angemessenen Gebühr Streit, muss der Rechtsanwalt seine Vergütung einklagen. Ist die Gebührenbestimmung des Rechtsanwalts unbillig, hat das Gericht nach Anhörung des Vorstands der Rechtsanwaltskammer entsprechend § 14 Abs. 2 RVG die Bestimmung gemäß § 315 Abs. 3 Satz 2 BGB durch Urteil zu treffen.

4.   Auslagen

104   Neben der angemessenen Gebühr steht dem Rechtsanwalt gegen seinen Auftraggeber auch ein Anspruch auf die Auslagen nach **Teil 7 VV RVG** zu. Hierzu gehören insbesondere:

- **Umsatzsteuer**, Nr. 7008 VV RVG;

- Entgelte für Post- und Telekommunikationsdienstleistungen, sofern angefallen, Nrn. 7001, 7002 VV RVG;

- Dokumentenpauschale, Nr. 7000 VV RVG etwa

  - für die gebotene Ablichtung aus Behörden- und Gerichtsakten, Nr. 7000 Nr. 1a VV RVG oder

  - zur notwendigen Unterrichtung des Auftraggebers, Nr. 7000 Nr. 1c VV RVG

- Geschäftsreisekosten, Nrn. 7003 ff. VV RVG.

Beispiele: 105

(1) Der Rechtsanwalt muss bei einer auswärtigen Behörde Einsicht in Akten oder Urkunden nehmen.

(2) Er muss die auswärtigen Örtlichkeiten besichtigen.[54]

5. Kostenerstattung

Die Kosten eines Rechtsgutachtens einer anwaltlich vertretenen Partei sind im Regelfall 106
keine notwendigen Kosten des Rechtsstreits i.S.v. § 91 Abs. 1 ZPO. Die Klärung rechtlicher Fragen obliegt nämlich im Regelfall dem für den Rechtsstreit bestellten Prozess-
oder Verfahrensbevollmächtigten. Nur wenn es um Rechtsfragen aus einem **entlegenen Rechtsgebiet** geht, die nur ein Rechtsanwalt mit Spezialkenntnissen begutachten kann,
und die sich auch nicht durch Auswertung vorhandener Literatur oder Rechtsprechung
klären lassen, können die Kosten eines Rechtsgutachtens ausnahmsweise erstattungsfähig sein.

Beispiele: 107

*In folgenden Fällen wurden Kosten eines Rechtsgutachtens als erstattungsfähig angese-
hen:*

* *ausländisches Recht;*[55]
* *ausländisches Scheidungsrecht;*[56]
* *ausländisches Urheber- und Verlagsrecht;*[57]
* *Schifffahrtsrecht;*[58]
* *Steuerrecht im Zivilprozess;*[59]
* *niederländisches Stiftungsrecht.*[60]

Als nicht erstattungsfähig wurden Kosten für Rechtsgutachten angesehen:

* *über Urheber- und Warenzeichenrecht;*[61]
* *über Strafrecht.*[62]

---

54 Anwkom-BRAGO-*N. Schneider*, § 21 Rn. 36.
55 OLG Frankfurt, JurBüro 1979, 112; LG Berlin, JurBüro 1968, 1000.
56 OLG Hamm, JurBüro 1960, 354.
57 OLG Hamm, JurBüro 1960, 354 = Rpfleger 1960, 178.
58 OLG Karlsruhe, Justiz 1976, 210 = MDR 1976, 670.
59 OLG Stuttgart, Justiz 1969, 104.
60 VG Münster, NVwZ-RR 1994, 424.
61 OLG München, JurBüro 1991, 387.
62 OLG Celle, Nds. Rpfl. 1994, 79.

108 Wird die Erstattungsfähigkeit der Kosten eines Rechtsgutachtens bejaht, so hat im **Kostenfestsetzungsverfahren** der Rechtspfleger/Urkundsbeamte der Geschäftsstelle zu prüfen, ob die von dem Rechtsanwalt bestimmte angemessene Gebühr billigem Ermessen entspricht. Die Einholung eines Gutachtens des Vorstands der Rechtsanwaltskammer nach § 14 Abs. 2 RVG ist gesetzlich nicht vorgesehen.

B. Die außergerichtliche Vertretung

109 Die Vergütung für die außergerichtliche Geschäftstätigkeit des Rechtsanwalts ist im RVG grundlegend neu geregelt.

110

Gegenüber der bisherigen Regelung in § 118 BRAGO ergeben sich folgende wesentliche Änderungen:

- Nr. 2400 VV RVG bestimmt einen **größeren Gebührenrahmen von 0,5 – 2,5.**

- Dieser **Gebührenrahmen wird beschränkt** bei nicht umfangreichen und nicht schwierigen Tätigkeiten auf 1,3.

- Die **Besprechungsgebühr** ist ersatzlos **entfallen.**

- Die bei außergerichtlicher Tätigkeit ohnehin nicht anfallende **Beweisaufnahmegebühr** gibt es nach dem RVG ebenfalls nicht mehr.

I. Anwendungsbereich

111 Der Rechtsanwalt kann die Geschäftsgebühr – anders als die Geschäftsgebühr nach § 118 Abs. 1 Nr. 1 BRAGO – **nur für außergerichtliche** Tätigkeiten berechnen (s. Überschrift des Teils 2 VV RVG).

112 Die früher von § 118 Abs. 1 BRAGO erfassten **sonstigen Angelegenheiten** werden – wenn auch nicht vollständig – durch die Verfahrens- und sonstigen Gebühren in den anderen Teilen des VV RVG erfasst.

113 Die außergerichtlichen Tätigkeiten in **sozialrechtlichen Angelegenheiten** werden durch die Geschäftsgebühr nach Nr. 2400 VV RVG nicht abgegolten (s. Vorbem. 2.4 Abs. 2 VV RVG). Hierfür ist eine besondere Geschäftsgebühr in Nrn. 2500 f. VV RVG vorgesehen (s. Teil 12 Rn. 7 ff.).

Auch für außergerichtliche Tätigkeiten in **Strafsachen, Bußgeldsachen** und sonstigen in   114
Teil 6 des VV geregelten Verfahren fällt die Geschäftsgebühr nach Nr. 2400 VV RVG nicht
an (Vorbem. 2 Abs. 3 VV RVG). Es gelten die in diesen Verfahren vorgesehenen sonstigen Gebühren.

Maßgebliches Kriterium für die Anwendung der Geschäftsgebühr der Nr. 2400 VV RVG   115
ist der dem Rechtsanwalt erteilte **Auftrag.** Diesem ist zu entnehmen, welchen Weg der
Rechtsanwalt zur Erledigung der Angelegenheit beschreiten soll.[63]

Beispiele: 116

*(1) Der Rechtsanwalt erhält den Auftrag, 10.000 € einzuklagen. Zuvor soll er jedoch mit
dem Gegner des Auftraggebers durch außergerichtliche Verhandlungen eine Einigung versuchen. Auf ein entsprechendes Schreiben des Rechtsanwalts zahlt der Gegner, so dass
sich die Angelegenheit erledigt.*

*Aufgrund des maßgeblichen Prozessauftrags berechnet sich die Anwaltsvergütung nach
Teil 3 des VV. Da der Prozessauftrag geendigt hatte, bevor der Rechtsanwalt auftragsgemäß die Klageschrift eingereicht hat, erhält er nur die ermäßigte Verfahrensgebühr.*

Der Rechtsanwalt rechnet eine Tätigkeit wie folgt ab:

1.	*0,8 Verfahrensgebühr, Nrn. 3100, 3101 Nr. 1 VV RVG*	
	(Wert: 10.000 €)	*388,80 €*
2.	*Postentgeltpauschale, Nr. 7002 VV RVG*	*20,00 €*
3.	*16 % Umsatzsteuer, Nr. 7008 VV RVG*	*+ 65,41 €*
Summe:		*474,21 €*

*(2) Der Rechtsanwalt erhält den Auftrag zur außergerichtlichen Geltendmachung von
10.000 €. Nach Fertigung eines ausführlichen Aufforderungsschreibens an den Gegner
erledigt sich dieser Auftrag durch Zahlung.*

*Hier ist der Auftrag auf die außergerichtliche Tätigkeit des Rechtsanwalts gerichtet, so dass
nach Nr. 2400 VV RVG abzurechnen ist.[64] Bei eher einfachen Umständen i.S.d. § 14 RVG,
insbesondere bei unterdurchschnittlichem Umfang und geringen Schwierigkeiten, erhält
der Rechtsanwalt:*

1.	*1,0 Geschäftsgebühr, Nr. 2400 VV RVG (Wert: 10.000 €)*	*486,00 €*
2.	*Postentgeltpauschale, Nr. 7002 VV RVG*	*20,00 €*
3.	*16 % Umsatzsteuer, Nr. 7008 VV RVG*	*+ 80,96 €*
Summe:		*586,96 €*

---

63   BGHZ 48, 334, 336 = NJW 1968, 52 = JurBüro 1968, 40; BGH, NJW 1968, 2334 = JurBüro 1969,
     46 = AnwBl. 1969, 15.
64   BGH, NJW 1961, 1469 = AnwBl. 1961, 260; NJW 1968, 2334 = JurBüro 1969, 46 = AnwBl. 1969,
     15; BayVGH, NVwZ-RR 1990, 390.

117 Ebenso kommt es auf den Auftrag an, wenn der Rechtsanwalt wegen eines **Teilanspruchs** gerichtlich und wegen der **Restforderung** außergerichtlich tätig werden soll.

118 *Beispiel :*

Der Rechtsanwalt soll eine Forderung des Auftraggebers i.H.v. 100.000 € gegen dessen Gegner geltend machen. Eine Teilforderung von 21.000 € soll eingeklagt werden, hinsichtlich der übrigen 79.000 € soll der Rechtsanwalt zunächst außergerichtliche Verhandlungen führen. Diese führen nach einer Besprechung mit dem Gegner zum Abschluss eines außergerichtlichen Vergleichs über die Gesamtforderung. Bei durchschnittlichen Schwierigkeiten und auch sonst durchschnittlichen Umständen i.S.v. § 14 RVG berechnet der Rechtsanwalt:

1.	*1,3 Verfahrensgebühr, Nr. 3100 VV RVG (Wert: 21.000 €)*	*839,80 €*
2.	*1,5 Geschäftsgebühr, Nr. 2400 VV RVG (Wert: 79.000 €)*	*1.800,00 €*
3.	*1,0 Einigungsgebühr, Nrn. 1000, 1003 VV RVG (Wert: 21.000 €)*	*646,00 €*
4.	*1,5 Einigungsgebühr, Nr. 1000 VV RVG (Wert: 79.000 €)*	*1.800,00 €*
	Zu 3. und 4. gemäß § 15 Abs. 3 RVG nicht mehr als 1,5 Einigungsgebühr, Nr. 1000 VV RVG (Wert: 100.000 €) die hier die Obergrenze bilden.	*2.031,00 €*
5.	*2 Postentgeltpauschalen, Nr. 7002 VV RVG*	*40,00 €*
6.	*16 % Umsatzsteuer, Nr. 7008 VV RVG*	*+ 753,73 €*
Summe:		*5.464,53 €*

II. Die Geschäftsgebühr

1. Abgeltungsbereich

119 Die Geschäftsgebühr entsteht für das Betreiben des Geschäfts einschließlich der Information sowie für die Mitwirkung bei der Gestaltung eines Vertrages (s. hierzu Vorbem. 2.4 Abs. 3 VV RVG). Daneben werden sämtliche Tätigkeiten mit abgegolten, die der Rechtsanwalt im Rahmen des ihm erteilten außergerichtlichen Mandats ausübt, sofern das Gesetz keine besonderen Gebührenvorschriften vorsieht, insbesondere:

- die Beratung des Auftraggebers,

- die Fertigung von Schriftsätzen an Gegner oder Dritte,

- die mündliche oder schriftliche Information des eigenen Auftraggebers,

- die Einsichtnahme in Gerichtsakten und öffentlichen Register,

- deren Auswertung sowie ggf. das Entwerfen von schriftlichen Vergleichsvorschlägen,

- das Entwerfen von Urkunden,

- die Verwertung von Spezial- oder Sprachkenntnissen,

- mündliche oder fernmündliche Besprechungen mit dem Auftraggeber, dem Gegner oder einem Dritten.

2. Höhe der Geschäftsgebühr

a) Grundsatz

Das Gesetz bestimmt in Nr. 2400 VV RVG einen **Gebührenrahmen von 0,5 – 2,5.** Daraus errechnet sich eine Mittelgebühr von (0,5 + 2,5 : 2 =) 1,5.[65]   120

b) Begrenzung der Geschäftsgebühr

Ist die Tätigkeit des Rechtsanwalts nicht umfangreich und nicht schwierig, kann er keine höhere Gebühr als 1,3 fordern. Damit wird also eine **Kappungsgrenze** eingeführt. Nach Auffassung von *Braun,*[66] der seine Auffassung allerdings wieder aufgegeben hat, soll in diesen Fällen ein zweiter Gebührenrahmen von 0,5 – 1,3 gelten mit einer Mittelgebühr von 0,9.   121

Für die **Kappungsgrenze** sprechen folgende **Argumente:**   122

- Sowohl der eindeutige Gesetzestext als auch die Gesetzessystematik lassen nicht erkennen, dass der Gesetzgeber einen neuen Gebührenrahmen einführen wollte. So bestimmt Nr. 2401 VV RVG für den Fall, dass eine Tätigkeit des Rechtsanwalts im Verwaltungsvorverfahren vorausgegangen ist, ausdrücklich einen – niedrigeren – Rahmen für die Geschäftsgebühr von 0,5 – 1,3. Diese Gebühr wird in Nr. 2401 Abs. 2 VV RVG auf eine Gebühr von 0,7 beschränkt, wenn die Tätigkeit nicht umfangreich oder nicht schwierig war. Nach Auffassung von *Braun* würde dann der Gebührenrahmen von 0,5 – 0,7 gehen, was dem Rechtsanwalt bei der Bestimmung der Rahmengebühr keine Gestaltungsmöglichkeit eröffnet. Ferner ist in Nr. 2501 Abs. 2 VV RVG die dort bestimmte Betragsrahmengebühr von 40 € – 260 € auf eine Gebühr von 120 € beschränkt. Auch hierdurch wird kein zweiter Gebührenrahmen eingeführt. Hätte der Gesetzgeber einen neuen Gebührenrahmen einführen wollen, hätte er ihn – wie in Nr. 2501 VV RVG geschehen – ausdrücklich formulieren müssen.

- In der Gesetzesbegründung[67] heißt es zu Nr. 2400 VV RVG: „Die Regelgebühr liegt bei 1,3", wenn der Umfang oder die Schwierigkeit nicht über dem Durchschnitt liege, „dürfte die Schwellengebühr von 1,3 zur Regelgebühr werden". D.h., dass bei

65   *Hansens*, RVGreport 2004, 209, 210.
66   Gebührenabrechnung nach dem RVG, S. 61 und DAR 2004, 61, 64.
67   BR-Drucks. 830/03, S. 257.

nicht besonders umfangreicher oder schwieriger Tätigkeit die 1,3 Geschäftsgebühr regelmäßig anfällt. Nach Auffassung von *Braun* wäre die Regelgebühr hingegen 0,9.

123 Es entspricht deshalb allgemeiner Auffassung, dass **kein neuer Gebührenrahmen eröffnet** wird, sondern vielmehr der Rechtsanwalt bei nicht schwieriger oder umfangreicher Tätigkeit den Gebührenrahmen bis zum Satz von 1,3 ausnutzen kann.[68] Dies entspricht auch der Auffassung des BMJ.[69]

124

> **Praxishinweis:**
>
> Bei der nach § 14 RVG nach billigem Ermessen vorzunehmenden Gebührenbestimmung ist also wie folgt vorzugehen:
>
> • Man geht zunächst von der Mittelgebühr 1,5 aus.
>
> • Es wird anhand der einzelnen Umstände des § 14 RVG geprüft, ob eine Erhöhung oder Verringerung dieser Mittelgebühr vorzunehmen ist.
>
> • Die so gefundene Rahmengebühr ist auf 1,3 zu begrenzen, wenn die Tätigkeit des Rechtsanwalts nicht umfangreich oder nicht schwierig war.[70]

125 Die in Nr. 2400 VV RVG vorgenommene Begrenzung der Geschäftsgebühr auf 1,3 ist **gesetzessystematisch falsch** und auch vom Ergebnis her gesehen abzulehnen. Bei der Bestimmung von Rahmengebühren sind alle Umstände zu berücksichtigen. § 14 Abs. 1 Satz 1 RVG hebt einige dieser Umstände heraus, insbesondere den Umfang und die Schwierigkeit der anwaltlichen Tätigkeit, aber auch die Bedeutung der Angelegenheit sowie die Einkommens- und Vermögensverhältnisse des Auftraggebers. Ferner ist gemäß § 14 Abs. 1 Satz 2 RVG ein besonderes Haftungsrisiko zu berücksichtigen. Die Regelung in Nr. 2400 VV RVG hebt demgegenüber einige der sonst gleichrangig zu behandelnden Umstände hervor. War die Tätigkeit des Rechtsanwalts nicht umfangreich oder nicht schwierig, ist die Geschäftsgebühr auch dann auf 1,3 begrenzt, wenn die übrigen nach § 14 RVG zu berücksichtigen Umstände zum Ansatz der Höchstgebühr führen würden.[71]

---

68   *Hansens*, RVGreport 2004, 57, 59; 209, 211; *ders.*, JurBüro 2004, 245; *Dombek*, Neue Justiz 2004, 193, 194; *Riedmeyer*, DAR 2004, 262; *Mayer/Kroiß/Teubel*, RVG, Nr. 2400 VV RVG Rn. 9; *Bischof/Jungbauer/Podlech-Trappmann*, RVG, Teil 2, 4.2.2.2.2.

69   *Otto*, NJW 2004, 1420; *Hartenbach*, zitiert bei *Hansens*, RVGreport 2004, 211.

70   *Hansens*, RVGreport 2004, 209, 213, dem folgend *Bischof/Jungbauer/Podlech-Trappmann*, a.a.O.; *Madert*, AGS 2004, 185.

71   A.A. anwaltsfreundlich, jedoch falsch *Göttlich/Mümmler/Rehberg/Xanke*, RVG, „Geschäftsgebühr" 8.1 a.E.

Beispiele: 126

(1) Bei der außergerichtlichen Geltendmachung einer Forderung von 4.000 € wechselt der Rechtsanwalt mit dem Rechtsanwalt des Gegners fünf umfangreiche Schriftsätze und führt drei halbstündige Besprechungen. Die Einkommens- und Vermögensverhältnisse des Auftraggebers sind durchschnittlich. Wegen drohender Insolvenz des Gegners war die Sache äußerst eilbedürftig.

Geht man von der Mittelgebühr 1,5 aus, führen die Einkommens- und Vermögensverhältnisse des Auftraggebers nicht zu einer Änderung dieser Gebühr. Die Eilbedürftigkeit und der überdurchschnittliche Umfang der Schriftsätze sowie die drei längeren Besprechungen rechtfertigen jedoch eine Erhöhung auf 2,0. Die Begrenzung auf 1,3 greift hier nicht ein, weil die Sache umfangreich war.

(2) Im Auftrag eines Multimillionärs fordert der Rechtsanwalt von dem Hotelbetreiber wegen nächtlicher Lärmbelästigungen die Minderung der Übernachtungskosten einer Suite von 1.500 € auf 500 €. Nach einem kurzen Schreiben kommt der Hotelbetreiber dem Verlangen nach.

Die weit überdurchschnittlichen Vermögensverhältnisse des Auftraggebers würden an sich zu einer Erhöhung der Mittelgebühr von 1,5 auf die Höchstgebühr von 2,5 führen. Da die Sache jedoch weder umfangreich noch schwierig war, kann der Rechtsanwalt nicht mehr als 1,3 fordern.

c) Einfache Schreiben

Unter den in Nr. 2402 VV RVG aufgeführten Voraussetzungen vermindert sich die Ge- 127
schäftsgebühr auf 0,3. **Beschränkt sich der Auftrag** auf ein Schreiben einfacher Art, entsteht gemäß Nr. 2402 VV RVG eine Geschäftsgebühr von 0,3.

aa) Auftrag

Maßgeblich ist auch hier der Auftrag, nicht die Tätigkeit des Rechtsanwalts.[72] Gleichwohl 128
stellen viele Instanzgerichte unzutreffend allein auf das äußere Erscheinungsbild des anwaltlichen Schreibens ab.[73] Dies wird mit der Formulierung in Nr. 2402 VV RVG nunmehr unmissverständlich klargestellt.

Beispiele: 129

(1) Der Rechtsanwalt erhält den Auftrag, mit der Gegenseite eine Einigung über eine offene Werklohnforderung zu erzielen. Nach Fertigung einer kurzen Mahnung zahlt der Gegner, wodurch sich die Angelegenheit erledigt.

---

72   BGH, NJW 1983, 2451 = JurBüro 1983, 1498; LG Berlin, Rpfleger 1981, 369 und JurBüro 1981, 1528.
73   Z.B. AG Kerpen, AGS 2003, 307 m. abl. Anm. *N. Schneider* und Entgegnung von *Rau* – des Urteilsverfassers – in AGS 2003, 540; AG Köln, AGS 2003, 542 mit Anm. *N. Schneider.*

Dem Rechtsanwalt steht nach Nr. 2400 VV RVG eine Geschäftsgebühr von z.B. 1,0 zu. Obwohl die Tätigkeit des Rechtsanwalts in der Fertigung eines einfachen Schreibens bestand, erhält er wegen des weiter gehenden Auftrags eine – höhere – Geschäftsgebühr.

(2) Der Rechtsanwalt erhält den Auftrag, für eine sachgerechte Beendigung des Mietverhältnisses zwischen seinem Auftraggeber und dessen Mieter zu sorgen. Nach einigen Überlegungen und einer Beratung des Auftraggebers fertigt der Rechtsanwalt ein einfaches Kündigungsschreiben, wodurch sich die Angelegenheit erledigt.

Auch hier berechnet der Rechtsanwalt wegen des ihm erteilten Vertretungsauftrags eine Geschäftsgebühr gemäß Nr. 2400 VV RVG.

130   Anders ist dies, wenn der Auftrag nur auf Fertigung eines einfachen Schreibens geht.

131   *Beispiel:*

Der Rechtsanwalt erhält den Auftrag, den Schuldner des Auftraggebers mit einem einfachen Schreiben zu mahnen. Wird der Rechtsanwalt entsprechend tätig, fällt gemäß Nr. 2402 VV RVG nur eine Geschäftsgebühr von 0,3 an.

132

Praxishinweis:

In der Honorarklage oder in der Klage auf Erstattung der Anwaltskosten aufgrund materiellen Rechts sollte der Rechtsanwalt sorgfältig unter Beweisantritt vortragen, mit welcher Tätigkeit er von seinem Mandanten beauftragt worden ist.

Erschöpft sich die Anwaltstätigkeit nach außen hin in einem einfachen Schreiben, so ist vorzutragen, dass der Auftrag auf eine weiter gehende Tätigkeit gerichtet war, etwa auf Beratung des Auftraggebers, auf Prüfung der Rechtslage, auf Korrespondenz mit der Gegenseite und abschließend auf Androhung der Klage. Bei Erteilung eines solchen Vertretungsauftrags verdient der Rechtsanwalt nämlich bereits mit der Information gemäß Nr. 2400 VV RVG auf jeden Fall den Mindestsatz von 0,5. Auch wenn der Rechtsanwalt im Rahmen eines Vertretungsauftrags dann ein einfaches Schreiben gefertigt hat, kommt nicht etwa die Vorschrift der Nr. 2402 VV RVG zur Anwendung.

---

bb) Begriff des einfachen Schreibens

133   Es handelt sich um ein Schreiben einfacher Art, wenn dieses weder schwierige rechtliche Ausführungen noch größere sachliche Auseinandersetzungen enthält. Damit fällt die Gebühr gemäß Nr. 2402 VV RVG z.B. an bei:

- Mahnungen,
- Kündigungen,[74]

---

74   *Mümmler*, JurBüro 1988, 1131; *N. Schneider*, AGS 2003, 525; *Hansens*, BRAGO, § 120 Rn. 2.

- Zahlungsaufforderungen,

- Einwohnermeldeamtsanfragen,[75] sofern die Tätigkeit nicht durch andere Gebühren abgegolten ist.[76]

Wann diese Voraussetzungen vorliegen, beurteilt sich nach durchschnittlichen rechtlichen   134
Kenntnissen und Formerfordernissen. Die Länge des Schreibens und seine rechtliche Qualität geben Anhaltspunkte für die Abgrenzung.

Aufgrund der anders lautenden Formulierung in § 120 Abs. 1 BRAGO erhielt der Rechts-   135
anwalt auch dann nur eine einzige Gebühr, wenn er in derselben Angelegenheit **mehrere Schreiben einfacher Art** gefertigt hat. Angesichts des Wortlauts der Nr. 2402 VV
RVG, die auf die Einzahl abstellt, ist zweifelhaft, ob dies auch weiterhin gilt.

> *Beispiel :*   136
>
> *Der Rechtsanwalt erhält den Auftrag, mit einem einfachen Schreiben den Vertragspartner
> des Auftraggebers zu mahnen. Nach Erhalt der Mahnung behauptet dieser, den gefor-
> derten Betrag bezahlt zu haben. Der Auftraggeber hat jedoch keinen Zahlungseingang
> festgestellt. Der Rechtsanwalt fordert deshalb den Vertragspartner auftragsgemäß auf,
> den Zahlungsbeleg vorzulegen.*
>
> *Hier spricht einiges dafür, von zwei Aufträgen auszugehen, so dass der Rechtsanwalt zwei
> Gebühren gemäß Nr. 2402 VV RVG berechnen kann.*

3.   Gebührenerhöhung bei mehreren Auftraggebern

Die bisherige Regelung in § 6 Abs. 1 BRAGO wird durch Nr. 1008 VV RVG ersetzt.   137

a)   Grundsatz

Vertritt der Rechtsanwalt in derselben Angelegenheit hinsichtlich desselben Gegenstan-   138
des mehrere Personen, erhöht sich die Geschäftsgebühr für jede weitere Person um einen **Gebührensatz von 0,3**. Mehrere Erhöhungen dürfen einen Gebührensatz von 2,0
nicht übersteigen.

> *Beispiele:*   139
>
> *(1) Der Rechtsanwalt vertritt in einer durchschnittlich schwierigen und umfangreichen
> Mietangelegenheit mit einem Gegenstandswert von 10.000 € die Eheleute E. Die Mittel-
> gebühr der Nr. 2400 VV RVG von 1,5 erhöht sich um 0,3 auf 1,8.*

---

75   *Mock*, AGS 2003, 528, 530.
76   BGH, RVGreport 2004, 108 und 109; *Hansens*, JurBüro 1987, 809.

(2) Im vorstehenden Beispiel vertritt der Rechtsanwalt als Auftraggeber 11 Personen. Die rechnerisch mögliche Erhöhung von (10 x 0,3 = 3,0) ist durch Nr. 1008 Abs. 3 1. Halbs. VV RVG auf den Höchstsatz von 2,0 begrenzt. Die Geschäftsgebühr erhöht sich damit von 1,5 auf 3,5.

(3) Der Rechtsanwalt hat von den Eheleuten E den Auftrag erhalten, an deren Vertragspartner ein Schreiben einfacher Art zu richten. Die Geschäftsgebühr aus Nr. 2402 VV RVG erhöht sich um 0,3 auf 0,6.

b) Gebührenerhöhung bei nicht umfangreichen und nicht schwierigen Tätigkeiten

140   Die Regelung des Nr. 2004 VV RVG (Begrenzung der Geschäftsgebühr auf 1,3) ist nicht auf die Gebührenerhöhung bei Vertretung mehrerer Auftraggeber abgestimmt. Dies führte bei wörtlicher Gesetzesanwendung zu untragbaren Ergebnissen.

141   *Beispiele:*

(1) Bei Vertretung von acht Auftraggebern errechnet sich eine Gebührenerhöhung von 2,0 (Höchstsatz nach Nr. 1008 Abs. 3 1. Halbs. VV RVG). Wird der Rechtsanwalt in einer nicht umfangreichen und nicht schwierigen Angelegenheit außergerichtlich tätig, kann er jedoch nach Nr. 2400 VV RVG keine höhere Geschäftsgebühr als 1,3 berechnen. Bei wörtlicher Gesetzesauslegung würde deshalb die Gebührenerhöhung völlig unter den Tisch fallen.

(2) Sind sämtliche Umstände nach § 14 RVG durchschnittlich, die Schwierigkeit oder der Umfang der anwaltlichen Tätigkeit leicht überdurchschnittlich, kann der Rechtsanwalt gemäß Nr. 2400 VV RVG die Mittelgebühr von 1,5 berechnen. Diese erhöht sich für die Vertretung von acht Auftraggebern um 2,0 auf insgesamt 3,5. Dies wäre ein Unterschied von 2,2 Gebühren, obwohl sich die Umstände von dem vorstehenden Beispiel kaum unterscheiden.

(3) Der von acht Personen erteilte Auftrag beschränkt sich auf die Fertigung eines einfachen Schreibens. Gemäß Nr. 2402 VV RVG beträgt die Geschäftsgebühr dann 0,3. Sie erhöht sich für die weiteren sieben Auftraggeber gemäß Nr. 1008 VV RVG um 2,0 auf 2,3. Damit würde der Rechtsanwalt eine volle Gebühr mehr erhalten als bei der weiter gehenden Geschäftstätigkeit. Ab fünf Auftraggebern wäre damit ein Auftrag auf Fertigung eines einfachen Schreibens mit 0,3 + 1,2 = 1,5 lukrativer als ein Vertretungsauftrag nach Nr. 2400 VV RVG mit nicht schwieriger und nicht umfangreicher Tätigkeit.

142   Es gibt keine Anhaltspunkte dafür, dass der Gesetzgeber dies gewollt hat. Es muss deshalb der **Praxis** überlassen bleiben, die Fehler des Gesetzgebers zu beheben. Danach ist die gesetzliche Regelung wie folgt zu verstehen:

143   Die Beschränkung der Geschäftsgebühr auf 1,3 gilt **nur für einen Auftraggeber**. Die **Erhöhung** ist diesem Satz **hinzuzurechnen**.

Praxishinweis:

144

Damit ist bei der Ermittlung der Höhe der Geschäftsgebühr bei Vertretung mehrerer Auftraggeber wie folgt vorzugehen:

• Man geht zunächst von der Mittelgebühr 1,5 aus.

• Es wird anhand der einzelnen Umstände des § 14 RVG geprüft, ob eine Erhöhung oder Verringerung dieses Gebührensatzes vorzunehmen ist.

• Die so gefundene Rahmengebühr ist auf 1,3 zu begrenzen, wenn die Tätigkeit des Rechtsanwalts nicht umfangreich oder nicht schwierig war.

• Die so ermittelte Rahmengebühr ist je weiteren Auftraggeber um 0,3 (höchstens um 2,0) zu erhöhen.

Beispiele :

145

(1) Der Rechtsanwalt vertritt sechs Auftraggeber bei der außergerichtlichen Durchsetzung eines gemeinsamen Zahlungsanspruchs von 20.000 €. Sämtliche Umstände nach § 14 RVG sind durchschnittlich, die Schwierigkeit der anwaltlichen Tätigkeit leicht überdurchschnittlich. Der Rechtsanwalt geht zunächst von der Mittelgebühr von 1,5 aus und erhöht diese für fünf weitere Auftraggeber von 1,5 auf insgesamt 3,0. Die Kostenberechnung lautet deshalb:

1.	*1,5 + 1,5 Geschäftsgebühr, Nrn. 2400, 1008 VV RVG*	
	(Wert: 20.000 €)	*1.938,00 €*
2.	*Postentgeltpauschale, Nr. 7002 VV RVG*	*20,00 €*
3.	*16 % Umsatzsteuer, Nr. 7008 VV RVG*	*+ 313,28 €*
Summe:		*2.271,28 €*

(2) Im vorstehenden Beispiel war die Tätigkeit des Rechtsanwalts weder umfangreich noch schwierig, die übrigen Umstände waren hingegen erheblich überdurchschnittlich. Die über der Mittelgebühr liegende Geschäftsgebühr von 2,0 wird begrenzt auf einen Satz von 1,3. Dieser erhöht sich für die Vertretung fünf weiterer Auftraggeber um 1,5 auf 2,8. Der Rechtsanwalt erteilt den Auftraggebern folgende Kostenberechnung:

1.	*1,3 + 1,5 Geschäftsgebühr, Nrn. 2400, 1008 VV RVG*	
	(Wert: 20.000 €)	*1.808,80 €*
2.	*Postentgeltpauschale, Nr. 7002 VV RVG*	*20,00 €*
3.	*16 % Umsatzsteuer, Nr. 7008 VV RVG*	*+ 292,61 €*
Summe:		*2.121,41 €*

III. Anrechnung der Geschäftsgebühr

146 Die **Gebührenanrechnung** ist einmal in Vorbem. 3 Abs. 4 VV RVG geregelt. Danach ist die Geschäftsgebühr auf die Verfahrensgebühr des gerichtlichen Verfahrens **zur Hälfte**, höchstens zu einem Gebührensatz von 0,75 anzurechnen. Die bisherige Regelung in § 118 Abs. 2 Satz 1 BRAGO hat demgegenüber die Anrechnung der Geschäftsgebühr in voller Höhe angeordnet.

147 Eine **weitere Anrechnungsregelung** findet sich in Nr. 2403 VV RVG für die Geschäftsgebühr für Güteverfahren und anderen Verfahren.

1. Voraussetzungen der Gebührenanrechnung

148 Die Voraussetzungen der Gebührenanrechnung lassen sich kurz zusammenfassen:

- Es muss eine Geschäftsgebühr entstanden sein.

- Der außergerichtlichen Tätigkeit folgt ein **gerichtliches Verfahren** oder ein in Nr. 2403 VV RVG genanntes Verfahren nach, in dem die Vergütung nach Teil 3 VV RVG berechnet wird.

- Es handelt sich um zumindest teilweise **denselben Gegenstand**.

- Es handelt sich um **dieselbe Angelegenheit**.

149 Vertritt der Rechtsanwalt den Auftraggeber außergerichtlich, erhält er eine Geschäftsgebühr gemäß Nrn. 2400 ff. VV RVG. Kommt es dann zu einem gerichtlichen Verfahren, verdient der Rechtsanwalt eine Verfahrensgebühr gemäß Nrn. 3100 ff. VV RVG. Vorbem. 3 Abs. 4 VV RVG regelt, unter welchen Voraussetzungen die Geschäftsgebühr auf die Verfahrensgebühr des nachfolgenden gerichtlichen Verfahrens anzurechnen ist. Nr. 2403 VV RVG bestimmt in gleicher Weise, wie die Geschäftsgebühr nach Nr. 2400 VV RVG auf die Geschäftsgebühr nach Nr. 2403 VV RVG anzurechnen ist.

a) Gerichtliches Verfahren

aa) Art des gerichtlichen Verfahrens

150 Es genügt grds. jedes gerichtliche Verfahren, das eine Fortsetzung der früheren außergerichtlichen Tätigkeit des Rechtsanwalts darstellt, z.B.

- das PKH-Bewilligungsverfahren,

- das Mahnverfahren,

- der Zivilprozess,[77]

---

77   KG, JurBüro 1976, 1673.

- das selbständige Beweisverfahren nach außergerichtlichen Verhandlungen über Baumängel,

- das Verfahren auf Erlass einer einstweiligen Verfügung nach der Fertigung eines wettbewerbsrechtlichen Abmahnschreibens,

- der Hauptsachenprozess nach einem Abschlussschreiben in einer Wettbewerbssache,[78]

- die Tätigkeit als Verkehrsanwalt oder Unterbevollmächtigter nach vorgerichtlicher Geschäftstätigkeit.[79]

bb) Nachfolgendes gerichtliches Verfahren

Anders als in § 118 Abs. 2 Satz 1 BRAGO geregelt, bestimmt die neue Gesetzesfassung nicht ausdrücklich, dass es sich um ein **anschließendes** gerichtliches Verfahren handeln muss. Aus der Regelung in Vorbem. 3 Abs. 4 Satz 3 VV RVG ergibt sich dies jedoch indirekt. Danach erfolgt die Anrechnung nach dem Wert des Gegenstandes, der in das gerichtliche Verfahren übergegangen ist. Folglich ist die Geschäftsgebühr dann nicht anzurechnen, wenn das gerichtliche Verfahren der Vertretungstätigkeit des Rechtsanwalts vorausgeht.   151

Beispiel: 152

Nachdem der Rechtsanwalt auftragsgemäß für seinen Mandanten ein Urteil erstritten hat, verhandelt er außergerichtlich mit dem Gegner über die freiwillige Erfüllung des titulierten Anspruchs.

Neben den Gebühren für die gerichtliche Tätigkeit gemäß Nrn. 3100 ff. VV RVG erhält der Rechtsanwalt die Geschäftsgebühr nach Nr. 2400 VV RVG ohne Anrechnung.

cc) Gerichtliches Verfahren nach Teil 3 des Vergütungsverzeichnisses

Das nachfolgende gerichtliche Verfahren muss im **Teil 3 des VV RVG** geregelt sein. Erfolgt die Regelung hingegen in einem anderen Teil des Vergütungsverzeichnisses, kommt eine Anrechnung der Geschäftsgebühr nicht in Betracht.   153

Beispiel: 154

Der Rechtsanwalt macht für seinen durch eine Straftat verletzten Auftraggeber Schadensersatzansprüche gegen den Täter außergerichtlich geltend. Im Anschluss hieran vertritt der Rechtsanwalt den Auftraggeber im Adhäsionsverfahren.

Die Geschäftsgebühr für die außergerichtliche Tätigkeit wird auf die Verfahrensgebühr für die Tätigkeit im anschließenden Strafverfahren, geregelt in Teil 4 des Vergütungsverzeichnisses, nicht angerechnet.

---

78   OLG Hamburg, MDR 1981, 944.
79   OLG München, JurBüro 1986, 231.

b) Innerer Zusammenhang

155 Zwischen der außergerichtlichen und der anschließenden gerichtlichen Tätigkeit des Rechtsanwalts muss ein **innerer Zusammenhang** bestehen. Hierbei müssen folgende Voraussetzungen erfüllt sein:

aa) Derselbe Gegner

156 Die weitere Tätigkeit des Rechtsanwalts muss sich einmal jedenfalls teilweise **gegen denselben Gegner** richten.

157 *Beispiel:*

Wegen eines Kraftfahrzeugunfallschadens verhandelt der Rechtsanwalt mit dem Haftpflichtversicherer des Unfallgegners außergerichtlich und verklagt dann nur den Unfallgegner selbst.

Die Geschäftsgebühr ist nicht anzurechnen, weil es sich um unterschiedliche Gegner handelt.[80]

bb) Derselbe Gegenstand

158 Es muss sich jedenfalls **teilweise um denselben Gegenstand** handeln. Befasst sich die außergerichtliche Tätigkeit des Rechtsanwalts mit einem anderen Gegenstand als die gerichtliche Tätigkeit, findet eine Anrechnung der Geschäftsgebühr nicht statt.

159 *Beispiel:*

Der Rechtsanwalt macht für seinen Auftraggeber außergerichtlich Unterhaltsrückstände für die Monate Januar bis März geltend, die gezahlt werden. Nachdem der Schuldner den Unterhalt für den Monat April nicht gezahlt hat, klagt der Rechtsanwalt auftragsgemäß beim Familiengericht auf Zahlung laufender Unterhaltsleistung und des Rückstandes für April.

Da es sich um verschiedene Gegenstände handelt, kommt eine Gebührenanrechnung nicht in Betracht.

cc) Zeitlicher Zusammenhang

160 Zwischen der außergerichtlichen Tätigkeit und der anschließenden gerichtlichen Tätigkeit muss ein zeitlicher Zusammenhang bestehen[81].

161 Der Rechtsanwalt muss die Sache nach Abschluss der außergerichtlichen Tätigkeit noch so gegenwärtig haben, dass er sich nicht völlig neu in den Sachverhalt einarbeiten muss. Dies beurteilt sich nach den Umständen des Einzelfalls. Bei einer Zeitspanne von einem

---

80 So auch OLG München, JurBüro 1989, 369 = AnwBl. 1990, 325; LG Bonn, RVGreport 2004, 71 [*Hansens*]; a.A. OLG Karlsruhe, AGS 1994, 43 m. abl. Anm. *Chemnitz*.
81 KG, JurBüro 1976, 1673.

Monat wird der innere Zusammenhang noch gegeben sein,[82] bei einem Abstand von sechs Monaten meist nicht mehr.

Die Zeitspanne des § 15 Abs. 5 Satz 2 RVG (mehr als zwei Kalenderjahre) erscheint zu lang.[83]   162

dd) Kein gerichtliches Verfahren

Eine Anrechnung der Geschäftsgebühr findet nach dem eindeutigen Gesetzeswortlaut in Vorbem. 3 Abs. 4 Satz 1 VV RVG nur auf die Verfahrensgebühr des **gerichtlichen** Verfahrens statt.   163

Verdient der Rechtsanwalt für seine anschließende Tätigkeit die Verfahrensgebühr außerhalb eines solchen Verfahrens, kommt eine Gebührenanrechnung grds. nicht in Betracht.   164

> *Beispiel:*   165
>
> *Der Rechtsanwalt erhält den Auftrag, mit dem Schuldner außergerichtliche Verhandlungen über die Zahlung aufgrund eines rechtskräftigen Urteils zu führen. Nach deren Scheitern erhält der Rechtsanwalt den Auftrag, die Mobiliarzwangsvollstreckung zu betreiben.*
>
> *Die Verfahrensgebühr gemäß Nr. 3309 VV RVG für seine Tätigkeit im Rahmen der Zwangsvollstreckung fällt nicht im gerichtlichen Verfahren, sondern im Verfahren vor dem Gerichtsvollzieher an. Dies schließt eine Anrechnung der Geschäftsgebühr aus.*

c) Verfahren nach Nr. 2403 VV RVG

Diese Vorschrift ordnet die Anrechung der Geschäftsgebühr nach Nr. 2400 VV RVG für die außergerichtliche Vertretung auf die Geschäftsgebühr eines nachfolgenden Verfahrens an, die im   166

- Güteverfahren vor einer Gütestelle (Nr. 2403 Nr. 1 VV RVG),

- Verfahren vor einem Ausschuss nach § 111 Abs. 2 ArbGG (Nr. 2403 Nr. 2 VV RVG),

- Verfahren vor dem Seemannsamt (Nr. 2403 Nr. 3 VV RVG) oder

- Verfahren vor sonstigen Einigungsstellen (Nr. 2403 Nr. 4 VV RVG)

entstanden ist.

---

82   S. LG Berlin, JurBüro 1983, 708.
83   A.A. *von Eicken*, NJW 1994, 2258, 2260, der die dem § 15 Abs. 5 Satz 2 RVG vergleichbare Vorschrift des § 13 Abs. 5 Satz 2 BRAGO entsprechend anwenden will.

2. Rechnerische Durchführung der Gebührenanrechnung

167 Bei der rechnerischen Durchführung der Gebührenanrechnung muss nach den verschiedenen Fallgestaltungen unterschieden werden.

a) Derselbe Gegenstand, Satz der Verfahrensgebühr geringer

168 *Beispiele:*

(1) Der Rechtsanwalt führt außergerichtliche Vergleichsverhandlungen über 5.000 €, die scheitern. Hieraufhin erhebt er Klage auf Zahlung von 5.000 €. Bei leicht überdurchschnittlichen Umständen i.S.v. § 14 RVG berechnet der Anwalt:

1. 1,8 Geschäftsgebühr, Nr. 2400 VV RVG (Wert: 5.000 €)	541,80 €
2. 1,3 Verfahrensgebühr, Nr. 3100 VV RVG (Wert: 5.000 €)	+ 391,30 €
Summe:	**933,10 €**
Anzurechnen ist die Hälfte der Geschäftsgebühr, höchstens jedoch ein Satz von 0,75 mit	– 225,75 €
Nach Anrechnung *verbleibt ein Restbetrag von*	**707,35 €**

(2) Im vorstehenden Beispiel beantragt der Rechtsanwalt nach dem Scheitern der außergerichtlichen Vergleichsverhandlungen den Erlass eines Mahnbescheids. Die außergerichtliche Tätigkeit ist weder umfangreich noch schwierig, die übrigen Umstände i.S.v. § 14 RVG sind durchschnittlich. Dem Rechtsanwalt sind folgende Gebühren angefallen:

1. 1,3 Geschäftsgebühr, Nr. 2400 VV RVG (Wert: 5.000 €)	391,30 €
2. 1,0 Verfahrensgebühr, Nr. 3305 VV RVG (Wert: 5.000 €)	+ 301,00 €
Summe:	**692,30 €**
Hierauf anzurechnen ist die Hälfte der Geschäftsgebühr	– 195,65 €
Nach Anrechnung *verbleiben*	**496,65 €**

(3) Der Rechtsanwalt führt außergerichtliche Vergleichsverhandlungen über 5.000 €. Nach deren Scheitern erhält er Klageauftrag. Vor Einreichung der Klageschrift erledigt sich die Angelegenheit. Dem Rechtsanwalt sind folgende Gebühren angefallen:

1. 1,3 Geschäftsgebühr, Nr. 2400 VV RVG (Wert: 5.000 €)	391,30 €
2. 0,8 Verfahrensgebühr, Nrn. 3100, 3101 Nr. 1 VV RVG	+ 240,80 €
Summe:	**632,10 €**
Hierauf anzurechnen ist die Hälfte der Geschäftsgebühr	– 195,65 €
Nach Anrechnung *verbleiben*	**436,45 €**

Die Geschäftsgebühr kann höchstens bis zu dem Betrag der Verfahrensgebühr für das gerichtliche Verfahren angerechnet werden. Ist diese Verfahrensgebühr geringer als der Anrechnungsbetrag, kommt eine weiter gehende Anrechnung der Geschäftsgebühr nicht in Betracht. Denn Vorbem. 3 Abs. 4 Satz 1 VV RVG ordnet lediglich die Anrechnung auf die Verfahrensgebühr an. 169

Beispiel: 170

Aufgrund eines von seinem Auftraggeber erwirkten Vollstreckungstitels über 5.000 € führt der Rechtsanwalt außergerichtliche Verhandlungen über die freiwillige Zahlung des titulierten Anspruchs. Nachdem diese gescheitert sind, erwirkt der Rechtsanwalt bei dem Vollstreckungsgericht einen Pfändungs- und Überweisungsbeschluss.

Dem Rechtsanwalt sind folgende Gebühren angefallen:

1.	*1,3 Geschäftsgebühr, Nr. 2400 VV RVG (Wert: 5.000 €)*	*391,30 €*
2.	*0,3 Verfahrensgebühr, Nr. 3309 VV RVG (Wert: 5.000 €)*	*+ 90,30 €*
Summe:		**481,60 €**

Hierauf ist an sich die Hälfte der Geschäftsgebühr mit 195,65 € anzurechnen.

Da die Verfahrensgebühr jedoch nur einen Betrag von ausmacht, ist die Geschäftsgebühr nur in Höhe dieses Betrags anzurechnen.   *90,30 €*

Nach Anrechnung *verbleiben somit*   *391,30 €*

b) Derselbe Gegenstand, Satz der Verfahrensgebühr gleich hoch

Beispiel: 171

Nach gescheiterten außergerichtlichen Vergleichsverhandlungen über 5.000 € reicht der Rechtsanwalt auftragsgemäß Klage ein. Bei sonst durchschnittlichen Umständen i.S.v. § 14 RVG war die außergerichtliche Tätigkeit weder umfangreich noch schwierig. Der Rechtsanwalt berechnet folgende Gebühren:

1.	*1,3 Geschäftsgebühr, Nr. 2400 VV RVG (Wert: 5.000 €)*	*391,30 €*
2.	*1,3 Verfahrensgebühr, Nr. 3100 VV RVG (Wert: 5.000 €)*	*+ 391,30 €*
Summe:		**782,60 €**
Anzurechnen ist die Hälfte der Geschäftsgebühr i.H.v.		*− 195,65 €*
Nach Anrechnung *verbleiben*		**586,95 €**

c) Derselbe Gegenstand, Satz der Verfahrensgebühr höher

Beispiel: 172

Der Auftrag geht auf die Fertigung eines einfachen Mahnschreibens, das nicht zum Erfolg führt. Hieraufhin erhebt der Rechtsanwalt auftragsgemäß Zahlungsklage über 5.000 €.

Es sind folgende Gebühren angefallen:

1.	*0,3 Geschäftsgebühr, Nrn. 2400, 2402 VV RVG (Wert: 5.000 €)*	*90,30 €*
2.	*1,3 Verfahrensgebühr, Nr. 3100 VV RVG (Wert: 5.000 €)*	*+ 391,30 €*
	Summe:	*481,60 €*

Hierauf anzurechnen ist die Hälfte der Geschäftsgebühr i.H.v.	*45,15 €*
Nach Anrechnung *verbleiben*	*436,45 €*

d) Nicht derselbe Gegenstand

173   *Beispiele:*

(1) Der Rechtsanwalt wird außergerichtlich wegen der rückständigen Mieten für April und Mai i.H.v. jeweils 1.000 € tätig. Die Mieten werden gezahlt. Wegen eines Rückstandes der Mieten für Juni bis August wird Zahlungs- und Räumungsklage erhoben.

Dem Rechtsanwalt sind folgende Gebühren angefallen:

1.	*1,0 Geschäftsgebühr, Nr. 2400 VV RVG (Wert: 2.000 €)*	*133,00 €*
2.	*1,3 Verfahrensgebühr, Nr. 3100 VV RVG* *(Wert: 12.000 € + 3.000 €)*	*+ 735,80 €*
	Summe:	*868,80 €*

*Es erfolgt **keine Gebührenanrechnung**, da außergerichtliche und anschließende gerichtliche Tätigkeit verschiedene Gegenstände betroffen haben.*

(2) Wegen einer rückständigen Kaufpreisforderung i.H.v. 10.000 € verhandelt der Rechtsanwalt mit dem Vertragspartner des Auftraggebers außergerichtlich. Die Hauptforderung wird gezahlt. Wegen der nicht gezahlten Verzugszinsen i.H.v. 200 € betreibt der Rechtsanwalt das Mahnverfahren.

Es sind folgende Gebühren angefallen:

1.	*1,3 Geschäftsgebühr, Nr. 2400 VV RVG (Wert: 10.000 €)*	*631,80 €*
2.	*1,0 Verfahrensgebühr, Nr. 3305 VV RVG (Wert: 200 €)*	*+ 25,00 €*
	Summe:	*656,80 €*

*Auch hier erfolgt **keine Anrechnung**, da Gegenstand der außergerichtlichen Tätigkeit nur die Hauptsache war. Anders liegt der Fall, wenn auch die Verzugszinsen außergerichtlich geltend gemacht werden sollten.*

e) Teilweise derselbe Gegenstand

174   Geht in das gerichtliche Verfahren nur ein Teil des Gegenstandes der außergerichtlichen Tätigkeit über, erfolgt die Anrechnung gemäß Vorbem. 3 Abs. 4 Satz 3 VV RVG nur nach dem Wert des Gegenstandes, **der in das gerichtliche Verfahren übergegangen** ist.

Beispiele: 175

(1) Der Rechtsanwalt wird wegen der rückständigen Mieten für April und Mai i.H.v. jeweils 1.000 € außergerichtlich tätig. Da diese nicht gezahlt werden, klagt er auf Räumung und Herausgabe der Wohnung und auf Zahlung der nunmehr rückständigen Mieten für April bis Juni.

Ihm sind folgende Gebühren angefallen:

1.	1,0 Geschäftsgebühr, Nr. 2400 VV RVG (Wert: 2.000 €)	133,00 €
2.	1,3 Verfahrensgebühr, Nr. 3100 VV RVG (Wert: 12.000 € + 3.000 €)	+ 735,80 €
Summe:		**868,80 €**

Ins gerichtliche Verfahren ist der gesamte Gegenstand der außergerichtlichen Tätigkeit übergegangen.

Somit ist die Geschäftsgebühr zur Hälfte anzurechnen	− 66,50 €
Es verbleiben somit nach **Anrechnung**	**802,30 €**

(2) Die außergerichtliche Vertretung erfolgt wegen eines Anspruchs i.H.v. 10.000 €. Nach Teilzahlung von 6.000 € erhebt der Rechtsanwalt auftragsgemäß Klage wegen der restlichen 4.000 €.

Der Rechtsanwalt kann berechnen:

1.	1,3 Geschäftsgebühr, Nr. 2400 VV RVG (Wert: 10.000 €)	631,80 €
2.	1,3 Verfahrensgebühr, Nr. 3100 VV RVG (Wert: 4.000 €)	+ 354,90 €
Summe:		**986,70 €**

Anzurechnen ist die Hälfte der Geschäftsgebühr nach einem Wert von 4.000 € also 1,3 Geschäftsgebühr (Wert: 4.000 €) = 318,50 € davon 1/2 =	− 159,25 €
Nach Anrechnung verbleiben somit	**827,45 €**

(3) Außergerichtliche Vertretung wegen eines Anspruchs i.H.v. 13.000 €. Nach Teilzahlung von 2.500 € erhebt der Rechtsanwalt auftragsgemäß Klage wegen restlicher 10.500 €. Die Umstände für die außergerichtliche Tätigkeit sind überdurchschnittlich. Der Rechtsanwalt stellt folgende Kostenberechnung auf:

1.	1,8 Geschäftsgebühr, Nr. 2400 VV RVG (Wert: 13.000 €)	946,80 €
2.	1,3 Verfahrensgebühr, Nr. 3100 VV RVG (Wert: 10.500 €)	+ 683,80 €
Summe:		**1.630,60 €**

Anzurechnen ist die Hälfte der Geschäftsgebühr nach einem

Wert von 10.500 €, höchstens jedoch mit einem Satz von 0,75;
als 0,75 Geschäftsgebühr mit — 394,50 €

Nach Anrechnung verbleiben **1.236,10 €**

f) Anrechnung bei Vertretung mehrerer Auftraggeber

176 Im Fall der Anrechnung bei Vertretung mehrerer Auftragggeber gibt es keine Besonderheiten. Das Gesetz begrenzt die Höhe der anzurechnenden Geschäftsgebühr eindeutig auf einen **Gebührensatz von 0,75**.[84] Unterscheidungen dazu, ob die anzurechnende Geschäftsgebühr für die Vertretung eines oder für die Vertretung mehrerer Auftraggeber entstanden ist, trifft das Gesetz nicht.

177 *Beispiele:*

(1) Im Namen zweier Mandanten kündigt der Rechtsanwalt auftragsgemäß das Vertragsverhältnis mit deren Vertragspartner mit einem einfachen Schreiben. Anschließend reicht der Rechtsanwalt wegen der Ansprüche aus dem gekündigten Vertragsverhältnis Zahlungsklage über 2.500 € ein.

Ihm sind folgende Gebühren angefallen:

1. *0,3 + 0,3 Geschäftsgebühr, Nrn. 2400, 2402, 1008 VV RVG*
   (Wert: 2.500 €) 96,60 €

2. *1,3 + 0,3 Verfahrensgebühr, Nrn. 3100, 1008 VV RVG*
   (Wert: 2.500 €) + 257,60 €

Summe: **354,20 €**

Hierauf ist anzurechnen die Hälfte der Geschäftsgebühr mit — 48,30 €

Es verbleiben **nach Anrechnung** **305,90 €**

(2) Im vorstehenden Beispiel hat der Rechtsanwalt seine Auftraggeber bei den Vergleichsverhandlungen mit dem Vertragspartner außergerichtlich vertreten. Die Sache war umfangreich und schwierig, auch die übrigen Umstände i.S.v. § 14 RVG lagen über dem Durchschnitt.

Der Rechtsanwalt kann folgende Gebühren berechnen:

1. *1,9 + 0,3 Geschäftsgebühr, Nrn. 2400, 1008 VV RVG*
   (Wert: 2.500 €) 354,20 €

2. *1,3 + 0,3 Verfahrensgebühr, Nrn. 3100, 1008 VV RVG*
   (Wert: 2.500 €) + 257,60 €

Summe: **611,80 €**

---

84 So auch *Bischof/Jungbauer/Podlech-Trappmann*, RVG, Teil 2. 4.2.2.2.4.

Hierauf ist anzurechnen die Hälfte der Geschäftsgebühr, höchstens jedoch mit einem Satz von 0,75 mit	− 120,75 €
Nach Anrechnung verbleiben	**491,05 €**

(3) Im vorstehenden Beispiel hat der Rechtsanwalt sieben Auftraggeber vertreten. Die außergerichtliche Tätigkeit war weder umfangreich noch schwierig, die übrigen Umstände waren durchschnittlich. Ihm sind folgende Gebühren angefallen:

1.	1,3 + 2,0 Geschäftsgebühr, Nrn. 2400, 1008 VV RVG (Wert: 2.500 €)	531,30 €
2.	1,3 + 2,0 Verfahrensgebühr, Nrn. 3100, 1008 VV RVG (Wert: 2.500 €)	+ 531,30 €
Summe:		**1.062,60 €**

Anzurechnen ist die Hälfte der Geschäftsgebühr, höchstens jedoch mit einem Satz von 0,75 mit	− 120,75 €
Nach Anrechnung verbleiben	**941,85 €**

g)   Mehrere Geschäftsgebühren entstanden

Der Fall des Entstehens mehrerer Geschäftsgebühren tritt bei der außergerichtlichen Vertretung in zivilrechtlichen Angelegenheiten selten ein, da gemäß § 15 Abs. 2 Satz 1 RVG die Gebühren die gesamte Tätigkeit des Rechtsanwalts vom Auftrag bis zur Erledigung der Angelegenheit abdecken. In derselben Angelegenheit kann der Rechtsanwalt gleichartige Gebühren gemäß § 15 Abs. 2 Satz 1 RVG jedoch nur einmal fordern. Mehrere Geschäftsgebühren hinsichtlich desselben Gegenstandes entstehen deshalb nur dann, wenn der Rechtsanwalt nach Erledigung der ersten Tätigkeit in derselben Angelegenheit erneut tätig werden soll. Er erhält in diesem Fall die Geschäftsgebühr erneut. Gemäß § 15 Abs. 5 Satz 1 RVG kann er jedoch insgesamt nicht mehr berechnen, als ihm entstanden wäre, wenn der Auftrag von vornherein umfassend erteilt worden wäre. Eine Ausnahme hiervon macht die Regelung des § 15 Abs. 5 Satz 2 RVG, wenn der Auftrag zur weiteren Tätigkeit mehr als zwei Kalenderjahre nach Beendigung der ersten Angelegenheit erteilt worden ist.

178

Beispiele:

(1) Der Rechtsanwalt erhält den Auftrag, eine Kaufpreisforderung seines Auftraggebers i.H.v. 10.000 € außergerichtlich durchzusetzen. Nach Entgegennahme der Information erfolgt die Kündigung des Anwaltsvertrages, weil der Auftraggeber zunächst doch seinen Anspruch ohne anwaltliche Hilfe durchsetzen will. Nach drei Monaten wird der Rechtsanwalt erneut mit der Vertretung beauftragt. Hierbei sind die Umstände i.S.v. § 14 RVG

179

durchschnittlich. Nach dem Scheitern der außergerichtlichen Bemühungen reicht der Rechtsanwalt auftragsgemäß Klage ein. Ihm sind folgende Gebühren angefallen:

1.	*0,5 Geschäftsgebühr, Nr. 2400 VV RVG (Wert: 10.000 €)*	*243,00 €*
2.	*1,5 Geschäftsgebühr, Nr. 2400 VV RVG (Wert: 10.000 €)* *für die weitere außergerichtliche Vertretung*	*729,00 €*
3.	*1,3 Verfahrensgebühr, Nr. 3100 VV RVG (Wert: 10.000 €)*	*631,80 €*

__Anzurechnen__ ist die Hälfte der zuletzt entstandenen Geschäftsgebühr mit einem Satz von 0,75, also **364,50 €**

Wegen § 15 Abs. 5 Satz 1 RVG kann der Rechtsanwalt für seine außergerichtliche Tätigkeit nur die Gebühr berechnen, die entstanden wäre, wenn er von vornherein umfassend beauftragt worden wäre. Das wäre hier eine 1,5 Geschäftsgebühr.

Nach Anrechnung *verbleiben also*

1.	*0,75 restliche Geschäftsgebühr*	*364,50 €*
2.	*1,3 Verfahrensgebühr*	*+ 631,80 €*
Summe:		**996,30 €**

(2) Im vorstehenden Beispiel wird der Rechtsanwalt zunächst umfassend außergerichtlich tätig. Danach endet das Mandat aus denselben Gründen. Anschließend wird der Rechtsanwalt hinsichtlich desselben Gegenstandes erneut beauftragt, an den Vertragspartner des Auftragsgebers ein einfaches Schreiben zu richten. Dieses hat keinen Erfolg, so dass der Rechtsanwalt auftragsgemäß Klage einreicht.

Dem Rechtsanwalt sind folgende Gebühren angefallen:

1.	*1,5 Geschäftsgebühr, Nr. 2400 VV RVG (Wert: 10.000 €)*	*729,00 €*
2.	*0,3 Geschäftsgebühr, Nrn. 2400, 2402 VV RVG* *(Wert: 10.000 €)*	*145,80 €*
3.	*1,3 Verfahrensgebühr, Nr. 3100 VV RVG (Wert: 10.000 €)*	*631,80 €*

__Anzurechnen__ ist die Hälfte der zuletzt angefallenen Geschäftsgebühr mit **72,90 €**

Wegen § 15 Abs. 5 Satz 1 RVG kann der Rechtsanwalt für seine außergerichtliche Tätigkeit nur die Gebühr berechnen, die entstanden wäre, wenn er von vornherein umfassend tätig gewesen wäre. Das wäre hier eine 1,5 Geschäftsgebühr gewesen.

Nach Anrechnung verbleiben somit folgende Gebühren

1.	*Restliche Geschäftsgebühr (729,00 € abzgl. 72,90 €)*	*656,10 €*
2.	*1,3 Verfahrensgebühr*	*+ 631,80 €*
Summe:		**1.287,90 €**

3. Anrechnung der Geschäftsgebühr in Übergangsfällen

In der Übergangszeit von der BRAGO zum RVG werden sich die Fälle häufen, in denen **180** sich die Frage der Gebührenanrechnung stellt. Häufig wird es sich um folgenden Sachverhalt handeln: Der Rechtsanwalt hat das **Mandat für die außergerichtliche Vertretung vor dem 30.6.2004** erhalten. **Ab 1.7.2004** wird er **beauftragt**, den Mandanten in derselben Angelegenheit **gerichtlich zu vertreten**.

Beispiel : **181**

Der Mandant erteilt dem Rechtsanwalt am 2.6.2004 den Auftrag, eine offene Werklohnforderung i.H.v. 10.000 € gegen den Vertragspartner des Auftraggebers außergerichtlich geltend zu machen. Dies lehnt der mit einem ausführlichen Schreiben zur Zahlung aufgeforderte Vertragspartner am 30.6.2004 ab. Der Rechtsanwalt erhält deshalb am 5.7.2004 den Auftrag, die Forderung einzuklagen. Der Rechtsanwalt reicht daraufhin eine entsprechende Klageschrift bei Gericht ein und erwirkt in dem Termin zur mündlichen Verhandlung ein der Klage stattgebendes Endurteil.

Der Anwalt steht vor der Frage, wie in diesem Fall abzurechnen ist.

a) Anwendbares Recht

Nach der maßgeblichen **Übergangsvorschrift** des **§ 61 RVG** ist darauf abzustellen, wann **182** dem Rechtsanwalt der **unbedingte Auftrag** zur Erledigung derselben Angelegenheit erteilt worden ist. Ist dies vor dem 1.7.2004 der Fall, ist noch die BRAGO anzuwenden. Für Aufträge ab dem 1.7.2004 gelten dann die Regelungen des RVG.[85]

Da der Auftrag zur außergerichtlichen Vertretung und der Prozessauftrag **verschiedene** **183** **Angelegenheiten** i.S.v. § 13 Abs. 1 BRAGO bzw. § 15 Abs. 1 RVG sind, ist auf den Zeitpunkt der Erteilung des Auftrags für jede dieser beiden Angelegenheiten getrennt abzustellen. Damit wird das Vertretungsmandat nach der BRAGO abgerechnet, während für die Gebühren und Auslagen des Prozessmandats das RVG anwendbar ist.

Danach sind folgende **Kostenberechnungen** aufzustellen: **184**

I. Vertretungsmandat:

1. 7,5/10 Geschäftsgebühr, § 118 Abs. 1 Nr. 1 BRAGO (Wert: 10.000 €) 364,50 €

2. 7,5/10 Besprechungsgebühr, § 118 Abs. 1 Nr. 2 BRAGO
   (Wert: 10.000 €) 364,50 €

---

85   S. hierzu *Hansens*, RVGreport 2004, 10; *N. Schneider*, AGS 2004, 221.

3. Postentgeltpauschale, § 26 Satz 2 BRAGO	20,00 €
4. 16 % Umsatzsteuer, § 25 Abs. 2 BRAGO	+ 119,84 €
Summe:	**868,84 €**

II. Prozessmandat:	
1. 1,3 Verfahrensgebühr, Nr. 3100 VV RVG (Wert: 10.000 €)	631,80 €
2. 1,2 Terminsgebühr, Nr. 3104 VV RVG (Wert: 10.000 €)	583,20 €
3. Postentgeltpauschale, Nr. 7002 VV RVG	20,00 €
4. 16 % Umsatzsteuer, Nr. 7008 VV RVG	+ 197,60 €
Summe:	**1432,60 €**

b) Anrechnung der Geschäftsgebühr

185 Mit diesen Kostenberechnungen hat es jedoch nicht sein Bewenden. Vielmehr stellt sich die Frage, nach welcher Vorschrift die Geschäftsgebühr des § 118 Abs. 1 Nr. 1 BRAGO auf die Verfahrensgebühr für den nachfolgenden Rechtsstreit anzurechnen ist.

aa) In Betracht kommende Anrechnungsvorschriften

186 Gemäß **§ 118 Abs. 2 Satz 1 BRAGO** ist die für die außergerichtliche Tätigkeit des Rechtsanwalts angefallene Geschäftsgebühr des § 118 Abs. 1 Nr. 1 BRAGO auf die entsprechenden Gebühren für ein anschließendes gerichtliches Verfahren anzurechnen. Demgegenüber ist nach **Vorbem. 3 Abs. 4 Satz 1 VV RVG** eine nach Nrn. 2400 bis 2403 VV RVG entstandene Geschäftsgebühr auf die Verfahrensgebühr des gerichtlichen Verfahrens nur zur Hälfte, höchstens jedoch mit einem Gebührensatz von 0,75 anzurechnen.

187 Diese beiden unterschiedlichen Anrechnungsvorschriften sind ein Beleg für die unterschiedliche Systematik der beiden Gesetze. In der BRAGO wird die Anrechnung in der Vorschrift geregelt, die den Anfall der anzurechnenden Gebühr bestimmt (s. z.B. auch § 43 Abs. 2 BRAGO). Das RVG regelt demgegenüber die Gebührenanrechnung in den Vorschriften oder Vorbemerkungen der Vorschriften, in denen die Gebühren bestimmt sind, auf die anzurechnen ist.

bb) Praktische Auswirkungen

188 Die genannten Anrechnungsbestimmungen der BRAGO einerseits und des RVG andererseits haben unterschiedliche praktische Auswirkungen.

(1) Anrechnung nach § 118 Abs. 2 Satz 1 BRAGO

Nach einer Auffassung ist die Anrechnung nach der BRAGO vorzunehmen.[86]

189

Dies führt praktisch dazu, dass bei identischem Gegenstand der außergerichtlichen und der gerichtlichen Tätigkeit die Geschäftsgebühr des § 118 Abs. 1 Nr.1 BRAGO vollständig auf die Verfahrensgebühr nach Nr. 3100 VV RVG angerechnet wird.

Danach ist folgende **Kostenberechnung** aufzustellen:

190

I. Vertretungsmandat:	
1. 7,5/10 Besprechungsgebühr, § 118 Abs. 1 Nr. 2 BRAGO (Wert: 10.000 €)	364,50 €
2. Postentgeltpauschale, § 26 Satz 2 BRAGO	20,00 €
3. 16 % Umsatzsteuer, § 25 Abs. 2 BRAGO	+ 61,52 €
Summe:	**446,02 €**
II. Prozessmandat:	
Wie oben:	1432,60 €
Insgesamt:	1878,62 €

(2) Anrechnung nach Vorbem. 3 Abs. 4 VV RVG

Wendet man die Anrechnungsregelung des RVG an, ergibt sich folgende **Kostenberechnung:**

191

I. Vertretungsmandat:	
1. 3,75/10 Geschäftsgebühr, § 118 Abs. 1 Nr. 1 BRAGO (Wert: 10.000 €)	132,25 €
2. 7,5/10 Besprechungsgebühr, § 118 Abs. 1 Nr. 2 BRAGO (Wert: 10.000 €)	364,50 €
3. Postentgeltpauschale, § 26 Satz 2 BRAGO	20,00 €

---

86 *Schmidt*, RENOpraxis 2004, 82; *Schneider/Mock*, Das neue Gebührenrecht für Anwälte, § 34 Rn. 27; *Mayer/Kroiß/Klees*, RVG, § 61 Rn. 1; *Göttlich/Mümmler/Rehberg/Xanke*, RVG „Übergangsregelung" 4.1; *Hansens*, RVGreport 2004, 242, 244.

4. 16 % Umsatzsteuer, § 25 Abs. 2 BRAGO	+ 90,68 €
Summe:	**657,43 €**
II. Prozessmandat:	
Wie oben:	1432,60 €
Insgesamt:	**2090,03 €**

192   Damit ist die RVG-Lösung hier um eine 3,75/10 Gebühr nebst Umsatzsteuer günstiger als die BRAGO-Anrechnung.

c)   Anwendbare Anrechnungsvorschrift

193   Die Befürworter der RVG-Lösung vertreten die Auffassung, die Anrechnungsbestimmung des § 118 Abs. 2 Satz 1 BRAGO gelte nicht mehr, wenn die Gebühren für das Prozessmandat nach dem RVG anfallen. Dies ist jedoch unrichtig.

194

> **Hinweis:**
>
> Ist der Auftrag für das Vertretungsmandat vor dem 1.7.2004 erteilt worden, gilt hierfür die BRAGO nicht nur hinsichtlich der Gebührenvorschriften, sondern auch hinsichtlich der für diese Gebühren vorgesehenen Anrechnungsvorschriften.

195   Unerheblich ist hierbei, wann die Gebühr entsteht, auf die anzurechnen ist. Ebenso wäre es beispielsweise ohne Belang, wann der Rechtsanwalt die die Besprechungsgebühr des § 118 Abs. 1 Nr. 2 BRAGO auslösende Besprechung geführt hat. Selbst wenn dies nach dem 1.7.2004 der Fall gewesen wäre, wäre hierfür die BRAGO anwendbar. Die BRAGO gilt also bei vor dem Stichtag erteilten Auftrag im Einzelfall noch Jahre später bis zu dessen Erledigung.

196   Ebenso wenig kommt es auf das Bestreben des RVG-Gesetzgebers an, mit dem neuen Anwaltsgebührenrecht die außergerichtliche Tätigkeit des Rechtsanwalts gebührenrechtlich zu verbessern.[87]

aa) Gesetzeswortlaut § 118 Abs. 2 Satz 1 BRAGO

197   Maßgeblich ist nämlich in erster Linie der Gesetzeswortlaut. Die Vorschrift des § 118 Abs. 2 Satz 1 BRAGO erfasst ihrem Wortlaut nach auch die Anrechnung auf eine Verfahrensgebühr für ein anschließendes gerichtliches Verfahren. Das Gesetz erwähnt lediglich

---

87   So aber *Bischof/Jungbauer*, § 61 RVG Rn. 20.

„entsprechende Gebühren". Es ist allgemein anerkannt, dass die Geschäftsgebühr nicht nur auf die Prozessgebühr nach § 31 Abs. 1 Nr. 1 BRAGO, sondern auf jegliche für ein anschließendes gerichtliches Verfahren entstehende Betriebsgebühr anzurechnen ist, z.B. auf die Mahnverfahrensgebühr nach § 43 Abs. 1 Nr. 1 BRAGO[88] oder auf die Verkehrsgebühr nach § 52 Abs. 1 BRAGO.[89] Folglich steht der Gesetzeswortlaut einer **Anrechnung auf die Verfahrensgebühr** nach Nr. 3100 VV RVG nicht entgegen.

bb) Gesetzeswortlaut Vorbem. 3 Abs. 4 VV RVG

Demgegenüber setzt die Anrechnungsregelung in Vorbem. 3 Abs. 4 Satz 1 VV RVG voraus, dass eine Geschäftsgebühr **„nach den Nrn. 2400 bis 2403"** VV RVG entstanden ist. In unserem Ausgangsfall ist die Geschäftsgebühr jedoch nach § 118 Abs. 1 Nr. 1 BRAGO angefallen. Ob bei diesem klaren Wortlaut überhaupt eine entsprechende Anwendung der Anrechnungsvorschrift auch auf die Geschäftsgebühr nach der BRAGO in Betracht kommen kann, ist fraglich. Jedenfalls fehlt es an einer für die analoge Anwendung erforderlichen Lücke im Gesetz, da die Frage der Anrechnung bereits in § 118 Abs. 2 Satz 1 BRAGO selbst geregelt ist. | 198

| 199

> **Hinweis:**
>
> Ist in Übergangsfällen die außergerichtliche Vertretung nach der BRAGO abzurechnen, während sich die Gebühren und Auslagen des Rechtsanwalts für das Prozessmandat nach dem RVG berechnen, so findet die Anrechnungsvorschrift des § 118 Abs. 2 Satz 1 BRAGO Anwendung.

C.   Güteverfahren

Wird der Anwalt in einem der in Nr. 2403 VV RVG, § 17 Nr. 7 RVG genannten **Güte- oder Schlichtungsverfahren** tätig, so richtet sich seine Vergütung hierfür nach Nr. 2403 VV RVG. | 200

I.   Umfang der Angelegenheit

Nach § 17 Nr. 7 RVG stellen die dort genannten Güte- und Schlichtungsverfahren eine **eigene Angelegenheit** dar. Dies gilt sowohl gegenüber der vorangegangenen außer- | 201

---

88   KG, JurBüro 1976, 1673.
89   OLG München, JurBüro 1986, 231.

gerichtlichen Tätigkeit als auch gegenüber einem nachfolgenden Rechtsstreit. Insgesamt können also **drei Angelegenheiten** gegeben sein, nämlich

- außergerichtliche Tätigkeit,

- Tätigkeit im Güte- oder Schlichtungsverfahren und

- Tätigkeit im Rechtsstreit.

202 In allen drei Angelegenheiten erhält der Anwalt seine **Vergütung gesondert**, insbesondere auch eine **gesonderte Postentgeltpauschale** nach Nr. 7002 VV RVG.

II. Anwendungsbereich

203 Nr. 2403 VV RVG zählt ebenso wie die korrespondierende Vorschrift des § 17 Nr. 7 RVG verschiedene Verfahren auf, für die dieser Gebührentatbestand gilt. Es handelt sich um Verfahren vor

- Gütestellen, die gemäß § 794 Abs. 1 Nr. 1 ZPO, **von der Landesjustizverwaltung eingerichtet oder anerkannt** sind (Nr. 2403 Nr. 1 1. Alt. VV RVG);

- Gütestellen zur **obligatorischen außergerichtlichen Streitschlichtung** nach § 15a EGZPO[90] (Nr. 2403 Nr. 1, 2. Alt. VV RVG);

- einem **Ausschuss gemäß § 111 Abs. 2 ArbGG** (Nr. 2403 Nr. 2 VV RVG). Hierbei handelt es sich um Ausschüsse, die im Bereich des Handwerks von der Handwerksinnung und im Übrigen von den sonst zuständigen Stellen i.S.d. Berufsbildungsgesetzes eingerichtet sind. Solche Ausschüsse sollen dazu dienen, Streitigkeiten aus einem bestehenden Berufsausbildungsverhältnis zwischen Auszubildenden und Ausbildenden beizulegen. Das Verfahren vor einem solchen Ausschuss ist in § 111 Abs. 2 Satz 2 bis 7 ArbGG geregelt;

- dem **Seemannsamt zur vorläufigen Entscheidung von Arbeitssachen** (Nr. 2403 Nr. 3 VV RVG). In bestimmten Streitigkeiten (§§ 49 Abs. 1, 51, 68, 69, 71, 74, 72 Abs. 4, 78 Abs. 4, 111 Abs. 2 SeemannsG) ist das Seemannsamt verpflichtet zu versuchen, eine Einigung herbeizuführen (§§ 14 ff. SeemannsamtVO).[91] Die Bedeutung dieser Vorschrift ist äußerst gering;

- **gesetzlich eingerichteten Einigungsstellen, Gütestellen und Schiedsstellen** (Nr. 2403 Nr. 4 VV RVG).

---

90 Gesetz v. 15.12.1999 (BGBl. I, S. 2400).
91 Gesetz v. 26.7.1957 (BGBl. II, S. 713).

Hiervon sind erfasst die Tätigkeiten im:

- Verfahren vor der **Schiedsstelle für Urheberrechtsfälle** beim Deutschen Patentamt,[92]

- Verfahren bei den von den **Industrie- und Handelskammern** eingerichteten Einigungsstellen nach § 27a UWG,

- Verfahren vor den **Schiedsämtern**,

- Verfahren vor den **Schiedsstellen** nach § 14 WahrnG,[93]

- Verfahren vor **Einigungsstellen** nach §§ 39 ff. des Gesetzes über die Erstreckung von gewerblichen Schutzrechten,[94]

- Verfahren vor der **Schiedsstelle** für Ansprüche gegen den **Entschädigungsfonds** nach § 14 Nr. 3a PflVG,[95]

- Verfahren vor der **Schiedsstelle** nach § 17 der **Bundespflegesatzverordnung**,[96]

- **Einigungsstellenverfahren** nach § 76a BetrVG,[97]

- **Einigungsstellenverfahren** nach § 112 BetrVG.[98]

Nicht hierzu zählen: 204

- das Verfahren vor der Gutachterkommission bei der **Landeszahnärztekammer**, da diese Gutachterkommission keine gesetzlich eingerichtete Güte- oder Schiedsstelle i.S.v. Nr. 2403 VV RVG darstellt;[99] es gelten die Nrn. 2500, 2501 VV RVG;

- das Verfahren vor der **Hauptfürsorgestelle** nach dem Schwerbehindertengesetz; es gelten die Nrn. 2400, 2401 VV RVG; der Gegenstandswert richtet sich nach dem Regelstreitwert von 4.000 €;

- die **Güteverhandlung** vor dem Vorsitzenden nach § 54 ArbGG; es gelten die Nrn. 3100 ff. VV RVG.

---

92   OLG München, Rpfleger 1994, 316.
93   OLG München, Rpfleger 1994, 316.
94   AnwKom-RVG-*Wahlen/N. Schneider*, Nr. 2403 Rn. 2.
95   AnwKom-RVG-*Wahlen/N. Schneider*, Nr. 2403 Rn. 2.
96   Mümmler, JurBüro 1987, 1315.
97   Mümmler, JurBüro 1981, 1148.
98   BAG, AnwBl. 1982, 203, 205 = KostRsp. BRAGO § 65 Nr. 1.
99   OLG Karlsruhe, JurBüro 1985, 236 = KostRsp. BRAGO § 65 Nr. 2.

III. Vergütung

1. Geschäftsgebühr

205 Für seine Tätigkeit in den vorgenannten Verfahren erhält der Anwalt eine **1,5 Geschäftsgebühr**. Im Gegensatz zur Geschäftsgebühr nach Nr. 2400 VV RVG steht dem Anwalt kein Ermessensspielraum zu. Der Gebührensatz steht fest.

206 Eine **Schwellengebühr** (Anm. zu Nr. 2400 VV RVG) ist hier ebenfalls nicht vorgesehen. Die 1,5 Gebühr entsteht daher auch, wenn die Tätigkeit weder umfangreich noch schwierig war.

207 Die 1,5 Geschäftsgebühr erhält der Anwalt auch dann, wenn in das Schlichtungsverfahren weiter gehende Gegenstände mit einbezogen werden, etwa zum Abschluss einer Einigung. Eine **Geschäfts-Differenzgebühr** ähnlich der Verfahrens-Differenzgebühr nach Nr. 3101 Nr. 2 VV RVG kennt Nr. 2403 VV RVG nicht, so dass diese nach dem vollen Wert sämtlicher Gegenstände abzurechnen ist.

208 Ebenso wenig ist eine **Reduzierung** dieser Gebühr vorgesehen, wenn sich die Angelegenheit **vorzeitig erledigt**. Auch eine der Nr. 3101 Nr. 1 VV RVG vergleichbare Vorschrift fehlt. Es bleibt daher auch hier immer bei einer 1,5 Geschäftsgebühr.

209 Nimmt der Anwalt am **Gütetermin** teil, entsteht hierfür keine weitere Vergütung, insbesondere ist eine Terminsgebühr nicht vorgesehen.

2. Einigungsgebühr

210 Möglich ist lediglich noch eine Einigungsgebühr, wenn die Parteien im Schlichtungsverfahren eine Einigung erzielen. Die Höhe der Gebühr richtet sich dann nach Nr. 1000 VV RVG. Die „**Anhängigkeit**" im Schlichtungsverfahren führt nicht zu einer Anhängigkeit i.S.d. Nr. 1003 VV RVG, da es sich bei dem Schlichtungsverfahren nicht um ein gerichtliches Verfahren handelt, sondern um eine **außergerichtliche Tätigkeit**. Nur soweit Gegenstände mit in die Einigung einbezogen werden, die bereits anhängig sind, etwa in einem Rechtsstreit, im Mahnverfahren oder für die auch nur Prozesskostenhilfe beantragt worden ist, so reduziert sich die Einigungsgebühr nach Nr. 1003 VV RVG auf 1,0.

211 Eine Reduzierung auf 1,0 wird auch dann gegeben sein, wenn das Schlichtungsverfahren während eines laufenden Rechtsstreits nachgeholt wird und die Parteien sich dann dort einigen. Möglich ist dann auch eine 1,3 Einigungsgebühr nach Nr. 1004 VV RVG, wenn das Schlichtungsverfahren während des Berufungsverfahrens nachgeholt werden soll.[100]

---

100 Zur Zulässigkeit OLG Saarbrücken, OLGR 2004, 256.

3. Auslagen

Da es sich bei den Schlichtungs- und Güteverfahren um eigene Gebührenangelegenheiten handelt, entstehen insoweit auch gesonderte Auslagen, insbesondere eine eigene **Postentgeltpauschale** nach Nr. 7002 VV RVG.

212

IV. Gebührenanrechnung

1. Anrechnung auf die Geschäftsgebühr Nr. 2403 VV RVG

Ist dem Schlichtungsverfahren eine **Beratung** vorausgegangen, so wird die Beratungsgebühr der Nr. 2100 VV RVG nach der Anm. zu Nr. 2100 VV RVG auf die Geschäftsgebühr des Schlichtungsverfahrens angerechnet.

213

Ist eine **außergerichtliche Tätigkeit** vorausgegangen, so wird die Geschäftsgebühr nach
Nr. 2400 VV RVG auf die Geschäftsgebühr nach Nr. 2403 VV RVG angerechnet (Anm. zu
Nr. 2403 VV RVG). Die Anrechnung ist jedoch auf die Hälfte der zuvor angefallenen Ge-
schäftsgebühr aus Nr. 2400 VV RVG begrenzt. Darüber hinaus darf keine höhere Ge-
schäftsgebühr als 0,75 angerechnet werden. Dies wiederum hat zur Folge, dass von der
Geschäftsgebühr der Nr. 2403 VV RVG mindestens 0,75 nach Anrechnung verbleiben.

214

2. Anrechnung der Geschäftsgebühr nach Nr. 2403 VV RVG

Kommt es nach dem Güte- oder Schlichtungsverfahren zum **Rechtsstreit**, so wird nach
Vorb. 3 Abs. 4 VV RVG die Geschäftsgebühr – auch die der Nr. 2403 VV RVG – auf die
Verfahrensgebühr eines nachfolgenden Rechtsstreits angerechnet Da hier ggf. außerge-
richtlich mehrere Geschäftsgebühren anfallen können, ist angeordnet, dass nur die letz-
te Geschäftsgebühr, also hier die der Nr. 2403 VV RVG, angerechnet wird (Vorb. 3 Abs. 4
Satz 2 VV RVG).

215

Anzurechnen ist auch hier nur hälftig, höchstens mit einem Gebührensatz von 0,75
(Vorb. 3 Abs. 4 VV RVG).

216

Beispiel:

217

*Der Anwalt wird beauftragt, eine Forderung von 400 € außergerichtlich geltend zu ma-
chen. Anschließend wird das Schlichtungsverfahren nach § 15a EGZPO durchgeführt und
hiernach Klage erhoben. Nach mündlicher Verhandlung ergeht ein Urteil.*

I. Außergerichtliche Tätigkeit (Wert 400,00 €):

1.	*1,3 Geschäftsgebühr, Nr. 2400 VV RVG*	*58,50 €*
2.	*Postentgeltpauschale, Nr. 7002 VV RVG*	*11,70 €*
3.	*16 % Umsatzsteuer, Nr. 7008 VV RVG*	*+ 11,23 €*
Summe:		*81,43 €*

II. Schlichtungsverfahren (Wert 400,00 €):

1	1,5 Geschäftsgebühr, Nr. 2403 Nr. 1 VV RVG	67,50 €
2.	Postentgeltpauschale, Nr. 7002 VV RVG	13,50 €
	gemäß Anm. zu Nr. 2403 VV RVG **anzurechnen**, 0,65 aus 400,00 € –	29,25 €
3.	16 % Umsatzsteuer, Nr. 7008 VV RVG +	8,28 €
	Summe:	**60,03 €**

III. Rechtsstreit (Wert 400,00 €):

1	1,3 Verfahrensgebühr, Nr. 3100 VV RVG	58,50 €
2	1,2 Terminsgebühr, Nr. 3104 VV RVG	54,00 €
3.	Postentgeltpauschale, Nr. 7002 VV RVG	20,00 €
	gemäß Vorbem. 3 Abs. 4 VV RVG **anzurechnen**, 0,75 aus 400,00 € –	33,75 €
4.	16 % Umsatzsteuer, Nr. 7008 VV RVG	15,80 €
	Summe:	**114,55 €**

218 Angerechnet wird auch hier nur soweit sich die **Gegenstände** von Güte- oder Schlichtungsverfahren und nachfolgendem Rechtsstreit **decken** (Vorb. 3 Abs. 4 Satz 3 VV RVG).

219 **Beispiel:**

Das Schlichtungsverfahren wegen einer Forderung von 600 € scheitert; es kommt anschließend zum Rechtsstreit über 300 €, in dem streitig verhandelt wird.

Der Anwalt erhält:

I. Schlichtungsverfahren (Wert 600,00 €):

1	1,5 Geschäftsgebühr, Nr. 2403 Nr. 1 VV RVG	67,50 €
2.	Postentgeltpauschale, Nr. 7002 VV RVG	13,50 €
3.	16 % Umsatzsteuer, Nr. 7008 VV RVG +	12,96 €
	Summe:	**93,96 €**

II. Rechtsstreit (Wert 300,00 €):

1.	1,3 Verfahrensgebühr, Nr. 3100 VV RVG	58,50 €
2	1,2 Terminsgebühr, Nr. 3104 VV RVG	54,00 €
3.	Postentgeltpauschale, Nr. 7002 VV RVG	20,00 €
	gemäß Vorbem. 3 Abs. 4 VV RVG **anzurechnen**, 0,75 aus 300 € –	18,75 €
4.	16 % Umsatzsteuer, Nr. 7008 VV RVG +	18,20 €
	Summe:	**131,95 €**

V. Kostenfestsetzung und -erstattung

Eine Kostenerstattung im Güte- und Schlichtungsverfahren ist grds. nicht vorgeschrie-   220
ben. In den entsprechenden Gesetzen finden sich i.d.R. **keine Vorschriften zur Kostenerstattung**. Von daher ist ein Kostenfestsetzungsverfahren auch nicht vorgesehen.

Kommt es nach dem Schlichtungs- oder Güteverfahren zum Rechtsstreit, so können die   221
Kosten, insbesondere die Geschäftsgebühr nach Nr. 2403 VV RVG, im Rechtsstreit nach
Maßgabe der Kostenentscheidung der Hauptsache festgesetzt werden (§ 91 Abs. 3 ZPO).

D. Gerichtliche Vertretung in Zivilsachen

Die Vergütung für die gerichtliche Vertretung ist im RVG grundlegend neu geregelt wor-   222
den.

Gegenüber der bisherigen Regelung in den §§ 31 ff. BRAGO ergeben sich folgende
wesentliche Änderungen:

- Die **Beweisgebühr** nach § 31 Abs. 1 Nr. 3 BRAGO ist ersatzlos entfallen.

- Es fallen nur noch **zwei** verschiedene **Gebührenarten** an.
  - Die neue **Verfahrensgebühr** entspricht etwa der bisherigen Prozessgebühr.
  - Die neue **Terminsgebühr** fällt einmal für die Vertretung in einem Verhand-
    lungs-, Erörterungs- und Beweisaufnahmetermin an. Sie entsteht daneben auch
    für die Mitwirkung an einem vom Gerichtssachverständigen anberaumten Ter-
    min und für bestimmte außergerichtliche Besprechungen.

I. Anwendungsbereich

Im Rahmen der gerichtlichen Vertretung in Zivilsachen fallen für den Rechtsanwalt die   223
Gebühren nach Nrn. 3100 ff. VV RVG an für die Tätigkeit

- als Prozess- oder Verfahrensbevollmächtigter,

- als Verkehrsanwalt,

- als Unterbevollmächtigter oder Terminsvertreter,

- als Beweisanwalt,

- als Beistand für einen Zeugen oder Sachverständigen (s. Vorbem. 3 Abs. 1 VV RVG).

224 Damit wird die Tätigkeit des Rechtsanwalts als **Beistand** erstmals ausdrücklich gesetzlich geregelt; sie entspricht der Vergütung eines Verfahrensbevollmächtigten in bürgerlichen Rechtsstreitigkeiten.

II. Gebühren

225 Für die gerichtliche Tätigkeit in bürgerlichen Rechtsstreitigkeiten bestimmt das Gesetz künftig nur noch zwei Gebührenarten, nämlich die Verfahrensgebühr und die Terminsgebühr.

1. Verfahrensgebühr

a) Abgeltungsbereich

226 Die Verfahrensgebühr entsteht für das Betreiben des Geschäfts einschließlich der Information. Damit deckt die Verfahrensgebühr sämtliche Tätigkeiten ab, die der Rechtsanwalt von Beginn des ihm erteilten Prozess- oder Verfahrensauftrags bis zu dessen Erledigung ausgeübt hat, soweit die Tätigkeit nicht durch die Terminsgebühr abgegolten wird.

227 Damit gilt die Verfahrensgebühr sämtliche Tätigkeiten ab, für die dem Rechtsanwalt bisher die Prozessgebühr des § 31 Abs. 1 Nr. 1 BRAGO angefallen ist, insbesondere

- die Entgegennahme der Information,

- die Fertigung von Schriftsätzen an Gegner oder Dritte,

- die Sammlung des Prozessstoffs,

- die Ermittlung der Namen und Anschriften von Zeugen,[101]

- die Angabe von Beweismitteln,

- den Schriftwechsel und Besprechungen mit dem Auftraggeber und dem Gericht,

- die Einsichtnahme in Gerichtsakten und öffentliche Register,

- die Klärung von Fragen inländischen Rechts, auch bei abgelegenen Rechtsgebieten,[102]

- die Korrespondenz in einer Fremdsprache,

- die Klärung und Erläuterung technischer Vorgänge oder medizinischer Fachbegriffe,

- die Herstellung und das Einreichen der Klage, eines verfahrenseinleitenden Antrags oder sonstiger Schriftsätze,

- die Zurücknahme der Klage, des Antrags oder des Rechtsmittels.

---

101 BGH, RVGreport 2004, 108 [*Hansens*].
102 BVerwG, Rpfleger 1991, 388.

b) Höhe der Verfahrensgebühr

Für den Prozess- bzw. Verfahrensbevollmächtigten regelt das Gesetz die Höhe der Ver- 228
fahrensgebühr einmal danach, ob der Rechtsanwalt umfassend tätig wird oder ob sein
Auftrag vorzeitig endigt. Dies entspricht der Gebührensystematik des § 31 Abs. 1 i.V.m.
§ 32 Abs. 1 BRAGO. Die Höhe der Verfahrensgebühr ist jedoch auch davon abhängig, in
welcher **Gerichtsinstanz** der Rechtsanwalt tätig wird. Diese Regelung erfolgt – anders
als bisher in § 11 Abs. 1 BRAGO – nicht mehr durch pauschale Anhebung des Gebührensatzes. Vielmehr ist die Vergütung des Rechtsanwalts für jede Instanz in einer gesonderten Nummer des Vergütungsverzeichnisses bestimmt.

Übersicht: Verfahrensgebühr   229

Verfahrensgebühr	I. Instanz	Berufungsinstanz	Revisionsinstanz
Regelfall	Nr. 3100 VV RVG 1,3	Nr. 3200 VV RVG 1,6	Nr. 3206 VV RVG 1,6 Vertretung durch BGH-Anwalt: Nr. 3208 VV RVG 2,3
Vorzeitige Beendigung des Auftrags	Nr. 3101 Nr. 1 VV RVG 0,8	Nr. 3201 Nr. 1 VV RVG 1,1	Nr. 3207 VV RVG 1,1 Vertretung durch BGH-Anwalt: Nr. 3209 VV RVG 1,8
Differenzverfahrens-gebühr	Nr. 3201 Nr. 2 VV RVG 0,8	Nr. 3201, Anm. Nr. 2 RVG 1,1	Anm. zu Nr. 3207 i.V.m. Nr. 3201 Anm. 2 VV RVG 1,1 Vertretung durch BGH-Anwalt: Anm. zu Nr. 3209 i.V.m. Nr. 3201 Anm. 2 1,8

aa) Volle Verfahrensgebühr

Grds. erhält der Prozess- oder Verfahrensbevollmächtigte die Verfahrensgebühr als **volle** 230
Gebühr. Sie entsteht:

• im ersten Rechtszug	i.H.v. 1,3	Nr. 3100 VV RVG,

• im Berufungsrechtszug	i.H.v. 1,6	Nr. 3200 VV RVG,
• im Revisionsrechtszug	i.H.v. 1,6	Nr. 3206 VV RVG,
• bei Vertretung durch einen BGH-Anwalt	i.H.v. 2,3	Nr. 3208 VV RVG.

231 In dieser Höhe fällt die Verfahrensgebühr an, wenn der Rechtsanwalt zumindest eine der in Nr. 3101 Nr. 1 VV RVG aufgeführten Tätigkeiten ausgeübt hat. Das Wort „bevor" in dieser Vorschrift ist nicht allein als zeitliche Bestimmung anzusehen. Vielmehr ist sie so auszulegen, dass das Wort „bevor" durch die Worte „ohne dass" zu ersetzen ist.[103]

232 ***Beispiel:***

Der Rechtsanwalt wird erst nach Beendigung des Rechtsstreits zum Prozessbevollmächtigten bestellt, um die Urteilsausfertigung in Empfang zu nehmen und das Kostenfestsetzungsverfahren zu betreiben.

Nach dem Wortlaut der Nr. 3101 Nr. 1 VV RVG würde der Rechtsanwalt die volle Verfahrensgebühr verdienen. Sein Auftrag endigt nämlich wegen der späten Auftragserteilung gerade nicht, bevor er die dort aufgeführten Tätigkeiten ausgeübt hat. Er kann allerdings auch nicht mehr i.S.v. Nr. 3101 Nr. 1 VV RVG tätig werden. Es entsteht somit nach Nr. 3101 Nr. 1 VV RVG eine 0,8 Verfahrensgebühr.

233 Vertritt der Rechtsanwalt hinsichtlich desselben Gegenstandes in derselben Angelegenheit **mehrere Auftraggeber**, erhöht sich die Verfahrensgebühr gemäß Nr. 1008 VV RVG um einen festen Gebührensatz von 0,3. Die Gebührenerhöhung ist auf einen Satz von 2,0 beschränkt.

234 ***Beispiel:***

Der Rechtsanwalt reicht für vier Auftraggeber einen die volle Verfahrensgebühr auslösenden Schriftsatz bei Gericht ein. Er erhält

- *im ersten Rechtszug eine Verfahrensgebühr von 2,2 (1,3 + 3 x 0,3),*
- *im Berufungsrechtszug von 2,5 (1,6 + 3 x 0,3),*
- *im Revisionsrechtszug 3,2 (2,3 + 3 x 0,3).*

Bei Vertretung von acht Auftraggebern berechnet sich eine Verfahrensgebühr

- *im ersten Rechtszug von 2,3 (1,3 + 7 x 0,3, beschränkt auf 2,0),*
- *im Berufungsrechtszug von 2,6 (1,6 + 7 x 0,3, beschränkt auf 2,0),*
- *im Revisionsrechtszug von 4,3 (2,3 + 7 x 0,3, beschränkt auf 2,0).*

---

103   LG Berlin, JurBüro 1984, 1034.

(1) Einreichen der Klage

Zu den die volle Verfahrensgebühr auslösenden Tätigkeiten gehören insbesondere das Ein-   235
reichen der Klage. Dies erfasst auch die **Klageerweiterung** und die **Widerklage**, die **eingereicht** sein müssen. Sie müssen also bei Gericht, nicht unbedingt beim zuständigen Gericht, eingegangen sein.[104] Gleiches gilt für das Einreichen einer **Hilfswiderklage**.[105]

(2) Einreichen eines verfahrenseinleitenden Antrags

Hierzu gehören der Antrag auf: 236

- Scheidung oder Zustimmung zur Scheidung;[106]

- Erlass eines Arrestes oder einer einstweiligen Verfügung;

- Erlass einer einstweiligen Anordnung;

- Durchführung des selbständigen Beweisverfahrens;

- auf Durchführung des streitigen Verfahrens nach Widerspruch gegen den Mahnbescheid;[107]

- ferner die Einlegung von Rechtsmitteln wie der Berufung oder Revision, ohne dass es eines Rechtsmittelantrags bedarf.[108]

(3) Einreichen eines Schriftsatzes mit Sachanträgen

Dies sind Anträge, die die Sache selbst betreffen. Mit einem solchen Sachantrag gibt der   237
Kläger oder Antragsteller zu erkennen, welchen Inhalt die von ihm begehrte Sachentscheidung haben soll. Sie beziehen sich also auf den Streitstoff selbst, z.B.:

- Antrag auf Berichtigung des Tatbestandes,

- Einspruch gegen Versäumnisurteil oder Vollstreckungsbescheid,

- Erledigungserklärung gemäß § 91a ZPO,

- Klageantrag und Klageänderung,

- Antrag auf Urteilsergänzung gemäß § 321 ZPO,

- Verweisungsantrag,

- Widerspruch gegen eine einstweilige Verfügung oder einen Arrestbeschluss gemäß § 924 ZPO.

---

104   S. KG, JurBüro 1985, 1030.
105   Anwkom-BRAGO-*Gebauer,* § 32 Rn. 19.
106   KG, JurBüro 1984, 880.
107   OLG München, JurBüro 1992, 604; *Hansens,* BRAGOreport 2002, 149, 150 auch zur Kostenerstattung.
108   OLG München, JurBüro 1987, 708; LG Berlin, JurBüro 1982, 32 = AnwBl. 1982, 76.

238 Sachanträge **des Beklagten oder Antragsgegners** sind demgegenüber alle Anträge im weiteren Sinne, denen zu entnehmen ist, welche gerichtliche Sachentscheidung dieser gegenüber dem Begehren des Klägers oder Antragstellers erstrebt, z.B.:

- ein schriftsätzlich angekündigtes Anerkenntnis,[109]

- die bloße Einlegung des Rechtsmittels, also auch ohne Antrag,[110]

- der Anschließungsantrag des Rechtsmittelbeklagten,

- der Antrag auf Berichtigung des Tatbestandes,

- die Einwilligung in die Klagerücknahme,[111]

- der Einspruch gegen ein Versäumnisurteil oder gegen einen Vollstreckungsbescheid,[112]

- die Erledigungserklärung nach § 91a ZPO,

- der Antrag auf Fristbestimmung nach §§ 926 oder 942 ZPO,

- der Klageabweisungsantrag,[113]

- der mit dem Widerspruch gegen den Mahnbescheid verbundene Klageabweisungsantrag,[114]

- der mit dem Widerspruch verbundene Antrag auf Durchführung des streitigen Verfahrens,[115]

- der Antrag auf Urteilsergänzung gemäß § 321 ZPO,

- der Antrag auf Verwerfung des gegnerischen Rechtsmittels,

- der Verweisungsantrag, auch wenn der Beklagte dem Verweisungsantrag des Klägers argumentierend entgegentritt;[116] es reicht jedoch nicht, wenn der Prozessbevollmächtigte des Beklagten schriftsätzlich lediglich sein Einverständnis mit der Verweisung erklärt,[117]

---

109 OLG Celle, Nds. Rpfl. 1987, 282.
110 OLG Hamm, JurBüro 1985, 873 = Rpfleger 1985, 166; OLG Koblenz, JurBüro 1986, 1830; OLG München, AnwBl. 1989, 111; OLG Zweibrücken, JurBüro 1998, 26; LG Berlin, JurBüro 1982, 82.
111 BFHE 106, 495.
112 OLG München, JurBüro 1992, 325 = AnwBl. 1992, 400.
113 OLG Koblenz, JurBüro 1978, 717 = Rpfleger 1978, 187 = AnwBl. 1978, 263.
114 S. zum Streitstand ausführlich *Hansens*, BRAGOreport 2002, 149.
115 S. *Hansens*, BRAGOreport 2002, 149, 150 mit Hinweisen auch zur Erstattungsfähigkeit.
116 OLG Bamberg, JurBüro 1987, 1675.
117 OLG Köln, JurBüro 1986, 1041.

- der Antrag auf Zurückweisung des Wiedereinsetzungsantrags,[118]

- die Widerklage,

- der Widerspruch gegen den Arrest oder die einstweilige Verfügung, auch wenn er auf die Kosten beschränkt ist,[119]

- die Zustimmung zur Scheidung,[120]

- Anträge auf Kostenentscheidung und Verlustigerklärung nach Zurücknahme der Klage oder des Rechtsmittels nach §§ 269 Abs. 4, 516, 565 ZPO;[121] soweit im Rechtsmittelverfahren hierüber von Amts wegen zu entscheiden ist, ist ein solcher Antrag jedoch nicht notwendig i.S.v. § 91 Abs. 1 ZPO,

- der Antrag auf Zurückweisung des Rechtsmittels,[122]

- die Rücknahme des Widerspruchs gegen den Mahnbescheid durch den erst nach Abgabe an das Prozessgericht zum Prozessbevollmächtigten bestellten Rechtsanwalt des Beklagten,[123]

- die Anzeige des Prozessbevollmächtigten des Insolvenzverwalters, den gemäß § 240 ZPO unterbrochenen Rechtsstreit wieder aufnehmen zu wollen.[124]

(4) Schriftsatz mit Sachvortrag

Diese Voraussetzung für den Anfall der vollen Verfahrensgebühr ist gegenüber der bisherigen Regelung in § 32 Abs. 1 BRAGO neu eingeführt worden. Dies hat seine Ursache darin, dass der dritte Teil des Vergütungsverzeichnisses nunmehr auch für Verfahren nach der freiwilligen Gerichtsbarkeit gilt, in denen wegen des dort herrschenden Amtsermittlungsgrundsatzes Anträge nicht notwendig gestellt werden müssen. Gleichwohl gilt die Tatbestandsvoraussetzung „Schriftsatz mit Sachvortrag" auch für den Prozessbevollmächtigten im Zivilprozess.   239

Beispiel: 240

Der Prozessbevollmächtigte des Beklagten führt in seinem Schriftsatz im Einzelnen aus, warum er die Klage für unbegründet hält. Einen Klagezurückweisungsantrag enthält dieser Schriftsatz jedoch nicht.

---

118 OLG München, JurBüro 1994, 403.
119 KG, JurBüro 1985, 1238 = AnwBl. 1985, 530.
120 OLG Frankfurt, JurBüro 1981, 1527; KG, JurBüro 1984, 880 = AnwBl. 1984, 375.
121 OLG Düsseldorf, JurBüro 1983, 1334; OLG Hamburg, JurBüro 1989, 491.
122 BGHZ, 52, 385, 387 = NJW 1970, 99 = JurBüro 1969, 1165; KG, NJW 1970, 616 = JurBüro 1970, 237 = Rpfleger 1970, 69; OLG Bamberg, JurBüro 1975, 1340.
123 OLG München, JurBüro 1985, 402 = Rpfleger 1985, 167.
124 Anwkom-BRAGO-*Gebauer*, § 32 Rn. 39; a.A. OLG Karlsruhe, JurBüro 1997, 138.

Bereits das Einreichen des Schriftsatzes mit dem Sachvortrag zur Klageerwiderung löst bei dem Prozessbevollmächtigten des Beklagten die volle Verfahrensgebühr aus.

(5) Einreichen der Klage- oder Antragsrücknahme

241 Hierzu gehören auch die Zurücknahme der Widerklage, des Rechtsmittels oder des Widerspruchs gegen den Mahnbescheid.[125] Auch ein solcher Schriftsatz muss eingereicht sein.

(6) Wahrnehmung eines Termins

242 Hierunter fällt jeder in der betreffenden Sache anberaumte gerichtliche Termin, also auch

- eine Güteverhandlung,

- ein Beweistermin vor dem Gericht oder dem ersuchten oder beauftragten Richter,

- ein Erörterungstermin vor dem Gericht,

- ein Verhandlungstermin vor dem Prozessgericht,

- ein Anhörungstermin vor dem FGG-Gericht.

243 Es genügt, wenn der Rechtsanwalt nach Aufruf der konkreten Sache oder nach Beginn der Anhörung im Verlaufe des Termins anwesend ist, sich als Prozess- bzw. Verfahrensbevollmächtigter der Partei oder des Beteiligten zu erkennen gibt und in deren Interesse auftritt. Erklärt der Rechtsanwalt hingegen, er trete im Termin nicht auf, stellt dies keine Terminswahrnehmung dar.[126] Einen Antrag muss der Rechtsanwalt jedoch nicht stellen.

bb) Ermäßigte Verfahrensgebühr

244 Abweichend von der bisherigen Regelung in § 32 Abs. 1 und 2 BRAGO sieht das Gesetz die Ermäßigung der Verfahrensgebühr unter mehreren Voraussetzungen vor und zwar bei:

- vorzeitiger **Beendigung des Auftrags** (Nr. 3101 Nr. 1 VV RVG): Endigt der Auftrag, ohne dass der Rechtsanwalt eine der in dieser Vorschrift genannten Tätigkeiten (s. vorstehend Rn. 235 ff.) ausgeübt hat, so fällt lediglich die ermäßigte Verfahrensgebühr an.

- Antrag auf Protokollierung einer **Einigung der Parteien** über die in diesem Verfahren nicht **rechtshängigen Ansprüche** (Nr. 3101 Nr. 2 VV RVG).

- Antrag auf Protokollierung einer **Einigung mit Dritten** über in diesem Verfahren nicht rechtshängige Ansprüche (Nr. 3101 Nr. 2 VV RVG).

---

125 OLG München, JurBüro 1985, 402.
126 OLG München, JurBüro 1994, 542.

- Antrag auf **Feststellung einer Einigung der Parteien** über in diesem Verfahren nicht rechtshängige Ansprüche (Nr. 3101 Nr. 2 VV RVG).

- Antrag auf **Feststellung einer Einigung mit Dritten** über in diesem Verfahren nicht rechtshängige Ansprüche (Nr. 3101 Nr. 2 VV RVG).

- **Verhandlungen vor Gericht** zur Einigung über solche Ansprüche (Nr. 3101 Nr. 2 letzter Fall VV RVG).

(1) Vorzeitige Beendigung des Auftrags

Im Falle der vorzeitigen Beendigung des Auftrags ermäßigt sich die Verfahrensgebühr.   245

Beispiel: 246

Nach Erteilung des Prozessauftrags teilt der Auftraggeber dem Prozessbevollmächtigten mit, der Gegner habe doch noch gezahlt.

Da der Auftrag endigt, bevor der Rechtsanwalt die Klageschrift eingereicht hat, entsteht gemäß Nr. 3101 Nr. 1 VV RVG nur eine 0,8 Verfahrensgebühr.

Endigt der Auftrag des Rechtsanwalts nur **hinsichtlich eines Teils der Hauptsache**, er-   247
hält er die volle Verfahrensgebühr nach dem Wert des nicht erledigten Teils und die ermäßigte Verfahrensgebühr nach dem Wert des erledigten Teils. Gemäß § 15 Abs. 3 RVG
kann er jedoch nicht mehr als eine volle Verfahrensgebühr nach dem Gesamtwert berechnen.

Beispiel: 248

Nach Erhalt des Prozessauftrags über 10.000 € zahlt der Gegner vorprozessual 6.000 €. Eingeklagt werden nur die restlichen 4.000 €. Der Prozessbevollmächtigte des Klägers be-rechnet:

1. 1,3 Verfahrensgebühr, Nr. 3100 VV RVG (Wert: 4.000 €)		*318,50 €*
2. 0,8 Verfahrensgebühr, Nr. 3101 Nr. 1, 3100 VV RVG (Wert: 6.000 €)	+	*270,40 €*
Summe:		*588,90 €*

Gemäß § 15 Abs. 3 RVG nicht mehr als eine 1,3 Verfahrensgebühr
(Wert: 10.000 €), hier   *631,80 €*
die hier nicht erreicht werden.

(2) Antrag auf gerichtliche Protokollierung einer Einigung

Diese Regelung entspricht etwa dem bisherigen § 32 Abs. 2 BRAGO, bezieht jedoch wei-   249
tere Sachverhalte ein. Hierzu müssen folgende **Voraussetzungen** erfüllt sein:

- Der Rechtsanwalt muss einen **Antrag auf Protokollierung der Einigung** gestellt ha-   250
ben. Es ist also nicht erforderlich, dass diesem Antrag auch stattgegeben wird. Die er-

mäßigte Verfahrensgebühr entsteht deshalb auch dann, wenn die geplante Einigung scheitert[127] oder die Einigung nicht wirksam wird.[128]

251 *Beispiel:*

In einem Rechtsstreit auf Zahlung von 10.000 € schließen die Parteien eine Einigung (einen Vergleich) über eine anderweitig nicht anhängige weitere Forderung der Parteien über 5.000 €. Der Prozessbevollmächtigte des Beklagten behält sich den Widerruf der Einigung (des Vergleichs) vor; innerhalb der vereinbarten Widerrufsfrist wird die Einigung (der Vergleich) widerrufen.

Beide Prozessbevollmächtigte können an Verfahrensgebühren berechnen:

1.	*1,3 Verfahrensgebühr, Nr. 3100 VV RVG (Wert: 10.000 €)*	*631,80 €*
2.	*0,8 Verfahrensgebühr, Nr. 3101 Nr. 2, 3100 VV RVG (Wert: 5.000 €)*	*+ 240,80 €*
	Summe:	*872,60 €*

gemäß § 15 Abs. 3 RVG nicht mehr als eine

1,3 Verfahrensgebühr (Wert: 15.000 €),   *735,80 €*
die hier die Obergrenze bildet.

Die Widerrufseinigung (der Widerrufsvergleich) ist zwar nicht wirksam geworden. Die 0,8 Verfahrensgebühr ist den Prozessbevollmächtigten jedoch bereits für den Antrag auf Protokollierung entstanden. Die Gebühr erfordert also nicht, dass der Antrag auch Erfolg hat, die Einigung (der Vergleich) mithin Bestand hat.

- **Einigung der Parteien**

252 Der Antrag auf Protokollierung muss eine Einigung der Parteien betreffen.

- **Einigung mit einem Dritten**

253 Auch der Antrag auf Protokollierung einer Einigung mit einem Dritten löst nach Nr. 3101 Nr. 2 VV RVG die ermäßigte Verfahrensgebühr aus.

254 *Beispiel:*

Der Antrag betrifft die Einigung mit dem Streitverkündeten, dem Geschäftsführer der verklagten GmbH oder mit einem sonstigen Dritten.

---

127 OLG Düsseldorf, JurBüro 1981, 70; OLG Hamm, JurBüro 1980, 1517.
128 S. KG, NJW 1974, 323 = JurBüro 1973, 1169.

- **In diesem Verfahren nicht rechtshängige Ansprüche**

Diese Voraussetzung ist gegeben, wenn der Antrag auf Protokollierung einer Einigung 255
über Ansprüche betrifft,

- die überhaupt nicht rechtshängig sind,

- die in einem anderen Verfahren rechtshängig sind,

- die in einem anderen Rechtsstreit rechtshängig sind (in diesem Fall erfolgt eine Anrechnung der Verfahrensgebühr nach Abs. 1 der Anm. zu Nr. 3101 VV RVG; s. nachfolgend Rn. 261 ff.).

(3) Antrag auf Feststellung eines Vergleichs nach § 278 Abs. 6 ZPO

Das Gesetz spricht von einem Antrag auf Feststellung einer Einigung. Die in Bezug ge- 256
nommene Vorschrift des § 278 Abs. 6 ZPO sieht im Güteverfahren jedoch lediglich die
Feststellung des Zustandekommens eines **Vergleichs** vor. Dieser muss somit die materiell-rechtlichen Voraussetzungen des § 779 BGB erfüllen. Der Unterschied besteht darin,
dass für eine Einigung (s. Nr. 1000 VV RVG) ein gegenseitiges Nachgeben der Parteien
nicht erforderlich ist, der Vergleich das gegenseitige Nachgeben jedoch erfordert. Folglich regelt das RVG in Nr. 3101 Nr. 2 VV RVG einen Sachverhalt, der nach dem Verfahrensrecht nicht vorkommt. Das Gericht müsste nämlich die Feststellung nach § 278 Abs. 6
Satz 2 ZPO ablehnen, wenn die Einigung nicht auch die materiell-rechtlichen Voraussetzungen des § 779 BGB erfüllt.

Sind diese Voraussetzungen erfüllt, entsteht die ermäßigte Verfahrensgebühr unter den- 257
selben Voraussetzungen wie für einen Antrag auf Protokollierung einer Einigung.

(4) Verhandlungen vor Gericht zur Einigung über nicht rechtshängige Ansprüche

Der Rechtsanwalt erhält eine ermäßigte Verfahrensgebühr auch dann, wenn er lediglich 258
Verhandlungen vor Gericht zur Einigung der Parteien oder mit Dritten über nicht rechtshängige Ansprüche führt. Der Anwendungsbereich dieser Regelung ist allerdings unklar.
Da die Bestimmung in Teil 3 des Vergütungsverzeichnisses steht, muss der Rechtsanwalt
auch hinsichtlich der nicht rechtshängigen Ansprüche bereits Prozessauftrag erhalten haben.[129] Dann steht ihm jedoch wegen dieser nicht rechtshängigen Ansprüche bereits für
die Entgegennahme der Information (s. Vorbem. 3 Abs. 2 VV RVG) die Verfahrensgebühr
nach Nr. 3100 VV RVG in voller Höhe, jedenfalls die ermäßigte Verfahrensgebühr nach
Nr. 3101 Nr. 1 VV RVG zu.

---

129   S. BGH, BRAGOreport 2002, 168 [*Hansens*] = NJW 2002 3712 = JurBüro 2003, 78 mit Anm. *Enders*
      = AGS 2003, 60 mit Anm. *E. Schneider* für die Differenzprozessgebühr des § 32 Abs. 2 BRAGO;
      Burhoff/Kindermann, Rn. 152.

259 Hatte der Rechtsanwalt hingegen hinsichtlich der nicht rechtshängigen Ansprüche noch keinen Prozessauftrag, richtet sich seine Vergütung nach Nr. 2400 VV RVG.[130]

260 Finden die Verhandlungen **außerhalb des Gerichts** statt, gilt nichts anderes. Für eine entsprechende Anwendung der Nr. 3101 Nr. 2 VV RVG[131] besteht kein Bedürfnis. Bei bestehendem Prozessauftrag erhält der Rechtsanwalt ohnehin eine Verfahrensgebühr nach Nr. 3100 VV RVG, jedenfalls die ermäßigte Verfahrensgebühr nach Nr. 3101 Nr. 1 VV RVG. Zusätzlich kann die 1,2 Terminsgebühr nach Nr. 3104 VV RVG anfallen (s. Vorbem. 3 Abs. 3 VV RVG). Ist dem Rechtsanwalt lediglich ein Vertretungsauftrag erteilt, werden diese Verhandlungen durch die Geschäftsgebühr nach Nr. 2400 VV RVG abgegolten.

(5) Anrechnung bei anderweitig rechtshängigen Ansprüchen

261 Unter der Geltung der BRAGO war es sehr umstritten, ob für den Rechtsanwalt bei Einbeziehung anderweitiger rechtshängiger Ansprüche in einem Vergleich die Differenzprozessgebühr auch nach dem Wert der in dem anderen Rechtsstreit rechtshängigen Ansprüche entsteht. Dies hat der Gesetzgeber nun in Nr. 3101 Nr. 2 VV RVG ausdrücklich bejaht. Zur Vermeidung der Kumulierung der Verfahrensgebühren sieht Abs. 1 der Anm. zu Nr. 3101 VV RVG jedoch eine Anrechnung der Verfahrensgebühr vor. Danach wird die Verfahrensgebühr nach dem Wert der in dem betreffenden Verfahren nicht rechtshängigen Ansprüche auf eine Verfahrensgebühr angerechnet, die wegen desselben Gegenstands in einem anderen Verfahren entsteht.

262 Entgegen der Auffassung von *Schneider/Mock*[132] ist das Wort „entsteht" jedoch nicht in zeitlicher Hinsicht zu verstehen. Die Autoren wollen nämlich eine Anrechnung nicht vornehmen, wenn die Verfahrensgebühr in dem anderen Rechtsstreit bereits entstanden ist. Damit wäre die Anrechnungsbestimmung praktisch kaum einmal anwendbar. Vielmehr erfasst die Anrechnungsbestimmung den Regelfall, dass dem Rechtsanwalt auch in dem anderen Verfahren eine Verfahrensgebühr entstanden ist.

263 *Beispiel:*

Der Rechtsanwalt erhebt Zahlungsklage über 6.000 € im Rechtsstreit A und eine weitere Zahlungsklage gegen denselben Beklagten über 10.000 € im Rechtsstreit B. Im Rechtsstreit B wird hinsichtlich beider Klageforderungen eine Einigung (ein Vergleich) geschlossen. Der in beiden Prozessen als Prozessbevollmächtigter des Klägers auftretende Rechtsanwalt kann an Verfahrens- und Einigungsgebühr(en) berechnen:

I. Im Rechtsstreit A:

1,3 Verfahrensgebühr, Nr. 3100 VV RVG (Wert: 6.000 €)   *439,40 €*

---

130 *Burhoff/Kindermann,* a.a.O.
131 So aber *Schneider/Mock,* § 14 Rn. 42.
132 § 14 Rn. 38.

*Hierauf gemäß Abs. 1 der Anm. zu Nr. 3101 VV RVG **anzurechnen***
der sich nach Vergleichsberechnung gemäß § 15 Abs. 3 RVG ergebende
Mehrbetrag der Verfahrensgebühren im Rechtsstreit B unter 1. und 2.   104,00 €

Rest: **335,40 €**

II. Im Rechtsstreit B:

1. 1,3 Verfahrensgebühr, Nr. 3100 VV RVG (Wert: 10.000 €)   631,80 €

2. 0,8 Verfahrensgebühr, Nr. 3102 Nr. 2 VV RVG (Wert: 6.000 €)   351, 20 €

     Zu 1. und 2. gemäß § 15 Abs. 3 RVG nicht mehr als eine
     1,3 Verfahrensgebühr (Wert: 16.000 €),   735,80 €
     die hier die Obergrenze bilden.

     – *Als Mehrbetrag der Summe von 1. und 2. i.H.v. 735,80 € abzüglich*
        631,80 € errechnet sich ein Betrag von 104 € –

3. 1,0 Einigungsgebühr, Nrn. 1000, 1003 VV RVG (Wert: 16.000 €)   566,00 €

Summe: **1.301,80 €**

Für die Tätigkeit in beiden Rechtsstreitigkeiten kann der
Rechtsanwalt damit berechnen   1.637,20 €.

In Folge der Anrechnung der Verfahrensgebühr erhält der
Rechtsanwalt im Ergebnis nicht mehr als eine

1,3 Verfahrensgebühr (Wert: 6.000 €)   439,40 €

1,3 Verfahrensgebühr (Wert: 10.000 €)   + 631,80 €

Summe: **1.071,20 €**

(6) Höhe der ermäßigten Verfahrensgebühr

Die ermäßigte Verfahrensgebühr beträgt: 264

• im ersten Rechtszug nach Nr. 3101 VV RVG	0,8
• im Berufungsrechtszug und im Beschwerdeverfahren nach Vorbem. 3.2.1 Abs. 1 Nr. 2 – 6 VV RVG	1,1
• im Revisionsverfahren bei Vertretung durch BGH-Anwalt nach Nr. 3209 VV RVG	1,8

c) Kostenerstattung

Die Verfahrensgebühr gehört zu den gemäß § 91 Abs. 2 Satz 1 ZPO kraft Gesetzes er- 265
stattungsfähigen Gebühren des Prozessbevollmächtigten.

In verschiedenen Fallgestaltungen können jedoch die Verfahrensgebühren nicht in voller Höhe erstattungsfähig sein.

aa) Berufung zur Fristwahrung

266 Legt der Berufungskläger eine Berufung nur unter dem Vorbehalt der Fristwahrung ein und nimmt er sie dann ohne Begründung wieder zurück, so ist für den Berufungsbeklagten lediglich die ermäßigte Verfahrensgebühr nach Nr. 3201 VV RVG erstattungsfähig.[133] Es ist erstattungsrechtlich zwar nicht zu beanstanden, dass der Berufungsbeklagte für den Berufungsrechtszug einen Anwalt beauftragt, der bereits mit der Entgegennahme der Information die 1,1 Verfahrensgebühr verdient. Es ist jedoch nicht notwendig, dass dieser Anwalt dann einen die volle Verfahrensgebühr nach Nr. 3200 VV RVG auslösenden Berufungszurückweisungsantrag stellt.

267 Dies gilt auch dann, wenn der Berufungskläger nach Einlegung einer Berufung nur zur Fristwahrung einen Antrag auf Verlängerung der Berufungsbegründungsfrist stellt, ohne erneut auf die Fristwahrung hinzuweisen.[134]

bb) Berufung ohne Begründung

268 Auch hier besteht für den Berufungsbeklagten im Regelfall kein Anlass, dass sein Prozessbevollmächtigter einen Sachantrag auf Zurückweisung der Berufung ankündigt. Erst nach dem Vorliegen der Berufungsbegründung kann sich der Berufungsbeklagte mit dem Inhalt und dem Umfang des Angriffs auf das erstinstanzliche Urteil sachlich auseinandersetzen. Dies gilt auch dann, wenn der Berufungskläger zugleich mit seiner Berufung Berufungsanträge gestellt hat. Die für die Entgegennahme der Information nach Erteilung des Berufungsauftrags angefallene 1,1 Verfahrensgebühr ist hingegen erstattungsfähig.[135]

cc) Revision ohne Begründung

269 Auch in einem solchen Fall ist es für den Revisionsbeklagten nicht notwendig, einen Revisionszurückweisungsantrag zu stellen. Jedoch ist es erstattungsrechtlich nicht zu beanstanden, dass der Revisionsbeklagte einen Revisionsanwalt bestellt, dem mit der Entgegennahme der Information die 1,8 Verfahrensgebühr nach Nr. 3209 VV RVG anfällt.[136]

---

133   BGH, BRAGOreport 2003, 53 [*Hansens*] = NJW 2003, 753 = AnwBl. 2003, 242; BGH, BRAGOreport 2003, 202 [*Hansens*].
134   BGH, BRAGOreport 2003, 202 [*Hansens*].
135   BAG, RVGreport 2004, 35 [*Hansens*].
136   S. BGH, BRAGOreport 2003, 74 [*Hansens*] = NJW 2003, 1324 = AGS 2003, 222 mit Anm. *Madert*.

Übersicht: Erstattung der Verfahrensgebühr   270

Berufung zur Fristwahrung	1,1 Verfahrensgebühr erstattungsfähig
Berufung zur Fristwahrung bei auf Antrag verlängerter Berufungsbegründungsfrist	1,1 Verfahrensgebühr erstattungsfähig
Berufung ohne Begründung Vorbehalt der Fristwahrung	1,1 Verfahrensgebühr erstattungsfähig
Revision ohne Begründung	1,8 Verfahrensgebühr erstattungsfähig

dd) Zurückweisung der Berufung durch Beschluss

In vielen Fällen wird der Kläger nach Einlegung seiner Berufung vom Berufungsgericht   271
darauf hingewiesen, dass seine Berufung voraussichtlich gemäß § 522 Abs. 2 Satz 1 ZPO
durch Beschluss zurückgewiesen werde. Dieser Hinweis wird regelmäßig dem Prozessbevollmächtigten des Beklagten zugleich mit der Berufungsbegründung gemäß § 522
Abs. 2 Satz 2 ZPO übersandt. Reicht der Prozessbevollmächtigte des Berufungsbeklagten hieraufhin einen Antrag auf Zurückweisung der Berufung ein und nimmt der Berufungskläger dann seine Berufung wieder zurück, so stellt sich die Frage, ob für den Berufungsbeklagten die volle, d.h. 1,6 Verfahrensgebühr nach Nr. 3200 VV RVG erstattungsfähig ist. Dies wird von der herrschenden Auffassung in Rechtssprechung und Literatur für die volle, d.h. 13/10-Prozessgebühr nach § 31 Abs. 1 Nr. 1 BRAGO bejaht.[137]

Hiergegen bestehen jedoch Bedenken, weil die Stellung des Berufungszurückweisung-   272
antrags in diesem Verfahrensstadium die Lage des Berufungsbeklagten nicht fördern
kann. Es spricht deshalb viel dafür, lediglich die 1,1 Verfahrensgebühr als erstattungsfähig anzusehen.

2. Terminsgebühr
                                                                                 273
Im Zusammenhang mit der Terminsgebühr gibt es folgende Neuerungen:
• Wegfall der Erörterungsgebühr,
• Terminsgebühr auch für Tätigkeiten ohne Gerichtsbeteiligung,
• Höhe grds. von Antragsstellung unabhängig.

a) Abgeltungsbereich

Die neu geschaffene Terminsgebühr deckt einmal Tätigkeiten ab, die nach der BRAGO   274
durch die Verhandlungs-, Erörterungs- und Beweisgebühr abgegolten wurden. Die bis-

---

137 BGH, RVGreport 2004, 75 *[Hansens]*; OLG Celle, BRAGOReport 2003, 94 *[Hansens]* = AGS 2003,
     131 sowie BRAGOreport 2003, 95 *[Hansens]* = AGS 2003, 132; LG Itzehoe, AGS 2003, 274; *N.
     Schneider,* BRAGOreport 2003, 126, 127; *Enders,* JurBüro 2003, 561.

herige Verhandlungsgebühr nach § 31 Abs. 1 Nr. 2 BRAGO wird somit ebenfalls wie die Erörterungsgebühr nach § 31 Abs. 1 Nr. 4 BRAGO durch die neue Terminsgebühr ersetzt. Darüber hinaus entsteht die Terminsgebühr auch für Tätigkeiten, für die Gebühren nach der BRAGO nicht entstanden waren. Nach Vorbem. 3 Abs. 3 VV RVG entsteht die Terminsgebühr in folgenden **Fallgestaltungen**:

- Vertretung in einem Verhandlungstermin,

- Vertretung in einem Erörterungstermin,

- Vertretung in einem Beweisaufnahmetermin,

- Wahrnehmung eines von einem gerichtlich bestellten Sachverständigen anberaumten Termins,

- Mitwirkung an auf die Vermeidung oder Erledigung des Verfahrens gerichteten Besprechungen ohne Beteiligung des Gerichts mit Ausnahme von Besprechungen mit dem Auftraggeber.

aa) Vertretung in einem Verhandlungstermin

275 Hierunter fällt jeder vom Gericht anberaumte Termin, der der mündlichen Verhandlung dient.

In **subjektiver Hinsicht** erfordert die Vertretung lediglich, dass der Rechtsanwalt nach Aufruf der Sache (vgl. etwa § 220 ZPO) für den Auftraggeber erscheint, sich als dessen Prozess- oder Verfahrensbevollmächtigter zu erkennen gibt und bereit ist, für seinen Mandanten in der Verhandlung tätig zu werden. Um die Terminsgebühr nach Nr. 3104 VV RVG zu verdienen, muss der Rechtsanwalt also keinen Antrag stellen oder sich auch nur zu Wort melden.

276 *Beispiel:*

Nach Aufruf der Sache betritt der Prozessbevollmächtigte des Beklagten den Sitzungssaal. Der Richter erklärt dem Prozessbevollmächtigten des Klägers, dass er die Klage als unschlüssig ansehe. Hieraufhin nimmt der Klägervertreter die Klage zurück.

Der Prozessbevollmächtigte des Beklagten hat die 1,2 Terminsgebühr gemäß Nr. 3104 VV RVG bereits dadurch verdient, dass er für seinen Auftraggeber den Verhandlungstermin wahrgenommen hat und bereit war, sich in der mündlichen Verhandlung für ihn zu äußern. Die Gebühr entsteht erst recht, wenn der Prozessbevollmächtigte des Beklagten nach Klagerücknahme einen Kostenantrag nach § 269 Abs. 4 ZPO gestellt hat.

Andererseits reicht die bloße Anwesenheit des Rechtsanwalts in dem Verhandlungstermin nicht aus, wenn er nicht den Auftraggeber in diesem Termin vertritt.

Beispiel: 277

Mit Aufruf der Sache erscheint der Prozessbevollmächtigte des Beklagten in dem Sitzungssaal und erklärt, er trete für den Beklagten nicht auf.

Hierdurch hat der Beklagtenvertreter gerade zu erkennen gegeben, dass er seinen Mandanten nicht vertreten wolle. Eine Terminsgebühr ist dem Rechtsanwalt deshalb nicht angefallen.

Eine Terminsgebühr fällt dem zur Vertretung erschienenen Prozessbevollmächtigten auch 278
dann an, wenn das Gericht in eine Verhandlung nicht eintritt.

Beispiel: 279

Nach Aufruf der Sache teilt das Gericht den erschienenen Prozessbevollmächtigten mit, die Sache werde vertagt, da ein Mitglied der Kammer kurzfristig erkrankt sei. Da der Verhandlungstermin bereits mit dem Aufruf der Sache begonnen hat, haben die erschienenen Rechtsanwälte jeweils eine 1,2 Terminsgebühr verdient.

Anders ist dies jedoch, wenn die Terminsverlegung den Rechtsanwälten vom Gericht vor 280
Aufruf der Sache mitgeteilt wird.

Beispiel: 281

Der Richter teilt den vor dem Sitzungssaal wartenden Rechtsanwälten ohne Aufruf der Sache mit, der Termin müsse leider verlegt werden, da der geladene Zeuge sein Erscheinen wegen kurzfristiger Erkrankung abgesagt hat.

Die Terminsgebühr kann den Rechtsanwälten auch dann entstehen, wenn die Verhand- 282
lung nicht an Gerichtsstelle durchgeführt wird.

Beispiel: 283

Zur Verhandlung mit einer am Erscheinen vor Gericht verhinderten Person begibt sich das Gericht an einen anderen Ort, zu dem auch die Prozessbevollmächtigten der Parteien erscheinen.

Auch hier fällt den erschienenen Rechtsanwälten für die nach Aufruf der Sache erfolgte Vertretung eine 1,2 Terminsgebühr an.

bb) Vertretung in einem Erörterungstermin

Hierzu gehören insbesondere die Güteverhandlung nach § 278 ZPO oder der Güteter- 284
min gemäß § 54 ArbGG.

In **subjektiver Hinsicht** gelten die vorstehenden Ausführungen entsprechend. Es reicht 285
somit aus, dass der Prozess- oder Verfahrensbevollmächtigte zu dem Erörterungstermin
nach dessen Beginn erscheint und bereit ist, für seinen Auftraggeber das Wort zu er-

greifen. Es ist hingegen nicht erforderlich, dass er sich an der Erörterung in irgendeiner Weise aktiv beteiligt. Folglich kommt es hier nicht darauf an, ob es sich um eine Erörterung der Sach- und Rechtslage nach § 31 Abs. 1 Nr. 4 BRAGO handelt.

286 *Beispiel:*

In der Güteverhandlung erörtert das Gericht mit den erschienenen Parteien und deren Prozessbevollmächtigten den Sach- und Streitstand.

Bereits hierdurch erwächst den Prozessbevollmächtigten die 1,2 Terminsgebühr. Es ist also nicht noch erforderlich, dass sie sich zu den Ausführungen des Gerichts äußern.

cc) Vertretung in einem Beweisaufnahmetermin

287 Hierbei kommt es lediglich darauf an, ob es sich um einen Beweisaufnahmetermin i.S.d. **Prozessrechts** handelt. Es ist hingegen nicht darauf abzustellen, ob bei Durchführung der Beweisaufnahme nach bisherigem Recht eine Beweisgebühr angefallen wäre.

288 *Beispiel:*

In dem Beweisaufnahmetermin legt der Prozessbevollmächtigte des Klägers eine Urkunde aus dem Besitz seines Auftraggebers vor.

Den hierbei anwesenden Prozessbevollmächtigten entsteht eine 1,2 Terminsgebühr. Dass gemäß § 34 Abs. 1 BRAGO eine Beweisgebühr nicht angefallen wäre, ist unerheblich.

289 Unerheblich ist auch, wo und in welcher Besetzung das Gericht den Beweisaufnahmetermin durchführt.

290 *Beispiele:*

- *Die Zeugenvernehmung findet in Anwesenheit der Prozessbevollmächtigten der Parteien vor dem ersuchten oder beauftragten Richter statt.*

- *Das Gericht begibt sich in einem Kfz-Haftpflichtprozess zu der Unfallstelle zwecks Augenscheinseinnahme.*

In beiden Fällen entsteht den ihre Auftraggeber vertretenden Rechtsanwälten eine 1,2 Terminsgebühr.

291 In **subjektiver Hinsicht** gelten die vorstehenden Ausführungen unter Rn. 275 entsprechend. Es ist also nicht erforderlich, dass der zum Beweisaufnahmetermin erschienene Prozessbevollmächtigte an der Beweisaufnahme selbst mitwirkt.

292 *Beispiel:*

Der ersuchte Richter ruft den Termin zur Vernehmung des geladenen Zeugen auf. Es erscheint lediglich der Prozessbevollmächtigte des Klägers, der Zeuge fehlt unentschuldigt, das Gericht beraumt einen neuen Termin zur Beweisaufnahme an. Bereits hierdurch ist dem Klägervertreter die 1,2 Terminsgebühr angefallen.

dd) Wahrnehmung eines vom Gerichtssachverständigen anberaumten Termins

Hierbei handelt es sich regelmäßig um einen von dem gerichtlich bestellten Sachver-   293
ständigen anberaumten Ortstermin. Es kann sich aber auch um andere vom Sachverständigen anberaumte Termine handeln.

Beispiel: 294

I. Im selbständigen Beweisverfahren:

1.	*1,3 Verfahrensgebühr, Nr. 3100 VV RVG (Wert: 10.000 €)*	*631,80 €*
2.	*1,3 Terminsgebühr, Nr. 3104 VV RVG (Wert: 10.000 €)*	*683,20 €*
3.	*Postentgeltpauschale, Nr. 7002 VV RVG*	*20,00 €*
4.	*16 % Umsatzsteuer, Nr. 7008 VV RVG*	*+ 197,70 €*

Summe: **1.432,60 €**

II. Im Hauptsacheprozess:

1.	*1,3 Verfahrensgebühr, Nr. 3100 VV RVG (Wert: 10.000 €)*	*631,80 €*
	hierauf gem. Vorbem. 3 Abs. 5 VV RVG **anzurechnen**	
	1,3 Vrfahrensgebühr aus I. 1.	
2.	*1,3 Terminsgebühr, Nr. 3104 VV RVG (Wert: 10.000 €)*	*583,20 €*
3.	*Postentgeltpauschale, Nr. 7002 VV RVG*	*20,00 €*
4.	*16 % Umsatzsteuer, Nr. 7008 VV RVG*	*+ 96,51 €*

Summe: **699,71 €**

Insgesamt stehen dem Rechtsanwalt zu   **2.132,31 €**

In **subjektiver Hinsicht** ist die Wahrnehmung eines solchen Termins durch den Sach-   295
verständigen erforderlich. Die Wahrnehmung erfordert lediglich die körperliche Anwesenheit des Rechtsanwalts bei der betreffenden Örtlichkeit. Er muss also nicht durch Worte oder Tätigkeiten Einfluss auf die Beweiserhebungen des Sachverständigen nehmen.

Beispiel: 296

*In dem vom gerichtlich bestellten Sachverständigen anberaumten Ortstermin erscheint
der Rechtsanwalt für seinen Auftraggeber und sieht sich die Örtlichkeiten an.*

Bereits hierdurch ist ihm die 1,2 Terminsgebühr angefallen.

Für den Rechtsanwalt, der als Prozessbevollmächtigter des betreffenden Gerichtsverfah-   297
rens auch an einem Verhandlungs-, Erörterungs- oder Beweisaufnahmetermin seitens des
Gerichts teilnimmt, ergibt sich keine Erhöhung der Vergütung. Innerhalb derselben Instanz kann der Rechtsanwalt nämlich die 1,2 Terminsgebühr **lediglich einmal berechnen**
(s. § 15 Abs. 2 Satz 2 RVG). Praktische Auswirkungen hat dies jedoch für den im **selbständigen Beweisverfahren** und im anschließenden Hauptsacheprozess tätigen Prozessbevollmächtigten. Anders als bisher in § 37 Nr. 3 BRAGO geregelt, gehört das selbständige Beweisverfahren nicht mehr zum Rechtszug, sondern stellt gebührenrechtlich
gegenüber dem Hauptsacheprozess eine **gesonderte Angelegenheit** dar. Allerdings ist

nach Vorbem. 3 Abs. 5 VV RVG die Verfahrensgebühr des selbständigen Beweisverfahrens auf die Verfahrensgebühr des Hauptsacheprozesses **anzurechnen**. Dies gilt jedoch nicht auch für die Terminsgebühr.

298   **Beispiel:**

Der Rechtsanwalt reicht den Beweissicherungsantrag (Gegenstandswert: 10.000 €) ein und nimmt den vom Gerichtssachverständigen anberaumten Ortstermin für seinen Auftraggeber war. Nach Erstattung des Gutachtens erhebt der Rechtsanwalt Zahlungsklage über 10.000 €. Nach Durchführung einer streitigen Verhandlung erwirkt er ein der Klage stattgebendes Urteil.

Dem Rechtsanwalt sind folgende Gebühren und Auslagen angefallen:

I.   Im selbständigen Beweisverfahren

1.	*1,3 Verfahrensgebühr, Nr. 3100 VV RVG (Wert: 10.000 €)* *die in voller Höhe auf die Verfahrensgebühr zu Punkt II. 1. angerechnet wird*	631,80 €
2.	*1,2 Terminsgebühr, Nr. 3104 VV RVG (Wert: 10.000 €)*	583,20 €
3.	*Postentgeltpauschale, Nr. 7002 VV RVG*	20,00 €
4.	*16 % Umsatzsteuer, Nr. 7008 VV RVG*	+ 96,51 €
Summe:		**699,71 €**

II. Im Hauptsacheprozess

1.	*1,3 Verfahrensgebühr, Nr. 3100 VV RVG (Wert: 10.000 €)*	631,80 €
2.	*1,2 Terminsgebühr, Nr. 3104 VV RVG*	583,20 €
3.	*Postentgeltpauschale, Nr. 7002 VV RVG*	20,00 €
4.	*16 % Umsatzsteuer, Nr. 7008 VV RVG*	+ 197,60 €
Summe:		**1.432,60 €**
Insgesamt stehen dem Rechtsanwalt zu		**2.132,31 €**

ee) Mitwirkung an Besprechungen außerhalb eines Termins

299 Für den Prozess- oder Verfahrensbevollmächtigten gehören **außergerichtliche (Vergleichs-) Verhandlungen** zum Gebührenrechtszug (s. § 37 Nr. 2 BRAGO, jetzt § 19 Abs. 1 Nr. 2 RVG). Dies hat zur Folge, dass die entsprechende Tätigkeit durch die Prozessgebühr/Verfahrensgebühr mit abgegolten wird, sofern das Gesetz nichts anderes bestimmt. Nach der BRAGO war dies nicht der Fall, so dass der mit der Prozessführung beauftragte Rechtsanwalt für außergerichtliche Vergleichsverhandlungen und Besprechungen keine besondere Vergütung erhielt. Unter den Voraussetzungen der Vorbem. 3 Abs. 3 letzter Fall VV RVG kann der Rechtsanwalt künftig für derartige Besprechungen eine Terminsgebühr berechnen. Dies kann zu einer **ganz erheblichen Anhebung des Honoraraufkommens** führen. Allerdings weist die gesetzliche Regelung einige Unklarheiten auf, die wohl erst durch die Rechtsprechung geklärt werden müssen.

(1) Prozess- oder Verfahrensauftrag

Die 1,2 Terminsgebühr entsteht dem Prozess- und Verfahrensbevollmächtigten. Hierbei   300
genügt es, dass dem Rechtsanwalt ein entsprechender Auftrag erteilt worden ist.[137a] Hingegen ist nicht auch erforderlich, dass überhaupt ein gerichtliches Verfahren anhängig
ist. In der **Gesetzesbegründung** [138] heißt es zwar:

> „Der Anwalt soll nach seiner Bestellung zum Verfahrens- oder Prozessbevollmächtigten in jeder Phase des Verfahrens zu einer möglichst frühen, der Sach- und Rechtslage entsprechenden Beendigung des Verfahrens beitragen."

Fasst man diesen Begriff der „Bestellung" so auf, wie er in der ZPO gebraucht wird (s.   301
§§ 87, 215, 271 ZPO), setzt dies die Anhängigkeit eines Rechtsstreits voraus. Im Zivilprozess kann sich nämlich ein Prozessbevollmächtigter frühestens mit dem Einreichen
der Klageschrift oder Antragsschrift bestellen.

Gegen diese Auslegung des Begriffs „Bestellung" nach dem Verfahrensrecht spricht je-   302
doch der Gesetzeswortlaut. Ein bereits anhängiges Verfahren kann nicht mehr vermieden werden. Dies kann nur geschehen, wenn man dieses Verfahren erst gar nicht beginnen lässt.[139] Im Übrigen spricht auch der mit der gesetzlichen Regelung verfolgte
Zweck, die Gerichte möglichst zu entlasten, dafür, den Anwendungsbereich der Vorbem. 3 Abs. 3 letzter Fall VV RVG möglichst frühzeitig eingreifen zu lassen.

Beispiel: 303

Der mit Durchführung eines Rechtsstreits auf Zahlung von 5.000 € beauftragte Rechtsanwalt führt eine Besprechung i.S.v. Vorbem. 3 Abs. 3 letzter Fall VV RVG, woraufhin der Gegner zahlt und die Angelegenheit erledigt wird.

Ihm stehen folgende Gebühren und Auslagen zu:

1.	*0,8 Verfahrensgebühr, Nrn. 3100, 3101 Nr. 1 VV RVG (Wert: 5.000 €)*	*240,80 €*
2.	*1,2 Terminsgebühr, Nr. 3104 VV RVG (Wert: 5.000 €)*	*361,20 €*
3.	*Postentgeltpauschale, Nr. 7002 VV RVG*	*20,00 €*
4.	*16 % Umsatzsteuer, Nr. 7008 VV RVG*	*+ 99,52 €*
Summe:		*721,52 €*

Der Gegenanwalt, mit dem der Klägervertreter die Besprechung durchführt, muss eben-   304
falls einen Prozess- oder Verfahrensauftrag erteilt bekommen haben. Ist dies nicht der
Fall, wird die Besprechung durch die für außergerichtliche Vertretung anfallende Ge-

---

137a Entgegen *Hartmann*, KostG, Nr. 3104 VV RVG Rn. 11 reicht ein Auftrag zur „eventuellen nachfolgenden" gerichtlichen Tätigkeit nicht.

138   BR-Drucks. 830/03, S. 260.

139   Ebenso *Bischof*, JurBüro 2004, Heft 6, der zutreffend darauf hinweist, dass auch schon § 31 Abs. 1 Nr. 1 BRAGO den Begriff der Bestellung des Prozessbevollmächtigten nicht prozessual gemeint hat.

schäftsgebühr nach Nr. 2400 VV RVG abgegolten. Je nach Umfang und Schwierigkeit dieser Besprechung führt dies zur Anhebung des Gebührensatzes der Geschäftsgebühr.

(2) Persönlicher Anwendungsbereich

305 Für Besprechungen i.S.v. Vorbem. 3 Abs. 3 letzter Fall VV RVG kann jeder Rechtsanwalt eine 1,2 Terminsgebühr berechnen, für den im Teil 3 VV RVG überhaupt eine Terminsgebühr vorgesehen ist. Dies gilt insbesondere für

- den Prozessbevollmächtigten,

- den Verfahrensbevollmächtigten im selbständigen Beweisverfahren,

- den Terminsvertreter (Nr. 3402 VV RVG) oder Verkehrsanwalt (Nr. 3400 VV RVG).

306 Für verschiedene in Teil 3 VV RVG geregelte Anwaltstätigkeiten ist der Anfall einer Terminsgebühr entweder überhaupt ausgeschlossen oder auf bestimmte Anwendungsbereiche beschränkt. So können eine **Terminsgebühr** i.S.v. Vorbem. 3 Abs. 3 letzter Fall VV RVG **nicht berechnen**:

- der Verfahrensbevollmächtigte in der Zwangsversteigerung und der Zwangsverwaltung (s. Nr. 3312 VV RVG),

- der mit der Zwangsvollstreckung beauftragte Rechtsanwalt (s. Nr. 3310 VV RVG),

- der Mahnanwalt (s. Nr. 3305 ff. VV RVG).

(3) Zielrichtung der Besprechung

307 Die Besprechung muss auf die **Vermeidung oder Erledigung des Verfahrens** gerichtet sein. Dies beschreibt lediglich die Zielrichtung der Besprechung. Es ist hingegen nicht auch erforderlich, dass diese Besprechung zu dem erstrebten Erfolg geführt hat.

308 *Beispiel:*

Nach Erhalt des Prozessauftrags wegen eines Zahlungsanspruchs i.H.v. 5.000 € ruft der Klägervertreter den gegnerischen Anwalt an und fordert ihn zur Vermeidung der Klageerhebung zur umgehenden Zahlung auf. Dies lehnt der angerufene Anwalt ab.

Hierdurch ist dem Klägervertreter als Terminsgebühr angefallen:

1,2 Terminsgebühr, Nr. 3104 VV RVG (Wert: 5.000 €)   *361,20 €*

309 Die Terminsgebühr fällt natürlich erst recht an, wenn die Besprechung zu einer Vermeidung eines Verfahrens geführt hat.

310 *Beispiel:*

Rechtsanwalt A ist beauftragt worden, eine Forderung von 5.000 € einzuklagen. In einer persönlichen Besprechung mit dem Anwalt des Gegners, Rechtsanwalt B, einigen (vergleichen) sich die Anwälte dahin, dass zum Ausgleich der Forderung 4.000 € gezahlt werden.

Rechtsanwalt A *rechnet wie folgt ab:*

1.	*0,8 Verfahrensgebühr, Nrn. 3100, 3101 Nr. 1 VV RVG (Wert: 5.000 €)*	240,90 €
2.	*1,2 Terminsgebühr, Nr. 3104 VV RVG (Wert: 5.000 €)*	361,20 €
3.	*1,5 Einigungsgebühr, Nr. 1000 VV RVG (Wert: 5.000 €)*	451,50 €
4.	*Postentgeltpauschale, Nr. 7002 VV RVG*	20,00 €
5.	*16 % Umsatzsteuer, Nr. 7008 VV RVG*	+ 171,78 €
	Summe:	**1.245,38 €**

Rechtsanwalt B, *der lediglich einen Auftrag zur außergerichtlichen Vertretung hatte, berechnet:*

1.	*1,5 Geschäftsgebühr, Nr. 2400 VV RVG (Wert: 5.000 €)*	451,50 €
2.	*1,5 Einigungsgebühr, Nr. 1000 VV RVG (Wert: 5.000 €)*	451,50 €
3.	*Postentgeltpauschale, Nr. 7002 VV RVG*	20,00 €
4.	*16 % Umsatzsteuer, Nr. 7008 VV RVG*	+ 147,68 €
	Summe:	**1.070,68 €**

Zielrichtung einer Besprechung i.S.d. Vorbem. 3 Abs. 3 letzter Fall VV RVG kann auch die **311 Erledigung eines** (anhängigen oder rechtshängigen) **Verfahrens** sein.

Beispiel: 312

Im vorstehenden Beispiel hat Rechtsanwalt A Klage eingereicht, Rechtsanwalt B Klageabweisungsantrag gestellt. In einer telefonischen Besprechung erzielen die Rechtsanwälte eine Einigung (einen Vergleich) dahin, dass auf die eingeklagte Forderung ein Betrag von 4.000 € gezahlt wird. Anschließend nimmt Rechtsanwalt A die Klage zurück.

Rechtsanwalt A und Rechtsanwalt B *rechnen nunmehr jeweils wie folgt ab:*

1.	*1,3 Verfahrensgebühr, Nr. 3100 VV RVG (Wert: 5.000 €)*	391,30 €
2.	*1,2 Terminsgebühr, Nr. 3104 VV RVG (Wert: 5.000 €)*	361,20 €
3.	*1,0 Einigungsgebühr, Nrn. 1000, 1003 VV RVG (Wert: 5.000 €)*	301,00 €
4.	*Postentgeltpauschale, Nr. 7002 VV RVG*	20,00 €
5.	*16 % Umsatzsteuer, Nr. 7008 VV RVG*	+ 171,76 €
	Summe:	**1.245,26 €**

(4) Art der Besprechung

Welcher Art die Besprechung sein muss, also in welcher Weise die Besprechung geführt **313** wird, regelt das Gesetz nicht. Keinesfalls kann aus den in Vorbem. 3 Abs. 3 VV RVG im

Übrigen aufgeführten Voraussetzungen geschlossen werden, es müsse sich um eine einem Termin ähnliche Besprechung handeln. Der Gesetzeswortlaut erinnert an die Formulierung in § 118 Abs. 1 Nr. 2 BRAGO für die Besprechungsgebühr. Allerdings erfordert die Terminsgebühr nach Vorbem. 3 Abs. 3 letzter Fall VV RVG keine Besprechung über tatsächliche oder rechtliche Fragen. Wann eine „Mitwirkung an ... Besprechungen" gegeben ist, beurteilt sich ebenso wie die Mitwirkung an einer Besprechung i.S.v. § 118 Abs. 1 Nr. 2 BRAGO. Es ist nämlich nicht ersichtlich, dass der Gesetzgeber mit seiner Formulierung etwas anderes gemeint hat als für die vergleichbare Regelung in § 118 Abs. 1 Nr. 2 BRAGO.

314   *Beispiele:*

Eine Terminsgebühr kann für folgende Besprechungen entstehen:

(1) Der Rechtsanwalt führt die Besprechung mit dem Gegner in dessen Lokal durch.

(2) Der Klägervertreter führt die Besprechung mit dem gegnerischen Prozessbevollmächtigten vor dem Sitzungssaal.

(3) Anlässlich eines RVG-Seminars einigen sich die Rechtsanwälte auf eine den anhängigen Rechtsstreit erledigende Verfahrensweise.

(4) Der Rechtsanwalt ruft den Gegner seines Auftraggebers an und schlägt ihm eine einvernehmliche Regelung zur Vermeidung der Klage vor.

(5) Die beteiligten Rechtsanwälte verhandeln über eine Vermeidung des Verfahrens im Wege einer Video- oder Telefonkonferenz.

(6) Der Rechtsanwalt hört sich die gegnerischen Vorschläge zur Erledigung des Verfahrens an. Der Rechtsanwalt muss sich also nicht selbst äußern. Es genügt, dass er die Äußerungen des Gegners verfolgt und bereit ist, sich damit auseinanderzusetzen.[140]

315   Es liegt jedoch keine Besprechung vor, wenn sich der Gegner **von vornherein weigert,** eine solche zu führen.

316   *Beispiel:*

Nach Erhalt des Klageauftrags ruft der Prozessbevollmächtigte des Klägers den gegnerischen Rechtsanwalt an. Dieser lehnt es ab, eine Besprechung zu führen und legt den Telefonhörer auf.

Aufgrund dieses Verhaltens des gegnerischen Rechtsanwalts findet keine zur Vermeidung des Verfahrens dienende Besprechung statt.

---

140   S. KG, JurBüro 1984, 1847.

> **Praxishinweis:**   317
>
> Ein solches Verhalten ist der Praxis aus dem Telefonverkehr mit Sachbearbeitern von Haftpflichtversicherungen bekannt. Will der angesprochene oder angerufene Rechtsanwalt den Anfall der Terminsgebühr vermeiden, muss er der Gegenseite sofort zu erkennen geben, dass er keine Besprechung führen werde.

(5) Gesprächspartner

Wer Gesprächspartner einer Besprechung i.S.v. Vorbem. 3 Abs. 3 letzter Fall VV RVG ist, 318
ist gesetzlich nicht geregelt. Vielmehr schließt das Gesetz lediglich zwei Gesprächspartner aus, nämlich

- das Gericht und

- den Auftraggeber.

Beispiel: 319

In einer Sitzungspause, in der sich das Gericht zur Beratung zurückgezogen hat, besprechen die anwesenden Prozessbevollmächtigten der Parteien die Sache mit dem Ziel der Erledigung des Verfahrens.

Hierdurch entsteht ihnen die Terminsgebühr nach Nr. 3104 VV RVG. Dies wirkt sich allerdings nicht gebührenerhöhend aus, weil sie die Terminsgebühr bereits für die Vertretung in der – unterbrochenen – mündlichen Verhandlung vor Gericht verdient haben.

Im Regelfall wird die Besprechung mit dem **Gegner** oder dessen Prozess- bzw. Verfah- 320
rensbevollmächtigten geführt. Es können jedoch auch Besprechungen mit **anderen Gesprächspartnern** der Vermeidung oder Erledigung des Verfahrens dienen. In Betracht kommen als Gesprächspartner beispielsweise

- die Haftpflichtversicherung des Gegners,   321

- der Leiter der übergeordneten Dienststelle der verklagten Behörde,

- die Muttergesellschaft der in Anspruch genommenen Tochtergesellschaft,

- die neue Ehefrau des als Unterhaltsschuldner in Anspruch genommenen Ehegatten.

(6) Praktische Auswirkungen

Besprechungen i.S.v. Vorbem. 3 Abs. 3 letzter Fall VV RVG wirken sich vielfach auf das 322
Gebührenaufkommen nicht erhöhend aus.

Beispiel: 323

Die zur Vermeidung des Gerichtsverfahrens geführte Besprechung des Prozessbevollmächtigten des Klägers führt zu keinem Erfolg. In dem anschließenden Rechtsstreit nimmt der Rechtsanwalt einen Verhandlungstermin wahr.

Hier sind neben der Verfahrensgebühr angefallen:

1. *1,2 Terminsgebühr, Nr. 3104 VV RVG für die Besprechung sowie*

2. *eine weitere 1,2 Terminsgebühr für die Vertretung in der mündlichen Verhandlung.*

Gemäß § 15 Abs. 2 Satz 2 RVG kann der Rechtsanwalt jedoch insgesamt nur eine 1,2 Terminsgebühr berechnen.

324 Folglich wirkt sich die Besprechung einmal gebührenerhöhend aus, wenn überhaupt kein gerichtliches Verfahren (mehr) durchgeführt wird, in dem eine Terminsgebühr anfallen kann. Zum Zweiten führt die Besprechung dann zu einer **Vergütungssteigerung**, wenn im anschließenden gerichtlichen Verfahren zwar eine Terminsgebühr anfällt, jedoch nicht in Höhe eines Satzes von 1,2.

325 **Beispiel:**

Nach Klageauftrag wegen eines Zahlungsanspruchs von 5.000 € führt der Prozessbevollmächtigte des Klägers eine Besprechung mit dem Gegner zur Vermeidung des Verfahrens. Da diese keinen Erfolg hat, erhebt er Klage. In dem Termin zur mündlichen Verhandlung erscheint der Beklagte nicht und ist auch nicht anwaltlich vertreten. Der Klägervertreter stellt lediglich einen Antrag auf Erlass eines Versäumnisurteils, das antragsgemäß ergeht.

Der Rechtsanwalt des Klägers kann berechnen:

1. *1,3 Verfahrensgebühr, Nr. 3101 VV RVG (Wert: 5.000 €)*	*391,30 €*
2. *1,2 Terminsgebühr für die Besprechung, Nr. 3104 VV RVG (Wert: 5.000 €)*	*361,20 €*
3. *Postentgeltpauschale, Nr. 7002 VV RVG*	*20,00 €*
4. *16 % Umsatzsteuer, Nr. 7008 VV RVG*	*+ 123,60 €*
Summe:	**896,10 €**

Ohne die Besprechung würde der Rechtsanwalt als Terminsgebühr nach Nr. 3105 VV RVG lediglich erhalten:

0,5 Terminsgebühr (Wert: 5.000 €)	*150,50 €*

Die Besprechung zur Vermeidung des gerichtlichen Verfahrens hat also zu einer Vergütungserhöhung in Höhe einer

0,7 Terminsgebühr mit	*210,70 €*

geführt.

326

Praxishinweis:

Wegen der jedenfalls in diesen beiden Fällen möglichen Vergütungssteigerungen werden die Rechtsanwälte künftig häufiger nach Erhalt des Prozess- oder Verfahrensauftrags die Möglichkeit einer Besprechung zu Vermeidung des Verfahrens suchen.

Allerdings wird sich die Anwaltschaft in solchen Fällen gelegentlich den Vorwurf des Auf- 327
traggebers ausgesetzt sehen, die **Besprechung zur Vermeidung des Verfahrens** sei
nicht erforderlich gewesen, weil aufgrund des vorgerichtlichen Verhaltens der Gegenseite von Anfang an klar gewesen sei, dass die Besprechung nicht zum erstrebten Erfolg
führen würde. Zwar ist für eine solche Besprechung – anders als im Fall des § 118 Abs. 1
Nr. 2 BRAGO – das Einverständnis des Auftraggebers nicht erforderlich. Jedoch wird der
Rechtsanwalt gegen seine Pflichten aus dem Anwaltsdienstvertrag verstoßen, wenn er
Besprechungen zur Vermeidung des Gerichtsverfahrens führt, die nach seiner Kenntnis
von Anfang an keinen Erfolg haben können.

(7) Kostenerstattung

Die dem Prozessbevollmächtigten für Besprechungen i.S.v. Vorbem. 3 Abs. 3 letzter Fall 328
VV RVG angefallene Terminsgebühr gehört zu den gemäß § 91 Abs. 2 Satz 1 ZPO kraft
Gesetzes erstattungsfähigen Kosten des Rechtsstreits. Voraussetzung hierfür ist,

- dass überhaupt ein Rechtsstreit anhängig gemacht wurde und

- dort eine Kostengrundentscheidung oder Kostenregelung in einem Vergleich getroffen wurde.

Die Frage der Erstattungsfähigkeit stellt sich dann, wenn dem Prozessbevollmächtigten 329
nicht durch andere Tätigkeiten eine 1,2 Terminsgebühr angefallen ist.

Beispiel: 330

*Im vorstehenden Beispiel hat der Rechtsanwalt für die Vertretung in dem Termin, in dem
das Versäumnisurteil verkündet worden ist, gemäß Nr. 3105 VV RVG nur eine 0,5 Terminsgebühr verdient. Erstattungsfähig ist darüber hinaus der restliche Anteil der Terminsgebühr in Höhe eines Satzes von 0,7.*

Auch die dem **Beklagtenvertreter** für Besprechungen mit dem Ziel einer Erledigung des 331
Verfahrens angefallene Terminsgebühr kann erstattungsfähig sein.

Beispiel: 332

*Nach Klageerhebung führen die Prozessbevollmächtigten beider Parteien ein Gespräch zwecks
Erledigung des Verfahrens. Hieraufhin erklärt der Kläger die Klagerücknahme. Auf schriftlichen
Antrag des Beklagtenvertreters ergeht ein Kostenbeschluss nach § 269 Abs. 3 ZPO.*

*Vor Gericht ist dem Prozessbevollmächtigten des Beklagten keine Terminsgebühr angefal-
len, wohl aber für die Besprechung. Aufgrund des Kostenbeschlusses ist dann neben der
Verfahrensgebühr auch die 1,2 Terminsgebühr erstattungsfähig.*

Die entsprechende Tätigkeit des Prozessbevollmächtigten ist nicht aktenkundig. Deshalb 333
muss die erstattungsberechtigte Partei **den Anfall** der Terminsgebühr im Kostenfestsetzungsantrag im Einzelnen **darlegen**. Dies erfordert insbesondere folgende Angaben:

- Zeitpunkt der Erteilung des Prozess- bzw. Verfahrensauftrags,

- Zeitpunkt der Besprechung,

- Inhalt der Besprechung,

- Mitwirkung des Rechtsanwalts an dieser Besprechung,

- Ergebnis der Besprechung,

- Gesprächspartner.

334 Wird der Anfall der Terminsgebühr von der erstattungspflichtigen Gegenpartei bestritten, hat der Erstattungsberechtigte dies **glaubhaft zu machen** (§ 104 Abs. 2 Satz 1 ZPO). Dies kann am einfachsten und sichersten durch Vorlage einer eidesstattlichen Versicherung (§ 294 ZPO) des Prozessbevollmächtigten der erstattungsberechtigten Partei geschehen.

335

> **Praxishinweis:**
>
> Die Gerichte werden künftig zu entscheiden haben, ob nicht im Einzelfall die Notwendigkeit der zur Vermeidung oder Erledigung geführten Besprechung im Kostenfestsetzungsverfahren zu prüfen ist. Die Notwendigkeit (s. § 91 Abs. 1 ZPO) einer solchen Besprechung kann nämlich bezweifelt werden, wenn von Anfang an feststand, dass eine solche Besprechung nicht zu dem erstrebten Ziel führen wird.

336 *Beispiele:*

(1) Der im Rechtsstreit unterlegene Beklagte hatte bereits vorprozessual bestritten, dass überhaupt ein Anspruch ihm gegenüber besteht.

(2) Er hat bereits vorgerichtlich mit einer Gegenforderung aufgerechnet.

337 Allerdings kann auch in einem solchen Fall eine Besprechung i.S.v. Vorbem. 3 Abs. 3 letzter Fall VV RVG durchaus zum Erfolg führen, wenn der Gegenseite klargemacht wird, dass die Klageerhebung gegen sie unmittelbar bevorsteht, falls es nicht zu einer Einigung kommt.

ff) Schriftliches Verfahren

338 Nach Abs. 1 Nr. 1 der Anm. zu Nr. 3104 VV RVG erhält der Rechtsanwalt die Terminsgebühr auch im schriftlichen Verfahren. Vergleichbar mit dem bisherigen § 35 BRAGO setzt dies voraus:

- Es muss sich um ein Verfahren handeln, für das grds. die mündliche Verhandlung vorgeschrieben ist (s. § 128 Abs. 1 ZPO).

- Die Parteien müssen ihr Einverständnis zu einer Entscheidung des Gerichts ohne mündliche Verhandlung erklärt haben (s. § 128 Abs. 2 ZPO, § 64 Abs. 6 ArbGG) oder

- das Gericht muss

  - gemäß § 307 Abs. 2 ZPO oder

  - § 495a ZPO oder

  - gemäß § 331 Abs. 3 ZPO (s. Abs. 1 Nr. 2, Abs. 2 der Anm. zu Nr. 3105 VV RVG)

ohne mündliche Verhandlung entschieden haben.

Liegen diese Voraussetzungen vor, erhält der Rechtsanwalt im Regelfall eine 1,2 Termins- 339
gebühr, bei Erlass eines Versäumnisurteils im schriftlichen Vorverfahren gemäß Nr. 3105
VV RVG nur eine 0,5 Terminsgebühr.

Welche Tätigkeit der Rechtsanwalt in **subjektiver Hinsicht** entfalten muss, um die Ter- 340
minsgebühr im schriftlichen Verfahren zu verdienen, regelt das Gesetz nicht. Ebenso wie
bei Anwendung des § 35 BRAGO genügt es nicht, wenn sich der Rechtsanwalt lediglich
zum Prozessbevollmächtigten bestellt und keine schriftsätzlichen Anträge angekündigt.
Vielmehr verdient er die Terminsgebühr nur dann, wenn er schriftsätzlich zur **Förderung
der Angelegenheit** tätig geworden ist.[141]

> *Beispiele:* 341
>
> *(1) Der Rechtsanwalt stellt im Verfahren nach § 495a ZPO einen Sachantrag.*
>
> *(2) Er beantragt den Erlass eines Versäumnisurteils im schriftlichen Vorverfahren.*
>
> *(3) Er erkennt im schriftlichen Vorverfahren die Klageforderung an.*

Bei Erlass eines **Anerkenntnisurteils** im schriftlichen Vorverfahren bedarf es nach § 307 342
Abs. 2 ZPO keines Antrags auf Erlass des Anerkenntnisurteils mehr. In einem solchen Fall
muss der Prozessbevollmächtigte des Klägers nicht einen – verfahrensrechtlich überflüs-
sigen – Antrag auf Erlass eines Anerkenntnisurteils stellen, um die 1,2 Terminsgebühr zu
verdienen. Vielmehr reicht in einem solchen Fall die Stellung des Klageantrags aus[142].

> *Beispiel:* 343
>
> *Der Prozessbevollmächtigte des Klägers reicht bei Gericht eine Klageschrift ein, nach der der
> Beklagte zur Zahlung von 5.000 € verurteilt werden soll. Das Gericht führt das schriftliche
> Vorverfahren durch. Der Prozessbevollmächtigte des Beklagten erkennt die Klageforderung
> schriftsätzlich an, woraufhin im schriftlichen Vorverfahren ein Anerkenntnisurteil ergeht.*

---

141   OLG Koblenz, AnwBl. 1989, 294; LG Tübingen, JurBüro 1986, 276.
142   KG, RVGreport 2004, 149 [*Hansens*] zu § 35 BRAGO.

Der Prozessbevollmächtigte des Klägers hat die **1,3 Verfahrensgebühr** *durch Einreichen der Klageschrift, der Prozessbevollmächtigte des Beklagten durch Einreichen des das Anerkenntnis als Sachantrag enthaltenden Schriftsatzes verdient. Dem Prozessbevollmächtigten des Klägers ist die* **1,2 Terminsgebühr** *durch das Einreichen des Klageantrags, aufgrund dessen ohne seinen besonderen Antrag das Anerkenntnisurteil ergangen ist, angefallen. Der Prozessbevollmächtigte des Beklagten hat die 1,2 Terminsgebühr durch das schriftsätzliche Anerkenntnis verdient. Danach hat jeder Rechtsanwalt folgende Gebühren und Auslagen verdient:*

1.	*1,3 Verfahrensgebühr, Nr. 3100 VV RVG (Wert: 5.000 €)*	*391,30 €*
2.	*1,2 Terminsgebühr, Nr. 3104 VV RVG (Wert: 5.000 €)*	*361,20 €*
3.	*Postentgeltpauschale, Nr. 7002 VV RVG*	*20,00 €*
4.	*16 % Umsatzsteuer, Nr. 7008 VV RVG*	+ *123,60 €*
Summe:		**896,10 €**

An **Anwaltskosten** *sind insgesamt angefallen:* **1.792,20 €**

Bei den **Gerichtskosten** *hat sich die gerichtliche Verfahrensgebühr infolge des Anerkenntnisses von einer dreifachen Gebühr auf eine einfache Gebühr ermäßigt. Damit errechnen sich die Gerichtskosten wie folgt:*

1,0 Verfahrensgebühr, GKG KostVerz Nrn. 1210, 1211 Nr. 2
(Wert: 5.000 €) *121,00 €*

Die **Kosten dieses Rechtsstreits** *betragen somit* **1.913,20 €**

344 Zum Vergleich, welche Kosten bei Erledigung des Verfahrens durch ein **Versäumnisurteil** im schriftlichen Vorverfahren entstehen, dient folgendes

345 *Beispiel:*

Im vorstehenden Beispiel reicht der Prozessbevollmächtigte des Klägers eine Klageschrift ein und beantragt, im Falle der Durchführung des schriftlichen Vorverfahrens gegen den Beklagten ein Versäumnisurteil nach § 331 Abs. 3 ZPO zu erlassen. Der von dem Beklagten beauftragte Prozessbevollmächtigte des Beklagten rät seinem Auftraggeber, angesichts der Rechtslage ein Versäumnisurteil gegen sich ergehen zu lassen. Er meldet sich deshalb zu den Gerichtsakten nicht.

Dem **Klägervertreter** *sind angefallen:*

1.	*1,3 Verfahrensgebühr, Nr. 3100 VV RVG (Wert: 5.000 €)*	*391,30 €*
2.	*0,5 Terminsgebühr, Abs. 1 Nr. 2 und Abs. 2 der Anm. zu* *Nr. 3105 VV RVG (Wert: 5.000 €)*	*150,50 €*
3.	*Postentgeltpauschale, Nr. 7002 VV RVG*	*20,00 €*
4.	*16 % Umsatzsteuer, Nr. 7008 VV RVG*	+ *89,89 €*
Summe:		**651,69 €**

Der **Beklagtenvertreter** berechnet:

1.	0,8 Verfahrensgebühr, Nrn. 3100, 3101 VV RVG (Wert: 5.000 €)	240,80 €
2.	Postentgeltpauschale, Nr. 7002 VV RVG	20,00 €
3.	16 % Umsatzsteuer, Nr. 7008 VV RVG	+ 41,73 €

Summe: 302,53 €

An Anwaltskosten sind insgesamt angefallen   954,22 €

Bei den **Gerichtskosten** ermäßigt sich die gerichtliche Verfahrensgebühr bei Erlass eines Versäumnisurteils nicht. Es entsteht daher:

3,0 Verfahrensgebühr, GKG KostVerz Nr. 1210 (Wert: 5.000 €)   363,00 €
Die **Kosten des Rechtsstreits** betragen somit insgesamt   1.317,22 €

*Trotz der höheren Gerichtskosten ist die Erledigung des Rechtsstreits durch schriftliches Versäumnisurteil um (1.913,20 € abzüglich 1.317,22 €) 595,98 € günstiger als bei Erlass eines Anerkenntnisurteils im schriftlichen Vorverfahren. Der an den Kläger aufgrund der Kostenentscheidung zu erstattende **Kostenbetrag** ist bei Erlass eines Versäumnisurteils dagegen um 2,41 € höher: (896,10 € Anwaltskosten des Klägers + 121 € Gerichtskosten =) 1.017,10 € Gesamtkosten gegenüber (651,69 € Anwaltskosten + 363 € Gerichtskosten =) 1.014,69 € Gesamtkosten bei Erlass eines Versäumnisurteils.*

Gemäß § 278 Abs. 6 ZPO, der im Arbeitsgerichtsverfahren entsprechend gilt, kann ein gerichtlicher Vergleich auch dadurch geschlossen werden, dass die Parteien einen **schriftlichen Vergleichsvorschlag** des Gerichts durch Schriftsatz gegenüber dem Gericht annehmen. In einem solchen Fall stellt das Gericht das Zustandekommen und den Inhalt dieses Vergleichs durch Beschluss fest. In der Praxis werden vielfach Rechtsstreitigkeiten auf diesem Wege ohne mündliche Verhandlung beendet. Entweder ordnet das Gericht dann die Durchführung des schriftlichen Vorverfahrens an oder die Parteien erklären jedenfalls stillschweigend ihr Einverständnis zu der Verfahrensweise des Gerichts, indem sie übereinstimmende Vergleichsvorschläge schriftsätzlich vortragen.   346

Bisher war es umstritten, ob dem Rechtsanwalt in einem solchen Fall gemäß § 35 BRAGO eine Verhandlungsgebühr anfällt.[143] Dies wurde weitgehend mit der Begründung verneint, der Feststellungsbeschluss stelle keine Sachentscheidung i.S.v. § 35 BRAGO dar.   347

---

143   Nein: BGH, RVGreport 2004, 311 [*Hansens*]; OLG Koblenz, BRAGOreport 2003, 197 [*Hansens*] = AGS 2003, 396 m. Anm. *Mock*; OLG München, BRAGOreport 2003, 372 [*Hansens*] = JurBüro 2003, 248; OLG Schleswig, JurBüro 2003, 301; OLG Stuttgart, RVGreport 2004, 30 [*Hansens*]; *Hansens*, BRAGOreport 2003, 72; Ja: *Enders*, JurBüro 2003, 1,2; *Siemon*, MDR 2003, 61, 62.

Abs. 1 Nr. 1 der Anm. zu Nr. 3104 VV RVG bestimmt nunmehr ausdrücklich, dass der Rechtsanwalt auch bei Feststellung des Vergleichs durch Beschluss gemäß § 278 Abs. 6 Satz 2 ZPO eine 1,2 Terminsgebühr erhält.

348 **Beispiel:**

In einem Rechtsstreit auf Zahlung von 10.000 € einigen sich die Parteien schriftsätzlich dahin, dass der Beklagte zum Ausgleich der Klageforderung 8.000 € zahlt und die Kosten des Rechtsstreits entsprechend gequotelt werden. Das Gericht stellt das Zustandekommen und den Inhalt dieses Vergleichs durch Beschluss fest. Jedem Prozessbevollmächtigten sind folgende Gebühren und Auslagen angefallen:

1.	*1,3 Verfahrensgebühr, Nr. 3100 VV RVG (Wert: 10.000 €)*	*631,80 €*
2.	*1,2 Terminsgebühr, Nr. 3104 VV RVG (Wert: 10.000 €)*	*583,20 €*
3.	*1,0 Einigungsgebühr, Nrn. 1000, 1003 VV RVG (Wert: 10.000 €)*	*486,00 €*
4.	*Postentgeltpauschale, Nr. 7002 VV RVG*	*20,00 €*
5.	*16 % Umsatzsteuer, Nr. 7008 VV RVG*	*+ 275,36 €*
Summe:		**1.996,36 €**

349 Der Gesetzeswortlaut beschränkt den Anwendungsbereich allerdings nicht auf einen schriftlichen Vergleich nach § 278 Abs. 6 ZPO, sondern erfordert nur **irgendeinen schriftlichen Vergleich**.

350 **Beispiel:**

Im schriftlichen Vorverfahren schließen die Parteien einen privatschriftlichen Vergleich, woraufhin der Kläger nach dessen Erfüllung seine Klage zurücknimmt. Auch hier ist den Rechtsanwälten eine 1,2 Terminsgebühr angefallen.

351 Voraussetzung ist in beiden vorgenannten Fallgestaltungen nach dem eindeutigen Gesetzeswortlaut der Abschluss eines **Vergleichsvertrages** i.S.v. § 779 BGB, der gegenseitiges Nachgeben erfordert. Eine die Einigungsgebühr auslösende Einigung ohne gegenseitiges Nachgeben genügt also nicht.

gg) Verhandlungen zur Einigung über nicht rechtshängige Gegenstände

352 Für die Einbeziehung in diesem Verfahren nicht rechtshängiger Gegenstände erhält der Rechtsanwalt – wie bisher im § 32 Abs. 2 BRAGO geregelt – nach Nr. 3101 Nr. 2 VV RVG die sog. **Differenzverfahrensgebühr** (s. Rn. 249 ff.). Werden entsprechende Verhandlungen zur Einigung über in diesem Verfahren nicht rechtshängige Gegenstände in einem Termin geführt, erhält der Rechtsanwalt nach Abs. 2 der Anm. zu Nr. 3104 VV RVG auch hinsichtlich des nicht rechtshängigen Anspruchs eine 1,2 Terminsgebühr.

Beispiel: 353

In einem Rechtsstreit auf Zahlung von 5.000 € verhandeln die Prozessbevollmächtigten der Parteien darüber, einen anderweit nicht rechtshängigen Anspruch von weiteren 2.000 € in eine Gesamteinigung (einen Gesamtvergleich) einzubeziehen, was auch geschieht. Jeder Rechtsanwalt berechnet folgende Gebühren und Auslagen:

1.	1,3 Verfahrensgebühr, Nr. 3100 VV RVG (Wert: 5.000 €)	391,30 €
2.	0,8 Verfahrensgebühr, Nrn. 3100, 3101 Nr. 2 VV RVG (Wert: 2.000 €)	172,90 €
	zu 1. und 2. gemäß § 15 Abs. 3 RVG nicht mehr als eine 1,3 Verfahrensgebühr (Wert: 7.000 €)	487,50 €
	die hier die Obergrenze bilden	
3.	1,2 Terminsgebühr, Nr. 3104 VV RVG (Wert: 7.000 €)	450,00 €
4.	1,5 Einigungsgebühr, Nr. 1000 VV RVG (Wert: 2.000 €)	199,50 €
5.	1,0 Einigungsgebühr, Nrn. 1000, 1003 VV RVG (Wert: 5.000 €)	301,00 €
	zu 4. und 5. gemäß § 15 Abs. 3 RVG nicht mehr als eine 1,5 Einigungsgebühr (Wert: 7.000 €)	562,50 €
	die hier nicht erreicht werden	
6.	Postentgeltpauschale, Nr. 7002 VV RVG	20,00 €
7.	16 % Umsatzsteuer, Nr. 7008 VV RVG	+ 161,28 €
Summe:		*1.619,28 €*

Hinsichtlich der in diesem Verfahren nicht rechtshängigen Ansprüche setzt der Anfall der   354
Terminsgebühr lediglich voraus, dass in dem Termin **Verhandlungen zur Einigung** über diese Ansprüche geführt werden. Es ist nicht auch erforderlich, dass die Verhandlungen auch zum Abschluss einer Einigung (eines Vergleichs) geführt haben.

Ist dem Rechtsanwalt jedoch hinsichtlich der in dem Verfahren, in dem die Verhandlun-   355
gen zur Einigung geführt worden ist, nicht rechtshängigen Ansprüche bereits anderweit eine Terminsgebühr angefallen, wird sie nach Maßgabe von Abs. 2 der Anm. zu Nr. 3104 VV RVG **angerechnet**. Unerheblich ist, wodurch die Terminsgebühr hinsichtlich der in diesem Verfahren nicht rechtshängigen Ansprüche angefallen ist.

Beispiele: 356

(1) *Der Rechtsanwalt hat hinsichtlich der in diesem Verfahren nicht rechtshängigen Ansprüche bereits eine Besprechung i.S.v. Vorbem. 3 Abs. 3 letzter Fall VV RVG geführt.*

(2) *Der Anspruch ist in einem anderen gerichtlichen Verfahren rechtshängig, in dem der Rechtsanwalt den Auftraggeber in einem Verhandlungstermin vertreten hat.*

hh) Nur Antrag auf Protokollierung einer Einigung

357 Nach Abs. 3 der Anm. zu Nr. 3104 VV RVG entsteht eine Terminsgebühr nicht, soweit der Rechtsanwalt **lediglich beantragt** hat, eine Einigung der Parteien über **nicht rechtshängige Ansprüche** zu Protokoll zu nehmen. Diese Regelung unterscheidet sich von der in Abs. 2 der Anm. zu Nr. 3104 VV RVG allein dadurch, dass für Verhandlungen zur Einigung über in diesem Verfahren nicht rechtshängige Ansprüche eine Terminsgebühr entsteht, für den Antrag auf Protokollierung einer solchen Einigung ohne Verhandlungen hingegen nicht.

b) Höhe der Terminsgebühr

358 Übersicht: Terminsgebühr

Terminsgebühr	I. Instanz	Berufungsinstanz	Revisionsinstanz
Vertretung in • Verhandlungstermin, • Erörterungstermin, • Beweisaufnahmetermin, • vom Gerichtssachverständigen anberaumten Termin, • Besprechungen zur Vermeidung oder Erledigung des Verfahrens	Nr. 3104 VV RVG 1,2	Nr. 3202 VV RVG 1,2	Nr. 3210 VV RVG 1,5
Lediglich Antrag auf Versäumnisurteil oder zur Prozess- oder Sachleitung	Nr. 3105 VV RVG 0,5	Nr. 3203 VV RVG, wenn Berufungskläger nicht ordnungsgemäß vertreten ist 0,5, 0,5	Nr. 3211 VV RVG, wenn Revisionskläger nicht ordnungsgemäß vertreten ist 0,8 0,8

aa) Volle Terminsgebühr

359 Im Regelfall erhält der Prozessbevollmächtigte eine volle Terminsgebühr. Diese beträgt

• im ersten Rechtszug,	Nr. 3104 VV RVG	1,2,
• im Berufungsrechtszug,	Nr. 3202 VV RVG	1,2,
• im Revisionsrechtszug,	Nr. 3210 VV RVG	1,5.

360 Da die Höhe der Terminsgebühr abweichend von der Regelung in der BRAGO nicht mehr davon abhängt, ob der Rechtsanwalt in dem Termin überhaupt einen Antrag stellt, ob er streitig oder nicht streitig verhandelt oder ob er die Sache erörtert, fällt die volle Ter-

minsgebühr stets durch die Vertretung in einem der in Vorbem. 3 Abs. 3 VV RVG aufgeführten Termine an. Auch **Mischfälle** gibt es künftig so gut wie nicht mehr.

Beispiele: 361

(1) In einem Rechtsstreit auf Zahlung von 10.000 € wird hinsichtlich eines Teilbetrags von 6.000 € streitig verhandelt, während weitere 4.000 € anerkannt werden. Beide Prozessbevollmächtigten erhalten eine 1,2 Terminsgebühr nach einem Gegenstandswert von 10.000 €.

(2) Im vorstehenden Beispiel verhandeln die Prozessbevollmächtigten hinsichtlich einer Teilforderung von 6.000 € streitig, im Übrigen stellt der Beklagtenvertreter keinen Antrag. Auf Antrag des Klägervertreters ergeht ein Teilversäumnisurteil, im Übrigen ein Urteil aufgrund der streitigen Verhandlung.

Auch hier haben beide Prozessbevollmächtigten die 1,2 Terminsgebühr verdient.

bb) Verminderte Terminsgebühr

Ausnahmsweise entsteht nur eine verminderte Terminsgebühr. Sie beträgt   362

• im ersten Rechtszug,	Nr. 3105 VV RVG	0,5,
• im Berufungsrechtszug,	Nr. 3203 VV RVG	0,5,
• im Revisionsrechtszug,	Nr. 3211 VV RVG	0,8.

(1) Erster Rechtszug

Im ersten Rechtszug entsteht gemäß Nr. 3105 VV RVG nur dann die 0,5 Terminsgebühr,   363
wenn folgende Voraussetzungen erfüllt sind:

• in dem Termin ist eine Partei nicht erschienen oder nicht ordnungsgemäß vertreten,

• es wird lediglich ein Antrag auf Versäumnisurteil oder zur Prozess- oder Sachleitung gestellt.

Welche **Partei säumig** ist, ist für die erste Instanz nicht entscheidend. Die Ermäßigung   364
der Terminsgebühr tritt jedoch nicht ein, wenn beide Parteien erschienen oder – im Anwaltsprozess – ordnungsgemäß vertreten sind.

Beispiel: 365

In dem Termin zur mündlichen Verhandlung sind beide Parteien durch ihre Prozessbevollmächtigten vertreten. Nach Erörterung der Sach- und Rechtslage erklärt der Beklagtenvertreter, er stelle keinen Antrag. Hieraufhin ergeht auf Antrag des Klägervertreters ein Versäumnisurteil.

Beiden Prozessbevollmächtigten ist nach Nr. 3104 VV RVG die 1,2 Terminsgebühr angefallen. Die Ermäßigung nach Nr. 3105 VV RVG kommt hier bereits deshalb nicht in Betracht, weil beide Parteien durch Anwälte vertreten waren.

366 Aber auch bei Säumnis einer Partei kann dem erschienenen Prozessbevollmächtigten die 1,2 Terminsgebühr anfallen, wenn er nicht nur lediglich einen Antrag auf Versäumnisurteil oder zur Prozess- oder Sachleitung stellt.

367 *Beispiele:*

(1) Das Gericht weist den erschienenen Prozessbevollmächtigten darauf hin, dass es seine Klage gerade nur so als schlüssig ansehe, im Streitfall müsse der Kläger zu einzelnen Punkten weiter vortragen. Auf den Antrag des Klägervertreters erlässt das Gericht dann ein Versäumnisurteil. Mit der einseitigen Erörterung der Rechtslage hat der Klägervertreter in dem Verhandlungstermin mehr getan als lediglich den Antrag auf Erlass des Versäumnisurteils gestellt. Ihm ist deshalb nach Nr. 3104 VV RVG die 1,2 Terminsgebühr angefallen.

(2) Das Gericht weist den Prozessbevollmächtigten des Klägers im vorstehenden Beispiel darauf hin, dass als Beginn der Verzinsung ein zu frühes Datum angesetzt wurde. Der Prozessbevollmächtigte des Klägers nimmt seinen Klageantrag hinsichtlich der Zinsen teilweise zurück und beantragt im Übrigen den Erlass eines Versäumnisurteils. Auch hier löst die – wenn auch nur hinsichtlich der Zinsmehrforderung – ausgeübte weiter gehende Tätigkeit des Prozessbevollmächtigten des Klägers hinsichtlich des gesamten Gegenstandswertes die 1,2 Terminsgebühr aus.

(3) Im ersten Beispiel beantragt der Prozessbevollmächtigte des Klägers eine Entscheidung nach Aktenlage gemäß § 331a ZPO. Auch hierfür fällt dem Klägervertreter eine 1,2 Terminsgebühr an.

368

Praxishinweis:

Die vorgeschlagenen Lösungen entsprechen dem Gesetzeswortlaut. Es muss jedoch abgewartet werden, ob die Rechtsprechung dem Rechtsanwalt in einem solchen Fall nicht durch eine einschränkende Gesetzesauslegung nur eine 0,5 Terminsgebühr zuerkennt.

369 Die verminderte Terminsgebühr fällt auch dann an, wenn das Gericht dem **Antrag** auf Erlass eines Versäumnisurteils oder zur Prozess- oder Sachleitung **nicht entspricht.**

370 *Beispiel:*

Bei Säumnis des Beklagtenvertreters stellt der Klägervertreter den Antrag auf Erlass eines Versäumnisurteils. Das Gericht weist diesen Antrag gemäß § 335 ZPO zurück.

Der Klägervertreter kann nach Nr. 3105 VV RVG lediglich eine 0,5 Terminsgebühr berechnen.

Dem Rechtsanwalt der erschienenen Partei fällt auch dann nur eine 0,5 Terminsgebühr an, wenn das Gericht bei Säumnis der Gegenpartei **von Amts wegen** lediglich Entscheidungen zur **Prozess- oder Sachleitung** trifft (Abs. 1 Nr. 1 der Anm. zu Nr. 3105 VV RVG).   371

Beispiel: 372

Bei Säumnis des Beklagten stellt der Prozessbevollmächtigte des Klägers keinen Antrag. Da eine Entscheidung nach Lage der Akten gemäß § 251a Abs. 2 ZPO nicht in Betracht kommt, vertagt das Gericht die Sache. Dem erschienenen Rechtsanwalt des Klägers ist eine 0,5 Terminsgebühr angefallen.

Erwirkt der Prozessbevollmächtigte des Klägers im **schriftlichen Vorverfahren** ein Versäumnisurteil gegen den Beklagten, erhält der Klägervertreter nach Abs. 1 Nr. 2 der Anm. zu Nr. 3105 VV RVG ebenfalls nur eine 0,5 Terminsgebühr (s. auch vorstehend Rn. 364).   373

Eine nach Nr. 3105 VV RVG entstandene 0,5 Terminsgebühr kann sich **auf eine 1,2 Terminsgebühr** erhöhen, wenn die Voraussetzungen für den Anfall der vollen Terminsgebühr in einem weiteren Termin erfüllt sind.   374

Beispiel: 375

Bei Säumnis des Beklagten erwirkt der Klägervertreter ein Versäumnisurteil. Gegen dieses Versäumnisurteil legt der Beklagte Einspruch ein. Im Einspruchstermin verhandeln die Parteien streitig. Für die Tätigkeit in dem ersten Termin ist dem Prozessbevollmächtigten des Klägers nach Nr. 3105 VV RVG lediglich eine 0,5 Terminsgebühr angefallen. Im Einspruchstermin ist beiden Rechtsanwälten nach Nr. 3104 VV RVG eine 1,2 Terminsgebühr angefallen. Der Klägervertreter kann gemäß § 15 Abs. 2 Satz 2 RVG im gesamten Verfahren der ersten Instanz lediglich eine 1,2 Terminsgebühr berechnen.

Hieraus wird deutlich, dass das RVG eine dem § 38 Abs. 1 oder Abs. 2 BRAGO entsprechende Regelung nicht getroffen hat. Dem Prozessbevollmächtigten der nicht säumigen Partei erwächst somit auch im Fall der Rücknahme oder Verwerfung des Einspruchs gegen ein Versäumnisurteil oder der Verhandlung oder Erörterung der Hauptsache nach Einspruch gegen ein Versäumnisurteil **keine weitere Terminsgebühr.**   376

(2) Berufungsrechtszug

Im Berufungsrechtszug fällt im Zivilprozess nur dann die verminderte 0,5 Terminsgebühr an, wenn der **Berufungskläger** nicht ordnungsgemäß vertreten ist. Bei Säumnis des Berufungsbeklagten greift die Ermäßigung also nicht ein.   377

Beispiel: 378

Im Termin zur mündlichen Verhandlung vor dem Berufungsgericht erscheint für den Berufungskläger dessen Prozessbevollmächtigter. Für den Berufungsbeklagten ist kein Rechtsanwalt erschienen, so dass der Rechtsanwalt des Berufungsklägers Antrag auf Erlass eines Versäumnisurteils stellt.

Der Prozessbevollmächtigte des Berufungsklägers hat gemäß Nr. 3202 VV RVG eine 1,2 Terminsgebühr verdient.

379 Im Übrigen gelten die Ausführungen zur ersten Instanz entsprechend. Demnach erhält der Prozessbevollmächtigte des Berufungsbeklagten bei Säumnis des Berufungsklägers auch dann eine 1,2 Terminsgebühr, wenn er über die Stellung des Antrags auf Versäumnisurteil hinaus weiter gehende Tätigkeiten entfaltet hat.

(3) Revisionsinstanz

380 In der Revisionsinstanz fällt die verminderte Terminsgebühr nach Nr. 3211 VV RVG i.H.v. 0,8 nur dann an, wenn der **Revisionskläger** im Termin nicht ordnungsgemäß vertreten ist.

381 Bei Säumnis des Revisionsbeklagten erhält der Prozessbevollmächtigte des Revisionsklägers auch dann nach Nr. 3210 VV RVG eine 1,5 Terminsgebühr, wenn er lediglich einen Antrag auf Versäumnisurteil stellt.

III. Gegenstandswert

382 Der Gegenstandswert für die Verfahrensgebühr und die Terminsgebühr im Zivilprozess richtet sich im Allgemeinen gemäß § 23 Abs. 1 Satz 1 RVG nach den **für die Gerichtsgebühren geltenden Wertvorschriften**.

1. Verfahrensgebühr

383 Für die Verfahrensgebühr ist der **höchste** während der auftragsgemäßen Anwaltstätigkeit im gerichtlichen Verfahren betroffene **Wert** maßgebend.

384 *Beispiel:*

Der Prozessbevollmächtigte des Klägers reicht Zahlungsklage über 10.000 € ein und erweitert diese um weitere 3.000 €. Während des Rechtsstreits nimmt er die Klage wegen 4.000 € zurück.

Der Rechtsanwalt berechnet nach Nr. 3100 VV RVG eine 1,3 Verfahrensgebühr nach einem Gegenstandswert von 13.000 €.

385 Bei **vorzeitiger Beendigung** der Anwaltstätigkeit wegen eines Teils des gesamten vom Prozessauftrag betroffenen Gegenstandswertes ist eine Einzelberechnung vorzunehmen.

386 *Beispiel:*

Der Rechtsanwalt erhält den Auftrag, 13.000 € einzuklagen. Bevor er die Klage einreicht, erledigt sich der Auftrag in Höhe eines Teilbetrags von 4.000 € durch Zahlung. Der Anwalt reicht hinsichtlich des Restbetrags von 9.000 € Klage ein.

Die Kostenberechnung sieht hinsichtlich der Verfahrensgebühren wie folgt aus:

1. *1,3 Verfahrensgebühr, Nr. 3100 VV RVG (Wert: 9.000 €)*   *583,70 €*

2. *0,8 Verfahrensgebühr, Nrn. 3100, 3101 Nr. 1 VV RVG*
   (Wert: 4.000 €)   *196,00 €,*

   gemäß § 15 Abs. 3 RVG jedoch nicht mehr als eine
   1,3 Verfahrensgebühr (Wert: 13.000 €)   *683,80 €,*

   die hier die Obergrenze bilden.

Ist die Verfahrensgebühr jedoch bereits durch eine die volle Gebühr auslösende Tätigkeit **387** entstanden, hat die vorzeitige Erledigung oder Beendigung des Auftrags hierauf keinen Einfluss (s. § 15 Abs. 4 RVG).

Beispiel: **388**

Der Rechtsanwalt reicht aufgrund des ihm erteilten Prozessauftrags Zahlungsklage über 13.000 € ein. Da der Gegner nach Klagezustellung einen Teilbetrag von 4.000 € zahlt, erklärt er insoweit den Rechtsstreit in der Hauptsache für erledigt.

Wegen der gezahlten 4.000 € endigte der Auftrag erst, nach dem der Klägervertreter mit Einreichung der Klageschrift die 1,3 Verfahrensgebühr verdient hat.

Er berechnet deshalb:

1,3 Verfahrensgebühr, Nr. 3100 VV RVG (Wert: 13.000 €)   *683,80 €*

2. Terminsgebühr

Auch die Terminsgebühr berechnet sich nach dem **höchsten Gegenstandswert**, nach **389** dem der Rechtsanwalt während des Prozessauftrags diese eine Gebühr auslösende Tätigkeiten entfaltet hat.

Beispiel 1:   **390**

Der Rechtsanwalt reicht Klage auf Zahlung von 10.000 € ein. Nach streitiger Verhandlung hierüber erlässt das Gericht einen Beweisbeschluss. Nach Durchführung der Beweisaufnahme im nächsten Termin erweitert der Rechtsanwalt die Klage um weitere 5.000 €. In dem dann durchgeführten dritten Verhandlungstermin ergeht nach erneuter streitiger Verhandlung ein der Klage stattgebendes Urteil.

Für die Vertretung des Klägers im ersten Verhandlungstermin hat der Rechtsanwalt des Klägers eine 1,2 Terminsgebühr nach einem Gegenstandswert von 10.000 € verdient. Die Gebühr ist erneut für die Vertretung des Klägers in dem Beweisaufnahmetermin angefallen, insgesamt kann der Rechtsanwalt sie jedoch gemäß § 15 Abs. 2 Satz 2 RVG nur einmal berechnen. Für die streitige Verhandlung in dem dritten Verhandlungstermin ist die 1,2 Terminsgebühr nunmehr nach einem Gegenstandswert von 15.000 € erwachsen.

Der Rechtsanwalt berechnet somit folgende Gebühren:

1.	1,3 Verfahrensgebühr, Nr. 3100 VV RVG (Wert: 15.000 €)	735,80 €
2.	1,2 Terminsgebühr, Nr. 3104 VV RVG (Wert: 15.000 €)	+ 679,20 €
Summe:		**1.415,00 €**

zuzüglich Postentgelte und Umsatzsteuer.

391 **Beispiel 2:**

Im vorstehenden Beispiel ist der Beklagte im dritten Verhandlungstermin nach Klage-erweiterung anwaltlich nicht ordnungsgemäß vertreten. Auf Antrag des Klägers ergeht ein Versäumnisurteil über 15.000 €.

Auch hier hat der Prozessbevollmächtigte des Klägers für die Vertretung in dem ersten Ver-handlungstermin und in dem anschließenden Beweisaufnahmetermin eine 1,2 Terminsge-bühr nach einem Gegenstandswert von 10.000 € verdient. Hinsichtlich der weiteren 5.000 € erhält er jedoch nach Nr. 3105 VV RVG lediglich eine 0,5 Terminsgebühr. Der Rechtsanwalt berechnet folglich an Gebühren:

1.	1,3 Verfahrensgebühr, Nr. 3100 VV RVG (Wert: 15.000 €)	735,80 €
2.	1,2 Terminsgebühr, Nr. 3104 VV RVG (Wert: 10.000 €)	583,20 €
3.	0,5 Terminsgebühr, Nr. 3105 VV RVG (Wert: 5.000 €)	150,50 €
	zu 2. und 3. gemäß § 15 Abs. 3 RVG nicht mehr als eine	
	1,2 Terminsgebühr (Wert: 15.000 €)	+ 679,20 €
	die hier die Obergrenze bilden.	
Insgesamt sind an Gebühren angefallen		**1.415,00 €**

392 Auch für die Terminsgebühr gilt der in § 15 Abs. 4 RVG niedergelegte Grundsatz, das ei-ne spätere Erledigung oder Beendigung des Auftrags auf eine bereits angefallene Gebühr keinen Einfluss hat.

393 **Beispiel:**

Nach Erhalt des Prozessauftrags über 15.000 € führt der Rechtsanwalt mit dem Gegner ein Gespräch zur Vermeidung des gerichtlichen Verfahrens. Dies führt zur Zahlung eines Teilbetrags von 5.000 €. Nunmehr erhebt der Rechtsanwalt Klage hinsichtlich der rest-lichen 10.000 € und vertritt den Kläger in einem Termin zur mündlichen Verhandlung.

Die 1,3 Verfahrensgebühr ist durch Einreichung der Klage und die spätere Terminswahr-nehmung nur nach einem Gegenstandswert von 10.000 € angefallen. Hinsichtlich der später nicht eingeklagten 5.000 € erhält der Rechtsanwalt nach Nr. 3101 Nr. 1 VV RVG lediglich eine 0,8 Verfahrensgebühr. Die Terminsgebühr ist vor teilweiser Erledigung des Auftrags für die Besprechung zur Vermeidung des gerichtlichen Verfahrens nach einem Gegenstandswert von 15.000 € angefallen.

Die Kostenberechnung sieht deshalb wie folgt aus:

1.	*1,3 Verfahrensgebühr, Nr. 3100 VV RVG (Wert: 10.000 €)*	*631,80 €*
2.	*0,8 Verfahrensgebühr, Nrn. 3100, 3101 Nr. 1 VV RVG (Wert: 5.000 €)*	*240,80 €*
	zu 1. und 2. gemäß § 15 Abs. 3 RVG nicht mehr als eine 1,3 Verfahrensgebühr (Wert: 15.000 €)	*735,80 €*
	die hier die Obergrenze bilden.	
3.	*1,2 Terminsgebühr, Nr. 3104 VV RVG (Wert: 15.000 €)*	*+ 679,20 €*
	Summe:	*1.415,00 €*

IV. Gerichtskosten

Die Gerichtsgebühren für zivilrechtliche Verfahren vor den ordentlichen Gerichten be-   394
rechnen sich nach Teil 1 des Kostenverzeichnisses zum GKG. In sämtlichen Instanzen fällt
eine **Verfahrensgebühr** an, die sich unter bestimmten Voraussetzungen in verschiedener Höhe ermäßigen kann. Diese Gebührensystematik besteht für das Prozessverfahren
erster Instanz bereits seit vielen Jahren. Das KostRModG hat diese Regelung erstmals auch
für die Berufungs- und die Revisionsinstanz eingeführt. In diesen Instanzen sind also künftig besondere Gebühren bei Erlass gerichtlicher Entscheidungen, insbesondere von Ur-
teilen und Beschlüssen, nicht vorgesehen.

1. Fälligkeit

Gemäß § 6 Abs. 1 GKG wird die gerichtliche Verfahrensgebühr mit der **Einreichung** der   395
Klage-, Antrags-, Einspruchs- oder Rechtsmittelschrift oder mit der Abgabe der entsprechenden Erklärung zu Protokoll fällig. Der Zeitpunkt der Fälligkeit fällt mit dem Zeitpunkt
der Entstehung der gerichtlichen Verfahrensgebühr zusammen.

Beispiel: 396

*Mit Eingang der Klageschrift bei Gericht entsteht in bürgerlichen Rechtsstreitigkeiten die
gerichtliche Verfahrensgebühr gemäß GKG KostVerz Nr. 1210 und wird gleichzeitig fällig.*

*Dies gilt ebenso für die Verfahrensgebühr gemäß GKG KostVerz Nr. 1220, die mit dem
Eingang der Berufungsschrift fällig wird.*

Entgegen einer weit verbreiteten Auffassung hat der Schuldner damit eine **entstandene**   397
und fällige Gerichtskostenschuld zu begleichen. Er wird somit nicht – wie vielfach zu lesen ist – für einen Gerichtskostenvorschuss in Anspruch genommen.[144] Dies wirkt sich

---

144   *Hansens*, AnwBl. 2004, 142, 143.

auch dann aus, wenn der Eingangsregistratur des Gerichts eine unrichtige Sachbehandlung vorgeworfen wird.

398 **Beispiel:**

Der Prozessbevollmächtigte des Klägers hat versehentlich in derselben Sache identische Klageschriften kurz nacheinander eingereicht. Beide Klageschriften sind von der Eingangsregistratur unter zwei verschiedenen Aktenzeichen registriert worden. Erst der Richter bemerkt die doppelte Klageeinreichung und weist den Prozessbevollmächtigten des Klägers hierauf hin. Dieser nimmt die zweite Klage zurück.

Es ist bereits fraglich, ob die Eintragung der Klageschriften unter zwei verschiedenen Aktenzeichen eine unrichtige Sachbehandlung i.S.v. § 21 Abs. 1 GKG darstellt. Jedenfalls werden im Falle einer solchen unrichtigen Sachbehandlung nur diejenigen Kosten nicht erhoben, die bei richtiger Behandlung der Sache nicht entstanden wären. Selbst wenn die Eingangsregistratur die zweite Klageschrift nicht unter einem besonderen Aktenzeichen eingetragen hätte, wäre die gerichtliche Verfahrensgebühr für jede Klage mit deren Eingang angefallen und fällig geworden, bevor also der erste Gerichtsbedienstete die Klageschrift auch nur zu Gesicht bekommen hat.

Damit sind an gerichtlichen Verfahrensgebühren angefallen:

*1. Für den **ersten Rechtsstreit**, der dann durchgeführt wird*

3,0 Verfahrensgebühr, Nr. 1210 GKG KostVerz,

*2. für den **zweiten Rechtsstreit** infolge der alsbaldigen Zurücknahme der Klage*

1,0 Verfahrensgebühr, Nrn. 1210, 1211 Nr. 1a GKG KostVerz.

2. Gerichtskosten erster Instanz

399 Nach Nr. 1210 GKG KostVerz entsteht mit Eingang der Klageschrift eine **3,0 Verfahrensgebühr**. Diese ermäßigt sich auf eine **1,0 Verfahrensgebühr**, wenn die Voraussetzungen nach Nr. 1211 GKG KostVerz vorliegen. Einer der Ermäßigungstatbestände erfordert die Beendigung des gesamten Verfahrens durch **gerichtlichen Vergleich** (Nr. 1211 Nr. 3 GKG KostVerz). Hierbei muss es sich um einen Vergleich i.S.d. materiellen Rechts (§ 779 BGB) handeln, der unter anderem gegenseitiges Nachgeben der Parteien erfordert. Eine Einigung der Parteien, die nach Nr. 1000 VV RVG die Einigungsgebühr auch ohne gegenseitiges Nachgeben der Parteien auslöst, führt somit nicht zur Ermäßigung der gerichtlichen Verfahrensgebühr.

3. Gerichtskosten in der Berufungsinstanz

400 Nach der Neufassung des GKG fällt auch in der Berufungsinstanz eine Verfahrensgebühr an, die sich unter bestimmten Voraussetzungen ermäßigen kann. Nach Nr. 1220 GKG KostVerz entsteht eine Verfahrensgebühr i.H.v. 4,0.

Diese ermäßigt sich:

• bei Beendigung des gesamten Verfahrens durch Berufungsrücknahme, Klage- oder Antragsrücknahme bevor die Begründungsschrift bei Gericht eingegangen ist, nach Nr. 1221 GKG KostVerz auf	1,0
• bei Beendigung des Verfahrens in den in Nr. 1222 GKG KostVerz aufgeführten Fällen auf	2,0
• bei Beendigung des gesamten Verfahrens durch Urteil nach § 313a ZPO gemäß Nr. 1223 GKG KostVerz auf	3,0

a) Durchgeführte Berufung

Wird die Berufung durchgeführt und ergeht hierüber kein Urteil nach § 313a ZPO, vermindert sich die gerichtliche Verfahrensgebühr nicht.   401

Beispiel:

Berufung gegen ein Urteil mit einer Beschwer von 10.000 €. Es ergeht ein Urteil mit Begründung, auf die die Parteien nicht verzichtet haben.

Es entsteht:

4,0 Verfahrensgebühr, GKG KostVerz Nr. 1220 (Wert: 10.000 €)   *784 €*

b) Berufung, anschließende Rücknahme vor Begründung

Dieser Sachverhalt kommt in der Praxis recht häufig vor, wenn der Berufungskläger seine **Berufung lediglich zur Fristwahrung** einlegt und sie dann vor dem Einreichen der Berufungsbegründung wieder zurücknimmt.   402

Beispiel:

Berufung zur Fristwahrung gegen ein Urteil mit einer Beschwer von 10.000 €. Berufungsrücknahme vor Einlegung der Berufungsbegründung.

Es entsteht:

1,0 Verfahrensgebühr, Nrn. 1220, 1222 Nr. 1a GKG KostVerz

(Wert: 10.000 €)   *196 €*

c) Berufung, Teilrücknahme Endurteil mit Begründung

Die Teilrücknahme oder sonstige Teilerledigung des Berufungsverfahrens wirkt sich auf die Höhe der gerichtlichen Verfahrensgebühr oder auf deren Streitwert nicht aus. Gemäß § 41 GKG ist nämlich für die Wertberechnung der Verfahrensgebühr der Zeitpunkt der den jeweiligen Streitgegenstand betreffenden **ersten Antragstellung** entscheidend. Dies ist der in der Berufungsschrift oder Berufungsbegründungsschrift vor den Teilerledigungen gestellte Antrag.   403

404 Nach bisherigem Recht führte die **Teilrücknahme** oder sonstige **Teilerledigung** des Berufungsverfahrens deshalb zu geringeren Gebühren, da sich die Urteilsgebühr nur nach dem Streitwert berechnete, hinsichtlich dessen das Urteil ergangen ist. Dies ist künftig nicht mehr vorgesehen.

405 *Beispiel:*

Berufung gegen eine Verurteilung i.H.v. 30.000 €, Teilrücknahme (Teilanerkenntnis- oder Teilversäumnisurteil, Teilvergleich) über 20.000 €. Endurteil mit Begründung über restliche 10.000 €.

Die 4,0 Verfahrensgebühr ermäßigt sich hier nicht, da durch die erfolgte Teilrücknahme usw. nicht das gesamte Berufungsverfahren beendet wurde. Es entsteht somit

4,0 Verfahrensgebühr, Nr. 1220 GKG KostVerz (Wert: 30.000 €)   *1.360 €*

d) Berufung, Zurückweisung durch Beschluss nach § 522 Abs. 2 ZPO

406 Von dieser durch die ZPO-Reform eingeführten Möglichkeit machen die Berufungsgerichte zunehmend Gebrauch.

407 *Beispiel:*

Berufung gegen eine Verurteilung über 20.000 €, Zurückweisung durch Beschluss.

Es entsteht:

4,0 Verfahrensgebühr, GKG KostVerz Nr. 1220 (Wert: 20.000 €)   *1.152 €*

Obwohl das Gericht infolge der Zurückweisung der Berufung durch Beschluss erhebliche Arbeit erspart (Verhandlungstermin, Abfassung eines Urteils), ermäßigt sich die gerichtliche Verfahrensgebühr nicht.

e) Berufung, Verzicht auf Entscheidungsgründe nach § 313a Abs. 1 Satz 2 ZPO

408 Wenn ein Rechtsmittel gegen das Urteil des Berufungsgerichts unzweifelhaft nicht zulässig ist, muss das Berufungsurteil keine Entscheidungsgründe enthalten, wenn die Parteien auf sie verzichten.

409 *Beispiel:*

Berufung gegen Verurteilung zu 20.000 €, die Parteien verzichten auf die Urteilsgründe. Die Berufung wird durch Urteil zurückgewiesen. Es entsteht:

3,0 Verfahrensgebühr, Nrn. 1220, 1223 GKG KostVerz (Wert: 20.000 €)   *864 €*

f) Berufung, Vergleich

410 Häufig vergleichen sich die Parteien in der Berufungsinstanz.

Beispiel: 411

Berufung gegen eine Verurteilung über 20.000 €, Vergleich hierüber unter Vereinbarung einer Kostenquotelung. Es entstehen folgende Gerichtskosten:

2,0 Verfahrensgebühr, GKG KostVerz Nrn. 1220, 1222 Nr. 3
GKG KostVerz (Wert: 20.000 €)   *576 €*

412

Praxishinweis:

Nur der Abschluss eines gerichtlichen Vergleichs, der die materiell-rechtlichen Voraussetzungen des § 779 BGB erfüllt, führt zur Ermäßigung der gerichtlichen Verfahrensgebühr. Die Vereinbarung einer die Einigungsgebühr nach Nr. 1000 VV RVG auslösenden gerichtlichen Einigung genügt nicht, wenn sie nicht auch die Voraussetzungen eines Vergleichs i.S.v. § 779 BGB (gegenseitiges Nachgeben) erfüllt.

---

g) Berufung, Versäumnisurteil gegen die säumige Partei

Auch bei dieser in der Praxis nicht selten vorkommenden Verfahrenssituation ermäßigt 413
sich die gerichtliche Verfahrensgebühr nicht.

Beispiel: 414

Berufung des Beklagten gegen seine Verurteilung über 20.000 €. In der mündlichen Verhandlung lässt er sich nicht durch einen Prozessbevollmächtigten vertreten, so dass gegen ihn ein Versäumnisurteil ergeht. Da ein Versäumnisurteil nicht zur Ermäßigung der gerichtlichen Verfahrensgebühr führt, entstehen folgende Gerichtskosten:

4,0 Verfahrensgebühr, GKG KostVerz Nr. 1220
(Wert: 20.000 €)   *1.152 €*

h) Berufung, Hauptsachenerledigung, Kostenbeschluss

Auch auf diesem Wege erledigen sich häufig Berufungsverfahren. 415

Beispiel: 416

Berufung gegen Verurteilung über 20.000 €, Hauptsachenerledigung, keine Einigung der Parteien über die Kosten, es ergeht ein Kostenbeschluss gemäß § 91a ZPO mit Begründung.

Auch hier ermäßigt sich die gerichtliche Verfahrensgebühr nicht. Es wirkt sich auch nicht ermäßigend aus, dass die gerichtliche Entscheidung nur über die Kosten ergeht. Es entsteht daher:

4,0 Verfahrensgebühr, GKG KostVerz Nr. 1220
(Wert: 20.000 €)   *1.152 €*

i) Berufung, Hauptsachenerledigung, Kostenbeschluss entsprechend Einigungserklärungen der Parteien

417 Nach dem neuen Gerichtskostenrecht ermäßigt sich die gerichtliche Verfahrensgebühr auch nach Hauptsachenerledigung gemäß § 91a ZPO nur dann, wenn entweder keine Entscheidung über die Kosten des Rechtsstreits ergeht oder die gerichtliche Entscheidung einer zuvor mitgeteilten Einigung der Parteien über die Kostentragung entspricht oder sie der Erklärung einer Partei folgt, die Kosten tragen zu wollen.

418 *Beispiel:*

Berufung gegen die Verurteilung über 20.000 €, Hauptsachenerledigung, der Beklagte erklärt, die Kosten des Rechtsstreits tragen zu wollen, es ergeht dann ein entsprechender Kostenbeschluss ohne Begründung.

Hier ermäßigt sich die gerichtliche Verfahrensgebühr wie folgt:

2,0 Verfahrensgebühr, Nrn. 1220, 1222 Nr. 4 GKG KostVerz
(Wert: 20.000 €) 576 €

4. Gerichtskosten in der Revisionsinstanz

419 Auch für das Revisionsverfahren sieht das GKG keine Urteils- oder Beschlussgebühren mehr vor. Vielmehr wird auch in dieser Instanz eine gerichtliche **Verfahrensgebühr** erhoben, die sich unter bestimmten Bedingungen ermäßigen kann.

a) Durchgeführte Revision

420 Hier findet keine Ermäßigung der gerichtlichen Verfahrensgebühr statt.

421 *Beispiel:*

gegen Berufungsurteil über 80.000 €, Revisionsbegründung und Zurückweisung der Revision durch Urteil.

Die Gerichtskosten betragen:

5,0 Verfahrensgebühr, GKG KostVerz Nr. 1230
(Wert: 80.000 €) 3.280 €

b) Rücknahme der Revision vor Einreichen der Revisionsbegründung

422 Diese Verfahrensbeendigung führt zu einer erheblichen Verminderung der gerichtlichen Verfahrensgebühr.

423 *Beispiel:*

Revision gegen Berufungsurteil über 80.000 €, Rücknahme der Revision vor Einreichen der Revisionsbegründungsschrift. Die Gerichtskosten berechnen sich wie folgt:

1,0 Verfahrensgebühr, Nrn. 1230, 1231 GKG KostVerz
(Wert: 80.000 €) 656 €

c) Verfahrensbeendigung nach Begründung der Revision

Im Revisionsverfahren wird das Verfahren häufig nach Vorliegen der Revisionsbegrün- 424
dung ohne gerichtliche Entscheidung zur Hauptsache beendigt, z.B. durch Zurücknahme der Revision, der Klage, durch ein Anerkenntnis- oder Verzichtsurteil, durch einen gerichtlichen Vergleich oder durch Erledigungserklärung nach § 91a ZPO.

> *Beispiel:* 425
>
> *Revision gegen die Verurteilung über 80.000 €, Rücknahme der Revision nach Einreichen
> der Revisionsbegründung. Die gerichtliche Verfahrensgebühr berechnet sich wie folgt:*
>
> 3,0 Verfahrensgebühr, Nrn. 1230, 1232 Nr. 1 GKG KostVerz
> (Wert: 80.000 €)   1.968 €

d) Nichtzulassungsbeschwerde wird verworfen oder zurückgewiesen

Diese Verfahrenssituation kommt in der Praxis häufig vor. 426

> *Beispiel:* 427
>
> *Nichtzulassungsbeschwerde gemäß § 544 ZPO gegen ein Berufungsurteil über 80.000 €.
> Die Nichtzulassungsbeschwerde wird verworfen oder – Regelfall – zurückgewiesen.*
>
> *Es entstehen folgende Gerichtskosten:*
>
> 2,0 Verfahrensgebühr, Nr. 1242 GKG KostVerz
> (Wert: 80.000 €)   1.312 €

e) Nichtzulassungsbeschwerde wird zurückgenommen

Auch dieser Fall kommt in der Praxis nicht selten vor. 428

> *Beispiel:* 429
>
> *Nichtzulassungsbeschwerde betreffend Berufungsurteil über 80.000 €, Rücknahme der
> Beschwerde.*
>
> *Es wird folgende Gerichtsgebühr berechnet:*
>
> 1,0 Verfahrensgebühr, Nr. 1243 GKG KostVerz (Wert: 80.000 €)   656 €

f) Nichtzulassungsbeschwerde wird stattgegeben

Dieser Fall kommt in der Praxis recht selten vor. 430

> *Beispiel:* 431
>
> *Nichtzulassungsbeschwerde betreffend Berufungsurteil über 70.000 €. Der Beschwerde
> wird stattgegeben. Das Beschwerdeverfahren wird nach § 544 Abs. 6 Satz 1 ZPO als Re-
> visionsverfahren fortgesetzt. Es ergeht ein Urteil mit Begründung.*

Nach der Anm. zu Nr. 1243 GKG KostVerz entsteht im Verfahren über die Nichtzulassungsbeschwerde keine Verfahrensgebühr. Mit Fortsetzung des Beschwerdeverfahrens als Revisionsverfahren entsteht nach Nr. 1230 GKG KostVerz die Verfahrensgebühr. Sie beträgt:

4,0 Verfahrensgebühr, Nr. 1230 GKG KostVerz (Wert: 80.000 €)   2.624 €

V.   Besondere Verfahrenssituationen

1. Verweisung und Abgabe

432 Die gebührenrechtlichen Folgen einer Verweisung und Abgabe sind in § 20 RVG geregelt, der weitgehend § 14 BRAGO entspricht. Die Regelung gilt für alle Verweisungen oder Abgaben von einem Gericht an ein anderes, unabhängig davon, welcher Gerichtsbarkeit es angehört. Für die **gebührenrechtliche Einordnung** kommt es auf die **Art der Verweisung** an:

- **Verweisungen oder Abgaben innerhalb desselben Rechtszuges**

In diesem Fall ist das Verfahren vor dem verweisenden oder abgebenden Gericht und vor dem übernehmenden Gericht **ein Rechtszug**. Der Rechtsanwalt kann also grds. gleichartige Gebühren in dem gesamten Verfahren **nur einmal** berechnen (§ 15 Abs. 2 Satz 2 RVG).

- **Verweisungen und Abgaben durch das Rechtsmittelgericht**

Hier ist das weitere Verfahren vor dem Gericht des niedrigeren Rechtszuges gemäß § 20 Satz 2 RVG ein **neuer Gebührenrechtszug**. Im Verfahren vor dem Gericht des niedrigeren Rechtszuges kann der Rechtsanwalt damit auch diejenigen Gebühren **(neu) berechnen**, die ihm bereits im Verfahren vor dem Rechtsmittelgericht angefallen sind.

a) Verweisungen und Abgaben innerhalb desselben Rechtszuges

433 Diese sind dann gegeben, wenn das Verfahren **auf derselben prozessualen Ebene** bleibt. Hierzu gehören etwa:

- Verweisungen oder Abgaben wegen **örtlicher Unzuständigkeit**

434 *Beispiel:*

Das LG München verweist den Rechtsstreit an das LG Berlin.

Nach Bestimmung des zuständigen Gerichts gemäß § 36 Nrn. 1 bis 4 ZPO wird die Sache an das für zuständig erklärte Gericht abgegeben.

- Verweisung und Abgabe wegen **sachlicher Unzuständigkeit**

  Beispiele: 435

  (1) Das AG Köln verweist den Rechtsstreit an das LG Köln, weil der Streitwert über 5.000 € liegt oder das LG gemäß § 71 Abs. 2 GVG unabhängig vom Streitwert zuständig ist.

  (2) Das Arbeitsgericht verweist den Rechtsstreit an das AG oder LG erster Instanz oder umgekehrt.

  (3) Das Wohnungseigentumsgericht (AG) gibt das Verfahren als allgemeine Zivilsache an die Prozesskammer des LG ab.

- Verweisung und Abgabe wegen **funktioneller Unzuständigkeit**

  Beispiele: 436

  (1) Die Kammer für Handelssachen verweist die Sache an die Zivilkammer desselben Gerichts oder umgekehrt.

  (2) Nach Einlegung des Widerspruchs gegen die einstweilige Verfügung beim Amtsgericht der belegenen Sache wird das Verfahren gemäß § 942 ZPO an das zuständige LG abgegeben.[145]

Im Falle einer solchen Verweisung oder Abgabe kann der Rechtsanwalt die Gebühren für 437
seine Tätigkeit vor dem übernehmenden Gericht nicht gesondert berechnen, da es sich
gemäß § 15 Abs. 2 Satz 2 RVG um **denselben Gebührenrechtszug** handelt.

Beispiel: 438

Auf seine beim AG eingereichte Klage beantragt der Prozessbevollmächtigte des Klägers in der mündlichen Verhandlung die Verweisung an das LG. Dort nimmt er ebenfalls einen Verhandlungstermin wahr.

Für das Einreichen der Klage hat der Rechtsanwalt gemäß Nr. 3101 VV RVG eine 1,3 Verfahrensgebühr verdient. Diese ist ihm zwar für die Vertretung des Klägers in der mündlichen Verhandlung vor dem Landgericht erneut angefallen. Insgesamt kann er sie gemäß § 15 Abs. 2 Satz 2 RVG jedoch nur einmal berechnen.

Dies gilt ebenso für die Terminsgebühr gemäß Nr. 3104 VV RVG, die ihm zwar sowohl für die Vertretung des Klägers im Verhandlungstermin vor dem Amtsgericht als auch im landgerichtlichen Verhandlungstermin entstanden ist, jedoch nur einmal berechnet werden kann.

Gelegentlich kann es vorkommen, dass dem Rechtsanwalt vor dem verweisenden oder 439
abgebenden und vor dem übernehmenden Gericht **unterschiedliche Gebührenarten**

---

145 OLG Koblenz, JurBüro 1982, 1183 mit Anm. *Mümmler.*

(Wertgebühren einerseits, Betragsrahmengebühren andererseits) anfallen. Wird in einem solchen Fall von einem Gericht, vor dem Wertgebühren entstehen, an ein Gericht, vor dem Betragsrahmengebühren anfallen, verwiesen, so bleiben dem Rechtsanwalt die vor dem verweisenden oder abgebenden Gericht angefallenen Wertgebühren bestehen. Für das weitere Verfahren vor dem übernehmenden Gericht sind dann die Betragsrahmengebühren **angemessen zu erhöhen.**

440 *Beispiel:*

Der Rechtsanwalt erhebt vor dem AG Zahlungsklage über 4.000 €. In der mündlichen Verhandlung wird die Sache an das Sozialgericht verwiesen, wo der Rechtsanwalt den Kläger in einem Verhandlungstermin vertritt. Bei durchschnittlichen Umständen i.S.v. § 14 RVG sind folgende Gebühren zu berechnen:

I. Vor dem AG:

1. 1,3 Verfahrensgebühr, Nr. 3100 VV RVG (Wert: 4.000 €)	*318,50 €*
2. 1,2 Terminsgebühr, Nr. 3104 VV RVG (Wert: 4.000 €)	*+ 294,00 €*
Summe:	*612,50 €*

II. Vor dem Sozialgericht:

1. Verfahrensgebühr, Nr. 3102 VV RVG (40 € – 460 €)	*250,00 €*
2. Terminsgebühr, Nr. 3106 VV RVG (20 € – 380 €)	*+ 200,00 €*
Summe:	*450,00 €*

Zwar übersteigen die Wertgebühren für die Tätigkeit vor dem AG die Mittelgebühren für die Tätigkeit vor dem Sozialgericht. Die Mehrtätigkeit des Rechtsanwalts vor dem Sozialgericht muss aber ebenfalls entgolten werden. Deshalb kann der Rechtsanwalt die im Verfahren vor dem AG angefallenen Wertgebühren innerhalb des Betragsrahmens für die Gebühren vor dem Sozialgericht angemessen erhöhen. Beispielsweise kommt in Betracht:

1. Verfahrensgebühr (318,50 € – 460 €)	*460,00 €*
2. Terminsgebühr (294 € – 380 €)	*+ 380,00 €*
Für die gesamte Tätigkeit kann der Rechtsanwalt also berechnen	*840,00 €*

441 Anders ist zu rechnen, wenn die **Satzrahmengebühren unterhalb der Wertgebühren** liegen.

442 *Beispiel:*

Im vorstehenden Beispiel hat der Rechtsanwalt eine Zahlungsklage über 10.000 € eingereicht. Das Landgericht verweist den Rechtsstreit antragsgemäß an das Sozialgericht.

Hier ergibt sich folgende Gebührenberechnung:

I. Vor dem LG:

1.	*1,3 Verfahrensgebühr, Nr. 3100 VV RVG (Wert: 10.000 €)*	*631,80 €*
2.	*1,2 Terminsgebühr, Nr. 3104 VV RVG (Wert: 10.000 €)*	+ *583,20 €*
Summe:		**1.215,00 €**

II. Vor dem Sozialgericht:

1.	*Verfahrensgebühr, Nr. 3102 VV RVG (40 € – 460 €), Höchstgebühr*	*460,00 €*
2.	*Terminsgebühr, Nr. 3106 VV RVG (20 € – 380 €), Höchstgebühr*	+ *380,00 €*
Summe:		**840,00 €**

Da der Rechtsanwalt für seine Tätigkeit vor dem Zivilgericht mit 1.215 € bereits höhere Gebühren verdient hat, als ihm höchstens vor dem Sozialgericht entstehen können, bleibt es bei den vor dem Zivilgericht angefallenen 1.215 €.

443 Wird der Rechtsstreit umgekehrt vom Sozialgericht an ein Zivilgericht verwiesen, gilt dieselbe Berechnung. Die vor dem Sozialgericht entstandenen Gebühren bleiben dem Anwalt erhalten, selbst wenn der Gebührenbetrag über den Wertgebühren für das zivilgerichtliche Verfahren liegt. Berechnen sich vor dem Zivilgericht nach dem Gegenstandswert höhere Gebühren, kann der Rechtsanwalt den entsprechenden **Mehrbetrag zusätzlich** berechnen.

444 *Beispiel:*

Über die Zahlungsklage über 4.000 € wird vor dem Sozialgericht verhandelt, das den Rechtsstreit an das AG verweist. Dort vertritt der Rechtsanwalt den Kläger in dem Verhandlungstermin. Bei durchschnittlichen Umständen i.S.v. § 14 RVG ergibt sich folgende Berechnung:

I. Vor dem Sozialgericht:

1.	*Verfahrensgebühr, Nr. 3102 VV RVG (40 € – 460 €) Mittelgebühr*	*250,00 €*
2.	*Terminsgebühr, Nr. 3106 VV RVG (20 € – 380 €) Mittelgebühr*	+ *200,00 €*
Summe:		**450,00 €**

II. Vor dem AG:

1.	*1,3 Verfahrensgebühr, Nr. 3100 VV RVG (Wert: 4.000 €)*	*318,50 €*
2.	*1,2 Terminsgebühr, Nr. 3104 VV RVG (Wert: 4.000 €)*	+ *294,00 €*
Summe:		**612,50 €**

Der Rechtsanwalt kann die vor dem Sozialgericht angefallenen Betragsrahmengebühren bis zu dem Betrag der entsprechenden Wertgebühren des Zivilverfahrens erhöhen:

1. Verfahrensgebühr (250,00 € – 318,50 €)	*318,50 €*
2. Terminsgebühr (200,00 € – 294,00 €)	*+ 294,00 €*
Summe:	**512,50 €**

445   Liegen die im Sozialgerichtsverfahren angefallenen Betragsrahmengebühren über den Wertgebühren des Zivilverfahrens, kommt eine weiter gehende Anhebung nicht in Betracht.

> **Beispiel:**
>
> *Im vorstehenden Beispiel hat der Rechtsanwalt im Sozialgerichtsverfahren wegen der weit überdurchschnittlichen Umstände i.S.v. § 14 RVG jeweils die Höchstgebühren wie folgt berechnet:*
>
> | | |
> |---|---:|
> | *1. Verfahrensgebühr, Nr. 3102 VV RVG Höchstgebühr* | *460,00 €* |
> | *2. Terminsgebühr, Nr. 3100 VV RVG Höchstgebühr* | *+ 380,00 €* |
> | **Summe:** | **840,00 €** |

Diese Gebühren liegen jeweils über der im Zivilprozess angefallenen Verfahrensgebühr und Terminsgebühr, so dass der Rechtsanwalt höhere Gebühren als insgesamt 840 € nicht berechnen kann.

446   Bei **Änderungen des Gegenstandswertes** ist zu beachten: **Erhöht** sich der Wert nach der Verweisung oder Abgabe, kann der Rechtsanwalt die Gebühren im Verfahren vor dem übernehmenden Gericht auch nach dem höheren Gegenstandswert berechnen.

447   **Beispiel:**

> *Der Rechtsanwalt reicht beim LG Potsdam eine Zahlungsklage über 10.000 € ein und beantragt im Termin zu mündlichen Verhandlung die Verweisung an das LG Berlin. Dort nimmt der Rechtsanwalt für den Kläger einen Verhandlungstermin wahr und erweitert die Klage um 5.000 €. Es sind folgende Gebühren angefallen:*
>
> **I. Vor dem LG Potsdam:**
>
> | | |
> |---|---:|
> | *1. 1,3 Verfahrensgebühr, Nr. 3100 VV RVG (Wert: 10.000 €)* | *631,80 €* |
> | *2. 1,2 Terminsgebühr, Nr. 3104 VV RVG (Wert: 10.000 €)* | *+ 583,20 €* |
> | **Summe:** | **1.215,00 €** |
>
> **II. Vor dem LG Berlin:**
>
> | | |
> |---|---:|
> | *1. 1,3 Verfahrensgebühr, Nr. 3100 VV RVG (Wert: 15.000 €)* | *735,80 €* |
> | *2. 1,2 Terminsgebühr, Nr. 3104 VV RVG (Wert: 15.000 €)* | *+ 679,20 €* |
> | **Summe:** | **1.415,00 €** |

Der Rechtsanwalt kann somit insgesamt einen Gebührenbetrag i.H.v. 1.415 € berechnen.

Verringert sich hingegen der Gegenstandswert, verbleiben dem Rechtsanwalt die vor   448
der Verweisung nach dem höheren Wert verdienten Gebühren. Die ggf. danach anfallenden Gebühren berechnen sich dann nach dem niedrigeren Gegenstandswert.

Beispiel: 449

*Der Rechtsanwalt erhebt Zahlungsklage über 15.000 € vor dem LG Potsdam. Er nimmt
die Klage wegen eines Teilbetrags i.H.v. 5.000 € zurück. Nachdem das LG Potsdam den
Klägervertreter auf die örtliche Unzuständigkeit des Gerichts hingewiesen hat, beantragt
er die Verweisung an das LG Berlin. Nach Verweisung des Rechtsstreits vertritt der Rechtsanwalt den Kläger in einem Verhandlungstermin vor dem LG Berlin. Hier ergibt sich folgende Gebührenberechnung:*

I. Vor dem LG Potsdam:

1. 1,3 Verfahrensgebühr, Nr. 3100 VV RVG (Wert: 15.000 €)	*735,80 €*

II. Vor dem LG Berlin:

1. 1,3 Verfahrensgebühr, Nr. 3100 VV RVG (Wert: 10.000 €)	*631,80 €*
2. 1,2 Terminsgebühr, Nr. 3104 VV RVG (Wert: 10.000 €)	*+ 583,20 €*
Summe:	*1.215,00 €*

Die vor dem LG Potsdam verdiente Verfahrensgebühr i.H.v.	*735,80 €*
bleibt dem Rechtsanwalt erhalten. Zusätzlich erhält er die vor	
dem LG Berlin verdiente Terminsgebühr i.H.v.	*+ 583,20 €*
insgesamt kann er an Gebühren berechnen	*1.319,00 €*

b)   Verweisungen oder Abgabe durch das Rechtsmittelgericht

Ein solcher Fall liegt vor, wenn das Verfahren an ein Gericht einer **niedrigeren prozes-**   450
sualen Ebene in einem anderen Zweig der Gerichtsbarkeit, aber auch innerhalb desselben Zweiges gelangt.

Beispiele: 451

*(1) Gegen das Urteil des LG Frankfurt wird Berufung beim OLG Frankfurt eingelegt, das
sich für unzuständig erklärt und den Rechtsstreit an das LG Hamburg verweist.*

(2) Das Landesarbeitsgericht verweist die Sache an das Sozialgericht.

*(3) Das LG als Beschwerdegericht gibt eine als Wohnungseigentumssache zu ihm gelangte
Sache an das AG als Prozessgericht ab.*[146]

---

146   LG Düsseldorf, JurBüro 1983, 1035.

(4) Die Berufungskammer des LG erklärt sich sachlich unzuständig und verweist den Rechtsstreit unter Aufhebung des angefochtenen amtsgerichtlichen Urteils an die erste Instanz desselben LG.[147]

452 In einem solchen Fall ist gemäß § 20 Satz 2 RVG, der fast wörtlich der bisherigen Regelung in § 14 Abs. 1 Satz 2 BRAGO entspricht, das weitere Verfahren vor dem niedrigeren Gericht ein **neuer Gebührenrechtszug**. Nach Verweisung kann der Rechtsanwalt damit die dort entstandenen Gebühren neben den vor der Verweisung angefallenen Gebühren **gesondert berechnen**.

453 *Beispiel:*

Die Klage auf Zahlung von 8.000 € wird nach mündlicher Verhandlung vom LG München abgewiesen. Auf die Berufung des Klägers verweist das OLG München die Sache nach Verhandlung an das LG Hamburg, vor dem der Klägervertreter dann streitig verhandelt. Ihm sind folgende Gebühren angefallen:

I.   Rechtsstreit I. Instanz vor dem LG München:

1.	1,3 Verfahrensgebühr, Nr. 3100 VV RVG (Wert: 8.000 €)	535,60 €
2.	1,2 Terminsgebühr, Nr. 3104 VV RVG (Wert: 8.000 €)	+ 494,40 €
Summe:		**1.030,00 €**

II.   Berufungsverfahren vor dem OLG München:

1.	1,6 Verfahrensgebühr, Nr. 3200 VV RVG (Wert: 8.000 €)	659,20 €
2.	1,2 Terminsgebühr, Nr. 3202 VV RVG (Wert: 8.000 €)	+ 494,40 €
Summe:		**1.153,60 €**

III.   Rechtsstreit I. Instanz vor dem LG Hamburg:

1.	1,3 Verfahrensgebühr, Nr. 3100 VV RVG (Wert: 8.000 €)	535,60 €
2.	1,2 Terminsgebühr, Nr. 3104 VV RVG (Wert: 8.000 €)	+ 494,40 €
Summe:		**1.030,00 €**

454 Vergleichbar ist die Berechnung, wenn die Verweisung an ein Gericht erfolgt, vor dem **Betragsrahmengebühren** anfallen.

455 *Beispiel:*

Das Arbeitsgericht Hamburg hat den Beklagten zur Zahlung von 8.000 € verurteilt. Auf seine Berufung verweist das LAG Hamburg nach mündlicher Verhandlung die Sache an das Sozialgericht Hamburg, vor dem der Prozessbevollmächtigte des Beklagten für seinen

---

147   KG, JurBüro 1987, 696; OLG München, JurBüro 1992, 239.

Auftraggeber den Verhandlungstermin wahrnimmt. Dem Rechtsanwalt sind folgende Gebühren angefallen:

I. Rechtsstreit I. Instanz vor dem Arbeitsgericht Hamburg:

1.	1,3 Verfahrensgebühr, Nr. 3100 VV RVG (Wert: 8.000 €)	535,60 €
2.	1,2 Terminsgebühr, Nr. 3104 VV RVG (Wert: 8.000 €)	+ 494,40 €
Summe:		**1.030,00 €**

II. Berufungsverfahren vor dem LAG Hamburg:

1.	1,6 Verfahrensgebühr, Nr. 3200 VV RVG (Wert: 8.000 €)	659,20 €
2.	1,2 Terminsgebühr, Nr. 3202 VV RVG (Wert: 8.000 €)	+ 494,40 €
Summe:		**1.153,60 €**

III. Rechtsstreit I. Instanz vor dem Sozialgericht Hamburg:

1.	Verfahrensgebühr, Nr. 3102 VV RVG (40 € – 460 €)	250,00 €
2.	Terminsgebühr, Nr. 3106 VV RVG (20 € – 380 €)	+ 200,00 €
Summe:		**450,00 €**

c) Kostenerstattung

Infolge einer Verweisung des Rechtsstreits entstehen häufig **Mehrkosten**. Ob diese Mehr-   456
kosten erstattungsfähig sind, beurteilt sich nach der Kostenentscheidung des Gerichts.

aa) Mehrkostenentscheidung

Die im Verfahren vor dem zunächst angerufenen Gericht entstandenen Kosten werden   457
gemäß § 281 Abs. 3 Satz 1 ZPO als Teil derjenigen Kosten behandelt, die bei dem Gericht erwachsen sind, an das im Falle der Unzuständigkeit verwiesen wurde. Gemäß § 281
Abs. 3 Satz 2 ZPO sind jedoch dem Kläger die entstandenen Mehrkosten auch dann aufzuerlegen, wenn er in der Hauptsache obsiegt. Hat das Gericht eine derartige Mehrkostenentscheidung getroffen, so ist durch Vergleichsberechnung festzustellen, welche – geringeren – Kosten entstanden wären, wenn der Kläger gleich das zuständige Gericht angerufen hätte. Der Differenzbetrag zu den tatsächlich entstandenen Kosten macht dann
die Mehrkosten aus, die der Kläger grds. zu tragen hat.

Beispiel: 458

*Das in Berlin ansässige Versicherungsunternehmen, das den Rechtsstreit durch seine eigene Rechtsabteilung führt, klagt vor dem LG Hamburg durch einen Berliner Prozessbevollmächtigten auf Zahlung. Der Klägervertreter nimmt den Verhandlungstermin vor dem
LG Hamburg selbst wahr. Nach Verweisung an das LG Berlin vertritt derselbe Rechtsanwalt das Versicherungsunternehmen auch weiterhin.*

*Die Mehrkosten bestehen in den Terminsreisekosten des Berliner Prozessbevollmächtigten
nach Hamburg. Sie wären nicht angefallen, wenn der Kläger gleich beim LG Berlin geklagt hätte.*

459 Mehrkosten sind jedoch dann nicht vom Kläger zu tragen, wenn sie aus anderen Gründen erstattungsfähig sind.

460 **Beispiel:**

> *Ein Berliner Einzelkaufmann klagt – vertreten durch seinen Berliner Prozessbevollmächtigten – vor dem LG Berlin auf Zahlung von 10.000 €. Nach mündlicher Verhandlung verweist das LG Berlin den Rechtsstreit an das LG Hamburg. Der Berliner Prozessbevollmächtigte des Klägers nimmt dort den Verhandlungstermin wahr.*
>
> *Hier sind die Terminsreisekosten des Klägers keine von ihm selbst zu tragenden Mehrkosten. Hätte der Kläger nämlich gleich vor dem LG Hamburg geklagt, so wären die Terminsreisekosten seines Prozessbevollmächtigten nach Hamburg erstattungsfähig gewesen, weil die Einschaltung eines Unterbevollmächtigten in etwa gleich hohe Kosten ausgelöst hätte.[148]*

bb) Keine Mehrkostenentscheidung

461 Nicht selten vergisst das Gericht eine Mehrkostenentscheidung nach § 281 Abs. 3 Satz 2 ZPO. Ebenso unterlassen die Parteien häufig bei der Kostenregelung eines Vergleichs eine derartige Regelung über die Mehrkosten.

462 Welche Kosten in einem solchen Fall zu erstatten sind, ist in der Rechtsprechung umstritten.

* Nach einer Auffassung gehören die dem Kläger nicht auferlegten **Mehrkosten** zu den **Kosten des Rechtsstreits.** Diese fallen dann entsprechend der Kostengrundentscheidung oder der Kostenregelung im Vergleich dem Beklagten ganz oder teilweise zur Last und sind von ihm insoweit ohne Notwendigkeitsprüfung zu erstatten.[149]

* Nach der Gegenauffassung ist im Kostenfestsetzungsverfahren zu prüfen, ob die durch die Anrufung des unzuständigen Gerichts entstandenen **Mehrkosten notwendig** waren. Ist dies nicht der Fall, kann der Kläger sie nicht (anteilig) erstattet verlangen.[150]

cc) Erstattungsfragen in arbeitsgerichtlichen Streitigkeiten

463 Gemäß § 12a Abs. 1 Satz 1 ArbGG ist im erstinstanzlichen Urteilsverfahren die Kostenerstattung wegen der Entschädigung der Partei wegen Zeitversäumnis sowie der Kosten für die Zuziehung eines Prozessbevollmächtigten oder Beistands ausgeschlossen. Damit

---

148 S. hierzu grds. BGH, NJW 2003, 898 = BRAGOreport 2003, 13 *[Hansens]*.
149 So z.B. OLG Koblenz, AGS 1992, 18 mit ablehnender Anm. *von Eicken;* OLG Köln, JurBüro 1974, 98; KG, JurBüro 1976, 962; OLG Naumburg, Rpfleger 2001, 372; OLG Hamburg, MDR 1998, 1502; OLG Düsseldorf, OLGR Düsseldorf 1999, 410; s. ausführlich *Hansens,* BRAGOreport 2001, 164 mit Beispielen.
150 OLG Bremen, JurBüro 1987, 437; OLG München, NJW-RR 2000, 1740; OLG Frankfurt, OLGR Frankfurt 2001, 56.

weicht diese Vorschrift für das erstinstanzliche Urteilsverfahren vor dem Arbeitsgericht von der über § 46 Abs. 2 Satz 1 ArbGG geltenden Grundregel des § 91 Abs. 1 ZPO ab, nach der notwendige Kosten der Rechtsverfolgung bzw. Rechtsverteidigung erstattungsfähig sind. Zu diesen Kosten gehören gemäß § 91 Abs. 2 Satz 1 ZPO auch die Kosten eines Rechtsanwalts. Dieser Ausschluss der Kostenerstattung hat seine praktischen Auswirkungen auch im Falle der Verweisung.

(1) Verweisung Arbeitsgericht – Zivilgericht

Bei der Verweisung vom Arbeits- an das Zivilgericht bleibt wegen der Regelung in § 12a **464** Abs. 1 Satz 1 ArbGG die Erstattung der erstinstanzlichen vor dem Arbeitsgericht angefallenen Rechtsanwaltskosten ausgeschlossen.[151] Dies gilt jedoch nicht für diejenigen Anwaltskosten, die vor dem ordentlichen Gericht erneut erstanden sind.[152]

> *Beispiel:* **465**
>
> *Der anwaltlich vertretene Kläger begehrt vor dem Arbeitsgericht Zahlung i.H.v. 12.000 €. Nach schriftsätzlichem Hinweis des Gerichts beantragt er die Verweisung an das zuständige Landgericht. Dort erwirkt sein Prozessbevollmächtigter nach mündlicher Verhandlung ein der Klage stattgebendes Urteil.*
>
> *Dem Prozessbevollmächtigten des Klägers sind folgende Gebühren angefallen:*
>
> *I. Vor dem Arbeitsgericht:*
>
> | | |
> |---|---:|
> | *1,3 Verfahrensgebühr, Nr. 3100 VV RVG (Wert: 12.000 €)* | *683,80 €* |
>
> *II. Vor dem Landgericht:*
>
> | | |
> |---|---:|
> | *1. 1,3 Verfahrensgebühr, Nr. 3100 VV RVG (Wert: 12.000 €)* | *683,80 €* |
> | *2. 1,2 Terminsgebühr, Nr. 3104 VV RVG (Wert: 12.000 €)* | *+ 631,20 €* |
> | *Summe:* | *1.315,00 €* |

Wegen der Regelung in § 12a Abs. 1 Satz 1 ArbGG sind zwar die im erstinstanzlichen Ur- **466** teilsverfahren vor dem **Arbeitsgericht** entstandenen Anwaltskosten nicht erstattungsfähig, für die Tätigkeit im Verfahren vor dem **ordentlichen Gericht** gilt jedoch die Bestimmung des § 91 Abs. 2 Satz 1 ZPO. Deshalb betrifft der Ausschluss der Kostenerstattung durch § 12a Abs. 1 Satz 1 ArbGG nicht die vor dem ordentlichen Gericht erstmals oder erneut entstandenen Kosten. Aufgrund der vom LG getroffenen Kostenentscheidung sind die dort entstandenen Kosten i.H.v. 1.315 € zuzüglich Postentgelte und Umsatzsteuer erstattungsfähig.

---

151 OLG Brandenburg, JurBüro 2000, 422 = AGS 2000, 138; OLG Hamburg, JurBüro 1983, 771; OLG Frankfurt, JurBüro 1983, 1717; OLG Karlsruhe, JurBüro 1990, 1154.
152 KG, BerlAnwBl. 1994, 82; OLG Schleswig, JurBüro 1995, 207 = AGS 1995, 33.

(2) Verweisung Zivilgericht – Arbeitsgericht

467 Bei der Verweisung vom Zivil- an das Arbeitsgericht sind die erstattungsrechtlichen Folgen umstritten:

- Nach einer Auffassung sind gemäß § 12a Abs. 1 Satz 3 ArbGG die **vollen vor dem ordentlichen Gericht** entstandenen Rechtsanwaltskosten erstattungsfähig.[153] Dies wird damit begründet, dass § 12a Abs. 1 Satz 1 ArbGG gerade nicht die etwa in § 17b Abs. 2 Satz 2 GVG und § 281 Abs. 3 Satz 2 ZPO geregelte Beschränkung auf die Mehrkosten enthält.

- Die Gegenauffassung sieht demgegenüber nur diese **Mehrkosten** als **erstattungsfähig** an.[154]

468 *Beispiel:*

Der Kläger ist Geschäftsführer einer GmbH mit einem monatlichen Bruttoeinkommen von 8.000 €. Er begehrt mit seiner Klage vor dem ordentlichen Gericht die Feststellung, dass sein Dienstverhältnis durch die außerordentliche Kündigung nicht aufgelöst worden ist. Nach Durchführung der Güteverhandlung und mündlicher Verhandlung verweist das angerufene LG den Rechtsstreit auf Antrag des Klägers an das Arbeitsgericht. Auch dort nimmt der Prozessbevollmächtigte des Klägers an dem Gütetermin teil und verhandelt in dem sich anschließenden Kammertermin streitig. Das Arbeitsgericht gibt der Klage statt und erlegt dem Beklagten die Kosten des Rechtsstreits auf.

I. Verfahren vor dem LG:

Hier berechnen sich die Anwaltsgebühren gemäß § 23 Abs. 1 Satz 1 i.V.m. § 9 ZPO nach dem Bruttoeinkommen für 3 1/2 Jahre. Da es sich um eine Feststellungsklage handelt, wird hiervon ein Abschlag von 20 % vorgenommen.[155]

Der Gegenstandwert beträgt damit 268.800 €. An Gebühren sind angefallen:

1. 1,3 Verfahrensgebühr, Nr. 3100 VV RVG (Wert: 268.800 €)	*2.821,00 €*
2. 1,2 Terminsgebühr, Nr. 3104 VV RVG (Wert.: 268.800 €)	*+ 2.604,00 €*
Summe:	*5.425,00 €*

II. Verfahren vor dem Arbeitsgericht:

Hier berechnet sich der Gegenstandswert nach § 23 Abs. 1 Satz 1 RVG i.V.m. § 42 Abs. 4 Satz 1 GKG (früher § 12 Abs. 7 Satz 1 ArbGG) nach dem 3fachen Bruttomonatsentgelt.[156] Danach sind folgende Gebühren angefallen:

---

153 LAG Frankfurt, NZA-RR 1999, 498; LAG Stuttgart, AGS 2000, 67; LAG München, AnwBl. 1985, 103; LAG Schleswig Holstein, AnwBl. 1995,102; LAG Thüringen, NZA-RR 2001, 106; *Hansens,* BRAGOreport 2001, 67, 69.

154 LAG Berlin, AuR 1984, 122; LAG Bremen, NZA-RR 1997, 26; ArbG Siegen, NZA-RR 1999, 213.

155 S. KG, KGR 1997, 228.

156 S. hierzu *Hansens,* RVGreport 2004, 140, 143.

1. 1,3 Verfahrensgebühr, Nr. 3100 VV RVG (Wert: 24.000 €)	*891,80 €*
2. 1,2 Terminsgebühr, Nr. 3104 VV RVG (Wert: 24.000 €)	*+ 823,20 €*
Summe:	**1.715,00 €**

Da die Tätigkeit des Rechtsanwalts vor dem LG und dem Arbeitsgericht gemäß § 20 Satz 1 i.V.m. § 15 Abs. 2 Satz 2 RVG ein einziger Gebührenrechtszug ist, kann der Rechtsanwalt gleichartige Gebühren, die ihm für seine Tätigkeit vor beiden Gerichten angefallen sind, nur einmal berechnen. Jedoch stehen ihm die nach dem höheren Gegenstandswert vor dem LG angefallenen Gebühren ungeschmälert zu, insgesamt also 5.425 €

Gemäß § 12a Abs. 1 Satz 1 ArbGG sind von der Kostenerstattung nur die vor dem Arbeitsgericht angefallenen 1.715 € ausgeschlossen. Die für die Tätigkeit vor dem LG angefallenen 5.425 € sind nach der wohl h.M. im vollen Umfang erstattungsfähig.

Nach der Gegenauffassung ist nur die Differenz zwischen den tatsächlich angefallenen Kosten und denjenigen Kosten erstattungsfähig, die entstanden wären, wenn der Kläger gleich das zuständige Arbeitsgericht angerufen hätte. Danach wären lediglich (5.425 € – 1.715 € =) 3.710 € erstattungsfähig.

2. Zurückverweisung

Bei Zurückverweisung der Sache an ein **untergeordnetes Gericht** ist das weitere Verfahren vor diesem Gericht gemäß § 21 Abs. 1 RVG ein **neuer Rechtszug**. Dies entspricht der geltenden Regelung in § 15 Abs. 1 Satz 1 BRAGO. Somit kann der in beiden Verfahren als Prozess- oder Verfahrensbevollmächtigter tätige Rechtsanwalt die Gebühren gesondert berechnen.   469

Die Zurückverweisung muss an ein im Instanzenzug **untergeordnetes Gericht** erfolgen.   470

Beispiele: 471

(1) Die Berufungskammer des LG verweist an eine erstinstanzliche Kammer desselben Gerichts.[157]

(2) Das mit einer Stufenklage befasste erstinstanzliche Gericht hat die Klage wegen des Auskunftsanspruchs abgewiesen. Das Berufungsgericht gibt der Auskunftsklage statt und verweist die Sache zurück.

Ob dies auch gilt, wenn ein Grundurteil im Berufungsverfahren bestätigt wird, ist sehr umstritten.   472

---

157   OLG Oldenburg, JurBüro 1985, 201.

473 **Beispiel:**

Das Rechtsmittelgericht weist die Berufung gegen das der Klage stattgebende Grundurteil nach sachlicher Prüfung zurück. Das LG hat nunmehr ohne förmliche Zurückverweisung über die Höhe des Anspruchs zu entscheiden.[158]

474 Nach der Rechtsprechung des BGH[159] liegt kein Fall der Zurückverweisung vor.

a) Erstgericht war mit der Sache noch nicht befasst

475 Erfolgt die Zurückverweisung an ein Gericht, das bisher mit der Sache noch nicht befasst war, kann der in beiden erstinstanzlichen Verfahren als Prozessbevollmächtigter tätige Rechtsanwalt die Gebühren gesondert berechnen.

476 **Beispiel:**

Mit seiner Zahlungsklage vor dem LG Berlin über 20.000 € hatte der Kläger Erfolg. Auf die Berufung des Beklagten hat das KG das Urteil aufgehoben und die Sache an das LG Hamburg zurückverwiesen. Dort erwirkt der Kläger nach mündlicher Verhandlung erneut ein der Klage stattgebendes Urteil.

Dem Prozessbevollmächtigten des Klägers sind folgende Gebühren angefallen:

I. Verfahren vor dem LG Berlin:

1. 1,3 Verfahrensgebühr, Nr. 3100 VV RVG (Wert: 20.000 €)	*839,80 €*
2. 1,2 Verfahrensgebühr, Nr. 3104 VV RVG (Wert: 20.000 €)	*+ 775,20 €*
Summe:	*1.615,00 €*

II. Verfahren vor dem KG:

1. 1,6 Verfahrensgebühr, Nr. 3200 VV RVG (Wert: 20.000 €)	*1.033,60 €*
2. 1,2 Terminsgebühr, Nr. 3202 VV RVG (Wert: 20.000 €)	*+ 775,20 €*
Summe:	*1.808,80 €*

III. Verfahren vor dem LG Hamburg:

1. 1,3 Verfahrensgebühr, Nr. 3100 VV RVG (Wert: 20.000 €)	*839,80 €*
2. 1,2 Verfahrensgebühr, Nr. 3104 VV RVG (Wert: 20.000 €)	*+ 775,20 €*
Summe:	*1.615,00 €*

---

158 Zurückverweisung bejaht: OLG Düsseldorf, JurBüro 1993, 728; OLG Zweibrücken, JurBüro 1990, 479; OLG Koblenz, JurBüro 1996, 305; Zurückverweisung verneint: OLG München, JurBüro 1994, 543; OLG Saarbrücken, JurBüro 1990, 338; OLG Oldenburg, JurBüro 1996, 305 und 2002, 474 = BRAGOreport 2002, 87 [*N. Schneider* mit weiteren Einzelheiten].

159 RVGreport 2004, 273 [*Hansens*].

Der Klägervertreter kann somit für seine Tätigkeit in beiden erstinstanzlichen Verfahren jeweils 1.615 € nebst Postentgelten und Umsatzsteuer berechnen.

b) Gericht war mit der Sache bereits befasst

Auch hier kann nach § 21 Abs. 1 RVG der in beiden erstinstanzlichen Verfahren als Prozessbevollmächtigter tätige Rechtsanwalt die Gebühren grds. gesondert berechnen. Nach Vorbem. 3 Abs. 6 VV RVG ist jedoch die bereits entstandene Verfahrensgebühr auf die Verfahrensgebühr für das neue **Verfahren anzurechnen**. § 15 Abs. 1 Satz 2 BRAGO bestimmt hingegen, dass der Rechtsanwalt in einem solchen Fall die Prozessgebühr erst gar nicht erhält. Dies führte zu zahlreichen Problemen, etwa im Fall der Zurückverweisung nach Ablauf von mehr als zwei Kalenderjahren,[160] die es bei der neuen Anrechnungsbestimmung nicht mehr geben wird.

477

Beispiel:

478

Im vorstehenden Beispiel verweist das Kammergericht auf die Berufung des Beklagten die Sache an dieselbe erstinstanzliche Kammer des LG Berlin zurück. Dem Prozessbevollmächtigten des Klägers sind folgende Gebühren angefallen:

I. Verfahren vor dem LG Berlin:

1.	*1,3 Verfahrensgebühr, Nr. 3100 VV RVG (Wert: 20.000 €)*	*839,80 €*
2.	*1,2 Verfahrensgebühr, Nr. 3104 VV RVG (Wert: 20.000 €)*	*+ 775,20 €*
Summe:		**1.615,00 €**

II. Verfahren vor dem KG:

1.	*1,6 Verfahrensgebühr, Nr. 3200 VV RVG (Wert: 20.000 €)*	*1.033,60 €*
2.	*1,2 Terminsgebühr, Nr. 3202 VV RVG (Wert: 20.000 €)*	*+ 775,20 €*
Summe:		**1.808,80 €**

III. Verfahren nach Zurückverweisung vor dem LG Berlin:

1.	*1,3 Verfahrensgebühr, Nr. 3100 VV RVG (Wert: 20.000 €)*	*839,80 €*
2.	*1,2 Verfahrensgebühr, Nr. 3104 VV RVG (Wert: 20.000 €)*	*+ 775,20 €*
Summe:		**1.615,00 €**

*Die im Verfahren vor Zurückverweisung unter I. 1. entstandene 1,3 Verfahrensgebühr i.H.v. 839,80 € ist nach Vorbem. 3 Abs. 6 VV RVG auf die Verfahrensgebühr unter III. 1. **anzurechnen**.*

Nach Anrechnung verbleibt dem Rechtsanwalt im zweiten Verfahren vor dem LG Berlin nur die 1,2 Terminsgebühr i.H.v. 775,20 €

---

160   S. *N. Schneider*, MDR 2003, 727; FG Baden-Württemberg, AGS 2004, 102 mit Anm. *Hansens*.

479 Eine Besonderheit besteht, wenn nach Beendigung der Tätigkeit im ersten Verfahren und dem Auftrag für die Vertretung in dem Verfahren nach Zurückverweisung **mehr als zwei Kalenderjahre** liegen. Gemäß § 15 Abs. 5 Satz 2 RVG gilt dann die weitere Tätigkeit nach Zurückverweisung als neue Angelegenheit. Die in Vorbem. 3 Abs. 6 VV RVG angeordnete Anrechnung der Verfahrensgebühr entfällt damit.[161]

480 *Beispiel:*

Im vorstehenden Beispiel hat das LG Berlin der Klage durch Urteil vom 1.12.2004 stattgegeben. Auf die Berufung des Beklagten verweist das Kammergericht die Sache durch Urteil vom 5.1.2007 an dieselbe Kammer des LG Berlin zurück, wo der Prozessbevollmächtigte des Klägers nach mündlicher Verhandlung ein der Klage stattgebendes Urteil erwirkt.

Dem Klägervertreter sind in beiden Verfahren vor dem LG Berlin je eine 1,3 Verfahrensgebühr und 1,2 Terminsgebühr im Gesamtbetrag von 1.605 € angefallen. Eine Anrechnung der im ersten Rechtsstreit angefallenen Verfahrensgebühr auf die nach Zurückverweisung im zweiten Verfahren vor dem LG Berlin entstandene Verfahrensgebühr erfolgt nicht, da zwischen Beendigung des ersten Verfahrens und dem Beginn des zweiten Verfahrens nach Zurückverweisung mehr als zwei Kalenderjahre (die Jahre 2005 und 2006) liegen.

3. Prozesstrennung

a) Belehrungspflichten des Rechtsanwalts

481 Im Regelfall hat der Rechtsanwalt Ansprüche seines Auftraggebers so kostengünstig wie möglich zu verfolgen. Mehrere Ansprüche seines Auftraggebers gegen denselben, aber auch gegen verschiedene Auftraggeber, hat er deshalb möglichst in einem einzigen Rechtsstreit geltend zu machen. Kommt sowohl eine getrennte als auch eine gehäufte Verfahrensführung in Betracht, so muss der Rechtsanwalt dies mit seinem Auftraggeber erörtern und ihn auch auf die eintretende Kostenfolge hinweisen.[162] Hierzu hat der Rechtsanwalt die Entscheidung seines Auftraggebers über die (gerichtliche) Geltendmachung herbeizuführen.[163] Unterlässt der Rechtsanwalt die so gebotene Belehrung des Auftraggebers, kann er sich schadensersatzpflichtig machen.[164]

b) Gebührenrechtliche Folgen

482 Verfolgt der Rechtsanwalt die Ansprüche seines Auftraggebers in getrennten Verfahren, handelt es sich von Anfang an um verschiedene Angelegenheiten (§ 15 Abs. 2 Satz 2

---

161 S. *Hansens* in Anm. zu FG Baden-Württemberg, AGS 2004, 102, 104.
162 OLG Hamburg, AnwBl. 2003, 114 mit Anm. *Bischof,* AnwBl. 2003, 100.
163 BGH, NJW 2004, 1043 = AnwBl. 2004, 251 = AGS 2004, 145 mit Anm. *N. Schneider.*
164 BGH, a.a.O.; OLG Koblenz, MDR 2004, 55 = AGS 2004, 38 (getrennte Zahlungs- und Mieträumungsklage).

RVG). Wird das Verfahren nach seiner Einleitung getrennt, so handelt es sich ab diesem Zeitpunkt der Trennung gebührenrechtlich um **verschiedene Angelegenheiten**. Dies hat zur Folge:

Die bisher entstandenen Gebühren und Auslagen bleiben dem Rechtsanwalt ungeach-   483
tet der späteren Trennung erhalten. Im abgetrennten Verfahren entstehen die Gebühren nach Trennung erneut.[165]

Ändert sich infolge der Trennung der Gegenstandswert und fallen deshalb höhere Gebühren als vor der Trennung an, kann der Rechtsanwalt nach seiner Wahl getrennt abrechnen.[166]

Beispiel: 484

Über die Zahlungsklage gegen A und B wird streitig verhandelt. Das Gericht trennt den Rechtsstreit gegen B ab und verhandelt über die Klage gegen A. In dem neuen Rechtsstreit gegen B wird die Zahlungsklage abgewiesen. Dem Prozessbevollmächtigten des Klägers sind folgende Gebühren und Auslagen angefallen:

I. Im Rechtsstreit gegen A und B vor Trennung:

1. 1,3 Verfahrensgebühr, Nr. 3100 VV RVG (Wert: 10.000 €)	*631,80 €*
2. 1,2 Terminsgebühr, Nr. 3104 VV RVG (Wert: 10.000 €)	*583,20 €*
3. Postentgeltpauschale, Nr. 7002 VV RVG	*20,00 €*
4. 16 % Umsatzsteuer, Nr. 7008 VV RVG	*+ 197,60 €*
Summe:	*1.432,60 €*

II. Im Rechtsstreit nach Trennung nur gegen B:

1. 1,3 Verfahrensgebühr, Nr. 3100 VV RVG (Wert: 10.000 €)	*631,80 €*
2. 1,2 Terminsgebühr, Nr. 3104 VV RVG (Wert: 10.000 €)	*583,20 €*
3. Postentgeltpauschale, Nr. 7002 VV RVG	*20,00 €*
4. 16 % Umsatzsteuer, Nr. 7008 VV RVG	*+ 197,60 €*
Summe:	*1.432,60 €*

Der Rechtsanwalt des Klägers kann also für seine Tätigkeit
in beiden Verfahren berechnen: *2.865,20 €*

Nach Trennung können in den abgetrennten Verfahren Gebühren in unterschiedlicher   485
Höhe entstehen.

---

165 OLG Zweibrücken, AGS 2003, 534 mit Anm. *N. Schneider;* LG Saarbrücken, MDR 2001, 1442 = BRAGOreport 2002, 111.
166 OLG Düsseldorf, AGS 2000, 84 = JurBüro 2001, 136; a.A. OLG Karlsruhe, JurBüro 1989, 249.

486 **Beispiel:**

Im vorstehenden Beispiel erscheint nach Trennung des Rechtsstreits in dem daraufhin an-beraumten Verhandlungstermin der Beklagte B nicht. Er lässt sich auch nicht anwaltlich vertreten. Auf Antrag des Klägervertreters ergeht dann ein Versäumnisurteil.

Hier sieht die Berechnung wie folgt aus:

I. Im Rechtsstreit gegen A und B vor Trennung:

1.	1,3 Verfahrensgebühr, Nr. 3100 VV RVG (Wert: 10.000 €)	631,80 €
2.	1,2 Terminsgebühr, Nr. 3104 VV RVG (Wert: 10.000 €)	583,20 €
3.	Postentgeltpauschale, Nr. 7002 VV RVG	20,00 €
4.	16 % Umsatzsteuer, Nr. 7008 VV RVG	+ 197,60 €
Summe:		**1.432,60 €**

II. Im Rechtsstreit nach Trennung nur gegen B:

1.	1,3 Verfahrensgebühr, Nr. 3100 VV RVG (Wert: 10.000 €)	631,80 €
2.	0,5 Terminsgebühr, Nr. 3105 VV RVG (Wert: 10.000 €)	243,00 €
3.	Postentgeltpauschale, Nr. 7002 VV RVG	20,00 €
4.	16 % Umsatzsteuer, Nr. 7008 VV RVG	+ 143,17 €
Summe:		**1.037,97 €**

Hier beträgt die **Gesamtvergütung** *des Klägervertreters*	**2.470,57 €**

487 Erfolgt die Trennung nach Verfahrensgegenständen, kann der Rechtsanwalt **wählen**, ob er die Einzelverfahren getrennt abrechnet oder die Gebühren in dem Verfahren vor der Trennung.

488 **Beispiel:**

Im Termin zur mündlichen Verhandlung erörtert das Gericht mit den erschienen Prozess-bevollmächtigten die Zahlungsklage über 10.000 €. Hinsichtlich eines Teilbetrags von 2.000 € hält das Gericht sich nicht für zuständig. Nach Abtrennung des Rechtsstreits hin-sichtlich dieses Betrags verweist das Gericht den Rechtsstreit an das zuständige Gericht. Dort vertritt der Rechtsanwalt seinen Auftraggeber ebenfalls und erwirkt nach streitiger Verhandlung ein Urteil.

Nach Beendigung beider Rechtsstreitigkeiten überlegt der Rechtsanwalt, welche Berech-nungsweise für ihn günstiger ist:

A. Gemeinsame Abrechnung des Ursprungsverfahrens:

1.	1,3 Verfahrensgebühr, Nr. 3100 VV RVG (Wert: 10.000 €)	631,80 €
2.	1,2 Terminsgebühr, Nr. 3104 VV RVG (Wert: 10.000 €)	583,20 €

3. *Postentgeltpauschale, Nr. 7002 VV RVG*	*20,00 €*
4. *16 % Umsatzsteuer, Nr. 7008 VV RVG*	*+ 197,60 €*
Summe:	**1.432,60 €**

B. Abrechnung der getrennten Verfahren:

I.   Rechtsstreit über 8.000 €:

1. *1,3 Verfahrensgebühr, Nr. 3100 VV RVG (Wert: 8.000 €)*	*535,60 €*
2. *1,2 Terminsgebühr, Nr. 3104 VV RVG (Wert: 8.000 €)*	*494,40 €*
3. *Postentgeltpauschale, Nr. 7002 VV RVG*	*20,00 €*
4. *16 % Umsatzsteuer, Nr. 7008 VV RVG*	*+ 168,00 €*
Summe:	**1.218,00 €**

C. Rechtsstreit über 2.000 €:

1. *1,3 Verfahrensgebühr, Nr. 3100 VV RVG (Wert: 2.000 €)*	*172,90 €*
2. *1,2 Terminsgebühr, Nr. 3104 VV RVG (Wert: 2.000 €)*	*159,60 €*
3. *Postentgeltpauschale, Nr. 7002 VV RVG*	*20,00 €*
4. *16 % Umsatzsteuer, Nr. 7008 VV RVG*	*+ 56,40 €*
Summe:	**408,90 €**

Bei getrennter Abrechnung der Verfahren errechnet sich eine Vergütung i.H.v. insgesamt 1.626,90 €.

Diese Abrechnungsweise ist wegen der Gebührendegression günstiger als die Abrechnung des Verfahrens vor der Trennung mit 1.432,60 €.

4.   Verbindung

Bis zur Verbindung zweier Verfahren handelt es sich um jeweils **verschiedene Angelegenheiten** (s. § 15 Abs. 2 RVG). Die davor erwachsenen Gebühren und Auslagen bleiben dem Rechtsanwalt deshalb unberührt von der Verbindung erhalten.[167]   489

Nach Verbindung handelt es sich gebührenrechtlich um eine **einzige Angelegenheit**, in der gleichartige Gebühren nach den zusammenzurechnenden Einzelwerten (s. § 22 Abs. 1 RVG) nur einmal entstehen können.   490

Im Regelfall entsteht jedenfalls die Verfahrensgebühr sowohl vor als auch nach der Verbindung. Auch hier hat der Rechtsanwalt ein **Wahlrecht**, ob er seine Gebühren aus dem jeweiligen Einzelwert vor der Verbindung oder aus dem Gesamtwert nach der Verbindung   491

---

167   OLG Koblenz, JurBüro 1986, 1523; OLG Stuttgart, JurBüro 1982, 1670.

berechnet.[168] Der Rechtanwalt kann jedoch die Gebühren in dem Verfahren vor der Verbindung nicht neben den Gebühren im verbundenen Verfahren berechnen.[169]

492   *Beispiel:*

Der Rechtsanwalt erhebt gegen denselben Beklagten eine Klage über 8.000 € und eine weitere Klage über 2.000 €. Nach mündlicher Verhandlung werden die beiden Rechtsstreite verbunden. Nach einer weiteren mündlichen Verhandlung ergeht im verbundenen Verfahren ein Urteil.

Der Prozessbevollmächtigte des Klägers prüft, welche Berechnungsweise für ihn günstiger ist.

A.   Abrechnung der Einzelverfahren vor Verbindung:

I.   Rechtsstreit über 8.000 €:

1.	1,3 Verfahrensgebühr, Nr. 3100 VV RVG (Wert: 8.000 €)	535,60 €
2.	1,2 Terminsgebühr, Nr. 3104 VV RVG (Wert: 8.000 €)	494,40 €
3.	Postentgeltpauschale, Nr. 7002 VV RVG	20,00 €
4.	16 % Umsatzsteuer, Nr. 7008 VV RVG	+ 168,00 €
Summe:		**1.218,00 €**

II.   Rechtsstreit über 2.000 €:

1.	1,3 Verfahrensgebühr, Nr. 3100 VV RVG (Wert: 2.000 €)	172,90 €
2.	1,2 Terminsgebühr, Nr. 3104 VV RVG (Wert: 2.000 €)	159,60 €
3.	Postentgeltpauschale, Nr. 7002 VV RVG	20,00 €
4.	16 % Umsatzsteuer, Nr. 7008 VV RVG	+ 56,40 €
Summe:		**408,90 €**

Insgesamt erhält der Rechtsanwalt in den beiden Verfahren
vor Verbindung **1.626,90 €**

B.   Abrechnung im verbundenen Verfahren:

1.	1,3 Verfahrensgebühr, Nr. 3100 VV RVG (Wert: 10.000 €)	631,80 €
2.	1,2 Terminsgebühr, Nr. 3104 VV RVG (Wert: 10.000 €)	583,20 €
3.	Postentgeltpauschale, Nr. 7002 VV RVG	20,00 €
4.	16 % Umsatzsteuer, Nr. 7008 VV RVG	+ 197,60 €
Summe:		**1.432,60 €**

Die **Einzelberechnung** ist hier günstiger.

---

168   Hess. VGH, JurBüro 1987, 1359 = AnwBl. 1987, 291.
169   S. KG, JurBüro 1973, 1162; OLG Stuttgart, JurBüro 1982, 1670.

VI. Vergütung des Terminsvertreters

Bei der Vergütung des Terminsvertreters hat das RVG folgende Neuerungen gebracht: **493**

- Keine Unterscheidung zwischen **Unterbevollmächtigten** und **Beweisanwalt**.

- Es fallen nur noch **zwei verschiedene Gebührenarten an.**

- Keine Gebühr des Verfahrensbevollmächtigten für die **Übertragung der mündlichen Verhandlung.**

Die Vergütung für den Terminsvertreter bestimmt sich nach Nrn. 3401, 3402 und 3405 **494**
VV RVG.

1. Anwendungsbereich

Die vorgenannten Gebührentatbestände erhält der Rechtsanwalt, dessen Auftrag sich auf **495**
die Vertretung in einem Termin i.S.d. Vorbem. 3 Abs. 3 VV RVG beschränkt. Von wem
der Rechtsanwalt diesen Auftrag erhalten hat, ist – anders als bisher in § 53 Satz 1 BRAGO
– nicht mehr gesetzlich bestimmt. Damit kann der Terminsvertreter beauftragt worden
sein

- entweder von der Partei selbst oder

- von dem Prozess- oder Verfahrensbevollmächtigten.

Ein **Einverständnis der Partei** hiermit ist gebührenrechtlich nicht mehr erforderlich. Will **496**
der Rechtsanwalt seine Aufwendungen für den Terminsvertreter von seinem Auftraggeber ersetzt erhalten, so sollte er jedoch vor Erteilung des Auftrags das Einverständnis seines Auftraggebers einholen.

Das Gesetz unterscheidet nicht mehr zwischen **Unterbevollmächtigten** und **Beweisan-** **497**
walt. Beide bisher in § 53 und § 54 BRAGO unterschiedlich geregelten Anwaltstätigkeiten werden also künftig gebührenrechtlich einheitlich behandelt. Nach der Rechtsprechung des BGH[170] bestimmt sich die Vergütung eines von dem Prozessbevollmächtigten
im eigenen Namen zwecks Terminswahrnehmung beauftragten Terminsvertreters ohne
Bindung an die Gebührenregelung des § 53 BRAGO nach der internen Vereinbarung zwischen diesen beiden Rechtsanwälten. Diese Vereinbarung kann auch eine geringere Vergütung als in § 53 BRAGO vorgesehen zur Folge haben. Erteilt der Prozessbevollmächtigte dem Terminsvertreter den Auftrag zur Terminswahrnehmung im eigenen Auftrag,
so ist dieser im Regelfall Erfüllungsgehilfe des Prozessbevollmächtigten und verdient die

---

170   NJW 2001, 753 = AnwBl. 2001, 302 = AGS 2001, 51 = BRAGOreport 2001, 26 [*Hansens*].

Gebühren für diesen.[171] Dies hat zur Folge, dass zwischen der Partei und dem Terminsvertreter kein Vertragsverhältnis begründet wird. Da die Vergütung für die Terminsvertretung in Nrn. 3401 ff. VV RVG ausdrücklich gesetzlich geregelt ist, sollte der Prozess- oder Verfahrensbevollmächtigte bei Erteilung eines Auftrags im eigenen Namen **eindeutige Vereinbarungen** mit dem Terminsvertreter über dessen Vergütung treffen, wenn nicht die gesetzliche Regelung in Nrn. 3401 ff. VV RVG eintreten soll.

498   Der **Auftrag beschränkt sich** auf die Vertretung in:

- einem Verhandlungstermin,

- einem Erörterungstermin,

- einem Beweisaufnahmetermin oder

- einem vom Gerichtssachverständigen anberaumten Termin.

499   Hingegen finden Nrn. 3401 ff. VV RVG nicht auch Anwendung für die Vertretung des Prozess- oder Verfahrensbevollmächtigten bei Besprechungen zur Vermeidung oder Erledigung des Verfahrens i.S.v. Vorbem. 3 Abs. 3 letzter Fall VV RVG.

2.   Gebühren

500   Auch der Terminsvertreter erhält künftig nur noch zwei Gebührenarten, nämlich die Verfahrensgebühr und die Terminsgebühr.

a)   Verfahrensgebühr

aa)   Abgeltungsbereich

501   Der Terminsvertreter erhält nach Nr. 3401 VV RVG eine Verfahrensgebühr. Diese deckt – ähnlich wie die Verfahrensgebühr des Prozess- oder Verfahrensbevollmächtigten nach Nr. 3101 VV RVG – sämtliche Tätigkeiten ab, die der Rechtsanwalt von dem Beginn des ihm erteilten Vertretungsauftrags bis zu dessen Erledigung ausgeübt hat, soweit die Tätigkeit nicht durch die Terminsgebühr abgegolten wird.

502   Insbesondere werden folgende Tätigkeiten des Terminsvertreters durch die Verfahrensgebühr **abgegolten**:

- die Entgegennahme der Information,

- die Vorbereitung auf den Termin,

- die Entgegennahme der Sitzungsniederschrift,

- die Mitteilung an den Prozessbevollmächtigten bzw. an die Partei vom Ergebnis des Termins.

---

171   OLG Hamm, AnwBl. 1978, 182.

bb) Höhe der Verfahrensgebühr

Die Höhe der Verfahrensgebühr für den Terminsvertreter ist in **zweifacher Weise begrenzt.** Nr. 3401 VV RVG beschränkt die Verfahrensgebühr auf die **Hälfte der dem Verfahrensbevollmächtigten** konkret zustehenden Verfahrensgebühr. Bei **vorzeitiger Beendigung des Auftrags** des Terminsvertreters erhält dieser nach Nr. 3405 Nr. 2 VV RVG höchstens eine 0,5 Terminsgebühr. Dies ist der Fall, wenn der Auftrag des Terminsvertreters endet, bevor der Termin begonnen hat.

503

Übersicht: Verfahrensgebühr I. und II. Instanz

504

	Verfahrensbevollmächtigter	Terminsvertreter
I. Instanz	**I. Instanz**	**I. Instanz**
Regelfall: Verfahrensbevollmächtigter und Terminsvertreter werden umfassend tätig	Nr. 3100 VV RVG 1,3	Nr. 3401 VV RVG 0,65
Vorzeitige Beendigung des Auftrags des Verfahrensbevollmächtigten	Nr. 3101 Nr. 1 VV RVG 0,8	Nr. 3401 VV RVG 0,4 auch bei Terminswahrnehmung durch den Terminsvertreter
Vorzeitige Beendigung des Auftrags des Terminsvertreters	Nr. 3100 VV RVG 1,3	Nr. 3405 Nr. 2 VV RVG 0,5
Vorzeitige Beendigung des Auftrags des Verfahrensbevollmächtigten und des Terminsvertreters	Nr. 3101 Nr. 1 VV RVG 0,8	Nr. 3405 Nr. 2 VV RVG 0,4
II. Instanz	**II. Instanz**	**II. Instanz**
Umfassende Tätigkeit des Verfahrensbevollmächtigten und des Terminsvertreters	Nr. 3200 VV RVG 1,6	Nr. 3401 VV RVG 0,8
Vorzeitige Beendigung des Auftrags des Verfahrensbevollmächtigten	Nr. 3201 Nr. 1 VV RVG 1,1	Nr. 3401 VV RVG 0,55 auch bei Terminswahrnehmung durch den Terminsvertreter
Vorzeitige Beendigung des Auftrags des Terminsvertreters	Nr. 3200 VV RVG 1,6	Nr. 3405 Nr. 2 VV RVG 0,5
Vorzeitige Beendigung des Auftrags des Verfahrensbevollmächtigten und des Terminsvertreters	Nr. 3201 Nr. 1 VV RVG 1,1	Nr. 3405 Nr. 2 VV RVG 0,5

505 Der Terminsvertreter erhält nach Nr. 3401 VV RVG eine Verfahrensgebühr i.H.d. **Hälfte der dem Verfahrensbevollmächtigten konkret zustehenden Verfahrensgebühr.** Diese Regelung weicht von dem bisherigen § 53 Satz 2 BRAGO ab, der nicht an die Prozessgebühr des Prozessbevollmächtigten anknüpft.

506 *Beispiele:*

(1) Der Prozessbevollmächtigte erhält Klageauftrag über 5.000 €. Er bestellt einen Terminsvertreter zur Vertretung in dem noch nicht anberaumten Verhandlungstermin. Infolge der Zahlung der Gegenseite erledigt sich der Auftrag sowohl des Prozessbevollmächtigten als auch des Terminsvertreters.

*Der **Verfahrensbevollmächtigte** berechnet:*

0,8 Verfahrensgebühr, Nr. 3101 Nr. 1 VV RVG (Wert: 5.000 €)   *240,80 €*

*Der **Terminsvertreter** erhält:*

0,4 Verfahrensgebühr, Nr. 3401 VV RVG (Wert: 5.000 €)   *120,40 €*

jeweils zuzüglich Postentgelten und Umsatzsteuer.

(2) Im vorstehenden Beispiel reicht der Prozessbevollmächtigte die Klage ein. Der Terminsvertreter nimmt den Verhandlungstermin wahr. Nunmehr sieht die Berechnung wie folgt aus.

*Der **Verfahrensbevollmächtigte** berechnet:*

1,3 Verfahrensgebühr, Nr. 3100 VV RVG (Wert: 5.000 €)   *391,30 €*

*Der **Terminsvertreter** berechnet:*

0,65 Verfahrensgebühr (Wert: 5.000 €)   *195,65 €*

(3) Im vorstehenden Beispiel werden der Prozessbevollmächtigte und der Terminsvertreter in der Berufungsinstanz tätig.

*Der **Verfahrensbevollmächtigte** berechnet:*

1,6 Verfahrensgebühr, Nr. 3200 VV RVG (Wert: 5.000 €)   *481,60 €*

*Der **Terminsvertreter** erhält:*

0,8 Verfahrensgebühr, Nr. 3401 VV RVG   *240,80 €*

(4) Im vorstehenden Beispiel endigt der Auftrag des Terminsvertreters vor Beginn des Termins.
*Der **Verfahrensbevollmächtigte** erhält:*

1,6 Verfahrensgebühr, Nr. 3200 VV RVG (Wert: 5.000 €)   *481,60 €*

*Der **Terminsvertreter** kann berechnen:*

0,5 Verfahrensgebühr, Nr. 3405 Nr. 2 VV RVG (Wert: 5.000 €)   *150,50 €*

(5) Im vorstehenden Beispiel endigt der Auftrag des Verfahrensbevollmächtigten in der Berufungsinstanz vorzeitig, der des Terminsvertreters vor Beginn des Termins.

*Der **Verahrensbefollmächtige** berechnet:*

1,1 Verfahrensgebühr, Nr. 3201 Nr. 1 VV RVG (Wert: 5.000 €)   *331,10 €*

*Dem **Terminsvertreter** steht zu:*

0,5 Verfahrensgebühr (Höchstsatz), Nr. 3405 Nr. 2 VV RVG

(Wert: 5.000 €)   *150,50 €*

Während § 34 BRAGO für den Beweisanwalt gesonderte Gebühren vorgesehen hat,   507
macht das RVG gebührenrechtlich zwischen Terminsvertreter und **Beweisanwalt** keinen
Unterschied.

Beispiel: 508

*Der Prozessbevollmächtigte reicht eine Klage über 5.000 € ein. Nach Durchführung der
mündlichen Verhandlung beschließt das Gericht die Vernehmung eines auswärtigen Zeugen durch den ersuchten Richter. Der hiermit beauftragte Beweisanwalt nimmt den auswärtigen Beweistermin wahr.*

*An Verfahrensgebühren berechnen der **Verfahrensbevollmächtigte**:*

1,3 Verfahrensgebühr, Nr. 3100 VV RVG (Wert: 5.000 €)   *391,30 €*

*und der **Terminsvertreter**:*

0,65 Verfahrensgebühr, Nr. 3401 VV RVG (Wert: 5.000 €)   *195,65 €*

(1) Kein Prozessbevollmächtigter bestellt

Mit der Anknüpfung der Verfahrensgebühr für den Terminsvertreter an die Verfahrens-   509
gebühr des Prozess- oder Verfahrensbevollmächtigten geht der Gesetzgeber davon aus,
dass die Partei überhaupt einen Prozess- oder Verfahrensbevollmächtigten bestellt hat
oder – zum Zeitpunkt der Erteilung des Auftrags an den Terminsvertreter – dessen Auftrag noch besteht. Da Nr. 3401 VV RVG jedoch nicht regelt, wer den Terminsvertreter
beauftragt hat, gilt die Gebührenregelung auch dann, wenn kein Prozess- oder Verfahrensbevollmächtigter bestellt und der Terminsvertreter von der Partei selbst beauftragt
worden ist. In einem solchen Fall ist entsprechend Nr. 3401 VV RVG **fiktiv** darauf abzustellen, welche Verfahrensgebühr einem Prozess- oder Verfahrensbevollmächtigten entstanden wäre.

Beispiel: 510

*In einem Zahlungsrechtsstreit über 5.000 € vertritt sich der Kläger ohne anwaltliche Hil-
fe vor dem Amtsgericht selbst. Er beauftragt einen Rechtsanwalt, ihn als Terminsvertreter
in dem vor dem ersuchten Richter anberaumten auswärtigen Beweisaufnahmetermin zu
vertreten. Der Terminsvertreter nimmt diesen Beweisaufnahmetermin wahr.*

Ihm stehen folgende Gebühren zu:

1.	*0,65 Verfahrensgebühr, Nr. 3401 VV RVG (Wert: 5.000 €)*	*195,65 €*
2.	*1,2 Terminsgebühr, Nr. 3402 VV RVG (Wert: 5.000 €)*	*+ 361,20 €*
Summe:		***556,85 €***

zuzüglich Postentgelte und Umsatzsteuer.

(2) Mehrere Prozessbevollmächtigte, ein Terminsvertreter

511   Die gesetzliche Regelung zieht auch dann Ungereimtheiten nach sich, wenn mehrere Streitgenossen durch jeweils einen eigenen Prozessbevollmächtigten vertreten wird, diese jedoch nur einen einzigen Terminsvertreter bestellen.

512   ***Beispiel:***

In einem Zahlungsrechtsstreit über 8.000 € lassen sich die drei Kläger durch jeweils einen eigenen Prozessbevollmächtigten vertreten. Den Termin zur Beweisaufnahme vor dem ersuchten Richter nimmt im Auftrage aller drei Kläger ein Terminsvertreter wahr.

   *I.   Jedem der drei **Prozessbevollmächtigten** steht als Verfahrensgebühr zu:*
      1,3 Verfahrensgebühr, Nr. 3100 VV RVG (Wert: 8.000 €)   535,60 €

   *II. Bei wörtlicher Auslegung würde der **Terminsvertreter***
      lediglich die Hälfte einer Verfahrensgebühr erhalten, also
      0,65 Verfahrensgebühr, Nr. 3401 VV RVG (Wert: 8.000 €)   267,80 €

Hierbei wäre jedoch nicht berücksichtigt, dass der Terminsvertreter mit den drei Klägern bzw. ihren drei Prozessbevollmächtigten drei Auftraggeber hat. Es ist deshalb sachgerecht, die Verfahrensgebühr des Terminsvertreters nach Nr. 1008 VV RVG um 0,6 zu erhöhen.

   *Damit steht dem **Terminsvertreter** zu:*
   *1,25 Verfahrensgebühr, Nrn. 3401, 1008 VV RVG (Wert: 8.000 €)   **515,00 €***

(3) Prozessbevollmächtigter hat mehrere, Terminsvertreter hat nur einen Auftraggeber

513   Die gesetzliche Regelung führt auch dann zu Ungereimtheiten, wenn zwar der Prozessbevollmächtigte mehrere Auftraggeber hat, jedoch nicht auch der Unterbevollmächtigte.

514   ***Beispiel:***

Der Prozessbevollmächtigte hat namens dreier Kläger Zahlungsklage über 8.000 € eingereicht. Der Beklagte hat die Klage der ersten beiden Kläger anerkannt, hinsichtlich des letzten Klägers jedoch das geltend gemachte Vertragsverhältnis bestritten. Das Gericht beschließt die Zeugenvernehmung durch den ersuchten Richter. Im Auftrag des letzten Klägers nimmt der Terminsvertreter den auswärtigen Beweistermin wahr.

   *I.   Dem **Prozessbevollmächtigten** ist als Verfahrensgebühr angefallen:*
      1,9 Verfahrensgebühr, Nrn. 3100, 1008 VV RVG (Wert: 8.000 €)   782,80 €

   *II. Der **Terminsvertreter** würde bei wörtlicher Auslegung der*
      Nr. 3401 VV RVG erhalten: 0,95 Verfahrensgebühr,
      Nr. 3401 VV RVG (Wert: 8.000 €)   391,40 €

Hierbei würde jedoch nicht berücksichtigt, dass der Terminsvertreter mit dem letzten Kläger oder seinem Prozessbevollmächtigten nur einen einzigen Auftraggeber hat. Deshalb ist an die Verfahrensgebühr des Verfahrensbevollmächtigten an nur diesen einen Auftraggeber anzuknüpfen.

   *Der **Terminsvertreter** erhält deshalb:*
   *0,65 Verfahrensgebühr, Nr. 3401 VV RVG (Wert: 8.000 €)   **267,80 €***

(4) Auftrag des Prozessbevollmächtigten selbst

Schließlich ist die Anknüpfung an die Verfahrensgebühr des Prozess- oder Verfahrensbe- 515
vollmächtigten auch dann nicht sachgerecht, wenn der Terminsvertreter von dem einzigen Prozessbevollmächtigten im eigenen Namen beauftragt wird, er somit nur einen einzigen Auftraggeber hat.

Beispiel: 516

*In einem Zahlungsrechtsstreit über 4.500 € vertritt der Prozessbevollmächtigte eine aus
20 Eigentümern bestehende Wohnungseigentümergemeinschaft. Er beauftragt im eigenen Namen den Terminsvertreter mit der Wahrnehmung des Verhandlungstermins vor
dem auswärtigen Prozessgericht.*

   *I.   Dem **Prozessbevollmächtigten** ist folgende Verfahrensgebühr angefallen:*

        3,3 Verfahrensgebühr, Nrn. 3100, 1008 VV RVG (Wert: 4.500 €)   900,90 €

   *II. Der **Terminsvertreter** würde bei wörtlicher Gesetzesauslegung
        berechnen können:*

        1,65 Verfahrensgebühr, Nr. 3401 VV RVG (Wert: 4.500 €)   450,45 €

*Hierbei würde allerdings nicht berücksichtigt, dass der Terminsvertreter mit dem Prozess-
bevollmächtigten der Kläger nur einen einzigen Auftraggeber hat.*

Deshalb wäre richtig zu rechnen:

*0,65 Verfahrensgebühr, Nr. 3401 VV RVG (Wert: 4.500 €)   **177,45 €***

cc) Mehrere Termine

Der Terminsvertreter erhält innerhalb desselben Rechtszuges gemäß § 15 Abs. 2 RVG 517
auch für die Vertretung in mehreren Terminen nur **eine einzige Terminsgebühr**. Dies
ergibt sich aus dem Grundsatz, dass ein Rechtsanwalt innerhalb desselben Gebühren-
rechtszugs gleichartige Gebühren nur einmal berechnen kann. Die Formulierung in
Nr. 3401 VV RVG („Vertretung in **einem** Termin") beschränkt den Anwendungsbereich
der Verfahrensgebühr nicht auf einen einzigen Termin. Dann hätte die Formulierung hei-
ßen müssen: „... in **jedem** Termin".

Beispiel: 518

*Nimmt der Terminsvertreter in demselben Rechtsstreit in demselben Rechtszug drei Ver-
handlungs- und/oder Beweisaufnahmetermine wahr, erhält er gleichwohl nur eine einzige Verfahrensgebühr.*

Anders ist dies, wenn der Terminsvertreter sowohl für den ersten als auch für den Beru- 519
fungsrechtszug beauftragt wird.

520   *Beispiel:*

In einem Rechtsstreit über 5.000 € nimmt der Terminsvertreter auftragsgemäß zwei mündliche Verhandlungen und einen Beweisaufnahmetermin vor dem AG und im Berufungsrechtszug einen weiteren Verhandlungstermin wahr. Ihm stehen an Verfahrensgebühren zu:

I.   Im ersten Rechtszug:

0,65 Verfahrensgebühr, Nr. 3401 VV RVG   *195,65 €*

II. Im Berufungsrechtszug:

0,8 Verfahrensgebühr, Nr. 3401 VV RVG (Wert: 5.000 €)   *240,80 €*

b)   Terminsgebühr

521   Nach Nr. 3402 VV RVG erhält der Terminsvertreter neben der Verfahrensgebühr auch eine Terminsgebühr.

aa)   Abgeltungsbereich

522   Die Terminsgebühr deckt die gesamte Tätigkeit des Terminsvertreters in dem Verhandlungs-, Erörterungs-, Beweistermin oder in dem vom Gerichtssachverständigen anberaumten Termin ab. In **subjektiver Hinsicht** erfordert die Terminsgebühr lediglich die Vertretung des Auftraggebers. Allein die Anwesenheit in einem der genannten Termine reicht aus.

523   *Beispiel:*

Der Terminsvertreter wird beauftragt, den Mandanten in dem Beweisaufnahmetermin vor dem ersuchten Richter zu vertreten. Er meldet sich nach Aufruf der Sache bei dem Gericht. Zu der Beweisaufnahme kommt es nicht, weil der geladene Zeuge nicht erschienen ist.

Dem Terminsvertreter ist neben der Verfahrensgebühr auch eine Terminsgebühr angefallen.

bb)   Höhe der Terminsgebühr

524   Der Terminsvertreter erhält nach Nr. 3402 VV RVG eine Terminsgebühr i.H.d. Terminsgebühr, die dem Prozess- oder Verfahrensbevollmächtigten zustehen würde, wenn er seinerseits den Termin wahrgenommen hätte. Es ist also auf die Gebührentatbestände abzustellen, nach denen der Prozess- oder Verfahrensbevollmächtigte eine Terminsgebühr berechnen könnte, wenn er den Termin selbst wahrgenommen hätte. Ferner beschränkt Nr. 3405 Nr. 2 VV RVG die Höhe der Terminsgebühr ebenso wie die Höhe der Verfahrensgebühr. Endet der Auftrag des Terminsvertreters, bevor der Termin begonnen hat, erhält er höchstens eine 0,5 Terminsgebühr.

Übersicht: Terminsgebühr I. und II. Instanz 525

	Verfahrensbevollmächtigter – fiktive Terminsgebühr	Terminsvertreter
I. Instanz		
Vertretung im • Verhandlungstermin, • Erörterungstermin, • Beweisaufnahmetermin, • Wahrnehmung des vom Gerichtssachverständigen anberaumten Termins	Nr. 3104 VV RVG 1,2	Nr. 3402 VV RVG 1,2
Wie vorstehend, Auftrag des Terminsvertreters endet vor Beginn des Termins	Nr. 3104 VV RVG 1,2	Nr. 3405 Nr. 2 VV RVG 0,5
Lediglich Antrag auf Versäumnisurteil oder zur Prozess- oder Sachleitung	Nr. 3105 VV RVG 0,5	Nr. 3402 VV RVG 0,5
II. Instanz		
Vertretung im • Verhandlungstermin, • Erörterungstermin, • Beweisaufnahmetermin, • Wahrnehmung des vom Gerichtssachverständigen anberaumten Termins	Nr. 3202 VV RVG 1,2	Nr. 3402 VV RVG 1,2
Wie vorstehend, Auftrag des Terminsvertreters endet vor Beginn des Termins	Nr. 3202 VV RVG 1,2	Nr. 3405 Nr. 2 VV RVG 0,5
Lediglich Antrag auf Versäumnisurteil oder zur Prozess- oder Sachleitung	Nr. 3203 VV RVG, wenn Berufungskläger nicht ordnungsgemäß vertreten ist 0,5	Nr. 3402 VV RVG 0,5

Sonstige Angelegenheiten	Sonstige Angelegenheiten	Sonstige Angelegenheiten
Vertretung in einem gericht- lichen Termin oder einem	Nr. 3310 VV RVG 0,3	Nr. 3402 VV RVG 0,3
Termin zur Abnahme der eidesstattlichen Versicherung Wie vorstehend, der Auftrag des Terminsvertreters endigt, bevor der Termin begonnen hat	Nr. 3310 VV RVG 0,3	Nr. 3405 Nr. 2 VV RVG 0,3

526   ***Beispiele:***

(1) In einem Zahlungsrechtsstreit über 10.000 € hat der Prozessbevollmächtigte des Klä- gers die Klageschrift eingereicht. Der Terminsvertreter wird mit der Vertretung in dem Ver- handlungstermin beauftragt, in dem die Gegenseite die Klageforderung anerkennt.

*I.   Der **Prozessbevollmächtigte** berechnet:*

1,3 Verfahrensgebühr, Nr. 3100 VV RVG (Wert: 10.000 €)   *631,80 €*

*II.   Dem **Terminsvertreter** sind folgende Gebühren angefallen:*

1.   0,65 Verfahrensgebühr, Nr. 3401 VV RVG (Wert: 10.000 €)   *315,90 €*

2.   1,2 Terminsgebühr, Nr. 3402 VV RVG (Wert: 10.000 €)   *+   583,20 €*

Summe: ***899,10 €***

bei beiden Anwälten jeweils zuzüglich Postentgelte und Umsatzsteuer.

(2) Im vorstehenden Beispiel erscheint im Verhandlungstermin für den Beklagten niemand. Der Terminsvertreter stellt lediglich einen Antrag auf Erlass eines Versäumnisurteils.

*I.   Der **Verfahrensbevollmächtigte** kann berechnen:*

1,3 Verfahrensgebühr, Nr. 3100 VV RVG (Wert: 10.000 €)   *631,80 €*

*II.   Dem **Terminsvertreter** stehen zu:*

1.   0,65 Verfahrensgebühr, Nr. 3401 VV RVG (Wert: 10.000 €)   *315,90 €*

2.   0,5 Terminsgebühr, Nr. 3402 VV RVG (Wert: 10.000 €)   *+   243,00 €*

Summe: ***558,90 €***

bei beiden Anwälten jeweils zuzüglich Postentgelte und Umsatzsteuer.

(3) Der Prozessbevollmächtigte des Beklagten hat gegen eine Verurteilung i.H.v. 10.000 € Berufung eingelegt. Der Terminsvertreter nimmt auftragsgemäß die mündliche Verhand- lung vor dem Berufungsgericht wahr.

*I.   Der **Prozessbevollmächtigte** berechnet:*

1,6 Verfahrensgebühr, Nr. 3200 VV RVG (Wert: 10.000 €)   *777,60 €*

*II. Dem **Terminsvertreter** sind angefallen:*

1.	*0,8 Verfahrensgebühr, Nr. 3401 VV RVG (Wert: 10.000 €)*	*388,80 €*
2.	*1,2 Terminsgebühr, Nr. 3402 VV RVG (Wert: 10.000 €)*	*+ 583,20 €*
Summe:		***972,00 €***

bei beiden Anwälten jeweils zuzüglich Postentgelte und Umsatzsteuer.

cc) Mehrere Termine

Der Terminsvertreter erhält auch dann nur eine einzige Terminsgebühr, wenn er inner- 527
halb desselben Rechtszuges (§ 15 Abs. 2 RVG) mehrere Termine wahrnimmt.

Beispiel: 528

Der Prozessbevollmächtigte des Klägers, der die Klageschrift eingereicht hat, beauftragt den Terminsvertreter, sämtliche Gerichtstermine in der I. Instanz wahrzunehmen. Der Terminsvertreter nimmt an zwei Verhandlungsterminen und einem Beweisaufnahmetermin teil.

*I. Der **Prozessbevollmächtigte** berechnet:*

	1,3 Verfahrensgebühr, Nr. 3100 VV RVG (Wert: 5.000)	*391,30 €*

*II. Dem **Terminsvertreter** sind angefallen:*

1.	*0,65 Verfahrensgebühr, Nr. 3401 VV RVG (Wert: 5.000 €)*	*195,65 €*
2.	*1,2 Terminsgebühr, Nr. 3402 VV RVG (Wert: 5.000 €)*	*+ 361,20 €*
Summe:		***556,85 €***

bei beiden Rechtsanwälten zuzüglich Postentgelt und Umsatzsteuer.

3. Vergütung des Prozessbevollmächtigten

Gemäß § 33 Abs. 3 BRAGO erhält der Prozessbevollmächtigte für die Übertragung der 529
Vertretung in der mündlichen Verhandlung auf den Unterbevollmächtigten die Hälfte der
diesem zustehenden Verhandlungs- oder Erörterungsgebühr, mindestens jedoch eine
3/10 Gebühr. Das RVG sieht nunmehr für den Prozessbevollmächtigten eine entsprechende Vergütung nicht mehr vor. Der Prozessbevollmächtigte erhält deshalb eine Terminsgebühr nur, wenn er selbst einen der in Vorbem. 3 Abs. 3 VV RVG aufgeführten Termine wahrgenommen oder eine Besprechung zur Vermeidung oder Erledigung des Verfahrens geführt hat.

Beispiel: 530

Der Prozessbevollmächtigte erhebt Zahlungsklage über 10.000 € und vertritt den Beklagten im Verhandlungstermin. Das Gericht beschließt die Zeugenvernehmung durch den ersuchten Richter. Hierfür beauftragt der Beklagtenvertreter den Terminsvertreter, der den Beweisaufnahmetermin vor dem ersuchten Richter wahrnimmt.

I. Dem **Prozessbevollmächtigten** sind folgende Gebühren angefallen:

1. 1,3 Verfahrensgebühr, Nr. 3100 VV RVG (Wert: 10.000 €)   631,80 €

2. 1,2 Terminsgebühr, Nr. 3104 VV RVG (Wert: 10.000 €)   + 583,20 €

Summe: **1.215,00 €**

II. Der **Terminsvertreter** kann berechnen:

1. 0,65 Verfahrensgebühr, Nr. 3401 VV RVG (Wert: 10.000 €)   315,90 €

2. 1,2 Terminsgebühr, Nr. 3402 VV RVG (Wert: 10.000 €)   + 583,20 €

Summe: **899,10 €**

bei beiden Rechtsanwälten zuzüglich Postentgelten und Umsatzsteuer.

531 Anders ist dies, wenn der Verfahrensbevollmächtigte selbst keinen Termin wahrgenommen hat.

532 **Beispiel:**

Der Prozessbevollmächtigte des Klägers, der seine Kanzlei nicht am Prozessort hat, hat Zahlungsklage über 10.000 € eingereicht. Er beauftragt den Terminsvertreter, den Verhandlungstermin vor dem Prozessgericht wahrzunehmen. Der Terminsvertreter erwirkt nach streitiger Verhandlung ein der Klage stattgebendes Urteil.

A. Nach dem RVG ergibt sich folgende Berechnung:

I. Für den **Prozessbevollmächtigten**:

1,3 Verfahrensgebühr, Nr. 3100 VV RVG (Wert: 10.000 €)   631,80 €

II. Für den **Terminsvertreter**:

1. 0,65 Verfahrensgebühr, Nr. 3401 VV RVG (Wert: 10.000 €)   315,90 €

2. 1,2 Terminsgebühr, Nr. 3402 VV RVG (Wert: 10.000 €)   + 583,20 €

Summe: **899,10 €**

B. In Anwendung der **BRAGO** hätte die Berechnung wie folgt ausgesehen:

I. Für den **Prozessbevollmächtigten**:

1. 10/10-Prozessgebühr, § 31 Abs. 1 Nr. 1 BRAGO (Wert: 10.000 €)   486,00 €

2. 5/10-Verhandlungsgebühr, § 33 Abs. 3 Satz 1 BRAGO
   (Wert: 10.000 €)   + 243,00 €

Summe: **729,00 €**

II. Der **Unterbevollmächtigte** berechnet:

1. 5/10-Prozessgebühr, § 53 Satz 1 BRAGO (Wert: 10.000 €)   243,00 €

2. 10/10-Verhandlungsgebühr, §§ 53 Satz 1, 31 Abs. 1 Nr. 2 BRAGO
   (Wert: 10.000 €)   + 486,00 €

Summe: **729,00 €**

bei beiden Anwälten zuzüglich Postentgelt und Umsatzsteuer.

| **Hinweis:** | 533 |

Das vorstehende Beispiel verdeutlicht den Regelfall, in dem somit Prozessbevollmächtigter und Unterbevollmächtigter nach der BRAGO eine gleich hohe Vergütung verdient haben. Nach dem RVG verschiebt sich die Verteilung der Vergütung zu Ungunsten des Prozessbevollmächtigten auf den Terminsvertreter.

| **Praxishinweis:** | 534 |

Der Prozessbevollmächtigte sollte deshalb durch eine Vereinbarung mit dem Terminsvertreter eine angemessene Beteiligung an der Gesamtvergütung erreichen.

4. Kostenerstattung

Bei Vertretung durch einen Prozess- oder Verfahrensbevollmächtigten und einen Terminsvertreter ergibt sich insgesamt eine höhere Vergütung als bei der Vertretung nur durch den Prozess- oder Verfahrensbevollmächtigten. 535

Beispiel: 536

Der Prozessbevollmächtigte reicht Zahlungsklage über 5.000 € ein und beauftragt den Terminsvertreter, den Termin zur mündlichen Verhandlung vor dem auswärtigen Prozessgericht wahrzunehmen, der nach streitiger Verhandlung ein der Klage stattgebendes Urteil erwirkt. Dem Kläger sind – ohne Berücksichtigung der Umsatzsteuer – folgende Anwaltskosten entstanden:

*I. Für seinen **Prozessbevollmächtigten:***

1. 1,3 Verfahrensgebühr, Nr. 3100 VV RVG (Wert: 5.000 €)	*391,30 €*
2. Postentgeltpauschale, Nr. 7002 VV RVG	*+ 20,00 €*
Summe:	***411,30 €***

*II. Dem **Terminsvertreter** sind angefallen:*

1. 0,65 Verfahrensgebühr, Nr. 3401 VV RVG (Wert: 5.000 €)	*195,65 €*
2. 1,2 Terminsgebühr, Nr. 3402 VV RVG (Wert: 5.000 €)	*361,20 €*
3. Postentgeltpauschale, Nr. 7002 VV RVG	*+ 20,00 €*
Summe:	***576,85 €***

| *Für beide Rechtsanwälte hat der Kläger aufgewandt:* | ***988,15 €*** |

Hätte der Prozessbevollmächtigte den auswärtigen Termin selbst wahrgenommen, so wären – ohne etwaige Fahrtkosten – folgende Gebühren und Auslagen angefallen:

1. 1,3 Verfahrensgebühr, Nr. 3100 VV RVG (Wert: 5.000 €)	*391,30 €*
2. 1,2 Terminsgebühr, Nr. 3104 VV RVG (Wert: 5.000 €)	*361,20 €*
3. Postentgeltpauschale, Nr. 7002 VV RVG	*+ 20,00 €*
Summe:	***772,50 €***

*Die Vertretung durch zwei Rechtsanwälte hat damit **Mehrkosten** i.H.v.*
(988,15 € – 772,50 € =) **215,65 €**
ausgelöst.

537 Die **Erstattungsfähigkeit dieser Mehrkosten** beurteilt sich danach, durch welche Vertretungstätigkeit des Terminsvertreters sie angefallen sind.

a) Beweisanwalt

538 Die Wahrnehmung auch auswärtiger Beweistermine ist grds. Aufgabe des Prozessbevollmächtigten. Deshalb sind die durch die Hinzuziehung eines Terminsvertreters anfallenden Mehrkosten nur dann und in der Höhe erstattungsfähig, als dadurch der Anfall anderer, erstattungsfähiger Kosten vermieden wurde.[172] Derartige ersparte Kosten sind insbesondere die Fahrtkosten des Prozessbevollmächtigten zur auswärtigen Beweisaufnahme.

Sind die durch die Einschaltung des Terminsvertreters anfallenden **Mehrkosten geringfügig – etwa 10 % – höher** als die fiktiven Fahrtkosten des Prozessbevollmächtigten, sind die Mehrkosten im vollen Umfang erstattungsfähig. Anderenfalls sind die Mehrkosten nur in Höhe ersparter Fahrtkosten des Prozessbevollmächtigten **erstattungsfähig**.

539 *Beispiel:*

Im vorstehenden Beispiel betragen die durch die Einschaltung des Terminsvertreters entstandenen Mehrkosten 215,65 €.

Hätte der Prozessbevollmächtigte für die Wahrnehmung des Beweistermins Fahrtkosten nach Nrn. 7003 – 7006 VV RVG bis 200 € aufwenden müssen, so wären die gesamten Mehrkosten i.H.v. 215,65 € erstattungsfähig.

Hätten die Fahrtkosten jedoch lediglich 100 € ausgemacht, so wären die für die Tätigkeit des Terminsvertreters angefallenen Mehrkosten i.H.v. 215,65 € nur i.H.v. 100 € erstattungsfähig.

540 **Ausnahmsweise** sind die die **fiktiven Terminsfahrtkosten** des Rechtsanwalts erheblich übersteigenden Mehrkosten des Terminsvertreters **erstattungsfähig**, wenn dem Prozessbevollmächtigten die Wahrnehmung des auswärtigen Beweistermins nicht zumutbar war.[173]

---

172 OLG Düsseldorf, JurBüro 1992, 34 = Rpfleger 1992, 36 = AnwBl. 1992, 44; OLG Hamm, JurBüro 1984, 1565.
173 OLG München, JurBüro 1960, 491 = AnwBl. 1961, 119: Reise von mehr als zwei Tagen; OLG München, JurBüro 1984, 595 = AnwBl. 1984, 211.

b) Unterbevollmächtigter

Die Rechtsprechung zur Erstattungsfähigkeit der durch die Einschaltung eines Unterbe- 541
vollmächtigten angefallenen Mehrkosten hat sich infolge der Einführung der Rechtsbeschwerde ganz erheblich geändert. In mehreren Entscheidungen hat der BGH grundsätzliche Ausführungen zur Erstattungsfähigkeit dieser Mehrkosten gemacht. Da jedoch
für die Entscheidungen über Rechtsbeschwerden in Kostensachen beim BGH keine Spe-
zialzuständigkeit eines Senats bestimmt worden ist, sind die Entscheidungen der verschiedenen Zivilsenate des BGH teilweise widersprüchlich.

aa) Grundsatz

Lässt sich eine auswärtige Partei durch ihren am Wohnsitz oder Sitz der Kanzlei ansässi- 542
gen Prozessbevollmächtigten vertreten, so sind die durch die Einschaltung eines Unterbevollmächtigten (jetzt Terminsvertreters) mit Kanzlei am Ort des Prozessgerichts entstandenen Mehrkosten grds. erstattungsfähig.[174] Im Regelfall sucht nämlich eine auswärtige Partei bereits vorprozessual einen Rechtsanwalt an ihrem Wohnsitz oder Sitz aus,
um mit diesem ein **eingehendes Mandantengespräch** zu führen. Es ist deshalb erstattungsrechtlich anzuerkennen, wenn diese Partei dann diesen Rechtsanwalt auch zum Prozessbevollmächtigten stellt. In einem solchen Fall sind die durch die Einschaltung des Terminsvertreters anfallenden Mehrkosten in Höhe ersparter Terminsreisekosten des auswärtigen Prozessbevollmächtigten erstattungsfähig. Eine **Überschreitung von 10 %**
schadet nicht.[175]

Diese Rechtsprechung gilt im Übrigen auch umgekehrt, wenn der auswärtige Prozess- 543
bevollmächtigte zu dem Verhandlungstermin tatsächlich anreist. Die tatsächlichen Fahrtkosten sind dann in Höhe der fiktiven Mehrkosten für einen Terminsvertreter erstattungsfähig.

544

Praxishinweis:

Der Prozessbevollmächtigte muss zu Beginn abwägen, ob die eigene Terminsreise kostengünstiger ist als die Bestellung eines Terminsvertreters. Dies hängt jedoch von einer Vielzahl von Umständen ab, die zu Beginn des Rechtsstreits nicht vorhersehbar
sind, z.B.:

- Wegen unentschuldigten Fehlens des geladenen Zeugen sind drei Beweistermine
  erforderlich, zu denen der auswärtige Prozessbevollmächtigte selbst anreist. Nachträglich erweist sich, dass die Einschaltung eines Unterbevollmächtigten ab dem
  dritten Termin billiger wäre.

---

174 Grundlegend BGH, NJW 2003, 898 = JurBüro 2003, 202 mit Anm. *Enders* = AGS 2003, 97 mit Anm.
     Madert = BRAGOreport 2003, 13 [*Hansens*].
175 BGH, a.a.O.

> • Infolge einer Klageerweiterung oder einer Widerklage erhöht sich der Gegen-
> standswert. Die Einschaltung eines Terminsvertreters löst wegen des höheren
> Gegenstandswertes höhere Kosten aus, als durch die Terminsreise des Prozessbe-
> vollmächtigten angefallen wären.

545

Hinweis:

Wer das **Kalkulationsrisiko** in einem solchen Fall trägt, ist **vom BGH noch nicht ausdrücklich entschieden** worden. Die bisherigen Entscheidungen sprechen dafür, dass
es auf die Sicht der betreffenden Partei ex ante ankommt. Musste die auswärtige Partei mit derartigen Änderungen nicht rechnen, so sind die Mehrkosten gleichwohl erstattungsfähig.

bb) Ausnahmen

546 Die durch die Bestellung eines Terminsvertreters anfallenden Mehrkosten sind ausnahmsweise dann nicht erstattungsfähig, wenn bereits bei Beauftragung des auswärtigen Rechtsanwalts feststeht, dass ein **eingehendes Mandantengespräch** für die Prozessführung **nicht erforderlich** sein wird.

547 Beispielhaft hat der BGH[176] hierzu auf zwei Fallgestaltungen hingewiesen:

- Ein gewerbliches Unternehmen lässt die Sache durch eine eigene **Rechtsabteilung**
  bearbeiten.

- Die Gegenseite hat bei einem in tatsächlicher Hinsicht überschaubaren Streit um eine Geldforderung versichert, nicht leistungsfähig zu sein und gegenüber einer Klage
  keine Einwendungen zu erheben.

cc) Einzelfälle

548 Die bisher vorliegenden Entscheidungen des BGH sind vielfach einzelfallbezogen und lassen eine einheitliche Linie nicht erkennen. Für den Praktiker besteht deshalb die Schwierigkeit, den zur Entscheidung stehenden Fall richtig einzuordnen.

---

176   A.a.O.

Hierzu soll folgende **Übersicht** dienen: 549

Sachverhalt	Entscheidung des BGH	Fundstelle
Bank mit eigener **Rechtsabteilung** klagt aus einem Routinegeschäft (hier: Bürgschaft)	Terminsreisekosten erstattungsfähig	BGH, BRAGOreport 2003, 94
Einfacher Sachverhalt, wirtschaftlich geringe **Bedeutung**	Terminsvertreterkosten erstattungsfähig	BGH, RVGreport 2004, 74 [*Hansens*]
Gewerbliches Unternehmen bearbeitet Sache durch eigene **Rechtsabteilung**	Terminsreisekosten nicht erstattungsfähig	BGH, NJW 2003, 2027 = JurBüro 2003, 370 mit Anm. *Enders* = BRAGOreport 2003, 155 [*Hansens*]
Hausanwalt	Bei Kostenerstattung nicht zu berücksichtigen	BGH, NJW 2003, 901 = JurBüro 2003, 205 = BRAGOreport 2003, 35 [*Hansens*]
Kfz-Haftpflichtversicherer ohne Rechtsabteilung überträgt rechtliche Vertretung einem Hausanwalt am Geschäftsort („Outsourcing")	Terminsvertreterkosten erstattungsfähig	BGH, RVGreport 2004, 34 [*Hansens*]
Prozessbevollmächtigter am **dritten Ort**	Terminsreisekosten nicht erstattungsfähig	BGH, NJW 2003, 901 = JurBüro 2003, 205 = BRAGOreport 2003, 35 [*Hansens*]
Prozessbevollmächtigter am **dritten Ort**	Bei tatsächlich geführtem Mandantengespräch, Terminsreisekosten grds. erstattungsfähig	BGH, RVGreport 2004, 155 [*Hansens*]
Prozessbevollmächtigter ist Mahnanwalt, Mandantengespräch findet nicht statt	Terminsvertreterkosten erstattungsfähig, wenn 90 % der Mahnverfahren ohne Widerspruch durchgeführt werden	BGH, FamRZ 2004, 866
Berufungsverfahren	Terminsreisekosten wie in erster Instanz erstattungsfähig	BGH, RVGreport 2004, 316 [*Hansens*]

Rechtsanwalt in **eigener Sache**	Terminsreisekosten erstattungsfähig	BGH, NJW 2003, 1534 = JurBüro 2003, 426 = BRAGO-report 2003, 116
Spezialanwalt	Erstattungsfähig, wenn kein vergleichbarer Rechtsanwalt am (Wohn-) Sitz der Partei	BGH, NJW 2003, 901 = JurBüro 2003, 205 = BRAGOreport 2003, 35 [*Hansens*]
Vorgerichtliche Tätigkeit des Prozessbevollmächtigten	Bei Kostenerstattung nicht zu berücksichtigen	BGH, NJW 2003, 901 = JurBüro 2003, 205 = BRAGOreport 2003, 35 [*Hansens*]
Wettbewerbsverein ohne eigene Rechtsabteilung	Terminsreisekosten nicht erstattungsfähig	BGH, RVGreport 2004, 154 [*Hansens*]

VII. Verkehrsanwalt

550   Die Vergütung für die Tätigkeit des Verkehrsanwalts ist im RVG neu bestimmt worden.

> Gegenüber der bisherigen Regelung in §§ 52 ff. BRAGO ergeben sich nach Nrn. 3400, 3405 VV RVG folgende wesentliche Änderungen:
>
> - Die Verfahrensgebühr des Verkehrsanwalts beträgt **höchstens 1,0.**
> - Im Falle der **vorzeitigen Beendigung** des Auftrags des Verkehrsanwalts ist die Er-mäßigung der Verfahrensgebühr ausdrücklich gesetzlich bestimmt.

1.   Anwendungsbereich

551   Nr. 3400 VV RVG hat zwei verschiedene Anwendungsbereiche:

- Nr. 3400 VV RVG regelt einmal wie § 52 Abs. 1 BRAGO die Tätigkeit als **Verkehrs-anwalt.**
- Die Vorschrift regelt nach der Anm. zu Nr. 3400 VV RVG aber auch – wie bisher § 52 Abs. 2 BRAGO – die Vergütung für bestimmte **gutachtliche Äußerungen.**

2.   Gebührenregelung

552   Das RVG sieht für den Verkehrsanwalt in Nr. 3400 VV RVG die **Verfahrensgebühr** vor. Daneben kann dem Verkehrsanwalt auch eine **Terminsgebühr** nach Nr. 3401 VV RVG

entstehen. Diese Bestimmung gilt nicht nur für den Terminsvertreter, dessen Auftrag sich auf die Vertretung in einem Termin beschränkt, sondern auch für den Verkehrsanwalt, der neben der Übermittlung der Informationen auch einen Termin wahrnimmt.

Beispiel: 553

Der Verkehrsanwalt nimmt neben dem Prozessbevollmächtigten an der mündlichen Verhandlung vor dem Prozessgericht teil.

Ihm steht nach Nr. 3400 VV RVG eine Verfahrensgebühr und gemäß Nr. 3401 VV RVG eine Terminsgebühr zu.

Für Tätigkeiten, die eine der allgemeinen Gebühren nach Nrn. 1000 ff. VV RVG auslö- 554
sen, erhält der Verkehrsanwalt neben der Verfahrensgebühr die dort bestimmte weitere Gebühr.

Beispiel: 555

Der Prozessbevollmächtigte hat vor dem Prozessgericht eine Einigung (einen Vergleich) unter dem Vorbehalt des Widerrufs geschlossen. Der Verkehrsanwalt erörtert mit dem Auftraggeber die für und die gegen den Widerruf sprechenden Umstände und rät davon ab, die Einigung (den Vergleich) zu widerrufen.

Hierdurch hat der Verkehrsanwalt an der Einigung der Parteien mitgewirkt. Er kann damit berechnen:

1. 1,0 Verfahrensgebühr Nr. 3400 VV RVG

2. 1,0 Einigungsgebühr Nr. 1003 VV RVG

zuzüglich Postentgeltpauschale und Umsatzsteuer.

3. Verfahrensgebühr

a) Anfall

Entsprechend dem Aufgabenbereich des Verkehrsanwalts, nämlich die Führung des Ver- 556
kehrs der Parteien mit dem Verfahrensbevollmächtigten, müssen **drei verschiedene Personen** vorhanden sein, nämlich

* die Partei,

* der Verkehrsanwalt und

* der Prozess- oder Verfahrensbevollmächtigte.

aa) Rechtsanwalt in eigener Sache

An dem o.g. **Informationsfluss über drei Stationen** fehlt es, wenn der Rechtsanwalt den 557
Prozess- oder Verfahrensbevollmächtigten in eigener Sache informiert. Folglich fällt dem

Rechtsanwalt in eigener Sache eine Verfahrensgebühr nach Nr. 3400 VV RVG nicht an.[177] Dem obsiegenden Rechtsanwalt in eigener Sache ist auch über die Bestimmung des § 91 Abs. 2 Satz 4 ZPO eine Verfahrensgebühr nach Nr. 3400 VV RVG nicht zu erstatten.

558 Danach erhält der Rechtsanwalt in eigener Sache die Gebühren und Auslagen, die er als beauftragter Rechtsanwalt verdient hätte. Diese Bestimmung fingiert somit lediglich den bei Tätigkeit des Rechtsanwalts in eigener Sache tatsächlich nicht bestehenden Fremdauftrag. Sie entbindet den Rechtsanwalt jedoch nicht davon, im Rahmen der Tätigkeit in eigener Sache den jeweiligen Gebührentatbestand zu erfüllen.

bb) Rechtsanwalt als Partei kraft Amtes

559 Die vorstehenden Ausführungen gelten ebenso, wenn der Rechtsanwalt als Partei kraft Amtes den Prozessbevollmächtigten informiert. Auch hier fehlt es an einem **Informationsfluss über drei Stationen**. Dies gilt insbesondere für

- den Insolvenzverwalter,[178]

- den Nachlassverwalter[179] oder

- den Testamentsvollstrecker.[180]

cc) Rechtsanwalt als Vertretungsorgan einer juristischen Person

560 Gehört die Informationsübermittlung zum typischen Aufgabenkreis des gesetzlichen Vertreters einer juristischen Person, entsteht keine Verfahrensgebühr nach Nr. 3400 VV RVG. Dies betrifft insbesondere die Fälle, in denen die Informationsübermittlung zu den kraft Satzung oder Vertrages bestehenden Pflichten des Rechtsanwalts gehören.[181] Ist der informierende Rechtsanwalt der einzige gesetzliche Vertreter, schließt dies den Anfall der Verfahrensgebühr nach Nr. 3400 VV RVG aus, weil es an der Informationsübermittlung über drei Personen fehlt.

dd) Rechtsanwalt als gesetzlicher Vertreter einer natürlichen Person

561 Informiert der Rechtsanwalt als **Betreuer** oder **Pfleger** den Prozessbevollmächtigten, erhält er die einem Verkehrsanwalt zustehende gesetzliche Vergütung als Aufwendungsersatz gemäß §§ 1908i, 1915 Abs. 1, 1835 Abs. 3 BGB. Dies setzt voraus, dass ein nicht

---

177 OLG München, JurBüro 1994, 546; KG, JurBüro 1980, 1361; OLG Stuttgart, Justiz 1997, 58 und JurBüro 1998, 487.
178 OLG Stuttgart, JurBüro 1983, 1835; OLG Düsseldorf, JurBüro 1984, 766; OLG München, JurBüro 1994, 546.
179 OLG Köln, JurBüro 1978, 242.
180 OLG München, JurBüro 1994, 546.
181 KG, JurBüro 1977, 63: Geschäftsführer einer GmbH; OLG München, JurBüro 1982, 1034: Vereinsvorstand; vgl. hierzu aber auch KG, JurBüro 1987, 1396; OLG Köln, JurBüro 1978, 241: Liquidator einer KG.

rechtskundiger durchschnittlicher Betreuer oder Pfleger einen Verkehrsanwalt hinzuge-
zogen hätte.[182]

ee) Rechtsanwalt als Ehegatte oder naher Familienangehöriger

Führt der Rechtsanwalt den Verkehr mit dem Prozessbevollmächtigten für seinen Ehegatten oder sonstigen nahen Familienangehörigen, geschieht dies meist in Erfüllung der
ehelichen oder familienrechtlichen Beistandspflichten. Eine Verfahrensgebühr nach
Nr. 3400 VV RVG fällt dann nicht an.[183]

562

b) Abgeltungsbereich

Der Verkehrsanwalt erhält die Verfahrensgebühr nach Nr. 3400 VV RVG, sobald er in Ausführung des ihm erteilten Auftrags tätig geworden ist, regelmäßig mit der **Entgegennahme der Information**. Die Gebühr deckt die gesamte Tätigkeit des Verkehrsanwalts
ab, die mit der Führung des Verkehrs der Partei mit dem Prozess- oder Verfahrensbevollmächtigten zusammenhängt, insbesondere:

563

- die Beratung des Auftraggebers,

- Besprechungen mit dem Auftraggeber oder Dritten,

- die Ermittlung des Tatsachenstoffes,

- die Auswertung von Schriftsätzen und Akten,

- die Übermittlung der Informationen an den Prozessbevollmächtigten,

- die Entgegennahme von Informationen des Prozessbevollmächtigten und deren Übermittlung an den Auftraggeber,

- die Übersendung von Schriftsätzen an den Prozessbevollmächtigten,

- die Entgegennahme von gerichtlichen Entscheidungen und deren Weiterleitung an
  die Partei.

c) Höhe

Der Verkehrsanwalt erhält nach Nr. 3400 VV RVG – vergleichbar mit § 52 Abs. 1 BRAGO
– eine Verfahrensgebühr i.H.d. dem Verfahrensbevollmächtigten zustehenden Verfah-

564

---

182 KG, JurBüro 1976, 1072; JurBüro 1987, 1396: Pfleger; OLG Schleswig, JurBüro 1979, 225: Vormund; a.A. OLG Köln, JurBüro 1973, 770: Abwesenheitspfleger; OLG Frankfurt, JurBüro 1979, 714;
OLG München, JurBüro 1998, 36 mit ablehnender Anm. *Hansens*; OLG Stuttgart, JurBüro 1998,
487: Betreuer.
183 OLG Köln, JurBüro 1983, 1047; OLG Schleswig, JurBüro 1986, 1370; OLG Hamm, JurBüro 1992,
98: Ehegatte; a.A. OLG Hamburg, OLGR 1999, 448: Ehegatte bei kompliziertem Sachverhalt; OLG
Schleswig, JurBüro 1992, 170: Verkehrsanwalt als Sohn der Partei.

rensgebühr. Diese ist jedoch **höchstens auf eine 1,0** Verfahrensgebühr beschränkt. Dies hat zur Folge, dass der Verkehrsanwalt in der Berufungs- oder Revisionsinstanz statt einer 13/10-Verkehrsgebühr nach § 52 Abs. 1 BRAGO künftig **nur höchstens eine 1,0 Verfahrensgebühr** berechnen kann. Dies wird vom Gesetzgeber[184] damit begründet, der Wegfall der Beweisgebühr wirke sich bei dem Verkehrsanwalt nicht aus. Diese Begründung überzeugt jedoch nicht, da dieser Wegfall der Beweisgebühr keinen Einfluss auf den Umfang der Tätigkeit des Verkehrsanwalts hat.

565 Ferner sieht Nr. 3405 Nr. 1 VV RVG eine Ermäßigung der Verfahrensgebühr des Verkehrsanwalts bei dessen **vorzeitiger Beendigung des Auftrags** vor.

566 **Übersicht: Höhe der dem Verkehrsanwalt zustehenden Verfahrensgebühr**

	I. Instanz	Berufungsinstanz	Revisionsinstanz
Regelfall im Zivilprozess	Nr. 3400 i.V.m. Nr. 3100 VV RVG 1,0	Nr. 3400 i.V.m. Nr. 3200 VV RVG 1,0	Nr. 3400 i.V.m. Nrn. 3206, 3208 VV RVG 1,0
Vorzeitige Beendigung des Auftrags des Verfahrensbevollmächtigten	Nr. 3400 i.V.m. Nr. 3101 Nr. 1 VV RVG 0,8	Nr. 3400 i.V.m. Nr. 3201 Nr. 1 VV RVG 1,0	Nr. 3400 i.V.m. Nr. 3207 VV RVG 1,0
Beendigung des Auftrags des Verkehrsanwalts – bevor Verfahrensbevollmächtigter beauftragt oder – bevor Verkehrsanwalt gegenüber Verfahrensbevollmächtigten tätig	Nr. 3405 Nr. 1 VV RVG 0,5	Nr. 3405 Nr. 1 VV RVG 0,5	Nr. 3405 Nr. 1 VV RVG 0,5

aa) Volle Verfahrensgebühr

567 Im Regelfall erhält der Verkehrsanwalt eine volle Verfahrensgebühr, **höchstens** jedoch eine **1,0 Verfahrensgebühr**. Folglich erhält der Verkehrsanwalt auch im Rechtsmittelverfahren, in denen der Prozess- oder Verfahrensbevollmächtigte eine höhere Verfahrensgebühr erhält, nicht mehr als eine 1,0 Verfahrensgebühr.

---

184 BR-Drucks. 830/03, S. 273.

Bei **vorzeitiger Beendigung des Auftrags des Prozessbevollmächtigten** ermäßigt sich 568
auch die Verfahrensgebühr des Verkehrsanwalts.

Beispiel: 569

*Der Prozessbevollmächtigte erhält Klageauftrag und beauftragt namens des Klägers
Rechtsanwalt V. mit der Führung des Verkehrs. Dieser teilt dem Prozessbevollmächtigten
gegenüber die Übernahme des Auftrags mit. Bevor der Prozessbevollmächtigte die Klageschrift einreicht, erledigt sich der Auftrag durch Zahlung.*

Dem Prozessbevollmächtigten steht zu:

*0,8 Verfahrensgebühr, Nr. 3101 Nr. 1 VV RVG zuzüglich Postentgeltpauschale und Um-
satzsteuer.*

Der Verkehrsanwalt kann nur berechnen:

*0,8 Verfahrensgebühr, Nr. 3400 in Verbindung mit Nr. 3101 Nr. 1 VV RVG zuzüglich Post-
entgeltpauschale und Umsatzsteuer.*

bb) Ermäßigte Verfahrensgebühr

Die Verfahrensgebühr des Verkehrsanwalts ermäßigt sich – unabhängig von einer even- 570
tuellen Ermäßigung der Verfahrensgebühr des Prozessbevollmächtigten –, wenn eine der
beiden Voraussetzungen erfüllt ist:

Der **Auftrag des Verkehrsanwalts endet,**

• bevor der Verfahrensbevollmächtigte beauftragt worden ist oder

• bevor der Verkehrsanwalt gegenüber dem Verfahrensbevollmächtigten tätig geworden ist.

Welcher Art diese Tätigkeit des Verkehrsanwalts gewesen ist, bestimmt das Gesetz nicht. 571
Folglich genügt irgendeine Tätigkeit des Verkehrsanwalts gegenüber dem Verfahrensbevollmächtigten.

Beispiele: 572

*(1) Nach Entgegennahme des Verkehrsmandats endet der Auftrag des Verkehrsanwalts.
Ihm steht nach Nr. 3405 Nr. 1 VV RVG höchstens eine 0,5 Verfahrensgebühr zu.*

*(2) Im vorstehenden Beispiel hat der Verkehrsanwalt die Übernahme des Verkehrsman-
dats gegenüber dem Prozessbevollmächtigten angezeigt. Aufgrund dieser Tätigkeit findet
eine Ermäßigung der Verfahrensgebühr nach Nr. 3405 Nr. 1 VV RVG nicht statt. Der Verkehrsanwalt erhält deshalb die volle Verfahrensgebühr.*

*(3) Im vorstehenden Beispiel übermittelt der Verkehrsanwalt dem Prozessbevollmächtig-
ten die Informationen. Erst recht verhindert diese Tätigkeit des Verkehrsanwalts die Ermäßigung seiner Verfahrensgebühr.*

573 Die Höhe der Verfahrensgebühr des Verkehrsanwalts hängt auch davon ab, ob der Prozess- oder Verfahrensbevollmächtigte bereits einen Prozessauftrag erhalten hat. Ist die nicht der Fall, erhält der Verkehrsanwalt nur die ermäßigte Verfahrensgebühr.

574 **Beispiel:**

Der Auftraggeber beauftragt den Verkehrsanwalt, am Ort des Prozessgerichts einen Prozessbevollmächtigten zu bestellen. Bevor dies geschieht, endigt der Auftrag des Verkehrsanwalts.

Der Verkehrsanwalt erhält nach Nr. 3405 Nr. 1 VV RVG höchstens eine 0,5 Verfahrensgebühr.

cc) Mehrere Auftraggeber

575 Gemäß Nr. 1008 VV RVG erhöht sich auch die Verfahrensgebühr des Verkehrsanwalts, wenn dieser mehrere Auftraggeber in derselben Angelegenheit vertritt.

576 **Beispiel:**

Im Auftrag der Eheleute E reicht der Prozessbevollmächtigte eine Klageschrift ein. Die Informationen hierzu haben die Eheleute E über den Verkehrsanwalt übermittelt.

*Der **Prozessbevollmächtigte** berechnet:*

1,3 + 0,3 Verfahrensgebühr, Nrn. 3100, 1008 VV RVG

*Dem **Verkehrsanwalt** steht zu:*

1,0 + 0,3 Verfahrensgebühr, Nr. 3400 i.V.m. Nrn. 3100, 1008 VV RVG.

577 Die Beschränkung der Verfahrensgebühr des Verkehrsanwalts auf den Gebührensatz von 1,0 gilt also nur für die Vertretung **eines Auftraggebers**. Die Gebührenerhöhung nach Nr. 1008 VV RVG ist der Verfahrensgebühr auch über diesen Höchstsatz hinaus hinzuzurechnen. Dies gilt entsprechend für die ermäßigte Verfahrensgebühr nach Nr. 3405 VV RVG.

578 **Beispiel:**

Die Eheleute E. beauftragen den Verkehrsanwalt mit der Führung des Verkehrs. Bevor dieser gegenüber dem Verfahrensbevollmächtigten tätig wird, endigt sein Auftrag. Auch der Auftrag des Prozessbevollmächtigten endigt, bevor er eine der in Nr. 3101 Nr. 1 VV RVG aufgeführten Tätigkeiten ausgeübt hat.

*Der **Prozessbevollmächtigte** erhält:*

0,8 + 0,3 Verfahrensgebühr, Nrn. 3101 Nr. 1, 1008 VV RVG

*Der **Verkehrsanwalt** berechnet folgende Gebühr:*

0,5 + 0,3 Verfahrensgebühr, Nrn. 3405 Nr. 1, 1008 VV RVG.

Nur derjenige Rechtsanwalt kann die Gebührenerhöhung nach Nr. 1008 VV RVG be- 579
rechnen, für den die Voraussetzungen hierfür (insbesondere mehrere Auftraggeber) vorliegen.

Beispiel: 580

*Kläger A in Berlin und Kläger B in München bestellen einen Berliner Prozessbevollmäch-
tigten, der auftragsgemäß Klage einreicht. B hat seinen Prozessbevollmächtigten über einen Münchener Verkehrsanwalt informiert.*

*Dem **Prozessbevollmächtigten** stehen zu:*

1,3 + 0,3 Verfahrensgebühr, Nrn. 3100, 1008 VV RVG

*Der **Verkehrsanwalt** kann berechnen:*

1,0 Verfahrensgebühr, Nr. 3400 i.V.m. Nr. 3100 VV RVG.

*Da der Münchener Verkehrsanwalt nur einen Auftraggeber gehabt hat, steht ihm eine Ge-
bührenerhöhung gemäß Nr. 1008 VV RVG nicht zu.*

4. Terminsgebühr

Für die eigentliche Verkehrsanwaltstätigkeit ist keine Terminsgebühr vorgesehen. Jedoch 581
kann dem Verkehrsanwalt ein erweiterter Auftrag erteilt werden, auch einen Termin wahrzunehmen. Dies stellt dann neben dem Verkehrsmandat einen zusätzlichen Auftrag als
Terminsvertreter dar.[185]

Beispiel: 582

*Auftragsgemäß nimmt der Verkehrsanwalt neben dem Prozessbevollmächtigten an einem
Verhandlungstermin teil.*

Dem Verkehrsanwalt sind folgende Gebühren angefallen:

1. höchstens 1,0 Verfahrensgebühr, Nr. 3400 VV RVG

2. 0,65 Verfahrensgebühr, Nr. 3401 i.V.m. Nr. 3100 VV RVG

3. 1,2 Terminsgebühr, Nr. 3402 i.V.m. Nr. 3104 VV RVG

*Gemäß § 15 Abs. 2 RVG kann der Verkehrsanwalt für seine gesamte Tätigkeit nur eine
einzige Verfahrensgebühr, die höhere Verfahrensgebühr unter Nr. 1, berechnen.*

Auch für die Vertretung in einem anderen Termin i.S.d. Vorbem. 3 Abs. 3 VV RVG erhält 583
der Verkehrsanwalt nach Nr. 3402 VV RVG eine Terminsgebühr.

---

185 *Schneider/Mock*, § 16 Rn. 133.

584 **Beispiel:**

Auftragsgemäß nimmt der Verkehrsanwalt einen von dem Gerichtssachverständigen anberaumten Ortstermin wahr.

Neben der Verfahrensgebühr nach Nr. 3400 VV RVG erhält der Verkehrsanwalt auch eine Terminsgebühr nach Nr. 3402 VV RVG.

585 Im Übrigen gelten hinsichtlich der Terminsgebühr des Verkehrsanwalts dieselben Ausführungen wie beim Terminsvertreter (s. Rn. 521 ff.).

5. Einigungsgebühr

586 Wirkt der Rechtsanwalt an einer Einigung (einem Vergleich) mit, erhält er neben der Verfahrensgebühr auch die Einigungsgebühr nach Nrn. 1000 ff. VV RVG.

587 **Beispiel:**

Der Verkehrsanwalt hat im Auftrag des Klägers mit dem Beklagten einen Vergleich über die anhängige Klageforderung i.H.v. 10.000 € ausgehandelt. Der Vergleich wird unter Mitwirkung der Prozessbevollmächtigten der Parteien vor dem Prozessgericht protokolliert.

I. Der **Verfahrensbevollmächtigte** berechnet:

1.	1,3 Verfahrensgebühr, Nr. 3100 VV RVG (Wert: 10.000 €)	631,80 €
2.	1,2 Terminsgebühr, Nr. 3104 VV RVG (Wert: 10.000 €)	583,20 €
3.	1,0 Einigungsgebühr, Nrn. 1000, 1003 VV RVG (Wert: 10.000 €)	486,00 €
4.	Postentgeltpauschale, Nr. 7002 VV RVG	20,00 €
5.	16 % Umsatzsteuer, Nr. 7008 VV RVG	+ 275,36 €
Summe:		**1.996,36 €**

II. Dem **Verkehrsanwalt** sind angefallen:

1.	1,0 Verfahrensgebühr, Nr. 3400 i.V.m. Nr. 3100 VV RVG (Wert: 10.000 €)	486,00 €
2.	1,0 Einigungsgebühr, Nrn. 1000, 1003 VV RVG (Wert: 10.000 €)	486,00 €
3.	Postentgeltpauschale, Nr. 7002 VV RVG	20,00 €
4.	16 % Umsatzsteuer, Nr. 7008 VV RVG	+ 158,72 €
Summe:		**1.150,72 €**

Der Prozessbevollmächtigte hat durch den Vergleichsschluss selbst am Zustandekommen des Vergleichs mitgewirkt. Die ursächliche Mitwirkung des Verkehrsanwalts am Vergleichsschluss besteht in den erfolgreichen Vergleichsverhandlungen mit der Gegenseite (Erstattungsfähigkeit der Einigungsgebühr s. Teil 5 Rn. 20).

6. Kostenerstattung

a) Grundzüge

Verkehrsanwaltskosten sind gemäß § 91 Abs. 1 ZPO nur dann erstattungsfähig, wenn sie **588** **zur zweckentsprechenden Rechtsverfolgung oder Rechtsverteidigung notwendig** waren. Nach objektiven Maßstäben ist also zu prüfen, wie sich eine verständige Prozesspartei in derselben Lage wie der des Klägers bzw. des Beklagten oder sonstigen Verfahrensbeteiligten verhalten hätte. Hierbei kommt es insbesondere auf zwei Umstände an:

- in **subjektiver Hinsicht** auf die **Möglichkeit und Fähigkeit** der auswärtigen Partei, den Prozessbevollmächtigten **selbst zu informieren** sowie

- in **objektiver Hinsicht** auf die **Besonderheiten des Verfahrens,** für das der Verkehrsanwalt beigezogen wurde.

Es ist damit zunächst auf die intellektuellen und körperlichen Fähigkeiten und Möglich- **589** keiten der auswärtigen Partei abzustellen, den Prozessbevollmächtigten selbst ohne anwaltliche Hilfe schriftlich oder fernmündlich zu informieren.[186] War also die Partei zu einer sicheren, ausschließlich schriftlichen oder fernmündlichen Informationsübermittlung in der Lage, so sind Verkehrsanwaltskosten nicht erstattungsfähig.

Selbst wenn eine Partei zu einer solchen Informationsübermittlung in der Lage gewesen **590** wäre, können Verkehrsanwaltskosten erstattungsfähig sein, wenn **besondere Umstände des Verfahrens** die Einschaltung des Verkehrsanwalts erfordern.[187]

Einzelne Gerichte beurteilen die Erstattungsfähigkeit von Verkehrsanwaltskosten nach ei- **591** nem **festen Schema.**[188] Dies wird jedoch von der ganz herrschenden Rechtsprechung abgelehnt, die entscheidend auf die **Umstände des Einzelfalls** abstellt.

Sind nach den vorstehenden Ausführungen Verkehrsanwaltskosten als solche nicht er- **592** stattungsfähig, können sie bis zur Höhe **ersparter Informationsreisekosten** der auswärtigen Partei zu ihrem Prozessbevollmächtigten erstattungsfähig sein.[189] Häufig genügt nämlich die bloße Fähigkeit der Partei zur schriftlichen oder fernmündlichen Informationsübermittlung nicht. Vielmehr muss der Prozessbevollmächtigte im Rahmen eines eingehenden **Beratungs- und Informationsgesprächs** mit der Partei erörtern, auf wel-

---

186 OLG Düsseldorf, JurBüro 1992, 38; OLG München, JurBüro 1994, 676; OLG Brandenburg, NJW-RR 2000, 1450.
187 OLG Hamburg, JurBüro 2002, 319.
188 OLG Frankfurt, OLGR 2000, 123: Entfernung zwischen Wohnort der Partei und dem Ort des Prozessgerichts bzw. des dort ansässigen Rechtsanwalts mehr als 40 – 50 km, Information erfordert mehr als einen halben Arbeitstag; ähnlich OLG Köln, MDR 2000, 234.
189 KG, JurBüro 1970, 1092; OLG München, JurBüro 1988, 491.

che Umstände es im Einzelnen ankommt. Erst aufgrund eines solchen Gesprächs ist die auswärtige Partei im Regelfall in der Lage, dem Prozessbevollmächtigten weiter gehende Informationen ausschließlich auf schriftlichem oder fernmündlichem Wege zu übermitteln. Nur bei ganz einfach gelagerten Sachverhalten sind Verkehrsanwaltskosten noch nicht einmal in Höhe ersparter Informationsreisekosten erstattungsfähig.

b) Einzelfälle in alphabetischer Reihenfolge

■ Alter der Partei

593 Ist der auswärtigen Partei wegen ihres hohen Lebensalters eine unmittelbare schriftliche Informierung des Prozessbevollmächtigten nicht möglich oder kann sie zu diesem nicht selbst reisen, sind Verkehrsanwaltskosten i.d.R. erstattungsfähig.[190] Hierbei ist darauf abzustellen, ob die Partei im Einzelfall aufgrund ihres Alters und/oder Gesundheitszustandes der Entfernung zwischen ihrem Wohnort und der Kanzlei des Prozessbevollmächtigten sowie nach der Art der Verkehrsverbindungen eine Reise zuzumuten ist.[191] Gelegentlich wird auch geprüft, ob es nicht kostengünstiger wäre, wenn der auswärtige Prozessbevollmächtigte die Partei selbst in ihrer Wohnung aufgesucht hätte.[192]

■ Ausländische Partei

594 Allein aufgrund der Ausländereigenschaft der Partei sind Verkehrsanwaltskosten nicht erstattungsfähig[193]. Nach einem Teil der Rechtsprechung sind hierbei dieselben Grundsätze wie für eine inländische Partei anzuwenden. Die Gegenauffassung[194] ist jedoch großzügiger. Nimmt die ausländische Partei wie ein Inländer am deutschen Wirtschaftsleben teil, sind deren Verkehrsanwaltskosten im Regelfall nicht erstattungsfähig.[195]

595 Häufig zieht die ausländische Partei einen **inländischen Verkehrsanwalt** ständig hinzu, der also Hausanwalt ist. Nach einer Auffassung sind dessen Verkehrsanwaltskosten nur ausnahmsweise dann erstattungsfähig, wenn dieser die Korrespondenz in der fremden Sprache der Partei führt oder über spezielle Kenntnisse der ausländischen Rechtssprache verfügt.[196]

---

190 OLG Düsseldorf, JurBüro 1986, 760; OLG Hamburg, JurBüro 1990, 888; OLG Koblenz, AGS 2000, 39.
191 OLG Koblenz, a.a.O.
192 OLG Koblenz, a.a.O.
193 OLG München, JurBüro 1987, 863; OLG Koblenz, JurBüro 1991, 254; OLG Köln, JurBüro 1986, 1082; KG, JurBüro 1981, 568.
194 OLG Celle, AGS 2001, 161; OLG Karlsruhe, OLGR 2001, 445; OLG Hamburg, MDR 2000, 664 und MDR 1999, 443; Thüringer OLG, JurBüro 1998, 596.
195 OLG Nürnberg, JurBüro 1983, 929; OLG Zweibrücken, JurBüro 1985, 1091; großzügiger: OLG Köln, JurBüro 1993, 682; OLG Karlsruhe, JurBüro 1993, 352.
196 OLG Nürnberg, AnwBl. 1988, 356; OLG Koblenz, AnwBl. 1989, 684; OLG Karlsruhe, OLGR 2001, 445.

Nach der Gegenauffassung sind die Verkehrsanwaltskosten im Regelfall erstattungsfä- 596
hig.[197]

Großzügiger ist die Rechtsprechung bei der Erstattungsfähigkeit der Kosten für einen **aus-** 597
ländischen Verkehrsanwalt der ausländischen Partei.[198]

▪ Ausländischer Verkehrsanwalt

Die **Erstattungsfähigkeit** der Kosten eines ausländischen Verkehrsanwalts beurteilt sich 598
nach **deutschem Recht**.[199] Die Berechnung der **Vergütung** richtet sich hingegen nach
dem maßgebenden **ausländischem Recht**.[200] Sieht dieses Recht eine höhere Vergütung
als nach dem RVG vor, kann sie jedenfalls in Höhe der Vergütung nach dem RVG erstattet verlangt werden.[201] Häufig sieht das ausländische Recht keine Vergütung für den Verkehrsanwalt vor. Dann ist bei Vergütungsvereinbarung in üblicher Höhe das Honorar des
ausländischen Verkehrsanwalts grds. auch dann erstattungsfähig, wenn es die Vergütung
nach dem RVG übersteigt[202]. Dies gilt jedoch nicht mehr bei unverhältnismäßig hoher
Vergütung.[203]

▪ Autovermieter

Für einen überregional tätigen Autovermieter sind Verkehrsanwaltskosten auch nicht in 599
Höhe ersparter Informationsreisekosten erstattungsfähig, wenn es um typische Scha-
densfälle geht.[204]

▪ Banken

Handelt es sich um Großbanken mit eigener Rechtsabteilung,[205] um Teilzahlungsbanken[206] 600
oder um Banken in der Rechtsform der Aktiengesellschaft, sind Verkehrsanwaltskosten
grds. nicht erstattungsfähig. Dies gilt im Regelfall auch für Sparkassen.[207]

Auch kleinere Banken können Verkehrsanwaltskosten nicht erstattet erhalten, wenn es 601
um Darlehens- oder Bürgschaftsgeschäfte aus ihrem ständigen Geschäftsbereich ohne
besondere tatsächliche Schwierigkeiten geht.[208]

---

197 OLG Frankfurt, JurBüro 1992, 106; OLG Hamburg, MDR 2000, 664.
198 OLG Karlsruhe, a.a.O; OLG Frankfurt, JurBüro 1986, 916.
199 OLG Düsseldorf, JurBüro 1990, 347; KG, JurBüro 1971, 257.
200 OLG Düsseldorf, JurBüro 1987, 1351; OLG Frankfurt, JurBüro 1987, 599.
201 KG, JurBüro 1971, 622.
202 OLG Frankfurt, JurBüro 1987, 599.
203 OLG Frankfurt, JurBüro 1985, 1102.
204 OLG Köln, JurBüro 1993, 681 = Rpfleger 1993, 420.
205 OLG Köln, JurBüro 1988, 357.
206 OLG Saarbrücken, JurBüro 1987, 895.
207 OLG Hamm, JurBüro 1992, 40.
208 OLG Stuttgart, JurBüro 1983, 1867.

■ **Berufung**

602 Verkehrsanwaltskosten im Berufungsrechtszug sind ausnahmsweise nur dann erstattungsfähig, wenn sich die tatsächliche Grundlage des Rechtsstreits gegenüber der I. Instanz wesentlich geändert hat.[209]

603 Ausnahmsweise können die Verkehrsanwaltskosten in der Berufungsinstanz erstattungsfähig sein, wenn der Streitstoff in hohem Maße schwierig, verwickelt und zweifelhaft war[210] oder die Partei im Ausland wohnt.[211]

■ **Dritter Ort**

604 Wenn der Verkehrsanwalt seine Kanzlei nicht am Wohnort oder Sitz der Partei hat, sind Verkehrsanwaltskosten grds. nicht zu erstatten. Im Regelfall ist nämlich davon auszugehen, dass die Partei ihren Verkehrsanwalt fernmündlich oder schriftlich informiert hat. Dann wird ihr entgegengehalten, sie hätte ebensogut ihren auswärtigen Prozessbevollmächtigten auf diesem Wege ohne Einschaltung des Verkehrsanwalts informieren können.[212] Ausnahmsweise können auch in einem solchen Fall die Verkehrsanwaltskosten erstattungsfähig sein, wenn der Verkehrsanwalt aufgrund von Vorverhandlungen oder eines Vorprozesses den Streitstoff besser kennt als die Partei selbst.[213]

■ **Eilverfahren**

605 Auch im Verfahren auf Erlass eines Arrestes oder einer einstweiligen Verfügung sind Verkehrsanwaltskosten nur in Ausnahmefällen erstattungsfähig.[214] Dies gilt insbesondere dann, wenn die Partei zu einer ausschließlich schriftlichen Informationsübermittlung in der Lage gewesen wäre.[215] Etwas anderes kann gelten, wenn der Termin zur mündlichen Verhandlung im Eilverfahren so kurzfristig anberaumt wurde, dass die auswärtige Partei ihre Rechte nur durch Einschaltung des Verkehrsanwalts hinreichend wahren konnte.[216]

■ **Hausanwalt**

606 Auch wenn die auswärtige Partei von dem Verkehrsanwalt ständig als Hausanwalt vertreten wird, sind aus diesem Grunde die Verkehrsanwaltskosten nicht erstattungsfähig.[217]

---

209 OLG Karlsruhe, AGS 2001, 161; OLG Düsseldorf, AGS 2000, 60 m. Anm. *von Eicken*; OLG München, JurBüro 1980, 1366; s. ferner OLG Nürnberg, MDR 2000, 415.
210 OLG Koblenz, AGS 2002, 24.
211 OLG Celle, AGS 2001, 161; OLG Hamburg, JurBüro 1986, 1241.
212 OLG Koblenz, JurBüro 2003, 263 = BRAGOreport 2003, 118; Rpfleger 2003, 148; OLG Nürnberg, MDR 2001, 597; KG, JurBüro 1976, 204; OLG Köln, JurBüro 1992, 336.
213 KG, JurBüro 1973, 427; OLG Stuttgart, JurBüro 1978, 1207.
214 OLG Frankfurt, JurBüro 1992, 106 = Rpfleger 1992, 85: Antragsteller im Ausland.
215 OLG Braunschweig, OLGR 1998, 364: Verband; OLG Frankfurt, OLGR 2000, 12: Unternehmen mit Rechtsabteilung.
216 KG, JurBüro 1968, 149 = Rpfleger 1968, 96: 8 Tage zwischen Ladung und Termin; KG, JurBüro 1987, 1396: Verneint bei 14 Tagen Abstand; s. ferner OLG Celle, JurBüro 1986, 270.
217 OLG München, JurBüro 1985, 454; OLG Koblenz, JurBüro 1985, 1480; KG, JurBüro 1981, 568; OLG Braunschweig, OLGR 1998, 364.

▓ Inkassobüro

Die Verkehrsanwaltskosten eines Inkassobüros sind nicht erstattungsfähig, wenn es ab- 607
getretene Forderungen geltend macht.[218]

▓ Leasingunternehmen

Auch Leasingunternehmen können über geschäftsübliche Vorgänge ihren Prozessbevoll- 608
mächtigten ohne Einschaltung eines Verkehrsanwalts selbst informieren.[219]

▓ Prozesskostenhilfe

Ist der bedürftigen auswärtigen Partei gemäß § 121 Abs. 4 ZPO ein Verkehrsanwalt im 609
Rahmen der Prozesskostenhilfe beigeordnet worden, hat dies auf die Erstattungsfähigkeit der Verkehrsanwaltskosten im Verhältnis zur Gegenpartei keinen Einfluss.[220]

▓ Rechtsabteilung

Verfügt die auswärtige Partei über eine Rechtsabteilung, sind Verkehrsanwaltskosten nicht 610
erstattungsfähig.[221]

▓ Revision

In der Revisionsinstanz spielen neue Tatsachen grds. keine Rolle, so dass dort Verkehrs- 611
anwaltskosten grds. nicht erstattungsfähig sind.[222] Nur wenn im Revisionsverfahren ausnahmsweise ein weiterer Sachvortrag erforderlich wird, etwa aufgrund einer Auflage des
Revisionsgerichts, können Verkehrsanwaltskosten erstattungsfähig sein.[223]

▓ Unternehmen

Für Unternehmen sind Verkehrsanwaltskosten im Regelfall nicht erstattungsfähig, wenn 612
es um Ansprüche aus ihrem ständigen Geschäftsbereich geht. Dies betrifft insbesondere

- Aktiengesellschaften,[224']

- Verbraucherzentralen,[225]

- Wirtschaftsunternehmen,[226]

---

218 OLG Saarbrücken, JurBüro 1989, 1401.
219 OLG Koblenz, JurBüro 1988, 875.
220 OLG Koblenz, JurBüro 1990, 733; OLG Sachsen-Anhalt, NJ 2002, 375 = BRAGOreport 2002, 174;
     OLG Koblenz, NJW-RR 1999, 727; a.A. OLG Frankfurt, OLGR 2000, 123; OLG Köln, JurBüro 2000,
     253.
221 OLG Frankfurt, OLGR 1999, 29.
222 OLG München, JurBüro 1992, 177; OLG Hamm, AnwBl. 2003, 185 = OLGR 2002, 264; OLG Stutt-
     gart, Justiz 2000, 304.
223 OLG Hamm, a.a.O.; OLG Hamburg, JurBüro 1984, 1725; JurBüro 1985, 927.
224 KG, KGR 2000, 270.
225 OLG Köln, AnwBl. 2002, 116.
226 OLG Düsseldorf, JurBüro 1999, 533 m. Anm. *Enders* = AnwBl. 1999, 287 = Rpfleger 1999, 265.

- Verbände,[227]

- Versicherungen.[228]

E. Vertretung im Mahnverfahren

613 Die Vergütung für die Vertretung im Mahnverfahren ist in Nrn. 3305 bis 3308 VV RVG neugeregelt worden. Gegenüber der bisherigen Regelung in § 43 BRAGO ergeben sich nun folgende wesentliche Änderungen:

- Es fällt nur eine einzige **Gebührenart**, die Verfahrensgebühr, an.

- Für die **Vertretung des Antragsgegners** entsteht künftig nur eine 0,5 Verfahrensgebühr. Diese Gebühr entsteht aber auch für die Erhebung des Widerspruchs, für den dem Rechtsanwalt bisher gemäß § 43 Abs. 1 Nr. 2 BRAGO nur eine 3/10 Gebühr entstanden ist.

- In § 17 Nr. 2 RVG ist jetzt ausdrücklich geregelt, dass das Mahnverfahren und das streitige Verfahren **verschiedene Angelegenheiten** sind.

I. Anwendungsbereich

614 Die Nrn. 3305 bis 3308 VV RVG regeln die Vergütung des Verfahrensbevollmächtigten des Antragstellers und des Antragsgegners in den Mahnverfahren gemäß

- §§ 688 ff. ZPO,

- § 46a WEG in Wohnungseigentumverfahren,

- § 182a SGG in Sozialgerichtsverfahren,

- § 46a ArbGG vor den Gerichten für Arbeitssachen.

II. Gebühren des Antragsteller-Vertreters

615 Der Verfahrensbevollmächtigte des Antragstellers erhält im Mahnverfahren **bis zu zwei Verfahrensgebühren**. Diese decken verschiedene Abschnitte des Mahnverfahrens ab.

---

227 OLG Braunschweig, OLGR 1998, 364; OLG Stuttgart, JurBüro 2002, 536 = Rpfleger 2002, 657 = BRAGOreport 2003, 60.
228 OLG Hamm, OLGR 1999, 111.

Übersicht: Gebühren des Verfahrensbevollmächtigten des Antragstellers 616

Verfahrensgebühr	Gebührenvorschrift	Gebühren-satz
Vertretung eines Antragstellers	Nr. 3305 VV RVG	1,0
Auftragsbeendigung vor verfahrenseinleitendem Antrag	Nrn. 3305, 3306 VV RVG	0,5
Vertretung zweier Antragsteller	Nrn. 3305, 1008 VV RVG	1,0 + 0,3
Auftragsbeendigung vor verfahrenseinleitendem Antrag bei zwei Antragstellern	Nrn. 3305, 3306, 1008 VV RVG	0,5 + 0,3
Vertretung eines Antragstellers im Verfahren über den Antrag auf Erlass des Vollstreckungsbescheids	Nr. 3308 VV RVG	0,5
Vertretung zweier Antragsteller im Verfahren über den Antrag auf Erlass des Vollstreckungsbescheids • bei Vertretung im Mahnverfahren	Nr. 3308 VV RVG und Satz 2 der Anm.	0,5
• ohne vorherige Vertretung im Mahnverfahren	Nrn. 3308, 1008 VV RVG	0,5 + 0,3

1. Vertretung im Mahnverfahren

Als Vertreter des Antragstellers erhält der Rechtsanwalt für seine gesamte Tätigkeit im 617 Verfahren über den Antrag auf Erlass eines Mahnbescheids gemäß Nr. 3305 VV RVG eine **1,0 Verfahrensgebühr**. Diese Gebühr deckt die gesamte Tätigkeit des Rechtsanwalts von der Entgegennahme des Auftrags bis zur Beendigung des Mahnverfahrens ab, sofern nach Nr. 3308 VV RVG keine gesonderte Verfahrensgebühr bestimmt ist. Hierzu gehören insbesondere

- das Betreiben des Geschäfts einschließlich der Information (Vorbem. 3 Abs. 2 VV RVG),

- die Beratung des Auftraggebers,

- die Formulierung des Mahnantrags einschließlich der Beschaffung des Formulars,

- die Erledigung etwaiger Beanstandungen des Gerichts,

- die Erinnerung gegen die Zurückweisung des Mahnantrags durch den Rechtspfleger,

- die Empfangnahme der Mitteilung des Gerichts von der Zustellung des Mahnbescheids gemäß § 693 Abs. 3 ZPO,

- deren Mitteilung an den Auftraggeber,

- die Empfangnahme der Mitteilung vom Widerspruch des Antragsgegners und dem Zeitpunkt der Widerspruchserhebung nach § 695 Abs. 1 Satz 1 ZPO

- und die Mitteilung hiervon an den Auftraggeber.

618

> **Hinweis:**
>
> Die Gebühr erwächst auch dann in voller Höhe, wenn der Mahnantrag nach dessen Eingang beim Mahngericht zurückgenommen oder zurückgewiesen wird.

a) Vorzeitige Auftragsbeendigung

619 Endigt der Auftrag des Rechtsanwalts, bevor er den verfahrenseinleitenden Antrag eingereicht hat, erhält er nach Nr. 3306 VV RVG die Gebühr der Nr. 3305 VV RVG nur i.H.v. **0,5**. Wie auch bei der Verfahrensgebühr nach Nr. 3100 VV RVG (s. Teil 7 Rn. 231) ist das Wort „bevor" wie „ohne dass" zu lesen.

620 *Beispiele:*

(1) Der Rechtsanwalt erhält den Auftrag, einen Mahnbescheid beim Mahngericht einzureichen. Demgemäß bereitet er den Mahnantrag vor. Bevor der Anwalt ihn eingereicht hat, endigt der Auftrag, da der Gegner gezahlt hat.

(2) Der Antragsteller hat den Mahnantrag ohne anwaltliche Hilfe beim Mahngericht eingereicht. Nachdem das Gericht seinen Antrag beanstandet hat, beauftragt er den Rechtsanwalt, der mit einem erklärenden Schreiben die Beanstandungen erledigt.

In beiden Fällen hat der Rechtsanwalt des Antragstellers nach Nr. 3306 VV RVG lediglich eine 0,5 Verfahrensgebühr verdient, da er nicht (mehr) den verfahrenseinleitenden Mahnantrag eingereicht hatte.[229]

b) Vertretung mehrerer Antragsteller

621 Bei Vertretung mehrerer Auftraggeber erhöht sich die Verfahrensgebühr des Antragstellervertreters nach Nr. 1008 VV RVG für jeden weiteren Antragsteller um den **festen Gebührensatz von 0,3**.[230]

622 *Beispiele:*

(1) Der Rechtsanwalt reicht für zwei Antragsteller einen Mahnantrag ein. Er erhält nach Nrn. 3305, 1008 VV RVG eine 1,3 Verfahrensgebühr.

(2) Der Auftrag dreier Antragsteller ist beendigt, bevor der Rechtsanwalt den Mahnantrag eingereicht hat. Die 0,5 Verfahrensgebühr nach Nrn. 3306, 3305 VV RVG erhöht sich gemäß 1008 VV RVG um den Gebührensatz von 0,6; sie beträgt daher 1,1.

2. Vertretung im Verfahren auf Erlass des Vollstreckungsbescheids

623 Diese Gebühr deckt die gesamte Tätigkeit des Rechtsanwalts innerhalb dieses Verfahrensabschnitts ab, insbesondere

---

[229] A.A. *Schmidt*, RVGreport 2004, 47, 51: 1,0 Verfahrensgebühr.
[230] Unrichtig *Hartmann*, KostG, Nr. 1008 VV RVG Rn. 8: Erhöhung um 0,3 der Ausgangsgebühr.

- die Stellung des Antrags auf Erlass des Vollstreckungsbescheids,

- die Zustellung des Vollstreckungsbescheids im Parteibetrieb,

- das Erwirken einer Vollstreckungsklausel für und gegen den Rechtsnachfolger.

Die Gebühr entsteht nach Satz 1 der Anm. zu Nr. 3308 VV RVG neben der Gebühr der   624
Nr. 3305 VV RVG nur, wenn innerhalb der Widerspruchsfrist **kein Widerspruch erhoben**
oder der **Widerspruch** gemäß § 703a Abs. 2 Nr. 4 ZPO **beschränkt worden ist.** Damit
entsteht die Gebühr unter folgenden **Voraussetzungen:**

a)   Zulässiger Antrag

Der Antrag auf Erlass des Vollstreckungsbescheids kann gemäß § 699 Abs. 1 Satz 2 ZPO   625
erst nach Ablauf der Widerspruchsfrist (§ 692 Abs. 1 Nr. 3 ZPO) gestellt werden. Hat der
Rechtsanwalt diesen Antrag vorher gestellt, wird die Gebühr nach Nr. 3308 VV RVG nicht
ausgelöst. Sie entsteht frühestens mit dem Eingang des Antrags auf Erlass des Vollstreckungsbescheids bei Gericht.[231]

b)   Kein rechtzeitiger Widerspruch

Hat der Antragsgegner rechtzeitig Widerspruch erhoben, fällt die Gebühr nach Nr. 3308   626
VV RVG auch dann nicht an, wenn der Rechtsanwalt des Antragstellers von der Widerspruchseinlegung **keine Kenntnis** gehabt hat.[232]

Allerdings kann der Antragsgegner den **Widerspruch** gegen den Mahnbescheid gemäß   627
§ 694 ZPO auch noch **nach Ablauf der Widerspruchsfrist** einlegen, so lange der Vollstreckungsbescheid noch nicht verfügt ist. In diesem Fall erhält der Rechtsanwalt des Antragstellers die Gebühr nach Nr. 3308 VV RVG auch dann, wenn er in Unkenntnis des
nach Ablauf der Widerspruchsfrist eingelegten Widerspruchs den Antrag auf Erlass des
Vollstreckungsbescheids gestellt hat, dieser aber nicht erlassen werden kann.[233]

Schließlich erhält der Rechtsanwalt des Antragstellers die Gebühr nach Nr. 3308 VV RVG   628
auch dann, wenn der Antragsgegner den Widerspruch zwar rechtzeitig eingelegt, ihn
aber nach § 697 Abs. 4 ZPO wieder **zurückgenommen** hat.[234]

c)   Beschränkter Widerspruch

Der Rechtsanwalt des Antragstellers kann die Gebühr nach Nr. 3308 VV RVG auch be-   629
rechnen, wenn der Antragsgegner den Widerspruch im **Urkunden-, Wechsel- oder**
Scheckmahnverfahren auf den Antrag beschränkt hat, ihm die **Ausführung seiner**
Rechte im Nachverfahren vorzubehalten (s. § 703a Abs. 2 Nr. 4 ZPO).

---

231   OLG Bamberg, JurBüro 1980, 721; LG Berlin, NJW 1962, 2114; a.A. *Mümmler*, JurBüro 1992, 150.
232   OLG Hamburg, JurBüro 1983, 239.
233   OLG Hamburg, MDR 2000, 356; LG Berlin, JurBüro 1984, 882.
234   OLG Koblenz, JurBüro 1989, 798 = AnwBl. 1989, 296.

d) Vorzeitige Auftragsbeendigung

630 Eine Ermäßigung der Verfahrensgebühr im Falle der vorzeitigen Beendigung des Auftrags ist gesetzlich nicht vorgesehen. Entweder verdient der Rechtsanwalt diese Gebühr mit Eingang des Antrags auf Erlass des Vollstreckungsbescheids bei Gericht oder sie fällt ihm überhaupt nicht an, wenn der Auftrag vor dem Einreichen dieses Antrags endigt.

e) Vertretung mehrerer Antragsteller

631 Auch die Verfahrensgebühr nach Nr. 3308 VV RVG kann sich nach Nr. 1008 VV RVG bei Vertretung mehrerer Auftraggeber grds. erhöhen. Dies gilt jedoch nach Satz 2 der Anm. zu Nr. 3308 VV RVG dann nicht, wenn sich bereits die Gebühr nach Nr. 3305 VV RVG wegen der Vertretung mehrerer Auftraggeber erhöht hat.

632 *Beispiel:*

Der Rechtsanwalt reicht für zwei Auftraggeber einen Antrag auf Erlass des Mahnbescheids ein. Die 1,0 Verfahrensgebühr nach Nr. 3305 VV RVG erhöht sich nach Nr. 1008 VV RVG um den Satz von 0,3 auf insgesamt 1,3.

Für den nach Ablauf der Widerspruchsfrist eingereichten Antrag auf Erlass eines Vollstreckungsbescheids berechnet er: 0,5 Verfahrensgebühr nach Nr. 3308 VV RVG.

633 Bei **Vertretung mehrerer Auftraggeber** erhöht sich die Gebühr nach Nr. 3308 VV RVG folglich nur in **folgenden Verfahrenssituationen**:

- Der Rechtsanwalt ist im Mahnverfahren nur beauftragt worden, einen Antrag auf Erlass des Vollstreckungsbescheids zu stellen. In diesem Fall ist ihm überhaupt keine Gebühr nach Nr. 3305 VV RVG angefallen.

- Der Rechtsanwalt hat einen Auftraggeber im Verfahren auf Erlass des Mahnbescheids vertreten und erwirkt dann für dessen mehrere Rechtsnachfolger den Vollstreckungsbescheid. Hier ist dem Rechtsanwalt nur die nicht erhöhte Verfahrensgebühr nach Nr. 3305 VV RVG angefallen, während sich die Gebühr nach Nr. 3308 VV RVG für die Vertretung der Rechtsnachfolger nach Nr. 1008 VV RVG erhöht.

f) Mehrfacher Gebührenanfall

634 Mehrere Mahnverfahren, die durch gleichzeitig gestellte Anträge gegen eine Mehrzahl von Antragsgegnern als Gesamtschuldner eingeleitet worden sind, sind gemäß § 15 Abs. 2 RVG gebührenrechtlich nur **eine einzige Angelegenheit**.[235] Der Rechtsanwalt des Antragstellers und auch der Rechtsanwalt des Antragsgegners können deshalb die in Nrn.

---

235 OLG Düsseldorf, JurBüro 1992, 799; OLG Schleswig, JurBüro 1987, 1036; KG, AGS 2001, 232 = KGR 2001, 69.

3305 ff. VV RVG bestimmten Verfahrensgebühren nur einmal berechnen. Etwas anderes kann allenfalls dann gelten, wenn den Mahnanträgen nicht zu entnehmen ist, dass ein einheitliches Vorgehen gegen mehrere Personen als Streitgenossen gewollt war.[236]

III. Gebühr des Antragsgegner-Vertreters

Der Verfahrensbevollmächtigte des Antragsgegners erhält – abweichend von der BRAGO – für die Tätigkeit im gesamten Mahnverfahren nur eine einzige Verfahrensgebühr.   **635**

Übersicht: Gebühren des Verfahrensbevollmächtigten des Antragsgegners   **636**

Verfahrensgebühr	Gebührenvorschrift	Gebühren-satz
Vertretung	Nr. 3307 VV RVG	0,5
Vorzeitige Beendigung des Auftrags	Nr. 3307 VV RVG	0,5
Vertretung zweier Antragsgegner	Nrn. 3307, 1008 VV RVG	0,5 + 0,3
Vorzeitige Beendigung des Auftrags	Nrn. 3307, 1008 VV RVG	0,5 + 0,3

1. Vertretung im Mahnverfahren

Für die Vertretung des Antragsgegners im Mahnverfahren erhält der Rechtsanwalt nach Nr. 3307 VV RVG eine **0,5 Verfahrensgebühr**. Diese Gebühr deckt die gesamte Tätigkeit des Antragsgegnervertreters im Mahnverfahren ab, insbesondere   **637**

- das Betreiben des Geschäfts einschließlich der Information,

- die Beratung des Auftraggebers,

- die Stellungnahme zum Mahnantrag des Antragstellers, sofern bekannt,

- die Prüfung der Erfolgsaussicht und die Begründung des Widerspruchs,

- die Einlegung des Widerspruchs.

Damit fasst Nr. 3307 VV RVG Tätigkeiten zusammen, für die der Rechtsanwalt des Antragsgegners nach der BRAGO (ausnahmsweise) zwei verschiedene Gebühren erhalten konnte, nämlich   **638**

- für die – äußerst seltene – **Vertretung** des Antragsgegners die 10/10 Gebühr gemäß § 43 Abs. 1 Nr. 1 BRAGO und

- für die **Erhebung des Widerspruchs** die 3/10 Gebühr nach § 43 Abs. 1 Nr. 2 BRAGO.

---

236   OLG Düsseldorf, JurBüro 1994, 436.

639

> **Hinweis:**
>
> Da sich die Tätigkeit des Antragsgegner-Vertreters im Regelfall auf die Erhebung des Widerspruchs beschränkt, führt die Neuregelung für die allermeisten Fälle zu einer Anhebung der Anwaltsvergütung.

2. Vorzeitige Auftragsbeendigung

640 Im Falle der vorzeitigen Auftragsbeendigung ist eine Ermäßigung der 0,5 Verfahrensgebühr nicht vorgesehen.

3. Vertretung mehrerer Antragsgegner

641 Bei Vertretung mehrerer Antragsgegner erhöht sich die 0,5 Verfahrensgebühr gemäß Nr. 1008 VV RVG für jeden weiteren Auftraggeber um den **festen Gebührensatz von 0,3.**

IV. Anrechnung der Verfahrensgebühren

642 Auf die Verfahrensgebühr für einen nachfolgenden Rechtsstreit sind anzurechnen:

- die Verfahrensgebühr für die Vertretung des Antragstellers (Nrn. 3305, 3306 VV RVG) sowie

- die Verfahrensgebühr für die Vertretung des Antragsgegners (Nr. 3307 VV RVG).

643 Eine Anrechnung der Verfahrensgebühr nach Nr. 3308 VV RVG erfolgt hingegen nicht.

1. Voraussetzungen der Gebührenanrechnung

644 Es muss zunächst eine **Verfahrensgebühr** nach Nrn. 3305, 3306, 3307 VV RVG **entstanden** sein.

645 Demselben Rechtsanwalt muss in einem **nachfolgenden Rechtsstreit** eine Verfahrensgebühr angefallen sein.

- Mahnverfahren und anschließender Rechtsstreit müssen zumindest teilweise **denselben Gegenstand** betreffen.

- Der Rechtsstreit muss sich jedenfalls gegen einen von mehreren **Antragsgegnern** des Mahnverfahrens richten.

- Ferner muss zwischen dem Mahnverfahren und dem nachfolgenden Rechtsstreit/Verfahren ein **zeitlicher Zusammenhang** bestehen.[237]

---

237 *Hansens*, JurBüro 1991, 1039.

Ein **Zeitraum** von rund sechs Monaten hindert die Gebührenanrechnung nicht.[238] Bei Ab- 646
lauf einer Zeitspanne von mehr als zwei Kalenderjahren (s. § 15 Abs. 5 Satz 2 RVG) besteht der erforderliche zeitliche Zusammenhang nicht mehr.[239]

Der Begriff des **Rechtsstreits** ist hier nicht streng prozessual zu sehen. Bereits für die frü- 647
here Fassung des § 43 Abs. 2 BRAGO war anerkannt, dass es sich hierbei auch um ein
dem Mahnverfahren nachfolgendes Verfahren nach §§ 46a Abs. 1, 43 Abs. 1 WEG handeln kann.[240]

In welcher Eigenschaft der Mahnanwalt in dem anschließenden Rechtsstreit oder Ver- 648
fahren tätig wird, ist für die Gebührenanrechnung unerheblich. So erfolgt die Anrechnung

- auf die Verfahrensgebühr nach Nr. 3100 VV RVG des **Prozessbevollmächtigten,**

- auf die Verfahrensgebühr nach Nr. 3400 VV RVG des **Verkehrsanwalts,**

- auf die Verfahrensgebühr des **Terminsvertreters** (Unterbevollmächtigten, Beweisan-
  walts) nach Nr. 3401 VV RVG.

2. Rechnerische Durchführung der Gebührenanrechnung

Ist der Gegenstandswert im Mahnverfahren und im anschließenden Rechtsstreit iden- 649
tisch, ist die Gebührenanrechnung unproblematisch. Schwierigkeiten können dann eintreten, wenn eine Erhöhung oder Verminderung des Gegenstandswerts im nachfolgenden Rechtsstreit erfolgt. Auch hier gilt Vorbem. 3 Abs. 4 Satz 3 VV RVG, nach der die Anrechnung nach dem **Wert des Gegenstands** erfolgt, der **in das gerichtliche Verfahren
übergegangen** ist.[241]

a) Gegenstandswert gleich

Beispiel: 650

*Der Rechtsanwalt erwirkt für den Antragsteller einen Mahnbescheid und einen Vollstre-
ckungsbescheid über 10.000 €. Nach Einspruch hiergegen vertritt er den Auftraggeber
auch in dem nachfolgenden Rechtsstreit, in dem eine mündliche Verhandlung stattfindet.*

Es sind folgende Gebühren angefallen:

---

238 OLG Hamm, JurBüro 2002, 28 = BRAGOreport 2001, 185.
239 OLG München, JurBüro 2000, 469 = AnwBl. 2000, 698 = NJW-RR 2000, 1727 unter Aufgabe von
     JurBüro 1991, 539.
230 S. *Hansens*, Rpfleger 1991, 133, 135; 1992, 277, 280.
241 *Schmidt*, RVGreport 2004, 85, 87; *Göttlich/Mümmler/Rehberg/Xanke*, RVG, „Mahnverfahren" 5.1.

I. Im Mahnverfahren:

1.	1,0 Verfahrensgebühr, Nr. 3305 VV RVG (Wert: 10.000 €)	*486,00 €*
2.	0,5 Verfahrensgebühr, Nr. 3308 VV RVG (Wert: 10.000 €)	*+ 243,00 €*
Summe:		**729,00 €**

zuzüglich Postentgelte und Umsatzsteuer

II. Im nachfolgenden Rechtsstreit:

1.	1,3 Verfahrensgebühr, Nr. 3100 VV RVG (Wert: 10.000 €)	*631,80 €*
	hierauf **anzurechnen** nach der Anm. zu Nr. 3305 VV RVG:	
	1,0 Verfahrensgebühr, Nr. 3305 VV RVG (Wert: 10.000 €)	*− 486,00 €*
Rest:		**145,80 €**
2.	1,2 Terminsgebühr, Nr. 3104 VV RVG (Wert: 10.000 €)	*+ 583,20 €*
Summe:		**729,00 €**

zuzüglich Postentgelte und Umsatzsteuer

b) Gegenstandswert gleich, Gebührensatz geringer

651 *Beispiel:*

Im vorstehenden Beispiel endigt der Prozessauftrag des Rechtsanwalts des Antragstellers, bevor er die Anspruchsbegründung eingereicht hat.

Dem Rechtsanwalt sind folgende Gebühren entstanden:

I. Im Mahnverfahren:

1.	1,0 Verfahrensgebühr, Nr. 3305 VV RVG (Wert: 10.000 €)	*486,00 €*
2.	0,5 Verfahrensgebühr, Nr. 3308 VV RVG (Wert: 10.000 €)	*+ 243,00 €*
Summe:		**729,00 €**

zuzüglich Postentgelte und Umsatzsteuer

II. Im nachfolgenden Rechtsstreit:

1.	0,8 Verfahrensgebühr, Nr. 3101 Nr. 1 VV RVG (Wert: 10.000 €)	*388,80 €*
	hierauf nach Anm. zu Nr. 3305 VV RVG **anzurechnen:**	
	1,0 Verfahrensgebühr, Nr. 3305 VV RVG (Wert: 10.000 €)	*− 486,00 €*
Rest:		**0,00 €**

Ob der Rechtsanwalt daneben noch eine Postentgeltpauschale nebst Umsatzsteuer berechnen kann, ist umstritten.[242]

---

242 S. Teil 18 Rn. 95 ff.

c) Gegenstandswert im Rechtsstreit höher

Beispiel: 652

Im vorstehenden Beispiel reicht der Rechtsanwalt die Anspruchsbegründung über 10.000 € ein und erweitert die Klage um weitere 5.000 €. In dem Termin zur mündlichen Verhandlung ist der Beklagte nicht vertreten, so dass auf Antrag des Prozessbevollmächtigten des Klägers ein Versäumnisurteil ergeht.

Dem Rechtsanwalt sind folgende Gebühren angefallen:

I. Im Mahnverfahren:

1. 1,0 Verfahrensgebühr, Nr. 3305 VV RVG (Wert: 10.000 €)	486,00 €
2. 0,5 Verfahrensgebühr, Nr. 3308 VV RVG (Wert: 10.000 €)	+ 243,00 €
Summe:	**729,00 €**

zuzüglich Postentgelte und Umsatzsteuer

II. Im anschließenden Rechtsstreit:

1. 1,3 Verfahrensgebühr, Nr. 3100 VV RVG (Wert: 15.000 €)	735,80 €
nach der Anm. zu Nr. 3305 VV RVG **anzurechnen:**	
1,0 Verfahrensgebühr, Nr. 3305 VV RVG (Wert: 10.000 €)	− 486,00 €
Rest:	**249,80 €**
2. 0,5 Terminsgebühr, Nr. 3105 VV RVG (Wert: 15.000 €)	+ 283,00 €
Summe:	**532,80 €**

zuzüglich Postentgelte und Umsatzsteuer

d) Gegenstandswert im Rechtsstreit niedriger

Beispiel: 653

Im vorstehenden Beispiel hat der Antragsgegner auf den über 10.000 € lautenden Vollstreckungsbescheid 4.000 € gezahlt. Der Rechtsanwalt des Antragstellers reicht die Anspruchsbegründung deshalb nur wegen der restlichen 6.000 € ein und erwirkt nach streitiger mündlicher Verhandlung ein der Klage stattgebendes Urteil.

Ihm sind folgende Gebühren angefallen:

I. Im Mahnverfahren:

1. 1,0 Verfahrensgebühr, Nr. 3305 VV RVG (Wert: 10.000 €)	486,00 €
2. 0,5 Verfahrensgebühr, Nr. 3308 VV RVG (Wert: 10.000 €)	+ 243,00 €
Summe:	**729,00 €**

zuzüglich Postentgelte und Umsatzsteuer

II. Im anschließenden Rechtsstreit:

1. 1,3 Verfahrensgebühr, Nr. 3100 VV RVG (Wert: 6.000 €) 439,40 €
   hierauf **anzurechnen** nach Anm. zu Nr. 3305 VV RVG und
   der Vorbem. 3 Abs. 4 Satz 3 VV RVG
   1,0 Verfahrensgebühr, Nr. 3305 VV RVG (Wert: 6.000 €) – 338,00 €

Rest: **101,40 €**

2. 1,2 Terminsgebühr, Nr. 3104 VV RVG (Wert: 6.000 €) + 405,60 €

Summe: **507,00 €**

zuzüglich Postentgelte und Umsatzsteuer

e) Gegenstandswert gleich, Gebührensatz höher

654 *Beispiel:*

*Gegen den über 10.000 € erlassenen Mahnbescheid legt der Rechtsanwalt für den An-
tragsgegner Widerspruch ein. Er wird dann im anschließenden Rechtsstreit als Prozessbevollmächtigter tätig und vertritt den Beklagten in einem Termin zur mündlichen Verhandlung.*

Dem Rechtsanwalt sind folgende Gebühren angefallen:

I. Im Mahnverfahren:

0,5 Verfahrensgebühr, Nr. 3307 VV RVG (Wert: 10.000 €) 243,00 €

zuzüglich Postentgelte und Umsatzsteuer

II. Im anschließenden Rechtsstreit:

1. 1,3 Verfahrensgebühr, Nr. 3100 VV RVG (Wert: 10.000 €) 631,80 €
   hierauf **anzurechnen** nach der Anm. zu Nr. 3307 VV RVG:
   0,5 Verfahrensgebühr, Nr. 3307 VV RVG (Wert: 10.000 €) – 243,00 €

Rest: **388,80 €**

2. 1,2 Terminsgebühr, Nr. 3104 VV RVG (Wert: 10.000 €) + 583,20 €

Summe: **972,00 €**

zuzüglich Postentgelte und Umsatzsteuer

V. Kostenerstattung

1. Kein Anwaltswechsel

655 Die Kosten eines Mahnanwalts sind gemäß § 91 Abs. 2 Satz 1 ZPO stets erstattungsfähig. Dies gilt sowohl dann, wenn es zu keinem nachfolgenden Rechtsstreit kommt als
auch in dem Fall, in dem sich der Antragsteller des Mahnverfahrens im anschließenden
Rechtsstreit von demselben Rechtsanwalt als Prozessbevollmächtigter vertreten lässt.

Demgegenüber hatte der 8. Zivilsenat des OLG Nürnberg die Erstattungsfähigkeit von 656
Mahnanwaltskosten zunächst schlechthin,[243] später in dem Fall, in dem eine juristische
Person Ansprüche aus ihrem täglichen Geschäft geltend gemacht hatte,[244] verneint. Nach
der ganz überwiegenden Auffassung in der Rechtsprechung[245] sind die Mahnanwaltskosten in einem solchen Fall als erstattungsfähig anzusehen.

2. Anwaltswechsel

a) Grundsatz

Bis zur Änderung des § 78 ZPO hat die Rechtsprechung geprüft, ob nach Erhebung ei- 657
nes Widerspruchs gegen den Mahnbescheid bzw. nach Einlegung eines Einspruchs gegen den Vollstreckungsbescheid der Anwaltswechsel für den Antragsteller des Mahnverfahrens dann notwendig i.S.d. § 91 Abs. 2 Satz 3 ZPO ist, wenn das Streitgericht in einem anderen Bezirk als das Mahngericht gelegen ist. Nach der Neufassung des § 78 ZPO
kann grds. jeder Rechtsanwalt seinen Auftraggeber vor jedem erstinstanzlichen Zivilgericht vertreten. Ein Anwaltswechsel ist damit nicht notwendig.[246]

Nach einer vereinzelt gebliebenen Auffassung in der Rechtsprechung sind die durch die 658
Bestellung eines Mahnanwalts und eines anderen Anwalts zum Prozessbevollmächtigten
entstehenden Mehrkosten im Regelfall auch dann erstattungsfähig, wenn **mit einem
Widerspruch gegen den Mahnbescheid zu rechnen** war.[247]

Nach der ganz überwiegenden Auffassung in der Rechtsprechung sind diese Mehrkos- 659
ten dann erstattungsfähig, wenn der Antragsteller des Mahnverfahrens **nicht mit einem
Widerspruch gegen den Mahnbescheid** bzw. Einspruch gegen den Vollstreckungsbescheid rechnen musste.[248]

Die Erstattung der notwendigen Mehrkosten kann jedenfalls nicht mit der Begründung 660
versagt werden, der Antragsteller hätte auf das Mahnverfahren verzichten und gleich Klage erheben müssen.[249]

---

243 NJW 1998, 388 m. Anm. *Schneider*, NJW 1998, 356.
244 MDR 1998, 1407 = Rpfleger 1998, 39; ähnlich OLG Frankfurt, AGS 2001, 69 = OLGR 2000, 321.
245 OLG Brandenburg, Rpfleger 1998, 488 = OLGR 1998, 379; OLG Celle, AGS 2001, 234; OLG Düs-
    seldorf, Rpfleger 2000, 566; OLG Hamburg, OLGR 1999, 61; KG, JurBüro 1999, 30 = AnwBl. 1999,
    416; OLG Nürnberg – 1. ZS – MDR 1999, 1467 = NJW-RR 2000, 1518; – 5. ZS – AnwBl. 1999, 235
    = NJW 1999, 656.
246 S. ausführlich *Hansens*, Rpfleger 1989, 487.
247 OLG Hamburg, AnwBl. 2001, 124 und OLGR 1999, 61; OLG Düsseldorf, Rpfleger 2000, 566 und
    JurBüro 2001, 199 = AnwBl. 2001, 306.
248 OLG Hamm, AnwBl. 2000, 322; OLG München, JurBüro 2002, 428 = Rpfleger 2002, 482 = AGS
    2003, 41; OLG Nürnberg, MDR 2001, 1134; OLG Stuttgart, Rpfleger 2001, 516 = MDR 2002, 176
    sowie Justiz 1999, 101; KG, JurBüro 1999, 30 = AnwBl. 1999, 416; OLG Zweibrücken, JurBüro
    2001, 202 = Rpfleger 2001, 200 = NJW-RR 2001, 1001.
249 KG, JurBüro 1982, 598 = AnwBl. 1982, 79; OLG Düsseldorf, JurBüro 1989, 816.

b)   Widerspruchserwartung

661   Somit hängt die Erstattungsfähigkeit der Mehrkosten nach ganz herrschender Auffassung davon ab, ob der Antragsteller des Mahnverfahrens mit der Einleitung eines Streitverfahrens hat rechnen müssen. Wann dies der Fall ist, ist in der Rechtsprechung jedoch umstritten.

662   Nach einer zu engen Auffassung ist – wenn auch aus Verzögerungsgründen – **stets mit Widerspruch zu rechnen**, wenn nicht triftige Gründe für das Gegenteil sprechen.[250]

663   Nach der zu großzügigen Auffassung muss der Widerspruch mit **größter Sicherheit zu erwarten** sein,[251] wobei ein vorprozessuales Bestreiten des anwaltlich nicht vertretenen Antragsgegners nicht ausreiche,[252] sondern vielmehr die Ablehnung des Anspruchs durch den gegnerischen Rechtsanwalt erforderlich sei.[253]

664   Nach der weit überwiegenden Mittelmeinung muss der Antragsteller **sichere Anhaltspunkte** dafür haben, das der Antragsgegner Widerspruch gegen den Mahnbescheid bzw. Einspruch gegen den Vollstreckungsbescheid einlegen werde.[254] Ist dies nicht der Fall, sind die Mehrkosten erstattungsfähig.

c)   Mahnanwalt am dritten Ort

665   Bei fehlender Widerspruchserwartung sind die Mahnanwaltskosten auch dann erstattungsfähig, wenn der Antragsteller einen Rechtsanwalt eingeschaltet hat, der seine Kanzlei weder an seinem Wohnsitz oder Sitz noch am Ort des Streitgerichts hat.[255]

Durch die Einschaltung eines solchen Rechtsanwalts entstehen nämlich keine Mehrkosten, deren Erstattung zu versagen wäre.

d)   Einzelfälle

666   Mit Widerspruch ist in folgenden Fällen **nicht** zu rechnen:

---

250   OLG Düsseldorf, JurBüro 1994, 1241; JurBüro 2001, 199; dagegen OLG Bremen, JurBüro 1990, 727.
251   OLG Karlsruhe, JurBüro 1979, 717.
252   OLG Stuttgart, JurBüro 1992, 406.
253   OLG Stuttgart, JurBüro 1981, 125.
254   OLG Celle, JurBüro 1985, 1871; OLG Koblenz, JurBüro 1990, 63; OLG München, JurBüro 2002, 428 = Rpfleger 2002, 482 = AGS 2003, 41; OLG Zweibrücken, JurBüro 2001, 202 = Rpfleger 2001, 200; KG, JurBüro 1999, 30 = AnwBl. 1999, 416.
255   OLG Bremen, JurBüro 1993, 159; OLG Bamberg, MDR 1999, 1022; OLG Stuttgart, JurBüro 1992, 472; KG, JurBüro 1987, 279 = Rpfleger 1986, 491; OLG Rostock, MDR 1998, 243; a.A. OLG Celle, JurBüro 1982, 86; OLG Saarbrücken, JurBüro 1991, 249; OLG Dresden, JurBüro 1994, 417.

- Die vorgerichtliche Einschaltung eines **Inkassobüros** ist ergebnislos geblieben.[256] Mit Widerspruch ist jedoch dann zu rechnen, wenn die Inkassokosten im Mahnverfahren geltend gemacht werden.[257]

- Der Antragsgegner bittet den Antragsteller um **Übersendung einer Rechnung** zwecks Bezahlung.[258]

- Der Antragsgegner **schweigt auf** eine vorgerichtliche **Mahnung.**[259]

- Der Antragsgegner will die Sache durch ein **Schuldanerkenntnis** bereinigen.[260]

- Der Antragsgegner hat den Anspruch vorgerichtlich **anerkannt.**[261]

- Er hat um **Stundung** oder Ratenzahlung gebeten.[262]

- Im **Wechselmahnverfahren**[263] und im **Urkundenmahnverfahren**[264] ist ebenfalls nicht mit einem Widerspruch zu rechnen.

Mit Widerspruch ist in folgenden Fällen zu rechnen: 667

- Der Antragsgegner hat vorgerichtlich **sachliche Einwendungen** erhoben.[265]

- Erhebt ein **Gesamtschuldner** Einwendungen, die auch für den anderen Gesamtschuldner wirken würden, ist mit dem Widerspruch beider zu rechnen.[266]

- Der Antragsgegner hat den **Anspruch bestritten.**[267] Dies gilt auch dann, wenn er hierbei anwaltlich nicht vertreten wird.[268]

- Richten sich die Einwendungen des Antragsgegners nur gegen einen **Teil** des Anspruchs, ist mit der Erhebung eines **Gesamtwiderspruchs** zu rechnen.[269]

---

256 A.A. OLG Hamm, JurBüro 1994, 436.
257 OLG Köln, JurBüro 1993, 682; OLG Koblenz, JurBüro 1986, 1673; a.A. OLG München, AGS 1998, 94.
258 OLG Bamberg, JurBüro 1972, 887.
259 OLG Frankfurt, JurBüro 1992, 406; a.A. OLG Düsseldorf, JurBüro 1996, 1408.
260 OLG Celle, JurBüro 1967, 834.
261 OLG Bamberg, JurBüro 1987, 761.
262 OLG Koblenz, JurBüro 1978, 238; KG, JurBüro 1975, 623; a.A. OLG Düsseldorf, JurBüro 1984, 1241.
263 OLG Düsseldorf, JurBüro 1985, 1871 = AnwBl. 1985, 590.
264 A.A. OLG Düsseldorf, JurBüro 1986, 1245.
265 OLG München, JurBüro 1993, 298.
266 OLG Koblenz, JurBüro 1986, 1835.
267 OLG Stuttgart, JurBüro 1981, 125.
268 OLG München, JurBüro 1993, 298; a.A. OLG Stuttgart, JurBüro 1992, 406: anwaltliche Vertretung erforderlich.
269 OLG Bremen, JurBüro 1988, 485; OLG München, JurBüro 1988, 736; a.A. OLG Koblenz, JurBüro 1984, 436.

- Das von dem Antragsteller eingeschaltete Inkassobüro hatte mit dem Antragsgegner **Ratenzahlung vereinbart.**[270]

- Im Mahnverfahren werden neben der Hauptsache auch **Inkassokosten** geltend gemacht.[271]

- Der Antragsteller macht eine im Verhältnis zur Hauptforderung zum nicht unerheblichen Teil **unbegründete Forderung** geltend.[272] Dies kann ein Teil der Hauptforderung, aber auch ein Teil der Nebenforderung sein.[273] Hierbei kommt es nicht darauf an, aus welchem Grund der Antragsteller im anschließenden Rechtsstreit teilweise unterlegen ist. Auch ein Nachgeben im Vergleichswege kann dazu führen, dass die durch die Einschaltung des Mahnanwalts angefallenen Mehrkosten nicht erstattungsfähig sind.

e) Andere Kosten erspart

668 Sind die durch die Einschaltung eines Mahnanwalts angefallenen Mehrkosten etwa wegen der Widerspruchserwartung des Antragstellers als solche nicht erstattungsfähig, können sie aus anderem Rechtsgrund erstattungsfähig sein.

669 Dies kann beispielsweise der Fall sein, wenn der Antragsteller

- **Terminsreisekosten** seines Prozessbevollmächtigten,[274]

- Kosten für einen **Unterbevollmächtigten**[275] oder

- **Verkehrsanwaltskosten**[276]

erspart hat.

670 *Beispiel:*

Der Antragsteller schaltet den an seinem Wohnsitz kanzleiansässigen Mahnanwalt im anschließenden Rechtsstreit als Verkehrsanwalt ein. Da der Antragsgegner vorgerichtlich Einwendungen erhoben hat, sind die durch die Bestellung des Mahnanwalts entstandenen Mehrkosten nicht erstattungsfähig.

Diese Kosten können jedoch als Verkehrsanwaltskosten zu erstatten sein, weil eine sonst notwendige Informationsreise des Antragstellers höhere Kosten verursacht hätte.

---

270 OLG Hamburg, JurBüro 1986, 1043.
271 OLG Koblenz, JurBüro 1986, 1673; OLG Köln, JurBüro 1993, 682.
272 KG, JurBüro 1979, 209; OLG Koblenz, JurBüro 1989, 218.
273 OLG Bremen, JurBüro 1988, 485; OLG Köln, JurBüro 1992, 814.
274 OLG Oldenburg, MDR 2003, 778 = OLGR 2003, 135.
275 OLG Düsseldorf, JurBüro 2001, 199 = AnwBl. 2001, 306; OLG Hamm, JurBüro 2001, 484; a.A. OLG München, JurBüro 2001, 30 = BRAGOreport 2001, 14 [*Hansens*].
276 OLG Hamm, AnwBl. 2000, 322.

f) Darlegungs- und Glaubhaftmachungslast

Im Kostenfestsetzungsverfahren muss der **Antragsgegner** darlegen und im Streitfall   671
glaubhaft machen, dass der Antragsteller Anhaltspunkte für die Überleitung des Mahnverfahrens ins streitige Verfahren hatte.[277] Der Antragsgegner ist nämlich im Regelfall ohne größere Schwierigkeiten in der Lage, konkrete Umstände darzulegen, aus denen sich
die Widerspruchserwartung des Antragstellers ergeben soll. Demgegenüber ist es für den
Antragsteller fast unmöglich, alle denkbaren gegen die Widerspruchserwartung sprechenden Möglichkeiten auszuschließen. Ein non liquet geht deshalb zulasten des Antragsgegners. Nach der Gegenauffassung liegt die Darlegungs- und Glaubhaftma-
chungslast hingegen beim Antragsteller.[278]

3. Widerspruch und Antrag auf Durchführung des streitigen Verfahrens

In der Praxis verbindet der Antragsgegner vielfach die Einlegung des Widerspruchs ge-   672
gen den Mahnbescheid mit dem Antrag auf Durchführung des streitigen Verfahrens. Dieser Antrag löst als Sachantrag die 1,3 Verfahrensgebühr nach Nr. 3100 VV RVG aus.[279]

Für die Kostenerstattung ist dies dann nicht von Bedeutung, wenn das streitige Verfah-   673
ren durchgeführt wird. Nimmt jedoch der Antragsteller seinen Antrag auf Durchführung
des streitigen Verfahrens vor Zustellung der Anspruchsbegründung zurück und kommt
es nicht zur Terminsanberaumung, ist umstritten, welche Gebühren für ihn **erstattungsfähig sind**. Nach einer Auffassung ist lediglich die 0,8 Verfahrensgebühr gemäß
Nr. 3101 Nr. 1 VV RVG erstattungsfähig.[280] Nach der Gegenauffassung[281] ist die Verfahrensgebühr nach Nrn. 3100 f. VV RVG überhaupt nicht erstattungsfähig. Danach ist der
Antragsgegner erstattungsrechtlich gehalten, seine Vertretung zunächst auf die Einlegung des Widerspruchs zu beschränken.

VI. Aufnahme in den Vollstreckungsbescheid

Die Kosten des Mahnverfahrens sind gemäß § 699 Abs. 3 Satz 1 ZPO in den Vollstre-   674
ckungsbescheid aufzunehmen. Dabei handelt es sich um eine in das Mahnverfahren ein-
bezogene Kostenfestsetzung.[282] Wird dem Antrag des Antragstellers insoweit nicht vollständig stattgegeben, kann er hiergegen **sofortige Beschwerde** gemäß § 11 Abs. 1 RPflG

---

277 OLG München, JurBüro 1987, 1365; OLG Oldenburg, AnwBl. 1980, 516; OLG Frankfurt, JurBüro
1985, 1197; OLG Schleswig, JurBüro 1983, 921.
278 OLG Koblenz, JurBüro 1988, 876; OLG Saarbrücken, JurBüro 1990, 362; OLG Koblenz, JurBüro
1988, 876; *Hartmann*, KostG, Nr. 3302 VV RVG Rn. 22.
279 *Hansens*, BRAGOreport 2002, 149, 150.
280 OLG Koblenz, JurBüro 2002, 305.
281 KG, JurBüro 2002, 641 = BRAGOreport 2002, 155 [*Hansens*]; weitere Einzelheiten *Hansens*, BRA-
GOreport 2002, 149, 150.
282 OLG München, JurBüro 1997, 256.

i.V.m. § 104 Abs. 3 ZPO einlegen.[283] Wird der sofortigen Beschwerde stattgegeben, ist der **Vollstreckungsbescheid** dahin zu **ändern,** dass er über weitere Kostenbeträge nebst Zinsen ergeht.[284]

675 Ist der Antragsteller nicht beschwert, weil er etwa im Mahnverfahren keinen entsprechenden Antrag auf Aufnahme der Kosten gestellt hat oder hat er die Beschwerdefrist versäumt, kommt eine **nachträgliche Festsetzung** dieser Kosten **nicht in Betracht.**[285] Insoweit fehlt es nämlich an einer zur Zwangsvollstreckung geeigneten Kostengrundentscheidung i.S.v. § 103 Abs. 1 ZPO.

F.   Vertretung im selbständigen Beweisverfahren

676 Im selbständigen Beweisverfahren erhält der Rechtsanwalt dieselben Gebühren wie im Rechtsstreit. Abweichend von der bisherigen Regelung in § 37 Nr. 3 BRAGO gehört das selbständige Beweisverfahren nicht mehr zum Gebührenrechtzug, da es in § 19 RVG nicht aufgeführt ist. Deshalb entstehen im selbständigen Beweisverfahren die Gebühren unabhängig von den Gebühren im Hauptsacheprozess. Gemäß der Vorbem. 3 Abs. 5 VV RVG ist jedoch die Verfahrensgebühr des selbständigen Beweisverfahrens auf die Verfahrensgebühr des betreffenden Rechtszugs **anzurechnen.**

677 Folgende Neuerungen sind für die Vertretung im selbständigen Beweisverfahren vorgesehen:

- Das selbständige Beweisverfahren ist gebührenrechtlich eine **selbständige Angelegenheit.**

- Es können die **Verfahrensgebühr** und die **Terminsgebühr** entstehen.

- Die Verfahrensgebühr ist auf die **Verfahrensgebühr** des Hauptsacheprozesses **anzurechnen.**

- Auch bei Anhängigkeit des selbständigen Beweisverfahrens entsteht eine **1,5 Einigungsgebühr** nach Nr. 1003 VV RVG.

---

283   KG, AGS 2001, 232 = KGR 2001, 69.
284   OLG Schleswig, JurBüro 1985, 781; OLG München, a.a.O.; KG, a.a.O.; a.A. LG Stuttgart, Justiz 1994, 242.
285   KG, JurBüro 1995, 428 = Rpfleger 1995, 424; OLG Frankfurt, Rpfleger 1981, 239; LG Berlin, JurBüro 1987, 1827; *Hansens,* JurBüro 1987, 1281 und Rpfleger 1989, 487; a.A. OLG Schleswig, a.a.O.; LG Würzburg, JurBüro 1985, 1253.

I.   Anwendungsbereich

Die Gebühren des Teil 3 VV RVG entstehen im selbständigen Beweisverfahren nach   678

- §§ 485 ff. ZPO und in den Verfahrensordnungen, in denen die ZPO entsprechende Anwendung findet,

- gemäß § 76 SGG, soweit sich die Gebühren nach dem Gegenstandswert berechnen. Soweit dies nicht der Fall ist, entstehen Betragsrahmengebühren nach Nrn. 3102, 3103 ff. VV RVG.

II.   Gebühren

Auch für die Tätigkeit im selbständigen Beweisverfahren bestimmt das Gesetz künftig nur   679
noch zwei Gebührenarten, nämlich die **Verfahrensgebühr** und die **Terminsgebühr**.

Die Gebührenregelung nach dem **RVG** ist gegenüber der bisherigen BRAGO-Regelung   680
günstiger. Gemäß § 37 Nr. 3 BRAGO gehört das selbständige Beweisverfahren zum Gebührenrechtszug des Hauptsacheprozesses. Dies hat zur Folge, dass dem in beiden Verfahren tätigen Rechtsanwalt gleichartige Gebühren nur einmal entstehen konnten (§ 13
Abs. 2 BRAGO).

Nach der **BRAGO** konnten insgesamt nur folgende Gebühren berechnet werden: 681

1. **10/10 Prozessgebühr** für das Einreichen des Beweissicherungsantrags und von Schriftsätzen mit Sachantrag im Hauptsacheprozess,

2. **10/10 Verhandlungs-/Erörterungsgebühr** im Hauptsacheprozess,

3. **10/10 Beweisgebühr** für die Mitwirkung bei der Beweisaufnahme im selbständigen Beweisverfahren und ggf. bei der mündlichen Erläuterung des Gutachtens im nach-folgenden Rechtsstreit.

Insgesamt konnten höchstens **30/10 Gebühren** entstehen.

Nach dem **RVG** können hingegen folgende Gebühren anfallen: 682

1. **1,3 Verfahrensgebühr** für das Einreichen des Beweissicherungsantrags oder eines Schriftsatzes mit Sachvortrag,

2. **1,2 Terminsgebühr** für die Vertretung in einem Beweisaufnahmetermin zur Erläute-rung des Gutachtens oder für die Wahrnehmung des vom Gerichtssachverständigen angesetzten Termins,

3. **1,3 Verfahrensgebühr** für das Einreichen der Klageschrift oder anderer Schriftsätze mit Sachantrag,

4. **1,2 Terminsgebühr** für die Vertretung in einem Verhandlungs-, Erörterungs- oder Be-weisaufnahmetermin.

683 Auch nach Anrechnung der Verfahrensgebühr unter Ziffer 1 auf die Verfahrensgebühr zu Ziffer 3 verbleiben dem in beiden Verfahren tätigen Rechtsanwalt insgesamt **3,7 Gebühren**.

1. Verfahrensgebühr

684 Die Verfahrensgebühr entsteht für das Betreiben des Geschäfts einschließlich der Information (Vorbem. 3 Abs. 2 VV RVG). Damit deckt diese Gebühr sämtliche Tätigkeiten ab, die der Rechtsanwalt von Beginn des ihm erteilten Verfahrensauftrags bis zu dessen Erledigung ausgeübt hat, soweit die Tätigkeit nicht durch die Terminsgebühr abgegolten wird.

a) Volle Verfahrensgebühr

685 Grds. erhält der Verfahrensbevollmächtigte im selbständigen Beweisverfahren die **1,3 Verfahrensgebühr** nach Nr. 3100 VV RVG.[286]

686 Wird das selbständige Beweisverfahren ab **Einlegung der Berufung** gemäß § 486 Abs. 1 ZPO beim Berufungsgericht beantragt, gehört es zum zweiten Rechtszug. Es fallen dann die Gebühren nach Nrn. 3200 ff. VV RVG an.[287] Der Rechtsanwalt erhält in diesem Fall nach Nr. 3200 VV RVG eine **1,6 Verfahrensgebühr**. Dies gilt ebenso, wenn der Antrag ab diesem Zeitpunkt in Fällen dringender Gefahr gemäß § 486 Abs. 3 ZPO beim AG gestellt wird.

687 **Die volle Verfahrensgebühr** fällt an, wenn der Rechtsanwalt zumindest eine der in Nr. 3101 Nr. 1 VV RVG aufgeführten Tätigkeiten ausgeübt hat.

688 *Beispiele:*

(1) Der Rechtsanwalt des Antragstellers reicht den Beweissicherungsantrag ein.

(2) Der Schriftsatz des Antragsgegnervertreters enthält einen Sachvortrag. Anders als zum bisherigen Recht[288] ist die Stellung eines Gegenantrags nicht erforderlich.

(3) Der Rechtsanwalt nimmt einen Termin nach § 492 Abs. 3 ZPO wahr.

In allen drei Beispielen entsteht eine 1,3 Verfahrensgebühr.

689 Allein die Wahrnehmung eines vom gerichtlichen Sachverständigen bestimmten Termins genügt jedoch für den Anfall der vollen Verfahrensgebühr nicht. Hierzu bedarf es der Wahrnehmung eines **gerichtlichen** Termins.

---

286 *Schneider/Mock*, § 16 Rn. 4.
287 *Göttlich/Mümmler/Rehberg/Xanke*, RVG „selbständiges Beweisverfahren" 2.1.
288 OLG München, JurBüro 2000, 485 = Rpfleger 2000, 425 = AGS 2000, 233.

Beispiel: 690

Der Rechtsanwalt des Antragsgegners, der sich im selbständigen Beweisverfahren bisher noch nicht schriftsätzlich geäußert hat, nimmt an einem Gerichtstermin teil, in dem der gerichtlich bestellte Sachverständige sein Gutachten mündlich erläutert.

Durch diese Terminswahrnehmung ist dem Rechtsanwalt die volle Verfahrensgebühr angefallen.

Vertritt der Rechtsanwalt hinsichtlich desselben Gegenstandes in dem selbständigen Be- 691 weisverfahren **mehrere Auftraggeber,** so erhöht sich die Verfahrensgebühr gemäß Nr. 1008 VV RVG für jeden weiteren Auftraggeber um den **festen Gebührensatz von 0,3.**

b) Ermäßigte Verfahrensgebühr

Endigt der Auftrag des für das selbständige Beweisverfahren bestellten Rechtsanwalts be- 692 vor oder ohne dass er eine der in Nr. 3101 Nr. 1 VV RVG aufgeführten Tätigkeiten ausgeübt hat, erhält er lediglich eine **0,8 Verfahrensgebühr.**

Dies gilt ebenso, wenn im selbständigen Beweisverfahren ein **Antrag auf Protokollie-** 693 **rung der Einigung der Parteien** über in diesem Verfahren nicht rechtshängige Ansprüche gestellt wird oder über solche Ansprüche **verhandelt** wird (Nr. 3101 Nr. 2 VV RVG).

c) Anrechnung der Verfahrensgebühr

Soweit der **Gegenstand** des selbständigen Beweisverfahrens auch **Gegenstand** eines 694 Rechtsstreits ist oder wird, wird die Verfahrensgebühr des selbständigen Beweisverfahrens auf die Verfahrensgebühr des Rechtszugs **angerechnet** (Vorbem. 3 Abs. 5 VV RVG). Dies gilt unabhängig davon, welches Verfahren zuerst eingeleitet wird.[289]

Beispiel: 695

Während des Rechtsstreits betreibt der Kläger wegen des drohenden Verlustes des Beweismittels das selbständige Beweisverfahren. Die für das Einreichen des Beweissicherungsantrags nach Nr. 3100 VV RVG entstandene Verfahrensgebühr ist auf die bereits für die Klageeinreichung entstandene Verfahrensgebühr des Hauptsacherechtsstreits anzurechnen.

Vorbem. 3 Abs. 5 VV RVG erfordert **nicht auch eine Identität der Parteien** des selb- 696 ständigen Beweisverfahrens und des Rechtsstreits.

---

289 A.A. *Schneider/Mock,* § 16 Rn. 8; *Goebel/Gottwald,* RVG, Vorbem. 3 Rn. 17.

697   *Beispiel:*

Wegen eines Mangels an der Bauwerksabdichtung betreibt der Bauherr das selbständige Beweisverfahren gegen das Bauunternehmen. Aufgrund des Beweissicherungsgutachtens stellt sich heraus, dass es sich um einen Planungsfehler des Architekten handelt. Diesen verklagt der Rechtsanwalt des Antragstellers auf Schadensersatz.

Nach dem insoweit eindeutigen Gesetzeswortlaut ist die im selbständigen Beweisverfahren entstandene Verfahrensgebühr auf die Verfahrensgebühr des nachfolgenden Hauptsacheprozesses anzurechnen, weil der Gegenstand (Mangel der Bauwerksabdichtung) in beiden Verfahren identisch ist.

698

> **Hinweis:**
>
> Auch hier wird die Rechtsprechung zu klären haben, ob die Anrechnungsvorschrift nach Vorbem. 3 Abs. 5 VV RVG über ihren Wortlaut hinaus einschränkend nur dann anzuwenden ist, wenn die Parteien des selbständigen Beweisverfahrens und des anschließenden Hauptsacheprozesses jedenfalls teilweise identisch sind.

aa) Hauptsachewert höher

699   *Beispiel:*

Im selbständigen Beweisverfahren hat der Sachverständige den zur Beseitigung des Schadens erforderlichen Betrag auf 20.000 € geschätzt. Auf diesen Betrag ist auch der Streitwert festgesetzt worden. Da die Mangelbeseitigung jedoch 25.000 € gekostet hat, erhebt der Antragsteller Zahlungsklage über diesen Betrag.

Ihm sind an Verfahrensgebühren angefallen:

I. Im selbständigen Beweisverfahren:

1,3 Verfahrensgebühr, Nr. 3100 VV RVG (Wert: 20.000 €) zuzüglich Postentgelte und Umsatzsteuer	*839,80 €*

II. Im Hauptsacheprozess:

*1. 1,3 Verfahrensgebühr, Nr. 3100 VV RVG (Wert: 25.000 €) hierauf **anzurechnen** gemäß Vorbem. 3 Abs. 5 VV RVG*	*891,80 €*
2. 1,3 Verfahrensgebühr, Nr. 3100 VV RVG (Wert: 20.000 €)	*– 889,80 €*
Rest:	***2,00 €***

700

> **Hinweis:**
>
> Ob sich die Postentgeltpauschale aus dem nach der Anrechnung verbleibenden Restbetrag berechnet oder aus dem Gebührenbetrag vor der Anrechnung, ist umstritten.[290]

---

290   S. Teil 18 Rn. 95 ff.

bb) Hauptsachewert niedriger

Beispiel: 701

Der Antragsteller hat ein selbständiges Beweisverfahren wegen Mängeln am Dach (Streitwert: 20.000 €), bei der Kellerabdichtung (Wert: 40.000 €) und bei der Heizungsanlage (Wert: 10.000 €) betrieben. Wegen der zwischenzeitlichen Insolvenz der übrigen Verantwortlichen erhebt er Hauptsacheklage nur gegen den Heizungsinstallateur auf Zahlung von 10.000 €.

Dem Rechtsanwalt sind an Verfahrensgebühren angefallen:

I. Im selbständigen Beweisverfahren:

1,3 Verfahrensgebühr, Nr. 3100 VV RVG (Wert: 70.000 €)	*1560,00 €*
zuzüglich Postentgelte und Umsatzsteuer	

II. Im anschließenden Hauptsacherechtsstreit:

1. *1,3 Verfahrensgebühr, Nr. 3100 VV RVG (Wert: 10.000 €)*	*631,80 €*
2. *hierauf gemäß Vorbem. 3 Abs. 5 VV RVG **anzurechnen***	
1,3 Verfahrensgebühr, Nr. 3100 VV RVG (Wert: 10.000 €)	*– 631,80 €*
Rest	*0,00 €*

Ob der Rechtsanwalt eine Postentgeltpauschale aus der Verfahrensgebühr vor der Anrechnung berechnen kann, ist umstritten.

cc) Kein Rechtsstreit anhängig

Nach der insoweit eindeutigen Formulierung in der Vorbem. 3 Abs. 5 VV RVG findet eine Gebührenanrechnung nur dann statt, wenn hinsichtlich des Gegenstandes des selbständigen Beweisverfahrens überhaupt ein Rechtsstreit anhängig wird. Kommt es wegen vorzeitiger Beendigung des Prozessauftrags nicht mehr zur Einleitung des Hauptsacherechtsstreits, ist die Verfahrensgebühr des selbständigen Beweisverfahrens **nicht anzurechnen**. 702

Beispiel: 703

Der Antragsteller betreibt wegen eines Baumangels (Wert: 20.000 €) ein selbständiges Beweisverfahren. Er erhält den Auftrag, diesen Betrag gegen den Antragsgegner einzuklagen. Bevor er die Klageschrift einreicht, endigt der Auftrag. Ihm sind folgende Verfahrensgebühren angefallen:

I. Im selbständigen Beweisverfahren:

1,3 Verfahrensgebühr, Nr. 3100 VV RVG (Wert: 20.000 €)	*839,80 €*
zuzüglich Postentgelte und Umsatzsteuer	

II. Für den Hauptsacheprozess:

0,8 Verfahrensgebühr, Nr. 3101 Nr. 1 VV RVG (Wert: 20.000 €)   *516,80 €*
zuzüglich Postentgelte und Umsatzsteuer

Eine Gebührenanrechnung nach Vorbem. 3 Abs. 5 VV RVG ist nicht vorzunehmen.

704

> **Hinweis:**
>
> Die gesetzliche Regelung führt zu dem eigentümlichen Ergebnis, dass der Rechtsanwalt, der die Hauptsacheklage nicht (mehr) einreicht, an Verfahrensgebühren wegen der zu unterbleibenden Gebührenanrechnung mehr erhält als der Anwalt, der den Hauptsacherechtsstreit anhängig macht. Dies ist aber auf die gesetzliche Regelung, die auf den Rechtsstreit und nicht auf den Prozessauftrag hierfür abstellt, zurückzuführen.

dd) Mehr als zwei Kalenderjahre

705 Eine Gebührenanrechnung unterbleibt, wenn zwischen der Beendigung des selbständigen Beweisverfahrens und dem Beginn des Hauptsacherechtsstreits mehr als zwei Kalenderjahre verstrichen sind (§ 15 Abs. 5 Satz 2 RVG).

2. Terminsgebühr

706 Im selbständigen Beweisverfahren kann die **1,2 Terminsgebühr** nach Nr. 3104 VV RVG bzw. Nr. 3202 VV RVG in folgenden Fallgestaltungen entstehen:

- Vertretung in einem **Erörterungstermin** gemäß § 492 Abs. 3 ZPO,

- Vertretung in einem **Beweisaufnahmetermin,**

  - wenn Gegenstand des selbständigen Beweisverfahrens eine Zeugenvernehmung ist oder

  - wenn der gerichtlich bestellte Sachverständige sein Gutachten mündlich erläutert,

- Wahrnehmung eines von dem **gerichtlich bestellten Sachverständigen** anberaumten Termins,

- Mitwirkung an auf die Vermeidung oder Erledigung des Verfahrens gerichteten **Besprechungen** ohne Beteiligung des Gerichts mit Ausnahme von Besprechungen mit dem Auftraggeber.

707 Insoweit gelten dieselben Voraussetzungen wie für die Terminsgebühr des Prozessbevollmächtigten im Zivilprozess (s. Teil 7 Rn. 274 ff.).

3. Einigungsgebühr

Nach Nrn. 1000 ff. VV RVG kann dem Verfahrensbevollmächtigten im selbständigen Be- 708
weisverfahren auch eine Einigungsgebühr anfallen. Durch den Vertrag muss jedoch der
Streit oder die Ungewissheit der Parteien **über ein Rechtsverhältnis beseitigt** werden.

Beispiele: 709

*(1) Die Beteiligten einigen sich über einige Schadenspositionen. Hierdurch wird der Streit
der Parteien über das dem Schaden zugrunde liegende Rechtsverhältnis beseitigt.*

*(2) Die Einigung betrifft die Person des Sachverständigen. Hierfür entsteht keine Einigungs-
gebühr, da kein Streit über ein Rechtsverhältnis der Parteien, noch nicht einmal über das
zwischen ihnen bestehende Prozessrechtsverhältnis, beseitigt wird.*[291]

a) Kein gerichtliches Verfahren anhängig

Ist über den Gegenstand der Einigung kein anderes gerichtliches Verfahren anhängig, er- 710
hält der Rechtsanwalt nach Nr. 1000 VV RVG eine **1,5 Einigungsgebühr.**

Beispiel: 711

*Die Beteiligten des selbständigen Beweisverfahrens einigen sich über einen nicht den
Gegenstand dieses Verfahrens bildenden anderen Anspruch.*

b) Nur selbständiges Beweisverfahren anhängig

Auch in einem solchen Fall erhält der Rechtsanwalt nach Nr. 1000 VV RVG eine **1,5 Ei-** 712
nigungsgebühr (s. Nr. 1003 VV RVG).

Beispiel: 713

*Nach dem Vorliegen des im selbständigen Beweisverfahren erstatteten Sachverständi-
gengutachtens einigen sich die Parteien über die Schadensregulierung.*

*Gemäß § 23 Abs. 1 Satz 3 BRAGO war in einem solchen Fall nur eine 10/10 Vergleichs-
gebühr angefallen. Nach der Neuregelung des RVG erhält der Rechtsanwalt jedoch eine
1,5 Einigungsgebühr.*

c) Gerichtliches Verfahren anhängig
aa) Erstinstanzliches Verfahren

Ist zum Zeitpunkt des Abschlusses der Einigung ein gerichtliches Verfahren in der I. Ins- 714
tanz anhängig, entsteht nach Nr. 1003 VV RVG eine **1,0 Einigungsgebühr.**

---

291   A.A. *Schneider/Mock,* § 16 Rn. 13.

715   *Beispiel:*

Nach Durchführung des selbständigen Beweisverfahrens erhebt der Antragsteller Haupt-
sacheklage. In dem Termin zur mündlichen Verhandlung treffen die Parteien eine Eini-
gung.

Für die Mitwirkung hieran entsteht den Prozessbevollmächtigten nach Nr. 1003 VV RVG
eine 1,0 Einigungsgebühr.

bb) Berufungs- oder Revisionsverfahren anhängig

716   Ist über den Gegenstand der Einigung ein Berufungs- oder Revisionsverfahren anhängig,
fällt dem Rechtsanwalt nach Nr. 1004 VV RVG eine **1,3 Einigungsgebühr** an.

717   *Beispiel:*

Nach dem Betreiben des selbständigen Beweisverfahrens erhebt der Antragsteller Haupt-
sacheklage. Im Berufungsrechtszug einigen sich die Parteien über den Gegenstand des Be-
weisverfahrens.

Hierfür fällt den Prozessbevollmächtigten nach Nr. 1004 VV RVG eine 1,3 Einigungsge-
bühr an.

4.   Mehrere selbständige Beweisverfahren

718   Wird der Rechtsanwalt in mehreren selbständigen Beweisverfahren tätig, entstehen ihm
die Gebühren nach Nrn. 3100 ff. VV RVG gemäß § 15 Abs. 2 Satz 2 RVG **jeweils ge-**
sondert.

719   *Beispiele:*

(1) Der Antragsteller betreibt gegen den Antragsgegner, dieser betreibt gegen den An-
tragsteller jeweils ein gesondertes selbständiges Beweisverfahren über denselben Gegen-
stand.

(2) Gemäß § 486 Abs. 3 ZPO werden zur selben Beweisfrage getrennte Anträge bei ver-
schiedenen AG gestellt, weil die zu vernehmenden Zeugen in verschiedenen AG-Bezirken
wohnen.

Solange die einzelnen selbständigen Beweisverfahren nicht entsprechend § 147 ZPO ver-
bunden worden sind, handelt es sich um gebührenrechtlich getrennte Angelegenheiten.

III.   Gegenstandswert

1.   Interesse des Antragstellers

720   Gemäß § 23 Abs. 1 Satz 1 RVG bestimmt sich der Gegenstandswert im selbständigen
Beweisverfahren nach den für die Gerichtsgebühren geltenden Wertvorschriften. Nach
dem über § 48 Abs. 1 Satz 1 GKG anwendbaren § 3 ZPO bestimmt sich der Streitwert

des selbständigen Beweisverfahrens nach dem **Interesse des Antragstellers** an der beantragten Beweisaufnahme (s. § 485 Abs. 1 ZPO) oder der Feststellung (§ 485 Abs. 2 ZPO). Wie dieses Interesse zu bewerten ist, ist in der Rechtsprechung umstritten. Nach einer Auffassung bemisst sich der Streitwert nach dem Hauptsachewert, während die Gegenauffassung einen Bruchteil hiervon annimmt.

Tabelle 1: Streitwert bemisst sich nach dem Hauptsachewert

721

Gericht	Fundstelle
KG	KGR 2001, 404 = BauR 2000, 1905 m. Anm. *Welte*
OLG Bamberg	OLGR 2003, 77 = MDR 2003, 835; BauR 2003, 1594; BauR 2003, 1593 m. Anm. *Lutz*
OLG Brandenburg	NJW-RR 2001, 311 = OLGR 2001, 5
OLG Braunschweig	OLGR 1995, 147; 1997, 84; 2003, 115 = AGS 2003, 407; BauR 2001, 1145
OLG Celle	OLGR 2004, 133 und NJW-RR 2004, 234; OLGR 2003, 136
OLG Dresden	OLGR 2002, 240 = BauR 2003, 1268; OLGR 2002, 326
OLG Düsseldorf	NJW-RR 2003, 1530; BauR 2001, 1785; MDR 2001, 649 = BauR 2001, 995
OLG Frankfurt	NJW-RR 2003, 647; OLGR 2001, 87; OLGR 2001, 148
OLG Hamm	OLGR 2002, 100 = AGS 2002, 181
OLG Karlsruhe	OLGR 2001, 163 = Justiz 2001, 191
OLG Köln	OLGR 2003, 224; OLGR 2001, 354 = AGS 2002, 182; OLGR 2001, 60 = AGS 2001, 85
OLG München	BauR 2004, 707; OLGR 2002, 32 = MDR 2002, 357; BauR 2003, 1595
OLG Saarbrücken	BauR 2004, 885
Thüringer OLG	BauR 2001, 1945 m. Anm. *Lutz*; OLGR 2001, 132 = AGS 2001, 109

Tabelle 2: Streitwert bemisst sich nach einem Bruchteil der Hauptsache

722

Gericht	Fundstelle
OLG Bamberg	JurBüro 1992, 629
OLG Düsseldorf	OLGR 2001, 231 = AGS 2001, 107: 3 1/2-facher Jahresbetrag der Minderungsquote, wenn das selbständige Beweisverfahren Sachmängel eines gewerblichen Mietobjekts zum Gegenstand hat
OLG Frankfurt	OLGR 2003, 84: Abschlag von 20 % bei beabsichtigter Klage auf Wandlung des Kaufvertrags
OLG Schleswig	SchlHA 2002, 292 und 2003, 257 = MDR 2004, 229: 50 %; OLGR 2002, 355 = AGS 2003, 514

723 Die **herrschende Rechtsprechung** hat sich insbesondere nach der letzten Änderung der BRAGO durch das Rechtspflege-Vereinfachungsgesetz vom 1.4.1991 herausgebildet. Danach gehörte nämlich – abweichend von dem davor geltenden Gebührenrecht – das selbständige Beweisverfahren zum Rechtszug der Hauptsache. Folgerichtig hat man dann auch den Streitwert des selbständigen Beweisverfahrens mit dem Streitwert der Hauptsache ohne Abschlag angenommen. Es bleibt abzuwarten, ob sich die Rechtsprechung nicht wiederum aufgrund der Tatsache ändert, dass das selbständige Beweisverfahren im Anwaltsvergütungsrecht jetzt (wieder) eine vom Hauptsacheprozess verschiedene Angelegenheit ist.

2. Grundlage der Wertbestimmung

724 Grundlage der Streitwertbemessung ist eine **objektive Bewertung** der vom Antragsteller bei Verfahrenseinleitung behaupteten Tatsachen. Hierbei kann auf spätere Erkenntnisquellen, insbesondere das erstattete Sachverständigengutachten, abgestellt werden.[292] Auf den vom Antragsteller im selbständigen Beweisverfahren vorläufig angegebenen Streitwert, der vielfach nur auf seiner subjektiven Einschätzung beruht, kann dann nicht entscheidend abgestellt werden.[293]

725 Ohne Belang für die Streitwertbemessung ist jedoch im Regelfall das **Ergebnis der Beweissicherung.** So kommt es nicht darauf an, ob sich alle oder nur ein Teil der von dem Antragsteller behaupteten Mängel im Rahmen der Beweissicherung bestätigt haben oder nicht.[294] Vielmehr sind für die Bemessung des Streitwerts alle vom Antragsteller zu Beginn des Verfahrens behaupteten Mängel maßgebend. Soweit der Sachverständige in einem solchen Fall die Mängelbeseitigungskosten nur für die von ihm festgestellten Mängel beziffert hat, ist hinsichtlich der weiteren behaupteten und nicht festgestellten Mängel der Streitwert zu schätzen.[295]

IV. Kostenfestsetzung

726 Die Kosten des selbständigen Beweisverfahrens können aufgrund eines zur Zwangsvollstreckung geeigneten Titels i.S.v. § 103 Abs. 1 ZPO festgesetzt werden. In Betracht kommen

- eine Kostenentscheidung im selbständigen Beweisverfahren selbst oder

- die Kostenentscheidung im Hauptsacheprozess.

---

292 OLG Dresden, OLGR 2002, 240.
293 KG, KGR 2001, 404.
294 OLG Hamburg, NJW-RR 2000, 827; OLG Frankfurt, OLGR 1998, 384; OLG Koblenz, JurBüro 1998, 267; OLG Dresden, OLGR 2002, 240.
295 OLG Dresden, a.a.O.

1. Kostenentscheidung im selbständigen Beweisverfahren

a) Rücknahme des Beweissicherungsantrags

Nach Rücknahme des Antrags sind dem Antragsteller entsprechend § 269 Abs. 3 ZPO   727
die Kosten des selbständigen Beweisverfahrens aufzuerlegen.[296] Erfolgt die Rücknahme
des Antrags aufgrund eines außergerichtlichen Vergleichs, sind nach Auffassung des OLG
Köln[297] dem Antragsteller die Kosten nicht aufzuerlegen.

b) Erledigung der Hauptsache

Im Falle der übereinstimmenden Erledigungserklärung der Parteien, dass das selbständi-   728
ge Beweisverfahren in der Hauptsache erledigt sei, kann gemäß § 91a ZPO eine isolierte Kostenentscheidung ergehen.[298] Bei einseitiger Erledigung des Antragstellers wird eine solche Entscheidung eher abgelehnt.[299]

c) Zurückweisung des Beweissicherungsantrags

Wird der Antrag auf Erlass des selbständigen Beweisverfahrens etwa wegen Unzulässig-   729
keit zurückgewiesen, können dem Antragsteller die Kosten des selbständigen Beweisverfahrens entsprechend § 91 ZPO auferlegt werden.[300] Erhebt der Antragsteller des selbständigen Beweisverfahrens trotz entsprechender Aufforderung durch das Gericht nicht
innerhalb der gerichtlich gesetzten Frist Hauptsacheklage, können gemäß § 494a Abs. 2
ZPO auf Antrag des Antraggegners dem Antragsteller die Kosten des selbständigen Beweisverfahrens auferlegt werden.

d) Anordnung der Klageerhebung

Dieses Antragsrecht unterliegt grds. nicht der Verwirkung,[301] jedoch ist für einen Kosten-   730
antrag nach § 494a Abs. 2 ZPO kein Raum

- bei Insolvenz des Antragsgegners bzw. seines Streithelfers,[302]

- wenn die im selbständigen Beweisverfahren festgestellten Mängel unstreitig beseitigt
  worden sind,[303]

---

296 OLG Braunschweig, Nds.Rpfl. 1994, 161; OLG Hamm, MDR 2000, 190; OLG Frankfurt, OLGR 1993,
     107; KG, NJW-RR 1992, 1023 und KGR 2004, 70 = BauR 2004, 560; OLG Köln – 19. ZS – JurBüro
     1994, 629; OLG München, MDR 2001, 768; OLG Saarbrücken, OLGR 2003, 181; a.A. OLG Ko-
     blenz, MDR 1996, 101.
297 – 27. ZS – JurBüro 1992, 633 = FamRZ 1992, 1083.
298 OLG Celle, MDR 1993, 914; KG, NJW-RR 1992, 1023; OLG Köln, OLGR 1994, 6; OLG Dresden,
     BauR 2003, 1608.
299 LG Konstanz, BauR 1994, 410.
300 OLG Braunschweig, BauR 19993, 122; OLG Frankfurt, BauR 1994, 139.
301 OLG Köln, BauR 2003, 598.
302 KG, KGR 2003, 324 = ZinsO 2003, 802 = BauR 2004, 1037.
303 BGH, NJW-RR 2003, 454 = MDR 2003, 454 = BauR 2003, 575.

- wenn der Antragsgegner die Anordnung begehrt, der Antragsteller möge gegen den Streithelfer klagen,[304]

- wenn das Hauptsachegericht ein im selbständigen Beweisverfahren eingeholtes Gutachten aus Rechtsgründen nicht verwertet,[305]

- wenn der Antragsteller nicht Hauptsacheklage erhebt, sondern Widerklage.[306]

731 Wie zu verfahren ist, wenn der Antragsteller der gerichtlichen Aufforderung zur Klageerhebung nur durch Erhebung einer **Teilklage** nachkommt, ist umstritten. Nach einer Auffassung ist eine **Teil-Kostenentscheidung** zu treffen.[307] Demgegenüber hat sich der BGH der Gegenauffassung angeschlossen, nach der eine Teil-Kostenentscheidung unzulässig ist.[308] Danach sind im Hauptsacheprozess dem Antragsteller entsprechend § 96 ZPO die dem Antragsgegner durch den überschießenden Teil des selbständigen Beweisverfahrens entstandenen Kosten aufzuerlegen.[309]

732 **Nimmt** der Antragsteller seine **Hauptsacheklage zurück**, sind ihm entsprechend § 494a Abs. 2 ZPO die Kosten des selbständigen Beweisverfahrens aufzuerlegen.[310]

2. Kostenentscheidung im Hauptsacheprozess

733 Ergeht im selbständigen Beweisverfahren keine Entscheidung, so können dessen Kosten aufgrund einer im Hauptsacheprozess ergangenen Entscheidung erstattungsfähig sein. Eines besonderen Ausspruchs darüber, dass die Kostenentscheidung auch die Kosten des selbständigen Beweisverfahrens erfasst, bedarf es nicht.[311] Nur dann, wenn das Hauptsachegericht über die Kosten des selbständigen Beweisverfahrens gemäß § 96 ZPO gesondert entscheidet, ist nicht die Hauptsacheentscheidung maßgebend.[312]

734 Die Kosten des selbständigen Beweisverfahrens können aufgrund der im Hauptsacheprozess ergangenen Kostenentscheidung erstattet verlangt werden, wenn folgende Voraussetzungen gegeben sind:

---

304   OLG Koblenz, NJW-RR 2003, 880 = OLGR 2003, 880 = OLGR 2003, 178 = BauR 2003, 1269.
305   BGH, NJW-RR 2003, 1240 = JurBüro 2003, 488 = AGS 2003, 410 = BRAGOreport, 2003, 144.
306   BGH, a.a.O.
307   OLG Düsseldorf, OLGR 2003, 393 = BauR 2003, 1769; OLGR 1997, 279; OLGR 2003, 15 = MDR 2003, 534; BauR 2003, 289; OLG Koblenz, JurBüro 1993, 552; NJW-RR 1998, 68; OLG Köln, NJW-RR 2001, 1650; OLG München, OLGR 1992, 24.
308   RVGreport 2004, 319 [*Hansens*]; OLG Celle, OLGR 2001, 175; OLG Frankfurt, OLGR 2004, 14; OLG Schleswig, MDR 2001, 836.
309   BGH, a.a.O.; NZBau 2003, 276, 278.
310   OLG Frankfurt, NJW-RR 2004, 70 = OLGR 2003, 458.
311   BGHZ 20, 4, 15; BGH, WM 1985, 1361.
312   OLG München, JurBüro 1973, 1082.

a) Begriff der Kostenentscheidung

Maßgebend ist grds. jede sachliche Entscheidung im Erkenntnisverfahren oder auch ei- 735 ne Kostenregelung in einem **Vergleich**.[313]

aa) Keine Hauptsacheentscheidung

Keine für die Erstattung des selbständigen Beweisverfahrens ausreichenden Entschei- 736 dungen sind insbesondere

- ein den **Arrest** oder die **einstweilige Verfügung** bestätigendes Urteil,[314]

- die Kostenentscheidung im nachfolgenden Rechtsstreit gegen den **Bürgen**,[315]

- die Kostenentscheidung gemäß § 269 Abs. 3 Satz 2 ZPO nach **Klagerücknahme**,[316]

- wenn die Klage ohne sachliche Entscheidung **mangels Passivlegitimation**[317] oder als **unzulässig**[318] **abgewiesen wird**. In einem solchen Fall kann jedoch der Beklagte seine Kosten erstattet verlangen;[319]

- eine Entscheidung über den **hilfsweise zur Aufrechung** gestellten Anspruch ohne Rechtskraftwirkung gemäß § 322 Abs. 2 ZPO.[320] Anders ist dies jedoch, wenn eine der Rechtskraft fähige Entscheidung über die Aufrechnungsforderung ergangen ist;[321]

- ein **Versäumnisurteil** gegen den Kläger. Ob ein Versäumnisurteil gegen den Beklagten die erforderliche Sachentscheidung enthält, ist der Klagebegründung zu entnehmen;[322]

- eine auf die Erstattung des dem Auftraggeber in selbständigen Beweisverfahren gerichtete Klage;[322a]

- ein **Vollstreckungsbescheid** ohne Kostenentscheidung.[323]

bb) Hauptsacheentscheidung

Auch ein die Revision zurückweisendes Urteil kann Hauptsacheentscheidung für die Kosten 737 eines während der Revisionsinstanz durchgeführten selbständigen Beweisverfahrens sein.[324]

---

313 KG, JurBüro 1982, 1521 = Rpfleger 1982, 195.
314 KG, JurBüro 1984, 1243; OLG München, NJW-RR 1999,655 = AGS 1999,14.
315 OLG Hamburg, JurBüro 1990, 1475.
316 OLG München, JurBüro 1987, 1247; OLG Schleswig, JurBüro 1995, 36; OLG Koblenz, NJW 2003, 3281 = BauR 2003, 1767; OLG Köln, BauR 2003, 290; OLG Köln, MDR 2002, 1391 = BauR 2003, 298; OLG München, MDR 1999, 893; a.A. OLG Düsseldorf, BauR 1997, 349; OLG Hamburg, OLGR 2002, 229 = BauR 2002, 1283 mit Ausnahmen.
317 BGH, BGHZ 20, 4, 15.
318 KG, KGR 1996, 260 = AGS 1997, 70; OLG Hamburg, JurBüro 1989, 976.
319 BGH, a.a.O.; OLG München, JurBüro 1986, 230.
320 OLG Hamburg, JurBüro 1990, 1470; LG Berlin, JurBüro 1979, 1374.
321 KG, JurBüro 1982, 408; OLG München, JurBüro 1982, 1254.
322 KG, JurBüro 1982, 1521.
322a BGH, Beschl. v. 1.7.2004 – V ZB 66/03.
323 LG Berlin, JurBüro 1989, 1131.
324 KG, JurBüro 1972, 1113.

cc) Vergleich

738 Auch aufgrund der Kostenregelung eines im Hauptsacheprozess beschlossenen Vergleichs können die Kosten des selbständigen Beweisverfahrens festgesetzt werden. Dies gilt in erster Linie für einen Vergleich der am selbständigen Beweisverfahren beteiligten Parteien. Dies kann aber auch für am vorausgegangenen selbständigen Beweisverfahren nicht beteiligte Partei gelten, wenn diese in Kenntnis der dort entstandenen Kosten die Kosten ganz oder teilweise übernimmt.[325]

dd) Kostenaufhebung

739 Werden die Kosten des Rechtsstreits gegeneinander aufgehoben, stellt sich die Frage, ob die Gerichtskosten (gerichtliche Verfahrensgebühr, Vergütung des Sachverständigen) des selbständigen Beweisverfahrens als außergerichtliche Kosten des Hauptsacheprozesses anzusehen sind oder als Gerichtskosten. Bei Kostenaufhebung fallen nämlich gemäß § 92 Abs. 1 Satz 2 ZPO die Gerichtskosten jeder Partei zur Hälfte zur Last.

740 *Beispiel:*

Der Antagsteller hat im selbständigen Beweisverfahren die gerichtliche Verfahrensgebühr nach Nr. 1610 GKG KostVerz i.H.v. 856 € und die Vergütung für den gerichtlich bestellten Sachverständigen i.H.v. 5.000 € gezahlt. Anschließend hat er Hauptsacheklage erhoben, in der die Kosten des Rechtsstreits gegeneinander aufgehoben wurden.

Sind die Gerichtskosten des selbständigen Beweisverfahrens als außergerichtliche Kosten des Hauptsacheprozesses anzusehen, kann er keine Kostenerstattung verlangen. Gehören sie hingegen zu den Gerichtskosten des Hauptsacheprozesses, kann er die Hälfte hiervon mit 2.928 € von dem Beklagten erstattet verlangen. Diese Frage war lange streitig,[326] nach der Rechtsprechung des BGH[327] gehören die Gerichtskosten des selbständigen Beweisverfahrens zu den Gerichtskosten des Hauptsacheprozesses. Sie sind auch erstattungsfähig, wenn das Beweisergebnis im Urteil nicht verwertet worden ist.

741 b) Identität der Parteien

Die Kosten des selbständigen Beweisverfahrens können nur dann aufgrund der im Hauptsacheprozess ergangenen Kostenentscheidung festgesetzt werden, wenn die Parteien dieser beiden Verfahren identisch sind.[328] Eine solche Identität ist gegeben,

- wenn der Hauptsacheprozess vom **Rechtsnachfolger** oder gegen den **Rechtsnachfolger** einer Partei des selbständigen Beweisverfahrens betrieben wird,[329]

---

325 KG, JurBüro 1982, 1078; OLG Köln, Rpfleger 1992, 217.
326 S. die Nachweise bei *Hansens*, BRAGO, § 48 Rn. 19.
327 NJW 2003, 1332 = JurBüro 2003, 268 = Rpfleger 2003, 264; Beschl. v. 24.6.2004 – VII ZB 34/03; ebenfalls OLG Koblenz, NJW-RR 2003, 1152 = MDR 2003, 718.
328 OLG Koblenz, NJW-RR 1994, 574; OLG München, JurBüro 1993, 543; 1996, 36.
329 OLG München, JurBüro 1992, 105.

- bei **Abtretung** des dem selbständigen Beweisverfahren zugrunde liegenden Anspruchs,[330]

- beim **Eigentumsübergang** von Grundstücken,[331]

- wenn der **Insolvenzverwalter** den Rechtsstreit für eine Partei des selbständigen Beweisverfahrens führt.[332]

Sind die Parteien dieser Verfahren **nur teilweise identisch**, ist umstritten, in welchem Umfang eine Kostenerstattung in Betracht kommt. Nach einer Auffassung können die gesamten Kosten zugunsten bzw. zu Lasten der in beiden Verfahren beteiligten Parteien festgesetzt werden.[333] Nach anderer Auffassung kommt eine Verteilung nach Kopfteilen in Betracht.[334]   742

c)   Identität der Gegenstände

Auch die Gegenstände von selbständigen Beweisverfahren und Hauptsacheprozess müssen identisch sein. Folglich muss der Gegenstand des selbständigen Beweisverfahrens Bezug zu den Ansprüchen oder Einwendungen im Hauptsacheprozess haben.   743

Das ist **in folgenden Fällen** gegeben: 744

- Der Kläger hat das selbständige Beweisverfahren für sein Angriffsvorbringen eingeleitet.

- Der Beklagte verwendet das Ergebnis des von ihm eingeleiteten selbständigen Beweisverfahrens zur Abwehr der Klageforderung.

- Der Beklagte rechnet hilfsweise mit Rechtskraftwirkung mit einer Gegenforderung auf, die Gegenstand des selbstständigen Beweisverfahrens war.[335]

Sind die Gegenstände nur **teilweise identisch**, ist umstritten, welche Kosten prozesszugehörig sind. Nach einer Auffassung sind die Kosten im Verhältnis des Wertes der Beweissicherung zum Wert der Hauptsache zu quoteln.[336] Die Gegenauffassung behandelt die Kosten als prozesszugehörig, die entstanden wären, wenn die Beweissicherung von vornherein nur auf den Gegenstand des Hauptsacheprozesses beschränkt worden wäre.[337]   745

---

330   OLG München, a.a.O.
331   OLG Frankfurt, JurBüro 1984, 768.
332   OLG Köln, JurBüro 1987, 433.
333   KG, JurBüro 1980, 1419; OLG Schleswig, JurBüro 1990, 57.
334   OLG Hamburg, MDR 1993, 1130; OLG Koblenz, JurBüro 1990, 1009.
335   OLG München, JurBüro 1982, 1254; OLG Schleswig, JurBüro 1988, 1524.
336   OLG Hamm, NJW-RR 1993, 1044; OLG Hamburg, MDR 1993, 1130.
337   OLG Schleswig, SchlHA 1994, 185.

V. Kostenerstattung

746 Liegen nach den vorstehenden Ausführungen Voraussetzungen für die Kostenfestsetzung vor, ist die **Notwendigkeit der Einleitung** des selbstständigen Beweisverfahrens im Regelfall nicht zu prüfen.[338]

747

Hinweis:
Deshalb sind die Kosten des selbstständigen Beweisverfahrens auch dann erstattungsfähig, wenn das Beweisergebnis im Hauptsacheprozess nicht verwertet wurde.[339]

748 Werden im selbstständigen Beweisverfahren und im Hauptsacheprozess unterschiedliche Rechtsanwälte tätig, entstehen höhere Anwaltskosten als bei Vertretung durch denselben Rechtsanwalt. Eine Anrechnung der Verfahrensgebühr nach Vorbem. 3 Abs. 5 VV RVG kommt nämlich dann nicht in Betracht. Die Mehrkosten sind in einem solchen Fall nur dann erstattungsfähig, wenn der **Anwaltswechsel** notwendig war.[340]

VI. Gerichtskosten

749 Im selbstständigen Beweisverfahren entsteht eine **Verfahrensgebühr.** Sie beträgt

- im Verfahren vor den ordentlichen Gerichten nach Nr. 1610 GKG KostVerz   1,0
- im Verfahren vor den Verwaltungsgerichten nach Nr. 5300 GKG KostVerz   1,0
- im Verfahren vor den Finanzgerichten nach Nr. 6300 GKG KostVerz   1,0
- im Verfahren vor den Sozialgerichten nach Nr. 7300 GKG KostVerz   1,0
- im Verfahren vor den Arbeitsgerichten nach Nr. 8400 GKG KostVerz   0,6

G. Einstweilige Verfügung und Arrest

750 Die Vergütung in Verfahren auf Erlass einer einstweiligen Verfügung oder eines Arrestes richtet sich nach Teil 3 VV RVG. Der Rechtsanwalt erhält somit Gebühren wie in einem „normalen" Zivilprozess.

---

338   OLG Schleswig, SchlHA 1994, 185.
339   OLG Schleswig, JurBüro 1997, 586 = AGS 1997, 116.
340   OLG Düsseldorf, MDR 1997, 789 = AGS 1998, 24; OLG Hamburg, MDR 1998, 928.

Gegenüber der bisherigen Regelung in § 40 BRAGO ergeben sich **keine Besonder-** 751
heiten:

- Das Verfahren in der Hauptsache und ein Verfahren über einen Antrag auf Anordnung eines Arrestes oder einer einstweilen Verfügung auf Abänderung oder
  auf Aufhebung einer in diesem Verfahren ergangenen Entscheidung sind **ver-**
  schiedene Angelegenheiten (§ 17 Nr. 4 a), b) und d) RVG, früher § 40 Abs. 1
  BRAGO).

- Das Verfahren über einen Antrag auf **Anordnung** eines Arrestes, einer einstweiligen Verfügung, und jedes Verfahren auf deren Abänderung oder Aufhebung sind
  dieselbe Angelegenheit (§ 16 Nr. 6 RVG, früher § 40 Abs. 2 BRAGO).

I. Begriff der Angelegenheit

1. Verschiedene Angelegenheiten gegenüber dem Hauptsacheprozess

Für den Prozessbevollmächtigten des Hauptsacheprozesses sind verschiedene Angele- 752
genheiten das Verfahren über einen Antrag auf

- Anordnung (§ 922 ZPO),

- Abänderung (§§ 924, 925 ZPO) oder

- Aufhebung eines Arrestes (§§ 925, 926 Abs. 2, 927 ZPO) oder

- einer einstweilen Verfügung (§ 936 ZPO) oder

- auf Aufhebung gegen Sicherheitsleistung (§ 939 ZPO) oder

- auf Aufhebung wegen Nichteinhaltung der Ladungsfrist (§ 942 Abs. 3 ZPO).

Dies gilt auch dann, wenn das Verfahren auf Erlass eines Arrestes oder einer einstweili- 753
gen Verfügung und der Hauptsacheprozess zeitlich zusammentreffen oder verbunden
sind. Neben dem Hauptsacheprozess stehen dem Rechtsanwalt in den vorstehend aufgeführten Verfahren die Gebühren gesondert zu.

2. Dieselbe Angelegenheit

Zusammen mit dem Verfahren über den Antrag auf Anordnung des Arrestes oder der 754
einstweilen Verfügung sind die vorstehend aufgeführten Aufhebungs- oder Abänderungsverfahren gebührenrechtlich dieselbe Angelegenheit. Der Rechtsanwalt, der in beiden Verfahrensabschnitten tätig wird, kann gleichartige Gebühren deshalb nur einmal
berechnen (§ 15 Abs. 2 RVG).

Dies gilt grds. auch für das **Berufungsverfahren.** 755

756 **Beispiel:**

Der Prozessbevollmächtigte legt zunächst gegen das im Anordnungsverfahren ergange-
ne Urteil und später gegen die Entscheidung über den Aufhebungsantrag Berufung ein.
Obwohl es sich prozessual um zwei verschiedene Berufungen gegen voneinander unab-
hängige Endurteile handelt, sind beide Berufungsverfahren nach § 16 Nr. 6 RVG gebüh-
renrechtlich als eine Angelegenheit zu behandeln.[341]

II. Gebühren

757 Für die Tätigkeit in Verfahren auf Anordnung eines Arrestes oder Erlass einer einstweiligen Verfügung können dem Rechtsanwalt nach Nrn. 3100 ff. VV RVG die Verfahrensgebühr und die Terminsgebühr entstehen.

1. Verfahrensgebühr

758 Die Verfahrensgebühr entsteht für das Betreiben des Geschäfts einschließlich der Information (Vorbem. 3 Abs. 2 VV RVG). Sie fällt nach Nr. 3100 VV RVG in Höhe einer **1,3**
Gebühr an, wenn der Rechtsanwalt i.S.v. Nr. 3101 VV RVG tätig geworden ist; anderenfalls nur in Höhe eines Gebührensatzes von **0,8**.

759
Hinweis:
Wird der Antrag auf Erlass eines Arrests oder einer einstweiligen Verfügung erstmals im **Berufungsverfahren** gestellt, verbleibt es bei dieser Gebühr. Die Vorschriften für die Berufungsinstanz sind nämlich nach Vorbem. 3.2 Abs. 2 Satz 1 VV RVG in einem solchen Fall nicht anzuwenden.

760 Bei Vertretung **mehrerer Auftraggeber** erhöht sich die Verfahrensgebühr nach Nr. 1008
VV RVG für jeden weiteren Auftraggeber um den Gebührensatz von 0,3.

761 Durch die Verfahrensgebühr werden insbesondere **abgegolten**:

• das Fertigen und Einreichen von Schriftsätzen,

• die schriftsätzliche Formulierung der eidestattlichen Versicherung[342] der Partei,

• die Zustellung einer auf ein Gebot oder Verbot gerichteten einstweiligen Verfügung,[343]

---

341 OLG Hamm, OLGR 2004, 23; vgl. auch BVerwG, BRAGOreport 2003, 217 [*Hansens*] = AGS 2003,
456 m. Anm. *Hellstab.*; BRAGOreport 2001, 106 = JurBüro 2001, 475.
342 OLG Hamm, BRAGOreport 2001, 106 = JurBüro 2001, 475.
343 OLG Koblenz, BRAGOreport 2003, 59 [*Hansens*] = AGS 2003, 108 m. Anm. *N. Schneider* = JurBüro 2003, 1985, 340.

- die Zustellung einer auf die Abgabe einer Willenserklärung gerichteten einstweiligen Verfügung,[344]

- die Erhebung des Widerspruchs (§ 924 ZPO),

- der Antrag, dem Antragsteller eine Frist zur Klageerhebung gemäß § 926 ZPO zu setzen sowie

- der Antrag auf Aufhebung nach § 927 ZPO.

2. Terminsgebühr

Die Terminsgebühr erhält der Rechtsanwalt unter den in Vorbem. 3 Abs. 3 VV RVG aufgeführten Voraussetzungen. Hierzu gehört insbesondere die Vertretung in einem Verhandlungstermin. Um die **1,2 Terminsgebühr** nach Nr. 3104 VV RVG zu verdienen, genügt die Anwesenheit des Rechtsanwalts, verbunden mit der Bereitschaft für seinen Auftraggeber tätig zu werden. Anträge muss der Rechtsanwalt nicht stellen.   762

Ergeht im Verfahren auf Anordnung eines Arrestes oder einer einstweiligen Verfügung ein **Versäumnisurteil**, so erhält der Rechtsanwalt unter den in Nr. 3105 VV RVG aufgeführten Voraussetzungen nur eine **0,5 Terminsgebühr**.   763

Ergeht die Entscheidung über den Antrag ohne mündliche Verhandlung, erhält der Rechtsanwalt überhaupt keine Terminsgebühr. Für das Verfahren ist nämlich eine mündliche Verhandlung nicht vorgeschrieben (s. § 922 Abs. 1 Satz 1 ZPO), so dass Abs. 1 Nr. 1 der Anmerkung zu 3104 VV RVG nicht eingreift.   764

3. Einigungsgebühr

Für die Mitwirkung beim Abschluss eines Einigungsvertrags erhält der Rechtsanwalt nach Nrn. 1000 ff. VV RVG eine Einigungsgebühr. Soweit der Gegenstand, über den sich die Parteien einigen, anhängig ist, entsteht die Einigungsgebühr nach Nr. 1003 VV RVG in Höhe eines Satzes von 1,0, bei Anhängigkeit im Berufungsverfahren fällt nach Nr. 1004 VV RVG eine 1,3 Einigungsgebühr an. Soweit der Gegenstand der Einigung nicht anhängig ist, entsteht die Einigungsgebühr in Höhe eines Satzes von 1,5.   765

Bei **gemeinsamer Einigung** der Hauptsache und des Verfahrens auf Anordnung eines Arrestes oder einer einstweiligen Verfügung erhält der Rechtsanwalt nur eine Einigungsgebühr nach den zusammenzurechnenden Werten der Hauptsache und des Eilverfahrens.[345]   766

---

344 OLG Düsseldorf, JurBüro 1990, 996; OLG Frankfurt, BRAGOreport 2002, 105 [*Hansens*] = JurBüro 2002, 150.
345 OLG München, JurBüro 1993, 530 = RPfleger 1993, 463; OLG Stuttgart, JurBüro 1996, 137; a.A. OLG Frankfurt, JurBüro 1981, 918: Wert der Hauptsache zuzüglich Betrag der Kosten des Eilverfahrens.

III. Beschwerdeverfahren

767 Im Beschwerdeverfahren, das stets eine **besondere Angelegenheit** ist, erhält der Rechtsanwalt

- eine 0,5 Verfahrensgebühr nach Nr. 3500 VV RVG sowie

- eine 0,5 Terminsgebühr nach Nr. 3513 VV RVG.

768 Entscheidet das Beschwerdegericht über eine Beschwerde gegen die Zurückweisung des Antrags auf Anordnung eines Arrestes oder Erlass einer einstweiligen Verfügung **durch Urteil,** erhält der Rechtsanwalt nach Nr. 3514 VV RVG eine **1,2 Terminsgebühr.** Bei der 0,5 Verfahrensgebühr verbleibt es jedoch in diesem Fall.

769 Über ihren Wortlaut hinaus ist die Regelung in Nr. 3514 VV RVG auch dann anzuwenden, wenn das Gericht nach mündlicher Verhandlung nicht mehr durch Urteil entscheidet, weil das Verfahren anderweit, etwa durch Einigung der Parteien oder durch Erledigung in der Hauptsache, durch Rücknahme des Verfügungsantrags oder der Beschwerde beendet wird. Auch dann erhält der Rechtsanwalt, der in der mündlichen Verhandlung seinen Auftraggeber vertreten hat, eine 1,2 Terminsgebühr.[346]

IV. Kostenwiderspruch

770 In der Praxis legt der Antragsgegner vielfach gegen eine ohne mündliche Verhandlung ergangene einstweilige Verfügung Widerspruch nur im Kostenpunkt ein und verzichtet zugleich auf einen weiter gehenden Widerspruch und die Rechte aus §§ 926, 927 ZPO. Welche Gebühren dem Rechtsanwalt des Antragstellers für einen solchen Kostenwiderspruch entstehen, war bisher umstritten.[347] Nach der Rechtsprechung des BGH[348] erhält der Rechtsanwalt neben der (jetzt) **1,3 Verfahrensgebühr** nach Nr. 3100 VV RVG **nach dem Kosteninteresse** keine weitere – jetzt – 0,8 Verfahrensgebühr nach Nr. 3101 Nr. 1 VV RVG nach dem Gegenstandswert der einstweiligen Verfügung. Durch diese Gebühr wird auch die Prüfung des Rechtsanwalts abgegolten, ob überhaupt ein auf die Kosten beschränkter Widerspruch einzulegen ist.[349]

V. Schutzschrift

771 Der vorgerichtlich wegen eines Wettbewerbsverstoßes Abgemahnte muss damit rechnen, dass gegen ihn eine einstweilige Verfügung beantragt und wegen Eilbedürftigkeit

---

346 AnwKom-RVG-*N. Schneider,* Nr. 3514 VV RVG Rn. 6; s. auch Teil 7 Rn. 914.
347 s. die Nachweise bei *Hansens,* § 40 BRAGO Rn. 5.
348 NJW-RR 2003, 1293 = JurBüro 2003, 466 = BRAGOreport 2003, 173 [*Hansens*] = AGS 2003, 446 m. Anm. *N. Schneider.*
349 BGH, a.a.O.; OLG Köln, JurBüro 1999, 244.

auch ohne mündliche Verhandlung erlassen wird. Mit Hilfe einer Schutzschrift kann er anregen, dass über den zu erwartenden Antrag der Gegenseite nicht ohne mündliche Verhandlung entschieden wird. Dem Rechtsanwalt entsteht für das Fertigen und Einreichen einer solchen Schutzschrift eine **0,8 Verfahrensgebühr** auch dann, wenn sie einen Antrag auf Zurückweisung des erwarteten Verfügungsantrags enthält.[350]

Hinweis:

Diese Gebühr entsteht auch dann nur einmal, wenn die Schutzschrift bei mehreren möglicherweise zuständigen Gerichten eingereicht wird.

772

Vertritt der Rechtsanwalt den Antragsgegner dann in dem anschließenden Verfahren auf Erlass einer einstweiligen Verfügung, so erhöht sich die 0,8 Verfahrensgebühr auf eine 1,3 Verfahrensgebühr nach Nr. 3100 VV RVG, wenn er eine der in Nr. 3101 VV RVG aufgeführten Tätigkeiten ausgeübt hat. Er erhält also nicht die für das Einreichen der Schutzschrift angefallene 0,8 Verfahrensgebühr neben der im Verfügungsverfahren entstandenen Verfahrensgebühr gesondert.[351]

773

Die Kosten der Schutzschrift sind aufgrund einer im Anordnungs- oder Widerspruchsverfahren (nicht aber im Aufhebungs- oder Hauptsacheverfahren) ergangenen Kostenentscheidung **erstattungsfähig**. Dies gilt auch dann, wenn die Schutzschrift vor dem Verfügungsantrag eingeht.[352] Sie sind auch dann erstattungsfähig, wenn die Schutzschrift vor Erledigung des Verfügungsverfahrens nicht mehr zu den Akten des Verfahrens gelangt.[353] Anders ist dies jedoch, wenn die Schutzschrift erst nach der Entscheidung über den Verfügungsantrag bei Gericht eingeht. In diesem Fall sind die Kosten nicht erstattungsfähig.[354]

774

Die Kosten der Schutzschrift sind jedenfalls nur in Höhe einer **0,8 Verfahrensgebühr** erstattungsfähig.[355]

775

---

350 OLG Bamberg, AGS 2003, 537 m. Anm. *N. Schneider*; OLG Braunschweig, JurBüro 1993, 218.
351 OLG Bamberg, AGS 2003, 527 m. Anm. *N. Schneider*; OLG Hamm, JurBüro 1989, 962.
352 OLG Bremen, JurBüro 1991, 940.
353 OLG München, JurBüro 1993, 154.
354 OLG Hamburg, JurBüro 1990, 732.
355 BGH, NJW 2003, 1257 = JurBüro 2003, 369 = BRAGOreport 2003, 114 [*Hansens*] = AGS 2003, 273 m. Anm. *N. Schneider*; OLG Hamburg, OLGR 2003, 101 = MDR 2002, 1153 m. Anm. *Schütt*; OLG Jena, NZBau 2003, 176 = VergabeR 2003, 108 für das Vergabeprüfungsverfahren.

VI. Kostenerstattung

1. Grundsatz

776 Die im Verfahren auf Anordnung eines Arrestes oder einer einstweiligen Verfügung erwachsenen Kosten sind aufgrund einer in dem **Eilverfahren** ergangenen Kostengrundentscheidung erstattungsfähig. Auf die Kostenentscheidung des Hauptsacheprozesses kommt es also nicht an. Die Anwaltskosten des **Antragsgegners** sind auch dann erstattungsfähig, wenn dieser ohne Veranlassung des Gerichts von dem Verfahren Kenntnis erhalten hat und vor der Entscheidung einen Rechtsanwalt hierfür beauftragt hat.[356] Dies gilt auch für die vom Antragsgegner in Unkenntnis der zwischenzeitlichen Verfahrensbeendigung aufgewandten Anwaltskosten.[357]

2. Aufhebungsverfahren

777 Die im Verfahren auf Anordnung des Arrestes oder der einstweiligen Verfügung ergangene Kostenentscheidung erstreckt sich nicht auch auf die Kosten des Aufhebungsverfahrens nach § 927 ZPO. Dies gilt ebenso umgekehrt, wenn nicht ausnahmsweise das Gericht im Aufhebungsverfahren ausdrücklich auch über die Kosten des Anordnungsverfahrens entschieden hat. Nach § 16 Nr. 6 RVG sind diese beiden Verfahrensabschnitte jedoch gebührenrechtlich eine einzige Angelegenheit, in denen gleichartige Gebühren nur einmal entstehen können. Damit können – teilweise – hinsichtlich derselben Gebühren gegensätzliche Kostenentscheidungen bestehen. In einem solchen Fall kann sich jede Partei auf die ihr günstige Entscheidung berufen.[358]

778 Dies gilt bei der **Aufhebung nach § 926 Abs. 2 ZPO** nicht. Hier wird nämlich die im Anordnungsverfahren ergangene Kostenentscheidung zusammen mit der einstweiligen Verfügung wieder aufgehoben. Diese aufgehobene Kostenentscheidung kann daher nicht Grundlage einer Kostenfestsetzung sein.[359]

VII. Vollziehung

1. Zustellung

779 Die **Zustellung** des Arrestes oder der einstweiligen Verfügung gehört zum Anordnungsverfahren und wird deshalb durch die Verfahrensgebühr nach Nrn. 3100 ff. VV RVG abgegolten. Dies gilt auch dann, wenn die einstweilige Verfügung auf ein Gebot oder Ver-

---

356 OLG München, JurBüro 1982, 763.
357 KG, JurBüro 1993, 486.
358 OLG München, JurBüro 1987, 712; OLG Saarbrücken, JurBüro 1989, 68.
359 OLG Frankfurt, JurBüro 1986, 1042; KG, JurBüro 1974, 1395.

bot oder auf Abgabe einer Willenserklärung gerichtet ist.[360] Die Zustellung gehört nämlich gemäß § 19 Abs. 1 Nr. 15 RVG zum Rechtszug.

2. Vollziehung

Beschränkt sich die Vollziehung nicht auf die Zustellung des Arrestes oder der einstwei-   780
ligen Verfügung, stellt dies gemäß § 18 Nr. 4 RVG eine **besondere Angelegenheit** dar.
Hierfür entsteht dem Rechtsanwalt die **0,3 Verfahrensgebühr** nach Nr. 3309 VV RVG
neben der im Anordnungsverfahren entstandenen Verfahrensgebühr gesondert.[361]

VIII. Gerichtskosten

Im Verfahren über den Antrag auf Anordnung eines Arrests oder einer einstweiligen Ver-   781
fügung entstehen Gerichtskosten nach Teil 1 Hauptabschnitt 4 des Kostenverzeichnisses
zum GKG. Im Verfahren über den Antrag auf **Aufhebung oder Abänderung** werden die
Gebühren jeweils **gesondert erhoben** (Vorbem. 1.4.1 GKG KostVerz).

1. Gerichtskosten in der ersten Instanz

Nach Nr. 1410 GKG KostVerz entsteht mit Eingang der Antragsschrift eine **1,5 Verfah-**   782
rensgebühr. Diese kann sich sowohl erhöhen als auch ermäßigen.

Nach Nr. 1411 GKG KostVerz ermäßigt sich die Verfahrensgebühr auf eine 1,0 Gebühr   783
bei Beendigung des gesamten Verfahrens durch

*   Zurücknahme des Antrags vor dem Schluss der mündlichen Verhandlung,

*   Anerkenntnis- oder Verzichtsurteil oder Urteil ohne Tatbestand und ohne Entschei-
    dungsgründe (§ 313a Abs. 2 ZPO),

*   gerichtlichen Vergleich oder

*   Erledigungserklärungen nach § 91a ZPO, wenn keine Entscheidung über die Kosten
    ergeht oder die Entscheidung einer zuvor mitgeteilten Einigung der Parteien über die
    Kostentragung oder der Kostenübernahmeerklärung einer Partei folgt.

Die Gebühr ermäßigt sich auch dann, wenn mehrere dieser Ermäßigungstatbestände,   784
etwa hinsichtlich einzelner Verfahrensteile, vorliegen.

Nach Nr. 1412 GKG KostVerz **erhöht** sich die 1,5 Verfahrensgebühr auf eine 3,0 Gebühr,   785
wenn

---

360   OLG Koblenz, BRAGO-Report 2003, 59 [*Hansens*] = AGS 2003, 108 m. Anm. *N. Schneider* = Jur-
      Büro 2003, 137.
361   OLG Frankfurt, JurBüro 2002, 140.

- durch Urteil oder

- durch Kostenbeschluss nach § 91a ZPO oder § 269 Abs. 3 Satz 3 ZPO entschieden wird, sofern nicht eine der Voraussetzungen für die Ermäßigung der Verfahrensgebühr vorliegt. Die Gebührenerhöhung wird nach dem Wert des Streitgegenstands berechnet, auf den sich die Entscheidung bezieht.

a) Einstweilige Verfügung, Entscheidung durch Beschluss

786   In einem solchen Fall entsteht gemäß Nr. 1410 GKG KostVerz eine 1,5 Verfahrensgebühr.

787   *Beispiel:*

Über den Antrag auf Anordnung einer einstweiligen Verfügung wird durch Beschluss entschieden. Nach einem Streitwert von 10.000 € ist zu berechnen:

1,5 Verfahrensgebühr, GKG KostVerz Nr. 1410 (Wert: 10.000 €)   *294 €*

b) Einstweilige Verfügung, mündliche Verhandlung, Vergleich

788   In einem solchen Fall ermäßigt sich die gerichtliche Verfahrensgebühr.

789   *Beispiel:*

Über den Antrag auf Anordnung einer einstweiligen Verfügung wird nicht ohne mündliche Verhandlung entschieden. In dem Termin wird das gesamte Verfahren durch Vergleich beendigt. Bei einem Streitwert von 10.000 € entsteht:

1,0 Verfahrensgebühr, GKG KostVerz Nrn. 1410, 1411 Nr. 3
(Wert: 10.000 €)   *196 €.*

790   Hierbei muss es sich um einen **Vergleich i.S.v. § 779 BGB** handeln, der gegenseitiges Nachgeben erfordert. Eine ohne solches gegenseitiges Nachgeben getroffene Einigung, die die Einigungsgebühr nach Nr. 1000 VV RVG auslöst, genügt also nicht.

c) Einstweilige Verfügung, Beschluss, Anerkenntnisurteil

791   In einem solchen Fall kommt eine Ermäßigung der Verfahrensgebühr nicht in Betracht, da über den Antrag auf Anordnung einer einstweiligen Verfügung bereits durch Beschluss entschieden wurde. Allerdings erhöht sich die Verfahrensgebühr auch nicht nach Nr. 1412 GKG KostVerz, da das Anerkenntnisurteil gebührenrechtlich privilegiert ist (s. Nr. 1411 Nr. 2 GKG KostVerz).[362]

---

362   *Meyer,* GKG, KV-Nr. 1412 Rn. 106.

Beispiel: 792

Der Antragsgegner legt gegen die durch Beschluss ergangene einstweilige Verfügung (Streitwert: 10.000 €) Widerspruch ein. Im Termin zur mündlichen Verhandlung ergeht ein Anerkenntnisurteil. Es entsteht:

1,5 Verfahrensgebühr, Nr. 1410 GKG KostVerz (Wert: 10.000 €)   294 €

d)   Einstweilige Verfügung, Widerspruch, Endurteil

In einem solchen Fall **erhöht** sich die gerichtliche Verfahrensgebühr nach Nr. 1412 GKG   793
KostVerz.

Beispiel: 794

Gegen die einstweilige Verfügung (Streitwert: 10.000 €) legt der Antragsgegner Widerspruch ein. Nach mündlicher Verhandlung ergeht ein Urteil mit Begründung.

An Gerichtskosten sind zu rechnen:

3,0 Verfahrensgebühr, Nrn. 1410, 1412 GKG KostVerz (Wert: 10.000 €)   588 €

e)   Einstweilige Verfügung, Widerspruch, Antragsrücknahme, Kostenbeschluss

In einem solchen Fall ermäßigt sich die Verfahrensgebühr nicht nach Nr. 1411 Nr. 1 GKG   795
KostVerz. Vielmehr **erhöht sich** die Verfahrensgebühr nach Nr. 1412 GKG KostVerz, da
ein Kostenbeschluss gemäß § 269 Abs. 3 Satz 2 ZPO zu erlassen war.

Umstritten ist, nach welchem Wert sich diese Erhöhung rechnet. Nach einer Auffassung   796
ist der zu erhöhenden Verfahrensgebühr der **volle Wert der Hauptsache** zugrunde zu
legen.[363] Nach der Gegenauffassung[364] ist der Kostenwert zugrunde zu legen.

Beispiel: 797

Gegen die im Beschlusswege ergangene einstweilige Verfügung (Streitwert: 10.000 €) wird Widerspruch eingelegt. Nach Erörterung der Sach- und Rechtslage im Verhandlungstermin nimmt der Antragsteller seinen Antrag zurück. Hieraufhin ergeht Kostenbeschluss gemäß § 269 Abs. 3 Satz 2 ZPO.

Nach herrschender Auffassung ist zu berechnen:

3,0 Verfahrensgebühr, Nrn. 1410, 1412 GKG KostVerz (Wert: 10.000 €)   588 €.

---

363   OLG Frankfurt, NJW-RR 2000, 1383; *D. Meyer*, JurBüro 2003, 525; *Meyer*, GKG, KV-Nr. 1412 Rn. 107.
364   *Hartmann*, KostG, KV Nr. 1312 Rn. 1.

f) Einstweilige Verfügung, Kostenwiderspruch, Antragsrücknahme, Kostenbeschluss

798 In einem solchen Fall ist Gegenstand des Urteilsverfahrens nur noch die Kostentragungspflicht. Gemäß § 36 GKG bemisst sich die zu erhöhende Verfahrensgebühr deshalb nur nach dem Kosteninteresse.[365]

799 *Beispiel:*

Gegen eine einstweilige Verfügung (Streitwert: 10.000 €) wird Kostenwiderspruch eingelegt (Kostenwert: 3.000 €). Nach mündlicher Verhandlung hierüber nimmt der Antragsteller seinen Antrag zurück. Es ergeht Kostenbeschluss gemäß § 269 Abs. 3 Satz 2 ZPO.

Es sind zu berechnen:

1. 1,5 Verfahrensgebühr, Nr. 1410 GKG KostVerz (Wert: 10.000 €)	*294,00 €*
2. 1,5 Verfahrensgebühr, Nrn. 1410, 1412 GKG KostVerz (Wert: 3.000 €)	*+ 133,50 €*
Summe:	***427,50 €***

g) Einstweilige Verfügung, Antrag auf Aufhebung, Urteil

800 Das Verfahren auf Anordnung einer einstweiligen Verfügung und das Verfahren über den Antrag auf Aufhebung dieser Verfügung sind gebührenrechtlich **zwei verschiedene Angelegenheiten**, in denen die Verfahrensgebühren jeweils gesondert zu erheben sind (Vorbem. 1.4.1 Satz 2 GKG KostVerz).

801 *Beispiel:*

Es ergeht eine einstweilige Verfügung durch Beschluss (Streitwert: 10.000 €). Im Verfahren über den Antrag auf Aufhebung dieser Verfügung ergeht nach mündlicher Verhandlung ein Endurteil mit Begründung. Es sind folgende Gerichtskosten angefallen:

I. Im Anordnungsverfahren:

1,5 Verfahrensgebühr, Nr. 1410 GKG KostVerz (Wert: 10.000 €)	*294,00 €*

II. Im Aufhebungsverfahren:

3,0 Verfahrensgebühr, Nrn. 1410, 1412 GKG KostVerz (Wert: 10.000 €)	*+ 588,00 €*
Summe:	***882,00 €***

---

365 OLG Hamburg, JurBüro 1998, 150 m. Anm. *D. Meyer; D. Meyer,* JurBüro 2003, 525; *Meyer,* GKG, KV-Nr. 1412 Rn. 108.

2. Gerichtskosten in der Berufungsinstanz

In der Berufungsinstanz entsteht nach Nr. 1413 GKG KostVerz eine **4,0 Verfahrensge-** 802
bühr, die sich unter den in Nrn. 1414, 1415 und 1416 GKG KostVerz aufgeführten Voraussetzungen in unterschiedlicher Höhe ermäßigen kann. **Eine Erhöhung** der Verfahrensgebühr bei bestimmten gerichtlichen Entscheidungen ist – anders als in der I. Instanz –
nicht vorgesehen. Gemäß § 6 Abs. 1 GKG entsteht die gerichtliche Verfahrensgebühr mit
Einreichung der Rechtsmittelschrift.

Nach Nr. 1413 GKG KostVerz entsteht eine Verfahrensgebühr i.H.v. 4,0. 803

Diese ermäßigt sich 804

- bei Beendigung des gesamten Verfahrens durch Berufungsrücknahme, Antragsrücknahme, Rücknahme des Widerspruchs, bevor die Berufungsbegründungsschrift bei
  Gericht eingegangen ist, nach Nr. 1414 GKG KostVerz auf 1,0,
- bei Beendigung des gesamten Verfahrens in den in Nr. 1415 GKG KostVerz aufgeführten Fällen auf 2,0,
- bei Beendigung des gesamten Verfahrens durch Urteil nach § 313a ZPO gemäß
  Nr. 1416 GKG KostVerz auf 3,0.

a) Durchgeführte Berufung

Wird die Berufung durchgeführt und ergeht hierüber kein Urteil nach § 313a ZPO, er- 805
mäßigt sich die gerichtliche Verfahrensgebühr nicht.

Beispiel: 806

*Berufung gegen ein Urteil mit einer Beschwer von 10.000 €. Es ergeht ein Urteil mit Be-
gründung, auf die die Parteien nicht verzichtet haben.*

Es ist zu berechnen:

4,0 Verfahrensgebühr, Nr. 1413 GKG KostVerz (Wert: 10.000 €) *784 €*

b) Berufung, anschließende Rücknahme vor Begründung

Dies betrifft insbesondere die Fälle, in denen der Berufungskläger lediglich zur Fristwah- 807
rung Berufung eingelegt hat und sie dann vor dem Einreichen der Berufungsbegründung
wieder zurücknimmt.

Beispiel: 808

*Berufung zur Fristwahrung gegen ein Urteil mit einer Beschwer von 10.000 €. Beru-
fungsrücknahme vor Einlegung der Berufungsbegründung.*

Es entsteht

1,0 Verfahrensgebühr, Nrn. 1413, 1414 GKG KostVerz (Wert: 10.000 €) *196 €*

c) Berufung, Vergleich

809 Diese Art der Verfahrensbeendigung kommt in Verfahren auf Anordnung eines Arrests oder einer einstweiligen Verfügung recht häufig vor.

810 *Beispiel:*

Berufung gegen ein die einstweilige Verfügung bestätigendes Urteil (Streitwert: 10.000 €). In der Berufungsinstanz vergleichen sich die Parteien unter Vereinbarung einer Kostenquotelung. Es entstehen folgende Gerichtskosten:

2,0 Verfahrensgebühr, Nrn. 1413, 1415 GKG KostVerz (Wert: 10.000 €)　　392 €.

3. Gerichtskosten im Beschwerdeverfahren

811 Im Verfahren über die Beschwerde gegen die Zurückweisung eines Antrags auf Anordnung eines Arrests oder einer einstweiligen Verfügung entsteht gemäß Nr. 1417 GKG KostVerz eine 1,5 Verfahrensgebühr, die sich im Falle der Zurücknahme der Beschwerde nach Nr. 1418 GKG KostVerz auf eine 1,0 Gebühr ermäßigt. Nach dem bisherigen Recht war in solchen Fällen nach Nr. 1951 GKG KostVerz eine 1,0 Verfahrensgebühr ohne die Möglichkeit der Ermäßigung im Falle der Beschwerderücknahme vorgesehen.

812 *Beispiel:*

Der Antrag des Antragstellers auf Anordnung einer einstweiligen Verfügung wurde in der I. Instanz zurückgewiesen. Die hiergegen eingelegte Beschwerde hat keinen Erfolg.

An Gerichtskosten sind angefallen:

I. In der I. Instanz:

1,5 Verfahrensgebühr, Nr. 1410 GKG KostVerz (Wert: 10.000 €)　　294,00 €

II. Im Beschwerdeverfahren:

1,5 Verfahrensgebühr, Nr. 1417 GKG KostVerz (Wert: 10.000 €)　　+ 294,00 €

Summe:　　588,00 €

H. Urkunden-, Wechsel- und Scheckprozess

813 Urkunden-, Wechsel- und Scheckprozess sind bürgerliche Rechtsstreitigkeiten. Die Vergütung des Rechtsanwalts berechnet sich deshalb – wie in einem ganz normalen Zivilprozess – nach Teil 3 VV RVG.

I. Begriff der Angelegenheit

Das ordentliche Verfahren, das nach Abstandnahme vom Urkunden- oder Wechselpro- 814
zess oder nach einem Vorbehaltsurteil anhängig bleibt, ist nach § 17 Nr. 5 RVG eine von
dem Urkunden- oder Wechselprozess **verschiedene Angelegenheit**. Diese Regelung entspricht dem bisherigen § 39 Satz 1 BRAGO. In diesen Verfahren nach Abstandnahme entstehen damit die Gebühren nach Nrn. 3100 ff. VV RVG neben den entsprechenden Gebühren für den Urkunden- oder Wechselprozess gesondert. Die Verfahrensgebühr für einen Urkunden- oder Wechselprozess wird nach Abs. 2 der Anm. zu Nr. 3100 VV RVG jedoch auf die Verfahrensgebühr für das nach Abstandnahme geführte Verfahren **angerechnet**. Diese Regelung entspricht dem früheren § 39 Satz 2 BRAGO.

In § 39 BRAGO war der **Scheckprozess** nicht ausdrücklich genannt. Da auf diesen je- 815
doch gemäß § 605a ZPO die **Vorschriften des Wechselprozesses** entsprechende Anwendung finden, wurde § 39 BRAGO auch auf den Scheckprozess angewandt.[366] Auch
das RVG erwähnt den Scheckprozess nicht ausdrücklich. Wie bisher nach der BRAGO finden auch die den Urkunden- und Wechselprozess betreffenden Vorschriften des RVG auf
den Scheckprozess Anwendung.[367]

Für **andere Nachverfahren** gelten diese Vorschriften jedoch nicht, wie etwa für das 816
Nachverfahren nach vorbehaltener Aufrechnung gemäß § 302 ZPO.[368]

Bei **Berufung gegen das Vorbehaltsurteil** findet keine Gebührenanrechnung nach 817
Abs. 2 der Anm. zu Nr. 3100 VV RVG statt.

Beispiel: 818

*Gegen das Vorbehaltsurteil und – vor der Entscheidung hierüber – gegen das im ordent-
lichen Verfahren ergangene Urteil wird Berufung eingelegt. Es handelt sich um zwei gebührenrechtlich verschiedene Angelegenheiten i.S.v. § 15 Abs. 2 RVG, so dass in jedem
Berufungsverfahren die Gebühren nach Nr. 3200 VV RVG ohne Anrechnung gesondert
entstehen.[369]*

Aber auch nach Verbindung der beiden Berufungsverfahren findet in einem solchen Fall 819
keine Gebührenanrechnung statt. Zum einen regelt Abs. 2 der Anm. zu Nr. 3100 VV RVG
nur die **Anrechnung** der Verfahrensgebühr I. Instanz. Zum anderen würden dem Rechtsanwalt ohnehin die vor der Verbindung erwachsenen Gebühren und Auslagen erhalten
bleiben (s.o. Rn. 489 ff.).

---

366   *Gerold/Schmidt/von Eicken*, BRAGO, § 39 Rn. 13; *Hansens*, BRAGO, § 39 Rn. 1.
367   *Hartung/Römermann*, RVG, § 17 Rn. 24; *Mayer/Kroiß/Rohn*, RVG, § 17 Rn. 38.
368   OLG Hamm, JurBüro 1975, 1608; OLG Schleswig, JurBüro 1987, 1189.
369   So bereits KG, JW 1938, 540.

II. Gebühren

820 Sowohl im Urkunden-, Wechsel- oder Scheckprozess als auch im ordentlichen Verfahren nach Abstandsnahme entstehen dem Rechtsanwalt die Gebühren nach Nrn. 3100 ff. VV RVG.

1. Verfahrensgebühr

a) Anfall

821 Die Verfahrensgebühr entsteht für das Betreiben des Geschäfts einschließlich der Information (Vorbem. 3 Abs. 2 VV RVG). Sie fällt in Höhe einer **1,3** Gebühr an, sofern der Rechtsanwalt eine der in Nr. 3101 Nr. 1 VV RVG aufgeführten Tätigkeiten ausgeübt hat, ansonsten entsteht eine **0,8 Verfahrensgebühr**.

b) Gebührenanrechnung

822 Nach Abs. 2 der Anm. zu Nr. 3100 VV RVG wird die Verfahrensgebühr für einen Urkunden- oder Wechselprozess auf die Verfahrensgebühr für das nach Abstandnahme von diesem Prozess geführte ordentliche Verfahren angerechnet. Das gilt ebenso für einen Scheckprozess. Dies hat zur Folge, dass sich die Verfahrensgebühr im ordentlichen Verfahren um den Betrag der im Urkunden- Wechsel- oder Scheckprozess entstandenen Verfahrensgebühr vermindert.

823 *Beispiel:*

Der Kläger verlangt im Urkundenprozess einen Betrag von 10.000 €. Im Termin zur mündlichen Verhandlung nimmt er von dem Urkundenprozess Abstand und klagt den Schuldbetrag ein. Darüber wird nach Durchführung einer Beweisaufnahme durch Endurteil entschieden.

Dem in beiden Verfahren tätigen Prozessbevollmächtigten sind folgende Gebühren und Auslagen entstanden:

I.   Im Urkundenverfahren:

1.	1,3 Verfahrensgebühr, Nr. 3100 VV RVG (Wert: 10.000 €)	631,80 €
2.	1,2 Terminsgebühr, Nr. 3104 VV RVG (Wert: 10.000 €)	583,20 €
3.	Postentgeltpauschale, Nr. 7002 VV RVG	20,00 €
4.	16 % Umsatzsteuer, Nr. 7008 VV RVG	+ 197,60 €
Summe:		**1.432,60 €**

II   Im Nachverfahren:

1.	1,3 Verfahrensgebühr, Nr. 3100 VV RVG (Wert: 10.000 €) hierauf nach Abs. 2 der Anm. zu Nr. 3100 VV RVG *anzurechnen* 1,3 Verfahrensgebühr zu I. 1.	631,80 € – 631,80 €

2. *1,2 Terminsgebühr, Nr. 3104 VV RVG (Wert: 10.000 €)*	583,20 €
3. *Postentgeltpauschale, Nr. 7002 VV RVG*	20,00 €
4. *16 % Umsatzsteuer, Nr. 7008 VV RVG*	+ 96,51 €
Summe:	**699,71 €**
Für die gesamte Tätigkeit sind dem Rechtsanwalt entstanden	**2.132,31 €**

Erhöht sich der Gegenstandswert im Nachverfahren, erhält der Rechtsanwalt im Nach-   824
verfahren die nach dem höheren Wert zu berechnenden Gebühren. Die nach dem niedrigeren Wert im Urkunden-, Wechsel- oder Scheckprozess angefallene Verfahrensgebühr ist dann anzurechnen.

Beispiel: 825

Im vorstehenden Beispiel wird die Klage im Nachverfahren um 5.000 € erweitert.

Dem Rechtsanwalt sind folgende Gebühren angefallen:

I.   Im Urkundenverfahren:

1. *1,3 Verfahrensgebühr, Nr. 3100 VV RVG (Wert: 10.000 €)*	631,80 €
2. *1,2 Terminsgebühr, Nr. 3104 VV RVG (Wert: 10.000 €)*	583,20 €
3. *Postentgeltpauschale, Nr. 7002 VV RVG*	20,00 €
4. *16 % Umsatzsteuer, Nr. 7008 VV RVG*	+ 197,60 €
Summe:	**1.432,60 €**

II. Im Nachverfahren:

1. *1,3 Verfahrensgebühr, Nr. 3100 VV RVG (Wert: 15.000 €)*	735,80 €
gemäß Abs. 2 der Anm. zu Nr. 3100 VV RVG **anzurechnen**	
1,3 Verfahrensgebühr (Wert: 10.000 €) aus I. 1.	631,80 €
Rest:	**104,00 €**
2. *1,2 Terminsgebühr, Nr. 3104 VV RVG (Wert: 15.000 €)*	679,20 €
3. *Postentgeltpauschale, Nr. 7002 VV RVG*	20,00 €
4. *16 % Umsatzsteuer, Nr. 7008 VV RVG*	+ 128,51 €
Summe:	**931,71 €**
Für beide Verfahren kann der Rechtsanwalt berechnen	**2.364,31 €**

826 In **Übergangsfällen** ist auf den Zeitpunkt des jeweils erteilten Auftrags abzustellen.[370]

827 *Beispiel:*

Aufgrund eines im April 2004 erteilten Auftrags erhebt der Rechtsanwalt Klage im Urkundenverfahren wegen eines Betrags von 10.000 €. Nach streitiger mündlicher Verhandlung hierüber ergeht im Juli 2004 ein Vorbehaltsurteil. Den Auftrag für das Nachverfahren erhält der Rechtsanwalt ebenfalls im Juli 2004. Im Nachverfahren wird Beweis erhoben und durch Urteil entschieden.

Der Rechtsanwalt erstellt folgende Kostenrechnungen:

I.   Im Urkundenverfahren:

1.	*10/10 Prozessgebühr, § 31 Abs. 1 Nr. 1 BRAGO (Wert: 10.000 €)*	*486,00 €*
2.	*10/10 Verhandlungsgebühr, § 31 Abs. 1 Nr. 2 BRAGO (Wert: 10.000 €)*	*486,00 €*
3.	*Postentgeltpauschale, § 26 Satz 2 BRAGO*	*20,00 €*
4.	*16 % Umsatzsteuer, § 25 Abs. 2 BRAGO*	*+ 158,72 €*

Summe: **1.150,72 €**

II.   Im Nachverfahren:

1.	*1,3 Verfahrensgebühr, Nr. 3100 VV RVG (Wert: 10.000 €)*	*631,80 €*
	*gemäß Abs. 2 der Anm. zu Nr. 3100 VV RVG **anzurechnen***	
	10/10-Prozessgebühr aus I. 1.	*486,00 €*
Rest:		**145,80 €**
2.	*1,2 Terminsgebühr, Nr. 3104 VV RVG (Wert: 10.000 €)*	*583,20 €*
3.	*Postentgeltpauschale, Nr. 7002 VV RVG*	*20,00 €*
4.	*16 % Umsatzsteuer, Nr. 7008 VV RVG*	*+ 119,84 €*

Summe: **868,84 €**

Für beide Verfahren kann der Rechtsanwalt berechnen   ***2.019,56 €.***

828 Abs. 2 der Anm. zu Nr. 3100 VV RVG spricht zwar von der Anrechnung der für den Urkunden- oder Wechselprozess angefallenen Verfahrensgebühr. In Übergangsfällen ist jedoch hiervon auch die nach der BRAGO angefallene Prozessgebühr gemeint.

829 Die Gebührenanrechnung nach Abs. 2 der Anm. zu Nr. 3100 VV RVG erfordert nicht notwendig, dass der Rechtsanwalt im Nachverfahren als Prozessbevollmächtigter tätig wird, vielmehr gilt die Anrechnungsvorschrift auch dann, wenn er im Nachverfahren in anderer Eigenschaft eine Verfahrensgebühr verdient.

---

370 *Hansens*, BRAGO, § 134 Rn. 19; *Schneider/Mock*, § 16 Rn. 22; *N. Schneider*, AGS 2004, 221,227; s. auch Teil 19 Rn. 74.

Beispiel:

830

Der Rechtsanwalt ist Prozessbevollmächtigter im Wechselprozess. Nach Abstandsnahme hiervon vertritt er den Auftraggeber im Nachverfahren als Terminsvertreter.

Die im Wechselprozess nach Nr. 3100 VV RVG entstandene Verfahrensgebühr ist auf die 0,65 Verfahrensgebühr nach Nr. 3401 VV RVG anzurechnen. Von der im Wechselprozess entstandenen Verfahrensgebühr verbleibt nach Anrechnung somit noch eine restliche 0,65 Verfahrensgebühr.

Eine Gebührenanrechnung für das **Berufungsverfahren** ist nicht vorgesehen.

831

2. Terminsgebühr

Im Urkunden-, Wechsel- oder Scheckprozess entsteht die Terminsgebühr unter densel- 832
ben Voraussetzungen wie in einem normalen Zivilprozess, also unter den in Vorbem. 3 Abs. 3 VV RVG aufgeführten Voraussetzungen. Es fällt somit im ersten Rechtszug nach Nr. 3104 VV RVG eine **1,2 Terminsgebühr** an, im Berufungsrechtszug nach Nr. 3202 VV RVG eine Terminsgebühr ebenfalls in Höhe einer **1,2 Gebühr**. Da sie bereits für die **Vertretung** in einem Verhandlungstermin in voller Höhe entsteht, kommt es nicht darauf an, ob und ggf. welche Erklärungen der Rechtsanwalt in diesem Termin für seinen Auftraggeber abgibt.

Beispiel:

833

(1) Der Prozessbevollmächtigte des Beklagten erkennt im Urkunden- oder Wechselprozess den Anspruch unter Vorbehalt der Ausführung seiner Rechte im Nachverfahren an.

(2) Er widerspricht dem Anspruch nicht.

(3) Der Klägervertreter erklärt im Termin, er nehme vom Urkundenprozess Abstand.

In allen drei Fällen ist dem Rechtsanwalt eine 1,2 Terminsgebühr angefallen.

Unter den in Nr. 3105 VV RVG aufgeführten Voraussetzungen fällt in I. Instanz, unter den 834
Voraussetzungen der Nr. 3203 VV RVG fällt in II. Instanz nur eine **0,5 Terminsgebühr** an.

Eine **Anrechnung** der Terminsgebühr ist – wie auch bisher in der BRAGO – nicht vorge- 835
sehen.

I. Erinnerung

Die Vergütung des Anwalts für die Tätigkeit in einem Erinnerungsverfahren ist in den Nrn. 836
3500, 3515 VV RVG geregelt. Zu den Besonderheiten bei der Zwangsvollstreckung s. Teil 17 Rn. 58 ff.

I. Umfang der Angelegenheit

837 Ob der Anwalt im Erinnerungsverfahren eine **gesonderte** Vergütung erhält, hängt von der Art des Erinnerungsverfahrens ab sowie von dem ihm erteilten Auftrag. Es ist wie folgt zu differenzieren:

1. Der Anwalt ist bereits im Ausgangsverfahren beauftragt

838 Hier ist nach der Art des Erinnerungsverfahrens zu unterscheiden.

a) Erinnerung gegen eine Entscheidung des Rechtspflegers

839 Nach § 18 Nr. 5 RVG zählt jede Erinnerung gegen eine Entscheidung des Rechtspflegers in Angelegenheiten, die sich nach Teil 3 VV RVG richten, als **eigene Angelegenheit**, soweit sich aus § 16 Nr. 12 RVG nichts anderes ergibt (s.u. Rn. 843 ff.). Der Anwalt erhält also hier neben den Gebühren des Ausgangsverfahrens eine gesonderte Vergütung nach den Nrn. 3500, 3513 VV RVG.

840 Hauptanwendungsfall in der Praxis ist die **Erinnerung gegen einen Kostenfestsetzungsbeschluss.**

b) Sonstige Erinnerungsverfahren

841 Sonstige Erinnerungsverfahren, also solche, die sich nicht gegen eine Entscheidung des Rechtspflegers, sondern gegen andere Entscheidungen richten, also insbesondere Erinnerungen nach § 573 ZPO (§ 19 Abs. 1 Satz 2 Nr. 5 RVG) zählen dagegen noch zum Rechtszug. Hier erhält der Anwalt also neben den Gebühren des Ausgangsverfahrens keine gesonderte Vergütung. Die weitere Tätigkeit im Erinnerungsverfahren wird vielmehr durch die Gebühren des Ausgangsverfahrens abgegolten.

2. Der Anwalt ist im Ausgangsverfahren nicht beauftragt (isolierter Auftrag)

842 Stets eigene Angelegenheiten i.S.d. § 15 RVG sind Erinnerungsverfahren, wenn der Anwalt **ausschließlich** mit der Erinnerung beauftragt ist. Dann stellt sich für ihn die Abgrenzung nach § 18 Nr. 5 RVG/§ 19 Abs. 1 Satz 2 Nr. 5 RVG nicht. Allerdings ist die Einschränkung nach § 16 Nr. 12a) RVG auch hier zu beachten (s.u. Rn. 843 ff.).

3. Mehrere Erinnerungen gegen den Kostenansatz oder die Kostenfestsetzung

843 Nach § 16 Nr. 12 a) RVG wiederum zählen mehrere Erinnerungsverfahren gegen den Kostenansatz einerseits und mehrere Erinnerungsverfahren im Kostenfestsetzungsverfahren andererseits als eine Angelegenheit. Hier wiederum gilt Folgendes:

a) Mehrere Erinnerungen gegen den Kostenansatz

Mehrere Erinnerungen gegen **dieselbe Kostenrechnung** zählen als eine Angelegenheit. **844** Dies gilt sowohl dann, wenn von derselben Partei mehrere Erinnerungen eingelegt werden, als auch dann, wenn wechselseitig von verschiedenen Parteien Erinnerungen eingelegt werden.[371]

> ***Beispiel:*** **845**
>
> *Sowohl der Kläger als auch der Beklagte wenden sich mit der Erinnerung gegen dieselbe Gerichtskostenrechnung.*
>
> *Es liegt nur ein Erinnerungsverfahren vor.*

Werden dagegen mehrere Erinnerungen gegen **verschiedene Kostenrechnungen** ge- **846** führt, dann handelt es sich um verschiedene Angelegenheiten.[372]

> ***Beispiel:*** **847**
>
> *Der Beklagte wendet sich mit der Erinnerung sowohl gegen die Gerichtskostenrechnung erster Instanz als auch gegen die Gerichtskostenrechnung des Berufungsverfahrens.*
>
> *Es liegen zwei Erinnerungsverfahren vor.*

b) Mehrere Erinnerungen gegen die Kostenfestsetzung

Darüber hinaus werden mehrere Erinnerungen in der Kostenfestsetzung zusammenge- **848** fasst. Auch hier ist allerdings wiederum zu differenzieren:

- Werden gegen **denselben Kostenfestsetzungsbeschluss** mehrere Erinnerungsver- **849** fahren geführt, handelt es sich stets nur um eine Angelegenheit i.S.d. § 15 RVG. Die Gebühren entstehen nur einmal, allerdings aus den nach § 22 Abs. 1 RVG zusammengerechneten Werten.[373]

> ***Beispiel:*** **850**
>
> *Gegen den Kostenfestsetzungsbeschluss legen Kläger und Beklagter Erinnerung ein.*
>
> *Insgesamt liegt nach § 16 Nr. 12a) RVG nur eine Angelegenheit vor.*

- Gleiches gilt, wenn **gegen einen Abhilfebeschluss** des Rechtspflegers **erneut Erin-** **851** **nerung** eingelegt wird.[374]

---

371   AnwKom-RVG-N. *Schneider,* § 16 Rn. 108.
372   AnwKom-RVG-N. *Schneider,* § 16 Rn. 112.
373   AnwKom-RVG-N. *Schneider,* § 16 Rn. 108.
374   AnwKom-RVG-N. *Schneider,* Nr. 3500 VV RVG Rn. 57.

852 **Beispiel:**

Die Rechtspflegerin hatte die Reisekosten (160 €) und die Dokumentenpauschale (50 €) des Klägers zunächst antragsgemäß festgesetzt. Auf die sofortige Beschwerde des Beklagten sind beide Positionen abgesetzt worden. Gegen die Absetzung der Reisekosten legt nunmehr der Beklagte Erinnerung ein.

Es liegt nur ein Erinnerungsverfahren vor.

853 • Werden dagegen mehrere Erinnerungen in der Kostenfestsetzung gegen **verschiedene Kostenfestsetzungsbeschlüsse** geführt, handelt es sich um verschiedene Angelegenheiten.[375]

854 **Beispiel:**

Über die Kosten I. Instanz ergeht ein Kostenfestsetzungsbeschluss nach Kostenausgleichung und ein gesonderter Kostenfestsetzungsbeschluss über die Kosten der Säumnis. Der Beklagte legt gegen beide Beschlüsse Erinnerung ein.

In diesem Fall sind zwei Angelegenheiten gegeben, solange die Erinnerungsverfahren nicht verbunden werden.

855 • Verschiedene Angelegenheiten sind auch dann gegeben, wenn gegen **verschiedene Kostenfestsetzungen aus verschiedenen Instanzen** gesonderte Erinnerungen geführt werden.[376]

856 **Beispiel:**

Im Juli 2004 werden die Kosten I. Instanz festgesetzt, im August 2004 die Kosten II. Instanz. Gegen beide Kostenfestsetzungsbeschlüsse legt der Kläger jeweils Erinnerung ein.

Es liegen jetzt zwei verschiedene Angelegenheiten vor. Die Regelung des § 16 Nr. 12a) RVG greift nicht, weil es sich um verschiedene Rechtszüge handelt.

c) Erinnerungen gegen den Kostenansatz einerseits und die Kostenfestsetzung andererseits

857 Klargestellt ist jetzt auch, dass Erinnerungen gegen den Kostenansatz einerseits und Erinnerungen gegen die Kostenfestsetzung andererseits nicht als eine Angelegenheit gelten.[377] Dies war nach der BRAGO unklar und umstritten.[378]

---

375 AnwKom-RVG-*N. Schneider,* § 16 Rn. 112.
376 AnwKom-RVG-*N. Schneider,* § 16 Rn. 110.
377 AnwKom-RVG-*N. Schneider,* § 16 Rn. 106.
378 S. hierzu ausführlich *Hansens,* BRAGO, § 61 Rn. 17; AnwKom-BRAGO-*N. Schneider,* § 61 Rn. 85.

Beispiel: 858

Der Beklagte wendet sich mit der Erinnerung sowohl gegen die Gerichtskostenrechnung als auch gegen den Kostenfestsetzungsbeschluss.

§ 16 Nr. 12a) RVG greift nicht; es liegen zwei Erinnerungsverfahren vor.

II. Vergütung

Soweit nach den vorstehenden Ausführungen die Tätigkeit im Erinnerungsverfahren (ge-   859
sondert) zu vergüten ist, richtet sich die Vergütung nach Nrn. 3500, 3513 VV RVG.

1. Verfahrensgebühr

Der Anwalt erhält im Verfahren über die Erinnerung zunächst einmal eine **0,5 Verfah-**   860
rensgebühr nach Nr. 3500 VV RVG. Diese Gebühr entsteht für das Betreiben des Geschäfts und wird ausgelöst mit der ersten Tätigkeit, i.d.R. mit der Entgegennahme der
Information (Vorbem. 3 Abs. 2 VV RVG).

Vertritt der Anwalt **mehrere Auftraggeber** wegen desselben Gegenstands, so erhöht   861
sich die Verfahrensgebühr nach Nr. 1008 VV RVG um **0,3** je weiterem Auftraggeber.

Werden mehrere Auftraggeber vertreten, ohne dass eine gemeinschaftliche Beteiligung   862
vorliegt, gilt § 22 Abs. 1 RVG. Die **Gegenstandswerte** werden **addiert**.

Für die Frage, ob Nr. 1008 VV RVG anzuwenden ist oder § 22 Abs. 1 RVG, kommt es nur   863
darauf an, ob der Anwalt die Auftraggeber im Erinnerungsverfahren wegen desselben
Gegenstands vertritt, nicht darauf, ob dem Ausgangsverfahren **derselbe Gegenstand**
zugrunde lag.

Beispiel: 864

*Zwei Kläger erheben Klage wegen einer gemeinschaftlichen Forderung gegen ihren ver-
meintlichen Schuldner. Die Klage wird kostenpflichtig abgewiesen. Die Kosten des Beklagten von insgesamt 600 € werden gegen beide Kläger zugleich festgesetzt. Dagegen
erheben sie durch ihren gemeinsamen Anwalt sofortige Beschwerde und beantragen, die
Festsetzung aufzuheben, soweit sie über den jeweiligen Kopfteil (§ 100 Abs. 1 ZPO), also 300 €, hinausgeht.*

*Für den Rechtsstreit erhält der gemeinsame Anwalt die nach Nr. 1008 VV RVG erhöhte Ver-
fahrensgebühr, da beide Kläger an der Klageforderung gemeinschaftlich beteiligt waren. Im
Beschwerdeverfahren ist Nr. 1008 VV RVG dagegen nicht anwendbar. Jeder Kläger wehrt
sich gegen seine eigene, seinen Kopfteil übersteigende Haftung von jeweils 300 €. Es liegen somit verschiedene Streitgegenstände vor, so dass die jeweiligen Werte nach § 22
Abs. 1 RVG zu addieren sind. Der Anwalt erhält daher eine 0,5 Verfahrensgebühr nach*

Nr. 3500 VV RVG aus dem Gesamtwert (§ 22 Abs. 1 VV RVG) von 600 € und nicht etwa eine 0,8 Verfahrensgebühr aus 300 €.[379]

865 **Erledigt sich der Auftrag vorzeitig**, also bevor der Anwalt einen Schriftsatz einreicht oder einen Termin wahrnimmt, so ermäßigt sich die Verfahrensgebühr nicht wie etwa die Verfahrensgebühr nach Nr. 3101 Nr. 1 VV RVG. Eine Reduzierung ist hier nicht vorgesehen (arg. e Nr. 3502 VV RVG).

866 Im Falle einer bloßen **Protokollierung** bleibt es ebenfalls bei dem Satz von 0,5. Auch hier ist eine Ermäßigung ausgeschlossen.

2. Terminsgebühr

867 Neben der Verfahrensgebühr kann auch eine **0,5 Terminsgebühr** nach Nr. 3513 VV RVG entstehen, wenn es ausnahmsweise im Erinnerungsverfahren zu einem Termin i.S.d. der Vorbem. 3 Abs. 3 VV RVG kommt.

3. Einigungsgebühr

868 Auch eine Einigungsgebühr (Nr. 1000 VV RVG) ist im Erinnerungsverfahren möglich, obgleich sie kaum vorkommen dürfte. Die Erinnerung macht die Sache anhängig i.S.d. Nr. 1003 VV RVG, so dass die Einigungsgebühr lediglich i.H.v. **1,0** entsteht.

4. Auslagen

869 Soweit das Erinnerungsverfahren eine eigene Angelegenheit darstellt, erhält der Anwalt auch gesonderten Ersatz seiner Auslagen, insbesondere eine gesonderte **Postentgeltpauschale** nach Nr. 7002 VV RVG.

J. Beschwerde

I. Anwendungsbereich

870 Die Gebühren für die Tätigkeit des Rechtsanwalts im Beschwerdeverfahren sind geregelt in den Nrn. 3500, 3513 VV RVG. Diese Vorschriften sind auch anwendbar im Verfahren der **Erinnerung** gegen Entscheidungen des Rechtspflegers (s. § 18 Nr. 5 RVG).

1. Keine Anwendbarkeit der Nrn. 3500, 3513 VV RVG

871 Gesonderte Vorschriften, die den Nrn. 3500, 3513 VV RVG vorgehen, enthält das Vergütungsverzeichnis in Zivilsachen für

---

379 OLG Köln, JurBüro 1986, 1663; AnwKom-RVG-*N. Schneider*, Nr. 3500 VV RVG Rn. 29.

- **Beschwerden gegen die Nichtzulassung der Revision,** es gilt Nr. 3506 VV RVG;

- die **Rechtsbeschwerde nach § 574 ZPO,** es gelten die Nrn. 3502, 3503 VV RVG;

- sowie gemäß Vorbem. 3.5 VV RVG für **Beschwerden oder Rechtsbeschwerden gegen die den Rechtszug beendenden Entscheidungen**

  - in **Familiensachen** (Vorbem. 3.2.1 Abs. 1 Nr. 2a) VV RVG),

  - in **Lebenspartnerschaftssachen** (Vorbem. 3.2.1 Abs. 1 Nr. 2b) VV RVG),

  - in Verfahren nach § 43 des **WEG** (Vorbem. 3.2.1 Abs. 1 Nr. 2c) VV RVG),

  - in Verfahren nach dem Gesetz über das **gerichtliche Verfahren in Landwirtschaftssachen** (Vorbem. 3.2.1 Abs. 1 Nr. 2d) VV RVG)

  - **Anträge auf Vollstreckbarerklärung ausländischer Titel** (Vorbem. 3.2.1 Abs. 1 Nr. 3, 1. Alt. VV RVG), oder

  - über Anträge auf **Erteilung der Vollstreckungsklausel zu ausländischen Titeln** (Vorbem. 3.2.1 Abs. 1 Nr. 3 2. Alt. VV RVG),

  - Anträge auf **Aufhebung oder Abänderung der Vollstreckbarerklärung oder der Vollstreckungsklausel** (Vorbem. 3.2.1 Abs. 1 Nr. 3 3. Alt. VV RVG).

In allen diesen Fällen gelten die Nrn. 3200 ff. VV RVG, also die Vorschriften über die **Berufung**. Soweit die Parteien sich in den vorgenannten Verfahren nur durch einen am BGH zugelassenen Anwalt vertreten lassen können, gelten die Nrn. 3206 ff. VV RVG, also die Vorschriften über die **Revision** (Vorbem. 3.2.2 VV RVG). **872**

Soweit hier allerdings Beschwerden gegen Entscheidungen gegeben sind, die den **Rechtszug nicht beenden,** gelten auch hier wiederum die Nrn. 3500 ff. VV RVG. **873**

Keine Anwendung finden die Nrn. 3500, 3513 VV RVG ferner gemäß Vorbem. 3.5 VV RVG **874**

- in Beschwerde- und **Rechtsbeschwerdeverfahren nach dem Gesetz gegen Wettbewerbsbeschränkungen** (Vorbem. 3.2.1 Abs. 1 Nr. 4 VV RVG),

- in **Beschwerdeverfahren nach dem Wertpapiererwerbs- und -übernahmegesetz** (Vorbem. 3.2.1 Abs. 1 Nr. 5 VV RVG),

- in Verfahren vor dem BGH über die **Beschwerde oder Rechtsbeschwerde gegen Entscheidungen des Bundespatentgerichts** (Vorbem. 3.2.1 Abs. 1 Nr. 6 VV RVG),

- in Verfahren über die **Rechtsbeschwerde nach § 116 StVollzG** (Vorbem. 3.2.1 Abs. 1 Nr. 7 VV RVG).

875 | **Hinweis:**

In allen diesen Fällen gelten immer die Nrn. 3200 ff. VV RVG, also die Vorschriften über die **Berufung.** Soweit die Parteien sich in den vorgenannten Verfahren nur durch einen am BGH zugelassenen Anwalt vertreten lasen können, gelten immer die Nrn. 3206 ff. VV RVG, also die Vorschriften über die **Revision** (Vorbem. 3.2.2 VV RVG). Dies gilt auch dann, wenn Beschwerden gegen Entscheidungen geführt werden, die den **Rechtszug nicht beenden.**

876 Auf **Gegenvorstellungen** sind die Nrn. 3500, 3513 VV RVG ebenfalls nicht anwendbar.[380] Solche Rechtsbehelfe werden für den Verfahrens- oder Verfahrensbevollmächtigten **durch die Verfahrensgebühr** entsprechend § 19 Abs. 1 Satz 1 RVG **abgegolten.** Als Einzelauftrag ist die Tätigkeit nach Nr. 3402 VV RVG zu vergüten.

2. Entsprechende Anwendbarkeit der Nrn. 3500, 3513 VV RVG

877 Entsprechend anzuwenden sind die Nrn. 3500, 3513 VV RVG darüber hinaus

- auf Beschwerden in **Straf- und Bußgeldsachen,**

- in **Verfahren nach Teil 6 VV RVG** für Beschwerden in Kostenfestsetzungsverfahren und Beschwerden gegen den Gerichtskostenansatz (Vorbem. 4 Abs. 5 Nr. 1 VV RVG Vorbem. 5 Abs. 4 Nr. 1 VV RVG Vorbem. 6.2 Abs. 3 Nr. 1 VV RVG)

- sowie für Beschwerden in **Zwangsvollstreckungsverfahren** (Vorbem. 4 Abs. 5 Nr. 2 VV RVG Vorbem. 5 Abs. 4 Nr. 2 VV RVG Vorbem. 6.2 Abs. 3 Nr. 1 VV RVG).

878 | **Hinweis:**

Die Verfahrensgebühren nach Nrn. 3500, 3513 VV RVG entstehen auch dann, wenn das **Erstgericht** der Beschwerde **abhilft** oder sich das Verfahren anderweitig erledigt.[381] Es ist nicht erforderlich, dass die Akten dem Beschwerdegericht vorgelegt werden und dieses entscheidet.[382]

II. Umfang der Angelegenheit

1. Grundsatz: Besondere Angelegenheiten

879 Beschwerdeverfahren in Angelegenheiten nach Teil 3 VV RVG sind immer **besondere gebührenrechtliche Angelegenheiten** (§§ 15 Abs. 2 Satz 1, 18 Nr. 5 RVG). Der Anwalt

---

380 *Hansens,* BRAGO, *§ 61 Rn. 2; Gerold/Schmidt/von Eicken,* BRAGO, *§ 61 Rn. 2.*
381 OVG Bremen, JurBüro 1988, 605.
382 *Gerold/Schmidt/von Eicken,* § 61 BRAGO Rn. 2.

erhält hierfür die **0,5 Verfahrensgebühren** nach Nrn. 3500, 3513 VV RVG sowie eine gesonderte **Postentgeltpauschale** nach Nr. 7002 VV RVG. Das bedeutet, dass der Anwalt die Verfahrensgebühren des Beschwerdeverfahrens nicht nur neben den Gebühren des Ausgangsverfahrens, also als Prozessbevollmächtigter neben der Verfahrensgebühr der Nr. 3100 VV RVG erhält, sondern auch, dass er bei mehreren Beschwerden die Gebühren der Nr. 3500 VV RVG **mehrmals** erhält.

2. Ausnahme: Kostenfestsetzung und Gerichtskostenansatz

Eine Einschränkung gilt allerdings nach § 16 Nr. 12 RVG für mehrere Beschwerden und 880 Erinnerungen gegen den **Gerichtskostenansatz** oder gegen die **Kostenfestsetzung.** Hier werden mehrere Beschwerden und ggf. Beschwerde und Erinnerung zu einer (Beschwerde-)Angelegenheit zusammengefasst. Klargestellt ist nunmehr, dass nach § 16 Nr. 12 RVG nur zusammengefasst werden können:

- mehrere Beschwerdeverfahren gegen die Entscheidung über die Erinnerung im Kostenansatzverfahren,

- mehrere Beschwerdeverfahren gegen denselben Kostenfestsetzungsbeschluss,

- Erinnerungsverfahren und Beschwerdeverfahren gegen denselben Kostenfestsetzungsbeschluss.

> **Hinweis:** 881
>
> Eine weiter gehende Zusammenfassung ist nicht (mehr) möglich. So bilden also die Erinnerung gegen die Kostenfestsetzung einerseits und die Erinnerung gegen den Kostenansatz andererseits jetzt immer verschiedene Angelegenheiten i.S.d. § 15 RVG.

a) Kostenfestsetzung

Mehrere Beschwerden gegen **denselben Kostenfestsetzungsbeschluss** sind eine An- 882 gelegenheit.

Beispiel: 883

Gegen den Kostenfestsetzungsbeschluss legen der Kläger Erinnerung und der Beklagte sofortige Beschwerde ein.

Insgesamt liegt nur eine Angelegenheit nach § 16 Nr. 12b) RVG vor.

Soweit mehrere Beschwerden oder Erinnerungen danach als eine Angelegenheit gelten, 884 werden die verschiedenen **Werte** gemäß § 22 Abs. 1 RVG **zusammengerechnet.** Eine Zusammenrechnung unterbleibt, soweit die Werte identisch sind.

885 Sofern in derselben Instanz **mehrere Kostenfestsetzungsbeschlüsse** erlassen werden und hiergegen jeweils Erinnerung oder Beschwerde eingelegt wird, handelt es sich wiederum um **verschiedene Angelegenheiten**.

886 *Beispiel:*

Über die Kosten I. Instanz ergeht ein Kostenfestsetzungsbeschluss nach Kostenausgleichung und ein gesonderter Kostenfestsetzungsbeschluss über die Kosten der Säumnis. Der Beklagte legt gegen beide Beschlüsse sofortige Beschwerde ein.

887 In diesem Fall sind zwei Angelegenheiten gegeben, solange die Beschwerdeverfahren nicht verbunden werden.

b) Gerichtskostenansatz

888 Auch in Verfahren gegen den **Gerichtskostenansatz** bilden mehrere Beschwerden eine einzige Angelegenheit (§ 16 Nr. 12a) RVG), sofern sie sich gegen dieselbe auf Erinnerung ergangene Entscheidung richten. Im Gegensatz zur Erinnerung und Beschwerde gegen den Kostenfestsetzungsbeschluss sind die Erinnerung gegen den Kostenansatz gemäß § 66 Abs. 1 GKG und die Beschwerde gegen die hierauf ergangene Entscheidung nach § 66 Abs. 2 GKG dagegen immer **verschiedene Angelegenheiten,** da sie zu unterschiedlichen Rechtszügen gehören (§ 15 Abs. 2 Satz 2 RVG).

889 Soweit sich verschiedene Beschwerden gegen **verschiedene Erinnerungsentscheidungen** richten, gilt § 16 Nr. 12 RVG nicht, da es dann an demselben Beschwerderechtszug fehlt.

890 *Beispiel:*

Der Beklagte wendet sich mit der Beschwerde sowohl gegen die Erinnerungsentscheidung über den Gerichtskostenansatz I. Instanz als auch gegen Erinnerungsentscheidung über den Gerichtskostenansatz des Berufungsverfahrens.

Es liegen zwei Beschwerdeverfahren vor, da § 16 Nr. 12 RVG nicht eingreift.

c) Mehrere Beschwerden in anderen Beschwerdeverfahren

891 Die Einschränkung nach § 16 Nr. 12 RVG gilt nur für Beschwerden in der Kostenfestsetzung und gegen den Gerichtskostenansatz, nicht auch für andere Beschwerdeverfahren. Der Anwalt erhält daher insbesondere dann die Gebühren mehrmals, wenn innerhalb desselben Verfahrens mehrere Beschwerden gegen verschiedene Entscheidungen eingelegt werden.

892 *Beispiel:*

Der Anwalt legt für seinen Mandanten zunächst Beschwerde gegen einen Aussetzungsbeschluss ein und später Beschwerde gegen die Einstellung der Zwangsvollstreckung.

Der Anwalt verdient die Gebühren der Nr. 3500 VV RVG zweimal.

Die Gebühren nach Nrn. 3500, 3513 VV RVG entstehen auch dann mehrmals, wenn das 893
Erstgericht einer einfachen Beschwerde **abgeholfen** hat und nunmehr die Gegenseite
hiergegen Beschwerde einlegt. Es liegen dann zwei Beschwerdeverfahren vor, die jeweils die Vergütung nach Nrn. 3500, 3513 VV RVG auslösen.[383]

Auch das Verfahren über die **weitere Beschwerde** ist eine zusätzliche Angelegenheit, in 894
der die Gebühren nach § 15 Abs. 2 Satz 2 RVG erneut entstehen. Der Anwalt erhält also die Gebühren der Nrn. 3500, 3513 VV RVG sowohl für das Beschwerdeverfahren als
auch für das Verfahren über die weitere Beschwerde.

Lediglich eine einzige Angelegenheit liegt dagegen vor, wenn **mehrere Beschwerden** 895
gegen dieselbe Entscheidung erhoben werden. Die Werte der einzelnen Beschwerde-
gegenstände werden dann zusammengerechnet (§§ 22 Abs. 1, 23 Abs. 1 RVG, § 45
GKG).

Beispiel: 896

*Das Gericht hat die Kosten des Verfahrens (insgesamt 800 €) nach § 91a ZPO gegen-
einander aufgehoben. Der Kläger legt Beschwerde ein, da nach seiner Auffassung der Beklagte die Kosten des Verfahrens zu tragen habe. Der Beklagte wiederum legt ebenfalls
Beschwerde ein, da er der Auffassung ist, der Kläger müsse die Kosten tragen.*

*Es liegt nur eine Angelegenheit vor. Beide Anwälte erhalten die Verfahrensgebühren aus
Nr. 3500 VV RVG nur einmal. Maßgebend ist allerdings der Gesamtwert von (400 € +
400 € =) 800 €.*

Auch im Fall einer **Zurückverweisung** können **mehrere Beschwerdegebühren** anfallen, 897
wenn gegen die erneute Entscheidung wiederum Beschwerde eingelegt wird.

Beispiel: 898

*Gegen den Kostenfestsetzungsbeschluss des AG lässt der Kläger durch seinen Anwalt Be-
schwerde einlegen. Das LG hebt den Festsetzungsbeschluss auf und weist die Sache zur
erneuten Entscheidung an das AG zurück, das erneut entscheidet. Gegen die erneute Festsetzung legt der Anwalt wiederum Beschwerde für seinen Mandanten ein.*

*Für die erste Beschwerde erhält der Anwalt die Vergütung aus Nr. 3500 VV RVG. Für das
erneute Festsetzungsverfahren vor dem AG gilt § 21 Abs. 1 RVG: Der Anwalt, der jetzt nur
noch mit der Kostenfestsetzung beauftragt ist, erhält eine weitere Gebühr nach Nr. 3403
VV RVG, allerdings mit der Maßgabe der Anrechnung. Für das Beschwerdeverfahren erhält er die Gebühren nach Nrn. 3500 ff. VV RVG dagegen zusätzlich.*

---

383   *Anwkom-RVG-N. Schneider,* Nr. 3500 VV RVG Rn. 18.

899   Wird dagegen vom Gericht der weiteren Beschwerde die Entscheidung des Beschwerdegerichts aufgehoben und die Sache zurückverwiesen, liegt zwar gemäß § 21 Abs. 1 RVG ebenfalls eine neue Angelegenheit vor. Nach Vorbem. 3 Abs. 5 VV RVG wird die Verfahrensgebühr des ersten Beschwerdeverfahrens auf die Gebühr des Beschwerdeverfahrens nach Zurückverweisung angerechnet. Es verbleibt also lediglich die **Postentgeltpauschale**.

900   *Beispiel:*

Das OLG hebt die Beschwerdeentscheidung des LG (Wert: 4.000 €) auf und verweist die Sache zur erneuten Entscheidung an das LG zurück.

Zu rechnen ist wie folgt:

I.   *Ausgangsverfahren:*

1.	*0,5 Verfahrensgebühr, Nr. 3500 VV RVG*	*122,50 €*
2.	*Postentgeltpauschale, Nr. 7002 VV RVG*	*20,00 €*
3.	*16 % Umsatzsteuer, Nr. 7008 VV RVG*	*+ 22,80 €*
Summe:		*165,30 €*

II.   *Verfahren nach Zurückverweisung:*

1.	*0,5 Verfahrensgebühr, Nr. 3500 VV RVG gemäß Vorbem. 3 Abs. 6 VV RVG* **anzurechnen**	*122,50 €*
	0,5 Verfahrensgebühr, Nr. 3500 VV RVG aus I. 1.	*– 122,50 €*
2.	*Postentgeltpauschale, Nr. 7002 VV RVG*	*20,00 €*
3.	*16 % Umsatzsteuer, Nr. 7008 VV RVG*	*+ 3,20 €*
Summe:		*23,20 €*

III.   Auftrag

1.   Ausdrücklicher Auftrag

901   Dem Anwalt muss für das Beschwerdeverfahren ein besonderer **Auftrag** erteilt worden sein. Soweit er selbst den Beschwerdeführer vertritt, wird er i.a.R. einen **ausdrücklichen** Auftrag erhalten haben.

2.   Konkludent erteilter Auftrag

902   In Betracht kommt jedoch auch ein **konkludent** erteilter Auftrag. Ergibt sich im Verlaufe des Verfahrens, dass der Anwalt gehalten ist, eine Beschwerde einzulegen, so kann von einem konkludenten Einverständnis und Auftrag des Mandanten ausgegangen werden. Dies wird immer dann der Fall sein, wenn der Auftraggeber im Nachhinein die Tätigkeit des Anwalts genehmigt hat oder wenn die Beschwerde erfolgreich war. Dann ergibt sich bereits aus dem Verlauf des Beschwerdeverfahrens, dass dieses zur ordnungsgemäßen

Erledigung des Auftrags erforderlich war. Letztlich wird es hier immer auf den Einzelfall ankommen. Abzustellen ist auf die objektive Betrachtungsweise aus Sicht des Mandanten, ob er ein wirtschaftliches oder rechtliches Interesse an dem Ausgang des Beschwerdeverfahrens hat.

Beispiele: 903

(1) Der Anwalt legt für den unterlegenen Beklagten Streitwertbeschwerde ein und erreicht eine Reduzierung des Streitwerts.

Hier ist von einem Einverständnis des Auftraggebers und damit von einem konkludenten Auftrag auszugehen. Die erfolgreiche Streitwertbeschwerde verringert die Kostenlast des Beklagten und gereicht ihm letztlich zum wirtschaftlichen Vorteil. Hier käme es letztlich auf einen Auftrag nicht an, da dem Anwalt jedenfalls ein Anspruch aus Geschäftsführung ohne Auftrag zusteht.

(2) Der Anwalt legt für den Beklagten Beschwerde gegen einen Aussetzungsbeschluss ein.

Sofern hier nicht besondere Gründe dafür sprechen, dass der Beklagte an einer beschleunigten Entscheidung interessiert war, dürfte die Beschwerde gegen den Aussetzungsbeschluss nicht seinem Interesse entsprechen. Von einem konkludenten Auftrag dürfte daher nicht auszugehen sein.

Wird der Anwalt für den Beschwerdegegner tätig, so wird es häufiger an einem aus- 904 drücklichen Auftrag fehlen. Der Anwalt nimmt in der Praxis i.a.R. die Beschwerdeschrift entgegen und nimmt sogleich hierzu Stellung. Soweit vielfach in den Kommentaren und Entscheidungen zu lesen ist, mit Entgegennahme der Beschwerdeschrift werde die Vergütung nach Nr. 3500 VV RVG (bisher § 61 Abs. 1 Nr. 1 BRAGO) ausgelöst, ist dies unzutreffend.[384] Erforderlich ist zunächst einmal ein **Auftrag.** Da der Anwalt vor Entgegennahme der Beschwerdeschrift den Auftraggeber über die eingelegte Beschwerde aber noch gar unterrichtet haben kann, wird er daher auch noch keinen Auftrag erhalten haben können.[385] Lediglich in Ausnahmefällen, in denen eine Beschwerde zu erwarten ist und der Auftraggeber bereits prophylaktisch den Auftrag erteilt, sich gegen die zu erwartende Beschwerde zu verteidigen, kann mit Entgegennahme der Beschwerdeschrift die Vergütung nach Nr. 3500 VV RVG ausgelöst werden. Es muss dann danach gefragt werden, ob der Anwalt aufgrund des generellen Auftrags davon ausgehen konnte, dass er auch für ein Beschwerdeverfahren beauftragt sei, also ob die Tätigkeit des Anwalts für den Beschwerdegegner im Einverständnis des Mandanten liegt und durch den generellen Verfahrensauftrag gedeckt ist. Es wird wiederum auf den Einzelfall ankommen. Von einem solchen konkludenten Auftrag ist auszugehen, wenn die Gegenseite Beschwerde

---

384 LG Berlin, JurBüro 1984, 62; LG Hannover, JurBüro 1986, 1835; OLG Koblenz, AGS 2004, 67 m. Anm. *N. Schneider.*
385 OLG Hamm, BRAGOreport 2001, 120 [*Hansens*].

gegen einen Kostenfestsetzungsbeschluss einlegt.[386] Auch soweit der Anwalt die Beschwerde erfolgreich abwehrt und der Gegner die Kosten des Beschwerdeverfahrens zu tragen hat, wird man von einem konkludenten Auftrag, zumindest aber von einer Genehmigung, ausgehen können. Soweit kein erkennbares Interesse an dem Beschwerdeverfahren besteht, dürfte ein konkludenter Auftrag abzulehnen sein.

905 *Beispiel:*

Die Gegenseite lehnt den Richter wegen Besorgnis der Befangenheit ab.

Da der Beschwerdegegner an dem Ausgang des Verfahrens kein eigenes Interesse haben dürfte, wird er kaum dem Anwalt einen entsprechenden Auftrag erteilen, zumal nach h.M. eine Erstattungspflicht im Beschwerdeverfahren nicht in Betracht kommt.

906 Keinesfalls reicht die bloße Entgegennahme des Beschlusses über die Beschwerde und seine Weiterleitung an die Partei aus, um die Vergütung nach Nr. 3500 VV RVG zu verdienen.[387]

IV. Gebühren

907 Im Beschwerdeverfahren kann die **0,5 Verfahrensgebühr** nach Nr. 3500 VV RVG und die **0,5 Terminsgebühr** nach Nr. 3513 VV RVG entstehen.

1. Verfahrensgebühr

908 Zunächst einmal erhält der Beschwerdeanwalt die **0,5 Verfahrensgebühr** nach Nr. 3500 VV RVG. Diese fällt mit der ersten Tätigkeit nach Auftragserteilung an,[388] also i.d.R. mit der Entgegennahme der Information.[389] Gleiches gilt für den Anwalt des Beschwerdegegners. Es ist dabei unerheblich, wie der Auftraggeber von dem Beschwerdeverfahren Kenntnis erhalten hat. Der Anwalt verdient daher auch die Verfahrensgebühr, wenn weder ihm noch dem Mandanten die Beschwerdeschrift zugestellt worden ist, sondern er oder der Mandant nur zufällig von dem Verfahren Kenntnis erhalten haben.[390] Voraussetzung ist jedoch ein entsprechender Auftrag (s.o. Rn. 904).

---

386 KG, JurBüro 1971, 530.
387 LG Berlin, JurBüro 1984, 62; LG Hannover, JurBüro 1985, 1503; OLG Frankfurt/M., KostRsp. BRAGO § 61 Nr. 42; *Gerold/Schmidt/von Eicken*, BRAGO, § 61 Rn. 8.
388 OLG Hamburg, JurBüro 1994, 606 = MDR 1994, 522; OLG Düsseldorf, JurBüro 1991, 687; OLG Saarbrücken, JurBüro 1992, 742.
389 OLG Koblenz, AGS 2004, 67 m. Anm. *N. Schneider.*
390 KG, JurBüro 1981, 228 = Rpfleger 1981, 161.

Hinweis: 909

Zum Entstehen der Verfahrensgebühr nach Nr. 3500 VV RVG genügt, dass der Anwalt prüft, ob auf die Beschwerde hin etwas zu veranlassen ist und er nach Prüfung zum Ergebnis kommt, nichts zu veranlassen.[391] Die Vorschriften der Nr. 3101 Nr. 1 oder 2 VV RVG gelten nicht in allgemeinen Beschwerdeverfahren (arg. e Nr. 3502 VV RVG). Der Einreichung eines **Schriftsatzes** bedarf es also nicht.[392]

Vertritt der Anwalt **mehrere Auftraggeber**, so erhöht sich die Verfahrensgebühr auch 910 im Beschwerdeverfahren gemäß Nr. 1008 VV RVG um 0,3 je weiterer Auftraggeber. Voraussetzung ist, dass die mehreren Auftraggeber **gemeinschaftlich beteiligt** sind. Diese gemeinschaftliche Beteiligung ist für das Beschwerdeverfahren gesondert zu prüfen. Eine gemeinschaftliche Beteiligung im Ausgangsverfahren reicht nicht aus.[393]

Beispiel: 911

Zwei Kläger erheben Klage wegen einer gemeinschaftlichen Forderung gegen ihren vermeintlichen Schuldner. Die Klage wird kostenpflichtig abgewiesen. Die Kosten des Beklagten (1.000 €) werden gegen beide Kläger zugleich festgesetzt. Dagegen erheben sie durch ihren gemeinsamen Anwalt Beschwerde und beantragen, die Festsetzung aufzuheben, soweit sie über den jeweiligen Kopfteil (§ 100 Abs. 1 ZPO), also 500 €, hinausgeht.

*Für den **Rechtsstreit** erhält der gemeinsame Anwalt die nach Nr. 1008 VV RVG erhöhte Verfahrensgebühr, da beide Kläger an der Klageforderung gemeinschaftlich beteiligt waren. Im **Beschwerdeverfahren** ist Nr. 1008 VV RVG dagegen nicht anwendbar. Jeder Kläger wehrt sich gegen seine eigene, seinen Kopfteil übersteigende Haftung von jeweils 500 €. Es liegen somit verschiedene Streitgegenstände vor, so dass die jeweiligen Werte nach § 22 Abs. 1 RVG zu addieren sind. Der Anwalt erhält daher eine 0,5 Verfahrensgebühr nach Nr. 3500 VV RVG aus dem Gesamtwert (§ 22 Abs. 1 RVG) von 1.000 € und nicht etwa eine (0,5 + 0,3 =) 0,8 Verfahrensgebühr aus 500 €.[394]*

2. Terminsgebühr

a) Grundsatz

Findet im Beschwerdeverfahren ein Termin i.S.d. Vorbem. 3 Abs. 3 VV RVG statt, so erhält der Anwalt zusätzlich eine **0,5 Terminsgebühr** nach Nr. 3513 VV RVG. Einer förm- 912

---

391 KG, JurBüro 1971, 530; OLG München, JurBüro 1974, 64 = Rpfleger 1973, 444; LG Berlin, JurBüro 1983, 1529 = Rpfleger 1983, 502 = MDR 1983, 1034; OLG Köln JurBüro 1986, 1663; OLG Düsseldorf, JurBüro 1991, 687; OLG Hamburg, JurBüro 1984, 566; OLG Frankfurt/M., JurBüro 1977, 675 = Rpfleger 1977, 185; *Hansens*, BRAGO, § 61 Rn. 4.

392 OLG München, Rpfleger 1973, 444; *Hansens*, BRAGO, § 61 Rn. 4; a.A. LG Stuttgart, JurBüro 1984, 566; KG, BRAGOreport 2001, 120 [*Hansens*].

393 OLG Köln, JurBüro 1986, 1663.

394 OLG Köln, JurBüro 1986, 1663.

lichen Antragstellung bedarf es im Beschwerdeverfahren nicht. Es reicht aus, dass das Gericht einen Termin anberaumt und die Sach- und Rechtslage mit den Anwälten bespricht.[395] Ebenso reicht ein Sachverständigentermin oder eine Besprechung zur Erledigung des Verfahrens mit dem Gegner aus (Vorbem. 3 Abs. 3 VV RVG).

b) Arrest und einstweilige Verfügung

913　Eine Sonderregelung enthält Nr. 3514 VV RVG in Verfahren auf **Erlass einer einstweiligen Verfügung oder eines Arrestes.** Hat das erstinstanzliche Gericht den Antrag ohne mündliche Verhandlung durch Beschluss zurückgewiesen, so ist hiergegen die einfache Beschwerde gegeben (§§ 567 Abs. 1, 569 ZPO).

914　Hinsichtlich des weiteren Verfahrens vor dem Beschwerdegericht gibt es **zwei Möglichkeiten**:

- Das Gericht kann im **Beschlussverfahren** ohne mündliche Verhandlung entscheiden.[396] Dann bleibt es bei der Anwendung der Nr. 3513 VV RVG.

- Das Beschwerdegericht kann aber auch eine mündliche Verhandlung anordnen; in diesem Fall gelten die allgemeinen Regeln für das **Urteilsverfahren.**[397] Somit gilt jetzt die Sonderregelung der Nr. 3514 VV RVG. Die Terminsgebühr der Nr. 3513 VV RVG beläuft sich jetzt nicht mehr auf 0,5, sondern wird auf **1,2** angehoben. Hinsichtlich der Verfahrensgebühr der Nr. 3500 VV RVG bleibt es dagegen bei dem Gebührensatz von 0,5.

915　Dem Wortlaut nach gilt Nr. 3514 VV RVG nur dann, wenn das Beschwerdegericht **nach der mündlichen Verhandlung durch Urteil entscheidet.** Dabei hat der Gesetzgeber jedoch übersehen, dass auch dann höhere Gebühren anfallen müssen, wenn es nach mündlicher Verhandlung nicht mehr zum Erlass eines Urteils kommt, etwa wenn der Verfügungsantrag oder die Beschwerde in der mündlichen Verhandlung zurückgenommen wird, sich die Parteien einigen oder sich das Verfügungsverfahren in der Hauptsache erledigt.[398] Nach Sinn und Zweck wird man die Terminsgebühr der Nr. 3514 VV RVG auch auf diese Fälle anwenden müssen. Eine andere Auslegung würde zudem dem Grundsatz widersprechen, dass die vorzeitige Beendigung eines Verfahrens belohnt werden soll. Hier würden die Anwälte, die durch eine Einigung oder Rücknahme des Verfügungsantrags oder der Beschwerde ein Urteil entbehrlich machen, bestraft, indem sie nur eine geringere Terminsgebühr erhielten.

395　*Hansens,* BRAGO, § 61 Rn. 5.
396　*Zöller/Vollkommer,* § 922 ZPO Rn. 14.
397　*Musielak/Huber,* ZPO, 3. Aufl. 2002, § 921 Rn. 5.
398　*Anwkom-RVG-N. Schneider,* Nr. 3514 VV RVG Rn. 6.

3. Einigungsgebühr

Der Anwalt kann darüber hinaus auch die Einigungsgebühr verdienen, wenn er an einer 916
Einigung im Beschwerdeverfahren mitwirkt. Die Einigungsgebühr beläuft sich auf **1,0**,
soweit die Parteien sich über anhängige Ansprüche einigen (Nr. 1003 VV RVG), wobei
die Ansprüche nicht im Beschwerdeverfahren anhängig sein müssen. Auch eine **anderweitige Anhängigkeit** genügt. Sind die Gegenstände im Berufungs- oder Revisionsverfahren anhängig, entsteht die Einigungsgebühr nach Nr. 1004 VV RVG zu 1,3. Soweit
sich die Einigung auch auf nicht anhängige Ansprüche bezieht, entsteht insoweit eine
1,5 Einigungsgebühr (Nr. 1000 VV RVG). Insgesamt erhält der Anwalt jedoch gemäß § 15
Abs. 3 RVG nicht mehr als eine 1,5 Einigungsgebühr aus dem Gesamtwert (§ 22 Abs. 1
RVG).

4. Verfahrensdifferenzgebühr

Übersteigt der Wert der Gegenstände, über die eine Einigung getroffen worden ist, den 917
des Beschwerdeverfahrens, so erhöht sich der Gegenstandswert der Verfahrensgebühr
nach Nr. 3500 VV RVG um den Mehrwert. A.A. ist *von Eicken*,[399] der eine zusätzliche 0,5
Verfahrensgebühr gewähren und dann das Gesamtaufkommen nach § 15 Abs. 3 RVG
begrenzen will. Das Ergebnis ist i.d.R. das gleiche. Die Berechnung von *von Eicken* ist insoweit jedoch unzutreffend, als § 15 Abs. 3 RVG nur auf verschiedene Gebührensätze anwendbar ist, nicht auf identische. Zudem umgeht er u.U. die vorgeschriebene Gebührendegression.

5. Auslagen

Neben den Gebühren erhält der Anwalt auch seine Auslagen nach den Nrn. 7000 ff. VV 918
RVG erstattet. Insbesondere kann er für das Beschwerdeverfahren eine eigene **Postentgeltpauschale** nach Nr. 7002 VV RVG berechnen.

V. Gegenstandswert

1. Interesse des Beschwerdeführers

Der Gegenstandswert des Beschwerdeverfahrens richtet sich grds. nach dem **Interesse** 919
des Beschwerdeführers.[400] Dies ist jetzt ausdrücklich in § 23 Abs. 2 RVG geregelt.

Maßgebend ist gemäß § 23 RVG, § 40 GKG der **Zeitpunkt der Einreichung der Be-** 920
schwerde. Der Wert des Beschwerdeverfahrens kann allerdings niemals höher sein als
der Wert der Hauptsache (§ 23 Abs. 2 Satz 2 RVG).

---

399 In: *Gerold/Schmidt/von Eicken*, BRAGO, § 61 Rn. 10; *Riedel/Sußbauer/Keller*, BRAGO, § 61 Rn. 10.
400 *Hansens*, BRAGO, § 61 Rn. 10.

921 Ist ausnahmsweise ein **Dritter** beschwerdeberechtigt, etwa ein Zeuge nach § 387 ZPO, so ist auf dessen Interesse an der Beschwerde abzustellen.

2. Einzelfälle in alphabetischer Reihenfolge

▪ Ablehnung der Fristsetzung nach § 926 Abs. 1 ZPO

922 Maßgebend ist der Wert des Arrest- oder Verfügungsverfahrens, nicht der Wert der Hauptsache.[401]

▪ Aussetzungsbeschluss

923 Der Wert einer Aussetzungsbeschwerde ist nach § 3 ZPO auf einen Bruchteil der Hauptsache zu schätzen.[402] Das KG nimmt 1/5 der Hauptsache an.[403]

▪ Einstellung der Zwangsvollstreckung

924 Maßgebend ist das nach § 3 ZPO zu schätzende Interesse an dem vorübergehenden Zahlungsaufschub.[404]

▪ Kostenentscheidung

925 Maßgebend ist der Mehr- oder Minderbetrag der zu erstattenden Kosten, der sich im Falle der begehrten günstigeren Kostenentscheidung für den Beschwerdeführer ergibt.

▪ Kostenfestsetzung

926 Maßgebend ist der Mehr- oder Minderbetrag, der sich im Falle der vom Beschwerdeführer begehrten Festsetzung ergibt.[405]

Beispiel:

Die Kosten des Rechtsstreits sind zu 2/3 dem Beklagten auferlegt worden. Der Kläger legt Beschwerde gegen den Kostenfestsetzungsbeschluss ein, da das Gericht nach seiner Auffassung die Einigungsgebühr i.H.v. 273 € nicht berücksichtigt hat.

Sofern das Gericht die Einigungsgebühr in die Ausgleichung einbezieht, würde dies auch für den Beklagten gelten. Zugunsten des Klägers würde sich also ein Mehrbetrag ergeben i.H.v.

1. 2 x 273 € x 2/3 =   *364,00 €*

2. ./. der eigenen Kosten   *− 273,00 €*

Summe: *91,00 €*

---

401 OLG Frankfurt/M., JurBüro 1981, 626 = ZIP 1980, 1144 = KostRsp. GKG § 20 Nr. 41 m. Anm. *E. Schneider; Schneider/Herget,* Rn. 3832.
402 OLG Düsseldorf, FamRZ 1974, 311; OLG Bamberg, JurBüro 1978, 1243; *Schneider/Herget,* Rn. 3829 und 595 ff.
403 AGS 2003, 81 m. Anm. *N. Schneider.*
404 BGH, KostRsp. ZPO § 3 Nr. 642; *Schneider/Herget,* Rn. 1306 ff. m. zahlr. Nachw.
405 OLG München, AnwBl. 1980, 229.

■ Prozesskostenhilfe

Eine spezielle Wertvorschrift enthält Abs. 1 der Anm. zu Nr. 3334 VV RVG, die auch auf 927 Beschwerdeverfahren anzuwenden ist. Danach richtet sich der Gegenstandswert im **Verfahren auf Bewilligung oder Aufhebung der Bewilligung von Prozesskostenhilfe** nach dem Wert der Hauptsache. Soweit sich die Beschwerde gegen andere Maßnahmen richtet, also z.B. die Bewilligung oder Aufhebung von Ratenzahlungen, ist der Wert nach billigem Ermessen zu bestimmen (Nr. 3334 VV RVG).

■ Richterablehnungsverfahren[406]

Der Wert des Beschwerdeverfahrens richtet sich nach dem Wert des Ablehnungsverfahrens. Diese Bewertung ist allerdings umstritten. Die Rechtsprechung reicht von einem 928 Bruchteil[407] bis zum vollen Wert der Hauptsache.[408] Zutreffend dürfte es sein, die Richterablehnung als eine nichtvermögensrechtliche Streitigkeit anzusehen und den Wert nach § 48 Abs. 2 GKG zu bewerten. Der BGH nimmt insoweit ein Drittel der Hauptsache an.[409]

■ Verweisungsbeschluss

Der Wert ist gemäß § 3 ZPO nach freiem Ermessen zu schätzen.[410]   929

■ Zinsforderung

Wird lediglich hinsichtlich einer Zinsforderung Beschwerde erhoben, etwa im Kosten- 930 festsetzungsverfahren, weil das Gericht die Neufassung des § 104 Abs. 1 Satz 2 ZPO übersehen und eine zu geringe Verzinsung ausgesprochen hat, ist der Wert gemäß § 3 ZPO zu schätzen.[411]

■ Zwangsvollstreckung

Es gelten § 23 Abs. 2 RVG i.V.m. §§ 25 ff. RVG. Maßgebend ist der Wert der betroffenen 931 Hauptforderung nebst Zinsen und Kosten; § 43 GKG ist nicht anwendbar.[412]

---

406 Ausführlich hierzu *N. Schneider*, MDR 2001, 130.
407 OLG Hamburg, MDR 1958, 47; KostRsp. ZPO § 3 Nr. 984 = MDR 1990, 58; OLG Nürnberg, Jur-Büro 1960, 169; OLG Frankfurt/M., MDR 1962, 226 = KostRsp. ZPO § 3 Nr. 83; OLG Braunschweig, Nds.Rpfl. 1966, 146; OLG München, WRP 1972, 541; OLG Frankfurt/M., MDR 1980, 145; OLG Zweibrücken, ZSW 1980, 260; OLG Koblenz, KostRsp. GKG § 12 Nr. 121 m. Anm. *E. Schneider* = Rpfleger 1988, 507 = MDR 1989, 71 = JurBüro 1989, 130; BFH, Rpfleger 1977, 250.
408 BGH, NJW 1968, 796 = JurBüro 1968, 525; KG, DR 1940, 2032; 1943, 414; OLG Schleswig, Jur-Büro 1956, 146 = SchlHA 1956, 20; Rpfleger 1962, 425; OLG Frankfurt/M., MDR 1962, 226; OLG Nürnberg, JurBüro 1966, 876; OLG Hamm, MDR 1978, 582 = JMBl. NW 1978, 87 = JurBüro 1978, 738; BayObLG, KostRsp. ZPO § 3 Nr. 928 m. abl. Anm. *E. Schneider* und *Lappe* = JurBüro 1988, 916 = NJW 1989, 44; OLG München, OLGR 1994, 263; AnwBl. 1995, 572 = JurBüro 1995, 647; OLG Düsseldorf, KostRsp. ZPO § 3 Nr. 1180 = AnwBl. 1994, 425 = NJW-RR 1994, 1086 = OLGR 1994, 127.
409 BGH, AGS 2004, 158 m. Anm. *N. Schneider*.
410 OLG München, BayJMBl. 1954, 64; *Schneider/Herget*, Rn. 3830.
411 OLG Hamm, Rpfleger 1989, 523; *Hansens*, BRAGO, § 61 Rn. 18.
412 OLG Köln, JurBüro 1976, 1229.

K. Verfahren über die Rechtsbeschwerde nach § 574 ZPO

I. Anwendungsbereich

932 Nach § 574 ZPO ist die Rechtsbeschwerde gegeben, wenn dies in der ZPO vorgesehen ist oder das Beschwerdegericht, das Berufungsgericht oder das OLG im ersten Rechtszug die Rechtsbeschwerde zugelassen hat. Voraussetzung ist, dass die Rechtsbeschwerde auch **statthaft** ist. Die Zulassung allein genügt nicht, wenn eine Rechtsbeschwerde wie z.B. im Streitwertfestsetzungsverfahren[413] oder im Verfahren gegen den Kostenansatz[414] gar nicht gegeben ist.[415]

II. Gebühren

933 Eine gesonderte Gebührenvorschrift für die Rechtsbeschwerde nach § 574 ZPO war in der BRAGO nicht enthalten. Die Frage der Abrechnung war daher umstritten, bis der BGH hierüber befunden und in einer fragwürdigen Entscheidung[416] die Vorschrift des § 66 BRAGO für analog anwendbar erklärt hat. Danach erhielt der Rechtsanwalt in Rechtsbeschwerdeverfahren in Zwangsvollstreckungsverfahren, aber auch in anderen Nebenverfahren[417] eine 13/10 Gebühr.

1. Verfahrensgebühr

934 Dieser **Gesetzeslücke** hat das RVG jetzt abgeholfen und in Nr. 3502 VV RVG jetzt eine eigene Regelung geschaffen. Danach erhält der Anwalt zukünftig im Verfahren über die Rechtsbeschwerde eine **Verfahrensgebühr** i.H.v. **1,0.**

935

> **Hinweis:**
>
> Diese gesetzliche Regelung ist also schlechter als in Anwendung der BRAGO nach der Rechtsprechung des BGH. Eine angemessene Vergütung ist damit in Anbetracht der erheblichen Arbeit und Verantwortung sicherlich nicht gegeben.

936 Eine höhere Gebühr für den am **BGH zugelassenen Anwalt** ist im Gegensatz zur Revision und zur Nichtzulassungsbeschwerde nicht vorgesehen.

---

413 BGH, AGS 2004, 120; BGHR GKG § 25 Abs. 3 Satz 1.
414 BGH, BRAGOreport 2003, 117 = NJW 2003, 68 = BGHR 2003, 94 = JurBüro 2003, 95 = MDR 2003, 115.
415 Und zwar unabhängig davon, ob die Beschwerde im Namen der Partei erfolgt (BGH, BRAGOreport 2003, 56 = BGHR 2002, 750 = ZInsO 2002, 432) oder im eigenen Namen des Rechtsanwalts (BGH, BRAGOreport 2003, 163; BGHreport 2002, 750; 2003, 94; BAG, AGS 2003, 318).
416 AGS 2004, 112 m. Anm. *N. Schneider* = RVGreport 2004, 313 [*Hansens*].
417 BGH, EBE/BGH 2004, BGH-Ls. 533/04.

Bei **vorzeitiger Beendigung** des Auftrags ermäßigt sich die Gebühr der Nr. 3502 VV RVG   937
auf eine 0,5 Gebühr (Nr. 3503 VV RVG). Die Anm. zu Nr. 3201 VV RVG gilt entsprechend
(Anm. zu Nr. 3503 VV RVG).

Sofern der Anwalt für **mehrere Auftraggeber** wegen desselben Gegenstands tätig wird,   938
erhöht sich die Gebühr um 0,3 je weiterem Auftraggeber (Nr. 1008 VV RVG).

2. Terminsgebühr

Eine **Terminsgebühr** ist im Verfahren der Nichtzulassungsbeschwerde nicht vorgesehen.   939
Weder ist im Vergütungsverzeichnis ein gesonderter Gebührentatbestand enthalten noch
eine Verweisung auf Nr. 3104 VV RVG wie z.B. in Vorbem. 3.3.6 VV RVG für die Gebühren nach Abschnitt 3 Unterabschnitt 6 VV RVG.

3. Auslagen

Neben der Verfahrensgebühr erhält der Anwalt für die Rechtsbeschwerde seine Auslagen   940
nach Nrn. 7000 VV RVG ersetzt, insbesondere eine **eigene Postentgeltpauschale** nach
Nr. 7002 VV RVG.

Beispiel: 941

*Es wird eine Rechtsbeschwerde gegen einen Beschluss des Beschwerdegerichts in einen
Kostenfestsetzungsverfahren eingelegt. Der Beschwerdeführer verfolgt mit der Rechtsbeschwerde die Festsetzung weiterer Gebühren i.H.v. 3.000 €, die der Rechtspfleger abgesetzt hatte.*

Der Rechtsanwalt kann berechnen:

1.	*1,0 Verfahrensgebühr, Nr. 3502 VV RVG (Wert: 3.000 €)*	*189,00 €*
2.	*Postentgeltpauschale, Nr. 7002 VV RVG*	*20,00 €*
3.	*16 % Umsatzsteuer, Nr. 7008 VV RVG*	*+ 33,44 €*
Summe:		*242,44 €*

III. Kostenentscheidung

Für den **Fall der Rücknahme der Rechtsbeschwerde** fehlt es infolge eines offensicht-   942
lichen Redaktionsversehens des Gesetzgebers an einer gesetzlichen **Kostenregelung** in
der ZPO. Diese Lücke ist durch die analoge Anwendung der §§ 565 i.V.m. § 516 Abs. 3
ZPO zu schließen.[418] Daher ist von Amts wegen auszusprechen, dass die Kosten des
Rechtsbeschwerdeverfahrens dem Beschwerdeführer auferlegt werden.

---

418   BGH, AGS 2003, 218.

L. Beschwerde gegen die Nichtzulassung der Revision

I. Überblick

943 Nach § 543 Abs. 1 Nr. 1 ZPO bedarf die Revision der Zulassung durch das Berufungsgericht. Wird die Revision nicht zugelassen, so ist hiergegen die **Nichtzulassungsbeschwerde nach § 544 ZPO** gegeben. Diese besondere Beschwerde ist abweichend von der allgemeinen Beschwerde (Nrn. 3500, 3513 VV RVG) in Nrn. 3506 ff. VV RVG geregelt.

II. Umfang der Angelegenheit

944 Die Nichtzulassungsbeschwerde stellt gegenüber dem Berufungsverfahren eine **eigene gebührenrechtliche Angelegenheit** dar, in der der Anwalt gesonderte Gebühren erhält. Dies ergibt sich aus § 15 Abs. 2 Satz 2 RVG und entspricht der bisherigen Regelung in § 13 Abs. 2 Satz 2 BRAGO.

945 Das sich an eine erfolgreiche Nichtzulassungsbeschwerde anschließende Revisionsverfahren stellt wiederum eine **weitere Angelegenheit** dar. Dies folgt aus § 17 Nr. 9 RVG und entspricht der bisherigen Regelung in § 14 Abs. 2 Satz 1 BRAGO.

946 Insgesamt sind also **drei Angelegenheiten** gegeben:

(1) das Berufungsverfahren,

(2) das Nichtzulassungsbeschwerdeverfahren und

(3) das Revisionsverfahren.

947 Wie bereits früher in § 61a Abs. 4 BRAGO geregelt, ist nunmehr vorgesehen, dass die Verfahrensgebühr des Nichtzulassungsbeschwerdeverfahrens aus Nrn. 3506, 3508 VV RVG auf die Verfahrensgebühr des nachfolgenden Revisionsverfahrens aus Nrn. 3206, 3208 VV RVG **anzurechnen** ist (Anm. zu Nr. 3506 VV RVG).

III. Verfahrensgebühr

948 Für seine Tätigkeit im Verfahren der Nichtzulassungsbeschwerde erhält der Anwalt nach Nr. 3506 VV RVG eine **1,6 Verfahrensgebühr**. Diese Gebühr erhöht sich gemäß Nr. 3508 VV RVG auf eine **2,3 Verfahrensgebühr**, soweit sich die Parteien nur durch einen am BGH zugelassenen Anwalt vertreten lassen können. Dies ist der Regelfall (§ 78 Abs. 1 Satz 4 ZPO). Zwar braucht der Beschwerdegegner keinen am BGH zugelassenen Anwalt, da dieser keine Stellungnahme abgeben muss und der BGH auch Rechtsausführungen eines nicht postulationsfähigen Anwalts zur Kenntnis zu nehmen hat. Dennoch muss für

den Anwalt des Beschwerdegegners ebenfalls die Erhöhung auf 2,3 gelten, sofern er sich durch einen am BGH zugelassenen Anwalt vertreten lässt.[419]

Soweit ausnahmsweise keine Zulassung am BGH erforderlich ist (§ 78 Abs. 4 ZPO), verbleibt es bei der 1,6 Gebühr.   949

Vertritt der Anwalt **mehrere Auftraggeber** wegen desselben Gegenstands, so erhöht sich die Gebühr der Nrn. 3506, 3508 VV RVG gemäß Nr. 1008 VV RVG um 0,3 je weiterem Auftraggeber, sofern diese gemeinschaftlich beteiligt sind.   950

Endet der Auftrag des Anwalts **vorzeitig** i.S.d. Nr. 3201 VV RVG, so ermäßigt sich die Verfahrensgebühr auf 1,1 (Nr. 3507 VV RVG). Die Anm. zu Nr. 3201 VV RVG gilt entsprechend (Anm. zu Nr. 3507 VV RVG). Soweit sich die Parteien nur durch einen am BGH zugelassenen Anwalt vertreten lassen können, beträgt die ermäßigte Gebühr 1,8 (Nr. 3509 VV RVG).   951

IV. Terminsgebühr

Auch im Nichtzulassungsbeschwerdeverfahren kann eine Terminsgebühr entstehen. Zwar findet dort keine gerichtliche Verhandlung statt, die Gebühr kann jedoch unter den sonstigen Voraussetzungen der Vorbem. 3 Abs. 3 VV RVG entstehen, etwa bei außergerichtlichen Vergleichsgesprächen in diesem Stadium. Soweit die Gebühr entsteht, bemisst sie sich nach Nr. 3516 VV RVG und beläuft sich auf 1,2.   952

V. Einigung

Kommt es im Verfahren der Nichtzulassungsbeschwerde zu einer Einigung, so entsteht zusätzlich eine **Einigungsgebühr** nach Nrn. 1000, 1004 VV RVG. Obwohl die Nichtzulassungsbeschwerde dort nicht genannt ist, muss die Erhöhung nach 1004 VV RVG entsprechend gelten.[420]   953

VI. Gegenstandswert

Der Gegenstandswert richtet sich nach dem Wert, hinsichtlich dessen die Zulassung der Revision begehrt wird. Dieser Wert muss mit dem späteren Revisionsverfahren nicht identisch sein, da sich infolge von Rechtsmittelerweiterung und Anschlussrechtsmittel oder ggf. einer teilweisen Erledigung des Rechtsmittels Veränderungen ergeben können.   954

---

419   Anwkom-RVG-*N. Schneider,* Nr. 3506 VV RVG Rn. 5.
420   Anwkom-RVG-*N. Schneider,* Nrn. 1000, 1004 VV RVG Rn. 131; Nr. 3506 VV RVG Rn. 10.

VII. Auslagen

955 Da das Verfahren über die Nichtzulassungsbeschwerde eine eigene Angelegenheit darstellt, erhält der Anwalt hier auch seine Auslagen gesondert, insbesondere eine **eigene
Postentgeltpauschale** nach Nr. 7002 VV RVG.

VIII. Anrechnung

956 Kommt es auf die Beschwerde hin zur Durchführung des Revisionsverfahrens, so ist die
Verfahrensgebühr nach Nrn. 3506, 3508 VV RVG auf die entsprechende Verfahrensge-
bühr des Revisionsverfahrens (Nrn. 3206 f. VV RVG) **anzurechnen** (Anm. zu Nr. 3506 VV
RVG). Angerechnet wird nur nach dem Wert, der sich im Revisionsverfahren fortsetzt.

957 *Beispiel:*

*Das OLG hat Klage und Widerklage über jeweils 50.000 € abgewiesen. Die Revision ist
nicht zugelassen worden. Beide Parteien legen Nichtzulassungsbeschwerde ein und beantragen, die Nichtzulassungsbeschwerde der anderen Partei zurückzuweisen. Die Nichtzulassungsbeschwerde hinsichtlich der Klage wird zurückgewiesen; die Revision gegen die
Abweisung der Widerklage wird zugelassen und hierüber verhandelt.*

Zu rechnen ist wie folgt:

I.   Berufungsverfahren (Wert: 100.000 €):

1.	*1,6 Verfahrensgebühr, Nr. 3200 VV RVG*	*2.166,40 €*
2.	*1,2 Terminsgebühr, Nr. 3202 VV RVG*	*1.624,80 €*
3.	*Postentgeltpauschale, Nr. 7002 VV RVG*	*20,00 €*
4.	*16 % Umsatzsteuer, Nr. 7008 VV RVG*	*+ 609,79 €*
Summe:		***4.420,99 €***

II. Nichtzulassungsbeschwerdeverfahren (Wert: 100.000 €):

1.	*2,3 Verfahrensgebühr, Nrn. 3506, 3508 VV RVG*	*3.114,20 €*
2.	*Postentgeltpauschale, Nr. 7002 VV RVG*	*20,00 €*
3.	*16 % Umsatzsteuer, Nr. 7008 VV RVG*	*+ 501,47 €*
Summe:		***3.635,67 €***

III. Revisionsverfahren (Wert: 50.000 €):

1.	*2,3 Verfahrensgebühr, Nrn. 3206, 3208 VV RVG*	*2.405,80 €*
	gemäß Anm. zu Nr. 3506 VV RVG anzurechnen	
	2,3 Verfahrensgebühr (Wert: 50.000)	*– 2.405,80 €*
2.	*1,5 Terminsgebühr, Nr. 3210 VV RVG*	*1.569,00 €*

3.	Postentgeltpauschale, Nr. 7002 VV RVG	20,00 €
4.	16 % Umsatzsteuer, Nr. 7008 VV RVG	+ 254,24 €
Summe:		**1.843,24 €**

IX. Kostenentscheidung

Wird die Revision auf die Nichtzulassungsbeschwerde hin zugelassen, so wird das Be- 958
schwerdeverfahren als Revisionsverfahren fortgesetzt. Die Kostenentscheidung im Revisionsverfahren erstreckt sich dann auch auf die Kosten des Beschwerdeverfahrens, ohne dass es eines gesonderten Ausspruchs bedarf.

Wird die Nichtzulassungsbeschwerde zurückgewiesen, so ist eine Kostenentscheidung zu 959
treffen. Dem Beschwerdeführer sind dann die Kosten des Beschwerdeverfahrens aufzuerlegen (s. § 97 ZPO).

Bei Rücknahme der Nichtzulassungsbeschwerde wird über die Kosten der Beschwerde 960
von Amts wegen entschieden (§§ 565, 516 Abs. 3 ZPO).[421]

X. Kostenerstattung

Die Kosten des Nichtzulassungsbeschwerdeverfahrens sind grundsätzlich zu erstatten. 961
Wird die Nichtzulassungsbeschwerde vor Einreichung der Beschwerdebegründung zurückgenommen, ist nur die 1,1 Verfahrensgebühr (Nr. 3507 VV RVG) bzw. die 1,8 Verfahrensgebühr (Nr. 3509 VV RVG) erstattungsfähig, da es weder eines Abweisungsantrags noch eines Kostenantrags bedarf.[422] Wird eine Nichtzulassungsbeschwerde also zunächst eingelegt, aber vor ihrer Begründung zurückgenommen, so gilt hinsichtlich der Kostenerstattung nichts anderes als bei Rücknahme einer nicht begründeten Berufung[423] oder nicht begründeten Revision.[424] In beiden Fällen hat der BGH für den Rechtsmittelgegner jeweils **nur eine ermäßigte Gebühr** als erstattungsfähig anerkannt, da es vor Begründung des Rechtsmittels nicht erforderlich sei, einen eigenen Sachantrag (Zurückweisung des Rechtsmittels) zu stellen.

---

421 OLG Hamburg, AGS 2003, 539 m. Anm. *N. Schneider*.
422 OLG Hamburg, AGS 2003, 539 m. Anm. *N. Schneider*.
423 NJW 2003, 756 = JurBüro 2003, 257 = BRAGOreport 2003, 53 [*Hansens*] =AGS 2003, 219.
424 NJW 2003, 1324 = JurBüro 2003, 255 = BRAGOreport 2003, 74 [*Hansens*] = AGS 2003, 221 m. Anm. *Madert* und *N. Schneider*.

M. Gehörsrüge

I. Verfahren

962 Nach § 321a ZPO kann die durch ein Urteil beschwerte Partei in den Fällen, in denen eine Berufung nach § 511 Abs. 2 ZPO nicht zulässig ist, Rüge erheben, wenn das Gericht den Anspruch auf rechtliches Gehör in entscheidungserheblicher Weise verletzt hat. Dem Gegner ist in diesem Verfahren Gelegenheit zur Stellungnahme zu geben (§ 321a Abs. 3 ZPO). Ist die Rüge unbegründet, weist das Gericht sie durch unanfechtbaren Beschluss zurück. Ist die Rüge dagegen begründet, so wird der Prozess fortgeführt und in die Lage zurückversetzt, in der er sich vor dem Schluss der mündlichen Verhandlung befand (§ 321a Abs. 5 ZPO).

963 Entsprechend anwendbar ist die Vorschrift im **Berufungsverfahren**.[425]

II. Überblick

964 Hinsichtlich der Vergütung des Anwalts im Verfahren über eine Rüge wegen Verletzung des Anspruchs auf rechtliches Gehör ist zu differenzieren. Dies gilt sowohl für den Rechtsanwalt, der die Gehörsrüge erhebt, als auch für den Gegenanwalt.

1. Der Anwalt war bereits im Ausgangsverfahren tätig

965 War der Anwalt bereits im Ausgangsverfahren tätig, so gilt § 19 Abs. 1 Satz 2 Nr. 5 RVG. Die Tätigkeit im Zusammenhang mit der Gehörsrüge gehört zur jeweiligen Angelegenheit des Ausgangsverfahrens und wird durch die dort verdienten Gebühren abgegolten. Dies gilt unabhängig davon, ob auf die Gehörsrüge das Verfahren fortgesetzt wird oder nicht.

966 *Beispiel:*

Nach Klageabweisung (400 €) erhält der Prozessbevollmächtigte des Klägers den Auftrag, Gehörsrüge zu erheben.

Es liegt insgesamt nur eine Angelegenheit vor (§ 19 Abs. 1 Satz 2 Nr. 5 RVG).

Abzurechnen ist jetzt wie folgt:

---

425 Str.; s. *E. Schneider,* ZPO-Reform, Rn. 433 ff.; *ders.,* ZAP Fach 13, S. 1191 ff.; *ders.,* ZAP Fach 13, S. 1239 ff. (S. 1242: III. Gehörsrüge in zweiter Instanz); a.A. BGH, FamRZ 2004, 437; s. auch BVerfG, ZAP Fach 13, S. 1207 zur Verfassungswidrigkeit der Vorschrift.

1.	1,3 Verfahrensgebühr, Nr. 3100 VV RVG (Wert: 400 €)	58,50 €
2.	1,2Terminsgebühr, Nr. 3104 VV RVG (Wert: 400 €)	54,00 €
3.	Postentgeltpauschale, Nr. 7002 VV RVG	20,00 €
4.	16 % Umsatzsteuer, Nr. 7008 VV RVG	+ 21,20 €
Summe:		**153,70 €**

2. Der Anwalt war im Ausgangsverfahren nicht tätig

Ist der Anwalt dagegen ausschließlich in einem Verfahren der Gehörsrüge nach § 321a 967
ZPO tätig, so ist eine eigene Angelegenheit gegeben, die gesondert abzurechnen ist.

Die Vergütung richtet sich in diesem Fall nach den Nrn. 3330, 3332 VV RVG. Danach 968
kann der Rechtsanwalt eine **0,5 Verfahrensgebühr** und eine **0,5 Terminsgebühr** verdienen. Diese Regelungen entsprechen dem bisherigen § 55 Satz 1 3. Alt. BRAGO. § 55
Satz 1 3. Alt. BRAGO verwies auf die Vorschriften der §§ 31 ff. BRAGO und bestimmte,
dass der Anwalt diese zu 3/10 erhalte. Im RVG findet sich jetzt bereits in den Gebührentatbeständen selbst die Regelung zur Höhe der Gebühr. Auch die Terminsgebühr im
Verfahren über eine Rüge wegen Verletzung des Anspruchs auf rechtliches Gehör ist jetzt
gesondert geregelt (Nr. 3332 VV RVG).

Beispiel: 969

*Nach Verurteilung (Wert: 300 €) beauftragt der Beklagte einen Anwalt mit der Gehörs-
rüge, über die mündlich verhandelt wird.*

Abzurechnen ist wie folgt:

1.	0,5 Verfahrensgebühr, Nr. 3330 VV RVG (Wert: 300 €)	12,50 €
2.	0,5 Terminsgebühr, Nr. 3332 VV RVG (Wert: 300 €)	12,50 €
3.	Postentgeltpauschale, Nr. 7002 VV RVG	5,00 €
4.	16 % Umsatzsteuer, Nr. 7008 VV RVG	+ 4,80 €
Summe:		**34,80 €**

3. Der Anwalt war im Ausgangsverfahren nicht tätig, wird aber nach erfolgreicher Rüge im weiteren Verfahren tätig

Wird der Anwalt zunächst nur mit der Vertretung im Verfahren über die Rüge beauftragt 970
und wird er nach Erfolg der Rüge auch im anschließenden fortgesetzten Verfahren man-
datiert, so liegt ebenfalls nur **eine Angelegenheit** vor (§ 19 Abs. 1 Satz 2 Nr. 5 RVG).
Die Vergütung nach Nrn. 3330, 3332 VV RVG geht in der anschließenden Vergütung der
Nrn. 3100 ff. VV RVG auf. Die weitere Tätigkeit bildet dann wieder mit der Gehörsrüge
eine Angelegenheit i.S.d. § 15 Abs. 2 Satz 1 RVG. Es entsteht nicht etwa eine neue Angelegenheit.

971 **Beispiele:**

(1) Nach Klageabweisung (Wert: 500 €) beauftragt der Kläger einen Anwalt mit der Gehörsrüge, über die mündlich verhandelt wird.

Abzurechnen ist wie folgt:

1.	*0,5 Verfahrensgebühr, Nr. 3330 VV RVG (Wert: 500 €)*	*22,50 €*
2.	*0,5 Terminsgebühr, Nr. 3332 VV RVG (Wert: 500 €)*	*22,50 €*
3.	*Postentgeltpauschale, Nr. 7002 VV RVG*	*9,00 €*
4.	*16 % Umsatzsteuer, Nr. 7008 VV RVG*	*+ 8,64 €*
Summe:		**62,64 €**

(2) im vorstehenden Beispiel ist die Gehörsrüge erfolgreich, so dass das Verfahren fortgesetzt und in der Hauptsache verhandelt wird.

Es liegt insgesamt nur eine Angelegenheit vor (§ 19 Abs. 1 Satz 2 Nr. 5 RVG). Der Anwalt erhält im Ergebnis nur die Gebühren nach den Nrn. 3100 ff. VV RVG.

Abzurechnen ist jetzt wie folgt:

1.	*1,3 Verfahrensgebühr, Nr. 3100 VV RVG (Wert: 500 €)*	*58,50 €*
2.	*1,2 Terminsgebühr, Nr. 3104 VV RVG (Wert: 500 €)*	*54,00 €*
3.	*Postentgeltpauschale, Nr. 7002 VV RVG*	*20,00 €*
4.	*16 % Umsatzsteuer, Nr. 7008 VV RVG*	*+ 21,20 €*
Summe:		**153,70 €**

III. Vergütung im Verfahren über die Gehörsrüge

1. Verfahrensgebühr

972 Der Anwalt erhält zunächst einmal eine Verfahrensgebühr nach Nr. 3330 VV RVG. Die **Höhe der Gebühr** im Verfahren über die Rüge beläuft sich auf 0,5.

973 Wird die Rüge im **Berufungsverfahren** erhoben, bleibt es bei der 0,5 Verfahrensgebühr nach Nr. 3300 VV RVG. Eine Erhöhung des Gebührensatzes ist nicht vorgesehen.

974 Eine Ermäßigung der Verfahrensgebühr bei **vorzeitiger Erledigung** des Auftrags ist ebenfalls nicht geregelt (arg. e Nr. 3337 VV RVG).

975 Bei **mehreren Auftraggebern** erhöht sich die Verfahrensgebühr nach Nr. 1008 VV RVG um jeweils den festen Gebührensatz von 0,3 je weiterem Auftraggeber.

2. Terminsgebühr

Findet im Verfahren über die Gehörsrüge ein Termin i.S.d. Vorbem. 3 Abs. 3 VV RVG statt, 976
so erhält der Anwalt nach Nr. 3332 VV RVG eine **0,5 Terminsgebühr**. Die Vorschrift der
Nr. 3104 VV RVG ist dagegen nicht anwendbar (Vorbem. 3.3.6 VV RVG), wohl gilt aber
Abs. 3 der Vorbem. 3 VV RVG zum Anwendungs- und Abgeltungsbereich der Terminsgebühr.[426]

3. Einigungsgebühr

Möglich ist auch der Anfall einer Einigungsgebühr nach Nr. 1000 VV RVG. Da der Gegen- 977
stand im Verfahren der Gehörsrüge noch anhängig i.S.d. Nr. 1003 VV RVG ist, entsteht
die Gebühr nur zu **1,0**; bei Anhängigkeit im Rechtsmittelverfahren zu **1,3** (Nr. 1004 VV
RVG). Soweit die Einigung auch über nicht anhängige Gegenstände erfolgt, entsteht eine 1,5 Einigungsgebühr (Nr. 1000 VV RVG). Zu beachten ist auch hier auf jeden Fall die
Begrenzung nach § 15 Abs. 3 RVG.

4. Auslagen

Neben den Gebühren erhält der Anwalt auch seine Auslagen nach den Nrn. 7000 ff. VV 978
RVG ersetzt. Soweit es sich bei dem Verfahren der Gehörsrüge um eine selbständige An-
gelegenheit handelt, erhält der Anwalt auch eine **eigene Postentgeltpauschale** nach
Nr. 7002 VV RVG.

5. Gegenstandwert

Der Gegenstandswert bemisst sich nicht unbedingt nach dem Wert der Hauptsache. Wie 979
sich aus § 321a Abs. 1 ZPO ergibt, kann die Rüge nur im Rahmen der Beschwerde erhoben werden, so dass der Gegenstandswert den Betrag der Verurteilung nicht überschreiten kann. Die Gehörsrüge kann sich jedoch auf einen Teil der Verurteilung beschränken, so dass auch nur dieser Teilwert maßgeblich ist.

Beispiel: 980

*Der Beklagte war wegen zweier Werklohnforderungen zu je 200 € verklagt worden. Hin-
sichtlich der einen Forderung ist er verurteilt worden; hinsichtlich der anderen Forderung
hat das Gericht die Klage abgewiesen. Der Beklagte wehrt sich nur gegen die Verurteilung, da das Gericht ihm insoweit kein rechtliches Gehör gewährt habe. Mit der Gehörsrüge beauftragt er einen Anwalt.*

*Der Gegenstandswert für das Ausgangsverfahren beläuft sich auf 400 € (§ 22 Abs. 1
RVG). Der Wert des Verfahrens über die Gehörsrüge beläuft sich dagegen nur auf 200 €.*

---

426   AnwKom-RVG-*N. Schneider*, Nr. 3330 VV RVG Rn. 10.

981 Werden **wechselseitig Gehörsrügen** erhoben, so sind deren Werte entsprechend § 45 Abs. 1 GKG, § 22 Abs. 1 RVG zu addieren.[427]

IV. Kostenentscheidung

982 Hinsichtlich der **Kostenentscheidung** ist zu differenzieren:

1. Die Gehörsrüge wird zurückgewiesen oder das Urteil wird bestätigt

983 Wird die Gehörsrüge zurückgewiesen, so fehlt es an einer gesetzlichen Kostenerstattungsvorschrift. M.E. ist hier § 345 ZPO analog anzuwenden mit der Maßgabe, dass die weiteren Kosten der rügenden Partei aufzuerlegen sind.[428]

984 Das gilt auch, wenn zwar die Gehörsrüge erfolgreich war, das ursprüngliche Urteil jedoch bestätigt worden ist. Eine Abtrennung der Kosten im Verfahren über die (erfolgreiche) Gehörsrüge ist nicht vorgesehen. Insbesondere greift die Vorschrift des § 97 ZPO nicht, da die Gehörsrüge kein Rechtsmittel ist.[429]

2. Auf die Gehörsrüge wird das Urteil aufgehoben oder abgeändert

985 Wird auf die Gehörsrüge hin das Verfahren fortgesetzt und das verfahrenswidrig ergangene Urteil aufgehoben oder abgeändert, so ist nach Abschluss des Verfahrens eine **neue Kostenentscheidung** für das gesamte Verfahren zu treffen. Diese richtet sich einheitlich nach den §§ 91 ff. ZPO. Eine gesonderte Kostenentscheidung im Verfahren über die Gehörsrüge wird nicht veranlasst. Die Kosten folgen dann der Hauptsache.

3. Die Gehörsrüge wird zurückgenommen

986 Wird die Gehörsrüge zurückgenommen, so sind in analoger Anwendung des § 345 ZPO die weiteren Kosten der rügenden Partei aufzuerlegen.[430]

4. Das Verfahren wird für erledigt erklärt

987 Die Gehörsrüge selbst kann nicht für erledigt erklärt werden, da insoweit ein erledigendes Ereignis nicht in Betracht kommt. Für erledigt erklärt werden kann nur die Hauptsache. Das wiederum ist aber nur möglich, wenn die Gehörsrüge greift und das Verfahren anschließend fortgesetzt wird. Das Gericht hat dann bei übereinstimmender Erledigung der Hauptsache nach § 91a ZPO zu entscheiden, bei einseitiger Erledigungserklärung nach §§ 91, 92 ff. ZPO.[431]

---

427 AnwKom-RVG-*N. Schneider,* Nr. 3330 VV RVG Rn. 14.
428 AnwKom-RVG-*N. Schneider,* Nr. 3330 VV RVG Rn. 16.
429 AnwKom-RVG-*N. Schneider,* Nr. 3330 VV RVG Rn. 17.
430 AnwKom-RVG-*N. Schneider,* Nr. 3330 VV RVG Rn. 18.
431 AnwKom-RVG-*N. Schneider,* Nr. 3330 VV RVG Rn. 19.

N. Muster

I. Muster 1: Gebührenteilungsabrede

988

Sehr geehrter Herr Kollege,

in dem Rechtsstreit ... ./. ..., Aktenzeichen: .... bestätige ich unsere telefonische Absprache wie folgt:

Sie haben sich bereit erklärt, den Mandanten in sämtlichen vor dem Landgericht .... durchgeführten Terminen zu vertreten.

Sämtliche Schriftsätze werden von mir in eigener Verantwortung gefertigt und von mir unterschrieben.

Die für meine Tätigkeit als Prozessbevollmächtigter und Ihre Tätigkeit als Terminsvertreter angefallenen Gebühren und Auslagen – ohne Umsatzsteuer – werden hälftig geteilt.

Bitte bestätigen Sie kurz diese Vereinbarung schriftlich.

Mit freundlichen kollegialen Grüßen

....

Rechtsanwalt

II. Muster 2: Sofortige Beschwerde gegen Kostenfestsetzungsbeschluss – Absetzung Terminsvertreterkosten

989

An das
Landgericht ....

Gegen den Kostenfestsetzungsbeschluss des Rechtspflegers des Landgerichts .... vom .... , mir zugestellt am ...., lege ich namens des Klägers

sofortige Beschwerde

ein, soweit die Kosten des Klägers für den Terminsvertreter nicht mit festgesetzt wurden.

Begründung:

Entgegen der Auffassung des Rechtspflegers, sind die durch meine Einschaltung als Prozessbevollmächtigter und die Einschaltung des Terminsvertreters angefallenen Mehrkosten in vollem Umfang erstattungsfähig. Der Kläger hat mich als an seinem Wohnsitz kanzleiansässigen Rechtsanwalt zum Prozessbevollmächtigten bestellt. In einem eingehenden Mandantengespräch am .... haben wir die mit dem Rechtsstreit zusammenhängenden tatsächlichen und rechtlichen Fragen eingehend erörtert. Folglich ist es nach der ständigen Rechtsprechung des BGH (NJW 2003, 898 = BRAGOreport 2003, 13) als notwendig anzuerkennen, dass der Kläger mich auch in dem Rechtsstreit zum Prozessbevollmächtigten bestellt hat. Die durch die Einschaltung des Terminsvertreters angefallenen Mehrkosten i.H.v. 200 € sind nicht höher, als mir Terminsreisekosten angefallen wären. Diese hätten nämlich betragen:

1.	Bahnfahrt 1. Klasse	98,00 €
2.	Kosten der An- und Abfahrt zum Bahnhof und zurück mit dem eigenen PKW – 50 km à 0,30 €	15,00 €

3. Parkgebühren	6,00 €
4. Taxikosten am Ort des Prozessgerichts, 2 x 15 €	30,00 €
5. Tagegeld bei Abwesenheit von mehr als 8 Stunden	+ 60,00 €
	209,00 €

Sollte der sofortigen Beschwerde nicht stattgegeben werden, bitte ich,
die Rechtsbeschwerde an den BGH zuzulassen.

....
Rechtsanwalt

III. Muster 3: Sofortige Beschwerde – Absetzung Terminsreisekosten Berufungsinstanz

990

An das
Landgericht ....

Gegen den Kostenfestsetzungsbeschluss des Rechtspflegers des Landgerichts .... vom
............, mir zugestellt am ...., lege ich namens des Beklagten

sofortige Beschwerde

ein, soweit meine Terminsreisekosten abgesetzt wurden.

Begründung:

Der Beklagte hat mich nach Zustellung der Klageschrift an seinem Wohnort in meiner Kanzlei
aufgesucht. Im Rahmen eines eingehenden Mandantengesprächs ist die Sach- und Rechtslage
eingehend erörtert worden. Ich habe dann in der mündlichen Verhandlung vor dem Amtsgericht .... für den Beklagten den Termin wahrgenommen. Meine Terminsreisekosten
erster Instanz sind deshalb auch zu Recht durch den rechtskräftigen Kostenfestsetzungsbeschluss
vom .... festgesetzt worden.

Nach Zustellung der Berufungsschrift hat mich der Beklagte erneut in meinen Kanzleiräumen
aufgesucht und mich auch für das Berufungsverfahren mit der Prozessführung beauftragt. In einem weiteren eingehenden Mandantengespräch habe ich mit ihm das weitere Vorgehen in der
Berufungsinstanz erörtert. Deshalb sind auch die Terminsreisekosten für die Wahrnehmung des
Termins vor der Berufungskammer erstattungsfähig. Entgegen der Auffassung des Rechtspflegers war der Beklagte nicht gehalten, sich in der Berufungsinstanz durch einen am Ort des Prozessgerichts kanzleiansässigen Prozessbevollmächtigten vertreten zu lassen. Vielmehr gelten für
die Erstattungsfähigkeit der Terminsreisekosten dieselben Grundsätze, wie für die Reise in der
ersten Instanz (BGH, RVGreport 2004, 316).

....
Rechtsanwalt

IV.   Muster 4: Sofortige Beschwerde – Absetzung der Verkehrsanwaltskosten

991

An das
Landgericht ....

Gegen den Kostenfestsetzungsbeschluss des Rechtspflegers des Landgerichts .... vom
................, mir zugestellt am ...., lege ich namens des Klägers

sofortige Beschwerde

ein, soweit die Verkehrsanwaltskosten abgesetzt wurden.

Begründung:

Entgegen der Auffassung des Rechtspflegers sind die Verkehrsanwaltskosten erstattungsfähig. Der Kläger ist erstattungsrechtlich nicht gehalten, seinen Prozessbevollmächtigten am Ort des Prozessgerichts auf ausschließlich schriftlichem Wege zu informieren. Der Sachverhalt war keineswegs so einfach gelagert, wie der Rechtspfleger es in dem angefochtenen Beschluss gesehen hat. Der Kläger ist ein einfacher Handwerksmeister. Er konnte nicht wissen, auf welche tatsächlichen und rechtlichen Umstände es für den Rechtsstreit ankommt. So war z.B. fraglich, ob tatsächlich die Beklagte seine Vertragspartnerin geworden ist. Ohne eine ausführliche Beratung durch den Verkehrsanwalt, die auch eine Sichtung der Vertragsunterlagen erfasste, hätte mich der Kläger gar nicht hinreichend informieren können.

Jedenfalls sind die Verkehrsanwaltskosten deshalb erstattungsfähig, weil die ersparten Aufwendungen des Klägers für eine Informationsreise zwecks Führung eines Beratungs- und Informationsgesprächs mit mir höher gewesen wären. Dies ergibt folgende Berechnung:

....

....

....

....

Rechtsanwalt

Teil 8: Arbeitsrechtliche Angelegenheiten

Inhaltsverzeichnis

A. Vergütung in Arbeitssachen

I. Überblick

Für die Tätigkeit des Anwalts in arbeitsgerichtlichen Angelegenheiten gelten grds. **keine** **Besonderheiten**. Es handelt sich um **Zivilsachen**, so dass der Anwalt, abgesehen von einigen Sonderregelungen, die gleiche Vergütung erhält, die auch in allgemeinen Zivilsachen entsteht. Eine besondere Verweisungsvorschrift für gerichtliche Verfahren – wie noch in § 62 BRAGO – ist nicht mehr vorgesehen und auch nicht mehr erforderlich. Die Anwendbarkeit der allgemeinen Vorschriften ergibt sich bereits aus der Struktur des Gesetzes. 1

II. Allgemeine Gebühren

Die allgemeinen Gebühren aus Teil 1 VV RVG gelten auch in Arbeitssachen. 2

Von Bedeutung ist hier vor allem die **Einigungsgebühr** (Nr. 1000 VV RVG). Diese setzt im Gegensatz zur bisherigen Vergleichsgebühr (§ 23 BRAGO) ein **gegenseitiges Nachgeben** nicht mehr voraus, wobei allerdings ein Mindestmaß an Nachgeben weiterhin erforderlich bleibt; ein **Anerkenntnis** reicht daher auch hier ebenso wenig wie ein **Verzicht** (Abs. 1 Satz 1 der Anm. zu Nr. 1000 VV RVG). Inwieweit sich hier der Anwendungsbereich gegenüber der bisherigen Vergleichsgebühr erweitern wird, muss abgewartet werden. Eine wesentliche Änderung wird wohl nicht eintreten. 3

4 Von Bedeutung sein wird die neue (erweiterte) Regelung, wenn der Arbeitgeber aufgrund einer Einigung die Kündigung zurücknimmt und das Arbeitsverhältnis fortgesetzt wird und der Kläger seine ggf. bereits eingereichte Kündigungsschutzklage zurücknimmt. Hier wurde von einem Teil der Rechtsprechung eine Vergleichsgebühr verneint, da es an einem gegenseitigen Nachgeben fehle.[1] Nach Auffassung anderer Gerichte wurde dagegen eine Vergleichsgebühr ausgelöst.[2]

5 | Hinweis: |
| --- |
| Ob und inwieweit hier im Übrigen eine erweiterter Anwendungsbereich der Einigungsgebühr gegenüber der Vergleichsgebühr eintreten wird, muss abgewartet werden. |

III. Beratung

6 Wird der Anwalt beratend tätig, so richtet sich seine Vergütung nach Nr. 2100 VV RVG. Ihm steht wie bisher ein Gebührenrahmen i.H.v. **0,1 bis 1,0** zur Verfügung. Die **Mittelgebühr** beträgt **0,55.**

7 Neu ist jetzt, dass die **Kappungsgrenze** einer **Erstberatung**, die jetzt 190 € beträgt, zukünftig nur noch dann greift, wenn der **Auftraggeber Verbraucher** i.S.d. § 13 BGB ist. Diese Regelung soll jetzt ausschließlich dem **Verbraucherschutz** dienen.

8 | Hinweis: |
| --- |
| Allerdings ist diese Regelung unklar. Soll es darauf ankommen, dass sich der Mandant in einer Verbraucherangelegenheit beraten lässt? Dann würde die Erstberatung in Arbeitssachen keine Rolle mehr spielen, da der Arbeitnehmer gegenüber dem Arbeitgeber nicht als Verbraucher behandelt wird, wenn es um Arbeitsverträge, Aufhebungsverträge o.Ä. geht.[3] Oder soll es darauf ankommen, dass der Auftraggeber im Verhältnis zum Anwalt als Verbraucher i.S.d. § 13 BGB auftritt, muss also der Anwaltsvertrag ein Verbrauchergeschäft sein, nicht der Gegenstand der Beratung? Dann fiele nur der Arbeitgeber aus dem Anwendungsbereich der Erstberatung heraus.[4] Vgl. hierzu auch Teil 7 Rn. 34 ff. |

---

1 LAG Düsseldorf, MDR 1999, 445 = JurBüro 1999, 361= KostRsp. BRAGO § 23 Nr. 114; LAG Hannover, MDR 2001, 654 = NZA-RR 2001, 439 = JurBüro 2001, 413 = LAGE § 23 BRAGO Nr. 11 = KostRsp. BRAGO § 23 Nr. 144; LAG Nürnberg, MDR 2002, 544 = KostRsp. BRAGO § 23 Nr. 154.
2 LAG Halle, MDR 2000, 1034 = AnwBl. 2000, 696 = BB 2000, 1631 = JurBüro 2000, 528 = KostRsp. BRAGO § 23 Nr. 129 (gegen LAG Düsseldorf); LAG Düsseldorf, MDR 2000, 976 = JurBüro 2000, 528 = KostRsp. BRAGO § 23 Nr. 131 (Vergleich bejaht bei „Unterwerfungsvergleich"); LAG Köln, MDR 2001, 656 = NZA-RR 2001, 440 = LAGE § 23 BRAGO Nr. 10 = KostRsp. BRAGO § 23 Nr. 143 (ebenfalls gegen LAG Düsseldorf).
3 BAG, DB 2004, 1208.
4 S. hierzu *Mock*, AGS 2004, 230.

IV. Außergerichtliche Tätigkeiten

1. Außergerichtliche Vertretung

Für die außergerichtliche Vertretung in Arbeitssachen gilt zukünftig Nr. 2400 VV RVG. An 9
Stelle der bisherigen Geschäfts- und Besprechungsgebühr erhält der Anwalt zukünftig
nur noch eine **Geschäftsgebühr**. Deren Höhe beläuft sich auf 0,5 bis 2,5. Die **Mittelgebühr** beträgt 1,5 (ausführlich hierzu Teil 7 Rn. 120 ff.).

Der Anwalt erhält hier also einen **weitaus höheren Gebührenrahmen** als bisher. Dies 10
wiederum zwingt – auch in Arbeitssachen – zu einem Umdenken. Es kann nicht ohne
weiteres von der Mittelgebühr ausgegangen werden, da die Bandbreite von 2,0 Gebühren (0,5 bis 2,5) nunmehr viel größer ist als bisher und der Gebührenrahmen jede
außergerichtliche Tätigkeiten von der einfachsten Sache bis zur umfangreichen schwierigen Sache mit zahlreichen Besprechungen, Recherchen, Aufhebungsvertragsentwürfen,
aufwändigen Abfindungsberechnungen etc. abdeckt.

11

Praxishinweis:

Der Anwalt ist hier also zukünftig stärker gefordert als bisher, im Einzelfall seine **Gebühr nach § 14 Abs. 1 RVG abzuwägen** und seine Abwägung zu begründen.

Möglicherweise werden sich **Standardfälle**, wie z.B. Ausspruch und Abwehr einer Kündigung, Einforderung von Gehaltsrückständen o.Ä., herausbilden, für die die **Rechtsprechung Regelsätze** herausarbeitet, von denen in diesen Angelegenheiten als **Richt-
wert** ausgegangen werden kann.

Zu beachten ist auch hier die sog. **Schwellengebühr** (Anm. zu Nr. 2400 VV RVG). Eine 12
höhere Vergütung als 1,3 kann danach auch hier nur gefordert werden, wenn die Tätigkeit umfangreich oder schwierig war.

13

Hinweis:

Es kann also durchaus vorkommen, dass der Anwalt einen Fall bearbeitet, in dem die
Bedeutung erheblich ist, ebenso sein **besonderes Haftungsrisiko**; der Mandant ist
vermögend und hat sehr hohes Einkommen, so dass sich ein Gebührensatz von über
1,3 rechtfertigen würde. Sofern die Angelegenheit aber nicht umfangreich oder
schwierig war, darf der Anwalt nicht mehr als 1,3 abrechnen.

Bei dieser Schwellengebühr handelt es sich um eine **Kappungsgrenze**. Es ergibt sich al- 14
so in einfachen und nicht umfangreichen Sachen nicht etwa ein zweiter Gebührenrahmen von 0,5 bis 1,3 mit einer neuen Mittelgebühr von 0,9. Es bleibt vielmehr auch in
diesen Sachen zunächst bei dem vollen Gebührenrahmen. Lediglich dann, wenn die Kri-

terien der Anm. zu Nr. 2400 VV RVG erfüllt sind, wird bei einem Gebührensatz von 1,3 gekappt.[5]

15   Einzelheiten wird hier die Rechtsprechung auch in arbeitsgerichtlichen Verfahren noch herauszuarbeiten haben, insbesondere wie die Begriffe **„umfangreich"** und **„schwierig"** zukünftig im Arbeitsrecht **auszulegen** sein werden.

16   Ob die **Schwellengebühr in Arbeitssachen** große **Bedeutung** erhalten wird, erscheint fraglich. So dürften Ausspruch und Abwehr von außerordentlichen Kündigungen sowie die Berechnung von Gehaltsrückständen und Eingruppierungsstreitigkeiten i.d.R. umfangreich und auch schwierig sein.

2.   Verfahren vor einem Ausschuss oder dem Seemannsamt

17   Wird der Anwalt in einem Verfahren vor einem Ausschuss der in § 111 Abs. 2 ArbGG bezeichneten Art tätig, erhält er eine **weitere Geschäftsgebühr** (Nr. 2403 Nr. 2 VV RVG). Das Gleiche gilt in **Verfahren vor dem Seemannsamt in Arbeitssachen** (Nr. 2403 Nr. 3 VV RVG). Es handelt sich jeweils um verschiedene Angelegenheiten (§ 17 Nr. 7b) und c) RVG). Der Anwalt erhält die Geschäftsgebühr also ein zweites Mal.

18   *Beispiel:*

Der Arbeitgeber spricht gegenüber seinem Auszubildenden die fristlose Kündigung des Ausbildungsverhältnisses aus. Daraufhin beauftragt der Auszubildende einen Anwalt, der zunächst versucht, außergerichtlich die Kündigung abzuwehren. Hiernach ruft er den zuständigen Ausschuss (Kreishandwerkerschaft o.Ä.) an. Das Verfahren endet ohne Ergebnis. Es kommt sodann zum Kündigungsschutzprozess, in dem die Parteien in der mündlichen Verhandlung einen Vergleich schließen.

Der Gegenstandswert ergibt sich aus § 42 Abs. 4 GKG, der dem bisherigen § 12 Abs. 7 ArbGG entspricht (s.u. Rn. 85 ff.). Auszugehen ist von einem Vierteljahreseinkommen.

Das Vierteljahreseinkommen soll hier mit 2.400 € angenommen werden.

Insgesamt liegen in diesen Fällen nach § 17 Nr. 7 RVG drei verschiedene Angelegenheiten vor:

*1. **außergerichtliche Tätigkeit** (Nr. 2400 VV RVG),*

*2. Tätigkeit im **Güte- oder Schlichtungsverfahren** (Nr. 2403 VV RVG) und*

*3. Tätigkeit im **Rechtsstreit** (Nrn. 3100 ff. VV RVG).*

Für die Abwehr der Kündigung erhält der Anwalt eine Geschäftsgebühr nach Nr. 2400 VV RVG. Daneben kann der Anwalt Ersatz seiner Auslagen nach den Nrn. 7000 ff. VV RVG verlangen. Insbesondere erhält der Anwalt eine eigene Postentgeltpauschale nach Nr. 7002 VV RVG.

---

5   S. hierzu *Hansens*, RVGreport 2004, 209; ferner Teil 7 Rn. 121 ff.

Für seine Tätigkeit vor dem Ausschuss erhält er eine weitere Geschäftsgebühr, jetzt nach Nr. 2403 VV RVG i.H.v. 1,5. Auf diese Gebühr wird die vorangegangene Geschäftsgebühr zur Hälfte angerechnet, höchstens jedoch mit einem Gebührensatz von 0,75 (Anm. zu Nr. 2403 VV RVG). Auch hier erhält der Anwalt wiederum Ersatz seiner Auslagen nach den Nrn. 7000 ff. VV RVG, insbesondere eine eigene Postentgeltpauschale nach Nr. 7002 VV RVG.

Der anschließende Rechtsstreit stellt wiederum eine eigene Angelegenheit dar. Hier erhält der Anwalt zunächst eine Verfahrensgebühr nach Nr. 3100 VV RVG. Die Geschäftsgebühr für das Ausschussverfahren wird zur Hälfte angerechnet (Vorbem. 3 Abs. 4 Satz 1 VV RVG). Angerechnet wird in solchen Fällen nur die letzte Geschäftsgebühr (Vorbem. 3 Abs. 4 Satz 2 VV RVG).

Abzurechnen ist danach also wie folgt, wobei für die Abwehr der Kündigung hier von einem Gebührensatz i.H.v. 1,3 ausgegangen werden soll.

I. Außergerichtliche Tätigkeit:

1.	*1,5 Geschäftsgebühr, Nr. 2400 VV RVG*	*209,30 €*
2.	*Postentgeltpauschale, Nr. 7002 VV RVG*	*20,00 €*
3.	*16 % Umsatzsteuer, Nr. 7008 VV RVG*	*+ 36,69 €*
Summe:		**265,99 €**

II. Schlichtungsverfahren:

1.	*1,5 Geschäftsgebühr, Nr. 2403 Nr. 1 VV RVG*	*241,50 €*
	gemäß Anm. zu Nr. 2403 VV RVG **anzurechnen:**	
	0,65 Geschäftsgebühr zu I. 1. (Wert: 400 €)	*– 104,65 €*
2.	*Postentgeltpauschale, Nr. 7002 VV RVG*	*20,00 €*
3.	*16 % Umsatzsteuer, Nr. 7008 VV RVG*	*+ 25,10 €*
Summe:		**181,95 €**

III. Rechtsstreit

1.	*1,3 Verfahrensgebühr, Nr. 3100 VV RVG*	*209,30 €*
	gemäß Vorbem. 3 Abs. 4 Satz 1 VV RVG **anzurechnen:**	
	0,75 Geschäftsgebühr zu II. 1. (Wert: 300 €)	*– 120,75 €*
2.	*1,2 Terminsgebühr, Nr. 3104 VV RVG*	*193,20 €*
3.	*Postentgeltpauschale, Nr. 7002 VV RVG*	*20,00 €*
4.	*16 % Umsatzsteuer, Nr. 7008 VV RVG*	*+ 48,28 €*
Summe:		**350,05 €**

3. Verfahren vor dem Integrationsamt

19 Wird der Anwalt außergerichtlich neben dem Ausspruch oder der Abwehr der Kündigung auch in einem Verfahren vor dem Integrationsamt nach §§ 85 ff. SGB IX tätig, so erhält er neben der Geschäftsgebühr (Nr. 2400 VV RVG) für den Ausspruch oder die Abwehr der Kündigung eine weitere Geschäftsgebühr für das Verfahren vor der Integrationsamt, ebenfalls nach Nr. 2400 VV RVG.

20 Kündigung und Verfahren vor dem Integrationsamt sind **zwei verschiedene Angelegenheiten.** Bei dem einen handelt es sich um eine **arbeitsgerichtliche** Sache, bei dem anderen um ein **verwaltungsrechtliches** Verfahren.

21 Im Verfahren vor dem Integrationsamt kann der Anwalt die Geschäftsgebühr zudem **zweimal verdienen,** nämlich zum einen im **Verwaltungsverfahren** und zum anderen im **Widerspruchsverfahren.** Beide Verfahren stellen zwei verschiedene Angelegenheiten dar (§ 17 Nr. 1 RVG).

22 Für das Verfahren erhält der Anwalt die Geschäftsgebühr nach Nr. 2400 VV RVG, für das Widerspruchsverfahren die nach Nr. 2401 VV RVG. Eine Anrechnung ist nicht vorgesehen. Kommt es dann noch zu einem Rechtsstreit vor dem Verwaltungsgericht, ist die Gebühr nach Nr. 2401 VV RVG zur Hälfte, höchstens zu 0,75 auf die Verfahrensgebühr des Verwaltungsverfahrens anzurechnen (Vorbem. 3 Abs. 4 Satz 2 VV RVG).

23 Der **Gegenstandswert** bemisst sich **gemäß Nr. 38 des Streitwertkatalogs für die Verwaltungsgerichtsbarkeit** (abgedruckt im Anhang zu Teil 11) nach dem Auffangwert, also nach § 52 Abs. 2 GKG n.F. auf **5.000 €.**

24 *Beispiel:*

Der Arbeitgeber des schwerbehinderten Mandanten möchte diesem kündigen und beantragt vor dem Integrationsamt die Genehmigung hierzu. Der Mandant beauftragt seinen Anwalt, in diesem Verfahren tätig zu werden. Die Genehmigung wird schließlich im Widerspruchsverfahren erteilt. Anschließend erhält der Mandant die Kündigung. Hiergegen wendet sich der Anwalt auftragsgemäß zunächst außergerichtlich und erhebt anschließend Kündigungsschutzklage (Wert: 6.000 €) über die sich die Parteien dann im Gütetermin vergleichen.

Zu rechnen ist ausgehend jeweils von einer Mittelgebühr wie folgt:

A. *Verfahren vor dem Integrationsamt*

I. *Außergerichtliche Tätigkeit (Wert: 5.000 €):*

1. *1,5 Geschäftsgebühr, Nr. 2400 VV RVG*		*451,50 €*
2. *Postentgeltpauschale, Nr. 7002 VV RVG*		*20,00 €*
3. *16 % Umsatzsteuer, Nr. 7008 VV RVG*	+	*75,44 €*
Summe:		*546,94 €*

II. Widerspruchsverfahren (Wert: 5.000 €):

1.	1,3 Geschäftsgebühr, Nr. 2401 VV RVG	391,30 €
	gemäß Anm. zu Nr. 2403 VV RVG anzurechnen 0,75 Geschäftsgebühr zu A. I. 1. (Wert: 5.000 €)	– 225,75 €
2.	Postentgeltpauschale, Nr. 7002 Nr. RVG	20,00 €
3.	16 % Umsatzsteuer, Nr. 7008 VV RVG	+ 29,69 €
Summe:		**215,24 €**

B. Kündigung
I. Außergerichtliche Tätigkeit (Wert: 6.000 €):

1.	1,5 Geschäftsgebühr, Nr. 2400 VV RVG	507,00 €
2.	Postentgeltpauschale, Nr. 7002 VV RVG	20,00 €
3.	16 % Umsatzsteuer, Nr. 7008 VV RVG	+ 84,32 €
Summe:		**621,32 €**

II. Rechtsstreit (Wert: 6.000 €):

1.	1,3 Verfahrensgebühr, Nr. 3100 VV RVG	439,40 €
	gemäß Vorbem. 3 Abs. 4 VV RVG **anzurechnen:** 0,75 Geschäftsgebühr zu B. I. 1. (Wert: 6.000 €)	-253,50 €
2.	1,2 Terminsgebühr, Nr. 3104 VV RVG	405,60 €
3.	1,5 Einigungsgebühr, Nr. 2400 VV RVG	507,00 €
4.	Postentgeltpauschale, Nr. 7002 VV RVG	20,00 €
5.	16 % Umsatzsteuer, Nr. 7008 VV RVG	+ 178,96 €
Summe:		**1.297,46 €**

V. Mahnverfahren

Im Mahnverfahren erhält der Anwalt des **Antragstellers** wie bisher eine 1,0 Verfahrens-   25
gebühr (Nr. 3305 VV RVG) und für das Verfahren über den Erlass eines Vollstreckungsbescheids eine weitere 0,5 Verfahrensgebühr (Nr. 3308 VV RVG).

Der Anwalt des **Antragsgegners** erhält an Stelle der bisherigen 3/10 Gebühr nach § 43   26
Abs. 1 Nr. 2 BRAGO eine 0,5 Verfahrensgebühr (Nr. 3308 VV RVG). Bis auf die Gebühr
für den Vollstreckungsbescheid werden die Verfahrensgebühren wie bisher auf die entsprechenden Verfahrensgebühren des nachfolgenden Rechtsstreits **angerechnet** (Anm.
zu Nr. 3305 VV RVG; Anm. zu Nr. 3307 VV RVG).

VI. Erstinstanzliches gerichtliches Verfahren

1. Verfahrensgebühr

27 Im erstinstanzlichen gerichtlichen Verfahren richtet sich die Vergütung nach den Nrn. 3100 ff. VV RVG. Dies gilt auch für die arbeitsrechtlichen **Beschlussverfahren**. Die bisherige Verweisung in § 62 Abs. 2 BRAGO ist entbehrlich, da sich bereits aus der Überschrift des Teil 3 VV RVG *„und ähnliche Verfahren"* ergibt, dass diese Vergütungsvorschriften anzuwenden sind.

a) Volle Verfahrensgebühr

28 Im gerichtlichen Verfahren erhält der Anwalt zunächst eine **1,3 Verfahrensgebühr** nach Nr. 3100 VV RVG.

b) Ermäßigte Verfahrensgebühr

29 Die Verfahrensgebühr erhält er i.H.v. 0,8, wenn sich der **Auftrag vorzeitig erledigt** (Nr. 3101 Nr. 1 VV RVG; bisher § 32 Abs. 1 BRAGO) oder soweit die Parteien sich auch über nicht rechtshängige Ansprüche einigen und diese protokollieren lassen (Nr. 3101 Nr. 2 VV RVG); dies entspricht dem bisherigen § 32 Abs. 2 BRAGO.

30

> **Hinweis:**
>
> Hinzu kommt allerdings, dass auch bloße Verhandlungen über nicht rechtshängige Ansprüche künftig diese weitere 0,8 Gebühr auslösen. Es muss also nicht zum Abschluss einer Einigung und Protokollierung gekommen sein. Es reicht zukünftig schon aus, dass die nicht anhängigen Ansprüche vor Gericht erörtert werden (s.u. das Abrechnungsbeispiel Rn. 38).

2. Terminsgebühr

a) Volle Terminsgebühr

31 Neben der Verfahrensgebühr kann der Anwalt zukünftig nur noch die **1,2 Terminsgebühr** erhalten (Nr. 3104 VV RVG). Diese entsteht an Stelle der bisherigen Verhandlungs-, Erörterungs- und Beweisgebühr, die es zukünftig nicht mehr geben wird.

32 Die Terminsgebühr fällt bereits für die **Teilnahme an der Güteverhandlung** vor dem Vorsitzenden nach § 54 ArbGG an.

33 Hinsichtlich der Terminsgebühr wird nicht danach unterschieden, ob die Ansprüche rechtshängig sind oder nicht. Auch soweit die Parteien vor Gericht Ansprüche erörtern, die nicht rechtshängig sind, entsteht die 1,2 Terminsgebühr.

Es wird auch nicht mehr unterschieden zwischen streitiger und nicht streitiger Verhandlung. Der Anwalt erhält die Terminsgebühr stets i.H.v. 1,2. **34**

Ferner entsteht die Terminsgebühr nach Nr. 3104 VV RVG darüber hinaus auch dann, wenn die Anwälte **außergerichtliche Besprechungen** mit dem Ziel der Erledigung des Rechtsstreits führen (Vorbem. 3 Abs. 3 VV RVG). Hier reicht z.B. ein Telefongespräch nach Eingang der Kündigungsschutzklage zum Zwecke der gütlichen Beilegung des Kündigungsrechtsstreits. **35**

b) Verminderte Terminsgebühr

Lediglich dann, wenn der Gegner nicht erscheint und auch nicht vertreten ist und aus diesem Grund ein **Versäumnisurteil** ergeht oder ein Antrag zur Prozess- und Sachleitung gestellt wird, reduziert sich die Terminsgebühr auf 0,5 (Nr. 3105 VV RVG). Erscheint der Gegner dagegen und erklärt, nicht aufzutreten, entsteht die volle 1,2 Terminsgebühr. **36**

3. Einigungsgebühr

Neben der Verfahrens- und der Terminsgebühr kann der Anwalt zusätzlich noch eine **Einigungsgebühr** nach Nrn. 1000, 1003 VV RVG verdienen (s. hierzu Teil 5 Rn. 1 ff.). **37**

Beispiel: **38**

Eingeklagt wird rückständiges Gehalt i.H.v. 3.000 €. Nach Erhalt der Klage ruft der Beklagtenvertreter beim Anwalt des Klägers an. Die Parteien einigen sich über das rückständige Gehalt sowie die Aufhebung des Arbeitsverhältnisses (Wert: 4.500 €). Daraufhin wird in Vollziehung der Einigung die Klage zurückgenommen.

Beide Anwälte können wie folgt abrechnen:

1.	*1,3 Verfahrensgebühr, Nr. 3100 VV RVG (Wert: 3.000 €)*	*245,70 €*
2.	*0,8 Verfahrensgebühr, Nr. 3101 Nr. 2 VV RVG (Wert: 4.500 €)*	*218,40 €*
	gemäß § 15 Abs. 3 RVG nicht mehr als eine	
	1,3 Verfahrensgebühr (Wert: 7.500 €) mit 535,60 €,	
	die hier nicht überschritten werden	
3.	*1,2 Terminsgebühr, Nr. 3104 VV RVG (Wert: 7.500 €)*	*494,40 €*
4.	*1,0 Einigungsgebühr, Nrn. 1000, 1003 VV RVG (Wert: 3.000 €)*	*189,00 €*
	1,5 Einigungsgebühr, Nrn. 1000, 1003 VV RVG (Wert: 4.500 €)	*409,50 €*
	gemäß § 15 Abs. 3 RVG nicht mehr als eine	
	1,5 Einigungsgebühr (Wert: 7.500 €) mit 618,00 €,	
	die hier nicht überschritten werden	
6.	*Postentgeltpauschale, Nr. 7002 VV RVG*	*20,00 €*
7.	*16 % Umsatzsteuer, Nr. 7008 VV RVG*	*+ 252,32 €*
Summe:		*1.829,32 €*

VII. Berufungsverfahren

39   Im Berufungsverfahren erhält der Anwalt die Vergütung nach Nrn. 3200 ff. VV RVG. Hier gelten keine Besonderheiten. Es entsteht also eine **1,6 Verfahrensgebühr** nach Nr. 3200 VV RVG und bei vorzeitiger Erledigung i.H.v. **1,1** (Nr. 3201 Nr. 1 VV RVG); das Gleiche gilt, wenn nicht rechtshängige Ansprüche mit erledigt oder in Verhandlungen mit einbezogen werden (Nr. 3201 Nr. 2 VV RVG).

30   Daneben entsteht die **Terminsgebühr** im Berufungsverfahren nach Nr. 3202 VV RVG i.H.v. **1,2**.

41   Soweit sich die Parteien im Berufungsverfahren einigen, entsteht eine **1,3 Einigungsgebühr** (Nrn. 1000, 1004 VV RVG).

VIII. Beschwerden im Beschlussverfahren

42   Für Beschwerden gegen den Rechtszug beendende Entscheidungen in arbeitsgerichtlichen Beschlussverfahren gelten die Vorschriften des Berufungsverfahrens entsprechend. Dies ergibt sich aus der Verweisung in Vorbem. 3.2.1 Abs. 1 Nr. 2 e) VV RVG (bisheriger § 62 Abs. 2 BRAGO). Es entstehen also die gleichen Gebühren im Berufungsverfahren (Nrn. 3200 ff. VV RVG).

IX.   Revision

43   Im Revisionsverfahren erhält der Anwalt die Gebühren nach Nrn. 3206 ff. VV RVG. Die **Verfahrensgebühr** beläuft sich auch hier auf **1,6**, die ermäßigte Verfahrensgebühr auf **1,3** (Nr. 3207 VV RVG). Die **Terminsgebühr** fällt im Revisionsverfahren mit einem Gebührensatz von **1,5** an (Nr. 3210 VV RVG).

X.   Nichtzulassungsbeschwerde

44   Wird gegen die Nichtzulassung der Berufung durch das Landesarbeitsgericht Nichtzulassungsbeschwerde vor dem BAG erhoben, so stellt die Nichtzulassungsbeschwerde eine **eigene Angelegenheit** gegenüber dem Berufungsverfahren dar (§ 15 Abs. 2 Satz 2 RVG). Sie wird vergütet nach Nr. 3506 VV RVG.

45   Der Anwalt erhält im Verfahren über die Nichtzulassungsbeschwerde eine **Verfahrensgebühr** i.H.v. **1,6**.

46   Kommt es anschließend zur Durchführung des Revisionsverfahrens, so stellt dies eine **weitere selbständige Angelegenheit** dar (§ 17 Nr. 9 RVG).

47   Allerdings wird die Verfahrensgebühr des Nichtzulassungsbeschwerdeverfahrens auf die nachfolgende Verfahrensgebühr des Revisionsverfahrens **angerechnet** (Anm. zu Nr. 3506

VV RVG), so dass im Endeffekt durch das Nichtzulassungsbeschwerdeverfahren keine zusätzliche Vergütung entsteht, wenn die Revision in voller Höhe durchgeführt wird; es
bleibt allerdings eine gesonderte **Postentgeltpauschale** nach Nr. 7002 VV RVG.

Beispiel: 48

*Das LAG hat die Berufung des Klägers (Wert: 12.000 €) zurückgewiesen und die Revision
nicht zugelassen. Der Kläger legt Nichtzulassungsbeschwerde ein. Die Nichtzulassungsbeschwerde ist erfolgreich; die Revision wird zugelassen und hierüber verhandelt.*

Zu rechnen ist wie folgt:

I. Berufungsverfahren:

1.	*1,6 Verfahrensgebühr, Nr. 3200 VV RVG*	*841,60 €*
2.	*1,2 Terminsgebühr, Nr. 3202 VV RVG*	*631,20 €*
3.	*Postentgeltpauschale, Nr. 7002 VV RVG*	*20,00 €*
4.	*16 % Umsatzsteuer, Nr. 7008 VV RVG*	*+ 238,85 €*
Summe:		**1.731,55 €**

II. Nichtzulassungsbeschwerdeverfahren:

1.	*1,6 Verfahrensgebühr, Nr. 3506 VV RVG*	*841,60 €*
2.	*Postentgeltpauschale, Nr. 7002 VV RVG*	*20,00 €*
3.	*16 % Umsatzsteuer, Nr. 7008 VV RVG*	*+ 137,86 €*
Summe:		**999,46 €**

III. Revisionsverfahren:

1.	*1,6 Verfahrensgebühr, Nr. 3206 VV RVG*	*841,60 €*
2.	*1,5 Terminsgebühr, Nr. 3210 VV RVG*	*789,00*
	gemäß Anm. zu Nr. 3506 VV RVG anzurechnen	
	1,6 Verfahrensgebühr zu II. 1. (Wert: 12.000 €)	*− 841,60 €*
3.	*Postentgeltpauschale, Nr. 7002 VV RVG*	*20,00 €*
4.	*16 % Umsatzsteuer, Nr. 7008 VV RVG*	*+ 129,44 €*
Summe:		**938,44 €**

XI. Einzeltätigkeiten nach Nr. 3326 VV RVG

Nach Nr. 3326 VV RVG erhält der Anwalt im Verfahren vor den Gerichten für Arbeitssa-   49
chen, wenn sich die Tätigkeit beschränkt auf:

* eine gerichtliche Entscheidung über die Bestimmung einer Frist (§ 102 Abs. 3 ArbGG),

- die Ablehnung eines Schiedsrichters (§ 103 Abs. 3 ArbGG) oder

- die Vornahme einer Beweisaufnahme oder einer Vereidigung (§ 106 Abs. 2 ArbGG)

eine **0,75 Verfahrensgebühr.** Dies entspricht der bisherigen Regelung in § 62 Abs. 3 BRAGO.

50 Ist der Anwalt **auch in der Hauptsache beauftragt**, gilt § 16 Nr. 11 RVG. Die Tätigkeit gehört dann zur Angelegenheit.

XII. Vergütung des beigeordneten Rechtsanwalts

1. Beiordnung des Rechtsanwalts

51 Im arbeitsgerichtlichen Verfahren kann der Rechtsanwalt in zweifacher Weise beigeordnet werden. Einmal kommt – wie auch im Zivilprozess – die Beiordnung gemäß §§ 114 ff. ZPO in Betracht. Daneben gibt es jedoch auch die Beiordnung gemäß § 11a ArbGG, die sich von der Beiordnung im Rahmen der Prozesskostenhilfe unterscheidet. Beantragt der Prozessbevollmächtigte die Beiordnung im Rahmen der Prozesskostenhilfe, ist hiervon auch der Beiordnungsantrag nach § 11a Abs. 1 ArbGG mit erfasst.[6]

a) Beiordnung gemäß § 11a ArbGG

52 Diese kommt nach h.M.[7] nur in dem arbeitsgerichtlichen Verfahren der **ersten Instanz** in Betracht. Für die zweite oder dritte Instanz kann nur eine Beiordnung im Rahmen der Prozesskostenhilfe gemäß §§ 114 ff. ZPO erfolgen.

53 Die Beiordnung eines Rechtsanwalts gemäß § 11a Abs. 1 ArbGG hängt von ganz anderen Voraussetzungen ab als die Beiordnung im Rahmen der Prozesskostenhilfe.

54 Sie erfordert:

- die Bedürftigkeit der Partei,

- keine Vertretung durch ein Mitglied oder einen Angestellten einer Gewerkschaft oder einer Arbeitgebervereinigung sowie

- die Vertretung der Gegenpartei durch einen Rechtsanwalt.

55 Im Gegensatz zum Prozesskostenhilferecht ist die in § 114 Satz 1 ZPO erforderte **hinreichende Erfolgsaussicht** keine Voraussetzung für die Beiordnung nach § 11a ArbGG. Vielmehr kann die Beiordnung gemäß § 11a Abs. 2 ArbGG dann unterbleiben, wenn sie

---

6   LAG Bremen, AnwBl. 1986, 344 = Rpfleger 1986, 279.
7   LAG Berlin, AP Nr. 1 zu § 11a ArbGG 1979; *Germelmann*, ArbGG, § 11a Rn. 6 m.w.N. zur Gegenauffassung.

aus besonderen Gründen nicht erforderlich ist oder wenn die **Rechtsverfolgung offensichtlich mutwillig** ist.

b) Beiordnung gemäß § 121 ZPO

Sowohl für die erste Instanz als auch für die weiteren Rechtszüge kann unter den Voraussetzungen der §§ 114 ff. ZPO der Partei Prozesskostenhilfe bewilligt und ein Rechtsanwalt beigeordnet werden. So muss die beabsichtigte Rechtsverfolgung oder -verteidigung hinreichende Aussicht auf Erfolg bieten; sie darf auch nicht mutwillig erscheinen. Hierbei kommt es darauf an, wie sich eine verständige und ausreichend bemittelte Partei in der gleichen prozessualen Lage verhalten würde.[8]

56

2. Wirkungen der Beiordnung

a) Im Fall der Beiordnung gemäß § 11a ArbGG

Die Beiordnung hat zur Folge, dass die Vergütung für den der Partei beigeordneten Rechtsanwalt von der **Staatskasse** getragen wird. Dessen Vergütungsanspruch ergibt sich aus § 45 Abs. 1 RVG, weil gemäß § 12 Satz 1 RVG die Vorschriften für den im Wege der Prozesskostenhilfe beigeordneten Rechtsanwalt für den nach § 11a ArbGG beigeordneten Rechtsanwalt entsprechend gelten. Die Bewilligung erfasst grds. nur die Anträge und Streitgegenstände, die anhängig waren, als die Partei den Antrag gemäß § 11a ArbGG gestellt hat. Deshalb muss grds. **für jede Erweiterung** des Streitgegenstandes die Bewilligung und Beiordnung **erneut beantragt** werden. Dies gilt auch bei einer Kündigungsschutzklage für Ansprüche, deren Berechtigung unmittelbar vom Fortbestand oder Beendigung des Arbeitsverhältnisses abhängig ist.[9] Ebenso müssen die Bewilligung und Beiordnung erweitert werden, wenn durch einen – gerichtlichen – Vergleich mehr Ansprüche erfasst werden, als bei der Entscheidung über die Beiordnung anhängig waren.

57

Nach einer weit verbreiteten Auffassung in der zivilprozessualen Rechtsprechung (s. Teil 12 Rn. 21) erfasst die Beiordnung im Rahmen der Prozesskostenhilfe nicht einen **außergerichtlichen Vergleich** über rechtshängige Ansprüche. In der **Arbeitsgerichtsbarkeit** wird demgegenüber dem beigeordneten Rechtsanwalt die Vergleichsgebühr auch für einen solchen **außergerichtlichen Vergleich** zugebilligt.[10]

58

Der beigeordnete Rechtsanwalt kann gemäß § 11a Abs. 3 ArbGG i.V.m. § 122 Abs. 1 Nr. 3 ZPO **Vergütungsansprüche gegen die eigene Partei** nicht geltend machen.

59

---

8   LAG Kiel, NJW 1984, 830.
9   *Germelmann*, ArbGG, § 11a Rn. 83.
10 LAG Berlin, NZA 1994, 288 = JurBüro 1994, 481; LAG Düsseldorf, JurBüro 1991, 1501 = Rpfleger 1991, 391; LAG Nürnberg, LAGE § 121 BRAGO Nr. 3; LAG Schleswig, AuR 1994, 34; LAG Rheinland-Pfalz, NZA 1994, 144; Thüringer LAG, JurBüro 1997, 588; a.A. LAG Köln, LAGE § 121 BRAGO Nr. 1.

60 Hat die Landeskasse dem beigeordneten Rechtsanwalt die ihm zustehende Vergütung ausgezahlt, **gehen** gemäß § 12 Satz 1 RVG i.V.m. § 59 RVG die dort genannten Ansprüche **auf die Landeskasse über**. Es handelt sich hierbei um folgende Ansprüche:

- **Anspruch des beigeordneten Rechtsanwalts gegen die eigene Partei:** Diesen kann der Rechtsanwalt wegen der entsprechend geltenden Bestimmung des § 122 Abs. 1 Nr. 3 ZPO nur nach Aufhebung der Beiordnung geltend machen.

- **Anspruch des beigeordneten Rechtsanwalts gegen den erstattungspflichtigen Gegner:** Dieser besteht gemäß § 126 ZPO nur aufgrund eines zur Zwangsvollstreckung geeigneten Titels. Da die Beiordnung jedoch nur in der ersten Instanz erfolgen kann, schließt § 12a Abs. 1 Satz 1 ArbGG eine Kostenerstattung ausdrücklich aus. Insoweit kann auch kein Anspruch auf die Landeskasse übergehen.

61 Die Beiordnung bewirkt nicht die Befreiung der Partei von der Zahlung der **Gerichtsgebühren** und der gerichtlichen **Auslagen**.

b) Im Fall der Beiordnung gemäß § 121 ZPO

62 Auch hier hat der beigeordnete Rechtsanwalt einen Vergütungsanspruch gegen die Landeskasse nach Maßgabe des § 45 Abs. 1 RVG.

63 Eine Festsetzung von Differenzgebühren nach § 50 Abs. 1 RVG kommt im arbeitsgerichtlichen Verfahren nicht in Betracht.[11]

64 Mit Zahlung der Vergütung an den beigeordneten Rechtsanwalt gehen die in § 59 Abs. 1 RVG genannten Ansprüche **auf die Landeskasse über**. Dies betrifft auch den Anspruch des Rechtsanwalts gegen den erstattungspflichtigen Gegner gemäß § 126 ZPO. In erster Instanz gehen jedoch wegen der Regelung des § 12a Abs. 1 ArbGG **keine Kostenerstattungsansprüche** über. Jedoch kann der Forderungsübergang auf die Landeskasse die Ansprüche in den höheren Instanzen betreffen.

65

> **Hinweis:**
>
> Im Gegensatz zur Beiordnung nach § 11a ArbGG bewirkt die Bewilligung der Prozesskostenhilfe nicht nur die Befreiung der Partei von den Kosten des ihr beigeordneten Rechtsanwalts, sondern gemäß § 122 Abs. 1 Nr. 1a ZPO auch die Befreiung von den **Gerichtskosten und Gerichtsvollzieherkosten**.

---

11   LAG Bremen, FA 2003, 384 für § 124 BRAGO.

B. Streitwert und Gegenstandswert

1. Allgemeines

66

Gegenüber dem bisherigen Recht hat sich Folgendes geändert:
• Die Regelungen in der Neufassung des GKG sind gegenüber der bisherigen Regelung völlig umgestellt worden.
• Die für Streitwerte in Arbeitssachen in § 12 Abs. 7 ArbGG enthaltene Sondervorschrift ist unverändert in § 42 Abs. 4 RVG übertragen worden.[12]

Da es im Arbeitsgerichtsverfahren keinen Zuständigkeitswert gibt (vgl. § 8 ArbGG), gilt dort der in § 62 Satz 1 GKG geregelte **Grundsatz der Einheit von Zuständigkeits- und Gebührenwert** nicht.[13] Dies stellt § 62 Satz 2 GKG für die Verfahren vor den Gerichten für Arbeitssachen ausdrücklich klar. Vielmehr erfolgt die **Wertfestsetzung im Urteilsverfahren** gemäß § 61 Abs. 1 ArbGG durch Urteil.[14] Diese Wertfestsetzung hat jedoch lediglich Bedeutung für die **Zulässigkeit der Berufung**. Bei der Ermittlung des Wertes des Beschwerdegegenstandes ist das Berufungsgericht an die Streitwertfestsetzung des Arbeitsgerichts regelmäßig gebunden, wenn diese nicht offensichtlich unrichtig ist.[15] Jedenfalls dient die Festsetzung des Urteilsstreitwertes der Rechtsmittelklarheit.[16] Keinesfalls entfaltet die Streitwertfestsetzung nach § 61 ArbGG eine **Bindungswirkung für den Kostenstreitwert.**[17]

67

Wird der Streitwert gemäß § 61 ArbGG unter Beachtung der Streitwertbestimmung des § 42 Abs. 4 GKG festgesetzt, kann er auch als Kostenstreitwert für die Berechnung der Gerichts- und Anwaltsgebühren maßgeblich sein. Zwingend ist dies jedoch nicht. Der Kostenstreitwert kann nämlich auch gesondert festgesetzt werden. Grundlage hierfür kann einmal die Bestimmung des § 63 Abs. 1 GKG sein, im arbeitsgerichtlichen Beschlussverfahren die Vorschrift des § 23 Abs. 3 RVG.[18]

68

---

12 S. *Hansens*, RVGreport 2004, 140.
13 BAG, BAGE 44, 13, 20 = AP Nr. 6 zu § 64 ArbGG 1979 m. Anm. *Lappe* und *Satzky* = NJW 1994, 142 Ls.; BAG, NZA 1985, 369; 1994, 1054; LAG Schleswig, JurBüro 1989, 793.
14 S. LAG Hamm, JurBüro 1980, 246 = AnwBl. 1980, 74; LAG Schleswig, JurBüro 1989, 793.
15 BAG, BAGE 44, 13; a.A. *Germelmann*, ArbGG, § 61 Rn. 13.
16 LAG Baden-Württemberg, JurBüro 1991, 668.
17 BAG, AP Nr. 9 zu § 12 ArbGG 1979; LAG Rheinland-Pfalz, DB 1992, 2512; LAG Hamm, AP Nr. 25 zu § 12 ArbGG 1953; LAG Berlin, KostRsp. ArbGG § 12 Nr. 56; LAG München, JurBüro 1988, 1660.
18 BAG, AP Nr. 9 zu § 12 ArbGG 1979; LAG Düsseldorf, JurBüro 1990, 41 m. Anm. *Mümmler.*

II. Wertfestsetzung

1. Urteilsstreitwert gemäß § 61 Abs. 1 ArbGG

a) Entscheidung

69 Die Streitwertfestsetzung hat grds. in **jedem Urteil** zu erfolgen. Dies gilt also für Endurteile, die den Rechtsstreit in der Instanz vollständig abschließen, aber auch für Teilurteile, Vorbehaltsurteile und Urteile aufgrund abgesonderter Verhandlung über die Zulässigkeit der Klage. Die Streitwertfestsetzung nach § 61 Abs. 1 ArbGG hat auch dann zu erfolgen, wenn eine Berufung gegen das arbeitsgerichtliche Urteil gemäß § 64 Abs. 2 ArbGG deshalb nicht zulässig ist, weil die Erwachsenheitssumme nicht erreicht ist. Die Streitwertfestsetzung ist jedoch dann entbehrlich, wenn gegen das arbeitsgerichtliche Urteil ein Rechtsmittel nicht statthaft ist.

b) Höhe

70 Die **Höhe** des Streitwertes bemisst sich nach dem Gegenstand des Urteils, wobei es auf die zuletzt gestellten Anträge ankommt. Maßgeblicher Zeitpunkt ist deshalb die **letzte mündliche Verhandlung,** wenn nicht ausnahmsweise die Klage nach deren Schluss teilweise zurückgenommen wurde. Folglich ist eine Klageforderung, die im Verlaufe des arbeitsgerichtlichen Verfahrens etwa durch Klagerücknahme oder Teilvergleich nicht mehr zur Entscheidung steht, beim Urteilsstreitwert nicht zu berücksichtigen.[19] Bei einem Teilurteil ist nur der Wert des Streitgegenstandes maßgeblich, über den in diesem Urteil entschieden worden ist.[20]

71 Für das Arbeitsgericht ist die Streitwertfestsetzung im Urteil gemäß § 318 ZPO bindend. Die Festsetzung kann auch nicht angefochten werden. Die Beschwerde gemäß § 68 GKG ist hiergegen nicht gegeben.[21] Ist die Streitwertfestetzung versehentlich unterblieben, kann sie entsprechend § 321 ZPO **auf Antrag** im Wege der Urteilsergänzung nachgeholt werden.[22]

2. Gebührenstreitwert gemäß § 63 Abs. 1 GKG

72 Sobald eine Entscheidung über den gesamten Streitgegenstand ergeht oder sich das Verfahren anderweit erledigt, setzt das Arbeitsgericht den Gebührenstreitwert **von Amts wegen** gemäß § 63 Abs. 2 GKG fest. Diese Festsetzung erfolgt durch **Beschluss.** Der Gebührenstreitwert ist auch dann festzusetzen, wenn das Arbeitsgericht gemäß § 61 Abs. 1 ArbGG den Urteilsstreitwert festgesetzt hat. Dies gilt selbst dann, wenn zwischen beiden

---

19 *Creutzfeldt,* NZA 1996, 956, 957.
20 BAG, AP Nr. 25 zu § 64 ArbGG 1953.
21 *Germelmann,* ArbGG, § 61 Rn. 15.
22 *Germelmann,* ArbGG, § 61 Rn. 21.

Werten kein Unterschied besteht. Anders als den Urteilsstreitwert kann das Arbeitsgericht den Gebührenstreitwert gemäß § 63 Abs. 3 GKG innerhalb von sechs Monaten **ändern**. Während die Festsetzung des Urteilsstreitwerts isoliert nicht anfechtbar ist,[23] unterliegt die Festsetzung des Gebührenstreitwertes gemäß § 68 GKG der Beschwerde.

Gemäß § 32 Abs. 2 RVG steht dem als Prozessbevollmächtigten tätigen **Rechtsanwalt** 73 **ein eigenes Antragsrecht** zu. Dieses Antragsrecht besteht auch dann, wenn das Arbeitsgericht den Urteilsstreitwert festgesetzt hat.[24] Der Antrag des Rechtsanwalts für das Verfahren vor dem BAG ist auch dann zulässig, wenn das Berufungsgericht den Wert gemäß § 33 Abs. 1 RVG bereits festgesetzt hat.[25]

Die Festsetzung des Gebührenstreitwerts gilt gemäß § 23 Abs. 1 Satz 1 RVG auch für den 74 **Gegenstandswert** des im gerichtlichen Verfahren tätigen Rechtsanwalts. Dies kann auch dann gelten, wenn der Rechtsanwalt nur außerhalb des arbeitsgerichtlichen Verfahrens tätig gewesen ist.

> *Beispiel:* 75
>
> *Der Rechtsanwalt berät den Arbeitnehmer über die Voraussetzungen der Kündigungsschutzklage. Der Arbeitnehmer reicht diese Klage selbst ein. Der in dem gerichtlichen Verfahren festgesetzte Gebührenstreitwert gilt auch für die Beratungsgebühr des nur vorgerichtlich tätigen Rechtsanwalts.*

Gemäß § 68 Abs. 1 Satz 1 GKG kann gegen den Beschluss, durch den das Arbeitsgericht 76 den Gebührenstreitwert festsetzt, **einfache Beschwerde** eingelegt werden. Die Beschwerde ist zwar nicht fristgebunden, es gilt jedoch die **Ausschlussfrist** des § 68 Abs. 1 Satz 3 i.V.m. § 63 Abs. 3 Satz 2 GKG **von sechs Monaten**.

Die Partei ist im Regelfall durch eine zu hohe Wertfestsetzung beschwert, während die 77 Beschwer des Rechtsanwalts in einer zu niedrigen Festsetzung liegt. Folglich ist die auf Verringerung des Wertes vom Rechtsanwalt oder in dessen Namen eingelegte Beschwerde unzulässig.[26] Dies gilt auch dann, wenn der Rechtsanwalt die Beschwerde im eigenen Namen auf Weisung der Rechtsschutzversicherung einlegt.[27]

Der **Wert des Beschwerdegegenstandes** muss 200 € übersteigen. 78

---

23 BAG, BAGE 44, 13, 19 = NZA 1988, 705; LAG München, JurBüro 1988, 1660 = LAGE § 25 GKG Nr. 7.
24 LAG Hamm, AnwBl. 1982, 392; LAG Bremen, Rpfleger 1986, 195.
25 BAG, NZA 1985, 369.
26 S. BGH, MDR 1986, 654.
27 LAG Düsseldorf, JurBüro 1994, 669.

79

> **Hinweis:**
>
> Auch das **LAG** und das **BAG** haben den Gebührenstreitwert **von Amts wegen** fest-zusetzen.[28]

3. Gegenstandswert gemäß § 33 Abs. 1 RVG

a) Anwendungsbereich

80 Im Regelfall ist der Gerichtsgebührenstreitwert gemäß § 32 Abs. 1 RVG auch für die Be-rechnung der Gebühren des Rechtsanwalts verbindlich. Berechnen sich die Gebühren für die anwaltliche Tätigkeit in einem gerichtlichen Verfahren jedoch nicht nach dem für die Gerichtsgebühren maßgebenden Wert oder fehlt es an einem solchen Wert, hat das Ar-beitsgericht den Gegenstandswert auf Antrag gesondert festzusetzen (§ 33 Abs. 1 RVG). Der Antrag auf Festsetzung des Gegenstandswertes kann auch vor dem **LAG** und dem **BAG** gestellt werden. Diese Festsetzung ist also subsidiär gegenüber der Festsetzung des Gebührenstreitwertes.[29]

81 Die **Festsetzung des Gegenstandswertes gemäß § 33 Abs. 1 RVG** kommt in folgen-den Fällen in Betracht:

- Das Verfahren vor den Arbeitsgerichten ist gerichtsgebührenfrei, etwa das Beschluss-verfahren gemäß §§ 2a, 80 ff. ArbGG oder das Prozesskostenhilfe-Prüfungsverfahren.

- Gerichtliche und anwaltliche Tätigkeiten stimmen nicht überein, etwa bei einem Ver-gleich über nicht rechtshängige Ansprüche.

- Die Beweisaufnahme, für die eine Gerichtsgebühr nicht anfällt, erstreckt sich nicht auf den gesamten Streitgegenstand.

- Der Rechtsanwalt vertritt nur einen von mehreren Streitgenossen, der nur wegen ei-nes Teils des gesamten Streitgegenstandes in Anspruch genommen wird.

- Der Rechtsanwalt scheidet vor einer Klageerweiterung als Prozessbevollmächtigter aus.

- Er wird erst nach einer teilweisen Klagerücknahme zum Prozessbevollmächtigten be-stellt.

---

28   *Creutzfeldt*, NZA 1996, 956, 960.
29   BAG, NZA 1985, 369; LAG Köln, LAGE § 10 BRAGO Nr. 4; LAG Nürnberg, JurBüro 1993, 172.

b) Antragsberechtigt

Antragsberechtigt sind gemäß § 33 Abs. 2 RVG: 82

- jeder **Rechtsanwalt**, für dessen Gebühren die Festsetzung erfolgen soll. Dies gilt auch für den Verkehrsanwalt. Nicht antragsberechtigt ist jedoch der sich selbst vertretende Rechtsanwalt, selbst wenn er rechtsschutzversichert ist.[30] Dem Antrag des Rechtsanwalts fehlt jedoch das Rechtsschutzbedürfnis, wenn ihm keine Gebühren angefallen sind, etwa weil er ein Beschwerdeverfahren im eigenen Namen betrieben hat;

- der **Auftraggeber** des Rechtsanwalts, auch wenn dies selbst ein Rechtsanwalt ist;

- der aufgrund eines zur Zwangsvollstreckung geeigneten Titels **erstattungspflichtige Gegner;**

- der nach dem BetrVG **zahlungspflichtige Arbeitgeber;**[31]

- die handelnden Mitglieder des Betriebsrates im arbeitsgerichtlichen Beschlussverfahren;[32]

- die Staatskasse, wenn Prozesskostenhilfe unter Beiordnung eines Rechtsanwalts bewilligt worden ist.

Gemäß § 33 Abs. 2 Satz 1 RVG ist der **Antrag erst zulässig, wenn die Anwaltsvergü-** 83 **tung fällig** i.S.v. § 8 RVG ist.

c) Beschwerde

Gegen die Entscheidung kann **Beschwerde** eingelegt werden, wenn der Wert des Be- 84 schwerdegegenstandes **200 € übersteigt** oder das Erstgericht sie wegen grundsätzlicher Bedeutung zugelassen hat (§ 33 Abs. 3 Satz 1 RVG). Die Beschwerde ist binnen einer **Frist von zwei Wochen** nach Zustellung der Entscheidung einzulegen (§ 33 Abs. 3 Satz 3 RVG). Ob im Beschwerdeverfahren das **Verschlechterungsverbot** gilt, ist umstritten.[33] Unter den Voraussetzungen des § 33 Abs. 6 RVG ist die revisionsähnlich ausgestaltete **weitere Beschwerde** gegeben.

III. Streitwertberechnung im Urteilsverfahren

Im arbeitsgerichtlichen Urteilsverfahren gilt zunächst die Regelung des § 42 Abs. 4 GKG, 85 die die frühere Spezialregelung des § 12 Abs. 7 ArbGG ohne Änderungen ersetzt. Diese

---

30 LAG München, JurBüro 1987, 1863 = AnwBl. 1988, 72.
31 LAG Baden-Württemberg, BB 1980, 1695; LAG München, AnwBl. 1984, 160 = DB 1983, 2044; LAG Rheinland-Pfalz, NZA 1989, 529.
32 *Paulsen,* NZA 1989, 836.
33 Ja: LAG München, JurBüro 1987, 858; nein: BayObLG, JurBüro 1982, 1042 sowie BayObLGR 1993, 28; LAG Hamburg, LAGE § 10 BRAGO Nr. 2.

Vorschrift beschränkt das dem Gericht bei der Streitwertbestimmung sonst gemäß § 3 ZPO eingeräumte Ermessen. Die Vorschrift des § 42 Abs. 4 GKG hat den sozialen Zweck, die Streitigkeiten, bei denen es regelmäßig um die wirtschaftliche Lebensgrundlage des Arbeitnehmers geht, kostenmäßig besonders günstig zu gestalten.[34] Die Streitwertfestsetzung ist über § 32 Abs. 1 RVG auch für die Berechnung der Anwaltsgebühren maßgeblich.

1. Anwendungsbereich des § 42 Abs. 4 GKG

86 Die Vorschrift betrifft die **Wertberechnung bei Rechtsstreitigkeiten über das Bestehen, das Nichtbestehen oder die Kündigung eines Arbeitsverhältnisses (§ 42 Abs. 4 Satz 1 GKG).**

a) Bestandsstreitigkeiten

87 Von der Regelung des § 42 Abs. 4 Satz 1 GKG werden sämtliche Bestandsstreitigkeiten umfassend erfasst. Hierzu gehören nicht nur die typischen **Kündigungsschutzstreitigkeiten**, sondern sämtliche Verfahren, die den Bestand oder das Zustandekommen eines rechtswirksamen Arbeitsverhältnisses bzw. dessen Bestehen zum Gegenstand haben.[35] Hierzu zählen insbesondere Verfahren

- betreffend die Wirksamkeit einer Anfechtung eines Arbeitsvertrages,

- betreffend die Fortsetzung eines Arbeitsverhältnisses,

- betreffend die Wirksamkeit eines Auflösungsvertrages,

- betreffend die Wirksamkeit einer Erklärung in einer Ausgleichsquittung,

- über Änderungskündigungen,

- betreffend die Feststellung, ob zwischen den Parteien ein Arbeitsverhältnis oder sonstiges Dienstverhältnis oder ein freies Mitarbeiterverhältnis besteht. Ist Letzteres jedoch unstreitig und geht es in dem Rechtsstreit nur um die Frage des Bestehens dieses Mitarbeiterverhältnisses, ist § 42 Abs. 4 Satz 1 GKG nicht anwendbar.[36]

88 Ferner findet die Vorschrift des § 42 Abs. 4 Satz 1 GKG auch für die Wertberechnung bei Rechtsstreitigkeiten über das Bestehen oder Nichtbestehen bzw. die Kündigung eines **Berufsausbildungsverhältnisses** Anwendung. Auf die Rechtsnatur des Berufsausbildungsverhältnisses kommt es hierbei nicht an.[37] Grundlage für die Streitwertberechnung ist in einem solchen Fall der **3-fache Betrag der monatlichen Ausbildungsvergütung.**[38]

---

34 BAG, AP Nr. 9 zu § 12 ArbGG 1979.

35 *Germelmann*, ArbGG, § 12 Rn. 90.

36 BGH, JurBüro 1986, 713.

37 BAG, AP Nr. 7 zu § 12 ArbGG 1979; LAG Hamm, LAGE Nr. 57 zu § 12 ArbGG 1979 Streitwert.

38 BAG, AP Nr. 20 zu § 12 ArbGG 1953; AP Nr. 7 zu § 12 ArbGG 1979; LAG Düsseldorf, LAGE Nr. 29 zu § 12 ArbGG 1979 Streitwert.

Bei derartigen Bestandsstreitigkeiten handelt es sich im Übrigen im Regelfall um **ver-** 89
mögensrechtliche Streitigkeiten i.S.v. § 64 Abs. 2 ArbGG.[39] Dies gilt auch für Bestandsstreitigkeiten um Berufsausbildungsverhältnisse, die jedenfalls auch vermögensrechtliche Elemente enthalten.[40]

aa) Bewertungsmaßstäbe

Für die Wertberechnung bei Bestandsstreitigkeiten ist gemäß § 42 Abs. 4 Satz 1 GKG 90
höchstens der Betrag des für die **Dauer eines Vierteljahres** zu leistenden Arbeitsentgelts
maßgebend. Wie dies in der Praxis umzusetzen ist, ist höchst umstritten.

- Nach einer Auffassung handelt es sich bei dem in § 42 Abs. 4 Satz 1 GKG genann- 91
  ten Vierteljahresbezug um einen **Rahmenstreitwert**. Innerhalb dieses Rahmens kann
  danach der Wert des Streitgegenstandes unter Berücksichtigung der Umstände des
  Einzelfalls, wie z.B. der Dauer des Arbeitsverhältnisses, des Alters, Familienstandes und
  der Stellung des Arbeitnehmers, festzusetzen sein.[41]

- Andere Gerichte haben demgegenüber die Auffassung vertreten, es handele sich um 92
  einen **Regelstreitwert**. Dieser sei dann stets anzusetzen, wenn die Bestandsstreitig-
  keit auf länger als drei Monate oder auf unbestimmte Zeit gerichtet sei. Nur wenn
  das Arbeitsverhältnis aus anderen Gründen vor Ablauf von drei Monaten endet oder
  wenn der Arbeitnehmer lediglich die Umdeutung einer außerordentlichen Kündigung
  in eine ordentliche Kündigung mit einer geringeren als einer 3-monatigen Kündi-
  gungsfrist erstrebe, sei ein niedrigerer Streitwert anzusetzen.[42]

(1) Rechtsprechung des Bundesarbeitsgerichts

Nach Auffassung des BAG handelt es sich bei dem in § 42 Abs. 4 Satz 1 GKG genann- 93
ten **Vierteljahresverdienst** lediglich um die **Obergrenze** für den vom Gericht nach
freiem Ermessen (§ 3 ZPO) festzusetzenden Streitwert.[43] Danach ist die Festsetzung des
Streitwerts insbesondere **von der bisherigen Dauer des Arbeitsverhältnisses abhängig**.

Liegen keine besonderen Umstände für eine Erhöhung oder Herabsetzung des Wertes 94
vor, so ist nach Auffassung des BAG als Streitwert anzusetzen:

---

39 BAG, NZA 1984, 332; LAG Berlin, EzA Nr. 1 zu § 64 ArbGG 1979.
40 BAG und LAG Berlin, a.a.O.
41 S. LAG Baden-Württemberg, LAGE Nr. 16 zu § 12 ArbGG 1979 Streitwert; LAG Niedersachen, DB
    1981, 589.
42 So z.B. LAG Düsseldorf, LAGE Nr. 10 zu § 12 ArbGG 1979 Streitwert; LAG Frankfurt, DB 1982, 52.
43 BAG, NZA 1985, 369 = AP Nr. 9 zu § 12 ArbGG 1979.

Bestand des Arbeitsverhältnisses	Streitwert
• bis zu 6 Monaten	1 Monatsverdienst,
• von 6 bis 12 Monaten	2 Monatsverdienste
• von mehr als 1 Jahr	3 Monatsverdienste
• können Arbeitsverhältnisse nur aus wichtigem Grund oder mit behördlicher Zustimmung gekündigt werden	ein Vierteljahresverdienst

95 Nach Auffassung des BAG ist für die Wertbestimmung in solchen Bestandsstreitigkeiten allein das **wirtschaftliche Interesse** des Klägers maßgebend. Dieses werde dadurch geprägt, wie stark sich das Arbeitsverhältnis verfestigt habe. Mithin ist nach Auffassung des BAG typisierend darauf abzustellen, wie lange das betreffende Arbeitsverhältnis Bestand hatte. Danach haben bei der Bewertung Faktoren außerhalb des Arbeitsverhältnisses, wie die Schwierigkeit der Sache oder soziale Aspekte wie die Kinderanzahl, das Alter oder der Familienstand des Arbeitnehmers unberücksichtigt zu bleiben.

(2) Rechtsprechung der Landesarbeitsgerichte

96 Der Auffassung des BAG haben sich meist aus dem Gesichtspunkt der Rechtsvereinheitlichung verschiedene LAG angeschlossen,[44] Die 1. Kammer des LAG Nürnberg[45] lehnt jedoch die vom BAG aufgestellten typisierenden Ermessenskriterien ab.

97

> **Hinweis:**
>
> Die wohl überwiegende Anzahl der LAG sieht entgegen der Auffassung des BAG den **Vierteljahresbezug** als **Regelstreitwert** an.[46]

bb) Höhe des Arbeitsentgelts

98 Es besteht weitgehend Einigkeit darüber, dass bei der Streitwertbemessung gemäß § 42 Abs. 4 Satz 1 GKG auf die **Bruttovergütung** abzustellen ist.

99 Besteht zwischen den Parteien eine **Nettolohnvereinbarung,** hat das Gericht nach einer Auffassung den vereinbarten Nettolohn auf den Bruttolohn hochzurechnen.[47] Dem-

---

44 So das LAG Berlin, JurBüro 1985, 1707 m. Anm. *Mümmler;* LAG Baden-Württemberg, JurBüro 1990, 1221; LAG Hannover, JurBüro 1987, 110; LAG Nürnberg – 4. Kammer –, LAGE Nr. 71 zu § 12 ArbGG 1979 Streitwert; – 6. Kammer, JurBüro 1987, 1384; LAG Bremen – 2. Kammer –, JurBüro 1986, 1080.

45 zfs 1989, 17.

46 LAG Bremen – 4. Kammer –, AnwBl. 1986, 250; LAG Düsseldorf, LAGE Nr. 41 zu § 12 ArbGG 1979 Streitwert; LAG Frankfurt, BB 1986, 1512; LAG Hamm, LAGE Nr. 38 zu § 12 ArbGG 1979 Streitwert; LAG Köln – 9. Kammer –, LAGE Nr. 42 zu § 12 ArbGG 1979 Streitwert; – 10. Kammer –, MDR 1992, 60; LAG München, MDR 1986, 698 = NZA 1986, 496; LAG Niedersachsen – 10. Kammer, JurBüro 1986, 1868.

47 LAG Düsseldorf, LAGE Nr. 89 zu § 12 ArbGG 1979 Streitwert.

gegenüber ist nach Meinung des LAG Berlin[48] in einem solchen Fall von dem ausdrücklich vereinbarten Arbeitsentgelt auszugehen, also von der Nettovergütung.

cc) Begriff des Arbeitsentgelts

Unter Arbeitsentgelt i.S.v. § 42 Abs. 4 GKG versteht man alle Beträge, die der Arbeitgeber auch im Falle des Annahmeverzuges schulden würde bzw. die im Falle der Entgeltfortzahlung im Krankheitsfalle zu leisten wären. Hierzu gehören also auch Zuschläge und Prämien, die **Entgeltcharakter** haben. Demgegenüber werden Leistungen, die nicht erkennbar reinen Entgeltcharakter besitzen, unberücksichtigt gelassen.[49] Regelmäßig wird bei der Festsetzung des Streitwerts gemäß § 42 Abs. 4 GKG von den **Angaben des Klägers** zur Höhe des Arbeitsentgeltes auszugehen sein. Dies gilt jedoch dann nicht, wenn der Beklagte insoweit das Klagevorbringen bestreitet und behauptet, die Parteien hätten der Höhe nach ein niedrigeres Arbeitsentgelt vereinbart. In einem solchen Fall muss das Gericht versuchen, dass wahre Interesse des Klägers an der begehrten Feststellung zu ermitteln.

(1) Grundzüge

Für die Streitwertbemessung gemäß § 42 Abs. 4 Satz 1 GKG kommt es auf das Arbeitsentgelt an, das der Arbeitnehmer bei Fortbestand des Arbeitsverhältnisses **in den ersten drei Monaten nach dem streitigen Beendigungszeitpunkt** hätte beanspruchen können.[50] Streitgegenstand ist nämlich der Fortbestand des Arbeitsverhältnisses für die Zukunft. Deshalb können später fällige Beträge auch nicht anteilsmäßig berücksichtigt werden. In der Rechtsprechung ist es jedoch höchst umstritten, welche Leistungen im Einzelfall in die Streitwertbemessung einzubeziehen sind.

(2) Geldbezüge

Hierunter fallen alle **Leistungen mit Entgeltcharakter**, also beispielsweise

- das Grundgehalt,

- ein Fixum,

- Provisionen,

- regelmäßig zu zahlende Prämien, wie z.B. Verkaufs- und Anwesenheitsprämien, Nacht-, Schicht-, Gefahren- und Leistungszulagen,

- Essensgeldzuschüsse,

- berufsübliche Trinkgelder,

---

48 LAG Berlin AuR 1981, 353.
49 *Germelmann*, ArbGG, § 12 Rn. 97.
50 BAG, AP Nr. 20 zu § 12 ArbGG 1953; LAG Baden-Württemberg, JurBüro 1990, 1268.

- Wege- und Fahrgelder, soweit sie unabhängig vom Aufwand gezahlt werden,

- Nah- und Fernauslösen, sofern sie auch im Krankheitsfall gemäß § 2 LohnFG fortzubezahlen sind,

- Pauschalen für Verpflegungsmehraufwand, soweit sie vom Arbeitnehmer nicht tatsächlich als Mehraufwand verbraucht werden,

- vermögenswirksame Leistungen mit Ausnahme der Arbeitnehmersparzulage.[51]

103 **Nicht zu berücksichtigen** sind hingegen Trennungsentschädigungen.[52]

104 Schwanken die Bezüge, etwa bei unregelmäßig gezahlten Provisionen, ist der monatliche Durchschnitt zu ermitteln. Hierbei ist ein den Verhältnissen gerechtwerdender Bezugszeitraum von etwa 3 bis 12 Monaten zugrunde zu legen.

(3) Sachleistungen

105 In das Arbeitsentgelt einzubeziehen sind auch Sachbezüge. Hierzu gehören z.B.:

- eine freie Unterkunft,

- freie Verpflegung,

- Deputate bei Arbeitnehmern, beispielsweise von Brauereien oder Bergwerken.

- Geht es um die Kündigung eines Chefarztvertrages, sind auch die vertraglich vereinbarten Betätigungsmöglichkeiten des Arztes, wie z.B. eine Kassenambulanz, das berufsgenossenschaftliche Durchgangsverfahren oder das Betreiben einer Privatpraxis unter Einsatz von Personal und Ausstattung des Krankenhauses angemessen zu bewerten.[53]

- Darf der Arbeitnehmer den Firmenwagen auch privat unentgeltlich nutzen, ist entgegen der früheren Rechtsprechung[54] nunmehr auf die lohnsteuerrechtliche Bewertung abzustellen.[55]

(4) Gratifikationen

106 Da es – wie erörtert – bei der Streitwertbemessung gemäß § 42 Abs. 4 Satz 1 GKG auf das zu leistende Arbeitsentgelt in dem Drei-Monats-Zeitraum ankommt, der auf den

---

51 LAG Baden-Württemberg, JurBüro 1990, 1268; vgl. allgemein BAG, DB 1976, 875.
52 LAG Frankfurt/M., AP Nr. 14 zu § 12 ArbGG 1953 = RdA 1966, 439.
53 LAG Hamm, BB 1976, 746 = AnwBl. 1976, 166.
54 LAG Hamburg, JurBüro 1991, 373 = AnwBl.1991, 165; LAG Köln, BB 1994, 1719 = MDR 1994, 843.
55 BAG, NZA 1999, 1038.

streitigen Beendigungszeitpunkt folgt, ist umstritten, ob ein 13. oder 14. Monatsgehalt und Urlaubs- bzw. Weihnachtsgratifikationen zu berücksichtigen sind. Nach einer Auffassung wird die **Einbeziehung** solcher Leistungen **abgelehnt**.[56]

(a) Zusätzliches Monatsentgelt

Das zusätzliche Monatsgehalt ist nach einer Meinung dann **anteilsmäßig zu berücksichtigen**, wenn der Arbeitgeber es dem Arbeitnehmer bei dessen vorzeitigem Ausscheiden anteilig zu zahlen hat.[57]   107

Nach anderer Auffassung hat das zusätzliche Monatsgehalt Entgeltcharakter und ist deshalb **ohne** Vorliegen **weiterer Voraussetzungen** anteilig zu berücksichtigen.[58]   108

Eine anteilsmäßige Berücksichtigung ist jedoch nur dann möglich, wenn dem Arbeitnehmer unzweifelhaft ein Anspruch hierauf entsteht. Das ist dann nicht der Fall, wenn die arbeits- oder tarifvertraglichen Voraussetzungen für den Anspruch des zusätzlichen Monatsgehalts nicht erfüllt sind.   109

Beispiel: 110

Der Tarifvertrag sieht vor, dass dem Arbeitnehmer das zusätzliche Monatseinkommen nur dann zusteht, wenn er am Auszahlungstag, dem 1.12., in einem ungekündigten Arbeitsverhältnis steht. Scheidet der Arbeitnehmer am 30.6. aus, dann hat er für das betreffende Kalenderjahr von vornherein keinen Anspruch auf das zusätzliche Monatsgehalt. Dieses ist dann auch nicht anteilsmäßig zu berücksichtigen.

(b) Urlaubs- und Weihnachtsgratifikationen

Diese sind nach h.M. **nicht anteilsmäßig** zu berücksichtigen.[59] Dies gilt insbesondere beim Vorliegen von Rückzahlungs- oder Kürzungsklauseln im Arbeits- oder Tarifvertrag.[60]   111

Beispiel: 112

Der Arbeitnehmer erhält die Zuwendung, wenn er am 1.12. im Arbeitsverhältnis steht und nicht in der Zeit bis einschließlich 31.3. des Folgejahres ausscheidet.

---

56   LAG Rheinland-Pfalz, NZA 1986, 34.
57   LAG Berlin, LAGE Nr. 44 zu § 12 ArbGG 1979 Streitwert.
58   LAG Baden-Württemberg, JurBüro 1990, 1268; LAG Frankfurt, NZA-RR 1999, 660; LAG Köln, NZA-RR 1996, 392; LAG Hamburg, AnwBl. 1991, 165.
59   LAG Saarland, JurBüro 1985, 592; LAG Köln – 1. Kammer –, DB 1982, 1226 = AuR 1982, 355; – 10. Kammer –, BB 1994, 1868 Ls.; a.A. LAG Köln – 5. Kammer –, NZA-RR 1996, 392 = MDR 1996, 505; LAG Düsseldorf, LAGE Nr. 84 zu § 12 ArbGG 1979 Streitwert.
60   BAG, NZA 1997, 283 = AnwBl. 1997, 292.

dd) Objektive Klagehäufung

(1) Mehrere Kündigungen in verschiedenen Verfahren

113 Werden mehrere Kündigungen in verschiedenen Verfahren mit der Feststellungsklage angegriffen, ist **umstritten**, wie dies bei der Streitwertbemessung gemäß § 42 Abs. 4 GKG zu berücksichtigen ist.

114 • Nach einer Auffassung ist grds. für jedes Verfahren der **Höchstwert von drei Monatsentgelten** zu berechnen, wenn das Arbeitsverhältnis von entsprechender Dauer gewesen ist und zwischen den einzelnen Kündigungen ein Zeitraum von drei Monaten oder länger gelegen hat.[61]

115 • Nach anderer Auffassung kann stets der **Höchstwert gemäß § 42 Abs. 4 Satz 1 GKG** in Ansatz gebracht werden.[62]

116 • Nach wieder anderer Auffassung ist der **Vierteljahresbezug** für die zweite Kündigung nur dann nicht vollständig auszuschöpfen, wenn diese mit der ersten Kündigung in einem engen sachlichen und zeitlichen Zusammenhang steht.[63] Liegt zwischen den Kündigungen ein Zeitraum von weniger als drei Monaten, bemisst sich der Streitwert im Verfahren gegen die erste Kündigung nach der Höhe des Verdienstes bis zum Beendigungstermin der zweiten Kündigung. Für das zweite Verfahren wird demgegenüber im Regelfall der Vierteljahresbezug maßgebend sein.[64]

117 • Wieder andere Gerichte bewerten die erste Kündigung mit dem Vierteljahresverdienst, während für die zweite Kündigungsschutzklage **mindestens ein Monatsgehalt** angesetzt wird.[65] Wird die zweite Kündigung, die auf denselben Grund gestützt wird wie die erste, nur vorsorglich nachgeschoben, ist die zweite Kündigung höchstens mit einem Monatsgehalt zu bewerten. Es handelt sich nämlich wirtschaftlich um einen einheitlichen Kündigungsvorgang.[66] Das LAG Frankfurt[67] hat bei drei in verschiedenen Verfahren angegriffenen zeitnahen Folgekündigungen für jedes Verfahren ein Monatsentgelt als Streitwert zugrunde gelegt, weil der Höchstwert des § 42 Abs. 4

---

61 LAG Nürnberg, LAGE Nr. 71 zu § 12 ArbGG 1979 Streitwert sowie NZA 1985, 298; LAG Hamburg, LAGE Nr. 67 zu § 12 ArbGG 1979 und NZA 1995, 495; LAG München, AMBl. Nr. 12/85 C 22 und v. 3.5.1995 – 9 Sa 1046/94 – n.v.

62 LAG Nürnberg, LAGE Nr. 78 zu § 12 ArbGG 1979 Streitwert; LAG Stuttgart, AnwBl. 1985, 99; LAG Hannover, AnwBl. 1985, 99; LAG Kiel, AnwBl. 1985, 99.

63 LAG Baden-Württemberg, JurBüro 1988, 116.

64 LAG München, JurBüro 1989, 181; 1989, 1389 sowie 1990, 40; ähnlich LAG Düsseldorf, JurBüro 1989, 955.

65 LAG Bremen, LAGE Nr. 62 zu § 12 ArbGG 1979 Streitwert; LAG Köln, LAGE Nr. 79 zu § 12 ArbGG 1979 Streitwert; LAG Hamm, EzA Nr. 15 zu § 12 ArbGG 1979 Streitwert; LAG Thüringen, LAGE Nr. 107 zu § 12 ArbGG 1979.

66 LAG Hamburg, LAGE Nr. 64 zu § 12 ArbGG 1979 Streitwert.

67 AuR 1986, 185.

Satz 1 GKG nicht überschritten werden dürfe, neigt aber jetzt der vom LAG Bremen[68] vertretenen Auffassung zu.[69]

(2) Mehrere Kündigungen in einem Verfahren

Auch hier ist die **Streitwertberechnung im Einzelnen** umstritten: 118

- Werden mehrere zeitlich aufeinander folgende Kündigungen in einem Kündigungs- 119 schutzprozess angegriffen, ist nach Auffassung des BAG[70] der Streitwert **nur einmal bis zur Höchstgrenze des § 42 Abs. 4 Satz 1 GKG** zu bewerten. Danach sind nämlich die Kündigungsschutzanträge **wirtschaftlich identisch**. Dies gilt unabhängig davon, ob die Kündigungen zu einem Lösungszeitpunkt oder zu unterschiedlichen Lösungszeitpunkten ausgesprochen worden sind.

  Dieser Auffassung haben sich mehrere LAG angeschlossen.[71] 120

  Dies wird jedenfalls dann angenommen, wenn die verschiedenen Kündigungen in ei- 121 nem **engen zeitlichen Zusammenhang** stehen.[72]

  Wegen der punktuellen Streitgegenstandstheorie in Kündigungsrechtsstreitigkeiten[73] 122 liegen jedenfalls bei unterschiedlichen Beendigungszeitpunkten auch verfahrensrechtlich unterschiedliche Streitgegenstände vor. Diese müssen nach einer die Auffassung des BAG ablehnenden Meinung folglich streitwertmäßig getrennt berücksichtigt werden, weil das Argument der wirtschaftlichen Identität nicht zutrifft.

- Nach einer anderen Auffassung werden die **Einzelwerte addiert**.[74] 123

- Andere Gerichte **erhöhen den Wert** für die erste Kündigung um das Arbeitsentgelt, 124 das in dem Zeitraum bis zur zweiten Kündigung geschuldet wird.[75]

  Hierbei wird für die Folgekündigung der Wert mit mindestens einem Monatsgehalt 125 angenommen.[76]

---

68   A.a.O.
69   LAGE Nr. 116 zu § 12 ArbGG 1979.
70   BAG, NZA 1985, 296.
71   LAG Berlin, NZA 1985, 297; LAG Nürnberg, NZA 1992, 516; LAG Baden-Württemberg, JurBüro 1992, 535; LAG München, JurBüro 1989, 57 und MDR 2000, 1254; LAG Rheinland-Pfalz, LAGE Nr. 59 zu § 12 ArbGG 1979 Streitwert; LAG Köln, JurBüro 1991, 64.
72   LAG Nürnberg, NZA 1992, 617.
73   S. BAG, NZA 1987, 273.
74   LAG Hamburg, LAGE Nr. 67 zu § 12 ArbGG 1979 Streitwert; LAG Nürnberg, LAGE Nr. 71 zu § 12 ArbGG 1979 Streitwert; LAG Schleswig-Holstein, AnwBl. 1985, 99.
75   LAG Düsseldorf, EzA Nr. 2 zu § 12 ArbGG 1979 Streitwert sowie LAGE Nr. 39 zu § 12 ArbGG 1979 Streitwert; LAG Köln, LAGE Nr. 27 zu § 12 ArbGG 1979 Streitwert.
76   LAG Bremen, LAGE Nr. 62 zu § 12 ArbGG 1979 Streitwert; LAG Köln, JurBüro 1989, 1109; ähnlich LAG Düsseldorf, JurBüro 1996, 476 = AnwBl. 1996, 296.

126 • Wieder andere Gerichte bewerten **jede einzelne Kündigung** mit dem Vierteljahres-bezug.[77]

ee) Kündigungsschutzprozess und Weiterbeschäftigungsanspruch

127 Obwohl der Weiterbeschäftigungsanspruch Ausfluss des Persönlichkeitsrechts des Arbeitnehmers ist, liegt nach h.M. gleichwohl eine **vermögensrechtliche Streitigkeit** vor.[78]

Danach ergibt sich seine Bewertung aus § 3 ZPO. Auch hier ist es höchst umstritten, wie der Weiterbeschäftigungsanspruch zu bewerten ist.

128 • Nach einer Auffassung ist der Anspruch streitwertmäßig **nicht zu bewerten**.[79]

129 • Demgegenüber **addiert** die ganz h.M. den Wert der Kündigungsschutzklage mit dem Wert des Weiterbeschäftigungsantrages.[80] **Differenzen** bestehen hierbei jedoch hinsichtlich der Höhe des Wertes:

- Nach einer Auffassung ist lediglich **ein Drittel des Monatsbezuges** zugrunde zu legen.[81]

- Eine weitverbreitete Auffassung bewertet den Weiterbeschäftigungsanspruch mit **einem Monatsbezug**.[82]

- Einige Gerichte gehen von **eineinhalb Monatsbezügen** aus.[83]

- Hauptsächlich in Nordrhein-Westfalen setzen die Gerichte **zwei Monatsbezüge** an.[84]

- Wieder andere Gerichte setzen sogar **drei Monatsbezüge** an.[85]

---

77 LAG Schleswig-Holstein, AnwBl. 1985, 99; LAG Hamburg, AnwBl. 1984, 316.

78 S. LAG Hamm, EzA Nr. 1 zu § 12 ArbGG 1979 Streitwert; LAG Bremen, AP Nr. 30 zu § 613a BGB.

79 LAG Baden-Württemberg, JurBüro 1990, 1268 und 1270; LAG Düsseldorf, JurBüro 1990, 243; LAG Nürnberg, JurBüro 1987, 1384 und 2000, 82; LAG Saarland, JurBüro 1985, 592; LAG Schleswig-Holstein, LAGE Nr. 34 zu § 12 ArbGG 1979 Streitwert; LAG Frankfurt, NZA-RR 1999, 434; ArbG Mainz, DB 1986, 1184; ArbG Münster, BB 1983, 504.

80 S. LAG Nürnberg, JurBüro 1992, 738.

81 LAG Bremen, AuR 1981, 285.

82 LAG Baden-Württemberg, LAGE Nr. 16 zu § 12 ArbGG 1979 Streitwert; LAG Nürnberg, NZA 1989, 362; LAG Frankfurt, AuR 1985, 62; LAG München, NZA 1992, 140; LAG Rheinland-Pfalz, NZA 1992, 664; LAG Hamburg, AnwBl. 1984, 316 und 1989, 168; LAG Sachsen, LAGE Nr. 97 zu § 12 ArbGG 1979 Streitwert.

83 LAG Hamm, EzA Nr. 1 zu § 12 ArbGG 1979 Streitwert; LAG München, JurBüro 1984, 1399; LAG Saarland, LAGE Nr. 9 zu § 19 GKG.

84 LAG Düsseldorf – 7. Kammer –, JurBüro 1985, 767 und AnwBl. 1987, 554; – 8. Kammer –, EzA Nr. 1 zu § 12 ArbGG 1979 Streitwert; – 25. Kammer –, AuR 1981, 156; LAG Hamm, DB 1986, 1184; LAG Köln, EzA Nr. 12 zu § 12 ArbGG 1979 Streitwert; ferner auch LAG Niedersachsen, Nds.Rpfl. 1986, 219.

85 LAG Bremen, AuR 1981, 285; LAG Düsseldorf, AnwBl. 1981, 36.

- Nach wieder anderer Auffassung wird der Weiterbeschäftigungsanspruch mit der Hälfte[86] bzw. **zwei Drittel des Wertes des jeweiligen Kündigungsschutzantrages** bewertet.[87]

> **Hinweis:**
>
> Viele Rechtsschutzversicherungen ersetzen die durch die Erhebung der Klage auf Weiterbeschäftigung entstehenden Mehrkosten nicht.[88] Insbesondere dann, wenn der rechtsschutzversicherte Arbeitnehmer tatsächlich weiterbeschäftigt wird oder wenn der Arbeitgeber erklärt, er werde den Arbeitnehmer bis zum Abschluss des Kündigungsschutzprozesses weiterbeschäftigen, kann nicht mit dem Ersatz der Mehrkosten durch die Rechtsschutzversicherung gerechnet werden. Hierüber sollte der Mandant belehrt werden.
>
> *Hümmerich*[89] weist demgegenüber zutreffend darauf hin, dass der Rechtsanwalt sogar verpflichtet ist, bereits mit der Kündigungsschutzklage einen Weiterbeschäftigungsantrag zu stellen. Ist nämlich der Arbeitgeber im Gütetermin säumig, kann für einen erst im Termin gestellten Weiterbeschäftigungsantrag kein Versäumnisurteil ergehen.

130

ff) Kündigungsschutzprozess und hilfsweiser Weiterbeschäftigungsanspruch

Vielfach wird der Weiterbeschäftigungsanspruch nur für den Fall des Erfolges der Kündigungsschutzklage als uneigentlicher Hilfsantrag geltend gemacht.[90]

131

Unter der Geltung des § 19 Abs. 4 GKG a.F. war es umstritten, ob der Wert des uneigentlichen Hilfsantrages dem Wert der Kündigungsschutzklage hinzuzurechnen ist, mithin § 19 Abs. 4 GKG a.F. nicht eingreift.[91]

132

Nach der Neufassung des (jetzt) § 45 GKG dürfte auch der uneigentliche Hilfsantrag auf Weiterbeschäftigung mit dem Wert des Kündigungsschutzantrages zusammenzurechnen sein, soweit über den Hilfsantrag eine Entscheidung ergeht. Auf die früher vorgenommene Differenzierung zwischen echten und uneigentlichen Hilfsanträgen dürfte es deshalb nicht mehr ankommen.[92]

133

---

86 LAG Rheinland-Pfalz, AnwBl. 1983, 36.
87 LAG Hamm, LAGE Nr. 56 zu § 12 ArbGG 1979 Streitwert.
88 S. LG Köln NZA 1988, 411; ferner *Löwisch,* VersR 1986, 404; *Küttner/Sobolewski,* AnwBl. 1985, 493; *Germelmann,* ArbGG, § 12 Rn. 109.
89 AnwBl. 1995, 321, 327.
90 Zu dessen Zulässigkeit s. BAG, NZA 1988, 741.
91 Für Streitwertaddition: LAG Köln, NZA 1989, 862 Ls. und NZA 1996, 840; LAG Hamm, NZA 1989, 231; LAG Saarland, LAGE Nr. 9 zu § 19 GKG; LAG München, NZA 1992, 141; LAG Rheinland-Pfalz, NZA 1992, 664; LAG Hamburg, LAGE Nr. 14 zu § 19 GKG; LAG Schleswig-Holstein, JurBüro 1987, 1056; LAG Sachsen, NZA-RR 1997, 150; keine Wertaddition: LAG München, LAGE Nr. 5 zu § 19 GKG; LAG Baden-Württemberg, JurBüro 1988, 1157; LAG Düsseldorf, NZA 1989, 862 und JurBüro 1990, 1441 sowie NZA-RR 2000, 613; LAG Rheinland-Pfalz, NZA 1991, 32 Ls.; LAG Stuttgart, JurBüro 1988, 1156.
92 S. *Creutzfeldt,* NZA 1996, 956, 961; ferner LAG Sachsen, NZA-RR 1997, 150 mit anderer Begründung.

gg) Kündigungsschutzprozess und Vergütungsanspruch

134 Häufig werden zusammen mit der Kündigungsschutzklage Vergütungsforderungen des Arbeitnehmers geltend gemacht. Auch hier ist es je nach Ausgestaltung des Verfahrens umstritten, wie sich in einem solchen Fall der Streitwert berechnet.

(1) Vergütungsansprüche vor dem Beendigungszeitpunkt

135 Macht der Arbeitnehmer im Kündigungsschutzprozess neben dem Feststellungsantrag rückständige Vergütungsansprüche für die Zeit vor dem streitigen Beendigungszeitpunkt geltend, sind nach allgemeiner Auffassung die Werte der Ansprüche zusammenzurechnen. Es handelt sich nämlich um eigene Streitgegenstände, die auch nicht wirtschaftlich identisch sind.[93]

(2) Vergütungsansprüche nach dem Beendigungszeitpunkt

136 Werden hingegen mit der Kündigungsschutzklage Vergütungsansprüche geltend gemacht, die nach dem Zeitpunkt, zu dem die Kündigung erklärt worden ist, fällig geworden sind, ist die **Streitwertberechnung umstritten:**

137 • **Keine Streitwertaddition**

Nach einer Meinung ist trotz der prozessualen Selbständigkeit der Ansprüche von einer wirtschaftlichen Identität von Feststellungs- und Leistungsantrag auszugehen. Die verschiedenen Ansprüche sind zwar getrennt zu bewerten, jedoch ist nur der höhere Streitwert für die einheitliche Festsetzung maßgebend.[94]

138 *Beispiel:*

Der Arbeitnehmer stellt neben dem Feststellungsantrag einen Zahlungsantrag über 5.000 €. Der Lohnanspruch für die der Kündigung folgenden drei Monate beträgt 3.600 €.

Der Feststellungsanspruch ist gemäß § 42 Abs. 4 Satz 1 GKG mit dreimal 1.200 € = 3.600 € zu bewerten. Für die einheitliche Bewertung beider Ansprüche ist deshalb der höhere Zahlungsanspruch mit 5.000 € maßgebend.

139 Das LAG Baden-Württemberg[95] hat entsprechend § 42 Abs. 4 Satz 1 GKG den Wert des Zahlungsanspruchs auf höchstens einen Vierteljahresverdienst begrenzt.

140 Dies ist nach der Auffassung einer anderen Kammer dieses Gerichts[96] nicht gerechtfertigt, weil insoweit § 42 Abs. 4 Satz 2 GKG vorrangig sei.

---

93 LAG Niedersachsen, JurBüro 1985, 776; *Germelmann*, ArbGG, § 12 Rn. 104.

94 BAG, AP Nr. 17 zu § 12 ArbGG 1953; LAG Saarland, AnwBl. 1977, 252; LAG Bremen, MDR 1983, 170; LAG Baden-Württemberg, JurBüro 1991, 1479; LAG Niedersachsen, JurBüro 1988, 855; LAG Nürnberg, LAGE Nrn. 73 und 74 zu § 12 ArbGG 1979 Streitwert; LAG Frankfurt, NZA-RR 2003, 660.

95 LAG Baden-Württemberg, BB 1983, 579.

96 LAG Baden-Württemberg, JurBüro 1991, 1479.

• **Streitwertaddition** 141

Nach der überwiegenden Auffassung der LAG fehlt es auch an einer wirtschaftlichen Identität, so dass die Einzelwerte der beiden Ansprüche zu addieren sind.[97]

• **Brutto- oder Nettolohn** 142

Umstritten ist hierbei auch, ob bei der Zahlungsklage der vom Arbeitgeber geschuldete Bruttobetrag der Streitwertberechnung auch dann zugrunde zu legen ist, wenn der Nettolohn eingeklagt wird. Nach einer Auffassung ist auf den vom Arbeitgeber geschuldeten Bruttobetrag abzustellen, während die Gegenmeinung den Streitwert lediglich nach dem Nettolohn bemisst.[98]

hh) Kündigungsschutzprozess mit Abfindung 143

Hier kommt es für die Streitwertbemessung darauf an, auf welche Anspruchsgrundlage der Anspruch auf Abfindung gestützt wird.

(1) §§ 9 Abs. 1, 10 KSchG 144

Nach dem ausdrücklichen Wortlaut des § 42 Abs. 4 Satz 1 2. Halbs. GKG bleibt für gerichtlich festzusetzende Abfindungen nach §§ 9, 10 KSchG deren Wert unberücksichtigt.[99] Dies gilt selbst dann, wenn der Arbeitnehmer den Auflösungsantrag stellt und den Abfindungsbetrag beziffert.[100]

145

> **Hinweis:**
>
> Bei der Bezifferung des Abfindungsbetrages in einem solchen Fall geht der Arbeitnehmer das Risiko ein, mit einem Teil der Kosten belastet zu werden. Wird nämlich seinem bezifferten Abfindungsbegehren nicht im vollen Umfang stattgegeben, ist ihm ein entsprechender Teil der Kosten des Rechtsstreits aufzuerlegen, obwohl durch die Abfindung der Streitwert nicht erhöht worden ist.[101]

(2) Andere Abfindungen

Werden im Kündigungsschutzprozess andere Abfindungen geltend gemacht, die auf einer eigenen Anspruchsgrundlage beruhen, die wiederum nicht von dem Ausgang des 146

---

97   LAG Hamm, AnwBl. 1978, 143; 1982, 394; LAG Baden-Württemberg, AnwBl. 1982, 75 und DB 1986, 262; LAG Schleswig-Holstein, AnwBl. 1982, 206; LAG Berlin, JurBüro 1985, 1707; LAG Saarland, JurBüro 1985, 592; LAG München, AnwBl. 1984, 152; LAG Nürnberg, JurBüro 1986, 437; LAG Frankfurt, NJW 1970, 2134; LAG Rheinland-Pfalz, AnwBl. 1985, 99.
98   LAG Düsseldorf, JurBüro 1988, 1079.
99   LAG Köln, AnwBl. 1998, 535; a.A. LAG Berlin, DB 2000, 484: Addition auch über den Vierteljahresverdienst nach § 42 Abs. 4 Satz 1 GKG hinaus.
100   BAG, NZA 1987, 139; LAG Hamm, MDR 1983, 170; LAG Düsseldorf, LAGE Nr. 66 zu § 12 ArbGG 1979 Streitwert.
101   BAG, NZA 1987, 139.

Kündigungsschutzrechtsstreits abhängig ist, greift die Bestimmung des § 42 Abs. 4 Satz 1 2. Halbs. GKG nicht ein. In einem solchen Fall handelt es sich um verschiedene Streitgegenstände, deren **Werte zu addieren** sind.[102]

147 Es geht hier insbesondere um folgende **Abfindungen:**

- aus einem **Rationalisierungsschutzabkommen;**[103]
- **Nachteilsausgleich nach § 113 Abs. 3 BetrVG;**[104]
- ferner um Abfindungsansprüche aus einem **Sozialplan.**[105]

ii) Kündigungsschutzprozess und allgemeiner Feststellungsantrag

148 Wird neben dem Kündigungsschutzantrag ein weiterer allgemeiner Feststellungsantrag gestellt, dass das Arbeitsverhältnis auch nicht durch andere Tatbestände endet, erhöht dieser zusätzliche Antrag den Streitwert dann nicht, wenn andere Beendigungstatbestände nicht vorgetragen werden.[106]

b) Streitwert einer Änderungskündigung

149 Auch hier ist die Streitwertbemessung weitgehend umstritten.

aa) Ablehnung der Änderung

150 Nimmt der Kläger die Kündigung nicht unter Vorbehalt der sozialen Rechtfertigung an (s. § 2 KschG), wird die Änderungskündigung zu einer Beendigungskündigung. Der Streitwert bestimmt sich dann – wie auch sonst – nach dem 3fachen Monatsentgelt.[107]

bb) Annahme unter Vorbehalt

151 Nimmt der Arbeitnehmer die Änderung der Arbeitsbedingungen unter Vorbehalt an, ist die Bewertung der Änderungskündigung äußerst umstritten:

152 - Nach einer Auffassung ist die Änderungskündigung mit dem **Betrag eines Monatsbezuges** zu bewerten.[108] Dies gilt insbesondere in den Fällen, in denen sich aus den geänderten Arbeitsbedingungen keine Vergütungsdifferenz ergibt.[109]

153 - Demgegenüber setzten andere Gerichte [110] **zwei Monatsbeträge** an.

---

102 LAG Berlin, NZA 1995, 1072.
103 LAG Hamm, MDR 1983, 170.
104 LAG Bremen, EzA Nr. 22 zu § 12 ArbGG 1979 Streitwert; LAG Düsseldorf, LAGE Nr. 33 zu § 12 ArbGG 1979 Streitwert.
105 LAG Hamburg, AnwBl. 1984, 315.
106 LAG Köln, LAGE Nr. 108 zu § 12 ArbGG 1979 Streitwert.
107 S. LAG Düsseldorf, JurBüro 1986, 911; LAG München, LAGE Nr. 26 zu § 12 ArbGG 1979 Streitwert.
108 LAG Frankfurt, NZA 1986, 35 = DB 1986, 1400.
109 LAG Frankfurt, NZA 1986, 35 und JurBüro 1999, 475; a.A. LAG Hamm, LAGE Nr. 43 zu § 12 ArbGG 1979 Streitwert; LAG Berlin, NZA-RR 1998, 512.
110 LAG Düsseldorf, JurBüro 1987, 626; LAG Berlin NZA-RR 1998, 512.

Hansens

- Nach wiederum anderer Auffassung bemisst sich der Streitwert der Änderungs- 154 schutzklage im Rahmen des § 42 Abs. 4 Satz 1 GKG nach dem **wirtschaftlichen Interesse des Klägers**. Hierbei ist auch der Gesichtspunkt des Prestiges und der Rehabilitation zu berücksichtigen. Auch die mit der Änderungskündigung verfolgte Verminderung des Verdienstes ist mitzubewerten. Jedoch muss die Obergrenze des § 42 Abs. 4 Satz 1 GKG regelmäßig unterschritten werden.[111]

- Andere Gerichte bestimmen in Anwendung des § 42 Abs. 4 Satz 2 GKG den Streit- 155 wert nach der **36-fachen monatlichen Differenz der Bezüge**. Nach dem Rechtsgedanken des § 42 Abs. 4 Satz 1 GKG ist dieser Betrag aber höchstens auf drei Monatsgehälter beschränkt.[112]

- Nach wiederum anderer Auffassung bestimmt sich der Streitwert einer Änderungs- 156 schutzklage nach dem **3-fachen Jahresbetrag des Wertes der Änderung** auszugehen. Der sich hieraus ergebende Wert ist jedoch nach den entsprechend geltenden Regelungen in § 42 Abs. 4 Satz 1 und 2 GKG zu beschränken. Der Streitwert darf folglich keine der beiden dort genannten Grenzen überschreiten. Vielmehr ist allein der niedrigere Wert maßgeblich.[113] Der sich hieraus ergebende Betrag wird nach neuerer Rechtsprechung des LAG Rheinland-Pfalz[114] auf den 1,5fachen Monatsbetrag gekürzt.

Der Streit um die Bewertung einer Änderungskündigung wird in der Praxis dadurch et- 157 was entschärft, dass viele Gerichte unabhängig von der Wertberechnung den Vierteljahresverdienst des § 42 Abs. 4 Satz 1 GKG als Höchstgrenze annehmen.[115]

c) Eingruppierungsstreitigkeiten

Hierbei geht es um die Festlegung der für die Entlohnung des Arbeitnehmers maßge- 158 benden Lohn- bzw. Gehaltsgruppe. Hierbei spielt es keine Rolle, ob sich dies aus einem Tarifvertrag oder aus einem betriebsüblichen Entlohnungsschema ergibt. Selbst eine vom Arbeitgeber einseitig geschaffene Vergütungsordnung kann Grundlage für eine Eingruppierung sein.[116]

---

111 LAG Hamm, BB 1986, 136 = DB 1986, 1344 sowie BB 1982, 1671.
112 LAG Köln, LAGE Nr. 12 zu § 12 ArbGG 1979 Streitwert; LAG München, LAGE Nr. 26 zu § 12 ArbGG 1979 Streitwert; LAG Bremen, NZA 1987, 716.
113 BAG, DB 1989, 1880; LAG Rheinland-Pfalz, LAGE Nr. 91 zu § 12 ArbGG 1979 Streitwert; LAG Hamburg, JurBüro 1997, 593.
114 MDR 1999, 1392.
115 S. z.B. LAG Bremen, LAGE Nr. 63 zu § 12 ArbGG 1979 Streitwert; LAG Köln, JurBüro 1987, 623; LAG München, JurBüro 1984, 1399; LAG Baden-Württemberg, DB 1991, 1840; LAG Rheinland-Pfalz, LAGE Nr. 91 zu § 12 ArbGG; LAG Frankfurt, JurBüro 1999, 475 und auch das BAG, DB 1989, 1880.
116 *Germelmann*, ArbGG, § 12 Rn. 126.

159 Für die Streitwertberechnung ist der **3-jährige Unterschiedsbetrag** zwischen der Vergütung, die der Arbeitnehmer erhält und derjenigen, die er begehrt, maßgeblich. Wie auch bei Kündigungsschutzstreitigkeiten ist von dem entsprechenden Bruttobetrag auszugehen. Folglich sind Gratifikationen nur unter besonderen Voraussetzungen zu berücksichtigen.[117] Auch wenn der Eingruppierungsstreit im Wege einer **Feststellungsklage** geführt wird, ist der vorgenannte Streitwert ohne Abzug maßgebend.[118]

d) Weitere Streitigkeiten

aa) Klagen eines Organgeschäftsführers

160 Für **Gehalts- und Pensionsklagen** von Mitgliedern des Vertretungsorgans einer Handelsgesellschaft oder Genossenschaft bestimmt sich der Streitwert grds. nach § 42 Abs. 3 GKG.[119]

161 Gleiches gilt bei einer Klage auf Feststellung der **Unwirksamkeit der Kündigung** bei einem Anstellungsvertrag als Geschäftsführer. Hier ist regelmäßig der 3-fache Jahresbezug anzusetzen. Ist der Anstellungsvertrag jedoch nach Ablauf eines bestimmten Zeitraumes ordentlich kündbar, ist der geringere Gesamtbetrag der Bezüge bis zum Zeitpunkt der Vertragsbeendigung infolge der nächstmöglichen ordentlichen Kündigung als Streitwert anzusetzen.[120]

162 Bei der Klage eines Geschäftsführers auf Feststellung, dass das Dienstverhältnis durch die Kündigung nicht aufgelöst worden ist, ist ein Abschlag von 20 % vorzunehmen.[121]

bb) Drittschuldnerklage

163 Maßgeblich für die Wertbestimmung ist der eingeklagte Betrag. Geht die Klage auf monatliche Zahlung des gepfändeten Arbeitsentgelts, ist der 3-fache Jahresbezug maßgebend, sofern nicht ein geringerer Gesamtbetrag geltend gemacht wird. Rückstände sind hierbei nicht zu berücksichtigen. Klagt ein Unterhaltsgläubiger, richtet sich der Streitwert der Drittschuldnerklage nach den für Lohnansprüche geltenden Vorschriften und nicht nach den für Unterhaltsansprüche bestimmten Regelungen.[122]

cc) Feststellungsklage

164 Werden wiederkehrende Leistungen in Form einer Feststellungsklage geltend gemacht, berechnet sich der Streitwert gemäß § 42 Abs. 4 Satz 2 GKG.

---

117 BAG, NZA 1997, 283 = AnwBl. 1997, 292.
118 LAG Berlin, AnwBl. 1988, 487 = DB 1988, 1172; LAG Baden-Württemberg, JurBüro 1991, 665; LAG Niedersachsen, JurBüro 1980, 1547; LAG Hamm, AnwBl. 1997, 292; s. auch BAG, EzA Nr. 5 zu § 12 ArbGG 1979 Streitwert.
119 BGH, NJW 1981, 2465.
120 LG Bayreuth, JurBüro 1990, 772.
121 KG, KGR 1997, 228.
122 LAG Düsseldorf, JurBüro 1992, 91 = AnwBl. 1992, 398; OLG Saarbrücken, JurBüro 1989, 845; LAG Saarland, JurBüro 1988, 275; s. aber LAG Hamm, MDR 1983, 170.

Bei einer **positiven Feststellungsklage** ist regelmäßig ein Abschlag von 20 % zu ma- 165
chen.[123]

Bei einer **negativen Feststellungsklage** ist der Streitwert jedoch nicht geringer als der 166
Wert bei einer entsprechenden Leistungsklage.[124] Ein Abschlag ist danach nicht vorzunehmen. Allerdings hat das LAG Hamm[125] die Feststellung, der klagende Arbeitnehmer
sei nicht zur Teilnahme an der vom Arbeitgeber angeordneten Augenuntersuchung verpflichtet, mit DM 1.000 (511,29 €) **abzüglich** 20 % bewertet.

dd) Zeugnis[126]

Zu differenzieren ist zwischen dem Endzeugnis und dem Zwischenzeugnis: 167

• **Endzeugnis**

Nach h.M. wird der Streitwert für den Anspruch auf Erteilung oder auf Berichtigung eines Zeugnisses auf ein Monatsgehalt angesetzt.[127] Bei der Klage auf Berichtigung eines
solchen Zeugnisses wird von diesem ein weiterer Abschlag gemacht.[128]

• **Zwischenzeugnis**

Hier wird ein Streitwert von

– **einem Monatseinkommen,**[129]

– von einem **halben Monatseinkommen**[130]

– bis zu einem Festbetrag von 500 DM (255,65 €) angesetzt.[131]

ee) Einbeziehung in einen Vergleich

Ist der Anspruch auf Erteilung eines Zeugnisses nicht rechtshängig, wird er aber in einem 168
rechtshängigen Verfahren mitverglichen, ist er nach einer Auffassung mit einem **Monatseinkommen** zu bewerten.[132]

---

123 BAG, NJW 1961, 1788; LAG Kiel, AnwBl. 1989, 240.
124 BAG, DB 1961, 1428; LAG Düsseldorf, JurBüro 1988, 1234.
125 MDR 1999, 1203.
126 S. *Hansens*, BRAGOreport 2001, 103.
127 LAG Düsseldorf, JurBüro 1988, 726; LAG Hamburg, JurBüro 1988, 1158; LAG Hamm, AnwBl. 1987,
     497; LAG Frankfurt, BB 1971, 653; a.A. LAG Frankfurt, NZA-RR 2003, 660: 500 € bis 1.000 €; LAG
     Köln, JurBüro 1992, 24 = AnwBl. 1992, 496 und NZA-RR 2000, 218; LAG Rheinland-Pfalz, NZA
     1992, 524; LAG München, MDR 2000, 1254.
128 LAG Köln, NZA-RR 2000, 218.
129 LAG Hamburg, JurBüro 1988, 1158.
130 LAG Hamm, JurBüro 1990, 39 und AnwBl. 1989, 621.
131 LAG Stuttgart, AnwBl. 1985, 588.
132 LAG Düsseldorf, LAGE Nr. 17 zu § 12 ArbGG 1979 Streitwert.

169   Ging es bei der Kündigung nicht um verhaltens- oder personenbedingte Vorwürfe, so wird lediglich ein Titulierungsinteresse angenommen, das mit **einem Viertel des Monatseinkommens** bewertet wird.[133]

170   Demgegenüber wird nach anderer Auffassung der Anspruch auf Erteilung eines Zeugnisses beim Vergleichsschluss **nicht mitbewertet**[134] oder der Wert mit einem **halben Monatsbetrag angesetzt**.[135]

ff)   Entfernung einer Abmahnung

171   Der Streit über die Berechtigung einer Abmahnung und über ihre Entfernung aus der Personalakte ist vermögensrechtlicher Natur. Der Streitwert bemisst sich gemäß § 3 ZPO. Hierbei setzt die **Rechtsprechung** zwischen einem halben bis zu zwei Monatseinkommen an.

- Für ein **halbes Monatseinkommen** spricht sich das LAG Rheinland-Pfalz[136] aus. Nach Auffassung des LAG Köln[137] bemisst sich der Streitwert zwischen einem halben bis zu einem Monatsgehalt. Nach überwiegender Auffassung ist von **einem Monatsverdienst** auszugehen.[138] In einem Fall hat das LAG Düsseldorf[139] sogar das **doppelte Monatseinkommen** zugrunde gelegt.

- Geht es um **mehrere Abmahnungen**, ist i.d.R. je Abmahnung ein Bruttomonatsgehalt anzusetzen.[140]

gg)   Vergleich im Kündigungsschutzprozess

172   Kündigungsschutzprozesse werden häufig durch Vergleich beendet. Vielfach werden hierbei, z.T. auch lediglich zur Klarstellung, Angelegenheiten mitverglichen, die nicht Gegenstand des Rechtsstreits waren, die streitig oder unstreitig waren oder aber anderweitig rechtshängig waren. Ob derartige mitverglichene Ansprüche streitwertmäßig besonders zu berücksichtigen sind, ist umstritten.

---

133   LAG Düsseldorf, LAGE Nr. 4 zu § 3 ZPO; ähnlich LAG Köln, ARST 1996, 18.
134   LAG Baden-Württemberg, DB 1984, 784.
135   LAG Frankfurt, NZA 1999, 382.
136   BB 1982, 1799 = DB 1982, 2091.
137   BB 1986, 600.
138   LAG Bremen, KostRspr. ArbGG § 12 Nr. 73; LAG Frankfurt, LAGE Nr. 72 zu § 12 ArbGG 1979 Streitwert und NZA-RR 1999, 382; LAG Hamm, NZA 1984, 236 und 1990, 328; LAG Nürnberg, NZA 1993, 430; LAG Schleswig, BB 1995, 1596; LAG Niedersachsen, Nds.Rpfl. 1997, 35; LAG Köln, AuR 2004, 39.
139   JurBüro 1989, 954.
140   LAG Niedersachsen, Nds.Rpfl. 1997, 35; LAG Berlin, MDR 2003, 1021; differenzierter LAG Düsseldorf, NZA-RR 1996, 391; ferner LAG Frankfurt, NZA-RR 2000, 438; LAG Köln, AuR 2004, 39: die ersten beiden Abmahnungen je ein Bruttomonatsgehalt, die weiteren Abmahnungen je 1/3 Bruttomonatsgehalt.

Nach Auffassung des BAG können nichtrechtshängige, aber **streitige Gehaltsansprüche** 173
des Arbeitnehmers streitwertmäßig **nicht** besonders **bewertet** werden, wenn hierdurch
die Wertgrenze des § § 42 Abs. 4 GKG überschritten wird.[141] Die gleiche Auffassung wird
auch für **unstreitige Vergütungsansprüche** vertreten.[142]

Nach anderer Auffassung sind derartige Ansprüche mit einem **Titulierungsinteresse** von 174
10 % zu bewerten.[143]

Bei einem Vergleich über eine **Abfindung** nach §§ 9, 10 KSchG ist wegen § 42 Abs. 4 175
Satz 1 2. Halbs. GKG nicht der Wert der Abfindung zu berücksichtigen. Hingegen werden Abfindungen aufgrund einer vertraglichen Absprache, aus einem Sozialplan, auf der
Grundlage von § 113 BetrVG oder aus einem Rationalisierungsschutzabkommen streit-
werterhöhend berücksichtigt.[144]

Gleiches gilt für die Vereinbarung von **Zahlungsmodalitäten** für die Abfindung oder für 176
allgemeine Abgeltungsklauseln, sofern hierdurch nicht konkrete streitige Ansprüche erledigt werden.[145]

Wird vergleichsweise vereinbart, dass der Arbeitnehmer bis zu einem noch nicht abge- 177
laufenen Kündigungstermin von der Arbeit **freigestellt** wird, kann dies mit 25 % des Ge-
haltes bis zum Kündigungstermin bewertet werden,[146] nach anderer Auffassung mit einem Monatsgehalt.[147]

Begründen die Parteien des Kündigungsrechtsstreits durch Vergleich für einen in der Zu- 178
kunft liegenden Zeitpunkt ein **neues Arbeitsverhältnis** zu unveränderten Arbeitsbedingungen, erhöht sich der Vergleichswert gegenüber dem Streitwert nicht.[148]

Zur **Eintrittspflicht der Rechtsschutzversicherung** für die Anwaltskosten eines Abfin- 179
dungsvergleichs nach einer angedrohten Kündigung s. LG Hannover.[149]

hh) Herausgabeansprüche

Herausgabeansprüche können im arbeitsgerichtlichen Urteilsverfahren gelegentlich gel- 180
tend gemacht werden.

---

141 NJW 1967, 902 = DB 1967, 472.
142 S. LAG Rheinland-Pfalz, NZA 1984, 99.
143 Vgl. LAG Hamm, KostRspr. Nr. 653 zu § 3 ZPO und DB 1980, 1852; LAG Frankfurt, NZA-RR 1999,
     382; LAG Baden-Württemberg, JurBüro 1988, 234 und 1991, 834.
144 A.A. LAG Baden-Württemberg, JurBüro 1990, 1267.
145 LAG Rheinland-Pfalz, NZA 1984, 99.
146 LAG Köln, AnwBl. 1986, 205; LAG Berlin, MDR 2003, 896.
147 AG Frankfurt, NZA-RR 1999, 382.
148 BAG, NZA 1996, 1175.
149 NZA-RR 1998, 228.

181 **Beispiele:**

- *Der Arbeitnehmer verlangt vom Arbeitgeber die Herausgabe einer in den Betrieb eingebrachten Sache, wie z.B. ein eigenes Radiogerät oder eine eigene Kaffeemaschine.*

- *Der Arbeitgeber verlangt die Herausgabe eines dem Arbeitnehmer überlassenen Firmenwagens, von Werkzeug oder Musterkollektionen oder Geschäftsunterlagen.*

- *Der Arbeitnehmer verlangt vom Arbeitgeber die Herausgabe von Arbeitspapieren.*[150]

182 Maßgeblich ist hierfür gemäß § 6 ZPO der Verkehrswert der jeweiligen Sachen. Das ist der Wert, der sich bei einer Veräußerung des betreffenden Gegenstandes erzielen ließe.[151]

183 Begehrt der Arbeitgeber die Herausgabe des Kfz-Briefes nebst Zweitschlüssel, dann ist nach einer Auffassung die Hälfte des Fahrzeugwertes anzusetzen,[152] nach anderer Auffassung ist das Interesse an der Verfügungsgewalt über den Kfz-Brief maßgebend.[153]

ii) Versetzungsmaßnahmen

184 Streiten sich die Parteien über die Wirksamkeit einer Versetzungsmaßnahme, ist deren Wert gemäß § 3 ZPO zu schätzen. Ein solcher Streit über den Inhalt des Arbeitsverhältnisses ist im Regelfall nicht höher zu bewerten als derjenige über den Bestand des Arbeitsverhältnisses. So hat das LAG München[154] einen Streitwert von 500 DM (255,65 €) angenommen. Hat die Versetzungsmaßnahme für den Arbeitnehmer jedoch weitreichende Folgen, können im Einzelfall die Vierteljahresbezüge nach § 42 Abs. 4 Satz 1 GKG für den Streitwert maßgebend sein.[155]

jj) Wettbewerbsverbot

185 Geht der Streit über die Gültigkeit eines nachvertraglichen Wettbewerbsverbots, ist als Streitwert höchstens der Betrag der geschuldeten Karenzentschädigung anzusetzen[156]

186 Nach h.M. ist dieser Wert auch dann maßgebend, wenn der Arbeitgeber vom Arbeitnehmer die Unterlassung einer Konkurrenztätigkeit begehrt.[157] Jedoch wird auch von der gemäß § 3 ZPO zu schätzenden Beeinträchtigung des Arbeitgebers ausgegangen, die mit dem Unterlassungsbegehren beseitigt werden soll. Dieses Unterlassungsinteresse kann oft höher sein als die zu zahlende Karenzentschädigung.

---

150 LAG Köln, BB 1998, 543 und DB 2000, 432: 500 DM = 255,65 €.
151 BGH, NJW-RR 1991, 1210.
152 OLG Saarbrücken, JurBüro 1990, 1661.
153 LAG Berlin, BB 1982, 1428.
154 AnwBl. 1988, 486.
155 LAG Bremen, LAGE Nr. 75 zu § 12 ArbGG 1979 Streitwert.
156 LAG Hamm, AnwBl. 1984, 156; LAG Düsseldorf, JurBüro 1985, 764.
157 S. LAG Hamm, AnwBl. 1981, 106.

IV. Streitwert im Beschlussverfahren

Im betriebsverfassungsrechtlichen Beschlussverfahren fallen keine Gerichtskosten an. 187
Deshalb wird der Streitwert auch nicht festgesetzt. Vielmehr kann der Rechtsanwalt ge-
mäß § 33 Abs. 1 RVG die Festsetzung des Gegenstandswertes beantragen. Auf welcher
Grundlage diese Festsetzung erfolgt, ist im Einzelfall umstritten.

1. Keine Anwendung des § 42 Abs. 4 GKG

Insbesondere in den **betriebsverfassungsrechtlichen Verfahren** nach §§ 99, 100, 101 188
und 103 BetrVG geht es um die Entscheidung von Vorfragen, die zu **individualrecht-
lichen Konsequenzen** führen können, die ihrerseits im Streitfall unter die Wertvorschrift
des § 42 Abs. 4 Satz 1 und 2 GKG fallen können. Gleichwohl ist eine direkte Anwendung
der vorgenannten Vorschrift ausgeschlossen, da nicht über den Bestandsschutz selbst,
sondern lediglich über eine Vorfrage zu entscheiden ist.[158]

2. Gegenstandswert nach § 23 Abs. 3 RVG

a) Vermögensrechtliche Streitigkeiten

Nach einer Auffassung sind betriebsverfassungsrechtliche Beschlussverfahren **vermö-** 189
gensrechtlicher Natur.[159]

Deshalb sind über § 23 Abs. 3 Satz 1 RVG die dort genannten Wertvorschriften der KostO 190
entsprechend heranzuziehen. Sind diese Vorschriften nicht einschlägig und steht der
Gegenstandswert auch sonst nicht fest, ist er nach billigem Ermessen zu bestimmen. Gibt
es keine genügenden tatsächlichen Anhaltspunkte für eine Schätzung, ist der Regelwert
von 4.000 € anzusetzen. Nach Lage des Falles kann er niedriger (Mindestwert: 300 €)
oder auch höher, jedoch nicht über 500.000 € sein.

b) Nichtvermögensrechtliche Streitigkeiten

Nach h.M. sind betriebsverfassungsrechtliche Beschlussverfahren nichtvermögensrecht- 191
liche Streitigkeiten. Deshalb ist gemäß § 23 Abs. 3 Satz 2 2. Halbs. RVG der Regelwert
von 4.000 €, je nach Lage des Falles jedoch auch ein anderer Wert zwischen 300 € und
500.000 € anzusetzen. Hierbei geht eine weit verbreitete Auffassung davon aus, dass es
sich bei dem Wert von 4.000 € um einen **Regelwert** handelt.[160]

---

158 *Germelmann*, ArbGG, § 12 Rn. 134.
159 LAG München, JurBüro 1987, 858; ähnlich LAG Schleswig, LAGE Nr. 10 zu § 8 BRAGO.
160 LAG Bremen, BB 1979, 1096; LAG München – 2. Kammer – , NZA 1994, 47 = DB 1993, 2088; –
6. Kammer – , AnwBl. 1984, 160; LAG Schleswig – 4. Kammer –, BB 1993, 1087; – 6. Kammer –,
LAGE Nr. 10 zu § 8 BRAGO.

192 Nach anderer Auffassung handelt es sich lediglich um einen **Hilfswert**, der nur dann heranzuziehen ist, wenn keine weiteren Anhaltspunkte für eine Wertfestsetzung vorliegen.[161]

aa) Entsprechende Anwendung von § 42 Abs. 4 GKG

193 In den betriebsverfassungsrechtlichen Beschlussverfahren nach §§ 99, 100, 101 und 103 BetrVG werden lediglich Vorfragen zu Rechtsstreitigkeiten entschieden, die ihrerseits unter die Streitwertvorschrift des § 42 Abs. 4 GKG fallen würden. Der Ansatz des Regel- oder Hilfswerts i.H.v. 4.000 € würde dann häufig zu einer unverhältnismäßigen Wertdifferenz zwischen dem Hauptverfahren und dem vorangehenden betriebsverfassungsrechtlichen Beschlussverfahren führen. Deshalb werden in diesen Verfahren die Streitwertregelungen des § 42 Abs. 4 GKG entsprechend angewandt.[162]

194 • Geht es um die **Untersagung der Weiterbeschäftigung** eines Arbeitnehmers gemäß § 101 BetrVG oder um die Ersetzung der Zustimmung zur außerordentlichen Kündigung eines Amtsträgers gemäß § 103 BetrVG, ist der Gegenstandswert in Anlehnung von § 42 Abs. 4 GKG festzusetzen. Im letztgenannten Verfahren wird im Regelfall der **volle Streitwertrahmen** des § 42 Abs. 4 Satz 1 GKG ausgeschöpft werden können, da die präjudizielle Wirkung des Beschlussverfahrens wesentlich das individualrechtliche Kündigungsschutzverfahren bestimmt.

195 • In dem Verfahren nach **§§ 99, 100, 101 BetrVG** ist im Rahmen des § 42 Abs. 4 Satz 1 und 2 GKG das **konkrete wirtschaftliche** Interesse von Betriebsrat und Arbeitgeber an der jeweiligen Maßnahme zu berücksichtigen. Deshalb wird der Gegenstandswert nicht den vollen Streitwertrahmen des § 42 Abs. 4 GKG ausschöpfen.[163]

196 • Sind **mehrere Personen** beteiligt, sind die Einzelwerte gemäß § 5 ZPO zu addieren.[164]

bb) Einzelfälle in alphabetischer Reihenfolge

197 ▓ **Anfechtung einer Betriebsratswahl:** Unter Beachtung der Staffel des § 9 BetrVG beträgt der Gegenstandswert bei einem Betriebsrat mit einem Mitglied 9.000 DM = 4.601,63 €. Er erhöht sich für jedes weitere Betriebsratsmitglied um weitere 1.500 DM = 766,94 €.[165]

---

161 LAG Baden-Württemberg, DB 1982, 1016; JurBüro 1992, 601; LAG Hamm, LAGE Nr. 12 zu § 8 BRAGO; LAG Hamburg – 1. Kammer –, LAGE Nr. 7 zu § 8 BRAGO; – 2. Kammer –, BB 1992, 1857; LAG München – 3. Kammer –, NZA-RR 1996, 419.

162 LAG Hamm, LAGE Nr. 70 zu § 12 ArbGG 1979 Streitwert; LAG Stuttgart, AnwBl. 1982, 313.

163 LAG Hamm, LAGE Nr. 70 zu § 12 ArbGG 1979 Streitwert; LAG Köln, MDR 1992, 165; 1993, 357; LAG Düsseldorf, LAGE Nr. 41 zu § 8 BRAGO: 2 Monatseinkommen; a.A. LAG Köln, JurBüro 1996, 590; LAG Bremen, DB 1993, 492: Regelwert von 8.000 DM = 4.090,34 €.

164 *Germelmann*, ArbGG, § 12 Rn. 136.

165 LAG Berlin, NZA 1992, 327; LAG Rheinland-Pfalz, NZA 1992, 667; vgl. LAG Bremen, LAGE Nr. 5 zu § 8 BRAGO: Anfechtung der Wahl eines 15-köpfigen Betriebsrates in einem Betrieb mit rd. 1900 wahlberechtigten Arbeitnehmern – Wert von 60.000 DM = 30.677,51 €.

▓ **Anfechtung eines Sozialplanes:** Maßgebend ist der Wert des strittigen Sozial- 198
volumens.[166]

▓ **Ausschluss eines Betriebsratsmitgliedes** aus dem Betriebsrat: Vierteljahresbezug 199
entsprechend § 42 Abs. 4 Satz 1 GKG.[167]

▓ **Beteiligungsrechte des Betriebsrates** bei Personalmaßnahmen in vielen Fällen 200
(43 x 3.000 DM = 1.533,88 €, zusammengefasst auf 50.000 DM = 25.564,59 €.[168]

▓ **Durchsetzung eines Sozialplanes** durch den Betriebsrat gegen den Willen des Ar- 201
beitgebers: Maßgebend für die Bewertung ist die sozialstaatliche und grundrecht-
liche Dimension des Betriebsverfassungsrechts ohne Berücksichtigung der Vermögensverhältnisse der Beteiligten.[169]

▓ Status als **leitender Angestellter:** 4.000 DM = 2.045,17 €[170] bzw. doppelter Re- 202
gelwert.[171]

▓ Erforderlichkeit einer einwöchigen **Schulungsveranstaltung:** 8.000 DM = 203
4.090,34 €[172]

▓ **Wettbewerbsverbot:** Maßgeblich ist die bei einem Wettbewerbsverbot geschul- 204
dete Karenzentschädigung.[173]

▓ Streit um die Einrichtung eines **Wirtschaftsausschusses:** 8.000 DM = 4.090,34 €.[174] 205

▓ Antrag des Betriebsrates, eine **Versetzung** rückgängig zu machen: Regelwert des 206
§ 23 Abs. 3 Satz 2 RVG.[175]

▓ **Zustimmungsersetzung** gemäß § 99 BetrVG: 1 Monatsgehalt.[176] 207

---

166 Im Fall des LAG Hamm, LAGE Nr. 8 zu § 8 BRAGO rd. 336.000 DM = 171.794,07 €; a.A. LAG Brandenburg, LAGE Nr. 20 zu § 8 BRAGO: Dieser Wert ist zu ermäßigen.
167 LAG Hamm, DB 1980, 1176.
168 LAG Hamburg, BB 1992, 1857.
169 LAG Kiel, DB 1993, 2088.
170 LAG Bremen, BB 1979, 1086.
171 LAG München, AMBl. Nr. 16/1979 C 29.
172 LAG Düsseldorf, LAGE Nr. 15 zu § 8 BRAGO.
173 LAG Berlin, BRAGOreport 2003, 184: bis 4.000 €.
174 LAG Bremen, DB 1985, 768.
175 LAG München, NZA 1994, 47.
176 LAG Hamburg, LAGE Nr. 7 zu § 8 BRAGO.

C. Kostenerstattung

I. Allgemeines

208 Gemäß § 12a Abs. 1 Satz 1 ArbGG ist im erstinstanzlichen Urteilsverfahren die Kostenerstattung[177] wegen

- der **Entschädigung der Partei wegen Zeitversäumnis** sowie

- der Kosten für die Zuziehung eines **Prozessbevollmächtigten** oder Beistandes

ausgeschlossen.

209 Diese Vorschrift weicht für das erstinstanzliche Urteilsverfahren von der Grundregel des § 91 Abs. 1 ZPO ab, nach der notwendige Kosten der Rechtsverfolgung bzw. Rechtsverteidigung erstattungsfähig sind, zu denen gemäß § 91 Abs. 2 Satz 1 ZPO die Kosten eines Rechtsanwalts gehören.

210 Der Ausschluss der Kostenerstattung für Anwaltskosten ist mit dem Grundgesetz vereinbar.[178] § 12a Abs. 1 Satz 1 ArbGG soll den arbeitsgerichtlichen Prozess im ersten Rechtszug verbilligen. Dies gilt allerdings nicht nur zugunsten des Arbeitnehmers, sondern auch zu dessen Lasten, wenn er im ersten Rechtszug obsiegt.[179]

II. Begriff des Urteilsverfahrens

211 Der Begriff des Urteilsverfahrens i.S.v. § 12a Abs. 1 Satz 1 ArbGG ist als Gegensatz zu den Beschlussverfahren der §§ 80 ff. ArbGG aufzufassen. Deshalb kommt es nicht darauf an, ob das Verfahren durch ein Urteil beendet wird oder beendet werden kann.[180]

Die Bestimmung gilt deshalb in **folgenden Verfahren:**

- im Mahnverfahren,

- im Arrestverfahren,

- im Verfahren auf Erlass einer einstweiligen Verfügung,[181]

- für die Kosten der Nebenintervention,[182]

- für die Vollstreckungsgegenklage vor dem Arbeitsgericht.[183]

---

177 Ausführlich *Hansens,* BRAGOreport 2001, 67.
178 BVerfG, NJW 1971, 2302; LAG Stuttgart, AnwBl. 1986, 106.
179 S. BAG, DB 1973, 1077.
180 *Germelmann,* ArbGG, § 12a Rn. 6
181 LAG Baden-Württemberg, BB 1989, 850; LAG Hamm, MDR 1980, 698.
182 LAG Baden-Württemberg, AuR 1983, 124.
183 LAG Düsseldorf, MDR 2003, 1021; LAG Berlin, AnwBl. 1981, 504.

Der Ausschluss der Kostenerstattung gilt jedoch **nicht** für: 212

- das **Zwangsvollstreckungsverfahren** vor den Arbeitsgerichten,[184] wohl aber für die Vollstreckungsgegenklage nach § 767 ZPO (s. vorstehend).

- Kosten eines **Arbeitsgerichtsprozesses gegen den Drittschuldner**, sie sind nach weitverbreiteter Auffassung jedoch gemäß § 788 ZPO vom Schuldner zu erstatten.[185]

- **Schadensersatzansprüche gemäß § 840 Abs. 2 Satz 2 ZPO**, sie sind nach jetziger Auffassung des BAG[186] nicht durch § 12a Abs. 1 ArbGG ausgeschlossen.[187]

- **verwaltungsgerichtliche Verfahren,** in denen es um die von der Hauptfürsorgestelle erteilte oder verweigerte Zustimmung zur Kündigung eines schwerbehinderten Arbeitnehmers geht. Hier ist § 162 Abs. 3 VwGO vorrangig; der Ausschluss der Kostenerstattung gilt für dieses eigenständige Verfahren nicht.[188]

1. Umfang des Ausschlusses

a) Materiell-rechtlicher Kostenerstattungsanspruch

§ 12a Abs. 1 Satz 1 ArbGG schließt in seinem Anwendungsbereich nicht nur den pro- 213
zessualen Kostenerstattungsanspruch aus, sondern entfaltet auch materiell-rechtliche Wirkungen. Deshalb kann ein Arbeitnehmer von seinem Arbeitgeber auch nicht im Wege des Schadensersatzes die Erstattung außergerichtlicher Anwaltskosten verlangen.[189]

b) Kostenerstattung bei Verweisung

aa) Verweisung Arbeitsgericht – Zivilgericht

Hier bleibt wegen § 12a Abs. 1 Satz 1 ArbGG die Erstattung der erstinstanzlichen vor 214
dem Arbeitsgericht angefallenen Rechtsanwaltskosten ausgeschlossen.[190]

---

184 LAG Baden-Württemberg, LAGE Nr. 3 zu § 12a ArbGG 1979 Streitwert; LAG Berlin, MDR 1986, 877 = DB 1986, 753; LAG Frankfurt, BB 1968, 630; LAG Köln, AnwBl. 1995, 316.

185 OLG Karlsruhe, JurBüro 1994, 614; OLG Koblenz, JurBüro 1987, 1257; KG, Rpfleger 1989, 382; OLG Düsseldorf, JurBüro 1990, 1014; LAG Düsseldorf, JurBüro 1989, 1180 und JurBüro 1995, 478; LG Berlin, JurBüro 1981, 462; *Hansens*, JurBüro 1983, 1; a.A. OLG Bamberg, JurBüro 1994, 612; LAG Frankfurt, AnwBl. 1972, 28; OLG München, EWiR 1990, 1033 m. abl. Anm. *Hansens* = JurBüro 1990, 1355

186 NJW 1990, 2643 = NZA 1991, 27.

187 Ebenso ArbG Gießen, FA 2002, 149; AG Wipperfürth, JurBüro 1999, 102.

188 *Germelmann*, ArbGG, § 12a Rn. 6; a.A. *Kronisch*, NVwZ 1993, 251.

189 BAG DB 1978, 895 = BB 1978, 915; NZA 1992, 1101 = DB 1992, 2351.

190 OLG Hamburg, JurBüro 1983, 771; OLG Frankfurt, JurBüro 1983, 1717; OLG Stuttgart, JurBüro 1984, 1732 = AnwBl. 1985, 104; OLG Köln, JurBüro 1982, 550; OLG Karlsruhe, JurBüro 1990, 1154 = Rpfleger 1990, 223; OLG Brandenburg, JurBüro 2000, 257.

215　Dies gilt jedoch nicht für diejenigen Anwaltskosten, die vor dem ordentlichen Gericht erneut entstanden sind.[191]

bb)　Verweisung ordentliches Gericht – Arbeitsgericht

216　Nach einer Auffassung sind gemäß § 12a Abs. 1 Satz 3 ArbGG die **vollen** vor dem ordentlichen Gericht entstandenen Rechtsanwaltskosten erstattungsfähig.[192] Die Gegenauffassung hält demgegenüber nur die Mehrkosten für erstattungsfähig.[193]

217　Das ist die Differenz zwischen den tatsächlich entstandenen Kosten und denjenigen Kosten, die entstanden wären, wenn der Kläger gleich das zuständige Gericht angerufen hätte.

c)　Anwaltskosten

218　Der Ausschluss der Kostenerstattung betrifft die Kosten, die durch die Zuziehung eines Prozessbevollmächtigten oder Beistandes entstanden sind. Folglich kommt es auf die Person des Prozessbevollmächtigten nicht an. Auch die Kosten für die Hinzuziehung eines **Unterbevollmächtigten** oder eines **Verkehrsanwalts** sind regelmäßig nicht erstattungsfähig. Gleiches gilt, wenn ein **Rechtsanwalt als gesetzlicher Vertreter** einer Partei oder als **Partei kraft Amtes** auftritt oder sich in **eigener Sache** selbst vertritt.[194]

219　Der Erstattungsausschluss gilt auch für **vorprozessuale Anwaltskosten**.[195]

220　Der Ausschluss der Kostenerstattung erfasst sowohl die **Gebühren** als auch die **Auslagen** des Prozessbevollmächtigten oder Beistandes.

d)　Ersparte Parteireisekosten

221　Da § 12a Abs. 1 Satz 1 ArbGG nur das Prozessrisiko für die unterliegende Partei begrenzen will, ihr jedoch kein ungerechtfertigter Kostenvorteil verschafft werden soll, sind die durch die Zuziehung eines Rechtsanwalts entstandenen Kosten bis zur Höhe **ersparter Reisekosten der Partei** erstattungsfähig.[196]

191　KG, AP Nr. 1 zu § 61 ArbGG 1953; KG, BerlAnwBl. 1994, 82; OLG Schleswig, JurBüro 1995, 207 = AGS 1995, 33; OLG Karlsruhe, JurBüro 1991, 1637; s. auch Teil 7 Rn. 464 ff. mit Beispiel.

192　LAG Baden-Württemberg, AGS 2002, 67; LAG Stuttgart, NJW 1984, 86 = Rpfleger 1983, 497; LAG Frankfurt, AnwBl. 1985, 104 und NZA-RR 1999, 498; LAG Kiel, AnwBl. 1985, 102; LAG München, AnwBl. 1985, 103; LAG Hamm, MDR 1987, 876; LAG Rheinland-Pfalz, JurBüro 1988, 1658; LAG Schleswig, AnwBl. 1985, 102; LAG Niedersachsen, Rpfleger 1991, 218; Thür. LAG, NZA 2001, 1216 = NZA-RR 2001,106; ArbG Heilbronn, NZA-RR 2002, 494.

193　LAG Bremen, MDR 1986, 434; LAG Berlin, AuR 1984, 122.

194　*Germelmann*, ArbGG, § 12a Rn. 12.

195　BAG, AP Nr. 14 zu § 61 ArbGG 1953; LAG Hamm, MDR 1992, 63.

196　LAG Berlin, AP Nr. 4 zu § 61 ArbGG 1953; LAG München, AP Nr. 25 zu § 61 ArbGG 1953; LAG Nürnberg, AnwBl. 1988, 181; LAG München, NZA-RR 2002, 161 = BRAGOreport 2003, 60 [*Hansens*]; LAG Rheinland-Pfalz, AnwBl. 1988, 299; LAG Düsseldorf, LAGE Nr. 6 zu § 12a ArbGG 1979 Streitwert.

Folglich können tatsächlich entstandene Anwaltskosten in der Höhe erstattet verlangt 222
werden, die die Partei für eine sonst notwendige Reise aufgewandt hätte. Das können
Reisekosten der Partei zwecks Aufnahme der Klage zur Niederschrift der Geschäftsstelle
sein, aber auch Reisekosten zum Verhandlungstermin vor dem Arbeitsgericht. Der Höhe
nach sind diese ersparten Reisekosten begrenzt durch die tatsächlich angefallenen Anwaltskosten. Für die **Berechnung** der ersparten Reisekosten gilt § 91 Abs. 1 Satz 2 ZPO
i.V.m. den Vorschriften des Justizvergütungs- und -entschädigungsgesetz (JVEG).

e)   Tatsächliche Reisekosten der Partei

Vom Ausschluss der Kostenerstattung sind die tatsächlichen Reisekosten der Partei nicht 223
betroffen, sofern diese notwendig waren. Dies betrifft insbesondere Reisen der Partei zu
einem Verhandlungstermin vor dem Arbeitsgericht.

f)   Zeitversäumnis der Partei

Gemäß § 12a Abs. 1 Satz 1 ArbGG ist auch der Anspruch der Partei auf Entschädigung 224
wegen Zeitversäumnis im erstinstanzlichen Urteilsverfahren ausgeschlossen. Dies gilt insbesondere bei Zeitversäumnis

- für die Vergütung eines mit der Prozessführung beauftragten Mitarbeiters der Partei;[197]

- für vorbereitende Handlungen wie die Klageerhebung, die Information des Prozessbevollmächtigten oder das Fertigen von Schriftsätzen;

- bei der Anordnung des persönlichen Erscheinens gemäß § 51 Abs. 1 Satz 1 ArbGG;

- bei sonstiger Terminswahrnehmung.

225

> **Hinweis:**
>
> Jedoch können in den letzten beiden Fällen die Kosten erstattet verlangt werden, die
> durch die Terminswahrnehmung tatsächlich entstanden sind, z.B. Fahrtkosten, Über-
> nachtungskosten und Verpflegungsgelder.

2.   Abweichende Parteivereinbarungen

Die Parteien können abweichend von § 12a Abs. 1 Satz 1 ArbGG hinsichtlich der Kos- 226
tenerstattung eine andere Regelung treffen. Dies kann in einem außergerichtlichen oder
in einem gerichtlichen **Vergleich**[198] geschehen. Hierbei sollte die Vereinbarung so eindeutig wie möglich sein. Nach Auffassung verschiedener Arbeitsgerichte kann nämlich

---

197   LAG Frankfurt, BRAGOreport 2002, 30 [*Hansens*].
198   S. LAG Hamm, MDR 1992, 63.

ein Vergleich im Kostenfestsetzungsverfahren nicht ausgelegt werden.[199] Deshalb sind im Regelfall die nach § 12a Abs. 1. Satz 1 ArbGG nicht erstattungsfähigen Kosten von der Vergleichsregelung nicht erfasst.

227 **Beispiele:**

(1) Der Gegner übernimmt im Prozessvergleich die Kosten und Auslagen in beiden Instanzen. Für die erstinstanzlichen Kosten greift der Ausschluss der Kostenerstattung nach § 12a Abs. 1 Satz 1 ArbGG ein.[200]

(2) Der Gegner übernimmt die erstinstanzlichen Anwaltskosten ausdrücklich. Diese sind dann erstattungsfähig.[201]

(3) Die Parteien haben die Kosten gegeneinander aufgehoben. Die Anwaltskosten sind überhaupt nicht erstattungsfähig.[202]

228 Aufgrund einer **privatrechtlichen Vereinbarung** oder eines **außergerichtlichen Vergleichs** können die Kosten im Kostenfestsetzungsverfahren **nicht** festgesetzt werden.

229 Ob die Kosten aufgrund eines **Prozessvergleichs** festgesetzt werden können, ist umstritten. Nach einer Auffassung ist die Kostenfestsetzung deshalb nicht möglich, da das Festsetzungsverfahren nur für die Ermittlung der **gesetzlichen Prozesskosten** gilt, nicht aber für privatrechtliche Kostenerstattungsansprüche.[203] Nach der Gegenmeinung kann die Kostenfestsetzung aufgrund eines gerichtlichen Vergleichs erfolgen.[204]

230

Hinweis:

Da nach einer weitverbreiteten Auffassung aufgrund der Kostenregelung in einem gerichtlichen Vergleich die Kostenfestsetzung nicht stattfinden kann, müsste der Erstattungsberechtigte die Kosten einklagen. Um dies zu verhindern, könnte der Kostenerstattungsanspruch beziffert werden. Verpflichtet sich beispielsweise der Arbeitgeber in einem gerichtlich protokollierten Vergleich, dem Arbeitnehmer die Kosten des Arbeitsgerichtsverfahrens i.H.v. 1.000 € nebst Zinsen zu erstatten, kann die Zwangsvollstreckung direkt aus dem Vergleich betrieben werden.

---

199 LAG Düsseldorf, LAGE Nr. 9 zu § 12a ArbGG 1979.
200 LAG Nürnberg, JurBüro 1999, 366.
201 LAG Rheinland-Pfalz, NZA 1992, 141.
202 Vgl. LAG Nürnberg, JurBüro 2001, 35.
203 LAG Düsseldorf, LAGE Nr. 9 zu § 12a ArbGG 1979 Streitwert; LAG Hamm, MDR 1972, 546; LAG Rheinland-Pfalz, NZA 1992, 141; LAG Köln, MDR 2001, 775; LAG Frankfurt, NZA-RR 2000, 500.
204 LAG München, AnwBl. 1979, 67.

Hansens

3. Belehrungspflicht des Rechtsanwalts

Gemäß § 12a Abs. 1 Satz 2 ArbGG hat der Prozessbevollmächtigte oder der Beistand sei- 231
nen Mandanten vor Abschluss des Vertrages auf den Ausschluss der Kostenerstattung
nach § 12a Abs. 1 Satz 1 ArbGG hinzuweisen. Die Partei soll hierdurch in die Lage versetzt werden, zu entscheiden, ob sie sich selbst vor dem Arbeitsgericht vertreten will oder
sich vertreten lassen möchte. Dem Rechtsanwalt fällt durch die Belehrung **keine** besondere **Vergütung** an. Entscheidet sich der Mandant aufgrund der Belehrung, sich selbst
vor dem Arbeitsgericht zu vertreten, steht dem Rechtsanwalt also ein Vergütungsanspruch nicht zu.

Die **Form der Belehrung** ist gesetzlich nicht geregelt. Folglich genügt ein mündlicher 232
Hinweis des Prozessbevollmächtigten. Zu **Beweiszwecken** empfiehlt sich jedoch eine
schriftliche Belehrung.

233

> **Hinweis:**
>
> Zwar ist ein Hinweis gemäß § 12a Abs. 1 Satz 1 ArbGG dann **entbehrlich**, wenn die
> Partei ein Kostenrisiko nicht treffen kann. Dies gilt für rechtsschutzversicherte Man-
> danten jedoch nur dann, wenn die konkrete Kostenübernahme seitens der Rechts-
> schutzversicherung vorliegt. Der Hinweis ist deshalb nicht entbehrlich, wenn zweifel-
> haft ist, ob die Rechtsschutzversicherung eintritt. Ein Hinweis ist auch dann entbehr-
> lich, wenn der Mandant den Ausschluss der Kostenerstattung aus vorangegangenen
> oder gerade aus diesem arbeitsgerichtlichen Verfahren[205] kennt. Sicherheitshalber soll-
> te der Rechtsanwalt die Belehrung auch im Falle der Kostenübernahme durch eine
> Rechtsschutzversicherung erteilen.

Die Belehrungspflicht entfällt auch dann nicht, wenn dem Mandanten **Prozesskosten-** 234
hilfe gewährt worden ist oder ihm gemäß § 11a ArbGG ein Rechtsanwalt beigeordnet
worden ist.

Unterlässt der Rechtsanwalt schuldhaft einen gebotenen Hinweis nach § 12a Abs. 1 Satz 2 235
ArbGG, kann seiner Partei ein **Schadensersatzanspruch** zustehen. Ein Schaden kann darin bestehen, dass die Partei den Prozessbevollmächtigten bei erfolgter Belehrung nicht
mit der Rechtsvertretung beauftragt hätte. Der Schaden liegt dann in der Vergütung für
den Prozessbevollmächtigten. Diesen Schadensersatzanspruch kann die Partei dann der
Vergütungsforderung des Rechtsanwalts entgegenhalten, so dass dieser seinen Vergütungsanspruch letztlich nicht durchsetzen kann.

---

205 LAG Düsseldorf, RVGreport 2004, 154 [*Hansens*] = AGS 2004, 148.

III. Beschlussverfahren erster Instanz

236 Im Beschlussverfahren erster Instanz gilt § 12a Abs. 1 Satz 1 ArbGG nicht. Auch eine entsprechende Anwendung dieser Vorschrift scheidet aus. Sie ist im Übrigen auch nicht geboten, da im Beschlussverfahren grds. keine Kostenentscheidung getroffen wird.[206]

237 Macht ein **Betriebsratsmitglied** Lohnansprüche im Urteilsverfahren geltend, die ihren Rechtsgrund auch in § 37 Abs. 2 BetrVG haben, so ist der Anspruch auf Erstattung der erstinstanzlichen Anwaltskosten ausgeschlossen.[207]

IV. Rechtsmittelverfahren

1. Keine Anwendung des § 12a ArbGG

238 Da weder in § 64 Abs. 7 ArbGG noch in § 72 Abs. 6 ArbGG für das Berufungs- bzw. das Revisionsverfahren auf die Bestimmung des § 12a ArbGG verwiesen wird, gilt für die Kostenerstattung in den Rechtsmittelinstanzen die Bestimmung des § 91 ZPO. Mithin sind gemäß § 91 Abs. 2 Satz 1 ZPO die **Kosten eines Rechtsanwalts stets erstattungsfähig.** Dies gilt selbst dann, wenn sich die Partei durch einen Verbandsvertreter kostenlos hätte vertreten lassen können.

2. Verbandsvertreter

a) Grundsatz

239 Verbandsvertreter sind den Rechtsanwälten nach § 11 Abs. 2 ArbGG gleichgestellt. Aufwendungen für diese sind deshalb ebenfalls grds. erstattungsfähig. Dies setzt jedoch voraus, dass die Partei für die Vertretung durch den Verbandsvertreter im Einzelfall eine Vergütung an den Verband zu zahlen hat, die sich allerdings nicht nach dem RVG berechnet.[208] In diesem Fall sind die Aufwendungen für den Verbandsvertreter bis zur Höhe derjenigen Kosten erstattungsfähig, die bei Hinzuziehung eines Rechtsanwalts entstanden wären. Im Regelfall erfolgt die Vertretung durch einen Verbandsvertreter unentgeltlich. Dann kann auch die obsiegende Partei keine Kosten erstattet verlangen. Wird als Verbandsvertreter ein **Rechtsanwalt** tätig, ist die hierdurch entstehende Rechtsanwaltsvergütung erstattungsfähig, sofern der Anwalt auch in dieser Eigenschaft für das Verbandsmitglied auftritt. Dies gilt selbst dann, wenn der Verband im Innenverhältnis die Kosten des Rechtsanwalts zu tragen hat.[209] Nur wenn der Rechtsanwalt lediglich in seiner Funktion als Verbandsvertreter auftritt, kann er nicht nach dem RVG liquidieren. Es sind dann

---

206   BAG, NZA 1995, 545 = MDR 1995, 936.
207   BAG, NZA 1994, 284.
208   LAG Hamm, DB 1994, 336.
209   *Germelmann*, ArbGG, § 12a Rn. 37.

lediglich die Kosten erstattungsfähig, die er der vertretenen Partei im Einzelfall berechnet.

b) Fiktive Kostenausgleichung

Gemäß § 12a Abs. 2 Satz 1 ArbGG wird bei Kostenquotelung die Bestimmung des § 92 240
Abs. 2 ZPO in ihren Auswirkungen modifiziert. Dies ist dann bei der Kostenausgleichung
nach § 106 ZPO zu berücksichtigen. Da im Regelfall die Vertretung durch einen Verbandsvertreter unentgeltlich erfolgt, würde die durch einen Rechtsanwalt vertretene
Gegenpartei bei einer Kostenquotelung begünstigt. Um dies zu verhindern, ist bei der
Kostenausgleichung zu fingieren, dass auch die durch den Verbandsvertreter vertretene
Partei Anwaltskosten gehabt hat. Diese müssen dann nicht gesondert zur Ausgleichung
angemeldet werden.[210] Mithin muss die durch einen Verbandsvertreter vertretene Partei
die aktenkundig entstandenen Anwaltsgebühren und Auslagen, wie die Gebühren nach
Nr. 3100 ff. VV RVG die Einigungsgebühr nach Nrn. 1000 VV RVG oder die üblichen Auslagen, nicht besonders mitteilen. Nur wenn es sich um individuelle Kosten des Ver-
bandsvertreters, wie etwa dessen Reisekosten, handelt, müssen diese gesondert vom Verbandsvertreter zum Zwecke der Kostenausgleichung mitgeteilt werden.

Beispiel: 241

Dem anwaltlich vertretenen Beklagten sind Rechtsanwaltsgebühren und -auslagen i.H.v.
1.000 € entstanden. Der Verbandsvertreter des Klägers hat lediglich Reiseauslagen i.H.v.
100 € gehabt. Diese Kostenpositionen werden zur Ausgleichung angemeldet. Wenn von
den Kosten des Rechtsstreits der Kläger 2/3 und der Beklagte 1/3 zu tragen hat, ergibt
sich dann folgende Kostenausgleichung:

I.	*Der **Kläger** berechnet:*	*100,00 €*
	zuzüglich fiktiver Anwaltskosten	*1.000,00 €*
II.	*Der **Beklagte** berechnet:*	*+ 1.000,00 €*
	Summe:	***2.100,00 €***
	hiervon trägt der Kläger 2/3 mit	*1.400,00 €*
	Unter Einschluss der fiktiven Kosten betragen seine eigenen Kosten	*1.100,00 €*
	Der Kläger hat an den Beklagten zu erstatten	*300,00 €*

Ohne die Fiktion nach § 12a Abs. 2 ArbGG würde der Kläger höhere Kosten wie folgt zu
erstatten haben:

---

210 LAG Hamm, EzA Nr. 1 zu § 12a ArbGG 1979.

*I. Der **Kläger** berechnet:*	*100,00 €*
*II. Der **Beklagte** berechnet:*	*+ 1.000,00 €*
Insgesamt sind auszugleichen:	**1.100,00 €.**
Hiervon trägt der Kläger 2/3 mit	*733,33 €.*
abzüglich der eigenen Kosten mit	*100,00 €*
Der Kläger hat an den Beklagten zu erstatten	**633,33 €**

242 Die fiktive Berechnung führt jedoch nicht dazu, dass der durch einen Verbandsvertreter vertretenen Partei höhere Kosten erstattet werden, als ihr überhaupt entstanden sind (§ 12a Abs. 2 ArbGG).

> *Beispiel:*
>
> *Im vorangegangenen Beispiel hat der durch einen Verbandsvertreter vertretene Kläger 1/3 und der durch einen Rechtsanwalt vertretene Beklagte 2/3 der Kosten des Rechtsstreits zu tragen. Ausgehend von denselben Kostenbeträgen sind folglich*
>
> | | |
> |---|---|
> | *auszugleichen:* | **2.100,00 €** |
> | *Hiervon trägt der Beklagte 2/3 mit* | *1.400,00 €* |
> | *Die eigenen Kosten des Beklagten betragen* | *1.000,00 €* |
> | *Der Beklagte hätte an sich zu erstatten* | *400,00 €* |
> | *Dem Kläger sind jedoch nur entstanden* | *100,00 €* |
> | *Der Erstattungsanspruch des Klägers beschränkt sich deshalb auf die tatsächlich angefallenen Kosten i.H.v.* | *100,00 €* |

243 Die fiktive Kostenausgleichung ist auch in den **Beschwerdeverfahren** vorzunehmen, in denen die Bestimmung des § 92 Abs. 1 ZPO entsprechend gilt. § 12a Abs. 2 ArbGG ist jedoch nicht im Beschwerdeverfahren des **Beschlussverfahrens** entsprechend anzuwenden. Dies folgt bereits daraus, dass in diesen Verfahren eine Kostenentscheidung nicht ergehen darf.[211]

244 § 12a Abs. 2 ArbGG gilt jedoch dann entsprechend, wenn in einem **Vergleich** vor den Rechtsmittelgerichten Kosten anteilig übernommen werden.

---

211 BAG, AP Nr. 2 zu § 40 BetrVG 1972.

D. Gerichtskosten in Arbeitssachen

I. Überblick

Mit In-Kraft-Treten des Kostenrechtsmodernisierungsgesetzes sind auch die Gerichtskos- 245
ten in Arbeitssachen neu geregelt werden. Die Vorschriften über die Gerichtskosten in
Arbeitssachen finden sich zukünftig nicht mehr im Arbeitsgerichtgesetz und dem dortigen Kostenverzeichnis, sondern sind in das GKG als Teil 8 des Kostenverzeichnisses eingearbeitet worden.

Das System der Gerichtskosten in Arbeitssachen ist dabei dem System in bürgerlichen 246
Rechtsstreitigkeiten sehr angenähert worden.

Vorgesehen sind insgesamt **sieben Hauptabschnitte,** zum Teil mit Unterabschnitten. 247

Übersicht: Gerichtskosten in Arbeitssachen

248

Hauptabschnitt 1	Mahnverfahren	
Hauptabschnitt 2	**Urteilsverfahren**	
	– Abschnitt 1	Erster Rechtszug
	– Abschnitt 2	Berufung
	– Abschnitt 3	Revision
Hauptabschnitt 3	**Arrest und einstweilige Verfügung**	
	– Abschnitt 1	Erster Rechtszug
	– Abschnitt 2	Berufung
	– Abschnitt 3	Beschwerde
Hauptabschnitt 4	**Selbständiges Beweisverfahren**	
Hauptabschnitt 5	**Rüge wegen Verletzung des Anspruchs auf rechtliches Gehör**	
Hauptabschnitt 6	**Sonstige Beschwerden und Rechtsbeschwerden**	
	– Abschnitt 1	Sonstige Beschwerden
	– Abschnitt 2	Sonstige Rechtsbeschwerden
Hauptabschnitt 7	**Besondere Verfahrensgebühr**	

Ergänzend gelten die Vorschriften über die **Auslagen** nach Teil 9 GKG KostVerz 249
(Nrn. 9000 ff. GKG KostVerz.).

II. Erkenntnisverfahren

1. Mahnverfahren

a) Verfahren über den Antrag auf Erlass eines Mahnbescheides

250 Für das Verfahren über den Antrag auf Erlass eines Mahnbescheides ist keine Verfahrensgebühr vorgesehen. Das Verfahren ist gerichtskostenfrei. Lediglich Auslagen, also Zustellungsauslagen (Nr. 9002 Nr. 2 GKG KostVerz), werden erhoben.

251 *Beispiel:*

Der Antragsteller beantragt gegen den Antragsgegner den Erlass eines Mahnbescheides. Dieser legt Widerspruch ein. Hiernach einigen sich die Parteien.

Verfahrensgebühren fallen nicht an. Lediglich die Zustellungskosten i.H.v. 7,50 € werden vom Antragsteller erhoben (Nr. 9002 Nr. 2 GKG KostVerz).

b) Antrag auf Erlass eines Vollstreckungsbescheides

aa) Verfahrensgebühr Nr. 8100 GKG KostVerz

252 Im Verfahren über den Antrag auf Erlass eines Vollstreckungsbescheides fällt dagegen nach Nr. 8100 GKG KostVerz eine **0,4 Verfahrensgebühr** an, mindestens 15 €. Der Mindestbetrag in allgemeinen Zivilsachen von 18 € (Nr. 1110 GKG KostVerz) gilt hier nicht; für Arbeitsgerichtsverfahren ist eine geringere Mindestgrenze festgesetzt.

253 *Beispiel:*

Der Antragsteller beantragt gegen den Antragsgegner den Erlass eines Mahnbescheides. Nachdem die Widerspruchsfrist abgelaufen ist, wird der Erlass eines Vollstreckungsbescheides beantragt. Dieser wird bestandskräftig.

Erhoben wird eine 0,4 Verfahrensgebühr nach Nr. 8100 GKG KostVerz zuzüglich der Auslagen für die Zustellung des Mahnbescheids (Nr. 9002 Nr. 2 GKG KostVerz).

254 Unerheblich ist, ob das Mahnverfahren einen höheren Wert hatte. Es kommt alleine auf den Wert des Antrags auf Erlass des Vollstreckungsbescheides an.

255 *Beispiel:*

Der Antragsteller beantragt den Erlass eines Mahnbescheides über 6.000 €. Der Antragsgegner zahlt 2.000 €. Sodann ergeht ein Vollstreckungsbescheid über 4.000 €.

Erhoben wird eine 0,4 Verfahrensgebühr nach Nr. 8100 GKG KostVerz aus 4.000 € zuzüglich der Auslagen für die Zustellung des Mahnbescheids.

bb) Wegfall der Verfahrensgebühr bei Antragsrücknahme

256 Wird der Antrag auf Erlass eines Vollstreckungsbescheides zurückgenommen, bevor dieser erlassen ist, entfällt die Verfahrensgebühr wieder (Anm. Satz 1 zu Nr. 8100 GKG KostVerz).

cc) Wegfall der Verfahrensgebühr bei Abschluss eines Vergleichs

Ebenso entfällt die 0,4 Verfahrensgebühr, wenn nach Einspruch das streitige Verfahren   257
folgt und die Parteien dort einen Vergleich schließen (Vorbem. 8 Satz 1 GKG KostVerz).
Nicht ausreichend ist allerdings ein Teilvergleich (Vorbem. 8 Satz 2 GKG KostVerz).

dd) Wegfall der Verfahrensgebühr bei Beendigung des Verfahrens ohne streitige Verhandlung

Ebenso entfällt die Verfahrensgebühr, wenn nach Übergang in das streitige Verfahren die-   258
ses ohne streitige Verhandlung endet, also z.B. durch Rücknahme des Einspruchs oder
Rücknahme der Klage oder bei Erlass eines Anerkenntnis- oder eines Verzichtsurteils
(Satz 2 1. Halbs. der Anm. zu Nr. 8100 GKG KostVerz).

Wird der Rechtsstreit übereinstimmend in der Hauptsache für erledigt erklärt (§ 91a ZPO),   259
so entfällt die 0,4 Verfahrensgebühr ebenfalls, sofern das Gericht nicht über die Kosten
entscheiden muss, also soweit die Parteien eine Kostenregelung getroffen haben, die das
Gericht von einer Entscheidung nach § 91a ZPO enthebt (Satz 2 2. Halbs. der Anm. zu
Nr. 8100 GKG KostVerz).

Beispiel: 260

*Nach Erlass des Vollstreckungsbescheides wird die Sache an das Arbeitsgericht abgege-
ben. Dort teilen die Parteien mit, dass man sich außergerichtlich verglichen habe; gleichzeitig wird der Rechtsstreit in der Hauptsache für erledigt erklärt. Auf wechselseitige Kos-
tenanträge wird verzichtet.*

*Angefallen ist zunächst die 0,4 Verfahrensgebühr nach Nr. 8100 GKG KostVerz. Diese ist
nachträglich weggefallen, da sich das Verfahren vor streitiger Verhandlung erledigt hat.
Erhoben werden lediglich die Zustellungskosten für das Mahnverfahren.*

Voraussetzung ist auch hier, dass sich das **gesamte Verfahren** erledigt. Eine Teilerledi-   261
gung, etwa ein Teilanerkenntnis, oder die teilweise Rücknahme des Widerspruchs oder
der Klage für sich genügen nicht. Ausreichend ist allerdings, wenn sich das Verfahren
durch Teilanerkenntnis einerseits und Teilrücknahme andererseits erledigt oder wenn Teilrücknahme oder -anerkenntnis mit einem Teilvergleich zusammentreffen.

Beispiel: 262

*Nach Einspruch wird das streitige Verfahren eingeleitet. Hiernach wird die Klage teilweise
zurückgenommen. Über die restliche Klageforderung vergleichen sich die Parteien.*

*Angefallen ist zunächst die 0,4 Verfahrensgebühr nach Nr. 8100 GKG KostVerz. Diese ist
nachträglich in Kombination von Vorbem. 8 GKG KostVerz und der Anm. zu Nr. 8100
GKG KostVerz wieder entfallen. Erhoben werden lediglich die Zustellungsauslagen für das
Mahnverfahren.*

263 Ausgeschlossen ist der Wegfall der Verfahrensgebühr, wenn bereits ein Versäumnisurteil ergangen ist (Satz 1 2. Halbs. der Anm. zu Nr. 8100 GKG KostVerz). Dies dürfte allerdings nur das Versäumnisurteil gegen den Beklagten betreffen, da nur hier eine Schlüssigkeitsprüfung erforderlich ist. Endet das Verfahren durch Versäumnisurteil gegen den Kläger oder wird nach einem Versäumnisurteil gegen den Kläger auf dessen Einspruch hin das Verfahren fortgesetzt und dann durch einen der o.g. privilegierten Tatbestände beendet, tritt auch hier die Gerichtsgebührenermäßigung ein.[212]

2. Erstinstanzliches Verfahren

a) Verfahrensgebühr Nr. 8210 GKG KostVerz

264 Im erstinstanzlichen Verfahren wird eine 2,0 Verfahrensgebühr nach Nr. 8210 KostVerz erhoben. Eine Höchstbetrag wie nach der bisherigen Regelung (§ 12 Abs. 1 ArbGG – 500 €) ist nicht mehr vorgesehen. Die Höhe der Verfahrensgebühr ist daher unbegrenzt.[213]

265 Die 2,0 Verfahrensgebühr entsteht mit Einreichung der Klage. Ist ein **Vollstreckungsbescheid vorausgegangen**, so entsteht die Verfahrensgebühr mit Eingang der Akten bei Gericht (Abs. 1 Satz 1 1. Halbs. der Anm. zu Nr. 8210 GKG KostVerz). Die für den Vollstreckungsbescheid angefallene 0,4 Verfahrensgebühr wird dann angerechnet (Abs. 1 Satz 1 2. Halbs. der Anm. zu Nr. 8210 GKG KostVerz), so dass im Regelfall nur noch eine weitere 1,6 Verfahrensgebühr erhoben wird. Lediglich dann, wenn der Streitwert des Klageverfahrens über dem Wert des Vollstreckungsbescheides liegt, wird auch insoweit die 2,0 Verfahrensgebühr erhoben und eine 0,4 Verfahrensgebühr nach dem geringeren Wert des Vollstreckungsbescheids angerechnet.

266 *Beispiel:*

Es ist ein Vollstreckungsbescheid über 1.000 € Lohnrückstände ergangen; nach Einspruch werden im streitigen Verfahren weitere Lohnrückstände i.H.v. 2.000 € geltend gemacht.

Zu rechnen ist wie folgt:

I. Vollstreckungsbescheid:

0,4 Verfahrensgebühr Nr. 8210 GKG KostVerz (Wert: 1.000 €)	***21,00 €***

II. Streitiges Verfahren:

2,0 Verfahrensgebühr (Wert: 3.000 €)	*105,00 €*
*nach Abs. 1 Satz 1 der Anm. zu Nr. 8210 GKG KostVerz **anzurechnen***	
0,4 Verfahrensgebühr (Wert: 1.000 €)	*– 21,00 €*
Rest:	***84,00 €***

---

212 AG Siegburg, JurBüro 2000, 424; LG Köln, JurBüro 2001, 260; AG Neuwied, AGS 2003, 265 m. Anm. *N. Schneider*; LG Koblenz, AGS 2003, 553; *Hartmann*, KostG, Nr. 1211 GKG KostVerz Rn. 10; *Meyer*, GKG KostVerz, Nr. 1211 Rn. 45.

213 S. *Hansens*, AnwBl. 2004, 142, 147 mit Beispiel.

Hatte der Vollstreckungsbescheid einen höheren Wert, so wird nur nach dem Wert an- 267 gerechnet, der sich im streitigen Verfahren fortsetzt (Abs. 1 Satz 1 2. Halbs. der Anm. zu Nr. 8210 GKG KostVerz).

268

Beispiel:

Es ist ein Vollstreckungsbescheid über 3.000 € Lohnrückstände ergangen. Nach Einspruch werden im streitigen Verfahren weitere Lohnrückstände i.H.v. 1.000 € geltend gemacht.

Zu rechnen ist wie folgt:

I. Vollstreckungsbescheid:

0,4 Verfahrensgebühr Nr. 8210 GKG KostVerz (Wert: 3.000 €)	**42,00 €**

II. Streitiges Verfahren:

2,0 Verfahrensgebühr (Wert: 1.000 €)	**55,00 €**
nach Abs. 1 Satz 1 der Anm. zu Nr. 8210 GKG KostVerz anzurechnen:	
0,4 Verfahrensgebühr (Wert: 1.000 €)	− *21,00 €*
Rest:	**24,00 €**

b)   Wegfall der Verfahrensgebühr bei gerichtlichem Vergleich

Endet das Verfahren durch einen gerichtlichen Vergleich, entfällt die 2,0 Verfahrensge- 269 bühr (Vorbem. 8 GKG KostVerz). Das gilt auch dann, wenn zuvor ein Vollstreckungsbescheid ergangen war (Vorbem. 8 Satz 2 GKG KostVerz). Auch die 0,4 Verfahrensgebühr entfällt dann nachträglich wieder. Voraussetzung ist, dass sich das **gesamte Verfahren** durch den gerichtlichen Vergleich erledigt. Ein Teilvergleich reicht nicht aus. Ebenso wenig reicht es aus, dass sich die Parteien nur in der Hauptsache vergleichen und die Kostenentscheidung dem Gericht überlassen.

c)   Wegfall der Verfahrensgebühr bei Beendigung vor streitiger Verhandlung

aa)   Gemeinsame Voraussetzungen

Darüber hinaus entfällt die Verfahrensgebühr gemäß Abs. 2 der Anm. zu Nr. 8210 GKG 270 KostVerz, wenn sich das gesamte Verfahren ohne streitige Verhandlung erledigt. Auch nach der Güteverhandlung kann die Gebühr also wegfallen.[214] Erforderlich ist eine **Erledigung des gesamten Verfahrens**. Eine Teilerledigung reicht nicht aus. Wohl genügt es, wenn mehrere Erledigungstatbestände zusammentreffen, sofern dies zur Gesamterledigung führt.

---

214   *Meyer,* GKG KostVerz, Teil 8 Rn. 9.

Teil 8: Arbeitsrechtliche Angelegenheiten

271 *Beispiel:*

In der Güteverhandlung über eine Klage auf Zahlung rückständiger Lohnforderungen i.H.v. 4.000 € erkennt der Beklagte nach Erörterung die Klage i.H.v. 3.000 € an. Der Beklagte nimmt im Übrigen die Klage zurück.

Die 2,0 Verfahrensgebühr nach Nr. 8210 GKG KostVerz ermäßigt sich gemäß Abs. 2 der Anm. zu Nr. 8210 GKG KostVerz.

Günstiger wäre es allerdings gewesen, die Parteien hätten sich verglichen. Dann wäre die Verfahrensgebühr gemäß Vorbem. 8 GKG KostVerz ganz entfallen.

272 Da die Gebührenermäßigung nach Abs. 2 der Anm. zu Nr. 8210 GKG KostVerz möglich ist, solange noch keine **streitige Verhandlung** stattgefunden hat, kann die Ermäßigung also auch noch nach der Güteverhandlung eintreten. Die Erörterung der Parteien in der Güteverhandlung hindert nicht die Gebührenermäßigung nach Abs. 2 der Anm. zu Nr. 8210 GKG KostVerz. Die Ermäßigung ist solange möglich, als noch keine streitigen Anträge gestellt worden sind.

273 Ist dagegen ein **Versäumnisurteil** ergangen, so ist eine Verfahrensgebührenermäßigung nicht mehr möglich, Abs. 2 a.E. der Anm. zu Nr. 8210 GKG KostVerz. Auch hier dürfte allerdings nur das Versäumnisurteil gegen die Beklagten gemeint sein, nicht auch das gegen den Kläger (s.o. Rn. 263)

bb) Ermäßigungstatbestände

274 Nach Abs. 2 der Anm. zu Nr. 8210 GKG KostVerz ermäßigt sich die 2,0 Verfahrensgebühr, wenn sich das Verfahren insgesamt erledigt. Hierzu zählen

- die Rücknahme der Klage vor Stellung der streitigen Anträge,
- die Rücknahme des Einspruchs gegen den Vollstreckungsbescheid,
- die Rücknahme des Widerspruchs gegen den Mahnbescheid,
- ein Anerkenntnisurteil (ggf. im schriftlichen Verfahren),
- ein Verzichtsurteil (ggf. im schriftlichen Verfahren),
- übereinstimmende Erledigungserklärungen der Parteien, sofern sie dabei auch eine Kostenregelung treffen, so dass das Gericht entweder keine Kostenentscheidung fällen muss oder lediglich die von den Parteien einvernehmlich vorgeschlagene Kostenregelung zu übernehmen braucht.

275 *Beispiel:*

Die Parteien erklären den Rechtsstreit in der Hauptsache für erledigt und bitten übereinstimmend das Gericht, die Kosten gegeneinander aufzuheben.

704 Schneider

Erlässt das Gericht daraufhin nach § 91a ZPO einen Beschluss, dass die Kosten gegeneinander aufgehoben werden, so entfällt die 2,0 Verfahrensgebühr, Abs. 2 der Anm. zu Nr. 8210 GKG KostVerz.

d) Ermäßigung der Verfahrensgebühr nach streitiger Verhandlung (Nr. 8211 GKG KostVerz)

aa) Überblick

Neben dem Wegfall der Verfahrensgebühr nach Vorbem. 8 GKG KostVerz sowie nach Abs. 2 der Anm. zu Nr. 8210 GKG KostVerz kommt auch eine **Ermäßigung der Verfahrensgebühr** in Betracht. Dies ist in Nr. 8211 GKG KostVerz geregelt und entspricht im Wesentlichen der Regelung der Nr. 1211 GKG KostVerz, die seit langem schon in Zivilverfahren erster Instanz gilt. Danach ermäßigt sich die 2,0 Verfahrensgebühr unter bestimmten Voraussetzungen auf eine 0,4 Verfahrensgebühr. Von dem Ermäßigungstatbestand nach Abs. 2 der Anm. zu Nr. 8210 GKG KostVerz unterscheidet sich Nr. 8211 GKG KostVerz dadurch, dass diese Ermäßigung nach streitiger Verhandlung eintritt.   276

Auch hier gilt, dass nach Erlass eines Versäumnisurteils eine Gebührenermäßigung nicht mehr möglich ist. Allerdings dürfte wiederum nur das Versäumnisurteil gegen den Beklagten gemeint sein, nicht auch gegen den Kläger (s.o. Rn. 263).   277

bb) Ermäßigungstatbestände

(1) Klagerücknahme

Die Ermäßigung tritt zum einen bei Rücknahme der Klage vor Schluss der mündlichen Verhandlung ein, sofern das Gericht keine Kostenentscheidung nach § 269 Abs. 3 Satz 3 ZPO treffen muss, oder wenn es bei der Kostenentscheidung auf eine zuvor mitgeteilte Einigung der Parteien oder die Kostenübernahmeerklärung einer Partei zurückgreifen kann (Nr. 8211 Nr. 1 GKG KostVerz).   278

> *Beispiel:*   279
>
> *Der Kläger erklärt, er nehme die Klage zurück. Der Beklagte erklärt, er übernehme die Kosten des Verfahrens.*
>
> *Da das Gericht auf die Kostenübernahmeerklärung des Beklagten zurückgreifen kann und keine materiell-rechtliche Prüfung anstellen muss, ermäßig sich die Verfahrensgebühr auf eine 2,0 Gebühr.*

Die Ermäßigung tritt ein nach streitiger Verhandlung. Treten die Erledigungstatbestände vor streitiger Verhandlung ein, so gilt Abs. 2 der Anm. zu Nr. 8210 GKG KostVerz, wonach die Verfahrensgebühr vollständig wegfällt.   280

(2) Die der Klagerücknahme gleich gestellten Fälle

281   Nach der Anm. zu Nr. 8211 GKG KostVerz steht es der Klagerücknahme gleich, wenn der **Einspruch gegen den Vollstreckungsbescheid** zurückgenommen wird.

282   Nach Anm. zu Nr. 8211 GKG KostVerz soll es der Klagerücknahme weiterhin gleich stehen, wenn der **Antrag auf Durchführung des streitigen Verfahrens** zurückgenommen wird. Hierbei hat der Gesetzgeber aber offenbar übersehen, dass nach streitiger Verhandlung die Rücknahme des Widerspruchs nicht mehr möglich ist (§ 696 Abs. 4 ZPO).

283   Des Weiteren soll der Klagerücknahme die **Rücknahme des Widerspruchs** gegen den Mahnbescheid gleichstehen, wobei der Gesetzgeber hier wiederum übersehen hat, dass nach streitiger Verhandlung die Rücknahme des Widerspruchs nicht mehr möglich ist (§ 697 Abs. 4 ZPO).

(3) Anerkenntnis- oder Verzichtsurteil, Verzicht auf Rechtsmittel

•   **Anerkenntnisurteil:**

284   Darüber hinaus ermäßigt sich die Verfahrensgebühr auf 0,4, wenn das Verfahren durch Erlass eines Anerkenntnisurteils endet. Im Gegensatz zur Klagerücknahme ist es hier unerheblich, ob das Gericht noch eine Kostenentscheidung treffen muss. Wird also die Klage unter Verwahrung gegen die Kostenlast anerkannt und muss das Gericht im Rahmen des § 93 ZPO über die Kosten des Verfahrens entscheiden, bleibt es dennoch bei der Ermäßigung auf eine 0,4 Verfahrensgebühr.

•   **Verzichtsurteil:**

285   Zur Ermäßigung auf 0,4 führt ferner der Erlass eines Verzichtsurteils.

•   **Urteil und anschließender Verzicht auf Rechtsmittel:**

286   Darüber hinaus tritt die Ermäßigung auf eine 0,4 Gebühr ein, wenn gegen ein Urteil, das in dem Termin verkündet worden ist, in dem die mündliche Verhandlung geschlossen wurde, beide Parteien auf Rechtsmittel verzichten und das Urteil daher keines Tatbestands und keiner Entscheidungsgründe bedarf (§ 313a Abs. 2 Satz 1 ZPO). Ist das Urteil nur für eine Partei anfechtbar, so genügt es, wenn diese verzichtet (§ 313a Abs. 2 Satz 2 ZPO). Der Verzicht kann bereits vor der Verkündung des Urteils erfolgen; er muss spätestens binnen einer Woche nach dem Schluss der mündlichen Verhandlung gegenüber dem Gericht erklärt sein (§ 313a Abs. 3 ZPO).

•   **Kostenbeschluss und anschließender Verzicht auf Rechtsmittel:**

287   Gleiches gilt auch dann, wenn das Verfahren durch einen Kostenbeschluss nach § 91a ZPO oder § 269 Abs. 3 Satz 3 ZPO endet und die Parteien entsprechend § 313a Abs. 2 ZPO auf Rechtsmittel verzichten.[215]

---

215   OLG München, AGS 2004, 33 = OLGR 2003, 352 m. Anm. *N. Schneider*; LG Bonn, AGS 2004, 80 m. Anm. *N. Schneider*; AG Siegburg, AGS 2004, 204.

- **Erledigung der Hauptsache mit Kostenregelung:**

Darüber hinaus tritt eine Ermäßigung auf eine 0,4 Verfahrensgebühr ein, wenn die Par-   288
teien nach streitiger Verhandlung den Rechtsstreit übereinstimmend für erledigt erklären
und das Gericht keine streitige Entscheidung nach § 91a ZPO treffen muss, also wenn
sich die Parteien auch über die Kostenlast einigen und dies dem Gericht mitteilen, so
dass das Gericht diese Einigung nur noch in seinen Beschluss zu übernehmen braucht.
Gleiches gilt, wenn eine der Parteien erklärt, die Kosten des Verfahrens zu übernehmen.

Schließlich tritt die Ermäßigung auch dann ein, wenn das Gericht eine streitige Ent-   289
scheidung nach § 91a ZPO trifft, die Parteien aber entsprechend § 313a Abs. 2 ZPO auf
Rechtsmittel gegen diesen Beschluss verzichten (s.o.).

cc) Ausschluss der Gebührenermäßigung

Ausgeschlossen ist die Gebührenermäßigung, wenn zuvor ein nicht privilegiertes Urteil   290
ergangen ist, also ein Versäumnisurteil gegen den Beklagten, ein streitiges Teil- oder
Grundurteil. In diesem Fall kommt eine Ermäßigung nicht mehr in Betracht. Handelt es
sich dagegen um ein privilegiertes Urteil, so hindert dies die Gebührenermäßigung nicht.
Ist also ein Teilverzichtsurteil, ein Teilanerkenntnisurteil oder ein Versäumnisurteil gegen
den Kläger vorangegangen, so bleibt den Parteien die Möglichkeit der Gebührenermäßigung nach Nr. 8211 GKG KostVerz weiterhin erhalten. Das Gleiche gilt, wenn gegen
den Kläger ein Versäumnisurteil ergangen ist und das Verfahren nach Einspruch durch
einen der genannten Ermäßigungstatbestände endet.

Dieser Ausschlusstatbestand gilt allerdings nur für die Fälle der Nr. 8211 GKG KostVerz.   291
Endet das Verfahren durch einen Vergleich, so steht ein nicht privilegiertes Urteil der Ermäßigung nicht im Wege, da Vorbem. 8 GKG KostVerz insoweit keine Einschränkung
enthält.

dd) Mehrere Ermäßigungstatbestände

Klargestellt ist, dass die Ermäßigung auch dann eintritt, wenn verschiedene Ermäßi-   292
gungstatbestände zusammengreifen, also wenn mehrere Ermäßigungstatbestände nach
Nr. 8211 GKG KostVerz zusammentreffen.

> ***Beispiel:***   293
>
> *Die Klage wird teilweise zurückgenommen; im Übrigen erkennt der Beklagte die Klagefor-*
> *derung an.*
>
> *Hier wirken die Ermäßigungstatbestände nach Nr. 8211 Nr. 1 und Nr. 2 GKG KostVerz*
> *zusammen, so dass die Ermäßigung eintritt.*

Das Gleiche gilt, wenn ein Ermäßigungstatbestand nach Nr. 8211 GKG KostVerz mit dem   294
Ermäßigungstatbestand der Vorbem. 8 GKG KostVerz zusammentrifft.

295 *Beispiel:*

Der Kläger nimmt die Klage teilweise zurück. Über den Restbetrag vergleichen sich die Parteien.

Hier treten die Ermäßigungstatbestände der Nr. 8211 Nr. 1 GKG KostVerz und Vorbem. 8 GKG KostVerz zusammen. Eine völlige Ermäßigung nach Vorbem. 8 GKG KostVerz kommt nicht in Betracht, da nur ein Teilvergleich vorliegt (Vorbem. 8 Satz 2 GKG KostVerz); es kommt daher nur eine Ermäßigung nach Nr. 8211 Nr. 1 GKG KostVerz i.V.m. der Anm. zu Nr. 8211 GKG KostVerz auf eine 0,4 Verfahrensgebühr in Betracht.

3. Berufung

a) Verfahrensgebühr (Nr. 8220 GKG KostVerz)

296 Im Berufungsverfahren entsteht eine 3,2 Verfahrensgebühr nach Nr. 8220 GKG KostVerz.

b) Wegfall der Verfahrensgebühr bei gerichtlichem Vergleich

297 Endet das Verfahren durch einen gerichtlichen Vergleich, so entfällt auch hier die Verfahrensgebühr (Vorbem. 8 GKG KostVerz). Nach der vergleichbaren und nunmehr aufgehobenen Regelung in Nr. 9112 ArbGG GebVerz entfiel die Verfahrensgebühr bei einem vor Gericht abgeschlossenen **oder dem Gericht mitgeteilten** Vergleich. Bisher entsprach es der Praxis, nach Erhebung der Kündigungsschutzklage in außergerichtliche Vergleichsverhandlungen über die Aufhebung des Arbeitsverhältnisses gegen Zahlung einer Abfindung einzutreten. Einigten sich die Parteien hierüber vergleichsweise, wurde der Vergleich dem Gericht mitgeteilt, was dann zum Wegfall der Verfahrensgebühr führte. Nunmehr entfällt die Verfahrensgebühr nur bei Erledigung des Verfahrens durch **gerichtlichen** Vergleich.

298

Praxishinweis:

Künftig sollte der Rechtsstreit entweder durch einen vor Gericht geschlossenen Vergleich oder entsprechend § 278 Abs. 6 ZPO durch einen schriftlichen Vergleich beendet werden, dessen Zustandekommen vom Arbeitsgericht durch Beschluss festgestellt wird. Ferner bleibt die Möglichkeit, dass die Parteien nach außergerichtlicher Einigung den Rechtsstreit übereinstimmend in der Hauptsache für erledigt erklären, ohne dass dann eine streitige Kostenentscheidung ergehen muss. In diesem Fall entfällt die Verfahrensgebühr nach Abs. 2 der Anm. zu Nr. 8210 GKG KostVerz. Anderenfalls macht der Mandant dem Rechtsanwalt zum Vorwurf, dass die gerichtliche Verfahrensgebühr bei außergerichtlich geschlossenem Vergleich nicht weggefallen ist.

---

299 Voraussetzung für den Wegfall der Verfahrensgebühr ist ferner, dass sich das **gesamte Verfahren** durch den gerichtlichen Vergleich erledigt. Ein Teilvergleich reicht nicht aus.

Ebenso wenig reicht es aus, dass sich die Parteien nur in der Hauptsache vergleichen und die Kostenentscheidung dem Gericht überlassen. 300

c) Gebührenermäßigung bei Rücknahme vor Begründung

Wird die Berufung oder die Klage zurückgenommen, bevor die Berufung begründet worden ist, so ermäßigt sich die 3,2 Verfahrensgebühr gemäß Nr. 8221 GKG KostVerz auf eine 0,8 Verfahrensgebühr. 301

Auch hier stehen die übereinstimmenden Erledigungserklärungen der Parteien der Rücknahme gleich, sofern das Gericht keine streitige Kostenentscheidung treffen muss, also soweit das Gericht auf eine Einigung der Parteien über die Kosten oder auf eine Kostenübernahmeerklärung einer Partei zurückgreifen kann. 302

> *Beispiel:* 303
>
> *Nach Einlegung der Berufung einigen sich die Parteien. Der Berufungskläger nimmt seine Berufung zurück. Der Berufungsbeklagte erklärt, dass er die Kosten des Berufungsverfahrens übernehme.*
>
> *Die Verfahrensgebühr ermäßigt sich nach Nr. 8221 GKG KostVerz auf eine 0,8 Verfahrensgebühr.*

d) Gebührenermäßigung in sonstigen Fällen

Ebenso wie in erster Instanz ist eine weitere Gebührenermäßigung vorgesehen. Nach Nr. 8222 Nr. 1 GKG KostVerz ermäßigt sich die Verfahrensgebühr auf eine 1,6 Gebühr, wenn das Verfahren (nach Begründung der Berufung – arg. e Nr. 8221 GKG KostVerz) endet durch 304

* Rücknahme der Berufung vor Schluss der mündlichen Verhandlung,

* Rücknahme der Klage vor Schluss der mündlichen Verhandlung.

Ob die Parteien eine Kostenregelung getroffen haben, ist unerheblich, da sich hier die Kostenfolge zwingend aus dem Gesetz ergibt. 305

Des Weiteren kommt eine Ermäßigung auf eine 1,6 Verfahrensgebühr in Betracht, wenn ein **Anerkenntnis oder Verzichtsurteil** ergeht oder wenn das Urteil nach § 313a Abs. 2 ZPO keinen Tatbestand und keine Entscheidungsgründe enthalten muss (Nr. 8222 Nr. 2 GKG KostVerz). 306

Darüber hinaus ermäßigt sich die Verfahrensgebühr auch dann, wenn die Parteien den Rechtsstreit in der Hauptsache übereinstimmend für erledigt erklären und das Gericht keine Kostenentscheidung treffen muss oder das Gericht die Kostenentscheidung auf eine zuvor mitgeteilte Einigung über die Kosten oder auf eine Kostenübernahmeerklärung einer Partei stützen kann (Nr. 8222 Nr. 3 GKG KostVerz). 307

308 Auch hier gilt, dass eine Gebührenermäßigung ausgeschlossen ist, wenn ein nicht privilegiertes Urteil vorausgegangen ist, etwa ein Versäumnisurteil gegen den Beklagten oder ein streitiges Teilurteil.

309 Ebenso gilt auch hier, dass bei Zusammentreffen mehrerer Ermäßigungstatbestände die Gebührenermäßigung eintritt.

e) Gebührenermäßigung nach Erlass des Berufungsurteils

310 Auch nach Erlass des Berufungsurteils kann sich die Verfahrensgebühr der Nr. 8220 GKG KostVerz noch ermäßigen, nämlich dann, wenn die Parteien auf Rechtsmittel verzichten und das Urteil nach § 313a Abs. 1 Satz 2 ZPO keine schriftliche Begründung zu enthalten braucht. Die Verfahrensgebühr ermäßigt sich hier auf eine 2,4 Gebühr (Nr. 8223 GKG KostVerz).

311 Ausgeschlossen ist die Ermäßigung wiederum, wenn ein nicht privilegiertes Urteil oder ein Beschluss vorausgegangen sind.

f) Mehrere Ermäßigungstatbestände

312 Die Ermäßigung tritt auch dann ein, wenn in Kombination ein Ermäßigungstatbestand nach Nr. 8222 GKG KostVerz mit einem Ermäßigungstatbestand nach Nr. 8223 GKG KostVerz zusammentrifft. Es gilt dann die geringere Ermäßigung, also die nach Nr. 8223 GKG KostVerz auf 2,4.

313 *Beispiel:*

Der Beklagte erkennt im Berufungsverfahren die Klage zum Teil an. Im Übrigen ergeht ein streitiges Urteil, das in der mündlichen Verhandlung verkündet wird. Hiernach verzichten die Parteien auf Rechtsmittel.

Es tritt insgesamt eine Ermäßigung nach Nr. 8223 GKG KostVerz auf eine 2,4 Verfahrensgebühr ein.

314 Gleiches gilt, wenn ein Ermäßigungstatbestand nach Nr. 8222 GKG KostVerz oder Nr. 8223 GKG KostVerz mit der Ermäßigung nach Vorbem. 8 GKG KostVerz zusammentrifft. Es gilt auch dann die geringere Ermäßigung, so dass dann die höhere Verfahrensgebühr erhoben wird.

4. Revisionsverfahren

a) Verfahrensgebühr

315 Der Aufbau der Verfahrensgebühren im Revisionsverfahren entspricht dem des Berufungsverfahrens. Hier entsteht zunächst einmal nach Nr. 8230 GKG KostVerz eine 4,0 Verfahrensgebühr.

b) Wegfall der Verfahrensgebühr bei gerichtlichem Vergleich

Endet das Verfahren durch einen gerichtlichen Vergleich, so entfällt auf hier die Verfah- 316
rensgebühr (Vorbem. 8 GKG KostVerz). Es gilt das Gleiche wie im Berufungsverfahren.

c) Rücknahme der Revision vor Begründung

Wird die Revision oder die Klage zurückgenommen, bevor die Revision begründet wor- 317
den ist, ermäßigt sich die 4,0 Verfahrensgebühr auf eine 0,8 Gebühr nach Nr. 8231 GKG
KostVerz. Gleiches gilt, wenn die Parteien vor Begründung der Revision den Rechtsstreit
in der Hauptsache übereinstimmend für erledigt erklären und das Gericht auf eine Kosteneinigung der Parteien oder eine Kostenübernahmeerklärung einer Partei zurückgreifen kann.

d) Ermäßigung in sonstigen Fällen

Darüber hinaus ermäßigt sich die 4,0 Verfahrensgebühr nach Nr. 8232 GKG KostVerz auf 318
eine 2,4 Gebühr, wenn die **Revision** oder Klage vor Schluss der mündlichen Verhandlung **zurückgenommen** wird (Nr. 8232 Nr. 1 GKG KostVerz).

Gleiches gilt, wenn das Verfahren durch ein Anerkenntnis- oder Verzichtsurteil endet 319
(Nr. 8232 Nr. 2 GKG KostVerz).

Schließlich tritt die Gebührenermäßigung auf eine 2,4 Gebühr auch dann ein, wenn der 320
Rechtsstreit übereinstimmend in der Hauptsache für erledigt erklärt wird und das
Gericht keine Kostenentscheidung treffen muss oder auf eine Kosteneinigung der Par-
teien oder eine Kostenübernahmeerklärung einer Partei zurückgreifen kann (Nr. 8232
Nr. 2 GKG KostVerz).

Ausgeschlossen ist die Gebührenermäßigung, wenn ein nicht privilegiertes Urteil bereits 321
vorausgegangen ist.

Auch hier gilt wiederum, dass bei **Zusammentreffen mehrerer Ermäßigungstatbe-** 322
stände die Gebührenermäßigung ebenso eintritt.

> *Beispiel:* 323
>
> *Die Parteien schließen einen Teilvergleich; im Übrigen wird die Klage zurückgenommen.*
>
> *Es treffen die Ermäßigungstatbestände der Vorbem. 8 GKG KostVerz und der Nr. 8232*
> *GKG KostVerz zusammen. Die 4,0 Verfahrensgebühr nach Nr. 3230 GKG KostVerz er-*
> *mäßigt sich auf eine 2,4 Gebühr nach Nr. 8232 GKG KostVerz.*

Eine Gebührenermäßigung **nach Erlass des Revisionsurteils** kommt – anders als nach 324
Erlass des Berufungsurteils (Nr. 8223 GKG KostVerz) – nicht in Betracht, da gegen ein Re-
visionsurteil kein Rechtsmittel zulässig ist und folglich ein Rechtsmittelverzicht nicht in
Betracht kommt.

III. Arrest und einstweilige Verfügung

1. Überblick

325 In Verfahren über den Antrag auf Anordnung eines Arrestes oder einer einstweiligen Verfügung werden die Gerichtskosten gesondert erhoben (Vorbem. 8.3 Satz 1 GKG KostVerz). Es entstehen die Verfahrensgebühren nach den Nrn. 8310 ff. GKG KostVerz.

326 Schließt sich an ein Arrest- oder Verfügungsverfahren später ein Verfahren auf Aufhebung oder Abänderung nach §§ 926 Abs. 2, 927, 936 ZPO an, entstehen in diesem Verfahren die Verfahrensgebühren erneut (Vorbem. 8.3 Satz 2 GKG KostVerz).

327 Im Fall des § 942 ZPO gilt das Verfahren vor dem Gericht der belegenen Sache und dem Gericht der Hauptsache als ein Rechtsstreit, so dass die Verfahrensgebühren nur einmal entstehen (Vorbem. 8.3 Satz 3 GKG KostVerz).

2. Erster Rechtszug

a) Verfahrensgebühr

328 Im ersten Rechtszug eines Arrestes oder einstweiligen Verfügungsverfahrens ist nach Nr. 8310 GKG KostVerz eine Verfahrensgebühr i.H.v. 0,4 vorgesehen.

b) Erhöhung der Verfahrensgebühr

329 Ergeht ein Urteil oder ein Beschluss nach § 91a ZPO oder nach § 969 Abs. 3 Satz 3 ZPO, **erhöht** sich die Verfahrensgebühr auf 2,0 (Nr. 8311 GKG KostVerz).

c) Ausnahmen von der Erhöhung

aa) Kostenregelung oder –übernahme

330 Lediglich dann, wenn die Parteien in den vorgenannten Fällen dem Gericht eine Kostenregelung mitteilen oder eine Partei erklärt, die Kosten zu übernehmen, bleibt es bei der 0,4 Verfahrensgebühr.

bb) Anerkenntnis- oder Verzichtsurteil oder Urteil, das nach § 313a Abs. 2 ZPO keinen Tatbestand zu enthalten braucht

331 Gleiches gilt, wenn durch Anerkenntnis- oder Verzichtsurteil entschieden wird oder durch ein Urteil, das nach § 313a Abs. 2 ZPO keinen Tatbestand und keine Entscheidungsgründe enthalten muss. Gleiches dürfte auch gelten, wenn gegen den Arrest- oder Verfügungskläger ein Versäumnisurteil ergeht oder wenn ein Beschluss nach § 91a ZPO ergeht und dieser analog § 313a Abs. 2 ZPO keinen Tatbestand zu enthalten braucht.

cc) Vorangegangener Teilvergleich

Ebenso unterbleibt eine Erhöhung der Verfahrensgebühr, wenn ein Teilvergleich voran- 332
gegangen ist (Vorbem. 8 GKG KostVerz) und sich das Verfahren im Übrigen durch einen
der vorgenannten Ausnahmetatbestände erledigt (Anm. zu Nr. 8311 GKG KostVerz).

dd) Ausschluss der Ermäßigung

Voraussetzung für eine Ermäßigung ist auch hier, dass nicht bereits eine nicht privilegierte 333
Entscheidung, also ein Teilurteil oder ein Beschluss in der Hauptsache vorausgegangen ist.

d) Stufenstreitwerte

Wie nach bisherigem Recht können also nach wie vor Stufenstreitwerte anfallen, etwa 334
bei einem Teilwiderspruch.

> *Beispiel:* 335
>
> *Der Antragsteller beantragt den Erlass einer einstweiligen Verfügung wegen dreier Wett-*
> *bewerbsverstöße. Der Streitwert wird für jeden Verstoß auf 20.000 € festgesetzt. Der Ge-*
> *samtwert beläuft sich auf 60.000 €. Der Antragsgegner erhebt gegen die einstweilige Ver-*
> *fügung Widerspruch, aber beschränkt auf eine Unterlassungsverfügung. Der Wert des wei-*
> *teren Verfahrens bemisst sich folglich lediglich auf 20.000 €.*
>
> *Zu rechnen ist wie folgt:*
>
> 1. *0,4 Verfahrensgebühr, Nr. 8310 GKG KostVerz (Wert: 60.000 €)*   *222,40 €*
>
> 2. *2,0 Verfahrensgebühr, Nr. 8311 GKG KostVerz (Wert: 20.000 €)*   + *576,00 €*
>
> 3. *abzüglich bereits hieraus berechneter*
>   *0,4 Verfahrensgebühr nach Nr. 8310 GKG KostVerz (Wert: 20.000 €)* – *115,20 €*
>
> *Summe:*   ***683,20 €***

e) Wegfall der Verfahrensgebühr

Wird das Verfahren durch einen Vergleich beendet, so entfällt die Verfahrensgebühr nach- 336
träglich (Vorbem. 8 GKG KostVerz), und zwar sowohl die 0,4 Verfahrensgebühr nach
Nr. 8310 GKG KostVerz als auch die 2,0 Verfahrensgebühr nach Nr. 8311 GKG KostVerz.

3. Berufung

In der Berufungsinstanz entstehen die gleichen Verfahrensgebühren wie auch im Er- 337
kenntnisverfahren.

a) Verfahrensgebühr

Für das Verfahren im Allgemeinen entsteht eine Verfahrensgebühr nach Nr. 8320 GKG 338
KostVerz i.H.v. 3,2.

b) Wegfall der Verfahrensgebühr

339 Wird das Verfahren durch einen Vergleich beendet, so entfällt auch hier die Verfahrensgebühr nachträglich (Vorbem. 8 GKG KostVerz).

c) Ermäßigung der Verfahrensgebühr vor Berufungsbegründung

340 Endet das Verfahren durch **Rücknahme**

- der **Berufung,**

- des **Verfügungs-** oder **Arrestantrages** oder

- des **Widerspruchs,**

bevor die Berufungsbegründung bei Gericht eingegangen ist, ermäßigt sich die Verfahrensgebühr auf 0,8 (Nr. 8321 GKG KostVerz).

341 Das Gleiche gilt, wenn die Parteien das Verfahren in der Hauptsache **übereinstimmend für erledigt** erklären und sich auch über die **Kosten einigen** oder eine Partei die **Kosten übernimmt** oder wenn der Beschluss entsprechend § 313a Abs. 2 ZPO keine Begründung zu enthalten braucht (Anm. zu Nr. 8321 GKG KostVerz).

d) Ermäßigung der Verfahrensgebühr nach Berufungsbegründung

342 Nach Berufungsbegründung kommt eine Ermäßigung nur noch gemäß Nr. 8322 GKG KostVerz in Betracht. Danach ermäßigt sich die Verfahrensgebühr auf 1,6, wenn das Verfahren durch

- **Zurücknahme**
  - der **Berufung** oder
  - des **Verfügungs-** oder **Arrestantrags**

  vor Schluss der mündlichen Verhandlung durch

- **Anerkenntnis-** oder

- **Verzichtsurteil** oder

- ein **Urteil** endet, **das nach § 313a Abs. 2 ZPO keine Entscheidungsgründe zu enthalten braucht.**

343 Darüber hinaus ermäßigt sich die Verfahrensgebühr auf 1,6, wenn die Parteien den Rechtsstreit in der Hauptsache **übereinstimmend für erledigt erklären** und sich über die **Kosten einigen** oder eine Partei die **Kosten übernimmt** oder wenn der Beschluss entsprechend § 313a Abs. 2 ZPO keine Begründung zu enthalten braucht. Ebenso ermäßigt sich die Verfahrensgebühr auf 1,6, wenn das Verfahren durch ein Versäumnisurteil gegen den Berufungskläger endet.

e) Keine Ermäßigung der Verfahrensgebühr nach Berufungsurteil

Im Berufungsverfahren kommt eine Ermäßigung nach Erlass des Urteils – im Gegensatz   344
zum Erkenntnisverfahren – nicht mehr in Betracht.

4. Beschwerde

a) Verfahrensgebühr

Wird gegen die Zurückweisung eines Antrags auf Anordnung eines Arrests oder einer   345
einstweiligen Verfügung Beschwerde erhoben, so wird hierfür eine 1,2 Verfahrensgebühr
abgerechnet (Nr. 8330 GKG KostVerz).

b) Wegfall der Verfahrensgebühr

Vergleichen sich die Parteien im Beschwerdeverfahren, entfällt die Verfahrensgebühr   346
nachträglich wieder (Vorbem. 8 GKG KostVerz).

c) Ermäßigung der Verfahrensgebühr

Wird die Beschwerde zurückgenommen, ermäßigt sich die Verfahrensgebühr nach   347
Nr. 8331 GKG KostVerz auf eine 0,8 Verfahrensgebühr.

5. Rechtsbeschwerde

Für die Rechtsbeschwerde im Fall der Ablehnung eines Arrest- oder Verfügungsantrags   348
ist im Gegensatz zu Nr. 1952 GKG KostVerz a.F. keine Verfahrensgebühr mehr vorgesehen. Der Gesetzgeber hat hier offenbar vor der ständigen Rechtsprechung des BGH ka-
pituliert, der grds. die Rechtsbeschwerde in einstweiligen Verfügungsverfahren entsprechend § 542 ZPO für nicht statthaft hält.[216]

IV. Selbständiges Beweisverfahren

1. Verfahrensgebühr

Im selbständigen Beweisverfahren wird eine Verfahrensgebühr i.H.v. 0,6 erhoben (Nr. 8400   349
GKG KostVerz).

2. Wegfall der Verfahrensgebühr

Vergleichen sich die Parteien im Beschwerdeverfahren, entfällt die Verfahrensgebühr   350
nachträglich wieder (Vorbem. 8 GKG KostVerz).

---

216   BGH, NJW 2003, 3563 = MDR 2004,108 = AGS 2004, 37.

3.   Ermäßigung der Verfahrensgebühr

351   Ein Ermäßigungstatbestand ist im selbständigen Beweisverfahren nicht vorgesehen. Ebenso wenig existiert eine Anrechnungsvorschrift. Diese Verfahrensgebühr entsteht also neben den Verfahrensgebühren des Hauptsacheverfahrens.

V.   Gehörsrüge

352   Im Verfahren über die Rüge wegen der Verletzung des Anspruchs auf rechtliches Gehör (§ 321a ZPO) wird nach Nr. 8500 GKG KostVerz eine **Festgebühr** i.H.v. 40 € erhoben, sofern die Rüge in vollem Umfang verworfen oder zurückgewiesen wird.

353   Hinsichtlich der Höhe der Verfahrensgebühr wird nicht danach differenziert, ob die Rüge in erster oder zweiter Instanz erhoben wird. Die Festgebühr ist in allen Instanzen dieselbe.

354   Wird der Rüge **ganz oder teilweise stattgegeben**, ist das Verfahren **gerichtsgebührenfrei**.

VI.   Sonstige Beschwerden

355   In Verfahren über Beschwerden nach § 71 Abs. 2 ZPO, § 91a Abs. 2 ZPO, § 99 Abs. 2 ZPO und § 269 Abs. 5 ZPO wird eine **Festgebühr** i.H.v. 60 € erhoben (Nr. 8610 GKG KostVerz), und zwar unabhängig vom Ausgang des Verfahrens.

VII.   Nichtzulassungsbeschwerde

1.   Zurückweisung oder Verwerfung der Beschwerde

356   Im Verfahren der Beschwerde gegen die Nichtzulassung der Revision wird eine 1,6 Verfahrensgebühr erhoben, soweit die Beschwerde verworfen oder zurückgewiesen wird (Nr. 8611 GKG KostVerz).

2.   Rücknahme oder Erledigung der Beschwerde

357   Wird die Beschwerde gegen die Nichtzulassung der Revision zurückgenommen oder endet das Verfahren durch anderweitige Erledigung, reduziert sich die Verfahrensgebühr der Nr. 8611 GKG KostVerz nach Nr. 8612 GKG KostVerz auf eine 0,8 Verfahrensgebühr (Nr. 8612 GKG KostVerz).

3.   Erfolgreiche Beschwerde

358   Wird der Beschwerde dagegen stattgegeben, werden für das Nichtzulassungsbeschwerdeverfahren keine gesonderten Verfahrensgebühren erhoben (Anm. zu Nr. 8612 GKG

KostVerz). Die Tätigkeit wird dann durch die Verfahrensgebühren für das Revisionsverfahren abgegolten.

VIII. Rechtsbeschwerden nach §§ 71 Abs. 1, 91a Abs. 1, 99 Abs. 2, 269 Abs. 4 oder § 516 Abs. 3 ZPO

In Verfahren über die Rechtsbeschwerde in den Fällen des § 71 Abs. 1 ZPO, §§ 91a Abs. 1, 99 Abs. 2, 269 Abs. 4 ZPO oder § 516 Abs. 3 ZPO wird eine **Festgebühr** i.H.v. 120 € erhoben (Nr. 8620 GKG KostVerz).   359

IX. Sonstige Rechtsbeschwerden

In Verfahren über nicht besonders aufgeführte Rechtsbeschwerden, die nicht nach anderen Vorschriften gebührenfrei sind, wird eine feste **Verfahrensgebühr** i.H.v. 80 € erhoben, wenn die Beschwerde verworfen oder zurückgewiesen wird (Nr. 8621 GKG KostVerz).   360

Wird der Beschwerde stattgegeben, fallen keine Verfahrensgebühren an.   361

Wird die Rechtsbeschwerde nur teilweise verworfen und zurückgewiesen, kann das Gericht nach billigem Ermessen die Verfahrensgebühr auf die Hälfte, also auf 40 €, ermäßigen oder bestimmen, dass eine Verfahrensgebühr nicht zu erheben ist (Anm. zu Nr. 8621 GKG KostVerz).   362

X. Sonstige Beschwerden

Für sonstige Beschwerden, die nicht gesondert aufgeführt und die auch nicht nach anderen Gebührenvorschriften gebührenfrei sind, entsteht nach Nr. 8613 GKG KostVerz eine **Festgebühr** i.H.v. 40 €, sofern die Beschwerde verworfen oder zurückgewiesen wird.   363

Wird die Beschwerde nur teilweise verworfen oder zurückgewiesen, kann das Gericht die Verfahrensgebühr auf die Hälfte ermäßigen, also auf 20 €. Stattdessen kann es auch von einer Erhebung der Verfahrensgebühr ganz absehen.   364

XI. Verzögerungsgebühr

Wird nach § 38 GKG n.F. eine Verfahrensgebühr wegen Verzögerung des Rechtsstreits erhoben, so ist – wie bisher (§ 34 GKG a.F.) – keine Festgebühr oder kein Rahmen vorgesehen. Die Höhe der zu erhebenden Verfahrensgebühr steht im Ermessen des Gerichts, das diese in seinen Beschluss aufzunehmen hat.   365

XII. Auslagen

366 Neben den Verfahrensgebühren werden Auslagen erhoben. Diese richten sich auch in Arbeitsgerichtsverfahren nach Nrn. 9000 ff. GKG KostVerz. Hier kommen insbesondere in Betracht:

- **Pauschalen für die Herstellung und Überlassung von Dokumenten** (Nr. 9000 GKG KostVerz);

- **Zustellungskosten** (Nr. 9002 GKG KostVerz), wobei neben Verfahrensgebühren, die sich nach dem Streitwert richten, Auslagen nur für mehr als zehn Zustellungen je Rechtszug erhoben werden;

- **Aktenversendungspauschale** (Nr. 9003 GKG KostVerz) und

- **nach dem JVEG zu zahlende Beträge** (Nr. 9005 GKG KostVerz), also vor allem für **Zeugen** und **Sachverständige**.

Teil 9:   Familiensachen

Inhaltsverzeichnis

A. Einleitung

Die Berechnung der Anwaltsgebühren in Familiensachen bereitet in der Praxis häufig gro- 1
ße Schwierigkeiten. Dies liegt zum einen daran, dass je nach Verfahrensgestaltung (Ver-
bundverfahren/isoliertes Verfahren) **unterschiedliche Wertvorschriften** gelten und bislang auch **unterschiedliche Gebührenvorschriften**. Hinzu kommt, dass die jeweiligen
Gebührenvorschriften in der BRAGO an verschiedenen Stellen geregelt waren. Bei den
Streitwertvorschriften musste auf verschiedene Gesetze zurückgegriffen werden (BRAGO,
GKG, KostO, HausratsVO). Zahlreiche Spezialregelungen für die einstweiligen Rechtsschutzverfahren machten die gesamte Rechtslage noch komplizierter.

Hinzu kommt, dass die **Rechtsprechung** in Familiensachen **sehr uneinheitlich** ist. Hier 2
hat sich über die Jahre hinweg eine Partikularrechtsprechung entwickelt. So gewährt z.B.
das OLG Hamm in ständiger Rechtsprechung eine Beweisgebühr bei der Einholung der
Auskünfte zum Versorgungsausgleich, während die übrigen Gerichte dies grds. ablehnen. Andere Gerichte gewähren dagegen z.B. eine Beweisgebühr bei Anhörung der Eheleute zum Sorgerecht, auch wenn dieses nicht anhängig ist. Die Wertberechnung der
Ehesache bei beiderseitiger PKH ist heillos umstritten usw.

Zwar ist auch in Familiensachen die **Rechtsbeschwerde nach § 574 ZPO** gegeben; lei- 3
der hat dies bislang jedoch noch **nicht** zu der an sich wünschenswerten **Vereinheitli-
chung der Rechtsprechung** geführt. Abgesehen davon ist in Streitwertfestsetzungsverfahren eine Rechtsbeschwerde ausgeschlossen. Auch die weitere Beschwerde zu einem
obersten Gericht des Bundes ist bislang nicht möglich und wird auch weiterhin in Streitwertfestsetzungsverfahren nicht möglich sein (§ 68 Abs. 2 Satz 6 i.V.m. § 66 Abs. 3 Satz 6
GKG, § 33 Abs. 4 Satz 3 RVG), so dass auf diesem Gebiet jedenfalls weiterhin mit unterschiedlichen Wertfestsetzungen je nach OLG-Bezirk gerechnet werden muss.

Ein weiteres Problem, das insbesondere in Familiensachen zu bemerken ist, liegt darin, 4
dass viele Familienrichter sich im Gebühren- und Streitwertrecht nicht auskennen und
hier zum Teil **willkürliche Entscheidungen** treffen. So dürfte etwa die Hälfte der gerichtlichen Wertfestsetzungen im Unterhaltsverfahren unzutreffend sein, was allerdings
auch daran liegt, dass die meisten Anwälte selbst nicht in der Lage sind, bei Antragsein-
gang den zutreffenden Streitwert anzugeben, so dass damit die fehlerhafte gerichtliche
Wertfestsetzung vorprogrammiert ist.

In Anbetracht der **Erhöhung des Beschwerdewertes** in Kostenansatz-, Kostenfestset- 5
zungs- und Streitwertverfahren auf nunmehr über 200 € wird es in Zukunft noch schwerer werden, unzutreffende erstinstanzliche Kostenfestsetzungen und Streitwertentschei-
dungen erfolgreich anzufechten. Dies gilt umso mehr, als in Familiensachen PKH-Man-
date schon fast die Regel sind und sich dadurch ohnehin geringere Gebührenbeträge,
ggf. sogar geringere Gegenstandswerte ergeben, was das Erreichen der Beschwerde-
grenze zusätzlich erschweren wird.

B. Überblick

6   Familiensachen sind zivilrechtliche Angelegenheiten, so dass zunächst einmal auf die **Gebühren** in den **allgemeinen Zivilsachen** zurückgegriffen werden kann. Anzuwenden sind daher die Gebühren nach **Teil 2 und Teil 3 VV RVG.** Daneben gelten selbstverständlich auch hier die allgemeinen Gebühren nach Teil 1 VV RVG sowie die Auslagen nach Teil 7 VV RVG.

7   Daneben sind auch hier die allgemeinen Vorschriften des Paragraphenteils zu beachten.

8   Hinzu kommen aber gerade in Familiensachen **zahlreiche Spezialvorschriften,** die ausschließlich in Familiensachen gelten und stets vorrangig zu beachten sind:

Überblick: Spezialvorschriften für Familiensachen	
§ 16 Nr. 4 RVG	Ehesachen und Folgesachen sind eine Angelegenheit.
§ 17 Nr. 2 RVG	Vereinfachtes Verfahren über den Unterhalt Minderjähriger und streitiges Verfahren sind zwei verschiedene Angelegenheiten.
§ 18 Nr. 1 RVG	besondere Angelegenheiten bei bestimmten einstweiligen Anordnungen in Familiensachen
§ 17 Nr. 8 RVG	Vermittlungsverfahren nach § 52a FGG und anschließendes gerichtliches Verfahren sind zwei Angelegenheiten.
§ 21 Abs. 2 RVG	Zurückweisung bei Aufhebung des abweisenden Urteils in der Ehesache
§ 24 RVG	Gegenstandswert für bestimmte einstweilige Anordnungen
§ 34 RVG	Mediation
§ 39 RVG	in Scheidungssachen beigeordneter Rechtsanwalt
§ 48 Abs. 3 RVG	Erstreckung der PKH in Ehesachen auch auf Folgesachen
Nr. 1001 VV RVG	Aussöhnungsgebühr in Ehesachen
Abs. 1 der Anm. zu Nr. 3100 VV RVG	Anrechnung der Verfahrensgebühr des vereinfachten Verfahrens über den Unterhalt Minderjähriger.
Abs. 2 der Anm. zu Nr. 3100 VV RVG	keine Anwendung der Nr. 3100 Nr. 3 VV RVG in Familiensachen
Vorbem. 3.2.1 Abs. 1 Nr. 2a VV RVG	Verfahren über Beschwerden gegen die den Rechtszug beendenden Entscheidungen in Familiensachen
Vorbem. 3.2.2 VV RVG	Verfahren über Rechtsbeschwerden gegen die den Rechtszug beendenden Beschwerdeentscheidungen in Familiensachen

Nr. 3331 VV RVG	Verfahrensgebühr für das Verfahren über einen Antrag auf Abänderung eines Vollstreckungstitels nach § 655 Abs. 1 ZPO
Nr. 3337 VV RVG	ermäßigte Verfahrensgebühr nach Nr. 3331 VV RVG
Nr. 3332 VV RVG	Terminsgebühr im Verfahren über einen Antrag auf Abänderung eines Vollstreckungstitels nach § 655 Abs. 1 ZPO

Besondere Wertvorschriften in Familiensachen sind neben der Regelung des **§ 24 RVG**   9
enthalten in:

Überblick: Besondere Wertvorschriften in Familiensachen im GKG	
§ 42 Abs. 1 GKG	zukünftiger Unterhalt
§ 42 Abs. 5 GKG	Bei Klageeinreichung fällige Beträge werden hinzuaddiert.
§ 53 GKG	einstweilige Anordnungen
§ 48 Abs. 3 GKG	Wertberechung in Ehesachen und Folgesachen
§ 49 GKG	Versorgungsausgleich
§ 53 Abs. 2 GKG	einstweilige Anordnungen auf Unterhalt, Regelungen der Ehewohnung und der Benutzung des Hausrats

Darüber hinaus sind in der **KostO** weitere Wertvorschriften speziell für Familiensachen   10
geregelt:

Überblick: Besondere Wertvorschriften in Familiensachen in der KostO	
§§ 94 Abs. 2, 30 Abs. 2, 3 KostO	Gegenstandswert in Kindessachen
§ 99 Abs. 3 KostO	Versorgungsausgleich
§ 100 Abs. 3 KostO	Hausrat und eheliche Wohnung
§ 48 Abs. 3 GKG	Kindschaftssachen
§§ 97, 30 Abs. 2 KostO	Stundung von Ausgleichsforderungen gemäß §§ 1382, 1383 BGB
§§ 97a, 30 Abs. 2 KostO	Ehefähigkeit
§§ 94 Abs. 1 Nr. 8, Abs. 2, 30 Abs. 2 KostO	Eheverbot
§§ 100a, 30 Abs. 2 KostO	Maßnahmen nach dem GewSchG

C. Allgemeine Regelungen des RVG

I. Überblick

11 Neben den speziellen Gebührentatbeständen, die ausschließlich auf die Familiensachen zugeschnitten sind, gelten selbstverständlich auch hier die allgemeinen Vorschriften des RVG, wobei hier ggf. die Besonderheiten der familienrechtlichen Verfahren zu berücksichtigen sind.

12 Insbesondere sind bei den Familiensachen folgende Vorschriften anzuwenden:

II. Vergütungsvereinbarungen (§ 4 RVG)

13 Nach § 4 RVG kann der Anwalt mit dem Auftraggeber anstelle der gesetzlichen Gebühren eine **höhere Vergütung vereinbaren**. Insbesondere in umfangreichen Familiensachen sind Vergütungsvereinbarungen geboten und auch üblich. Dies gilt nicht nur für umfangreiche güterrechtliche Verfahren, außergerichtliche Vermögensauseinandersetzung, Entwerfen von Eheverträgen und sonstige besonders umfangreiche und bedeutsame Tätigkeiten. Auch in Umgangsrechtsverfahren sind angesichts des geringen Gegenstandswertes und der häufig immensen Arbeit sowie der meist sehr emotional geführten Verfahren, der besonderen Schwierigkeiten im Umgang mit dem Mandanten und der Gegenpartei Vergütungsvereinbarungen angebracht und auch nicht unüblich.

14 Wird eine solche Vergütungsvereinbarung getroffen, ist die Vorschrift des § 4 RVG zu beachten (s. Teil 1 Rn. 459 ff.).

15

> **Hinweis:**
>
> Sofern hier **Pauschalvereinbarungen** getroffen werden, ist darauf zu achten, dass der Umfang der abgegoltenen Tätigkeit so **genau wie möglich** bezeichnet wird. Wird z.B. für die Regelung des Unterhalts ein **Pauschalhonorar vereinbart**, so muss berücksichtigt werden, dass damit auch eventuelle einstweilige Anordnungsverfahren abgegolten sind, die nach dem RVG jeweils als eigene Angelegenheiten gelten würden. Fehlt eine solche Differenzierung in der Vergütungsvereinbarung, kann insoweit nicht getrennt abgerechnet werden. Vielmehr sind dahingehende Tätigkeiten im Zweifel ebenfalls mit der Pauschale abgegolten.
>
> Zweckmäßig sind hier – wie auch in den meisten Angelegenheiten – Vergütungsvereinbarungen nach **Stundensätzen**.
>
> Zu achten ist auch hier darauf, dass in der Vergütungsvereinbarung festgehalten wird, dass **Auslagen** gesondert abzurechnen sind und dem Anwalt ein Recht auf **Vorschuss** zusteht.

III. Einschaltung von Hilfspersonen (§ 5 RVG)

Auch in Familiensachen gilt die Vorschrift des § 5 RVG. Soweit der Anwalt eine der in § 5   16
RVG genannten Hilfspersonen einschaltet, etwa für Terminswahrnehmungen o.Ä., kann
er ebenso abrechnen wie bei eigener Tätigkeit. Dies gilt allerdings grds. nur bei Abrechnung nach den gesetzlichen Gebühren, nicht bei Vergütungsvereinbarungen (s. Teil 1
Rn. 476 ff.).

IV. Berechnung des Gegenstandswertes (§§ 23, 32 RVG)

Für die Wertfestsetzung der anwaltlichen Tätigkeit ist auch in Familiensachen auf die Re-   17
gelungen der §§ 23 Abs. 1, 32 RVG abzustellen.

Zu differenzieren ist danach, ob der Anwalt gerichtlich oder außergerichtlich tätig wird.   18

1. Gerichtliche Tätigkeit

Wird der Anwalt in einem gerichtlichen Verfahren tätig, so gilt Folgendes: 19

Checkliste: Wertfestsetzung der gerichtlichen Anwaltstätigkeit ☑

☐ Zunächst einmal ist zu prüfen, ob das RVG **spezielle Regelungen** enthält, wie z.B.
in § 24 RVG für bestimmte einstweilige Anordnungen.

☐ Ist eine spezielle Vorschrift im RVG nicht gegeben, so ist auf den vom Gericht **für
die Gerichtsgebühren festgesetzten Wert** abzustellen. Dieser gilt dann nach
§ 32 RVG auch für die anwaltlichen Gebühren.[1]

☐ Fehlt es an einer gerichtlichen Wertfestsetzung, etwa weil keine Gerichtsgebühren anfallen oder Festgebühren gelten oder gilt ausnahmsweise der vom Gericht
festgesetzte Wert nicht für die anwaltlichen Gebühren, so ist der **Wert gesondert**
zu ermitteln. Dem Anwalt steht insoweit ein eigenes Recht auf Wertfestsetzung
nach § 33 RVG zu.

Sowohl dann, wenn sich die Gerichtsgebühren nach dem Wert berechnen, als auch dann,   20
wenn ein Fall des § 33 RVG vorliegt, kann der Anwalt aus eigenem Recht gegen die Wertfestsetzung Beschwerde einlegen. Die Beschwerde setzt voraus, dass eine Beschwer von
mehr als 200 € gegeben ist.

---

1   S. dazu *Volpert*, RVGreport 2004, 170.

21

> **Praxishinweis:**
>
> Es reicht hierzu nicht aus, dass ein um mehr als 200 € höherer Streitwert beantragt wird. Es kommt darauf an, ob sich aus dem höheren Gegenstandswert für den Anwalt ein höheres Gebührenaufkommen ergibt, das den Betrag von 200 € übersteigt.

22 *Beispiel:*

In einer Unterhaltssache hat das Gericht den Streitwert von (12 x 500 € =) 6.000 € festgesetzt. Der Anwalt erhebt Streitwertbeschwerde, da nach seiner Auffassung die fälligen Beträge i.H.v. (2 x 500 € =) 1.000 € übersehen worden sind.

I. *Ausgehend von einem **Gegenstandswert i.H.v. 6.000 €** berechnen sich die Gebühren wie folgt:*

1.	*1,3 Verfahrensgebühr, Nr. 3100 VV RVG*	*439,40 €*
2.	*1,2 Terminsgebühr, Nr. 3104 VV RVG*	*405,60 €*
3.	*Postentgeltpauschale, Nr. 7002 VV RVG*	*20,00 €*
4.	*16 % Umsatzsteuer, Nr. 7008 VV RVG*	*+ 138,40 €*
	Summe:	***1.003,40 €***

II. *Ausgehend von einem **Gegenstandswert i.H.v. 7.000 €** berechnen sich die Gebühren wie folgt:*

1.	*1,3 Verfahrensgebühr, Nr. 3100 VV RVG*	*487,50 €*
2.	*1,2 Terminsgebühr, Nr. 3104 VV RVG*	*450,00 €*
3.	*Postentgeltpauschale, Nr. 7002 VV RVG*	*20,00 €*
4.	*16 % Umsatzsteuer, Nr. 7008 VV RVG*	*+ 153,20 €*
	Summe:	***1.110,70 €***

*Es ergibt sich also nur eine **Differenz** i.H.v.*
(1.110,70 € – 1.003,40 € =)   *107,30 €*

Eine Streitwertbeschwerde wäre also unzulässig. Möglich ist nur die Gegenvorstellung.

23 Eine **weitere Beschwerde** in Streitwertverfahren ist in Familiensachen nicht möglich. Eine solche kommt nur dann in Betracht, wenn das LG als Beschwerdegericht entschieden hat. Da in Familiensachen jedoch das OLG zuständig ist und eine Streitwertbeschwerde an ein oberstes Gericht des Bundes unzulässig ist (§ 68 Abs. 2 Satz 6 i.V.m. § 66 Abs. 3 Satz 6 GKG; § 33 Abs. 4 Satz 3 RVG), scheidet diese aus.

2.   Außergerichtliche Tätigkeit

24 Ist der Anwalt außergerichtlich tätig, so gilt für ihn **§ 23 Abs. 1 Satz 3 RVG.**

Checkliste: Wertfestsetzung der außergerichtlichen Anwaltstätigkeit ☑	25

☐ Zu fragen ist zunächst, ob der Gegenstand der anwaltlichen Tätigkeit auch Gegenstand eines gerichtlichen Verfahrens sein könnte. Ist dies der Fall, dann gilt nach § 23 Abs. 1 Satz 3 RVG der Wert, der auch für ein gerichtliches Verfahren gelten würde.

☐ Kann der Gegenstand der anwaltlichen Tätigkeit nicht Gegenstand eines gerichtlichen Verfahrens sein, so gelten bestimmte Vorschriften der KostO, auf die verwiesen wird.

☐ Ergibt sich aus den Vorschriften der KostO kein passender Wert, so gilt billiges Ermessen.

☐ Sind auch keine Anhaltspunkte für billiges Ermessen gegeben, so ist von einem Regelwert i.H.v. 4.000 € auszugehen, der je nach den Umständen des Einzelfalles herab- oder heraufgesetzt werden kann, wobei der Höchstwert von 500.000 € nicht überschritten werden darf.

V. Zusammenrechnung mehrerer Gegenstände (§ 22 Abs. 1 RVG)

26 Auch in Familiensachen gilt – und dort insbesondere – dass die **Werte mehrerer Gegenstände** in derselben Angelegenheit **zusammengerechnet** werden.

27 Eine solche Zusammenrechnung kommt insbesondere in den **Verbundverfahren** zum Tragen, da nach § 17 Nr. 4 RVG mehrere an sich eigenständige Verfahren im Verbund zu einer einzigen **Angelegenheit** zusammengefasst werden, so dass die Gebühren nach § 15 Abs. 1 Satz 1 RVG nur einmal entstehen. Im Gegenzug ordnet dann § 22 Abs. 1 RVG an, dass die Werte der einzelnen Verfahren zu addieren sind.

28 *Beispiel 1:*

Der Anwalt ist im Verbundverfahren beauftragt. Anhängig sind die Ehesache (Wert: 6.000 €), der Versorgungsausgleich (Wert: 1.000 €) sowie nachehelicher Unterhalt (Wert: 4.800 €).

Der Gegenstandswert des Verfahrens beläuft sich auf

(6.000 € + 1.000 € + 4.800 € =)　　　　　　　　　　*11.800 €.*

29 Zu beachten ist, dass der Gegenstandswert **für jede Gebühr gesondert** zu prüfen ist. Nur für die Verfahrensgebühr(en) gilt der Wert aller Gegenstände. Die Verfahrensgebühr bzw. die Verfahrensgebühren unter Berücksichtigung des § 15 Abs. 3 RVG berechnen sich immer nach dem Gesamtwert aller jemals im Verfahren zum Tragen gekommenen Gegenstände. Lediglich die übrigen Gebühren können nach einem geringeren Wert anfallen.

30 **Beispiel 2:**

**Wie Beispiel 1; der Antrag auf nachehelichen Unterhalt ist vor dem Verhandlungster-
min wieder zurückgenommen worden.**

*Die Terminsgebühr berechnet sich jetzt lediglich aus dem Wert von Ehesache und Versor-
gungsausgleich, also i.H.v. 7.000 €. Der Wert des Unterhaltsverfahrens ist daneben nur
bei der Verfahrungsgebühr zu berücksichtigen, die sich somit nach einem Gegenstandswert von 11.800 € berechnet.*

31 Unerheblich ist auch, ob die Gegenstände zeitgleich anhängig waren.

32 **Beispiel 3:**

*In der Ehesache (Wert: 6.000 €) wird zunächst ein Antrag auf nachehelichen Ehegatten-
unterhalt gestellt (Wert: 3.600 €). Nach Verhandlung wird der Antrag zurückgenommen.
Später wird ein Antrag auf Kindesunterhalt gestellt (Wert: ebenfalls 3.600 €). Auch hierüber wird verhandelt.*

Der Gegenstandswert für Verfahrens- und Terminsgebühr beläuft sich auf

(6.000 € + 3.600 € + 3.600 € =)   *13.200 €.*

*Dass nie über einen höheren Wert als 9.600 € zugleich verhandelt worden ist, ist uner-
heblich.*

33 Eine **Zusammenrechnung** verschiedener Gegenstandswerte kommt aber nicht nur beim
Verbundverfahren in Betracht, sondern auch bei den **isolierten Familiensachen.** Auch
hier gilt gemäß § 22 Abs. 1 RVG, dass die einzelnen Gegenstandswerte zu addieren sind.

34 **Beispiel 4:**

*Die Ehefrau und das volljährige Kind beauftragen den Anwalt, zukünftige Unterhaltsan-
sprüche geltend zu machen. Die Ehefrau verlangt 600 € monatlichen Unterhalt, das Kind
400 €.*

*Soweit die Ansprüche in demselben Verfahren geltend gemacht werden, liegt nur eine An-
gelegenheit i.S.d. § 15 RVG vor (§ 7 Abs. 1 RVG). Der Anwalt erhält seine Gebühren also
insgesamt nur einmal (§ 15 Abs. 1 Satz 1 RVG) aus dem Gesamtwert (§ 21 Abs. 1 RVG).*

*Maßgebend ist also ein Gegenstandswert i.H.v. (12 x 1.000 € =) 12.000 €, so dass wie
folgt abzurechnen ist:*

1.	1,3 Verfahrensgebühr, Nr. 3100 VV RVG	683,80 €
2.	1,2 Terminsgebühr, Nr. 3104 VV RVG	631,20 €
3.	Postentgeltpauschale, Nr. 7002 VV RVG	20,00 €
4.	16 % Umsatzsteuer, Nr. 7008 VV RVG	+ 213,60 €
	Summe:	**1.548,60 €**

Lediglich bei der Abrechnung gegenüber den **einzelnen Auftraggebern** kommt es auf die Einzelwerte an. Der Anwalt kann jeden Auftraggeber nur insoweit in Anspruch nehmen, als dieser bei einem **Einzelauftrag** haften würde (§ 7 Abs. 2 RVG). Abzustellen ist also auf die Gebühren, die nach dem einzelnen Gegenstandswert angefallen wären.   35

Der Anwalt kann daher in Anspruch nehmen: 36

   I. die Ehefrau (Wert: 12 x 600 € = 7.200 €):

     1. 1,3 Verfahrensgebühr, Nr. 3100 VV RVG   *535,60 €*

     2. 1,2 Terminsgebühr, Nr. 3104 VV RVG   *494,40 €*

     3. Postentgeltpauschale, Nr. 7002 VV RVG   *20,00 €*

     4. 16 % Umsatzsteuer, Nr. 7008 VV RVG   *+ 168,00 €*

     Summe: *1.218,00 €*

   II. das volljährige Kind (Wert: 12 x 400 € = 4.800 €):

     1. 1,3 Verfahrensgebühr, Nr. 3100 VV RVG   *391,30 €*

     2. 1,2 Terminsgebühr, Nr. 3104 VV RVG   *361,20 €*

     3. Postentgeltpauschale, Nr. 7002 VV RVG   *20,00 €*

     4. 16 % Umsatzsteuer, Nr. 7008 VV RVG   *+ 123,60 €*

     Summe: *896,10 €*

Insgesamt kann der Anwalt seine Gebühren selbstverständlich nur einmal verlangen, hier also nicht mehr als 1.548,60 €.

Praxishinweis:

Zu beachten ist, dass auch bei **Auskunftsansprüchen zu addieren** ist. Mehrere Auskunftsansprüche, obwohl sie scheinbar inhaltsgleich sind, stellen verschiedene Angelegenheiten dar, ebenso wie die einzelnen Unterhaltsansprüche. Daher sind die Auskunftsansprüche einzeln zu bewerten und ihre Werte sodann nach § 22 Abs. 1 RVG zu addieren.

37

Beispiel 5:   38

Die Ehefrau und das volljährige Kind verlangen von dem Ehemann bzw. Vater Auskunft über sein Einkommen. Es liegen zwei verschiedene Gegenstände vor. Die Auskunftsansprüche sind einzeln zu bewerten und sodann zu addieren. Es ist ebenso zu verfahren wie in Beispiel 2.

Häufig ist zu beobachten, dass bei mehreren Unterhaltsgläubigern ein einheitlicher Auskunftsantrag gestellt wird.   39

40   *Beispiel:*

Es wird Klage erhoben für die Ehefrau und die beiden gemeinsamen Kinder und sodann beantragt, den Beklagten zu verurteilen, den Klägern Auskunft zu erteilen.

Ein solcher Antrag ist bereits zu zwei Dritteln unbegründet, da die Ehefrau keinen Anspruch darauf hat, dass den Kindern Auskunft erteilt wird. Die Kinder wiederum haben keinen Anspruch darauf, dass ihrem Geschwisterteil oder der Mutter Auskunft erteilt wird.

Bei genauer Betrachtung würde zudem eine Gebührenerhöhung nach Nr. 1008 VV RVG anfallen, da hier alle drei Parteien denselben Antrag gestellt haben.

41
> **Praxishinweis:**
>
> Abgesehen davon, dass hier also **unbegründete Anträge** gestellt werden, verdeckt eine solche ungenaue Antragstellung dem Gericht auch den Blick für die zutreffende Wertfestsetzung. Häufig wird in solchen Fällen nämlich nur der einfache Auskunftswert festgesetzt, was jedoch unzutreffend ist. Richtig ist es daher, bereits in der Klageschrift für jeden einzelnen Kläger einen gesonderten Auskunftsanspruch zu stellen und klarzustellen, dass jeder nur Auskunft an sich beansprucht.
>
> Damit wird vorgebeugt, dass die Klage teilweise als unbegründet zurückgewiesen wird. Zudem wird ersichtlich, dass hier verschiedene Gegenstände in den Rechtsstreit eingeführt werden, deren Werte einzeln festzustellen und sodann nach § 22 Abs. 1 RVG zu addieren sind.

VI. Gebührenberechnung bei mehreren Auftraggebern (§ 7 RVG, Nr. 1008 VV RVG)

1. Satzgebühren

42   Die Erhöhung der Geschäfts- und Verfahrensgebühr bei mehreren Auftraggebern dürfte in Familiensachen i.d.R. nicht in Betracht kommen.

43   Zwar kann auch hier der Anwalt von mehreren Auftraggebern beauftragt werden. I.d.R. fehlt es jedoch an dem **gemeinschaftlichen Gegenstand**. Vertritt der Anwalt mehrere Unterhaltsgläubiger, so handelt es sich bei den einzelnen Unterhaltsansprüchen jeweils um eigene Gegenstände, so dass eine Erhöhung nach § 7 RVG i.V.m. Nr. 1008 VV RVG nicht in Betracht kommt. Vielmehr sind hier die Gegenstandswerte nach § 22 Abs. 1 RVG zusammenzurechnen.

44   *Beispiel:*

Der Anwalt wird von der Ehefrau beauftragt, für sie und die beiden Kinder Unterhaltsansprüche geltend zu machen.

Es liegen drei verschiedene Gegenstände vor. Jeder Unterhaltsanspruch ist ein eigener Gegenstand. Die Werte der einzelnen Unterhaltsansprüche sind daher nach § 22 Abs. 1 RVG zu addieren. Aus dem Gesamtwert ist dann die jeweilige Gebühr zu ermitteln.

Dies gilt im Übrigen auch dann, wenn nur Auskunftsansprüche geltend gemacht wer- **45** den. Sowohl der Frau als auch den beiden Kindern stehen eigene Auskunftsansprüche zu. Keiner der Beteiligten hat einen Anspruch darauf, dass auch dem anderen Auskunft erteilt wird. Folglich fehlt es auch hier an dem gemeinschaftlichen Gegenstand, so dass eine Erhöhung nicht in Betracht kommt.

Eine Erhöhung bei Wertgebühren kommt ausnahmsweise dann in Betracht, wenn der **46** Anwalt **mehrere Unterhaltsschuldner gemeinschaftlich** vertritt.

Beispiel: **47**

Wegen Zahlungsunfähigkeit des Kindesvaters nehmen die Kinder die Großeltern als Gesamtschuldner auf Unterhaltszahlung in Anspruch.

Der Rechtsanwalt, der die Großeltern gemeinsam vertritt, erhält nach § 7 RVG i.V.m. Nr. 1008 VV RVG die erhöhten Gebühren.

2. Festgebühren

Bei Festgebühren, also in Familiensachen in der Beratungshilfe, spielt es dagegen keine **48** Rolle, ob die Auftraggeber am Gegenstand gemeinschaftlich beteiligt sind. Hier ist eine Erhöhung nach Nr. 1008 VV RVG immer vorzunehmen.

Beispiel: **49**

Die Ehefrau beauftragt den Anwalt, für sich und die gemeinsamen beiden Kinder Unterhaltsansprüche gegen den Ehegatten und Kindesvater geltend zu machen.

Obwohl hier verschiedene Gegenstände vorliegen, wird die Geschäftsgebühr nach Nr. 2602 VV RVG um 30 % je weiterem Auftraggeber erhöht, also insgesamt 60 %. Abzurechnen ist wie folgt:

1.	*Geschäftsgebühr, Nrn. 2602, 1008 VV RVG*	*112,00 €*
2.	*Postentgeltpauschale, Nr. 7002 VV RVG*	*20,00 €*
3.	*16 % Umsatzsteuer, Nr. 7008 VV RVG*	*+ 21,12 €*
	Summe:	***153,12 €***

VII. Rahmengebühren (§ 14 RVG)

1. Überblick

50 Im Falle der außergerichtlichen Tätigkeit bei einer Beratung (Nr. 2100 VV RVG), bei der Prüfung der Erfolgsaussichten eines Rechtsmittels (Nr. 2200 VV RVG) sowie bei der Geschäftstätigkeit (Nr. 2400 VV RVG) steht dem Anwalt ein Gebührenrahmen zu, den er unter Berücksichtigung der Kriterien des § 14 Abs. 1 RVG auszufüllen hat. Er bestimmt im Einzelfall die Höhe seiner Gebühr selbst. Die Bestimmung ist gegenüber dem Auftraggeber verbindlich, sofern sie nicht unbillig ist. Ist sie unbillig, so wird die Bestimmung nach § 315 Abs. 3 Satz 2 BGB durch Urteil getroffen.

51 Auszugehen ist grds. von der sog. **Mittelgebühr.** Diese berechnet sich nach folgender Formel:

$$\frac{Mindestgebühr + Höchstgebühr}{2}$$

52

> **Praxishinweis:**
>
> Dieses Ausgehen von der Mittelgebühr darf jedoch nicht dazu verleiten, diese unreflektiert anzusetzen. Dies gilt insbesondere im Falle der Nr. 2400 VV RVG. Der Anwalt muss vielmehr **in jedem Einzelfall sein Ermessen ausüben** und auch bei der Mittelgebühr jeweils prüfen, ob diese im konkreten Fall angemessen ist.

53 Nach der ganz herrschenden Meinung in Literatur und Rechtsprechung steht dem Anwalt bei der Bemessung seiner Gebühren ein Ermessensspielraum oder ein „**Toleranzbereich**" von 20 % zu. Sofern die Bestimmung des Anwalts also die angemessene Gebühr, soweit eine solche überhaupt objektiv bestimmbar ist, um nicht mehr als 20 % übersteigt, ist noch keine Unbilligkeit i.S.d. § 315 Abs. 3 BGB gegeben. Die Bestimmung des Anwalts bleibt maßgebend, auch wenn sie letztlich nicht exakt der angemessenen Gebühr entspricht.

54 *Beispiel:*

In einer Unterhaltssache wäre eine Mittelgebühr von 1,5 angemessen. Der Anwalt hat jedoch eine Gebühr von 1,7 abgerechnet.

Der 20%ige Toleranzbereich würde sich bis auf eine (1,5 + 20 % =) 1,8 Gebühr erstrecken, so dass also die Gebührenbestimmung des Anwalts maßgebend bleibt.

55 Kein Toleranzbereich steht dem Anwalt zu, wenn die **sog. Schwellengebühr** nach der Anm. zu Nr. 2400 VV RVG greift. Es handelt sich hierbei um eine **Kappungsgrenze**, nicht um einen der Ermessensausübung zugänglichen Satz.

Beispiel: 56

In einer Angelegenheit, die nicht umfangreich und nicht schwierig war, rechnet der An-walt eine 1,4 Geschäftsgebühr ab.

Da die Schwellengebühr nach der Anm. zu Nr. 2400 VV RVG greift, kann kein höherer Satz als 1,3 abgerechnet werden. Zwar liegt die Abrechnung des Anwalts im 20%igen To-leranzbereich. Einen solchen Toleranzbereich gibt es jedoch bei der Schwellengebühr nicht, so dass der Anwalt nicht mehr als 1,3 verlangen kann.

Die Frage, ob die Schwellengebühr nach der Anm. zu Nr. 2400 VV RVG greift, ist keine 57 Frage der Ermessensausübung, sondern eine Rechtsfrage, die der vollen Überprüfung des Gerichts unterliegt.

2. Die Kriterien der Gebührenbestimmung

Nach § 14 Abs. 1 RVG sind insoweit fünf Kriterien für die Gebührenbemessung ausschlag- 58 gebend.

a) Bedeutung der Angelegenheit

Zum einen kommt es auf die Bedeutung der Angelegenheit an. Die Bedeutung der Ange- 59 legenheit ist für den Auftraggeber subjektiv zu ermitteln. Zu berücksichtigen sind die tat-sächlichen wirtschaftlichen, gesellschaftlichen und rechtlichen Auswirkungen des Ausgangs der Angelegenheit. Maßgebend sind die **individuellen Folgen für den Auftraggeber**.

b) Umfang der anwaltlichen Tätigkeit

Des Weiteren ist der Umfang der anwaltlichen Tätigkeit zu beachten. Hierbei kommt es 60 vor allen Dingen auf den **zeitlichen Aufwand** an, der durch die Ausführung des Man-dats entstanden ist. Zu berücksichtigen sind dabei nicht nur diejenigen Zeiten, die der Anwalt effektiv an der Sache arbeitet. Auch nutzloser Zeitaufwand für sinnlose – vom Mandanten aber gewünschte – Besprechungen, Wartezeiten etc. müssen hinzugerech-net werden. Hier ist auch die **Dauer des Mandats** zu beachten. Zu berücksichtigen sind insbesondere das Studium der Akten, Besprechungen mit dem Mandanten, Prüfungen von Rechtsprechung und Literatur, Vorbereitung von Verhandlungen mit Dritten.

c) Schwierigkeit der anwaltlichen Tätigkeit

Ein weiteres Kriterium ist die Schwierigkeit der anwaltlichen Tätigkeit. Zu berücksichti- 61 gen sind insbesondere **rechtliche Probleme**, Tätigkeiten in **Spezialgebieten** oder die Verwertung von Sachverständigengutachten. Hier ist nicht auf die Durchschnittskennt-nisse des „Familienrechtlers" abzustellen, sondern auf die **Durchschnittskenntnisse des Allgemeinanwalts**. Maßgebend ist also ein objektiver Maßstab. Die Schwierigkeit darf nicht deswegen geringer beurteilt werden, weil der Anwalt sich auf Familiensachen spe-zialisiert hat und ihm die Arbeit daher leichter fällt.

62 Auch **Schwierigkeiten im Umgang mit dem Mandanten** aufgrund dessen Persönlichkeitsstruktur oder Schwierigkeiten im Umgang mit dem Gegner können berücksichtigt werden.[2]

d) Vermögens- und Einkommensverhältnisse des Auftraggebers

63 Letztlich sind auch die Vermögens- und Einkommensverhältnisse des Auftraggebers zu berücksichtigen. Überdurchschnittliche Einkommens- und Vermögensverhältnisse des Auftraggebers rechtfertigen einen höheren Gebührensatz; umgekehrt sind unterdurchschnittliche Einkommens- und Vermögensverhältnisse mindernd zu berücksichtigen. Abzustellen ist grds. auf die wirtschaftlichen Verhältnisse zum **Zeitpunkt der Abrechnung**.[3]

64

> **Praxishinweis:**
>
> Zur Vermeidung eines Streits über die Höhe des maßgeblichen Gebührensatzes bietet es sich an, insoweit eine **Vereinbarung mit dem Auftraggeber** zu treffen. Zu berücksichtigen ist, dass in diesem Fall die Anforderungen des § 4 RVG beachtet werden müssen, und zwar auch dann, wenn sich der vereinbarte Gebührensatz innerhalb des gesetzlichen Rahmens hält.[4]

e) Besonderes Haftungsrisiko des Anwalts

65 Neu eingeführt in § 14 Abs. 1 RVG ist das besondere Haftungsrisiko des Anwalts, das dieser bei seiner Gebührenbestimmung zusätzlich berücksichtigen darf.

66 Bei Wertgebühren gilt, dass das besondere Haftungsrisiko nicht zu berücksichtigen ist, weil grds. bei einem höheren Haftungsrisiko bereits ein höherer Gegenstandswert gegeben ist. Hiervon gibt es jedoch Ausnahmen, insbesondere in Familiensachen. In allen Fällen, in denen der Gegenstandswert nicht dem Haftungsrisiko entspricht, darf das Kriterium des höheren Haftungsrisikos auch bei Wertgebühren beachtet werden. Solche Fälle sind immer dann gegeben, wenn eine **privilegierte Streitwertvorschrift** greift wie z.B. in Unterhaltssachen.

67 *Beispiel:*

Der Anwalt berät seine Partei falsch und rät zum Abschluss eines Unterhaltsverzichts, der dann auch abgeschlossen wird. Im Nachhinein stellt sich heraus, dass Unterhaltsansprüche gegeben gewesen wären.

Der Gegenstandswert beläuft sich – jedenfalls für den zukünftigen Unterhalt – auf den Bezug von 12 Monaten, das Haftungsrisiko geht jedoch weit darüber hinaus.

---

2   OLG Karlsruhe, AnwBl. 1987, 338; Anwkom-RVG-*N. Schneider*, § 12 Rn. 31.
3   Anwkom-RVG-*N. Schneider*, § 14 Rn. 45.
4   *Madert*, Honorarvereinbarung, Rn. A 5.

> **Hinweis:** 68
>
> Insbesondere bei der Beratung werden sich oft das Haftungsrisiko und der Gegenstandswert nicht decken, so dass hier das Kriterium des besonderen Haftungsrisikos verstärkt zum Zuge kommen wird.

3. Gutachten des Vorstands der Rechtsanwaltskammer

Kommt es zwischen dem Anwalt und seinem Auftraggeber zum **Streit über die Höhe** 69 der abgerechneten Rahmengebühren, so ist im Rechtsstreit nach § 14 Abs. 2 RVG das Gutachten des Vorstands der Rechtsanwaltskammer einzuholen, sofern die Höhe der Gebühr dort streitig ist. Bestreitet der Auftraggeber in dem Rechtsstreit lediglich die Auftragserteilung oder macht er Schadensersatzansprüche geltend, bedarf es der Einholung des Gutachtens jetzt (nicht) mehr.

VIII. Umfang der Angelegenheit (§ 15 RVG)

Ausgangspunkt der Gebührenrechnung muss die Frage sein, in welcher oder welchen 70 gebührenrechtlichen Angelegenheiten der Anwalt tätig geworden ist. Für jede gesonderte Gebührenangelegenheit erhält der Anwalt auch eine gesonderte Vergütung. Es ist daher insbesondere in Familiensachen unabdingbar, sich zunächst darüber klar zu werden, welche Angelegenheit oder welche Angelegenheiten abzurechnen sind. Versäumt der Anwalt diesen ersten Schritt, so wird eine ordnungsgemäße Kostenberechnung nicht gelingen. Auch die zutreffende Lösung von Problemfragen wird nicht möglich sein, da der Anwalt dann häufig von einer unzutreffenden Grundlage ausgeht.

Die **Einteilung in Angelegenheiten** ist in zweierlei Hinsicht zu beachten: 71

1. Vertikale Einteilung

Zunächst einmal ist eine vertikale Einteilung zu beachten. **Mehrere aufeinander fol-** 72 **gende Tätigkeiten** stellen i.d.R. auch gesonderte Angelegenheiten i.S.d. § 15 RVG dar und lösen damit eigene Gebühren aus. So ist die Beratungstätigkeit (Nrn. 2100 ff. VV RVG) gegenüber der außergerichtlichen Tätigkeit (Nr. 2400 VV RVG) eine eigene Angelegenheit; diese wiederum gegenüber dem Mahnverfahren (Nrn. 3305 ff. VV RVG). Hiernach schließt sich das gerichtliche Verfahren an (Nrn. 3100 ff. VV RVG), das Berufungsverfahren und eventuell ein Revisionsverfahren. Ebenso ist das Verfahren nach Zurückverweisung wiederum eine neue Angelegenheit (§ 21 Abs. 1 RVG). Weiterhin zu beachten ist, dass Beschwerdeverfahren und Erinnerungen gegen Entscheidungen des Rechtspflegers (§ 18 Nr. 5 RVG) gesonderte Angelegenheiten darstellen; ebenso jede Vollstreckungsmaßnahme (§ 18 Nr. 3 RVG).

2. Horizontale Einteilung

a) Überblick

73 Darüber hinaus ist auch eine horizontale Einteilung zu beachten. **Einem Auftrag** können durchaus auch **mehrere Angelegenheiten** zugrunde liegen.

74 Wird der Anwalt anlässlich einer Trennung beauftragt, Unterhalt geltend zu machen sowie die Verhältnisse an der Ehewohnung zu regeln, so wird man von zwei verschiedenen Angelegenheiten auszugehen haben. Zwar ist hier der Anlass derselbe, nämlich die Trennung der Eheleute. Daraus folgt jedoch nicht, dass sämtliche hieraus entstehenden rechtlichen Angelegenheiten als eine einzige Angelegenheiten zu betrachten sind.

75 Die Abgrenzung ist im Einzelfall schwierig.

76 In **gerichtlichen Verfahren** ist es noch einfach festzustellen, wann eine Angelegenheit vorliegt und wann mehrere. Es gilt hier der Grundsatz, dass jedes gerichtliche Verfahren und jeder Rechtszug eine besondere Angelegenheit darstellt (§ 15 Abs. 2 Satz 2 RVG). Zu beachten sind hier allerdings die Ausnahme-Vorschriften des § 16 Nr. 4 RVG, wonach das **Verbundverfahren** insgesamt als eine einzige Angelegenheit betrachtet wird, sowie des § 18 Nr. 1 RVG, wonach mehrere **einstweilige Anordnungen** desselben Buchstabens zu einer Angelegenheit zusammengefasst werden.

77 Bei **außergerichtlichen Angelegenheiten** ist die Beurteilung dagegen schwieriger, wann eine Angelegenheit gegeben ist und wann mehrere. **Drei Kriterien** sind maßgebend. Eine Angelegenheit liegt danach vor, wenn

- der Tätigkeit des Anwalts ein einheitlicher Auftrag zugrunde liegt,

- die Tätigkeit sich im **gleichen Rahmen** hält und

- zwischen den einzelnen Handlungen oder Gegenständen der anwaltlichen Tätigkeit ein **innerer Zusammenhang** besteht.

b) Einheitlicher Auftrag

78 Ein einheitlicher Auftrag liegt nicht nur dann vor, wenn der Anwalt vom Mandanten einen konkreten Auftrag erhalten hat, wegen eines bestimmten Gegenstandes tätig zu werden, sondern auch dann, wenn er nacheinander **sukzessive** Aufträge erhält und sich aus dem Auftrag oder den Umständen ergibt, dass diese Aufträge gemeinsam behandelt werden sollen.

79 *Beispiel:*

Der Anwalt wird beauftragt, für die beiden minderjährigen Kinder Unterhalt gegen den Vater geltend zu machen. Später beauftragt ihn die Kindesmutter, auch Ehegattenunterhalt geltend zu machen. Soweit die Angelegenheit betreffend die Unterhaltsansprüche der

Kinder noch nicht abgeschlossen ist, wird man hier hinsichtlich des Ehegattenunterhalts nicht von einer neuen Angelegenheit ausgehen können, sondern insgesamt eine einzige Angelegenheit annehmen müssen. Hierfür spricht insbesondere, dass die Höhe des Kindesunterhalts Einfluss auf die Höhe des Ehegattenunterhalts hat – und im Mangelfall auch umgekehrt.

Voraussetzung für die Annahme eines einheitlichen Auftrags bei sukzessiver Auftragserteilung ist allerdings, dass der vorangegangene Auftrag noch nicht erledigt ist.　80

> **Beispiel:**　81
>
> *Wie vorhergehend; über den Kindesunterhalt war bereits ein abschließender Vergleich geschlossen worden. Erst hiernach entschließt sich die Ehefrau, Ehegattenunterhalt geltend zu machen.*
>
> *Der weitere Auftrag ist jetzt als neue Angelegenheit anzunehmen.*

Insbesondere dann, wenn **für mehrere Kinder Unterhalt** geltend gemacht wird, oder　82
wenn sich die Parteien über das **Sorge- und Umgangsrecht betreffend mehrerer Kinder** streiten, wird eine einzige Angelegenheit anzunehmen sein.

Wird zugleich über die **Ehewohnung und den Hausrat** gestritten, dürfte auch hier nur　83
eine Angelegenheit angenommen werden.

Verfehlt ist es allerdings, bereits deshalb schon einen einheitlichen Auftrag anzunehmen,　84
weil es sich um Gegenstände handelt, die später im Verbund geltend gemacht werden
können. Die Vorschrift des § 16 Nr. 4 RVG gilt nur für das Verbundverfahren. Sie gilt nicht
für die außergerichtliche Tätigkeit.

c)　Einheitlicher Rahmen

Weitere Voraussetzung ist, dass der Tätigkeit des Anwalts ein einheitlicher Rahmen zu-　85
grunde liegen muss. Die Tätigkeit hinsichtlich der verschiedenen Gegenstände muss
gleich ausgerichtet sein.

d)　Innerer Zusammenhang

Des Weiteren muss ein innerer Zusammenhang bestehen. Die verschiedenen Gegen-　86
stände, mit denen der Anwalt beauftragt wird, müssen einem **einheitlichen Lebensvorgang** entstammen.

In Ehe- und Familiensachen wird häufig unter Berufung auf § 16 Nr. 4 RVG auch außer-　87
gerichtlich ein solcher innerer Zusammenhang und damit lediglich eine Angelegenheit
angenommen, wenn der Anwalt den Mandanten in der Ehe- und verschiedenen Folgesachen (also solchen, die später gemäß § 623 Abs. 1 ZPO als Folgesachen anhängig zu

machen wären,) vertritt.[5] Dieser Ansatzpunkt ist unzutreffend. Bei der Vorschrift des § 16 Nr. 4 RVG handelt es sich um eine Fiktion. Ehe- und Folgesachen sind nach § 15 RVG betrachtet selbständige Angelegenheiten; anderenfalls wäre die Vorschrift des § 16 Nr. 4 RVG überflüssig. Die Fiktion des § 16 Nr. 4 RVG gilt – wie der Wortlaut bereits zeigt – **nur für gerichtliche Verfahren**. Nur bei Anhängigkeit der Ehesache gibt es ein Verbundverfahren, nicht auch schon bei außergerichtlicher Tätigkeit. Daher liegen bei außergerichtlicher Tätigkeit hinsichtlich verschiedener potentieller Folgesachen **grds. mehrere Angelegenheiten vor.**[6]

88 Der innere Zusammenhang fehlt auf jeden Fall vor, wenn nur ein Teil der Gegenstände im Verbund geltend gemacht werden könnte.

89 **Beispiel:**

Der Anwalt wird mit der Durchsetzung des Zugewinns beauftragt sowie damit, Trennungsunterhalt geltend zu machen.

Da der Trennungsunterhalt nicht im Verbundverfahren geltend gemacht werden kann, sind auch nach der Ansicht, die auf § 16 Nr. 4 RVG abstellt, zwei Angelegenheiten gegeben.

90 Wird der Anwalt von der Kindesmutter beauftragt, **für mehrere Kinder** gegenüber dem Vater **Unterhalt** geltend zu machen, so liegt dagegen nur eine einzige Angelegenheit vor.[7]

91 Die **Auseinandersetzung des Vermögens** geschiedener Eheleute sowie die Beschaffung eines Darlehens sind gebührenrechtlich verschiedene Angelegenheiten.[8]

92 Ebenso liegen verschiedene Angelegenheiten vor, wenn der Anwalt neben dem **Zugewinnausgleich** auch mit der **Auseinandersetzung des gemeinsamen Grundvermögens der Eheleute** beauftragt wird.

---

5   LG Göttingen, JurBüro 1986, 1843; LG Kleve, JurBüro 1986, 734 und 1384; 1987, 75 und 77; LG Dortmund, AnwBl. 1985, 334 = Rpfleger 1985, 78 = JurBüro 1985, 1034 m. Anm. *Mümmler;* OLG München, MDR 1988, 330 = JurBüro 1988, 593 = VersR 1988, 727; LG Hannover, Nds.Rpfl. 1987, 256; LG Bad Kreuznach, KostRsp. BRAGO § 132 Nr. 86; AG Steinfurt, Rpfleger 1988, 489 und 1989, 289; LG Hildesheim, Nds.Rpfl. 1990, 292; OLG Düsseldorf, JurBüro 1989, 1400 = MDR 1989, 923; LG Bayreuth, JurBüro 1990, 1274; AG Osnabrück, JurBüro 1996, 377; LG Kassel, FamRZ 2000, 1380; AG Koblenz, FamRZ 2000, 296 = Rpfleger 2000, 398; LG Berlin, JurBüro 1995, 1665; LG Aurich, Nds.Rpfl. 1986, 6 = JurBüro 1986, 239 m. Anm. *Mümmler;* LG Braunschweig, Nds.Rpfl. 1986, 102; LG Landau, JurBüro 1991, 805 = Rpfleger 1991, 127.

6   LG Münster, JurBüro 1990, 333 = Rpfleger 1990, 78; OLG Düsseldorf, MDR 1986, 157 = JurBüro 1986, 299 = AnwBl. 1986, 162 = Rpfleger 1986, 109 = KostRsp. BRAGO § 132 Nr. 55; AG Köln, AnwBl. 1986, 414; LG Tübingen, Rpfleger 1986, 239; LG Detmold, JurBüro 1992, 536 = Rpfleger 1992, 202; AG Detmold, Rpfleger 1994, 29; LG Frankenthal, JurBüro 1993, 348; OLG Braunschweig, AnwBl. 1984, 514 = JurBüro 1985, 250 m. Anm. *Mümmler.*

7   AG Koblenz, KostRsp. BRAGO § 13 Nr. 134.

8   OLG Nürnberg, AnwBl. 1974, 327.

Nur eine Angelegenheit ist dagegen gegeben, wenn kein gesonderter Auftrag zur Aus-   93
einandersetzung der Eigentumsgemeinschaft bestand und im Rahmen eines Vergleichs
über den Zugewinnausgleich im Wege der Gesamtbereinigung das gemeinsame Mitei-
gentum gleichzeitig auseinandergesetzt wird. Allerdings erhöht sich dann der Gegenstandswert des Vergleichs um den Wert des Miteigentumsanteils.[9]

3.   Erneuter Auftrag nach Ablauf von zwei Kalenderjahren (§ 15 Abs. 5 Satz 2 RVG)

Die Vorschrift des § 15 Abs. 5 Satz 2 RVG ist (damals als § 13 Abs. 5 Satz 2 BRAGO) durch   94
das KostRÄndG 1994 eingeführt worden, da die Regelung des § 13 Abs. 5 Satz 1 BRA-
GO (jetzt § 15 Abs. 5 Satz 1 RVG) in vielen Fällen als unbillig angesehen worden ist. Erhält der Anwalt den Auftrag zur weiteren Tätigkeit nach dem Ablauf von zwei Kalenderjahren, dann handelt es sich für ihn kraft der Fiktion in § 15 Abs. 5 Satz 2 RVG um eine
neue Angelegenheit, so dass er sämtliche Gebühren erneut verlangen darf.

Die Gebühren richten sich nach **neuem Recht**, falls sich zwischenzeitlich eine Gebüh-   95
renänderung ergeben hat (§§ 60, 61 RVG).

Die **Zweijahresfrist** des § 15 Abs. 5 Satz 2 RVG beginnt mit Ablauf des Kalenderjahres,   96
in dem der vorangegangene Auftrag erledigt worden ist.

> *Beispiel:*   97
>
> *Der Anwalt hatte im August 2002 auftragsgemäß Scheidungsklage eingereicht. Im No-
> vember 2002 teilt der Mandant mit, die Sache habe sich zunächst erledigt; die Eheleute
> wollten einen Versöhnungsversuch unternehmen; falls dieser scheitere, solle das Verfah-
> ren fortgesetzt werden. Der Anwalt teilt dies dem Gericht mit und schließt die Akte ab. Im
> Januar 2005 teilt der Mandant mit, dass der Versöhnungsversuch gescheitert sei; das Ver-
> fahren solle fortbetrieben werden.*
>
> *Der ursprüngliche Auftrag war im November 2002 erledigt. Mit Ablauf des Jahres 2002
> begann somit die Zwei-Jahres-Frist, die zum 31.12.2004 abgelaufen war. Der weitere Auf-
> trag gilt somit gemäß § 15 Abs. 5 Satz 2 RVG als neue Angelegenheit. Der Anwalt kann
> sämtliche Gebühren erneut abrechnen.*

Die Vorschrift § 15 Abs. 5 Satz 2 RVG ist nicht nur dann zu berücksichtigen, wenn der   98
Auftrag zur weiteren Tätigkeit innerhalb derselben Angelegenheit erfolgt, sondern auch
dann, wenn es sich um eine neue Angelegenheit handelt, die **Gebühren** jedoch **anzurechnen** sind. Wenn schon der Anwalt, der in derselben Angelegenheit erneut beauftragt wird, nach § 15 Abs. 5 Satz 2 BRGO zusätzliche Gebühren erhält, dann muss dies
auch für den Anwalt gelten, der in einer anzurechnenden Angelegenheit beauftragt wird.

---

9   OLG Frankfurt, JurBüro 1979, 1195.

Eine Anrechnung hat daher zu unterbleiben, wenn zwischen der neuen Angelegenheit und der anzurechnenden Angelegenheit mehr als zwei Kalenderjahre vergangen sind.[10]

99 *Beispiel:*

Der Anwalt war anlässlich des Scheidungsverfahrens im Jahr 2002 beauftragt worden, außergerichtlich Zugewinnausgleich geltend zu machen. Die außergerichtlichen Verhandlungen scheitern; der Mandant konnte sich jedoch zunächst nicht zur Klageerhebung entschließen. Erst in 2005 erteilt er den Auftrag, den Zugewinnausgleich einzuklagen.

Die außergerichtliche Tätigkeit war bereits in 2002 mit dem Scheitern der Verhandlungen erledigt. Mit Ablauf des Jahres 2002 begann somit die Zweijahresfrist, die zum 31.12.2004 abgelaufen war. Eine Anrechnung der Geschäftsgebühr gemäß § 118 Abs. 2 BRAGO unterbleibt daher nach § 13 Abs. 5 Satz 2 BRAGO/§ 15 Abs. 5 Satz 2 RVG. Der Anwalt kann die Verfahrensgebühr anrechnungsfrei abrechnen.

IX. Verweisung, Zurückverweisung (§§ 20, 21 RVG)

100 Bei Verweisung oder Zurückverweisung gelten die Vorschriften der §§ 20, 21 RVG.

1. Verweisung (§ 20 RVG)

101 Im Falle der Verweisung bildet das Verfahren vor dem verweisenden Gericht und dem Empfangsgericht ein und dieselbe Angelegenheit, so dass der Anwalt seine Vergütung insgesamt nur einmal erhält. Das gilt insbesondere, wenn eine Sache vom Prozessgericht an das Familiengericht abgegeben wird oder umgekehrt.

2. Zurückverweisung nach § 21 Abs. 1 RVG

102 Wird eine Sache vom Rechtsmittelgericht zurückverwiesen, so stellt das weitere Verfahren nach Zurückverweisung eine gesonderte Angelegenheit dar (§ 21 Abs. 1 RVG). Der Anwalt erhält also im Verfahren nach Zurückverweisung sämtliche Gebühren erneut.

103 Die Verfahrensgebühr (Nr. 3100 VV RVG) des Verfahrens vor Zurückverweisung wird allerdings auf die Verfahrensgebühr des Verfahrens nach Zurückverweisung **angerechnet** (Vorbem. 3 Abs. 5 VV RVG).

104 *Beispiel:*

In einem Unterhaltsverfahren (Wert: 3.600 €) wird gegen das Urteil des FamG Berufung eingelegt. Das OLG hebt das Urteil des FamG auf und verweist die Sache zur erneuten Entscheidung zurück.

---

10 So schon zu § 13 Abs. 5 Satz 2 BRAGO: OLG München, BRAGOreport 2000, 26 [*Hansens*] = AGS 2001, 51 = JurBüro 2000, 469 = MDR 2000, 785 = NJW-RR 2000, 1721 = OLGR 2000, 200 = Rpfleger 2000, 516 = KostRsp. BRAGO § 43 Rn. 58 m. Anm. *N. Schneider*.

I.   Ausgangsverfahren:

1.	*1,3 Verfahrensgebühr, Nr. 3100 VV RVG*	*318,50 €*
2.	*1,2 Terminsgebühr, Nr. 3104 VV RVG*	*294,00 €*
3.	*Postentgeltpauschale, Nr. 7002 VV RVG*	*20,00 €*
4.	*16 % Umsatzsteuer, Nr. 7008 VV RVG*	*+ 101,20 €*
	Summe:	*733,70 €*

II. Verfahren nach Zurückverweisung:

1.	*1,3 Verfahrensgebühr, Nr. 3100 VV RVG*	*318,50 €*
	gemäß Vorbem. 3 Abs. 6 VV RVG anzurechnen	
	1,3 Verfahrensgebühr zu I. 1.	*– 318,50 €*
2.	*1,2 Terminsgebühr, Nr. 3104 VV RVG*	*294,00 €*
3.	*Postentgeltpauschale, Nr. 7002 VV RVG*	*20,00 €*
4.	*6 % Umsatzsteuer, Nr. 7008 VV RVG*	*+ 50,24 €*
	Summe:	*364,24 €*

3.   Zurückverweisung nach § 21 Abs. 2 RVG

Die Vorschrift des § 21 Abs. 2 RVG ist lex specialis zu § 15 Abs. 1 RVG. Sie gilt nur in   105
Scheidungs-Verbundverfahren nach § 623 ZPO und erfasst ausschließlich die **Zurück-verweisung nach § 629b ZPO**, nicht auch Zurückverweisungen nach § 538 ZPO. Die Vorschrift gilt damit nur für die Fälle, in denen

- neben der Ehesache auch Folgesachen anhängig gemacht worden sind,

- das Gericht den Scheidungsantrag abgewiesen hat und

- das Rechtsmittelgericht den Scheidungsantrag für begründet hält und daher die Sache zurückverweist.

Obwohl in diesem Fall die Voraussetzungen des § 21 Abs. 1 RVG erfüllt sind, findet die-   106
se Regelung keine Anwendung. Das Verfahren vor und nach Zurückverweisung gilt als **eine Angelegenheit** i.S.d. § 21 Abs. 2 RVG. Der Anwalt erhält die **Gebühren** daher insgesamt **nur einmal**. Allerdings kann sich der Wert des Verfahrens (§ 16 Nr. 4 RVG) erhöhen, wenn nach Zurückverweisung noch weitere Folgesachen anhängig gemacht werden.[11]

Liegen zwischen dem Abschluss des erstinstanzlichen Verfahrens und der Zurückverwei-   107
sung allerdings mehr als **zwei Kalenderjahre**, gilt nicht § 21 Abs. 2 RVG, sondern § 15 Abs. 5 Satz 2 RVG, so dass dann alle Gebühren erneut entstehen.

---

11   *Gerold/Schmidt/Madert*, BRAGO, § 15 Rn. 15.

108   ***Beispiel:***

Das FamG weist den Scheidungsantrag im November 2004 ab. Die Berufung zum OLG bleibt erfolglos. Der BGH hält den Scheidungsantrag für begründet und verweist im Januar 2006 die Sache an das FamG zurück.

Das Verfahren nach Zurückverweisung gilt gemäß § 15 Abs. 5 Satz 2 RVG als neue Angelegenheit. Alle Gebühren entstehen erneut.

109   Die Vorschrift des § 21 Abs. 2 RVG gilt nicht, wenn das Rechtsmittelgericht die Sache nach **§ 539 ZPO** zurückverweist. In diesem Fall bleibt es bei der allgemeinen Regel des § 21 Abs. 1 RVG.

110   ***Beispiel:***

Das FamG weist den Scheidungsantrag ab. Das OLG verweist wegen eines schweren Verfahrensfehlers die Sache gemäß § 539 ZPO zurück.

Es gilt nicht § 21 Abs. 2 RVG, sondern § 21 Abs. 1 RVG. Das Verfahren hinsichtlich der Ehesache ist eine neue Angelegenheit.

111   Das gilt auch dann, wenn das Familiengericht über die Ehesache **gemäß § 628 Satz 1 ZPO vorab entschieden** hatte und Folgesachen anhängig geblieben sind.

112   ***Beispiel:***

Das FamG „trennt" den Versorgungsausgleich ab und gibt dem Scheidungsantrag statt. Das OLG hebt das Scheidungsurteil auf und verweist die Sache gemäß § 539 ZPO zurück. Nach erneuter Verhandlung und Anhörung der Parteien wird dem Scheidungsantrag durch Verbundurteil stattgegeben.

Obwohl auch hier eine Folgesache erstinstanzlich anhängig geblieben ist, gilt nicht § 21 Abs. 2 RVG, sondern § 21 Abs. 1 RVG. Die Anwälte erhalten also die Gebühren erneut, allerdings unter Berücksichtigung der Anrechnung nach Vorbem. 3 Abs. 6 VV RVG.

113   Werden **nur Folgesachen angefochten** und verweist das Rechtsmittelgericht die Sache zurück, gilt ebenfalls nicht § 21 Abs. 2 RVG, sondern wiederum die allgemeine Regel des § 21 Abs. 1 RVG.

X.   Fälligkeit (§ 8 Abs. 1 RVG)

114   Die Fälligkeit der anwaltlichen Vergütung richtet sich nach § 8 Abs. 1 RVG. Hier gelten in Familiensachen grds. keine Besonderheiten.

> **Hinweis:**
> 115
>
> Zu achten ist aber darauf, dass in Familiensachen vielfach gesonderte Angelegenheiten vorliegen, etwa bei isolierten Verfahren oder bei einstweiligen Anordnungen. Insoweit ist die **Fälligkeit** stets **gesondert zu prüfen.**

Beispiel:
116

Der Anwalt ist in einer Scheidungssache beauftragt. Im September 2004 wird der Erlass einer einstweiligen Anordnung hinsichtlich des Kindesunterhalts beantragt. Im November 2004 vergleichen sich die Parteien im einstweiligen Anordnungsverfahren. Das Scheidungsverfahren dauert weiter an.

Das einstweilige Anordnungsverfahren über den Unterhalt ist nach § 17 Nr. 4 RVG eine eigene Angelegenheit gegenüber der Scheidungssache. Die Vergütung verjährt daher mit Erledigung dieser Angelegenheit, also mit Abschluss des Vergleichs. Mit Beginn des 1.1.2005 beginnt daher die dreijährige Verjährungsfrist für die Vergütung aus dem einstweiligen Anordnungsverfahren.

Die Vergütung aus dem Scheidungsverfahren ist dagegen noch nicht fällig, so dass dort auch noch keine Verjährungsfrist zu laufen begonnen hat.

Haben die Parteien einen Unterhaltsvergleich geschlossen, so tritt die Fälligkeit der Vergütung mit Abschluss des Vergleichs ein, nicht erst mit Zahlung der nach dem Vergleich geschuldeten Unterhaltsrückstände.[12]
117

XI. Hemmung der Verjährung (§ 8 Abs. 2 RVG)

Nach § 8 Abs. 2 RVG wird der Ablauf der Verjährung der Vergütung solange gehemmt, bis das Verfahren rechtskräftig abgeschlossen oder anderweitig erledigt ist.
118

Die Vergütung wird also ungeachtet des § 8 Abs. 2 RVG zunächst einmal nach § 8 Abs. 1 RVG fällig. Trotz Fälligkeit ist allerdings der Beginn des Ablaufs der Verjährung gehemmt, solange das Verfahren noch nicht rechtskräftig abgeschlossen ist oder anderweitig fortdauert.
119

Auch diese Regelung ist in Familiensachen zu beachten.
120

Selbst wenn bereits eine Kostenentscheidung ergangen ist, etwa im Falle der Vorabentscheidung über die Ehesache und damit die Vergütung aus der Ehesache nach § 8 Abs. 1 RVG fällig wird, läuft hier die Verjährung nicht, da das Verfahren noch nicht rechtskräftig abgeschlossen ist.
121

---

12   AG Köln, AnwBl. 1999, 487 = JurBüro 1999, 528.

122   *Beispiel:*

Im Scheidungsverbundverfahren wird im September 2004 über die Ehesache nach § 628 Satz 1 ZPO vorab entschieden. Über den anhängig gebliebenen Versorgungsausgleich wird erst im März 2005 entschieden (Rechtskraft 10.4.2005).

*Die Fälligkeit der Vergütung aus der **Ehesache** tritt im September 2004 ein. Die zum 1.1.2005 beginnende Verjährungsfrist wird allerdings nach § 8 Abs. 2 RVG gehemmt bis zur Rechtskraft der Entscheidung über den Versorgungsausgleich. Die Hemmung endet also am 10.4.2005, so dass die Verjährung am 11.4.2008 eintritt.*

*Die Verjährung der Vergütung aus dem **Versorgungsausgleich** beginnt mit Ablauf des Kalenderjahres, also mit dem 1.1.2006 und läuft am 31.12.2009 ab.*

123   Die Verjährung wird auch dann gehemmt, wenn sonstige **Abwicklungstätigkeiten** noch vorzunehmen sind, etwa wenn das Verfahren zwar rechtskräftig abgeschlossen ist, aber das Kostenfestsetzungsverfahren, ein Streitwertbeschwerdeverfahren oder anderes noch andauert. In allen diesen Fällen hindert § 8 Abs. 2 RVG, dass die Verjährungsfrist bereits zu laufen beginnt. Erst mit endgültigem Abschluss der Angelegenheit beginnt der Lauf der Verjährungsfrist.

124   Zu beachten ist aber auch hier, dass auf die jeweilige Angelegenheit abzustellen ist. So kann auch hier die Anhängigkeit der Scheidungssache nicht den Ablauf der Verjährung in einem selbständigen Verfahren hindern.

125   *Beispiel:*

Aus dem Scheidungsverfahren wird der Zugewinn wegen Drittbeteiligung abgetrennt und als isoliertes Verfahren fortgeführt. Darüber hinaus wird eine einstweilige Anordnung zum Umgangsrecht eingeleitet. Das Verfahren auf Zugewinnausgleich sowie das einstweilige Anordnungsverfahren erledigen sich im November 2004. Die Scheidungssache dauert weiter an.

126   *Die Fälligkeit der selbständigen Angelegenheiten des abgetrennten Zugewinnverfahrens sowie des ohnehin selbständigen einstweiligen Anordnungsverfahrens tritt mit Ablauf des Jahres 2004 ein. Unerheblich ist, dass die Scheidungssache noch anhängig ist. Deren Anhängigkeit kann den Eintritt der Verjährung nicht hindern.*

XII. Übergangsfälle

1.   Übergangsfälle BRAGO/RVG

127   Ob in Familiensachen noch nach der BRAGO abzurechnen ist oder bereits nach dem RVG, ergibt sich aus § 61 RVG. Grds. ist nach § 61 RVG von der Anwendung des RVG auszugehen. Ausnahmsweise gilt allerdings noch die BRAGO, wenn der **unbedingte Auf-**

trag zur Angelegenheit **vor dem 1.7.2004** erteilt worden ist. Insoweit wird zunächst auf die umfassende Darstellung in Teil 19 verwiesen.

a) Überblick

Abzustellen ist nicht auf den generellen Auftrag, sondern auf den jeweiligen **Auftrag zur** 128
Angelegenheit i.S.d. § 15 RVG. Daher ist – insbesondere in Familiensachen – darauf zu achten, ob die weitere Tätigkeit bereits eine neue Angelegenheit auslöst oder ob sie noch mit zur bisherigen Angelegenheit zählt. Immer dann, wenn nach dem 1.7.2004 ein Auftrag zu einer neuen Angelegenheit erteilt wird, ist das RVG maßgebend. Wirkt die vor dem 1.7.2004 begonnene Angelegenheit dagegen noch fort, bleibt es bei der BRAGO.

b) Besonderheiten in Familiensachen

Abgesehen von den generellen Fällen (s. Teil 19) sind in Familiensachen folgende Be- 129
sonderheiten zu beachten:

aa) Vereinfachtes Verfahren zur Festsetzung des Unterhalts Minderjähriger

Das Verfahren über die vereinfachte Festsetzung des Unterhalts Minderjähriger und das 130
sich hieran anschließende gerichtliche Verfahren sind zwei verschiedene Angelegenheiten (§ 17 Nr. 3 RVG), so dass hier ggf. ein Wechsel des Gebührenrechts eintreten kann.

Beispiel: 131

Der Anwalt ist im Juni 2004 beauftragt worden, das vereinfachte Verfahren zur Festsetzung einzuleiten (Wert: 1.200 €). Im Juli erhält er den Auftrag zur Durchführung des streitigen Verfahrens.

Das vereinfachte Festsetzungsverfahren richtet sich nach der BRAGO, da der Auftrag vor dem 1.7.2004 erteilt worden ist. Das streitige Verfahren richtet sich dagegen nach dem RVG, da der Auftrag hierzu erst nach dem 30.6.2004 erteilt wurde. Die nach der BRAGO angefallene Gebühr aus § 44 Abs. 1 Nr. 1 BRAGO ist gemäß § 44 Abs. 2 Satz 1 BRAGO auf die Verfahrensgebühr nach RVG anzurechnen.

Zu rechnen ist wie folgt:

I. Vereinfachtes Verfahren:

1.	*10/10 Gebühr, § 44 Abs. 1 Nr. 1 BRAGO*	*85,00 €*
2.	*Postentgeltpauschale, § 26 Satz 2 BRAGO*	*17,00 €*
3.	*16 % Umsatzsteuer, § 25 Abs. 2 BRAGO*	*+ 16,32 €*
	Summe:	*118,32 €*

II. Streitiges Verfahren:

1.	*1,3 Verfahrensgebühr, Nr. 3100 VV RVG*	*110,50 €*
	gemäß § 44 Abs. 2 Satz 1 BRAGO anzurechnen:	
	10/10 Gebühr von I. 1.	*– 85,00 €*

2	*1,2 Terminsgebühr, Nr. 3104 VV RVG*	*102,00 €*
3.	*Postentgeltpauschale, Nr. 7002 VV RVG*	*20,00 €*
4.	*16 % Umsatzsteuer, Nr. 7008 VV RVG*	*+ 23,60 €*
	Summe:	**171,10 €**

bb) Vermittlungsverfahren nach § 52a FGG

132 Ähnliches gilt für ein Verfahren nach § 52a FGG (§ 17 Nr. 8 RVG). Auch das Vermittlungsverfahren nach § 52a FGG sowie ein sich anschließendes gerichtliches Verfahren sind zwei verschiedene Angelegenheiten, so dass ein Wechsel des Gebührenrechts eintreten kann.

133 *Beispiel:*

Der Anwalt war im Juni in einem Vermittlungsverfahren nach § 52a FGG tätig. Hiernach schloss sich dann ein Umgangsrechtsverfahren an, zu dem er den Auftrag im Juli 2004 erteilt erhalten hatte.

Das Vermittlungsverfahren richtet sich nach der BRAGO. Der Anwalt erhält dort also die Gebühren nach § 118 BRAGO. Im anschließenden Umgangsrechtsverfahren erhält er dagegen die Gebühren nach dem RVG.

Eine Anrechnung der Geschäftsgebühr kommt nicht in Betracht, da das Vermittlungsverfahren vor einem Gericht stattfindet und nach § 118 Abs. 2 BRAGO eine Anrechnung in diesem Fall ausgeschlossen ist.

Zu rechnen ist bei einem Gegenstandswert von 3.000 € wie folgt:

I. Vereinfachtes Verfahren:

1.	*7,5/10 Geschäftsgebühr, § 118 Abs. 1 Nr. 1 BRAGO*	*141,75 €*
2.	*Postentgeltpauschale, § 26 Satz 2 BRAGO*	*20,00 €*
3.	*16 % Umsatzsteuer, § 25 Abs. 2 BRAGO*	*+ 25,88 €*
	Summe:	**187,63 €**

II. Streitiges Verfahren:

1.	*1,3 Verfahrensgebühr, Nr. 3100 VV RVG*	*245,70 €*
2	*1,2 Terminsgebühr, Nr. 3104 VV RVG*	*226,80 €*
3.	*Postentgeltpauschale, Nr. 7002 VV RVG*	*20,00 €*
4.	*16 % Umsatzsteuer, Nr. 7008 VV RVG*	*+ 78,80 €*
	Summe:	**571,30 €**

cc) Zurückverweisung nach Aufhebung des abweisenden Scheidungsurteils (§ 21 Abs. 2 RVG)

Eine weitere Besonderheit gilt in Familiensachen in Fällen der Zurückverweisung, wenn   134
das AG den Scheidungsantrag zurückgewiesen hatte und das OLG unter Aufhebung des
amtsgerichtlichen Urteils der Scheidung stattgibt und die Sache im Übrigen wegen der
Behandlung der Folgesachen an das AG zurückverweist. Im Gegensatz zur allgemeinen
Regelung des § 15 Abs. 1 BRAGO/§ 21 Abs. 1 RVG gilt das Verfahren nach Zurückverweisung **nicht als neue Angelegenheit**. Es bleibt daher bei dem bisherigen Gebührenrecht, es sei denn, es liegt ein Fall des § 13 Abs. 5 Satz 2 BRAGO/§ 15 Abs. 5 Satz 2 RVG
vor.

> *Beispiel 1:*   135
>
> *Das FamG hatte im April 2004 den Scheidungsantrag zurückgewiesen. Hiergegen wurde
> Berufung eingelegt. Das OLG hebt im August das amtsgerichtliche Urteil auf und gibt der
> Scheidung statt. Es verweist die Sache im Übrigen an das FamG zur weiteren Behandlung
> der Folgesachen zurück.*
>
> *Insgesamt liegt nach § 15 Abs. 2 BRAGO/§ 21 Abs. 2 RVG nur eine Angelegenheit vor. Es
> bleibt daher für das Verfahren nach Zurückverweisung bei der BRAGO.*

dd) Verbundverfahren

Zu beachten ist ferner die Regelung des § 7 Abs. 3 BRAGO/§ 16 Nr. 4 RVG. Das gesam-   136
te Verbundverfahren bildet eine einzige Angelegenheit. Sämtliche Folgesachen, unabhängig davon, wann sie eingeleitet worden sind, zählen zusammen mit der Ehesache als
eine Angelegenheit, so dass für sie einheitlich dasselbe Recht gilt.

Ist der Auftrag zur Ehesache vor dem 1.7.2004 erteilt worden, bleibt es bei der BRAGO   137
auch für sämtliche Folgesachen, unabhängig davon, wann der Mandant dem Anwalt den
Auftrag zu diesen Folgesachen erteilt hat.

> *Beispiel 2:*   138
>
> *Im April 2004 erhält der Anwalt das Mandat in der Ehesache. Im September erhält er den
> Auftrag, den nachehelichen Unterhalt anhängig zu machen; im Oktober erhält er den Auf-
> trag, die Folgesache „Zugewinn" anhängig zu machen und im Dezember den Auftrag zu
> einem Umgangsrechtsverfahren.*
>
> *Insgesamt liegt nur eine einzige Angelegenheit vor (§ 7 Abs. 3 BRAGO/§ 16 Nr. 4 RVG).
> Die Gebühren richten sich daher einheitlich für die Ehesache und sämtliche Folgesachen
> nach der BRAGO.*

Anders verhält es sich, wenn anlässlich des Verbundverfahrens eine **selbständige Ange-**   139
legenheit eingeleitet wird, etwa ein einstweiliges Anordnungsverfahren.

140   ***Beispiel 3:***

Im Verbundverfahren (Beispiel 1) wird neben dem Verfahren auf nachehelichen Unterhalt auch der Erlass einer einstweiligen Anordnung betr. den Unterhalt im August gestellt.

Das Verfahren über einstweilige Anordnungen ist nach § 17 Nr. 4 RVG eine eigene Angelegenheit. Die Vergütung richtet sich also hier nach dem RVG, obwohl sich die Vergütung in der Hauptsache „Unterhalt" noch nach der BRAGO richtet.

141   Werden nachträglich Folgesachen aus dem Verbund abgetrennt, so ändert sich daran nichts. Unabhängig davon, ob durch die Abtrennung der Folgesache diese zur selbständigen Angelegenheit wird oder ob diese nach wie vor im Verbund verbleibt (also etwa bei Vorabentscheidung über das Sorgerecht oder Vorwegentscheidung der Ehesache), bleibt es bei der BRAGO, wenn das Scheidungsverfahren nach der BRAGO abzurechnen war. Zwar liegt jetzt eine neue Angelegenheit vor. Es fehlt jedoch an einem Auftrag nach dem 30.6.2004. Vielmehr gilt der ursprüngliche Auftrag fort, so dass **kein Wechsel des Gebührenrechts** eintritt.

142   ***Beispiel:***

In einem Scheidungsverfahren wird das Umgangsrechtsverfahren abgetrennt und fortan als isolierte Familiensache aufgeführt.

Obwohl es sich jetzt um eine eigene Angelegenheit handelt und obwohl jetzt andere Gebühren gelten (nämlich die nach § 118 BRAGO anstelle der Gebühren nach § 31 BRAGO) und obwohl auch ein anderes Streitwertrecht gilt (nämlich die KostO anstelle des GKG), bleibt es dennoch einheitlich bei der BRAGO. Es fehlt nämlich an einem gesonderten Auftrag für diese neue Angelegenheit. Vielmehr ist der Auftrag bereits vor In-Kraft-Treten des RVG erteilt worden.

143   Im Falle der **Verbindung** gilt dagegen § 61 Abs. 1 Satz 3 RVG i.V.m. § 60 Abs. 2 RVG.

144   Ab der Verbindung gilt einheitlich die BRAGO, wenn für einen der Gegenstände die BRAGO anzuwenden ist. Ein solcher Fall kann im Verbundverfahren auftreten, nämlich dann, wenn zunächst eine isolierte Familiensache eingeleitet worden ist und nach Einreichung des Scheidungsantrags diese in den Verbund aufgenommen wird.

145   ***Beispiel:***

Im April 2004 war der Anwalt in einem Sorgerechtsverfahren beauftragt worden. Im Juli 2004 wird der Scheidungsantrag eingereicht. Das Sorgerechtsverfahren wird zum Verbundverfahren verbunden.

Die Ehesache richtete sich zunächst nach dem RVG. Ab der Verbindung richten sich sämtliche ab dann anfallenden Gebühren nur noch nach der BRAGO. Lediglich soweit die Gebühren bereits vor der Verbindung entstanden sind, bleibt dem Anwalt das Wahlrecht getrennt abzurechnen. Insoweit könnte er also die Verfahrensgebühr aus der Ehesache nach dem RVG abrechnen. Alle weiteren Gebühren (Verhandlungs- und Beweisgebühr sowie eventuelle Vergleichsgebühr) richten sich dagegen nach der BRAGO.

ee) Einstweilige Anordnungen

Einstweilige Anordnungen sind nach § 17 Nr. 4b) RVG gegenüber der Hauptsache selb-   146
ständige Angelegenheiten. Hier kann es also zu unterschiedlichem Gebührenrecht kommen.

Beispiel: 147

Im März 2004 ist die Scheidung eingereicht worden. Im August wird ein Antrag auf Regelung des Umgangsrechts gestellt. Gleichzeitig wird insoweit der Erlass einer einstweiligen Anordnung beantragt.

Für das Verbundverfahren gilt nach § 61 RVG noch die BRAGO. Dies gilt auch nach § 16 Nr. 4 RVG für die Folgesache „Umgangsrecht". Für das einstweilige Anordnungsverfahren gilt dagegen nach § 61 RVG bereits das RVG, da dieses nach § 17 Nr. 4b) RVG eine eigene Angelegenheit darstellt.

Anders verhält es sich, wenn die einstweilige Anordnung nach § 18 Nr. 1 RVG zusam-   148
men mit einer bereits anhängigen einstweiligen Anordnung als eine Angelegenheit gilt. Dann bleibt es ggf. bei der BRAGO.

Beispiel: 149

Im Scheidungsverfahren war im März 2004 der Erlass einer einstweiligen Anordnung betreffend das Umgangsrecht beantragt worden.

Im September wird erneut der Erlass einer einstweiligen Anordnung zum Umgangsrecht beantragt.

Nach § 18 Nr. 1 RVG gelten beide einstweiligen Anordnungsverfahren als eine Angelegenheit. Da der Auftrag zur ersten einstweiligen Anordnung bereits vor dem 1.7.2004 erteilt worden war, bleibt es somit nach § 61 RVG auch für das weitere Anordnungsverfahren bei Anwendung der BRAGO.

ff) Anrechnung einer RVG-Geschäftsgebühr auf BRAGO-Verbundverfahren

Insbesondere in Familiensachen kann es vorkommen, dass eine RVG-Geschäftsgebühr   150
(Nr. 2400 VV RVG) auf eine BRAGO-Prozessgebühr (§ 31 Abs. 1 Nr. 1 BRAGO) anzurechnen ist. Eine solche Konstellationen kann sich ergeben, wenn während eines laufenden Verbundverfahrens, das sich noch nach der BRAGO richtet, der Anwalt außergerichtlich tätig wird und er anschließend den Auftrag erhält, die Sache gerichtlich im Verbundverfahren anhängig zu machen.

151 **Beispiel:**

Der Mandant hatte im März 2004 den Auftrag erhalten, die Scheidung einzureichen. Im August 2004 erhält er den Auftrag, nachehelichen Unterhalt geltend zu machen, und zwar 500 € monatlich ab Rechtskraft der Scheidung. Der Antragsgegner weigert sich außergerichtlich Unterhalt zu zahlen, so dass der Anwalt nunmehr den Auftrag erhält, den nachehelichen Unterhalt im Verbund anhängig zu machen.

*Das **Scheidungsverfahren** richtet sich noch nach der **BRAGO**, da der Auftrag vor dem 1.7.2004 erteilt worden ist.*

*Die Gebühren für die **außergerichtliche Tätigkeit** hinsichtlich des nachehelichen Unterhalts richten sich nach Nr. 2400 VV **RVG**, da der Auftrag hierzu erst nach dem 30.6.2004 erteilt worden ist.*

*Die Folgesache **Ehegattenunterhalt** wiederum richtet sich nach der **BRAGO**, da das Verbundverfahren gemäß § 16 Nr. 4 RVG insgesamt eine einzige Angelegenheit darstellt und hiervon auch die Tätigkeit in den Folgesachen erfasst wird (s.o. Rn. 136 ff.). Der Anwalt erhält also im Verbundverfahren eine 10/10 Prozessgebühr nach § 31 Abs. 1 Nr. 1 BRAGO, wobei sich diese aus dem Gesamtwert des Verbundverfahrens richtet (§ 7 Abs. 2 BRAGO).*

Auf diese Verfahrensgebühr ist die Geschäftsgebühr nunmehr zur Hälfte anzurechnen.

Zu rechnen ist wie folgt:

Außergerichtliches Verfahren nachehelicher Unterhalt (Wert: 3.600 €)

I. Unterhaltsverfahren (Wert: 3.600 €):

1.	1,5 Geschäftsgebühr, Nr. 2400 VV RVG	367,50 €
2.	Postentgeltpauschale, Nr. 7002 VV RVG	20,00 €
3.	16 % Umsatzsteuer, Nr. 7008 VV RVG	+ 62,00 €
	Summe:	**449,50 €**

II. Verbundverfahren (Wert: 10.800 €)

1.	10/10 Prozessgebühr, § 31 Abs. 1 Nr. 1 BRAGO	245,00 €
2.	gemäß Anm. Abs. 4 Vorbem. 4 VV RVG anzurechnen	
	0,75 Geschäftsgebühr (Wert: 3.600 €)	– 183,75 €
3.	10/10 Verhandlungsgebühr, § 31 Abs. 1 Nr. 2 BRAGO	245,00 €
4.	Postentgeltpauschale § 26 Satz 2 BRAGO	20,00 €
5.	16 % Umsatzsteuer, § 25 Abs. 2 BRAGO	+ 52,20 €
	Summe:	**378,45 €**

2. Übergangsfälle nach In-Kraft-Treten des RVG

Wird das RVG geändert, so ist in Übergangsfällen nach § 60 RVG zu verfahren. Insoweit gelten im Wesentlichen dieselben Grundsätze wie auch jetzt bei den Übergangsfällen von der BRAGO zum RVG. Da die Vorschrift derzeit im Familienrecht ohne Anwendungsbereich ist, wird insoweit auf weitere Ausführungen an dieser Stelle verzichtet. **152**

D. Einigungsgebühr

In sämtlichen Angelegenheiten, also bei Beratung, außergerichtlicher Tätigkeit, in gerichtlichen Verfahren und auch in der Zwangsvollstreckung, kann der Anwalt eine Einigungsgebühr nach Nr. 1000 VV RVG verdienen. **153**

I. Voraussetzungen

1. Vertrag i.S.d. Nr. 1000 VV RVG

Voraussetzung für die Anwendung der Nr. 1000 VV RVG ist, dass die Parteien einen **Vertrag i.S.d. Nr. 1000 VV RVG** geschlossen haben. Erforderlich ist danach der Abschluss eines gegenseitigen Vertrages, durch den der Streit oder die Ungewissheit über ein Rechtsverhältnis beseitigt wird. Ein **gegenseitiges Nachgeben** ist **nicht mehr erforderlich.** Dagegen reicht ein Anerkenntnis oder Verzicht allerdings nicht aus (Abs. 1 Satz 1 der Anm. zu Nr. 1000 VV RVG). **154**

Der Ungewissheit über ein Rechtsverhältnis dürfte es nach wie vor analog § 779 Abs. 2 BGB gleich stehen, wenn die Verwirklichung des Anspruchs unsicher ist. **155**

Wegen der Einzelheiten sei zunächst verwiesen auf die allgemeine Darstellung in Teil 5 Rn. 1 ff. **156**

a) Gegenseitiger Vertrag

Eine Einigungsgebühr entsteht nur dann, wenn zwischen den Parteien ein gegenseitiger Vertrag abgeschlossen wird. **157**

aa) Vertrag mit Dritten

Dieser Vertrag muss nicht notwendigerweise mit der Gegenpartei geschlossen werden. Der Vergleich kann auch mit einem **Dritten** geschlossen werden, etwa wenn die Großeltern sich verpflichten, für den Kindesunterhalt des Ehegatten aufzukommen. **158**

bb) Problem elterliche Sorge und Umgangsrecht

Umstritten ist, ob in Verfahren über die elterliche Sorge und das Umgangsrecht eine Einigungsgebühr anfallen kann. Die Vorschrift des Abs. 5 der Anm. zu Nr. 1000 VV RVG steht dem nicht entgegen, da diese Vorschrift nur für die Ehesache eine Sonderregelung auf- **159** stellt. Im Gegenteil sieht Abs. 5 der Anm. zu Nr. 1000 VV RVG vor, dass hinsichtlich der Folgesachen eine Einigungsgebühr in Betracht kommen kann. Zum Teil wurde bislang aber die Auffassung vertreten, eine **Vergleichsgebühr** könne nicht anfallen, da die Parteien weder endgültig noch verbindlich über das Sorge- und das Umgangsrecht verfügen und somit keinen verbindlichen Vertrag hierüber schließen könnten. Es sei ihnen lediglich möglich, übereinstimmende Vorschläge zu unterbreiten, denen das Gericht folgen könne. Dies reiche aber noch nicht für einen Vergleich i.S.d. § 779 BGB aus.[13] Das OLG Zweibrücken[14] hat dagegen die Vergleichsgebühr hinsichtlich der Einigung über ein Besuchsrecht für möglich gehalten, nicht aber für die Verständigung über die elterliche Sorge. Das Gericht hat seine Rechtsprechung zwischenzeitlich jedoch aufgegeben und hält insgesamt eine Vergleichsgebühr für möglich.

160 Die ganz h.M. gewährt demgegenüber sowohl bei einem Vergleich über das Umgangs- als auch über das Sorgerecht eine Vergleichsgebühr. Auch wenn die Parteien letztlich über das Sorge- und Umgangsrecht keine verbindliche vertragliche Regelung treffen können, beseitigt eine Einigung ebenso einen gegenseitigen Streit wie ein Vergleich. Da das Gericht grds. auch nicht von dem übereinstimmenden Willen der Eltern abweichen darf, spricht alles dafür, die Bemühungen des Anwalts um eine solche Einigung entsprechend Nr. 1000 VV RVG zu honorieren.[15] Dies gilt erst recht sei der **Neufassung des § 1671 BGB**. Treffend hat dies das OLG Koblenz[16] in einem Leitsatz wie folgt ausgedrückt:

161 *„Durch die Neuregelung des § 1671 BGB können die Eltern unter bestimmten Voraussetzungen durchaus „verbindliche" Regelungen zum Sorgerecht treffen, von denen das Gericht in seiner danach zu treffenden Entscheidung nicht abweichen kann. Dies rechtfertigt die Zuerkennung einer Einigungsgebühr für den Anwalt, der an der Beilegung des zuvor bestehenden Streits über das Sorgerecht mitgewirkt hat."*

---

13 OLG Oldenburg, OLGR 1994, 343 = Rpfleger 1995, 182; Nds.Rpfl. 1993, 298; OLGR 1995, 228; OLG Koblenz, KostRsp. BRAGO § 23 Nr. 6 m. abl. Anm. *Lappe.*
14 KostRsp. BRAGO § 23 Nr. 7.
15 OLG Zweibrücken, EzFamR aktuell, 1996, 79 = JurBüro 1996, 419 = MDR 1996, 1195 = Rpfleger 1996, 262; OLG Schleswig, SchlHA 1980, 79 = KostRsp. Nr. 11 m. Anm. *Lappe;* OLG Celle, AnwBl. 1984, 624; OLG Saarbrücken, JurBüro 1987, 234; OLG Frankfurt, KostRsp. Nr. 43 m. Anm. *Lappe;* OLG Stuttgart, MDR 1988, 508 = Justiz 1988, 211 = JurBüro 1988, 1004; LG Berlin, JurBüro 1987, 1685 = Rpfleger 1988, 80; KG, JurBüro 1989, 1548; OLG Bamberg, JurBüro 1989, 68; OLG München, FamRZ 1991, 850 = FuR 1991, 163 = JurBüro 1991, 674 = Rpfleger 1991, 268; OLG Dresden, FamRZ 1987, 385; OLG Zweibrücken, FamRZ 1998, 116 = JurBüro 1997, 633 = OLGR 1997, 273; OLG Düsseldorf, AGS 1997, 125; OLG Zweibrücken, JurBüro 1997, 663; OLG Koblenz, FamRZ 1995, 1282 = JurBüro 1995, 471 = Rpfleger 1995, 521; OLG Oldenburg, JurBüro 1996, 79 = OLGR 1996, 35 = Rpfleger 1996, 42; OLG Stuttgart, FamRZ 1999, 389 = JurBüro 1998, 472 = Justiz 1998, 427; OLG Dresden, FamRZ 1999, 1290 = MDR 1999, 1201.
16 JurBüro 2001, 525.

Eine förmliche Protokollierung der Vereinbarung zum Umgangs- oder Sorgerecht ist nicht erforderlich.[17] 162

cc) Form

Der Abschluss der Einigung bedarf grds. keiner Form. Er ist **formfrei** möglich. Insbesondere kann der Vergleich auch mündlich oder durch schlüssiges Verhalten geschlossen werden.[18] 163

Soweit allerdings nach materiellem Recht ein **Formzwang** besteht, wird die Einigung nur wirksam, wenn die Formvorschriften beachtet sind. Ist dies nicht der Fall, fehlt es an einer wirksamen Einigung, so dass auch keine Einigungsgebühr entsteht. **Formvorschriften** bestehen insbesondere in 164

- § 311b Satz 1 BGB (Grundstücksgeschäfte),

- § 1378 Abs. 3 Satz 2 BGB (Zugewinnausgleich),

- § 1587o BGB Abs. 2 Satz 1 (Versorgungsausgleich) sowie

- § 2033 Abs. 1 Satz 2 BGB (Verfügung über Anteil am Nachlass).

Ist eine Einigung danach formbedürftig, so ersetzt die **gerichtliche Protokollierung als Vergleich** gemäß § 127a BGB jegliche Form, so dass der Vergleich mit der Protokollierung zustande kommt.[19] 165

Ist eine gesetzliche Form dagegen nicht gewahrt, so liegt auch kein wirksamer Vergleich und damit keine wirksame Einigung i.S.d. Nr. 1000 VV RVG vor. 166

Beispiel: 167

Die Parteien schließen außergerichtlich den Zugewinnausgleich aus.

Wegen Verstoßes gegen § 1378 Abs. 3 Satz 2 BGB wird auch hier keine Einigungsgebühr ausgelöst.

Hinweis:

Nur der gerichtlich protokollierte Vergleich ersetzt die notarielle Form. Die Vorschrift des § 127a BGB ist nicht angepasst worden. Sie setzt nach wie vor einen Vergleich voraus. Wird nur eine Einigung beurkundet, ist die Form nicht gewahrt. Die Einigung ist nichtig (§ 125 Satz 1 BGB), so dass der Anwalt mangels einer wirksamen Einigung auch keine Gebühr erhält.

---

17 OLG Dresden, FamRZ 1999, 1290 = MDR 1999, 1201.
18 LG Darmstadt, AnwBl. 1972, 235.
19 AG Groß-Gerau, JurBüro 1998, 76.

dd) Prozessvergleich i.S.d. § 794 Abs. 1 Nr. 1 ZPO nicht erforderlich

168 Dagegen reicht es für den Abschluss einer Einigung aus, wenn dieser nur materiell-rechtlich wirksam ist, jedoch keinen Prozessvergleich i.S.d. § 794 Abs. 1 Nr. 1 ZPO darstellt. Dies ist insbesondere dann der Fall, wenn das Gericht vergisst, den Vergleich vorzulesen und genehmigen zu lassen. Mangels Einhaltung der Protokollierungsform (§§ 160 ff. ZPO) fehlt es in diesen Fällen an einem wirksamen prozessualen Vergleich und folglich an einem Vollstreckungstitel. Materiell-rechtlich liegt jedoch ein wirksamer Vergleich vor, aus dem ggf. geklagt werden kann. Gleiches gilt dann, wenn die Parteien im Verbundverfahren eine Einigung schließen, jedoch nur eine Partei anwaltlich vertreten ist.[20] Auch dann liegt kein prozessual wirksamer Vergleich vor. Materiell-rechtlich ist der Vergleich jedoch wirksam.

ee) Genehmigungsbedürftige Einigung

169 Schließen die Parteien eine Einigung, die einer Genehmigung bedarf, so entsteht die Einigungsgebühr erst mit Erteilung der Genehmigung.

170 Dies gilt insbesondere dann, wenn die Parteien auf die Durchführung des Versorgungsausgleichs verzichten und dieser Verzicht nach § 1587o Abs. 2 Satz 3 BGB vom Gericht zu genehmigen ist. A.A. ist allerdings das OLG Zweibrücken, wonach die Einigungsgebühr grds. bereits mit der Vereinbarung anfalle, nicht erst mit der Genehmigung.[21]

171 Ist ein Prozessvergleich **vormundschaftsgerichtlich zu genehmigen**, so fällt die Einigungsgebühr erst mit Vollzug der Genehmigung an.[22]

ff) Einigung unter aufschiebender Bedingung

172 Schließen die Parteien eine Einigung unter einer aufschiebenden Bedingung, so wird die Einigungsgebühr erst ausgelöst, wenn die Bedingung eingetreten ist (Abs. 3 der Anm. zu Nr. 1000 VV RVG). Die Bedingung kann von den Parteien ausdrücklich vereinbart worden sein. Sie kann sich auch aus den Umständen ergeben. Dies ist i.d.R. bei einer Scheidungsfolgenvereinbarung der Fall. Hier entsteht die Einigungsgebühr erst mit Eintritt der Rechtskraft des Scheidungsurteils.[23]

gg) Einigung unter Widerrufsvorbehalt

173 Schließen die Parteien eine Einigung unter dem Vorbehalt des Widerrufs, so vereinbaren sie damit ein **vertragliches Rücktrittsrecht** nach den §§ 346 ff. BGB. Nach materiellem Recht kommt die Einigung mit ihrem Abschluss wirksam zustande. Ungeachtet dessen

---

20 OLG Koblenz, OLGR 1999, 456.
21 JurBüro 1983, 226 m. Anm. *Mümmler.*
22 OLG Koblenz, Rpfleger 1982, 441 = JurBüro 1982, 1829 = VersR 1983, 567.
23 OLG Hamm, Rpfleger 1980, 445; OLG Düsseldorf, FamRZ 1999, 1683 = FF 1999, 93 = OLGR 1999, 279.

ordnet Abs. 3 der Anm. zu Nr. 1000 VV RVG jedoch an, dass die Einigungsgebühr erst dann entsteht, wenn die Einigung nicht mehr widerrufen werden kann, also wenn ein vertraglicher Rücktritt von der Einigung nicht mehr möglich ist. Nicht erforderlich ist, dass beiden Parteien ein Widerrufsvorbehalt eingeräumt worden ist. Auch für den Rechtsanwalt, der die Einigung ohne Widerrufsvorbehalt abschließt, entsteht die Einigungsgebühr erst, wenn die Widerrufsfrist für die Gegenseite abgelaufen ist. Widerruft die Gegenseite, entsteht für keinen der beteiligten Anwälte eine Einigungsgebühr.[24]

hh) Anfechtung

Wird eine Einigung im Nachhinein angefochten, so gilt sie damit nach § 142 BGB als von Anfang an nichtig. Diese Rechtsfolge ist auch für das Gebührenrecht beachtlich, so dass eine Einigungsgebühr nicht anfällt.[25] Die Gegenauffassung[26] vermag nicht zu überzeugen. Ist die Einigung nach materiellem Recht nichtig, so haben es die Anwälte gerade nicht erreicht, eine gütliche Erledigung herbeizuführen. Der angestrebte Erfolg ist nicht eingetreten. Hinzu kommt, dass infolge der Anfechtung der Einigung die Angelegenheit nicht erledigt ist und den Anwälten ohnehin weitere Gebühren entstehen. Es ist ihnen unbenommen, erneut eine – diesmal wirksame – Einigung abzuschließen.   174

b) Kein gegenseitiges Nachgeben

Die Parteien müssen ihren Streit oder die Ungewissheit nicht mehr durch ein gegenseitiges Nachgeben beseitigt haben. Diese Voraussetzung der bisherigen Vergleichsgebühr ist entfallen.   175

Allerdings ist ein zumindest **einseitiges Nachgeben** nach wie vor erforderlich, da weder ein Anerkenntnis noch ein Verzicht ausreichen.   176

Ein solches Nachgeben ist schon bei **geringsten Zugeständnissen** gegeben. Hieran sind keine hohen Anforderungen zu stellen. Jedes noch so geringe Opfer reicht aus.[27] Es ist auch nicht einmal erforderlich, dass die Parteien tatsächlich nachgegeben haben. Es genügt insoweit, wenn lediglich aus Sicht der Parteien ein Nachgeben vorliegt.   177

Beispiel: 178

Der Ehemann verpflichtet sich zur Zahlung des Mindestunterhalts, obwohl er der Ansicht ist, er brauche noch nicht einmal diesen zu zahlen.

Das Nachgeben muss nicht gegenseitig sein. Es genügt also, dass eine der Vergleichsparteien zumindest aus ihrer Sicht nachgegeben hat. **Einseitige Zugeständnisse** reichen daher jetzt aus.   179

---

24   OLG Frankfurt, JurBüro 1979, 849 = Rpfleger 1979, 229.
25   OLG München, KostRspr. BRAGO § 23 Nr. 59 m. zust. Anm. *Herget.*
26   OLG Schleswig, JurBüro 1991, 923 = SchlHA 1991, 67; OLG Karlsruhe, OLGR 1999, 332.
27   BGH, BGHZ 39, 60; OLG Düsseldorf, JurBüro 1992, 96; LAG München, JurBüro 1992, 96.

c) Beseitigung eines Streits oder einer Ungewissheit

180 Durch den Vertrag muss der Streit oder die Ungewissheit der Parteien über ein Rechtsverhältnis beseitigt worden sein. Als Ungewissheit über ein Rechtsverhältnis dürfte es nach wie vor ausreichen, wenn die Verwirklichung des Anspruchs unsicher ist (analog § 779 Abs. 2 BGB).

181 Zunächst einmal ist Voraussetzung, dass zwischen den Parteien Streit bestand, dass sie also hinsichtlich des bestehenden Rechtsverhältnisses und der sich daraus ergebenden Folgen verschiedener Ansicht waren. Auch hier sind keine hohen Anforderungen an die Voraussetzungen eines „Streits" zu stellen. Insoweit genügt es, wenn die Parteien **unterschiedliche Standpunkte** zur Sach- oder Rechtslage behauptet haben.[28] Ausreichend ist insoweit bereits die Ungewissheit. Die Parteien müssen also von ihren Rechtsstandpunkten nicht überzeugt sein. Es genügt, dass aus Sicht der Parteien keine Klarheit besteht.

182 *Beispiel:*

Die Ehegatten wissen nicht, ob später ggf. wechselseitige Unterhaltsansprüche in Betracht kommen werden. Sie verzichten vorsorglich wechselseitig auf Unterhalt.

183 Der Streit über die Ungewissheit muss bei **beiden Parteien** vorliegen. Es reicht also nicht aus, wenn für eine Partei die Sache klar ist und die Ungewissheit lediglich bei der anderen Partei besteht. Im Falle des § 779 Abs. 2 BGB analog reicht ausnahmsweise eine einseitige Ungewissheit, nämlich dann, wenn für den Gläubiger ungewiss ist, ob er seine Forderung wird realisieren können.[29]

184 Nach OLG Karlsruhe[30] entsteht dagegen keine Einigungsgebühr (damals noch Vergleichsgebühr), wenn lediglich ein **prozessualer Schwebezustand** geschaffen wird (hier Vereinbarung im Umgangsrechtsverfahren, dass für die Dauer von 14 Monaten kein Umgangsrecht ausgeübt werde). Dies dürfte im Ergebnis unzutreffend sein, da auch Teil- und Zwischenvergleiche bzw. Teil- und Zwischeneinigungen eine Einigungsgebühr auslösen

2. Mitwirkung des Anwalts

185 Die Einigungsgebühr erhält der Anwalt nur, wenn er bei den Vergleichsverhandlungen mitgewirkt hat, es sei denn, dass seine Mitwirkung für den Abschluss des Vergleichs nicht ursächlich war. Erforderlich ist also eine **Mitursächlichkeit** für die abgeschlossene Einigung. Soweit der Anwalt an den Einigungsverhandlungen mitgewirkt hat, wird die Ursächlichkeit vermutet. Der Gebührenschuldner muss die fehlende Ursächlichkeit beweisen.

---

28   *Hansens*, BRAGO, § 23 Rn. 6.
29   *Hansens*, BRAGO, § 23 Rn. 6.
30   FamRZ 1999, 381 = JurBüro 1998, 591.

In welcher Form der Anwalt an dem Abschluss mitgewirkt hat, ist für die Einigungsge-   186
bühr unerheblich. Nr. 1000 VV RVG führt insoweit nur beispielhaft die Mitwirkung an.
Es reicht hier **jegliche Tätigkeit** aus, die auf den Abschluss des Vergleichs ausgerichtet
war.

a)   Ursächliche Mitwirkung

Die Mitwirkung des Anwalts muss zumindest **mitursächlich** für den Abschluss der Eini-   187
gung gewesen sein; sie muss also eine nicht hinwegzudenkende Handlung darstellen. Eine solche Mitwirkung des Anwalts ist insbesondere in folgenden Fällen gegeben:

- Der Anwalt prüft und begutachtet einen Einigungsvorschlag der Gegenseite oder berät den Mandanten über Umfang und Auswirkungen des Einigungsangebots der
  Gegenseite, worauf die Einigung abgeschlossen wird.[31]

- Der vom Anwalt ausgearbeitete Einigungsvorschlag wird zunächst nicht angenommen; später schließen die Parteien jedoch allein oder durch einen anderen Anwalt die
  Einigung doch noch.[32]

- Die Parteien haben bereits eine Einigung unter Widerrufsvorbehalt geschlossen. Der
  Anwalt berät den Mandanten und empfiehlt ihm, das Widerrufsrecht nicht auszuüben, was auch geschieht.

- Eine Mitwirkung des Anwalts ist ferner dann gegeben, wenn er eine zur Wirksamkeit
  der Einigung erforderliche Genehmigung einholt.

- Eine ursächliche Mitwirkung kann auch dann gegeben sein, wenn der Anwalt die Einigung nur protokolliert, sie aber selbst nicht ausgehandelt hat. Grds. genügt die bloße Protokollierung nicht, um eine Einigungsgebühr auszulösen, da die Einigung i.d.R.
  bereits vorher wirksam geschlossen ist und die Protokollierung lediglich noch dekla-
  ratorischen Charakter hat. Soll ausnahmsweise gemäß § 154 Abs. 2 BGB die Einigung
  erst mit ihrer Protokollierung zustande kommen oder ist die Einigung formbedürftig,
  so dass erst mit Wahrung der Form des § 127a BGB der Vergleich wirksam wird, ist
  die Mitwirkung des Anwalts ursächlich, so dass er für die Protokollierung die Einigungsgebühr erhält.[33]

b)   Keine ursächliche Mitwirkung

Dagegen entsteht in folgenden Fällen mangels Ursächlichkeit **keine Einigungsgebühr:**   188

---

31   BGH, VersR 1963, 826.
32   OLG Celle, MDR 1962, 489; KG, AnwBl. 1970, 290; LG Krefeld, VersR 1974, 894; OLG München,
       AnwBl. 1997, 119 = OLGR 1997, 21.
33   OLG Brandenburg, OLGR 1995, 186.

- Der Mandant schließt die Einigung später selbst ab, nachdem der Rechtsanwalt von der Annahme des gegnerischen Einigungsvorschlags abgeraten hat.[34]

- Der Anwalt erklärt, die Einigungsverhandlungen seien gescheitert; anschließend schließen die Parteien allein oder unter Mitwirkung eines anderen Anwalts die Einigung doch noch.[35]

- Der Anwalt ist lediglich mit der Protokollierung einer bereits abgeschlossenen Einigung beauftragt.[36]

- Der Anwalt spricht lediglich eine allgemeine Empfehlung aus, den Streit gütlich beizulegen, ohne sich an konkreten Einigungsverhandlungen zu beteiligen.[37]

- Der Anwalt hat lediglich tatsächliche und rechtliche Informationen zum Abschluss einer von anderen Anwälten oder den Parteien ausgehandelte Einigung beigetragen.[38]

- Der Anwalt erscheint im Termin erst, nachdem bereits mit dem Diktat des Vergleichstexts begonnen wurde, und es ist nicht ersichtlich, welchen Beitrag er zum Einigungsabschluss noch geleistet haben soll.[39]

3. Mehrere Einigungen

189 Die Einigungsgebühr kann in derselben Angelegenheit **grds. nur einmal** entstehen. Eine Ausnahme gilt lediglich dann, wenn die Einigungsgebühr nach unterschiedlichen Gebührensätzen anfällt (§ 15 Abs. 3 RVG). Im Übrigen gilt § 15 Abs. 2 Satz 1 RVG: Der Anwalt kann die Gebühren nur einmal fordern. Dabei ist es unerheblich, ob die Parteien sich in der Einigung über verschiedene Gegenstände einigen oder ob sie mehrere Teileinigungen oder eine Zwischen- und Schlusseinigung schließen.

190 *Beispiel:*

Im Verbundverfahren einigen sich die Parteien zunächst über den Kindesunterhalt, später über den Zugewinnausgleich und schließlich auch über den Ehegattenunterhalt.

Das Verbundverfahren ist eine Angelegenheit (§ 16 Nr. 4 RVG). Es entsteht nur eine Einigungsgebühr aus dem Gesamtwert (§ 22 Abs. 1 RVG).

191 Liegen dagegen verschiedene Angelegenheiten vor, kann die **Einigungsgebühr auch mehrmals** entstehen.

---

34   OLG Celle, Nds.Rpfl. 1967, 88.
35   OLG Koblenz, JurBüro 1992, 603.
36   OLG Düsseldorf, FamRZ 1992, 1209 = JurBüro 1992, 95.
37   OLG Hamm, JurBüro 1965, 466.
38   OLG Frankfurt, JurBüro 1983, 573 m. Anm. *Mümmler.*
39   LG Frankfurt, Rpfleger 1985, 166.

Beispiel: 192

Die Parteien einigen sich zunächst im einstweiligen Anordnungsverfahren „Unterhalt", dass auf die Dauer von sechs Monaten ein bestimmter Betrag gezahlt werde. Nach sechs Monaten einigen sie sich in der Hauptsache, dass dieser Betrag auch weiterhin gezahlt werde.

Hauptsache und einstweilige Anordnung sind zwei Angelegenheiten (§ 17 Nr. 4 RVG). Der Anwalt erhält in jeder Angelegenheit eine Einigungsgebühr.

II. Höhe der Einigungsgebühr

1. Grundsatz

Nach Nr. 1000 VV RVG beläuft sich die Einigungsgebühr grds. auf **1,5**. Soweit der Gegen- 193
stand der Einigung bereits gerichtlich anhängig ist, reduziert sich die Gebühr auf **1,0**
(Nr. 1000 VV RVG). Möglich ist auch, dass für eine einheitliche Einigung mehrere Einigungsgebühren nach unterschiedlichen Sätzen anfallen, wenn ein Teil des Streitgegenstandes anhängig ist, der andere dagegen nicht (s.u. Rn. 197)

2. Anhängigkeit

Ist über den Gegenstand, der der Einigung zugrunde liegt, ein **gerichtliches Verfahren** 194
anhängig, so reduziert sich die Einigungsgebühr auf 1,0 (Nr. 1003 VV RVG). Ausreichend
ist die **Anhängigkeit**, also der Eingang einer Klage oder Antragsschrift bei Gericht. Auf
die Zustellung kommt es nicht an. Die Anhängigkeit muss zum Zeitpunkt der Einigung
bestehen. Daher hindert eine frühere Anhängigkeit nicht den Anfall der nach Nr. 1000
VV RVG erhöhten Gebühr.

Einigen sich die Parteien im Scheidungsverbundverfahren über Folgesachen, so reicht die 195
Anhängigkeit der Ehesache nicht aus, um eine Reduzierung der Einigungsgebühr nach
Nr. 1003 VV RVG herbeizuführen. Erforderlich ist vielmehr, dass auch die **Folgesache**
selbst anhängig war. Daher entsteht z.B. bei einer Einigung über Unterhalt oder über
das Umgangsrecht eine 1,5 Einigungsgebühr, wenn der Unterhalt oder das Umgangsrecht bislang nicht durch einen Folgeantrag zum Gegenstand des Verfahrens gemacht
worden war. Etwas anderes gilt allerdings dann, wenn das Gericht von Amts wegen bereits mit dem Verfahren der elterlichen Sorge oder des Umgangs befasst war.[40]

---

40   OLG Düsseldorf, AGS 1997, 125 = FamRZ 1998, 114 = JurBüro 1997, 636.

3. Anhängigkeit im PKH-Prüfungsverfahren

196 Eine Anhängigkeit i.S.d. Nr. 1003 VV RVG ist auch dann gegeben, wenn über den Gegenstand der Einigung ein Verfahren über die Bewilligung von PKH anhängig war. Wegen der Einzelheiten s. hierzu Rn. 762 ff.

4. Mischfälle

197 Von dem Grundsatz, dass innerhalb derselben Angelegenheit die Einigungsgebühr insgesamt nur einmal anfallen kann (§ 15 Abs. 1, Abs. 2 Satz 1 RVG) gibt es eine Ausnahme, nämlich dann, wenn hinsichtlich eines Teils des Gegenstands, über den die Einigung erzielt wurde, die Gebührenhöhe nach Nr. 1000 VV RVG zu bestimmen ist und hinsichtlich eines anderen Teils nach Nr. 1003 VV RVG oder Nr. 1004 VV RVG. In diesem Falle entstehen aus den jeweiligen **Teilwerten** (§ 23 Abs. 1 RVG i.V.m. § 21 GKG) jeweils **einzelne Gebühren**. Insgesamt darf der Anwalt jedoch nicht mehr als eine Gebühr aus dem Gesamtwert (§ 22 Abs. 1 RVG) nach dem höchsten Gebührensatz berechnen (§ 15 Abs. 3 RVG).

198 *Beispiel:*

In einem Verfahren auf Kindesunterhalt (Wert: 3.000 €) einigen sich die Parteien über die Klageforderung sowie über Ehegattenunterhalt (Wert: 6.000 €), der bislang nicht anhängig war.

Die Einigungsgebühr entsteht aus 9.000 €, da sich die Parteien über diesen Betrag insgesamt geeinigt haben. Hier ist nunmehr zu differenzieren: Aus einem Teilwert von 3.000 € entsteht lediglich die 1,0 Gebühr nach Nr. 1003 VV RVG. Aus dem weitergehenden Wert von 6.000 € entsteht dagegen die 1,5 Gebühr nach Nr. 1000 VV RVG. Insgesamt darf der Anwalt gemäß § 15 Abs. 3 RVG an Gebühren jedoch nicht mehr berechnen als eine Gebühr aus dem höchsten Satz, also 1,5, berechnet aus dem Gesamtwert, also 9.000 €.

Zu rechnen ist wie folgt:

1.	*1,3 Verfahrensgebühr, Nr. 3100 VV RVG (Wert: 3.000 €)*	*245,70 €*
2.	*0,8 Verfahrensgebühr, Nr. 3101 Nr. 1 VV RVG (Wert: 6.000 €)* *zu 1. und 2. gemäß § 15 Abs. 3 RVG nicht mehr als* *eine 1,3 Verfahrensgebühr (Wert: 9.000 €) mit 583,70 €,* *die hier nicht erreicht wird.*	*270,40 €*
3.	*1,2 Terminsgebühr, Nr. 3104 VV RVG (Wert: 9.000 €)*	*538,80 €*
4.	*1,0 Einigungsgebühr, Nr. 1003 VV RVG (Wert: 3.000 €)*	*189,00 €*
5.	*1,5 Einigungsgebühr, Nr. 1000 VV RVG (Wert: 6.000 €)* *zu 4. und 5. gemäß § 15 Abs. 3 RVG nicht mehr als* *eine 1,5 Einigungsgebühr (Wert: 9.000 €) mit* *die hier die Obergrenze bilden.*	*507,00 €* *673,50 €,*
6.	*Postentgeltpauschale, Nr. 7002 VV RVG*	*20,00 €*

7. *16 % Umsatzsteuer, Nr. 7008 VV RVG*   *+ 279,74 €*

    Summe: *2.028,14 €*

III. Gegenstandswert

Der Gegenstandswert für die Einigungsgebühr berechnet sich nicht danach, auf welche   199
Leistungen sich die Parteien verständigt haben, sondern allein nach dem Wert derjenigen Gegenstände, über die sie eine Einigung erzielt haben.[41] Hinsichtlich der Wertberechnung gilt § 23 RVG. Der Wert der Einigungsgebühr muss nicht notwendigerweise
mit dem Wert des zugrunde liegenden Verfahrens übereinstimmen.

Der für die Einigungsgebühr maßgebliche Gegenstandswert kann geringer liegen als der   200
Wert des Verfahrens, nämlich dann, wenn die Parteien sich nur **über Teile des Verfah-
rensgegenstandes einigen.**[42]

> **Beispiel:**   201
>
> *Nach Klageerhebung erkennt der Beklagte von den geforderten monatlichen 500 € Unter-
> halt 300 € monatlich an. Über die weiteren 200 € einigen sich die Parteien später.*
>
> *Die **Verfahrensgebühr** berechnet sich aus dem vollen Wert von 12 x 500 € = 6.000 €
> (§ 42 Abs. 1 GKG). Die **Einigungsgebühr** berechnet sich dagegen lediglich aus dem Wert
> von 12 x 200 = 2.400 €.*

Der Gegenstandswert für die Einigungsgebühr kann dagegen niemals höher liegen als   202
der Gegenstandswert der Verfahrensgebühr. Sofern erst durch eine Einigung zusätzliche
Ansprüche einbezogen werden, wirkt sich dies immer auf die jeweilige Verfahrens- oder
Geschäftsgebühr aus. In **außergerichtlichen Tätigkeiten** erhöht sich der Wert der Geschäftsgebühr (Nr. 2400 VV RVG). In Angelegenheiten nach Teil 3 VV RVG erhält der Anwalt eine zusätzliche Gebühr nach Nr. 3101 Nr. 1 oder 2 VV RVG aus dem Mehrwert, je
nachdem wie sein Auftrag lautete.

> **Beispiel:**   203
>
> *Der Anwalt hat für den Mandanten nachehelichen Unterhalt (Wert: 3.000 €) eingeklagt.
> Hiernach erhält er den Auftrag, auch Kindesunterhalt (Wert: 4.800 €) geltend zu machen.
> Bevor es hierzu kommt, einigen sich die Parteien über die gesamten Unterhaltsforderun-
> gen.*

---

41   BGH, NJW 1964, 1523 = AnwBl. 1965, 204 = OLG Hamburg, JurBüro 1981, 1182; OLG Schleswig,
     SchlHA 1991, 115.
42   OLG Hamburg, JurBüro 1981, 1581.

Neben der vollen 1,3 Verfahrensgebühr (Nr. 3100 VV RVG) aus 3.000 € erhält der An-walt des Beklagten eine 0,8 Verfahrensgebühr nach Nr. 3101 Nr. 2 RVG aus 4.800 €; der Anwalt des Klägers erhält die 0,8 Verfahrensgebühr nach Nr. 3101 Nr. 1 VV RVG, da er insoweit bereits Klageauftrag hatte. Zu beachten ist allerdings § 15 Abs. 3 RVG.

Zu rechnen ist wie folgt:

1.	*1,3 Verfahrensgebühr, Nr. 3100 VV RVG (Wert: 3.000 €)*	*245,70 €*
2.	*0,8 Verfahrensgebühr, Nr. 3101 Nr. 1 VV RVG (Wert: 4.800 €)*	*240,80 €*
	zu 1. und 2. gemäß § 15 Abs. 3 RVG nicht mehr als	
	1,3 Verfahrensgebühr (Wert: 7.800 €) mit 535,60 €,	
	die hier nicht erreicht wird.	
3.	*1,2 Terminsgebühr, Nr. 3104 VV RVG (Wert: 7.800 €)*	*494,40 €*
4.	*1,0 Einigungsgebühr, Nr. 1003 VV RVG (Wert: 3.000 €)*	*189,00 €*
5.	*1,5 Einigungsgebühr, Nr. 1000 VV RVG (Wert: 4.800 €)*	*451,50 €*
	zu 4. und 5. gemäß § 15 Abs. 3 RVG nicht mehr als	
	1,5 Einigungsgebühr (Wert: 7.800 €) mit	*618,00 €,*
	die hier die Obergrenze bilden	
6.	*Postentgeltpauschale, Nr. 7002 VV RVG*	*20,00 €*
7.	*16 % Umsatzsteuer, Nr. 7008 VV RVG*	*+ 259,02 €*
	Summe:	**1.877,92 €**

204 Zum Teil wird auch für unstrittige Forderungen, die in eine Einigung einbezogen wer-den, ein sog. **Titulierungsinteresse** angesetzt. Nach OLG Nürnberg[43] soll dies mit dem vollen Wert anzusetzen sein. Zutreffend dürfte es jedoch sein, nach § 23 RVG, § 48 GKG, § 3 ZPO lediglich einen Bruchteil des unstreitigen Anspruchs anzusetzen.[44] Bei Unter-haltsvergleichen ist das Titulierungsinteresse i.d.R. mit 1/10 des unstreitigen Unterhalts-betrages anzusetzen.[45]

205 Auch dann, wenn die Aufnahme bestimmter Regelungen in eine Einigung nur **deklara-torisch** erfolgt, ist der Gegenstandswert auf das Titulierungsinteresse zu beschränken. Dies wird bei Scheidungsfolgenvereinbarungen häufig vorkommen, wenn sich die Par-teien bereits hinsichtlich Zugewinn und Hausrat auseinandergesetzt haben und in dem Folgenvergleich der wechselseitige Verzicht zur Klarstellung nochmals tituliert werden soll.

---

43 JurBüro 1985, 1395.
44 OLG Koblenz, JurBüro 1984, 1218 = AnwBl. 1984, 204.
45 OLG Hamm, JurBüro 1986, 745; OLG Bamberg, JurBüro 1985, 740; a.A. OLG Frankfurt, JurBüro 1985, 424; OLG Hamburg, AnwBl. 1988, 313: 1/5; OLG Koblenz, JurBüro 1986, 415: 1/5; OLG Zweibrücken, JurBüro 1978, 896: 1/2.

Wird in einem Rechtsstreit eine Einigung sowohl über die **Hauptsache** als auch über ein   206
anhängiges **einstweiliges Verfügungs- oder Arrestverfahren oder einstweiliges Anordnungsverfahren** geschlossen, so sind die Werte beider Verfahren zu addieren.[46] Dies
ergibt sich aus § 22 Abs. 1 RVG, wonach die Werte verschiedener Gegenstände zusammenzurechnen sind. Ein Additionsverbot besteht hier nicht. Insbesondere liegt keine wirtschaftliche Identität vor. Im einstweiligen Rechtsschutz geht es lediglich um die
Sicherung, in der Hauptsache jedoch um die volle Befriedigung. Daher sind **verschiedene Gegenstände** gegeben, so dass zu addieren ist.[47] Soweit die Hauptsache noch nicht
anhängig ist, entsteht neben der 1,0 Einigungsgebühr aus dem Wert des Verfügungs-
oder Arrestverfahrens oder des Anordnungsverfahrens[48] zusätzlich aus dem vollen Wert
der Hauptsache sogar eine 1,5 Einigungsgebühr nach Nrn. 1000 ff. VV RVG.[49] Zu beachten ist allerdings die Begrenzung nach § 15 Abs. 3 RVG.

Beispiel: 207

*Anhängig ist ein Umgangsrechtsverfahren (Wert: 3.000 €) und ein einstweiliges Anord-
nungsverfahren (Wert: 750 €). Die Parteien einigen sich im einstweiligen Anordnungsverfahren zunächst hinsichtlich des vorläufigen Umgangsrechts und später auch über das
endgültige Umgangsrecht, so dass die Hauptsache aufgrund der Einigung ohne Termin
übereinstimmend für erledigt erklärt wird.*

I. Hauptsache (Wert: 3.000 €):

1. 1,3 Verfahrensgebühr, Nr. 3100 VV RVG   245,70 €

2. Postentgeltpauschale, Nr. 7002 VV RVG   20,00 €

3. 16 % Umsatzsteuer, Nr. 7008 VV RVG   42,51 €
                                                                          ─────────
    Summe: 308,21 €
                                                                          ═════════

II. Einstweilige Anordnung (Wert: 750 €):

1. 1,3 Verfahrensgebühr, Nr. 3100 VV RVG   84,50 €

2. 0,8 Verfahrensgebühr, Nr. 3101 Nr. 1 VV RVG (Wert: 3.000 €)   151,20 €
    *zu 1. und 2. gemäß § 15 Abs. 3 RVG nicht mehr als
    eine 1,3 Verfahrensgebühr (Wert: 3.750 €) mit 318,50 €,
    die hier nicht erreicht wird.*

---

46   OLG München, AnwBl. 1993, 530 = JurBüro 1993, 673 = OLGR 1993, 188 = Rpfleger 1993, 463
     = KostRsp. BRAGO § 23 Nr. 70 m. Anm. *Lappe;* OLG Hamburg, JurBüro 1991, 1065 = MDR 1991,
     904 = KostRsp. BRAGO § 23 Nr. 65 m. Anm. *Lappe;* OLG Stuttgart, JurBüro 1996, 137 = Justiz 1996,
     60.

47   OLG Düsseldorf, AnwBl. 1972, 131; OLG Hamburg, MDR 1979, 401; OLG München, NJW 1969,
     938; OLG Stuttgart ZAP Fach 24 S. 609; *Clausnitzer,* ZAP Fach 24 S. 609; a.A. KG, AnwBl. 1978,
     80.

48   Etwa bei einstweiliger Anordnung auf Unterhalt, wenn die Ehesache bereits anhängig ist, aber noch
     keine Unterhaltsklage eingereicht wurde.

49   OLG Stuttgart, ZAP Fach 24 S. 609; *Clausnitzer,* ZAP Fach 24, S. 609.

3.	*1,2 Terminsgebühr, Nr. 3104 VV RVG (Wert: 3.750 €)*	*294,00 €*
4.	*1,0 Einigungsgebühr, Nrn. 1000, 1003 VV RVG (Wert: 750 €)*	*338,00 €*
5.	*1,5 Einigungsgebühr, Nr. 1000 VV RVG (Wert: 3.000 €)*	*283,50 €*
	zu 4. und 5. gemäß § 15 Abs. 3 VV RVG nicht mehr als	
	eine 1,5 Einigungsgebühr (Wert:3.750 €) mit	*367,50 €,*
	die hier die Obergrenze bildet	
6.	*Postentgeltpauschale, Nr. 7002 VV RVG*	*20,00 €*
7.	*16 % Umsatzsteuer, Nr. 7008 VV RVG*	*+ 146,75 €*
	Summe:	**1.063,95 €**

E.   Aussöhnungsgebühr

I.   Überblick

208   In Abs. 5 der Anm. zu Nr. 1000 VV RVG ist bestimmt, dass die Einigungsgebühr nach Nr. 1000 VV RVG in Ehesachen i.S.v. § 606 ZPO nicht entstehen kann, also eine Einigungsgebühr nicht anfällt für

- Verfahren auf Scheidung oder Aufhebung einer Ehe,

- Verfahren auf Feststellung des Bestehens oder Nichtbestehens einer Ehe zwischen den Parteien,

- auf Herstellung des ehelichen Lebens.

209   Wird im Hinblick auf eine Ehesache über Scheidungsfolgesachen, insbesondere über den Unterhalt, eine Einigung geschlossen, bleibt der Wert der Ehesache bei der Berechnung der Einigungsgebühr außer Betracht (Abs. 5 der Anm. zu Nr. 1001 VV RVG).

210   Als Ausgleich hierfür regeln die Nrn. 1001, 1003, 1004 VV RVG die anwaltlichen Gebühren für den Fall, dass der Rechtsanwalt an einer **Aussöhnung der Eheleute mitwirkt**. Die Nrn. 1001, 1003, 1004 VV RVG regeln damit die gebührenrechtlichen Konsequenzen für den Fall, dass sich ein Rechtsanwalt um die Aussöhnung von Eheleuten verdient macht, seine Tätigkeit also nicht auf die Beendigung der Ehe, sondern auf deren Fortbestand gerichtet war und er hierbei Erfolg hat.

II.   Aussöhnung von Eheleuten (Nr. 1001 Satz 1 VV RVG)

211   Die Aussöhnung der Eheleute ist **keine selbständige Gebührenangelegenheit**. Eine Aussöhnungsgebühr nach Nrn. 1001 Satz 1, 1003, 1004 VV RVG kommt daher nur anlässlich einer anderen Angelegenheit in Betracht. Hierbei kann es sich sowohl um eine Be-

ratungstätigkeit, eine außergerichtliche Tätigkeit, um eine gerichtliche Tätigkeit in einer isolierten Familiensache oder in einem Verbundverfahren handeln.

III. Höhe der Gebühr

Im Gegensatz zu § 36 Abs. 2 BRAGO ist jetzt die Höhe der Aussöhnungsgebühr – eben-   212
so wie bei der Einigungsgebühr – gestaffelt, je nachdem, ob die Ehesache nicht anhängig (Nr. 1001 Satz 1 VV RVG), erstinstanzlich anhängig (Nr. 1003 VV RVG) oder im
Rechtsmittelverfahren anhängig (Nr. 1004 VV RVG) ist.

1. Ehesache ist nicht anhängig (Nr. 1001 Satz 1 VV RVG)

Voraussetzung für das Entstehen der Aussöhnungsgebühr nach Nr. 1001 Satz 1 VV RVG   213
ist, dass eine Scheidungssache oder ein Verfahren auf Aufhebung einer Ehe noch nicht
anhängig ist, aber der ernstliche Wille eines Ehegatten hervorgetreten ist, ein solches Verfahren anhängig zu machen. Ist die Ehesache oder ein Verfahren auf Aufhebung einer
Ehe bereits anhängig oder ein Antrag auf PKH zur Durchführung eines solchen Verfahrens gestellt, gilt nicht Nr. 1001 Satz 1 VV RVG, sondern Nr. 1003 VV RVG oder Nr. 1004
VV RVG (Anm. zu Nr. 1003 VV RVG).

Es muss der **ernstliche Wille** eines Ehegatten bestehen, die Scheidung oder ein Verfah-   214
ren zur Aufhebung der Ehe zu beantragen. Dieser Wille muss nach außen hervorgetreten sein.[50] Hierbei genügt es, einen Rechtsanwalt mit der Durchführung des Verfahrens
zu beauftragen oder einen Antrag auf Gewährung von PKH für das Verfahren zu stellen.
Nicht ausreichend ist es jedoch, dass ein Ehegatte aus der gemeinsamen Ehewohnung
auszieht oder dass nur eine anwaltliche Beratung über den Verlauf eines Scheidungsverfahrens erfolgt.

Nur die **Ehesache** darf nicht anhängig sein. Dass andere Verfahren, etwa Unterhalt oder   215
Sorgerecht, anhängig sind, ist unerheblich. Es entsteht dann allerdings eine **Differenz-
verfahrensgebühr** nach Nr. 3101 Nr. 1 VV RVG sowie eine höhere Terminsgebühr nach
Nr. 3104 VV RVG.

Beispiel:

*Im Unterhaltsprozess (Wert: 3.600 €) söhnen sich die Parteien aus (Wert Ehesache:
6.000 €); die Unterhaltsklage wird daraufhin zurückgenommen.*

1.	*1,3 Verfahrensgebühr, Nr. 3100 VV RVG (Wert: 3.600 €)*	*318,50 €*
2.	*0,8 Verfahrensgebühr, Nr. 3101 Nr. 1 VV RVG (Wert: 6.000 €)*	*270,40 €*
	zu 1. und 2. gemäß § 15 Abs. 3 RVG nicht mehr als	
	eine 1,3 Verfahrensgebühr (Wert: 9.600 €) mit 631,80 €,	
	die hier nicht erreicht wird.	

---

50   Anwkom-RVG-*N. Schneider,* Nr. 1001 VV RVG Rn. 7.

3.	*1,2 Terminsgebühr, Nr. 3104 VV RVG (Wert: 9.600 €)*	583,20 €
4.	*1,0 Aussöhnungsgebühr, Nrn. 1001 Satz 1, 1003 VV RVG (Wert: 6.000 €)*	338,00 €
5.	*Postentgeltpauschale, Nr. 7002 VV RVG*	20,00 €
6.	*16 % Umsatzsteuer, Nr. 7008 VV RVG*	+ 244,82 €
	Summe:	**1.774,92 €**

2. Ehesache ist erstinstanzlich anhängig (Nrn. 1003, 1001 Satz 1 VV RVG)

216 Die Gebühr nach Nrn. 1003, 1001 Satz 1 VV RVG verdient der Anwalt, wenn das Verfahren auf Ehescheidung oder auf Aufhebung der Ehe zumindest **anhängig** ist, sei es als isoliertes Verfahren oder als Verbundsache. Der Scheidungsantrag darf für das Entstehen der Aussöhnungsgebühr auch nicht vorher zurückgenommen oder schon rechtskräftig entschieden worden sein.

217 Es reicht aus, wenn bereits von einem der Ehepartner PKH für die Ehesache beantragt worden ist. Dagegen reicht die Anhängigkeit einer isolierten Familiensache oder eines entsprechenden PKH-Prüfungsverfahrens nicht aus.

218 *Beispiel:*

Die Ehefrau erhebt Klage auf Trennungsunterhalt und stellt einen Antrag auf Übertragung des Sorgerechts. Anschließend versöhnen sich die Eheleute.

Es entsteht eine 1,5 Aussöhnungsgebühr nach Nr. 1001 Satz 1 VV RVG, da die Ehesache selbst nicht anhängig war.

3. Ehesache ist im Rechtsmittelverfahren anhängig (Nrn. 1004, 1001 Satz 1 VV RVG)

219 Die 1,3 Aussöhnungsgebühr nach Nrn. 1004, 1001 Satz 1 VV RVG verdient der Anwalt, wenn das Verfahren auf Ehescheidung oder auf Aufhebung der Ehe **im Berufungs- oder Revisionsverfahren anhängig** ist. Auch hier reicht es aus, wenn für das Rechtsmittelverfahren PKH beantragt ist.

Schneider

IV. Aussöhnung

Allen Tatbeständen gemeinsam ist, dass eine Aussöhnung der Eheleute stattgefunden ha-   220
ben muss.

1. Begriff der Aussöhnung

Bei einer Aussöhnung muss der **beiderseitige** ernstliche **Wille**, die Ehe wieder aufzu-   221
nehmen oder fortzusetzen, erkennbar sein.[51] Dieser Vorgang ist nicht rechtlicher, sondern ausschließlich tatsächlicher Natur. Eine Aussöhnung der Eheleute i.S.v. Nrn. 1001
Satz 1, 1003, 1004 VV RVG ist bei bereits eingereichtem Scheidungsantrag grds. dann
anzunehmen, wenn die Anträge zurückgenommen wurden. Die **Klagerücknahme** lässt
aber nicht in jedem Fall auf eine Aussöhnung schließen. Eine Aussöhnung ist nicht anzunehmen, wenn die Ehegatten nur aus finanziellen, steuerlichen oder gesellschaftlichen
Gründen verheiratet bleiben, ohne die **eheliche Gemeinschaft** wieder aufzunehmen.
Von einer Aussöhnung ist auch dann nicht auszugehen, wenn die Rücknahme des Antrags nur erfolgt, um der Drohung des Ehepartners, im Falle einer Scheidung belasten-
de Tatsachen vorzutragen, entgegenzutreten.[52] Ebenso reicht die Rücknahme des Scheidungsantrags nicht, wenn die Partei beabsichtigt, zu einem späteren, ihr im Hinblick auf
Versorgungs- und Zugewinnaugleichs günstigeren Zeitpunkt den Scheidungsantrag erneut zu stellen.[53]

2. Dauer der Aussöhnung

Allein **objektiv erkennbare Umstände** entscheiden darüber, ob es – wenigstens für kur-   222
ze Zeit – zu einer Aussöhnung gekommen ist. Es reicht insoweit zwar aus, dass die Aussöhnung nur vorübergehend war, allerdings wird von der Rechtsprechung für die Annahme der Fortsetzung der ehelichen Lebensgemeinschaft oder deren Aufnahme eine
gewisse Dauer der Lebensgemeinschaft nach der Aussöhnung verlangt.[54] Wann in dem
vorgenannten Sinn von einer **gewissen Dauer** gesprochen werden kann, ist unklar. Das
Gesetz verwendet den Begriff der „gewissen Dauer" überhaupt nicht, er entstammt der
Rechtsprechung, die auf diese Weise zur Objektivierung des Begriffs der Aussöhnung bei-
tragen wollte. Man sollte aber nicht zu sehr nach konkreten Wochenangaben den Begriff der Aussöhnung entscheiden, sondern vielmehr nach anderen Kriterien, die eine zumindest anfangs auf Dauer angelegte Aussöhnung als wahrscheinlich erscheinen lassen.

Die Tatsache, dass die Parteien einige Wochen – und sei es auch nur während einer Ur-   223
laubsreise – als Eheleute wieder zusammengelebt haben, reicht regelmäßig für die Fest-

---

51   OLG Koblenz, OLGR 2000, 428 = KostRsp. BRAGO § 36 Nr. 11.
52   OLG Düsseldorf, Rpfleger 1965, 380.
53   *Finke/Garbe*, § 13 Rn. 60.
54   OLG Koblenz, OLGR 2000, 428 = KostRsp. BRAGO § 36 Nr. 11.

stellung aus, dass die eheliche Gemeinschaft wieder aufgenommen wurde. Es ist jedenfalls nicht einmal erforderlich, dass eine häusliche Lebensgemeinschaft wiederhergestellt wird.[55]

224   Hingegen reicht eine versuchsweise Aussöhnung nicht aus.[56] Eine derartige versuchsweise Aussöhnung dokumentiert sich i.d.R. im anwaltlichen Schriftwechsel, wobei indessen die Formulierung „man wolle es noch einmal versuchen" eine nur **versuchsweise Aussöhnung** nicht zwingend belegt. Ratsam ist es aber selbstverständlich, derartige Formulierungen zu vermeiden.

3.   Wille zur Aussöhnung

225   Es muss jedoch zumindest anfangs der **beiderseitige Wille** vorhanden gewesen sein, die eheliche Lebensgemeinschaft **auf Dauer wieder fortsetzen** zu wollen. Haben sich die Parteien in diesem Sinne „ausgesöhnt", so hat der Rechtsanwalt die Gebühr nach Nrn. 1001 Satz 1, 1003, 1004 VV RVG verdient, selbst wenn die tatsächliche Aussöhnung im Ergebnis nicht auf Dauer ist.[57] Nach der Auffassung des OLG Hamburg[58] ist es wenigstens gebührenrechtlich unschädlich, wenn die Parteien während einer Urlaubsreise zusammenleben und die Aussöhnung bereits mit dem Ende der Urlaubsreise wieder ihr Ende gefunden hat.

4.   Bedingungen und Vorbehalte

226   Wird die Aussöhnung an **Bedingungen oder Vorbehalte** geknüpft, erwächst die Gebühr nach Nrn. 1001 Satz 1, 1003, 1004 VV RVG nur, wenn diese Bedingungen erfüllt werden oder die Vorbehalte entfallen und sich der Rechtsstreit endgültig erledigt. Die Aussöhnungsgebühr entsteht noch nicht, wenn aufgrund einer unter Mitwirkung des Anwalts zustande gekommenen Absprache die eheliche Lebensgemeinschaft von den Parteien eines Eherechtsstreits fortgesetzt oder wieder aufgenommen wird, diese Absprache aber an Bedingungen geknüpft und insbesondere mit dem Vorbehalt verbunden ist, für den Fall eines erneuten Fehlverhaltens des Ehepartners den Rechtsstreit weiter zu betreiben. In einem solchen Fall handelt es sich erst um einen Aussöhnungsversuch oder eine bedingte Aussöhnung, die nicht ausreicht, um eine Gebühr nach Nrn. 1001 Satz 1, 1003, 1004 VV RVG auszulösen.[59]

227   Es stellt aber noch keine Bedingung dar, wenn die Eheleute gleichzeitig – vorsorglich – eine Scheidungsfolgenvereinbarung abschließen.

---

55   OLG Hamburg, MDR 1962, 417.
56   OLG Hamm, JurBüro 1964, 733 = KostRsp. BRAGO § 36 Nr. 3.
57   OLG Hamburg, MDR 1962, 417.
58   OLG Hamburg, a.a.O.
59   OLG Hamm, JurBüro 1964, 733 = KostRsp. BRAGO § 36 Nr. 3.

V. Mitwirkung des Rechtsanwalts, Nachweis

Der Rechtsanwalt muss bei der Aussöhnung der Eheleute mitgewirkt haben, damit ihm   228
die Gebühr der Nrn. 1001 Satz 1, 1003, 1004 VV RVG erwächst. Dabei kommt es nicht
allein auf ein Tätigwerden an, sondern auch auf den **Erfolg**. Die eheliche Gemeinschaft
muss – zumindest auch – aufgrund der Aussöhnung, bei der der Rechtsanwalt mitgewirkt hat, wieder aufgenommen worden sein.[60] Unter „**Mitwirkung**" ist zu verstehen,
dass der Rechtsanwalt die Bereitschaft der Parteien zur Aussöhnung weckt oder bei vorhandener Aussöhnungsbereitschaft weiter fördert.[61] Dabei reicht es aus, wenn seine Beratung die Versöhnungsbereitschaft seines Auftraggebers gefördert hat und sei es auch
nur, dass er im Hinblick auf die beabsichtigte Aussöhnung seiner Partei empfohlen hat,
bis zur Aussöhnung das Ruhen des Scheidungsverfahrens zu beantragen.[62]

1. Ursächliche Mitwirkung

Irgendeine Ursächlichkeit muss aber festgestellt werden können. Voraussetzung ist dabei   229
nicht, dass gerade der Beitrag des Rechtsanwalts die maßgebliche Ursache der Aussöhnung war, ausreichend ist vielmehr, dass der Rechtsanwalt eine der Ursachen für die Aussöhnung gesetzt hat.[63] Es reicht nicht aus, dass sich die Mitwirkung in der prozessualen
Umsetzung der Aussöhnung beschränkt.[64]

Ausreichend für die Teilnahme oder Mitwirkung an der Aussöhnung dürften also folgende   230
Tätigkeiten des Rechtsanwalts sein:

* Teilnahme an Gesprächen zwischen den Eheleuten,

* Gespräch und Erörterung der Probleme mit dem anderen Ehegatten,

* telefonische Erörterung mit dem Rechtsanwalt des anderen Ehegatten,

* Beratung des Auftraggebers dahingehend, eine prozessuale Maßnahme nicht zu er-
  greifen, um die Aussöhnung nicht zu gefährden oder zu ermöglichen,[65]

* Beratung zum Procedere für den Fall der Aussöhnung,

* Empfehlung, das Ruhen des Scheidungsverfahrens zu beantragen.[66]

---

60   OLG Bamberg, JurBüro 1985, 233.
61   OLG Hamm, JurBüro 1964, 735.
62   OLG München, JurBüro 1963, 99 = NJW 1963, 962 = KostRsp. BRAGO § 36 Nr. 2.
63   LG Hildesheim, JurBüro 1964, 894 = KostRsp. BRAGO § 36 Nr. 3.
64   OLG Zweibrücken, JurBüro 2000, 199.
65   OLG Zweibrücken, a.a.O.
66   OLG München, JurBüro 1963, 99 = NJW 1963, 962 = KostRsp. BRAGO § 36 Nr. 2.

2. Keine ursächliche Mitwirkung

231 Nicht ausreichend ist es dagegen, wenn der Rechtsanwalt lediglich die verfahrensrechtlichen Erklärungen zur Beendigung des Rechtsstreits abgegeben hat, ohne sonst an der Aussöhnung mitgewirkt zu haben.[67]

3. Glaubhaftmachung

232 Dem Rechtsanwalt erwächst die Aussöhnungsgebühr, wenn er **glaubhaft machen** kann, dass er sich um eine Aussöhnung bemüht hat. Dies gilt selbst dann, wenn er unmittelbar bei der Aussöhnung selbst nicht mitgewirkt hat. Es genügt, wenn diese Bemühungen die Aussöhnung gefördert haben.[68] An die Glaubhaftmachung der Mitwirkung dürfen keine zu hohen Anforderungen gestellt werden; es reicht aus, wenn nach den gesamten Umständen die Überzeugung begründet ist, dass die Bemühungen des Rechtsanwalts irgendwie ursächlich für die Aussöhnung der Eheleute gewesen sind.[69] Es kann i.d.R. davon ausgegangen werden, dass der Rechtsanwalt auch dann an der Aussöhnung mitgewirkt hat, wenn der Richter im Termin mit den Eheleuten ein Aussöhnungsgespräch führt und die Eheleute alsbald oder auch später unter dem Eindruck eines Aussöhnungsgesprächs die eheliche Lebensgemeinschaft aufnehmen und fortsetzen. Denn es ist von vornherein nicht anzunehmen, dass der Rechtsanwalt untätig dabei steht, wenn zur Aussöhnung verhandelt wird. Dabei braucht das Protokoll über die Tätigkeit des Rechtsanwalts bei der Aussöhnungsverhandlung selbst nichts auszusagen.[70]

VI. Gegenstandswert

233 Der Gegenstandswert der Aussöhnungsgebühr richtet sich nach dem **für die Ehesache** festgesetzten Wert. Fehlt bei außergerichtlicher Aussöhnung eine Wertfestsetzung, so gilt nach § 23 Abs. 1 Satz 3 RVG der Wert, der für die Ehesache gelten würde.

234 Nach dem OLG Frankfurt[71] soll der Gegenstandswert der Aussöhnungsgebühr sogar höher liegen, wenn neben der Aussöhnung noch weitere Verpflichtungen übernommen werden. Zutreffend dürfte es jedoch sein, insoweit eine Einigungsgebühr nach Nrn. 1000, 1003 VV RVG zu gewähren.[72]

235 Auch wenn in diesen Fällen § 15 Abs. 1 und Abs. 3 VV RVG unmittelbar nicht greifen, wird man diese Vorschriften doch analog anwenden müssen.

---

67 OLG Hamm, JurBüro 1964, 735 = Rpfleger 1965, 245 = KostRsp. BRAGO § 36 Nr. 5.
68 KG, AnwBl. 1972, 24 = JurBüro 1971, 1029 = MDR 1972, 156 = KostRsp. BRAGO § 36 Nr. 6; OLG Bamberg, JurBüro 1985, 233.
69 KG, Rpfleger 1969, 439; OLG Bamberg, JurBüro 1974, 1393.
70 OLG Bamberg, a.a.O.
71 AnwBl. 1970, 136.
72 *Madert/Müller-Rabe*, G Rn. 9; *Finke/Garbe*, § 13 Rn. 63.

Beispiel: **236**

Im Verbundverfahren (Ehesache Wert: 6.000 €, Versorgungsausgleich Wert: 1.000 €) versöhnen sich die Parteien im Termin und treffen vorsorglich eine Einigung betreffend das gemeinsame Hausgrundstück (Wert: 20.000 €).

1.	*1,3 Verfahrensgebühr, Nr. 3100 VV RVG (Wert: 7.000 €)*	*487,50 €*
2.	*0,8 Verfahrensgebühr, Nr. 3101 Nr. 2 VV RVG (Wert: 20.000 €)*	*516,80 €*
	zu 1. und 2. gemäß § 15 Abs. 3 RVG nicht mehr als	
	eine 1,3 Verfahrensgebühr (Wert: 27.000 €) mit	*985,40 €*
	die hier die Obergrenze bildet	
3.	*1,2 Terminsgebühr, Nr. 3104 (Wert: 27.000 €)*	*909,60 €*
4.	*1,0 Aussöhnungsgebühr, Nrn. 1001 Satz 1, 1003 VV RVG*	
	(Wert: 6.000 €)	*338,00 €*
5.	*1,0 Einigungsgebühr, Nrn. 1001, 1003 VV RVG (Wert: 20.000 €)*	*646,00 €*
	zu 4. und 5. analog § 15 Abs. 3 RVG nicht mehr als	
	eine 1,0 Gebühr (Wert: 26.000 €) mit	*758,00 €*
6.	*Postentgeltpauschale, Nr. 7002 VV RVG*	*20,00 €*
7.	*16 % Umsatzsteuer, Nr. 7008 VV RVG*	*+ 427,68 €*
	Summe:	*3.100,68 €*

VII. Prozesskostenhilfe

Wird ein Rechtsanwalt für einen Ehescheidungsrechtsstreit beigeordnet, erstreckt sich sei-   **237**
ne Tätigkeit auch auf eine Aussöhnung, ohne dass es hierfür eines besonderen Beschlusses
bedarf. Bei einer Mitwirkung seinerseits erhält er die Gebühr aus der Staatskasse, jedoch
nach der niedrigeren Gebührentabelle des § 49 RVG.

F.   Beratung (Nrn. 2100 ff. VV RVG)

I.   Überblick

Beratungen sind in Familiensachen häufig. Zumeist hat der Mandant noch keine Vor-   **238**
stellung davon, welche Rechte ihm zustehen, wie er sich bei oder nach einer Trennung
verhalten soll, wie er auf die Forderungen der Gegenseite reagieren soll etc. In diesen
Fällen wird der Anwalt zunächst einmal beratend nach Nr. 2100 VV RVG tätig. Ihm steht
hierfür eine Gebühr zu, deren Rahmen sich von **0,1 – 1,0** beläuft. Die **Mittelgebühr** beträgt **0,55**.

II. Umfang der Angelegenheit

239 Jede Beratung stellt grds. eine **eigene Angelegenheit** i.S.d. § 15 RVG dar, so dass der Anwalt für mehrere Beratungen also auch mehrere Gebühren nach Nr. 2100 VV RVG erhält.

240 Gerade in Familiensachen ist es in der Praxis häufig schwierig festzustellen, wann eine Angelegenheit der Beratung gegeben ist und wann mehrere Beratungen vorliegen. Dies liegt darin begründet, dass der Beratungsbedarf i.d.R. auf dasselbe Ereignis, nämlich auf das Scheitern der Ehe und die damit verbundene Trennung zurückzuführen ist. Darüber hinaus weiß der Mandant, wenn er den Anwalt aufsucht, häufig noch gar nicht, welche Rechte ihm zustehen und worüber er sich beraten lassen will. Häufig kennt er seine einzelnen Rechte auf Unterhalt, Umgang, Sorgerecht, Zugewinnausgleich, Rechte an der Ehewohnung, am Hausrat, Rechte auf Nutzungsentschädigung etc. noch gar nicht.

241 Eine generelle Aussage, wann hier eine und wann mehrere Beratungsangelegenheiten vorliegen, lässt sich daher nicht treffen. Dies kommt stets auf die **Umstände des Einzelfalls** an. Abzustellen ist auf eine natürliche Betrachtungsweise. Lässt sich der Mandant einheitlich beraten, insbesondere in einem einzigen umfassenden Beratungsgespräch, so spricht dies i.d.R. dafür, dass nur eine Beratungsangelegenheit vorliegt. Sucht der Mandant den Anwalt dagegen wegen einzelner Angelegenheiten gesondert auf, um sich beraten zu lassen, ist im Zweifel von mehreren Angelegenheiten auszugehen.

242 *Beispiel 1:*

Der Mandant erscheint zu einem ersten Beratungsgespräch und wünscht Auskunft über seine Rechte, insbesondere über das Umgangsrecht, Unterhaltszahlungen an seine Frau, Nutzung der Ehewohnung u.a.

Hier dürfte von einer einzigen Beratung i.S.d. Nr. 2100 VV RVG auszugehen sein. Die Beratungsgebühr entsteht nur einmal, allerdings aus den addierten Werten der einzelnen Gegenstände (§ 22 Abs. 1 RVG).

243 *Beispiel 2:*

Der Mandant erscheint im Juli und bittet den Anwalt, ihn zu beraten, ob und inwieweit er den Unterhaltsforderungen seiner Frau nachkommen muss.

Im August erscheint der Mandant zu einem weiteren Beratungsgespräch und bittet den Anwalt, ihn zu beraten, welche Rechte ihm hinsichtlich des Umgangs mit den gemeinsamen Kindern zustehen.

Hier dürfte von zwei Angelegenheiten der Beratung auszugehen sein, da es sich um zwei verschiedene Termine handelt und beiden Gesprächen unterschiedliche Gegenstände zugrunde liegen.

Schneider

Praxishinweis: 244

Um spätere Abrechnungsprobleme zu vermeiden, sollte die Frage, ob ein oder mehrere Angelegenheiten vorliegen, frühzeitig geregelt werden. Es empfiehlt sich hier ggf. eine **Vergütungsvereinbarung** zu treffen. Der Anwalt muss in einem späteren Gebührenrechtsstreit immer damit rechnen, dass das Gericht lediglich eine einzige Angelegenheit annehmen wird, weil es sich an § 16 Nr. 4 RVG orientieren wird. Dies ist zwar unzutreffend, weil es außergerichtlich keinen Verbund gibt. Dennoch ist eine entsprechende Tendenz in der Rechtsprechung zu beobachten, insbesondere in der Beratungshilfe (s.u. Rn. 318 ff.).

III. Gegenstandswert

Der Gegenstandswert der Beratung bemisst sich gemäß § 22 Abs. 1 Satz 3 RVG nach   245
dem Wert des Gegenstandes, über den der Anwalt beraten hat. Lagen der Beratung mehrere Gegenstände zugrunde, so sind diese nach § 22 Abs. 1 RVG zu addieren.

Maßgebend sind nach § 23 Abs. 1 Satz 3 RVG diejenigen Werte, die im Fall eines **ge-**   246
richtlichen Verfahrens gelten würden.

Hier bestehen insoweit Probleme, wenn verschiedene gerichtliche Verfahren möglich sind   247
und dafür verschiedene Werte gelten, wie etwa für Umgangs- und Sorgerechtsverfahren.

In solchen Fällen ist m.E. dann grds. auf die **Werte der isolierten Verfahren** abzustel- 248
len. Ist das Verbundverfahren bereits anhängig und wäre ein eventuelles Verfahren im Verbund anhängig zu machen, ist ausnahmsweise der Wert maßgebend, der im Verbundverfahren gelten würde. Anderenfalls würde dies zu dem Ergebnis führen, dass der Anwalt für die außergerichtliche Beratung nach einem höheren Wert abrechnen könnte als bei einem Prozessauftrag, bei dem die Beratung durch die Verfahrensgebühr mit abgegolten ist.

Beispiel: 249

Der Anwalt erhält den Auftrag, den Mandanten in einer Umgangssache zu beraten.

Ist ein Verbundverfahren noch nicht anhängig, ist der Gegenstandswert für die Beratung nach §§ 94 Abs. 2, 30 Abs. 2, 3 KostO zu ermitteln. Es gilt dann der Regelwert von 3.000 €, der ggf. herauf- oder herabgesetzt werden kann.

Ist dagegen bereits die Ehesache anhängig und wäre das Umgangsrechtsverfahren als Folgesache anhängig zu machen, so gilt nach § 48 Abs. 3 GKG ein Festwert i.H.v. 900 €, der dann auch für die Beratung maßgebend wäre.

IV. Erstberatung

1. Überblick

250 Nach Nr. 2102 VV RVG greift im Falle der Erstberatung eine **Kappungsgrenze** von **190 €**. Sinn und Zweck der „Erstberatungsgebühr" ist es, dem rechtsuchenden Mandanten Gewissheit zu geben, dass er für eine erste Beratung nicht mehr als 190 € zuzüglich Auslagen und Umsatzsteuer zahlen muss. Im Rahmen dieser Erstberatung soll der Mandant die Möglichkeit haben, sich über die Rechtslage zu erkundigen und zu entscheiden, ob er eine weiter gehende Beratung benötigt, die dann nach dem vollen Rahmen zu vergüten ist.

251 Soweit der Anwalt lediglich eine Erstberatung erbringt, darf er keine höhere Gebühr als 190 € abrechnen. Es handelt sich hierbei nicht um eine eigene Gebühr, sondern um eine Kappungsgrenze.

252 Zu fragen ist also zunächst einmal, welcher Gebührenbetrag nach Nr. 2100 VV RVG angemessen wäre. Ergibt sich danach ein Betrag, der unter 190 € liegt oder genau 190 € ergibt, so ist dieser Betrag maßgebend. Ergibt sich ein höherer Betrag als 190 €, so ist dieser im Falle der Erstberatung auf die Höchstgrenze von 190 € zu kappen.

2. Mehrere Auftraggeber

253 Vertritt der Anwalt mehrere Auftraggeber, so erhöht sich die Grenze der Erstberatung gemäß Nr. 1008 VV RVG um **30 % je weiteren Auftraggeber**.[73] Die Erhöhung ist unabhängig davon, ob die Auftraggeber gemeinschaftlich beteiligt waren oder nicht. Die Höchstgrenze ist wie eine Festgebühr zu behandeln, so dass hier eine gemeinschaftliche Beteiligung nicht erforderlich ist.

3. Verbraucher

254 Im Gegensatz zur BRAGO findet die Kappungsgrenze der Erstberatung jetzt nur noch dann Anwendung, wenn der **Auftraggeber** ein Verbraucher i.S.d. § 13 BGB ist.

255 Abzustellen ist darauf, ob der Auftraggeber Beratung hinsichtlich seiner Privatsphäre oder hinsichtlich einer eventuellen selbständigen freiberuflichen oder gewerblichen Tätigkeit sucht.

256 I.d.R. wird in Familiensachen der Auftraggeber Verbraucher sein. Dies gilt jedenfalls in den originären Familiensachen. Soweit allerdings anlässlich der Ehesache in anderen Angelegenheiten begleitend beraten wird, kann es durchaus vorkommen, dass der Mandant kein Verbraucher ist (s. auch Teil 7 Rn. 34 ff.).

---

73 LG Braunschweig, AGS 1999, 100 = KostRsp. BRAGO § 6 Nr. 234 m. Anm. *N. Schneider*; AG Potsdam, JurBüro 2000, 22; *Lappe*, ZAP Fach 24, S. 259; *Hartmann*, KostG, § 6 BRAGO Rn. 41; Anwkom-RVG – *N. Schneider*, Nr. 2102 VV RVG Rn. 19; a.A. *Hansens*, BRAGO, § 20 Rn. 6.

Beispiel: 257

Der Auftraggeber lässt sich zunächst beraten, ob und in welcher Höhe er seiner Frau unterhaltsverpflichtet ist. Sodann wünscht er eine Beratung, ob und unter welchen Voraussetzungen er seiner Ehefrau, die bei ihm im Betrieb angestellt ist, kündigen kann.

Hinsichtlich der Beratung betreffend den Unterhalt ist der Auftraggeber Verbraucher i.S.d. § 13 BGB, so dass die Beratungsgebühr nach Nr. 2102 VV RVG höchstens 190 € beträgt.

Hinsichtlich der Beratung über die Kündigung ist der Auftraggeber dagegen kein Verbraucher, da dies seine gewerbliche selbständige oder freiberufliche Tätigkeit betrifft. Insoweit kommt also die Kappungsgrenze nicht in Betracht.

4. Erstes Beratungsgespräch

Probleme bereitet in der Praxis die Feststellung, wann noch von einem „ersten Beratungsgespräch" i.S.d. Nr. 2102 VV RVG auszugehen ist und wann die Grenze zur „normalen" Beratung überschritten ist. Die Rechtsprechung hat hierzu (noch zu § 20 Abs. 1 Satz 2 BRAGO) einige Kriterien herausgearbeitet.[74] Am deutlichsten hat das KG[75] dies in einem umfassenden Leitsatz verfasst, den es lohnt wörtlich wiederzugeben: 258

> *„Die Auffassung, die Erstberatungsgebühr des § 20 Abs. 1 Satz 2 BRAGO gelte die gesamte Beratungstätigkeit des Rechtsanwalts bis zur Erteilung eines verbindlichen Rechtsrates zu der vom Rechtsuchenden aufgeworfenen Frage ab, steht im Gegensatz zum Gesetzeswortlaut und Willen des Gesetzgebers, der die Ratsgebühr des § 20 Abs. 1 Satz 1 BRAGO nur für den Fall der Erteilung eines ersten mündlichen oder schriftlichen Rats, nicht aber für den Fall der Fortsetzung einer begonnenen Beratung zum selben Beratungsthema der Höhe nach kappen wollte."*

Grds. liegt **keine Erstberatung** mehr vor, wenn es zu einem zweiten oder weiteren Beratungstermin kommt, es sei denn, der weitere Termin ist lediglich die Fortsetzung des ersten, etwa weil der erste Termin unterbrochen werden musste und eine zeitbedingte Verschiebung des ersten Termins darstellt.[76] 259

Die **Erstberatung endet** auf jeden Fall, wenn der Mandant bis zur nächsten Beratung eine Bedenkzeit benötigt oder wenn der Rechtsanwalt sich zunächst sachkundig machen muss. Die Kappungsgrenze soll nämlich nur das Gebührenrisiko des Mandanten für ein erstes Gespräch begrenzen. Sie hat aber keine Pflicht des Rechtsanwalts geschaffen, den Mandanten in einem Erstgespräch sofort und umfassend zu beraten und zu belehren. 260

---

74   S. Anwkom-RVG-*N. Schneider*, Nr. 2102 VV RVG Rn. 9 ff.
75   AnwBl. 2002, 304.
76   AG Brühl, NJW-RR 1998, 493 = KostRsp. BRAGO § 20 Nr. 15 = zfs 1998, 310 = JurBüro 1998, 136.

261 Der Bereich der Erstberatung ist auch dann überschritten, wenn bei einem zweiten Beratungsgespräch über Vorschläge beraten wird, die bei der ersten Beratung noch nicht vorlagen.[77]

262 Die Erstberatung soll also wirklich nur eine erste **Einstiegsberatung**[78] darstellen, die der Rechtsanwalt ohne größeres Literatur- und Rechtsprechungsstudium beantworten kann. Die Erstberatung braucht daher auch keine verbindlichen Empfehlungen oder Ratschläge zu enthalten. Insoweit reicht es, wenn der Rechtsanwalt auf Bedenken, Risiken und Probleme hinweist, insbesondere also Verhaltensratschläge gibt o.Ä.

263 *Beispiel:*

Wird der Rechtsanwalt nach Trennung vom Mandanten beauftragt, ihn über seine Unterhaltspflichten zu beraten, so deckt die Erstberatung lediglich eine generelle Unterrichtung über die Berechnungsmethode einschließlich einer überschlägigen Berechnung anhand der vorliegenden Einkommensangaben. Eine konkrete detaillierte und umfassende Berechnung dürfte nicht mehr Gegenstand einer Erstberatung sein.

264 Die Grenze einer ersten Beratung kann – insbesondere in Familiensachen – auch schon im ersten Beratungstermin überschritten werden. So hat das AG Augsburg[79] die Grenze der Erstberatungsgebühr als überschritten angesehen bei einer familienrechtlichen Beratung, in der der Anwalt über eine Stunde lang zu Scheidungsvoraussetzungen, elterlicher Sorge, Versorgungsausgleich, Umgangsrecht, Hausratsauseinandersetzung, Zugewinn sowie Ehegatten- und Kindesunterhalt beraten und das Beratungsergebnis anschließend in einem mehrseitigen Schreiben zusammengefasst hat.

V. Auslagen

265 Neben der Ratsgebühr nach Nr. 2100 VV RVG erhält der Anwalt auch Ersatz seiner Auslagen. Eine **Postentgeltpauschale** (Nr. 7002 VV RVG) kann er allerdings nur dann verlangen, wenn tatsächlich auch Auslagen angefallen sind. Bei einer mündlichen Verhandlung wird dies häufig nicht der Fall sein. Sofern allerdings **Telefonkosten** angefallen sind, etwa bei einer telefonischen Beratung auf Rückruf des Anwalts oder wenn der Anwalt schriftlich berät oder das Beratungsergebnis wunschgemäß schriftlich zusammenfasst, fallen Telekommunikationsentgelte an, so dass diese dann auch nach Nr. 7002 VV RVG pauschal berechnet werden dürfen.[80]

---

77 AG Ludwigshafen, zfs 1997, 148.
78 A.A. *Hansens*, Teil 7 Rn. 48 ff.
79 AGS 1999, 132 m. Anm. *Madert.*
80 S. hierzu ausführlich *Hansens*, RVGreport 2004, 23.

VI. Anrechnung

Die Beratungsgebühr nach Nr. 2100 VV RVG ist gemäß der Anm. zu Nr. 2100 VV RVG   266
auf die entsprechenden Gebühren eines nachfolgenden Verfahrens anzurechnen, also
insbesondere auf eine nachfolgende Geschäftstätigkeit oder auf ein nachfolgendes gerichtliches Verfahren.

Anzurechnen ist nur, soweit sich die Gegenstände von Beratung und nachfolgender An-   267
gelegenheit decken (analog Vorbem. 3 Abs. 4 Satz 3 VV RVG).

Beispiel: 268

*Der Mandant erscheint im Juni 2004 beim Anwalt, weil seine Frau ihn aufgefordert hat,
ab sofort 500 € monatlichen Unterhalt zu zahlen. Der Anwalt berät hierüber und empfiehlt dem Mandanten, 350 € monatlich zu zahlen, was dieser auch veranlasst.*

Wegen der weiteren 150 € erhebt die Ehefrau im August 2004 Klage.

*Der **Gegenstandswert der Beratung** bemisst sich*	
für den laufenden Unterhalt nach § 23 Abs. 1 Satz 1 RVG	
i.V.m. § 42 Abs. 1 GKG auf 12 x 500 € =	*6.000,00 €*
Hinzuzurechnen ist der Unterhalt des laufenden Monats	
nach § 42 Abs. 5 GKG i.H.v.	*+ 500,00 €*
Es ergibt sich somit ein Gesamtbetrag i.H.v.	***6.500,00 €***
*Der **Wert des Rechtsstreits** beläuft sich gemäß § 32 RVG*	
i.V.m. § 42 Abs. 1, Abs. 5 GKG auf 12 x 150 € =	*1.800,00 €*
zuzüglich der bei Einreichung fälligen Beträge i.H.v. 2 x 150 € =	*+ 300,00 €*
insgesamt somit	***2.100,00 €***
Anzurechnen ist die Beratungsgebühr jetzt lediglich	
nach einem Wert i.H.v. 12 x 150 € =	*1.800,00 €*
zuzüglich ein fälliger Monat zum Zeitpunkt der Beratung,	
also zuzüglich weiterer	*+ 150,00 €*
insgesamt	***1.950,00 €***

Die Abrechnung sieht daher wie folgt aus:

I.	***Beratung (Wert: 6.500 €):***	
1.	*0,55 Beratungsgebühr, Nr. 2100 VV RVG*	*206,25 €*
2.	*Postentgeltpauschale, Nr. 7002 VV RVG*	*20,00 €*
3.	*16 % Umsatzsteuer, Nr. 7008 VV RVG*	*+ 36,20 €*
	Summe:	***262,45 €***

II. Rechtsstreit (Wert: 2.100 €):

1.	*1,3 Verfahrensgebühr, Nr. 3100 VV RVG*	*209,30 €*
2	*1,2 Terminsgebühr, Nr. 3104 VV RVG*	*193,20 €*
	gemäß Abs. 1 der Anm. zu Nr. 2100 VV RVG anzurechnen	
	0,55 Beratungsgebühr (Wert: 1.950 €)	*– 73,15 €*
3.	*Postentgeltpauschale, Nr. 7002 VV RVG*	*20,00 €*
4.	*16 % Umsatzsteuer, Nr. 7008 VV RVG*	*+ 55,90 €*
	Summe:	**405,25 €**

VII. Rechtsschutzversicherung

269   Auf dem Gebiet des Familienrechts ist der **Versicherungsschutz** im Rahmen der Rechtsschutzversicherung **grds. ausgeschlossen** (§ 4 Abs. 1i) ARB 1975 = § 3 Abs. 2g) ARB 94). Allerdings besteht i.d.R. ein Beratungsrechtsschutz (§ 20 k) ARB 75). Die Versicherungsbedingungen der einzelnen Versicherer sind hier unterschiedlich. Gewährt wird i.d.R. Versicherungsschutz für die gesamte Beratung, zum Teil aber auch nur noch für eine Erstberatung.

270   Sofern die Beratung mit einer anderen gebührenpflichtigen Tätigkeit in Zusammenhang steht, greift der Beratungsrechtsschutz nicht, also sofern die beratende Tätigkeit durch andere Gebühren, insbesondere die Verfahrensgebühr im Verbundverfahren abgegolten ist. Darüber hinaus entfällt der Versicherungsschutz rückwirkend, wenn sich an eine Beratung nach Nr. 2100 VV RVG eine weitere Tätigkeit, also außergerichtliche Tätigkeit oder Vertretung im Rechtsstreit anschließt. Sofern der Versicherer dann die Beratungshilfe bereits gezahlt hätte, muss der Versicherungsnehmer diese zurückerstatten.

271   Strittig ist, ob im Beratungsrechtsschutz auch die Übernahme einer **Einigungsgebühr** enthalten ist. Das Problem wird von den meisten Kommentaren nicht erkannt und daher auch nicht behandelt. Zutreffend dürfte es wohl sein, dass der Rechtsschutzversicherer auch eine Einigungsgebühr übernehmen muss, wenn die Beratung des Mandanten zu einer Einigung i.S.d. Nr. 1000 VV RVG führt.[81]

---

81   AG Kirchhain, Urt. v. 8.8.1997 – 7 C 302/97, n.v.; *Riedel,* ZERB 2001, 165; *Bonefeld,* Der Erbprozess, S. 641 Rn. 6; *Schmidt,* AnwBl. 1978, 132.

G. Außergerichtliche Vertretung

I. Überblick

Vertritt der Anwalt den Auftraggeber in Familiensachen außergerichtlich, so bemisst sich seine Vergütung nach Nr. 2400 VV RVG. Der Anwalt erhält danach eine **Geschäftsgebühr** i.H.v. **0,5** bis **2,5**. 272

Abzugrenzen ist die außergerichtliche Tätigkeit von der Beratung. Der Bereich der Beratung ist verlassen, sobald der Anwalt nach außen hin, also gegenüber Dritten, tätig werden soll. 273

Ist dem Anwalt ausnahmsweise bereits Prozessauftrag erteilt worden und soll er vor Klageerhebung nochmals den Gegner anschreiben oder mit ihm verhandeln, gilt nicht Nr. 2400 VV RVG; es gelten vielmehr die Nrn. 3100 ff. VV RVG. 274

Beispiel: 275

Der Anwalt erhält den Auftrag, eine Unterhaltsabänderungsklage einzureichen. Er vereinbart mit dem Mandanten, dass er zuvor den Gegner nochmals anschreibt.

Da der Klageauftrag erteilt ist, bemessen sich die Gebühren nach Nrn. 3100 ff. VV RVG. Der Anwalt erhält also keine Geschäftsgebühr, sondern lediglich die 0,8 Verfahrensgebühr nach Nr. 3101 Nr. 1 VV RVG, die dann zu einer 1,3 Verfahrensgebühr nach Nr. 3100 VV RVG wird, sobald die Klage eingereicht wird.

Kommt es daneben zu einer Besprechung mit dem Gegner, so entsteht darüber hinaus die Terminsgebühr nach Nr. 3104 VV RVG (Vorbem. 3 Abs. 3 VV RVG).

II. Geschäftsgebühr

Für die **außergerichtliche Vertretung** erhält der Anwalt die Vergütung nach Nr. 2400 VV RVG. Es kann insoweit nur die Geschäftsgebühr anfallen. Weitere Gebühren sind nach dem RVG nicht vorgesehen. 276

Die Geschäftsgebühr entsteht mit der ersten Tätigkeit, also i.d.R. mit der Entgegennahme der Information (Vorbem. 2.4 Abs. 3 VV RVG). 277

Dem Anwalt steht ein Gebührenrahmen von 0,5 – 2,5 zur Verfügung. Aus diesem Rahmen bemisst er unter Berücksichtigung der Kriterien des § 14 RVG die im Einzelfall angemessene Gebühr. 278

Zu beachten ist auch hier die **Schwellengebühr** nach Anm. zu Nr. 2400 VV RVG. Danach kann eine höhere Gebühr als **1,3** nur gefordert werden, wenn die Tätigkeit umfangreich oder schwierig war. Zu Einzelheiten betreffend die Schwellengebühr s. zunächst Teil 7 Rn. 121 ff. 279

280 In Familiensachen wird die Schwellengebühr nur einen geringen Anwendungsbereich haben. **Familiensachen sind i.d.R. umfangreich und schwierig.** So sind insbesondere Unterhaltssachen schon deshalb umfangreich und schwierig, weil hier zwei verschiedene Einkommensblöcke berechnet, bewertet und saldiert werden müssen. Gleiches gilt im Falle des Zugewinnausgleichs. Hier müssen verschiedene Vermögensblöcke berechnet und saldiert werden. In Umgangsrechtsverfahren dürfte i.d.R. bereits der Mandant schwierig sein.

281 Abzustellen ist auf den **Durchschnittsanwalt.** Sofern der Anwalt über besondere Kenntnisse im Familienrecht verfügt, etwa als Fachanwalt für Familienrecht, ist dies kein Grund, an ihn andere Anforderungen an Umfang und Schwierigkeit zu stellen.

282 In den Anwendungsbereich der Anm. zu Nr. 2400 VV RVG fallen daher allenfalls bloße Aufforderungsschreiben, etwa wenn sich das Alter des Kindes geändert hat und daher ein höherer Unterhalt zu zahlen ist und der Unterhaltsschuldner daraufhin auch sofort einen höheren Unterhalt zahlt.

III. Einfaches Schreiben

283 Ist der Anwalt lediglich mit der Abfassung eines einfachen Schreibens beauftragt, entsteht die Geschäftsgebühr lediglich mit einem Gebührensatz von 0,3 (Nr. 2402 VV RVG). Einfache Schreiben werden – insbesondere in Familiensachen – selten sein. Der Anwalt muss von vornherein den Auftrag erteilt haben, lediglich ein einfaches Schreiben abzufassen. Hat er den Auftrag zur Geschäftstätigkeit erteilt erhalten und verfasst der Anwalt lediglich ein einfaches Schreiben, bleibt es dennoch beim Anwendungsbereich der Nr. 2400 VV RVG mit einem Gebührensatz von mindestens 0,5 (s. Teil 7 Rn. 127 ff.).

284 *Beispiel:*

Ein einfaches Schreiben ist dann gegeben, wenn der Anwalt dem Unterhaltsschuldner lediglich mitteilen soll, dass sich zum 1.7.2005 die Düsseldorfer Tabelle ändert und daher ab Juli 2005 ein entsprechend höherer Kindesunterhalt zu zahlen ist oder wenn der Anwalt im Auftrag des Mandanten der Gegenseite die Steuererklärung zusendet mit der Aufforderung, die Anlage U zu unterzeichnen.

IV. Einigungsgebühr

285 Neben der Geschäftsgebühr kann die Einigungsgebühr nach Nr. 1000 VV RVG anfallen, wenn die außergerichtliche Tätigkeit zu einer Einigung führt. Die Höhe der Einigungsgebühr beläuft sich auf 1,5. Sofern weitere Gegenstände in die Einigung einbezogen werden, die gerichtlich anhängig sind, entsteht insoweit aus dem Mehrwert eine 1,0 bzw. 1,3 Gebühr (Nrn. 1003, 1004 VV RVG).

Ausnahmsweise beläuft sich die Einigungsgebühr auf 1,0, wenn die andere Partei bereits   286
Klage erhoben oder einen PKH-Antrag eingereicht hatte.

Beispiel: 287

Der Anwalt des Unterhaltsschuldners ist außergerichtlich beauftragt, ihn hinsichtlich der geltend gemachten Unterhaltsansprüche zu vertreten.

Die Parteien schließen unter Mitwirkung ihrer Anwälte eine Einigung über den Unterhalt. Zu diesem Zeitpunkt hatte allerdings die Unterhaltsgläubigerin bereits Klage eingereicht oder einen PKH-Antrag für die Unterhaltsklage gestellt.

Der Anwalt des Unterhaltsschuldners ist aufgrund des ihm erteilten Vertretungsmandats außergerichtlich tätig, obwohl ihm möglicherweise der PKH-Antrag bzw. die Klage der Gläubigerin nicht bekannt war. Die Einigungsgebühr beläuft sich auch für ihn nur auf 1,0, da hier auf die Anhängigkeit abgestellt wird, nicht auf die Kenntnis des Rechtsanwalts hiervon.

V. Aussöhnungsgebühr

Führt die außergerichtliche Tätigkeit des Anwalts zu einer Aussöhnung der Eheleute, so   288
erhält er nach Nr. 1001 VV RVG eine Aussöhnungsgebühr i.H.v. 1,5. Ist die Ehesache bereits anhängig, so beträgt die Aussöhnungsgebühr 1,0 (Nr. 1003 VV RVG) bzw. 1,3 (Nr. 1004 VV RVG).

Zu den Voraussetzungen der Aussöhnungsgebühr s. oben.   289

VI. Auslagen

Neben der Geschäftsgebühr und einer eventuellen Aussöhnungsgebühr erhält der An-   290
walt auch hier Ersatz seiner Auslagen nach den Nrn. 7000 ff. VV RVG.

Da die außergerichtliche Vertretung gegenüber einer vorangegangenen Beratung und   291
gegenüber einem nachfolgenden Rechtsstreit eine eigene Angelegenheit darstellt, entsteht insoweit eine gesonderte **Postentgeltpauschale** nach Nr. 7002 VV RVG.

VII. Gegenstandswert

Für den Gegenstandswert gelten die §§ 22 ff. RVG. Zu differenzieren ist danach, ob der   292
Gegenstand der anwaltlichen Tätigkeit Gegenstand eines gerichtlichen Verfahrens sein kann oder nicht.

1. Der Gegenstand der anwaltlichen Tätigkeit kann Gegenstand eines gerichtlichen Verfahrens sein

293 Nach § 23 Abs. 1 Satz 3 RVG gelten die Wertvorschriften, die auch im Falle eines gerichtlichen Verfahrens gelten würden, wenn der Gegenstand der außergerichtlichen Tätigkeit Gegenstand eines gerichtlichen Verfahrens sein kann. Hier stellen sich wiederum die gleichen Probleme wie bei der Beratung, nämlich dann, wenn es verschiedene gerichtliche Verfahren gibt.

294 *Beispiel:*

Die Mandantin ist dringend auf eine kurzfristige Umgangsregelung angewiesen. Sie beauftragt den Anwalt, hier zunächst außergerichtlich vorzugehen.

Denkbare Hauptsache i.S.d. § 23 Abs. 1 Satz 3 RVG kann zum einen ein isoliertes Umgangsrechtsverfahren sein. Der Gegenstandswert richtet sich dann nach §§ 94 Abs. 2, 30 Abs. 2, 3 KostO. Es gilt ein Regelwert von 3.000 €.

Das anzustrengende gerichtliche Umgangsrechtsverfahren kann aber auch Gegenstand des Verbundes sein. Dann gilt nach § 48 Abs. 3 Satz 3 GKG ein fester Wert von 900 €.

Da die Mandantin an einer dringlichen Regelung interessiert ist, kommt auch eine einstweilige Anordnung als gerichtliches Verfahren in Betracht. Es gilt dann nach § 24 RVG ein Regelwert von 500 €.

295 Auch hier dürfte darauf abzustellen sein, welches gerichtliche Verfahren zum Zeitpunkt der außergerichtlichen Tätigkeit beabsichtigt ist.

296 Grds. dürfte von einem **isolierten Verfahren** auszugehen sein. Ist der Verbund bereits anhängig, und wäre das Verfahren im Verbund anhängig zu machen, so wäre von dem Wert der Verbundsache auszugehen.

297 Beschränkt sich die Tätigkeit des Anwalts ausschließlich zunächst auf die vorläufige Regelung, dann würde der Wert des Verfahrens über die einstweilige Anordnung gelten. In diesem Fall würde der Anwalt die Geschäftsgebühr allerdings erneut erhalten, wenn er dann auch hinsichtlich der endgültigen Regelung beauftragt wird.

298 *Beispiel:*

Der Anwalt wird beauftragt, den Gegner zur umgehenden Unterhaltszahlung zu veranlassen, da die Mandantin existentiell hierauf angewiesen ist. Er wird insoweit zunächst außergerichtlich tätig. Anschließend wird eine einstweilige Anordnung beantragt. Hiernach wird der Anwalt beauftragt, laufenden Unterhalt geltend zu machen. Daran schließt sich der Unterhaltsrechtsstreit an.

Der Anwalt erhält zunächst eine Geschäftsgebühr (Nr. 2400 VV RVG) für die Tätigkeit, gerichtet auf die vorläufigen Unterhaltszahlungen. Der Gegenstandswert berechnet sich *nach § 23 Abs. 1 Satz 3, Satz 1 RVG, § 53 Abs. 2 GKG nach dem **sechsfachen Monatsbetrag** zuzüglich fälliger Beträge (§ 42 Abs. 5 GKG).*

*Für die weitere Tätigkeit, gerichtet auf den laufenden Unterhalt, erhält der Anwalt eine weitere Geschäftsgebühr. Der Gegenstandswert berechnet sich jetzt gemäß § 23 Abs. 1 Satz 3, Satz 1 RVG i.V.m. § 42 Abs. 1 GKG nach den für die nächsten **zwölf Monate** geforderten Unterhaltsbeträge zuzüglich der fälligen Beträge (§ 42 Abs. 5 GKG).*

Ist der Anwalt außergerichtlich beauftragt, Unterhaltsansprüche geltend zu machen, so sind nach § 23 Abs. 1 Satz 3 RVG i.V.m. § 42 Abs. 5 GKG alle fälligen Beträge zu berücksichtigen sowie nach § 42 Abs. 1 GKG die nächsten 12 Monate, sofern der Anwalt auch diesbezüglich tätig war.   299

Beispiel: 300

Der Anwalt wird im Januar beauftragt, vom Antragsgegner Auskunft über dessen Einkommen zu verlangen. Nach Auskunftserteilung im März wird im Juli der Unterhalt beziffert. Der Anwalt verlangt für seine Mandantin 500 € monatlich, rückwirkend ab Januar. Im Oktober wird schließlich eine Einigung geschlossen, dass der Unterhaltsschuldner monatlich rückwirkend ab Januar 400 € zahle.

Der Gegenstandswert berechnet sich wie folgt:

Fällige Beträge, § 42 Abs. 5 GKG (10 x 500 €)	5.000,00 €
Laufender Bezug, § 42 Abs. 1 GKG (12 x 500 €)	+ 6.000,00 €
Summe:	**11.000,00 €**

Dass diese Berechnung zutreffend ist, ergibt sich aus folgender Überlegung: Wäre es im Beispiel nicht zu einer Einigung gekommen, sondern wäre im Oktober Klage erhoben worden, so hätte nach § 42 Abs. 1, Abs. 5 GKG derselbe Streitwert gegolten, da dann sämtliche Unterhaltszahlungen bis Oktober *„bei Klageeinreichung fällig"* gewesen wären. Da nach § 23 Abs. 1 Satz 3 RVG der Wert des betreffenden gerichtlichen Verfahrens maßgebend ist, ist also die außergerichtliche Anwaltstätigkeit nicht anders zu bewerten.   301

2. Der Gegenstand der anwaltlichen Tätigkeit kann nicht Gegenstand eines gerichtlichen Verfahrens sein

Kann der Gegenstand der außergerichtlichen Tätigkeit nicht Gegenstand eines gerichtlichen Verfahrens sein, so gilt § 23 Abs. 3 RVG. Danach wiederum gilt folgende **Reihenfolge**:   302

(1) Zunächst ist zu prüfen, ob sich aus der Verweisung aus § 23 Abs. 3 Satz 1 RVG auf die **Vorschriften der KostO** eine anwendbare Vorschrift ergibt.   303

304

Überblick: Einschlägige Vorschriften der KostO	
§ 18 Abs. 2 KostO	Maßgebend ist der Hauptgegenstand des Geschäfts; Früchte, Nutzungen etc. bleiben unberücksichtigt.
§ 24 KostO	Wiederkehrende Nutzungen oder Leistungen.
§ 25 KostO	Miet- und Pachtrechte. Hiernach wären eventuelle außergerichtliche Regelungen und Vereinbarungen hinsichtlich der Ehewohnung zu bewerten.
§ 39 Abs. 2 KostO	Austauschverträge
§ 39 Abs. 3 KostO	Eheverträge: Die Verweisung ist jetzt neu aufgenommen. § 8 BRAGO verwies nur auf § 39 Abs. 2 KostO. Geregelt ist hier der Geschäftswert bei Eheverträgen. Danach bemisst sich die Vergütung des Anwalts bei der Mitwirkung an Eheverträgen nach dem zusammengerechneten Wert der gegenwärtigen Vermögen beider Ehegatten und, wenn der Ehevertrag nur das Vermögen eines Ehegatten betrifft, nach diesem. Bei der Ermittlung des Vermögens werden die Schulden abgezogen. Betrifft der Ehevertrag nur bestimmte Gegenstände, so ist deren Wert maßgebend.
§ 46 Abs. 4 KostO	Verfügungen über den Nachlass. Werden in einem Ehevertrag oder in einer Vereinbarung anlässlich der Trennung oder Auflösung der Ehe auch Verfügungen über den Nachlass getroffen, so ist jetzt auf § 46 Abs. 4 KostO abzustellen. Auch diese Verweisung ist neu und war in § 8 BRAGO nicht enthalten.

305 (2) Soweit die KostO nicht greift, ist der Gegenstandswert nach **billigem Ermessen** zu bestimmen (§ 23 Abs. 3 Satz 2 1. Halbs. RVG).

306 (3) Sind Anhaltspunkte für ein billiges Ermessen nicht vorhanden, ist von einem **Regelwert i.H.v. 4.000 €** auszugehen (§ 23 Abs. 3 Satz 2 2. Halbs. RVG). Der Betrag kann herauf- oder herabgesetzt werden. Er darf jedoch den Betrag i.H.v. 500.000 € nicht übersteigen.

H. Beratungshilfe

In der Beratungshilfe gelten in Familiensachen grds. keine Besonderheiten (s. ausf. Teil 6). 307

I. Beratungshilfegebühr (Nr. 2600 VV RVG)

Der Anwalt erhält zunächst vom Rechtsuchenden die Beratungshilfegebühr nach Nr. 308
2600 VV RVG i.H.v. 10 €. Es handelt sich hierbei um die frühere sog. Schutzgebühr des
§ 8 Abs. 2 BerHG. Schuldner ist insoweit ausschließlich der Rechtsuchende, nicht die
Staatskasse (§ 44 Satz 2 RVG).

Nach Satz 2 der Anm. zu Nr. 2600 VV RVG sind in diesem Betrag bereits Auslagen, zu 309
denen nach dem RVG auch die **Umsatzsteuer** zählt (Nr. 7008 VV RVG), enthalten, so
dass daneben keine weiteren Beträge geltend gemacht werden können. Die Gebühr beläuft sich **netto** also auf **8,62 €**.

Ein **Vorschuss** ist nicht möglich (§ 47 Abs. 2 RVG). 310

II. Gebühren aus der Staatskasse (Nrn. 2601 ff. VV RVG)

1. Beratungsgebühr

Für einen Rat, der nicht mit einer anderen gebührenpflichtigen Tätigkeit zusammen- 311
hängt, erhält der Anwalt nach Nr. 2601 VV RVG eine **Beratungsgebühr** i.H.v. **30 €**. Die
Gebühr ist auf die Gebühren für eine nachfolgende Tätigkeit anzurechnen (Anm. zu
Nr. 2601 VV RVG).

2. Geschäftsgebühr

Anstelle der Geschäftsgebühr nach Nr. 2400 VV RVG erhält der Anwalt in der Bera- 312
tungshilfe eine **Geschäftsgebühr** nach Nr. 2603 VV RVG i.H.v. **70 €**. Auch diese Gebühr
ist auf die Gebühren für eine nachfolgende Tätigkeit anzurechnen, allerdings nur hälftig
(Abs. 2 der Anm. zu Nr. 2603 VV RVG).

3. Einigungsgebühr

Führt die Tätigkeit des Anwalts zu einer Einigung i.S.d. Nr. 1000 VV RVG (Abs. 1 der Anm. 313
zu Nr. 2608 VV RVG), so erhält der Anwalt zusätzlich eine **Einigungsgebühr** nach
Nr. 2608 VV RVG i.H.v. **125 €**. Eine Gebühr im Falle der Aussöhnung der Eheleute
(Nr. 1001 VV RVG) ist in der Beratungshilfe nicht vorgesehen.

4. Auslagen

314 Daneben erhält der Anwalt auch in der Beratungshilfe Ersatz seiner Auslagen (§ 46 RVG).

III. Mehrere Rechtsuchende

315 Vertritt der Anwalt in der Beratungshilfe mehrere Rechtsuchende, so erhöhen sich die Gebühren nach Nr. 2601 VV RVG und Nr. 2603 VV RVG um 30 % je weiterem Auftraggeber. Auf eine Identität des Gegenstandes kommt es hier nicht an, da Festgebühren unabhängig davon erhöht werden, ob derselbe Gegenstand vorliegt.

316 Die Beratungshilfegebühr nach Nr. 2600 VV RVG wird nicht nach Nr. 1008 VV RVG erhöht, da es sich weder um eine Geschäfts- noch um eine Verfahrensgebühr handelt. Die Beratungshilfegebühr kann der Anwalt von jedem Auftraggeber gesondert verlangen.

317 *Beispiel:*

Die Ehefrau sowie die beiden aus der Ehe hervorgegangenen Kinder machen Unterhaltsansprüche gegen den Ehemann bzw. Vater geltend. Der Anwalt wird außergerichtlich tätig.

Die Beratungshilfegebühr (Nr. 2600 VV RVG) kann er dreimal verlangen. Die Geschäftsgebühr nach Nr. 2603 VV RVG wird dagegen nach Nr. 1008 VV RVG um 60 % erhöht.

Zu rechnen ist wie folgt:

I. Gegenüber den Auftraggebern unmittelbar:

1. Ehefrau	
Beratungshilfegebühr, Nr. 2601 VV RVG	*10,00 €*
2. Kind 1	
Beratungshilfegebühr, Nr. 2601 VV RVG	*10,00 €*
3. Kind 2	
Beratungshilfegebühr, Nr. 2601 VV RVG	*10,00 €*

II. Gegenüber der Staatskasse:

1. Geschäftsgebühr, Nrn. 2603, 1008 VV RVG	*112,00 €*
2. Postentgeltpauschale, Nr. 7002 VV RVG	*20,00 €*
3. 16 % Umsatzsteuer, Nr. 7008 VV RVG	*+ 21,12 €*
Summe:	*153,12 €*

IV. Eine oder mehrere Angelegenheiten?

Problematisch ist im Rahmen der Beratungshilfe in Familiensachen häufig, ob mehrere   318
Angelegenheiten vorliegen oder ob nur eine Angelegenheit gegeben ist. Das BVerfG,[82]
das zuletzt mit dieser Frage befasst war, hat sich leider zurückgehalten und die Verfassungsbeschwerde erst gar nicht angenommen:

> *„… Zwar spricht aus verfassungsrechtlicher Sicht viel dafür, die Beratung über den Unter-*   319
> *halt des Kindes und das Umgangsrecht des Vaters nicht als dieselbe Angelegenheit gemäß*
> *§ 13 Abs. 2 Satz 1 der Bundesgebührenordnung für Rechtsanwälte (BRAGO) anzusehen,*
> *um den Rechtsanwalt, der in der Beratungshilfe ohnehin zu niedrigen Gebühren tätig wird,*
> *nicht unnötig zu belasten. Die in den angegriffenen Entscheidungen vorgenommene Aus-*
> *legung, es läge wegen des zeitlichen und sachlichen Zusammenhangs der Bearbeitung*
> *dieselbe Angelegenheit vor, ist aber noch vertretbar; sie beruht insbesondere nicht auf ei-*
> *ner grds. unrichtigen Anschauung von der Bedeutung der Berufsausübungsfreiheit. Für ei-*
> *ne Verletzung von Grundrechten und grundrechtsgleichen Rechten ist daher nichts er-*
> *sichtlich."*

Die Hoffnung, dass von dieser Entscheidung zumindest eine Signalwirkung ausgehen   320
werde, hat sich leider nicht erfüllt. Die Instanzgerichte ignorieren die Ausführungen des
BVerfG, so zuletzt das LG Mönchengladbach.[83]

Für die Frage, ob eine Angelegenheit gegeben ist oder ob mehrere Angelegenheiten vor-   321
liegen, ist auch im Rahmen der Beratungshilfe an sich auf § 15 RVG abzustellen. In vielen Fällen werden die Voraussetzungen des § 15 RVG jedoch kaum beachtet.

Ebenso wie bei den Wahlanwaltsgebühren ist bei der Beratungshilfe von einer Angele-   322
genheit auszugehen, wenn

- ein **einheitlicher Auftrag vorliegt**,

- sich die Tätigkeit des Anwalts im **gleichen Rahmen** hält und

- ein **innerer Zusammenhang** zwischen den verschiedenen Gegenständen der anwaltlichen Tätigkeit besteht.[84]

Auch im Rahmen der Beratungshilfe ist die Abgrenzung keine Frage der generellen De-   323
finition, sondern des konkreten Einzelfalls.[85]

---

82   AGS 2002, 273 = NJW 2002, 429.
83   AGS 2003, 76 m. Anm. *Madert* = JurBüro 2002, 412 = Rpfleger 2002, 463 = KostRsp. BRAGO § 132
      Nr. 126 m. Anm. *N. Schneider.*
84   S. ausführlich Anwkom-RVG-*N. Schneider,* vor Nr. 2601 VV Rn. 32 ff.
85   *Lindemann/Trenk-Hinterberger,* BerHG, § 132 BRAGO Rn. 5.

324 Die Beurteilung, ob eine Angelegenheit vorliegt oder ob mehrere Angelegenheiten gegeben sind, hat der **Urkundsbeamte der Geschäftsstelle** im Rahmen der Festsetzung **zu prüfen**. Er ist dabei an die **Zahl der erteilten Berechtigungsscheine** nicht gebunden.[86] So kann trotz mehrerer Berechtigungsscheine nur eine Angelegenheit vorliegen. Umgekehrt können mehrere Angelegenheiten vorliegen, obwohl nur ein Berechtigungsschein erteilt worden ist.

325 In **Familiensachen** wird häufig unter Berufung auf § 16 Nr. 4 RVG (vormals § 7 Abs. 3 BRAGO) lediglich eine Angelegenheit angenommen, wenn der Anwalt den Mandanten in der Ehe- und verschiedenen Folgesachen (also solchen, die später gemäß § 623 Abs. 3 ZPO als Folgesachen anhängig zu machen wären) berät oder vertritt. Dieser Ansatzpunkt ist unzutreffend. Bei der Vorschrift des § 16 Nr. 4 RVG handelt es sich um eine Fiktion. Ehe- und Folgesachen sind nach § 15 RVG betrachtet selbständige Angelegenheiten; anderenfalls wäre die Vorschrift des § 16 Nr. 4 RVG überflüssig. Die Fiktion des § 16 Nr. 4 RVG gilt – wie der Wortlaut bereits zeigt – aber **nur für gerichtliche Verfahren**. Nur bei Anhängigkeit der Ehesache gibt es ein Verbundverfahren, nicht aber auch schon bei außergerichtlicher Tätigkeit. Eine entsprechende Anwendung des § 16 Nr. 4 RVG auf die außergerichtliche Tätigkeit ist daher unzulässig.

326 Die Interessenlage des Verbundverfahrens ist auch mit der außergerichtlichen Tätigkeit im Rahmen der Beratungshilfe nicht vergleichbar. Als Ausgleich für die Zusammenfassung von Ehe- und Folgesachen zu einer einzigen Angelegenheit nach § 16 Nr. 4 RVG folgt aus § 22 Abs. 1 RVG, dass die Gegenstandswerte zu addieren sind. Gerade an dieser Ausgleichsmöglichkeit fehlt es jedoch bei der Beratungshilfe. Die Anwendung des § 16 Nr. 4 RVG würde hier vielmehr dazu führen, dass der Anwalt in der Ehesache und in sämtlichen Folgesachen für dieselbe Vergütung tätig werden müsste, die er schon allein für die Ehesache oder eine einzige Folgesache erhielte. Die überwiegende Rechtsprechung verkennt dies aber und nimmt nur eine Angelegenheit an (s.u. Rn. 330).

327 Selbst wenn man in entsprechender Anwendung des § 16 Nr. 4 RVG davon ausgeht, dass sich die Beratungshilfe auf die Gegenstände erstreckt, die in einen künftigen Scheidungsverbund einfließen würden, ist es auf keinen Fall zulässig, auch noch solche Tätigkeiten als abgegolten anzusehen, die das Getrenntleben der Ehegatten betreffen und

---

86 LG Stuttgart, JurBüro 1986, 1519 m. Anm. *Mümmler;* LG Tübingen, Rpfleger 1986, 239; LG Aachen, Rpfleger 1986, 495; LG Mainz, KostRsp. BRAGO § 132 Nr. 77; LG Kleve, JurBüro 1987, 75; LG Hannover, Nds.Rpfl 1987, 256 = JurBüro 1988, 194; LG Münster, Rpfleger 2000, 281; LG Berlin, JurBüro 1985, 1667; LG Bonn, AnwBl. 1985, 109; JurBüro 1985, 713 m. Anm. *Mümmler;* LG Köln, MDR 1985, 944 m. Anm. *Herget* = JurBüro 1985, 1423 m. Anm. *Mümmler;* LG Dortmund, Rpfleger 1984, 478 = JurBüro 1985, 100 m. Anm. *Mümmler;* LG Mönchengladbach, AGS 2003, 76 m. Anm. *Madert* = JurBüro 2002, 412 = Rpfleger 2002, 463 = KostRsp. BRAGO § 132 Nr. 126 m. Anm. *N. Schneider;* a.A., also für eine Bindungswirkung: LG Münster, JurBüro 1983 m. Anm. *Mümmler;* LG Wuppertal, JurBüro 1985, 1426; AG Braunschweig, Nds.Rpfl. 1986, 7.

nicht verbundfähig sind. Dabei bliebe unberücksichtigt, dass sich die Rechtslage nach anderen Kriterien richtet, als die bei Getrenntleben nach Anhängigkeit oder Rechtskraft der Scheidung. So kann z.B. Ehegattentrennungsunterhalt oder eine Nutzungsentschädigung für die von einem Ehegatten alleine weiterhin genutzte Ehewohnung nicht im Verbund geltend gemacht werden. Folglich kann im Rahmen der Beratungshilfe hier auch nicht auf § 16 Nr. 4 RVG abgestellt werden.[87]

Eine **generelle klare Linie der Rechtsprechung** lässt sich **nicht** auffinden, was schon darauf beruht, dass die Sachen i.d.R. von den Amtsgerichten entschieden werden. Selbst landgerichtliche Beschwerdeverfahren führen hier nicht zu einer einheitlichen Rechtsprechung.

328

Praxishinweis:

Der Anwalt muss sich daher mit seiner örtlichen Rechtsprechung vertraut machen und ggf. in die Beschwerde gehen. Die Erfahrung zeigt, dass die Beschwerdegerichte zu einer großzügigeren Betrachtung neigen.

329

---

1. Eine Angelegenheit

Eine Angelegenheit ist in folgenden **Fällen** angenommen worden:

330

- Ehe- und spätere Folgesache,[88]

- Ehegatten- und Kindesunterhalt,[89]

- Unterhaltsansprüche mehrerer Kinder gegen den Vater,[90]

- Unterhalt für Ehefrau und Kinder,[91]

- Ehescheidung und spätere Folgesachen einschließlich der Vermögensauseinandersetzung,[92]

- Scheidung und spätere Folgesachen,[93]

- verschiedene Folgesachen,[94]

---

87 So auch *Madert,* in Anm. zu LG Mönchengladbach, AGS 2003, 76 = JurBüro 2002, 412 = Rpfleger 2002, 463 = KostRsp. BRAGO § 132 Nr. 126 m. Anm. *N. Schneider.*
88 LG Göttingen, JurBüro 1986, 1843.
89 LG Kleve, JurBüro 1986, 734; 1987, 75 und 77.
90 LG Kleve, JurBüro 1986, 1384.
91 LG Dortmund, AnwBl. 1985, 334 = Rpfleger 1985, 78 = JurBüro 1985, 1034 m. Anm. *Mümmler.*
92 OLG München, MDR 1988, 330 = JurBüro 1988, 593 = VersR 1988, 727.
93 LG Hannover, Nds.Rpfl 1987, 256; AG Koblenz, FamRZ 2002, 480 = KostRsp. BRAGO § 132 Nr. 121.
94 LG Bad Kreuznach, KostRsp. BRAGO § 132 Nr. 86.

- Kindesunterhalt und Besuchsregelung,[95]

- Kindesunterhalt und Umgangsregelung,[96]

- Unterhalt und Hausratsteilung,[97]

- Ansprüche nach § 620 Abs. 1 Nr. 1, 2, 4, 6, 7, 8 ZPO,[98]

- Unterhaltsansprüche mehrerer Kinder,[99]

- Herausgabe von Kleidung der Kinder und des Kindergeldes,[100]

- Ehegattenunterhalt und Umgangsrecht nach Scheidung,[101]

- Ehe- und Folgesachen,[102]

- Neuberechnung der Unterhaltsansprüche mehrerer Kinder,[103]

- Ehesache, Unterhalt und Hausratsauseinandersetzung,[104]

- Ehesache, Zugewinn, Versorgungsausgleich, Sorgerecht und Unterhalt,[105]

- Regelung der bei Trennung auftretenden Fragen, Unterhalt, Hausrat, Ehewohnung,[106]

- Kindesunterhalt und Hausratsteilung bei Getrenntleben.[107]

2. Mehrere Angelegenheiten

331 Demgegenüber sind in folgenden Fällen **mehrere Angelegenheiten** angenommen worden:

- Unterhalt und Unterlassung von Körperverletzung,[108]

---

95 AG Steinfurt, Rpfleger 1988, 489.
96 LG Mönchengladbach, AGS 2003, 76 m. Anm. *Madert* = JurBüro 2002, 412 = Rpfleger 2002, 463 = KostRsp. BRAGO § 132 Nr. 126 m. Anm. *N. Schneider*; s. hierzu aber auch BVerfG, AGS 2002, 273.
97 LG Hildesheim, Nds.Rpfl 1990, 292.
98 OLG Düsseldorf, JurBüro 1989, 1400 = MDR 1989, 923.
99 LG Bayreuth, JurBüro 1990, 1274.
100 AG Steinfurt, Rpfleger 1989, 289.
101 AG Osnabrück, JurBüro 1996, 377.
102 LG Kassel, FamRZ 2000, 1380.
103 AG Koblenz, FamRZ 2000, 296 =Rpfleger 2000, 398.
104 LG Berlin, JurBüro 1995, 1665.
105 LG Aurich, Nds.Rpfl 1986, 6 = JurBüro 1986, 239 m. Anm. *Mümmler.*
106 LG Braunschweig, Nds.Rpfl 1986, 102.
107 LG Landau, JurBüro 1991, 805 = Rpfleger 1991, 127.
108 LG Münster, JurBüro 1990, 333 = Rpfleger 1990, 78.

- Ehe- und Folgesachen,[109]

- verschiedene Folgesachen,[110]

- Sorgerecht, Ausschluss des Versorgungsausgleichs und vermögensrechtliche Auseinandersetzung der Ehegatten,[111]

- Trennungsunterhalt und Hausratsteilung,[112]

- Unterhaltsansprüche mehrerer Kinder,[113]

- Unterhaltsansprüche mehrerer Unterhaltsgläubiger,[114]

- Ehegatten- und Kindesunterhalt; Ehewohnung, Hausrat und Sorgerecht jeweils eigene Angelegenheit.[115]

I.   Mediation

I.   Bisherige Regelung

Umstritten war, ob die Tätigkeit des Anwalts als Mediator nach der BRAGO abgerechnet werden konnte, insbesondere ob es sich um eine berufsspezifische Leistung des Anwalts handelt.[116] Diese Frage ist zukünftig geklärt. In § 34 RVG ist eine Regelung für den Anwalt als Mediator getroffen worden, so dass hieraus wiederum folgt, dass es sich um anwaltliche Tätigkeit i.S.d. § 1 Abs. 1 RVG handelt.   **332**

Soweit man die Meditation schon nach der BRAGO als anwaltsspezifische Tätigkeit ansah, war wiederum umstritten, nach welchem **Gebührentatbestand** der Anwalt abrechnen konnte. Das OLG Hamm[117] befürwortete die Anwendung des § 20 Abs. 1 BRAGO. Andere wiederum hielten § 118 BRAGO für anwendbar.[118] In Anbetracht dieser Unwägbarkeiten sowie der Unklarheiten, welcher Gegenstandswert zugrunde zu legen ist, wurde ohnehin bereits empfohlen, grds. eine Gebührenvereinbarung abzuschließen.[119]   **333**

---

109   OLG Düsseldorf, MDR 1986, 157 = JurBüro 1986, 299 = AnwBl. 1986, 162 = Rpfleger 1986, 109 = KostRsp. BRAGO § 132 Nr. 55.
110   AG Köln, AnwBl. 1986, 414.
111   LG Tübingen, Rpfleger 1986, 239.
112   LG Detmold, JurBüro 1992, 536 = Rpfleger 1992, 202.
113   AG Detmold, Rpfleger 1994, 29.
114   LG Frankenthal, JurBüro 1993, 348.
115   OLG Braunschweig, AnwBl. 1984, 514 = JurBüro 1985, 250 m. Anm. *Mümmler.*
116   S. hierzu Anwkom-RVG-*Hembach,* § 1 Rn. 35.
117   MDR 1999, 836 = OLGR 1999, 129.
118   *Haft/Schlieffen/Horst,* Handbuch Mediation, § 32 mit ausführlichen Hinweisen zur Bemessung der Gebühren.
119   *Kindermann,* Gebührenpraxis, S. 261.

II. Rechtslage nach dem RVG

334 Die Vorschrift des § 34 Satz 1 RVG beschränkt sich darauf zu empfehlen, der Rechtsanwalt solle auf eine **Gebührenvereinbarung** nach § 4 RVG hinwirken.

335 Für den Fall, dass solche Vergütungsvereinbarungen nicht getroffen werden, ordnet § 34 Satz 2 RVG an, dass sich die **Vergütung** des Anwalts dann **nach bürgerlichem Recht** bestimmt, also nach **§ 612 BGB**. Wir haben es hier also mit dem Fall zu tun, dass es sich zwar um eine berufsspezifische Tätigkeit nach dem RVG handelt (§ 1 Abs. 1 RVG), andererseits aber die Gebührentatbestände des RVG für unanwendbar erklärt werden.

336 Anwendbar bleiben dagegen die **allgemeinen Vorschriften**, insbesondere § 4 RVG über die Vergütungsvereinbarung (§ 34 Satz 1 RVG), sowie die Vorschriften über den Umfang der Angelegenheit, über Auslagen (wobei sich die Pauschale gemäß Nr. 7002 VV RVG nach der Vergütung aus § 612 BGB bemessen dürfte), Fälligkeit, Verjährung etc.

337 Ob Nr. 1008 VV RVG bei **mehreren Auftraggebern** anzuwenden ist, kann offen bleiben, da dem Anwalt bei seiner Vergütung nach § 612 BGB kein Rahmen vorgeschrieben ist und er die Mehrarbeit durch mehrere Auftraggeber und die höhere Haftung ohnehin bei der Bemessung berücksichtigen kann. Die **Haftung mehrerer Auftraggeber** folgt auch bei der Mediation aus § 7 Abs. 2 RVG.

338 Entsprechend anwendbar sein soll ausweislich der Begründung des Regierungsentwurfs auch **§ 14 Abs. 1 RVG**. Der Anwalt soll nach dieser Vorschrift die sich aus § 612 BGB ergebende Vergütung im Einzelfall bestimmen. Der Gesetzgeber sieht hier eine Parallele zur Bestimmung der angemessenen Gebühr nach Nr. 2103 VV RVG (früher § 21 Satz 1 BRAGO), für die ebenfalls § 14 Abs. 1 RVG gilt (früher § 12 Abs. 1 BRAGO), obwohl hier kein Gebührenrahmen vorgegeben ist.

339 Konsequenterweise muss dann auch **§ 14 Abs. 2 RVG** gelten, so dass im Honorarprozess ein **Gutachten des Vorstands der Rechtsanwaltskammer** einzuholen ist, wenn die Höhe der angemessenen Vergütung streitig ist.

340

Hinweis:

Um hier einen späteren Streit über Angemessenheit der abgerechneten Gebühr zu vermeiden, empfiehlt es sich auf jeden Fall, eine **Vergütungsvereinbarung** abzuschließen. Zu den Anforderungen an eine wirksame Vereinbarung s. Teil 1 Rn. 485 ff.

Beispiel:

Abrechnung einer Mediation bei Fehlen einer Vergütungsvereinbarung:

1.	*Vergütung gemäß § 34 RVG i.V.m. § 612 BGB*	*1.000,00 €*
2.	*Dokumentenpauschale, Nr. 7000 Nr. 1d) VV RVG, 17 Seiten*	*8,50 €*
3.	*Postentgeltpauschale, Nr. 7002 VV RVG*	*20,00 €*

4. 16 % Umsatzsteuer, Nr. 7008 VV RVG	*+ 164,56 €*
Summe:	**1.193,06 €**

J.   Mahnverfahren

Soweit in Familiensachen andere Zahlungsansprüche geltend gemacht werden, wie et-   341
wa beim Zugewinnausgleich, bei rückständigem Unterhalt, Nutzungsentschädigung für
die Benutzung der Ehewohnung o.Ä., kommt auch das Mahnverfahren in Betracht. Hier
ergeben sich keine Besonderheiten.

Der **Anwalt des Antragstellers** erhält eine **1,0 Verfahrensgebühr** nach Nr. 3305 VV RVG   342
für den Antrag auf Erlass des Mahnbescheides; bei vorzeitiger Erledigung ermäßigt sich
die Gebühr auf 0,5 (Nr. 3306 VV RVG). Für den Antrag auf Erlass eines Vollstreckungsbescheides entsteht eine weitere 0,5 Verfahrensgebühr (Nr. 3308 VV RVG).

Der **Verfahrensbevollmächtigte des Antragsgegners** erhält für die Vertretung im   343
Mahnverfahren eine 0,5 Verfahrensgebühr nach Nr. 3307 VV RVG.

Sowohl die Verfahrensgebühr des Rechtsanwalts des Antragstellers als auch die des An-   344
tragsgegners im Mahnverfahren werden auf die Verfahrensgebühr für einen nachfolgenden Rechtsstreit **angerechnet** (Anm. zu Nr. 3305 VV RVG; Anm. zu Nr. 3307 VV RVG).
Die Verfahrensgebühr im Verfahren über den Antrag auf Erlass eines Vollstreckungsbescheides wird dagegen nicht angerechnet (s. hierzu ausführlich Teil 7 Rn. 642 ff.).

K.   Vereinfachtes Verfahren über den Unterhalt Minderjähriger

I.   Verfahren nach §§ 645 ff. ZPO

Unter den Voraussetzungen der §§ 645 ff. ZPO kann das minderjährige Kind, das mit   345
dem in Anspruch genommenen Elternteil nicht in einem Haushalt lebt, im vereinfachten
Verfahren seinen Unterhalt festsetzen lassen. In diesem Verfahren erhält der Anwalt die
Gebühren nach Nrn. 3100 ff. VV RVG.

Soweit der Unterhaltsschuldner Einwendungen erhebt, die nach § 648 Abs. 1 Satz 3 ZPO   346
nicht zurückzuweisen oder die nach § 648 Abs. 2 ZPO zulässig sind, können beide Parteien nach § 653 ZPO die Durchführung des streitigen Verfahrens beantragen. Geschieht
dies, so ist nach § 651 Abs. 2 ZPO zu verfahren wie nach Klageerhebung. Dieses streitige Verfahren nach Klageerhebung stellt dann nach § 17 Nr. 3 RVG eine **neue Angele-**
genheit i.S.d. § 15 RVG dar, in der sämtliche Gebühren erneut entstehen können. Lediglich die Verfahrensgebühr des vereinfachten Verfahrens wird nach Abs. 1 der Anm. zu

Nr. 3100 VV RVG auf die Verfahrensgebühr des nachfolgenden streitigen Verfahrens **angerechnet**. Alle übrigen Gebühren können gesondert entstehen. Insbesondere entsteht auch eine gesonderte Postentgeltpauschale nach Nr. 7002 VV RVG.

347 Bedeutung hat § 17 Nr. 3 RVG insbesondere auch für Übergangsfälle nach § 61 RVG.

348 *Beispiel:*

Im Mai 2004 hat der Rechtsanwalt einen Auftrag für ein vereinfachtes Verfahren erhalten, das kurz danach eingeleitet worden ist. Im Juli 2004 erhält der Anwalt den Auftrag zur Durchführung des streitigen Verfahrens.

Die Vergütung im vereinfachten Verfahren richtet sich nach der BRAGO, die des streitigen Verfahrens dagegen bereits nach dem RVG.

II.   Verfahren nach § 655 ZPO

1.   Umfang der Angelegenheit

349 Gleiches gilt, wenn nach § 655 ZPO eine **Abänderung des Unterhaltstitels** ergeht und anschließend Klage gegen den Abänderungsbeschluss erhoben wird. Auch hier stellt § 17 Nr. 3 RVG klar, dass verschiedene Angelegenheiten vorliegen. Zwar wird auch hier die Verfahrensgebühr **angerechnet** (Abs. 1 der Anm. zu Nr. 3100 VV RVG); sämtliche sonstige Gebühren können jedoch gesondert entstehen. Dies gilt auch für die Postentgeltpauschale nach Nr. 7002 VV RVG.

350 Nach § 655 ZPO können auf Antrag im vereinfachten Verfahren Vollstreckungstitel, die auf wiederkehrende Unterhaltsleistungen, in denen ein Betrag der nach den §§ 1612b, 1612c BGB anzurechnenden Leistungen festgelegt ist, durch Beschluss abgeändert werden, wenn sich ein für die Berechnung dieses Betrages maßgebender Umstand ändert. Dieses vereinfachte Abänderungsverfahren findet Anwendung, wenn sich das Kindergeld (§ 1612b BGB) oder eine sonstige regelmäßig wiederkehrende kindbezogene Leistung (§ 1612c BGB) ändert. Der Vollstreckungstitel wird bei Vorliegen der Voraussetzungen von dem Rechtspfleger durch Beschluss geändert. Hiergegen ist die sofortige Beschwerde gemäß § 655 Abs. 5 ZPO gegeben. Führt jedoch die Abänderung des Schuldtitels nach § 655 ZPO zu einem Unterhaltsbetrag, der wesentlich von dem Betrag abweicht, der der Entwicklung der besonderen Verhältnisse der Parteien Rechnung trägt, so kann jede Partei innerhalb eines Monats nach Zustellung des Beschlusses im Wege der Klage eine entsprechende Abänderung des ergangenen Beschlusses verlangen (§ 656 Abs. 1 ZPO).

351 Die Vergütung im **vereinfachten Abänderungsverfahren** regeln **Nrn. 3331 f. VV RVG**. Die Vergütung im nachfolgenden **Klageverfahren** bemisst sich dagegen nach **Nrn. 3100 ff. VV RVG**, da es sich um eine eigene Angelegenheit handelt (§ 17 Nr. 3 RVG).

2. Vergütung

In dem Abänderungsverfahren nach § 655 ZPO erhält der Anwalt eine **0,5 Verfahrens-** 352
gebühr nach Nr. 3331 VV RVG.

Vertritt der Rechtsanwalt **mehrere Geschwisterkinder**, kommt eine Erhöhung nach Nr. 353
1008 VV RVG nicht in Betracht, da der Unterhaltsanspruch jedes einzelnen Kindes ein
besonderer Gegenstand ist. Der Rechtsanwalt wird zwar in derselben Angelegenheit tätig, aber nicht wegen desselben Gegenstandes. Nach § 22 Abs. 1 RVG werden die Werte mehrerer Gegenstände in derselben Angelegenheit zusammengerechnet.

Daneben kann unter den Voraussetzungen der Vorbem. 3 Abs. 3 VV RVG auch eine **0,5** 354
Terminsgebühr nach Nr. 3332 VV RVG entstehen.

In Betracht kommt ferner eine **Einigungsgebühr** nach Nrn. 1000, 1003 VV RVG. Deren 355
Höhe beläuft sich auf **1,0,** da der Gegenstand mit Stellung des Abänderungsantrags anhängig i.S.d. Nr. 1003 VV RVG ist.

Hinzu kommen **Auslagen**, insbesondere eine gesonderte Postentgeltpauschale nach 356
Nr. 7002 VV RVG, da das Verfahren nach Nr. 3331 VV RVG eine eigene Angelegenheit
ist (§ 17 Nr. 3 RVG).

3. Anrechnung im nachfolgenden Rechtsstreit
(Abs. 1 der Anm. zu Nr. 3100 VV RVG)

Wird gegen einen Abänderungsbeschluss nach § 655 ZPO anschließend Klage erhoben, 357
gilt § 17 Nr. 3 RVG. Das vereinfachte Verfahren und das anschließende Klageverfahren
sind **zwei verschiedene Angelegenheiten**. Im Klageverfahren entstehen die Gebühren
nach Nrn. 3100 ff. VV RVG. Weil dem Anwalt im Ergebnis die Verfahrensgebühr nach
Nr. 3100 VV RVG jedoch nicht neben der Verfahrensgebühr nach Nr. 3331 VV RVG gesondert zustehen soll, ordnet Abs. 1 der Anm. zu Nr. 3100 VV RVG für diesen Fall an,
dass die Verfahrensgebühr des vereinfachten Verfahrens aus Nr. 3331 VV RVG auf die Verfahrensgebühr nach Nr. 3100 VV RVG des Rechtsstreits **anzurechnen** ist.

4. Gegenstandswert

Nach der Anm. zu Nr. 3331 VV RVG bestimmt sich der Wert des Verfahrens über die Ab- 358
änderung eines Vollstreckungstitels nach § 42 GKG (bisheriger § 17 GKG a.F.). Danach
ist bei Ansprüchen auf Erfüllung einer gesetzlichen Unterhaltspflicht der für die **ersten
zwölf Monate** nach Einreichung der Klage oder des Antrags geforderte Betrag maßgeblich, höchstens jedoch der Gesamtbetrag der geforderten Leistung. Bei Unterhaltsansprüchen nach §§ 1612a – 1612c BGB ist gemäß § 42 Abs. 1 Satz 2 GKG dem Wert
nach Satz 1 dieser Vorschrift der Monatsbetrag des Unterhalts nach dem **Regelbetrag
und der Altersstufe** zugrunde zu legen, die im Zeitpunkt der **Einreichung der Klage**

oder **des Antrags** maßgebend sind. Da hier nur Abänderung geltend gemacht wird, kommt es nicht auf die vollen Unterhaltbeträge an, sondern auf die begehrte Herauf- oder Herabsetzung.

359　Auch hier sind die bei Einreichung fälligen Beträge hinzuzurechnen (§ 42 Abs. 5 GKG). Soweit also die Abänderung für den laufenden Monat oder eine rückwirkende Abänderung verlangt wird, sind die jeweils fälligen Differenzbeträge hinzuzurechnen.

5.　Beschwerde nach § 655 Abs. 5 ZPO

360　Wird gegen den Abänderungsbeschluss gemäß § 655 Abs. 5 ZPO Beschwerde eingelegt, richtet sich die Vergütung nach Nr. 3500 VV RVG; der Rechtsanwalt erhält danach eine **0,5 Geschäftsgebühr.** Eine Anrechnung ist hier nicht vorgesehen.

L.　Vermittlungsverfahren nach § 52a FGG

I.　Überblick

361　Macht ein Elternteil geltend, dass der andere Elternteil die Durchführung einer gerichtlichen Verfügung über den Umgang mit dem gemeinschaftlichen Kind vereitelt oder erschwert, so vermittelt das Familiengericht auf Antrag eines Elternteils zwischen den Eltern (§ 52a Abs. 1 Satz 2 FGG). Die Vergütung in einem solchen Verfahren richtet sich nach **Nrn. 3100 ff. VV RVG.**

362　Wird weder eine einvernehmliche Regelung des Umgangs noch das Einvernehmen über eine nachfolgende Inanspruchnahme außergerichtlicher Beratung erreicht oder erscheint mindestens ein Elternteil in dem Vermittlungstermin nicht, so stellt das Gericht durch nicht anfechtbaren Beschluss fest, dass das Vermittlungsverfahren erfolglos geblieben ist. In diesem Fall prüft das Gericht, ob Zwangsmittel ergriffen, Änderungen der Umgangsregelung vorgenommen oder Maßnahmen in Bezug auf die Sorge ergriffen werden sollen (§ 52a Abs. 5 Satz 1 und 2 FGG).

363　Schließt sich bei Erfolglosigkeit des Vermittlungsversuchs an dieses Verfahren ein solches gerichtliches Verfahren von Amts wegen oder auf Antrag einer der Eltern an, so ist dieses eine **neue Angelegenheit** i.S.d. § 15 RVG, in dem die Gebühren dann erneut entstehen. Allerdings wird die Verfahrensgebühr des Vermittlungsverfahrens auf die Verfahrensgebühr des nachfolgenden Verfahrens **angerechnet** (Abs. 3 der Anm. zu Nr. 3100 VV RVG).

364　Wird ein entsprechendes Verfahren von Amts wegen oder auf einen binnen eines Monats gestellten Antrag eines Elternteils eingeleitet, so werden die Kosten des Vermittlungsverfahrens als Teil der Kosten des anschließenden Verfahrens behandelt (§ 52a Abs. 5 Satz 3 FGG).

II. Anrechnung bei vorangegangenem Vermittlungsverfahren nach § 52a FGG (Abs. 3 der Anm. zu Nr. 3100 VV RVG)

Macht ein Elternteil geltend, dass der andere Elternteil die Durchführung einer gericht-   365
lichen Verfügung über den Umgang mit dem gemeinschaftlichen Kind vereitelt oder erschwert, so vermittelt das Familiengericht auf Antrag eines Elternteils zwischen den Eltern (§ 52a Abs. 1 Satz 2 FGG). Die Vergütung in einem solchen Verfahren richtet sich
nach Nrn. 3100 ff. VV RVG.

Schließt sich bei Erfolglosigkeit des Vermittlungsversuchs an dieses Verfahren ein ge-   366
richtliches Verfahren von Amts wegen oder auf Antrag einer der Eltern an, so ist dies eine **neue Angelegenheit** i.S.d. § 15 RVG, in dem die Gebühren dann erneut entstehen
(§ 17 Nr. 8 RVG).

Auch für diesen Fall wird angeordnet, dass die Verfahrensgebühren aufeinander **anzu-**   367
rechnen sind. Die Verfahrensgebühr aus Nr. 3100 VV RVG, die im Vermittlungsverfahren nach § 52a FGG entstanden ist, wird auf die Verfahrensgebühr des gerichtlichen Verfahrens nach ebenfalls Nr. 3100 VV RVG angerechnet.

Beispiel: 368

*Vor dem Familiengericht findet zunächst ein Vermittlungsverfahren nach § 52a FGG statt.
Da die Vermittlung trotz eines Vermittlungstermins (§ 52a Abs. 2 FGG) scheitert, leitet die
Mutter ein Umgangsrechtsverfahren ein, in dem deren Rechtsanwalt sie in einem Termin
vertritt.*

Zu rechnen ist ausgehend von einem Wert i.H.v. 3.000 € wie folgt:

I. Verfahren nach § 52a FGG:

1.	*1,3 Verfahrensgebühr, Nr. 3100 VV RVG*	*245,70 €*
2.	*1,2 Terminsgebühr, Nr. 3104 VV RVG*	*226,80 €*
3.	*Postentgeltpauschale, Nr. 7002 VV RVG*	*20,00 €*
4.	*16 % Umsatzsteuer, Nr. 7008 VV RVG*	*+ 78,80 €*
	Summe:	*571,30 €*

II. Umgangsverfahren:

1.	*1,3 Verfahrensgebühr, Nr. 3100 VV RVG*	*245,70 €*
	gemäß Abs. 3 der Anm. zu Nr. 3100 VV RVG anzurechnen	
	1,3 Verfahrensgebühr (Wert: 3.000 €) aus I.1.	*– 245,70 €*
2.	*1,2 Terminsgebühr, Nr. 3104 VV RVG*	*226,80 €*
3.	*Postentgeltpauschale, Nr. 7002 VV RVG*	*20,00 €*
4.	*16 % Umsatzsteuer, Nr. 7008 VV RVG*	*+ 39,49 €*
	Summe:	*286,29 €*

III. Gegenstandswert

369 Der Gegenstandswert bemisst sich gemäß §§ 94, 30 Abs. 2 KostO. Der Regelwert beträgt **3.000 €**.

M. Selbständige Familiensachen im erstinstanzlichen gerichtlichen Verfahren

I. Übersicht

370 Die Vergütung des Anwalts in erstinstanzlichen gerichtlichen Verfahren über selbständige Familiensachen ist nach dem RVG unabhängig davon geregelt, in welchem Verfahren die isolierte Familiensache geführt wird. Nach der BRAGO wurde unterschieden zwischen

- **ZPO-Verfahren**, die nach §§ 31 ff. BRAGO,

- **FGG-Verfahren**, die nach § 118 BRAGO sowie

- **Hausratsverfahren**, die nach § 63 Abs. 1 Nr. 1 BRAGO abzurechnen waren.

371 Diese Unterscheidung fällt zukünftig weg, wie sich aus der Überschrift zu Teil 3 VV RVG ergibt. Nach dem RVG werden hinsichtlich der Gebühren **keine Unterschiede** mehr zwischen den einzelnen Verfahrensarten gemacht. Der Anwalt erhält jeweils dieselben Gebühren nach Teil 3 VV RVG.

372 Eine Differenzierung wird lediglich bei den **Wertvorschriften** gemacht;

- in **FGG-Verfahren** ist zunächst auf die **KostO** abzustellen, während

- in **ZPO-Verfahren** der Wert nach dem **GKG** zu berechnen ist.

373 Der Anwalt erhält also in **isolierten Verfahren** zukünftig grds. die Verfahrens- und Terminsgebühren nach Nrn. 3100 ff. VV RVG, soweit keine besonderen Regelungen greifen. Neben den Verfahrens- und Terminsgebühren kann hier die Einigungsgebühr anfallen (Nr. 1000 VV RVG) oder die Aussöhnungsgebühr (Nr. 1001 VV RVG).

374 Auch die **Rechtsmittelverfahren** richten sich nach Teil 3 VV RVG, also nach den Nrn. 3200 ff. VV RVG. Dies gilt auch für die Beschwerden gegen den Rechtszug beendende Entscheidungen in Familiensachen (Vorbem. 3.2.1 VV RVG, Vorbem. 3.2.2 VV RVG), s. hierzu ausführlich Rn. 712 ff.

II. In FGG-Verfahren wird lediglich ein Antrag gestellt und eine Entscheidung wird entgegengenommen (Abs. 2 der Anm. zu Nr. 3101 Nr. 3 VV RVG)

Die Anwendung des ehemaligen § 32 BRAGO beschränkte sich regelmäßig auf originäre   375
Streit- bzw. Antragsverfahren, welche einen verfahrenseinleitenden (Klage-)Antrag bzw.
Sachanträge der Parteien voraussetzen (Parteimaxime der ZPO). Nr. 3100 VV RVG ist jedoch auch auf solche Verfahren anzuwenden, welche dem § 118 BRAGO im FGG-Verfahren (z.B. Übertragung der elterlichen Sorge) unterfallen. Die Erweiterung der aus § 32
BRAGO übernommenen Regelungen in Nr. 3101 Nr. 1 3. Alt. VV RVG dahin gehend, dass
eine Ermäßigung der Verfahrensgebühr auch dann eintreten soll, wenn der Auftrag vor
der Einbringung eines Sachvortrags endet, soll diesem Umstand Rechnung tragen.

Die Vorschrift Abs. 2 der Anm. zu Nr. 3101 Nr. 3 VV RVG soll damit verhindern, dass in   376
nicht streitigen FGG-Verfahren, in denen sich die Tätigkeit des Anwalts darauf beschränkt,
bei Gericht einen Antrag zu stellen und die Entscheidung entgegenzunehmen, die Verfahrensgebühr mit einem Gebührensatz von 1,3 entsteht.

Der eingefügte Abs. 2 der Anm. zu Nr. 3101 VV RVG wiederum stellt klar, dass der Er-   377
mäßigungstatbestand nur in solchen Verfahren anzuwenden ist, in denen besondere
Sachanträge der Parteien nicht erforderlich sind. Im Umkehrschluss gilt, dass in den **streitigen Verfahren der freiwilligen Gerichtsbarkeit** – insbesondere in Familiensachen –
eine **1,3 Verfahrensgebühr** beansprucht werden kann.

> *Beispiel:*   378
>
> *Das minderjährige Kind hat durch notariellen Kaufvertrag ein Grundstück übertragen er-
> halten. Der Kaufvertrag muss noch vormundschaftsgerichtlich genehmigt werden. Der
> Rechtsanwalt reicht im Auftrag des Kindes beim Vormundschaftsgericht den Kaufvertrag
> ein und beantragt die Erteilung der notwendigen Genehmigung. Das Gericht erteilt die er-
> forderliche Genehmigung.*
>
> *Es handelt sich um ein FGG-Verfahren. Da der Anwalt nur einen Antrag gestellt hat, oh-
> ne in der Sache vorzutragen, erhält er hierfür eine **0,8 Verfahrensgebühr**.*
>
> *Hat das Gericht allerdings Zweifel und fragt zur Sachverhaltsaufklärung bei dem Anwalt
> nach und macht dieser Ausführungen zur Sache, so steht ihm eine **1,3 Verfahrensgebühr**
> zu.*

379

Hinweis:

Insofern kann in FGG-Verfahren nur empfohlen werden, im Antragsschriftsatz sofort
auch zur Sache vorzutragen!

III. Ehesache

1. Umfang der Angelegenheit

380 Isolierte Ehesachen kommen äußerst selten vor, da i.d.R. der Amtsverbund greift und zumindest der Versorgungsausgleich mit zu regeln ist. In diesem Fall ist dann ein Verbundverfahren gegeben (s. Rn. 511 ff.).

381 Stellen beide Parteien den Scheidungsantrag, so liegt grds. nur **eine einzige Angelegenheit** vor. Es gilt hier nichts anderes als bei Klage und Widerklage.

382 Werden **wechselseitige Scheidungsanträge** allerdings zunächst in **verschiedenen Verfahren** anhängig gemacht, liegen auch mehrere Angelegenheiten i.S.d. § 15 RVG vor. Erst mit der Verbindung beider Verfahren ist dann nur noch eine Angelegenheit gegeben.

383 *Beispiel:*

Der Ehemann stellt den isolierten Scheidungsantrag vor dem AG Köln; die Ehefrau stellt den isolierten Scheidungsantrag vor dem AG München. Hiernach wird das Münchener Verfahren nach Köln verwiesen und dort verbunden.

Bis zur Verbindung handelte es sich um eigene Angelegenheiten i.S.d. § 15 RVG, so dass die Anwälte aus den jeweiligen Werten der Ehesache die Verfahrensgebühr nach Nr. 3100 VV RVG jeweils gesondert abrechnen können, also im Ergebnis zweimal. Alle weiteren Gebühren nach Verbindung entstehen dagegen nur noch einmal.

2. Gebühren

384 Das selbständige Verfahren in einer Ehesache richtet sich nach der ZPO. Die Gebühren bemessen sich nach den **Nrn. 3100 ff. VV RVG**.

a) Verfahrensgebühr

385 Der Anwalt erhält zunächst einmal eine **1,3 Verfahrensgebühr** nach Nr. 3100 VV RVG. Bei vorzeitiger Erledigung ermäßigt sich die Gebühr nach Nr. 3101 Nr. 1 VV RVG auf **0,8**.

386 Für den Anwalt des **Antragstellers** entsteht die 1,3 Verfahrensgebühr mit Einreichung des Antrags auf Ehescheidung.

387 Für den Anwalt des **Antragsgegners** entsteht die 1,3 Gebühr, sobald er den Gegenantrag stellt oder die Zustimmung zum Scheidungsantrag erklärt.[120] Ferner reicht auch das Einreichen eines **Schriftsatzes mit Sachvortrag** (s. Nr. 3101 Nr. 1 VV RVG). Für die blo-

---

120 OLG Frankfurt, JurBüro 1981, 1527; KG, JurBüro 1984, 880 = AnwBl. 1984, 375.

ße Bestellung im Scheidungsverfahren entsteht für den Antragsgegner noch nicht die volle 1,3 Gebühr, sondern lediglich die 0,8 Verfahrensgebühr nach Nr. 3101 Nr. 1 VV RVG.

b) Terminsgebühr

Neben der Verfahrensgebühr entsteht die **1,2 Terminsgebühr** nach Nr. 3104 VV RVG. Darauf, ob streitig oder nicht streitig verhandelt wird, kam es bereits nach der BRAGO nicht an (§ 33 Abs. 1 Satz 2 Nr. 3 BRAGO). Da das RVG zwischen streitiger und nicht streitiger Verhandlung nicht unterscheidet, ist eine gesonderte Regelung insoweit nicht mehr erforderlich.   388

Neben Verfahrens- und Terminsgebühr kann in der Ehesache eine Einigungsgebühr nicht anfallen (Abs. 5 der Anm. zu Nr. 1000 VV RVG). Stattdessen können die Anwälte jedoch eine **Aussöhnungsgebühr** nach Nr. 1001 VV RVG verlangen. Die Höhe der Gebühr beläuft sich im gerichtlichen Verfahren auf 1,0 (Nr. 1003 VV RVG).   389

Hinzu kommen die Auslagen nach Teil 7 VV RVG.   390

3. Gegenstandswert

Der Gegenstandswert der Ehesache bemisst sich zukünftig nach § 48 Abs. 3 GKG. Das Gericht hat den Wert unter Berücksichtigung aller Umstände des Einzelfalls, insbesondere unter Beachtung des Umfangs und der Bedeutung der Sache sowie der Vermögens- und Einkommensverhältnisse der Parteien zu bewerten.   391

Maßgeblicher Bewertungszeitpunkt ist der **Beginn der Instanz** (§ 40 GKG). Auf die Entwicklung der Einkommensverhältnisse während des laufenden Verfahrens kommt es nicht an. Eine Verbesserung oder Verschlechterung der Einkommens- und Vermögensverhältnisse ist daher unbeachtlich.   392

Nach § 48 Abs. 2 Satz 2 GKG ist in Ehesachen für die **Einkommensverhältnisse** das in drei Monaten erzielte Einkommen beider Eheleute maßgebend. Der Wert muss mindestens 2.000 € betragen (§ 48 Abs. 3 Satz 2 GKG); er darf jedoch den Betrag von 1 Mio. € nicht übersteigen.   393

Auszugehen ist von dem jeweiligen **Nettoeinkommen** der Eheleute. Kindergeld ist nicht zu berücksichtigen. Unterhaltszahlungen und sonstige Beträge, die die Leistungsfähigkeit mindern, sind abzuziehen.   394

Strittig ist, wie die Einkommensverhältnisse zu bewerten sind, wenn **beiden Parteien PKH** bewilligt worden ist. Zum Teil wird in diesen Fällen generell der Mindestwert von 2.000 € angenommen. Hierfür besteht jedoch keine gesetzliche Grundlage. Auch im Falle beiderseitiger PKH muss der Gegenstandswert nach § 48 Abs. 3 GKG bewertet werden.   395

396 Das **Vermögen der Ehegatten** ist ebenfalls zu berücksichtigen. Hier wird von der Rechtsprechung i.d.R. ein Freibetrag abgezogen.[121] Von dem danach verbleibenden Vermögen sind 5 – 10 % in Ansatz zu bringen.[122]

397 Weiterhin ist auch auf den **Umfang der Sache** abzustellen. Bei geringerem Umfang, also bei besonders einfachen einverständlichen Scheidungen, kann ein Abschlag vorgenommen werden. Bei größerem Umfang der Ehesache, etwa bei Streitigkeiten über den Trennungszeitpunkt, nicht einverständlichen Entscheidungen, besonderer Härte etc., ist ein entsprechender Zuschlag vorzunehmen.

398 Auch die **Bedeutung der Sache** ist bei der Wertbemessung in Ansatz zu bringen. Zu fragen ist, ob das Verfahren von einer durchschnittlichen Scheidung abweicht.[123] Dass eine einverständliche Scheidung vorliegt, ist für sich genommen noch kein Grund zur Herabsetzung.[124] Eine geringere Bedeutung wird dagegen anzunehmen sein, wenn der Scheidungsantrag unmittelbar nach Einreichung wieder zurückgenommen wird.[125]

399 Ist **ausländisches Recht** anzuwenden, ist grds. ein Aufschlag vorzunehmen, da dies mit größerem Aufwand verbunden ist.[126]

400 Zu beachten ist die Vorschrift des § 45 Abs. 1 Satz 3 GKG. Werden **wechselseitige Scheidungsanträge** gestellt, so handelt es sich um denselben Gegenstand, so dass eine Addition unterbleibt. Werden allerdings wechselseitige Scheidungsanträge in verschiedenen Verfahren anhängig gemacht, so sind sie gesondert zu bewerten (s.o. Rn. 382).

IV.   Unterhalt

1.   Gebühren

401 In Unterhaltsverfahren entstehen wiederum Gebühren nach Nrn. 3100 ff. VV RVG.

a)   Verfahrensgebühr

aa)   Gebühr

402 Der Anwalt erhält zunächst eine **1,3 Verfahrensgebühr** (Nr. 3100 VV RVG), die sich bei vorzeitiger Erledigung nach Nr. 3101 Nr. 1 VV RVG auf 0,8 ermäßigt. Das Gleiche gilt, soweit nicht anhängige Gegenstände miteinbezogen werden.

---

121   OLG Karlsruhe, FamRZ 1999, 1288; OLG Nürnberg, EzFamR 1998, 393.
122   S. hierzu im Einzelnen *Schneider/Herget*, Rn. 1108 ff.
123   OLG Zweibrücken, JurBüro 1979, 1864.
124   OLG Dresden, JurBüro 1998, 317; OLG Frankfurt, FamRZ 1997, 35.
125   OLG Schleswig, JurBüro 1985, 1675.
126   OLG Zweibrücken, JurBüro 1984, 899.

Beispiel: 403

Geklagt wird im Juli laufendender Unterhalt (Monatsbetrag: 500 €) ab August 2004. Im Termin verhandeln die Parteien auch über die Rückstände für Januar bis Juli 2004.

Der Anwalt erhält:

1.	*1,3 Verfahrensgebühr, Nr. 3100 VV RVG (Wert: 6.000 €)*	*439,40 €*
2.	*0,8 Verfahrensgebühr, Nr. 3101 Nr. 2 VV RVG (Wert: 3.500 €)*	*173,60 €*
	gemäß § 15 Abs. 3 RVG nicht mehr als	
	eine 1,3 Verfahrensgebühr (Wert: 9.500 €)	*631,80 €*
	die hier die nicht erreicht werden.	
3	*1,2 Terminsgebühr, Nr. 3104 VV RVG (Wert: 9.500 €)*	*583,20 €*
4.	*Postentgeltpauschale, Nr. 7002 VV RVG*	*20,00 €*
5.	*16 % Umsatzsteuer, Nr. 7008 VV RVG*	*+ 194,59 €*
	Summe:	*1.410,79 €*

bb) Anrechnung bei vorangegangenem vereinfachten Verfahren nach §§ 645 ff. ZPO und § 655 ZPO

Nach §§ 645 ff. ZPO kann das minderjährige Kind, das mit dem in Anspruch genom- 404 menen Elternteil nicht in einem Haushalt lebt, im vereinfachten Verfahren seinen Unterhalt festsetzen lassen. Auf dieses vereinfachte Verfahren sind die Nrn. 3100 ff. VV RVG entsprechend anzuwenden. In Verfahren auf Abänderung eines Vollstreckungstitels entsteht die 0,5 Verfahrensgebühr nach Nr. 3331 VV RVG. Das nachfolgende streitige Verfahren ist nach § 17 Nr. 3 RVG eine eigene Angelegenheit, so dass dort die Gebühren nach Nrn. 3100 ff. VV RVG entstehen. Weil dem Anwalt im Ergebnis die Verfahrensgebühren jedoch nicht in beiden Verfahren gesondert zustehen sollen, ordnet Abs. 1 der Anm. zu Nr. 3100 VV RVG für diesen Fall an, dass die Verfahrensgebühren des vereinfachten Verfahrens aus Nr. 3100 VV RVG sowie aus Nr. 3331 VV RVG auf die Verfahrensgebühr nach Nr. 3100 VV RVG des Rechtsstreits **anzurechnen** sind. Diese Regelung ist der Anrechnung im Mahnverfahren vergleichbar (Anm. zu Nr. 3305 VV RVG; Anm. zu Nr. 3307 VV RVG). ·

Beispiel 1: 405

Es wird zunächst ein vereinfachtes Verfahren auf Festsetzung nach §§ 645 ff. ZPO (Wert: 3.000 €) eingeleitet. Der Unterhaltsschuldner erhebt Einwendungen, so dass nach § 653 ZPO das streitige Verfahren durchgeführt wird (Wert ebenfalls 3.000 €).

Zu rechnen ist wie folgt:

I. Vereinfachtes Verfahren:

1.	*1,3 Verfahrensgebühr, Nr. 3100 VV RVG*	*245,70 €*
2.	*Postentgeltpauschale, Nr. 7002 VV RVG*	*20,00 €*

3.	16 % Umsatzsteuer, Nr. 7008 VV RVG	+ 42,51 €
	Summe:	**308,21 €**

II. Rechtsstreit:

1.	1,3 Verfahrensgebühr, Nr. 3100 VV RVG	245,70 €
	gemäß Abs. 1 der Anm. zu Nr. 3100 anzurechnen	
	1,3 Geschäftsgebühr (Wert: 3.000 €) aus I.1.	– 245,70
2	1,2 Terminsgebühr, Nr. 3104 VV RVG	226,80 €
3.	Postentgeltpauschale, Nr. 7002 VV RVG	20,00 €
4.	16 % Umsatzsteuer, Nr. 7008 VV RVG	+ 39,49 €
	Summe:	**286,29 €**

406   **Beispiel 2:**

Es wird zunächst ein vereinfachtes Abänderungsverfahren nach § 655 ZPO (Wert 1.200 €) eingeleitet. Anschließend wird Klage gegen den Abänderungsbeschluss erhoben (Wert: 1.200 €).

Zu rechnen ist wie folgt:

I. Vereinfachtes Verfahren:

1.	0,5 Verfahrensgebühr, Nr. 3331 VV RVG	42,50 €
2.	Postentgeltpauschale, Nr. 7002 VV RVG	8,50 €
3.	16 % Umsatzsteuer, Nr. 7008 VV RVG	+ 8,16 €
	Summe:	**59,16 €**

II. Rechtsstreit:

1.	1,3 Verfahrensgebühr, Nr. 3100 VV RVG	110,50 €
	gemäß Abs. 1 der Anm. zu Nr. 3100 VV RVG anzurechnen:	
	0,5 Verfahrensgebühr (Wert: 1.200 €) aus I. 1.	– 42,50 €
2	1,2 Terminsgebühr, Nr. 3104 VV RVG	102,00 €
3.	Postentgeltpauschale, Nr. 7002 VV RVG	20,00 €
4.	16 % Umsatzsteuer, Nr. 7008 VV RVG	+ 30,40 €
	Summe:	**220,40 €**

cc)   Mehrere Auftraggeber

(1)   Mehrere Unterhaltsgläubiger

407   Ist der Anwalt für mehrere Unterhaltsgläubiger tätig, etwa für mehrere Kinder oder für Ehegatten und Kinder, so handelt es sich um eine Angelegenheit i.S.d. § 15 Abs. 1 RVG.

Die Gegenstandswerte der einzelnen Unterhaltsforderungen sind jedoch zu addieren (§ 21 Abs. 1 RVG). 408

Das gilt auch dann, wenn der Anwalt für mehrere Unterhaltsgläubiger zunächst nur Auskunft verlangt. Jedem Unterhaltsgläubiger steht ein eigener Auskunftsanspruch zu, der gesondert zu bewerten ist. 409

(2) Mehrere Unterhaltsschuldner

Wird der Anwalt für mehrere Unterhaltsschuldner tätig, so kommt es darauf an, ob diese auf denselben Unterhaltsbetrag in Anspruch genommen werden, also z.B. als Gesamtschuldner, oder ob gegen jeden von ihnen unterschiedliche, voneinander unabhängige Unterhaltsforderungen gestellt werden. 410

> *Beispiel:* 411
>
> *Der Anwalt vertritt die Großeltern, die als Gesamtschuldner auf Kindesunterhalt in Anspruch genommen werden.*
>
> *Es liegt derselbe Gegenstand vor. Daher bleibt es bei dem einfachen Wert. Allerdings erhöht sich die 1,3 Verfahrensgebühr nach Nr. 1008 VV RVG um 0,3 auf 1,6.*

Werden mehrere Unterhaltsschuldner auf unterschiedliche Zahlung in Anspruch genommen, ist nicht die Verfahrensgebühr nach Nr. 1008 VV RVG zu erhöhen, sondern es sind gemäß § 22 Abs. 1 RVG die einzelnen Gegenstandswerte zusammenzurechnen.

> *Beispiel:* 412
>
> *Das volljährige Kind verlangt von dem Vater monatlichen Unterhalt i.H.v. 350 € und von der Mutter monatlichen Unterhalt i.H.v. 150 €. Die Eltern werden beide von demselben Anwalt vertreten.*
>
> *Hier werden unterschiedliche Unterhaltsforderungen geltend gemacht, so dass die Werte nach § 22 Abs. 1 RVG zu addieren sind. Eine Gebührenerhöhung nach Nr. 1008 VV RVG kommt nicht in Betracht.*

b) Terminsgebühr

Neben der Verfahrensgebühr entsteht eine 1,2 Terminsgebühr nach Nr. 3104 VV RVG, die sich im Falle eines Versäumnisurteils nach Nr. 3105 VV RVG auf 0,5 ermäßigt. 413

c) Einigungsgebühr

Hinzu kommen kann eine 1,0 Einigungsgebühr nach Nrn. 1000, 1003 VV RVG. Soweit sich die Parteien auch über nicht anhängige Gegenstände einigen, entsteht die Einigungsgebühr zu 1,5 (Nr. 1000 VV RVG). 414

d) Auslagen

415 Daneben erhält der Anwalt Ersatz seiner Auslagen nach den Nrn. 7000 ff. VV RVG.

2. Gegenstandswert

416 Hinsichtlich des Gegenstandswertes gilt Folgendes:

a) Bezifferte Klage

417 Wird der Unterhalt beziffert geltend gemacht, also ein bestimmter fälliger Betrag, so gilt § 48 Abs. 1 GKG i.V.m. § 3 ZPO. Der geforderte Betrag ist maßgebend.

b) Zukünftiger Unterhalt

418 Wird auf zukünftigen laufenden Unterhalt geklagt, so gilt § 42 Abs. 1 GKG. Maßgebend ist der Wert des für die ersten **zwölf Monate** nach Einreichung der Klage oder des Antrags geforderten Betrags, höchstens jedoch der Gesamtbetrag der geforderten Leistung.

419 Wird also Unterhalt für **zwölf Monate oder einen geringeren Zeitraum** geltend gemacht, so ist der Gesamtwert maßgebend.

420 Wird Unterhalt für **mehr als zwölf Monate** geltend gemacht, so gilt der Wert der nächsten zwölf Monate, die auf die Klageeinreichung oder die Einreichung des PKH-Antrags folgen. Dieser Wert muss nicht unbedingt mit dem zwölffachen Monatsbetrag identisch sein.

421 *Beispiel:*

Im Juli 2004 wird Klage erhoben auf Unterhaltszahlung ab August 2004 i.H.v. jeweils 600 € je Monat und ab Januar 2005 i.H.v. 800 €.

Der Gegenstandswert beläuft sich auf

− 6 x 600 € (August bis Dezember 2004)	*3.600 €*
− 6 x 800 € (Januar bis Juli 2005)	*+ 4.800 €*
Summe:	**8.400 €**

und nicht etwa auf

12 x 800 € =	*9.600 €*

422 Strittig ist, ob der Jahreswert auch dann gilt, wenn zu erwarten ist, dass der Unterhalt für einen geringeren Zeitraum als zwölf Monate zu bezahlen sein wird. Diese Frage stellt sich häufig dann, wenn Trennungsunterhalt geltend gemacht wird und davon auszugehen ist, dass die Scheidung vor Ablauf eines Jahres rechtskräftig ausgesprochen werden wird. Nach wohl h.M. ist in diesem Fall ein kürzerer Zeitraum als ein Jahr anzunehmen; dieser ist zu schätzen.[127] Zutreffend dürfte es jedoch sein, auch hier den Jahreswert an-

---

127 OLG Bamberg, JurBüro 1988, 1077; OLG Köln, JurBüro 1993, 164.

zunehmen, da zum maßgeblichen Zeitpunkt, nämlich bei Einreichung der Klage oder des Antrags (§ 40 GKG) ungewiss ist, wann die Rechtskraft der Scheidung eintreten wird.[128]

Wird der Unterhalt nicht beziffert eingeklagt, sondern wird gemäß §§ 1612a bis 1612c BGB der **jeweilige Regelbetrag** geltend gemacht, so ist von demjenigen Betrag auszugehen, der dem geforderten Prozentsatz des Regelbetrages entspricht. Anzurechnendes Kindergeld ist allerdings abzuziehen.   423

Für die Streitwertbemessung ist es unerheblich, ob der geforderte Unterhalt zum Teil **unstreitig** ist und ggf. sogar gezahlt wird. Es kommt allein auf den Klageantrag an.   424

> *Beispiel 1:*   425
>
> *Der Ehemann zahlt freiwillig 400 € Unterhalt monatlich. Die Ehefrau klagt auf Zahlung von monatlichem Unterhalt i.H.v. 600 €.*
>
> *Der Gegenstandswert bemisst sich auf 12 x 600 € =   7.200 €.*
>
> *Dass hier unstreitig gezahlter Unterhalt eingeklagt worden ist, kann ggf. im Rahmen der Kostenentscheidung zu berücksichtigen sein, wenn der beklagte Ehemann insoweit kostenbefreiend anerkennt.*

Beschränkt der Kläger seinen Klageantrag dagegen nur auf die über den unstreitigen Betrag hinausgehende Forderung, so ist nur deren Wert maßgebend.   426

> *Beispiel 2:*   427
>
> *Wie Beispiel 1, jedoch beantragt die Ehefrau, den Ehemann zu verurteilen, über den freiwillig gezahlten Betrag i.H.v. 400 € hinaus weitere 200 € monatlich zu zahlen.*
>
> *Jetzt beläuft sich der Gegenstandswert lediglich auf*
>
> *12 x 200 € =   2.400 €*

c) Klagehäufung (laufender Unterhalt und fällige Beträge)

Werden neben dem laufenden Unterhalt auch **fällige Beträge** eingeklagt, so gilt § 42 Abs. 5 GKG (bisher § 17 Abs. 4 GKG a.F.). Der Wert der bei Einreichung der Klage oder des PKH-Antrags fälligen Beträge wird dem Streitwert der Klage auf zukünftige Leistung hinzugerechnet.   428

Maßgebend ist die **Einreichung** der Klage, nicht die Zustellung. Der Einreichung steht gleich der Antrag auf Bewilligung von PKH, wenn die Klage alsbald nach Mitteilung der Entscheidung über den Antrag oder über eine alsbald eingelegte Beschwerde eingereicht wird (§ 42 Abs. 5 Satz 2 GKG).   429

---

128   OLG München, JurBüro 1985, 742.

430
> **Hinweis:**
>
> Da Unterhalt monatlich im Voraus zu zahlen ist (§ 1612 Abs. 3 BGB), sind die Unterhaltsbeträge des Monats, in dem die Klage eingereicht wird, bereits fällig und somit nach § 17 Abs. 4 GKG zu addieren.[129]

431 Umstritten ist die Berechnung, wenn später die Klage erweitert und rückwirkend ein höherer Unterhaltsbetrag geltend gemacht wird.

432 *Beispiel:*

Ausgangsfall

Im Juli 2004 reicht die Ehefrau Klage ein und beantragt Unterhalt i.H.v. 400 € seit April 2004.

Der Gegenstandswert für den laufenden Unterhalt bemisst sich gemäß § 42 Abs. 1 GKG auf 12 x 400 € =	*4.800 €*
Der Wert der fälligen Beträge (April 2004 bis Juli 2004) bemisst sich auf 4 x 400 € =	*+ 1.600 €*
*Der **Gesamtwert** beläuft sich somit auf*	*6.400 €*

Klageerweiterung

Im Oktober 2004 erweitert die Ehefrau die Klage und begehrt einen monatlichen Unterhalt i.H.v. 600 € beginnend ab April 2004.

Der Wert der Klage auf zukünftige Leistung beläuft sich nunmehr auf 12 x 500 € =	*6.000 €*
Für die Zeit von April bis Juli sind 4 x 600 € gemäß § 42 Abs. 5 GKG zu berücksichtigen, also	*2.400 €*

Nach einem Teil der Rechtsprechung sind die fälligen Beträge für die Zeit nach Klageeinreichung bis zur Klageerweiterung (August bis Oktober 2004) nicht nach § 42 Abs. 5 GKG hinzuzurechnen, da auf den Zeitpunkt der Klageerhebung abzustellen sei.

Zutreffend ist es dagegen, auch die bei Klageerweiterung fälligen Erhöhungsbeträge nach § 42 Abs. 5 GKG mit hinzuzurechnen.[130]

Hinzu kommen also weitere 3 x 100 €	*+ 300 €,*
*so dass sich ein **Gegenstandswert** i.H.v.*	*8.700 €*

ergibt.

---

129 OLG Hamm, AGS 2004, 32 m. Anm. *N. Schneider.*
130 OLG Köln, AGS 2004, 32 m. Anm. *N. Schneider* = FamRB 2004, 45 m. Anm. *N. Schneider.*

d) Klagehäufung (Trennungs- und nachehelicher Unterhalt)

Werden im selben Rechtsstreit Trennungsunterhalt und nachehelicher Unterhalt geltend **433** gemacht, sind beide Anträge gemäß § 42 Abs. 1, Abs. 5 GKG zu bewerten. Ihre Einzelwerte sind zu addieren.[131]

e) Rückzahlung geleisteten Unterhalts

Wird geleisteter Unterhalt zurückverlangt, so gilt ebenfalls § 42 Abs. 1 GKG. Der Gegen- **434** standswert ist auf den Betrag von zwölf Monaten beschränkt.[132]

f) Abänderung

Wird Unterhaltsabänderung verlangt, so gilt wiederum § 42 Abs. 1 GKG. Maßgeblich ist **435** der Betrag der verlangten Herauf- oder Herabsetzung für die nächsten **zwölf Monate**.

Werden mit der Heraufsetzungsklage gleichzeitig Unterhaltsrückstände geltend gemacht, **436** so ist nach § 42 Abs. 5 GKG zu verfahren.

Im Falle **wechselseitiger Abänderungsklagen**, also Klage und Widerklage auf Herauf- **437** bzw. Herabsetzung, sind die Gegenstandswerte zu addieren. Es liegt kein Fall des § 45 Abs. 1 Satz 3 GKG vor.[133]

g) Auskunft

Wird auf Auskunft geklagt, ist der Gegenstandswert mit einem Bruchteil des zu erwar- **438** tenden Zahlungsantrags zu bewerten, je nachdem, wie sehr der Kläger auf die Auskunft zur Geltendmachung seines Unterhaltsanspruchs angewiesen ist.

h) Eidesstattliche Versicherung

Auch für den Anspruch auf eidesstattliche Versicherung sowie auf Vorlage von Belegen **439** ist ein Bruchteil anzusetzen. Dieser Bruchteil wird im Wegfall unter dem des Auskunftsbruchteils liegen.[134]

i) Stufenklage

Geht der Unterhaltskläger im Wege der Stufenklage vor, so gilt § 44 GKG. Der höhere **440** Wert ist maßgebend.

Zu beachten ist allerdings, dass hier je Gebühr die Wertbemessung einzeln vorzunehmen **441** ist.

---

131 BGH, FamRZ 1981, 242; OLG Hamburg, FamRZ 1984, 1250; OLG Hamm, FamRZ 1988, 402.
132 OLG Hamburg, FamRZ 1998, 311.
133 OLG Hamm, AGS 2004, 32 m. Anm. *N. Schneider.*
134 *Lappe,* Rn. 27.

442   **Beispiel 1:**

Die Ehefrau klagt gegen den Ehemann auf Auskunft und Zahlung eines noch zu beziffernden Betrags. Über den Auskunftsanspruch wird verhandelt. Der Ehemann wird zur Auskunft verurteilt. Nach Auskunftserteilung beziffert die Ehefrau den monatlichen Unterhalt mit 500 €, den der Ehemann auch zahlt. Die Parteien erklären daraufhin den Rechtsstreit ohne mündliche Verhandlung in der Hauptsache für erledigt.

Das Gericht setzt den Wert der Unterhaltsklage mit 6.000 € fest, den der Auskunftsklage mit 2.000 €.

Die Verfahrensgebühr (Nr. 3100 VV RVG) berechnet sich gemäß § 44 GKG aus einem Gegenstandswert von 6.000 €. Die Terminsgebühr ist dagegen nur nach einem Wert von 2.000 € angefallen.

Zu rechnen ist wie folgt:

1.	*1,3 Verfahrensgebühr, Nr. 3100 VV RVG (Wert: 6.000 €)*	439,40 €
2.	*1,2 Terminsgebühr, Nr. 3104 VV RVG (Wert: 2.000 €)*	159,60 €
3.	*Postentgeltpauschale, Nr. 7002 VV RVG*	20,00 €
4.	*16% Umsatzsteuer, Nr. 7008 VV RVG*	+ 99,04 €
	Summe:	**718,04 €**

443   Zu beachten ist zudem, dass Stufenstreitwerte anfallen können.

444   **Beispiel 2:**

Wie Beispiel 1, jedoch ergeht nach Bezifferung ein Versäumnisurteil.

Die Verfahrensgebühr (Nr. 3100 VV RVG) berechnet sich wiederum gemäß § 44 GKG aus einem Gegenstandswert von 6.000 €. Hinsichtlich der Terminsgebühr ist dagegen zu differenzieren:

- *Die 1,2 Terminsgebühr nach Nr. 3104 VV RVG ist nur aus dem Wert von 2.000 € angefallen.*

- *Aus dem Wert von 6.000 € ist dagegen nur die 0,5 Terminsgebühr nach Nr. 3105 VV RVG angefallen.*

- *Zu beachten ist dann noch § 15 Abs. 3 RVG.*

Zu rechnen ist wie folgt:

1.	*1,3 Verfahrensgebühr, Nr. 3100 VV RVG (Wert: 6.000 €)*	439,40 €
2.	*0,5 Terminsgebühr, Nr. 3105 VV RVG (Wert: 6.000 €)*	169,00 €
3.	*1,2 Terminsgebühr, Nr. 3104 VV RVG (Wert: 2.000 €)*	159,60 €
	zu 2. und 3. gemäß § 15 Abs. 3 RVG nicht mehr als eine 1,2 Terminsgebühr (Wert: 6.000 €) mit 405,60 €, die hier nicht erreicht werden	

4. Postentgeltpauschale, Nr. 7002 VV RVG		20,00 €
5. 16 % Umsatzsteuer, Nr. 7008 VV RVG		+ 126,08 €
Summe:		**914,08 €**

j) Negative Feststellungsklage

Wird eine negative Feststellungsklage dahin gehend erhoben festzustellen, dass kein   445
Unterhalt geschuldet ist, so gilt ebenfalls § 42 Abs. 1 GKG. Maßgebend ist der Jahreswert, sofern sich der Feststellungsantrag nicht auf einen geringeren Zeitraum beschränkt.

Soweit sich die Feststellungsklage nicht nur auf zukünftigen Unterhalt bezieht, sondern   446
auch auf bereits fälligen Unterhalt, soll § 42 Abs. 5 GKG nicht anzuwenden sein.[135] Dies
ist unzutreffend. Es handelt sich auch hier um eine **Klagenhäufung**. Zum einen wird beantragt festzustellen, dass derzeit keine fällige Zahlungspflicht bestehe; hier gilt § 42
Abs. 5 GKG; zum anderen wird beantragt festzustellen, dass auch zukünftig kein Unterhalt zu zahlen sein wird; insoweit gilt § 42 Abs. 1 GKG.

k) Vollstreckungsgegenklage

Auch für die Vollstreckungsgegenklage gilt § 42 GKG. Soweit sich die Vollstreckungs-   447
gegenklage gegen titulierten laufenden Unterhalt richtet, gilt § 42 Abs. 1 GKG. Soweit
sich die Vollstreckungsgegenklage gegen bereits fällige Beträge richtet, gilt § 42 Abs. 5
GKG; ggf. ist zu addieren.

V. Versorgungsausgleich

1. Gebühren

In isolierten Verfahren über den Versorgungsausgleich erhält der Anwalt die Gebühren   448
nach Nrn. 3100 ff. VV RVG, also eine **1,3 Verfahrensgebühr** (Nr. 3100 VV RVG) sowie
eine **1,2 Terminsgebühr** (Nr. 3104 VV RVG). Da es sich um ein FGG-Verfahren handelt,
kommt der Erlass eines Versäumnisurteils nicht in Betracht und somit auch nicht die Vorschrift der Nr. 3105 VV RVG.

Ein Vergleich ist möglich, sofern das Gericht diesen genehmigt, so dass auch eine **Eini-**   449
gungsgebühr nach Nrn. 1000, 1003 VV RVG anfallen kann. Zu beachten ist auch hier,
dass eine Einigung formbedürftig ist (§ 1587o Abs. 2 Satz 1 BGB). Die Einigungsgebühr
(Nrn. 1000, 1003 VV RVG) kann daher auch hier nur bei Abschluss eines **Vergleichs i.S.d.**
§ 779 BGB verdient werden (§ 127a BGB).

---

135   BGHZ 2, 74; OLG Hamm, JurBüro 1988, 778.

2. Gegenstandswert

450 Der Gegenstandswert in isolierten Verfahren über den Versorgungsausgleich richtet sich, da es sich um ein FGG-Verfahren handelt, nach **§ 99 Abs. 3 KostO**. Diese Vorschrift ist **zum 1.7.2004** geändert worden. Danach ist wie folgt zu bewerten:

(1) Es gilt zukünftig ein fester Gegenstandswert i.H.v. **1.000 €**, wenn dem Versorgungsausgleich ausschließlich Anrechte

   (a) aus einem öffentlich-rechtlichen Dienstverhältnis oder einem Arbeitsverhältnis mit Anspruch auf Versorgung nach beamtenrechtlichen Grundsätzen,

   (b) der gesetzlichen Rentenversicherung und

   (c) der Alterssicherung der Landwirte

   unterliegen (§ 99 Abs. 3 Satz 1 Nr. 1 KostO).

(2) Ebenso ist ein fester Gegenstandswert von **1.000 €** anzusetzen, wenn dem Versorgungsausgleich ausschließlich sonstige Anrechte unterliegen (§ 99 Abs. 3 Satz 1 Nr. 2 KostO).

(3) Sofern der Versorgungsausgleich beide Arten von Anrechten betrifft, ist zu addieren. Der Gegenstandswert beläuft sich dann auf **2.000 €** (§ 99 Abs. 3 Satz 1 Nr. 3 KostO).

(4) In Verfahren nach § 1587i Abs. 1 BGB beträgt der Geschäftswert ebenfalls **1.000 €** (§ 99 Abs. 3 Satz 2 1. Halbs. KostO).

(5) Im Verfahren zur Neufestsetzung des zu leistenden Betrages nach § 53e Abs. 3 FGG beträgt der Gegenstandswert lediglich **300 €** (§ 99 Abs. 3 Satz 2 2. Halbs. KostO).

(6) In den übrigen Verfahren bestimmt sich der Geschäftswert nach § 30 KostO.

VI. Genehmigung einer Vereinbarung über den Versorgungsausgleich

451 Schließen die Parteien außergerichtlich eine Vereinbarung über den Versorgungsausgleich und beantragen sie die gerichtliche Genehmigung, so handelt es sich immer um eine isolierte FGG-Angelegenheit. Das gilt auch dann, wenn ein Scheidungsverbundverfahren anhängig ist. Der Anwalt erhält daher gesonderte Gebühren nach Nrn. 3100 ff. VV RVG.

452 Der Gegenstandswert des Genehmigungsverfahrens bemisst sich gemäß §§ 97 Abs. 2, 30 Abs. 2 KostO nach dem Wert des Rechtsverhältnisses. Maßgebend ist also der Wert der Renten oder Rentenanwartschaften, die ohne die Vereinbarung zu übertragen gewesen wären. Dieser Wert berechnet sich wiederum nach den Festbeträgen des § 99 Abs. 3 KostO (s.o. Rn. 450). Auf den Wert des „Ausgleichsersatzes" kommt es nicht an.[136]

---

136 *Lappe*, Rn. 60.

VII. Kindessachen

1. Gebühren

Isolierte Verfahren betreffend Kindessachen, also 453

- elterliche Sorge,

- Umgangsrecht,

- Herausgabe sowie

- Maßnahmen nach dem Sorgerechts-Übereinkommens-Ausführungsgesetz (§ 23b Abs. 1 Nr. 11 GVG)

sind FGG-Verfahren. Der Anwalt erhält hier wie in anderen FGG-Verfahren auch die Ge- 454
bühren nach Nrn. 3100 ff. VV RVG, also eine **1,3 Verfahrensgebühr** (Nr. 3100 VV RVG)
sowie eine **1,2 Terminsgebühr** (Nr. 3104 VV RVG). Da es sich um ein FGG-Verfahren
handelt, kommt der Erlass eines Versäumnisurteils nicht in Betracht und somit auch nicht
die Vorschrift der Nr. 3105 VV RVG.

2. Gegenstandswert

Der Gegenstandswert bemisst sich gemäß § 94 Abs. 2 Satz 1 KostO nach § 30 Abs. 2 455
KostO. Es ist von einem **Regelwert** i.H.v. **3.000 €** auszugehen. Der Wert kann nach Lage des Falles niedriger oder höher, jedoch nicht über 500.000 € angenommen werden.

Bei überdurchschnittlichem Umfang und Bedeutung der Sache sowie auch bei höherem 456
Einkommen und Vermögen des Kindes (arg. e § 1626 Abs. 1 Satz 2 BGB)[137] ist der **Regelwert zu erhöhen.** Gleiches gilt, wenn umfangreiche Gutachten einzuholen sind und
Anhörungen stattfinden. Umgekehrt kann in einfachen Fällen der Regelwert herabgesetzt werden.

Zum Teil wird vertreten, die geringere Bedeutung des Umgangsrechts im Verhältnis zur 457
elterlichen Sorge rechtfertige einen niedrigeren Ausgangswert. Dies dürfte unzutreffend
sein. Der Gesetzgeber hat hier nicht differenziert und damit zum Ausdruck gebracht, dass
er die Kindesverfahren gebührenrechtlich für gleichwertig hält.[138] Im Übrigen dürfte es
in der Praxis häufig so sein, dass dem Umgangsrecht eine höhere Bedeutung zukommt
und hier zwischen den Parteien i.d.R. ein weit größerer Streit besteht als beim Sorgerecht.

---

137 *Lappe,* Rn. 51.
138 *Madert/Müller-Raabe,* B Rn. 34.

458 Auch die Tatsache, dass ein Verfahren die elterliche Sorge nur für die Zeit des Getrennt-lebens der Eltern betrifft, rechtfertigt noch keine Herabsetzung des Regelwertes. Lediglich dann, wenn abzusehen ist, dass hier nur ein **kurzer Zeitraum** betroffen ist, kann eine Herabsetzung des Regelwertes gerechtfertigt sein, so etwa bei bevorstehender Volljährigkeit des Kindes.

459 Sind **mehrere Kinder** betroffen, so ist ein einheitlicher Wert zu bilden. Es ist keinesfalls je Kind der Regelbetrag anzusetzen und sodann gemäß § 22 Abs. 1 RVG zu addieren. Der Ausgangswert ist entsprechend dem größeren Umfang und der größeren Bedeutung der Sache anzuheben. Die Anhebung wird vom Einzelfall abhängen. Sofern das Verfahren hinsichtlich beider Kinder gleich abläuft, wird man eine geringere Erhöhung vornehmen. Läuft das Verfahren hinsichtlich der verschiedenen Kinder jedoch unterschiedlich, rechtfertigt dies eine höhere Heraufsetzung des Regelwertes.

VIII. Kindschaftssachen

1. Gebühren

a) ZPO-Verfahren

460 Kindschaftssachen nach § 640 Abs. 1 ZPO sind ZPO-Verfahren. Der Anwalt erhält hier die Gebühren nach **Nrn. 3100 ff. VV RVG.**

b) FGG-Verfahren

461 Das Verfahren nach § 1600e Abs. 2 BGB ist ein FGG-Verfahren, da es in § 640 Abs. 1 ZPO ausdrücklich ausgenommen ist. Das Verfahren richtet sich gemäß § 621a ZPO nach dem FGG. Der Anwalt erhält in diesem Verfahren jetzt aber ebenfalls die Gebühren nach **Nrn. 3100 ff. VV RVG.**

2. Gegenstandswert

a) ZPO-Verfahren

462 In ZPO-Verfahren richtet sich der Gegenstandswert nach § 48 Abs. 3 Satz 3 GKG. Auszugehen ist von einem Wert i.H.v. **2.000 €.**

463 Wird mit dem Antrag auf Vaterschaftsfeststellung gemäß § 653 ZPO zugleich auch Regelunterhalt geltend gemacht, so gilt § 48 Abs. 4 GKG. Die Werte beider Anträge sind zunächst zu ermitteln. Maßgebend ist dann der höhere Wert. Unterhaltsrückstände sind auch hier gemäß § 42 Abs. 5 GKG zu berücksichtigen.[139]

---

139 OLG Karlsruhe, OLGR 1988, 264.

b) Verfahren nach § 1600e BGB

Im Verfahren nach § 1600e BGB gilt § 94 Abs. 1 Nr. 7 KostO i.V.m. § 30 Abs. 2 KostO. 464
Es ist von einem Wert i.H.v. **3.000 €** auszugehen.

IX. Hausratsverfahren

1. Überblick

Hausratsverfahren sind FGG-Verfahren. Für sie bestand nach der BRAGO bislang eine ge- 465
sonderte Regelung in § 63 Abs. 1 Nr. 1 BRAGO. Der Anwalt erhielt die Gebühren des
§ 31 BRAGO nur zur Hälfte. Eine gesonderte Regelung für Hausratsverfahren ist nicht
mehr vorhanden. Vielmehr sind diese jetzt wie alle anderen FGG-Verfahren zu behandeln. Da FGG-Verfahren jetzt ebenso abgerechnet werden wie gewöhnliche Zivilrechtsstreite, erhält der Anwalt also die Gebühren nach **Nrn. 3100 ff. VV RVG.**

2. Vergütung

Der Anwalt erhält danach in Hausratsverfahren also zunächst einmal die **1,3 Verfah-** 466
rensgebühr nach Nr. 3100 VV RVG, die sich unter den Voraussetzungen der Nr. 3101
VV RVG auf 0,8 ermäßigt.

Daneben entsteht eine **1,2 Terminsgebühr** nach Nr. 3104 VV RVG. Der Erlass eines Ver- 467
säumnisurteils ist hier nicht möglich, so dass eine 0,5 Gebühr nach Nr. 3105 VV RVG ausscheidet.

Möglich ist daneben noch die **1,0 Einigungsgebühr** nach Nrn. 1000, 1003 VV RVG. So- 468
weit weitere Gegenstände mit in eine Einigung einbezogen werden, entsteht eine 1,5
Gebühr (Nr. 1000 VV RVG) oder eine 1,3 Gebühr (Nr. 1004 VV RVG).

Hinzu kommen die **Auslagen** nach Nrn. 7000 ff. VV RVG. 469

Soweit eine Partei zur Räumung der Wohnung verurteilt ist oder sich in einem Vergleich 470
zur Räumung verpflichtet hat, und sie später eine **Räumungsfrist** beantragt (§§ 721,
794a ZPO), entsteht eine **1,0 Verfahrensgebühr nach Nr. 3334 VV RVG,** sofern das Räumungsfristverfahren nicht mit der Hauptsache verbunden ist. Daneben kann nach Vorbem. 3.3.6 VV RVG i.V.m. Nr. 3104 VV RVG im Räumungsfristverfahren auch eine 1,2
Terminsgebühr anfallen.

3. Gegenstandswert

Die Rechtsprechung zur Bemessung des Gegenstandswertes in Hausratssachen ist äu- 471
ßerst kontrovers. Maßgebend ist § 100 Abs. 3 KostO.[140]

---

140 Aufgehoben durch Art. 3 § 27 des Gesetzes v. 16.2.2001, BGBl. I, S. 266.

Im Einzelnen gilt Folgendes:

a) Zuweisung der Ehewohnung

472   Für Verfahren auf Zuweisung der Ehewohnung ist § 100 Abs. 3 Satz 1 KostO anzuwenden.

473   Für das Hauptsacheverfahren richtet sich der Geschäftswert nach dem **einjährigen Mietwert** (§ 100 Abs. 3 Satz 1 1. Halbs. KostO).[141] Unter Mietwert wurde dabei bislang die Netto-Miete verstanden.[142] Dies wird im Hinblick auf § 41 Abs.1 RVG zu überdenken sein. Die verbrauchsunabhängigen Kosten sind dann mit zu berücksichtigen.

474   Lediglich dann, wenn eine Regelung für einen **geringeren Zeitraum** als ein Jahr begehrt wird, ist der Mietwert dieses kürzeren Zeitraums anzusetzen (analog § 41 GKG).

475   Soweit eine Regelung nur hinsichtlich eines **Teils der Ehewohnung** begehrt wird, ist nur der entsprechende Anteil des Mietwertes zu berücksichtigen.

b) Zuweisung des Hausrats

476   Für die Zuweisung des Hausrats enthält § 100 Abs. 3 Satz 1 2. Halbs. KostO ebenfalls eine eigene Wertvorschrift, die durch § 100 Abs. 3 Satz 2 KostO ergänzt wird. Maßgebend ist der **Verkehrswert** (§ 6 ZPO) der vorhandenen Gegenstände,[143] nicht der Neuwert oder der Wiederbeschaffungswert.

477   Gegenstände, die bereits verteilt sind, dürfen nicht berücksichtigt werden, da insoweit keine Regelung des Gerichts beantragt wird und auch nicht ergeht. Dass im Rahmen der Billigkeitsabwägung die bereits verteilten Gegenstände mit berücksichtigt werden, ist dabei unerheblich.

478   Stehen die Gegenstände im **gemeinsamen Eigentum,** so soll nach einer Auffassung nur der hälftige Verkehrswert anzusetzen sein.[144] Dies ist jedoch unzutreffend. Abgesehen davon, dass die Vorschrift des § 100 Abs. 3 Satz 1 KostO keine dahin gehende Einschränkung enthält, ist dies auch nicht sachgerecht. Der Streit der Parteien geht um die Zuweisung, nicht um das Eigentum. Aus dem hälftigen Eigentum folgt nicht schon die hälftige Zuweisung, so dass etwa nur noch die Zuweisung der anderen Hälfte begehrt würde. Maßgebend ist daher der **volle Wert** der im Streit befindlichen Verteilungsmasse.

479   Beantragen beide Parteien die Zuweisung an sich, hat dies auf den Gegenstandswert keinen Einfluss (§ 45 Abs. 1 GKG).

---

141   OLG Bamberg, AGS 2003, 81.
142   OLG Brandenburg, FamRZ 1996, 502.
143   OLG Nürnberg, MDR 1997, 510 = NJW-RR 1998, 420.
144   OLG Nürnberg, a.a.O.

c) Nutzung des Hausrats

Wird nicht über die Zuweisung der Hausratsgegenstände gestritten, sondern nur über 480
deren Benutzung, so ist das **Interesse der Beteiligten** nach § 100 Abs. 3 Satz 2 KostO
i.V.m. § 3 ZPO zu schätzen.

d) Gleichzeitige Anträge zu Hausrat und Ehewohnung

Werden zugleich Anträge auf Zuweisung von Hausrat und Ehewohnung gestellt, so sind 481
deren Werte zu addieren (§ 22 Abs. 1 RVG).[145]

X. Zugewinnausgleich

1. Gebühren

Wird auf **Zugewinnausgleich** geklagt, so handelt es sich um ein ZPO-Verfahren, so dass 482
die Gebühren nach Nrn. 3100 ff. VV RVG gelten. Dies gilt auch bei einer Klage auf vorzeitigen Zugewinnausgleich. Anzuwenden ist daher auch Nr. 3105 VV RVG.

Wird die **Stundung des Zugewinnausgleichs** beantragt (§ 1382 BGB) oder die **Über-** 483
tragung von Vermögensgegenständen nach § 1383 BGB, so handelt es sich um ein
FGG-Verfahren, in dem ebenfalls die Gebühren nach Nrn. 3100 ff. VV RVG entstehen,
mit Ausnahme der Nr. 3105 VV RVG.

2. Gegenstandswert

Im Verfahren auf Zugewinnausgleich bemisst sich der Streitwert gemäß § 48 Abs. 1 GKG 484
i.V.m. § 3 ZPO nach dem **Wert der Ausgleichsforderung.**

Wird wechselseitig auf Zugewinn geklagt, so werden die Werte von **Klage und Wider-** 485
klage addiert.[146] Zwar schließt der Zugewinnausgleichsanspruch des einen Ehegatten den
des anderen aus; es fehlt jedoch an einer wirtschaftlichen Identität.

Wird auf **Auskunft** nach § 1379 BGB geklagt, so ist lediglich ein Bruchteil des zu erwar- 486
tenden Zugewinnausgleichsanspruchs anzusetzen.

Geht der Kläger im Wege der **Stufenklage** vor, verlangt er Auskunft und einen nach Aus- 487
kunftserteilung noch zu beziffernden Betrag, so gilt § 44 GKG. Der höhere Wert ist maßgebend.

---

145 *Hansens,* BRAGO, § 63 Rn. 10.
146 OLG Karlsruhe, NJW 1976, 3247; OLG Bamberg, FamRZ 1995, 492; OLG München, FamRZ 1997,
   41; OLG Köln, FamRZ 1997, 41; OLG Köln, BRAGOreport 2001, 63 (*N. Schneider*) = FamRZ 2001,
   1386 = MDR 2001, 941 = OLGR 2001, 203; OLGR 2001, 9; OLG Hamburg, AGS 2000, 230 = OLGR
   2000, 306; *Schneider/Herget,* Rn. 5140; ausführlich *N. Schneider,* FamRB 2002, 379.

488   Bei einer Klage auf **vorzeitigen Zugewinnausgleich** ist nicht der volle Wert anzusetzen, sondern nur ein Bruchteil, da es sich um eine Gestaltungsklage handelt.[147]

489   In Verfahren auf **Stundung des Zugewinnausgleichs und Übertragung von Vermögensgegenständen** gelten die §§ 97 Abs. 2, 30 Abs. 2 KostO. Dieser Wert ist auch maßgebend, wenn über Stundung und Übertragung von Vermögensgegenständen im Zugewinnausgleichsprozess entschieden wird. Die Bewertung folgt dann allerdings entsprechend § 48 Abs. 1 Satz 1 GKG, § 3 ZPO. Das OLG Köln[148] geht insoweit nicht nach dem Wert der Forderung, sondern nur nach dem Interesse des Antragstellers, die Kosten der Finanzierung der Forderung zu ersparen.

XI. Vergütung des Anwalts für die Protokollierung einer Scheidungsfolgenvereinbarung oder eines Rechtsmittelverzichts

490   In Familiensachen kommt es häufig vor, dass zum Abschluss eines Vergleichs oder zur Abgabe eines Rechtsmittelverzichts ein auf den nächsten Termin wartender Kollege gebeten wird, bei der Protokollierung mitzuwirken oder den Rechtsmittelverzicht zu erklären.[149]

1.   Gebühren

491   Unklarheit bestand in der Praxis immer wieder, wie die Tätigkeit des Anwalts für die Protokollierung oder die Abgabe eines Rechtsmittelverzichts zu vergüten ist. Zum Teil wird dem Anwalt die Vergütung als Prozessbevollmächtigter zugesprochen, zum Teil die Vergütung für eine Einzeltätigkeit. Mitunter war zu lesen, die Beantwortung dieser Frage sei strittig. Dies ist jedoch unzutreffend. Darüber, wie der „Fluranwalt" zu vergüten ist, besteht in Rechtsprechung und Literatur Einigkeit: **Es kommt auf den erteilten Auftrag an.**

492   Ist der Anwalt **als Prozessbevollmächtigter** beauftragt, obwohl er nur einen Rechtsmittelverzicht abgeben oder eine Einigung protokollieren soll, so erhält er die Vergütung als Prozessbevollmächtigter,[150] also nach Nrn. 3100 ff. VV RVG. Ob es für den Auftraggeber günstiger gewesen wäre, wenn der Anwalt sich lediglich den Auftrag zu einer Einzeltätigkeit hätte erteilen lassen, ist für die Frage des Gebührenanfalls zunächst unerheblich, da es hier nur auf den erteilten Auftrag ankommt. Die Frage, ob sich der Anwalt ggf. schadensersatzpflichtig gemacht hat, weil er der Partei hätte raten müssen, den kos-

---

147   BGH, NJW 1973, 369; *Lappe,* Rn. 67.
148   AGS 2003, 362 m. Anm. *N. Schneider.*
149   Zu den haftungsrechtlichen Risiken des sog. „Fluranwalts" s. *Kleinwegener,* FF 2003, 23.
150   So z.B. in den Fällen OLG Hamm, Rpfleger 1974, 19 = JurBüro 1974, 209; OLG Schleswig, JurBüro 1983, 1657.

tengünstigeren Weg zu beschreiten und sich als Terminsvertreter bestellen zu lassen mit der Folge, dass er die Gebühren nach Nrn. 3100 ff. VV RVG letztlich nicht durchsetzen kann, stellt sich erst später.

Ist dem Anwalt der Auftrag erteilt worden, **nur eine Folgenvereinbarung zu protokollieren** oder **nur einen Rechtsmittelverzicht abzugeben,** dann wird er nicht als Prozessbevollmächtigter tätig, sondern ist nur mit **Einzeltätigkeiten** beauftragt.[151] Seine Vergütung richtet sich dann nach Nr. 3403 VV RVG. Er erhält für die Wahrnehmung des Termins eine 0,8 Verfahrensgebühr.   493

Wird der Anwalt sowohl mit der Protokollierung eines Scheidungsfolgenvergleichs als auch mit der Abgabe eines Rechtsmittelverzichts beauftragt, liegt gleichwohl nur **eine Angelegenheit** i.S.d. **§ 15 RVG** vor. Der Anwalt erhält dann eine einzige Verfahrensgebühr nach Nr. 3403 VV RVG aus den zusammengerechneten Werten von Protokollierung und Vergleich (§ 22 Abs. 1 RVG).   494

2. Gegenstandswert

Der Gegenstandswert für die Tätigkeit des Fluranwalts richtet sich gemäß § 22 Abs. 1 RVG nach dem Gesamtwert aller Gegenstände, hinsichtlich derer er tätig geworden ist, also nach sämtlichen Gegenständen, die der protokollierten Einigung zugrunde liegen oder im Falle des Rechtsmittelverzichts nach denjenigen Gegenständen, hinsichtlich derer auf Rechtsmittel verzichtet worden ist.   495

Beispiel: 496

In einem Verbundverfahren (Werte: 10.000 € Scheidung; 1.000 € Versorgungsausgleich) haben die Parteien selbst bereits einen Vergleich über Unterhalt (Wert: 4.800 €) geschlossen. Der „Fluranwalt" wird nunmehr beauftragt,

a) *einen Vergleich über den Versorgungsausgleich (Wert: 1.000 €) protokollieren zu lassen,*

b) *einen Rechtsmittelverzicht abzugeben,*

c) *sowohl einen Vergleich über Versorgungsausgleich und Unterhalt protokollieren zu lassen als auch einen Rechtsmittelverzicht abzugeben.*

*In der **Alternative a)***
*wird der Anwalt nur hinsichtlich der Protokollierung des Vergleichs über den Versorgungsausgleich tätig. Der Gegenstandswert beläuft sich also auf **1.000 €.***

---

151   KG, JurBüro 1986, 1366; OLG Zweibrücken, JurBüro 1983, 226; OLG Schleswig, JurBüro 1975, 475; OLG München, JurBüro 1974, 1388 = MDR 1975, 153; OLG Hamburg, JurBüro 1975, 1081; OLG Brandenburg, AGS 2003, 109 m. Anm. *N. Schneider.*

*In der **Alternative b)***
*bemisst sich der Gegenstandswert nach dem Gesamtwert (§ 22 Abs. 1 RVG) der Gegenstände, über die das Gericht entschieden hat, also auf 6.000 € + 1.000 € = **7.000 €**.*

Hinsichtlich des Unterhalts ist keine gerichtliche Entscheidung ergangen, die rechtsmittelfähig wäre. Daher bleibt der Wert des Unterhaltsvergleichs hier außer Ansatz.

*In der **Alternative c)***
*wiederum bemisst sich der Gegenstandswert nach der Summe aller Gegenstandswerte aus Rechtsmittelverzicht und Vergleich (§ 22 Abs. 1 RVG), also 6.000 € + 1.000 € + 4.800 € = **11.800 €**.*

3. Einigungsgebühr

497   Wird eine Folgenvereinbarung protokolliert, die eine Einigung oder einen Vergleich beinhaltet, so wurde häufig ohne weitere Überlegung auch eine **Vergleichsgebühr** nach § 23 Abs. 1 Satz 3 BRAGO abgerechnet; jetzt wäre die Einigungsgebühr nach Nr. 1000 VV RVG abzurechnen. Auch dies ist dies nicht zutreffend. Eine Einigungsgebühr entsteht für den Anwalt nur dann, wenn er am Abschluss der Einigung mitgewirkt hat. Die bloße Protokollierung einer zwischen den Parteien bereits ausgehandelten Einigung ist aber grds. keine **Mitwirkung,** da die Einigung vorher schon zustande gekommen ist. Das gilt auch dann, wenn der Anwalt eine bereits diktierte Einigung genehmigt. Dass er damit die Verantwortung für die Einigung übernimmt, ist keine Mitwirkung beim Abschluss.[152] Ebenso wie die Protokollierungsgebühr der Nr. 3101 Nr. 2 VV RVG kann daher also auch die 0,8 Verfahrensgebühr nach Nr. 3403 VV RVG entstehen, ohne dass der Anwalt daneben noch eine Einigungsgebühr erhält.

498   *Beispiel:*

Die Parteien einigen sich über den zu zahlenden Kindesunterhalt oder über den zu zahlenden Ehegattenunterhalt. Sie wollen diese Einigung jedoch im Protokoll im Scheidungstermin schriftlich fixieren, um einen Vollstreckungstitel zu schaffen und bitten den Anwalt, dies als Vergleich protokollieren zu lassen.

Der Anwalt, der an der Protokollierung mitwirkt, erhält keine Einigungsgebühr, da die Einigung zwischen den Parteien vor seiner Beauftragung bereits zustande gekommen war. Der Anwalt kann lediglich die 0,8 Verfahrensgebühr nach Nr. 3403 VV RVG für die Protokollierung beanspruchen.

499   Eine Einigungsgebühr fällt aber dann an, wenn der Anwalt ausnahmsweise an dem Abschluss der Einigung oder des Vergleichs mitwirkt. Diese Mitwirkung kann z.B. darin bestehen, dass er auf den Inhalt der Einigung Einfluss nimmt oder sich daran beteiligt, die

---

152   *Gerold/Schmidt/von Eicken,* BRAGO, § 23 Rn. 33; a.A. LG Frankfurt/M., Rpfleger 1985, 166.

Vorstellungen der Parteien zu formulieren. Auch die Beratung über Inhalt und Konsequenzen der Einigung kann ausreichen, wenn diese auf den Entschluss des Antragsgegners, die Einigung abzuschließen, Einfluss hatte.[153]

Darüber hinaus ist eine Mitwirkung immer dann gegeben, wenn die Einigung formbedürftig ist und zu seiner Wirksamkeit der Protokollierung (als Vergleich – § 127a BGB) bedarf, wie etwa bei einem Vergleich über den Versorgungsausgleich oder die Übertragung des Miteigentums am ehelichen Hausgrundstück. Solche Vereinbarungen bedürfen grds. der notariellen Beurkundung: **500**

- **Versorgungsausgleich**: § 1587o Abs. 2 BGB;

- **Grundstücksübertragung**: § 311b BGB;

- **Zugewinnausgleich**: § 1378 Abs. 3 Satz 2 BGB.

Diese vorgeschriebene notarielle Beurkundung wird bei einem vor Gericht geschlossenen Vergleich durch die gerichtliche Protokollierung ersetzt (§§ 127a, 1587o Abs. 2 Satz 2, 1378 Abs. 3 Satz 2 2. Halbs. BGB). Daher kommt der Vergleich in diesen Fällen erst mit seiner Protokollierung wirksam zustande, so dass hier ausnahmsweise schon die Protokollierung selbst für das Zustandekommen des Vergleichs ursächlich ist und damit die Einigungsgebühr auslöst.[154] **501**

Beispiel: **502**

In einem Verbundverfahren (Werte: 9.000 € Scheidung; 1.000 € Versorgungsausgleich) wird der „Fluranwalt" beauftragt, einen bereits zwischen den Parteien vereinbarten Scheidungsfolgenvergleich über den Ausschluss des Versorgungsausgleichs sowie über anhängigen Unterhalt (Wert: 3.600 €) protokollieren zu lassen.

Für die Unterhaltsvereinbarung erhält der Anwalt keine Einigungsgebühr, da er an dieser Vereinbarung nicht mitgewirkt hat. Am Vergleich über den Ausschluss des Versorgungsausgleichs war der Anwalt dagegen beteiligt, da dieser erst durch die Protokollierung wirksam zustande gekommen ist (§ 127a BGB). Zu rechnen ist daher wie folgt:

1.	*0,8 Verfahrensgebühr, Nr. 3403 VV RVG (Wert: 13.600 €)*	*452,80 €*
2.	*1,0 Einigungsgebühr, Nrn. 1000, 1003 VV RVG (Wert: 1.000 €)*	*85,00 €*
3.	*Postentgeltpauschale, Nr. 7002 VV RVG*	*20,00 €*
4.	*16 % Umsatzsteuer, Nr. 7008 VV RVG*	*+ 89,25 €*
	Summe:	*647,05 €*

---

153 Anwkom-RVG-*N. Schneider*, Nr. 1001 VV RVG Rn. 104 m.w.N.
154 Anwkom-RVG-*N. Schneider*, Nr. 1001 VV RVG Rn. 104 m.w.N.

*Hätte der Anwalt auch am Abschluss der Einigung über den **Unterhalt mitgewirkt,** so hätte er auch aus diesem Wert die Einigungsgebühr beanspruchen können. Es wäre dann wie folgt zu rechnen:*

1.	*0,8 Verfahrensgebühr, Nr. 3403 VV RVG (Wert: 13.600 €)*	*452,80 €*
2.	*1,0 Einigungsgebühr, Nrn. 1000, 1003 VV RVG (Wert: 4.600 €)*	*301,00 €*
3.	*Postentgeltpauschale, Nr. 7002 VV RVG*	*20,00 €*
4.	*16 % Umsatzsteuer, Nr. 7008 VV RVG*	*+ 123,81 €*
	Summe:	***897,61 €***

503

> **Hinweis:**
>
> Nur der gerichtlich protokollierte Vergleich ersetzt die notarielle Form. Die Vorschrift des § 127a BGB ist nicht angepasst worden. Sie setzt nach wie vor einen Vergleich voraus. Wird nur eine Einigung beurkundet, ist die Form nicht gewahrt. Die Einigung ist nichtig (§ 125 Satz 1 BGB), so dass der Anwalt mangels einer wirksamen Einigung auch keine Gebühr erhält.

4. Vergütungsfestsetzung

504 Auch der Fluranwalt kann seine gesetzliche Vergütung nach **§ 11 RVG** festsetzen lassen und zwar unabhängig davon, ob er als Prozessbevollmächtigter bestellt oder nur mit einer Einzeltätigkeit beauftragt worden war.[155] Eine Klage wäre mangels Rechtsschutzbedürfnisses daher unzulässig, solange die Vergütungsfestsetzung möglich ist (§ 11 Abs. 5 Satz 2 RVG).

XII. Anerkennung ausländischer Entscheidungen

1. Gebühren

505 Verfahren auf Anerkennung ausländischer Entscheidungen finden vor der Landesjustizverwaltung statt, sind aber gleichwohl als „sonstige Verfahren" nach Teil 3 VV RVG zu vergüten. Der Anwalt erhält daher die Gebühren nach **Nrn. 3100 ff. VV RVG.**

2. Gegenstandswert

506 Der Gegenstandswert richtet sich nach § 23 Abs. 2 RVG i.V.m. § 30 Abs. 2 KostO. Es gilt ein Regelwert i.H.v. **3.000 €.**

---

155 OLG München, JurBüro 1974, 1388; OLG Zweibrücken, Rpfleger 1977, 112; KG, JurBüro 1986, 1082; OLG Brandenburg, AGS 2003, 109 m. Anm. *N. Schneider;* Anwkom-RVG-*N. Schneider,* § 11 Rn. 55, 60.

XIII. Sonstige Streitigkeiten

1. Streitigkeiten im Zusammenhang mit steuerlicher Veranlagung

Streitigkeiten im Zusammenhang mit der steuerlichen Veranlagung der Ehegatten (Zustimmung zum Realsplitting oder Abgabe der Anlage U zur Einkommensteuererklärung, Schadensersatz wegen unterlassener gemeinsamer Steuerveranlagung) sind Verfahren, die sich nach der ZPO richten, unabhängig davon, ob sie Familiensachen oder allgemeine Zivilsachen sind. Der Anwalt erhält hier die Gebühren nach **Nrn. 3100 ff. VV RVG.** 507

Wird auf Zustimmung zu einer bestimmten steuerlichen Veranlagung geklagt, so ist der Wert nach dem **Steuervorteil** zu bemessen, der sich für den Kläger bei Abgabe der Zustimmungserklärung ergibt. Ein Abschlag, weil „nur" die Abgabe einer Willenserklärung beantragt wird, ist nicht vorzunehmen.[156] 508

2. Freistellung von gemeinsamen Schulden

Häufig wird anlässlich der Trennung oder Scheidung auf Freistellung gemeinschaftlich eingegangener Verpflichtungen geklagt. Es handelt sich insoweit um allgemeine Zivilsachen, in denen die Gebühren nach **Nrn. 3100 ff. VV RVG** entstehen. 509

Der Gegenstandswert bemisst sich nach dem Wert der **Forderung,** von denen der Kläger freigestellt werden will. Sofern nur die hälftige Freistellung beantragt wird, ist auch nur der hälftige Wert anzusetzen. 510

N. Verbundverfahren

I. Umfang der Angelegenheit

1. Grundsatz

Das Verbundverfahren, also die Ehesache und ihre Folgesachen (§§ 623 Abs. 1 – 3, Abs. 5, 621 Abs. 1 Nr. 1 – 9 ZPO) gelten nach § 16 Nr. 4 RVG als **eine Angelegenheit** i.S.d. RVG. Dies wiederum bedeutet, dass der Anwalt nach § 15 Abs. 2 Satz 1 RVG die **Gebühren** im gesamten Verbundverfahren **nur einmal fordern** kann. Die Gebühren entgelten die gesamte Tätigkeit des Anwalts im Verbundverfahren vom Anfang bis zur Erledigung (§ 15 Abs. 1 RVG). 511

---

156 OLG Düsseldorf, JurBüro 1995, 254.

512 Werden wechselseitige Scheidungsanträge gestellt, so bleibt es bei einer Angelegenheit (s.o. Rn. 381).

513 Hinsichtlich der Gegenstandswerte gilt § 22 Abs. 1 RVG. Für die Berechnung der Gegenstandswerte zu den jeweils angefallenen Gebühren werden die Werte sämtlicher Gegenstände, also die Werte von Scheidung und Folgesachen zusammengerechnet; s. hierzu ausführlich oben Rn. 400.

2. Ausnahme: Ablauf von zwei Kalenderjahren

514 Ausnahmsweise kann die Folgesache eine neue Gebührenangelegenheit darstellen, nämlich dann, wenn die Voraussetzungen des § 15 Abs. 5 Satz 2 RVG erfüllt sind.

515 *Beispiel:*

Die Ehe der Parteien wurde am 30.10.2001 geschieden (Wert der Ehesache: 12.000 DM). Das Verfahren auf Zugewinnausgleich (Wert: 50.000 DM) ist zuvor nach mündlicher Verhandlung abgetrennt worden, da die Parteien außergerichtlich eine Einigung herbeiführen wollten. Im November 2001 fanden zwischen den Parteien über den Zugewinnausgleich Vergleichsgespräche statt, die jedoch zu keinem Ergebnis geführt haben. Der Antragsteller betrachtet die Sache als erledigt und weist seinen Anwalt an, nichts weiteres mehr zu veranlassen. Am 20.7.2004 beauftragt er seinen Anwalt dann doch, das Verfahren wieder aufzunehmen. Nach Beweisaufnahme ergeht ein Urteil über den Zugewinn.

Dadurch, dass der Antragsteller aufgrund des ergebnislosen Vergleichsgesprächs im November 2001 seinen Anwalt anwies, in der Sache nichts weiteres mehr zu veranlassen, war die Angelegenheit für den Anwalt des Antragstellers beendet. Damit begann die Zwei-Jahres-Frist des § 13 Abs. 5 Satz 2 BRAGO, jetzt § 15 Abs. 5 Satz 2 RVG zum 1.1.2002 zu laufen und endete am 31.12.2003. Seit der Beendigung des Mandats „Zugewinn" bis zum Auftrag erneut tätig zu werden, also am 20.7.2004, sind somit mehr als zwei Kalenderjahre vergangen, so dass die weitere Tätigkeit gemäß § 15 Abs. 5 Satz 2 RVG (§ 13 Abs. 5 Satz 2 BRAGO) als neue Angelegenheit gilt. Der Anwalt des Antragstellers kann daher zwei Angelegenheiten abrechnen, nämlich das Verbundverfahren einschließlich der Folgesache „Zugewinn" bis zur Beendigung des Mandats im November 2001 und die Folgesache ab Erteilung des neuen Auftrags im Juli 2004. Damit erhält er aus dem Wert der Folgesache seine Vergütung insgesamt zweimal.

Zu rechnen ist für das Verbundverfahren nach BRAGO, und zwar noch nach DM-Beträgen (§ 134 BRAGO), für das erneute Verfahren dagegen nach RVG (§ 61 RVG). Dies ergibt folgende Berechnung:

I. Verbundverfahren bis zur vorläufigen Erledigung:

1. 10/10 Prozessgebühr, § 31 Abs. 1 Nr. 1 BRAGO
(Wert: 62.000 DM)   *1.705,00 DM*

2. *10/10 Verhandlungsgebühr, § 31 Abs. 1 Nr. 2 BRAGO*
    (Wert: 62.000 DM)   *1.705,00 DM*

3. *10/10 Beweisgebühr, § 31 Abs. 1 Nr. 3 BRAGO (Wert: 12.000 DM)* *665,00 DM*

4. *Postentgeltpauschale, § 26 Satz 2 BRAGO*   *40,00 DM*

5. *16 % Umsatzsteuer, § 25 Abs. 2 BRAGO*   *+ 658,40 DM*

    Summe: **4.773,40 DM**

    Umgerechnet in €   **2.440,60 €**

II. **Folgesache nach Wiederaufnahme:**

1. *1,3 Verfahrensgebühr, Nr. 3100 VV RVG*
    (Wert: 25.564,59 € [50.000 DM])   *985,40 €*

2. *1,2 Terminsgebühr, Nr. 3104 VV RVG*
    (Wert: 25.564,59 € [50.000 DM])   *909,60 €*

3. *Postentgeltpauschale, Nr. 7002 VV RVG*   *20,00 €*

4. *16 % Umsatzsteuer, Nr. 7008 VV RVG*   *+ 306,40 €*

    Summe: **2.221,40 €**

3. Ausnahme: Einstweilige und vorläufige Anordnungen

Eine Ausnahme hierzu enthält § 17 Nr. 4b) RVG. Einstweilige und vorläufige Anordnun- 516
gen in Verfahren der freiwilligen Gerichtsbarkeit gelten danach gegenüber dem Verbundverfahren als verschiedene Angelegenheiten. Der Anwalt kann hier also eine gesonderte Vergütung abrechnen (s.u. Rn. 601).

4. Ausnahme: Auslösung aus dem Verbund

Gesonderte Angelegenheiten entstehen auch dann, wenn der Verbund aufgelöst wird, 517
also wenn eine Folgesache aus dem Verbund abgetrennt und als selbständige Angelegenheit fortgeführt wird (s.u. Rn. 520).

a) „Unechte Abtrennung"

aa) Vorabentscheidung über die Ehesache

Ein solcher Fall ist allerdings nicht schon dann gegeben, wenn das Gericht nach § 628 518
Satz 1 ZPO über den Scheidungsantrag vorab entscheidet. Auch wenn hier häufig von
„Abtrennung" gesprochen wird, handelt es sich nicht um eine echte Verfahrenstrennung
i.S.d. § 145 ZPO. Das Vorabscheidungsurteil einschließlich eventuell mitentschiedener
Folgesachen stellt vielmehr ein Teilurteil i.S.d. § 301 ZPO dar.[157]

---

157 Anwkom-RVG-*N. Schneider*, § 16 Rn. 20.

bb) Vorwegentscheidung über die elterliche Sorge

519   Ebenso wenig führt eine Vorwegentscheidung über die elterliche Sorge nach § 627 Abs. 1 ZPO zu mehreren Angelegenheiten. Auch hier handelt es sich nicht um eine Trennung i.S.d. § 145 ZPO, sondern wiederum nur um eine Teilentscheidung, die allerdings in Beschlussform ergeht (§ 627 Abs. 2 ZPO). Das gesamte Verfahren bleibt aber auch hier gemäß § 16 Nr. 4 RVG eine einzige Angelegenheit.

b)   „Echte Abtrennung"

520   Kommt es allerdings zur **echten Abtrennung**, also einer Verfahrenstrennung i.S.d. § 145 ZPO, wird also eine Folgesache fortan als selbständige Familiensache fortgeführt, so wird damit nicht nur prozessual der Verbund aufgelöst, sondern auch gebührenrechtlich die bislang bestehende Angelegenheit in mehrere Angelegenheiten geteilt. Es handelt sich hierbei um die **Fälle der Abtrennung** nach

§ 623 Abs. 1 Satz 2 ZPO	wegen Drittbeteiligung
§ 623 Abs. 2 Satz 2 ZPO	auf Antrag eines Ehegatten
§ 623 Abs. 3 Satz 2 ZPO	Gefährdung des Kindeswohls
§ 626 Abs. 2 ZPO	Vorbehalt bei Abweisung des Scheidungsantrages
§ 629 Abs. 3 ZPO	Vorbehalt bei Rücknahme des Scheidungsantrags

521   In diesen Verfahren verliert die Angelegenheit ihren Charakter als Folgesache und wird fortan isoliert fortgeführt. Sie gilt damit als **besondere Angelegenheit.**

II.   Gebührenrechtliche Konsequenzen des Verbundes

522   Daraus, dass Scheidungs- und Folgesachen eine einzige Angelegenheit bilden, ergeben sich einige Besonderheiten, die zu beachten sind.

1.   Einmaligkeit der Gebühren

523   Wie bereits ausgeführt, entstehen die Gebühren insgesamt nur einmal (§ 15 Abs. 2 Satz 1 RVG). Soweit hinsichtlich eines Gebührentatbestandes unterschiedliche Gebührensätze anfallen, ist die Vorschrift des § 15 Abs. 3 RVG zu beachten. Der Anwalt erhält dann insgesamt nie mehr als eine Gebühr aus dem höchsten Gebührensatz nach dem Gesamtwert.

524   *Beispiel:*

Im Scheidungsverfahren (Wert: 9.000 €), Versorgungsausgleich (Wert: 1.000 €), ergeht ohne mündliche Verhandlung ein Versäumnisurteil über den Auskunftsanspruch betreffend

den nachehelichen Unterhalt (Wert: 2.000 €). Nach Erteilung der Auskunft sieht die Antragstellerin von Unterhaltsforderungen ab und stellt nur den Scheidungsantrag.

Angefallen ist eine **1,3 Verfahrensgebühr** (Nr. 3100 VV RVG)
aus dem Wert der Ehesache, des Versorgungsausgleichs und
des Auskunftsanspruchs
9.000 € + 1.000 € + 2.000 € =   **12.000 €**

Hinzu kommt eine **1,2 Terminsgebühr** (Nr. 3104 VV RVG)
aus dem Wert der Ehesache und des Versorgungsausgleichs
9.000 € + 1.000 € =   **10.000 €**

sowie eine **0,5 Terminsgebühr** (Nr. 3105 VV RVG)
aus dem Wert des Auskunftsantrags, also   **2.000 €.**

Insgesamt kann der Anwalt jedoch nicht mehr als eine 1,2 Terminsgebühr aus dem Gesamtwert erhalten.

Zu rechnen ist wie folgt:

1.	1,3 Verfahrensgebühr, Nr. 3100 VV RVG (Wert: 12.000 €)	683,80 €
2.	0,5 Terminsgebühr, Nr. 3105 VV RVG (Wert: 2.000 €)	66,50 €
3.	1,2 Terminsgebühr, Nr. 3104 VV RVG (Wert: 10.000 €)	583,20 €
	zu 2. und 3. gemäß § 15 Abs. 3 RVG nicht mehr als	
	eine 1,2 Terminsgebühr (Wert: 12.000 €) mit	631,20 €,
	die hier die Obergrenze bildet	
4.	Postentgeltpauschale, Nr. 7002 VV RVG	20,00 €
5.	16 % Umsatzsteuer, Nr. 7008 VV RVG	+ 213,60 €
	Summe:	**1.548,60 €**

2. Fortgeltung des Gebührenrechts

Des Weiteren sind auch die §§ 60, 61 RVG zu beachten. Tritt während des Verbundverfahrens eine Änderung des Gebührenrechts ein, so gilt für das gesamte Verbundverfahren einschließlich sämtlicher Folgesachen das Gebührenrecht, das **bei Beginn des Verbundverfahrens** maßgeblich war. Dies gilt auch für Folgesachen, die erst nach In-Kraft-Treten der Gebührenänderung anhängig gemacht worden sind.[158]

3. Fälligkeit

Hinsichtlich der Fälligkeit der Gebühren gilt nach § 8 Abs. 1 Satz 1 2. Alt. RVG zwar, dass die Gebühren insgesamt erst fällig werden, wenn die Angelegenheit beendet ist. Hieraus darf jedoch nicht vorschnell der Schluss gezogen werden, dass erst mit Abschluss des Verbundverfahrens die gesamte Vergütung fällig werde. Vielmehr ist § 8 Abs. 1 Satz 2

525

526

---

158 Anwkom-RVG-N. Schneider, § 16 Rn. 37.

RVG zu berücksichtigen, wonach es zu **Teilfälligkeiten** kommen kann. Solche Teilfälligkeiten treten insbesondere in Verbundverfahren auf, da häufig Folgesachen vorzeitig enden oder unter Umständen auch längere Zeit ruhen.

527 *Beispiel 1:*

Über die Scheidung wird im November 2004 gemäß § 628 Satz 1 ZPO vorab entschieden; die Kosten des Scheidungsverfahrens werden nach § 93a ZPO gegeneinander aufgehoben. Anhängig bleibt das Verfahren über den Versorgungsausgleich.

Mit Erlass der Kostenentscheidung im Scheidungsverfahren sind die Gebühren, soweit sie sich aus dem Wert der Scheidung berechnen, nach § 8 Abs. 1 Satz 2 1. Alt. RVG fällig geworden.

4. Verjährung

528 Auch wenn nach § 8 Abs. 1 Satz 1, 2. Alt. RVG für eine Folgesache vorzeitig die Fälligkeit eintreten kann, droht eine Verjährung nach dem RVG nicht mehr. Hier steht die neue Vorschrift des § 8 Abs. 2 RVG entgegen, wonach die Verjährung gehemmt ist, solange das Verfahren noch anhängig bleibt.

529 *Fortsetzung Beispiel 1:*

Mit Erlass der Kostenentscheidung im Scheidungsverfahren sind die Gebühren aus dem Wert der Ehesache zwar nach § 8 Abs. 1 Satz 2 1. Alt. RVG fällig geworden. Die zum 1.1.2005 beginnende Verjährungsfrist ist jedoch solange gehemmt, wie der Versorgungsausgleich anhängig bleibt.

530

> **Praxishinweis:**
>
> Unabhängig davon empfiehlt es sich dennoch, die Scheidungssache und einzelne Folgesachen unmittelbar nach ihrer Erledigung zeitnah abzurechnen.

III. Gebühren

1. Überblick

531 Die Gebühren im **erstinstanzlichen Verbundverfahren** richten sich nach Teil 3 VV RVG. Im Verbundverfahren gilt nach wie vor **einheitliches Gebührenrecht**. Einer ausdrücklichen Regelung wie in § 31 Abs. 3 BRAGO bedarf es allerdings nicht mehr, da der Anwalt zukünftig in FGG-Sachen ohnehin die gleichen Gebühren erhält wie im bürgerlichen Rechtsstreit.

532 Vorgesehen ist jetzt zunächst anstelle der bisherigen Prozessgebühr des § 31 Abs. 1 Nr. 1 BRAGO eine **1,3 Verfahrensgebühr** (Nr. 3100 VV RVG). Die bisherigen Verhandlungs-,

Erörterungs- und Beweisgebühren des § 31 Abs. 1 Nrn. 2, 3 und 4 BRAGO wird es zukünftig nicht mehr geben. Stattdessen erhält der Anwalt eine **1,2 Terminsgebühr** (Nr. 3104 VV RVG). Daneben können auch noch die **Einigungsgebühr** (Nrn. 1000, 1003 VV RVG) sowie die **Erledigungsgebühr** (Nrn. 1001, 1003 VV RVG) anfallen. Dies gilt nicht nur für die Ehesache, sondern auch für Folgesachen.

2. Verfahrensgebühr

a) 1,3 Verfahrensgebühr

Für das Betreiben des Geschäfts einschließlich der Information (Vorbem. 3 Abs. 2 VV RVG) erhält der Anwalt im Verbundverfahren zunächst einmal die Verfahrensgebühr nach Nr. 3100 VV RVG.   533

Der Wert dieser Gebühr bemisst sich nach dem Wert der Ehesache sowie sämtlicher im Verlaufe des Verfahrens anhängig gewordener Folgesachen (§ 22 Abs. 1 RVG).   534

Die Gebühr entsteht grds. i.H.v. **1,3.** Soweit ein Fall der Nr. 3101 Nr. 1 oder 2 VV RVG vorliegt, ermäßigt sich die Gebühr auf **0,8.**   535

Eine 1,3 Verfahrensgebühr entsteht immer dann, wenn der Anwalt einen Antrag stellt, also einen Scheidungsantrag oder eine Klage auf Unterhalt, Zugewinn etc. einreicht.   536

Hinsichtlich der Scheidung entsteht für den Antragsteller die volle Gebühr mit **Einreichung des Scheidungsantrags.** Da hier ein Gegenantrag nicht erforderlich ist und i.d.R. nicht gestellt wird, genügt für den Anwalt des Beklagten die **Zustimmung zum Scheidungsantrag,** um die volle Gebühr auszulösen.[159] Ebenso reicht es aus, wenn der Rechtsanwalt einen Schriftsatz mit **Sachvortrag** einreicht.   537

In **Amtsverfahren** wie z.B. dem Verfahren über den Versorgungsausgleich sind Anträge nicht erforderlich. Werden sie gestellt, handelt es sich der Sache nach um „Anregungen".[160] Nach dem Wortlaut der Nr. 3101 Nr. 1 VV RVG würde in diesem Falle die 1,3 Verfahrensgebühr erst mit der Wahrnehmung eines Termins entstehen. Dies wäre jedoch nicht sachgerecht. Die 1,3 Verfahrensgebühr entsteht deshalb bereits dann, wenn der Anwalt für seine Partei Erklärungen zur Sache abgibt.[161]   538

Eine Ermäßigung der Verfahrensgebühr nach Nr. 3101 Nr. 3 VV RVG ist in Familiensachen ausgeschlossen (Abs. 2 der Anm. zu Nr. 3101 VV RVG).   539

Die bisherige Streitfrage, ob die Anhörung der Parteien zum Sorge- und Umgangsrecht die Prozessgebühr auslöst, wenn insoweit keine Folgesache anhängig gemacht worden   540

---

159 OLG Frankfurt, JurBüro 1981, 1527; KG, JurBüro 1984, 880 = AnwBl. 1984, 375.
160 *Lappe,* Rn. 216.
161 So jetzt ausdrücklich Nr. 3101 Nr. 1 VV RVG.

ist, wird sich nach dem RVG nicht mehr stellen. Wird über das Sorge- oder Umgangs-recht erörtert, greift Nr. 3101 Nr. 2 3. Alt. VV RVG.

b) 0,8 Verfahrensgebühr

541 **Erledigt sich der Auftrag,** bevor der Anwalt den Scheidungsantrag oder einen ander-weitigen verfahrenseinleitenden Schriftsatz eingereicht oder bevor er einen Termin wahr-genommen oder sonstige in Nr. 3101 Nr. 1 VV RVG aufgeführte Tätigkeiten ausgeübt hat, so ermäßigt sich die Verfahrensgebühr auf 0,8 (Nr. 3101 Nr. 1 VV RVG).

542 Ebenso erhält der Anwalt eine 0,8 Verfahrensgebühr, soweit lediglich beantragt ist, eine **Einigung der Parteien zu Protokoll zu nehmen** (Nr. 3101 Nr. 2 VV RVG). Ein solcher Fall ist insbesondere dann gegeben, wenn die Parteien in einer Scheidungsfolgenverein-barung nicht anhängige Ansprüche mitregeln.

543 *Beispiel 1:*

Im Verbundverfahren Ehesache (Wert: 6.000 €), Versorgungsausgleich (Wert: 1.000 €) einigen sich die Parteien über nicht anhängige Unterhaltsansprüche i.H.v. 3.600 €.

Zu rechnen ist wie folgt:

1.	*1,3 Verfahrensgebühr, Nr. 3100 VV RVG (Wert: 7.000 €)*	*487,50 €*
2.	*0,8 Verfahrensgebühr, Nr. 3101 Nr. 1 VV RVG (Wert: 3.600 €)*	*+ 196,00 €*
	gemäß § 15 Abs. 3 RVG nicht mehr als	***683,50 €***

eine 1,3 Verfahrensgebühr (Wert: 10.600 €),
die hier ebenfalls 683,50 € beträgt.

544 Die ermäßigte Prozessgebühr entsteht aber nicht nur dann, wenn eine Folgenvereinba-rung protokolliert wird, sondern auch dann, wenn vor Gericht **lediglich Verhandlungen** über nicht anhängige Ansprüche **geführt werden,** ohne dass es zu einer Protokollierung kommt.

545 *Beispiel 2:*

Im vorgenannten Fall haben die Parteien über nicht anhängige Unterhaltsansprüche im Wert von 3.600 € im Scheidungstermin verhandelt. Zu einer Einigung ist es jedoch nicht gekommen.

Zu berechnen ist ebenso wie bei einer Protokollierung die 0,8 Verfahrensgebühr. Diese er-gibt sich dann aus Nr. 3101 Nr. 2 VV RVG.

546 Kommt es nicht zu einer Einigung über die Folgesachen und wird die Folgesache später dann anhängig gemacht, ist die Protokollierungsgebühr der Nr. 3101 Nr. 2 VV RVG ge-mäß Abs. 1 der Anm. zu Nr. 3101 VV RVG auf die Prozessgebühr des nachfolgenden Ver-fahrens **anzurechnen,** und zwar derjenige Betrag aus der (ggf. nach § 15 Abs. 3 RVG er-

mittelten) Gesamtsumme, der eine 1,3 Verfahrensgebühr aus dem Wert der anhängigen Ansprüche übersteigt.

547

Anrechnungsformel nach Abs. 1 der Anm. zu Nr. 3101 VV RVG:
1,3 Verfahrensgebühr, Nr. 3101 VV RVG, aus dem Wert der anhängigen Ansprüche
+ 0,8 Verfahrensgebühr, Nr. 3101 Nr. 2 VV RVG, aus dem Wert der nicht anhängigen Ansprüche (ggf. gekürzt gemäß § 15 Abs. 3 RVG auf eine 1,3 Gebühr aus dem Gesamtwert)
− 1,3 Gebühr aus dem Wert der anhängigen Ansprüche
= **Anrechnungsbetrag**

Beispiel 3:

548

Wie Beispiel 2; nach Abschluss des Scheidungsverfahrens wird isolierte Unterhaltsklage erhoben.

Anzurechnen sind nach Abs. 1 der Anm. zu Nr. 3101 VV RVG:

1.	*Gesamtbetrag nach § 15 Abs. 3 RVG: 1,3 aus 10.600 €*	*683,80 €*
2.	*./. 1,3 Verfahrensgebühr, Nr. 3101 VV RVG (Wert: 7.000 €)*	*− 487,50 €*
	Anrechnungsbetrag:	***196,30 €***

Im nachfolgenden isolierten Unterhaltsverfahren erhält der Anwalt also von der Verfahrensgebühr noch:

1.	*1,3 Verfahrensgebühr, Nr. 3101 VV RVG (Wert: 3.600 €)*	*318,50 €*
2.	*gemäß Abs. 1 der Anm. zu Nr. 3101 VV RVG anzurechnen*	*− 196,30 €*
	Restbetrag:	***122,20 €***

549

Hinweis:
Für die 0,8 Verfahrensgebühr der Nr. 3101 Nr. 1 VV RVG fehlt dagegen kurioserweise eine Anrechnungsbestimmung.

3. Terminsgebühr

a) 1,2 Terminsgebühr

550 Neben der Verfahrensgebühr entsteht nach Nr. 3104 VV RVG eine 1,2 Terminsgebühr. Der Anwendungsbereich der Terminsgebühr ergibt sich aus Abs. 3 Vorbem. 3 VV RVG. Diese Gebühr entsteht also insbesondere für die

- **Vertretung in einem Verhandlungs-, Erörterungs- oder Beweisaufnahmetermin** oder

- die **Wahrnehmung eines von einem gerichtlich bestellten Sachverständigen anberaumten Termins** (etwa eines Besichtigungstermins anlässlich der Schätzung des Hausgrundstücks im Zugewinnverfahren) oder auch

- bei der *„Mitwirkung an auf die Vermeidung oder Erledigung des Verfahrens gerichteten Besprechungen ohne Beteiligung des Gerichts"*. Sofern die Parteien also – auch über nicht anhängige Ansprüche außerhalb des Gerichts – Besprechungen führen, etwa in einem „Acht-Augen-Gespräch" in der Kanzlei des einen oder anderen Anwalts, entsteht damit bereits die Terminsgebühr.

551 Eine Unterscheidung zwischen streitiger und nicht streitiger Verhandlung findet zukünftig nicht mehr statt.

552 Für die Terminsgebühr ist es auch unerheblich, ob die Gegenstände, über die verhandelt wird, anhängig sind oder nicht. Im Gegensatz zur Verfahrensgebühr kennt die Terminsgebühr insoweit keine Staffelung. Sie fällt in voller Höhe aus dem Gesamtwert an.

553 **Beispiel 4:**

Anhängig sind das Scheidungsverfahren (Wert: 6.000 €) sowie der Versorgungsausgleich (Wert: 1.000 €). Die Parteien treffen sich in der Kanzlei des einen Anwalts, um die Scheidung und auch Fragen des Unterhalts (Wert: 3.600 €) zu besprechen sowie Fragen des Zugewinnausgleichs (Wert: 30.000 €).

Während der Anwalt gestaffelte Verfahrensgebühren nach Nrn. 3100, 3101 VV RVG (entweder nach Nr. 1 oder analog Nr. 2 VV RVG) erhält, steht ihm die Terminsgebühr in voller Höhe aus dem Gesamtwert zu:

1. *1,3 Verfahrensgebühr, Nr. 3100 VV RVG (Wert: 7.000 €)*   *487,50 €*

2. *0,8 Verfahrensgebühr, Nr. 3101 Nr. 1, 2 VV RVG (Wert: 33.600 €)*   *664,00 €*
   zu 1. und 2. gemäß § 15 Abs. 3 RVG nicht mehr als
   eine 1,3 Verfahrensgebühr (Wert: 40.600 €) mit 1.266,20 €,
   die hier nicht erreicht werden

3. *1,2 Terminsgebühr, Nr. 3104 VV RVG (Wert: 40.600 €)*   *1.168,80 €*

Auch die Terminsgebühr ist auf die Terminsgebühr für ein nachfolgendes Verfahren **an-** 554
zurechnen, wenn dort Gegenstände eingeklagt werden, aus denen bereits die Terminsgebühr nach Nr. 3104 VV RVG entstanden ist (Abs. 2 der Anm. zu Nr. 3104 VV RVG).

555

Anrechnungsformel nach Abs. 2 der Anm. zu Nr. 3104 VV RVG:
1,2 Terminsgebühr, Nr. 3104 VV RVG, aus dem Gesamtwert aller anhängigen und nicht anhängigen Ansprüche
– 1,2 Terminsgebühr, Nr. 3104 VV RVG, aus dem Wert der anhängigen Ansprüche
= Anrechnungsbetrag

Beispiel 5: 556

*Wie Beispiel 2; nach Abschluss des Scheidungsverfahrens wird eine isolierte Unterhalts-
klage erhoben. Sowohl im Verbund- als auch im isolierten Verfahren ist die Terminsgebühr
entstanden:*

Anzurechnen *sind nach Abs. 2 der Anm. zu Nr. 3104 VV RVG:*

1.	*1,2 Terminsgebühr (Wert: 10.600 €)*	*631,20 €*
2.	*./. 1,2 Terminsgebühr (Wert: 7.000 €)*	*– 450,00 €*
Anrechnungsbetrag:		***181,20 €***

*Im nachfolgenden isolierten Unterhaltsverfahren erhält der Anwalt also von der Termins-
gebühr noch:*

1.	*1,2 Terminsgebühr, Nr. 3104 VV RVG (Wert: 3.600 €)*	*294,00 €*
2.	*gemäß Abs. 2 der Anm. zu Nr. 3104 VV RVG anzurechnen:*	*– 181,20 €*
Restbetrag:		***112,80 €***

b) 0,5 Terminsgebühr

Die **ermäßigte Terminsgebühr** nach Nr. 3105 VV RVG wird es in Verbundverfahren nur 557
in ganz seltenen Ausnahmefällen geben, nämlich dann, wenn

- es sich um ein ZPO-Verfahren mit Ausnahme der Ehesache handelt und

- zum Termin die eine Partei nicht erschienen und auch nicht ordnungsgemäß vertreten ist und

- der Anwalt der anderen Partei im Termin

- einen Antrag auf Erlass eines Versäumnisurteils stellt oder

- nur einen Antrag zur Prozess- und Sachleitung stellt oder

- das Gericht von Amts wegen hierüber entscheidet.

558 In diesen Fällen entsteht lediglich eine 0,5 Terminsgebühr. Kommt es später dann aber doch zu einer Verhandlung oder zu einem anderen Termin, erstarkt diese 0,5 Gebühr zu einer 1,2 Terminsgebühr.

4. Einigungsgebühr

559 Neben der Terminsgebühr kann der Anwalt eine Einigungsgebühr erhalten. Aus der Ehesache selbst kann die Einigungsgebühr allerdings nicht entstehen (Abs. 5 Satz 1 der Anm. zu Nr. 1000 VV RVG). Soweit also in der Ehesache eine Einigung über Folgesachen geschlossen wird, bleibt der Wert der Ehesache außer Ansatz (Abs. 5 Satz 2 der Anm. zu Nr. 1000 VV RVG).

560 Hinsichtlich der Höhe des Gebührensatzes gilt Folgendes:

- Soweit die Parteien sich im Verbundverfahren über **anhängige Ansprüche** einigen, entsteht eine **1,0 Gebühr** (Nr. 1003 VV RVG).

- Soweit die Parteien eine Einigung nur über **nicht anhängige Gegenstände** treffen, entsteht die Gebühr nach Nr. 1000 VV RVG i.H.v. **1,5**.

- Soweit die Parteien sich **sowohl über anhängige als auch über nicht anhängige Ansprüche** einigen, entstehen beide Gebühren. Insgesamt kann der Anwalt jedoch nicht mehr als eine 1,5 Einigungsgebühr aus dem Gesamtwert erhalten (§ 15 Abs. 3 RVG).

561 *Beispiel 6:*

In der Scheidungssache einigen sich die Parteien

a) über den Versorgungsausgleich (Wert: 1.000 €)

b) über nicht anhängige Unterhaltsansprüche (Wert: 3.600 €)

c) den Versorgungsausgleich und nicht anhängige Unterhaltsansprüche.

*Im **Fall a)** entsteht lediglich die 1,0 Einigungsgebühr nach Nrn. 1000, 1003 VV RVG aus **1.000 €**.*

*Im **Fall b)** erhält der Anwalt eine 1,5 Einigungsgebühr nach Nr. 1000 VV RVG aus **3.600 €**.*

*Im **Fall c)** entsteht eine 1,0 Einigungsgebühr nach Nrn. 1000, 1003 VV RVG aus **1.000 €** sowie eine 1,5 Einigungsgebühr nach Nr. 1000 VV RVG aus **3.600 €**, gemäß § 15 Abs. 3 RVG insgesamt jedoch nicht mehr als eine 1,5 Einigungsgebühr aus 7.000 €.*

Schneider

Soweit nicht anhängige Ansprüche in eine Einigung mit einbezogen werden, entsteht 562
zusätzlich eine 0,8 Verfahrensgebühr nach Nr. 3101 Nr. 2 VV RVG (s.o.).

Die bisherige Streitfrage, in welcher Höhe die Einigungsgebühr entsteht, wenn **PKH** be- 563
willigt ist, ist zwischenzeitlich gesetzlich geregelt. Danach verhält es sich wie folgt:

- Sind die Ansprüche **gerichtlich in erster Instanz anhängig**, so fällt nach Nr. 1003
  VV RVG eine 1,0 Einigungsgebühr unabhängig davon an, ob die Partei hierfür PKH
  beantragt hat oder nicht. Bei Anhängigkeit in zweiter Instanz entsteht nach Nr. 1004
  VV RVG eine 1,3 Gebühr.

- Sind die Gegenstände **nicht anhängig**, hat eine der Parteien **aber** zur gerichtlichen
  Durchsetzung ihrer Ansprüche **PKH beantragt**, so ist eine Anhängigkeit i.S.d. Nr.
  1000 VV RVG gegeben. Die Einigungsgebühr entsteht nur i.h.v. 1,0. Das gilt auch für
  den Anwalt des Gegners und zwar selbst dann, wenn er keine Kenntnis von dem PKH-
  Antrag hatte.

Beispiel 7: 564

*Die Parteien streiten sich über Unterhalt. Die Ehefrau beantragt PKH für eine Unterhalts-
klage als Folgesache. Vor Zustellung des PKH-Antrags einigen sich die Parteien.*

Beide Anwälte erhalten nur eine 1,0 Einigungsgebühr nach Nrn. 1000, 1003 VV RVG.

- Erstreckt sich eine Einigung auch auf Ansprüche, die bislang **nicht gerichtlich anhängig** sind und zur deren Durchsetzung bisher auch noch keine Partei PKH beantragt hat und wird für den **Abschluss der Einigung** PKH bewilligt, so entsteht die
  Einigungsgebühr aus dem Wert der nicht anhängigen Gegenstände i.h.v. 1,5. Es entstehen dann zwei Einigungsgebühren unter Beachtung des § 15 Abs. 3 RVG.

- Sind die Gegenstände weder anhängig und ist PKH nicht beantragt, erstreckt sich die
  PKH aber **kraft Gesetzes** nach § 48 Abs. 3 VV RVG (s.u.) auch auf die Vergütung für
  den Abschluss einer Einigung, so verbleibt es insoweit ebenfalls bei einer 1,5 Gebühr
  nach Nr. 1000 VV RVG. Es entstehen dann ggf. wiederum zwei Einigungsgebühren
  unter Beachtung des § 15 Abs. 3 RVG.

5. Aussöhnungsgebühr (Nrn. 1001, 1003 VV RVG)

Wirkt der Anwalt an einer Aussöhnung der Eheleute mit, erhält er nach Nrn. 1001, 1003 565
VV RVG auch im Verbundverfahren die Aussöhnungsgebühr nach Nr. 1001 VV RVG; die
Höhe beläuft sich gemäß Nr. 1003 VV RVG auf **1,0**.

6. Auslagen (Nr. 7000 VV RVG)

566 Neben den Gebühren nach Nrn. 3100 ff., 1000 ff. VV RVG erhält der Anwalt im Verbundverfahren auch Ersatz seiner Auslagen.

567 Da das gesamte Verbundverfahren als eine Angelegenheit gilt, entsteht die **Postentgeltpauschale** nach Nr. 7002 VV RVG insgesamt nur einmal.[162] Dies gilt auch dann, wenn über das Sorgerecht vorweg oder über die Ehesache vorab entschieden wird (§§ 627 Abs. 2, 628 Abs. 2 ZPO). Werden Folgesachen dagegen abgetrennt, so entstehen nach Abtrennung neue Postentgeltpauschalen.

568 Soweit **Dokumentenpauschalen** anfallen (Nr. 7000 VV RVG), ist dabei zu beachten, dass insgesamt nur eine Angelegenheit vorliegt und die Kopien in jeder der vier in Nr. 7000 Nr. 1a) bis d) VV RVG aufgeführten Gruppen für das gesamte Verfahren durchzuzählen sind.

569 *Beispiel:*

Für die Scheidungssache sind nach Nr. 7000 Nr. 1d) VV RVG 10 Fotokopien vergütungspflichtig, für das Unterhaltsverfahren 30 und für das Zugewinnverfahren weitere 40.

Der Anwalt kann jetzt nicht jeweils je Seite 0,50 € abrechnen. Es ist vielmehr zu addieren. Der Anwalt erhält also für die ersten 50 Kopien jeweils 0,50 € und für die weiteren 30 Kopien je 0,15 €.

570 Die fortlaufende Zählung gilt auch für die Tatbestände der Nrn. 7000 Nr. 1 b) und c) VV RVG.

Beispiel:

Für die Scheidungssache sind 20 Fotokopien zur Unterrichtung des Auftraggebers gefertigt worden, für das Unterhaltsverfahren 60 und für das Zugewinnverfahren weitere 70.

Insgesamt sind 150 Kopien nach Nr. 7000 Nr. 1c) VV RVG gefertigt worden. Der Anwalt erhält also 50 Kopien vergütet. Dass in keiner Folgesache die Anzahl von 100 Ablichtungen erreicht worden ist, ist unerheblich.

IV. Gegenstandswerte

1. Ehesache

571 Der Gegenstandswert richtet sich nach § 48 Abs. 3 GKG (s.o. Rn. 391).

---

162 OLG Braunschweig, JurBüro 1979, 1821; OLG Bamberg, JurBüro 1984, 1514; OLG Düsseldorf, AnwBl. 1983, 556 = JurBüro 1984, 223; OLGR 2000, 288; OLG München, AnwBl. 1984, 203 = JurBüro 1984, 769.

2. Versorgungsausgleich

Der Gegenstandswert für den Versorgungsausgleich richtet sich zukünftig nach § 49 GKG.   572
Die bisherige Jahreswert-Regelung ist abgeschafft. Es gelten zukünftig **Festbeträge**, und
zwar **i.H.v. 1.000 €** nach

Nr. 1: Wenn dem Versorgungsausgleich ausschließlich Einkünfte

   a)   aus einem öffentlich-rechtlichen Dienstverhältnis oder aus einem Arbeitsver-
        hältnis mit Anspruch auf Versorgung nach beamtenrechtlichen Grundsätzen,

   b)   der gesetzlichen Rentenversicherung,

   c)   der Alterssicherung der Landwirte

   unterliegen;

Nr. 2: Wenn dem Versorgungsausgleich ausschließlich sonstige Anrechte unterliegen.

Nr. 3: Sofern beides der Fall ist, beläuft sich der Gegenstandswert auf **2.000 €**.

Für **Auskunftsverlangen** im Rahmen des Versorgungsausgleichs fehlt es an einer Vor-   573
schrift für den Gerichtsgebührenwert. Der Wert ist daher gemäß § 23 Abs. 1 Satz 1 RVG
i.V.m. § 49 GKG zu schätzen. Insoweit ist ein **Bruchteil** anzusetzen.

Wird im Wege der **Stufenklage** vorgegangen, gilt letztlich nur der höhere Wert (§ 44   574
GKG).

3. Kindessachen

Die Gegenstandswerte für elterliche Sorge, Umgang und Kindesherausgabe richten sich   575
nach § 48 Abs. 3 Satz 3 GKG. Sie sind mit **900 €** zu bewerten. Im Gegensatz zu § 12
Abs. 2 Satz 3 GKG a.F., der Ausgangswerte vorgesehen hat, beträgt der Wert zukünftig
stets 900 €. Es handelt sich hierbei also um einen **festen Gegenstandswert**.

Während bislang bei **mehreren Kindern** eine Erhöhung des Ausgangswertes vorge-   576
nommen worden ist, ist dies nach neuem Recht nicht mehr möglich. In § 46 Abs. 1 Satz 2
GKG heißt es, dass eine Scheidungsfolgesache nach § 623 Abs. 2, 3, 5, § 621 Abs. 1
Nr. 1, 2 oder 3 ZPO auch dann „als ein Gegenstand zu bewerten" ist, wenn sie mehrere Kinder betrifft. Eine Addition der Werte kommt angesichts dieses klaren Gesetzeswortlauts nichts in Betracht.[163]

---

163 *Kindermann*, RVGreport 2004, 20; *D. Meyer*, § 46 GKG Rn. 6.

4. Unterhalt

577 Die Bemessung des Gegenstandswerts richtet sich auch im Verbundverfahren nach § 42 GKG (s.o. Rn. 416 ff.).

5. Wohnung und Hausrat

578 Die Vorschrift des § 100 KostO ist nicht anzuwenden, da es sich beim Verbundverfahren um eine ZPO-Sache handelt. Für Streitigkeiten um die **Ehewohnung** gilt über § 48 Abs. 1 Satz 1 GKG die Bestimmung des § 41 GKG entsprechend. Für Streitigkeiten um den **Hausrat** ist ebenfalls über § 48 Abs. 1 Satz 1 GKG die Bestimmung des § 3 ZPO maßgebend; insoweit kann auf die Ausführungen oben zu Rn. 472 verwiesen werden.

6. Zugewinn

579 Die Bemessung des Gegenstandswertes für den Zugewinn folgt aus § 3 ZPO. Es gelten hier dieselben Grundsätze wie beim isolierten Verfahren (s.o. Rn. 484).

V. Abrechnungshilfe in Verbundverfahren

580 Schwierigkeiten bei der Gebührenberechnung im Verbundverfahren bestehen häufig darin, nach Abschluss des Verfahrens noch den Überblick zu behalten, welche Gebühren nach welchen Gegenstandswerten angefallen sind. Hier ist zu empfehlen, sich als **Arbeitshilfe** eine **Tabelle** anzufertigen, die auf der einen Achse nach Gebührentatbeständen und auf der andern Achse nach Verfahrensgegenständen aufgeteilt ist. In diese Tabelle können dann zunächst die jeweiligen einzelnen Werte zu den Verfahrensgegenständen geordnet nach Gebührentatbeständen eingesetzt werden, so dass anschließend zu jedem Gebührentatbestand der maßgebliche Gesamtwert (§ 22 Abs. 1 RVG) ermittelt werden kann.

Arbeitshilfe: Gebührenabrechnung im Verbundverfahren 581

Abrechnungsschema für Gebühren und Gegenstandswerte im Verbundverfahren

	1,3 Verfahrens-gebühr (Nr. 3100 VV RVG)	0,8 Verfahrens-gebühr (Nr. 3101 VV RVG)	1,2 Termins-gebühr (Nr. 3104 VV RVG)	0,5 Termins-gebühr (Nr. 3105 VV RVG)	1,0 Einigungs- oder Aussöh-nungsgebühr (Nrn. 1000, 1001, 1003 VV RVG)	1,5 Einigungs-gebühr (Nr. 1000 VV RVG)
Ehesache						
Versorgungs-ausgleich						
Sorgerecht						
Umgangsrecht						
Unterhalt Ehegatte						
Unterhalt Kind						
Zugewinn						
Hausrat/ Ehewohnung						
Gesamt-streitwert						

Beispiel: 582

Im Verbundverfahren (Ehesache Wert: 9.000; Versorgungsausgleich Wert: 1.000 €) wird von der Ehefrau ein Antrag zum Sorgerecht (Wert: 900 €) und vom Ehemann ein Antrag zum Umgangsrecht (Wert: 900 €) gestellt. Der Ehemann nimmt seinen Umgangsrechts-antrag vor Verhandlung wieder zurück. In der ersten mündlichen Verhandlung war über einen isolierten Auskunftsantrag zum Ehegattenunterhalt (Wert: 1.200 €) ein Versäum-nisurteil ergangen. Der Unterhaltsanspruch wird nach Auskunft nicht weiter verfolgt. Im zweiten Termin wird verhandelt und eine Folgenvereinbarung geschlossen über den Ver-sorgungsausgleich, sowie über nicht anhängigen Kindesunterhalt i.H.v. 400 €/monatlich und eine Zugewinnausgleichsforderung i.H.v. 20.000 €.

*Der Gegenstandswert für die **1,3 Verfahrensgebühr (Nr. 3100 VV RVG)** berechnet sich aus Ehesache (9.000 €) + Sorgerecht (900 €) + Umgangsrecht (900 €) + Versorgungsausgleich (1.000 €) + Auskunft Ehegattenunterhalt (1.200 €) =* **13.000 €**

*Der Gegenstandswert für die **1,2 Terminsgebühr (Nr. 3104 VV RVG)**
berechnet sich aus Scheidung (9.000 €) + Sorgerecht (900 €)
+Versorgungsausgleich (1.000 €) + Unterhalt Kind (4.800 €)
+ Zugewinnausgleich (20.000) € =*   **35.700 €**

*Für die **0,8 Terminsgebühr (Nr. 3105 VV RVG)**
ist nur der Wert des Auskunftsantrags zum Ehegattenunterhalt
maßgebend =*   **1.200 €**

*Der Gegenstandswert für die **1,0 Einigungsgebühr (Nr. 1003 VV RVG)**
berechnet sich nur aus dem Wert des Versorgungsausgleichs =*   **1.000 €.**

*Der Gegenstandswert für die **1,5 Einigungsgebühr (Nr. 1000 VV RVG)**
berechnet sich aus dem Wert von Kindesunterhalt (4.800 €)
+ Zugewinnausgleich (20.000 €) =*   **24.800 €**

*Der Gegenstandswert für die **0,8 Verfahrensgebühr (Nr. 3101 VV RVG)**
berechnet sich ebenfalls aus Kindesunterhalt (4.800 €)
+ Zugewinnausgleich (20.000 €) =*   **24.800 €**

Übersichtlicher lässt sich dies mit dem oben dargestellten Abrechnungsschema darstellen:

	1,3 Verfahrens-gebühr (Nr. 3100 VV RVG)	0,8 Verfahrens-gebühr (Nr. 3101 VV RVG)	1,2 Termins-gebühr (Nr. 3104 VV RVG)	0,5 Termins-gebühr (Nr. 3105 VV RVG)	1,0 Einigungs- oder Aussöh-nungsgebühr (Nrn. 1000, 1001, 1003 VV RVG)	1,5 Einigungs-gebühr (Nr. 1000 VV RVG)
Ehesache	9.000 €		9.000 €			
Versorgungs-ausgleich	1.000 €		1.000 €		1.000 €	
Sorgerecht	900 €		900 €			
Umgangsrecht	900 €					
Unterhalt Ehegatte	1.200 €			1.200 €		
Unterhalt Kind		4.800 €	4.800 €			4.800 €
Zugewinn		20.000 €	20.000 €			20.000 €
Hausrat Ehewohnung						
Gesamt-streitwert	**13.000 €**	**24.800 €**	**35.700 €**	**1.200 €**	**1.000 €**	**24.800 €**

     Schneider

Damit ergibt sich folgende **Gebührenberechnung:**

1. 1,3 Verfahrensgebühr, Nr. 3100 VV RVG (Wert: 13.000 €)   683,80 €
2. 0,8 Verfahrensgebühr, Nr. 3101 Nr. 1 VV RVG (Wert: 24.800 €)   548,80 €
   zu 1. und 2. gemäß § 15 Abs. 3 RVG nicht mehr als
   eine 1,3 Verfahrensgebühr (Wert: 37.800 €) mit   1.172,60 €,
   die hier die Obergrenze bildet
3. 1,2 Terminsgebühr, Nr. 3104 VV RVG (Wert: 35.700 €)   1.082,40 €
4. 0,5 Terminsgebühr, Nr. 3105 VV RVG (Wert: 1.200 €)   42,50 €
   zu 3. und 4. gemäß § 15 Abs. 3 RVG nicht mehr als
   eine 1,2 Terminsgebühr (Wert: 36.900 €) mit   1.082,40 €,
   die hier die Obergrenze bilden
5. 1,0 Einigungsgebühr, Nrn. 1000, 1003 VV RVG (Wert: 1.000 €)   85,00 €
6. 1,5 Einigungsgebühr, Nr. 1000 VV RVG (Wert: 24.800 €)   1.029,00 €
   zu 5. und 6. gemäß § 15 Abs. 3 RVG nicht mehr als
   eine 1,5 Einigungsgebühr (Wert: 25.800) mit 1.137,00 €,
   die hier nicht erreicht wird
7. Postentgeltpauschale, Nr. 7002 VV RVG   20,00 €
8. 16 % Umsatzsteuer, Nr. 7008 VV RVG   + 542,24 €

   Summe: **3.931,24 €**

O. Beigeordneter Rechtsanwalt (§ 39 RVG)

I. Übersicht

Nach § 625 ZPO kann das Gericht in einer Scheidungssache dem Antragsgegner von   583
Amts wegen einen Anwalt zur Wahrnehmung seiner Rechte hinsichtlich des Scheidungsantrags und eines Antrags nach § 1671 Abs. 1 BGB beiordnen. Der beigeordnete
Rechtsanwalt hat, solange der Antragsgegner ihm keinen Prozessauftrag erteilt, die Stellung eines Beistandes (§§ 90, 625 Abs. 2 ZPO). Das bedeutet, dass er darauf beschränkt
ist, den Antragsgegner über die Konsequenzen im Zusammenhang mit der Scheidung
aufzuklären und zu beraten. Er kann aber auch neben dem Antragsgegner schriftlich oder
mündlich vortragen, ihm obliegt jedoch nicht die Vertretung. Zur Vertretung bedarf es
der Vollmacht durch den Antragsgegner. Die Zustellung von Schriftsätzen und Entscheidungen hat, da er eben nur beigeordnet und nicht Prozessbevollmächtigter ist, weiterhin an die Partei selbst zu erfolgen, während ihm nur Abschriften zuzuleiten sind.

II. Vergütung

Der beigeordnete Rechtsanwalt wird gebührenrechtlich **wie** ein **Prozessbevollmächtig-**   584
ter behandelt. Beteiligt er sich wie ein Prozessbevollmächtigter am Verfahren, kann er

bei Vorliegen der entsprechenden Voraussetzungen alle Gebühren der **Nrn. 3100 ff. VV RVG** erhalten. Er hat gegen den Antragsgegner, dem er beigeordnet ist, auch dann einen Vergütungsanspruch, wenn dieser mit der Beiordnung nicht einverstanden war.

585 Dem beigeordneten Anwalt erwächst zunächst die **1,3 Verfahrensgebühr** nach Nr. 3100 VV RVG, die sich nach Nr. 3101 Nr. 1 VV RVG auf eine 0,8 Gebühr ermäßigen kann. Auch die 0,8 Verfahrensgebühr nach Nr. 3101 Nr. 2 VV RVG kann der Anwalt verdienen.

586 Die **1,2 Terminsgebühr** nach Nr. 3104 VV RVG entsteht, wenn er bei Abwesenheit des Antragsgegners dessen Rechte in der mündlichen Verhandlung wahrnimmt oder ihm im Verhandlungstermin beisteht oder wenn er dem Antragsgegner bei der Anhörung des Antragstellers beigestanden hat.[164]

587 Daneben kann der beigeordnete Anwalt auch eine **Einigungsgebühr** nach Nrn. 1000, 1003 VV RVG erhalten.

588 Sofern er an der Aussöhnung der Eheleute mitwirkt, kann der Anwalt auch eine **Aussöhnungsgebühr** nach Nrn. 1001, 1003 VV RVG verdienen.

III. Fälligkeit

589 Fällig wird der Anspruch des beigeordneten Anwalts, sobald eine Kostenentscheidung ergangen, der Rechtszug beendigt ist oder das Verfahren länger als drei Monate ruht (§ 8 Abs. 1 Satz 2 RVG). Sobald eine dieser Voraussetzungen erfüllt ist, kann der beigeordnete Rechtsanwalt seinen Gebührenanspruch gegen den Antragsgegner geltend machen.

IV. Vorschuss

590 Im Gegensatz zur bisherigen Regelung der BRAGO kann der beigeordnete Anwalt jetzt auch einen Vorschuss (§ 9 RVG) verlangen. Das ergibt sich ausdrücklich aus § 39 Satz 1 RVG. Er muss also nicht wie bisher die **Fälligkeit** abwarten.

V. Vergütung aus der Landeskasse (§ 39 Satz 2 RVG)

591 Der beigeordnete Rechtsanwalt kann seine Vergütung von der Landeskasse verlangen (§ 45 Abs. 2 RVG). Dies setzt jedoch wie bisher voraus, dass der **Antragsgegner** mit der Zahlung der Vergütung **in Verzug** ist (§ 45 Abs. 2 RVG).

592 Ist der Antragsgegner mit der Zahlung der Vergütung in Verzug, steht dem Anwalt gegen die Landeskasse allerdings nur ein Anspruch auf Vergütung eines PKH-Anwalts zu,

---

164 OLG Bamberg, JurBüro 1979, 246; *Mümmler*, JurBüro 1981, 1459.

Schneider

da sich die Vergütung dann nach Abschnitt 8 des RVG richtet und folglich die Gebührentabelle des § 49 RVG gilt.

Hat der Anwalt vom Antragsgegner bereits Teilzahlungen erhalten, sind diese nur nach 593 § 58 Abs. 2 RVG anzurechnen. Er kann also auch dann noch die weiter gehenden Beträge aus der Staatskasse verlangen, wenn der Antragsgegner bereits in Höhe der PKH-Vergütung gezahlt hat.

Beispiel: 594

Nach dem Gegenstandswert von Ehesache (Wert: 4.500 €) und Versorgungsausgleich (Wert: 1.000 €) sind Verfahrens- und Terminsgebühr angefallen.

*I. Dem Anwalt steht gegen den **Antragsgegner** zu:*

1.	*1,3 Verfahrensgebühr, Nr. 3100 VV RVG*	*439,40 €*
2.	*1,2 Terminsgebühr, Nr. 3104 VV RVG*	*405,60 €*
3.	*Postentgeltpauschale, Nr. 7002 VV RVG*	*20,00 €*
4.	*16 % Umsatzsteuer, Nr. 7008 VV RVG*	*+ 138,40 €*
	Summe:	*1.003,40 €*

*II. Aus der **Landeskasse** kann der Anwalt dagegen lediglich verlangen:*

1.	*1,3 Verfahrensgebühr, Nr. 3100 VV RVG*	*292,50 €*
2.	*1,2 Terminsgebühr, Nr. 3104 VV RVG*	*270,00 €*
3.	*Postentgeltpauschale, Nr. 7002 VV RVG*	*20,00 €*
4.	*16 % Umsatzsteuer, Nr. 7008 VV RVG*	*+ 93,20 €*
	Summe:	*675,70 €*

*Hat der Antragsgegner an den Anwalt eine Teilzahlung erbracht, ist diese zunächst auf die **Wahlanwaltsgebühren** anzurechnen. Hat er also z.B. 300 € gezahlt, kann der Anwalt von der Landeskasse die vollen 675,70 € verlangen. Hat der Antragsgegner z.B. 700 € gezahlt, kann der Anwalt von der Landeskasse noch (1.003,40 € – 700 € =) 303,40 € verlangen.*

Hat die Landeskasse gezahlt, so kann der Anwalt den Auftraggeber wegen der weiter ge- 595 henden Differenz bis zur Höhe der vollen Wahlanwaltsgebühren noch in Anspruch nehmen. Im Übrigen geht der Anspruch auf die Staatskasse über (§ 59 Abs. 1 RVG).

Beispiel: 596

Im vorstehenden Beispiel kann der Anwalt also nach Zahlung der Landeskasse noch restliche (1.003,40 € – 675,70 € =) 327,70 € vom Antragsgegner verlangen.

597 Ist der Antragsgegner zur Zahlung der Anwaltskosten nicht in der Lage, kann er einen PKH-Antrag stellen. Der beigeordnete Rechtsanwalt hat ihn darauf hinzuweisen.

598 Einen **Vorschuss** des Antragsgegners aus der Landeskasse kann der beigeordnete Anwalt ebenfalls verlangen. Dies setzt allerdings voraus, dass der beigeordnete Anwalt beim Antragsgegner zuvor einen Vorschuss angefordert hat und dieser sich mit der Zahlung in Verzug befindet (§ 47 Abs. 1 Satz 2 RVG).

P. Einstweiliger Rechtsschutz

I. Arrest und einstweilige Verfügung

599 Arrestverfahren sowie einstweilige Verfügungsverfahren gelten nach § 17 Nr. 4a) und b) RVG als **gesonderte Angelegenheiten.** Der Anwalt erhält also hier seine Vergütung neben den entsprechenden Gebühren des Hauptsacheverfahrens. Die Gebühren richten sich nach Nrn. 3100 ff. VV RVG.

600 Wird das Arrest- oder Verfügungsverfahren eingeleitet, während die Hauptsache beim Berufungsgericht anhängig ist, bleibt es bei den Gebührensätzen nach Nrn. 3100 ff. VV RVG (Abs. 2 der Anm. zu Vorbem. 3.2 VV RVG). Nur dann, wenn gegen das im Arrest- oder Verfügungsverfahren ergangene Urteil Berufung eingelegt wird, erhält der Anwalt die höheren Gebühren nach Nrn. 3200 ff. VV RVG.[165]

II. Einstweilige Anordnungen

1. Übersicht

601 Einstweilige Anordnungen sowie vorläufige Anordnungen in FGG-Sachen stellen gegenüber der Hauptsache nach § 17 Nr. 4b) RVG stets eigene Angelegenheiten dar. Bis zum 31.12.2001 galten solche Verfahren als Teil der Hauptsache und konnten nur gebührenerhöhend im Rahmen des damals geltenden § 118 BRAGO berücksichtigt werden; in Verfahren nach der HausratsVO überhaupt nicht.

602 Seit dem 1.1.2002 waren in § 41 BRAGO bereits die in jetzt § 18 Nr. 1 RVG aufgeführten einstweiligen Anordnungen zu eigenen Angelegenheiten erhoben worden, auch soweit es sich um FGG-Verfahren handelte. Mit dem RVG hat der Gesetzgeber jetzt nochmals nachgelegt und angeordnet, dass in FGG-Sachen sämtliche einstweiligen und vorläufigen Anordnungen gesonderte Angelegenheiten darstellen. Der Anwalt erhält die Vergütung also sowohl für die Hauptsache als auch für das Anordnungsverfahren.

---

165 S. ausführlich unter Teil 7 Rn. 750 ff.

Beispiel: 603

Die Ehefrau beantragt, ihr die elterliche Sorge über das gemeinsame Kind zu übertragen.
Gleichzeitig beantragt sie den Erlass einer einstweiligen Anordnung. Die Werte werden wie
folgt festgesetzt: Hauptsacheverfahren 3.000 €, einstweiliges Anordnungsverfahren
750 €. In beiden Verfahren wird verhandelt.

Zu rechnen ist wie folgt:

I. Hauptsacheverfahren (Wert: 3.000 €):

1.	1,3 Verfahrensgebühr, Nr. 3100 VV RVG	245,70 €
2	1,2 Terminsgebühr, Nr. 3104 VV RVG	226,80 €
3.	Postentgeltpauschale, Nr. 7002 VV RVG	20,00 €
4.	16 % Umsatzsteuer, Nr. 7008 VV RVG	+ 78,80 €
	Summe:	**571,30 €**

II. Einstweiliges Anordnungsverfahren (Wert: 750 €):

1.	1,3 Verfahrensgebühr, Nr. 3100 VV RVG	84,50 €
2	1,2 Terminsgebühr, Nr. 3104 VV RVG	78,00 €
3.	Postentgeltpauschale, Nr. 7002 VV RVG	20,00 €
4.	16 % Umsatzsteuer, Nr. 7008 VV RVG	+ 29,20 €
	Summe:	**211,70 €**

Die Gebühren in der Hauptsache und im einstweiligen Anordnungsverfahren entstehen   604
unabhängig voneinander. So erhält der Anwalt eine Terminsgebühr im einstweiligen
Anordnungsverfahren nur, wenn dort auch ein Termin i.S.d. Vorbem. 3 Abs. 3 VV RVG
stattgefunden hat. Dass in dem Hauptsacheverfahren ein Termin stattgefunden hat oder
dort eine Einigung getroffen worden ist, reicht nicht aus, um diese Gebühren auch im
einstweiligen Anordnungsverfahren entstehen zu lassen. Gleiches gilt auch umgekehrt.
Wird nur im einstweiligen Anordnungsverfahren verhandelt, löst dies noch nicht die Terminsgebühr im Hauptsacheverfahren aus.

Beispiel 2:   605

Die Ehefrau beantragt, ihr die eheliche Wohnung (Mietwert: 500 €) zuzuweisen. Gleich-
zeitig beantragt sie den Erlass einer einstweiligen Anordnung. Die Werte werden wie folgt
festgesetzt:

Hauptsacheverfahren (12 x 500 € =) 6.000 € (§ 23 Abs.1 RVG i.V.m. § 100 Abs. 3 Satz
1 KostO),

einstweiliges Anordnungsverfahren 1.200 € (§ 24 RVG i.V.m. § 53 Abs. 2 Satz 2 GKG).

Nur in der Hauptsache findet ein Termin i.S.d. Vorbem. 3 Abs. 3 VV RVG statt.

Zu rechnen ist wie folgt:

I. Hauptsacheverfahren (Wert: 6.000 €):

1.	1,3 Verfahrensgebühr, Nr. 3100 VV RVG	439,40 €
2	1,2 Terminsgebühr, Nr. 3104 VV RVG	405,60 €
3.	Postentgeltpauschale, Nr. 7002 VV RVG	20,00 €
4.	16 % Umsatzsteuer, Nr. 7008 VV RVG	+ 138,40 €
	Summe:	**1.003,40 €**

II. Einstweiliges Anordnungsverfahren (Wert: 1.200 €):

1.	1,3 Verfahrensgebühr, Nr. 3100 VV RVG	110,50 €
2.	Postentgeltpauschale, Nr. 7002 VV RVG	20,00 €
3.	16 % Umsatzsteuer, Nr. 7008 VV RVG	+ 20,88 €
	Summe:	**151,38 €**

606 Schließen die Parteien eine **Einigung**, so kommt es darauf an, in welchem der Verfahren die Einigung geschlossen wird. Denkbar ist, dass in beiden Verfahren eine gesonderte Einigung geschlossen wird. Dann fällt die Einigungsgebühr in beiden Verfahren gesondert an.

607 Wird in einem der Verfahren eine **Gesamteinigung** geschlossen, so fällt nur in dem Verfahren, in dem die Einigung geschlossen worden ist, eine Einigungsgebühr an, allerdings aus den addierten Werten (§ 22 Abs. 1 RVG). Ebenso wie bei sonstigen einstweiligen Rechtsschutzverfahren dürfte eine Addition der Werte wie bei einem Gesamtvergleich anzunehmen sein.[166]

608 In dem Verfahren, in dem die Einigung geschlossen wird, erhöht sich dadurch zunächst der Gegenstandswert der **Einigungsgebühr**. Daneben entsteht dann eine **Verfahrensdifferenzgebühr** nach Nr. 3101 Nr. 2 VV RVG.

609 *Beispiel:*

Die Ehefrau beantragt, ihr die elterliche Sorge über das gemeinsame Kind zu übertragen. Gleichzeitig beantragt sie den Erlass einer einstweiligen Anordnung. Im Anordnungsverfahren wird Termin anberaumt und nach Verhandlung eine Einigung auch über die Hauptsache getroffen. Die Werte werden wiederum wie folgt festgesetzt:

Hauptsacheverfahren 3.000 €,

einstweiliges Anordnungsverfahren 750 €.

Zu rechnen ist wie folgt:

---

166 Anwkom-RVG-N. *Schneider*, Nr. 1000 VV RVG Rn. 184 m.w.N.

I. **Hauptsacheverfahren (Wert: 3.000 €):**

1.	1,3 Verfahrensgebühr, Nr. 3100 VV RVG	245,70 €
2.	Postentgeltpauschale, Nr. 7002 VV RVG	20,00 €
3.	16 % Umsatzsteuer, Nr. 7008 VV RVG	+ 42,51 €
	Summe:	**308,21 €**

II. **Einstweiliges Anordnungsverfahren:**

1.	1,3 Verfahrensgebühr, Nr. 3100 VV RVG (Wert: 750 €)	84,50 €
2.	0,8 Verfahrensgebühr, Nr. 3100 VV RVG (Wert: 3.000 €) zu 1. und 2. gemäß § 15 Abs. 3 RVG nicht mehr als eine 1,3 Verfahrensgebühr (Wert: 3.750 €) mit 318,50 €, die hier nicht erreicht wird	151,20 €
3.	1,2 Terminsgebühr, Nr. 3104 VV RVG (Wert: 3.750 €)	294,00 €
4.	1,0 Einigungsgebühr, Nrn. 1000, 1003 VV RVG (Wert: 3.750 €)	245,00 €
5.	Postentgeltpauschale, Nr. 7002 VV RVG	20,00 €
6.	16 % Umsatzsteuer, Nr. 7008 VV RVG	+ 127,15 €
	Summe:	**921,85 €**
	Summe I. + II.:	**1.230,06 €**

Beispiel:

Wie vorstehend, jedoch wird nach Vergleich im einstweiligen Anordnungsverfahren die 610
Hauptsache aufgerufen und ohne Verhandlung eine Einigung über die Hauptsache pro-
tokolliert.

I. **Hauptsacheverfahren (Wert: 3.000 €):**

1.	1,3 Verfahrensgebühr, Nr. 3100 VV RVG	245,70 €
2.	1,2 Terminsgebühr, Nr. 3104 VV RVG	226,80 €
3.	1,0 Einigungsgebühr, Nrn. 1000, 1003 VV RVG	189,00 €
4.	Postentgeltpauschale, Nr. 7002 VV RVG	20,00 €
5.	16 % Umsatzsteuer, Nr. 7008 VV RVG	+ 109,04 €
	Summe:	**790,54 €**

II. **Einstweiliges Anordnungsverfahren (Wert: 750 €):**

1.	1,3 Verfahrensgebühr, Nr. 3100 VV RVG	84,50 €
2.	1,2 Terminsgebühr, Nr. 3104 VV RVG	78,00 €
3.	1,0 Einigungsgebühr, Nrn. 1000, 1003 VV RVG	65,00 €
4.	Postentgeltpauschale, Nr. 7002 VV RVG	20,00 €
5.	16 % Umsatzsteuer, Nr. 7008 VV RVG	+ 39,60 €
	Summe:	**287,10 €**
	Summe I. + II.:	**1.077,64 €**

(Die getrennten Einigungsabschlüsse sind daher für den Auftraggeber günstiger.)

611

> **Hinweis:**
>
> Zu beachten ist, dass es hier zu unterschiedlichem Gebührenrecht kommen kann. Wenn sich die Hauptsache noch nach der BRAGO richtet (Auftrag vor dem 1.7.2004), der Auftrag für das einstweilige Anordnungsverfahren dagegen erst nach dem 30.6.2004 erteilt worden ist, gilt für das Anordnungsverfahren bereits das RVG.

612 **Beispiel:**

Im Mai 2004 wird die Scheidung beantragt, im August aufgrund des dann erteilten Auftrags eine einstweilige Anordnung.

Für das gesamte Verbundverfahren gilt die BRAGO (§§ 61 Abs. 1 Satz 1, 16 Nr. 4 RVG). Für das einstweilige Anordnungsverfahren gilt dagegen bereits das RVG.

613 Zu beachten ist auch, dass für das einstweilige Anordnungsverfahren auch gesondert **PKH** zu beantragen ist. Die PKH in der Hauptsache erstreckt sich nicht auch auf das einstweilige Anordnungsverfahren.[167]

614 Hinsichtlich der Gebühren gilt – soweit nichts anderes bestimmt ist –, dass der Anwalt in Verfahren der einstweiligen Anordnung die gleichen Gebühren erhält wie in der Hauptsache. In Anbetracht dessen, dass FGG-Verfahren jetzt ohnehin so vergütet werden wie gewöhnliche Zivilrechtsstreite, werden sich hier i.d.R. keine Probleme mehr ergeben.

615 Wird die einstweilige oder vorläufige Anordnung beantragt, während die Hauptsache beim Berufungsgericht anhängig ist, dürfte es analog Abs. 2 der Anm. zu Vorbem. 3.2 VV RVG bei den Gebühren der ersten Instanz (Nrn. 3100 ff. VV RVG) verbleiben. Nur dann, wenn gegen eine einstweilige oder vorläufige Anordnung **Beschwerde** eingelegt wird, erhält der Anwalt die höheren Gebühren nach Nrn. 3200 ff. VV RVG.

616 Zu beachten ist allerdings, dass **mehrere einstweilige Anordnungen** untereinander wiederum als eine **einzige Angelegenheit** gelten können. Dies richtet sich in Familiensachen nach § 18 Nr. 1 RVG. Eine gleichlautende Regelung für sonstige einstweilige oder vorläufige Anordnungsverfahren in FGG-Sachen enthält § 18 Nr. 2 RVG.

617 Besondere Regelungen zum Gegenstandswert in einstweilige Anordnungen finden sich in § 24 RVG, § 53 Abs. 2 GKG n.F. Zum Teil fehlen aber auch Wertvorschriften für einstweilige Anordnungen. In diesen Fällen ist nach § 23 Abs. 3 Satz 2 RVG der Wert nach billigem Ermessen zu bestimmen. Auszugehen ist dabei vom Wert der Hauptsache, wobei wegen der Vorläufigkeit ein entsprechender Abschlag vorzunehmen ist je nach Bedeutung und Dringlichkeit der Sache.

---

167 *N. Schneider,* AGS 2003, 50; OLG Naumburg, AGS 2003, 23 m. Anm. *N. Schneider* = FamRB 2003, 11 m. Anm. *N. Schneider* = MDR 2002, 515 = KostRspr. BRAGO § 41 Nr. 38.

2. Abänderung oder Aufhebung (§ 17 Nr. 4d RVG)

Verfahren auf Abänderung oder Aufhebung der nach § 17 Nr. 4d) RVG ergangenen Ent-   618
scheidungen sind ebenfalls eigene Angelegenheiten gegenüber der Hauptsache.

Gegenüber der zugehörigen einstweiligen Anordnung zählen diese Verfahren dagegen   619
nicht als gesonderte Angelegenheit § 16 Nr. 6 RVG. Einstweilige Anordnung und Aufhebungsverfahren sind daher zusammen nur eine Angelegenheit; die Gebühren können im
Aufhebungsverfahren nur insoweit erneut entstehen, als sie im Ausgangsverfahren nicht
schon entstanden sind.

Beispiel: 620

Es ergeht eine einstweilige Anordnung zum Umgangsrecht ohne mündliche Verhandlung.

Der Anwalt erhält bei einem festgesetzten Wert von 750 €:

I.   Einstweilige Anordnung (ohne Aufhebungsverfahren):

1.	*1,3 Verfahrensgebühr, Nr. 3100 VV RVG*	*84,50 €*
3.	*1,0 Einigungsgebühr, Nrn. 1000, 1003 VV RVG*	*65,00 €*
4.	*Postentgeltpauschale, Nr. 7002 VV RVG*	*20,00 €*
5.	*16 % Umsatzsteuer, Nr. 7008 VV RVG*	*+ 27,12 €*
	Summe:	*196,62 €*

*Später wird die Aufhebung beantragt und hierüber verhandelt. Es bleibt eine Angelegen-
heit. Der Anwalt erhält jetzt aber noch die Terminsgebühr, so dass **insgesamt** folgende
Vergütung anfällt:*

II.   Einstweilige Anordnung mit Aufhebungsverfahren:

1.	*1,3 Verfahrensgebühr, Nr. 3100 VV RVG*	*84,50 €*
2.	*1,2 Terminsgebühr, Nr. 3104 VV RVG*	*78,00 €*
3.	*1,0 Einigungsgebühr, Nrn. 1000, 1003 VV RVG*	*65,00 €*
4.	*Postentgeltpauschale, Nr. 7002 VV RVG*	*20,00 €*
5.	*16 % Umsatzsteuer, Nr. 7008 VV RVG*	*+ 39,60 €*
	Summe:	*287,10 €*

3. Verhältnis der einstweiligen Anordnungen untereinander (§ 18 Nr. 1 RVG)

a) Überblick

Für das Verhältnis der einstweiligen Anordnungen untereinander gilt § 18 Nr. 1 RVG.   621
Mehrere Anordnungsverfahren zählen danach zusammen nur als eine Angelegenheit
i.S.d. § 15 RVG, soweit sie in § 18 Nr. 1 RVG unter demselben Buchstaben genannt sind.

Der Anwalt erhält die Gebühren insoweit nur einmal. Die Werte der einstweiligen Anordnungen werden allerdings addiert (§ 18 Nr. 1 RVG a.E.).

622   *Beispiel:*

Im Verbundverfahren ergeht zunächst eine einstweilige Anordnung über Kindesunterhalt (3.600 €). Anschließend wird Antrag auf Erlass einer einstweiligen Anordnung betreffend die Ehewohnung gestellt (Wert: 2.000 €).

Es liegen zwei Verfahren nach § 18 Nr. 1 Buchst. b) RVG vor. Die Gebühren entstehen jedoch nur einmal, und zwar aus dem Gesamtwert (§§ 22 Abs. 1, 18 Nr. 1 Satz 2 RVG) von 5.600 €.

b)   Fallgruppen des § 18 Nr. 1 RVG

623   Erfasst werden in § 18 Nr. 1 RVG folgende einstweiligen Anordnungen:

aa)   Buchst. a) – § 127a ZPO

624   Nach **§ 127a ZPO** kann das Prozessgericht auf Antrag einer Partei durch einstweilige Anordnung in einer Unterhaltssache die Verpflichtung zur Leistung eines Prozesskostenvorschusses für diesen Rechtsstreit unter den Parteien regeln. § 127a ZPO findet keine Anwendung auf die Sonderfälle der § 620 Nr. 9 ZPO (Verpflichtung zur Leistung eines Kostenvorschusses für die Ehesache und Folgesachen) und § 621f ZPO (Verpflichtung zur Leistung eines Kostenvorschusses in Familiensachen nach § 621 Abs. 1 Nr. 1 bis 3, 6 bis 9 ZPO).

bb)   Buchst. b) – §§ 620, 620b Abs. 1 und 2 ZPO

625   **(1)   § 620 ZPO**

Nach **§ 620 ZPO** kann das Gericht im Wege einer einstweiligen Anordnung auf Antrag regeln:

(1) die elterliche Sorge für ein gemeinschaftliches Kind,

(2) den Umgang eines Elternteils mit dem Kind,

(3) die Herausgabe des Kindes an den anderen Elternteil,

(4) die Unterhaltpflicht gegenüber einem minderjährigen Kind,

(5) das Getrenntleben der Ehegatten,

(6) den Unterhalt eines Ehegatten,

(7) die Benutzung der Ehewohnung und des Hausrats,

(8) die Herausgabe oder Benutzung der zum persönlichen Gebrauch eines Ehegatten oder eines Kindes bestimmten Sachen,

(9) die Verpflichtung zur Leistung eines Kostenvorschusses für die Ehesache und Folgesachen.

(2) § 620b Abs. 1 und 2 ZPO 626

Nach **§ 620b Abs. 1 und 2 ZPO** kann das Gericht auf Antrag den erlassenen Beschluss
aufheben oder ändern. Es kann von Amts wegen entscheiden, wenn die Anordnung die
elterliche Sorge für ein gemeinschaftliches Kind betrifft, oder nach § 620 Nr. 2 oder 3
ZPO, wenn eine Anordnung ohne vorherige Anhörung des Jugendamts erlassen worden
ist. Wurde der Beschluss oder die Entscheidung nach § 620b Abs. 1 ZPO ohne mündliche Verhandlung erlassen, so ist auf Antrag aufgrund mündlicher Verhandlung erneut zu
beschließen.

cc) Buchst. c) – § 621f ZPO

§ 621f ZPO regelt die Verpflichtung zur Leistung eines Kostenvorschusses in Familiensa- 627
chen nach § 621 Abs. 1 Nrn. 1 bis 3, 6 bis 9 ZPO im einstweiligen Anordnungsverfahren.

dd) Buchst. d) – § 621g ZPO

Nach **§ 621g ZPO**, der durch das Gesetz zur Verbesserung des zivilgerichtlichen Schut- 628
zes bei Gewalttaten und Nachstellungen sowie zur Erleichterung der Überlassung der
Ehewohnung bei Trennung[168] eingefügt worden ist, kann das Gericht auf Antrag Regelungen im Wege der einstweiligen Anordnung treffen, wenn ein Verfahren nach § 621
Abs. 1 Nrn. 1, 2, 3 oder 7 ZPO anhängig oder wenn für ein solches Verfahren ein Antrag auf Bewilligung von PKH eingereicht worden ist.

ee) Buchst. e) – § 641d ZPO

Nach **§ 641d ZPO** kann das Gericht auf Antrag des Kindes seinen Unterhalt und auf An- 629
trag der Mutter ihren Unterhalt durch eine einstweilige Anordnung regeln, wenn ein
Rechtsstreit auf Feststellung des Bestehens der Vaterschaft nach § 1600d BGB anhängig
oder ein Antrag auf Bewilligung der PKH eingereicht ist.

ff) Buchst. f) – § 644 ZPO

Nach **§ 644 ZPO** kann das Gericht den Unterhalt auf Antrag durch einstweilige Anord- 630
nung regeln, wenn eine Klage nach § 621 Abs. 1 Nrn. 4, 5 oder 11 ZPO anhängig oder
ein Antrag auf Bewilligung von PKH für eine solche Klage eingereicht ist.

gg) Buchst. g) – § 64b FGG

§ 64b Abs. 3 FGG verweist auf die Verfahren nach §§ 1 und 2 des GewSchG.[169] Nach 631
diesen Vorschriften ist es dem Gericht auf Antrag einer verletzten Person möglich, die zur
Abwendung weiterer Verletzungen erforderlichen Maßnahmen zu treffen, die im Einzelnen in §§ 1 und 2 GewSchG aufgeführt sind.

---

168 Vom 11.12.2001 (BGBl. I, S. 3513).
169 BGBl. I, S. 2001, 3513.

c) Eine Angelegenheit

632 Sind neben der Hauptsache **mehrere** von den unter § 18 Nr. 1 Buchst. a) – g) RVG genannten **einstweiligen Anordnungen** anhängig, bilden diese jeweils für sich gesehen wiederum eine gebührenrechtlich besondere Angelegenheit. Werden dagegen in derselben Ehesache mehrere einstweilige Anordnungen anhängig, die unter **einem Buchstaben** genannt sind (z.B. in § 18 Nr. 1 Buchst. b) RVG die §§ 620, 620b Abs. 1 oder 2 ZPO), bilden diese zusammen eine besondere Angelegenheit; es entsteht nur eine Gebühr aus den zusammengerechneten Einzelwerten.

633

> **Hinweis:**
>
> Zu beachten ist, dass eine Partei gegen die **Pflicht zur kostensparenden Prozessführung** im Rahmen der PKH verstößt, wenn sie zwei isolierte Verfahren wegen Zuweisung der Ehewohnung gemäß § 1361b BGB und wegen Übertragung des Sorgerechts gemäß § 1672 BGB betreibt, obwohl dasselbe Antragsziel kostengünstiger durch eine einstweilige Anordnung nach § 620 Nr. 1 und 7 ZPO hätte erreicht werden können.[170] Ein solcher Pflichtverstoß kann der PKH-Partei und ihrem Rechtsanwalt allerdings nur dann angelastet werden, wenn ein Antrag auf Erlass einer einstweiligen Anordnung nach § 620 ZPO ein rechtlich zulässiger und überdies sachgerechter Weg zur Durchsetzung des jeweiligen prozessualen Begehrens ist.[171]

634 Die Vorschrift des § 18 Nr. 1 RVG findet nur Anwendung, wenn **ein Rechtsanwalt** in demselben Rechtszug tätig wird. **Wechselt der Rechtsanwalt** im Eheverfahren, nachdem der erste Rechtsanwalt einen Antrag auf einstweilige Anordnung auf Zahlung eines Prozesskostenvorschusses erwirkt hat, und erwirkt der zweite Rechtsanwalt eine einstweilige Anordnung auf Benutzung der Ehewohnung, so sind jedem Rechtsanwalt die Gebühren gesondert erwachsen.

635 Wird zunächst in der ersten Instanz und später im Berufungsverfahren ein Antrag auf Erlass einer einstweiligen Anordnung nach demselben Buchstaben gestellt, so gilt nicht § 18 Nr. 1 RVG, sondern § 15 Abs. 2 Satz 1 RVG. Es liegen zwei verschiedene Angelegenheiten vor. Gleiches gilt, wenn eine einstweilige Anordnung in erster Instanz und im Beschwerdeverfahren gestellt wird. Auch dann gilt § 15 Abs. 2 Satz 1 RVG.

d) Gegenstandwert

636 Sofern nach § 18 Nr. 1 RVG **mehrere Verfahren** als eine Angelegenheit gelten, werden die Werte der einzelnen Verfahren addiert (§ 18 Nr. 1 RVG a.E.).

---

170 OLG Düsseldorf, FamRZ 1993, 217.
171 OLG Düsseldorf, JurBüro 1995, 205.

Die Addition findet auch dann statt, wenn die Angelegenheiten denselben Gegenstand   637
betreffen. Hier kam bislang eine Zusammenrechnung wegen des Additionsverbots bei
wirtschaftlicher Identität nicht in Betracht.

Beispiel: 638

*Anlässlich eines Scheidungsverfahrens wird eine einstweilige Anordnung zur Übertragung
der elterlichen Sorge beantragt (Wert: 750 €). Das Gericht lehnt den Antrag ab. Vier Monate später wird erneut ein Antrag auf Erlass einer einstweiligen Anordnung auf Übertragung der elterlichen Sorge für dasselbe Kind gestellt. Der Wert wird wiederum auf 750 €
festgesetzt.*

*Obwohl der Gegenstand der anwaltlichen Tätigkeit derselbe ist, werden hier die Gegen-
standswerte der Verfahren addiert. Es gilt ein Wert von 1.500 €.*

Bei den Verfahren nach § 620 Nr. 1 ZPO (Elterliche Sorge) und § 620 Nr. 2 ZPO (Um-   639
gangsrechtsregelung) handelt es sich um selbständige Elternrechtsangelegenheiten, die
getrennt zu bewerten sind.[172]

Hat das Gericht **ohne mündliche Verhandlung** in einer Ehesache eine einstweilige An-   640
ordnung erlassen und beschließt es auf Antrag nach mündlicher Verhandlung erneut die
einstweilige Anordnung (§ 620b Abs. 2 ZPO), so bildet dieses Verfahren gebührenrechtlich mit dem Verfahren über den Antrag auf Erlass einer einstweiligen Anordnung
eine Angelegenheit.[173] Der Streitwert ist im vorliegenden Fall nicht zu erhöhen. Dazu
das KG:[174]

*„Hierbei wird verkannt, dass die auf den Rechtsbehelf gemäß § 620b Abs. 2 ZPO nach-
geholte mündliche Verhandlung praktisch die Gewährung eines qualifizierten rechtlichen
Gehörs durch dieselbe Instanz darstellt. Sie ist in jeder Hinsicht dem Widerspruchsverfahren nach Erlass eines Arrestes oder einer einstweiligen Verfügung im Beschlusswege vergleichbar und ist wie diese nicht nur gebührenrechtlich dieselbe Angelegenheit wie das
Anordnungsverfahren, sondern rechtfertigt für sich allein noch keine Erhöhung des Wertes."*

Der Streitwert erhöht sich auch nicht, wenn das Gericht nach § 620b Abs. 1 ZPO eine   641
Anordnung aufhebt oder ändert.[175] Wird von einem Unterhaltsberechtigten eine Erhöhung der einstweilig angeordneten Unterhaltszahlung beantragt, erhöht sich lediglich

---

172   OLG Zweibrücken, JurBüro 1998, 365 = FamRZ 1998, 1311 = OLGR 1997, 375 = KostRsp. BRAGO
      § 41 Nr. 30.
173   KG, JurBüro 1980, 1673 m. Anm. *Mümmler* = MDR 1980, 1031 = Rpfleger 1980, 488 = KostRsp.
      BRAGO § 41 Nr. 9.
174   KG, JurBüro 1980, 1673 m. Anm. *Mümmler* = MDR 1980, 1031 = Rpfleger 1980, 488 = KostRsp.
      BRAGO § 41 Nr. 9.
175   OLG Düsseldorf, JurBüro 1981, 728 = KostRsp. BRAGO § 41 Nr. 11.

der Streitwert (§ 53 Abs. 2 GKG), aus dem sich die Gebühren berechnen; die bereits entstandenen Gebühren entstehen nicht noch einmal.[176]

642 Werden dagegen Anträge auf einstweilige Anordnung über den Unterhalt eines Ehegatten (§ 620 Nr. 6 ZPO) und die Verpflichtung zur Leistung eines Kostenvorschusses für die Ehe- und Folgesachen (§ 620 Nr. 9 ZPO) anhängig, werden diese beiden Streitwerte zusammengerechnet.

e) Kostenentscheidung

643 Die im Verfahren der einstweiligen Anordnung entstehenden Kosten gelten für die Kostenentscheidung als Teil der Kosten der Hauptsache (§ 620g ZPO). Eine gesonderte Kostenentscheidung kann auch nicht ergehen, wenn ein Antrag auf Erlass einer einstweiligen Anordnung zurückgenommen wird,[177] da sie auch bei Antragsrücknahme gemäß § 620g ZPO als Teil der Kosten der Hauptsache gelten.[178] Gemäß § 620g ZPO letzter Halbsatz gilt § 96 ZPO entsprechend. Das bedeutet, dass das Gericht unabhängig von der Kostenentscheidung in der Hauptsache einer Partei die Kosten für das Anordnungsverfahren auferlegen kann, z.B. bei unzulässigen oder unbegründeten Anträgen auf Erlass einer einstweiligen Anordnung.[179]

4. Sonstige einstweiligen Anordnungen

644 Für das Verhältnis sonstiger, nicht unter § 18 Nr. 1 RVG fallender einstweiliger Anordnungen gilt wiederum zunächst § 17 Nr. 4 b) und d) RVG. Nach dem RVG sind jetzt alle einstweiligen Anordnungen in FGG-Sachen gegenüber der Hauptsache selbständige Angelegenheiten.

645 Für das Verhältnis der einstweiligen Anordnungen untereinander war daher jetzt ebenfalls eine neue Regelung erforderlich. Diese ist in § 18 Nr. 2 RVG enthalten. Die Regelung nach § 18 Nr. 2 RVG erfasst über § 18 Nr. 1 RVG hinaus zukünftig alle nicht in § 18 Nr. 1 RVG genannten Verfahren über eine einstweilige oder vorläufige Anordnung in Verfahren der freiwilligen Gerichtsbarkeit. Mehrere Anordnungen in derselben Hauptsache sind eine Angelegenheit.

646 Die **Gegenstandswerte** sind **zusammenzurechnen**; dies gilt auch dann, wenn die mehreren Verfahren denselben Gegenstand betreffen.

647 Nach der Begründung zum Gesetzesentwurf besteht kein sachlicher Grund, die unter § 18 Nr. 2 RVG aufgeführten Verfahren anders zu behandeln als die in § 64b FGG ausdrücklich geregelten einstweiligen Anordnungen der § 18 Nr. 1 RVG.

---

176 OLG Stuttgart, JurBüro 1982, 1358.
177 OLG Saarbrücken, JurBüro 1985, 1888.
178 OLG Düsseldorf, FamRZ 1994, 1187.
179 OLG Hamm, NJW 1971, 2079.

5. Auslagen

Da es sich bei Hauptsache und einstweiliger Anordnung um verschiedene Angelegen- 648
heiten handelt, erhält der Anwalt in beiden Verfahren auch gesonderte Auslagen. Insbesondere erhält er eine gesonderte **Pauschale für Post- und Telekommunikationsentgelte** nach Nr. 7002 VV RVG.

6. Fälligkeit (§ 8 Abs. 1 RVG)

Aus der Aufteilung in verschiedene Angelegenheiten folgt, dass die Fälligkeit für die Ge- 649
bühren betreffend einstweilige Anordnungen gesondert zu betrachten ist. Die Fälligkeit
der Vergütung für die Tätigkeit im einstweiligen Anordnungsverfahren kann daher früher eintreten als die für die Vergütung im Hauptsacheverfahren. Mit Abschluss des einstweiligen Anordnungsverfahrens wird gemäß § 8 Abs. 1 Satz 2 RVG die Vergütung fällig
und kann eingefordert werden.

> *Beispiel:* 650
>
> *Im einstweiligen Anordnungsverfahren ergeht eine Entscheidung, während im Hauptsa-
> cheverfahren noch ein Gutachten eingeholt wird.*
>
> *Die Vergütung nach Nrn. 3100 ff. VV RVG im einstweiligen Anordnungsverfahren wird
> mit Erlass der Entscheidung nach § 8 Abs. 1 Satz 2 RVG fällig. Eine Fälligkeit im Haupt-
> sacheverfahren ist noch nicht eingetreten. Hier bleibt nur die Möglichkeit eines Vorschus-
> ses nach § 9 RVG.*

Umgekehrt kann die Vergütung im Hauptsacheverfahren vor der des einstweiligen An- 651
ordnungsverfahrens fällig werden.

> *Beispiel:* 652
>
> *Im einstweiligen Anordnungsverfahren wird ein Gutachten eingeholt. Das Hauptsache-
> verfahren wird solange zum Ruhen gebracht.*
>
> *Nach § 8 Abs. 1 Satz 2 RVG tritt mit Ablauf von drei Monaten nach Ruhen des Verfah-
> rens die Fälligkeit der Vergütung des Hauptsacheverfahrens ein, während im einstweiligen
> Anordnungsverfahren noch keine Fälligkeit gegeben ist.*

7. Prozesskostenhilfe

Aus der Selbständigkeit des einstweiligen Anordnungsverfahren folgt nunmehr, dass hier- 653
für auch gesondert PKH zu beantragen ist. Die PKH im Hauptsacheverfahren erstreckt
sich nicht ohne weiteres auch auf das einstweilige Anordnungsverfahren.[180] Insbesondere gilt hier nicht § 48 Abs. 3 Satz 1 und 2 RVG, sondern § 48 Abs. 4 Satz 1, Abs. 4 Satz 2
Nr. 2 RVG.

---

180 OLG Naumburg, AGS 2003, 24 m. Anm. *N. Schneider* = FamRB 2003, 11 m. Anm. *N. Schneider.*

8. Gegenstandswerte

a) Überblick

654 Für zahlreiche einstweilige Anordnungen sind spezielle Regelungen vorgesehen. Sofern solche speziellen Regelungen nicht existieren, ist nach allgemeinen Grundsätzen vom Interesse des Antragstellers auszugehen. Dieses entspricht i.d.R. einem Bruchteil der Hauptsache, kann aber unter Umständen auch den Wert der Hauptsache erreichen, nämlich dann, wenn die einstweilige Anordnung faktisch einer Vorwegnahme der Hauptsache gleichkommt.

b) Einzelfälle

aa) Elterliche Sorge (§ 620 Nr. 1 ZPO)

655 In einstweiligen Anordnungen betreffend die elterliche Sorge (§ 620 Nr. 1 ZPO) gilt nach § 24 Satz 1 RVG ein Ausgangswert von **500 €**. Nach OLG Zweibrücken[181] handelt es sich insoweit um einen Mindestwert. So wurde bereits früher zur Vorgängervorschrift des § 8 Abs. 2 Satz 3 BRAGO vertreten, dass der Ausgangswert von 500 € (damals 1.000 DM) nur in finanziell, rechtlich und tatsächlich sehr schlichten Fällen heranzuziehen sei und dass im Regelfall vielmehr von 750 € (1.500 DM) auszugehen sei. Entsprechendes dürfte auch jetzt gelten. Der angegebene Wert von 500 € dürfte daher als **Mindestwert** zu verstehen sein[182]. Der Regelwert dürfte auch hier um 50 % auf 750 € anzuheben sein.

656 Strittig ist insbesondere, ob und wie bei Verfahren über die elterliche Sorge hinsichtlich **mehrerer Kinder** zu verfahren ist, also ob und wie weit der Gegenstandswert hier angehoben werden kann. Bislang wurde hier eine Anhebung vorgenommen. Im Hinblick auf die Hauptsacheregelung in § 46 Abs. 1 Satz 2 GKG bestehen nach der neuen Regelung insoweit Bedenken. Anderenfalls könnte der Gegenstandswert der einstweiligen Anordnung über dem der Hauptsache liegen.

bb) Umgangsrecht (§ 620 Nr. 2 ZPO)

657 Für einstweilige Anordnungen zur Regelung des Umgangsrechts enthält § 24 Satz 1 RVG ebenfalls eine spezielle Regelung. Auch hier ist von einem Ausgangswert i.H.v. **500 €** auszugehen. Im Übrigen gilt das Gleiche wie zur elterlichen Sorge.

cc) Herausgabe eines Kindes (§ 620 Nr. 3 ZPO)

658 Auch insoweit gilt § 24 RVG. Es ist von einem Ausgangswert von **500 €** auszugehen. Im Übrigen gilt das Gleiche wie zur elterlichen Sorge.

---

181 FamRZ 1998, 1031.
182 A.A. *Hartung/Römermann,* RVG, § 24 Rn. 6; *Mayer/Kroiß/Gierl,* RVG, § 24 Rn. 3: Wert kann erhöht, aber auch vermindert werden.

dd) Kindesunterhalt (§ 620 Nr. 4 ZPO)/Ehegattenunterhalt (§ 620 Nr. 6 ZPO)

Nach § 620 Satz 1 Nr. 4 und Nr. 6 ZPO sowie § 644 Satz 1 ZPO kann im Wege der einstweiligen Anordnung die Unterhaltspflicht gegenüber einem minderjährigen Kind sowie gegenüber einem Ehegatten geregelt werden. 659

Für die Festsetzung des Gegenstandwertes erhält § 53 Abs. 2 Satz 1 GKG (§ 20 Abs. 2 Satz 1 GKG a.F.) eine spezielle Regelung. Danach ist in einem Verfahren nach § 620 Satz 1 Nr. 4 und Nr. 6 oder § 644 ZPO der Wert nach dem **sechsmonatigen Bezug** zu berechnen. 660

(1) Zukünftiger Unterhalt

Wird ausschließlich zukünftiger Unterhalt geltend gemacht, so ergeben sich keine Probleme. 661

Beispiel 1: 662

Die Kindesmutter reicht im Juni 2005 gegen den Ehemann und Kindesvater Klage auf Unterhalt ein und macht ab Juli 2005 für sich selbst Unterhalt i.H.v. 500 € und für das gemeinsame Kind i.H.v. 250 € geltend. Gleichzeitig beantragt sie im Wege der einstweiligen Anordnung, den Ehemann zur Zahlung entsprechenden Unterhaltes zu verpflichten.

*Der Gegenstandswert in der **Hauptsache** beläuft sich gemäß § 45 Abs. 1 GKG auf den geforderten Jahresbetrag, also*

Ehegattenunterhalt, 12 x 500 €	*6.000 €*
Kindesunterhalt, 12 x 250 €	*+ 3.000 €*
Gesamt:	*9.000 €*

*Der Gegenstandswert im **einstweiligen Anordnungsverfahren** beläuft sich gemäß § 53 Abs. 2 Satz 1 GKG auf den **sechsfachen Monatsbetrag**, also:*

Ehegattenunterhalt, 6 x 500 €	*3.000 €*
Kindesunterhalt, 6 x 250 €	*+ 1.500 €*
Gesamt:	*4.500 €*

(2) Auch fälliger Unterhalt

Problematisch wird die Berechnung des Gegenstandwertes, wenn auch Rückstände bzw. fällige Beträge geltend gemacht werden. 663

Beispiel 2: 664

Die Kindesmutter reicht im Juli 2004 sowohl eine Klage als auch einen Antrag auf Erlass einer einstweiligen Anordnung bei Gericht ein und macht jeweils Kindesunterhalt i.H.v. 300 € ab Januar 2004 geltend.

665 Der Antrag auf zukünftigen Unterhalt richtet sich nach § 42 Abs. 1 GKG und bemisst sich auf den Jahresbetrag. Nach § 42 Abs. 5 GKG sind die fälligen Beträge hinzuzurechnen. Da Unterhalt im Voraus zu zahlen ist, ist somit auch Unterhalt für den Monat Juni 2004 fällig i.S.d. § 42 Abs. 5 GKG, so dass der geltend gemachte Unterhalt für die Zeit von Januar 2004 bis einschließlich Juli 2004 hinzugerechnet wird.

666 Die Berechnung des Gegenstandwertes in der **Hauptsache** sieht daher wie folgt aus:

Fällige Beträge Januar 2004 bis Juli 2004, 7 x 300 €	*2.100 €*
zukünftiger Unterhalt, 12 x 300 €	*+ 3.600 €*
Gesamt:	***5.700 €***

667 Hinsichtlich der **einstweiligen Anordnung** kann grds. nichts anderes gelten.

668 Für den laufenden Unterhalt bestimmt § 53 Abs. 2 Satz 1 GKG, dass der sechsmonatige Bezug maßgebend ist, also

6 x 300 € =	*1.800 €*

669 Unstrittig ist auch, dass die rückständigen Beträge hinzugerechnet werden. Insoweit ist § 42 Abs. 5 GKG entsprechend anzuwenden. Grds. können rückständige Unterhaltsbeträge zwar im Wege der einstweiligen Anordnung nicht geltend gemacht werden. Lediglich zum Teil wird eine Ausnahme bejaht, wenn Rückstände zum Abdecken von Schulden dringend benötigt werden[183] oder in entsprechender Anwendung des § 708 Nr. 8 ZPO für die Rückstände aus dem letzten Vierteljahr vor Antragstellung.[184] Darauf, dass ein solcher Antrag auf Zahlung rückständiger Beträge zulässig und begründet ist, kommt es für die Berechnung des Gegenstandwertes jedoch nicht an.[185] Der Gegenstandswert berechnet sich allein nach dem Antrag.

Danach sind auf jeden Fall die Unterhaltsrückstände für Januar 2004 bis einschließlich Juni 2004 hinzuzurechnen.

670 Fraglich ist lediglich, wie der Monat Juli 2004 zu bewerten ist. Einerseits ließe sich argumentieren, es handele sich nicht um Rückstände, da der Antrag auf Erlass einer einstweiligen Anordnung noch im Juli 2004 eingereicht worden ist und der Antrag insoweit auch zulässig ist. Andererseits kommt es im Rahmen der Wertfestsetzung aber nicht mehr auf den Begriff des „Rückstandes" an. Seit Änderung des damaligen § 17 Abs. 4 GKG a.F. (jetzt § 53 Abs. 5 GKG) durch das KostRÄndG[186] wird nicht mehr auf „Rückstände", son-

---

183 *Zöller/Philippi*, § 620 Rn. 16.
184 MünchKomm-ZPO/*Klauser*, § 620 Rn. 38.
185 OLG Düsseldorf, AnwBl. 1982, 435 zur früheren Fassung des § 17 Abs. 4 GKG „Rückstände"; OLG Brandenburg, JurBüro 2001, 93 zur letzten Fassung des § 17 Abs. 4 GKG „fällige Beträge".
186 Gesetz v. 24.6.1994, BGBl. I, 1325.

dern auf „ fällige Beträge" abgestellt. Fällig war der Unterhalt für den Monat Juli 2004 aber schon bei Antragseinreichung.

Letztlich kann für Verfahren auf Erlass einer einstweiligen Anordnung nichts anderes gel- **671** ten als in der Hauptsache. Die spezielle Vorschrift des § 53 Abs. 2 Satz 1 GKG tritt in einstweiligen Anordnungsverfahren lediglich an die Stelle des § 42 Abs. 1 GKG. Die Vorschrift des § 42 Abs. 5 GKG bleibt dagegen unberührt.[187] Folglich müssen auch im Verfahren auf Erlass einer einstweiligen Anordnung die bei Einreichung des Antrags fälligen Beträge hinzugerechnet werden und zwar auch die des laufenden Monats.[188]

Für das Verfahren auf einer einstweiligen Anordnung ergibt sich im Beispiel 2 somit **672** *folgende Unterhaltsberechnung:*

Bei Einreichung des Antrags fällige Beträge

(Januar 2004 bis Juli 2004) 7 x 300 €	*2.100 €*
laufender Unterhalt, 6 x 300 €	*+ 1.800 €*
Gesamt:	***3.900 €***

ee) Getrenntleben (§ 620 Nr. 5 ZPO)

Ergeht eine einstweilige Anordnung hinsichtlich des Getrenntlebens der Eheleute, so ist **673** von einem Regelwert i.H.v. **4.000 €** auszugehen, wobei auch eine analoge Anwendung des § 24 Satz 1 RVG mit einem Mindestwert von 500 € in Betracht kommt.

ff) Hausrat (§ 620 Nr. 7 ZPO)

Einstweilige Anordnungen betreffend den Hausrat sind zukünftig nach § 53 Abs. 2 GKG **674** zu bewerten. Es gilt jetzt ein fester Wert i.H.v. **1.200 €**, der unabänderlich ist. Lediglich in der Hauptsache bleibt es bei dem Verkehrswert.

gg) Ehewohnung (§ 620 Nr. 7 ZPO)

Auch hier gilt zukünftig ein Festwert, nämlich **2.000 €**. Es ist also nicht mehr – wie bis- **675** her – auf den Mietwert eines halben Jahres abzustellen.

hh) Herausgabe oder Benutzung von Sachen (§ 620 Nr. 8 ZPO)

Bei einstweiligen Anordnungen auf Benutzung oder Herausgabe von Sachen gilt § 48 **676** Abs. 1 GKG i.V.m. §§ 3, 6 ZPO. Maßgebend ist der **Wert der herauszugebenden Sachen.** Ggf. ist ein Abschlag wegen der Vorläufigkeit vorzunehmen.

---

187 OLG Düsseldorf, AnwBl. 1982, 435 zur früheren Fassung des § 17 Abs. 4 GKG „Rückstände"; OLG Brandenburg, JurBüro 2001, 93 zur letzten Fassung des § 17 Abs. 4 GKG „fällige Beträge; ebenso OLG Köln, AGS 2004, 134 m. Anm. *N. Schneider;* so im Ergebnis auch *Madert/Müller-Raabe,* XI Rn. 104 B (S. 49); ausführlich *N. Schneider,* AGS 2003, 435.
188 AG Siegburg, BRAGOreport 2003, 245 *(N. Schneider).*

ii) Maßnahmen nach § 1 GewSchG (§ 620 Nr. 9 ZPO)

677 Hier ist nach § 23 Abs. 3 RVG auf den Regelwert i.H.v. **4.000 €** abzustellen, der Wert beträgt höchstens 500.000 €.

jj) Maßnahmen nach § 2 GewSchG (§ 620 Nr. 9 ZPO)

678 Maßnahmen nach § 2 GewSchG betr. die Ehewohnung sind ebenfalls nach § 53 Abs. 2 GKG zukünftig mit einem Festwert i.H.v. **2.000 €** zu bewerten.

kk) Kostenvorschuss für Ehe- und Folgesachen (§ 620 Nr. 10 ZPO)

679 Bei einstweiligen Anordnungen auf Vorschusszahlungen kommt es auf den Wert des verlangten Vorschusses an. Maßgebend ist der **volle Vorschussbetrag.**

ll) Prozesskostenvorschuss in einer Unterhaltssache (§ 127a ZPO)

680 Auch hier gilt nach § 48 GKG i.V.m. § 3 ZPO der Wert des **verlangten Vorschusses.**

mm) Kostenvorschuss für sonstige Familiensachen (§ 621f ZPO)

681 Für einstweilige Anordnungen betr. einen Kostenvorschuss für

- elterliche Sorge,
- Umgangsrecht,
- Kindesherausgabe,
- Versorgungsausgleich,
- Ehewohnung,
- Hausrat,
- Güterrecht,
- §§ 1383, 1383 BGB,
- Maßnahmen nach §§ 1 und 2 GewSchG

gilt ebenfalls der **Betrag des verlangten Vorschusses.**

nn) Elterliche Sorge (§ 621g ZPO)

682 Es gilt das Gleiche wie in Verfahren nach § 620 Nr. 1 ZPO.

oo) Umgangsrecht (§ 621g ZPO)

683 Es gilt das Gleiche wie in Verfahren nach § 620 Nr. 1 ZPO.

pp) Herausgabe (§ 621g ZPO)

684 Es gilt das Gleiche wie in Verfahren nach § 620 Nr. 1 ZPO.

qq) Hausrat und eheliche Wohnung (§ 621g ZPO)

Es gilt das Gleiche wie in Verfahren nach § 620 Nr. 1 ZPO.   685

rr) Unterhalt bei Vaterschaftsfeststellung (§ 641d ZPO)

Wird im Rahmen eines Vaterschaftsprozesses eine einstweilige Anordnung auf Unterhalt   686
beantragt, gilt wiederum nach § 53 Abs. 2 GKG für den laufenden Unterhalt der **sechsfache Monatsbetrag. Fällige Beträge** sind nach § 42 Abs. 5 GKG hinzuzurechnen.

ss) Verfahren nach § 621 Abs. 1 Nrn. 4, 5 und 11 ZPO (§ 644 ZPO)

Auch hier gilt nach § 53 Abs. 2 GKG für den laufenden Bezug der **sechsfache Monats-**   687
betrag und nach § 42 Abs. 5 GKG der Wert der **fälligen Beträge**.

tt) Maßnahmen nach § 1 GewSchG, § 64b FGG

Maßgebend ist nach § 24 Abs. 3 RVG der Wert, der sich aus § 24 Satz 1, 2 RVG ergibt,   688
also ein Ausgangswert von **500 €**.

uu) Maßnahmen nach § 2 GewSchG, § 64b FGG

Hier gilt § 53 Abs. 2 GKG entsprechend. Maßgebend ist ein fester Wert i.H.v. **2.000 €.**   689

Q. Rechtsmittel in selbständigen Verfahren

I. Beratung über die Erfolgsaussichten eines Rechtsmittels

Insbesondere in Familiensachen kommt es vor, dass der Anwalt zunächst nur über die Er-   690
folgsaussichten eines Rechtsmittels beraten soll. In diesem Fall hat der Anwalt noch keinen Rechtsmittelauftrag, so dass sich seine Vergütung nicht nach Teil 3 VV RVG richtet,
sondern nach **Nr. 2200 VV RVG.**

Hat der Anwalt dagegen bereits den Auftrag, das Rechtsmittel einzulegen, so ist die Be-   691
ratung durch die 1,1 Verfahrensgebühr nach Nr. 3201 VV RVG abgegolten (§ 19 Abs.1
Satz 1 RVG). Kommt es nicht zur Einlegung des Rechtsmittels, erhält er lediglich die 1,1
Verfahrensgebühr nach Nr. 3201 Nr. 1 VV RVG; wird das Rechtsmittel eingelegt, erhält
er die 1,6 Verfahrensgebühr nach Nr. 3200 VV RVG.

Soweit der Anwalt noch keinen Rechtsmittelauftrag hat und lediglich die Erfolgsaussich-   692
ten prüft, entsteht dagegen eine Gebühr i.H.v. 0,5 bis 1,0 nach Nr. 2200 VV RVG. Die
Höhe der Gebühr bestimmt der Anwalt nach § 14 Abs. 1 RVG.

Der Gegenstandswert richtet sich danach, hinsichtlich welcher Gegenstände der Anwalt   693
beraten soll.

694   ***Beispiel:***

In einem Scheidungsverbundverfahren (Wert Ehesache: 6.000 €, Wert Versorgungsaus-
gleich: 1.000 €, Wert nachehelicher Unterhalt: 3.600 €) soll der Anwalt den Auftragge-
ber nur darüber beraten, ob Aussichten bestehen, sich erfolgreich gegen die Verurteilung
zur Unterhaltszahlung mit der Berufung zur Wehr zu setzen.

Maßgeblicher Gegenstandswert ist lediglich der Wert der Folgesache Unterhalt, also
3.600 €.

695   Für den Gebührentatbestand der Nr. 2200 VV RVG ist es unerheblich, in welchem Verfahren die Entscheidung ergangen ist. Nr. 2200 VV RVG gilt daher sowohl dann, wenn
eine isolierte Familiensache, sei es eine ZPO- oder eine FGG-Sache angefochten werden
soll, als auch bei Verbundverfahren und zwar unabhängig davon, ob das gesamte Verbundverfahren angefochten werden soll oder nur einzelne Folgesachen, wobei es hier
auch wiederum nicht auf die Unterscheidung zwischen FGG-Sachen und ZPO-Verfahren
ankommt.

696   Unerheblich ist auch, ob die Entscheidung in erster Instanz oder im Berufungsverfahren
ergangen ist. Der Tatbestand der Nr. 2200 VV RVG gilt sowohl für die Prüfung der Erfolgsaussichten einer Berufung als auch einer Revision. Darüber hinaus gilt er auch für
die Prüfung der Erfolgsaussichten einer Nichtzulassungsbeschwerde. Ebenso wird man
diese Vorschrift auf die Rechtsbeschwerde nach § 574 ZPO anzuwenden haben sowie auf
Beschwerden nach Vorbem. 3.2.1 Abs. 2 Nr. Nr. 1 a) VV RVG und Rechtsbeschwerden
nach Vorbem. 3.2.2 VV RVG.

697   Kein **Rechtsmittel** i.S.d. Nr. 2200 VV RVG ist der Widerspruch gegen einen Mahnbescheid oder der Antrag auf Durchführung des streitigen Verfahrens im vereinfachten Verfahren auf Festsetzung des Minderjährigenunterhalts. Auch der Einspruch gegen ein Versäumnisurteil ist kein Rechtsmittel in diesem Sinne. Für solche Rechtsbehelfe bleibt es
vielmehr bei der allgemeinen **Beratungsgebühr** nach Nr. 2100 VV RVG.

698   Eine Begrenzung für die **Erstberatung** ist bei der Gebühr nach Nr. 2200 VV RVG im
Gegensatz zur allgemeinen Beratung (Nr. 2102 VV RVG) nicht vorgesehen.

699   Dagegen ist auch die Gebühr nach Nr. 2200 VV RVG **anzurechnen.** Sofern es also auf
den Rat des Anwalts oder entgegen seines Rates doch zur Durchführung des Rechtsmittelverfahrens kommt, ist die Prüfungsgebühr anzurechnen (Anm. zu Nr. 2200 VV
RVG).

700   Zu beachten ist allerdings, ob unterschiedliche Gegenstände vorliegen, etwa z.B. wenn
der Anwalt nur teilweise zur Durchführung des Rechtsmittels rät.

Beispiel: 701

Der Beklagte ist verurteilt worden, 20.000 € Zugewinn zu zahlen. Der Anwalt soll über die Erfolgsaussichten beraten und empfiehlt Berufung einzulegen, soweit der Mandant verurteilt worden ist mehr als 10.000 € zu zahlen.

Der Gegenstandswert der Beratung beträgt 20.000 €. Der Gegenstandswert des Rechtsmittelverfahrens beläuft sich lediglich 10.000 €.

Abzurechnen ist also wie folgt:

I. Prüfung der Erfolgsaussichten:

1.	*0,75 Prüfungsgebühr, Nr. 2200 VV RVG*	*484,50 €*
2.	*Postentgeltpauschale, Nr. 7002 VV RVG*	*20,00 €*
3.	*16 % Umsatzsteuer, Nr. 7008 VV RVG*	*+ 80,72 €*
	Summe:	*585,22 €*

II. Rechtsmittelverfahren:

1.	*1,6 Verfahrensgebühr, Nr. 3200 VV RVG*	*777,60 €*
	gemäß der Anm. zu Nr. 2200 VV RVG anzurechnen:	
	0,75 Gebühr (Wert: 10.000 €) aus I. 1.	*– 364,50 €*
2.	*1,2 Terminsgebühr, Nr. 3202 VV RVG*	*583,20 €*
3.	*Postentgeltpauschale, Nr. 7002 VV RVG*	*20,00 €*
4.	*16 % Umsatzsteuer, Nr. 7008 VV RVG*	*+ 162,61 €*
	Summe:	*1.178,91 €*

II. Berufung

1. Gebühren

Wird in selbständigen Familiensachen, die der ZPO folgen, Berufung eingelegt, so gelten die **Nrn. 3200 ff. VV RVG.** 702

Im Berufungsverfahren erhält der Anwalt nach Nr. 3200 VV RVG eine **1,6 Verfahrensgebühr.** Diese Gebühr ermäßigt sich bei vorzeitiger Erledigung nach Nr. 3201 VV RVG auf eine **1,1 Gebühr.** 703

Hauptanwendungsfall dieser reduzierten Gebühr nach Nr. 3201 VV RVG dürfte der Fall der fristwahrend eingelegten, dann aber ohne Begründung zurückgenommenen Berufung sein. Solange die Berufung nicht begründet worden ist, besteht keine Veranlassung für den Berufungsgegner, einen Zurückweisungsantrag einzureichen, so dass er sich darauf beschränken muss, sich in der Sache zu bestellen. Hierbei entsteht lediglich die 1,1 Verfahrensgebühr nach Nr. 3101 VV RVG, die auch in voller Höhe erstattungsfähig ist. 704

705 Für die Wahrnehmung eines Termins im Berufungsverfahren erhält der Anwalt nach Nr. 3202 VV RVG eine **1,2 Terminsgebühr.**

706 Soweit ein Versäumnisurteil gegen den **Berufungskläger** beantragt wird, gilt Nr. 3203 VV RVG. Der Anwalt erhält lediglich eine **0,5 Terminsgebühr.** Bei einem Versäumnisurteil gegen den Berufungsbeklagten verbleibt es dagegen bei der vollen **1,2 Terminsgebühr** (Nr. 3203 VV RVG).

2. Gegenstandswert

707 Der **Gegenstandswert** im Berufungsverfahren richtet sich nach dem Wert der **angefochtenen Gegenstände** (§ 47 Abs. 1, Abs. 2 GKG).

708 Greift der Berufungskläger im **Unterhaltsprozess** nur seine Verurteilung für die Zeit nach den ersten zwölf Monaten nach Klageeinreichung an, so ist auf den streitigen Wert für die ersten zwölf in Streit befindlichen Monate abzustellen.[189] Der Streitwert der Berufungsinstanz ist aber zusätzlich begrenzt durch den Wert des Streitgegenstandes erster Instanz, sofern dieser in der Berufungsinstanz nicht erweitert wird (§ 47 Abs. 1, Abs. 2 GKG).[190]

III. Beschwerden in ZPO-Verfahren

709 Soweit in ZPO-Verfahren Beschwerden eingelegt werden, richtet sich die Vergütung nach **Nrn. 3500, 3513 VV RVG.**

710 Der Anwalt erhält eine **0,5 Verfahrensgebühr** nach Nr. 3500 VV RVG sowie im Falle eines Termins die **0,5 Terminsgebühr** nach Nr. 3513 VV RVG.

711 Da Beschwerdeverfahren eigene Angelegenheiten sind (§ 18 Nr. 5 RVG) entsteht hier auch eine gesonderte **Postentgeltpauschale** nach Nr. 7002 VV RVG.

IV. Beschwerden in FGG-Verfahren

712 In FGG-Verfahren ist zu differenzieren. Es kommt darauf an, ob gegen eine Endentscheidung oder gegen eine Zwischenentscheidung Beschwerde geführt wird.

1. Beschwerde gegen Zwischenentscheidungen

713 Wird die Beschwerde nicht gegen eine Endentscheidung eingelegt, so gelten auch hier die **Nrn. 3500, 3513 VV RVG.** Hierzu zählen etwa Beschwerden im Richterablehnungsverfahren, PKH-Beschwerden, Aussetzungsbeschwerden o.Ä.

714 Es gilt das Gleiche wie in den ZPO-Verfahren (s.o. Rn. 709).

---

189 BGH, AGS 2004, 76 m. Anm. *N. Schneider.*
190 BGH, AGS 2004, 76 m. Anm. *N. Schneider.*

2. Beschwerden gegen den Rechtszug beendende Entscheidungen

Richtet sich die Beschwerde gegen eine den Rechtszug beendende Entscheidung, so gel- 715
ten nach Vorbem. 3.2.1 Abs. 1 Nr. 2 a VV RVG die Vorschriften des **Berufungsverfahrens,** also die **Nrn. 3200 ff. VV RVG** entsprechend. Obwohl es sich um Beschwerdeverfahren handelt, erhält der Anwalt also nicht die 0,5 Gebühren nach Nrn. 3505, 3513 VV
RVG. Ihm stehen vielmehr die höheren Gebühren nach den **Nrn. 3200 ff. VV RVG** zu.

Nach dem bisherigen Recht (§ 61a BRAGO) erhielt der Anwalt die Gebühren des Beru- 716
fungsverfahrens nur für Beschwerden in bestimmten FGG-Scheidungsfolgensachen, die
mit der Beschwerde angefochten wurden. Für isolierte FGG-Verfahren galt diese Vorschrift
nicht. Hier blieb es bei den allgemeinen Beschwerdegebühren, also in FGG-Verfahren
i.d.R. gemäß § 118 BRAGO.

Zukünftig gelten die Gebühren des Berufungsverfahrens für sämtliche Beschwerden in Fa- 717
miliensachen, sofern es sich um Beschwerden gegen Endentscheidungen handelt. Hier
wird also nicht mehr differenziert, ob es sich um eine isolierte Anfechtung einer Folgesache aus dem Verbund handelt oder um die Anfechtung einer isolierten Familiensache.

Richtet sich die **Beschwerde gegen eine Folgesache,** so ist es auch unerheblich, ob über 718
die Folgesache isoliert oder durch Beschluss entschieden worden ist oder zusammen mit
der Ehesache im Verbundurteil.

Sofern über die **Folgesache im Verbundurteil** entschieden worden ist und hiergegen 719
Berufung eingelegt wird, gelten die Nrn. 3200 ff. VV RVG unmittelbar. Soweit die Fol-
gesache isoliert mit der Beschwerde angefochten wird, gelten kraft der Verweisung in
Vorbem. 3.2.1 Abs. 1 Nr. 2 a) VV RVG die Gebühren der Nrn. 3200 ff. VV RVG ebenfalls.

V. Nichtzulassungsbeschwerde

Die Gebühren im Verfahren der Nichtzulassungsbeschwerde richten sich nach 720
Nrn. 3506 ff. VV RVG. Der Anwalt erhält hier eine **1,6 Verfahrensgebühr** und für den
Regelfall, dass sich die Parteien nur durch einen beim BGH zugelassenen Rechtsanwalt
vertreten lassen können, gemäß Nr. 3508 VV RVG eine **2,3 Verfahrensgebühr.**

Sofern es zur Wahrnehmung eines Termins i.S.d. Vorbem. 3 Abs. 3 VV RVG kommt, er- 721
hält der Anwalt nach Nr. 3516 VV RVG darüber hinaus eine **1,2 Terminsgebühr.**

Auch eine **Einigungsgebühr** nach Nrn. 1000, 1004 VV RVG ist möglich. Obwohl das 722
Nichtzulassungsbeschwerdeverfahren in Nr. 1004 VV RVG nicht genannt ist, gilt der erhöhte Gebührensatz auch hier.

Ist die Nichtzulassungsbeschwerde erfolgreich und schließt sich hieran das Revisionsver- 723
fahren an, so ist nach der Anm. zu Nr. 3506 VV RVG die Verfahrensgebühr (Nr. 3506 VV

RVG) auf die Verfahrensgebühr des nachfolgenden Revisionsverfahrens (Nr. 3206 VV RVG) **anzurechnen.**

724 Da das Verfahren über die Nichtzulassungsbeschwerde nach § 17 Nr. 9 RVG eine eigene Gebührenangelegenheit darstellt, entstehen hier auch – unbeschadet einer Anrechnung nach Nr. 3506 VV RVG – zusätzliche Auslagen, insbesondere eine zusätzliche **Postentgeltpauschale.**

VI. Revision

725 Im Revisionsverfahren richten sich die Gebühren nach den **Nrn. 3206 ff. VV RVG.**

726 Der Anwalt erhält hier nach Nr. 3206 VV RVG eine **1,6 Verfahrensgebühr.** Da hier i.d.R. aber die Parteien sich nur durch einen beim BGH zugelassenen Rechtsanwalt vertreten lassen können, fällt nach Nr. 3208 VV RVG eine **2,3 Verfahrensgebühr** an.

727 Bei vorzeitiger **Erledigung des Auftrags** ermäßigt sich die Verfahrensgebühr in der Revisionsinstanz nach Nr. 3207 VV RVG auf 1,1 und bei zwingender Vertretung durch einen BGH-Anwalt nach Nr. 3209 VV RVG auf 1,8.

728 Die **Terminsgebühr** beläuft sich nach Nr. 3210 VV RVG auf **1,5.**

729 Auch eine **1,3 Einigungsgebühr** nach Nrn. 1000, 1004 VV RVG ist möglich.

730 Zu beachten ist, dass im Falle einer vorangegangenen erfolgreichen Nichtzulassungsbeschwerde die im Nichtzulassungsbeschwerdeverfahren angefallene Gebühr nach Nr. 3506 VV RVG gemäß der Anm. zu Nr. 3506 VV RVG auf die Verfahrensgebühr des Revisionsverfahrens **anzurechnen** ist.

731 Auch im Revisionsverfahren erhält der Anwalt neben den Gebühren seine **Auslagen** gesondert.

VII. Rechtsbeschwerde

732 Die Rechtsbeschwerde ist sowohl in ZPO-Verfahren als auch in FGG-Verfahren möglich.

1. ZPO-Verfahren

733 In ZPO-Verfahren richten sich die Gebühren für eine Rechtsbeschwerde gemäß § 574 ZPO nach Nr. 3502 VV RVG. Der Anwalt erhält eine **1,0 Verfahrensgebühr;** s. ausführlich Teil 7 Rn. 932 ff.

2. FGG-Verfahren

734 Soweit nach § 621e Abs. 2 ZPO auch in selbständigen FGG-Verfahren die Rechtsbeschwerde gegeben ist, richten sich die Gebühren nach Teil 3 Unterabschnitt 2 VV RVG.

Ebenso wie die Gebühren des Berufungsverfahrens für die in Vorbem. 3.2.1 Abs. 1 VV RVG aufgeführten Beschwerdeverfahren gelten, sind die Vorschriften für die Revision entsprechend für die in Vorbem. 3.2.1 Abs. 1 VV RVG genannten weiteren Beschwerden oder Rechtsbeschwerden gegen eine den Rechtszug beendende Entscheidung anzuwenden, sofern die Beschwerden vor dem BGH geführt werden und die Parteien sich nur durch einen am BGH zugelassenen Anwalt vertreten lassen können.

Soweit also nach Vorbem. 3.2.1 Abs. 1 VV RVG die dort genannten Beschwerdeverfahren an sich nach den Gebühren des Berufungsverfahrens zu vergüten wären, richtet sich die Vergütung gemäß Vorbem. 3.2.2 VV RVG nach den **Vorschriften des Revisionsverfahrens,**   735

- wenn das Verfahren vor dem BGH stattfindet und

- sich die Parteien nur durch einen dort zugelassenen Anwalt vertreten lassen können.

Soweit ausnahmsweise eine **Vertretung durch einen BGH-Anwalt** nicht erforderlich ist, etwa bei Vertretung des Jugendamtes oder des Trägers eines gesetzlichen Rentenversicherers (§ 78 Abs. 4 ZPO), verbleibt es bei den Gebühren nach Teil 3 Unterabschnitt 1 VV RVG, also nach den **Nrn. 3200 ff. VV RVG.**   736

Fraglich ist, ob unter Vorbem. 3.2.2 i.V.m. Vorbem. 3.2.1 VV RVG auch die Beschwerden gegen die **Nichtzulassung der Rechtsbeschwerde** zählen. Zwar enthalten die Nrn. 3504 ff. VV RVG Sonderregelungen, die den in Vorbem. 3.2.1 Abs. 1 Nr. 2 VV RVG genannten Verfahren vorgehen. In den Nrn. 3504 ff. VV RVG sind jedoch nur die Nichtzulassungsbeschwerden gegen die Nichtzulassung der Berufung und gegen die Nichtzulassung der Revision aufgeführt. In Familiensachen gibt es darüber hinaus aber auch noch die Beschwerde gegen die Nichtzulassung der Rechtsbeschwerde (§ 621e Abs. 2 ZPO).[191] Die Streitfrage kann zwar insoweit dahinstehen, als die Gebührenfolge letztlich dieselbe ist. Der Anwalt erhält in beiden Fällen eine **2,3 Verfahrensgebühr,** also sowohl bei Anwendung der Revisionsvorschriften nach den Nrn. 3206, 3208 VV RVG als auch bei Anwendung der Vorschriften für die Nichtzulassungsbeschwerde nach Nrn. 3506, 3508 VV RVG. Ein Unterschied ergibt sich aber daraus, dass in der Anm. zu Nr. 3506 VV RVG eine **Anrechnung** vorgesehen ist, nicht aber in den Nrn. 3200 ff. VV RVG, so dass der Anwalt die Verfahrensgebühr nach Nr. 3206 VV RVG gemäß § 17 Nr. 9 RVG zweimal erhielte. Dies spricht dafür, die Nrn. 3206, 3208 VV RVG anzuwenden.   737

3. Gegenstandswert

Der **Gegenstandswert** richtet sich auch in Beschwerdeverfahren gemäß § 47 Abs. 1, Abs. 2 GKG nach dem Wert der **angefochtenen Gegenstände.** Die Wertberechnung er-   738

---

191   Nach § 26 Nr. 9 EGZPO allerdings erst ab 2007; s. hierzu *Zöller/Philippi,* § 621a Rn. 86.

folgt nach den Vorschriften des GKG, obwohl es sich um Verfahren der freiwilligen Gerichtsbarkeit handelt.[192] Die Vorschriften der KostO sind auf Beschwerden nach Vorbem. 3.2.1 VV RVG nicht anwendbar.

4. Mehrere Beschwerdeverfahren

739 Werden mehrere Beschwerden eingelegt, die in **getrennten Verfahren** geführt werden, erhält der Anwalt in jedem Beschwerdeverfahren die Gebühren nach den Nrn. 3200 ff. VV RVG aus dem jeweiligen Gegenstandswert gesondert (§ 18 Nr. 5 RVG).

740 Werden mehrere Beschwerden in **demselben Verfahren** geführt (also wenn sich eine Beschwerde gegen mehrere Folgesachen-Entscheidungen richtet), bestimmt sich der Gegenstandswert aus den zusammengerechneten Werten (§ 22 Abs. 1 RVG i.V.m. §§ 45, 46 GKG).

741 Werden nachträglich mehrere Beschwerdeverfahren **verbunden**, kann der Anwalt wählen, ob er bis zur Verbindung der Verfahren mehrere getrennte Beschwerdegebühren nach den jeweiligen Einzelwerten oder ob er eine Gebühr aus dem Gesamtwert berechnet. Gebühren, die erst nach Verbindung anfallen, können nur aus dem gemeinsamen Wert berechnet werden.

742 Für den Fall der nachträglichen **Trennung** gelten die vorgenannten Grundsätze entsprechend. Der Anwalt kann wählen, ob der die einzelnen Gebühren aus den getrennten Verfahren berechnet oder lediglich eine Gebühr aus dem gemeinsamen Verfahren.

5. Nachträgliche Rechtsmittelerweiterung

743 Wird zunächst eine FGG-Folgesache mit der Beschwerde angefochten und in demselben Verfahren später Berufung oder Anschlussberufung gegen die Ehesache oder eine ZPO-Folgesache eingelegt, so wandelt sich das Beschwerdeverfahren nach § 629a Abs. 2 Satz 2 ZPO insgesamt in ein Berufungsverfahren. Probleme bei der Gebührenberechnung ergeben sich jetzt aber nicht mehr, da beide Verfahren – im Gegensatz zur BRAGO – demselben Gebührenrecht folgen.

---

192   *Gerold/Schmidt/von Eicken,* BRAGO, § 61a Rn. 5.

R. Zwangsvollstreckung

I. Gebühren

In der Zwangsvollstreckung erhält der Anwalt die Gebühren nach den **Nrn. 3309 f. VV**   744
RVG. Eine Unterscheidung zwischen der Vollstreckung aus ZPO-Verfahren oder FGG-Sachen findet nicht mehr statt. Nach Vorbem. 3.3.3. VV RVG gelten die Vorschriften der Zwangsvollstreckung jetzt auch für **Verfahren nach § 33 FGG**.

Im Gegensatz zur BRAGO zählt

- das Verfahren zur Ausführung einer Verfügung des Gerichts auf Vornahme, Unterlassung oder Duldung einer Handlung durch Zwangsmittel und einer besonderen Verfügung des Gerichts zur Anwendung von Gewalt (§ 33 FGG) sowie

- das Verfahren zur Abnahme der eidesstattlichen Versicherung (§ 33 Abs. 2 Satz 5, 6 FGG)

jetzt nach § 18 RVG als **gesonderte Angelegenheit.**

II. Wert

Wird wegen Unterhalts eine **Vorratspfändung** ausgebracht, so bemisst sich der Wert der   745
zu vollstreckenden Forderung gemäß § 25 Abs. 1 Nr. 1 RVG entsprechend § 42 Abs. 1
Satz 1 GKG nach dem Wert der zukünftig fällig werdenden Forderungen, höchstens nach
dem Wert der nächsten 12 Monate. Hinzuzurechnen sind entsprechend § 42 Abs. 5 GKG
die bei Einreichung des Pfändungsantrags fälligen Beträge.[193]

S. Prozesskostenhilfe

I. Überblick

Auch für die PKH gelten in Familiensachen zunächst einmal die allgemeinen Regelungen.   746
Die Gebührenbeträge richten sich nach § 49 RVG.

---

193   *Lappe*, Rn. 277.

II. Abschluss einer Einigung

1. Anwendungsbereich

747 Eine Besonderheit für das Verbundverfahren ist in § 48 Abs. 3 RVG (bislang § 122 Abs. 3 BRAGO) enthalten. Die **Beiordnung des Rechtsanwalts in einer Ehesache** erstreckt sich auch auf den Abschluss eines Vertrags i.S.d. Nr. 1000 VV RVG, also einer **Folgenvereinbarung,** die

- den gegenseitigen Unterhalt der Ehegatten,

- den Unterhalt gegenüber den Kindern im Verhältnis der Ehegatten zueinander,

- die Sorge der Person der gemeinschaftlichen minderjährigen Kinder,

- die Regelung des Umgangs mit einem Kind,

- die Rechtsverhältnisse an

  - der Ehewohnung und

  - dem Hausrat und

- die Ansprüche aus dem ehelichen Güterrecht betreffen.

748 Wird zu den vorgenannten Folgesachen eine Scheidungsfolgenvereinbarung getroffen, so braucht hierfür keine gesonderte PKH beantragt zu werden. Die in der Ehesache bewilligte PKH erstreckt sich automatisch auch auf den Folgenvergleich.

749 Diese Regelung gilt nicht für eine **Einigung,** mit der gemeinsames Vermögen der Ehegatten auseinander gesetzt werden soll, etwa die Übertragung des Miteigentums an einem Grundstück.[194]

750 Zur Höhe der Einigungsgebühr(en) bei anhängigem PKH-Prüfungsverfahren s.u. Rn. 762 ff.

751 Diese Regelung ist nicht analog auf andere Familiensachen anwendbar. So erstreckt sich die PKH-Bewilligung im Verfahren über die elterliche Sorge nicht auch auf eine über ein nicht anhängiges Umgangsrecht geschlossene Einigung.[195]

752 Ebenso gilt diese Regelung nicht für eine Einigung über die **Auseinandersetzung** des gemeinsamen **Vermögens** oder gemeinsamer **Schulden.**[196]

---

194 OLG Koblenz, AGS 2004 157.
195 OLG Zweibrücken, KostRsp. BRAGO § 122 Nr. 108 = Rpfleger 2001, 557; OLG München, BRAGOreport 2001, 13 (*Hansens*) = AGS 2000, 31 = FamRZ 2000, 1389 = JurBüro 1999, 589; OLG Koblenz, KostRsp. BRAGO § 122 Nr. 106 = JurBüro 2001, 311; KG, KostRsp. BRAGO § 122 Nr. 101 = KGR 1999, 183; a.A. OLG Stuttgart, FamRZ 1999, 389.
196 OLG Koblenz, AGS 2004, 157 m. Anm. *N. Schneider.*

2. Außergerichtliche Einigung

Umstritten ist, ob der Anwalt die Einigungsgebühr aus der Staatskasse auch dann erhält, 753 wenn in einem gerichtlichen Verfahren eine **außergerichtliche Einigung** geschlossen wird. Nach einem Teil der Rechtsprechung[197] ist der Abschluss einer Prozesseinigung erforderlich; eine außergerichtlich geschlossene Einigung genügt danach auch dann nicht, wenn über die darin enthaltenen Regelungsgegenstände ein gerichtliches Verfahren anhängig ist. Die Beiordnung des Rechtsanwalts im Wege der PKH umfasst danach nur dann die Vergütung für eine außergerichtliche Einigung, wenn hierfür eine ausdrückliche Beiordnung erfolgt ist.[198] Nach zutreffender Ansicht ist dem im Rahmen der PKH uneingeschränkt beigeordneten Anwalt auch bei Abschluss einer außergerichtlichen Einigung eine Einigungsgebühr aus der Staatskasse zuzubilligen.[199] Aus der Formulierung in § 45 Abs. 1 RVG folgt nur, dass die Tätigkeit des Anwalts „in Verfahren vor Gerichten" stattfinden muss. Diese Voraussetzung ist aber auch dann erfüllt, wenn in einem gerichtlichen Verfahren eine Einigung geschlossen, aber nicht vor Gericht protokolliert wird.

Soweit der Anwalt die Einigungsgebühr aus der Staatskasse erhält, ist die Gebührentabelle des § 49 RVG maßgebend. 754

Der **Gebührensatz** richtet sich nach Nr. 1003 VV RVG, wenn der Gegenstand der Einigung anhängig oder wenn er Gegenstand eines Verfahrens auf Bewilligung von PKH ist (Anm. zu Nr. 1003 VV RVG). Erstreckt sich die PKH-Bewilligung dagegen nur kraft Beschlusses oder nach § 48 Abs. 3 RVG auch auf Gegenstände, für deren Geltendmachung oder Abwehr bisher keine PKH beantragt worden ist, gilt der Gebührensatz der Nr. 1000 VV RVG (Rn. 773 ff.). 755

3. Verkehrsanwalt

Strittig ist ferner, ob dem beigeordneten **Verkehrsanwalt** wegen der Einigungsgebühr 756 ein Anspruch gegen die Staatskasse zusteht. Dies wird zum Teil verneint;[200] es sei denn, in dem Beiordnungsbeschluss wurde er ausdrücklich auch für den Abschluss der Einigung beigeordnet. Das gilt auch bei einer **Einigung in einer Scheidungssache.**

---

197 OLG Brandenburg, KostRsp. BRAGO § 122 Nr. 107 = FamRZ 2001, 1394; KG, KostRsp. BRAGO § 122 Nr. 93 = MDR 1998, 1484 = KGR 1998, 347; LAG Köln, AGS 1998, 37 m. abl. Anm. *Madert*; OLG Köln, JurBüro 1994, 478 = MDR 1994, 313 = OLGR 1994, 28; OLG Schleswig, AGS 2003, 166.
198 OLG Brandenburg, KostRsp. BRAGO § 122 Nr. 107 = FamRZ 2001, 1394.
199 OLG Hamm, KostRsp. BRAGO § 122 Nr. 102 = AGS 2001, 54 = OLGR 2000, 381 (Abkehr von der bisherigen Senatsrechtsprechung); OLG Frankfurt/M., OLGR 1988, 91; OLG Oldenburg, FamRZ 1996, 682 = JurBüro 1994, 545 = Nds.Rpfl. 1993, 369; LG Berlin, JurBüro 1994, 481; LG Osnabrück, Nds.Rpfl. 1994, 121; OLG München, AGS 2004, 156.
200 OLG München, AGS 2003, 511 m. abl. Anm. *N. Schneider.*

757 Diese Auffassung ist m.E. unzutreffend[201] und lässt sich nur mit fiskalischen Interessen erklären. Nach § 121 Abs. 4 ZPO kann der Partei „zur Vermittlung des Verkehrs mit dem Prozessbevollmächtigten" ein weiterer Rechtsanwalt beigeordnet werden. Folglich hat der beigeordnete Rechtsanwalt gemäß § 48 Abs. 3 RVG Anspruch auf Übernahme seiner Kosten durch die Staatskasse im Rahmen des Bewilligungsbeschlusses. Sofern der Bewilligungsbeschluss keine Einschränkung enthält, gilt auch für den Verkehrsanwalt folglich § 48 Abs. 3 RVG, wonach sich die Beiordnung in einer Ehesache auch auf den Abschluss einer Einigung über dort näher genannte Folgesachen erstreckt. Dass auch der Verkehrsanwalt die Einigungsgebühr verdienen kann, wenn er am Zustandekommen der Einigung mitwirkt, ist einhellige Auffassung.[202] Dass diese Regelung nicht für den im Rahmen der PKH beigeordneten Rechtsanwalt gelten soll, findet im Gesetz keine Stütze.[203]

758 > **Hinweis:**
     >
     > Zur Vermeidung späterer Gebührenverluste sollte der Verkehrsanwalt rechtzeitig bei Gericht beantragen, dass die Beiordnung im Rahmen der PKH auch zum Abschluss einer Folgenvereinbarung erfolge. Soweit der Bewilligungsbeschluss den Abschluss der Einigung mit beinhaltet, kann der Anwalt die Einigungsgebühr unstrittig gegenüber der Staatskasse abrechnen.

759 Versäumt der Anwalt, sich auch für die Einigung beiordnen zu lassen, wird er die Partei kaum in Anspruch nehmen können. Sie wird ihm den Einwand entgegen halten können, er hätte durch einen rechtzeitigen Antrag auf Erweiterung der Beiordnung auch zum Zwecke des Abschlusses der Einigung PKH erlangen können. Nur dann, wenn das Gericht die Beiordnung zum Zwecke des Abschlusses des Vergleichs abgelehnt hat oder feststeht, dass diese abgelehnt worden wäre, kann die Partei in Anspruch genommen werden.

760 > **Hinweis:**
     >
     > Angesichts dessen, dass die bedürftige Partei davon ausgeht, sämtliche Kosten würden durch die PKH übernommen, wird den Anwalt in diesem Fall wohl eine **Hinweispflicht** treffen. Er muss die bedürftige Partei darauf hinweisen, dass er nur als Verkehrsanwalt beigeordnet ist und dass Mehrkosten, die durch den Einigungsabschluss entstehen, von der Partei selbst zu tragen sind.

---

201 So auch OLG Düsseldorf, JurBüro 1981, 563; OLG Stuttgart, JurBüro 1979, 865.
202 S. Anwkom-RVG-*N. Schneider,* Nr. 3400 VV RVG Rn. 61 m.w.N.
203 *Gerold/Schmidt/von Eicken,* BRAGO, § 122 Rn. 46 m.w.N.; a.A. OLG München, JurBüro 2003, 469 = OLGR 2003, 352 = Rpfleger 2003, 514 = KostRsp. BRAGO § 122 Nr. 117 m. abl. Anm. *N. Schneider.*

Auch wenn der Verkehrsanwalt die Einigungsgebühr nicht erhält, erhält er doch zusätz- 761
lich aus dem Mehrwert der Einigung die 0,8 Verfahrensgebühr nach Nr. 3101 Nr. 2 VV
RVG (bis zur Höhe einer Gesamtgebühr von 1,0 – vgl. § 15 Abs. 3 RVG). Dies ergibt sich
unmittelbar aus Nr. 3400 VV RVG, wonach der Verkehrsanwalt die Verfahrensgebühr in
der Höhe erhält, in der sie auch der Prozessbevollmächtigte erhält. Dieser verdient aber
für die Protokollierung der Einigung eine zusätzliche 0,8 Verfahrensgebühr nach Nr. 3101
Nr. 2 VV RVG unter Beachtung des § 15 Abs. 3 RVG. Jedenfalls insoweit bedarf es m.E.
keiner gesonderten Bewilligung, da diese zusätzliche Gebühr nicht für den Abschluss der
Einigung, sondern für die Vermittlung des Verkehrs zwischen bedürftiger Partei und Pro-
zessbevollmächtigtem entsteht.

4. Prozesskostenhilfe

Auch dem Anwalt, der im **PKH-Prüfungsverfahren** eine Einigung schließt, steht nach 762
Beiordnung für die Instanz und die Einigung ein Anspruch auf eine Einigungsgebühr zu.[204]

Soweit außergerichtlich der Vergleich über **nicht anhängige** Gegenstände geschlossen 763
wird, ist aus der Staatskasse allerdings keine Vergütung zu zahlen, da es insoweit an einer PKH-Bewilligung fehlt.

Etwas anderes gilt in einer **Ehesache**, wenn die Parteien hier außergerichtlich einen 764
Scheidungsfolgenvergleich schließen, da sich hier auch ohne ausdrückliche Anordnung
gemäß § 48 Abs. 3 RVG die PKH auf einen Vergleich über nicht anhängige Folgesachen
erstreckt.[205]

765

> **Hinweis:**
>
> Zu beachten ist insbesondere in Familiensachen, dass grds. für **jede eigene Angele-
> genheit** auch **gesondert PKH** zu beantragen ist. Das gesamte Verbundverfahren gilt
> nach § 16 Nr. 14 RVG zwar als eine Angelegenheit. Werden aber neben der Ehesache
> und dem Versorgungsausgleich weitere Folgensachen anhängig gemacht, so muss
> hierfür gesondert PKH beantragt werden.

Ebenso muss gesondert PKH beantragt werden, wenn neben dem **Hauptsacheverfah-** 766
ren der Erlass einer **einstweiligen Anordnung** beantragt wird, da die einstweilige Anordnung nach § 17 Nr. 4 RVG eine selbständige Angelegenheit darstellt und gesonderte Gebühren auslöst. Dies gilt nicht nur für Verbundverfahren, sondern auch für selbständige Familiensachen (s.o. Rn. 653).

---

204   OLG Jena, KostRsp. BRAGO §23 Nr.161 = OLGR 2002, 325.
205   OLG Hamburg, JurBüro 1988, 1178; a.A. KG, KGR 1998, 347 = MDR 1998, 1484.

767 Eine Anhängigkeit i.S.d. Nr. 1003 VV RVG ist auch dann gegeben, wenn über den Gegenstand der Einigung ein Verfahren über die Bewilligung von PKH anhängig ist (Anm. zu Nr. 1003 VV RVG).

768 Soweit eine Partei PKH beantragt und zunächst noch keine unbedingte Klage oder einen anderweitigen unbedingten Antrag (etwa einen Beweisantrag) eingereicht hat, greift zwar Nr. 1003 VV RVG nicht, da es dann an einer Anhängigkeit fehlt. Um diese Lücke zu schließen, ordnet jedoch die Anm. zu Nr. 1003 VV RVG an, dass bereits der Antrag auf Bewilligung von PKH genügt, um die Einigungsgebühr auf 1,0 zu reduzieren.

769 Die Reduzierung gilt für die Anwälte sämtlicher Parteien, also auch für den Anwalt derjenigen Partei, die keine PKH beantragt hat.

770 Zu unterscheiden sind nach der **Anm. zu Nr. 1003 VV RVG** folgende **vier Fälle:**

771 • **Erster Fall:**

Für die Mehreinigung über nicht anhängige Ansprüche wird weder PKH beantragt noch erstreckt sich die bewilligte PKH kraft Gesetzes auf die Mehreinigung.

Schließen die Parteien eine Einigung über nicht anhängige Ansprüche und wird weder für die Einigung PKH beantragt noch erstreckt sich die für das Verfahren bewilligte PKH kraft Gesetzes auf die Mehreinigung, so erhält der Anwalt nach fast einheiliger Auffassung neben der 1,0 Einigungsgebühr für die anhängigen Ansprüche zusätzlich für die Mehreinigung unter Beachtung des § 15 Abs. 3 RVG eine 1,5 Einigungsgebühr nach Nr. 1000 VV RVG;[206] unzutreffend dagegen LAG Frankfurt,[207] wonach einheitlich, also auch für die Mehreinigung, nur eine 1,0 Einigungsgebühr aus dem Gesamtwert anzusetzen sei.

772 • **Zweiter Fall:**

Die für den Rechtsstreit bewilligte PKH erstreckt sich kraft Gesetzes auf die Mehreinigung, ohne dass es eines Antrags bedarf (§ 48 Abs. 3 RVG).

Hier war die Berechnung strittig. Verschiedene Gerichte hatten sich für Anhängigkeit ausgesprochen. Von der überwiegenden Rechtsprechung wurde dies jedoch zu Recht abgelehnt. Diese Streitfrage ist nunmehr in Anm. zu Nr. 1003 VV RVG gesetzlich geregelt. Da für diese Gegenstände kein PKH-Verfahren mit Prüfung der Bedürftigkeit und der Erfolgsaussicht durchzuführen ist, kommt die Anwendung der Nr. 1003 VV RVG nicht in Betracht. Es bleibt bei der 1,5 Einigungsgebühr.

---

206 BAG, AGS 2003, 346; LAG Stuttgart, JurBüro 1995, 583; LAG Bremen, AGS 1997, 15 m. Anm. *Madert* = zfs 1997, 148; *Hansens*, BRAGO, § 23 Rn. 15.
207 VersR 1998, 385 (zu § 23 BRAGO).

- **Dritter Fall:** 773

  Die für den Rechtsstreit bewilligte PKH erstreckt sich nicht kraft Gesetzes auf die Mehreinigung (§ 48 Abs. 3 RVG); es wird aber PKH für den Abschluss der Einigung beantragt und bewilligt.

  Auch diese Frage war umstritten und ist jetzt in der Anm. zu Nr. 1003 VV RVG geregelt. Da insoweit weder eine Prüfung der Bedürftigkeit noch eine Prüfung der Erfolgsaussicht stattfindet, fällt auch hier eine 1,5 Einigungsgebühr an.

- **Vierter Fall:** 774

  Die für den Rechtsstreit bewilligte PKH erstreckt sich nicht kraft Gesetzes auf die Mehreinigung (§ 48 Abs. 3 RVG); es war aber bereits für die Geltendmachung der noch nicht anhängigen Gegenstände PKH beantragt.

  Dieser Fall ist wiederum unstrittig. Nach einhelliger Auffassung erhält der Anwalt nur eine einheitliche 1,0 Einigungsgebühr aus dem gesamten Einigungswert, da in diesem Fall der PKH-Antrag der Anhängigkeit gleichsteht (Anm. zu Nr. 1003 VV RVG).[208]

III. Vergütung im PKH-Prüfungsverfahren

In der Mehrzahl aller Familiensachen wird PKH beantragt. Hier kommt es häufig vor, insbesondere in Unterhaltssachen, dass sich das Verfahren im PKH-Prüfungsverfahren erledigt, weil die PKH mangels Erfolgsaussichten zurückgewiesen wird. 775

Der Anwalt erhält im PKH-Prüfungsverfahren eine **1,0 Verfahrensgebühr** nach Nr. 3335 VV RVG. 776

Ist zuvor eine Geschäftsgebühr entstanden, so ist diese nach Vorbem. 3 Abs. 4 VV RVG zur Hälfte, höchstens mit 0,75 auf die Verfahrensgebühr des PKH-Prüfungsverfahrens **anzurechnen**. 777

Gleiches gilt, wenn eine Geschäftsgebühr nach Nr. 2603 VV RVG im Rahmen der **Beratungshilfe** angefallen ist. Auch diese Gebühr ist hälftig auf die Verfahrensgebühr nach Nr. 3335 VV RVG anzurechnen (Abs. 2 der Anm. zu Nr. 2603 VV RVG). 778

Findet im PKH-Prüfungsverfahren ein gerichtlicher Termin statt, etwa ein Erörterungstermin, so entsteht hierfür eine 1,2 Terminsgebühr. Dies ergibt sich aus Vorbem. 3.3.1 VV RVG. Danach richtet sich die Terminsgebühr nach Teil 3 Abschnitt 1 VV RVG, also nach Nr. 3104 VV RVG, sofern sich aus Abschnitt 3 Unterabschnitt 6 Teil 3 VV RVG nichts Abweichendes ergibt. Eine solche abweichende Regelung ist nur für die Gebühren nach Nrn. 3324 bis 3331 VV RVG getroffen worden, nicht aber auch für das PKH-Prüfungsverfahren. Daher erhält der Anwalt also die **1,2 Terminsgebühr nach Nr. 3104 VV RVG.** 779

---

208   LAG Nürnberg, JurBüro 1998, 190 = MDR 1998, 372 = Rpfleger 1998, 165.

T. Vergütungsfestsetzung

780 Auch in Familiensachen ist eine **Vergütungsfestsetzung nach § 11 RVG** möglich. Dies gilt nicht nur in ZPO-Verfahren, sondern auch in den isolierten FGG-Verfahren, zumal hier jetzt ohnehin keine Rahmengebühren mehr vorgesehen sind, sondern ebenfalls feste Gebührensätze.

781 In welcher **Eigenschaft der Anwalt tätig war**, ist unerheblich. Festsetzbar ist die Vergütung

- des Prozessbevollmächtigten,

- des Verkehrsanwalts,

- des Terminsvertreters und auch

- die Vergütung eines mit Einzeltätigkeiten beauftragten Anwalts, wie z.B. dem sog. „Fluranwalt", der lediglich einen Rechtsmittelverzicht erklärt hat oder an einer Vergleichsprotokollierung beteiligt war.[209]

782 **Zuständig** ist nach § 11 Abs. 1 Satz 1 RVG das **Gericht des ersten Rechtszugs**, also in Familiensachen das Familiengericht. Über die Beschwerde entscheidet der Familiensenat beim OLG.[210]

U. Vergütung in Verfahren über die Aufhebung einer Lebenspartnerschaft

783 Durch das Lebenspartnerschaftsgesetz[211] sind die materiell-rechtlichen Vorschriften des Familienrechts überwiegend auch auf die **gleichgeschlechtliche Lebenspartnerschaft** übertragen worden. In Vollziehung dieses Gesetzes sind in die ZPO gleichfalls zahlreiche Vorschriften aufgenommen worden, die das Verfahren in Lebenspartnerschaftssachen regeln. Ebenso sind seinerzeit bereits in der BRAGO die entsprechenden familienrechtlichen Vorschriften auch für die Verfahren in Lebenspartnerschaftssachen für entsprechend anwendbar erklärt worden.

784 Diese **Gleichstellung** behält das RVG bei. In Lebenspartnerschaftssachen kann daher auf die Ausführungen zu den Familiensachen zurückgegriffen werden.

---

209 OLG München, JurBüro 1974, 1388; OLG Brandenburg, BRAGOreport 2002, 71 *(N. Schneider)* = KostRsp. BRAGO § 19 Nr. 207.
210 KG, Rpfleger 1994, 42.
211 Gesetz v. 16.2.2001, BGBl. I., S. 266.

Ausdrückliche Regelungen finden sich in: 785

§ 17 Nr. 5 RVG	Ein Verfahren über die Aufhebung der Lebenspartnerschaft und die Folgesachen (§§ 661 Abs. 2, 623 Abs. 1 und 5 der ZPO) sind eine Angelegenheit i.S.d. § 15 RVG
§ 39 RVG	Vergütung des in Lebenspartnerschaftssachen beigeordneten Rechtsanwalts
§ 48 Abs. 3 RVG	Erstreckung der Prozesskostenhilfe im Falle der Beiordnung in Lebenspartnerschaftssachen nach § 661 Abs. 1 Nr. 1 bis 3 ZPO
§ 48 Abs. 4 Nr. 4 RVG	Erstreckung der Prozesskostenhilfe auf eine Widerklage in Verfahren über Lebenspartnerschaftssachen nach § 661 Abs. 1 Nr. 1 bis 3 ZPO
Abs. 5 der Anm. zu Nr. 1000 VV RVG	Ausschluss der Einigungsgebühr in Lebenspartnerschaftssachen (§ 661 Abs. 1 Nr. 1 bis 3 ZPO)
S. 2 der Anm. zu Nr. 1001 VV RVG	Aussöhnungsgebühr in Lebenspartnerschaftssachen
Vorbem. 3. 2.1 VV RVG	Entsprechende Anwendung der Gebühren im Berufungsverfahren bei Beschwerden und Rechtsbeschwerden gegen den Rechtszug beendende Entscheidungen in Lebenspartnerschaftssachen

Im Übrigen gelten die sonstigen Vorschriften entsprechend. Abweichende Besonderhei- 786
ten gegenüber Familiensachen sind nicht vorgesehen.

Teil 10: Verfahren der freiwilligen Gerichtsbarkeit

Inhaltsverzeichnis

A.   Überblick

Gegenüber der bisherigen Regelung in der BRAGO ergeben sich für die Gebührenregelung im RVG folgende wesentliche Änderungen:

1

- In gerichtlichen Verfahren werden die bisherigen Rahmengebühren durch **feste Gebührensätze** ersetzt.

- Es gibt nur noch **zwei Gebührentypen**, die Verfahrensgebühr und die Terminsgebühr.

- Die **Beweisaufnahmegebühr ist** ersatzlos **weggefallen.**

- **Einstweilige und vorläufige Anordnungen** sind jetzt eigene **Gebührenangelegenheiten.**

I. FGG-Verfahren

2 Ein Überblick über die wesentlichen Angelegenheiten der freiwilligen Gerichtsbarkeit (§ 1
FGG) findet sich bei *Keidel/Kuntze/Winkler.*[1]

3 Die in der anwaltlichen Praxis am häufigsten vorkommenden FGG-Verfahren betreffen
das **Familienrecht** (Sorge- und Umgangsrechtsverfahren, Hausratsverfahren, Verfahren
über den Versorgungsausgleich etc.). Wegen der hier wiederum auftretenden Besonderheiten sind diese Verfahren in Teil 9 Familiensachen behandelt. Daneben spielen in der
Praxis vor allem **WEG-Sachen** eine Rolle.

II. Vergütung in FGG-Verfahren

1. Außergerichtliche Tätigkeiten

4 Wird der Anwalt in Angelegenheiten der freiwilligen Gerichtsbarkeit tätig, so gelten hinsichtlich der außergerichtlichen Tätigkeit **keine Besonderheiten.** Dies war schon nach
der BRAGO so. Es können dann die in Teil 2 VV RVG bestimmten Gebühren entstehen,
insbesondere die Beratungsgebühr und die Geschäftsgebühr.

2. Gerichtliche Verfahren

5 Für gerichtliche Verfahren haben sich dagegen einschneidende Änderungen ergeben.
Die BRAGO kannte keine besonderen Gebührentatbestände für gerichtliche FGG-Verfahren. Die Vorschriften der §§ 31 ff. BRAGO waren nicht anwendbar, da diese nur für
bürgerliche Rechtsstreitigkeiten galten und bis auf wenige Ausnahmen (§ 63 Abs. 1 Nr. 1
BRAGO für Hausratsverfahren, § 61 Abs. 1 Nr. 2 BRAGO für WEG-Verfahren, § 63 Abs. 1
Nr. 3 für Verfahren nach dem LwVfG) keine Verweisungen auf die §§ 31 ff. BRAGO vorhanden waren. Es galt dann der „Auffangtatbestand" des § 118 BRAGO. Der Anwalt erhielt also im gerichtlichen Verfahren eine Geschäftsgebühr nach § 118 Abs. 1 Nr. 1 BRAGO
sowie für die Verhandlung eine Besprechungsgebühr nach § 118 Abs. 1 Nr. 2 BRAGO.
Kam es zu einer Beweisaufnahme, konnte darüber hinaus eine Beweisaufnahmegebühr

---

1   FGG, § 1 Rn. 52.

nach § 118 Abs. 1 Nr. 3 BRAGO entstehen. Vorgesehen war jeweils ein Gebührenrahmen von 5/10 bis 10/10. I.d.R. entstand eine Mittelgebühr von 7,5/10.

Für das **gerichtliche Verfahren** erklärt jetzt die Überschrift zu Teil 3 VV RVG die dortigen Gebühren auch für die Verfahren der freiwilligen Gerichtsbarkeit für entsprechend anwendbar. Es wird also fortan nicht mehr unterschieden zwischen bürgerlichen Rechtsstreitigkeiten und FGG-Verfahren. Der Anwalt erhält erstinstanzlich jetzt ebenfalls eine 1,3 Verfahrensgebühr nach Nr. 3100 VV RVG sowie eine 1,2 Terminsgebühr nach Nr. 3104 VV RVG, also insgesamt 2,5 Gebühren. Dies führt zu einer **erheblichen Aufwertung** dieser Verfahren, da Beweisaufnahmen in FGG-Verfahren selten sind und nach der BRAGO, ausgehend von der Mittelgebühr, daher insgesamt zumeist nur 15/10 an Gebühren anfielen.   6

3. Beschwerden

Auch die Beschwerden in FGG-Verfahren gegen Endentscheidungen sind jetzt zum Teil den Rechtsmitteln in bürgerlichen Rechtsstreitigkeiten gleichgestellt worden (Vorbem. 3.2.1 VV RVG, Vorbem. 3.2.2 VV RVG).   7

4. Einstweilige und vorläufige Anordnungen

Darüber hinaus werden alle einstweiligen und vorläufigen Anordnungen in FGG-Verfahren zu **eigenen Gebührenangelegenheiten** erhoben (§ 17 Nr. 4b) RVG) und lösen daher **gesonderte Gebühren** aus. Bislang waren nur bestimmte einstweilige und vorläufige Anordnungen in Familiensachen eigene Angelegenheiten (§ 41 BRAGO).   8

5. Vollstreckungsverfahren

Auch hinsichtlich der Vollstreckungsverfahren nach dem FGG ergeben sich Änderungen. Diese sind ebenfalls nicht mehr nach § 118 BRAGO abzurechnen, sondern jetzt ebenso wie die Zwangsvollstreckung in bürgerlichen Rechtsstreitigkeiten, also fortan nach den Nrn. 3309 f. VV RVG.   9

B. Außergerichtliche Tätigkeiten

Ist der Anwalt in FGG-Verfahren außergerichtlich tätig, so bleibt es bei den allgemeinen Gebühren. Hier ergeben sich **keine Besonderheiten**.   10

I. Beratung

Ist der Anwalt in FGG-Verfahren beratend tätig, so richtet sich die Vergütung nach Nr. 2100 VV RVG. Dem Anwalt steht hier ein Gebührenrahmen von **0,5 – 1,0** zu. Die **Mittelgebühr** beträgt **0,55** (s. hierzu Teil 7 Rn. 2 ff.).   11

12

> **Hinweis:**
>
> Zu beachten ist auch hier die **Begrenzung für ein erstes Beratungsgespräch**, wenn der Auftraggeber Verbraucher i.S.d. § 13 RVG ist (Nr. 2102 VV RVG). Hier wird sich die Frage stellen, wie der Begriff des Verbrauchers zu verstehen ist. Betreffend die familien- oder lebenspartnerschaftlichen Beziehungen wird die Verbrauchereigenschaft i.S.v. § 13 BGB im Regelfall verneint. Überträgt man dies direkt auf das Gebührenrecht, wird die Beratungsgebühr nicht nach Nr. 2202 VV RVG auf 190 € begrenzt werden.[2]

II. Außergerichtliche Vertretung

13 Ist der Anwalt mit der außergerichtlichen Vertretung in FGG-Verfahren beauftragt, entsteht eine Geschäftsgebühr nach Nr. 2400 VV RVG. Auch hier gelten keine Besonderheiten, so dass auf die Ausführungen zu Teil 7 Rn. 119 ff. verwiesen werden kann.

C. Gerichtliche Verfahren

14 Wie sich aus der Überschrift zu Teil 3 VV RVG ergibt, sind dort auch sämtliche Verfahren der freiwilligen Gerichtsbarkeit erfasst. Soweit also keine besonderen Vorschriften gelten, richtet sich die Vergütung nach den Nrn. 3100 ff. VV RVG ebenso wie in bürgerlichen Rechtsstreitigkeiten.

I. Mahnverfahren

15 Soweit in FGG-Verfahren auch das Mahnverfahren zulässig ist, so in WEG-Verfahren (§ 46a WEG), gelten auch hier die allgemeinen Vorschriften. Die Tätigkeit im Verfahren richtet sich nach den Nrn. 3305 ff. VV RVG (s. Teil 7 Rn. 613 ff.). Auch hier gelten **keine Besonderheiten**.

II. Selbständiges Beweisverfahren

16 U.U. kommt auch in FGG-Verfahren ein selbständiges Beweisverfahren entsprechend §§ 485 ff. ZPO in Betracht, so z.B. wiederum in WEG-Verfahren.[3] In diesem Fall gelten die gleichen Gebühren wie in bürgerlichen Rechtsstreitigkeiten; s. hierzu Teil 7 Rn. 676 ff.

---

2   So *Mock*, AGS 2004, 230.
3   BayObLG, NJW-RR 1996, 528 = WE 1996, 397; *Niedenführ/Schulze*, WEG, vor §§ 43 ff. Rn. 92; *Bärman/Pick/Merle*, WEG, § 44 Rn. 130.

III. Erstinstanzliches Verfahren

Erstinstanzliche gerichtliche Verfahren richten sich nach Teil 3 Abschnitt 1 VV RVG, also 17 nach den Nrn. 3100 ff. VV RVG. Daneben können die Allgemeinen Gebühren nach Teil 1 VV RVG sowie die Auslagen nach Teil 7 VV RVG entstehen.

1. Verfahrensgebühr

a) Volle Verfahrensgebühr

Zunächst einmal erhält der Anwalt auch in FGG-Verfahren eine Verfahrensgebühr nach 18 Nr. 3100 VV RVG. Die Höhe der Gebühr beläuft sich auf **1,3**.

Vertritt der Anwalt **mehrere Auftraggeber**, so erhöht sich auch hier die Verfahrensge- 19 bühr nach Nr. 1008 VV RVG um **0,3** je weiterer Auftraggeber. Dies gilt insbesondere in WEG-Verfahren, wenn der Anwalt eine Wohnungseigentümergemeinschaft vertritt. Diese stellt keine eigene Rechtspersönlichkeit dar. Die **Rechtsprechung zur GbR** ist hier nicht übertragbar, so dass es bei der Gebührenerhöhung bleibt.[4]

b) Ermäßigte Verfahrensgebühr

aa) Vorzeitige Erledigung

Unter den Voraussetzungen der Nr. 3101 Nr. 1 VV RVG entsteht nur eine 0,8 Verfah- 20 rensgebühr, also dann, wenn sich der Auftrag vorzeitig erledigt, bevor ein verfahrenseinleitender Antrag oder ein Schriftsatz, der Sachanträge, Sachvortrag oder eine Antragsrücknahme enthält, eingereicht oder bevor ein Termin wahrgenommen wird. Auch insoweit gelten in FGG-Verfahren keine Besonderheiten.

> *Beispiel:* 21
>
> *Der Anwalt erhält den Auftrag, einen Antrag auf Übertragung des Sorgerechts einzuleiten. Bevor der Anwalt den Antrag fertig gestellt und eingereicht hat, erledigt sich das Verfahren. Der Antrag wird nicht mehr eingereicht.*
>
> *Nach Nr. 3101 Nr. 1 VV RVG ist nur eine 0,8 Verfahrensgebühr entstanden.*

Besondere Bedeutung für FGG-Verfahren hat die Neuregelung in Nr. 3101 Nr. 1 VV RVG, 22 dass bereits das Einreichen eines Schriftsatzes mit **Sachvortrag** die volle Verfahrensgebühr auslöst. Das hat seine Grundlage darin, dass in vielen Verfahren der freiwilligen Gerichtsbarkeit wegen des dort herrschenden Amtsermittlungsgrundsatzes die Entscheidung des Gerichts nicht von der Stellung von Anträgen abhängt.

---

4   KG, AGS 2003, 491 m. Anm. *N. Schneider* = BRAGOreport 2003, 164 [*Hansens*]; OLG Schleswig, RVGreport 2004, 232 [*Hansens*]; LG Hamburg, BRAGOreport 2002, 22 [*Hansens*]; LG Berlin, BRAGOreport 2003, 70 [*v. Seltmann*].

bb) Protokollierung oder Erörterung nicht anhängiger Gegenstände

23 Wird eine Einigung der Parteien über nicht anhängige Gegenstände zu Protokoll genommen oder werden Verhandlungen vor Gericht über nicht anhängige Gegenstände geführt, so entsteht ebenfalls eine ermäßigte 0,8 Verfahrensgebühr (Nr. 3101 Nr. 2 VV RVG), wobei ggf. die Begrenzung nach § 15 Abs. 3 RVG zu beachten ist.

24 *Beispiel:*

In einem WEG-Verfahren der Eigentümergemeinschaft gegen einen einzelnen Eigentümer auf Unterlassung gemeinschaftswidriger Nutzung (Wert: 3.000 €) einigen sich die Parteien über die Nutzung sowie über die Zahlung rückständiger Wohngelder (Wert: 1.000 €).

Neben der 1,3 Verfahrensgebühr aus dem Wert des Unterlassungsanspruchs entsteht eine 0,8 Verfahrensgebühr aus dem Wert der rückständigen Wohngelder. Insgesamt darf jedoch nicht mehr als eine 1,3 Gebühr aus dem Gesamtwert berechnet werden.

Zu rechnen ist wie folgt:

1.	*1,3 Verfahrensgebühr, Nr. 3100 VV RVG (Wert: 3.000 €)*	*245,70 €*
2.	*0,8 Verfahrensgebühr, Nr. 3101 Nr. 1 VV RVG (Wert: 1.000 €)*	*68,00 €*
3.	*1,2 Terminsgebühr, Nr. 3104 VV RVG (Wert: 4.000 €)*	*294,00 €*
4.	*1,0 Einigungsgebühr, Nrn. 1000, 1003 VV RVG (Wert: 3.000 €)*	*189,00 €*
5.	*1,5 Einigungsgebühr, (Nr. 1000 VV RVG (Wert: 1.000 €)*	*127,50 €*
6.	*Postentgeltpauschale, Nr. 7002 VV RVG*	*20,00 €*
7.	*16 % Umsatzsteuer, Nr. 7008 VV RVG*	*+ 151,07 €*
	Summe:	*1.095,27 €*

Die Höchstgrenzen nach § 15 Abs. 3 RVG sind weder bei den Verfahrensgebühren (1,3 aus 4.000 €) noch bei den Einigungsgebühren (1,5 aus 4.000 €) überschritten.

cc) Bloße Antragsstellung und Entgegennahme einer Entscheidung

25 Darüber hinaus entsteht auch in FGG-Verfahren nach Nr. 3101 Nr. 3 VV RVG nur eine auf 0,8 ermäßigte Verfahrensgebühr, wenn

- lediglich ein Antrag gestellt und

- eine Entscheidung des Gerichts entgegengenommen wird.

26 Das gilt erst recht, wenn nur ein Antrag gestellt oder nur eine Entscheidung des Gerichts entgegengenommen wird.

27 Diese Regelung erklärt sich daraus, dass die Vorgänger-Vorschrift, § 32 BRAGO, nur für originäre Streit- bzw. Antragsverfahren galt, welche einen verfahrenseinleitenden Antrag (Klage o.Ä.) voraussetzen. Die Verfahrensgebühr der Nr. 3100 VV RVG ist jedoch auch

auf solche Verfahren anzuwenden, die von Amts wegen eingeleitet werden und in denen von Amts wegen ermittelt wird. Die Einschränkung in Nr. 3101 Nr. 3 VV RVG dahin gehend, dass eine Ermäßigung der Verfahrensgebühr auch dann eintreten soll, wenn der Auftrag vor der Einbringung eines Sachvortrags endet, soll diesem Umstand Rechnung tragen. Nr. 3101 Nr. 3 VV RVG soll damit verhindern, dass in nicht streitigen FGG-Verfahren, in denen sich die Tätigkeit des Anwalts darauf beschränkt, bei Gericht einen Antrag zu stellen und die Entscheidung entgegenzunehmen, die Gebühr mit einem Gebührensatz von 1,3 entsteht. Dies betrifft in erster Linie Verfahren auf Erteilung vormundschaftsgerichtlicher Genehmigungen.

Beispiel: 28

Das minderjährige Kind hat durch notariellen Kaufvertrag ein Grundstück übertragen erhalten. Der Kaufvertrag muss noch vormundschaftsgerichtlich genehmigt werden. Der Rechtsanwalt reicht im Auftrag des Kindes beim Vormundschaftsgericht den Kaufvertrag ein und beantragt die Erteilung der notwendigen Genehmigung. Das Gericht erteilt die erforderliche Genehmigung.

Es handelt sich um ein FGG-Verfahren. Da der Anwalt nur einen Antrag gestellt hat, ohne in der Sache vorzutragen, erhält er hierfür eine Verfahrensgebühr von 0,8.

Hat das Gericht allerdings Zweifel und fragt zur Sachverhaltsaufklärung bei dem Anwalt nach und macht dieser Ausführungen zur Sache, so steht ihm eine 1,3 Verfahrensgebühr zu.

29

Praxishinweis:

Deshalb kann in FGG-Verfahren nur empfohlen werden, im Antragsschriftsatz sofort auch zur Sache vorzutragen!

Der Ermäßigungstatbestand der Nr. 3101 Nr. 1 VV RVG wird in Abs. 2 der Anm. zu   30 Nr. 3101 VV RVG aber sogleich wieder für **streitige Verfahren** der freiwilligen Gerichtsbarkeit, insbesondere für

- Verfahren in Familiensachen,

- Verfahren nach § 43 WEG und

- Verfahren nach dem Gesetz über das gerichtliche Verfahren in Landwirtschaftsachen,

aufgehoben. In diesen Verfahren ist Nr. 3101 Nr. 3 VV RVG nicht anzuwenden. Es bleibt dann bei der vollen 1,3 Verfahrensgebühr.

Beispiel: 31

In einem WEG-Verfahren bestellt sich der Anwalt der Antragsgegners und beantragt die Zurückweisung des Antrags, ohne Ausführungen zur Sache zu machen; diese behält er sich nur vor. Hiernach nimmt der Antragsteller seinen Antrag zurück.

Mit der Einreichung des Schriftsatzes, in dem die Zurückweisung des Antrag beantragt wird, ist die 1,3 Verfahrensgebühr bereits entstanden. Die Ermäßigung nach Nr. 3101 Nr. 3 VV RVG ist gemäß Abs. 2 der Anm. zu Nr. 3101 VV RVG nicht anwendbar.

2. Terminsgebühr

32 Kommt es zur Wahrnehmung eines gerichtlichen Termins, entsteht nach Nr. 3104 VV RVG eine Terminsgebühr i.H.v. **1,2.**

33

> **Hinweis:**
>
> Auch in FGG-Verfahren gilt Vorbem. 3 Abs. 3 VV RVG. Die Terminsgebühr entsteht unter den dort genannten Voraussetzungen. Allerdings bereitet die Umsetzung hier gewisse Schwierigkeiten.

a) Anfall der Terminsgebühr

34 Der Anwalt erhält danach eine Terminsgebühr für die Teilnahme an einem

35 • **Verhandlungstermin**

Da in FGG-Verfahren grds. der **Amtsermittlungsgrundsatz** gilt und nicht verhandelt werden muss, gibt es dort keine Verhandlungstermine im eigentlichen Sinne. Abzustellen ist also hier auf die Termine, die einer mündlichen Verhandlung gleichstehen.

Da nach dem RVG nicht mehr darauf abgestellt wird, ob streitig oder nicht streitig verhandelt wird, beläuft sich die Terminsgebühr stets auf 1,2. Auch die bisherige Frage, ob in Amtsermittlungsverfahren mangels Antragserfordernis überhaupt eine nicht streitige Verhandlung stattfinden kann,[5] hat sich damit erledigt.

• **Erörterungstermin**

36 Solche Termine kommen in FGG-Verfahren häufiger vor. Sie reichen, um die Terminsgebühr auszulösen.

• **Beweisaufnahmetermin**

37 Hier kann häufig die **Abgrenzung schwierig** sein, ob eine Beweisaufnahme durchgeführt wird oder ob das Gericht im Rahmen der Amtsermittlung den Sachverhalt feststellt. Diese Frage darf sicherlich nicht überbewertet werden, da solche Anhörungstermine zur Ermittlung des Sachverhalts i.d.R. Erörterungs- oder Verhandlungstermine i.S.d. Vorbem. 3 Abs. 3 VV RVG darstellen werden.

---

5 Verneint, also volle Verhandlungsgebühr nach § 31 Abs. 1 Nr. 1 BRAGO i.V.m. § 35 BRAGO: BGH, NJW 2003, 3133 = JurBüro 2003, 588 = AGS 2003, 450 m. Anm. *N. Schneider* = BRAGOreport 2003, 195 [*Hansens*].

- **von einem gerichtlich bestellten Sachverständigen anberaumter Termin**   38

  Soweit der Anwalt – ohne dass er nicht schon anderweitig die Terminsgebühr verdient hat – an einem Beweistermin teilnimmt, entsteht auch für ihn die 1,2 Terminsgebühr nach Nr. 3104 VV RVG. Ein solcher Fall ist z.B. denkbar, wenn in einer WEG-Sache ein selbständiges Beweisverfahren durchgeführt wird und der Anwalt dort am Sachverständigentermin teilnimmt. Oder der Rechtsanwalt nimmt in einer Vormundschafts- oder einer Familiensache, in der ein medizinisches oder psychologisches Gutachten eingeholt werden soll, an der vom Sachverständigen durchgeführten Exploration teil.

- **Mitwirkung an einer auf die Vermeidung oder Erledigung des Verfahrens**   39
  gerichteten Besprechung ohne Beteiligung des Gerichts

  Auch diese Variante ist in FGG-Verfahren möglich. Sofern der Anwalt also nach Erhalt des Verfahrensauftrags Besprechungen mit dem Gegner führt, um die Einleitung eines Verfahrens zu vermeiden oder um ein bereits anhängiges Verfahren zu erledigen, entsteht für ihn die Terminsgebühr.

Beispiel 1:   40

Der Anwalt hat den Auftrag, ein Verfahren auf Umgangsrecht einzuleiten. Bevor er den Antrag bei Gericht einreichen kann, wird er vom gegnerischen Kollegen angerufen. Beide handeln dann eine Regelung zum Umgangsrecht aus.

Der Anwalt hat lediglich eine 0,8 Verfahrensgebühr nach Nr. 3101 Nr. 1 VV RVG verdient, da sich die Sache vorzeitig erledigt hat. Daneben ist allerdings die volle 1,2 Terminsgebühr angefallen, da eine Besprechung ohne Beteiligung des Gerichts zur Vermeidung des Verfahrens geführt worden ist. Hinzu kommt eine 1,5 Einigungsgebühr, da die Sache noch nicht anhängig ist.

Beim Gegenstandswert von 3.000 € (§§ 94 Abs. 2 Satz 1 i.V.m. § 30 Abs. 2 KostO) ist wie folgt abzurechnen:

1.	*0,8 Verfahrensgebühr, Nr. 3101 Nr. 1 VV RVG*	*151,20 €*
2.	*1,2 Terminsgebühr, Nr. 3104 VV RVG*	*226,80 €*
3.	*1,5 Einigungsgebühr, Nr. 1000 VV RVG*	*283,50 €*
4.	*Postentgeltpauschale, Nr. 7002 VV RVG*	*20,00 €*
5.	*16 % Umsatzsteuer, Nr. 7008 VV RVG*	*+ 109,04 €*
	Summe:	*790,54 €*

Beispiel 2:   41

In einer WEG-Sache wird ein Wohnungseigentümer von einem anderen Wohnungseigentümer auf Unterlassung in Anspruch genommen (Wert: 3.000 €). Nach Zustellung der

Antragsschrift ruft der Anwalt des Antragsgegners den Anwalt des Antragstellers an und handelt mit ihm eine Einigung aus.

Hier ist die volle 1,3 Verfahrengebühr angefallen. Daneben entsteht auch hier die volle 1,2 Terminsgebühr sowie die 1,0 Einigungsgebühr, da die Sache bereits anhängig ist.

Zu rechnen ist wie folgt:

1.	*1,3 Verfahrensgebühr, Nr. 3101 Nr. 1 VV RVG*	*245,70 €*
2.	*1,2 Terminsgebühr, Nr. 3104 VV RVG*	*226,80 €*
3.	*1,0 Einigungsgebühr, Nrn. 1000, 1003 VV RVG*	*189,00 €*
4.	*Postentgeltpauschale, Nr. 7002 VV RVG*	*20,00 €*
5.	*16 % Umsatzsteuer, Nr. 7008 VV RVG*	*+ 109,04 €*
	Summe:	**790,54 €**

b) Entscheidung ohne mündliche Verhandlung

42 Auch dann, wenn in FGG-Verfahren eine **Entscheidung ohne mündliche Verhandlung** ergeht, obwohl eine mündliche Verhandlung vorgeschrieben ist, entsteht die Terminsgebühr nach Nr. 3104 VV RVG (Abs. 1 Nr. 1 der Anm. zu Nr. 3104 VV RVG). Dies gilt insbesondere in WEG-Verfahren. Dort ist, auch wenn der Wortlaut des § 44 Abs. 1 Satz 1 WEG dies nicht klar zu erkennen gibt, grds. eine mündliche Verhandlung vorgeschrieben, so dass im schriftlichen Verfahren auch die Terminsgebühr anfällt.[6]

43 *Beispiel:*

Von der Wohnungseigentümergemeinschaft werden gegen einen Wohnungseigentümer rückständige Wohngelder i.H.v. 5.000 € geltend gemacht. Das Gericht entscheidet gemäß § 44 WEG ohne mündliche Verhandlung.

Zu rechnen ist wie folgt:

1.	*1,3 Verfahrensgebühr, Nr. 3100 VV RVG*	*391,30 €*
2.	*1,2 Terminsgebühr, Nr. 3104 VV RVG*	*361,20 €*
3.	*Postentgeltpauschale, Nr. 7002 VV RVG*	*20,00 €*
4.	*16 % Umsatzsteuer, Nr. 7008 VV RVG*	*+ 123,60 €*
	Summe:	**896,10 €**

c) Säumnislage

44 Eine Ermäßigung der Terminsgebühr nach Nr. 3105 VV RVG kommt in FGG-Verfahren nicht in Betracht. Ein Versäumnisurteil kann hier ohnehin nicht ergehen. Aber auch auf

---

6 BGH, NJW 2003, 3133 = JurBüro 2003, 588 = AGS 2003, 450 m. Anm. *N. Schneider* = BRAGOreport 2003, 195 [*Hansens*].

einseitige Anträge zur Verfahrens- und Sachleitung ist Nr. 3105 VV RVG nicht anwendbar. Wie sich aus dem Zusammenhang dieser Vorschrift ergibt, ist Voraussetzung, dass überhaupt eine Säumnisentscheidung möglich ist. Dies ist in FGG-Verfahren aber nicht der Fall, da hier der Amtsermittlungsgrundsatz gilt. Erscheint eine Partei nicht und stellt die erschienene Partei lediglich Anträge zur Verfahrens- und Sachleitung, so entsteht also gleichwohl die volle 1,2 Terminsgebühr.

3. Einigungsgebühr

Soweit eine Einigung der Parteien in Betracht kommt, kann der Anwalt auch in FGG-Verfahren eine Einigungsgebühr nach Nrn. 1000 ff. VV RVG verdienen.   45

Soweit die Gegenstände anhängig sind, entsteht die Einigungsgebühr im Verfahren zu   46
1,0. Soweit nicht anhängige Gegenstände mit in die Einigung einbezogen werden, entsteht daraus unter der Beachtung des § 15 Abs. 3 RVG eine weitere **1,5 Gebühr**.

D. Beschwerdeverfahren

Hinsichtlich der Beschwerdeverfahren in FGG-Sachen ist grds. von den allgemeinen Gebühren der Nrn. 3500, 3513 VV RVG auszugehen. Allerdings ergeben sich aus der Vorbem. 3.2.1 VV RVG sowie der Vorbem. 3.2.2 VV RVG abweichende Besonderheiten.   47

I. Beschwerden in Verfahren nach Vorbem. 3.2.1 VV RVG

1. Anwendungsbereich

Anstelle der allgemeinen Beschwerdegebühren (Nrn. 3500, 3513 VV RVG) gelten die Vorschriften über die Gebühren im Berufungsverfahren, wenn sich die Beschwerde gegen eine den Rechtszug beendende Entscheidung richtet in   48

- **FGG-Verfahren in Familiensachen** – Vorbem. 3.2.1 Abs. 1 Nr. 2a) VV RVG (s. hierzu Teil 9 Rn. 783 ff.),

- **FGG-Verfahren in Lebenspartnerschaftssachen** – Vorbem. 3.2.1 Abs. 1 Nr. 2b) VV RVG (s. hierzu Teil 9 Rn. 783 ff.),

- **Verfahren nach § 43 WEG** - Vorbem. 3.2.1 Abs. 1 Nr. 2c) VV RVG,

- **Verfahren nach dem Gesetz über das gerichtliche Verfahren in Landwirtschaftssachen** – Vorbem. 3.2.1 Abs. 1 Nr. 2d) VV RVG.

In diesen Fällen erhält der Anwalt die gleichen Gebühren wie in einem Berufungsverfahren. Dies gilt in Familiensachen sowohl in isolierten FGG-Verfahren als auch dann, wenn aus dem Verbundurteil lediglich eine FGG-Folgesache isoliert angefochten wird.   49

50 Voraussetzung ist, dass sich die Beschwerde gegen **eine den Rechtszug beendende Entscheidung** richtet. (sog. „Berufungsbeschwerde"). Für Beschwerden gegen Zwischenentscheidungen in diesen Verfahren bleibt es dagegen bei den allgemeinen Vorschriften.

51 *Beispiel 1:*

In einem WEG-Verfahren bleibt das Ablehnungsgesuch gegen den Abteilungsrichter erfolglos. Hiergegen wird Beschwerde eingelegt.

Die Beschwerde richtet sich nicht gegen eine den Rechtszug abschließende Entscheidung. Es gilt nicht Vorbem. 3.2.1 Abs. 1 Nr. 2 VV RVG. Der Rechtsanwalt erhält somit eine 0,5 Verfahrensgebühr nach Nr. 3500 VV RVG.

52 *Beispiel 2:*

Gegen den Beschluss des Gerichts, mit dem ein Antrag der Wohnungseigentümergemeinschaft gegen einen Miteigentümer auf Zahlung rückständiger Wohngelder zurückgewiesen wird, legt die Eigentümergemeinschaft Beschwerde ein.

Die Beschwerde richtet sich gegen eine den Rechtszug abschließende Entscheidung. Anwendbar sind somit nach Vorbem. 3.2.1 Abs. 1 Nr. 2c) VV RVG die Nrn. 3200 ff. VV RVG. Der Rechtsanwalt kann eine 1,6 Verfahrensgebühr und eine 1,2 Terminsgebühr verdienen.

2. Gebühren

53 Im Beschwerdeverfahren erhält der Anwalt zunächst eine **1,6 Verfahrensgebühr** nach Nr. 3200 VV RVG. Sofern sich das Verfahren vorzeitig erledigt, ermäßigt sich die Gebühr nach Nr. 3201 VV RVG auf eine **1,1 Gebühr**.

54 Hinzu kommt eine **Terminsgebühr** nach Nr. 3202 VV RVG i.H.v. **1,2**.

55 Kommt es im Beschwerdeverfahren zu einer **Einigung** über einen dort anhängigen Gegenstand, so entsteht nach Nrn. 1000, 1004 VV RVG zusätzlich eine **1,3 Einigungsgebühr**.

II. Weitere Beschwerden in Verfahren nach Vorbem. 3.2.1 VV RVG

56 Soweit eine weitere Beschwerde der in Vorbem. 3.2.1 VV RVG genannten Verfahren in Betracht kommt, gelten wiederum nach Vorbem. 3.2.1 VV RVG die Gebührenvorschriften nach den Nrn. 3200 ff. VV RVG.

57 Können sich die Parteien im Verfahren über die weitere Beschwerde nur durch einen am BGH zugelassenen Rechtsanwalt vertreten lassen, so fallen nach Vorbem. 3.2.2 VV RVG die Gebühren des Revisionsverfahrens an.

III. Sonstige Beschwerdeverfahren

Für sonstige Beschwerden, also   58

- für Beschwerden gegen Zwischenentscheidungen oder

- Beschwerden gegen den Rechtszug beendende Entscheidungen in Verfahren, die nicht in den Vorbem. 3.2.1 VV RVG erwähnt sind,

gelten die allgemeinen Regelungen der Nrn. 3500, 3513 VV RVG.

Der Anwalt erhält in diesen Fällen eine **0,5 Verfahrensgebühr** nach Nr. 3500 VV RVG   59
und, wenn es zu einem Termin i.S.d. Vorbem. 3 Abs. 3 VV RVG kommt, eine **0,5 Terminsgebühr** nach Nr. 3513 VV RVG.

E. Verfahren nach Zurückverweisung

Wird im Beschwerdeverfahren die erstinstanzliche Entscheidung aufgehoben und die Sa-   60
che an das Ausgangsgericht zurückverwiesen, so ist in FGG-Verfahren § 21 Abs. 1 RVG
ebenfalls anwendbar. Die Gebühren entstehen erneut.

Hinweis: 61

Die bisherige Streitfrage, ob die Geschäftsgebühr erneut entsteht oder nicht,[7] ist obsolet geworden, nachdem jetzt FGG-Verfahren ebenso behandelt werden wie bürgerliche Rechtsstreitigkeiten und keine Geschäftgebühren, sondern Verfahrensgebühren nach Teil 3 VV RVG entstehen.

F. Einstweilige und vorläufige Anordnungen

I. Umfang der Angelegenheit

1. Verschiedene Angelegenheiten nach § 17 Nr. 4b) RVG

Im Gegensatz zur BRAGO gelten nach dem RVG jetzt alle einstweiligen und vorläufigen   62
Anordnungen in FGG-Verfahren gemäß § 17 Nr. 4b) RVG als **eigene Angelegenheiten**.
Der Anwalt erhält also in den einstweiligen Anordnungsverfahren eine gesonderte Vergütung. Bislang galt dies nur für die in § 41 BRAGO genannten einstweiligen und vorläufigen Anordnungen in Familiensachen.

---

7   S. hierzu ausführlich BayObLG, BRAGOreport 2001, 55 [*Hansens*].

2. Aufhebungs- und Abänderungsverfahren

63 Zu beachten ist auch hier wiederum, dass das Verfahren auf Erlass einer einstweiligen oder vorläufigen Anordnung sowie ein nachfolgendes Verfahren auf Aufhebung oder Abänderung zusammen mit dem Anordnungsverfahren nach § 16 Nr. 6 RVG **eine Angelegenheit** i.S.d. § 15 RVG bilden. Der Anwalt erhält daher keine weiteren Gebühren.

64 Wird der Anwalt dagegen erstmals im Aufhebungs- oder Abänderungsverfahren beauftragt, gilt für ihn § 17 Nr. 4b) RVG. Er erhält eine gesonderte Vergütung.

3. Mehrere Verfahren betreffend dieselbe Hauptsache

a) Familiensachen

65 Zu beachten ist allerdings, dass nach § 18 Nr. 1 RVG mehrere einstweilige Anordnungen die zur selben der dort aufgeführten sechs Fallgruppen (§ 18 Nr. 1a) – g) gehören, untereinander wiederum als eine einzige Angelegenheit gelten. Zu den Einzelheiten s. hierzu Teil 9 Rn. 599 ff.

b) Sonstige FGG-Verfahren

66 Darüber hinaus ist § 18 Nr. 2 RVG zu beachten. Mehrere Verfahren über eine einstweilige oder vorläufige Anordnung in FGG-Sachen betreffend dieselbe Hauptsache gelten als **eine Angelegenheit**. Allerdings sind dann die **Werte der Gegenstände** der jeweiligen einstweiligen oder vorläufigen Anordnungen **zusammenzurechnen**. Dies gilt auch dann, wenn die Verfahren denselben Gegenstand betreffen und an sich eine Addition wegen Gegenstandsidentität nicht zulässig wäre.

II. Gebühren

67 Die Gebühren richten sich auch hier nach Teil 3 VV RVG.

68 Im erstinstanzlichen Verfahren gelten also wiederum die Nrn. 3100 ff. VV RVG.

69 In Beschwerdeverfahren ist wiederum zu differenzieren. In den Fällen der Vorbem. 3.2.1 VV RVG gelten wiederum die Nrn. 3200 ff. VV RVG, also die Gebühren des Berufungsverfahrens. Im Übrigen bleibt es bei den Nrn. 3500, 3513 VV RVG.

70 Wird erstmals im Beschwerdeverfahren ein Antrag auf Erlass einer einstweiligen Anordnung gestellt, so bleibt es bei den Gebühren nach den Nrn. 3100 ff. VV RVG. Auch wenn die Verfahren der vorläufigen und einstweiligen Anordnungen in FGG-Verfahren in Vorbem. 3.2 Abs. 2 VV RVG nicht erwähnt sind, wird man diese Regelung entsprechend anwenden müssen.

G. Vollstreckung

Soweit in FGG-Verfahren eine Vollstreckung stattfindet, gilt Teil 3 Abschnitt 3 Unterab- 71
schnitt 3 VV RVG. Anzuwenden sind die Nrn. 3309 ff. VV RVG. Dies gilt unabhängig davon, ob sich die Zwangsvollstreckung nach der ZPO richtet, etwa bei Vollstreckung wegen
Geldforderungen oder ob sich die Vollstreckung nach § 33 FGG richtet. Nach Vorbem.
3.3.3 VV RVG gelten die Vorschriften des Teil 3 Abschnitt 3 Unterabschnitt 3 auch für die
Vollstreckungsverfahren nach dem FGG. Insoweit kann auf die Ausführungen zu Teil 3
VV RVG Bezug genommen werden.

H. Sonstige Tätigkeiten

Auch sonstige Tätigkeiten in FGG-Verfahren richten sich nach den Gebühren des Teil 3 72
VV RVG. Insbesondere entsprechend anzuwenden sind:

VV RVG	Tätigkeiten
Nr. 3400 VV RVG	Verkehrsanwalt
Nrn. 3401, 3402 VV RVG	Terminsvertreter
Nr. 3403 VV RVG	Einzeltätigkeiten
Nr. 3404 VV RVG	Schreiben einfacher Art
Nr. 3330 VV RVG	Gehörsrüge
Nr. 3334 VV RVG	Räumungsfristverfahren (z.B. in Hausratsverfahren)
Nr. 3335 VV RVG	Prozesskostenhilfe-Prüfungsverfahren

I. Auslagen

Hinsichtlich der Auslagen gelten ebenfalls keine Besonderheiten. Der Anwalt erhält Er- 73
satz seiner Auslagen nach den Nrn. 7000 ff. VV RVG.

J. Gegenstandswert

Hinsichtlich der Gegenstandswerte gelten auch in FGG-Verfahren die §§ 22 ff. RVG. In 74
FGG-Verfahren wird bei den Gerichtsgebühren nicht von Streitwerten, sondern von Ge-
schäftswerten gesprochen.

Zunächst einmal ist zu fragen, ob das RVG spezielle Vorschriften enthält. Solche sind in 75
§ 24 RVG für **einstweilige Anordnungen in Familiensachen** vorgesehen sowie in § 31
RVG für gerichtliche Verfahren nach dem **Spruchverfahrensgesetz**.

76 Im Übrigen gilt auch hier § 32 RVG. Soweit sich in FGG-Verfahren die Gerichtsgebühren nach dem Gegenstandswert berechnen, etwa in WEG-Verfahren, in bestimmten Familiensachen oder Spruchstellenverfahren, gilt nach § 32 RVG dieser festgesetzte Wert auch für die Anwaltsgebühren. Eine Ausnahme hiervon ergibt sich nach § 31 RVG in Verfahren nach dem Spruchverfahrensgesetz. Dort bestimmt sich der Gegenstandswert für die Berechnung der Anwaltsgebühren nur nach einem **Bruchteil** des für die Gerichtsgebühren maßgebenden Gegenstandswerts.[8]

77
> **Hinweis:**
>
> Fehlt es an einem gerichtlichen Wert oder richtet sich das gerichtliche Verfahren nicht nach dem Gegenstandswert, so gilt § 33 RVG. Der Anwalt kann dort die Festsetzung des Gegenstandswerts aus eigenem Recht beantragen.

78 Maßgebend sind in gerichtlichen Verfahren die gesonderten Wertvorschriften der jeweiligen Verfahrensordnungen. Fehlen solche vorrangigen Spezialvorschriften, ist auf die KostO zurückzugreifen. Ggf. können Vorschriften des GKG entsprechend anzuwenden sein.

79 Ist der Anwalt außergerichtlich tätig, so gilt für ihn § 23 Abs. 1 Satz 3 RVG. Maßgebend ist der Gegenstandswert, der im Falle eines gerichtlichen Verfahrens gelten würde, wenn die Tätigkeit des Anwalts Gegenstand eines gerichtlichen Verfahrens sein könnte. Ist dies nicht der Fall, gilt § 23 Abs. 3 RVG i.V.m. den dort genannten Vorschriften der KostO. Sind auch die dortigen Vorschriften nicht einschlägig, ist der **Gegenstandswert nach billigem Ermessen** festzusetzen. Fehlen auch hierfür Anhaltspunkte, gilt der **Auffangwert** von 4.000 €, der je nach Lage des Falles höher oder niedriger angenommen werden kann, jedoch nicht über 500.000 €.

K. Kostenerstattung und Festsetzung

80 Eine Kostenerstattung ist in FGG-Verfahren grds. nicht vorgesehen. Nach § 13a Abs. 1 Satz 1 FGG ist eine Erstattungsanordnung in erster Instanz nur dann auszusprechen, wenn dies der Billigkeit entspricht. Auch die Kostenerstattungspflicht des Unterlegenen bedarf daher einer besonderen Rechtfertigung,[9] i.d.R. eines groben Verschuldens (§ 13a Abs. 1 Satz 2 FGG). In Rechtsmittelverfahren gilt eine Ausnahme: Die Kosten eines unzulässigen oder unbegründeten Rechtsmittels sind dem Rechtsmittelführer aufzuerlegen. Das gilt aber wiederum nicht schon bei Rücknahme des Rechtsmittels.[10]

---

8   S. zu den Einzelheiten Anwkom-RVG-*N. Schneider*, § 31.
9   *Bassenge/Herbst*, FGG, 8. Aufl., 1999, § 13a Rn. 11.
10 *Bassenge/Herbst*, FGG, § 13a Rn. 12.

Ähnliche Kostenvorschriften enthalten die speziellen Verfahrensgesetze (z.B. § 47 WEG,   81
§ 20 HausratsVO).

Ist ausnahmsweise eine Erstattungsanordnung ergangen, dann ist auch eine Kostenfest-   82
setzung möglich. Das Festsetzungsverfahren richtet sich dann nach den §§ 103 ff. ZPO
(§ 13a Abs. 3 FGG). Hierbei ist allerdings zu berücksichtigen, dass die gesetzlichen Gebühren und Auslagen eines Rechtsanwalts nicht – wie in § 91 Abs. 2 Satz 1 ZPO – kraft
Gesetzes, sondern nur bei Notwendigkeit der Einschaltung des Rechtsanwalts im Einzelfall erstattungsfähig sind.

L.   Vergütungsfestsetzung

Eine Vergütungsfestsetzung nach § 11 RVG ist in FGG-Verfahren möglich, zumal hier jetzt   83
keine Rahmengebühren mehr vorgesehen sind und daher die Einschränkungen des § 11
Abs. 8 RVG nicht zu beachten sind.

Teil 11: Verwaltungsrechtliche Angelegenheiten

Inhaltsverzeichnis

A. Überblick

1

> **Folgende Änderungen bringt das RVG abweichend von den Vorschriften der BRAGO:**
>
> - **Eigene Regelungen** für die Vergütung in verwaltungsrechtlichen Angelegenheiten
>
> - Verwaltungs- und Widerspruchsverfahren für **besondere Angelegenheiten**
>
> - **Kappung der Geschäftsgebühr** bei nicht schwieriger oder nicht umfangreicher Rechtsanwaltstätigkeit
>
> - **Anrechnung der Geschäftsgebühr** für die Tätigkeit vor der Verwaltungsbehörde auf die Verfahrensgebühr des nachfolgenden Verwaltungsgerichtsprozesses

2 In verwaltungsrechtlichen Angelegenheiten erhält der Anwalt die **Gebühren des Vergütungsverzeichnisses unmittelbar**. Im Gegensatz zur BRAGO ist eine Verweisung wie in § 114 BRAGO nicht mehr erforderlich. Vielmehr gelten die Teile 1 bis 3 VV RVG und Teil 7 VV RVG für verwaltungsrechtliche Angelegenheiten unmittelbar, was sich insbesondere bei Teil 2 VV RVG aus der Überschrift *„einschließlich der Vertretung im Verwaltungsverfahren"* und Teil 3 VV *„Verfahren ... der öffentlichen Gerichtsbarkeit"* ergibt.

3 Auch **sozialrechtliche Verfahren** sind verwaltungsrechtliche Angelegenheiten. Soweit hier **nach dem Wert abgerechnet** wird (§ 3 Abs. 1 Satz 2 RVG), gelten die Ausführungen dieses Kapitels entsprechend. Soweit das GKG nicht gilt oder der Auftraggeber zu den Personen nach § 183 SGG zählt, gelten **Rahmengebühren**. Wegen der teilweise eigenständigen Regelungen in Sozialsachen s. die zusammenfassende Darstellung in Teil 12.

4 **Besondere Verwaltungsverfahren** sind darüber hinaus in Teil 6 Abschnitt 2 und Abschnitt 4 VV RVG geregelt. Insoweit sind die Vorschriften nach Teil 2 und Teil 3 VV RVG nicht anwendbar.

Schneider

Die verwaltungsrechtlichen Angelegenheiten richten sich ausschließlich nach dem **Gegenstandswert** (§ 2 Abs. 1 RVG), so dass hier ausschließlich die die Wertgebühren betreffenden Teile des Vergütungsverzeichnisses anzuwenden sind. 5

Neben den Gebührentatbeständen der jeweiligen Vorschriften des VV RVG gelten selbstverständlich auch hier die **Allgemeinen Gebühren** nach Teil 1 VV RVG, die **Auslagentatbestände** nach Teil 7 VV RVG und die **allgemeinen Regelungen des RVG**. Insoweit ergeben sich grds. keine Besonderheiten. 6

B. Beratung und Gutachtenerstellung

I. Beratung

1. Beratungsgebühr

Die Beratung in verwaltungsrechtlichen Angelegenheiten richtet sich nach Nr. 2100 VV RVG. Der Anwalt erhält für einen mündlichen oder schriftlichen Rat oder eine Auskunft (Abs. 1 der Anm. zu Nr. 2100 VV RVG) eine **Beratungsgebühr** i.H.v. **0,1 bis 1,0**. Die **Mittelgebühr** beläuft sich auf **0,55**. 7

Bei **mehreren Auftraggebern** erhöht sich nach Nr. 1008 VV RVG der Gebührenrahmen um jeweils 0,3 je weiterem Auftraggeber, sofern diese gemeinschaftlich beteiligt sind (s.o. Teil 5 Rn. 210 ff.). 8

Auch hier gilt, dass die Gebühr **nicht** entsteht, wenn sie **mit einer anderen gebührenpflichtigen Tätigkeit zusammenhängt** (Abs. 1 der Anm. zu Nr. 2100 VV RVG). Abgegolten wird also nur die isolierte Beratung. Soweit der Anwalt im Zusammenhang mit einer außergerichtlichen Vertretung oder einer gerichtlichen Vertretung berät, wird die Beratung durch die dort verdienten Gebühren mit abgegolten (§ 19 Abs. 1 Satz 1 RVG). 9

2. Erstberatung

Ist der Auftraggeber Verbraucher i.S.d. § 13 BGB und beschränkt sich die Tätigkeit auf ein **erstes Beratungsgespräch**, gilt auch hier die **Höchstgrenze von 190 €** (sog. Erstberatungsgebühr) nach Nr. 2102 VV RVG. 10

Bei **mehreren Auftraggebern** erhöht sich diese Kappungsgrenze nach Nr. 1008 VV RVG um jeweils 30 % je weiterem Auftraggeber bei gemeinschaftlicher Beteiligung (s. Teil 5 Rn. 210 ff.). 11

3. Anrechnung

12 Schließt sich an die Beratung ein nachfolgendes Verwaltungsverfahren oder ein verwaltungsgerichtliches Verfahren an, ist die Beratungsgebühr gemäß Abs. 2 der Anm. zu Nr. 2100 VV RVG in voller Höhe auf die Gebühren der nachfolgenden Angelegenheit **anzurechnen**.

13 *Beispiel:*

Der Mandant beauftragt den Anwalt, ihn zu beraten, ob es Sinn hat, gegen einen Beitragsbescheid über 4.000 € Widerspruch einzulegen. Nachdem der Anwalt in einer schriftlichen Stellungnahme die Erfolgsaussichten bejaht, erhält er den Auftrag, den Einspruch einzulegen und zu begründen.

Es liegt kein Fall nach Abs. 1 der Anm. zu Nr. 2100 VV RVG vor, da zwei verschiedene Aufträge und damit zwei verschiedene Angelegenheiten vorliegen. Beratungs- und Geschäftsgebühr entstehen gesondert. Allerdings ist die Beratungsgebühr nach Abs. 2 der Anm. zu Nr. 2100 VV RVG auf die Geschäftsgebühr anzurechnen:

I. Beratung:

1.	*0,55 Beratungsgebühr, Nr. 2100 VV RVG*	*134,75 €*
2.	*Postentgeltpauschale, Nr. 7002 VV RVG*	*20,00 €*
3.	*16 % Umsatzsteuer, Nr. 7008 VV RVG*	*+ 25,20 €*
	Summe:	*179,75 €*

II. Einspruchsverfahren:

1.	*1,5 Geschäftsgebühr, Nr. 2400 VV RVG*	*367,50 €*
2.	*Postentgeltpauschale, Nr. 7002 VV RVG*	*20,00 €*
	gemäß Abs. 2 der Anm. zu Nr. 2100 VV RVG anzurechnen	
	0,55 Geschäftsgebühr (Wert: 4.000 €)	*– 134,75 €*
3.	*16 % Umsatzsteuer, Nr. 7008 VV RVG*	*+ 40,44 €*
	Summe:	*293,19 €*

4. Einigung oder Erledigung

14 Führt die Beratung zu einer **Einigung** oder einer **Erledigung**, so kann neben der Beratungsgebühr eine **1,5 Einigungsgebühr** (Nr. 1000 VV RVG) oder eine **1,5 Erledigungsgebühr** (Nr. 1002 VV RVG) anfallen.

15 Soweit der Gegenstand, über den beraten wird, gerichtlich anhängig ist, belaufen sich Einigungs- und Erledigungsgebühr auf **1,0** (Nr. 1003 VV RVG). Soweit der Gegenstand in einem Berufungs- oder Revisionsverfahren anhängig ist, beläuft sich der Gebührensatz der Einigungs- oder Erledigungsgebühr auf **1,3** (Nr. 1004 VV RVG). Wegen der Einzelheiten zur Einigungs- und Erledigungsgebühr siehe Teil 5 Rn. 1 ff. u. 90 ff.

Beispiel: 16

Der Anwalt berät den Mandanten und unterbreitet, wie sich der Mandant mit der Behörde einigen kann (Gegenstandswert 4.000 €). Aufgrund der Beratung durch den Anwalt erzielt der Mandant mit der Behörde anschließend die vorgeschlagene Einigung.

1.	*0,55 Beratungsgebühr, Nr. 2100 VV RVG*	*134,75 €*
2.	*1,5 Einigungsgebühr, Nr. 1002 VV RVG*	*318,50 €*
3.	*Postentgeltpauschale, Nr. 7002 VV RVG*	*20,00 €*
4.	*16 % Umsatzsteuer, Nr. 7008 VV RVG*	*+ 75,72 €*
	Summe:	*548,97 €*

5. Auslagen

Hinzu kommen wiederum die Auslagen nach Nrn. 7000 ff. VV RVG. 17

II. Gutachtengebühr

Ist der Anwalt beauftragt, ein Gutachten zu erstellen, so steht ihm nach Nr. 2103 VV RVG 18
für die Ausarbeitung eines schriftlichen Gutachtens eine angemessene Gebühr zu. Die
Höhe der angemessenen Gebühr bestimmt der Anwalt nach den Kriterien des § 14 Abs. 1
RVG (Abs. 2 der Anm. zu Nr. 2103 VV RVG). Im Gegensatz zur Beratungsgebühr ist die
Gutachtengebühr auf eine nachfolgende Angelegenheit **nicht anzurechnen**.

Auch hier erhält der Anwalt seine Auslagen nach Nrn. 7000 ff. VV RVG ersetzt. 19

C. Außergerichtliche Vertretung

I. Überblick

Die außergerichtliche Vertretung in verwaltungsrechtlichen Angelegenheiten richtet sich 20
nach Teil 2 VV RVG, wie sich bereits aus der Überschrift zu diesem Teil ergibt. Dies gilt
für sämtliche außergerichtliche Vertretungsverfahren, also insbesondere für

- Verwaltungsverfahren,

- Einspruchsverfahren und für

- Verfahren auf Aussetzung oder Anordnung der sofortigen Vollziehung sowie für

- Verfahren über einstweilige Maßnahmen zur Sicherung der Rechte Dritter.

II.   Umfang der Angelegenheit

1.   Abgrenzung gegenüber dem gerichtlichen Verfahren

21   Das Verwaltungsverfahren einschließlich des Nachprüfungsverfahrens sowie des außergerichtlichen Verfahrens auf Aussetzung oder Anordnung der sofortigen Vollziehung zählt nach § 17 Nr. 1 RVG gegenüber dem gerichtlichen Verfahren als **eigene Angelegenheit.** Es ist somit nicht Teil des gerichtlichen Verfahrens, sondern außergerichtliche Tätigkeit, die selbständig nach Teil 2 VV RVG vergütet wird.

2.   Abgrenzung der außergerichtlichen Tätigkeiten untereinander

22   Während nach § 119 Abs. 1 BRAGO das Verwaltungsverfahren und das Nachprüfungsverfahren als eine Angelegenheit galten, sind nach dem RVG **verschiedene Angelegenheiten** gegeben, so dass der Anwalt die **Geschäftsgebühr mehrmals** erhält. Dies ergibt sich aus § 17 Nr. 1 RVG.

23   Danach zählen jeweils als eigene Angelegenheit

- das Verwaltungsverfahren,

- das einem gerichtlichen Verfahren vorausgehende und der Nachprüfung des Verwaltungsakts dienende weitere Verwaltungsverfahren (Vorverfahren, Einspruchsverfahren, Beschwerdeverfahren, Abhilfeverfahren) und

- das Verwaltungsverfahren auf Aussetzung oder Anordnung der sofortigen Vollziehung sowie über einstweilige Maßnahmen zur Sicherung der Rechte Dritter.

24   Insgesamt können daher hinsichtlich derselben Sache **drei verschiedene Angelegenheiten** gegeben sein, so dass der Anwalt seine Gebühren dreimal erhält. Auch die Postentgeltpauschale nach Nr. 7002 VV RVG kann dann dreimal entstehen, da diese in jeder Angelegenheit anfällt.

25   *Beispiel:*

Der Anwalt ist zunächst im Verwaltungsverfahren tätig. Hiernach legt er auftragsgemäß Widerspruch ein und vertritt den Auftraggeber auch im Widerspruchsverfahren. Gleichzeitig wird beantragt, die sofortige Vollziehung auszusetzen.

Es liegen drei verschiedene Angelegenheiten vor. Der Anwalt erhält die Geschäftsgebühr insgesamt dreimal. Zur Berechnung s.u. Rn. 74 ff.

Schließt sich dann noch eine Anfechtungsklage an, liegt eine vierte Angelegenheit vor, in der neue Gebühren ausgelöst werden, allerdings mit der Maßgabe einer Anrechnung (Vorbem. 3 Abs. 4 VV RVG).

Hinweis:

Zu beachten ist allerdings § 16 Nr. 1 RVG:

26

- Das Verwaltungsverfahren auf **Aussetzung oder Anordnung der sofortigen Vollziehung** sowie über **einstweilige Maßnahmen zur Sicherung der Rechte Dritter**

  und

- jedes Verwaltungsverfahren auf **Abänderung oder Aufhebung** in den vorgenannten Fällen

zählen nach dieser Vorschrift insgesamt nur als **eine Angelegenheit.**

III. Verwaltungsverfahren

Übersicht:

27

Tätigkeit im Antragsverfahren		
Geschäftsgebühr, Nr. 2400 VV RVG 0,5 – 2,5 mehr als 1,3 nur, wenn die Anwaltstätigkeit umfangreich oder schwierig war		
Nachfolgende Tätigkeit im Widerspruchsverfahren	**Erstmals Tätigkeit im Widerspruchsverfahren**	
Geschäftsgebühr, Nr. 2401 VV RVG 0,5 – 1,3 mehr als 0,7 nur, wenn die Anwaltstätigkeit umfangreich oder schwierig war	Geschäftsgebühr, Nr. 2400 VV RVG 0,5 – 2,5 mehr als 1,3 nur, wenn die Anwaltstätigkeit umfangreich oder schwierig war	

Nachfolgende Tätigkeit im gerichtlichen Verfahren	Nachfolgende Tätigkeit im gerichtlichen Verfahren	Erstmals Tätigkeit im gerichtlichen Verfahren
I. Instanz: • **Verfahrensgebühr,** Nr. 3100 VV RVG 1,3 Anrechnung von 50 % der Geschäftsgebühr, Nr. 2401 VV RVG • **Terminsgebühr,** Nr. 3104 VV RVG 1,2	**I. Instanz:** • **Verfahrensgebühr,** Nr. 3100 VV RVG 1,3 Anrechnung von 50 % der Geschäftsgebühr, Nr. 2400 VV RVG, höchstens von 0,75 • **Terminsgebühr,** Nr. 3104 VV RVG 1,2	**I. Instanz:** • **Verfahrensgebühr,** Nr. 3100 VV RVG 1,3 • **Terminsgebühr,** Nr. 3104 VV RVG 1,2

1. Geschäftsgebühr

28   Im Verwaltungsverfahren erhält der Anwalt die Vergütung nach Nr. 2400 VV RVG. Vorgesehen ist jetzt nur noch eine **Geschäftsgebühr.** Eine zusätzliche Besprechungs- oder Beweisaufnahmegebühr wie nach bisherigem Recht (§ 118 Abs. 1 Nrn. 2 und 3 BRAGO) gibt es nicht mehr.

29   Der Gebührenrahmen der Nr. 2400 VV RVG beläuft sich von **0,5 auf 2,5.** Die **Mittelgebühr** beträgt **1,5.** Aus diesem Rahmen bestimmt der Anwalt unter Berücksichtigung der Kriterien des § 14 Abs. 1 RVG die im Einzelfall angemessene Gebühr.

30   Auch in Verwaltungsverfahren ist die sog. **Schwellengebühr** nach Anm. zu Nr. 2400 VV RVG zu berücksichtigen. Eine **höhere Gebühr als 1,3** kann also auch hier nur gefordert werden, wenn die Tätigkeit umfangreich oder schwierig war.

31   Es gilt hier das Gleiche wie in Zivilsachen, so dass auf die dortigen Ausführungen (Teil 7 Rn. 121 ff.) Bezug genommen wird.

2. Einfaches Schreiben

32   Zu beachten ist ferner auch hier wiederum Nr. 2402 VV RVG. Beschränkt sich der Auftrag auf ein **einfaches Schreiben**, so erhält der Anwalt nur eine 0,3 Gebühr. Zu den Voraussetzungen der Nr. 2402 VV RVG s.u. Rn. 53.

3. Mehrere Auftraggeber

33   Vertritt der Anwalt mehrere Auftraggeber gemeinschaftlich, so erhöhen sich gemäß Nr. 1008 VV RVG sowohl die Geschäftsgebühr nach Nr. 2400 VV RVG als auch die Geschäftsgebühr nach Nr. 2402 VV RVG um **0,3** je weiterem Auftraggeber. Auch die Schwellengebühr nach der Anm. zu Nr. 2400 VV RVG ist um **0,3** anzuheben.

IV. Nachprüfungsverfahren

1. Überblick

Gegenüber dem Verwaltungsverfahren stellt das einem gerichtlichen Verfahren voraus- 34
gehende und der Nachprüfung des Verwaltungsaktes dienende weitere Verwaltungsverfahren (Vorverfahren, Einspruchsverfahren, Beschwerdeverfahren oder Abhilfeverfahren)
nach § 17 Nr. 1 RVG eine **eigene Angelegenheit** dar. Der Anwalt erhält also in diesem
Verfahrensabschnitt gesonderte Gebühren.

Diese richten sich wiederum nach Teil 2 VV RVG, wobei jetzt allerdings zu differenzieren 35
ist, ob der Anwalt

- im Verwaltungs- **und** Nachprüfungsverfahren tätig wird (s.u. Rn. 38)

oder ob er

- **erstmals** oder nur im Nachprüfungsverfahren tätig wird (s.u. Rn. 36).

2. Tätigkeit des Anwalts erstmals im Nachprüfungsverfahren

Wird der Anwalt erstmals oder nur im Nachprüfungsverfahren beauftragt, ist also der 36
Verwaltungsakt, um dessen Nachprüfung es geht, bereits erlassen oder der beantragte
Erlass abgelehnt worden, richtet sich die Tätigkeit des Anwalts nach Nr. 2400 VV RVG.
Der Anwalt, der erstmals in diesem Verfahrensstadium tätig wird, erhält eine **Geschäfts-
gebühr** i.H.v. 0,5 bis 2,5. Auch hier ist die Schwellengebühr nach der Anm. zu Nr. 2400
VV RVG zu berücksichtigen, wonach eine höhere Gebühr von 1,3 nicht verlangt werden
kann, wenn die Tätigkeit nicht umfangreich oder nicht schwierig war.

Zu beachten ist auch hier wiederum Nr. 2402 VV RVG (s.u. Rn. 53) 37

3. Tätigkeit des Anwalts bereits im Verwaltungsverfahren

War der Anwalt bereits im vorangegangenen Verwaltungsverfahren beauftragt, so gilt 38
jetzt für das Nachprüfungsverfahren nicht mehr die Vorschrift Nr. 2400 VV RVG, sondern
Nr. 2401 VV RVG. Voraussetzung ist, dass der Anwalt bereits im Verwaltungsverfahren
mit der Vertretung beauftragt war. War der Anwalt dagegen im Verwaltungsverfahren
nicht mit der Vertretung beauftragt oder lediglich beratend tätig, also nach Nr. 2100 VV
RVG, dann verbleibt es auch hier bei der Gebühr nach Nr. 2400 VV RVG. Die Vorschrift
der Nr. 2401 VV RVG ist also nur dann anzuwenden, wenn der Anwalt bereits im Verwaltungsverfahren die Geschäftsgebühr nach Nr. 2400 VV RVG verdient hat.

39

> **Hinweis:**
>
> Die Geschäftsgebühr nach Nr. 2401 VV RVG kommt nur als weitere Gebühr neben der
> Geschäftsgebühr nach Nr. 2400 VV RVG in Betracht.

40 War der Anwalt bereits im Verwaltungsverfahren tätig, so erhält er nach Nr. 2401 VV RVG für das Nachprüfungsverfahren nur noch eine geringere Geschäftsgebühr, nämlich i.H.v. **0,5 bis 1,3**. Die **Mittelgebühr** beträgt jetzt **0,9**.

41 Dass hier ein geringerer Gebührenrahmen vorgesehen ist, beruht darauf, dass der Anwalt bereits in die Sache eingearbeitet ist. Er war im Verwaltungsverfahren bereits tätig und hat sich dort in die tatsächlichen und rechtlichen Verhältnisse einarbeiten können. Diese Arbeit wird ihm im Nachprüfungsverfahren erspart. Er kann auf die Vorarbeiten zurückgreifen. Daher hielt es der Gesetzgeber für angemessen, den Gebührenrahmen hier von vornherein geringer anzusetzen.

42 Aus diesem geringeren Gebührenrahmen folgt dann aber umgekehrt, dass die Vorbefassung in tatsächlicher und rechtlicher Hinsicht nicht mehr als Kriterium im Rahmen des § 14 Abs. 1 RVG für einen geringeren Umfang oder eine geringere Schwierigkeit herangezogen werden kann (Abs. 1 der Anm. zu Nr. 2401 VV RVG). Dies wird bereits durch den geringeren Gebührenrahmen der Nr. 2401 VV RVG berücksichtigt.

43 *Beispiel:*

Der Anwalt wird beauftragt, einen angekündigten Leistungsbescheid über 8.000 € im Verwaltungsverfahren abzuwehren. Nachdem der Bescheid ergangen ist, erhält er den Auftrag, Einspruch einzulegen. Abzurechnen ist wie folgt:

I. Verwaltungsverfahren:

1.	*1,5 Geschäftsgebühr, Nr. 2400 VV RVG*	*618,00 €*
2.	*Postentgeltpauschale, Nr. 7002 VV RVG*	*20,00 €*
3.	*16 % Umsatzsteuer, Nr. 7008 VV RVG*	*+ 102,08 €*
	Summe:	*740,08 €*

II. Widerspruchsverfahren:

1.	*0,9 Geschäftsgebühr, Nr. 2401 VV RVG*	*370,80 €*
2.	*Postentgeltpauschale, Nr. 7002 VV RVG*	*20,00 €*
3.	*16 % Umsatzsteuer, Nr. 7008 VV RVG*	*+ 62,53 €*
	Summe:	*453,33 €*

44 Auch im Nachprüfungsverfahren ist eine sog. **Schwellengebühr** vorgesehen. Nach Abs. 2 der Anm. zu Nr. 2401 VV RVG kann eine höhere Gebühr als **0,7** nur gefordert werden, wenn die Tätigkeit umfangreich oder schwierig war. Auch insoweit wird auf die Ausführungen zu Teil 7 Rn. 121 ff. Bezug genommen.

45 Ebenso ist auch hier wiederum Nr. 2402 VV RVG zu beachten (s.u. Rn. 53).

V. Verwaltungsverfahren auf Aussetzung oder Anordnung der sofortigen Vollziehung sowie über einstweilige Maßnahmen zur Sicherung der Rechte Dritter

1. Eigene Angelegenheit

Wird anlässlich des Verwaltungsverfahrens oder des Nachprüfungsverfahrens ein Verfahren über die Aussetzung der sofortigen Vollziehung oder deren Anordnung geführt (z.B. nach § 80 Abs. 5 VwGO) oder über einstweilige Maßnahmen zur Sicherung der Rechte Dritter, so stellt dieses Verfahren eine **weitere selbständige Angelegenheit** i.S.d. § 15 RVG dar (§ 17 Nr. 1 RVG). Der Anwalt erhält auch in diesem Verfahren seine **Gebühren gesondert**.   46

2. Geschäftsgebühr

Insoweit erhält er wiederum eine **Geschäftsgebühr** nach Nr. 2400 VV RVG i.H.v. **0,5 bis 2,5**. Die **Mittelgebühr** beträgt **1,5**.   47

Die **Schwellengebühr** nach Anm. zu Nr. 2400 VV RVG ist hier ebenfalls zu berücksichtigen.   48

Die Einschränkung nach Nr. 2401 VV RVG greift dagegen nicht. Auch wenn der Anwalt bereits im Verwaltungsverfahren tätig war, entsteht für das Verfahren über die Aussetzung über die Anordnung der sofortigen Vollziehung sowie über einstweilige Maßnahmen zur Sicherung der Rechte Dritter nicht nur eine reduzierte Geschäftsgebühr nach Nr. 2401 VV RVG, sondern die volle Geschäftsgebühr nach Nr. 2400 VV RVG.   49

Auch hier kommt wiederum Nr. 2402 VV RVG in Betracht (s.u. Rn. 53).   50

3. Abänderungs- oder Aufhebungsverfahren

Ist über die Aussetzung oder Anordnung der sofortigen Vollziehung oder über einstweilige Maßnahmen zur Sicherung der Rechte Dritter eine Entscheidung ergangen und wird später ein **weiteres Verwaltungsverfahren** auf Abänderung oder Aufhebung dieser Entscheidung eingeleitet (z.B. nach § 80 Abs. 7 VwGO), so zählt dies nach § 16 Nr. 1 RVG noch mit zur Angelegenheit und löst **keine neuen Gebühren** aus, soweit der Anwalt bereits im Ausgangsverfahren tätig war. In diesem Fall ist die weitere Tätigkeit lediglich im Rahmen des § 14 Abs. 1 RVG bei Umfang und Schwierigkeit und ggf. Bedeutung der Angelegenheit gebührenerhöhend zu berücksichtigen.   51

Soweit der Anwalt jedoch erstmals im Verfahren auf Abänderung oder Aufhebung tätig wird, löst dies für ihn die Geschäftsgebühr nach Nr. 2400 VV RVG aus.   52

VI. Einfaches Schreiben

53 **Beschränkt sich der Auftrag** nach Nr. 2400 VV RVG oder Nr. 2401 VV RVG auf ein Schreiben einfacher Art, beträgt die Geschäftsgebühr nach Nr. 2400 VV RVG lediglich 0,3 (Nr. 2402 VV RVG). Auch hier kommt es nicht darauf an, ob der Anwalt letztlich ein einfaches Schreiben verfasst oder nicht. Bereits nach der Rechtsprechung des BGH zu § 120 BRAGO war allein entscheidend,[1] ob dem Anwalt von vornherein lediglich ein Auftrag zur Abfassung eines einfachen Schreibens erteilt worden ist. Dies ergibt sich nunmehr eindeutig bereits aus dem Gesetzeswortlaut der Nr. 2402 VV RVG. Nur bei einem solchen auf die Fertigung eine einfachen Schreibens beschränkten Auftrag verbleibt es bei der 0,3 Geschäftsgebühr. Ist dem Rechtsanwalt hingegen ein weiter gehender Vertretungsauftrag erteilt worden, steht ihm der volle Gebührenrahmen nach Nr. 2400 VV RVG zur Verfügung.

Von dem Auftrag zu einem einfachen Schreiben ist dann auszugehen, wenn sich der Auftrag darauf beschränkt, dass der Anwalt ein Schreiben einfacher Art, das weder schwierige rechtliche Ausführungen noch größere sachliche Auseinandersetzungen enthält, verfassen soll (Anm. zu Nr. 2402 VV RVG). Denkbar sind hier **Sachstandsanfragen** bei der Verwaltungsbehörde, **Beschleunigungsgesuche** o.Ä. Im Zweifel ist von einem umfassenden Auftrag nach Nrn. 2400, 2401 VV RVG auszugehen, so dass eine Reduzierung nicht greift.

54 Zu Einzelheiten s. auch die Ausführungen zu Teil 7 Rn. 127 ff.

VII. Mehrere Auftraggeber

55 Vertritt der Anwalt mehrere Auftraggeber, so ist zu differenzieren.

1. Vertretung hinsichtlich desselben Gegenstandes

56 Vertritt der Anwalt mehrere Auftraggeber gemeinschaftlich **wegen desselben Gegenstandes**, so greift Nr. 1008 VV RVG. Die Gebühren erhöhen sich um 0,3 je weiterem Auftraggeber, höchstens um 2,0.

57 Obwohl gesetzlich nicht geregelt, ist hier ebenso zu verfahren wie bei Betragsrahmengebühren. Der Gebührenrahmen ist um jeweils 0,3 je weiterem Auftraggeber zu erhöhen, so dass sich damit auch zwangsläufig eine um 0,3 erhöhte Mittelgebühr ergibt.[2]

---

1   AnwBl. 1983, 512 = DB 1983, 2084 = JurBüro 1983, 1498 = LM BRAGO § 118 Nr. 7 = MDR 1984, 127 = NJW 1983, 2451 = Rpfleger 1983, 458 = KostRsp. BRAGO § 120 Nr. 4; ebenso bereits LG Berlin, Rpfleger 1981, 369; AG Bruchsal, KostRsp. BRAGO § 120 Nr. 2.

2   A.A. *Hansens*, Teil 7 Rn. 144, der die konkret bestimmte Geschäftsgebühr um einen Satz von 0,3 je weiterem Auftraggeber erhöht.

Beispiel: 58

Der Anwalt wird im Verwaltungsverfahren wegen desselben Gegenstandes für zwei Auftraggeber tätig.

Der Gebührenrahmen beläuft sich nunmehr von 0,8 bis 2,8. Die Mittelgebühr liegt bei 1,8.

Wird der Anwalt anschließend im Nachprüfungsverfahren tätig, so erhöht sich auch die 59
Geschäftsgebühr der Nr. 2401 VV RVG nach Nr. 1008 VV RVG für jeden weiteren Auftraggeber um 0,3. Beide Gebühren sind also unabhängig voneinander zu erhöhen. Eine Ausschlussregelung wie in Satz 2 der Anm. zu Nr. 3308 VV RVG ist hier nicht vorgesehen.

2. Vertretung hinsichtlich verschiedener Gegenstände

Vertritt der Anwalt mehrere Auftraggeber wegen verschiedener Gegenstände, greift nicht 60
Nr. 1008 VV RVG. Es gilt dann vielmehr § 22 Abs. 1 RVG. Die verschiedenen **Werte** der einzelnen Gegenstände werden **zusammengerechnet**.

VIII. Anrechnung

Eine Anrechnung zwischen den Gebühren nach Nr. 2400 VV RVG und Nr. 2401 VV RVG 61
ist im Gegensatz zur Geschäftsgebühr nach Nr. 2403 VV RVG nicht vorgesehen. Beide Geschäftsgebühren können also anrechnungsfrei **nebeneinander** entstehen.

Anzurechnen sind die Geschäftsgebühren nach Nrn. 2400, 2401 VV RVG allerdings auf 62
die Gebühren für ein nachfolgendes gerichtliches Verfahren wegen desselben Gegenstandes (Vorbem. 3 Abs. 4 Satz 1 VV RVG). Danach ist die Geschäftsgebühr zur Hälfte auf die Verfahrensgebühr eines nachfolgenden Rechtsstreits anzurechnen, höchstens allerdings mit einem Gebührensatz von 0,75. Sind außergerichtlich mehrere Geschäftsgebühren angefallen, war der Anwalt also sowohl im Verwaltungsverfahren als auch im Nachprüfungsverfahren tätig, so wird **nur die zweite Geschäftsgebühr**, also die der Nr. 2401 VV RVG, angerechnet (Vorbem. 3 Abs. 4 Satz 2 VV RVG).

Angerechnet wird nur nach dem Wert des Gegenstandes, der in das gerichtliche Ver- 63
fahren übergegangen ist (Vorbem. 3 Abs. 4 Satz 3 VV RVG). Zur Abrechnung s.u. Rn. 80.

IX. Einigungs- und Erledigungsgebühr

Auch im Rahmen der außergerichtlichen Tätigkeit kann der Anwalt eine Einigungsgebühr 64
nach Nr. 1000 VV RVG sowie eine Erledigungsgebühr nach Nr. 1002 VV RVG verdienen.
Zu den Voraussetzungen dieser Gebühren s. Teil 5 Rn. 1 ff. u. 90 ff.

65   Die Höhe der Einigungs- oder Erledigungsgebühr beläuft sich auf **1,5,** da die Sache in diesem Stadium noch nicht anhängig ist. Die Anhängigkeit eines Eilverfahrens nach § 80 VwGO oder § 123 VwGO steht dem nicht entgegen, da dadurch nicht die Hauptsache anhängig wird.

X.   Auslagen

66   Neben den Gebühren erhält der Anwalt auch Ersatz seiner Auslagen nach Nr. 7000 VV RVG. Da die außergerichtliche Vertretung eine eigene Angelegenheit ist, entsteht insbesondere auch eine eigene **Postentgeltpauschale** nach Nr. 7002 VV RVG.

D.   Erstinstanzliches Verfahren vor dem Verwaltungsgericht

I.   Überblick

67   Im gerichtlichen Verfahren erster Instanz erhält der Anwalt die Gebühren nach Teil 3 Abschnitt 1 VV RVG. Die Gebühren des Teils 3 VV RVG sind unmittelbar auf die Verfahren der öffentlichen Gerichtsbarkeit anzuwenden. Einer Verweisungsnorm wie noch in § 114 BRAGO bedarf es nicht mehr.

68   Gegenüber dem Verwaltungsverfahren sowie dem sich hieran anschließenden Nachprüfungsverfahren ist der Rechtsstreit eine **selbständige Angelegenheit** (§ 17 Nr. 1 RVG). Daneben sind nach § 17 Nr. 4 RVG die Verfahren

*   einer einstweiligen Verfügung und
*   auf Anordnung oder Wiederherstellung der aufschiebenden Wirkung oder
*   auf Aufhebung der Vollziehung oder Anordnung der sofortigen Vollziehung eines Verwaltungsaktes sowie
*   auf Abänderung oder Aufhebung einer in einem solchen Verfahren ergangenen Entscheidung

gegenüber dem Hauptsacheverfahren eine **gesonderte Angelegenheit**. Untereinander sind diese Verfahren dagegen ggf. eine Angelegenheit (s.u. Rn. 132 ff.).

II.   Verfahrensgebühr

1.   Volle Verfahrensgebühr

69   Der Anwalt erhält zunächst einmal für seine Tätigkeit im Rechtsstreit die **Verfahrensgebühr** nach Nr. 3100 VV RVG. Die Gebühr entsteht i.H.v. **1,3.** Bereits die Einreichung der

Klageschrift oder eines Antrags mit **Sachvortrag** genügt, um die volle Gebühr auszulösen. Die volle 1,3 Gebühr ist also bereits auch dann verdient, wenn die Anfechtungsklage zunächst ohne jegliche Begründung eingereicht wird und sich die Angelegenheit dann vor Begründung der Klage erledigt.

Die Verfahrensgebühr entsteht für das Betreiben des Geschäfts und beginnt mit der Entgegennahme der Information (Vorbem. 3 Abs. 2 VV RVG). Es gelten hier keine Unterschiede zu den zivilrechtlichen Verfahren, so dass auf die dortigen Ausführungen Bezug genommen werden kann (Teil 7 Rn. 226 ff.).   70

Vertritt der Anwalt **mehrere Auftraggeber** wegen desselben Gegenstandes, so erhöht sich die Verfahrensgebühr nach Nr. 1008 VV RVG um 0,3 je weiterem Auftraggeber.   71

2. Ermäßigte Verfahrensgebühr

Erledigt sich der Auftrag vorzeitig unter den Voraussetzungen der Nr. 3101 VV RVG, also insbesondere vor Klageeinreichung, so ermäßigt sich die Verfahrensgebühr auf **0,8** (Nr. 3001 Nr. 1 VV RVG).   72

Das Gleiche gilt, soweit lediglich beantragt ist, eine Einigung über nicht anhängige Gegenstände zu Protokoll zu nehmen oder soweit lediglich Verhandlungen vor Gericht zur Einigung über solche Ansprüche geführt worden sind (Nr. 3101 Nr. 2 VV RVG). Auch insoweit gilt das Gleiche wie zu den zivilrechtlichen Gebühren, so dass insoweit Bezug genommen werden kann (Teil 7 Rn. 244 ff.).   73

3. Anrechnung der Geschäftsgebühr

Auch in Verwaltungssachen – und dies ist gegenüber § 118 Abs. 2 BRAGO neu – wird zukünftig die Geschäftsgebühr angerechnet, und zwar nach Vorbem. 3 Abs. 4 VV RVG **zur Hälfte**, höchstens jedoch zu einem Gebührensatz von 0,75. Bislang war eine Anrechnung nicht vorgesehen, da die Anrechnung dann ausgeschlossen war, wenn die Geschäftsgebühr vor einer Behörde angefallen war, was in Verwaltungssachen grds. immer der Fall war.   74

Beispiel: 75

Der Mandant beauftragt den Anwalt, gegen den ergangenen Bescheid Widerspruch einzulegen und nachdem der Widerspruch zurückgewiesen worden ist, hiergegen Anfechtungsklage zu erheben.

Für das Widerspruchsverfahren erhält der Anwalt die Geschäftsgebühr nach Nr. 2400 VV RVG (nicht nach Nr. 2401 VV RVG, da er erstmals im Widerspruchsverfahren beauftragt worden ist). Diese Gebühr ist nunmehr hälftig auf die Verfahrensgebühr anzurechnen. Ausgehend von einem Gegenstandswert von 4.000 € sowie der Mittelgebühr bei der Geschäftsgebühr ergibt sich folgende Berechnung:

I. Widerspruchsverfahren:

1.	1,5 Geschäftsgebühr, Nr. 2400 VV RVG	367,50 €
2.	Postentgeltpauschale, Nr. 7002 VV RVG	20,00 €
3.	16 % Umsatzsteuer, Nr. 7008 VV RVG	+ 62,00 €
	Summe:	**449,50 €**

II. Rechtsstreit:

1.	1,3 Verfahrensgebühr, Nr. 3100 VV RVG	318,50 €
2.	1,2 Terminsgebühr, Nr. 3102 VV RVG	294,00 €
3.	Postentgeltpauschale, Nr. 7002 VV RVG	20,00 €
	gemäß Vorbem. 3 Abs. 4 VV RVG **anzurechnen**	
	0,75 Geschäftsgebühr (Wert: 4.000 €)	– 183,75 €
4.	16 % Umsatzsteuer, Nr. 7008 VV RVG	+ 71,80 €
	Summe:	**520,55 €**

76 Hatte der Anwalt vorgerichtlich mehrere Geschäftsgebühren verdient, war er also sowohl im Verwaltungsverfahren tätig als auch im Nachprüfungsverfahren, so ist nach Vorbem. 3 Abs. 3 Satz 2 VV RVG nur die zweite Geschäftsgebühr anzurechnen.

77 Übersicht: Anrechnung der Geschäftsgebühr

Der Anwalt war tätig im Verwaltungsverfahren	Der Anwalt war tätig im Nachprüfungsverfahren	**Gebühr** zur Hälfte (höchstens mit 0,75) anzurechnen auf die Gebühr nach Nr. 3100 VV RVG im Erkenntnisverfahren
—	Nr. 2400 VV RVG	Nr. 2400 VV RVG
Nr. 2400 VV RVG	—	Nr. 2400 VV RVG
Nr. 2400 VV RVG	Nr. 2401 VV RVG	Nr. 2401 VV RVG

78 *Beispiel:*

Der Rechtsanwalt hat den Auftraggeber im Verwaltungsverfahren, im Widerspruchsverfahren und im anschließenden Rechtsstreit vor dem Verwaltungsgericht vertreten.

Ausgehend von einem Gegenstandswert i.H.v. 4.000 € und jeweils der Mittelgebühr ergibt sich dann folgende Abrechnung:

I. Verwaltungsverfahren:

1.	1,5 Geschäftsgebühr, Nr. 2400 VV RVG	367,50 €
2.	Postentgeltpauschale, Nr. 7002 VV RVG	20,00 €
3.	16 % Umsatzsteuer, Nr. 7008 VV RVG	+ 62,00 €
	Summe:	**449,50 €**

II. Widerspruchsverfahren:

1.	0,9 Geschäftsgebühr, Nr. 2401 VV RVG	370,80 €
2.	Postentgeltpauschale, Nr. 7002 VV RVG	20,00 €
3.	16 % Umsatzsteuer, Nr. 7008 VV RVG	+ 62,53 €
	Summe:	**453,33 €**

III. Rechtsstreit:

1.	1,3 Verfahrensgebühr, Nr. 3100 VV RVG	318,50 €
2.	1,2 Terminsgebühr, Nr. 3102 VV RVG	294,00 €
3.	Postentgeltpauschale, Nr. 7002 VV RVG	20,00 €
	gemäß Vorbem. 3 Abs. 4 VV RVG **anzurechnen**	
	0,45 Geschäftsgebühr, Nr. 2401 VV RVG (Wert: 4.000 €)	– 185,40 €
4.	16 % Umsatzsteuer, Nr. 7008 VV RVG	+ 71,54 €
	Summe:	**518,64 €**

Decken sich die Gegenstandswerte von Verwaltungs-, Nachprüfungsverfahren und Rechtsstreit nicht, so ist nach Vorbem. 3 Abs. 4 Satz 3 VV RVG die Anrechnung nur nach dem Gegenstandswert vorzunehmen, der in das gerichtliche Verfahren übergegangen ist. **79**

Beispiel: **80**

Der Anwalt vertritt den Mandanten im Verwaltungsverfahren. Dort ergeht gegen den Mandanten ein Leistungsbescheid i.H.v. 8.000 €. Hiergegen legt der Anwalt auftragsgemäß Widerspruch ein, worauf die Verwaltungsbehörde teilweise abhilft und den Bescheid dahin gehend abändert, dass der Mandant nur noch 4.000 € zu zahlen habe. Hiergegen wird nunmehr Anfechtungsklage erhoben. Das Verfahren erledigt sich wiederum ohne Termin.

Zu rechnen ist jetzt wie folgt:

I. Verwaltungsverfahren (Wert: 8.000 €):

1.	1,5 Geschäftsgebühr, Nr. 2400 VV RVG	618,00 €
2.	Postentgeltpauschale, Nr. 7002 VV RVG	20,00 €
3.	16 % Umsatzsteuer, Nr. 7008 VV RVG	+ 102,08 €
	Summe:	**740,08 €**

II. Widerspruchsverfahren (Wert: 8.000 €):

1.	0,9 Geschäftsgebühr, Nr. 2401 VV RVG	370,80 €
2.	Postentgeltpauschale, Nr. 7002 VV RVG	20,00 €
3.	16 % Umsatzsteuer, Nr. 7008 VV RVG	+ 62,53 €
	Summe:	**453,33 €**

III. Rechtsstreit (Wert: 4.000 €):

1.	*1,3 Verfahrensgebühr, Nr. 3100 VV RVG*	*318,50 €*
2.	*1,2 Terminsgebühr, Nr. 3102 VV RVG*	*294,00 €*
3.	*Postentgeltpauschale, Nr. 7002 VV RVG*	*20,00 €*
	gemäß Vorbem. 3 Abs. 4 Satz 3 VV RVG anzurechnen	
	0,45 Geschäftsgebühr, Nr. 2401 VV RVG (Wert: 4.000 €)	*– 110,25 €*
4.	*16 % Umsatzsteuer, Nr. 7008 VV RVG*	*+ 83,56 €*
	Summe:	*605,81 €*

III. Terminsgebühr

81   Neben der Verfahrensgebühr kann dem Anwalt nach Nr. 3104 VV RVG eine **Terminsgebühr** i.H.v. **1,2 anfallen**. Diese Terminsgebühr entsteht unabhängig davon, ob streitig oder nichtstreitig verhandelt wird, wobei dies in Verwaltungssachen bislang ohnehin i.d.R. keinen Unterschied machte, da dort der Amtsermittlungsgrundsatz gilt und die Stellung eines Antrags nicht erforderlich ist.

82   Die Terminsgebühr beläuft sich zukünftig auf 1,2. Diese volle Terminsgebühr erhält der Anwalt auch dann, wenn nach § 84 Abs. 1 Satz 4 VwGO ohne mündliche Verhandlung durch **Gerichtsbescheid entschieden** wird.

83   Unklar ist, ob eine **Ermäßigung der Terminsgebühr** in Verwaltungsverfahren nach Nr. 3105 VV RVG eintreten kann. Diese Vorschrift ist an sich auf die zivilrechtlichen Gebühren zugeschnitten, was sich schon daraus ergibt, dass der Antrag auf Erlass eines Versäumnisurteils in den Vordergrund gestellt wird. Allerdings könnte die Vorschrift dem Wortlaut nach auch dann anzuwenden sein, wenn bei Säumnis des Gegners lediglich eine Entscheidung zur Prozess- und Sachleitung beantragt wird oder eine solche von Amts wegen ergeht. Erscheint die Gegenpartei nicht und ist sie auch nicht ordnungsgemäß vertreten und wird daraufhin lediglich ein Antrag zur Prozess- oder Sachleitung gestellt, dann würde dem Wortlaut nach die Terminsgebühr nur zu 0,5 entstehen. Das Gleiche gälte auch dann, wenn das Gericht ohne Antrag von Amts wegen lediglich eine Entscheidung zur Prozess- oder Sachleitung trifft (Abs. 1 Nr. 1 der Anm. zu Nr. 3105 VV RVG). Aus dem Zusammenhang ergibt sich jedoch, dass die Vorschrift der Nr. 3105 VV RVG nur für die Tätigkeit in zivilrechtlichen Angelegenheiten gilt und die Möglichkeit eines Versäumnisurteils voraussetzt. Dies ergibt sich letztlich auch aus Nr. 3203 VV RVG, wonach die ermäßigte Gebühr nur für den Berufungsbeklagten anfallen kann, also voraussetzt, dass ein Versäumnisurteil gegen den Berufungskläger ergeht oder eine Entscheidung zur Prozess- und Sachleitung beantragt oder erlassen wird.

IV. Einigung oder Erledigung

Soweit es im gerichtlichen Verfahren zu einer **Einigung** kommt oder eine **Erledigung** 84
herbeigeführt wird, kann zusätzlich eine **1,0 Einigungsgebühr** nach Nrn. 1000, 1003
VV RVG oder eine **1,0 Erledigungsgebühr** nach Nrn. 1002, 1003 VV RVG entstehen. Soweit auch nicht anhängige Gegenstände in die Einigung oder Erledigung einbezogen
werden, entsteht die Gebühr zu **1,5** (Nrn. 1000, 1002 VV RVG); werden Gegenstände
einbezogen, die in einem Berufungs- oder Revisionsverfahren anhängig sind, entsteht die
Gebühr zu **1,3** (Nr. 1004 VV RVG).

V. Auslagen

Neben den Gebühren nach Nrn. 3100 ff. VV RVG sowie Nrn. 1000 ff. VV RVG erhält der 85
Anwalt im gerichtlichen Verfahrens selbstverständlich auch Ersatz seiner Auslagen nach
Nrn. 7000 ff. VV. Da es sich gegenüber der außergerichtlichen Tätigkeit um eine gesonderte Angelegenheit handelt (§ 17 Nr. 1 RVG), entsteht auch insbesondere eine eigene **Postentgeltpauschale** nach Nr. 7002 VV RVG.

E. Selbständiges Beweisverfahren

Nach § 98 VwGO i.V.m. §§ 485 bis 494 ZPO kann vor den Verwaltungsgerichten ein 86
selbständiges Beweisverfahren durchgeführt werden. Ebenso wie in Zivilsachen gilt dieses Verfahren als **gesonderte Angelegenheit,** da es in den §§ 16 und 19 RVG nicht erwähnt ist.

Der Anwalt erhält also in diesem Verfahren die Gebühren nach Nrn. 3100 ff. VV RVG (s. 87
ausführlich Teil 7 Rn. 226 ff.), wobei allerdings auch hier die Verfahrensgebühr des selbständigen Beweisverfahrens auf die nachfolgende Verfahrensgebühr des Rechtsstreits **angerechnet** wird (Vorbem. 3 Abs. 5 VV RVG)

Hinzu kommen wiederum die **Auslagen** nach Nrn. 7000 ff. VV RVG, da es sich um eine 88
eigene Angelegenheit i.S.d. § 15 RVG handelt.

F. Beratung über die Erfolgsaussichten einer Berufung

Lässt sich der Mandant, nachdem das erstinstanzliche Urteil ergangen ist, über die Er- 89
folgsaussichten einer Berufung beraten, ohne dass er dem Anwalt bereits einen Beru-
fungsauftrag erteilt, erhält der Anwalt eine **Prüfungsgebühr** nach Nr. 2200 VV RVG. Der

Gebührenrahmen beläuft sich auf **0,5 bis 1,0** (**Mittelgebühr 0,75**), und sofern die Prüfung der Erfolgsaussicht mit der Ausarbeitung eines schriftlichen Gutachtens verbunden ist, auf **1,3** (Nr. 2201 VV RVG).

90 Kommt es anschließend zum Berufungsverfahren, unabhängig davon, ob der Anwalt hierzu geraten hat oder nicht, so werden die Gebühren nach Nrn. 2200, 2201 VV RVG auf die Gebühren des Rechtsstreits **angerechnet**.

91 *Beispiel:*

Gegen das Urteil des Verwaltungsgerichts (Wert: 20.000 €) will der Beklagte Berufung einlegen und lässt sich beraten, ob die Berufung Aussicht auf Erfolg hat. Der beauftragte Anwalt prüft dies und bejaht die Erfolgsaussichten, so dass ihm hiernach der Auftrag zur Berufung erteilt und diese auch durchgeführt wird.

Abzurechnen ist wie folgt:

I. Prüfung der Erfolgsaussichten:

1.	*0,75 Prüfungsgebühr, Nr. 2200 VV RVG*	*484,50 €*
2.	*Postentgeltpauschale, Nr. 7002 VV RVG*	*20,00 €*
3.	*16 % Umsatzsteuer, Nr. 7008 VV RVG*	*+ 80,72 €*
Summe:		*585,22 €*

II. Rechtsmittelverfahren:

1.	*1,6 Verfahrensgebühr, Nr. 3200 VV RVG*	*1.033,60 €*
2.	*1,2 Terminsgebühr, Nr. 3202 VV RVG*	*775,20 €*
	gemäß Anm. zu Nr. 2200 VV RVG anzurechnen	
	0,75 Prüfungsgebühr (Wert 20.000 €)	*– 484,50 €*
3.	*Postentgeltpauschale, Nr. 7002 VV RVG*	*20,00 €*
4.	*16 % Umsatzsteuer, Nr. 7008 VV RVG*	*+ 215,09 €*
Summe:		*1.559,39 €*

G. Berufung

92 Im Berufungsverfahren richten sich die Gebühren des Anwalts nach Teil 3 Abschnitt 2 VV RVG.

I. Umfang der Angelegenheit

93 Zu beachten ist, dass bereits der **Antrag auf Zulassung der Berufung** nach § 124a Abs. 1 Satz 2 VwGO gemäß § 16 Nr. 13 RVG zum **Berufungsverfahren** zählt. Der Antrag auf

Zulassung der Berufung ist zwar beim Verwaltungsgericht einzureichen. Es entscheidet hierüber jedoch das Oberverwaltungsgericht (der Verwaltungsgerichtshof).

Das Zulassungsverfahren ist hier nicht als Nichtzulassungsbeschwerde, sondern als ein- 94
faches Zulassungsverfahren ausgestaltet, so dass mit dem Antrag auf Zulassung der Berufung bereits das Rechtsmittelverfahren beginnt. Folglich erklärt Vorbem. 3.2 Abs. 1 VV RVG die Gebühren nach Teil 3 Abschnitt 2 VV RVG bereits für dieses Zulassungsverfahren für anwendbar. Im Hinblick auf § 16 Nr. 13 RVG ist diese Vorschrift an sich überflüssig.

II. Verfahrensgebühr

Im Berufungsverfahren einschließlich des Zulassungsverfahrens (s.o. Rn. 94) erhält der 95
Anwalt zunächst die **Verfahrensgebühr** nach Nr. 3200 VV RVG. Deren Höhe beläuft sich auf **1,6**. Die Verfahrensgebühr entsteht auch hier mit der Entgegennahme der Information und deckt sämtliche Tätigkeiten im Verfahren ab, mit Ausnahme der Wahrnehmung von Terminen (Vorbem. 3 Abs. 2 VV RVG).

Erledigt sich der Auftrag vorzeitig, so ermäßigt sich die Verfahrensgebühr nach 96
Nr. 3201 VV RVG auf **1,1**.

Ebenso entsteht eine 1,1 Verfahrensgebühr, wenn die Parteien sich über weiter gehen- 97
de nicht anhängige Ansprüche einigen oder zum Zwecke der Erledigung des Rechtsstreits hierüber vor Gericht verhandeln oder erörtern (Nr. 3201 Nr. 2 VV RVG).

Fällt sowohl die Gebühr nach Nr. 3200 VV RVG als auch nach Nr. 3201 VV RVG an, kann 98
der Anwalt insgesamt nicht mehr verlangen als eine 1,6 Gebühr aus dem Gesamtwert (§ 15 Abs. 3 RVG).

III. Terminsgebühr

Neben der Verfahrensgebühr erhält der Anwalt im Berufungsverfahren eine **Terminsge-** 99
bühr für die Wahrnehmung eines Termins i.S.d. Vorbem. 3 Abs. 3 VV RVG. Deren Höhe beläuft sich nach Nr. 3202 VV RVG auf **1,2**.

Aus der Verweisung in Abs. 1 der Anm. zu Nr. 3102 VV RVG auf die Anm. zu Nr. 3104 100
VV RVG folgt, dass die Terminsgebühr auch dann entsteht, wenn im Berufungsverfahren **ohne mündliche Verhandlung** entschieden wird, etwa im Fall des § 130a VwGO, wenn die Berufung einstimmig für begründet oder unbegründet erachtet wird.

Die Anwendung der Nr. 3105 VV RVG scheidet auch hier aus, da diese Vorschrift nur auf 101
den Zivilrechtsstreit anzuwenden ist.

IV. Einigungs- und Erledigungsgebühr

102 Auch im Berufungsverfahren kann eine Einigungs- oder Erledigungsgebühr anfallen. Soweit die Gegenstände im Berufungsverfahren anhängig sind, beläuft sich die **Einigungs- oder Erledigungsgebühr** nach Nr. 1004 VV RVG auf **1,3**.

V. Auslagen

103 Darüber hinaus erhält der Anwalt auch hier Ersatz seiner Auslagen nach Nrn. 7000 ff. VV RVG, insbesondere wiederum eine eigene **Postentgeltpauschale** nach Nr. 7002 VV RVG.

H. Beratung über die Erfolgsaussichten einer Revision oder Nichtzulassungsbeschwerde

104 Wird der Anwalt beauftragt, über die Erfolgsaussichten einer **Revision** zu beraten, ohne dass ihm bereits der Auftrag zur Revision erteilt worden ist, erhält er wiederum die Gebühr nach Nr. 2200 VV RVG und im Falle des Gutachtens eine Gebühr nach Nr. 2201 VV RVG. Insoweit kann auf die Ausführungen zu Rn. 89 Bezug genommen werden.

105 Da auch die **Nichtzulassungsbeschwerde** ein Rechtsmittel i.S.d. Vorschriften ist, zählt die Beratung über die Erfolgsaussichten der Nichtzulassungsbeschwerde hierzu und löst die Gebühren nach Nrn. 2200, 2201 VV RVG aus.

106 Kommt es anschließend zur Durchführung der Revision oder der Nichtzulassungsbeschwerde, ist die Prüfungsgebühr nach Nr. 2200 VV RVG auf die entsprechende Verfahrensgebühr des Rechtsmittelverfahrens **anzurechnen** (Anm. zu Nr. 2200 VV RVG).

107 Auch hier erhält der Anwalt wiederum seine Auslagen nach Nrn. 7000 ff. VV RVG.

I. Nichtzulassungsbeschwerde

I. Umfang der Angelegenheit

108 Lässt das Oberverwaltungsgericht (der Verwaltungsgerichtshof) die Revision nicht zu, so ist hiergegen die Nichtzulassungsbeschwerde gegeben. Das Verfahren über die Nichtzulassungsbeschwerde stellt gebührenrechtlich eine **eigene Angelegenheit** dar (§ 17 Nr. 9 RVG).

Insgesamt sind also **drei Angelegenheiten** gegeben: 109

- Berufungsverfahren,

- Verfahren über die Nichtzulassungsbeschwerde,

- Revisionsverfahren.

II.   Verfahrensgebühr

Der Anwalt erhält für das Verfahren über die Beschwerde gegen die Nichtzulassung der   110
Revision eine **1,6 Verfahrensgebühr** nach Nr. 3506 VV RVG.

Endet der Auftrag vorzeitig, ermäßigt sich diese Gebühr gemäß Nr. 3507 VV RVG auf   111
1,1.

Bei Vertretung **mehrerer Auftraggeber** erhöhen sich diese Gebühren gemäß Nr. 1008   112
VV um 0,3 je weiterem Auftraggeber, sofern diese am Gegenstand gemeinschaftlich beteiligt sind.

III.   Terminsgebühr

Daneben kann auch im Nichtzulassungsbeschwerdeverfahren eine **Terminsgebühr** un-   113
ter den Voraussetzungen der Vorbem. 3 Abs. 3 VV RVG anfallen. Diese beläuft sich gemäß Nr. 3516 VV RVG auf **1,2**.

IV.   Anrechnung

Ist die Nichtzulassungsbeschwerde erfolgreich und schließt sich hieran das Revisionsver-   114
fahren an, ist die im Nichtzulassungsbeschwerdeverfahren entstandene Verfahrensgebühr auf die des Revisionsverfahrens anzurechnen (Anm. zu Nr. 3506 VV RVG). S. hierzu das Berechnungsbeispiel Rn. 121.

V.   Auslagen

Darüber hinaus erhält der Anwalt auch hier Ersatz seiner Auslagen nach Nrn. 7000 ff. VV   115
RVG, insbesondere wiederum eine eigene **Postentgeltpauschale** nach Nr. 7002 VV RVG.

J. Revisionsverfahren

I. Überblick

116 Im Revisionsverfahren erhält der Anwalt die Vergütung nach Teil 3 Abschnitt 2 Unterabschnitt 2 VV RVG. Das Revisionsverfahren ist nach § 15 Abs. 2 Satz 2 RVG eine neue Angelegenheit, auch dann, wenn eine Nichtzulassungsbeschwerde vorausgegangen ist (§ 17 Nr. 9 RVG).

117 Insgesamt sind also **drei Angelegenheiten** gegeben:

- Das Rechtsmittelverfahren vor dem Oberverwaltungsgericht (dem Verwaltungsgerichtshof),
- das Verfahren über die Nichtzulassungsbeschwerde und
- das Revisionsverfahren.

II. Verfahrensgebühr

118 Zunächst erhält der Anwalt eine **Verfahrensgebühr** nach Nr. 3206 VV RVG i.H.v. **1,6**. Die Gebühr entsteht wiederum mit der Entgegennahme der Information und gilt sämtliche Tätigkeiten im Revisionsverfahren ab (Vorbem. 3 Abs. 2 VV RVG), ausgenommen die Wahrnehmung von Terminen.

119 **Erledigt sich der Auftrag** vorzeitig, so ermäßigt sich diese Gebühr nach Nr. 3207 VV RVG auf **1,1**.

120 Ist eine Nichtzulassungsbeschwerde vorangegangen, in der der Anwalt tätig war, so wird die dort verdiente 1,6 Verfahrensgebühr aus Nr. 3506 VV RVG auf die Verfahrensgebühr des Revisionsverfahrens **angerechnet** (Anm. zu Nr. 3506 VV RVG).

121 *Beispiel:*

Das OVG hat die Revision gegen sein Urteil nicht zugelassen. Hiergegen wird Nichtzulassungsbeschwerde erhoben (Wert. 8.000 €), die erfolgreich ist. Hieran schließt sich das Revisionsverfahren an.

Abzurechnen ist wie folgt:

I. Berufungsverfahren:

1.	*1,6 Verfahrensgebühr, Nr. 3200 VV RVG*	*659,20 €*
2.	*1,2 Terminsgebühr, Nr. 3002 VV RVG*	*494,40 €*
3.	*Postentgeltpauschale, Nr. 7002 VV RVG*	*20,00 €*
4.	*16 % Umsatzsteuer, Nr. 7008 VV RVG*	*+ 187,74 €*
	Summe:	*1.361,34 €*

II. Nichtzulassungsbeschwerde:

1.	1,6 Verfahrensgebühr, Nr. 3506 VV RVG	659,20 €
2.	Postentgeltpauschale, Nr. 7002 VV RVG	20,00 €
3.	16 % Umsatzsteuer, Nr. 7008 VV RVG	+ 108,67 €
	Summe:	**787,87 €**

III. Revisionsverfahren:

1.	1,6 Verfahrensgebühr, Nr. 3206 VV RVG	659,20 €
2.	1,5 Terminsgebühr, Nr. 3208 VV RVG	618,00 €
	gemäß Anm. zu Nr. 3506 VV RVG **anzurechnen**	
	1,6 Verfahrensgebühr, Nr. 3506 VV RVG	– 659,20 €
3.	Postentgeltpauschale, Nr. 7002 VV RVG	20,00 €
4.	16 % Umsatzsteuer, Nr. 7008 VV RVG	+ 102,08 €
	Summe:	**740,08 €**

III. Terminsgebühr

Neben der Verfahrensgebühr erhält der Anwalt nach Nr. 3210 VV RVG eine **Terminsge-** 122
bühr i.H.v. **1,5**. Auch hier kommt eine Ermäßigung nicht in Betracht, selbst wenn lediglich Anträge zur Prozess- und Sachleitung gestellt werden (s.o. Rn. 83).

IV. Einigungs- oder Erledigungsgebühr

Auch im Revisionsverfahren kann eine Einigungs- oder Erledigungsgebühr anfallen. De- 123
ren Höhe beläuft sich dann nach Nr. 1004 VV RVG auf **1,3**.

V. Auslagen

Ebenso fallen auch im Revisionsverfahren die Auslagen nach Nrn. 7000 ff. VV RVG an. Ist 124
ein Nichtzulassungsbeschwerdeverfahren vorangegangen, so entsteht ungeachtet der
Anrechnung nach Anm. zu Nr. 3506 VV RVG die **Postentgeltpauschale** zweimal, da diese je Angelegenheit anfällt und **von der Anrechnung nicht erfasst** wird.

K. Erstinstanzliche Verfahren vor dem Bundesverwaltungsgericht und dem Oberverwaltungsgericht (dem Verwaltungsgerichtshof)

125 Erstinstanzliche Verfahren vor dem Bundesverwaltungsgericht oder einem Oberverwaltungsgericht (oder einem Verwaltungsgerichtshof) richten sich nach Abschnitt 3 Unterabschnitt 1 Teil 3 VV RVG. Danach erhält der Anwalt gemäß Nr. 3302 Nr. 2 VV RVG für die erstinstanzlichen Verfahren vor dem Bundesverwaltungsgericht und dem Oberverwaltungsgericht (Verwaltungsgerichtshof) eine **1,6 Verfahrensgebühr**.

126 Diese Gebühr ermäßigt sich bei **vorzeitiger Erledigung** des Auftrags nach Nr. 3303 VV RVG auf **1,0**.

127 Daneben kann dem Anwalt eine **Terminsgebühr** nach Nr. 3304 VV RVG i.H.v. **1,2** entstehen.

128 Hinzu kommen kann auch hier eine **Einigungs- oder Erledigungsgebühr**, die konsequenterweise analog Nr. 3302 Nr. 2 VV RVG i.V.m. Nr. 1004 VV RVG auf einen Gebührensatz von **1,3** anzuheben ist.

L. Beschwerdeverfahren

129 In Beschwerdeverfahren erhält der Anwalt auch im Verwaltungsrechtsstreit die Gebühren nach Nrn. 3500, 3513 VV RVG. Er erhält danach eine **0,5 Verfahrensgebühr** gemäß Nr. 3500 VV RVG sowie eine **0,5 Terminsgebühr** nach Nr. 3513 VV RVG, sofern es zu einem ein Termin i.S.d. Vorbem. 3 Abs. 3 VV RVG kommt.

130 Neben den allgemeinen Beschwerden gegen Zwischenentscheidungen kann in Verwaltungssachen auch gegen End-Entscheidungen der Verwaltungsgerichte, die nicht Urteile oder Rechtsentscheide sind, nach § 146 Abs. 1 VwGO die **Beschwerde zum Oberverwaltungsgericht (Verwaltungsgerichtshof)** eingelegt werden, soweit in der VwGO nichts anderes bestimmt ist. Auch in diesem Fall entsteht eine Verfahrensgebühr nach Nr. 3500 VV RVG i.H.v. 0,5 sowie ggf. eine Terminsgebühr nach Nr. 3513 VV RVG i.H.v. ebenfalls 0,5.

M. Einstweiliger Rechtsschutz

I. Überblick

In Verfahren des einstweiligen Rechtsschutzes erhält der Anwalt **gesonderte Gebühren**, 131
da es sich um eigene Angelegenheiten handelt. Die Gebühren nach Nrn. 3100 ff. VV
RVG entstehen also jeweils gesondert in Verfahren

- auf Erlass einer einstweiligen Verfügung (§ 17 Nr. 4b RVG),

- auf Anordnung oder Wiederherstellung der aufschiebenden Wirkung, Aufhebung der
  Vollziehung oder Anordnung der sofortigen Vollziehung eines Verwaltungsaktes (§ 17
  Nr. 4c RVG).

II. Anordnung oder Wiederherstellung der aufschiebenden Wirkung eines Verwaltungsaktes sowie Aufhebung der Vollziehung oder Anordnung der sofortigen Vollziehung eines Verwaltungsaktes

In den Verfahren des vorläufigen Rechtsschutzes nach § 80 Abs. 5 VwGO, in denen der 132
Antragsteller die Anordnung der Wiederherstellung der aufschiebenden Wirkung eines
Rechtsbehelfs oder Rechtsmittels gegen einen sofort vollziehbaren Verwaltungsakt beantragt, sowie in den Verfahren nach §§ 80a Abs. 3, 80 Abs. 5 VwGO entstehen die Gebühren nach Teil 3 VV RVG. Es handelt sich sowohl gegenüber der außergerichtlichen
Tätigkeit als auch gegenüber der Hauptsache um eine **eigene Gebührenangelegenheit**
(§ 17 Nr. 4c RVG).

Darüber hinaus gilt jedes Verfahren nach § 80 Abs. 5 VwGO (i.V.m. § 80a Abs. 3 VwGO) 133
gegenüber der Hauptsache gebührenrechtlich als **besondere Angelegenheit**. Im Gegensatz zu Nr. 3328 VV RVG ist eine abgesonderte mündliche Verhandlung hier nicht erforderlich. Es handelt sich stets um eine eigene Angelegenheit.

Zusammen mit dem Verfahren auf Anordnung der Wiederherstellung der aufschieben- 134
den Wirkung zählt das Aufhebungsverfahren dagegen als **eine Angelegenheit** (§ 16 Nr. 4
RVG).

Der Anwalt erhält in den Verfahren nach § 80 Abs. 5 VwGO die gleichen Gebühren wie 135
im Rechtsstreit, also in erster Instanz eine **1,3 Verfahrensgebühr** (Nr. 3100 VV RVG) sowie im Falle eines Termins i.S.d. Vorbem. 3 Abs. 3 VV RVG eine **Terminsgebühr** i.H.v. **1,2**
(Nr. 3104 VV RVG).

Zusammen mit den vorgenannten einstweiligen Rechtsschutzverfahren bilden die wei- 136
teren **Verfahren auf Abänderung oder Aufhebung** einer der in den vorgenannten Verfahren ergangenen Entscheidungen wiederum **dieselbe Angelegenheit** (§ 17 Nr. 4c
RVG), so dass hierfür keine weiteren Gebühren entstehen.

137 Wird der Antrag auf Erlass einer einstweiligen Verfügung oder auf Anordnung oder Wiederherstellung der aufschiebenden Wirkung, Aufhebung der Vollziehung oder Anordnung der sofortigen Vollziehung eines Verwaltungsaktes **vor dem Rechtsmittelgericht als Gericht der Hauptsache** gestellt, so bleibt es bei den Gebühren nach Teil 3 Abschnitt 1 VV RVG, also bei den erstinstanzlichen Gebühren, auch wenn das Rechtsmittelgericht als Gericht der Hauptsache zuständig ist und entscheidet.

138 Wird gegen eine im einstweiligen Rechtsschutzverfahren ergangene Entscheidung **Beschwerde** eingelegt, so löst dies nach § 15 Abs. 2 Satz 2 RVG eine **neue Angelegenheit** aus. In diesem Beschwerdeverfahren entsteht dann wiederum eine Verfahrensgebühr nach Nr. 3500 VV RVG sowie ggf. eine Terminsgebühr nach Nr. 3513 VV RVG.

139 Soweit die Beschwerde einen Beschluss des Verwaltungsgerichtes über die **Aussetzung oder Vollziehung einer einstweiligen Anordnung** betrifft, steht den Beteiligten die Beschwerde nur zu, wenn das Oberverwaltungsgericht (der Verwaltungsgerichtshof) sie in entsprechender Anwendung des § 124 Abs. 2 VwGO zugelassen hat. Der Zulassungsantrag wiederum ist beim Verwaltungsgericht zu stellen. Mit dem Antrag beginnt das Rechtsmittelverfahren, also hier das Beschwerdeverfahren (§ 15 Abs. 2 Satz 2 i.V.m. § 16 Abs. 3 RVG). Das Verfahren auf Zulassung sowie das zugelassene Rechtsmittelverfahren bilden gemäß § 16 Abs. 2 RVG **eine Angelegenheit**.

140 Ist der Anwalt im Verfahren auf **Aussetzung der sofortigen Vollziehung** sowohl außergerichtlich als auch anschließend gerichtlich im Verfahren nach § 80 Abs. 5 VwGO tätig, so erhält er sowohl die Geschäftsgebühr nach Nr. 2400 VV RVG als auch die Gebühren nach Nr. 3100 VV RVG, allerdings mit der Maßgabe der Anrechnung.

141 *Beispiel:*

Der Anwalt wird nach Erlass des Bescheides (Wert: 4.000 €) erstmals beauftragt. Er soll gegen den Bescheid Einspruch einlegen und zugleich bei der Verwaltungsbehörde die Aussetzung der sofortigen Vollziehung beantragen. Die Verwaltungsbehörde lehnt die Aussetzung ab. Daraufhin reicht der Anwalt nach § 80 Abs. 5 VwGO beim Verwaltungsgericht einen Antrag auf Aussetzung der sofortigen Vollziehung ein.

Das Hauptsache-Verwaltungsverfahren sowie das Verwaltungsverfahren auf Aussetzung der sofortigen Vollziehung sind zwei verschiedene Angelegenheiten (§ 17 Nr. 1 RVG). Darüber hinaus ist das Verfahren nach § 80 Abs. 5 VwGO vor dem Verwaltungsgericht eine weitere Angelegenheit (§ 17 Nr. 4c RVG), auf die allerdings die Geschäftsgebühr des Verwaltungsverfahrens auf Aussetzung der sofortigen Vollziehung nach Vorbem. 3 Abs. 4 Satz 1 VV RVG anzurechnen ist. Ausgehend von einem Gegenstandswert i.H.v. 4.000 € und einer Mittelgebühr i.H.v. 1,5 für die Geschäftsgebühr nach Nr. 2400 VV RVG ist wie folgt zu rechnen:

I.   Verwaltungverfahren (Hauptsache):

1.	*1,5 Geschäftsgebühr, Nr. 2400 VV RVG*	*367,50 €*
2.	*Postentgeltpauschale, Nr. 7002 VV RVG*	*20,00 €*
3.	*16 % Umsatzsteuer, Nr. 7008 VV RVG*	*+ 62,00 €*
	Summe:	*449,50 €*

II. Verwaltungverfahren auf Aussetzung der sofortigen Vollziehung:

1.	*1,5 Geschäftsgebühr, Nr. 2400 VV RVG*	*367,50 €*
2.	*Postentgeltpauschale, Nr. 7002 VV RVG*	*20,00 €*
3.	*16 % Umsatzsteuer, Nr. 7008 VV RVG*	*+ 62,00 €*
	Summe:	*449,50 €*

III. Verfahren nach § 80 Abs. 5 VwGO:

1.	*1,3 Verfahrensgebühr, Nr. 3100 VV RVG*	*318,50 €*
2.	*1,2 Terminsgebühr, Nr. 3102 VV RVG*	*294,00 €*
3.	*Postentgeltpauschale, Nr. 7002 VV RVG*	*20,00 €*
	*gemäß Vorbem. 3 Abs. 4 VV RVG **anzurechnen***	
	0,75 Geschäftsgebühr, Nr. 2400 VV RVG nach I. 1. (Wert: 4.000 €)	*– 183,75 €*
4.	*16 % Umsatzsteuer, Nr. 7008 VV RVG*	*+ 71,80 €*
	Summe:	*520,55 €*

III.   Antrag auf Erlass oder Abänderung einer einstweiligen Anordnung

Im Falle eines Verfahrens auf Erlass oder Abänderung einer einstweiligen Anordnung nach § 123 VwGO gilt § 17 Nr. 4b RVG. Auch dieses Verfahren ist gegenüber der Hauptsache eine **gesonderte Angelegenheit**. Der Anwalt erhält auch hier die Gebühren nach Nrn. 3100 ff. VV RVG.   142

Er erhält also insbesondere eine **1,3 Verfahrensgebühr** nach Nr. 3100 VV RVG, die sich unter den Voraussetzungen der Nr. 3101 VV RVG auf **0,8** ermäßigen kann.   143

Darüber hinaus erhält er eine **Terminsgebühr**, sofern er einen Termin i.S.d. Vorbem. 3 Abs. 3 VV RVG wahrnimmt. Die Höhe der Terminsgebühr beläuft sich auch hier auf **1,2** (Nr. 3104 VV RVG).   144

Wird der **Antrag vor dem Rechtsmittelgericht** gestellt, so bleibt es bei den Gebühren nach Teil 3 Abschnitt 1 VV RVG, also bei den Gebühren nach Nrn. 3100 ff. VV RVG.   145

Wird der Antrag im erstinstanzlichen Verfahren vor dem **Bundesverwaltungsgericht**, einem **Oberverwaltungsgericht oder Verwaltungsgerichtshof** gestellt, so greift wiederum Nr. 3302 Nr. 2 VV RVG. Der Anwalt erhält hier die **1,6 Verfahrensgebühr**. Für die Wahrnehmung eines Termins bleibt es dagegen bei einer **1,2 Terminsgebühr** nach Nr. 3104 VV RVG.   146

147 Auch hier gilt wiederum, dass das Verfahren über einen **Antrag auf Abänderung oder Aufhebung** der einstweiligen Anordnung mit dem Verfahren über den Antrag als **dieselbe Angelegenheit** gilt.

148 Ist eine **außergerichtliche Tätigkeit** vorangegangen, so wird auch hier eine zuvor verdiente Geschäftsgebühr nach Vorbem. 4 Abs. 3 VV RVG zur Hälfte **angerechnet,** höchstens jedoch zu einem Gebührensatz von 0,75.

N. Verwaltungsvollstreckungsverfahren

149 In den Verfahren der Verwaltungsvollstreckung gelten die Gebühren nach Abschnitt 3 Unterabschnitt 3 Teil 3 VV RVG. Dies gilt für **gerichtliche Verfahren** über einen Akt der Zwangsvollstreckung (des Verwaltungszwangs) gemäß Vorbem. 3.3.3 VV RVG sowie für die **außergerichtliche Tätigkeit** im Verwaltungszwangverfahren (Vorbem. 2.4 Abs. 1 VV RVG). Dies gilt auch, sofern lediglich die Aufhebung einer Vollstreckungsmaßnahme beantragt ist, nicht jedoch für den Antrag auf Aufhebung der Vollziehung nach § 80 Abs. 5 VwGO. Dies sind Verfahren des einstweiligen Rechtsschutzes (s.o. Rn. 132).

150 Auch hier gilt, dass jede einzelne Vollstreckungs- bzw. Verwaltungszwangsmaßnahme eine **eigene Angelegenheit** darstellt (§ 18 Nr. 3 RVG).

151 Die Nrn. 3309, 3310 VV RVG gelten dann, wenn die **Zwangsvollstreckung gegen eine Behörde** betrieben wird, etwa aus einem Kostenfestsetzungsbeschluss. In diesem Fall ist der Vorsitzende des Gerichts nach § 169 Abs. 1 VwGO oder das Vollstreckungsgericht (§ 170 VwGO) Vollstreckungsbehörde. Vertritt in einem solchen Verfahren der Rechtsanwalt den Gläubiger, handelt es sich zwar nicht um ein Verfahren über einen Akt der Zwangsvollstreckung i.S.d. Vorbem. 3 VV RVG. Ungeachtet dessen gelten die Nrn. 3309, 3310 VV RVG jedoch unmittelbar.

152 Der Anwalt erhält sowohl in Verfahren über einen Akt der Zwangsvollstreckung als auch in unmittelbaren Vollstreckungsverfahren zunächst einmal eine **0,3 Verfahrensgebühr** nach Nr. 3309 VV RVG.

153 Vertritt der Anwalt **mehrere Auftraggeber** wegen desselben Gegenstandes, so erhöht sich die Verfahrensgebühr nach Nr. 3309 VV RVG um **0,3** je weiterem Auftraggeber. Ein solcher Fall dürfte allerdings selten sein, da jedes Verwaltungsvollstreckungs- bzw. Verwaltungszwangsverfahren gegen mehrere Vollstreckungsgegner jeweils eine eigene Angelegenheit i.S.d. § 15 RVG darstellt. Bei Vertretung mehrerer Gläubiger erhöht sich die Verfahrensgebühr.

154 Daneben erhält der Anwalt eine **0,3 Terminsgebühr**, sofern er an einem gerichtlichen Termin nach Nr. 3310 VV RVG teilnimmt.

Soweit gegen Vollstreckungsmaßnahmen nach § 169 VwGO eine **Erinnerung** gemäß 155 § 167 VwGO, § 766 ZPO eingelegt wird, gilt dieses Verfahren nach § 19 Abs. 1 Satz 2 Nr. 5 RVG als Teil der Hauptsache, so dass **keine gesonderte Gebühr** ausgelöst wird.

Sofern allerdings **Beschwerde** eingelegt wird, gilt diese nach § 18 Nr. 5 RVG als **ge-** 156 **sonderte Angelegenheit**, die die Gebühren nach Nrn. 3500, 3513 VV RVG auslöst.

O. Verkehrsanwalt

Auch in verwaltungsgerichtlichen Verfahren kommt ein Verkehrsanwalt in Betracht. Die- 157 ser erhält seine Vergütung ebenso wie in Zivilsachen nach Nr. 3400 VV RVG. Er erhält al- so eine **Verfahrensgebühr** in Höhe der Gebühr des Hauptbevollmächtigten, **höchstens jedoch 1,0** (s. Teil 7 Rn. 550 ff.).

Übersendet der erstinstanzliche Anwalt seine Handakten auftragsgemäß verbunden mit 158 gutachterlichen Äußerungen, so entsteht nach der Anm. zu Nr. 3400 VV RVG ebenfalls eine Verfahrensgebühr.

P. Terminsvertreter

Wird im Verwaltungsrechtsstreit ein Terminsvertreter beauftragt, so bemisst sich seine 159 Vergütung nach Nrn. 3401, 3402 VV RVG (s. Teil 7 Rn. 495 ff.).

Der Terminsvertreter erhält zunächst einmal eine halbe Verfahrensgebühr (Nr. 3401 VV 160 RVG), erstinstanzlich also eine **0,65 Gebühr** und im Rechtsmittelverfahren eine **0,8 Ge- bühr**.

Daneben erhält der Verhandlungsvertreter die volle **Terminsgebühr** nach Nr. 3402 VV 161 RVG i.V.m. Nr. 3104 VV RVG. In erster und zweiter Instanz beläuft sich die Terminsge- bühr auf **1,2**, im Revisionsverfahren auf **1,5**.

Q. Als gemeinsamer Vertreter bestellter Rechtsanwalt

Nach § 67a Abs. 1 Satz 2 VwGO kann das Gericht einen Rechtsanwalt als gemeinsamen 162 Vertreter unter den dort genannten Voraussetzungen bestellen. In diesem Fall kann der bestellte Anwalt nach § 40 RVG die Vergütung eines von mehreren Auftraggebern zum prozessbevollmächtigten bestellten Rechtsanwalts verlangen. Dies entspricht der bisherigen Regelung des § 115 BRAGO.

163 Da die Bestellung eines Rechtsanwalts nach § 67a VwGO ab 20 Beteiligten erst möglich ist, ist die Höchstgrenze der Erhöhung nach Nr. 1008 VV RVG stets erreicht, so dass der Anwalt also stets die um **2,0 erhöhte Verfahrensgebühr**, in erster Instanz eine Verfahrensgebühr von 3,3 erhält.

164

Hinweis:
Neu ist, dass der Anwalt jetzt auch einen **Vorschuss** verlangen kann. Dies war nach § 115 BRAGO bisher nicht möglich.

165 Die Beteiligten selbst haften gesamtschuldnerisch, und zwar ein jeder von ihnen in der Höhe, in der er haften würde, wenn er den Auftrag alleine erteilt hätte, also in Höhe der einfachen 1,3 Verfahrensgebühr.

166 Neben der Inanspruchnahme der Beteiligten kann der als gemeinsamer Vertreter bestellte Rechtsanwalt mit der **Staatskasse** abrechnen. Er erhält allerdings die Gebühren dann nur aus der Gebührentabelle nach § 49 RVG.

167 Eine Abrechnung gegenüber der Staatskasse ist nach § 45 Abs. 2 RVG allerdings nur möglich, wenn die Vertretenen mit der **Zahlung in Verzug** sind.

168 Auch ein **Vorschuss** aus der Staatskasse ist nach § 47 Abs. 1 RVG möglich. Dies setzt allerdings wiederum voraus, dass die zur Zahlung Verpflichteten sich mit der Zahlung des Vorschusses in Verzug befinden.

R. Prozesskostenhilfe

169 Nach § 166 VwGO gelten die Vorschriften der ZPO über die Prozesskostenhilfe entsprechend. Insoweit gelten hier keine Besonderheiten. Der im Rahmen der Prozesskostenhilfe beigeordnete Anwalt kann hier ebenso mit der Staatskasse abrechnen wie in Zivilsachen.

S. Beratungshilfe

Nach § 2 Abs. 2 BerHG wird auch in Angelegenheiten des Verwaltungsgerichts Bera-   170
tungshilfe gewährt. Insoweit ergeben sich hier keine Besonderheiten, so dass auf die Ausführungen zu Teil 6 Bezug genommen werden kann.

T. Gegenstandswert

Hinsichtlich des Gegenstandswertes in verwaltungsgerichtlichen Verfahren gelten die   171
§§ 22 ff. RVG i.V.m. § 52 GKG. Im gerichtlichen Verfahren gelten also die vom Gericht
festgesetzten Gegenstandswerte.

Geändert worden ist der Auffangwert. Er beläuft sich jetzt auf **5.000 €** (bislang 4.000 €   172
– § 13 Abs. 1 Satz 2 GKG a.F.).

Fehlt es an einem gerichtlich festgesetzten Wert oder ist dieser für die anwaltlichen Ge-   173
bühren ausnahmsweise nicht maßgebend, kann der Anwalt aus eigenem Recht nach § 33
RVG die **Festsetzung beantragen**.

In Ergänzung zur früheren Fassung des § 13 GKG a.F. war von Verwaltungsrichtern ein   174
Streitwertkatalog entworfen und im Einverständnis mit dem Präsidenten des Bundes-
verwaltungsgerichts veröffentlicht worden. Dieser Streitwertkatalog gilt noch in der zuletzt geänderten Fassung von Januar 1996.[3] Er ist nach wie vor noch in DM-Beträgen
abgefasst und von daher nicht mehr zeitgemäß. Es wäre wünschenswert gewesen, wenn
der Streitwertkatalog im Zuge der Euroeinführung angepasst worden wäre. Es bleibt zu
hoffen, dass nunmehr die Neufassung des GKG zum Anlass genommen wird, den Streitwertkatalog zu aktualisieren und den aktuellen wirtschaftlichen Verhältnissen anzupassen.

Eine Sonderregelung enthält § 30 RVG für den Gegenstandswert in gerichtlichen Ver-   175
fahren nach dem **Asylverfahrensgesetz** (AsylVfG). Diese Vorschrift entspricht dem bisherigen § 83b Abs. 2 AsylVfG, der ohne inhaltliche Änderungen jetzt ins RVG aufgenommen worden ist.

---

3   Abgedruckt als Anhang zu diesem Teil, s. Rn. 176.

U. Anhang: Streitwertkatalog in der Verwaltungsgerichtsbarkeit 1996[4]

I. Allgemein

176 **1.** Die unter II. genannten bezifferten Werte sind **Richtwerte,** die für die Mehrheit der Fälle eine nach § 13 GKG angemessene Bewertung darstellen. Soweit Investitionssummen, Gewinne etc. erwähnt sind, ist ein mittlerer Wert zu schätzen. Die Richtwerte können **unter-** oder **überschritten** werden, wenn der Einzelfall dazu Anlass gibt. Der **Auffangwert** wird dort genannt, wo im Regelfall eine Wertbestimmung nach anderen Maßstäben nicht möglich erscheint.

2. In Streitsachen, für die unter II. **kein Vorschlag** gemacht wird, bestimmt das Gericht den Streitwert unter Berücksichtigung der Umstände des Einzelfalles und der unter II. getroffenen Bewertungen.

3. Werden **mehrere Anträge** mit selbständiger Bedeutung gestellt, so werden i.d.R. die Werte addiert (entsprechend § 5 ZPO). Für Hilfsanträge gilt § 19 Abs. 4 GKG.

4. Klagen **mehrere Kläger** gemeinschaftlich, sind die Werte der einzelnen Sache zu addieren, es sei denn, die Kläger begehren oder bekämpfen eine Maßnahme als Rechtsgemeinschaft. Bei Verbandsklagen beträgt der Streitwert mindestens 20.000 DM.

5. **Feststellungsklagen** und **Fortsetzungsfeststellungsklagen** sind ebenso zu bewerten wie eine auf das vergleichbare Ziel gerichtete Anfechtungs- bzw. Verpflichtungsklage.

6. Wird lediglich **Bescheidung** beantragt, so kann der Streitwert einen Bruchteil, mindestens jedoch 1/2 des Wertes der entsprechenden Verpflichtungsklage betragen.

7. In Verfahren des **vorläufigen Rechtsschutzes** beträgt der Streitwert in der Regel 1/2, in den Fällen des § 80 Abs. 2 Nr. 1 VwGO und bei allen anderen auf bezifferte Geldleistungen gerichteten Verwaltungsakten 1/4 des für das Hauptsacheverfahren anzunehmenden Streitwerts. In Verfahren des vorläufigen Rechtsschutzes, die die Entscheidung in der Sache ganz oder zum Teil vorwegnehmen, kann der Streitwert bis zur Höhe des für das Hauptsacheverfahren anzunehmenden Streitwerts angehoben werden.

8. In **selbständigen Vollstreckungsverfahren** entspricht der Streitwert der festgesetzten Höhe des Zwangsgeldes oder der geschätzten Kosten der Ersatzvornahme; im übrigen beträgt er 1/4 des Streitwertes der Hauptsache. Bei der Androhung von Zwangsmitteln ist die Hälfte des sich nach Satz 1 ergebenden Betrages festzusetzen.

---

4   Erarbeitet von der aus Richtern der Verwaltungsgerichtsbarkeit zusammengesetzten Arbeitsgruppe.

9. Der Streitwert für Beschwerden gegen die Entscheidung über die **Ablehnung** eines **Richters** beträgt 20 v.H. des Wertes der Hauptsache, höchstens 10.000 DM. Gleiches gilt für Beschwerden in Rechtswegfragen.

10. Der Wert einer **Nichtzulassungsbeschwerde** entspricht dem Streitwert im Hauptsacheverfahren.

11. Der Wert der **Prozesskostenhilfe** entspricht der Summe der Gerichts- und Anwaltskosten für die Instanz nach dem Wert der Hauptsache.

II.   Einzelgebiete

Sachgebiet	Streitwert
1. Abfallentsorgung	
1.1 Klage des Errichters/Betreibers	
1.1.1 auf Zulassung einer Anlage oder Anlagenänderung	2,5 % der Investitionssumme
1.1.2 gegen belastende Nebenbestimmung	Betrag der Mehrkosten
1.1.3 gegen Untersagung des Betriebs (Stillegungsanordnung)	1 % der Investitionssumme
1.1.4 gegen sonstige Ordnungsverfügung	Betrag der Aufwendungen
1.1.5 gegen Mitbenutzungsanordnung	Anteil der Betriebskosten (einschl. Abschreibung) für Dauer der Mitbenutzung
1.2 Klage eines drittbetroffenen Privaten	
1.2.1 wegen Eigentumsbeeinträchtigung	Betrag der Wertminderung des Grundstücks
1.2.2 wegen sonstiger Beeinträchtigungen (ggf. zusätzlich zum Betrag der Eigentumsbeeinträchtigung)	20.000 DM
1.2.3 gegen Vorbereitungsarbeiten	10.000 DM
1.3 Klage einer drittbetroffenen Gemeinde	100.000 DM
1.4 Klage des Abfallbesitzers	
1.4.1 Beseitigungsanordnung	30 DM je cbm Abfall

Sachgebiet	Streitwert
1.4.2 Untersagungsverfügung	30.000 DM
2. Abgabenrecht	
2.1 Abgabe	Betrag der streitigen Abgabe; bei wieder-kehrenden Leistungen: 5facher Jahresbe-trag, sofern nicht die voraussichtliche Be-lastungsdauer geringer ist
2.2 Stundung	6 v.H. des Hauptsachewertes je Jahr (§ 238 AO)
3. Asylrecht	s. Asylverfahrensgesetz
4. Atomrecht	
4.1 Klage des Errichters/Betreibers	
4.1.1 auf Genehmigung oder Teilge-nehmigung oder Planfeststellung einer Anlage, §§ 7, 9, 9b AtG	2,5 % der mit der Genehmigung oder Teilgenehmigung ermöglichten Investi-tionssumme
4.1.2 auf Aufbewahrungsgenehmigung, § 6 AtG	1 % der für die Aufbewahrung(-sanlage) getätigten Investitionssumme
4.1.3 gegen belastende Nebenbestim-mung	Betrag der Mehrkosten
4.1.4 Vorbescheid nach § 7a AtG	1 % der Investitionssumme für die bean-tragten Maßnahmen
4.1.5 Standortvorbescheid	1 % der Gesamtinvestitionssumme
4.1.6 Einstellung des Betriebes	wirtschaftl. Verlust infolge der Betriebs-einstellung
4.2 Klage eines drittbetroffenen Priva-ten	wie Abfallentsorgung Nr. 1.2
4.3 Klage einer drittbetroffenen Ge-meinde	100.000 DM
5. Ausbildungsförderung	
5.1 Klage auf bezifferte Leistung	geforderter Betrag
5.2 Klage auf Erhöhung der Förde-rung	Differenzbetrag im Bewilligungszeitraum
5.3 Klage auf Verpflichtung zur Leis-tung in gesetzlicher Höhe	gesetzlicher Bedarfssatz für den streitigen Bewilligungszeitraum

Sachgebiet	Streitwert
5.4 Klage auf Änderung der Leistungs- form	1/2 des bewilligten Förderbetrages
5.5 Klage auf Vorabentscheidung	gesetzlicher Bedarfssatz im ersten Bewilli- gungszeitraum
6. **Ausländerrecht**	
6.1 Aufenthaltserlaubnis, Aufenthalts- berechtigung, Aufenthaltsbewilli- gung, Aufenthaltsbefugnis	Auffangwert
6.2 Ausweisung	Auffangwert
6.3 Duldung/Abschiebung	1/2 Auffangwert
7. **Bau- und Bodenrecht**	
7.1 Klage auf Erteilung einer Bauge- nehmigung bei	
7.1.1 Einfamilienhaus	30.000 DM
7.1.2 Mehrfamilienhaus	15.000 DM je Wohnung
7.1.3 Einzelhandelsbetrieb	200 DM/m2 Verkaufsfläche
7.1.4 Spielhalle	1.000 DM/m2 Nutzfläche (ohne Neben- räume)
7.1.5 Großflächige Werbetafel, Eurofor- mat (3,80 x 2,70)	5.000 DM
7.1.6 Imbissstand	10.000 DM
7.1.7 sonstige Anlagen regelmäßig	je nach Einzelfall: Bruchteil der Rohbau- kosten, Bodenwertsteigerung oder wirt- schaftliches Interesse (Jahresnutzwert)
jedoch bei allen Fällen, bei denen das wirtschaftliche Interesse des Klägers an der Baugenehmigung durch die oben genannten Beträ- ge nicht angemessen erfasst wer- den kann, z.B. – bei Nutzungsänderung – bei der Anlage von Plätzen – bei der Aufstellung von Buden, Imbisswagen	das wirtschaftliche Interesse, der Jahres- nutzwert

Sachgebiet	Streitwert
7.2 Erteilung eines Bauvorbescheids, einer Teilungsgenehmigung	mindestens 1/2 des Ansatzes für die Baugenehmigung
7.3 Bauverbot, Stillegung, Nutzungsverbot, Räumungsgebot	Höhe des Schadens, des Ertragsverlustes oder der Aufwendungen
7.4 Beseitigungsanordnung	Zeitwert der zu beseitigenden Substanz plus Abrisskosten
7.5 Vorkaufsrecht	
7.5.1 Anfechtungsklage des Käufers	25 % des Kaufpreises
7.5.2 Anfechtungsklage des Verkäufers	Preisdifferenz, mindestens Auffangwert
7.6 Klage eines Drittbetroffenen	
7.6.1 Nachbar	10.000 DM, mindestens Betrag einer Grundstückswertminderung
7.6.2 Nachbargemeinde	50.000 DM
7.7 Normenkontrolle gegen Bebauungsplan	10.000 DM bis 100.000 DM
8. **Beamtenrecht**	
8.1 Gesamtstatus, gesamter Besoldungs- und Unterhaltsanspruch	s. GKG
8.2 Laufbahnprüfung	Auffangwert
8.3 Versetzung, Abordnung, Umsetzung, Beurlaubung, dienstliche Beurteilung und ähnliche Einzelfragen	Auffangwert
8.4 Genehmigung einer Nebentätigkeit	Gesamtbetrag der Einkünfte aus der Nebentätigkeit, höchstens Jahresbetrag
8.5 Gewährung von Trennungsgeld	Gesamtbetrag des Trennungsgeldes, höchstens Jahresbetrag
8.6 Besoldungsdienstalter (Anerkennung bestimmter Zeiten)	einfacher Jahresbetrag der Differenz zwischen den Dienstaltersstufen
9. **Bergrecht**	
9.1 Klage des Unternehmers	
9.1.1 auf Planfeststellung eines Rahmenbetriebsplans	2,5 % der Investitionssumme

Sachgebiet	Streitwert
9.1.2 Zulassung eines Rahmenbetriebsplans	1 % der Investitionssumme
9.1.3 Zulassung eines Sonder- oder Hauptbetriebsplans	2,5 % der Investitionssumme
9.1.4 gegen belastende Nebenbestimmungen	Betrag der Mehrkosten
9.2 Klage eines drittbetroffenen Privaten	wie Abfallentsorgung Nr. 1.2
9.3 Klage einer drittbetroffenen Gemeinde	100.000 DM
10. **Flurbereinigung**	
10.1 Anordnung der Regelflurbereinigung	2.500 DM/ha einbezogene Fläche
10.2 Entscheidungen im Flurbereinigungsverfahren	streitiger Betrag oder wirtschaftliches Interesse des Klägers
11. **Freie Berufe, Recht der –**	
11.1 Berufsberechtigung, Eintragung, Löschung	Jahresbetrag des erzielten oder erwarteten Gewinns, mindestens 20.000 DM
11.2 Mitgliedschaft in einem berufsständischen Versorgungswerk, Befreiung	einfacher Jahresbetrag des Beitrages
11.3 Rentenanspruch	dreifacher Jahresbetrag der Rente
12. **Friedhofsrecht**	
12.1 Grabnutzungsrechte	Auffangwert
12.2 Umbettung	1/2 Auffangwert
12.3 Grabmalgestaltung	1/2 Auffangwert
12.4 Gewerbliche Betätigung auf Friedhöfen	Betrag des erzielten oder erwarteten Jahresgewinns, mindestens 20.000 DM
13. **Gesundheitsverwaltungsrecht**	
13.1 Approbation	Jahresbetrag des erzielten oder erwarteten Verdienstes, mindestens 40.000 DM
13.2 Zusatzbezeichnung eines Arztes	20.000 DM
13.3 Erlaubnis nach § 10 BÄO	30.000 DM

Sachgebiet	Streitwert
14. Gewerberecht	
14.1 Gewerbeerlaubnis, Gaststätten-konzession	Jahresbetrag des erzielten oder erwarteten Gewinns, mindestens 20.000 DM
14.2 Gewerbeuntersagung	
14.2.1 ausgeübtes Gewerbe	Jahresbetrag des erzielten oder erwarteten Gewinns, mindestens 20.000 DM
14.2.2 erweiterte Gewerbeuntersagung	Erhöhung um 10.000 DM
14.3 Eintragung/Löschung in der Handwerksrolle	Jahresbetrag des erzielten oder erwarteten Gewinns, mindestens 20.000 DM
14.4 Meisterprüfung	20.000 DM
14.5 Gesellenprüfung	10.000 DM
14.6 Sperrzeitregelung	Jahresbetrag des erzielten oder erwarteten zusätzlichen Gewinns, mindestens 10.000 DM
14.7 Zulassung zu einem Markt	erwarteter Gewinn, mindestens 500 DM pro Tag
15. Hochschulrecht, Recht der Führung akademischer Grade	
15.1 Anerkennung der Hochschulreife, Zulassung zum Studium, Immatrikulation, Exmatrikulation	Auffangwert
15.2 Zwischenprüfung	Auffangwert
15.3 Diplomprüfung, Graduierung, Nachgraduierung	20.000 DM
15.4 Leistungsnachweis	1/2 Auffangwert
15.5 Promotion, Entziehung des Doktorgrades	20.000 DM
15.6 Nostrifikation	20.000 DM
15.7 Habilitation	30.000 DM
15.8 Lehrauftrag	Auffangwert
15.9 Ausstattung eines Instituts/Lehrstuhls	10 % der streitigen Mehrausstattung, mindestens 10.000 DM
15.10 Hochschulwahlen	Auffangwert

Sachgebiet	Streitwert
16. Immissionsschutzrecht	
16.1 Klage des Errichters/Betreibers	
16.1.1 auf Genehmigung oder Teilgenehmigung oder Planfeststellung einer Anlage	2,5 % der mit der Genehmigung oder Teilgenehmigung ermöglichten Investitionssumme, mindestens aber Auffangwert
16.1.2 gegen belastende Nebenbestimmung, nachträgliche Anordnung	Betrag der Mehrkosten
16.1.3 Vorbescheid (soweit nicht 16.1.4 einschlägig)	1 % der Investitionssumme für die beantragten Maßnahmen, mindestens Auffangwert
16.1.4 Standortvorbescheid	1 % der Gesamtinvestitionssumme, mindestens Auffangwert
16.1.5 Stillegung, Betriebsuntersagung	1 % der Investitionssumme, soweit nicht feststellbar entgangener Gewinn, mindestens Auffangwert
16.1.6 sonstige Anordnungen im Einzelfall	Betrag der Aufwendungen
16.2 Klage eines drittbetroffenen Privaten	s. Abfallentsorgung Nr. 1.2
16.3 Klage einer drittbetroffenen Gemeinde	100.000 DM
17. Jagdrecht	
17.1 Bestand und Abgrenzung von Jagdbezirken	15.000 DM
17.2 Verpachtung von Jagdbezirken	Jahresjagdpacht
17.3 Erteilung/Entzug des Jagdscheins	12.000 DM
17.4 Jägerprüfung	Auffangwert
18. Kinder- und Jugendhilferecht	
18.1 Laufende Leistungen	Wert der streitigen Leistung, höchstens Jahresbetrag

Sachgebiet	Streitwert
18.2 Einmalige Leistungen, Kostenerstattung, Aufwendungsersatz, Kostenersatz	Wert der streitigen Leistung
18.3 Überleitung von Ansprüchen	1/2 des Wertes der Leistungen in dem Zeitraum, für den die Überleitung ausgesprochen wurde, höchstens 1/2 des Jahresbetrags
18.4 Heranziehung zur Kostentragung	streitiger Betrag
18.5 Erteilung der Erlaubnis nach Art. 1 § 45 KJHG	Jahresgewinn aus dem Betrieb, mindestens 20.000 DM
18.6 Pflegeerlaubnis nach Art. 1 § 44 KJHG	Auffangwert
19. Kommunalrecht	
19.1 Kommunalwahl	
19.1.1 Anfechtung durch Bürger	Auffangwert
19.1.2 Anfechtung durch Partei, Wählergemeinschaft	mindestens 25.000 DM
19.1.3 Anfechtung durch Wahlbewerber	mindestens 12.000 DM
19.2 Sitzungs- und Ordnungsmaßnahmen	4.000 DM
19.3 Benutzung/Schließung einer Gemeindeeinrichtung	wirtschaftliches Interesse, mindestens 1/2 Auffangwert
19.4 Anschluss- und Benutzungszwang	ersparte Anschlusskosten
19.5 Kommunalaufsicht	20.000 DM
20. Krankenhausrecht	
20.1 Aufnahme in den Krankenhausbedarfsfall	Jahresbetrag der Investitionspauschale je Planbett
20.2 Festsetzung von Pflegesätzen	streitiger Anteil des Pflegesatzes x Bettenzahl x Belegungsgrad
21. Kriegsdienstverweigerung	
21.1 Klage auf Anerkennung	Auffangwert
22. Kriegsopferfürsorge	
22.1 Streit um Leistungen	wie Sozialhilfe

Sachgebiet	Streitwert
23. Land- und Forstwirtschaft Recht der –	
23.1 Festsetzung einer Referenzmenge	streitige Referenzmenge x 0,20 DM/kg
23.2 Sortenzulassung	20.000 DM
24. Lastenausgleichsrecht	
24.1 Hauptentschädigung	Grundbetrag des § 246 LAG unter Berücksichtigung des § 245 LAG, sofern kein beziffter Betrag streitig
24.2 Hausratentschädigung	Sockelbetrag des § 295 Abs. 1 LAG, sofern kein beziffter Betrag streitig
24.3 Feststellungsverfahren	1/2 des Grundbetrages der Hauptentschädigung, sofern kein beziffter Betrag streitig
24.4 Reparationsschäden	1/2 des Grundbetrages der Tabelle zu § 33 RepG, sofern kein beziffter Betrag streitig
25. Lebensmittelrecht	
25.1 Einfuhr-, Verkaufsverbot, Vernichtungsauflage	Verkaufswert der betroffenen Waren
25.2 Sonstige Maßnahmen	Jahresbetrag der erwarteten wirtschaftlichen Auswirkung
26. Erlaubnisse für Luftfahrtpersonal	
26.1 Privatflugzeugführer	10.000 DM
26.2 Berufsflugzeugführer	20.000 DM
26.3 Verkehrsflugzeugführer	30.000 DM
26.4 sonstige Erlaubnisse für Luftfahrtpersonal	10.000 DM
27. Mutterschutzrecht	
27.1 Streit um Zustimmung zur Kündigung	Auffangwert
28. Namensrecht	
28.1 Änderung des Familiennamens oder Vornamens	Auffangwert

Sachgebiet	Streitwert
28.2 Namensfeststellung	Auffangwert
29. Passrecht	
29.1 Personalausweis, Reisepass	Auffangwert
30. Personalvertretungsrecht	Auffangwert
31. Personenbeförderungsrecht	vgl. Verkehrswirtschaftsrecht
32. Pflegegeld	Wert der streitigen Leistung, höchstens Jahresbetrag
33. Planfeststellungsrecht	
33.1 Klage des Errichters/Betreibers	
33.1.1 auf Planfeststellung einer Anlage oder Änderung des Planfeststellungsbeschlusses	2,5 % der Investitionssumme
33.1.2 gegen belastende Nebenbestimmung	Betrag der Mehrkosten
33.2 Klage eines drittbetroffenen Privaten	wie Abfallentsorgung Nr. 1.2
33.3 Klage einer drittbetroffenen Gemeinde	100.000 DM
34. Polizei- und Ordnungsrecht	
34.1 Anordnung gegen Tierhalter	Auffangwert
34.2 Obdachloseneinweisung	Auffangwert
34.3 Streit um erkennungsdienstliche Maßnahmen und kriminalpolizeiliche Unterlagen	Auffangwert
35. Prüfungsrecht	
35.1 Das Studium abschließende Staatsprüfung; ärztliche oder pharmazeutische Prüfung (mit Ausnahme des dritten Abschnitts dieser Prüfungen)	10.000 DM

Sachgebiet	Streitwert
35.2 Den Vorbereitungsdienst abschlie- ßende Staatsprüfung, dritter Ab- schnitt der ärztlichen oder phar- mazeutischen Prüfung	20.000 DM
35.3 Sonstige berufseröffnende Prüfun- gen	20.000 DM
35.4 Sonstige Prüfungen	Auffangwert
36. Rundfunkrecht	
36.1 Hörfunkkonzession	300.000 DM
36.2 Fernsehkonzession	500.000 DM
36.3 Kanalbelegung	wie Hörfunk-/Fernsehkonzession
36.4 Einräumung von Sendezeit	20.000 DM
37. Schulrecht	
37.1 Errichtung, Zusammenlegung, Schließung einer Schule (Klage der Eltern bzw. Schüler)	Auffangwert
37.2 Genehmigung zum Betrieb einer Ersatzschule	50.000 DM
37.3 Schulpflicht, Einweisung in eine Sonderschule, Entlassung aus der Schule	Auffangwert
37.4 Aufnahme in eine bestimmte Schule oder Schulform	Auffangwert
37.5 Versetzung, Zeugnis	Auffangwert
37.6 Reifeprüfung	Auffangwert
38. Schwerbehindertenrecht	
38.1 Zustimmung der Hauptfürsorge- stelle	Auffangwert
39. Soldatenrecht	
39.1 Berufssoldaten	wie Beamte auf Lebenszeit
39.2 Soldaten auf Zeit	wie Beamte auf Probe

Sachgebiet	Streitwert
40. Sozialhilfe	
40.1 Laufende Leistungen	Wert der streitigen Leistung, höchstens Jahresbetrag
40.2 Einmalige Leistung	streitiger Betrag
40.3 Überleitung von Ansprüchen	Auffangwert
40.4 Auskunft nach § 116 BSHG	1/2 Auffangwert
40.5 Streitigkeiten um Aufwendungsersatz (§ 11 Abs. 2 S. 1 Halbs. 1, § 29 S. 2 BSHG)	streitiger Betrag
40.6 Streitigkeiten um Kostenersatz (§§ 92 ff. BSHG)	streitiger Betrag
41. Staatsangehörigkeitsrecht	
41.1 Einbürgerung	doppelter Auffangwert
41.2 Feststellung der Staatsangehörigkeit	doppelter Auffangwert
42. Straßen- und Wegerecht (ohne Planfeststellung)	
42.1 Sondernutzung	zu erwartender Gewinn bis zur Grenze des Jahresbetrags, mindestens 1.000 DM
42.2 Sondernutzungsgebühr	streitiger Betrag, höchstens 5facher Jahresbetrag der streitigen Gebühr
42.3 Widmung, Einziehung	wirtschaftliches Interesse, mindestens 10.000 DM
43. Subventionsrecht	
43.1 Vergabe einer Subvention	
43.1.1 Leistungsklage	streitiger Betrag
43.1.2 Konkurrentenklage	50 % des Subventionsbetrages
43.2 Bescheinigung als Voraussetzung für eine Subvention	75 % der zu erwartenden Subvention
43.3 Zinsloses oder zinsermäßigendes Darlehen	Zinsersparnis, im Zweifel pauschaliert: zinsloses Darlehen 25 % zinsermäßigtes Darlehen 10 % des Darlehensbetrages

Sachgebiet	Streitwert
44. Vereins- und Versammlungs- **recht**	
44.1 Vereinsverbot	
44.1.1 durch oberste Landesbehörde	20.000 DM
44.1.2 durch oberste Bundesbehörde	50.000 DM
44.2 Auskunftsverlangen	Auffangwert
44.3 Versammlungsverbot	Auffangwert
45. Verkehrsrecht	
45.1 Fahrerlaubnis Klassen 1 b, 4 und 5	1/2 Auffangwert
45.2 Fahrerlaubnis Klasse 1, Fahrerlaub- nis Klasse 3	Auffangwert
45.3 Fahrerlaubnis Klasse 2	11/2 Auffangwert
45.4 bei beruflicher Nutzung	Zuschlag von 1/2 Auffangwert
45.5 Fahrerlaubnis zur Fahrgastbeför- derung	2-facher Auffangwert
45.6 Fahrtenbuchauflage	500 DM je Monat
45.7 Verkehrsregelnde Anordnung	Auffangwert
45.8 Sicherstellung, Stillegung eines Kraftfahrzeugs	1/2 Auffangwert
45.9 Nachschulung, erneute Ablegung der Befähigungsprüfung	1/2 Auffangwert
46. Verkehrwirtschaftsrecht	
46.1 Güterfernverkehrsgenehmigung	40.000 DM
46.2 Bezirksverkehrsgenehmigung	30.000 DM
46.3 Nahverkehrsgenehmigung	20.000 DM
46.4 Taxigenehmigung	20.000 DM
46.5 Mietwagengenehmigung	10.000 DM
46.6 Linienverkehr mit Omnibussen	30.000 DM je Linie
46.7 Gelegenheitsverkehr mit Omni- bussen	30.000 DM
46.8 Konkurrentenklage	50 % des Streitwerts für die jeweilige Ge- nehmigung

Sachgebiet	Streitwert
47. Vermögensrecht	
47.1 Rückübertragung	
47.1.1 Grundstück	aktueller Verkehrswert
47.1.2 Unternehmen	aktueller Verkehrswert
47.1.3 sonstige Vermögensgegenstände	wirtschaftlicher Wert
47.2 Besitzeinweisung	30 % des aktuellen Verkehrswerts
47.3 Investitionsbescheinigung	(Grundstückskaufpreis -- Investition) x 30 %
47.4 Investitionsvorrangbescheid	30 % des aktuellen Verkehrswerts
48. Vertriebenen- und Flüchtlingsrecht	
48.1 Erteilung oder Entziehung eines Vertriebenenausweises	Auffangwert
48.2 Erteilung oder Rücknahme eines Aufnahmebescheides/einer Bescheinigung nach § 15 BVFG	Auffangwert
49. Waffenrecht	
49.1 Waffenschein	10.000 DM
49.2 Waffenbesitzkarte	Auffangwert zuzüglich 1.000 DM je Waffe
49.3 Munitionserwerbsberechtigung	2.000 DM
49.4 Waffenhandelserlaubnis	s. Gewerbeerlaubnis
50. Wasserrecht (ohne Planfeststellung)	
50.1 Erlaubnis, Bewilligung	wirtschaftlicher Wert
50.2 Anlagen an oder in Gewässern	
50.2.1 gewerbliche Nutzung	Jahresgewinn
50.2.2 nichtgewerbliche Nutzung	Auffangwert
50.2.3 Steganlagen incl. ein Bootsliegeplatz	Auffangwert zuzüglich 1.000 DM für jeden weiteren Liegeplatz

Sachgebiet	Streitwert
51. Weinrecht	
51.1 Veränderung der Rebfläche	2 DM/qm Rebfläche
51.2 Genehmigung zur Vermarktung oder Verarbeitung von nicht verkehrsfähigem Wein	3 DM/Liter
52. Wohngeldrecht	
52.1 Miet- oder Lastenzuschuss	streitiger Zuschuss, höchstens Jahresbetrag
53. Wohnraumrecht	
53.1 Anerkennung als steuerbegünstigte Wohnung	Gesamtbetrag der Steuerersparnis
53.2 Bewilligung öffentlicher Mittel	Zuschussbetrag zuzüglich 10 % der Darlehenssumme
53.3 Erteilung einer Wohnberechtigungsbescheinigung	Auffangwert
53.4 Fehlbelegungsabgabe	streitiger Betrag, höchstens Jahresbetrag
53.5 Freistellung von der Wohnungsbindung	Auffangwert je Wohnung
53.6 Zweckentfremdung	
53.6.1 Erlaubnis mit Ausgleichszahlung	Betrag der Ausgleichszahlung; bei laufender Zahlung: Jahresbetrag
53.6.2 Erlaubnis ohne Ausgleichszahlung	Auffangwert
53.6.3 Aufforderung, Wohnräume wieder Wohnzwecken zuzuführen	Falls eine wirtschaftlich günstigere Nutzung stattfindet: Jahresbetrag des Interesses, sonst Auffangwert je Wohnung
53.7 Wohnungsaufsichtliche Anordnung	veranschlagte Kosten der geforderten Maßnahmen

Teil 12: Sozialrechtliche Angelegenheiten

Inhaltsverzeichnis

A. Abrechnung nach Wertgebühren (§ 2 RVG)

1 In sozialrechtlichen Angelegenheiten ist danach zu differenzieren, ob sich die Gebühren nach dem **Gegenstandswert** richten, wie dies auch hier im Grundsatz nach § 2 Abs. 1 RVG vorgesehen ist, oder ob nach § 3 Abs. 1 RVG **Rahmengebühren** gelten.

2 Sofern in sozialrechtlichen Angelegenheiten nach Wertgebühren abzurechnen ist, gilt das Gleiche wie in den sonstigen Verwaltungsverfahren, so dass ergänzend auf die dortigen Ausführungen zurückgegriffen werden kann.

3 | **Für die Abrechnung nach Wertgebühren gelten folgende Änderungen:** |
| --- |
| • Verwaltungs- und Widerspruchsverfahren gelten als **besondere** Angelegenheiten. |
| • Für die Vertretung entstehen **besondere Geschäftsgebühren.** |
| • Es kommt zu einer **Kappung der Geschäftsgebühr** bei nicht schwieriger oder nicht umfangreicher Rechtsanwaltstätigkeit. |

I. Beratung

4 Für die Erteilung eines Rates oder einer Auskunft erhält der Anwalt auch hier eine Beratungsgebühr nach Nr. 2100 VV RVG (s. ausf. Teil 7 Rn. 2 ff.). Die Gebühr ist auf eine nachfolgende Angelegenheit **anzurechnen** (Anm. zu Nr. 2100 VV RVG).

5 Führt der Rat zu einer Einigung oder Erledigung, kann der Anwalt hier auch eine **1,5 Einigungsgebühr** nach Nr. 1000 VV RVG oder eine **1,5 Erledigungsgebühr** nach Nr. 1002 VV RVG verdienen.

II. Prüfung der Erfolgsaussichten eines Rechtsmittels

6 Für die Prüfung der Erfolgsaussichten eines Rechtsmittels erhält der Anwalt eine Gebühr nach Nr. 2200 VV RVG. Auch diese Gebühr ist auf ein nachfolgendes Rechtsmittelverfahren **anzurechnen** (Anm. zu Nr. 2200 VV RVG).

III. Außergerichtliche Vertretung

1. Geschäftsgebühr

7 Ist der Anwalt mit der außergerichtlichen Vertretung beauftragt, richtet sich die Vergütung nach Nr. 2400 VV RVG. Der Anwalt erhält als **Geschäftsgebühr** eine Wertgebühr mit einem Gebührensatz von **0,5 bis 2,5 (Mittelgebühr 1,5)**. Sofern die Tätigkeit nicht umfangreich und schwierig war, beträgt der **Höchstsatz 1,3** (sog. Schwellen- oder Regelgebühr, s. ausf. Teil 7 Rn. 120 ff.).

Die Gebühr nach Nr. 2400 VV RVG ist zur Hälfte auf ein nachfolgendes Verfahren, höchstens mit einem Gebührensatz von 0,75 **anzurechnen** (Vorbem. 3 Abs. 4 VV RVG). 8

9

> **Hinweis:**
>
> Zu beachten ist, dass im Rahmen der außergerichtlichen Vertretung die Geschäftsgebühr **zweimal anfallen** kann. Nach § 17 Nr. 1 RVG gelten das Verwaltungsverfahren und das sich hieran anschließende Nachprüfungsverfahren (Einspruchs- oder Widerspruchsverfahren) als gesonderte Angelegenheiten, so dass eine Geschäftsgebühr also in jeder Angelegenheit entstehen kann.

Für diese Fälle ordnet Nr. 2401 VV RVG an, dass sich die Geschäftsgebühr des **Nachprüfungsverfahrens** nach einem geringeren Rahmen bemisst. Der Anwalt erhält hier nur eine Gebühr mit einem Satz von **0,5 bis 1,3 (Mittelgebühr 0,9)**. Eine höhere Gebühr als 0,7 (sog. **Schwellengebühr**) kann wiederum nur gefordert werden, wenn die Angelegenheit umfangreich oder schwierig war (Abs. 2 der Anm. zu Nr. 2401 VV RVG). 10

Der geringere Rahmen für die Gebühr des Nachprüfungsverfahrens beruht darauf, dass der Anwalt bereits mit der Sache vorbefasst war und sich daher in die tatsächliche und rechtliche Problematik bereits eingearbeitet hat. Im Gegenzug darf dann bei der Gebührenbemessung nach § 14 Abs. 1 RVG **nicht** mehr **gebührenmindernd** berücksichtigt werden, dass der Anwalt bereits in der Sache tätig war und über Vorkenntnisse verfügt. Dieses Kriterium wird bereits bei dem – geringeren – Gebührenrahmen berücksichtigt und darf daher nicht mehr erneut in die Bemessung nach § 14 Abs. 1 RVG einfließen (Abs. 1 der Anm. zu Nr. 2401 VV RVG). 11

12

> **Hinweis:**
>
> Zu beachten ist, dass die Gebühr nach Nr. 2401 VV RVG nur dann entsteht, wenn der Anwalt **sowohl** im Verwaltungs- **als auch** im Nachprüfungsverfahren tätig war. War der Anwalt ausschließlich im Nachprüfungsverfahren beauftragt, ist er also erst nach Erlass des anzufechtenden Bescheides beauftragt worden, richtet sich seine Vergütung nach Nr. 2400 VV RVG. Die Beschränkung nach Nr. 2401 VV RVG greift nur dann, wenn es sich in Anwendung des § 17 Nr. 1 RVG für den Rechtsanwalt um die **zweite** Geschäftsgebühr handelt.

Entstehen nach § 17 Nr. 1 RVG mehrere Geschäftsgebühren, so wird nur die zweite Geschäftsgebühr **angerechnet** (Vorbem. 3 Abs. 4 Satz 2 VV RVG). Die Anrechnung ist auf die Hälfte der Geschäftsgebühr, höchstens auf einen Gebührensatz von 0,75 begrenzt (Vorbem. 3 Abs. 4 Satz 1 VV RVG). 13

14 **Übersicht: Geschäftsgebühr bei außergerichtlicher Vertretung**

Tätigkeit im Antragsverfahren		
Geschäftsgebühr, Nr. 2400 VV RVG 0,5 – 2,5 mehr als 1,3 nur, wenn die Anwaltstätigkeit umfangreich oder schwierig war		
Nachfolgende Tätigkeit im Widerspruchsverfahren	**Erstmals Tätigkeit im Widerspruchsverfahren**	
Geschäftsgebühr, Nr. 2401 VV RVG 0,5 – 1,3 mehr als 0,7 nur, wenn die Anwaltstätigkeit umfangreich oder schwierig war	**Geschäftsgebühr,** Nr. 2400 VV RVG 0,5 – 2,5 mehr als 1,3 nur, wenn die Anwaltstätigkeit umfangreich oder schwierig war	
Nachfolgende Tätigkeit im gerichtlichen Verfahren	**Nachfolgende Tätigkeit im gerichtlichen Verfahren**	**Erstmals Tätigkeit im gerichtlichen Verfahren**
I. Instanz: • **Verfahrensgebühr,** Nr. 3100 VV RVG 1,3 Anrechnung von 50 % der Geschäftsgebühr, Nr. 2401 VV RVG • **Terminsgebühr,** Nr. 3104 VV RVG 1,2	**I. Instanz:** • **Verfahrensgebühr,** Nr. 3100 VV RVG 1,3 Anrechnung von 50 % der Geschäftsgebühr, Nr. 2400 VV RVG, höchstens von 0,75 • **Terminsgebühr,** Nr. 3104 VV RVG 1,2	**I. Instanz:** • **Verfahrensgebühr,** Nr. 3100 VV RVG 1,3 • **Terminsgebühr,** Nr. 3104 VV RVG 1,2

2. Einigungs- und Erledigungsgebühr

15 Möglich ist nach Nr. 1000 VV RVG oder Nr. 1002 VV RVG auch der Anfall weiterer Gebühren, wenn die Vertretung zu einer Einigung oder Erledigung führt.

16 Kommt es im Verwaltungs- oder Nachprüfungsverfahren zu einer **Einigung** über die dort anhängigen Gegenstände, so entsteht neben den Gebühren nach Nrn. 2400, 2401 VV RVG wiederum eine **1,5 Einigungsgebühr** nach Nr. 1000 VV RVG oder eine **1,5 Erledigungsgebühr** gemäß Nr. 1002 VV RVG.

3. Auslagen

Neben den Gebühren nach Nrn. 2400, 2401 VV RVG erhält der Anwalt auch Ersatz sei- 17
ner **Auslagen**. Insbesondere erhält er dann eine **Postentgeltpauschale** nach Nr. 7002
VV RVG. Sofern § 17 Nr. 1 RVG greift und damit zwei Angelegenheiten vorliegen, erhält
der Anwalt für das Verwaltungsverfahren und das Nachprüfungsverfahren jeweils **gesonderte Postentgeltpauschalen** nach Nr. 7002 VV RVG.

IV. Mahnverfahren

Nach § 182a SGG kann auch in sozialgerichtlichen Angelegenheiten ein Mahnverfahren 18
durchgeführt werden. Es gelten hier die Nrn. 3305 ff. VV RVG (s. hierzu Teil 7 Rn. 613 ff.).

Die Gebühren nach Nr. 3305 VV RVG und Nr. 3307 VV RVG sind auf die Verfahrensge- 19
bühr des nachfolgenden Rechtsstreits **anzurechnen** (Anm. zu Nr. 3305 VV RVG und Anm.
zu Nr. 3307 VV RVG).

V. Rechtsstreit erster Instanz

Im Rechtsstreit erster Instanz vor den Sozialgerichten erhält der Anwalt in Verfahren, in 20
denen sich die Gebühren nicht nach dem Gegenstandswert berechnen, die Gebühren
der **Nrn. 3100 ff. VV RVG**. Hier gelten grds. keine Besonderheiten, so dass auf die Ausführungen zu den Gebühren in den verwaltungsgerichtlichen und zivilgerichtlichen Verfahren zurückgegriffen werden kann. Der Anwalt erhält hier also eine **1,3 Verfahrensgebühr** (Nr. 3100 VV RVG; s. Teil 7 Rn. 226).

Sofern sich das Verfahren **vorzeitig erledigt** oder nicht anhängige Gegenstände in eine 21
Einigung oder Erledigung mit einbezogen werden oder hierüber zum Zwecke der Einigung verhandelt oder erörtert wird, entsteht eine **0,8 Verfahrensgebühr** (Nr. 3101 Nr. 1,
Nr. 2 VV RVG). Insgesamt kann in diesem Fall jedoch keine höhere Verfahrensgebühr als
1,3 aus dem Gesamtwert entstehen (§ 15 Abs. 3 RVG).

Daneben erhält der Anwalt eine **1,2 Terminsgebühr** nach Nr. 3104 VV RVG. Diese Ter- 22
minsgebühr entsteht auch dann, wenn das Gericht

* nach § 105 SGG ohne mündliche Verhandlung durch **Gerichtsbescheid** (Abs. 1 Nr. 1
  der Anm. zu Nr. 3104 VV RVG) oder

* nach **angenommenen Anerkenntnis** ohne mündliche Verhandlung (Abs. 1 Nr. 2 der
  Anm. zu Nr. 3104 VV RVG)

entscheidet.

23 Kommt es im gerichtlichen Verfahren zu einer Einigung über die dort anhängigen Gegenstände, so entsteht nach Nrn. 1000, 1003 VV RVG eine **1,0 Einigungsgebühr**. Gleiches gilt, wenn sich das Verfahren i.S.d. Nrn. 1002, 1003 VV RVG erledigt.

VI. Selbständiges Beweisverfahren

24 Auch im sozialgerichtlichen Verfahren ist ein selbständiges Beweisverfahren möglich (§ 76 SGG). Hier gilt das Gleiche wie in Zivilsachen. Beweisverfahren und nachfolgendes Hauptsacheverfahren sind **zwei verschiedene Angelegenheiten.** Die Gebühren nach Nrn. 3100 ff. VV RVG entstehen gesondert. Allerdings wird die **Verfahrensgebühr** des selbständigen Beweisverfahrens auf die Verfahrensgebühr des gerichtlichen Verfahrens **angerechnet** (Vorbem. 3 Abs. 5 VV RVG). Es gilt hier das Gleiche wie beim zivilrechtlichen selbständigen Beweisverfahren (s. hierzu Teil 7 Rn. 676 ff.).

VII. Berufung

25 Im Berufungsverfahren vor dem Landessssozialgericht erhält der Anwalt die Gebühren nach Nrn. 3200 ff. VV RVG.

26 Er erhält hier also zunächst eine **1,6 Verfahrensgebühr** (Nr. 3200 VV RVG).

27 Sofern sich das Verfahren **vorzeitig erledigt** oder nicht anhängige Gegenstände in eine Einigung oder Erledigung mit einbezogen werden oder hierüber zum Zwecke der Einigung verhandelt oder erörtert wird, entsteht eine 1,1 Verfahrensgebühr (Nr. 3201 Nr. 1, Nr. 2 VV RVG). Insgesamt kann in diesem Fall jedoch keine höhere Verfahrensgebühr als 1,6 aus dem Gesamtwert entstehen (§ 15 Abs. 3 RVG).

28 Kommt es zu einem Termin i.S.d. Abs. 3 Vorbem. 3 VV RVG, so erhält der Anwalt auch im Berufungsverfahren eine **1,2 Terminsgebühr** (Nr. 3202 VV RVG).

29 Auch hier ist der Anfall einer **Einigungs- oder Erledigungsgebühr** möglich (Nrn. 1000, 1002 VV RVG). Soweit die Gegenstände im Berufungsverfahren anhängig sind, beläuft sich die Gebühr auf **1,3** (Nr. 1004 VV RVG).

VIII. Revision

30 Im Revisionsverfahren vor dem Bundessozialgericht entsteht die **Verfahrensgebühr** wiederum zu **1,6** (Nr. 3208 VV RVG); bei vorzeitiger Erledigung oder Einbeziehung nicht anhängiger Ansprüche beläuft sich die Gebühr auf **1,1** (Anm. zu Nr. 3208 VV RVG i.V.m. Nr. 3201 Nr. 1, Nr. 2 VV RVG).

31 Kommt es zu einem Termin i.S.d. Vorbem. 3 Abs. 3 VV RVG, so entsteht eine **1,5 Terminsgebühr** (Nr. 3212 VV RVG).

Sofern die Parteien im Revisionsverfahren eine Einigung erzielen oder eine Erledigung   32
herbeigeführt wird, entsteht auch hier die **Einigungs- oder Erledigungsgebühr** nach
Nrn. 1000, 1002 VV RVG zu **1,3** (Nr. 1004 VV RVG).

IX. Nichtzulassungsbeschwerden

Im sozialgerichtlichen Verfahren kommt die Nichtzulassungsbeschwerde sowohl gegen   33
die **Nichtzulassung der Berufung** (Nr. 3504 VV RVG) als auch gegen die **Nichtzulassung der Revision** (Nr. 3506 VV RVG) in Betracht. In beiden Fällen ist die Nichtzulassungsbeschwerde eine **eigene Angelegenheit** (§ 17 Nr. 12 RVG). Der Anwalt erhält hier
die Vergütung also gesondert. Insgesamt liegen daher **drei Angelegenheiten** vor, nämlich

- das Ausgangsverfahren,

- das Verfahren über die Nichtzulassungsbeschwerde und

- das auf die Beschwerde hin zugelassene Rechtsmittelverfahren.

Erledigen sich die Verfahren vorzeitig, so reduzieren sich die Gebühren auf 1,1 (Nrn. 3505,   34
3507 VV RVG).

35

> **Hinweis:**
>
> Allerdings sind die Verfahrensgebühren des Nichtzulassungsbeschwerdeverfahrens auf
> die jeweiligen Verfahrensgebühren des nachfolgenden Rechtsmittelverfahrens **anzu-
> rechnen**, wenn die Zulassungsbeschwerde erfolgreich ist und das Rechtsmittel durch-
> geführt wird (Anm. zu Nr. 3504 VV RVG, Anm. zu Nr. 3506 VV RVG).

Da das Nichtzulassungsbeschwerdeverfahren eine eigene Angelegenheit ist, entsteht hier   36
eine eigene **Postentgeltpauschale** nach Nr. 7002 VV RVG, die dem Anwalt auch dann
anrechnungsfrei verbleibt, wenn das Rechtsmittelverfahren nach Zulassung durchgeführt
wird.

X. Einigungsgebühr und Erledigungsgebühr

Auch in sozialrechtlichen Verfahren kommt eine Einigung in Betracht, sofern die Behör-   37
de über die betreffenden Gegenstände disponieren darf (Abs. 4 der Anm. zu Nr. 1000
VV RVG). Soweit dies der Fall ist, entsteht für den Anwalt jetzt eine gesonderte **Einigungsgebühr** nach Nrn. 1000 ff. VV RVG. Die Höhe der Gebühr hängt auch hier davon
ab, ob der Gegenstand der Einigung anhängig ist oder nicht. Ist der Gegenstand **nicht
anhängig**, entsteht eine **1,5 Einigungsgebühr**. Ist der Gegenstand **anhängig**, entsteht
die Gebühr nach Nr. 1003 VV RVG zu **1,0** und bei Anhängigkeit im Berufungs- oder Re-

visionsverfahren zu **1,3** (Nr. 1004 VV RVG). Zur den Voraussetzungen und Einzelheiten der Einigungsgebühr s. Teil 5 Rn. 1 ff., 27 ff.

38   Anstelle der Einigungsgebühr kann auch in sozialgerichtlichen Verfahren die **Erledigungsgebühr** anfallen (Nr. 1002 VV RVG). Hinsichtlich der Höhe gilt das Gleiche wie bei der Einigungsgebühr. Zu den Voraussetzungen und Einzelheiten der Erledigungsgebühr s. Teil 5 Rn. 90 ff.).

XI. Sonstige Verfahren

39   Hinsichtlich sonstiger Verfahren gelten die gleichen Gebühren wie in Verwaltungssachen. Unmittelbar anzuwenden sind also:

Nr. 3500 VV RVG	-	Allgemeine Beschwerdeverfahren
Nr. 3335 VV RVG	-	Prozesskostenhilfeprüfungsverfahren
Nr. 3400 VV RVG	-	Verkehrsanwalt
Nr. 3401 VV RVG	-	Terminsvertreter
Nr. 3403 VV RVG	-	Einzeltätigkeiten
Nr. 3500 VV RVG	-	Erinnerungsverfahren (Rechtspflegerverfahren oder Einzelauftrag)
Nrn. 3909 f. VV RVG	-	Zwangsvollstreckung
Nrn. 7000 ff. VV RVG	-	Auslagen

B.   Abrechnung nach Betragsrahmengebühren

40
Für die Abrechnung nach Betragsrahmengebühren gelten folgende Änderungen:

Erstmals bestehen **eigene Gebührentatbestände**, insbesondere für außergerichtliche Vertretung, für die Einigung und Erledigung.

Verwaltungs- und Widerspruchsverfahren gelten als **besondere Angelegenheiten**.

Es kommt zu einer **Kappung der Geschäftsgebühr** bei nicht schwieriger oder nicht umfangreicher Rechtsanwaltstätigkeit.

41   Soweit sich in sozialrechtlichen Angelegenheiten die Gebühren nicht nach dem Wert richten (§ 3 Abs. 1, Abs. 2 RVG), erhält der Anwalt keine Wertgebühren, sondern **Betrags-**

rahmengebühren. Im Gegensatz zur BRAGO enthält das RVG jetzt eine ausführliche Regelung der Vergütung in diesen Angelegenheiten. Das RVG beschränkt sich nicht auf eine Vorschrift, die lediglich einen Gebührenrahmen für die gesamte Instanz vorgibt. Vielmehr sind zu jeder Gebühr gesonderte Rahmengebühren ausgewiesen. Diese Gebühren finden sich i.d.R. unmittelbar hinter den entsprechenden Wertgebühren (z.B. Nrn. 2100/2201 VV RVG oder zusammenhängend in Blöcken hinter den jeweiligen Blöcken der Wertgebühren (Nrn. 3100 VV RVG bis 3101 VV RVG, Nrn. 3102 VV RVG bis 3103 VV RVG). Im Falle der außergerichtlichen Vertretung sind die Gebühren sogar gesondert abschnittweise geregelt :

- Teil 2 Abschnitt 4: Wertgebühren,

- Teil 2 Abschnitt 5: Betragsrahmengebühren.

Wie bisher bestimmt der Anwalt aus dem gesetzlich vorgegebenen Betragsrahmen die   42
für seinen konkreten Fall angemessene Gebühr unter Berücksichtigung der Umstände des
§ 14 Abs. 1 RVG.

I.   Vertretung mehrerer Auftraggeber

Vertritt der Anwalt **mehrere Auftraggeber**, so erhöht sich der Gebührenrahmen nach   43
Nr. 1008 VV RVG um 30 % je weiterem Auftraggeber, und zwar unabhängig davon, ob
die verschiedenen Auftraggeber den Anwalt hinsichtlich desselben Gegenstandes beauftragt haben oder hinsichtlich verschiedener Gegenstände. Bei Betragsrahmengebühren
wird also insoweit nicht differenziert. Da hier eine Wertaddition nach § 22 Abs. 1 RVG
bei unterschiedlichen Gegenständen nicht in Betracht kommt, findet immer eine Gebührenerhöhung nach Nr. 1008 VV RVG statt.

Die Gebührenerhöhung wird so vollzogen, dass je weiterem Auftraggeber die **Mindest-**   44
gebühr und die **Höchstgebühr** um jeweils 30 % angehoben werden. Damit ergibt sich
ein um 30 % erhöhter Gebührenrahmen und gleichzeitig auch eine um 30 % erhöhte
Mittelgebühr. Aus diesem erhöhten Rahmen trifft der Anwalt dann seine Gebührenbestimmung.

Beispiel: 45

Die Gebühren vor dem Sozialgericht erster Instanz belaufen sich wie folgt:

	Mindestgebühr	*Höchstgebühr*	*Mittelgebühr*
1 Auftraggeber	*40 €*	*460 €*	*250 €*
Sie erhöhen sich wie folgt:			
2 Auftraggeber	*52 €*	*598 €*	*325 €*
3 Auftraggeber	*64 €*	*736 €*	*400 €*

46 Ansonsten gelten in Angelegenheiten, die nach § 3 Abs. 1 Satz 1 RVG abzurechnen sind, keine Besonderheiten.

II. Einigung und Erledigung

47 Da es sich bei sozialrechtlichen Angelegenheiten um Verwaltungsverfahren handelt, kommt hier eine Einigung der Beteiligten nur dann in Betracht, wenn sie über den Streitstoff verfügen können (Abs. 4 der Anm. zu Nr. 1000 VV RVG). Der Anwendungsbereich der Einigungsgebühr ist hier daher eingeschränkt. Zu den Voraussetzungen der Einigung s. Teil 1 Rn. 28 ff.

48 Soweit eine Einigung nicht möglich ist, kommt allerdings eine Erledigungsgebühr in Betracht (s. Teil 1 Rn. 90 ff.). Während nach der BRAGO in beiden Fällen keine gesonderte Gebühr vorgesehen war, sondern sich der Gebührenrahmen gemäß § 116 Abs. 4 BRAGO um 50 % pauschal erhöhte, sind nunmehr für Einigung und Erledigung **gesonderte Gebühren** vorgesehen.

49 Im Gegensatz zu den Wertgebühren findet sich bei den Betragsrahmengebühren des § 3 Abs. 1 RVG **keine Differenzierung zwischen Erledigung und Einigung**. Hier ist nur ein einheitlicher Gebührentatbestand in Nr. 1005 VV RVG vorgesehen. Ebenso wie in den Verfahren, die sich nach dem Gegenstandswert richten, ist allerdings hier eine Staffelung vorgesehen, je nachdem, ob die Einigung oder Erledigung Gegenstände betrifft, die nicht anhängig sind, erstinstanzlich anhängig oder im Berufungs- oder Revisionsverfahren anhängig sind.

50 Die **unterschiedlichen Rahmen** stellen sich wie folgt dar:

Höhe der Einigungs- und Erledigungsgebühr:	
Grundsatz Nr. 1005 VV RVG	*40,00 € – 520,00 €* *(280,00 €)*
Gegenstand gerichtlich anhängig *Nr. 1006 VV RVG*	*30,00 € – 350,00 €* *(190,00 €)*
Gegenstand gerichtlich anhängig im Berufungs- oder Revisionsverfahren *Nr. 1007 VV RVG*	*40,00 € – 460,00 €* *(250,00 €)*

51 Soweit mehrere Einigungs- oder Erledigungsgebühren in derselben Angelegenheit entstehen, ist § 15 Abs. 3 RVG zu beachten. Der Anwalt erhält nicht mehr als eine Gebühr aus dem höchsten Rahmen.

III. Beratung

Wird der Anwalt beratend tätig, erteilt er also eine Auskunft oder einen Rat, gilt für ihn   52
Nr. 2101 VV RVG. Dies entspricht dem bisherigen § 20 Abs. 1 Satz 3 BRAGO. Auch hier
war für sozialrechtliche Verfahren bereits ein Gebührenrahmen vorgesehen. Der Gebührenrahmen beläuft sich auf **20 € bis 250 €**. Die **Mittelgebühr** beträgt **135 €**.

Im Falle der **Erstberatung** wird die Beratungsgebühr wie in den Angelegenheiten, die   53
sich nach dem Gegenstandswert berechnen, auf **190 €** begrenzt (Nr. 2102 VV RVG).
Auch hier gilt die **Kappungsgrenze** nur, wenn der **Auftraggeber Verbraucher** i.S.d. § 13
BGB ist.

Beispiel: 54

Außergerichtliche Beratung:

1.	Beratungsgebühr, Nr. 2101 VV RVG	135,00 €
2.	Postentgeltpauschale, Nr. 7002 VV RVG[1]	20,00 €
3.	16 % Umsatzsteuer, Nr. 7008 VV RVG	+ 24,80 €
	Summe:	**179,80 €**

IV. Prüfung der Erfolgsaussichten eines Rechtsmittels

Prüft der Anwalt in sozialrechtlichen Angelegenheiten nach § 3 RVG die Erfolgsaussich-   55
ten eines Rechtsmittels, ohne dass ihm bereits ein Rechtsmittelauftrag erteilt worden ist,
so richtet sich seine Vergütung nach Nr. 2202 VV RVG.

Dem Anwalt steht hier ein Gebührenrahmen i.H.v. **10 € bis 260 €** zur Verfügung; die   56
Mittelgebühr beträgt **135 €**.

Kommt es nach der Prüfung der Erfolgsaussichten zur Beauftragung des Anwalts für das   57
betreffende Rechtsmittelverfahren, so ist die Gebühr für die Prüfung der Erfolgsaussichten auf die nachfolgende Verfahrensgebühr des Rechtsmittelverfahrens **anzurechnen**
(Anm. zu Nr. 2202 VV RVG).

Beispiel: 58

Prüfung der Erfolgsaussichten eines Rechtsmittels:

1.	Prüfungsgebühr, Nr. 2202 VV RVG	135,00 €
2.	Postentgeltpauschale, Nr. 7002 VV RVG	20,00 €
3.	16 % Umsatzsteuer, Nr. 7008 VV RVG	+ 24,80 €
	Summe:	**179,80 €**

---

1   Nur, wenn auch tatsächlich Post- oder Telekommunikationsdienstleistungskosten angefallen sind,
    also nicht bei bloßer mündlicher Beratung, s. *Hansens*, RVGreport 2004, 23.

V. Außergerichtliche Vertretung

59 Ist der Anwalt mit der außergerichtlichen Vertretung beauftragt, so richtet sich seine Vergütung nach Teil 2 Abschnitt 5 VV RVG. Hier ist für die gesamte außergerichtliche Vertretung in sozialrechtlichen Angelegenheiten nach § 3 RVG ein eigener Abschnitt vorgesehen. Die Tätigkeiten im Verwaltungsverfahren und im anschließenden Nachprüfungsverfahren sind auch hier wiederum zwei **verschiedene Angelegenheiten** i.S.d. § 15 RVG (§ 17 Nr. 1 RVG).

60 **Übersicht: Geschäftsgebühr bei außergerichtlicher Vertretung**

Tätigkeit im Antragsverfahren		
Geschäftsgebühr, Nr. 2500 VV RVG 40 € – 520 € (280 €) mehr als 240 € nur, wenn die Anwaltstätigkeit umfangreich oder schwierig war		
Nachfolgende Tätigkeit im Widerspruchsverfahren	**Erstmals Tätigkeit im Widerspruchsverfahren**	
Geschäftsgebühr, Nr. 2501 VV RVG 40 € – 260 € (150 €) mehr als 120 € nur, wenn die Anwaltstätigkeit umfangreich oder schwierig war	**Geschäftsgebühr,** Nr. 2500 VV RVG 40 € – 520 € (280 €) mehr als 240 € nur, wenn die Anwaltstätigkeit umfangreich oder schwierig war	
Nachfolgende Tätigkeit im gerichtlichen Verfahren	**Nachfolgende Tätigkeit im gerichtlichen Verfahren**	**Erstmals Tätigkeit im gerichtlichen Verfahren**
I. Instanz: • **Verfahrensgebühr,** Nrn. 3103, 3102 VV RVG 20 € – 320 € (170 €) • **Terminsgebühr,** Nr. 3106 VV RVG 20 € – 380 € (200 €)	**I. Instanz:** • **Verfahrensgebühr,** Nrn. 3103, 3102 VV RVG 20 € – 320 € (170 €) • **Terminsgebühr,** Nr. 3106 VV RVG 20 € – 380 € (200 €)	**I. Instanz:** • **Verfahrensgebühr,** Nr. 3102 VV RVG 40 € – 460 € (250 €) • **Terminsgebühr,** Nr. 3106 VV RVG 20 € – 380 € (200 €)

Im Unterschied zur außergerichtlichen Vertretung in sozialrechtlichen Angelegenheiten, die nach Wertgebühren abzurechnen sind, findet hier also **keine Anrechnung** der Geschäftsgebühr auf die Verfahrensgebühr statt.

1. Verwaltungsverfahren

Für die Vertretung im Verwaltungsverfahren erhält der Anwalt eine **Geschäftsgebühr** 61
nach Nr. 2500 VV RVG. Ihm steht insoweit ein Rahmen i.H.v. **40 € bis 520 €** zur Verfügung. Die **Mittelgebühr** beläuft sich auf **280 €**.

Auch hier ist eine sog. **Schwellengebühr** vorgesehen. Eine höhere Gebühr als 240 € darf 62
der Anwalt nur verlangen, wenn die Tätigkeit umfangreich oder schwierig war (Anm. zu
Nr. 2500 VV RVG).

Vorzugehen ist auch hier zunächst nach dem allgemeinen Gebührentatbestand (Nr. 2500 63
VV RVG). Ergibt sich hiernach unter Berücksichtigung der Kriterien des § 14 Abs. 1 RVG
eine Gebühr i.H.v. 240 € oder weniger, kommt es auf die Anm. zu Nr. 2500 VV RVG nicht
an. Nur dann, wenn der Anwalt aufgrund der allgemeinen Gebührenbestimmung nach
§ 14 Abs. 1 RVG zu einer höheren Gebühr als 240 € gelangt, muss er sich die Frage stellen, ob die Angelegenheit umfangreich oder schwierig war. Ist dies zu verneinen, so darf
er keine höhere Gebühr als 240 € abrechnen.

Beispiel: 64

Außergerichtliche Tätigkeit im Verwaltungsverfahren

1.	*Geschäftsgebühr, Nr. 2500 VV RVG*	*280,00 €*
2.	*Postentgeltpauschale, Nr. 7002 VV RVG*	*20,00 €*
3.	*16 % Umsatzsteuer, Nr. 7008 VV RVG*	*+ 48,00 €*
	Summe:	**348,00 €**

Kommt es im Verwaltungsverfahren zu einer **Erledigung** i.S.d. Nr. 1002 VV RVG oder zu 65
einer **Einigung** i.S.d. Nr. 1000 RVG, so entsteht nach Nr. 1005 VV RVG i.V.m. Nrn. 1000,
1002 VV RVG eine **Einigungs- oder Erledigungsgebühr**, deren Höhe sich nach § 14
Abs. 1 RVG bestimmt. Der Rahmen dieser Gebühr beläuft sich auf **40 € bis 520 €**. Die
Mittelgebühr beträgt wiederum **280 €**.

Beispiel: 66

Außergerichtliche Tätigkeit im Verwaltungsverfahren mit Erledigung

1.	*Geschäftsgebühr, Nr. 2500 VV RVG*	*280,00 €*
2.	*Erledigungsgebühr, Nrn.1005, 1002 VV RVG*	*280,00 €*
3.	*Postentgeltpauschale, Nr. 7002 VV RVG*	*20,00 €*
4.	*16 % Umsatzsteuer, Nr. 7008 VV RVG*	*+ 92,80 €*
	Summe:	**672,80 €**

2. Nachprüfungsverfahren

67 Wird der Anwalt anschließend **auch** im Nachprüfungsverfahren beauftragt, so erhält er hierfür die Gebühr nach Nr. 2501 VV RVG.

68 Der Gebührenrahmen beläuft sich dann nur noch auf **40 € bis 260 € (Mittelgebühr 150 €)**.

69 Die Gebühr nach Nr. 2501 VV RVG entsteht nur dann, wenn der Anwalt **auch** im Widerspruchsverfahren beauftragt worden ist, wenn er also bereits vorher im Verwaltungsverfahren tätig war und dort die Gebühr nach Nr. 2500 VV RVG verdient hat. Ist der Anwalt dagegen erstmals im Nachprüfungsverfahren beauftragt worden, so gilt für ihn nicht die Nr. 2501 VV RVG, sondern Nr. 2500 VV RVG. Die Gebühr nach Nr. 2501 VV RVG setzt also begrifflich voraus, dass für **denselben Anwalt** in derselben Angelegenheit zuvor bereits eine Gebühr nach Nr. 2500 VV RVG entstanden ist.

70 Neben der Geschäftsgebühr erhält der Anwalt selbstverständlich noch Ersatz für seine **Auslagen** nach den Nrn. 7000 ff. VV RVG. Da es sich bei dem Nachprüfungsverfahren nach § 17 Nr. 2 RVG um eine eigene Angelegenheit handelt, entsteht auch gemäß Nr. 7002 VV RVG eine **gesonderte Postentgeltpauschale**.

71 *Beispiel:*

Außergerichtliche Tätigkeit im Verwaltungsverfahren und im Widerspruchsverfahren

I. Verwaltungsverfahren:

1.	*Geschäftsgebühr, Nr. 2500 VV RVG*	*280,00 €*
2.	*Postentgeltpauschale, Nr. 7002 VV RVG*	*20,00 €*
3.	*16 % Umsatzsteuer, Nr. 7008 VV RVG*	*+ 48,00 €*
	Summe:	*348,00 €*

II. Widerspruchsverfahren:

1.	*Geschäftsgebühr, Nr. 2501 VV RVG*	*150,00 €*
2.	*Postentgeltpauschale, Nr. 7002 VV RVG*	*20,00 €*
3.	*16 % Umsatzsteuer, Nr. 7008 VV RVG*	*+ 27,20 €*
	Summe:	*197,20 €*

72 Auch im Nachprüfungsverfahren kann es zu einer **Erledigung** i.S.d. Nr. 1002 VV RVG oder zu einer **Einigung** i.S.d. Nr. 1000 RVG kommen. Es entsteht dann wiederum nach Nr. 1005 VV RVG i.V.m. Nrn. 1000, 1002 VV RVG eine Einigungs- oder Erledigungsgebühr.

Beispiel: 73

Außergerichtliche Tätigkeit im Verwaltungsverfahren und im Widerspruchsverfahren mit Erledigung

I. Verwaltungsverfahren:

1.	Geschäftsgebühr, Nr. 2500 VV RVG	280,00 €
2.	Postentgeltpauschale, Nr. 7002 VV RVG	20,00 €
3.	16 % Umsatzsteuer, Nr. 7008 VV RVG	+ 48,00 €
	Summe:	**348,00 €**

II. Widerspruchsverfahren:

1.	Geschäftsgebühr, Nr. 2501 VV RVG	150,00 €
2.	Erledigungsgebühr, Nrn. 1005, 1002 VV RVG	280,00 €
3.	Postentgeltpauschale, Nr. 7002 VV RVG	20,00 €
4.	16 % Umsatzsteuer, Nr. 7008 VV RVG	+ 72,00 €
	Summe:	**522,00 €**

VI. Rechtsstreit erster Instanz

1. Grundsatz

Im erstinstanzlichen gerichtlichen Verfahren erhält der Anwalt ebenso wie in Verfahren, 74 die sich nach dem Wert richten (§ 2 Abs. 1 RVG), eine **Verfahrens- und eine Termins-gebühr**. Daneben kommt noch eine **Einigungs- oder Erledigungsgebühr** in Betracht. Im Gegensatz zum bisherigen Recht erhält der Anwalt also nicht nur einen einzigen Ge-bührenrahmen für die gesamte Tätigkeit, der sich dann im Falle des Vergleichs oder der Erledigung nochmals um 50 % erhöhen konnte (§ 116 Abs. 4 BRAGO). Vielmehr ist auch hier das System, das für die übrigen Rechtsstreitigkeiten gilt, die sich nach Wertgebüh-ren richten, durchgehalten worden. Anstelle der **Wertgebühren** entstehen jetzt aller-dings **Betragsrahmengebühren** (§ 3 Abs. 1 Satz 1 RVG).

2. Rechtsstreit ohne vorherige Tätigkeit im Verwaltungs- oder Nachprüfungsverfahren

Wird der Anwalt im Rechtsstreit tätig, ohne dass er zuvor bereits schon im Verwaltungs- 75 oder Nachprüfungsverfahren tätig war, erhält er eine **Verfahrensgebühr** nach Nr. 3102 VV RVG. Der Gebührenrahmen beläuft sich von **40 € bis 460 €**. Die **Mittelgebühr** be-trägt **250 €**.

Erledigt sich der Auftrag vorzeitig (kommt es also z.B. nicht mehr zur Einreichung der 76 Anfechtungsklage), ist für die Rahmengebühren im Gegensatz zu den Wertgebühren **kei-**

ne Reduzierung vorgesehen. Der geringere Aufwand ist im Rahmen des § 14 Abs. 1 RVG zu berücksichtigen.

77 Neben der Verfahrensgebühr erhält der Anwalt eine **Terminsgebühr** nach Nr. 3106 VV RVG. Die Terminsgebühr entsteht unter denselben Voraussetzungen wie auch in den Verfahren nach Wertgebühren. Auch hier gilt nach Nr. 2 der Anm. zu Nr. 3106 VV RVG, dass die Terminsgebühr auch dann anfällt, wenn das Gericht

- ohne mündliche Verhandlung gemäß § 105 Abs. 1 SGG **durch Gerichtsbescheid** entscheidet oder

- wenn das Verfahren ohne mündliche Verhandlung durch **angenommenes Anerkenntnis** endet (Nr. 3 der Anm. zu Nr. 3106 VV RVG).

78 Darüber hinaus erhält der Anwalt auch im gerichtlichen Verfahren seine **Auslagen** nach den Nrn. 7000 ff. VV RVG ersetzt, insbesondere eine eigene **Postentgeltpauschale** nach Nr. 7002 VV RVG.

79 *Beispiel:*

Tätigkeit im Rechtsstreit ohne vorangegangene Tätigkeit im Verwaltungs- oder Nachprüfungsverfahren

1.	*Verfahrensgebühr, Nr. 3102 VV RVG*	*250,00 €*
2.	*Terminsgebühr, Nr. 3106 VV RVG*	*200,00 €*
3.	*Postentgeltpauschale, Nr. 7002 VV RVG*	*20,00 €*
4.	*16 % Umsatzsteuer, Nr. 7008 VV RVG*	*+ 75,20 €*
	Summe:	***545,20 €***

80 Neben Verhandlungs- und Terminsgebühr kommt auch hier ggf. eine **Einigungs- oder Erledigungsgebühr** in Betracht (Nrn. 1005, 1006 VV RVG). S. im Einzelnen hierzu Teil 1 Rn. 90 ff.

81 *Beispiel:*

Tätigkeit im Rechtsstreit mit Erledigung ohne vorangegangene Tätigkeit im Verwaltungs- oder Nachprüfungsverfahren

1.	*Verfahrensgebühr, Nr. 3102 VV RVG*	*250,00 €*
2.	*Terminsgebühr, Nr. 3106 VV RVG*	*200,00 €*
3.	*Erledigungsgebühr, Nrn. 1005, 1006 VV RVG*	*190,00 €*
4.	*Postentgeltpauschale, Nr. 7002 VV RVG*	*20,00 €*
5.	*16 % Umsatzsteuer, Nr. 7008 VV RVG*	*+ 105,60 €*
	Summe:	***765,60 €***

3. Der Anwalt war bereits im Verwaltungs- oder Nachprüfungsverfahren tätig

War der Anwalt bereits im Verwaltungs- oder Nachprüfungsverfahren tätig und hat er 82
dort eine Gebühr nach Nr. 2500 VV RVG oder Nr. 2501 VV RVG verdient, hat dies auch
bei Rahmengebühren **Einfluss auf die Verfahrensgebühr** des nachfolgenden Rechtsstreits. Im Gegensatz zu den Wertgebühren findet hier allerdings **keine Anrechnung** statt
(so aber bei Wertgebühren nach Vorbem. 3 Abs. 4 VV RVG). Der Gesetzgeber hat die
Vorbefassung hier dadurch geregelt, dass dem Rechtsanwalt für die Verfahrensgebühr
des Rechtsstreits von vornherein nur ein **geringerer Rahmen** zur Verfügung steht. Damit soll abgegolten werden, dass der Anwalt in der Sache bereits vorbefasst ist, er sich
in die Sache bereits tatsächlich und rechtlich eingearbeitet hat, so dass Aufwand und
Schwierigkeit geringer sind gegenüber dem Fall, dass der Anwalt erst im gerichtlichen
Verfahren beauftragt wird und sich dort einarbeiten muss.

Hieraus folgt wiederum, dass bei der Bemessung der Rahmengebühren nach den Krite- 83
rien des § 14 Abs. 1 RVG nicht mehr darauf abgestellt werden darf, dass die Tätigkeit für
den Anwalt infolge der Vorbefassung einen geringeren Aufwand und eine geringere
Schwierigkeit bedeutet. Dies ist bereits durch den geringeren Gebührenrahmen erfasst
(Anm. zu Nr. 3103 VV RVG).

Unerheblich ist, welche Gebühr der Anwalt im vorangegangenen Verwaltungs- oder Nach- 84
prüfungsverfahren verdient hat. Die reduzierte Verfahrensgebühr nach Nr. 3103 VV RVG
entsteht also sowohl dann, wenn der Anwalt im Verwaltungs- und im Nachprüfungsverfahren tätig war und daher im Nachprüfungsverfahren nur die Gebühr nach Nr. 2501 VV
RVG verdient hat als auch dann, wenn der Anwalt erstmals im Nachprüfungsverfahren
beauftragt worden war und dort die Gebühr nach Nr. 2500 VV RVG verdient hatte.

Erledigt sich die Angelegenheit vorzeitig, reduziert sich auch der Rahmen der Gebühr 85
nach Nr. 3103 VV RVG nicht. Dies kann allenfalls bei der Gebührenbestimmung nach
§ 14 Abs. 1 RVG berücksichtigt werden.

Hinsichtlich der **Terminsgebühr** ändert sich nichts. Deren Höhe ist unabhängig davon, 86
ob der Anwalt bereits im Verwaltungsverfahren oder Nachprüfungsverfahren tätig war.
Die Gebühr bestimmt sich auch hier nach Nr. 3106 VV RVG.

Hinzu kommen kann auch hier wiederum eine **Einigungs- oder Erledigungsgebühr** (s. 87
hierzu Teil 1 Rn. 1 ff. und 90 ff.).

Daneben erhält der Anwalt auch hier seine **Auslagen** nach Nrn. 7000 ff. VV RVG ersetzt. 88

Beispiele: 89

*(1) Tätigkeit im Rechtsstreit mit vorangegangener Tätigkeit im Widerspruchsverfahren –
nicht auch im Verwaltungsverfahren.*

I. Widerspruchsverfahren:

1.	Geschäftsgebühr, Nr. 2500 VV RVG	280,00 €
2.	Postentgeltpauschale, Nr. 7002 VV RVG	20,00 €
3.	16 % Umsatzsteuer, Nr. 7008 VV RVG	+ 48,00 €
	Summe:	**348,00 €**

II. Rechtsstreit:

1.	Verfahrensgebühr, Nr. 3103 VV RVG	170,00 €
2.	Terminsgebühr, Nr. 3106 VV RVG	200,00 €
3.	Erledigungsgebühr, Nr. 1005 VV RVG	190,00 €
4.	Postentgeltpauschale, Nr. 7002 VV RVG	20,00 €
5.	16 % Umsatzsteuer, Nr. 7008 VV RVG	+ 92,80 €
	Summe:	**672,80 €**

(2) Tätigkeit im Rechtsstreit mit vorangegangener Tätigkeit im Verwaltungs- und Widerspruchsverfahren.

I. Verwaltungsverfahren:

1.	Geschäftsgebühr, Nr. 2500 VV RVG	280,00 €
2.	Postentgeltpauschale, Nr. 7002 VV RVG	20,00 €
3.	16 % Umsatzsteuer, Nr. 7008 VV RVG	+ 48,00 €
	Summe:	**348,00 €**

II. Widerspruchsverfahren:

1.	Geschäftsgebühr, Nr. 2501 VV RVG	150,00 €
2.	Postentgeltpauschale, Nr. 7002 VV RVG	20,00 €
3.	16 % Umsatzsteuer, Nr. 7008 VV RVG	+ 27,20 €
	Summe:	**197,20 €**

III. Rechtsstreit:

1.	Verfahrensgebühr, Nr. 3103 VV RVG	170,00 €
2.	Terminsgebühr, Nr. 3106 VV RVG	200,00 €
3.	Postentgeltpauschale, Nr. 7002 VV RVG	20,00 €
4.	16 % Umsatzsteuer, Nr. 7008 VV RVG	+ 62,40 €
	Summe:	**452,40 €**

VII. Selbständiges Beweisverfahren

Wird der Anwalt in einem selbständigen Beweisverfahren nach § 76 SGG tätig, gilt das   90
Gleiche wie bei den Wertgebühren. Beweisverfahren und nachfolgendes Hauptsacheverfahren sind **zwei verschiedene Angelegenheiten**. Die Gebühren nach Nrn. 3102,
3103 ff. VV RVG entstehen gesondert. Allerdings wird die Verfahrensgebühr des selbständigen Beweisverfahrens auf die Verfahrensgebühr des gerichtlichen Verfahrens **angerechnet** (Vorbem. 3 Abs. 5 VV RVG).

Beispiele: 91

*(1) Tätigkeit im selbständigen Beweisverfahren und im anschließenden Rechtsstreit ohne
vorangegangener Tätigkeit im Verwaltungs- und Widerspruchsverfahren.*

I. Selbständiges Beweisverfahren:

1.	*Verfahrensgebühr, Nr. 3102 VV RVG*	*250,00 €*
	gemäß Vorbem. 3 Abs. 5 VV RVG anzurechnen	
	auf die Verfahrensgebühr zu II. 1	*– 250,00 €*
2.	*Terminsgebühr, Nr. 3106 VV RVG*	*200,00 €*
3.	*Postentgeltpauschale, Nr. 7002 VV RVG*	*20,00 €*
4.	*16 % Umsatzsteuer, Nr. 7008 VV RVG*	*+ 35,20 €*
	Summe:	***255,20 €***

II. Rechtsstreit:

1.	*Verfahrensgebühr, Nr. 3102 VV RVG*	*250,00 €*
2.	*Terminsgebühr, Nr. 3106 VV RVG*	*200,00 €*
3.	*Postentgeltpauschale, Nr. 7002 VV RVG*	*20,00 €*
4.	*16 % Umsatzsteuer, Nr. 7008 VV RVG*	*+ 75,20 €*
	Summe:	***545,20 €***

*(2) Tätigkeit im selbständigen Beweisverfahren und im anschließenden Rechtsstreit mit
vorangegangener Tätigkeit im Widerspruchsverfahren.*

I. Widerspruchsverfahren:

1.	*Geschäftsgebühr, Nr. 2500 VV RVG*	*280,00 €*
2.	*Postentgeltpauschale, Nr. 7002 VV RVG*	*20,00 €*
3.	*16 % Umsatzsteuer, Nr. 7008 VV RVG*	*+ 48,00 €*
	Summe:	***348,00 €***

II. Selbständiges Beweisverfahren:

1.	*Verfahrensgebühr, Nr. 3103 VV RVG*	*170,00 €*
2.	*Terminsgebühr, Nr. 3106 VV RVG*	*200,00 €*
3.	*Erledigungsgebühr, Nrn. 1002, 1005 VV RVG*	*190,00 €*

4.	Postentgeltpauschale, Nr. 7002 VV RVG	20,00 €
5.	16 % Umsatzsteuer, Nr. 7008 VV RVG	+ 92,80 €
	Summe:	**672,80 €**

III. Rechtsstreit:

1.	Verfahrensgebühr, Nr. 3102 VV RVG	250,00 €
	gemäß Vorbem. 4 Abs. 5 VV RVG anzurechnen	– 170,00 €
2.	Terminsgebühr, Nr. 3106 VV RVG	200,00 €
3.	Postentgeltpauschale, Nr. 7002 VV RVG	20,00 €
4.	16 % Umsatzsteuer, Nr. 7008 VV RVG	+ 48,00 €
	Summe:	**348,00 €**

VIII. Beschwerde gegen die Nichtzulassung der Berufung

92 Hat das Sozialgericht die Berufung zum Landessozialgericht nicht zugelassen, so ist hiergegen die Nichtzulassungsbeschwerde gegeben. Dieses Verfahren ist gebührenrechtlich gegenüber dem sich eventuell anschließenden Berufungsverfahren eine **eigene Angelegenheit** (§ 17 Nr. 12 RVG). Ebenso ist es gegenüber dem erstinstanzlichen Verfahren eine neue Angelegenheit, weil es sich um einen neuen Rechtszug handelt (§ 15 Abs. 2 RVG). Insgesamt liegen also ggf. **drei verschiedene Angelegenheiten** vor:

- erstinstanzliches Verfahren,
- Nichtzulassungsbeschwerdeverfahren und
- Berufungsverfahren.

93 Im Verfahren über die Nichtzulassung der Beschwerde erhält der Anwalt eine **Verfahrensgebühr** nach Nr. 3511 VV RVG. Der Gebührenrahmen beläuft sich von **50 € bis 570 €**. Die **Mittelgebühr** beträgt **310 €**.

94 Daneben kann der Anwalt auch eine **Terminsgebühr** nach Nr. 3513 VV RVG verdienen, wenn es zu einem Termin i.S.d. Vorbem. 3 Abs. 3 VV RVG kommt. Der Gebührenrahmen beläuft sich auf **15 € bis 160 €**. Die **Mittelgebühr** beträgt dann **87,50 €**.

95 Kommt es anschließend zur Durchführung des Berufungsverfahrens, handelt es sich zwar eine neue Angelegenheit (§ 17 Nr. 12 RVG), die **Verfahrensgebühr** nach Nr. 3103 VV RVG ist jedoch auf die Verfahrensgebühr des nachfolgenden Rechtsstreits **anzurechnen** (Anm. zu Nr. 3503 VV RVG).

96 Kommt es im Verfahren der Nichtzulassungsbeschwerde zu einer **Einigung oder Erledigung**, so entsteht die Einigungs- oder Erledigungsgebühr (Nr. 1005 VV RVG i.V.m.

Nrn. 1000, 1002 VV RVG) nach dem Rahmen der Nr. 1006 VV RVG. Zwar ist das Nichtzulassungsbeschwerdeverfahren dort nicht ausdrücklich genannt. Hier liegt jedoch eine planwidrige **Gesetzeslücke** vor.

> **Hinweis:** 97
>
> Mit der Einlegung der Nichtzulassungsbeschwerde beginnt der Rechtsmittelzug, so dass es sachgerecht ist, auch bereits im Nichtzulassungsbeschwerdeverfahren den höheren Gebührenrahmen der Nr. 1006 VV RVG zugrunde zu legen.

Da es sich bei dem Nichtzulassungsbeschwerdeverfahren gemäß § 17 Nr. 12 RVG um 98 eine eigene Angelegenheit handelt, erhält der Anwalt hier auch die Auslagen gesondert, insbesondere eine eigene **Postentgeltpauschale** nach Nr. 7002 VV RVG, die nicht angerechnet wird.

IX. Berufung

Im Berufungsverfahren erhält der Anwalt wiederum **Verfahrens-** und **Terminsgebühren**. 99 Daneben kommt auch hier eine **Einigungs-** oder **Erledigungsgebühr** in Betracht.

Zunächst einmal erhält der Anwalt die **Verfahrensgebühr** nach Nr. 3204 VV RVG. Inso- 100 weit ergibt sich ein Gebührenrahmen i.H.v. **50 € bis 570 €**; die **Mittelgebühr** beträgt auch hier **310 €**. War der Anwalt vor Durchführung des Berufungsverfahrens im Verfahren über die Nichtzulassungsbeschwerde tätig, so wird die dortige Verfahrensgebühr auf die Verfahrensgebühr des Berufungsverfahren **angerechnet** (Anm. zu Nr. 3503 VV RVG).

Eine Reduzierung bei **vorzeitiger Erledigung** ist auch hier im Gegensatz zu den Wert- 101 gebühren nicht vorgesehen. Dies ist bei der Gebührenbestimmung nach § 14 Abs. 1 RVG zu berücksichtigen.

Neben der Verfahrensgebühr erhält der Anwalt im Berufungsverfahren die **Terminsge-** 102 **bühr** nach Nr. 3205 VV RVG. Ihm steht hier ein Rahmen von **20 € bis 380 €** zu; die **Mittelgebühr** beträgt **200 €**.

Auch hier kommt wiederum eine **Einigungs- oder Erledigungsgebühr** in Betracht 103 (Nrn. 1005, 1007 VV RVG). S. hierzu oben Rn. 47.

Beispiele: 104

(1) Tätigkeit im Berufungsverfahren

1.	Verfahrensgebühr, Nr. 3204 VV RVG	310,00 €
2.	Terminsgebühr, Nr. 3205 VV RVG	200,00 €
3.	Postentgeltpauschale, Nr. 7002 VV RVG	20,00 €
4.	16 % Umsatzsteuer, Nr. 7008 VV RVG	+ 84,80 €
	Summe:	**614,80 €**

(2) Tätigkeit im Berufungsverfahren mit Erledigung

1.	Verfahrensgebühr, Nr. 3204 VV RVG	310,00 €
2.	Terminsgebühr, Nr. 3205 VV RVG	200,00 €
3.	Erledigungsgebühr, Nrn. 1005, 1002, 1007 VV RVG	250,00 €
4.	Postentgeltpauschale, Nr. 7002 VV RVG	20,00 €
5.	16 % Umsatzsteuer, Nr. 7008 VV RVG	+ 124,80 €
	Summe:	**904,80 €**

(3) Tätigkeit im Berufungsverfahren mit vorangegangener Nichtzulassungsbeschwerde

I. Nichtzulassungsbeschwerde:

1.	Verfahrensgebühr, Nr. 3511 VV RVG	310,00 €
2.	Postentgeltpauschale, Nr. 7002 VV RVG	20,00 €
3.	16 % Umsatzsteuer, Nr. 7008 VV RVG	+ 52,80 €
	Summe:	**382,80 €**

II. Berufungsverfahren:

1.	Verfahrensgebühr, Nr. 3204 VV RVG	310,00 €
	anzurechnen gemäß Anm. zu Nr. 3511 VV RVG	– 310,00 €
2.	Terminsgebühr, Nr. 3205 VV RVG	200,00 €
3.	Postentgeltpauschale, Nr. 7002 VV RVG	20,00 €
4.	16 % Umsatzsteuer, Nr. 7008 VV RVG	+ 35,20 €
	Summe:	**255,20 €**

(4) Tätigkeit im Berufungsverfahren mit vorangegangener Prüfung der Erfolgsaussichten eines Rechtsmittels

I. Prüfung der Erfolgsaussichten:

1.	Prüfungsgebühr, Nr. 2202 VV RVG	135,00 €
2.	Postentgeltpauschale, Nr. 7002 VV RVG	20,00 €
3.	16 % Umsatzsteuer, Nr. 7008 VV RVG	+ 24,80 €
	Summe:	**179,80 €**

II. Berufungsverfahren:

1.	Verfahrensgebühr, Nr. 3204 VV RVG	310,00 €
	anzurechnen gemäß Anm. zu Nr. 2202 VV RVG	– 135,00 €
2.	Terminsgebühr, Nr. 3205 VV RVG	200,00 €
3.	Postentgeltpauschale, Nr. 7002 VV RVG	20,00 €
4.	16 % Umsatzsteuer, Nr. 7008 VV RVG	+ 63,20 €
	Summe:	**458,20 €**

X. Beschwerde gegen die Nichtzulassung der Revision

Lässt das Landessozialgericht die Revision nicht zu, so ist hiergegen die Nichtzulas-   105
sungsbeschwerde gegeben. Auch diese stellt wiederum eine **eigene Angelegenheit** dar,
und zwar sowohl gegenüber dem Berufungsverfahren (§ 15 Abs. 2 RVG) als auch gegenüber dem sich eventuell anschließenden Revisionsverfahren (§ 17 Nr. 12 RVG). Es können auch hier insgesamt **drei Angelegenheiten** gegeben sein:

- Berufungsverfahren,
- Nichtzulassungsbeschwerdeverfahren und
- Revisionsverfahren.

Im Verfahren der Nichtzulassungsbeschwerde gegen die Nichtzulassung der Revision er-   106
hält der Anwalt eine **Verfahrensgebühr** i.H.v. **80 € bis 800 €**. Die **Mittelgebühr** beträgt
440 € (Nr. 3512 VV RVG).

Daneben kann auch hier eine **Terminsgebühr** anfallen, und zwar nach Nr. 3518 VV RVG,   107
wenn es zu einem Termin i.S.d. Vorbem. 3 Abs. 3 VV kommt. Der Gebührenrahmen beläuft sich auf **20 € bis 350 €** (**Mittelgebühr 185 €**).

Kommt es auf die erfolgreiche Nichtzulassungsbeschwerde hin zur Durchführung der Re-   108
vision, wird die Verfahrensgebühr des Nichtzulassungsbeschwerdeverfahrens angerechnet (Anm. zu Nr. 3512 VV RVG).

Auch im Nichtzulassungsbeschwerdeverfahren bemisst sich die **Einigungs- oder Erledi-**   109
gungsgebühr (Nr. 1005 VV RVG i.V.m. Nrn. 1000, 1002 VV RVG) aus dem Rahmen der
Nr. 1006 VV RVG. Es gilt hier das Gleiche wie bei der Beschwerde gegen die Nichtzulassung der Berufung. Hinzu kommt, dass kein Grund ersichtlich ist, wieso der Anwalt im
Berufungsverfahren und im Revisionsverfahren die erhöhte Einigungs- oder Erledigungsgebühr erhalten soll, ausgerechnet in dem dazwischengeschalteten Nichtzulassungsbeschwerdeverfahren dagegen nicht.

Da es sich um eine eigene Angelegenheit handelt, erhält der Anwalt in diesen Verfahren   110
auch eine gesonderte **Postentgeltpauschale** nach Nr. 7002 VV RVG.

XI. Revisionsverfahren

Im Revisionsverfahren vor dem Bundessozialgericht erhält der Anwalt wiederum **Ver-**   111
fahrens- und Terminsgebühren, sowie auch hier möglicherweise eine **Einigungs- oder**
Erledigungsgebühr.

Die **Verfahrensgebühr** richtet sich nach Nr. 3212 VV RVG und beläuft sich auf **80 € bis**   112
800 €. Die **Mittelgebühr** beträgt **440 €**.

Neben der Verfahrensgebühr erhält der Anwalt auch hier eine **Terminsgebühr** nach Nr. 3213   113
VV RVG. Der Gebührenrahmen beläuft sich von **40 € bis 700 €** (**Mittelgebühr 370 €**).

114   War ein **Nichtzulassungsbeschwerdeverfahren vorangegangen**, so ist die dort verdiente Verfahrensgebühr gemäß Anm. zu Nr. 3512 VV RVG auf die Verfahrensgebühr des Rechtsstreits **anzurechnen**.

115   Ebenso ist eine Prüfungsgebühr nach Nr. 2202 VV RVG anzurechnen (Anm. zu Nr. 2202 VV RVG). S. zur Berechung das Beispiel bei der Berufung (Rn. 104 unter [4]).

116   Auch hier erhält der Anwalt seine **Auslagen** gesondert, insbesondere eine gesonderte **Postentgeltpauschale** nach Nr. 7002 VV RVG.

117   *Beispiele:*

(1) Tätigkeit im Revisionsverfahren

1.	Verfahrensgebühr, Nr. 3212 VV RVG	440,00 €
2.	Terminsgebühr, Nr. 3213 VV RVG	370,00 €
3.	Postentgeltpauschale, Nr. 7002 VV RVG	20,00 €
4.	16 % Umsatzsteuer, Nr. 7008 VV RVG	+ 132,80 €
	Summe:	**962,80 €**

(2) Tätigkeit im Revisionsverfahren mit vorangegangener Nichtzulassungsbeschwerde

I. Nichtzulassungsbeschwerde:

1.	Verfahrensgebühr, Nr. 3512 VV RVG	440,00 €
2.	Postentgeltpauschale, Nr. 7002 VV RVG	20,00 €
3.	16 % Umsatzsteuer, Nr. 7008 VV RVG	+ 73,60 €
	Summe:	**533,60 €**

II. Revisionsverfahren:

1.	Verfahrensgebühr, Nr. 3212 VV RVG	440,00 €
	anzurechnen gemäß Anm. zu Nr. 3511 VV RVG	– 440,00 €
2.	Terminsgebühr, Nr. 3213 VV RVG	370,00 €
3.	Postentgeltpauschale, Nr. 7002 VV RVG	20,00 €
4.	16 % Umsatzsteuer, Nr. 7008 VV RVG	+ 62,40 €
	Summe:	**452,40 €**

(3) Tätigkeit im Revisionsverfahren mit Erledigung

1.	Verfahrensgebühr, Nr. 3212 VV RVG	440,00 €
2.	Terminsgebühr, Nr. 3213 VV RVG	370,00 €
3.	Erledigungsgebühr, Nrn. 1005, 1002, 1007 VV RVG	250,00 €
4.	Postentgeltpauschale, Nr. 7002 VV RVG	20,00 €
5.	16 % Umsatzsteuer, Nr. 7008 VV RVG	+ 172,80 €
	Summe:	**1.252,80 €**

XII. Allgemeine Beschwerdeverfahren

Beschwerdeverfahren sind stets **besondere Angelegenheiten** (§ 18 Nr. 5 RVG), so dass 118
hier die Gebühren gesondert entstehen.

Auch hier sind jetzt gesonderte Rahmengebühren vorgesehen. Diese ergeben sich aus 119
Nr. 3501 VV RVG. Dem Anwalt steht eine **Verfahrensgebühr** mit einem Rahmen i.H.v.
25 € bis 150 € zu. Die **Mittelgebühr** beträgt **87,50 €**.

Daneben kann er nach Nr. 3213 VV RVG unter den Voraussetzungen des Vorbem. 3 Abs. 3 120
VV RVG eine **Terminsgebühr** verdienen. Der Gebührenrahmen beläuft sich von **15 € bis
160 €**, die **Mittelgebühr** beträgt wiederum **87,50 €**.

Der Anwalt erhält zusätzlich seine Auslagen gesondert, insbesondere eine gesonderte 121
Postentgeltpauschale nach Nr. 7002 VV RVG.

Beispiel:

Allgemeine Beschwerde

1.	*Verfahrensgebühr, Nr. 3501 VV RVG*	*87,50 €*
2.	*Postentgeltpauschale, Nr. 7002 VV RVG*	*20,00 €*
3.	*16 % Umsatzsteuer, Nr. 7008 VV RVG*	*+ 17,20 €*
	Summe:	*124,70 €*

XIII. Erinnerungen

Ist der Anwalt ausschließlich mit einer Erinnerung beauftragt oder ist die Erinnerung aus- 122
nahmsweise eine gesonderte Angelegenheit (§ 18 Nr. 5 RVG), entsteht eine Gebühr nach
Nr. 3501 VV RVG. Es gilt das Gleiche wie bei der Beschwerde.

XIV. Verkehrsanwalt

1. Führung des Verkehrs

Ist der Anwalt als Verkehrsanwalt mit der Führung des Verkehrs der Partei beauftragt, so 123
richtet sich seine Vergütung nach Nr. 3400 VV RVG. Dem Verkehrsanwalt steht eine Gebühr in Höhe derjenigen Gebühr zu, die dem Verfahrensbevollmächtigten zusteht. Der
Anwalt erhält also aus dem Rahmen, der dem Hauptbevollmächtigten zusteht, ebenfalls
eine **Verfahrensgebühr**. Zu beachten ist allerdings hier die **Höchstgrenze von 260 €**.

War der Anwalt bereits im Nachprüfungsverfahren tätig und hat er dort eine Gebühr nach 124
Nr. 2500 VV RVG oder Nr. 2501 VV RVG verdient, so steht ihm wegen der Vorbefassung der
Gebührenrahmen aus Nr. 3400 VV RVG nur noch **in geringerem Umfang** zur Verfügung.

Zum einen gilt ohnehin über die Verweisung in Nr. 3400 VV RVG nur der Gebührenrahmen der Nr. 3103 VV RVG, also 20 € bis 320 €; zum anderen wird die Höchstgebühr der Nr. 3400 VV RVG auf die Hälfte reduziert (Vorbem. 3.4 Abs. 2 Satz 2 VV RVG), also auf 130,00 €.

Der Anwalt erhält damit also nur eine Gebühr aus dem Rahmen von 20,00 € bis 230,00 €. Die Mittelgebühr beträgt dann 125 €.

125 Hieraus folgt wiederum, dass bei der Bemessung der Rahmengebühren nach den Kriterien des § 14 Abs. 1 RVG nicht mehr darauf abgestellt werden darf, dass die Tätigkeit für den Anwalt infolge der Vorbefassung einen geringeren Aufwand und eine geringere Schwierigkeit bedeutet. Dies ist bereits durch den geringeren Gebührenrahmen erfasst (Vorbem. 3.4 Abs. 2 Satz 2 VV RVG).

126 **Erledigt sich der Auftrag,** bevor

* der Verfahrensbevollmächtigte beauftragt worden ist oder

* der Verkehrsanwalt gegenüber dem Verfahrensbevollmächtigten

tätig geworden ist, reduziert sich die **Höchstgebühr** auf **130 €** (Nr. 3405 VV RVG).

127 Soweit der Anwalt **mehrere Auftraggeber** vertritt, gilt ungeachtet dessen Nr. 1008 VV RVG, so dass dann dieser Höchstbetrag um 30 % je Auftraggeber zu erhöhen ist.

2. Übersendung der Handakten mit gutachterlichen Äußerungen

128 Auch die Anm. zu 3400 VV RVG gilt in sozialrechtlichen Verfahren. Übersendet der vorinstanzliche Anwalt die Akten an den Anwalt eines Rechtsmittelzuges und verbindet er auftragsgemäß die Übersendung mit gutachterlichen Äußerungen, so entsteht nach Anm. zu 3400 VV RVG ebenfalls die **Verfahrensgebühr**, **höchstens** jedoch **260 €**.

129 Auch hier gilt die Reduzierung nach Nr. 3405 Nr. 1 VV RVG, wobei hier nur die zweite Alternative denkbar ist. Soweit noch kein Verfahrensbevollmächtigter für das Rechtsmittelverfahren bestellt ist, wird der Anwalt diesem wohl auch schwerlich gutachterliche Äußerungen zukommen lassen können, so dass die Anwendung der ersten Alternative begrifflich ausscheidet. Nach der somit nur anwendbaren zweiten Alternative gilt Folgendes: Erledigt sich der Auftrag des Verkehrsanwalts, bevor er die gutachterlichen Äußerungen dem Rechtsmittelanwalt zugesandt hat, reduziert sich die Gebühr nach Anm. zu Nr. 3400 VV RVG auf **höchstens 130 €**.

130 Bei **Vertretung mehrerer Auftraggeber** erhöht sich diese Gebühr gemäß Nr. 1008 VV RVG.

XV. Terminsvertreter

1. Verfahrensgebühr

Auch in Sozialgerichtssachen ist für den Terminsvertreter eine gesonderte Vergütung ge- 131
regelt. Diese ergibt sich aus Nr. 3401 VV RVG. Der Anwalt erhält eine **Verfahrensgebühr**
in Höhe der Hälfte der dem Hauptbevollmächtigten zustehenden Verfahrensgebühr. Er
erhält also eine Gebühr aus dem **halben Rahmen**. Dieser Rahmen ermittelt sich, indem
die Mindest- und die Höchstgebühr der jeweiligen Verfahrensgebühr des Verfahrensbevollmächtigten halbiert werden.

Bei **vorzeitiger Erledigung** des Auftrags reduziert sich die Verfahrengebühr. Insoweit gilt 132
Nr. 3405 Nr. 2 VV RVG. Die Reduzierung tritt dann ein, wenn sich die Angelegenheit erledigt, bevor der Termin begonnen hat. Die **Höchstgrenze** der Verfahrensgebühr nach
Nr. 3401 VV RVG beträgt dann **130 €**. Auch hier ist Nr. 1008 VV RVG zu berücksichtigen. Bei mehreren Auftraggebern erhöht sich diese Höchstgrenze um jeweils 30 % je
weiterem Auftraggeber.

2. Terminsgebühr

Für die Wahrnehmung des Verhandlungstermins erhält der unterbevollmächtigte Ver- 133
handlungsvertreter darüber hinaus die volle **Terminsgebühr** (Nr. 3402 VV RVG).

XVI. Einzeltätigkeiten

Ist der Anwalt lediglich mit Einzeltätigkeiten beauftragt, ist er also nicht Verfahrensbe- 134
vollmächtigter, oder ist er zwar Verfahrensbevollmächtigter, die vorzunehmenden Tätigkeiten werden jedoch nicht durch die Gebühren des Vertreters abgegolten, dann erhält
er eine zusätzliche **Verfahrensgebühr** für seine Einzeltätigkeit nach Nr. 3406 VV RVG.
Der Gebührenrahmen beläuft sich von **10 € bis 200 € (Mittelgebühr 105 €)**.

Auch hier erhält der Anwalt seine Auslagen gesondert, insbesondere eine eigene **Post-** 135
entgeltpauschale nach Nr. 7002 VV RVG.

Beispiel: 136

Einzeltätigkeiten

1. Verfahrensgebühr, Nr. 3406 VV RVG		105,00 €
2. Postentgeltpauschale, Nr. 7002 VV RVG		20,00 €
3. 16 % Umsatzsteuer, Nr. 7008 VV RVG	+	20,00 €
Summe:		*145,00 €*

Eine Reduzierung der Gebühr bei **vorzeitiger Beendigung des Auftrags** wie im Falle der 137
Nr. 3405 VV ist hier nicht vorgesehen, da Nr. 3405 VV RVG in Nr. 3406 VV RVG nicht er-

wähnt wird. Andererseits dürfte der Rechtsgedanke entsprechend heranzuziehen sein. Sofern sich also eine Einzeltätigkeit nach Nr. 3406 VV RVG vorzeitig erledigt, dürfte im Rahmen dieser Vorschrift ebenfalls von einer **Höchstgrenze von 130 €** auszugehen sein. Soweit allerdings die Vorbereitung vor Erledigung der Einzeltätigkeit bereits so aufwendig und umfangreich war, dass sich bereits die Höchstgebühr rechtfertigen würde, bestehen keine Bedenken, den vollen Gebührenrahmen nach Nr. 3406 VV RVG, also bis zu **200 €** auszuschöpfen. Hätte der Gesetzgeber auch hier eine strikte starre Begrenzung gewollt, dann hätte er dies zum Ausdruck bringen müssen.

XVII. Prozesskostenhilfe-Prüfungsverfahren

138 Auch für das Prozesskostenhilfe-Prüfungsverfahren ist in Sozialsachen ein eigener Gebührenrahmen vorgesehen. Dieser ergibt sich aus Nr. 3336 VV RVG. Dem Anwalt steht eine **Verfahrensgebühr** mit einem Gebührenrahmen von **30 € bis 320 €** zu. Die **Mittelgebühr** beläuft sich auf **175 €**.

139 Kommt es später zur Durchführung des Verfahrens, wird hierdurch keine neue Angelegenheit eingeleitet. Das Verfahren über die Bewilligung von Prozesskostenhilfe sowie das Verfahren, für das Prozesskostenhilfe bewilligt wird, sind nämlich insgesamt nur eine einzige Angelegenheit (§ 16 Nr. 2 RVG).

140 Kommt es nach Durchführung des Prozesskostenhilfeverfahrens zur Durchführung des Hauptsacheverfahrens, erstarkt die **Verfahrensgebühr** nach Nr. 3336 VV RVG auf eine volle Gebühr des jeweiligen Verfahrens.

141 Neben der Verfahrensgebühr erhält der Anwalt im Prozesskostenhilfe-Prüfungsverfahren eine volle **Terminsgebühr** aus Nr. 3106 VV RVG (Vorbem. 3.3.6 VV RVG). Diese Gebühr entsteht im Prozesskostenhilfe-Prüfungsverfahren und im Verfahren, für das Prozesskostenhilfe bewilligt worden ist, insgesamt nur **einmal**, da es sich um eine einzige Angelegenheit i.S.d. § 15 RVG handelt (§ 16 Nr. 2 RVG).

Teil 13: Steuerliche Angelegenheiten

Inhaltsverzeichnis

A. Überblick

Steuerrechtliche Angelegenheiten sind **besondere Verwaltungsverfahren**, so dass die 1
Regelungen für die Vergütung in verwaltungsrechtlichen Angelegenheiten entsprechend
gelten. Auf die dortigen Ausführungen in Teil 11 wird daher Bezug genommen. Die nachfolgende Darstellung beschränkt sich auf Besonderheiten, die sich in **steuerrechtlichen
und finanzgerichtlichen Angelegenheiten** ergeben.

Nicht hierzu gehören **Steuerstraf- und Bußgeldsachen**. Hier gelten die Gebühren nach 2
Teil 4 und 5 VV RVG.

B. Außergerichtliche Tätigkeiten

I. Hilfeleistungen in Steuersachen

1. Anwendbarkeit der Steuerberatergebührenverordnung

Für bestimmte Hilfeleistungen in Steuersachen gilt nach § 35 RVG die Steuerberaterge- 3
bührenverordnung (StBGebV) entsprechend. Insoweit sind die Vorschriften nach Teil 2
VV RVG ausgeschlossen (Vorbem. 2 Abs. 1 VV RVG).

4   Erbringt der Anwalt Hilfeleistungen bei der Erfüllung allgemeiner Steuerpflichten und bei der Erfüllung steuerlicher Buchführungs- und Aufzeichnungspflichten, so sind nach § 35 RVG die **§§ 23 bis 39 StBGebV** i.V.m. den **§§ 10 und 13 StBGebV** entsprechend anzuwenden. Bislang wurden solche Tätigkeiten für den Anwalt durch die Gebühren nach § 118 BRAGO abgegolten, was überwiegend als unbefriedigend empfunden wurde, zumal sich gegenüber dem Steuerberater eine abweichende Vergütung ergab.

5   Um hier eine Anpassung vorzunehmen, wurde die Vorschrift des § 35 RVG eingeführt. Dabei wurde auch berücksichtigt, dass die steuerberatende Tätigkeit immer mehr zum Dienstleistungsangebot der Rechtsanwälte gehört. Dass diese zur Steuerberatung befugt sind, ergibt sich aus § 3 Nr. 1 StBerG.

6   Für **folgende steuerrechtlichen Tätigkeiten** können Rechtsanwälte daher künftig nach den **Regelungen der Steuerberatergebührenverordnung** abrechnen:

§ 10 StBGebV Wertgebühren

(1) Die Wertgebühren bestimmen sich nach den der Verordnung als Anlage beigefügten Tabellen A bis E. Sie werden nach dem Wert berechnet, den der Gegenstand der beruflichen Tätigkeit hat. Maßgebend ist, soweit diese Verordnung nichts anderes bestimmt, der Wert des Interesses.

(2) In derselben Angelegenheit werden die Werte mehrerer Gegenstände zusammengerechnet; dies gilt nicht für die in den §§ 24 bis 27, 30, 35 und 37 bezeichneten Tätigkeiten.

§ 13 StBGebV Zeitgebühr

Die Zeitgebühr ist zu berechnen

1. in den Fällen, in denen diese Verordnung dies vorsieht,
2. wenn keine genügenden Anhaltspunkte für eine Schätzung des Gegenstandswerts vorliegen; dies gilt nicht für Tätigkeiten nach § 23 sowie für die Vertretung im außergerichtlichen Rechtsbehelfsverfahren (§§ 40 bis 43), im Verwaltungsvollstreckungsverfahren (§ 44) und in gerichtlichen und anderen Verfahren (§§ 45, 46).

Sie beträgt 19 bis 46 Euro je angefangene halbe Stunde.

§ 23 StBGebV Sonstige Einzeltätigkeiten

Die Gebühr beträgt für

1. die Berichtigung einer Erklärung (§ 153 der Abgabenordnung) 2/10 bis 10/10
2. einen Antrag auf Stundung 2/10 bis 8/10
3. einen Antrag auf Anpassung der Vorauszahlungen 2/10 bis 8/10
4. einen Antrag auf abweichende Steuerfestsetzung aus Billigkeitsgründen 2/10 bis 8/10
5. einen Antrag auf Erlass von Ansprüchen aus dem Steuerschuldverhältnis 2/10 bis 8/10
6. einen Antrag auf Erstattung (§ 37 Abs. 2 der Abgabenordnung) 2/10 bis 8/10
7. einen Antrag auf Aufhebung oder Änderung eines Steuerbescheides oder auf Aufhebung einer Steueranmeldung 2/10 bis 10/10
8. einen Antrag auf volle oder teilweise Rücknahme oder auf vollen oder teilweisen Widerruf eines Verwaltungsaktes 4/10 bis 10/10
9. einen Antrag auf Wiedereinsetzung in den vorigen Stand außerhalb eines Rechtsbehelfsverfahrens 4/10 bis 10/10

10. sonstige Anträge, soweit sie nicht in Steuererklärungen gestellt werden 2/10 bis 10/10

einer vollen Gebühr nach Tabelle A (Anlage 1). Soweit Tätigkeiten nach den Nummern 1 bis 10 denselben Gegenstand betreffen, ist nur eine Tätigkeit maßgebend, und zwar die mit dem höchsten oberen Gebührenrahmen.

§ 24 StBGebV Steuererklärungen

(1) Der Steuerberater erhält für die Anfertigung

1. der Einkommensteuererklärung ohne Ermittlung der einzelnen Einkünfte 1/10 bis 6/10 einer vollen Gebühr nach Tabelle A (Anlage 1); Gegenstandswert ist die Summe der positiven Einkünfte, jedoch mindestens 6.000 Euro;

2. der Erklärung zur gesonderten Feststellung der Einkünfte ohne Ermittlung der Einkünfte 1/10 bis 5/10 einer vollen Gebühr nach Tabelle A (Anlage 1); Gegenstandswert ist die Summe der positiven Einkünfte, jedoch mindestens 6.000 Euro;

3. der Körperschaftsteuererklärung ohne Entwicklung des nach § 30 des Körperschaftsteuergesetzes zu gliedernden verwendbaren Eigenkapitals 2/10 bis 8/10 einer vollen Gebühr nach Tabelle A (Anlage 1); Gegenstandswert ist das Einkommen vor Berücksichtigung eines Verlustabzugs, jedoch mindestens 12.500 Euro;

4. der Erklärung über die Entwicklung des nach § 30 des Körperschaftsteuergesetzes zu gliedernden verwendbaren Eigenkapitals 1/10 bis 6/10 einer vollen Gebühr nach Tabelle A (Anlage 1); Gegenstandswert ist das verwendbare Eigenkapital, jedoch mindestens 12.500 Euro;

5. der Erklärung zur Gewerbesteuer

   a) nach dem Gewerbeertrag 1/10 bis 6/10 einer vollen Gebühr nach Tabelle A (Anlage 1); Gegenstandswert ist der Gewerbeertrag vor Berücksichtigung des Freibetrages und eines Gewerbeverlustes, jedoch mindestens 6.000 Euro,

   b) nach dem Gewerbekapital 1/20 bis 12/20 einer vollen Gebühr nach Tabelle A (Anlage 1); Gegenstandswert ist das Gewerbekapital vor Berücksichtigung der Freibeträge, jedoch mindestens 9.000 Euro;

6. der Gewerbesteuerzerlegungserklärung 1/10 bis 6/10 einer vollen Gebühr nach Tabelle A (Anlage 1); Gegenstandswert sind 10 vom Hundert der als Zerlegungsmaßstab erklärten Arbeitslöhne und Betriebseinnahmen, jedoch mindestens 4.000 Euro;

7. der Umsatzsteuervoranmeldung 1/10 bis 6/10 einer vollen Gebühr nach Tabelle A (Anlage 1); Gegenstandswert sind 10 vom Hundert des Gesamtbetrags der Entgelte zuzüglich des Eigenverbrauchs, jedoch mindestens 500 Euro;

8. der Umsatzsteuerjahreserklärung einschließlich ergänzender Anträge und Meldungen 1/10 bis 8/10 einer vollen Gebühr nach Tabelle A (Anlage 1); Gegenstandswert sind 10 vom Hundert des Gesamtbetrags der Entgelte zuzüglich des Eigenverbrauchs, jedoch mindestens 6.000 Euro;

9. der Vermögensaufstellung zur Ermittlung des Einheitswertes des Betriebsvermögens 1/20 bis 14/20 einer vollen Gebühr nach Tabelle A (Anlage 1); Gegenstandswert ist das Rohbetriebsvermögen, jedoch mindestens 12.500 Euro;

10. der Vermögensteuererklärung oder der Erklärung zur gesonderten Feststellung des Vermögens von Gemeinschaften 1/20 bis 18/20 einer vollen Gebühr nach Tabelle A (Anlage 1); Gegenstandswert ist das Rohvermögen, jedoch bei natürlichen Personen mindestens 12.500 Euro und bei Körperschaften, Personenvereinigungen und Vermögensmassen mindestens 25.000 Euro;

11. der Erklärung zur gesonderten Feststellung des gemeinen Wertes nicht notierter Anteile an Kapitalgesellschaften 1/20 bis 18/20 einer vollen Gebühr nach Tabelle A (Anlage 1); Gegenstandswert ist die Summe der Anteilswerte, jedoch mindestens 25.000 Euro;

12. der Erbschaftsteuererklärung ohne Ermittlung der Zugewinnausgleichsforderung nach § 5 des Erbschaftsteuergesetzes 2/10 bis 10/10 einer vollen Gebühr nach Tabelle A (Anlage 1); Gegenstandswert ist der Wert des Erwerbs von Todes wegen vor Abzug der Schulden und Lasten, jedoch mindestens 12.500 Euro;

13. der Schenkungsteuererklärung 2/10 bis 10/10 einer vollen Gebühr nach Tabelle A (Anlage 1); Gegenstandswert ist der Rohwert der Schenkung, jedoch mindestens 12.500 Euro;

14. der Kapitalertragsteuererklärung 1/20 bis 6/20 einer vollen Gebühr nach Tabelle A (Anlage 1); Gegenstandswert ist die Summe der Kapitalertragsteuerpflichtigen Kapitalerträge, jedoch mindestens 3.000 Euro;

15. der Lohnsteueranmeldung 1/20 bis 6/20 einer vollen Gebühr nach Tabelle A (Anlage 1); Gegenstandswert sind 20 vom Hundert der Arbeitslöhne einschließlich sonstiger Bezüge, jedoch mindestens 1.000 Euro;

16. von Steuererklärungen auf dem Gebiet der Zölle und der Verbrauchssteuern, die als Einfuhrabgaben erhoben werden, 1/10 bis 3/10 einer vollen Gebühr nach Tabelle A (Anlage 1); Gegenstandswert ist der Betrag, der sich bei Anwendung der höchsten in Betracht kommenden Abgabensätze auf die den Gegenstand der Erklärung bildenden Waren ergibt, jedoch mindestens 1.000 Euro;

17. von Anmeldungen oder Erklärungen auf dem Gebiete der Verbrauchssteuern, die nicht als Einfuhrabgaben erhoben werden, 1/10 bis 3/10 einer vollen Gebühr nach Tabelle A (Anlage 1); Gegenstandswert ist für eine Steueranmeldung der angemeldete Betrag und für eine Steuererklärung der festgesetzte Betrag, jedoch mindestens 1.000 Euro;

18. von Anträgen auf Gewährung einer Verbrauchssteuervergütung oder einer einzelgesetzlich geregelten Verbrauchssteuererstattung, sofern Letztere nicht in der monatlichen Steuererklärung oder Steueranmeldung geltend zu machen ist, 1/10 bis 3/10 einer vollen Gebühr nach Tabelle A (Anlage 1); Gegenstandswert ist die beantragte Vergütung oder Erstattung, jedoch mindestens 1.000 Euro;

19. von Anträgen auf Gewährung einer Investitionszulage 1/10 bis 6/10 einer vollen Gebühr nach Tabelle A (Anlage 1); Gegenstandswert ist die Bemessungsgrundlage;

20. (gestrichen)

21. von Anträgen auf Vergütung der abziehbaren Vorsteuerbeträge an im Ausland ansässige Unternehmer 1/10 bis 6/10 einer vollen Gebühr nach Tabelle A (Anlage 1); Gegenstandswert ist die beantragte Vergütung, jedoch mindestens 1.000 Euro;

22. von Anträgen auf Erstattung von Kapitalertragsteuer und Vergütung der anrechenbaren Körperschaftsteuer 1/10 bis 6/10 einer vollen Gebühr nach Tabelle A (Anlage 1); Gegenstandswert ist die beantragte Erstattung, jedoch mindestens 1.000 Euro;;

23. von Anträgen nach Abschnitt X des Einkommensteuergesetzes 2/10 bis 10/10 einer vollen Gebühr nach Tabelle A (Anlage 1); Gegenstandswert ist das beantragte Jahreskindergeld;

24. von Anträgen nach dem Eigenheimzulagengesetz 2/10 bis 10/10 einer vollen Gebühr nach Tabelle A (Anlage 1); Gegenstandswert ist die beantragte Eigenheimzulage.

(2) Für die Ermittlung der Zugewinnausgleichsforderung nach § 5 des Erbschaftsteuergesetzes erhält der Steuerberater 5 Zehntel bis 15 Zehntel einer vollen Gebühr nach Tabelle A (Anlage 1); Gegenstandswert ist der ermittelte Betrag, jedoch mindestens 12.500 Euro.

(3) Für einen Antrag auf Lohnsteuerermäßigung (Antrag auf Eintragung von Freibeträgen) erhält der Steuerberater 1/20 bis 4/20 einer vollen Gebühr nach Tabelle A (Anlage 1); Gegenstandswert ist der voraussichtliche Jahresarbeitslohn; er beträgt mindestens 4.500 Euro.

(4) Der Steuerberater erhält die Zeitgebühr

1. für die Anfertigung einer Erklärung zur Hauptfeststellung, Fortschreibung oder Nachfeststellung der Einheitswerte für Grundbesitz;

2. für Arbeiten zur Feststellung des verrechenbaren Verlustes gemäß § 15a des Einkommensteuergesetzes;

3. für die Anfertigung einer Meldung über die Beteiligung an ausländischen Körperschaften, Vermögensmassen und Personenvereinigungen und an ausländischen Personengesellschaften;

4. für die Anfertigung eines Erstattungsantrages nach § 50 Abs. 5 Satz 4 Nr. 3 des Einkommensteuergesetzes;

5. für die Anfertigung einer Anmeldung nach § 50a Abs. 5 des Einkommensteuergesetzes, § 73e der Einkommensteuer-Durchführungsverordnung.

§ 25 StBGebV Ermittlung des Überschusses der Betriebseinnahmen über die Betriebsausgaben

(1) Die Gebühr für die Ermittlung des Überschusses der Betriebseinnahmen über die Betriebsausgaben bei den Einkünften aus Land- und Forstwirtschaft, Gewerbebetrieb oder selbstständiger Arbeit beträgt 5 Zehntel bis 20 Zehntel einer vollen Gebühr nach Tabelle B (Anlage 2). Gegenstandswert ist der jeweils höhere Betrag, der sich aus der Summe der Betriebseinnahmen oder der Summe der Betriebsausgaben ergibt, jedoch mindestens 12.500 Euro.

(2) Für Vorarbeiten, die über das übliche Maß erheblich hinausgehen, erhält der Steuerberater die Zeitgebühr.

(3) Sind bei mehreren Einkünften aus derselben Einkunftsart die Überschüsse getrennt zu ermitteln, so erhält der Steuerberater die Gebühr nach Absatz 1 für jede Überschussrechnung.

§ 26 StBGebV Ermittlung des Gewinns aus Land- und Forstwirtschaft nach Durchschnittssätzen

(1) Die Gebühr für die Ermittlung des Gewinns nach Durchschnittssätzen beträgt 5 Zehntel bis 20 Zehntel einer vollen Gebühr nach Tabelle B (Anlage 2). Gegenstandswert ist der Ausgangswert nach § 13a Abs. 4 einschließlich der Summe der Sondergewinne nach § 13a Abs. 8 des Einkommensteuergesetzes.

(2) Sind für mehrere land- und forstwirtschaftliche Betriebe desselben Auftraggebers die Gewinne nach Durchschnittssätzen getrennt zu ermitteln, so erhält der Steuerberater die Gebühr nach Absatz 1 für jede Gewinnermittlung.

§ 27 StBGebV Ermittlung des Überschusses der Einnahmen über die Werbungskosten

(1) Die Gebühr für die Ermittlung des Überschusses der Einnahmen über die Werbungskosten bei den Einkünften aus nichtselbstständiger Arbeit, Kapitalvermögen, Vermietung und Verpachtung oder sonstigen Einkünften beträgt 1 Zwanzigstel bis 12 Zwanzigstel einer vollen Gebühr nach Tabelle A (Anlage 1). Gegenstandswert ist der jeweils höhere Betrag, der sich aus der Summe der Einnahmen oder der Summe der Werbungskosten ergibt, jedoch mindestens 6.000 Euro.

(2) Beziehen sich die Einkünfte aus Vermietung und Verpachtung auf mehrere Grundstücke oder sonstige Wirtschaftsgüter und ist der Überschuss der Einnahmen über die Werbungskosten jeweils getrennt zu ermitteln, so erhält der Steuerberater die Gebühr nach Absatz 1 für jede Überschussrechnung.

(3) (aufgehoben)

§ 28 StBGebV Prüfung von Steuerbescheiden

Für die Prüfung eines Steuerbescheids erhält der Steuerberater die Zeitgebühr.

§ 29 StBGebV Teilnahme an Prüfungen

Der Steuerberater erhält

1. für die Teilnahme an einer Prüfung, insbesondere an einer Außenprüfung (§ 193 der Abgabenordnung) einschließlich der Schlussbesprechung und der Prüfung des Prüfungsberichts, an einer Ermittlung der Besteuerungsgrundlagen (§ 208 der Abgabenordnung) oder an einer Maßnahme der Steueraufsicht (§§ 209 bis 217 der Abgabenordnung) die Zeitgebühr;

2. für schriftliche Einwendungen gegen den Prüfungsbericht 5 Zehntel bis 10 Zehntel einer vollen Gebühr nach Tabelle A (Anlage 1).

§ 30 StBGebV Selbstanzeige

Für die Tätigkeit im Verfahren der Selbstanzeige (§§ 371 und 378 Abs. 3 der Abgabenordnung) einschließlich der Ermittlungen zur Berichtigung, Ergänzung oder Nachholung der Angaben erhält der Steuerberater 10 Zehntel bis 30 Zehntel einer vollen Gebühr nach Tabelle A (Anlage 1).

§ 31 StBGebV Besprechungen

Für Besprechungen mit Behörden oder mit Dritten in abgabenrechtlichen Sachen erhält der Steuerberater 5 Zehntel bis 10 Zehntel einer vollen Gebühr nach Tabelle A (Anlage 1). § 42 Abs. 2 gilt entsprechend.

§ 32 StBGebV Einrichtung einer Buchführung

Für die Hilfeleistung bei der Einrichtung einer Buchführung erhält der Steuerberater die Zeitgebühr.

§ 33 StBGebV Buchführung

(1) Für die Buchführung einschließlich des Kontierens der Belege beträgt die Monatsgebühr 2/10 bis 12/10 einer vollen Gebühr nach Tabelle C (Anlage 3).

(2) Für das Kontieren der Belege beträgt die Monatsgebühr 1/10 bis 6/10 einer vollen Gebühr nach Tabelle C (Anlage 3).

(3) Für die Buchführung nach vom Auftraggeber kontierten Belegen oder erstellten Kontierungsunterlagen beträgt die Monatsgebühr 1/10 bis 6/10 einer vollen Gebühr nach Tabelle C (Anlage 3).

(4) Für die Buchführung nach vom Auftraggeber erstellten Eingaben für die Datenverarbeitung und mit beim Auftraggeber eingesetzten Datenverarbeitungsprogrammen des Steuerberaters erhält der Steuerberater neben der Vergütung für die Datenverarbeitung und für den Einsatz der Datenverarbeitungsprogramme eine Monatsgebühr von 1/20 bis 10/20 einer vollen Gebühr nach Tabelle C (Anlage 3).

(5) Für die laufende Überwachung der Buchführung des Auftraggebers beträgt die Monatsgebühr 1/10 bis 6/10 einer vollen Gebühr nach Tabelle C (Anlage 3).

(6) Gegenstandswert ist der jeweils höchste Betrag, der sich aus dem Jahresumsatz oder aus der Summe des Aufwandes ergibt.

(7) Für die Hilfeleistung bei sonstigen Tätigkeiten im Zusammenhang mit der Buchführung erhält der Steuerberater die Zeitgebühr.

(8) Mit der Gebühr nach den Absätzen 1, 3 und 4 sind die Gebühren für die Umsatzsteuervoranmeldung (§ 24 Abs. 1 Nr. 7) abgegolten.

§ 34 StBGebV Lohnbuchführung

(1) Für die erstmalige Einrichtung von Lohnkonten und die Aufnahme der Stammdaten erhält der Steuerberater eine Gebühr von 2,60 bis 9 Euro je Arbeitnehmer.

(2) Für die Führung von Lohnkonten und die Anfertigung der Lohnabrechnung erhält der Steuerberater eine Gebühr von 2,60 bis 15 Euro je Arbeitnehmer und Abrechnungszeitraum.

(3) Für die Führung von Lohnkonten und die Anfertigung der Lohnabrechnung nach vom Auftraggeber erstellten Buchungsunterlagen erhält der Steuerberater eine Gebühr von 1 bis 5 Euro je Arbeitnehmer und Abrechnungszeitraum.

(4) Für die Führung von Lohnkonten und die Anfertigung der Lohnabrechnung nach vom Auftraggeber erstellten Eingaben für die Datenverarbeitung und mit beim Auftraggeber eingesetzten Datenverarbeitungsprogrammen des Steuerberaters erhält der Steuerberater neben der Vergütung für die Datenverarbeitung und für den Einsatz der Datenverarbeitungsprogramme eine Gebühr von 0,50 bis 2,60 Euro je Arbeitnehmer und Abrechnungszeitraum.

(5) Für die Hilfeleistung bei sonstigen Tätigkeiten im Zusammenhang mit dem Lohnsteuerabzug und der Lohnbuchführung erhält der Steuerberater die Zeitgebühr.

(6) Mit der Gebühr nach den Absätzen 2 bis 4 sind die Gebühren für die Lohnsteueranmeldung (§ 24 Abs. 1 Nr. 15) abgegolten.

§ 35 StBGebV Abschlussarbeiten

(1) Die Gebühr beträgt für

1. a) die Aufstellung eines Jahresabschlusses (Bilanz und Gewinn- und Verlustrechnung) 10/10 bis 40/10

   b) die Erstellung eines Anhangs 2/10 bis 12/10

   c) die Erstellung eines Lageberichts 2/10 bis 12/10

2. die Aufstellung eines Zwischenabschlusses oder eines vorläufigen Abschlusses (Bilanz und Gewinn- und Verlustrechnung) 5/10 bis 12/10

3. die Entwicklung einer Steuerbilanz aus der Handelsbilanz oder die Ableitung des steuerlichen Ergebnisses vom Handelsbilanzergebnis 5/10 bis 12/10

4. die Aufstellung einer Eröffnungsbilanz 5/10 bis 12/10

5. die Aufstellung einer Auseinandersetzungsbilanz 5/10 bis 20/10

6. den schriftlichen Erläuterungsbericht zu Tätigkeiten nach den Nummern 1 bis 5 2/10 bis 12/10

7. a) die beratende Mitwirkung bei der Aufstellung eines Jahresabschlusses (Bilanz und Gewinn- und Verlustrechnung) 2/10 bis 10/10

   b) die beratende Mitwirkung bei der Erstellung eines Anhangs 2/10 bis 4/10

   c) die beratende Mitwirkung bei der Erstellung eines Lageberichts 2/10 bis 4/10

8. die Zusammenstellung eines Jahresabschlusses (Bilanz und Gewinn- und Verlustrechnung) aus übergebenen Endzahlen (ohne Vornahme von Prüfungsarbeiten) 2/10 bis 6/10 einer vollen Gebühr nach Tabelle B (Anlage 2).

(2) Gegenstandswert ist

1. in den Fällen des Absatzes 1 Nr. 1 bis 3, 7 und 8 das Mittel zwischen der berichtigten Bilanzsumme und der betrieblichen Jahresleistung;

2. in den Fällen des Absatzes 1 Nr. 4 und 5 die berichtigte Bilanzsumme;

3. in den Fällen des Absatzes 1 Nr. 6 der Gegenstandswert, der für die dem Erläuterungsbericht zu Grunde liegenden Abschlussarbeiten maßgeblich ist.

Die berichtigte Bilanzsumme ergibt sich aus der Summe der Posten der Aktivseite der Bilanz zuzüglich Privatentnahmen und offener Ausschüttungen abzüglich Privateinlagen, Kapitalerhöhungen durch Einlagen und Wertberichtigungen. Die betriebliche Jahresleistung umfasst Umsatzerlöse, sonstige betriebliche Erträge, Erträge aus Beteiligungen, Erträge aus anderen Wertpapieren und Ausleihungen des Finanzanlagevermögens, sonstige Zinsen und ähnliche Erträge, Veränderungen des Bestands an fertigen und unfertigen Erzeugnissen, andere aktivierte Eigenleistungen sowie außerordentliche Erträge. Ist der betriebliche Jahresaufwand höher als die betriebliche Jahresleistung, so ist dieser der Berechnung des Gegenstandswerts zu Grunde zu legen. Betrieblicher Jahresaufwand ist die Summe der Betriebsausgaben einschließlich der Abschreibungen. Bei der Berechnung des Gegenstandswerts ist eine negative berichtigte Bilanzsumme als positiver Wert anzusetzen. Übersteigen die betriebliche Jahresleistung oder der höhere betriebliche Jahresaufwand das 5fache der berichtigten Bilanzsumme, so bleibt der übersteigende Betrag bei der Ermittlung des Gegenstandswerts außer Ansatz. Der Gegenstandswert besteht nur aus der berichtigten Bilanzsumme, wenn die betriebliche Jahresleistung geringer als 3.000 Euro ist. Der Gegenstandswert besteht nur aus der betrieblichen Jahresleistung, wenn die berichtigte Bilanzsumme geringer als 3.000 Euro ist.

(3) Für die Anfertigung oder Berichtigung von Inventurunterlagen und für sonstige Abschlussvorarbeiten bis zur abgestimmten Saldenbilanz erhält der Steuerberater die Zeitgebühr.

§ 36 StBGebV Steuerliches Revisionswesen

(1) Der Steuerberater erhält für die Prüfung einer Buchführung, einzelner Konten oder einer Überschussrechnung für steuerliche Zwecke und für die Berichterstattung hierüber die Zeitgebühr.

(2) Der Steuerberater erhält

1. für die Prüfung einer Bilanz, einer Gewinn- und Verlustrechnung, eines Anhangs, eines Lageberichts oder einer sonstigen Vermögensrechnung für steuerliche Zwecke 2/10 bis 10/10 einer vollen Gebühr nach Tabelle B (Anlage 2) sowie die Zeitgebühr;

2. für die Berichterstattung über eine Tätigkeit nach Nummer 1 die Zeitgebühr. Der Gegenstandswert bemisst sich nach § 35 Abs. 2.

§ 37 StBGebV Vermögensstatus, Finanzstatus für steuerliche Zwecke

Die Gebühr beträgt für

1. die Erstellung eines Vermögensstatus oder Finanzstatus 5/10 bis 15/10

2. die Erstellung eines Vermögensstatus oder Finanzstatus aus übergebenen Endzahlen (ohne Vornahme von Prüfungsarbeiten) 2/10 bis 6/10

3. den schriftlichen Erläuterungsbericht zu den Tätigkeiten nach Nummer 1 1/10 bis 6/10 einer vollen Gebühr nach Tabelle B (Anlage 2). Gegenstandswert ist für die Erstellung eines Vermögensstatus die Summe der Vermögenswerte, für die Erstellung eines Finanzstatus die Summe der Finanzwerte.

§ 38 StBGebV Erteilung von Bescheinigungen

(1) Der Steuerberater erhält für die Erteilung einer Bescheinigung über die Beachtung steuerrechtlicher Vorschriften in Vermögensübersichten und Erfolgsrechnungen 1 Zehntel bis 6 Zehntel einer vollen Gebühr nach Tabelle B (Anlage 2). Der Gegenstandswert bemisst sich nach § 35 Abs. 2.

(2) Der Steuerberater erhält für die Mitwirkung an der Erteilung von Steuerbescheinigungen die Zeitgebühr.

§ 39 StBGebV Buchführungs- und Abschlussarbeiten für land- und forstwirtschaftliche Betriebe

(1) Für Angelegenheiten, die sich auf land- und forstwirtschaftliche Betriebe beziehen, gelten abweichend von den §§ 32, 33, 35 und 36 die Absätze 2 bis 7.

(2) Die Gebühr beträgt für

1. laufende Buchführungsarbeiten einschließlich Kontieren der Belege jährlich 3/10 bis 20/10

2. die Buchführung nach vom Auftraggeber kontierten Belegen oder erstellten Kontierungsunterlagen jährlich 3/20 bis 20/20

3. die Buchführung nach vom Auftraggeber erstellten Datenträgern oder anderen Eingabemitteln für die Datenverarbeitung und für den Einsatz der Datenverarbeitungsprogramme neben der Vergütung für die Datenverarbeitung jährlich 1/20 bis 16/20

4. die laufende Überwachung der Buchführung jährlich 1/10 bis 6/10 einer vollen Gebühr nach Tabelle D (Anlage 4). Die volle Gebühr ist die Summe der Gebühren nach Tabelle D Teil a und Tabelle D Teil b.

(3) Die Gebühr beträgt für

1. die Abschlussvorarbeiten 1/10 bis 5/10

2. die Aufstellung eines Abschlusses 3/10 bis 10/10

3. die Entwicklung eines steuerlichen Abschlusses aus dem betriebswirtschaftlichen Abschluss oder aus der Handelsbilanz oder die Ableitung des steuerlichen Ergebnisses vom Ergebnis des betriebswirtschaftlichen Abschlusses oder der Handelsbilanz 3/20 bis 10/20

4. die beratende Mitwirkung bei der Erstellung eines Abschlusses 1/20 bis 10/20

5. die Prüfung eines Abschlusses für steuerliche Zwecke 1/10 bis 8/10

6. den schriftlichen Erläuterungsbericht zum Abschluss 1/10 bis 8/10 einer vollen Gebühr nach Tabelle D (Anlage 4). Die volle Gebühr ist die Summe der Gebühren nach Tabelle D Teil a und Tabelle D Teil b.

(4) Die Gebühr beträgt für

1. die Hilfeleistung bei der Einrichtung einer Buchführung 1/10 bis 6/10

2. die Erfassung der Anfangswerte bei Buchführungsbeginn 3/10 bis 15/10 einer vollen Gebühr nach Tabelle D Teil a (Anlage 4).

(5) Gegenstandswert ist für die Anwendung der Tabelle D Teil a die Betriebsfläche. Gegenstandswert für die Anwendung der Tabelle D Teil b ist der Jahresumsatz zuzüglich der Privateinlagen, mindestens jedoch die Höhe der Aufwendungen zuzüglich der Privatentnahmen. Im Falle des Absatzes 3 vermindert sich der 100.000 Euro übersteigende Betrag auf die Hälfte.

(6) Bei der Errechnung der Betriebsfläche (Absatz 5) ist

1. bei einem Jahresumsatz bis zu 1.000 Euro je Hektar das Einfache,

2. bei einem Jahresumsatz über 1.000 Euro je Hektar das Vielfache, das sich aus dem durch 1.000 geteilten Betrag des Jahresumsatzes je Hektar ergibt,

3. bei forstwirtschaftlich genutzten Flächen die Hälfte,

4. bei Flächen mit bewirtschafteten Teichen die Hälfte,

5. bei durch Verpachtung genutzten Flächen ein Viertel der tatsächlich genutzten Flächen anzusetzen.

(7) Mit der Gebühr nach Absatz 2 Nr. 1, 2 und 3 ist die Gebühr für die Umsatzsteuervoranmeldungen (§ 24 Abs. 1 Nr. 7) abgegolten.

2. Anwendbarkeit des RVG

Soweit die vorstehenden Regelungen greifen, ist ein Rückgriff auf die Gebührentatbestände des Teils 2 VV RVG ausgeschlossen (Vorbem. 2 Abs. 1 VV RVG). Anzuwenden sind allerdings daneben die **allgemeinen Gebühren** nach Teil 1 VV RVG sowie die **Auslagen** nach Teil 7 VV RVG. Diese Vorschriften bleiben anwendbar. **7**

Das Gleiche gilt für Gebühren nach Teil 3 VV RVG. In **finanzgerichtlichen Verfahren** richtet sich die Vergütung nach wie vor nach dem anwaltlichen Gebührenrecht, also jetzt nach Teil 3 VV RVG und nicht etwa ebenfalls nach der Steuerberatergebührenverordnung (s.u. Rn. 16 ff.). **8**

Keine Anwendung finden die Vorschriften der Steuerberatergebührenverordnung ferner für die beratende Tätigkeit nach § 21 StBGebV und die gutachterliche Funktion nach § 22 StBGebV. Das Gleiche gilt für die allgemeinen Vorschriften und die Vorschriften über die Gebührenberechnung mit Ausnahme des § 10 StBGebV (Wertgebühren mit den Gebührentabellen als Anlage zur StBGebV) und § 13 StBGebV (Zeitgebühr). Für alle Vorschriften der Steuerberatergebührenverordnung, deren sinngemäße Anwendung für die entsprechende Berufstätigkeit der Rechtsanwälte nicht vorgesehen ist, finden sich im RVG nämlich ausreichende und umfassende Parallelbestimmungen. **9**

10

Anzuwenden sind daher insbesondere – auch soweit § 35 RVG auf die Steuerbera-tergebührenverordnung verweist:	
§ 4 RVG	Vereinbarung der Vergütung
§ 5 RVG	Vergütung für Tätigkeiten von Vertretern des Rechtsanwalts
§ 6 RVG	Mehrere Rechtsanwälte
§ 7 RVG	Mehrere Auftraggeber (nicht anwendbar ist aber Nr. 1008 VV RVG)
§ 8 RVG	Fälligkeit, Hemmung der Verjährung
§ 9 RVG	Vorschuss
§ 10 RVG	Berechnung
§ 60 RVG	Übergangsvorschrift für Änderungen des RVG
§ 61 RVG	Übergangsvorschrift aus Anlass des In-Kraft-Tretens dieses Gesetzes

II. Außergerichtliche Tätigkeiten außerhalb des § 35 RVG

11 Sonstige außergerichtliche Tätigkeiten in steuer- und finanzrechtlichen Angelegenheiten, also Tätigkeiten, die nicht unter § 35 RVG fallen, werden nach Teil 2 VV RVG vergütet.

1. Beratung

12 Der Anwalt kann hier also zunächst einmal die **Beratungsgebühren** nach Nrn. 2100 ff. VV RVG verdienen. Die Beratungstätigkeit richtet sich immer nach dem RVG, nicht nach der Steuerberatergebührenverordnung. Zu beachten ist gegebenenfalls die Begrenzung nach Nr. 2102 VV RVG im Falle einer Erstberatung (s. Teil 7 Rn. 32 ff.).

2. Außergerichtliche Vertretung

13 Für die außergerichtliche Vertretung außerhalb des § 35 RVG erhält der Rechtsanwalt die Gebühren nach Nrn. 2400, 2401 VV RVG. Auch hier gilt, dass das Ausgangsverfahren und das weitere Verfahren, das dem gerichtlichen Verfahren vorausgeht, also das Einspruchs-verfahren, das der Nachprüfung des Bescheides dient, **verschiedene Angelegenheiten** sind (§ 17 Nr. 1 RVG). Ebenso sind hier Verfahren auf Aussetzung nach § 17 Nr. 1 RVG gesonderte Angelegenheiten. Insoweit kann auf die Ausführungen zu den verwaltungs- und den sozialrechtlichen Angelegenheiten verwiesen werden (s. Teil 11 und 12).

3. Einigung und Erledigung

14 Darüber hinaus kann der Anwalt auch bei außergerichtlicher Tätigkeit in finanzgericht-lichen Verfahren, also sowohl bei der Beratung als auch bei der außergerichtlichen Ver-tretung, eine **Erledigungsgebühr** nach Nr. 1002 VV RVG verdienen sowie in Ausnah-mefällen auch eine **Einigungsgebühr** nach Nr. 1000 VV RVG.

4. Auslagen

Auch in steuerrechtlichen Angelegenheiten richten sich die Auslagen nach den Nrn. 7000   15
ff. VV RVG. Der Anwalt kann nach diesen Vorschriften die entstandenen Auslagen gegenüber dem Mandanten abrechnen.

C. Erstinstanzliche gerichtliche Tätigkeiten

I. Anwendbare Vorschriften

In den gerichtlichen Verfahren erster Instanz vor den Finanzgerichten erhält der Anwalt   16
nach Vorbem. 3.2.1 Abs. 1 Nr. 1 VV RVG die Gebühren nach Abschnitt 2 Teil 3 VV RVG,
also nach den für die **Berufung** geltenden Gebührenvorschriften. **Finanzgerichte** sind
auf der Ebene der Obergerichte angesiedelt; gegen ihre Entscheidungen ist nur die Revision zum BFH gegeben. Dieser besonderen Stellung der Finanzgerichte trägt das RVG
jetzt Rechnung, indem es auch die Gebührenvorschriften für die Obergerichte, also die
Gebühren des Berufungsverfahrens, für entsprechend anwendbar erklärt.

II. Verfahrensgebühr

Der Anwalt erhält also im erstinstanzlichen Verfahren vor dem Finanzgericht eine **1,6 Ver-**   17
fahrensgebühr nach Nr. 3200 VV RVG, die sich auf eine 1,1 Verfahrensgebühr bei vorzeitiger Erledigung ermäßigt (Nr. 3201 VV RVG).

Auf diese Gebühr ist eine vorangegangene Geschäftsgebühr nach Nr. 2400 VV RVG oder   18
Nr. 2401 VV RVG zur Hälfte **anzurechnen,** höchstens jedoch zu 0,75 (Vorbem. 3 Abs. 4
Satz 1 VV RVG). Anzurechnen ist jeweils die letzte Geschäftsgebühr (Vorbem. 3 Abs. 4
Satz 2 VV RVG).

III. Terminsgebühr

Neben der Verfahrensgebühr erhält der Anwalt eine **1,2 Terminsgebühr** nach Nr. 3202   19
VV RVG.

Diese Terminsgebühr erhält der Anwalt auch dann, wenn das Gericht gemäß §§ 91a   20
Abs. 2, 90a oder 94a FGO **ohne mündliche Verhandlung** entscheidet (Abs. 2 der Anm.
zu Nr. 3202 VV RVG).

IV. Einigung und Erledigung

Auch im erstinstanzlichen Verfahren kommt eine **Einigungs- oder Erledigungsgebühr**   21
in Betracht.

22 Dem Wortlaut nach müsste sich die **Einigungsgebühr** nach Nr. 1000 VV RVG und die **Erledigungsgebühr** nach Nr. 1002 VV RVG gemäß Nr. 1003 VV RVG auf **1,0** belaufen. Hier hat man offenbar die ansonsten vorgesehene Gleichstellung mit den Berufungsverfahren (Vorbem. 3.2.1 Abs. 1 Nr. 1 VV RVG) übersehen. Zutreffend dürfte es sein, im erstinstanzlichen finanzgerichtlichen Verfahren nach Nr. 1004 VV RVG eine **1,3 Einigungs- oder Erledigungsgebühr** zu berechnen.[1] Es ist nämlich nicht nachvollziehbar, wieso die Verfahrens- und Terminsgebühren die Regelungen des Berufungsverfahrens gelten sollen, nicht aber für die Einigungs- und Erledigungsgebühr.

23 ***Beispiel:***

Gegen den Mandanten ist ein Steuerbescheid über 4.000 € ergangen. Der Mandant beauftragt den Anwalt, gegen den Steuerbescheid Einspruch einzulegen und nachdem dieser zurückgewiesen worden ist, hiergegen Klage zu erheben. Im Verfahren vor dem Finanzgericht wird eine Erledigung herbeigeführt.

*Für das **Widerspruchsverfahren** erhält der Anwalt eine Geschäftsgebühr nach Nr. 2400 VV RVG (nicht nach Nr. 2401 VV RVG, da er erstmals im Widerspruchsverfahren beauftragt worden ist). Diese Gebühr ist nach Vorbem. 3 Abs. 4 VV RVG zur Hälfte, höchstens mit einem Gebührensatz von 0,75 auf die Verfahrensgebühr anzurechnen.*

*Für den **Rechtsstreit** gelten die Gebühren nach Teil 3 Abschnitt 2 VV RVG (Vorbem. 3.2.1 Abs. 1 Nr. 1 VV RVG).*

Ausgehend von der Mittelgebühr im Einspruchsverfahren ergibt sich folgende Berechnung:

I. Einspruchsverfahren:

1.	1,5 Geschäftsgebühr Nr. 2400 VV RVG	367,50 €
2.	Postentgeltpauschale, Nr. 7002 VV RVG	20,00 €
3.	16 % Umsatzsteuer, Nr. 7008 VV RVG	+ 62,00 €
	Summe:	**449,50 €**

II. Rechtsstreit:

1.	1,6 Verfahrensgebühr, Nr. 3200 VV RVG	392,00 €
	gemäß Vorbem. 3 Abs. 4 VV RVG anzurechnen 0,75 Geschäftsgebühr (Wert: 4.000 €)	– 183,75 €
2.	1,2 Terminsgebühr, Nr. 3202 VV RVG	294,00 €
3.	1,3 Erledigungsgebühr, Nrn. 1002, 1004 VV RVG	318,50 €
4.	Postentgeltpauschale, Nr. 7002 VV RVG	20,00 €
5.	16 % Umsatzsteuer, Nr. 7008 VV RVG	+ 134,52 €
	Summe:	**975,27 €**

---

1 Anwkom-RVG-*N. Schneider*, Nr. 1000 VV RVG Rn. 3, 133; *Mayer/Kroiß*, RVG, Nr. 1004 VV RVG Rn. 6.

D. Nichtzulassungsbeschwerde

Hat das Finanzgericht die Revision nicht zugelassen und wird hiergegen Nichtzulas- **24**
sungsbeschwerde nach § 115 Abs. 3 FGO eingelegt, so handelt es sich dabei um eine
selbständige Angelegenheit (§ 17 Nr. 9 RVG). Der Anwalt erhält für das Nichtzulassungsbeschwerdeverfahren eine **1,6 Verfahrensgebühr** nach Nr. 3506 VV RVG, die sich
im Falle der vorzeitigen Erledigung nach Nr. 3507 VV RVG auf **1,1** ermäßigt. Diese Verfahrensgebühr ist nach der Anm. zu Nr. 3506 VV RVG auf die Verfahrensgebühr des eventuell nachfolgenden Revisionsverfahrens **anzurechnen.**

E. Revision

Im Revisionsverfahren erhält der Anwalt die Vergütung nach Teil 3 Abschnitt 2 Unterab- **25**
schnitt 2 VV RVG. Hier gilt also wiederum das Gleiche wie in den allgemeinen verwaltungsrechtlichen Revisionsverfahren. Der Anwalt erhält eine **1,6 Verfahrensgebühr** nach
Nr. 3206 VV RVG, die sich bei vorzeitiger Beendigung auf **1,1** ermäßigt (Nr. 3207 VV
RVG i.V.m. Nr. 3201 Nr. 1 VV RVG).

Daneben erhält er eine **1,5 Terminsgebühr** nach Nr. 3210 VV RVG. **26**

F. Einstweiliger Rechtsschutz

In einstweiligen Rechtsschutzverfahren vor dem Finanzgericht erhält der Anwalt eben- **27**
falls die erhöhten Gebühren des Berufungsverfahrens nach den Nrn. 3200 ff. VV RVG
(Vorbem. 3.2.1 Abs. 1 Nr. 1 VV RVG).

G. Beschwerdeverfahren

Für sonstige Beschwerden verbleibt es dagegen bei der Regelung der Nr. 3500 VV RVG. **28**
Hier ist eine Erhöhung nicht vorgesehen. Der Rechtsanwalt erhält danach **eine 0,5 Verfahrensgebühr** und ggf. nach Nr. 3513 VV RVG eine **0,5 Terminsgebühr.**

H. Gegenstandswert

Der Gegenstandswert in finanzrechtlichen Verfahren richtet sich nach § 52 GKG (§ 13 **29**
GKG a.F.). Der Wert ergibt sich – soweit nichts anderes bestimmt ist – nach der sich aus
dem Antrag des Klägers für ihn ergebenden Bedeutung der Sache.

Zu beachten ist, dass sich der Auffangwert auf 5.000 € erhöht hat (§ 52 Abs. 2 GKG).

Darüber hinaus ist in finanzgerichtlichen Verfahren jetzt ein Mindestwert i.H.v. 1.000 €
eingeführt worden (§ 52 Abs. 3 Satz 1 GKG n.F.)

Teil 14: Strafsachen

Inhaltsverzeichnis

A. Überblick

I. Gebührensystem

Die Vergütung in Strafsachen ist in **Teil 4 VV RVG** geregelt. Daneben gelten 1

- die **allgemeinen Gebühren** nach Teil 1 VV RVG sowie
- die **Auslagen** nach Teil 7 VV RVG und
- die ergänzenden **Regelungen des Paragraphenteils**.

Das Vergütungssystem in Strafsachen ist gegenüber der BRAGO völlig neu geregelt. Während die 2 BRAGO die Tätigkeit des Anwalts in der Hauptverhandlung (§ 83 BRAGO) in den Mittelpunkt stellte und ausgehend hiervon geringere Rahmen (§ 84 Abs. 1 BRAGO) oder höhere Rahmen (§§ 84 Abs. 2, 83 Abs. 3 BRAGO) vorsah, sind jetzt ähnlich wie in Zivilsachen zunächst einmal

- **Verfahrens-** und
- **Terminsgebühren** vorgesehen.

Daneben gibt es

- **allgemeine** und
- **zusätzliche Gebühren**.

3 Der Aufbau der Angelegenheiten ist dagegen geblieben. Unterschieden wird nach wie vor nach dem
   - **vorbereitenden Verfahren,**
   - **gerichtlichen Verfahren erster Instanz,**
   - **Berufungsverfahren,**
   - **Revisionsverfahren,**
   - **Wiederaufnahmeverfahren,**
   - und dem **Verfahren nach Zurückverweisung (§ 21 Abs. 1 RVG).**

4 Diese verschiedenen Verfahrensstadien sind jeweils **eigene Angelegenheiten** i.S.d. § 15 RVG, in denen die jeweiligen Gebühren und Auslagen gesondert entstehen (§ 15 Abs. 2 RVG).

5 Das Gebührensystem ist jetzt auch übersichtlicher gestaltet als nach der BRAGO. Aufgeteilt ist Teil 4 VV RVG in **drei Abschnitte:**
   - Abschnitt 1 regelt die **Gebühren des Verteidigers im Strafverfahren.**
   - Abschnitt 2 regelt die **Gebühren des Verteidigers in der Strafvollstreckung.**
   - Abschnitt 3 regelt schließlich die **Gebühren für Einzeltätigkeiten.**

6 Ergänzend hierzu ordnet Vorbem. 4 Abs. 1 VV RVG an, dass die Vorschriften für die Gebühren des Verteidigers entsprechend gelten, wenn der Anwalt einen **anderen Beteiligten** vertritt (s.u. Rn. 20 f.).

II. Gebühren

7 An Gebühren sieht Teil 4 VV RVG zunächst einmal eine **Grundgebühr** (Nr. 4100 VV RVG) vor. Diese Gebühr entsteht im gesamten Strafverfahren einmalig für die erste Einarbeitung in die Sache.

8 In den jeweiligen Verfahrensabschnitten sind darüber hinaus jeweils eine **Verfahrensgebühr** sowie **Terminsgebühren** für jeden Kalendertag vorgesehen. Neu ist insoweit, dass nicht nur Gebühren für die Teilnahme an der Hauptverhandlung vorgesehen sind, sondern auch für die Teilnahme an Terminen außerhalb der Hauptverhandlung (Nr. 4102 VV RVG).

9 Im Gegensatz zur BRAGO, die weitgehend nur Erhöhungsmöglichkeiten kannte, sind für besondere Verfahrensgestaltungen **zusätzliche Gebühren** vorgesehen, nämlich:
   - eine zusätzliche Gebühr bei vorzeitiger Erledigung des Verfahrens (Nr. 4141 VV RVG),
   - eine zusätzliche Gebühr bei Einziehung und verwandten Maßnahmen (Nr. 4142 VV RVG),
   - zusätzliche Gebühren im Adhäsionsverfahren (Nrn. 4143 ff. VV RVG),
   - eine besondere Einigungsgebühr im Privatklageverfahren (Nr. 4147 VV RVG).

10 Geblieben sind die **Betragsrahmen**, aus denen der Anwalt dann nach § 14 Abs. 1 RVG die im Einzelfall angemessene Gebühr bestimmt.

11 Wie auch schon nach der BRAGO sind in bestimmten Fällen **Wertgebühren** vorgesehen, so im Adhäsionsverfahren oder bei Einziehung und verwandten Maßnahmen.

12 Neu ist, dass für den **gerichtlich bestellten oder beigeordneten Anwalt** jetzt **feste Gebührenbeträge** vorgesehen sind. Die bisherige Berechnung des Vier- oder Fünffachen der Mindestgebühr, begrenzt auf die Hälfte der Höchstgebühr (§ 97 Abs. 1 Satz 1 BRAGO), entfällt damit.

B. Allgemeine Regelungen

I. Sachlicher Anwendungsbereich

13 Erfasst werden von Teil 4 VV RVG – wie bisher nach den §§ 83 ff. BRAGO – sämtliche Verfahren, die als **Strafverfahren** ausgestaltet sind, also sämtliche Verfahren nach

- der **StPO**,
- dem **JGG** und
- den Verfahren nach **landesrechtlichen Strafvorschriften**.

Zu den Strafsachen i.S.d. Teils 4 VV RVG gehören daher auch   14

- das **Privatklageverfahren**,
- die **Vertretung des Nebenklägers oder des Verletzten**,
- die Vertretung im **Anklageerzwingungsverfahren**,
- die Vertretung im **Adhäsionsverfahren**,
- **Gnadengesuche**.

Auch die den Strafverfahren **vorangehenden Ermittlungsverfahren** werden von Teil 4 VV RVG er-   15
fasst, soweit sie auf ein Strafverfahren ausgerichtet sind, also soweit die Staatsanwaltschaft oder die
Polizei als Hilfsbeamte der Staatsanwaltschaft (§ 163 StPO) zur Ermittlung von Strafsachen tätig wird.

Keine Anwendung findet Teil 4 VV RVG in **Bußgeldsachen**. Hierfür sieht das RVG gesonderte Ge-   16
bühren in Teil 5 VV RVG vor, der eigenständige Regelungen enthält.

Im Verfahren nach dem **strafrechtlichen Rehabilitierungsgesetz** (StRehaG) gelten die Gebühren   17
des Teil 4 VV RVG entsprechend (Vorbem. 4 Abs. 1 VV RVG).

Auch die bislang nicht gesondert geregelte Vergütung in der **Strafvollstreckung** (Nrn. 4200 ff. VV   18
RVG) richtet sich nach Teil 4 VV RVG.

Verfahren nach dem **Strafrechtsentschädigungsgesetz** (StREG) sind von Teil 4 VV RVG ebenfalls er-   19
fasst, soweit die Entschädigungspflicht dem Grunde nach geregelt wird, da das Verfahren gemäß
§§ 8, 9 StREG vor den Strafgerichten stattfindet. In Verfahren vor der Staatsanwaltschaft über die Höhe der Entschädigung nach §§ 10 bis 12 StREG gilt Nr. 2400 VV RVG. Wird gegen die Entscheidung
der Staatsanwaltschaft Klage vor dem LG erhoben (§ 13 StREG), richtet sich die Vergütung nach Teil 3
VV RVG.

II.   Persönlicher Anwendungsbereich (Vorbem. 4 Abs. 1 VV RVG)

Die Gebühren des Teil 4 VV RVG gelten – wie bisher die §§ 83 ff. BRAGO – in erster Linie für den   20
Verteidiger, und zwar sowohl für

- den **Wahlverteidiger** als auch für
- den **Pflichtverteidiger**, für den aber jeweils gesonderte Festgebühren vorgesehen sind.

Darüber hinaus gelten die Gebühren des Teil 4 VV RVG gemäß Vorbem. 4 Abs. 1 VV RVG auch für   21
den

Vertreter oder Beistand

- eines **Nebenklägers**,
- eines **Privatklägers**,
- des **Verletzten**,
  - eines **Einziehungs- oder Nebenbeteiligten**,
  - eines **Zeugen** oder **Sachverständigen**,

für den **Vertreter im Verfahren nach dem StRehaG**,

für den Anwalt, der nicht Verteidiger, sondern nur mit

  - **Einzeltätigkeiten** oder einem
  - **Gnadengesuch** beauftragt ist, und

den Anwalt als **Kontaktperson**.

III. Verfahrensgebühren (Vorbem. 4 Abs. 2 VV RVG)

1. Abgeltungsbereich

22 In jeder strafrechtlichen Angelegenheit erhält der Anwalt zunächst einmal eine Verfahrensgebühr. Diese Gebühr kann in jeder Angelegenheit nur einmal entstehen (§ 15 Abs. 2 Satz 1 RVG).

23 Die Höhe der Verfahrensgebühr bestimmt sich nach der jeweiligen Instanz und im erstinstanzlichen gerichtlichen Verfahren darüber hinaus nach der Zuständigkeit des Gerichts.

24 Der Anwendungsbereich der Verfahrensgebühren ist in Vorbem. 4 Abs. 2 VV RVG geregelt. Danach erhält der Anwalt die Verfahrensgebühr **für das Betreiben des Geschäfts einschließlich der Information.**

25 Mit der Verfahrensgebühr wird daher die gesamte Tätigkeit des Rechtsanwalts im jeweiligen Verfahrensabschnitt (s.o. Rn. 3) abgegolten, sofern hierfür keine besonderen Gebühren vorgesehen sind. Solche besonderen Gebühren neben der Verfahrensgebühr sind die

- **Grundgebühr,**
- **Terminsgebühren** und
- **zusätzliche Gebühren.**

26 **Nicht von der Verfahrensgebühr erfasst** wird daher insbesondere die Teilnahme an Hauptverhandlungsterminen und Terminen außerhalb der Hauptverhandlung nach Nr. 4102 VV RVG. Dagegen wird die Vorbereitung der Hauptverhandlungstermine oder sonstiger Termine durch die Verfahrensgebühr abgegolten.[1]

27 Insbesondere zählen zum **Abgeltungsbereich der Verfahrensgebühr:**[2]

- allgemeiner Schriftverkehr,
- Einsichtnahme in die Ermittlungs- oder Strafakten,
- Beratung des Mandanten,
- Berichtigungsanträge,
- Informationsbeschaffung über den Anwendungsbereich der Nr. 4100 VV RVG hinaus,
- Tätigkeiten in Beschwerdeverfahren (z.B. nach § 111a StPO), soweit nicht ausnahmsweise gesonderte Regelungen vorgesehen sind, wie z.B. in Vorbem. 4 Abs. 5 VV RVG oder Nr. 4146 VV RVG,[3]
- Besprechungen mit der Staatsanwaltschaft, dem Gericht oder sonstigen Verfahrensbeteiligten außerhalb eines Termins,
- eigene Ermittlungen des Rechtsanwalts,
- Einlegung von Rechtsmitteln (§ 19 Nr. 10 RVG),
- Ergänzungsanträge für Urteile oder Protokoll,
- Tätigkeiten im Rahmen der Pflichtverteidigerbestellung,
- Vorbereitung von Haftprüfungsterminen, Sühneterminen, Vernehmungsterminen oder Hauptverhandlungsterminen,
- Wiedereinsetzungsanträge.

---

1 *Burhoff*, RVG, Vorbem. 4 Rn. 35.
2 *Burhoff*, a.a.O.
3 Bisherige Nr. 4145 VV RVG, geändert in Nr. 4146 VV RVG durch Art. 4 Nr. 2 Gesetz zur Verbesserung der Rechte von Verletzten im Strafverfahren (Opferrechtsreformgesetz – OpferRRG) v. 24.6.2004, BGBl. I, S. 1354.

2. Gebühren des Wahlanwalts

a) Gebührenrahmen

Für den Wahlanwalt sind jeweils Betragsrahmen vorgesehen, die durch eine Mindest- und eine   28
Höchstgebühr eingegrenzt werden. Eine Überschreitung des Gebührenrahmens ist – im Gegensatz
zur BRAGO – nicht (mehr) möglich. Reicht der Gebührenrahmen nicht aus, um den Anwalt angemessen zu vergüten, bleibt nur der Antrag auf Feststellung einer **Pauschgebühr** nach § 42 RVG (s.u.
Rn. 200 ff.).

b) Verfahrensgebühr mit Zuschlag

Unter den Voraussetzungen der Vorbem. 4 Abs. 4 VV RVG entsteht die Verfahrensgebühr mit Zu-   29
schlag. Dem Anwalt steht dann ein höherer Gebührenrahmen zu. Zu Einzelheiten s.u. Rn. 70.

c) Mehrere Auftraggeber

Vertritt der Anwalt mehrere Auftraggeber, was bei der Verteidigung wegen § 146 StPO nicht vor-   30
kommen dürfte, aber bei Vertretung von mehreren Neben- oder Privatklägern möglich ist, so erhöht
sich die Verfahrensgebühr nach Nr. 1008 VV RVG.

Die Erhöhung vollzieht sich dergestalt, dass je weiteren Auftraggeber die Mindest- und die Höchst-   31
gebühr um jeweils 30 % angehoben werden, so dass sich ein um 30 % erhöhter Gebührenrahmen
ergibt.

Beispiel: 32

Verfahrensgebühr nach Nr. 4104 VV RVG im vorbereitenden Verfahren:

	Mindestgebühr	Höchstgebühr	Mittelgebühr
1 Auftraggeber	30 €	250 €	140 €
2 Auftraggeber	39 €	325 €	182 €
3 Auftraggeber	48 €	400 €	224 €
4 Auftraggeber	57 €	475 €	266 €

d) Bestimmung im Einzelfall

Aus den jeweils vorgegebenen Gebührenrahmen bestimmt der Wahlanwalt unter Berücksichtigung   33
sämtlicher Umstände des Einzelfalls die jeweils angemessene Verfahrensgebühr nach § 14 Abs. 1
RVG.

Beim **Umfang der Tätigkeit** ist alles zu berücksichtigen, was zum Abgeltungsbereich der Verfah-   34
rensgebühr gehört (s.o. Rn. 22).

Daneben sind die **Bedeutung der Angelegenheit** zu berücksichtigen, die **Schwierigkeit der an-**   35
waltlichen Tätigkeit sowie die **Einkommens- und Vermögensverhältnisse** des Auftraggebers. Auch
das **besondere Haftungsrisiko** des Anwalts ist hier grds. zu berücksichtigen.

3. Gebühren des gerichtlich bestellten oder beigeordneten Anwalts

Im Gegensatz zur BRAGO, die für den gerichtlich bestellten oder beigeordneten Rechtsanwalt das   36
Vier- oder Fünffache der Mindestgebühren, nicht aber mehr als die Hälfte der Höchstgebühren vorsah, sind jetzt stets **feste Gebührenbeträge** für den gerichtlich bestellten oder beigeordneten Rechtsanwalt vorgesehen. Dieser hat **keinen Ermessensspielraum**. Selbst bei besonders umfangreichen
und aufwändigen Tätigkeiten steht ihm nur die Festgebühr zu; umgekehrt gilt die Festgebühr auch
dann, wenn die Sache unterdurchschnittlich war und ein Wahlanwalt unter Umständen nur die Mindestgebühr hätte abrechnen können.

Soweit die gesetzlichen Gebühren für den Pflichtverteidiger nicht ausreichend sind, hat er die Mög-   37
lichkeit, nach § 51 RVG eine Pauschgebühr zu beantragen (s.u. Rn. 200 ff.).

4. Verweisung

38 Wird ein gerichtliches Verfahren verwiesen, so entsteht keine neue Verfahrensgebühr (§ 20 Satz 1 RVG). Das Verfahren vor und nach Verweisung ist eine Angelegenheit i.S.d. § 15 RVG. Maßgebend ist in diesem Fall allerdings der höchste Rahmen.

39 *Beispiel:*

Es wird Anklage vor dem AG erhoben. Dieses verweist die Sache an das LG.

Vor dem LG ist zunächst eine Verfahrensgebühr nach Nr. 4106 VV RVG entstanden. Infolge der Verweisung entsteht jetzt die Verfahrensgebühr nach Nr. 4112 VV RVG. Diese entsteht allerdings nicht als zweite Verfahrensgebühr. Vielmehr erstarkt die Gebühr nach Nr. 4106 VV RVG zu einer Gebühr nach Nr. 4112 VV RVG.

40 Im umgekehrten Fall bleibt der höhere Gebührenrahmen erhalten, wobei dann ggf. die weitere Tätigkeit vor einem Gericht niederer Ordnung insgesamt gebührenmindernd nach § 14 Abs. 1 RVG zu berücksichtigen ist.

41 *Beispiel:*

Die Anklage wird vor dem LG erhoben. Dieses eröffnet das Hauptverfahren vor dem AG.

Dem Anwalt steht der Gebührenrahmen nach Nr. 4112 VV RVG zu. Da sich die überwiegende Tätigkeit allerdings vor dem AG abgespielt hat, muss hier ggf. von einer Gebühr unterhalb der Mittelgebühr ausgegangen werden.

5. Verbindung

42 Werden mehrere Verfahren verbunden, so sind die bis dahin entstandenen Verfahrensgebühren gesondert angefallen und bleiben dem Anwalt erhalten. Die Gebühr in dem verbundenen Verfahren wird dann i.d.R. geringer ausfallen, während die Gebühr in dem führenden Verfahren wegen des Mehraufwandes dann über der Mittelgebühr liegen dürfte.

43 *Beispiel:*

Gegen den Beschuldigten sind vor dem AG zwei Anklagen erhoben worden (Az. 1/04 und 2/04). In beiden Verfahren hat der Beschuldigte seinen Anwalt als Verteidiger erst nach Anklageerhebung beauftragt. Die Verfahren 1/04 und 2/04 werden unmittelbar nach Eröffnungsbeschluss verbunden; führend ist das Verfahren 1/04. Anschließend wird das Verfahren eingestellt.

Für das Verfahren 1/04 dürfte hinsichtlich der Verfahrensgebühr ein über der Mittelgebühr liegender Betrag angemessen sein, da der Mehraufwand des zweiten Tatvorwurfs erhöhend zu berücksichtigen ist.

Für das Verfahren 2/04 dürfte dagegen nur ein unter der Mittelgebühr liegender Betrag anzusetzen sein, da das Verfahren frühzeitig in das Verfahren 1/04 übergegangen ist.

Abzurechnen ist daher wie folgt:

I. Verfahren 1/04:

1. *Grundgebühr, Nr. 4100 VV RVG*	*165,00 €*
2. *Verfahrensgebühr, Nr. 4106 VV RVG (um 20 % erhöht)*	*168,00 €*
3. *Zusätzliche Gebühr, Nrn. 4141, 4106 VV RVG*	*140,00 €*
4. *Postentgeltpauschale, Nr. 7002 VV RVG*	*20,00 €*
5. *16 % Umsatzsteuer, Nr. 7008 VV RVG*	*+ 78,88 €*
Summe:	*571,88 €*

II. Verfahren 2/04:

1. *Grundgebühr, Nr. 4100 VV RVG*	*165,00 €*
2. *Verfahrensgebühr, Nr. 4106 VV RVG (um 20 % reduziert)*	*112,00 €*
3. *Zusätzliche Gebühr, Nrn. 4141, 4106 VV RVG*	*140,00 €*
4. *Postentgeltpauschale, Nr. 7002 VV RVG*	*20,00 €*
5. *16 % Umsatzsteuer, Nr. 7008 VV RVG*	*+ 69,92 €*
Summe:	*506,92 €*

6. Trennung

44 Wird ein Verfahren getrennt, so entsteht in dem abgetrennten Verfahren die Verfahrensgebühr erneut. Die Bemessung der jeweiligen Gebührenhöhe nach § 14 Abs. 1 RVG richtet sich dann hauptsächlich nach dem Zeitpunkt der Trennung. Insoweit gelten die gleichen Grundsätze wie bei einer Verbindung (s. Rn. 42 f.). Ein zweite Grundgebühr entsteht allerdings nicht (s.u. Rn. 335).

Beispiel:

Gegen den Beschuldigten ist Anklage erhoben (Az. 1/04) wegen des Verdachts zweier Diebstähle. Hinsichtlich des einen Diebstahlvorwurfs wird das Verfahren als neue Sache Az. 2/04 abgetrennt. Anschließend werden beide Verfahren eingestellt.

Für das Verfahren 1/04 dürfte ein über der Mittelgebühr liegender Betrag angemessen sein, da der Mehraufwand des zweiten Tatvorwurfs erhöhend zu berücksichtigen ist.

Für das Verfahren 2/04 dürfte nur ein unter der Mittelgebühr liegender Betrag anzusetzen sein, da ein Großteil der Arbeit des Verteidigers bereits im Verfahren 1/04 berücksichtigt ist. Eine neue Grundgebühr kann hier nicht mehr entstehen.

Abzurechnen ist daher wie folgt:

I. Verfahren 1/04:

1.	Grundgebühr, Nr. 4100 VV RVG	165,00 €
2.	Verfahrensgebühr, Nr. 4106 VV RVG (um 20 % erhöht)	168,00 €
3.	Zusätzliche Gebühr, Nrn. 4141, 4106 VV RVG	140,00 €
3.	Postentgeltpauschale, Nr. 7002 VV RVG	20,00 €
4.	16 % Umsatzsteuer, Nr. 7008 VV RVG	78,88 €
Summe:		**571,88 €**

II. Verfahren 2/04:

1.	Verfahrensgebühr, Nr. 4106 VV RVG (um 20 % reduziert)	112,00 €
3.	Zusätzliche Gebühr, Nrn. 4141, 4106 VV RVG	140,00 €
2.	Postentgeltpauschale, Nr. 7002 VV RVG	20,00 €
3.	16 % Umsatzsteuer, Nr. 7008 VV RVG	+ 43,52 €
Summe:		**315,52 €**

7. Zurückverweisung

Wird ein Urteil aufgehoben und die Sache zurückverwiesen, so entsteht die Verfahrensgebühr vor **45** dem Ausgangsgericht nach Zurückverweisung erneut (§ 21 Abs. 1 RVG). Eine Anrechnung der Verfahrensgebühren wie in Teil 3 VV RVG (Vorbem. 3 Abs. 6 VV RVG) ist hier nicht vorgesehen.

Beispiel: **46**

Gegen seine Verurteilung durch das AG legt der Angeklagte Berufung ein. Das LG hebt das Urteil des AG auf und verweist die Sache zurück. Das AG stellt daraufhin das Verfahren nach § 153a StPO außerhalb der Hauptverhandlung ein.

Es liegen drei verschiedene Angelegenheiten i.S.d. § 15 RVG vor:

- *das erstinstanzliche (Ausgangs-)Verfahren,*
- *das Berufungsverfahren (§ 15 Abs. 2 Satz 2 RVG) und*
- *das Verfahren nach Zurückverweisung (§ 21 Abs. 1 RVG).*

Die Verfahrensgebühr entsteht daher dreimal.

Zu rechnen ist daher wie folgt:

I. Ausgangsverfahren:

1.	Grundgebühr, Nr. 4100 VV RVG	165,00 €
2.	Verfahrensgebühr, Nr. 4106 VV RVG	140,00 €
3.	Terminsgebühr, Nr. 4108 VV RVG	230,00 €
4.	Postentgeltpauschale, Nr. 7002 VV RVG	20,00 €
4.	16 % Umsatzsteuer, Nr. 7008 VV RVG	+ 88,80 €
Summe:		**643,80 €**

II. Berufungsverfahren:

1.	Verfahrensgebühr, Nr. 4124 VV RVG	270,00 €
2.	Terminsgebühr, Nr. 4126 VV RVG	270,00 €
3.	Postentgeltpauschale, Nr. 7002 VV RVG	20,00 €
4.	16 % Umsatzsteuer, Nr. 7008 VV RVG	+ 89,60 €
Summe		**649,60 €**

III. Verfahren nach Zurückverweisung:

1.	Verfahrensgebühr, Nr. 4106 VV RVG i.V.m. § 21 Abs. 1 RVG	140,00 €
2.	Zusätzliche Gebühr, Nrn. 4141, 4106 VV RVG	140,00 €

3.	*Postentgeltpauschale, Nr. 7002 VV RVG*	*20,00 €*
4.	*16 % Umsatzsteuer, Nr. 7008 VV RVG*	*+ 48,00 €*
Summe		**348,00 €**

IV. Terminsgebühren (Vorbem. 4 Abs. 3 VV RVG)

47 Die Terminsgebühr entsteht für die Teilnahme an **gerichtlichen Terminen**, soweit nichts anders bestimmt ist (Vorbem. 4 Abs. 3 Satz 1 VV RVG). Der Anwendungsbereich der Terminsgebühr in Strafsachen bleibt damit hinter dem in Verfahren nach Teil 3 VV RVG (Vorbem. 3 Abs. 3 VV RVG) weit zurück.[4]

1. Teilnahme an Hauptverhandlungsterminen

48 Zum einen ist eine Terminsgebühr jeweils für die Teilnahme an Hauptverhandlungsterminen vorgesehen. Für die Teilnahme an solchen Terminen reicht die Anwesenheit aus. Besondere Tätigkeiten sind für das Entstehen der Terminsgebühr nicht erforderlich. Der Umfang der anwaltlichen Tätigkeit hat lediglich Bedeutung für die Höhe der Terminsgebühr. Die **Hauptverhandlung beginnt** in erster Instanz und im Berufungsverfahren mit dem Aufruf der Sache (§ 243 Abs. 1 Satz 1 StPO; § 324 Abs. 1 Satz 1 i.V.m. § 243 Abs. 1 Satz 1 StPO) und im Revisionsverfahren mit dem Vortrag des Berichterstatters (§ 351 Abs. 1 StPO).

49 Im Gegensatz zur Verfahrensgebühr entsteht die Terminsgebühr je Kalendertag erneut. Mehrere Termine am selben Tag lösen allerdings nur eine Gebühr aus.

50 *Beispiel:*

Die Hauptverhandlung wird vormittags ausgesetzt. Nachmittags wird mit der Hauptverhandlung erneut begonnen.

Es entsteht insgesamt nur eine Terminsgebühr, da beide Verhandlungen am selben Kalendertag stattfanden. Ein eventueller erhöhter Aufwand kann hier allenfalls im Rahmen des § 14 Abs. 1 RVG berücksichtigt werden.

2. Teilnahme an Terminen außerhalb der Hauptverhandlung

51 Auch für Termine außerhalb der Hauptverhandlung reicht die **Anwesenheit** aus, sofern hier nicht etwas anders bestimmt ist (z.B. Nr. 4102 Nr. 3 VV RVG – Voraussetzung ist ein Verhandeln). Hier muss es sich nicht immer um einen gerichtlichen Termin handeln. In Nr. 4102 VV RVG sind anderweitige Bestimmungen i.S.d. Vorbem. 4 Abs. 3 Satz 1 VV RVG enthalten, so z.B. für die Teilnahme an Vernehmungen durch die Staatsanwaltschaft (Nr. 4102 Nr. 1 VV RVG), Verhandlungen im Rahmen des Täter-Opfer-Ausgleichs (Nr. 4102 Nr. 3 VV RVG) oder für die Teilnahme am Sühnetermin nach § 380 StPO (Nr. 4102 Nr. 5 VV RVG).[5]

52 Die Verfahrensgebühr nach Nr. 4102 VV RVG kann ebenfalls mehrmals entstehen. **Mehrere Termine am selben Tag** gelten insoweit allerdings als ein Termin (Satz 1 der Anm. zu Nr. 4102 VV RVG).

53 Darüber hinaus enthält Satz 2 der Anm. zu Nr. 4102 VV RVG eine weitere Einschränkung. Die Gebühr nach Nr. 4102 VV RVG deckt bis zu jeweils drei Termine ab. Dies bedeutet, dass diese Gebühr erst ab dem vierten, siebten, zehnten etc. Termin erneut ausgelöst wird.

3. „Geplatzter Termin"

54 Eine **Neuerung** schafft Vorbem. 4 Abs. 3 Satz 2 VV RVG. Danach erhält der Rechtsanwalt die Terminsgebühr auch dann, wenn er zu einem anberaumten Termin erscheint, dieser aber aus Gründen, die er nicht zu vertreten hat, nicht stattfindet. Hiermit werden diejenigen Fälle erfasst, in denen der Angeklagte nicht erscheint, der Richter verhindert ist, das Gericht mangels ordnungsgemäßer Besetzung nicht verhandeln kann oder auch die Fälle, in denen die Geschäftsstelle vergessen hat, den Verteidiger abzuladen.

---

4   S. *Burhoff*, RVGreport 2004, 177, 178.
5   Ausführlich *Burhoff*, RVGreport 2004, 245.

Hatte der Verteidiger die Aufhebung des Termins nicht zu vertreten und war er auch nicht rechtzei- 55
tig von der Aufhebung oder Verlegung des Termins in Kenntnis gesetzt worden[6] (Vorbem. 4 Abs. 3
Satz 3 VV RVG), dann kann er dennoch die jeweilige Terminsgebühr abrechnen.

Allerdings dürfte im Rahmen des § 14 Abs. 1 RVG mindernd zu berücksichtigen sein, dass es zur 56
Durchführung des Termins nicht gekommen ist und daher die Kriterien des § 14 Abs. 1 RVG wohl
als unterdurchschnittlich einzustufen sein dürften.

Im Falle des Terminsausfalls schuldet der Auftraggeber zunächst einmal die Terminsgebühr. Hier wird 57
der Anwalt allerdings prüfen müssen, ob nicht Erstattungsansprüche in Betracht kommen, etwa gegen den ausgebliebenen Zeugen oder Sachverständigen (§§ 51 Abs. 1 Satz 1, 72 StPO) oder Amtshaftungsansprüche gegen die Staatskasse, wenn die Geschäftsstelle die Abladung nicht rechtzeitig
ausgeführt hat.[7]

4. Höhe der Gebühr

a) Wahlanwalt

aa) Gebührenrahmen

Für den Wahlanwalt ist wiederum jeweils ein **Betragsrahmen** vorgesehen, aus dem er unter Be- 58
rücksichtigung der Kriterien des § 14 Abs. 1 RVG die Höhe der im Einzelfall angemessenen Gebühr
bestimmt. Hier wird in aller Regel die **Dauer der Hauptverhandlung** ausschlaggebend sein, aber
auch die Zahl der zu vernehmenden Zeugen, die Schwierigkeit der anstehenden Rechtsfragen, die
Auseinandersetzung mit Gutachten etc.

Die Höhe der Betragsrahmen für die Hauptverhandlung ist wiederum davon abhängig, in welcher 59
Instanz die Hauptverhandlung stattgefunden hat und im gerichtlichen Verfahren darüber hinaus vor
welchem Gericht.

bb) Verweisung

Kommt es zu einer Verweisung, ergeben sich – im Gegensatz zur BRAGO – hier keine Probleme, da 60
jede Terminsgebühr gesondert entsteht und sich jeweils danach richtet, vor welchem Gericht der
Termin stattgefunden hat.

Beispiel: 61

*Es wird Anklage vor dem AG erhoben. Nach dem ersten Hauptverhandlungstermin wird die Sache an das LG ver-
wiesen. Dort findet ein weiterer Hauptverhandlungstermin statt*

*Infolge der Verweisung entsteht die Verfahrensgebühr nach Nr. 4112 VV RVG. Die Terminsgebühren entsteht zum
einen nach Nr. 4108 VV RVG und zum anderen nach Nr. 4114 VV RVG.*

Abzurechnen ist wie folgt:

1.	*Grundgebühr, Nr. 4100 VV RVG*	*165,00 €*
2.	*Verfahrensgebühr, Nr. 4112 VV RVG*	*155,00 €*
3.	*Terminsgebühr, Nr. 4108 VV RVG*	*230,00 €*
4.	*Terminsgebühr, Nr. 4114 VV RVG*	*270,00 €*
5.	*Postentgeltpauschale, Nr. 7002 VV RVG*	*20,00 €*
6.	*16 % Umsatzsteuer, Nr. 7008 VV RVG*	*+ 132,00 €*
	Summe:	***957,00 €***

cc) Verbindung

Werden mehrere Verfahren verbunden, so sind die bis dahin entstandenen Terminsgebühren ge- 62
sondert angefallen und bleiben dem Anwalt erhalten. Eine weitere Terminsgebühr in dem verbundenen Verfahren wird dann i.d.R. wegen des Mehraufwandes über der Mittelgebühr liegen.

---

6   S. hierzu OLG München, AGS 2004, 150 m. Anm. *N. Schneider.*
7   S. hierzu *N. Schneider,* AGS 2004 Heft 5, S. II.

63   *Beispiel:*

Gegen den Beschuldigten sind vor dem AG zwei Anklagen erhoben worden (Az. 1/04 und 2/04). In beiden Verfahren hat der Beschuldigte seinen Anwalt als Verteidiger erst nach Anklageerhebung beauftragt. Die Verfahren 1/04 und 2/04 werden jeweils nach einem Hauptverhandlungstermin verbunden; führend ist das Verfahren 1/04. Anschießend wird noch ein weiterer gemeinsamer Hauptverhandlungstermin durchgeführt.

Für den Termin nach Verbindung dürfte ein über der Mittelgebühr liegender Betrag (hier: 20 %) angemessen sein, da der Mehraufwand des zweiten Tatvorwurfs erhöhend zu berücksichtigen ist.

Abzurechnen ist daher wie folgt:

I.   Verfahren 1/04:

1.	Grundgebühr, Nr. 4100 VV RVG	165,00 €
2.	Verfahrensgebühr, Nr. 4106 VV RVG (um 20 % erhöht)	168,00 €
3.	Terminsgebühr (1. Verhandlungstermin), Nr. 4108 VV RVG	230,00 €
4.	Terminsgebühr (2. Verhandlungstermin), Nr. 4108 VV RVG (um 20 % erhöht)	276,00 €
5.	Postentgeltpauschale, Nr. 7002 VV RVG	20,00 €
6.	16 % Umsatzsteuer, Nr. 7008 VV RVG	+ 137,44 €
	Summe:	**996,44 €**

II.   Verfahren 2/04:

1.	Grundgebühr, Nr. 4100 VV RVG	165,00 €
2.	Verfahrensgebühr, Nr. 4106 VV RVG	140,00 €
3.	Terminsgebühr, Nr. 4108 VV RVG	230,00 €
4.	Postentgeltpauschale, Nr. 7002 VV RVG	20,00 €
5.	16 % Umsatzsteuer, Nr. 7008 VV RVG	+ 88,80 €
	Summe:	**643,80 €**

dd) Trennung

64   Wird ein Verfahren getrennt, so entsteht in dem abgetrennten Verfahren die Terminsgebühr erneut, wenn dort ein Termin stattfindet.

65   *Beispiel:*

Gegen den Beschuldigten ist Anklage erhoben (Az. 1/04) wegen des Verdachts zweier Diebstähle. Hinsichtlich des einen Diebstahlvorwurfs wird das Verfahren als neue Sache (Az. 2/04) abgetrennt. Anschließend wird in beiden Verfahren die Hauptverhandlung durchgeführt.

Abzurechnen ist wie folgt:

I.   Verfahren 1/04:

1.	Grundgebühr, Nr. 4100 VV RVG (um 20 % erhöht)	198,00 €
2.	Verfahrensgebühr, Nr. 4106 VV RVG (um 20 % erhöht)	168,00 €
3.	Terminsgebühr, Nr. 4108 VV RVG	230,00 €
4.	Postentgeltpauschale, Nr. 7002 VV RVG	20,00 €
5.	16 % Umsatzsteuer, Nr. 7008 VV RVG	+ 98,56 €
	Summe:	**714,56 €**

II.   Verfahren 2/04:

2.	Verfahrensgebühr, Nr. 4106 VV RVG	140,00 €
3.	Terminsgebühr, Nr. 4108 VV RVG	230,00 €
4.	Postentgeltpauschale, Nr. 7002 VV RVG	20,00 €
5.	16 % Umsatzsteuer, Nr. 7008 VV RVG	+ 62,40 €
	Summe:	**452,40 €**

ee) Zurückverweisung

66   Wird ein Urteil aufgehoben und die Sache zurückverwiesen, so entsteht die Terminsgebühr vor dem Ausgangsgericht nach Zurückverweisung erneut, sofern dort ein Termin stattfindet (§ 21 Abs. 1 RVG).

67   *Beispiel:*

Gegen seine Verurteilung durch das AG legt der Angeklagte Berufung ein. Das LG hebt das Urteil des AG auf und verweist die Sache zurück. Das AG führt daraufhin die Hauptverhandlung erneut durch.

Zu rechnen ist wie folgt:

I.   Ausgangsverfahren:

1.	Grundgebühr, Nr. 4100 VV RVG	165,00 €
2.	Verfahrensgebühr, Nr. 4106 VV RVG	140,00 €
3.	Terminsgebühr, Nr. 4108 VV RVG	230,00 €
4.	Postentgeltpauschale, Nr. 7002 VV RVG	20,00 €
5.	16 % Umsatzsteuer, Nr. 7008 VV RVG	+ 88,80 €
	Summe:	**643,80 €**

II. Berufungsverfahren:

1.	Verfahrensgebühr, Nr. 4124 VV RVG	270,00 €
2.	Terminsgebühr, Nr. 4126 VV RVG	270,00 €
3.	Postentgeltpauschale, Nr. 7002 VV RVG	20,00 €
4.	16 % Umsatzsteuer, Nr. 7008 VV RVG	+ 89,60 €
	Summe:	**649,60 €**

III. Verfahren nach Zurückverweisung:

1.	Grundgebühr, Nr. 4100 VV RVG	165,00 €
2.	Verfahrensgebühr, Nr. 4106 VV RVG	140,00 €
3.	Terminsgebühr, Nr. 4108 VV RVG	230,00 €
4.	Postentgeltpauschale, Nr. 7002 VV RVG	20,00 €
5.	16 % Umsatzsteuer, Nr. 7008 VV RVG	+ 88,80 €
	Summe:	**643,80 €**

b)   Gerichtlich bestellter und beigeordneter Anwalt

Für den gerichtlich bestellten oder beigeordneten Anwalt sind wiederum **feste Gebühren** vorgesehen.   68

Hier ergibt sich allerdings eine **Besonderheit für Hauptverhandlungstermine**. Dort ist nunmehr   69
geregelt, dass der gerichtlich bestellte oder beigeordnete Anwalt eine zusätzliche Gebühr erhält,
wenn die Hauptverhandlung

* **länger als fünf Stunden** oder
* **länger als acht Stunden** gedauert hat.

Mit dieser Regelung soll eine angemessene Vergütung des gerichtlich bestellten oder beigeordneten Anwalts erreicht werden. Gleichzeitig soll damit in vielen Fällen die Notwendigkeit einer Pauschgebühr (§ 51 RVG) bei längerer Hauptverhandlungsdauer entbehrlich gemacht werden.

V.   „Haftzuschlag" (Vorbem. 4 Abs. 4 VV RVG)

1.   Gesetzliche Regelung

Während § 83 Abs. 3 BRAGO vorsah, dass die Höchstgebühr um bis zu 25 % überschritten werden   70
konnte, wenn der Gebührenrahmen nicht ausreichte, um die Tätigkeit des Anwalts angemessen zu
vergüten, ist nunmehr ein pauschaler „Haftzuschlag" in der Vorbem. 4 Abs. 4 VV RVG vorgesehen.

Die Berücksichtigung des „Haftzuschlags" vollzieht sich dadurch, dass im Vergütungsverzeichnis zu   71
den jeweiligen Gebühren ein **zweiter Gebührenrahmen „mit Zuschlag"** vorgesehen ist, aus dem
der Anwalt dann seine Gebühr bestimmt. Soweit im Vergütungsverzeichnis bestimmte Gebühren
nicht „mit Zuschlag" vorgesehen sind, ist der Haftzuschlag daher auch nicht zu berücksichtigen. Hier
kann allenfalls im Rahmen des § 14 Abs. 1 RVG berücksichtigt werden, wenn erhöhter Aufwand entstanden ist, die Sache größere Bedeutung hatte o.Ä.

Dieser Zuschlag wird immer gewährt, wenn sich der Beschuldigte nicht auf freiem Fuß befindet. Es   72
braucht daher nicht mehr begründet zu werden, dass ein Haftzuschlag in Anspruch genommen wird.
Der Zuschlag entsteht unabhängig davon, ob ein erhöhter Aufwand angefallen ist oder nicht. Dies
ist allenfalls im Rahmen des § 14 Abs. 1 RVG zu berücksichtigen.

73 Weshalb sich der Beschuldigte nicht auf freiem Fuß befindet, ist für die Anwendung der Vorbem. 4 Abs. 4 VV RVG unerheblich. Hauptanwendungsfall ist sicherlich die **Untersuchungshaft;** die Vorschrift der Vorbem. 4 Abs. 4 VV RVG gilt jedoch auch bei **Unterbringungen** nach dem Gesetz über Hilfen und Schutzmaßnahmen bei psychischen Krankheiten (PsychKG) oder bei einer **Sicherungsverwahrung** oder einer **Zwangshaft** (§§ 888, 901 ZPO). Ebenso hierzu zählt die Unterbringung in einer Einrichtung der Jugendhilfe zur Vermeidung der Untersuchungshaft nach § 71 Abs. 3 JGG i.V.m. § 71 Abs. 2 JGG.[8]

74 Es ist auch nicht erforderlich, dass der Beschuldigte in der Sache inhaftiert oder untergebracht ist, wegen der er verteidigt wird. Dem Verteidiger steht auch dann der Haftzuschlag nach Vorbem. 4 Abs. 4 VV RVG zu, wenn der Mandant in einer anderen Strafsache inhaftiert ist, in der der Verteidiger nicht tätig ist. Dies beruht darauf, dass der Mehraufwand, der dem Verteidiger dadurch entsteht, dass sich der Beschuldigte nicht auf freiem Fuß befindet, unabhängig davon ist, weshalb er inhaftiert ist.

75 Unerheblich ist auch, wie lange sich der Beschuldigte nicht auf freiem Fuß befunden hat. So reicht es im gerichtlichen Verfahren bei der Verfahrensgebühr für die Anwendung des Abs. 4 Vorbem. 4 VV RVG aus, dass sich der Beschuldigte zu Beginn des gerichtlichen Verfahrens noch **in Untersuchungshaft** befand. Es ist nicht erforderlich, dass diese bis zum Beginn der Hauptverhandlung fortbestand.[9] Umgekehrt reicht die Inhaftierung erst während eines Fortsetzungstermins nicht aus, um die Terminsgebühr für einen vorangegangenen Hauptverhandlungstermin zu erhöhen, in dem der Beschuldigte sich noch auf freiem Fuß befand.[10] Endete die Untersuchungshaft dagegen schon im vorbereitenden Verfahren, kommt eine Erhöhung nach Abs. 4 Vorbem. 4 VV RVG für das gerichtliche Verfahren nicht in Betracht, sondern nur für die Gebühren der Nrn. 4100, 4102, 4104 VV RVG.

76 *Beispiel:*

Der Angeklagte wird nach dem ersten Hauptverhandlungstermin verhaftet. Sodann findet ein weiterer Hauptverhandlungstermin statt.

Für den ersten Hauptverhandlungstermin entsteht die Gebühr ohne Zuschlag. Für den zweiten Hauptverhandlungstermin entsteht die Gebühr dagegen mit Zuschlag.

Die Verfahrensgebühr entsteht ebenfalls mit Zuschlag, da es hierfür ausreichend ist, dass sich der Beschuldigte zu irgendeinem Zeitpunkt des Verfahrens nicht auf freiem Fuß befand.

Die Grundgebühr entsteht dagegen ohne Zuschlag, da sich der Beschuldigte während der erstmaligen Einarbeitung noch auf freiem Fuß befand.

Zu rechnen ist wie folgt:

1.	*Grundgebühr, Nr. 4100 VV RVG*	*165,00 €*
2.	*Verfahrensgebühr mit Zuschlag, Nr. 4107 VV RVG*	*171,25 €*
3.	*Terminsgebühr (1. Hauptverhandlungstermin), Nr. 4108 VV RVG*	*230,00 €*
4.	*Terminsgebühr mit Zuschlag (2. Hauptverhandlungstermin), Nr. 4109 VV RVG*	*280,00 €*
5.	*Postentgeltpauschale, Nr. 7002 VV RVG*	*20,00 €*
6.	*16 % Umsatzsteuer, Nr. 7008 VV RVG*	*+ 138,60 €*
	Summe:	*1.004,85 €*

2. Zuschlag für den Wahlanwalt

77 Aus diesem neuen System folgt, dass der Verteidiger zukünftig nicht mehr den höheren Aufwand und die größeren Schwierigkeiten zu begründen braucht, wenn sich der Mandant nicht auf freiem Fuß befindet. Er darf also von vornherein infolge des Zuschlags eine höhere Gebühr abrechnen. Nur dann, wenn überdurchschnittlicher Aufwand oder überdurchschnittliche Schwierigkeiten etc. da-

---

8   OLG Jena, AGS 2003, 313 m. Anm. *Madert.*
9   OLG Düsseldorf, JurBüro 1999, 192 m. Anm. *Enders.*
10   OLG Hamm, AGS 1997, 4 = AnwBl. 1997, 179 = JurBüro 1997, 140 = NStZ-RR 1997, 222 = Rpfleger 1997, 185 = zfs 1997, 229 m. Anm. *Madert.*

durch entstanden sind, dass sich der Mandant nicht auf freiem Fuß befand, und er deshalb über der Mittelgebühr abrechnen will, muss er dies nach wie vor begründen, jetzt allerdings nur im Rahmen des § 14 Abs. 1 RVG. Eine zusätzliche Begründung, wieso der einfache Gebührenrahmen ohne Zuschlag nicht ausreicht, ist nicht mehr erforderlich.

Andererseits ist hier zu berücksichtigen, dass zusätzliche Tätigkeiten durch **Haftprüfungstermine** 78 grds. nicht mehr gebührenerhöhend berücksichtigt werden dürfen, da diese nach Nr. 4102 VV RVG jetzt eine eigene Vergütung auslösen.

3. Zuschlag für gerichtlich bestellten oder beigeordneten Anwalt

Der Haftzuschlag gilt auch für den gerichtlich bestellten oder beigeordneten Anwalt. Er erhält dann 79 eine entsprechend höhere Festgebühr.

4. Zuschlag für den Vertreter eines anderen Beteiligen

Unklar ist, wie die entsprechende Anwendung nach Vorbem. 4 Abs. 1 VV RVG zu verstehen ist, also 80 ob es für den Vertreter eines anderen Beteiligten darauf ankommt, ob sich sein Auftraggeber nicht auf freiem Fuß befindet oder darauf, dass sich der Beschuldigte nicht auf freiem Fuß befindet.

Zum Teil wird aus der entsprechenden Anwendung gefolgert, dass es in diesen Fällen nicht darauf 81 ankomme, ob sich der Beschuldigte nicht auf freiem Fuß befinde, sondern darauf, ob sich der Auftraggeber des betreffenden Rechtsanwalts nicht auf freiem Fuß befinde.[11] Nach dieser Ansicht sind Erschwernisse, die sich daraus ergeben, dass sich der Beschuldigte in Haft befindet, für den Vertreter eines sonstigen Beteiligten nicht durch den höheren Rahmen mit Zuschlag ausgleichen, sondern durch eine höhere Gebührenbemessung nach § 14 Abs. 1 RVG.

Zutreffend dürfte es jedoch sein, beim Vertreter den Zuschlag sowohl dann anzuwenden, wenn sich 82 der Auftraggeber in Haft befindet, als auch dann, wenn sich der Beschuldigte in Haft befindet,[12] weil sich der zusätzliche Aufwand, die zusätzlichen Erschwernisse u.a. auch für den Vertreter eines sonstigen Beteiligten bemerkbar machen, auch wenn sich „nur" der Beschuldigte nicht auf freiem Fuß befindet.[13]

VI. Abtretung des Kostenerstattungsanspruchs

Tritt der Beschuldigte den Anspruch gegen die Staatskasse auf Erstattung von Anwaltskosten als not- 83 wendige Auslagen an den Verteidiger ab, ist eine von der Staatskasse gegenüber dem Beschuldigten oder dem Betroffenen erklärte Aufrechnung insoweit unwirksam, als sie den Anspruch des Rechtsanwalts vereiteln oder beeinträchtigen würde (§ 43 Satz 1 RVG). Diese Vorschrift, bislang geregelt in § 96a BRAGO, ist im Wesentlichen beibehalten worden.

Neu ist allerdings § 43 Satz 2 RVG, der nunmehr klarstellt, dass die Aufrechnung jetzt nur dann un- 84 wirksam wird, wenn zum Zeitpunkt der Aufrechnung eine Urkunde über die Abtretung oder eine Anzeige des Beschuldigten über die Abtretung in den Akten vorliegt. Damit ist eine Streitfrage, die sich früher nach § 96a BRAGO stellte, geklärt worden (s.u. Rn. 98 ff.).

1. Prozessuale Ausgangslage

In zahlreichen Fällen kann es sich ergeben, dass nach Abschluss eines Strafverfahrens zwischen dem 85 Verurteilten und der Staatskasse wechselseitige Ansprüche bestehen. Hauptanwendungsfall sind **Teilfreispruch** und **Erfolg eines beschränkten Rechtsmittels**.

Hat der Angeklagte in einem solchen Fall seine Kostenerstattungsansprüche gegen die Staatskasse 86 bereits an seinen Verteidiger abgetreten, so könnte die Aufrechnung der Staatskasse nach §§ 406,

---

11   OLG Hamburg, JurBüro 1998, 585; OLG Köln JurBüro 1998, 586; LG Köln, NStZ-RR 2002, 224; *Burhoff,* RVG, Vorbem. 4 Rn. 78; *Goebel/Gottwald/Wassen,* RVG, Vorbem. 4 Rn. 900
12   OLG Düsseldorf, AGS 1999, 135 = NStZ 1997, 605; AnwKom-RVG-N. *Schneider,* Vorbem. 4 VV RVG Rn. 41.
13   Ausführlich OLG Düsseldorf, AGS 1999, 135 = NStZ 1997, 605.

407 BGB letztlich auch gegenüber dem Verteidiger Wirkung haben, so dass er die im Wege der Abtretung erworbenen Erstattungsansprüche wieder verlieren würde.[14] Um den Verteidiger hier zu schützen, ordnet § 43 RVG in bestimmten Fällen die Unwirksamkeit der Aufrechnung an.

2. Gesetzliche Regelung

a) Persönlicher Anwendungsbereich

87 Ebenso wie § 96a BRAGO gilt § 43 Satz 1 RVG nicht nur für den Verteidiger, sondern für sämtliche Anwälte, die den Beschuldigten im Laufe des Verfahrens vertreten haben. Die Vorschrift ist daher auch zugunsten des Anwalts anwendbar, der lediglich Einzeltätigkeiten (Nrn. 4300 ff. VV RVG) vorgenommen hat.

b) Sachlicher Anwendungsbereich

aa) Forderung der Staatskasse

88 Bei der Forderung der Staatskasse muss es sich um solche aus einem Strafverfahren handeln. Im Betracht kommen

- **Geldstrafen,**
- **Geldbußen oder auch**
- **Kostenerstattungsansprüche der Staatskasse.**

89 Unerheblich ist, ob die Ansprüche der Staatskasse aus demselben Verfahren herrühren wie der abgetretene Erstattungsanspruch oder etwa aus einer früheren Verurteilung.[15]

bb) Abgetretene Forderungen

90 Bei den dem Verteidiger abgetretenen Forderungen muss es sich um **Ansprüche auf Erstattung von Anwaltskosten als notwendige Auslagen** handeln.

91 Demzufolge erstreckt sich der Schutz des § 43 Satz 1 RVG nicht auf

- eine **vereinbarte Vergütung,** soweit sie die gesetzlichen Gebühren übersteigt,[16]
- Ansprüche auf **Erstattung von Parteiauslagen** des Beschuldigten, etwa Reisekosten, Verdienstausfall o.Ä.,
- **Ansprüche aus einem anderen Straf- oder Zivilverfahren.**[17]

92 Die bisherige Klammerdefinition in § 96a BRAGO, die auf §§ 464b, 464a Abs. 2 Nr. 2 StPO hinwies, ist weggefallen. Eine inhaltliche Änderung ist damit jedoch nicht verbunden. Insbesondere wird man aus dem Wegfall der Verweisung auf § 464b Satz 2 und 3 StPO nicht folgern können, dass zukünftig nur noch der Anspruch auf Erstattung der Auslagen selbst, aber nicht auch auf die hieraus zwischenzeitlich angefallenen **Zinsen** geschützt ist. Weder aus der Begründung noch aus sonstigen Umständen ergibt sich jedenfalls, dass der Gesetzgeber hier eine Änderung vornehmen wollte.

93 Aus der Eingrenzung, dass es sich um **notwendige Auslagen** handeln muss, folgt – wie bisher –, dass nur solche abgetretenen Ansprüche in den Schutzbereich des § 43 Satz 1 RVG fallen, die notwendig i.S.d. § 464a StPO waren.

c) Abtretung

94 Der Erstattungsanspruch des Auftraggebers auf Ersatz seiner notwendigen Auslagen muss an den Anwalt abgetreten sein. Es muss also eine nach § 398 BGB formwirksame Abtretung vorliegen.

95 Es reicht nach wie vor nicht aus, dass der Verteidiger kraft seiner Vollmacht berechtigt ist, die Kostenerstattungsansprüche in Empfang zu nehmen oder einzuziehen. Dies gilt auch dann, wenn der

---

14   AnwKom-RVG-N. *Schneider,* § 43 Rn. 4.
15   OLG Nürnberg, JurBüro 1990, 1167; AnwKom-RVG-N. *Schneider,* § 43 Rn. 10.
16   OLG München, JurBüro 1979, 394 = AnwBl. 1979, 71; KG, JurBüro 1992, 99.
17   AnwKom-RVG-N. *Schneider,* § 43 Rn. 19.

Mandant den Rechtsanwalt ausdrücklich mit der Einziehung des Erstattungsbetrags beauftragt hatte. Eine solche Inkassovollmacht ersetzt nicht die erforderliche Abtretung.[18] Zum Zeitpunkt der Abtretung s.u. Rn. 98.

d) Beeinträchtigung oder Vereitelung des Vergütungsanspruchs

Voraussetzung für die Unwirksamkeit der Aufrechnung nach § 43 RVG ist, dass durch die Aufrechnung der Anspruch des Rechtsanwalts **vereitelt oder beeinträchtigt** würde. Dies setzt zunächst einmal voraus, dass der nach § 43 Satz 1 RVG geschützte Vergütungsanspruch des Anwalts (s.o. Rn. 90) noch nicht, zumindest nicht vollständig, erfüllt sein darf.   **96**

Dies allein reicht jedoch nicht aus, um von einer Unwirksamkeit auszugehen. Vielmehr muss der Anwalt zur Durchsetzung seiner Vergütungsansprüche auf den ihm **abgetretenen Erstattungsanspruch angewiesen** sein. Er muss also ohne die Verwertung des abgetretenen Anspruchs Schwierigkeiten haben zu seinem Geld zu kommen. Hohe Anforderungen dürfen hier nicht gestellt werden. Es reicht daher aus, dass der Anwalt nicht ohne weiteres eine freiwillige Zahlung des Auftraggebers erhalten kann. Auf Ratenzahlungen oder Stundungen muss der Anwalt sich nicht einlassen.[19] Ebenso wenig kann dem Anwalt entgegengehalten werden, dass er beizeiten Vorschüsse hätte anfordern und damit eine Beeinträchtigung vermeiden können.[20]   **97**

e) Zeitpunkt der Aufrechnung

aa) Neuregelung

Eine wesentliche Neuerung enthält § 43 Satz 2 RVG. Danach ist die Aufrechnung nur noch dann unwirksam, **wenn zum Zeitpunkt der Aufrechnung eine Urkunde über die Abtretung oder eine Anzeige des Beschuldigten oder Betroffenen über die Abtretung in den Akten vorliegt**. Mit diesem Satz 2 ist die bisherige Streitfrage geklärt werden, ob auch eine nach Abgabe der Aufrechnungserklärung vorgenommene Abtretung zur Unwirksamkeit der Aufrechnung führt.   **98**

Ein Großteil der Rechtsprechung hatte dies unter Berufung auf die Entstehungsgeschichte des § 96a BRAGO angenommen.[21] Dies führte dazu, dass eine bereits erloschene Forderung rückwirkend wieder aufleben konnte. Mit der neuen Regelung soll es bei der Systematik des BGB verbleiben, dass eine Forderung zum Zeitpunkt der Abtretung noch bestehen muss.   **99**

Hinweis:

Eine Aufrechnung der Staatskasse kann daher nach § 43 Satz 2 RVG zukünftig nur noch unwirksam sein, wenn die Abtretung der Kostenerstattungsansprüche vor Abgabe der Aufrechnungserklärung vereinbart worden war.

   100

Die neue Regelung geht allerdings über die Klärung der früheren Streitfragen hinaus, indem sie anordnet, dass die Unwirksamkeit nicht nur voraussetzt, dass die Abtretung vor Abgabe der Aufrechnungserklärung vereinbart worden sein muss; die Vorschrift ordnet vielmehr auch an, dass die Aufrechnung nur dann unwirksam ist, wenn eine Urkunde über die Abtretung oder eine Anzeige des Beschuldigten oder Betroffenen über die Abtretung zum Zeitpunkt der Aufrechnung in den Akten vorliegt. Diese **Formulierung** ist in mehrfacher Hinsicht **unklar**.   **101**

bb) Definition

Zum einen ist unklar, was mit dem „Zeitpunkt der Aufrechnung" gemeint ist. Diese Formulierung kann durchaus so verstanden werden, dass damit der Zeitpunkt des § 389 BGB gemeint ist, nämlich der, in dem sich die Forderungen erstmals aufrechenbar gegenüber standen und zu dem die   **102**

---

18   KG, JurBüro 1980, 1200 = AnwBl. 1980, 379; AnwKom-RVG-*N. Schneider,* § 43 Rn. 20.
19   AnwKom-RVG-*N. Schneider,* § 43 Rn. 33.
20   AnwKom-RVG-*N. Schneider,* § 43 Rn. 36.
21   S. Einzelheiten bei AnwKom-BRAGO-*N. Schneider,* § 96a Rn. 19.

Aufrechnung gemäß § 389 BGB wirkt. Aus der Begründung ergibt sich jedoch, dass dies nicht gemeint ist. Der Anwalt soll weiterhin geschützt bleiben, wenn die Abtretung erst nach Eintritt der Aufrechnungslage vereinbart wird. Die Möglichkeit, auch dann gemäß **§ 406 BGB** gegenüber dem neuen Gläubiger aufzurechnen, soll für die Staatskasse ausgeschlossen bleiben.

103   *Beispiel:*

Der Beschuldigte war erstinstanzlich zur Zahlung einer Geldstrafe von 6.000 € verurteilt worden. Auf seine auf das Strafmaß beschränkte Berufung wird die Geldstrafe auf 3.000 € reduziert. Die notwendigen Auslagen des Beschuldigten im Berufungsverfahren werden der Staatskasse auferlegt. Nach Rechtskraft des Berufungsurteils lässt sich der Verteidiger die Kostenerstattungsansprüche des Beschuldigten abtreten.

Da zum Zeitpunkt der Rechtskraft bereits die Aufrechnungslage bestand, könnte die Staatskasse gemäß § 406 BGB auch gegenüber dem Anwalt als neuen Gläubiger aufrechnen. Diese Möglichkeit wird nun durch § 43 RVG ausgeschlossen, soweit dadurch der Vergütungsanspruch des Anwalts beeinträchtigt oder vereitelt würde.

cc) Nachweis der Abtretung

104   Weitere Voraussetzung nach § 43 Satz 2 RVG ist, dass sich zum Zeitpunkt der Aufrechnung – gemeint ist also der Zeitpunkt der Aufrechnungserklärung –

- eine **Urkunde über die Abtretung** oder

- eine **Anzeige des Beschuldigten über die Abtretung**

in den Akten vorliegen muss.

105   Fehlt es daran, ist die Aufrechnung der Staatskasse wirksam. Mit dieser Regelung sollen Zweifel an der Wirksamkeit der Aufrechnungserklärung ausgeschlossenen werden. Es soll verhindert werden, dass im Nachhinein eine Abtretung vordatiert wird. Zudem enthält diese Vorschrift auch einen gewissen Vertrauensschutz für die Staatskasse.

106   *Beispiel:*

Zu Beginn des Verfahrens lässt sich der Verteidiger wegen seiner Gebühren sämtliche eventuellen Erstattungsansprüche abtreten. Die Abtretung wird

a)   mündlich vereinbart,

b)   in einer Urkunde festgehalten.

Die Abtretung wird jedoch nicht offen gelegt. Nach rechtskräftigem Abschluss rechnet die Staatskasse ab. Nunmehr beruft sich der Verteidiger auf

a)   die mündliche Abtretung,

b)   die nunmehr vorgelegte Abtretungsurkunde.

In beiden Fällen wird er durch § 43 Satz 1 RVG nicht mehr geschützt. Die Abtretung als solche bleibt zwar wirksam. Die Staatskasse kann jedoch auch nach Offenlegung der Abtretung gegenüber dem Anwalt aufrechnen.

107   Hatte die Staatskasse allerdings Kenntnis von der Abtretung, bevor ihre Forderung fällig geworden war, ist die Aufrechnung nach § 406 BGB erst gar nicht möglich. Des Schutzes des § 43 Satz 1 RVG bedarf es dann nicht mehr.

108   *Beispiel:*

Zu Beginn des Verfahrens lässt sich der Verteidiger sämtliche Erstattungsansprüche abtreten. Der Mandant wird auf Kosten der Staatskasse freigesprochen. Nunmehr erklärt der Verteidiger schriftsätzlich, dass ihm die Forderung abgetreten sei, legt eine Inkassovollmacht vor und beantragt die Kostenfestsetzung und Auszahlung des festzusetzenden Betrags an sich. Eine Abtretungsurkunde legt er nicht vor. In einem späteren Verfahren wegen einer anderen Tat wird der Beschuldigte zu einer Geldstrafe verurteilt. Nunmehr erklärt die Staatskasse die Aufrechnung.

Eine Aufrechnung ist nach § 406 BGB gar nicht möglich, da zum Zeitpunkt der Fälligkeit der Geldstrafe die Erstattungsforderung bereits abgetreten war und die Staatskasse aufgrund der schriftsätzlichen Mitteilung davon Kenntnis hatte. Auf § 43 Satz 2 RVG kommt es erst gar nicht an.

109   Man wird in diesem Fall den Anwendungsbereich des § 43 Satz 1 RVG auch nicht dahin ausdehnen können, dass auch zum Nachweis einer Abtretung vor Fälligkeit der Gegenforderung nur die in § 43 Satz 2 RVG zugelassenen Mittel zulässig sind. Die Vorschrift nach § 43 Satz 1 RVG hat nämlich nur zur Rechtsfolge, dass eine Aufrechnung unwirksam wird. Damit ist aber logische Voraussetzung, dass sie nach allgemeinen Vorschriften erst einmal wirksam ist.

Unklar ist weiterhin das Erfordernis des § 43 Satz 2 RVG, dass sich die **Abtretungsurkunde** oder die   110
Erklärung des Beschuldigten zum Zeitpunkt der Aufrechnungserklärung **in den Akten** befinden müsse. Fraglich ist nämlich, welche Akten gemeint sind. Es muss sich nicht um die Akten des betreffenden
Verfahrens handeln. Es muss ausreichen, wenn sich die Abtretungsurkunde in den Akten eines anderen Verfahrens, etwa eines Parallelverfahrens befindet. Dem Beweiszweck ist dann Genüge getan.

> *Beispiel:*   111
> *Der Beschuldigte ist wegen Betrugs und wegen Diebstahls in zwei verschiedenen Verfahren angeklagt. Im Dieb-*
> *stahlsverfahren legt der Verteidiger die Abtretungsurkunde im Original vor. Daraus ergibt sich, dass dem Vertei-*
> *diger sowohl die Kostenerstattungsansprüche aus dem Diebstahlsverfahren als auch aus dem Betrugsverfahren*
> *abgetreten sind. Im Betrugsverfahren kommt es zu einem Teilfreispruch. Die Staatskasse rechnet auf.*

Der Anwalt kann sich nunmehr auf § 43 Satz 1 RVG berufen, auch wenn die Abtretungsurkunde sich   112
nicht in den Akten des Betrugsverfahrens, sondern in denen des Diebstahlsverfahrens befindet. Eine
andere Auslegung würde insbesondere zu Schwierigkeiten führen, wenn **Verfahren getrennt** werden.
Der Verteidiger müsste dann in dem abgetrennten Verfahren nochmals eine Urkunde nachreichen.

Es ist auch nicht erforderlich, dass das **Original der Urkunde** vorgelegt wird. Es reicht eine Kopie   113
der Abtretungsurkunde aus, zumal darin ohnehin eine Mitteilung des Beschuldigten zu sehen sein
dürfte. Man kann vom Verteidiger nicht verlangen, dass er das Original aus den Händen gibt. Insbesondere dann, wenn die Verfahren getrennt werden, wäre der Verteidiger anderenfalls gezwungen, eine zweite Originalurkunde herzustellen.

3.   Glaubhaftmachung

Die Voraussetzung des § 43 Satz 1 RVG muss der Anwalt glaubhaft machen. Insoweit hat sich gegen-   114
über der Rechtslage zu § 96a BRAGO nichts geändert.[22] Die **Glaubhaftmachung der Abtretung** selbst
wird weniger Probleme bereiten als nach bisherigem Recht, da sich eine Abtretungsanzeige des Beschuldigten oder sogar die Abtretungsurkunde in den Gerichtsakten befinden muss (s.o. Rn. 104 f.).

Der Anwalt muss darüber hinaus aber auch glaubhaft machen, dass noch eine **rechtliche Hono-**   115
rarforderung in Höhe der gesetzlichen Vergütung besteht.[23]

Des Weiteren muss der Anwalt glaubhaft machen, dass ihm durch die Wirksamkeit der Aufrechnung   116
eine **Vereitelung oder Beeinträchtigung seines Vergütungsanspruchs** drohen würde.[24]

4.   Rechtsbehelfe des Anwalts

Rechnet die Staatskasse mit einer **Geldstrafe** auf, so dürften nach der ausführlichen begründeten   117
Entscheidung des BGH[25] die Einwendungen des Anwalts gegen die Aufrechnung als **Einwendung**
gegen die Zulässigkeit der Strafvollstreckung gemäß § 458 Abs. 1 StPO zu behandeln sein, so
dass eine Entscheidung des Gerichts herbeizuführen ist. Zuständig ist in diesem Fall gemäß § 462a
Abs. 2 Satz 1 StPO das Gericht des ersten Rechtszugs, also hier das Gericht, das die Geldstrafe verhängt hat. Gegen diese gerichtliche Entscheidung ist sodann die sofortige Beschwerde gemäß § 462
Abs. 3 StPO gegeben.

Gebühren erhält der Anwalt in diesem Verfahren nicht, da er im eigenen Interesse tätig wird und   118
nicht für den Beschuldigten.

Nicht geklärt ist allerdings, welche Rechtsbehelfe in Betracht kommen, wenn die Staatskasse mit ei-   119
nem **Kostenerstattungsanspruch** aufrechnet.[26]

---

22   AnwKom-RVG-*N. Schneider,* § 43 Rn. 44 ff.
23   Ausführlich LG Bamberg, JurBüro 1976, 1353; AnwKom-RVG-*N. Schneider,* § 43 Rn. 45.
24   LG Bamberg, JurBüro 1976, 1353; AnwKom-RVG-*N. Schneider,* § 43 Rn. 47.
25   RPfleger 1998, 304; ebenso LG Mannheim, AnwBl. 1982, 164 = MDR 1982, 430 = KostRsp. BRAGO 96a Nr. 22 m. Anm.
      Lappe; AnwKom-RVG-*N. Schneider,* § 43 Rn. 49.
26   S. hierzu AnwKom-BRAGO-*N. Schneider,* § 100 Rn. 51.

VII. Gerichtlich bestellter oder beigeordneter Anwalt

1. Überblick

120 Der gerichtlich bestellte oder beigeordnete Anwalt erhält nach § 45 Abs. 3 RVG die **Vergütung aus der Landeskasse**, wenn ein Gericht des Landes ihn bestellt oder beigeordnet hat, im Übrigen aus der Bundeskasse.

121 Im Gegensatz zur BRAGO (§§ 97 ff. BRAGO) sind keine gesonderten Gebührentatbestände geregelt. Vielmehr gelten dieselben Gebührentatbestände, die auch für den **Wahlanwalt** gelten, für den gerichtlich bestellten oder beigeordneten Anwalt. Anstelle der Rahmengebühren, die der Wahlanwalt erhält, sind jetzt **Festgebühren** vorgesehen. Die bisher aufwändige Berechnung des Vier- bzw. Fünffachen der Mindestgebühr, begrenzt durch die Hälfte der Höchstgebühr, entfällt fortan.

122 Darüber hinaus sind **Sonderregelungen** für den gerichtlich bestellten oder beigeordneten Rechtsanwalt getroffen worden. Bei den Terminsgebühren sind ausschließlich für den gerichtlich bestellten Rechtsanwalt zusätzliche Gebühren vorgesehen, wenn die Hauptverhandlung länger dauert (s.u. Rn. 422).

123 Soweit **Wertgebühren** vorgesehen sind, erhält der gerichtlich bestellte oder beigeordnete Anwalt dieselben Gebührensätze, die auch dem Wahlanwalt zustehen. Allerdings bestimmen sich die Gebührenbeträge für ihn nicht nach § 13 RVG, sondern nach denen des § 49 RVG.

2. Umfang des Vergütungsanspruchs und der Beiordnung

124 Der Umfang des Vergütungsanspruchs und der Beiordnung ergibt sich aus § 48 RVG. Hier ist insbesondere § 48 Abs. 5 RVG zu beachten.

125 Wird der Rechtsanwalt im **erstinstanzlichen Verfahren** bestellt oder beigeordnet, so erhält er die Vergütung auch für seine Tätigkeit vor dem Zeitpunkt seiner Bestellung. Insoweit ist also nach wie vor eine **Rückwirkung** angeordnet. Der Anwalt erhält auch die Gebühren, die im gerichtlichen Verfahren und im vorbereitenden Verfahren vor seiner Bestellung entstanden sind

126 *Beispiel:*

Der Anwalt ist zunächst als Wahlverteidiger tätig. Nach dem ersten Hauptverhandlungstermin legt er das Wahlverteidigermandat nieder und wird als Pflichtverteidiger bestellt.
Hiernach findet ein weiterer Hauptverhandlungstermin statt.
Ohne die Vorschrift des § 48 Abs. 5 Satz 1 RVG würde der Anwalt lediglich eine Verfahrensgebühr sowie die Terminsgebühr für den zweiten Hauptverhandlungstermin erhalten.
Infolge der Rückwirkung nach § 48 Abs. 5 Satz 1 RVG erhält der Verteidiger nicht nur sämtliche Gebühren des gerichtlichen Verfahrens, also auch die erste Terminsgebühr; er erhält vielmehr auch die Vergütung im vorbereitenden Verfahren, also die Grundgebühr (Nr. 4100 VV RVG) sowie die dortige Verfahrensgebühr nach Nr. 4104 VV RVG und ggf. sogar weitere Terminsgebühren nach Nr. 4102 VV RVG.

127 **Hinweis:**

Neu ist die Regelung des § 48 Abs. 5 Satz 2 VV RVG. Danach gilt die Rückwirkung zukünftig auch im Rechtsmittelverfahren. Sie erstreckt sich allerdings nur auf das Rechtsmittelverfahren, nicht auch auf vorangegangene Rechtszüge.

128 *Beispiel:*

Im Berufungsverfahren legt der Verteidiger nach dem ersten Hauptverhandlungstermin das Wahlverteidigermandat nieder. Er wird als Pflichtverteidiger bestellt.
Der Anwalt kann hier kraft der Rückwirkung § 48 Abs. 5 Satz 2 RVG sämtliche Gebühren des Berufungsverfahrens abrechnen, also die Verfahrensgebühr sowie beide Terminsgebühren. Die Gebühren für das vorbereitende Verfahren und das erstinstanzliche Verfahren kann er dagegen nicht bei der Landeskasse liquidieren, weil § 58 Abs. 5 Satz 2 RVG eine so weitreichende Rückwirkung wie § 48 Abs. 5 Satz 1 RVG nicht vorsieht.

129 Werden mehrere Verfahren **miteinander verbunden**, so tritt grds. keine Rückwirkung ein. Die Bestellung in einem der Verfahren erstreckt sich nicht automatisch auf das hinzu verbundene Verfahren.

Beispiel 1: 130

In dem Verfahren 1/04 ist der Anwalt als Pflichtverteidiger beigeordnet worden. Hierzu wird das Verfahren 2/04 hinzu verbunden, in dem der Anwalt nur als Wahlverteidiger tätig ist, nicht aber als Pflichtverteidiger.

Der Anwalt kann aus der Landeskasse liquidieren: Sämtliche Gebühren, die in dem Verfahren 1/04 vor Verbindung entstanden sind, sowie alle Gebühren, die nach Verbindung ausgelöst wurden. Die nur im Verfahren 2/04 entstandenen Gebühren kann der Anwalt nicht aus der Landeskasse verlangen.

Allerdings sieht § 48 Abs. 5 Satz 3 RVG vor, dass im Falle der Verbindung die Bestellung auch auf 131
das verbundene Verfahren erstreckt werden kann.

Beispiel 2: 132

Wie Beispiel 1; das Gericht ordnet an, dass sich die Pflichtverteidigerbestellung auch auf das verbundene Verfahren erstreckt.

Nunmehr kann der Anwalt auch sämtliche in dem Verfahren 2/04 angefallenen Gebühren aus der Landeskasse verlangen.

Hiervon zu unterscheiden ist der Fall, dass der Anwalt erst **nach Verbindung als Pflichtverteidiger** 133
bestellt wird. In diesem Fall gilt § 48 Abs. 5 Satz 1 für beide Verfahren.

Beispiel: 134

In den getrennten Strafverfahren 1/04 und 2/04 ist der Anwalt als Wahlverteidiger tätig. Vor der Hauptverhandlung werden beide Verfahren verbunden. Der Anwalt legt sein Wahlverteidigermandat nieder und wird als Pflichtverteidiger bestellt.

Er kann jetzt in beiden Verfahren auch die bislang angefallenen Gebühren, auch die im vorbereitenden Verfahren nach § 48 Abs. 5 Satz 1 RVG aus der Landeskasse verlangen.

3. Auslagen

Neben den Gebühren erhält der gerichtlich bestellte oder beigeordnete Anwalt auch Ersatz seiner 135
Auslagen. Dies ist in § 46 RVG geregelt.

Auslagen werden grds. vergütet, es sei denn, sie sind zur sachgemäßen Durchführung der Angele- 136
genheit nicht erforderlich gewesen (§ 46 Abs. 1 RVG).

Hinsichtlich anfallender **Reisekosten** kann der Anwalt nach § 46 Abs. 2 vor Antritt der Reise ge- 137
richtlich feststellen lassen, ob diese notwendig ist. Soweit das Gericht danach die Notwendigkeit der
Reise feststellt, ist dies für das spätere Festsetzungsverfahren bindend.

4. Vorschuss

Nach § 47 RVG steht dem gerichtlich bestellten oder beigeordneten Anwalt ein Recht auf Vorschuss 138
zu.

Er kann allerdings nur die **Gebühren** vorschussweise abrechnen, die bereits entstanden sind. Auf zu- 139
künftige Gebühren kann im Gegensatz zu § 9 RVG kein Vorschuss verlangt werden.

Auch auf **Auslagen** können Vorschüsse verlangt werden. Hier ist es auch möglich, auf voraussicht- 140
lich entstehende Auslagen Vorschüsse zu verlangen.

5. Pauschgebühr

Soweit die gesetzlichen Gebühren für den gerichtlich bestellten oder beigeordneten Anwalt nicht 141
ausreichend sein sollten, hat er die Möglichkeit, nach § 51 RVG die Bewilligung einer Pauschgebühr
zu verlangen (s.u. Rn. 200 ff.).

6. Inanspruchnahme des Beschuldigten oder anderweitig Vertretenen

Darüber hinaus hat der gerichtlich bestellte oder beigeordnete Anwalt die Möglichkeit, den Be- 142
schuldigten oder anderweitig Vertretenen auf die Wahlanwaltsgebühren in Anspruch zu nehmen
(§§ 52, 53 RVG) und zwar auch dann, wenn zwischen ihm und dem Vertretenen kein Auftragsverhältnis besteht; s. hierzu ausführlich Rn. 160 ff.

7. Anrechnung von Zahlungen und Vorschüssen

143 Soweit der gerichtlich bestellte oder beigeordnete Anwalt Zahlungen vom Vertretenen oder vom Dritten erhalten hat, sind diese anzurechnen (§ 58 RVG); s. hierzu Rn. 147 ff.

8. Festsetzung

144 Die Festsetzung der aus der Landes- oder Bundeskasse zu zahlenden Vergütung richtet sich nach § 55 RVG.

Zuständig ist der Urkundsbeamte der **Geschäftsstelle des ersten Rechtszugs** (§ 55 Abs.1 Satz 1 RVG).

145 Gegen dessen Entscheidung ist die **sofortige Beschwerde** gegeben, sofern der Wert des Beschwerdegegenstands 200 € übersteigt. Hiergegen ist die **Erinnerung** möglich, über die nach § 56 RVG das Gericht des ersten Rechtszugs entscheidet.

146 Das Verfahren über die Erinnerung und die Beschwerde ist **gebührenfrei** (§ 55 Abs. 2 Satz 2 RVG). Eine **Kostenerstattung** ist ausgeschlossen (§ 56 Abs. 2 Satz 3 RVG).

VIII. Anrechnung von Vorschüssen

1. Gesetzliche Regelung

147 Die Anrechnung von Vorschüssen und Zahlungen, die sich der Pflichtverteidiger oder der ansonsten bestellte oder beigeordnete Rechtsanwalt anrechnen lassen muss (bisher § 101 BRAGO) ist nunmehr in § 58 Abs. 3 RVG enthalten. Hier haben sich einige Änderungen ergeben.

2. Anrechnung

a) Anrechnung nach Verfahrensabschnitten

148 In sämtlichen Angelegenheiten nach Teil 4 VV RVG muss sich der bestellte oder beigeordnete Anwalt Vorschüsse und Zahlungen, die er vor oder nach der gerichtlichen Bestellung oder Beiordnung für seine Tätigkeit erhalten hat, anrechnen lassen (§ 58 Abs. 3 Satz 1 RVG).

149 Klargestellt ist nunmehr, dass die Anrechnung **nach Verfahrensabschnitten** zu erfolgen hat. Dies war nach der bisherigen Fassung des § 101 BRAGO unklar. Es ist also keine Gesamtbetrachtung vorzunehmen. Vielmehr ist dann, wenn der Anwalt Vorschüsse oder Zahlungen für bestimmte Verfahrensabschnitte erhalten hat, auch nur darauf anzurechnen.

150 *Beispiel:*

Die Grundgebühr i.H.v. vom Mandanten bezahlt:		*165,00 €*
Für das vorbereitende Verfahren hat der Anwalt darüber hinaus erhalten:		
• *einen Vorschuss i.H.v.*		*200,00 €*
• *und für das gerichtliche Verfahren i.H.v. weiteren*		*600,00 €*
Die Sache endet im dem ersten Hauptverhandlungstermin.		
Anrechnungsfrei sind im vorbereitenden Verfahren		
Grundgebühr, Nr. 4100 VV RVG		*132,00 €*
Verfahrensgebühr, Nr. 4104 VV RVG	*112,00 €*	
	244,00 €	*x 2 = 488,00 €*
Hier hat der Anwalt		*165,00 €*
200,00 € und		
365,00 €		
erhalten. Eine Anrechnung ist ausgeschlossen.		
Anrechnungsfrei sind im gerichtlichen Verfahren		
Verfahrensgebühr, Nr. 4106 VV RVG	*112,00 €*	
Terminsgebühr, Nr. 4108 VV RVG	*184,00 €*	
	296,00 €	*x 2 = 592,00 €*

Der Anwalt hat für das gerichtliche Verfahren als Vorschuss bereits 600,00 €
erhalten, also   *8,00 €*
mehr als das Doppelte der Pflichtverteidigervergütung, so dass er
keine weitere Vergütung aus der Staatskasse mehr erhält.
Unzulässig wäre es jetzt, die über das Doppelte der Pflichtverteidigervergütung
für das gerichtliche Verfahren hinausgehenden   *8,00 €*
auf die Gebühren des vorbereitenden Verfahrens anzurechnen.

b) Umfang der Anrechnung

Wie bisher sind Zahlungen und Vorschüsse nur insoweit anzurechnen, soweit der Anwalt durch die   **151** Zahlungen insgesamt mehr als den **doppelten Betrag** erhalten würde. Mit doppeltem Betrag ist das Doppelte derjenigen Beträge gemeint, die das Vergütungsverzeichnis für den gerichtlich bestellten oder beigeordneten Anwalt ausweist. Eine Pauschgebühr nach § 51 RVG bleibt dabei außer Ansatz.

Beispiel: **152**

Für das Verfahren vor dem AG hat der Anwalt vom Mandanten einen Vorschuss i.H.v. 200 € erhalten. Anschließend wird er als Pflichtverteidiger beigeordnet und rechnet mit der Staatskasse ab.

Anrechnungsfrei ist insgesamt ein Betrag in Höhe des Doppelten	
der Verfahrensgebühr nach Nr. 4106 VV RVG von *(2 x 112 €) =*	*224,00 €*
Da dem Anwalt aus der Staatskasse	*112,00 €*
zustehen, bleiben also weitere	*112,00 €*
anrechnungsfrei.	
Der Restbetrag i.H.v. (200 € – 112 € =)	*88,00 €*
wird angerechnet.	
Der Anwalt erhält also aus der Staatskasse lediglich noch (112 € – 88 € =)	*24,00 €*
so dass er insgesamt auf	*224,00 €*
also das Doppelte der Gebühr kommt.	

153

> **Hinweis:**
>
> Da das RVG für den gerichtlich bestellten oder beigeordneten Anwalt höhere Gebühren als die BRAGO vorsieht, wird sich vermehrt das Problem stellen, ob dem Anwalt überhaupt das Doppelte der vorgesehenen Gebühr zusteht.

Beispiel: **154**

Für das Verfahren vor dem AG würde dem Anwalt als Wahlverteidiger eine Verfahrensgebühr nach Nr. 4106 VV RVG aus dem Rahmen von 30 € bis 250 € lediglich die Mittelgebühr i.H.v. 140 € zustehen. Der Anwalt hat vom Mandanten einen Vorschuss i.H.v. 100 € erhalten. Später wird er als Pflichtverteidiger beigeordnet.

Er beantragt aus der Staatskasse eine Gebühr nach Nr. 4106 VV RVG i.H.v. 112 €.

Ausgehend vom Wortlaut des § 58 Abs. 3 RVG könnte er die Vergütung aus der Staatskasse anrechnungsfrei verlangen. Damit würde er aber im Ergebnis 212 € erhalten, also mehr als ein Wahlverteidiger, dem als Mittelgebühr nur 140 € zustehen würden.

Auch hier kann der Pflichtverteidiger letztlich nicht mehr als 140 € erhalten. Unabhängig von der Frage der Anrechnung nach § 58 Abs. 3 RVG darf er nicht mehr erhalten, als ein Wahlverteidiger erhalten würde.

3. Auslagen

Wie bisher bleibt es dabei, dass auch Vorschüsse auf Auslagen anzurechnen sind, allerdings nicht auf   **155** die Gebühren, sondern nur auf die Auslagen, die der Anwalt aus der Staatskasse nach § 46 RVG erhält.[27] Soweit der Anwalt also vom Mandanten auf bestimmte Auslagen Zahlungen oder Vorschüsse erhalten hat, kann er nicht nochmals mit der Staatskasse abrechnen.

Da sich die Auslagen des Pflichtverteidigers mit denen des Wahlverteidigers decken, kommt die Einschränkung nach § 58 Abs. 3 Satz 3 RVG nicht in Betracht.   **156**

Keine Anrechnung ist vorzunehmen, wenn die Vorschüsse auf Auslagen gezahlt worden sind, für die   **157** die Staatskasse nicht eintrittspflichtig ist, etwa für nicht notwendige Reisekosten. Diese Zahlungen verbleiben dem Anwalt auch zukünftig anrechnungsfrei.

---

27   AnwKom-RVG-N. *Schneider*, § 58 Rn. 46.

4. Angabe von erhaltenen Vorschüssen und Zahlungen

158 Bei der Festsetzung muss der Anwalt wie bisher erhaltene Vorschüsse und Zahlungen angeben (§ 55 Abs. 5 Satz 2 RVG). Die bisherige Einschränkung in § 101 BRAGO, soweit sie „von Bedeutung" sind, ist entfallen. Damit ist der Streit beseitigt, ob der Anwalt nur solche Zahlungen angeben muss, die anzurechnen sind oder auch die, die anzurechnen sein könnten.[28] Er hat **zukünftig alle Zahlungen anzugeben**.

5. Angabe von nachträglichen Zahlungen

159 Soweit der Anwalt seine Vergütung aus der Staatskasse erhalten hat und er erst hiernach weitere Zahlungen vom Auftraggeber oder von Dritten erhält, muss er dies unverzüglich gegenüber der Staatskasse anzeigen (§ 55 Abs. 5 2. Halbs. RVG). Auch hier kommt es nicht darauf an, ob die Zahlungen von Bedeutung sind. **Sämtliche Zahlungen sind anzugeben.**

IX. Anspruch gegen den Beschuldigten oder den Auftraggeber

1. Anspruch des dem Beschuldigten bestellten Anwalts

a) Gesetzliche Regelung

160 Der dem Beschuldigten bestellte Anwalt, also insbesondere der Pflichtverteidiger, hat auch nach dem RVG einen **eigenen Anspruch gegen den Beschuldigten auf die weiter gehende Vergütung eines Wahlverteidigers**, selbst wenn der Beschuldigte keinen Auftrag erteilt hat. Die bisherige Regelung des § 100 Abs. 1 BRAGO findet sich nun inhaltsgleich in § 52 Abs. 1 RVG.

161 Möglich ist jetzt auch, über § 52 RVG eine **Pauschgebühr** nach § 42 RVG gegen den Beschuldigten geltend zu machen. **Einen Vorschuss** kann der Anwalt dagegen vom Beschuldigten nach wie vor nicht verlangen (§ 52 Abs. 1 Satz 1 2. Halbs. RVG).

b) Beschränkung des Anspruchs

162 **Eingeschränkt** wird der Anspruch gegen den Beschuldigten – wie bisher – insoweit, als er nur geltend gemacht werden kann,

- soweit dem Beschuldigten einen **Erstattungsanspruch** gegen die Staatskasse zusteht oder
- das Gericht des ersten Rechtszugs auf Antrag des Verteidigers **feststellt**, dass der Beschuldigte ohne Beeinträchtigung des für ihn und seiner Familie notwendigen Unterhalts **zur Zahlung oder zur Leistung von Raten in der Lage** ist.

163 Eine Änderung ist insoweit eingetreten, als § 100 Abs. 2 BRAGO lediglich die Fähigkeit zur Zahlung vorgesehen hat, während § 52 Abs. 2 Satz 1 RVG nunmehr ausdrücklich auch als weitere Alternative die Fähigkeit „**zur Leistung von Raten**" aufführt.

164 Die Beschränkung nach § 52 Abs. 2 Satz 1 RVG gilt – wie bisher – nur insoweit, als der Beschuldigte nicht schon ohnehin in Anspruch genommen werden kann. Keine Einschränkung nach § 52 Abs. 2 RVG gilt somit für Vergütungsansprüche

- aus **der Zeit vor der Bestellung**,
- aus **Honorarvereinbarungen**,
- aus **Tätigkeiten, die von der Bestellung nicht gedeckt sind, für die aber ein Auftrag des Beschuldigten vorliegt**.

c) Antrag

165 Erforderlich ist zunächst ein Antrag des Rechtsanwalts, die Zahlungsfähigkeit des Beschuldigten feststellen zu lassen. Der Antrag kann **unbeziffert** sein. Es ist keinesfalls erforderlich, dass der Pflicht-

---

28 S. AnwKom-RVG-*N. Schneider*, § 58 Rn. 3.

verteidiger bereits jetzt schon seine Gebühren berechnet und diese Berechnung vorlegt. Der Anwalt kann seinen Antrag aber auch dahin gehend einschränken, dass er die Feststellung begehrt, der Beschuldigte sei in Höhe eines bestimmten Betrages leistungsfähig. Das Gericht hat im Rahmen des Verfahrens über die Feststellung der Leistungsfähigkeit nicht die Höhe der Vergütung zu prüfen, sondern nur, in welcher Höhe der Beschuldigte überhaupt leistungsfähig ist.

d) Frist

Der Antrag auf Feststellung der Leistungsfähigkeit ist nicht fristgebunden. Im Hinblick auf die ab   **166** Rechtskraft laufende Verjährung der Vergütung sollte der Antrag so zeitig gestellt werden, dass die Verjährung noch nicht abgelaufen ist und der Anspruch noch durchgesetzt werden kann.

e) Rechtsschutzbedürfnis

Ein Rechtsschutzbedürfnis für den Antrag fehlt, soweit der Beschuldigte freigesprochen worden ist   **167** und der Pflichtverteidiger den Beschuldigten ohnehin nach § 52 Abs. 2 Satz 1 1. Alt. RVG in Anspruch nehmen kann. Eine Feststellung der Leistungsfähigkeit durch das Gericht wäre in diesem Fall überflüssig.[29]

Der Antrag ist dagegen auch dann zulässig, wenn der Anwalt vom Beschuldigten unmittelbar die   **168** Wahlanwaltsgebühren verlangen kann, etwa aus einem vorangegangenen Wahlanwaltsvertrag. Die gegenteilige Ansicht[30] berücksichtigt nicht, dass beide Ansprüche unabhängig voneinander bestehen[31] und der unmittelbare Anspruch auf die Wahlgebühren z.B. viel früher verjährt (s.u. Rn. 185).

Ein Rechtsschutzbedürfnis besteht auch dann gegeben, wenn die Ansprüche nach § 52 Abs. 1 Satz 1   **169** RVG verjährt sind.[32] Abgesehen davon, dass das Strafgericht nicht dafür zuständig ist, über die Frage der Verjährung zu entscheiden, ist es Sache des Beschuldigten, ob er sich später überhaupt auf den Eintritt der Verjährung beruft.

f) Zuständigkeit

Die **Feststellung der Leistungsfähigkeit** obliegt dem **Gericht des ersten Rechtszugs** (§ 52 Abs. 2   **170** Satz 1 RVG). Auch insoweit hat sich nichts geändert. Soweit das Verfahren gerichtlich nicht anhängig geworden ist, entscheidet das **Gericht, das den Verteidiger bestellt hat**.

g) Verfahren

Nach § 52 Abs. 3 RVG setzt das Gericht dem Beschuldigten eine **Frist zur Darlegung seiner persönlichen und wirtschaftlichen Verhältnisse**. Die Regelungen des § 117 Abs. 2 bis 4 ZPO gelten   **171** entsprechend. Gibt der Beschuldigte innerhalb der gesetzten Frist keine Erklärung ab, so wird vermutet, dass er leistungsfähig i.S.d. § 52 Abs. 2 Satz 1 RVG ist.

Mit dieser zusätzlichen Regelung soll der Beschuldigte verpflichtet werden, gegenüber dem Gericht   **172** seine Einkommens- und Vermögensverhältnisse wie bei einem Antrag auf Bewilligung von Prozesskostenhilfe darzulegen. Kommt er dieser Aufforderung nicht nach, wird die **Leistungsfähigkeit vermutet**. Wirkt der Beschuldigte also bei der Ermittlung seiner Leistungsfähigkeit nicht in der gebotenen Weise mit, soll dieses Verhalten nicht zulasten des Rechtsanwaltes gehen. Nach bisherigem Recht bestand insoweit eine Darlegungs- und Beweislast des Pflichtverteidigers,[33] wobei das Gericht im gewissen Rahmen zur Amtsermittlung verpflichtet war.[34]

---

29 So im Ergebnis auch *Gerold/Schmidt/Madert*, BRAGO, § 100 Rn. 11, der allerdings nur die Beschwerdebefugnis des Beschuldigten verneint.
30 OLG Koblenz, KostRsp. BRAGO § 100 Nr. 11 m. Anm. *Schmidt*.
31 OLG Düsseldorf, JurBüro 1984, 567 m. Anm. *Mümmler* = MDR 1984, 426 = AnwBl. 1984, 264 m. Anm. *Chemnitz* = Rpfleger 1984, 287.
32 OLG Düsseldorf, Rpfleger 1981, 368 = JurBüro 1981, 1529 m. Anm. *Mümmler*; OLG München AnwBl. 1982, 389 = JurBüro 1982, 1366 = MDR 1982, 869.
33 AnwKom-BRAGO-*N. Schneider*, § 100 Rn. 45.
34 AnwKom-BRAGO-*N. Schneider*, § 100 Rn. 45 f.

h) Beurteilung der Leistungsfähigkeit

173 Die Feststellung der Leistungsfähigkeit ist zu treffen, soweit der Beschuldigte in der Lage ist, die Wahlgebühren zu zahlen, ohne dass damit eine Beeinträchtigung des für ihn und seine Familie notwendigen Unterhalts verbunden ist.

174 Zu prüfen sind danach primär die Einkommensverhältnisse des Beschuldigten. Ihm müssen nach Zahlung der Wahlverteidigergebühren genügend Mittel verbleiben, um seinen eigenen Lebensunterhalt und den seiner Familie sicherzustellen. Insoweit wird man sich an den Pfändungsfreigrenzen nach §§ 850c ff. ZPO orientieren können.[35]

175 Die **Vermögensverhältnisse** sind nur mittelbar zu berücksichtigen, nämlich insoweit, als das Vermögen zur Deckung des Unterhalts herangezogen werden kann. Hier wird man auf die Regelungen zur Bewilligung von Prozesskostenhilfe zurückgreifen können.[36] Soweit danach Vermögen nicht eingesetzt werden muss, muss sich auch der Beschuldigte nicht darauf verweisen lassen. Das LG Mainz[37] geht davon aus, dass eine Feststellung nach § 52 Abs. 2 Satz 1 2. Alt. RVG nicht in Betracht komme, wenn dem Beschuldigten nicht der doppelte Sozialhilfesatz verbleibe.

176 | **Hinweis:**
Zu beachten ist, dass eine Leistungsfähigkeit des Beschuldigten bereits dann gegeben ist, wenn er Raten zahlen kann ohne den eigenen Lebensunterhalt oder den seiner Familie zu gefährden (§ 52 Abs. 1 Satz 1 RVG).

177 Zu berücksichtigen ist insoweit auch, inwieweit realisierbare Ansprüche gegen **erstattungspflichtige Dritte** gegeben sind.[38]

178 *Beispiel:*
Die Berufung des Nebenklägers wird kostenpflichtig verworfen.
§ 52 Abs. 2 Satz 1 1. Alt. RVG greift nicht, da diese Regelung nur für einen Erstattungsanspruch gegen die Staatskasse gilt. Soweit der Nebenkläger zahlungsfähig ist, ist allerdings nach § 52 Abs. 2 Satz 1 2. Alt. RVG die Leistungsfähigkeit hinsichtlich der Kosten des Berufungsverfahrens festzustellen, selbst wenn der Beschuldigte im Übrigen nicht leistungsfähig ist. Der Beschuldigte kann die Zahlung „durch Beitreibung von der Gegenseite"[39] erbringen.

179 Auch sonstige Ansprüche gegen Dritte sind zu beachten, etwa nach § 1360a Abs. 4 BGB gegen den **Ehegatten**[40] oder Ansprüche der **Kinder gegen ihre Eltern** nach § 1610 BGB.[41]

180 Ferner ist zu berücksichtigen, wenn dem Beschuldigten Ansprüche nach dem **Strafverfolgungsentschädigungsgesetz** erwachsen sind.[42]

181 Nach *Hansens*[43] sollen auch Ansprüche gegen den **Rechtsschutzversicherer** in Betracht kommen. Ein solcher Fall dürfte allerdings kaum vorkommen. In Fällen notwendiger Verteidigung wird i.d.R. nach den ARB kein Versicherungsschutz bestehen. Abgesehen davon ist fraglich, ob der Versicherer auch die Kosten eines Pflichtverteidigers zu übernehmen hat oder nur die eines gewählten Verteidigers.

182 | **Hinweis:**
Zu berücksichtigen ist ferner, ob der Beschuldigte keiner Erwerbstätigkeit nachgeht und sich auch nicht um Arbeit bemüht. Hier kann bei der Beurteilung der Leistungsfähigkeit – ähnlich wie im Unterhaltsrecht – ein fiktives Einkommen zugrunde gelegt werden.[44]

---

35   *Hansens*, BRAGO, § 100 Rn. 13.
36   OLG Celle, Nds.Rpfl 1982, 224; *Hansens*, BRAGO, § 100 Rn. 13.
37   MDR 1981, 428.
38   *Gerold/Schmidt/Madert*, BRAGO, § 100 Rn. 9.
39   *Gerold/Schmidt/Madert*, BRAGO, § 100 Rn. 9.
40   *Gerold/Schmidt/Madert*, BRAGO, § 100 Rn. 9; *Hansens*, BRAGO, § 100 Rn. 14.
41   *Gerold/Schmidt/Madert*, BRAGO, § 100 Rn. 9; *Hansens*, BRAGO, § 100 Rn. 14; a.A. OLG Düsseldorf, JurBüro, 1982, 248.
42   LG Hamburg, AnwBl. 1985, 594; *Hansens*, BRAGO, § 100 Rn. 13.
43   BRAGO, § 100 Rn. 13.
44   LG Kiel, AnwBl. 1971, 25; *Hansens*, BRAGO, § 100 Rn. 13.

i)   Zeitpunkt der Beurteilung

Strittig ist, welcher **Zeitpunkt für die Beurteilung** maßgebend ist. Nach ganz h.M. ist für die Ent-   183
scheidung über die Feststellung der Leistungsfähigkeit auf die persönlichen und wirtschaftlichen Verhältnisse des Beschuldigten im Zeitpunkt der **Entscheidung des Gerichts** abzustellen.[45] Die gegenteilige Auffassung, es sei auf den **Zeitpunkt des Strafverfahrens** abzustellen,[46] dürfte unzutreffend
sein. So ist kein Grund ersichtlich, dem Anwalt die Gebühren zu versagen, wenn der Beschuldigte
nach Abschluss des Strafverfahrens vermögend wird. Umgekehrt ist kein Grund ersichtlich, den Beschuldigten in Anspruch zu nehmen, wenn er nach Abschluss des Strafverfahrens, u.U. infolge der zu
zahlenden Geldstrafe, des Verlustes seines Arbeitsplatzes o.Ä. einkommens- und vermögenslos wird.[47]

j)   Entscheidung, Rechtsmittel

Das Gericht entscheidet über einen Antrag auf Feststellung der Leistungsfähigkeit des Beschuldigten   184
durch **Beschluss**. Hiergegen ist die sofortige Beschwerde nach den Vorschriften der §§ 304 bis 311a
StPO gegeben (§ 52 Abs. 4 RVG).

k)   Verjährung, Hemmung der Verjährung

Der **Ablauf der Verjährung** der weiteren Vergütung gegen den Beschuldigten beginnt erst mit   185
Rechtskraft der das Verfahren abschließenden gerichtlichen Entscheidung (§ 52 Abs. 2 RVG) und,
wenn es daran fehlt, mit der Beendigung des Verfahrens.

Der **Antrag des Verteidigers hemmt** nunmehr den Ablauf der **Verjährungsfrist**. Nach § 100 Abs. 3   186
Satz 2 BRAGO war der Ablauf der Verjährungsfrist von der Entscheidung des Gerichts über die Leistungsfähigkeit unabhängig. Dies hatte also zur Folge, dass die Verjährung ungeachtet eines gestellten Antrags des Pflichtverteidigers auf Feststellung der Leistungsfähigkeit verjähren konnte.[48] Nach
§ 52 Abs. 5 Satz 2 RVG hemmt der Antrag des Verteidigers jetzt den Ablauf der Verjährungsfrist. Abzustellen dürfte ebenso wie bei § 11 RVG auf den Zeitpunkt des Antragseingangs sein, nicht auf die
Zustellung des Antrags.

Die **Hemmung der Verjährung endet** sechs Monate nach Rechtskraft der Entscheidung des Ge-   187
richts über den Antrag (§ 52 Abs. 5 Satz 2 RVG).

l)   Kein Vollstreckungstitel

Der Beschluss nach § 52 RVG schafft weder einen Vollstreckungstitel noch enthält er eine bindende   188
Feststellung zur Höhe der dem Anwalt zustehenden Vergütung. Der Beschluss stellt lediglich verbindlich die Leistungsfähigkeit dem Grunde nach fest.

Der Anwalt muss also ggf. seine weiter gehenden Ansprüche aus § 52 Abs. 1 RVG **gerichtlich durch-**   189
setzen. Möglich ist jetzt allerdings auch das vereinfachte **Festsetzungsverfahren nach § 11 RVG**,
da nunmehr auch Rahmengebühren festgesetzt werden können (s. Teil 3 Rn. 224). Dass der Beschuldigte nicht Auftraggeber ist, dürfte unerheblich sein, da das Auftragsverhältnis durch § 52 RVG
ersetzt wird.

Dem Beschuldigten bleiben im Vergütungsprozess bzw. im Festsetzungsverfahren sämtliche Ein-   190
wendungen zu Grund und Höhe erhalten mit Ausnahme des Einwandes, nicht leistungsfähig zu sein.

2.   Anspruch des beigeordneten Anwalts gegen den Auftraggeber

Gemäß § 53 RVG gilt § 52 RVG **entsprechend** für den   191

- einem **Privatkläger**,
- einem **Nebenkläger**,

---

45   OLG Bamberg, JurBüro 1990, 482; OLG Düsseldorf, AnwBl. 1974, 88; AnwKom-RVG-N. *Schneider*, § 52 Rn. 56 m.w.N.
46   So KG, JR 1968, 309; OLG Koblenz, MDR 1991, 866.
47   AnwKom-RVG-N. *Schneider*, § 52 Rn. 56 f.
48   AnwKom-RVG-N. *Schneider*, § 52 Rn. 39 ff.

- dem **Antragsteller im Klageerzwingungsverfahren** oder
- einem anderweitig **beigeordneten Rechtsanwalt.**

192 Im Gegensatz zu § 52 RVG ist hier allerdings ein **Auftragsverhältnis** erforderlich, während zwischen Pflichtverteidiger und Beschuldigtem kein Anwaltsvertrag bestehen muss.

193 Die Regelung des § 53 Abs. 1 BRAGO entspricht damit der bisherigen Verweisung im § 102 Abs. 1 BRAGO. Danach kann der einer der vorgenannten Personen beigeordnete Rechtsanwalt unter den Voraussetzungen des § 52 RVG seinen Auftraggeber ebenfalls auf die weiter gehende Vergütung zur Höhe der Wahlanwaltsgebühren in Anspruch nehmen.

3. Anspruch des Beistands

194 Die bisherige Regelung in § 100 Abs. 2 BRAGO befindet sich nun mehr in § 53 Abs. 2 RVG. Der dem Nebenkläger oder dem nebenklageberechtigten Verletzten als **Beistand** bestellte Rechtsanwalt kann diesen nicht in Anspruch nehmen. § 52 RVG ist insoweit unanwendbar.

195 Der Anwalt kann allerdings den **Verurteilten** in Anspruch nehmen. Voraussetzung ist allerdings eine entsprechende Kostenentscheidung. Diese setzt § 53 Abs. 2 RVG voraus.

4. Anspruch des PKH-Anwalts

196 Soweit der Anwalt einem Neben- oder Privatkläger o.Ä. im Wege der Prozesskostenhilfe beigeordnet worden ist, kann er bei Anordnung von Ratenzahlungen auch die weiter gehende Wahlanwaltsvergütung gemäß § 50 RVG (früher: § 124 BRAGO) gegen den Auftraggeber festsetzen lassen.

197 Im Übrigen ergibt sich ein **eigenes Beitreibungsrecht** des Anwalts gegen den verurteilten Angeklagten aus der entsprechenden Anwendung des § 126 ZPO. Die Festsetzung erfolgt in diesem Falle nicht nach § 55 RVG (früher: § 98 BRAGO), sondern nach § 464b StPO.[49]

5. Anrechnung und Rückzahlungen

198 In sämtlichen Fällen, also sowohl im Falle des § 52 und 53 Abs. 1 (§ 52 Abs. 2 RVG), als auch im Falle des § 52 Abs. 2 Satz 1 RVG (§ 52 Abs. 1 Satz 2 RVG), entfällt der Anspruch gegen den Beschuldigten oder den Auftraggeber, soweit die **Staatskasse** die Gebühren an den Anwalt **gezahlt** hat, § 52 Abs. 2 Satz 2 RVG.

199 Soweit **nachträglich Zahlungen** erfolgen werden, richtet sich die Anrechnung von Vorschüssen und Zahlungen nach § 58 Abs. 3 RVG (s.o. Rn. 159). Diese Regelung entspricht dem bisherigen § 101 BRAGO. Insoweit kann auf die bisherige Rechtslage verwiesen werden.

X. Bewilligung einer Pauschgebühr

200 Während § 99 BRAGO bislang die Pauschgebühr nur für den gerichtlich bestellten oder beigeordneten Anwalt vorgesehen hatte (jetzt § 51 RVG), ist nunmehr auch für den Wahlanwalt die Feststellung einer Pauschgebühr möglich (§ 42 RVG).

1. Bewilligung einer Pauschgebühr für den gerichtlich bestellten oder beigeordneten Anwalt (§ 51 RVG)

a) Gesetzliche Regelung

201 Die Regelung des § 51 RVG entspricht im Wesentlichen dem bisherigen § 99 BRAGO, ist allerdings umfangreicher und trägt zur Klärung einiger bisheriger Streitfragen bei. Die Überschrift „Festsetzung" ist missverständlich, da in diesem Verfahren keine Vergütung festgesetzt, sondern lediglich festgestellt wird.

---

49 AnwKom-RVG-N. *Schneider,* § 53 Rn. 7.

b) Persönlicher Anwendungsbereich

Die Vorschrift des § 51 RVG betrifft den gerichtlich bestellten oder beigeordneten Rechtsanwalt, al- **202** so sowohl den Pflichtverteidiger als auch den mit Einzeltätigkeiten beauftragten Anwalt, den gerichtlich bestellten oder beigeordneten Vertreter eines Privat- oder Nebenklägers, eines Beistands des Verletzten u.Ä. Insoweit hat sich an diesem Anwendungsbereich nichts geändert.[50]

c) Sachlicher Anwendungsbereich

Die Möglichkeit der Pauschgebühr besteht für **sämtliche Tätigkeiten**, für die der Anwalt bestellt **203** oder beigeordnet worden ist. Dies gilt auch für Tätigkeiten in der **Strafvollstreckung** (Nrn. 4200 ff. VV RVG).

Dem Wortlaut des Gesetzes nach kann auch in einer **Gnadensache** (Nr. 4303 VV RVG) eine Pausch- **204** gebühr bewilligt werden, was nach bisherigem Recht nicht möglich war, da die Vergütung in einer Gnadensache nach § 93 BRAGO in § 97 BRAGO nicht erwähnt war.[51] Fraglich ist allerdings, ob es in einer Gnadensache überhaupt zu einer Beiordnung kommen kann (s. Rn. 986).

d) Voraussetzungen

Voraussetzungen für die Bewilligung einer Pauschgebühr ist, dass es sich um eine **besonders um- 205 fangreiche oder schwierige Strafsache** handeln muss. § 51 Abs. 1 Satz 2 RVG formuliert dies nunmehr so, dass die Pauschgebühr zu bewilligen ist, wenn die im Vergütungsverzeichnis bestimmten Gebühren **wegen des besonderen Umfangs und der besonderen Schwierigkeit nicht zumutbar** sind.

Dies entspricht im Wesentlichen dem bisherigen § 99 BRAGO. Inhaltlich hat sich aber durch die Um- **206** strukturierung der Gebühren eine erhebliche Änderung ergeben.

Da zum einen der bestellte oder beigeordnete Anwalt nunmehr auch **Wertgebühren** erhält, wenn **207** vermögensrechtliche Ansprüche geltend gemacht werden (Nrn. 4142, 4143 ff. VV RVG), scheidet insoweit eine Bemessung – im Gegensatz zum bisherigen Recht – aus (§ 51 Abs. 1 Satz 3 RVG). Während der Pflichtverteidiger nach bisherigen Recht die Möglichkeit nicht hatte, den Gebührenrahmen nach §§ 88, 89 BRAGO zu erhöhen, sieht das Vergütungsverzeichnis nunmehr insoweit zusätzliche Gebühren vor (Nr. 4142 VV RVG; Nrn. 4143 ff. VV RVG), so dass die Behandlung vermögensrechtlicher Ansprüche alleine kein Grund mehr sein kann eine Pauschgebühr zu bewilligen.

Darüber hinaus sind – auch für den bestellten oder beigeordneten Anwalt – **zusätzliche Gebüh- 208 rentatbestände** eingeführt worden, z.B. höhere Gebühren bei längerer Hauptverhandlung von mehr als fünf oder mehr als acht Stunden (Nrn. 4116, 4117, 4128, 4129, 4134, 4135 VV RVG). Ferner sind zusätzliche Gebühren für die Teilnahme an Vernehmungen im Ermittlungsverfahren (Nr. 4102 Nr. 1 VV RVG) oder für die Teilnahme an Haftprüfungsterminen (Nr. 4102 Nr. 3 VV RVG) eingeführt worden. Da für diese Tätigkeiten der Pflichtverteidiger im Gegensatz zum bisherigen Recht bereits gesetzliche Gebühren erhält, geben alleine diese Kriterien zukünftig grds. keinen Anlass mehr, eine Pauschgebühr zu bewilligen. Nur noch bei **Berücksichtigung außergewöhnlicher Fälle**, etwa außergewöhnlich langen Vernehmungen im Ermittlungsverfahren, können solche zusätzliche Tätigkeiten die Bewilligung einer Pauschgebühr rechtfertigen.

Ungeachtet dieser neu eingeführten Gebührentatbestände, die zum Teil sogar ausschließlich für den **209** bestellten oder beigeordneten Anwalt gelten (Nrn. 4116, 4117, 4128, 4129, 4134, 4135 VV RVG), hielt es der Gesetzgeber nach wie vor für erforderlich, die Möglichkeit der Bewilligung einer Pauschgebühr in das RVG aufzunehmen. Neben den gesetzlich geregelten Fällen sind zahlreiche Alternativen denkbar, in denen der Pflichtverteidiger in weit überdurchschnittlichem Ausmaß tätig geworden ist. Die Beibehaltung der Pauschgebühr entspricht auch einem verfassungsrechtlichen Gebot.

---

50 S. hierzu AnwKom-RVG-N. *Schneider*, § 51 Rn. 1 ff.
51 AnwKom-RVG-N. *Schneider*, § 51 Rn. 12.

Die Inanspruchnahme des Pflichtverteidigers, der geringere Gebühren als ein Wahlverteidiger erhält, darf nicht zu einem Sonderopfer führen.[52]

210   Eine Regelung für Auslagen fehlt. Bewilligt werden kann nur eine Pauschgebühr; also nur für Gebühren, nicht auch für **Auslagen**.

211   Eine Pauschgebühr kann zudem nicht bewilligt werden, soweit Wertgebühren entstehen (§ 51 Abs. 1 Satz 2 RVG).

e)   Besonderer Umfang der Angelegenheit – Beurteilungskriterien in alphabetischer Reihenfolge

212   Bei dem Merkmal der besonders umfangreichen Strafsache ist vor allen Dingen auf den **zeitlichen Aufwand** abzustellen, der dem Pflichtverteidiger entsteht. Dabei ist auf **objektive Kriterien** abzustellen.[53]

213   Ob eine Strafsache besonders umfangreich ist, muss im Verhältnis zu anderen **vergleichbaren Strafsachen** beurteilt werden. Als vergleichbare Strafsachen können nur gleichartige Verfahren herangezogen werden. So kann beispielsweise der Umfang einer Schwurgerichtssache nicht mit dem Umfang eines Verfahrens vor dem AG verglichen werden und umgekehrt.

214   Als **Anhaltspunkte für die Beurteilung**, ob die Strafsache besonders umfangreich war, kommen insbesondere folgende Kriterien in Betracht:[54]

215   ▓   **Auswärtige Beweistermine**

Die Wahrnehmung auswärtiger Beweistermine ist beim Umfang der Sache zu berücksichtigen.[55] Hier ist allerdings jetzt zu berücksichtigen, dass es für diese Termine im Gegensatz zum bisherigen Recht eine gesonderte Vergütung gibt (Nr. 4102 VV RVG; Vorbem. 5.1.2 Abs. 2 VV RVG; Vorbem. 5.1.3 Abs. 1 VV RVG). Daher muss der Umfang über die gewöhnliche Wahrnehmung solcher Termine hinausgegangen sein.

216   ▓   **Besuche in der Justizvollzugsanstalt**

Befindet sich der Vertretene nicht auf freiem Fuß, so wird in Strafsachen dem erhöhten Mehraufwand bereits dadurch Rechnung getragen, dass sich die Gebühren des gerichtlich bestellten oder beigeordneten Anwalts mit Zuschlag (Vorbem. 4 Abs. 4 VV RVG) ergeben. Dies kann aber nicht dazu führen, dass damit sämtliche Besuche des Beschuldigten abgegolten sind. Auch hier ist der Vergleich mit gleichartigen Strafverfahren zu ziehen. Eine überdurchschnittlich hohe Anzahl von Besuchen in der Justizvollzugsanstalt ist daher beim besonderen Umfang zu berücksichtigen.

Besonders zu berücksichtigen sind solche Termine immer in Verfahren, die keinen Zuschlag kennen.

217   ▓   **Beweisanträge**

Umfang und Anzahl der Beweisanträge können ebenfalls zu berücksichtigen sein, wenn ihre Anzahl von vergleichbaren Fällen abweicht.

218   ▓   **Dauer der Hauptverhandlungstermine**

Die Anzahl der Hauptverhandlungstermine selbst ist unerheblich, da der Anwalt für jeden erneuten Termin und jeden Fortsetzungstermin eine eigene Gebühr erhält. Zu berücksichtigen sein kann aber, dass die Hauptverhandlung im Vergleich zu gleichartigen Verfahren überdurchschnittlich lange dauert. So wird bei Amtsgerichtsverfahren eine Hauptverhandlungsdauer von zwei Stunden schon überdurchschnittlich sein, während in Schwurgerichtssachen fünf bis acht Stunden durchaus üblich sind. Zu berücksichtigen ist ferner, dass der besondere Umfang von längeren Hauptverhandlungsterminen

---

52   BVerfG, BVerfGE 68, 237.
53   OLG Hamburg, Rpfleger 1990, 479 = StV 1991, 120.
54   Ergänzend sei insoweit zu weiteren Nachweisen aus der Rspr. verwiesen auf KostRsp. BRAGO § 99 und *Burhoff*, ZAP Fach 24, S. 625, dort S. 640 – ABC der Pauschvergütung sowie *Burhoff*, RVG, § 51 Rn. 67 ff.
55   OLG Bamberg, JurBüro 1974, 862.

durch kürzere Hauptverhandlungsdauer an anderen Terminstagen kompensiert werden kann.[56] Darüber hinaus hier jetzt auch zu beachten, dass die Dauer der Hauptverhandlung für den gerichtlich bestellten oder beigeordneten Anwalt ggf. bereits beim Gebührenrahmen zu berücksichtigen ist. So erhält der Anwalt in Verfahren nach Teil 4 VV RVG gestaffelte Terminsgebühren je nach Dauer des Termins (gesonderte Gebühren für mehr als fünf und mehr als acht Stunden). Soweit also hier bereits die Dauer des Termins Einfluss auf die Gebührenhöhe nimmt, darf dies im Rahmen des § 51 RVG nicht noch einmal berücksichtigt werden.

▩ Eigene Ermittlungen 219

Eigene Ermittlungstätigkeiten des Verteidigers können ebenfalls zu berücksichtigen sein.[57]

▩ Einziehungsverfahren 220

Zusätzliche Tätigkeiten im Einziehungsverfahren sind erheblich.[58]

▩ Kurze Einarbeitungszeit 221

Zu berücksichtigen ist auch, wenn der Pflichtverteidiger erst kurzfristig vor der anberaumten Hauptverhandlung bestellt wird. Er muss dann für die Einarbeitung in die Sache kurzfristig einen größeren Zeitaufwand betreiben und sonstige Sachen ggf. unbearbeitet lassen. Diese Mehrbelastung rechtfertigt es ebenfalls, einen besonderen Umfang anzunehmen.

Allerdings ist hier jetzt wiederum zu berücksichtigen, dass eine Grundgebühr eingeführt worden ist, die solche Mehrarbeit vergüten soll, so dass bei der Bewilligung der Pauschgebühr wiederum Zurückhaltung geboten ist.

▩ Mehrere Termine außerhalb der Hauptverhandlung 222

Zu beachten ist, dass auch für den Pflichtverteidiger zusätzliche Gebühren für die Teilnahme an Vernehmungen im Ermittlungsverfahren (Nr. 4102 Nr. 1 VV RVG) oder für die Teilnahme an Haftprüfungsterminen (Nr. 4102 Nr. 3 VV RVG) eingeführt worden sind. Da für diese Tätigkeiten der Pflichtverteidiger im Gegensatz zum bisherigen Recht bereits gesetzliche Gebühren erhält, geben diese Kriterien zukünftig grds. keinen Anlass, eine Pauschgebühr zu bewilligen. Nur noch bei Berücksichtigung außergewöhnlicher Fälle, etwa außergewöhnlich langen Vernehmungen im Ermittlungsverfahren, können solche zusätzliche Tätigkeiten die Bewilligung einer Pauschgebühr rechtfertigen.

Hier wird insbesondere bei mehreren Terminen die Bewilligung einer Pauschgebühr in Betracht kommen. Nach Satz 1 der Anm. zu Nr. 4102 VV RVG gelten mehrere Termine an einem Tag als ein Termin. Nach Satz 2 der Anm. zu Nr. 4102 VV RVG entsteht die Gebühr für bis zu drei Termine jeweils nur einmal. Hier kann es sich also durchaus ergeben, dass die Pflichtverteidigervergütung bereits beim ersten Termin die Tätigkeit abdeckt, insbesondere bei einem umfangreichen Haftungsprüfungstermin oder sonstigen Terminen. Soweit dann noch weitere überdurchschnittliche Termine hinzukommen, fehlt es an einer angemessenen Vergütung, weil keine neuen Gebühren hinzukommen und auch kein Gebührenrahmen ausgefüllt werden kann. Hier ist dann die Bewilligung einer Pauschgebühr geboten.

▩ Mehrtägige Hauptverhandlung 223

Allein die Tatsache, dass sich die Hauptverhandlung über mehrere Termine erstreckt, ist kein Grund, einen besonderen Umfang i.S.d. § 51 RVG anzunehmen. Die Vielzahl der Hauptverhandlungstage wird durch eine entsprechende Anzahl der einzelnen Terminsgebühren vergütet.[59] Allerdings kann die Anzahl der Hauptverhandlungstermine durchaus ein Indiz für den besonderen Umfang der Sache sein.[60] Zu berücksichtigen ist nicht nur der Aufwand in der Hauptverhandlung, sondern auch außerhalb der Hauptverhandlung, also der zu ihrer Vorbereitung erforderliche Aufwand.

---

56 OLG Bamberg, JurBüro 1983, 876; 1992, 327.
57 OLG Frankfurt, AnwBl. 1974, 357.
58 OLG Bamberg, JurBüro 1973, 338.
59 OLG Bamberg, JurBüro 1988, 1347.
60 OLG Hamburg, JurBüro 1988, 598.

224 ▦ **Neueinarbeitung nach Unterbrechung**

Muss sich der Anwalt nach Unterbrechung der Hauptverhandlung oder Aussetzung des Verfahrens in die Sache neu einarbeiten, kann dies beim Umfang zu berücksichtigen sein,[61] zumal es hier – abgesehen von dem eher theoretischen Fall des § 15 Abs. 5 Satz 2 RVG – keine neue Grundgebühr gibt.

225 ▦ **Reisezeiten**

Auch der Zeitaufwand für Geschäftsreisen ist zu berücksichtigen. Dies gilt nicht nur für Reisen in die vom Gerichtsort entfernte Justizvollzugsanstalt, in der der Beschuldigte untergebracht ist, sondern auch für sämtliche sonstigen Geschäftsreisen. Insbesondere ist auch die Reisezeit des auswärtigen Verteidigers zum Gerichtsort zu berücksichtigen.[62] Die gegenteilige Auffassung dürfte angesichts der Entscheidung des BVerfG[63] nicht weiter aufrecht zu erhalten sein. Wenn das Gericht einen auswärtigen Anwalt als Pflichtverteidiger bestellt, dann sind ihm nicht nur die Reisekosten als Auslagen zu erstatten. Vielmehr muss auch die Reisezeit ggf. bei der Bewilligung der Pauschvergütung berücksichtigt werden. Will das Gericht dies vermeiden, muss es einen ortsansässigen Pflichtverteidiger bestellen.

226 ▦ **Terminsausfall**

Zu berücksichtigen ist ferner, dass nunmehr nach Vorbem. 4 Abs. 3 VV RVG der Anwalt auch bei Terminsausfall eine Terminsgebühr erhält. Zeitverlust und Arbeitsaufwand, der durch solche ausgefallenen Termine entsteht, wird also zukünftig – auch für den bestellten oder beigeordneten Anwalt – durch eine gesonderte Gebühr abgegolten, so dass dies grds. kein Kriterium ist, das bei der Bewilligung der Pauschgebühr berücksichtigt werden darf.

227 ▦ **Sachverständigengutachten**

Die Einholung von Sachverständigengutachten und deren Verwertung und Überprüfung können ebenfalls als besondere Umstände heranzuziehen sein.

228 ▦ **Umfang der Akten und Beiakten**

Umfangreiche Strafakten und/oder Beiakten sind ebenfalls zu berücksichtigen. Auch hier ist auf vergleichbare Verfahren abzustellen. So sind Strafakten im Verfahren vor dem AG mit einem Umfang von mehr als 2.000 Blatt überdurchschnittlich.[64]

229 ▦ **Umfangreiche Verteidigungsschriften**

Auch überdurchschnittlich umfangreiche Verteidigungsschriftsätze, Einlassungen und Stellungnahmen sind beim besonderen Umfang der Sache zu berücksichtigen.

230 ▦ **Unnötige Anträge**

Nach der Rechtsprechung sind Verfahrens- und Beweisanträge, die aus Sicht des Gerichts unnötig sind und nur der Verfahrensverzögerung dienen, nicht zu berücksichtigen.[65] Diese Rechtsprechung ist vom Ausgangspunkt her sicherlich zutreffend. Die Staatskasse soll nicht mit Kosten für sinnlose Tätigkeiten belastet werden. Es verhält sich hier nicht anders als beim Wahlverteidiger, dem der Mandant Schadensersatzansprüche entgegenhalten kann, wenn dieser durch unnötige Anträge weitere Gebühren auslöst, die vermeidbar waren. Andererseits muss jedoch berücksichtigt werden, dass der Pflichtverteidiger durch die Befürchtung, in seinen Gebühren beschnitten zu werden, von Verteidigungsmaßnahmen Abstand nehmen und sich in seiner Verteidigungsstrategie beeinflussen lassen

61 OLG Nürnberg, JurBüro 1974, 1280.
62 OLG Karlsruhe, StV 1990, 369; a.A. BayObLG, JurBüro 1988, 479 = AnwBl. 1987, 610; OLG Bamberg, JurBüro 1989, 965.
63 AGS 2001, 63 = Rpfleger 2001, 198 = NStZ 2001, 211 = NJW 2001, 1269 = StV 2001, 241 = BRAGOreport 2001, 60 m. Anm. [*Hansens*].
64 OLG Dresden, AGS 2000, 109.
65 OLG Karlsruhe, JurBüro 1981, 721; JurBüro 1985, 353; OLG Hamburg, JurBüro 1988, 598; OLG Schleswig, AGS 1998, 7 = StraFo 1997, 157.

könnte.⁶⁶ Es besteht die Gefahr, dass eine zu enge Auslegung der Vorschrift zu Lasten einer ordnungsgemäßen Verteidigung des Angeklagten führt.

▨ Vermögensrechtliche Ansprüche 231

Da der bestellte oder beigeordnete Anwalt nunmehr auch Wertgebühren erhält, wenn vermögensrechtliche Ansprüche geltend gemacht werden (Nrn. 4142 ff. VV RVG), scheidet insoweit eine Bemessung – im Gegensatz zum bisherigen Recht – aus (§ 51 Abs. 1 Satz 3 RVG). Während der Pflichtverteidiger nach bisherigem Recht die Möglichkeit nicht hatte, den Gebührenrahmen nach §§ 88, 89 BRAGO zu erhöhen, sieht das Vergütungsverzeichnis nunmehr insoweit von vornherein erhöhte Gebühren vor – auch für den gerichtlich bestellten oder beigeordneten Anwalt, so dass die Behandlung vermögensrechtlicher Ansprüche alleine kein Grund mehr sein kann, eine Pauschgebühr zu bewilligen.

▨ Vorbereitung der Hauptverhandlung 232

Auch die Tätigkeit des Anwalts zur Vorbereitung der Hauptverhandlung, insbesondere Aktenstudium, Besprechung mit dem Vertretenen etc., sind zu berücksichtigen.⁶⁷

▨ Vorbereitung des Plädoyers 233

Auch die Tätigkeit zur Vorbereitung des Plädoyers kann zu berücksichtigen sein.⁶⁸

▨ Vorangegangene Wahlverteidigertätigkeit 234

War der Anwalt, bevor er zum Pflichtverteidiger bestellt worden ist, zunächst als Wahlverteidiger tätig, so ist diese Tätigkeit bei der Feststellung, ob ein besonderer Umfang gegeben ist, ebenfalls zu berücksichtigen.⁶⁹ Soweit § 48 Abs. 5 RVG anordnet, dass der Pflichtverteidiger auch für die vor seiner Bestellung entfaltete Tätigkeit zu vergüten ist, muss dies konsequenterweise auch für die Pauschgebühr durchgehalten werden. Die Vorschrift des § 51 RVG ordnet in § 51 Abs. 2 Satz 4 RVG jetzt ausdrücklich an, dass die Bewilligung nicht auf solche Tätigkeiten beschränkt ist, die nach der Bestellung erfolgt sind.

▨ Wahlverteidiger neben Pflichtverteidiger 235

Wird neben dem Pflichtverteidiger ein Wahlverteidiger tätig, so kann dies gegen einen besonderen Umfang sprechen, da dann eine gewisse Arbeitsteilung in Betracht kommen kann (s. auch „weiterer Pflichtverteidiger").

▨ Wartezeiten 236

Auch längere Wartezeiten vor Beginn der Hauptverhandlung können zu berücksichtigen sein. Gleiches gilt für längere Verhandlungspausen, wobei Verhandlungspausen unter einer Stunde nicht zu berücksichtigen sein sollen.⁷⁰

▨ Weiterer Pflichtverteidiger 237

Ist neben dem Pflichtverteidiger ein weiterer Pflichtverteidiger bestellt, so verringert dies für jeden von ihnen i.d.R. den Umfang der Strafsache, da zumindest teilweise die Aufgaben verteilt werden können.⁷¹

▨ Wiederaufnahmeverfahren 238

Tätigkeiten des Pflichtverteidigers im vorangegangenen Wiederaufnahmeverfahren sind ebenfalls zu berücksichtigen.⁷²

---

66 *Gerold/Schmidt/Madert*, RVG, § 51 Rn. 3.
67 OLG Düsseldorf, StV 1987, 451.
68 OLG Bamberg, JurBüro 1984, 1191.
69 OLG Düsseldorf, JurBüro 2001, 247 unter Aufgabe seiner bisherigen gegenteiligen Rechtsprechung; a.A. OLG Stuttgart, AGS 2000, 109 = JurBüro 1999, 415 = Justiz 1999, 332 = Rpfleger 1999, 412.
70 OLG Karlsruhe, AGS 1993, 77.
71 OLG Hamburg, JurBüro 1990, 354.
72 OLG Hamm, AnwBl. 2001, 245 = StraFo 2000, 286.

239 ▦ **Zahl der Zeugen**

Die Zahl der zu vernehmenden Zeugen und die Dauer der Zeugenvernehmung sind ebenfalls zu berücksichtigen.

f) Besondere Schwierigkeit der Strafsache

240 Eine besondere Schwierigkeit i.S.d. § 51 RVG ist gegeben, wenn die Sache aus besonderen Gründen vom Normalfall abweicht, sei es in **rechtlicher oder tatsächlicher Hinsicht**.

aa) Schwierigkeiten in tatsächlicher Hinsicht

241 Schwierigkeiten in tatsächlicher Hinsicht sind insbesondere in folgenden Fällen gegeben:[73]

242 • **Persönlichkeit des Beschuldigten**

Von einer besonderen tatsächlichen Schwierigkeit ist auszugehen, wenn der Umgang mit dem Angeklagten besonders schwierig ist, weil er sich in einem hohen Maße uneinsichtig zeigt und persönlich sehr schwierig ist.[74]

243 • **Sprachliche Verständigungsschwierigkeiten**

Eine besondere tatsächliche Schwierigkeit kann auch gegeben sein bei sprachlichen Verständigungsproblemen mit dem Angeklagten, also dann, wenn der Verteidiger Gespräche mit dem Beschuldigten nur über einen Dolmetscher führen kann.[75]

bb) Schwierigkeiten in rechtlicher Hinsicht

244 I.d.R. wird die besondere Schwierigkeit auf **rechtliche Merkmale** zu stützen sein. Hier sind folgende **Aspekte** zu beachten:[76]

245 • **Abgelegene Rechtsgebiete**

Abgelegene Rechtsgebiete führen i.d.R. zu einer besonderen Schwierigkeit der Sache. Dies gilt nicht nur dann, wenn die Sache strafrechtlich schwierig ist, sondern auch dann, wenn Vorfragen aus anderen Rechtsgebieten zu berücksichtigen sind. Die Rechtsprechung hat besondere Schwierigkeiten bejaht bei Kenntnissen im Abfallrecht,[77] patentrechtlichen Fragen,[78] Fragen des Außenwirtschaftsgesetzes,[79] ausländischem Recht.[80]

246 • **Besuche in der Justizvollzugsanstalt**

Eine Vielzahl von Besuchen in der Justizvollzugsanstalt hat nicht nur für den besonderen Umfang der Sache Bedeutung (s.o. Rn. 216), sondern kann auch ein Indiz für die besondere rechtliche Schwierigkeit sein.[81]

247 • **BtM-Gesetz**

Liegen dem Verfahren Verstöße gegen das BtM-Gesetz zugrunde, rechtfertigt dies für sich allein noch nicht eine besondere Schwierigkeit.[82]

248 • **Erfordernis besonderer steuerlicher, buchhalterischer oder wirtschaftlicher Kenntnisse**

Auch diese Kenntnisse können, wenn sie zur Bearbeitung der Sache erforderlich sind, eine besondere Schwierigkeit ausmachen.[83]

---

73 Ergänzend sei auch insoweit zu weiteren Nachweisen aus der Rspr. verwiesen auf KostRsp. BRAGO § 99 und *Burhoff*, ZAP Fach 24, S. 625, dort S. 640 – ABC der Pauschvergütung; *Burhoff*, RVG, § 51 Rn. 67 ff.
74 OLG Bamberg, JurBüro 1974, 862.
75 OLG Bamberg, JurBüro 1979, 1527; JurBüro 1988, 1178; OLG Koblenz, KostRsp. BRAGO § 51 Nr. 11; KG, Rpfleger 1962, 40; a.A. OLG Karlsruhe, JurBüro 1987, 391 = Rpfleger 1987, 176.
76 Ergänzend sei auch insoweit zu weiteren Nachweisen aus der Rspr. verwiesen auf KostRsp. BRAGO § 99 und *Burhoff*, ZAP Fach 24, S. 625, dort S. 640 – ABC der Pauschvergütung; *Burhoff*, RVG , § 51 Rn. 67 ff.
77 OLG Hamm, AGS 2000, 26 = AnwBl. 2000, 378 = JurBüro 2000, 250.
78 OLG Hamm, StV 1998, 614.
79 OLG Hamm, StV 1998, 618 = AGS 1998, 138 = AnwBl. 1998, 612.
80 BayObLGZ 1987, 619 = JurBüro 1988, 479 = MDR 1987, 870; OLG Nürnberg, StV 2000, 441.
81 OLG Nürnberg, StV 2000, 441.
82 *Hansens*, BRAGO, § 99 Rn. 5.
83 *Hansens*, a.a.O.

- **Gutachten** 249

Die Einholung zahlreicher Gutachten kann ein Indiz für die besondere Schwierigkeit sein. Zu berücksichtigen ist insoweit auch, wenn sich widersprechende Gutachten vorliegen, die gegeneinander abgewogen werden müssen.[84]

- **Revisionsverfahren** 250

Allein die Tatsache, dass es sich um Revisionsverfahren handelt, ist für sich genommen bedeutungslos und wird durch die höheren Gebührenbeträge abgegolten.[85]

- **Wirtschaftsstrafsache** 251

Eine rechtlich besonders schwierige Sache liegt nicht schon allein deshalb vor, weil es sich um eine Wirtschaftsstrafsache handelt.[86]

g) Verfahren

Erforderlich ist ein **Antrag des Anwalts**. Der Antrag ist bei dem **OLG** zu stellen, zu dessen Bezirk das 252
Gericht des ersten Rechtszugs gehört und im Falle der **Beiordnung einer Kontaktperson** (§ 34
EGGVG; Nr. 4304 VV RVG) das OLG, in dessen Bezirk die Justizvollzugsanstalt liegt. Der **BGH** ist zuständig, soweit er den Rechtsanwalt bestellt hat.

Die **Staatskasse** ist im Verfahren zu hören (§ 51 Abs. 2 Satz 3 RVG). 253

Der Strafsenat beim OLG ist mit einem Richter besetzt. Der Richter hat die Sache dem Senat in der 254
Besetzung mit drei Richtern übertragen, wenn es zur Sicherung einer einheitlichen Rechtsprechung
geboten ist (§ 51 Abs. 2 Satz 4 i.V.m. § 42 Abs. 3 RVG).

Die bisherige Streitfrage, ob und in wie weit eine Pauschgebühr für **einzelne Verfahrensteile** bewilligt werden kann, ist durch § 51 Abs. 1 Satz 1 RVG nunmehr geklärt. Danach kann das Gericht sowohl für das ganze Verfahren als auch für einzelne Verfahrensabschnitte die Pauschgebühr bewilligen. 255

Klargestellt ist in § 51 Abs. 1 Satz 4 RVG, dass auch für Tätigkeiten **vor der Bestellung**, für die aber 256
nach § 48 Abs. 5 RVG ebenfalls ein Vergütungsanspruch gegen die Staatskasse besteht, eine Pauschgebühr bewilligt werden kann.

> *Beispiel:* 257
>
> *Nach Anklageerhebung wird der Anwalt als Pflichtverteidiger bestellt. Er war bereits im vorbereiteten Verfahren tätig.*
> *Nach § 48 Abs. 5 RVG kann er die Pflichtverteidigervergütung aus der Staatskasse auch für das vorbereitende Verfahren verlangen. Folglich kann ihm insoweit auch eine Pauschgebühr bewilligt werden.*

h) Entscheidung

Das Gericht entscheidet über den Bewilligungsantrag durch Beschluss. Dieser Beschluss ist **unan-** 258
fechtbar. Dies galt bereits nach bisherigem Recht[87] und ist nunmehr gesetzlich klargestellt durch
§ 51 Abs. 2 Satz 1 RVG.

Soll nur für **einzelne Verfahrensabschnitte** eine Pauschgebühr bewilligt werden, so hat das Gericht 259
nach § 51 Abs. 1 Satz 3 RVG im Beschluss die Verfahrensabschnitte anzugeben und die Gebühren
nach dem VV zu bezeichnen, an deren Stelle die Pauschgebühr treten soll.

Die Pauschgebühr wird in Höhe des jeweiligen **Nettogebührenbetrages** bewilligt. Eine Festsetzung 260
der Vergütung erfolgt entgegen dem Wortlaut der Überschrift nicht. Dies geschieht im Verfahren
nach § 55 RVG.

Die Pauschgebühr darf das Doppelte der für die Gebühren eines Wahlanwalts geltenden Höchstbeträge nicht übersteigen.

---

84 OLG Nürnberg, StV 2000, 441.
85 OLG Bamberg, JurBüro 1992, 327.
86 OLG Koblenz, Rpfleger 1985, 508.
87 BGH, NJW 1960, 1218 = MDR 1960, 864.

i) Vorschuss

261 Entsprechend der bisherigen Rechtsprechung,[88] die, obwohl ein Vorschuss nach § 127 BRAGO nicht vorgesehen war, eine Abschlagszahlung zugelassen hat, ist nunmehr in § 51 Abs. 1 Satz 5 RVG ausdrücklich angeordnet, dass dem Rechtsanwalt ein **angemessener Vorschuss** zu bewilligen ist, wenn ihm insbesondere wegen der langen Dauer des Verfahrens und der Höhe der zu erwartenden Pauschgebühr nicht zugemutet werden kann, auf die Bewilligung zu warten. Damit besteht also kein genereller Anspruch auf Vorschuss, wie nach § 47 RVG, sondern ein **eingeschränkter Anspruch**. Der Anwalt muss darlegen und glaubhaft machen, dass es ihm unzumutbar ist, bis zum Abschluss des Verfahrens abzuwarten.

j) Festsetzung

262 Allein auf Grund des Bewilligungsbeschlusses des OLG oder des Bundesgerichtshofs ist eine Auszahlung der Pauschgebühr nicht möglich. Diese muss vielmehr, ebenso wie die Pflichtverteidigervergütung, auf Antrag erst festgesetzt werden.

263 Das **Festsetzungsverfahren** richtet sich nach § 55 Abs. 1 RVG. So prüfen OLG und BGH insbesondere nicht, ob Vorschüsse oder Zahlungen des Auftraggebers nach § 58 Abs. 3 RVG anzurechnen sind. Dies bleibt dem Festsetzungsverfahren vorbehalten.

k) Verjährung

264 Der Anspruch auf die Pauschgebühr verjährt in demselben Zeitraum, in dem auch die übrigen Vergütungsansprüche des Anwalts verjähren, also nach § 195 BGB innerhalb von drei Jahren. Die Verjährung beginnt mit Ende des Kalenderjahres, in dem die Pauschgebühr erstmals fällig geworden ist. Allerdings ist § 8 Abs. 2 RVG zu berücksichtigen.

265 Der Antrag auf Bewilligung einer Pauschgebühr **hemmt** bereits den Ablauf der Verjährung. Maßgebend ist das Datum des Eingangs. Die Vorschrift des § 193 BGB gilt entsprechend.[89]

266 Probleme werden nach wie vor auftreten, wenn der Pflichtverteidiger vorzeitig entpflichtet oder nur für einzelne Verfahrensteile beauftragt worden ist.[90]

2. Feststellung einer Pauschgebühr für den Wahlanwalt (§ 42 RVG)

a) Gesetzliche Regelung

267 Neu ist die Vorschrift des § 42 RVG. Danach kann in Strafsachen zukünftig auch für den Wahlverteidiger eine Pauschgebühr festgestellt werden. Diese Regelung entspricht im Wesentlichen der Vorschrift des § 51 RVG, so dass ergänzend auf die dortigen Ausführungen Bezug genommen wird.

268 Eine entsprechende Regelung gab es in der BRAGO bisher nicht. Der Wahlverteidiger hatte zwar die Möglichkeit, bei besonders umfangreichen oder schwierigen Strafsachen den Gebührenrahmen bis zur Höchstgebühr auszuschöpfen und ggf. auch die Höchstgebühr zu überschreiten (§§ 83 Abs. 3, 88, 89 BRAGO); im Übrigen musste er aber versuchen, mit dem Mandanten eine Honorarvereinbarung zu schließen, wenn er meinte, mit den gesetzlichen Gebühren nicht auszukommen. Zukünftig kann auch dem Wahlanwalt eine Pauschgebühr bewilligt werden.

b) Persönlicher Anwendungsbereich

269 Die Vorschrift des § 42 RVG betrifft zunächst nur den **Wahlanwalt**, also sowohl den Verteidiger als auch den mit der Einzeltätigkeiten beauftragten Anwalt, den Vertreter eines Privat- oder Nebenklägers, eines Beistands des Verletzten o.Ä.

---

88 Nachweise bei AnwKom-BRAGO-*N. Schneider*, § 99 Rn. 92.
89 OLG Hamm, AnwBl. 1996, 478 = JurBüro 1996, 624; AnwKom-RVG-*N. Schneider*, § 51 Rn. 113.
90 AnwKom-RVG-*N. Schneider*, § 55 Rn. 114 ff.

Aber auch für den **gerichtlich bestellten oder beigeordneten Anwalt** kommt eine Pauschgebühr 270
nach § 42 RVG in Betracht, nämlich dann, wenn er nach §§ 52, 53 RVG den Beschuldigten oder einen anderen Vertretenen in Anspruch nehmen kann (§ 42 Abs. 2 Satz 2 RVG). Sobald der Beschluss
nach § 52 Abs. 3 RVG (ggf. i.V.m. § 53 Abs. RVG) vorliegt, kann auch der gerichtlich bestellte oder
beigeordnete Anwalt eine Pauschgebühr nach § 42 RVG beantragen.

c) Sachlicher Anwendungsbereich

Die Pauschgebühr kann für **sämtliche Tätigkeiten**, für die der Anwalt bestellt oder beigeordnet wor- 271
den ist, festgestellt werden. Dies gilt auch für Tätigkeiten in der **Strafvollstreckung** oder auch in einer **Gnadensache**.

d) Verfahren

Erforderlich ist wiederum ein **Antrag des Rechtsanwalts** (§ 42 Abs. 1 Satz 1 RVG). 272

Zuständig ist das OLG, zu dessen Bezirk das **Gericht des ersten Rechtszugs** gehört (§ 42 Abs. 1
Satz 1 RVG). Im Verfahren vor dem **BGH** ist der BGH zuständig (§ 52 Abs. 1 Satz 5 RVG).

Der Antrag ist erst **nach Eintritt der Rechtskraft** der Entscheidung über die Kosten des Verfahrens 273
zulässig, weil erst zu diesem Zeitpunkt feststeht, wer an dem Feststellungsverfahren beteiligt werden muss.

Anzuhören sind nach § 42 Abs. 2 Satz 3 RVG 274

- der **Auftraggeber**,
- der **Beschuldigte in den Fällen der §§ 52 und 53 RVG**,
- die **Staatskasse** sowie
- **alle Beteiligten**, soweit ihnen die Kosten des Verfahrens ganz oder zum Teil auferlegt worden sind.

Dieser erweiterte Kreis der Anhörungsbeteiligten ist erforderlich, da die Feststellung einer Pausch- 275
gebühr zugunsten des Wahlanwalts auch Einfluss auf die Kostenerstattung haben kann.

Beispiel: 276

*Die Berufung eines Nebenklägers wird zurückgewiesen; ihm werden die Kosten des Berufungsverfahrens auferlegt.
Durch die Bewilligung einer Pauschgebühr für den Wahlverteidiger des Beschuldigten wäre der Nebenkläger beschwert, weil er dann auch diese Pauschgebühr zu erstatten hätte.*

e) Voraussetzungen

Die Pauschgebühr wird bewilligt, wenn dem Wahlanwalt wegen des **besonderen Umfangs oder** 277
der besonderen Schwierigkeit des Verfahrens unzumutbar ist, zu den gesetzlichen Gebühren tätig zu sein. Eine Pauschgebühr kann auch hier nicht bewilligt werden, soweit Wertgebühren entstehen (§ 42 Abs. 1 Satz 3 RVG).

Zur Frage des besonderen Umfangs und der besonderen Schwierigkeit kann sicherlich einerseits auf 278
die bisherige Rechtsprechung zu § 99 BRAGO zurückgegriffen werden. Andererseits ist zu berücksichtigen, dass die Pauschvergütung nach § 99 BRAGO Unbilligkeit beseitigen sollte, die sich aus den Festgebühren des Pflichtverteidigers ergaben. Beim Wahlverteidiger ist bereits schon ein Gebührenrahmen
vorgesehen, der ihm einen größeren Spielraum gewährt. Daher müssen an die besondere Schwierigkeit oder den besonderen Umfang höhere Anforderungen gestellt werden als beim Pflichtverteidiger.

Die Pauschgebühr darf auch hier das **Doppelte** der für die Gebühren eines Wahlanwalts geltenden 279
Höchstbeträge **nicht übersteigen**.

f) Entscheidung

Auch im Falle des § 42 RVG ergeht die Entscheidung durch Beschluss, der nicht anfechtbar ist. 280

Das OLG entscheidet mit **einem Richter**. Er hat die Sache dem Senat in der Besetzung von drei Rich- 281
tern zu übertragen, wenn es zur Sicherung einer einheitlichen Rechtsprechung geboten ist.

282 Ebenso wie im Verfahren nach § 51 RVG kann die Pauschgebühr für das Verfahren insgesamt festgesetzt werden oder für einzelne Verfahrensabschnitte. Beschränkt sich die Feststellung auf einzelne Verfahrensabschnitte, so sind die Gebühren nach dem Vergütungsverzeichnis, an deren Stelle die Pauschgebühr treten soll, im Beschluss zu bezeichnen.

g)   Festsetzung und Beitreibung der Pauschgebühr

283 Da mit der Feststellung einer Pauschgebühr noch kein vollstreckbarer Titel vorliegt, muss der Anwalt sich diesen Titel, sofern nicht freiwillig gezahlt wird, beschaffen.

284 Soweit der Anwalt gegen den Auftraggeber vorgeht, kommt das Vergütungsfestsetzungsverfahren nach § 11 RVG (s. Teil 3 Rn. 205) in Betracht oder die sonstigen Möglichkeiten, wie Mahnverfahren und Rechtsstreit. Zu diesem Zweck ordnet § 42 Abs. 4 RVG an, dass die Feststellung der Pauschvergütung **für das Vergütungsfestsetzungsverfahren und den Rechtsstreit bindend** ist. Dem Auftraggeber bleiben zwar sämtliche Einwendungen im Vergütungsfestsetzungsverfahren und im Rechtsstreit vorbehalten; allerdings kann er sich nicht darauf berufen, dass die Pauschvergütung unangemessen sei. Diesen Einwand kann er nur im Verfahren nach § 42 RVG vorbringen, in dem er nach § 42 Abs. 2 Satz 2 RVG zwingend anzuhören ist.

285 Soweit der Auftraggeber einen Dritten auf Ersatz oder Erstattung in Anspruch nimmt, ist die Bewilligung der Pauschgebühr ebenfalls **bindend**. Dies gilt also insbesondere für das Kostenfestsetzungsverfahren gegen die Staatskasse oder gegen einen anderen Beteiligten.

286 Auch soweit aufgrund **materieller Erstattungs- oder Ersatzansprüche** ein Dritter auf Übernahme der Vergütung (Freistellung oder Zahlung) in Anspruch genommen wird, ist die Festsetzung der Vergütung nach § 42 Abs. 4 RVG bindend. Dies ist insoweit problematisch, als ersatzpflichtige Dritte (z.B. ein Rechtsschutzversicherer oder ggf. der Arbeitgeber) nicht am Feststellungsverfahren nach § 42 RVG beteiligt sind.

287 Im Falle des Rechtsschutzversicherers stellt sich ohnehin das Problem, ob die Pauschgebühr vom Versicherungsschutz erfasst ist. Nach den ARB ist nur die gesetzliche Vergütung versichert. Allerdings wird man davon ausgehen müssen, dass auch die Pauschgebühr nach § 42 RVG eine gesetzliche Vergütung ist, da sie im RVG selbst geregelt ist und somit der Rechtsschutzversicherer auch die vom Gericht bewilligten Pauschgebühren übernehmen muss.

h)   Vorschuss

288 Ein Vorschuss auf die Pauschgebühr des § 43 RVG ist im Gegensatz zur Pauschgebühr nach § 51 RVG nicht vorgesehen. Auch aus § 9 RVG dürfte sich kein Vorschussrecht ergeben. Im Hinblick auf die höheren Wahlverteidigergebühren, die vorschussweise bis zur Höchstgebühr angefordert werden können, dürfte auch kaum eine Situation denkbar sein, in der es für den Wahlanwalt unzumutbar ist, auf die Pauschgebühr zu warten. Abgesehen davon steht vor rechtskräftigem Abschluss des Verfahrens nicht fest, wer nach § 42 Abs. 2 Satz 3 RVG alles zu beteiligen ist.

i)   Verjährung

289 Der Anspruch auf die Pauschgebühr verjährt in demselben Zeitraum, in dem auch die übrigen Vergütungsansprüche des Anwalts verjähren, also nach § 195 BGB innerhalb von drei Jahren. Die Verjährung beginnt mit Ende des Kalenderjahres, in dem die Pauschgebühr erstmals fällig geworden ist. Allerdings ist § 8 Abs. 2 RVG zu berücksichtigen. Der Antrag auf Bewilligung einer Pauschgebühr **hemmt** bereits den Ablauf der Verjährung. Maßgebend ist das Datum des Eingangs. Die Vorschrift des § 193 BGB gilt entsprechend.[91]

---

91   OLG Hamm, AnwBl. 1996, 478 = JurBüro 1996, 624.

XI. Strafrechtliches Rehabilitierungsgesetz

1. Rehabilitierungsverfahren

Wird der Anwalt im Verfahren nach dem Strafrechtlichen Rehabilitierungsgesetz tätig, so erhält er die gleichen Gebühren wie der Verteidiger im Strafverfahren (Vorbem. 4 Abs. 1 VV RVG). Besondere Gebührentatbestände wie bislang im § 96b BRAGO sind nicht mehr vorgesehen. Auch die bisherige Vorschrift beschränkte sich im Wesentlichen nur darauf, auf die Gebühren des Verteidigers zu verweisen.   290

Im erstinstanzlichen Verfahren entsteht die Verfahrensgebühr nach Nr. 4112 VV RVG und die Terminsgebühr nach Nr. 4114 VV RVG (Nr. 3 der Anm. zu Nr. 4112 VV RVG)   291

Im Beschwerdeverfahren nach § 13 StrRehaG entsteht die Verfahrensgebühr nach Nr. 4124 VV RVG (Anm. zu Nr. 4124 VV RVG) und die Terminsgebühr nach Nr. 4126 VV RVG (Anm. zu Nr. 4126 VV RVG).   292

Geklärt ist zwischenzeitlich durch die Neufassung der Nr. 1008 VV RVG, dass sich die Verfahrensgebühr des Anwalts erhöht, wenn er **mehrere Beteiligte** vertritt. Aus Abs. 1 der Anm. zu Nr. 1008 VV folgt, dass eine gemeinschaftliche Beteiligung nur dann erforderlich ist, wenn sich die Gebühren nach dem Wert des Gegenstandes richten. Obwohl bei der Vertretung mehrerer Betroffener im strafrechtlichen Rehabilitierungsverfahren verschiedene Gegenstände vorliegen, bleibt es also dabei, dass der Anwalt die Gebühren zwar nur einmal erhält, weil es sich um dieselbe Angelegenheit handelt, andererseits sich der Gebührenrahmen aber um 30 % je weiteren Auftraggeber erhöht.[92]   293

2. Verfahrensgebühr für das Verfahren über einen Antrag auf gerichtliche Entscheidung oder über die Beschwerde gegen eine den Rechtszug beendende Entscheidung nach §§ 25 Abs. 1 Satz 3 bis 5, 13 StrRehaG

a) Überblick

In der Nr. 4146 VV RVG[93] ist zum einen die Vergütung im Verfahren über den **Antrag auf gerichtliche Entscheidung nach § 25 Abs. 1 Satz 3 bis Abs. 5 StrRehaG** geregelt (Nr. 4146 1. Alt. VV RVG).   294

Zum anderen regelt die Vorschrift die Vergütung des Anwalts, wenn er im Verfahren auf gerichtliche Entscheidung nach § 25 Abs. 1 Satz 3 bis Abs. 5 StrRehaG gegen eine den Rechtszug beendende Entscheidung **Beschwerde** einlegt (Nr. 4146 2. Alt. VV RVG).   295

b) Antrag auf gerichtliche Entscheidung nach § 25 Abs. 1 Satz 3 bis 5 StrRehaG (Nr. 4146 1. Alt. VV RVG)

aa) Gebühr

Anstelle der in Nrn. 3100 ff. VV RVG bestimmten Gebühren erhält der Anwalt in den genannten Verfahren eine **1,5 Gebühr** nach Nr. 4146 VV RVG.   296

Die Gebühr entsteht für die Vertretung eines **jeden Beteiligten** nach § 18 StrRehaG, also auch für die Vertretung eines Hinterbliebenen nach § 18 Abs. 3 StrRehaG.   297

Es handelt sich um eine **Pauschalgebühr**, die das gesamte Verfahren abdeckt. Abgegolten werden also sämtliche Tätigkeiten, die nach den Nrn. 3100 ff. VV RVG durch die Verhandlungs- und Terminsgebühr abgegolten würden.   298

Unerheblich ist, ob das Gericht eine mündliche Erörterung anberaumt oder ohne mündliche Erörterung entscheidet. Ebenso ist unerheblich, ob der Anwalt an einer anberaumten mündlichen Erör-   299

---

92   Zur bisherigen Streitfrage s. AnwKom-BRAGO-N. *Schneider,* § 96b Rn. 39.
93   Bisherige Nr. 4145 VV RVG, geändert in Nr. 4146 VV RVG durch Art. 4 Nr. 2 Gesetz zur Verbesserung der Rechte von Verletzten im Strafverfahren (Opferrechtsreformgesetz – OpferRRG) v. 24.6.2004, BGBl. I, S. 1354.

terung teilnimmt. Erforderlich ist lediglich, dass der Anwalt in dem Verfahren über den Antrag auf gerichtliche Entscheidungen tätig geworden ist.

300   Die entsprechende Anwendung der Nrn. 3101 Nr. 1 und Nr. 2 VV RVG ist nicht vorgesehen und damit ausgeschlossen.

bb)   Anrechnung

301   Eine **Anrechnung** der im vorangegangenen Verwaltungsverfahren entstandenen Geschäftsgebühr nach Nr. 2400 VV RVG ist nach dem Gesetz nicht vorgesehen. Im Gegensatz zur bisherigen Anrechnungsvorschrift des § 118 Abs. 2 BRAGO, wonach eine Anrechnung schon deshalb ausgeschlossen war, weil die Geschäftsgebühr innerhalb eines behördlichen Verfahrens entsteht, findet sich ein solcher Ausschluss nicht mehr. Analog Vorbem. 3 Abs. 4 VV RVG, Anm. zu Nr. 2403 VV RVG ist die Geschäftsgebühr jetzt hälftig anzurechnen, höchstens mit 0,75.

cc)   Mehrere Auftraggeber

302   Vertritt der Anwalt mehrere Beteiligte, so erhöht sich die Verfahrensgebühr nach Nr. 1008 VV RVG, sofern die Auftraggeber gemeinschaftlich beteiligt sind. Die Gebühr erhöht sich für jeden weiteren Auftraggeber um **0,3**.

303   Verfolgen mehrere Auftraggeber dagegen jeweils eigene Ansprüche, so ist Nr. 1008 VV RVG nicht anwendbar. Vielmehr sind die jeweiligen **Gegenstandswerte** nach § 22 Abs. 1 RVG zu **addieren.**

dd)   Gegenstandswert

304   Da es sich bei den Ansprüchen nach § 16 StRehaG um vermögensrechtliche Ansprüche handelt, gelten die allgemeinen Bewertungsgrundsätze. Maßgebend ist das Interesse des Auftraggebers, das dieser mit dem Antrag auf gerichtliche Entscheidung verfolgt.

ee)   Auslagen

305   Neben der Gebühr für das Verfahren über den Antrag auf gerichtliche Entscheidungen erhält der Anwalt selbstverständlich auch den Ersatz seiner Auslagen nach den Nrn. 7000 ff. VV RVG.

ff)   Weitere Gebühren

306   Neben der Gebühr nach Nr. 4146 1. Alt. VV RVG können weitere Gebühren anfallen, soweit der Anwalt weitere Tätigkeiten ausgeübt hat, die für einen Prozessbevollmächtigten über den Anwendungsbereich der Nrn. 3100 ff. VV RVG hinausgehen würden. So kann insbesondere eine Einigungsgebühr nach Nrn. 1000, 1003 VV RVG entstehen.

307   Muss anschließend die Entscheidung vollstreckt werden, sind die Nrn. 3309 ff. VV RVG anzuwenden.

c)   Beschwerdeverfahren (Nr. 4146 2. Alt. VV RVG)

aa)   Anwendungsbereich

308   Ergeht in dem Verfahren über den Antrag auf gerichtliche Entscheidung eine den Rechtszug beendende Entscheidung und legt der Anwalt für seinen Mandanten hiergegen auftragsgemäß Beschwerde gemäß § 25 Abs. 1 Satz 4 i.V.m. § 13 StRehaG ein, so erhält er hierfür die Vergütung nach Nr. 4145 2. Alt. VV RVG.

309   Für andere Beschwerden, also gegen Entscheidungen, die den Rechtszug nicht beenden, gilt Nr. 4146 VV RVG nicht. Hier verbleibt es bei der allgemeinen 0,5 Verfahrensgebühr nach Nr. 3500 VV RVG.

bb)   Beschwerdegebühr

310   Im Beschwerdeverfahren erhält der Anwalt ebenfalls eine 1,5 Gebühr (Nr. 4146 2. Alt. VV RVG). Dieser Gebührentatbestand geht der allgemeinen Regelung der Nr. 3500 VV RVG vor.

311   Auch hier ist eine Erhöhung nach Nr. 1008 VV RVG bei gemeinschaftlicher Vertretung mehrerer Auftraggeber möglich.

cc) Gegenstandswert

Der Gegenstandswert richtet sich danach, welche Ansprüche im Beschwerdeverfahren noch weiter   312
verfolgt werden. Maßgebend ist das Interesse des Beschwerdeführers.

dd) Auslagen

Zusätzlich zu der Beschwerdegebühr erhält der Anwalt auch hier seine Auslagen erstattet. Insbe-   313
sondere kann er eine gesonderte Postentgeltpauschale nach Nr. 7002 VV RVG berechnen, da es sich
bei dem Beschwerdeverfahren um eine neue selbständige Angelegenheit i.S.d. § 15 Abs. 2 Satz 2
RVG handelt.

C. Vergütung des Verteidigers

I. Überblick

Die Gebühren des Anwalts als Verteidiger sind in Teil 4 Abschnitt 1 VV RVG geregelt.   314

1. Verteidiger

Ebenso wie nach der BRAGO gelten die Gebühren unmittelbar nur für den sog. **Vollverteidiger**, al-   315
so denjenigen Anwalt, dem zumindest im betreffenden Verfahrensabschnitt die Verteidigung im Ganzen übertragen worden ist. Soweit der Anwalt nicht mit der Verteidigung insgesamt beauftragt worden ist, sondern lediglich mit **Einzeltätigkeiten**, richtet sich seine Vergütung nach Teil 4 Abschnitt
3 VV RVG. Die Unterschiede können erheblich sein.

> *Beispiel:*   316
>
> *Der Anwalt ist beauftragt, an einer richterlichen Vernehmung teilzunehmen.*
>
> *Ist der Anwalt Verteidiger, so richtet sich die Vergütung für den Termin nach Nr. 4102 Nr. 1 VV RVG. Ist der An-*
> *walt dagegen nicht Verteidiger, sondern nur mit der Terminsvertretung als Einzeltätigkeit beauftragt, richtet sich*
> *die Vergütung nach Nr. 4301 Nr. 4 VV RVG.*
>
> *Ausgehend jeweils von einer Mittelgebühr wäre wie folgt zu rechnen:*
>
> *I.   Abrechnung als Verteidiger:*
> *1.   Grundgebühr, Nr. 4100 VV RVG*   *165,00 €*
> *2.   Verfahrensgebühr, Nr. 4104 VV RVG*   *135,00 €*
> *3.   Terminsgebühr, Nr. 4102 Nr. 1 VV RVG*   *140,00 €*
> *4.   Postentgeltpauschale, Nr. 7002 VV RVG*   *20,00 €*
> *5.   16 % Umsatzsteuer, Nr. 7008 VV RVG*   +   *73,60 €*
> *Summe:*   **533,60 €**
>
> *II.   Abrechnung als Einzeltätigkeit:*
> *1.   Verfahrensgebühr, Nr. 4301 Nr. 4 VV RVG*   *210,00 €*
> *2.   Postentgeltpauschale, Nr. 7002 VV RVG*   *20,00 €*
> *3.   16 % Umsatzsteuer, Nr. 7008 VV RVG*   +   *33,60 €*
> *Summe:*   **263,60 €**

Erfasst wird sowohl der **Wahlverteidiger** als auch der **Pflichtverteidiger**. Im Gegensatz zur BRAGO   317
findet sich jetzt für den Pflichtverteidiger nicht mehr lediglich eine Verweisung auf die entsprechenden Gebühren des Wahlanwalts (§ 97 BRAGO). Vielmehr sind jetzt für den Pflichtverteidiger dieselben Gebührentatbestände anzuwenden.

Anstelle der für den Wahlanwalt vorgesehenen Gebührenrahmen sind für den Pflichtverteidiger jetzt   318
Festgebühren vorgesehen. Die bisherige aufwändige Berechnung (das Vier- oder Fünffache der Mindestgebühr, begrenzt auf die Hälfte der Höchstgebühr) entfällt damit.

Soweit **Wertgebühren** vorgesehen sind (wie z.B. in den Nrn. 4142, 4143 ff. VV RVG) gelten für   319
Wahl- und Pflichtverteidiger die selben Gebührensätze, allerdings unterschiedliche Beträge. Wäh-

rend der Wahlverteidiger die Beträge nach § 13 RVG erhält, muss der Pflichtverteidiger nach den geringeren Gebührenbeträgen des § 49 RVG abrechnen.

2. Gebührensystem

a) Überblick

320 Insbesondere in Strafsachen hat das RVG zu einer einschneidenden Änderung des Gebührenrechts geführt. Während die BRAGO für den Verteidiger die Hauptverhandlung in den Vordergrund gestellt hat (§ 83 BRAGO) und die weiteren Gebühren sich hiervon abgeleitet haben (§ 84 Abs. 1 BRAGO), finden sich nunmehr auch in Strafsachen für den Verteidiger jeweils Verfahrens- und Terminsgebühren. Hinzu kommen allgemeine und zusätzliche Gebühren.

321 Beibehalten worden ist die bisherige **Einteilung in verschiedene Verfahrensabschnitte**, die jeweils eigene Angelegenheiten i.S.d. § 15 RVG darstellen und daher jeweils gesonderte Gebühren und gesonderte Auslagen auslösen.

322 **Eigene Angelegenheiten** i.S.d. § 15 RVG bilden danach:

- das **vorbereitende Verfahren** (Nrn. 4104, 4105 VV RVG),
- das **erstinstanzliche gerichtliche Verfahren** (Nrn. 4106 bis 4123 VV RVG),
- das **Berufungsverfahren** (Nrn. 4124 bis 4129 VV RVG),
- das **Revisionsverfahren** (Nrn. 4130 bis 4135 VV RVG),
- das **Verfahren nach Zurückverweisung** (§ 21 Abs. 1 RVG),
- das **Wiederaufnahmeverfahren** (Nr. 4136 ff. VV RVG; § 17 Nr. 12 RVG),
- das **wieder aufgenommene Verfahren** (§ 17 Nr. 12 RVG),
- die **Strafvollstreckung** (Nrn. 4137 bis 4140 VV RVG).

323 Im Gegensatz zur bisherigen Regelung sind **vorbereitendes Verfahren** und **erstinstanzliches gerichtliches Verfahren** jetzt eigene Gebührenangelegenheiten i.S.d. § 15 RVG.[94] Dies ergibt sich daraus, dass sie in verschiedenen Unterabschnitten geregelt und dass jeweils eigene Verfahrensgebühren vorgesehen sind (Nrn. 4104 und 4106 VV RVG). Hierfür spricht zudem die Regelung in der Anm. zu Nr. 4102 VV RVG, die vorbereitendes und gerichtliches Verfahren ebenfalls als gesonderte Angelegenheiten behandelt.

b) Allgemeine Gebühren

324 Zunächst einmal sieht das RVG in Teil 4 Abschnitt 1 Unterabschnitt 1 VV RVG allgemeine Gebühren vor. Es handelt sich hierbei um die **Grundgebühr** nach Nr. 4100 VV RVG sowie die **neu geschaffene Terminsgebühr** nach Nr. 4102 VV RVG für die Teilnahme an Terminen außerhalb der Hauptverhandlung.

c) Gebühren des jeweiligen Verfahrens

325 Für die einzelnen in Rn. 322 genannten Verfahrensabschnitte entstehen jeweils gesonderte Verfahrens- und Terminsgebühren.

aa) Verfahrensgebühr

326 Die Verfahrensgebühr entsteht für das Betreiben des Geschäfts einschließlich der Entgegennahme der Information (Vorbem. 4 Abs. 2 VV RVG) und entgilt alle Tätigkeiten mit Ausnahme der Terminswahrnehmungen.

---

94 AnwKom-RVG-*N. Schneider*, Vorbem. zu Nr. 4106 VV RVG ff. Rn. 10; a.A. *Burhoff*, RVG, „Angelegenheiten (§§ 15 ff.)" Rn. 5.

bb) Terminsgebühr

Für die Teilnahme an der Hauptverhandlung entsteht jeweils eine Terminsgebühr.   327

Im Gegensatz zum bisherigen Recht wird nicht mehr danach unterschieden, ob es sich um den er-   328
sten Hauptverhandlungstermin, um einen Fortsetzungstermin oder um einen erneuten Hauptverhandlungstermin handelt. **Alle Termine** werden **gleich behandelt.**

   329

> **Hinweis:**
>
> Zu beachten ist, dass die Terminsgebühr jetzt auch anfällt, wenn der Verteidiger zum anbe-
> raumten Termin erscheint, dieser aber aus Gründen, die er nicht zu vertreten hat, **nicht statt-
> findet** (Vorbem. 4 Abs. 3 Satz 2 VV RVG). S. hierzu oben Rn. 54.

Für den Pflichtverteidiger ist hier insbesondere die **Staffelung der Terminsgebühren** zu beachten.   330
Da er im Gegensatz zum Wahlverteidiger keine Möglichkeit hat, eine überdurchschnittlich lange Terminsdauer nach § 14 Abs. 1 RVG gebührenerhöhend zu berücksichtigen, sieht das Gesetz jeweils
vor, dass sich die Terminsgebühren bei einer **Dauer der Hauptverhandlung** von mehr als fünf und
mehr als acht Stunden erhöhen.

d) Zusätzliche Gebühren

Daneben kommen zusätzliche Gebühren nach Teil 4 Abschnitt 1 Unterabschnitt 5 VV RVG in Be-   331
tracht. Diese Gebühren können grds. in sämtlichen Verfahrensabschnitten neben den jeweiligen Gebühren des Verfahrensabschnitts entstehen und zwar

- bei **vorzeitiger Erledigung des Verfahrens ohne Hauptverhandlung** (Nr. 4141 VV RVG),
- für Tätigkeiten auf **Einziehung oder verwandten Maßnahmen** (Nr. 4142 VV RVG),
- für Tätigkeiten im **Adhäsionsverfahren** (Nrn. 4143 ff. VV RVG),
- für eine **Einigung im Privatklageverfahren** (Nr. 4147 VV RVG[95]).

e) Haftzuschlag

Der sog. „Haftzuschlag", der bisher in § 83 Abs. 3 BRAGO geregelt war und dem Anwalt die Mög-   332
lichkeit eröffnete, die Höchstgebühr um bis zu 25 % zu überschreiten, wenn diese nicht ausreichend
war, um die anwaltliche Tätigkeit angemessen zu vergüten, ist in dieser Form entfallen. Zukünftig
sieht das Gesetz für den Verteidiger jeweils einen gesonderten Gebührenrahmen vor, wenn sich der
Beschuldigte nicht auf freiem Fuß befindet (Vorbem. 4 Abs. 4 VV RVG). S. hierzu oben Rn. 70.

f) Pauschgebühr

Die Möglichkeit, sich zusätzlich zu den gesetzlichen Gebühren eine Pauschgebühr bewilligen zu las-   333
sen (bisher § 99 BRAGO), besteht auch nach dem RVG weiterhin. Im Gegensatz zur BRAGO kann
sich jetzt aber nicht nur der Pflichtverteidiger (§ 51 RVG), sondern auch der Wahlverteidiger (§ 42
RVG) eine Pauschgebühr feststellen lassen. S. im Einzelnen hierzu Rn. 267.

II. Allgemeine Gebühren

Im Teil 4 Abschnitt 1 Unterabschnitt 1 VV RVG RVG (Nrn. 4100 bis 4103 VV RVG) sind allgemeine   334
Gebühren geregelt, die der Verteidiger grds. in **jedem Verfahrensstadium** verdienen kann. Daher
sind sie als allgemeine Gebühren vorangestellt. Es handelt sich hier aber nicht um eigenständige Angelegenheiten, so dass diese Gebühren nie isoliert entstehen können, sondern nur neben den jeweiligen Verteidigergebühren des entsprechenden Verfahrensabschnitts.

---

95   Bisherige Nr. 4146 VV RVG, geändert in Nr. 4147 VV RVG durch Art. 4 Nr. 2 Gesetz zur Verbesserung der Rechte von Verletzten im Strafverfahren (Opferrechtsreformgesetz – OpferRRG) v. 24.6.2004, BGBl. I, S. 1354.

1. Grundgebühr

335 Nach Nr. 4100 VV RVG erhält der Anwalt eine Grundgebühr[96] für die **erstmalige Einarbeitung** in den Rechtsfall (Abs. 1 der Anm. zu Nr. 4100 VV RVG). Abgegolten werden soll hiermit die erstmalige Einarbeitung in die Sach- und Rechtslage. Hiermit erfasst wird die Entgegennahme der Information, rechtliche Vorprüfungen, die Sachverhaltsermittlung, das erste Gespräch mit dem Mandanten etc.

a) Einmaligkeit der Gebühr

336 Die Grundgebühr kann zwar in jedem Verfahrensabschnitt entstehen; sie fällt allerdings nur **einmalig** an, nämlich in dem Verfahrensabschnitt, in dem der Verteidiger erstmals tätig geworden ist, da sich der Verteidiger nur einmal in die Sache einarbeiten kann. In nachfolgenden Angelegenheiten entsteht die Grundgebühr dann nicht mehr erneut. Sie kann sich nachträglich auch nicht erhöhen, da weitere Einarbeitungen, Ermittlungen und rechtliche Prüfungen dann nicht mehr durch die Grundgebühr abgegolten werden, sondern durch die jeweiligen Verfahrensgebühren der nachfolgenden Abschnitte.

337 *Beispiel:*

Der Anwalt vertritt den Beschuldigten zunächst im vorbereitenden Verfahren, später im gerichtlichen Verfahren vor dem LG und anschließend im Revisionsverfahren vor dem BGH.

Die Grundgebühr nach Nr. 4100 VV RVG entsteht nur im vorbereitenden Verfahren. Im Verfahren vor dem LG und im Revisionsverfahren kann die Gebühr nach Abs. 1 der Anm. zu Nr. 4100 VV RVG nicht mehr entstehen.

338 **Hinweis:**

Die Grundgebühr nach Nr. 4100 VV RVG kann auch dann nicht entstehen, wenn der Verteidiger **bereits vor dem 1.7.2004 tätig** war, auch wenn er dort eine Grundgebühr nicht verdienen konnte, weil die BRAGO eine solche Gebühr nicht kannte. Das ändert aber nichts daran, dass der Verteidiger bereits in die Sache eingearbeitet war.

339 *Beispiel:*

Der Anwalt hat im Mai 2004 den Auftrag zur Verteidigung des Beschuldigten im erstinstanzlichen Verfahren erhalten. Im August erhält er den Verteidigungsauftrag für das Berufungsverfahren.

Die Tätigkeit im erstinstanzlichen Verfahren richtet sich nach der BRAGO; die Tätigkeit im Berufungsverfahren richtet sich dagegen nach dem RVG (§ 61 RVG). Obwohl der Anwalt eine Grundgebühr im erstinstanzlichen Verfahren nicht verdient hat, kann diese jetzt dennoch im gerichtlichen Verfahren nicht entstehen, weil es an der erstmaligen Einarbeitung fehlt. Der Anwalt hat sich bereits – wenn auch im Geltungsbereich der BRAGO – in die Sache eingearbeitet.

340 Wird aus einem Strafverfahren ein neues Verfahren **abgetrennt**, so entsteht die Grundgebühr im abgetrennten Verfahren nicht erneut, da sich der Anwalt dort nicht erneut in die Sach- und Rechtslage einarbeiten muss.[97]

341 Werden mehrere Verfahren miteinander **verbunden**, so bleiben die bis dahin erhaltenen gesondert entstandenen Grundgebühren nach Nr. 4100 VV RVG erhalten.[98] Eine neue Grundgebühr entsteht nicht.[99]

342 Die Einmaligkeit geht sogar soweit, dass im **nachfolgenden Bußgeldverfahren**, das wegen derselben Tat eingeleitet wird, die dort vorgesehene Grundgebühr (Nr. 5100 VV RVG) nicht mehr entstehen kann, wenn im Strafverfahren bereits die Gebühr nach Nr. 4100 VV RVG entstanden ist.

343 *Beispiel:*

Das Strafverfahren wegen fahrlässiger Körperverletzung wird eingestellt und die Sache nach § 43 OWiG an die Verwaltungsbehörde zur Verfolgung als Ordnungswidrigkeit wegen einer Vorfahrtverletzung abgegeben.

Die Grundgebühr nach Nr. 4100 VV RVG ist bereits im Strafverfahren entstanden. Im Bußgeldverfahren kann die Grundgebühr nach Nr. 5100 VV RVG nicht mehr entstehen. Alle anderen Gebühren entstehen dagegen erneut.

---

96   S. *Burhoff*, RVGreport 2004, 53.
97   *Burhoff*, RVGreport 2004, 53, 55; *Burhoff*, RVG, Nr. 4100 VV RVG Rn. 19.
98   *Burhoff*, RVGreport 2004, 53, 55.
99   So auch *Burhoff*, RVG, Nr. 4100 VV RVG Rn. 18.

b) Gebührenrahmen

Die Höhe der Grundgebühr (Nr. 4100 VV RVG) beläuft sich auf **30 € bis 300 €**, die **Mittelgebühr** 344
beträgt **165 €**.

Befindet sich der Beschuldigte **nicht auf freiem Fuß** (Vorbem. 4 Abs. 4 VV RVG), beläuft sich der 345
Gebührenrahmen **auf 30 € bis 375 €** (Nr. 4101 VV RVG). Die **Mittelgebühr** beträgt dann **202,50 €**.

Erforderlich ist, dass sich der Beschuldigte während der Einarbeitung nicht auf freiem Fuß befindet. 346
Wird der Beschuldigte erst später inhaftiert, ändert sich an der Höhe der Grundgebühr nichts mehr.

> *Beispiel:* 347
>
> *Der Beschuldigte beauftragt den Anwalt als Verteidiger im vorbereitenden Verfahren. Nach dem ersten Haupt-*
> *verhandlungstermin ergeht Haftbefehl, der vollstreckt wird.*
> *Die Grundgebühr entsteht ohne Zuschlag (Nr. 4100 VV RVG), da sich der Beschuldigte während der Einarbeitung*
> *auf freiem Fuß befand.*

Der Gebührenrahmen ist in allen Instanzen derselbe. Eine Erhöhung im Rechtsmittelverfahren ist im 348
Gegensatz zu sonstigen Gebühren nicht vorgesehen. Hier bleibt nur die Möglichkeit, dies im Rahmen des § 14 Abs. 1 RVG zu berücksichtigen[100].

Der **Pflichtverteidiger** erhält eine Festgebühr **i.H.v. 132 €** und – wenn sich der Beschuldigte nicht 349
auf freiem Fuß befindet (Nr. 4101 VV RVG), – **i.H.v. 162 €**.

c) Gebührenbestimmung

Bei der Bemessung der Gebühr für den **Wahlverteidiger** gemäß § 14 Abs. 1 RVG wird hier insbe- 350
sondere zu beachten sein, in welchem **Verfahrensstadium** der Verteidiger eingeschaltet wird. Wird
der Verteidiger erst im Berufungs- oder Revisionsverfahren oder gar erst nach einer Zurückverweisung (§ 21 Abs. 1 RVG) oder Wiederaufnahme (§ 17 Nr. 12 RVG; Nrn. 4146 ff. VV RVG) beauftragt,
wird sicherlich eine höhere Grundgebühr, u.a. die Höchstgebühr angemessen sein, da dann der zu
sichtende Prozessstoff, die zu lesenden Akten und auch die rechtlichen Fragen – insbesondere pro-
zessrechtliche Fragen – eine erheblich umfangreichere Einarbeitung erforderlich machen werden als
bei frühzeitiger Beauftragung des Verteidigers. Demgegenüber wird bei einer umgehenden Einschaltung des Verteidigers unmittelbar nach Zugang eines Anhörungsschreibens die Gebühr im unteren Bereich anzusiedeln sein. Weitere Ermittlungen und rechtliche Prüfungen werden dann durch
die jeweiligen Verfahrensgebühren abgegolten.

> *Beispiel 1:* 351
>
> *Der Mandant war in einen Auffahrunfall verwickelt. Die Polizei eröffnet ihm, dass ein Verfahren wegen des Ver-*
> *dachts der fahrlässigen Körperverletzung eingeleitet werde. Daraufhin beauftragt der Beschuldigte sofort seinen*
> *Anwalt, ihn zu verteidigen.*
> *Da die Einarbeitung in dieser frühen Phase noch keinen großen Aufwand verursacht, wird u.U. eine Gebühr unter-*
> *halb der Mittelgebühr angemessen sein.*

> *Beispiel 2:* 352
>
> *Der Mandant beauftragt seinen Anwalt mit der Verteidigung in einem Revisionsverfahren wegen Untreue.*
> *Hier wird die Einarbeitung i.d.R. äußerst aufwändig sein, da die gesamten Prozessakten und eventuellen Beiak-*
> *ten gesichtet werden müssen, so dass die Höchstgebühr angemessen sein dürfte.*

d) Anrechnung

Da das **Bußgeldverfahren** und ein **sich anschließendes Strafverfahren** gebührenrechtlich **zwei** 354
verschiedene Angelegenheiten darstellen, kann sowohl im Bußgeldverfahren (Nr. 5100 VV RVG)
als auch im Strafverfahren die Grundgebühr (Nr. 4100 VV RVG) anfallen. Soweit dem Bußgeldverfahren und dem Strafverfahren derselbe Tatvorwurf oder dieselbe Handlung zugrunde liegen, soll
die Grundgebühr nicht doppelt **anfallen** können.

---

100 A.A. *Burhoff*, RVG, Nr. 4100 VV RVG Rn. 24 unter Hinweis auf BT-Drucks. 15/1971, S. 222.

355 Demzufolge regelt Abs. 2 der Anm. zu Nr. 4100 VV RVG, dass eine wegen derselben Tat oder Handlung im Bußgeldverfahren bereits entstandene Grundgebühr (Nr. 5100 VV RVG) auf die Gebühr der Nr. 4100 VV RVG angerechnet wird.

356 **Beispiel 1:**

Gegen den Mandanten wird zunächst wegen eines Verstoßes gegen die Straßenverkehrsordnung (Vorfahrtsverletzung mit Unfallfolge) ermittelt. Im Zuge der Ermittlungen stellt sich heraus, dass der Unfallgegner verletzt ist. Das Verfahren wird gemäß § 42 OWiG von der Staatsanwaltschaft übernommen, die nunmehr wegen des Verdachts der fahrlässigen Körperverletzung ermittelt.

Ausgehend von der Mittelgebühr ist wie folgt abzurechnen:

I. Bußgeldverfahren:

1.	*Grundgebühr, Nr. 5100 VV RVG*	*85,00 €*
2.	*Verfahrensgebühr, Nr. 5103 VV RVG*	*135,00 €*
3.	*Postentgeltpauschale, Nr. 7002 VV RVG*	*20,00 €*
4.	*16 % Umsatzsteuer, Nr. 7008 VV RVG*	*+ 38,40 €*
	Summe:	*278,40 €*

II. Strafverfahren:

1.	*Grundgebühr, Nr. 4100 VV RVG*	*165,00 €*
	gemäß Abs. 2 der Anm. zu Nr. 4100 VV RVG anzurechnen:	
	Grundgebühr zu I. 1.	*– 85,00 €*
2.	*Verfahrensgebühr, Nr. 4104 VV RVG*	*140,00 €*
3.	*Postentgeltpauschale, Nr. 7002 VV RVG*	*20,00 €*
4.	*16 % Umsatzsteuer, Nr. 7008 VV RVG*	*+ 38,40 €*
	Summe:	*278,40 €*

357 Handelt es sich um verschiedene Taten oder Handlungen, unterbleibt dagegen eine Anrechnung.

358 **Beispiel 2:**

Ein Angestellter des Mandanten ist in einer Polizeikontrolle mit dessen Fahrzeug angehalten worden. Daraufhin wird von der Verwaltungsbehörde gegen den Mandanten als Halter ermittelt, weil das Fahrzeug nicht den Vorschriften der StVZO entspreche. Im Verlaufe der Ermittlungen stellt sich heraus, dass der Angestellte nicht im Besitz einer gültigen Fahrerlaubnis war. Daraufhin wird die Sache an die Staatsanwaltschaft abgegeben und gegen den Mandanten wegen Verstoßes gegen § 21 StVG (Gestattens des Fahrens ohne Fahrerlaubnis) ermittelt.

Bußgeld- und Strafverfahren betreffen verschiedene Handlungen und Taten, so dass jetzt nicht anzurechnen ist. Die Grundgebühr im Strafverfahren entsteht anrechnungsfrei.

2. Terminsgebühr

359 In Nr. 4102 VV RVG ist die Vergütung für die Teilnahme an bestimmten **Terminen außerhalb der Hauptverhandlung** geregelt.[101] Eine Vergütung für den Verteidiger in solchen Fällen war nach der BRAGO nicht vorgesehen. Solche Terminsteilnahmen waren vielmehr durch die Gebühren der §§ 83 ff. BRAGO mit abgegolten. Lediglich im Privatklageverfahren erhielt der Verteidiger für die Teilnahme an einem Sühnetermin eine gesonderte Vergütung (§ 94 Abs. 5 1. Alt. BRAGO – jetzt Nr. 4102 Nr. 5 VV RVG).

360 Auch diese Terminsgebühr der Nr. 4102 VV RVG kann der Verteidiger **in jedem Verfahrensabschnitt** erhalten. Sie kann aber – im Gegensatz zur Grundgebühr – auch **mehrmals entstehen**, also sowohl in verschiedenen Verfahrensabschnitten als auch in demselben Verfahrensabschnitt mehrmals.

361 Die Terminsgebühr nach Nr. 4102 VV RVG entsteht auch neben den Terminsgebühren für die Teilnahme an der Hauptverhandlung (Nrn. 4108 ff., 4120 ff., 4126 ff. VV RVG). Diese Gebührentatbestände sind jeweils voneinander unabhängig und regeln unterschiedliche Tätigkeiten.

a) Gebühr

362 Die Gebühr nach Nr. 4102 VV RVG erhält der Verteidiger für die **Teilnahme an**

---

101 Ausführlich *Burhoff*, RVGreport 2004, 245.

Nr. 1 richterlichen Vernehmungen,

Nr. 2 Vernehmungen durch die Staatsanwaltschaft oder eine andere Strafverfolgungsbehörde,

Nr. 3 Terminen außerhalb der Hauptverhandlung, in denen über die **Anordnung oder Fortdauer der Untersuchungshaft oder der einstweiligen Unterbringung** verhandelt wird,

Nr. 4 Verhandlungen im Rahmen des Täter-Opfer-Ausgleichs,

Nr. 5 Sühneterminen nach § 380 StPO.

Zu **Nr. 2** zählt auch die Teilnahme an **polizeilichen Vernehmungen.** Hier steht dem Verteidiger zwar kein Anwesenheitsrecht zu, die Polizei kann den Verteidiger jedoch teilnehmen lassen.   363

Im Gegensatz zu den übrigen Alternativen ist für eine Gebühr nach **Nr. 3** erforderlich, dass eine Verhandlung stattfindet. Damit sollen ausweislich der Begründung des Gesetzgebers die häufig nur sehr kurzen reinen **Haftbefehlsverkündungstermine nicht erfasst** werden. Schließt sich allerdings an die Verkündung des Haftbefehls eine Verhandlung über die Fortdauer der Untersuchungshaft an, soll die Terminsgebühr entstehen.[102]   364

Nach **Nr. 4** erhält der Verteidiger eine Terminsgebühr für die Teilnahme an Verhandlungen im Rahmen des Täter-Opfer-Ausgleichs. Erforderlich ist auch hier ein „Termin". Eine bloße telefonische kurze Verhandlung mit dem Verletzten oder dessen Bevollmächtigten wie bei Vorbem. 3 Abs. 3 VV RVG lässt daher eine Terminsgebühr nach Nr. 4102 VV RVG noch nicht entstehen – so die Begründung des Gesetzgebers. Andererseits muss es sich nicht um einen gerichtlichen oder von einem Dritten – etwa einer Schiedsstelle – anberaumten Termin handeln. Auch ein Besprechungstermin zwischen dem Verteidiger und dem Geschädigten bzw. dessen Anwalt, etwa ein gemeinsames Treffen in der Kanzlei, reicht aus.   365

b) Abgeltungsbereich

Gemäß der Anm. zu Nr. 4102 VV RVG deckt die Terminsgebühr jeweils **drei Termine** ab. Das bedeutet, dass der Anwalt für die ersten drei Termine aus dem Katalog der Nr. 4102 Nrn. 1 bis 5 VV RVG die Gebühr nur einmal erhält. Erst ab dem vierten, siebten etc. Termin entsteht die Gebühr erneut.   366

Mehrere Termine an demselben Tag gelten dabei als ein Termin (Satz 1 der Anm. zu Nr. 4102 VV RVG).   367

Voraussetzung ist allerdings, dass die Termine **innerhalb derselben Angelegenheit**, also innerhalb desselben Verfahrensabschnitts, stattfinden.   368

> *Beispiel:*   369
> Im vorbereitenden Verfahren findet ein Haftprüfungstermin statt und im gerichtlichen Verfahren ein weiterer. Die Terminsgebühr nach Nr. 4102 VV RVG entsteht zweimal, nämlich einmal im vorbereitenden Verfahren und einmal im gerichtlichen Verfahren.

Unklar ist, ob aus der **Formulierung „jeweils" bis zu drei Termine** folgt, dass es sich um Termine derselben Nummer handeln muss oder ob diese Beschränkung für alle Alternativen gilt.   370

> *Beispiel:*   371
> Der Anwalt nimmt im vorbereitenden Verfahren an zwei richterlichen Vernehmungen teil sowie an einem Haftprüfungstermin.

Stellt man darauf ab, dass generell erst ab dem vierten Termin eine weitere Gebühr ausgelöst wird, so würde der Anwalt hier nur eine einzige Gebühr nach Nrn. 4102 Nr. 1 und 3 VV RVG erhalten.   372

Stellt man dagegen darauf ab, dass die Beschränkung sich auf jede einzelne Nr. bezieht, so würde der Anwalt für die beiden richterlichen Vernehmungen eine Gebühr nach Nr. 4102 Nr. 1 VV RVG erhalten sowie eine weitere Gebühr nach Nr. 4102 Nr. 3 VV RVG für die Teilnahme an dem Haftprüfungstermin.   373

---

102 Eingehend *Burhoff*, RVG, Nr. 4102 VV RVG Rn. 23 m.w.N.

374 Der **Wortlaut** spricht m.E. dafür, nicht nach den einzelnen Nummern zu unterscheiden[103]. Für diese Auslegung spricht zudem, dass der Gesetzgeber an anderer Stelle (§ 18 Nr. 1 RVG) ausdrücklich klargestellt hat, wenn sich eine Zusammenfassung mehrerer anwaltlicher Tätigkeiten nur auf einzelne Gruppen beziehen soll.[104]

c) Höhe der Gebühr

375 Für die Terminsgebühr nach Nr. 4102 VV RVG steht dem Verteidiger ein Gebührenrahmen i.H.v. **30 € bis 250 €** zu. Die **Mittelgebühr** beträgt **140 €**.

376 Befindet sich der Beschuldigte **nicht auf freiem Fuß**, beträgt der Gebührenrahmen gemäß Nr. 4103 VV RVG **30 € bis 312,50 €**. Die **Mittelgebühr** beträgt **171,25 €**.

377 Der **Pflichtverteidiger** erhält eine Festgebühr i.H.v. **112 €** und – wenn sich der Beschuldigte nicht auf freiem Fuß befindet – eine Festgebühr i.H.v. **137 €**.

d) Gebührenbemessung

378 Bei der Gebührenbemessung gemäß § 14 Abs. 1 RVG werden sich in der Praxis **Probleme** ergeben[105]. Ob hier tatsächlich bereits beim ersten Termin von der Mittelgebühr ausgegangen werden darf, erscheint fraglich, da der Gebührenrahmen insgesamt drei Termine abdeckt (Satz 2 der Anm. zu Nr. 4102 VV RVG). Von daher wird man bei einem durchschnittlichen ersten Termin vermutlich nur eine Gebühr in der unteren Hälfte des Rahmenbereichs abrechnen können. Lediglich dann, wenn der erste Termin bereits so umfangreich, aufwändig, schwierig und von besonderer Bedeutung war, wird man die Gebühr im oberen Bereich ansiedeln können, ggf. sogar die Höchstgebühr bestimmen können.[106]

379 > **Hinweis:**
>
> Soweit mehrere Termine stattfinden, die sämtlich einen hohen Aufwand an Arbeit und Zeit verursachen und von besonderer Bedeutung sind, wird insbesondere hier die Feststellung einer **Pauschgebühr** nach § 42 oder § 51 RVG in Betracht kommen, wenn der gesetzliche Rahmen nicht ausreicht.[107]

III. Vergütung im vorbereitenden Verfahren

380 Die Gebühren für das vorbereitende Verfahren sind im Teil 4 Abschnitt 1 Unterabschnitt 2 VV RVG geregelt. Im Gegensatz zur früheren Rechtslage[108] ist das vorbereitende Verfahren jetzt gegenüber dem erstinstanzlichen gerichtlichen Verfahren eine **eigene Angelegenheit** i.S.d. § 15 RVG (s.o. Rn. 323).[109] Der Anwalt erhält hier die allgemeinen Gebühren (Nrn. 4100 ff. VV RVG), die Gebühren nach Teil 4 Abschnitt 1 Unterabschnitt 2 VV RVG (Nrn. 4104 ff. VV RVG) sowie die zusätzlichen Gebühren nach Nrn. 4141 ff. VV RVG.

381 Wird das Ermittlungsverfahren (vorläufig) eingestellt und **nach Ablauf von zwei Kalenderjahren** wieder aufgenommen, so beginnt damit gemäß § 15 Abs. 5 Satz 2 RVG eine neue Angelegenheit. Die Gebühren nach Nr. 4104 VV RVG entstehen dann erneut.[110]

382 Werden **verschiedene Ermittlungsverfahren** geführt, so entsteht die Gebühr nach Nr. 4104 VV RVG **mehrmals**. Gleiches gilt, wenn aus einem zunächst einheitlich geführten Ermittlungsverfahren ein weiteres Verfahren abgetrennt wird. Insoweit hat sich an der bisherigen Rechtslage nichts geändert.[111]

---

103 So auch *Burhoff*, RVG, Nr. 4102 VV RVG Rn. 43.
104 AnwKom-RVG-N. *Schneider*, Nrn. 4102, 4103 VV RVG Rn. 7; *Burhoff*, RVG, Nr. 1402 Rn. 43.
105 Zur Berechnung s. auch *Burhoff*, RVG, Nr. 4102 VV RVG Rn. 48 ff.
106 AnwKom-RVG-N. *Schneider*, Nrn. 4102, 4103 Rn. 11; *Burhoff*, RVG, Nr. 4102 Rn. 51.
107 AnwKom-RVG-N. *Schneider*, Nrn. 4102, 4103 Rn. 11; *Burhoff*, RVG, Nr. 4102 Rn. 52.
108 LG Köln, AnwBl. 1979, 75; LG Aachen, JurBüro 1978, 230; a.A. LG Düsseldorf, AnwBl. 1977, 265 = JurBüro 1977, 1233; LG Wuppertal, JurBüro 1978, 1342 = AnwBl. 1978, 313.
109 AnwKom-RVG-N. *Schneider*, Vorbem. zu Nr. 4106 Rn. 10; a.A. *Burhoff*, RVG, „Angelegenheiten (§§ 15 ff.)" Rn. 5.
110 AnwKom-RVG-N. *Schneider*, Nr. 4104 Rn. 7; *Burhoff*, RVG, Nr. 4104 VV RVG Rn. 7.
111 S. zu den Fällen der Verbindung und Trennung im vorbereitenden Verfahren AnwKom-RVG-N. *Schneider*, Nr. 4104 Rn. 19, 21; *Burhoff*, Nr. 4104 Rn. 14.

1. Grundgebühr

Der Verteidiger erhält im vorbereitenden Verfahren immer die Grundgebühr nach Nr. 4100 VV RVG, 383
da dies der früheste Verfahrensabschnitt ist, in dem der Verteidiger beauftragt werden kann. Zu den
Einzelheiten der Grundgebühr Rn. 335.

2. Verfahrensgebühr

Darüber hinaus erhält der Verteidiger im vorbereitenden Verfahren zunächst einmal die Verfahrens- 384
gebühr nach Nr. 4104 VV RVG, die dem früheren § 84 Abs. 1 1. Alt. BRAGO entspricht. Diese Gebühr
entsteht mit der ersten Tätigkeit und deckt die gesamte Tätigkeit des Anwalts ab einschließlich der
Entgegennahme der Information (ausgenommen die Einarbeitung und Terminswahrnehmungen).

Die Gebühr entsteht mit der Aufnahme der Ermittlungen wegen des Verdachts einer Straftat und 385
entgilt das gesamte Verfahren bis

* zum Eingang der Anklageschrift bei Gericht (1. Alt.),
* dem Eingang des Antrags auf Erlass eines Strafbefehls bei Gericht (2. Alt.),
* dem Vortrag der Anklage im beschleunigten Verfahren, wenn diese nur mündlich erhoben wird
  (3. Alt.) oder
* zur Einstellung des Verfahrens.

Beschwerdeverfahren gehören – im Gegensatz zu den Beschwerden nach Teil 3 VV RVG – zur Ins- 386
tanz, etwa die Beschwerde nach § 111a StPO,[112] und werden daher ebenfalls durch die Verfahrensgebühr abgegolten.

a) Höhe der Gebühr

Die Verfahrensgebühr beläuft sich gemäß Nr. 4104 VV RVG auf **30 € bis 250 €**. Die **Mittelgebühr** 387
beträgt **140 €**.

Eine Staffelung der Gebührenrahmen nach Zuständigkeit des erstinstanzlichen Gerichts – wie noch 388
bei § 84 Abs. 1 1. Alt. i.V.m. § 83 Abs. 1 BRAGO – ist im vorbereitenden Verfahren nicht mehr vorgesehen.[113] Der Gebührenrahmen ist unabhängig vom Tatvorwurf immer derselbe.

Befindet sich der Beschuldigte **nicht auf freiem Fuß**, beläuft sich die Gebühr gemäß Nr. 4105 VV 389
RVG auf **30 € bis 312,50 €**. Die Mittelgebühr **beträgt 171,25 €**.

Der **Pflichtverteidiger** erhält eine Festgebühr i.H.v. **112 €**. Befindet sich der Beschuldigte **nicht auf** 390
freiem Fuß, erhält er eine Festgebühr i.H.v. **137 €**.

b) Terminsgebühr nach Nr. 4102 VV RVG

Darüber hinaus kann der Anwalt im vorbereitenden Verfahren eine Terminsgebühr nach Nr. 4102 391
VV RVG verdienen. Zu Einzelheiten s.o. Rn. 359.

c) Zusätzliche Gebühr nach Nr. 4141 VV RVG

Im vorbereitenden Verfahren kann der Anwalt ferner eine zusätzliche Gebühr nach Nr. 4141 VV RVG 392
erhalten, wenn das Verfahren nicht nur vorläufig eingestellt wird. Zu den Einzelheiten s. die zusammenfassende Darstellung in Rn. 493 ff.

d) Zusätzliche Gebühr nach Nr. 4142 VV RVG

Erstreckt sich Tätigkeit des Verteidigers auch auf Einziehung und verwandte Maßnahmen, kann auch 393
schon im vorbereitenden Verfahren eine zusätzliche Gebühr nach Nr. 4142 VV RVG anfallen.

---

112 AnwKom-RVG-N. *Schneider*, Vor. 4.1 VV RVG Rn. 5.
113 Zur Gebührenhöhe s. auch *Burhoff*, RVG, Nr. 4104 VV RVG Rn. 16 ff.

394 Die zusätzliche Gebühr nach Nr. 4142 VV RVG kann dann im gerichtlichen Verfahren allerdings nicht erneut entstehen (Abs. 3 der Anm. zu Nr. 4142 VV RVG).

e) Zusätzliche Gebühr nach Nr. 4143 VV RVG

395 Eine zusätzliche Gebühr nach Nr. 4143 VV RVG ist im vorbereitenden Verfahren nicht möglich. Diese Gebühr kann erst im gerichtlichen Verfahren entstehen. Erstreckt sich die Tätigkeit des Verteidigers auch auf die Abwehr von vermögensrechtlichen Ansprüchen, so liegt eine gesonderte Angelegenheit vor, die nach Nr. 2400 VV RVG zu vergüten ist.

f) Zusätzliche Gebühr nach Nr. 4147 VV RVG

396 Ist der Verteidiger im Privatklageverfahren tätig, so kann er zusätzlich auch noch die Einigungsgebühr nach Nr. 4147 VV RVG[114] verdienen, wenn es zu einer Einigung über den Strafausspruch und den Kostenerstattungsanspruch kommt. S. im Einzelnen Rn. 838 ff.

g) Auslagen

397 Hinzu kommen die Auslagen nach Nrn. 7000 ff. VV RVG, insbesondere auch eine **Postentgeltpauschale** nach Nr. 7002 VV RVG.

h) Verbindung

398 Werden mehrere Ermittlungsverfahren bereits im vorbereitenden Verfahren verbunden, so sind mehrere Gebühren nach Nr. 4104 VV RVG entstanden, soweit der Anwalt in jedem der verbundenen Verfahren bis zur Verbindung auch tätig war.[115] Die Bemessung der jeweiligen Gebühren nach § 14 Abs. 1 RVG richtet sich dann hauptsächlich nach dem Zeitpunkt der Verbindung. Bei einer frühen Verbindung wird die Gebühr des führenden Verfahrens höher ausfallen, während die des verbundenen Verfahrens geringer liegen dürfte. Wird dagegen erst zum Abschluss der Ermittlungen verbunden, dürfte in beiden Verfahren von einer Mittelgebühr auszugehen sein.[116]

399 *Beispiel:*

Gegen den Beschuldigten laufen drei Ermittlungsverfahren (Az. 1/04, 2/04 und 3/04) jeweils wegen des Verdachts eines Diebstahls. In sämtlichen Verfahren hat der Beschuldigte seinen Anwalt als Verteidiger beauftragt. Die Verfahren 1/04 und 2/04 werden unmittelbar zu Beginn der Ermittlungen verbunden, das Verfahren 3/04 wird erst zum Abschluss der Ermittlungen hierzu verbunden. Führend ist das Verfahren 1/04.

Für das Verfahren 1/04 dürfte ein über der Mittelgebühr liegender Betrag angemessen sein, da der Mehraufwand des zweiten Tatvorwurfs erhöhend zu berücksichtigen ist. Ein Mehraufwand wegen des dritten Tatvorwurfs dürfte sich dagegen nicht feststellen lassen.

Für das Verfahren 2/04 dürfte nur ein unter der Mittelgebühr liegender Betrag anzusetzen sein, da das Verfahren frühzeitig in das Verfahren 1/04 übergegangen ist. Voraussetzung ist jedoch auch hier, dass der Anwalt von diesem Verfahren vor der Verbindung insoweit beauftragt war und tätig geworden ist; das ist – besonders bei Fällen, in denen die Ermittlungsverfahren frühzeitig verbunden werden – nicht immer gegeben.

Für das Verfahren 3/04 dürfte dagegen von einer Mittelgebühr auszugehen sein, da die Verbindung weder eine Mehr- noch einen Minderaufwand mit sich gebracht hat.

Abzurechnen wäre daher wie folgt:

I. Verfahren 1/04:

1.	*Grundgebühr, Nr. 4100 VV RVG*	*165,00 €*
2.	*Verfahrensgebühr, Nr. 4104 VV RVG (um 20 % erhöht)*	*250,00 €*
3.	*Postentgeltpauschale, Nr. 7002 VV RVG*	*20,00 €*
4.	*16% Umsatzsteuer, Nr. 7008 VV RVG*	*+ 69,60 €*
	Summe:	*504,60 €*

---

114 Bisherige Nr. 4146 VV RVG, geändert in Nr. 4147 VV RVG durch Art. 4 Nr. 2 Gesetz zur Verbesserung der Rechte von Verletzten im Strafverfahren (Opferrechtsreformgesetz – OpferRRG) v. 24.6.2004, BGBl. I, S. 1354.
115 *Burhoff,* RVG, Vorbem. 4 VV RVG Rn. 48 ff.
116 *N. Schneider,* BRAGOreport 2001, 49.

II. Verfahren 2/04:

1.	Grundgebühr, Nr. 4100 VV RVG	165,00 €
2.	Verfahrensgebühr, Nr. 4104 VV RVG (um 20% reduziert)	100,00 €
3.	Postentgeltpauschale, Nr. 7002 VV RVG	20,00 €
4.	16% Umsatzsteuer, Nr. 7008 VV RVG	+ 45,60 €
Summe:		**330,60 €**

III. Verfahren 3/04:

1.	Grundgebühr, Nr. 4100 VV RVG	165,00 €
2.	Verfahrensgebühr, Nr. 4104 VV RVG	135,00 €
3.	Postentgeltpauschale, Nr. 7002 VV RVG	20,00 €
4.	16% Umsatzsteuer, Nr. 7008 VV RVG	+ 51,20 €
Summe:		**371,20 €**

Findet eine Verbindung mehrerer Verfahren dagegen erst vor Gericht statt, ändert sich an den bis **400** dahin getrennt angefallenen Verfahrensgebühren des vorbereitenden Verfahren aus Nr. 4104 VV RVG nichts mehr. Diese bleiben ungeachtet der späteren Verbindung bestehen.[117]

i) Verfahrenstrennung

Wird ein einheitliches Ermittlungsverfahren bereits im vorbereitenden Verfahren in verschiedene Ver- **401** fahren getrennt, so erhält der Anwalt für jedes Verfahren eine gesonderte Gebühr nach Nr. 4104 VV RVG. Die Bemessung der jeweiligen Gebührenhöhe nach § 14 Abs. 1 RVG richtet sich dann hauptsächlich nach dem Zeitpunkt der Trennung. Insoweit gelten die gleichen Grundsätze wie bei einer Verbindung (s. Rn. 398). Ein zweite Grundgebühr entsteht allerdings nicht (s.o. Rn. 340).

> *Beispiel:* **402**
>
> *Gegen den Beschuldigten läuft ein Ermittlungsverfahren (Az. 1/04) jeweils wegen des Verdachts zweier Diebstähle. Hinsichtlich des einen Diebstahlvorwurfs wird das Verfahren als neue Sache Az. 2/04 abgetrennt.*
>
> *Für das Verfahren 1/04 dürfte ein über der Mittelgebühr liegender Betrag angemessen sein, da der Mehraufwand des zweiten Tatvorwurfs erhöhend zu berücksichtigen ist.*
>
> *Für das Verfahren 2/04 dürfte nur ein unter der Mittelgebühr liegender Betrag anzusetzen sein, da ein Großteil der Arbeit des Verteidigers bereits im Verfahren 1/04 berücksichtigt ist. Eine neue Grundgebühr kann auch hier nicht mehr entstehen (s.o. Rn. 340).*
>
> *Abzurechnen wäre daher wie folgt:*

I. Verfahren 1/04:

1.	Grundgebühr, Nr. 4100 VV RVG	165,00 €
2.	Verfahrensgebühr, Nr. 4104 VV RVG (um 20 % erhöht)	168,00 €
3.	Postentgeltpauschale, Nr. 7002 VV RVG	20,00 €
4.	16 % Umsatzsteuer, Nr. 7008 VV RVG	+ 56,48 €
Summe:		**409,48 €**

II. Verfahren 2/04:

1.	Verfahrensgebühr, Nr. 4104 VV RVG (um 20 % reduziert)	112,00 €
2.	Postentgeltpauschale, Nr. 7002 VV RVG	20,00 €
3.	16 % Umsatzsteuer, Nr. 7008 VV RVG	+ 21,12 €
Summe:		**153,12 €**

Findet eine Trennung in mehrere Verfahren dagegen erst vor Gericht statt, hat dies keinen Einfluss **403** auf die Vergütung im vorbereitenden Verfahren. Es verbleibt insoweit bei einer einzigen Gebühr nach Nr. 4104 VV RVG.[118]

---

117 OLG Düsseldorf, MDR 1985, 252; *Hansens*, BRAGO, § 83 Rn. 15; *N. Schneider*, BRAGOreport 2001, 49; *Burhoff*, RVG, Vorbem. 4 VV RVG Rn. 50.
118 *Burhoff*, RVG, Vorbem. 4 VV RVG Rn. 47.

IV. Erstinstanzliches gerichtliches Verfahren

1. Umfang des gerichtlichen Verfahrens

404 Die Gebühren des Verteidigers im ersten Rechtszug sind im Teil 4 Abschnitt 1 Unterabschnitt 3 VV RVG geregelt. Ergänzend gelten Teil 4 Abschnitt 1 Unterabschnitt 1 VV RVG sowie die zusätzlichen Gebühren nach Nrn. 4141 ff. VV RVG. Im Gegensatz zur früheren Rechtslage[119] stellt das erstinstanzliche gerichtliche Verfahren gegenüber dem vorbereitenden Verfahren jetzt eine **eigene Angelegenheit** i.S.d. § 15 RVG dar[120] (Rn. 323).

405 Das gerichtliche Verfahren **beginnt**, wie sich aus der Legaldefinition in Nr. 4104 VV RVG ergibt, mit

- dem **Eingang**
  - der **Anklageschrift** oder
  - des **Antrags auf Erlass eines Strafbefehls bei Gericht** oder
- dem **Vortrag der Anklage** im beschleunigten Verfahren, wenn diese nur mündlich erhoben wird.

406 Zum gerichtlichen Verfahren gehören **sämtliche Tätigkeiten bis zum Abschluss der Instanz**, also insbesondere die Vorbereitung der Hauptverhandlung, die Teilnahme an Hauptverhandlungsterminen oder an sonstigen Terminen, Verhandlungen und Terminen im Täter-Opfer-Ausgleich, soweit der Gegenstand nicht vermögensrechtlich ist, etc. Auch die **Einlegung der Berufung oder Revision oder Sprungrevision** zählt für den erstinstanzlichen Verteidiger gemäß § 19 Nr. 10 RVG noch zum erstinstanzlichen Verfahren (früher: § 87 Satz 2 2. Alt. BRAGO).

2. Grundgebühr

407 Zunächst einmal kann der Verteidiger auch im gerichtlichen Verfahren die Grundgebühr nach Nr. 4100 VV RVG verdienen. Voraussetzung hierfür ist allerdings, dass er erstmals im gerichtlichen Verfahren, also nach Eingang des Antrags auf Erlass eines Strafbefehls, Eingang der Anklageschrift oder nach Vortrag der Anklage im beschleunigten Verfahren beauftragt wird. War der Anwalt bereits im vorbereitenden Verfahren tätig, so hat er dort die Grundgebühr bereits verdient und kann diese im gerichtlichen Verfahren nicht erneut erhalten (s.o. Rn. 336).

3. Verfahrensgebühr

a) Tätigkeiten des Verteidigers

408 Für seine Tätigkeit im gerichtlichen Verfahren erhält der Verteidiger auch hier zunächst einmal eine Verfahrensgebühr (Nrn. 4106, 4112 oder 4118 VV RVG). Die Verfahrensgebühr deckt wiederum sämtliche Tätigkeiten des Verteidigers ab, soweit keine gesonderten Gebühren entstehen. Abgegolten werden also insbesondere die Entgegennahme der Information (Vorbem. 4 Abs. 2 VV RVG), Besprechungen mit dem Mandanten, mit Zeugen oder Sachverständigen, das Abfassen von Schriftsätzen, die Vorbereitung der Hauptverhandlung etc.

b) Die Höhe der Gebühr

409 Ebenso wie nach bisherigem Recht findet hier eine Staffelung der Gebühren je nach Zuständigkeit des Gerichts statt.

410 Darüber hinaus wird wiederum danach unterschieden, ob sich der Beschuldigte auf freiem Fuß befindet oder nicht. Befindet er sich nicht auf freiem Fuß (Vorbem. 4 Abs. 4 VV RVG), entsteht die Gebühr mit Zuschlag (Nrn. 4107, 4113 und 4119 VV RVG). Für den Pflichtverteidiger wiederum sind Festgebühren vorgesehen.

---

119 LG Köln, AnwBl. 1979, 75; LG Aachen, JurBüro 1978, 230; a.A. LG Düsseldorf, AnwBl. 1977, 265 = JurBüro 1977, 1233; LG Wuppertal, JurBüro 1978, 1342 = AnwBl. 1978, 313.
120 A.A. *Burhoff,* RVG, „Angelegenheiten (§§ 15 ff.)" Rn. 5.

Der Anwalt erhält als	Wahlverteidiger	Pflichtverteidiger
im ersten Rechtszug folgende Verfahrensgebühren:		
Vor dem Amtsgericht		
– Gebührenrahmen (Nr. 4106 VV RVG) Mittelgebühr	30 € – 250 € 140 €	112 €
– Gebührenrahmen mit Zuschlag (Nr. 4107 VV RVG) Mittelgebühr	30 € – 312,50 € 171,25 €	137 €
Vor der Strafkammer und der Jugendkammer, soweit sich die Gebühr nicht nach Nr. 4118 VV RVG bestimmt		
– Gebührenrahmen (Nr. 4112 VV RVG) Mittelgebühr	40 € – 270 € 155 €	151 €
– Gebührenrahmen mit Zuschlag (Nr. 4113 VV RVG) Mittelgebühr	40 € – 337,50 € 188,75 €	124 €
Vor dem OLG, dem Schwurgericht oder der Strafkammer nach den §§ 74a und c GVG sowie in Verfahren vor der Jugendkammer, sofern diese in Sachen entscheidet, die nach den allgemeinen Vorschriften zur Zuständigkeit des Schwurgerichts gehören		
– Gebührenrahmen (Nr. 4118 VV RVG) Mittelgebühr	80 € – 580 € 330 €	264 €
– Gebührenrahmen mit Zuschlag (Nr. 4119 VV RVG) Mittelgebühr	80 € – 725 € 402,50 €	322 €

411

4. Terminsgebühren

a) Teilnahme an der Hauptverhandlung

Für die Teilnahme an der Hauptverhandlung erhält der Verteidiger – je nach Ordnung des Gerichts 412
– eine Terminsgebühr nach Nrn. 4108, 4114 oder 4120 VV RVG.

Die Terminsgebühren entstehen für **jeden Hauptverhandlungstag gesondert**. Für Fortsetzungs- 413
termine oder erneute Hauptverhandlungstermine entsteht dieselbe Terminsgebühr. Eine Differenzierung wie nach bisherigem Recht (§ 83 Abs. 1, Abs. 2 Satz 1 und 2 BRAGO) findet nach dem RVG
nicht mehr statt.

Durch die Formulierung **„je Hauptverhandlungstag"** ist entsprechend der bisherigen Rechtspre- 414
chung[121] klargestellt, dass bei mehreren Hauptverhandlungsterminen am selben Tag die Gebühr nur
einmal anfällt.[122]

> *Beispiel:* 415
>
> *Die Hauptverhandlung wird vormittags ausgesetzt. Nachmittags wird mit der Hauptverhandlung erneut begon-*
> *nen.*
> *Es entsteht insgesamt nur eine Terminsgebühr, da beide Verhandlungen am selben Kalendertag stattfanden. Ein*
> *eventueller erhöhter Aufwand kann hier allenfalls im Rahmen des § 14 Abs. 1 RVG berücksichtigt werden.*

Die Höhe der Terminsgebühr ist wiederum nach der **Zuständigkeit des Gerichts gestaffelt**. 416

Darüber hinaus ist auch bei der Terminsgebühr ein sog. **„Haftzuschlag"** (Vorbem. 4 Abs. 4 VV RVG) 417
vorgesehen, wenn sich der Beschuldigte nicht auf freiem Fuß befindet (Nrn. 4109, 4115 und 4121
VV RVG).

---

121 LG Hannover, JurBüro 1996, 190; AnwKom-BRAGO-*N. Schneider,* § 83 Rn. 37.
122 *Burhoff,* RVG, Nr. 4108 VV RVG Rn. 17.

418　Die Frage, ob die Terminsgebühr mit Zuschlag entsteht, ist für **jeden Verhandlungstermin gesondert** zu prüfen. Erforderlich ist, dass sich der **Beschuldigte** während des betreffenden Termins **nicht auf freiem Fuß** befindet.[123]

419　Danach gilt:
- Sofern sich der Beschuldigte lediglich zu Beginn des Verfahrens nicht auf freiem Fuß befand, vor dem Termin aber bereits freigelassen war, entsteht die Terminsgebühr nicht mit Zuschlag.
- Wird der Beschuldigte erst im Verlaufe des Verfahrens in Haft genommen, so fällt der Zuschlag lediglich für solche Termine an, die nach der Inhaftierung entstehen.

420　*Beispiel:*

Der Angeklagte erscheint im ersten Termin nicht. Es ergeht Haftbefehl, der vollstreckt wird. Sodann findet der zweite Hauptverhandlungstermin statt.

Für den ersten Hauptverhandlungstermin entsteht die Gebühr ohne Zuschlag. Für den zweiten Hauptverhandlungstermin entsteht dagegen die Gebühr mit Zuschlag.

Die Verfahrensgebühr entsteht ebenfalls mit Zuschlag, da es hierfür ausreichend ist, dass sich der Beschuldigte zu irgendeinem Zeitpunkt des Verfahrens nicht auf freiem Fuß befand.

Die Grundgebühr entsteht dagegen ohne Zuschlag.

Zu rechnen ist wie folgt:

1. *Grundgebühr, Nr. 4100 VV RVG*	*165,00 €*
2. *Verfahrensgebühr mit Zuschlag, Nr. 4107 VV RVG*	*171,25 €*
3. *Terminsgebühr (1. Hauptverhandlungstermin), Nr. 4108 VV RVG*	*230,00 €*
4. *Terminsgebühr mit Zuschlag (2. Hauptverhandlungstermin), Nr. 4109 VV RVG*	*280,00 €*
5. *Postentgeltpauschale, Nr. 7002 VV RVG*	*20,00 €*
6. *16 % Umsatzsteuer, Nr. 7008 VV RVG*	*+ 138,60 €*
Summe:	**1.004,20 €**

421　Hinsichtlich der Terminsgebühr ist ferner zu beachten, dass diese nach Vorbem. 4 Abs. 3 Satz 1 VV RVG auch dann entsteht, wenn der Verteidiger zu dem anberaumten Termin erscheint, der **Termin** aber aus Gründen **nicht stattfindet**, die vom Verteidiger nicht zu vertreten sind (s.o. Rn. 54).

422　Für den **Pflichtverteidiger** sind darüber hinaus jeweils **Zusatzgebühren** zur Terminsgebühr vorgesehen, wenn die Hauptverhandlung länger als fünf und länger als acht Stunden dauert. Damit soll ein Ausgleich dafür geschaffen werden, dass der Pflichtverteidiger bei überlanger Dauer der Hauptverhandlung nicht die Möglichkeit wie der Wahlverteidiger hat, die Gebühr nach § 14 Abs. 1 RVG höher anzusetzen. Eine Unterscheidung danach, ob sich der Beschuldigte auf freiem Fuß befindet oder nicht (Vorbem. 4 Abs. 4 VV RVG), findet hier nicht statt.

423

Der Anwalt erhält als	Wahlverteidiger	Pflichtverteidiger
im **ersten Rechtszug** folgende Verfahrensgebühren:		
Vor dem Amtsgericht		
– Gebührenrahmen (Nr. 4108 VV RVG) 　 Mittelgebühr	60 € – 400 € 230 €	184 €
– Gebührenrahmen mit Zuschlag (Nr. 4109 VV RVG) 　 Mittelgebühr	60 € – 500 € 280 €	224 €
– Zusatzgebühren des Pflichtverteidigers 　 – 5 bis 8 Stunden (Nr. 4110 VV RVG) 　 – über 8 Stunden (Nr. 4111 VV RVG)		 92 € 184 €

123　AnwKom-RVG-*N. Schneider*, Vorbem. Teil 4 VV RVG Rn. 38; *Burhoff*, RVG, Nr. 4109 VV RVG Rn. 4.

Vor der Strafkammer und der Jugendkammer, soweit sich die Gebühr nicht nach Nr. 4118 VV RVG bestimmt		
– Gebührenrahmen (Nr. 4114 VV RVG)	40 € – 270 €	216 €
Mittelgebühr	155 €	
– Gebührenrahmen mit Zuschlag (Nr. 4115 VV RVG)	40 € – 337,50 €	263 €
Mittelgebühr	188,75 €	
– Zusatzgebühren des Pflichtverteidigers		
– 5 bis 8 Stunden (Nr. 4116 VV RVG)		108 €
– über 8 Stunden (Nr. 4117 VV RVG)		216 €
Vor dem OLG, dem Schwurgericht oder der Strafkammer nach den §§ 74a und c GVG sowie in Verfahren vor der Jugendkammer, sofern diese in Sachen entscheidet, die nach den allgemeinen Vorschriften zur Zuständigkeit des Schwurgerichts gehören		
– Gebührenrahmen (Nr. 4120 VV RVG)	110 € – 780 €	356 €
Mittelgebühr	445 €	
– Gebührenrahmen mit Zuschlag (Nr. 4121 VV RVG)	110 € – 975 €	434 €
Mittelgebühr	542,50 €	
– Zusatzgebühren des Pflichtverteidigers		
– 5 bis 8 Stunden (Nr. 4122 VV RVG)		178 €
– über 8 Stunden (Nr. 4123 VV RVG)		356 €

424

Beispiel:

Der Pflichtverteidiger nimmt an drei Hauptverhandlungsterminen teil. Der erste Termin dauert zehn Stunden, der zweite Termin sieben Stunden und der dritte Termin drei Stunden.

Zu rechnen ist wie folgt:

1.	*Grundgebühr, Nr. 4100 VV RVG*	*132,00 €*
2.	*Verfahrensgebühr, Nr. 4106 VV RVG*	*112,00 €*
3.	*Terminsgebühr (1. Hauptverhandlungstermin), Nr. 4108 VV RVG*	*184,00 €*
4.	*Zusatzgebühr (1. Hauptverhandlungstermin), Nr. 4111 VV RVG*	*184,00 €*
5.	*Terminsgebühr (2. Hauptverhandlungstermin), Nr. 4108 VV RVG*	*184,00 €*
6.	*Zusatzgebühr (2. Hauptverhandlungstermin), Nr. 4110 VV RVG*	*92,00 €*
7.	*Terminsgebühr (3. Hauptverhandlungstermin), Nr. 4108 VV RVG*	*230,00 €*
8	*Postentgeltpauschale, Nr. 7002 VV RVG*	*20,00 €*
9.	*16 % Umsatzsteuer, Nr. 7008 VV RVG*	*+ 174,72 €*
	Summe:	*1.266,72 €*

b) Termine außerhalb der Hauptverhandlung

Nimmt der Verteidiger im gerichtlichen Verfahren an einem Termin i.S.d. Nr. 4102 VV RVG teil, so erhält er nach dieser Vorschrift eine weitere Terminsgebühr, die bis zu drei Termine abdeckt (Satz 2 der Anm. zu Nr. 4102 VV RVG). Diese Terminsgebühr entsteht unabhängig von der Terminsgebühr für die Hauptverhandlung und kann ggf. neben dieser anfallen. **425**

Beispiel: **426**

Der Verteidiger wird erstmals im gerichtlichen Verfahren beauftragt. Er nimmt an zwei Hauptverhandlungsterminen teil sowie an zwei Haftprüfungsterminen.

Insgesamt liegt nur eine Angelegenheit vor. Der Verteidiger erhält für jeden Hauptverhandlungstermin eine gesonderte Terminsgebühr. Darüber hinaus erhält er für die beiden Haftprüfungstermine die Gebühr nach Nr. 4102 VV RVG.

1.	*Grundgebühr, Nr. 4100 VV RVG*	*165,00 €*
2.	*Verfahrensgebühr, Nr. 4106 VV RVG*	*140,00 €*
3.	*Terminsgebühr (Hauptverhandlungstermin), Nr. 4108 VV RVG*	*230,00 €*
4.	*Terminsgebühr (Haftprüfungstermin), Nr. 4102 VV RVG*	*140,00 €*

5.	*Postentgeltpauschale, Nr. 7002 VV RVG*	*20,00 €*
6.	*16% Umsatzsteuer, Nr. 7008 VV RVG*	*+ 111,20 €*
Summe:		**806,20 €**

427 Zum Entstehen und Abgeltungsbereich der Terminsgebühr nach Nr. 4102 VV RVG s.o. Rn. 359.

c) Zusätzliche Gebühr nach Nr. 4141 VV RVG

428 Auch im gerichtlichen Verfahren kann der Anwalt die zusätzliche Gebühr nach Nr. 4141 VV RVG verdienen, wenn

- das Verfahren **nicht nur vorläufig eingestellt** wird,
- das Gericht beschließt, die **Hauptverhandlung nicht zu eröffnen**,
    - das gerichtliche Verfahren sich durch **Rücknahme**
    - des **Einspruchs gegen einen Strafbefehl** oder
    - der **Privatklage**

  erledigt.

429 Wegen der Einzelheiten wird auf die zusammenfassende Darstellung in Rn. 493 ff. verwiesen.

d) Zusätzliche Gebühr nach Nr. 4142 VV RVG

430 Neben den Gebühren nach Nrn. 4104 ff. VV RVG kann auch im erstinstanzlichen gerichtlichen Verfahren eine zusätzliche Gebühr nach Nr. 4142 VV RVG anfallen, wenn sich die Tätigkeit des Verteidigers auch auf Einziehung und verwandte Maßnahmen erstreckt. Zu beachten ist allerdings Abs. 3 der Anm. zu Nr. 4142 VV RVG. Die zusätzliche Gebühr nach Nr. 4142 VV RVG fällt im vorbereitenden Verfahren und im gerichtlichen Verfahren **insgesamt nur einmal** an. Ist die Gebühr also bereits im vorbereitenden Verfahren angefallen, so entsteht sie im gerichtlichen Verfahren also nicht erneut.

e) Zusätzliche Gebühr nach Nr. 4143 VV RVG

431 Wird der Verteidiger auch im Adhäsionsverfahren tätig, so erhält er eine zusätzliche 2,0 Verfahrensgebühr nach Nr. 4143 VV RVG. Wegen der Einzelheiten s. hierzu Rn. 658 ff.

432 Diese Gebühr ist **anzurechnen**, wenn es nicht zu einer Entscheidung über die geltend gemachten Ansprüche kommt und sich dann ein zivilrechtliches Verfahren anschließt (Abs. 2 der Anm. zu Nr. 4143 VV RVG).

f) Zusätzliche Gebühr nach Nr. 4147 VV RVG

433 Ist der Verteidiger im Privatklageverfahren tätig, so kann er zusätzlich auch noch die Einigungsgebühr nach Nr. 4147 VV RVG[124] verdienen, wenn es zu einer Einigung über den Strafausspruch und den Kostenerstattungsanspruch kommt. S. im Einzelnen Rn. 838 ff.

g) Einigungsgebühr nach Nrn. 1000 ff. VV RVG

434 Darüber hinaus kann im erstinstanzlichen Verfahren eine Einigungsgebühr i.d.R. nach Nrn. 1000, 1003 VV RVG i.H.v. 1,0 anfallen, wenn sich die Parteien auch über zivilrechtliche Ansprüche einigen. S. hierzu im Einzelnen Rn. 843 ff.

h) Verbindung und Trennung

435 Auch im gerichtlichen Verfahren kann es zu Verbindungen und Trennungen kommen. Es gelten hier keine Besonderheiten. Solche Fälle werden nach den allgemeinen Grundsätzen geregelt.

aa) Verbindung

436 Werden mehrere Strafverfahren miteinander verbunden, so kann der Anwalt bis zur Verbindung sämtliche Gebühren, die gesondert entstanden sind, auch getrennt abrechnen. Erst ab der Verbin-

---

124 Bisherige Nr. 4146 VV RVG, geändert in Nr. 4147 VV RVG durch Art. 4 Nr. 2 Gesetz zur Verbesserung der Rechte von Verletzten im Strafverfahren (Opferrechtsreformgesetz – OpferRRG) v. 24.6.2004, BGBl. I, S. 1354.

dung liegt nur noch eine einzige Angelegenheit i.S.d. § 15 RVG vor, so dass dann die Gebühren nur noch einmal entstehen können.

I.d.R. wird der Anwalt nach Verbindung höhere Gebühren abrechnen können, da der erhöhte Umfang infolge der Verbindung nach § 14 Abs. 1 RVG zu berücksichtigen sein wird.[125]   **437**

Beispiel: **438**

Gegen den Beschuldigten ist ein Ermittlungsverfahren wegen Betruges und ein weiteres Ermittlungsverfahren wegen des Verdachts des Diebstahls geführt worden. In beiden Verfahren wird Anklage vor dem Amtsgericht erhoben. Vor der Hauptverhandlung werden dann beide Verfahren miteinander verbunden. Das Diebstahlsverfahren ist führend.

Bis zur Verbindung liegen zwei verschiedene Angelegenheiten vor. Der Anwalt erhält die Gebühren gesondert. Insbesondere sind also jeweils die Verfahrensgebühren nach Nr. 4106 VV RVG gesondert entstanden. Lediglich die Terminsgebühren – hier um 20 % erhöht – entstehen nur einmal.

Zu rechnen ist wie folgt:

I. Verfahren wegen Betruges
a) Vorbereitendes Verfahren:

1.	*Grundgebühr, Nr. 4100 VV RVG*	*165,00 €*
2.	*Verfahrensgebühr, Nr. 4104 VV RVG*	*140,00 €*
3.	*Postentgeltpauschale, Nr. 7002 VV RVG*	*20,00 €*
4.	*16 % Umsatzsteuer, Nr. 7008 VV RVG*	*+ 52,00 €*
Summe:		***377,00 €***

b) Gerichtliches Verfahren:

1.	*Verfahrensgebühr, Nr. 4106 VV RVG*	*140,00 €*
2.	*Postentgeltpauschale, Nr. 7002 VV RVG*	*20,00 €*
3.	*16 % Umsatzsteuer, Nr. 7008 VV RVG*	*+ 25,60 €*
Summe:		***185,60 €***

II. Verfahren wegen Diebstahls
a) Vorbereitendes Verfahren:

1.	*Grundgebühr, Nr. 4100 VV RVG*	*165,00 €*
2.	*Verfahrensgebühr, Nr. 4104 VV RVG*	*140,00 €*
3.	*Postentgeltpauschale, Nr. 7002 VV RVG*	*20,00 €*
4.	*16 % Umsatzsteuer, Nr. 7008 VV RVG*	*+ 52,00 €*
Summe:		***377,00 €***

b) Gerichtliches Verfahren:

1.	*Verfahrensgebühr, Nr. 4106 VV RVG*	*140,00 €*
2.	*Terminsgebühr, Nr. 4108 VV RVG (um 20 % erhöht)*	*276,00 €*
3.	*Postentgeltpauschale, Nr. 7002 VV RVG*	*20,00 €*
4.	*16 % Umsatzsteuer, Nr. 7008 VV RVG*	*+ 69,76 €*
Summe:		***505,76 €***

bb) Trennung

Wird aus einem Strafverfahren ein Verfahren abgetrennt, so liegt bis zur Trennung **eine Angelegenheit** i.S.d. § 15 RVG vor, so dass die Gebühren nur einmal entstehen können, wobei wegen der Häufung der Tatvorwürfe von einer überdurchschnittlichen Gebühr auszugehen sein dürfte.   **439**

Ab der Trennung liegen dann **zwei verschiedene Angelegenheiten** vor, so dass die Gebühren gesondert entstehen.[126] In dem abgetrennten Verfahren entsteht allerdings **keine Grundgebühr**.[127]   **440**

---

125 S. auch *Burhoff*, RVG, Vorbem. 4 VV RVG Rn. 48.
126 S. auch *Burhoff*, RVG, Vorbem. 4 VV RVG Rn. 46 f.
127 *Burhoff*, Nr. 4100, Rn. 18.

441   **Beispiel 1:**

Gegen den Beschuldigten wird wegen des Verdachts zweier Diebstähle in einem Verfahren (Az. 1/04) ermittelt. Nach Anklageerhebung wird das Verfahren wegen des zweiten Diebstahls abgetrennt und als gesondertes Verfahren Az. 2/04 fortgeführt. Es wird später ohne Hauptverhandlung eingestellt. In dem anderen Verfahren wegen des ersten Diebstahls (1/04) findet die Hauptverhandlung statt.

Im vorbereitenden Verfahren entstehen die Gebühren nur einmal aus dem verbundenen Verfahren (1/04). Hier dürfte wegen des mehrfachen Tatvorwurfs von erhöhten Gebühren auszugehen sein (hier: Erhöhung um 20 %).

Auch im gerichtlichen Verfahren entsteht die Verfahrensgebühr zunächst aus dem gemeinsamen Verfahren (1/04). Die Terminsgebühr entsteht hier ebenfalls, wobei zu berücksichtigen ist, dass hier nur noch ein Tatvorwurf im Raume steht, so dass von der Mittelgebühr auszugehen sein dürfte.

Nach Abtrennung entsteht dann für das abgetrennte Verfahren (2/04) eine neue Verfahrensgebühr, die hier wegen der Vorbefassung unterdurchschnittlich anzusetzen sein dürfte (Abzug 20 %) und für die Einstellung die zusätzliche Gebühr nach Nr. 4141 VV RVG.

Zu rechnen ist wie folgt:

I.   Verfahren 1/04

a)   Vorbereitendes Verfahren:

1. Grundgebühr, Nr. 4100 VV RVG (um 20 % erhöht)	198,00 €
2. Verfahrensgebühr, Nr. 4104 VV RVG (um 20 % erhöht)	168,00 €
3. Postentgeltpauschale, Nr. 7002 VV RVG	20,00 €
4. 16 % Umsatzsteuer, Nr. 7008 VV RVG	+ 61,76 €
Summe:	**447,76 €**

b)   Gerichtliches Verfahren:

1. Verfahrensgebühr, Nr. 4106 VV RVG (um 20 % erhöht)	168,00 €
2. Terminsgebühr, Nr. 4108 VV RVG (um 20 % erhöht)	230,00 €
3. Postentgeltpauschale, Nr. 7002 VV RVG	20,00 €
4. 16 % Umsatzsteuer, Nr. 7008 VV RVG	+ 66,88 €
Summe:	**484,88 €**

II.   Verfahren 2/04:

1. Verfahrensgebühr, Nr. 4106 VV RVG (um 20 % reduziert)	112,00 €
2. Zusätzliche Gebühr, Nr. 4141 VV RVG	140,00 €
3. Postentgeltpauschale, Nr. 7002 VV RVG	20,00 €
4. 16 % Umsatzsteuer, Nr. 7008 VV RVG	+ 43,52 €
Summe:	**315,52 €**

442   **Beispiel 2:**

Wie Beispiel 1; das Verfahren wegen des zweiten Diebstahls (2/04) wird jedoch erst nach dem ersten gemeinsamen Hauptverhandlungstermin abgetrennt und später eingestellt. Wegen des ersten Diebstahls (1/04) findet ein weiterer Hauptverhandlungstermin statt. Auch im zweiten Verfahren (2/04) findet noch eine Hauptverhandlung statt.

Jetzt entstehen im Verfahren 1/04 zwei Terminsgebühren, wobei auch die erste Terminsgebühr um 20 % wegen des mehrfachen Tatvorwurf zu erhöhen sein dürfte.

Daneben entsteht im Verfahren 2/04 jetzt auch eine Terminsgebühr für die Teilnahme an der Hauptverhandlung. Hier dürfte die Verfahrensgebühr jetzt auch mit der Mittelgebühr anzusetzen sein.

Zu rechnen ist wie folgt:

I.   Verfahren 1/04

a)   Vorbereitendes Verfahren:

1. Grundgebühr, Nr. 4100 VV RVG (um 20 % erhöht)	198,00 €
2. Verfahrensgebühr, Nr. 4104 VV RVG (um 20 % erhöht)	168,00 €
3. Postentgeltpauschale, Nr. 7002 VV RVG	20,00 €
4. 16 % Umsatzsteuer, Nr. 7008 VV RVG	+ 61,76 €
Summe:	**447,76 €**

b)   Gerichtliches Verfahren:

1. Verfahrensgebühr, Nr. 4106 VV RVG (um 20 % erhöht)	168,00 €
2. Terminsgebühr, Nr. 4108 VV RVG (um 20 % erhöht)	276,00 €

3.	Terminsgebühr, Nr. 4108 VV RVG	230,00 €
4.	Postentgeltpauschale, Nr. 7002 VV RVG	20,00 €
5.	16 % Umsatzsteuer, Nr. 7008 VV RVG	+ 111,04 €
Summe:		**705,04 €**

II. Verfahren 2/04:

1.	Verfahrensgebühr, Nr. 4106 VV RVG	140,00 €
2.	Terminsgebühr, Nr. 4108 VV RVG	230,00 €
3.	Postentgeltpauschale, Nr. 7002 VV RVG	20,00 €
4.	16 % Umsatzsteuer, Nr. 7008 VV RVG	+ 62,40 €
Summe:		**452,40 €**

V. Berufungsverfahren

Die Gebühren des Verteidigers im Berufungsverfahren richten sich nach den Nrn. 4124 ff. VV RVG **443** sowie ergänzend nach den allgemeinen Gebühren des Teils 4 Abschnitts 1 Unterabschnitt 1 VV RVG und den zusätzlichen Gebühren nach Nrn. 4141 ff. VV RVG.

Das Berufungsverfahren **beginnt** mit der Einlegung der Berufung bzw. mit der ersten Tätigkeit nach **444** Einlegung der von der Staatsanwaltschaft oder von einem anderen Beteiligten eingelegten Berufung. War der Verteidiger bereits in erster Instanz tätig, so zählt für ihn die Einlegung der Berufung noch zum Rechtszug (§ 19 Nr. 10 RVG). Für ihn beginnt das Berufungsverfahren dann erst mit der weiteren Tätigkeit nach Einlegung des Rechtsmittels.

Das **Berufungsverfahren endet** durch: **445**

- Einstellung,
- Verwerfung durch Beschluss,
- Rücknahme der Berufung oder
- das Berufungsurteil, wobei die Einlegung der Revision für den Verteidiger wiederum noch zur Berufungsinstanz gehört (§ 19 Nr. 10 RVG).

Eine Staffelung der Gebühren nach Zuständigkeit des Gerichts ist hier – ebenso wie schon nach der **446** BRAGO – nicht vorgesehen, zumal die Berufungen stets vor dem LG stattfinden.

1. Grundgebühr

Im Berufungsverfahren kann der Verteidiger wiederum die Grundgebühr nach Nr. 4100 VV RVG er- **447** halten. Voraussetzung hierfür ist allerdings, dass er erstmals im Berufungsverfahren tätig wird. War der Verteidiger bereits im vorbereitenden oder erstinstanzlichen Verfahren tätig, so hat er dort die Grundgebühr bereits verdient und kann diese im Berufungsverfahren nicht erneut verdienen.[128] Zur Grundgebühr s.o. Rn. 335.

2. Verfahrensgebühr

Nach Nr. 4124 VV RVG erhält der Verteidiger auch im Berufungsverfahren zunächst einmal eine Ver- **448** fahrensgebühr, die für das Betreiben des Geschäfts einschließlich der Entgegennahme der Information entsteht (Vorbem. 4 Abs. 2 VV RVG).

Der Gebührenrahmen beläuft sich für den Verteidiger auf **70 € bis 470 €**. Die **Mittelgebühr** beträgt **449** **270 €**.

Befindet sich der Beschuldigte **nicht auf freiem Fuß**, so geht der Gebührenrahmen nach Nr. 4125 **450** VV RVG von **70 € bis 587,50 €**. Die **Mittelgebühr** beträgt **328,75 €**.

Der **Pflichtverteidiger** erhält eine Festgebühr i.H.v. **216 €** (Nr. 4124 VV RVG) und, wenn sich der **451** Beschuldigte **nicht auf freiem Fuß** (Nr. 4125 VV RVG) befindet, i.H.v. **263 €**.

---

128 Burhoff, RVG, Nr. 4100 VV RVG Rn. 8.

3. Terminsgebühren

a) Teilnahme an der Hauptverhandlung

452 Für die Teilnahme an der Hauptverhandlung erhält der **Wahlverteidiger** im Berufungsrechtszug nach Nr. 4126 VV RVG eine Gebühr i.H.v. **70 € bis 470 €**. Die **Mittelgebühr** beträgt **270 €**.

453 Befindet sich der Beschuldigte **nicht auf freiem Fuß**, erhält der Verteidiger nach Nr. 4127 VV RVG eine Gebühr aus dem Rahmen von **70 € bis 587,50 €**. Die **Mittelgebühr** beträgt dann **328,75 €**.

454 Der **Pflichtverteidiger** erhält für die Teilnahme an der Hauptverhandlung eine Festgebühr i.H.v. **216 €** (Nr. 4126 VV RVG). Befindet sich der Beschuldigte **nicht auf freiem Fuß**, erhält der Pflichtverteidiger eine Gebühr i.H.v. **263 €** (Nr. 4127 VV RVG).

455 Ebenso wie im erstinstanzlichen Verfahren erhält der Pflichtverteidiger jeweils eine **Zusatzgebühr** zur Terminsgebühr, wenn die Hauptverhandlung länger andauert, und zwar

- bei einer Dauer von 5 bis 8 Stunden (Nr. 4128 VV RVG) 108 €
- bei einer Dauer über 8 Stunden (Nr. 4129 VV RVG) 216 €

b) Termine außerhalb der Hauptverhandlung

456 Auch im Berufungsverfahren kann der Anwalt zusätzlich die Terminsgebühr nach Nr. 4102 VV RVG verdienen. Diese Terminsgebühr kann wiederum neben der Hauptverhandlungsgebühr entstehen.

4. Zusätzliche Gebühr nach Nr. 4141 VV RVG

457 Darüber hinaus kann der Verteidiger wiederum eine zusätzliche Gebühr nach Nr. 4141 VV RVG erhalten, und zwar dann, wenn das Verfahren

- **nicht nur vorläufig eingestellt** wird,
- die **Berufung spätestens zwei Wochen vor Beginn der Hauptverhandlung zurückgenommen** wird,
- soweit noch möglich, die **Anklage oder Privatklage zurückgenommen** wird.

458 Zu den Einzelheiten s. die zusammenfassende Darstellung in Rn. 493.

5. Zusätzliche Gebühr nach Nr. 4142 VV RVG

459 Auch im Berufungsverfahren kann eine zusätzliche Gebühr nach Nr. 4142 VV RVG anfallen, wenn sich die Tätigkeit des Anwalts auch auf Einziehung und verwandte Maßnahmen erstreckt. Auch hier beträgt der Gebührensatz 1,0. Eine Erhöhung ist im Berufungsverfahren nicht vorgesehen. Wegen Einzelheiten s. Rn. 626 ff.

6. Zusätzliche Gebühr nach Nr. 4143 VV RVG

460 Eine zusätzliche Gebühr nach Nr. 4143 VV RVG im Adhäsionsverfahren ist auch im Berufungsrechtszug möglich, wenn dort erstmalig die Ansprüche geltend gemacht werden (Abs. 1 der Anm. zu Nr. 4143 VV RVG). Wegen der Einzelheiten s. im Übrigen Rn. 658 ff.

7. Zusätzliche Gebühr nach Nr. 4144 VV RVG

461 Waren die vermögensrechtlichen Ansprüche bereits erstinstanzlich geltend gemacht worden und sind sie auch Gegenstand des Berufungsverfahrens, so entsteht die zusätzliche Gebühr nach Nr. 4144 VV RVG. Wegen der Einzelheiten s. Rn. 680.

8. Zusätzliche Gebühr nach Nr. 4147 VV RVG[129]

Ist der Verteidiger im Privatklageverfahren tätig, so kann er auch im Berufungsrechtszug die Einigungsgebühr nach Nr. 4147 VV RVG verdienen, wenn es zu einer Einigung bezüglich des Strafausspruchs und des Kostenerstattungsanspruchs kommt. Wegen der Einzelheiten s. Rn. 736. 462

9. Einigungsgebühr nach Nrn. 1000, 1004 VV RVG

Kommt es im Berufungsverfahren auch zu einer Einigung über vermögensrechtliche Ansprüche, so entsteht nach der Anm. zu Nr. 4147 VV RVG[130] zusätzlich eine Einigungsgebühr nach Teil 1 VV RVG. Soweit die Ansprüche im Berufungsverfahren anhängig sind, entsteht also gemäß Nr. 1004 VV RVG eine 1,3 Gebühr. S. im Einzelnen Rn. 741. 463

VI. Revisionsverfahren

Die Vergütung des Verteidigers im Revisionsverfahren ist in den Nrn. 4130 ff. VV RVG geregelt. Ergänzend gelten auch hier wiederum die allgemeinen Gebühren (Nrn. 4100 ff. VV RVG) sowie die zusätzlichen Gebühren (Nrn. 4141 ff. VV RVG). 464

Im Gegensatz zum bisherigen Recht (§ 86 Abs. 1 Nr. 1 und 2 BRAGO) wird hier **nicht mehr nach der Zuständigkeit des Gerichts unterschieden**. Der Anwalt erhält daher als Verteidiger vor dem OLG dieselben Gebühren wie im Revisionsverfahren vor dem BGH. 465

Das Revisionsverfahren **beginnt** mit der Einlegung der Revision bzw. mit der ersten Tätigkeit nach Einlegung der Revision durch die Staatsanwaltschaft oder einen anderen Beteiligten. Sofern der Verteidiger bereits im vorangegangenen Verfahren tätig war, zählt die Einlegung der Revision für ihn noch zur Berufungsinstanz, bzw. im Falle der Sprungrevision[131] zum erstinstanzlichen Verfahren (§ 19 Nr. 10 RVG). Für diesen Verteidiger entstehen die Gebühren im Revisionsverfahren daher erst mit weiterer Tätigkeit. 466

Das **Revisionsverfahren endet** durch: 467

- Einstellung,
- Verwerfung durch Beschluss,
- Urteil,
- Rücknahme der Privatklage.

1. Grundgebühr

Auch im Revisionsverfahren kann der Verteidiger die Grundgebühr nach Nr. 4100 VV RVG verdienen. Voraussetzung hierfür ist, dass er erstmals im Revisionsverfahren tätig wird.[132] Anderenfalls hat er diese Gebühr bereits in einem der vorangegangenen Verfahrensabschnitte verdient und kann diese nicht erneut verdienen. 468

2. Verfahrensgebühr

Für das Revisionsverfahren entsteht zunächst eine Verfahrensgebühr nach Nr. 4124 VV RVG i.H.v. **100 € bis 930 €**. Die Mittelgebühr beträgt **515 €**. 469

Befindet sich der Beschuldigte **nicht auf freiem Fuß**, beläuft sich der Gebührenrahmen gemäß Nr. 4131 VV RVG auf **100 € bis 1.162,50 €**. Die **Mittelgebühr** beträgt **631,25 €**. 470

---

129 Bisherige Nr. 4146 VV RVG, geändert in Nr. 4147 VV RVG durch Art. 4 Nr. 2 Gesetz zur Verbesserung der Rechte von Verletzten im Strafverfahren (Opferrechtsreformgesetz – OpferRRG) v. 24.6.2004, BGBl. I, S. 1354.
130 Bisherige Nr. 4146 VV RVG, geändert in Nr. 4147 VV RVG durch Art. 4 Nr. 2 Gesetz zur Verbesserung der Rechte von Verletzten im Strafverfahren (Opferrechtsreformgesetz – OpferRRG) v. 24.6.2004, BGBl. I, S. 1354.
131 S. AnwKom-BRAGO-*N. Schneider*, § 87 Rn. 25.
132 *Burhoff*, RVG, Nr. 4100 VV RVG Rn. 7.

471 Der **Pflichtverteidiger** erhält eine Festgebühr i.H.v. **412 €** (Nr. 4130 VV RVG) und – wenn sich der Beschuldigte **nicht auf freiem Fuß** befindet (Nr. 4131 VV RVG) – i.H.v. **505 €**.

3. Terminsgebühren

a) Teilnahme an der Hauptverhandlung

472 Für die Teilnahme an der Hauptverhandlung erhält der **Wahlverteidiger** gemäß Nr. 4132 VV RVG je Hauptverhandlungstag im Revisionsverfahren eine Gebühr i.H.v. **100 € bis 470 €**. Die **Mittelgebühr** beträgt **285 €**.

473 Befindet sich der Beschuldigte **nicht auf freiem Fuß**, erhöht sich der Gebührenrahmen auf **100 € bis 587,50 €**. Die **Mittelgebühr** beträgt dann **343,75 €** (Nr. 4133 VV RVG).

474 Der **Pflichtverteidiger** erhält eine Festgebühr i.H.v. **228 €** (Nr. 4132 VV RVG) und i.H.v. **275 €**, wenn sich der Beschuldigte **nicht auf freiem Fuß** befindet (Nr. 4133 VV RVG).

475 Dauert die Hauptverhandlung länger als fünf, aber weniger als acht Stunden, erhält der Pflichtverteidiger nach Nr. 4134 VV RVG einen **Zuschlag** i.H.v. **114 €** und bei einer Dauer von über acht Stunden i.H.v. **228 €** (Nr. 4135 VV RVG).

b) Termine außerhalb der Hauptverhandlung

476 Auch im Revisionsverfahren kann eine Terminsgebühr nach Nr. 4102 VV RVG anfallen, wenn der Verteidiger an einem der dort genannten Termine teilnimmt. Wegen der Besonderheiten des Revisionsverfahrens wird das i.d.R. aber nur ein Termin nach Nr. 3 sein können. Auch hier können die Terminsgebühr nach Nr. 4102 VV RVG und die Hauptverhandlungsterminsgebühr nach Nr. 4132 VV RVG nebeneinander entstehen.

4. Zusätzliche Gebühr nach Nr. 4141 VV RVG

477 Eine zusätzliche Gebühr kann der Anwalt im Revisionsverfahren ebenfalls verdienen. Nach der bisherigen Regelung war dies strittig, da in § 86 Abs. 3 BRAGO der Verweis auf § 84 Abs. 2 BRAGO fehlte. Die Rechtsprechung hat hier eine Gesetzeslücke gesehen und § 84 Abs. 2 BRAGO entsprechend angewandt.[133]

478 Nunmehr ist in Nr. 4141 VV RVG klargestellt, dass die zusätzliche Gebühr auch im Revisionsverfahren entstehen kann, also bei:

- **nicht nur vorläufiger Einstellung** des Verfahrens,
- **Rücknahme der Revision**, sofern diese mehr als zwei Wochen vor einem anberaumten Hauptverhandlungstermin erklärt wird, sowie
- **Rücknahme der Privatklage**.

5. Zusätzliche Gebühr nach Nr. 4142 VV RVG

479 Auch im Revisionsverfahren kann eine zusätzliche Gebühr nach Nr. 4142 VV RVG anfallen, wenn sich die Tätigkeit des Anwalts auch auf Einziehung und verwandte Maßnahmen erstreckt. Hier beträgt der Gebührensatz ebenfalls 1,0. Eine Erhöhung ist auch im Revisionsverfahren nicht vorgesehen. Wegen der Einzelheiten s. Rn. 626 ff.

6. Zusätzliche Gebühr nach Nr. 4143 VV RVG

480 Eine zusätzliche Gebühr nach Nr. 4143 VV RVG ist im Revisionsverfahren nicht möglich, da dort keine Ansprüche mehr erstmalig geltend gemacht werden können.

---

133 Für die entsprechende Anwendung: LG Hamburg, AGS 2001, 105 m. Anm. *Madert* = BRAGOreport 2001, 91 [*N. Schneider*] = JurBüro 2001, 301 = KostRsp. BRAGO, § 86 Nr. 11 m. Anm. *N. Schneider*; AnwKom-BRAGO-*N. Schneider*, § 86 Rn. 30; *Kronenbitter,* BRAGO § 94 Rn. 442 ff.; a.A. OLG Zweibrücken, RVGreport 2004, 186 [*Burhoff*]; LG Mühlhausen, AGS 2003, 402 m. Anm. *N. Schneider*.

7. Zusätzliche Gebühr nach Nr. 4144 VV RVG

Waren die vermögensrechtlichen Ansprüche bereits erstinstanzlich oder im Berufungsverfahren geltend gemacht worden und sind sie auch Gegenstand des Revisionsverfahrens, so entsteht die zusätzliche Gebühr nach Nr. 4144 VV RVG. Wegen der Einzelheiten s. Rn. 680.   **481**

8. Zusätzliche Gebühr nach Nr. 4147 VV RVG[134]

Ist der Verteidiger im Privatklageverfahren tätig, so kann er auch im Revisionsrechtszug die Einigungsgebühr nach Nr. 4147 VV RVG verdienen, wenn es zu einer Einigung bezüglich des Strafausspruchs und des Kostenerstattungsanspruchs kommt. Wegen der Einzelheiten s. Rn. 736.   **482**

9. Einigungsgebühr nach Nrn. 1000, 1004 VV RVG

Schließlich kann es auch im Revisionsverfahren zu einer Einigung über vermögensrechtliche Ansprüche kommen. Es entsteht dann nach der Anm. zu Nr. 4147 VV RVG zusätzlich eine Einigungsgebühr nach Teil 1 VV RVG. Soweit die Ansprüche im Revisionsverfahren anhängig sind, entsteht gemäß Nr. 1004 VV RVG eine 1,3 Gebühr. S. im Einzelnen Rn. 741.   **483**

VII. Verfahren nach Zurückverweisung

Wird ein Urteil vom Rechtsmittelgericht aufgehoben und die Sache an das vorherige Gericht zurückverwiesen, so liegt nach § 21 Abs.1 RVG eine neue Angelegenheit vor. Alle Gebühren entstehen erneut. Eine Anrechnung wie in der Vorbem. Teil 3 Abs. 5 VV RVG ist in Strafsachen nicht vorgesehen.   **484**

Lediglich die Grundgebühr (Nr. 4100 VV RVG) kann nicht erneut anfallen.

Beispiel: **485**

Gegen seine Verurteilung durch das AG legt der Angeklagte Berufung ein. Das LG hebt das Urteil des AG auf und verweist die Sache zurück. Dort wird erneut eine Hauptverhandlung durchgeführt.

Der Verteidiger erhält für die Hauptverhandlung im Ausgangsverfahren die Gebühren nach den Nrn. 4106, 4108 VV RVG und für das Berufungsverfahren die nach den Nrn. 4124, 4126 VV RVG.. Für das Verfahren nach Zurückverweisung entstehen die Gebühren nach den Nrn. 4106, 4108 VV RVG nebst Auslagen erneut (§ 21 Abs. 1 RVG).

Zu rechnen ist daher wie folgt:

I. Verfahren vor Zurückverweisung:

1.	*Grundgebühr, Nr. 4100 VV RVG*	*165,00 €*
2.	*Verfahrensgebühr, Nr. 4106 VV RVG*	*140,00 €*
3.	*Terminsgebühr, Nr. 4108 VV RVG*	*230,00 €*
3.	*Postentgeltpauschale, Nr. 7002 VV RVG*	*20,00 €*
4.	*16 % Umsatzsteuer, Nr. 7008 VV RVG*	*+ 88,80 €*
	Summe:	***643,80 €***

II. Berufungsverfahren:

1.	*Verfahrensgebühr, Nr. 4124 VV RVG*	*270,00 €*
2.	*Terminsgebühr, Nr. 4126 VV RVG*	*270,00 €*
3.	*Postentgeltpauschale, Nr. 7002 VV RVG*	*20,00 €*
4.	*16 % Umsatzsteuer, Nr. 7008 VV RVG*	*+ 89,60 €*
	Summe:	***649,60 €***

III. Verfahren nach Zurückverweisung:

1.	*Verfahrensgebühr, Nr. 4106 VV RVG i.V.m. § 21 Abs. 1 RVG*	*140,00 €*
2.	*Terminsgebühr, Nr. 4108 VV RVG*	*230,00 €*
3.	*Postentgeltpauschale, Nr. 7002 VV RVG*	*20,00 €*
4.	*16 % Umsatzsteuer, Nr. 7008 VV RVG*	*+ 62,40 €*
	Summe:	***452,40 €***

---

134 Bisherige Nr. 4146 VV RVG, geändert in Nr. 4147 VV RVG durch Art. 4 Nr. 2 Gesetz zur Verbesserung der Rechte von Verletzten im Strafverfahren (Opferrechtsreformgesetz – OpferRRG) v. 24.6.2004, BGBl. I, S. 1354.

VIII. Zusätzliche Gebühren

1. Allgemeines

a) Überblick

486 In Teil 4 Unterabschnitt 5 VV RVG sind **zusätzliche Gebühren** geregelt. Mit Ausnahme der Nrn. 4141 und 4147 VV RVG handelt es sich um Wertgebühren. Hier richten sich die Beträge für den Wahlanwalt nach § 13 RVG und für den gerichtlich bestellten oder beigeordneten Anwalt nach § 49 RVG. Solche zusätzlichen Gebühren gab es nach der BRAGO in dieser Form nicht. Vielmehr waren diese zusätzlichen Gebühren bislang in Form einer Gebührenerhöhung oder der Möglichkeit einer Gebührenüberschreitung geregelt. Nur im Falle, dass der Anwalt ausschließlich im **Adhäsionsverfahren** tätig war, entstanden auch nach der BRAGO ausschließlich gesonderte Wertgebühren.

Im Einzelnen gilt Folgendes:

b) Zusätzliche Gebühr nach Nr. 4141 VV RVG

487 Nr. 4141 VV RVG gewährt eine zusätzliche Gebühr in Höhe der jeweiligen Verfahrensgebühr, wenn sich das Verfahren vorzeitig ohne Hauptverhandlung erledigt. Die Regelung entspricht im Wesentlichen dem bisherigen § 84 Abs. 2 BRAGO, der für diesen Fall eine Erhöhung des halben Gebührenrahmens nach § 84 Abs. 1 BRAGO auf einen vollen Gebührenrahmen vorsah. Zukünftig besteht hier nicht mehr die Möglichkeit, nach einem höheren Gebührenrahmen abzurechnen. Vielmehr ist jetzt eine **Festgebühr** als zusätzliche Gebühr vorgesehen.

c) Zusätzliche Gebühr nach Nr. 4142 VV RVG

488 Sofern der Anwalt auch mit einer Einziehung oder verwandten Maßnahme befasst ist, erhält er eine zusätzliche Gebühr aus dem Wert des betreffenden Gegenstandes. Diese Vorschrift entspricht im Wesentlichen dem bisherigen § 88 Satz 2 BRAGO, der allerdings nur eine Überschreitung der Höchstgebühr vorsah, wenn die gesetzlichen Gebühren ansonsten nicht ausreichend gewesen wären. Im Gegensatz hierzu wird unabhängig von dem tatsächlichen Aufwand jetzt immer eine zusätzliche Wertgebühr gewährt.

d) Zusätzliche Gebühren nach Nrn. 4143, 4144 VV RVG

489 Nrn. 4143, 4144 VV RVG betreffen die Tätigkeit des Anwalts im **Adhäsionsverfahren**. Sofern der Verteidiger im Adhäsionsverfahren tätig ist, erhält er zusätzliche Gebühren nach Nrn. 4143, 4144 VV RVG. Dies entspricht dem bisherigen § 89 BRAGO. Insoweit gilt die bisherige Rechtslage fort. Auch die Höhe der Gebührensätze ist unverändert. Lediglich bei der **Anrechnung** haben sich Abweichungen ergeben.

e) Zusätzliche Gebühr nach Nr. 4145 VV RVG

490 Nr. 4145 VV RVG ist **zum 1.9.2004**[135] **neu eingeführt** worden. Sie beruht auf folgender prozessualer Neuerung: Nach § 406 Abs. 5 Satz 2 StPO kann das Strafgericht im Adhäsionsverfahren durch Beschluss aussprechen, dass es von einer Entscheidung hinsichtlich der vermögensrechtlichen Ansprüche absieht. Hiergegen ist nach § 406a StPO die Beschwerde gegeben. Dieses **Beschwerdeverfahren** stellt eine eigene Angelegenheit gegenüber dem erstinstanzlichen Adhäsionsverfahren dar (§ 15 Abs. 2 Satz 2 RVG). Für dieses Beschwerdeverfahren erhält der Anwalt jetzt abweichend von Vorbem. 4.1 Abs. 2 VV RVG eine 0,5 Verfahrensgebühr nach Nr. 4145 VV RVG.

f) Zusätzliche Gebühr nach Nr. 4146 VV RVG

491 In Nr. 4146 VV RVG[136] (**Verfahrensgebühr für das Verfahren über einen Antrag auf gerichtliche Entscheidung oder Beschwerde gegen eine den Rechtszug beendende Entscheidung nach**

---

135 Durch Art. 4 Nr. 2 Gesetz zur Verbesserung der Rechte von Verletzten im Strafverfahren (Opferrechtsreformgesetz – OpferRRG) v. 24.6.2004, BGBl. I, S. 1354.
136 Bisherige Nr. 4145 VV RVG, geändert in Nr. 4146 VV RVG durch Art. 4 Nr. 2 Gesetz zur Verbesserung der Rechte von Verletzten im Strafverfahren (Opferrechtsreformgesetz – OpferRRG) v. 24.6.2004, BGBl. I, S. 1354.

§§ 25 Abs. 1 Satz 3 bis 5, 13 StrRehaG) erhält der Anwalt anstelle der bisherigen 1,5 Gebühr nach § 96c BRAGO zukünftig die 1,5 Gebühr nach Nr. 4146 VV RVG. Insoweit hat sich in der Sache nichts geändert.

g) Zusätzliche Gebühr nach Nr. 4147 VV RVG

Schließlich ist noch die **Einigungsgebühr im Privatklageverfahren** (Nr. 4147 VV RVG[137]) geregelt. Zukünftig gibt es hier nur noch eine Einigungsgebühr. Es wird also nicht mehr wie bisher unterschieden nach einer Einigung im Sühneverfahren (§ 94 Abs. 3 BRAGO) und einer Einigung im Privatklageverfahren (§ 94 Abs. 5 BRAGO).   **492**

2. Erledigung des Verfahrens ohne Hauptverhandlung (Nr. 4141 VV RVG)

a) Entstehungsgeschichte

In § 84 Abs. 2 BRAGO – eingeführt durch das KostRÄndG 1994[138] – war eine **Erhöhung des Gebührenrahmens** auf eine **volle Gebühr** vorgesehen, wenn das Verfahren unter Mitwirkung des Verteidigers nicht nur vorläufig eingestellt wurde, das Gericht beschloss, das Hauptverfahren nicht zu eröffnen oder wenn der Einspruch gegen einen Strafbefehl rechtzeitig zurückgenommen wurde. Sinn und Zweck der Vorschrift des § 84 Abs. 2 BRAGO war es, für den Anwalt einen Anreiz zu schaffen, bereits im Ermittlungsverfahren und im gerichtlichen Verfahren außerhalb der Hauptverhandlung mitzuarbeiten und dem Gericht die Arbeit der Vorbereitung und Durchführung einer Hauptverhandlung zu ersparen. Darüber hinaus war § 84 Abs. 2 BRAGO entsprechend auch im **Berufungsverfahren** anzuwenden (§ 85 Abs. 4 BRAGO). Strittig war die Anwendung im **Revisionsverfahren**, da in 86 Abs. 3 BRAGO eine Verweisung fehlte.[139] Die Vorschrift des § 84 Abs. 2 BRAGO gewährte allerdings **keine eigene zusätzliche Gebühr**,[140] sondern erhöhte lediglich den Gebührenrahmen der Gebühren nach § 84 Abs. 1 BRAGO oder § 85 Abs. 3 BRAGO.   **493**

Diese Regelung des § 84 Abs. 2 BRAGO hatte zu zahlreichen Streit- und Auslegungsfragen geführt, so dass sie durch das Justizmitteilungsgesetz und Gesetz zur Änderung kostenrechtlicher Vorschriften und anderer Gesetze (JuMiG) vom 18.6.1997[141] **neu gefasst** wurde. Auf die Rechtsprechung bis 1997 kann daher nur eingeschränkt zurückgegriffen werden.   **494**

Im Zuge der Einführung des RVG ist die gesetzliche Regelung nochmals geändert und neu gefasst worden. Zahlreiche Streitfragen sind jetzt geklärt. So ist jetzt klargestellt, dass die **zusätzliche Gebühr auch im Revisionsverfahren** anfallen kann.   **495**

Im Gegensatz zum bisherigen Recht hat der Anwalt allerdings jetzt nicht mehr die Möglichkeit, nach einem höheren (doppelten) Gebührenrahmen abzurechnen. Vielmehr gewährt Nr. 4141 VV RVG lediglich eine zusätzliche Gebühr, die neben der jeweiligen Verfahrensgebühr entsteht.   **496**

Es handelt sich um eine **Festgebühr**, auch wenn dies auf den ersten Blick nicht zu erkennen ist. Ein **Ermessensspielraum** besteht nicht mehr. Die Vorschrift des § 14 Abs. 1 RVG gilt insoweit nicht. Die Gebühr entsteht jeweils in Höhe der jeweiligen **Verfahrensmittelgebühr**.   **497**

---

137 Bisherige Nr. 4146 VV RVG, geändert in Nr. 4147 VV RVG durch Art. 4 Nr. 2 Gesetz zur Verbesserung der Rechte von Verletzten im Strafverfahren (Opferrechtsreformgesetz – OpferRRG) v. 24.6.2004, BGBl. I, S. 1354.

138 Vom 24.6.1994 (BGBl. I, S. 1325).

139 Für eine entsprechende Anwendung: LG Hamburg, AGS 2000, 105 m. Anm. *Madert* = BRAGOreport 2001, 91 [*N. Schneider*] = JurBüro 2001, 301; dagegen: OLG Zweibrücken AGS 2004, 154 m. abl. Anm. *N. Schneider*.

140 AG Dessau, AGS 1996, 102.

141 BGBl. I, S. 1430.

b) Überblick

aa) Gesetzliche Regelung

498   Die zusätzliche Gebühr nach Nr. 4141 VV RVG entsteht, wenn

(1) das Verfahren **nicht nur vorläufig eingestellt** wird (Abs. 1 Nr. 1 der Anm. zu Nr. 4141 VV RVG),

(2) das Gericht die **Eröffnung des Hauptverfahrens ablehnt** (Abs. 1 Nr. 2 der Anm. zu Nr. 4141 VV RVG),

(3) der **Einspruch gegen einen Strafbefehl rechtzeitig zurückgenommen** wird (Abs. 1 Nr. 3 1. Alt. der Anm. zu Nr. 4141 VV RVG),

(4) die **Berufung**

–   **des Angeklagten oder**

–   **eines anderen Verfahrensbeteiligten**

zurückgenommen wird (Abs. 1 Nr. 3 2. Alt. der Anm. zu Nr. 4141 VV RVG),

(5) die **Revision**

–   **des Angeklagten oder**

–   **eines anderen Verfahrensbeteiligten**

zurückgenommen wird (Abs. 1 Nr. 3 3. Alt. der Anm. zu Nr. 4141 VV RVG).

499   In den Fällen des Abs. 1 Nr. 3 der Anm. zu Nr. 4141 VV RVG, also (3) bis (5), muss die Rücknahme allerdings **zwei Wochen vor Beginn der Hauptverhandlung** erklärt werden (Abs. 1 Nr. 3 2. Halbs. der Anm. zu Nr. 4141 VV RVG). Anderenfalls entsteht die zusätzliche Gebühr nicht.

bb) Mitwirkung des Anwalts

500   Nach Abs. 2 der Anm. zu Nr. 4141 VV RVG ist die zusätzliche Gebühr **ausgeschlossen**, wenn eine „auf die Förderung des Rechtsstreits gerichtete Tätigkeit nicht ersichtlich" ist. Erforderlich ist also, dass der Verteidiger an der Einstellung oder der Erledigung des Verfahrens mitgewirkt hat. Das Gesetz formuliert dies in Abs. 2 der Anm. zu Nr. 4141 VV RVG negativ, wonach die Gebühr nicht entsteht, wenn die Tätigkeit des Rechtsanwalts zur Förderung des Verfahrens „nicht ersichtlich" ist.

cc) Darlegung und Beweislast

501   Damit kehrt sich die Darlegungs- und Beweislast um. Ein **fördernder Beitrag** des Rechtsanwalts **wird vermutet.** Sein ausnahmsweises Fehlen ist vom Gebührenschuldner – im Falle der Kostenerstattung von der Staatskasse – darzulegen und zu beweisen.[142] Allein daraus, dass eine Förderung nicht aktenkundig ist, darf nicht auf deren Fehlen geschlossen werden. Beispielhaft hierzu ist die Entscheidung des AG Braunschweig.[143]

502   *Beispiel:*

Nach Einspruch gegen einen Strafbefehl rät der Verteidiger dem Mandanten davon ab, den Einspruch weiter zu verfolgen und empfiehlt ihm, diesen zurückzunehmen.

503   Die Beratung des Mandanten und die Empfehlung, den Einspruch zurückzunehmen, reichen für eine Mitwirkung aus. Welche Tätigkeiten soll der Verteidiger gegenüber dem Gericht noch vornehmen? Einlassungen und Stellungnahmen gegenüber dem Gericht sind vollkommen überflüssig.

---

142   AG Unna, MDR 1998, 1313 = JurBüro 1998, 410.
143   AGS 2000, 54.

> **Hinweis:** 504
>
> Die Tätigkeit des Verteidigers findet in einem solchen Fall *„denknotwendigerweise nicht in der Akte, sondern im Büro des Verteidigers statt"*.[144] Leider ist vielfach zu beobachten, dass die Gerichte die Umkehr der Darlegungs- und Beweislast verkennen. Beispielhaft hierzu die Entscheidung des AG Berlin-Tiergarten.[145]

c) Sinn und Zweck der Nr. 4141 VV RVG

Da die Vorschrift der VV 4141 VV RVG zahlreiche Probleme und Auslegungsfragen mit sich bringt, 505
wird häufig auf den Sinn und Zweck dieser Regelung zurückgegriffen werden müssen. Bis zur Einführung des § 84 Abs. 2 BRAGO boten die Gebührenkonstruktionen im Strafverfahren eher einen Anreiz, die Verteidigungsbemühungen auf die Hauptverhandlung zu konzentrieren. Eine intensive und zeitaufwendige Mitwirkung des Verteidigers im Ermittlungsverfahren, die dazu führte, dass eine Hauptverhandlung entbehrlich wurde, war gebührenrechtlich wenig attraktiv. Mit dem § 84 Abs. 2 BRAGO sollte daher eine Bestimmung getroffen werden, wonach es nicht bei dem halben Gebührenrahmen des § 84 Abs. 1 BRAGO verblieb, sondern der volle Gebührenrahmen des § 83 Abs. 1 BRAGO zur Verfügung stehen sollte. Der Anwalt sollte also dafür belohnt werden, wenn er daran mitwirkte, dass der Staatsanwaltschaft und dem Gericht Zeit und Arbeit erspart wurden, insbesondere eine aufwendige Vorbereitung und Durchführung der Hauptverhandlung. Weiterhin sollte § 84 Abs. 2 BRAGO dem Phänomen entgegenwirken, dass vielfach Einsprüche gegen einen Strafbefehl erst in der Hauptverhandlung nach Aufruf der Sache zurückgenommen wurden, um den vollen Gebührenrahmen des § 83 Abs. 1 BRAGO zu erreichen.

Da die Gebührenerhöhung eine „Belohnung" für die endgültige Erledigung des Verfahrens darstell- 506
te, sollten vorläufige Erledigungen (also vorläufige Einstellungen) oder Teilerledigungen (Einstellung wegen einzelner Taten oder eingeschränkte Rücknahme des Einspruchs gegen einen Strafbefehl, Rechtsmittelbeschränkung) nicht zu einer Gebührenerhöhung führen. Erforderlich war vielmehr, dass das gesamte Verfahren abgeschlossen wurde.[146]

Dieser Zweck wird jetzt im RVG durch die zusätzliche Gebühr nach Nr. 4141 VV RVG verfolgt. So- 507
fern der Anwalt dazu beiträgt, dass sich durch seine Mitwirkung das Verfahren erledigt, ohne dass es zu einer Hauptverhandlung – oder einer erneuten Hauptverhandlung (s.u. Rn. 553) – kommt, soll er jetzt die zusätzliche Gebühr nach Nr. 4141 VV RVG erhalten.

Im Gegensatz zum bisherigen Recht ist jetzt nicht nur ein höherer Gebührenrahmen vorgesehen, 508
der in Anspruch genommen werden kann, sondern immer eine **zusätzliche Festgebühr**. Damit sollen Probleme bei der Ermessensausübung und Streitigkeiten über die zutreffende Bestimmung der Gebühr vermieden werden. Es handelt sich jetzt um eine feste Pauschgebühr, die unabhängig vom Aufwand anfällt. Eine Erhöhung dieser Gebühr nach § 14 Abs. 1 RVG ist nicht möglich. Ebenso ist dem Auftraggeber bzw. dem erstattungspflichtigen Dritten der Einwand abgeschnitten, die Tätigkeit, die zur Erledigung geführt habe, sei unterdurchschnittlich, weshalb nicht die volle Gebühr nach Nr. 4141 VV RVG angesetzt werden dürfe.

---

144 AG Braunschweig, AGS 2000, 54.
145 AGS 2000, 53 m. Anm. *Herrmann* = KostRsp. BRAGO § 84 Nr. 106 m. abl. Anm. *N. Schneider*.
146 BT-Drucks. 12/6962, S. 106.

d)   Gebührenhöhe

509   Im Gegensatz zu § 84 Abs. 2 BRAGO wird nicht der jeweilige Gebührenrahmen erhöht, sondern der Anwalt erhält zukünftig eine der Höhe nach feststehende zusätzliche Gebühr, die neben den sonstigen Gebühren der Nr. 4141 VV RVG anfällt.

aa)   Berechnung

510   Nach Nr. 4141 VV RVG erhält der Anwalt eine zusätzliche Gebühr in Höhe der jeweiligen Verfahrensgebühr. Die als Berechnungsgröße in Bezug genommene „jeweilige" Verfahrensgebühr ergibt sich wiederum aus Anm. Abs. 3 Satz 2 zu Nr. 4141 VV RVG. Maßgebend ist danach die Verfahrensgebühr des Rechtszugs, in dem die Hauptverhandlung vermieden worden ist.

Der **Wortlaut** ist **missverständlich**. Im vorbereitenden Verfahren kann keine Hauptverhandlung stattfinden, so dass aus dem Wortlaut geschlossen werden könnte, hier sei auf die Gebühren des vermiedenen erstinstanzlichen Verfahrens abzustellen. Maßgebend ist jedoch das Verfahrensstadium, in dem sich die Sache erledigt hat. Obwohl das Gesetz von „Rechtszug" spricht, dürfte damit nicht der prozessuale Rechtszug gemeint sein, sondern der **Gebührenrechtszug**. Das bedeutet, dass im vorbereitenden Verfahren auf die Verfahrensgebühr nach Nr. 4104 VV RVG abzustellen ist und nicht auf die Verfahrensgebühren des hypothetischen erstinstanzlichen Rechtszugs der Nrn. 4106, 4106, 4108 VV RVG, der eingeleitet worden wäre, wenn sich das Verfahren nicht erledigt hätte. Durch die einheitliche Verfahrensgebühr in Nr. 4104 VV RVG wollte der Gesetzgerber erreichen, dass die bisherigen Probleme wegfallen, nämlich die Prüfung, wo hypothetisch hätte angeklagt werden müssen. Es kann nicht davon ausgegangen werden, dass diese Streitfrage bei der zusätzlichen Gebühr nach Nr. 4141 VV RVG wieder aufleben sollte.

> **Hinweis:**
> Maßgebend abzustellen ist also darauf, in welcher Angelegenheit sich das Verfahren erledigt hat.

bb)   Festgebühr

511   Bei der Gebühr nach Nr. 4141 VV RVG handelt es sich um eine Festgebühr, auch wenn dies auf den ersten Blick nicht sofort auffällt. Die zusätzliche Gebühr entsteht immer in Höhe der Mittelgebühr der jeweiligen Verfahrensgebühr (Abs. 3 Satz 2 der Anm. zu Nr. 4141 VV RVG). Ein Ermessensspielraum nach § 14 Abs. 1 RVG – wie nach früherem Recht bei § 84 Abs. 2 BRAGO i.V.m. § 12 Abs. 1 BRAGO – besteht also nicht mehr.

cc)   Ohne Zuschlag

512   Die zusätzliche Gebühr entsteht ohne Zuschlag. Hieraus folgt, dass der einfache Rahmen der Verfahrensgebühr als Berechnungsgrundlage heranzuziehen ist und nicht der nach Vorbem. 4 Abs. 4 VV RVG erhöhte Betragsrahmen mit Zuschlag, selbst wenn sich der Mandant nicht auf freiem Fuß befindet. Auch dies war nach der BRAGO anders.

513   *Beispiel:*

In einem Strafverfahren vor dem LG erreicht der Verteidiger des inhaftierten Mandanten die Einstellung des Verfahrens gegen Zahlung einer Geldbuße.

Zu rechnen ist wie folgt:

1.	*Grundgebühr, Nrn. 4100, 4101 VV RVG*	*202,50 €*
2.	*Verfahrensgebühr, Nrn. 4112, 4113 VV RVG*	*188,75 €*
4.	*Zusätzliche Gebühr, Nrn. 4141, 4112 VV RVG*	*155,00 €*
5.	*Postentgeltpauschale, Nr. 7002 VV RVG*	*20,00 €*
6.	*16 % Umsatzsteuer, Nr. 7008 VV RVG*	*+ 90,60 €*
	Summe:	*656,85 €*

dd) Ohne zusätzliche Gebühren

Auch zusätzliche Gebühren nach Nr. 4142 VV RVG oder Nrn. 4143 ff. VV RVG bleiben für die Be- **514**
messung der Gebühr nach Nr. 4141 VV RVG unberücksichtigt. Soweit also der Anwalt neben der Verfahrensgebühr zusätzliche Gebühren nach Nr. 4142 VV RVG oder Nrn. 4143 ff. VV RVG erhält, bleiben diese bei der Berechnung der zusätzlichen Gebühr nach Nr. 4141 VV RVG außer Betracht. Die
weiteren zusätzlichen Gebühren entstehen insgesamt nur einmal neben den sonstigen Gebühren.

> *Beispiel:* **515**
>
> *In einem Strafverfahren vor dem AG ist der Anwalt auch hinsichtlich einer Einziehung tätig (Wert: 2.000 €). Das*
> *Verfahren wird außerhalb der Hauptverhandlung eingestellt.*
>
> *Zu rechnen ist wie folgt:*
>
> | | | |
> |---|---|---:|
> | *1.* | *Grundgebühr, Nr. 4100 VV RVG* | *165,00 €* |
> | *2.* | *Verfahrensgebühr, Nr. 4106 VV RVG* | *140,00 €* |
> | *3.* | *Zusätzliche 1,0 Gebühr, Nr. 4142 VV RVG (Wert: 2.000 €)* | *133,00 €* |
> | *4.* | *Zusätzliche Gebühr, Nrn. 4141, 4106 VV RVG* | *140,00 €* |
> | *5.* | *Postentgeltpauschale, Nr. 7002 VV RVG* | *20,00 €* |
> | *6.* | *16 % Umsatzsteuer, Nr. 7008 VV RVG* | *+ 95,68 €* |
> | | ***Summe:*** | ***693,68 €*** |

ee) Gebührenbeträge

Da es sich – wie bereits gesagt – um Festgebühren handelt, kommen für den Wahlanwalt nur fol- **516**
gende zusätzliche Gebühren in Betracht.

> *Zusätzliche Gebühr nach Nr. 4141 VV RVG des Wahlanwalts:* **517**
>
> | | | |
> |---|---|---:|
> | *1.* | *Vorbereitendes Verfahren (i.V.m. Nr. 4104 VV RVG)* | *140,00 €* |
> | *2.* | *Erster Rechtszug* | |
> | | *a)* *Verfahren vor dem Schöffengericht, dem Jugendschöffengericht, dem*   *Strafrichter und dem Jugendrichter (i.V.m. Nr. 4106 VV RVG)* | *140,00 €* |
> | | *b)* *Verfahren vor der großen Strafkammer und der Jugendkammer,*   *soweit diese in Sachen entscheidet, die nach den allgemeinen Vorschriften*   *nicht zur Zuständigkeit des Schwurgerichts gehören*   *(i.V.m. Nr. 4112 VV RVG)* | *155,00 €* |
> | | *c)* *Verfahren vor dem OLG, dem Schwurgericht und der Jugendkammer,*   *soweit diese in Sachen entschieden hat, die nach den allgemeinen*   *Vorschriften zur Zuständigkeit des Schwurgerichts gehören*   *(i.V.m. Nr. 4118 VV RVG)* | *330,00 €* |
> | *3.* | *Berufungsverfahren (i.V.m. Nr. 4124 VV RVG)* | *270,00 €* |
> | *4.* | *Revision (i.V.m. Nr. 4130 VV RVG)* | *515,00 €* |

ff) Gerichtlich bestellter oder beigeordneter Anwalt

Auch der gerichtlich beigeordnete oder bestellte Anwalt erhält die zusätzliche Gebühr. Er erhält oh- **518**
nehin schon bei der jeweiligen Verfahrensgebühr stets eine **Festgebühr**. Diese ist dann auch im Rahmen der Nr. 4141 VV RVG maßgebend (Anm. Abs. 3 Satz 1 VV RVG). Für ihn gelten dann die jeweiligen Festbeträge, die für die Verfahrensgebühren vorgesehen sind. Auch hier gilt die **Gebühr**
ohne Zuschlag.

> *Zusätzliche Gebühr nach Nr. 4141 VV RVG des gerichtlich bestellten oder beigeordneten Rechtsanwalts* **519**
>
> | | | |
> |---|---|---:|
> | *1.* | *Vorbereitendes Verfahren (i.V.m. Nr. 4104 VV RVG)* | *112,00 €* |
> | *2.* | *Erster Rechtszug* | |
> | | *a)* *Verfahren vor dem Schöffengericht, dem Jugendschöffengericht, dem*   *Strafrichter und dem Jugendrichter (i.V.m. Nr. 4106 VV RVG)* | *112,00 €* |
> | | *b)* *Verfahren vor der großen Strafkammer und der Jugendkammer,*   *soweit diese in Sachen entscheidet, die nach den allgemeinen*   *Vorschriften nicht zur Zuständigkeit des Schwurgerichts gehören*   *(i.V.m. Nr. 4112 VV RVG)* | *124,00 €* |
> | | *c)* *Verfahren vor dem OLG, dem Schwurgericht und der Jugendkammer,*   *soweit diese in Sachen entschieden hat, die nach den allgemeinen* | |

Vorschriften zur Zuständigkeit des Schwurgerichts gehören (i.V.m. Nr. 4118 VV RVG)		264,00 €
3. Berufungsverfahren (i.V.m. Nr. 4124 VV RVG)		216,00 €
4. Revision (i.V.m. Nr. 4130 VV RVG)		356,00 €

e) Die einzelnen Fälle der zusätzlichen Gebühr

aa) Nicht nur vorläufige Einstellung des Verfahrens (Anm. Abs. 1 Nr. 1 zu Nr. 4141 VV RVG)

(1) Zeitpunkt der Einstellung

520 Ein Strafverfahren kann **in jedem Stadium** eingestellt werden. Die Einstellung kommt also sowohl im vorbereitenden als auch im gerichtlichen Verfahren einschließlich Berufung und Revision in Betracht. Darauf, wer das Verfahren einstellt – Staatsanwaltschaft oder Gericht –, kommt es nicht an.[147] Daher ist Anm. Abs. 1 Nr. 1 zu Nr. 4141 Anm. Abs. 1 Nr. 1 VV RVG auch dann anwendbar, wenn die Staatsanwaltschaft die Anklage oder den Antrag auf Erlass eines Strafbefehls zurücknimmt und das Verfahren anschließend nach § 170 Abs. 2 StPO einstellt.[148]

521 Auf den **Zeitpunkt der Einstellung** kommt es – im Gegensatz zur Rücknahme des Einspruchs gegen einen Strafbefehl oder des Rechtsmittels – (s.u. Rn. 585) ebenfalls nicht an. Einzige Voraussetzung ist, dass die Einstellung außerhalb der Hauptverhandlung erfolgt.

(2) Nicht nur vorläufige Einstellung

522 Für alle Verfahrensabschnitte setzt Anm. Abs. 1 Nr. 1 zu Nr. 4141 VV RVG voraus, dass das Verfahren **„nicht nur vorläufig"** eingestellt wird. Dieses Tatbestandsmerkmal der „nicht nur vorläufigen Einstellung" wird vielfach dahin gehend missverstanden, dass es sich um eine endgültige Einstellung handeln müsse. Dieser Umkehrschluss ist jedoch unzutreffend. Wie sich aus der negativen Formulierung des Gesetzes ergibt, erfordert die Vorschrift lediglich, dass die Staatsanwaltschaft oder das Gericht subjektiv von einer endgültigen Einstellung ausgegangen sein muss. Die **Verfahrenseinstellung** muss das **„Ziel der Endgültigkeit"** gehabt haben. Mit seiner Formulierung „nicht nur vorläufig" wollte der Gesetzgeber lediglich diejenigen Einstellungen aus dem Anwendungsbereich der Anm. Abs. 1 Nr. 1 zu Nr. 4141 VV RVG ausschließen, die schon von vornherein als nur vorübergehend gedacht sind. Daher reicht z.B. auch eine Einstellung nach § 170 Abs. 2 StPO für die Anwendung der Anm. Abs. 1 Nr. 1 zu Nr. 4141 VV RVG aus, selbst dann, wenn das Verfahren später wieder aufgenommen wird.[149]

523 *Beispiel 1:*

Die Staatsanwaltschaft stellt das Verfahren auf die Einlassung des Verteidigers hin gemäß § 170 Abs. 2 StPO mangels hinreichenden Tatverdachts ein. Nachträglich taucht ein neuer Zeuge auf, so dass die Staatsanwaltschaft das Verfahren wieder aufnimmt.

Die Einstellung nach § 170 Abs. 2 StPO war nicht nur vorläufig. Der Verteidiger erhält daher eine zusätzliche Gebühr nach Anm. Abs. 1 Nr. 1 zu Nr. 4141 VV RVG.[150] Für die weitere Tätigkeit nach Wiederaufnahme erhält er dagegen keine neue Verfahrensgebühr nach Nr. 4104 VV RVG (abgesehen vom Fall des § 15 Abs. 5 Satz 2 RVG). Die weitere Tätigkeit kann nur im Rahmen des § 14 Abs. 1 RVG berücksichtigt werden.

524 Das Gleiche gilt, wenn das Strafverfahren eingestellt und die Sache gemäß § 43 OWiG an die Verwaltungsbehörde abgegeben wird, damit diese ggf. ein Ordnungswidrigkeitenverfahren einleite.[151]

525
+
Beispiel 2:

Die Staatsanwaltschaft ermittelt wegen des Verdachts einer Trunkenheitsfahrt. Es stellt sich heraus, dass der Promillegehalt geringer ist als ursprünglich angenommen. Sie stellt daher das Strafverfahren ein und gibt die Sache

---

147 LG Darmstadt, AGS 1996, 126 m. Anm. *Madert* = zfs 1997, 70.
148 Rücknahme der Anklage: OLG Düsseldorf, JurBüro 1999, 131 = AnwBl. 1999, 616 = Rpfleger 1999, 149; LG Aachen, AGS 1999, 59 = zfs 1999, 33; Rücknahme des Antrags auf Erlass eines Strafbefehls: LG Osnabrück, JurBüro 1999, 313 = AGS 1999, 136; LG Zweibrücken, AGS 2002, 90 = JurBüro 2002, 307 = KostRsp. BRAGO § 84 Nr. 126 m. Anm. *N. Schneider*.
149 LG Offenburg, Rpfleger 1999, 38; *N. Schneider*, ZAP Fach 24, S. 474.
150 Noch zu § 84 Abs. 2 BRAGO: LG Offenburg, Rpfleger 1999, 38; *N. Schneider*, ZAP Fach 24, S. 474.
151 AG Hadamar, AGS 1997, 57; *Stuth*, AGS 1998, 18.

an das Straßenverkehrsamt ab, damit dieses ein Ordnungswidrigkeitenverfahren wegen des Verstoßes gegen § 24a StVG einleite.

Strafverfahren und Bußgeldverfahren sind zwei verschiedene Angelegenheiten (§ 17 Nr. 10 RVG). Mit der Einstellung und Abgabe an das Straßenverkehrsamt war das strafrechtliche Ermittlungsverfahren beendet. Der Verteidiger erhält daher bei entsprechender Mitwirkung die erhöhte Gebühr nach Anm. Abs. 1 Nr. 1 zu Nr. 4141 VV RVG. Dass in der Sache weiter ermittelt wird, ist unerheblich, da es sich insoweit um eine neue gebührenrechtliche Angelegenheit handelt.

Der Begriff der „nicht nur vorläufigen" Einstellung i.S.d. Anm. Abs. 1 Nr. 1 zu Nr. 4141 VV RVG darf **nicht** mit dem **prozessualen Begriff** der vorläufigen oder endgültigen Einstellung verwechselt werden. Einstellungen, die prozessual als vorläufig gedacht sind, können gebührenrechtlich durchaus als nicht nur vorläufig anzusehen sein, wenn die Staatsanwaltschaft und das Gericht bei der Einstellung davon ausgingen, dass das Verfahren nicht wieder aufgenommen werde.   **526**

> *Beispiel:*   **527**
>
> *Das AG stellt das Strafverfahren nach § 154 Abs. 1 StPO ein.*
>
> *Sofern die übrigen Voraussetzungen gegeben sind, erhält der Verteidiger nach Anm. Abs. 1 Nr. 1 zu Nr. 4141 VV RVG die zusätzliche Gebühr.*

A.A. ist das AG Koblenz,[152] das unter Berufung auf den Wortlaut des § 154 Abs. 1 StPO eine Gebührenerhöhung ablehnt. Das AG Koblenz verkennt jedoch, dass der prozessuale und der gebührenrechtliche Begriff der nicht nur vorläufigen Einstellung verschieden sind. Dies ergibt sich eindeutig aus der amtlichen Begründung zum früheren § 84 Abs. 2 BRAGO,[153] in der ausdrücklich die Vorschrift des § 154 Abs. 1 StPO als ein Fall der nicht nur vorläufigen Einstellung nach dem damaligen § 84 Abs. 2 BRAGO bezeichnet wurde. So wurde von der übrigen Rechtsprechung auch eine Einstellung nach § 154 Abs. 1 StPO als gebührenerhöhend i.S.d. § 84 Abs. 2 BRAGO angesehen.[154] Für Nr. 4141 VV RVG kann nichts anderes gelten.   **528**

Auch eine **Einstellung nach § 206a StPO** bei Tod des Beschuldigen oder Angeklagten kann ausreichen, wenn der Verteidiger dem Gericht mitteilt, dass der Beschuldige oder Angeklagte verstorben ist und dadurch die Durchführung der Hauptverhandlung vermieden wird.[155] Der Verteidiger hätte die Nachricht auch zurückhalten können bis zur Hauptverhandlung und hätte dann dort eine Terminsgebühr verdient. Dass er dies nicht getan hat, soll nach dem Willen des Gesetzgebers belohnt werden   **529**

> *Beispiel:*   **530**
>
> *Der Angeklagte verstirbt vor dem anberaumten Hauptverhandlungstermin. Der Verteidiger unterrichtet das Gericht, das daraufhin das Strafverfahren nach § 206a StPO einstellt.*
>
> *Der Verteidiger hat die zusätzliche Gebühr nach Nr. 4141 VV RVG verdient, da die Hauptverhandlung vermieden worden ist.*

Ebenso verhält es sich bei einer Einstellung nach § 206b StPO, wenn der Verteidiger auf eine Gesetzesänderung hinweist, die schließlich zur Einstellung führt.   **531**

Eine **vorläufige Einstellung** reicht dagegen niemals aus, selbst wenn sie sich später faktisch als endgültig erweisen sollte, etwa weil das Verfahren nie wieder aufgenommen worden ist.[156]   **532**

> *Beispiel 1:*   **533**
>
> *Die Staatsanwaltschaft stellt das Verfahren gegen Zahlung einer Geldbuße nach § 153a StPO vorläufig ein. Die Geldbuße wird nie gezahlt. Das Verfahren wird andererseits auch nie wieder aufgenommen.*
>
> *Die Einstellung nach § 153a StPO vor Zahlung der Geldbuße ist lediglich eine vorläufige. Sie ist auch als vorläufige Einstellung gedacht, da die endgültige Einstellung erst nach Zahlung der Geldbuße erfolgt. Eine zusätzliche*

---

152 AGS 2001, 38 m. abl. Anm. *Madert* = BRAGOreport 2001, 42 [*N. Schneider*] = JurBüro 2000, 139 = KostRsp. BRAGO § 84 Nr. 113 m. Anm. *N. Schneider.*
153 BT-Drucks. 12/6962, S. 106.
154 LG Hamburg, AGS 2000, 105 m. Anm. *Madert* = BRAGOreport 2001, 91 [*N. Schneider*]; LG Saarbrücken, BRAGOreport 2001, 122 [*N. Schneider*].
155 AG Magdeburg, Rpfleger 2000, 514.
156 *Gerold/Schmidt/Madert*, BRAGO, § 84 Rn. 8.

Gebühr fällt tritt daher nicht an, solange das Verfahren im Hinblick auf die gezahlte Geldbuße nicht endgültig eingestellt wird.

534 **Beispiel 2:**

Das Gericht stellt das Verfahren wegen unbekannten Aufenthalts des Angeklagten ein. Der Angeklagte wird nie wieder aufgefunden, so dass das Verfahren nie wieder aufgenommen wird.
Die Einstellung war nur vorläufig gewollt. Eine zusätzliche Gebühr fällt daher nicht an.

535 Auch eine **Teileinstellung** wegen einzelner Taten reicht nicht aus, da damit das Verfahren als solches gerade nicht endgültig eingestellt wird.[157]

536 **Beispiel:**

A ist wegen zweier Diebstähle angeklagt. Das Verfahren wird hinsichtlich eines Diebstahls eingestellt.
Da das Verfahren nur teilweise eingestellt worden ist, greift für den Verteidiger die zusätzliche Gebühr nach Anm. Abs. 1 Nr. 1 zu Nr. 4141 VV RVG nicht.

537 Ausreichend ist aber eine **Teileinstellung bei mehreren Tätern**, wenn das Verfahren gegen den Mandanten nicht nur vorläufig eingestellt worden ist.[158]

538 **Beispiel:**

A ist angeklagt, ohne Fahrerlaubnis gefahren zu sein; B, weil er dies gestattet habe. Außerhalb der Hauptverhandlung wird das Verfahren gegen B (Gestatten des Fahrens ohne Fahrerlaubnis) eingestellt. Gegen A wird die Hauptverhandlung durchgeführt.
Da das Verfahren nur hinsichtlich des A nicht eingestellt worden ist, greift für seinen Verteidiger die zusätzliche Gebühr nach Anm. Abs. 1 Nr. 1 zu Nr. 4141 VV RVG nicht. Das Verfahren gegen B ist dagegen insgesamt eingestellt, so dass sein Verteidiger in den Genuss der zusätzlichen Gebühr nach Anm. Abs. 1 Nr. 1 zu Nr. 4141 VV RVG kommt.

539 In den **Anwendungsbereich** der Anm. Abs. 1 Nr. 1 zu Nr. 4141 VV RVG fallen insbesondere **folgende Einstellungen:**

- § 153 Abs. 1 und 2 StPO,
- § 153a Abs. 1 und 2 StPO nach Erfüllung der Auflage,
- § 153b Abs. 1 und 2 StPO,
- § 153c Abs. 1, 2 und 3 StPO,
- § 154 Abs. 1 und 2 StPO,
- § 154d Satz 3 StPO,
- § 170 Abs. 2 Satz 1 StPO,[159] auch bei anschließender Abgabe gemäß § 43 OWiG an die Verwaltungsbehörde,[160]
- § 206a StPO,
- § 206b StPO,
- § 383 Abs. 2 StPO,
- § 47 JGG.

540 **Keine zusätzliche Gebühr** lösen dagegen folgende Einstellungen aus, da es sich nur um **vorläufige Einstellungen** handelt:

- § 153a StPO vor Erfüllung der Auflage,
- § 154d Satz 1 StPO,
- § 205 StPO; dies gilt auch dann, wenn das Verfahren ungeachtet der nur vorläufigen Einstellung nicht wieder aufgenommen wird, also wenn sich z.B. bei einer Einstellung nach § 205 StPO innerhalb der Verjährungsfrist der neue Aufenthalt des Beschuldigten nicht ermitteln lässt.

---

157 BT-Drucks. 12/6962, S. 106; GS 7 a.
158 *Hartmann,* KostG, § 83 BRAGO Rn. 19.
159 LG Offenburg, Rpfleger 1999, 38; *N. Schneider,* ZAP Fach 24, S. 474.
160 AG Hadamar, 1997, 57; *Stuth,* AGS 1998, 18.

bb) Förderung (Anm. Abs. 2 zu Nr. 4141 VV RVG)

Mitwirkung i.S.d. Anm. Abs. 2 bedeutet, dass der Verteidiger durch seine Tätigkeit die Einstellung   541
des Verfahrens **zumindest gefördert** haben muss. Eine besondere Mühewaltung ist nicht erforderlich. Die Tätigkeit des Anwalts muss insbesondere **nicht ursächlich** für die Einstellung gewesen sein; es reicht vielmehr „jede auf die Einstellung hinzielende Tätigkeit des Verteidigers aus, die als solche geeignet ist, das Verfahren in formeller, materiell-rechtlicher oder prozessualer Hinsicht im Hinblick auf eine Erledigung zu fördern."[161] Insbesondere müssen die Voraussetzungen der Nr. 1002 VV RVG nicht erfüllt sein.[162] Schließlich hat der Verteidiger die Interessen des Beschuldigten zu wahren. Es ist nicht seine primäre Aufgabe, das Verfahren zu fördern.[163]

Für eine Mitwirkung i.S.d. Abs. 2 Satz 2 der Anm. zu Nr. 4141 VV RVG reicht es daher aus, dass der   542
Verteidiger für den Beschuldigten eine **Einlassung** abgibt. Ebenso genügt eine **Sachverhaltsaufklärung**, eine **Besprechung mit der Staatsanwaltschaft** über den Verfahrensfortgang, die **Benennung von Zeugen**,[164] oder der **Antrag, ein Gutachten einzuholen**. Der Ansicht, dass die Wiederholung einer vor der Polizei bereits abgegebenen Anregung, ein Gutachten einzuholen, nicht ausreichend sein soll,[165] kann wiederum nicht gefolgt werden. Des Weiteren reichen aus die **Einreichung einer Schutzschrift** mit einer außergerichtlichen Vereinbarung zwischen Schädiger und Geschädigtem.[166] Auch der bloße **rechtliche Hinweis** auf die zwischenzeitlich eingetretene Verfolgungsverjährung genügt,[167] oder die Mitteilung, dass der Angeklagte verstorben sei.[168]

Die bloße **Einsichtnahme in die Ermittlungsakten** genügt dagegen nicht.   543

Ausreichend wiederum ist es aber, dass der Verteidiger mitteilt, der Beschuldigte mache von seinem   544
Aussageverweigerungsrecht Gebrauch, wenn daraufhin das Verfahren eingestellt wird.[169] Ist der Angeklagte das einzige Beweismittel und lässt er sich nicht zur Sache ein, so dass der Nachweis einer Straftat nicht geführt werden kann, so ist der entsprechende Rat des Verteidigers, keine Einlassung abzugeben und sich auf sein Aussageverweigerungsrecht zu berufen, auf jeden Fall mitursächlich für die spätere Einstellung. Dem Verteidiger muss daher die zusätzliche Gebühr zustehen. Die gegenteilige Rechtsprechung des AG Achern,[170] wonach ein „gezieltes Schweigen" kein Mitwirken i.S.d. Vorschrift sei, kann nicht gefolgt werden. Das AG Achern übersieht, dass ein „gezieltes Schweigen" kein bloßes Nichtstun des Verteidigers darstellt. Der Verteidiger muss an Hand der Angaben des Mandanten sowie aufgrund der Ermittlungsunterlagen prüfen, ob es im konkreten Fall günstiger ist, die Aussage zu verweigern oder eine Einlassung abzugeben. Diese beratende Tätigkeit des Verteidigers bleibt dieselbe, unabhängig davon, ob er zu einer Aussageverweigerung oder zu einer Einlassung rät. Daher muss die Tätigkeit des Anwalts gleich vergütet werden, unabhängig davon, welche Empfehlung der Anwalt ausspricht. Im Übrigen zeigt das Ergebnis, dass der Rat des Verteidigers wohl durchdacht und begründet war, da er schließlich die Einstellung des Verfahrens erreicht hat.

Ausreichend ist jeder Beitrag des Verteidigers, der objektiv geeignet ist, das Verfahren in formeller   545
und/oder materieller Hinsicht im Hinblick auf eine Verfahrensbeendigung außerhalb der Hauptverhandlung zu fördern. Hierbei ist es unerheblich, ob die Mitwirkungshandlung des Verteidigers für dieses Ergebnis **ursächlich oder mitursächlich** ist. Daher fallen auch begleitende Tätigkeiten in den

161 OLG Düsseldorf, AnwBl. 1999, 616 = JurBüro 1999, 313 = Rpfleger 1999, 149; AG Hamburg, zfs 1998, 480; AG Hamburg, AGS 2000, 28 = MDR 1999, 831 = KostRsp. BRAGO § 84 Nr. 104 m. Anm. *N. Schneider*.
162 AG Freiburg, zfs 1999, 77 m. Anm. *Madert*.
163 *Enders*, JurBüro 1995, 58.
164 *Enders*, JurBüro 1995, 58.
165 LG Bad Kreuznach, JurBüro 1997, 586 m. abl. Anm. *Enders*.
166 AG Unna, MDR 1998, 1313 = JurBüro 1998, 410.
167 LG Baden-Baden, AGS 2001, 38 = zfs 2001, 84.
168 AG Magdeburg, Rpfleger 2000, 514.
169 AG Bremen, AGS 2003, 26 m. Anm. *N. Schneider;* zfs 2002, 352 = KostRsp. BRAGO, § 84 Nr. 127 m. Anm. *N. Schneider*.
170 JurBüro 2001, 304 = KostRsp. BRAGO § 84 Nr. 119.

Anwendungsbereich der Nr. 4141 VV RVG, auch wenn sie letztlich nicht ursächlich i.S.v. „sine qua non" sind.[171]

546 Die Vorschrift des Abs. 2 der Anm. zu Nr. 4141 VV RVG stellt letztlich eine **Beweislastregel** dar, die keine Aussage über die notwendige Quantität oder Qualität des zu fordernden Förderungsbeitrags enthält. Erforderlich und ausreichend bleibt jeder Beitrag mitursächlicher Art, so dass auch ein hypothetischer Kausalverlauf unberücksichtigt bleiben muss.[172]

547 Ausreichend ist auch, dass der Verteidiger für den Beschuldigten eine Schutzschrift eingereicht hat, wenn der Auftraggeber nichts dafür vorträgt und nicht unter Beweis stellt, dass die Schutzschrift nicht zur Entscheidung der Staatsanwaltschaft, das Verfahren einzustellen, beigetragen habe.[173]

cc) Anwendung der Anm. Abs. 1 Nr. 1 zu Nr. 4141 VV RVG in den einzelnen Verfahrensabschnitten

548 In den einzelnen Verfahrensstadien findet Anm. Abs. 1 Nr. 1 zu Nr. 4141 VV RVG wie folgt Anwendung:

(1) Vorbereitendes Verfahren

549 Wird das vorbereitende Verfahren von der Staatsanwaltschaft eingestellt und hat der Anwalt nach den vorstehenden Grundsätzen die Einstellung gefördert, so erhält er gemäß Abs. 1 Nr. 1 der Anm. zu Nr. 4141 VV RVG die zusätzliche Gebühr.

(2) Gerichtliches Verfahren

550 Im gerichtlichen Verfahren ist die Anwendung der Abs. 1 Nr. 1 der Anm. zu Nr. 4141 VV RVG zum Teil umstritten.

551 • **Es kommt zur Hauptverhandlung:** Kommt es zur Hauptverhandlung, in der das Verfahren eingestellt wird, so ist Nr. 4141 VV RVG nie anwendbar, auch dann nicht, wenn der Verteidiger an der Hauptverhandlung selbst nicht teilnimmt. Es fehlt dann an der Voraussetzung, dass die Hauptverhandlung vermieden worden sein muss.

Beispiel:

Der Verteidiger legt durch seine Einlassungsschrift den Grundstein dazu, dass das Verfahren in der Hauptverhandlung, an der er nicht teilnimmt, eingestellt wird.
Der Verteidiger hat es nicht erreicht, dass die Hauptverhandlung entbehrlich wurde; die zusätzliche Gebühr nach Nr. 4141 VV RVG entsteht nicht.

552 • **Es kommt nicht zur Hauptverhandlung:** Sofern es infolge der Einstellung nicht zur Hauptverhandlung kommt und der Verteidiger das gefördert hat, erhält er die Gebühr nach Nr. 4141 VV RVG. Dieser Fall ist ebenso unstrittig.

553 • **Einstellung nach Aussetzung der Hauptverhandlung:** Problematisch sind die Fälle, in denen bereits eine Hauptverhandlung stattgefunden hat, die dann jedoch ausgesetzt werden musste, und in denen die an sich vorgesehene erneute Hauptverhandlung dann infolge Einstellung entbehrlich wird.

554 *Beispiel 1:*

Im ersten Hauptverhandlungstermin erscheint ein Zeuge nicht. Die Hauptverhandlung muss daher von neuem begonnen werden. Der Angeklagte beauftragt erst jetzt einen Anwalt mit seiner Verteidigung. Dieser erreicht, dass das Verfahren außerhalb der Hauptverhandlung endgültig eingestellt wird.

555 *Beispiel 2:*

Im ersten Hauptverhandlungstermin vor dem AG wird das Verfahren ausgesetzt, da noch ein Gutachten einzuholen ist. Nach Eingang des Gutachtens nimmt der Verteidiger ausführlich Stellung. Das Gericht stellt daraufhin das Verfahren nach § 153 StPO ein.

---

171 OLG Düsseldorf, AGS 2003, 112 m. Anm. *N. Schneider* = AnwBl. 2003, 307 = NStZ-RR 2003, 31 = Rpfleger 2003, 41 = StraFo 2003, 65 = StV 2003, 181 = KostRsp. BRAGO § 84 Nr. 130, 136.
172 LG Kempten, AGS 2003, 312 m. Anm. *N. Schneider* = KostRsp. BRAGO § 84 Nr. 138.
173 AG Hamburg-Wandsbek, JurBüro 2002, 30 = KostRsp. BRAGO § 84 Nr. 122 m. Anm. *N. Schneider.*

Nach der bisherigen Rechtslage war die Sache an sich eindeutig. Für die Vorbereitung des erneuten **556**
Hauptverhandlungstermins erhielt der Anwalt nach § 83 Abs. 2 Satz 2 BRAGO wiederum eine erneute volle Hauptverhandlungsgebühr. Folglich entstand für die Vorbereitung dieses Termins die halbe Gebühr nach § 84 Abs. 1 BRAGO. Diese Gebühr war dann nach § 84 Abs. 2 BRAGO auf eine volle Gebühr zu erhöhen.[174]

Diese **Streitfrage** ist leider mit der Einführung der Nr. 4141 VV RVG **nicht geklärt** worden. Auch die **557**
Begründung gibt hierzu nichts her. Nach dem Wortlaut der Vorschrift müssen diese Fälle allerdings
nach wie vor zu einer zusätzlichen Vergütung führen. Der Wortlaut spricht eindeutig nur davon, dass
„die Hauptverhandlung entbehrlich" wird. Es ist hier nicht davon die Rede, dass überhaupt keine Hauptverhandlung stattgefunden haben darf, wie dies ansatzweise noch in § 84 Abs. 1 BRAGO der Fall war.

Auch Sinn und Zweck der Regelung (s.o. Rn. 505) sprechen eindeutig dafür, die Vorschrift der **558**
Nr. 4141 VV RVG in diesen Fällen entsprechend anzuwenden. Der Gesetzgeber wollte für den Verteidiger einen Anreiz schaffen, entlastende Aspekte vor der Hauptverhandlung bereits vorzubringen
und dem Gericht Zeit, Arbeit und Mühe einer Hauptverhandlung zu ersparen. Der Verteidiger soll
belohnt werden, wenn er es erreicht, dass die zusätzliche Arbeit und der zusätzliche Aufwand durch
eine Einstellung, an der er mitwirkt, entbehrlich gemacht werden. Diese Intention des Gesetzgebers
gilt aber nicht für den ersten Hauptverhandlungstermin, sondern auch für den erneuten Hauptverhandlungstermin. Auch dieser Termin erfordert Arbeit und Zeitaufwand und muss ebenso wie der
erste Hauptverhandlungstermin vorbereitet werden, so dass dies dafür spricht, hier die zusätzliche
Gebühr zu gewähren. Würde man die zusätzliche Gebühr hier ablehnen, so würde man wieder in
alte Zeiten zurückverfallen. Der Verteidiger, der die entlastenden Momente zurückhält und diese erst
in der Hauptverhandlung vorträgt, würde belohnt, da er dort eine neue Terminsgebühr erhalten
würde. Sinn und Zweck der Vorschrift würden also gerade in ihr Gegenteil verkehrt.

• **Einstellung vor einem Fortsetzungstermin:** Etwas anderes gilt allerdings dann, wenn nur ein **559**
Fortsetzungstermin innerhalb der Frist des § 229 StPO entbehrlich gemacht wird. Hier gilt der
Grundsatz der Einheit der Hauptverhandlung. Es muss also die Hauptverhandlung als solche entbehrlich gemacht werden. Dass lediglich einer von mehreren Hauptverhandlungsterminen letztlich
wegfällt, reicht für die zusätzliche Gebühr nach Nr. 4141 VV RVG nicht aus, ebenso wenig wie die
vorzeitige Beendigung der Hauptverhandlung ausreicht. Ist einmal mit der Hauptverhandlung begonnen, so kann für diese Hauptverhandlung die Gebühr nach Nr. 4141 VV RVG nicht mehr anfallen, sondern nur dann, wenn das Verfahren ausgesetzt wird und dann an sich erneut eine Hauptverhandlung stattfinden muss.

• **Förderung:** Unerheblich ist, ob die Förderungshandlung im gerichtlichen Verfahren entfaltet **560**
wurde oder schon früher. Es genügt daher, dass der Verteidiger schon im vorbereitenden Verfahren
den Grundstein für die spätere Einstellung im gerichtlichen Verfahren gelegt hat.

Beispiel: **561**

Im vorbereitenden Verfahren gibt der Verteidiger eine umfassende Einlassung nebst rechtlicher Würdigung ab. Die
Staatsanwaltschaft klagt dennoch an. Das Gericht stellt das Verfahren im Hinblick auf die rechtlichen Würdi-
gungen des Verteidigers aus der vorgerichtlichen Einlassungsschrift gemäß § 153 StPO wegen Geringfügigkeit ein.
Der Verteidiger verdient neben den übrigen Gebühren der Nrn. 4100 ff. VV RVG nach Anm. Abs. 1 Nr. 1 zu
Nr. 4141 VV RVG die zusätzliche Gebühr. Er hat durch seine vorbereitende Einlassung den Grundstein für die Ein-

---

174 LG Saarbrücken, BRAGOreport 2001, 122 [*N. Schneider*] = JurBüro 2001, 302 = NStZ-RR 2001, 191 = KostRsp. § 84 Nr. 120;
LG Bonn, BRAGOreport 2002, 24 [*N. Schneider*] = JurBüro 2002, 24 = NStZ-RR 2002, 30 = KostRsp. BRAGO § 84 Nr. 123
m. Anm. *N. Schneider*; LG Frankfurt/O., AGS 2003, 26 m. Anm. *N. Schneider* = AnwBl. 2002, 662 = BRAGOreport 2002,
127 = JurBüro 2002, 524 = StraFO 2002, 340 m. Anm. *N. Schneider* = KostRsp. BRAGO § 84 Nr. 129; AG Hof, AGS 2003,
208 m. Anm. *N. Schneider* = DAR 2002, 573 = KostRsp. BRAGO § 84 Nr. 135; LG Kempten, AGS 2003, 504 = JurBüro 2003,
365 = KostRsp. BRAGO § 84 Nr. 137 m. Anm. *N. Schneider*; LG Bonn AGS 2004, 116 m. Anm. *N. Schneider* = KostRsp. BRA-
GO § 84 Nr. 141; a.A. AG Köln, AGS 2000, 151 = JurBüro 2000, 364 = zfs 2000, 264 = KostRsp. BRAGO § 84 Nr. 109 m.
abl. Anm. *N. Schneider*; AG Koblenz, JurBüro 2000, 473 = KostRsp. BRAGO § 84 Nr. 110 m. abl. Anm. *N. Schneider*; LG Kaiserslautern, JurBüro 2003, 590; *Madert* AGS 2000, 22.

stellung gelegt. Es wäre eine überflüssige Förmelei, würde man verlangen, dass er die vorgerichtliche Einlassung im gerichtlichen Verfahren nochmals wiederholt.

(3) Verfahren nach Zurückverweisung

562 Wird das Verfahren vom Rechtsmittelgericht zur erneuten Entscheidung an das Erstgericht zurückverwiesen und dort außerhalb der Hauptverhandlung eingestellt, so erhält der Verteidiger für das Verfahren nach Zurückverweisung unter den Voraussetzungen der Anm. Abs. 1 Nr. 1 zu Nr. 4141 VV RVG die erhöhte Gebühr. Das Verfahren nach Zurückverweisung stellt gemäß § 21 Abs. 1 RVG eine neue gebührenrechtliche Angelegenheit dar, in der die Gebühren erneut ausgelöst werden.

563 *Beispiel:*

Gegen seine Verurteilung durch das AG legt der Angeklagte Berufung ein. Das LG hebt das Urteil des AG auf und verweist die Sache zurück. Das AG stellt daraufhin das Verfahren nach § 153a StPO außerhalb der Hauptverhandlung ein.

Der Verteidiger erhält für die Hauptverhandlung im Ausgangsverfahren die Gebühren nach Nrn. 4106, 4108 VV RVG. Für das Verfahren nach Zurückverweisung die Gebühren erneut (§ 21 Abs. 1 RVG). Er erhält daher in diesem Verfahrensstadium die zusätzliche Gebühr nach Nr. 4141 VV RVG, da es hier nicht mehr zur Hauptverhandlung gekommen ist. Zu rechnen ist daher wie folgt:

I. Verfahren vor Zurückverweisung:

1.	Grundgebühr, Nr. 4100 VV RVG	165,00 €
2.	Verfahrensgebühr, Nr. 4106 VV RVG	140,00 €
3.	Postentgeltpauschale, Nr. 7002 VV RVG	20,00 €
4.	16 % Umsatzsteuer, Nr. 7008 VV RVG	+ 52,00 €
Summe:		**377,00 €**

II. Berufungsverfahren:

1.	Verfahrensgebühr, Nr. 4124 VV RVG	270,00 €
2.	Terminsgebühr, Nr. 4126 VV RVG	270,00 €
3.	Postentgeltpauschale, Nr. 7002 VV RVG	20,00 €
4.	16 % Umsatzsteuer, Nr. 7008 VV RVG	+ 89,60 €
Summe:		**649,60 €**

III. Verfahren nach Zurückverweisung:

1.	Verfahrensgebühr, Nr. 4106 VV RVG i.V.m. § 21 Abs. 1 RVG	140,00 €
2.	Zusätzliche Gebühr, Nrn. 4141, 4106 VV RVG	140,00 €
3.	Postentgeltpauschale, Nr. 7002 VV RVG	20,00 €
4.	16 % Umsatzsteuer, Nr. 7008 VV RVG	+ 48,00 €
Summe:		**348,00 €**

(4) Wiederaufnahme nach mehr als zwei Kalenderjahren (§ 15 Abs. 5 Satz 2 RVG)

564 Wird das Verfahren zunächst beendet und dann nach Ablauf von zwei Kalenderjahren wieder aufgenommen und anschließend eingestellt, so kann die Gebühr nach Nr. 4141 VV RVG mehrmals entstehen.

565 *Beispiel:*

Gegen den Mandanten ist wird im August 2004 ermittelt. Das Verfahren wird wenige Wochen später nach § 170 Abs. 2 StPO eingestellt, wobei der Verteidiger dies gefördert hat. Im Januar 2007 nimmt die Staatsanwaltschaft die Ermittlungen wieder auf und stellt das Verfahren nunmehr nach § 153a StPO ein.

Für die Tätigkeit im Jahre 2004 erhält der Anwalt die Grundgebühr (Nr. 4100 VV RVG) sowie die Verfahrensgebühr nach Nr. 4104 VV RVG. Da die Einstellung nach § 170 Abs. 2 StPO nicht nur vorläufig ist und der Anwalt daran mitgewirkt hat, erhält er die zusätzliche Gebühr nach Anm. Abs. 1 Nr. 1 zu Nr. 4141 VV RVG

Für seine weitere Tätigkeit im Jahre 2007 erhält der Verteidiger erneut eine Grundgebühr nach Nr. 4100 VV RVG sowie eine Verfahrensgebühr nach Nr. 4104 VV RVG, da zwischenzeitlich mehr als zwei Kalenderjahre vergangen sind (§ 15 Abs. 5 Satz 2 RVG). Da er auch an der weiteren Einstellung mitgewirkt hat, erhält er die Gebühr nach Anm. Abs. 1 Nr. 1 zu Nr. 4141 VV RVG erneut.

Zu rechnen ist wie folgt:

I. Verfahren vor Einstellung:
1.	*Grundgebühr, Nr. 4100 VV RVG*	*165,00 €*
2.	*Verfahrensgebühr, Nr. 4104 VV RVG*	*140,00 €*
3.	*Zusätzliche Gebühr, Nrn. 4141, 4104 VV RVG*	*140,00 €*
4.	*Postentgeltpauschale, Nr. 7002 VV RVG*	*20,00 €*
5.	*16 % Umsatzsteuer, Nr. 7008 VV RVG*	+ *74,40 €*
	Summe:	***539,40 €***

II. Verfahren nach Wiederaufnahme:
1.	*Grundgebühr, Nr. 4100 VV RVG, § 15 Abs. 1 RVG*	*165,00 €*
2.	*Verfahrensgebühr, Nr. 4104 VV RVG, § 15 Abs. 1 RVG*	*140,00 €*
3	*Zusätzliche Gebühr, Nrn. 4141, 4104 VV RVG, § 15 Abs. 1 RVG*	*140,00 €*
4.	*Postentgeltpauschale, Nr. 7002 VV RVG*	*20,00 €*
5.	*16 % Umsatzsteuer, Nr. 7008 VV RVG*	+ *74,40 €*
	Summe:	***539,40 €***

(5) Berufungsverfahren

Ebenso wie bisher nach § 86 Abs. 3 i.V.m. § 84 Abs. 2 BRAGO entsteht die zusätzliche Gebühr nach Nr. 4141 VV RVG auch dann, wenn das Berufungsverfahren eingestellt wird und der Anwalt hierbei fördernd mitgewirkt hat. Auch hier muss es sich um eine nicht nur vorläufige Einstellung handeln. Hinsichtlich der Mitwirkung gelten dieselben Grundsätze wie auch bei der erstinstanzlichen Einstellung. **566**

Zu beachten ist allerdings hier, dass eine Tätigkeit im erstinstanzlichen Verfahren durchaus als Förderung auch für das Berufungsverfahren ausreichen muss. Hat der Verteidiger erstinstanzlich oder sogar im vorbereitenden Verfahren eine umfassende Einlassung abgegeben, so muss er diese im Berufungsverfahren nicht ausdrücklich erneut vortragen, um hier eine Förderung zu erbringen. Stellt das Gericht das Berufungsverfahren aufgrund der bereits erstinstanzlich oder im vorbereitenden Verfahren vorgetragenen Entlastungsmomente ein, so entsteht die zusätzliche Gebühr nach Nr. 4141 VV RVG auch dann, wenn diese Momente im Berufungsverfahren nicht ausdrücklich erneut vorgetragen worden sind. Alles andere wäre unnötige Förmelei. **567**

Beispiel: **568**

Im erstinstanzlichen Verfahren hat der Verteidiger ausdrücklich dazu vorgetragen, dass hier Verjährung eingetreten ist und das Verfahren wegen Verjährung eingestellt werden müsse. Das AG sieht dies anders und verurteilt. Das Berufungsgericht stellt ein, ohne dass der Verteidiger auf die Verjährung im Berufungsverfahren erneut hinweist.

Die zusätzliche Gebühr nach Abs. 1 Nr. 1 Anm. zu Nr. 4141 VV RVG ist entstanden.

Auch hier entsteht die zusätzliche Gebühr, wenn nach Aussetzung der Hauptverhandlung eingestellt wird (s.o. Rn. 553). **569**

(6) Revisionsverfahren

Auch im Revisionsverfahren erhält der Anwalt zukünftig die zusätzliche Gebühr nach Nr. 4141 VV RVG. Eine entsprechende Regelung war bisher nicht vorgesehen, da eine Verweisung in § 86 Abs. 3 BRAGO auf die Vorschrift des § 84 Abs. 2 BRAGO fehlte. Zum Teil wurde hier allerdings bereits zu Recht die **entsprechende Anwendung** befürwortet, da offenbar ein **Redaktionsversehen des Gesetzgebers** vorlag.[175] Diese **Streitfrage** ist **nunmehr geklärt**. Auch im Revisionsverfahren entsteht die zusätzliche Gebühr nach Nr. 4141 VV RVG. **570**

Zur **Förderung** kann die Ausführungen zum Berufungsverfahren Bezug genommen werden. **571**

dd) Nichteröffnung der Hauptverfahren (Anm. Abs. 1 Nr. 2 zu Nr. 4141 VV RVG)

Auch dann, wenn das Gericht die Eröffnung des Hauptverfahrens ablehnt (§ 204 Abs. 1 StPO), führt dies zu einer zusätzlichen Gebühr nach Nr. 4141 VV RVG. **572**

---

175 LG Hamburg, AGS 2000, 105 m. Anm. *Madert* = BRAGOreport 2001, 91 [*N. Schneider*] = JurBüro 2001, 301; OLG Zweibrücken, AGS 2004, 154 m. abl. Anm. *N. Schneider*.

573 Voraussetzung ist auch hier nach Anm. Abs. 2 zu Nr. 4141 VV RVG eine **Mitwirkung** des Verteidigers. Hohe Anforderungen sind jedoch nicht zu stellen. Es reicht aus, dass er eine Einlassung abgegeben hat. Insoweit genügt auch die Einlassung im vorbereitenden Verfahren. Diese muss gegenüber dem Gericht nicht nochmals wiederholt worden sein (Rn. 560).

574 Ausreichend ist ein Beitrag des Verteidigers, der objektiv geeignet ist, das Verfahren in formeller und/oder materieller Hinsicht im Hinblick auf eine Verfahrensbeendigung außerhalb der Hauptverhandlung zu beenden. Hierbei ist unerheblich, ob die Mitwirkungshandlung des Verteidigers für dieses Ergebnis ursächlich oder mitursächlich war.[176]

575 Eine Mitwirkung kann nicht schon deshalb ausgeschlossen werden, weil das Gericht die Eröffnung aus anderen Gründen ablehnt als vom Verteidiger vorgetragen.

576 *Beispiel:*

Der Verteidiger weist in seiner Einlassung darauf hin, dass der Vorwurf aus rechtlichen Gründen nicht haltbar sei. Das Gericht stellt wegen Eintritts der Verfolgungsverjährung ein.

Der Verteidiger hat eine zusätzliche Gebühr nach Anm. Abs. 1 Nr. 2 zu Nr. 4141 VV RVG verdient. Dass sich das Gericht letztlich auf andere Gründe für die Nichteröffnung gestützt hat, ist unerheblich. Anderenfalls müsste man vom Verteidiger verlangen, dass er auf alle möglichen Gesichtspunkte eingeht, obwohl bereits ein Gesichtspunkt ausreichen würde, die Anklage zu Fall zu bringen.

ee) Rücknahme des Einspruchs gegen einen Strafbefehl (Anm. Abs. 1 Nr. 3 1. Alt. zu Nr. 4141 VV RVG)

(1) Rücknahme

577 Der Verteidiger erhält nach Anm. Abs. 1 Nr. 3 zu Nr. 4141 VV RVG auch dann eine zusätzliche Gebühr, wenn er an der Rücknahme des Einspruchs gegen einen Strafbefehl mitgewirkt hat.

578 Eine **Teilrücknahme** reicht grds. nicht aus. Wird die Rücknahme des Einspruchs gegen einen Strafbefehl auf einzelne Taten beschränkt oder auf den Strafausspruch, so genügt das nicht. Eine Gebührenerhöhung nach Anm. Abs. 1 Nr. 3 1. Alt. zu Nr. 4141 VV RVG findet nur dann statt, wenn sich das Verfahren insgesamt erledigt. Dagegen reicht **ausnahmsweise** dann eine **Teilrücknahme**, wenn hierdurch das Verfahren gegen einen Mandanten abgeschlossen wird.

579 *Beispiel:*

Gegen A und B ist jeweils ein Strafbefehl ergangen. Beide legen hiergegen Einspruch ein. Der Verteidiger des A nimmt für diesen außerhalb der Hauptverhandlung den Einspruch gegen den Strafbefehl nach Beratung des Mandanten zurück. Gegen den B wird die Hauptverhandlung durchgeführt.

Das Verfahren gegen den A ist durch die Einspruchsrücknahme endgültig abgeschlossen, so dass sein Verteidiger nach Anm. Abs. 1 Nr. 3 1. Alt. eine zusätzliche Gebühr aus Nr. 4141 VV RVG erhält. Dass das Verfahren hinsichtlich des B fortgesetzt wird, ist für ihn insoweit unerheblich.

(2) Förderung

580 **Förderung** bedeutet auch hier nicht Ursächlichkeit, sondern lediglich eine mitwirkende, begleitende Tätigkeit, die wiederum vermutet wird (Anm. Abs. 2 zu Nr. 4141 VV RVG). Es ist danach nicht erforderlich, dass der Verteidiger selbst die Rücknahme des Einspruchs erklärt. Es genügt auch, wenn der Mandant den Einspruch zurücknimmt, solange der Anwalt daran mitgewirkt hat, etwa weil er dazu geraten hat.[177]

581 *Beispiel 1:*

Der Beschuldigte beauftragt nach Erhalt des Strafbefehls seinen Anwalt mit der Verteidigung. Der Anwalt legt Einspruch ein und rät dann, diesen wieder zurückzunehmen. Der Beschuldigte nimmt daraufhin den Einspruch selbst zurück.

Der Anwalt hat an der Rücknahme mitgewirkt. Folglich hat er nach Anm. Abs. 1 Nr. 3 1. Alt. zu Nr. 4141 VV RVG die zusätzliche Gebühr verdient.

---

176 OLG Düsseldorf, AGS 2003, 112 m. Anm. *N. Schneider* = AnwBl. 2003, 307 = NStZ-RR 2003, 31 = Rpfleger 2003, 41 = StraFO 2003, 65 = StV 2003, 181 = KostRsp. BRAGO § 84 Nr. 130, 136.

177 A.A. – allerdings zur vergleichbaren Situation im Bußgeldverfahren – AG Berlin-Tiergarten, AGS 2000, 53 m. Anm. *Herrmann* = KostRsp. BRAGO § 84 Nr. 106 m. Anm. *N. Schneider*.

Ausreichend ist eine **Beratung** durch den Anwalt. Es ist nicht erforderlich, dass er eine Einlassung 582
oder eine sonstige Stellungnahme zur Akte abgibt. Im Falle der Rücknahme eines Einspruchs beschränkt sich die Tätigkeit des Anwalts in aller Regel auf eine Beratung und Einflussnahme auf den Mandanten. **Erklärungen gegenüber dem Gericht** sind vollkommen überflüssig. Die Tätigkeit des Verteidigers findet „denknotwendigerweise nicht in der Akte, sondern im Büro des Verteidigers statt".[178] Erklärt der Verteidiger selbst die Einspruchsrücknahme, so dürfte an seiner Mitwirkung ohnehin kein Zweifel bestehen.

Voraussetzung ist allerdings, dass ein Verteidigungsauftrag bestand. Im Falle der bloßen Beratung 583
greift Anm. Abs. 1 Nr. 3 1. Alt. zu Nr. 4141 VV RVG nicht.

> *Beispiel 2:* 584
>
> *Der Beschuldigte legt nach Erhalt des Strafbefehls selbst Einspruch ein und beauftragt seinen Anwalt zunächst nur mit einer Beratung. Der Anwalt rät, den Einspruch zurückzunehmen. Der Beschuldigte nimmt daraufhin den Einspruch selbst zurück.*
>
> *Der Anwalt hatte keinen Verteidigungsauftrag. Die Nrn. 4100 ff. VV RVG sind nicht anzuwenden, sondern Nr. 2101 VV RVG. Eine zusätzliche Gebühr fällt nicht an.*

(3) Zeitpunkt der Rücknahme

Im Gegensatz zur Einstellung ist die Rücknahme des Einspruchs gegen den Strafbefehl fristgebun- 585
den. Es ist danach zu differenzieren, ob ein Termin zur Hauptverhandlung bereits anberaumt war oder nicht:

- **Termin war noch nicht anberaumt:** War die Hauptverhandlung noch nicht terminiert, so löst 586
die Rücknahme unter Mitwirkung des Verteidigers immer die **zusätzliche Gebühr** nach Anm. Abs. 1 Nr. 3 1. Alt. zu Nr. 4141 VV RVG aus. Die frühere Streitfrage, ob eine Gebührenerhöhung auch dann eintritt, wenn noch gar kein Termin anberaumt war, hat sich bereits seit längerem erledigt.[179]

- **Termin zur Hauptverhandlung war anberaumt:** War bereits ein Termin zur Hauptverhandlung 587
anberaumt, so muss die Rücknahme zwei Wochen vor dem Beginn des Tages, für den die Hauptverhandlung vorgesehen war, erklärt worden sein. Entscheidend für die **Wahrung der Frist** ist der Eingang bei Gericht, nicht die Abgabe der Rücknahmeerklärung.

Unerheblich ist, ob und wann der Anwalt von dem anberaumten Hauptverhandlungstermin Kennt- 588
nis erlangt hat.[180] Die gesetzliche Regelung ist insoweit eindeutig. Würde man darauf abstellen, wann der Betroffene oder sein Verteidiger Kenntnis erlangen, wäre die Vorschrift nicht mehr praktikabel. Auch die Auffassung von *Hartmann,*[181] es könne im Falle der Fristversäumung eine Wiedereinsetzung beantragt werden, ist abzulehnen. Bei der Frist der Anm. Abs. 1 Nr. 3 zu Nr. 4141 VV RVG handelt es sich **nicht** um eine **Notfrist.**

- **Nachträgliche Verlegung des Termins:** Ist der zunächst anberaumte Hauptverhandlungstermin 589
verlegt worden, etwa weil ein Zeuge, der Beschuldigte oder der Verteidiger verhindert war, so kommt es nicht auf den zuerst terminierten Hauptverhandlungstag an, sondern auf den neuen Termin.[182] Faktisch hat es der Verteidiger damit in der Hand, im Fall der Fristversäumung durch einen Verlegungsantrag doch noch in den Genuss der Gebührenerhöhung zu kommen.

- **Fortsetzung der Hauptverhandlung:** Wird die Hauptverhandlung fortgesetzt, kommt eine Er- 590
höhung nach Anm. Abs. 1 Nr. 3 1. Alt. zu Nr. 4141 VV RVG nicht in Betracht. Es gilt der Grundsatz der Einheit der Hauptverhandlung. Maßgebend ist allein der erste Hauptverhandlungstermin. Ist dieser verstrichen, ist es unerheblich, ob bis zum Fortsetzungstermin die Zwei-Wochen-Frist eingehal-

---

178 AG Braunschweig, AGS 2000, 54; *N. Schneider,* in: Anm. zu KostRsp. BRAGO § 84 Nr. 106.
179 S. hierzu AG Köln, JurBüro 1997, 193; AG München, DAR 1996, 424 = NJW-RR 1997, 62; AG Brakel, AnwBl. 1997, 43; AG Stuttgart, JurBüro 1997, 26.
180 A.A. *Kronenbitter,* BRAGO 94 Rn. 434.
181 KostG, § 84 BRAGO Rn. 18.
182 LG Köln, AGS 1997, 138 = StV 1997, 425; AG Krefeld, AGS 1999, 12; *Hansens,* BRAGO, § 83 Rn. 11.

ten werden kann. Dieser Fall dürfte ohnehin kaum vorkommen, da eine Zwei-Wochen-Frist zum Fortsetzungstermin erst nach zehn Verhandlungstagen in Betracht kommt (§ 229 Abs. 2 StPO).

591 • **Erneuter Beginn der Hauptverhandlung:** Wird mit der Hauptverhandlung erneut begonnen, muss also ein neuer erster Hauptverhandlungstermin stattfinden, gilt wiederum die Zwei-Wochen-Frist nach Anm. Abs. 1 Nr. 3 zu Nr. 4141 VV RVG. Insoweit ist es unerheblich, ob der Verteidiger bereits an der ersten Hauptverhandlung teilgenommen hatte. Die **zusätzliche Gebühr** für die erneute Hauptverhandlung erhält der Anwalt jetzt auch, wenn der Einspruch in Bezug auf den erneuten Hauptverhandlungstermin rechtzeitig zurückgenommen wird.[183]

592 *Beispiel:*

Im ersten Hauptverhandlungstermin erscheint der Angeklagte nicht. In Anwesenheit des Verteidigers ergeht ein Strafbefehl nach § 408a Abs. 1 StPO. Nach Einspruch wird ein erneuter Hauptverhandlungstermin anberaumt. Der Verteidiger nimmt den Einspruch drei Wochen vor dem Termin zurück.

Bis zum ersten Hauptverhandlungstermin erhält der Verteidiger die Gebühren nach Nrn. 4100, 4104, 4106, 4108 VV RVG. Für die Rücknahme zur Vermeidung des zweiten Hauptverhandlungstermins, der nicht mehr stattgefunden hat, erhält er eine zusätzliche Gebühr nach Nr. 4141 VV RVG. S. zu diesem Problem bei der Einstellung ausführlich oben Rn. 553.

593 • **Zurückverweisung (§ 21 Abs. 1 RVG):** Soll die Hauptverhandlung nach Zurückverweisung durch das Rechtsmittelgericht vor dem Ausgangsgericht wiederholt werden, so eröffnet dies eine **neue Gebührenangelegenheit** (§ 21 Abs. 1 RVG). Damit ergibt sich für das neue Verfahren wieder die Möglichkeit einer **Gebührenerhöhung** nach Anm. Abs. 1 Nr. 3 1. Alt. zu Nr. 4141 VV RVG.

594 *Beispiel:*

Gegen den Beschuldigten war ein Strafbefehl ergangen, gegen den er Einspruch eingelegt hat. Das AG hat den Einspruch als unzulässig verworfen. Das Berufungsgericht hebt die Entscheidung des AG über die Verwerfung des Einspruchs auf und verweist die Sache zur erneuten Verhandlung an das AG zurück. Nunmehr nimmt der Verteidiger den Einspruch gegen den Strafbefehl drei Wochen vor dem Termin zurück.

Im Verfahren vor Zurückverweisung erhält der Verteidiger die Grundgebühr sowie eine Verfahrens- und Terminsgebühr. Im Verfahren nach Zurückverweisung erhält er gemäß § 21 Abs. 1 RVG wiederum eine Verfahrensgebühr sowie eine zusätzliche Gebühr aus Anm. Abs. 1 Nr. 3 1. Alt. zu Nr. 4141 RVG.

Zu rechnen ist wie folgt:

I. Verfahren vor Zurückverweisung:

1.	Grundgebühr, Nr. 4100 VV RVG	165,00 €
2.	Verfahrensgebühr, Nr. 4106 VV RVG	140,00 €
3.	Postentgeltpauschale, Nr. 7002 VV RVG	20,00 €
4.	16 % Umsatzsteuer, Nr. 7008 VV RVG	+ 52,00 €
Summe:		**377,00 €**

II. Berufungsverfahren:

1.	Verfahrensgebühr, Nr. 4124 VV RVG	270,00 €
2.	Terminsgebühr, Nr. 4126 VV RVG	270,00 €
3.	Postentgeltpauschale, Nr. 7002 VV RVG	20,00 €
4.	16 % Umsatzsteuer, Nr. 7008 VV RVG	+ 89,60 €
Summe:		**649,60 €**

III. Verfahren nach Zurückverweisung:

1.	Verfahrensgebühr, Nr. 4106 VV RVG i.V.m. § 21 Abs. 1 RVG	140,00 €
2.	Zusätzliche Gebühr, Nrn. 4141, 4106 VV RVG	140,00 €
3.	Postentgeltpauschale, Nr. 7002 VV RVG	20,00 €
4.	16 % Umsatzsteuer, Nr. 7008 VV RVG	+ 48,00 €
Summe:		**348,00 €**

---

183 *N. Schneider*, AGS 2000, 21; a.A. *Hansens*, BRAGO, § 83 Rn. 8, nach dessen Auffassung Abs. 2 nicht mehr anwendbar sein soll, wenn bereits eine Hauptverhandlung stattgefunden hat; s. zu diesem Problem bei der Einstellung ausführlich oben Rn. 553.

ff) Rücknahme der Anklage oder des Antrags auf Erlass eines Strafbefehls

Häufig wird auch die Rücknahme der Anklage durch die Staatsanwaltschaft oder die Rücknahme des **595** Antrags auf Erlass eines Strafbefehls in analoger Anwendung des § 84 Abs. 2 BRAGO (jetzt Anm. Abs. 1 Nr. 3 zu Nr. 4141 VV RVG) als ein Grund für die Gebührenerhöhung angesehen. Dies ist in dieser Aussage jedoch unzutreffend. Allein die Rücknahme der Anklage oder die Rücknahme des Antrags auf Erlass des Strafbefehls beenden das Verfahren nicht. Dieser Fall ist daher mit einer „nicht nur vorläufigen Einstellung" nicht vergleichbar. Anders verhält es sich jedoch, wenn mit der Rücknahme der Anklage oder der Rücknahme des Antrags auf Erlass eines Strafbefehls die Einstellung des Verfahrens einhergeht. In diesem Fall gilt Anm. Abs. 1 Nr. 1 zu Nr. 4141 VV RVG.[184] Fehlt es ausdrücklich an einem Einstellungsbeschluss, so ist durch Auslegung zu ermitteln, ob die Staatsanwaltschaft mit der Rücknahme der Anklage oder der Rücknahme des Antrags auf Erlass eines Strafbefehls gleichzeitig die Einstellung des Verfahrens konkludent erklären wollte. In diesem Fall ist Anm. Abs. 1 Nr. 1 zu Nr. 4141 VV RVG anzuwenden.[185]

Die Rücknahme der Anklage oder des Antrags auf Erlass eines Strafbefehls ist im Berufungsverfahren **596** ebenfalls möglich, allerdings wegen § 156 StPO nur in den Fällen der §§ 153 Abs. 1, 153a Abs. 1, 153c Abs. 3 oder 153d Abs. 2 StPO.[186] Soweit dieser Fall ausnahmsweise vorkommt, ist auch hier Anm. Abs. 1 Nr. 1 zu Nr. 4141 VV RVG entsprechend anzuwenden.[187]

gg) Rücknahme der Privatklage

Die Vorschrift der Anm. Abs. 1 Nr. 3 1. Alt. zu Nr. 4141 VV RVG gilt entsprechend, wenn der Pri- **597** vatkläger seine Klage zurücknimmt (§ 391 Abs. 1 StPO), vorausgesetzt, der Verteidiger hat daran mitgewirkt, etwa durch rechtliche Ausführungen oder das Angebot zu einer Ausgleichszahlung.

> *Beispiel:* **598**
>
> *Der Verteidiger verhandelt nach Erhebung der Privatklage mit dem Anwalt des Privatklägers und weist diesen auf Beweisprobleme hin sowie auf die Möglichkeit einer Widerklage. Daraufhin wird die Privatklage zurückgenommen. Zu rechnen ist wie folgt:*

> | | | |
> |---|---|---|
> | 1. | *Grundgebühr, Nr. 4100 VV RVG* | *165,00 €* |
> | 2. | *Verfahrensgebühr, Nr. 4106 VV RVG* | *140,00 €* |
> | 3. | *Zusätzliche Gebühr, Nrn. 4141, 4106 VV RVG* | *140,00 €* |
> | 4. | *Postentgeltpauschale, Nr. 7002 VV RVG* | *20,00 €* |
> | 5. | *16 % Umsatzsteuer, Nr. 7008 VV RVG* | *+ 74,40 €* |
> | | *Summe:* | *539,40 €* |

Sofern bereits der Termin anberaumt ist, muss auch hier die Rücknahme früher als zwei Wochen vor **599** Beginn des Tages, der für die Hauptverhandlung vorgesehen ist, erklärt werden (analog Anm. Abs. 1 Nr. 3 zu Nr. 4141 VV RVG).

hh) Privatklageeinigung

Schließlich kann auch die Einigung im Privatklageverfahren die zusätzliche Gebühr nach Nr. 4141 **600** VV RVG auslösen. Diese Alternative ist zwar in Nr. 4141 VV RVG nicht ausdrücklich genannt, aus dem Zusammenhang folgt jedoch, dass Anm. Abs. 1 Nr. 1 zu Nr. 4141 VV RVG entsprechend anzuwenden ist.

> *Beispiel:* **601**
>
> *Der Verteidiger verhandelt mit dem Anwalt des Privatklägers und bietet an, dass sich der Beschuldigte für die von ihm geäußerten Beleidigungen entschuldigt. Darüber hinaus erklärt er die Übernahme der Verfahrenskosten. Mit dieser Maßgabe einigen sich die Parteien, so dass das Verfahren daraufhin eingestellt wird.*

---

184 LG Zweibrücken, AGS 2002, 90 = JurBüro 2002, 307 = KostRsp. BRAGO § 84 Nr. 126 m. Anm. *N. Schneider.*
185 LG Osnabrück, AGS 1999, 136 = JurBüro 1999, 131 m. Anm. *N. Schneider;* LG Aachen AGS 1999, 59 = zfs 1999, 33; OLG Düsseldorf, AGS 1999, 120 = AnwBl. 1999, 616 = JurBüro 1999, 131 = Rpfleger 1999, 149.
186 *Kleinknecht/Meyer-Goßner,* StPO, § 156 Rn. 4.
187 LG Osnabrück, AGS 1999, 136 = JurBüro 1999, 131 m. Anm. *N. Schneider;* LG Aachen, AGS 1999, 59 = zfs 1999, 33; OLG Düsseldorf, AGS 1999, 120 = AnwBl. 1999, 616 = JurBüro 1999, 131 = Rpfleger 1999, 149.

Zu rechnen ist wie folgt:

1.	*Grundgebühr, Nr. 4100 VV RVG*	165,00 €
2.	*Verfahrensgebühr, Nr. 4106 VV RVG*	140,00 €
3.	*Zusätzliche Gebühr, Nrn. 4141, 4106 VV RVG*	140,00 €
4.	*Einigungsgebühr, Nr. 4147 VV RVG*	85,00 €
5.	*Postentgeltpauschale, Nr. 7002 VV RVG*	20,00 €
6.	*16 % Umsatzsteuer, Nr. 7008 VV RVG*	+ 88,00 €
	Summe:	**638,00 €**

ii) Rücknahme der Berufung

602 Die zusätzliche Gebühr nach Abs. 1 Nr. 3 der Anm. zu Nr. 4141 VV RVG entsteht auch bei Rücknahme der Berufung (2. Alt.).

603 Ebenso wie die Rücknahme des Strafbefehls muss auch die Rücknahme der Berufung früher als **zwei Wochen** vor Beginn des Tages erfolgen, für den die Hauptverhandlung vorgesehen war. Zur Fristberechnung kann insoweit auf Rn. 585 Bezug genommen werden. Die dortigen Ausführungen gelten entsprechend. Daher greift Abs. 1 Nr. 3 2. Alt. der Anm. zu Nr. 4141 VV RVG erst recht, wenn noch gar kein Hauptverhandlungstermin im Berufungsverfahren anberaumt war.[188]

604 Die **bloße Rücknahme der Berufung** reicht für eine Mitwirkung aus. Es müssen sich keine weiteren Anhaltspunkte dafür ergeben, dass der Verteidiger auf die Rücknahme der Berufung Einfluss genommen hat,[189] etwa durch eine Beratung des Mandanten oder wenn er mit ihm die verschiedenen Möglichkeiten der Verfahrensdurchführung besprochen hat.[190]

605 Da eine Berufung im Gegensatz zum Einspruch gegen einen Strafbefehl nicht nur vom Angeklagten eingelegt werden kann, sondern auch von anderen Verfahrensbeteiligten, ist der Anwendungsbereich der Nr. 4141 VV RVG im Berufungsverfahren größer als in erster Instanz. Die Vorschrift erfasst daher nicht nur die Rücknahme der vom oder für den Angeklagten eingelegten Berufung, sondern auch die Rücknahme einer von der Staatsanwaltschaft oder von einem Privat- oder Nebenkläger eingelegten Berufung.[191]

606 Bei dem Erfordernis, dass der Verteidiger an der Rücknahme mitgewirkt haben muss, bleibt es aber auch bei Berufungsrücknahmen Dritter. Die **Darlegungs- und Beweislast** für das **Fehlen einer Mitwirkung** verbleibt allerdings beim **Gebührenschuldner**. Entsprechende Fälle sind insbesondere dann gegeben, wenn der Verteidiger durch seine Berufungserwiderung die Gegenseite von der Aussichtslosigkeit ihrer Berufung überzeugt und diese daraufhin entsprechend reagiert. Ebenso zählt hierzu der Fall, dass der Verteidiger durch anderweitige Zugeständnisse den Privat- oder Nebenkläger zur Rücknahme seines Rechtsmittels bewegt.

607 *Beispiel:*
Gegen den Freispruch des Angeklagten legt der Nebenkläger Berufung ein. Anschließend verhandeln die Beteiligten über zivilrechtliche Ersatzansprüche und schließen einen außergerichtlichen Vergleich, in dem sich der Nebenkläger verpflichtet, seine Berufung zurückzunehmen.
Sowohl der Verteidiger als auch der Nebenklagevertreter erhalten eine zusätzliche Gebühr nach Anm. Abs. 1 Nr. 3 2. Alt. zu Nr. 4141 VV RVG.

608 Sind mehrere Berufungen eingelegt worden, findet Anm. Abs. 1 Nr. 3 2. Alt. zu Nr. 4141 VV RVG nur dann Anwendung, wenn sämtliche Berufungen zurückgenommen werden und das Verfahren sich damit erledigt. Insoweit reicht es allerdings aus, dass der Verteidiger an der Rücknahme nur einer Berufung mitgewirkt hat. Er muss nicht an der Rücknahme sämtlicher Berufungen mitgewirkt haben.[192]

---

188 LG Freiburg, AGS 1977, 55 = StV 1996, 617 = zfs 1997, 311.
189 LG Braunschweig, Nds.Rpfl. 1998, 187 = KostRsp. BRAGO § 86 Nr. 6; AGS 2003, 256 m. Anm. *N. Schneider*; AG Braunschweig, AGS 2003, 163 m. Anm. *Siebers*.
190 So aber noch AG Braunschweig, AGS 1999, 54.
191 LG Freiburg, AGS 1977, 55 = StV 1996, 617 = zfs 1997, 311 = KostRsp. BRAGO § 85 Nr. 3 m. Anm. *N. Schneider*.
192 LG Freiburg, AGS 1977, 55 = StV 1996, 617 = zfs 1997, 311 = KostRsp. BRAGO § 85 Nr. 3 m. Anm. *N. Schneider*.

Beispiel: 609

Gegen die Verurteilung legen sowohl der Angeklagte als auch der Nebenkläger Berufung ein. Zunächst nimmt der Verteidiger des Angeklagten die Berufungen zurück und später ohne Mitwirkung des Verteidigers auch der Nebenkläger.

Der Verteidiger hat die zusätzliche Gebühr nach Anm. Abs. 1 Nr. 3 2. Alt. zu Nr. 4141 VV RVG verdient, da er die Erledigung des Verfahrens ohne Hauptverhandlung durch Berufungsrücknahme gefördert hat. Dass erst auch noch der Nebenkläger die Berufung zurücknehmen musste, ist ebenso unerheblich wie die fehlende Mitwirkung an der Berufungsrücknahme durch den Nebenkläger.

jj) Rücknahme der Anklage in der Berufungsinstanz

Über den Wortlaut hinaus greift Anm. Abs. 1 Nr. 3 2. Alt. zu Nr. 4141 VV RVG auch dann, wenn die 610 Staatsanwaltschaft die Anklage zurücknimmt und anschließend das Verfahren einstellt, was im Berufungsverfahren wegen § 156 StPO allerdings nur in den Fällen der §§ 153 Abs. 1, 153a Abs. 1, 153c Abs. 3 oder 153d Abs. 2 StPO noch möglich ist.[193]

kk) Rücknahme der Privatklage in der Berufungsinstanz

Ebenso gilt Anm. Abs. 1 Nr. 3 2. Alt. zu Nr. 4141 VV RVG, wenn der Privatkläger seine Klage zu- 611 rücknimmt (§ 391 Abs. 1 StPO), vorausgesetzt, der Verteidiger hat daran mitgewirkt.

ll) Rücknahme der Revision

Auch im Revisionsverfahren erhält der Anwalt zukünftig die zusätzliche Gebühr nach Nr. 4141 VV 612 RVG, wenn die Revision zurückgenommen wird.

Im Gegensatz zu § 85 Abs. 4 BRAGO war die Vorschrift des § 84 Abs. 2 BRAGO im Revisionsverfah- 613 ren (§ 86 Abs. 3 BRAGO) nicht ausdrücklich für entsprechend anwendbar erklärt worden. Insoweit dürfte es sich jedoch um ein Versehen des Gesetzgebers gehandelt haben.[194] Nach Sinn und Zweck musste § 84 Abs. 2 BRAGO auch in Revisionsverfahren anwendbar sein, wenn ausnahmsweise eine Hauptverhandlung anberaumt war und diese unter Mitwirkung des Verteidigers durch eine Einstellung oder eine Rücknahme der Revision entbehrlich geworden war.[195] Jetzt ist dieser Fall ausdrücklich geregelt. Insoweit kann auf die Ausführungen zum Berufungsverfahren Bezug genommen werden.

Auch hier muss es sich nicht um die Rücknahme des eigenen Rechtsmittels handeln. Zur Förderung 614 kann auf die Ausführungen zum Berufungsverfahren Bezug genommen werden.

f) Mehrfacher Anfall der Gebührenerhöhung

aa) Mehrfacher Anfall in demselben Verfahrensabschnitt

Da in **demselben Verfahrensabschnitt** die Gebühren grds. nur einmal entstehen können (§ 15 615 Abs. 1 RVG), kann auch die Gebührenerhöhung nach Nr. 4141 VV RVG nur einmal eintreten.

Beispiel: 616

Die Staatsanwaltschaft stellt das Verfahren nach § 170 Abs. 2 StPO ein. Nach einigen Monaten wird das Verfahren auf die Beschwerde des Geschädigten wieder aufgenommen und nach weiteren Ermittlungen erneut eingestellt.

Die zusätzliche Gebühr nach Nr. 4141 VV RVG ist bereits mit der ersten Einstellung entstanden. Sie kann nach § 15 Abs. 1 RVG nicht ein zweites Mal entstehen, obwohl es sich um eine neue Einstellung handelt. Die weitere Tätigkeit kann lediglich im Rahmen des § 14 Abs. 1 RVG bei der Bemessung der Verfahrensgebühr berücksichtigt werden. Ausgehend von einer 50 %igen Erhöhung wäre wie folgt zu rechnen:

1.	*Grundgebühr, Nr. 4100 VV RVG*	*165,00 €*
2.	*Verfahrensgebühr, Nr. 4104 VV RVG*	*210,00 €*
3.	*Zusätzliche Gebühr, Nrn. 4141, 4104 VV RVG*	*140,00 €*

---

193 *Meyer-Goßner*, StPO, § 156 Rn. 4.
194 LG Hamburg, AGS 2001, 105 m. Anm. *Madert* = BRAGOreport 2001, 91 *[N. Schneider]* = JurBüro 2001, 301 = KostRsp. BRAGO § 86 Nr. 11 m. Anm. *N. Schneider*; *Kronenbitter*, BRAGO, 94 Rn. 442 ff.
195 LG Hamburg, AGS 2001, 105 m. Anm. *Madert* = BRAGOreport 2001, 91 *[N. Schneider]* = JurBüro 2001, 301 = KostRsp. BRAGO § 86 Nr. 11 m. Anm. *N. Schneider*; *Kronenbitter*, BRAGO, 94 Rn. 442 ff.

4.	*Postentgeltpauschale, Nr. 7002 VV RVG*	*20,00 €*
5.	*16 % Umsatzsteuer, Nr. 7008 VV RVG*	+ *85,60 €*
Summe:		**620,60 €**

617 Die einzige Ausnahme hiervon gilt im Fall des § 15 Abs. 5 Satz 2 RVG, wenn das weitere Verfahren eine neue Angelegenheit darstellt.

618 *Beispiel:*

Die Staatsanwaltschaft stellt das Verfahren im Dezember 2004 nach § 170 Abs. 2 StPO ein. Im Januar 2007 wird das Verfahren wieder aufgenommen, da sich neue Beweismittel ergeben haben. Nach weiteren Ermittlungen wird erneut eingestellt.

Die zusätzliche Gebühr nach Nr. 4141 VV RVG ist zum einen bereits mit der ersten Einstellung entstanden. Da das wieder aufgenommene Verfahren nach § 15 Abs. 5 Satz 2 RVG eine neue Angelegenheit darstellt, kann die zusätzliche Gebühr nach Nr. 4141 VV RVG daher erneut entstehen.

Zu rechnen ist wie folgt:

I. Ausgangsverfahren:

1.	*Grundgebühr, Nr. 4100 VV RVG*	*165,00 €*
2.	*Verfahrensgebühr, Nr. 4104 VV RVG*	*210,00 €*
3.	*Zusätzliche Gebühr, Nrn. 4141, 4104 VV RVG*	*140,00 €*
4.	*Postentgeltpauschale, Nr. 7002 VV RVG*	*20,00 €*
5.	*16 % Umsatzsteuer, Nr. 7008 VV RVG*	+ *85,60 €*
Summe:		*620,60 €*

II. Wieder aufgenommenes Verfahren:

1.	*Grundgebühr, Nr. 4100 VV RVG, § 21 Abs. 1 RVG*	*165,00 €*
2.	*Verfahrensgebühr, Nr. 4104 VV RVG, § 21 Abs. 1 RVG*	*210,00 €*
3.	*Zusätzliche Gebühr, Nrn. 4141, 4104 VV RVG, § 21 Abs. 1 RVG*	*140,00 €*
4.	*Postentgeltpauschale, Nr. 7002 VV RVG*	*20,00 €*
5.	*16 % Umsatzsteuer, Nr. 7008 VV RVG*	+ *85,60 €*
Summe:		*620,60 €*

bb) Mehrfacher Anfall in verschiedenen Verfahrensabschnitten

619 In **verschiedenen Verfahrensabschnitten** kann der Anwalt dagegen die Erhöhung nach Nr. 4141 VV RVG ungeachtet des Zeitablaufs mehrmals verdienen. Dies gilt insbesondere für das vorbereitende Verfahren einerseits (Unterabschnitt 2) und das gerichtliche Verfahren (Unterabschnitt 3) andererseits.

620 Wird die Sache im vorbereitenden Verfahren zunächst nicht nur vorläufig eingestellt und kommt es zur Wiederaufnahme des Ermittlungsverfahrens, das dann ins gerichtliche Verfahren übergeht, sei es durch Anklage oder durch Antrag auf Erlass eines Strafbefehls, so entsteht dem Verteidiger zusätzlich zu der bereits im vorbereitenden Verfahren verdienten zusätzlichen Gebühr nach Nrn. 4141, 4104 VV RVG eine weitere Verfahrensgebühr nach Nrn. 4106, 4112 oder 4118 VV RVG. Wird das gerichtliche Verfahren dadurch beendet, dass die Eröffnung des Hauptverfahrens abgelehnt wird, die Staatsanwaltschaft die Anklage oder den Antrag auf Erlass eines Strafbefehls zurücknimmt und das Verfahren dann einstellt oder das Gericht das Verfahren selbst einstellt oder der Anwalt den Einspruch gegen den Strafbefehl rechtzeitig zurücknimmt, dann entsteht auch hier nochmals eine zusätzliche Gebühr nach Nr. 4141 VV RVG i.V.m. Nrn. 4106, 4112 oder 4118 VV RVG und kann neben der im vorbereitenden Verfahren bereits verdienten zusätzlichen Gebühr geltend gemacht werden. Eine Anrechnung der Gebühren findet nicht statt.[196]

621 *Beispiel:*

Die Staatsanwaltschaft stellt die Sache im vorbereitenden Verfahren nach § 170 Abs. 2 StPO ein. Später nimmt sie das Verfahren wieder auf und erhebt Anklage. Das Gericht lehnt die Eröffnung des Hauptverfahrens gemäß § 204 StPO ab.

---

196 LG Offenburg, JurBüro 1999, 82 = Rpfleger 1999, 38 = KostRsp. BRAGO § 84 Nr. 99 m. Anm. *N. Schneider; N. Schneider,* ZAP Fach 24 S. 477.

Da die Sache im vorbereitenden Verfahren nicht nur vorläufig eingestellt worden ist, hat der Verteidiger dort nach Anm. Abs. 1 Nr. 1 zu Nr. 4141 VV RVG eine volle Gebühr verdient. Im gerichtlichen Verfahren erhöht sich die Gebühr nach Nrn. 4106, 4112 oder 4118 VV RVG ebenfalls auf eine volle Gebühr nach Abs. 1 Nr. 1 zu Nr. 4141 VV RVG. Der Verteidiger erhält daher folgende Vergütung:

I. Vorbereitendes Verfahren:

1.	Grundgebühr, Nr. 4100 VV RVG	165,00 €
2.	Verfahrensgebühr, Nr. 4104 VV RVG	140,00 €
3.	Zusätzliche Gebühr, Nrn. 4141, 4104 VV RVG	140,00 €
4.	Postentgeltpauschale, Nr. 7002 VV RVG	20,00 €
5.	16 % Umsatzsteuer, Nr. 7008 VV RVG	+ 74,40 €
Summe:		**539,40 €**

II. Gerichtliches Verfahren:

1.	Verfahrensgebühr, Nr. 4106 VV RVG	140,00 €
2.	Zusätzliche Gebühr, Nrn. 4141, 4106 VV RVG	140,00 €
3.	Postentgeltpauschale, Nr. 7002 VV RVG	20,00 €
4.	16 % Umsatzsteuer, Nr. 7008 VV RVG	+ 48,00 €
Summe:		**348,00 €**

g) Kostenerstattung

Soweit eine Kostenerstattung in Betracht kommt, sind auch die zusätzlichen Gebühren nach Anm. **622** Abs. 1 zu Nr. 4141 VV RVG als gesetzliche Vergütung nach § 464a Abs. 2 Nr. 2 StPO grds. erstattungsfähig.

h) Rechtsschutzversicherung

Soweit eine Rechtsschutzversicherung besteht, sind die Gebühren nach Anm. Abs. 1 zu Nr. 4141 VV **623** RVG stets vom Versicherungsschutz umfasst. Der Rechtsschutzversicherer ist auch verpflichtet, die zusätzlichen Gebühren nach Anm. Abs. 1 zu Nr. 4141 VV RVG zu übernehmen.

Praxishinweis: **624**

Hierüber entsteht in der Praxis häufig Streit, da die Rechtsschutzversicherer versuchen, an dieser Stelle Kosten zu sparen. Fast sämtliche Entscheidungen, die zur Vorgängervorschrift der Anm. Abs. 1 zu Nr. 4141 VV RVG (§ 84 Abs. 2 BRAGO) ergangen sind, beruhen auf Rechtsstreitigkeiten zwischen Rechtsschutzversicherer und Versicherungsnehmer. Der Anwalt sollte sich hier nicht vorschnell von einer ablehnenden Haltung des Rechtsschutzversicherers abschrecken lassen.

Zu beachten ist hier allerdings, dass ggf. eine **Obliegenheitsverletzung** gegeben sein kann, wenn **625** der Anwalt, dessen Verhalten sich der Betroffene zurechnen lassen muss, einen Einspruch gegen einen Strafbefehl einlegt und diesen später wieder zurücknimmt, ohne dass er begründen kann, wieso dies erforderlich gewesen sei, also dass die 14-tägige Einspruchsfrist nicht ausreichend gewesen war, um die Erfolgsaussichten eines Einspruchs vorab zu überprüfen.[197]

3. Verfahrensgebühren bei Einziehung und verwandten Maßnahmen

a) Überblick

Die Vorschrift der Nr. 4142 VV RVG regelt die zusätzliche Gebühr, wenn der Verteidiger Tätigkeiten **626** ausübt, die auf Einziehung und verwandte Maßnahmen gerichtet sind. Zweck der Vorschrift ist es, für die in diesen Fällen oft erheblich aufwändigere und umfangreicher gestaltete Tätigkeit des Anwalts einen Ausgleich zu schaffen, der durch die einfachen Gebührenrahmen nicht mehr geleistet werden kann.[198]

---

197 AG Gelsenkirchen, JurBüro 2003, 640; AG Hamburg-Barmbek, JurBüro 2003, 639.
198 *Gerold/Schmidt/Madert*, BRAGO, § 88 Rn. 3.

627 Die Vorschrift der Nr. 4142 VV RVG entspricht dem bisherigen § 88 Satz 1 und 2 BRAGO. Die bisherige Möglichkeit, den Gebührenrahmen zu überschreiten, findet jetzt ihre Entsprechung in der zusätzlichen Gebühr nach Nr. 4142 VV RVG, die im Gegensatz zur Vorgängervorschrift nicht nur eine bloße Erhöhungsmöglichkeit einräumt, sondern – abgesehen von Bagatellfällen – immer eine Erhöhung um eine 1,0 Wertgebühr anordnet.

628 Die Gebühr kann jetzt auch im Gegensatz zu § 88 Satz 1 und 2 BRAGO für den **gerichtlich bestellten oder beigeordneten** Anwalt anfallen.

629 Dass eine Tätigkeit für den Beschuldigten, die sich auf die Einziehung oder gleichstehende Rechtsfolgen bezieht, bei der Gebührenbemessung zu berücksichtigen ist, wird nicht mehr erwähnt. Im Rahmen des § 14 Abs. 1 RVG ist also die zusätzliche Tätigkeit jetzt grds. außer Acht zu lassen, da hierfür – abgesehen von Bagatellfällen – immer eine gesonderte Wertgebühr gewährt wird.

630 Ausgenommen ist die zusätzliche Gebühr nach Anm. Abs. 2 zu Nr. 4142 VV RVG lediglich in Bagatellfällen (s.u. Rn. 649).

631 Die zusätzliche Gebühr kommt **in jedem Rechtszug** in Betracht, also auch für das Berufungs- und Revisionsverfahren (Anm. Abs. 3 zu Nr. 4142 VV RVG).[199]

b) Einziehung, gleichstehende Rechtsfolgen nach § 442 StPO, die Abführung des Mehrerlöses oder auf eine diesen Zwecken dienende Beschlagnahme

aa) Anwendungsbereich

632 Die Vorschrift der Nr. 4142 VV RVG greift dann, wenn sich die Tätigkeit des Verteidigers auch auf

- die Einziehung oder
- eine gleichstehende Rechtsfolge nach § 442 StPO, also
  - den Verfall,
  - die Vernichtung,
  - die Unbrauchbarmachung,
  - die Beseitigung eines gesetzeswidrigen Zustands,
- die Abführung des Mehrerlöses oder
- eine diesen Zwecken dienende Beschlagnahme

erstreckt.

633 Es sind dies die Fälle
- der Einziehung (§§ 74, 75 StGB, § 7 WiStG),
- des Verfalls, soweit er Strafcharakter hat (§§ 73 bis 73d StGB),[200]
- der Vernichtung (§§ 98 Abs. 1, 110 UrhG),
- der Unbrauchbarmachung (§ 74d StGB, §§ 98 Abs. 2, 110 UrhG),
- der Abführung des Mehrerlöses (§§ 8, 10 WiStG),
- der Beschlagnahme, welche die Sicherung der vorgenannten Maßnahmen bezweckt (§§ 111b, 111c StPO).[201]

634 **Nicht** in den Anwendungsbereich der Nr. 4142 VV RVG fallen dagegen:
- die Rückerstattung des Mehrerlöses nach § 9 WiStG; diese Tätigkeit wird durch die Gebühr der Nrn. 4143, 4144 VV RVG abgegolten, da die Rückerstattung im Adhäsionsverfahren geltend zu machen ist,
- die Durchsetzung von Ansprüchen nach dem StrEG; auch hierfür gelten die Gebühren der Nrn. 4143, 4144 VV RVG (str.; s. Rn. 666),

---

199 *Gerold/Schmidt/Madert*, BRAGO, § 88 Rn. 2.
200 *Gerold/Schmidt/Madert*, BRAGO, § 88 Rn. 3.
201 *Gerold/Schmidt/Madert*, BRAGO, a.a.O.

- der Verfall einer Sicherheit nach § 128 Abs. 1 StPO,
- die Beschlagnahme zur Sicherstellung von Beweismitteln (§ 94 StPO),[202]
- die Vermögensbeschlagnahme (§§ 290, 443 StPO),
- Wertersatz, soweit er den Charakter zivilrechtlichen Schadensersatzes hat, z.B. nach den landesrechtlichen Forstgesetzen.[203]

bb) Höhe der Gebühr

In den in Rn. 633 genannten Fällen erhält der Verteidiger nach Nr. 4142 VV RVG eine zusätzliche 1,0 Gebühr aus dem Wert des Gegenstands, auf den sich die Einziehung oder verwandte Maßnahme bezieht.   **635**

Die Höhe der Gebühr ist in allen Instanzen gleich. Ebenso wie bei der Grundgebühr nach Nr. 4100 VV RVG wird hier nicht differenziert, wie etwa bei einer Einigungsgebühr (Nrn. 1000, 1003, 1004 VV RVG) oder den Gebühren nach Nrn. 4143, 4144 VV RVG.   **636**

cc) Ausschluss des § 14 Abs. 1 RVG

Soweit die Gebühr nach Nr. 4142 VV RVG entsteht, darf daneben im Rahmen des § 14 Abs. 1 RVG bei der Bemessung der Betragsrahmengebühren der Nrn. 4100 ff. RVG die auf Einziehung u.Ä. gerichtete Tätigkeit nicht mit berücksichtigt werden.   **637**

Die drohende Einziehung oder anderweitige Maßnahmen, insbesondere ihr Wert, kann sich allerdings bei dem Kriterium der „Bedeutung der (Straf-)Sache" i.S.d. § 14 Abs. 1 RVG[204] oder auch bei dem **Haftungsrisiko des Anwalts** niederschlagen.   **638**

Soweit wegen der Bagatellgrenze des Abs. 2 der Anm. zu Nr. 4142 VV RVG (s.u. Rn. 649) keine Wertgebühr entsteht, darf die Tätigkeit des Anwalts allerdings im Rahmen des § 14 Abs. 1 RVG berücksichtigt werden.   **639**

dd) Gebührenbeträge

Die Höhe der Gebührenbeträge richtet sich nach § 13 RVG.   **640**

ee) Gegenstandswert

Da es sich bei der Gebühr nach Nr. 4142 VV RVG um eine Wertgebühr handelt, richtet sich diese nach dem Gegenstandswert (§ 2 Abs. 1 RVG). Der für die zusätzliche Gebühr nach Nr. 4142 VV RVG maßgebende Wert richtet sich nach den §§ 22 ff. RVG. Die Werte mehrerer Gegenstände sind nach § 22 Abs. 1 RVG zusammenzurechnen.[205] Maßgebend ist der **objektive Verkehrswert. Subjektive Interessen** bleiben unberücksichtigt. Bei Beschlagnahmen ist – ähnlich wie bei einem Arrest – wegen der Vorläufigkeit ein Abschlag vorzunehmen.[206] Bei der Vertretung eines Einziehungsberechtigten ist dessen Interesse maßgebend; ist er nur Miteigentümer, kommt es nur auf seinen Anteil an; steht ihm nur ein dingliches Recht an der Sache zu, gilt § 6 ZPO.[207]   **641**

Im Gegensatz zu der Regelung des § 88 Satz 1 und 2 BRAGO kann jetzt eine **Wertfestsetzung** durch das Gericht nach § 33 RVG beantragt werden, da es sich jetzt um eine eigenständige Gebühr handelt und nicht mehr nur um eine Überschreitungsmöglichkeit.   **642**

ff) In jedem Rechtszug

Die zusätzliche Gebühr kommt für jeden Rechtszug in Betracht (Anm. Abs. 3 zu Nr. 4142 VV RVG), wobei die Gebühr im vorbereitenden Verfahren und im erstinstanzlichen Verfahren insgesamt nur   **643**

---

202 *Gerold/Schmidt/Madert*, BRAGO, a.a.O.
203 *Gerold/Schmidt/Madert*, BRAGO, § 88 Rn. 3.
204 *Gerold/Schmidt/Madert*, BRAGO, § 88 Rn. 4.
205 *Hansens*, BRAGO, § 88 Rn. 5.
206 *Gerold/Schmidt/Madert*, BRAGO, § 88 Rn.5.
207 *Gerold/Schmidt/Madert*, BRAGO, § 88 Rn. 5; *Riedel/Sußbauer/Fraunholz*, BRAGO, § 88 Rn. 14.

einmal anfallen kann, wie der Formulierung „einschließlich" zu entnehmen ist. Im Berufungs- und Revisionsverfahren kann sie erneut anfallen.

644 **Beispiel 1:**

Der Anwalt verteidigt den Beschuldigten im vorbereitenden Verfahren sowie im erstinstanzlichen gerichtlichen Verfahren vor dem LG (Strafkammer). Die Tätigkeit erstreckt sich auch auf die Einziehung eines Gegenstandes im Wert von 6.000 €.

Zu rechnen ist wie folgt:

I.   Vorbereitendes Verfahren:

1.	Grundgebühr, Nr. 4100 VV RVG	165,00 €
2.	Verfahrensgebühr, Nr. 4104 VV RVG	135,00 €
3.	1,0 Verfahrensgebühr, Nr. 4142 RVG (Wert: 6.000 €)	85,00 €
4.	Postentgeltpauschale, Nr. 7002 VV RVG	20,00 €
5.	16 % Umsatzsteuer, Nr. 7008 VV RVG	+ 64,80 €
Summe:		**469,80 €**

II.   Gerichtliches Verfahren vor der Strafkammer:

1.	Verfahrensgebühr, Nr. 4112 VV RVG	155,00 €
2.	Terminsgebühr, Nr. 4113 VV RVG	270,00 €
3.	Postentgeltpauschale, Nr. 7002 VV RVG	20,00 €
4.	16 % Umsatzsteuer, Nr. 7008 VV RVG	+ 71,20 €
Summe:		**516,20 €**

Im gerichtlichen Verfahren fällt die Gebühr nach Nr. 4142 VV RVG nicht erneut an, da sie im vorbereitenden Verfahren und im gerichtlichen Verfahren insgesamt nur einmal entstehen kann (Abs. 3 der Anm. zu Nr. 4142 VV RVG).

645 Kommt es zur Durchführung des Revisionsverfahrens, entsteht die Gebühr dagegen erneut.

646 **Beispiel 2:**

Wie Beispiel 1; der Verteidiger wird anschließend auch im Revisionsverfahren tätig.

Im Revisionsverfahren kann die Gebühr nach Nr. 4142 VV RVG erneut entstehen.

Zu rechnen ist wie folgt:

I. – III.
(wie oben)

IV. Revisionsverfahren:

1.	Verfahrensgebühr, Nr. 4130 VV RVG	515,00 €
2.	Terminsgebühr, Nr. 4132 RVG	285,00 €
3.	1,0 Verfahrensgebühr, Nr. 4142 RVG (Wert: 6.000 €)	85,00 €
4.	Postentgeltpauschale, Nr. 7002 VV RVG	20,00 €
5.	16 % Umsatzsteuer, Nr. 7008 VV RVG	+ 144,80 €
Summe:		**1.049,80 €**

647 Ebenfalls entsteht die Gebühr nach Nr. 4142 VV RVG im Falle der Zurückverweisung erneut (§ 21 Abs. 1 RVG). Eine Anrechnung ist im Gegensatz zu Vorbem. 3 Abs. 6 VV RVG nicht vorgesehen.

648 **Beispiel 2:**

Wie Beispiel 2; das Revisionsgericht hebt das Urteil der Strafkammer auf und verweist die Sache zur erneuten Verhandlung zurück.

Im erstinstanzlichen Verfahren kann die Gebühr nach Nr. 4142 VV RVG erneut entstehen.

Zu rechnen ist wie folgt:

I. – IV.
(wie oben)

V. Gerichtliches Verfahren vor der Strafkammer nach Zurückverweisung:

1.	Verfahrensgebühr, Nr. 4112 VV RVG	155,00 €
2.	Terminsgebühr, Nr. 4114 RVG	270,00 €
3.	1,0 Verfahrensgebühr, Nr. 4142 RVG (Wert: 6.000 €)	85,00 €

4.	*Postentgeltpauschale, Nr. 7002 VV RVG*	*20,00 €*
5.	*16 % Umsatzsteuer, Nr. 7008 VV RVG*	+ *84,80 €*
Summe:		***614,80 €***

gg) Ausschluss in Bagatellfällen (Anm. Abs. 2 zu Nr. 4142 VV RVG)

Ausgeschlossen wird die zusätzliche Gebühr der Nr. 4142 VV RVG, wenn der Gegenstandswert der Tätigkeit weniger als 25 € beträgt (Anm. Abs. 2 zu Nr. 4142 VV RVG). Zur Wertberechnung s. Rn. 641.   **649**

> **Hinweis:**   **650**
>
> Erst wenn die Bagatellgrenze von 24,99 € überschritten ist, entsteht die Gebühr. Damit greift die Neuregelung nicht bei der Einziehung von Gegenständen im Bagatellbereich, insbesondere also nicht bei der Einziehung nur geringwertiger Tatwerkzeuge. Diese Regelung dient der Vereinfachung bei der Festsetzung der anwaltlichen Gebühren und soll verhindern, dass die Mindestgebühr in sehr vielen Verfahren anfallen würde.

Da hier für die Mehrtätigkeit des Anwalts keine Gebühr nach Nr. 4142 VV RVG entsteht, darf die zusätzliche Tätigkeit des Anwalts allerdings im Rahmen des § 14 Abs. 1 RVG berücksichtigt werden.   **651**

c) Gerichtlich bestellter Rechtsanwalt

Für den Pflichtverteidiger gilt Nr. 4142 VV RVG ebenso, was sich daraus ergibt, dass auch für ihn die 1,0 Gebühr vorgesehen ist. Nach der BRAGO bestand diese Möglichkeit nicht, da in den §§ 97 und 102 BRAGO nicht auf § 88 BRAGO Bezug genommen wurde. Hier bestand nur die Möglichkeit, eine **Pauschvergütung** nach § 99 BRAGO zu beantragen.[208]   **652**

Der bestellte oder beigeordnete Anwalt erhält jetzt also nach Nr. 4142 VV RVG ebenso eine Gebühr i.H.v. 1,0. Für ihn gelten jedoch die Beträge des § 49 RVG.   **653**

Die Inanspruchnahme des Beschuldigten nach § 52 RVG ist – im Gegensatz zu den zusätzlichen Gebühren nach Nrn. 4143, 4144 VV RVG – möglich.   **654**

d) Durchsetzung und Erstattung

Gegenüber dem Mandanten kommt eine **Vergütungsfestsetzung** (§ 11 RVG) der zusätzlichen Gebühr im Gegensatz zur vergleichbaren Regelung des § 88 BRAGO immer in Betracht, da es sich um eine selbständige Wertgebühr handelt.   **655**

Im **Honorarprozess** bedarf es insoweit auch nicht der Einholung eines Gutachtens des Vorstands der Rechtsanwaltskammer nach § 14 Abs. 2 RVG.   **656**

Soweit ein Erstattungsanspruch gegen die **Staatskasse** besteht, kann der Beschuldigte auch die zusätzliche Gebühr nach Nr. 4142 VV RVG erstattet verlangen.   **657**

4. Verfahrensgebühren nach Nrn. 4143, 4144 VV RVG

a) Überblick

Die Vorschriften der Nrn. 4143, 4144 VV RVG entsprechen dem bisherigen § 89 BRAGO, wobei sich hier aber einige wesentliche Änderungen ergeben haben. Die Höhe der Gebühren ist unverändert geblieben. Geändert worden sind aber vor allem die Anrechnungsbestimmungen.   **658**

Im **Adhäsionsverfahren** nach den §§ 403 ff. StPO erhält der Verteidiger neben den Gebühren nach Nrn. 4100 ff. VV RVG die Verfahrensgebühren nach Nrn. 4143, 4144 VV RVG.   **659**

Die Regelung für eine **Einzeltätigkeit**, also wenn sich die Tätigkeit des Rechtsanwalts ausschließlich auf die Abwehr eines aus der Straftat erwachsenen vermögensrechtlichen Anspruchs im Strafver-   **660**

---

208 *Gerold/Schmidt/Madert*, BRAGO, § 88 Rn. 2.

fahren beschränkt, findet sich jetzt in Vorbem. 4.3 Abs. 2 VV RVG. Der Anwalt erhält nur die Gebühren nach Nrn. 4143, 4144 VV RVG.

661 Die Gebühr nach Nr. 4143 VV RVG regelt die Vergütung des Anwalts, der im erstinstanzlichen Verfahren tätig wird. Diese Vorschrift gilt auch dann, wenn die Ansprüche erstmals im Berufungsverfahren erhoben werden (Anm. Abs. 1 zu Nr. 4143 VV RVG).

662 In Anm. Abs. 2 zu Nr. 4143 VV RVG ist eine **Anrechnung** der Gebühren nach Nr. 4143 VV RVG vorgesehen, wenn der Anwalt anschließend wegen desselben Anspruchs im bürgerlichen Rechtsstreit tätig wird.

663 Wird die Berufung auch über die im Adhäsionsverfahren geltend gemachten Ansprüche geführt, so richtet sich die Vergütung nach Nr. 4144 VV RVG. Eine **Anrechnung** ist hier nicht mehr vorgesehen.

664 Eine Verweisung auf die Einigungsgebühr, wie noch in § 89 Abs. 4 BRAGO für den Vergleich angeordnet war, ist ebenfalls nicht mehr vorgesehen. Dass eine Einigungsgebühr möglich ist, ergibt sich schon als der Stellung der Einigungsgebühr in Teil 1 VV RVG (Allgemeine Gebühren).

b) Anwendungsbereich

665 Die Vorschriften der Nrn. 4143, 4144 VV RVG gelten unmittelbar nur für Ansprüche, die im **Adhäsionsverfahren** nach den §§ 403 ff. StPO geltend gemacht werden.

666 In **Verfahren nach dem Gesetz über die Entschädigung für Strafverfolgungsmaßnahmen (StrEG)** sind die Nrn. 4143, 4144 VV RVG entsprechend anzuwenden.[209]

c) Gebühren

aa) Überblick

667 Ist der Verteidiger auch hinsichtlich der Abwehr der im **Adhäsionsverfahren** geltend gemachten Ansprüche beauftragt, so erhält er für den strafrechtlichen Teil die Gebühren nach den Nrn. 4100 ff. VV RVG. Darüber hinaus erhält er für seine Tätigkeit hinsichtlich der vermögensrechtlichen Ansprüche zusätzlich eine Wertgebühr nach den Nrn. 4143, 4144 VV RVG. Die **Höhe des Gebührensatzes** richtet sich nach der jeweiligen Instanz (s.u. Rn. 674, 680)

668 Die Gebühren der Nrn. 4143, 4144 VV RVG entstehen mit der ersten Tätigkeit. Nach einer zum Teil vertretenen Auffassung soll die Gebühr nach Nr. 4143 VV RVG für den Verteidiger dagegen erst entstehen, wenn er gegenüber dem Gericht tätig wird, beginnend mit der Erklärung, dass der von der Gegenseite geltend gemachte Anspruch abgewiesen werden solle.[210] Diese Auffassung findet im Gesetz jedoch keine Stütze. Bei den Gebühren der Nrn. 4143, 4144 VV RVG handelt es sich um Pauschgebühren, die das gesamte Verfahren abdecken. Im Gegenteil ergibt sich aus Vorbem. 4 Abs. 2 VV RVG, dass die Gebühr bereits mit der Entgegennahme der Information entsteht.

669 Eine Differenzierung danach, welche Tätigkeit der Anwalt bereits vorgenommen hat, insbesondere, ob er bereits gegenüber dem Gericht tätig geworden ist oder nicht, ob er an einer Hauptverhandlung teilgenommen hat o.Ä., fehlt. Auch die Vorschrift der Nr. 3101 Nr. 1 VV RVG ist nicht anwendbar, da der Anwalt nach dem ausdrücklichen Gesetzeswortlaut keine Gebühr nach Nrn. 3100 ff. VV RVG erhält, sondern an deren Stelle eine feste Pauschgebühr. Daher ist auch Nr. 3101 Nr. 2 VV RVG nicht anwendbar.

670 Wird eine Einigung auch über nicht anhängige Ansprüche geschlossen, so erhält der Anwalt keine Differenzgebühr entsprechend Nr. 3101 Nr. 2 VV RVG. Vielmehr erhöhen sich die Gebühren der Nrn. 4143, 4144 VV RVG um den Wert derjenigen Ansprüche, die in die Einigung mit einbezogen werden (s.u. Berechnungsbeispiel Rn. 693).

---

209 *Hartmann*, KostG, § 89 BRAGO Rn. 4.
210 *Hartmann*, KostG, § 89 BRAGO Rn. 9; *Riedel/Sußbauer/Fraunholz*, BRAGO § 89 Rn. 7.

Für die Gebühren nach Nrn. 4143, 4144 VV RVG ist es unerheblich, neben welchen weiteren Ge- 671
bühren sie anfallen. Die Gebühren können also neben allen Gebühren der Nrn. 4100 ff. VV RVG entstehen.

bb) Vorbereitendes Verfahren

Im vorbereitenden Verfahren kann eine Gebühr nach Nr. 4143 VV RVG nicht entstehen. Die Vor- 672
schrift spricht ausdrücklich vom erstinstanzlichen gerichtlichen Verfahren, zumal im vorbereitenden
Verfahren noch kein Adhäsionsverfahren stattfindet und daher auch noch kein Antrag gestellt werden kann. Tätigkeiten des Verteidigers außerhalb des gerichtlichen Verfahrens, die auf die Abwehr
der vom Geschädigten geltenden gemachten Ansprüche gerichtet sind, werden vielmehr durch Nr.
2400 VV RVG vergütet.

Beispiel: 673

Während der Ermittlungen im vorbereitenden Verfahren macht der Geschädigte ein Schmerzensgeld i.H.v. 5.000
€ geltend. Der Verteidiger wird beauftragt, diese Ansprüche abzuwehren.
Nr. 4143 VV RVG gilt nicht. Die Abwehr der geltend gemachten Ansprüche ist hier vielmehr eine eigene Angele-
genheit. Der Verteidiger erhält die Vergütung aus Nr. 2400 VV RVG.
Zu rechnen ist wie folgt:

I.	*Vorbereitendes Verfahren:*	
1.	*Grundgebühr, Nr. 4100 VV RVG*	*165,00 €*
2.	*Verfahrensgebühr, Nr. 4104 VV RVG*	*140,00 €*
5.	*Postentgeltpauschale, Nr. 7002 VV RVG*	*20,00 €*
6.	*16 % Umsatzsteuer, Nr. 7008 VV RVG*	*+ 52,00 €*
Summe:		*377,00 €*
II.	*Außergerichtliche Tätigkeit:*	
1.	*1,5 Geschäftsgebühr, Nr. 2400 VV RVG*	*283,50 €*
2.	*Postentgeltpauschale, Nr. 7002 VV RVG*	*20,00 €*
3.	*16 % Umsatzsteuer, Nr. 7008 VV RVG*	*+ 48,56 €*
Summe:		*352,06 €*

cc) Gerichtliches Verfahren erster Instanz

Im **ersten Rechtszug** erhält der Anwalt neben den Gebühren der Nrn. 4100 ff. VV RVG nach Nr. 4143 674
VV RVG eine 2,0 Gebühr.

Beispiel: 675

Im Strafverfahren vor dem AG beantragt der Nebenkläger ein Schmerzensgeld i.H.v. 6.000 €. Der Verteidiger ist
auch mit der Abwehr dieser Ansprüche beauftragt.
Zu rechnen ist wie folgt:

1.	*Grundgebühr, Nr. 4100 VV RVG*	*165,00 €*
2.	*Verfahrensgebühr, Nr. 4106 VV RVG*	*140,00 €*
3.	*Terminsgebühr, Nr. 4108 VV RVG*	*230,00 €*
4.	*2,0 Gebühr, Nr. 4143 VV RVG (Wert: 6.000 €)*	*676,00 €*
5.	*Postentgeltpauschale, Nr. 7002 VV RVG*	*20,00 €*
6.	*16 % Umsatzsteuer, Nr. 7008 VV RVG*	*+ 196,96 €*
Summe:		*1.427,96 €*

Das gilt nach Anm. Abs. 1 zu Nr. 4143 VV RVG auch dann, wenn im Berufsverfahren erstmals 676
ein Antrag nach § 403 StPO gestellt wird.[211]

Beispiel: 677

Der Geschädigte macht seinen Schmerzensgeldanspruch erstmals im Berufsverfahren geltend.
Hinsichtlich der Verteidigergebühren gelten die Nrn. 4142 ff. VV RVG. Hinsichtlich der vermögensrechtlichen An-
sprüche gilt Nr. 4143 VV RVG.

---

211 *Hartmann,* KostG, § 89 BRAGO Rn. 11.

Zu rechnen ist wie folgt:

1.	*Grundgebühr, Nr. 4100 VV RVG*	165,00 €
2.	*Verfahrensgebühr, Nr. 4124 VV RVG*	270,00 €
3.	*Terminsgebühr, Nr. 4126 VV RVG*	270,00 €
4.	*2,0 Gebühr, Nr. 4143 VV RVG (Wert: 6.000 €)*	676,00 €
5.	*Postentgeltpauschale, Nr. 7002 VV RVG*	20,00 €
6.	*16 % Umsatzsteuer, Nr. 7008 VV RVG*	+ 224,16 €
	Summe:	**1.625,16 €**

678 War der Anwalt bereits außergerichtlich tätig, ist die Anrechnungsbestimmung nach zu Vorbem. 4 Abs. 4 VV RVG zu beachten.

679 *Beispiel:*

Während der Ermittlungen im vorbereitenden Verfahren macht der Geschädigte ein Schmerzensgeld i.H.v. 6.000 € geltend. Der Verteidiger wird beauftragt, diese Ansprüche abzuwehren. Anschließend werden im gerichtlichen Verfahren die 6.000 € vom Geschädigten als Nebenkläger geltend gemacht.

Zu rechnen ist wie folgt:

*I. **Vorbereitendes Verfahren:***

1.	*Grundgebühr, Nr. 4100 VV RVG*	165,00 €
2.	*Verfahrensgebühr, Nr. 4104 VV RVG*	140,00 €
5.	*Postentgeltpauschale, Nr. 7002 VV RVG*	20,00 €
6.	*16 % Umsatzsteuer, Nr. 7008 VV RVG*	+ 52,00 €
	Summe:	**377,00 €**

*II. **Außergerichtliche Tätigkeit:***

1.	*1,5 Geschäftsgebühr, Nr. 2400 VV RVG*	283,50 €
2.	*Postentgeltpauschale, Nr. 7002 VV RVG*	20,00 €
3.	*16 % Umsatzsteuer, Nr. 7008 VV RVG*	+ 48,56 €
	Summe:	**352,06 €**

*III. **Gerichtliches Verfahren:***

1.	*Verfahrensgebühr, Nr. 4106 VV RVG*	140,00 €
3.	*Terminsgebühr, Nr. 4108 VV RVG*	230,00 €
4.	*2,0 Gebühr, Nr. 4143 VV RVG (Wert: 6.000 €)*	676,00 €
5.	*gemäß Vorbem. 4 Abs. 4 VV RVG **anzurechnen:** 0,75 Gebühr aus 6.000 €*	-141,75 €
6.	*Postentgeltpauschale, Nr. 7002 VV RVG*	20,00 €
7.	*16 % Umsatzsteuer, Nr. 7008 VV RVG*	+ 147,88 €
	Summe:	**1.072,13 €**

dd) Berufungs- und Revisionsverfahren

680 Im Berufungs- und Revisionsverfahrens erhält der Anwalt eine 2,5 Gebühr. Voraussetzung hierfür ist allerdings, dass die vermögensrechtlichen Ansprüche bereits erstinstanzlich anhängig waren (Anm. Abs. 1 zu Nr. 4143 VV RVG). Darauf, ob auch der Berufungsanwalt bereits erstinstanzlich tätig war, kommt es nicht an.[212]

681 *Beispiel:*

Der Anwalt wird erstmals im Berufungsverfahren als Verteidiger bestellt. Dort sind auch vermögensrechtliche Ansprüche anhängig.

Es gilt Nr. 4144 VV RVG.

682 Kommt es zu einer Zurückverweisung, entstehen die Gebühren nach Nrn. 4143, 4144 VV RVG erneut. Eine **Anrechnung** wie bei Vorbem. 3 Abs. 6 VV ist nicht vorgesehen.

683 *Beispiel 1:*

Das LG hebt das Urteil des AG auf und verweist die Sache zurück.

---

212 *Hartmann*, KostG, § 89 BRAGO Rn. 10; *Gerold/Schmidt/Madert*, BRAGO, § 89 Rn. 7.

Im Verfahren vor dem AG erhält der Anwalt neben den Gebühren nach Nrn. 4106 ff. VV RVG die Gebühr der Nr. 4143 VV RVG erneut.

Beispiel 2: 684

Das OLG hebt das Berufungsurteil des Landgerichts auf und verweist die Sache zurück.
Im Verfahren vor dem LG erhält der Anwalt neben den Gebühren nach Nrn. 4124 ff. VV RVG die Gebühr der Nr. 4144 VV RVG erneut.

d) Gebührenbeträge

Die Höhe des jeweiligen Gebührenbetrages richtet sich nach § 13 RVG, für den gerichtlich bestell- 685
ten oder beigeordneten Anwalt nach den Beträgen des § 49 RVG.

e) Gegenstandswert

Die Gegenstandswerte für die Gebühren der Nrn. 4143, 4144 VV RVG berechnen sich nach den 686
§§ 22 ff. RVG Die Werte mehrerer Gegenstände werden zusammengerechnet (§ 21 Abs. 1 RVG).
Über § 23 Abs. 1 RVG gelten die Bewertungsvorschriften des GKG entsprechend,[213] insbesondere
auch § 42 GKG bei Schadensersatzrenten.[214]

Der Wert für die Gebühren nach Nrn. 4143, 4144 VV RVG ist vom Gericht gemäß §§ 23, 33 VV RVG 687
festzusetzen und kann nach §§ 23 Abs. 2, § 33 Abs. 3 VV RVG vom Anwalt aus eigenem Recht mit
der Beschwerde angefochten werden. Auch der Angeklagte kann Beschwerde einlegen. Diese richtet sich dann nach dem GKG. Die Zuständigkeit folgt aus § 121 GVG.[215]

Der Wert ist für jede Instanz gesondert festzusetzen. Insoweit gilt über § 23 Abs. 1 RVG auch § 40 688
GKG entsprechend.

Beispiel: 689

Im Strafverfahren vor dem AG beantragt der Nebenkläger ein Schmerzensgeld i.H.v. 5.000 €. Das Gericht er-
kennt auf 3.000 €. Der Beschuldigte legt sowohl gegen seine strafrechtliche Verurteilung als auch gegen die Ver-
urteilung zur Zahlung des Schmerzensgeldes Berufung ein. Der Nebenkläger legt keine Berufung ein.

I.   Erstinstanzliches Verfahren vor dem AG:

1.	*Grundgebühr, Nr. 4100 VV RVG*	*165,00 €*
2.	*Verfahrensgebühr, Nr. 4106 VV RVG*	*140,00 €*
3.	*Terminsgebühr, Nr. 4108 VV RVG*	*230,00 €*
4.	*2,0 Gebühr, Nr. 4143 VV RVG (Wert: 5.000 €)*	*602,00 €*
5.	*Postentgeltpauschale, Nr. 7002 VV RVG*	*20,00 €*
6.	*16 % Umsatzsteuer, Nr. 7008 VV RVG*	*+ 185,12 €*
	Summe:	*1.342,12 €*

II. Berufungsverfahren vor dem LG:

1.	*Verfahrensgebühr, Nr. 4124 VV RVG*	*270,00 €*
2.	*Terminsgebühr, Nr. 4126 VV RVG*	*270,00 €*
3.	*2,5 Gebühr, Nr. 4144 VV RVG (Wert: 3.000 €)*	*752,50 €*
4.	*Postentgeltpauschale, Nr. 7002 VV RVG*	*20,00 €*
5.	*16 % Umsatzsteuer, Nr. 7008 VV RVG*	*+ 210,00 €*
	Summe:	*1.522,50 €*

f) Einigungsgebühr (Nrn. 1000 ff. VV RVG)

Zusätzlich zu den Gebühren nach Nrn. 4143, 4144 VV RVG kann der Verteidiger eine Einigungsge- 690
bühr nach Nrn. 1000 ff. VV RVG verdienen, wenn er an einer Einigung mitwirkt.

Soweit es sich um Ansprüche handelt, die im Adhäsionsverfahren geltend gemacht sind, erhält der 691
Anwalt im erstinstanzlichen gerichtlichen Verfahren eine 1,0 Einigungsgebühr nach Nrn. 1000, 1003
VV RVG.

---

213 *Hartmann*, KostG, § 89 BRAGO Rn. 13.
214 OLG Hamburg, JurBüro 1984, 54.
215 Ausführlich OLG Hamm, AGS 2003, 320 m. Anm. *N. Schneider.*

692 Soweit Ansprüche in die Einigung miteinbezogen werden, die nicht anhängig sind, erhält der Anwalt die 1,5 Einigungsgebühr der Nr. 1000 VV RVG. Gleichzeitig erhöht sich der Wert für die Gebühr nach Nrn. 4143, 4144 VV RVG; eine Differenzgebühr entsprechend Nr. 3101 Nr. 2 VV RVG fällt hier nicht an (s.o. Rn. 670).

693 *Beispiel:*

Der Nebenkläger macht im Strafverfahren vor dem AG 2.000 € Schadensersatz geltend. Er einigt sich in der Hauptverhandlung mit dem Angeklagten dahingehend, dass auf den Schadensersatz 1.000 € gezahlt werden und auf das bislang noch nicht geltend gemachte Schmerzensgeld weitere 5.000 €.

Die Gebühr der Nr. 4143 VV RVG berechnet sich gemäß § 22 Abs. 1 VV RVG aus dem Wert von 7.000 €. Hinsichtlich der Einigungsgebühr ist gemäß § 15 Abs. 3 RVG nach den Teilwerten zu differenzieren:

1.	*Verfahrensgebühr, Nr. 4106 VV RVG*	*140,00 €*
2.	*Terminsgebühr, Nr. 4108 VV RVG*	*230,00 €*
3.	*2,0 Gebühr, Nr. 4143 VV RVG (Wert: 7.000 €)*	*750,00 €*
4.	*1,0 Einigungsgebühr, Nr. 1000 VV RVG (Wert: 2.000 €)*	*133,00 €*
5.	*1,5 Einigungsgebühr, Nrn. 1000, 1003 VV RVG (Wert: 5.000 €)*	*451,50 €*
	gemäß § 15 Abs. 3 RVG nicht mehr als 1,5 Gebühr aus 7.000 €	*562,50 €*
6.	*Postentgeltpauschale, Nr. 7002 VV RVG*	*20,00 €*
7.	*16 % Umsatzsteuer, Nr. 7008 VV RVG*	*+ 272,40 €*
Summe		***1.974,90 €***

694 Wird die **Einigung im Rechtsmittelverfahren** geschlossen, so erhöht sich die 1,0 Gebühr auf 1,3 (Nr. 1004 VV RVG), es sei denn, die Ansprüche sind erstmals im Berufungsverfahren geltend gemacht worden. In diesem Fall gilt Anm. Abs. 1 zu Nr. 4143 VV RVG entsprechend, wonach es bei dem einfachen, nicht erhöhten Gebührensatz verbleibt.[216] Die 1,5 Gebühr bleibt dagegen in allen Instanzen unverändert.

695 Die Einigungsgebühr nach Nrn. 1000 ff. VV RVG erhält der Anwalt auch neben einer eventuellen Gebühr aus Nr. 4147 VV RVG (s.u. Rn. 736 ff.).

g) Anrechnung (Anm. Abs. 2 zu Nr. 4143 VV RVG)
aa) Überblick

696 Kommt es nach Abschluss des Adhäsionsverfahrens zu einem Rechtsstreit vor dem Zivilgericht, so ist die Gebühr aus Nr. 4143 VV RVG unter den Voraussetzungen der Anm. Abs. 2 zu Nr. 4143 VV RVG auf die dortigen Gebühren anzurechnen. Bei dem nachfolgenden Zivilverfahren kann es sich auch um ein arbeitsgerichtliches Verfahren handeln.

697 Im Gegensatz zum bisherigen Recht ist eine Anrechnung jetzt nur noch für die erstinstanzlichen Gebühren vorgesehen, was sich daraus ergibt, dass die Anrechnungsvorschrift nur in der Anm. zu Nr. 4143 VV RVG enthalten ist, nicht auch in Nr. 4144 VV RVG und dass auch dort nicht auf die Anm. Abs. 2 zu Nr. 4143 VV RVG verwiesen wird.

bb) Voraussetzungen der Anrechnung
(1) Derselbe Anwalt

698 Voraussetzung für eine Anrechnung ist zunächst, dass derselbe Anwalt, der im erstinstanzlichen Adhäsionsverfahren tätig war, auch im nachfolgenden Zivilrechtsstreit beauftragt wird.

699 Im Gegensatz zu § 89 BRAGO[217] muss der Anwalt im Zivilverfahren nicht mehr als **Prozessbevollmächtigter** tätig werden. Die Anrechnungsbestimmung in Abs. 2 der Anm. zu Nr. 4143 VV RVG gilt also auch für den Korrespondenzanwalt (Nr. 3400 VV RVG), den Terminsvertreter (Nr. 3401 VV RVG) oder den im Mahnverfahren tätigen Anwalt.

---

216 *Hartmann*, KostG, § 89 BRAGO Rn. 25; *Gerold/Schmidt/Madert*, BRAGO, § 89 Rn. 8.
217 *Hartmann*, KostG, § 89 BRAGO Rn. 16.

(2) Derselbe Antragsteller

Der Antragsteller muss identisch sein. Unschädlich ist allerdings eine Rechtsnachfolge, etwa wenn   700
der Verletzte verstirbt und sein Erbe die Ansprüche vor dem Zivilgericht weiter verfolgt.

> *Beispiel:*   701
>
> *Im Strafverfahren hat der Verletzte als Nebenkläger ein Schmerzensgeld gefordert. Nach dessen Tod klagen die Erben vor dem Zivilgericht.*
>
> *Die Gebühr nach Nr. 4143 VV RVG ist für den Verteidiger gemäß Abs. 1 der Anm. zu Nr. 4143 VV RVG anzurechnen.*

(3) Derselbe Anspruch

Der **Gegenstand der anwaltlichen Tätigkeit** im Zivilverfahren muss **derselbe** sein **wie im Adhä-**   702
sionsverfahren. Hierzu zählen folgende **Fälle:**

- Das Gericht sieht im Adhäsionsverfahren gemäß § 406 Abs. 5 Satz 2 StPO von einer Entscheidung ab; derselbe Anspruch wird im Zivilverfahren anschließend nochmals geltend gemacht.
- Der Verletzte oder sein Erbe nimmt den Antrag im Adhäsionsverfahren zurück (§ 404 Abs. 4 StPO) und macht die Ansprüche anschließend im Zivilverfahren geltend.
- Das Strafgericht entscheidet gemäß § 405 StPO nur über den Grund des Anspruchs, so dass zur Höhe Klage vor dem Zivilgericht erhoben wird.
- Die Parteien einigen sich nur über den Grund oder die Haftungsquote der Ersatzforderung, so dass zur Höhe Klage vor dem Zivilgericht erhoben wird.
- Der Strafrichter entscheidet gemäß § 405 StPO nur über einen Teil der geltend gemachten Forderungen; soweit nicht entschieden wird, erhebt der Verletzte oder sein Erbe Klage von dem Zivilgericht.
- Das Verfahren wird eingestellt, so dass es nicht zur Entscheidung über die geltend gemachten Ansprüche kommt und diese erneut vor dem Zivilgericht eingeklagt werden.
- Es wird keine Anklage erhoben oder das Hauptverfahren wird nicht eröffnet, so dass es erst gar nicht zur Antragstellung kommt und die Ansprüche im Zivilverfahren eingeklagt werden müssen.
- Der Angeklagte wird freigesprochen und der Antrag im Adhäsionsverfahren abgewiesen. Ungeachtet dessen macht der Verletzte seine Ansprüche im Zivilverfahren erneut geltend.

An „demselben Anspruch" fehlt es, wenn das Strafgericht über andere Ansprüche zu befinden hat-   703
te, als später im Zivilverfahren geltend gemacht werden.

> *Beispiel:*   704
>
> *Im Adhäsionsverfahren fordert der Verletzte Schmerzensgeld; im anschließenden Zivilrechtsstreit verlangt er Verdienstausfall.*
>
> *Die Ansprüche sind verschieden; es wird nicht nach Abs. 1 Anm. zu Nr. 4143 VV RVG angerechnet.*

Ebenfalls fehlt es an „demselben Anspruch", wenn die Parteien im Adhäsionsverfahren einen Vergleich   705
schließen, der nicht protokolliert wird, der wegen eines Formmangels nicht vollstreckbar ist oder der
keinen vollstreckungsfähigen Inhalt hat und die Ansprüche vor dem Zivilgericht daraufhin nochmals
eingeklagt werden. Gegenstand des Zivilrechtsstreits sind dann nicht die ursprünglichen Forderungen, sondern der Anspruch aus dem Vergleich, so dass **keine Identität der Ansprüche** vorliegt.

(4) Ausschluss nach § 15 Abs. 5 Satz 2 RVG

Eine Anrechnung unterbleibt nach der allgemeinen Vorschrift des § 15 Abs. 5 Satz 2 RVG, wenn zwi-   706
schen der Beendigung des Adhäsionsverfahrens und der Einleitung des Zivilverfahrens mehr als zwei
Kalenderjahre liegen.

(5) Dieselbe Instanz

Die Anrechnung gilt nur für Gebühren derselben Instanz.   707

708 Die im **ersten Rechtszug** angefallene 2,0 Gebühr nach Nr. 4143 VV RVG wird auf die Gebühren eines erstinstanzlichen Zivilverfahrens angerechnet. Gleiches gilt, wenn die Ansprüche erstmals im Berufungsverfahren geltend gemacht worden sind. Auch in diesem Fall ist die 2,0 Gebühr (Anm. Abs. 1 zu Nr. 4143 VV RVG) auf die Gebühren des erstinstanzlichen Zivilverfahrens anzurechnen.[218]

709 Die im **Berufungs- oder Revisionsverfahren** angefallene 2,5 Gebühr wird im Gegensatz zum bisherigen Recht nicht angerechnet, und zwar weder auf die Gebühren eines erstinstanzlichen zivilrechtlichen Verfahrens noch auf die eines Rechtsmittelverfahrens.

(6) Durchführung der Anrechnung

710 Anzurechnen auf die Gebühren des Zivilverfahrens ist jetzt nur noch ein Drittel (nach § 89 BRAGO noch zwei Drittel) der im Adhäsionsverfahren nach Nr. 4143 VV RVG angefallenen Gebühr. Nicht anzurechnen ist eine im Adhäsionsverfahren angefallene Einigungsgebühr.

711 Angerechnet wird jetzt auch nur noch auf die Verfahrensgebühr des Zivilverfahrens, nicht mehr auf alle Gebühren des Zivilverfahrens (so aber noch nach § 89 BRAGO).[219] **Auslagen** bleiben von der Anrechnung ebenfalls ausgenommen. Die **Postentgeltpauschale** nach Nr. 7002 VV RVG entsteht jeweils gesondert.

712 *Beispiel:*

Im Adhäsionsverfahren wird von dem Nebenkläger ein Schmerzensgeld i.H.v. 6.000 € geltend gemacht. Das Gericht sieht gemäß § 406 Abs. 5 Satz 2 StPO von einer Entscheidung ab. Anschließend wird das Schmerzensgeld vor dem LG eingeklagt. Nach Verhandlung einigen sich die Parteien.

I.   *Strafverfahren*

a) *Vorbereitendes Verfahren:*

1.	*Grundgebühr, Nr. 4100 VV RVG*	*165,00 €*
2.	*Verfahrensgebühr, Nr. 4104 VV RVG*	*140,00 €*
3.	*Postentgeltpauschale, Nr. 7002 VV RVG*	*20,00 €*
4.	*16 % Umsatzsteuer, Nr. 7008 VV RVG*	*+ 52,00 €*
	Summe:	*377,00 €*

b) *Gerichtliches Verfahren:*

1.	*Verfahrensgebühr, Nr. 4106 VV RVG*	*140,00 €*
2.	*Terminsgebühr, Nr. 4108 VV RVG*	*230,00 €*
3.	*2,0 Gebühr, Nr. 4143 VV RVG (Wert: 6.000 €)*	*376,00 €*
4.	*Postentgeltpauschale, Nr. 7002 VV RVG*	*20,00 €*
5.	*16 % Umsatzsteuer, Nr. 7008 VV RVG*	*+ 122,58 €*
	Summe:	*888,58 €*

II. *Verfahren vor dem Zivilgericht (Wert: 6.000 €):*

1.	*1,3 Verfahrensgebühr, Nr. 3100 VV RVG*	*318,50 €*
2.	*gemäß Abs. 2 der Anm. zu Nr. 4143 VV RVG anzurechnen:*	
	1/3 aus 2,0 nach 6.000 €	*– 163,32 €*
3.	*1,2 Terminsgebühr, Nr. 3104 VV RVG*	*294,00 €*
4.	*1,0 Einigungsgebühr, Nr. 1000 VV RVG*	*245,00 €*
5.	*Postentgeltpauschale, Nr. 7002 VV RVG*	*20,00 €*
6.	*16 % Umsatzsteuer, Nr. 7008 VV RVG*	*+ 114,27 €*
	Summe:	*828,45 €*

713 Ist der Wert des nachfolgenden Rechtsstreits geringer, etwa weil der Strafrichter nur über einen Teil der Ansprüche entschieden hat oder der Verletzte seine Forderungen in Anbetracht des Kostenrisikos reduziert, so darf auch **nur aus diesem Wert** angerechnet werden.

714 *Beispiel:*

Im vorangegangenen Fall werden vor der Zivilabteilung des AG nur noch 2.000 € eingeklagt.

---

218 *Hartmann,* KostG, § 89 BRAGO Rn. 20.
219 *Hartmann,* KostG, § 89 BRAGO Rn. 18.

I. **Strafverfahren**
a) **Vorbereitendes Verfahren:**

1.	Grundgebühr, Nr. 4100 VV RVG	165,00 €
2.	Verfahrensgebühr, Nr. 4104 VV RVG	140,00 €
3.	Postentgeltpauschale, Nr. 7002 VV RVG	20,00 €
4.	16 % Umsatzsteuer, Nr. 7008 VV RVG	+ 52,00 €
Summe:		**377,00 €**

b) **Gerichtliches Verfahren:**

1.	Verfahrensgebühr, Nr. 4106 VV RVG	140,00 €
2.	Terminsgebühr, Nr. 4108 VV RVG	230,00 €
3.	2,0 Gebühr, Nr. 4143 VV RVG (Wert: 6.000 €)	490,00 €
4.	Postentgeltpauschale, Nr. 7002 VV RVG	20,00 €
5.	16 % Umsatzsteuer, Nr. 7008 VV RVG	+ 140,80 €
Summe:		**1.020,80 €**

II. **Verfahren vor dem Zivilgericht (Wert: 2.000 €):**

1.	1,3 Verfahrensgebühr, Nr. 3100 VV RVG	245,70 €
2.	gemäß Abs. 2 der Anm. zu Nr. 4143 VV RVG **anzurechnen:** 1/3 aus 2,0 nach 2.000 €	– 126,00 €
3.	1,2 Terminsgebühr, Nr. 3104 VV RVG	226,80 €
4.	Postentgeltpauschale, Nr. 7002 VV RVG	20,00 €
5.	16 % Umsatzsteuer, Nr. 7008 VV RVG	+ 58,64 €
Summe:		**425,14 €**

h) Prozesskostenhilfe

Für das Adhäsionsverfahren kann dem Beschuldigten Prozesskostenhilfe bewilligt werden. Die Gebührenbeträge richten sich dann nicht nach § 13 RVG, sondern nach § 49 RVG. **715**

Umstritten war bislang, ob die **Beiordnung eines Pflichtverteidigers** auch die Tätigkeit des Anwalts im Adhäsionsverfahren umfasst. Nach Auffassung des OLG Schleswig[220] bedurfte es einer zusätzlichen Beiordnung für das Adhäsionsverfahren nicht; der Pflichtverteidiger, der auch im Adhäsionsverfahren tätig wurde, erhielt danach stets die Gebühren nach Nr. 4143 VV RVG i.V.m. § 49 RVG. Begründet wurde diese Ansicht damit, dass die Gebührenvorschrift des § 89 BRAGO in § 97 Abs. 1 Satz 4 BRAGO ausdrücklich aufgeführt war. Der BGH[221] hat zwischenzeitlich in einem ausführlichen Beschluss entschieden, dass eine zusätzliche Bestellung erforderlich sei, um einen Vergütungsanspruch gegen die Staatskasse auszulösen. Dies wird für die Neufassung der Nrn. 4143, 4144 VV RVG erst recht gelten. **716**

Ist der Anwalt im Wege der Prozesskostenhilfe beigeordnet, so bestimmen sich seine Gebühren nach der Tabelle des § 49 RVG. Unter den Voraussetzungen des § 50 VV RVG kann er auch die weitere Vergütung bis zur Höhe der Wahlanwaltsgebühren erhalten. Darüber hinaus kann der Anwalt die Differenzbeträge gemäß § 126 ZPO gegen den Gegner festsetzen lassen, soweit dieser in die Kosten verurteilt worden ist. **717**

Die Inanspruchnahme des Beschuldigten über § 52 RVG scheidet aus. Diese Vorschrift setzt eine „Bestellung" voraus, gilt also nur für die Verteidigergebühren nach den Nrn. 4100 ff. VV RVG. Für die „Beiordnung" im Wege der PKH gilt dagegen nur § 50 RVG. Im Übrigen würde die Anwendung des § 52 RVG auf die Gebühren nach Nrn. 4143 ff. VV RVG der Sperre des § 122 Abs. 1 Nr. 3 ZPO widersprechen. **718**

---

220 AGS 1998, 6 m. abl. Anm. *Madert* = JurBüro 1998, 22 = NStZ 1998, 101 = SchlHA 1997, 245 = zfs 1998, 191.
221 Rpfleger 2001, 370; ebenso LG Bückeburg, Nds.Rpfl. 2001, 135; *Madert*, AGS 1998, 6; *Gerold/Schmidt/Madert*, BRAGO § 89 Rn. 16, § 97 Rn. 4; *Hansens*, BRAGO, § 89 Rn. 11; § 97 Rn. 6.

i) Kostenentscheidung und -erstattung

719 Die Kostenentscheidung richtet sich nach § 472a StPO. Die Entscheidung über die notwendigen Auslagen des Neben- oder Privatklägers gemäß § 472 StPO erfasst nicht auch die Kosten des Adhäsionsverfahrens. Hier ist eine **gesonderte Entscheidung** erforderlich.

720 Die Kostenerstattung richtet sich nach §§ 464a Abs. 2, 464b StPO.

j) Analoge Anwendung auf Verfahren nach dem Gesetz über die Entschädigung für Strafverfolgungsmaßnahmen (StrEG)

721 Nach h.M. galt § 89 BRAGO gemäß § 2 BRAGO analog auch für das **Verfahren nach dem Gesetz über die Entschädigung für Strafverfolgungsmaßnahmen (StrEG)**.[222] Beantragt der Beschuldigte im Verfahren vor dem Strafgericht nach § 8 StrEG, dass auf eine Ersatzpflicht erkannt wird, so waren § 89 Abs. 1 und 3 BRAGO entsprechend anzuwenden. Nach anderer Auffassung sollte § 89 BRAGO nicht anwendbar sein, sondern es sollten auch insoweit die §§ 83 ff. BRAGO gelten.[223] Diese waren jedoch nicht auf vermögensrechtliche Ansprüche zugeschnitten, so dass der Anwendung des § 89 BRAGO der Vorzug zu geben war.

722 Da hier keine Klärung herbeigeführt worden ist, wird jetzt Nr. 4143 VV RVG auf diese Verfahren entsprechend anzuwenden sein. In diesem Fall haben die vermögensrechtlichen Aspekte allerdings bei der nach § 14 Abs. 1 RVG vorzunehmenden Bemessung der Gebühren nach Nrn. 4100 ff. VV RVG außer Betracht zu bleiben.[224]

723 Eine Anrechnung nach Abs. 1 Anm. zu Nr. 4143 VV RVG scheidet allerdings aus, wenn das Gericht nach § 8 StrEG über Entschädigungsansprüche entscheidet und diese später im Verfahren nach § 13 StrEG eingeklagt werden. Das Verfahren nach § 8 StrEG betrifft nur den Grund, während das Verfahren nach § 13 StrEG nur die Höhe betrifft. Es liegen daher **verschiedene Gegenstände** vor.

5. Beschwerdegebühr nach Nr. 4145 VV RVG

724 Der Gebührentatbestand der Nr. 4145 VV RVG ist mit Wirkung zum 1.9.2004[225] in das RVG eingefügt worden. Diese neue Vorschrift erklärt sich aus den geänderten Vorschriften im Adhäsionsverfahren (§§ 403 ff. StPO). Macht der Verletzte Ansprüche gegen den Beschuldigten, die aus einer Straftat erwachsen sind, im Adhäsionsverfahren geltend, so kann das Gericht jetzt nach Anhörung (§ 406 Abs. 5 Satz 1 StPO) durch Beschluss aussprechen, dass es von einer Entscheidung über diesen Antrag absieht (§ 406 Abs. 5 Satz 2 StPO). Gegen diesen Beschluss wiederum kann der Antragsteller nach § 406a Abs. 1 Satz 1 StPO sofortige Beschwerde einlegen. Für diese sofortige Beschwerde wäre nach den bisherigen gesetzlichen Regelungen ein Gebührentatbestand nicht gegeben. Die Vorschrift der Nr. 3500 VV RVG greift nicht, da sie nur für Verfahren nach Teil 3 VV gilt. Im Übrigen würde Vorbem. 4.1 Abs. 2 Satz 1 VV RVG gelten, wonach durch die (allgemeinen) Gebühren sämtliche Tätigkeiten abgegolten sind. Von diesem Grundsatz macht Nr. 4145 VV RVG jetzt eine Ausnahme und gewährt für die Tätigkeit in dem Beschwerdeverfahren nach § 406a StPO eine gesonderte Vergütung.

a) Neue Angelegenheit

725 Das Beschwerdeverfahren gilt nach § 15 Abs. 2 Satz 2 RVG als eigene Angelegenheit. Nr. 4145 VV RVG durchbricht damit den Grundsatz der Vorbem. 4.1 Abs. 2 Satz 1 VV RVG, wonach durch die (allgemeinen) Gebühren grds. sämtliche Tätigkeiten des Verteidigers abgegolten sind.

Ist die Beschwerde erfolgreich und entscheidet das Gericht dann doch über die geltend gemachten Ansprüche, entsteht keine zusätzlichen Gebühren nach Nr. 4143 VV RVG. Insbesondere gilt nicht § 21 Abs. 1 RVG, da keine Zurückverweisung vorliegt (s.u. Berechnungsbeispiel Rn. 731).

---

222 *Hartmann*, KostG, § 89 BRAGO Rn. 4.
223 OLG Düsseldorf, JurBüro 1986, 869; *Meyer*, JurBüro 1992, 4.
224 OLG Bremen, MDR 1975, 602; *Gerold/Schmidt/Madert*, BRAGO, § 87 Rn. 9.
225 Durch Art. 4 Nr. 2 Gesetz zur Verbesserung der Rechte von Verletzten im Strafverfahren (Opferrechtsreformgesetz – OpferRRG) v. 24.6.2004, BGBl. I, S. 1354.

b) Die Gebühren

Im Beschwerdeverfahren nach § 406a Abs. 1 Satz 1 StPO gegen einen Beschluss nach § 406 Abs. 5   **726**
Satz 2 StPO erhält der Verteidiger neben den bisher verdienten Gebühren der Nrn. 4100 ff. VV RVG
sowie der Gebühr für das Antragsverfahren (Nr. 4143 VV RVG) nach Nr. 4145 VV RVG eine zusätzliche **0,5 Verfahrensgebühr.**

Neben der Gebühr nach Nr. 4145 VV RVG entstehen keine Rahmengebühren nach Nrn. 4100 ff. VV   **727**
RVG. Die Gebühr nach Nr. 41545 VV RVG entsteht isoliert.

c) Gegenstandswert

Die Höhe der 0,5 Gebühr richtet sich – ebenso wie bei den Gebühren nach Nrn. 4143, 4144 VV   **728**
RVG – nach dem **Gegenstandswert.** Maßgebend ist der Wert, hinsichtlich dessen das Gericht nach
§ 406 Abs. 5 Satz 2 StPO von einer Entscheidung absehen will.

d) Gebührenbeträge

Die Gebührenbeträge bestimmen sich für den Wahlanwalt nach § 13 RVG. Der gerichtlich bestellte   **729**
oder beigeordnete Anwalt erhält die Beträge nach § 49 RVG.

e) Auslagen

Da das Beschwerdeverfahren nach § 15 Abs. 5 Satz 2 RVG als eigene Angelegenheit gilt, erhält der   **730**
Anwalt auch seine Auslagen gesondert, insbesondere eine gesonderte Postentgeltpauschale nach
Nr. 7002 VV RVG.

f) Abrechnungsbeispiel

Im Adhäsionsverfahren vor dem Strafrichter wird von dem Nebenkläger ein Schmerzensgeld i.H.v. 6.000 € gel   **731**
tend gemacht. Das AG sieht gemäß § 406 Abs. 5 Satz 2 StPO von einer Entscheidung ab. Hiergegen erhebt der
Nebenkläger erfolgreich Beschwerde mit der Folge, dass der Beschluss ausgehoben und über das Schmerzensgeld
im Adhäsionsverfahren in der Hauptverhandlung entschieden wird.

Zu rechnen ist wie folgt:

I. Gerichtliches Verfahren vor dem AG:

1.	*Grundgebühr, Nr. 4100 VV RVG*	*165,00 €*
2.	*Verfahrensgebühr, Nr. 4106 VV RVG*	*140,00 €*
3.	*Terminsgebühr, Nr. 4106 VV RVG*	*140,00 €*
3.	*2,0 Gebühr, Nr. 4143 VV RVG (Wert: 6.000 €)*	*676,00 €*
3.	*Postentgeltpauschale, Nr. 7002 VV RVG*	*20,00 €*
4.	*16 % Umsatzsteuer, Nr. 7008 VV RVG*	*+ 182,56 €*
	Summe:	*1.323,56 €*

II. Beschwerdeverfahren:

1.	*0,5 Gebühr, Nr. 4143 VV RVG (Wert: 6.000 €)*	*169,00 €*
2.	*Postentgeltpauschale, Nr. 7002 VV RVG*	*20,00 €*
3.	*16 % Umsatzsteuer, Nr. 7008 VV RVG*	*+ 30,24 €*
	Summe:	*219,24 €*

6. Verfahrensgebühr für das Verfahren über einen Antrag auf gerichtliche Entscheidung oder über die Beschwerde gegen eine den Rechtszug beendende Entscheidung nach § 25 Abs. 1 Satz 3 bis 5, § 13 StRehaG (Nr. 4146 VV RVG)

Die Vorschrift der Nr. 4146 VV RVG[226] regelt die Tätigkeit im Verfahren über soziale Ausgleichsleis   **732**
tungen nach dem Dritten Abschnitt des Strafrechtlichen Rehabilitierungsgesetzes und enthält zwei
Gebührentatbestände.

---

226 Bisherige Nr. 4145 VV RVG, geändert in Nr. 4146 VV RVG durch Art. 4 Nr. 2 Gesetz zur Verbesserung der Rechte von Verletzten im Strafverfahren (Opferschutzgesetz) v. 24.6.2004, BGBl. I, S. 1354.

733 Zum einen ist die Vergütung im **Verfahren über den Antrag auf gerichtliche Entscheidung nach § 25 Abs. 1 Satz 3 bis Abs. 5 StrRehaG** geregelt (Nr. 4146 1. Alt. VV RVG).

734 Zum anderen regelt die Vorschrift die Vergütung des Anwalts, wenn er im Verfahren auf gerichtliche Entscheidung nach § 25 Abs. 1 Satz 3 bis Abs. 5 StrRehaG gegen eine den Rechtszug beendende Entscheidung **Beschwerde** einlegt (Nr. 4146 2. Alt. VV RVG).

735 Wegen des Zusammenhangs s. hierzu die Darstellung in Rn. 294 ff.

7. Einigungsgebühr im Privatklageverfahren (Nr. 4147 VV RVG)[227]

a) Überblick

736 Die Vorschrift der Nr. 4147 VV RVG[228] entspricht dem bisherigen § 94 Abs. 3 und Abs. 5 2. Alt. BRAGO. Schließt der Verteidiger im Privatklageverfahren oder im Sühnetermin nach § 380 StPO eine Einigung bezüglich des Strafanspruchs und/oder des Kostenerstattungsanspruchs, so erhält er nach Nr. 4147 VV RVG eine Einigungsgebühr. Streng genommen enthält Nr. 4147 VV RVG keinen eigenen Gebührentatbestand, sondern verweist nur auf Nr. 1000 VV RVG (an sich hätte auf Nr. 1005 VV RVG verwiesen werden müssen) und gibt lediglich einen von Nrn. 1005, 1006, 1007 VV RVG abweichenden Betragsrahmen vor.

737 Die Privatklageeinigung kann **in jedem Verfahrensstadium** geschlossen werden, also nicht nur im Sühneverfahren und im gerichtlichen Verfahren. Der Gebührentatbestand ist auch dann entsprechend anwendbar, wenn sich die Beteiligten vor dem Sühnetermin oder zwischen Sühnetermin und Erhebung der Privatklage einigen, wenn es also aufgrund der Einigung nicht mehr zum Sühnetermin kommt oder wenn sich die Parteien nach einem gescheiterten Sühnetermin doch noch einigen.

b) Gebührenhöhe

738 Die Gebührenhöhe für die **Privatklageeinigung** bemisst sich auf 20 € bis 150 €, und zwar unabhängig davon, in welchem Stadium die Einigung geschlossen wird. Die **Mittelgebühr** beträgt 85 €

739 *Beispiel:*

Im Sühnetermin einigen sich die Parteien, dass der Beschuldigte sich für Beleidigungen entschuldige und er die Kosten des Verfahrens übernehme.

Zu rechnen ist wie folgt:

1.	*Grundgebühr, Nr. 4100 VV RVG*	*165,00 €*
2.	*Verfahrensgebühr, Nr. 4104 VV RVG i.V.m. Vorbem. 4.1.2 VV RVG*	*208,75 €*
3.	*Terminsgebühr, Nr. 4102 Nr. 5 VV RVG*	*140,00 €*
4.	*Einigungsgebühr, Nr. 4147 VV RVG*	*85,00 €*
5.	*Postentgeltpauschale, Nr. 7002 VV RVG*	*20,00 €*
6.	*16 % Umsatzsteuer, Nr. 7008 VV RVG*	*+ 99,00 €*
Summe:		*717,75 €*

740 Der **gerichtlich bestellte oder beigeordnete Anwalt** erhält eine Festgebühr i.H.v. 68 €.

c) Einigungsgebühr nach Nrn. 1000 ff. VV RVG

741 Neben der Einigungsgebühr nach Nr. 4146 VV RVG bleiben die Gebühren nach Nrn. 1000 ff. VV unmittelbar anwendbar (Anm. zu Nr. 4146 VV RVG), soweit die Parteien sich (auch) über sonstige Gegenstände einigen, die nach dem Wert abzurechnen sind, entsteht also auch eine weitere Einigungsgebühr nach Nrn. 1000, 1003, 1004 VV RVG. Nicht erforderlich ist, dass diese Ansprüche im Wege des Adhäsionsverfahrens (Nrn. 4142, 4143 VV RVG) anhängig waren.

---

227 Zu einzelnen Fragen s. die umfassendere Darstellung in Rn. 838 ff. Wegen des Zusammenhangs ist diese Gebühr ausführlich bei der Vergütung des Privatklagevertreters behandelt. Die dortigen Ausführungen gelten entsprechend auch für den Verteidiger.

228 Bisherige Nr. 4146 VV RVG, geändert in Nr. 4147 VV RVG durch Art. 4 Nr. 2 Gesetz zur Verbesserung der Rechte von Verletzten im Strafverfahren (Opferrechtsreformgesetz) v. 24.6.2004, BGBl. I, S. 1354.

Die Höhe der weiteren Einigungsgebühr nach Nrn. 1000 ff. VV RVG bemisst sich danach, ob die An- **742**
sprüche anhängig sind, etwa in einem zivilrechtlichen Verfahren oder im Adhäsionsverfahren – dann
entsteht nach Nrn. 1000, 1003 VV RVG eine 1,0 Gebühr – oder ob die Ansprüche noch nicht anhängig sind – dann entsteht nach Nr. 1000 VV RVG eine 1,5 Gebühr. Sind die Gegenstände in einem Be-
rufungs- oder Revisionsverfahren anhängig, so entsteht die Einigungsgebühr zu 1,3 (Nr. 1004 VV RVG)

Beispiel: **743**

In der Hauptverhandlung einigen sich die Parteien, dass der Beschuldigte sich für Beleidigungen entschuldige und
er die Kosten des Verfahrens übernehme. Zudem verpflichtet er sich anstelle des (bislang nur außergerichtlich) ge-
forderten Schmerzensgeldes i.H.v. 2.000 € einen Betrag i.H.v. 1.000 € zu zahlen.

Zu rechnen ist wie folgt:

I.   Sühneverfahren:

1.	*Grundgebühr, Nr. 4100 VV RVG*	*165,00 €*
2.	*Verfahrensgebühr, Nr. 4104 VV RVG i.V.m. Vorbem. 4.1.2 VV RVG*	*208,75 €*
3.	*Terminsgebühr, Nr. 4102 Nr. 5 VV RVG*	*140,00 €*
5.	*Postentgeltpauschale, Nr. 7002 VV RVG*	*20,00 €*
6.	*16 % Umsatzsteuer, Nr. 7008 VV RVG*	*+ 85,40 €*
Summe:		*619,15 €*

II. Gerichtliches Verfahren:

1.	*Verfahrensgebühr, Nr. 4106 VV RVG*	*140,00 €*	**744**
3.	*Terminsgebühr, Nr. 4108 VV RVG*	*230,00 €*	
4.	*Einigungsgebühr, Nr. 4147 VV RVG*	*85,00 €*	
5.	*1,5 Einigungsgebühr, Nr. 1000 VV RVG (Wert: 2.000 €)*	*199,50 €*	
6.	*Postentgeltpauschale, Nr. 7002 VV RVG*	*20,00 €*	
7.	*16 % Umsatzsteuer, Nr. 7008 VV RVG*	*+ 107,92 €*	
Summe:		*782,42 €*	

D.   Vergütung des Nebenklagevertreters

I.   Gebühren

Der Vertreter des Nebenklägers erhält gemäß Vorbem. 4 Abs. 1 VV RVG die **gleichen Gebühren wie** **745**
ein Verteidiger. Die Vorschriften des Teils 4 VV RVG sind auf den Nebenklagevertreter also entsprechend anzuwenden. Gleiches gilt für den Anwalt, der dem Nebenkläger nach § 397a Abs. 2
StPO **beigeordnet** oder der nach § 397a Abs. 1 StPO ihm als **Beistand bestellt** worden ist.

Während der als **Wahlanwalt** tätige Vertreter des Nebenklägers die Gebühren erhält wie ein Wahl- **746**
verteidiger, erhält der **beigeordnete oder bestellte Vertreter oder Beistand** des Nebenklägers die
Festgebühren eines Pflichtverteidigers.

Soweit **Wertgebühren** anfallen, berechnen sich die Gebühren des Wahlanwalts nach den Beträgen **747**
des § 13 RVG und die des **beigeordneten oder bestellten Vertreters** nach den Gebührenbeträgen
des § 49 RVG.

Mit der Neufassung und der generellen Verweisung in Vorbem. 4 Abs. 1 VV RVG dürfte auch die bis- **748**
herige Streitfrage erledigt sein, ob für den Nebenklagevertreter eine Gebühr im **vorbereitenden Ver-**
fahren anfallen kann. Zum Teil wurde die Anwendung des § 84 Abs. 1 1. Alt. BRAGO abgelehnt, da
der Beitritt des Nebenklägers erst ab Erhebung der öffentlichen Klage (§ 396 Abs. 1 Satz 2 StPO)
und im Strafbefehlsverfahren sogar erst nach Bestimmung eines Hauptverhandlungstermins (§ 396
Abs. 1 Satz 3 StPO) möglich ist. Daher sollte nach einem Teil der Rechtsprechung und Literatur eine Vergütung des Nebenklagevertreters erst ab diesem Zeitpunkt in Betracht kommen. Die überwiegende Ansicht hat jedoch die Vorschrift des § 84 Abs. 1 1. Alt. BRAGO auch im vorbereitenden
Verfahren angewandt, wenn der Anwalt für den späteren Nebenkläger dort bereits tätig war.[229] Jetzt

---

229 Zum bisherigen Streitstand s. AnwKom-BRAGO-*N. Schneider*, § 95 Rn. 18.

dürfte aufgrund der pauschalen Verweisung in Vorbem. 4 Abs. 1 VV RVG klar sein, dass auch er die Vergütung im vorbereitenden Verfahren erhält, also eine insbesondere Verfahrensgebühr nach Nr. 4104 VV RVG.[230]

II. Zusätzliche Gebühren

749 Auch der Vertreter des Nebenklägers kann die zusätzlichen Gebühren nach Teil 4 Abschnitt 1 Unterabschnitt 5 VV RVG verdienen.

1. Erledigung ohne Hauptverhandlung

750 Insbesondere kann er eine zusätzliche Gebühr erhalten, wenn er

* an der **Einstellung des Verfahrens** oder
* an der **Rücknahme des Rechtsmittels durch den Verurteilten** mitwirkt oder
* das **eigene Rechtsmittel zurücknimmt**

und dadurch die Hauptverhandlung entbehrlich wird.[231]

2. Adhäsionsverfahren

751 Soweit der Nebenkläger vermögensrechtliche Ansprüche geltend macht, sind auch für ihn die Gebühren nach Nrn. 4143, 4144, 4145 VV RVG (s.o. Rn. 658 ff.) anzuwenden.[232]

III. Vertretung mehrerer Nebenkläger

752 Vertritt der Anwalt mehrere Nebenkläger, so erhöhen sich die Verfahrensgebühren nach Nr. 1008 VV RVG und zwar unabhängig davon, ob sie wegen derselben Tat oder denselben Tatfolgen beigetreten sind oder wegen verschiedener Taten. Auf eine gemeinschaftliche Beteiligung kommt es hier nach der Fassung der Nr. 1008 VV RVG nicht (mehr) an.[233]

753 *Beispiel 1:*
Der Anwalt wird von mehrere Hinterbliebenen des Getöteten mit der Nebenklage beauftragt.
Der Gegenstand der anwaltlichen Tätigkeit ist für alle Beteiligten derselbe. Die Verfahrensgebühren erhöhen sich nach Nr. 1008 VV RVG um 30 % je weiterer Auftraggeber.

754 *Beispiel 2:*
Der Anwalt wird von zwei Verletzten aus zwei verschiedenen aber gemeinsam angeklagten Körperverletzungen desselben Beschuldigten mit der Nebenklage beauftragt.
Der Gegenstand der anwaltlichen Tätigkeit ist für jeden Beteiligten ein anderer. Dennoch erhöhen sich die Verfahrensgebühren nach Nr. 1008 VV RVG um 30 % je weiterer Auftraggeber.

755 Für den Wahlanwalt erhöhen sich die Betragsrahmen der Verfahrensgebühren um 30 %. Also sowohl die Mindestgebühr als auch die Höchstgebühr werden um 30 % je weiterer Auftraggeber angehoben. Die Festgebühr des bestellten oder beigeordneten Anwalts erhöht sich ebenfalls um jeweils 30 %.

756 *Verfahrensgebühr nach Nr. 4106 VV RVG im gerichtlichen Verfahren vor dem AG:*

	Mindestgebühr	*Höchstgebühr*	*Mittelgebühr*
1 Auftraggeber	*30 €*	*250 €*	*140 €*
2 Auftraggeber	*39 €*	*325 €*	*182 €*
3 Auftraggeber	*48 €*	*400 €*	*224 €*
4 Auftraggeber	*57 €*	*475 €*	*266 €*

---

230 *Burhoff*, RVG, Nr. 4104 VV RVG Rn. 13.
231 *Burhoff*, RVG, Nr. 4141 VV RVG Rn. 5; zur bisherigen Rechtslage nach § 84 Abs. 2 BRAGO s. auch LG Landshut, NZV 1997, 412; KostRsp. BRAGO § 95 Nr. 92 m. Anm. *N. Schneider*.
232 *Burhoff*, RVG, Nr. 4143 VV RVG Rn. 8.
233 Zur früheren Streitfrage s. AnwKom-BRAGO-*N. Schneider*, § 95 Rn. 48.

Im Gegensatz zur bisherigen Rechtslage erhöht sich die Vergütung für die Teilnahme an Terminen nicht. Hier bleibt es bei dem einfachen Betragsrahmen. | 757

Soweit vermögensrechtliche Ansprüche geltend gemacht werden, erhöhen sich auch die Verfahrensgebühren nach Nrn. 4143, 4144, 4145 VV RVG um 0,3 je weiterer Auftraggeber. Hier ist allerdings nach wie vor eine gemeinschaftliche Beteiligung erforderlich, da es sich hier um Wertgebühren handelt. So beträgt die Verfahrensgebühr bei zwei Nebenklägern erstinstanzlich 2,3 und im Rechtsmittelverfahren 2,8, wenn es um denselben Anspruch geht. | 758

> **Beispiel:** | 759
>
> *Der Anwalt wird im gerichtlichen Verfahren von drei Erben mit der Nebenklage beauftragt sowie mit der Durchsetzung eines auf sie übergegangenem Schmerzensgeldanspruchs i.H.v. 5.000 €.*
>
> *Zu rechnen ist wie folgt:*
>
> | | | |
> |---|---|---:|
> | 1. | *Grundgebühr, Nr. 4100 VV RVG* | *165,00 €* |
> | 2. | *Verfahrensgebühr, Nrn. 4106, 1008 VV RVG* | *224,00 €* |
> | 3. | *Terminsgebühr, Nr. 4108 VV RVG* | *230,00 €* |
> | 4. | *2,6 Verfahrensgebühr, Nrn. 4143, 1008 VV RVG (Wert: 5.000 €)* | *481,00 €* |
> | 5. | *Postentgeltpauschale, Nr. 7002 VV RVG* | *20,00 €* |
> | 6. | *16 % Umsatzsteuer, Nr. 7008 VV RVG* | *+ 179,20 €* |
> | | **Summe:** | **1.299,20 €** |

IV. Bestimmung der Gebühr im Einzelfall

Durch die Neufassung dürfte auch die bisherige Streitfrage geklärt sein, ob die Tätigkeit des Nebenklagevertreters grds. von geringerer Bedeutung und daher von einer geringeren als der **Mittelgebühr** auszugehen ist. Die h.M. ist bereits nach derzeitigem Recht grds. auch hier von einer Mittelgebühr ausgegangen. Zum Teil wurde allerdings nur eine geringere Gebühr zugesprochen.[234] In Anbetracht dessen, dass der Gesetzgeber in den Vorbemerkungen den Nebenklagevertreter dem Verteidiger gleichgestellt hat, dürfte davon auszugehen sein, dass auch für den Nebenklagevertreter **grds. von der Mittelgebühr auszugehen** ist. Hierfür spricht insbesondere, dass der Gesetzgeber die gleiche Problematik, die bislang auch in Bußgeldsachen bestand, gelöst hat, indem dort nunmehr ein eigener Gebührenrahmen vorgesehen ist, er es aber für den Nebenkläger beim Verweis auf den vollen Gebührenrahmen belassen hat. | 760

V. Gebühren des Beistands des Verletzten

Ist der Anwalt als Beistand des Verletzten tätig, so erhält er ebenfalls die Gebühren wie ein Verteidiger. Die bisherige Regelung in § 95 Satz 2 BRAGO, wonach er nur die Hälfte der Gebühren des Verteidigers erhält, ist damit abgeschafft. Der eventuell geringere Aufwand des Anwalts als Beistand des Verletzten ist daher zukünftig allenfalls im Rahmen des § 14 Abs. 1 RVG zu beachten. | 761

E. Vergütung des Privatklagevertreters

I. Überblick

1. Entsprechende Anwendung der Gebührenvorschriften für den Verteidiger

Eine gesonderte Regelung der Gebühren des Anwalts, der einen Privatkläger vertritt, wie dies in § 94 BRAGO der Fall war, enthält das RVG nicht mehr. Neben einzelnen besonderen Gebührenvorschriften ist jetzt lediglich in Vorbem. 4 Abs. 1 VV RVG angeordnet, dass der Vertreter eines Privatklägers die **gleichen Gebühren erhält wie ein Verteidiger**. Insoweit kann also auf die Ausführungen zu der Vergütung des Verteidigers Bezug genommen werden. | 762

---

234 Nachweise zu beiden Ansichten bei AnwKom-BRAGO-*N. Schneider*, § 95 Rn. 52.

763 Da die Privatklage nur vor dem AG erhoben werden kann, gilt im gerichtlichen Verfahren stets der für das Verfahren vor dem AG vorgesehene Gebührenrahmen.

764 Für den Verteidiger im Privatklageverfahren bedarf es – wie bisher – keiner gesonderten Regelung. Für diesen gelten die Verteidigergebühren auch im Privatklageverfahren unmittelbar.

2. Besondere Regelungen

765 Allerdings sieht das RVG auch einige besondere Regelungen vor.

a) Vorbereitung der Privatklage

766 So regelt die **Vorbem. 4.1.2 VV RVG**, dass die Vorbereitung der Privatklage der Tätigkeit im **vorbereitenden Verfahren** gleichsteht; dies gilt sowohl für den Verteidiger als auch für den Privatklagevertreter.

b) Einigung

767 Daneben regelt **Nr. 4147 VV RVG**[235] die Einigungsgebühr im Privatklageverfahren, die wiederum sowohl von dem Verteidiger als auch für den Privatkläger gilt.

c) Anfertigung oder Unterzeichnung einer Privatklage als Einzeltätigkeit

768 Eine ausschließlich für den Privatklägervertreter geltenden Vorschriften findet sich in **Nr. 4301 Nr. 1 VV RVG** für die Anfertigung oder Unterzeichnung einer Privatklage als Einzeltätigkeit.

d) Widerklage

769 Wird im Privatklageverfahren eine Widerklage erhoben, gehört diese zur Angelegenheit und löst keine gesonderten Gebühren aus (**§ 16 Nr. 14 RVG**). Der Mehraufwand kann allenfalls im Rahmen des § 14 Abs. 1 RVG gebührenerhöhend berücksichtigt werden.

e) Teilnahme an einem Sühnetermin

770 Für die Teilnahme an einem Sühnetermin (§ 380 StPO) entsteht eine Terminsgebühr nach **Nr. 4102 Nr. 5 VV RVG**.

3. Gebührenhöhe

771 Eine abweichende Gebührenhöhe ist für den Vertreter des Privatklägers nicht vorgesehen. Ihm steht also jeweils der **volle Gebührenrahmen** zur Verfügung. Eine Reduzierung, wie sie teilweise beim Nebenklagevertreter angenommen wurde, kommt bei Privatklagevertreter nicht in Betracht. Hierbei ist insbesondere zu berücksichtigen, dass dem Privatklagevertreter i.d.R. die gesamte Ermittlungs- und Anklagetätigkeit zukommt.

4. Beistand oder beigeordneter Vertreter im Wege der Prozesskostenhilfe

772 Ist dem Privatkläger ein Anwalt als Beistand oder Vertreter im Wege der PKH beigeordnet worden (§ 379 Abs. 3 StPO i.V.m. § 114 ff. ZPO) so erhält dieser die **Festgebühren** des gerichtlich bestellten oder beigeordneten Rechtsanwalts.

773 Soweit **Wertgebühren** in Betracht kommen, so erhält er die Vergütung aus der Staatskasse nach den Gebührenbeträgen des § 49 RVG.

II. Allgemeine Gebühren

774 Auch der Nebenklagevertreter kann allgemeine Gebühren nach Nrn. 4100 ff. VV RVG verdienen.

---

235 Bisherige Nr. 4146 VV RVG, geändert in Nr. 4147 VV RVG durch Art. 4 Nr. 2 Gesetz zur Verbesserung der Rechte von Verletzten im Strafverfahren (Opferrechtsreformgesetz) v. 24.6.2004, BGBl. I, S. 1354.

1. Grundgebühr

Für die erstmalige Befassung erhält der Vertreter des Privatklägers bzw. des potentiellen Privatklägers die Grundgebühr nach Nr. 4100 VV RVG. Der Gebührenrahmen beläuft sich von **30 € bis 300 €**. Die **Mittelgebühr** beträgt **165 €**.   775

Der **gerichtlich bestellte oder beigeordnete Anwalt** erhält eine Festgebühr i.H.v. **132 €**.   776

2. Terminsgebühr

Soweit es zu Terminen i.S.d. Nr. 4102 VV RVG kommt, erhält auch der Privatklägervertreter die gesonderte allgemeine Terminsgebühr; auch hier gilt die Einschränkung, dass die Gebühr drei **Termine abgilt**.   777

Ausdrücklich in Nr. 4102 Nr. 5 VV RVG genannt ist die Teilnahme an einem Sühnetermin nach § 380 StPO. Im Privatklageverfahren ist zwingend ein **Sühnetermin** vorgeschrieben (§ 380 StPO). Für die Teilnahme an diesem Termin fällt die Terminsgebühr nach Nr. 4102 Nr. 5 VV RVG an.   778

Der Gebührenrahmen für die Gebühr nach Nr. 4102 VV RVG beläuft sich auf **30 € bis 250 €**. Die **Mittelgebühr** beträgt **140 €**.   779

Der **gerichtlich bestellte oder beigeordnete Anwalt** erhält eine Gebühr i.H.v. **112 €**.   780

III. Vorbereitendes Verfahren

Im vorbereitenden Verfahren erhält der Vertreter des Privatklägers die Gebühren nach Teil 4 Abschnitt 1 Unterabschnitt 2 VV RVG. Dieser Abschnitt gilt ausdrücklich auch für die **Vorbereitung der Privatklage**.   781

1. Grundgebühr

Ist der Privatkläger bereits im vorbereitenden Verfahren beauftragt, so erhält er zunächst einmal immer die Grundgebühr (Nr. 4100 VV RVG), da dies der frühest mögliche Zeitpunkt ist, indem er beauftragt worden sein kann.   782

2. Verfahrensgebühr

Daneben entsteht die Verfahrensgebühr nach Nr. 4104 VV RVG. Der Gebührenrahmen beläuft sich von **30 € bis 250 €**. Die **Mittelgebühr** beträgt **140 €**.   783

Der **gerichtlich bestellte oder beigeordnete** Anwalt erhält eine Festgebühr i.H.v. **112 €**.   784

Vertritt der Anwalt **mehrere Auftraggeber**, also mehrere Privatkläger, so erhöht sich die Verfahrensgebühr nach Nr. 1008 VV RVG um 30 % je weiterer Auftraggeber. Zu erhöhen ist die Mindest- und die Höchstgebühr, so dass sich ein um 30 % erhöhter Gebührenrahmen ergibt.   785

Auch die Festgebühr des **gerichtlich bestellten oder beigeordneten** Anwalts ist um 30% je weiteren Auftraggeber zu erhöhen.   786

3. Terminsgebühr

Nimmt der Anwalt im vorbereitenden Verfahren an einem Sühnetermin nach § 380 StPO teil, so entsteht hier zusätzlich die Terminsgebühr nach Nr. 4103 Nr. 5 VV RVG.   787

4. Zusätzliche Gebühr

Darüber hinaus kann im vorbereitenden Verfahren auch eine zusätzliche Gebühr nach Nr. 4141 VV RVG entstehen, wenn sich das Verfahren vorzeitig erledigt. S. hierzu Rn. 493 ff.   788

5. Einigungsgebühr nach Nr. 4147 VV RVG

Kommt es zu einer Einigung im vorbereitenden Verfahren, entsteht darüber hinaus die Gebühr nach Nr. 4147 VV RVG. S. hierzu im Einzelnen Rn. 838 ff.   789

6. Vermögensrechtliche Ansprüche

790 Werden im Privatklageverfahren auch vermögensrechtliche Ansprüche geltend gemacht, so entsteht im vorbereitenden Verfahren keine Gebühr nach Nr. 4143 VV RVG, da diese erst im gerichtlichen Verfahren entstehen kann. Im vorbereitenden Verfahren wird die Tätigkeit des Anwalts nach Nr. 2400 VV RVG abgegolten.

791 Es liegt insoweit einer gesonderte Angelegenheit i.S.d. § 15 RVG vor, die nach Nr. 2400 VV RVG zu vergüten ist.

792 *Beispiel:*

Der Vertreter des Privatklägers wird beauftragt, die Privatklage vorzubereiten und an dem Sühnetermin teilzunehmen. Daneben soll er ein Schmerzensgeld i.H.v. 5.000 € geltend machen.

Zu rechnen ist wie folgt:

I. Vorbereitendes Verfahren (Privatklage):

1.	*Grundgebühr, Nr. 4100 VV RVG*	*165,00 €*
2.	*Verfahrensgebühr, Nr. 4104 VV RVG*	*140,00 €*
3.	*Terminsgebühr, Nr. 4102 Nr. 5 VV RVG*	*140,00 €*
4.	*Postentgeltpauschale, Nr. 7002 VV RVG*	*20,00 €*
5.	*16 % Umsatzsteuer, Nr. 7008 VV RVG*	*+ 74,40 €*
	Summe:	*539,40 €*

II. Außergerichtliche Tätigkeit (Schmerzensgeld):

1.	*1,5 Geschäftsgebühr, Nr. 2400 VV RVG (Wert: 5.000 €)*	*283,50 €*
2.	*Postentgeltpauschale, Nr. 7002 VV RVG*	*20,00 €*
3.	*16 % Umsatzsteuer, Nr. 7008 VV RVG*	*+ 48,56 €*
	Summe:	*352,06 €*

7. Einigungsgebühr nach Nr. 1000 VV RVG

793 Kommt es im vorbereitenden Verfahren darüber hinaus zu einer Einigung auch über zivilrechtliche Ansprüche, so entsteht die Einigungsgebühr nach Nr. 1000 VV RVG (Anm. zu Nr. 4147 VV RVG). Mangels Anhängigkeit entsteht diese in diesem Stadium in aller Regel in Höhe eines Gebührensatzes von 1,5.

IV. Gerichtliches Verfahren vor dem Amtsgericht

794 Für das Privatklageverfahren vor dem AG richten sich die Gebühren nach Teil 4 Abschnitt 1 Unterabschnitt 3 VV RVG sowie den allgemeinen und zusätzlichen Gebühren.

1. Grundgebühr

795 Wird der Anwalt erstmals mit der Erhebung der Privatklage beauftragt, so erhält er Grundgebühr nach Nr. 4100 VV RVG. War er allerdings bereits schon mit der Vorbereitung der Privatklage (Vorbem. 4.1.2 VV RVG) beauftragt, so erhält er die Grundgebühr nicht, da er sie bereits im vorbereitenden Verfahren verdient hat.

2. Verfahrensgebühr

796 Im Übrigen erhält der Anwalt zunächst einmal eine Verfahrensgebühr nach Nr. 4106 VV RVG. Der Gebührenrahmen beläuft sich von **30 € bis 250 €**. Die **Mittelgebühr** beträgt **150 €**.

797 Der **gerichtlich beigeordnete** Anwalt erhält eine Gebühr i.H.v. **112 €**.

798 Vertritt der Anwalt **mehrere Privatkläger**, so erhöht sich der **Gebührenrahmen** nach Nr. 1008 VV RVG um 30 %; auch die Festgebühr des gerichtlich beigeordneten Anwalts erhöht sich nach Nr. 1008 VV RVG um 30 %.

3.   Terminsgebühr nach Nr. 4108 VV RVG

Darüber hinaus erhält der Anwalt des Privatklägers je Hauptverhandlungstag eine Terminsgebühr nach Nr. 4108 VV RVG aus dem Gebührenrahmen i.H.v. **60 € bis 400 €**. Die **Mittelgebühr** beläuft sich auf **230 €**.   799

Der **gerichtlich bestellt oder beigeordnete** Anwalt erhält eine Festgebühr i.H.v. 184 €. Bei längerer Dauer der Hauptverhandlung erhält er eine zusätzliche Gebühr   800

- bei mehr als 5 Stunden gemäß Nr. 4110 VV RVG   92 €
- mehr als 8 Stunden gemäß Nr. 4111 VV RVG   184 €

neben der Terminsgebühr nach Nr. 4108 VV RVG.

4.   Terminsgebühr nach Nr. 4102 VV RVG

Kommt es im gerichtlichen Verfahren zu Terminen außerhalb der Hauptverhandlung, kann auch im Privatklageverfahren eine Gebühr nach Nr. 4102 VV RVG entstehen.   801

Beispiel: 802

Im Privatklageverfahren ist der Anwalt zunächst im vorbereitenden Verfahren tätig gewesen. Im gerichtlichen Verfahren wird vor dem auswärtigen Gericht ein Zeuge im Wege der Rechtshilfe vernommen. Es entsteht zusätzlich zu der Hauptverhandlungsgebühr auch eine Terminsgebühr nach Nr. 4102 VV RVG.

Zu rechnen ist wie folgt:

I.   Vorbereitendes Verfahren (Privatklage):
1.	*Grundgebühr, Nr. 4100 VV RVG*	*165,00 €*
2.	*Verfahrensgebühr, Nr. 4104 VV RVG*	*140,00 €*
3.	*Terminsgebühr, Nr. 4102 Nr. 5 VV RVG*	*140,00 €*
4.	*Postentgeltpauschale, Nr. 7002 VV RVG*	*20,00 €*
5.	*16 % Umsatzsteuer, Nr. 7008 VV RVG*	*+ 74,40 €*
Summe:		*539,40 €*

II.   Verfahren vor dem AG:
1.	*Verfahrensgebühr, Nr. 4106 VV RVG*	*140,00 €*
2.	*Terminsgebühr, Nr. 4108 VV RVG*	*230,00 €*
3.	*Terminsgebühr, Nr. 4102 Nr. 1 VV RVG*	*140,00 €*
4.	*Postentgeltpauschale, Nr. 7002 VV RVG*	*20,00 €*
5.	*16 % Umsatzsteuer, Nr. 7008 VV RVG*	*+ 84,80 €*
Summe:		*614,80 €*

5.   Zusätzliche Gebühr nach Nr. 4141 VV RVG

Auch im gerichtlichen Verfahren kann eine zusätzliche Gebühr nach Nr. 4141 VV RVG entstehen. Dies ist der Fall, wenn das Verfahren außerhalb der Hauptverhandlung eingestellt wird, der Privatkläger die Privatklage zurücknimmt oder die Parteien einen **Privatklagevergleich** schließen. S. im Einzelnen Rn. 838 ff.   803

6.   Zusätzliche Gebühr nach Nr. 4143 VV RVG

Macht der Privatkläger vermögensrechtliche Ansprüche geltend, so erhält er im gerichtlichen Verfahren vor dem AG zusätzlich zu den sonstigen Gebühren eine **2,0 Verfahrensgebühr** nach Nr. 4143 VV RVG aus dem Wert der erhobenen Ansprüche.   804

War der Anwalt bereits vorgerichtlich tätig und hat er dort eine Geschäftsgebühr nach Nr. 2400 VV RVG verdient, so ist diese zur Hälfte, höchstens mit einem Satz von 0,75, anzurechnen. Zwar fehlt hier eine Anrechnungsbestimmung. Die Regelung der Vorbem. 3 Abs. 4 VV RVG ist nach Sinn und Zweck jedoch entsprechend anzuwenden[236] (s.u. Rn. 872 ff.).   805

---

236   A.A. *Hansens*, Teil 7 Rn. 154; *Burhoff*, RVG, Nr. 4143 VV RVG Rn. 21.

7. Einigungsgebühr nach Nr. 4147 VV RVG[237]

806 Kommt es zu einer Einigung im Privatklageverfahren, so entsteht zusätzlich die Gebühr nach Nr. 4147 VV RVG. S. im Einzelnen unten Rn. 838 ff.

8. Einigungsgebühr nach Nrn. 1000, 1003 VV RVG

807 Hinzu kommt ggf. eine Einigungsgebühr nach Nrn. 1000, 1003 VV RVG, die neben der der Nr. 4147 VV RVG entstehen kann (Anm. zu Nr. 4147 VV RVG). Der Gebührensatz beläuft sich auf 1,0, da die Gegenstände anhängig sind. Soweit sich die Einigung auch auf nicht anhängige Gegenstände erstreckt, entsteht die Gebühr zu 1,5.

V. Berufungsverfahren

1. Grundgebühr

808 Wird der Privatklagevertreter im Berufungsverfahren erstmals beauftragt, so entsteht für ihn die Grundgebühr nach Nr. 4100 VV RVG.

2. Verfahrensgebühr

809 Im Übrigen erhält der Privatklagevertreter im Berufungsverfahren die Verfahrensgebühr nach Nr. 4124 VV RVG i.H.v. **70 € bis 470 €**. Die **Mittelgebühr** beträgt **270 €**.

810 Der **gerichtlich bestellte oder beigeordnete** Anwalt erhält ein Festgebühr i.H.v. **216 €**.

811 Soweit der Anwalt mehrere Privatkläger vertritt, erhöht sich die Gebührenrahmen nach Nr. 1008 VV RVG um 30 % je weiteren Auftraggeber.

3. Terminsgebühr nach Nr. 4126 VV RVG

812 Für jeden Tag der Teilnahme an der Hauptverhandlung erhält der Privatklagevertreter eine Terminsgebühr nach Nr. 4126 VV RVG i.H.v. ebenfalls **70 € bis 470 €**. Die **Mittelgebühr** beträgt **270 €**.

813 Der **gerichtlich beigeordnete Anwalt** erhält eine Festgebühr i.H.v. **216 €**. Bei **längerer** Dauer der Hauptverhandlung erhält er eine zusätzliche Gebühr

* bei mehr als 5 Stunden gemäß Nr. 4128 VV RVG   108 €
* mehr als 8 Stunden gemäß Nr. 4129 VV RVG   216 €

neben der Terminsgebühr nach Nr. 4126 VV RVG.

4. Terminsgebühr nach Nr. 4102 VV RVG

814 Auch im Berufungsverfahren kann ggf. eine zusätzliche Terminsgebühr nach Nr. 4102 VV RVG anfallen.

5. Zusätzliche Gebühr nach Nr. 4141 VV RVG

815 Nimmt der Privatkläger seine Berufung zurück, so erhält sein Anwalt eine zusätzliche Gebühr nach Nr. 4141 VV RVG, sofern er hieran mitwirkt. Für die Mitwirkung genügt bereits die Erklärung der Rücknahme.

816 Nimmt der Beschuldigte seine Berufung zurück, so kann der Privatklagevertreter die Gebühr nach Nr. 4141 VV RVG ebenfalls verdienen, wenn er an dessen Rücknahme mitgewirkt hat.

6. Zusätzliche Gebühr nach Nr. 4143 VV RVG

817 Werden im Berufungsverfahren erstmals vermögensrechtliche Ansprüche geltend gemacht, so erhält der Privatkläger zusätzlich eine **2,0 Verfahrensgebühr** nach Nr. 4143 VV RVG, die sich bei mehreren Auftraggebern gemäß Nr. 1008 VV RVG um jeweils 0,3 je weiteren Auftraggeber erhöht.

---

237 Bisherige Nr. 4146 VV RVG, geändert in Nr. 4147 VV RVG durch Art. 4 Nr. 2 Gesetz zur Verbesserung der Rechte von Verletzten im Strafverfahren (Opferrechtsreformgesetz) v. 24.6.2004, BGBl. I, S. 1354.

Kommt es nicht zu einer Entscheidung über diese Ansprüche und werden diese anschließend vor **818** dem Zivilgericht eingeklagt, ist die Gebühr nach Nr. 4143 VV RVG zu einem Drittel anzurechnen (Abs. 2 der Anm. zu Nr. 4143 VV RVG).

7.   Zusätzliche Gebühr nach Nr. 4144 VV RVG

Waren vermögensrechtliche Ansprüche bereits im erstinstanzlichen Verfahren geltend gemacht und **819** erstreckt sich die Berufung auch auf die vermögensrechtlichen Ansprüche, so entsteht neben den sonstigen Gebühren die zusätzliche Gebühr nach Nr. 4144 VV RVG i.H.v. 2,5. Auch diese Gebühr erhöht sich bei mehreren Auftraggebern nach Nr. 1008 VV RVG um jeweils 0,3.

8.   Einigungsgebühr nach Nr. 4147 VV RVG

Kommt es im Berufungsverfahren zu einer Einigung bezüglich des Strafausspruchs und des Kosten- **820** erstattungsanspruchs, so erhält der Privatklagevertreter auch hier eine zusätzliche Einigungsgebühr nach Nr. 4147 VV RVG. Diese Gebühr erhöht sich im Berufungsverfahren nicht. Allenfalls kann die Tätigkeit im Berufungsverfahren nach § 14 Abs. 1 RVG berücksichtigt werden. Die Höhe der Gebühr beläuft sich auf **20 € bis 150 €**. Die **Mittelgebühr** beträgt **85 €**.

Der **gerichtlich bestellte oder beigeordnete Anwalt** erhält ein Festgebühr i.H.v. 68 €. **821**

9.   Einigungsgebühr nach Nrn. 1000, 1004 VV RVG

Kommt es darüber hinaus zu einer Einigung über vermögensrechtliche Ansprüche, so entsteht zu- **822** sätzlich eine Einigungsgebühr nach Nrn. 1000, 1004 VV RVG i.H.v. 1,3.

Soweit nicht anhängige Ansprüche mit verglichen werden, entsteht zusätzlich eine 1,5 Gebühr nach **823** Nr. 1000 VV RVG. Werden anderweitig erstinstanzlich anhängige Ansprüche mit in die Einigung einbezogen, entsteht die Gebühr zu 1,0 (Nr. 1003 VV RVG).

VI.   Revisionsverfahren

Im Revisionsverfahren gilt grds. das Gleiche wie im Berufungsverfahren. **824**

1.   Grundgebühr

Wird der Privatklagevertreter erstmals im Revisionsverfahren beauftragt, so entsteht für ihn die Grund- **825** gebühr nach Nr. 4100 VV RVG.

2.   Verfahrensgebühr

Im Übrigen entsteht für den Privatklagevertreter im Revisionsverfahren die Verfahrensgebühr nach **826** Nr. 4130 VV RVG i.H.v. **100 € bis 930 €**. Die **Mittelgebühr** beträgt **515 €**.

Der **gerichtlich beigeordnete** Anwalt erhält ein Festgebühr i.H.v. **422 €**. **827**

Soweit der Anwalt mehrere Privatkläger vertritt, erhöht sich die Verfahrensgebühr um 30 % nach **828** Nr. 1008 VV RVG.

3.   Terminsgebühr nach Nr. 4132 VV RVG

Für jeden Tag der Teilnahme an der Hauptverhandlung erhält der Privatklagevertreter im Revisions- **829** verfahren eine Terminsgebühr nach Nr. 4132 VV RVG i.H.v. ebenfalls **100 € bis 470 €**. Die **Mittelgebühr** beträgt **285 €**.

Der **gerichtlich beigeordnete Anwalt** erhält eine Festgebühr i.H.v. **228 €**. **830**

4.   Terminsgebühr nach Nr. 4102 VV RVG

Auch im Revisionsverfahren kann ggf. wiederum eine zusätzliche Terminsgebühr nach Nr. 4102 VV **831** RVG anfallen.

5. Zusätzliche Gebühr nach Nr. 4141 VV RVG

832 Nimmt der Privatkläger seine Revision zurück oder wirkt er an der Revisionsrücknahme des Beschuldigte mit, so steht dem Privatklagevertreter wiederum die Gebühr nach Nr. 4141 VV RVG zu.

6. Zusätzliche Gebühr nach Nr. 4144 VV RVG

833 Waren vermögensrechtliche Ansprüche bereits im Berufungsverfahren – unabhängig, ob dort erstmals erhoben (Abs.1 der Anm. zu Nr. 4143 VV RVG) – geltend gemacht und erstreckt sich die Revision auch auf die vermögensrechtlichen Ansprüche, so entsteht neben sonstigen Gebühren die zusätzliche Gebühr nach Nr. 4144 VV RVG i.H.v. 2,5. Auch diese Gebühr erhöht sich bei **mehreren Auftraggebern** nach Nr. 1008 VV RVG um jeweils 0,3.

7. Einigungsgebühr nach Nr. 4147 VV RVG

834 Kommt es im Berufungsverfahren zu einer Einigung bezüglich des Strafausspruchs und des Kostenerstattungsanspruchs, so erhält der Privatklagevertreter auch hier eine zusätzliche Gebühr nach Nr. 4147 VV RVG. Die Gebühr erhöht sich auch im Revisionsverfahren nicht. Allenfalls kann die Tätigkeit hier wiederum nach § 14 Abs. 1 RVG berücksichtigt werden. Die Höhe der Gebühr beläuft sich auf **20 €** bis **150 €**. Die **Mittelgebühr** beträgt **85 €**.

835 Der **gerichtlich beigeordnete Anwalt** erhält wiederum eine Festgebühr i.H.v. **68 €**.

8. Einigungsgebühr nach Nrn. 1000, 1004 VV RVG

836 Kommt es darüber hinaus zu einer Einigung über vermögensrechtliche Ansprüche, so entsteht zusätzlich eine Einigungsgebühr nach Nrn. 1000, 1004 VV RVG i.H.v. 1,3. Soweit nicht anhängige Ansprüche in die Einigung mit einbezogen werden, entsteht zusätzlich eine 1,5 Gebühr nach Nr. 1000 VV RVG. Werden anderweitig erstinstanzlich anhängige Ansprüche mit in die Einigung einbezogen, entsteht die Gebühr zu 1,0 (Nr. 1003 VV RVG).

VII. Beschwerde nach § 406a StPO

837 Sieht das Gericht im Privatklageverfahren von einer Entscheidung über die vermögensrechtlichen Ansprüche gemäß § 405 Abs. 5 Satz 2 StPO ab und wird hiergegen nach § 406a StPO Beschwerde erhoben, so erhält der Privatklagevertreter hier eine weitere Verfahrensgebühr nach Nr. 4145 VV RVG. Die Höhe der Gebühr beläuft sich auf 0,5. S. im Einzelnen Rn. 308 ff.

VIII. Einigung im Privatklageverfahren

838 Kommt es im Privatklageverfahren zu einer Einigung, so können mehrere Gebühren anfallen.

1. Zusätzliche Gebühr nach Nr. 4141 VV RVG

839 Zum einen kann die Einigung zu einer vorzeitigen Erledigung i.S.d. Nr. 4141 VV RVG führen, so dass insoweit die zusätzliche Gebühr nach Nr. 4141 VV RVG entsteht.

2. Einigungsgebühr nach Nr. 4147 VV RVG

840 Kommt es im Privatklageverfahren hinsichtlich des Strafausspruchs und des Kostenerstattungsanspruchs zu einer Einigung, entsteht gemäß Nr. 4147 VV RVG zusätzlich eine Einigungsgebühr nach Nr. 1000 VV RVG (gemeint ist wohl Nr. 1005 VV RVG).

841 Abweichend zu Nr. 1005 VV RVG ist hier allerdings ein **Gebührenrahmen** von lediglich **20 € bis 150 €** vorgegeben. Die **Mittelgebühr** beträgt **85 €**.

842 Der **gerichtlich beigeordnete Anwalt** erhält eine Festgebühr i.H.v. **68 €**.

3. Einigungsgebühr nach Nrn. 1000 ff. VV RVG

Nach der Anm. zu Nr. 4147 VV RVG kann neben der Gebühr nach Nr. 4147 VV RVG auch eine Einigungsgebühr nach Teil 1 VV RVG entstehen. Voraussetzung hierfür ist, dass sich die Parteien über sonstige Ansprüche, also i.d.R. über vermögensrechtliche Ansprüche wie Schmerzensgeld und Schadensersatz, einigen. Möglich ist aber auch eine Einigung über nicht vermögensrechtliche Ansprüche (Widerruf, Unterlassung o.Ä.). **843**

Hinsichtlich der **Gebührenhöhe** ist zu differenzieren: **844**

- Sind die Gegenstände über die eine Einigung getroffen wird, **nicht anhängig**, gilt ein Gebührensatz i.H.v. 1,5 (Nr. 1000 VV RVG).

- Sind die Gegenstände **erstinstanzlich anhängig**, gilt ein Gebührensatz von 1,0 (Nr. 1003 VV RVG). Hierzu zählt auch die Anhängigkeit im Adhäsionsverfahren.

- Soweit die Gegenstände **im Berufungs- oder Revisionsverfahren anhängig** sind, erhält der Anwalt eine 1,3 Einigungsgebühr nach Nr. 1004 VV RVG.[238]

Eine **Verfahrensdifferenzgebühr** wie im Zivilrechtsstreit nach Nr. 3101 Nr. 2 VV RVG ist in Strafsachen nicht vorgesehen. Auch aus den Nrn. 4143, 4144 VV RVG folgt keine solche Differenz- oder Protokollierungsgebühr. Die Gebühren nach Nrn. 4143, 4144 VV RVG entstehen nur, wenn der Privatkläger auch den Auftrag hatte, die vermögensrechtlichen Ansprüche im Adhäsionsverfahren geltend zu machen, nicht aber, wenn diese nur in eine Einigung einbezogen werden. Ein Mehraufwand kann hier allenfalls im Rahmen des § 14 Abs. 1 RVG gebührenerhöhend berücksichtigt werden. **845**

Beispiel 1: **846**

Der Privatkläger beauftragt seinen Anwalt erstmals im gerichtlichen Verfahren. Im Hauptverhandlungstermin einigen sich die Parteien über Strafausspruch und Kosten. Darüber hinaus einigen sich die Parteien über ein Schmerzensgeld i.H.v. 5.000 €, für das der Anwalt bislang allerdings keinen Auftrag hatte.

Es entstehen jetzt beide Einigungsgebühren. Die Gebühr nach Nr. 1000 VV RVG entsteht zu 1,5, da die Ansprüche nicht anhängig sind. Eine Verfahrensgebühr nach Nr. 4143 VV RVG entsteht allerdings nicht. Lediglich die Verfahrensgebühr nach Nr. 4106 VV RVG kann wegen des Mehraufwands angehoben werden (hier um 20 %).

Zu rechnen ist wie folgt:

1. Grundgebühr, Nr. 4100 VV RVG		*165,00 €*
2. Verfahrensgebühr, Nr. 4106 VV RVG (erhöht um 20 %)		*168,00 €*
3. Terminsgebühr, Nr. 4108 VV RVG		*230,00 €*
4. Einigungsgebühr, Nr. 4147 VV RVG		*85,00 €*
5. 1,5 Einigungsgebühr, Nr. 1000 VV RVG (Wert: 5.000 €)		*451,50 €*
6. Postentgeltpauschale, Nr. 7002 VV RVG		*20,00 €*
7. 16 % Umsatzsteuer, Nr. 7008 VV RVG		*+ 179,12 €*
Summe:		***1.298,62 €***

Beispiel 2: **847**

Wie Beispiel 1, jedoch hatte der Anwalt auftragsgemäß die Schmerzensgeldforderung im Adhäsionsverfahren geltend gemacht.

Es entstehen jetzt wieder beide Einigungsgebühren. Die Gebühr nach Nr. 1000 VV RVG entsteht jetzt aber nur zu 1,0 (Nr. 1003 VV RVG), da die Ansprüche jetzt anhängig sind. Hinzu kommt eine Verfahrensgebühr nach Nr. 4143 VV RVG. Eine Erhöhung der Verfahrensgebühr nach Nr. 4106 VV RVG dürfte jetzt nicht in Betracht kommen.

Zu rechnen ist wie folgt:

1. Grundgebühr, Nr. 4100 VV RVG		*165,00 €*
2. Verfahrensgebühr, Nr. 4106 VV RVG		*140,00 €*
3. Terminsgebühr, Nr. 4108 VV RVG		*230,00 €*
4. 2,0 Zusätzliche Gebühr, Nr. 4143 VV RVG (Wert: 5.000 €)		*602,00 €*
5. Einigungsgebühr, Nr. 4147 VV RVG		*85,00 €*
6. 1,0 Einigungsgebühr, Nr. 1000 VV RVG (Wert: 5.000 €)		*301,00 €*

---

238 S. auch *Burhoff*, RVG, Nr. 4146 a.F. VV RVG Rn. 3 ff.

7. Postentgeltpauschale, Nr. 7002 VV RVG		20,00 €
8. 16 % Umsatzsteuer, Nr. 7008 VV RVG	+	246,88 €
Summe:		**1.789,88 €**

F. Vergütung des Vertreters eines Einziehungs- oder Nebenbeteiligten

848 Vertritt der Anwalt einen Einziehungs- oder Nebenbeteiligten, so erhält er nach Vorbem. 4 Abs. 1 VV RVG die gleiche **Vergütung wie ein Verteidiger**, so dass auf die dortigen Ausführungen verwiesen werden kann.

849 Der Vertreter des Einziehungs- oder Nebenbeteiligten erhält zunächst eine **Grundgebühr nach Nr. 4100 VV RVG** sowie in jedem Verfahrensstadium eine **Verfahrensgebühr**. Nimmt der Vertreter eines Einziehungs- oder Nebenbeteiligten auch an der Hauptverhandlung teil, so entsteht ihm darüber hinaus je Hauptverhandlungstag auch eine **Terminsgebühr**. Auch er kann die zusätzliche **Terminsgebühren nach Nr. 4102 VV RVG** verdienen, sofern er an einem Termin außerhalb der Hauptverhandlung teilnimmt.

850 Auch die **zusätzliche Gebühr nach Nr. 4141 VV RVG** ist grds. für den Vertreter eines Einziehungs- oder Nebenbeteiligten möglich.

851 Für den Vertreter eines Einziehungs- und Nebenbeteiligten entsteht stets die **zusätzliche Gebühr nach Nr. 4142 VV RVG**.

852 Auch hier ist wiederum die **Bagatellgrenze** nach Abs. 2 der Anm. zu Nr. 4142 VV RVG zu beachten. Sofern der Gegenstandswert niedriger als 25 € liegt, entsteht die Gebühr nicht. Damit soll ausgeschlossen werden, dass die zusätzliche Gebühren auch bei geringwertigen Gegenständen (etwa Einbruchswerkzeug o.Ä.) anfällt.

853 Darüber hinaus ist die **Einschränkung** nach Abs. 3 der Anm. zu 4142 VV RVG zu beachten. Im vorbereitenden Verfahren und dem Verfahren des ersten Rechtszuges kann die zusätzliche Gebühr insgesamt **nur einmal** entstehen.

854 Die **Höhe der Gebühr** beläuft sich auch hier auf 1,0 und ergibt sich aus der Gebührentabelle des § 13 RVG.

855 Der **gerichtlich bestellte oder beigeordnete Anwalt** erhält die 1,0 Gebühr aus der Tabelle des § 49 RVG.

G. Vergütung des Beistands eines Verletzten

856 Der Beistand eines Verletzten, also der

- einem **Nebenkläger** nach § 397a Abs. 1 StPO oder

- einem **nebenklageberechtigten Verletzten** nach § 406g Abs. 3 Nr. 1 StPO beigeordnete Anwalt erhält nach Vorbem. 4 Abs. 1 VV RVG die **gleichen Gebühren wie ein Verteidiger**. Insoweit wird die bisherige Regelung in § 102 Abs. 2 BRAGO aufrecht erhalten. Auf die Ausführungen zur Vergütung des Verteidigers kann daher verwiesen werden.

H. Vergütung des Beistands eines Zeugen oder Sachverständigen

857 Die Vergütung des Anwalts als Zeugenbeistand oder Beistand eines Sachverständigen war in der BRAGO – mit Ausnahme des dem Zeugen nach § 68b StPO in der Hauptverhandlung bestellten Beistands, der in § 102 Abs. 2 BRAGO geregelt war –, nicht vorgesehen. Es war daher höchst strittig, welche Gebühren der Anwalt berechnen konnte.[239] Diese Streitfrage ist nunmehr geklärt, indem jetzt

---

239 S. zum bisherigen Streitstand AnwKom-BRAGO-N. *Schneider*, vor § 83 Rn. 18, 19; zuletzt LG Potsdam, AGS 2004, 72.

in der Vorbem. 4 Abs. 1 VV RVG ausdrücklich angeordnet ist, dass der Anwalt als Vertreter oder Beistand eines Zeugen oder Sachverständigen die gleichen Gebühren erhält wie der Verteidiger. Insoweit kann daher ebenfalls auf die Ausführungen zur Vergütung des Verteidigers Bezug genommen werden.

Für den **Wahlanwalt** gelten wiederum die jeweiligen **Betragsrahmen.** Der eventuelle geringere Umfang der Tätigkeit für Zeugenbeistand oder Beistand eines Sachverständigen sowie die eventuell geringere Bedeutung sind im Rahmen der Gebührenbestimmung nach § 14 Abs. 1 RVG mindernd zu berücksichtigen. **858**

Für den **beigeordneten oder bestellten Anwalt** die Festgebühren des gerichtlich bestellten oder beigeordneten Anwalts. **859**

I. Vergütung im Adhäsionsverfahren

I. Überblick

Wird der Anwalt im Adhäsionsverfahren tätig, richtet sich die Vergütung nach den Nrn. 4143 ff. VV RVG. **860**

Soweit der Anwalt **Verteidiger** ist oder **Vertreter eines sonstigen Beteiligten** (Vorbem. 4 VV RVG), erhält er die Gebühren nach Nrn. 4143 VV RVG als **zusätzliche Gebühren neben den sonstigen Gebühren.** Insoweit wird auf die Darstellung der entsprechenden Tätigkeitsbereiche verwiesen. **861**

Ist der Anwalt **nur im Adhäsionsverfahren** beauftragt, so erhält er **ausschließlich die Vergütung nach Nrn. 4143 ff. VV RVG** (Vorbem. 4.3 Abs. 2 VV RVG). Daneben fallen keine sonstigen Verfahrens- oder Terminsgebühren an. Auch die Grundgebühr nach Nr. 4100 VV RVG entsteht nicht. **862**

Beispiel: **863**
Der Geschädigte sieht davon ab, als Nebenkläger dem Verfahren beizutreten. Er beschränkt sich darauf, seine Schmerzensgeldansprüche i.H.v. 5.000 € im Adhäsionsverfahren geltend zu machen.
Der Anwalt des Geschädigten erhält nur die Gebühr nach Nr. 4143 VV RVG nebst Auslagen und Umsatzsteuer. Dies ergibt folgende Berechnung:

1.	2,0 Verfahrensgebühr, Nr. 4143 VV RVG (Wert: 5.000 €)	602,00 €
2.	Postentgeltpauschale, Nr. 7002 VV RVG	20,00 €
3.	16 % Umsatzsteuer, Nr. 7008 VV RVG	+ 99,52 €
Summe:		*721,52 €*

II. Vorgerichtliche Tätigkeit

Ist der Anwalt vorgerichtlich beauftragt, vermögensrechtliche Ansprüche geltend zu machen, so gelten die Nrn. 4143 ff. VV RVG nicht, da diese ausdrücklich auf das **gerichtliche Verfahren** beschränkt sind. Für seine außergerichtliche Tätigkeit erhält der Anwalt daher die Geschäftsgebühr nach Nr. 2400 VV RVG. **864**

Beispiel: **865**
Der Geschädigte beauftragt im vorbereitenden Verfahren seinen Anwalt, Schmerzensgeldansprüche i.H.v. 5.000 € geltend zu machen. Die Zulassung als Nebenkläger soll er (noch) nicht beantragen.
Der Anwalt des Geschädigten erhält nur die Gebühr nach Nr. 2400 VV RVG nebst Auslagen und Umsatzsteuer. Dies ergibt ausgehend von der Mittelgebühr folgende Berechnung:

1.	1,5 Verfahrensgebühr, Nr. 2400 VV RVG (Wert: 5.000 €)	451,50 €
2.	Postentgeltpauschale, Nr. 7002 VV RVG	20,00 €
3.	16 % Umsatzsteuer, Nr. 7008 VV RVG	+ 75,44 €
Summe:		*546,94 €*

III. Erstinstanzliches Verfahren

1. Verfahrensgebühr

866 Wird der Anwalt erstinstanzlich im Adhäsionsverfahren tätig, macht er also dort Ansprüche des Verletzten geltend oder wehrt er solche Ansprüche ab, ohne zugleich auch mit der Verteidigung oder anderweitigen Vertretung beauftragt worden zu sein, erhält er nur eine Verfahrengebühr i.H.v. 2,0 (Nr. 4143 VV RVG).

867 Die Gebühr bestimmt sich also gemäß § 2 Abs. 1 RVG nach dem Gegenstandswert. Diesen Wert muss das Gericht ggf. auf Antrag des Anwalts festsetzen (§ 33 RVG).

2. Mehrere Auftraggeber

868 Vertritt der Anwalt mehrere Auftraggeber wegen **desselben Gegenstandes**, so erhöht sich die Verfahrensgebühr nach Nr. 4143 VV RVG gemäß Nr. 1008 VV RVG um 0,3 je weiteren Auftraggeber.

869 Vertritt der Anwalt mehrere Auftraggeber wegen **unterschiedlicher Ansprüche**, so gilt § 22 Abs. 1 RVG. Die Werte werden addiert.

870 *Beispiel 1:*

Zwei Erben machen auf sie übergegangene Schmerzensgeldansprüche des an seinen Verletzungen verstorbenen Geschädigten geltend.

Es liegt eine gemeinschaftliche Beteiligung vor, so dass sich die Gebühr der Nr. 4143 VV RVG gemäß Nr. 1008 VV RVG auf 2,3 erhöht.

871 *Beispiel 2:*

Zwei Verletzte machen jeweils eigene Schmerzensgeldansprüche i.H.v. jeweils 3.000 € geltend.

Eine Erhöhung nach Nr. 1008 VV RVG tritt nicht ein. Vielmehr gilt § 22 Abs. 1 RVG, die Gegenstandswerte sind also zusammenzurechnen Der Anwalt erhält seine Gebühren aus dem Gesamtgegenstandswert von 6.000 €. Jeden einzelnen Auftraggeber kann der Anwalt allerdings nur insoweit in Anspruch nehmen, als die Gebühren nach einem Gegenstandswert von 3.000 € angefallen wären (§ 7 Abs. 2 RVG).

3. Anrechnung der Geschäftsgebühr nach Nr. 2400 VV RVG?

872 Ist eine Geschäftstätigkeit nach Nr. 2400 VV RVG vorangegangen, so ist die dortige Gebühr zur Hälfte, höchstens zu 0,75, auf die Verfahrensgebühr nach Nr. 4143 VV RVG **anzurechnen**. Zwar fehlt hier eine ausdrückliche Anrechnungsbestimmung. Nach Sinn und Zweck muss jedoch Vorbem. 3 Abs. 4 VV RVG entsprechend anzuwenden sein.[240] Es ist kein Grund ersichtlich, dass der Anwalt, der außergerichtlich und anschließend im Adhäsionsverfahren tätig wird, höhere Gebühren erhält als ein Anwalt, der anschließend im Zivilrechtsstreit tätig wird. Es ist auch nicht einzusehen, wieso die Beratungsgebühr (Nr. 2100 VV RVG) auf die Gebühr nach Nr. 4143 VV RVG anzurechnen sein soll (Anm. zu Nr. 2100 VV RVG), nicht aber die Geschäftsgebühr. Diese Ungleichbehandlung ergibt keinen Sinn. Hier liegt offenbar eines der zahlreichen **Versehen des Gesetzgebers** vor.

873 *Beispiel:*

Der Geschädigte beauftragt im vorbereitenden Verfahren seinen Anwalt, einen Schmerzensgeldanspruch i.H.v. 5.000 € geltend zu machen. Die Zulassung als Nebenkläger soll er nicht beantragen. Später erteilt der Anwalt den Auftrag, den Schmerzensgeldanspruch im Adhäsionsverfahren geltend zu machen.

Der Anwalt des Geschädigten erhält im vorbereitenden Verfahren die Gebühr nach Nr. 2400 VV RVG und im gerichtlichen Verfahren die Gebühr nach Nr. 4143 VV RVG, wobei die Geschäftsgebühr hälftig anzurechnen ist.

Dies ergibt ausgehend von der Mittelgebühr folgende Berechnung:

I. Vorbereitendes Verfahren:

1.	*1,5 Verfahrensgebühr, Nr. 2400 VV RVG (Wert: 5.000 €)*	*451,50 €*
2.	*Postentgeltpauschale, Nr. 7002 VV RVG*	*20,00 €*
3.	*16 % Umsatzsteuer, Nr. 7008 VV RVG*	*+ 75,44 €*
Summe:		*546,94 €*

---

240 A.A. *Hansens*, Teil 7 Rn. 154; *Burhoff*, RVG, Nr. 4143 VV RVG Rn. 21.

II. Gerichtliches Verfahren:

1.	2,0 Verfahrensgebühr, Nr. 4143 VV RVG (Wert: 5.000 €)	602,00 €
	gemäß Vorbem. 3 Abs. 4 VV RVG *anzurechnen:*	
	0,75 Geschäftsgebühr aus I. 1. (Wert: 5.000 €)	− 225,50 €
2.	Postentgeltpauschale, Nr. 7002 VV RVG	20,00 €
3.	16 % Umsatzsteuer, Nr. 7008 VV RVG	+ 63,52 €
Summe:		**460,52 €**

4. Anrechnung nach nachfolgenden Rechtsstreit vor dem Zivilgericht

Entscheidet das Gericht nicht über die vermögensrechtlichen Ansprüche und schließt sich hieran ein **874** bürgerlicher Rechtsstreit an, so wird die Gebühr nach Nr. 4143 VV RVG **zu einem Drittel** auf die Gebühren des nachfolgenden Rechtsstreits **angerechnet**. Die BRAGO sah insoweit noch eine Anrechnung zu zwei Dritteln vor.

Darüber hinaus ist jetzt angeordnet, dass nur auf die Verfahrensgebühr anzurechnen ist, nicht auch **875** auf andere Gebühren. Auslagen bleiben von der Anrechnung ebenfalls ausgenommen. Die Postentgeltpauschale nach Nr. 7002 VV RVG entsteht jeweils gesondert.

Beispiel 1: **876**

Im Adhäsionsverfahren wird von dem Privatkläger ein Schmerzensgeld i.H.v. 4.000 € geltend gemacht. Das Gericht sieht gemäß § 406 Abs. 5 StPO von einer Entscheidung ab. Anschließend wird das Schmerzensgeld vor der Zivilabteilung des AG eingeklagt. Dort einigen sich die Parteien in der mündlichen Verhandlung.

I. Strafverfahren:

1.	2,0 Verfahrensgebühr, Nr. 4143 VV RVG (Wert: 4.000 €)	490,00 €
2.	Postentgeltpauschale, Nr. 7002 VV RVG	20,00 €
3.	16 % Umsatzsteuer, Nr. 7008 VV RVG	+ 81,60 €
Summe:		**591,60 €**

II. Verfahren vor dem Zivilgericht (Wert: 4.000 €):

1.	1,3 Verfahrensgebühr, Nr. 3100 VV RVG	318,50 €
	gemäß Abs. 2 der Anm. zu Nr. 4143 VV RVG *anzurechnen:*	
	1/3 der 2,0 Verfahrensgebühr aus I. 1. (Wert: 4.000 €)	− 163,32 €
2.	1,2 Terminsgebühr, Nr. 3104 VV RVG	294,00 €
3.	1,0 Einigungsgebühr, Nrn. 1000, 1003 VV RVG	245,00 €
4.	Postentgeltpauschale, Nr. 7002 VV RVG	20,00 €
5	16 % Umsatzsteuer, Nr. 7008 VV RVG	+ 114,29 €
Summe:		**828,45 €**

Ist der Wert des nachfolgenden Rechtsstreits geringer, etwa weil der Strafrichter nur über einen Teil **877** der Ansprüche entschieden hat oder der Verletzte seine Forderungen in Anbetracht des Kostenrisikos reduziert, so darf auch nur aus diesem Wert angerechnet werden.

Beispiel 2: **878**

Im vorangegangenen Fall werden vor der Zivilabteilung des AG nur noch 3.000 € eingeklagt.

I. Strafverfahren:

1.	2,0 Verfahrensgebühr, Nr. 4143 VV RVG (Wert: 4.000 €)	490,00 €
2.	Postentgeltpauschale, Nr. 7002 VV RVG	20,00 €
3.	16 % Umsatzsteuer, Nr. 7008 VV RVG	+ 81,60 €
Summe:		**591,60 €**

II. Verfahren vor dem Zivilgericht (Wert: 3.000 €):

1.	1,3 Verfahrensgebühr, Nr. 3100 VV RVG	245,70 €
	gemäß Abs. 2 der Anm. zu Nr. 4143 VV RVG *anzurechnen:*	
	1/3 der 2,0 Verfahrensgebühr aus I. 1 (Wert: 3.000 €)	− 126,00 €
2.	1,2 Terminsgebühr, Nr. 3104 VV RVG	226,80 €

3	*Postentgeltpauschale, Nr. 7002 VV RVG*	*20,00 €*
4.	*16 % Umsatzsteuer, Nr. 7008 VV RVG*	*+ 58,64 €*
	Summe:	*425,14 €*

IV. Berufungsverfahren

879 Im Berufungsverfahren ist danach zu differenzieren, ob dort die Ansprüche erstmals angemeldet werden oder ob die Berufung über die vermögensrechtlichen Ansprüche geführt wird.

1. Erstmalige Geltendmachung im Berufungsverfahren

a) Verfahrensgebühr

880 Werden die vermögensrechtlichen Ansprüche erstmals im Berufungsverfahren geltend gemacht, so richtet sich die Vergütung gemäß Abs. 1 der Anm. zu Nr. 4143 VV RVG ebenfalls nach Nr. 4143 VV RVG. Der Anwalt erhält also auch hier nur eine 2,0 Gebühr.

b) Anrechnung

881 Auch hier gilt die Anrechnung nach Abs. 2 der Anm. zu Nr. 4143 VV RVG. Kommt es also anschließend zu einem Zivilrechtsstreit, wird die Gebühr nach Nr. 4143 VV RVG zu einem Drittel angerechnet. Ebenso ist eine vorangegangene Geschäftsgebühr nach Nr. 2400 VV RVG zur Hälfte anzurechnen, höchstens zu 0,75 (s.o. Rn. 872).

2. Ansprüche waren bereits erstinstanzlich geltend gemacht

882 Waren die vermögensrechtlichen Ansprüche bereits im erstinstanzlichen Verfahren geltend gemacht und wird hierüber die Berufung geführt, so erhält der Anwalt nach Nr. 4144 VV RVG eine Verfahrensgebühr von 2,5.

883 Vertritt er **mehrere Auftraggeber**, erhöht sich die Gebühr nach Nr. 4144 VV RVG bei gemeinschaftlicher Beteiligung nach Nr. 1008 VV RVG um 0,3 je weiteren Auftraggeber.

884 Eine **Anrechnung** der Gebühr nach Nr. 4144 VV RVG auf die Verfahrensgebühr eines eventuell nachfolgenden zivilrechtlichen Verfahrens ist – im Gegensatz zur BRAGO – **nicht mehr vorgesehen.**

V. Revisionsverfahren

885 In Revisionsverfahren erhält der Anwalt, der ausschließlich mit dem Adhäsionsverfahren beauftragt worden ist, ebenfalls die Verfahrensgebühr nach Nr. 4144 VV RVG, und zwar unabhängig davon, ob die Ansprüche erstmals im Berufungsverfahren oder bereits in der ersten Instanz geltend gemacht worden waren. Die Gebühr beläuft sich auf 2,5.

886 Ein erstmaliges Geltendmachen der vermögensrechtlichen Ansprüche ist in der Revisionsinstanz nicht möglich, so dass hier die Gebühr nach Nr. 4143 VV RVG nicht entstehen kann.

887 Bei **mehreren Auftraggebern** wegen desselben Gegenstands erhöht sich die Gebühr nach Nr. 1008 VV RVG um jeweils 0,3 je weiteren Auftraggeber.

VI. Beschwerdeverfahren

1. Überblick

888 In Nr. 4145 VV RVG ist zum 1.9.2004 eine weitere Gebühr eingeführt worden.[241] Diese Vorschrift erklärt sich aus den neuen Vorschriften der §§ 406 Abs. 5, 406a StPO. Macht der Verletzte Ansprüche gegen den Beschuldigten, die aus einer Straftat erwachsen sind, im Adhäsionsverfahren geltend, so

---

[241] Gesetz zur Verbesserung der Rechte von Verletzten im Strafverfahren (Opferrechtsreformgesetz) vom 24.6.2004, BGBl. I, S. 1354. Die bisherigen Nrn. 4145 und 4146 VV RVG sind zu Nrn. 4146 und 4147 VV RVG geworden. Entsprechend angepasst worden ist die Vorbem. 4.3.2 Abs. 2 VV RVG. Übersehen hat man die Anpassung in Abs. 1 Satz 3 der Anm. zu Nr. 1000 VV RVG. Dort wird nach wie vor auf Nr. 4146 VV RVG Bezug genommen. Gemeint ist hier jetzt Nr. 4147 VV RVG.

kann das Gericht nach Anhörung (§ 406 Abs. 5 Satz 1 StPO) durch Beschluss aussprechen, dass es von einer Entscheidung über diesen Antrag absieht (§ 406 Abs. 5 Satz 2 StPO). Gegen diesen Beschluss wiederum kann der Antragsteller nach § 406a StPO sofortige Beschwerde einlegen. Für diese sofortige Beschwerde wäre nach den bisherigen gesetzlichen Regelungen ein Gebührentatbestand nicht gegeben. Die Vorschrift der Nr. 3500 VV RVG greift nicht, da sie nur für Verfahren nach Teil 3 VV RVG gilt. Im Übrigen würde Vorbem. 4.1 Abs. 2 Satz 1 VV RVG gelten, wonach durch die (allgemeinen) Gebühren sämtliche Tätigkeiten abgegolten sind. Von diesem Grundsatz macht Nr. 4145 VV RVG jetzt eine Ausnahme und gewährt für die Tätigkeit in dem Beschwerdeverfahren nach § 406a StPO eine gesonderte Vergütung.

2. Verfahrensgebühr

Im Verfahren nach § 406a StPO gegen einen Beschluss nach § 406 Abs. 5 Satz 2 StPO erhält der Anwalt nach Nr. 4145 VV RVG eine **0,5 Verfahrensgebühr**. 889

Die **Gebührenbeträge** bestimmen sich für den Wahlanwalt nach § 13 RVG, für den gerichtlich bestellten oder beigeordneten Anwalt nach § 49 RVG. 890

3. Mehrere Auftraggeber

Auch hier richtet sich die Höhe der Gebühr – ebenso wie bei den Gebühren gemäß Nrn. 4143, 4144 VV RVG – nach dem **Gegenstandswert**. Maßgebend ist der Wert, hinsichtlich dessen das Gericht nach § 406 Abs. 5 Satz 2 StPO von einer Entscheidung absieht. 891

Vertritt der Anwalt **mehrere Auftraggeber**, etwa mehrere Verletzte als Antragsteller, so ist die Gebühr der Nr. 4145 VV RVG gemäß Nr. 1008 VV RVG um 0,3 je weiteren Auftraggeber zu erhöhen, sofern der Gegenstand der anwaltlichen Tätigkeit derselbe ist. 892

4. Gegenstandswert

Auch hier richtet sich die Höhe der Gebühr – ebenso wie bei den Gebühren gemäß Nrn. 4143, 4144 VV RVG – nach dem **Gegenstandswert**. Maßgebend ist der Wert, hinsichtlich dessen das Gericht nach § 406 Abs. 5 Satz 2 StPO von einer Entscheidung absieht. 893

5. Auslagen

Da die Beschwerdegebühr als Verfahrensgebühr ausgestaltet ist, dürfte davon auszugehen sein, dass entsprechend § 15 Abs. 2 Satz 2 RVG das Beschwerdeverfahren als eigene Angelegenheit gilt. Folglich erhält der Anwalt auch seine **Auslagen** gesondert, insbesondere eine gesonderte Postentgeltpauschale nach Nr. 7002 VV RVG. 894

VII. Einigung

Der Anwalt, der ausschließlich im Adhäsionsverfahren beauftragt ist, kann eine Einigungsgebühr nach den Nrn. 1000 ff. VV RVG verdienen. 895

1. Außergerichtliche Tätigkeit

Ist der Anwalt außergerichtlich tätig, so erhält er die Geschäftsgebühr nach Nr. 2400 VV RVG, zu der eine 1,5 Einigungsgebühr hinzutreten kann (Nr. 1000 VV RVG). 896

2. Erstinstanzliches Verfahren

Im erstinstanzlichen Verfahren beträgt die Einigungsgebühr 1,0 (Nr. 1003 VV RVG). 897

3. Berufungs- oder Revisionsverfahren

Im Berufungs- oder Revisionsverfahren beläuft sich die Einigungsgebühr auf 1,3 (Nr. 1004 VV RVG). 898

Soweit nicht anhängige oder anderweitige anhängige Ansprüche mit verglichen werden, entsteht jeweils zusätzlich die entsprechende Einigungsgebühr. 899

VIII. Auslagen

900   Neben den Gebühren erhält der Anwalt im Adhäsionsverfahren auch Ersatz seiner Auslagen. Da erstinstanzliches Verfahren, Berufungs- und Revisionsverfahren sowie Beschwerdeverfahren nach Nr. 406a StPO jeweils eigene Angelegenheiten i.S.d. § 15 RVG darstellen, erhält er in jedem dieser Verfahren eine gesonderte Postentgeltpauschale.

IX. Beigeordneter Anwalt

901   Ist der Anwalt im Rahmen der Prozesskostenhilfe im Adhäsionsverfahren einer der Parteien beigeordnet worden, so erhält er die **gleichen Gebühren wie ein Wahlanwalt**. Allerdings bestimmen sich die Gebühren nicht aus der Tabelle nach § 13 RVG, sondern aus der nach § 49 RVG.

902   Unter den Voraussetzungen des § 50 RVG kann er auch die weitere Vergütung bis zur Höhe der Wahlanwaltsgebühren erhalten. Darüber hinaus kann der Anwalt die Differenzbeträge gemäß § 126 ZPO gegen den Gegner festsetzen lassen, soweit dieser in die Kosten verurteilt worden ist.

903   Umstritten war bislang, ob die Beiordnung eines Pflichtverteidigers auch die Tätigkeit des Anwalts im Adhäsionsverfahren umfasst. Nach Auffassung des OLG Schleswig[242] bedurfte es einer zusätzlichen Beiordnung für das Adhäsionsverfahren nicht. Begründet wurde diese Ansicht damit, dass die Gebührenvorschrift des § 89 BRAGO in § 97 Abs. 1 Satz 4 BRAGO ausdrücklich aufgeführt war. Der BGH[243] hat zwischenzeitlich in einem ausführlichen Beschluss entschieden, dass eine zusätzliche Bestellung erforderlich sei, um einen Vergütungsanspruch gegen die Staatskasse auszulösen. Dies wird für die Neufassung der Nrn. 4143, 4144 VV RVG erst recht gelten.

J.   Vergütung des Anwalts als Kontaktperson

904   Nach § 34a EGGVG kann dem Gefangenen auf Antrag ein Rechtsanwalt als Kontaktperson beigeordnet werden. Die Beiordnung anderer Personen kommt nicht in Betracht. Der beigeordnete Rechtsanwalt darf nicht Verteidiger sein (§ 34a Abs. 3 Satz 2 EGGVG).

905   Für die Tätigkeit als Kontaktperson erhält der Anwalt eine **Festgebühr i.H.v. 3.000 €**. Die bisherige Regelung in § 97a BRAGO sah das Doppelte der Höchstgebühr vor, so dass es zu unterschiedlich gestaffelten Gebühren je nach Zuständigkeit des Gerichts kommen konnte. Dies wird mit der Neuregelung vermieden.

906   **Erledigt** sich die Tätigkeit des Anwalts **vorzeitig**, so bleibt es nach wie vor bei der vollen Vergütung. Die differenzierten Regelungen für den Verteidiger sind hier nicht entsprechend anwendbar. Ob dieses „Alles-oder-Nichts-Prinzip" zweckmäßig ist, muss bezweifelt werden, ist aber offenbar vom Gesetzgeber so gewollt. Anderenfalls hätte er die Neufassung der Vorschrift durch das RVG genutzt, um hier eine gestaffelte Regelung zu treffen.

907   Sofern die Tätigkeit des Anwalts als Kontaktperson überdurchschnittlich aufwändig ist, kann über § 51 RVG mit der Gewährung einer **Pauschgebühr** ein Ausgleich geschaffen werden.[244]

908   Neben der Gebühr nach Nr. 4303 VV RVG erhält der Anwalt auch Ersatz seiner **Auslagen** nach den Nrn. 7000 ff. VV RVG (§ 46 RVG),[245] insbesondere eine Postentgeltpauschale nach Nr. 7002 VV RVG. Sofern der Anwalt zur Justizvollzugsanstalt fahren muss, gilt hinsichtlich seiner Reisekosten § 46 Abs. 1 RVG. Die Notwendigkeit der Reise kann der Anwalt vorab gerichtlich bindend feststellen lassen (§ 46 Abs. 2 RVG).

---

242   AGS 1998, 6 m. abl. Anm. *Madert* = JurBüro 1998, 22 = NStZ 1998, 101 = SchlHA 1997, 245 = zfs 1998, 191.
243   Rpfleger 2001, 370; ebenso LG Bückeburg, Nds.Rpfl. 2001, 135; *Madert*, AGS 1998, 6; *Hansens*, BRAGO, § 89 Rn. 11, § 97 Rn. 6.
244   *Burhoff*, RVG, Nr. 4304 VV RVG Rn. 6.
245   *Burhoff*, RVG, Nr. 4304 VV RVG Rn. 7.

Der Anwalt kann von der Staatskasse auch einen **Vorschuss** verlangen (§ 47 RVG). Da die Gebühr 909
nach Nr. 4304 VV RVG sofort in voller Höhe entsteht, kann sie auch sofort als Vorschuss verlangt
werden. Ob sich aus der Formulierung „angemessenen Vorschuss" ableiten lässt, dass der Anwalt als
Kontaktperson zunächst nur einen Abschlag verlangen kann, erscheint fraglich.

Nicht anwendbar ist die Vorschrift des § 5 RVG, da sich die Beiordnung ausschließlich auf die Kon- 910
taktperson erstreckt, nicht auch auf **Hilfspersonen**.

Eine Beratungsgebühr nach den Nrn. 2100 ff. VV RVG kann ebenfalls nicht anfallen, da **Beratun-** 911
gen bereits durch die Gebühr nach Nr. 4303 VV RVG abgegolten sind.

Eine Inanspruchnahme des Gefangenen über § 52 RVG ist – wie bisher – nicht möglich. Der Anwalt 912
wird nicht vom Gefangenen beauftragt und kann auch nicht von ihm beauftragt werden (§ 34a
Abs. 4 EGGVG). Daher kann er diesen auch nicht auf Zahlung seiner Vergütung in Anspruch nehmen. Folglich gibt es auch keinen Gebührentatbestand für den „Wahlanwalt als Kontaktperson".

K. Vergütung in Verfahren über die Erinnerung oder Beschwerde gegen einen Kostenfestsetzungsbeschluss

In Verfahren über 913

- die Erinnerung gegen einen Kostenfestsetzungsbeschluss
  (Vorbem. 4 Abs. 5 Nr. 1. 1. Alt. VV RVG) oder

- die Beschwerde gegen einen Kostenfestsetzungsbeschluss
  (Vorbem. 4 Abs. 5 Nr. 1. 2. Alt. VV RVG) sowie

- die Erinnerung gegen den Kostenansatz (Vorbem. 4 Abs. 5 Nr. 1. 3. Alt. VV RVG) und

- die Beschwerde gegen die Entscheidung über diese Erinnerung (Vorbem. 4 Abs. 5 Nr. 1. 4. Alt.
  VV RVG)

erhält der Anwalt – wie bisher (§ 96 Abs. 1 Nr. 1 BRAGO) – die gleichen Gebühren wie in Zivilsachen. Insoweit wird auf die Vorschriften des Teils 3 VV RVG verwiesen. Der Anwalt erhält also in jedem der vorgenannten Verfahren die Vergütung nach Nr. 3500 VV RVG. Zum Umfang der Angelegenheit (§ 16 Nr. 12 a) und b) RVG sowie § 18 Nr. 5 RVG) siehe Teil 7 Rn. 837 ff.

L. Vergütung in der Zwangsvollstreckung

In Tätigkeiten der **Zwangsvollstreckung** aus **Entscheidungen, die über einen aus der Straftat er-** 914
wachsenen vermögensrechtlichen Anspruch entstanden sind (Vorbem. 4 Abs. 5 Nr. 2 1. Alt. VV
RVG),

> *Beispiel:* 915
> *Vollstreckung aus dem Urteil im Adhäsionsverfahren oder aus einem Vergleich im Privatklageverfahren.*

Das Gleiche gilt für Vollstreckungen aus **Kostenerstattungsforderungen** (Vorbem. 4 Abs. 5 Nr. 2 916
2. Alt. VV RVG).

> *Beispiel:* 917
> *Vollstreckung aus dem Kostenerstattungsanspruch des Nebenklägers gegen den Verurteilten oder wegen des Kos-*
> *tenerstattungsanspruchs des Freigesprochenen gegen den Privatkläger.*

Für diese Tätigkeit erhält der Anwalt ebenfalls die Vergütung nach Teil 3 VV RVG. Dies entspricht der 918
bisherigen Regelung in § 96 Abs. 1 Nr. 2 Abs. 2 BRAGO. Die Gebühren richten sich nach den
Nrn. 3309 f. VV RVG.

Für die **Ausübung der Veröffentlichungsbefugnis** gilt das Gleiche (Vorbem. 4 Abs. 5 Nr. 2 3. Alt. 919
VV RVG). Auch hier entsteht die Vergütung nach Nr. 3309 VV RVG.

920 Für **Beschwerdeverfahren in der Zwangsvollstreckung** erhält der Anwalt nach Vorbem. 4 Abs. 5 Nr. 2 4. Variante VV RVG ebenfalls die Vergütung nach Teil 3 VV RVG. Diese bestimmt sich nach Nr. 3500 VV RVG.

M. Vergütung in der Strafvollstreckung

921 Das RVG enthält in den Nrn. 4200 ff. VV RVG erstmals **gesonderte Gebühren für die Strafvoll-streckung.** Solche besonderen Gebühren waren bislang nach der BRAGO nicht vorgesehen. Der An-walt konnte seine Tätigkeit insoweit nur nach § 91 BRAGO als Einzeltätigkeit abrechnen.

I. Anwendungsbereich

922 Die Gebühren der Nrn. 4200 ff. VV RVG gelten allerdings nur dann, wenn der Anwalt **(Voll-)Ver-teidiger** ist. Soweit der Anwalt lediglich mit Einzeltätigkeiten im Rahmen der Strafvollstreckung be-auftragt ist, gelten die Nrn. 4200 ff. VV RVG für ihn nicht; es gelten dann Nr. 4300 Nr. 3 VV RVG oder Nr. 4301 Nr. 6 VV RVG.

923 Für Tätigkeiten im Rahmen der **Zwangsvollstreckung** aus Entscheidungen über einen aus einer Straf-tat erwachsenen vermögensrechtlichen Anspruch sowie aus Kostenfestsetzungsbeschlüssen erhält der Rechtsanwalt ebenfalls nicht die Gebühren nach den Nrn. 4200 ff. VV RVG, sondern Gebühren nach Teil 3 des VV RVG, also den Nrn. 3309 ff. VV RVG (Vorbem. 4 Abs. 5 VV RVG).

II. Umfang der Angelegenheit

924 Jedes **einzelne Vollstreckungsverfahren** stellt eine **gesonderte Angelegenheit** i.S.d. § 15 RVG dar.

925 *Beispiel:*
Es wird ein Verfahren auf Widerruf der Strafaussetzung eingeleitet; die Bewährung wird jedoch nicht widerrufen. Später kommt es zu einem erneuten Verfahren auf Widerruf der Strafaussetzung zur Bewährung. Es liegen zwei verschiedene Angelegenheiten vor. Die Gebühren erhält der Anwalt insgesamt zweimal.

926 Bei **Beschwerden** in der Zwangsvollstreckung ist zu differenzieren:

- Soweit sich die Beschwerde gegen eine **Zwischenentscheidung** richtet, zählt diese noch zur je-weiligen Vollstreckungsangelegenheit (arg. e Vorbem. 4.1 Abs. 1 VV RVG). Es gilt hier das Glei-che wie bei sonstigen Beschwerden (Vorbem. 4.1 Abs. 2 Satz 1 VV RVG).

- Soweit sich die Beschwerde gegen die **Entscheidung** in der Hauptsache richtet, entstehen die Gebühren erneut (Vorbem. 4.2 VV RVG i.V.m. § 15 Abs. 2 Satz 2 RVG).

III. Gebühren

1. Keine Grundgebühr

927 Eine Grundgebühr fällt in der Strafvollstreckung nicht mehr an. Die Vorschrift der Nr. 4100 VV RVG gilt nur innerhalb von Teil 4 Abschnitt 1 VV RVG, nicht aber auch für Teil 4 Abschnitt 2 VV RVG. Der Anwalt kann daher in der Vollstreckung nur Verfahrens- und Terminsgebühren verdienen. Hier wird nach **zwei Verfahrensgruppen** differenziert.

2. Verfahren nach Nr. 4200 VV RVG

a) Verfahrensgebühr

928 Nach Nr. 4200 VV RVG erhält der Verteidiger eine Verfahrensgebühr für seine Tätigkeit in einem Ver-fahren über

(1) die Erledigung oder Aussetzung der Maßregel der Unterbringung
   – in der Sicherungsverwahrung,
   – in einem psychiatrischen Krankenhaus oder
   – in einer Entziehungsanstalt,

(2) die Aussetzung des Restes einer zeitigen Freiheitsstrafe oder einer lebenslangen Freiheitsstrafe oder den Widerruf einer Strafaussetzung zur Bewährung oder den Widerruf der Aussetzung einer Maßregel der Besserung und Sicherung zur Bewährung.

Vorgesehen ist hier ein Gebührenrahmen i.H.v. **50 € bis 560 €**. Die **Mittelgebühr** beträgt **305 €**.   929

Befindet sich der Verurteilte **nicht auf freiem Fuß** (Vorbem. 4 Abs. 4 VV RVG), erhält der Verteidi-   930
ger die Gebühr mit **Zuschlag** (Nr. 4201 VV RVG). Der Gebührenrahmen beläuft sich dann auf **20 € bis 312,50 €**. Die **Mittelgebühr** beträgt **166,25 €**.

Der **gerichtlich bestellte oder beigeordnete Anwalt** erhält eine Festgebühr i.H.v. **244 €**. Befindet   931
sich der Verurteilte **nicht auf freiem Fuß** (Vorbem. 4 Abs. 4 VV RVG), erhält er die Gebühr mit **Zuschlag** (Nr. 4201 VV RVG) i.H.v. **108 €**.

b) Terminsgebühr

Neben den Verfahrensgebühren erhält der Verteidiger auch eine Terminsgebühr nach Nr. 4202 VV RVG.   932

Vorgesehen ist eine Gebühr i.H.v. **50 € bis 250 €**. Die **Mittelgebühr** beträgt **150 €**.   933

Befindet sich der Verurteilte **nicht auf freiem Fuß** (Vorbem. 4 Abs. 4 VV RVG), erhält der Verteidi-   934
ger einen Zuschlag (Vorbem. 4 Abs. 4 VV RVG; Nr. 4203 VV RVG). Der Gebührenrahmen ist dann mit **50 € bis 312,50 €** vorgesehen; **Mittelgebühr 181,25 €**.

Für den **gerichtlich bestellten oder beigeordnete Anwalt** ist eine Festgebühr von **120 €** vorgese-   935
hen, sie beträgt mit Zuschlag 145 €.

936

> **Hinweis:**
>
> Bei der Bemessung der Gebühren dürfte wohl von einem **gesetzgeberischen Versehen** auszu-gehen sein.[246] In der Begründung des Gesetzgebers[247] heißt es, dass die Nrn. 4202, 4203 VV RVG für die in Nr. 4200 VV RVG genannten Verfahren für die Wahrnehmung eines gerichtlichen Ter-mins „eine Terminsgebühr in jeweils gleicher Höhe wie die Verfahrensgebühr" vorsehen. Zutref-fend dürfte es daher sein, die Höhe der Terminsgebühr nach Nrn. 4202, 4203 VV RVG entspre-chend der Höhe der Verfahrensgebühr nach Nrn. 4200, 4201 VV RVG für den Wahlverteidiger auf 50 € bis 600 € (Nr. 4202 VV RVG) und auf 50 € bis 700 € (Nr. 4203 VV RVG) anzuheben.[248]

Ebenso dürften für den gerichtlich bestellten oder beigeordneten Anwalt die Terminsgebühren auf   937
244 € (Nr. 4202 VV RVG) bzw. 300 € (Nr. 4203 VV RVG) heraufzusetzen sein.

c) Auslagen

Neben den Gebühren nach den Nrn. 4200 ff. VV RVG erhält der Anwalt auch Ersatz seiner Ausla-   938
gen, insbesondere eine eigene **Postentgeltpauschale** nach Nr. 7002 VV RVG je Vollstreckungsan-gelegenheit.

3. Verfahren in sonstigen Fällen

a) Verfahrensgebühr

Für sonstige Verfahren, also solche Vollstreckungsverfahren, die nicht in den Nrn. 4200 ff. VV RVG   939
erfasst sind, erhält der Verteidiger eine Verfahrensgebühr aus Nr. 4204 VV RVG. Der Gebührenrah-men beläuft sich auf **20 € bis 250 €**. Die **Mittelgebühr** beträgt **135 €**.

Befindet sich der Verurteilte **nicht auf freiem Fuß** (Abs. 4 Vorbem. 4 VV RVG), so erhält der Vertei-   940
diger wiederum die Gebühr mit Zuschlag nach Nr. 4205 VV RVG. Der Gebührenrahmen beläuft sich auf **50 € bis 312,50 €**. Die **Mittelgebühr** beträgt **181,25 €**.

---

246 *Hartung/Römermann*, RVG, Teil 4 VV RVG Rn. 199.
247 BT-Drucks. 15/1971, S. 229.
248 *Hartung/Römermann*, RVG, Teil 4 VV RVG Rn. 199.

941 Der **gerichtlich bestellte oder beigeordnete Anwalt** erhält nach Nr. 4204 VV RVG eine Festgebühr i.H.v. 108 € und dann, wenn sich der Verurteilte **nicht auf freiem Fuß befindet** (Abs. 4 Vorbem. 4 VV RVG), i.H.v. **145 €** (Nr. 4205 VV RVG).

b) Terminsgebühr

942 In den Verfahren, die nicht unter die Nrn. 4200 VV RVG fallen, erhält der Anwalt eine Terminsgebühr i.H.v. **20 € bis 250 €.** Die **Mittelgebühr** beträgt **135 €.**

943 Befindet sich der Verurteilte **nicht auf freiem Fuß** (Abs. 4 Vorbem. 4 VV RVG), erhält der Anwalt die Terminsgebühr mit Zuschlag (Nr. 4207 VV RVG). Der Gebührenrahmen beläuft sich auf **20 € bis 312,50 €.** Die **Mittelgebühr** beträgt **166,25 €.**

944 Der **gerichtlich bestellte oder beigeordnete Anwalt** erhält eine Festgebühr i.H.v. **108 €** (Nr. 4206 VV RVG) und dann, wenn sich der Verurteilte **nicht auf freiem Fuß** befindet, i.H.v. **133 €** (Nr. 4207 VV RVG).

c) Auslagen

945 Neben den Gebühren nach Nr. 4204 ff. VV RVG erhält der Anwalt wiederum in jeder Vollstreckungsangelegenheit Ersatz seiner Auslagen (Nrn. 7000 ff. VV RVG), insbesondere eine eigene **Postentgeltpauschale** nach Nr. 7002 VV RVG.

4. Beschwerdeverfahren

946 Für Beschwerden in den vorgenannten Vollstreckungsverfahren nach Nrn. 4200 VV RVG sowie in den sonstigen Vollstreckungsverfahren nach Nrn. 4204 VV RVG, die sich gegen die Entscheidung in der Hauptsache richten, entstehen die Gebühren erneut (Vorbem. 4.2 VV RVG i.V.m. § 15 Abs. 2 Satz 2 RVG). Der Anwalt kann daher in jedem Beschwerdeverfahren die betreffenden Gebühren nach Nrn. 4200 ff. VV RVG bzw. Nr. 4204 VV RVG erneut verdienen. Die Gebühren richten sich wiederum nach den Nrn. 4200 ff. VV RVG in den dort genannten Verfahren und nach den Nrn. 4204 ff. VV RVG in den sonstigen Verfahren.

947 Da es sich um gesonderte Angelegenheiten i.S.d. § 15 RVG handelt, erhält er Anwalt auch gesonderten Ersatz seiner Auslagen (Nrn. 7000 ff. VV RVG), insbesondere jeweils eine eigene **Postentgeltpauschale** nach Nr. 7002 VV RVG.

N. Vergütung in Einzeltätigkeiten

I. Übersicht

948 Die Vergütung des Rechtsanwalts, dem nicht die Verteidigung des Beschuldigten oder die Vertretung eines anderen Beteiligten übertragen ist, erhält für einzelne Tätigkeiten die Gebühren nach Teil 4 Abschnitt 3 VV RVG, also nach den Nrn. 4300 ff. VV RVG. Diese Gebühren entsprechen im Wesentlichen den bisherigen Gebühren nach § 91 BRAGO.

1. Anwendungsbereich

949 Soweit der Anwalt **Vollverteidiger** des Beschuldigten ist oder Vertreter eines anderen Beteiligten sind für ihn die Gebühren der Nrn. 4300 ff. VV RVG nicht anwendbar. Für ihn gelten nur die Gebühren des Teil 4 Abschnitte 1 und 2 VV RVG. Abzustellen ist dabei auf den jeweiligen Verfahrensbereich.

950 *Beispiel:*

Der erstinstanzlich bestellte Verteidiger erbringt im Revisionsverfahren, in dem der Beschuldigte einen anderen Verteidiger gewählt hat, Beistandsleistungen.

Da der Anwalt im Revisionsverfahren nicht mehr Verteidiger ist, kann er insoweit die Gebühren nach Nrn. 4300 ff. VV RVG verdienen.

Ausgenommen aus dem Anwendungsbereich der Einzeltätigkeiten sind Tätigkeiten des **Verteidigers** 951
im Rahmen der **Strafvollstreckung**. Nach der BRAGO waren solche Tätigkeiten als Einzeltätigkeiten
erfasst. Nach dem RVG gelten hierfür jetzt die Gebühren nach Teil 4 Abschnitt 2 VV RVG (Nrn. 4200 ff.
VV RVG). Für Einzeltätigkeiten in der Strafvollstreckung des nicht als Verteidiger bestellten Anwalts gelten dagegen die Gebühren des Teil 4 Abschnitt 3 VV RVG, also nach den Nrn. 4300 ff. VV RVG).

Auch Beistandsleistungen bei **Vertretung eines Zeugen oder Sachverständigen** sind fortan nicht 952
mehr als Einzeltätigkeiten abzurechnen, was ohnehin streitig war.[249] Auch für die Vertretung des Zeugen oder des Sachverständigen gelten nunmehr die Gebühren nach Teil 4 Abschnitt 1 VV RVG (Vorbem. 4 Abs. 1 VV RVG).

2. Anrechnung

Geblieben ist die **Anrechnungsvorschrift** des früheren § 92 BRAGO. Sie findet sich jetzt in Vorbem. 953
4.3 Abs. 3 VV RVG. Wird dem Rechtsanwalt, der zunächst nur einen Einzelauftrag hatte, später die
Verteidigung oder die Vertretung für das Verfahren insgesamt übertragen, so werden die für die Einzeltätigkeit entstandenen Gebühren auf die entsprechenden Gebühren für die Verteidigung oder Vertretung angerechnet.

Beispiel: 954

*Der Anwalt wird beauftragt, Strafanzeige zu erstatten. Später erhält er im vorbereitenden Verfahren den Auftrag,
die Zulassung der Nebenklage zu beantragen und den Nebenkläger im gesamten Verfahren zu vertreten.*

*Der Anwalt hat hier zunächst die Gebühr der Nr. 4302 Nr. 2 VV RVG verdient. Infolge des Gesamtauftrages ist
diese Gebühr auf die Gebühren nach Nrn. 4100, 4104 VV RVG anzurechnen.*

I. Einzelauftrag Strafanzeige:

1.	*Gebühr nach Nr. 4302 Nr. 2 VV RVG*	*137,50 €*
2.	*Postentgeltpauschale, Nr. 7002 VV RVG*	*20,00 €*
3.	*16 % Umsatzsteuer, Nr. 7008 VV RVG*	*+ 25,20 €*
Summe:		**182,70 €**

II. Gerichtliches Verfahren, Gesamtvertretung:

1.	*Grundgebühr, Nr. 4100 VV RVG*	*165,00 €*
2.	*Verfahrensgebühr, Nr. 4106 VV RVG*	*140,00 €*
3.	*Postentgeltpauschale, Nr. 7002 VV RVG*	*20,00 €*
	gemäß Vorbem. 4.3 Abs. 4 VV RVG anzurechnen	*− 137,50 €*
4.	*16 % Umsatzsteuer, Nr. 7008 VV RVG*	*+ 30,00 €*
Summe:		**217,50 €**

3. Gesonderte Angelegenheiten

Ansonsten gilt, dass jede Einzeltätigkeit eine **gesonderte Angelegenheit** darstellt, soweit nichts an- 955
deres bestimmt ist (Vorbem. 4.3 Abs. 2 VV RVG).

4. Begrenzung des Gebührenaufkommens

Die Vorschrift des § 15 RVG bleibt allerdings unberührt. Dies bedeutet, dass der Anwalt, der mit meh- 956
reren Einzeltätigkeiten beauftragt worden ist, insgesamt jedenfalls nicht mehr an Gebühren erhalten
kann, als wenn er zum Verteidiger bestellt worden wäre (§ 15 Abs. 6 RVG).

Beispiel: 957

*Der Anwalt erhält zunächst den Auftrag, die vom Verurteilten selbst eingelegte Berufung zu begründen. Später
erhält er den Auftrag, an einer Zeugenvernehmung vor dem ersuchten Richter eines auswärtigen Gerichts teilzunehmen.*

*Der Anwalt erhält jeweils eine Gebühr nach Nr. 4301 Nr. 2 VV RVG und Nr. 4301 Nr. 4 VV RVG nebst Postent-
geltpauschale. Auszugehen sein soll nach § 14 Abs. 1 RVG jeweils von einer überdurchschnittlichen Gebühr (um
20 % erhöht). Insgesamt erhält er gemäß Vorbem. 4.3 Abs. 2 Satz 2 VV RVG i.V.m. § 15 Abs. 6 RVG jedoch
nicht mehr als eine Gebühr nach Nr. 4301 VV RVG.*

---

249 S. zum bisherigen Streitstand AnwKom-BRAGO-*N. Schneider*, vor § 83 Rn. 18, 19; zuletzt LG Potsdam, AGS 2004, 72.

Entstanden ist folgende Vergütung:

I. Begründung der Berufung:

1.	Gebühr nach Nr. 4301 Nr. 2 VV RVG	252,00 €
2.	Postentgeltpauschale, Nr. 7002 VV RVG	20,00 €
3.	16 % Umsatzsteuer, Nr. 7008 VV RVG	+ 43,52 €
Summe:		**315,52 €**

II. Terminswahrnehmung:

1.	Gebühr nach Nr. 4301 Nr. 4 VV RVG	252,00 €
2.	Postentgeltpauschale, Nr. 7002 VV RVG	20,00 €
3.	16 % Umsatzsteuer, Nr. 7008 VV RVG	+ 43,52 €
Summe:		**315,52 €**

*An **Gebühren** zu I. + II.*
erhält der Rechtsanwalt insgesamt:

	252,00 €
	+ 252,00 €
Summe:	**504,00 €**

Wäre der Anwalt von vornherein mit der Gesamtvertretung beauftragt, so hätte er (ausgehend wiederum jeweils von der Mittelgebühr) erhalten können:

1.	Grundgebühr, Nr. 4100 Nr. 2 VV RVG	165,00 €
2.	Verfahrensgebühr, Nr. 4120 Nr. 2 VV RVG	270,00 €
3.	Terminsgebühr, Nr. 4124 VV RVG	270,00 €
4.	Postentgeltpauschale, Nr. 7002 VV RVG	20,00 €
3.	16 % Umsatzsteuer, Nr. 7008 VV RVG	+ 116,00 €
Summe:		**841,00 €**

Hier beträgt die Summe der Gebühren:

	165,00 €
	270,00 €
	+ 270,00 €
	705,00 €

Die Grenze des § 15 Abs. 6 RVG ist hier nicht erreicht, so dass der Anwalt die Einzeltätigkeiten unbeschränkt abrechnen darf.

958 Ist ein Fall des § 15 Abs. 6 RVG ausnahmsweise einmal gegeben, so werden nur die Gebühren reduziert, nicht auch die Auslagen. Soweit also mehrere Postentgeltpauschalen entstanden sind, bleiben diese ungekürzt erhalten.

II. Die einzelnen Gruppen

959 Wie bisher auch in § 91 BRAGO sind **drei Gruppen von Einzeltätigkeiten** vorgesehen, für die jeweils ein eigener Gebührenrahmen gilt:

1. Verfahrensgebühr nach Nr. 4300 VV RVG

960 Nach Nr. 4300 VV RVG erhält der Anwalt eine Verfahrensgebühr für die Anfertigung oder Unterzeichnung einer Schrift

- zur Begründung der Revision,
- zur Erklärung auf die von dem Staatsanwalt, Privatkläger oder Nebenkläger eingelegte Revision oder
- in Verfahren nach den §§ 57a und 67e StGB.

961 Dies entspricht dem bisherigen § 91 Nr. 3 BRAGO. Hinzu gekommen sind allerdings die Anfertigung und Unterzeichnung von Schriftsätzen in Verfahren nach §§ 57a und 67e StGB, die bislang nicht gesondert erwähnt waren und daher unter den Auffangtatbestand des § 91 Nr. 1 BRAGO fielen.

Soweit der Anwalt mit der Einlegung **und** der Begründung der Revision beauftragt worden ist, erhält er die Gebühren wie bisher nur einmal (Anm. zu Nr. 4300 VV RVG); maßgebend ist dann der höhere Gebührentatbestand der Nr. 4300 Nr. 1 VV RVG. 962

Die Verfahrensgebühr nach Nr. 4300 VV RVG beläuft sich auf **50 € bis 560 €**; die **Mittelgebühr** beträgt **305 €**. Der gerichtlich bestellte oder beigeordnete Anwalt erhält eine Festgebühr i.H.v. 244 €. 963

2. Verfahrensgebühr nach Nr. 4301 VV RVG

Nach Nr. 4301 VV RVG erhält der Anwalt eine Verfahrensgebühr für 964

- die Anfertigung oder Unterzeichnung einer Privatklage,
- die Anfertigung oder Unterzeichnung einer Schrift zur Rechtfertigung der Berufung oder zur Beantwortung der von dem Staatsanwalt, Privatkläger oder Nebenkläger eingelegten Berufung,
- die Führung des Verkehrs mit dem Verteidiger,
- die Beistandsleistung für den Beschuldigten bei einer richterlichen Vernehmung, einer Vernehmung durch die Staatsanwaltschaft oder eine andere Strafverfolgungsbehörde oder in einer Hauptverhandlung, einer mündlichen Anhörung oder bei einer Augenscheinseinnahme,
- die Beistandsleistung im Verfahren zur gerichtlichen Erzwingung der Anklage (§ 172 Abs. 2 bis 4, § 173 StPO) oder
- sonstige Tätigkeiten in der Strafvollstreckung.

Diese Regelung entspricht im Wesentlichen dem bisherigen § 91 Nr. 2 BRAGO. Hinzu gekommen ist Nr. 4301 Nr. 1 VV RVG (die Anfertigung und Unterzeichnung einer Privatklage), die bislang unter § 91 Nr. 3 BRAGO fiel sowie sonstige Tätigkeiten in der BRAGO, insbesondere die Strafvollstreckung, die bislang nur durch den Auffangtatbestand nach § 91 Nr. 1 BRAGO erfasst waren. 965

Soweit der Anwalt sowohl mit der Einlegung der Berufung als auch deren Begründung beauftragt ist, entstehen die Gebühren nur einmal, und zwar aus dem höheren Rahmen nach Nr. 4301 Nr. 2 VV RVG (Anm. zu Nr. 4301 VV RVG). 966

Die Verfahrensgebühr nach Nr. 4301 VV RVG beläuft sich auf **35 € bis 385 €**; die **Mittelgebühr** beträgt **210 €**. Der gerichtlich bestellte oder beigeordnete Anwalt erhält eine Festgebühr i.H.v. 168 €. 967

3. Verfahrensgebühr nach Nr. 4302 VV RVG

Nach Nr. 4302 VV RVG erhält der Rechtsanwalt eine Verfahrensgebühr für 968

- die Einlegung eines Rechtsmittels,
- die Anfertigung oder Unterzeichnung anderer Anträge, Gesuche oder Erklärungen oder
- eine andere nicht in Nrn. 4300 oder 4301 VV RVG erwähnte Beistandsleistungen.
- Diese Vorschrift entspricht dem bisherigen § 91 Nr. 1 BRAGO.

Soweit der Anwalt sowohl mit der Einlegung eines Rechtsmittels als auch mit dessen Begründung beauftragt ist, entstehen die Gebühren nur einmal, und zwar aus dem höheren Rahmen nach Nrn. 4300 Nr. 1 VV RVG oder 4301 Nr. 2 VV RVG (Anm. zu Nr. 4301 VV RVG). 969

Die Verfahrensgebühr nach Nr. 4302 VV RVG beläuft sich auf **20 € bis 250 €**. Die **Mittelgebühr** beträgt **135 €**. Der gerichtlich bestellte oder beigeordnete Anwalt erhält eine Festgebühr i.H.v. 108 €. 970

III. Problem: Beratung

Strittig wird weiterhin bleiben, ob **Beratungstätigkeiten in Strafsachen** als **Einzeltätigkeiten** anzusehen und daher nach Nr. 4302 Nr. 3 VV RVG als andere nicht erwähnte Beistandsleistungen zu vergüten sind. Nach h.M. galt § 20 Abs. 1 BRAGO, also die jetzige Nr. 2101 VV RVG.[250] *Madert*[251] ging da- 971

---

250   AnwKom-BRAGO-*N. Schneider*, § 91 Rn. 61.
251   *Gerold/Schmidt/Madert*, § 91 Rn. 18; *Madert*, BRAGO, AnwBl. 1982, 176, 180.

gegen davon aus, dass § 91 Nr. 3 BRAGO der speziellere Tatbestand sei und den des § 20 Abs. 1 BRAGO verdränge. Dem Wortlaut der Nr. 2101 VV RVG nach hat der Gesetzgeber diese Streitfrage i.S.v. *Madert* gelöst. Dort ist jetzt nur noch von Rahmengebühren nach § 3 RVG, also in sozialrechtlichen Angelegenheiten, die Rede. Strafsachen sind nicht erwähnt. Im Gegensatz dazu sind in Nr. 2202 VV RVG bei der Prüfung der Erfolgsaussichten eines Rechtsmittels neben § 3 RVG auch die Angelegenheiten aus den Teilen 4 bis 6 VV RVG ausdrücklich erwähnt. Dass die Angelegenheiten nach den Teilen 4 bis 6 VV RVG in Nr. 2101 VV RVG nicht erwähnt sind, spricht dafür, dass die Beratung in Straf- und Bußgeldsachen nicht mehr durch die allgemeinen Beratungsgebühren abgegolten werden soll.

972 | **Hinweis:**
Dieser nach dem Wortlaut eindeutige Ausschluss[252] der strafrechtlichen Beratung aus dem Anwendungsbereich der Nr. 2101 VV RVG und damit die Verlagerung in Nr. 4302 VV RVG wird jedoch durch die Begründung des Gesetzgebers wieder in Frage gestellt. In seiner Begründung zu Nr. 2101 VV RVG geht er davon aus, dass auch die Beratung in strafrechtlichen Angelegenheiten durch die Gebühr nach Nr. 2101 VV RVG abgegolten werde. Wie mit diesem Widerspruch zukünftig umzugehen ist, wird die Rechtsprechung zeigen.

973 Wesentliche Unterschiede ergeben sich ohnehin nicht. Der Betragsrahmen nach Nr. 2101 VV RVG beträgt 10 € bis 260 €. Der Rahmen nach Nr. 4302 VV RVG beläuft sich auf 20 € bis 250 €. Die **Mittelgebühr** beträgt in beiden Fällen 135 €. Lediglich die Kappung für eine Erstberatung (Nr. 2102 VV RVG) ist in Nr. 4302 VV RVG nicht vorgesehen.

O. Vergütung in Gnadensachen

974 Für die Vertretung in einer Gnadensache erhält der Rechtsanwalt nach Nr. 4303 VV RVG eine Verfahrensgebühr i.H.v. 25 € bis 250 €. Dies entspricht der bisherigen Regelung in § 93 Satz 1 BRAGO.

975 Klargestellt ist, dass die Vertretung in einer Gnadensache eine **gesonderte Angelegenheit** darstellt, so dass die Gebühren auch dann entstehen, wenn dem Anwalt die Verteidigung übertragen war (Anm. zu Nr. 4303 VV RVG). Dies entspricht dem bisherigen § 93 Satz 2 BRAGO.

976 Die Vorschrift gilt für sämtliche nach den verschiedenen Gnadenordnungen geregelten Gnadenverfahren. Die Vorschrift gilt nicht für Tätigkeiten im Hinblick auf

- die Einstellung eines Strafverfahrens;[253]
- Anträge an das Gericht, die Vollstreckungsbehörde oder den Vollstreckungsleiter auf Strafaussetzung, Stundung von Geldstrafen, Gewährung von Ratenzahlung, Strafaufschub etc. (§ 57 StGB, § 453 StPO, § 88 JGG). Solche Tätigkeiten werden für den Verteidiger durch die Gebühren nach Abschnitt 2 Teil 4 VV RVG abgegolten;
- Gebühren in der Strafvollstreckung, Nrn. 4200 ff. VV RVG. Ist der Anwalt lediglich mit Einzeltätigkeiten beauftragt, so erhält er hierfür die Vergütung nach Nr. 4301 Nr. 6 VV RVG;
- Anträge auf Tilgung von Einträgen im Strafregister oder Anordnung beschränkter Auskunft.

977 Ebenfalls nicht durch die Gebühr nach Nr. 4303 VV RVG abgegolten ist eine Anfechtung der Gnadenentscheidung im Verwaltungsweg. Hier gelten die Vorschriften für das verwaltungsrechtliche Verfahren.[254]

---

252 A.A. *Hansens*, Teil 7 Rn. 27 ff; *Burhoff*; RVG „Beratungsgebühr (Nrn. 2100 f.)" Rn. 6 ff.: Nr. 2101 VV RVG ist anwendbar.
253 AnwKom-RVG-*N. Schneider*, Nr. 4302 VV RVG Rn. 4.
254 AnwKom-RVG-*N. Schneider*, Nr. 4302 VV RVG Rn. 5.

Das Verfahren muss **vor einer Gnadenstelle** stattfinden. Gnadenstellen sind auch die bei Gerichten 978
eingerichteten Gnadenstellen, sofern ihnen im beschränkten Umfang das Gnadenrecht übertragen
ist, wie z.B. in Nordrhein-Westfalen die Gnadenstellen beim **LG**.[255]

Die Gebühr deckt – wie bisher – die Vertretung im **gesamten Gnadenverfahren** ab. Voraussetzung 979
ist allerdings, dass der Anwalt als Vertreter für das gesamte Verfahren bestellt ist. Hat der Anwalt lediglich den Auftrag, einen Gnadenantrag zu stellen, zu unterzeichnen, eine Besprechung zu führen
oder eine sonstige Einzeltätigkeit vorzunehmen, gilt Nr. 4302 Nr. 2 oder Nr. 3 VV RVG.[256]

Die Gebühr nach Nr. 4303 VV RVG entsteht mit der ersten Tätigkeit nach Erteilung des Auftrags, al- 980
so i.d.R. mit der Entgegennahme der Information. Abgegolten werden sämtliche Tätigkeiten einschließlich der Antragstellung und Besprechung mit Dritten. Hierzu zählen auch Besuche in der Justizvollzugsanstalt, Besprechungen mit der Gnadenbehörde sowie sämtlicher Schriftverkehr. Auch
eventuelle Beschwerdeverfahren sind durch die Gebühr abgegolten. § 15 Abs. 2 Satz 2 RVG ist insoweit nicht anwendbar.

Die Angelegenheit endet mit der abschließenden Entscheidung über das Gnadengesuch. Soweit sich 981
das Gnadenverfahren über mehrere Stellen oder Instanzen hinzieht, verbleibt es bei einer einzigen
Gebühr nach Nr. 4303 VV RVG.

Wird später ein **erneutes Gnadengesuch** gestellt, so handelt es sich um eine neue Angelegenheit 982
i.S.d. § 15 RVG, so dass dann die Gebühr nach Nr. 4303 VV RVG erneut entstehen kann.[257]

Ist der Anwalt nur mit **Einzeltätigkeiten** im Gnadenverfahren beauftragt, darf die Summe der ein- 983
zelnen Gebühren nicht den Rahmen nach Nr. 4303 VV RVG übersteigen (§ 15 Abs. 6 RVG).[258]

Vertritt der Anwalt **mehrere Verurteilte** (§ 146 StPO gilt insoweit nicht) und stellt er für sie jeweils 984
Gnadenanträge, so handelt es sich um **verschiedene Angelegenheiten**, so dass die Gebühr nach
Nr. 4303 VV RVG mehrmals entsteht und nicht etwa nach Nr. 1008 VV RVG zu erhöhen ist.[259]

Der Anwalt erhält für seine Tätigkeit im Gnadenverfahren eine Gebühr i.H.v. 25 € bis 250 €. Die 985
Mittelgebühr beträgt 137,50 €.

Bemerkenswert ist, dass für den gerichtlich bestellten oder beigeordneten Rechtsanwalt für die Ver- 986
tretung in einer Gnadensache eine **Festgebühr i.H.v. 110 €** vorgesehen ist. Nach der bisherigen Regelung erhielt der Pflichtverteidiger oder ein dem Verurteilten anderweitig beigeordneter Anwalt keine Vergütung aus der Staatskasse. Die Vorschrift des § 93 BRAGO war in den §§ 97 und 102 BRA-
GO nicht erwähnt. Der Pflichtverteidiger musste sich daher nach der BRAGO wegen seiner Vergütung unmittelbar an seinen Auftraggeber halten, konnte aber nicht mit der Staatskasse abrechnen.[260]
Ob die neue Regelung aber jemals einen Anwendungsbereich erhalten wird, erscheint fraglich. Die
Bestellung eines Pflichtverteidigers endet grds. mit der Rechtskraft der Entscheidung und erstreckt
sich nicht auf ein Gnadenverfahren. Auch für eine sonstige Beiordnung oder Bestellung ist keine
Grundlage ersichtlich.

---

255 AnwKom-RVG-N. *Schneider,* Nr. 4302 VV RVG Rn. 6.
256 AnwKom-RVG-N. *Schneider,* Nr. 4302 VV RVG Rn. 2.
257 AnwKom-RVG-N. *Schneider,* Nr. 4302 VV RVG Rn. 10.
258 AnwKom-RVG-N. *Schneider,* Nr. 4302 VV RVG Rn. 2.
259 AnwKom-RVG-N. *Schneider,* Nr. 4302 VV RVG Rn. 11.
260 AnwKom-RVG-N. *Schneider,* Nr. 4302 VV RVG Rn. 13.

P. Muster

I. Muster 1: Antrag auf Festsetzung einer Pauschgebühr (Pflichtverteidiger)

987

An das OLG ...

über das Amts-/Landgericht ...

In der Strafsache ...

./.

Az: ....

beantrage ich,

> mir gemäß § 51 RVG eine Pauschvergütung i.H.v. mindestens .... € für das erstinstanzliche Verfahren und i.H.v. mindestens .... € für das Berufungsverfahren zu bewilligen.

Begründung:

Durch Beschluss vom .... bin ich vom ....gericht als Pflichtverteidiger bestellt worden.

Vor der Bestellung war ich nicht (war ich bereits ab dem ....) tätig.

Die Pflichtverteidigervergütung beläuft sich auf ... €. Ich nehme insoweit Bezug auf meinen Festsetzungsantrag (die gerichtliche Festsetzung vom ......). Die Pflichtverteidigergebühren i.H.v. ...... € reichen nicht aus, um meine Tätigkeit in dieser Sache ausreichend zu vergüten. Es liegt eine besonders umfangreiche und besonders schwierige Strafsache i.S.d. § 51 RVG vor.

Der besondere Umfang ergibt sich aus ....

Die Sache war auch besonders schwierig ......

Nach alledem halte ich eine Pauschvergütung i.H.v. mindestens ...... € für das erstinstanzliche Verfahren und i.H.v. mindestens ...... € für das Berufungsverfahren für angemessen.

Vor der Stellungnahme des Vertreters der Staatskasse bitte ich, mir von der Entscheidung des Gerichts eine Abschrift zukommen zu lassen sowie mir Gelegenheit zur Stellungnahme zu geben.

....

Rechtsanwalt

II. Muster 2: Antrag auf Festsetzung einer Pauschgebühr (Wahlanwalt)

988

An das OLG ...

über das Amts-/Landgericht ...

In der Strafsache ...

./.

Az: ....

beantrage ich,

> mir gemäß § 42 RVG eine Pauschvergütung für das erstinstanzliche gerichtliche Verfahren i.H.v. mindestens 1.500 € zu bewilligen.

Begründung:

Am .... bin ich vom Beschuldigen in dem o.g. Verfahren als Verteidiger beauftragt worden.

Die Gebühren für das vorbereitende Verfahren sind ausreichend. Insoweit wird eine Pauschgebühr nicht geltend gemacht.

Eine Pauschgebühr wird jedoch für das erstinstanzliche gerichtliche Verfahren beantragt, da hier die gesetzlichen Gebühren nach Teil 4 VV RVG nicht ausreichend sind.

Die gesetzlichen Gebühren nach Teil 4 VV RVG für das erstinstanzliche gerichtliche Verfahren, die vom Beschuldigten bereits ausgeglichen worden ist, belaufen sich (netto) auf

1.	*Verfahrensgebühr, Nrn. 4112, 4113 VV RVG*	*337,50 €*
2.	*Terminsgebühr (1. Hauptverhandlungstermin), Nrn. 4114, 4115 VV RVG*	*587,50 €*
3.	*Terminsgebühr (2. Hauptverhandlungstermin), Nrn. 4114, 4115 VV RVG*	*587,50 €*

4.	*Terminsgebühr (3. Hauptverhandlungstermin), Nrn. 4114, 4115 VV RVG*	*587,50 €*
5.	*drei Haftprüfungstermine, Nrn. 4102 Nr. 3, 4103 VV RVG*	*+ 312,50 €*
	Summe:	*2.412,50 €*

Die vorstehenden Höchstgebühren reichen nicht aus, um meine Tätigkeit in dieser Sache ausreichend zu vergüten. Es liegt eine besonders umfangreiche und besonders schwierige Strafsache i.S.d. § 42 RVG vor.

Der besondere Umfang ergibt sich aus ....

Die Sache war auch besonders schwierig ....

Nach alledem halte ich eine weitere Vergütung i.H.v. 1.500 € für das gerichtliche Verfahren für angemessen.

Vor eventuellen Stellungnahme der nach § 42 Abs. 3 RVG anzuhörenden Beteiligten bitte ich, mir von der Entscheidung des Gerichts eine Abschrift zukommen zu lassen sowie mir Gelegenheit zur Stellungnahme zu geben.

....

Rechtsanwalt

III. Muster 3: Antrag auf Feststellung der Leistungsfähigkeit des Beschuldigten nach § 52 Abs. 2 RVG

989

An das

Amtsgericht

....

In der Strafsache

./. ....

Az. ....

beantrage ich,

gemäß § 52 Abs. 2 RVG festzustellen, dass der Beschuldigte ohne Beeinträchtigung des für ihn und seine Familie notwendigen Unterhalts zur Zahlung der gesetzlichen Gebühren eines Wahlverteidigers in der Lage ist.

Begründung:

Durch Beschluss vom ..... bin ich vom angerufenen Gericht als Pflichtverteidiger bestellt worden. Die bereits aus der Staatskasse gezahlte Pflichtverteidigervergütung beläuft sich auf

1.	*Grundgebühr, Nr. 4100 VV RVG*	*132,00 €*
2.	*Verfahrensgebühr, Nr. 4106 VV RVG*	*112,00 €*
3.	*Terminsgebühr (1. Hauptverhandlungstermin), Nr. 4108 VV RVG*	*184,00 €*
4.	*Terminsgebühr (2. Hauptverhandlungstermin), Nr. 4108 VV RVG*	*184,00 €*
5.	*Terminsgebühr (3. Hauptverhandlungstermin), Nr. 4108 VV RVG*	*184,00 €*
6.	*Postentgeltpauschale, Nr. 7002 RVG*	*20,00 €*
7.	*16 % Umsatzsteuer, Nr. 7008 RVG*	*+ 130,56 €*
	Summe:	*946,56 €*

Ich nehme insoweit Bezug auf den in den Akten befindlichen Festsetzungsbeschluss.

Die nach § 14 Abs. 1 RVG angemessene Wahlanwaltsvergütung würde sich ausgehend jeweils von der Mittelgebühr jeweils wie folgt berechnen:

1.	*Grundgebühr, Nr. 4100 VV RVG*	*165,00 €*
2.	*Verfahrensgebühr, Nr. 4106 VV RVG*	*140,00 €*
3.	*Terminsgebühr (1. Hauptverhandlungstermin), Nr. 4108 VV RVG*	*230,00 €*
4.	*Terminsgebühr (2. Hauptverhandlungstermin), Nr. 4108 VV RVG*	*230,00 €*
5.	*Terminsgebühr (3. Hauptverhandlungstermin), Nr. 4108 VV RVG*	*230,00 €*
6.	*Postentgeltpauschale, Nr. 7002 RVG*	*20,00 €*
7.	*16 % Umsatzsteuer, Nr. 7008 RVG*	*+ 162,40 €*
	Summe:	*1.177,40 €*

Danach ergibt sich ein Differenzbetrag i.H.v. **30,84 €.**

Zur Zahlung dieses Betrages ist der Beschuldigte – notfalls in monatlichen Raten – in der Lage. Er hat als …. einen monatlichen Nettoverdienst i.H.v. ca. …. € zuzüglich Steuerrückerstattung, Urlaubs- und Weihnachtsgeld.

Unterhaltsverpflichtungen gegenüber Dritten bestehen nicht. Die Ehefrau des Beschuldigten ist berufstätig. Die Tochter erzielt bereits eigenes Einkommen.

Besondere Zahlungsverpflichtungen obliegen dem Beschuldigten ebenfalls nicht, so dass er angesichts seines Einkommens durchaus in der Lage ist, die Differenz bis zu den Wahlanwaltsgebühren zu zahlen.

....

Rechtsanwalt

IV. Muster 4: Abtretungsvereinbarung nach § 43 RVG

990

Abtretungsvereinbarung

zwischen

Rechtsanwalt ....

und

Herrn ....

In dem Strafverfahren

/. …

AG ....

ist Herr Rechtsanwalt .... von Herrn .... als Verteidiger bestellt worden Hinsichtlich der Vergütung ist eine Vergütungsvereinbarung getroffen, auf die wir Bezug nehmen (ist keine Vergütungsvereinbarung getroffen worden, so dass nach den gesetzlichen Gebühren abzurechnen ist).

Zur Absicherung dieser Vergütungsansprüche tritt Herr .... seine ihm aus diesem Verfahren eventuell erwachsenden Ansprüche gegen die Staatskasse oder andere Verfahrensbeteiligte auf Erstattung notwendiger Auslagen an Herrn Rechtsanwalt .... erfüllungshalber ab. Herr Rechtsanwalt .... nimmt diese Abtretung an.

Herr .... ist damit einverstanden, dass die Abtretungserklärung, um eine eventuelle Aufrechnung der Staatskasse zu verhindern, gemäß § 43 RVG zu den Gerichtsakten gereicht wird.

.... , den ....

....
Herr ....

....
Rechtsanwalt

V. Muster 5: Antrag auf gerichtliche Entscheidung nach Art. XI § 1 KostÄndG 57

991

An das Amtsgericht ....

– Zivilabteilung –

Antrag nach Art. XI § 1 KostÄndG 57

Gemäß Art. XI § 1 KostÄndG 57 beantrage ich, festzustellen,

dass die von der Gerichtskasse (*Staatsanwaltschaft*) in dem Verfahren ./. ..... (AG .... – Az. .... unter dem … erklärte Aufrechnung (Bl. ... d. Akten) unwirksam ist.

Begründung:

In dem Strafverfahren AG .... Az. .... (./...) bin ich vom Beschuldigten als Verteidiger beauftragt worden und habe diesen sowohl im vorbereitenden Verfahren als auch im gerichtlichen Verfahren erster und zweiter Instanz verteidigt.

Der Beschuldigte ist in erster Instanz zu einer Geldstrafe von 5.000 € kostenpflichtig verurteilt worden. Die auf das Strafmaß beschränkte Berufung war in vollem Umfang erfolgreich, so dass die Geldstrafe auf 2.000 € herabgesetzt worden ist. Die Kosten des Berufungsverfahrens sind der Staatskasse auferlegt worden.

Zu Gunsten des Beschuldigten sind daraufhin u.a. Verteidigerkosten i.H.v.

1.	*Verfahrensgebühr, Nr. 4124 VV RVG*	*270,00 €*
2.	*Terminsgebühr (1. Hauptverhandlungstermin), Nr. 4108 VV RVG*	*230,00 €*
3.	*Postentgeltpauschale, Nr. 7002 VV RVG*	*20,00 €*
4.	*16 % Umsatzsteuer, Nr. 7008 VV RVG*	*+ 83,20 €*
	Summe:	*603,20 €*

festgesetzt worden (Bl. .... d. A.).

Diesen Kostenerstattungsanspruch hatte der Beschuldigte bereits durch Abtretungsvereinbarung vom ... erfüllungshalber an mich abgetreten. Die Abtretungserklärung befindet sich auf Bl. ... der Gerichtsakten.

Mit Erklärung vom ..., (Bl. ... d. A.) der Gerichtsakte hat die Gerichtskasse (die Staatsanwaltschaft) die Aufrechnung mit den vom Beschuldigten zu tragenden erstinstanzlichen Verfahrenskosten (mit der zu zahlenden Geldstrafe) erklärt.

Die Aufrechnungserklärung der Gerichtskasse (Staatsanwaltschaft) ist unwirksam, da sie meinen Vergütungsanspruch vereiteln würde.

Die o.g. Verteidigerkosten sind vom Beschuldigten trotz mehrfacher Mahnung nicht gezahlt worden. Ob die Forderung gegen den Beklagten überhaupt zu realisieren ist, erscheint aufgrund seiner Vermögensverhältnisse fraglich. Die Aufrechnung würde daher meinen Vergütungsanspruch zumindest beeinträchtigen.

....

Rechtsanwalt

VI.   Muster 6: Antrag auf Kostenfestsetzung nach Freispruch

An das

Amtsgericht ....

In dem Verfahren

./. ...

Az. ...

beantrage ich,

992

die aufgrund des Urteils vom .... von der Staatskasse zu tragenden Kosten des Freigesprochenen gemäß der als Anlage beigefügten Gebührennote festzusetzen und die gesetzliche Verzinsung auszusprechen.

Hinzuzusetzen bitte ich die Reisekosten des Freigesprochenen für die Teilnahme an der Hauptverhandlung vom .... i.H.v.

2 x 215 km x 0,30 € =	64,50 €
zuzüglich Tagegeld § 6 Abs. 1 JVEG	6,00 €

Bei den geltend gemachten Gebühren bin ich von der Mittelgebühr ausgegangen mit Ausnahme der Terminsgebühr für den Hauptverhandlungstermin. Hier halte ich eine um 20 % erhöhte Mittelgebühr für angemessen. Die Hauptverhandlung hat mit insgesamt drei Stunden überdurchschnittlich lange gedauert. Es sind insgesamt sechs Zeugen vernommen worden. Darüber hinaus wurde in der Beweisaufnahme der Sachverständige .... angehört.

Die Sache war für den Freigesprochenen auch von erheblicher Bedeutung, da hier die Entziehung seiner Fahrerlaubnis drohte und er als Kraftfahrer beruflich auf seine Fahrerlaubnis angewiesen ist.

Die Einkommensverhältnisse des Freigesprochenen sind mit 1.500 € mindestens durchschnittlich.

....

Rechtsanwalt

Anlage:
Herrn
.....
.....straße
....stadt
Kostenrechnung
in Sachen
Verteidigung Strafverfahren AG ....

Rechnungsnummer: ....
Steuernummer: ....
Bearbeitungszeitraum: ....

1.	*Grundgebühr, Nr. 4100 VV RVG*	*165,00 €*
2.	*Verfahrensgebühr, Nr. 4106 VV RVG*	*140,00 €*
3.	*Terminsgebühr, Nr. 4108 VV RVG*	*276,00 €*
4.	*Postentgeltpauschale, Nr. 7002 VV RVG*	*20,00 €*
5.	*Fahrtkosten, Nr. 7003, 2 x 215 km x 0,30 € =*	*64,50 €*
6.	*Abwesenheitsgeld, Nr. 7005 Nr. 2 VV RVG*	*35,00 €*
7.	*16 % Umsatzsteuer, Nr. 7008 VV RVG*	*+ 112,08 €*
	Zwischensumme	*812,58 €*
8.	*Aktenversendungspauschale*	*+ 12,00 €*
	Summe:	***824,58 €***

....
Rechtsanwalt

VII. Muster 7: Erinnerung in Strafsachen gegen einen Kostenfestsetzungsbeschluss

993

An das
Amtsgericht ....
In der Strafsache
./. ...
Az. ....
lege ich namens des Freigesprochenen gegen den Kostenfestsetzungsbeschluss vom ....
Erinnerung
ein.
Mit der Erinnerung wendet sich der Freigesprochene gegen die Absetzung der Reisekosten des Unterzeichners.
Der Freigesprochene war berechtigt, einen Verteidiger an seinem Wohnsitz zu beauftragen. Er musste nicht einen am Sitz des Gerichts niedergelassenen Rechtsanwalt beauftragen, zumal er erwiesenermaßen unschuldig ist und daher ohnehin nicht mit einer Anklageerhebung und einem Termin vor dem Gericht rechnen musste.
Ich nehme insoweit Bezug auf die bereits im Kostenfestsetzungsverfahren zitierte Rechtsprechung des BGH zur grundsätzlichen Erstattungsfähigkeit der Reisekosten eines Anwalts in Zivilsachen. Diese Grundsätze gelten in Strafsachen ebenso.

....
Rechtsanwalt

VIII. Muster 8: Antrag auf Streitwertfestsetzung im Adhäsionsverfahren

994

An das
Amtsgericht ....
In der Strafsache
./. ...
Az. ....

wird gemäß § 33 RVG beantragt,

>den Streitwert für die im Adhäsionsverfahren geltend gemachten Ansprüche auf 2.000 € sowie für den Mehrwert des Vergleichs auf 1.500 € festzusetzen.

Begründung:

Der Privatkläger hatte mit seiner Privatklage zugleich Schmerzensgeld i.H.v. 2.000 € gefordert. Im Hauptverhandlungstermin haben sich die Parteien geeinigt, dass der Beklagte 2.000 € an den Privatkläger zahle und dass damit auch die bislang nur außergerichtlich erhobenen weitergehenden Schadensersatzansprüche i.H.v. weiteren 1.500 € abgegolten seien.

Im Hinblick darauf beantrage ich, den Gegenstandswert für das Adhäsionsverfahren auf 2.000 € festzusetzen und für den Mehrwert des Vergleichs auf 1.500 €.

....

Rechtsanwalt

IX.   Muster 9: Antrag nach § 46 Abs. 2 RVG

995

An das

Landgericht ....

In der Sache

... ./. ...

Az. ....

beantrage ich, gemäß § 46 Abs. 2 RVG festzustellen, dass eine weitere Reise zur Beschuldigten in die JVA .... erforderlich ist.

Begründung:

Aufgrund des zwischenzeitlich zur Akte gelangten Gutachtens des Sachverständigen .... ergeben sich neue Aspekte, die mit der Beschuldigten besprochen werden müssen. Der Unterzeichner hat die Beschuldigte zwar bereits zweimal in der JVA aufgesucht. Dort konnten die Erkenntnisse, die sich jetzt aus dem Sachverständigengutachten ergeben, jedoch nicht besprochen werden, so dass eine weitere persönliche Besprechung in der JVA .... und damit eine weitere Reise erforderlich ist.

....

Rechtsanwalt

X.   Muster 10: Zustimmungsvereinbarung nach § 11 Abs. 8 RVG

996

Vereinbarung

zwischen

Rechtsanwalt ....

und

Herrn ....

1.   Herr Rechtsanwalt .... war in dem Strafverfahren AG .... Az. .... für Herrn .... als Verteidiger tätig. Er hat in diesem Verfahren eine Vergütung i.H.v. ... € gemäß der als Anlage beigefügten Kostennote abgerechnet.

2.   Herr .... erklärt, dass er gegen diese Abrechnung keine Einwendungen erhebt und der getroffenen Gebührenbestimmung zustimmt, diese also als billig i.S.d. §§ 315 ff. BGB anerkennt.

3.   Im Hinblick auf die wirtschaftlichen Verhältnisse von Herrn .... wird ihm nachgelassen, die vorgenannte Rechnungsforderung in monatlichen Raten i.H.v. jeweils 100 €, beginnend mit ... zu tilgen.

....

Herr   Rechtsanwalt

XI. Muster 11: Antrag auf Vergütungsfestsetzung

997

An das

Amtsgericht ...

Antrag auf Vergütungsfestsetzung nach § 11 RVG

In der Sache

./. ...

Az. ...

beantrage ich,

die mir zustehende Vergütung als Verteidiger gemäß der beiliegenden Kostenrechnung gegen den Beschuldigten festzusetzen und gesetzliche Verzinsung auszusprechen.

Die anfallenden und von mir noch zu zahlenden Zustellungskosten bitte ich, gleichzeitig festzusetzen.

Begründung:

Ausweislich der Akten war der Unterzeichner für den Beschuldigten in dieser Sache als Verteidiger tätig. Nach Abschluss des Verfahrens hat der Unterzeichner seine Vergütung gemäß der in Anlage beiliegenden Kostennote abgerechnet. Die Rechnung ist dem Beschuldigten im Original und eigenhändig unterzeichnet zugegangen. Vorsorglich wird der für den Beschuldigten beigefügten Abschrift nochmals eine Kostenrechnung im Original und eigenhändig unterzeichnet beigefügt.

Der Beschuldigte hat meiner Gebührenbestimmung ausdrücklich schriftlich zugestimmt. Die Zustimmungserklärung füge ich als

– Anlage –

im Original bei.

Trotz mehrfacher Ankündigung hat der Beschuldigte bislang keinerlei Zahlungen geleistet. Auch im Übrigen habe ich keine Zahlungen Dritter erhalten.

....

Rechtsanwalt

Anlage:

Herrn

.....

.....straße

....stadt

Kostenrechnung

in Sachen

Verteidigung Strafverfahren AG ....

1.	*Grundgebühr, Nr. 4100 VV RVG*	*165,00 €*
2.	*Verfahrensgebühr, Nr. 4106 VV RVG*	*140,00 €*
3.	*Terminsgebühr, Nr. 4108 VV RVG*	*230,00 €*
4.	*Postentgeltpauschale, Nr. 7002 VV RVG*	*20,00 €*
5.	*16 % Umsatzsteuer, Nr. 7008 VV RVG*	*+ 88,80 €*
	Summe:	***643,80 €***

Rechnungsnummer: ....
Steuernummer: ....
Bearbeitungszeitraum: ....

....

Rechtsanwalt

Teil 15: Bußgeldsachen

Inhaltsverzeichnis

A. Überblick

1

Das RVG beinhaltet neue Regelungen für Bußgeldsachen:
• eigenständige Gebührenregelung für Bußgeldsachen,
• neue Grundgebühr,
• Gebührenhöhe abhängig von Bußgeldhöhe,
• Terminsgebühr auch im Verfahren vor der Verwaltungsbehörde,
• Terminsgebühr auch für den „geplatzten" Termin,
• kein Haftzuschlag mehr.

I. Allgemeines

Die Vergütung in Bußgeldsachen ist in Teil 5 VV RVG geregelt. Im Gegensatz zur BRA-   2
GO, die für das Bußgeldverfahren lediglich einen einzigen Paragraphen kannte (§ 105
BRAGO), der lediglich pauschal auf die Gebühren in Strafsachen verwies, findet sich im
RVG zukünftig eine **völlig eigenständige Regelung für die Gebühren in Bußgeldsachen**. Damit sind viele Streitfragen jetzt geklärt, insbesondere Fragen zur Gebührenbemessung. Bußgeldsachen sind also nicht länger „Strafsachen zweiter Klasse", sondern
ein gesonderter Teil des Vergütungsverzeichnisses mit eigenen Regelungen.

II. Umfang der Angelegenheit

3 Aus der gesonderten Regelung in Teil 5 VV RVG folgt, dass es sich bei Bußgeldverfahren und Strafverfahren stets um **verschiedene Angelegenheiten** handelt. Die bisherige Streitfrage, ob eine oder mehrere Angelegenheiten vorliegen, wenn ein Strafverfahren in ein Bußgeldverfahren übergeht oder wenn ein Bußgeldverfahren in ein Strafverfahren übergeht, sind damit geklärt.[1] Es liegen **zwei verschiedene Angelegenheiten vor**, die gesondert abzurechnen sind.

4 Ausdrücklich geregelt ist dies jetzt für den Fall, dass ein Strafverfahren eingestellt wird und im Anschluss hieran die zuständige Verwaltungsbehörde ein Bußgeldverfahren einleitet. Nach § 17 Nr. 10 RVG sind zwei verschiedene Angelegenheiten gegeben. Dies gilt aber auch im umgekehrten Fall, wenn sich im Rahmen eines Bußgeldverfahrens der Verdacht einer Straftat ergibt und nunmehr die Staatsanwaltschaft das Verfahren wegen des Verdachts der Straftat übernimmt.[2]

5 In beiden Fällen entstehen die Gebühren im Straf- und im Bußgeldverfahren gesondert. Lediglich hinsichtlich der **Grundgebühr** gibt es eine **Überschneidung** (s.u. Rn. 116).

III. Sachlicher Anwendungsbereich

6 Die Gebühren nach Teil 5 VV RVG sind immer dann anzuwenden, wenn ein Bußgeldverfahren eingeleitet ist und der Anwalt dort einen der Beteiligten vertritt.

7 Darüber hinaus ist Teil 5 VV RVG auch dann anzuwenden, wenn noch kein Bußgeldverfahren eingeleitet worden ist, die Tätigkeit des Anwalts sich aber darauf erstreckt, ein solches Verfahren einzuleiten, also bei einer **Ordnungswidrigkeitenanzeige** als Einzeltätigkeit.

IV. Persönlicher Anwendungsbereich

8 Unerheblich ist, welchen Beteiligten der Anwalt vertritt. Zugeschnitten sind die Gebühren der Nrn. 5100 ff. VV RVG auf den **Vollverteidiger**, also den Anwalt, der den Betroffenen verteidigt.

9 Wie sich aus Vorbem. 5 Abs. 1 VV RVG ergibt, gelten die Gebühren nach den Nrn. 5100 ff. VV RVG aber auch entsprechend für die Tätigkeit des Anwalts als

---

1 S. hierzu *N. Schneider*, AGS 2004, 6.
2 Anwkom-RVG-*N. Schneider*, § 17 Rn. 275; *Burhoff*, RVG, Vorbem. 5 VV RVG Rn. 27.

- **Beistand** oder

- **Vertreter** eines

  - Einziehungs- oder

  - Nebenbeteiligten

  - Zeugen oder

  - Sachverständigen.

Der Anwalt erhält in diesem Fall dieselben Gebühren, die für einen Verteidiger bestimmt   10
sind. Daneben ist noch die Vergütung für **Einzeltätigkeiten** geregelt (Nr. 5200 VV RVG)

V.   Die einzelnen Verfahrensabschnitte

Wie schon nach der BRAGO ist die Tätigkeit in Bußgeldsachen in verschiedene Verfah-   11
rensabschnitte aufgeteilt. Der Anwalt erhält jeweils eine gesonderte Vergütung

- im **vorbereitenden Verfahren** (Abschnitt 1 Unterabschnitt 2),

- im **gerichtlichen Verfahren vor dem AG** (Abschnitt 1 Unterabschnitt 2),

- **im** Verfahren der **Rechtsbeschwerde** einschließlich des Verfahrens auf Zulassung der
  Rechtsbeschwerde (Abschnitt 1 Unterabschnitt 4),

- im erneuten **Verfahren vor dem AG nach Zurückverweisung** (§ 21 Abs. 1 RVG),

- **im Wiederaufnahmeverfahren** (Vorbem. 5.1.3 VV RVG i.V.m. Abschnitt 1 Unterabschnitt 3).

Neben diesen Verfahrensabschnitten nach Teil 5 Abschnitt 1 VV RVG enthält Teil 5 Abschnitt 2 VV RVG die Gebühren für **Einzeltätigkeiten**.

12

> **Hinweis:**
>
> Hierin geregelt sind auch die Tätigkeiten in der **Vollstreckung**. Im Gegensatz zu den
> Gebühren nach Teil 4 VV RVG enthält Teil 5 VV RVG keine gesonderte Regelung für
> die Strafvollstreckung.

VI. Gebührensystem

Im Gegensatz zur BRAGO, in der die Hauptverhandlungsgebühr (§ 83 BRAGO) im Mittel-   13
punkt stand, finden sich jetzt neben der **einmaligen Grundgebühr** nach Nr. 5100 VV
RVG in den einzelnen Verfahrensabschnitten jeweils **Verfahrens- und Terminsgebühren.**

14 In jedem Verfahrensabschnitt entsteht zunächst einmal eine **Verfahrensgebühr,** die nach Abs. 2 der Vorbem. 5 VV RVG das Betreiben des Geschäfts einschließlich der Information abgilt. Die Verfahrensgebühr entsteht also mit der Entgegennahme der Information und gilt sämtliche Tätigkeiten ab mit Ausnahme der gesondert vergüteten Tätigkeit in Terminen.

15 Neben der jeweiligen Verfahrensgebühr erhält der Anwalt **Terminsgebühren.** Diese Terminsgebühren entstehen sowohl für die Teilnahme an den Hauptverhandlungsterminen als auch für die Teilnahme an Terminen außerhalb der Hauptverhandlung, etwa bei Vernehmungen vor der Polizei, vor der Verwaltungsbehörde oder bei richterlichen Zeugenvernehmungen (Abs. 2 Vorbem. 5.1.2 VV RVG, Abs. 1 Vorbem. 5.1.3 VV RVG). Eine Unterscheidung wie in Strafsachen findet in Teil 5 VV RVG nicht statt. Hier erhält der Anwalt für alle Termine die gleiche Gebühr.

16 Neben der Verfahrens- und der Terminsgebühr kann der Anwalt in jedem Verfahrensstadium auch **zusätzliche Gebühren** erhalten.

17 Eine solche zusätzliche Gebühr erhält der Anwalt zum einen dann, wenn sich das **Verfahren ohne Hauptverhandlung erledigt.** Es handelt sich hier um die Fälle des früheren § 84 Abs. 2 BRAGO. Im Gegensatz zu der früheren Regelung wird der Gebührenrahmen nicht auf eine volle Gebühr angehoben. Vielmehr erhält der Anwalt eine zusätzliche Gebühr in Höhe der jeweiligen Verfahrensmittelgebühr, faktisch also eine Festgebühr, wenn er an der Erledigung des Verfahrens mitwirkt.

18 Daneben erhält der Anwalt eine zusätzliche Gebühr, wenn sich seine Tätigkeit auf **Einziehung und verwandte Maßnahmen** erstreckt. Hier kommt zusätzlich zu den jeweiligen Rahmengebühren eine 1,0 Wertgebühr aus dem betreffenden Gegenstandswert hinzu.

VII. Terminsgebühr auch bei Terminsausfall

19 Ebenso wie in Strafsachen erhält der Anwalt in Bußgeldsachen die Terminsgebühr auch dann, wenn er zum Termin erscheint, dieser aber aus Gründen nicht stattfindet, die er nicht zu vertreten hat (Vorbem. 5 Abs. 3 Satz 2 VV RVG).[3] Voraussetzung ist, dass der Anwalt von der Aufhebung des Termins **keine Kenntnis** gehabt hatte (Vorbem. 5 Abs. 3 Satz 2 VV RVG). Dies dürfte wohl immer der Fall sein. Kein Anwalt wird in Kenntnis der Terminsaufhebung zum Termin anreisen. Gemeint ist hiermit, dass die Terminsgebühr auch dann ausgeschlossen ist, wenn der Anwalt bei gehöriger Sorgfalt und Organisation seines Büros von der Terminsaufhebung **hätte Kenntnis haben müssen,**[4] also wenn er z.B. ein rechtzeitig eingegangenes Telefaxschreiben nicht mehr gelesen oder wenn er sei-

---

3 Zum „geplatzten Termin" eingehend *Burhoff,* RVG, Vorbem. 5 VV RVG Rn. 39 i.V.m. Vorbem. 4 VV RVG Rn. 70 ff.

4 S. hierzu OLG München, AGS 2004, 150 mit Anm. *N. Schneider.*

nen Anrufbeantworter nicht abgehört hat. Reist der Anwalt zum Termin an und findet dieser nicht statt, sei es weil der Angeklagte nicht erschienen ist, weil ein Zeuge nicht erschienen ist, der Richter erkrankt ist oder die Geschäftsstelle nicht rechtzeitig abgeladen hat, muss der Auftraggeber dem Anwalt zunächst einmal die Terminsgebühr zahlen.

Für den Auftraggeber stellt sich dann die Frage, ob und von wem er diese Terminsge- 20 bühr gegebenenfalls erstattet verlangen kann.

Soweit der Ausfall des Termins darauf beruht, dass ein Zeuge oder ein Sachverständiger 21 nicht erschienen ist, muss das Gericht diesem grds. die Kosten des ausgefallenen Termins auferlegen (§§ 51 Abs. 1 Satz 1, 72 StPO). Zu diesen Kosten des ausgefallenen Termins zählt dann auch die Terminsgebühr des Verteidigers, die der Auftraggeber dann gegen den Zeugen oder Sachverständigen festsetzen lassen kann.

Beruht die Aufhebung des Termins darauf, dass die Geschäftsstelle die Abladung nicht 22 rechtzeitig ausgeführt hat, kommen **Amtshaftungsansprüche** in Betracht.[5]

VIII. Gebühren

1. Überblick

Ebenso wie nach der BRAGO sind in Bußgeldsachen für den Wahlanwalt grds. **Rah-** 23 **mengebühren** vorgesehen (Ausnahme Nrn. 5115 und 5116 VV RVG). Dem Anwalt steht jeweils ein Betragsrahmen zur Verfügung. Zu jedem Gebührentatbestand ist eine Mindest- und eine Höchstgebühr vorgesehen. Aus diesem Rahmen bestimmt der Anwalt dann unter Berücksichtigung der Kriterien des § 14 Abs. 1 RVG die im Einzelfall angemessene Gebühr.

Zu berücksichtigen sind: 24

- Umfang der anwaltlichen Tätigkeit;

- Schwierigkeit der anwaltlichen Tätigkeit;

- Bedeutung der Angelegenheit;

- Einkommensverhältnisse des Auftraggebers;

- Vermögensverhältnisse des Auftraggebers und

- das besondere Haftungsrisiko des Anwalts.

S. im Einzelnen hierzu Teil 1 Rn. 168 ff. sowie die nachstehenden Rechtsprechungsnachweise (Rn. 27 ff.).

---

5   S. hierzu *N. Schneider*, AGS 2004, Heft 5, S. II.

25 Im Anwendungsbereich der BRAGO war die Bemessung der Gebühren des Verteidigers insbesondere in verkehrsrechtlichen Ordnungswidrigkeitenverfahren äußerst umstritten.[6] Auch wenn jetzt in Bußgeldsachen gesonderte Gebührenrahmen vorgesehen sind und diese sich auch im vorbereitenden Verfahren sowie im erstinstanzlichen gerichtlichen Verfahren noch nach der Höhe des Bußgeldes staffeln (s. Rn. 126), wird es hier – zumindest in der Anfangszeit – weiterhin Streit über um die zutreffende Bemessung geben. Insbesondere die **Rechtsschutzversicherer** und **Bezirksrevisoren** werden nach wie vor versuchen, in straßenverkehrsrechtlichen Bußgeldsachen die Gebühren zu drücken.

26
> **Hinweis:**
>
> Auf die **bisherige Rechtsprechung zur Höhe der Gebühren des Verteidigers** in Bußgeldsachen kann daher im Wesentlichen weiterhin zurückgegriffen werden.
>
> Neu ist, dass in **Verfahren vor der Verwaltungsbehörde** sowie im gerichtlichen **Verfahren vor dem AG** jetzt verschiedene Gebührenrahmen vorgesehen sind, die sich nach der Höhe der Geldbuße richten. Hier sind jetzt **drei verschiedene Gebührenrahmen** vorgesehen. Die Höhe der Geldbuße wird damit bereits außerhalb des § 14 Abs. 1 RVG vorab bei der Bestimmung des jeweiligen Gebührentatbestandes berücksichtigt. Dies bedeutet, dass innerhalb des Gebührentatbestandes die Höhe der Geldbuße nur noch eine untergeordnete Rolle spielt.

2. Einzelfälle aus der Rechtsprechung

a) Bedeutung der Angelegenheit

27 **Berufliches Fortkommen**

- Überschreiten der Mittelgebühr gerechtfertigt: LG Limburg, JurBüro 1986, 232.

- Mittelgebühr gerechtfertigt: LG Flensburg, JurBüro 1976, 640.

28 **Beruflich auf Fahrerlaubnis angewiesen**

- Überschreiten der Mittelgebühr gerechtfertigt: AG Rheinbach, AGS 2002, 225 = BRAGOreport 2002, 151 [*Loth* und *Apelt*] = JurBüro 2002, 469 = zfs 2002, 492 = NZV 2003, 50 mit Anm. *N. Schneider*.

- Mittelgebühr gerechtfertigt: AG Bremen, AnwBl. 1989, 628; AG Frankfurt, zfs 1992, 209; AG Stadtrode, zfs 1997, 69; a.A. LG Duisburg, JurBüro 1979, 727.

29 **Drohende Eintragung im Verkehrszentralregister**

- Mittelgebühr gerechtfertigt: LG Frankfurt, JurBüro 1977, 1085; AnwBl. 1977, 228; LG Hagen, AnwBl. 1983, 46; AG Bad Homburg, JurBüro 1979, 76; AG Mainz, AnwBl.

---

6   S. hierzu *N. Schneider*, ZAP Fach 24, S. 429 ff.

1980, 43; AG Rottweil, AnwBl. 1984, 274; AG Köln, AnwBl. 1982, 267; AG Bremen, AnwBl. 1989, 628; AG Frankfurt, zfs 1992, 64; AG Itzehoe, zfs 1993, 206; a.A. LG Bonn, JurBüro 1981, 1015.

Drohendes Fahrverbot 30

- Überschreitung der Mittelgebühr gerechtfertigt: AG Rheinberg, zfs 1992, 423; AG Stadtroda, zfs 1997, 69.

- Mittelgebühr gerechtfertigt: OLG Oldenburg, AnwBl. 1976, 255; AG Frankfurt, zfs 1992, 209; LG Osnabrück, RVG-B 2004, 33 (*Mock*).

Höhe der Geldbuße 31

(diese **Rechtsprechung** ist **nur noch eingeschränkt zu** verwerten, da jetzt je nach Höhe des Bußgeldes drei verschiedene Rahmen vorgegeben sind. Im Rahmen von 40 € bis 5.000 € dürfte allerdings wiederum die Höhe des jeweiligen Bußgeldes nach § 14 Abs. 1 RVG zu beachten sein.)

- Mittelgebühr gerechtfertigt: LG Köln, NJW 1976, 2225 (100 DM); LG Bochum, AnwBl. 1977, 79 (100 DM); LG Detmold, JurBüro 1977, 954 (150 DM); LG Ellwangen, AnwBl. 1980, 217 (100 DM); AG Lüdenscheid, zfs 1996, 392 (40 DM); AG Mainz, AnwBl. 1980, 43 (50 DM); AG Darmstadt, MDR 1997 407 (30 DM); AG Rendsburg, AnwBl. 1997, 180 (80 DM).

Mehrere Ordnungswidrigkeiten liegen dem Bußgeldverfahren zugrunde 32

- Mittelgebühr gerechtfertigt: AG Köln, AnwBl. 1982, 267.

Nachschulung droht bei Führerscheinneuling 33

- Mittelgebühr gerechtfertigt: AG Düsseldorf, zfs 1996, 231.

Persönlich auf Fahrerlaubnis angewiesen 34

- Mittelgebühr gerechtfertigt: AG Stadtroda, zfs 1997, 69 (Schwerbehinderter); AG Düsseldorf, AGS 2003, 503.

Präjudiz für die nachfolgende zivilrechtliche Regulierung 35

- Mittelgebühr gerechtfertigt: LG Hagen, AnwBl. 1980, 216; 1983, 46; AG Itzehoe, zfs 1993, 207; AG Arnsberg, zfs 1993, 243; a.A. LG Kiel, JurBüro 1984, 1193.

Präjudiz für nachfolgende oder bereits anhängige verwaltungsrechtliche 36
Eignungsprüfung

Sachschaden, Höhe 37

- Mittelgebühr gerechtfertigt: AG Itzehoe, JurBüro 1987, 1787.

38 **Soziales Ansehen**

Mittelgebühr gerechtfertigt: LG Kaiserslautern, AnwBl. 1964, 289.

39 **Unfall als Folge der Ordnungswidrigkeit**

* Mittelgebühr gerechtfertigt: LG Hagen, AnwBl. 1983, 46; AG Itzehoe, JurBüro 1987, 1787; AG Arnsberg, zfs 1993, 243.

40 **Voreintragungen im Verkehrszentralregister**

* Mittelgebühr gerechtfertigt: LG Lahnstein, JurBüro 1979, 1719; LG Krefeld, AnwBl. 1981, 207; AG Bad Homburg, JurBüro 1979, 76; AG Duisburg, AnwBl. 1982, 215; AG Köln, AnwBl. 1982, 267; a.A. LG Bayreuth, JurBüro 1987, 1858; AG Aschaffenburg, AGS 2003, 403; AG Westerstede (bereits bei einem Punkt), AGS 2004, 22.

b) **Umfang und Schwierigkeit der anwaltlichen Tätigkeit**

41 **Anträge auf gerichtliche Entscheidung**

42 **Besonderer Aufwand zur Erlangung einer Kostenentscheidung:**

* AG Gießen, JurBüro 1990, 881; LG Köln, BRAGOreport 2001, 74 [*N. Schneider*] = Jur-Büro 2001, 195 = KostRsp. BRAGO § 105 Nr. 60 mit Anm. N. Schneider.

43 **Besprechungen mit dem Mandanten, mehrere Beweisanträge**

* Mittelgebühr gerechtfertigt: AG Darmstadt, MDR 1997, 407.

44 **Beweisanträge**

* Mittelgebühr gerechtfertigt: AG Stadtroda, zfs 1997, 68.

45 **Beweiswürdigung bei widersprechenden Zeugendarstellungen**

* Mittelgebühr gerechtfertigt: AG Köln, AnwBl. 1982, 267.

46 **Dauer der Hauptverhandlung**

* Mittelgebühr gerechtfertigt: LG Oldenburg, AnwBl. 1976, 255 (105 Min.); LG Lahnstein, JurBüro 1977, 1719; LG Bochum, AnwBl. 1977, 79 (10 Min.); LG Hagen, Jur-Büro 1980, 887 = AnwBl. 1980, 216 (50 Min.); LG Tübingen, AnwBl. 1980, 215 (90 Min.); LG Koblenz, zfs 1992, 134 (16 Min./23 Min./27 Min.); AG Lahnstein, AnwBl. 1978, 35 (45 Min.); AG Mainz, AnwBl. 1980, 43; AG Köln, AnwBl. 1982, 267 (45 Min.); AG Rottweil, AnwBl. 1984, 274; AG Stadtroda, zfs 1997, 68 (20 bis 30 Min.).

47 **Dauer des gesamten Verfahrens**

* Mittelgebühr gerechtfertigt: LG Detmold, JurBüro 1977, 954; a.A. LG Flensburg, Jur-Büro 1978, 250.

48 **Dienstaufsichtsbeschwerde:**

* LG Köln, BRAGOreport 2001, 74 [*N. Schneider*].

IX. Haftzuschlag

Aufgrund der bisherigen Verweisung in § 105 BRAGO auf die Gebühren in Strafsachen 59 war auch die Vorschrift des § 83 Abs. 3 BRAGO anwendbar, also der sog. Haftzuschlag. Der Höchstsatz einer jeweiligen Gebühr konnte überschritten werden, wenn sich der Auftraggeber nicht auf freiem Fuß befand. Im Gegensatz zu den Gebühren nach Teil 4 VV RVG (dort Vorbem. 4 Abs. 4 VV RVG) findet sich ein solcher **Haftzuschlag in Bußgeld-**

sachen nicht (mehr). Der Gebührenrahmen bleibt daher unverändert, unabhängig davon, ob sich der Auftraggeber auf freiem Fuß befindet oder nicht.

60

> **Hinweis:**
>
> Andererseits bleibt dieses Kriterium auch zukünftig nicht unberücksichtigt. Eine eventuelle Mehrarbeit und höherer Aufwand, der dem Anwalt dadurch entsteht, dass sich der Auftraggeber nicht auf freiem Fuß befindet, ist bei der Gebührenbestimmung nach § 14 Abs. 1 RVG erhöhend zu berücksichtigen und wird dort regelmäßig zu Gebühren **oberhalb der Mittelgebühr** führen.

X. Erinnerung, Beschwerde und Anträge auf gerichtliche Entscheidung in Kostensachen

61 In Verfahren über

- die **Erinnerung oder Beschwerde gegen einen Kostenfestsetzungsbeschluss,**

- die **Erinnerung gegen den Kostenansatz,**

- die **Beschwerde gegen eine Entscheidung über diese Erinnerung,**

- den **Antrag auf gerichtliche Entscheidung** gegen einen Kostenfestsetzungsbescheid und den Ansatz der Gebühren und Auslagen (§ 109 OWiG)

richtet sich die Vergütung des Verteidigers nicht nach den Gebühren aus Teil 5 VV RVG; gemäß Vorbem. 4 Abs. 4 Nr. 1 VV RVG gelten wie bisher (§§ 105 Abs. 1, 96 BRAGO) die zivilrechtlichen Gebühren entsprechend, also die Vorschriften nach Teil 3 VV RVG. Entsprechend anzuwenden ist **Nr. 3500 VV RVG.**

62 Das Gleiche gilt für **Beschwerden gegen eine gerichtliche Entscheidung in den vorangegangenen Verfahren** (Vorbem. 4 Abs. 4 Nr. 2 VV RVG).

63 Soweit in Bußgeldsachen eine **Zwangsvollstreckung** aus Entscheidungen, die über die Erstattung von Kosten ergangen sind, erfolgt, richtet sich die Vergütung des Anwalts wiederum nach Teil 3 VV RVG, also nach den Nrn. 3309 ff. VV RVG (Vorbem. 4 Abs. 4 Nr. 2 VV RVG).

XI. Pauschgebühr

64 Ebenso wie in Strafsachen kommt auch in Bußgeldsachen die Bewilligung einer Pauschvergütung für den Wahlanwalt in Betracht. Die Pauschgebühr kann sowohl der gerichtlich bestellte oder beigeordnete Anwalt erhalten (§ 42 RVG) als auch der Wahlanwalt (§ 52 RVG).

1. Wahlanwalt

a) Gerichtliches Verfahren

Soweit das Bußgeldverfahren in ein gerichtliches Verfahren übergegangen ist, gelten die   65
Vorschriften des § 42 Abs. 1 bis 3 RVG unmittelbar. Es entscheidet dann das **OLG**. Insoweit kann auf die Ausführungen zu den Strafsachen verwiesen werden.

b) Kein gerichtliches Verfahren

Kommt es allerdings nicht zum gerichtlichen Verfahren, dann sind die ordentlichen Ge-   66
richte auch nicht zur Entscheidung über die Bewilligung der **Pauschvergütung** berufen.
In diesem Fall entscheidet über den Antrag des Rechtsanwalts die **Verwaltungsbehörde,** die zuletzt mit dem Verfahren befasst war. Nach § 42 Abs. 5 RVG gelten die Regelungen des § 42 Abs. 1 bis 3 RVG im Bußgeldverfahren vor der Verwaltungsbehörde entsprechend.

Gegen die Entscheidung der Verwaltungsbehörde kann **Antrag auf gerichtliche Ent-**   67
scheidung gestellt werden (§ 42 Abs. 5 Satz 2 RVG). Für dieses Verfahren gilt die Vorschrift des § 62 OWiG entsprechend (§ 42 Abs. 5 Satz 3 RVG).

Die **Zuständigkeit** ergibt sich aus § 68 Abs. 1 OWiG. Zuständig ist danach das Gericht,
in dessen Bezirk die Verwaltungsbehörde ihren Sitz hat (§ 68 Abs. 1 OWiG). Die Entscheidung ergeht ohne mündliche Verhandlung durch Beschluss. Der Beschluss ist allerdings immer zu begründen.

Grds. ist der Beschluss unanfechtbar, soweit das Gesetz nichts anders bestimmt (§ 62   68
Abs. 2 Satz 3 OWiG). Eine sofortige Beschwerde ist danach gegeben in den Fällen der
§§ 100 Abs. 2 Satz 2, 108 Abs. 1 Satz 2 2. Halbs. und 110 Abs. 2 Satz 2 OWiG.[7]

2. Gerichtlich bestellter oder beigeordneter Rechtsanwalt

a) Gerichtliches Verfahren

Soweit das Bußgeldverfahren in das gerichtliche Verfahren übergegangen ist, gilt § 51   69
Abs. 1 und 2 RVG unmittelbar, da dann die Pauschgebühr vom **OLG** festgesetzt wird. Es
gilt das Gleiche wie in Strafsachen

b) Kein gerichtliches Verfahren

Kommt es jedoch nicht zur Durchführung des gerichtlichen Verfahrens, so kommt auch   70
eine Entscheidung des OLG nicht in Betracht. Zuständig ist dann die jeweilige **Verwaltungsbehörde,** die im Verfahren der Festsetzung der gesetzlichen Gebühren gleichzeitig auch über die Bewilligung einer Pauschgebühr entscheidet (§ 51 Abs. 3 Satz 2 RVG).

---

7   *Hartung/Römermann,* § 42 RVG Rn. 33.

Im Bußgeldverfahren vor der Verwaltungsbehörde gelten die Vorschriften des § 51 Abs. 1 und 2 RVG entsprechend (§ 51 Abs. 3 RVG).

71

> **Hinweis:**
>
> Erforderlich ist auch hier ein **Antrag** des beigeordneten oder bestellten Anwalts, der bei der Verwaltungsbehörde zu stellen ist. Der Antrag kann zusammen mit dem Festsetzungsantrag eingereicht werden. Die Verwaltungsbehörde entscheidet dann zugleich über die Festsetzung der angemeldeten gesetzlichen Gebühren des bestellten oder beigeordneten Anwalts und auch über dessen Antrag auf Bewilligung einer Pauschvergütung.

72 Im Gegensatz zur Entscheidung des OLG oder des BGH ist der Beschluss der Verwaltungsbehörde **nicht unanfechtbar.** Hier gilt § 57 RVG; danach ist gegen jede Entscheidung der Verwaltungsbehörde, die diese im Bußgeldverfahren nach Abschnitt 8 VV RVG trifft, der Antrag auf gerichtliche Entscheidung gegeben. Da § 57 RVG im Gegensatz zu § 56 RVG keine Beschränkung auf das Verfahren nach § 55 RVG enthält, gilt daher die Vorschrift auch für das Verfahren auf Bewilligung einer Pauschvergütung. Abgesehen davon entscheidet die Verwaltungsbehörde über die Pauschvergütung zusammen mit der Festsetzung, so dass selbst bei einer einschränkenden Auslegung der Rechtsbehelf des Antrags auf gerichtliche Entscheidung gegeben wäre.

73 Für den Antrag auf gerichtliche Entscheidung gilt § 62 OWiG (§ 57 Satz 2 RVG).

B. Allgemeine Regelungen

74 Neben den Vergütungstatbeständen nach Teil 5 VV RVG sowie Teil 1, 2 und Teil 7 VV RVG und sowie den speziellen Regelungen für Bußgeldsachen gelten auch die allgemeinen Vorschriften des RVG.

I. Regelungen des Paragraphenteils

1. Vergütungsvereinbarungen

75 Insbesondere findet in Bußgeldsachen auch § 4 RVG Anwendung. Vergütungsvereinbarungen können selbstverständlich auch in Bußgeldsachen getroffen werden.

2. Mehrere Auftraggeber

76 Die Gebührenerhöhung bei Vertretung mehrerer Auftraggeber (§ 7 RVG, Nr. 1008 VV RVG) dürfte dagegen in aller Regel nicht in Betracht kommen, da eine Verteidigung mehrerer Betroffener in aller Regel ausscheiden dürfte.

3. Fälligkeit

Hinsichtlich der Fälligkeit gilt § 8 Abs. 1 RVG. Die Gebühren in Bußgeldsachen werden 77
fällig, sobald der Auftrag erledigt oder die Angelegenheit beendet ist. Auch hier tritt die
Fälligkeit in jeder gebührenrechtlichen Angelegenheit (gerichtliches Verfahren, Rechtsbeschwerde etc.) gesondert ein.

4. Vorschuss

Des Weiteren ist auch § 9 RVG anwendbar. Ebenso wie in Strafsachen sollte der Vertei- 78
diger in Bußgeldsachen unbedingt auf die Zahlung ausreichender Vorschüsse achten.

5. Berechnung

Hinsichtlich der Kostenberechnung gilt § 10 RVG. Soweit sich die Gebühren nach dem 79
Gegenstandswert richten, also bei Nr. 5116 VV RVG, muss auch der Gegenstandswert
angegeben werden (§ 10 Abs. 2 RVG). Im Übrigen ist insbesondere bei der zusätzlichen
Gebühr nach Nr. 5115 VV RVG darauf zu achten, dass die in Bezug genommene Verfahrensgebühr mit zitiert wird, da der Mandant anderenfalls nicht erkennen kann, aus
welchem Gebührentatbestand der Anwalt seine Vergütung berechnet.

6. Vergütungsfestsetzung

Da nach § 11 Abs. 8 RVG zukünftig auch **Rahmengebühren** festgesetzt werden können, 80
kommt zukünftig auch die Vergütungsfestsetzung der Verteidigergebühren in Bußgeldsachen gegen den eigenen Auftraggeber in Betracht, wenn die Sache bis zum gerichtlichen Verfahren gediehen ist. Zuständig ist dann das **AG**, vor dem das Bußgeldverfahren stattgefunden hat. Ist das Bußgeldverfahren nicht in das gerichtliche Verfahren vor
dem AG übergegangen, kommt eine Festsetzung dagegen nicht in Betracht. Eine Vergütungsfestsetzung vor der **Verwaltungsbehörde** ist nicht möglich.

Voraussetzung dafür, dass die Vergütung des Verteidigers festgesetzt werden kann, ist, 81
dass er sich entweder auf die **Mindestgebühr** beschränkt oder dass er eine schriftliche
Zustimmung des Auftraggebers vorlegen kann, wonach dieser der getroffenen Gebührenbestimmung des Verteidigers zustimmt (s. im Einzelnen Teil 3 Rn. 238 ff.).

7. Verweisung, Zurückverweisung

Auch die §§ 20, 21 RVG sind zu beachten. 82

Verweisungen nach § 20 RVG dürften kaum in Betracht kommen. Dagegen kommt die 83
Zurückverweisung nach § 21 Abs. 1 RVG häufig vor. Wird im Rechtsbeschwerdeverfahren vom OLG das Urteil des AG aufgehoben und die Sache an das AG zurückgegeben,
so entstehen die Gebühren vor dem AG erneut. Eine **Anrechnung** ist hier im Gegensatz
zu Vorbem. 3 Abs. 6 VV RVG nicht vorgesehen.

8. Abtretung des Kostenerstattunganspruchs

84 Auch in Bußgeldsachen kommt eine Abtretung des Kostenerstattungsanspruchs zur Absicherung des Verteidigers in Betracht. Auch hier ist auf § 43 RVG zu achten.

9. Regelungen des 8. Abschnitts

85 Des Weiteren sind die Vorschriften des Abschnitt 8 anzuwenden. So kann auch in Bußgeldsachen eine **Pauschgebühr** bewilligt werden (§ 51 RVG, s.o. Rn. 64).

86 Ist der Anwalt in einer Bußgeldsache vom Gericht als Pflichtverteidiger bestellt worden, so gelten die §§ 45 ff. RVG. Die **Auslagen** richten sich nach § 46 RVG. Das **Recht auf Vorschuss** bestimmt sich nach § 47 RVG.

87
> **Hinweis:**
>
> Ebenso wie der gerichtlich bestellte Verteidiger in Strafsachen kann auch der in einer Bußgeldsache gerichtlich bestellte Verteidiger **den Betroffenen unmittelbar** in Anspruch nehmen, wenn dieser in der Lage ist, die Differenz zu den Wahlanwaltsgebühren zu zahlen (§ 52 Abs. 6 RVG).

88 Die **Festsetzung der Vergütung des gerichtlich bestellten oder beigeordneten Anwalts** richtet sich nach § 55 Abs. 7 RVG. Soweit das Gericht festsetzt, ergeben sich die Rechtsbehelfe aus § 56 RVG. Gegen Entscheidungen der Verwaltungsbehörde ist nach § 57 RVG der Antrag auf gerichtliche Entscheidung gegeben.

89 Die **Anrechnung von Vorschüssen** wiederum richtet sich nach § 58 RVG.

90 Soweit der gerichtlich bestellte oder beigeordnete Anwalt Wertgebühren erhält (Nr. 5116 VV RVG), gilt die Gebührentabelle des § 49 RVG.

II. Allgemeine Regelungen des Vergütungsverzeichnisses

91 Neben den allgemeinen Regelungen des Paragraphenteils gelten auch die allgemeinen Regelungen des Vergütungsverzeichnisses.

1. Mehrere Auftraggeber

92 Anzuwenden sind neben den Gebühren nach Teil 5 VV RVG daher auch die Gebühren nach Teil 1 VV RVG. Die **Gebührenerhöhung** bei Vertretung mehrerer Auftraggeber nach Nr. 1008 VV RVG kommt in Bußgeldsachen allerdings fast kaum vor. Die **Hebegebühr** nach Nr. 1009 VV RVG entsteht in Bußgeldsachen ebenfalls äußerst selten.

2. Beratung

Auch Gebühren nach Teil 2 VV RVG können anfallen. So kann der Anwalt für eine **Bera-** 93
tung die Beratungsgebühr nach Nr. 2101 VV RVG i.H.v. 10 € bis 260 € berechnen, die
gegebenenfalls nach Nr. 2102 VV RVG auf 190 € zu begrenzen ist (Erstberatung), wenn
der Auftraggeber Verbraucher ist. Die Beratungsgebühr wird auf spätere Verteidigergebühren **angerechnet** (Anm. zu Nr. 2101 VV RVG i.V.m Nr. 2100 VV RVG).

3. Prüfung der Erfolgsaussichten eines Rechtsmittels

Für die **Prüfung der Erfolgsaussichten eines Rechtsmittels** gilt Nr. 2202 VV RVG. Dies 94
betrifft die Beratung über die Aussichten einer **Rechtsbeschwerde** oder eines **Antrags
auf Zulassung der Rechtsbeschwerde.** Der Anwalt erhält für die Prüfung der Erfolgsaussichten eines solchen Rechtsmittels eine Gebühr i.H.v. 10 € bis 260 €. Die Mittelgebühr beträgt 135 €. Auch diese Prüfungsgebühr wird auf spätere Verteidigergebühren
des Rechtsmittelverfahrens **angerechnet** (Anm. zu Nr. 2200 VV RVG).

Nr. 2202 VV RVG gilt allerdings nicht auch für die Beratung über die Erfolgsaussichten 95
eines **Einspruchs,** da dieser kein Rechtsmittel, sondern ein Rechtsbehelf ist. Hier entsteht
eine Beratungsgebühr nach Nr. 2101 VV RVG (s.o. Rn. 93).

4. Auslagen

Neben den Gebühren erhält der Anwalt stets Ersatz seiner **Auslagen** nach Teil 7 VV RVG. 96

a) Postentgelte

Insbesondere erhält der Anwalt auch hier Ersatz seiner aufgewandten **Entgelte für Post-** 97
und Telekommunikationsdienstleistungen.[8] Er kann diese wahlweise konkret berechnen (Nr. 7001 VV RVG) oder auch pauschal (Nr. 7002 VV RVG). Die Pauschale beträgt
auch in Bußgeldsachen 20 %. Die Höchstgrenze ist jetzt von bislang 15 € auf 20 € angehoben.

b) Dokumentenpauschale

Für **Ablichtungen aus den Behörden- oder Gerichtsakten** erhält der Anwalt nach Nr. 98
7000 Nr. 1a) VV RVG je Kopie eine Vergütung i.H.v. 0,50 € bis einschließlich der 50. Seite. Ab der 51. Seite verringert sich die Vergütung auf 0,15 € je Seite.

---

8   S. ausführlich *N. Schneider*, AGS 2003, 94; AnwKom-RVG-*N. Schneider*, Nrn. 7001, 7002 VV RVG
    Rn. 26 ff., 31 ff.; Nr. 2200 VV RVG Rn. 26 ff. mit Abrechnungsbeispiel; a.A. für vorbereitendes Ver-
    fahren und gerichtliches Verfahren *Burhoff*, RVG, Teil B „Angelegenheiten" (§§ 15 ff.) Rn. 5 m.w.N.:
    nur eine Postentgeltpauschale.

99 Welche Kopien zur sachgerechten Mandatswahrnehmung erforderlich sind, bestimmt der Anwalt. Ihm ist hier ein **großzügiger Spielraum** zu bemessen. Unzutreffend ist der häufig erhobene Einwand, Kopien von eigenen Schriftsätzen oder von Zustellungsurkunden seien nicht erforderlich. Auch das Kopieren von eigenen Schriftsätzen kann erforderlich sein, insbesondere dann, wenn sich in diesen Schriftsätzen Anmerkungen und Randbemerkungen des Sachbearbeiters oder des Richters finden. Insbesondere in Bußgeldsachen stellt sich häufig die Frage der Verjährung, so dass also auch hier die Kopie von Zustellungsurkunden äußerst wichtig sein kann.

c) Fahrtkosten

100 Daneben sind **Fahrtkosten** zu erstatten, insbesondere dann, wenn der Verteidiger zu einem auswärtigen Gericht anreist. Auch in Bußgeldsachen gilt, dass der Betroffene grds. berechtigt ist, einen Anwalt an seinem Wohnsitz oder Sitz seiner Betriebsstätte zu beauftragen. Der Betroffene ist nicht gehalten, einen am Sitz des Gerichts niedergelassenen Anwalt zu beauftragen, zumal es in Bußgeldsachen häufig gar nicht abzusehen ist, ob es überhaupt zu einem gerichtlichen Verfahren kommen wird oder ob sich das Verfahren nicht vor der Verwaltungsbehörde erledigt.

C. Vergütung des Verteidigers nach Teil 5 VV RVG

101 Die Gebühren in Bußgeldsachen richten sich nach den Nrn. 5100 ff. VV RVG. Zum einen ist hier eine **allgemeine Gebühr** vorgesehen, nämlich die **Grundgebühr** (Nr. 5100 VV RVG), die die erste Einarbeitung in die Sache abgilt.

102 Im Übrigen bleibt es bei der bisherigen **Einteilung in Verfahrensabschnitte**

- vorbereitendes Verfahren,

- gerichtliches Verfahren vor dem AG,

- Rechtsbeschwerdeverfahren,

- Verfahren nach Zurückverweisung sowie

- Wiederaufnahmeverfahren.

103 In jedem dieser Verfahrensstadien erhält der Anwalt zukünftig zunächst einmal eine **Verfahrensgebühr**, die insgesamt nur einmal entstehen kann (§ 15 Abs. 2 Satz 1 RVG). Hinzu kommen **Terminsgebühren**, die je Kalendertag, an dem ein Termin stattfindet, erneut entstehen können.

104 Darüber hinaus kann in jedem Verfahrensstadium eine **zusätzliche Gebühr** nach Nr. 5115 VV RVG bei vorzeitiger Erledigung des Verfahrens sowie nach Nr. 5116 VV RVG verdient

werden, wenn die Tätigkeit des Anwalts auch Einziehung und verwandte Maßnahmen betrifft.

Daneben erhält der Anwalt Ersatz seiner **Auslagen**, insbesondere in jedem Verfahrens- 105
abschnitt eine eigene **Postentgeltpauschale** nach Nr. 7002 VV RVG.

I. Allgemeine Gebühr

In Bußgeldsachen ist im Gegensatz zu den Strafsachen nur eine allgemeine Gebühr vor- 106
gesehen, nämlich die **Grundgebühr** in Nr. 5100 VV RVG.[9] Weitere allgemeine Gebühren kommen in Bußgeldsachen nicht vor. Insbesondere sind hier **keine allgemeinen Terminsgebühren** für Termine außerhalb der Hauptverhandlung vorgesehen (so aber in
Strafsachen – Nr. 4102 VV RVG). Der Gesetzgeber hielt in Bußgeldsachen eine gesonderte
Regelung nicht für erforderlich. Gleichwohl werden Termine außerhalb der Hauptverhandlung hier jetzt ebenfalls vergütet, allerdings nicht als allgemeine Gebühr, sondern
als gleichberechtigte Terminsgebühr neben der Terminsgebühr für die Teilnahme an der
Hauptverhandlung.

1. Grundgebühr

Die Grundgebühr nach Nr. 5100 VV RVG entsteht – ebenso wie in Strafsachen – für die 107
erstmalige Einarbeitung in den Rechtsfall (Abs. 1 der Anm. zu Nr. 5100 VV RVG). Durch
sie wird lediglich die erste Entgegennahme der Information und Sichtung des Sachverhalts und Verfahrensstoffes vergütet. Alle weiteren Tätigkeiten sind durch die jeweiligen
Verfahrens- und Terminsgebühren abgegolten.

a) Höhe der Gebühr

Die Grundgebühr beläuft sich in Bußgeldverfahren für den **Wahlanwalt** auf **20 € bis** 108
150 €. Die **Mittelgebühr** beträgt **85 €**.

Eine Staffelung nach der Höhe der Geldbuße ist im Gegensatz zu den Verfahrens- und 109
Terminsgebühren nach Nrn. 5101 ff. VV RVG, Nrn. 5107 ff. VV RVG im vorbereitenden
Verfahren nicht vorgesehen.

b) Einmaligkeit der Gebühr

Die Grundgebühr kann nach Abs. 1 der Anm. zu Nr. 5100 VV RVG in jedem Verfahrens- 110
stadium entstehen. Sie entsteht allerdings **insgesamt nur einmal,** nämlich in dem Verfahrensstadium, in dem der Anwalt erstmals tätig wird. In den weiteren Verfahrensabschnitten kann sie nicht erneut entstehen.

---

9   Allgemein zur Grundgebühr *Burhoff*, RVGreport 2004, 53 ff.; *Burhoff*, RVG, Nr. 5100 VV RVG Rn. 1 ff.
     m.w.N.

111 **Beispiel:**

Der Anwalt vertritt zunächst im vorbereitenden Verfahren, später im gerichtlichen Verfahren vor dem AG und anschließend im Rechtsbeschwerdeverfahren.

Die Grundgebühr nach Nr. 5100 VV RVG entsteht nur im vorbereitenden Verfahren. Im Verfahren vor dem AG und im Rechtsbeschwerdeverfahren kann die Gebühr nach Abs. 1 der Anm. zu Nr. 5100 VV RVG nicht mehr entstehen.

c) Trennung und Verbindung

aa) Trennung

112 Wird aus einem Bußgeldverfahren ein Verfahren abgetrennt, so entsteht die Grundgebühr im abgetrennten Verfahren nicht erneut, da sich der Anwalt dort nicht erneut in die Sach- und Rechtslage einarbeiten muss.[10]

bb) Verbindung

113 Werden mehrere Verfahren miteinander verbunden, so bleiben die bis dahin erhaltenen gesondert entstandenen Grundgebühren nach Nr. 5100 VV RVG erhalten.[11] Eine neue Grundgebühr entsteht allerdings nicht.[12]

d) Ausschluss bei vorangegangenen Strafverfahren

114 Eine Ausnahme gilt nach Abs. 2 der Anm. zu Nr. 5100 VV RVG, wenn zuvor ein Strafverfahren durchgeführt worden ist, das die Staatsanwaltschaft gemäß § 43 OWiG eingestellt und zur weiteren Verfolgung als Ordnungswidrigkeit an die Verwaltungsbehörde abgegeben hat. In diesem Fall entsteht die Grundgebühr im Bußgeldverfahren **nicht erneut**. Vielmehr ist dann die Einarbeitung bereits durch die im Strafverfahren verdiente Grundgebühr nach Nr. 4100 VV RVG abgegolten. Die Gebühr nach Nr. 5100 VV RVG entsteht nämlich nicht, wenn in einem vorangegangenen Strafverfahren für dieselbe Handlung oder Tat die Gebühr Nr. 4100 VV RVG bereits entstanden ist (Abs. 2 der Anm. zu Nr. 5100 VV RVG).

115 **Beispiel:**

Das Strafverfahren wird eingestellt und die Sache nach § 43 OWiG an die Verwaltungsbehörde abgegeben.

Die Grundgebühr nach Nr. 4100 VV RVG ist bereits im Strafverfahren entstanden. Im Bußgeldverfahren kann die Grundgebühr (jetzt Nr. 5100 VV RVG) nicht erneut entstehen.

---

10 *Burhoff,* RVGreport 2004, 53, 55; *Burhoff,* RVG, Nr. 4100 VV RVG Rn. 19.
11 *Burhoff,* RVGreport 2004, 53, 55.
12 So auch *Burhoff,* RVG, Nr. 4100 VV RVG Rn. 18.

2. Anrechnung auf die Grundgebühr im Strafverfahren

Wird umgekehrt ein Bußgeldverfahren von der Staatsanwaltschaft übernommen, weil 116
sich der Verdacht einer Straftat ergibt, ist die Grundgebühr nach Nr. 5100 VV RVG auf
die im Strafverfahren anfallende Grundgebühr aus Nr. 4100 VV RVG anzurechnen (Abs. 2
der Anm. zu Nr. 4100 VV RVG).[13]

Beispiel: 117

*Gegen den Mandanten wird zunächst wegen eines Verstoßes gegen die StVO ermittelt.
Im Zuge der Ermittlungen stellt sich heraus, dass der Unfallgegner verletzt ist. Das Verfahren wird gemäß § 42 OWiG von der Staatsanwaltschaft übernommen, die nunmehr
wegen des Verdachts der fahrlässigen Körperverletzung ermittelt.*

Ausgehend von der Mittelgebühr ist wie folgt abzurechnen:

I. Bußgeldverfahren

1.	Grundgebühr, Nr. 5100 VV RVG	85,00 €
2.	Verfahrensgebühr, Nr. 5103 VV RVG	135,00 €
3.	Postentgeltpauschale, Nr. 7002 VV RVG	20,00 €
4.	16 % Umsatzsteuer, Nr. 7008 VV RVG	+ 38,40 €
	Summe:	*278,40 €*

II. Strafverfahren

1.	Grundgebühr, Nr. 4100 VV RVG	165,00 €
	gemäß Abs. 2 der Anm. zu Nr. 4100 VV RVG anzurechnen	− 85,00 €
2.	Verfahrensgebühr, Nr. 4104 VV RVG	135,00 €
3.	Postentgeltpauschale, Nr. 7002 VV RVG	20,00 €
4	16 % Umsatzsteuer, Nr. 7008 VV RVG	+ 37,60 €
	Summe:	*272,60 €*

3. Gerichtlich bestellter oder beigeordneter Anwalt

Auch der gerichtlich bestellte oder beigeordnete Anwalt erhält die Grundgebühr. Ihm 118
steht insoweit eine **Festgebühr** i.H.v. **68 €** zu.

II. Verfahren vor der Verwaltungsbehörde

Im Verfahren vor der Verwaltungsbehörde richtet sich die Vergütung des Verteidigers 119
nach Abschnitt 1 Unterabschnitt 2 Teil 5 VV RVG, also nach den Nrn. 5101 ff. VV RVG.

---

13   *Burhoff,* RVGreport 2004, 53, 56.

1. Umfang der Angelegenheit

120 Das Verfahren vor der Verwaltungsbehörde beginnt mit der ersten Tätigkeit des Anwalts, i.d.R. mit der **Entgegennahme der Information** nach Aufnahme bzw. Bekanntgabe der Ermittlungen wegen einer Ordnungswidrigkeit.

121 Die Gebühren nach Abschnitt 1 Unterabschnitt 2 des Teils 5 VV RVG umfassen das gesamte Verfahren vor der Verwaltungsbehörde einschließlich des Verwarnungsverfahrens und des Zwischenverfahrens vor der Staatsanwaltschaft nach § 69 OWiG (Vorbem. 5.1.2. Abs. 1 VV RVG).

122 Hierzu gehören auch Anträge auf **gerichtliche Entscheidungen**, etwa gegen die Ablehnung einer Wiedereinsetzung (§ 62 OWiG). Solche Verfahren über Anträge auf gerichtliche Entscheidung zählen also keineswegs bereits zum gerichtlichen Verfahren vor dem AG, auch wenn das AG hierüber entscheidet.[14]

123 Eine Ausnahme gilt für **Anträge auf gerichtliche Entscheidung gegen einen Kostenfestsetzungsbescheid und den Ansatz der Gebühren und Auslagen** (§ 108 OWiG). Gemäß Vorbem. 5 Abs. 4 Nr. 1 VV RVG gelten insoweit die Gebühren nach Teil 3 VV. Die Vorschrift des § 18 Abs. 5 RVG ist entsprechend anzuwenden, so dass es sich um **gesonderte Angelegenheiten** handelt. Ebenfalls ergänzend gilt § 16 Nr. 12 RVG analog. Mehrere Anträge auf gerichtliche Entscheidung gegen denselben Kostenfestsetzungsbescheid oder den Ansatz der Gebühren und Auslagen gelten als eine Angelegenheit.

124 Der Verfahrensabschnitt **endet** mit

- Erlass des Bußgeldbescheides, wenn kein Einspruch eingelegt wird,

- Rücknahme des Einspruchs,

- Einstellung des Verfahrens oder

- Eingang der Akten bei Gericht (Vorbem. 5.1.2 Abs. 1 VV RVG).

125
> **Hinweis:**
>
> Aufgrund der Neustrukturierung der Gebühren dürfte das Verfahren vor der Verwaltungsbehörde jetzt gegenüber dem gerichtlichen Verfahren als **gesonderte Angelegenheit** i.S.d. § 15 RVG gelten (z.B. arg. e Abs. 3 der Anm. zu Nr. 5116 VV RVG). Daher fällt hier zukünftig auch eine eigene **Postentgeltpauschale** nach Nr. 7002 VV RVG an.

---

14   Anwkom-RVG-*N. Schneider,* Vorbem. zu Teil 5 VV RVG Rn. 39.

2. Staffelung der Gebühren

Die Höhe der Verfahrens- und Terminsgebühren ist danach jeweils danach gestaffelt, wel- 126
cher Tatvorwurf dem Betroffenen gemacht wird. Das Vergütungsverzeichnis orientiert
sich dabei an der **Höhe des festgesetzten oder festzusetzenden Bußgeldes** (Vorbem.
5.1 Abs. 2 VV RVG).

Diese Vorschrift ist schwer verständlich. Es gilt im Einzelnen Folgendes:[15]   127

(1) Ist bei Beauftragung des Verteidigers bereits ein Bußgeld festgesetzt, so richtet sich
der Gebührenrahmen nach der Höhe dieses Bußgeldes.

(2) Ist bei Beauftragung des Verteidigers ein Bußgeld noch nicht festgesetzt, richtet sich
die Höhe des Gebührenrahmens nach

- dem Regelsatz, wenn ein solcher vorgesehen ist (etwa nach der Bußgeldkatalog-
  VO in Straßenverkehrssachen),

- ansonsten nach dem mittleren Betrag des in der Bußgeldvorschrift vorgesehen
  Bußgeldrahmens. Dieser mittlere Betrag errechnet sich nach der Formel

$$\frac{Mindestbußgeld + Höchstbußgeld}{2}$$

Der letztlich festgesetzte Betrag ist hier irrelevant. Er hat erst Bedeutung für das anschließende gerichtliche Verfahren.

Beispiel: 128

*Gegen den Mandanten wird wegen einer Ordnungswidrigkeiten ermittelt, die mit einem
Bußgeld von 10 € bis 100 € bedroht ist.*

*Das mittlere Bußgeld beträgt 55 €. Damit ist der Gebührenrahmen der Stufe von 40 € bis
5.000 € gegeben, und zwar unabhängig davon, welches Bußgeld später festgesetzt wird.*

Wird wegen **mehrerer Ordnungswidrigkeiten** ermittelt, ist der Gesamtbetrag maßge-   129
bend.[16]

Beispiel: 130

*Gegen den Mandanten wird wegen verschiedener Ordnungswidrigkeiten in Tatmehrheit
ermittelt. Jeder Verstoß würde für sich genommen zu einem Bußgeld von 30 € führen, also insgesamt 60 €.*

*Damit ist der Gebührenrahmen der Stufe von 40 € bis 5.000 € gegeben, und zwar un-
abhängig davon, ob wegen aller Vorwürfe letztlich auch ein Bußgeldbescheid ergeht.*

---

15   Vgl. auch die Beispiele bei *Burhoff*, RVG, Vorbem. 5.1 VV RVG Rn. 21 ff.; *Burhoff*, DAR 2004, 361,
     366.
16   *Burhoff*, RVG, Vorbem. 5.1 VV RVG Rn. 12.

3. Vergütung

a) Grundgebühr

131 Wird der Anwalt bereits im vorbereitenden Verfahren tätig, entsteht grds. immer die Grundgebühr nach Nr. 5100 VV RVG, da dies der erste Verfahrensabschnitt ist, in dem der Verteidiger tätig werden kann.

132 Ausnahmsweise entsteht die Grundgebühr gemäß Abs. 2 der Anm. zu Nr. 5100 VV RVG jedoch nicht, wenn der Anwalt **bereits im Strafverfahren** wegen derselben Tat tätig war (s.o. Rn. 114).

b) Verfahrensgebühr

aa) Allgemeines

133 Neben der Grundgebühr erhält der Anwalt zunächst immer eine **Verfahrensgebühr.**[17] Diese Gebühr gilt – mit Ausnahme der Wahrnehmung von Terminen – die gesamte Tätigkeit im vorbereitenden Verfahren ab, einschließlich eventueller Anträge auf gerichtliche Entscheidung (s.o. Rn. 122).

134 Die Höhe der Verfahrensgebühr ist danach gestaffelt, welcher Tatvorwurf dem Betroffenen gemacht wird (s.o. Rn. 126 f.).

135

Danach erhält der Wahlverteidiger bei einem angedrohten bzw. verhängten Bußgeld von:	
weniger als 40 €	**Nr. 5101 VV RVG** eine Verfahrensgebühr von 10 € bis 100 €, Mittelgebühr 55 €
40 € bis einschließlich 5.000 €	**Nr. 5103 VV RVG** eine Verfahrensgebühr i.H.v. 20 € bis 350 €, Mittelgebühr 135 €
mehr als 5.000 €	**Nr. 5105 VV RVG** eine Verfahrensgebühr i.H.v. 30 € bis 250 €, Mittelgebühr 140 €

136 Wechselt der Tatvorwurf, so gilt die höchste Bußgeldandrohung.

137 *(1) Dem Mandanten wird eine Ordnungswidrigkeit vorgeworfen, die ein Bußgeld i.H.v. 50 € zur Folge hätte. Später ergeht nur ein Bußgeldbescheid über 35 €.*

---

17 Allgemein zur Verfahrensgebühr s. *Burhoff,* RVG, Vorbem. 5 VV RVG Rn. 15 i.V.m. Vorbem. 4 VV RVG Rn. 29 ff.; *Burhoff,* RVGreport 2004, 127 ff.

(2) Dem Mandanten wird eine Ordnungswidrigkeit vorgeworfen, die ein Bußgeld i.H.v. 35 € zur Folge hätte. Später ergeht ein Bußgeldbescheid über 50 €.

In beiden Fällen erhält der Anwalt die Gebühr nach Nr. 5103 VV RVG aus dem Rahmen von 40 € bis 5.000 €.

bb) Abrechnungsbeispiel

Der Anwalt verteidigt den Mandanten gegen ein Bußgeld i.H.v. 200 €. Es kommt zu einer Vernehmung vor der Polizei, an der der Anwalt teilnimmt. 138

Ausgehend von einer Mittelgebühr ist wie folgt zu rechnen:

1.	Grundgebühr, Nr. 5100 VV RVG	85,00 €
2.	Verfahrensgebühr, Nr. 5103 VV RVG	135,00 €
4.	Postentgeltpauschale, Nr. 7002 VV RVG	20,00 €
5.	16 % Umsatzsteuer, Nr. 7008 VV RVG	+ 38,40 €
	Summe:	**278,40 €**

cc) Trennung und Verbindung

(1) Trennung

Wird aus einem Bußgeldverfahren ein Verfahren abgetrennt, entsteht die Verfahrensgebühr in dem abgetrennten Verfahren erneut und zwar aus dem Rahmen der Bußgeldandrohung, die im abgetrennten Verfahren gilt.[18] 139

(2) Verbindung

Werden mehrere Verfahren miteinander verbunden, so hat der Anwalt die bis dahin erhaltenen gesondert entstandenen Verfahrengebühren nach Nr. 5100 VV RVG erhalten.[19] Gegebenenfalls erhöht sich die Gebühr nach Verbindung infolge des höheren Rahmens. 140

Beispiel:

Gegen den Mandanten werden zwei Ordnungswidrigkeitenverfahren (1/04 und 2/04) wegen verschiedener Taten (Androhung jeweils 35 €) eingeleitet. Die Verfahren werden später verbunden (führend wird das Verfahren 2/04). Es ergeht im Verfahren 2/04 anschließend ein Bußgeldbescheid über 50 €. 141

Der Anwalt erhält die Grundgebühren nach Nr. 5100 VV RVG (s.o. Rn. 113) sowie die Verfahrensgebühren nach Nr. 5101 VV RVG zunächst gesondert. Die Verfahrensgebühr des führenden Verfahren erstarkt nach der Verbindung zu einer Gebühr nach Nr. 5103 VV RVG.

---

18   Zur Verfahrensgebühr bei Trennung von Verfahren *Burhoff*, RVG, Vorbem. 4 VV RVG Rn. 46 f.
19   Allgemein zur Verfahrensgebühr bei Verbindung von Verfahren *Burhoff*, RVG, Vorbem. 4 VV RVG Rn. 48 ff.

Zu rechnen ist wie folgt:

I. Verfahren 1/04

1.	Grundgebühr, Nr. 5100 VV RVG	85,00 €
2.	Verfahrensgebühr, Nr. 5101 VV RVG	55,00 €
3.	Postentgeltpauschale, Nr. 7002 VV RVG	20,00 €
4.	16 % Umsatzsteuer, Nr. 7008 VV RVG	+ 25,60 €
	Summe:	**185,60 €**

II. Verfahren 2/04

1.	Grundgebühr, Nr. 5100 VV RVG	85,00 €
2.	Verfahrensgebühr, Nr. 5103 VV RVG	135,00 €
3.	Postentgeltpauschale, Nr. 7002 VV RVG	20,00 €
4.	16 % Umsatzsteuer, Nr. 7008 VV RVG	+ 38,40 €
	Summe:	**278,40 €**

dd) Gerichtlich bestellter oder beigeordneter Anwalt

142 Der gerichtlich bestellte oder beigeordneter Anwalt erhält die Verfahrensgebühren ebenfalls gestaffelt nach der Höhe des Bußgeldes.

143

Die **Festgebühren** belaufen sich für ihn bei einem Bußgeld i.H.v.:	
weniger als 40 €	**Nr. 5101 VV RVG** auf 44 €
40 € bis einschließlich 5.000 €	**Nr. 5103 VV RVG** auf 108 €
mehr als 5.000 €	**Nr. 5105 VV RVG** auf 112 €

c) Terminsgebühr

144 Nach dem RVG kann der Verteidiger im Verfahren vor der Verwaltungsbehörde jetzt auch eine Terminsgebühr erhalten. Bislang wurden solche Tätigkeiten für die Teilnahme an Terminen nicht gesondert vergütet, sondern waren durch die Gebühr für das vorbereitende Verfahren nach §§ 105 Abs. 1, 84 Abs. 1 1. Alt. BRAGO oder im Falle der Hauptverhandlung durch die Hauptverhandlungsgebühr nach §§ 105 Abs. 1, 83 Abs. 1 Nr. 3 BRAGO mit abgegolten. Zukünftig entstehen jetzt gesonderte Gebühren nach Nrn. 5102, 5104, 5106 VV RVG.

aa) Anwendungsbereich

Diese Gebühren entstehen gemäß Abs. 2 Vorbem. 5.1.2 VV RVG für die **Teilnahme an** 145
Vernehmungen

* vor der Polizei oder

* vor der Verwaltungsbehörde.

Sonstige Termine, etwa bloße Besprechungen mit der Polizei, mit der Verwaltungsbe- 146
hörde, einem Zeugen oder Sachverständigen reichen im Gegensatz zur Terminsgebühr
nach Teil 3 VV RVG (Abs. 3 Vorbem. 3 VV RVG) nicht aus.

bb) Ausfall des Termins

Die Terminsgebühr entsteht auch dann, wenn der Anwalt zu einem anberaumten Ter- 147
min erscheint, dieser aber aus Gründen, die er nicht zu vertreten hat, nicht stattfindet,
es sei denn, er ist rechtzeitig von der Aufhebung oder Verlegung des Termins in Kenntnis gesetzt worden ist (Abs. 3 Satz 2 und 3 Vorbem. 5.1 VV RVG). S. hierzu Rn. 19.

cc) Mehrere Termine

Die Terminsgebühr erhält der Anwalt für jeden Tag, an dem ein Termin stattfindet (Nrn. 148
5101, 5103, 5105 VV RVG). Finden an demselben Kalendertag mehrere Termine statt,
so wird die Terminsgebühr nur einmal ausgelöst, unabhängig davon, ob nur unterbrochen oder ausgesetzt wird.

> *Beispiel:* 149
>
> *Die Vernehmung wird vormittags unterbrochen. Nachmittags wird die Vernehmung fort-*
> *gesetzt.*
>
> *Es entsteht nur eine Terminsgebühr.*

dd) Trennung und Verbindung

Hinsichtlich der Terminsgebühr ergeben sich bei Trennung und Verbindung keine Be- 150
sonderheiten, da die Terminsgebühr je Termin entsteht. Die Terminsgebühren entstehen
also in jedem Verfahren, in dem ein Termin stattfindet, gesondert.

ee) Höhe der Gebühr

Die Höhe der Terminsgebühren ist ebenso wie die der Verfahrensgebühren nach der Hö- 151
he des angedrohten bzw. verhängten Bußgeldes gestaffelt (s.o. Rn. 126).

152

Der Wahlanwalt erhält bei Bußgeldern i.H.v.:	
weniger als 40 €	**Nr. 5102 VV RVG** eine Terminsgebühr von 10 € bis 100 €, Mittelgebühr 55 €,
40 € bis **einschließlich 5.000 €**	**Nr. 5104 VV RVG** eine Terminsgebühr i.H.v. 20 € bis 350 €; Mittelgebühr 135 €,
mehr als 5.000 €	**Nr. 5106 VV RVG** eine Terminsgebühr i.H.v. 30 € bis 250 €; Mittelgebühr 140 €.

153 Fallen mehrere Termine an, können die **Terminsgebühren unterschiedlich** ausfallen.

154 *Beispiel:*

Dem Mandanten wird eine Ordnungswidrigkeit vorgeworfen, die ein Bußgeld i.H.v. 150 € zur Folge hätte. Der Anwalt nimmt einen Vernehmungstermin vor der Polizei wahr. Später ergeht nur ein Bußgeldbescheid über 35 €. Hiergegen legt der Verteidiger Einspruch ein und nimmt an einem Vernehmungstermin vor der Verwaltungsbehörde teil.

Der Anwalt erhält die Verfahrensgebühr nach Nr. 5103 VV RVG (s.o. Rn. 144 ff.). Für den Vernehmungstermin vor der Polizei erhält der Anwalt die Terminsgebühr nach Nr. 5104 VV RVG aus dem Rahmen von 40 € bis 5.000 € und für den Vernehmungstermin vor der Verwaltungsbehörde die Terminsgebühr nach Nr. 5102 VV RVG aus dem Rahmen von unter 40 €.

Zu rechnen ist wie folgt:

1.	*Grundgebühr, Nr. 5100 VV RVG*	*85,00 €*
2.	*Verfahrensgebühr, Nr. 5103 VV RVG*	*135,00 €*
3.	*Terminsgebühr, Nr. 5104 VV RVG*	*135,00 €*
4.	*Terminsgebühr, Nr. 5102 VV RVG*	*55,00 €*
5.	*Postentgeltpauschale, Nr. 7002 VV RVG*	*20,00 €*
6.	*16 % Umsatzsteuer, Nr. 7008 VV RVG*	*+ 68,80 €*
	Summe:	*498,80 €*

ff) Gerichtlich bestellter oder beigeordneter Anwalt

155 Auch der gerichtlich bestellte oder beigeordnete Anwalt erhält Terminsgebühren. Hier sind wiederum **Festgebühren** vorgesehen. Auch hier ist die Höhe der Terminsgebühren ebenso wie die der Verfahrensgebühren nach der Höhe des angedrohten bzw. verhängten Bußgeldes gestaffelt (s.o. Rn. 126).

Der gerichtlich bestellte oder beigeordnete Anwalt erhält bei Bußgeldern i.H.v.:		156
weniger als 40 €	**Nr. 5102 VV RVG** eine Festgebühr i.H.v. 88 €;	
40 € bis einschließlich 5.000 €	**Nr. 5104 VV RVG** eine Festgebühr i.H.v. 172 €;	
mehr als 5.000 €	**Nr. 5106 VV RVG** eine Festgebühr i.H.v. 216 €.	

Eine **Staffelung der Gebühren nach der Dauer der Hauptverhandlung** wie in Strafsachen ist in Bußgeldsachen nicht vorgesehen. 157

d) Erledigung des Verfahrens ohne Hauptverhandlung

Kommt es durch die Mitwirkung des Verteidigers zur Erledigung des Verfahrens ohne 158
Hauptverhandlung, entsteht eine **zusätzliche Gebühr** nach Nr. 5115 VV RVG. Die zur
BRAGO diskutierte Streitfrage, ob die damalige Gebührenerhöhung nach §§ 105, 84
Abs. 2 BRAGO auch im Verfahren vor der Verwaltungsbehörde Anwendung finden konnte, ist nach neuem Recht also jetzt i.S.d. h.M. geklärt.[20] Zum Anwendungsbereich der zusätzlichen Gebühr wird wegen des Zusammenhangs auf Rn. 218 ff. verwiesen.

e) Einziehung und verwandte Maßnahmen

Des Weiteren kann der Anwalt auch schon im vorbereitenden Verfahren eine zusätzliche 159
Wertgebühr erhalten, wenn sich das Verfahren auf eine Einziehung oder auf ähnliche Maßnahmen bezieht. Auch hier wird auf die zusammenfassenden Ausführungen (Rn. 292 ff.)
verwiesen.

f) Auslagen

Neben den jeweiligen Gebühren erhält der Anwalt im vorbereitenden Verfahren auch Ersatz seiner Auslagen nach Nrn. 7000 ff. VV RVG. Da es sich bei dem vorbereitenden Verfahren um eine eigene Angelegenheit handelt, entsteht hier die **Postentgeltpauschale** 160
nach Nr. 7002 VV RVG in diesem Verfahrensabschnitt gesondert.

IV. Gerichtliches Verfahren vor dem Amtsgericht

Im gerichtlichen Verfahren vor dem AG, also ab Eingang der Akten bei Gericht (Vorbem. 161
5.1.2 Abs. 1 VV RVG), erhält der Anwalt die Gebühren nach Abschnitt 1 Unterabschnitt 3
VV RVG. Daneben kann auch hier die Grundgebühr entstehen sowie die zusätzlichen Gebühren nach Nrn. 5115, 5116 VV RVG.

---

20   S. zuletzt AG Wiesbaden, AGS 2003, 545 mit Anm. *N. Schneider.*

1. Umfang der Angelegenheit

162 Das Verfahren vor dem AG stellt gegenüber dem vorbereitenden Verfahren eine **eigene Angelegenheit** i.S.d. § 15 RVG dar.[21]

163 Das gerichtliche Verfahren **beginnt** mit dem **Eingang der Akten bei Gericht** (Vorbem. 5.1.2. Abs. 1 VV RVG).

164 Das Verfahren **endet** mit

- der Einstellung des Verfahrens,

- der Rücknahme des Einspruchs oder

- dem Erlass eines Urteils, wobei für den Verteidiger die Einlegung der Rechtsbeschwerde gemäß § 19 Abs. 1 Satz 2 Nr. 10 RVG i.V.m. Vorbem. 5.1 Abs. 1 VV RVG noch zum Rechtszug gehört.

2. Grundgebühr

165 Wird der Verteidiger im Verfahren vor dem AG erstmals beauftragt, ist er also noch nicht im vorbereitenden Verfahren tätig gewesen, entsteht für ihn die Grundgebühr nach Nr. 5100 VV RVG. Dies gilt allerdings nicht, wenn er bereits in einem vorangegangenen Strafverfahren wegen derselben Tat oder Handlung beauftragt war (Abs. 1 der Anm. zu Nr. 5100 VV RVG).

3. Verfahrensgebühr

166 Auch im gerichtlichen Verfahren vor dem AG entsteht zunächst eine Verfahrensgebühr.[22] Auch hier sind die Verfahrensgebühren wiederum nach **der Höhe des Bußgeldes gestaffelt.**

167

Die Verfahrensgebühr beträgt für den Verteidiger bei einem Bußgeld von:	
weniger als 40 €	**Nr. 5107 VV RVG** eine Verfahrensgebühr i.H.v. 10 bis 100 €, Mittelgebühr 55 €
40 € bis einschließlich 5.000 €	**Nr. 5109 VV RVG** eine Verfahrensgebühr i.H.v. 20 bis 350 €, Mittelgebühr 135 €
mehr als 5.000 €	**Nr. 5111 VV RVG** eine Verfahrensgebühr i.H.v. 30 bis 250 €, Mittelgebühr 140 €

---

21 A.A. *Burhoff*, RVG, Teil B „Angelegenheiten" (§§ 15 ff.), Rn. 5 m.w.N.
22 Allgemein zur Verfahrensgebühr *Burhoff*, RVGreport 2004, 127 ff.; *Burhoff*, RVG, Vorbem. 4 VV RVG Rn. 29 ff.

Nach dem Wortlaut der Vorbem. 5.1 Abs. 2 VV RVG ist stets maßgebend die Höhe des   168
Bußgeldes, das die Verwaltungsbehörde verhängt hat bzw. das nach einer gegebenenfalls abändernden Entscheidung der Staatsanwaltschaft zu Beginn des gerichtlichen Verfahrens noch festgesetzt ist.

Sofern im gerichtlichen Verfahren allerdings ein höheres Bußgeld angedroht wird, etwa   169
weil das Gericht nunmehr vorsätzliche Begehung in den Raum stellt oder von einem qualifizierten Tatbestand ausgeht, muss entsprechend der Vorbem. 5.1 Abs. 2 Satz 2 VV RVG
von dem angedrohten höheren Bußgeld und damit gegebenenfalls von dem höheren
Gebührenrahmen ausgegangen werden.[23]

Beispiel: 170

*Die Verwaltungsbehörde hat ein Bußgeld von 35 € festgesetzt. Hiergegen wird Einspruch
erhoben. Das Gericht stellt fest, dass bereits zahlreiche Voreintragungen vorliegen und
geht zudem von vorsätzlicher Begehung aus. Es weist darauf hin, dass hier eine Erhöhung
des Bußgeldes auf 50 € in Betracht kommt.*

*Der Gebührenrahmen für das vorbereitende Verfahren richtet sich nach einem Bußgeld
von bis zu 40 €. Die Tätigkeit im gerichtlichen Verfahren richtet sich dagegen nach dem
Gebührenrahmen für ein Bußgeld von 40 € bis 5.000 €.*

Zu rechnen ist wie folgt:

1.	*Grundgebühr, Nr. 5100 VV RVG*	*85,00 €*
2.	*Verfahrensgebühr, Nr. 5101 VV RVG*	*55,00 €*
3.	*Verfahrensgebühr, Nr. 5109 VV RVG*	*135,00 €*
4.	*Terminsgebühr, Nr. 5110 VV RVG*	*215,00 €*
5.	*Postentgeltpauschale, Nr. 7002 VV RVG*	*20,00 €*
6.	*16 % Umsatzsteuer, Nr. 7008 VV RVG*	*+ 81,60 €*
	Summe:	*591,60 €*

Die Verfahrensgebühr deckt **sämtliche Tätigkeiten im gerichtlichen Verfahren** ab mit   171
Ausnahme der Teilnahme an der Hauptverhandlung oder außerhalb der Hauptverhandlung, s. Vorbem. 5 Abs. 2 VV RVG.

4. Terminsgebühr

Im gerichtlichen Verfahren können zwei verschiedene Terminsgebühren entstehen, näm-   172
lich Gebühren

---

23   A.A. *Burhoff*, RVG, Vorbem. 5.1 VV RVG Rn. 24 (Lösung über § 14 RVG); so auch *Burhoff*, DAR 2004,
     363, 366 f.

- für die Teilnahme an der **Hauptverhandlung** (Nrn. 5108, 5110, 5112 VV RVG, Vorbem. 5 Abs. 3 VV RVG).

- für die Teilnahme an Terminen **außerhalb der Hauptverhandlung** (Vorbem. 5.1.3 Abs. 1 VV RVG).

a) Teilnahme an der Hauptverhandlung

173 Für die Teilnahme an einem Hauptverhandlungstermin erhält der Verteidiger eine **Terminsgebühr.**[24] Diese Gebühr entsteht je Hauptverhandlungstag. Finden am selben Tag in derselben Angelegenheit mehrere Hauptverhandlungen statt, entsteht die Gebühr nur einmal.

174 *Beispiel:*

Die Hauptverhandlung wird vormittags ausgesetzt. Nachmittags wird mit der Hauptverhandlung erneut begonnen.

Die Terminsgebühr entsteht nur einmal. Ggf. ist der erhöhte Umfang bei der Gebührenbestimmung nach § 14 Abs. 1 RVG erhöhend zu berücksichtigen.

b) Teilnahme an Terminen außerhalb der Hauptverhandlung

175 Für die Wahrnehmung von Terminen außerhalb der Hauptverhandlung erhält der Verteidiger gemäß Vorbem. 5.1.3 Abs. 1 VV RVG ebenfalls die Gebühren nach Nrn. 5108, 5110, 5112 VV RVG. Hierzu gehören z.B. Termine vor dem ersuchten Richter zur Vernehmung auswärtiger Zeugen, Teilnahme an Sachverständigenterminen o.Ä.

c) Ausfall des Termins

176 Die Gebühr entsteht auch dann, wenn der Anwalt er zu einem anberaumten Termin erscheint, dieser aber aus Gründen, die er nicht zu vertreten hat, nicht stattfindet, es sei denn, er ist rechtzeitig von der Aufhebung oder Verlegung des Termins in Kenntnis gesetzt worden ist (Vorbem. 5 Abs. 3 Satz 2 und 3 VV RVG); s. hierzu Rn. 19.

d) Höhe der Terminsgebühr

177 Die Höhe der Terminsgebühr ist im gerichtlichen Verfahren vor dem AG wiederum abhängig von der Höhe des Bußgeldes. Es gilt hier das Gleiche wie bei der Verfahrensgebühr (s.o. Rn. 166 f.).

---

24 Allgemein zur Terminsgebühr *Burhoff*, RVGreport 2004, 177; *Burhoff*, RVG, Vorbem. 4 VV RVG Rn. 51 ff.

Der Verteidiger erhält bei einem Bußgeld von:		178
weniger als 40 €	**Nr. 5108 VV RVG** eine Terminsgebühr i.H.v. 20 € bis 200 €, Mittelgebühr 110 €	
40 € bis einschließlich 5.000 €	**Nr. 5110 VV RVG** eine Terminsgebühr i.H.v. 30 € bis 400 €, Mittelgebühr 215 €	
mehr als 5.000 €	**Nr. 5112 VV RVG** eine Terminsgebühr i.H.v. 70 € bis 470 €, Mittelgebühr 270 €	

Auch hier kann es vorkommen, dass unterschiedlich hohe Gebühren anfallen, wenn der **Tatvorwurf im Laufe des Verfahrens** erhöht wird.

179

Beispiel:

180

Gegen den Mandanten ist ein Bußgeldbescheid i.H.v. 35 € ergangen. Hiergegen hat der Anwalt Einspruch eingelegt. Im ersten Hauptverhandlungstermin wird die Sache vertagt. Im zweiten Hauptverhandlungstermin stellt sich vorsätzliche Begehung heraus sowie ein qualifizierter Tatbestand, so dass ein rechtlicher Hinweis ergeht, es müsse mit einer Verurteilung von 50 € gerechnet werden.

Der Anwalt erhält die Gebühren im vorbereitenden Verfahren aus dem geringeren Rahmen von unter 40 €. Die Verfahrensgebühr im gerichtlichen Verfahren bestimmt sich nach dem Rahmen von 40 € bis 5.000 €. Hinsichtlich der Terminsgebühren ist dagegen zu differenzieren. Während für den ersten Verhandlungsteil der Rahmen von unter 40 € heranzuziehen ist, ist für den zweiten Vernehmungstermin der Rahmen von 40 € bis 5.000 € heranzuziehen.

Zu rechnen ist wie folgt:

1.	*Grundgebühr, Nr. 5100 VV RVG*	*85,00 €*
2.	*Verfahrensgebühr, Nr. 5101 VV RVG*	*85,00 €*
3.	*Verfahrensgebühr, Nr. 5109 VV RVG*	*135,00 €*
4.	*Terminsgebühr, Nr. 5108 VV RVG*	*110,00 €*
5.	*Terminsgebühr, Nr. 5110 VV RVG*	*215,00 €*
6.	*Postentgeltpauschale, Nr. 7002 VV RVG*	*20,00 €*
7.	*16 % Umsatzsteuer, Nr. 7008 VV RVG*	+ *104,00 €*
	Summe:	*754,00 €*

e)   Gerichtlich bestellter oder beigeordneter Anwalt

181   Der gerichtlich bestellte oder beigeordnete Anwalt erhält die Terminsgebühren unter denselben Voraussetzungen wie der Wahlanwalt. Hier sind wiederum Festgebühren vorgesehen. Auch hier ist Höhe der Terminsgebühren ebenso wie die der Verfahrensgebühren nach der Höhe des angedrohten bzw. verhängten Bußgeldes gestaffelt (s.o. Rn. 126 ff.).

182

> **Hinweis:**
>
> Eine Staffelung der Terminsgebühren des Pflichtverteidigers nach Dauer der Hauptverhandlung ist im Bußgeldverfahren dagegen – im Gegensatz zum Strafverfahren – vorgesehen. Der Pflichtverteidiger erhält also immer dieselbe Terminsgebühr unabhängig von der Dauer des Hauptverhandlungstermins.

183

Die **Terminsgebühr** beläuft sich für den gerichtlich bestellten oder beigeordneten Anwalt bei einem Bußgeld:

weniger als 40 €	**Nr. 5108 VV RVG** auf eine Festgebühr i.H.v. 88 €
40 € bis einschließlich 5.000 €	**Nr. 5110 VV RVG** auf eine Festgebühr i.H.v. 172 €
mehr als 5.000 €	**Nr. 5112 VV RVG** auf eine Festgebühr i.H.v. 216 €

5.   Zusätzliche Gebühr

184   Auch im gerichtlichen Verfahren vor dem AG kann eine zusätzliche Gebühr unter den Voraussetzungen der Nr. 5115 VV RVG entstehen, und zwar bei Einstellung des Verfahrens und bei Rücknahme des Einspruchs gegen den Bußgeldbescheid. S. hierzu Rn. 218 ff.

6.   Einziehung und verwandte Maßnahmen

185   Erstreckt sich Tätigkeit des Anwalts auf eine Einziehung oder eine verwandte Maßnahme, erhält er auch im gerichtlichen Verfahren vor dem AG eine **zusätzliche Gebühr** nach Nr. 5116 VV RVG.

186   Die zusätzliche Gebühr nach Nr. 5116 VV RVG entsteht im gerichtlichen Verfahren allerdings nicht, wenn diese Gebühr im vorbereitenden Verfahren bereits entstanden ist. In beiden Verfahren kann die zusätzliche Gebühr nach Nr. 5116 VV RVG **nur einmal** entstehen (Abs. 3 Satz 1 der Anm. zu Nr. 5116 VV RVG).

7. Auslagen

Da das gerichtliche Verfahren eine eigene Angelegenheit i.S.d. § 15 RVG darstellt, erhält   187
der Anwalt hier auch seine Auslagen erstattet, insbesondere eine gesonderte **Postentgeltpauschale** nach Nr. 7002 VV RVG.

V. Rechtsbeschwerde

Im Verfahren über die Rechtsbeschwerde richtet sich die Vergütung des Verteidigers nach   188
Abschnitt 1 Unterabschnitt 4 Teil 5 VV RVG, also nach den Nrn. 5113, 5114 VV RVG. Ergänzend gelten die Vorschriften für die allgemeine Gebühr (Nr. 5100 VV RVG) und die
zusätzlichen Gebühren (Nrn. 5115, 5116 VV RVG).

Im Gegensatz zu den Gebühren im vorbereitenden Verfahren und im Verfahren vor dem   189
AG, ist die Höhe der Gebühren im Rechtsbeschwerdeverfahren **nicht** nach der Höhe des
Bußgeldes **gestaffelt**. Der Verteidiger erhält also unabhängig von der Höhe des Bußgel-
des immer dieselben Gebühren.

1. Umfang der Angelegenheit

a) Erstinstanzlich nicht tätiger Verteidiger

Für den erstinstanzlich noch nicht tätigen Verteidiger beginnt das Rechtsbeschwerde-   190
verfahren mit der Einlegung der Rechtsbeschwerde. Dies löst für ihn bereits die **Verfahrensgebühr** nach Nr. 5113 VV RVG aus.

b) Erstinstanzlich tätiger Verteidiger

Für den erstinstanzlich tätigen Verteidiger zählt die Einlegung der Rechtsbeschwerde nach   191
§ 19 Abs. 1 Nr. 10 RVG noch zum gerichtlichen Verfahren vor dem AG. Er erhält hierfür
also **keine gesonderte Vergütung**. Die Einlegung kann allenfalls im Rahmen der amtsgerichtlichen Verfahrensgebühr erhöhend nach § 14 Abs. 1 RVG berücksichtigt werden.
Für ihn beginnt das Verfahren über die Rechtsbeschwerde daher erst mit der weiteren
Tätigkeit.

c) Von Staatsanwaltschaft eingelegte Rechtsbeschwerde

Wird die Rechtsbeschwerde von der Staatsanwaltschaft eingelegt, beginnt für jeden Ver-   192
teidiger damit immer das Rechtsbeschwerdeverfahren, unabhängig davon, ob er bereits
erstinstanzlich als Verteidiger tätig war oder nicht.

2. Grundgebühr

Soweit der Verteidiger erstmals im Rechtsbeschwerdeverfahren beauftragt wird, erhält er   193
für die Einarbeitung in die Sache die Grundgebühr nach Nr. 5100 VV RVG (Abs. 1 der Anm.

zu Nr. 5100 VV RVG). Die Gebühr wird im Rechtsbeschwerdeverfahren gemäß § 14 Abs. 1 RVG sicherlich im oberen Bereich anzusiedeln sein, da die Einarbeitung schon dadurch umfangreicher ist, dass der Verteidiger die erstinstanzlichen Akten durcharbeiten muss.

194 Ist der Verteidiger allerdings schon zuvor tätig gewesen, also im vorbereitenden Verfahren oder im gerichtlichen Verfahren vor dem AG, kann er die Grundgebühr nicht erneut verdienen (Abs. 1 der Anm. zu Nr. 5100 VV RVG). Das Gleiche gilt, wenn ein Strafverfahren vorausgegangen war (Abs. 2 der Anm. zu Nr. 5100 VV RVG).

3. Verfahrensgebühr

195 Für das Verfahren über die Rechtsbeschwerde erhält der Anwalt eine Verfahrensgebühr nach Nr. 5113 VV RVG. Eine Staffelung nach der Höhe des Bußgeldes ist hier nicht vorgesehen.

196 Der Wahlanwalt erhält eine **Verfahrensgebühr** i.H.v. **70 € bis 470 €**; die **Mittelgebühr** beträgt **270 €**.

197 *(1) Der Verteidiger wird erst nach Erlass des amtgerichtlichen Urteils beauftragt, Rechtsbeschwerde einzulegen. Die Rechtsbeschwerde wird im schriftlichen Verfahren zurückgewiesen.*

Zu rechnen ist wie folgt:

1.	*Grundgebühr, Nr. 5100 VV RVG*	*150,00 €*
2.	*Verfahrensgebühr, Nr. 5113 VV RVG*	*270,00 €*
3.	*Postentgeltpauschale, Nr. 7002 VV RVG*	*20,00 €*
4.	*16 % Umsatzsteuer, Nr. 7008 VV RVG*	*+ 70,40 €*
	Summe:	*510,40 €*

198 *(2) Wie Beispiel 1; der Verteidiger war bereits vor dem AG als Verteidiger tätig.*

Eine Grundgebühr kann jetzt nicht mehr entstehen.

Zu rechnen ist wie folgt:

1.	*Verfahrensgebühr, Nr. 5113 VV RVG*	*270,00 €*
2.	*Postentgeltpauschale, Nr. 7002 VV RVG*	*20,00 €*
3.	*16 % Umsatzsteuer, Nr. 7008 VV RVG*	*+ 46,40 €*
	Summe:	*336,40 €*

4. Terminsgebühr

199 Kommt es zur Hauptverhandlung oder zu Terminen außerhalb der Hauptverhandlung (Vorbem. 5.1.3 Abs. 1 VV RVG), so erhält der Verteidiger für die **Teilnahme an dem Ter-**

min je Terminstag eine Terminsgebühr nach Nr. 5114 VV RVG. Im Falle der Hauptverhandlung entsteht die Gebühr mit **Beginn der Hauptverhandlung,** also mit dem Vortrag des Berichterstatters (§ 351 Abs. 1 StPO). Sie **endet** mit der Verkündung des Urteils, der Einstellung des Verfahrens, der Rücknahme der Rechtsbeschwerde.

Die Gebühr entsteht auch dann, wenn der Anwalt zu einem anberaumten Termin erscheint, dieser aber aus Gründen, die er nicht zu vertreten hat, nicht stattfindet, es sei denn, er ist rechtzeitig von der Aufhebung oder Verlegung des Termins in Kenntnis gesetzt worden ist (Vorbem. 5 Abs. 3 Satz 2 und 3 VV RVG). S. hierzu Rn. 19.   200

Die Höhe der **Terminsgebühr** beläuft sich für den Wahlverteidiger auf **70 € bis 470 €.**   201
Die **Mittelgebühr** beträgt **270 €.**

5. Zusätzliche Gebühr

Auch im Rechtsbeschwerdeverfahren kann der Anwalt die zusätzliche Gebühr nach   202
Nr. 5115 VV RVG verdienen. Die frühere Streitfrage, ob die Gebührenerhöhung auch im Rechtsbeschwerdeverfahren Anwendung findet, ist damit geklärt (s. Rn. 227). Die zusätzliche Gebühre entsteht bei **Einstellung des Verfahrens oder Rücknahme der Rechtsbeschwerde.**

6. Einziehung und verwandte Maßnahmen

Im Revisionsverfahren kann weiterhin eine zusätzliche Verfahrensgebühr nach Nr. 5116   203
VV anfallen (Abs. 3 der Anm. zu Nr. 5116 VV RVG) und zwar auch dann, wenn diese bereits im gerichtlichen Verfahren vor dem AG oder dem vorbereitenden Verfahren entstanden ist.

7. Gerichtlich bestellter oder beigeordneter Anwalt

Ist der Anwalt gerichtlich bestellt oder beigeordnet worden, erhält er ebenfalls die Vergütung nach Nrn. 5113, 5114 VV RVG.   204

Ihm steht für die **Verfahrengebühr** (Nr. 5113 VV RVG) eine **Festgebühr i.H.v. 216 €** zu   205
und für die **Terminsgebühr** (Nr. 5114 VV RVG) eine **Festgebühr i.H.v.** ebenfalls **216 €.**

VI. Antrag auf Zulassung der Rechtsbeschwerde

In Ordnungswidrigkeitenverfahren ist die Rechtsbeschwerde außer in den Fällen des § 79   206
Abs. 1 OWiG nur zulässig, wenn sie zugelassen wird (§ 79 Abs. 1 Satz 2 OWiG). Der Antrag auf Zulassung der Rechtsbeschwerde ist beim AG zu stellen; für den Zulassungsantrag gelten die Vorschriften über die Einlegung der Rechtsbeschwerde entsprechend (§ 80 Abs. 3 Satz 1 OWiG). Über den Zulassungsantrag entscheidet jedoch das Beschwerdegericht, also das OLG, durch Beschluss. Wird der Antrag verworfen, so gilt die Rechtsbe-

schwerde als zurückgenommen. Wird dem Antrag stattgegeben, so gilt dieser als Rechtsbeschwerde und das Verfahren nimmt seinen Fortgang.

207 Das Verfahren über den Antrag auf Zulassung der Rechtsbeschwerde ist in Teil 5 VV RVG nicht gesondert genannt. Hier gilt Folgendes:

208 Der Zulassungsantrag ist **keine gesonderte Angelegenheit** nach § 17 Nr. 9 RVG, da es sich um ein Zulassungsverfahren handelt und nicht um ein Beschwerdeverfahren. Das Verfahren stellt daher keine neue gebührenrechtliche Angelegenheit dar, sondern zählt nach § 16 Nr. 13 RVG zum Rechtsmittelverfahren.

209 Für den **Verteidiger,** der bereits **erstinstanzlich tätig** war, gehört die Einlegung des Zulassungsantrags ebenso wie die Rechtsbeschwerde selbst nach § 19 Abs. 1 Satz 2 Nr. 10 RVG zur ersten Instanz und wird durch die dortige Verfahrensgebühr abgegolten (Vorbem. 5.1 Abs. 1 VV RVG). Erst mit weiterer Tätigkeit, also i.d.R. der Begründung des Zulassungsantrags, entsteht für ihn die Verfahrensgebühr nach Nr. 5113 VV RVG.

210 Für den **erstmals im Rechtsbeschwerdeverfahren** tätigen Verteidiger wird dagegen bereits mit Einreichung des Zulassungsantrags die Verfahrensgebühr nach Nr. 5113 VV RVG ausgelöst.

VII. Verfahren nach Zurückverweisung

211 Hebt das Rechtsbeschwerdegericht das Urteil des AG auf und verweist es die Sache an das AG zurück, so ist das weitere Verfahren vor dem AG eine neue Angelegenheit (§ 21 Abs. 1 RVG). Der Anwalt kann also im Verfahren nach Zurückverweisung **sämtliche Gebühren mit Ausnahme der Grundgebühr** (Abs. 1 der Anm. zu Nr. 5100 VV RVG) **erneut** verdienen.

212 Insbesondere fällt auch die Verfahrensgebühr erneut an und wird nicht angerechnet. Eine entsprechende Regelung wie in Vorbem. 3 Abs. 6 VV RVG ist in Teil 5 VV RVG nicht vorgesehen

213 *Beispiel:*

Nach der Ladung zur Hauptverhandlung beauftragt der Betroffene einen Verteidiger. Das AG bestätigt die Geldbuße von 50 €. Hiergegen legt der Verteidiger Rechtsbeschwerde ein, worauf das OLG das Urteil des AG ohne Hauptverhandlung aufhebt und die Sache an das AG zurückverweist. Dort findet erneut eine Hauptverhandlung statt.

Zu rechnen ist wie folgt:

I. Verfahren vor dem AG

1. Grundgebühr, Nr. 5100 VV RVG   *85,00 €*

2. Verfahrensgebühr, Nr. 5109 VV RVG   *135,00 €*

3.	*Terminsgebühr, Nr. 5110 VV RVG*	215,00 €
4.	*Postentgeltpauschale, Nr. 7002 VV RVG*	20,00 €
5.	*16 % Umsatzsteuer, Nr. 7008 VV RVG*	+ 72,80 €
	Summe:	**527,80 €**

II. Rechtsbeschwerdeverfahren

1.	*Verfahrensgebühr, Nr. 5113 VV RVG*	270,00 €
2.	*Postentgeltpauschale, Nr. 7002 VV RVG*	20,00 €
3.	*16 % Umsatzsteuer, Nr. 7008 VV RVG*	+ 46,40 €
	Summe:	**336,40 €**

III. Verfahren vor dem AG nach Zurückverweisung

1.	*Verfahrensgebühr, Nr. 5109 VV RVG*	135,00 €
2.	*Terminsgebühr, Nr. 5110 VV RVG*	215,00 €
3.	*Postentgeltpauschale, Nr. 7002 VV RVG*	20,00 €
4.	*16 % Umsatzsteuer, Nr. 7008 VV RVG*	+ 59,20 €
	Summe:	**429,20 €**

VIII. Wiederaufnahmeverfahren

Findet ein Wiederaufnahmeverfahren statt, so gilt dieses nach § 17 Nr. 12 RVG als **ge-** 214 **sonderte Angelegenheit.** Der Anwalt erhält in diesem Verfahren die gleichen Gebühren wie in einem Verfahren vor dem AG (Vorbem. 5.1.3 VV RVG).[25]

Kommt es zu einer Wiederaufnahme, zählt das wieder aufgenommene Verfahren eben- 215 falls als **neue Angelegenheit,** so dass der Anwalt hier die Gebühren wiederum erneut verdienen kann. Die Grundgebühr entsteht allerdings nicht erneut (analog Vorbem. 4.1.4 VV RVG). Ausgenommen sind die Fälle des § 15 Abs. 5 Satz 2 RVG.

Beispiel: 216

Das AG hat eine Geldbuße i.H.v. 50 € ausgeurteilt. Später wird erfolgreich die Wieder-aufnahme beantragt. Vor dem AG findet erneut eine Hauptverhandlung statt.

Zu rechnen ist wie folgt:

---

25   Eingehend dazu *Burhoff*, RVG, Vorbem. 5.1.3 VV RVG Rn. 5 ff.

I. **Verfahren vor dem Amtgericht**

1.	Grundgebühr, Nr. 5100 VV RVG	85,00 €
2.	Verfahrensgebühr, Nr. 5109 VV RVG	135,00 €
3.	Terminsgebühr, Nr. 5110 VV RVG	215,00 €
4.	Postentgeltpauschale, Nr. 7002 VV RVG	20,00 €
5.	16 % Umsatzsteuer, Nr. 7008 VV RVG	+ 72,80 €
	Summe:	**527,80 €**

II. **Wiederaufnahmeverfahren**

1.	Verfahrensgebühr, Nr. 5109 VV RVG	135,00 €
2.	Postentgeltpauschale, Nr. 7002 VV RVG	20,00 €
3.	16 % Umsatzsteuer, Nr. 7008 VV RVG	+ 24,80 €
	Summe:	**179,80 €**

III. **Verfahren vor dem Amtgericht nach Wiederaufnahme**

1.	Verfahrensgebühr, Nr. 5109 VV RVG	135,00 €
2.	Terminsgebühr, Nr. 5110 VV RVG	215,00 €
3.	Postentgeltpauschale, Nr. 7002 VV RVG	20,00 €
4.	16 % Umsatzsteuer, Nr. 7008 VV RVG	+ 59,20 €
	Summe:	**429,20 €**

IX. Zusätzliche Gebühren

217 Ebenso wie in Strafsachen kann der Anwalt auch in Bußgeldsachen zusätzliche Gebühren verdienen. Hier sind allerdings nur **zwei zusätzliche Gebühren** vorgesehen, nämlich

- in Nr. 5115 VV RVG die zusätzliche Gebühr **bei vorzeitiger Erledigung des Verfahrens ohne Hauptverhandlung** und

- in Nr. 5116 VV RVG die zusätzliche Gebühr, wenn sich die Tätigkeit des Anwalts auf **Einziehung oder verwandte Maßnahmen** bezieht.

1. Zusätzliche Gebühr nach Nr. 5115 VV RVG

a) Erledigung der bisherigen BRAGO-Streitfragen

218 Die Vorschrift der Nr. 5115 VV RVG entspricht der bisherigen Regelung, die sich aus § 105 Abs. 1 BRAGO i.V.m. § 84 Abs. 2 BRAGO ergab. Im Gegensatz zur bisherigen Regelung erhält der Anwalt nicht eine Erhöhung seines Gebührenrahmens auf eine volle Gebühr,

sondern er erhält stattdessen eine **zusätzliche Gebühr** in Höhe der jeweiligen Verfahrensmittelgebühr. Es besteht also hinsichtlich **dieser Gebühr kein Ermessensspielraum** nach § 14 Abs. 1 RVG.

Sinn und Zweck der Vorschrift der Nr. 5115 VV RVG ist es, ebenso wie bei Nr. 4141 VV   219
RVG, für den Anwalt einen **Gebührenanreiz** zu schaffen, bereits frühzeitig daran mitzuwirken, dass eine Hauptverhandlung entbehrlich wird.

Die bisherigen Streitfragen, die sich aus der teilweise unklaren Verweisung des § 105 BRA-   220
GO auf § 84 Abs. 2 BRAGO ergaben, sind jetzt geregelt:

- Die zusätzliche Gebühr kann der Anwalt **in jedem Verfahrensabschnitt** erhalten. Insbesondere reicht es jetzt aus, wenn der Anwalt im vorbereitenden Verfahren vor der Verwaltungsbehörde den **Einspruch gegen einen Bußgeldbescheid** zurücknimmt.

- Darüber hinaus erhält der Anwalt die zusätzliche Vergütung jetzt auch im **Rechtsbeschwerdeverfahren,** und zwar sowohl bei Rücknahme der Rechtsbeschwerde als auch bei Einstellung im Rechtsbeschwerdeverfahren. Bislang fehlte eine entsprechende Regelung, da § 86 Abs. 3 BRAGO keine Verweisung auf § 84 Abs. 2 BRAGO enthielt.

- Des Weiteren ist jetzt auch die bisherige Rechtsprechung Gesetz geworden, wonach auch dann eine höhere Vergütung anfällt, wenn die **Verwaltungsbehörde** nach Einspruch den **Bußgeldbescheid zurücknimmt** und einen anderen Bußgeldbescheid erlässt, den der Betroffene dann akzeptiert (Abs. 1 Nr. 3 der Anm. zu Nr. 5115 VV RVG).

b)   Die einzelnen Fälle der Nr. 5115 VV RVG

Die zusätzliche Gebühr nach Nr. 5115 VV RVG erwirbt der Anwalt, wenn er daran mit-   221
gewirkt hat, dass

- sich das **Verfahren vor der Verwaltungsbehörde erledigt**

- oder die **Hauptverhandlung entbehrlich geworden** ist,

weil

- **das Verfahren eingestellt** wurde (Abs. 1 Nr. 1 der Anm. zu Nr. 5115 VV RVG),

- der **Einspruch gegen einen Bußgeldbescheid rechtzeitig zurückgenommen** worden ist (Abs. 1 Nrn. 2, 4 der Anm. zu Nr. 5115 VV RVG),

- der **Bußgeldbescheid nach Einspruch von der Verwaltungsbehörde zurückgenommen und gegen den neu erlassenen Bußgeldbescheid kein Einspruch eingelegt** worden ist (Abs. 1 Nr. 3 der Anm. zu Nr. 5115 VV RVG),

- die **Rechtsbeschwerde zurückgenommen** worden ist (Abs. 1 Nr. 4 der Anm. zu Nr. 5115 VV RVG),

- das Gericht nach § 72 Abs. 1 Satz 1 OWiG durch Beschluss **im schriftlichen Verfahren** entschieden hat (Abs. 1 Nr. 5 der Anm. zu Nr. 5115 VV RVG).

c) Anwendbarkeit der Nr. 5115 VV RVG in den einzelnen Verfahrensstadien

222 Die Vorschrift der Nr. 5115 VV RVG ist im Bußgeldverfahren in sämtlichen **Verfahrensabschnitten** anzuwenden, also

- im **Verfahren vor der Verwaltungsbehörde** nach Unterabschnitt 2 einschließlich des Verwarnungsverfahrens und des Zwischenverfahrens (§ 69 OWiG) bis zum Eingang der Akten bei Gericht (Vorbem. 5.1.2 VV RVG),

- im Verfahren **vor dem AG** nach Unterabschnitt 3,

- im **Rechtsbeschwerdeverfahren** nach Unterabschnitt 4,

- im **Verfahren über Antrag auf Zulassung der Rechtsbeschwerde** nach Unterabschnitt 4,

- in einem **erneuten Verfahren vor dem AG nach Zurückverweisung** (§ 21 Abs. 1 RVG).

aa) Zusätzliche Gebühr im Verfahren vor der Verwaltungsbehörde einschließlich des Verwarnungsverfahrens und des Zwischenverfahrens (§ 69 OWiG) bis zum Eingang der Akten bei Gericht

(1) Vergleich mit der BRAGO

223 Die Anwendbarkeit des § 84 Abs. 2 BRAGO war im Verfahren vor der Verwaltungsbehörde und dem sich anschließenden Verfahren bis zum Eingang der Akten bei Gericht früher umstritten, da der frühere Wortlaut des § 105 BRAGO unklar war. Diese Streitfrage ist nunmehr geklärt.

(2) Die einzelnen Fälle

224 Eine **zusätzliche Gebühr** im Verfahren vor der Verwaltungsbehörde kommt **in drei Fällen** in Betracht:

- **Einstellung:** In Abs. 1 Nr. 1 der Anm. zu Nr. 5115 VV RVG ist im Falle der Einstellung keine Einschränkung vorgenommen, so dass die Einstellung in allen Verfahrensabschnitten gilt.

- **Einspruchsrücknahme:** Gleiches gilt für Abs. 1 Nr. 2 der Anm. zu Nr. 5115 VV RVG für die Einspruchsrücknahme. Auch dort findet sich keine Einschränkung. Im Gegenteil folgt aus der gesonderten Regelung in Abs. 1 Nr. 2 der Anm. zu Nr. 5115 VV RVG, dass diese auch für das vorbereitende Verfahren gelten muss. Da die Einspruchsrücknahme im gerichtlichen Verfahren nämlich gesondert in Abs. 1 Nr. 4 der Anm. zu Nr.

5115 VV RVG geregelt ist, wäre die Regelung in Abs. 1 Nr. 2 der Anm. zu Nr. 5115 VV RVG anderenfalls überflüssig.

- **Rücknahme und Neuerlass:** Erweitert worden ist die gesetzliche Regelung durch den Tatbestand in Abs. 1 Nr. 3 der Anm. zu Nr. 5115 VV RVG, nämlich für den Fall, dass die Bußgeldbehörde den Bußgeldbescheid nach dem Einspruch zurücknimmt. Die Rechtsprechung hatte insoweit bereits früher schon die Vorschrift des § 84 Abs. 2 BRA-GO analog angewandt.[26] Nunmehr ist diese Variante ausdrücklich im Gesetz geregelt.

bb) Zusätzliche Gebühr im gerichtlichen Verfahren

(1) Vergleich mit der BRAGO

Im gerichtlichen Verfahren war die Anwendung des früheren § 84 Abs. 2 BRAGO nie umstritten. Dies wird weiterhin gelten. Hier kommt also die zusätzliche Gebühr nach Nr. 5115 VV RVG stets in Betracht, wenn die Hauptverhandlung vermieden wird.   225

(2) Die einzelnen Fälle

Eine zusätzliche Gebühr im gerichtlichen Verfahren kommt in zwei Fällen in Betracht: 226

- **Einstellung:** Auch hier gilt wiederum Abs. 1 Nr. 1 der Anm. zu Nr. 5115 VV RVG, wenn das Verfahren eingestellt wird.

- **Einspruchsrücknahme:** Darüber hinaus kommt die zusätzliche Gebühr nach Abs. 1 Nr. 2 der Anm. zu Nr. 5115 VV RVG im Falle der Einspruchsrücknahme in Betracht.

cc) Rechtsbeschwerdeverfahren

(1) Vergleich mit der BRAGO

Für das Rechtsbeschwerdeverfahren fehlte es in der BRAGO an einer ausdrücklichen Regelung, da § 86 Abs. 3 BRAGO die Vorschrift des § 84 Abs. 2 BRAGO nicht erwähnte. Insoweit wurde jedoch zum Teil auf die allgemeine Verweisung in § 105 Abs. 1 BRAGO zurückgegriffen.[27] Jetzt stellt sich das Problem nicht mehr. Die zusätzliche Gebühr nach Nr. 5115 VV RVG fällt auch im Rechtsbeschwerdeverfahren an.   227

(2) Die einzelnen Fälle

Eine zusätzliche Gebühr im Verfahren vor der Verwaltungsbehörde kommt in zwei Fällen in Betracht: 228

- **Einstellung:** In Abs. 1 Nr. 1 der Anm. zu Nr. 5115 VV RVG ist im Falle der Einstellung keine Einschränkung vorgenommen, so dass die Einstellung auch in der Rechtsbeschwerde zu einer zusätzlichen Gebühr führen kann.

---

26   AG Freiburg AGS 2003, 30 mit Anm. *N. Schneider*.
27   LG Hamburg, AGS 2001, 105 mit Anm. *Madert* = BRAGOreport 2001, 91 [*N. Schneider*] = JurBüro 2001, 301 = KostRsp. BRAGO § 86 Nr. 11 mit Anm. *N. Schneider*.

- **Rücknahme der Rechtsbeschwerde:** Darüber hinaus entsteht die zusätzliche Gebühr nach Abs. 1 Nr. 2 der Anm. zu Nr. 5115 VV RVG auf bei Rücknahme der Rechtsbeschwerde.

dd) Antrag auf Zulassung der Rechtsbeschwerde

(1) Rücknahme des Antrags und Einstellung

229 Da die Gebühren nach den Nrn. 5113, 5114 VV RVG auch im Verfahren über den Antrag auf Zulassung der Rechtsbeschwerde gelten (s.o.), ist Nr. 5115 VV RVG auch dann anzuwenden, wenn der Antrag auf Zulassung der Rechtsbeschwerde zurückgenommen oder das Verfahren in diesem Stadium eingestellt wird.

(2) Die einzelnen Fälle

230 In zwei Fällen kommt eine zusätzliche Gebühr in Betracht:

- **Einstellung:** Ebenso wie bei der Rechtsbeschwerde gilt Abs. 1 Nr. 1 der Anm. zu Nr. 5115 VV RVG, wenn das Verfahren im Stadium des Antrags auf Zulassung der Rechtsbeschwerde eingestellt wird.

- **Rücknahme der Rechtsbeschwerde:** Darüber hinaus entsteht die zusätzliche Gebühr nach Abs. 1 Nr. 2 der Anm. zu Nr. 5115 VV RVG auch bei Rücknahme des Antrags auf Zulassung der Rechtsbeschwerde.

ee) Zusätzliche Gebühr im gerichtlichen Verfahren nach Zurückverweisung

231 Wird das Urteil des AG vom Rechtsbeschwerdeverfahren aufgehoben und die Sache an das AG zurückverwiesen, so handelt es sich um eine neue Angelegenheit (§ 21 Abs. 1 RVG). Hier kommt wiederum die zusätzliche Gebühr nach Nr. 5115 VV RVG stets in Betracht, wenn die Hauptverhandlung vermieden wird, also im Falle der Einstellung sowie der Einspruchsrücknahme.

d) Höhe der Gebühr

232 Ebenso wie die Gebühr nach Nr. 4141 VV RVG erhält der Anwalt die zusätzliche Gebühr nach Nr. 5115 VV RVG in Höhe der jeweiligen Verfahrensgebühr desjenigen Verfahrensstadiums, in dem sich das Verfahren erledigt (Abs. 3 Satz 1 der Anm. zu Nr. 5115 VV RVG). Die Staffelung der Verfahrensgebühren nach der Höhe der Geldbuße ist dabei zu berücksichtigen.

233 Für den Wahlanwalt ist dabei immer auf die **jeweilige Mittelgebühr** abzustellen (Abs. 3 Satz 2 der Anm. zu Nr. 5115 VV RVG). **Faktisch** handelt es sich hier also ebenfalls um eine **Festgebühr**. Es besteht hinsichtlich der Höhe der Gebühr also kein Ermessensspielraum. § 14 Abs. 1 RVG ist nicht anwendbar. Eine Möglichkeit, besonders hohen Aufwand oder erhebliche Schwierigkeiten oder besonders geringen Aufwand oder unterdurchschnittliche Schwierigkeiten zu berücksichtigen, besteht nicht.

e)   Voraussetzungen der zusätzlichen Gebühr nach Nr. 5115 VV RVG

Einen Anspruch auf höhere Gebühren erwirbt der Anwalt nur, wenn er daran mitgewirkt   234
hat, dass das Verfahren vor der Verwaltungsbehörde erledigt oder die Hauptverhandlung
entbehrlich geworden ist, und der Anwalt die Erledigung durch Mitwirkung gefördert
hat.

Im Einzelnen gilt Folgendes:

aa)   Einstellung des Verfahrens (Abs. 1 Nr. 1 der Anm. zu Nr. 5115 VV RVG)

(1)   Gemeinsame Voraussetzungen

Das Bußgeldverfahren kann in jedem Stadium eingestellt werden. Für alle Verfahren ge-   235
meinsam gilt, dass die Einstellung **nicht nur vorläufig** sein darf.

Dagegen reichen die Einstellung und **Abgabe an die Staatsanwaltschaft** zur Über-   236
nahme des Verfahrens wegen des Verdachts einer Straftat nach § 41 OWiG wohl nicht
aus, da das Bußgeldverfahren nicht eingestellt wird, sondern die Staatsanwaltschaft auch
die Verfolgung der Tat übernimmt, soweit eine Ordnungswidrigkeit in Betracht kommt.

Eine **Teileinstellung** wegen einzelner Taten reicht ebenfalls nicht aus, da damit das Ver-   237
fahren als solches gerade nicht endgültig eingestellt wird.[28] Wird ein Bußgeldverfahren
allerdings gegen mehrere Betroffene geführt, so reicht die Teileinstellung gegen einen
der Betroffenen aus, sofern das Verfahren gegen ihn endgültig eingestellt wird. Sein Verteidiger kann also in diesem Fall die zusätzliche Gebühr nach Nr. 5115 VV RVG verdienen. Dass das Verfahren gegen alle Beteiligten endgültig eingestellt wird, ist für die Anwendung der Nr. 5115 VV RVG nicht erforderlich.[29]

In den Anwendungsbereich der Nr. 5115 VV RVG fallen folgende **Einstellungen:**   238

* § 46 Abs. 1 OWiG i.V.m. § 170 Abs. 2 StPO,

* § 46 Abs. 1 OWiG i.V.m. § 154 StPO,

* § 47 Abs. 2 OWiG.[30]

Nicht hierzu zählen die Einstellungen nach   239

* § 46 Abs. 1 OWiG i.V.m. § 205 StPO,[31]

* § 46 Abs. 1 OWiG i.V.m. § 154d StPO.[32]

---

28   BT-Drucks. 12/6962, S. 106; *Gerold/Schmidt/Madert*, BRAGO, § 84 Rn. 7a.
29   *Hartmann*, BRAGO, § 84 Rn. 19.
30   *Otto*, JurBüro 1994, 396; *Gerold/Schmidt/Madert*, BRAGO, § 84 Rn. 8.
31   *Enders*, JurBüro 1995, 58.
32   *Enders*, a.a.O.

240 Ebenso wie im Strafverfahren ist es erforderlich, dass der Verteidiger an der Einstellung oder Erledigung des Verfahrens **mitgewirkt** hat. Das Gesetz formuliert dies negativ und schließt in Abs. 2 der Anm. zu Nr. 5115 VV RVG die zusätzliche Gebühr aus, *„wenn eine auf die Förderung des Verfahrens gerichtete Tätigkeit nicht ersichtlich ist."* Damit kehrt sich bei einer Einstellung des Verfahrens die **Darlegungs- und Beweislast** um. Die **Mitwirkung** des Anwalts **wird vermutet**. Ihr ausnahmsweises Fehlen ist vom Gebührenschuldner oder vom Erstattungspflichtigen zu beweisen.[33]

241 Die **Mitwirkung** i.S.d. Nr. 5115 VV RVG erfordert, wie sich aus Abs. 2 der Anm. zu Nr. 5115 VV RVG ergibt, eine auf Förderung des Verfahrens gerichtete Tätigkeit. Hierzu reicht es aus, dass der Anwalt für den Betroffenen eine Einlassung abgegeben hat. Ebenso genügt eine Sachverhaltsaufklärung, eine Besprechung mit der Verwaltungsbehörde über den Verfahrensfortgang oder die Benennung von Zeugen.[34] Die bloße Mitteilung, der Betroffene werde keine Einlassung abgeben, reicht ebenfalls aus.[35] Der Gegenansicht[36] kann nicht gefolgt werden; denn gerade die fehlende Einlassung kann im konkreten Fall die Verfolgungsbehörde dazu zwingen, das Verfahren einzustellen, wenn im Übrigen keine Beweismittel zur Verfügung stehen.

242 An die Mitwirkung des Rechtsanwalts dürfen nicht zu hohe Anforderungen gestellt werden. Schließlich hat er als Verteidiger die Interessen des Betroffenen zu wahren. Es ist nicht seine primäre Aufgabe, das Verfahren zu fördern.[37]

> **Beispiel:**
>
> *Der Verteidiger erklärt, der Betroffene werde keine Aussage machen. Im Hinblick darauf wird das Verfahren nach § 46 Abs. 1 OWiG i.V.m. § 170 Abs. 2 StPO eingesellt.*
>
> *Zu rechnen ist wie folgt (ausgehend von einem Bußgeld von 40 € bis 5.000 €):*

1.	*Grundgebühr, Nr. 5100 VV RVG*	*85,00 €*
2.	*Verfahrensgebühr, Nr. 5103 VV RVG*	*135,00 €*
3.	*Zusätzliche Gebühr, Nr. 5115 VV RVG*	
	i.V.m. Nr. 5103 VV RVG	*135,00 €*
4.	*Postentgeltpauschale, Nr. 7002 VV RVG*	*20,00 €*
5.	*16 % Umsatzsteuer, Nr. 7008 VV RVG*	*+ 60,00 €*
	Summe:	**435,00 €**

---

33 *Gerold/Schmidt/Madert*, BRAGO, § 84 Rn. 7a.
34 *Enders*, JurBüro 1995, 58.
35 AG Bremen, AGS 2003, 29 mit Anm. *N. Schneider; Mayer/Kroiß*, RVG, Nrn. 5100 – 5200 VV RVG Rn. 18.
36 AG Dinslaken, JurBüro 1996, 308 m. abl. Anm. *Enders*.
37 *Enders*, JurBüro 1995, 58; *Hartmann*, BRAGO, § 84 Rn. 22.

Wegen der Einzelheiten zur Einstellung wird im Übrigen auch auf die Ausführungen zu 243
Nr. 4141 VV RVG verwiesen.

(2) Einstellung im Verfahren vor der Verwaltungsbehörde einschließlich des Verwarnungsverfahrens und des Zwischenverfahrens (§ 69 OWiG) bis zum Eingang der Akten bei Gericht

Wird das Verfahren vor der Verwaltungsbehörde im Verwarnungsverfahren oder im 244
Zwischenverfahren (§ 69 OWiG) bis zum Eingang der Akten bei Gericht eingestellt und
hat der Anwalt nach den vorstehenden Grundsätzen an der Einstellung mitgewirkt, so
erhält er nach Abs. 1 Nr. 1 der Anm. zu Nr. 5115 VV RVG immer eine zusätzliche Gebühr
nach Nr. 5115 VV RVG.

Da das Verfahren bis zum Eingang der Akten bei Gericht andauert, muss die Einstellung 245
nicht durch die **Verwaltungsbehörde** vorgenommen werden. Auch die Einstellung des
Verfahrens durch die **Staatsanwaltschaft** löst die zusätzliche Gebühr aus.

(3) Einstellung im gerichtlichen Verfahren

Im gerichtlichen Verfahren vor dem AG entsteht die zusätzliche Gebühr ebenfalls, wenn 246
sich das Verfahren infolge der Einstellung ohne Hauptverhandlung erledigt.

Wird das Verfahren erst **in der Hauptverhandlung eingestellt**, steht dem Anwalt keine 247
erhöhte Gebühr nach Nr. 5115 VV RVG zu, selbst dann nicht, wenn er an der Hauptverhandlung nicht teilnimmt.

Beispiel: 248

*Der Verteidiger legt durch seine Einlassungsschrift den Grundstein dafür, dass das Buß-
geldverfahren in der Hauptverhandlung, an der er nicht teilnimmt, eingestellt wird.*

Eine Gebühr nach Nr. 5115 VV RVG entsteht jetzt nicht.

Wird das gerichtliche Verfahren außerhalb der Hauptverhandlung nicht nur vorläufig ein- 249
gestellt und wirkt der Anwalt daran mit, erhält er die zusätzliche Gebühr. Auf den Zeitpunkt der Einstellung kommt es – im Gegensatz zur Rücknahme des Einspruchs – nicht
an.

Eine erhöhte Gebühr nach Nr. 5115 VV RVG kann der Anwalt auch dann verdienen, wenn 250
bereits eine Hauptverhandlung stattgefunden und er daran teilgenommen hat.[38]

---

38   *Burhoff,* RVG, Nr. 5115 VV RVG Rn. 13 i.V.m. Nr. 4141 VV RVG Rn. 19.

251 **Beispiel:**

Aufgrund eines Beweisantrags in der Hauptverhandlung muss ein weiterer Zeuge geladen werden. Da dieser nicht innerhalb der 10-Tages-Frist des § 71 OWiG und des § 229 StPO zur Verfügung steht, muss die Hauptverhandlung von neuem begonnen werden. Der Verteidiger erreicht nunmehr, dass das Verfahren außerhalb der Hauptverhandlung endgültig eingestellt wird.

Zu rechnen ist wie folgt (ausgehend von einem Bußgeld von 40 € bis 5.000 €):

1.	Grundgebühr, Nr. 5100 VV RVG	85,00 €
2.	Verfahrensgebühr, Nr. 5109 VV RVG	135,00 €
3.	Terminsgebühr, Nr. 5110 VV RVG	215,00 €
4.	Zusätzliche Gebühr, Nr. 5115 VV RVG i.V.m. Nr. 5107 VV RVG	135,00 €
5.	Postentgeltpauschale, Nr. 7002 VV RVG	20,00 €
6.	16 % Umsatzsteuer, Nr. 7008 VV RVG	+ 94,40 €
	Summe:	**684,40 €**

252 Da die **erneute Hauptverhandlung** nach Nrn. 5107, 5109, 5111 VV RVG eine erneute Terminsgebühr auslösen würde, muss Nr. 5115 VV RVG auch hier anzuwenden sein, wenn es zu der erneuten Hauptverhandlung nicht mehr kommt.[39]

253 Wird das Verfahren in diesem Stadium nicht nur vorläufig eingestellt, so erhält der Anwalt auch hier eine zusätzliche Gebühr.[40] Jede weitere neu angesetzte Hauptverhandlung einschließlich ihrer Vorbereitung verursacht ebenso Zeit und Kosten wie die erste Hauptverhandlung. Daher muss die Tätigkeit des Anwalts genauso honoriert werden, wie wenn er die Durchführung des ersten Hauptverhandlungstermins entbehrlich gemacht hätte.

254 Wird durch die Tätigkeit des Anwalts allerdings nur ein **Fortsetzungstermin** innerhalb der Frist des § 71 OWiG und des § 229 StPO entbehrlich, so ist Nr. 5115 VV RVG nicht anzuwenden. Dem steht die Einheit der Hauptverhandlung entgegen. Der erste Verhandlungstermin und die Fortsetzungstermine bilden eine einheitliche Hauptverhandlung.

bb) Rechtsbeschwerdeverfahren

255 Im Rechtsbeschwerdeverfahren kommt eine Gebührenerhöhung im Falle der Einstellung ebenfalls in Betracht. Wird das Rechtsbeschwerdeverfahren außerhalb der Hauptverhandlung eingestellt, entsteht daher ebenfalls nach Abs. 2 Nr. 1 der Anm. zu Nr. 5115 VV RVG eine zusätzliche Gebühr.[41]

---

39 LG Bremen, JurBüro 1990, 873 = StV 1990, 173 = KostRsp. BRAGO § 84 Nr. 85; LG Saarbrücken BRAGOreport 2001, 122 [*N. Schneider*].

40 LG Saarbrücken, BRAGOreport 2001, 122 [*N. Schneider*].

41 So für das Strafverfahren: LG Hamburg, AGS 2001, 105 mit Anm. *Madert* = BRAGOreport 2001, 91 [*N. Schneider*] = JurBüro 2001, 301 = KostRsp. BRAGO § 86 Nr. 11 mit Anm. *N. Schneider.*

Beispiel: 256

Der Verteidiger legt gegen das Urteil des AG Rechtsbeschwerde ein und führt aus, dass die Tat verjährt sei. Das OLG stellt das Verfahren wegen Verjährungseintritts ein.

Zu rechnen ist wie folgt:

1.	Verfahrensgebühr, Nr. 5113 VV RVG	285,00 €
2.	Zusätzliche Gebühr, Nr. 5115 VV RVG i.V.m. Nr. 5113 VV RVG	285,00 €
3.	Postentgeltpauschale, Nr. 7002 VV RVG	20,00 €
4.	16 % Umsatzsteuer, Nr. 7008 VV RVG	+ 94,40 €
	Summe:	**684,40 €**

cc) Antrag auf Zulassung der Rechtsbeschwerde

Wird das Verfahren während des Antrags auf Zulassung der Rechtsbeschwerde eingestellt, 257
gilt das Gleiche wie bei Einstellung im Rechtsbeschwerdeverfahren. Entsprechend Abs. 2
Nr. 1 der Anm. zu Nr. 5115 VV RVG entsteht dann ebenfalls eine zusätzliche Gebühr.

dd) Gerichtliches Verfahren nach Zurückverweisung

Wird das Urteil des AG im Rechtsbeschwerdeverfahren aufgehoben und die Sache an das 258
AG zurückverwiesen und dort außerhalb der Hauptverhandlung eingestellt, so erhält der
Anwalt auch hier die zusätzliche Gebühr.

Beispiel: 259

Der Betroffene ist vom AG zu einem Bußgeld von 50 € verurteilt worden. Er legt hierge-
gen Rechtsbeschwerde ein. Das OLG hebt das Urteil des AG auf und verweist die Sache
zurück. Dort wird das Verfahren außerhalb der Hauptverhandlung eingestellt.

Zu rechnen ist wie folgt:

I.	**Verfahren vor Zurückverweisung**	
1.	Verfahrensgebühr, Nr. 5109 VV RVG	135,00 €
2.	Terminsgebühr, Nr. 5110 VV RVG	215,00 €
3.	Postentgeltpauschale, Nr. 7002 VV RVG	20,00 €
4.	16 % Umsatzsteuer, Nr. 7008 VV RVG	+ 59,20 €
	Summe:	**429,20 €**
II.	**Verfahren vor Zurückverweisung**	
1.	Verfahrensgebühr, Nr. 5109 VV RVG	135,00 €
2.	Zusätzliche Gebühr, Nr. 5115 VV RVG i.V.m. Nr. 5109 VV RVG	135,00 €
3.	Postentgeltpauschale, Nr. 7002 VV RVG	20,00 €
4.	16 % Umsatzsteuer, Nr. 7008 VV RVG	+ 46,40 €
	Summe:	**336,40 €**

ee) Rücknahme des Bußgeldbescheids und Neuerlass (Abs. 1 Nr. 3 der Anm. zu Nr. 5115 VV RVG)

260 Die Regelung in Abs. 1 Nr. 3 der Anm. zu Nr. 5115 VV RVG ist in das RVG neu aufgenommen worden. Die Rechtsprechung zur BRAGO war bereits entsprechend verfahren.[42]

261 Wird gegen einen Bußgeldbescheid Einspruch eingelegt und nimmt die Verwaltungsbehörde daraufhin diesen Bußgeldbescheid zurück, erlässt gleichzeitig aber einen neuen (zutreffenden) Bußgeldbescheid, dann entsteht die zusätzliche Gebühr dann, wenn gegen diesen neuen Bußgeldbescheid kein Einspruch eingelegt wird.

262 Ein solcher Fall ist gegeben, wenn die Behörde einen unzutreffenden Bescheid erlassen hat und diesen nach Einspruch durch Rücknahme und Neuerlass korrigiert.

263 *(1) Die Verwaltungsbehörde hat versehentlich ein Bußgeld von 50 € festgesetzt, obwohl nach dem Bußgeldkatalog nur ein Bußgeld von 35 € in Betracht kommt. Nach Einspruch wird der Bußgeldbescheid zurückgenommen und ein neuer Bescheid über 35 € erlassen.*

Zu rechnen ist wie folgt:

I. Verfahren vor Zurückverweisung

1.	*Grundgebühr, Nr. 5100 VV RVG*	*85,00 €*
2.	*Verfahrensgebühr, Nr. 5109 VV RVG*	*135,00 €*
3.	*Zusätzliche Gebühr, Nr. 5115 VV RVG i.V.m. Nr. 5109 VV RVG*	*135,00 €*
4.	*Postentgeltpauschale, Nr. 7002 VV RVG*	*20,00 €*
5.	*16 % Umsatzsteuer, Nr. 7008 VV RVG*	*+ 60,00 €*
	Summe:	*435,00 €*

264 Das Gleiche gilt, wenn im Bußgeldbescheid ein **Fahrverbot** ausgesprochen worden ist, der Verteidiger Einspruch einlegt und erreicht, dass im Wege der Rücknahme des Bußgeldbescheides und Neuerlass gegen Erhöhung des Bußgelds von dem Fahrverbot Abstand genommen wird.

265 Wird gegen den neuen Bescheid allerdings wiederum Einspruch eingelegt, dann kann die zusätzliche Gebühr nur unter den Voraussetzungen des Abs. 1 Nr. 1, 2, 4 oder 5 der Anm. zu Nr. 5115 VV RVG entstehen.

266 Erforderlich ist, dass der Bußgeldbescheid **nach Einspruch** zurückgenommen wird. Nimmt die Verwaltungsbehörde den Bußgeldbescheid ohne Einspruch zurück, ist Abs. 1 Nr. 3 der Anm. zu Nr. 5115 VV RVG dem Wortlaut nach nicht anzuwenden. Soweit allerdings noch die Einspruchsfrist läuft, bestehen keine Bedenken, die Vorschrift des Abs. 1

---

42 AG Freiburg, AGS 2003, 30 mit Anm. *N. Schneider.*

Nr. 3 der Anm. zu Nr. 5115 VV RVG entsprechend anzuwenden. Es wäre unnötige Förmelei, zu verlangen, dass dann noch ein Einspruch eingelegt wird.

> *(2) Wie Beispiel 1. Der Verteidiger weist jedoch während Einspruchsfrist auf die fehlerhaf-*   267
> *te Festsetzung hin. Die Behörde nimmt den Bußgeldbescheid zurück und erlässt einen neu-*
> *en Bescheid über 35 €.*
>
> *Zu rechnen ist ebenso wie in Beispiel 1.*

ff) Rücknahme des Einspruchs gegen den Bußgeldbescheid (Abs. 1 Nrn. 2, 4 der Anm. zu Nr. 5115 VV RVG)

Neben der Einstellung erhält der Anwalt nach Abs. 1 Nrn. 2 und 4 der Anm. zu Nr. 5115   268
VV RVG auch dann eine zusätzliche Gebühr, wenn er an der Rücknahme des Einspruchs
gegen den Bußgeldbescheid mitwirkt.

Die zusätzliche Gebühr entsteht auch dann, wenn nicht der Verteidiger selbst, sondern   269
der Betroffene den Einspruch zurücknimmt, solange der Anwalt an der Rücknahme mitgewirkt hat, etwa indem er dazu geraten hat.[43]

Ebenso wie bei der Einstellung genügt nicht die **Teilrücknahme** des Einspruchs wegen   270
einzelner Punkte. Nimmt einer von mehreren Betroffenen dagegen seinen Einspruch vollständig zurück, so gilt für seinen Verteidiger die Regelung des Abs. 1 Nrn. 2, 4 der Anm.
zu Nr. 5115 VV RVG. Es ist nicht erforderlich, dass alle Einsprüche zurückgenommen werden.[44]

Hinsichtlich der **Rücknahme des Einspruchs gegen den Bußgeldbescheid** sind **zwei**   271
Fälle zu unterscheiden:

(1) Verfahren vor der Verwaltungsbehörde und dem sich anschließenden Verfahren bis zum Eingang der Akten bei Gericht

Nach der BRAGO war umstritten, ob die Erhöhung nach § 84 Abs. 2 BRAGO auch dann   272
anzuwenden sei, wenn der Einspruch gegen den Bußgeldbescheid bereits vor der Verwaltungsbehörde zurückgenommen wurde.

Mit In-Kraft-Treten des RVG der Neufassung ist diese Streitfrage jetzt endgültig beseitigt.   273
Es heißt in Abs. 1 Nr. 2 der Anm. zu Nr. 5115 VV RVG, dass die zusätzliche Gebühr entsteht, wenn sich „das Verfahren vor der Verwaltungsbehörde" erledigt, und zwar wenn
der Einspruch gegen den Bußgeldbescheid zurückgenommen wird. Eine Einschränkung,
dass dies nur im gerichtlichen Verfahren gehen soll, findet sich nicht. Im Gegenteil folgt
aus der differenzierten Regelung in Abs. 1 Nr. 2 und Nr. 4 der Anm. zu Nr. 5115 VV RVG,
dass der Gesetzgeber beide Fälle erfassen wollte. Die Regelung in Abs. 1 Nr. 2 der Anm.

---

43   *Hansens*, BRAGO, § 84 Rn. 12; *Kronenbitter*, BRAGO '94, Rn. 435.
44   *Hartmann*, BRAGO, § 84 Rn. 19; a.A. *Hansens*, BRAGO, § 84 Rn. 11.

zu Nr. 5115 VV RVG wäre nämlich überflüssig, wenn nur die Einspruchsrücknahme im gerichtlichen Verfahren zur zusätzlichen Gebühr führen sollte. Die Rücknahme des Einspruchs im gerichtlichen Verfahren ist nämlich abschließend in Abs. 1 Nr. 4 der Anm. zu Nr. 5115 VV RVG geregelt.

(2) Gerichtliches Verfahren

274　Wird der Einspruch gegen den Bußgeldbescheid erst im gerichtlichen Verfahren, also nach Abgabe der Akten an das AG, zurückgenommen, so erhält der Anwalt, der daran mitwirkt, für das gerichtliche Verfahren eine zusätzliche Gebühr nach Abs. 1 Nr. 4 der Anm. zu Nr. 5115 VV RVG.

275　Ist ein Termin zur Hauptverhandlung bereits anberaumt, steht dem Verteidiger die zusätzliche Gebühr allerdings nur dann zu, wenn der Einspruch **früher als zwei Wochen** vor Beginn des Tages, der für die Hauptverhandlung vorgesehen war, zurückgenommen wird.

276　Aus dem Gesetzeswortlaut folgt, dass die Rücknahme des Einspruchs gegen den Bußgeldbescheid auch dann zu einer zusätzlichen Gebühr führt, wenn noch gar kein Termin zur Hauptverhandlung anberaumt worden ist.[45] Diese Frage war früher strittig.

277　Wird die Einspruchsrücknahme **später als zwei Wochen** vor Beginn der angesetzten Hauptverhandlung erklärt, wirkt sie nicht mehr gebührenerhöhend. Es entsteht dann keine zusätzliche Gebühr.

278　Der Verteidiger hat allerdings die Möglichkeit, wenn er die Zwei-Wochen-Frist nicht mehr einhalten kann, die **Verlegung des Termins** zu beantragen. Wird daraufhin der Termin zur Hauptverhandlung verlegt, so ist die Zwei-Wochen-Frist zu dem neuen Termin maßgebend, nicht die bereits abgelaufene Zwei-Wochen-Frist zu dem verlegten Termin.[46]

279　Die zusätzliche Gebühr im Falle der Einspruchsrücknahme im gerichtlichen Verfahren kann der Anwalt auch dann verdienen, wenn bereits ein Hauptverhandlungstermin stattgefunden hat, die Hauptverhandlung jedoch nicht zu Ende geführt und das Verfahren fortgesetzt worden ist.

280　*Beispiel:*

Im ersten Hauptverhandlungstermin stellt sich heraus, dass weitere Beweiserhebungen erforderlich sind. Die Hauptverhandlung wird ausgesetzt. Vor dem neuen Hauptverhandlungstermin nimmt der Verteidiger den Einspruch zurück.

45　*Burhoff,* RVG, Nr. 5115 VV RVG Rn. 26.
46　*Hansens,* BRAGO, § 84 Rn. 11.

Da die Durchführung des neuen Hauptverhandlungstermins wieder dem Gericht Zeit   281
und Arbeit verursachen würden, entsteht auch jetzt eine zusätzliche Gebühr, wenn der
Verteidiger daran mitwirkt, dass diese Hauptverhandlung entbehrlich wird.

Die Rücknahme des Einspruchs vor einem Fortsetzungstermin reicht dagegen nicht aus,   282
zumal die Frist nach Abs. 1 Nr. 4 der Anm. zu Nr. 5115 VV RVG ohnehin erst nach zehn
Verhandlungstagen eingehalten werden könnte.

Ebenso wenig reicht es für die Anwendung des Abs. 1 Nr. 4 der Anm. zu Nr. 5115 VV   283
RVG aus, dass aufgrund der Mitwirkung des Anwalts der Einspruch durch den Mandanten in der Hauptverhandlung zurückgenommen wird.

gg) Entscheidung im Beschlussverfahren nach § 72 OWiG (Abs. 1 Nr. 5 der Anm. zu Nr. 5115 VV RVG)

Im Beschlussverfahren nach § 72 OWiG kommt es nicht zu einer Hauptverhandlung. Als   284
Ausgleich dafür entsteht die zusätzliche Gebühr nach Abs. 1 Nr. 5 der Anm. zu Nr. 5115
VV RVG, wenn der Anwalt dazu beigetragen hat, dass das schriftliche Verfahren durch-
geführt wird.[47] Die Zustimmungserklärung dürfte als Mitwirkung ausreichend sein. Auf
den Inhalt der Entscheidung kommt es nicht an. Daher gilt Abs. 1 Nr. 5 der Anm. zu
Nr. 5115 VV RVG nicht nur im Falle einer Verurteilung, sondern auch bei **Freispruch**.[48]

hh) Rücknahme der Rechtsbeschwerde (Abs. 1 Nr. 4 der Anm. zu Nr. 5115 VV RVG)

Im Rechtsbeschwerdeverfahren kann der Einspruch gegen den Bußgeldbescheid nicht   285
mehr zurückgenommen werden, sondern nur noch die Rechtsbeschwerde selbst. Geschieht dies unter Mitwirkung des Verteidigers, so erhält er eine zusätzliche Gebühr nach
Abs. 1 Nr. 4 der Anm. zu Nr. 5115 VV RVG. Dies ist jetzt ausdrücklich geklärt. Nach der
BRAGO war diese Frage strittig, da § 86 Abs. 3 BRAGO keine Verweisung auf § 84 Abs.
2 BRAGO enthielt. Auch hier ist wiederum die Zwei-Wochen-Frist zu beachten. Die Rücknahme der Rechtsbeschwerde muss – sofern eine Hauptverhandlung anberaumt ist –
zwei Wochen vor dem anberaumten Termin erklärt werden.

Beispiel: 286

*Der Verteidiger legt gegen des Urteil des AG Rechtsbeschwerde ein. Nach Erhalt der schrift-
lichen Urteilsgründe und des Verhandlungsprotokolls rät er dem Mandanten von der
Durchführung des Rechtsbeschwerdeverfahrens ab. Der Mandant erteilt daraufhin den
Auftrag zur Rücknahme der Rechtsbeschwerde, die der Verteidiger dann auch erklärt.*

Zu rechnen ist wie folgt:

---

47   LG Schwerin, zfs 2002, 541; vgl. auch *Burhoff*, RVG, Nr. 5115 VV RVG Rn. 33 f.
48   LG Schwerin, zfs 2002, 541.

1.	*Verfahrensgebühr, Nr. 5113 VV RVG*	*270,00 €*
2.	*Zusätzliche Gebühr, Nr. 5115 VV RVG i.V.m. Nr. 5113 VV RVG*	*270,00 €*
3.	*Postentgeltpauschale, Nr. 7002 VV RVG*	*20,00 €*
4.	*16 % Umsatzsteuer, Nr. 7008 VV RVG*	*+ 89,60 €*
	Summe:	*649,60 €*

ii) Rücknahme des Antrags auf Zulassung der Rechtsbeschwerde (analog Abs. 1 Nr. 4 der Anm. zu Nr. 5115 VV RVG)

287 Wird der Antrag auf Zulassung der Rechtsbeschwerde zurückgenommen, so gilt das Gleiche wie bei Rücknahme der Rechtsbeschwerde. Auch hier entsteht die zusätzliche Gebühr analog Abs. 1 Nr. 4 der Anm. zu Nr. 5115 VV RVG.

f) Gerichtlich bestellter oder beigeordneter Rechtsanwalt

288 Auch der gerichtlich bestellte oder beigeordnete Rechtsanwalt erhält die zusätzliche Gebühr. Die Verweisung in Nr. 5115 VV RVG gilt auch für ihn. Er erhält daher als zusätzliche Gebühr den Betrag, der für die betreffende Verfahrensgebühr für den bestellten oder beigeordneten Rechtsanwalt vorgesehen ist (§ 45 Abs. 3 Satz 1 RVG).

g) Rechtsschutzversicherung

289 Die Gebühr nach Nr. 5115 VV RVG ist im Rahmen der Rechtsschutzversicherung mitversichert.

290

> **Hinweis:**
>
> Zu beachten ist hier allerdings, dass gegebenenfalls eine Obliegenheitsverletzung vorliegen kann, wenn der Anwalt, dessen Verhalten sich der Betroffene zurechnen lassen muss, einen Einspruch einlegt und diesen später wieder zurücknimmt, ohne dass er begründen kann, wieso dies erforderlich gewesen sei, also dass die 14-tägige Einspruchsfrist nicht ausreichend gewesen war, um die Erfolgsaussichten eines Einspruchs vorab zu überprüfen.[49]

h) Kostenerstattung

291 Soweit in einem Falle der Erledigung nach Nr. 5115 VV RVG die Staatskasse die Kosten zu erstatten hat, zählt hierzu auch die Gebühr nach Nr. 5115 VV RVG. Dies gilt insbesondere, wenn in einem Verfahren nach § 72 OWiG der Betroffene auf dem Beschlussweg freigesprochen wird.[50]

---

49 AG Gelsenkirchen, AGS 2004, 323 = JurBüro 2003, 640; AG Hamburg-Barmbek, AGS 2004, 324 mit Anm. *N. Schneider* = JurBüro 2003, 639.
50 LG Schwerin, zfs 2002, 541.

3. Zusätzliche Gebühr nach Nr. 5116 VV RVG

Erstreckt sich die Tätigkeit des Verteidigers auf eine Einziehung oder dieser gleichstehende 292
Rechtsfolge (§ 46 Abs. 1 OWiG, § 442 StPO) oder auf eine diesen Zwecken dienende Beschlagnahme (Abs. 1 der Anm. zu Nr. 5116 VV RVG), erhält der Anwalt zusätzlich zu den
übrigen Gebühren der Nrn. 5100 ff. VV RVG eine weitere Verfahrensgebühr nach Nr. 5116
VV RVG.

a) Verfahrensgebühr

Es entsteht dann eine zusätzliche **Verfahrensgebühr i.H.v. 1,0**. Diese Gebühr berechnet 293
sich also nach dem Gegenstandswert (§ 2 Abs.1 RVG). Die Höhe der Gebühr ist für den
Wahlanwalt nach der Tabelle zu § 13 RVG zu bestimmen.

Maßgeblicher Gegenstandswert ist der Wert des Gegenstandes, auf den sich die Einzie- 294
hung und verwandte Maßnahmen erstrecken.

Sofern der Gegenstandswert unter 25 € liegt, entsteht die Gebühr nicht (Abs. 2 der Anm. 295
zu Nr. 5116 VV RVG). Damit soll eine zusätzliche Verfahrensgebühr in Bagatellfällen ausgeschlossen sein.

Ebenso wie die zusätzliche Gebühr nach Nr. 5115 VV RVG kann die zusätzliche Gebühr 296
nach Nr. 5116 VV RVG **in jeder Instanz** anfallen, also sowohl im vorbereitenden Verfahren als auch im gerichtlichen Verfahren vor dem AG und im Rechtsbeschwerdeverfahren (Abs. 3 Satz 1 der Anm. zu Nr. 5116 VV RVG). Im vorbereitenden Verfahren sowie im gerichtlichen Verfahren kann sie allerdings **insgesamt nur einmal** entstehen
(Abs. 3 Satz 1 der Anm. zu Nr. 5116 VV RVG). Dagegen entsteht sie im Rechtsbeschwerdeverfahren erneut (Abs. 3 Satz 2 der Anm. zu Nr. 5116 VV RVG) sowie in einem
Verfahren nach Zurückverweisung (§ 21 Abs. 1 RVG).

Beispiel: 297

*Der Anwalt verteidigt den Betroffenen im Verfahren vor der Verwaltungsbehörde sowie in
dem erstinstanzlichen gerichtlichen Verfahren. Die Tätigkeit erstreckt sich auch auf die Einziehung eines Gegenstandes im Wert von 1.000 €.*

Zu rechnen ist wie folgt:

I.   Vorbereitendes Verfahren

1.	*Grundgebühr, Nr. 5100 VV RVG*	*85,00 €*
2.	*Verfahrensgebühr, Nr. 5103 VV RVG*	*135,00 €*
3.	*1,0 Verfahrensgebühr, Nr. 5116 VV RVG (Wert: 1.000 €)*	*85,00 €*
4.	*Postentgeltpauschale, Nr. 7002 VV RVG*	*20,00 €*
5.	*16 % Umsatzsteuer, Nr. 7008 VV RVG*	*+ 52,00 €*
	Summe:	***377,00 €***

II.   Gerichtliches Verfahren

1.	*Verfahrensgebühr, Nr. 5103 VV RVG*	*135,00 €*
2.	*Terminsgebühr Nr. 5107 VV RVG*	*135,00 €*
3.	*Postentgeltpauschale, Nr. 7002 VV RVG*	*20,00 €*
4.	*16 % Umsatzsteuer, Nr. 7008 VV RVG*	*+ 46,40 €*
	Summe:	**336,40 €**

Im gerichtlichen Verfahren fällt die Gebühr nach Nr. 5116 VV RVG nicht erneut an, da sie im vorbereitenden Verfahren und im gerichtlichen Verfahren insgesamt nur einmal entstehen kann (Abs. 3 Satz 1 der Anm. zu Nr. 5116 VV RVG).

b)   Gerichtlich bestellter oder beigeordneter Rechtsanwalt

298   Für den gerichtlich bestellten oder beigeordneten Rechtsanwalt entsteht die Gebühr auch. Für ihn gilt derselbe Gebührensatz; allerdings bestimmen sich die Gebührenbeträge für ihn nicht nach § 13 RVG, sondern nach der Gebührentabelle des § 49 RVG.

X.   Einzeltätigkeiten

299   Auch Einzeltätigkeiten sind in Bußgeldsachen in Abschnitt 2 Teil 5 VV RVG jetzt gesondert geregelt. Im Gegensatz zu den Strafsachen (Nrn. 4300 ff. VV RVG) ist hier allerdings nur ein einziger Gebührenrahmen vorgesehen.

1.   Anwendungsbereich

300   Abs. 1 der Anm. zu Nr. 5200 VV RVG stellt klar, dass der Anwalt die Verfahrensgebühr für eine Einzeltätigkeit nur dann erhält, wenn ihm nicht die Verteidigung übertragen worden war. Abgegolten werden also

- Tätigkeiten, für die ein Verteidiger die Gebühren nach Nrn. 5100 ff. VV RVG erhalten würde sowie

- Einzeltätigkeiten, die gar nicht in den Anwendungsbereich der Nrn. 5100 ff. VV RVG ff. fallen, wie z.B. die Vollstreckung oder Gnadengesuche (s.u. Rn. 303).

2.   Umfang der Angelegenheit

301   Der Anwalt erhält die Verfahrensgebühr für **jede Einzeltätigkeit gesondert**. Insoweit handelt es sich jeweils um eigene Angelegenheiten i.S.d. § 15 RVG (Abs. 2 der Anm. zu Nr. 5200 VV RVG). Allerdings ist § 15 Abs. 6 RVG zu beachten. Der Anwalt kann bei mehreren Einzeltätigkeiten insgesamt nicht mehr erhalten, als er erhalten würde, wenn er zum Verteidiger bestellt worden wäre.

3. Anrechnung

Wird dem Anwalt, der mit Einzeltätigkeiten beauftragt ist, anschließend die Verteidigung 302
übertragen, so ist die Verfahrensgebühr bzw. sind die Verfahrensgebühren für die Einzeltätigkeiten **anzurechnen** (Abs. 3 der Anm. zu Nr. 5200 VV RVG).

4. Gnadensachen

In Abs. 4 der Anm. zu Nr. 5200 VV RVG ist klargestellt, dass auch die Tätigkeit in einer 303
Gnadensache als Einzeltätigkeit zu behandeln und zu vergüten ist.

5. Vergütung

Der Anwalt erhält für jede Einzeltätigkeit eine **Verfahrensgebühr** i.H.v. **10 € bis 100 €**; 304
die **Mittelgebühr** beträgt **55 €**.

Eine **Grundgebühr** entsteht nicht, da diese nur in Angelegenheiten nach Teil 5 Ab- 305
schnitt 1 VV RVG entsteht.

Hinzu kommen allerdings die **Auslagen** nach Nrn. 7000 ff. VV RVG, insbesondere eine 306
gesonderte Postentgeltpauschale nach Nr. 7002 VV RVG.

Beispiel: 307

Der Anwalt ist mit der Erstattung einer Ordnungswidrigkeitenanzeige beauftragt.

Zu rechnen ist wie folgt:

1.	*Verfahrensgebühr, Nr. 5200 VV RVG*	*55,00 €*
2.	*Postentgeltpauschale, Nr. 7002 VV RVG*	*11,00 €*
3.	*16 % Umsatzsteuer, Nr. 7008 VV RVG*	*+ 10,56 €*
	Summe:	*76,56 €*

6. Gerichtlich bestellter oder beigeordneter Anwalt

Auch der gerichtlich bestellte oder beigeordnete Anwalt kann die Verfahrensgebühr für 308
Einzeltätigkeiten verdienen. Er erhält eine **Festgebühr** i.H.v. **44 €**.

D. Kostenentscheidung

I. Verwarnung

309 Spricht die Verwaltungsbehörde lediglich eine Verwarnung aus oder nimmt sie eine ausgesprochene Verwarnung zurück, so wird weder über die Kosten noch über die notwendigen Auslagen des Betroffenen entschieden. Der Betroffene trägt seine notwendigen Auslagen vielmehr selbst.[51]

II. Erlass eines Bußgeldbescheides

310 Erlässt die Verwaltungsbehörde einen Bußgeldbescheid, so muss sie auch über die Kosten des Verfahrens und die notwendigen Auslagen des Betroffenen entscheiden. Die Kosten sind dem Betroffenen aufzuerlegen.

III. Einstellung des Verfahrens vor der Verwaltungsbehörde

311 Stellt die Verwaltungsbehörde das Bußgeldverfahren ein, so fallen die Kosten des Verfahrens der Staatskasse zur Last, nicht aber auch die notwendigen Auslagen des Betroffenen, da in § 105 OWiG nicht auf § 467 Abs. 1 StPO verwiesen wird. Der Betroffene hat seine notwendigen Auslagen vielmehr **selbst zu tragen.** Es verhält sich hier ebenso wie bei der Einstellung eines Ermittlungsverfahrens im Verfahren vor der Verwaltungsbehörde durch die Staatsanwaltschaft nach § 170 Abs. 2 Satz 1 StPO. Eine ausdrückliche Kostenentscheidung ist i.d.R. entbehrlich, da die Staatskasse ohnehin die Kosten trägt.[52]

312 Lediglich im Falle des § 25a StVG ist eine ausdrückliche Kostenentscheidung erforderlich (s.u. Rn. 321).

IV. Rücknahme des Bußgeldbescheides durch die Verwaltungsbehörde

313 Hebt die Verwaltungsbehörde den Bußgeldbescheid auf den Einspruch des Betroffenen hin auf und stellt das Verfahren anschließend ein, fallen die Kosten des Verfahrens gemäß § 105 OWiG i.V.m. § 467a StPO der **Staatskasse** zur Last. Die Verwaltungsbehörde hat also zusammen mit der Einstellung eine entsprechende Kostenentscheidung zu treffen, wonach die notwendigen Auslagen des Betroffenen der Staatskasse aufzuerlegen sind. Lediglich in Ausnahmefällen kann von einer Kostenerstattung abgesehen werden (§ 467a Abs. 1 Satz 2 i.V.m. § 467 Abs. 2 StPO).

---

51 AG Hannover, Nds.Rpfl. 1988, 64; *Schmidt/Baldus,* Rn. 430.
52 *Göhler,* § 105 OWiG Rn. 10.

Ein solcher Ausnahmefall ist nach § 109a Abs. 2 OWiG gegeben, soweit die Auslagen des   314
Betroffenen vermieden worden wären, wenn er die entlastenden Umstände rechtzeitig
vorgetragen hätte.

V.   Einstellung des Verfahrens durch die Staatsanwaltschaft

Hebt die Staatsanwaltschaft im Zwischenverfahren nach § 69 OWiG den Bußgeldbe-   315
scheid auf und stellt sie das Verfahren ein, so hat sie nach § 108a OWiG i.V.m. § 467a
StPO über die Kosten des Verfahrens zu entscheiden. Es gilt das Gleiche wie bei der Aufhebung des Bußgeldbescheides und der anschließenden Einstellung durch die Verwaltungsbehörde (s.o. Rn. 313).

VI.   Rücknahme des Einspruchs durch den Betroffenen oder
Verwerfung des Einspruchs

Nimmt der Betroffene seinen Einspruch zurück oder wird dieser als unzulässig verwor-   316
fen, so hat er nach § 109 OWiG die Kosten des Verfahrens zu tragen. Dies gilt unabhängig davon, ob er den Einspruch noch vor der Verwaltungsbehörde, vor der Staatsanwaltschaft oder erst vor dem AG zurücknimmt.

VII.   Einstellung des Verfahrens durch das Amtsgericht

Wird das Bußgeldverfahren nach § 47 Abs. 2 OWiG durch das Gericht eingestellt, so ent-   317
scheidet dieses nach § 46 Abs. 1 OWiG i.V.m. § 467 Abs. 4 StPO. Die Kosten und die
notwendigen Auslagen des Betroffenen können daher sowohl der Staatskasse auferlegt
werden als auch dem Betroffenen selbst. Zu Einzelheiten s. die Kommentare zu § 47
OWiG. Dem Betroffenen können immer seine notwendigen Auslagen auferlegt werden,
wenn er dem zustimmt, also wenn er freiwillig im Falle der Einstellung die Kosten des
Verfahrens übernimmt.[53] Die Entscheidung des AG ist **unanfechtbar**.

VIII. Entscheidung durch das Amtsgericht

Entscheidet das AG in der Sache über den Einspruch, so sind über die Verweisung in § 46   318
Abs. 1 OWiG die für das gerichtliche Verfahren in Strafsachen geltenden Vorschriften der
§§ 464 ff. StPO anzuwenden. Die Entscheidung des AG erfasst sowohl die Kosten des
Verfahrens der Staatskasse als auch die notwendigen Auslagen des Betroffenen im Verfahren vor der Verwaltungsbehörde.

---

53   LG Göttingen, JurBüro 1988, 514; *Schmidt/Baldus,* Rn. 438.

IX. Entscheidung im Rechtsbeschwerdeverfahren

319 Im Rechtsbeschwerdeverfahren gelten über § 46 Abs. 1 OWiG ebenfalls die Vorschriften der §§ 464 ff. StPO. Soweit das OLG den Bußgeldbescheid aufhebt und den Betroffenen freispricht, sind die Kosten einschließlich der notwendigen Auslagen des Betroffenen der Staatskasse aufzuerlegen (§ 467 Abs. 1 StPO). Soweit das Rechtsbeschwerdegericht die Rechtsbeschwerde als unzulässig oder unbegründet verwirft, trägt der Betroffene die Kosten (§ 473 Abs. 1 StPO).

X. Entscheidung in Verfahren über Anträge auf gerichtliche Entscheidung

320 In Verfahren über Anträge auf gerichtliche Entscheidung nach § 62 OWiG ist eine Kostenentscheidung nicht vorgesehen, da es sich nur um unselbständige Zwischenverfahren handelt. Die Kosten folgen der Hauptsache. Insoweit kommt allerdings eine Kostentrennung nach § 109a OWiG oder § 46 Abs. 1 OWiG i.V.m. § 467 Abs. 3 StPO in Betracht.

XI. „Halterhaftung" nach § 25a StVG

321 Bei Halt- und Parkverstößen ist § 25a Abs. 1 StVG zu beachten (sog. Halterhaftung). Danach sind dem Halter eines Kraftfahrzeuges die Kosten des Verfahrens aufzuerlegen, wenn der verantwortliche Fahrer vor Ablauf der Verjährungsfrist nicht oder nur mit unangemessenem Aufwand zu ermitteln ist. Ein Ermessensspielraum der Verwaltungsbehörde besteht insoweit nicht. Sind die Voraussetzungen des § 25a StVG gegeben, so muss sie dem Halter die Kosten auferlegen.

E. Rechtsmittel gegen die Kostenentscheidung

322 Gegen die im **Bußgeldbescheid** enthaltene Kostenentscheidung ist ein isoliertes Rechtsmittel nicht gegeben. Die Kostenentscheidung kann nur zusammen mit der Hauptsache durch Einspruch angefochten werden.

323 Eine selbständige Kostenentscheidung der **Verwaltungsbehörde** ist mit dem Antrag auf gerichtliche Entscheidung nach § 62 OWiG anfechtbar (§ 108 Abs. 1 Satz 1 Nr. 1 OWiG). Der Antrag ist binnen zwei Wochen zu stellen. Eine Beschwerde gegen die Entscheidung des AG ist nicht gegeben.

324 Stellt das AG das Verfahren ein, so ist die isolierte Kostenentscheidung unanfechtbar (§ 47 Abs. 2 OWiG).

Verurteilt das AG, ist die Kostenentscheidung ebenfalls nicht isoliert anfechtbar, sondern nur zusammen mit der Hauptsache im Wege der Rechtsbeschwerde. 325

Gegen die Kostenentscheidung im **Rechtsbeschwerdeverfahren** ist kein Rechtsmittel möglich. 326

F. Kostenfestsetzung

I. Festsetzung durch Verwaltungsbehörde

Ist die Kostenentscheidung durch die **Verwaltungsbehörde** getroffen worden, so setzt die Verwaltungsbehörde auf Antrag gemäß § 106 OWiG die zu erstattenden Kosten fest. 327

Gegen den entsprechenden Kostenfestsetzungsbescheid kann nach § 108 Abs. 1 Satz 1 Nr. 2, Abs. 1 Satz 2 1. Halbs. OWiG binnen zwei Wochen ab Zustellung des Bescheides gemäß § 62 OWiG **Antrag auf gerichtliche Entscheidung** beim AG gestellt werden. Gegen die Entscheidung des AG ist die sofortige Beschwerde zum LG gegeben, wenn der Beschwerdewert 200 € überschreitet (§ 108 Abs. 1 Satz 2 2. Halbs. OWiG). 328

II. Kostenfestsetzung durch Staatsanwaltschaft

Ist die Kostenentscheidung durch die **Staatsanwaltschaft** getroffen worden, so setzt der Urkundsbeamte der Staatsanwaltschaft die Kosten fest (§ 108a Abs. 3 Satz 1 OWiG). 329

Gegen den Festsetzungsbeschluss des Urkundsbeamten der Geschäftsstelle ist nach § 108a Abs. 3 Satz 2 OWiG die **Erinnerung** zu dem nach § 68 OWiG zuständigen AG gegeben. Hiergegen wiederum ist die sofortige Beschwerde zum LG gegeben (§ 464b StPO, § 104 Abs. 3 ZPO), sofern der Beschwerdewert den Betrag von 200 € übersteigt. 330

III. Kostenfestsetzung durch Gericht

Hat das AG oder das OLG die Kostenentscheidung getroffen, richtet sich die Festsetzung nach § 46 Abs. 1 OWiG i.V.m. § 464b StPO. 331

G. Kostenerstattung

I. Grundsatz

332 Hinsichtlich der Erstattungsfähigkeit gilt in allen Verfahren § 464a StPO (§§ 46 Abs. 1, 105 Abs. 1 OWiG).

II. Ausnahme § 109a Abs. 1 OWiG

333 Ist gegen den Betroffenen eine Geldbuße von nicht mehr als 10 € verhängt worden, so sind die durch die Hinzuziehung eines Rechtsanwalts entstandenen Kosten **grds. nicht erstattungsfähig** (§ 109a Abs. 1 OWiG). Nur dann, wenn die Rechtslage besonders schwierig oder die Sache von grundsätzlicher Bedeutung war, kommt die Erstattung der Verteidigerkosten in Betracht; s. hierzu im Einzelnen die Kommentare zu § 109a OWiG. Eine solche besondere Bedeutung kann gegeben sein, wenn von dem Ausgang des Bußgeldverfahrens Schadensersatzansprüche abhängen.[54]

H. Vergütung des Anwalts im Rahmen der Kostenentscheidung oder -festsetzung

I. Erwirkung der Kostenentscheidung

334 Für seine Tätigkeit, eine Kostenentscheidung zu erwirken, erhält der Verteidiger keine gesonderten Gebühren. Es gilt Anm. Abs. 1 Vorbem. 5.1 VV RVG. Die Tätigkeit wird durch die jeweiligen Gebühren abgegolten. Das gilt auch für Anträge auf gerichtliche Entscheidung nach § 62 OWiG, soweit diese sich gegen die Kostenentscheidung oder deren Unterlassen richten.

335

> **Hinweis:**
>
> Allerdings kann der besondere Aufwand zur Erlangung einer Kostenentscheidung nach § 14 Abs. 1 RVG gebührenerhöhend zu berücksichtigen sein.[55]

336 *Beispiel nach LG Köln*[56]*:*

Der Mandant erscheint bei seinem Verteidiger und legt ihm einen Bußgeldbescheid vor. Der Verteidiger legt Einspruch ein und weist darauf hin, dass die Tat verjährt sei, worauf-

---

54 So die amtliche Begründung BT-Drucks. 10/5083, S. 23; *Schmidt/Baldus,* Rn. 444.
55 AG Gießen, JurBüro 1990, 881; LG Köln, BRAGOreport 2001, 74 [*N. Schneider*].
56 LG Köln, BRAGOreport 2001, 74 [*N. Schneider*].

hin die Verwaltungsbehörde das Verfahren sofort einstellt. Hiernach beantragt der Vertei-diger den Erlass einer Kostenentscheidung. Später erinnert er mehrmals an den Erlass der Kostenentscheidung. Schließlich erhebt er Dienstaufsichtsbeschwerde, die ebenfalls trotz mehrfacher Anmahnungen nicht beschieden wird. Daraufhin wird bei der übergeordne-ten Behörde Dienstaufsichtsbeschwerde erhoben, weil die Verwaltungsbehörde die Dienst-aufsichtsbeschwerde nicht bescheidet. Erst hiernach ergeht dann die beantragte Kosten-entscheidung zugunsten des Betroffenen. Hierauf wird eine weit unterdurchschnittliche Gebühr festgesetzt, weil die Tätigkeit des Verteidigers in der Hauptsache einfach und unter-durchschnittlich gewesen sei. Dagegen wird Antrag auf gerichtliche Entscheidung gestellt, den der Amtsrichter aus den „zutreffenden Gründen" zurückweist. Nunmehr erhebt der Verteidiger sofortige Beschwerde.

Die Tätigkeit in der Hauptsache war hier sicherlich unterdurchschnittlich, da sofort er-sichtlich war, dass die Tat verjährt war. Andererseits war der Arbeitsaufwand, eine Kos-tenentscheidung zu erhalten, weitaus überdurchschnittlich und hat hier über ein Jahr ge-dauert! Da die Tätigkeit auf Erlangung einer Kostenentscheidung sowie die Kostenfestset-zung mit zur Instanz gehört (Vorbem. 5.1. Abs. 1 VV RVG), müssen diese Tätigkeiten im Rahmen der Abwägung nach § 14 RVG sämtlich mit berücksichtigt werden. Angemessen war daher eine überdurchschnittliche Gebühr.

Soweit also begleitende Abwicklungs- oder Nebentätigkeiten mit zur Instanz gehören, müssen diese auch im Rahmen des § 14 Abs. 1 RVG bei der Gebührenbestimmung be-rücksichtigt werden.

II. Antrag auf gerichtliche Entscheidung

Nicht mehr zur Instanz gehört dagegen ein **Antrag auf gerichtliche Entscheidung** nach § 62 OWiG, soweit sich dieser gegen eine Entscheidung über die Kosten- und Ausla-generstattung richtet. Zwar zählen Anträge auf gerichtliche Entscheidung in Bußgeld-verfahren ebenso wie die vergleichbaren Beschwerden in Strafverfahren grds. nach Vor-bem. 5.1 Abs. 1 VV RVG noch zur Instanz, da es im Gegensatz zu den Tätigkeiten nach dem Dritten Abschnitt in Straf- und Bußgeldsachen keine Beschwerdegebühren gibt. Ei-ne Ausnahme gilt lediglich nach Vorbem. 5 Abs. 4 Nr. 1 VV RVG für den Antrag auf ge-richtliche Entscheidung, Erinnerung und Beschwerde gegen die Kostenfestsetzung und den Kostenansatz. Hier erhält der Anwalt auch in Bußgeldsachen eine **gesonderte Ver-gütung nach Nr. 3500 VV RVG.**

337

III. Erinnerung und Beschwerde

Ebenso erhält der Anwalt die Vergütung nach Vorbem. 5.1 Abs. 1 VV RVG i.V.m. Nr. 3500 VV RVG, wenn gegen die Festsetzung des Urkundsbeamten der Staatsanwaltschaft nach § 108a Abs. 3 Satz 2 OWiG **Erinnerung** eingelegt wird.

338

339 Wird gegen die gerichtliche Entscheidung des AG gemäß § 46 OWiG, § 464b StPO i.V.m. § 104 Abs. 3 ZPO **Beschwerde** zum LG erhoben, so erhält der Anwalt für das Beschwerdeverfahren gegen die Entscheidung des AG eine weitere 0,5 Verfahrensgebühr nach Vorbem. 5.1 Abs. 1 VV RVG i.V.m. Nr. 3500 VV RVG.

IV. Rechtsschutzversicherung

340 Für die Verteidigung in Ordnungswidrigkeitenverfahren besteht grds. **Versicherungsschutz** (§ 2j ARB 1994, § 2 Abs. 1a ARB 1975). Einen Vorsatzausschluss wie in Strafsachen gibt es nur nach den ARB 1994, wenn Vorsatz rechtskräftig festgestellt worden ist; nach den ARB 1975 und 2000 gibt es **keinen Vorsatzausschluss** (§ 4 Abs. 2a ARB 1975).

341 **Ausgeschlossen** ist der Versicherungsschutz nach den ARB 1994 und 2000 in Ordnungswidrigkeitenverfahren wegen eines Halte- und Parkverstoßes (§ 3 Abs. 3e).

342 In straßenverkehrsrechtlichen Ordnungswidrigkeitenverfahren ist der Versicherungsschutz darüber hinaus ausgeschlossen, wenn der Versicherte nicht im Besitz einer gültigen Fahrerlaubnis war (z.B. §§ 21 Abs. 6, 22 Abs. 5 ARB 1975; § 6 VVG). Hier handelt es sich allerdings um eine Obliegenheitsverletzung, so dass sich der Versicherer auf die Leistungsfreiheit grds. nur dann berufen kann, wenn er den Versicherungsvertrag innerhalb eines Monats nach Kenntnis gekündigt hat.

343
> **Hinweis:**
>
> Zu beachten ist, dass u.U. eine Obliegenheitsverletzung angenommen werden kann, wenn der Anwalt, dessen Verhalten sich der Betroffene zurechnen lassen muss, einen Einspruch einlegt und diesen später wieder zurücknimmt, ohne dass er begründen kann, wieso dies erforderlich gewesen sei, also dass die 14-tägige Einspruchsfrist nicht ausreichend gewesen war, um die Erfolgsaussichten eines Einspruchs vorab zu überprüfen.[57]

I. Abrechnungsbeispiele

344 *(1) Das Verwaltungsverfahren (Bußgeldandrohung 50 €) wird ohne Zutun des Verteidigers von der Verwaltungsbehörde eingestellt. Auszugehen ist von der Mittelgebühr.*

1.	*Grundgebühr, Nr. 5100 VV RVG*	*85,00 €*
2.	*Verfahrensgebühr, Nr. 5103 VV RVG*	*135,00 €*
3.	*Postentgeltpauschale, Nr. 7002 VV RVG*	*20,00 €*
4.	*16 % Umsatzsteuer, Nr. 7008 VV RVG*	*+ 38,40 €*
	Summe:	*278,40 €*

---

57 AG Gelsenkirchen, JurBüro 2003, 640; AG Hamburg-Barmbek, JurBüro 2003, 639.

(2) *Das Verfahren (Bußgeld 35 €) wird von der Verwaltungsbehörde eingestellt. Der Ver-* 345
teidiger hat hieran mitgewirkt. Auszugehen ist wiederum von der Mittelgebühr.

1.	Grundgebühr, Nr. 5100 VV RVG	85,00 €
2.	Verfahrensgebühr, Nr. 5103 VV RVG	55,00 €
3.	Zusätzliche Gebühr, Nrn. 5115, 5103 VV RVG	55,00 €
4.	Postentgeltpauschale, Nr. 7002 VV RVG	20,00 €
5.	16 % Umsatzsteuer, Nr. 7008 VV RVG	+ 34,40 €
	Summe:	**249,40 €**

(3) *Der Verteidiger gibt im vorbereitenden Verfahren (Bußgeld 30 €) eine umfassende Ein-* 346
lassung ab. Es ergeht ein Bußgeldbescheid, gegen den Einspruch eingelegt wird. Der Buß-
geldbescheid wird noch vor der Verwaltungsbehörde zurückgenommen. Die gesamte Tä-
tigkeit war überdurchschnittlich, so dass eine um 20 % erhöhte Mittelgebühr angemes-
sen ist.

1.	Grundgebühr, Nr. 5100 VV RVG	102,00 €
2.	Verfahrensgebühr, Nr. 5101 VV RVG	66,00 €
3.	Zusätzliche Gebühr, Nrn. 5115, 5101 VV RVG	55,00 €
4.	Postentgeltpauschale, Nr. 7002 VV RVG	20,00 €
5.	16 % Umsatzsteuer, Nr. 7008 VV RVG	+ 38,88 €
	Summe:	**281,88 €**

(4) *Gegen den Bußgeldbescheid über 50 € legt der Verteidiger Einspruch ein. Er erreicht,* 347
dass auf seine Nachverhandlungen hin der Bußgeldbescheid zurückgenommen wird und
die Verwaltungsbehörde einen erneuten Bußgeldbescheid – diesmal ohne Fahrverbot – mit
erhöhtem Bußgeld erlässt. In Anbetracht der Gesamtumstände war die Tätigkeit im Ver-
waltungsverfahren weit überdurchschnittlich (30 % über der Mittelgebühr). Die Einarbei-
tung war durchschnittlich.

1.	Grundgebühr, Nr. 5100 VV RVG	85,00 €
2.	Verfahrensgebühr, Nr. 5103 VV RVG	175,00 €
3.	Zusätzliche Gebühr, Nrn. 5115, 5103 VV RVG	135,00 €
4.	Postentgeltpauschale, Nr. 7002 VV RVG	20,00 €
5.	16 % Umsatzsteuer, Nr. 7008 VV RVG	+ 66,40 €
	Summe:	**481,40 €**

(5) *Der Verteidiger legt gegen den Bußgeldbescheid (50 €) Einspruch ein. Im gerichtlichen* 348
Verfahren wird der Einspruch drei Tage vor dem anberaumten Hauptverhandlungstermin
zurückgenommen.

I. Bußgeldverfahren

1.	Grundgebühr, Nr. 5100 VV RVG	85,00 €
2.	Verfahrensgebühr, Nr. 5103 VV RVG	135,00 €
3.	Postentgeltpauschale, Nr. 7002 VV RVG	20,00 €
4.	16 % Umsatzsteuer, Nr. 7008 VV RVG	+ 38,40 €
	Summe:	**278,40 €**

II. Gerichtliches Verfahren vor dem AG

1.	Verfahrensgebühr, Nr. 5109 VV RVG	135,00 €
2.	Postentgeltpauschale, Nr. 7002 VV RVG	20,00 €
3.	16 % Umsatzsteuer, Nr. 7008 VV RVG	+ 24,80 €
	Summe:	**179,80 €**

Eine zusätzliche Verfahrensgebühr kann hier nicht berechnet werden, Abs. 1 Nr. 4 der Anm. zu Nr. 5115 VV RVG.

349   **(6)** Wie Beispiel 5, der Einspruch wird drei Wochen vor dem anberaumten Hauptverhandlungstermin zurückgenommen oder das Verfahren wird eingestellt.

I. Bußgeldverfahren

1.	Grundgebühr, Nr. 5100 VV RVG	85,00 €
2.	Verfahrensgebühr, Nr. 5103 VV RVG	135,00 €
3.	Postentgeltpauschale, Nr. 7002 VV RVG	20,00 €
4.	16 % Umsatzsteuer, Nr. 7008 VV RVG	+ 38,40 €
	Summe:	**278,40 €**

II. Gerichtliches Verfahren vor dem AG

1.	Verfahrensgebühr, Nr. 5109 VV RVG	135,00 €
2.	Zusätzliche Gebühr, Nrn. 5115, 5109 VV RVG	135,00 €
3.	Postentgeltpauschale, Nr. 7002 VV RVG	20,00 €
4.	16 % Umsatzsteuer, Nr. 7008 VV RVG	+ 46,40 €
	Summe:	**336,40 €**

350   **(7)** Der Verteidiger legt gegen den Bußgeldbescheid (50 €) Einspruch ein. Es finden dann zwei Termine vor Gericht statt. Im zweiten Termin wird das Verfahren eingestellt.

I. Bußgeldverfahren

1.	Grundgebühr, Nr. 5100 VV RVG	85,00 €
2.	Verfahrensgebühr, Nr. 5103 VV RVG	135,00 €
3.	Postentgeltpauschale, Nr. 7002 VV RVG	20,00 €
4.	16 % Umsatzsteuer, Nr. 7008 VV RVG	+ 38,40 €
	Summe:	**278,40 €**

II. Gerichtliches Verfahren vor dem AG

1.	Verfahrensgebühr, Nr. 5109 VV RVG	135,00 €
2.	Terminsgebühr, Nr. 5110 VV RVG	215,00 €
3.	Terminsgebühr, Nr. 5110 VV RVG	215,00 €
4.	Postentgeltpauschale, Nr. 7002 VV RVG	20,00 €
5.	16 % Umsatzsteuer, Nr. 7008 VV RVG	+ 93,60 €
	Summe:	**678,60 €**

(8) *Der Verteidiger wird erstmals im gerichtlichen Verfahren beauftragt. Die Umstände* 351 *sind insgesamt überdurchschnittlich. Es finden drei Verhandlungstermine statt, sodann ergeht ein Urteil. Angemessen sind 30 % über der Mittelgebühr.*

1.	Grundgebühr, Nr. 5100 VV RVG	110,50 €
2.	Verfahrensgebühr, Nr. 5109 VV RVG	175,50 €
3.	Terminsgebühr, Nr. 5110 VV RVG	215,00 €
4.	Terminsgebühr, Nr. 5110 VV RVG	215,00 €
5.	Terminsgebühr, Nr. 5110 VV RVG	215,00 €
6.	Postentgeltpauschale, Nr. 7002 VV RVG	20,00 €
7.	16 % Umsatzsteuer, Nr. 7008 VV RVG	+ 152,16 €
	Summe:	**1.103,16 €**

(9) *Der Verteidiger wird erstmals damit beauftragt, Rechtsbeschwerde einzulegen. Es* 352 *kommt zu einem Hauptverhandlungstermin, worauf das Rechtsbeschwerdegericht durch Urteil entscheidet.*

1.	Grundgebühr, Nr. 5100 VV RVG	120,00 €
2.	Verfahrensgebühr, Nr. 5113 VV RVG	270,00 €
3.	Terminsgebühr, Nr. 5114 VV RVG	270,00 €
4.	Postentgeltpauschale, Nr. 7002 VV RVG	20,00 €
5.	16 % Umsatzsteuer, Nr. 7008 VV RVG	+ 108,80 €
	Summe:	**788,80 €**

(10) *Der Verteidiger war bereits im Verfahren vor der Verwaltungsbehörde tätig (Bußgeld* 353 *50 €). Im gerichtlichen Verfahren hat ein Hauptverhandlungstermin stattgefunden. Gegen das Urteil des AG beantragt der Verteidiger die Zulassung der Rechtsbeschwerde. Der Antrag auf Zulassung der Rechtsbeschwerde wird abgelehnt.*

I. Bußgeldverfahren

1.	Grundgebühr, Nr. 5100 VV RVG	85,00 €
2.	Verfahrensgebühr, Nr. 5103 VV RVG	135,00 €

3.	Postentgeltpauschale, Nr. 7002 VV RVG	20,00 €
4.	16 % Umsatzsteuer, Nr. 7008 VV RVG	+ 38,40 €
	Summe:	**278,40 €**

II. Gerichtliches Verfahren vor dem AG

1.	Verfahrensgebühr, Nr. 5109 VV RVG	135,00 €
2.	Terminsgebühr, Nr. 5110 VV RVG	215,00 €
3.	Postentgeltpauschale, Nr. 7002 VV RVG	20,00 €
4.	16 % Umsatzsteuer, Nr. 7008 VV RVG	+ 59,20 €
	Summe:	**429,20 €**

III. Antrag auf Zulassung der Rechtsbeschwerde

1.	Grundgebühr, Nr. 5100 VV RVG	120,00 €
2.	Verfahrensgebühr, Nr. 5113 VV RVG	270,00 €
3.	Postentgeltpauschale, Nr. 7002 VV RVG	20,00 €
4.	16 % Umsatzsteuer, Nr. 7008 VV RVG	+ 65,60 €
	Summe:	**475,60 €**

354 **(11)** Wie vorstehend, die Rechtsbeschwerde wird zugelassen. Das Rechtsbeschwerdegericht stellt das Verfahren außerhalb der Hauptverhandlung ein.

I. Bußgeldverfahren

1.	Grundgebühr, Nr. 5100 VV RVG	85,00 €
2.	Verfahrensgebühr, Nr. 5103 VV RVG	135,00 €
3.	Postentgeltpauschale, Nr. 7002 VV RVG	20,00 €
4.	16 % Umsatzsteuer, Nr. 7008 VV RVG	+ 38,40 €
	Summe:	**278,40 €**

II. Gerichtliches Verfahren vor dem AG

1.	Verfahrensgebühr, Nr. 5109 VV RVG	135,00 €
2.	Terminsgebühr, Nr. 5110 VV RVG	215,00 €
3.	Postentgeltpauschale, Nr. 7002 VV RVG	20,00 €
4.	16 % Umsatzsteuer, Nr. 7008 VV RVG	+ 59,20 €
	Summe:	**429,20 €**

III. Rechtsbeschwerdeverfahren

1.	Verfahrensgebühr, Nr. 5113 VV RVG	270,00 €
2.	Zusätzliche Gebühr, Nrn. 5115, 5113 VV RVG	270,00 €

3. Postentgeltpauschale, Nr. 7002 VV RVG	20,00 €
4. 16 % Umsatzsteuer, Nr. 7008 VV RVG	+ 89,60 €
Summe:	**649,60 €**

(12) Wie Beispiel 10, das Rechtsbeschwerdegericht entscheidet durch Beschluss ohne Hauptverhandlung.   355

I.   Bußgeldverfahren

1. Grundgebühr, Nr. 5100 VV RVG	85,00 €
2. Verfahrensgebühr, Nr. 5103 VV RVG	135,00 €
3. Postentgeltpauschale, Nr. 7002 VV RVG	20,00 €
4. 16 % Umsatzsteuer, Nr. 7008 VV RVG	+ 38,40 €
Summe:	**278,40 €**

II.   Gerichtliches Verfahren vor dem AG

1. Verfahrensgebühr, Nr. 5109 VV RVG	135,00 €
2. Terminsgebühr, Nr. 5110 VV RVG	215,00 €
3. Postentgeltpauschale, Nr. 7002 VV RVG	20,00 €
4. 16 % Umsatzsteuer, Nr. 7008 VV RVG	+ 59,20 €
Summe:	**429,20 €**

III.   Rechtsbeschwerdeverfahren

1. Verfahrensgebühr, Nr. 5113 VV RVG	270,00 €
2. Postentgeltpauschale, Nr. 7002 VV RVG	20,00 €
3. 16 % Umsatzsteuer, Nr. 7008 VV RVG	+ 46,40 €
Summe:	**336,40 €**

(13) Wie Beispiel 10, das Rechtsbeschwerdegericht hebt das Urteil auf und verweist die   356
Sache zur erneuten Verhandlung an das AG, das dann außerhalb der Hauptverhandlung
die Sache einstellt.

I.   Bußgeldverfahren

1. Grundgebühr, Nr. 5100 VV RVG	85,00 €
2. Verfahrensgebühr, Nr. 5103 VV RVG	135,00 €
3. Postentgeltpauschale, Nr. 7002 VV RVG	20,00 €
4. 16 % Umsatzsteuer, Nr. 7008 VV RVG	+ 38,40 €
Summe:	**278,40 €**

II. Gerichtliches Verfahren vor dem AG

1.	Verfahrensgebühr, Nr. 5109 VV RVG	135,00 €
2.	Terminsgebühr, Nr. 5110 VV RVG	215,00 €
3.	Postentgeltpauschale, Nr. 7002 VV RVG	20,00 €
4.	16 % Umsatzsteuer, Nr. 7008 VV RVG	+ 59,20 €
	Summe:	**429,20 €**

III. Rechtsbeschwerdeverfahren

1.	Verfahrensgebühr, Nr. 5113 VV RVG	270,00 €
2.	Postentgeltpauschale, Nr. 7002 VV RVG	20,00 €
3.	16 % Umsatzsteuer, Nr. 7008 VV RVG	+ 46,40 €
	Summe:	**336,40 €**

IV. Gerichtliches Verfahren vor dem AG nach Zurückverweisung

1.	Verfahrensgebühr, Nr. 5109 VV RVG	135,00 €
2.	Zusätzliche Gebühr, Nrn. 5115, 5109 VV RVG	135,00 €
3.	Postentgeltpauschale, Nr. 7002 VV RVG	20,00 €
4.	16 % Umsatzsteuer, Nr. 7008 VV RVG	+ 46,40 €
	Summe:	**336,40 €**

357 *(14) Wie Beispiel 10, jedoch ist ein Bußgeld von 8.000 € verhängt worden. Das AG stellt nicht ein, sondern verhandelt in zwei Terminen und entscheidet dann durch Urteil.*

I. Bußgeldverfahren

1.	Grundgebühr, Nr. 5100 VV RVG	85,00 €
2.	Verfahrensgebühr, Nr. 5105 VV RVG	140,00 €
3.	Postentgeltpauschale, Nr. 7002 VV RVG	20,00 €
4.	16 % Umsatzsteuer, Nr. 7008 VV RVG	+ 39,20 €
	Summe:	**284,20 €**

II. Gerichtliches Verfahren vor dem AG

1.	Verfahrensgebühr, Nr. 5111 VV RVG	170,00 €
2.	Terminsgebühr, Nr. 5112 VV RVG	270,00 €
3.	Postentgeltpauschale, Nr. 7002 VV RVG	20,00 €
4.	16 % Umsatzsteuer, Nr. 7008 VV RVG	+ 73,60 €
	Summe:	**533,60 €**

III. Rechtsbeschwerdeverfahren

1.	Verfahrensgebühr, Nr. 5113 VV RVG	85,00 €
2.	Postentgeltpauschale, Nr. 7002 VV RVG	20,00 €
3.	16 % Umsatzsteuer, Nr. 7008 VV RVG	+ 16,80 €
	Summe:	**121,80 €**

IV. Gerichtliches Verfahren vor dem AG nach Zurückverweisung

1.	Verfahrensgebühr, Nr. 5109 VV RVG	170,00 €
2.	Terminsgebühr, Nr. 5110 VV RVG	270,00 €
3.	Terminsgebühr, Nr. 5110 VV RVG	270,00 €
4.	Postentgeltpauschale, Nr. 7002 VV RVG	20,00 €
5.	16 % Umsatzsteuer, Nr. 7008 VV RVG	+ 116,80 €
	Summe:	**846,80 €**

Teil 16: Sonstige Verfahren

Inhaltsverzeichnis

A. Überblick

1 In Teil 6 VV RVG sind sonstige Verfahren geregelt, also solche Verfahren, die nicht nach den Teilen 2 bis 5 VV RVG abzurechnen sind. Es handelt sich hierbei um Angelegenheiten, die bislang im **Neunten** bis **Elften** Abschnitt der BRAGO geregelt waren.

2 Teil 6 VV RVG ist aufgeteilt in **vier Abschnitte**:

Abschnitt 1	Verfahren nach dem Gesetz über die **internationale Rechtshilfe** in Strafsachen (bislang Neunter Abschnitt der BRAGO; §§ 106 bis 108 BRAGO),
Abschnitt 2	**Disziplinarverfahren**, berufsgerichtliche Verfahren wegen der Verletzung einer Berufspflicht (bisher Zehnter Abschnitt der BRAGO; §§ 109 bis 110 BRAGO),
Abschnitt 3	Gerichtliche Verfahren bei **Freiheitsentziehung** und in Unterbringungssachen (bisher ebenfalls geregelt im Zehnten Abschnitt der BRAGO; § 112 BRAGO),
Abschnitt 4	Besondere Verfahren und **Einzeltätigkeiten** (ebenso im Zehnten Abschnitt der BRAGO; §§ 109a und 109 Abs. 6, Abs. 7 BRAGO).

3 In den Abschnitten 1 bis 3 VV RVG sowie Abschnitt 4 VV RVG (Nrn. 6400 bis 6403 VV RVG) wird die Tätigkeit des Anwalts als **Verfahrensbevollmächtigter** in den dort genannten Verfahren geregelt. Erforderlich ist, dass der Anwalt als Verfahrensbevollmächtigter tätig wird.

4 Ist der Anwalt dagegen nur mit **Einzeltätigkeiten** beauftragt, so gilt Abschnitt 4. Es entsteht dann für die Einzeltätigkeiten jeweils eine Verfahrensgebühr nach Nr. 6404 VV RVG.

B. Vorbemerkungen zu Teil 6 VV RVG

In den Vorbemerkungen zu Teil 6 VV RVG sind **allgemeine Regeln** aufgestellt, die **für** 5 **sämtliche der in Teil 6 VV RVG genannten Verfahren** gelten.

I. Gleichstellung des Zeugen und Sachverständigenbeistands

Zunächst einmal ist hier – wie auch in den übrigen Teilen des Vergütungsverzeichnisses 6 – klargestellt, dass die genannten Gebühren nicht nur für den **Verfahrensbevollmäch-tigten** gelten, sondern darüber hinaus auch für den Anwalt, der als

- **Beistand eines Zeugen** oder

- **Beistand eines Sachverständigen**

tätig ist (Vorbem. 6 Abs. 1 VV RVG).

Der Beistand erhält die gleichen Gebühren wie ein Verfahrensbevollmächtigter. Der ge- 7 ringere Aufwand und eine eventuell geringere Bedeutung können allerdings im Rahmen des § 14 Abs. 1 RVG zu beachten sein, so dass hier möglicherweise im Ergebnis gerin-gere Gebühren anfallen.

II. Abgeltungsbereich der Verfahrensgebühr

Wie in den übrigen Teilen des Vergütungsverzeichnisses findet sich auch hier die Rege- 8 lung zum Abgeltungsbereich der Verfahrensgebühr (Vorbem. 6 Abs. 2 VV RVG).

Die Verfahrensgebühren entstehen auch hier für das **Betreiben des Geschäfts** ein- 9 schließlich der **Entgegennahme der Information**. Abgegolten werden durch die Ver-fahrensgebühren also sämtliche Tätigkeiten, soweit keine besonderen Gebührentatbe-stände vorgesehen sind.

III. Entstehen der Terminsgebühren

Die Terminsgebühren in Verfahren nach Teil 6 VV RVG entstehen nur für die Teilnahme 10 an **gerichtlichen Terminen** (Vorbem. 6 Abs. 3 VV RVG), es sei denn, es ist etwas ande-res bestimmt (so z.B. in Anm. zu Nr. 6201 VV RVG).

Darüber hinaus ist auch hier die Terminsgebühr für den sog. **„geplatzten Termin"** gere- 11 gelt. Der Rechtsanwalt erhält daher auch dann eine Terminsgebühr, wenn er zu einem an-beraumten Termin erscheint, dieser aber aus Gründen, die er nicht zu vertreten hat, nicht stattfindet (Vorbem. 6 Abs. 3 Satz 2 VV RVG). Dies gilt nicht, wenn der Rechtsanwalt recht-zeitig von der Aufhebung oder Verlegung des Termins in Kenntnis gesetzt worden ist oder er bei gehöriger Sorgfalt Kenntnis von der Aufhebung des Termins hätte haben müssen.

C. Verfahren nach dem Gesetz über die internationale Rechtshilfe in Strafsachen und in Verfahren nach dem Gesetz über die Zusammenarbeit mit dem internationalen Strafgerichtshof

I. Überblick

12 Teil 6 Abschnitt 1 VV RVG regelt die Gebühren in zwei verschiedene Verfahren:

- Zum einen sind hier die Tätigkeiten des Anwalts als Verfahrensbevollmächtigter im Verfahren nach dem **Gesetz über die internationale Rechtshilfe (IRG)** geregelt.

- Daneben gelten diese Vorschriften auch für Verfahren nach dem **Gesetz über die Zusammenarbeit mit dem internationalen Strafgerichtshof (IStGH-Gesetz)**. Die entsprechenden Gebührenvorschriften waren im Neunten Abschnitt der BRAGO (§§ 106 bis 109 BRAGO) geregelt.

13 Ein **Haftzuschlag** wie in Vorbem. 4 Abs. 4 VV RVG ist hier nicht vorgesehen.

II. Grundgebühr

14 Eine Grundgebühr kann hier nicht entstehen. Obwohl es sich um strafrechtliche Verfahren handelt, ist eine solche Grundgebühr – im Gegensatz zu den Verfahren nach Teil 6 Abschnitt 2 VV RVG (Nr. 6200 VV RVG) – nicht vorgesehen. Die Grundgebühr nach Nr. 4100 VV RVG kann ebenfalls nicht berechnet werden, da diese nur für die Gebühren nach Teil 4 VV RVG und auch dort nur für den Abschnitt 1 gilt.

III. Verfahrensgebühr

15 Der Verfahrensbevollmächtigte in Verfahren erhält nach dem IRG oder dem IStGH-Gesetz zunächst einmal nach Nr. 6100 VV RVG eine **Verfahrensgebühr.** Der Betragsrahmen beläuft sich auf **80 € bis 580 €**. Die **Mittelgebühr** beträgt damit **330 €**.

16 Die Verfahrensgebühr erhöht sich bei **Vertretung mehrerer Auftraggeber** um jeweils 30 % je weiteren Auftraggeber. Eine Vertretung mehrerer Auftraggeber in diesen Verfahren ist möglich, da § 146 StPO dem nicht entgegensteht.[1]

17 Vertritt der Anwalt allerdings mehrere Beteiligte in **verschiedenen Verfahren**, liegen verschiedene Angelegenheiten vor. Die Gebühren erhöhen sich nicht. Vielmehr erhält der Anwalt in jedem Verfahren die Verfahrensgebühr gesondert.[2]

18 Der **gerichtlich bestellte oder beigeordnete Rechtsanwalt** erhält eine Festgebühr i.H.v. **264 €**.

---

1   AnwKom-RVG-*N. Schneider,* Nr. 6100 VV RVG Rn. 14.
2   AnwKom-RVG-*N. Schneider,* Nr. 6100 VV RVG Rn. 14.

IV. Terminsgebühr

Kommt es in den Verfahren nach dem IRG oder dem IStGH-Gesetz zu gerichtlichen Ter- 19
minen (Vorbem. 6 Abs. 3 Satz 1 VV RVG), so entsteht nach Nr. 6101 VV RVG eine Terminsgebühr je Verhandlungstag i.H.v. **110 €** bis **780 €**. Die **Mittelgebühr** beträgt **445 €**.

Der **gerichtlich bestellte oder beigeordnete Rechtsanwalt** erhält eine Festgebühr i.H.v. 20
356 €. Eine Staffelung nach der Dauer des Termins ist hier – im Gegensatz zu den Strafsachen – nicht vorgesehen.

V. Auslagen

Neben den Gebühren erhält der Anwalt auch Ersatz seiner Auslagen nach den Nrn. 21
7000 ff. VV RVG.

VI. Pauschvergütung

Sowohl der Wahlanwalt (§ 42 RVG) als auch der gerichtlich bestellte oder beigeordnete 22
Anwalt (§ 51 RVG) können die Bewilligung einer Pauschvergütung beantragen.

D. Disziplinarverfahren und berufsgerichtliche Verfahren wegen Verletzung einer Berufspflicht

I. Regelungsbereich

In Teil 6 Abschnitt 2 VV RVG sind die bisher in den §§ 109 und § 110 BRAGO geregel- 23
ten Tätigkeiten enthalten. Es handelt sich um **Verfahren**

- nach dem **BDG**[3] sowie nach den **Disziplinarordnungen der Länder,**

- nach der **Wehrdisziplinarordnung** (WDO),[4]

- nach dem **DRiG**[5] und den Landesgesetzen,

- nach der **BNotO,**[6]

- vor den **Ehrengerichten der Rechtsanwälte** nach den §§ 92 ff., 100 ff. und 106 ff.
  BRAO;

---

3   Gesetz v. 9.7.2001, BGBl. I, S. 1510.
4   Gesetz v. 4.9.1972, BGBl. I, S. 1666.
5   Gesetz v. 19.4.1972, BGBl. I, S. 713.
6   Gesetz v. 24.2.1961, BGBl. I, S. 98.

- nach dem Gesetz über den zivilen Ersatzdienst,[7]

- vor den landesrechtlich geregelten **Berufsgerichten der Ärzte, Zahnärzte, Tierärzte und Apotheker;**

- vor den **Kammern und Senaten für Wirtschaftsprüfer** gemäß der Wirtschaftsprüferordnung (§§ 73 ff. WPO),

- vor den **Kammern und Senaten für Steuerberater** (§§ 95 ff. StBerG),

- vor den für **Architekten** nach Landesrecht eingerichteten Gerichten,

- vor dem **OLG**, soweit es nach den **§§ 138a bis d StPO** entscheidet.

24 **Nicht** hierzu gehören dagegen:

- Verfahren vor **akademischen Disziplinarbehörden**; hier gilt Nr. 2400 VV RVG,[8]

- Disziplinarverfahren der **öffentlichen Religionsgesellschaften**; es gilt Nr. 2400 VV RVG,

- Verfahren nach der **Wehrbeschwerdeordnung**; es gelten Nrn. 6400 ff. VV RVG (bislang § 109a BRAGO),

- Verfahren über **Richteranklagen** nach Art. 98 Abs. 2 GG, § 13 Nr. 9 BVerfGG; nach § 37 Abs. 1 Nr. 3 RVG fallen Gebühren nach Nrn. 4130 bis 4135 VV RVG an (bislang § 113 Abs. 1 BRAGO),

- **Antragsverfahren wegen eines beamtenrechtlichen Verlusttatbestandes**, soweit den Disziplinargerichten zugewiesen (§ 9 BBesG); es gilt Teil 3 VV RVG (bislang § 114 BRAGO),[9]

- Verfahren vor **Ehrengerichten studentischer Vereinigungen**, hier gilt Nr. 2400 VV RVG,

- Verfahren vor **Gerichten von Sportverbänden oder -vereinen**, auch hier gilt Nr. 2400 VV RVG.

II. Regelungen der Vorbemerkung zu Teil 6 Abschnitt 2 VV RVG

1. Pauschalgebühren

25 Nach Vorbem. 6.2 Abs. 1 VV RVG wird durch die Gebühren die gesamte Tätigkeit des Anwalts im jeweiligen Verfahren abgegolten. Es handelt sich also auch hier um Pauschalgebühren.

---

7   Gesetz v. 28.9.1994, BGBl. I, S. 2811.
8   *Hansens*, BRAGO, § 109 Rn. 1.
9   BayVGH, NVwZ-RR 1989, 54.

2. Außergerichtliche Tätigkeit gegenüber der Aufsichtsbehörde

Soweit der Anwalt (auch) beauftragt ist, den Mandanten gegenüber der Aufsichtsbe-   26
hörde außerhalb eines Disziplinarverfahrens zu vertreten, entstehen die Gebühren nach
Teil 2 VV (Vorbem. 6 Abs. 2 VV RVG). Der Anwalt erhält hier die Geschäftsgebühr nach
Nr. 2400 VV RVG.

Wird er Anwalt auch im **Nachprüfungsverfahren** tätig, so handelt es sich nach § 17 Nr. 1   27
RVG um eine weitere Angelegenheit, die die Gebühr nach Nr. 2401 VV RVG auslöst.

3. Erinnerung und Beschwerde gegen den Kostenfestsetzungsbeschluss oder den Kostenansatz; Zwangsvollstreckung

Die Gebühren nach Teil 3 VV RVG sind wiederum anwendbar   28

- für das Verfahren über die **Erinnerung oder Beschwerde gegen den Kostenfest-setzungsbeschluss** (Vorbem. 6.2 Abs. 3 Nr. 1 1. Alt. VV RVG). Es gilt Nr. 3500 VV RVG i.V.m. § 16 Nr. 12 RVG.

- für das Verfahren gegen die **Erinnerung gegen den Kostenansatz und für das Verfahren über die Beschwerde gegen die Entscheidung über diese Erinnerung** (Vorbem. 6.2 Abs. 3 Nr. 1 2. Alt. VV RVG). Es entsteht die Verfahrensgebühr nach Nr. 3500 VV RVG i.V.m. § 16 Nr. 12 RVG.

- in der **Zwangsvollstreckung aus einer Entscheidung über die Erstattung von Kosten** (Vorbem. 6.2 Abs. 3 Nr. 2 1. Alt. VV RVG), es gelten die Nrn. 3309 ff. VV RVG.

- für das **Beschwerdeverfahren gegen eine Entscheidung über die Erstattung von**   29
  Kosten (Vorbem. 6.2 Abs. 3 Nr. 2 2. Alt. VV RVG), hier fällt wieder die Verfahrensge-bühr nach Nr. 3500 VV RVG an.

4. Pauschvergütung

Im Gegensatz zu § 99 BRAGO[10] ist die Bewilligung einer Pauschvergütung weder für den   30
gerichtlich bestellten oder beigeordneten Anwalt (§ 51 RVG) noch für den Wahlanwalt
(§ 42 RVG) vorgesehen. Für den gerichtlich bestellten oder beigeordneten Anwalt wird
dies aber teilweise dadurch kompensiert, dass diese aus der Staatskasse bei längerer Dau-er der Hauptverhandlung **Zusatzgebühren zu den Terminsgebühren**, etwa nach
Nr. 6205 VV RVG, aus der Staatskasse erhalten.[11]

---

10   S. hierzu AnwKom-RVG-*N. Schneider,* § 109 BRAGO Rn. 34 m.w.N.; § 110 Rn. 34 m.w.N.
11   *Burhoff/Volpert,* RVG, Vorbem 6.2 Rn. 48.

III. Die einzelnen Angelegenheiten

31   In Teil 6 Abschnitt 2 VV RVG sind insgesamt sieben Verfahrensabschnitte vorgesehen, die jeweils eigene Angelegenheiten darstellen, und zwar

- das **außergerichtliche Verwaltungsverfahren,**

- das **außergerichtliche Nachprüfungsverfahren,**

- das **gerichtliches Verfahren im ersten Rechtszug,**

- das **gerichtliches Verfahren im zweiten Rechtszug,**

- das **Verfahren über Beschwerde gegen die Nichtzulassung der Revision,**

- das **gerichtliches Verfahren im dritten Rechtszug**

- das **Wiederaufnahmeverfahren.**

IV. Gebühren

1.   Überblick

32   Ebenso wie in Strafsachen erhält der Anwalt auch in Disziplinarverfahren und berufsgerichtlichen Verfahren wegen Verletzung einer Berufspflicht zunächst einmalig eine **Grundgebühr** für die erstmalige Einarbeitung (Nr. 6200 VV RVG).

33   Daneben ist auch hier eine **allgemeine Terminsgebühr** für außergerichtliche Anhörungstermine und Beweiserhebungstermine vorgesehen (Nr. 6201 VV RVG).

34   Darüber hinaus erhält der Anwalt in den einzelnen Verfahrensabschnitten jeweils eine **Verfahrensgebühr sowie Terminsgebühren,** wobei die Höhe der Terminsgebühren für den gerichtlich bestellten oder beigeordneten Anwalt – ebenso wie in Strafsachen – nach der Dauer der Verhandlung gestaffelt sind.

35   Neben der Grundgebühr, den Verfahrens- und Terminsgebühren kommt in **gerichtlichen Verfahren** darüber hinaus eine zusätzliche Gebühr (Nr. 6216 VV RVG) in Betracht, wenn durch Mitwirkung des Anwalts die mündliche Verhandlung entbehrlich wird.

2.   Allgemeine Gebühren

a)   Grundgebühr

36   Ebenso wie in Strafsachen erhält der Anwalt auch in Disziplinarverfahren und berufsgerichtlichen Verfahren wegen Verletzung einer Berufspflicht zunächst einmal eine **Grundgebühr** für die erstmalige Einarbeitung in den Rechtsfall (Nr. 6200 VV RVG). Diese Gebühr entsteht insgesamt nur einmal, und zwar in dem Verfahrensabschnitt, in dem der

Anwalt erstmals beauftragt wird. In den folgenden Verfahrensabschnitten kann sie nicht erneut entstehen.[12]

Die Grundgebühr beläuft sich auf **30 € bis 300 €**. Die **Mittelgebühr** beträgt **165 €**.   37

Der **gerichtlich bestellte oder beigeordnete** Anwalt erhält eine Festgebühr i.H.v. **132 €**.   38

b)   Terminsgebühr

Darüber hinaus erhält der Anwalt nach Nr. 6201 VV RVG eine **Terminsgebühr** für jeden   39
Tag, an dem

- ein außergerichtlicher Anhörungstermin oder

- ein außergerichtlicher Termin zur Beweiserhebung

stattfindet. Es darf sich also nicht um einen gerichtlichen Verhandlungstag handeln, für   40
diesen entstehen die Gebühren nach Nrn. 6204, 6207, 6211 VV RVG.

Die Terminsgebühr nach Nr. 6201 VV RVG kann der Anwalt **in jedem Verfahrensstadium**   41
dium verdienen. Sie entsteht auch neben den Terminsgebühren für die Verhandlungstage nach Nrn. 6204, 6207, 6211 VV RVG. Eine Beschränkung der Gebühr auf jeweils drei Termine wie in der Anm. zu Nr. 4102 VV RVG ist hier nicht vorgesehen. Die Gebühr deckt aber auch **mehrere Termine** in derselben Angelegenheit an einem Tag ab.[13] Die Terminsgebühr fällt nach Vorbem. 3 Abs. 3 Satz 2 und 3 VV RVG auch für den „geplatzten" Anhörungstermin an.

Der **Gebührenrahmen** beläuft sich auf **30 € bis 312,50 €**. Die **Mittelgebühr** beträgt   42
171,25 €.

Der gerichtlich **bestellte oder beigeordnete Rechtsanwalt** erhält eine Festgebühr i.H.v.   43
137 €.

3.   Außergerichtliches Verfahren

a)   Grundgebühr

Im außergerichtlichen Verfahren erhält der Anwalt immer eine Grundgebühr nach Nr.   44
6200 VV RVG (s.o. Rn. 36), weil dies der früheste Verfahrensabschnitt ist, in dem er beauftragt werden kann.

b)   Verfahrensgebühr

Im außergerichtlichen Verfahren erhält der Anwalt darüber hinaus eine Verfahrensgebühr   45
nach Nr. 6202 VV RVG i.H.v. **30 € bis 250 €**. Die **Mittelgebühr** beträgt **140 €**.

---

12   Ausführlich *Burhoff/Volpert*, RVG, Nr. 6200 VV RVG Rn. 8 ff.
13   *Burhoff/Volpert*, RVG, Nr. 6201 VV RVG Rn. 9.

46   Der **gerichtlich bestellte oder beigeordnete Rechtsanwalt** erhält eine Festgebühr i.H.v. 112 €.

c)   Terminsgebühr

47   Hinzu kommen kann nach Nr. 6201 VV RVG eine Terminsgebühr für jeden Tag, an dem ein außergerichtlicher Anhörungstermin oder ein außergerichtlicher Termin zur Beweiserhebung stattfindet (s.o. Rn. 39 ff.).

48   Die Gebühr entsteht auch dann, wenn der Anwalt zum Termin erschienen ist, dieser aber aus Gründen ausfällt, die er nicht zu vertreten hat (Vorbem. 6 Abs. 3 Satz 2 VV RVG); s. hierzu Rn. 41.

d)   Auslagen

49   Daneben erhält der Anwalt Ersatz seiner Auslagen nach Nr. 7002 VV RVG, insbesondere eine **Postentgeltpauschale** nach Nr. 7002 VV RVG.

4.   Außergerichtliches Nachprüfungsverfahren

a)   Eigene Angelegenheit

50   Wird der Anwalt im außergerichtlichen Nachprüfungsverfahren tätig, so ist dies eine eigene Angelegenheit (§ 17 Nr. 1 RVG). Daher kann er dort insbesondere die Verfahrensgebühr nach Nr. 6202 VV RVG **gesondert** verdienen (Abs. 1 der Anm. zu Nr. 6202 VV RVG). Das außergerichtliche Überprüfungsverfahren endet mit dem Eingang des Antrags oder der Anschuldigungsschrift bei Gericht (Abs. 2 der Anm. zu Nr. 6202 VV RVG).

b)   Grundgebühr

51   Im außergerichtlichen Überprüfungsverfahren kann der Anwalt zunächst eine Grundgebühr nach Nr. 6200 VV RVG verdienen. Voraussetzung ist allerdings, dass er nicht schon im vorangegangenen außergerichtlichen Verfahren tätig war, da die Grundgebühr nur einmalig anfallen kann.

c)   Verfahrensgebühr

52   Im außergerichtlichen Nachprüfungsverfahren erhält der Anwalt eine Verfahrensgebühr nach Nr. 6202 VV RVG, und zwar unabhängig davon, ob er bereits im vorangegangenen Verwaltungsverfahren tätig war und dort bereits eine Verfahrensgebühr verdient hat. Das Nachprüfungsverfahren stellt nach § 17 Nr. 1 RVG eine eigene Angelegenheit i.S.d. § 15 RVG dar, so dass die Verfahrensgebühr dort erneut anfällt (Abs. 1 der Anm. zu Nr. 6202 VV RVG). Die Höhe der Verfahrensgebühr beläuft sich auf **30 € bis 250 €**. Die **Mittelgebühr** beträgt **140 €**.

53   Der **gerichtlich bestellte oder beigeordnete Rechtsanwalt** erhält wiederum eine Festgebühr i.H.v. **112 €**.

d) Terminsgebühr

Auch im außergerichtlichen Nachprüfungsverfahren kann darüber hinaus wiederum ei- 54
ne Terminsgebühr nach Nr. 6201 VV RVG entstehen für jeden Tag, an dem ein außergerichtlicher Anhörungstermin oder ein außergerichtlicher Termin zur Beweiserhebung
stattfindet (s.o. Rn. 39 ff.).

Die Gebühr entsteht auch dann, wenn der Anwalt zum Termin erschienen ist, dieser aber 55
aus Gründen ausfällt, die er nicht zu vertreten hat (Vorbem. 6 Abs. 3 Satz 2 VV RVG); s.
hierzu Rn. 41.

e) Auslagen

Daneben erhält der Anwalt wiederum Ersatz seiner Auslagen nach Nr. 7002 VV RVG, ins- 56
besondere eine **weitere Postentgeltpauschale** nach Nr. 7002 VV RVG, da es sich um eine eigene Angelegenheit handelt (§ 17 Nr. 1 RVG).

5. Gerichtliches Verfahren im ersten Rechtszug

a) Grundgebühr

Im ersten Rechtszug erhält der Anwalt die Grundgebühr nach Nr. 6200 VV RVG, sofern 57
er dort erstmals beauftragt worden ist. Ist er bereits in einem der außergerichtlichen Verfahren beauftragt worden, fällt die Grundgebühr nicht erneut an.

b) Verfahrensgebühr

Daneben erhält der Anwalt die Verfahrensgebühr nach Nr. 6203 VV RVG. Vorgesehen ist 58
ein Gebührenrahmen von **40 € bis 270 €**. Die **Mittelgebühr** beträgt **155 €**.

Der **gerichtlich bestellte oder beigeordnete Rechtsanwalt** erhält eine Festgebühr i.H.v. 59
124 €.

c) Terminsgebühr für Verhandlungstage

Darüber hinaus erhält der Anwalt für jeden Tag, an dem er an einem gerichtlichen Ter- 60
min i.S.d. Vorbem. 6 Abs. 3 Satz 1 VV RVG teilnimmt, eine Terminsgebühr nach Nr. 6204
VV RVG.

Die Gebühr entsteht auch dann, wenn der Anwalt zum Termin erschienen ist, dieser aber 61
aus Gründen ausfällt, die er nicht zu vertreten hat (Vorbem. 6 Abs. 3 Satz 2 VV RVG); s.
hierzu Rn. 41.

Die Höhe der Terminsgebühr beläuft sich auf **70 € bis 470 €**. Die **Mittelgebühr** beträgt 62
270 €.

Der **gerichtlich bestellte oder beigeordnete Rechtsanwalt** erhält eine Festgebühr i.H.v. 63
216 € je Verhandlungstag.

64 Dauert die Verhandlung länger, so erhält der gerichtlich bestellte oder beigeordnete Rechtsanwalt eine zusätzlich Gebühr bei

- **mehr als fünf Stunden** nach Nr. 6205 VV RVG i.H.v. **108 €**,

- **mehr als acht Stunden** nach Nr. 6206 VV RVG i.H.v. **218 €**.

d) Terminsgebühr für Anhörungs- und Beweistermine

65 Auch im gerichtlichen Verfahren kann darüber hinaus wiederum eine Terminsgebühr nach Nr. 6201 VV RVG für die Teilnahme an Anhörungs- und Beweisterminen entstehen (s.o. Rn. 39 ff.).

Die Gebühr entsteht auch dann, wenn der Anwalt zum Termin erschienen ist, dieser aber aus Gründen ausfällt, die er nicht zu vertreten hat (Vorbem. 6 Abs. 3 Satz 2 VV RVG); s. hierzu Rn. 41.

e) Zusätzliche Gebühr

66 Auch im gerichtlichen Verfahren kann eine zusätzliche Gebühr nach Nr. 6216 VV RVG in Betracht kommen; s. hierzu Rn. 98 ff.

f) Auslagen

67 Daneben erhält der Anwalt wiederum Ersatz seiner Auslagen nach Nr. 7002 VV RVG, insbesondere eine weitere **Postentgeltpauschale** nach Nr. 7002 VV RVG, da es sich um eine eigene Angelegenheit handelt.

6. Gerichtliches Verfahren im zweiten Rechtszug

a) Grundgebühr

68 Im zweiten Rechtszug kann der Anwalt wiederum die **Grundgebühr** (Nr. 6200 VV RVG) verdienen, wenn er dort erstmals beauftragt worden ist. War der Anwalt bereits im außergerichtlichen Verfahren oder im gerichtlichen Verfahren tätig, fällt die Grundgebühr nicht erneut an.

b) Verfahrensgebühr

69 Für das Betreiben des Geschäfts (Vorbem. 6 Abs. 1 VV RVG) erhält der Anwalt auch hier eine Verfahrensgebühr. Diese ergibt sich aus Nr. 6207 VV RVG. Vorgesehen ist ein Rahmen von **70 €** bis **470 €**. Die **Mittelgebühr** beträgt **270 €**.

70 Der **gerichtlich bestellte oder beigeordnete Rechtsanwalt** erhält eine Festgebühr i.H.v. **216 €**.

c) Terminsgebühr für Verhandlungstage

Darüber hinaus erhält der Anwalt eine Terminsgebühr nach Nr. 6208 VV RVG für jeden Verhandlungstag i.H.v. **70 €** bis **470 €**. Die **Mittelgebühr** beträgt **270 €**. 71

Die Gebühr entsteht auch dann, wenn der Anwalt zum Termin erschienen ist, dieser aber aus Gründen ausfällt, die er nicht zu vertreten hat (Vorbem. 6 Abs. 3 Satz 2 VV RVG); s. hierzu Rn. 41. 72

Der **gerichtlich bestellte oder beigeordnete Rechtsanwalt** erhält eine Festgebühr i.H.v. **216 €** je Verhandlungstag (Nr. 6208 VV RVG). 73

Dauert die Verhandlung länger, so erhält der gerichtlich bestellte oder beigeordnete Rechtsanwalt eine zusätzlich Gebühr bei 74

- **mehr als fünf Stunden** nach Nr. 6209 VV RVG i.H.v. **108 €**,

- **mehr als acht Stunden** nach Nr. 6210 VV RVG i.H.v. **218 €**.

d) Terminsgebühr für Anhörungs- und Beweistermine

Auch im gerichtlichen Verfahren zweiter Instanz kann darüber hinaus eine Terminsgebühr nach Nr. 6201 VV RVG für die Teilnahme an Anhörungs- und Beweisterminen entstehen (s.o. Rn. 39 ff.). 75

Die Gebühr entsteht auch dann, wenn der Anwalt zum Termin erschienen ist, dieser aber aus Gründen ausfällt, die er nicht zu vertreten hat (Vorbem. 6 Abs. 3 Satz 2 VV RVG); s. hierzu Rn. 41. 76

e) Zusätzliche Gebühr

Auch im zweiten Rechtszug kann eine zusätzliche Gebühr nach Nr. 6216 VV RVG in Betracht kommen; s.u. Rn. 98 ff. 77

f) Auslagen

Daneben erhält der Anwalt auch im gerichtlichen Verfahren zweiter Instanz Eratz seiner Auslagen, insbesondere eine **eigene Postentgeltpauschale** nach Nr. 7002 VV RVG. 78

7. Nichtzulassungsbeschwerde

a) Eigene Angelegenheit

Das Verfahren über die Beschwerde gegen Nichtzulassung der Revision ist eine eigene Angelegenheit (§ 17 Nr. 9 RVG), so dass hier die Vergütung gesondert entsteht. 79

b) Grundgebühr

Wird der Anwalt erstmals mit der Beschwerde gegen die Nichtzulassung der Revision beauftragt, erhält er die **Grundgebühr** nach Nr. 6200 VV RVG. War der Anwalt bereits im 80 außergerichtlichen Verfahren oder im erst- oder zweitinstanzlichen gerichtlichen Verfahren tätig, fällt die Grundgebühr nicht erneut an.

c) Verfahrensgebühr

81 Für das Beschwerdeverfahren erhält der Anwalt eine Verfahrensgebühr nach Nr. 6215 VV RVG. Der Rahmen beläuft sich von **60 € bis 930 €**. Die **Mittelgebühr** beträgt **495 €**.

82 Eine **Anrechnung** der Verfahrensgebühr nach Nr. 6215 VV RVG auf die Verfahrensgebühr des nachfolgenden Revisionsverfahrens (Nr. 6211 VV RVG) für den Fall der Zulassung wie bei der Anm. zu Nr. 3506 VV RVG ist hier nicht vorgesehen.

83 Der **gerichtlich bestellte oder beigeordnete Rechtsanwalt** erhält eine Festgebühr i.H.v. **412 €**.

d) Terminsgebühren

84 Terminsgebühren für Verhandlungstermine sind im Rahmen der Nichtzulassungsbeschwerde nicht vorgesehen, da solche Termine nicht stattfinden.

85 Möglich sind aber Terminsgebühren nach Nr. 6201 VV RVG für die Teilnahme an Anhörungs- und Beweisterminen (s.o. Rn. 39 ff.).

e) Auslagen

86 Daneben erhält der Anwalt auch im Verfahren der Nichtzulassungsbeschwerde Ersatz seiner Auslagen, insbesondere eine **eigene Postentgeltpauschale** nach Nr. 7002 VV RVG, da es sich um eine eigene Angelegenheit handelt (§ 17 Nr. 9 RVG).

8. Gerichtliches Verfahren im Dritten Rechtszug

a) Grundgebühr

87 Im dritten Rechtszug kann der Anwalt wiederum die **Grundgebühr** (Nr. 6200 VV RVG) verdienen, wenn er dort erstmals beauftragt worden ist. War der Anwalt bereits im außergerichtlichen Verfahren oder im erst- oder zweitinstanzlichen gerichtlichen Verfahren oder im Verfahren der Nichtzulassungsbeschwerde tätig, fällt die Grundgebühr nicht erneut an.

b) Verfahrensgebühr

88 Für das Betreiben des Geschäfts erhält der Anwalt eine Verfahrensgebühr nach Nr. 6211 VV RVG. Der Rahmen beläuft sich von **100 € bis 930 €**. Die **Mittelgebühr** beträgt **515 €**.

89 Die Gebühr entsteht auch dann, wenn eine erfolgreiche Nichtzulassungsbeschwerde vorangegangen ist. Eine Anrechnungsbestimmung wie bei der Anm. zu Nr. 3506 VV RVG ist hier nicht vorgesehen.

Der **gerichtlich bestellte oder beigeordnete Rechtsanwalt** erhält eine Festgebühr i.H.v. 90
412 €.

c) Terminsgebühr für Verhandlungstage

Darüber hinaus erhält der Anwalt eine Terminsgebühr (Nr. 6212 VV RVG) je Verhand- 91
lungstag i.H.v. **100 bis 470 €**. Die **Mittelgebühr** beträgt **285 €**.

Der **gerichtlich bestellte oder beigeordnete Rechtsanwalt** erhält eine Festgebühr i.H.v. 92
216 € je Verhandlungstag (Nr. 6212 VV RVG).

Dauert die Verhandlung länger, so erhält der gerichtlich bestellte oder beigeordnete 93
Rechtsanwalt eine zusätzlich Gebühr bei

- **mehr als fünf Stunden** nach Nr. 6213 VV RVG i.H.v. **114 €**,

- **mehr als acht Stunden** nach Nr. 6214 VV RVG i.H.v. **228 €**.

d) Terminsgebühr für Anhörungs- und Beweistermine

Auch im gerichtlichen Verfahren dritter Instanz kann darüber zusätzlich eine Terminsge- 94
bühr nach Nr. 6201 VV RVG für die Teilnahme an Anhörungs- und Beweisterminen entstehen (s.o. Rn. 39 ff.).

e) Zusätzliche Gebühr

Auch im Revisionsverfahren kommt eine zusätzliche Gebühr nach Nr. 6216 VV RVG in 95
Betracht; s. hierzu Rn. 98 ff.

f) Auslagen

Daneben erhält der Anwalt auch im gerichtlichen Verfahren dritter Instanz Ersatz seiner 96
Auslagen, insbesondere eine **eigene Postentgeltpauschale** nach Nr. 7002 VV RVG.

9. Wiederaufnahmeverfahren

Wird der Anwalt in einem Wiederaufnahmeverfahren tätig, so entstehen nach Vorbem. 97
6.2.3 VV RVG dieselben Gebühren wie im ersten Rechtszug (s.o. Rn. 57 ff.).

10. Zusätzliche Gebühr

Nach Nr. 6216 VV RVG erhält der Anwalt ein zusätzliche Gebühr, wenn durch seine Mit- 98
wirkung wird die mündliche Verhandlung entbehrlich wird. Diese Gebühr kann nur in
den **gerichtlichen Verfahren** entstehen, nicht in den außergerichtlichen Tätigkeiten.

Voraussetzung für diese zusätzliche Gebühr ist nach Nr. 6216 VV RVG, dass 99

- mit **Zustimmung der Beteiligten**

- eine **gerichtliche Entscheidung**

- **ohne mündliche Verhandlung** ergeht

oder

- einer **beabsichtigten Entscheidung ohne Hauptverhandlungstermin nicht widersprochen** wird.

100 Wie in den vergleichbaren Vorschriften der Nrn. 4141, 5115 VV RVG ist erforderlich, dass der Anwalt **mitgewirkt** hat. Dazu reicht eine Förderung. Auch hier wird die Förderung vermutet. Der Gebühren- oder Erstattungsschuldner muss darlegen und beweisen, dass eine auf die Förderung des Verfahrens gerichtete Tätigkeit nicht ersichtlich war (Abs. 2 Anm. zu Nr. 6216 VV RVG).[14]

101 Die Höhe der Gebühr richtet sich nach der Verfahrensgebühr des Rechtszugs, in dem die Hauptverhandlung vermieden wurde (Abs. 3 Satz 1 der Anm. zu Nr. 6216 VV RVG).

102 Für den Wahlanwalt bemisst sich die Gebühr jeweils nach der **Rahmenmitte** (Abs. 3 Satz 1 der Anm. zu Nr. 6216 VV RVG). Er erhält also faktisch eine Festgebühr.

E. Gerichtliche Verfahren bei Freiheitsentziehung und Unterbringungssachen

I. Überblick

103 Die Vergütung in gerichtlichen Verfahren bei Freiheitsentziehung und Unterbringungssachen ist in Teil 6 Abschnitt 3 VV RVG geregelt. Diese Vorschriften entsprechen dem bisherigen § 112 BRAGO:

- Geregelt sind zunächst die Gebühren in Verfahren über die **Anordnung einer (erstmaligen) Freiheitsentziehung** (Nrn. 6300, 6301 VV RVG).

- Die Gebühren im Verfahren über die **Fortdauer der Freiheitsentziehung** finden sich in den Nrn. 6302, 6303 VV RVG.

- Ist der Anwalt nur mit **Einzeltätigkeiten** beauftragt, so gilt Teil 6 Abschnitt 4 VV RVG (Nr. 6404 VV RVG).

104 Erfasst werden von den Nrn. 6300 ff. VV RVG Verfahren

- nach dem **Gesetz über das gerichtliche Verfahren bei Freiheitsentziehung (FEV)**,[15]

---

14 *Burhoff/Volpert*, RVG, Nr. 6126 VV RVG Rn. 11; vgl. AG Unna, JurBüro 1998, 410.
15 *Burhoff/Volpert*, RVG, Nr. 6300 VV RVG Rn. 7.

- in **Abschiebungshaftsachen** nach dem **AuslG,**[16]

- in **Freiheitsentziehungsverfahren nach den jeweiligen Landesgesetzen,**[17]

- nach dem **Infektionsschutzgesetz,**[18]

- nach **§ 70 Abs. 1 FGG,** also in U**nterbringungsverfahren** durch Eltern, Vormünder, Pfleger oder Betreuer,[19]

- ferner gerichtliche Verfahren bei Polizeigewahrsam.[20]

Keine Anwendung finden die Nrn. 6300 ff. VV RVG dagegen in   105

- **Strafsachen,** also insbesondere nicht bei Haftprüfungsterminen, Haftbeschwerden oder Verfahren nach § 81 StPO,[21]

- Verfahren über die Überprüfung der Unterbringung nach den §§ 67d und 67e StGB,[22]

- Verfahren nach dem IStGH-Gesetz (es gelten die Nrn. 6100 ff. VV RVG),[23]

- Verfahren vor der Verwaltungsbehörde nach dem FEV.[24]

Darüber hinaus sind die Nrn. 6300 ff. VV RVG nicht in **Verfahren vor den Verwal-**   106
tungsbehörden anzuwenden, in denen die Freiheitsentziehung vorbereitet wird, also in Verfahren, die dem gerichtlichen Freiheitsentziehungsverfahren vorangehen.[25] In diesen Verfahren richtet sich die Vergütung nach Nr. 2400 VV RVG.[26]

II. Umfang der Angelegenheit

1. Die verschiedenen Verfahren

Unterschieden wird zum einen nach Verfahren   107

---

16   LG Berlin, JurBüro 1976, 1084; OLG Düsseldorf, JurBüro 1981, 234 m. Anm. *Mümmler;* BayObLG, JurBüro 1988, 1663; AnwKom-RVG-*Wahlen,* Nrn. 6300 – 6303 VV RVG Rn. 6; *Burhoff/Volpert,* RVG, Nr. 6300 VV RVG Rn. 7.

17   *Hansens,* BRAGO, § 112 Rn. 1; AnwKom-RVG-*Wahlen,* Nrn. 6300 – 6303 VV RVG Rn. 6.

18   *Burhoff/Vopert,* RVG, Nr. 6300 VV RVG Rn. 9.

19   AnwKom-RVG-*Wahlen,* Nrn. 6300 – 6303 VV RVG Rn. 7.

20   *Burhoff/Volpert,* RVG, Nr. 6300 VV RVG Rn. 10.

21   *Hansens,* BRAGO, § 112 Rn. 2; AnwKom-RVG-*Wahlen,* Nrn. 6300 – 6303 VV RVG Rn. 8.

22   LG Köln, StV 1997, 37; a.A. OLG Düsseldorf, JurBüro 1985, 729; OLG Stuttgart, MDR 1994, 312 = Rpfleger 1994, 126; AnwKom-RVG-*Wahlen,* Nrn. 6300 – 6303 VV RVG Rn. 8.

23   *Burhoff/Volpert,* RVG, Nr. 6300 VV RVG Rn. 6.

24   *Burhoff/Volpert,* a.a.O.

25   LG Berlin, JurBüro 1976, 1084; BayObLG, JurBüro 1988, 1663; AnwKom-RVG-*Wahlen,* Nrn. 6300 – 6303 Rn. 9; *Burhoff/Volpert,* RVG, Nr. 6300 VV RVG Rn. 6.

26   AnwKom-RVG-*Wahlen,* Nrn. 6300 – 6303 VV RVG Rn. 9.

- über die **erstmalige Freiheitsentziehung,**

- über die **Fortdauer der Freiheitsentziehung,**

- über **Anträge auf Aufhebung der Freiheitsentziehung** sowie

- über die **Aufhebung oder Verlängerung einer Unterbringungsmaßnahme** nach § 70i FGG.

108 Jedes dieser Verfahren ist eine **eigene Angelegenheit** i.S.d. § 15 RVG.

2. Verschiedene Rechtszüge

109 Darüber hinaus ist **jeder Rechtszug** in diesen Verfahren wiederum eine eigene Angelegenheit (§ 15 Abs. 2 Satz 2 RVG; Anm. zu Nr. 6300 VV RVG; Anm. zu Nr. 6302 VV RVG).

3. Verfahren nach Zurückverweisung

110 Wird aufgrund einer **Beschwerde** oder weiteren Beschwerde die Sache zurückverwiesen, stellt das weitere Verfahren nach Zurückverweisung eine neue Gebührenangelegenheit dar (§ 21 Abs. 1 RVG). Eine Anrechnung wie etwa bei den Gebühren nach Teil 3 VV RVG (s. Vorbem. 3 Abs. 6 VV RVG) ist hier nicht vorgesehen. Die Streitfrage, ob der bisherige § 15 Abs. 1 Satz 2 BRAGO (jetzt § 21 Abs. 1 RVG) in diesen Verfahren anzuwenden sei,[27] hat sich damit erledigt.

4. Mehrere Betroffene

111 Ist der Anwalt für **mehrere Betroffene** tätig, liegen mehrere Angelegenheiten i.S.d. § 15 Abs. 2 RVG vor.[28] Jede Unterbringung erfordert eine gesonderte Überprüfung, die möglicherweise zu verschiedenen Maßnahmen führt, so dass jeweils eine gesonderte Angelegenheit vorliegt.[29]

5. Vorläufige Anordnungsverfahren

112 Kommt es in den o.g. Sachen zu einem vorläufigen Anordnungsverfahren, so gilt dies wiederum als **eigene Angelegenheit** (§§ 17 Nr. 4b), 18 Nr. 2 1. Halbs. RVG).

113 **Mehrere vorläufige Anordnungsverfahren dieselbe Hauptsache betreffend** sind dagegen als eine Angelegenheit zu behandeln (§ 18 Nr. 2 1. Halbs. RVG), wobei allerdings die Gegenstandswerte zu addieren sind, und zwar auch dann, wenn sie denselben Gegenstand betreffen (§ 18 Nr. 2 2. Halbs. RVG). Dagegen lösen Abänderungs- oder Aufhebungsverfahren – z.B. Anträge auf Aufhebung einer einstweiligen Freiheitsentziehung –

---

27 AnwKom-BRAGO-*N. Schneider,* § 112 Rn. 16.
28 AnwKom-RVG-*Wahlen,* Nrn. 6300 – 6303 VV RVG Rn. 9.
29 AG Hildesheim, KostRspr. BRAGO § 112 Nr. 2.

keine eigene Angelegenheiten aus, wenn der Anwalt bereits im Anordnungsverfahren tätig war (§ 16 Nr. 6 RVG).

War der Anwalt dagegen im einstweiligen Anordnungsverfahren nicht tätig, entsteht im Abänderungs- oder Aufhebungsverfahren eine neue Angelegenheit (§ 16 Nr. 4d) RVG). 114

III. Verfahren bei erstmaliger Freiheitsentziehung

1. Verfahrensgebühr

In Verfahren bei erstmaliger Freiheitsentziehung nach dem Gesetz über das gerichtliche Verfahren bei Freiheitsentziehungen und bei Unterbringungsmaßnahmen nach § 70 Abs. 1 FGG entsteht dem Anwalt eine **Verfahrensgebühr** nach Nr. 6300 VV RVG. 115

Der Gebührenrahmen beläuft sich von **30 € bis 400**. Die Mittelgebühr beträgt **215 €**. 116

Der gerichtlich **bestellte oder beigeordnete Rechtsanwalt** erhält eine Festgebühr i.H.v. **172 €**. 117

Die Verfahrensgebühr entsteht für jeden Rechtszug (Anm. zu Nr. 6300 VV RVG); s. hierzu Rn. 107 ff. 118

Vertritt der Anwalt **mehrere Auftraggeber** in demselben Verfahren, so erhöht sich der Gebührenrahmen nach Nr. 1008 VV RVG um **30 %** je zusätzlichen Auftraggeber.[30] Dies war nach der bisherigen Rechtslage umstritten.[31] Da die Gebühr jetzt ausdrücklich als Verfahrensgebühr bezeichnet ist, dürfte sich die Streitfrage erledigt haben. 119

2. Terminsgebühr

In den Verfahren erstmaliger Freiheitsentziehung nach dem Freiheitsentziehungsgesetz erhält der Anwalt für die **Teilnahme an gerichtlichen Terminen** (Anm. zu Nr. 6301 VV RVG) eine Gebühr i.H.v. **30 € bis 400 €**. Die **Mittelgebühr** beträgt **215 €**. 120

Die Gebühr wird ausgelöst, sobald das Gericht mit der Anhörung oder Vernehmung beginnt.[32] 121

Nach Vorbem. 6 Abs. 3 Satz 2 VV RVG reicht es jetzt auch aus, wenn der Anwalt zum anberaumten Termin zwar erscheint, es jedoch zur Anhörung oder Vernehmung nicht mehr kommt, etwa weil der Betroffene zwischenzeitlich bereits entlassen oder verstorben ist.[33] 122

---

30 Bei Vertretung mehrerer Betroffener liegen allerdings mehrere Angelegenheiten vor, so dass die Gebühren gesondert entstehen (s.o. Rn. 111) und eine Anwendung der Nr. 1008 VV RVG somit nicht in Betracht kommt.

31 AnwKom-BRAGO-*N. Schneider,* § 112 Rn. 18.

32 LG Aachen, AnwBl. 1975, 102; AnwKom-RVG-*Wahlen,* Nrn. 6300 – 6303 VV RVG Rn. 24.

33 Anders noch nach § 112 BRAGO: LG Aachen, AnwBl. 1975, 102; AnwKom-RVG-*Wahlen,* Nrn. 6300 – 6303 VV RVG Rn. 26.

123

> **Hinweis:**
>
> **Besprechungen** außerhalb des gerichtlichen Termins mit Dritten können die Terminsgebühr nach Nr. 6301 VV RVG nicht auslösen, sondern sind durch die Verfahrensgebühr der Nr. 6300 VV RVG abgegolten.[34] Eine entsprechende Regelung wie in Vorbem. 3 Abs. 3 VV RVG fehlt.

124 Der **gerichtliche bestellte oder beigeordnete Anwalt** erhält eine Festgebühr i.H.v. **172 €**.

IV. Verfahren über die Fortdauer, Aufhebung oder Verlängerung

1. Überblick

125 Die Tätigkeit des Anwalts in Verfahren

- über die Fortdauer der Freiheitsentziehung und

- über Anträge auf Aufhebung der Freiheitsentziehung sowie

- über die Aufhebung oder Verlängerung einer Unterbringungsmaßnahme nach § 70i FGG

ist in den Nrn. 6302, 6303 VV RVG geregelt.

2. Umfang der Angelegenheit

126 Auch hier entsteht die Gebühr in **jedem Rechtszug** erneut. Werden mehrere Verfahren auf Aufhebung oder Fortdauer eingeleitet, so erhält der Anwalt die Gebühren für jedes Verfahren gesondert.[35] Nur einmal erhält der Anwalt die Gebühren allerdings, wenn über die Aufhebung und Fortdauer im selben Verfahren entschieden wird.[36]

127 Auch hier liegen mehrere Angelegenheiten vor, wenn der Anwalt **mehrere Betroffene** vertritt (s.o. Rn. 111).

128 Für **Beschwerdeverfahren** entstehen die Gebühren erneut (Anm. zu Nr. 6302 VV RVG).

3. Verfahrensgebühr

129 Der Anwalt erhält zunächst eine Verfahrensgebühr nach Nr. 6302 VV RVG. Der Gebührenrahmen beläuft sich auf **20 € bis 250 €**. Die **Mittelgebühr** beträgt **135 €**.

---

34 AnwKom-RVG-*Wahlen*, Nrn. 6300 – 6303 VV RVG Rn. 27 f.
35 *Schneider/Mock*, § 27 Rn. 47.
36 *Schneider/Mock*, a.a.O.

Der **gerichtlich bestellte oder beigeordnete Rechtsanwalt** erhält eine Festgebühr i.H.v. 108 €. 130

Vertritt der Anwalt im Übrigen **mehrere Auftraggeber** gemeinschaftlich, so erhöht sich 131 der Gebührenrahmen um **30 %** (Nr. 1008 VV RVG). Bei Vertretung mehrerer Betroffener liegen allerdings mehrere Angelegenheiten vor, so dass die Gebühren gesondert entstehen (s.o. Rn. 111) und eine Anwendung der Nr. 1008 VV RVG somit nicht in Betracht kommt.

4. Terminsgebühr

In den Fällen der Nr. 6302 VV RVG erhält der Anwalt eine Terminsgebühr für die **Teil-** 132 **nahme an gerichtlichen Terminen** (Anm. zu Nr. 6303 VV RVG) i.H.v. **20 € bis 250 €**. Die **Mittelgebühr** beträgt **135 €**.

Der **gerichtlich bestellte oder beigeordnete Rechtsanwalt** erhält eine Festgebühr i.H.v. 133 **108 €**.

5. Auslagen

Da jedes Verfahren eine eigene Angelegenheit darstellt, erhält der Anwalt in jeder An- 134 gelegenheit seine Vergütung auch gesondert, insbesondere eine **Postentgeltpauschale** nach Nr. 7002 VV RVG.

F. Besondere Verfahren

I. Übersicht

1. Überblick

Im Teil 6 Abschnitt 4 VV RVG sind vier besondere Verfahren geregelt, nämlich Verfahren 135

- auf **gerichtliche Entscheidung nach der Wehrbeschwerdeordnung (WBO)**, auch **i.V.m. § 42 WDO**;
  - diese Verfahren sind aus § 109a BRAGO übernommen worden;
- auf **Abänderung oder Neubewilligung des Unterhaltsbetrages**;
  - dieses Verfahren war bislang in § 109 Abs. 6 BRAGO geregelt;
- **vor dem Dienstvorgesetzten** über die **nachträgliche Aufhebung einer Disziplinarmaßnahme** und
- auf **gerichtliche Entscheidung über die nachträgliche Aufhebung einer Diszip-linarmaßnahme**;
  - diese beiden letzten Verfahren waren bisher in § 109 Abs. 7 BRAGO geregelt.

136 Vorgesehen sind hier jeweils **Verfahrens- und Terminsgebühren**. Eine **Grundgebühr** ist auch hier nicht vorgesehen. Ebenso wenig gibt es hier **zusätzliche Gebühren**.

137 Gebühren für **den gerichtlich bestellten oder beigeordneten Rechtsanwalt** sind nicht vorgesehen, da eine gerichtliche Bestellung entsprechend § 90 WBO im gerichtlichen Antragsverfahren nach der WBO nicht möglich ist. Auch die Bestimmungen über die Prozesskostenhilfe finden im Verfahren nach der WBO nach h.M. keine Anwendung. Dies gilt auch für Beschwerden der Soldaten gegen Disziplinarmaßnahmen sowie gegen Entscheidungen des Disziplinarvorgesetzten, weil für diese Beschwerden nach § 42 WBO ebenfalls die Vorschriften der WBO anzuwenden sind.[37]

2. Verfahren auf gerichtliche Entscheidung nach der Wehrbeschwerdeordnung vor dem Truppendienstgericht

138 Die Gebühren für die Verfahren auf gerichtliche Entscheidung nach der WBO vor dem Truppendienstgericht sind in den Nrn. 6401, 6402 VV RVG geregelt.

3. Verfahren auf gerichtliche Entscheidung nach der Wehrbeschwerdeordnung vor dem Bundesverwaltungsgericht

139 Die Gebühren für Verfahren auf gerichtliche Entscheidung nach der WBO vor dem Bundesverwaltungsgericht sind gesondert in den Nrn. 6403, 6404 VV RVG geregelt.

4. Übrige Verfahren

140 Daneben findet sich in Nr. 6404 VV RVG ein Auffangtatbestand für die übrigen Verfahren, in denen der Anwalt als Verfahrensbevollmächtigter beauftragt ist. Hierzu gehören die Verfahren nach

• Vorbem. 6.4 Nr. 2 VV RVG	auf Abänderung oder Neubewilligung eines Unterhaltsbeitrags
• Vorbem. 6.4 Nr. 3 VV RVG	vor dem Dienstvorgesetzten über die nachträgliche Aufhebung einer Disziplinarmaßnahme
• Vorbem. 6.4 Nr. 4 VV RVG	auf gerichtliche Entscheidung über die nachträgliche Aufhebung einer Disziplinarmaßnahme.

---

37 Burhoff/*Volpert*, RVG, Nr. 6400 VV RVG Rn. 17.

II. Verfahren auf gerichtliche Entscheidung nach der Wehrbeschwerdeordnung auch i.V.m. § 42 WBO

1. Verfahrensgebühr

In den vorgenannten Verfahren auf gerichtliche Entscheidung nach der WBO, auch i.V.m. §42 WBO, erhält der Anwalt für die Vertretung des Auftraggebers vor dem Truppendienstgericht eine **Verfahrensgebühr** nach Nr. 6400 VV RVG i.H.v. **70 €** bis **570 €**. Die **Mittelgebühr** beträgt 320 €. Auch hier entsteht die Verfahrensgebühr für das Betreiben des Geschäfts einschließlich der Information (Vorbem. 6 Abs. 2 VV RVG). 141

2. Terminsgebühr

Darüber hinaus erhält der Anwalt für die Teilnahme an gerichtlichen Terminen, soweit nichts anderes bestimmt ist (Vorbem. 6 Abs. 3 VV RVG), eine **Terminsgebühr** i.H.v. **70 €** bis **570 €**. Die **Mittelgebühr** beträgt 320 €. 142

Die Gebühr entsteht je Verhandlungstag unabhängig davon, ob es sich um den ersten Verhandlungstag handelt oder um einen Fortsetzungstermin. 143

Der Rechtsanwalt erhält die Terminsgebühr auch hier, wenn er zu einem anberaumten Termin erscheint, dieser aber aus Gründen, die er nicht zu vertreten hat, nicht stattfindet. Dies gilt nicht, wenn er rechtzeitig von der Aufhebung oder Verlegung des Termins Kenntnis hatte oder hätte haben müssen (Vorbem. 6 Abs. 3 Satz 2 VV RVG). 144

3. Auslagen

Hinzu kommen die Auslagen nach Nr. 7000 VV RVG. 145

III. Verfahren auf gerichtliche Entscheidung nach der Wehrbeschwerdeordnung vor dem Bundesverwaltungsgericht

1. Verfahrensgebühr

In Verfahren auf gerichtliche Entscheidung nach der Wehrbeschwerdeordnung vor dem Bundesverwaltungsgericht erhält der Anwalt nach Nr. 6402 VV RVG eine Verfahrensgebühr i.H.v. **85 €** bis **665 €**. Die **Mittelgebühr** beträgt **375 €**. 146

2. Terminsgebühr

Darüber hinaus erhält er für jeden Verhandlungstag gemäß Nr. 6403 VV RVG eine **Terminsgebühr** i.H.v. weiteren **85 €** bis **665 €**. Die Mittelgebühr beträgt **375 €**. 147

Die Gebühr entsteht wiederum je Verhandlungstag unabhängig davon, ob es sich um den ersten Verhandlungstag handelt oder um einen Fortsetzungstermin. 148

149 Der Rechtsanwalt erhält die Terminsgebühr auch hier, wenn er zu einem anberaumten Termin erscheint, dieser aber aus Gründen, die er nicht zu vertreten hat, nicht stattfindet. Dies gilt nicht, wenn er rechtzeitig von der Aufhebung oder Verlegung des Termins Kenntnis hatte oder hätte haben müssen (Vorbem. 6 Abs. 3 Satz 2 VV RVG).

3. Auslagen

150 Hinzu kommen wiederum die Auslagen nach Nr. 7000 VV RVG.

IV. Übrige Verfahren

151 In den sonstigen Verfahren des Teils 6 Abschnitt 4 VV RVG erhält der Anwalt nach Nr. 6404 VV RVG eine **Verfahrensgebühr** i.H.v. **20 € bis 250 €; Mittelgebühr 135 €.**

152 Der **gerichtlich bestellte oder beigeordnete Anwalt** erhält eine Gebühr i.H.v. **108 €.**

153 **Terminsgebühren** sind hier nicht vorgesehen.

G. Einzeltätigkeiten

154 Neben den Gebühren in den in Teil 6 VV RVG genannten Verfahren ist in Teil 6 Abschnitt 4 VV RVG auch die Vergütung für **Einzeltätigkeiten** geregelt (Nr. 6404 VV RVG). Dies gilt für alle Verfahren nach Teil 6 VV RVG, in denen der Anwalt nicht Verfahrensbevollmächtigter ist, also nicht mit der Vertretung insgesamt beauftragt ist, sondern nur mit einzelnen Tätigkeiten, sowie für Verfahren, die nicht gesondert in den Nrn. 6400 ff. VV RVG erwähnt sind.

155 Hier wiederum sind auch Gebühren für **den gerichtlich bestellten oder beigeordneten Rechtsanwalt** vorgesehen.

156 Zu den hier geregelten Einzeltätigkeiten gehören insbesondere die bislang in § 112 Abs. 3 BRAGO erfassten Einzeltätigkeiten auf

- Einlegung eines Rechtsmittels,
- Anfertigung oder Unterzeichnung von Anträgen, Gesuchen oder Erklärungen oder
- sonstige Beistandsleistungen im Verfahren nach dem Freiheitsentziehungsgesetz oder § 70 Abs. 2 FGG.

157 Der Anwalt erhält nach Nr. 6404 VV RVG eine Verfahrensgebühr i.H.v. **20 € bis 250 €.** Die **Mittelgebühr** beträgt **135 €.**

158 Der **gerichtlich bestellte oder beigeordnete Rechtsanwalt** erhält eine Festgebühr i.H.v. **108 €.**

Die Verfahrensgebühr nach Nr. 6404 VV RVG fällt dann für jede Einzeltätigkeit gesondert 159
an. Jede Einzeltätigkeit gilt als **gesonderte Angelegenheit** i.S.d. § 15 RVG.

Unberührt bleibt allerdings die Vorschrift des § 15 RVG im Übrigen (Abs. 2 der Anm. zu 160
Nr. 6404 VV RVG). Die Summe der Gebühren für mehrere Einzeltätigkeiten darf danach
nicht den Betrag übersteigen, den der Anwalt erhalten hätte, wenn er für das gesamte
Verfahren bestellt worden wäre (§ 15 Abs. 6 RVG).

Darüber hinaus sieht Abs. 3 der Anm. zu Nr. 6404 VV RVG vor, dass die Gebühr für ei- 161
ne Einzeltätigkeit **angerechnet** wird, wenn dem Rechtsanwalt später der Auftrag zur Verteidigung oder zur Vertretung im gesamten Verfahren übertragen wird. Es bleibt dann
zwar bei mehreren Angelegenheiten; die Gebühr für die Einzeltätigkeit wird jedoch voll
angerechnet, so dass sich das Gebührenaufkommen in der nachfolgenden Angelegenheit entsprechend verringert.

Teil 17: Zwangsvollstreckung, Zwangsversteigerung, Zwangsverwaltung

Inhaltsverzeichnis

A. Zwangsvollstreckung

I. Überblick

1 Gegenüber der bisherigen Regelung in den §§ 57, 58 BRAGO ergeben sich im RVG folgende Änderungen:

- In der Anm. zu Nr. 3310 VV RVG wird klargestellt, dass die Terminsgebühr auch für die Teilnahme am Termin zur **Abnahme der eidesstattlichen Versicherung** durch den Gerichtsvollzieher entsteht.

- Die Nrn. 3309 und 3310 VV RVG gelten nach der ausdrücklichen Regelung in Vorbem. 3.3.3 VV RVG auch für **Verfahren nach § 33 FGG**, die in der BRAGO von § 118 BRAGO erfasst wurden und für gerichtliche Verfahren über einen Akt der Zwangsvollstreckung (des Verwaltungszwangs), die in § 114 Abs. 7 BRAGO geregelt waren.

- Nach Abs. 1 der Vorbem. 2.4 VV RVG gelten die Nrn. 3309 und 3310 VV RVG auch für das **außergerichtliche Verwaltungszwangsverfahren,** das in § 119 Abs. 2 BRAGO geregelt war.

- Die mit dem Verfahren zusammenhängenden Tätigkeiten werden nunmehr **einheitlich** für das Erkenntnis- und das Zwangsvollstreckungsverfahren in § 19 Abs. 1 RVG **geregelt.**

- Das **Verteilungsverfahren** nach den §§ 858 Abs. 5, 872 – 877, 882 ZPO bildet gemäß § 18 Nr. 12 RVG eine besondere Angelegenheit. Statt einer 5/10-Gebühr (§ 60 BRAGO) fallen nunmehr die 0,3 Gebühren nach den Nrn. 3309 und 3310 VV RVG an.

- Nach § 18 Nr. 10 RVG bildet das **Verfahren über einen Antrag** (Singular) nach § 825 ZPO eine besondere Angelegenheit. Im Gegensatz dazu bestimmte § 58 Abs. 3 Nr. 4a BRAGO, dass Verfahren über Anträge (Plural) nach § 825 ZPO als besondere Angelegenheit gelten.

- In § 18 Nr. 15 RVG ist das Verfahren zur Ausführung einer Verfügung des Gerichts auf **Vornahme, Unterlassung oder Duldung einer Handlung** durch Zwangsmittel und einer besonderen Verfügung des Gerichts zur Anwendung von Gewalt nach **§ 33 FGG** als besondere Angelegenheit aufgenommen worden.

- Das Verfahren zur Abnahme der **eidesstattlichen Versicherung** nach § 33 Abs. 2 Satz 5 und 6 FGG bildet nach § 18 Nr. 18 RVG eine besondere Angelegenheit.

- Für die Tätigkeit im **Erinnerungsverfahren nach § 766 ZPO** gegen eine Vollstreckungsmaßnahme fallen nunmehr 0,5 Gebühren nach den Nrn. 3500 und 3513 VV RVG an.

- Die Tätigkeit in einem **Erinnerungsverfahren nach § 11 Abs. 2 RPflG** (Fälle der sofortigen Erinnerung, wenn gegen die Entscheidung nach den allgemeinen verfahrensrechtlichen Vorschriften ein Rechtsmittel nicht gegeben ist) gilt als besondere Angelegenheit.

- Der **Gegenstandswert** im Erinnerungs- und Beschwerdeverfahren in der Zwangsvollstreckung ist nunmehr in einer allgemeinen Wertvorschrift (§ 23 Abs. 2 RVG statt § 25 RVG) geregelt.

II. Anwendungsbereich von Nrn. 3309 und 3310 VV RVG

1. Abgrenzung zu anderen Vorschriften

Die Nrn. 3309 und 3310 VV RVG (Teil 3 Abschnitt 3 Unterabschnitt 3 VV RVG) enthalten die Gebührentatbestände für Tätigkeiten in der Zwangsvollstreckung. Sie gelten nach der Anm. zu Nr. 3309 VV RVG für die Tätigkeit in der Zwangsvollstreckung, soweit nachfolgend keine besonderen Gebühren bestimmt sind. Die Nrn. 3309 und 3310 VV RVG finden danach **keine Anwendung**   2

- im **Zwangsversteigerungs- und Zwangsverwaltungsverfahren.** Hier gelten die Nrn. 3311 und 3312 VV RVG (bisher §§ 68, 69 BRAGO);

- im **Insolvenzverfahren und im Verteilungsverfahren nach der schifffahrtsrecht-lichen Verteilungsordnung,** vgl. insoweit Nrn. 3313 – 3323 VV RVG (bisher §§ 72 – 82 BRAGO);

- im Verfahren über die **vorläufige Einstellung, Beschränkung oder Aufhebung** der Zwangsvollstreckung, vgl. insoweit Nr. 3328 und Nr. 3332 VV RVG (bisher § 49 BRAGO);

- im **Verteilungsverfahren** außerhalb von Zwangsversteigerung und -verwaltung, vgl. Nr. 3333 VV RVG (bisher § 71 BRAGO);

- im Verfahren vor dem Prozessgericht oder dem AG auf Bewilligung, Verlängerung oder Verkürzung einer **Räumungsfrist** (§§ 721, 794a ZPO), vgl. insoweit Nr. 3334 VV RVG (bisher § 50 BRAGO).

3   Soweit in der Zwangsvollstreckung ein **Klageverfahren** durchzuführen ist (vgl. z.B. §§ 722, 731, 767, 768, 771, 774, 785, 786, 805, 878 ZPO) gelten die Gebühren nach Teil 3 Abschnitt 1 VV RVG (Nrn. 3100 ff. VV RVG).

2.   Beteiligte Rechtsanwälte

4   Die Nrn. 3309 und 3310 VV RVG finden für **Gläubiger- und Schuldnervertreter** in gleicher Weise Anwendung. Auch wenn der Rechtsanwalt in der Zwangsvollstreckung einen **Dritten** vertritt, z.B. den Drittschuldner bei der Abgabe der Erklärung nach § 840 ZPO, entsteht die Verfahrensgebühr Nr. 3309 VV RVG.

3.   Verteilungsverfahren nach §§ 858 Abs. 5, 872 – 877 und 882 ZPO

5   Das Verteilungsverfahren nach den §§ 858 Abs. 5, 872 – 877 und 882 ZPO bildet nach § 18 Nr. 12 RVG eine besondere Angelegenheit in der Zwangsvollstreckung. Nach § 60 BRAGO entstanden für die Tätigkeit in diesem Verteilungsverfahren 5/10- bzw. 3/10-Gebühren. Im RVG gelten insoweit die Nrn. 3309 und 3310 VV RVG, da es sich um ein Verfahren der Zwangsvollstreckung handelt und besondere Gebühren für dieses Verteilungsverfahren nicht bestimmt sind. Nr. 3333 VV RVG gilt nur für Verteilungsverfahren außerhalb der Zwangsversteigerung und Zwangsverwaltung und entspricht § 71 BRA-GO (vgl. BT-Drucks. 15/1971, S. 217). Erfasst werden von Nr. 3333 VV RVG z.B. die Verteilungsverfahren nach Art. 53 Abs. 1 Satz 2, 53a und 67 Abs. 2 EGBGB, die sich nach den Verfahrensvorschriften der §§ 105 ff. ZVG richten.[1]

4.   Gerichtliches Verfahren über den Verwaltungszwang

6   Die Nrn. 3309 und 3310 VV RVG gelten nach der Vorbem. 3.3.3 VV RVG auch für das bisher in § 114 Abs. 7 BRAGO geregelte **gerichtliche Verfahren** über einen Akt der

---

1   Vgl. *Hartmann*, KostG, Nr. 3333 VV RVG Rn. 1 ff.; a.A.: *Göttlich/Mümmler/Rehberg/Xanke*, RVG, „Zwangsvollstreckung" 4.7: Für die Verteilungsverfahren nach §§ 858 Abs. 5, 872 – 877 und 882 ZPO gilt Nr. 3333 VV RVG.

Zwangsvollstreckung (**Verwaltungszwang**). Erfasst werden die Verfahren, durch die eine Maßnahme der Verwaltungsvollstreckung oder des Verwaltungszwangs beim VG angefochten wird.

5. Außergerichtliches Verwaltungszwangsverfahren

Die Gebühren des Rechtsanwalts im **außergerichtlichen Verwaltungszwangsverfahren** waren in der BRAGO in § 119 Abs. 2 geregelt. Im RVG sind nach der Vorbem. 2.4 Abs. 1 VV RVG die Nrn. 3309 und 3310 VV RVG entsprechend anzuwenden. Der Hinweis in der Vorbem. 2.4 Abs. 1 VV RVG ist erforderlich, weil es sich beim Verwaltungszwangsverfahren um ein außergerichtliches Verfahren handelt und sich die Gebühren für außergerichtliche Tätigkeiten sonst nach Teil 2 VV RVG richten.[2]   **7**

Die Gebühren für das verwaltungsgerichtliche Verfahren über einen Akt der Zwangsvollstreckung (Verwaltungszwang) richten sich nach Vorbem. 3.3.3 VV RVG ebenfalls nach Nrn. 3309 und 3310 VV RVG.   **8**

6. Zwangsgeldverfahren

Für die anwaltliche Tätigkeit im **Zwangsgeldverfahren** nach § 33 FGG gelten nach Vorbem. 3.3.3 VV RVG die Nrn. 3309 und 3310 VV RVG entsprechend (vgl. zur Angelegenheit auch § 18 Nr. 15 und Nr. 18 RVG). In der BRAGO wurde die Tätigkeit des Anwalts in diesen Verfahren durch die Satzrahmengebühren des § 118 BRAGO vergütet.   **9**

7. Verfahren auf Eintragung einer Zwangshypothek

Die Vergütung der anwaltlichen Tätigkeit im **Verfahren auf Eintragung einer Zwangshypothek** nach §§ 867 und 870a ZPO richtet sich nach Vorbem. 3.3.3 nach den Nrn. 3309 und 3310 VV RVG (vgl. zur Angelegenheit auch § 18 Nr. 13 RVG). Im Übrigen (Zwangsversteigerung und Zwangsverwaltung) gelten für die Zwangsvollstreckung in das unbewegliche Vermögen Nrn. 3311 und 3312 VV RVG.   **10**

8. Erfasste Vollstreckungstitel

Nrn. 3309 und 3310 VV RVG erfassen die Tätigkeit des Rechtsanwalts bei der Zwangsvollstreckung, für die die Vorschriften der ZPO über die Zwangsvollstreckung gelten, so z.B. die §§ 98, 99, 158 Abs. 2 FGG, §§ 463 StPO, 155, 157 Abs. 2 StPO, § 198 SGG, § 45 Abs. 3 WEG, § 52 VersAufsG, § 109 Abs. 2 GenG, Titel nach der InsO und nach dem ZVG.   **11**

---

2   Vgl. BT-Drucks. 15/1971, S. 206.

III. Verfahrensgebühr

1. Anfall der Gebühr

12 Nach Vorbem. 3 Abs. 2 VV RVG entsteht die Verfahrensgebühr der Nr. 3309 VV RVG in der Zwangsvollstreckung für das **Betreiben des Geschäfts** einschließlich der Information. Die Verfahrensgebühr fällt dem Anwalt mit der ersten Tätigkeit im Rahmen der Zwangsvollstreckung nach Auftragserteilung an. Nr. 3309 VV RVG findet für **Gläubiger- und Schuldnervertreter** in gleicher Weise Anwendung. Auch wenn der Rechtsanwalt in der Zwangsvollstreckung einen **Dritten** vertritt, z.B. den Drittschuldner bei der Abgabe der Erklärung nach § 840 ZPO, entsteht die Verfahrensgebühr nach Nr. 3309 VV RVG.

2. Abgeltungsbereich der Verfahrensgebühr

13 Bei der Verfahrensgebühr handelt sich um eine Pauschgebühr, die sämtliche Tätigkeiten des Rechtsanwaltes innerhalb derselben Angelegenheit der Zwangsvollstreckung abgilt (vgl. § 15 Abs. 1 RVG), soweit hierfür nicht die Terminsgebühr nach Nr. 3310 VV RVG entsteht. In derselben Angelegenheit in demselben Rechtszug kann der Rechtsanwalt die Verfahrensgebühr nach § 15 Abs. 2 RVG **nur einmal** fordern.

3. Höhe der Verfahrensgebühr

a) Grundsatz

14 Die Verfahrensgebühr entsteht als Wertgebühr mit einem Gebührensatz von **0,3**. Die Höhe der Gebühr ist aus der Tabelle zu § 13 RVG abzulesen.

15 Eine **Ermäßigung** der Verfahrensgebühr im Falle der vorzeitigen Auftragsbeendigung erfolgt nicht, da eine entsprechende Ermäßigungsvorschrift nicht vorhanden ist (vgl. z.B. Nr. 3101 Nr. 1 VV RVG).

b) Mehrere Auftraggeber

16 Die Erhöhung der Verfahrensgebühr der Nr. 3309 VV RVG für die Vertretung mehrerer Auftraggeber bzw. mehrerer Personen als Auftraggeber richtet sich nach § 7 RVG und Nr. 1008 VV RVG. Danach erfolgt für jede weitere Person eine **Erhöhung um 0,3,** wenn der Gegenstand der anwaltlichen Tätigkeit derselbe ist (Abs. 1 der Anm. zu Nr. 1008 VV RVG). Die Erhöhung wird nach dem Betrag der gemeinschaftlichen Beteiligung der mehreren Personen berechnet (Abs. 2 der Anm. zu Nr. 1008 VV RVG). Es kommt nicht mehr auf die Zahl der Auftraggeber, sondern auf die **Zahl der Personen an, die Auftraggeber** sind. Ebenso wenig kommt es auch darauf darauf an, ob gegenüber dem Anwalt eine oder mehrere Personen auftreten. Selbst wenn eine Personenmehrheit eine Person bevollmächtigt, gegenüber dem Anwalt aufzutreten, kann dies für den Anwalt zu einem erhöhten Haftungsrisiko führen.

Nach § 6 Abs. 1 Satz 2 BRAGO erhöhte sich die jeweilige Ausgangsgebühr um 3/10.Nach   17
Nr. 1008 VV RVG erhöht sich hingegen bei Wertgebühren die Geschäfts- und die Verfahrensgebühr je weiterem Auftraggeber um den festen Gebührensatz von **0,3** unabhängig vom Gebührensatz der Ausgangsgebühr, die für den ersten Auftraggeber entsteht.[3] Daher beträgt die Gebührenerhöhung bei der 0,3 Verfahrensgebühr der Nr. 3309
VV RVG 0,3 und nicht 0,3 von 0,3 (0,09).[4] Es wird also nicht um einen Bruchteil der Ausgangsgebühr, sondern um einen feststehenden Gebührensatz von 0,3 erhöht.[5]

Beispiel: 18

Rechtsanwalt R beantragt für die beiden von ihm vertretenen Gläubiger wegen eines ge-
meinschaftlichen, titulierten Anspruchs über 5.000 € den Erlass eines Pfändungs- und
Überweisungsbeschlusses.

a) R kann nach dem RVG folgende Gebühr abrechnen:

0,6 Verfahrensgebühr Nrn. 3309, 1008 VV RVG (Wert: 5.000 €)	*180,60 €*

b) R konnte nach der BRAGO folgende Gebühr abrechnen:

3,9/10 Gebühr §§ 57 Abs. 1, 31 Abs. 1 Nr. 1, 6 BRAGO (Wert: 5.000 €)	*117,39 €*
(3/10 Gebühr gemäß § 57 BRAGO von 5.000 €)	*90,30 €*
3/10 Gebühr gemäß § 6 BRAGO von 90,30 €)	*+ 27,09 €*
Summe:	*117,39 €*

Mehrere Erhöhungen dürfen nach Abs. 3 der Anm. zu Nr. 1008 VV RVG einen Gebüh-   19
rensatz von 2,0 nicht übersteigen. Der Höchstbetrag von 2,0 wirkt sich erst dann aus,
wenn mehr als 8 Personen Auftraggeber sind. Die Verfahrensgebühr in der Zwangsvollstreckung einschließlich aller möglichen Erhöhungen beträgt daher **höchstens 2,3**.[6]

Beispiel 1:   20

Rechtsanwalt R beantragt für die sieben von ihm vertretenen Gläubiger wegen eines ge-
meinschaftlichen, titulierten Anspruchs über 5.000 € den Erlass eines Pfändungs- und
Überweisungsbeschlusses.

R kann folgende Gebühr abrechnen:

2,1 Verfahrensgebühr, Nrn. 3309, 1008 VV RVG (Wert: 5.000 €)	*632,10 €*
(0,3 Verfahrensgebühr zzgl. 1,8 Erhöhung – 6 weitere Auftraggeber x 0,3)	

---

3   Vgl. *Burhoff/Volpert*, RVG, ABC-Teil: Mehrere Personen als Auftraggeber [§ 7, Nr. 1008 VV], Rn. 19;
     Burhoff/Kindermann, RVG 2004, Rn. 101 ff.
4   So aber völlig unzutreffend *Hartmann*, KostG, Nr. 1008 VV RVG Rn. 8 für die 1,3 Verfahrensgebühr;
     gegen diese Auffassung stehen auch die Beispiele in der BT-Drucks. 15/1971, S. 205: Eine Gebühr
     von 1,0 erhöht sich auf 1,3 und eine Gebühr von 0,5 auf 0,8.
5   Vgl. *Göttlich/Mümmler/Rehberg/Xanke*, RVG, „Mehrere Auftraggeber" Rn. 5.
6   Vgl. *Göttlich/Mümmler/Rehberg/Xanke*, RVG, „Zwangsvollstreckung" 11.

21 **Beispiel 2:**

Rechtsanwalt R beantragt für die acht von ihm vertretenen Gläubiger wegen eines gemeinschaftlichen, titulierten Anspruchs über 5.000 € den Erlass eines Pfändungs- und Überweisungsbeschlusses.

R kann folgende Gebühr abrechnen:

2,3 Verfahrensgebühr, Nrn. 3309, 1008 VV RVG, (Wert: 5.000 €)   *692,30 €*

(0,3 Verfahrensgebühr zzgl. 2,0 Erhöhung: Die Erhöhung beträgt eigentlich 2,1 – 7 x 0,3 –, es gilt aber der Höchstbetrag von 2,0. Für den 7. weiteren Auftraggeber kommt die Erhöhung daher nur noch teilweise i.H.v. 0,2 statt 0,3 zum Tragen).

22 **Beispiel 3:**

Rechtsanwalt R beantragt für die zwölf von ihm vertretenen Gläubiger wegen eines gemeinschaftlichen, titulierten Anspruchs über 5.000 € den Erlass eines Pfändungs- und Überweisungsbeschlusses.

R kann folgende Gebühr abrechnen:

2,3 Verfahrensgebühr, Nrn. 3309, 1008 VV RVG (Wert: 5.000 €)   *692,30 €*

(0,3 Verfahrensgebühr zzgl. 2,0 Erhöhung. Die Erhöhung beträgt eigentlich 3,3 – 11 x 0,3 –, es gilt aber der Höchstbetrag von 2,0. Ab dem 7. weiteren Auftraggeber kommt die Erhöhung daher nur noch teilweise i.H.v. 0,2 statt 0,3 zum Tragen, ab dem 8. weiteren Auftraggeber erfolgt keine Erhöhung mehr).

23 Bei der Zwangsvollstreckung wegen titulierten **Unterhalts** für mehrere Personen erfolgt keine Erhöhung nach Nr. 1008 VV RVG, da nicht derselbe **Gegenstand** der anwaltlichen Tätigkeit betroffen ist (Abs. 1 der Anm. zu Nr. 1008 VV RVG). Vielmehr ist eine 0,3 Verfahrensgebühr nach Nr. 3309 VV RVG aus dem zusammengerechneten Wert der verschiedenen Gegenstände zu berechnen (vgl. § 22 Abs. 1 RVG).

c) Mindestbetrag der Verfahrensgebühr/Erhöhung nach Nr. 1008 VV RVG

24 Der **Mindestbetrag** der 0,3 Verfahrensgebühr nach Nr. 3309 VV RVG beträgt gemäß § 13 Abs. 2 RVG **10 €.** § 13 Abs. 2 RVG bestimmt allgemein den Mindestbetrag jeder selbständig im Gesetz genannten Gebühr. In § 13 Abs. 2 RVG ist jedoch nicht bestimmt, dass nur der Mindestbetrag einer 1,0 Gebühr, sondern jeder der im VV RVG aufgeführten Wertgebühren 10 € beträgt. Daher gilt der Mindestbetrag von 10 € auch für Gebühren, die mit einem geringeren als dem 1,0 Gebührensatz entstehen.[7]

25 Problematisch ist, wie die **Erhöhung** nach Nr. 1008 VV RVG zu berechnen ist, wenn bei der Ausgangsgebühr der Nr. 3309 VV RVG der Ansatz der Mindestgebühr nach § 13 Abs. 2 RVG in Betracht kommt.

---

7   Vgl. *Burhoff/Volpert*, RVG, ABC-Teil: Wertgebühren [§ 13], Rn. 4; *Hartmann*, KostG, § 13 RVG Rn. 4.

Beispiel: 26

Rechtsanwalt R beantragt für die zwei von ihm vertretenen Gläubiger wegen eines ge-meinschaftlichen, titulierten Anspruchs über 300 € den Erlass eines Pfändungs- und Über-weisungsbeschlusses.

Folgende Berechnungsarten sind möglich:

I.

0,6 Verfahrensgebühr, Nrn. 3309, 1008 VV RVG (Wert: 300 €)   *15 €*

(0,3 Verfahrensgebühr zzgl. 0,3 Erhöhung. Es entsteht eine einheitliche 0,6 Verfahrensgebühr, die den Mindestbetrag von 10 € gemäß § 13 Abs. 2 RVG übersteigt).

II.

1. 0,3 Verfahrensgebühr, Nr. 3309 VV RVG, § 13 Abs. 2 RVG (Wert: 300 €)   *10 €*

2. 0,3 Erhöhung, Nr. 1008 VV RVG, § 13 Abs. 2 RVG, (Wert: 300 €)   *10 €*

(Der Mindestbetrag gemäß § 13 Abs. 2 RVG gilt für jede selbständig im Gesetz genannte Gebühr. Auf-grund der Formulierung in Vorbem. 1 VV RVG dürfte auch die Erhöhung nach Nr. 1008 VV RVG als selb-ständige Gebühr i.S.d. § 13 Abs. 2 RVG angesehen werden können, für die der Mindestbetrag gemäß § 13 Abs. 2 RVG i.H.v. 10 € zu beachten ist. Es entsteht zwar im Ergebnis eine einheitliche erhöhte 0,6 Verfahrensgebühr gemäß Nrn. 3309, 1008 VV RVG, die Erhöhung nach Nr. 1008 VV RVG gilt aber zu-mindest nach Vorbem. 1 VV RVG als eigenständige Gebühr.[8]

4.   Verkehrsanwalt

Der Verkehrsanwalt erhält nach Nr. 3400 VV RVG ebenfalls eine **0,3 Verfahrensgebühr.** 27

IV. Terminsgebühr

1.   Anfall der Terminsgebühr

Zusätzlich zur Verfahrensgebühr der Nr. 3309 VV RVG erhält der Rechtsanwalt nach 28 Nr. 3310 VV RVG eine 0,3 Terminsgebühr, wenn er in der Zwangsvollstreckung an ei-nem **gerichtlichen Termin** oder an einem Termin vor dem Gerichtsvollzieher zur Ab-nahme der **eidesstattlichen Versicherung** teilnimmt (vgl. die Anm. zu Nr. 3310 VV RVG).

Die allgemeinen Regelungen für die Entstehung der Terminsgebühr in der Vorbem. 3 29 Abs. 3 VV RVG gelten daher für die Terminsgebühr in der Zwangsvollstreckung nicht bzw. nur eingeschränkt. Insbesondere fällt daher in der Zwangsvollstreckung **keine Termins-gebühr** für die Mitwirkung an auf die Vermeidung oder Erledigung des Verfahrens ge-richteten Besprechungen ohne Beteiligung des Gerichts an. Der Gesetzgeber sieht eine

---

8   Vgl. zu § 11 Abs. 2 BRAGO auch *Gerold/Schmidt/Madert*, BRAGO, § 11 Abs. 2 Rn. 9; *Hansens*, BRA-GO, § 11 Rn. 8.

Terminsgebühr für die Teilnahme an diesen Terminen als verzichtbar an, weil hier häufig die Einigungsgebühr Nr. 1000 VV RVG anfallen wird.[9]

30 Die Terminsgebühr entsteht für den Anwalt bereits für die **Teilnahme** an einem in der Anm. zu Nr. 3310 VV RVG aufgeführten Termine. Eine mündliche Verhandlung oder Erörterung ist für die Entstehung der Terminsgebühr somit nicht notwendig.

31 Nr. 3310 VV RVG findet für **Gläubiger- und Schuldnervertreter** in gleicher Weise Anwendung. Auch wenn der Rechtsanwalt in der Zwangsvollstreckung einen Dritten vertritt und er an einem Termin i.S.d. der Anm. zu Nr. 3310 VV RVG teilnimmt, entsteht die Terminsgebühr nach Nr. 3310 VV RVG.

32 Die Teilnahme am vom Gerichtsvollzieher anberaumten **Termin zur Räumung** löst daher die Terminsgebühr nach Nr. 3310 VV RVG nicht aus, sondern wird durch die Verfahrensgebühr der Nr. 3309 VV RVG abgegolten.[10]

33 Auch für die Teilnahme an dem vom Gerichtsvollzieher anberaumten **Versteigerungstermin** entsteht nach der Anm. zu Nr. 3310 VV RVG keine Terminsgebühr.

34

> **Praxishinweis:**
>
> Sofern für den Anwalt die Notwendigkeit besteht, an einem dieser Termine teilzunehmen, sollte insoweit eine entsprechende Vergütungsvereinbarung geschlossen werden.

2. Abgeltungsbereich der Terminsgebühr

35 Durch die Terminsgebühr wird die Tätigkeit des Rechtsanwalts im Zusammenhang mit der **Vorbereitung** des Termins und die **Teilnahme** am Termin abgegolten. Nimmt der Rechtsanwalt in derselben Angelegenheit in demselben Rechtszug an mehreren Terminen teil, entsteht die Terminsgebühr nach § 15 Abs. 2 RVG nur einmal. Ist für die Teilnahme an einem Termin (z.B. Räumungstermin oder Versteigerungstermin des Gerichtsvollziehers) keine Terminsgebühr vorgesehen, wird die Tätigkeit des Rechtsanwalts durch die Verfahrensgebühr der Nr. 3309 VV RVG abgegolten.

---

9   Vgl. BT-Drucks. 15/1971, S. 215.
10   A.A. *Hartmann*, KostG, Nr. 3310 VV RVG Rn. 50, der allerdings wegen des klaren Gesetzeswortlauts nicht gefolgt werden kann.

3. Höhe der Terminsgebühr

a) Grundsatz

Die Terminsgebühr entsteht als Wertgebühr mit einem Gebührensatz von 0,3. Die Höhe 36
der Gebühr ist aus der Tabelle zu § 13 RVG abzulesen. Eine **Ermäßigung** der Terminsgebühr (vgl. z.B. Nr. 3105 VV RVG) ist nicht vorgesehen.

b) Mindestbetrag der Terminsgebühr

Der Mindestbetrag der 0,3 Terminsgebühr Nr. 3310 VV RVG beträgt nach § 13 Abs. 2 37
RVG **10 €.** § 13 Abs. 2 RVG bestimmt allgemein den Mindestbetrag jeder selbständig im
Gesetz genannten Gebühr. Es ist in § 13 Abs. 2 RVG nicht bestimmt, dass nur der Mindestbetrag einer 1,0 Gebühr, sondern jeder der im VV RVG aufgeführten Wertgebühren
10 € beträgt. Daher gilt der Mindestbetrag von 10 € auch für Gebühren, die mit einem
geringeren als dem 1,0 Gebührensatz entstehen.[11]

c) Termin zur Abnahme der eidesstattlichen Versicherung

Für die Teilnahme am Termin zur Abnahme der eidesstattlichen Versicherung entsteht 38
nach der Anm. zu Nr. 3310 VV RVG die Terminsgebühr. Erfasst werden sowohl die Termine im Verfahren vor dem Gerichtsvollzieher nach den §§ 899 ff. ZPO also auch die Termine zur Abnahme einer materiell-rechtlich gebotenen eidesstattlichen Versicherung
nach § 889 ZPO, für die nach § 20 Nr. 17 RPflG der Rechtspfleger zuständig ist.

39

> **Praxishinweis:**
>
> Die **Teilnahme am Termin zur Abnahme der eidesstattlichen Versicherung** durch
> den Gerichtsvollzieher kann durchaus sinnvoll sein. Hier füllt der Gerichtsvollzieher
> standardmäßig das entsprechende Formular mit dem Schuldner aus. Weitere Nach-
> fragen, die sich aus den Umständen des Falls ergeben, werden häufig nicht gestellt.
> Oft hat der Gläubiger oder der Rechtsanwalt weitergehende Kenntnisse, die eine in-
> tensivere Befragung sinnvoll erscheinen lassen. Aus diesem Grunde kann die Anwe-
> senheit des Anwalts durchaus angezeigt sein. Die Vergütung für die Wahrnehmung
> dieses Termins (höchstens 31,50 €) ist allerdings eher zu vernachlässigen.

Beispiel: 40

Der Anwalt nimmt einen vom Gerichtsvollzieher anberaumten Termin zur Abgabe der ei-
desstattlichen Versicherung wahr. Er macht hier von seinem Fragerecht Gebrauch.

(Wert gemäß § 25 Abs. 1 Nr. 4 RVG: 1.500 €)

1. 0,3 Verfahrensgebühr, Nr. 3309 VV RVG	*31,50 €*
2. 0,3 Terminsgebühr, Nr. 3310 VV RVG	*31,50 €*

---

11   Vgl. *Burhoff/Volpert*, RVG, ABC-Teil: Wertgebühren [§ 13], Rn. 4; *Hartmann*, KostG, § 13 RVG Rn. 4.

3. Postentgeltpauschale, Nr. 7002 VV RVG	*12,60 €*
4. 16 % Umsatzsteuer, Nr. 7008 VV RVG	*+ 12,10 €*
Summe:	*87,70 €*

d) Verteilungsverfahren nach den §§ 858 Abs. 5, 872 – 877 und 882 ZPO

41 Die Tätigkeit im Verteilungsverfahren nach §§ 858 Abs. 5, 872 – 877 und 882 ZPO einschließlich der Vertretung in einem Termin wurde in der BRAGO gemäß § 60 durch eine 5/10 Vertretungsgebühr abgegolten.

42 Der Rechtsanwalt erhält nunmehr neben der Verfahrensgebühr der Nr. 3309 VV RVG die Terminsgebühr nach Nr. 3310 VV RVG.

43 ***Beispiel:***

Der Anwalt nimmt einen Verteilungstermin wahr. Der Betrag der zu vollstreckenden Forderung beträgt 10.000 €. Im Rahmen des Termins kommt es zu einer Einigung mit dem Schuldner. Es wird eine abweichende Verteilung beschlossen.

1. 0,3 Verfahrensgebühr, Nr. 3309 VV RVG (Wert: 10.000 €)	*145,80 €*
2. 0,3 Terminsgebühr, Nr. 3310 VV RVG (Wert: 10.000 €)	*145,80 €*
3. 1,0 Einigungsgebühr, Nr. 1003 VV RVG (Wert: 10.000 €)	*486,00 €*
4. Postentgeltpauschale, Nr. 7002 VV RVG	*+ 20,00 €*
5. 16 % Mehrwertsteuer, Nr. 7008 VV RVG	*127,62 €*
Summe:	*925,22 €*

V. Einigungsgebühr

1. Anfall der Einigungsgebühr

44 Die Einigungsgebühr nach Nr. 1000 bzw. Nr. 1003 VV RVG kann als in Teil 1 VV RVG geregelte allgemeine Gebühr auch in der Zwangsvollstreckung entstehen (vgl. Vorbem. 1 VV RVG), wenn der Rechtsanwalt beim Abschluss eines Vertrages mitwirkt, durch den der Streit oder die Ungewissheit der Parteien über ein Rechtsverhältnis beseitigt wird, es sei denn, der Vertrag beschränkt sich ausschließlich auf ein Anerkenntnis oder einen Verzicht. Diese Einschränkung ist erforderlich, damit nicht schon die **Erfüllung des geltend gemachten Anspruchs** oder der **Verzicht auf Weiterverfolgung des Anspruchs** die Einigungsgebühr auslösen. Da in Nr. 1000 VV RVG nicht mehr wie in § 23 BRAGO auf § 779 BGB Bezug genommen wird, hängt die Entstehung der Einigungsgebühr nicht mehr davon ab, dass die Parteien gegenseitig nachgeben (Nachgeben um auch gegnerischen Nachgebens willen).

Aus der Gesetzesbegründung zur Terminsgebühr der Nr. 3310 VV RVG[12] ergibt sich, dass   45
die Entstehung der Terminsgebühr auf die in der Anm. zu Nr. 3310 VV RVG aufgeführten Fälle beschränkt worden ist – keine Terminsgebühr in der Zwangsvollstreckung für
auf Erledigung zielende Besprechungen, Vorbem. 3 Abs. 3 3. Alt. VV RVG –, weil in der
Zwangsvollstreckung vielfach eine Einigungsgebühr, insbesondere bei Ratenzahlungsvereinbarungen anfallen wird.

2.   Höhe der Einigungsgebühr

Ist die Einigungsgebühr in der Zwangsvollstreckung entstanden, so stellt sich die Frage   46
nach der **Höhe des Gebührensatzes**. Ist über den Gegenstand der Einigung **kein** gerichtliches Verfahren anhängig, entsteht die Einigungsgebühr nach Nr. 1000 VV RVG mit
einem Satz von **1,5**. Ist über den Gegenstand der Einigung ein gerichtliches Verfahren
anhängig, entsteht die Einigungsgebühr nach Nr. 1003 VV RVG mit einem Satz von 1,5.
Eine Ermäßigung des Gebührensatzes auf 0,3, weil die Einigung in der Zwangsvollstreckung abgeschlossen worden ist, erfolgt nicht.

47

Hinweis: Für die Anhängigkeit eines gerichtlichen Verfahrens ist nicht auf das der Zwangsvoll- streckung vorhergehende **Erkenntnisverfahren** abzustellen, in dem der Vollstre- ckungstitel ergangen ist, sondern auf das **Zwangsvollstreckungsverfahren**.

Nach dem Wortlaut würde dann eine Einigungsgebühr mit einem Satz von 1,5 entste-   48
hen, wenn über den Einigungsgegenstand kein gerichtliches Zwangsvollstreckungsverfahren (vor dem Rechtspfleger), sondern ein Vollstreckungsverfahren **vor dem Gerichtsvollzieher** anhängig ist. Ist ein gerichtliches Zwangsvollstreckungsverfahren anhängig, würde nach dem Gesetzeswortlaut nur eine 1,0 Einigungsgebühr entstehen.
Letztlich ist dann für die Höhe der Einigungsgebühr entscheidend, ob ein Vollstreckungsverfahren vor dem Gerichtsvollzieher oder dem Gericht stattfindet. Dieses Ergebnis ist nicht sachgerecht. Ziel der erhöhten Einigungsgebühr (1,5) ist es auch im Zwangsvollstreckungsverfahren, die streitvermeidende Tätigkeit des Rechtsanwalts zu fördern
und damit gerichtsentlastend zu wirken.[13] Daher gilt Folgendes:

Die Einigungsgebühr entsteht dann mit einem Satz von 1,5, wenn im Vollstreckungs-   49
stadium durch die ursächliche Mitwirkung des Rechtsanwalts an der Einigung der Streit
oder die Ungewissheit der Parteien über ein Rechtsverhältnis endgültig ohne Beantragung staatlichen Zwangs beseitigt wird, also **weder bei Gericht noch beim Gerichtsvollzieher eine Zwangsvollstreckungsmaßnahme** anhängig ist.

---

12   BT-Drucks. 15/1971, S. 215.
13   Vgl. BT-Drucks. 15/1971, S. 204, zu Nr. 1000 VV RVG.

Erfolgt die Einigung, nachdem eine Vollstreckungsmaßnahme bei Gericht oder beim Gerichtsvollzieher anhängig gemacht wurde, entsteht lediglich eine 1,0 Einigungsgebühr.[14]

50 **Beispiel 1:**

Der Schuldner ist zur Zahlung von 5.000 € rechtskräftig verurteilt worden. Sechs Wochen nach Rechtskräftigwerden des Titels fordert Rechtsanwalt R für den Gläubiger den Schuldner zur Zahlung auf. Der Schuldner meldet sich bei R und einigt sich mit diesem darauf, dass der Betrag in monatlichen Raten i.H.v. 800 € gezahlt wird.

1.	*0,3 Verfahrensgebühr, Nr. 3309 VV RVG (Wert: 5.000 €)*	*90,30 €*
2.	*1,5 Einigungsgebühr, Nr. 1000 VV RVG (Wert: 5.000 €)*	*451,50 €*
3.	*Postentgeltpauschale, Nr. 7002 VV RVG*	*20,00 €*
4.	*16 % Umsatzsteuer, Nr. 7008 VV RVG*	*+ 89,89 €*
	Summe:	*651,69 €*

51 **Beispiel 2:**

Der Schuldner ist zur Zahlung von 5.000 € rechtskräftig verurteilt worden. Rechtsanwalt R beauftragt den Gerichtsvollzieher GV mit der Zwangsvollstreckung gegen den Schuldner. Der Schuldner meldet sich aufgrund des Vollstreckungsversuchs des GV bei R und einigt sich mit diesem darauf, dass der Betrag in monatlichen Raten i.H.v. 800 € gezahlt wird.

1.	*0,3 Verfahrensgebühr, Nr. 3309 VV RVG (Wert: 5.000 €)*	*90,30 €*
2.	*1,0 Einigungsgebühr, Nr. 1000 VV RVG (Wert: 5.000 €)*	*301,00 €*
3.	*Postentgeltpauschale, Nr. 7002 VV RVG*	*20,00 €*
4.	*16 % Umsatzsteuer, Nr. 7008 VV RVG*	*+ 65,81 €*
	Summe:	*477,11 €*

3. Ratenzahlungsvereinbarung/Teilzahlungsvereinbarung

52 Erfolgt in der Zwangsvollstreckung der Abschluss einer Ratenzahlungsvereinbarung oder Teilzahlungsvereinbarung, entsteht eine Einigungsgebühr, wenn hierdurch der Streit oder die Ungewissheit über ein Rechtsverhältnis beseitigt wird und der Anwalt am Vertragsabschluss mitgewirkt hat, vgl. Abs. 1 der Anm. zu Nr. 1000 VV RVG. Da der Abschluss eines Ratenzahlungs- oder Teilzahlungs**vergleichs** nicht erforderlich ist, kommt es auch nicht darauf an, ob der Schuldner nachgegeben hat (§ 779 BGB). Auf eine Gegenleistung des Schuldners ist nicht mehr abzustellen.

---

14 Vgl. *Gerold/Schmidt/von Eicken*, BRAGO, § 23 Rn. 59; *Enders*, JurBüro 1999, 57, 59.

Da die Realisierung der rechtskräftig titulierten Forderung im Zwangsvollstreckungsver- 53
fahren ungewiss ist, führt eine Ratenzahlungsvereinbarung mit dem Schuldner dazu, diese Ungewissheit zu beseitigen.[15] Dies entspricht auch der Zielsetzung des Gesetzgebers,
der davon ausgeht, dass bei Ratenzahlungsvereinbarungen vielfach die Einigungsgebühr
anfallen wird.[16]

Praxishinweis: 54

Beim Abschluss einer Ratenzahlungsvereinbarung verpflichtet sich der Schuldner, die
titulierte Forderungen in Raten zu zahlen. Um zu verhindern, dass diese Verpflichtung
lediglich als Anerkenntnis (Erfüllung des geltend gemachten Anspruchs) i.S.v. Abs. 1
Satz 1 der Anm. zu Nr. 1000 VV RVG angesehen wird, das den Anfall der Einigungsgebühr verhindert, sollte in der Vereinbarung zum Ausdruck gebracht werden, dass
der Schuldner nicht ausschließlich ein Anerkenntnis abgibt. Macht der Gläubiger z.B.
irgendwelche Zugeständnisse, sollte dies festgehalten werden, da dann nicht ausschließlich ein Anerkenntnis vorliegt.

VI. Hebegebühr

1. Anfall der Gebühr

Die Hebegebühr soll die zusätzliche Tätigkeit des Rechtsanwalts vergüten, die mit der 55
Einnahme und Auskehrung von Fremdgeld bzw. Wertpapieren und Kostbarkeiten verbunden ist. Voraussetzung für die Entstehung der Hebegebühr ist zunächst, dass der
Rechtsanwalt den **Auftrag** erhalten hat, Geldbeträge entgegenzunehmen und auszuzahlen bzw. zurückzuzahlen. Der Auftrag soll zwar auch stillschweigend erteilt werden
können, jedoch sollte aus Gründen der Vorsicht und aus Gründen des klaren Abrech-
nungsverhaltens hier auf eine ausdrückliche Auftragserteilung geachtet werden.[17]

Nach Abs. 1 der Anm. zu Nr. 1009 VV RVG erhält der Rechtsanwalt eine Hebegebühr für 56
die Auszahlung oder Rückzahlung von entgegengenommenen Geldbeträgen. Die Gebühr entsteht somit nicht für die Entgegennahme der Geldbeträge, sondern **erst für die
Auszahlung** oder Rückzahlung. Entsprechendes gilt nach Abs. 4 der Anm. zu Nr. 1009
VV RVG für Wertpapiere und Kostbarkeiten. Unerheblich ist, ob der Rechtsanwalt die Aus-

---

15   Vgl. *Göttlich/Mümmler/Rehberg/Xanke*, RVG, „Zwangsvollstreckung" 9.1.1; *Enders*, JurBüro 2004,
      233, 234; a.A.: *Hansens*, RVGreport 2004, 115: Weil auch § 779 Abs. 2 BGB in Nr. 1000 VV RVG
      nicht mehr in Bezug genommen wird, steht es der Unsicherheit über ein Rechtsverhältnis nicht
      mehr gleich, wenn die Verwirklichung eines Anspruchs unsicher ist.
16   BT-Drucks. 15/1971, S. 215.
17   *Kindermann*, Gebührenpraxis für Anwälte, Teil 1, Rn. 478, 479.

zahlung oder Rückzahlung der Geldbeträge bar oder unbar (z.B durch Überweisung) er-bringt (Abs. 2 der Anm. zu Nr. 1009 VV RVG).

2. Höhe der Gebühr

57 Die Höhe der Gebühr hängt von der Höhe der auszuzahlenden bzw. zurückzuzahlenden Geldbeträge oder dem Wert der abzuliefernden Wertpapiere oder Kostbarkeiten ab. Erfolgt die Auszahlung oder Rückzahlung von Geld in mehreren Beträgen, wird die Gebühr **von jedem Betrag besonders erhoben**, vgl. Abs. 3 der Anm. zu Nr. 1009 VV RVG. Insoweit liegt eine Ausnahme vom in § 15 Abs. 2 RVG aufgestellten Grundsatz vor, dass Gebühren in derselben Angelegenheit und in gerichtlichen Verfahren in demselben Rechtszug nur einmal gefordert werden können.

VII. Erinnerungs- und Beschwerdeverfahren

58 Für die Tätigkeit im Erinnerungs- und Beschwerdeverfahren in der Zwangsvollstreckung entsteht eine **0,5 Verfahrensgebühr** nach Nr. 3500 VV RVG und ggf. eine **0,5 Terminsgebühr** gemäß Nr. 3513 VV RVG. Die Verfahrensgebühr entsteht nach Vorbem. 3 Abs. 2 VV RVG für das Betreiben des Geschäfts einschließlich der Information. Für die Terminsgebühr der Nr. 3513 VV RVG gilt Vorbem. 3 Abs. 3 VV RVG; eine Einschränkung des Entstehungsbereichs wie für die Terminsgebühr der Nr. 3310 VV RVG (vgl. die Anm.) besteht nicht.

59 Während § 61 BRAGO die Tätigkeit des Rechtsanwalts im Erinnerungsverfahren nach § 766 ZPO nicht erfasste und die Tätigkeit mit den 3/10-Gebühren nach §§ 57, 58 BRA-GO abgegolten wurde, erfassen die Gebühren für das Erinnerungsverfahren nach den Nrn. 3500 und 3513 VV RVG nunmehr auch die Tätigkeit im **Erinnerungsverfahren nach § 766 ZPO**.[18] Eine Regelung, wonach die Gebühren der Nrn. 3500 und 3513 VV RVG nur anfallen, wenn sich die Tätigkeit des Rechtsanwalts auf das Erinnerungsverfahren beschränkt, ist im RVG nicht vorhanden (vgl. z.B. § 55 BRAGO).

60 *Beispiel:*

Gegen den Schuldner wird ein Pfändungs- und Überweisungsbeschluss wegen einer titulierten Forderung über 2.000 € erlassen. Nach Zustellung des Beschlusses legt Rechtsanwalt R für den Schuldner Erinnerung gemäß § 766 ZPO gegen den Beschluss ein. Bei R meldet sich der Gläubiger-Vertreter. Es wird eine Besprechung zur Erledigung des Erinnerungsverfahrens ohne Beteiligung des Gerichts durchgeführt.

R kann folgende Gebühren abrechnen:

---

18   Vgl. BT-Drucks. 15/1971, S. 218.

1. *0,5 Verfahrensgebühr, Nr. 3500 VV RVG (Wert: 2.000 €)*   66,50 €

2. *0,5 Terminsgebühr, Nr. 3513 VV RVG (Wert: 2.000 €)*   + 66,50 €

Summe: **133,00 €**

VIII. Der Gegenstandswert in der Zwangsvollstreckung

1. Besondere Wertvorschrift

Das RVG enthält mit § 25 RVG eine besondere Wertvorschrift für die Berechnung des **61** Gegenstandswertes der Anwaltsgebühren in der Zwangsvollstreckung. In der Zwangsvollstreckung sind keine Wertvorschriften für die Gerichtsgebühren vorhanden, die nach § 23 Abs. 1 Satz 1 RVG für die Anwaltsgebühren maßgebend sind. Die besondere Wertvorschrift ist erforderlich, weil im GKG für die Zwangsvollstreckung nur Festgebühren vorgesehen sind (vgl. Nrn. 2110 – 2115, 2117 GKG KostVerz) bzw. das gerichtliche Verfahren in der Zwangsvollstreckung sachlich gerichtsgebührenfrei ist.

Für das Verteilungsverfahren nach §§ 872 – 882 ZPO fällt zwar nach dem GKG die Wert- **62** gebühr Nr. 2216 GKG KostVerz an, für die Anwaltsgebühren ist jedoch insoweit in § 25 Abs. 1 Nr. 1 4. Halbs. RVG eine besondere Wertvorschrift vorhanden.

63

> **Praxishinweis:**
>
> Der Rechtsanwalt kann daher in der Zwangsvollstreckung den Gegenstandswert für seine Gebühren ggf. im Verfahren nach § 33 RVG festsetzen lassen, da für das gerichtliche Verfahren keine für die Anwaltsgebühren maßgeblichen Wertvorschriften vorhanden sind.

2. Erinnerungs- und Beschwerdeverfahren

Der Gegenstandswert im Erinnerungs- und Beschwerdeverfahren in der Zwangsvollstre- **64** ckung richtet sich nach der allgemeinen Wertvorschrift des § 23 Abs. 2 RVG. Der Gegenstandswert für das Erinnerungs- und Beschwerdeverfahren wird daher nicht mehr wie in der BRAGO (vgl. § 57 Abs. 3) in der besonderen Wertvorschrift für die Zwangsvollstreckung (§ 25 RVG) geregelt.

3. Anwendungsbereich von § 25 RVG

§ 25 RVG gilt für die Berechnung des Gegenstandswerts in der gesamten Zwangsvoll- **65** streckung, soweit nicht in den §§ 26 – 29 RVG Sonderregelungen vorhanden sind (Zwangsversteigerung, Zwangsverwaltung, Insolvenz und schifffahrtsrechtliches Verteilungsverfahren).

4. Zwangsvollstreckung wegen einer Geldforderung – § 25 Abs. 1 Nr. 1 RVG

a) Grundsatz: Betrag der zu vollstreckenden Geldforderung

66 Im Falle der Zwangsvollstreckung wegen einer Geldforderung ist der Betrag der zu vollstreckenden Geldforderung einschließlich der Nebenforderungen maßgebend, § 25 Abs. 1 Nr. 1 1. Halbs. RVG.

67 Maßgebend ist somit der Wert der **Forderung, wegen der vollstreckt** wird, nicht der Wert der Forderung, in die vollstreckt wird.

68 Erfolgt die Zwangsvollstreckung nur wegen einer **Teilforderung**, so ist nur diese Teilforderung maßgebend, auch wenn nach dem Vollstreckungstitel die zu vollstreckende Geldforderung höher ist.

69 Zu den **Nebenforderungen** zählen die Zinsen und die bisherigen Vollstreckungskosten einschließlich der bisherigen Anwaltskosten. Ihr Wert ist daher zumeist der Wert der gesamten zu vollstreckenden Forderung. Hierzu gehören:

- die zu vollstreckende Hauptforderung selbst;
- Zinsen bis zum Tag der Durchführung der Vollstreckung, da sich erst zu diesem Zeitpunkt der Betrag der zu vollstreckenden Geldforderung einschließlich der Nebenforderungen ergibt;[19]
- titulierte Nebenkosten (z.B. Mahnkosten);
- Kosten bisheriger Vollstreckungsmaßnahmen: Bei den einzurechnenden Kosten sind nur die Kosten für bisherige Vollstreckungsmaßnahmen zu berücksichtigen, nicht jedoch die Kosten, die durch die aktuelle Vollstreckungsmaßnahme entstehen.[20]

70 Die Summe dieser Beträge bildet den Gegenstandswert.

b) Ausnahme: Pfändung eines bestimmten Gegenstands

71 Soll aufgrund des ausdrücklichen Auftrags des Gläubigers[21] ein **bestimmter Gegenstand** gepfändet werden, so ist dessen Wert maßgebend, wenn dieser geringer ist als der Wert der zu vollstreckenden Geldforderung.

---

19 Vgl. *Gerold/Schmidt/von Eicken*, BRAGO, § 57 Rn. 29; *Riedel/Sußbauer/Keller*, BRAGO, § 57 Rn. 20; *Schmidt/Volpert*, BRAGOdigital 2.0, Kap. 7/69; a.A.: *Göttlich/Mümmler/Rehberg/Xanke*, RVG, „Zwangsvollstreckung" 8.1: Zinsen bis zum Zeitpunkt der Erteilung des Zwangsvollstreckungsauftrages; die Weiterrechnung durch den Gerichtsvollzieher bis zum Zeitpunkt der Ausführung des ZV-Auftrages hat keinen Einfluss auf den Gegenstandswert.
20 Vgl. *Göttlich/Mümmler/Rehberg/Xanke*, RVG, „Zwangsvollstreckung" 8.1.
21 Vgl. *Hartmann*, KostG, § 25 RVG Rn. 6.

Als zu pfändender Gegenstand i.S.v. § 25 Abs. 1 Nr. 1 2. Halbs. RVG sind Sachen, For- 72
derungen und Vermögensrechte anzusehen.[22]

Geht die **Pfändung ins Leere**, z.B. weil der zu pfändende Gegenstand nicht existiert, un- 73
pfändbar oder wertlos ist, soll nur die Mindestgebühr gemäß § 13 Abs. 2 RVG i.H.v. 10 €
anzusetzen sein.[23] Dieser Auffassung ist entgegenzuhalten, dass die Ausnahmeregelung
in § 25 Abs. 1 Nr. 1 2. Halbs. RVG nur dann zum Tragen kommt, wenn der zu pfändende bestimmte Gegenstand einen **geringeren Wert** hat als die zu vollstreckende Geldforderung. Bei der erfolglosen Pfändung hat der zu pfändende bestimmte Gegenstand
aber überhaupt **keinen Wert**, so dass es dann beim Grundsatz des § 25 Abs. 1 Nr. 1
1. Halbs. RVG verbleibt. Zudem ist der Gegenstandswert der anwaltlichen Tätigkeit nicht
vom Erfolg der anwaltlichen Tätigkeit abhängig zu machen.[24]

> *Beispiel:* 74
>
> *Rechtsanwalt R erteilt dem Gerichtsvollzieher GV wegen einer titulierten Forderung über*
> *500 € und Nebenforderungen i.H.v. 100 € einen Auftrag zur Zwangsvollstreckung in das*
> *bewegliche Vermögen des Schuldners. GV pfändet beim Schuldner eine Stereoanlage im*
> *Wert von 800 €.*
>
> *R berechnet seine Gebühren nach dem Wert der zu vollstreckenden Geldforderung i.H.v.*
> *600 €. Der Wert der gepfändeten Stereoanlage wäre dann als Gegenstandswert maßge-*
> *bend, wenn R ausdrücklich den Auftrag erteilt hätte, die Stereoanlage zu pfänden.*

c) Ausnahme: Vorratspfändung

Wird wegen titulierter künftig fällig werdender gesetzlicher Unterhaltsansprüche oder 75
Rentenansprüche aus Anlass der Verletzung des Körpers oder der Gesundheit künftig fällig werdendes Arbeitseinkommen nach § 850d Abs. 3 der ZPO gepfändet (**Vorratspfändung**), sind die noch nicht fälligen Ansprüche nach § 42 Abs. 1 und 2 GKG zu bewerten. Der fällige Anspruch ist nach § 25 Abs. 1 Nr. 1 1. Halbs. RVG zu bewerten.

Die Bestimmung gilt nur für die Vorratspfändung nach § 850d Abs. 3 ZPO, nicht für den 76
Pfändungsumfang bei fortlaufenden Bezügen nach § 832 ZPO.

Maßgebend als Gegenstandswert ist nach § 25 Abs. 1 Nr. 1 1. Halbs. RVG grds. der Wert 77
der Forderung, wegen der vollstreckt wird und nicht der Wert der Forderung, in die vollstreckt wird. Zudem gilt § 42 Abs. 1 und 2 GKG ausschließlich für die Berechnung des

---

22 Zur Forderung vgl. LG Hamburg, JurBüro 2001, 110; *Hartmann*, KostG, § 25 RVG Rn. 5.
23 Vgl. *Göttlich/Mümmler/Rehberg/Xanke*, RVG, „Zwangsvollstreckung" 8.2; *Gerold/Schmidt/von Eicken*,
    BRAGO, § 57 Rn. 29; OLG Köln, Rpfleger 2001, 149, 151; LG Hamburg, JurBüro 2001, 110 m. abl.
    Anm. *Enders*; LG Kiel, SchlHA 1990, 12.
24 Vgl. *Hartmann*, KostG, § 25 RVG Rn. 5; LG Kiel, JurBüro 1991, 1198; LG Detmold, Rpfleger 1992,
    538.

Gegenstandswertes von Forderungen auf Erfüllung einer künftigen gesetzlichen Unterhaltspflicht und auf Entrichtung einer künftigen Rente wegen Verletzung des Körpers oder der Gesundheit, und nicht für die Berechnung von Arbeitseinkommen. Es sind daher nach § 25 Abs. 1 Nr. 1 3. Halbs. RVG, § 42 Abs. 1 und 2 GKG die noch nicht fälligen künftigen Unterhalts- und Rentenansprüche und nicht das künftig fällig werdende Arbeitseinkommen zu bewerten.[25]

78

Hinweis:
Die Ausnahmeregelung des § 25 Abs. 1 Nr. 1 Halbs. 2 RVG (geringerer Wert des zu pfändenden Gegenstands) gilt nicht bei der Vorratspfändung nach § 850d Abs. 3 BGB, da hierfür im 3. Halbs. eine eigene Ausnahmeregelung enthalten ist und sich die Ausnahmeregelungen der 2. und 3. Halbsätze gegenseitig ausschließen.[26]

79 **Beispiel 1:**

Wegen einer fälligen Zahlungsforderung i.H.v. 1.000 € beantragt Rechtsanwalt R, das fällige und künftig fällig werdende Arbeitseinkommen des Schuldners zu pfänden. Das Arbeitseinkommen des Schuldners beträgt 2.000 €.

Es handelt sich um die Pfändung von fortlaufenden Bezügen nach § 832 ZPO. Der Gegenstandswert beträgt gemäß § 25 Abs. 1 Nr. 1 1. Halbs. RVG 1.000 €.

80 **Beispiel 2:**

Wegen der bereits fälligen und der künftig fällig werdenden Unterhaltsrente i.H.v. 1.000 € monatlich beantragt Rechtsanwalt R, das fällige und künftig fällig werdende Arbeitseinkommen des Schuldners zu pfänden.

Es handelt sich um eine Vorratspfändung nach § 850d Abs. 3 ZPO. Der Gegenstandswert berechnet sich nach § 25 Abs. 1 Nr. 1 3. Halbs. ZPO, § 42 Abs. 1 GKG:

fälliger Anspruch	*1.000 €*
künftig fällig werdende Ansprüche: 12 x 1.000 €	*+ 12.000 €*
Gegenstandswert:	**13.000 €**

d) Ausnahme: Verteilungsverfahren nach §§ 858 Abs. 5, 872 – 877, 882 ZPO

81 Grds. bestimmt sich der Gegenstandswert auch in diesen Verteilungsverfahren gemäß § 25 Abs. 1 Nr. 1 1. Halbs. RVG nach dem Betrag der zu vollstreckenden Geldforderung einschließlich der Nebenforderungen.

---

25 LG Kiel, JurBüro 1991, 1199 m. zust. Anm. v. *Mümmler* und wohl auch *Hartmann*, KostG, § 25 RVG Rn. 7.
26 So zutreffend zu § 57 BRAGO LG Kiel, JurBüro 1991, 1198.

Ist der zu verteilende Geldbetrag geringer als der Betrag der zu vollstreckenden Geldforderung einschließlich der Nebenforderungen, bildet der zu verteilende Geldbetrag den Gegenstandswert. Der zu verteilende Geldbetrag entspricht dem bei Gericht zur Verteilung hinterlegten Geldbetrag. Maßgebend ist der Wert am Verteilungstag. Ob für die Berechnung des Gegenstandswerts vom Verteilungsbetrag die Kosten des Verfahrens abzuziehen sind oder nicht (vgl. § 874 Abs. 2 ZPO), ist umstritten.[27]

e) Austauschpfändung nach § 811a ZPO

Der **Gegenstandswert** soll sich nach dem ggf. zu schätzenden Überschuss des Verstei 82
gerungserlöses, also dem Versteigerungserlös abzgl. des Werts der Austauschsache, bemessen.[28] Der **Gegenstandswert** kann jedoch nach § 25 Abs. 1 Nr. 1 RVG ermittelt werden: Danach bestimmt sich der Wert nach dem Betrag der zu vollstreckenden Geldforderung einschließlich der Nebenforderungen. Hat der zur Pfändung bestimmte Gegenstand einen geringeren Wert, ist dieser maßgebend.

f) Durchsuchungsanordnung nach § 758a ZPO

Bei einem Verfahren nach § 758a ZPO ist lediglich ein Bruchteil des sonst maßgeblichen 83
Wertes anzusetzen.[29]

5. Vollstreckung auf Herausgabe oder Leistung von Sachen – § 25 Abs. 1 Nr. 2 RVG

a) Grundsatz: Wert der herauszugebenden oder zu leistenden Sachen

Bei der Vollstreckung wegen eines Herausgabeanspruchs nach § 883 ZPO (bewegliche 84
Sachen), nach § 885 ZPO (Grundstücke und Schiffe) oder § 886 ZPO (Gewahrsam eines
Dritten) oder eines Leistungsanspruchs nach § 884 ZPO (bestimmte Menge vertretbarer
Sachen) bestimmt sich der Gegenstandswert gemäß § 25 Abs. 1 Nr. 2 RVG nach dem
Wert dieser herauszugebenden oder zu leistenden Sachen.

b) Ausnahme: geringerer Wert nach dem GKG

Der Gegenstandswert darf aber den Wert nicht übersteigen, mit dem der Herausgabe- 85
oder Räumungsanspruch nach § 41 Abs. 2 GKG bewertet wird: Nach § 41 Abs. 2 Satz 1
GKG ist bei der Räumung das für die Dauer eines Jahres zu zahlende Entgelt maßgebend,
wenn sich nicht nach § 41 Abs. 1 GKG ein geringerer Wert ergibt.

---

27   Dafür: *Göttlich/Mümmler/Rehberg/Xanke*, RVG, „Zwangsvollstreckung" 8.5; *Hartmann*, KostG, § 25
     RVG Rn. 8; dagegen: *Gerold/Schmidt/von Eicken*, BRAGO, § 60 Rn. 8.
28   Vgl. *Göttlich/Mümmler/Rehberg/Xanke*, RVG, „Zwangsvollstreckung" 4.4.
29   OLG Köln, MDR 1988, 329 – im Ausgangsfall 1/2 des Wertes.

86

> **Hinweis:**
>
> Das gilt aber nur dann, wenn die Räumung eines Grundstücks, Gebäudes oder Gebäudeteils wegen Beendigung eines Miet-, Pacht- oder ähnlichen Nutzungsverhältnisses verlangt wird. Wird die Räumung **auch** aus einem anderen Grund (z.B. bei einer auf Eigentum oder Besitz gestützten Klage) verlangt, ist nach § 41 Abs. 2 Satz 2 GKG höchstens der Wert der Nutzung eines Jahres maßgebend. Wird die Räumung **ausschließlich** aus einem anderen Rechtsgrund als Beendigung des Miet-, Pacht- oder eines ähnlichen Nutzungsverhältnisses verlangt, ist als Gegenstandswert der Verkehrswert maßgebend.[30] Der Gesetzgeber hat diese Beschränkung eingeführt, um zu verhindern, dass die Anwaltsvergütung für die Räumungszwangsvollstreckung deutlich höher ausfällt als die für den Räumungsprozess selbst.[31]

6. Vollstreckung auf Handlung, Duldung oder Unterlassung

a) Zwangsvollstreckung auf Vornahme einer vertretbaren oder nicht vertretbaren Handlung (§§ 887, 888 ZPO)

87 Der Gegenstandswert bestimmt sich gemäß § 25 Abs. 1 Nr. 3 RVG nach dem Wert, den die zu erwirkende vertretbare Handlung für den Gläubiger hat.

b) Zwangsvollstreckung auf Abgabe einer bürgerlich-rechtlichen eidesstattlichen Versicherung (§ 889 ZPO)

88 Der Gegenstandswert dürfte sich an dem Wert orientieren, den die zu erwirkende Handlung (eidesstattliche Versicherung) für den Gläubiger hat. § 25 Abs. 1 Nr. 4 RVG ist nicht anzuwenden, da sich danach nur der Wert für das Verfahren über den Antrag auf Abnahme der eidesstattlichen Versicherung nach § 807 ZPO richtet.

c) Zwangsvollstreckung zur Erwirkung von Unterlassungen und Duldungen (§ 890 ZPO)

89 Der Gegenstandswert bestimmt sich nach dem Wert, den die zu erwirkende Duldung oder Unterlassung für den Gläubiger hat.

---

30   *Hartmann*, KostG, § 25 RVG Rn. 10.
31   *Hartmann*, KostG, § 25 RVG Rn. 10.

7. Eidesstattliche Versicherung

a) Anwendungsbereich

Es ist wie folgt zu unterscheiden: 90

- Der Gegenstandswert bestimmt sich nur im **Verfahren nach § 807 ZPO** gemäß § 25 Abs. 1 Nr. 4 RVG nach dem Betrag, der einschließlich der Nebenforderungen (Zinsen, Kosten) aus dem Vollstreckungstitel noch geschuldet wird.[32]

- Im **Verfahren nach § 883 Abs. 2 ZPO** (Herausgabevollstreckung bestimmter beweglicher Sachen) **und ggf. § 836 Abs. 3 ZPO** (Hilfsvollstreckung beim Pfändungs- und Überweisungsbeschluss) dürfte sich der Gegenstandswert unter Berücksichtigung von § 25 Abs. 1 Nr. 2 RVG nach dem Wert der herauszugebenden Sachen bestimmen.[33]

- Bei der nach **§ 889 ZPO** abzugebenden eidesstattlichen Versicherung nach den Vorschriften des BGB ist der Gegenstandswert nach § 25 Abs. 1 Nr. 3 RVG zu bestimmen.[34]

b) Berechnung des Wertes

Der Gegenstandswert bestimmt sich nach dem Betrag, der einschließlich der Nebenfor- 91
derungen noch aus dem Vollstreckungstitel geschuldet wird. Zu den **Nebenforderungen** zählen die **Zinsen** und die **bisherigen Vollstreckungskosten** einschließlich der bisherigen **Anwaltskosten**. Bei den einzurechnenden Kosten sind nur die Kosten für bisherige Vollstreckungsmaßnahmen zu berücksichtigen, nicht jedoch die Kosten, die durch die aktuelle Vollstreckungsmaßnahme entstehen.

c) Höchstwert

Für das Verfahren zur Abnahme der **eidesstattlichen Versicherung (§ 807 ZPO)** ist 92
ein Höchstwert von 1.500 € festgelegt.

93

> **Hinweis:**
>
> Die Verfahrensgebühr nach Nr. 3309 VV RVG und die Terminsgebühr der Nr. 3310 VV RVG beträgt daher im Verfahren über den Antrag auf Abnahme der eidesstattlichen Versicherung nach § 807 ZPO bei Vertretung eines Auftraggebers höchstens 31,50 €. Unter Berücksichtigung von Nr. 1008 VV RVG beträgt die Verfahrensgebühr Nr. 3309 VV RVG höchstens 241,50 €.

---

32 Vgl. *Göttlich/Mümmler/Rehberg/Xanke*, RVG, „Zwangsvollstreckung" 8.8
33 *Göttlich/Mümmler/Rehberg/Xanke*, RVG, „Zwangsvollstreckung" Rn. 8.8.
34 *Göttlich/Mümmler/Rehberg/Xanke*, RVG, „Zwangsvollstreckung" Rn. 8.8.

d) Kombinierter Auftrag

94 Beauftragt der Rechtsanwalt den Gerichtsvollzieher mit der Zwangsvollstreckung in das bewegliche Vermögen des Schuldners und für den Fall, dass diese Vollstreckung fruchtlos verläuft, mit der Durchführung des Verfahrens auf Abnahme der eidesstattlichen Versicherung, ist der Betrag der Kosten, die für die vorhergehende Pfändung entstanden sind, dem Gegenstandswert für das Verfahren auf Abnahme der eidesstattlichen Versicherung hinzuzurechnen.[35]

8. Verfahren über Anträge des Schuldners

95 Im Verfahren über Anträge des Schuldners ist der Wert nach dem Interesse des Antragstellers/Schuldners nach billigem Ermessen zu bestimmen, § 25 Abs. 2 RVG. Die Bestimmung gilt für alle Anträge des Schuldners in der Zwangsvollstreckung. Der Tätigkeit des Gläubiger- und des Schuldnervertreters in einer Zwangsvollstreckungssache können daher unterschiedliche Werte zugrunde liegen.

96 Verfahren über Anträge des Schuldners sind z.B. die Verfahren über Räumungs- und Pfändungsschutzanträge nach den §§ 765a, 813b, 851a oder 851b ZPO, die nach § 18 Nr. 8 RVG eine besondere Angelegenheit bilden. Der nach § 25 Abs. 1 RVG zu bestimmende **Wert der Zwangsvollstreckungsmaßnahme**, für die der Schuldner Vollstreckungsschutz begehrt, kann dabei als Grundlage für die Ermessensentscheidung herangezogen werden.

97 *Beispiele:*

- *Vollstreckungsschutzantrag – 1/5 der Hauptsache,*[36]

- *Einstellung, Beschränkung, Aufhebung – maßgebend ist der Rest der Schuld ohne Zinsen und Kosten (str.),*[37]

- *Aufschub der Zwangsvollstreckung – der Wert bestimmt sich nach einem Bruchteil der Restforderung.*[38]

IX. Die Angelegenheit in der Zwangsvollstreckung

1. Grundsatz: § 18 Nr. 3 RVG

98 Die Gebühren in der Zwangsvollstreckung (Verfahrensgebühr Nr. 3309 VV RVG, Terminsgebühr Nr. 3310 VV RVG, Einigungsgebühr Nrn. 1000, 1003 VV RVG) entstehen in

---

35   *Enders,* JurBüro 1999, 1, 3.
36   LG München II, WuM 1994, 220.
37   LG Koblenz, JurBüro 1991, 109.
38   Z.B. BGH, NJW 1991, 2282.

jeder Angelegenheit der Zwangsvollstreckung, § 15 Abs. 1 RVG. In derselben Angelegenheit der Zwangsvollstreckung können die Gebühren nur einmal entstehen, § 15 Abs. 2 RVG.

Der **Begriff der Angelegenheit in der Zwangsvollstreckung** ist in § 18 Nr. 3 RVG ab-   99
schließend festgelegt. Danach sind grds. die gesamten zu einer bestimmten **Vollstreckungsmaßnahme** gehörenden, miteinander in einem inneren Zusammenhang stehenden **Vollstreckungshandlungen** gleicher Art, beginnend mit der Vorbereitung der Zwangsvollstreckung bis zur Befriedigung des Gläubigers oder bis zur sonstigen Beendigung der Maßnahme, ein und derselben Vollstreckungsangelegenheit zuzurechnen. Die Vollstreckungsangelegenheit schließt daher eine Vielzahl anwaltlicher Tätigkeiten zu einer gebührenrechtlichen Einheit zusammen.[39]

Die Angelegenheit orientiert sich daher an der konkreten Vollstreckungsmaßnahmen, die   100
der Gläubiger ergriffen hat.

101

> **Hinweis:**
>
> • Die **Vollstreckungsmaßnahme** ist die vom Gläubiger konkret gewählte Maßnahme bzw. der konkret gewählte Akt der Zwangsvollstreckung, um Befriedigung seines titulierten Anspruchs zu erlagen (z.B. Pfändungsauftrag an den Gerichtsvollzieher, Antrag auf Erlass eines Pfändungs- und Überweisungsbeschlusses).
>
> • Die Vollstreckungsmaßnahme setzt sich zusammen aus einzelnen, im inneren Zusammenhang stehenden **Vollstreckungshandlungen**, die der Durchführung der Vollstreckungsmaßnahme und damit der Befriedigung des Gläubigers dienen.

2. Vorbereitungs-, Neben- und Abwicklungstätigkeiten

a) Katalog des § 19 Abs. 1 RVG

Der Rechtsanwalt erhält nach § 19 Abs. 1 Satz 1 RVG keine besonderen Gebühren für   102
Tätigkeiten, die als Vorbereitungs-, Neben- und Abwicklungstätigkeiten mit dem der Zwangsvollstreckung vorhergehenden Erkenntnisverfahren oder dem Zwangsvollstreckungsverfahren zusammenhängen. Diese Tätigkeiten werden mit den Gebühren abgegolten, die in dem Rechtszug bzw. dem Verfahren entstanden sind. In der BRAGO waren diese Regelungen für das Erkenntnisverfahren in § 37 Nr. 7 BRAGO und für die Zwangsvollstreckung in § 58 Abs. 2 Nr. 1 und 2 BRAGO enthalten. Im Einzelnen sind daher sowohl für den Prozessbevollmächtigten als auch den in der Zwangsvollstreckung tätigen Rechtsanwalt mit den dort jeweils entstandenen Gebühren folgende Tätigkeiten abgegolten:

---

39   OLG Köln, Rpfleger 2001, 149.

- **§ 19 Nr. 9 RVG:** Die Erteilung des Notfrist- oder Rechtskraftzeugnisses.

- **§ 19 Nr. 11 RVG:** Die vorläufige Einstellung, Beschränkung oder Aufhebung der Zwangsvollstreckung.

- **§ 19 Nr. 12 RVG:** Die **erstmalige Erteilung der Vollstreckungsklausel,** wenn insoweit keine Klage erhoben wird. Die Erteilung einer **weiteren vollstreckbaren Ausfertigung (§ 733 ZPO)** bildet nach § 18 Nr. 7 RVG eine besondere Angelegenheit. Die Klage auf Erteilung der Vollstreckungsklausel nach § 731 ZPO bildet eine besondere Angelegenheit, für die der Rechtsanwalt die Gebühren nach Nr. 3100 ff. VV RVG erhält.

- **§ 19 Nr. 15 RVG:** Die **Zustellung** des Vollstreckungstitels, der Vollstreckungsklausel und der sonstigen in § 750 ZPO genannten Urkunden.

103 Es ist daher zu unterscheiden, ob der Rechtsanwalt bereits im vorhergehenden Erkenntnisverfahren tätig war oder nicht:

- Für den Rechtsanwalt, der **nicht schon im Erkenntnisverfahren als Prozessbevollmächtigter** tätig war, beginnt die Zwangsvollstreckung schon mit Tätigkeiten, die die Zwangsvollstreckung erst vorbereiten, z.B. der Erteilung des Notfrist- oder Rechtskraftzeugnisses (§ 19 Nr. 9 RVG), der erstmaligen Erteilung der Vollstreckungsklausel (§ 19 Nr. 12 RVG) und der Zustellung des Vollstreckungstitels, der Vollstreckungsklausel und der sonstigen in § 750 ZPO genannten Urkunden (§ 19 Nr. 15 RVG), weil diese Tätigkeiten dann nicht mit den Gebühren für das Erkenntnisverfahren abgegolten sind.

- Für den bereits **im Erkenntnisverfahren tätigen Rechtsanwalt** sind die o.g. Tätigkeiten noch mit den Gebühren für das Erkenntnisverfahren abgegolten.

104
> **Hinweis:**
> Der gebührenrechtliche Begriff der Zwangsvollstreckung deckt sich daher nicht vollständig mit dem prozessrechtlichen Zwangsvollstreckungsbegriff.[40] Es kommt darauf an, ob der Rechtsanwalt bereits im vorhergehenden Erkenntnisverfahren als Prozessbevollmächtigter tätig war oder ob er erstmals in der Zwangsvollstreckung für den Mandanten tätig wird.

b) Katalog des § 19 Abs. 2 RVG

105 § 19 Abs. 2 RVG (vgl. § 58 Abs. 2 Nr. 3 – 7 BRAGO) enthält eine beispielhafte Aufzählung der Vollstreckungshandlungen, die zur Vollstreckungsmaßnahme gemäß § 18 Nr. 3

---

40   Vgl. *Hartmann,* KostG, Nr. 3310 VV RVG Rn. 6.

RVG bzw. zur Vollziehungsmaßnahme nach § 18 Nr. 4 RVG gehören und nicht als besondere Angelegenheit anzusehen sind. Aus der Aufzählung ergibt sich jedoch, dass diese Vollstreckungshandlungen die Zwangsvollstreckungsgebühren auslösen können.

Danach entstehen für   106

- **gerichtliche Anordnungen nach § 758a ZPO** (richterliche Durchsuchungsanordnung, Vollstreckung zur Unzeit),

- die **Bestimmung eines Gerichtsvollziehers** oder eines Sequesters (§§ 827 Abs. 1 und 854 Abs. 1, §§ 848 und 855 ZPO),

- die **Anzeige der Absicht,** die Zwangsvollstreckung gegen eine juristische Person des öffentlichen Rechts zu betreiben (§ 882a ZPO),

- die einer Verurteilung vorausgehende **Androhung von Ordnungsgeld** (§ 890 Abs. 2 ZPO) und

- die **Aufhebung einer Vollstreckungsmaßnahme** (freiwillige Beendigung der Zwangsvollstreckung, z.B. § 843 ZPO)

für den Rechtsanwalt keine besonderen Gebühren. Diese Handlungen sind mit den Gebühren für die jeweilige Vollstreckungsmaßnahme abgegolten.

3. Einzelfälle

a) Mobiliarvollstreckungsauftrag

Die Vollstreckungsmaßnahme ist die vom Gläubiger konkret gewählte Maßnahme der   107
Zwangsvollstreckung durch den Gerichtsvollzieher. Vollstreckungshandlungen sind alle in einem inneren Zusammenhang stehenden Einzelhandlungen innerhalb dieser Maßnahme zur Durchsetzung der titulierten Forderung.

Einzelhandlungen innerhalb der Vollstreckungsmaßnahme „Gerichtsvollziehervollstre-   108
ckung" sind daher z.B.:

- Vorbereitungshandlungen, z.B. die Zahlungsaufforderung mit Androhung der Zwangsvollstreckung, die Ermittlung des Aufenthaltsorts des Schuldners,

- die Erteilung des Vollstreckungsauftrags an den Gerichtsvollzieher,

- der Verkehr mit dem Gerichtsvollzieher,

- die Erwirkung gerichtlicher Anordnungen nach § 758a ZPO (vgl. § 19 Abs. 2 Nr. 1 RVG, richterliche Durchsuchungsanordnung),

- die Tätigkeit im Rahmen der Verwertung gepfändeter Gegenstände (z.B. die Versteigerung),

- die Tätigkeit im Rahmen des durch den Gerichtsvollzieher zu gewährenden Aufschubs der Verwertung nach § 813a ZPO,

- die Aufhebung einer Vollstreckungsmaßnahme (§ 19 Abs. 2 Nr. 5 RVG).

b) Forderungspfändung

109 Sämtliche Tätigkeiten des Rechtsanwalts, die im Zusammenhang mit der Pfändung derselben Forderung des Schuldners wegen der gleichen Forderung des Gläubigers erfolgen, betreffen dieselbe Angelegenheit i.S.d. §§ 15, 18 Nr. 3 RVG. Im Einzelnen gilt daher Folgendes:

- Es fällt nur eine Verfahrensgebühr nach Nr. 3309 VV RVG an, wenn der Antrag auf Erlass des Pfändungsbeschlusses getrennt vom Antrag auf Erlass des Überweisungsbeschlusses gestellt wird und ggf. getrennte Beschlüsse erlassen werden.

- Wird die Pfändung und Überweisung mehrerer Forderungen des Schuldners gegen denselben oder auch verschiedene Drittschuldner wegen der gleichen Forderung des Gläubigers in einem einheitlichen Antrag beantragt, liegt dieselbe Angelegenheit vor.[41]

- Abgegolten durch die Verfahrensgebühr der Nr. 3309 VV RVG für die Tätigkeit im Verfahren auf Erlass eines Pfändungs- und Überweisungsbeschlusses wird die Aufforderung an den Drittschuldner nach § 840 ZPO.

110

> **Hinweis:**
>
> Fertigt der Rechtsanwalt für den Drittschuldner die Erklärung nach § 840 ZPO, entsteht die 0,3 Verfahrensgebühr nach Nr. 3309 VV RVG.

- Für die Tätigkeit in der **Hilfsvollstreckung** nach § 836 Abs. 3 ZPO, im Verfahren nach § 844 ZPO (andere Verwertungsart) und in Verfahren nach den §§ 850c Abs. 4, 850f, 850g, 850i, 850k ZPO entsteht für den Rechtsanwalt des Gläubigers keine besondere Gebühr, wenn er bereits für die Tätigkeit im Verfahren auf Erlass des Pfändungs- und Überweisungsbeschlusses die Verfahrensgebühr der Nr. 3309 VV RVG verdient hat. Für den Rechtsanwalt des Schuldners kann durch die erstmalige Tätigkeit in diesen Verfahren die Verfahrensgebühr nach Nr. 3309 VV RVG und ggf. die Terminsgebühr gemäß Nr. 3310 VV RVG entstehen. Die Pfändungsschutzverfahren nach den §§ 851a und 851b ZPO gelten als besondere Angelegenheit im Rahmen der Zwangsvollstreckung (vgl. § 18 Nr. 8 ZPO).

- Die **Vorpfändung nach § 845 ZPO** und das Verfahren über den anschließenden Pfändungs- und Überweisungsbeschluss bilden dieselbe Angelegenheit. Der Rechtsanwalt

---

41   OLG Düsseldorf, JurBüro 1994, 351.

erhält die Vollstreckungsgebühren hierfür nur einmal. Durch die Tätigkeit im Rahmen der Vorpfändung nach § 845 ZPO entsteht bereits die Verfahrensgebühr nach Nr. 3309 VV RVG.

- Für die Tätigkeit in Verfahren nach den §§ 854 Abs. 1, 848 und 855 ZPO entsteht für den Rechtsanwalt des Gläubigers nach § 19 Abs. 2 Nr. 2 RVG keine besondere Verfahrensgebühr nach Nr. 3309 VV RVG, wenn er bereits für die Tätigkeit im Verfahren auf Erlass des Pfändungs- und Überweisungsbeschlusses die Verfahrensgebühr der Nr. 3309 VV RVG verdient hat.

c) Mehrere Schuldner/Gesamtschuldner

Bei der Zwangsvollstreckung gegen mehrere Schuldner/Gesamtschuldner stellt die Voll- 111 streckung gegen jeden Schuldner grds. eine **besondere Angelegenheit** dar.[42] Das gilt auch, wenn die Vollstreckung aufgrund eines einzigen Titels und aufgrund eines einzigen Auftrags betrieben wird[43] und bei Vollstreckung eines **Räumungstitels gegen Eheleute** wegen einer gemeinsam bewohnten Wohnung.[44]

Der Rechtsanwalt wird in mehreren Vollstreckungsangelegenheiten tätig und erhält je- 112 weils gesonderte Gebühren, wenn er mehreren Drittschuldnern, die ihren Wohn- oder Geschäftssitz an unterschiedlichen Orten haben, vorläufige Zahlungsverbote zustellen lassen will und zu diesem Zweck mehrere Zustellungsersuchen an verschiedene Gerichtsvollzieher an jeweils anderen Orten richten muss.[45]

Die an den **gemeinsamen Prozessbevollmächtigten** mehrerer Schuldner gerichtete 113 anwaltliche Zahlungsaufforderung mit **Vollstreckungsandrohung** lässt die Vollstreckungsgebühren nur einmal anfallen.[46]

d) Mehrere Forderungen

aa) Mehrere Vollstreckungsforderungen

Betreibt der Rechtsanwalt aufgrund eines einheitlichen Auftrags die Zwangsvollstreckung 114 wegen mehrerer Forderungen des Gläubigers gegen den Schuldner, liegt dieselbe Angelegenheit vor.[47]

---

42 *Göttlich/Mümmler/Rehberg/Xanke*, RVG, „Zwangsvollstreckung" 3.2, m.w.N.; LG Frankfurt, JurBüro 2003, 304 = BRAGOreport 2003, 91.
43 OLG Düsseldorf, InVo 1997, 196; OLG Koblenz, JurBüro 1986, 1838.
44 LG Stuttgart, Rpfleger 1989, 428.
45 OLG Köln, Rpfleger 2001, 149.
46 OLG Köln, Rpfleger 1993, 120; a.A.: *Mümmler*, JurBüro 1993, 11; OLG Stuttgart, JurBüro 1983, 1048.
47 OLG Köln, Rpfleger 2001, 149.

bb) Mehrere Schuldnerforderungen

115 Dieselbe Angelegenheit liegt auch dann vor, wenn der Rechtsanwalt die Pfändung und Überweisung von mehreren Forderungen des Schuldners gegen denselben oder verschiedene Drittschuldner beantragt.[48]

e) Ermittlung des Aufenthalts des Schuldners

116 Der BGH hat durch Beschl. v. 12.12.2003[49] entschieden, dass während eines Vollstreckungsverfahrens die Gebühr des § 57 Abs. 1 BRAGO auch eine Anfrage des Rechtsanwalts beim Einwohnermeldeamt über die Anschrift des Schuldners mit abgilt. Für eine solche Tätigkeit kann eine weitere Gebühr nach § 120 Abs. 2 BRAGO nicht verlangt werden.

117 Unter Berücksichtigung dieser Entscheidung dürfte auch eine Geschäftsgebühr Nr. 2402 VV RVG neben der Verfahrensgebühr Nr. 3309 VV RVG für die Anschriftenermittlung nicht entstehen.

f) Weiterer Vollstreckungsversuch

118 Soweit ein Vollstreckungsauftrag nicht oder nicht vollständig zur Befriedigung geführt hat, ist jeder neue Auftrag, der in keinem Zusammenhang mit dem früheren Auftrag steht, eine neue (und damit gebührenrechtlich besondere) Angelegenheit.[50] Unerheblich ist, ob es sich bei dem erneuten Vollstreckungsversuch um eine gleichartige oder eine andere Maßnahme handelt.

g) Wohnungswechsel des Schuldners

119 Kann die Zwangsvollstreckung nicht durchgeführt werden, weil der Schuldner die Durchsuchung verweigert oder weil er verzogen ist, so bildet das weitere Verfahren nach Erlass des Durchsuchungsbeschlusses bzw. nach Ermittlung der neuen Anschrift (auch wenn der Auftrag an einen anderen Gerichtsvollzieher erteilt wird) keine besondere bzw. neue gebührenrechtliche Angelegenheit.[51]

h) Wechsel der Vollstreckungsmaßnahme

120 Wechselt der Rechtsanwalt die Vollstreckungsmaßnahme, liegen zwei verschiedene gebührenrechtliche Angelegenheiten vor. Das ist z.B. dann der Fall, wenn der vom Rechtsanwalt veranlasste Vollstreckungsversuch des Gerichtsvollziehers zur Feststellung von For-

---

48 OLG Düsseldorf, JurBüro 1994, 351.
49 Az. IXa ZB 234/03; RVGreport 2004, 108 (*Hansens*) = JurBüro 2004, 191 = NJW 2004, 1101 = Rpfleger 2004, 250 = DGVZ 2004, 60.
50 *Hartmann*, KostG, Nr. 3310 VV RVG Rn. 44; OLG Frankfurt, Rpfleger 1978; 105 m.w.N.
51 *Göttlich/Mümmler/Rehberg/Xanke*, RVG, „Zwangsvollstreckung" 3.4; OLG München, AnwBl. 1992, 500; OLG Düsseldorf, JurBüro 1987, 549; OLG Bamberg, DGVZ 1999, 93.

derungen des Schuldners geführt hat und der Rechtsanwalt deswegen den Erlass eines Pfändungs- und Überweisungsbeschlusses beantragt.[52]

4. Erinnerungs- und Beschwerdeverfahren

Nach § 18 Nr. 5 RVG bildet jedes Beschwerdeverfahren und jedes Verfahren über eine Erinnerung gegen eine **Entscheidung des Rechtspflegers** auch in der Zwangsvollstreckung eine besondere Angelegenheit. Für die Tätigkeit des Rechtsanwalts im **Erinnerungs- und Beschwerdeverfahren** in der Zwangsvollstreckung entsteht **die 0,5 Verfahrensgebühr** nach Nr. 3500 VV RVG und ggf. **die 0,5 Terminsgebühr** gemäß Nr. 3513 VV RVG (vgl. Vorbem. 3.5 VV RVG). 121

Für das **Erinnerungsverfahren** in der Zwangsvollstreckung ist Folgendes zu berücksichtigen: 122

- Das Erinnerungsverfahren gemäß § 766 ZPO gegen eine **Vollstreckungsmaßnahme** des **Rechtspflegers** oder **Gerichtsvollziehers** dürfte nicht von § 18 Nr. 5 RVG erfasst werden, sondern es gilt insoweit § 18 Nr. 3 RVG: Das Erinnerungsverfahren gemäß § 766 ZPO gehört danach noch zu der Vollstreckungsmaßnahme, die mit der Erinnerung angefochten worden ist und stellt keine besondere Angelegenheit in der Zwangsvollstreckung dar. Das entspricht der Rechtslage in der BRAGO.

- Voraussetzung dafür, dass ein Erinnerungsverfahren nach § 18 Nr. 5 RVG eine besondere Angelegenheit bildet ist, dass sich das Verfahren gegen eine **Entscheidung** des **Rechtspflegers** richtet. Der Rechtspfleger trifft in der Zwangsvollstreckung eine Entscheidung, wenn er zuvor dem Schuldner rechtliches Gehör gewährt hat oder er eine Vollstreckungsmaßnahme ablehnt. Im Gegensatz dazu beruht eine **Vollstreckungsmaßnahme** des Rechtspflegers, z.B. der Erlass eines Pfändungs- und Überweisungsbeschlusses, lediglich auf dem Antrag und dem Vorbringen des Gläubigers und wird ohne Anhörung des Schuldners vorgenommen. Die Vollstreckungsmaßnahme wird mit der Erinnerung nach § 766 ZPO angefochten.[53] Die Entscheidungen des Rechtspflegers in der Zwangsvollstreckung sind grds. mit der sofortigen Beschwerde nach § 793 ZPO anfechtbar (vgl. § 11 Abs. 1 RPflG). Diese Beschwerdeverfahren bilden nach § 18 Nr. 5 RVG eine besondere Angelegenheit. Die ZPO unterscheidet insoweit sehr klar zwischen der Entscheidung und der Vollstreckungsmaßnahme. Wenn sich der Gesetzgeber diese Terminologie auch im RVG zu Eigen gemacht hat, stellt die Erinnerung nach § 766 ZPO keine Erinnerung gegen eine Entscheidung des Rechtspflegers dar.

---

52 *Göttlich/Mümmler/Rehberg/Xanke*, RVG, „Zwangsvollstreckung" 3.4.
53 Vgl. hierzu *Zöller/Stöber*, ZPO, § 766 Rn. 2

- Entscheidungen des Rechtspflegers sind gemäß § 11 Abs. 2 RPflG nur noch dann mit der Erinnerung anfechtbar, wenn gegen die Entscheidung nach den allgemeinen verfahrensrechtlichen Vorschriften ein Rechtsmittel nicht gegeben ist. Es findet dann nach § 11 Abs. 2 RPflG binnen der für die sofortige Beschwerde geltenden Frist die sofortige Erinnerung gegen die Entscheidung des Rechtspflegers statt. Daher dürften nur die Erinnerungsverfahren nach § 11 Abs. 2 RPflG von § 18 Nr. 5 RVG erfasst sein, da nur diese sich gegen Entscheidungen des Rechtspflegers richten. Hierfür spricht, dass in der Gesetzesbegründung zu § 19 Nr. 5 RVG nur die Erinnerung nach § 11 Abs. 2 RPflG mit der Beschwerde verglichen wird und insoweit eine Gleichbehandlung mit der Beschwerde als erforderlich angesehen wird.[54] Die Erinnerung nach § 766 ZPO wird dort nicht erwähnt. Die Gleichbehandlung der Erinnerungsverfahren nach § 11 Abs. 2 RPflG mit den Beschwerdeverfahren ist dann durch § 18 Nr. 5 RVG erfolgt.

- Erinnerungsverfahren gemäß § 766 ZPO gegen **Vollstreckungsmaßnahmen** des **Rechtspflegers** oder **Gerichtsvollziehers** dürften zwar keine besondere Angelegenheit darstellen, jedoch **erhöhen** sich die 0,3 Zwangsvollstreckungsgebühren des Rechtsanwalts aufgrund der Tätigkeit im Erinnerungsverfahren nach § 766 ZPO auf **0,5:** Der Rechtsanwalt erhält aufgrund der Tätigkeit im Erinnerungsverfahren nach § 766 ZPO gegen die Vollstreckungsmaßnahme statt der bereits entstandenen 0,3 Verfahrensgebühr nach Nr. 3309 VV RVG (ggf. 0,3 Terminsgebühr nach Nr. 3310 VV RVG) eine 0,5 Verfahrensgebühr nach Nr. 3500 VV RVG und ggf. eine 0,5 Terminsgebühr gemäß Nr. 3513 VV RVG. Während § 61 BRAGO die Tätigkeit des Rechtsanwalts im Erinnerungsverfahren nach § 766 ZPO nicht erfasste und die Tätigkeit mit den 3/10-Gebühren nach §§ 57, 58 BRAGO abgegolten wurde, erfassen die Gebühren für das Erinnerungsverfahren nach den Nrn. 3500 und 3513 VV RVG nunmehr auch die Tätigkeit im Erinnerungsverfahren nach § 766 ZPO.[55] Eine Regelung, wonach die Gebühren der Nrn. 3500 und 3513 VV RVG nur anfallen, wenn sich die Tätigkeit des Rechtsanwalts auf das Erinnerungsverfahren beschränkt, ist im RVG nicht vorhanden (vgl. z.B. § 55 BRAGO).

123   *Beispiel:*

Rechtsanwalt R beantragt den Erlass eines Pfändungs- und Überweisungsbeschlusses wegen einer titulierten Forderung von 2.000 €. Der Rechtspfleger erlässt den Beschluss antragsgemäß.

R kann folgende Gebühr abrechnen:

0,3 Verfahrensgebühr, Nr. 3309 VV RVG (Wert: 2.000 €)	*39,90 €*

---

54   BT-Drucks. 15/1971, S. 194.
55   Vgl. BT-Drucks. 15/1971, S. 218.

Fortsetzung des Beispiels: 124

Nach Zustellung des Beschlusses legt Rechtsanwalt S für den Schuldner Erinnerung gemäß § 766 ZPO gegen den Beschluss ein. Bei S meldet sich der Gläubiger-Vertreter Rechtsanwalt R. Es wird eine Besprechung zur Erledigung des Erinnerungsverfahrens ohne Beteiligung des Gerichts durchgeführt.

R kann folgende Gebühren abrechnen:

1.	0,5 Verfahrensgebühr, Nr. 3500 VV RVG (Wert: 2.000 €)	66,50 €
	abzgl. 0,3 Verfahrensgebühr, Nr. 3309 VV RVG (Wert: 2.000 €)	− 39,90 €
Rest:		26,60 €
2.	0,5 Terminsgebühr, Nr. 3513 VV RVG (Wert: 2.000 €)	+ 66,50 €
Summe:		**93,10 €**

zzgl. Auslagen

Das Verfahren auf Erlass des Pfändungs- und Überweisungsbeschlusses und das Erinne- 125
rungsverfahren gemäß § 766 ZPO bilden zwar gemäß § 18 Nr. 3 RVG dieselbe Angelegenheit. Rechtsanwalt R erhält jedoch aufgrund der Tätigkeit im Erinnerungsverfahren gemäß § 766 ZPO die höhere 0,5 Verfahrensgebühr der Nr. 3500 VV RVG und die Terminsgebühr nach Nr. 3513 VV RVG.

Wird der Rechtsanwalt nur im Erinnerungsverfahren nach § 766 ZPO tätig, fällt eine 0,5 126
Verfahrensgebühr nach Nr. 3500 VV RVG und ggf. die 0,5 Terminsgebühr der Nr. 3513 VV RVG an.[56] Nach der Gesetzesbegründung werden alle Arten von Erinnerungen, also nach § 11 RPflG, §§ 573 und 766 ZPO, von Nr. 3500 VV RVG erfasst. Es handelt sich um eine Auffangvorschrift für Erinnerungs- und Beschwerdeverfahren, die nicht an anderer Stelle in Teil 3 VV RVG geregelt sind (vgl. Vorbem. 3.5, 3.1 Abs. 2 und 3.2.1 VV RVG).

Beispiel: 127

Gegen den Schuldner wird ein Pfändungs- und Überweisungsbeschluss wegen einer titulierten Forderung über 2.000 € erlassen. Nach Zustellung des Beschlusses legt Rechtsanwalt S für den Schuldner Erinnerung gemäß § 766 ZPO gegen den Beschluss ein. Bei S meldet sich der Gläubiger-Vertreter Rechtsanwalt R. Es wird eine Besprechung zur Erledigung des Erinnerungsverfahrens ohne Beteiligung des Gerichts durchgeführt.

S kann folgende Gebühren abrechnen:

1.	0,5 Verfahrensgebühr, Nr. 3500 VV RVG (Wert: 2.000 €)	66,50 €
2.	0,5 Terminsgebühr, Nr. 3513 VV RVG (Wert: 2.000 €)	+ 66,50 €
Summe:		**133,00 €**

---

56   Vgl. BT-Drucks. 15/1971, S. 218.

5. Besondere Angelegenheiten in der Zwangsvollstreckung

128 Eine **abschließende Aufzählung** der besonderen Angelegenheiten in der Zwangsvollstreckung enthält **§ 18 Nrn. 6 – 22 RVG**. Diese Aufzählung entspricht inhaltlich im Wesentlichen dem Katalog des § 58 Abs. 3 BRAGO. Von der Erläuterung von § 18 Nrn. 20 – 22 RVG wird abgesehen.

a) § 18 Nr. 6 RVG: Verfahren nach § 732 ZPO – Einwendungen gegen die Vollstreckungsklausel

129 Die erstmalige Erteilung der Vollstreckungsklausel ist nach § 19 Nr. 12 RVG für den Prozessbevollmächtigten des Erkenntnisverfahrens bzw. für den im Zwangsvollstreckungsverfahren tätigen Rechtsanwalt mit den entsprechenden Gebühren abgegolten, wenn insoweit keine Klage erhoben wird. Wird der Rechtsanwalt im Verfahren nach § 732 ZPO über Einwendungen des Schuldners gegen die Erteilung der Vollstreckungsklausel tätig, stellt dies eine besondere Angelegenheit dar. § 732 ZPO und damit § 18 Nr. 6 RVG ist auch anwendbar, soweit in anderen Vorschriften auf § 732 ZPO verwiesen wird (vgl. z.B. die §§ 797 Abs. 3 und 797a Abs. 2 ZPO). Die Entscheidungen nach § 732 Abs. 2 ZPO (einstweilige Einstellung der Zwangsvollstreckung) gehören nach § 19 Abs. 1 Nr. 11 RVG zur Angelegenheit.

b) § 18 Nr. 7 RVG: Verfahren nach § 733 ZPO – Erteilung einer weiteren vollstreckbaren Ausfertigung

130 Die erstmalige Erteilung der Vollstreckungsklausel ist nach § 19 Nr. 12 RVG für den Prozessbevollmächtigten des Erkenntnisverfahrens bzw. für den im Zwangsvollstreckungsverfahren tätigen Rechtsanwalt mit den entsprechenden Gebühren abgegolten, wenn insoweit keine Klage erhoben wird. Wird im Verfahren nach § 733 ZPO die Erteilung einer weiteren vollstreckbaren Ausfertigung beantragt, stellt dieses Verfahren eine besondere Angelegenheit dar. Das Verfahren auf Erteilung einer qualifizierten Klausel (§§ 726 – 729 ZPO) bildet keine besondere Angelegenheit.

c) § 18 Nr. 8 RVG: Vollstreckungsschutzverfahren nach den §§ 765a, 813b, 851a oder 851b ZPO und Änderungsverfahren

131 Der Rechtsanwalt erhält nach Nr. 3309 VV RVG eine 0,3 **Verfahrensgebühr** für die Tätigkeit im Verfahren über den Vollstreckungsschutz nach den §§ 765a, 813b ZPO bzw. Pfändungsschutz nach den §§ 851a und 851b ZPO.

132 Daneben erhält er eine 0,3 **Terminsgebühr** nach Nr. 3310 VV RVG, die allerdings gemäß der Anm. zu Nr. 3310 VV RVG abweichend von der allgemeinen Regelung in Vorbem. 3 Abs. 3 VV RVG nur für die Teilnahme an einem gerichtlichen Termin entsteht.

133 **Jedes** Verfahren über Vollstreckungs- bzw. Pfändungsschutzanträge nach den §§ 765a, 813b, 851a, 851b ZPO gilt als **besondere Angelegenheit**. Das Gleiche gilt für **jedes** Ver-

fahren, in dem die Änderung der in diesen Verfahren getroffenen Anordnungen beantragt wird (vgl. z.B. § 765a Abs. 4 ZPO).

Hinweis:

Erfasst von § 18 Nr. 8 RVG sind wie schon bei dem inhaltlich entsprechenden § 58 Abs. 3 Nr. 3 BRAGO nur **gerichtliche Vollstreckungsschutzverfahren.** Der durch den Gerichtsvollzieher zu gewährende Aufschub der Verwertung nach § 813a ZPO oder der Aufschub nach § 765a Abs. 2 ZPO bei der Erwirkung der Herausgabe von Sachen fällt nicht unter § 18 Nr. 8 RVG.[57]

134

Von mehreren Schuldnern gemeinsam betriebene Vollstreckungsschutzverfahren bilden verschiedene Angelegenheiten. Das gilt auch für den Fall, dass Eheleute Vollstreckungsschutz gegen die Räumung ihrer Wohnung beantragen.[58]

135

d) § 18 Nr. 9 RVG: Verfahren auf Zulassung der Austauschpfändung nach § 811a ZPO

Das gerichtliche Verfahren über die Zulassung der Austauschpfändung durch das Vollstreckungsgericht gemäß § 811a ZPO bildet für den Rechtsanwalt eine besondere Angelegenheit. Es entsteht damit eine 0,3 Verfahrensgebühr nach Nr. 3309 VV RVG und für die Teilnahme an einem gerichtlichen Termin eine 0,3 Terminsgebühr gemäß Nr. 3310 VV RVG.

136

Die durch den Gerichtsvollzieher nach § 811b ZPO vorzunehmende vorläufige Austauschpfändung ist in § 18 Nr. 9 RVG nicht aufgeführt und stellt daher für den Anwalt keine besondere Angelegenheit dar.

137

Ein **erneuter Antrag** auf Zulassung der Austauschpfändung nach Ablehnung des ersten Antrags stellt keine neue Angelegenheit dar, wenn dem neuen Antrag auf Zulassung der Austauschpfändung weiterhin dasselbe Pfändungsobjekt zugrunde liegt.[59]

138

e) § 18 Nr. 10 RVG: Verfahren über einen Antrag nach § 825 ZPO – andere Verwertungsart

Das Verfahren über einen Antrag gemäß § 825 ZPO (andere Art der Verwertung) bildet für den Rechtsanwalt eine besondere Angelegenheit. Es entsteht damit eine 0,3 Verfahrensgebühr nach Nr. 3309 VV RVG und für die Teilnahme an einem gerichtlichen Termin eine 0,3 Terminsgebühr gemäß Nr. 3310 VV RVG.

139

---

57 *Hartmann*, KostG, § 18 RVG Rn. 39.
58 LG Mannheim, Rpfleger 1982, 238.
59 *Göttlich/Mümmler/Rehberg/Xanke*, RVG, „Zwangsvollstreckung" 4.4.

140 Nach § 18 Nr. 10 RVG bildet das Verfahren über einen Antrag (Singular) nach § 825 ZPO eine besondere Angelegenheit. Im Gegensatz dazu bestimmte § 58 Abs. 3 Nr. 4a BRAGO, dass Verfahren über Anträge (Plural) nach § 825 ZPO als besondere Angelegenheit gelten.

141 Aufgrund des Gesetzeswortlauts – Verfahren über **einen Antrag** nach § 825 ZPO – ist klargestellt, dass jedes Verfahren über einen Antrag nach § 825 ZPO eine besondere Angelegenheit bildet und nicht das Verfahren über mehrere Anträge zu einer Angelegenheit zusammengefasst ist. Auch die Verfahren über den an den Gerichtsvollzieher zu richtenden Antrag nach § 825 Abs. 1 ZPO und den an das Vollstreckungsgericht zu richtenden Antrag nach § 825 Abs. 2 ZPO bilden somit jeweils eine besondere Angelegenheit.

142 Wird vor Entscheidung eines bereits gestellten Antrags dieser Antrag geändert, ist dieselbe Angelegenheit betroffen.

143 Das Verfahren über einen erneuten Antrag auf anderweitige Verwertung nach Abschluss des Verfahrens über den ersten Antrag (weil beispielsweise die erste anderweitige Verwertung erfolglos war), stellt eine neue besondere Angelegenheit dar.

144 Soll eine anderweitige Verwertung eines bei **Gesamtschuldnern** gepfändeten Gegenstands durchgeführt werden, so liegen zwei besondere Angelegenheiten vor.[60]

145 Trotz der großen Ähnlichkeit bildet das Verfahren nach § 844 ZPO (andere Art der Verwertung bei Forderungen/Rechten) wegen des klaren Wortlauts in § 18 Nr. 10 RVG keine besondere Angelegenheit.[61] Nach der Begründung des Gesetzes ist die Aufzählung in § 18 RVG abschließend.[62]

f) § 18 Nr. 11 RVG: Verwaltungsverfahren bei gepfändetem Vermögensrecht (§ 857 Abs. 4 ZPO)

146 Der Rechtsanwalt erhält neben den Gebühren nach den Nrn. 3309 und 3310 VV RVG für die Zwangsvollstreckung in andere Vermögensrechte (§ 857 Abs. 1 ZPO) besondere Gebühren nach den Nrn. 3309 und 3310 VV RVG für die Tätigkeit in einem nach § 857 Abs. 4 ZPO angeordneten Verwaltungsverfahren.

g) § 18 Nr. 12 RVG: Das Verteilungsverfahren nach den §§ 858 Abs. 5, 872 – 877, 882 ZPO

147 Das Verteilungsverfahren nach den §§ 858 Abs. 5, 872 – 877 und 882 ZPO bildet nach § 18 Nr. 12 RVG eine besondere Angelegenheit in der Zwangsvollstreckung. Nach dem

---

60 *Göttlich/Mümmler/Rehberg/Xanke*, RVG, „Zwangsvollstreckung" 4.5.
61 *Göttlich/Mümmler/Rehberg/Xanke*, RVG, „Zwangsvollstreckung" 4.5; LG Berlin, Rpfleger 1990, 92.
62 BT-Drucks. 15/1971, S. 192.

die §§ 57, 58 ergänzenden § 60 BRAGO entstanden für die Tätigkeit in diesem Verteilungsverfahren 5/10- bzw. 3/10-Gebühren. Im RVG gelten insoweit die Nrn. 3309 und 3310 VV RVG, da es sich um ein Verfahren der Zwangsvollstreckung handelt und besondere Gebühren für dieses Verteilungsverfahren nicht bestimmt sind. Nr. 3333 VV RVG gilt nur für Verteilungsverfahren außerhalb der Zwangsversteigerung und Zwangsverwaltung und entspricht § 71 BRAGO.[63] Erfasst werden von Nr. 3333 VV RVG z.B. die Verteilungsverfahren nach Art. 53 Abs. 1 Satz 2, 53a und Art. 67 Abs. 2 EGBGB, die sich nach den Verfahrensvorschriften der §§ 105 ff. ZVG richten.[64]

Nach § 872 ZPO tritt das Verteilungsverfahren ein, wenn bei der Zwangsvollstreckung **148** in das bewegliche Vermögen ein Betrag hinterlegt wird, der zur Befriedigung der beteiligten Gläubiger nicht ausreicht. Nach § 858 Abs. 5 ZPO kann das Verteilungsverfahren ebenfalls durchgeführt werden bei der Zwangsvollstreckung in einen eingetragenen Schiffsanteil, der mit dem Recht eines anderen Gläubigers belastet ist. In diesen Fällen fordert das Gericht die beteiligten Gläubiger auf, ihre Forderungen anzumelden. Nach Eingang der Berechnungen wird ein Termin zur Bekanntgabe des Teilungsplans anberaumt. Zu diesem Termin werden Gläubiger und Schuldner geladen. Anschließend wird der Teilungsplan, wenn keine Widersprüche vorliegen, durch das Gericht ausgeführt.

Beteiligte Gläubiger sind alle Gläubiger, für die eine Pfändung stattgefunden hat. Hierzu **149** gehört auch der Arrestgläubiger, der Gläubiger einer Sicherungsvollstreckung nach § 720a ZPO und der Gläubiger einer Vorpfändung nach § 845 ZPO. Nicht hierzu gehören Gläubiger, die zwar einen Titel aber noch kein Pfandrecht erworben haben.

Die **Durchführung des Verteilungsverfahrens** ist sinnvoll, wenn mehrere Gläubiger lau- **150** fende Einkünfte gepfändet haben und der Drittschuldner mit der Ausführung der Auszahlungen überfordert ist – § 853 ZPO.

Das **Verteilungsverfahren beginnt** mit der Hinterlegung des Geldbetrags und endet mit **151** der Auszahlung an den Gläubiger. Ein anderweitiges Verteilungsverfahren, dass aufgrund eines Urteils aus einem dem Widerspruch folgenden Klageverfahren (§§ 878, 882 ZPO) durchgeführt wird, gehört zur Angelegenheit und lässt keine besonderen Gebühren entstehen. Es handelt sich um die Fortsetzung des früheren Verfahrens.[65]

---

63   Vgl. BT-Drucks. 15/1971, S. 217.
64   Vgl. *Hartmann*, KostG, Nr. 3333 VV RVG Rn. 1 ff; a.A.: *Göttlich/Mümmler/Rehberg/Xanke*, RVG, „Zwangsvollstreckung" 3 und 4.7: Für die Verteilungsverfahren nach §§ 858 Abs. 5, 872 – 877 und 882 ZPO gilt Nr. 3333 VV RVG.
65   *Gerold/Schmidt/von Eicken*, BRAGO, § 60 Rn. 7.

152 Bei regelmäßigen Hinterlegungen aus einer Forderung – z.B. Arbeitslohn – ist ein einheitliches Verfahren zulässig. Hierbei handelt es sich um eine Angelegenheit.[66]

153 Vertritt der Rechtsanwalt in demselben Verteilungsverfahren **mehrere Gläubiger**, so handelt es sich trotzdem um dieselbe Angelegenheit mit unterschiedlichen Gegenständen. Die Gebühren sind gemäß § 22 Abs. 1 RVG nach den addierten Werten der Gegenstände zu berechnen.[67]

154

Hinweise:

- Die Gebühren für vorhergehende Vollstreckungsmaßnahmen (z.B. für die zuvor notwendige Pfändung der Forderung) verdient der Rechtsanwalt zusätzlich. Es handelt sich bei dem Verteilungsverfahren um eine besondere Angelegenheit, die einen eigenen Gebührenanspruch auslöst. Eine Anrechnung findet nicht statt.

- Erkennt ein betroffener Gläubiger einen Widerspruch gegen den Teilungsplan nicht an (vgl. § 876 ZPO), so hat der Widerspruchsführer Klage nach § 878 ZPO zu erheben. Hierfür entstehen die Regelgebühren nach Nrn. 3100 ff. VV RVG.

---

h) § 18 Nr. 13 RVG: Verfahren auf Eintragung einer Zwangshypothek (§§ 867, 870a ZPO)

155 Das Verfahren auf Eintragung einer Zwangshypothek gemäß der §§ 867, 870a ZPO, ist gemäß § 18 Nr. 13 RVG eine besondere Angelegenheit, für das die Gebühren Nrn. 3309, 3310 VV RVG entstehen, vgl. Vorbem. 3.3.3 RVG. Zu dieser Angelegenheit gehört auch der Eintragungsantrag beim Grundbuchamt und die nach § 867 Abs. 2 ZPO ggf. notwendige Verteilung der Forderung auf mehrere Grundstücke.

156 Für **vorbereitende Tätigkeiten**, die nicht zur Zwangsvollstreckung gehören, entstehen gesonderte Gebühren. Dies kann der Fall sein für

- die Erteilung eines Erbscheins nach § 792 ZPO,

- die Grundbuchberichtigung nach § 14 GBO,

- die Beschaffung behördlicher Genehmigungen,

- die Erteilung eines Zeugnisses nach § 27 Abs. 2 ZVG.[68]

---

66 *Gerold/Schmidt/von Eicken*, BRAGO, § 60 Rn. 1.
67 Vgl. *Gerold/Schmidt/von Eicken*, BRAGO, § 60 Rn. 5; a.A.: *Zöller/Stöber*, ZPO, § 872 Rn. 8: Verschiedene Angelegenheiten mit jeweils eigener Abrechnung.
68 Vgl. *Hartmann*, KostG, § 18 RVG Rn. 44.

i) § 18 Nr. 14 RVG: Vollstreckungsverfahren nach § 887 Abs. 2 ZPO bei vertretbarer Handlung

Das Ermächtigungsverfahren nach § 887 Abs. 1 ZPO und das Verfahren zur Verurteilung des Schuldners zur Vorauszahlung der Kosten, die durch die Vornahme der Handlung entstehen werden, bilden dieselbe Angelegenheit im Rahmen der Zwangsvollstreckung. Das Verfahren nach § 887 Abs. 2 ZPO auf **Vollstreckung** der Entscheidung, durch die der Schuldner zur Vorauszahlung der Kosten, die durch die Vornahme einer Handlung entstehen, verurteilt wird, ist nach § 18 Nr. 14 RVG eine besondere Angelegenheit.   157

Die Vollstreckung der Entscheidung, durch die der Schuldner zur Vorauszahlung der Kosten verurteilt worden ist, kann durch alle Vollstreckungsmaßnahmen erfolgen, die der Beitreibung dieser Geldforderung dienen (§§ 803 – 882a ZPO). Es kann also z.B. dem Gerichtsvollzieher ein Vollstreckungsauftrag erteilt oder der Erlass eines Pfändungs- und Überweisungsbeschlusses beantragt werden. Innerhalb des Verfahrens zur Vollstreckung der nach § 887 Abs. 2 ZPO erlassenen Entscheidung gilt § 18 Nr. 3 RVG. Danach ist jede Vollstreckungsmaßnahme zusammen mit den durch diese vorbereiteten weiteren Vollstreckungshandlungen bis zur Befriedigung des Gläubigers eine besondere Angelegenheit.   158

Beispiel: 159

Der Schuldner ist verurteilt worden, die Baumängel an dem von ihm errichteten Einfamilienhaus nachzubessern. Da der Schuldner dieser Verpflichtung nicht nachkommt, beantragt Rechtsanwalt R beim Prozessgericht, den Gläubiger auf Kosten des Schuldners zur Vornahme der Handlung zu ermächtigen. Das Gericht erlässt einen entsprechenden Beschluss. Gleichzeitig verurteilt es auf den entsprechenden Antrag des Gläubigers den Schuldner zur Vorauszahlung der Kosten für die Nachbesserung i.H.v. geschätzten 5.000 €.

Da der Schuldner den Betrag nicht zahlt, beauftragt R den Gerichtsvollzieher mit der Vollstreckung. Der Pfändungsversuch des Gerichtsvollziehers ergibt, dass der Schuldner über pfändbare Forderungen verfügt. R beantragt daraufhin den Erlass eines Pfändungs- und Überweisungsbeschlusses.

R kann folgende Gebühren in der Zwangsvollstreckung abrechnen:

1. *0,3 Verfahrensgebühr, Nr. 3309 VV RVG für den Ermächtigungsantrag nach § 887 Abs. 1 und den Verurteilungsantrag nach § 887 Abs. 2 ZPO (Wert: 5.000 €)*   90,30 €

2. *0,3 Verfahrensgebühr, Nr. 3309 VV RVG, § 18 Nr. 14 RVG für den Vollstreckungsauftrag (Wert: 5.000 €)*   90,30 €

3. *0,3 Verfahrensgebühr, Nr. 3309 VV RVG, § 18 Nr. 14 RVG für den Antrag auf Erlass eines Pfändungs- und Überweisungsbeschlusses, (Wert: 5.000 €)*   90,30 €

4. *3 Postentgeltpauschalen, Nr. 7002 VV RVG à 18,06 €*   + 54,18 €

Summe: 325,08 €

j) § 18 Nr. 15 RVG: Zwangsvollstreckung nach § 888 ZPO bei unvertretbarer Handlung

160 Das Verfahren nach § 888 ZPO zur Ausführung der Zwangsvollstreckung auf Vornahme einer Handlung durch Zwangsmittel nach § 888 ZPO bildet nach § 18 Nr. 15 RVG eine besondere Angelegenheit. Das gesamte Verfahren nach § 888 ZPO gilt auch dann als eine Angelegenheit, wenn gegen den Schuldner mehrfach ein Zwangsmittel festgesetzt wird und hierdurch mehrere Vollstreckungsmaßnahmen erforderlich werden. Auch die Vollstreckung der festgesetzten Zwangsmittel gehört somit zur Angelegenheit. Der Anwalt erhält daher für seine gesamte Tätigkeit im Verfahren nach § 888 ZPO einschließlich der einzelnen Vollstreckungsmaßnahmen die Verfahrens- und ggf. Terminsgebühr insgesamt nur einmal.[69]

161 *Beispiel:*

Der Schuldner ist verurteilt worden, eine presserechtliche Gegendarstellung abzugeben. Da er der Verpflichtung nicht nachkommt, wird er hierzu von Rechtsanwalt R im Auftrag des Gläubigers aufgefordert. Da die Gegendarstellung auch nach der Aufforderung nicht erfolgt, setzt das Gericht auf Antrag von R ein Zwangsgeld i.H.v. 10.000 € fest. Da das Zwangsgeld nicht gezahlt wird, beauftragt Rechtsanwalt R den Gerichtsvollzieher, das Zwangsgeld zugunsten der Staatskasse beizutreiben. Die Vollstreckung durch den GV bleibt erfolglos. Auf Antrag von R ordnet das Gericht daher ersatzweise Zwangshaft an und erlässt einen Haftbefehl. R beauftragt den Gerichtsvollzieher mit der Verhaftung des Schuldners (§ 186 GVGA).

R erhält folgende Gebühr:

0,3 Verfahrensgebühr, Nr. 3309 VV RVG für das Verfahren zur Ausführung der Zwangsvollstreckung nach § 888 ZPO (Wert: 5.000 €, geschätzt)	*90,30 €*

162 **Hinweis:**

Das Verfahren nach § 889 ZPO ist im Katalog der besonderen Angelegenheiten der Zwangsvollstreckung in § 18 RVG nicht aufgeführt. Gleichwohl gilt bereits die Tätigkeit des Rechtsanwalts im Verfahren nach § 889 Abs. 1 ZPO – freiwillige Abgabe der eidesstattlichen Versicherung durch den Schuldner – als besondere Angelegenheit. Da im Falle des Nichterscheinens des Schuldners zum Termin zur Abgabe der eidesstattlichen Versicherung bzw. im Falle der Verweigerung der Abgabe der eidesstattlichen Versicherung gemäß § 889 Abs. 2 ZPO nach § 888 ZPO zu verfahren ist und das Antragsverfahren nach § 889 Abs. 1 ZPO das Erzwingungsverfahren nach § 889 Abs. 2 ZPO vorbereitet, gilt in entsprechender Anwendung von § 18 Nr. 15 RVG bereits das Verfahren nach § 889 Abs. 1 ZPO als besondere Angelegenheit.[69a]

---

69 Vgl. *Göttlich/Mümmler/Rehberg/Xanke*, RVG, „Zwangsvollstreckung" 4.10; *Riedel/Sußbauer/Keller*, BRAGO, § 58 Rn. 31; a.A.: *Hartmann*, KostG, § 18 RVG Rn. 47.

69a *Göttlich/Mümmler/Rehberg/Xanke*, RVG, „Zwangsvollstreckung" 4.10 m.w.N.

k) § 18 Nr. 16 RVG: Jede Verurteilung zu einem Ordnungsgeld gemäß § 890 Abs. 1 ZPO – Erzwingung von Duldungen und Unterlassungen

Nach § 18 Nr. 16 RVG bildet jede Verurteilung zu einem **Ordnungsgeld** gemäß § 890   163
Abs. 1 ZPO eine besondere Angelegenheit. Das dürfte – trotz der fehlenden Erwähnung im Gesetzeswortlaut – auch für jede Verurteilung zu **Ordnungshaft** gelten. Daneben gilt das Verfahren nach § 890 Abs. 3 ZPO – Verurteilung zur Bestellung einer Sicherheit – als weitere besondere Angelegenheit, § 18 Nr. 17 RVG.

Nach § 19 Abs. 2 Nr. 4 RVG gehört die einer Verurteilung zu Ordnungsgeld/Ordnungs-   164
haft vorausgehende **Androhung** von Ordnungsgeld/Ordnungshaft nach § 890 Abs. 2 ZPO zur Vollstreckungsmaßnahme i.S.v. § 18 Nr. 3 RVG. Das bedeutet Folgendes:

Die im Duldungs- bzw. Unterlassungsurteil des Prozessverfahrens ausgesprochene An-   165
drohung des Ordnungsgeldes bzw. der Ordnungshaft ist für den Rechtsanwalt des Prozessverfahrens mit den Gebühren des Rechtszugs abgegolten, § 19 Abs. 1 Satz 1 RVG.

Ist die Androhung des Ordnungsgeldes bzw. der Ordnungshaft nicht im Duldungs- bzw.   166
Unterlassungsurteil des Prozessverfahrens enthalten und wird der Rechtsanwalt in der Zwangsvollstreckung im Androhungsverfahren nach § 890 Abs. 2 ZPO tätig, entstehen die Gebühren der Nr. 3309 VV RVG und ggf. der Nr. 3310 VV RVG.

Wird der Rechtsanwalt auch im Verurteilungsverfahren nach § 890 Abs. 1 ZPO tätig, ist   167
eine evtl. Tätigkeit im Androhungsverfahren nach § 890 Abs. 2 ZPO durch die Gebühren des Verurteilungsverfahrens abgegolten. Für die Tätigkeit des Rechtsanwalts im Androhungsverfahren und im darauffolgenden Verurteilungsverfahren entstehen die Gebühren damit insgesamt nur einmal.

Beispiel: 168

Der Schuldner ist verurteilt worden, Bauarbeiten einzustellen bzw. zu unterlassen. Da er die Bauarbeiten nicht einstellt, wird auf Antrag des Gläubigers, vertreten durch Rechtsanwalt R, durch das Gericht die Verurteilung zu einem Ordnungsgeld von 10.000 € angedroht. Da der Schuldner die Androhung nicht beachtet und die Bauarbeiten weiterführt, wird er auf Antrag von R zu einem Ordnungsgeld i.H.v. 10.000 € verurteilt. Das Ordnungsgeld wird von Amts wegen vollstreckt.

Da auch das bereits festgesetzte Ordnungsgeld den Schuldner nicht von der Weiterführung der Bauarbeiten abhält, wird auf Antrag des Gläubigers, vertreten durch R, durch das Gericht die Verurteilung zu einem weiteren Ordnungsgeld von 15.000 € angedroht. Da der Schuldner auch diese Androhung nicht beachtet und die Bauarbeiten weiterführt, wird er auf Antrag von R zu einem weiteren Ordnungsgeld i.H.v. 15.000 € verurteilt.

R kann folgende Gebühren in der Zwangsvollstreckung abrechnen:

1. *0,3 Verfahrensgebühr, Nr. 3309 VV RVG für die Androhung und die*
    Verurteilung zum ersten Ordnungsgeld i.H.v. 10.000 €
    (Wert: 5.000 € geschätzt)   90,30 €

2. *0,3 Verfahrensgebühr, Nr. 3309 VV RVG für die Androhung und die*
    Verurteilung zum zweiten Ordnungsgeld i.H.v. 15.000 €
    (Wert: 7.500 € geschätzt)   123,60 €

3. *Postentgeltpauschale Nr. 7002 VV RVG*   18,06 €

4. *Postentgeltpauschale Nr. 7002 VV RVG*   + 20,00 €
                                                            _____

    Summe: 251,96 €

l)   § 18 Nr. 17 RVG: Verurteilung zur Bestellung einer Sicherheit im Falle des § 890 Abs. 3 ZPO

169   Neben jedem Verfahren auf Verurteilung zu einem Ordnungsgeld/Ordnungshaft gilt das Verfahren nach § 890 Abs. 3 ZPO – Verurteilung zur Bestellung einer Sicherheit – als weitere besondere Angelegenheit, § 18 Nr. 17 RVG.

m)   § 18 Nr. 18 RVG: Verfahren auf Abnahme der eidesstattlichen Versicherung nach den §§ 900 und 901 ZPO

170   Das Verfahren zur Abnahme der eidesstattlichen Versicherung nach den §§ 900, 901 ZPO bildet gemäß 18 Nr. 18 RVG eine besondere Angelegenheit. Für die im Verfahren nach § 889 ZPO abzugebende eidesstattliche Versicherung nach bürgerlichem Recht gilt § 18 Nr. 15 RVG. Es wird insoweit auf die Erläuterungen zu § 18 Nr. 15 RVG verwiesen. Im Übrigen ist Folgendes zu beachten:

*   Zum Verfahren gehört insbesondere die Antragstellung, die Tätigkeit im Widerspruchsverfahren, der Verhaftungsauftrag und die Terminswahrnehmung.

*   Der Antrag auf **wiederholte Abgabe der eidesstattlichen Versicherung** nach § 903 ZPO stellt eine eigene Angelegenheit dar und ist damit gesondert abzurechnen.

*   Der Antrag auf **Nachbesserung oder Ergänzung** ist keine besondere gebührenrechtliche Angelegenheit, sondern Fortsetzung des Verfahrens.

*   Das Verfahren auf **Löschung der Eintragung im Schuldnerverzeichnis** gemäß § 915a ZPO bildet gemäß § 18 Nr. 19 RVG eine besondere Angelegenheit.

171   Beauftragt der Rechtsanwalt den Gerichtsvollzieher mit der Zwangsvollstreckung in das bewegliche Vermögen des Schuldners und für den Fall, dass diese Vollstreckung fruchtlos verläuft, mit der Durchführung des Verfahrens auf Abnahme der eidesstattlichen Versicherung, erhält der Rechtsanwalt für den Pfändungsauftrag eine Verfahrensgebühr Nr. 3309 VV RVG. Für den bedingten Auftrag auf Durchführung des Verfahrens auf Ab-

nahme der eidesstattlichen Versicherung entsteht eine besondere Verfahrensgebühr Nr. 3309 VV RVG (vgl. § 18 Nr. 18 RVG) erst dann, wenn die Pfändung durch den Gerichtsvollzieher fruchtlos verläuft oder eine andere der in § 807 ZPO genannten Voraussetzungen für die Abnahme der eidesstattlichen Versicherung vorliegt.

n) § 18 Nr. 19 RVG: Verfahren zur Löschung der Eintragung im Schuldnerverzeichnis nach § 915a ZPO

Die Tätigkeit im Verfahren auf Löschung der Eintragung im Schuldnerverzeichnis nach § 915a ZPO bildet für den Rechtsanwalt eine besondere Angelegenheit. Erfasst wird nicht die Löschung von Amts wegen nach Fristablauf gemäß § 915a Abs. 1 ZPO, sondern die Löschung vor Fristablauf nach § 915a Abs. 2 ZPO, die eine tatsächliche Tätigkeit des Rechtsanwalts verlangt. 172

X. Zwangsverfahren nach § 33 FGG

1. Vorbemerkungen

Ist jemandem durch eine Verfügung des Gerichts die Verpflichtung auferlegt, 173

- eine Handlung vorzunehmen, die ausschließlich von seinem Willen abhängt, oder

- eine Handlung zu unterlassen oder

- die Vornahme einer Handlung zu dulden,

kann das Gericht zur Befolgung seiner Anordnung durch Festsetzung von Zwangsgeld anhalten. Ist eine Person herauszugeben, kann das Gericht Zwangshaft anordnen (vgl. § 33 FGG).

Das Zwangsgeld oder die Zwangshaft nach § 33 FGG dient als **reines Beugemittel**, das lediglich dazu dient, die Befolgung gerichtlicher Anordnungen zu erzwingen. Es stellt keine Sühne wegen begangener Pflichtverletzung dar. 174

2. Beispiele

Beispiele für die Anwendbarkeit von Zwangsmitteln nach § 33 FGG: 175

- Auskunftserteilung gegenüber dem **Nachlassgericht**,[70]

- Einreichung der Schlussrechnung des **Betreuers**,[71]

- Gefährdung des **Kindesvermögens**,[72]

---

70 *Westphal*, Rpfleger 1997, 99.
71 BayObLG, Rpfleger 1997, 476.
72 BayObLG, Rpfleger 1995, 334.

- Zwangsweise **Vorführung** eines Betroffenen,[73]

- Zwangsgeld im WEG-Verfahren bei Anordnung **persönlichen Erscheinens**.[74]

3. Gebühren

176 Für die anwaltliche Tätigkeit im **Zwangsgeldverfahren** nach § 33 FGG gelten nach Vorbem. 3.3.3 VV RVG die Nrn. 3309 und 3310 VV RVG entsprechend. In der BRAGO wurde die Tätigkeit des Anwalts in diesen Verfahren durch die i.d.R. höheren Satzrahmengebühren des § 118 BRAGO vergütet.[75]

4. Die Angelegenheit bei Maßnahmen nach § 33 FGG

177 Nach § 18 Nr. 3 RVG bildet jede Maßnahme nach § 33 FGG für den Rechtsanwalt eine besondere Angelegenheit. Es wird insoweit verwiesen auf die Ausführungen zu § 18 Nr. 3 RVG in der Zwangsvollstreckung.

178 Die folgenden Maßnahmen werden ausdrücklich als besondere Angelegenheiten erwähnt:

- **§ 18 Nr. 15 2. Halbs. RVG**
  Das Verfahren zur Ausführung einer Verfügung des Gerichts auf Vornahme, Unterlassung oder Duldung einer Handlung durch **Zwangsmittel** und einer besonderen Verfügung des Gerichts zur **Anwendung von Gewalt** (vgl. § 33 Abs. 1, Abs. 2 Satz 1 – 4 FGG). Es wird verwiesen auf Rn. 160 ff.

- **§ 18 Nr. 18 2. Halbs. RVG:**
  Eidesstattliche Versicherung nach § 33 Abs. 2 Satz 5 und 6 FGG:
  Wird eine Sache oder Person nicht vorgefunden, so kann das Gericht den Verpflichteten anhalten, eine eidesstattliche Versicherung über ihren Verbleib abzugeben. Es wird verwiesen auf Rn. 170 f.

XI. Prozesskostenhilfe

1. Umfang der Prozesskostenhilfe

179 Eine Vergütung aus der Staatskasse für die Tätigkeit in der Zwangsvollstreckung bzw. dem Verwaltungszwang erhält der Rechtsanwalt nur dann, wenn er ausdrücklich hierfür beigeordnet worden ist. Die **Bewilligung der Prozesskostenhilfe für das Hauptverfahren** gilt nicht für die Zwangsvollstreckung bzw. den Verwaltungszwang, § 48 Abs. 4 Satz 1, 2 Nr. 1 RVG. Die Bewilligung der Prozesskostenhilfe und die Beiordnung muss daher für die Zwangsvollstreckung ausdrücklich beantragt und bewilligt werden.

---

73 BayObLG, Rpfleger 1990, 200.
74 KG, Rpfleger 1984, 186.
75 *Burhoff/Kindermann*, RVG 2004, Rn. 172; BT-Drucks. 15/1971, S. 193.

2. Umfang der Bewilligung

§ 119 Abs. 2 ZPO stellt klar, dass die Bewilligung von Prozesskostenhilfe für die Zwangs-   180
vollstreckung in das bewegliche Vermögen alle Vollstreckungshandlungen im Bezirk des
Vollstreckungsgerichts einschließlich des Verfahrens auf Abgabe der eidesstattlichen Versicherung umfasst.

3. Anwaltliche Beiordnung

Nach § 121 Abs. 2 ZPO ist ein Rechtsanwalt beizuordnen, wenn die Vertretung durch ei-   181
nen Rechtsanwalt erforderlich erscheint oder die Gegenseite durch einen Rechtsanwalt
vertreten wird. Die Notwendigkeit der Beiordnung eines Rechtsanwalts wird wegen der
Kompliziertheit der Zwangsvollstreckung jedenfalls für Unterhaltsforderungen angenommen. Gleiches gilt für Lohn- und Kontenpfändung.

Einige Gerichte lehnen die Beiordnung eines Anwalts mit der Begründung ab, dass das   182
Gebiet der Mobiliarvollstreckung insgesamt wenig rechtliche oder tatsächliche Schwierigkeiten aufweise und der Antragsteller auch auf die Rechtsantragsstelle verwiesen werden könne. Nach Auffassung des BGH ist eine derart pauschale Versagung der Beiordnung ohne Prüfung des Einzelfalls unzulässig.[75a]

183

Praxishinweis:

In dem Prozesskostenhilfeantrag sollte dargelegt werden, welche besonderen rechtlichen oder tatsächlichen Schwierigkeiten bestehen oder zu erwarten sind. Insbesondere sollten auch die individuellen Fähigkeiten des Mandaten geschildert werden, falls
dieser zur einer Antragstellung ohne anwaltliche Unterstützung nicht in der Lage ist.

---

4. Vergütungsanspruch

Der im Wege der Prozesskostenhilfe in der Zwangsvollstreckung beigeordnete Rechts-   184
anwalt erhält nach § 45 Abs. 1 RVG seine Vergütung aus der Staatskasse. Der Umfang
des Vergütungsanspruchs bestimmt sich nach dem Bewilligungs- bzw. Beiordnungsbeschluss. Ist eine Bewilligung und Beiordnung z.B. nur für die Beantragung eines Pfän-
dungs- und Überweisungsbeschlusses erfolgt, erhält der Rechtsanwalt nur hierfür seine
Vergütung aus der Staatskasse. Etwas anderes ergibt sich aus § 119 Abs. 2 ZPO nicht, da
der Rechtsanwalt nicht für die Zwangsvollstreckung in das bewegliche Vermögen beigeordnet worden ist. Die Gebühren richten sich nach § 49 RVG und der entsprechenden Gebührentabelle. Das Festsetzungsverfahren richtet sich nach § 55 RVG, das Rechtsmittelverfahren gegen die Festsetzung nach § 56 RVG.

75a   BGH, Rpfleger 2003, 591 = BRAGOreport 2003, 205.

XII. Kosten der Zwangsvollstreckung (§ 788 ZPO)

1. Beitreibung vom Schuldner

185 Die Kosten der Zwangsvollstreckung können zugleich mit der Vollstreckungsforderung vom Schuldner beigetrieben werden, § 788 Abs. 1 Satz 1 ZPO. Ein besonderer Vollstreckungstitel ist für die Beitreibung nicht erforderlich; auch die Festsetzung der Vollstreckungskosten ist für deren Beitreibung vom Schuldner nicht notwendig. Eines besonderen Vollstreckungstitels bedarf es nicht. Mit der aktuellen Vollstreckungsmaßnahme können nicht nur die Kosten dieser Maßnahme, sondern auch die Kosten der bisherigen Maßnahmen beigetrieben werden. Die Kosten der Zwangsvollstreckung werden vom jeweiligen Vollstreckungsorgan berechnet, im Hinblick auf ihre Notwendigkeit geprüft und ggf. berücksichtigt. Zu den Kosten der Zwangsvollstreckung gehören nach § 788 Abs. 1 Satz 2 ZPO auch die Kosten der Ausfertigung und Zustellung des Urteils oder des Vollstreckungsbescheids.[76]

186 Der Gläubiger kann auch die Festsetzung der Vollstreckungskosten beantragen. Sinnvoll ist dies, wenn Streit über die Kosten besteht, wenn die Notwendigkeit der Kosten zweifelhaft werden kann oder wenn durch die Menge der Vollstreckungsnachweise die Versendung an das Gericht mit jeder neuen Vollstreckungsmaßnahme unpraktisch wird. Es können durchaus mehrere Festsetzungsanträge sinnvoll sein.

187

> **Praxishinweis:**
>
> Durch eine Festsetzung umfangreicher bisheriger Vollstreckungskosten wird das Vollstreckungsverfahren beschleunigt, da der Rechtspfleger diese Vollstreckungskosten nicht bei jeder Maßnahme erneut prüfen muss und ggf. vermeidbare Beanstandungen erlässt. Zudem werden die Vollstreckungskosten mit 5 Prozentpunkten über dem Basiszinssatz ab Eingang des Festsetzungsantrags verzinst, §§ 788 Abs. 2 Satz 1, 104 Abs. 1 Satz 2 ZPO.

2. Zuständigkeit für die Festsetzung

188 Für die Festsetzung der Vollstreckungskosten ist **grds. das Vollstreckungsgericht** zuständig (§ 788 Abs. 2 ZPO). Eine Ausnahme besteht lediglich für den Fall der Vollstreckung nach den §§ 887, 888 und 890 ZPO. In diesen Fällen ist das **Prozessgericht** des ersten Rechtszugs zuständig. Die Festsetzung erfolgt entsprechend den §§ 103 Abs. 2, 104, 107 ZPO.

---

76 Vgl. *Stöber*, Forderungspfändung, Rn. 829.

3. Rechtsschutzversicherung

Ist der Mandant rechtsschutzversichert, sollte festgestellt werden, welche Zwangsvoll-   189
streckungskosten von der Rechtsschutzversicherung getragen werden. Problematisch
kann hier sein, ob nach den Versicherungsbedingungen Versicherungsschutz für insgesamt drei Vollstreckungsmaßnahmen oder nur für die ersten drei Vollstreckungsmaßnahmen besteht. Zudem kann der Versicherungsschutz für Vollstreckungsmaßnahmen
zeitlich begrenzt sein.[77]

4. Erstattungsfähigkeit der Vollstreckungskosten

a) Vorbemerkungen

Die Erstattungsfähigkeit der Zwangsvollstreckungskosten richtet sich nach § 788 ZPO.   190
Danach fallen die notwendigen Kosten der Zwangsvollstreckung dem Schuldner zur Last
(§ 91 ZPO). Sind die Kosten nicht notwendig, trägt sie im Umkehrschluss allein der Gläubiger.[78] Die Kostenentscheidung des vorhergehenden Erkenntnisverfahrens ist daher für
die Erstattung der Kosten der Zwangsvollstreckung nicht maßgebend.

191

> **Hinweis:**
>
> **Maßgeblich für die Beurteilung der Erstattungsfähigkeit** ist, ob der Gläubiger zu
> dem Zeitpunkt, in dem Kosten durch die Vollstreckungsmaßnahme verursacht wer-
> den, die Maßnahme objektiv für erforderlich halten konnte, auch wenn sie erfolglos
> geblieben ist oder nach Leistung des Schuldners der Antrag zurückgenommen wur-
> de.[79]

Der Gläubiger ist grds. verpflichtet, die Vollstreckungskosten gering zu halten (kosten-   192
sparende Prozessführung). Die Einschaltung eines Rechtsanwalts für die Zwangsvollstreckung und die hierdurch entstehenden Kosten sind grds. als notwendig anzusehen.[80]

Eine umfassende Auflistung von Einzelfällen zur Erstattungsfähigkeit findet sich bei *Zöl-*   193
ler/Stöber (ZPO, § 788 Rn. 13). Nachfolgend sind beispielhaft einige Erstattungsfragen
behandelt:

---

77   Vgl. hierzu ausführlich *Kindermann*, Gebührenpraxis für Anwälte, Teil 2 Rn. 544 ff.
78   Vgl. hierzu BVerfG v. 10.12.98, JurBüro 99, 608 = NJW 1999, 778.
79   Vgl. hierzu *Zöller/Stöber*, ZPO, § 788 Rn 9a m.w.N.
80   *Riedel/Sußbauer/Keller*, BRAGO, § 57 Rn. 25.

b) Einzelfälle zur Erstattungsfähigkeit in alphabetischer Reihenfolge

▓ Abänderung des Schuldtitels

194 Die Abänderung des der Zwangsvollstreckung zugrunde liegenden Titels führt nicht dazu, dass die Zwangsvollstreckungskosten nicht mehr beitreibbar oder festsetzungsfähig sind. Vielmehr gilt: Wird dem Gläubiger durch Urteil des Berufungsgerichts weniger als im ersten Rechtszug zuerkannt, so bleiben die ihm aus der Vollstreckung des erstinstanzlichen Urteils entstandenen Kosten in der Höhe beitreibbar und festsetzbar, in der sie ihm entstanden wären, wenn er die Zwangsvollstreckung von vornherein auf den Betrag beschränkt hätte, der ihm letztlich zugesprochen worden ist.[81]

195 Dies gilt auch, wenn das erstinstanzliche Urteil in der Folgeinstanz durch einen Vergleich abgeändert wird.[82]

196 Bleibt der Titel bestehen und wird nur die **Unzulässigkeit** der Zwangsvollstreckung gemäß § 767 ZPO festgestellt, so sind die Kosten, die vor der Feststellung gemäß § 767 ZPO entstanden sind, auch weiterhin festsetzbar und beitreibbar, da durch die Entscheidung gemäß § 767 ZPO die Eigenschaft als Vollstreckungstitel nicht rückwirkend beseitigt wird.[83]

▓ Arbeitgeberanfrage

197 Kosten für die Ermittlung des Arbeitgebers sind notwendig und erstattungsfähig.[84]

▓ Aussichtlose Vollstreckungsmaßnahmen

198 Die Kosten offensichtlich aussichtsloser Vollstreckungsmaßnahmen sind nicht erstattungsfähig.[85] Hierzu gehören Vollstreckungsmaßnahmen, die erkennbar nicht zum Erfolg führen können oder konnten.[86]

▓ Detektivkosten in der Zwangsvollstreckung

199 Detektivkosten sind nicht erstattungsfähig, wenn die Detektei grundlos oder nur zur allgemeinen Überwachung eingeschaltet wurde.

---

81 KG, Rpfleger 1993, 291 und OLG Stuttgart, Rpfleger 1994, 118.
82 OLG Bremen, MDR 1987, 854; OLG Hamburg, JurBüro 1991, 1132; a.A. OLG Hamm, MDR 1993, 917 und KG, NJW-RR 2000, 518.
83 OLG Düsseldorf, Rpfleger 1993, 172.
84 *Zöller/Stöber*, ZPO, § 788 Rn. 13 „Detektivkosten"; LG Köln, JurBüro 1983, 1571; LG Bochum, JurBüro 1988, 256.
85 *Zöller/Stöber*, ZPO, § 788 Rn. 9a.
86 LG Aachen, JurBüro 1990, 778.

Beispiel: 200

Kosten für Ermittlung der Arbeitsstelle und des Aufenthaltsorts sind nicht notwendig, wenn der Schuldner im Vermögensverzeichnis bereits angegeben hatte, arbeitslos zu sein. Der Aufenthaltsort hätte einfacher durch den Gerichtsvollzieher ermittelt werden können.[87]

Detektivkosten sind aber **erstattungsfähig,**[88] wenn z.B. die Detektei eine neue Arbeits- 201
stelle ermitteln sollte, da

- die Abgabe der eidesstattlichen Versicherung wegen § 903 ZPO nicht möglich war oder

- bei „untergetauchtem" Schuldner zum Zwecke der Ermittlung des Aufenthaltsorts oder

- die Notwendigkeit durch Ermittlungsberichte nachgewiesen wird.[89]

■ Eidesstattliche Versicherung 202

Ist entsprechend § 889 BGB nach den Vorschriften des bürgerlichen Rechts eine eidesstattliche Versicherung abzugeben, sind die hierdurch entstehenden Kosten gemäß § 261 Abs. 3 BGB nicht erstattungsfähig, wenn der Schuldner die Versicherung entsprechend § 889 Abs. 1 ZPO freiwillig abgibt bzw. seiner Verpflichtung zur Abgabe freiwillig nachkommt.[90] Etwas anderes gilt aber dann, wenn der Schuldner die Abgabe der eidesstattlichen Versicherung verweigert und diese mit den Maßnahmen der §§ 889 Abs. 2, 888 ZPO erzwungen werden muss.[91] Der Schuldner muss die Kosten der Erzwingung der eidesstattlichen Versicherung dann nach § 788 ZPO erstatten.

■ Erbschein 203

Die Kosten für die Beschaffung eines zur Zwangsvollstreckung notwendigen Erbscheins sind notwendige Kosten der Zwangsvollstreckung und damit erstattungsfähig.[92]

■ Grundbucheintragung 204

Wird die Pfändung eines Grundpfandrechts (§ 830 ZPO) oder einer Reallast, Grund- oder Rentenschuld (§ 857 Abs. 6 ZPO) im Grundbuch vermerkt, gehört dies zum Pfändungsverfahren. Die Eintragungsgebühr des Grundbuchamts gemäß § 65 KostO ist erstattungsfähig, da es sich um notwendige Kosten der Zwangsvollstreckung handelt.

---

87 LG Berlin, Rpfleger 1990, 37.
88 Vgl. auch OLG Koblenz, JurBüro 1996, 383 = Rpfleger 1996, 120.
89 LAG Düsseldorf, JurBüro 1995, 477; OLG Koblenz, JurBüro 1996, 383.
90 BGH, NJW 2000, 2113.
91 BGH, NJW 2000, 2113.
92 Zöller/Stöber, ZPO, § 788 Rn. 13; auch Vorbereitungskosten.

▓ Hebegebühr in der Zwangsvollstreckung

205 Die Hebegebühr des Rechtsanwalts für die Entgegennahme von Zahlungen (Nr. 1009 VV RVG) zählt regelmäßig nicht zu den notwendigen Kosten der Zwangsvollstreckung. Sie ist damit nicht erstattungsfähig. Nur dann, wenn die Hinzuziehung unabdingbar notwendig ist oder der Vollstreckungstitel die Zahlung zu Händen des Rechtsanwalts vorsieht, kann die Erstattungsfähigkeit gegeben sein. Zahlt der Schuldner im Rahmen der Zwangsvollstreckung die geschuldete Summe innerhalb angemessener Zeit in mehreren Raten an den Gerichtsvollzieher, ist die Einschaltung eines Rechtsanwalts nicht erforderlich.[93]

206 Die Hebegebühr ist dann erstattungsfähig, wenn der Schuldner die titulierte Schuldsumme nur in unregelmäßiger und zeitraubender Zahlungsweise ablöst oder langwierige Lohnpfändungen verursacht und damit eine Überwachungstätigkeit des Rechtsanwalts erforderlich macht.[94]

▓ Inkassokosten in der Zwangsvollstreckung

207 Inkassokosten sind nur dann als Kosten der Zwangsvollstreckung zu berücksichtigen, wenn sie entstanden, belegt und notwendig i.S.d. § 788 ZPO sind.[95]

208 **Außergerichtliche Inkassokosten** sind bis zur Höhe von Rechtsanwaltskosten erstattungsfähig, wenn nicht für den gleichen Zeitraum Rechtsanwaltskosten für Vollstreckungsversuche geltend gemacht werden.[96]

▓ Kontoführungskosten in der Zwangsvollstreckung

209 Nicht titulierte Kontoführungskosten sind regelmäßig nicht notwendige Kosten der Zwangsvollstreckung i.S.d. § 788 ZPO.

▓ Ratenzahlungsvereinbarung/Teilzahlungsvergleich

210 Durch eine Ratenzahlungsvereinbarung in der Zwangsvollstreckung kann die Einigungsgebühr nach den Nrn. 1000, 1003 VV RVG anfallen. Von der Entstehung der Gebühr ist die Frage zu unterscheiden, ob sie als notwendig i.S.v. § 788 ZPO und als vom Schuldner zu erstatten anzusehen ist; dies ist umstritten.[97] Nach einer weiteren Auffassung sind die Kosten einer im Zwangsvollstreckungsverfahren geschlossenen Ratenzahlungsver-

---

93 LG Detmold, Rpfleger 2003, 36.
94 OLG Düsseldorf, JurBüro 1995, 49.
95 LG Mosbach, AnwBl. 1984, 220 und Rpfleger 1984, 199.
96 OLG Dresden, Rpfleger 1994, 260; LG Hamburg, JurBüro 1990, 1292.
97 Nicht erstattungsfähig: z.B. LG Münster, DGVZ 1995, 168; LG Essen, DGVZ 1993, 56; LG München I, MDR 1998, 1441; erstattungsfähig: z.B. OLG Zweibrücken, JurBüro 1992, 429; OLG Stuttgart, Rpfleger 1994, 367; vgl. hierzu auch *Hansens*, JurBüro 1995, 605.

einbarung nur dann gemäß § 788 ZPO beitreibbar und festsetzbar, wenn sie der Schuldner in der Vereinbarung ausdrücklich übernommen hat.[98] Wurde eine solche Abrede nicht getroffen, so sind die Kosten gemäß § 98 ZPO als gegeneinander aufgehoben anzusehen.[99]

Praxishinweis:

Der Rechtsanwalt sollte daher in den Text der Ratenzahlungsvereinbarung immer aufnehmen, dass der Schuldner die Kosten übernimmt, um zu vermeiden, dass die Erstattungsfähigkeit der Kosten für diese Einigung durch die Gerichte abgelehnt wird. Wird die Beitreibung gleichwohl vom Vollstreckungsorgan abgelehnt, kann aufgrund der Übernahmeerklärung des Schuldners in der Vereinbarung die Einigungsgebühr eingeklagt oder im Mahnverfahren geltend gemacht werden.[100]

211

Sicherheitsleistung

Aufwendungen des Gläubigers für eine als prozessuale Sicherheit zugelassene Prozessbürgschaft (**Aval**zinsen und -gebühren) gehören zu den nach den §§ 103 ff. ZPO festsetzbaren Kosten der Zwangsvollstreckung.[101]

212

Sicherungsvollstreckung

Wird der Antrag auf Sicherungsvollstreckung gemäß § 720a ZPO vor Zustellung von Titel und Klausel und vor Fristablauf (§ 750 Abs. 3 ZPO) gestellt, sind die Kosten dieses Antrags nicht erstattungsfähig.[102]

213

Steuerberaterkosten in der Zwangsvollstreckung

Steuerberaterkosten in der Zwangsvollstreckung sind regelmäßig nicht notwendig und nicht erstattungsfähig, da einfache Erklärungen vom Gläubiger selbst abgegeben werden können.[103]

214

Der Pfändungsgläubiger eines Lohnsteuererstattungsanspruchs ist nicht berechtigt, durch Abgabe einer von ihm selbst oder seinem Bevollmächtigten für den Vollstreckungsschuldner ausgefertigten und unterschriebenen Einkommensteuererklärung für

215

---

98   OLG Düsseldorf, Rpfleger 1994, 264 = JurBüro 1995, 50.
99   OLG Düsseldorf, Rpfleger 1994, 264 = JurBüro 1995, 50.
100   Vgl. *Enders*, JurBüro 1999, 57, 59.
101   OLG Köln, Rpfleger 1995, 520; OLG Düsseldorf, Rpfleger 1998, 438.
102   OLG Hamm, Rpfleger 1989, 378; OLG Koblenz, AnwBl. 1992, 549.
103   Vgl. *Zöller/Stöber*, ZPO, § 788 Rn. 13; LG Dortmund, JurBüro 90, 1050; LG Essen, JurBüro 1985, 412; LG Köln, JurBüro 1990, 1355.

diesen die Veranlagung zur Einkommensteuer i.S.d. § 46 Abs. 2 Nr. 8 Satz 1 und 2 EStG zu beantragen.[104]

■ Teilforderung

216 Ist die vollständige Befriedigung nicht zu erwarten, so ist der Vollstreckungsauftrag von vornherein auf eine Teilforderung zu beschränken.[105]

■ Unzulässige und überflüssige Vollstreckungsmaßnahmen

217 Die Kosten unzulässiger oder überflüssiger Vollstreckungsmaßnahmen sind nicht notwendig und damit nicht erstattungsfähig.[106]

■ Verhaftungsauftrag

218 Die Kosten des mit einem Verhaftungsauftrag gleichzeitig gestellten Antrags auf Mobiliarvollstreckung sind regelmäßig nicht erstattungsfähig. Hierbei sind jedoch die Umstände des Einzelfalls zu beachten. Hatte der Schuldner zunächst die Durchsuchung der Wohnung verweigert, so dürfte ein erneuter Auftrag sinnvoll und die hierdurch entstehenden Kosten erstattungsfähig sein. Dies gilt ebenso, wenn der Schuldner in der Zwischenzeit Vermögen erworben hat.[107]

■ Vorpfändung

219 Die Kosten für die Vorpfändung sind regelmäßig nur erstattungsfähig, wenn innerhalb der 1-Monats-Frist des § 845 Abs. 2 ZPO ein Pfändungs- und Überweisungsbeschluss beantragt worden ist.[108]

■ Vollstreckungsschutzanträge

220 Die notwendigen Kosten des Gläubigers im Rahmen von Vollstreckungsschutzverfahren (§§ 765a, 811a, 811b, 813a, 850k, 851a, 851b ZPO) sind von dem Schuldner auch dann zu tragen, wenn der Schuldner erfolgreich war. Eine Ausnahme hiervon kann dann bestehen, wenn diese Kosten nach § 788 Abs. 4 ZPO dem Gläubiger auferlegt werden.

■ Weiterer Vollstreckungsversuch

221 Nach einer **erfolglosen Mobiliarvollstreckung** sind die Kosten für einen weiteren Pfändungsversuch dann notwendig und damit erstattungsfähig, wenn gesicherte Anhalts-

---

104 BFH, Rpfleger 1999, 339.
105 *Riedel/Sußbauer/Keller*, BRAGO, § 57 Rn. 25.
106 *Zöller/Stöber*, ZPO, § 788 Rn. 9a.
107 LG Paderborn, DGVZ 1984,13; LG Aachen, Rpfleger 1990,134; LG Oldenburg, DGVZ 1991,41.
108 *Gerold/Schmidt/von Eicken*, BRAGO, § 57 Rn. 32.

punkte für zwischenzeitlichen Vermögenserwerb des Schuldners vorliegen.[109] Liegen keine Anhaltspunkte für zwischenzeitlichen Vermögenserwerb des Schuldners vor, werden unterschiedliche Auffassungen vertreten, nach welcher Zeit ein erneuter Vollstreckungsversuch als erforderlich angesehen werden kann:

- wenn seit der Vollstreckung vier Monate verstrichen sind und Anhaltspunkte für einen zwischenzeitlichen Vermögenserwerb des Schuldners vorliegen,[110]

- 6 Monate nach dem letzten Pfändungsversuch,[111]

- 2 Jahre nach dem letzten Pfändungsversuch.[112]

■ Zahlungsaufforderung mit Vollstreckungsandrohung

Die Verfahrensgebühr nach Nr. 3309 VV RVG entsteht bereits durch eine Zahlungsaufforderung mit Vollstreckungsandrohung. Von der Entstehung der Gebühr ist deren Erstattungsfähigkeit zu unterscheiden (§ 788 ZPO):   222

- Nach der Entscheidung des BVerfG v. 10.12.1998[113] muss dem Vollstreckungsschuldner eine angemessene Frist eingeräumt werden, um die Vollstreckung durch eine freiwillige Leistung abzuwenden. Diese Frist richtet sich nach den Umständen des Einzelfalls.[114]

- Die durch eine anwaltliche Zahlungsaufforderung mit Vollstreckungsandrohung ausgelöste Vollstreckungsgebühr ist nach § 788 Abs. 1 Satz 1 i.V.m. § 91 ZPO erstattungsfähig, wenn der Gläubiger im Besitz einer vollstreckbaren Ausfertigung des Titels ist, die Fälligkeit der titulierten Forderung eingetreten und dem Schuldner vor der anwaltlichen Zahlungsaufforderung eine je nach den Umständen angemessene Frist zur freiwilligen Erfüllung der Forderung eingeräumt worden ist. Die Erstattungsfähigkeit der Vollstreckungsgebühr setzt die vorherige Zustellung des Titels nicht voraus.[115]

Nach Auffassung des OLG Köln[116] gibt der Schuldner grds. Veranlassung zur Androhung   223
der Zwangsvollstreckung, wenn er den titulierten Anspruch nicht spätestens nach Ablauf der Rechtsmittelfrist unverzüglich erfüllt.

---

109   *Göttlich/Mümmler/Rehberg/Xanke*, „Zwangsvollstreckung" 3.
110   LG Heilbronn, MDR 1994, 951.
111   LG Halle, DGVZ 2001, 30.
112   Vgl. auch § 15 Abs. 5 Satz 2 RVG; LG Münster, DGVZ 1990, 125.
113   JurBüro 1999, 608 = NJW 1999, 778.
114   Vgl. auch BGH, BRAGOreport 2002, 153 *(Hansens)*.
115   BGH, BRAGOreport 2003, 200 [*Hansens*] = DGVZ 2004, 25.
116   Rpfleger 1993, 120.

224 Nach Auffassung des KG[117] ist die Vollstreckungsandrohung verfrüht, wenn sie drei Tage nach Rechtskraft des Urteils erfolgt (hier: durch Rücknahme der Berufung). Hat der Schuldner aber erst 17 Tage nach Rechtskraft durch Übersendung eines Schecks gezahlt, erweist sich die verfrühte Tätigkeit im Nachhinein als notwendig.

▓ Zug-um-Zug-Leistung

225 Die Kosten der vom Gläubiger zu bewirkenden Gegenleistung (§§ 756, 765 ZPO) sind durch seine materielle Leistungspflicht verursacht, nicht durch Vorbereitung der Zwangsvollstreckung. Sie gehören sonach nicht zu den Zwangsvollstreckungskosten.[118]

226 **Zwangsvollstreckungskosten** sind jedoch die Mehraufwendungen, die bei Erfüllung der Gegenleistung ohne Zwangsvollstreckung nicht entstanden wären (z.B. Gerichtsvollzieherkosten, Sachverständigenkosten etc.).

227 Bei einer Zug-um-Zug-Leistung ist der Gegner erst nach Erbringung der Gegenleistung zur Erbringung seiner Leistung verpflichtet. Eine vorherige Ankündigung der Zwangsvollstreckung ist damit verfrüht. Entstehende Kosten sind damit nicht erstattungsfähig.[119]

XIII. Sonstige mit der Zwangsvollstreckung zusammenhängende Verfahren

1. Verfahren über die Räumungsfrist nach den §§ 721, 794a ZPO

228 Für die Tätigkeit „Verfahren vor dem Prozessgericht oder dem AG auf Bewilligung, Verlängerung oder Verkürzung einer Räumungsfrist (§§ 721, 794a ZPO)" entsteht eine 1,0 **Verfahrensgebühr** nach Nr. 3334 VV RVG (vgl. § 50 BRAGO). Das gilt aber nur dann, wenn das Verfahren nicht mit dem Hauptsacheverfahren verbunden ist. Die Tätigkeit wird dann durch die Gebühren für das Hauptsacheverfahren abgegolten, § 19 Abs. 1 Satz 1 RVG.

229 Das Räumungsfristverfahren ist nicht mit dem Hauptsacheverfahren verbunden, wenn

• nach Beendigung des Räumungsprozesses oder

• nach Abschluss eines Räumungsvergleichs

die Bewilligung, Verlängerung oder Verkürzung der Räumungsfrist beantragt wird.

---

117 JurBüro 2001, 211.
118 OLG Frankfurt, JurBüro 1979, 1721; anders: LG Ulm, NJW-RR 1991, 191.
119 *Gerold/Schmidt/von Eicken*, BRAGO, § 57 Rn. 16.

Ein mit dem Hauptsacheverfahren nicht verbundenes Verfahren liegt im Falle des § 721 **230** Abs. 2 ZPO, nicht aber im Falle des § 721 Abs. 1 ZPO vor.[120]

Die **Terminsgebühr** in diesen Verfahren richtet sich wegen der Vorbem. 3.3.6 VV RVG **231** nach den Nrn. 3104 f. VV RVG. Die Terminsgebühr entsteht daher in den in Vorbem. 3 Abs. 3 VV RVG aufgeführten Fällen.

Der **Gegenstandswert** richtet sich nach § 23 Abs. 3 Satz 2 bzw. § 25 Abs. 2 RVG und **232** ist nach dem Interesse des Antragstellers an dem mit dem Antrag verfolgten Ziel zu schätzen.[121]

2. Verfahren über die vorläufige Einstellung, Beschränkung oder Aufhebung der Zwangsvollstreckung

a) Anwendungsbereich/Besondere Angelegenheit

Die Verfahren über die vorläufige Einstellung, Beschränkung oder Aufhebung der Zwangs- **233** vollstreckung sind z.B. in §§ 707, 719, 769, 770, 771, 785, 786, 805, 810, 924 ZPO geregelt. Die Tätigkeit in diesen Verfahren gehört für den Prozessbevollmächtigten gemäß § 19 Abs. 1 Satz 2 Nr. 11 RVG grds. zum Rechtszug, wird also mit den dort entstandenen Gebühren abgegolten.

Findet aber in diesen Verfahren eine abgesonderte mündliche Verhandlung statt, gelten **234** die Verfahren als besondere Angelegenheit. Das ergibt sich aus dem Umkehrschluss zu § 19 Abs. 1 Satz 2 Nr. 11 RVG und aus der Anm. zu Nr. 3328 VV RVG. Abgesonderte mündliche Verhandlung bedeutet, dass über die Einstellung, Beschränkung oder Aufhebung der Zwangsvollstreckung nicht zusammen mit der Hauptsache verhandelt wird.

235

> **Hinweis:**
>
> Die Verfahren nach § 718 ZPO gelten nicht als besondere Angelegenheit, weil abgesonderte mündliche Verhandlungen dort nicht stattfinden.[122]
>
> Bei einstweiligen Anordnungen in isolierten Familiensachen ist Nr. 3328 VV RVG nicht analog anwendbar.[123]

b) Verfahrensgebühr

Für die Tätigkeit in diesen Verfahren entsteht eine 0,5 Verfahrensgebühr nach Nr. 3328 **236** VV RVG (vgl. § 49 Abs. 1 BRAGO), wenn eine abgesonderte mündliche Verhandlung stattfindet.

---

120 *Hartmann*, KostG, Nr. 3334 VV RVG Rn. 3.
121 Vgl. *Hartmann*, KostG, Anh. I § 486 GKG/§ 3 ZPO Rn. 93.
122 *Hartmann*, KostG, Nr. 3328 VV RVG Rn. 3; OLG Hamm, Rpfleger 1975, 70 = JurBüro 1975, 354.
123 Vgl. OLG München, Rpfleger 1995, 383 zu § 49 BRAGO.

237 Wurde eine abgesonderte mündliche Verhandlung zwar angeordnet, fand diese aber tatsächlich nicht statt, entsteht die Verfahrensgebühr nicht. Der Rechtsanwalt muss in der angeordneten mündlichen Verhandlung erscheinen.[124] Eine Ermäßigung der Verfahrensgebühr der Nr. 3328 VV RVG z.B. für den Fall einer vorzeitigen Auftraggsbeendigung ist naturgemäß nicht vorgesehen. Findet die abgesonderte mündliche Verhandlung nicht statt, entsteht keine Gebühr.

238

> **Hinweis:**
>
> Werden die Anträge in diesen Verfahren sowohl beim Vollstreckungsgericht als auch beim Prozessgericht gestellt, entsteht die Verfahrensgebühr nur einmal (vgl. Satz 2 der Anm. zu Nr. 3328 VV RVG). Grund für diese Regelung ist, dass die abgesonderte mündliche Verhandlung nur vor dem Prozessgericht stattfinden kann und der Anwalt für die Tätigkeit beim Vollstreckungsgericht bereits die Verfahrensgebühr der Nr. 3309 VV RVG verdient hat.

c) Terminsgebühr

239 Die Terminsgebühr in diesen Verfahren richtet sich nach Nr. 3332 VV RVG. Für die Wahrnehmung der abgesonderten mündlichen Verhandlung im Rahmen der genannten Verfahren verdient der Rechtsanwalt die Terminsgebühr mit einem Gebührensatz von 0,5. Zwar gelten für die Terminsgebühr nach Nr. 3332 VV RVG die allgemeinen Regelungen in der Vorbem. 3 Abs. 3 VV RVG. Wie die Verfahrensgebühr nach Nr. 3328 VV RVG kann aber auch die Terminsgebühr der Nr. 3332 VV RVG nur dann und dadurch entstehen, dass eine abgesonderte mündliche Verhandlung vor Gericht stattfindet.

d) Auftrag nur für das Verfahren zur Einstellung, Beschränkung, Aufhebung

240 Beschränkt sich der dem Rechtsanwalt erteilte Auftrag darauf, nur das Verfahren zur Einstellung, Beschränkung oder Aufhebung der Zwangsvollstreckung durchzuführen, entstehen die Gebühren der Nrn. 3309, 3310 VV RVG auch dann, wenn keine abgesonderte mündliche Verhandlung stattgefunden hat.[125]

e) Gegenstandswert

241 Da es sich nicht um Verfahren der Zwangsvollstreckung handelt, ist § 25 RVG nicht anwendbar. Nach inzwischen herrschender Auffassung ist der Gegenstandswert nach § 3 ZPO auf einen Bruchteil des Hauptsachewertes zu bestimmen, der regelmäßig 1/5 beträgt.[126]

---

124 *Hartmann*, KostG, Nr. 3328 VV RVG Rn. 5.
125 *Hartmann*, KostG, Nr. 3328 VV RVG Rn. 4; *Riedel/Sußbauer/Keller*, BRAGO, § 49 Rn. 10 ff.
126 BGH, NJW 1991, 2280; vgl. *Hartmann*, KostG, Anh. I § 48 GKG/§ 3 ZPO Rn. 145.

XIV. Gerichtsgebühren

1. Fälligkeit

Im Zwangsvollstreckungsverfahren entstehen die Gerichtsgebühren als Verfahrensge- 242
bühren, vgl. Nrn. 2210 – 2117 GKG KostVerz. Nach § 6 Abs. 1 Nr. 1 GKG werden die
Verfahrensgebühren mit der Einreichung der Antragsschrift oder mit der Abgabe der entsprechenden Erklärung zu Protokoll fällig.

Die in Nr. 2120 und 2121 GKG KostVerz geregelten Gebühren für Beschwerdeverfahren 243
entstehen nur dann, wenn die Beschwerde verworfen oder zurückgewiesen wird. Da diese Gebühren somit für ihre Entstehung eine Entscheidung voraussetzen, werden sie gemäß § 6 Abs. 3 GKG erst mit der Entscheidung fällig.

2. Vorauszahlungspflicht

In § 12 Abs. 4 und 5 GKG ist geregelt, in welchen Fällen das Gericht die beantragte Ent- 244
scheidung von der Zahlung der vorgesehenen Gebühren und der Zustellungsauslagen
abhängig macht. Ohne vorherige Zahlung kommt es nicht zu der beantragten Maßnahme der Zwangsvollstreckungsmaßnahme.

3. Kostenschuldner

Die Verfahrensgebühren schuldet nach § 22 Abs. 1 Satz 1 GKG derjenige, der das Ver- 245
fahren der Zwangsvollstreckung beantragt hat. Weitere Kostenschuldner sind nach § 29
Nr. 1 GKG diejenigen, denen die Kosten durch eine gerichtliche Entscheidung auferlegt
worden sind, vgl. § 788 Abs. 4 ZPO. Ferner ist Kostenschuldner nach § 29 Nr. 4 GKG der
Vollstreckungsschuldner für die notwendigen Kosten der Zwangsvollstreckung.

4. Einzelfälle

a) Pfändungs- und Überweisungsbeschluss/Zwangsversteigerung in andere Vermögensrechte

Als **Gerichtsgebühr** entsteht nach Nr. 2110 GKG KostVerz für das Verfahren auf Erlass 246
eines Pfändungs- und Überweisungsbeschlusses in den Fällen der §§ 829 Abs. 1, 835,
839, 846 – 848 ZPO oder bei der Zwangsvollstreckung in andere Vermögensrechte/in
einen Schiffspart nach §§ 857, 858 ZPO eine Festgebühr i.H.v. 15 €. Mehrere Verfahren
innerhalb eines Rechtszugs wegen desselben Anspruchs und desselben Gegenstands gelten nach der Anm. zu Nr. 2110 GKG KostVerz als ein Verfahren. Derselbe Anspruch stellt
auf den der Zwangsvollstreckung zugrunde liegenden titulierten Anspruch ab. Derselbe
Gegenstand liegt vor, wenn die Vollstreckung dasselbe Rechtsgut (z.B. Forderung) des
Schuldners betrifft. Im Einzelnen gilt daher Folgendes:

- Es entsteht nur eine Gebühr im Falle der getrennten Beantragung des Pfändungs- und des Überweisungsbeschlusses oder im Falle eines einheitlichen Antrags auf Pfändung und Überweisung mehrerer Forderungen des Schuldners gegen verschiedene Drittschuldner.

- Wird durch getrennte Anträge der Erlass von Pfändungs- und Überweisungsbeschlüssen wegen verschiedener Forderungen desselben Schuldners begehrt, liegen verschiedene Gegenstände vor mit der Folge, dass die Gebühr nach Nr. 2110 GKG KostVerz mehrmals anfällt.

- Beantragt der Gläubiger wegen verschiedener ihm zustehender Forderungen die Pfändung und Überweisung derselben Forderung des Schuldners, fällt die Gebühr der Nr. 2110 GKG KostVerz ebenfalls mehrmals an, da die Verfahren nicht denselben Anspruch des Gläubigers betreffen.

247 Die nachträglichen Verfahren nach den §§ 844, 850c Abs. 4, 850f, 850g, 850i, 850k, 853 – 855a ZPO sind **gerichtsgebührenfrei**.

248 Im **Beschwerdeverfahren** entsteht eine Festgebühr nach Nr. 2121 GKG KostVerz i.H.v. 25 €, wenn die Beschwerde verworfen oder zurückgewiesen wird.

b) Vollstreckungsschutzverfahren – §§ 765a und 813b ZPO

249 Für die Vollstreckungsschutzverfahren nach den §§ 765a und 813b ZPO (Aussetzung der Verwertung) werden jeweils Festgebühren i.H.v. 15 € nach den Nrn. 2111 und 2112 GKG KostVerz erhoben. Jeder Antrag im Verlauf eines Vollstreckungsverfahrens löst die Gebühren erneut aus.

250 Im **Beschwerdeverfahren** entsteht eine Festgebühr nach Nr. 2121 GKG KostVerz i.H.v. 25 €, wenn die Beschwerde verworfen oder zurückgewiesen wird.

251 Im Pfändungsschutzverfahren nach den §§ 851a und 851b ZPO fallen **Gerichtsgebühren** nicht an.

c) Verfahren nach § 887 ZPO – Vertretbare Handlung

252 Als **Gerichtsgebühr** entsteht nach Nr. 2110 GKG KostVerz für das Verfahren nach § 887 ZPO eine Festgebühr i.H.v. 15 €. Ist der Schuldner gleichzeitig mit der Ermächtigung nach § 887 Abs. 1 ZPO zur Vorauszahlung der Kosten, die durch die Vornahme der Handlung entstehen werden, verurteilt worden, entsteht für das weitere Verfahren auf eine Nachforderung, weil die Vornahme der Handlung einen größeren Kostenaufwand verursacht hat, keine weitere Gerichtsgebühr (vgl. Anm. zu Nr. 2110 GKG KostVerz).

253 Wird im Rahmen der Vollstreckung des Kostenbetrages nach § 887 Abs. 2 ZPO der Erlass eines Pfändungs- und Überweisungsbeschlusses beantragt, entsteht eine Gebühr nach Nr. 2110 GKG KostVerz i.H.v. 15 €.

Im **Beschwerdeverfahren** entsteht eine Festgebühr nach Nr. 2121 GKG KostVerz i.H.v. 254
25 €, wenn die Beschwerde verworfen oder zurückgewiesen wird.

d) Verfahren nach § 888 ZPO – Unvertretbare Handlung

Als **Gerichtsgebühr** entsteht nach Nr. 2110 GKG KostVerz für das Verfahren nach § 888 255
ZPO eine Festgebühr i.H.v. 15 €. Nach der Anm. zu Nr. 2110 GKG KostVerz wird auch
dann nur eine Gebühr erhoben, wenn gegen den Schuldner innerhalb des Rechtszugs
mehrfach ein Zwangsmittel festgesetzt wird.

Im **Beschwerdeverfahren** entsteht eine Festgebühr nach Nr. 2121 GKG KostVerz i.H.v. 256
25 €, wenn die Beschwerde verworfen oder zurückgewiesen wird.

Die Vollstreckung des Zwangsgeldes erfolgt auf Antrag des Gläubigers zugunsten der 257
Staatskasse nach den Bestimmungen über die Zwangsvollstreckung wegen Geldforderungen.[127] Daher entsteht nach Nr. 2110 KV GKG KostVerz eine Gerichtsgebühr i.H.v.
15 €, wenn zur Beitreibung des verhängten Zwangsgeldes ein Pfändungs- und Überweisungsbeschluss erlassen wird.

e) Verfahren nach § 889 ZPO – Eidesstattliche Versicherung

Als **Gerichtsgebühr** entsteht nach Nr. 2113 GKG KostVerz für das Verfahren über den An- 258
trag auf Abnahme einer eidesstattlichen Versicherung nach § 889 ZPO (eidesstattliche Versicherung nach den Vorschriften des BGB) eine Festgebühr i.H.v. 30 €. Die Abnahme der
eidesstattlichen Versicherung erfolgt nach § 20 Nr. 17 RPflG durch den Rechtspfleger.

Im **Beschwerdeverfahren** entsteht eine Festgebühr nach Nr. 2121 GKG KostVerz i.H.v. 259
25 €, wenn die Beschwerde verworfen oder zurückgewiesen wird.

Im Erzwingungsverfahren nach § 889 Abs. 2 ZPO erfolgt die Vollstreckung unter Be- 260
rücksichtigung von § 888 ZPO. Auf die Ausführungen zu § 888 ZPO wird daher verwiesen (s. Rn. 255 – 257).

f) Verfahren nach § 890 ZPO – Unterlassung und Duldung

Als **Gerichtsgebühr** entsteht nach Nr. 2110 GKG KostVerz für das Verfahren nach § 890 261
ZPO eine Festgebühr i.H.v. 15 €. Nach der Anm. zu Nr. 2110 GKG KostVerz wird auch
dann nur eine Gebühr erhoben, wenn gegen den Schuldner innerhalb des Rechtszugs
mehrfach ein Ordnungsmittel festgesetzt wird.

Im **Beschwerdeverfahren** entsteht eine Festgebühr nach Nr. 2121 GKG KostVerz i.H.v. 262
25 €, wenn die Beschwerde verworfen oder zurückgewiesen wird.

---

127 Vgl. *Zöller/Stöber*, ZPO, § 888 Rn. 13.

263 Die Vollstreckung des Ordnungsgeldes erfolgt von Amts wegen nach den Vorschriften der Justizbeitreibungsordnung und der Einforderungs- und Beitreibungsanordnung. Auch die Ordnungshaft wird von Amts wegen vollstreckt.[128]

264 Die Berechnung der Gerichtskosten bei der Pfändung von Forderungen und anderen Vermögensrechten richtet sich nach § 11 Abs. 1 JBeitrO nach dem GKG. Auf die entsprechenden Ausführungen wird daher insoweit verwiesen.

265 Für die Tätigkeit des Vollziehungsbeamten der Justiz gilt nach § 11 Abs. 2 das GvKostG sinngemäß. Auf die Ausführungen zu den Kosten des Gerichtsvollziehers wird daher verwiesen.

XV. Gerichtsvollzieherkosten

1. Pfändung durch den Gerichtsvollzieher

266 Zunächst ist auf folgende Grundsätze hinzuweisen:

- Der Gerichtsvollzieher erhebt für die Bewirkung einer **Pfändung** eine Gebühr nach Nr. 205 KV GvKostG i.H.v. 20 €. Die Gebühr fällt auch dann nur einmal an, wenn dem Pfändungsauftrag mehrere Vollstreckungstitel zugrunde liegen, § 3 Abs. 1 Satz 1 GvKostG.

- Für die Bewirkung der Pfändung im Rahmen der **Hilfsvollstreckung** nach § 836 Abs. 3 Satz 3 ZPO fällt die Gebühr Nr. 205 KV GvKostG nicht an, sondern eine Gebühr nach Nr. 221 KV GvKostG i.H.v. ebenfalls 20 € für die Wegnahme durch den Gerichtsvollzieher.

- Nimmt die Pfändung nach dem Protokoll des Gerichtsvollziehers mehr als 3 Stunden in Anspruch, erhält der Gerichtsvollzieher neben der Gebühr nach Nr. 205 KV GvKostG für jede weitere angefangene Stunde einen **Zeitzuschlag** i.H.v. 15 € nach Nr. 500 KV GvKostG.

- Erfolgt die **Pfändung zur Nachtzeit oder an einem Sonnabend, Sonntag oder Feiertag,** entsteht gemäß § 11 GvKostG eine doppelte Gebühr nach Nr. 205 KV GvKostG i.H.v. 40 €. Fällt ein Zeitzuschlag nach Nr. 500 KV GvKostG an, werden die Stunden verdoppelt, die in den von § 11 GvKostG erfassten Bereich fallen (30 € statt 15 €).

- Kommt es aus Rechtsgründen oder infolge von Umständen, die weder in der Person des Gerichtsvollziehers begründet sind noch von seiner Entschließung abhängig sind, nicht zur Pfändung **(erfolglose Pfändung)**, entsteht eine Gebühr nach Nrn. 604, 205 KV GvKostG i.H.v. 12,50 €.

- Legt der Gerichtsvollzieher zur Durchführung der Pfändung einen Weg zurück, fällt neben der Gebühr der Nr. 205 bzw. Nrn. 604, 205 KV GvKostG ein **Wegegeld** nach Nr. 711 KV GvKostG an.

---

128 Vgl. *Zöller/Stöber*, ZPO, § 890 Rn. 23.

2. Verwertung durch den Gerichtsvollzieher

Für die Versteigerung oder den Verkauf von beweglichen Sachen oder noch nicht vom Boden getrennten Früchten durch den **Gerichtsvollzieher** entsteht nach Nr. 300 KV GvKostG eine Gebühr i.H.v. 40 €.   267

Für die Anberaumung eines neuen Versteigerungstermins durch den Gerichtsvollzieher entsteht eine Gebühr nach Nr. 302 KV GvKostG i.H.v. 7,50 €, wenn   268

- der vorherige Termin auf Antrag des Gläubigers oder

- nach den Vorschriften der §§ 765a, 775, 813a, 813b ZPO ausgefallen oder

- der Versteigerungstermin infolge des Ausbleibens von Bietern oder wegen ungenügender Gebote erfolglos geblieben ist.

Wird daher ein neuer Versteigerungstermin aus in der Person des Gerichtsvollziehers liegenden Gründen anberaumt, entsteht die Gebühr nicht.   269

Nach Satz 1 der Vorbem. 3 KV GvKostG werden die Gebühren der Nrn. 300 und 302 KV GvKostG unabhängig von der Zahl der zugrunde liegenden Aufträge (vgl. § 3 GvKostG) bei jeder Verwertung nur einmal erhoben. Dieselbe Verwertung liegt z.B. vor, wenn   270

- ein für mehrere Gläubiger gepfändeter Gegenstand in demselben Termin versteigert oder verkauft wird,

- mehrere für denselben Gläubiger gepfändete Gegenstände in demselben Termin versteigert oder verkauft werden.

Nimmt die Verwertung nach dem Protokoll des Gerichtsvollziehers mehr als 3 Stunden in Anspruch, erhält der Gerichtsvollzieher neben der Gebühr der Nr. 300 KV GvKostG für jede weitere angefangene Stunde einen Zeitzuschlag i.H.v. 15 € nach Nr. 500 KV GvKostG.   271

Erfolgt die Verwertung zur Nachtzeit oder an einem Sonnabend, Sonntag oder Feiertag, entsteht gemäß § 11 GvKostG eine doppelte Gebühr nach Nr. 300 KV GvKostG i.H.v. 80 €. Fällt ein Zeitzuschlag nach Nr. 500 KV GvKostG an, werden die Stunden verdoppelt, die in den von § 11 GvKostG erfassten Bereich fallen (30 € statt 15 €).   272

Kommt es aus Rechtsgründen oder infolge von Umständen, die nicht in der Person des Gerichtsvollziehers begründet sind und auch nicht von seiner Entschließung abhängig sind, nicht zur Verwertung, entsteht eine Gebühr nach den Nrn. 604, 300 KV GvKostG i.H.v. 12,50 €.   273

Entfernt der Gerichtsvollzieher nachträglich Pfandstücke, z.B. zur Durchführung der Verwertung, die im Gewahrsam des Schuldners, des Gläubigers oder eines Dritten belassen waren, entsteht eine Gebühr der Nr. 220 KV GvKostG i.H.v. 12,50 €. Die Gebühr wird   274 nur einmal erhoben, auch wenn die Pfandstücke aufgrund mehrerer Aufträge entfernt werden oder es sich um mehrere Pfandstücke handelt. Die Entfernung aus der Pfandkammer lässt die Gebühr nicht entstehen.

275 Nimmt die Entfernung nach dem Protokoll des Gerichtsvollziehers mehr als drei Stunden in Anspruch, erhält der Gerichtsvollzieher neben der Gebühr der Nr. 220 KV GvKostG für jede weitere angefangene Stunde einen Zeitzuschlag i.H.v. 15 € nach Nr. 500 KV GvKostG.

276 Erfolgt die Entfernung zur Nachtzeit oder an einem Sonnabend, Sonntag oder Feiertag, entsteht gemäß § 11 GvKostG eine doppelte Gebühr nach Nr. 220 KV GvKostG i.H.v. 25 €. Fällt ein Zeitzuschlag nach Nr. 500 KV GvKostG an, werden die Stunden verdoppelt, die in den von § 11 GvKostG erfassten Bereich fallen (30 € statt 15 €).

277 Kommt es aus Rechtsgründen oder infolge von Umständen, die nicht in der Person des Gerichtsvollziehers begründet sind noch von seiner Entschließung abhängig sind, nicht zur Entfernung, entsteht eine Gebühr Nrn. 604, 220 KV GvKostG i.H.v. 12,50 €.

3. Zustellung eines Pfändungs- und Überweisungsbeschlusses

278 Für die persönliche Zustellung des Pfändungs- und Überweisungsbeschlusses an den **Drittschuldner** durch den **Gerichtsvollzieher** entsteht eine Gebühr nach Nr. 100 KV GvKostG i.H.v. 7,50 €. Für die Zustellung des Pfändungs- und Überweisungsbeschlusses an den **Schuldner** entsteht je nach Art der Zustellung (persönliche Zustellung; sonstige Zustellung, z.B. durch Aufgabe zur Post) eine Gebühr nach Nr. 100 KV GvKostG i.H.v. 7,50 € oder i.H.v. 2,50 € nach Nr. 101 KV GvKostG. Nach § 10 Abs. 2 Satz 3 GvKostG sind die Zustellungsgebühren Nrn. 100 und 101 KV GvKostG für jede vom Gerichtsvollzieher vorgenommene Zustellung zu erheben.

279 Erledigt der Gerichtsvollzieher aus Rechtsgründen oder infolge von Umständen, die weder in seiner Person liegen noch von seiner Entschließung abhängig sind, den Zustellungsauftrag nicht, entsteht eine Gebühr nach den Nrn. 600, 100, 101 KV GvKostG i.H.v. 2,50 €. Wegen § 10 Abs. 2 Satz 4 GvKostG fällt diese Gebühr für jede nicht erledigte Zustellung an.

280 Beglaubigt der Gerichtsvollzieher den ihm zum Zwecke der Zustellung übergebenen Pfändungs- und Überweisungsbeschluss, fällt je Seite eine Beglaubigungsgebühr nach Nr. 102 KV GvKostG an. Die Höhe der Beglaubigungsgebühr richtet sich nach Nr. 700 KV GvKostG (die ersten 50 Seiten pro Seite 0,50 €, ab der 51. Seite je Seite 0,15 €). Eine Dokumentenpauschale nach Nr. 700 KV GvKostG wird neben der Beglaubigungsgebühr nicht erhoben.

281 Legt der Gerichtsvollzieher zur Ausführung der persönlichen Zustellung einen Weg zurück, fällt neben der Gebühr der Nr.100 KV GvKostG ein Wegegeld nach Nr. 711 KV

GvKostG an. Für die sonstige Zustellung nach Nr. 101 KV GvKostG fällt nach Abs. 3 der Anm. 1 zu Nr. 711 KV GvKostG ein Wegegeld nicht an.

4. Hilfsvollstreckung nach § 836 Abs. 3 ZPO

Für die Gebühr des Gerichtsvollziehers bei Abnahme der eidesstattlichen Versicherung nach den §§ 836 Abs. 3 Satz 1 und 2, 899 ff. ZPO wird verwiesen auf die Ausführungen zur Abnahme der eidesstattlichen Versicherung. 282

Für die Wegnahme beweglicher Sachen (Urkunden) im Falle der hilfsweisen Herausgabevollstreckung nach § 836 Abs. 3 Satz 3 ZPO erhält der Gerichtsvollzieher eine Gebühr nach Nr. 221 KV GvKostG i.H.v. 20 €. Das gilt nach Nr. 13 DB-GvKostG aber nur dann, wenn der Gläubiger den Pfändungsbeschluss über die dem Papier zugrunde liegende Forderung vorlegt, bevor der Gerichtsvollzieher das Papier an den Schuldner zurückgegeben hat. Ansonsten werden nur Auslagen erhoben. Dauert die Amtshandlung nach dem Protokoll des Gerichtsvollziehers mehr als 3 Stunden, entsteht für jede weitere angefangene Stunde ein Zeitzuschlag i.H.v. 15 €, vgl. Nr. 500 KV GvKostG. 283

Es entsteht lediglich eine Gebühr nach den Nrn. 604, 221 KV GvKostG i.H.v. 12,50 €, wenn der Gerichtsvollzieher die Herausgabevollstreckung, mit der er beauftragt worden ist, aus Rechtsgründen oder infolge von Umständen, die weder in seiner Person liegen noch von seiner Entschließung abhängen, nicht erledigt. Hier ist aber zu beachten, dass im Falle von Nr. 13 DB-GvKostG auch der Ansatz einer Gebühr der Nrn. 604, 221 KV GvKostG nicht in Betracht kommt. 284

Übernimmt der Gerichtsvollzieher im Falle der Pfändung eines eine bewegliche körperliche Sache betreffenden Herausgabeanspruchs nach § 847 ZPO die bewegliche Sache zum Zwecke der Verwertung vom Drittschuldner oder liegt ein Fall des § 854 ZPO vor, entsteht eine Gebühr nach Nr. 206 KV GvKostG i.H.v. 12,50 €. Es entsteht ebenfalls nach Nrn. 604, 206 KV GvKostG eine Gebühr i.H.v. 12,50 €, wenn der Gerichtsvollzieher die Amtshandlung, mit der er beauftragt worden ist, aus Rechtsgründen oder infolge von Umständen, die weder in seiner Person liegen noch von seiner Entschließung abhängen, nicht erledigt. 285

5. Vorpfändung

Hinsichtlich der Gebühren des **Gerichtsvollziehers** für die Zustellung der Vorpfändungsbenachrichtigung wird verwiesen auf die Ausführungen zur Zustellung des Pfändungs- und Überweisungsbeschlusses (s. Rn. 278 ff.). 286

Wird der Gerichtsvollzieher vom Gläubiger damit beauftragt, die Benachrichtigung über die Vorpfändung und die Aufforderungen an Drittschuldner und Schuldner anzufertigen (§ 845 Abs. 1 Satz 2 ZPO), entsteht eine Gebühr nach Nr. 200 KV GvKostG i.H.v. 12,50 €. Wird die Amtshandlung vom Gerichtsvollzieher nicht erledigt, fällt keine Gebühr an. Teil 6 KV GvKostG sieht hierfür keine Gebühr vor. 287

288 Bei allen Amtshandlungen nach § 845 Abs. 1 ZPO handelt es sich nach § 3 Abs. 2 Satz 2 GvKostG um denselben Auftrag (vgl. Nrn. 711 und 713 KV GvKostG).

6. Räumungszwangsvollstreckung

289 Der **Gerichtsvollzieher** erhebt für die erfolgreiche Durchführung der Räumung (Besitzentsetzung) nach Nr. 240 KV GvKostG eine Gebühr i.H.v. 75 €. Nimmt die Räumung nach dem Protokoll des Gerichtsvollziehers mehr als 3 Stunden in Anspruch, erhält der Gerichtsvollzieher für jede weitere angefangene Stunde einen Zeitzuschlag i.H.v. 15 € nach Nr. 500 KV GvKostG.

290 Erfolgt die Räumung zur Nachtzeit oder an einem Sonnabend, Sonntag oder Feiertag, entsteht gemäß § 11 GvKostG eine doppelte Gebühr nach Nr. 240 KV GvKostG i.H.v. 150 €. Fällt ein Zeitzuschlag nach Nr. 500 KV GvKostG an, werden die Stunden verdoppelt, die in den von § 11 GvKostG erfassten Bereich fallen (30 € statt 15 €).

291 Erledigt der Gerichtsvollzieher aus Rechtsgründen oder infolge von Umständen, die nicht in seiner Person liegen, noch von seiner Entschließung abhängig sind, den Räumungsauftrag nicht, entsteht eine Gebühr nach den Nrn. 602, 240 KV GvKostG i.H.v. 25 €.

292 Der durch den Gerichtsvollzieher zu gewährende Aufschub der Räumung nach § 765a Abs. 2 ZPO wird durch die Gebühren der Nr. 240 bzw. Nrn. 602, 240 KV GvKostG abgegolten.

293 Nach § 180 Nr. 2 Abs. 2 Satz 1 GVGA muss der Gerichtsvollzieher dem Schuldner eine Benachrichtigung über den beabsichtigten Räumungstermin zustellen. Es wird jedoch die Auffassung vertreten, dass dem Gerichtsvollzieher für diese Zustellung eine Zustellungsgebühr nach Nr. 100 KV GvKostG zusteht.[129]

7. Verfahren nach § 887 ZPO – Vertretbare Handlung

294 Wird ein **Gerichtsvollzieher** zugezogen, um den Widerstand des Schuldners gegen die Vornahme einer von ihm nach § 887 ZPO zu duldenden Maßnahme zu beseitigen (vgl. auch § 892 ZPO), entsteht eine Gebühr nach Nr. 250 KV GvKostG i.H.v. 40 €. Die Gebühr entsteht durch die Zuziehung des Gerichtsvollziehers. Dauert die Zuziehung nach dem Protokoll des Gerichtsvollziehers mehr als 3 Stunden, entsteht für jede weitere angefangene Stunde ein Zeitzuschlag i.H.v. 15 €, vgl. Nr. 500 KV GvKostG.

295 Erfolgt die Zuziehung zur Nachtzeit oder an einem Sonnabend, Sonntag oder Feiertag, entsteht gemäß § 11 GvKostG eine doppelte Gebühr der Nr. 250 KV GvKostG i.H.v. 80 €. Fällt ein Zeitzuschlag nach Nr. 500 KV GvKostG an, werden die Stunden verdoppelt, die in den von § 11 GvKostG erfassten Bereich fallen (30 € statt 15 €).

---

129 *Schröder/Kay/Winter*, Das Kostenwesen der Gerichtsvollzieher, Nr. 240 KV GvKostG Rn. 9 f.

Es entsteht lediglich eine Gebühr nach Nrn. 604, 250 KV GvKostG i.H.v. 12,50 €, wenn   296
die Amtshandlung, mit der der Gerichtsvollzieher beauftragt worden ist, aus Rechtsgründen oder infolge von Umständen, die weder in seiner Person liegen noch von seiner Entschließung abhängen, nicht erledigt wird.

8.   Verfahren nach § 888 ZPO – Unvertretbare Handlung

Die Vollstreckung des Zwangsgeldes erfolgt auf Antrag des Gläubigers zugunsten der   297
Staatskasse nach den Bestimmungen über die Zwangsvollstreckung wegen Geldforderungen.[130] Daher gilt Folgendes:

- Wird ein **Gerichtsvollzieher** beauftragt, eine Pfändung beim Schuldner zu bewirken,
  entsteht eine Gebühr nach Nr. 205 KV GvKostG i.H.v. 20 €. Dauert die Pfändungs-
  maßnahme nach dem Protokoll des Gerichtsvollziehers mehr als 3 Stunden, entsteht
  für jede weitere angefangene Stunde ein Zeitzuschlag i.H.v. 15 €, vgl. Nr. 500 KV
  GvKostG. Es entsteht lediglich eine Gebühr nach Nrn. 604, 205 KV GvKostG i.H.v.
  12,50 €, wenn der Gerichtsvollzieher die Pfändung, mit der er beauftragt worden ist,
  aus Rechtsgründen oder infolge von Umständen, die weder in seiner Person liegen
  noch von seiner Entschließung abhängen, nicht erledigt.

- Wird der Schuldner verhaftet, weil das Zwangsgeld nicht beigetrieben werden kann
  (Ersatzhaft), oder weil von vornherein Zwangshaft angeordnet worden ist, entsteht für
  die Verhaftung durch den Gerichtsvollzieher eine Gebühr nach Nr. 270 KV GvKostG
  i.H.v. 30 €. Dauert die Verhaftung nach dem Protokoll des Gerichtsvollziehers mehr als
  3 Stunden, entsteht für jede weitere angefangene Stunde ein Zeitzuschlag i.H.v. 15 €,
  vgl. Nr. 500 KV GvKostG. Erfolgt die Verhaftung zur Nachtzeit oder an einem Sonnabend, Sonntag oder Feiertag, entsteht gemäß § 11 GvKostG eine doppelte Gebühr
  nach Nr. 250 KV GvKostG i.H.v. 80 €. Fällt ein Zeitzuschlag nach Nr. 500 KV GvKostG
  an, werden die Stunden verdoppelt, die in den von § 11 GvKostG erfassten Bereich
  fallen (30 € statt 15 €). Es entsteht lediglich eine Gebühr nach Nrn. 604, 270 KV
  GvKostG i.H.v. 12,50 €, wenn der Gerichtsvollzieher die Verhaftung, mit der er beauftragt worden ist, aus Rechtsgründen oder infolge von Umständen, die weder in seiner Person liegen noch von seiner Entschließung abhängen, nicht erledigt.

9.   Verfahren nach § 889 ZPO – Eidesstattliche Versicherung nach BGB

Als **Gerichtsgebühr** entsteht nach Nr. 2113 GKG KostVerz für das Verfahren über den   298
Antrag auf Abnahme einer eidesstattlichen Versicherung nach § 889 ZPO eine Festgebühr i.H.v. 30 €. Da eine Zuständigkeit des **Gerichtsvollziehers** für die Abnahme dieser
eidesstattlichen Versicherung nicht besteht, fällt eine Gebühr Nr. 260 KV GvKostG nicht
an.

---

130   Vgl. *Zöller/Stöber*, ZPO, § 888 Rn. 13.

299 Im Erzwingungsverfahren nach den § 889 Abs. 2 ZPO erfolgt die Vollstreckung unter Berücksichtigung von § 888 ZPO. Auf die Ausführungen zu § 888 ZPO wird daher verwiesen.

10. Verfahren nach § 890 ZPO – Unterlassung und Duldung

300 Die Vollstreckung des Ordnungsgeldes erfolgt von Amts wegen nach den Vorschriften der Justizbeitreibungsordnung und der Einforderungs- und Beitreibungsanordnung. Auch die Ordnungshaft wird von Amts wegen vollstreckt.

301 Für die Tätigkeit des Vollziehungsbeamten der Justiz gilt nach § 11 Abs. 2 JBeitrO das GvKostG sinngemäß. Auf die kostenrechtlichen Ausführungen zu den anderen Teilen, soweit sie die Kosten des Gerichtsvollziehers betreffen, wird daher verweisen.

XVI. Einzelfälle der Zwangsvollstreckung in alphabetischer Reihenfolge

■ Absehen von der Vollstreckung, Abstandnahme

302 Die Bitte des Schuldners von der Vollstreckung abzusehen, löst die Vollstreckungsgebühren auch bereits vor Vorliegen der formellen Voraussetzungen (ggf. für beide Rechtsanwälte) aus.[131]

■ Änderung des pfandfreien Betrags

303 Bei dem Antrag auf Änderung des pfändungsfreien Betrags nach § 850g ZPO handelt es sich nicht um eine besondere Angelegenheit. Es werden für den Gläubigervertreter, der bereits den Pfändungs- und Überweisungsbeschluss beantragt hat, keine weiteren Gebühren ausgelöst. Für den Schuldnervertreter, der im Rahmen dieses Antrags erstmals tätig wird, entsteht die Verfahrensgebühr Nr. 3309 VV RVG.[132]

■ Androhung vor Zustellung – Erstattungsfähigkeit

304 Droht der Rechtsanwalt die Zwangsvollstreckung bereits an, bevor die formellen Voraussetzungen der Zwangsvollstreckung vorliegen (meist fehlt es an der Zustellung des Titels), so entsteht zwar die Gebühr der Nr. 3309 VV RVG, aber ihre Erstattungsfähigkeit ist fraglich (str.).[133]

305 Der BGH äußert sich hierzu wie folgt:

---

131 OLG Hamm, NJW-RR 1996, 763 = JurBüro 1996, 249.
132 LG Konstanz, Rpfleger 2000, 463.
133 Ebenso *Riedel/Sußbauer/Keller*, BRAGO, § 57 Rn. 7 m.w.N.; *Gerold/Schmidt /von Eicken*, BRAGO, § 57 Rn. 16; a.A. u.a. OLG Köln, Rpfleger 1993, 373.

Die Gebühr ist erstattungsfähig, wenn der Gläubiger eine vollstreckbare Ausfertigung des Titels im Besitz hat und dem Schuldner zuvor ein angemessener Zeitraum zur freiwilligen Erfüllung zur Verfügung stand. Eine vorhergehende Zustellung der vollstreckbaren Ausfertigung ist für die Erstattungsfähigkeit nicht Voraussetzung.[134]

Dies gilt entsprechend für alle Vollstreckungstätigkeiten vor Vorliegen der formellen Voraussetzungen z.B. bei Vorpfändung. 306

▦ Berichtigungsantrag nach § 319 ZPO

Die Weiterleitung der Gerichtsentscheidung an den Mandanten und die Stellung eines 307
Berichtigungsantrags nach § 319 ZPO lassen die Verfahrensgebühr für den Anwalt des Schuldners entstehen.[135]

▦ Bürgschaftsurkunde, Zustellung

Die Zustellung einer Bürgschaftsurkunde nach § 751 Abs. 2 ZPO löst die Verfahrensge- 308
bühr der Nr. 3309 VV RVG aus (str.).[136]

▦ Dienstaufsichtsbeschwerde

Die Tätigkeit im Rahmen einer Dienstaufsichtsbeschwerde löst keine zusätzliche Vollstre- 309
ckungsgebühr aus, da sie regelmäßig im Zusammenhang mit einer Zwangsvollstreckungsmaßnahme eingelegt wird. Etwas anderes gilt für den gegnerischen Anwalt, der erstmals in dieser Angelegenheit tätig wird. Für diesen löst die Beschwerde die Gebühr aus.

▦ Drittschuldnererklärung

Gibt ein (bis dahin nicht mit der Sache befasster) Anwalt für den Drittschuldner die er- 310
forderliche Erklärung gemäß § 840 ZPO ab, ist dies eine Zwangsvollstreckungshandlung und löst die Verfahrensgebühr nach Nr. 3309 VV RVG aus.

Verlangt der Anwalt des Gläubigers nach Zustellung des Pfändungs- und Überweisungs- 311
beschlusses (an dessen Beantragung er bereits mitgewirkt hat) noch die bisher nicht erfolgte Zustellung der Aufforderung gemäß § 840 ZPO an den Drittschuldner, so löst dies keine neue Gebühr aus.

---

134 BGH, BRAGOreport 2003, 200 (*Hansens*) = Rpfleger 2003, 596.
135 OLG Koblenz, Rpfleger 2002, 227.
136 *Zöller/Stöber*, ZPO § 751 Rn. 9, *Hartmann*, KostG, § 57 Rn. 15; OLG Düsseldorf, MDR 1988, 784; a.A. OLG Frankfurt, Rpfleger 1990, 270 m. abl. Anm. v. *Lappe*.

■ Drittschuldnerprozess

312 Führt der Gläubiger einen Prozess gegen den Drittschuldner, so sind diese Kosten des Drittschuldnerprozesses keine Kosten der Zwangsvollstreckung.[137] Der Rechtsanwalt verdient spätestens mit der Aufforderung zur Abgabe der Drittschuldnererklärung die Geschäftsgebühr nach Nr. 2400 VV RVG. Hatte er bereits den Prozessauftrag, so entsteht stattdessen die Verfahrensgebühr gemäß Nr. 3100 VV RVG ggf. i.V.m. Nr. 3101 VV RVG.

■ Entgegennahme des Pfändungsbeschlusses

313 Die Entgegennahme des Pfändungsbeschlusses und dessen Weiterleitung an den Schuldner begründet nicht die Entstehung der Verfahrensgebühr der Nr. 3309 VV RVG für den Schuldnervertreter.[138]

■ Gebrauchsmuster

314 Der Antrag auf Löschung eines Gebrauchsmusters oder einer Marke aufgrund eines Urteils ist keine Zwangsvollstreckung. Die Anwendung der Nrn. 3309 ff. VV RVG ist damit ausgeschlossen.

■ Gesellschaft bürgerlichen Rechts

315 Es erfolgt eine Vollstreckung in das Gesamthandsvermögen. Die Zwangsvollstreckung in das Gesamthandsvermögen der Gesellschafter einer GbR stellt nur eine Angelegenheit dar.[139]

■ Grundbuchberichtigung

316 Die Beantragung der Berichtigung des Grundbuchs aufgrund eines Urteils gehört nicht zur Zwangsvollstreckung. Nach § 894 ZPO gilt die Erklärung bereits mit Rechtskraft des Urteils als abgegeben. Die Zwangsvollstreckung war bereits mit der Erteilung der vollstreckbaren Ausfertigung abgeschlossen.

■ Grundbucheintragung

317 Wird die Pfändung eines Grundpfandrechts (§ 830 ZPO) oder einer Reallast, Grund- oder Rentenschuld (§ 857 Abs. 6 ZPO) im Grundbuch vermerkt, gehört dies zum Pfändungsverfahren und löst keine besondere anwaltliche Gebühr aus.

■ Handelsregistereintragung

318 Die Eintragung im Handelsregister nach § 16 Abs. 1 HGB (Verpflichtung zur Anmeldung durch Prozessentscheidung) gehört nicht zur Zwangsvollstreckung.[140]

---

137 OLG Schleswig, JurBüro 1992, 500; OLG Bamberg, JurBüro 1994, 612.
138 *Gerold/Schmidt/von Eicken*, BRAGO, § 57 Rn. 24.
139 OLG Schleswig, AnwBl. 1994, 474.
140 KG, MDR 1971, 1020.

▓ Hilfspfändung

Soll die Herausgabe von Urkunden im Wege der Hilfspfändung (§ 836 Abs. 3 ZPO) be- 319
wirkt werden, so gehört diese Maßnahme mit zur laufenden Angelegenheit und löst keine zusätzliche Gebühr aus.

▓ Notarkosten (Beitreibung durch Anwaltsnotar)

Der Anwaltsnotar erhält bei der Beitreibung seiner Notarkosten keine Anwaltsvergütung.[141] 320

▓ Ordnungsgeld, Arbeitsgerichtliches Verfahren

Das Verfahren zur Festsetzung eines Zwangs- oder Ordnungsgeldes nach § 23 BetrVG 321
gehört zur Zwangsvollstreckung und löst die Gebühren nach den Nrn. 3309 ff. VV RVG
aus.[142]

▓ Räumung, Wohnungseinweisung

Die ordnungsbehördliche Wohnungseinweisung des Schuldners beendet die Zwangs- 322
vollstreckung nicht; d.h.: wird der Schuldner im Rahmen der Räumungsvollstreckung
vom Ordnungsamt in die zu räumende Wohnung (zulässig nur befristet) eingewiesen,
so stellt die Fortsetzung der Räumung nach Ablauf der Einweisungsfrist keine neue Angelegenheit dar.[143]

▓ Sicherheitsleistung in der Zwangsvollstreckung

Die Bemühungen um Beschaffung der erforderlichen Sicherheitsleistung sind vorberei- 323
tende Maßnahmen für die Zwangsvollstreckung und als solche lösen sie die Verfahrensgebühr Nr. 3309 VV RVG aus. Sie bilden allerdings mit dem sich anschließenden Vollstreckungsauftrag eine einheitliche Angelegenheit und die Gebühren gehen in den dort
entstehenden auf.

▓ Sicherungshypothek

Für den Antrag auf Eintragung einer Zwangssicherungshypothek entsteht die Verfah- 324
rensgebühr gemäß Nr. 3309 VV RVG i.V.m. § 18 Nr. 13 RVG.

Davon zu unterscheiden ist die Frage der Notwendigkeit; so sind z.B. die Kosten für die 325
Eintragung einer Sicherungshypothek i.H.v. ca. 250.000 € auf einem Grundstück mit einem Verkehrswert von 50.000 € wohl nur in der Höhe des Verkehrswertes notwendig
(erstattungsfähig).

---

141 AG Frankfurt, DGVZ 1995, 79.
142 *Hartmann*, KostG, Nr. 3310 VV RVG Rn. 11.
143 LG Bonn, Rpfleger 1990, 226 ff.

■ Sicherungsvollstreckung (§ 720a ZPO)

326 Die Sicherungsvollstreckung löst die Verfahrensgebühr der Nr. 3309 VV RVG aus. Der sich evtl. anschließende Verwertungsauftrag löst keine weitere Gebühr aus, da keine neue Angelegenheit vorliegt.[144]

■ Vollstreckungsklausel

327 Die erstmalige Beantragung der Klausel löst keine Gebühr aus. Sie gehört zum Umfang des Erkenntnisverfahrens – § 19 Nr. 12 RVG.

328 Eine Ausnahme besteht dann, wenn der Rechtsanwalt im Erkenntnisverfahren nicht tätig war und er nun erstmals tätig wird. Hat er den Auftrag, die Vollstreckung einzuleiten, so wird durch die Beantragung der Vollstreckungsklausel die Verfahrensgebühr ausgelöst.

329 Die Beantragung einer **weiteren vollstreckbaren Ausfertigung** stellt eine eigene Angelegenheit dar (§ 18 Nr. 7 RVG).

330 Hat der Rechtsanwalt nur den **Auftrag eine vollstreckbare Ausfertigung zu beantragen** und war er nicht im vorhergehenden Prozess tätig, so erhält er eine Verfahrensgebühr nach Nr. 3403 VV RVG. Diese entsteht grds. mit einem Satz von 0,8. Damit würde der Anwalt, der lediglich die Erteilung der vollstreckbaren Ausfertigung beantragt hat, mehr erhalten, als der mit der gesamten Vollstreckungsangelegenheit beauftragte Rechtsanwalt. Für diesen Fall sieht § 15 Abs. 6 RVG (entspricht: § 13 Abs. 6 BRAGO) eine entsprechende Reduzierung vor. Demnach wird in diesem Fall auch lediglich eine 0,3fache Gebühr verdient.

331 **Die Klauselumschreibung** ist gebührenrechtlich nicht der Erteilung einer weiteren Klausel gleichzusetzen. Es entsteht keine weitere Gebühr.[145]

332 Die Vertretung im Verfahren nach § 732 ZPO (**Einwendungen gegen Klauselerteilung**) löst eigene Gebühren aus, da es sich um eine besondere Angelegenheit handelt (§ 18 Nr. 6 RVG). Für das Entstehen der Gebühr reicht die Prüfung des gegnerischen Antrags aus.[146]

333 Die Verfahren über Einwendungen gegen Vollstreckungsklauseln aufgrund gerichtlicher und notarieller Urkunden (§ 797 Abs. 3 ZPO) und gegen Vollstreckungsklauseln aus Vergleichen vor Gütestellen (§ 797a ZPO) sind ebenso zu behandeln wie die Verfahren nach § 732 ZPO. Dies folgt aus ihrer im Wesentlichen rechtlichen Gleichbehandlung.

---

144 LG Wuppertal, DGVZ 1986, 121.
145 OLG Hamm, JurBüro 2001, 29.
146 OLG Koblenz, JurBüro 2000, 77.

B. Zwangsversteigerung/Zwangsverwaltung

I. Überblick

Gegenüber der bisherigen Regelungen in den §§ 68 – 71 BRAGO ergeben sich im RVG folgende Änderungen:	334

- Die Gebühren des Rechtsanwaltes für die Tätigkeit in der Zwangsversteigerung und der Zwangsverwaltung richten sich nach denselben Bestimmungen (**Verfahrensgebühr** Nr. 3311 VV RVG und **Terminsgebühr** Nr. 3312 VV RVG).

- Der **Gebührensatz** für die Verfahrens- und die Terminsgebühr beträgt in Zwangsversteigerungs- und Zwangsverwaltungsverfahren für alle Verfahrensabschnitte einheitlich **0,4**.

- Für die **Vertretung eines Bieters,** der nicht Beteiligter ist, entstehen die Gebühren ebenfalls mit einem Satz von 0,4.

- Die **Gegenstandswerte** sind in den §§ 26 und 27 RVG geregelt.

- Auch für die Tätigkeit im **Vollstreckungsschutzverfahren** nach §§ 30a ff., 180 Abs. 2 ZVG fällt nunmehr die Verfahrensgebühr nach Nr. 3311 VV RVG gesondert an.

II. Anwendungsbereich

1. Abgrenzung zu anderen Vorschriften

Die Nrn. 3311 und 3312 VV RVG (Teil 3 Abschnitt 3 Unterabschnitt 4 VV RVG) enthalten die Gebührentatbestände für Tätigkeiten im Verfahren der Zwangsversteigerung und Zwangsverwaltung. Hierzu gehören z.B. die Verfahren auf Zwangsversteigerung und Zwangsverwaltung von:[147]   335

- Grundstücken oder Bruchteilen davon,

- grundstücksgleichen Rechten (Erbbauurechte, Bergwerkseigentum, Fischereirechte),

- Bruchteilen von Grundstücken, Schiffen usw.,

- Wohnungs- und Teileigentum.

Nur der Zwangsversteigerung, nicht aber der Zwangsverwaltung unterliegen: 336

- eingetragene Luftfahrzeuge,

- eingetragene Schiffe/Schiffsbauwerke.

---

147   Vgl. *Zöller/Stöber*, ZPO, § 864 Rn. 1 ff.; *Hartmann*, KostG, Einführung vor Nr. 3311 VV RVG.

337 Erfasst werden die im ZVG geregelten Zwangsversteigerungs- und Zwangsverwaltungs-verfahren, bei denen es sich um eine Maßnahme der Zwangsvollstreckung handelt (vgl. die §§ 864 und 866 ZPO), als auch die Verfahren zur Aufhebung einer Gemeinschaft (§ 180 ZVG) oder die Verfahren, die vom Insolvenzverwalter (§§ 172 ff. ZVG) oder einem Erben (§§ 175 ff. ZVG) betrieben werden.[148] Auch soweit andere gesetzliche Bestimmungen das ZVG für anwendbar erklären, sind die Nrn. 3311 und 3312 VV RVG anwendbar.

338 Nicht von Nrn. 3311 und 3312 VV RVG werden erfasst:[149]

- **Aufgebotsverfahren** nach den §§ 138, 140 ZVG (Ausschließung unbekannter Berechtigter). Insoweit gelten Nr. 3324 VV RVG und ggf. Nr. 3332 VV RVG.

- **Freiwillige Versteigerungen oder Versteigerungen aufgrund landesrechtlicher Vorschriften:** Der Rechtsanwalt erhält hier die Geschäftsgebühr Nr. 2400 VV RVG.

- **Vollstreckung aus dem Zuschlagsbeschluss** gegen den Grundstücksbesitzer (§ 93 ZVG) oder den Ersteher (§ 132 ZVG) soweit nicht sie nicht in das ersteigerte Grundstück betrieben wird. Es handelt sich hierbei um Maßnahmen der Mobiliarvollstreckung, für die die Nrn. 3309 und 3310 VV RVG gelten.

- Tätigkeit als **Zustellungsvertreter** gemäß § 7 Abs. 2 ZVG: Die Vergütung und die Auslagen werden durch das Vollstreckungsgericht festgesetzt. Das RVG gilt nicht.

- **Verfahren auf Eintragung einer Zwangshypothek:** Insoweit gelten nach Vorbem. 3.3.3 VV RVG die Nrn. 3309 und 3310 VV RVG (vgl. auch § 18 Nr. 13 RVG).

- Tätigkeit des Rechtsanwalts als **Zwangsverwalter:** Die Vergütung wird nach den Regelungen der Zwangsverwalterverordnung (ZwVwV) auf Antrag durch das Gericht festgesetzt (vgl. §§ 152a, 153 Abs. 1 ZVG, ZwVwV v. 19.12.2003 [BGBl. I, S. 2804]). Sie richtet sich nicht nach dem RVG. Etwas anderes gilt, falls der Rechtsanwalt als Zwangsverwalter einen Prozess führt. Hier verdient er die Gebühren nach den Nrn. 3100 ff. VV RVG.

- **Tätigkeit als Vertreter eines unbekannten Berechtigten:** Nach § 133 ZVG setzt das Gericht gemäß § 7 Abs. 2 ZVG die Vergütung und die Auslagen fest. Das RVG gilt nicht.

---

148 *Göttlich/Mümmler/Rehberg/Xanke*, RVG, „Zwangsversteigerung" 2.
149 *Hartmann*, KostG, a.a.O.

2. Beteiligte Rechtsanwälte

Die Gebührentatbestände der Nrn. 3311 und 3312 VV RVG gelten im **Zwangsverstei-** 339
gerungsverfahren für die Rechtsanwälte, die für den **Gläubiger** oder den **Schuldner**,
für **Beteiligte** i.S.v. § 9 ZVG oder für den **Bieter** tätig werden.

Die in § 68 Abs. 1 und 2 BRAGO enthaltene Differenzierung der Gebührenhöhe im 340
Zwangsversteigerungsverfahren bei Vertretung eines Beteiligten einerseits und eines Bieters andererseits ist nicht beibehalten worden.[150]

Im **Zwangsverwaltungsverfahren** findet Nr. 3311 VV RVG Anwendung für den Rechts- 341
anwalt, der den Antragsteller, den Schuldner oder einen sonstigen Beteiligten i.S.v.
§§ 146, 9 ZVG vertritt.

Wer **Beteiligter** eines Zwangsversteigerungs- oder Zwangsverwaltungsverfahren ist, er- 342
gibt sich aus den §§ 9, 146 ZVG. Verweisen andere Bestimmungen auf § 9 ZVG, so kann
sich auch aus diesen Vorschriften eine Stellung als Beteiligter ergeben, vgl. z.B. §§ 162,
163 Abs. 3 (Träger der Sozial- und Arbeitslosenversicherung), 166, 172 (Insolvenzverwalter), 175 (Erbe), 180 ZVG (Gemeinschaftsteilhaber); § 24 ErbbauVO (Grundstückseigentümer); §§ 510, 696, 755 Abs. 2, 761 Abs. 3 HGB.[151]

Bieter sind die Personen, die im Versteigerungstermin ein Gebot abgeben. 343

Vertritt der Rechtsanwalt eine andere hier nicht genannte Person, dürften die Nrn. 3311 344
und 3312 VV RVG keine Anwendung finden. Ob sich die Vergütung für die Vertretung
Nichtbeteiligter nach den Nrn. 2400 VV RVG ff. bestimmt ist zweifelhaft, da diese Bestimmung nur bei der außergerichtlichen Vertretung Anwendung findet.[152] Die Gebühren des Teil 3 Abschn. 4 VV RVG könnten anwendbar sein (Nr. 3400 ff. VV RVG).

III. Verfahrensgebühr

1. Anfall der Gebühr

Nach Vorbem. 3 Abs. 2 VV RVG entsteht die Verfahrensgebühr nach Nr. 3311 VV RVG in 345
der Zwangsversteigerung und Zwangsverwaltung für das Betreiben des Geschäfts einschließlich der Information. Die Verfahrensgebühr fällt mit der ersten Tätigkeit nach Erteilung des Auftrages zur Vertretung im Zwangsversteigerungs- oder Zwangsverwaltungsverfahren an.

---

150   BT-Drucks. 15/1971, S. 216.
151   *Göttlich/Mümmler/Rehberg/Xanke*, RVG, a.a.O.
152   *Gerold/Schmidt/Madert*, BRAGO, § 68 Rn. 4.

2. Höhe der Verfahrensgebühr

a) Grundsatz

346 Die Verfahrensgebühr entsteht als Wertgebühr mit einem Gebührensatz von **0,4**. Die Höhe der Gebühr ist aus der Tabelle zu § 13 RVG abzulesen.

347 Eine **Ermäßigung** der Verfahrensgebühr im Falle der vorzeitigen Beendigung des Auftrages zur Durchführung des Zwangsversteigerungs- oder Zwangsverwaltungsverfahrens erfolgt nicht, da eine entsprechende Ermäßigungsvorschrift nicht vorhanden ist (vgl. z.B. Nr. 3101 Nr. 1 VV RVG)

b) Mehrere Auftraggeber

348 Die Erhöhung der Verfahrensgebühr der Nr. 3311 VV RVG für die Vertretung mehrerer Auftraggeber bzw. mehrerer Personen als Auftraggeber richtet sich nach § 7 RVG und Nr. 1008 VV RVG.[153] Danach erfolgt für jede weitere Person eine **Erhöhung um 0,3**, wenn der Gegenstand der anwaltlichen Tätigkeit derselbe ist (Abs. 1 der Anm. zu Nr. 1008 VV RVG). Die Erhöhung wird nach dem Betrag der gemeinschaftlichen Beteiligung der mehreren Personen berechnet (Abs. 2 der Anm. zu Nr. 1008 VV RVG). Es kommt nicht mehr auf die Zahl der Auftraggeber, sondern auf die **Zahl der Personen an, die Auftraggeber** sind. Ebensowenig kommt es darauf an, ob gegenüber dem Anwalt eine oder mehrere Personen auftreten. Selbst wenn eine Personenmehrheit eine Person bevollmächtigt, gegenüber dem Anwalt aufzutreten, kann dies für den Anwalt zu einem erhöhten Haftungsrisiko führen.

349 Nach § 6 Abs. 1 Satz 2 BRAGO erhöhte sich die jeweilige Ausgangsgebühr um 3/10. Nach Nr. 1008 VV RVG erhöht sich hingegen bei Wertgebühren die Geschäfts- und die Verfahrensgebühr je weiterem Auftraggeber um den festen Gebührensatz von **0,3** unabhängig vom Gebührensatz der Ausgangsgebühr, die für den ersten Auftraggeber entsteht.[154] Daher beträgt die Gebührenerhöhung bei der 0,4 Verfahrensgebühr der Nr. 3311 VV RVG 0,3 und nicht 0,3 von 0,4 (0,12).[155] Es wird also nicht um einen Bruchteil der Ausgangsgebühr, sondern um einen feststehenden Gebührensatz von 0,3 erhöht.[156]

350 *Beispiel:*

Die aus 3 Personen bestehende Erbengemeinschaft beauftragt Rechtsanwalt R mit der Einleitung und Durchführung des Zwangsversteigerungsverfahrens. Der Gegenstandswert beträgt 5.000 €.

---

153 *Göttlich/Mümmler/Rehberg/Xanke*, RVG, „Zwangsversteigerung" 10; „Zwangsverwaltung" 5.

154 Vgl. *Burhoff/Volpert*, RVG, ABC-Teil: Mehrere Personen als Auftraggeber (§ 7, Nr. 1008 VV), Rn. 19; *Burhoff/Kindermann*, RVG 2004, Rn. 101 ff.

155 So aber völlig unzutreffend *Hartmann*, KostG, Nr. 1008 VV RVG Rn. 8 für die 1,3 Verfahrensgebühr; gegen diese Auffassung stehen auch die Beispiele in der BT-Drucks. 15/1971, S. 205: Eine Gebühr von 1,0 erhöht sich auf 1,3 und eine Gebühr von 0,5 auf 0,8.

156 Vgl. *Göttlich/Mümmler/Rehberg/Xanke*, RVG, „Mehrere Auftraggeber" 5.

a) R kann nach dem RVG folgende Gebühr abrechnen:

1,0 Verfahrensgebühr Nr. 3311 Anm. Ziff. 1, 1008 VV RVG
    (Wert: 5.000 €):   *301,00 €*

    (0,4 Verfahrensgebühr zzgl. 0,6 Erhöhung – 2 weitere Auftraggeber x 0,3)

Es kommt für die Erhöhung nach Nr. 1008 VV RVG nicht darauf an, ob der Rechtsanwalt mehrere Aufträge erhalten hat. Die Erhöhung fällt an, wenn Auftraggeber mehrere Personen sind.[157]

b) R konnte nach der BRAGO folgende Gebühr abrechnen:

3/10 Gebühr § 68 Abs. 1 Nr. 1 BRAGO (Wert: 5.000 €):   *90,30 €*

Eine Erhöhung der Verfahrensgebühr gemäß § 6 BRAGO kommt hier nicht in Betracht, weil der Rechtsanwalt von mehreren in Rechtsgemeinschaft stehenden Personen einen einheitlichen Auftrag erhalten hat.[158]

Mehrere Erhöhungen dürfen nach Abs. 3 der Anm. zu Nr. 1008 VV RVG einen Gebührensatz von 2,0 nicht übersteigen. Der Höchstbetrag von 2,0 wirkt sich erst dann aus, wenn Auftraggeber mehr als 8 Personen sind. Die Verfahrensgebühr in der Zwangsversteigerung/Zwangsverwaltung einschließlich aller möglichen Erhöhungen beträgt daher **höchstens 2,4.**   **351**

Voraussetzung für die Erhöhung der Verfahrensgebühr ist nach Abs. 1 der Anm. zu Nr. 1008 VV RVG, dass der Gegenstand der anwaltlichen Tätigkeit derselbe ist. Vertritt der Rechtsanwalt im Verfahren zwei Gläubiger, ist die Verfahrensgebühr Nr. 3311 VV RVG nur einmal nach den zusammengerechneten Werten der Gegenstände zu erheben (vgl. § 22 Abs. 1 RVG).   **352**

Beispiel: **353**

Rechtsanwalt R vertritt in demselben Zwangsversteigerungsverfahren bis zur Einleitung des Verteilungsverfahrens den Gläubiger A wegen des ihm zustehenden Rechts i.H.v. 50.000 € und den Gläubiger B wegen einer Forderung i.H.v. 20.000 €.

1.	*0,4 Verfahrensgebühr, Nr. 3311 Anm. Nr. 1 VV RVG (Wert: 70.000 €)*	*480,00 €*
2.	*Postentgeltpauschale, Nr. 7002 VV RVG*	*20,00 €*
3.	*16 % Umsatzsteuer, Nr. 7008 VV RVG*	*+ 80,00 €*
Summe:		**580,00 €**

---

157   *Burhoff/Volpert, RVG, ABC- Teil: Mehrere Personen als Auftraggeber (§ 7, Nr. 1088 VV), Rn. 5.*
158   *Gerold/Schmidt/Madert, BRAGO, § 68 Rn. 20.*

3. Abgeltungsbereich der Verfahrensgebühr

354 Es handelt sich bei der Verfahrensgebühr um eine **Pauschgebühr**, die sämtliche Tätigkeiten des Rechtsanwaltes innerhalb des Zwangsversteigerungs- oder Zwangsverwaltungsverfahrens abgilt, soweit hierfür nicht die Terminsgebühr nach Nr. 3312 VV RVG entsteht bzw. soweit nichts anderes bestimmt ist. Ist der Rechtsanwalt mit der Abwehr einer drohenden Zwangsversteigerung beauftragt, so erhält er im Vorstadium eines solchen Verfahrens ebenfalls die Verfahrensgebühr der Nr. 3311 VV RVG.[159]

355 In Nrn. 1 und 2 der Anm. zu Nr. 3311 VV RVG ist für das **Zwangsversteigerungsverfahren** insoweit etwas anderes bestimmt, als die Verfahrensgebühr jeweils **gesondert** entsteht

- für die Tätigkeit im Zwangsversteigerungsverfahren bis zur Einleitung des Verteilungsverfahrens und

- für die Tätigkeit im Verteilungsverfahren und zwar auch für eine Mitwirkung an einer außergerichtlichen Verteilung.

356 In Nr. 3 und 4 der Anm. zu Nr. 3311 VV RVG ist für das **Zwangsverwaltungsverfahren** insoweit etwas anderes bestimmt, als die Verfahrensgebühr **bei Vertretung des Antragstellers** jeweils **gesondert** entsteht

- im Verfahren über den Antrag auf Anordnung der Zwangsverwaltung oder auf Zulassung des Beitritts,

- im weiteren Verfahren einschließlich des Verteilungsverfahrens.

357

> **Hinweis:**
>
> Da in demselben Zwangsversteigerungsverfahren bzw. Zwangsverwaltungsverfahren die Verfahrensgebühr zweimal entstehen kann, sollte die jeweils entstandene Verfahrensgebühr daher mit den einzelnen Nrn. der Anm. zu Nr. 3311 VV RVG genau bezeichnet werden.

4. Die Verfahrensgebühr im Zwangsversteigerungsverfahren

a) Tätigkeit im Zwangsversteigerungsverfahren

358 Durch die Verfahrensgebühr nach Nr. 1 der Anm. zu Nr. 3311 VV RVG wird die gesamte Tätigkeit im **Zwangsversteigerungsverfahren** von der Erteilung des Auftrags zur Vertretung im Zwangsversteigerungsverfahren bis zur Einleitung des Verteilungsverfahrens abgegolten. Das Verteilungsverfahren wird nach der Erteilung des Zuschlags dadurch ein-

---

159 OLG Düsseldorf, AGS 2002, 53 = AnwBl. 2000, 632.

geleitet, dass das Gericht gemäß § 105 ZVG einen Verteilungstermin bestimmt. Von dieser Verfahrensgebühr werden daher insbesondere erfasst:

- Tätigkeiten zur Vorbereitung der Zwangsvollstreckung (vgl. insoweit § 19 Abs. 1 Satz 2 Nrn. 9, 12 und 15 RVG);

- die Vorbereitung des Versteigerungstermins;[160]

- die Wahrnehmung des Termins zur Verkündung der Zuschlagsentscheidung nach § 87 ZVG (nicht Versteigerungstermin);

- die Bestimmung des Verteilungstermins einschließlich der Ladung.

Durch die Verfahrensgebühr wird die gesamte Tätigkeit des Rechtsanwalts im Zwangsversteigerungsverfahren abgegolten, soweit sich aus den Nrn. 2 und 6 der Anm. zu Nr. 3311 VV RVG keine Besonderheiten ergeben.   **359**

> **Hinweis:**   **360**
>
> Die Verfahrensgebühr nach Nr. 1 entsteht für die Vertretung des **Gläubigers** oder des **Schuldners**, von **Beteiligten** i.S.v. § 9 ZVG oder eines **Bieters**.

b)   **Tätigkeit im Verteilungsverfahren in der Zwangsversteigerung**

Durch die Verfahrensgebühr nach Nr. 2 der Anm. zu Nr. 3311 VV RVG wird die Tätigkeit im **Verteilungsverfahren** des Zwangsversteigerungsverfahrens abgegolten.   **361**

Das Verteilungsverfahren ist in den §§ 105 ff. ZVG geregelt. Es beginnt mit der Bestimmung des Verteilungstermins (§ 105 ZVG). Die Verfahrensgebühr für das Verteilungsverfahren verdient der Rechtsanwalt für jede Tätigkeit, die er **nach der Bestimmung des Verteilungstermins** (die Bestimmung des Termins fällt noch unter die Verfahrensgebühr Nr. 1) bis zur Ausführung des Verteilungsplans wahrnimmt.[160a] Die Wahrnehmung des Verteilungstermins ist für die Entstehung der Gebühr nicht erforderlich. Zu den möglichen Tätigkeiten im Verteilungsverfahren gehören insbesondere: **362**

- die Einreichung einer Forderungsberechnung (§ 106 ZVG),

- die Teilnahme am Verteilungstermin,

- die Prüfung des Verteilungsplans,

- der Widerspruch gegen den Plan,

- die anderweitige Verteilung nach einem Widerspruchsprozess.

---

160   *Hartmann*, KostG, Nr. 3311 VV RVG Rn. 2.
160a   *Gerold/Schmidt/Madert*, BRAGO, § 68 Rn. 9.

363

> **Hinweis:**
>
> Die Verfahrensgebühr nach Nr. 2 entsteht für die Vertretung des **Gläubigers** oder des **Schuldners**, von **Beteiligten** i.S.v. § 9 ZVG oder eines **Bieters**.

364 Die **Verteilung des Versteigerungserlöses** durch das Gericht findet gemäß § 143 ZVG nicht statt, wenn dem Gericht durch öffentliche oder öffentlich beglaubigte Urkunden nachgewiesen wird, dass sich die Beteiligten über die Verteilung des Erlöses geeinigt haben.

365 Auch für die Mitwirkung des Rechtsanwalts an dieser **außergerichtlichen Verteilung** statt der Tätigkeit im gerichtlichen Verteilungsverfahren entsteht die Verfahrensgebühr nach Nr. 2 der Anm. zu Nr. 3311 VV RVG. Für die Mitwirkung bei der außergerichtlichen Befriedigung der Berechtigten gemäß § 144 ZVG soll die Verfahrensgebühr ebenfalls entstehen.[161]

366

> **Hinweis:**
>
> Es kann nur die Verfahrensgebühr für die Tätigkeit im gerichtlichen Verteilungsverfahren **oder** für die Mitwirkung an der außergerichtlichen Verteilung entstehen, da nach § 143 RVG das gerichtliche Verteilungsverfahren im Falle der außergerichtlichen Verteilung nicht stattfindet.[162]

367

> **Praxishinweis:**
>
> Da nach § 143 ZVG das außergerichtliche Verteilungsverfahren bei einer **Einigung** über die Erlösverteilung stattfindet, dürfte insoweit eine Einigungsgebühr Nr. 1000 VV RVG anfallen können.[163] Voraussetzung ist, dass der Rechtsanwalt beim Abschluss eines Vertrags mitwirkt, durch den der Streit oder die Ungewissheit der Parteien über ein Rechtsverhältnis beseitigt wird, es sei denn, der Vertrag beschränkt sich ausschließlich auf ein Anerkenntnis oder einen Verzicht. Diese Einschränkung ist erforderlich, damit nicht schon die **Erfüllung des geltend gemachten Anspruchs** oder der **Verzicht auf Weiterverfolgung des Anspruchs** die Einigungsgebühr auslösen. Da in Nr. 1000 VV RVG nicht mehr wie in § 23 BRAGO auf § 779 BGB Bezug genommen wird, hängt die Entstehung der Einigungsgebühr nicht mehr davon ab, dass die Parteien gegenseitig nachgeben (Nachgeben um auch gegnerischen Nachgebens willen). Da im Falle der Einigung über die Erlösverteilung das gerichtliche Verteilungsverfahren nicht stattfindet (vgl. § 143 ZVG) bzw. vermieden wird, dürfte die Einigungsgebühr mit einem Satz von 1,5 entstehen.

---

161 *Gerold/Schmidt/Madert*, BRAGO, § 68 Rn. 10; *Göttlich/Mümmler/Rehberg/Xanke*, RVG, „Zwangsversteigerung" 5.
162 A.A.: *Hartmann*, KostG, Nr. 3311 VV RVG Rn. 5: Es können zwei Verfahrensgebühren nach Nr. 2 für die gerichtliche und die außergerichtliche Verteilung entstehen.
163 LG Bremen, JurBüro 1993, 547 = AnwBl. 1993, 44, zur Vergleichsgebühr gemäß § 23 BRAGO.

c) Verhältnis der Verfahrensgebühren in der Zwangsversteigerung und im Verteilungsverfahren

Wird der Rechtsanwalt nach Bestimmung des Verteilungstermins nur im Verteilungsverfahren tätig, so fällt auch nur die Verfahrensgebühr für das Verteilungsverfahren nach Nr. 2 an. Eine Verfahrensgebühr für das Zwangsversteigerungsverfahren nach Nr. 1 entsteht nicht. Nur wenn der Rechtsanwalt sowohl im Zwangsversteigerungs- als auch im Verteilungsverfahren tätig geworden ist, hat er auch Anspruch auf beide Verfahrensgebühren. Die Verfahrensgebühren entstehen dann nebeneinander; eine Anrechnung findet nicht statt.

368

Hinweis:

Auch wenn zwei Verfahrensgebühren für die Tätigkeit im Zwangsversteigerungsverfahren und im nachfolgenden Verteilungsverfahren anfallen, liegt dieselbe Angelegenheit vor. Es ist in der Anmerkung zu Nr. 3311 VV RVG lediglich bestimmt, dass die Verfahrensgebühren gesondert entstehen, nicht aber, dass verschiedene Angelegenheiten vorliegen. Die **Postentgeltpauschale** Nr. 7002 VV RVG entsteht daher insgesamt nur einmal.

369

---

5. Die Verfahrensgebühr im Zwangsverwaltungsverfahren

a) Tätigkeit im Anordnungs- und Beitrittsverfahren der Zwangsverwaltung für den Antragsteller

Durch die Verfahrensgebühr nach Nr. 3 der Anm. zu Nr. 3311 VV RVG wird die gesamte Tätigkeit im **Zwangsverwaltungsverfahren** von der Erteilung des Auftrags zur Vertretung im Zwangsverwaltungsverfahren bis zur Anordnung der Zwangsverwaltung oder der Zulassung des Beitritts oder bis zur Ablehnung einer dieser Maßnahmen abgegolten,[164] soweit sich aus den Nrn. 4 und 6 der Anm. zu Nr. 3311 VV RVG keine Besonderheiten ergeben.

370

Hinweis:

Die Verfahrensgebühr nach Nr. 3 entsteht nur für die Vertretung des **Antragstellers.** Antragsteller ist der betreibende oder beitretende Gläubiger oder der Insolvenzverwalter (§ 172 ZVG).

371

Zum Zweck der Beschlagnahme von Mieten für einen Hypothekengläubiger kann durch **einstweilige Verfügung die Zwangsverwaltung** angeordnet werden, wenn der Grundstückseigentümer in Insolvenz geraten ist. Diese durch das Vollstreckungsgericht angeordnete Zwangsverwaltung hat dieselben rechtlichen Wirkungen wie eine Zwangsver-

372

---

164 *Hartmann,* KostG, Nr. 3311 VV RVG Rn. 11.

waltung nach dem ZVG (§§ 146 ff. ZVG), obwohl sie nur der Sicherung und nicht der Verwertung dient. Stellt der Rechtsanwalt aufgrund der einstweiligen Verfügung den Antrag auf Anordnung der Zwangsverwaltung, entsteht die Verfahrensgebühr nach Nr. 3 der Anm. zu Nr. 3311 VV RVG.[165]

b) Tätigkeit im weiteren Zwangsverwaltungsverfahren für den Antragsteller

373 Für die Tätigkeit im Zwangsverwaltungsverfahren einschließlich des Verteilungsverfahrens nach der Entscheidung über die Anordnung der Zwangsverwaltung oder der Zulassung des Beitritts entsteht eine **weitere 0,4 Verfahrensgebühr** nach Nr. 4 der Anm. zu Nr. 3311 VV RVG. Die Gebühr für das weitere Verfahren entsteht mit der ersten Tätigkeit nach Anordnung der Zwangsverwaltung bzw. Zulassung des Beitritts. Sie gilt sämtliche Tätigkeiten im folgenden Verfahren ab. Dies gilt auch für die Wahrnehmung von Verteilungsterminen. Diese lösen keine besondere Terminsgebühr aus.

374

> **Hinweis:**
>
> Die Verfahrensgebühr nach Nr. 4 entsteht nur für die Vertretung des **Antragstellers**. Antragsteller ist der betreibende oder beitretende Gläubiger oder der Insolvenzverwalter (§ 172 ZVG).

c) Verhältnis der Verfahrensgebühren im Anordnungs- und Beitrittsverfahren und im weiteren Verfahren

375 Wird der Rechtsanwalt erst nach Anordnung der Zwangsverwaltung oder der Zulassung des Beitritts im weiteren Verfahren einschließlich des Verteilungsverfahrens tätig, so fällt auch nur die Verfahrensgebühr für das weitere Verfahren nach Nr. 4 an. Eine Verfahrensgebühr nach Nr. 3 für das Verfahren bis zur Anordnung der Zwangsverwaltung oder der Zulassung des Beitritts oder bis zur Ablehnung einer dieser Maßnahmen entsteht nicht. Nur wenn der Rechtsanwalt in beiden Abschnitten des Zwangsverwaltungsverfahrens tätig geworden ist, hat er auch Anspruch auf beide Verfahrensgebühren. Die Verfahrensgebühren entstehen dann nebeneinander; eine Anrechnung findet nicht statt.[166]

376

> **Hinweis:**
>
> Auch wenn zwei Verfahrensgebühren nach Nrn. 3 und 4 für die Tätigkeit im Zwangsverwaltungsverfahren anfallen, liegt dieselbe Angelegenheit vor. Es ist in der Anmerkung zu Nr. 3311 VV RVG lediglich bestimmt, dass die Verfahrensgebühren gesondert entstehen, nicht aber, dass verschiedene Angelegenheiten vorliegen. Die **Postentgeltpauschale** Nr. 7002 VV RVG entsteht daher insgesamt nur einmal.

---

165 *Zeller/Stöber*, ZVG, Einleitung Rn. 89.13.
166 *Hartmann*, KostG, Nr. 3311 VV RVG Rn. 12.

d)   Tätigkeit für einen sonstigen Beteiligten

Vertritt der Rechtsanwalt im Zwangsverwaltungsverfahren nicht den Antragsteller, son-   377
dern einen sonstigen Beteiligten wie z.B. den Schuldner oder einen Beteiligten nach den
§§ 146, 9 ZVG, entsteht eine 0,4 Verfahrensgebühr nach der Anm. Nr. 5 zu Nr. 3311 VV
RVG. Die Verfahrensgebühr gilt die Tätigkeit im gesamten Zwangsverwaltungsverfahren
einschließlich des Verteilungsverfahrens ab. Eine Verfahrensgebühr nach Nr. 3 oder 4 entsteht daneben für den Rechtsanwalt nicht.

6.   Verhältnis von Zwangsversteigerung und Zwangsverwaltung

a)   Fortsetzung der Zwangsversteigerung als Zwangsverwaltung

Bleibt die Zwangsversteigerung in einem zweiten Termin ergebnislos, so wird das   378
Zwangsversteigerungsverfahren aufgehoben. Liegen die Voraussetzungen für die Anordnung der Zwangsverwaltung vor, so kann auf Antrag des Gläubigers das Gericht gemäß § 77 Abs. 2 ZVG anordnen, dass das Verfahren als Zwangsverwaltung fortgesetzt
wird.

Der Rechtsanwalt erhält hierfür neben der Verfahrensgebühr für das Zwangsversteige-   379
rungsverfahren (Nr. 1 der Anm. zu Nr. 3311 VV RVG) und der Terminsgebühr für die
Wahrnehmung des Versteigerungstermins nach Nr. 3312 VV RVG auch die Gebühr nach
Nr. 3 der Anm. zu Nr. 3311 VV RVG.[167]

b)   Zwangsversteigerung und Zwangsverwaltung nebeneinander

Leitet der Rechtsanwalt für den Gläubiger gleichzeitig ein Zwangsversteigerungs- und   380
ein Zwangsverwaltungsverfahren ein, entstehen die Verfahrensgebühren nach Nr. 1 und
3 der Anm. zu Nr. 3311 VV RVG jeweils gesondert.[168]

7.   Verfahrensgebühr nach Anm. Nr. 6 zu Nr. 3311 VV RVG

a)   Einstellung/Beschränkung

Eine gesonderte 0,4 Verfahrensgebühr entsteht nach der Anm. Nr. 6 zu Nr. 3311 VV RVG   381
für die Tätigkeit im Verfahren über Anträge auf einstweilige Einstellung oder Beschränkung der Zwangsvollstreckung und einstweilige Einstellung des Verfahrens. Hiervon erfasst werden die Vollstreckungsschutzverfahren nach §§ 30a ff. und 180 Abs. 2 ZVG.[169]
In der BRAGO wurde die Tätigkeit in diesen Verfahren durch die Gebühren nach den
§§ 68, 69 BRAGO abgegolten.

---

167   *Hartmann*, KostG, Nr. 3311 VV RVG Rn. 9.
168   *Göttlich/Mümmler/Rehberg/Xanke*, RVG, „Zwangsversteigerung" 4.1; *Hartmann*, KostG, Nr. 3311
       VV RVG Rn. 10.
169   *Göttlich/Mümmler/Rehberg/Xanke*, RVG, „Zwangsversteigerung" 6.

382 Eine gesonderte Verfahrensgebühr für die Tätigkeit in diesen Vollstreckungsschutzverfahren ist durch das RVG eingeführt worden, weil das Verfahren über Vollstreckungsschutzanträge gemäß § 765a ZPO bereits in der BRAGO eine besondere Angelegenheit bildete (vgl. § 58 Abs. 3 Nr. 3 BRAGO = § 18 Nr. 8 RVG) und die unterschiedliche Behandlung der Vollstreckungsschutzverfahren nach §§ 30a ff. ZVG einerseits und § 765a ZPO andererseits nicht sachgerecht ist.[170]

383
> **Hinweis:**
>
> Das Verfahren über Vollstreckungsschutzanträge gemäß § 765a ZPO bildet nach § 18 Nr. 8 RVG eine besondere Angelegenheit. In der BRAGO entstand für die Tätigkeit im Vollstreckungsschutzverfahren nach § 765a ZPO während eines Zwangsversteigerungsverfahrens eine 3/10 Gebühr nach § 57 BRAGO.[171] Nunmehr dürfte für die Tätigkeit im Vollstreckungsschutzverfahren nach § 765a ZPO während eines Zwangsversteigerungsverfahrens eine 0,4 Verfahrensgebühr nach der Anm. Nr. 6 zu Nr. 3311 VV RVG anfallen, weil der Gesetzgeber es nicht für sachgerecht hält, die Verfahren nach § 765a ZPO und den §§ 30a ff. 180 Abs. 2 ZVG unterschiedlich zu behandeln. Auch der Wortlaut der Anm. Nr. 6 zu Nr. 3311 VV RVG unterscheidet nicht zwischen Verfahren nach § 765a ZPO und den §§ 30a ff. 180 Abs. 2 ZVG.

384 Nach § 30c ZVG kann nach Fortsetzung eines im Wege des Vollstreckungsschutzes gemäß § 30a ZVG eingestellten Verfahrens die Zwangsversteigerung des gleichen Gläubigers aus demselben Beschlagnahmebeschluss aufgrund des § 30a ZVG einmal erneut eingestellt werden.[172] Hat eine erneute Einstellung stattgefunden, ist gemäß § 30c Abs. 2 ZVG auch kein Vollstreckungsschutz nach § 765a ZPO mehr möglich.

385 Es dürfte für jedes Vollstreckungsschutzverfahren gemäß der §§ 30a ff., 180 Abs. 2 ZVG im Rahmen der Zwangsversteigerung die Verfahrensgebühr nach Nr. 3311 Nr. 6 VV RVG gesondert entstehen. Aus § 18 Nr. 8 RVG ergibt sich, dass jedes Vollstreckungsschutzverfahren gemäß § 765a ZPO und jedes Verfahren über Anträge auf Änderung der getroffenen Anordnungen eine besondere Angelegenheit bildet. Da nach der Gesetzesbegründung[173] die Vollstreckungsschutzverfahren nach den §§ 30a ff., 180 Abs. 2 ZVG und § 765a ZPO gleich behandelt werden sollen, dürfte unter Berücksichtigung von § 18 Nr. 8 RVG auch in jedem Vollstreckungsschutzverfahren nach den §§ 30a ff., 180 Abs. 2 ZVG die Verfahrensgebühr gesondert entstehen.

---

170 BT-Drucks. 15/1971, S. 216.
171 *Zeller/Stöber*, ZVG, Einleitung Rn. 89.7; BT-Drucks. 15/1971, S. 216.
172 *Zeller/Stöber*, ZVG, § 30c Rn. 2.
173 BT-Drucks. 15/1971, S. 216.

b) Verhandlungen zwischen Gläubiger und Schuldner

Die Verfahrensgebühr fällt nach der Anm. Nr. 6 zu Nr. 3311 VV RVG auch für Verhand- 386
lungen zwischen Gläubiger und Schuldner mit dem Ziel der Aufhebung des Verfahrens
an. Auf das Ergebnis dieser Verhandlungen kommt es für die Entstehung der Verfahrensgebühr nicht an. Bei dieser Verfahrensgebühr kommt der mit dem RVG verfolgte
Zweck zum Ausdruck, anwaltliche Tätigkeiten mit dem Ziel der Vermeidung bzw. Erledigung des gerichtlichen Verfahrens zu honorieren.[174]

Beispiel: 387

*Rechtsanwalt R vertritt den Gläubiger wegen einer Forderung i.H.v. 20.000 € im Zwangs-
versteigerungsverfahren. Nach Anordnung der Zwangsversteigerung bittet der Schuldner
um Vollstreckungsschutz gemäß § 765a ZPO, der vom Gericht versagt wird. Verhandlungen zwischen Gläubiger und Schuldner führen schließlich dazu, dass das Verfahren
aufgehoben wird.*

1.	*0,4 Verfahrensgebühr, Nr. 3311 Anm. Nr. 1 VV RVG* *(Wert: 20.000 €)*	*258,40 €*
2.	*0,4 Verfahrensgebühr, Nr. 3311 Anm. Nr. 6 VV RVG – Tätigkeit* *im Verfahren nach § 765a ZPO (Wert: 20.000 €)*	*258,40 €*
3.	*0,4 Verfahrensgebühr, Nr. 3311 Anm. Nr. 6 VV RVG – Verhandlungen* *mit dem Ziel der Verfahrensaufhebung (Wert: 20.000 €)*	*258,40 €*
4.	*Postentgeltpauschale, Nr. 7002 VV RVG – Zwangsversteigerungs-* *verfahren*	*20,00 €*
5.	*Postentgeltpauschale, Nr. 7002 VV RVG – § 765a ZPO; § 18 Nr. 8 RVG*	*20,00 €*
6.	*16 % Umsatzsteuer, Nr. 7008 VV RVG*	*+ 130,43 €*
	Summe:	*945,63 €*

IV. Terminsgebühr

1. Anfall der Terminsgebühr

Zusätzlich zur Verfahrensgebühr der Nr. 3311 VV RVG erhält der Rechtsanwalt nach 388
Nr. 3312 VV RVG eine 0,4 Terminsgebühr, wenn er im **Zwangsversteigerungsverfah-
ren** einen **Versteigerungstermin** für einen **Beteiligten** wahrnimmt (vgl. Anm. Satz 1 zu
Nr. 3312 VV RVG).

Die allgemeinen Regelungen für die Entstehung der Terminsgebühr in der Vorbem. 3 389
Abs. 3 VV RVG gelten daher für die Terminsgebühr in der Zwangsversteigerung nicht

---

174 *Göttlich/Mümmler/Rehberg/Xanke*, RVG, „Zwangsversteigerung" 6; BT-Drucks. 15/1971, S. 148.

bzw. nur eingeschränkt. Insbesondere fällt daher in der Zwangsversteigerung **keine Terminsgebühr** für die Mitwirkung an auf die Vermeidung oder Erledigung des Verfahrens gerichteten Besprechungen ohne Beteiligung des Gerichts an. Allerdings erhält der Rechtsanwalt nach der Anm. Ziff. 6 zu Nr. 3311 VV RVG eine 0,4 Verfahrensgebühr für Verhandlungen zwischen Gläubiger und Schuldner mit dem Ziel der Aufhebung des Verfahrens.

390 Der **Versteigerungstermin beginnt** nach § 66 ZVG mit dem **Aufruf der Sache** und endet mit dem Schluss der Versteigerung (§ 73 ZVG). Zur Entstehung der Terminsgebühr genügt, dass der Rechtsanwalt bei oder nach Aufruf der Sache vor dem Schluss des Termins anwesend war.[175]

391 Die Terminsgebühr entsteht für den Anwalt bereits für die **Wahrnehmung** des Versteigerungstermins. Eine mündliche Verhandlung, Erörterung oder sonstige aktive Beteiligung (z.B. Abgabe von Geboten) ist für die Entstehung der Terminsgebühr somit nicht notwendig.

392 Nr. 3312 VV RVG entsteht nur für die Wahrnehmung eines Versteigerungstermins für einen **Beteiligten**. Wer neben **Gläubiger und Schuldner** Beteiligter ist, ergibt sich aus § 9 ZVG.

393 Die Teilnahme an einem vorbereitenden Termin gemäß § 62 ZVG, am Verteilungstermin oder an einem Termin zur Verhandlung über einen Vollstreckungsschutzantrag löst daher die Terminsgebühr nach Nr. 3312 VV RVG nicht aus, sondern wird durch die Verfahrensgebühr der Nr. 3311 VV RVG abgegolten. Im **Zwangsverwaltungsverfahren** kann eine Terminsgebühr nicht entstehen (vgl. Satz 2 der Anm. zu Nr. 3312 VV RVG).[176]

394

Praxishinweis:

Ist eine Terminsgebühr nach der Anm. zu Nr. 3312 VV RVG demnach nicht vorgesehen, sollte insoweit eine entsprechende Vergütungsvereinbarung geschlossen werden, wenn für den Anwalt die Notwendigkeit besteht, an einem dieser Termine teilzunehmen.

---

2. Abgeltungsbereich der Terminsgebühr

395 Die Vorbereitung des Versteigerungstermins wird durch die Verfahrensgebühr Nr. 3311 VV RVG (Anm. Nr. 1) abgegolten.[177] Nimmt der Rechtsanwalt in derselben Angelegenheit in demselben Rechtszug an mehreren Versteigerungsterminen teil, entsteht die Ter-

---

175 *Göttlich/Mümmler/Rehberg/Xanke*, RVG, „Zwangsversteigerung" 4.2; *Riedel/Sußbauer/Keller*, BRAGO, § 69 Rn. 9.
176 *Göttlich/Mümmler/Rehberg/Xanke*, RVG, „Zwangsverwaltung" 3.1.
177 *Hartmann*, KostG, Nr. 3311 VV RVG Rn. 2; *Gerold/Schmidt/Madert*, BRAGO, § 68 Rn. 5.

minsgebühr nach § 15 Abs. 2 RVG nur einmal. Ist für die Teilnahme an einem Termin (z.B. Verteilungstermin) keine Terminsgebühr vorgesehen, wird die Tätigkeit des Rechtsanwalts durch die Verfahrensgebühr der Nr. 3311 VV RVG abgegolten.

3. Höhe der Terminsgebühr

Die Terminsgebühr entsteht als Wertgebühr mit einem Gebührensatz von 0,4. Die Höhe   396
der Gebühr ist aus der Tabelle zu § 13 RVG abzulesen. Eine **Ermäßigung** der Terminsgebühr (vgl. z.B. Nr. 3105 VV RVG) ist nicht vorgesehen.

4. Erstmalige Tätigkeit im Versteigerungstermin

Tritt der Rechtsanwalt erstmalig im Versteigerungstermin auf, so entsteht neben der Ter-   397
minsgebühr Nr. 3312 VV RVG auch die Verfahrensgebühr Nr. 3311 VV RVG (Anm. Ziff. 1).[178] Es ist davon auszugehen, dass der Rechtsanwalt sich vor der Terminsteilnahme in den Verfahrensgegenstand eingearbeitet hat und hierdurch die Verfahrensgebühr entstanden ist. Die Entstehung einer isolierten Terminsgebühr ist nicht möglich.

V. Einigungsgebühr

Die Einigungsgebühr nach Nr. 1000 bzw. Nr. 1003 VV RVG kann als in Teil 1 VV RVG ge-   398
regelte allgemeine Gebühr auch im Zwangsversteigerungs- oder Zwangsverwaltungsverfahren entstehen (vgl. Vorbem. 1 VV RVG). Es wird insoweit auf die Ausführungen zur Einigungsgebühr im Abschnitt A „Zwangsvollstreckung" verwiesen. Zur Entstehung der Einigungsgebühr bei der außergerichtlichen Verteilung gemäß § 143 ZVG wird verwiesen auf die Erl. Rn. 367.

VI. Hebegebühr

Es wird insoweit verwiesen auf die Ausführungen zur Hebegebühr in Abschnitt A   399
„Zwangsvollstreckung".

VII. Erinnerungs- und Beschwerdeverfahren

Für die Tätigkeit im Erinnerungs- und Beschwerdeverfahren in der Zwangsversteigerung   400
bzw. Zwangsverwaltung entsteht eine 0,5 Verfahrensgebühr nach Nr. 3500 VV RVG und ggf. eine 0,5 Terminsgebühr gemäß Nr. 3513 VV RVG. Die Verfahrensgebühr entsteht nach Vorbem. 3 Abs. 2 VV RVG für das Betreiben des Geschäfts einschließlich der Information. Für die Terminsgebühr der Nr. 3513 VV RVG gilt Vorbem. 3 Abs. 3 VV RVG; ei-

---

178 *Hartmann*, KostG, Nr. 3312 VV RVG Rn. 1; *Göttlich/Mümmler/Rehberg/Xanke*, RVG, „Zwangsversteigerung" 4.2.

ne Einschränkung des Entstehungsbereichs wie für die Terminsgebühr der Nr. 3312 VV RVG (vgl. die Anm.) besteht nicht.

401   Während § 70 BRAGO die Tätigkeit des Rechtsanwalts im Erinnerungsverfahren nach § 766 ZPO nicht erfasste und die Tätigkeit mit den Gebühren nach §§ 68, 69 BRAGO abgegolten wurde, erfassen die Gebühren für das Erinnerungsverfahren nach den Nrn. 3500 und 3513 VV RVG nunmehr auch die Tätigkeit im **Erinnerungsverfahren nach § 766 ZPO**.[179] Eine Regelung, wonach die Gebühren der Nr. 3500 und Nr. 3513 VV RVG nur anfallen, wenn sich die Tätigkeit des Rechtsanwalts auf das Erinnerungsverfahren beschränkt, ist im RVG nicht vorhanden (vgl. z.B. § 55 BRAGO).

402   Nach § 18 Nr. 5 RVG bilden **jedes Beschwerdeverfahren** und **jedes Erinnerungsverfahren** gegen eine **Entscheidung des Rechtspflegers** auch im Zwangsversteigerungs- und Zwangsverwaltungsverfahren eine besondere Angelegenheit.

403   Auch im Zwangsversteigerungs- und Zwangsverwaltungsverfahren ist die Erinnerung gemäß § 766 ZPO gegen eine Vollstreckungsmaßnahme des Rechtspflegers zulässig.[180] Die Erinnerungsverfahren nach § 766 ZPO bilden allerdings keine besondere Angelegenheit, weil sie sich nicht gegen Entscheidungen des Rechtspflegers, sondern gegen Vollstreckungsmaßnahmen des Rechtspflegers richten.[181] Erfasst werden von § 18 Nr. 5 RVG nur die Erinnerungsverfahren gemäß § 11 Abs. 2 RPflG. Auf die entsprechenden Ausführungen zum Erinnerungs- und Beschwerdeverfahren in Abschnitt A „Zwangsvollstreckung" wird verwiesen.

VIII. Mehrere Versteigerungsobjekte

404   Nach § 18 ZVG ist die Zwangsversteigerung mehrerer Grundstücke in demselben Verfahren möglich, wenn sie entweder wegen einer Forderung gegen denselben Schuldner, wegen eines an jedem der Grundstücke bestehenden Rechts oder wegen einer Forderung, für welche die Eigentümer gesamtschuldnerisch haften, betrieben wird. Erlässt das Gericht einen gemeinsamen Anordnungsbeschluss, liegt dieselbe Angelegenheit i.S.v. § 15 RVG vor. Liegt kein gemeinsamer Anordnungsbeschluss vor, so liegen bis zu einer etwaigen Verfahrensverbindung mehrere Angelegenheiten vor.[182] Es gilt der Grundsatz, dass die vor der Verfahrensverbindung entstandenen selbständigen Gebühren durch die Verfahrensverbindung nicht berührt werden.

---

179   Vgl. BT-Drucks. 15/1971, S. 218.
180   *Zeller/Stöber*, ZVG, § 15 Rn. 5.
181   A.A.: *Göttlich/Mümmler/Rehberg/Xanke*, RVG, „Zwangsversteigerung" 13.1.
182   *Zeller/Stöber*, ZVG, Einleitung Rn. 89.12.

Beispiel: 405

Die Versteigerung zweier Grundstücke (Wert 1: 100.000 €; Wert 2: 150.000 €) wird in zwei unterschiedlichen Verfahren angeordnet. Vor dem Versteigerungstermin werden die Verfahren verbunden. Der Rechtsanwalt nimmt am Versteigerungstermin teil.

1. *0,4 Verfahrensgebühr, Nr. 3311 VV RVG – Verfahren 1*
   (Wert: 100.000 €) 541,60 €
2. *0,4 Verfahrensgebühr, Nr. 3311 VV RVG – Verfahren 2*
   (Wert: 150.000 €) 634,00 €
3. *0,4 Terminsgebühr, Nr. 3312 VV RVG (Wert: 250.000 €)* + 820,80 €

Summe: **1.996,40 €**

IX. Einzeltätigkeiten

Wird der Rechtsanwalt in der Zwangsversteigerung oder Zwangsverwaltung nur mit einzelnen Tätigkeiten beauftragt, entsteht ebenfalls die Verfahrensgebühr nach Nr. 3311 VV RVG und ggf. die Terminsgebühr Nr. 3312 VV RVG. 406

Beispiele für Einzeltätigkeiten: 407

Der Rechtsanwalt hat lediglich den Auftrag zur Stellung des Zwangsversteigerungsantrags.

Der Rechtsanwalt soll lediglich die Forderungsberechnung bei Gericht einreichen.

Der Rechtsanwalt soll lediglich die Richtigkeit des Verteilungsplans überprüfen.

408

> **Hinweis:**
>
> Wird der Rechtsanwalt in derselben Angelegenheit mit mehreren Einzeltätigkeiten beauftragt, ist § 15 Abs. 6 RVG zu beachten. Er kann für die Einzeltätigkeiten höchstens die Gebühren erhalten, die im Falle der Beauftragung mit der gesamten Angelegenheit entstanden wären.

X. Beitreibung der Rechtsanwaltskosten (§ 10 Abs. 2 ZVG)

Die Kosten der die Befriedigung aus dem Grundstück bezweckenden Rechtsverfolgung, zu denen auch die Gebühren und Auslagen des Rechtsanwalts eines betreibenden Gläubigers oder sonstigen Berechtigten gehören, werden, soweit sie durch die Zwangsvollstreckung in das Grundstück entstanden sind, zusammen mit dem geltendgemachten Recht aus der Verteilungsmasse befriedigt. Die Kosten werden im Rang vor dem Recht berücksichtigt, das ihre Entstehung verursacht hat (vgl. 12 Nr. 1 ZVG). Diese Kosten sind 409 gemäß § 110 ZVG rechtzeitig im Verteilungsverfahren anzumelden, damit sie ggf. im Teilungsplan entsprechende Berücksichtigung finden können.[183]

410 Sind die Kosten des Rechtanwalts durch das Gebot nicht gedeckt, so bleibt die Festsetzung der Kosten gegen den eigenen Mandanten nach § 11 RVG.

XI. Gegenstandswert in der Zwangsversteigerung

1. Besondere Wertvorschrift

411 Das RVG enthält mit § 26 RVG ein besondere Wertvorschrift für die Berechnung des Gegenstandswertes der Anwaltsgebühren in der Zwangsversteigerung. Der Rechtsanwalt kann daher in der Zwangsversteigerung den Gegenstandswert für seine Gebühren ggf. im Verfahren nach § 33 RVG festsetzen lassen, da für die Gebühren des Rechtsanwalts eine besondere Wertvorschrift vorhanden ist. Die Höhe des Gegenstandswertes ist abhängig von der Person, die der Rechtsanwalt im Zwangsversteigerungsverfahren vertritt. § 26 RVG sieht 5 verschiedene Gegenstandswerte vor:

- der Wert des dem Gläubiger oder dem Beteiligten zustehenden Rechts,

- die Teilforderung des persönlichen Gläubigers,

- der Wert des Versteigerungsgegenstands,

- der zu verteilende Erlös oder

- das höchste abgegebene Gebot.

2. Erinnerungs- und Beschwerdeverfahren

412 Der Gegenstandswert im Erinnerungs- und Beschwerdeverfahren in der Zwangsversteigerung richtet sich nach der allgemeinen Wertvorschrift des § 23 Abs. 2 RVG, wenn als Gerichtsgebühr im Beschwerdeverfahren eine Festgebühr vorgesehen ist (vgl. Nr. 2240 und 2242 KV GKG). Ist als Gerichtsgebühr eine Wertgebühr vorgesehen (vgl. Nr. 2241 und 2243 KV GKG), bestimmt sich der Gegenstandswert gemäß § 23 Abs. 1 Satz 1 RVG nach den Wertvorschriften für die Gerichtsgebühren. Da in § 54 GKG für das Beschwerdeverfahren in Zwangsversteigerungssachen keine Wertvorschriften vorhanden sind, findet über § 48 Abs. 1 GKG § 3 ZPO Anwendung.[184]

---

183 Vgl. dazu ausführlich *Riedel/Sußbauer/Keller*, BRAGO, § 68 Rn. 23 ff.
184 *Göttlich/Mümmler/Rehberg/Xanke*, RVG, „Zwangsversteigerung" 13.2.

3. Vertretung des Gläubigers oder Beteiligten nach § 9 Nr. 1 und 2 ZVG (Inhaber eines Rechtes) – § 26 Nr. 1 RVG

a) Grundsatz: Wert des Rechts – 1. Halbs.

Bei der Vertretung des Gläubigers oder eines der in § 9 ZVG aufgeführten Beteiligten be- 413
stimmt sich der Gegenstandswert nach dem Wert des dem Gläubiger oder dem Beteiligten zustehenden Rechts einschließlich der Nebenforderungen.

b) Ausnahme: Verfahren wegen einer Teilforderung – 2. Halbs.

Wird das Verfahren nur wegen einer Teilforderung betrieben, hat dies grds. keine Aus- 414
wirkungen auf den Gegenstandswert. Auch bei Geltendmachung einer Teilforderung bildet der gesamte Wert des Rechts den Gegenstandswert.

Etwas anderes gilt nur dann, wenn es sich bei der betroffenen Teilforderung um einen 415
nach § 10 Abs. 1 Nr. 5 ZVG zu befriedigenden Anspruch handelt. In diesem Fall ist der
Teilbetrag einschließlich der Nebenforderungen als Gegenstandswert maßgebend. I.d.R.
handelt es sich bei diesen Forderungen um persönliche Forderungen, die nicht durch ein
Recht am Grundstück gesichert sind.

c) Höchstbetrag: geringerer Wert des Versteigerungsgegenstands

Die Verfahrensgebühren Nr. 3311 VV RVG und die Terminsgebühr Nr. 3312 VV RVG be- 416
rechnen sich dann nicht nach dem Wert des Rechts oder der Teilforderung, wenn der
Wert des Versteigerungsgegenstands geringer ist. Der Wert des Gegenstands der Zwangsversteigerung ergibt sich entweder aus dem nach § 74a Abs. 5 ZVG festgesetzten Grund-
stückswert oder es ist der allgemeine Verkehrswert maßgebend. Belastungen werden
nicht vom Wert des Gegenstands abgezogen.[185]

Werden **mehrere Grundstücke** versteigert, so sind die Werte der einzelnen Grundstü- 417
cke zusammenzurechnen, § 22 Abs. 1 RVG. Nur dann, wenn die Summe der Grund-
stückswerte geringer ist als der Wert des betroffenen Rechts, ist der Wert der Grundstücke maßgebend.

d) Höchstbetrag für Verteilungsgebühr: geringerer Wert des Versteigerungserlöses

Die Verfahrensgebühr für das Verteilungsverfahren nach Anm. Nr. 2 zu Nr. 3311 VV RVG 418
berechnet sich nach dem Wert des zur Verteilung kommenden Versteigerungserlöses,
wenn dieser geringer ist als der Wert des Rechts bzw. der Betrag der Teilforderung.

Der Versteigerungserlös entspricht dem Betrag, den der Ersteher zu zahlen hat. Dieser 419
setzt sich zusammen aus:

---

185 *Zeller/Stöber*, ZVG, Einleitung Rn. 89.11.

- Meistgebot mit Zinsen,

- ggf. Erlös sonstiger Gegenstände (aus besonderer Versteigerung nach § 65 ZVG),

- ggf. Versicherungsgeldern, auf die sich die Beschlagnahme erstreckt,

- ggf. Entschädigungsbeträge, die anstelle von Grundstück und Zubehör getreten sind.

420 Verfahrenskosten werden nicht abgezogen, bestehenbleibende Rechte bleiben unberücksichtigt.[186]

e) Nebenforderungen

421 Da es sich bei der Zwangsversteigerung um eine Maßnahme der Zwangsvollstreckung handelt, sind – wie auch bei der Zwangsvollstreckung – sämtliche Nebenforderungen bei der Berechnung des Gegenstandswerts zu berücksichtigen.

422 Hierzu gehören die Zinsen, die bis zum Zeitpunkt der Anordnung bzw. des Beitritts entstanden sind, sowie Prozesskosten, Kosten früherer Vollstreckungsmaßnahmen und die Kosten des Versteigerungsverfahrens selbst.

423

> **Praxishinweis:**
>
> Die Zinsen und Kosten werden allerdings nur berücksichtigt, wenn sie ausdrücklich im Zwangsversteigerungsverfahren angemeldet wurden.[187]

f) Mehrere Forderungen

424 Betreibt der Rechtanwalt das Zwangsversteigerungsverfahren wegen mehrerer Rechte oder Forderungen seines Mandanten, liegt dieselbe Angelegenheit vor, die einzelnen Werte sind für die Gebührenberechnung gemäß § 22 Abs. 1 RVG zusammenzurechnen.

4. Vertretung des Schuldners oder eines anderen Beteiligten – § 26 Nr. 2 RVG

425 Gegenstandwert ist bei der Vertretung anderer Beteiligter (z.B. Grundstückseigentümer (bei Erbbaurecht), Insolvenzverwalter, Testamentsvollstrecker, Miterbe, Miteigentümer, Vollstreckungsschuldner) der Wert des Gegenstands der Zwangsversteigerung, also entweder der vom Gericht nach § 74a Abs. 5 ZVG festgesetzte Wert oder der allgemeine Verkehrswert.

426 Die Verfahrensgebühr für das Verteilungsverfahren nach Anm. Ziff. 2 zu Nr. 3311 VV RVG berechnet sich auch hier nach dem Wert des zur Verteilung kommenden Erlöses.

---

186 *Göttlich/Mümmler/Rehberg/Xanke*, RVG, „Zwangsversteigerung" 9.1.
187 *Riedel/Sußbauer/Keller*, BRAGO, § 68 Rn. 26.

Bei Beauftragung durch einen Miteigentümer oder einen sonstigen Mitberechtigten, insbesondere im Teilungsversteigerungsverfahren nach § 180 ZVG, ist als Gegenstandswert nur der Anteil dieses Miteigentümers oder Mitberechtigten maßgebend. 427

Vertritt der Rechtsanwalt einen Mandanten, der sowohl Beteiligter nach § 26 Nr. 1 RVG als auch nach § 26 Nr. 2 RVG ist, so entsteht die Verfahrensgebühr nach dem höheren Gegenstandswert. 428

> *Beispiel:* 429
>
> *Der Mandant ist Inhaber eines Grundpfandrechts am Grundstück und gleichzeitig Miteigentümer zu 1/2-Anteil.*
>
> Wert des Grundpfandrechts   *50.000 €*
>
> Wert des Grundstücks insgesamt   *200.000 €*
>
> *Maßgebend ist der höhere Wert, der hier im 1/2-Anteil des Miteigentümers besteht, mit 100.000 €*

5. Vertretung eines Bieters, der nicht Beteiligter ist – § 26 Nr. 3 RVG

Der Wert bestimmt sich bei der Vertretung eines Bieters, der nicht Beteiligter ist (vgl. § 9 ZVG), nach dem Betrag des höchsten für diesen Auftraggeber abgegebenen Gebots. 430

Hat der Rechtsanwalt kein Gebot abgegeben, so ist der Wert des Gegenstands der Zwangsversteigerung maßgebend. Wert des Gegenstands der Zwangsversteigerung ist entweder der vom Gericht nach § 74a Abs. 5 ZVG festgesetzte Wert oder der allgemeine Verkehrswert. 431

Das **Höchstgebot** berechnet sich aus dem Bargebot des § 49 ZVG zzgl. des Werts der bestehen bleibenden Rechte.[188] 432

XII. Gegenstandswert in der Zwangsverwaltung

1. Besondere Wertvorschrift

Das RVG enthält mit § 27 RVG ein besondere Wertvorschrift für die Berechnung des Gegenstandswertes der Anwaltsgebühren in der Zwangsverwaltung. Der Rechtsanwalt kann daher in der Zwangsverwaltung den Gegenstandswert für seine Gebühren ggf. im Verfahren nach § 33 RVG festsetzen lassen, da für die Gebühren des Rechtsanwalts eine besondere Wertvorschrift vorhanden ist. Die **Höhe des Gegenstandswertes** ist abhängig von der Person, die der Rechtsanwalt im Zwangsverwaltungsverfahren vertritt. § 27 RVG sieht drei verschiedene Gegenstandswerte vor: 433

---

188   *Göttlich/Mümmler/Rehberg/Xanke*, RVG, „Zwangsversteigerung" 9.3.

- für die Vertretung des Antragstellers,

- für die Vertretung des Schuldners,

- für die Vertretung eines sonstigen Beteiligten.

2. Vertretung des Antragstellers

434 Vertritt der Rechtsanwalt im Zwangsverwaltungsverfahren den Antragsteller, bestimmt sich der Gegenstandswert gemäß § 27 Satz 1 RVG nach dem Anspruch, wegen dessen das Verfahren beantragt wurde bzw. der Beitritt zum Verfahren erfolgt ist. Eventuelle **Nebenforderungen** sind mitzurechnen.

435 Wird das Verfahren nur wegen einer **Teilforderung** betrieben, so ist auch nur dieser Teil als Gegenstandswert maßgebend. Ist der Anspruch, für den der Auftrag erteilt wurde höher als derjenige, für den später das Verfahren angeordnet worden ist, so bleibt der Wert des ursprünglichen Auftrags maßgebend.

436 Besteht der Anspruch aus **wiederkehrenden Leistungen**, so ist der Jahreswert der wiederkehrenden Leistungen maßgebend. Hierzu gehören sämtliche wiederkehrende Leistungen nebst laufender Zinsen wie z.B. Miete und Pacht, Rentenansprüche, Unterhaltsforderungen usw. Mehrere Ansprüche werden zusammengerechnet.

437 § 27 RVG enthält keine Regelung dazu, ob der Jahresbetrag auch gelten soll, wenn der Betrag der verlangten Leistungen selbst geringer ist. In entsprechender Anwendung der §§ 41 und 43 GKG soll nicht der Jahresbetrag maßgebend sein, wenn der Gesamtbetrag der verlangten wiederkehrenden Leistungen geringer ist als der Jahresbetrag.[189]

438 Ebenfalls umstritten ist, ob in entsprechender Anwendung von § 42 Abs. 5 GKG Rückstände, die bis zur Anordnung der Zwangsverwaltung entstanden sind, werterhöhend zu berücksichtigen sind.[190]

439
> **Hinweis:**
>
> Erfasst von dieser Wertbestimmung werden die Verfahrensgebühren Nrn. 3 und 4 der Anmerkung zu Nr. 3311 VV RVG.

3. Vertretung des Schuldners

440 Vertritt der Rechtsanwalt den Schuldner, so bestimmt sich der Gegenstandswert nach dem zusammengerechneten Wert aller Ansprüche, wegen derer das Verfahren beantragt ist.

---

189 *Gerold/Schmidt/Madert*, BRAGO, § 69 Rn. 6; *Riedel/Sußbauer/Keller*, BRAGO, § 69 Rn. 12; a.A.: *Hartmann*, KostG, § 27 RVG Rn. 6.

190 Rückstände sind zu berücksichtigen: *Gerold/Schmidt/Madert*, a.a.O.; *Riedel/Sußbauer/Keller*, a.a.O.; Rückstände sind nicht zu berücksichtigen: *Hartmann*, KostG, § 27 RVG Rn. 6.

Zu beachten ist, dass für die Berücksichtigung eines Anspruchs bei der Wertberechnung **441** die Antragstellung ausreicht. Die Anordnung des Verfahrens wegen jedes einzelnen Anspruchs ist nicht notwendig.

> **Hinweis:** **442**
>
> Erfasst von dieser Wertbestimmung wird die Verfahrensgebühr Ziff. 5 der Anmerkung zu Nr. 3311 VV RVG

4. Vertretung sonstiger Beteiligter

Vertritt der Rechtsanwalt einen sonstigen Beteiligten, so ist für die Wertberechnung § 23 **443** Abs. 3 Satz 2 RVG maßgebend. Der Wert ist danach nach billigem Ermessen zu bestimmen (nicht über 500.000 €).

Der **dinglich Berechtigte** wird bei der Überschussverteilung nur wegen seiner laufen- **444** den wiederkehrenden Leistungen berücksichtigt (§ 155 Abs. 2 ZVG). Der Wert hierfür bestimmt sich nach § 23 Abs. 3 Satz 2 RVG. Allerdings ist danach nur dann der Wert nach billigem Ermessen zu bestimmen, wenn er sonst nicht feststeht. Hier steht der Wert jedoch fest, weil er nach § 23 Abs. 2 Satz 1 RVG, § 24 KostO bestimmt werden kann. Er entspricht dem sich aus § 24 KostO ergebenden Vielfachen des Jahresbetrags und ist nicht etwa in entsprechender Anwendung des § 27 Satz 1 RVG auf den einfachen Jahresbetrag beschränkt.[191]

XIII. Verteilungsverfahren außerhalb der Zwangsversteigerung

Der Rechtsanwalt erhält für die Vertretung in einem Verteilungsverfahren außerhalb der **445** Zwangsversteigerung und Zwangsverwaltung eine 0,4 Verfahrensgebühr nach Nr. 3333 VV RVG (vgl. § 71 BRAGO). Verteilungsverfahren außerhalb der Zwangsversteigerung und Zwangsverwaltung sind geregelt in

- § 54 Abs. 3 LBG,

- § 55 BLG,

- § 119 BauGB,

- Art. 52, 53, 53a, 67 Abs. 2, 109 EGBGB,

- § 75 Abs. 2 FlurbG.

- Art. 67 Abs. 2 EGBGB.

---

191 *Riedel/Sußbauer/Keller,* BRAGO, § 69 Rn. 15.

446 Nach Satz 1 der Anm. zu Nr. 3333 VV RVG bestimmt sich der **Wert** für diese besonderen Verteilungsverfahren in gleicher Weise wie der Wert für das Zwangsversteigerungs- und Verwaltungsverfahren nach § 26 Nr. 1 und 2 RVG.

447 Für die Wahrnehmung eines Termins im Rahmen dieser Verteilungsverfahren entsteht nach Satz 2 der Anm. zu Nr. 3333 VV RVG keine **Terminsgebühr**.

XIV. Gerichtsgebühren im Zwangsversteigerungs- und Zwangsverwaltungsverfahren

448 **Gerichtsgebühren** entstehen in der **Zwangsversteigerung** nach Teil 2 Hauptabschnitt 2 der Anlage 1 zu § 3 Abs. 2 GKG (Kostenverzeichnis) gemäß den Nrn. 2210 – 2216 GKG KostVerz. Im **Zwangsverwaltungsverfahren** gelten Nrn. 2220 und 2221 GKG KostVerz.

1. Fälligkeit

449 Im **Zwangsversteigerungsverfahren** ist die Fälligkeit der Gebühren in § 7 Abs. 1 GKG geregelt. Danach gilt Folgendes:

- Die Festgebühr für die Entscheidung über den Antrag auf Anordnung der Zwangsversteigerung und über den Beitritt i.H.v. 50 € nach Nr. 2210 GKG KostVerz wird mit der Entscheidung über den Antrag fällig.

- Die 0,5 Gebühr für die Erteilung des Zuschlages nach Nr. 2214 GKG KostVerz wird mit Verkündung des Zuschlages und, wenn der Zuschlag von dem Beschwerdegericht erteilt wird, mit der Zustellung des Beschlusses an den Ersteher fällig.

- Die Gebühren für

  – das Verfahren im Allgemeinen (Nrn. 2211 und 2212 GKG KostVerz),

  – die Abhaltung des Versteigerungstermins (Nr. 2213 GKG KostVerz) und

  – das Verteilungsverfahren (Nrn. 2215 und 2216 GKG KostVerz)

  werden im Verteilungstermin fällig. Ist das Verfahren vorher aufgehoben worden, tritt die Fälligkeit dieser Gebühren mit der Aufhebung ein.

450 Im **Zwangsverwaltungsverfahren** ist die Fälligkeit der Gebühren in § 7 Abs. 2 GKG geregelt. Danach gilt Folgendes:

- Die Festgebühr für die Entscheidung über den Antrag auf Anordnung der Zwangsverwaltung und über den Beitritt i.H.v. 50 € nach Nr. 2220 GKG KostVerz wird mit der Entscheidung über den Antrag fällig.

- Die 0,5 Gebühr für die Durchführung des Verfahrens nach Nr. 2221 GKG KostVerz wird mit der Aufhebung des Verfahrens fällig. Dauert das Zwangsverwaltungsverfahren länger als ein Jahr, tritt die Fälligkeit am Ende eines jeden Jahres, gerechnet ab dem Tag der Beschlagnahme, ein.

Die in Nrn. 2240 und 2241 GKG KostVerz geregelten Gebühren für **Beschwerdeverfahren** entstehen nur dann, wenn die Beschwerde verworfen oder zurückgewiesen wird. Da diese Gebühren somit für ihre Entstehung eine Entscheidung voraussetzen, werden sie gemäß § 6 Abs. 3 GKG erst mit der Entscheidung fällig. 451

Die in Nrn. 2242 und 2243 GKG KostVerz geregelten Gebühren für **Rechtsbeschwerdeverfahren** entstehen ebenfalls nur dann, wenn die Rechtsbeschwerde verworfen oder zurückgewiesen wird. Da diese Gebühren somit für ihre Entstehung eine Entscheidung voraussetzen, werden auch sie gemäß § 6 Abs. 3 GKG erst mit der Entscheidung fällig. 452

2. Vorschusspflicht

In § 15 Abs. 1 GKG ist geregelt, dass im **Zwangsversteigerungsverfahren** spätestens bei der Bestimmung des Zwangsversteigerungstermins ein **Vorschuss** in Höhe des Doppelten einer Gebühr für die Abhaltung des Versteigerungstermins (Nr. 2213 GKG KostVerz) zu erheben ist. 453

Im **Zwangsverwaltungsverfahren** muss der Antragsteller jährlich einen angemessenen Gebührenvorschuss zahlen. Der Vorschuss ist angemessen, wenn er die voraussichtlich entstehenden Gebühren für ein Jahr deckt. Nach § 24 KostVfg soll der jährlich zu erhebende Gebührenvorschuss in Höhe einer Gebühr mit einem Gebührensatz von 0,5 bemessen werden. 454

3. Kostenschuldner

Die Kosten für die Erteilung des Zuschlags, also insbesondere die Gebühr Nr. 2214 GKG KostVerz, schuldet nach § 26 Abs. 2 Satz 1 Hs. 1 GKG grds. der Ersteher. 455

Die übrigen Kosten des Zwangsversteigerungs- und Zwangsverwaltungsverfahrens schuldet nach § 26 Abs. 1 GKG der Antragsteller des Verfahrens, soweit sie nicht dem Versteigerungserlös entnommen werden können. 456

Die Kosten eines Beschwerdeverfahrens trägt nach § 26 Abs. 3 GKG der Beschwerdeführer. 457

4. Gebühren und Gegenstandswert

Soweit keine Festgebühr erhoben wird (vgl. Nr. 2210 GKG KostVerz), bestimmt sich der Gegenstandswert für die Gebühren im **Zwangsversteigerungsverfahren** nach § 54 GKG. 458

- Bei der Zwangsversteigerung von Grundstücken sind danach die Gebühren für das **Verfahren im Allgemeinen** nach Nr. 2211 GKG KostVerz und für die **Abhaltung des Versteigerungstermins** (Nr. 2213 GKG KostVerz) nach dem gemäß § 74a Abs. 5 ZVG festgesetzten Wert zu berechnen. Ist ein solcher Wert nicht festgesetzt, ist der Einheitswert maßgebend (§ 54 Abs. 1 Satz 1, 2 GKG). Die Gebühr Nr. 2213 GKG KostVerz kann aus den in der Anm. zu Nr. 2213 GKG KostVerz aufgeführten Gründen für die Versagung des Zuschlags entfallen.

- Die **Gebühr für die Erteilung des Zuschlags** (Nr. 2214 GKG KostVerz) bestimmt sich nach dem Gebot ohne Zinsen, für das der Zuschlag erteilt ist, einschließlich des Werts der nach den Versteigerungsbedingungen bestehen bleibenden Rechte zuzüglich des Betrages, in dessen Höhe der Ersteher nach § 114a ZVG als aus dem Grundstück befriedigt gilt. Im Falle der Zwangsversteigerung zur Aufhebung einer Gemeinschaft vermindert sich der Wert nach Satz 1 um den Anteil des Erstehers an dem Gegenstand des Verfahrens; bei Gesamthandseigentum ist jeder Mitberechtigte wie ein Eigentümer nach dem Verhältnis seines Anteils anzusehen (§ 54 Abs. 2 GKG). Die Gebühr entfällt nach der Anm. zu Nr. 2214 GKG KostVerz, wenn der Zuschlagsbeschluss aufgehoben wird.

- Die **Gebühr für das Verteilungsverfahren** (Nrn. 2215 und 2216 GKG KostVerz) bestimmt sich nach dem Gebot ohne Zinsen, für das der Zuschlag erteilt ist, einschließlich des Werts der nach den Versteigerungsbedingungen bestehen bleibenden Rechte. Der Erlös aus einer gesonderten Versteigerung oder sonstigen Verwertung (§ 65 ZVG) wird hinzugerechnet (§ 54 Abs. 3 ZVG).

459 Sind mehrere Gegenstände betroffen, ist der Gesamtwert maßgebend (§ 54 Abs. 4 GKG). Bei **Zuschlägen** an verschiedene Ersteher wird die Gebühr für die Erteilung des Zuschlags von jedem Ersteher nach dem Wert der auf ihn entfallenden Gegenstände erhoben. Eine Bietergemeinschaft gilt als ein Ersteher (§ 54 Abs. 5 GKG).

460 Die Gebühr für die Durchführung des **Zwangsverwaltungsverfahrens** (Nr. 2221 GKG KostVerz) bestimmt sich gemäß § 55 GKG nach dem Gesamtwert der Einkünfte. Da die Gebühr für jedes angefangene Jahr an Beschlagnahme erhoben wird, sind jeweils die Jahreseinkünfte maßgeblich.

461 Die **Festgebühren** für die Entscheidung über den Antrag auf Anordnung der Zwangsversteigerung/Zwangsverwaltung und über den Beitritt i.H.v. 50 € nach Nrn. 2210 und 2220 GKG KostVerz werden nach Satz 1 der Vorbem. 2.2 für jeden Antragsteller gesondert erhoben.

462 Der Gegenstandswert für die Gebühren im **Beschwerde- und im Rechtsbeschwerdeverfahren** dürfte nach § 48 Abs. 1 GKG, § 3 ZPO zu bestimmen sein. Für die Wertbestimmung können §§ 54 und 55 GKG herangezogen werden.

C. Muster: Antrag auf Festsetzung von Vollstreckungskosten gemäß § 788 Abs. 2 ZPO

463

Rechtsanwälte ....

An das

Amtsgericht ....

– Zwangsvollstreckungsabteilung –

(Steuer-Nr. ....)

Antrag auf Festsetzung von Vollstreckungskosten gemäß § 788 Abs. 2 ZPO

In der Zwangsvollstreckungssache

des ...., ...

– Gläubigers –

vertreten durch Rechtsanwalt ....

gegen

.... , ...

– Schuldnerin –

wird beantragt, die nachstehend aufgeführten Vollstreckungskosten mehrerer Vollstreckungsmaßnahmen gemäß § 788 Abs. 2 ZPO gegen die Schuldnerin festzusetzen und mit dem gesetzlichen Zinssatz (fünf Prozentpunkte über dem Basiszinssatz nach § 247 des Bürgerlichen Gesetzbuches) seit Eingang dieses Gesuchs bei Gericht zu verzinsen.

Ferner wird beantragt, die gleichzeitig eingezahlten Auslagen für die Zustellung dieses Beschlusses an die Schuldnerin i.H.v. 5,60 € in den Beschluss aufzunehmen.

Der Vollstreckungstitel und die übrigen Vollstreckungsunterlagen, aus denen sich die Vollstreckungskosten ergeben, sind als Anlage mit der Bitte um Rückgabe beigefügt.

Aufstellung der Vollstreckungskosten

1. *Einwohnermeldeamtsanfrage vom 5.8.2004:* 5,00 €

2. *Sachpfändung durch Gerichtsvollzieher .... vom 12.8.2004:*

- Rechtsanwaltskosten für den Antrag: 90,00 €
- Gerichtsvollzieherkosten: 35,00 €

Summe: **125,00 €**

3. **Eidesstattliche Versicherung vom 10.9.2004:**

- Rechtsanwaltskosten für den Antrag: 90,00 €
- Gerichtsvollzieherkosten: 45,00 €

Summe: **135,00 €**

4. **Pfändungs- und Überweisungsbeschluss vom 4.10.2004 (Az.: ....)**

- Gerichtsgebühr: 15,00 €
- Rechtsanwaltskosten für den Antrag: 90,00 €
- Gerichtsvollzieherkosten: 10,00 €

Summe: **115,00 €**

Gesamtbetrag **380,00 €**

Der Mandant ist nicht zum Abzug der Vorsteuer berechtigt.

(Die Kosten waren notwendig, weil ....)

Eine Durchschrift des Antrags für die Anhörung der Schuldnerin ist beigefügt.

Das Amtsgericht .... ist zuständig, weil hier am 4.10.2004 ein Pfändungs- und Überweisungsbeschluss gegen die Schuldnerin erlassen worden ist (Az.: ....).

....
Rechtsanwalt

Teil 18: Auslagen

Inhaltsverzeichnis

A. Allgemeines

1 | Die Auslagen sind im Teil 7 VV RVG zusammengefasst. Inhaltlich ergeben sich gegenüber der bisherigen Regelung in §§ 25 bis 30 BRAGO einige **wesentliche Unterschiede**:

- Die **Dokumentenpauschale** ist völlig neu geregelt.

- Der Pauschsatz für die **Postentgelte** beträgt nunmehr 20 % der Gebühren.

- Die **Geschäftsreisekosten** sind angehoben worden.

- Erstmals kann die **Haftpflichtversicherungsprämie** berechnet werden.

2 Aufgrund des Anwaltsdienstvertrags (s. § 675 BGB) hat der Rechtsanwalt gegen seinen Auftraggeber einen Anspruch auf Ersatz seiner Aufwendungen, die er den Umständen nach für erforderlich halten durfte (§ 670 BGB). Diese Auslagen kann der Rechtsanwalt seinem Auftraggeber in voller Höhe in Rechnung stellen, soweit die Regelungen in Teil 7 VV RVG nichts anderes bestimmen (Vorbem. 7 Abs. 1 Satz 2 VV RVG). Die Regelungen in Nrn. 7000 bis 7008 VV RVG beschränken also einen ggf. nach materiellem Recht **wei-**

ter gehenden Ersatzanspruch des Rechtsanwalts gegenüber seinem Auftraggeber dem Grunde und der Höhe nach. Allgemeine Geschäftskosten kann der Rechtsanwalt seinem Auftraggeber in keinem Fall in Rechnung stellen. Diese werden mit den Gebühren entgolten (Vorbem. 7 Abs. 1 Satz 1 VV RVG).

I.   Allgemeine Geschäftskosten

Nach Vorbem. 7 Abs. 1 Satz 1 VV RVG werden mit den Gebühren des Rechtsanwalts auch   3
die allgemeinen Geschäftskosten entgolten. Diese Regelung entspricht § 25 Abs. 1 BRA-GO, der noch den sprachlich verunglückten Begriff der „Geschäftsunkosten" verwandt hat.

Zu diesen Geschäftskosten gehören alle Aufwendungen, die dem Rechtsanwalt für sei-   4
nen **allgemeinen Bürobetrieb** entstanden. Hierzu gehören etwa

- die Miete seiner Büroräume,
- die Gehälter und Sozialabgaben der Angestellten,
- die Anschaffung und Unterhaltung der Büroeinrichtung einschließlich der Büromaschinen und einer EDV-Anlage,
- die Anschaffung und Pflege der Software,
- die Anschaffung und Unterhaltung einschließlich der Grundgebühren für Telekommunikationsgeräte,
- Mitgliedsbeiträge bei einer Kreditauskunft oder bei Fachvereinigungen (zu den Kosten für eine Einzelauskunft s. Rn. 7),
- Grundgebühren der juristischen Datenbanken,[1]
- Aufwendungen für Fachbücher und Fachzeitschriften sowie Briefpapier, Formulare und Briefumschläge,
- Fahrtkosten des Rechtsanwalts innerhalb der Gemeinde, in der sich die Kanzlei oder die Wohnung des Anwalts befindet (s. die Definition der Geschäftsreise in Vorbem. 7 Abs. 2 VV RVG),
- Aufwendungen des Rechtsanwalts für die Fertigung bestimmter Abschriften oder Ablichtungen, sofern ihm eine Dokumentenpauschale nicht entsteht (s. Rn. 4251),
- Porto für die Versendung der Kostenrechnung, für die der Rechtsanwalt nach der Anm. zu Nr. 7001 VV RVG keinen Ersatz verlangen kann,[2]
- Kosten für eine Bahncard.[3]

---

1   SG Berlin, AnwBl. 1994, 367; LG Köln, AGS 1992, 14.
2   S. AG Nürtingen, AGS 1998, 116 m. Anm. *Madert.*
3   KG, BRAGOreport 2003, 9 [*Hansens*] = AGS 2003, 301 m. Anm. *N. Schneider;* VG Ansbach, AnwBl. 2001, 185.

5 All diese Aufwendungen werden durch die Gebühr oder die Gebühren des Rechtsanwalts abgegolten, selbst wenn die tatsächlichen Aufwendungen des Rechtsanwalts im Einzelfall höher sind als die verdiente Gebühr bzw. verdienten Gebühren.[4]

II. Auslagen nach §§ 675, 670 BGB

6 Soweit die Aufwendungen des Rechtsanwalts nicht zu den allgemeinen Geschäftskosten gehören, kann er unter den Voraussetzungen der §§ 675, 670 BGB Ersatz von seinem Auftraggeber verlangen. Dies gilt jedoch nur, wenn und soweit die Nrn. 7000 bis 7008 VV RVG nichts anderes bestimmen.

7 Zu den vom Auftraggeber zu ersetzenden Aufwendungen gehören insbesondere

- vom Rechtsanwalt aus eigenen Mitteln verauslagte Gerichts- und Gerichtsvollzieherkosten,
- die vorgelegte Aktenversendungspauschale nach Nr. 9003 GKG KostVerz,[5]
- sonstige Akteneinsichtsgebühren nach verwaltungsrechtlichen Vorschriften,[6]
- Aufwendungen für die Ermittlung von Zeugen sowie
- für Registerauskünfte oder
- für Boten,
- Detektivkosten,
- Übersetzungskosten oder Dolmetscherauslagen,[7]
- Aufwendungen für eine qualifizierte Hilfskraft in einem umfangreichen Strafverfahren,[8]
- Aufwendungen für besondere, das übliche Maß übersteigende Verpackungen oder Versendungsformen wie Speditionskosten,
- Entgelte für das nur das betreffende Mandat erforderliche Nachfragen bei juristischen Datenbanken,[9]
- Kosten einer Einzelauskunft bei Creditreform.[10]

---

4   *Hansens*, BRAGO, § 25 Rn. 2.
5   LG Berlin, BerlAnwBl. 1997, 442; AG Leipzig, NStZ-RR 2000, 319; a.A. AG München, JurBüro 1995, 544 m. Anm. *Enders*; AG Nordhorn, JurBüro 1995, 305 m. Anm. *Enders*.
6   A.A. Hess. FG, EFG 1997, 427.
7   VG Regensburg, AuAS 1997, 156.
8   OLG Brandenburg, StV 1996, 615 m. Anm. *König* = NStZ-RR 1997, 64; *Hansens*, ZAP Fach 24, S. 421 ff.
9   SG Berlin, AnwBl. 1994, 367; SG München, NJW-RR 1993, 381 = AnwBl. 1994, 146; AG Münster, NJW-CoR 1990, 31; *Hansens*, ZAP Fach 24, S. 521.
10   KG, BRAGOreport 2000, 9 [*Hansens*].

III. Auslagen nach dem RVG

Soweit das RVG abschließend einzelne Auslagentatbestände regelt, kann der Rechtsan- 8
walt nur diese Auslagen in der vom Gesetz geregelten Höhe und in dem vom Gesetz bestimmten Umfang berechnen. Hierzu gehören

- die Dokumentenpauschale, Nr. 7000 VV RVG,
- die Entgelte für Post- und Telekommunikationsdienstleistungen in tatsächlicher Höhe, Nr. 7001 VV RVG,
- die Pauschale für Post- und Telekommunikationsdienstleistungen (kurz: Postentgeltpauschale), Nr. 7002 VV RVG,
- die Fahrtkosten bei Benutzung eines eigenen Kraftfahrzeugs, Nr. 7003 VV RVG,
- die Fahrtkosten bei Benutzung eines anderen Verkehrsmittels, Nr. 7004 VV RVG,
- das Tage- und Abwesenheitsgeld, Nr. 7005 VV RVG,
- sonstige Auslagen anlässlich einer Geschäftsreise, Nr. 7006 VV RVG,
- eine Haftpflichtversicherungsprämie, Nr. 7007 VV RVG sowie
- die Umsatzsteuer auf die Vergütung, Nr. 7008 VV RVG.

IV. Abweichende Vereinbarungen

Die gesetzlichen Auslagentatbestände der Nrn. 7000 ff. VV RVG beschränken den Aus- 9
lagenersatzanspruch vielfach der Höhe und seinen Voraussetzungen nach.

Beispiel: 10

*Für bestimmte Ablichtungen kann der Rechtsanwalt eine Dokumentenpauschale erst ab
Seite 101 berechnen (s. Nr. 7000 Nr. 1b) und c) VV RVG).*

*Ab der 51. abzurechnenden Seite beträgt die Dokumentenpauschale nur 0,15 € je Seite
(Nr. 7000 Nr. 1 a.E. VV RVG).*

Derartige Begrenzungen oder Beschränkungen des Auslagenersatzanspruchs kann der   11
Rechtsanwalt durch eine **Vergütungsvereinbarung** abbedingen, die den Formvoraus-
setzungen des § 4 RVG entsprechen muss.

Beispiele: 12

*(1) So kann der Rechtsanwalt mit seinem Auftraggeber vereinbaren, dass jede Ablichtung
mit einem Seitenpreis von 0,50 € oder einem anderen Betrag zu vergüten ist.*

*(2) Es kann für die Dokumentenpauschale oder für die Postentgelte ein bestimmter Pau-
schalbetrag anstelle oder neben den gesetzlich bestimmten Auslagen vereinbart werden.*

B.   Dokumentenpauschale

I.   Allgemeines

13   Nach der bisherigen Regelung in § 27 BRAGO erhielt der Rechtsanwalt für Ablichtungen oder Abschriften eine Dokumentenpauschale grds. nur für

- zur sachgemäßen Bearbeitung der Rechtssache gebotene Ablichtungen aus Behörden- und Gerichtsakten (§ 27 Abs. 1 Nr. 1 BRAGO),

- die Unterrichtung von mehr als drei Gegnern oder Beteiligten (§ 27 Abs. 1 Nr. 2 BRAGO) und

- die Unterrichtung von mehr als zehn Auftraggebern (§ 27 Abs. 1 Nr. 2 BRAGO).

14   Ob der Rechtsanwalt für weitere Ablichtungen die Dokumentenpauschale berechnen konnte, war in der Rechtsprechung höchst umstritten. Aufgrund zweier Entscheidungen des BGH stand jedoch fest, dass grds. in anderen Fällen eine Dokumentenpauschale **nicht berechnet** werden konnte. Dies betrifft insbesondere

- Ablichtungen von Schriftsatzanlagen,

- Ablichtungen zur Unterrichtung des Auftraggebers oder

- für die eigenen Handakten,[11]

- Ablichtungen behördlicher Bescheinigungen oder

- von Arbeitgeberbescheinigungen, Arztberichten und ärztlichen Gutachten, auch wenn diese in hoher Anzahl gefertigt wurden.[12]

15
> Die Neuregelung in Nr. 7000 VV RVG weicht von der bisherigen Regelung in folgenden wichtigen Punkten ab:
>
> - Die Dokumentenpauschale fällt nur für **Ablichtungen** an.
>
> - Für **Schriftsatzanlagen und Schriftsatzabschriften** kann erstmals – ab Seite 101 – die Dokumentenpauschale berechnet werden.
>
> - Für Ablichtungen zur **notwendigen Unterrichtung des Auftraggebers** kann erstmals – ab der 101. Seite – eine Dokumentenpauschale angesetzt werden.
>
> - Das RVG trifft eine eigenständige Regelung zur **Höhe der Dokumentenpauschale**.
>
> - Für die Überlassung von **elektronisch gespeicherten Daten** entsteht eine Dokumentenpauschale je Datei.

---

11   BGH, BRAGOreport 2003, 50 [*Hansens*] = NJW 2003, 1127 = JurBüro 2003, 246 = AGS 2003, 153.
12   BGH, BRAGOreport 2003, 176 [*Hansens*]: im entschiedenen Fall über 600 Ablichtungen.

Die Neuregelung der Nr. 7000 VV RVG ist völlig unpraktikabel und weist eine Vielzahl 16
von Zweifelsfragen auf, die dann von der Rechtsprechung geklärt werden müssen.

II. Herstellung und Überlassung

1. Herstellung und Überlassung

Der Rechtsanwalt erhält die Pauschale für die Herstellung und Überlassung von Doku- 17
menten für Ablichtungen und für die Überlassung von elektronisch gespeicherten Dateien.

Hier ist schon fraglich, was unter dem Begriff **Dokument** zu verstehen ist. Das **Original-** 18
Dokument kann eigentlich nicht gemeint sein, da der Rechtsanwalt dann in vielen der
von Nr. 7001 Nr. 1 VV RVG erfassten Fällen keine Dokumentenpauschale erhalten würde.

Beispiele: 19

(1) Der Rechtsanwalt fertigt Ablichtungen aus Behörden- oder Gerichtsakten.

Da er die Original-Akte naturgemäß nicht hergestellt hat, würde ihm dann nach Nr. 7001
Nr. 1 a) VV RVG keine Dokumentenpauschale anfallen.

(2) Der Auftraggeber übergibt dem Rechtsanwalt den Original-Mietvertrag, von dem die-
ser Kopien für den gegnerischen Prozessbevollmächtigten und das Gericht fertigt.

Auch hier wäre dann eine Dokumentenpauschale nicht angefallen, weil der Rechtsanwalt
den Original-Mietvertrag nicht hergestellt hat.

Bezieht man den Begriff der Herstellung und Überlassung auf die **Ablichtungen**, so könn- 20
te der Rechtsanwalt ebenfalls in vielen Fällen eine Dokumentenpauschale nicht abrechnen.

Beispiel: 21

Der Rechtsanwalt übermittelt eine Abschrift seiner Klageschrift dem Gericht oder dem geg-
nerischen Prozessbevollmächtigten per Telefax.

Der Anwalt hat dem Empfänger zwar die Ablichtung in der Form elektronischer Daten
überlassen, hergestellt hat die Ablichtung jedoch der Empfänger durch Ausdruck auf sei-
nem Telefaxgerät. Auch dem empfangenden Rechtsanwalt steht eine Dokumentenpau-
schale nicht zu, da er zwar die Ablichtung durch Ausdruck auf seinem Telefaxgerät her-
gestellt, sie jedoch nicht auch überlassen hat.

22

Hinweis:

Es ist ärgerlich, dass der Gesetzgeber diese weit verbreitete Form der Mitteilung von
Schriftsätzen nicht erfasst hat. In **Nr. 700 Nr. 1a)** den Anlagen zum **GvKostG** ist dieser Sachverhalt geregelt. Dort erhält der Gerichtsvollzieher die Dokumentenpauschale für Ablichtungen, die per Telefax übermittelt werden. Diese Vorschrift sollte dann
auf die völlig unzureichende Neuregelung in Nr. 7000 VV RVG **entsprechend ange-**
wandt werden.

23 Bezieht man den Begriff der Herstellung und Überlassung nicht auf das Original-Dokument, so wäre dann Nr. 7000 Nr. 2 VV RVG zumindest sprachlich missglückt, da dann der Begriff „Überlassung" zweimal verwandt wird.

2. Ablichtungen

24 Gemäß § 27 BRAGO erhielt der Rechtsanwalt die Dokumentenpauschale für Abschriften und Ablichtungen. Die Neuregelung gewährt ihm diese Pauschale **nur noch für Ablichtungen.** Auch hier wird man – über den Gesetzeswortlaut hinaus – sämtliche Arten der Vervielfältigung ohne Rücksicht auf die Art der Herstellung als „Ablichtung" ansehen, insbesondere

- Durchschläge mit Blaupapier,

- selbstdurchschreibende Durchschläge,

- mehrfacher Ausdruck von Schriftsätzen,[13]

- die Vervielfältigung mittels Scanner.[14]

a) Farbe

25 Das Gesetz macht auch keine Unterschiede, welcher Art die Ablichtung ist. So kennt das Gesetz keinen Unterschied zwischen Schwarz/Weiß-Kopien und Farbkopien oder Farblaser-Ausdrucken. Deshalb kann der Rechtsanwalt auch für die Fertigung von Farbkopien lediglich die im Gesetz bestimmte Dokumentenpauschale von 0,50 bzw. 0,15 € je Seite berechnen.[15]

26 Derartige Farbkopien werden von Rechtsanwälten häufig in **Wettbewerbssachen** und Patentstreitigkeiten gefertigt.

b) Größe

27 Ebenso wenig trifft das Gesetz eine Regelung dafür, welche **Größe** die Ablichtung hat. *Hartung/Römermann*[16] stellt auf das DIN-A 4-Format ab, für DIN-A 3-Seiten solle der Rechtsanwalt den Seitenpreis deshalb doppelt berechnen können.

---

13 *Göttlich/Mümmler/Rehberg/Xanke,* RVG, „Dokumentenpauschale" 2.
14 *Hartung/Römermann,* RVG, VV Teil 7 Rn. 23.
15 OLG Stuttgart, JurBüro 2002, 195; a.A. LG Frankfurt/O., JurBüro 1996, 658 für vom Sachverständigen gefertigte Farbkopien von Lichtbildern: Aufwendungsersatzanspruch von 6 DM pro Farbkopie; dagegen OLG Saarbrücken, MDR 1996, 1077: Pauschalentschädigung für Lichtbildabzüge; OLG Düsseldorf, JurBüro 1992, 498 m. Anm. *Mümmler.*
16 RVG, VV Teil 7 Rn. 23.

Die Fertigung von Ablichtungen in größeren Formaten kommt insbesondere in **Bausa-** 28
chen in Betracht, in denen die Zeichnungen oder Pläne häufig die Größe DIN-A 0 haben.

29

> **Praxishinweis:**
>
> Zur Vermeidung von Streitigkeiten mit dem Auftraggeber sollte der Rechtsanwalt des-
> halb mit diesem eine der Form des § 4 RVG entsprechende Vergütungsvereinbarung
> treffen oder den Auftraggeber die Ablichtungen selbst fertigen lassen. Meist werden
> derartig großformatige Ablichtungen ohnehin von hierauf spezialisierten Kopieran-
> stalten gefertigt. Die hierfür vom Rechtsanwalt aufgewandten Vervielfältigungskosten
> kann dieser dann gemäß §§ 675, 670 BGB von seinem Auftraggeber ersetzt verlan-
> gen.

3.   Überlassung elektronisch gespeicherter Dateien

Nach Nr. 7000 VV RVG erhält der Rechtsanwalt für die Überlassung von elektronisch ge- 30
speicherten Dateien eine Dokumentenpauschale. Hierbei kommt es nicht darauf an, auf
welchem Medium der Rechtsanwalt diese Dokumente gespeichert hat. In Betracht kommen als Datenträger eine CD, eine DVD, eine Diskette oder ein Speicherstick. Auch die
Art der Überlassung ist gesetzlich nicht geregelt. In Betracht kommt daher die körperliche Übergabe oder Versendung der genannten Datenträger an den Empfänger oder die
Übersendung der Datei per E-Mail.

Überlässt der Rechtsanwalt die Dateien **mehrfach**, fällt auch die Dokumentenpauschale
mehrfach an.

31

> **Hinweis:**
>
> Bereits jetzt ist der Streit abzusehen, was unter einer **Datei** zu verstehen ist.

Beispiel:
32

Der Rechtsanwalt übersendet dem gegnerischen Verfahrensbevollmächtigten den vorpro-
zessualen Schriftwechsel bestehend aus 20 Schriftsätzen zu je 5 Seiten per E-Mail.

(1) Er teilt diesen Schriftwechsel auf 100 Dateien mit jeweils einer Seite auf. An sich wä-
re dann die Dokumentenpauschale i.H.v. 2,50 € 100-mal entstanden.

(2) Er übersendet jeden Schriftsatz als Einzeldokument. Dann wäre die Dokumenten-
pauschale i.H.v. 2,50 € 20-mal entstanden.

(3) Er fasst den gesamten Schriftwechsel als ZIP-Datei zusammen. In diesem Fall wird nur
eine einzige Datei versandt, so dass nur eine Dokumentenpauschale i.H.v. 2,50 € zu be-
rechnen wäre.

33 Diese Beispiele zeigen das erhebliche **Streitpotential**, das die Neuregelung mit sich bringen wird.

III. Ablichtungen aus Behörden- und Gerichtsakten

34 Nach Nr. 7000 Nr. 1a) VV RVG (früher § 27 Abs. 1 Nr. 1 BRAGO) erhält der Rechtsanwalt für Ablichtungen aus Behörden- und Gerichtsakten die Dokumentenpauschale, soweit deren Herstellung zur sachgemäßen Bearbeitung der Rechtssache geboten war. In diesem Fall erhält der Rechtsanwalt eine Dokumentenpauschale bereits **von Seite 1 der Ablichtungen.**

1. Behörden und Gerichtsakten

35 Dies können die gesamten Akten, aber auch Teile hiervon sein. Zu den Gerichtsakten gehört auch eine vom Gericht angelegte Dokumentensammlung.[17]

36 Der Rechtsanwalt muss die Ablichtungen gerade aus der betreffenden Akte gefertigt haben. Zweitablichtungen, etwa aus der Handakte des Mandanten oder seines Versicherers, fallen also nicht hierunter.

2. Zur sachgemäßen Bearbeitung der Rechtssache geboten

37 Die Fertigung der Ablichtungen ist i.d.S. geboten, wenn dem Rechtsanwalt das abgelichtete Schriftgut zur sachgemäßen Bearbeitung ständig zur Verfügung stehen muss. Der Rechtsanwalt kann also nicht auf eine – auch mehrfache – Akteneinsicht oder auf die Fertigung handschriftlicher Aufzeichnungen verwiesen werden.[18] Allerdings ist die Fertigung doppelter Ablichtungen von Schriftstücken, die dem Rechtsanwalt bereits zur Verfügung standen, nicht geboten.[19]

38 Bei der Beurteilung der Frage, ob die Herstellung geboten war, ist auf den Zeitpunkt der Herstellung der Ablichtungen abzustellen. Ob die Herstellung geboten war, unterliegt dem **Ermessen des Rechtsanwalts.**[20] Der Rechtsanwalt darf allerdings nicht ungeprüft die gesamten Akten kopieren.[21] Dies ist allerdings großzügiger zu betrachten, wenn dem Rechtsanwalt die abzulichtenden Akten nur drei Tage zur Verfügung standen.[22]

---

17 OVG Bremen, JurBüro 1988, 872 = AnwBl. 1988, 253.
18 OLG Frankfurt, JurBüro 1978, 705 = Rpfleger 1978, 151.
19 LSG Rheinland-Pfalz, NZS 1998, 207.
20 LSG Rheinland-Pfalz, a.a.O.; OLG Koblenz, Rpfleger 2003, 467; LG Stuttgart, AnwBl. 1997, 505; a.A. OLG Düsseldorf, JurBüro 2000, 359: Sicht eines verständigen, sachkundigen Dritten.
21 S. BFH, BStBl. 1984 II, S. 422.
22 AG Wuppertal, StraFo 1999, 285.

a) Strafsachen

Im Regelfall bedarf der Verteidiger des Angeklagten oder der Verfahrensbevollmächtigte des Nebenklägers grds. eines **möglichst umfassenden Auszuges aus den Strafakten.** Ohne Rücksicht auf die Anzahl der Ablichtungen kann er diese kopieren.[23] Insbesondere bei umfangreichen Strafakten ist es dem Rechtsanwalt nicht zuzumuten, schon bei der Auswahl der abzulichtenden Seiten jede einzelne Seite vollständig zu lesen und auf die Notwendigkeit der Ablichtung hin zu überprüfen.[24] **39**

b) Zivilsachen

Auch in Zivilsachen ist die Herstellung von Ablichtungen aus Behörden- und Gerichtsakten vielfach geboten. Dies gilt insbesondere für einen Aktenauszug aus den Strafakten, wenn es um die zivilrechtlichen Auswirkungen des Unfallgeschehens geht.[25] Die erneute Herstellung eines Aktenauszuges ist jedoch dann nicht geboten, wenn dem Rechtsanwalt bereits während des Strafverfahrens gefertigte Ablichtungen vorlagen. **40**

c) Sozialgerichtssachen

Auch in diesen Verfahren muss dem Prozessbevollmächtigten im Regelfall ein Aktenauszug vorliegen.[26] Dies gilt insbesondere für Ablichtungen von Befundberichten.[27] **41**

IV. Ablichtungen zur Zustellung oder Mitteilung an Gegner und andere

Nach Nr. 7000 Nr. 1b) VV RVG erhält der Rechtsanwalt die Dokumentenpauschale ferner für Ablichtungen zur Zustellung oder Mitteilung an Gegner oder Beteiligte und Verfahrensbevollmächtigte aufgrund einer Rechtsvorschrift oder nach Aufforderung durch das Gericht, die Behörde oder die sonst das Verfahren führende Stelle. Voraussetzung ist hierbei, dass in derselben Angelegenheit mehr als 100 Ablichtungen zu fertigen waren. Dann erhält der Rechtsanwalt die Dokumentenpauschale **ab Seite 101.**[28] Die ersten 100 nach dieser Vorschrift zu fertigenden Ablichtungen werden als allgemeine Geschäftskosten durch die Gebühren entgolten. **42**

---

23 OLG Hamburg, JurBüro 1978, 1511.
24 OLG Düsseldorf, JurBüro 2000, 359 = AGS 2000, 84.
25 OLG Frankfurt, JurBüro 1978, 705; OLG Hamburg, JurBüro 1975, 768.
26 LSG Rheinland-Pfalz, NZS 1998, 207.
27 SG Duisburg, AGS 1997, 19.
28 So eindeutig die Gesetzesbegründung BR-Drucks. 830/03, S. 293; *Göttlich/Mümmler/Rehberg/Xanke,* RVG, „Dokumentenpauschale" 7; *Mayer/Kroiß,* RVG, Nrn. 7000 – 7002 Rn. 2; offensichtlich unrichtiger a.A. *Hartung/Römermann,* RVG, VV Teil 7 Rn. 32; *Hartmann,* KostG, Nr. 7000 VV RVG Rn. 25: ab Seite 1.

43 Mit dieser Neuregelung erhält der Rechtsanwalt – abweichend von der bisherigen Rechtsprechung des BGH zu § 27 BRAGO[29] – nunmehr eine Dokumentenpauschale insbesondere für

- Abschriften eigener Schriftsätze und

- Schriftsatzanlagen.

1. Empfänger der Ablichtungen

44 Das Gesetz führt den Gegner oder Beteiligte und deren Verfahrensbevollmächtigte auf. **Gegner** ist derjenige, gegen den sich das Verfahren richtet. Unter **Beteiligten** versteht man einmal die Verfahrensbeteiligten in den Verfahren, in denen sich die Partei nicht als Gegner gegenüber stehen. Dies betrifft insbesondere Verfahren der freiwilligen Gerichtsbarkeit, die dem Amtsermittlungsgrundsatz unterliegen. Zu den Beteiligten gehören aber auch **Streithelfer, Streitverkündete** und **Beigeladene**.

45 Das **Gericht** ist nicht als Empfänger genannt. Diesem werden im Regelfall Schriftsätze in Urschrift übersandt. Soweit diesen Schriftsätzen Ablichtungen für das Gericht als Schriftsatzanlagen beigefügt werden, kann eine Dokumentenpauschale nicht berechnet werden.

2. Rechtsvorschrift oder Aufforderung

46 Die zur Zustellung oder Mitteilung an die genannten Empfänger gefertigten Ablichtungen müssen entweder aufgrund einer **Rechtsvorschrift** oder nach **Aufforderung** durch das Gericht, die Behörde oder die sonst das Verfahren führende Stelle gefertigt worden sein.

47 Als Rechtsvorschriften kommen insbesondere in Betracht:

- §§ 88 Abs. 1 Satz 2, 86 Abs. 5 VwGO,[30]

- § 93 Satz 1 SGO,

- §§ 64 Abs. 2 Satz 1, 77 Abs. 1 Satz 3 FGO,

- §§ 131 Abs. 1, 253 Abs. 5 ZPO.

---

29 BRAGOreport 2003, 50 = NJW 2003, 1127 = AGS 2003, 153.
30 VG Oldenburg, Rpfleger 1991, 160.

> **Hinweis:** 48
>
> In der Praxis kommt vielfach die Bestimmung des § 133 Abs. 1 Satz 1 ZPO in Betracht. Danach sollen die Parteien den Schriftsätzen, die sie bei Gericht einreichen, die für die Zustellung erforderliche Zahl von Abschriften der Schriftsätze und deren Anlagen beifügen. Demnach ist nur die Beifügung einer Ablichtung für den gegnerischen Prozessbevollmächtigten oder den anwaltlich nicht vertretenden Gegner vorgeschrieben. Die bei anwaltlicher Vertretung nach allgemeiner Übung zu fertigenden Ablichtungen für den Gegner selbst können nicht berechnet werden.[31]

Nicht erforderlich ist die Beifügung von Ablichtungen von Urkunden, die den Gegner 49 bereits bekannt oder die von bedeutendem Umfang sind (§ 131 Abs. 3 ZPO). Die Fertigung derartiger Abschriften löst damit die Dokumentenpauschale nicht aus. Ferner entsteht keine Dokumentenpauschale für die Fertigung von Ablichtungen des gesamten Dokuments, wenn nur einzelne Teile der Urkunde in Betracht kommen (§ 131 Abs. 2 ZPO).

Schließlich ist die Dokumentenpauschale zu berechnen, wenn der Herstellung der Ab- 50 lichtungen eine Aufforderung des Gerichts, der Behörde oder der sonst das Verfahren führenden Stelle zugrunde liegt.

V. Notwendige Unterrichtung des Auftraggebers

Nach Nr. 7000 Nr. 1c) VV RVG erhält der Rechtsanwalt eine Dokumentenpauschale auch 51 zur notwendigen Unterrichtung des Auftraggebers, allerdings erst ab der 101. Seite. Nach der BRAGO fiel für die Unterrichtung des Auftraggebers keine Dokumentenpauschale an.[32]

Hierunter fallen insbesondere 52

- Ablichtungen eigener Schriftsätze für den Auftraggeber,

- Abschriften von Schriftsätzen des Gegners oder sonstige Beteiligte, sofern diese nicht die erforderliche Anzahl von Abschriften übermittelt haben,

- Abschriften von Entscheidungen und Verfügungen des Gerichts bzw. der Behörde, sofern diese nicht beigefügt wurden,

- Abschriften eines Gerichtsgutachtens, wenn der Rechtsanwalt nur eine Ausfertigung des Gutachtens vom Gericht oder von der Behörde erhalten hat.[33]

---

31 *Göttlich/Mümmler/Rehberg/Xanke*, RVG, „Dokumentenpauschale" 7.
32 BGH, BRAGOreport 2003, 50 [*Hansens*] = NJW 2003, 1127 = AGS 2003, 153.
33 SG Münster, AnwBl. 1993, 44.

53 Das **Einverständnis des Auftraggebers** für die Fertigung dieser Ablichtungen ist nicht erforderlich. Jedoch müssen die Ablichtungen der **notwendigen** Unterrichtung des Auftraggebers dienen.

54 Die Anfertigung der ersten 100 Ablichtungen nach Nr. 7000 Nr. 1c) VV RVG je Angelegenheit wird durch die Gebühren abgegolten. Erst ab Seite 101 kann die Dokumentenpauschale überhaupt berechnet werden.[34]

VI. Im Einverständnis mit dem Auftraggeber zusätzlich angefertigte Ablichtungen

55 Nach Nr. 7000 Nr. 1d) VV RVG erhält der Rechtsanwalt schließlich eine Dokumentenpauschale für Ablichtungen, die er im Einverständnis mit dem Auftraggeber zusätzlich gefertigt hat. Hier kann er die Dokumentenpauschale bereits **ab der ersten Seite** berechnen.

1. Zusätzlich gefertigte Ablichtungen

56 Zusätzlich gefertigte Ablichtungen sind Ablichtungen, die nicht bereits unter Nr. 7000 Nr. 1a) – c) VV RVG fallen. Dies sind insbesondere Ablichtungen

- zur Unterrichtung Dritter (so ausdrücklich der Gesetzestext). Dies können Ablichtungen sein zur Unterrichtung
    - mehrerer Dienststellen durch die federführende Behörde,[35]
    - des Haftpflichtversicherers des Auftraggebers,[36]
    - des Entsendestaates nach dem NATO-Truppenstatut,[37]
    - anderweit vertretener Streitgenossen,[38]
    - der Rechtsschutzversicherung des Auftraggebers,
    - des Gegners, ferner
- Ablichtungen der einstweiligen Verfügung, ggf. nebst Anlagen zur Zustellung an den Antragsgegner,[39]
- Mehranfertigungen der Schriftsätze des Anwalts oder der Gegenseite,
- Ablichtungen von Originalunterlagen, die der Rechtsanwalt ständig zur Hand haben muss, wenn er die Originale dem Gericht oder der Behörde vorgelegt hat.[40]

---

34 *Enders,* JurBüro 2004, 291, 295.
35 OLG Schleswig, JurBüro 1989, 632.
36 OLG Düsseldorf, JurBüro 1973, 869; OLG Schleswig, JurBüro 1973, 966.
37 OLG Düsseldorf, JurBüro 1974, 858.
38 LAG Hamm, AnwBl. 1988, 414.
39 OLG Koblenz, JurBüro 1991, 823.
40 LAG Hamm, AnwBl. 1984, 316; LG Berlin, JurBüro 1982, 230.

2. Einverständnis mit dem Auftraggeber

Nur für die Ablichtungen nach Nr. 7000 Nr. 1d) VV RVG benötigt der Rechtsanwalt das 57
Einverständnis mit dem Auftraggeber. Dieses liegt nicht ohne weiteres bereits in der Erteilung des Anwaltsauftrags. Vielmehr muss sich dieses Einverständnis auf die **Fertigung bestimmter Ablichtungen** beziehen. Das Einverständnis muss nicht notwendig **ausdrücklich** erteilt werden. Vielmehr reicht ein stillschweigend erklärtes Einverständnis aus,[41] das vor oder nach der Fertigung der Ablichtungen erteilt werden kann. Von einem stillschweigend erklärten Einverständnis wird man dann ausgehen können, wenn der Rechtsanwalt im Einzelfall die Fertigung der zusätzlichen Ablichtungen zur sachgemäßen Wahrnehmung der Interessen des Auftraggebers für erforderlich halten durfte. Der Rechtsanwalt kann sich ein **generelles Einverständnis** des Auftraggebers auch in Mandatsbedingungen erklären lassen.

VII. Praktische Handhabung

Die Neuregelung der Nr. 7000 Nr. 1 VV RVG erfordert im Anwaltsbüro einen erheblichen 58
Erfassungsaufwand. In jeder gebührenrechtlichen Angelegenheit müssen nämlich die gefertigten Ablichtungen erfasst und der jeweiligen Gruppe in Nr. 7000 Nr. 1 a) – d) VV RVG zugeordnet werden. Dies ist in **jeder** einzelnen gebührenrechtlichen **Angelegenheit** vorzunehmen.

Beispiel: 59

Der Rechtsanwalt wird im Rahmen eines Vertretungsmandats vorgerichtlich tätig, er vertritt den Auftraggeber zunächst im ersten Rechtszug, dann im Berufungsrechtszug. Er informiert den Revisionsanwalt und betreibt dann die Zwangsvollstreckung. In jeder dieser fünf gebührenrechtlichen Angelegenheiten sind die gefertigten Ablichtungen zu erfassen und in eine der vier Gruppen einzuordnen.

60

Praxishinweis:

Der Rechtsanwalt sollte sich deshalb eine Organisationsform schaffen, nach der die Erfassung der Ablichtungen nicht in jeder Akte zu erfolgen hat, sondern nur in bestimmten Akten, in denen mit einiger Sicherheit die Anzahl der Ablichtungen, die unter Nr. 7000 Nr. 1b) und c) VV RVG fallen, 100 Seiten überschreitet. Diese Einstufung kann beispielsweise anhand der Dicke der Handakten vorgenommen werden. Oder die gefertigten Ablichtungen werden in den Angelegenheiten erfasst, in denen typischerweise eine hohe Anzahl von Ablichtungen gefertigt werden.

---

41 OLG München, JurBüro 1968, 803.

61 Dies kann beispielsweise der Fall sein in:

- Bausachen,
- Verwaltungsstreitverfahren,
- Mietsachen,
- Wohnungseigentumsverfahren,
- Arzthaftpflichtsachen,
- selbständigen Beweisverfahren.

62 Muster: Formular für die Erfassung der Ablichtungen

Art der Ablichtungen	Abgelichtetes Schriftstück	Anzahl der gefertigten Ablichtungen	Anzahl der berechenbaren Ablichtungen
a) Behörden- oder Gerichtsakten (Nr. 7000 Nr. 1a) VV RVG)	Strafakte Az.: 346 Ds 400/04	97	97
b) Zustellung oder Mitteilung (Nr. 7000 Nr. 1b) VV RVG)	Klageschrift vom 15.7.2004 (2 x 10 S.) Anlage K 1 – 7 (2 x 45 S.) Schriftsatz vom 3.8.2004 (2 x 5 S.)	120	20
c) Unterrichtung Auftraggeber (Nr. 7000 Nr. 1c) VV RVG)	Klageschrift vom 15.7.2004 (1 x 10 S.) Anlage K 6,7 (1 x 10 S.) Schriftsatz vom 3.8.2004 (1 x 5 S.)	25	0
d) Zusätzlich gefertigt (Nr. 7000 Nr. 1d) VV RVG) (1 x 10 S.)	Klageschrift vom 15.7.2004 an Haftpflichtversicherer Anlage K 1 – 7 an Haftpflichtversicherer (1 x 45 S.) Schriftsatz vom 3.8.2004 (1 x 5 S.)	60	60
Abrechnung			Gesamt: 177 Seiten 50 Seiten zu je 0,50 €: 25,00 € 127 Seiten zu je 0,15 €: 19,05 €
			Summe: 44,05 €

Das vorstehende Muster verdeutlicht auch, dass die 100 Seiten „Freiexemplare" in jeder   63
der beiden Gruppen zu Nr. 7000 Nr. 1b) und c) VV RVG von der jeweils gefertigten Ge-
samtzahl der Ablichtungen abzuziehen sind.

VIII. Elektronisch gespeicherte Dateien

Für die Überlassung von elektronisch gespeicherten Dateien erhält der Rechtsanwalt nach   64
Nr. 7000 Nr. 2 VV RVG je Datei eine Dokumentenpauschale i.H.v. 2,50 €. Dies gilt jedoch nur für Dateien, die der Rechtsanwalt anstelle der in Nr. 7000 Nr. 1d) genannten
Ablichtungen (sonstige im Einverständnis mit dem Auftraggeber zusätzlich gefertigte Ablichtungen) überlassen hat. § 27 Abs. 1 Nr. 2 BRAGO hatte noch die Dokumentenpauschale für die Überlassung gespeicherter Dateien anstelle der Ablichtungen für die Unterrichtung von Gegnern oder Beteiligten vorgesehen. Nach dem RVG erhält der Rechtsanwalt hierfür nunmehr keine Auslagen, da **elektronische Dateien keine Ablichtungen**
i.S.v. Nr. 7000 Nr. 1 VV RVG sind.

> *Beispiel:*   65
>
> *Der Rechtsanwalt überlässt dem Gegenanwalt seine Schriftsätze und Schriftsatzanlagen*
> *per E-Mail.*
>
> *Hätte der Rechtsanwalt dem Gegenanwalt Ablichtungen in Papierform überlassen, wür-*
> *den diese unter Nr. 7000 Nr. 1b) VV RVG fallen. Für die Überlassung solcher Dokumente*
> *in der Form elektronisch gespeicherter Dateien ist kein gesetzlicher Auslagentatbestand*
> *vorgesehen.*

66

Praxishinweis:
Dem Rechtsanwalt bleibt also nichts anderes übrig, als die betreffenden **Dokumente auszudrucken** und dem Gegenanwalt in Papierform zu übersenden. Hierfür kann er die Dokumentenpauschale nach Nr. 7000 Nr. 1b) VV RVG berechnen, sofern in dieser Gruppe mehr als 100 Seiten Ablichtungen gefertigt wurden.
Als weiterer Ausweg bleibt eine **Vergütungsvereinbarung** mit dem Auftraggeber, wonach der Anwalt berechtigt ist, für jegliche Überlassung elektronisch gespeicherter Dateien je Datei 2,50 € zu berechnen. Diese Vereinbarung bedarf der Form des § 4 RVG.

Die Auffassung von *Hartung/Römermann*[42] und von *Mayer/Kroiß*[43] die Überlassung von   67
elektronisch gespeicherten Daten könnte in den in Nr. 7000 Nr. 1b) – d) VV RVG genannten Fällen eine Dokumentenpauschale von 2,50 € je Datei auslösen, beruht auf einer **dann nicht Gesetz gewordenen alten Gesetzesfassung.** Diese wäre praktisch nicht

---

42   RVG, VV Teil 7 Rn. 40.
43   Nrn. 7000 – 7002 VV RVG Rn. 9.

durchführbar gewesen, weil bei der Überlassung elektronisch gespeicherter Dateien die 100 Seiten „Freiexemplare" nicht hätten ermittelt werden können.

68 Was unter einer **Datei** verstanden werden kann, ist zweifelhaft. Beispielsweise kann jede Seite eines Schriftsatzes in eine gesonderte Datei aufgenommen werden. Andererseits können aber auch mehrere Schriftsätze und Anlagen in einer ZIP-Datei zusammengefasst werden (s.o. Rn. 30).

IX. Kostenerstattung

69 Soweit die dem Rechtsanwalt entstandene Dokumentenpauschale zu den notwendigen Kosten des Rechtsstreits gehört, ist diese erstattungsfähig. Im Kostenfestsetzungsverfahren hat der Antragsteller den Anfall der Dokumentenpauschale **darzulegen** und – im Streitfall – **glaubhaft** zu machen (§ 104 Abs. 2 Satz 1, § 294 ZPO). Dies setzt eine nachvollziehbare Darlegung im Kostenfestsetzungsantrag voraus, welche Ablichtungen in welcher Gruppe der Nr. 7000 Nr. 1 VV RVG in welcher Anzahl gefertigt wurden. Hierzu kann sich der Rechtsanwalt des oben wiedergegebenen **Musters** (Rn. 62) bedienen.

1. Kosten des Rechtsstreits

70 Die gefertigten Ablichtungen müssen zunächst zu den Kosten des Rechtsstreits gehören. Dies setzt in zeitlicher Hinsicht voraus, dass sie ab Beginn des Rechtsstreits bis zum Ende der betreffenden Instanz gefertigt wurden.

71 *Beispiel:*

Die Ablichtung des vorgerichtlichen Aufforderungsschreibens an den späteren Beklagten gehört noch nicht zu den Kosten des Rechtsstreits, wohl aber Ablichtungen der Klageschrift nebst ihrer Anlagen.

2. Notwendige Kosten

72 Die Dokumentenpauschale ist nur dann erstattungsfähig, wenn ihr Aufwand notwendig war (§ 91 Abs. 1 Satz 1 ZPO). Diese Notwendigkeit ist im Kostenfestsetzungsverfahren hinsichtlich jeder gefertigter Ablichtung zu prüfen. Die Neuregelung des RVG führt damit zu einer **ganz erheblichen Mehrbelastung auch der Gerichte.**

73 *Beispiel:*

Der im Rechtsstreit obsiegende Kläger macht die Dokumentenpauschale seines Prozessbevollmächtigten für die Zustellung an den gegnerischen Prozessbevollmächtigten (Nr. 7000 Nr. 1b) VV RVG) geltend. Er hat insgesamt 120 Seiten gefertigt und deshalb nur 20 Seiten berechnet. Zu den gefertigten Ablichtungen gehörte eine Ablichtung des 25 Seiten umfassenden Mietvertrages.

Im Kostenfestsetzungsverfahren stellt sich der Rechtspfleger auf den Standpunkt, die Ablichtung des Mietvertrages sei nicht notwendig gewesen, da der beklagte Mieter bereits im Besitz einer Ausfertigung des Originalvertrags war. Folglich war nur die Fertigung von 95 Seiten Ablichtungen notwendig. Dies führt dazu, dass die 100 Seiten „Freiexemplare" nicht überschritten werden, so dass der Kläger nach Nr. 7000 Nr. 1b) VV RVG überhaupt keine Dokumentenpauschale erstattet erhält.

Im Rahmen der Kostenerstattung kann von der Partei, die über ein eigenes Kopiergerät **74** verfügt, nicht verlangt werden, die notwendigen Ablichtungen selbst herzustellen.[44] Die Gebühren und Auslagen eines Rechtsanwalts sind nämlich kraft Gesetzes (s. § 91 Abs. 2 Satz 1 ZPO) notwendige Kosten der Rechtsverfolgung oder Rechtsverteidigung.

X. Prozesskostenhilfe und Pflichtverteidigung

Nach § 46 Abs. 1 RVG werden Auslagen, zu denen auch die Dokumentenpauschale ge- **75** hört, aus der Staatskasse nur dann nicht vergütet, wenn sie zur sachgemäßen Durchführung der Angelegenheit nicht erforderlich waren. Hierfür ist die Staatskasse darlegungs- und beweispflichtig. Es ist also zunächst davon auszugehen, dass die Fertigung von Ablichtungen zur sachgemäßen Durchführung der Angelegenheit erforderlich war.[45]

Hinweis: **76**

Insbesondere ist eine pauschale Kürzung der vom Pflichtverteidiger als Dokumentenpauschale berechneten Auslagen i.H.v. beispielsweise 25 % des Gesamtbetrages nicht zulässig.

C. Entgelte für Post- und Telekommunikationsdienstleistungen

Nach Nr. 7001 VV RVG erhält der Rechtsanwalt Entgelte für Post- und Telekommunika- **77** tionsdienstleistungen (kurz: **Postentgelte**) in voller Höhe. Diese Regelung entspricht dem bisherigen § 26 Satz 1 BRAGO. Anstelle der tatsächlichen Auslagen kann der Rechtsanwalt aber auch die **Postentgeltpauschale** nach Nr. 7002 VV RVG fordern. Diese Regelung entspricht dem Grunde nach dem bisherigen § 26 Satz 2 BRAGO. Hinsichtlich der Höhe der Postentgeltpauschale gibt es jedoch eine Änderung. Sie beträgt künftig **20 % der Gebühren** statt bisher 15 % der gesetzlichen Gebühren. Es verbleibt jedoch bei dem bisherigen **Höchstbetrag von 20 €**. Diese können jedoch auch in Strafsachen und Buß-

---

44   So aber OLG Frankfurt, BRAGOreport 2002, 15 [*Hansens*] = JurBüro 2001, 425 m. abl. Anm. *Enders*.
45   OLG Düsseldorf, BRAGOreport 2002, 79.

geldverfahren berechnet werden. Die bisherige Kürzung auf 15 € in diesen Verfahren ist ersatzlos entfallen.

78 Die Abrechnung von Postentgelten nach den Nrn. 7001, 7002 VV RVG setzt voraus, dass der Rechtsanwalt **anwaltliche Tätigkeiten** ausgeübt hat (§ 1 Abs. 1 RVG). Hierzu gehört auch die Tätigkeit als Zeugenbeistand.[46]

I. Begriff der Postentgelte

79 Zu den Postentgelten gehören insbesondere die allgemeinen Portokosten für Briefe, Postkarten, Einschreiben, Einschreiben mit Rückschein, förmliche Postzustellungen, Päckchen oder Pakete, ferner Kosten für Telegramme. Hierzu gehören ferner die reinen Leitungskosten (Telefonentgelte) für die Übertragung per E-Mail oder für Recherchen im Internet.

80 Auch bei einem reinen **Beratungsmandat** können Portokosten entstehen, insbesondere für die schriftliche Zusammenfassung der Beratung, die Rücksendung von Mandantenunterlagen oder für Schriftsätze und Telefonate nach Mandatserteilung.[47] Erfolgt die Beratung ausschließlich mündlich, so fällt im Regelfall kein Postentgelt an.[48]

II. Keine Postentgelte

81 Für die durch die **Geltendmachung der Vergütung** entstehenden Entgelte kann der Rechtsanwalt nach der ausdrücklichen Regelung in der Anm. zu Nr. 7001 VV RVG kein Postentgelt berechnen.[49] Dies betrifft beispielsweise Postentgelte für die Übersendung

- der Kostenberechnung nach § 10 RVG an den eigenen Auftraggeber oder

- des Festsetzungsantrags des im Rahmen der Prozesskostenhilfe oder Beratungshilfe tätigen Rechtsanwalts an das Gericht.

82 Ferner gehören **nicht zu den Postentgelten** Expressgut-, Fracht- sowie Funkbotenkosten,[50] Kosten für Recherchen bei juristischen Datenbanken.[51] Hierfür kann der Rechtsanwalt jedoch nach materiellen Recht Ersatz der entstandenen Aufwendungen verlangen (s. Vorbem. 7 Abs. 1 Satz 2 VV RVG).

---

46   LG Dortmund, StraFo 2004, 182.
47   *Hansens*, RVGreport 2004, 23, 24.
48   *Hansens*, a.a.O.; *Mümmler*, JurBüro 1994, 589.
49   Dies entsprach schon nach der BRAGO allgemeiner Auffassung: AG Nürtingen, AGS 1998, 116 m. Anm. *Madert*; *Hansens*, RVGreport 2004, 23, 24 m.w.N.
50   LG Frankfurt, Rpfleger 1984, 433.
51   S. OLG Stuttgart, NJW-RR 1999, 437 = JurBüro 1998, 424; SG Berlin, AnwBl. 1994, 367.

Ebenfalls kein Postentgelt ist die **Aktenversendungspauschale** nach GKG KostVerz 83
Nr. 9003. Diese Pauschale i.H.v. 12 € wird also nicht etwa durch die Postentgeltpauschale
nach Nr. 7001 VV RVG abgegolten.[52] Soweit der Rechtsanwalt überhaupt als Antragsteller
nach § 22 Abs. 1 GKG gegenüber der Staatskasse Kostenschuldner der Aktenübersendungspauschale
ist, kann er sie nach §§ 670, 675 BGB von seinem Auftraggeber ersetzt verlangen.[53]

Aufwendungen für die Einrichtung und Unterhaltung der **Telefon- oder Computeran-** 84
lage werden als allgemeine Geschäftskosten mit den Gebühren entgolten (s. Vorbem. 7
Abs. 1 Satz 1 VV RVG).

III. Postentgeltpauschale

1. Berechnung der Pauschale

Der Rechtsanwalt kann die Postentgeltpauschale berechnen, wenn ihm jedenfalls ein ein- 85
ziges Postentgelt angefallen ist.[54]

2. Höhe der Pauschale

Die Pauschale beträgt nach Nr. 7002 VV RVG **20 % der Gebühren**. In § 26 Satz 2 BRAGO 86
hieß es noch: „... fünfzehn vom Hundert der gesetzlichen Gebühren". Berechnungsgrundlage sind damit nicht mehr die **gesetzlichen** Gebühren, sondern die Gebühren allgemein. Dies hat eine wesentliche Bedeutung für die Berechnung der Postentgeltpauschale bei der Gebührenanrechnung (s.u. Rn. 95 ff.).

Die Anhebung des Prozentsatzes von bisher 15 % auf nunmehr 20 % hat kaum prakti- 87
sche Bedeutung. Sie wirkt sich nur bei ganz niedrigen Gebührenbeträgen aus.

Bei dem bisherigen **Höchstsatz** von 20 € ist es geblieben. Die bisherige Beschränkung 88
in Strafsachen und Bußgeldverfahren von bisher 15 € ist ersatzlos weggefallen.

3. Wahlrecht

Obwohl dies in Nr. 7002 VV RVG abweichend von § 26 Satz 2 BRAGO nicht mehr aus- 89
drücklich formuliert ist, hat der Rechtsanwalt ein **Wahlrecht**, ob er die Postentgeltpauschale oder die Postentgelte in der tatsächlichen Höhe geltend machen will.

---

[52] OLG Düsseldorf, BRAGOreport 2002, 79 = JurBüro 2002, 307 = AGS 2002, 61 sowie StV 2003, 177; AG Nordhorn, JurBüro 1995, 305 m. Anm. *Enders*; a.A. und unrichtig AG Leipzig, NStZ-RR 2000, 319.
[53] A.A. AG Nordhorn, a.a.O.; AG Berlin-Tiergarten, AnwBl. 1995, 571.
[54] OLG München, JurBüro 1970, 242; LG Berlin, JurBüro 1985, 1343; zur Berechnung bei mündlicher Beratung s. *Hansens*, RVGreport 2004, 23.

90 Dieses Wahlrecht kann der Rechtsanwalt innerhalb derselben gebührenrechtlichen Instanz **nachträglich ändern**. Die von ihm getroffene Wahl betrifft nämlich nur die Berechnungsmethode der Postentgelte und ist für den Anwalt nicht bindend.[55]

91 *Beispiel:*

*Der Rechtsanwalt hat in seiner Kostenberechnung für die Vertretung des Auftraggebers in
einem Zivilprozess I. Instanz zunächst die Postentgeltpauschale i.H.v. 20 € berechnet. Er
fordert nunmehr die tatsächlich angefallenen Postentgelte i.H.v. 57 € unter Berücksichtigung der bereits berechneten 20 € nach.*

4. Mehrfacher Anfall

92 Die Postentgeltpauschale kann in jeder gebührenrechtlichen Angelegenheit gesondert
berechnet werden.

93 *Beispiel:*

*Der Rechtsanwalt wird zunächst im Mahnverfahren und nach Widerspruch gegen den
Mahnbescheid im anschließenden Streitverfahren tätig. Mahnverfahren und streitiges Verfahren sind gemäß § 17 Nr. 2 RVG zwei verschiedene Angelegenheiten. Der Rechtsanwalt
kann somit zwei Postentgeltpauschalen berechnen (zur Problematik bei der Gebührenanrechnung s. nachfolgend Rn. 95 ff.).*

94 Bei Verbindung kann die Pauschale in jedem der beiden **verbundenen Verfahren** berechnet werden, wenn in jedem Rechtsstreit jedenfalls ein Postentgelt entstanden ist.[56]

5. Postentgeltpauschale bei Gebührenanrechnung

95 In vielen Fällen ordnet das Gesetz die Anrechnung der Geschäfts- oder Verfahrensgebühr
auf eine Verfahrensgebühr für die weitere Tätigkeit an.

96 *Beispiel:*

*Die Geschäftsgebühr für die außergerichtliche Vertretung ist nach Vorbem. 3 Abs. 4 Satz 1
VV RVG auf die Verfahrensgebühr des gerichtlichen Verfahrens anzurechnen.*

97 Unter der Geltung der BRAGO war es umstritten, wie mit der Postentgeltpauschale im
Falle der Gebührenanrechnung (z.B. gemäß § 43 Abs. 2 oder § 118 Abs. 2 BRAGO) zu
verfahren ist.

---

55 OLG Hamm, AnwBl. 1967, 204; OLG Stuttgart, NJW 1970, 287; KG, KGR 2000, 182 unter Aufgabe von JurBüro 1972, 139; a.A. *Hartmann*, KostG, Nr. 7002 VV RVG Rn. 5.
56 LG Berlin, JurBüro 1985, 1343.

a) Postentgeltpauschale ist anzurechnen

Nach einer Auffassung[57] war die Postentgeltpauschale mit den Gebühren anzurechnen. Dies ist abzulehnen, weil das Gesetz lediglich die Gebührenanrechnung, nicht aber auch die Anrechnung der Postentgeltpauschale anordnet.   98

b) Postentgeltpauschale nach Gebührenanrechnung

Nach einer anderen Auffassung konnte die Pauschale nur aus der nach der Gebühren- 99
anrechnung verbleibenden Restgebühr berechnet werden.[58] Dies wurde insbesondere damit begründet, Grundlage der Berechnung der Postentgeltpauschale seien die **gesetzlichen** Gebühren. Dies sei jedoch nur der Gebührenbetrag, der dem Rechtsanwalt nach Durchführung der Gebührenanrechnung verbliebe.[59]

Die praktischen Auswirkungen dieser Auffassung verdeutlicht das nachfolgende

Beispiel: 100

Der Rechtsanwalt hat den Auftraggeber in einer zivilrechtlichen Angelegenheit mit einem Gegenstandswert von 600 € außergerichtlich vertreten. Danach erhebt er Zahlungsklage über 600 € und erwirkt im Termin zur mündlichen Verhandlung ein der Klage stattgebendes Urteil.

Für diese Tätigkeiten sind dem Rechtsanwalt angefallen:

I. Außergerichtliche Vertretung:

1.	*1,3 Geschäftsgebühr, Nr. 2400 VV RVG (Wert: 600 €)*	*58,50 €*
2.	*Postentgeltpauschale, Nr. 7002 VV RVG*	*11,70 €*
3.	*16 % Umsatzsteuer, Nr. 7008 VV RVG*	*+ 11,23 €*
Summe:		*81,43 €*

II. Rechtsstreit:

1.	*1,3 Verfahrensgebühr, Nr. 3100 VV RVG (Wert: 600 €)*	*58,50 €*
2.	*1,2 Terminsgebühr, Nr. 3104 VV RVG (Wert: 600 €)*	*54,00 €*
3.	*Postentgeltpauschale, Nr. 7002 VV RVG*	*20,00 €*
4.	*16 % Umsatzsteuer, Nr. 7008 VV RVG*	*+ 21,20 €*
Summe:		*153,70 €*

---

57   LG Hannover, Rpfleger 2001, 620; AG Hamburg-Wandsbek, Rpfleger 2001, 462.
58   KG, JurBüro 2000, 583 = AGS 2000, 125 = Rpfleger 2000, 238; LG Berlin, JurBüro 1987, 1869 = Rpfleger 1988, 42; LG Bonn, MDR 1991, 65; LG Leipzig, AGS 2003, 299 m. Anm. *N. Schneider;* AG Lahr, Rpfleger 2002, 49; *Mümmler,* JurBüro 1994, 458; *Hansens,* JurBüro 1987, 1744.
59   S. insbesondere KG, a.a.O.

101 Nach der vorstehenden Auffassung zu b) ist die Gebührenanrechnung nach Vorbem. 3 Abs. 4 Satz 1 VV RVG durchzuführen und die Postentgeltpauschale aus dem nach Anrechnung verbleibenden Restbetrag zu ermitteln. Danach ergibt sich:

102   *II. Rechtsstreit:*

1.	*1,3 Verfahrensgebühr, Nr. 3100 VV RVG (Wert: 600 €)*	*58,50 €*
	hierauf gemäß Vorbem. 3 Abs. 4 VV RVG **anzurechnen:**	
	0,65 Geschäftsgebühr (Wert: 600 €)	*– 29,25 €*
	Rest:	*29,25 €*
2.	*1,2 Terminsgebühr, Nr. 3104 VV RVG (Wert: 600 €)*	*54,00 €*
3.	*Postentgeltpauschale, Nr. 7002 VV RVG*	*16,65 €*
4.	*16 % Umsatzsteuer, Nr. 7008 VV RVG*	*+ 15,98 €*
	Summe:	**115,88 €**

c)   Postentgeltpauschale vor Gebührenanrechnung

103 Die zahlenmäßig überwiegende Auffassung hat die Postentgeltpauschale auf der Grundlage der vor Gebührenanrechnung angefallenen Gebühren vorgenommen.[60]

104 Diese Auffassung stützte sich ebenfalls auf den Gesetzeswortlaut. Zur Begründung wurde angeführt, die **gesetzlichen** Gebühren seien diejenigen, die dem Rechtsanwalt ohne Berücksichtigung einer etwaigen Gebührenanrechnung angefallen seien.

105 Auf der Grundlage des vorstehenden Beispiels ergibt sich dann folgende Berechnung:

1.	*1,3 Verfahrensgebühr, Nr. 3100 VV RVG (Wert: 600 €)*	*58,50 €*
2.	*1,2 Terminsgebühr, Nr. 3104 VV RVG (Wert: 600 €)*	*54,00 €*
3.	*Postentgeltpauschale, Nr. 7002 VV RVG*	*20,00 €*
	gemäß Vorbem. 3 Abs. 4 VV RVG anzurechnen:	
	0,65 Geschäftsgebühr, Nr. 2400 VV RVG (Wert: 600 €)	*– 29,25 €*
	Rest:	*103,25 €*
4.	*16 % Umsatzsteuer, Nr. 7008 VV RVG*	*+ 16,52 €*
	Summe:	**119,77 €**

---

60   OLG Köln, AGS 1994, 65 = Rpfleger 1994, 432; LG Bonn, AGS 2003, 384; LG Stuttgart, BRAGO-report 2001, 189; LG Essen, BRAGOreport 2002, 39 = JurBüro 2002, 246 m. Anm. *N. Schneider;* AG Säckingen, BRAGOreport 2001, 189; AG Siegburg, JurBüro 2003, 533 = AGS 2003, 348 m. Anm. *N. Schneider;* AG Nürtingen, AGS 2003, 395 m. Anm. *N. Schneider* = JurBüro 2003, 417; *N. Schneider,* MDR 1991, 926; so jetzt auch BGH, Beschl. v. 13.7.2004 – VII ZB 14/04.

6. Berechnung in Übergangsfällen

Ändert das Gesetz die Berechnungsgrundlage für die Postentgeltpauschale wie hier das RVG gegenüber der BRAGO, bestimmt sich das anwendbare Recht nach der maßgeblichen Übergangsvorschrift.[61] Maßgeblich für die Abgrenzung von § 26 Satz 2 BRAGO zu Nr. 7002 VV RVG ist damit die Übergangsvorschrift des § 61 RVG.   **106**

> *Beispiel:*   **107**
>
> *Der Rechtsanwalt hat den Prozessauftrag am 30.6.2004 erhalten. Das erste Postentgelt für ein Telefonat mit dem Auftraggeber fällt am 2.7.2004 an.*
>
> *Nach § 61 Abs. 1 Satz 1 RVG berechnet sich die gesamte Vergütung des Rechtsanwalts nach der BRAGO, da ihm der unbedingte Auftrag zur Erledigung derselben Angelegenheit vor dem 1.7.2004 erteilt worden ist. Berechnungsgrundlage für die Postentgeltpauschale ist damit § 26 Satz 2 BRAGO mit 15 % der gesetzlichen Gebühren.*

Demgegenüber will *Hartmann*[62] auf den Zeitpunkt der Auftragserteilung für die Auslagen abstellen. Seiner Auffassung nach ist es möglich, dass sich die Gebühren nach dem alten Recht richten, während die Auslagen nach dem neuen Recht berechnet würden. Dies ist bereits deshalb unzutreffend, weil dem Rechtsanwalt kein Auftrag für den Aufwand der Auslagen erteilt wird. Das Gesetz spricht auch eindeutig von dem Auftrag zur Erledigung derselben Angelegenheit. Innerhalb dieser selben Angelegenheit berechnen sich also Gebühren und Auslagen nach demselben Recht.   **108**

Dies gilt im Übrigen ebenso für **künftige Änderungen des RVG** nach § 60 Abs. 1 Satz 1 RVG. Nach § 60 Abs. 1 Satz 1 RVG ist die Vergütung, die nach der Legaldefinition in § 1 Abs. 1 RVG die Gebühren und Auslagen umfasst, nach bisherigem Recht zu berechnen, wenn der unbedingte Auftrag vor dem In-Kraft-Treten einer Gesetzesänderung erteilt worden ist.   **109**

IV. Beratungshilfe, Prozesskostenhilfe, Pflichtverteidigung

Der im Rahmen der **Beratungshilfe** tätige Rechtsanwalt erhält eine Vergütung gemäß § 44 Satz 1 RVG aus der Landeskasse nach dem RVG. Gleiches gilt für den im Wege der **Prozesskostenhilfe** beigeordneten oder nach §§ 57 f. ZPO zum **Prozesspfleger** bestellten Rechtsanwalt nach § 45 Abs. 1 RVG. Für den nach § 625 ZPO oder nach § 67a Abs. 1 Satz 2 VwGO beigeordneten Anwalt ergibt sich dies aus § 45 Abs. 2 RVG, für den sonst **gerichtlich bestellten oder beigeordneten Rechtsanwalt** aus § 45 Abs. 3 Satz 1 RVG.   **110**

---

61   S. BGH, NJW 1982, 1001 = JurBüro 1982, 378 = Rpfleger 1982, 116; KG, JurBüro 1981, 1037 = AnwBl. 1981, 454.
62   KostG, § 60 RVG Rn. 34.

111 Der **Anspruch gegenüber der Staatskasse** erfasst nach § 46 Abs. 1 RVG auch die Auslagen. Diese werden nur dann nicht aus der Staatskasse vergütet, wenn sie zur sachgemäßen Durchführung der Angelegenheit nicht erforderlich waren. Dass im Einzelfall die berechneten Postentgelte nicht erforderlich waren, hat die Staatskasse zu beweisen. Im Regelfall hat der Rechtsanwalt somit einen Anspruch gegen die Staatskasse auf Ersatz seiner Postentgelte.

V. Kostenerstattung

112 Die Postentgelte und die Postentgeltpauschale gehören zu den gesetzlichen Auslagen des Rechtsanwalts, die die unterlegene Gegenpartei gemäß § 91 Abs. 2 Satz 1 ZPO kraft Gesetzes zu erstatten hat.

1. Konkrete Abrechnung

113 Macht die Partei die nicht pauschalierten Postentgelte im Kostenfestsetzungsverfahren geltend, hat sie den Anfall und die Notwendigkeit der Postentgelte darzulegen und glaubhaft zu machen (§ 104 Abs. 2 Satz 1 ZPO). Die anwaltliche Versicherung nach § 104 Abs. 2 Satz 2 ZPO reicht hierzu nicht aus.[63] Vielmehr hat die erstattungsberechtigte Partei zunächst einmal den **Anfall darzulegen**.[64] Dies kann durch Vorlage eines Ausdrucks der Frankiermaschine oder der Telefonanlage geschehen.[65]

114 Ferner hat die Partei dann die **Notwendigkeit** der Postentgelte darzulegen und glaubhaft zu machen.[66] Die nicht pauschalierten Postentgelte sind nämlich nur bei Notwendigkeit erstattungsfähig. Besteht hierüber Streit, reicht die anwaltliche Versicherung nicht.[67]

2. Postentgeltpauschale

115 Die Postentgeltpauschale ist als notwendige Auslage des Rechtsanwalts in der vom Gesetz vermuteten Höhe stets erstattungsfähig. Einer besonderen anwaltlichen Versicherung nach § 104 Abs. 2 Satz 2 ZPO zum Anfall bedarf es nur dann, wenn Zweifel bestehen, ob überhaupt Postentgelte angefallen sind.[68] Ergibt sich danach, dass wenigstens ein einziges Postentgelt (z.B. für ein Telefonat) entstanden ist, ist die Postentgeltpauschale erstattungsfähig.

---

63 So unzutreffend VGH Baden-Württemberg, JurBüro 1990, 1001.
64 FG Bremen, EFG 1999, 1250: Postentgelte i.H.v. 327,57 DM.
65 S. den Fall des FG Bremen, a.a.O.
66 KG, JurBüro 1976, 814; OLG München, JurBüro 1992, 613: Postentgelte über 3.700 DM; großzügiger noch OLG München, JurBüro 1982, 1190; BFH, NJW 1970, 352.
67 So aber VGH Baden-Württemberg, JurBüro 1990, 1001.
68 BPatG, BPatGE 27, 235, 239; *Hansens*, BRAGO, § 26 Rn. 6.

Die auf die Postentgelte entfallende **Umsatzsteuer** kann gemäß § 104 Abs. 2 Satz 3 ZPO   116
nur dann festgesetzt werden, wenn die erstattungsberechtigte Partei versichert, dass sie
zum **Vorsteuerabzug** nicht berechtigt sei. Dies betrifft zwar nicht die von der Deutschen
Post AG erhobenen Portokosten. Diese enthalten nämlich nach § 4 Nr. 11b) UStG keine
Umsatzsteuer. Die Entgelte der **privaten Postdienstleister,** wie z.B. der PIN AG, enthalten jedoch die Umsatzsteuer.

VI. Vergütungsvereinbarung

Zur Erleichterung der Abrechnung der Postentgelte gegenüber dem Auftraggeber emp-   117
fiehlt sich eine **besondere Vereinbarung über deren Berechnung.** Diese muss die Formerfordernisse des § 4 RVG erfüllen.

D. Auslagen für eine Geschäftsreise

Die bisher in §§ 28 – 30 BRAGO geregelten Auslagentatbestände für eine Geschäftsrei-   118
se sind nunmehr in Nrn. 7003 – 7006 VV RVG und Vorbem. 7 Abs. 2 und 3 VV RVG geregelt.

119

> Gegenüber dem bisherigen Recht ergeben sich folgende Änderungen:
>
> - **Anhebung der Fahrtkosten** bei Benutzung eines eigenen Kraftfahrzeugs von
>   bisher 0,27 € auf 0,30 €,
>
> - **Anhebung des Tage- und Abwesenheitsgeldes** von bisher 15 €, 31 € und 56 €
>   auf 20 €, 35 € und 60 €,
>
> - Ersatz der sonstigen angemessenen Auslagen **ohne Beschränkung** auf die Art der
>   Auslagen.

I. Geschäftsreise

1. Begriff der Geschäftsreise

Nach Vorbem. 7 Abs. 2 VV RVG liegt eine Geschäftsreise vor, wenn das Reiseziel des   120
Rechtsanwalts außerhalb der Gemeinde liegt, in der sich die Kanzlei oder die Wohnung
des Rechtsanwalts befindet. Hierbei ist auf die politischen Gemeindegrenzen abzustellen.
Auf die Länge der Fahrtstrecke kommt es also nicht an.

121 **Beispiele:**

(1) Der Rechtsanwalt fährt von seiner Kanzlei in Berlin-Wannsee zum Gerichtstermin beim AG Potsdam. Trotz der nur wenige Kilometer betragenden Fahrtstrecke handelt es sich um eine Geschäftsreise.

(2) Der Rechtsanwalt fährt von seinem Wohnsitz in Berlin-Staaken zum AG Berlin-Hohenschönhausen. Für die rund 30 Kilometer betragende Fahrtstrecke kann der Rechtsanwalt keine Fahrtkosten berechnen.[69]

122 Werden durch eine kommunale Neugliederung zwei Orte zu einer einzigen politischen Gemeinde vereinigt, so stellt die Reise zwischen diesen beiden vereinigten Orten keine Geschäftsreise mehr dar.[70]

123 Liegen der Wohnsitz des Rechtsanwalts und der Ort seiner Kanzlei in verschiedenen politischen Gemeinden, so sind die Fahrten zwischen diesen beiden Zielen keine Geschäftsreise.[71] Anders ist dies, wenn der Rechtsanwalt von seinem Wohnort zu einem auswärtigen Termin fährt und von dort in seine Kanzlei.[72]

124 **Beispiel:**

Der in Potsdam wohnhafte Rechtsanwalt nimmt an einer Ortsbesichtigung durch den gerichtlich bestellten Sachverständigen in Brandenburg/Havel teil und fährt anschließend in seine Kanzlei nach Berlin-Charlottenburg.

Jedenfalls die Fahrt von Potsdam nach Brandenburg/Havel kann als Geschäftsreise abgerechnet werden.

125 Voraussetzung für die Abrechnung einer Geschäftsreise ist in jedem Fall, dass der Rechtsanwalt **anwaltlich tätig** gewesen ist (§ 1 Abs. 1 RVG).

126 Auch eine **Partei kraft Amtes**, etwa ein Konkursverwalter, Gesamtvollstreckungsverwalter oder Insolvenzverwalter, kann Geschäftsreisekosten nach Nrn. 7003 ff. VV RVG abrechnen.[73]

127 Für Reisen in **eigenen Rechtsangelegenheiten** fallen keine Geschäftsreisekosten an. Der Rechtsanwalt kann dann jedoch über § 91 Abs. 2 Satz 3 ZPO die Auslagen erstattet verlangen, die ihm als Geschäftsreisekosten bei einem Fremdmandat angefallen wären.[74]

---

69   S. LG Berlin, JurBüro 1980, 1078.
70   LG Berlin, a.a.O.
71   Anwkom-RVG-*N. Schneider*, § 28 Rn. 4.
72   A.A. Anwkom-RVG-*N. Schneider*, § 28 Rn. 4.
73   OLG Jena, OLGR 1995, 214 sowie NJ 2003, 602.
74   BGH, NJW 2003, 1534 = BRAGOreport 2003, 116; zur Kostenerstattung s.u. Rn. 187.

2. Die einzelnen Auslagen

Zu den Geschäftsreisekosten gehören   128

- Fahrtkosten bei Benutzung eines **eigenen Kraftfahrzeugs** (Nr. 7003 VV RVG),

- Fahrtkosten bei Benutzung **anderer Verkehrsmittel** (Nr. 7004 VV RVG),

- **Tage- und Abwesenheitsgeld** (Nr. 7005 VV RVG) sowie

- **sonstige Auslagen** anlässlich einer Geschäftsreise (Nr. 7006 VV RVG).

Andere Aufwendungen des Rechtsanwalts, die dieser anlässlich einer Geschäftsreise tä- 129
tigt, werden als allgemeine Geschäftskosten durch die Gebühren entgolten (Vorbem. 7
Abs. 1 VV RVG). Hierzu gehören insbesondere die Aufwendungen für die Anschaffung
einer **Bahncard**.[75]

II. Fahrtkosten bei Benutzung des eigenen Kraftfahrzeugs

Der Rechtsanwalt darf nach seinem pflichtgemäßen Ermessen Geschäftsreisen grds. mit 130
dem eigenen Kraftfahrzeug unternehmen. Dies gilt auch dann, wenn die Reise mit einem anderen Verkehrsmittel billiger gewesen wäre.[76] Nur in Missbrauchsfällen, in denen
die Benutzung anderer Verkehrsmittel deutlich billiger wäre und für die Benutzung des
Kraftfahrzeugs kein sachlicher Grund spricht, kann der Rechtsanwalt auf die Benutzung
eines kostengünstigeren Verkehrsmittels verwiesen werden.[77]

Andererseits kann dem Rechtsanwalt im Regelfall nicht vorgeschrieben werden, bei der 131
Geschäftsreise sein eigenes Kraftfahrzeug zu benutzen.[78]

1. Eigenes Kraftfahrzeug

Für den **Begriff des Kraftfahrzeugs** kann auf die Legaldefinition in § 1 Abs. 2 StVG zu- 132
rückgegriffen werden. Demnach versteht man unter Kraftfahrzeugen Landfahrzeuge, die
durch Maschinenkraft bewegt werden ohne an Bahngleise gebunden zu sein. Hierzu gehören insbesondere

- Personenkraftwagen,

- Motorrad,

- Moped,

- Mofa oder

- Fahrräder mit Hilfsmotor.

---

75   KG, BRAGOreport 2003, 9 [*Hansens*] = AGS 2003, 301 m. Anm. *N. Schneider*; VG Ansbach, AnwBl.
     2001, 185; s. auch oben Rn. 4.
76   OLG Bamberg, JurBüro 1981, 1350; BFH, BFHE 107, 97.
77   OLG Koblenz, JurBüro 1975, 348; OLG Nürnberg, AnwBl. 1972, 59; BFH, a.a.O.
78   AG Norden, AGS 1999, 192 m. Anm. *Warfsmann* = JurBüro 2000, 76.

133 Nicht hierunter fallen also Schienenfahrzeuge, Luftfahrzeuge oder Schiffe, die aber andere Verkehrsmittel i.S.v. Nr. 7004 VV RVG sind. Für die Benutzung eines **Fahrrades** kann der Rechtsanwalt nach Nr. 7006 VV RVG entstandene angemessene Auslagen ersetzt verlangen. Für einen **Fußweg** erhält der Rechtsanwalt im Regelfall überhaupt keine Auslagen.[79]

134 Es handelt sich um ein **eigenes Kraftfahrzeug,** wenn der Rechtsanwalt dessen Halter ist. Er muss also das Kraftfahrzeug für eigene Rechnung in Gebrauch haben und die Verfügungsgewalt darüber besitzen.[80] Der Rechtsanwalt muss also nicht notwendig auch Eigentümer des Kraftfahrzeugs sein.

135 *Beispiele:*

(1) Für das geleaste Kraftfahrzeug kann der Rechtsanwalt Fahrtkosten nach Nr. 7003 VV RVG berechnen.

(2) Für die Benutzung eines Mietwagens kann er hingegen nach Nr. 7006 VV RVG die Miete als sonstige Auslagen abrechnen.

2. Höhe der Fahrtkosten

136 Für die Benutzung des eigenen Kraftfahrzeugs erhält der Rechtsanwalt nach Nr. 7003 VV RVG eine Pauschale i.H.v. **0,30 € für jeden gefahrenen Kilometer.** Mit dieser Pauschale sind auch die Anschaffungs-, Unterhalts- und Betriebskosten sowie die Abnutzung des Kraftfahrzeugs abgegolten (Anm. zu Nr. 7003 VV RVG). Maßgeblich ist die **tatsächlich zurückgelegte Fahrtstrecke,** also jeder Kilometer des Hin- und Rückwegs. Hierbei ist der Rechtsanwalt nicht zwingend auf die **kürzeste** Fahrtstrecke verwiesen. Vielmehr kann er den nach seiner Wahl zweckmäßigen und verkehrsüblichen Fahrtweg wählen.

137 *Beispiel:*

Der maßvolle Umweg über eine Autobahn ist im Regelfall vertretbar.[81]

138 Selbst die Fahrtkosten für einen **größeren Umweg** sind dem Rechtsanwalt zu ersetzen, wenn die Wahl einer kürzeren Fahrtstrecke mit erheblich höherem Zeitaufwand verbunden wäre.[82]

139 *Beispiel:*

Die direkte Fahrtstrecke des Rechtsanwalts von seinem Kanzleisitz in Frankfurt/O. zum LG Berlin und zurück würde 194 Kilometer betragen. Die tatsächliche Fahrtstrecke über die

---

79   *Hansens,* JurBüro 1988, 1265, 1267.
80   *Hartmann,* KostG, Nr. 7006 VV RVG Rn. 13 f.
81   VG Würzburg, JurBüro 2000, 77.
82   KG, BRAGOreport 2003, 139 [*Hansens*] = KGR 2003, 360 = AGS 2004, 12 m. Anm. *N. Schneider.*

Bundesautobahn beträgt jedoch 270 Kilometer für die Hin- und Rückfahrt. Bei Benutzung dieser längeren Fahrtstrecke erspart der Rechtsanwalt jedoch einen Zeitaufwand von 2 x 54 Minuten.[83]

Der Rechtsanwalt erhält die Fahrtkosten für die längere Wegstrecke ersetzt, weil die höheren Fahrtkosten nach Nr. 7003 VV RVG durch das sonst höhere Tage- und Abwesenheitsgeld nach Nr. 7005 VV RVG mehr als aufgewogen werden.

Aus diesem Grund sind die höheren Fahrtkosten auch von der unterlegenen Gegenpartei zu erstatten.

Sonstige Auslagen, die der Rechtsanwalt anlässlich der Benutzung des eigenen Kraftfahrzeugs aufwendet, kann er nach Nr. 7006 VV RVG ersetzt verlangen.   140

III. Fahrtkosten bei Benutzung anderer Verkehrsmittel

Diese Fahrtkosten für eine Geschäftsreise bekommt der Rechtsanwalt nach Nr. 7004 VV   141
RVG ersetzt, soweit sie **angemessen** sind.

1. Andere Verkehrsmittel

Welches Verkehrsmittel der Rechtsanwalt bei Durchführung der Geschäftsreise benutzt,   142
unterliegt grds. seinem pflichtgemäßen Ermessen.[84] Die Fahrtkosten für die Benutzung
anderer Verkehrsmittel müssen lediglich **angemessen** sein.

Zu den anderen Verkehrsmitteln gehören insbesondere die öffentlichen Verkehrsmittel   143
wie die der Deutschen Bahn oder von Privatbahnen, von Bussen der öffentlichen oder
privaten Verkehrsunternehmen, Luftverkehrsmittel sowie Schiffe.

a) Flugzeug

Nach der früheren Rechtsprechung wurden die Aufwendungen des Rechtsanwalts für die   144
Benutzung des Flugzeugs nur unter besonderen Umständen, etwa bei erheblicher Zeitersparnis ersetzt. Dies gilt insbesondere für den Vergütungsanspruch des Rechtsanwalts
gegen die Staatskasse.[85] Im Zuge der Liberalisierung des Flugverkehrs und der Verringerung der Flugpreise dürfte das Argument der Zeitersparnis nicht mehr im Vordergrund
stehen. Vielfach sind die Flugkosten niedriger als die Kosten einer Bahnfahrt ohne oder
sogar mit Benutzung einer Bahncard. Deshalb sieht die Rechtsprechung in neuerer Zeit
diese Aufwendungen des Rechtsanwalts im Regelfall als ersatzfähig und auch erstattungsfähig an.[86]

---

83   So der Fall des KG, a.a.O.

84   AG Norden, JurBüro 2000, 76; *Hansens,* JurBüro 1988, 1265, 1266.

85   S. die Nachweise bei *Hansens,* BRAGO, § 28 Rn. 7.

86   LAG Frankfurt, BRAGOreport 2001, 190 [*Hansens*] = BB 2002, 104: Flug Berlin-Frankfurt/M.; LG
    Leipzig, JurBüro 2001, 586 = AGS 2001, 246 m. Anm. *Madert;* LG Freiburg, NJW 2003, 3359: Flug
    eines Pflichtverteidigers von Dresden nach Basel; LG Berlin, JurBüro 1999, 526.

145 Bei Inlandsflügen ist der Rechtsanwalt hierbei auf die **Economy-Class** verwiesen.[87] Bei Auslandsflügen darf er Business-Class reisen. Auf sog. **Sparflüge**, die nur unter ganz eingeschränkten Bedingungen und zu ungünstigen Zeiten zu erhalten sind, ist der Rechtsanwalt im Regelfall nicht zu verweisen.[88]

146 Nur wenn die Flugkosten i.V.m. weiteren Fahrtkosten, wie etwa Mietwagenkosten, die Aufwendungen für die Benutzung eines anderen Verkehrsmittels erheblich überschreiten, kann der Rechtsanwalt sie nicht ersetzt erhalten.[89]

b) Bahn

147 Zur Anschaffung und zur Benutzung einer **Bahncard** ist der Rechtsanwalt nicht verpflichtet.[90] Benutzt der Rechtsanwalt die Bahncard jedoch im Einzelfall, kann er lediglich den tatsächlichen, also verminderten Fahrtpreis ersetzt verlangen. Die Kosten der Bahncard kann er jedoch dem Auftraggeber auch nicht anteilig in Rechnung stellen. Diese Kosten gehören nämlich zu den allgemeinen Geschäftskosten.[91]

148 Bei der Benutzung der Bahn ist im Regelfall die Benutzung der **ersten Klasse** angemessen.[92]

149 Sonstige dem Rechtsanwalt anlässlich der Benutzung der Bahn entstehende Auslagen sind nach Nr. 7006 VV RVG zu ersetzen.

c) Schiff

150 Auch die Fahrtkosten für die Benutzung eines Schiffes sind dem Rechtsanwalt zu ersetzen, soweit sie angemessen sind.[93] Dies betrifft insbesondere die Benutzung von Linienschiffen im Inland. Die Schiffspassage nach Übersee dürfte hingegen nicht mehr angemessen sein.

d) Taxi

151 Ob die Benutzung eines Taxis ein anderes Verkehrsmittel i.S.v. Nr. 7004 VV RVG ist, mag zweifelhaft sein. Zählt man ein Taxi nicht zu den Verkehrsmitteln, so fallen die Aufwendungen hierzu jedenfalls zu den sonstigen Auslagen nach Nr. 7006 VV RVG. Unterschiede hierbei ergeben sich nicht, da in jedem Fall nur die angemessenen Taxikosten zu ersetzen sind.

---

87   VGH Baden-Württemberg, VA 2000, 202 m. Anm. *Trautner*; LG Freiburg, NJW 2003, 3360.
88   BVerwG, JurBüro 1989, 1456; *Hansens*, JurBüro 1988, 1265, 1268.
89   OLG Naumburg, ZfBR 2000, 627.
90   VG Freiburg, AnwBl. 1996, 589.
91   KG, BRAGOreport 2003, 9 [*Hansens*] = AGS 2003, 301 m. Anm. *N. Schneider*; OLG Karlsruhe, JurBüro 2000, 145 = Rpfleger 2000, 129; VG Ansbach, AnwBl. 2001, 185; a.A. LG Würzburg, AGS 1999, 53 m. Anm. *Madert*; *Mümmler*, JurBüro 1993, 336: Umlegung der Kosten auf alle mit der Bahncard unternommenen Fahrten, was völlig unpraktikabel ist.
92   VG Freiburg, AnwBl. 1996, 589.
93   *Hansens*, JurBüro 1988, 1265.

Für einen auswärtigen Rechtsanwalt ist die Benutzung eines Taxis am Zielort regelmäßig   152
erforderlich.[94] Auch die Taxikosten des Rechtsanwalts zu einem auswärtigen Termin können anstelle der Benutzung des eigenen PKW zu ersetzen sein.[95] Demgegenüber will das
Bundespatentgericht[96] dem Rechtsanwalt Taxikosten für die Fahrt vom Flughafen München zum Münchener Hotel nur in Höhe der Kosten für Fahrten mit der S-Bahn gewähren.

e) Andere Verkehrsmittel

Auch die Fahrtkosten für die Benutzung anderer Verkehrsmittel kann der Rechtsanwalt   153
in angemessener Höhe ersetzt verlangen. Hierzu gehören insbesondere die Kosten für
den **Zugang und Abgang** zum Flughafen oder zum Bahnhof.

2. Höhe der Fahrtkosten

Soweit die Fahrtkosten bei Benutzung anderer Verkehrsmittel angemessen waren, kann   154
der Rechtsanwalt sie in **tatsächlicher Höhe** berechnen.

IV. Tage- und Abwesenheitsgeld

Nach Nr. 7005 VV RVG erhält der Rechtsanwalt neben den Fahrtkosten ein Tage- und   155
Abwesenheitsgeld. Dieses beträgt bei einer Geschäftsreise:

Dauer	Inland	Ausland
bis zu 4 Stunden	20,00 €	30,00 €
4 bis 8 Stunden	35,00 €	52,50 €
mehr als 8 Stunden	60,00 €	90,00 €

Nach der Anm. zu Nr. 7005 VV RVG kann bei Auslandsreisen zu den für Inlandsreisen   156
vorgesehenen Beträgen ein Zuschlag von 50 % berechnet werden. Dieser Zuschlag ist
ein **Festbetrag**. Das Wort „kann" bezieht sich auf die Berechnung, nicht auf die Höhe
des Zuschlages, der vom Gesetz mit „50 %" und nicht mit „bis zu 50 %" bezeichnet
worden ist. Deshalb kommt auch eine Bestimmung der Höhe des Zuschlags durch den
Rechtsanwalt entsprechend § 14 RVG nicht in Betracht.[97]

---

94   LG Berlin, JurBüro 1999, 526.
95   AG Norden, JurBüro 2000, 76 m. Anm. *Warfsmann* = AGS 1999, 192.
96   GRUR 1996, 303.
97   A.A. *Mayer/Kroiß/Ebert*, RVG, Nr. 7006 VV RVG Rn. 9.

157 Eine Erhöhung des Tage- und Abwesenheitsgeldes bei Geschäftsreisen am **Wochenende** oder an **Feiertagen** ist gesetzlich nicht vorgesehen.

158

> **Hinweis:**
>
> Ist das Tage- und Abwesenheitsgeld im Einzelfall zu niedrig, kann der Rechtsanwalt unter Berücksichtigung der Formvorschriften des § 4 RVG ein höheres Tage- und Abwesenheitsgeld mit dem Auftraggeber vereinbaren.

1. Abgeltungsbereich

159 Durch das Tage- und Abwesenheitsgeld werden sämtliche Mehrkosten, die nicht durch die Auslagentatbestände in Nrn. 7003, 7004 und 7006 VV RVG abgedeckt sind, abgegolten. Hierzu gehören insbesondere die Kosten für

- die Verpflegung wie Mittagessen oder Frühstück im Hotel oder

- für die Unterkunft mit Ausnahme der Kosten einer Übernachtung.

2. Reisedauer

160 Maßgeblich ist die tatsächliche Reisedauer vom Antritt der Geschäftsreise bis zu deren Beendigung. Fällt die Reise in die Mittagszeit, ist der Zeitraum für ein Mittagessen des Rechtsanwalts einzurechnen.[98]

161 Findet die Geschäftsreise an **mehreren Tagen** statt, so ist bei der Bemessung des Tage- und Abwesenheitsgeldes der Zeitaufwand an jeden Tag gesondert zu berechnen.[99]

> *Beispiel:*
>
> *Der Rechtsanwalt tritt die Geschäftsreise mit dem Nachtzug am Montag gegen 21.00 Uhr an und beendet sie am Dienstag gegen 16.00 Uhr. Er kann an Tage- und Abwesenheitsgeldern berechnen:*
>
> | | |
> |---|---:|
> | *für den Montag bis zu 4 Stunden* | *20,00 €* |
> | *für den Dienstag mehr als 8 Stunden* | *+ 60,00 €* |
> | *Summe:* | *80,00 €* |

---

98 VG Stuttgart, AnwBl. 1984, 323 und 5062.
99 OLG Düsseldorf, JurBüro 1993, 674 = Rpfleger 1993, 463.

V. Sonstige Auslagen

Im Gegensatz zur BRAGO, in der Parkgebühren (§ 28 Abs. 2 Nr. 1 BRAGO) und Über- 162
nachtungskosten (§ 28 Abs. 3 Satz 2 BRAGO) ausdrücklich genannt wurden, bezeichnet
das RVG den Begriff der „sonstigen Auslagen" nicht. Nach Nr. 7006 VV RVG sind sonstige Auslagen anlässlich einer Geschäftsreise zu ersetzen, soweit sie angemessen sind.

163

> **Hinweis:**
>
> Damit ermöglicht der Wortlaut des Gesetzes dem Rechtsanwalt, sämtliche angemes-
> senen Auslagen für eine Geschäftsreise ersetzt zu erhalten.

1. Auslagen anlässlich der Benutzung eines eigenen Kraftfahrzeugs

Hierzu gehören insbesondere die dem Rechtsanwalt bei der Fahrt mit dem eigenen PKW 164
angefallenen sonstigen Auslagen, z.B.

* Parkgebühren,

* Entgelte für Fähren,[100]

* Straßenbenutzungsgebühren bei privaten Autobahnen,

* Brückengelder,

* Mautgebühren.

Nicht zu ersetzen sind hingegen Aufwendungen, die bei den betreffenden Fahrten nicht 165
regelmäßig anfallen, wie z.B.

* Abschleppkosten im Falle einer Panne oder

* Aufwendungen, die einen längeren Zeitraum als für die betreffende Geschäftsreise
  benötigt, abgelten wie z.B. die Kosten einer Vignette.

2. Auslagen anlässlich der Benutzung eines anderen Verkehrsmittels

Unter die Auslagen anlässlich der Benutzung eines anderen Verkehrsmittels fallen insbe- 166
sondere

* Ticketgebühren,

* Auslagen für die Platzreservierung,

* Zuschläge für zuschlagspflichtige Züge,

---

100 *Otto,* JurBüro 1994, 385, 392.

- Aufwendungen für Platzkarten oder

- Aufwendungen für die Benutzung von Liege- oder Schlafwagen,

- Aufwendungen für Schiffskabinen sowie

- Aufwendungen für die Gepäckbeförderung, Gepäckaufbewahrung und Gepäckversicherung.

167   Ob hierzu auch die Kosten einer **Flugunfallversicherung** gehören, ist umstritten. Die hierzu bekannt gewordene Rechtsprechung befasst sich meist mit dem Anspruch des Pflichtverteidigers gegen die Staatskasse.[101]

3. Übernachtungskosten

168   Auch die Übernachtungskosten kann der Rechtsanwalt ersetzt verlangen, wenn ihm die **Hin- und Rückreise nicht am selben Tag** zumutbar ist.[102] Hierbei geht die Rechtsprechung jedoch von unterschiedlichen Anforderungen aus. Nach Auffassung des OLG Karlsruhe[103] ist dem Rechtsanwalt der Antritt der Reise vor 6.00 Uhr und die Rückreise nach 22.00 Uhr nicht mehr zuzumuten. Das KG[104] mutet dem Rechtsanwalt im Einzelfall hingegen zu, um 5.00 Uhr aufzustehen, um eine Übernachtung zu vermeiden.

169   Auch die Übernachtungskosten müssen im Einzelfall **angemessen** sein. Die Übernachtung in einem Luxushotel ist deshalb grds. nicht mehr angemessen.[105] Teilweise knüpft die Rechtsprechung an das betreffende Mandat an. Nach Auffassung des OLG Dresden[106] ist der Strafverteidiger bei einem in äußerst bescheidenen wirtschaftlichen Verhältnissen lebenden Mandanten auf ein Einzelzimmer in einem guten Mittelklassehotel mit modernem Komfort zum Preis von 240 DM verwiesen. Das Bundespatentgericht[107] knüpft demgegenüber an den Gegenstandswert an und hält Übernachtungskosten i.H.v. 300 DM bei einem Wert von 5 Millionen DM für angemessen.

170   Soweit in dem berechneten Übernachtungspreis die Aufwendungen für das **Frühstück** enthalten sind, ist dieser Betrag herauszurechnen.[108] Das Frühstück wird nämlich durch das Tage- und Abwesenheitsgeld abgegolten.[109]

---

101 Ja: OLG Düsseldorf, AnwBl. 1978, 471; OLG Hamm, NJW 1973, 2120; OLG München, JurBüro 1983, 12; LG Frankfurt, AnwBl. 1978, 472; Nein: OLG Bamberg, JurBüro 1979, 374 und 1030.

102 S. LG Flensburg, JurBüro 1976, 1650.

103 Justiz 1985, 473.

104 AGS 2003, 499 m. Anm. *N. Schneider* = BRAGOreport 2003, 37 [*Hansens*] = KGR 2003, 314.

105 OLG Karlsruhe, AnwBl. 1986, 110; LG Berlin, AnwBl. 1971, 326.

106 BRAGOreport, 2002, 127 = AGS 2003, 107.

107 GRUR 1996, 303.

108 KG, Rpfleger 1994, 430.

109 OLG Karlsruhe, AnwBl. 1986, 110.

Neben den reinen Übernachtungskosten kann der Rechtsanwalt auch **Trinkgelder** in der   171
üblichen Höhe ersetzt verlangen.

Die Übernachtung in Schlafwagen, Flugzeug usw. wird durch die Fahrtkosten selbst bzw.   172
die ggf. gesondert berechneten Zuschläge abgegolten.

Übernachtungskosten kann der Rechtsanwalt nur berechnen, wenn ihm solche Kosten   173
tatsächlich angefallen sind. Übernachtet er beispielsweise kostenfrei bei Freunden, kann
er auch keine Übernachtungskosten beanspruchen.

VI.   Eine Reise für mehrere Geschäfte

Dient eine Reise mehreren Geschäften, sind die entstandenen Auslagen für die Ge-   174
schäftsreise nach dem Verhältnis der Kosten zu verteilen, die bei gesonderter Ausführung
der einzelnen Geschäfte entstanden wären (Vorbem. 7 Abs. 3 Satz 1 VV RVG). Hierbei
können unterschiedliche Sachverhaltsgestaltungen vorliegen.

1.   Gleichzeitige Wahrnehmung mehrerer Termine am Reiseziel

Nimmt der Rechtsanwalt am Zielort seiner Geschäftsreise gleichzeitig mehrere Termine   175
wahr, so sind die Reiseauslagen im Regelfall gleichmäßig aufzuteilen.[110]

Beispiel: 176

Der Rechtsanwalt fährt von seiner Kanzlei 250 Kilometer zum LG Köln. Dort nimmt er für
verschiedene Auftraggeber am selben Tage drei Verhandlungstermine wahr und zwar für
A im Zeitraum von 9.30 – 11.00 Uhr, für B von 11.00 – 11.40 Uhr und für C von 12.00
– 13.00 Uhr. Die Fahrtzeit betrug je Fahrstrecke 3 Stunden. Dem Rechtsanwalt sind 10 €
Parkgebühren entstanden.

*I.   Die **Gesamtabrechnung** lautet:*

1. Fahrtkosten für die Benutzung des eigenen Kraftfahrzeugs,
*   Nr. 7003 VV RVG 500 km à 0,30 €*   150,00 €

2. Tage- und Abwesenheitsgeld, Nr. 7005 Nr. 3 VV RVG über 8 Stunden   60,00 €

3. Parkgebühren, Nr. 7006 VV RVG   10,00 €

Summe: **220,00 €**

zuzüglich Umsatzsteuer

*II. Bei **gesonderter Abrechnung** der Geschäftsreise für jeden Auftraggeber ist davon aus-*
zugehen, dass die Geschäftsreise für jeden einzelnen Auftraggeber ebenfalls mehr als 8
Stunden gedauert hätte. Allein der Zeitaufwand für die An- und Abreise hat 3 Stunden

---

110   FG Baden-Württemberg, EFG 2002, 497.

gedauert, die reine Terminsdauer für den Auftraggeber A 90 Minuten, für den Auftragge-
ber B 40 Minuten und für den Auftraggeber C 60 Minuten. Ferner wären noch ein Zeit-
polster und die übliche Wartezeit einzukalkulieren. Es ist deshalb gerechtfertigt, die ge-
samten Reisekosten anteilig auf alle drei Auftraggeber zu verteilen. Der Rechtsanwalt stellt
deshalb jedem Auftraggeber

1/3 von 220 € =   *73,33 €*

in Rechnung.

2. Rundreise

177 Auch in diesem Fall sind die Geschäftsreisekosten nach dem Verhältnis der Kosten zu verteilen, die bei gesonderter Ausführung der einzelnen Geschäfte entstanden wären.

178 Es ist also wie folgt vorzugehen:

- Zunächst müssen die Reisekosten berechnet werden, die bei der Erledigung der mehreren Geschäfte **tatsächlich entstanden** sind.

- Dann erfolgen **Einzelberechnungen**, als ob der Rechtsanwalt die jeweilige Geschäftsreise in jeder Angelegenheit allein durchgeführt hätte.

- Dann ist die Summe der sich aus den Einzelberechnungen ergebenden **Geschäfts-
  reisekostensumme** zu ermitteln.

- Die Kosten der fiktiven Einzelreise sind mit den tatsächlichen Gesamtkosten zu mul-
  tiplizieren und durch den Gesamtbetrag der fiktiven Einzelreisekosten zu dividieren,
  also nach der Formel:

$$\frac{\text{Kosten der fiktiven Einzelreise x tatsächliche Gesamtreisekosten}}{\text{Summe aller fiktiven Einzelreisekosten}}$$

179 **Beispiel:**

Der Rechtsanwalt mit Kanzlei unternimmt für drei verschiedene Auftraggeber an zwei auf-
einander folgenden Tagen eine Geschäftsreise mit dem eigenen Kraftfahrzeug. Er fährt für
den Auftraggeber A von Braunschweig nach Hannover 68 Kilometer, für den Auftragge-
ber B von Hannover nach Bremen 123 Kilometer, für den Auftraggeber C von Bremen nach
Hamburg 120 Kilometer und von Hamburg in seine Kanzlei nach Braunschweig zurück
200 Kilometer, insgesamt also 511 Kilometer. Die einzelnen Fahrtstrecken von Braun-
schweig betragen nach Hannover 68 Kilometer, nach Bremen 172 Kilometer und nach
Hamburg 200 Kilometer.

*II. Für die Durchführung dieser Geschäftsreise sind dem Rechtsanwalt folgende **Fahrt-***
kosten tatsächlich entstanden:

1. *Fahrtkosten für die Benutzung eines eigenen Kraftfahrzeugs,
   Nr. 7003 VV RVG, 511 Kilometer x 0,30 €*   153,30 €

2. *Tage- und Abwesenheitsgeld, Nr. 7005 Nr. 3 VV RVG,
   2 x mehr als 8 Stunden*   120,00 €

3. *Übernachtungskosten, Nr. 7006 VV RVG*   + 120,00 €

Summe: **393,30 €**

II. Einzelberechnungen

A. Braunschweig – Hannover

1. *Fahrtkosten für die Benutzung eines eigenen Kraftfahrzeugs,
   Nr. 7003 VV RVG, 136 Kilometer x 0,30 €*   40,80 €

2. *Tage- und Abwesenheitsgeld, Nr. 7005 Nr. 2 VV RVG,
   mehr als 4 – 8 Stunden*   + 35,00 €

Summe: **75,80 €**

B. Braunschweig – Bremen

1. *Fahrtkosten für die Benutzung eines eigenen Kraftfahrzeugs,
   Nr. 7003 VV RVG, 344 Kilometer x 0,30 €*   103,20 €

2. *Tage- und Abwesenheitsgeld, Nr. 7005 Nr. 3 VV RVG,
   über 8 Stunden*   + 60,00 €

Summe: **163,20 €**

C. Braunschweig – Hamburg

1. *Fahrtkosten für die Benutzung eines eigenen Kraftfahrzeugs,
   Nr. 7003 VV RVG, 400 Kilometer x 0,30 €*   120,20 €

2. *Tage- und Abwesenheitsgeld, Nr. 7005 Nr. 3 VV RVG,
   über 8 Stunden*   + 60,00 €

Summe: **180,00 €**

Gesamtbetrag Reisen A – C: **419,00 €**

Die Verteilung der Kosten erfolgt nach der vorstehend angegebenen Formel.

Für **Reise A** $\dfrac{75,80 \text{ € } x\, 393,30 \text{ €}}{419,00 \text{ €}} =$ 71,15 €

Für **Reise B** $\dfrac{163,20 \text{ € } x\, 393,30 \text{ €}}{419,00 \text{ €}} =$ 153,19 €

Für **Reise C** $\dfrac{180,00 \text{ € } x\, 393,30 \text{ €}}{419,00 \text{ €}} =$ + 168,96 €

Summe: **393,30 €**

Der Rechtsanwalt berechnet also

- *dem Auftraggeber A 71,15 €,*
- *dem Auftraggeber B 153,19 € und*
- *dem Auftraggeber C 168,96 €.*

VII. Verlegung der Kanzlei

180 Verlegt der Rechtsanwalt während eines laufenden Mandats seine Kanzlei an einen anderen Ort, kann er Auslagen für eine Geschäftsreise nur insoweit verlangen, als sie auch von seiner bisherigen Kanzlei aus entstanden wären (Vorbem. 7 Abs. 3 Satz 2 VV RVG). Hierbei muss der Anwalt seine Kanzlei an einen anderen Ort außerhalb der bisherigen Gemeindegrenzen verlegt haben. Bei Fortführung des vor der Verlegung erteilten Auftrags schuldet der Auftraggeber dann seinem Rechtsanwalt höchstens die Reisekosten, die ohne Verlegung der Kanzlei entstanden wären.

181 **Beispiel:**

*Bei Erteilung des Prozessmandats hatte der Rechtsanwalt seine Kanzlei in Hannover. Die mündliche Verhandlung in dieser Sache findet vor dem LG Braunschweig statt. Vor dem Verhandlungstermin verlegt er seine Kanzlei nach Bremen. Von dort aus nimmt er den Verhandlungstermin vor dem LG Braunschweig wahr. Für diese **Geschäftsreise** sind dem Rechtsanwalt folgende Auslagen angefallen:*

1. *Fahrt mit dem eigenen PKW von Bremen nach Braunschweig, Nr. 7003 VV RVG 344 km à 0,30 €,*	*103,20 €*
2. *Tage- und Abwesenheitsgeld, 4 – 8 Stunden, Nr. 7005 Nr. 2 VV RVG*	*+ 35,00 €*
Summe:	*138,20 €*

Wäre der Rechtsanwalt von seinem ursprünglichen Kanzleiort nach Braunschweig gefahren, wären ihm nur folgende Auslagen entstanden:

1. *Fahrt mit dem eigenen PKW von Hannover nach Braunschweig, 7003 VV RVG, 136 km à 0,30 €*	*40,80 €*
2. *Tage- und Abwesenheitsgeld, Nr. 7005 Nr. 1 VV RVG, bis 4 Stunden,*	*+ 20,00 €*
Summe:	*60,80 €*

Nur diesen geringeren Betrag kann der Rechtsanwalt seinem Auftraggeber in Rechnung stellen.

Werden die Reisekosten durch die Verlegung der Kanzlei hingegen niedriger, kann der 182
Rechtsanwalt von seinem Auftraggeber auch nur die geringeren Reiseauslagen verlangen.[111]

Beispiel: 183

Verlegt der Rechtsanwalt im vorstehenden Beispiel seine Kanzlei von Bremen nach Hannover, so kann er seinem Auftraggeber auch nur die tatsächlich angefallenen Reiseauslagen für die Fahrt von Hannover zum LG Braunschweig i.H.v. 60,80 € berechnen.

Verlegt der Rechtsanwalt während des Mandats seinen **Wohnsitz** außerhalb seiner bis- 184
herigen Wohnsitz-Gemeinde, fehlt es an einer vergleichbaren Regelung. Folglich kann
der Rechtsanwalt seinem Auftraggeber die hierdurch erstmals oder höher als bisher anfallenden Reisekosten berechnen.

Beispiele: 185

(1) Der Berliner Prozessbevollmächtigte fährt von seinem Berliner Wohnsitz zu dem Gerichtstermin beim AG Berlin-Schöneberg. Da bereits keine Geschäftsreise i.S.d. Vorbem. 7 Abs. 2 VV RVG vorliegt, entstehen dem Rechtsanwalt auch keine Auslagen für eine Geschäftsreise.

(2) Der Rechtsanwalt verlegt während des Mandats seinen Wohnsitz nach Potsdam. Von dort tritt er die Fahrt zu dem AG Berlin-Schöneberg an. Nunmehr liegt das Reiseziel außerhalb der Gemeinde, in der sich die Wohnung des Anwalts befindet. Er kann deshalb seinem Auftraggeber Geschäftsreisekosten berechnen.

Auf **Gebühren** ist die Regelung in Vorbem. 7 Abs. 3 Satz 2 VV RVG nicht anwendbar. 186
Das OLG Brandenburg[112] hat die bisherige Regelung des § 30 BRAGO jedoch für die Gebührenermäßigung nach dem Einigungsvertrag in dem Fall entsprechend angewandt,
in dem der Anwalt seine Kanzlei aus dem Beitrittsgebiet in ein altes Bundesland verlegt
hat. In einem solchen Fall dürfte es jedoch auf den Kanzleisitz zum Zeitpunkt der Antragserteilung ankommen.[113] Folglich kann der Rechtsanwalt dann auch nur die nach dem
Einigungsvertrag ermäßigten Gebühren berechnen. Für die Anwendung des RVG stellt
sich diese Frage ohnehin nicht, da die Ermäßigungsmaßgaben des Einigungsvertrags für
dieses Gesetz nicht gelten.

---

111 *Hansens*, JurBüro 1988, 1265, 1273.
112 OLGR 1995, 79 = AGS 1997, 52 = MDR 1995, 858.
113 KG, JurBüro 1992, 807 = DtZ 1992, 395.

VIII. Kostenerstattung

1. Allgemeine Grundsätze

187   Im gerichtlichen Verfahren sind die Reisekosten des Rechtsanwalts unter Berücksichtigung der für das jeweilige Verfahren geltenden Prozessordnung erstattungsfähig. Hierbei können die Fahrtkosten auch dann zu erstatten sein, wenn der Rechtsanwalt wegen einer mehrstündigen Sperrung der Autobahn den Verhandlungstermin vor Gericht erst nach dem Ende des Termins erreicht.[114] Die Reisekosten können auch dann zu erstatten sein, wenn der Rechtsanwalt kurz vor Antritt der Reise zum Termin zwar die Antragsrücknahme des Gegners per Telefax erhalten hat, das Gericht ihm jedoch auf telefonische Nachfrage mitgeteilt hat, eine Rücknahme liege auf der Geschäftsstelle nicht vor.[115]

2. Zivilsachen

188   Gemäß § 91 Abs. 2 Satz 1 1. Halbs. ZPO sind die Gebühren und Auslagen des Rechtsanwalts der obsiegenden Partei kraft Gesetzes erstattungsfähig. Reisekosten eines Rechtsanwalts, der nicht bei dem Prozessgericht zugelassen ist und am Ort des Prozessgerichts auch nicht wohnt, sind jedoch nach § 91 Abs. 2 Satz 1 2. Halbs. ZPO nur insoweit zu erstatten, als die Zuziehung zur zweckentsprechenden Rechtsverfolgung oder Rechtsverteidigung notwendig war. Die bisherige Regelung in § 91 Abs. 2 Satz 2 ZPO, nach der die Mehrkosten nicht zu erstatten sind, die dadurch entstanden sind, dass der bei dem Prozessgericht zugelassene Rechtsanwalt seinen Wohnsitz oder seine Kanzlei nicht an dem Ort hat, an dem sich das Prozessgericht oder eine auswärtige Abteilung dieses Gerichts befindet, ist durch Art. 4 Abs. 20 Nr. 2 KostRMoG vom 12.5.2004[116] aufgehoben worden. Diese unterschiedliche Regelung war nach **Wegfall der Beschränkung der Postulationsfähigkeit** nicht mehr sachgerecht. Damit kommt es bei allen nicht ortsansässigen Rechtsanwälten darauf an, ob deren **Zuziehung notwendig** i.S.v. § 91 Abs. 2 Satz 1 2. Halbs. 2 ZPO war.

a)   Prozessbevollmächtigter

189   Im Regelfall schaltet eine auswärtige Partei einen Rechtsanwalt an ihrem Wohnsitz oder Geschäftsort oder in dessen Nähe ein und lässt sich dann auch von diesem vor dem Prozessgericht vertreten. Die Terminsreisekosten des Prozessbevollmächtigten sind dann im Regelfall bis zur Höhe der Mehrkosten erstattungsfähig, die durch die Einschaltung eines Terminsvertreters (**Unterbevollmächtigen**) angefallen wären.[117]

---

114   OLG Celle, NJW-RR 2004, 716.
115   OLG Naumburg, OLGR 2000, 140.
116   BGBl. I, S. 718, 834
117   Grundlegend BGH, NJW 2003, 898 = JurBüro 2003, 202 m. Anm. *Enders* = AGS 2003, 97 m. Anm. *Madert* = BRAGOreport 2003, 13 [*Hansens*], ausführlich s. Teil 7 Rn. 542 ff.

b) Beweisanwalt

Die Wahrnehmung auch auswärtiger Beweistermine ist grds. Aufgabe des Prozessbe- 190
vollmächtigten. Deshalb sind auch dessen entstehende Reisekosten dem Grunde nach
erstattungsfähig. Der Höhe nach sind sie beschränkt auf die Kosten für die Hinzuziehung
eines Terminsvertreters (Beweisanwalt).[118]

c) Prozesskostenhilfe und Beratungshilfe

aa) Prozesskostenhilfe

Abweichend von der bisherigen Regelung in § 126 Abs. 1 Satz 2 BRAGO werden gemäß 191
§ 46 Abs. 1 RVG Reisekosten des im Rahmen der **Prozesskostenhilfe** beigeordneten
Rechtsanwalts nur dann nicht vergütet, wenn sie zur sachgemäßen Durchführung der
Angelegenheit nicht erforderlich waren. Dies wird eingeschränkt durch die Regelung in
§ 121 Abs. 3 ZPO, nach der ein bei dem Prozessgericht nicht zugelassener Rechtsanwalt
nur beigeordnet werden kann, wenn dadurch weitere Kosten nicht entstehen. Solche
Mehrkosten können in der Form von Terminsreisekosten des auswärtigen Prozessbevollmächtigten aber auch durch Einschaltung eines weiteren Rechtsanwalts (Terminsvertreter) entstehen. Wegen dieser Problematik der Mehrkosten hat sich die Praxis vielfach damit beholfen, der bedürftigen Partei einen auswärtigen Rechtsanwalt nur **"zu den Bedingungen eines am Gerichtsort ansässigen Rechtsanwalts"** beizuordnen. Hierbei war
umstritten, ob diese einschränkende Beiordnung nur mit Zustimmung des Rechtsanwalts
oder auch ohne dessen (ausdrückliche) Zustimmung erfolgen konnte.

Diese Praxis hat der **BGH** in einer **grundlegenden Entscheidung**[119] beanstandet. Wenn 192
das Gericht einen nicht am Ort des Prozessgerichts niedergelassenen Rechtsanwalt als
Hauptbevollmächtigten beiordne, bestehe kein Bedarf für die Beiordnung eines weiteren
Rechtsanwalts als Verkehrsanwalt, was gemäß § 121 Abs. 4 ZPO grds. zulässig ist. Dafür
sei der auswärtige Rechtsanwalt grds. berechtigt, seine Reisekosten abzurechnen.[120] Damit kommt die Beiordnung eines nicht im Gerichtsbezirk niedergelassenen Prozessbevollmächtigten zu den Bedingungen eines ortsansässigen Rechtsanwalts nur dann in Betracht, wenn bei Bestellung eines ortsansässigen Rechtsanwalts nicht die Beiordnung eines weiteren Verkehrsanwalts nach § 121 Abs. 4 ZPO erforderlich wäre. Ob dies der Fall
ist, beurteilt sich nach denselben Voraussetzungen wie für die Notwendigkeit der Hinzuziehung eines am Wohnort oder Geschäftssitz kanzleiansässigen auswärtigen Prozessbevollmächtigten (s. vorstehend Rn. 180).[121]

---

118 S. OLG Düsseldorf, JurBüro 1992, 34 = Rpfleger 1992, 36 = AnwBl. 1992, 44; OLG Hamm, JurBüro 1984, 1565; s. ferner Teil 7 Rn. 538.
119 BGH, Beschl. v. 23.6.2004 – XII ZB 61/04.
120 OLG Frankfurt, OLGR 2002, 340; OLG Koblenz, NJW-RR 2002, 420; KG, KGR 2004, 17; a.A. OLG
Naumburg, OLGR 2001, 486.
121 Zu den praktischen Auswirkungen der bisherigen Rechtsprechung ausführlich *Mayer/Kroiß/Ebert*,
RVG, § 46 Rn. 73 ff.

193   Nach Auffassung des OLG Stuttgart[122] bekommt der beigeordnete Rechtsanwalt aus der Landeskasse dann keine Reisekosten ersetzt, wenn ihn die Benachrichtigung einer am Nachmittag des Vortags verfügten Terminsverlegung vor Antritt der Reise nicht erreicht.

bb) Beratungshilfe

194   Der Beratungshilfe gewährende Rechtsanwalt erhält gemäß § 46 Abs. 1 RVG aus der Landeskasse seine Reisekosten nur dann nicht ersetzt, wenn die Reise zur sachgemäßen Durchführung der Beratungshilfeangelegenheit nicht erforderlich war (s. hierzu Teil 6 Rn. 185 ff.).

3. Strafsachen

a) Wahlverteidiger

195   Zu den nach § 467 StPO von der Staatskasse zu erstattenden notwendigen Auslagen des Angeschuldigten gehören gemäß § 464a Abs. 2 StPO auch die Gebühren und Auslagen eines Rechtsanwalts. Hiervon erfasst sind auch dessen **Reisekosten**, soweit sie nach § 91 Abs. 2 Satz 1 2. Halbs. ZPO ausnahmsweise zu erstatten sind. Welche Umstände hierbei zu berücksichtigen sind, ist in der Rechtsprechung umstritten.

196   Nach einer Auffassung genügt das besondere Vertrauen des Angeschuldigten in den auswärtigen Verteidiger oder dessen besonders gute Kenntnisse.[123] Nach anderer Auffassung müssen besondere Umstände vorliegen, die die Hinzuziehung des auswärtigen Verteidigers rechtfertigen.[124]

b) Pflichtverteidiger

197   Dessen Reisekosten werden nach § 46 Abs. 1 RVG nur dann nicht vergütet, wenn sie zur sachgemäßen Verteidigung nicht erforderlich waren. Wird ein **auswärtiger Pflichtverteidiger** bestellt, sind grds. auch die **Mehrkosten** zu erstatten, die dadurch entstehen, dass der Pflichtverteidiger nicht am Gerichtsort seine Kanzlei unterhält.[125] Dies gilt dann auch für Besuche des in Untersuchungshaft befindlichen Angeklagten.

198

> **Hinweis:**
>
> In der Praxis wird versucht, die Ersatzpflicht der Landeskasse mit einer einschränkenden Bestellung „zu den Bedingungen eines hiesigen Anwalts" zu umgehen. Eine solche einschränkende Bestellung kann den Anspruch des auswärtigen Pflichtverteidigers jedoch nicht einschränken.[126] Ob ein entsprechender Verzicht des Pflichtverteidigers auf die Mehrkosten widerruflich ist, ist allerdings umstritten.[127]

---

122   OLGR 2003, 388 = AGS 2003, 246 m. Anm. *N. Schneider.*
123   S. OLG Nürnberg, JurBüro 1970, 955; OLG Köln, AGS 1993, 60.
124   OLG Bamberg, JurBüro 1989, 241: abgelegenes Rechtsgebiet.
125   BVerfG, NJW 2001, 1269 = Rpfleger 2001, 198 = BRAGOreport 2001, 60.
126   OLG Düsseldorf, JurBüro 1985, 415 = AnwBl. 1985, 152; OLG Frankfurt, StV 1989, 241.
127   Ja: OLG Hamm, AnwBl. 1982, 215; nein: OLG Köln, StV 1992, 8.

4.　Arbeitsrechtsstreitigkeiten

Auch hier ist die Hinzuziehung eines Prozessbevollmächtigten am Sitz oder Wohnort der　199
Partei regelmäßig notwendig, so dass dessen **Terminsreisekosten** grds. erstattungsfähig
sind.[128] Insoweit gelten also weitgehend dieselben Grundsätze wie in Zivilsachen (s.o.
Rn. 188). Allerdings ist der **Ausschluss der Kostenerstattung** im **erstinstanzlichen Arbeitsgerichtsverfahren** nach § 12a Abs. 1 ArbGG zu beachten.

5.　Verwaltungsgerichtliche Verfahren

Gemäß § 162 Abs. 2 VwGO sind die Gebühren und Auslagen eines Rechtsanwalts ohne　200
die in § 91 Abs. 2 Satz 1 2. Halbs. ZPO vorgenommene Einschränkung erstattungsfähig.
Schaltet die Partei oder der Beteiligte in einer Verwaltungsstreitsache einen in der Nähe
seines Wohnsitzes oder Geschäftsorts ansässigen Prozessbevollmächtigten ein, sind dessen Terminsreisekosten im Regelfall zu erstatten.[129] Dies gilt selbst dann, wenn die Verhandlung vor dem Bundesverwaltungsgericht in (seinerzeit) Berlin stattfindet.[130]

Auch die Reisekosten eines Prozessbevollmächtigten zur Ortsbesichtigung, etwa zur Be-　201
sichtigung eines Bebauungsplangebietes zwecks persönlicher Information über die örtlichen Gegebenheiten, können erstattungsfähig sein.[131]

6.　Vergabesachen

Auch die Reisekosten des auswärtigen Verfahrensbevollmächtigten zum Termin vor der　202
Vergabekammer sind im Regelfall erstattungsfähig.[132]

E.　Haftpflichtversicherungsprämie

I.　Allgemeines

Die Prämie des Rechtsanwalts für eine Haftpflichtversicherung für Vermögensschäden ge-　203
hört im Regelfall zu den allgemeinen Geschäftskosten und wird nach Vorbem. 7 Abs. 1
Satz 1 VV RVG durch die Gebühren abgegolten. Hiervon macht die Regelung in Nr. 7007
VV RVG – als **Neuerung gegenüber der BRAGO** – eine Ausnahme. Dies beruht auf dem
Umstand, dass – abweichend vom bisherigen Recht – der **Gegenstandswert** gemäß § 22
Abs. 2 Satz 1 RVG in derselben Angelegenheit **höchstens 30 Mio. €** beträgt. Sind in der-

---

128　BAG, NJW 1963, 1027.
129　VGH München, AnwBl. 1974, 50.
130　OVG Koblenz, NJW 1982, 1796.
131　OVG Rheinland-Pfalz, JurBüro 2001, 427 = AnwBl. 2001, 442 = Rpfleger 2001, 373.
132　OLG Naumburg, ZfBR 2002, 627.

selben Angelegenheit **mehrere** Personen **Auftraggeber**, beträgt der Wert für jede Person höchstens 30 Mio. €, insgesamt jedoch **nicht mehr als 100 Mio. €** (§ 22 Abs. 2 Satz 2 RVG).

204

Eine **1,0 Gebühr** beträgt damit	
• für einen Auftraggeber mit einem Gegenstandswert von 30 Mio. €	91.496 €,
• für zwei Auftraggeber mit einem Gesamtgegenstandswert von 60 Mio. €	181.496 €,
• für drei Auftraggeber mit einem Gesamtgegenstandswert von 90 Mio. €	271.496 €,
• für vier und mehr Auftraggeber mit einem Gesamtgegenstandswert von 100 Mio. €	301.496 €.

205 Da der Rechtsanwalt aber auch und gerade bei besonders hohen Gegenstandswerten ein **großes Haftungsrisiko** trägt, wird dies durch die infolge der „Deckelung" der Gegenstandswerte erzielbaren niedrigeren Gebühren nicht mehr abgegolten.

206

Praxishinweis:

In solchen Fällen kann der Rechtsanwalt dann die Prämie für eine Haftpflichtversicherung für Vermögensschäden dem Auftraggeber als gesetzlichen Auslagentatbestand in Rechnung stellen.

II. Prämie als Auslagentatbestand

207 Der Rechtsanwalt kann die Prämie unter folgenden Voraussetzungen von seinem Auftraggeber ersetzt erhalten.

1. Einzelfall

208 Die Haftpflichtversicherung für Vermögensschäden muss für den betreffenden Einzelfall abgeschlossen sein. Auslagen für Haftpflichtversicherungen von Großkanzleien, die eine Vermögensschadenhaftpflichtversicherung für sämtliche Mandate bis zu einem Haftungsbetrag von beispielsweise 50 Mio. € und mehr abgeschlossen haben, fallen also nicht hierunter.

2. Gezahlte Prämie

209 Das Gesetz verlangt, dass die Prämie gezahlt worden ist. Dies geht an der Rechtswirklichkeit vorbei.

> **Hinweis:** 210
>
> Bei besonders hohen Versicherungssummen ist ein Rechtsanwalt gar nicht in der Lage, die Haftpflichtversicherungsprämie selbst zu zahlen. In einem Rechtsstreit mit einem ganz besonders hohen Gegenstandswert soll die Haftpflichtversicherungsprämie im Einzelfall über 80 Mio. DM betragen haben. Derartig hohe Beträge werden in der Praxis durch Vereinbarungen mit einem ganzen Versicherungskonsortium unter Abtretung des Honoraranspruchs des Rechtsanwalts finanziert.

3. Ermittlung der im Einzelfall gezahlten Prämie

Im Regelfall wird eine Vermögensschadenhaftpflichtversicherung auch für die ersten 30   211
Mio. € abgeschlossen. Beträgt die Versicherungssumme beispielsweise 50 Mio. €, gibt es **zwei Möglichkeiten**:

- In der Rechnung des Versicherers ist der Betrag angegeben oder ausgesondert, der   212
  für eine Versicherungssumme von 30 Mio. € und 1 Cent bis 50 Mio. € aufgebracht
  werden muss.

- In der Rechnung des Versicherers ist lediglich die Gesamtprämie angegeben. Dann   213
  ist nach der Anm. zu Nr. 7007 VV RVG nur der Betrag zu ersetzen, der sich aus dem
  Verhältnis der 30 Mio. € übersteigenden Versicherungssumme zu der Gesamtversicherungssumme ergibt.

Beispiel: 214

Die Versicherungsprämie für 50 Mio. € beträgt 300.000 €. Berechnet werden können

$$\frac{20 \text{ Mio. } € \times 300.000 €}{50 \text{ Mio. } €} = 120.000 €$$

Der Auftraggeber hat somit seinem Rechtsanwalt eine Haftpflichtversicherungsprämie i.H.v. 120.000 € zu ersetzen.

III. Kostenerstattung

Die Haftpflichtversicherungsprämie gehört als gesetzlicher Auslagentatbestand zu den   215
kraft Gesetzes nach § 91 Abs. 2 Satz 1 ZPO zu **erstattenden Kosten**. Im Kostenfestsetzungsverfahren hat deshalb die erstattungsberechtigte Partei den Anfall dieser Prämie **darzulegen** und **glaubhaft zu machen**. Hierzu ist im Regelfall die Rechnung des Versicherers vorzulegen.

216

> **Praxishinweis:**
>
> Insbesondere bei hohen Versicherungssummen geht es um hohe Versicherungsprämien. Hierüber wird sich Kostenfestsetzungsverfahren ein erheblicher Streit entzünden. Es muss **mit folgenden Einwendungen gerechnet** werden:
>
> (1) Die Versicherungsprämie sei nicht richtig berechnet worden.
>
> (2) Die Prämie decke noch weitere Risiken ab.
>
> (3) Der Umfang der abgeschlossenen Versicherung sei nicht notwendig gewesen.
>
> (4) Der Rechtsanwalt hätte eine (größere) Selbstbeteiligung vereinbaren müssen.
>
> (5) Die Versicherungsprämie sei überhöht, da vergleichbare Versicherungen bei anderen Versicherern billiger gewesen wären.

IV. Rechtspolitischer Ausblick

217 Die Konstruktion der „Deckelung" der Gegenstandswerte – Vergleichbares gilt für die Geschäftswerte nach der KostO und für die Streitwerte nach dem GKG – ist rechtspolitisch verfehlt. Sie führt in vielen Fällen nicht zu einer Verringerung der Kosten bzw. des Erstattungsrisikos der unterlegenen Partei. Erste Berechnungen für den Bereich der KostO haben ergeben, dass vielfach die Versicherungsprämien höher sind als die Berechnung der Gebühren bei „ungedeckelter" Tabelle. Ferner entgehen dem Staat in Verfahren nach der KostO und dem GKG bei besonders hohen Werten erhebliche Gerichtskosten.

218

> **Hinweis:**
>
> Es ist einzusehen, dass die Rechtsanwälte bei besonders hohen Gegenstandswerten nicht zu den gesetzlichen Gebühren tätig werden können. Die Haftpflichtversicherungsprämie ist für den betreffenden Rechtsanwalt lediglich ein durchlaufender Posten und kein zusätzliches Entgelt. Es bleibt deshalb den Rechtsanwälten nichts anderes übrig, als ein **Zusatzhonorar** zu vereinbaren. Dieses ist dann **nicht erstattungsfähig**. Das gilt im Übrigen auch für den Bund und/oder die Länder, die sich anwaltlich vertreten lassen müssen.

F. Umsatzsteuer

219 Nach Nr. 7008 VV RVG hat der Rechtsanwalt Anspruch auf Erstattung der Umsatzsteuer **in voller Höhe**, soweit sie nicht nach § 19 Abs. 1 UStG unerhoben bleibt. Diese Regelung entspricht dem bisherigen § 25 Abs. 2 BRAGO.

I. Allgemeines

Die an sich recht einfache Regelung führt in der Praxis immer wieder zu Schwierigkei- 220
ten, weil die mit der Umsatzsteuer des Rechtsanwalts zusammenhängenden Problem-
kreise selbst von den höchsten Gerichten nicht immer auseinander gehalten werden.

Die Frage, ob der Rechtsanwalt überhaupt **umsatzsteuerpflichtig** ist, richtet sich nach 221
dem UStG, nicht hingegen nach dem RVG oder den Erstattungsregelungen der Verfahrensordnungen.

Die Berechtigung des Rechtsanwalts, seinem Auftraggeber angefallene **Umsatzsteuer in** 222
Rechnung zu stellen, ergibt sich aus Nr. 7008 VV RVG.

Die Frage, ob der erstattungsberechtigte Mandant die seinem Rechtsanwalt gezahlte Um- 223
satzsteuer **erstattet** verlangen kann, bestimmt sich nach den Verfahrensordnungen, z.B.
nach § 91 Abs. 2 ZPO.

II. Umsatzsteuerpflicht des Rechtsanwalts

Der Rechtsanwalt kann seinem Auftraggeber Umsatzsteuer nur dann in Rechnung stel- 224
len, wenn er überhaupt umsatzsteuerpflichtig ist. Er unterliegt mit seinen Leistungen der
Umsatzbesteuerung auch dann, wenn seine Einkünfte aus freiberuflicher Tätigkeit einen
Verlust ergeben.[133]

1. Kleinunternehmer

Das ist nach der Anm. zu Nr. 7008 VV RVG zum einem nicht der Fall, wenn die Um- 225
satzsteuer nach § 19 Abs. 1 UStG unerhoben bleibt. Der Rechtsanwalt ist dann als sog.
Kleinunternehmer von der Zahlung von Umsatzsteuer befreit, wenn sein Umsatz zuzüglich der darauf entfallenden Steuer im **vorangegangen Kalenderjahr 17.500 €** nicht
überstiegen hat und im **laufenden Kalenderjahr 50.000 €** voraussichtlich **nicht über-**
steigen wird. In einem solchen Fall kann der Rechtsanwalt seinem Auftraggeber die Umsatzsteuer auch nicht berechnen.[134]

Eine Ausnahme gilt nach § 19 Abs. 2 UStG nur dann, wenn der Rechtsanwalt durch Er- 226
klärung gegenüber dem Finanzamt auf die Anwendung der Vorschrift des § 19 Abs. 1
des UStG **verzichtet** hat. In diesem Fall ist er unbeschränkt umsatzsteuerpflichtig und
kann seinem Auftraggeber die Umsatzsteuer dann auch in Rechnung stellen.

---

133 BFH, BFH/NV 1999, 226.
134 BFH, BFH/NV 1996, 582 = UR 1996, 271.

2. Fälle mit Auslandsberührung

227 Wird der Rechtsanwalt in Angelegenheiten mit Auslandsberührung tätig, ist seine Leistung vielfach nicht umsatzsteuerpflichtig. Im Wesentlichen kommt es dann auf den **Leistungsort** an. Wo sich dieser befindet, bestimmt sich nach § 3a UStG. Diese Vorschrift unterscheidet folgende Fälle:

a) Anwaltstätigkeit für eine Privatperson

228 Erbringt der Rechtsanwalt anwaltliche Leistungen für seinen Auftraggeber, der Privatperson ist, ist zu unterscheiden, wo der Auftraggeber seinen Wohnsitz hat.

229 • Hat der Auftraggeber seinen **Wohnsitz in einem Drittland,** das nicht zur EU gehört, liegt der Leistungsort an dessen Wohnsitz (§ 3a Abs. 3 Satz 3, Abs. 4 UStG). Die anwaltliche Leistung unterliegt somit nicht der deutschen Umsatzsteuerpflicht.[135]

230 *Beispiel:*

Der Pflichtverteidiger verteidigt eine außerhalb des EU-Gebiets wohnhafte Privatperson.[136]

231 • Hat die Privatperson ihren **Wohnsitz** hingegen **in einem EU-Mitgliedsstaat,** ist gemäß § 3a Abs. 1 Satz 1 UStG Leistungsort derjenige Ort, von dem der Rechtsanwalt aus sein Unternehmen betreibt. Liegt seine Kanzlei in der Bundesrepublik Deutschland, unterliegt seine Leistung damit deutschem Umsatzsteuerrecht.[137]

b) Auftraggeber ist Unternehmer

232 Ist der Auftraggeber Unternehmer, ist abweichend von der Grundregel des § 3a Abs. 1 Satz 1 UStG nicht der Kanzleiort des Rechtsanwalts, sondern der Ort maßgebend, an dem der **Auftraggeber sein Unternehmen betreibt** (§ 3a Abs. 4 Nr. 3, Abs. 3 Satz 1 UStG). Wird der Rechtsanwalt für die **Betriebsstätte** eines Unternehmens tätig, so ist gemäß § 3a Abs. 2 UStG statt des Unternehmenssitzes der Ort der Betriebsstätte maßgebend.

• Liegt der Sitz oder die Betriebsstätte des Unternehmers im **Inland,** unterliegt die Anwaltsleistung der deutschen Umsatzsteuerpflicht.[138]

• Liegt der Sitz oder die Betriebsstätte des Unternehmens im **Ausland,** gleichgültig, ob innerhalb oder außerhalb der EU, unterliegt die Anwaltsleistung nicht der deutschen

---

135   OLG Karlsruhe, JurBüro 1993, 94 = AnwBl. 1993, 42; LG Berlin, JurBüro 1988, 1497.
136   AG Hof, Rpfleger 2002, 536.
137   OLG Schleswig, OLGR 2001, 146 = SchlHA 2001, 128; OLG München, Rpfleger 1993, 27; OLG Saarbrücken, OLGR 2000, 49.
138   OLG Koblenz, JurBüro 1989, 1682 = Rpfleger 1989, 477: inländische Betriebsstätte eines ausländischen Unternehmens.

Umsatzsteuerpflicht.[139] Ob der ausländische Unternehmer in einem solchen Fall selbst der deutschen Umsatzsteuerpflicht unterliegt, ist unerheblich.[140]

Ist der Unternehmer mit Sitz in der EU in dem betreffenden Staat steuerlich registriert **233** und ist für ihn das **Abzugsverfahren nicht obligatorisch,** kann der Rechtsanwalt jedoch unter Umständen die **ausländische Umsatzsteuer** des EU-Staates gesondert ansetzen.[141] Zur Kostenerstattung bei Auslandsfällen s.u. Rn. 257.

c) Grundstücke

Wird die Anwaltsleistung im Zusammenhang mit einem Grundstück dort ausgeführt, wo **234** das Grundstück liegt, kommt es abweichend vom Kanzleisitz des Rechtsanwalts darauf an, wo dieses Grundstück liegt (§ 3a Abs. 2 Satz 1 UStG):

- Liegt dieses **Grundstück im Inland,** unterliegt die Anwaltsleistung der deutschen Um- **235** satzsteuerpflicht. Dies gilt unabhängig davon, ob der Auftraggeber eine Privatperson oder ein Unternehmen ist, und wo dieses ggf. seinen Sitz oder seine Betriebsstätte hat.

- Liegt das **Grundstück** hingegen **im Ausland,** unterliegt die anwaltliche Leistung nicht **236** der deutschen Umsatzsteuerpflicht.

Beispiele: **237**

(1) Der Rechtsanwalt vertritt einen deutschen Mandanten gegenüber einem deutschen Unternehmen wegen der Errichtung eines Einfamilienhauses auf Mallorca.

(2) Der Rechtsanwalt berät eine Privatperson mit Wohnsitz im Inland über die Voraussetzungen des Eigentumserwerbs eines bestimmten spanischen Grundstücks.

(3) Der Rechtsanwalt übernimmt die Baubetreuung für ein Grundstück in Frankreich.

In allen drei Fällen unterliegt die anwaltliche Leistung nicht der deutschen Umsatzsteuer, da sich das betreffende Grundstück im Ausland befindet.

3. Eigene Angelegenheiten des Rechtsanwalts

Wird der Rechtsanwalt in eigenen Angelegenheiten tätig, muss zwischen beruflichen und **238** privaten Angelegenheiten unterschieden werden.

---

139 OLG Frankfurt, JurBüro 1983, 446 = Rpfleger 1983, 85 = AnwBl. 1983, 324: Unternehmer in Spanien; OLG Koblenz, JurBüro 1991, 245: Unternehmer in Italien; OLG Hamburg, JurBüro 1982, 1350; OLG Stuttgart, JurBüro 1982, 1674; KG, Berl. AnwBl. 1997, 451; ausführlich *Hansens,* JurBüro 1983, 325, 333.
140 LG Berlin, JurBüro 1988, 1497.
141 S. *Hansch,* AnwBl. 1987, 527.

a)   Berufliche Tätigkeit als Rechtsanwalt

239   Betrifft die Tätigkeit des Rechtsanwalts ein **sog. Innengeschäft**, betrifft seine Tätigkeit in eigener Sache also seine berufliche Tätigkeit als Rechtsanwalt, unterliegen seine Leistungen **nicht der Umsatzsteuerpflicht.**[142] Er führt dann nämlich nicht als Unternehmer Leistungen für Zwecke außerhalb seines Unternehmens aus. Dies betrifft z.B. folgende Sachverhalte:

- Der Rechtsanwalt vertritt sich in einem **berufsrechtlichen Verfahren** selbst.[143]

- Die Tätigkeit betrifft das **Zulassungsverfahren** als Rechtsanwalt.[144]

- Der Rechtsanwalt macht einen berufs- oder unternehmensbezogenen **Unterlassungsanspruch** geltend.[145]

- Der Anwalt macht **eigene Honoraransprüche** oder diejenigen der Anwaltssozietät geltend.[146]

240   Vertritt sich der Rechtsanwalt in einer eigenen beruflichen Angelegenheit selbst, kann er auch über die Regelung in § 91 Abs. 2 Satz 3 (früher: Satz 4) ZPO von der unterlegenen Gegenpartei keine Umsatzsteuer erstattet verlangen.[147]

b)   Private Angelegenheiten des Rechtsanwalts

241   Betrifft die Tätigkeit des Rechtsanwalts in eigener Sache ein sog. **Außengeschäft,** also **private Angelegenheiten,** so besteht zwar nach allgemeiner Auffassung eine Umsatzsteuerpflicht. Der Umsatzsteuerpflicht unterliegen jedoch lediglich die dem Rechtsanwalt bei der Tätigkeit in seiner eigenen privaten Angelegenheit entstandenen **tatsächlichen Kosten.**[148] Bemessungsgrundlage für die Umsatzsteuer sind also nicht die nach dem RVG zu berechnenden Gebühren und Auslagen.[149]

---

142   OLG Hamburg, OLGR 1999, 360 = MDR 1999, 764.

143   EGH Koblenz, AnwBl. 1981, 415.

144   EGH Frankfurt, BRAK-Mitt. 1989, 52.

145   OLG Hamburg, OLGR 1999, 360 = MDR 1999, 764.

146   OLG Schleswig, JurBüro 1985, 399.

147   OLG Düsseldorf, JurBüro 1994, 299; OLG München, MDR, 2003, 177 = BRAGOreport 2003, 136 [*Hansens*]; OLG Hamburg, BRAGOreport 2002, 159 [*Hansens*] = AGS 2002, 84; LG Berlin, JurBüro 2000, 364.

148   *Hansens*, JurBüro 1983, 325, 331; *Niejahr*, AnwBl. 1985, 34; Anwkom-BRAGO-*N. Schneider*, § 25 Rn. 64.

149   So aber OLG Hamburg, JurBüro 1986, 873; OLG Hamm, JurBüro 1985, 1188; OLG Köln, AnwBl. 1992, 332.

> **Hinweis:** 242
>
> Wie allerdings der der Umsatzsteuerpflicht unterliegende Kostenanteil zu ermitteln ist, ist umstritten. Nach Auffassung des Nds. FG[150] ist ein Prozentsatz von 45 % der fiktiven Vergütung anzunehmen. Das LG Berlin[151] schätzt in Anwendung von § 10 Nr. 2 UStG 50 % des Nettoentgeltes als Bemessungsgrundlage, falls der Rechtsanwalt keine höhere Belastung glaubhaft gemacht hat. Demgegenüber sieht das LG Bremen[152] einen Kostenanteil von 0 % an, versagt also Umsatzsteuer schlechthin. Die Gegenposition vertritt das FG Baden-Württemberg.[153]

Zur Kostenerstattung s.u. Rn. 249 ff.

4. Umsatzsteuerpflichtige Tätigkeiten

Insbesondere in gerichtlichen Verfahren unterliegt die Tätigkeit des Rechtsanwalts für andere grds. der Umsatzsteuerpflicht. Deshalb steht die Umsatzsteuer z.B. zu 243

- dem im Rahmen der **PKH** beigeordneten Rechtsanwalt auch dann, wenn die bedürftige Partei vorsteuerabzugsberechtigt ist,[154]

- dem als **Partei kraft Amtes** einen Rechtsstreit führenden Rechtsanwalt, etwa als Testamentsvollstrecker.[155]

- dem Rechtsanwalt, der das **Vergütungsfestsetzungsverfahren** gemäß § 11 RVG gegen seinen eigenen Auftraggeber betreibt (s. jetzt auch § 11 Abs. 2 Satz 3 RVG).

III. Umsatzsteuerpflichtiges Entgelt

Zu dem **umsatzsteuerpflichtigen** Entgelt gehört alles, was der Rechtsanwalt als Entgelt für bestimmte Leistungen erhalten hat, insbesondere 244

- die gesetzlichen Gebühren,

- vereinbartes Honorar,

- Vorschüsse,

- Auslagen,

- Pauschalbeträge in gerichtlichen Mahn- und Beitreibungssachen.[156]

---

150 JurBüro 1985, 1877.
151 NJW-RR 1998, 931 = Rpfleger 1998, 173.
152 Rpfleger 1991, 390.
153 EFG 1983, 629, das als Bemessungsgrundlage 100 % der fiktiv berechneten Gebühren und Auslagen ansetzt, also von einer Umsatzsteuerpflicht in voller Höhe ausgeht.
154 OLG Koblenz, JurBüro 1997, 588 = AGS 1997, 128; LAG Rheinland-Pfalz, JurBüro 1997, 29.
155 FG Bremen, AnwBl. 1997, 124 = EFG 1997, 374.
156 BFH, UStR 1990, 220.

245 Dies gilt auch dann, wenn der Rechtsanwalt die in den Auslagen enthaltene Umsatzsteuer als Vorsteuer abziehen kann.[157]

246 **Nicht umsatzsteuerpflichtig** sind durchlaufende Gelder sowie Auslagen, die der Rechtsanwalt namens und für Rechnung seines Auftraggebers gemacht hat, insbesondere

- eingehende Fremdgelder,

- beigetriebene Forderungen,

- Gerichts- und Gerichtsvollzieherkosten,

- vom Rechtsanwalt bei Behörden verauslagte Gebühren und Auslagen,[158]

- Zinsen auf die festgesetzte Vergütung gemäß § 104 Abs. 1 Satz 2 ZPO, § 464b Satz 2 StPO.[159]

IV. Höhe der Umsatzsteuer

247 Die Umsatzsteuer beträgt derzeit **16 %**. Stellt die Leistung des Rechtsanwalts ein nach dem Urhebergesetz geschütztes Werk dar (z.B. ein zur Verbreitung bestimmtes wissenschaftliches Gutachten oder eine sonstige schriftstellerische Tätigkeit), so beträgt die Umsatzsteuer gemäß § 12 Abs. 12 Nr. 7c) UStG nur **7 %**.

V. Änderungen des Steuersatzes

248 Ändert sich der Steuersatz, ist der zum **Zeitpunkt der Fälligkeit der Vergütung** maßgebliche Steuersatz heranzuziehen. Dies gilt auch dann, wenn ein Teil der Vergütung vor dem für die Steuererhöhung maßgeblichen Stichtag entstanden ist.[160]

VI. Kostenerstattung

1. Allgemeines

249 Besteht ein prozessualer Kostenerstattungsanspruch, gehört die auf die Gebühren und Auslagen zu berechnende Umsatzsteuer des Rechtsanwalts der erstattungsberechtigten Partei zu den kraft Gesetzes (§ 91 Abs. 2 Satz 1 ZPO) zu erstattenden Kosten. Dies gilt

---

157 BDisG, Rpfleger 1987, 218.
158 BFH, NJW 1968, 423; OLG Düsseldorf, JurBüro 1974, 738: Gebrauchsmusterschrift.
159 LG Amberg, AnwBl. 1977, 115; AG Mainz, Rpfleger1983, 457; SG Kiel, AnwBl. 1984, 571; s. auch EuGH, NJW 1983, 505.
160 KG, JurBüro 1982, 1835; OLG Frankfurt, JurBüro 1983, 77; OLG Hamm, JurBüro 1983, 860; OLG München, JurBüro 1983, 231; LG Berlin, JurBüro 1982, 1540.

auch für die Bundesrepublik Deutschland oder die Bundesländer als obsiegende Partei, die sich den auf sie entfallenden Anteil am Aufkommen der Umsatzsteuer nicht als Vorteilsausgleichung auf die an sie zu erstattende Umsatzsteuer anrechnen lassen muss.[161]

Gibt eine vorsteuerabzugsberechtigte Partei ihre umsatzsteuerpflichtige Tätigkeit auf, hat 250 sie die Wahl, die Erstattung der Umsatzsteuer auf ihre Anwaltskosten nachträglich vom Fiskus zu verlangen oder einen diesbezüglichen Kostenerstattungsanspruch gegen den unterlegenen Gegner geltend zu machen.[162]

2. Anfall der Umsatzsteuer

Die erstattungsberechtigte Partei hat den Anfall der Umsatzsteuer gemäß § 104 Abs. 2 251 Satz 1 ZPO **glaubhaft zu machen**. Im Regelfall kann vom Anfall der Umsatzsteuer zwar ausgegangen werden. In verschiedenen Situationen ist dies jedoch nicht unproblematisch.

Beispiele: 252

(1) Gegenstand des vom Rechtsanwalts in eigener Sache geführten Rechtsstreits ist eine an seine E-Mail-Anschrift der Kanzlei gerichtete Erotikwerbung. Zur Glaubhaftmachung, dass dies auch seinen privaten Bereich mit der Folge der Umsatzsteuerpflicht dem Grunde nach betrifft, genügt dann die entsprechende Erklärung des Rechtsanwalts.[163]

(2) Bei einer Prozessvertretung für einen außerhalb der EU wohnhaften Mandanten ist umstritten, ob die sonstige Leistung des Rechtsanwalts im Zusammenhang mit der Veräußerung oder dem Erwerb von Grundstücken dient. In einem solchen Fall genügt die Erklärung des Prozessbevollmächtigten, die dem Mandanten in Rechnung gestellte Umsatzsteuer sei beglichen und an das Finanzamt abgeführt worden.[164]

3. Vorsteuerabzugsberechtigung

Gemäß § 104 Abs. 2 Satz 3 ZPO genügt zur Berücksichtigung von Umsatzsteuerbeträ- 253 gen bei der Kostenfestsetzung die Erklärung des Antragstellers, dass er die Beträge nicht als Vorsteuer abziehen könne.

a) Inhalt der Erklärung

Inhalt der Erklärung ist – was in der Praxis vielfach verkannt wird – nicht die Vorsteuer- 254 abzugsberechtigung der erstattungsberechtigten Partei schlechthin, sondern nur die Erklärung betreffend die Abzugsfähigkeit der Umsatzsteuer gerade in der vorliegenden Sa-

---

161 OLG Hamm, JurBüro 1994, 429; KG, Beschl. v. 15.4.2004 – 1W 93/04.
162 OLG Hamm, AGS 2002, 139.
163 KG, Beschl. v. 26.4.2004 – 1W 92/04.
164 KG, NJ 2004, 230.

che. Vielfach wird nämlich übersehen, dass auch ein umsatzsteuerpflichtiger Unternehmer ein Verfahren betreiben kann, dass ersichtlich nicht zu seinem Unternehmensbereich gehört.

255   *Beispiel:*

In einer den Unternehmer betreffenden Familiensache geht es um Unterhaltsansprüche. Da diese ersichtlich nicht zu seinem Unternehmensbereich gehören, kann er die Umsatzsteuer ungeachtet seiner sonstigen Vorsteuerabzugsberechtigung erstattet verlangen.[165]

256   Allerdings muss die Erklärung gemäß § 104 Abs. 2 Satz 3 ZPO **eindeutig** und **unmissverständlich** sein. Allein die Erklärung, der Auftraggeber wolle die Rechnung nicht zum Vorsteuerabzug verwenden, genügt also nicht.[166] Ebenso wenig reicht die Angabe von Umständen, aus denen der Antragsteller folgert, nicht zum Vorsteuerabzug berechtigt zu sein.[167]

b)   Überprüfung der Erklärung im Kostenfestsetzungsverfahren

257   Nach allgemeiner, jetzt auch vom BGH[168] geteilter Auffassung ist die **Richtigkeit** der nach § 104 Abs. 2 Satz 3 ZPO abgegebenen Erklärung im Kostenfestsetzungsverfahren **nicht zu prüfen**. Bestreitet die erstattungspflichtige Partei auch weiterhin, dass der erstattungsberechtigte Gegner nicht zum Vorsteuerabzug berechtigt sei, kann dieser Streit also nicht im Kostenfestsetzungsverfahren geklärt werden. Der Rechtspfleger/Urkundsbeamte der Geschäftsstelle hat die Umsatzsteuer gleichwohl **festzusetzen**. Der erstattungspflichtigen Partei bleibt dann die Möglichkeit, den Kostenfestsetzungsbeschluss mit der **Vollstreckungsgegenklage** anzugreifen[169] oder auf **Rückzahlung des Umsatzsteuerbetrages** aus ungerechtfertigter Bereicherung zu klagen.[170]

4.   Fälle mit Auslandsberührung

258   Ist der erstattungsberechtigten Partei die Umsatzsteuer angefallen, kann sie von dem unterlegenen ausländischen Gegner die Umsatzsteuer auch dann erstattet verlangen, wenn dieser selbst nicht der – deutschen – Umsatzsteuerpflicht unterliegt.[171]

---

165   OLG Schleswig, OLGR 2002, 354 = SchlHA 2003, 51.
166   OLG München, JurBüro 1995, 34.
167   KG, JurBüro 1995, 34.
168   NJW 2003, 1534 = JurBüro 2003, 426 = Rpfleger 2003, 321 = BRAGOreport 2003, 116 [*Hansens*] = AGS 2003, 276 = AnwBl. 2003, 371.
169   KG, JurBüro 1995, 34.
170   OLG Bamberg, JurBüro 1991, 1332.
171   OLG Hamburg, JurBüro 1988, 205; OLG Frankfurt, JurBüro 1984, 589; OLG Koblenz, JurBüro 1992, 307.

Nach Auffassung des OLG Koblenz[172] kann ein ausländisches Unternehmen die Umsatz-   259
steuer nicht erstattet verlangen, wenn sie ihren Prozessbevollmächtigten über die inländische Betriebsstätte beauftragt und somit die Umsatzsteuerpflicht ausgelöst hat.

Hat die erstattungsberechtigte ausländische Partei nach ausländischem Recht Umsatz-   260
steuer zu zahlen, kann sie diese ggf. von dem unterlegenen Gegner erstattet verlangen.[173]

5. Mehrere Auftraggeber

Vertritt der Rechtsanwalt mehrere (teilweise) obsiegende **Streitgenossen**, von denen ei-   261
ner vorsteuerabzugsberechtigt ist, der andere nicht, stellt sich die Frage, ob und in welchem Umfang die auf seine Gebühren und Auslagen entfallenen Umsatzsteuer erstattungsfähig ist.

a) Kopfteil

Hier ist die allgemein zum Kostenerstattungsanspruch von Streitgenossen existierende   262
Rechtsprechung heranzuziehen, nach der auf jeden Streitgenossen der im Innenverhältnis auf ihn entfallene Anteil der Kosten – im Regelfall der Kopfteil – erstattungsfähig ist.[174]
Ist also nur einer von zwei gleichmäßig am gesamten Streitgegenstand beteiligten Streitgenossen zum Vorsteuerabzug berechtigt, kann der andere die Hälfte der insgesamt anfallenden Umsatzsteuer erstattet verlangt werden.[175]

b) Gesamte Umsatzsteuer

Begehrt in einem solchen Fall die nicht vorsteuerabzugsberechtigte Partei Erstattung der   263
Umsatzsteuer über den Kopfteil hinaus, hat sie im Regelfall darzulegen und glaubhaft zu
machen, dass kein vorsteuerabzugsberechtigter Streitgenosse mit der angemeldeten Umsatzsteuer ganz oder auch nur teilweise belastet wird.[176] Einer solchen Glaubhaftmachung
bedarf es jedoch dann nicht, wenn eine zum Vorsteuerabzug nicht berechtigte Haftpflichtversicherung im Innenverhältnis allein zur Kostentragung verpflichtet ist.[177]

6. Eigene Angelegenheiten des Rechtsanwalts

Auch hier ist Voraussetzung für die Erstattung der Umsatzsteuer, dass dem Rechtsanwalt   264
in eigener Sache überhaupt Umsatzsteuer angefallen ist (s.o. Rn. 239 ff.). Dies ist **im Kos-**

---

172   JurBüro 1989, 1681.
173   OLG Stuttgart, JurBüro 1982, 1674; OLG München, OLGR 2004, 240; LG Berlin, JurBüro 1988,
       1497; *Hansens*, JurBüro 1983, 325, 333.
174   BGH, NJW-RR 2003, 1217 = JurBüro 2004, 197 = Rpfleger 2003, 537 = BRAGOreport 2003, 177
       [*Hansens*].
175   OLG Karlsruhe, JurBüro 2000, 315 = Rpfleger 2000, 240.
176   OLG Hamm, OLGR 2004, 12.
177   KG, NJW-RR 1998, 860 = JurBüro 1998, 197 = AGS 1998, 95; OLG Stuttgart, Rpfleger 2001, 566;
       LG Hagen, JurBüro 2001, 369.

tenfestsetzungsverfahren zu prüfen. Die gegenteilige Auffassung des BVerfG[178] und des BGH,[179] nach der auch in einem solchen Fall die Umsatzsteuerbeträge zu berücksichtigen sind, wenn der Rechtsanwalt eine Erklärung nach § 104 Abs. 2 Satz 3 ZPO abgegeben hat, ist unzutreffend. Diese Erklärung bezieht sich allein auf die Vorsteuerabzugsberechtigung des betreffenden Rechtsanwalts und soll die Gerichte von der Klärung der Frage entlasten, ob im Einzelfall eine Vorsteuerabzugsberechtigung tatsächlich besteht. Dies hat überhaupt nichts mit der Frage zu tun, ob dem Rechtsanwalt – etwa wegen eines nicht umsatzsteuerpflichtigen Innengeschäfts – Umsatzsteuer angefallen ist. Ist dies zu verneinen, kommt es auf die Möglichkeit des Rechtsanwalts zum Vorsteuerabzug überhaupt nicht an.

265

> **Hinweis:**
>
> Folglich wird diese Rechtsprechung von der Praxis zu Recht nicht angewandt.[180]

---

178   NJW 1996, 382 = AGS 1996, 68 m. Anm. *von Eicken*.
179   NJW 2003, 1534 = Rpfleger 2003, 321 = AnwBl. 2003, 371 = BRAGOreport 2003, 116 [*Hansens*].
180   OLG Hamburg, AGS 2002, 84 = BRAGOreport 2002, 159 = OLGR 2001, 381; KG, JurBüro 1981, 1685; OLG Köln, AnwBl. 1992, 332; OLG München, BRAGOreport 2003, 136 [*Hansens*] = OLGR 2003, 244.

Teil 19: Übergangsregelungen

Inhaltsverzeichnis

A. Die Übergangsregelung des § 60 RVG

1 Im RVG sind in Abschnitt 9 (§§ 60, 61 RVG) zwei Übergangsregelungen enthalten. Die Übergangsregelung des § 60 RVG betrifft ausschließlich künftige Änderungen des RVG. Auf sie wird es erstmals ankommen, wenn das RVG geändert werden wird, also z.B. zum 29.7.2004 durch das Gesetz zur Einführung der nachträglichen Sicherungsverwahrung oder 1.9.2004 durch das Opferrechtsreformgesetz. Auf eine Erläuterung wird an dieser Stelle verzichtet, zumal diese Vorschrift im Grunde dieselben Regelungen enthält wie § 61 RVG, die nachstehend ausführlich erläutert wird.

B. Die Übergangsregelung des § 61 RVG

I. Gesetzliche Regelung

2 Ab dem 1.7.2004 wird sich für den Anwalt häufig die Frage stellen, ob er bereits nach dem RVG abrechnen kann bzw. muss oder ob noch die BRAGO gilt. Maßgebend ist hier die Übergangsvorschrift des § 61 RVG, ggf. i.V.m. § 60 Abs. 2 RVG. Diese Regelung entspricht im Wesentlichen dem bisherigen § 134 BRAGO, so dass auf die bisherige **Rechtsprechung zu § 134 BRAGO** und die **Kommentierungen dieser Vorschrift** auch jetzt noch zurückgegriffen werden kann.

II. Systematik des § 61 RVG

3 Auszugehen ist von zwei Grundsätzen und zwei Ausnahmen.

1. Erster Grundsatz: Anwendbarkeit der BRAGO

4 War die **Angelegenheit vor dem 1.7.2004** beendet, dann gilt immer die **BRAGO**. Soweit sich die Angelegenheit vor dem 1.7.2004 erledigt hat, muss auch der Auftrag vor dem 1.7.2004 erteilt worden sein. Abzurechnen ist daher immer nach der BRAGO, unabhängig davon, wann die Rechnung erstellt wird.

2. Zweiter Grundsatz: Anwendbarkeit des RVG

a) Eingeschränkter Grundsatz für die Vergütung

5 Hat sich die **Angelegenheit nach dem 1.7.2004** erledigt, ist grds. von der Anwendung des **RVG** auszugehen, auch wenn dies für die Vergütung selbst zunächst die statistische Ausnahme sein wird. Insoweit sind die nachstehenden Ausnahmen zu Rn. 10 ff. zu beachten.

b)   Uneingeschränkter Grundsatz für Vergütungsvereinbarungen

Eine spezielle Regelung enthält § 61 Abs. 2 RVG für die Vereinbarung einer Vergütung. 6
Danach sind die Vorschriften des RVG auch dann anzuwenden, wenn für die gesetzliche
Vergütung nach 61 Abs. 1 RVG die Vorschriften der BRAGO anzuwenden sind, die **Ver-
gütungsvereinbarung aber erst nach dem 1.7.2004** getroffen worden ist.

Diese Vorschrift betrifft aber nur die Regelungen der § 3 BRAGO/§ 4 RVG. Die Vorschrift 7
des § 4 RVG ist also auch auf solche Vergütungsvereinbarungen anzuwenden, die nach
dem 30.6.2004 geschlossen worden sind, wenn der Auftrag zur Angelegenheit bereits
vor dem 1.7.2004 erteilt worden ist. Der Wortlaut spricht zwar von Vereinbarungen, die
„nach" dem 1.7.2004 geschlossen worden sind. Dabei dürfte es sich aber um ein **Redaktionsversehen** handeln. Auch für Vereinbarungen, die **am 1.7.2004** geschlossen wurden, muss neues Recht gelten.

Für die vereinbarte Vergütung selbst ist § 61 RVG dagegen grds. unerheblich. Welche 8
Vergütung dem Anwalt zusteht, ergibt sich ohnehin aus der Vereinbarung. Soweit ein
Stundensatz, eine Pauschale o.Ä. vereinbart wird, stellt sich die Frage des maßgeblichen
Gebührenrechts erst gar nicht.

Lediglich dann, wenn die Parteien ein Vielfaches der gesetzlichen Gebühren vereinbaren 9
oder einen höheren Streitwert o.Ä., stellt sich die Frage des maßgeblichen Gebührenrechts. Hier hilft § 61 Abs. 2 RVG aber auch nicht weiter. Sofern sich aus der Vereinbarung nichts ergibt, ist auch hier § 61 Abs. 1 RVG anzuwenden.

3.   Ausnahmen für die Vergütung

**a)   Erste Ausnahme: Unbedingter Auftrag, Bedingungseintritt, Beiordnung oder
        Bestellung vor dem 1.7.2004 (§ 61 Abs. 1 Satz 1 RVG)**

Ausnahmsweise gilt nach wie vor noch die BRAGO, wenn der **unbedingte Auftrag für** 10
eine Angelegenheit vor dem 1.7.2004 erteilt worden ist (§ 61 Abs. 1 Satz 1 1. Alt. RVG).
Gleiches gilt, wenn der Anwalt vor dem 1.7.2004 beigeordnet oder bestellt worden ist
(§ 61 Abs. 1 Satz 1 2. und 3. Alt. RVG). Abzustellen ist auf den Auftrag zu der betreffenden **gebührenrechtlichen Angelegenheit i.S.d. § 15 RVG**, nicht auf den generellen
Auftrag.

**b)   Zweite Ausnahme: Zusammengerechnete Werte (§ 61 Abs. 1 Satz 3 RVG
        i.V.m. § 60 Abs. 2 RVG)**

In **§ 61 Abs. 1 Satz 3 RVG i.V.m. § 60 Abs. 2 RVG** ist schließlich ergänzend geregelt, 11
dass die Übergangsregelung auch dann anzuwenden ist, wenn sich Gebühren nach zusammengerechneten Werten (§ 22 Abs. 1 RVG) berechnen. Wird der Anwalt innerhalb
derselben Angelegenheit hinsichtlich mehrerer Gegenstände tätig, so gilt insgesamt das
bisherige Recht, sofern auch nur für einen Gegenstand bisheriges Recht anwendbar ist.

12 Der **Anwendungsbereich** dieser Ausnahmeregelung ist **minimal**, was weitgehend verkannt wird. Nach allgemeiner Meinung erfasst diese Ausnahme die Fälle des § 22 Abs. 1 RVG, also **Klageerweiterung, Widerklage, Verbundverfahren** etc.[1] Das ist jedoch **unzutreffend**. In fast allen Fällen, in denen § 22 Abs. 1 RVG zum Zuge kommt, liegt ohnehin bereits eine einzige Angelegenheit vor, so dass diese Fälle daher schon von § 61 Abs. 1 Satz 1 RVG erfasst werden. Insoweit dient § 61 Abs. 1 Satz 3 RVG i.V.m. § 60 Abs. 2 RVG allenfalls der **Klarstellung** (s. hierzu unten die alphabetischen Fälle in Rn. 14 ff.).

13 Der einzige Anwendungsfall, den § 61 Abs. 1 Satz 3 RVG i.V.m. § 60 Abs. 2 RVG hat, ist der Fall einer **Verfahrensverbindung bei Wertgebühren**: Werden mehrere selbständige Verfahren miteinander verbunden, so berechnen sich nach Verbindung die Gebühren aus den zusammengerechneten Werten der verbundenen Verfahren. Soweit für das eine Verfahren die BRAGO galt und für das andere das RVG, gilt nach Verbindung gemäß § 61 Abs. 1 Satz 3 RVG i.V.m. § 60 Abs. 2 RVG fortan die BRAGO; auf das Datum der einzelnen Auftragserteilungen kommt es ab der Verbindung nicht mehr an.[2]

III. Einzelfälle in alphabetischer Reihenfolge

▪ Anrechnung

14 Bei aufeinander anzurechnenden Tätigkeiten ist für jede Angelegenheit der Tag der jeweiligen Auftragserteilung maßgebend. Dies gilt insbesondere für zeitlich aufeinander folgende Tätigkeiten wie **Beratung** (Nrn. 2100 ff. VV RVG), **außergerichtliche Tätigkeit** (Nr. 2400 VV RVG), **Mahnverfahren** (Nrn. 3305 ff. VV RVG) und **Rechtsstreit** (Nr. 3100 VV RVG),[3] aber auch für sonstige Anrechnungsfälle.

15 *Beispiel:*

Der Anwalt wird im Mai 2004 beauftragt, einen Mahnbescheid zu beantragen. Nach Widerspruch erhält der Anwalt im Juli 2004 den Auftrag, das streitige Verfahren durchzuführen.

Mahnverfahren und streitiges Verfahren sind zwei verschiedene Angelegenheiten (§ 17 Nr. 2 RVG). Für das Mahnverfahren gilt daher die BRAGO, für das streitige Verfahren gilt das RVG. Anzurechnen ist allerdings nach der BRAGO, also nach § 43 Abs. 2 BRAGO.

---

1   So auch der Gesetzgeber: BT-Ducks. 10/5113 S. 58; *Hansens,* BRAGO, § 134 Rn. 24; *Enders,* JurBüro 1995.
2   *von Eicken,* AnwBl. 1975, 341.
3   Für außergerichtliche Tätigkeit und Rechtsstreit: LG Berlin, JurBüro 1988, 753 = Rpfleger 1988, 123; OLG Bamberg, JurBüro 1989, 497; für Mahnverfahren und Rechtsstreit: OLG Hamburg, MDR 1997, 597 = OLGR 1997, 218 = JurBüro 1998, 75; OLG Schleswig, JurBüro 1997, 413 = AGS 1997, 99 = zfs 1997, 471; *Hansens,* BRAGO, § 134 Rn. 4.

Zu rechnen ist wie folgt:

I. Mahnverfahren:

1.	10/10 Mahnverfahrensgebühr, § 43 Abs. 1 Nr. 1 BRAGO	301,00 €
2.	Postentgeltpauschale, § 26 Satz 2 BRAGO	20,00 €
3.	16 % Umsatzsteuer, § 25 Abs. 2 BRAGO	+ 51,36 €
	Summe:	**372,36 €**

II. Streitiges Verfahren:

1.	1,3 Verfahrensgebühr, Nr. 3100 VV RVG	391,30 €
2.	1,2 Terminsgebühr, Nr. 3104 VV RVG	361,20 €
3.	Postentgeltpauschale, Nr. 7002 VV RVG	20,00 €
	gemäß § 43 Abs. 2 BRAGO **anzurechnen**	– 301,00 €
4.	16 % Umsatzsteuer, Nr. 7008 VV RVG	+ 75,44 €
	Summe:	**546,94 €**

■ Anschlussrechtsmittel

Bei einem Anschlussrechtsmittel des Rechtsmittelgegners gilt die BRAGO, wenn der An- 16
walt hinsichtlich des Rechtsmittels vor dem 1.7.2004 beauftragt war, auch wenn der Auftrag für das Anschlussrechtsmittel erst nach dem Stichtag erhält.[4] Das Anschlussrechtsmittel eröffnet keine neue Angelegenheit, sondern gehört zum Verfahren des Erst-Rechts-
mittels.

■ Anwalt in eigener Sache

Wird ein Rechtsanwalt in eigener Sache tätig, so fehlt es an einer Auftragserteilung. Der 17
Anwalt kann aber, soweit die Gegenpartei erstattungspflichtig ist (§ 91 Abs. 2 Satz 3 ZPO
n.F. = § 91 Abs. 2 Satz 4 ZPO a.F.), seine Kosten nach der BRAGO erstattet verlangen,
wenn seine Tätigkeit vor dem Stichtag begann.[5] A.A. ist *Hartmann*,[6] der auf den Zeitpunkt der Fälligkeit abstellen will und dabei übersieht, dass mangels eines Vergütungsanspruchs gegen sich selbst gar keine Fälligkeit eintreten kann.

---

4   OLG Bamberg, JurBüro 1977, 1373.
5   KG, JurBüro 1976, 762; *Hansens*, BRAGO, § 134 Rn. 3; *Mümmler*, JurBüro 1987, 10; *Hansens*, RVG-
     report 2004, 8, 15; *Göttlich/Mümmler/Rehberg/Xanke*, RVG, „Übergangsregelung" 3.9.
6   KostG, § 60 RVG Rn. 21.

▣ Anwaltswechsel

18   Bei einem Anwaltswechsel kann der neue Anwalt, sofern er nach dem 1.7.2004 beauftragt worden ist, nach dem RVG abrechnen.[7]

▣ Arrest- und einstweiliges Verfügungsverfahren

19   Arrest- und einstweilige Verfügungsverfahren stellen nach § 17 Nr. 4a) und b) RVG gegenüber dem Hauptsacheverfahren eigene Angelegenheiten dar. Wird vor dem 1.7.2004 ein Arrest- oder einstweiliges Verfügungsverfahren eingeleitet und erst nach dem 30.6.2004 das Hauptsacheverfahren, so stehen dem Anwalt im Hauptsacheverfahren die Gebühren nach RVG zu, es sei denn, der Auftrag zur Hauptsache ist ihm bereits zusammen und unbedingt bei der Mandatierung im Arrest- und einstweiligen Verfügungsverfahren erteilt worden.[8]

20   Wird umgekehrt vor dem 1.7.2004 das Hauptsacheverfahren betrieben und erhält der Anwalt erst nach dem 30.6.2004 den Auftrag für ein Arrest- oder ein einstweiliges Verfügungsverfahren, so erhält er für die Hauptsache die Vergütung nach der BRAGO und für das Arrest- oder Verfügungsverfahren die Vergütung nach dem RVG.[9]

▣ Auslagen

21   Die Vorschrift des § 61 RVG gilt auch für Auslagen des Rechtsanwalts.[10] Nach der Legaldefinition des § 1 Abs. 1 RVG sind unter dem Begriff „Vergütung" sowohl die Gebühren als auch die Auslagen zu verstehen. Die zu § 134 BRAGO vereinzelt vertretene Gegenauffassung, für Auslagen, die nach In-Kraft-Treten einer Gesetzesänderung entstehen, gelte immer neues Recht,[11] ist nach dem eindeutigen Wortlaut des Gesetzes nicht haltbar.[12]

▣ Aussetzung

22   Wird das Verfahren ausgesetzt und erst nach In-Kraft-Treten der Gebührenänderung wieder aufgenommen, bleibt es beim bisherigen Recht. Auf die Wiederaufnahme kommt es nicht an.[13] Eine Ausnahme gilt nur dann, wenn zwischenzeitlich mehr als zwei Kalenderjahre abgelaufen sind (§ 15 Abs. 5 Satz 2 RVG).

---

7   OLG München, MDR 1995, 967 = OLGR 1995, 264 = JurBüro 1995, 415; OLG Nürnberg, JurBüro 1995, 475.
8   *von Eicken,* AnwBl. 1975, 341.
9   Anwkom-RVG-*N. Schneider,* § 61 Rn. 25; *von Eicken,* AnwBl. 1975, 341.
10   OLG Koblenz, JurBüro 1989, 208; OLG Schleswig, SchlHA 1989, 80; *Hansens,* BRAGO, § 134 Rn. 1; VG Braunschweig, JurBüro 1989, 806; *Gerold/Schmidt/Madert,* BRAGO, § 134 Rn. 6.
11   OLG Koblenz, JurBüro 1989, 208; *Riedel/Sußbauer/Fraunholz,* BRAGO, § 134 Rn. 10 und jetzt wieder *Hartmann,* KostG, § 60 RVG Rn. 34.
12   Anwkom-RVG-*N. Schneider,* § 61 Rn. 61.
13   LG Berlin, JurBüro 1988, 601; *Hansens,* BRAGO, § 134 Rn. 13.

▪ Bedingter Auftrag

Die Auftragserteilung muss unbedingt erfolgt sein. Wird lediglich ein bedingter Auftrag   23
erteilt, so ist der spätere Zeitpunkt des Bedingungseintritts (§ 158 BGB) maßgebend. [14]

Häufigster Anwendungsfall ist der, dass der Anwalt mit einer bestimmten Tätigkeit beauftragt wird und für den Fall, dass diese zu keinem Erfolg führe, bereits den Auftrag zu
weiterer Tätigkeit erhält. [15]

Beispiel: 24

*Der Anwalt erhält vom Mandanten im Mai 2004 den Auftrag, bei dem Schuldner eine
Forderung geltend zu machen und für den Fall, dass dieser nicht bis zum 6.7.2004 zahle, Klage zu erheben.*

*Die außergerichtliche Tätigkeit richtet sich nach der BRAGO, da der Auftrag hierzu noch
vor dem 1.7.2004 erteilt worden ist. Der Auftrag zur Klage ist zwar auch noch vor dem
1.7.2004 erteilt worden; er stand jedoch unter einer Bedingung, nämlich der Nichtzahlung
seitens des Schuldners. Erst mit Eintritt der Bedingung (§ 158 BGB), also mit Ablauf des
6.7.2004, wurde dieser Auftrag zu einem unbedingten. Damit gilt insoweit also das RVG.*

*Für die Anrechnung der Geschäftsgebühr auf die Verfahrensgebühr des nachfolgenden
Rechtsstreits gilt dann § 118 Abs. 2 Satz 1 BRAGO.* [16]

Gleiches gilt für den Auftrag zum Mahnverfahren und den gleichzeitig bedingten Auf-   25
trag zur Durchführung des streitigen Verfahrens, da es sich um zwei verschiedene Angelegenheiten i.S.d. § 15 RVG handelt (§ 17 Nr. 2 RVG); der Anwalt erhält für das Mahnverfahren die Vergütung nach der BRAGO, für das streitige Verfahren nach dem RVG,
wenn die Bedingung (Mitteilung des Widerspruchs) erst nach dem Stichtag eingetreten
ist.

Erteilt der Auftraggeber dem Anwalt zunächst nur den Auftrag, Prozesskostenhilfe zu be-   26
antragen, und für den Fall der Bewilligung Prozessauftrag, so liegt zwar ein bedingter
Auftrag vor; gebührenrechtlich ist dies jedoch irrelevant, da das Prozesskostenhilfe-Prüfungsverfahren bereits **zum Rechtszug gehört** (§ 16 Nr. 2 RVG); s. hierzu ausführlich
Rn. 59 f.

---

14   OLG Bamberg, JurBüro 1987, 1678; 1989, 497; *Enders*, JurBüro 1995, 1; *Hansens*, RVGreport 2004,
     10,12; *Volpert*, RVGreport 2004, 296; a.A. AG St. Ingbert, Rpfleger 1988, 337; LG Berlin, JurBüro
     1988, 753 = Rpfleger 1988, 123.
15   OLG Nürnberg, JurBüro 1976, 1643; OLG Bamberg, JurBüro 1989, 497; LG Berlin, JurBüro 1988,
     752 = Rpfleger 1988, 123; OLG Koblenz, AGS 1995, 133 = MDR 1995, 1173; *Riedel/Sußbauer/Fraun-
     holz*, § 134 Rn. 4.
16   *Hansens*, RVGreport 2004, 242.

◼ Beiladung

27   Für den Beigeladenen im Verwaltungsrechtsstreit kommt es auf die Auftragserteilung an, nicht auf den Erlass des Beiladungsbeschlusses.[17]

◼ Beiordnung

28   Für den im Rahmen der **Prozesskostenhilfe** (§ 121 Abs. 1 ZPO) oder einen anderweitig beigeordneten Anwalt ist zunächst § 61 Abs. 1 Satz 1 1. Alt. RVG anwendbar. Es kommt auch bei ihm auf den Zeitpunkt der Auftragserteilung an, wenn dieser vor dem Zeitpunkt der Beiordnung liegt.[18] Als Auftrag reicht dazu bereits der Auftrag, Prozesskostenhilfe zu beantragen (s.u.). Auf den Beiordnungsbeschluss kommt es nur dann an, wenn dieser ausnahmsweise vor der Auftragserteilung liegen sollte oder ein Auftrag fehlt. Maßgebend ist insoweit nicht der Erlass des Beiordnungsbeschlusses,[19] sondern dessen Zugang.[20] Ist eine dieser beiden Alternativen, also Auftrag oder Zugang des Beiordnungsbeschlusses, bereits vor dem 1.7.2004 eingetreten, so gilt die BRAGO.

◼ Beratungshilfe

29   Bei der Beratungshilfe wird der Anwalt nicht beigeordnet. Für ihn ist allein auf den Zeitpunkt der Auftragserteilung abzustellen, nicht auf den Zeitpunkt der Bewilligung.[21]

◼ Beweisverfahren

30   Hier ergeben sich Probleme, da das selbständige Beweisverfahren nach der BRAGO zur Hauptsache gehört (§ 37 Nr. 3 BRAGO), während es sich nach dem RVG um eine neue Angelegenheit handelt.

31   *Beispiel:*

   Der Mandant hatte dem Anwalt im Januar 2004 den Auftrag zur Durchführung eines selbständigen Beweisverfahrens erteilt. Nach Abschluss des Beweisverfahrens erteilt der Mandant im Juli 2004 den Auftrag zur Hauptsacheklage.

---

17   A.A. VG Weimar, KostRsp. BRAGO § 134 Nr. 47 = ThürVBl. 1995, 213.
18   OLG Koblenz, JurBüro 1976, 1058; OLG Bamberg, JurBüro 1976, 1336; OLG Schleswig, JurBüro 1987, 1678 = SchlHA 1987, 175; LG Koblenz, Rpfleger 1988, 123; LG Osnabrück, JurBüro 1996, 189 = NdsRpfl 1996, 41; OLG Oldenburg, JurBüro 1996, 472 = NdsRpfl 1996, 163; BezG Frankfurt/O., MDR 1994, 101; *Herget*, MDR 1988, 374; *Hansens*, RVGreport 2004, 10, 14; a.a., wonach es nur auf den Beiordnungsbeschluss ankommt: KG, JurBüro 1958, 207 = Rpfleger 1958, 930 = MDR 1958, 435; *Mümmler*, JurBüro 1987, 13.
19   So aber OLG Hamburg, JurBüro 1976, 185.
20   OLG Stuttgart, AnwBl. 1980, 114; *Volpert*, RVGreport 2004, 296, 298.
21   *Hansens*, BRAGO, § 134 Rn. 3.

Bei wörtlicher Anwendung des RVG müssten neue Gebühren ausgelöst werden, da es sich nach § 15 RVG um eine neue Angelegenheit handeln würde. Dies kann aber nicht richtig sein und würde sogar gegen Art. 14 GG verstoßen. Der Auftraggeber, der den Anwalt für das selbständige Beweisverfahren (also Prozess- und Beweisgebühr nach der BRAGO) bereits bezahlt hat, hat damit insoweit auch schon die weitere Vergütung für den Rechtsstreit bezahlt. Würde man ihn über die Übergangsvorschrift des § 61 RVG jetzt nochmals hierfür zahlen lassen, würde man damit in seine gesicherte Rechtsposition eingreifen.

■ Drittwiderklage

→ *s. Widerklage (Rn. 96)* | 32

■ Einspruch gegen Versäumnisurteil

Wird der Einspruch gegen ein Versäumnisurteil verworfen oder zurückgenommen, wäre 33 nach der Einteilung der BRAGO für das Einspruchsverfahren neues Gebührenrecht anzuwenden, da das Verfahren über den Einspruch dann nach § 38 Abs. 1 BRAGO als gesonderte Angelegenheit gilt. Soweit nach Einspruch allerdings erneut verhandelt wird und § 38 Abs. 2 BRAGO Anwendung findet, verbleibt es beim bisherigen Gebührenrecht. Der Einspruch ist kein Rechtsmittel.[22]

Nach dem RVG ist das Verfahren über den Einspruch aber keine eigene Angelegenheit 34 mehr, da das RVG dieses gesonderte Verfahren in den §§ 17, 18 RVG nicht (mehr) regelt. Hier gilt § 19 Abs. 1 Satz 1 RVG. Auch die Vergütung für die weitere Tätigkeit richtet sich nach der BRAGO, obwohl der Auftrag erst nach dem 1.7.2004 erteilt ist, weil es sich nicht um einen Auftrag zu einer Angelegenheit i.S.d. § 15 RVG handelt.

Beispiel: | 35

Im Juni 2004 erwirkt der Anwalt für seinen Mandanten ein Versäumnisurteil und rechnet wie folgt ab:

Wert: 10.000 €

1.	*10/10 Prozessgebühr, § 31 Abs. 1 Nr. 1 BRAGO*	*486,00 €*
2.	*5/10 Verhandlungsgebühr, §§ 33 Abs. 1, 31 Abs. 1 Nr. 2 BRAGO*	*243,00 €*
3.	*Postentgeltpauschale, § 26 Satz 2 BRAGO*	*20,00 €*
4.	*16 % Umsatzsteuer, § 25 Abs. 2 BRAGO*	*+ 119,84 €*
	Summe:	***868,84 €***

---

22   OLG Hamburg, JurBüro 1990, 726.

Anfang Juli legt der Beklagte gegen das Versäumnisurteil Einspruch ein. Es kommt zu einem neuen Verhandlungstermin, in dem der Beklagte wiederum säumig bleibt. Der Einspruch wird durch ein zweites Versäumnisurteil verworfen.

36 Nach der BRAGO stellt das Verfahren über den Einspruch eine neue besondere Angelegenheit dar, da der Einspruch verworfen worden ist (§ 38 Abs. 1 BRAGO).

37 Nach dem RVG ist das Verfahren über den Einspruch dagegen keine neue Angelegenheit. Weder entsteht die Verfahrensgebühr im Einspruchsverfahren erneut noch erhält der Anwalt eine zusätzliche Verhandlungsgebühr; weder die Regelung des § 38 Abs. 1 BRAGO noch die des § 38 Abs. 2 BRAGO finden im RVG eine Fortgeltung.

38 Da also keine neue Angelegenheit i.S.d. § 15 RVG gegeben ist, bleibt die BRAGO anwendbar, da nach dem Verständnis des RVG der Auftrag zur Angelegenheit vor dem 1.7.2004 liegt.[23]

39 Der Anwalt erhält also folgende weitere Vergütung:

Wert: 10.000 €

1.	*10/10 Prozessgebühr, §§ 38 Abs. 1, 31 Abs. 1 Nr. 1 BRAGO*	*486,00 €*
2.	*5/10 Verhandlungsgebühr*	
	§§ 38 Abs. 1, 33 Abs. 1, 31 Abs. 1 Nr. 2 BRAGO	*243,00 €*
3.	*Postentgeltpauschale, § 26 Satz 2 BRAGO*	*20,00 €*
	*gemäß § 38 Abs. 1 BRAGO **anzurechnen***	*− 486,00 €*
4.	*16 % Umsatzsteuer, § 25 Abs. 2 BRAGO*	*+ 42,08 €*
	Summe:	*305,08 €*

■ Einstweilige Anordnungen

40 Soweit einstweilige Anordnungen nach §§ 17 Nr. 4b, 18 Nr. 1, 2 RVG selbständige Angelegenheiten darstellen, gilt das Gleiche wie bei einer einstweiligen Verfügung.[24]

41 Eine Besonderheit besteht allerdings insoweit, als mehrere einstweilige Anordnungen desselben Buchstabens nach § 18 Nr. 1 RVG und nach § 18 Nr. 2 2. Halbs. RVG als eine Angelegenheit gelten. Erhält der Anwalt mehrere Aufträge zu solchen einstweiligen Anordnungen, kommt es auf den Zeitpunkt der ersten Auftragserteilung an.[25]

---

23 Anwkom-RVG-*N. Schneider*, § 61 Rn. 29.
24 *von Eicken*, AnwBl. 1975, 341.
25 KG, JurBüro 1958, 206 = Rpfleger 1958, 930; OLG Koblenz, MDR 1958, 615; *von Eicken*, AnwBl. 1975, 339.

Beispiel: 42

Der Anwalt erhält im Mai 2004 den Auftrag für eine einstweilige Anordnung betreffend die Regelung des Umgangsrechts; im September 2004 erhält er einen neuen Auftrag für eine weitere einstweilige Anordnung betreffend die Regelung des Umgangsrechts.

Obwohl dieser Auftrag erst nach dem 30.6.2004 erteilt worden ist, bleibt es bei Abrechnung nach der BRAGO.

■ Erinnerung

Soweit die Erinnerung nach § 19 Abs. 1 Satz 2 Nr. 5 RVG zum Rechtszug gehört, gilt 43
§ 61 Abs. 1 Satz 1 RVG. Die Erinnerung ist kein Rechtsmittel, sondern nur ein Rechtsbehelf, so dass § 61 Abs. 1 Satz 2 RVG nicht greift. Nur dann, wenn die Erinnerung eine eigene Angelegenheit darstellt (§ 18 Nr. 5 RVG), gilt für sie neues Recht, wenn der Auftrag hierzu nach dem 30.6.2004 liegt.

■ Erneuter Auftrag

War der nach bisherigem Recht erteilte Auftrag beendet (z.B. infolge Mandatsnieder- 44
legung) und erhält der Anwalt später den Auftrag, wieder tätig zu werden, bleibt es bei der Anwendung des bisherigen Rechts (§ 15 Abs. 5 Satz 1 RVG), es sei denn, es liegt ein Fall des § 15 Abs. 5 Satz 2 RVG vor (s.u. Rn. 103).

■ Hebegebühr

Da jede Auszahlung nach Nr. 1009 VV RVG eine eigene Gebührenangelegenheit i.S.d. 45
§ 15 RVG darstellt,[26] ist insoweit auch die Anwendung des maßgebenden Gebührenrechts je Auszahlung gesondert zu prüfen. Es kommt also auf den Auftrag für jede einzelne Auszahlung an. Im Regelfall wird aber für mehrere Auszahlungsvorgänge ein einheitlicher Auftrag vorliegen.

■ Hinzutreten weiterer Auftraggeber

Wird der Anwalt neben dem bisherigen Auftraggeber nach In-Kraft-Treten der Gesetzes- 46
änderung von einem weiteren Auftraggeber beauftragt, so ist zu differenzieren:

- Stellt der Auftrag des weiteren Auftraggebers eine **eigene Angelegenheit** i.S.d. § 15 47
  RVG dar, so richtet sich die Vergütung nach neuem Recht[27] (→ *s. auch Verbindung,*
  Rn. 74).

---

26   Anwkom-RVG-N. *Schneider,* § 61 Rn. 33; Nr. 1009 VV RVG Rn. 1.
27   *Hansens,* BRAGO, § 134 Rn. 16.

48 **Beispiel:**

Der Anwalt vertritt den verletzten Fahrer F in einem Verkehrsunfallprozess. Später erteilt ihm der Beifahrer B den Auftrag, Schmerzensgeld einzuklagen. Der Anwalt erhebt eine selbständige Klage.

Es liegen zwei verschiedene Angelegenheiten vor. Gegenüber dem F ist nach der BRAGO abzurechnen, gegenüber dem B nach dem RVG.

49 • Wird durch das Hinzutreten des neuen Auftraggebers jedoch lediglich die **bereits bestehende Angelegenheit** erweitert, ist nach § 61 Abs. 1 Satz 1 RVG einheitlich nach der BRAGO abzurechnen.[28] Durch das bloße Hinzutreten eines weiteren Auftraggebers wird keine neue Angelegenheit ausgelöst. Liegt ein Fall gemeinschaftlicher Beteiligung vor, dann gilt für die Erhöhung folglich § 6 Abs. 1 Satz 1 BRAGO, nicht Nr. 1008 VV RVG. Die Gegenauffassung,[29] die für den hinzukommenden Auftraggeber neues Recht anwenden will, ist nicht mehr haltbar.

50 **Beispiel:**

Im März 2004 wird gegen den Fahrzeughalter Klage auf Schadensersatz aus einem Verkehrsunfall erhoben. Nachdem der Beklagte seinen Fahrer als Zeugen benannt hat, wird die Klage im August 2004 erweitert und auch der Fahrer verklagt. Beide Beklagten lassen sich durch denselben Anwalt vertreten.

Auch die Erhöhung berechnet sich nach der BRAGO, also nach § 6 Abs. 1 Satz 2 BRAGO, da nur eine einzige Angelegenheit vorliegt.

51 Soweit die Auffassung vertreten wird, die Prozessgebühr berechne sich in solchen Fällen zu 10/10 nach bisherigem Recht und zu 3/10 (also jetzt zu 0,3 Nr. 1008 VV RVG) aus dem Wert der gemeinschaftlichen Beteiligung nach neuem Recht,[30] gibt § 61 Abs. 1 RVG hierfür keine Handhabe. Die Prozessgebühr entsteht bereits mit Auftragserteilung und richtet sich somit nach altem Recht. Infolge des weiteren Auftraggebers entsteht keine neue Prozessgebühr, da es sich nach wie vor um dieselbe Angelegenheit handelt und der Grundsatz der Einmaligkeit der Gebühren (§ 15 Abs. 1 RVG) gilt. Erhöht werden kann nur die bereits entstandene Prozessgebühr, die sich nach bisherigem Recht berechnet. Sie kann auch nicht um einen 0,3 Betrag neuen Rechts erhöht werden, da die Erhöhung selbst keine Gebühr darstellt.

---

28 OLG Karlsruhe, MDR 1976, 676; OLG München, JurBüro 1978, 1492; *Hartmann,* KostG, § 60 RVG Rn. 25; *Göttlich/Mümmler/Rehberg/Xanke,* RVG, „Übergangsregelung" 4.2.

29 KG, JurBüro 1977, 1375; *Gerold/Schmidt/Madert,* BRAGO, § 134 Rn. 3; *Mümmler,* JurBüro 1987, 14; *Hansens,* RVGreport 2004, 10, 13; *Volpert,* RVGreport 2004, 296, 299.

30 *Hansens,* BRAGO, § 134 Rn. 3; *Gerold/Schmidt/Madert,* BRAGO, § 134 Rn. 3; *von Eicken,* AnwBl. 1975, 341.

■ **Honorarvereinbarungen**

→ *s. Vergütungsvereinbarung (Rn. 86 f.)*   52

■ **Klageerweiterung**

Die Klageerweiterung eröffnet weder für den Anwalt des Klägers noch für den des bis-   53
herigen Beklagten eine neue Angelegenheit, sondern stellt nur eine Erweiterung der bisherigen Angelegenheit dar, so dass es bei der Anwendung der BRAGO verbleibt.[31] Wird
allerdings durch die Klageerweiterung erstmals ein Dritter in den Rechtsstreit einbezogen, kann für seinen Anwalt das RVG maßgebend sein, wenn er den Auftrag zum Tätigwerden erst nach dem Stichtag erhält.[32] Es kommt dann zu **gespaltenem Kosten-
recht**.

Beispiel: 54

*Der Kläger verklagt zunächst nur den A. Dieser beauftragt im März 2004 seinen Anwalt
mit der Klageverteidigung. Im Juli 2004 erweitert der Kläger die Klage und richtet sie nunmehr auch gegen den B. Dieser bestellt einen eigenen Anwalt.*

*Der Anwalt des A rechnet nach der BRAGO ab, während der Anwalt des B nach dem RVG
abrechnet. Für den Anwalt des Klägers ändert sich dagegen nichts; er rechnet durchweg
nach der BRAGO ab.*

■ **Mahnverfahren**

Hat der Anwalt den Auftrag zum Mahnverfahren vor dem 1.7.2004 und den Auftrag zur   55
Durchführung des streitigen Verfahrens nach dem 30.6.2004 erhalten, gilt für das Mahnverfahren die BRAGO, für das streitige Verfahren das RVG, da es sich um zwei verschiedene Angelegenheiten handelt (§ 17 Nr. 2 RVG). Das gilt auch, wenn der Anwalt schon
zusammen mit dem Auftrag für das Mahnverfahren den Auftrag erhält, bei Einlegung eines Widerspruchs oder Einspruchs das streitige Verfahren durchzuführen. Der Auftrag für
das streitige Verfahren ist nämlich dann zunächst ein bedingter. Erst mit Bedingungseintritt (Erhebung des Widerspruchs oder Einspruchs) wird er wirksam (§ 158 BGB).[33] Das
Gleiche gilt für den Anwalt des Beklagten, der vor dem 1.7.2004 Widerspruch eingelegt
hat, aber erst nach dem 30.6.2004 im streitigen Verfahren beauftragt worden ist. Die

---

31   OLG Hamburg, JurBüro 1976, 489; OLG Karlsruhe, MDR 1976, 676; OLG Hamm, JurBüro 1976,
     1493 und 1644; KG, JurBüro 1976, 1056; OLG München, JurBüro 1978, 1491; OLG Frankfurt,
     JurBüro 1979, 1503; *von Eicken*, AnwBl. 1975, 341.
32   OLG Düsseldorf, JurBüro 1988, 1680 = AnwBl. 1989, 61.
33   OLG Hamburg, MDR 1997, 597 = OLGR 1997, 218 = JurBüro 1998, 75; *Riedel/Sußbauer/Fraun-
     holz*, BRAGO, § 134 Rn. 4; a.A. OLG Saarbrücken, JurBüro 1989, 1401; OLG Düsseldorf, JurBüro
     1988, 1680; AnwBl. 1989, 129 = Rpfleger 1989, 129 = JurBüro 1989, 806.

Vergütung für das streitige Verfahren richtet sich dann nach neuem Recht.[34] S. hierzu auch das Berechnungsbeispiel in Rn. 15.

■ Nichtzulassungsbeschwerde

56 → s. *Zulassung eines Rechtsmittels (Rn. 98)*

■ Pflichtverteidiger

57 Für die Vergütung des Pflichtverteidigers kommt es nur auf den Zeitpunkt seiner Bestellung an. Dies gilt selbst dann, wenn der Rechtsanwalt den Auftrag zur Wahlverteidigung bereits vor dem Stichtag erhalten hat, da das Mandat zur Wahlverteidigung mit der Bestellung zum Pflichtverteidiger endet.[35] In diesem Fall erhält der Anwalt die Wahlverteidigervergütung nach der BRAGO und die Pflichtverteidigervergütung nach dem RVG.[36]

■ Prozesskostenhilfe

58 Hat der Anwalt den Auftrag, zunächst Prozesskostenhilfe zu beantragen, richtet sich sowohl die Vergütung für das Prozesskostenhilfe-Prüfungsverfahren (Nr. 3335 VV RVG) als auch für das Hauptsacheverfahren (Nrn. 3100 ff. VV RVG) nach der BRAGO, wenn der Auftrag vor In-Kraft-Treten der Gesetzesänderung erteilt worden ist. Das gilt auch dann, wenn dem Anwalt zunächst der Auftrag für das Prozesskostenhilfeverfahren erteilt worden ist und nur für den Fall der Prozesskostenhilfebewilligung auch der Prozessauftrag. Die wohl h.M. sieht dies anders und stellt auf den Zeitpunkt der Bewilligung ab.[37]

59 *Beispiel:*

Der Anwalt wird im Mai 2004 beauftragt, für eine Klage Prozesskostenhilfe zu beantragen. Soweit Prozesskostenhilfe bewilligt wird, soll der Anwalt dann auch Klage erheben. Im Juli 2004 wird teilweise Prozesskostenhilfe bewilligt.

Für den Rechtsstreit, soweit Prozesskostenhilfe bewilligt wurde, soll der Anwalt die Gebühren nach neuem Recht erhalten; für das Prozesskostenhilfe-Prüfungsverfahren, soweit

---

34 OLG Schleswig, AGS 1997, 99 = JurBüro 1997, 413 = zfs 1997, 471.
35 OLG Schleswig, SchlHA 1989, 80; OLG Koblenz, Rpfleger 1988, 123; OLG Celle, MDR 1995, 532 = NdsRpfl 1995, 111; *Hansens*, RVGreport 2004, 10, 13; *Volpert*, RVGreport 2004, 296, 298; a.A. KG, Rpfleger 1995, 380; LG Hannover, JurBüro 1988, 749 m. abl. Anm. *Mümmler.*
36 OLG Düsseldorf, AnwBl. 1976, 354; AnwBl. 1996, 175; = JurBüro 1996, 189 = MDR 1996, 752 = Rpfleger 1996, 149 = StV 1996, 165; OLG Celle, MDR 1995, 532; OLG Oldenburg, JurBüro 1996, 472; OLG Koblenz, Rpfleger 1988, 123; *Enders*, JurBüro 1995, 2; *Hansens*, a.a.O.; a.A. OLG Bamberg, JurBüro 1989, 965; LG Hannover, JurBüro 1988, 749 m. abl. Anm. *Mümmler;* KG, Rpfleger 1995, 380; OLG Frankfurt, KostRsp. BRAGO § 134 Nr. 35.
37 OLG Düsseldorf, JurBüro 1988, 1681 m. Anm. *Mümmler* = AnwBl. 1989, 62; *Hansens*, BRAGO, § 134 Rn. 11; *Enders*, JurBüro 1995, 2; *Gerold/Schmidt/Madert*, BRAGO, § 134 Rn. 14; *Bischof/Jungbauer*, RVG, § 61 Rn. 22 ff.

Prozesskostenhilfe abgelehnt worden ist, soll es für die Vergütung beim bisherigen Recht, also § 51 BRAGO, verbleiben.

Diese Auffassung ist unzutreffend. Richtig ist zwar, dass in solchen Fällen zunächst nur 60 ein bedingter Auftrag für das Hauptsacheverfahren vorliegt und die Bedingung (Prozesskostenhilfebewilligung) erst mit Zugang des Beiordnungsbeschlusses eintritt und damit erst der Prozessauftrag wirksam wird. Darauf kommt es hier aber gar nicht an, weil es sich beim Prozesskostenhilfe-Prüfungsverfahren und zugehörigem Rechtsstreit – anders als z.B. bei Mahn- und Streitverfahren – nicht um verschiedene Angelegenheiten handelt. Das Prozesskostenhilfe-Prüfungsverfahren zählt nach § 16 Nr. 2 RVG/§ 37 Nr. 3 BRAGO zum Rechtszug. Auch soweit der Anwalt nachträglich einen Klageauftrag erhält, handelt es sich nur um die Erweiterung des Auftrags in derselben Gebührenangelegenheit. Das kann aber nicht zu einer Änderung des Gebührenrechts führen.

Rechtsmittelverfahren

Für Rechtsmittelverfahren enthält § 61 Abs. 1 Satz 2 RVG eine Sonderregelung, die eben- 61 so wir ihr Vorbild (§ 134 Abs. 1 Satz 2 BRAGO) unsinnig und in sich widersprüchlich ist. Sie beruht auf einer Fehlvorstellung des Gesetzgebers. Die unreflektiert übernommene und offenbar so auch gar nicht gewollte Regelung des § 61 Abs. 1 Satz 2 RVG wird nicht beachtet und auch für das Rechtsmittelverfahren nur § 61 Abs. 1 Satz 1 RVG angewandt werden.[38]

Beispiel: 62

Der Anwalt erhält am 24.6.2004 den Auftrag, Berufung einzulegen. Die Berufung legt er am 4.7.2004 ein.

Der Auftrag ist vor dem 1.7.2004 erteilt, so dass die BRAGO gilt. Dadurch, dass der Anwalt den Auftrag nicht sofort ausführt, sondern eine Woche liegen lässt, kann sich nicht das Gebührenrecht ändern.

Selbständiges Beweisverfahren

→ s. *Beweisverfahren (Rn. 30)* 63

Straf- und Bußgeldverfahren

In Straf- und Bußgeldsachen bilden jetzt vorbereitendes Verfahren (§ 84 Abs. 1 1. Alt. 64 BRAGO/Nr. 4104 VV RVG) und gerichtliches Verfahren (§ 83 BRAGO/Nrn. 4106 ff. VV RVG) verschiedene Angelegenheiten.[39] Daher ist die Änderung des Gebührenrechts zu

---

38 Anwkom-RVG-N. *Schneider*, § 61 Rn. 7 ff. m. weiterführenden Hinweisen, falls man diese Vorschrift doch anwenden will.
39 *Schneider/Mock*, § 25 Rn. 22; *Burhoff*, RVG, Vorbem. 5 VV RVG Rn. 27.

beachten, wenn der Auftrag zur Verteidigung bereits vor dem 1.7.2004 erteilt worden ist, für das gerichtliche Verfahren aber erst nach dem 30.6.2004. Gleiches gilt in Bußgeldverfahren.[40] Im Übrigen ist für Straf- und Bußgeldsachen die Anwendung des jeweiligen Gebührenrechts je Verfahrensabschnitt gesondert zu prüfen. Das gilt auch für ein Wiederaufnahmeverfahren (§ 17 Nr. 12 RVG) oder ein Verfahren über die im Urteil vorbehaltene Sicherungsverwahrung (§ 17 Nr. 11 RVG).

65 Wird das **Strafverfahren eingestellt** und die Sache **als Ordnungswidrigkeit weiter verfolgt**, ist eine zwischenzeitliche Gebührenänderung ebenfalls zu beachten, da es sich hier um zwei verschiedene Angelegenheiten handelt (§ 17 Nr. 10 RVG).

66   *Beispiel:*

Der Anwalt erhält am 11.3.2004 den Auftrag zur Verteidigung in einem Verfahren wegen fahrlässiger Körperverletzung im Straßenverkehr. Das Verfahren wird am 20.7.2004 eingestellt und an die Verwaltungsbehörde abgegeben, die ein Bußgeldverfahren wegen des Verdachts einer Vorfahrtsverletzung einleitet und einen Bußgeldbescheid über 50 € erlässt.

Für das Strafverfahren erhält der Anwalt die Gebühr aus § 84 Abs. 1 1. Alt., Abs. 2 BRAGO; für das Bußgeldverfahren berechnet sich die Vergütung nach dem RVG, also nach den Nrn. 5100 ff. VV RVG.

Ausgehend jeweils von der Mittelgebühr ist wie folgt zu rechnen:

I.   Strafverfahren (BRAGO):

1. eine Gebühr, § 84 Abs. 1 1. Alt., Abs. 2 BRAGO	*355,00 €*
2. Postentgeltpauschale, § 26 Satz 2 BRAGO	*15,00 €*
3. 16 % Umsatzsteuer, § 25 Abs. 2 BRAGO	*+ 59,20 €*
Summe:	***429,20 €***

II.   Bußgeldverfahren (RVG):

1. Grundgebühr, Nr. 5100 VV RVG	*85,00 €*
2. Verfahrensgebühr, Nr. 5103 VV RVG	*135,00 €*
3. Postentgeltpauschale, Nr. 7002 VV RVG	*20,00 €*
4. 16 % Umsatzsteuer, Nr. 7008 VV RVG	*+ 38,40 €*
Summe:	***278,40 €***

---

40   *Schneider/Mock*, § 26 Rn. 32; *Burhoff*, RVG, Vorbem. 5 VV RVG Rn. 27.

Auch für ein Rechtsmittelverfahren (Berufung, Revision oder Rechtsbeschwerde) ist das   67
RVG anzuwenden, wenn zwischenzeitlich eine Gebührenänderung eingetreten ist. Gleiches gilt für das weitere Verfahren nach Zurückverweisung (§§ 21 Abs. 1, 20 Satz 2 RVG).[41]

Beispiele: 68

*(1) Im Juni 2004 verkündet das AG das Urteil. Hiergegen legt der Verteidiger Berufung ein.
Im August werden die Urteilsgründe zugestellt. Der Anwalt erhält den Auftrag, die Berufung durchzuführen.*

*Die Einlegung des Rechtmittels gehört noch zum vorangegangenen Rechtszug und löst
daher keine neue Angelegenheit aus (§ 87 Satz 2 BRAGO – ebenso § 19 Abs. 1 Satz 2
Nr. 10 RVG). Erst mit dem Auftrag, die Revision durchzuführen, beginnt die neue Angelegenheit, die sich dann nach RVG richtet.*

*(2) Das Urteil erster Instanz wird im April vom LG erlassen. Hiergegen wird Revision ein-
gelegt. Der BGH hebt das landgerichtliche Urteil auf und verweist die Sache zur erneuten
Verhandlung an das LG zurück.*

*Erstinstanzliches Verfahren und Revision richten sich nach der BRAGO. Das Verfahren nach
Zurückverweisung richtet sich nach RVG, da eine neue Angelegenheit beginnt (§ 21 Abs. 1
RVG).*

▪ Streitverkündung

Die Erklärung der Streitverkündung eröffnet keine neue Angelegenheit. Der Anwalt des   69
Streitverkündeten erhält allerdings, sofern er bislang im Rechtsstreit noch nicht tätig war,
seine Gebühren nach RVG, wenn er den Auftrag zum Tätigwerden erst nach dem Stichtag erhalten hat.

▪ Stufenklage

Im Fall der Stufenklage kommt es nur auf den Zeitpunkt des Klageauftrags an. Uner-   70
heblich ist, wann der Leistungsanspruch beziffert und verlesen wird.[42]

▪ Unterbevollmächtigter (Terminsvertreter)

Für den Terminsvertreter ist die Anwendung des maßgebenden Gebührenrechts jeweils   71
gesondert zu prüfen, unabhängig davon, wann dem Prozessbevollmächtigten der Auftrag erteilt worden ist.[43] Umgekehrt richtet sich die Vergütung des Prozessbevollmäch-

---

41   OLG Düsseldorf, JurBüro 1988, 1352 = Rpfleger 1988, 337; OLG Zweibrücken, AGS 2000, 170;
      Volpert, RVGreport 2004, 296, 301.
42   OLG Koblenz, JurBüro 1990, 613; *Hansens,* BRAGO, § 134 Rn. 24.
43   OLG Nürnberg, JurBüro 1977, 346; LG Berlin, JurBüro 1987, 1827 = Rpfleger 1987, 123; *von Eicken,*
      AnwBl. 1975, 341.

tigten nur nach dem für ihn maßgebenden Gebührenrecht, unabhängig davon, welches Gebührenrecht für den Terminsvertreter gilt. Er kann daher u.U. auch noch die Gebühr des § 33 Abs. 3 Satz 1 BRAGO verdienen, wenn er nach dem 30.6.2004 einen Verhandlungsvertreter beauftragt.

■ Unterbrechung

72 Wird das Verfahren unterbrochen und später wieder aufgenommen, so bleibt das ursprüngliche Auftragsdatum weiterhin maßgebend. Durch die Fortsetzung des Rechtsstreits entsteht keine neue Angelegenheit, es sei denn, es liegt ein Fall des § 15 Abs. 5 Satz 2 RVG vor (s.u. Rn. 103).[44]

■ Urkunden-, Wechsel-, Scheckprozess und Nachverfahren

73 Das Nachverfahren stellt gegenüber dem Urkunden-, Wechsel- oder Scheckprozess eine gesonderte Angelegenheit dar (§ 17 Nr. 5 RVG). Der Anwalt erhält daher für das Nachverfahren die Gebühren nach dem RVG, während es für das Urkundenverfahren bei der BRAGO verbleibt.[45]

■ Verbindung

74 Werden mehrere Verfahren miteinander verbunden, so ist zu differenzieren.

- **Wertgebühren**

  Richten sich die Gebühren in den verbundenen Verfahren jeweils nach dem Wert (§ 2 Abs. 1 RVG/§ 7 Abs. 1 BRAGO), so gilt § 61 Abs. 1 Satz 3 RVG i.V.m. § 60 Abs. 2 RVG. Bis zur Verbindung entstehen die Gebühren jeweils nach ihrem eigenen Gebührenrecht getrennt. Ab der Verbindung setzt sich die BRAGO durch. Ab dann ist ausschließlich nach der BRAGO abzurechnen (s.o. Rn. 11).

- **Rahmengebühren**

  Ist nach Rahmengebühren abzurechnen, gibt es keine Übergangsvorschrift. Hier besteht die Möglichkeit, die Vorschrift des § 61 Abs. 1 Satz 3 RVG i.V.m. § 60 Abs. 2 RVG analog anzuwenden mit der Maßgabe, dass sich auch hier ab der Verbindung die weiteren Gebühren ausschließlich nach der BRAGO richten.

  Andererseits lässt die fehlende Regelung auch den Umkehrschluss zu, dass diese Regelung hier gerade nicht gelten soll. Abzustellen wäre dann auf die jeweilige Angelegenheit, die infolge der Verbindung fortgeführt wird.

---

44 Für Unterbrechung nach § 240 ZPO: OLG Hamm, JurBüro 1989, 1403 = Rpfleger 1989, 525; OLG München, JurBüro 1989, 977; für die Unterbrechung nach §§ 239 ff. ZPO: LG Berlin, JurBüro 1988, 601; OLG Bamberg, JurBüro 1991, 239 m. abl. Anm. *Mümmler; Hansens*, BRAGO, § 134 Rn. 18.

45 *Hansens*, BRAGO, § 134 Rn. 19; a.A. OLG Koblenz, 1990, 54; *Hartmann*, KostG, § 60 RVG Rn. 17.

Beispiel: 75

Gegen den Mandanten ist vor dem AG im Mai Anklage wegen Diebstahls erhoben worden. Im Juli folgt eine Anklage wegen Betruges. Der Anwalt beauftragt seinen Verteidiger jeweils nach Zustellung der Anklageschrift. Im August werden beide Verfahren sodann miteinander verbunden. Anschließend wird die Hauptverhandlung durchgeführt.

Bis zur Verbindung richtet sich die Vergütung im Verfahren wegen Diebstahls nach der BRAGO; im Verfahren wegen Betruges nach dem RVG.

a) Sofern man § 61 Abs. 1 Satz 3 RVG i.V.m. § 60 Abs. 2 RVG analog anwendet, wäre für alle Tätigkeiten ab August 2004 im verbundenen Verfahren nur noch die BRAGO einschlägig. Allerdings blieben dann die im Betrugsverfahren angefallene Grundgebühr sowie die Verfahrensgebühr nach Nr. 4106 VV RVG erhalten.

Die Verfahrensgebühr nach Nr. 4106 VV RVG wäre allerdings wegen der vorzeitigen Verbindung eher unterdurchschnittlich anzusetzen (hier Abzug von 20 %). Die Hauptverhandlungsgebühr im verbundenen Verfahren wäre wiederum wegen des mehrfachen Tatvorwurfs überdurchschnittlich anzusetzen (hier um 20 % erhöht).

Zu rechnen wäre wie folgt:

I.   Verfahren wegen Diebstahls

1.	1 Gebühr, § 83 Abs. 1 Nr. 3 BRAGO (um 20 % erhöht)	426,00 €
2.	Postentgeltpauschale, § 26 Satz 2 BRAGO	15,00 €
3.	16 % Umsatzsteuer, § 25 Abs. 2 BRAGO	+ 70,56 €
	Summe:	**511,56 €**

II.   Verfahren wegen Betruges

1.	Grundgebühr, Nr. 4100 VV RVG	165,00 €
2.	Verfahrensgebühr, Nr. 4106 VV RVG (um 20 % ermäßigt)	112,00 €
3.	Postentgeltpauschale, Nr. 7002 VV RVG	20,00 €
4.	16 % Umsatzsteuer, Nr. 7008 VV RVG	+ 47,52 €
	Summe:	**344,52 €**

b) Wendet man § 61 Abs. 1 Satz 3 RVG i.V.m. § 60 Abs. 2 RVG nicht entsprechend an, so käme es darauf an, welches Verfahren führend ist.

*aa) Wäre das **Diebstahlverfahren führend**, würde also das Betrugsverfahren zu dem Diebstahlsverfahren hinzu verbunden, so würde sich die weitere Tätigkeit im verbundenen Verfahren ausschließlich nach der BRAGO berechnen. Es wäre zu rechnen wie bei Anwendung des § 61 Abs. 1 Satz 3 RVG i.V.m. § 60 Abs. 2 RVG.*

*bb) Wäre dagegen das **Betrugsverfahren führend**, würde also das Diebstahlsverfahren zum Betrugsverfahren hinzu verbunden, so würde sich die weitere Tätigkeit nach dem RVG richten, da die BRAGO-Angelegenheit infolge der Verbindung endet und sich nur noch die RVG-Angelegenheit fortsetzt.*

Im Diebstahlsverfahren entstünde dann nur eine halbe Gebühr nach § 84 Abs. 1 3. Alt. BRAGO, da es hier nicht mehr zur Hauptverhandlung kommt.

Im Betrugsverfahren würde sich die Verfahrensgebühr ggf. erhöhen, wenn durch die Hinzuverbindung noch erhöhter Aufwand außerhalb der Hauptverhandlung ausgelöst wird. Auf jeden Fall ist die Terminsgebühr wegen des mehrfachen Tatvorwurfs höher anzusetzen (hier 20 % über der Mittelgebühr).

Zu rechnen wäre wie folgt:

I. Verfahren wegen Diebstahls

1.	1/2 Gebühr, §§ 84 Abs. 1 3. Alt., 83 Abs. 1 Nr. 3 BRAGO	177,50 €
2.	Postentgeltpauschale, § 26 Satz 2 BRAGO	15,00 €
3.	16 % Umsatzsteuer, § 25 Abs. 2 BRAGO	+ 21,20 €
	Summe:	**153,70 €**

II. Verfahren wegen Betruges

1.	Grundgebühr, Nr. 4100 VV RVG	165,00 €
2.	Verfahrensgebühr, Nr. 4106 VV RVG	140,00 €
3.	Terminsgebühr, Nr. 4108 VV RVG (um 20 % erhöht)	276,00 €
4.	Postentgeltpauschale, Nr. 7002 VV RVG	20,00 €
5.	16 % Umsatzsteuer, Nr. 7008 VV RVG	+ 96,16 €
	Summe:	**697,61 €**

■ Verbundverfahren

76 Hier ist zu differenzieren:

- Im Scheidungsverbundverfahren erhält der Anwalt die Gebühren jeweils nur einmal. Das gesamte Verbundverfahren bildet gebührenrechtlich **eine Angelegenheit** i.S.d. § 15 Abs. 1 RVG (§ 16 Nr. 4 RVG/§ 7 Abs. 3 BRAGO). Die jeweiligen Gebühren sind daher aus den nach § 22 Abs. 1 RVG/§ 7 Abs. 2 BRAGO zusammengerechneten Werten von Ehe- und Folgesachen zu berechnen. Daher gilt für das gesamte Verbundverfahren die BRAGO, wenn der Auftrag vor dem 1.7.2004 erteilt worden ist. Auch für Folgesachen, zu denen der Anwalt den Auftrag erst nach dem 30.6.2004 erhält, gilt das bisherige Gebührenrecht.[46]

---

46   OLG Düsseldorf, JurBüro 1996, 253.

Beispiel: 77

Der Anwalt wird im Mai 2004 beauftragt, die Scheidung einzureichen. Im August 2004 erhält er den Auftrag zur Folgesache Unterhalt, im September für Zugewinn und im Dezember für ein Umgangsrechtsverfahren.

Es gilt die BRAGO auch für alle Folgesachen, da es sich nur um eine einzige Angelegenheit handelt (§ 7 Abs. 3 BRAGO/§ 16 Nr. 4 RVG).

- Wird nach § 628 ZPO über die Ehesache vorab entschieden und werden die Folge- 78 sachen „abgetrennt", bleibt es bei der Anwendung der BRAGO. Wird dagegen nach § 623 ZPO eine Folgesache abgetrennt, so liegt eine **echte Verfahrenstrennung** vor (s.u. Rn. 83). Es fehlt aber an einem neuen Auftrag, so dass es auch insoweit bei der BRAGO verbleibt.

Beispiel: 79

Das Umgangsrechtsverfahren wird aus dem Verbund abgetrennt und als isoliertes Verfahren fortgeführt.

Zwar liegt jetzt eine neue Angelegenheit vor und der Streitwert richtet sich jetzt nach der KostO; es fehlt jedoch an einem neuen Auftrag, so dass es auch hier bei der BRAGO verbleibt.

- Erteilen die Parteien den Auftrag, die **Folgesache** (z.B. Unterhalt) außergerichtlich zu 80 regeln, also nicht anhängig zu machen, so zählt die anwaltliche Tätigkeit nicht zum Verbundverfahren. Die Vergütung richtet sich dann nach Nr. 2400 VV RVG. Insoweit ist neues Recht anzuwenden, wenn der Auftrag erst nach dem 30.6.2004 erteilt worden ist. Kommt es außergerichtlich zu einer Einigung und wird diese im Verbundverfahren protokolliert, so gilt für eine eventuelle Prozessdifferenzgebühr nach § 32 Abs. 2 BRAGO allerdings das bisherige Gebührenrecht, da diese Gebühr in die Angelegenheit des Verbundverfahrens fällt.[47]

- Werden gesonderte Verfahren anhängig gemacht, die nicht zum Verbund zählen, z.B. 81 Trennungsunterhalt oder Genehmigung des Ausschlusses des Versorgungsausgleichs, ist die Anwendung des jeweiligen Gebührenrechts für die isolierten Verfahren gesondert zu prüfen.

Beispiel: 82

Die Scheidung wird im Januar 2004 eingereicht. Im Juli 2004 erhebt die Ehefrau Klage auf Trennungsunterhalt.

Für das Verbundverfahren gilt die BRAGO; für das Unterhaltsverfahren gilt dagegen das RVG.

---

47   OLG Düsseldorf, JurBüro 1996, 253.

*Das gilt auch für einstweilige Anordnungen, da auch diese eigene Angelegenheiten dar-
stellen (s.o. Rn. 40 ff.).*

■ Verfahrenstrennung

83   Nach einer Verfahrenstrennung (§§ 145, 623 ZPO) verbleibt es grds. beim bisherigen
Recht, auch wenn zwischenzeitlich eine Gebührenänderung eingetreten ist. Infolge der
Verfahrenstrennung erhält der Anwalt keinen neuen Auftrag. Aus dem ursprünglich gemeinsamen Auftrag werden infolge der Trennung jetzt lediglich zwei verschiedene Gebührenangelegenheiten. Ein neuer Auftrag ist damit nicht verbunden.

■ Verfahrensvorschriften

84   Die Übergangsvorschrift des § 61 Abs. 1 RVG regelt die Fälle, in denen die BRAGO nach
dem 1.7.2004 noch gilt. Ist danach die BRAGO anwendbar, gelten auch die Verfahrens-
regelungen der BRAGO, etwa § 19 oder § 12 Abs. 2 BRAGO, weiter fort.

85   *Beispiel:*

*Dem Rechtsanwalt ist der Prozessauftrag im Juni 2004 erteilt worden. Nach Beendigung
der Angelegenheit beantragt er im Jahr 2005 die Vergütungsfestsetzung gegen den eigenen Auftraggeber. Hierfür gilt die Verfahrensvorschrift des § 19 BRAGO. Die von dem
Rechtsanwalt aus eigenen Mitteln für seinen Auftraggeber gezahlten Gerichtskosten kann
er sich danach nicht mit festsetzen lassen. Die hier für den Rechtsanwalt günstigere Regelung in § 11 Abs. 1 RVG ist – wie das gesamte RVG – hier nicht anwendbar.*

Dies wird auch bestätigt durch den Wortlaut des § 60 Abs.1 RVG, der nur von der **„Berechnung der Vergütung"** spricht.

■ Vergütungsvereinbarung

86   Hier gilt § 61 Abs. 2 RVG. Auf die Vereinbarung der Vergütung sind die Vorschriften des
RVG auch dann anzuwenden, wenn für die gesetzliche Vergütung nach § 61 Abs. 1 RVG
die Vorschriften der BRAGO anzuwenden sind, die Honorarvereinbarung aber erst nach
dem 1.7.2004 getroffen worden ist. Dies betrifft allerdings nur die Regelung des § 4 RVG.
Diese Vorschrift ist also auch auf solche Honorarvereinbarungen anzuwenden, die nach
dem 30.6.2004[48] geschlossen worden sind, wenn der Auftrag zur Angelegenheit bereits
vor dem 1.7.2004 erteilt worden ist.

87   Für die vereinbarte Vergütung selbst ist § 61 RVG dagegen grds. unerheblich. Welche
Vergütung dem Anwalt zusteht, ergibt sich ohnehin aus der Vereinbarung. Soweit ein

---

48   Der Wortlaut spricht zwar von Vereinbarungen, die nach dem 1.7.2004 geschlossen worden sind.
Dabei dürfte es sich aber um ein Versehen handeln. Auch für Vereinbarungen, die am 1.7.2004 geschlossen werden, muss neues Recht gelten.

Stundensatz, eine Pauschale o.Ä. vereinbart wird, stellt sich die Frage des maßgeblichen Gebührenrechts erst gar nicht. Lediglich dann, wenn die Parteien ein Vielfaches der gesetzlichen Gebühren vereinbaren oder einen höheren Streitwert o.Ä., stellt sich die Frage des maßgeblichen Gebührenrechts. Hier hilft § 61 Abs. 2 RVG nicht weiter. Sofern sich aus der Vereinbarung nichts ergibt, ist auch hier § 61 Abs. 1 RVG anzuwenden.

▓ Verhandlungsvertreter

Für den Verhandlungsvertreter, also nach dem RVG für den Terminsvertreter (Nrn. 3401,   **88** 3402 VV RVG) ist die Anwendung des maßgebenden Gebührenrechts gesondert zu prüfen, unabhängig davon, wann dem Prozessbevollmächtigten der Auftrag erteilt worden ist.[49]

▓ Verkehrsanwalt

Obwohl Nr. 3400 VV RVG (ebenso § 52 Abs. 1 BRAGO) davon spricht, dass der Ver-   **89** kehrsanwalt eine Vergütung in Höhe der Gebühr des Prozessbevollmächtigten erhält, ist die Anwendung des Gebührenrechts gesondert zu prüfen, da es sich insoweit um ein persönliches Merkmal handelt. Selbst dann, wenn der Prozessbevollmächtigte schon vor dem 1.7.2004 beauftragt worden ist, erhält der Verkehrsanwalt die Gebühren nach RVG, wenn er den Auftrag erst nach dem 30.6.2004 erhalten hat. Umgekehrt richtet sich die Vergütung des Verkehrsanwalts nach bisherigem Recht, wenn er vor dem 1.7.2004 beauftragt worden ist, selbst wenn der Prozessbevollmächtigte erst danach beauftragt wird.[50]

▓ Versäumnisurteil, Zurücknahme oder Verwerfung

Nach der BRAGO stellt das Verfahren über den Einspruch eine neue besondere Angele-   **90** genheit dar (§ 38 Abs. 1 BRAGO). Nach dem RVG ist das Verfahren über den Einspruch dagegen keine neue Angelegenheit. Weder entsteht die Verfahrensgebühr im Einspruchsverfahren erneut noch erhält der Anwalt eine zusätzliche Verhandlungsgebühr; weder die Regelung des § 38 Abs. 1 BRAGO noch die des § 38 Abs. 2 BRAGO finden im RVG eine Fortgeltung. Da also keine neue Angelegenheit i.S.d. § 15 RVG gegeben ist, bleibt die BRAGO anwendbar, da nach dem Verständnis des RVG der Auftrag zur Angelegenheit vor dem 1.7.2004 liegt.

Beispiel: **91**

Im Juni 2004 erwirkt der Anwalt für seinen Mandanten ein Versäumnisurteil (Wert: 10.000 €) und rechnet wie folgt ab:

1.	*10/10 Prozessgebühr, § 31 Abs. 1 Nr. 1 BRAGO*	*486,00 €*
2.	*5/10 Verhandlungsgebühr, §§ 33 Abs. 1, 31 Abs. 1 Nr. 2 BRAGO*	*243,00 €*

---

49   OLG Nürnberg, JurBüro 1977, 346; LG Berlin, JurBüro 1987, 1827 = Rpfleger 1987, 123; *von Eicken*, AnwBl. 1975, 341.

50   *Hansens*, BRAGO, § 134 Rn. 20; *von Eicken*, AnwBl. 1975, 341.

3.	*Postentgeltpauschale, § 26 Satz 2 BRAGO*	*20,00 €*
4.	*16 % Umsatzsteuer, § 25 Abs. 2 BRAGO*	*+ 119,84 €*
	Summe:	**868,84 €**

Anfang Juli 2004 legt der Beklagte gegen das Versäumnisurteil Einspruch ein. Es kommt zu einem neuen Verhandlungstermin, in dem der Beklagte wiederum säumig bleibt. Der Einspruch wird durch zweites Versäumnisurteil verworfen.

Der Anwalt erhält folgende weitere Vergütung:

1.	*10/10 Prozessgebühr, §§ 38 Abs. 1, 31 Abs. 1 Nr. 1 BRAGO*	*486,00 €*
2.	*5/10 Verhandlungsgebühr §§ 38 Abs. 1, 33 Abs. 1, 31 Abs. 1 Nr. 2 BRAGO*	*243,00 €*
3.	*Postentgeltpauschale, § 26 Satz 2 BRAGO*	*20,00 €*
	gemäß § 38 Abs. 1 BRAGO anzurechnen	*– 486,00 €*
4.	*16 % Umsatzsteuer, § 25 Abs. 2 BRAGO*	*+ 42,08 €*
	Summe:	**305,08 €**

■ Verwaltungsverfahren

92 Verwaltungsverfahren und Nachprüfungsverfahren sind nach dem RVG zwar zwei verschiedene Angelegenheiten (§ 17 Nr. 1 RVG), nicht aber nach der BRAGO (§ 119 Abs. 1 BRAGO). Für den vor dem 1.7.2004 erteilten Auftrag muss es daher bei der BRGO verbleiben, auch wenn der Auftrag für das Nachprüfungsverfahren erst nach dem 30.6.2004 erteilt worden ist.

93 *Beispiel:*

Der Anwalt war im März 2004 im Verwaltungsverfahren beauftragt worden. Im Juli 2004 ergeht der Bescheid, gegen den der Anwalt auftragsgemäß Einspruch einlegt.

Nach dem RVG liegt zwar eine neue Angelegenheit vor (§ 17 Nr. 1 RVG), nicht aber nach der BRAGO (§ 119 Abs. 1 BRAGO). Der Anwalt erhält insgesamt: nur eine Geschäftsgebühr nach § 118 BRAGO.

■ Verwaltungszwangsverfahren

94 → *s. Zwangsvollstreckung (Rn. 102).*

■ Verweisung

95 Durch eine Verweisung entsteht grds. keine neue Gebührenangelegenheit, so dass weiterhin – ungeachtet der zwischenzeitlichen Gesetzesänderung – die BRAGO fortgilt. Eine Ausnahme greift nur dann, wenn nach § 14 Abs. 1 Satz 2 BRAGO/§ 20 Satz 2 RVG eine neue Angelegenheit beginnt.

Widerklage, Drittwiderklage

Für eine Widerklage gilt das Gleiche wie für die Klageerweiterung. Auch die Widerklage 96
eröffnet keine Gebührenangelegenheit; so auch im Privatklageverfahren (§ 16 Nr. 14
RVG). Es gilt einheitlich bisheriges Recht, auch wenn der Auftrag zur Widerklage nach
dem Stichtag erteilt worden ist.[51] Die Ansicht von *von Eicken*,[52] wonach gesonderte Gebühren, soweit sie nach dem Wert der Widerklage erwachsen, nach neuem Recht zu berechnen sein sollen, verstößt gegen § 61 Abs. 1 Satz 1 RVG. Nur dann, wenn eine bisher nicht beteiligte Partei einbezogen wird, also durch eine Drittwiderklage, gilt für deren Anwalt neues Gebührenrecht, wenn er bislang noch nicht beauftragt worden war.[53]

Wiederaufnahmeverfahren

Das Wiederaufnahmeverfahren stellt unabhängig von dem zugrunde liegenden Rechts- 97
streit eine eigene Angelegenheit dar (§ 17 Nr. 12 RVG), so dass die Anwendung des maßgebenden Gebührenrechts gesondert zu prüfen ist.

Zulassung eines Rechtsmittels

Das Verfahren auf Zulassung eines Rechtsmittels ist bereits Teil des Rechtsmittelverfah- 98
rens und bildet mit dem zugelassenen Rechtsmittel eine einzige Angelegenheit (§ 16
Nr. 13 RVG). Eine Änderung des Gebührenrechts zwischen dem Auftrag zum Zulassungsantrag und der Zulassung des Rechtsmittels ist daher unerheblich.

Anders verhält es sich allerdings im Falle der **Nichtzulassungsbeschwerde**. Diese stellt 99
gegenüber dem auf die Beschwerde hin zugelassenen Rechtsmittel nach § 17 Nr. 9 RVG
eine eigene Angelegenheit dar, so dass hier eine Änderung des Gebührenrechts zu beachten ist.

Zurückverweisung

Wird ein Verfahren nach In-Kraft-Treten des RVG zurückverwiesen (§ 21 Abs. 1 RVG), so 100
richten sich die Gebühren im Verfahren nach Zurückverweisung nach dem RVG,[54] und
zwar in allen Verfahren, also auch in Strafsachen.[55]

---

51 OLG Bamberg, JurBüro 1978, 364; OLG Hamm, JurBüro 1979, 45; OLG Düsseldorf, JurBüro 1980,
    852; *Hansens*, BRAGO, § 134 Rn. 24.
52 *von Eicken*, AnwBl. 1975, 341.
53 OLG Bamberg, AnwBl. 1989, 627.
54 KG, JurBüro 1973, 309; OLG Hamburg, JurBüro 1977, 201; OLG Bamberg, JurBüro 1980, 537; OLG
    Hamm, JurBüro 1980, 537; ebenso, allerdings das Verfahren nach Zurückverweisung wie ein Rechts-
    mittel betrachtend: LG Düsseldorf, JurBüro 1978, 1166; 1988, 1351 = Rpfleger 1988, 337; OLG
    Stuttgart, JurBüro 1989, 1404 = MDR 1989, 923; OLG Zweibrücken, JurBüro 2000, 21 = OLGR
    2000, 226 = KostRsp. BRAGO § 134 m. Anm. *N. Schneider*; a.A. OLG Hamm, JurBüro 1964, 429.
55 OLG Düsseldorf, JurBüro 1988, 1352 = Rpfleger 1988, 337; *Volpert*, RVGreport 2004, 296, 300 m.
    Beispiel.

▪ Zusammengerechnete Werte

101 Berechnen sich die Gebühren nach dem zusammengerechneten Wert mehrerer Gegenstände, gilt für die gesamte Vergütung das bisherige Recht, also die BRAGO, und zwar auch dann, wenn dies nach § 61 Abs. 1 Satz 1 RVG nur für einen Teil der Gegenstände gelten würde. Der Anwendungsbereich dieser Vorschrift beschränkt sich ausschließlich auf **Verfahrensverbindung** (s.o. Rn. 11), was zumeist verkannt wird.

▪ Zwangsvollstreckung

102 Eine **eigene Angelegenheit** stellt auch die Zwangsvollstreckung dar (§ 18 Nr. 3 RVG). Hier kommt es auf den jeweiligen **Vollstreckungsauftrag** an. Einen Vollstreckungsauftrag vor Erlass des Vollstreckungstitels wird man i.d.R. als bedingten Auftrag ansehen müssen, so dass es auf den Zeitpunkt ankommt, in dem der Anwalt von der Existenz des Titels Kenntnis erhält.[56] Bei mehreren Vollstreckungsverfahren (Mobiliarpfändung, Lohnpfändung, eidesstattliche Versicherung) ist jeweils auf den einzelnen Auftrag abzustellen. Wird von vornherein ein genereller Auftrag zur Vollstreckung erteilt, so ist dieser i.d.R. als unbedingter Auftrag zu einer ersten Vollstreckungsmaßnahme (z.B. Mobiliarvollstreckung) zu verstehen und als bedingter Auftrag zu weiteren Vollstreckungen (z.B. Verfahren auf Abgabe der eidesstattlichen Versicherung nach Erhalt der Fruchtlosigkeitsbescheinigung). Hier ist also auch die zwischenzeitliche Gebührenänderung zu berücksichtigen.

▪ Zwei-Jahres-Frist

103 Erhält der Anwalt nach Ablauf von zwei Kalenderjahren den Auftrag zu weiterer Tätigkeit, so gilt diese weitere Tätigkeit nach § 15 Abs. 5 Satz 2 RVG als neue Angelegenheit. Die Gebühren richten sich dann für die weitere Tätigkeit nach dem RVG, sofern der neue Auftrag nach dem 30.6.2004 liegt.

---

56 *Hansens*, BRAGO, § 134 Rn. 4; *Riedel/Sußbauer/Fraunholz*, § 134 Rn. 4; *von Eicken*, AnwBl. 1975, 342.

Stichwortverzeichnis

Die fett gedruckten Zahlen verweisen auf die Teile, die mager gesetzten Zahlen auf die Randnummern.